城市轨道交通标准汇编

住房和城乡建设部标准定额研究所　编

中 国 计 划 出 版 社

北　京

图书在版编目（CIP）数据

城市轨道交通标准汇编／住房和城乡建设部标准定额研究所编．—北京：中国计划出版社，2009.9
ISBN 978-7-80242-356-5

Ⅰ.城… Ⅱ.住… Ⅲ.城市铁路－铁路工程－标准－汇编 Ⅳ.U239.5-65

中国版本图书馆 CIP 数据核字（2009）第 148394 号

城市轨道交通标准汇编
住房和城乡建设部标准定额研究所　编
☆
中国计划出版社出版
（地址：北京市西城区木樨地北里甲 11 号国宏大厦 C 座 4 层）
（邮政编码：100038　电话：63906433　63906381）
新华书店北京发行所发行
三河富华印刷包装有限公司印刷

787×1092 毫米　1/16　72.25 印张　2533 千字
2009 年 9 月第 1 版　2009 年 9 月第 1 次印刷
印数 1—8000 册
☆
ISBN 978-7-80242-356-5
定价：158.00 元

前　言

随着我国经济建设的飞速发展，城市化建设进程也在快速发展。由此带来城市人口急剧增加，建设规模不断扩大，城市公共交通供需矛盾日趋紧张。当前，我国大中城市普遍存在着道路拥挤、车辆堵塞、交通秩序混乱的现象，已成为城市发展的“瓶颈”问题。发展以轨道交通为骨干，以常规公交为主体的公共交通体系，为城市居民提供安全、快速、舒适的交通环境，引导城市居民使用公共交通系统是国外大城市解决城市交通问题的成功经验，也是我国大城市解决交通问题的唯一途径。

改革开放以前，我国城市轨道交通建设数量少，形式单一。从新世纪开始，国家首次把“发展城市轨道交通”列入国民经济“十五”计划发展纲要，并作为拉动国民经济，特别是大城市经济持续发展的重大战略。实践证明，北京、上海、广州三大城市的轨道交通建设，对解决大城市交通拥堵、提高环境质量、调整城市区域结构和产业布局等起到了十分重要的作用。

目前，我国有许多城市正在规划和实施轨道交通项目，为及时全面地对城市轨道交通建设项目提供标准服务，我们将截止到 2009 年 5 月涉及轨道交通建设各个阶段的工程项目建设标准、产品标准等汇编成册，供项目审批、勘察、设计、施工、验收、结算等单位使用。限于篇幅，本书未收入《城市轨道交通工程设计概预算编制办法》、《城市轨道交通工程投资估算指标》GCG 101—2008、《城市轨道交通工程预算定额》GCG 103—2008 三种经济定额。上述定额单行本均由中国计划出版社出版。

住房和城乡建设部标准定额研究所

2009 年 6 月

目　录

一、综合标准

二、基础类标准

三、工程项目建设标准

四、勘察规划标准

五、设计、施工及验收标准

六、产品标准

一、综合标准

中华人民共和国国家标准

城市轨道交通技术规范

Technical code of urban rail transit

GB 50490－2009

主编部门：中华人民共和国住房和城乡建设部
批准部门：中华人民共和国住房和城乡建设部
施行日期：2 0 0 9 年 1 0 月 1 日

中华人民共和国住房和城乡建设部
公　　告

第250号

关于发布国家标准《城市轨道交通技术规范》的公告

现批准《城市轨道交通技术规范》为国家标准，编号为GB 50490－2009，自2009年10月1日起实施。本规范全部条文为强制性条文，必须严格执行。

本规范由我部标准定额研究所组织中国建筑工业出版社出版发行。

中华人民共和国住房和城乡建设部
2009年2月23日

前　言

本规范是根据原建设部《关于印发〈二〇〇一～二〇〇二年度工程建设国家标准制订、修订计划〉的通知》（建标［2002］85号）和原建设部标准定额司《关于同意将〈工程建设标准强制性条文（城市建设部分）——城市轨道交通篇〉调整为〈城市轨道交通技术规范〉的函》（建标标函［2007］39号）的要求编制的。

本规范是以功能和性能要求为基础的全文强制标准，条款以城市轨道交通安全为主线，统筹考虑了卫生、环境保护、资源节约和维护社会公众利益等方面的技术要求，本规范并未对城市轨道交通的建设和运营提出全面、具体的要求。本规范共分8章，包括总则、术语、基本规定、运营、车辆、限界、土建工程和机电设备。

本规范由住房和城乡建设部负责管理和解释，由住房和城乡建设部地铁与轻轨研究中心（中国城市规划设计研究院）负责具体技术内容的解释。请各单位在执行过程中，总结实践经验，积累资料，随时将有关意见和建议反馈给住房和城乡建设部地铁与轻轨研究中心（地址：北京市三里河路9号建设部北配楼；邮政编码：100037；E-mail：qingd@caupd.com）。

主编单位： 住房和城乡建设部地铁与轻轨研究中心
（中国城市规划设计研究院）

参编单位： 北京城建设计研究总院有限责任公司
北京全路通信信号研究设计院
上海市隧道工程轨道交通设计研究院
中铁二院工程集团有限责任公司
广州市地下铁道总公司
广州市地下铁道设计研究院
中国北车集团长春轨道客车股份有限公司
北京市轨道交通建设管理有限公司
北京地铁运营有限责任公司
北京市地下铁道设计研究所
上海地铁运营有限公司
上海申通轨道交通研究咨询有限公司
成都地铁总公司
上海铁路城市轨道交通设计院
湘潭电机股份有限公司
中国南车集团南京浦镇车辆厂
中铁第四勘察设计院集团有限公司

主要起草人： 秦国栋　沈景炎　申大川　俞加康　周　建　李国庆　陈韶章　徐明杰　毛励良　沈　洪
王旭东　倪　昌　马丽兰　靳玉广　牛英明　陆缗华　王曰凡　薛克仲　蔡顺利　张素燕
赵明花　于　波　周　勇　朱　宏　刘　扬　娄咏梅　汪松滋　周新六　马安泉　于松伟
林镇鉴　李昌义　郑生全

主要审查人： 焦桐善　高毓才　朱　军　沈　纹　杨家齐　全永燊　丁树奎　褚敬止　李耀宗　卜长堃
宋　键　陈凤敏　莫庭斌　陈穗九　冯伯欣　孔繁达　郭建国　秦长利　金　淮

目　次

1 总 则

1.0.1 为贯彻执行国家技术经济政策，规范城市轨道交通的基本功能和技术要求，依据有关法律、法规，制定本规范。

1.0.2 本规范适用于城市轨道交通的建设和运营。本规范不适用于高速磁浮系统的建设和运营。

1.0.3 城市轨道交通的建设和运营应满足安全、卫生、环境保护和资源节约的要求，并应做到以人为本、技术成熟、经济适用。

1.0.4 城市轨道交通应经验收合格后，才可投入使用。

1.0.5 本规范是城市轨道交通建设和运营的基本要求，城市轨道交通的建设和运营，尚应符合法律、法规和有关标准的规定。

2 术 语

2.0.1 城市轨道交通 urban rail transit

采用专用轨道导向运行的城市公共客运交通系统，包括地铁系统、轻轨系统、单轨系统、有轨电车、磁浮系统、自动导向轨道系统、市域快速轨道系统。

2.0.2 建设 construction

新建、改建和扩建城市轨道交通工程项目的规划、可行性研究、勘察设计、施工安装、调试验收和试运行，包括车辆和机电设备的采购、制造。

2.0.3 运营 operation

为实现安全有效运送乘客而有组织开展的各种活动的总称。

3 基本规定

3.0.1 城市轨道交通规划应符合城市总体规划和城市综合交通规划。

3.0.2 城市轨道交通规划应明确城市轨道交通的功能定位、与其他交通方式的关系、发展模式和不同规划期的发展目标，提出网络规划布局以及线路和设施等用地的规划控制要求。

3.0.3 城市轨道交通的建设和运营应以乘客需求为目标，应做到资源共享和方便乘客使用。

3.0.4 城市轨道交通在设计使用年限内，应确保正常使用时的安全性、可靠性、可用性、可维护性的要求。

3.0.5 城市轨道交通应采用质量合格并符合要求的材料与设备。

3.0.6 城市轨道交通应具有消防安全性能，应配备必要的消防设施，应具备乘客和相关人员安全疏散及方便救援的条件。

3.0.7 城市轨道交通应采取有效的防淹、防雪、防滑、防风雨、防雷等防止自然灾害侵害的措施。

3.0.8 车辆和机电设备应满足电磁兼容要求，投入使用前，应经过电磁兼容测试并验收合格。

3.0.9 供乘客自行操作的设备，应易于识别，并应设在便于操作的位置；当乘客使用或操作不当时，不应导致危及乘客安全和设备正常工作的事件发生。

3.0.10 车辆、车站及相应设施，应符合乘轮椅者、拄盲杖者及使用助行器者的通行与使用要求。

3.0.11 全封闭运行的城市轨道交通车站应设置公共厕所。

3.0.12 城市轨道交通的建设和运营应确保相邻建（构）筑物的安全，必要时应进行拆迁或采取安全保护措施。

3.0.13 城市轨道交通应明示禁入区域，并应设置阻挡外界人、物进入禁入区域的防范设施。

3.0.14 车站附近应配套建设与其他交通方式的衔接设施。配套衔接设施的项目、规模应与需求相适应，并应与城市轨道交通统一规划、同期建设。

3.0.15 城市轨道交通的地下工程应兼顾人防要求。

3.0.16 城市轨道交通应根据环境影响评价结果采取有效的环境保护措施。

3.0.17 需要配套建设的环境保护设施，应与城市轨道交通同步设计、同期施工、同时投入使用。运营单位应保障环境保护设施的持续有效使用。

3.0.18 城市轨道交通试运行期间，建设单位应当对环境保护设施运行情况和城市轨道交通对环境的影响进行监测，并根据需要采取必要的环保补救措施。

3.0.19 城市轨道交通的建设和运营应满足文物保护的要求。

3.0.20 城市轨道交通建成后应同时具备以下条件方可投入载客运营：

1 不载客试运行的时间不少于3个月。

2 运营单位具备安全运营的规章制度，人员到位、持证上岗。

3 符合本规范要求并验收合格。

3.0.21 城市轨道交通的运营状态应包括正常运营状态、非正常运营状态和紧急运营状态。运营应在能够保证乘客和所有使用该系统的人员以及设施、设备安全的情况下实施。

3.0.22 城市轨道交通的设施及设备应进行有效的维修，确保其处于安全、可靠和正常的状态。

3.0.23 在发生故障、事故或灾难的情况下，运营单位应迅速采取有效的措施或依据应急预案进行处置。

3.0.24 既有城市轨道交通达到设计使用年限或遭遇重大灾害后，当需要继续使用时，应进行技术鉴定，并应根据技术鉴定结论进行处理。

4 运 营

4.1 行 车 管 理

4.1.1 列车运行应统一调度指挥。

4.1.2 除有轨电车外的城市轨道交通应采用技术手段实现列车安全运行防护；有轨电车允许通过司机瞭望保证行车安全。

4.1.3 在运营期间，线路上的列车最高运行速度应满足下列要求：

1 不应大于设计允许的最高速度。

2 有轨电车在道路上与其他交通方式混合运行时，不应超过道路交通法规规定的最高行驶速度。

3 在站台计算长度范围内，当不设站台屏蔽门时，越站列车实际运行速度不应大于40km/h。

4.1.4 列车在营运时段正常运行时，最大运行间隔不应大于10min。

4.1.5 站后折返运行的列车，应在折返站清客后才能进入折返线。

4.1.6 当列车在运行中发生不能保障安全运行的故障时，在故障列车退出运营前，应首先选择在车站清空乘客。

4.1.7 在正常运行状态下，应确认列车在车站停止时，才能开启车门；列车启动前，应通过目视或技术手段确认车门关闭。

4.1.8 当采用无人驾驶运行模式时，应满足下列要求：

1 应能根据运营需求实现车辆基地无人驾驶区域、车辆出入线、正线和折返线的无人驾驶运行。

2 客室内应设置乘客与控制中心或控制室的通信联络装置，实现值守人员与乘客的双向语音通信，值守人员与乘客通话应具有最高优先权。

3 车站应设站台屏蔽门；并应能通过电视监视各站台屏蔽门区域。

4.2 客 运 服 务

4.2.1 城市轨道交通应具备不同运营状态下的客运管理模式，并应设置相应的服务设施。

4.2.2 运营单位应以安全、准时、便捷、文明为目标，为乘客提供持续改进的服务。

4.2.3 城市轨道交通应设置完善的服务标志、乘客信息系统，为乘客提供规范、有效、及时的信息。

4.2.4 运营单位应向残障乘客提供必要的服务。

4.2.5 运营单位应制定相应的规章制度，建立服务质量管理体系。

4.2.6 运营单位应向乘客明示其服务的内容、责任、义务、服务质量和乘车安全要求、乘车常识。

4.3 维 修

4.3.1 维修应满足下列要求：

1 土建设施、车辆和机电设备的维修应包含维护、检查和检修，应包括可能对安全运行产生影响的所有部件或设施。

2 维修人员应经过专业培训，考核合格，持证上岗。

3 应根据运行特点、设施和设备的条件，制定相应的维修规程，并应遵循安全、节能、环保、经济的原则，逐步优化维修规程。

4.3.2 维修管理应符合下列规定：

1 维修管理与配置的维修设施应符合产品维修手册和设计要求。

2 维修时间间隔、维修内容及相关的变更，应经相关程序审定。

3 维修应有记录，维修记录与有关文件应一并存档备案。

4 维护记录应保存至下一次维修开始或至少3年时间；检查及检修记录应保存至土建设施或运营设备的使用期限终止。

4.4 车辆基地

4.4.1 车辆基地的设置应满足行车、维修和应急抢修需要。

4.4.2 车辆基地应有完善的运输和消防道路，并应有不少于2个与外界道路相连通的出入口；总平面布置、房屋建筑和材料、设备的选用等应满足消防要求。

4.4.3 车辆基地应具备良好的排水系统，并应满足防洪、防淹要求。

4.4.4 车辆基地中的危险品应有单独隔离的存放区域，与其他建筑物的安全距离应满足安全要求。

5 车　辆

5.1 一般要求

5.1.1 在车辆寿命周期内，车辆应满足正常运行时的行车安全和人身安全要求，同时应具备故障、事故和灾难情况下方便救援的条件。

5.1.2 车辆及其内部设施应采用不燃材料或低烟、无卤的阻燃材料。

5.1.3 车辆应采取减振防噪措施，减小车辆噪声和对环境的有害影响。

5.1.4 新设计的车辆或经过重大技术改造的首列（辆）车应进行型式试验。

5.2 车　体

5.2.1 在车辆寿命周期内，车体应能够承受各种静态、动态荷载而不产生永久变形、断裂和疲劳失效；车体应有足够的刚度，应满足维修和复轨的要求。新设计的车辆或车辆经过改造对车体强度有影响时，应进行车体静强度试验。

5.2.2 车门有效净高度不应低于1.80m；自地板面计算，坐椅安装处的客室有效净空高度不应低于1.70m。

5.2.3 客室侧门应具备下列功能：

1 能单独开闭和锁闭；在站台设有屏蔽门时，能与屏蔽门联动开闭。

2 列车运行时能可靠锁闭。

3 能对单个车门进行隔离。

4 在列车收到开门信号时才能正常打开。

5 在紧急情况下，乘客能手动解锁开门。

5.2.4 客室内应设扶手；在列车运行时，车辆连接处应采取保障乘客安全的措施。

5.2.5 客室车窗的结构应防止乘客在无意识状态下身体任何部位伸出窗外；车窗玻璃应为安全玻璃。

5.2.6 客室地板应防滑；客室结构、过道处不应有尖角或突出物。

5.3 牵引和制动

5.3.1 列车应具有既独立又相互协调配合的电气、摩擦制动系统，并应保证车辆在各种运行状态下所需的制动力。

5.3.2 当电气制动出现故障丧失制动能力时，摩擦制动系统应能自动投入使用，并应保证所需的制动力；列车应具备停放制动功能，并应保证列车在超员载荷工况下停在最大坡道时不发生溜车。

5.3.3 与道路交通混合运行的列车（车辆）还应具备：

1 独立于轮轨粘着制动功能之外的制动系统。

2 用于粘着制动系统的撒砂装置。

5.3.4 当列车发生分离事故时，应能自动实施紧急制动。

5.3.5 当客室侧门未全部关闭时，列车应不能正常启动。

5.3.6 列车应具备下列故障运行的能力：

1 在定员载荷工况下，当列车丧失1/4动力时，应能维持运行到终点。

2 在定员载荷工况下，当列车丧失1/2动力时，应具有在正线最大坡道上启动和运行到最近车站的能力。

3 一列空载列车应能在正线最大坡道上推送一列故障的定员载荷工况下的列车至最近车站。

5.3.7 牵引与制动的控制应符合下列要求：

1 制动指令应优先于牵引指令。

2 牵引及制动力变化时的冲击率应符合人体对加、减速度变化的适应性。

5.3.8 列车应设置独立的紧急制动按钮，在牵引制动主手柄上应设置警惕按钮。

5.3.9 当列车一个辅助逆变器丧失供电能力时，剩余列车辅助逆变器的容量应满足涉及行车安全的列车基本负载的供电要求。

5.4 车载设备和设施

5.4.1 车辆应设置蓄电池，其容量应满足紧急状态下车门控制、应急照明、外部照明、车载安全设备、广播、通信、信号、应急通风等系统的供电要求。用于地下运行的车辆，蓄电池容量应保证供电时间不小于45min；用于地面或高架线路运行的车辆，蓄电池容量应保证供电时间不小于30min。

5.4.2 车辆内所有电气设备应有可靠的保护接地措施。

5.4.3 与道路交通混行的列车，应具备满足道路交通法规要求的前照灯、示宽灯、方向指示灯、尾灯和后视镜。

5.4.4 客室及司机室应根据需要设置通风、空调和采暖设施，并应符合下列要求：

1 当仅设有机械通风装置时，客室内人均供风量不应少于 $20m^3/h$（按定员载荷计）。

2 当采用空调系统时，客室内人均新风量不应少于 $10m^3/h$（按定员载荷计）；司机室人均新风量不应少于 $30m^3/h$。

3 列车应设紧急通风装置。

4 采暖系统应确保消防安全，采用电加热器时应有超温保护功能，电加热器不应对乘客造成伤害。

5.4.5 车辆至少应设置一处供轮椅停放的位置，并应有固定轮椅的装置；在车辆及车站站台的相应位置应有明显的指示标志。

5.4.6 车辆应设有应急照明。

5.4.7 车辆应具备下列通信设施和功能：

1 广播报站和应急广播服务。

2 司机与车站控制室、控制中心的通话设备。

3 乘客与司机直接联系的通话设备。

4 在无人驾驶模式中，乘客与控制中心联系的通信系统。

5 紧急通信优先。

5.4.8 车辆上应具备下列应急设施或功能：

1 司机室应至少设置1具灭火器；每个客室应至少设置2具灭火器。

2 地下运行的编组列车，各车辆之间应贯通；当不设置纵向疏散平台时，列车两端应有应急疏散条件和相应设施。

3 与道路交通混行的列车（车辆）应配备警示三角牌。

4 单轨列车的客室车门应配备缓降装置；列车应能实施纵向救援和横向救援。

5 无人驾驶的列车应配备人工操控列车的相关设备。

6 限界

6.0.1 城市轨道交通应根据不同车辆和规定的运行工况，确定相应的车辆限界、设备限界和建筑限界。

6.0.2 轨行区土建工程和机电设备的设置应符合相应的限界要求。列车（车辆）在各种运行状态下，不应发生列车（车辆）与列车（车辆）、列车（车辆）与轨行区内任何固定的或可移动物体之间的接触。

6.0.3 当采用顶部架空接触网授电时，建筑限界高度应按受电弓工作高度和接触网系统结构高度计算确定；当采用侧向接触网或接触轨授电时，建筑限界高度应按设备限界高度加不小于200mm的安全间隙计算确定。

6.0.4 建筑限界宽度应符合下列规定：

1 对双线区间，当两线间无建（构）筑物时，两条线设备限界之间的安全间隙不应小于100mm。

2 对单线地下区间，当无构筑物或设备时，隧道结构与设备限界之间的距离不应小于100mm；当有构筑物或设备时，设备限界与构筑物或设备之间的安全间隙不应小于50mm。

3 对高架区间，设备限界与建（构）筑物之间的安全间隙不应小于50mm；当采用接触轨授电时，还应满足受流器与轨旁设备之间电气安全距离的要求。

4 当地面线外侧设置防护栏杆、接触网支柱等构筑物时，应保证与设备限界之间有足够的设备安装空间。

5 人防隔断门、防淹门的建筑限界与设备限界在宽度方向的安全间隙不应小于100mm。

6.0.5 车站站台不应侵入车辆限界；直线车站站台边缘与车厢地板面高度处车辆轮廓线的水平间隙不应大于100mm，曲线车站站台边缘与车厢地板面高度处车辆轮廓线的水平间隙不应大于180mm。

6.0.6 在任何工况下，车站站台面的高度均不得高于车辆客室地板面的高度；在空车静止状态下，二者高差不应大于50mm。

6.0.7 站台屏蔽门不应侵入车辆限界，直线车站时，站台屏蔽门与车体最宽处的间隙不应大于130mm。

6.0.8 区间内的纵向应急疏散平台应在设备限界外侧设置，建筑限界应包容通道所必需的净空尺寸。

6.0.9 线路上运行的其他车辆均不应超出所运行线路的车辆限界。

7 土建工程

7.1 线路工程

7.1.1 线路的敷设和封闭方式应根据沿线的土地利用规划、自然条件、环境保护及其功能定位综合确定。

7.1.2 全封闭运行的城市轨道交通线路与道路相交时，应采用立体交叉方式；部分封闭运行的城市轨道交通线路，应经过交通组织和通过能力核算，并设置相应的安全防护措施后，才允许与道路采用平面交叉方式。

7.1.3 全封闭运行的城市轨道交通，正线（含支线）之间的接轨点应选择在车站，在进站方向应设置平行进路；当车辆基地的出入线与正线的接轨点不选择在车站时，应经过行车组织和通过能力核算，并应设置相应的安全防护措施。

7.1.4 正线线路的平面曲线和纵向坡度设置应保证列车运行安全，应与列车的性能参数相匹配，应与设计的列车运行速度相适应，并应满足运营和救援的要求。

7.1.5 线路辅助线的设置应确保运营及救援的需要。

7.2 轨道与路基工程

7.2.1 轨道结构应具有足够的强度、稳定性、耐久性和适当的弹性，应保证列车运行平稳、安全，并应满足减振、降噪的要求。

7.2.2 钢轮—钢轨系统轨道的标准轨距应采用1435mm。

7.2.3 钢轮—钢轨系统钢轨的断面及轨底坡应与轮缘踏面相匹配，并应保证对运行列车具有足够的支承强度、刚度和良好的导向作用。

7.2.4 跨座式单轨系统的轨道梁应具有足够的竖向、横向和抗扭刚度，应保证结构的整体性和稳定性，并应满足列车走行轮、导向轮和稳定轮的走行要求以及其他相关系统的安装要求。

7.2.5 钢轮—钢轨系统正线曲线段轨道应根据列车运行速度设置超高，允许未被平衡的横向加速度不应超过0.4m/s^2，且最大超高应满足列车静止状态下的横向稳定要求。车站内曲线超高不应超过15mm，允许未被平衡的横向加速度不应超过0.3m/s^2。

7.2.6 轨道尽端应设置车挡。设在正线、折返线和车辆试车线的车挡应能承受列车以15km/h速度撞击时的冲击荷载。

7.2.7 轨道道岔结构应安全可靠，并应与列车运行安全相适应。

7.2.8 区间线路的轨道中心道床面或轨道旁，应设有逃生、救援的应急通道，应急通道的最小宽度不应小于550mm。

7.2.9 当利用走行轨做牵引网回流时，轨道应进行绝缘处理，并应防止杂散电流扩散。

7.2.10 轨道路基应具有足够的强度、稳定性和耐久性，并应满足防洪、防涝的要求。

7.3 建　　筑

7.3.1 车站应满足预测客流的需求，应保证乘降安全、疏导迅速、布置紧凑、便于管理，并应具有良好的通风、照明、卫生、防灾等设施，为乘客提供安全的候车、乘车环境。

7.3.2 车站的站厅、站台、出入口通道、人行楼梯、自动扶梯、售检票口（机）等部位的规模应与通过能力相互匹配。当发生事故或灾难时，应保证将一列进站列车的预测最大载客量以及站台上的候车乘客在6min内全部撤离到安全区。

7.3.3 除有轨电车系统外，车站站台和乘降区的最小宽度应满足下列规定：

1 对岛式站台车站，站台乘降区（侧站台）2.5m。

2 对侧式站台车站，当平行于线路方向设置楼梯时，侧式站台的乘降区（侧站台）2.5m；当垂直于侧站台设置楼梯时，侧式站台的乘降区（侧站台）3.5m。

3 当站台计算长度小于100m，且楼梯和自动扶梯设置在站台计算长度以外时，岛式站台5m，侧式站台3.5m。

4 设有站台屏蔽门的地面车站、高架车站的侧站台2m。

7.3.4 站台应设置足够数量的进出站通道、楼梯或自动扶梯，同时应满足站台计算长度内任一点距通道口或梯口的距离不大于50m。

7.3.5 楼梯和通道的最小宽度应符合下列规定：

1 天桥或通道2.4m。

2 单向公共区人行楼梯1.8m。

3 双向公共区人行楼梯2.4m。

4 消防专用楼梯和站台至轨行区的工作梯1.1m。

7.3.6 当车站出入口的提升高度超过6m时，应设置上行自动扶梯；当车站出入口的提升高度超过12m时，应设置上行和下行自动扶梯。站厅与站台间应设置上行自动扶梯，当高差超过6m时，应设置上行和下行自动扶梯。当上行和下行全部采用自动扶梯时，应加设人行楼梯或备用自动扶梯。

7.3.7 在车站付费区与非付费区之间的隔离栅栏上，应设置栅栏门；检票口和栅栏门的总通行能力应满足乘客安全疏散的需要。

7.3.8 车站应至少设置一处无障碍检票通道，通道净宽不应小于900mm。

7.3.9 当车站不设站台屏蔽门时，站台边缘应设置醒目的安全线。

7.3.10 地下车站的站台、站厅疏散区和通道内不得设置任何商业设施。

7.3.11 地面车站和高架车站应与相邻建筑物保持安全的防火间距，并应设置消防车通道。

7.3.12 地下车站的风亭（井）应防止气流短路，并应符合环境保护要求。

7.3.13 车站内的顶棚、墙面、地坪的装饰应采用A

级材料；当使用架空地板时，不应低于B1级材料；车站公共区内的广告灯箱、休息椅、电话亭、售（检）票机等固定服务设施的材料应采用低烟、无卤的阻燃材料。地面材料应防滑耐磨；当使用玻璃材料时，应采用安全玻璃。

7.3.14 地下工程、出入口通道、风井的耐火等级应为一级；出入口地面建筑、地面车站、高架车站及高架区间结构的耐火等级不应低于二级。

7.3.15 控制中心建筑的耐火等级应为一级；当控制中心与其他建筑合建时，应设置独立的进出通道。

7.3.16 地下车站站台和站厅公共区应划为一个防火分区，其他部位每个防火分区的最大允许使用面积不应大于1500m²；地上车站不应大于2500m²；两个相邻防火分区之间应采用耐火极限不低于3h的防火墙分隔，防火墙上的门应采用甲级防火门。与车站相接的商业设施等公共场所，应单独划分防火分区。

7.3.17 消防专用通道应设置在含有车站控制室等主要管理用房的防火分区内，并应能到达地下车站各层；当地下车站超过3层（含3层）时，消防专用通道应设置为防烟楼梯间。

7.3.18 在地下换乘车站公共区的下列部位，应采取防火分隔措施：

1 上下层平行站台换乘车站：下层站台穿越上层站台时的穿越部分；上、下层站台联络梯处。

2 多线同层站台平行换乘车站：站台与站台之间。

3 多线点式换乘车站：换乘通道或换乘梯。

4 多线换乘车站共用一个站厅公共区，且面积超过单线标准车站站厅公共区面积2.5倍时，应通过消防性能化设计分析，采取必要的消防措施。

7.3.19 车站出入口的设置应满足进出站客流和应急疏散的需要，并应符合下列规定：

1 车站应设置不少于2个直通地面的出入口。

2 地下一层侧式站台车站，每侧站台不应少于2个出入口。

3 地下车站有人值守的设备和管理用房区域，安全出口的数量不应少于2个，其中1个安全出口应为直通地面的消防专用通道。

4 对地下车站无人值守的设备和管理用房区域，应至少设置一个与相邻防火分区相通的防火门作为安全出口。

5 当出入口同方向设置时，两个出入口间的净距不应小于10m。

6 竖井爬梯、垂直电梯以及设在两侧式站台之间的过轨联络地道不得作为安全出口。

7 出入口的台阶或坡道末端至道路各类车行道的距离不应小于3m。

8 地下车站出入口的地坪标高应高出室外地坪，并应满足站址区域防淹要求。

7.3.20 当地下出入口通道长度超过100m时，应采取措施满足消防疏散要求。

7.3.21 换乘通道、换乘楼梯（含自动扶梯）应满足预测高峰时段换乘客流的需要；当发生火灾时，设置在该部位的防火卷帘应能自动落下。

7.3.22 两条单线区间隧道之间应设置联络通道，相邻两个联络通道之间的距离不应大于600m；联络通道内应设置甲级防火门。

7.3.23 当区间隧道设中间风井时，井内或就近应设置直通地面的防烟楼梯。

7.3.24 高架区间疏散通道应符合下列规定：

1 当高架区间利用道床做应急疏散通道时，列车应具备应急疏散条件和相应设施。

2 对跨座式单轨及磁浮系统的高架区间，应设置纵向应急疏散平台。

7.3.25 跨座式单轨系统车站应设置站台屏蔽门；高架车站行车轨道区底部应封闭。

7.3.26 车站的站厅和站台公共区、自动扶梯、自动人行步道和楼梯口、疏散通道及安全出口、区间隧道、配电室、车站控制室、消防泵房、防排烟机房以及在发生火灾时仍需坚持工作的其他房间，应设置应急照明。

7.3.27 车站的站台、站厅公共区、自动扶梯、疏散通道、安全出口、楼梯转角等处应设置灯光或蓄光型疏散指示标志；区间隧道应设置可控制指示方向的疏散指示标志。

7.4 结构工程

7.4.1 城市轨道交通应根据线路沿线的工程地质、水文地质、气候条件、地形环境、荷载特性、施工工艺等要求，通过技术经济、环境影响和使用功能等方面的综合评价，选择安全可靠、经济合理的结构形式。

7.4.2 主体结构工程的设计使用年限应为100年；车辆基地及其他房屋建筑的设计使用年限应为50年。

7.4.3 结构净空尺寸应满足建筑限界、使用功能及施工工艺等要求，并应考虑施工误差、结构变形和后期沉降的影响。

7.4.4 当高架结构与公路、铁路立交或跨越河流时，桥下净空应满足相应的行车、排洪、通航的要求。

7.4.5 结构工程的材料应根据结构类型、受力条件、使用要求和所处环境等选用，并应满足结构对材料的安全性、耐久性、可靠性、经济性和可维护性的要求。

7.4.6 当高架结构的墩柱有可能受机动车、船舶等撞击时，应设防止墩柱受撞击的保护设施。

7.4.7 工程抗震设防烈度应根据相关部门批准的地

震安全性评价结果确定。

7.4.8 结构工程应按相关部门批准的地质灾害评价结论，采取相应的措施，确保结构和运营安全。

7.4.9 对有战时防护功能要求的地下结构，应在规定的设防部位按批准的人防抗力标准进行结构检算，并应设置相应的防护设施，满足平战转换要求；当与既有线路连通或上跨、下穿既有线路时，尚应保证不降低各自的防护能力。

7.4.10 采用直流供电和走行轨回流的结构工程，应采取防止杂散电流腐蚀的措施。

7.4.11 地下结构的防水措施应根据气候条件、工程地质和水文地质状况、结构特点、施工方法、使用要求等因素确定，应保证结构的安全性、耐久性和正常使用要求。

7.4.12 地下结构防水等级应符合下列规定：

1 地下车站、机电设备集中区段的结构防水等级应为一级。

2 区间隧道、连接通道等附属隧道结构防水等级应为二级。

8 机电设备

8.1 供电系统

8.1.1 牵引供电系统，应急照明，通信、信号、自动售检票、消防用电设备，与防烟、排烟和事故通风有关的用电设备应为一级负荷。

8.1.2 供电系统应具有完备的继电保护和自动装置。

8.1.3 供电系统注入公共电网系统的谐波含量值，不应超过允许范围。

8.1.4 直流牵引供电系统的电气安全防护措施应与减少杂散电流的措施相协调；当出现矛盾时，电气安全防护措施应优先。

8.1.5 在直流牵引供电系统中，除出于安全考虑外，变电所的接地系统和回流回路之间不应直接连接。

8.1.6 供电系统应由电力监控系统实现远程监控。

8.1.7 各变电所的两路进线电源中，每路进线电源的容量应满足变电所全部一、二级负荷的供电要求。

8.1.8 地面变电所应避开易燃、易爆、有腐蚀性气体等影响电气设备安全运行的场所。

8.1.9 当变电所配电装置的长度大于 6m 时，其柜（屏）后通道应设 2 个出口；当低压配电装置的 2 个出口间的距离超过 15m 时，应增加通道出口。

8.1.10 在地下使用的电气设备及材料，应选用低损耗、低噪声、防潮、无自爆、低烟、无卤、阻燃或耐火的定型产品。

8.1.11 接触网应满足下列要求：

1 接触网应能可靠地向列车馈电，并应满足列车的最高行驶速度要求。

2 接触网应适当分段，并应满足行车和检修的要求。

3 接触网应设置过电压保护装置。所有与大地不绝缘的裸露导体应接至接地极，不应直接接至或通过电压限制装置接至回流回路。

4 架空接触网应具备防止由于接触线断线而扩大事故的措施。

5 接触轨应设防护罩。

8.1.12 牵引回流与杂散电流防护应满足下列要求：

1 在直流牵引供电系统中，回流电缆应对地绝缘。所有回流用的导体应保证电气和机械性能可靠，相关的连接件应做到不使用专用工具不能移动。

2 连接牵引变电所与回流轨间的回流电缆应至少有 2 个回路，并且当有 1 个回路的电缆发生故障时也应能满足回流的要求。

3 当采用走行轨作为回流轨时，应采取有效措施减少回流轨的纵向电阻，并应确保与大地间具有良好的绝缘水平。

4 在正常运营条件下，正线回流轨与地间的电压不应超过 DC90V，车辆基地回流轨与地间的电压不应超过 DC60V；当瞬时超过时应有可靠的安全保护措施。

5 在隧道入口，电缆的金属外护套及各种金属管道应与隧道内的各系统设备实现电气隔离。

8.1.13 动力与照明应满足下列要求：

1 通信、信号、火灾自动报警系统及地下车站和区间隧道的应急照明应具备应急电源。

2 照明灯具应采用节能光源。

3 车站应具有总等电位联结或辅助等电位联结。

8.2 通信系统

8.2.1 通信系统应安全、可靠。在正常情况下应为运营管理、行车指挥、设备监控、防灾报警等进行语音、数据、图像等信息的传送。在非正常或紧急情况下，应能作为抢险救灾的通信手段。

8.2.2 通信系统应符合下列规定：

1 传输系统应满足通信各子系统和其他系统信息传输的要求。

2 无线通信系统应为控制中心调度员、车站值班员等固定用户与列车司机、防灾、维修、公安等移动用户之间提供通信手段，满足行车指挥及紧急抢险的需要，并应具有选呼、组呼、全呼、紧急呼叫、呼叫优先级权限等调度通信、存储及监测等功能。

3 闭路电视监视系统应为控制中心调度员、车站值班员、列车司机等提供列车运行、防灾救灾以及乘客疏导等视觉信息。

4 公务电话系统应满足城市轨道交通各部门间

进行公务通话及业务联系，并应纳入公用网。公务电话系统设备应具备综合业务数字网络的交换能力。

5 专用电话系统应保证控制中心调度员及车站、车辆基地的值班员之间实现行车指挥和运营管理；调度电话系统应具有单呼、组呼、全呼等调度功能。

6 广播系统应保证控制中心调度员和车站值班员向乘客通告列车运行以及安全、向导等服务信息，向工作人员发布作业命令和通知。防灾广播应优先于行车广播。

7 时钟系统应为工作人员、乘客及相关系统设备提供统一的标准时间信息。

8.2.3 通信电源应具有集中监控管理功能，并应保证通信设备不间断、无瞬变地供电；通信电源的后备供电时间不应少于 2h；通信接地系统应保证人身和通信设备的安全，并应保证通信设备的正常工作。

8.2.4 隧道内的通信主干电缆、光缆应采用阻燃、无卤、防腐蚀、防鼠咬的防护层，并应符合防护杂散电流腐蚀的要求。

8.3 信号系统

8.3.1 信号系统应具有行车指挥与列车运行监视、控制和安全防护功能，具有降级运用的能力。涉及行车安全的系统、设备应符合“故障——安全”原则。

8.3.2 线路全封闭的城市轨道交通应配备和运用列车自动防护系统；线路部分封闭的城市轨道交通系统，应根据行车间隔、列车运行速度、线路封闭状态等运营条件，采取相应的技术手段进行列车运行的安全防护。

8.3.3 城市轨道交通应配置行车指挥系统。行车指挥调度区段内的区间、车站应能实现集中监视。当行车指挥系统具有自动控制功能时，尚应具有人工控制功能。

8.3.4 列车安全防护系统应满足行车密度、运行速度和行车交路等运营需求。当线路全封闭的城市轨道交通列车采用无安全防护功能的人工驾驶模式时，应有授权，并对授权及相关操作予以表征。

8.3.5 联锁设备应保证道岔、信号机和区段的联锁关系正确。当联锁条件不符时，不得开通进路。

8.3.6 列车自动运行系统应具有列车自动牵引、惰行、制动、区间停车和车站定点停车、车站通过及折返作业等控制功能。控制过程应满足控制精度、舒适度和节能等要求。

8.3.7 当列车配置列车自动防护设备、车内信号装置时，应以车内信号为主体信号；当列车未配置列车自动防护设备或列车自动防护设备失效或未配置车内信号装置时，所设地面信号应为主体信号。当地面的主体信号显示熄灭时，应视为禁止信号。

8.3.8 无人驾驶系统应符合下列规定：

1 无人驾驶系统的建设应与线路、站场配置及运行管理模式相互协调。无人驾驶系统应能实现信号、通信、防灾报警等机电系统设备及车辆的协同控制。

2 控制中心或车站有人值班室应能监控无人驾驶列车的运行状态，应能实现列车停车及车门、站台屏蔽门的应急控制。

8.3.9 当部分封闭的城市轨道交通设专用线路时，其与城市道路交通相交的平交路口应设置城市轨道交通列车优先信号；未设专用线路时，在平交路口处，城市轨道交通的列车应遵守道路交通的信号显示行车。

8.3.10 车辆基地信号系统应符合下列规定：

1 用于有人驾驶系统的车辆基地，应设进、出车辆基地的信号机；进出车辆基地的信号机、调车信号机应以显示禁止信号为定位；车辆基地信号系统、设备的配置应满足列车进出车辆基地和在车辆基地内进行列车作业或调车作业的需求。

2 用于无人驾驶系统的车辆基地，其信号系统、设备的配置，应与无人驾驶系统在车辆基地的功能及车辆基地内无人或有人驾驶区域的范围相适应。

3 车辆基地应纳入信号系统的监视范围。

4 试车线信号系统的地面设备及其布置，应满足系统双向试车的需要。

8.3.11 信号系统设备应具有独立安全认证机构出具的、符合“故障——安全”原则的证明及相关说明。

8.3.12 信号系统设备投入运用前，建设单位应提出技术性安全报告。信号系统的技术文件应对功能的安全性要求、量化的安全目标等进行描述。

8.4 通风、空调与采暖系统

8.4.1 城市轨道交通的内部空气环境应采用通风、空调与采暖方式进行控制，并应符合下列规定：

1 当列车正常运行时，应保证内部空气环境的温度、湿度、气流速度和空气质量均应满足人员生理要求和设备正常运转需要。

2 当列车阻塞在隧道内时，应能对阻塞处进行有效的通风。

3 当列车在隧道发生火灾事故时，应能对事故发生处进行有效的排烟、通风。

4 当车站公共区和设备及管理用房内发生火灾事故时，应能进行有效的排烟、通风。

8.4.2 城市轨道交通的内部空气环境应优先采用通风（含活塞通风）方式进行控制。

8.4.3 隧道内夏季的空气计算温度应符合下列规定：

1 当列车车厢不设置空调时，不应高于 33℃。

2 当列车车厢设置空调、车站不设置全封闭站台屏蔽门时，不应高于 35℃。

3 当列车车厢设置空调、车站设置全封闭站台屏蔽门时，不应高于 40℃。

8.4.4 隧道内冬季的最低空气温度不应低于5℃。

8.4.5 地下车站夏季站内空气计算温度和相对湿度应符合下列规定：

1 当车站采用通风方式时，站内的空气计算温度不应高于室外空气计算温度5℃，且不应超过30℃。

2 当车站采用空调时，站厅的空气计算温度应比空调室外计算干球温度低2～3℃，且不应超过30℃；站台的空气计算温度比站厅的空气计算温度低1～2℃，相对湿度应在40%～65%之间。

8.4.6 地下车站冬季站内最低空气温度不应低于12℃。

8.4.7 通风、空调与采暖系统的负荷应按预测的远期客流量和最大通过能力确定。

8.4.8 通风、空调与采暖方式的设置和设备配置应充分考虑节能要求，并应充分利用自然冷源和热源。

8.4.9 隧道和地下车站的进风应直接采自大气，排风应直接排出地面。

8.4.10 当采用通风方式，系统为开式运行时，每个乘客每小时需供应的新鲜空气量不应少于30m^3；当系统为闭式运行时，每个乘客每小时需供应的新鲜空气量不应少于12.6m^3，且所供应的新鲜空气量均不应少于总送风量的10%。

8.4.11 当采用空调时，每个乘客每小时需供应的新鲜空气量不应少于12.6m^3，且所供应的新鲜空气量不应少于总送风量的10%。

8.4.12 高架线和地面线站厅内的空气计算温度应符合下列规定：

1 当采用通风方式时，夏季计算温度不应超过室外计算温度3℃，且不应超过35℃。

2 当采用空调时，夏季计算温度应为29～30℃，相对湿度不应大于65%。

8.4.13 当高架线和地面线站厅设置采暖时，站厅内的空气设计温度应为12℃。

8.4.14 采暖地区的高架线和地面线车站管理用房应设采暖，室内空气设计温度应为18℃。

8.4.15 高架线和地面线车站设备用房应根据工艺要求设置通风、空调与采暖，设计温度按工艺要求确定。

8.4.16 地下车站和隧道应设置防烟、排烟与事故通风系统。

8.4.17 地下车站站厅、站台公共区和设备及管理用房应划分防烟分区，且防烟分区不应跨越防火分区。站厅、站台公共区每个防烟分区的建筑面积不应超过2000 m^2，设备及管理用房每个防烟分区的建筑面积不应超过750m^2。

8.4.18 地下车站公共区火灾时的排烟量应根据一个防烟分区的建筑面积按1m^3/(m^2·min)计算；当排烟设备负担两个或两个以上防烟分区时，其设备能力应按同时排除其中两个最大的防烟分区的烟量配置；当车站站台发生火灾时，应保证站厅到站台的楼梯和扶梯口处具有能够有效阻止烟气向站厅蔓延的向下气流，且气流速度不应小于1.5m/s。

8.4.19 当地下车站设备及管理用房、内走道、地下长通道和出入口通道需设置机械排烟时，其排烟量应根据一个防烟分区的建筑面积按1m^3/(m^2·min)计算，排烟区域的补风量不应小于排烟量的50%。当排烟设备负担两个或两个以上防烟分区时，其设备能力应根据最大防烟分区的建筑面积按2m^3/(m^2·min)计算的排烟量配置。

8.4.20 隧道火灾排烟时的气流速度应高于计算的临界风速，最低气流速度不应小于2m/s，且不应高于11m/s。

8.4.21 列车阻塞在隧道时的送风量，应保证隧道断面的气流速度不小于2m/s，且不应高于11m/s，并应控制列车顶部最不利点的隧道空气温度不超过45℃。

8.4.22 隧道的排烟设备应保证在150℃时能连续有效工作1h；地下车站公共区和设备及管理用房的排烟设备应保证在250℃时能连续有效工作1h；地面及高架车站公共区和设备及管理用房的排烟风机应保证在280℃时能连续有效工作0.5h。烟气流经的辅助设备应与风机耐高温等级相同。

8.5 给水、排水与消防系统

8.5.1 城市轨道交通工程的给水系统应满足生产、生活和消防用水对水量、水压和水质的要求。

8.5.2 地下车站及地下区间隧道的消防给水系统应由城市两路自来水管各引一根消防给水管和车站或区间环状管网相接，每一路自来水管均应能满足全部消防用水量；当城市自来水管网为枝状管网时，应设消防泵和消防水池。

8.5.3 消火栓系统的设置应符合下列规定：

1 车站及超过200m的地下区间隧道应设消火栓系统。

2 车站消火栓的布置应保证每一个防火分区同层有两只水枪的充实水柱同时到达任何部位，水枪的充实水柱不应小于10m。

3 当消火栓口处出水压力大于0.5MPa时，应设置减压装置。

4 当供水压力不能满足消防所需压力时，应设消防泵增压设施。

8.5.4 设有消火栓系统的车站，应设水泵接合器。

8.5.5 地下车站的变电所、通信设备室、信号设备室应设自动灭火系统。

8.5.6 地下车站及地下区间隧道排水泵站（房）的设置应符合下列规定：

1 区间隧道线路实际坡度最低点应设排水泵站。

2 当出入线洞口的雨水不能按重力流方式排至洞外地面时，应在洞口内适当位置设排雨水泵站。

3 露天出入口及敞开风口应设排雨水泵房。

8.6 火灾自动报警系统

8.6.1 车辆基地、主变电站、控制中心、全封闭运行的城市轨道交通车站等建筑物应设置火灾自动报警系统。

8.6.2 全封闭运行的城市轨道交通设置的火灾自动报警系统应按中央级和车站级两级监控、管理方式设置；中央级火灾自动报警系统应设置在控制中心。

8.6.3 中央级火灾自动报警系统应具备下列功能：

1 实现全线消防集中监控管理。

2 接收由车站级火灾监控报警系统所发送的火灾报警信息，实现声光报警，进行火灾信息数据储存和管理。

3 接收、显示并储存全线火灾报警设备、消防设备的运行状态信息。

4 存储事件记录和人员的各项操作记录，具备历史档案管理功能；实时打印火灾报警发生的时间、地点等事件记录。

8.6.4 车站级火灾自动报警系统应具备下列功能：

1 接收、存储、打印监控区火灾报警信息，显示具体报警部位；向中央级火灾自动报警系统发送车站级火灾报警信息，接收中央级火灾自动报警系统发布的消防控制指令。

2 发生火灾时，车站级火灾自动报警系统应满足下列监控要求：

1）直接控制专用排烟设备执行防排烟模式；启动广播系统进入消防广播状态；控制消防泵的启、停并监视其运行及故障状态；控制防火卷帘门的关闭并监视其状态；监视自动灭火系统的状态信号。

2）直接向环境与设备监控系统发布火灾模式指令，由环境与设备监控系统自动启动防排烟与正常通风合用的设备执行相应火灾控制模式。控制其他与消防相关的设备进入救灾状态，切除非消防电源。

3 接收、显示、储存辖区内火灾自动报警系统设备及消防设备的状态信息，实现故障报警。

4 自动生成报警、设备状态信息的报表，并能对报警信息、设备状态信息进行分类查询。

8.6.5 火灾自动报警系统设备的设置应符合下列规定：

1 车站内管理用房、站厅及站台和通道等区域应设置感烟探测器或感温探测器；车辆基地、控制中心感烟探测器的设置应适应大空间的特点。

2 每个防火分区应至少设置一个手动报警按钮；从防火分区内的任何位置到最近的手动报警按钮的距离不应大于 30m。

3 变电所、车站站台板下的电缆夹层应敷设缆式线型探测器。

4 车站公共区应设置应急广播；车站办公、设备区的走廊、控制中心、车辆基地及主变电站应设置警报装置。

5 车站、车辆基地、主变电站、控制中心应设置火灾自动报警控制盘。

6 重要设备室及值班室应设置消防电话。

8.6.6 火灾自动报警系统应设置维修工作站，并应具备下列功能：

1 接收、显示、储存、统计、查询、打印全线火灾监控报警系统设备的状态信息，发布设备故障报警信息，建立火灾监控报警系统设备维修计划及档案。

2 对车站级火灾自动报警控制盘进行远程软件下载、软件维护、故障查询和软件故障处理。

8.6.7 火灾监控报警系统应预留与拟建其他线路换乘站火灾自动报警系统接口的条件。

8.7 环境与设备监控系统

8.7.1 环境与设备监控系统应具备下列功能：

1 车站及区间设备的监控。

2 执行防灾和阻塞模式。

3 环境监控与节能运行管理。

4 车站环境和设备的管理。

5 系统维修。

8.7.2 车站及区间设备的监控应具备下列功能：

1 中央和车站两级监控管理。

2 环境与设备监控系统控制指令应能分别从中央工作站、车站工作站和车站紧急控制盘人工发布或由程序自动判定执行。

3 注册和操作权限设定。

8.7.3 执行防灾和阻塞模式应具备下列功能：

1 接收车站自动或手动火灾模式指令，执行车站防烟、排烟模式。

2 接收列车区间停车位置、火灾部位信息，执行隧道防排烟模式。

3 接收列车区间阻塞信息，执行阻塞通风模式。

4 监控车站逃生指示系统和应急照明系统。

5 监视各排水泵房危险水位。

8.7.4 环境监控与节能运行管理应具备下列功能：

1 通过对环境参数的检测，对能耗进行统计分析。

2 控制通风、空调设备优化运行，提高整体环境的舒适度及降低能源消耗。

8.7.5 车站环境和设备的管理应具备下列功能：

1 对车站环境参数进行统计。

2 对设备的运行状况进行统计，优化设备的运行；形成维护管理趋势预告，提高设备管理效率。

8.7.6 系统维修应具备下列功能：

1 监视全线环境与设备监控系统的设备运行状态，对系统设备进行集中监控和管理。

2 对全线环境与设备监控系统软件进行维护、组态、运行参数的定义、系统数据库的形成及用户操作界面的修改等。

3 通过对硬件设备故障的判断，保证对系统进行实时监控及维护。

8.7.7 防排烟系统与正常通风系统合用的车站设备，应由环境与设备监控系统统一监控。环境与设备监控系统和火灾监控报警系统之间应设置可靠的通信接口，由火灾自动报警系统发布火灾模式指令，环境与设备监控系统优先执行相应的火灾控制程序。

8.7.8 在地下区间发生火灾或列车阻塞停车时，隧道通风、排烟系统应由控制中心发布模式控制命令，车站环境与设备监控系统接收命令并执行。

8.7.9 车站控制室应设置综合后备控制盘，盘面应以火灾工况操作为主，操作程序应简单、直接；作为环境与设备监控系统火灾工况自动控制的后备措施，其操作权限高于车站和中央工作站。

8.7.10 环境与设备监控系统应选择具备可靠性、容错性、可维护性、适应城市轨道交通使用环境的工业级标准设备；对事故通风与排烟系统的监控应采取冗余措施。

8.7.11 环境与设备监控系统软件应为标准、开放和通用软件，并具备实时多任务功能。

8.8 自动售检票系统

8.8.1 自动售检票系统应适应城市轨道交通网络化运营的需要，并应预留与城市公共交通票务系统的数据接口。

8.8.2 自动售检票系统应建立统一的密钥体系和车票制式标准；车票制式应与城市公共交通系统标准一致。

8.8.3 自动售检票系统应具备适应各种票务政策，进行实时客流统计、收入清分、防止票务作弊等功能。

8.8.4 自动售检票系统应采用相对独立分级设计，当其中任何一级系统故障时，均不应影响其他系统的正常运行；当故障解除后，应能自动进行系统的恢复处理。系统关键设备应冗余设置，重要数据应备份。

8.8.5 自动售检票系统对外部的恶意侵扰应具有有效的防御能力；车站计算机系统和车站终端设备控制器均应按工业级标准设计，系统设备应满足车站的环境要求。

8.8.6 自动售检票系统的设计能力应满足车站最大预测客流量的需要。

8.8.7 自动售检票系统应满足远期发展及与其他客运交通线路换乘的要求，预留后建线路的接入条件；所采用的车票制式、车站设备的功能和票务政策等应与已建线路自动售检票系统兼容，实现数据互联、互通。

8.8.8 自动售检票系统应满足各种运行模式的要求。在非正常运营状态下，自动售检票系统应能由正常运行方式转为相应的降级运行方式或紧急方式，并应为票务管理、客流疏导提供方便。

8.8.9 在紧急状态下，所有检票机闸门均应处于自由开启状态，并应允许乘客快速通过。

8.8.10 自动售票设备和进站检票设备的数量应满足最大预测客流量的需要；出站检票机应满足行车间隔内下车乘客全部出站的要求。

8.8.11 自动检票机对乘客应有明确、清晰、醒目的工作状态显示；双向自动检票机应能通过参数设置自动转换各时段的使用模式。

8.9 自动扶梯、电梯

8.9.1 自动扶梯、电梯的配置及数量应满足最大预测客流量的需要。

8.9.2 自动扶梯应符合下列规定：

1 自动扶梯应采用公共交通型重载扶梯，其传动设备、结构及装饰件应采用不燃材料或低烟、无卤、阻燃材料。

2 自动扶梯应有明确的运行方向指示。

3 自动扶梯应配备紧急停止开关。

8.9.3 电梯应满足下列要求：

1 电梯的设置应方便残障乘客的使用。

2 电梯的操作装置应易于识别、便于操作。

3 当发生紧急情况时，电梯应能自动运行到设定层，并打开电梯门。

4 电梯轿厢内应设有专用通信设备，并应保证内部乘客与外界的通信联络。

5 非透明电梯轿厢内应设视频监视装置。

8.10 站台屏蔽门

8.10.1 站台屏蔽门的设计、制造、安装和运行管理，应保证乘客顺利通过，并应满足列车停靠在站台任意位置时车上乘客的应急疏散需要。

8.10.2 站台屏蔽门的结构应能承受人的挤压和活塞风载荷的作用。

8.10.3 在正常工作模式时，站台屏蔽门应由司机或信号系统监控，并应保证站台屏蔽门关闭不到位时，列车不能启动或进站。

8.10.4 站台屏蔽门应具有在站台侧或轨道侧手动打开或关闭每一扇滑动门的功能。

8.10.5 站台屏蔽门应设置应急门；站台屏蔽门两端应设置供工作人员使用的专用工作门。应急门和工作门不受站台屏蔽门系统的控制。

中华人民共和国国家标准

城市轨道交通技术规范

GB 50490－2009

条 文 说 明

1 总 则

1.0.1 阐述制定本规范的目的。

我国在城市轨道交通标准化方面，还没有建立起较为完善的标准体系，特别是在涉及安全、卫生、环境保护和维护社会公共利益等方面需要政府进行控制的关键技术要求，还没有系统的强制性规定，这在某种程度上制约了城市轨道交通事业的健康发展。快速发展的城市轨道交通事业迫切需要标准体系的形成和完善，政府也需要加强对城市轨道交通行业的技术监督，保证城市轨道交通工程的建设质量和运营安全，维护社会公共利益。

1.0.2 阐述本规范的适用范围。

本规范的适用范围可从以下几个方面理解：

1 城市轨道交通

根据城镇建设行业标准《城市公共交通分类标准》CJJ/T 114－2007，城市轨道交通分为地铁系统、轻轨系统、单轨系统、有轨电车、磁浮系统、自动导向轨道系统、市域快速轨道系统七个类别。本规范不适用于磁浮系统中的高速磁浮系统。

不同的城市轨道交通系统各具技术特点，在本规范的条款中，针对不同类型的城市轨道交通系统的异同点，分别规定其技术要求。一些城市轨道交通类型，如中低速磁浮系统、自动导向轨道系统等，还缺乏足够的建设和运营经验，但在安全、卫生、环保和公共利益上的要求与其他类别的轨道交通是一致的。本规范并未对这类交通方式进行过细的规定，就是为其发展留有余地，待成熟时，结合本规范的修编来完善；一些新的系统类型在建设和运营时，如果发现本规范中的一些条款不适用这类新的交通系统，可以根据《建设工程勘察设计管理条例》（国务院令第 293 号）和《“采用不符合工程强制性标准的新技术、新工艺、新材料核准”行政许可实施细则》（建标［2005］124 号）的规定进行核准。

2 建设和运营

建设是指新建、改建和扩建城市轨道交通工程项目的规划、可行性研究、勘察设计、施工安装、调试验收和试运行，包括车辆和机电设备的采购、制造；运营包括运营管理或行车管理、客运服务和维修。

3 既有轨道交通的适用性

本规范适用于新建、改建和扩建的城市轨道交通工程。本规范实施前已经运营的城市轨道交通不受本规范的约束，但改建或扩建时应按本规范执行。

1.0.3 规定城市轨道交通建设和运营基本技术要求和原则。

城市轨道交通在安全、卫生、环境保护、资源节约和维护社会公众利益等方面的技术要求是城市轨道交通建设和运营过程中必须遵守的，也是我国相关法律、行政法规规定需要强制执行的技术要求。因此，满足安全、卫生、环境保护、资源节约和维护社会公众利益等方面的技术要求是城市轨道交通建设和运营的前提。

本规范提出了“以人为本、技术成熟、经济适用”的基本原则。“以人为本”，意在强调城市轨道交通建设和运营应体现为乘客服务的基本属性；“技术成熟”，主要从安全角度出发，意在不强制要求技术先进，意在不鼓励盲目求新；“经济适用”，强调城市轨道交通的建设和运营应考虑经济性，应注重经济效益，避免不必要的功能和浪费。

1.0.4 规定城市轨道交通建设与运营之间的衔接原则。

城市轨道交通是非常复杂的系统，建设完成后，投入运营前，必须经验收合格，确保安全的前提下，才可以投入载客运营。

1.0.5 阐述本规范的定位以及与法律、法规和其他标准的关系。

本规范是工程建设强制性国家标准，本规范的规定是城市轨道交通建设和运营的强制性要求，使用对象是全方位的，是参与城市轨道交通建设和运营的各方主体必须遵守的准则，是管理者对城市轨道交通建设和运营依法履行监督和管理职能的基本技术依据。

本规范主要对城市轨道交通的性能、功能和目标提出了要求，并未对城市轨道交通的建设和运营提出全面、具体的要求，本规范的实施需要依存于经国家批准或备案的有关标准。城市轨道交通建设和运营过程中，尚应符合相关标准的规定。

在城市轨道交通建设和运营中，还需要符合法律、法规的规定，当本规范与法律、法规的规定抵触时，应按法律、法规的规定执行。

3 基 本 规 定

3.0.1、3.0.2 规定了城市轨道交通规划与城市总体规划、城市综合交通规划的关系；规定了城市轨道交通规划中应明确的主要内容和原则要求。

3.0.3 规定了城市轨道交通建设、运营以及乘客需求之间的关系。城市轨道交通要树立运营为乘客服务、建设为运营服务的理念；应从网络角度统筹考虑资源的合理使用，以及乘客使用的便捷。

3.0.5 《建设工程勘察设计管理条例》（国务院令第293号）第二十七条规定，设计文件中选用的材料、构配件、设备，应当注明其规格、型号、性能等技术指标，其质量要求必须符合国家规定的标准。本条据此对城市轨道交通采用的材料和设备提出了要求。

3.0.6～3.0.9 规定了城市轨道交通在消防、电磁兼容、防范自然灾害和乘客使用方面的基本安全要求。

3.0.10 根据《城市道路和建筑物无障碍设计规范》JGJ 50-2001第1.0.3条制定。

3.0.11 城市轨道交通中，线路部分封闭或不封闭运行的属于中低运量系统，如有轨电车，车站的设置简单，多为开敞形式，这种类型的城市轨道交通不强制要求设置公共厕所；公共厕所要求设在车站，并没有强制规定公共厕所是设在站台还是在站厅层，在建设时可酌情考虑。

3.0.12 提出了城市轨道交通对外界建筑物或构筑物影响的处理原则。

3.0.13 由于城市轨道交通敷设方式的多样性，地面线路、路堑等线路的出现，使得外界人、物可能对城市轨道交通的运营安全产生影响。在城市轨道交通的禁入区域应设置明显的、表明禁止外界人和物进入的标志。同时，应采取有效的物理措施，防范外界人、物的进入。

3.0.14 从城市交通一体化的概念出发，提出了城市轨道交通应配套建设与其他交通方式衔接的设施，并应当与城市轨道交通统一规划、同期建设。

3.0.15 根据《中华人民共和国人民防空法》（中华人民共和国主席令第七十八号）第十四条的规定制定。

3.0.16～3.0.19 国家在环境保护、文物保护方面有很多法律、法规和标准，城市轨道交通的建设和运营也必须执行。

3.0.20 规定了城市轨道交通投入载客运营前应达到的基本要求。不载客试运行的时间是指城市轨道交通土建工程、系统设备安装调试合格后的时间。本条的制定参照了北京等地城市轨道交通的地方法规。

3.0.21 根据《地铁设计规范》GB 50157-2003第3.1.3条的规定制定。城市轨道交通的运营不仅要考虑正常的运营状态，还要考虑系统故障状态时的非正常运营状态以及遇到突发事件时的紧急运营状态。

非正常运行状态是指超出正常范围，但又不至于直接危及乘客生命安全，对车辆和设备不会造成大范围的严重破坏，整个系统能够维持降低标准运行的系统运行状态，主要包括列车晚点、区间短时间堵塞、车站乘客过度拥挤、线路设备故障、列车故障、沿线系统设备故障等。

紧急运行状态是指发生了直接危及乘客生命安全、严重自然灾害或系统内部重大事故，造成系统不能维持运行的情况，主要包括火灾、地震、列车运行事故、设备重大事故等。

3.0.22、3.0.23 规定了运营中维修、突发事件处理和培训的基本技术要求。

3.0.24 城市轨道交通的主体结构、车辆以及各设备系统都有不同的设计使用年限，当达到设计使用年限并需要继续使用时，应对其进行技术鉴定，并根据鉴定结论做相应处理。重大灾害（如火灾、风灾、地震、爆炸等）对城市轨道交通的结构、车辆、设备系统和运营安全造成严重影响或潜在危害，需要继续使用时，也应进行技术鉴定，并根据鉴定结论做相应处理。

4 运 营

4.1 行 车 管 理

4.1.1 城市轨道交通的运量、运行速度、服务水平都具备一定的规模，敷设方式以地下和高架为主，管理需求也比一般地面公交系统要高，因此要求设置统一的调度指挥中心。指挥中心所监控的内容根据轨道交通形式和管理模式的不同可以有所区别。

4.1.2 大部分城市轨道交通主要是在全封闭或大部分封闭的线路条件下运行，运行速度较高，运行密度较大，为保证行车安全，提高运行效率，需要采用技术手段对列车进行安全运行防护。有轨电车主要在地面运行，采用专用道或与地面交通混行，运行速度相对较低，存在大量平交道口，其运行方式与全封闭运行方式有很大不同，因此允许此类系统依靠司机瞭望来保证行车安全。

4.1.3 列车越站实际运行速度是指列车在不停车越过车站的速度，站台无屏蔽门时，其实际运行达到的行驶速度不应大于40km/h，以保证站台上的乘客在无思想准备的情况下，能够及时判断列车的运行状态，避免发生危险。具体速度取值参考了德国的城市轨道交通技术法规。对于列车在车站停车，或车站站台设有屏蔽门时，由于列车运行规律符合乘客的判断，或乘客已经受到屏蔽门的保护，可以不受此条款的限制。

4.1.4 营运时段是指在早高峰和晚高峰之间的时段，为保证城市轨道交通系统的服务水平，相比城市公共交通系统普遍的行车间隔，其线路最大运行间隔不大于10min，但早晚收发车时段的部分列车可以不受此条限制。

4.1.5 列车进行站后折返作业时，有可能处在无人驾驶状态，如果此时有乘客滞留在车厢内，有可能发生工作人员无法控制的事件。即便是有司机操作的列车站后折返，列车司机也无法有效控制乘客在车厢内的行为，容易产生意外事件。为保护乘客安全和系统正常作业，列车在离开站台进入站后折返线以前，应确保车厢内无滞留乘客。

4.1.6 故障列车退出运营是指列车因故障不能或不适于继续载客运行，需要将其停放进车辆段、停车场或沿线临时停车线中。但如果发生故障的列车还能够开动，并且能够在故障模式下运行时，为确保车内乘客的安全，应驶入就近的车站将乘客清空，然后尽快进入指定的停车位置。

4.1.7 为保证乘客安全，要求城市轨道交通车辆在正常载客运行时，车门必须处在关闭状态。同时，为提高列车运行效率，也要求列车开门的延迟时间越小越好。对于车门控制本身而言，一般列车速度小于5km/h时，就可以认为列车速度为零，此时车门获得的开门信号称为“零速信号”，列车开关门指令是可以被执行的。但对于乘客安全而言，其实际执行的效果必须是列车速度为零的状态下车门才能打开。这需要在具体设计时各系统具体协调。遇到特殊情况时，如车门不能正常开闭，则必须有其他安全手段或措施确保乘客的安全。

4.1.8 规定了系统应实现无人驾驶功能的区域范围；针对无人驾驶系统的特点，强调了值守人员与乘客应具备的联络手段；规定了与乘客安全直接相关的站台屏蔽门的设置、监视等保护乘客安全的基本要求。

4.2 客运服务

4.2.1～4.2.6 城市轨道交通的客运服务直接面对乘客，是体现系统服务质量和服务水平最直接的窗口，其内容非常广泛，对于不同的系统在不同情况下的要求也不尽相同。本规范仅对保证乘客安全、服务质量和服务规范化等基本内容进行了原则性的规定。

4.3 维修

4.3.1、4.3.2 对维修和维修管理的基本要求。

4.4 车辆基地

4.4.1、4.4.2 根据《地铁设计规范》GB 50157-2003第22.1.4条、22.1.6条、22.1.7条、22.1.8条、22.1.9条、22.2.8条的规定改写而成，重点是车辆基地的基本功能以及防灾等安全要求。车辆基地包括停车场、车辆段和综合维修基地。

5 车辆

5.1 一般要求

5.1.1～5.1.4 规定了车辆的基本安全要求；规定了噪声、振动等环保的基本要求。车辆应具备故障、事故和灾难情况下方便救援的条件，包括人员自救、对人员的施救，以及对车辆本身的救援。

5.2 车体

5.2.1 规定了车体在寿命周期内的强度、刚度要求。由于铝合金车体的焊缝疲劳强度较低，在寿命周期内，焊缝可能有疲劳问题，增加了疲劳失效的要求。车体的强度、刚度试验统称车体静强度试验。

5.2.2 根据《地铁车辆通用技术条件》GB/T 7928-2003的规定制定。由于受限界的影响及车门机构外形尺寸的制约，车门和客室的实际高度往往不是很高，本条规定的是最低高度。

5.2.3 从安全角度规定了客室侧门的基本技术要求。在车门的控制上，一般列车速度小于5km/h时，就认为列车速度为零，此时车门获得的开门信号称为“零速信号”。当列车中某一车门发生故障，为不影响正常运行，可以对该车门进行隔离操作，列车进行开关门操作时，隔离的车门不受控制。

5.2.4 城市轨道交通车辆载客量大，客室应设置一定数量的扶手、吊环等，数量应满足乘客的把握要求，设置方式应方便乘客把握。

5.2.5 城市轨道交通限界较小，乘客身体伸到窗外极易发生危险，因此，应防止这种危险活动发生。

5.2.6 对客室设施的安全要求。

5.3 牵引和制动

5.3.1 规定了车辆两种基本制动形式。电制动一般包括电阻制动、再生制动；常见的摩擦制动有空气制动、液压制动和磁轨制动，基础制动有踏面制动、盘形制动。

5.3.2 超员载荷工况是指按照《城市轨道交通工程项目建设标准》（建标 104－2008）的规定计算的超员，即超员为坐席位和站席位的总和，站席标准为车内面积扣除坐席区（坐席区的截面按坐席宽加 0.25m 计）及相关设施的面积后，按 9 人/m^2 计。

5.3.4 对制动系统的安全要求。列车意外分离应立即实施紧急制动，以保证行车安全。

5.3.6 根据《地铁车辆通用技术条件》GB/T 7928－2003 第 6.19 条制定。定员载荷工况是指按照《城市轨道交通工程项目建设标准》（建标 104－2008）的规定计算的定员，即定员为坐席位和站席位的总和，站席标准为车内面积扣除坐席区（坐席区的截面按坐席宽加 0.25m 计）及相关设施的面积后，按 6 人/m^2 计。

5.3.7 为保证安全，规定制动指令优先于牵引指令；加减速度及冲击值不能过大，以保证舒适性要求。

5.4 车载设备和设施

5.4.1 规定了蓄电池的容量。地面高架线路，通常设置活窗，并可缓解应急通风问题，故时间可以短些；地下线路，通常设死窗，也难以缓解应急通风问题，故规定时间长些。与《地铁车辆通用技术条件》GB/T 7928－2003 相比，增加了"车门控制"项。

5.4.3 规定了与道路交通混行的车辆或列车应满足道路交通法规的要求。

5.4.4 根据《地铁车辆通用技术条件》GB/T 7928－2003 制定，规定了空调、通风和电热系统的基本要求。采用空调系统时的"新风"是指从车辆外取得的空气；仅设有机械通风装置时的"供风量"是指"新风"。

5.4.5 编组运行的列车轮椅停放位置在每辆车上应至少设置一处，有轨电车等非编组运行的列车，每列（辆）车上应至少设置一处，并应设置相应的装置，使轮椅能够安全停放。在车辆内外，以及车站站台的相应位置，应设置明显的指示标志，方便乘轮椅者寻找。

5.4.6、5.4.7 规定了车辆设置应急照明、广播通信系统的基本要求。

5.4.8 本条第 2 款不适用于低地板车辆（列车）。由于低地板车辆的地板面较低，乘客可以直接从客室车门逃生，因此低地板车辆（列车）可以不在车辆（列车）两端另外设置应急疏散条件和相应设施。本条第 5 款中"应配备人工操控列车的相关设备"，是指为保证在特殊情况下列车能供进行人工驾驶作业而配置的简易人工驾驶装置。

6 限　界

6.0.1 根据选定的车辆、运行速度和车辆载荷工况可计算得到不同的车辆限界、设备限界，并设计相应建筑限界。

6.0.2 轨行区是列车运行轨道周围所需的区域，在这个区域内的建筑物和安装的设备均不得侵入相应的限界，相邻轨道上运行的列车之间也应确保两列车交会时的行车安全。

6.0.3 受电弓工作高度，在隧道内的标称高度为 4040mm，露天线路上的安装高度为 4400～5000mm，特殊要求除外，不能超过受电弓最大工作高度。

接触网设备结构高度根据采用柔性架空接触网还是刚性架空接触网来确定。

采用侧向接触网或接触轨授电时，建筑限界高度由设备限界控制；而采用架空接触网时，建筑限界高度由受电弓工作高度和接触网设备结构高度确定。

6.0.4 规定了建筑限界的基本要求：

1 相邻双线线间距，当两线间无建（构）筑物及设备，两列车交会时，左右线上列车在运行时产生的设备限界加 100mm 安全间隙，对于 120km/h 以下的运行速度是可以确保行车安全的。实际上，两列车在交会时，不可能同时带故障运行，最坏时也只可能一列车带故障（设备限界）运行，另一列车正常运行（车辆限界），所以，实际的安全间隙要比 100mm 的大。

3 无论接触轨授电还是架空接触网授电，直流带电体与相邻设备或构筑物之间的距离均应符合电气安全距离的规定。

4 地面线外侧设置的防护栏杆，应按城市轨道交通用地界围挡，防止闲人误入。本条是按技术角度规定的最低要求。

5 人防门、防淹门在宽度方向上的建筑限界，既应确保列车过门时的安全间隙，又不可把门做得太宽，以免增加门框外预埋管线的困难。

6.0.5 应按照车站有效站台范围内的车辆限界设计站台建筑限界。采用塞拉门的车辆限界和非塞拉门（内藏门或外挂门）的车辆限界对站台建筑限界是有较大影响的。

6.0.6 车站站台面不应高于车辆客室地板面，是保障下车乘客安全的需要。在考虑了车轮踏面磨耗、钢轨面磨耗，重车时的弹簧下沉量，曲线轨道的超高值（站内不大于15mm）等因素后作此规定。站台的装修面按低于空车（新轮）客室地板面50mm计，这一高差经上海、广州、深圳等地铁的运营验证，证明是合理的。

6.0.7 站台屏蔽门与列车车门之间的净空不应容纳一个人的宽度，即使乘客因车门关闭不能上车时，屏蔽门的活动门也应因为被乘客阻挡而关闭不了。本条提出该净空不应大于130mm的规定是基于广州地铁3号线和4号线的设计经验，并参照了香港地铁屏蔽门与车体间隙114mm的运营实践。

6.0.9 工程车及其他专用车辆的设计制造均应符合运行线路车辆限界的规定。

7 土 建 工 程

7.1 线 路 工 程

7.1.1 在敷设方式选择上应重视沿线的"土地利用规划、自然条件、环境保护"的因素，在封闭方式选择上，应重视线路的"功能定位"。

7.1.2 全封闭线路包括地下隧道、高架桥和有护栏的地面专用道。为保证列车能高速、安全运行，与道路相交时，应采用立体交叉方式；部分封闭运行的线路，非封闭地段线路与城市道路相交时，可设置平面交叉。通过交叉口的城市轨道交通列车，也应遵守道路交通信号。在平面交叉口，经过计算和协调，可使道路信号和城市轨道交通信号联锁，采取城市轨道交通"列车优先通过"的措施，可以提高城市轨道交通的列车通过能力，但应设置相应的安全防护措施。

7.1.3 规定了全封闭运行的城市轨道交通的各种线路之间的接轨条件。

正线（含支线）之间的接轨点应选择在车站，同时要求两条线路列车的进站方向应设置平行进路，以保证接轨车站对正线与支线具备同时进站的接车能力，避免两条线同进一条站线的进路。

不强制要求车辆基地的出入线与正线的接轨点选择在车站，但选择在区间接轨时，只有经过工程技术经济比较、行车组织和通过能力核算，并设置相应的安全防护措施、保证行车安全后，才允许。

7.1.4 从安全角度规定了城市轨道交通线路平面曲线和纵向坡度的技术标准应与车辆的性能、参数相互适应，以保证正常运营的行车安全和应急救援需要。

7.1.5 线路的辅助线有两条正线间的联络线，车辆基地的出入线，车站的折返线、故障列车的停放线以及各类渡线等辅助线的设置，不仅要满足正常的运营需要，也要满足应急救援的需要。

7.2 轨道与路基工程

7.2.1 轨道结构应有足够强度——满足安全快速运行和足够的承载能力。稳定性——满足轨道的铺设标准。耐久性——保持轨道形态稳定，控制轨距、高低变化在允许范围内，减少钢轨磨耗，延长使用寿命、减小维修工作量。适当的弹性——避免轨道结构过分强调刚性，有利于轨道在各种受力情况下的适应性，有利于改善列车运行的舒适度。

减振、降噪是对城市轨道交通的综合性要求，对轨道技术方面提出的仅是一个方面，因此轨道结构设计和铺设时，应根据线路两侧的环境要求，采取相应类型、不同等级的减振设施。值得注意的是，轨道工程是在夜间维修，因此轨道结构应有利减少维修工作量。

7.2.3 规定钢轨的断面及轨底坡应与车轮轮缘踏面相匹配，一是有利于轮轨之间良好配合，减小轮轨磨耗和噪声；二是对车辆有足够的支承和良好的导向作用，以达到安全行车的目的。

7.2.4 跨座式单轨车辆的走行系统是由车辆的走行轮、导向轮和稳定轮组成，车体跨骑在单根轨道梁上，跨座式单轨车的轨道梁应具有足够的竖向、横向和抗扭刚度，保证结构的整体性和稳定性，同时，由于轨道梁两侧还要安装授电轨、通信、信号等一系列电缆和相关设施，需要进行统筹安排。

7.2.5 曲线地段运行的车辆，随曲线半径和通过速度不同会产生不同的横向离心力，为此要求轨道的两条钢轨产生不同高差，即设置轨道超高，形成向内侧的倾斜面，使车辆车体内倾而形成向心力，与其离心力平衡。但轨道设置超高是有限度的，要考虑到列车偶尔在曲线上停车时的倾斜状态，即最大超高应满足列车静止状态下的横向稳定要求，车辆重心不得偏离轨道中心过大，以保障安全。

为提高曲线通过速度，并满足乘客舒适度的要求，允许未被平衡的横向加速度0.4m/s^{2}是乘客舒适度的基本临界点，相当于欠超高为61mm。

车站曲线超高为15mm是照顾列车进站的速度和乘客的舒适度，同时考虑列车在超高轨道上停车状态的倾斜度不大，保持车厢与站台面的高差。允许未被平衡的横向加速度不应超过0.3m/s^2，相当于欠超高为45mm。

7.2.6 轨道尽端设置车挡是针对列车未能及时按规定位置停车时的安全阻挡设施，车挡应具有足够的抵御能力。一般列车进站是按电制动减速运行，列车头部进站限速为55km/h，当制动速度达到10～12km/h时，电制动将自动转换为空气制动（各种车辆会有差异）。假定此时空气制动系统因故障而失效，可能直冲车挡，由此确定车挡应承受列车最大撞击速度为15km/h；同时，车辆设置的能量吸收保护装置可以保证在15km/h的撞击下，车辆不会造成严重损坏。

7.2.7 道岔是轨道的薄弱环节，是列车安全运行的关键设备。道岔的尖轨是受信号系统控制而移动，从而改变线路的进路。道岔尖转辙部分移动力量与尖轨的刚度有关，信号转辙设备应配置足够的动力移动尖轨，并保持尖轨的合理线形。

7.2.8 区间线路有隧道、高架桥和地面路基等情况，应考虑列车意外发生停车事故时，具备乘客从列车上紧急疏散下来，再从轨道道床面逃生的条件和空间。因此规定无论是隧道、高架桥和地面路基，在道床或轨旁应留有步行逃生的应急通道，同时也是救援通道。

7.2.10 路基是承载轨道的基础，路基工程应包括路堤和路堑两类，均应具有足够的强度、稳定性和耐久性，设计和施工的具体要求应满足路基工程有关标准的规定，以保证运行安全。路堤的高度上应满足防洪高度、路堑地段应采取防涝措施。

7.3 建 筑

7.3.2 当发生事故或灾难时，应保证将一列车的预测最大载客量以及站台上所有的候车乘客，但不考虑站台另一侧列车的进站客流，在6min内全部撤离到安全区。一般情况下，站厅层可作为安全区。参照美国标准“NFPA130”（美国消防协会固定式导向槽运送系统标准 Standard for Fixed Guideway Transit and Passenger Rail Systems）中“车站员工必须按照要求驻留在车站建筑物之中”的要求，本条与《地铁设计规范》GB 50157－2003相比取消了“工作人员”。

7.3.3 车站站台和乘降区的宽度除了满足客流乘降要求外，还应满足应急疏散的要求。有轨电车系统运输能力低、客流量小、车站设置简单，可不受此条限制。在站台计算长度范围内设有立柱时，应另外加柱宽。

2 侧式站台车站，楼梯（自动扶梯）平行于线路方向设置时，侧站台最小宽度不小于2.5m，与岛式车站侧站台宽度不小于2.5m的标准相一致；当垂直于侧站台开启通道设楼梯（自动扶梯）时，由于不存在前者平行于站台长度方向设梯之间有供乘客的空间，故适当加宽。

3 采用短编组列车，站台计算长度小于100m时，站台上楼梯（自动扶梯）设于站台计算长度之外，此时，站台上任一点至梯口距离能满足不超过50m的要求，故岛式站台宽度不小于5m，侧站台宽度不小于3.5m。

4 设于地面以上的车站，当客流不大时，为了缩小体量，改善景观，在满足客流乘降需求下，且站台上设有站台屏蔽门，则侧站台宽度可适度减小，但不小于2m。

7.3.6 规定的是自动扶梯设置的最低标准，随着经济发展，可根据各城市的财力相应提高标准；提升高程较大时，自动扶梯也应尽量避免分段设置。

7.3.16 地下车站防火分区的划分，参照了日本东京都营地下铁道10号线和横滨市《地下铁道防灾设备设计标准》的规定，站台、站厅公共区外以不超过1500m²使用面积划为一个防火分区。随着各城市大型多线换乘车站的出现，站台、站厅公共区的面积远远超过单一车站站台、站厅公共区的面积，达到1万平方米甚至几万平方米。鉴于此种情况，划为一个防火分区，显然不合理，应作建筑防火性能设计分析，采取相应措施。

充分利用地下空间与地下车站实现综合开发是必然趋势。从目前各城市实施情况来看，一种是垂直间结合，即上层为商业空间，下层是地下车站；另一种是同层面结合，一般采用地下车站站厅公共区相连的商业等公共空间，但无论哪种形式的结合，应遵守下列原则：

1）地下车站必须满足自身疏散能力且不少于二个独立出入口。

2）地下车站与商业等开发空间，可以联通，但应单独划分防火分区。

3）与地下车站站厅公共区相接的商业空间，不应采用大面积连续多道防火卷帘作为防火隔断相连接。建议采用防火隔墙：防火卷帘按3：1比例相连。最适宜的应采用少量通道相接。

4）在地下车站站台层，即使不在站台计算长度范围的空间也不应作商业等公共空间使用。

7.3.17 消防专用通道是供消防人员从地面进入地下车站各层及区间开展救援之用，所以应设置在含有车站控制室的主要管理用房防火分区内，通过消防楼梯到达站台层，如地下层超过3层（含3层）提升高度已大大超过10m，此时应把封闭楼梯间改设成防烟楼梯间，每一层均有前室，以便消防人员能安全地进入各层救援。

7.3.18

1 上、下层站台换乘车站图例：

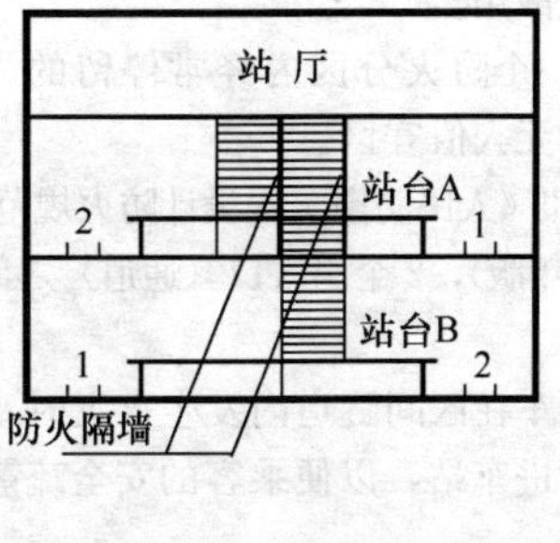

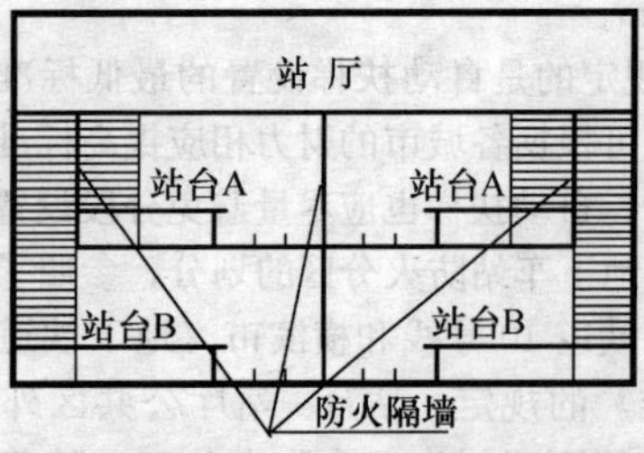

2　多线同层站台平行换乘车站图例：

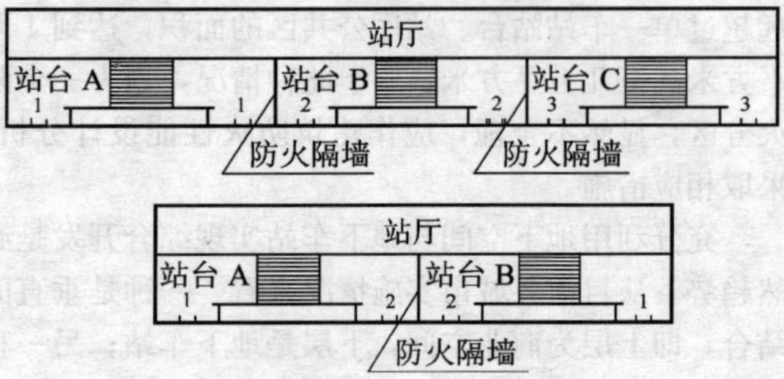

3　多线点式换乘车站，是指二线站台之间的"+"、"T"、"L"型换乘，三线站台之间"△"、"卄"、"冂"、"Y"、"H"等形式换乘，以及站厅之间的通道换乘。它们之间的换乘梯和换乘通道均应设防火隔断，仅在通道（梯）两端洞口处设防火卷帘，分线控制。换乘通道或换乘梯不能作为火灾工况下的安全疏散口，发生火灾时由火灾车站侧落下防火卷帘。

4　按照7.3.16条地下车站站台和站厅公共区划为一个防火分区是指单线车站而言。随着各城市大型多线换乘车站的出现，站台和站厅公共区面积远远超过单一车站公共区面积。鉴于此种情况，划为一个防火分区显然不可行。本条提出共用一个站厅公共区面积，不能超过单线标准站厅公共区面积的2.5倍。例甲线2000m²，乙线1800m²，则不能超过2000×2.5＝5000m²站厅公共区面积。超过时必须经有资质单位作消防性能化设计分析，采用切实可行，并经当地消防部门认可的消防措施。

7.3.19　车站出入口的设置，除满足正常进出站客流的需要外，还应满足应急疏散的需要。

2　对于地下一层侧式站台车站，由于上方无站厅层，为了满足消防疏散的要求，每个侧式站台应设置不少于2个出入口；二侧侧站台之间下穿轨道的联络地道是为了方便乘客调整乘运方向而用，此通道不能作应急疏散用。

4　当一个防火分区内经常停留的人数不超过3人时，视为无人值守区。

5　参照《人民防空工程设计防火规范》GB 50098－1998（2001年版），2个出入口（通道）之间的净距不应小于10m。

7.3.22　列车在区间隧道内发生火灾时，按正常程序应将列车开进车站，以便乘客的安全疏散和灭火救援行动的展开，但不能排除火灾后列车无法驶向站台而被迫停留在区间隧道内的情况。本条规定两条单线区间隧道之间应设置联络通道，且相邻联络通道中心距离不能超过600m。乘客可就近通过联络通道进入非火灾区间隧道，再疏散至车站到地面。上述前提是列车每节车厢之间应贯通，且列车头尾节均有疏散门。

7.3.26、**7.3.27**　根据《地铁设计规范》GB 50157－2003第19.1.58条、19.1.60条改写而成。

7.4　结构工程

7.4.2　设计使用年限是指在一般维护条件下，能保证主体结构工程正常使用的最低时段。具体保证措施应符合有关标准的规定。

7.4.3　结构的净空尺寸，在满足轨道交通建筑限界或其他使用及施工工艺等要求的前提下，应考虑施工误差、结构变形和后期沉降等的影响，并留出必要的余量。

7.4.5　主要结构受力材料采用钢筋混凝土或混凝土，也可选用金属材料。

7.4.9　城市轨道交通是以交通功能为主兼顾人民防空的工程，应在满足交通需求的前提下参照人民防空规范进行设计。充分利用轨道交通工程埋深较深、结构强度较高等有利条件，使兼顾人民防空设计增加的费用尽量降低，并通过平战转换措施，在规定的时限内使其达到战时使用要求。

7.4.11　防水要充分考虑如何适应工程所处地域的复杂性问题，不同的施工方法，特殊的使用要求，应有与之相对应的、合理的防水措施。

7.4.12　防水等级的规定是根据《地下工程防水技术规范》GB 50108－2008中地下工程防水等级标准的规定确定的。

8　机电设备

8.1　供电系统

8.1.2　当系统中的设备和供电线路发生故障时，继电保护装置应能可靠地动作，切除故障；自动装置应根据情况投入备用电源或设备，并可限制某些设备用电。

8.1.3　供电系统注入公共电网系统的谐波含量值，不应超过国家标准《电能质量　公用电网谐波》GB/T 14549－1993允许的范围。

8.1.5　直流牵引供电系统采用走行钢轨回流时，为了减小杂散电流，钢轨需对地绝缘，不能直接接地。如果某些原因造成钢轨电位超过允许值，将危及乘客和工作人员的安全，应采用钢轨电位限制装置将钢轨直接接地以保证乘客和工作人员的安全。

8.1.6 电力监控系统可以集成到综合监控系统中，但电力监控系统的功能和要求不能降低。

8.1.11 规定了接触网的基本要求。接触网包括架空接触网和接触轨。

3 过电压保护装置用于防止操作过电压和大气过电压。由于回流回路正常情况下对地绝缘，对地电位可能会较高，所以不与大地绝缘的裸露导体不应直接接至或通过电压限制装置接至回流回路，而应接至接地极。

4 架空接触网接触线加载有很大的张力，当接触线发生断线时，张力会突然加载到接触网支柱上，将对支柱产生破坏造成事故扩大，增加抢修作业时间，因此应采取有效的措施防止事故扩大。

8.1.12 规定牵引回流和杂散电流防护的基本要求。

5 电缆的金属外护套及各种金属管道，在进入隧道时应有电气隔离，以防止外部高电位的引入和内部高电位的引出。

8.2 通信系统

8.2.2 通信系统的基本技术要求。

7 时钟系统除适应运营线路和车站统一标准时间信息的需求，还应适应具有运营关联的线路，乃至线网运营及各机电系统对统一标准时间信息的需求。

8.2.3 通信设备应按一级负荷供电，应由变电所提供两路独立的三相交流电源，当使用中的一路故障时，应能自动切换到另一路。目前，一般各机电系统均通过 UPS 供电，通信系统电源也有与其他弱电系统设备电源整合的案例。整合后的通信电源，除应满足本条要求外，尚应保证整合电源的可靠性和可用性，确保供电质量和不间断供电的要求。

8.3 信号系统

8.3.1 “故障——安全”原则，指在系统或设备发生故障、错误或失效的情况下，能自动导向安全一方，并具有减轻以至避免损失的功能，以确保行车安全，这一要求被称为“故障—安全”原则。

8.3.2 线路完全封闭的城市轨道交通列车运行速度较高、行车密度较大，应配置并运用列车自动防护系统，防止将信号系统的后备运行模式作为正常的列车运行模式利用，并且从载客运营起，就应遵守本条的规定；线路部分封闭的城市轨道交通，应根据行车间隔、列车运行速度，通过必要的信号显示、自动停车、平交路口控制等技术手段及严格的管理措施等确保列车运行的安全。

8.3.7 车内信号装置相当于铁路的机车信号。车内信号指列车自动防护设备、车内信号装置提供给司机，作为行车凭证的车内信号显示，可包括地面信息的复示信号、目标速度、目标距离等。

8.3.8 无人驾驶系统涉及车辆、信号、通信、防灾报警等机电系统设备，各子系统协同运用，可以充分发挥无人驾驶系统的作用。无人驾驶系统具有直接面向乘客的属性，其系统设备与乘客间应具有良好的人机界面。

8.3.11 城市轨道交通信号系统的安全认证体系在我国尚不完善，本条是从规范我国城市轨道交通信号系统发展出发，提出的原则性规定。涉及行车安全的系统设备，应通过独立的安全认证机构（如常设的安全认证机构或政府组织的、由有关专家组成的技术鉴定委员会）的认证或认可，并经过安全检测、运用试验。

涉及行车安全的系统设备投入运用前，应证实安全系统设备的研发程序及安全管理组织体系符合规范要求；系统实施了危险鉴别、分类、危险处理和评估；系统的安全功能分析和确认；故障模式及故障影响范围确认；完成了外界干扰的系统运行试验；具有安全功能检测报告和安全性试验证明。

8.3.12 安全性的要求可分为功能性安全要求——满足系统、子系统和设备应达到的与安全相关的功能，安全性要求——为达到安全目的，在软、硬件、冗余、通信等方面所采取的技术措施，以及量化的安全目标——定量分析系统、子系统、设备所能达到的安全指标等。

8.4 通风、空调与采暖系统

8.4.1 城市轨道交通具有地上建筑、地下建筑、地下区间、隧道和地面及高架区间等多种建筑形式。应设置通风、空调与采暖对系统内部的空气环境进行控制，满足人员和设备运转对内部空气环境的温度、湿度、气流速度、气流组织和空气质量等的要求，并控制通风、空调与采暖系统自身的设备在运行时所产生的噪声在允许的标准之内。

城市轨道交通的地下部分在发生阻塞和火灾时，提供有效的通风、排烟存在较大的困难和特殊性，必须给予高度的重视，因此，在此特别针对隧道等区域，强调系统阻塞和火灾等各种工况下的功能应得到有效的保证。

8.4.2 应用通风、空调与采暖方式可以排除城市轨道交通系统内部产生的大量余热、余湿，并且为乘客和工作人员提供所需的新鲜空气。城市轨道交通通风系统具有不花费能源的自然通风、活塞通风和消耗能源较少的机械通风等三种方式。从节省能源的角度考虑，应优先加以应用。当这三种方式不能有效实现排除余热、余湿和提供所需新鲜空气的功能，或者实现起来代价太大，经济上不合理时，可以采用空调方式。

8.4.9 城市轨道交通的隧道和地下车站只能通过出

入口和活塞风亭口部与外界大气进行联系，相对比较闭塞，为保证其内部空气质量能够满足人员适宜的卫生要求，必须确保提供一定数量的外界新鲜空气，同时将内部的部分污浊空气排出去，实现内外部空气的适量交换，因此，要求进风一定要直接采自大气，排风直接排出地面。

8.4.16 城市轨道交通地下车站和隧道一旦发生火灾事故，将产生大量浓烟，并且很难自然排除，同时会迅速蔓延充斥周围空间，导致人员撤离困难，也给救援工作带来极大的困难，因此，必须具备有效的防烟、排烟和事故通风系统。

8.4.17 为保证火灾事故工况下排烟的有效、快速实现，城市轨道交通地下车站的站厅、站台和设备及管理用房应划分防烟分区，且防烟分区不应跨越防火分区。

城市轨道交通地下车站的站厅和站台公共区划分为一个防火分区，而站厅和站台公共区是地下车站面积最大、人员最集中的场所，一定要提供有效可靠的排烟手段。从国内外现有的城市轨道交通地下车站实际来看，站厅和站台的面积和规模很大，如果防烟分区面积较小，排烟系统的构成将极为复杂，系统运行有效性的保证也将存在很大困难，同时也考虑到需要为车站装修提供适宜的便利条件，因此，将有效的排烟功能、系统构成简化的要求与建筑装修的需求三者兼顾，规定地下车站的站厅、站台公共区每个防烟分区的建筑面积不应超过 $2000m^2$。

从城市轨道交通地下车站设备及管理用房的实际情况分析，其内部电气设备很多，并有人员值守要求，因此，其防烟分区的建筑面积严格规定不应超过 $750m^2$。

8.4.18 城市轨道交通地下车站的站厅和站台公共区的面积和规模很大，而且存在不断增大的趋势和需求，其防烟分区的划分也存在超过两个以上的情况，在保证有效排烟需求的前提下，尽量减小通风、排烟系统规模以及设备的规格和体量，减少占用的土建面积和空间，降低土建和设备造价，规定当排烟设备负担两个或两个以上防烟分区时，其设备能力应按同时排除其中两个最大的防烟分区的烟量配置，这种容量配置也完全可以保证其他防烟分区发生火灾时对排烟量的要求。

8.5 给水、排水与消防系统

8.5.1 生产用水主要为车辆基地的洗车、转向架车间冲洗、清扫用水和寒冷地区的采暖锅炉房的补水；生活用水为生活饮用水和生活杂用水，生活饮用水为饮用、淋浴和洗涤用水，生活杂用水为冲洗便器、汽车、浇洒道路、冲洗站厅、站台及区间隧道、浇灌绿化、补充空调循环用水的非饮用水；消防用水为消火栓给水系统的用水。习惯上把车站的冲洗和空调系统的补水作为生产用水，也是可以理解的。

水压应满足消防水压要求，满足卫生器具的最低工作压力要求，满足生产工艺、冲洗用水和冷却系统补水的水压要求。

水质要满足国家标准《生活饮用水卫生标准》GB 5749 和生产工艺对水质的要求。

8.5.2 城市轨道交通工程地下车站和区间消火栓给水系统设置为环状管网，并根据车站城市自来水管网的设置情况，分为若干个消防供水区段，每个供水区段引入两路城市自来水，当某一路自来水发生故障时，另一路自来水能满足消防用水的需要。当车站城市自来水有两路自来水时，则由车站引入两路自来水管和车站环状管网或消防泵房吸水管相接，这种方式的消防供水区段为一个车站和车站前后半个区间的连通管处之间的长度。当地下车站只有一路城市自来水时，而且城市自来水管网为环状，则相邻车站再引入一路自来水，两站城市自来水引入管互为备用，这种方式的消防供水区段为两个车站前后的半个区间连通管处之间的长度。

当地下车站、地面或高架车站的自来水只有一路水源而且管道为枝状时，则应设消防泵房，稳压装置和消防水池。有的城市有两个以上自来水厂，两厂之间有一根自来水干管相连，车站建在两个水厂之间，应视为两个水源。车站可以在自来水干管上引入两根给水管。但在引入管之间的自来水干管上，应设阀门。如果城市一路自来水管在城市管网中为环状时，可以在一路城市自来水干管上设置阀门，并在阀门前后各引一根给水管和车站消防给水管相接。

8.5.3 消火栓系统的设置要求。

1 车站是指站厅、站台、空调机房、冷冻机房、设备及管理用房区域等。超过 200m 的区间隧道应设消火栓，是根据我国城市轨道交通建设的实际情况确定的，此距离大于一列车的长度，如列车在此距离内发生火灾事故，而又必须停车时，消防人员可以由隧道两端方便地进入隧道展开灭火行动，乘客也便于尽快逃生到安全地区。

2 在车站发生火灾事故时，防火分区的卷帘门关闭，两个防火分区的消火栓不能共用，所以规定每个防火分区同层应有两只水枪的充实水柱同时到达任何部位。

3 消火栓口处的出水压力超过 0.5MPa 时，由于水的反作用力的作用，难以 1 人操作，为便于有效地使用室内消火栓上的水枪扑救火灾，应采取减压措施，但为确保水枪有必要的有效射程，减压后的消火栓口处的出水压力不应小于 0.25MPa。

4 城市自来水管网的供水量和供水压力能满足消防要求时，可以不设消防泵，南京地铁 1 号线、广州地铁等都有这种做法。这是最经济的设计，但当地城市自来水公司必须认真提供地铁沿线的自来水管网的最低压力。如果供水量能满足消防要求，供水压力不能满足消防要求时，应设消防泵增压，按我国消防规范规定可以利用消防泵直接抽水。上海、广州、北京、西安等城市地铁已按这种方式设计。但有的城市自来水公司要求设消防水池，故应和自来水公司协商确定。

8.5.4 水泵接合器按消防用水量设置，每个水泵接合器供水量为10～15L/s，20L/s及30L/s的消防用水量宜设两个水泵接合器，城市自来水干管上的消火栓在水泵接合器的15～40m范围之内时，可作为室外消火栓使用，否则应单独设室外消火栓。室外消火栓数量和水泵接合器数量相同。

8.5.5 自动灭火系统包括气体灭火系统、高压细水雾灭火系统和技术上可靠、经济合理、且消防部门认可的其他自动灭火系统。

8.5.6 地下车站及地下区间隧道的排水泵站（房）的设置要求。

1 区间设的主排水泵站，主要排除区间隧道一定范围内的消防及冲洗废水、结构渗漏水、给水管的事故出水。这个范围应为线路坡度最高点之间的隧道长度，如果这个范围内有车站排水泵房（废水泵房）时，应减去车站排水泵房所负担的长度。规定按线路实际坡度最低点设置主排水泵站，主要考虑线路有竖曲线时，最低点不一定在变坡点处。

2 出入线洞口有的线路坡度坡向洞口外时，不需要设排雨水泵站，如坡向洞内时，则应在洞口内适当位置设置洞口排雨水泵站。雨水泵站的设置，按《地铁设计规范》GB 50157的规定执行。

3 为了城市景观的需要，如果不允许设置带盖防雨的乘客出入口，这时必须在出入口通道的适当位置设置排雨水泵房。如该出入口有自动扶梯，雨水泵房应和自动扶梯下基坑的局部排水泵合建。敞开风口也应在适当的位置设置排雨水泵房。

8.6 火灾自动报警系统

8.6.1 规定了火灾自动报警系统（FAS）的设置范围。

8.6.2 规定了火灾自动报警系统的设置原则。对有轨电车和部分封闭运行的轻轨系统，本条未作强制性规定，可在具体设计中确定。

8.6.3 规定了火灾自动报警系统中央级的基本功能。设在控制中心的中央级工作站应具备全线消防管理中心的功能；发生火灾时，能够自动弹出火灾自动报警区域的平面图，显示火灾报警信息，火灾报警具有优先级。地下区间隧道通过手动报警按钮、轨旁电话或车载无线电话向控制中心报警，由控制中心发布隧道通风排烟模式控制指令。

8.6.4 车站级火灾信息管理功能由车站级工作站实现，控制、报警功能通过火灾自动报警控制盘（FACP）完成。根据《地铁设计规范》GB 50157－2003的相关原则，对于排烟系统与正常通风系统合用，正常工况由环境与设备监控系统（BAS）监控管理防排烟设备，由BAS实现联动控制。

8.6.5 规定了火灾自动报警系统设备设置的基本技术要求

1 提出车站、车辆基地、控制中心，感烟、感温探测器的设置原则。车站内感烟、感温探测器保护范围的限值应遵循《火灾自动报警系统设计规范》GB 50116相关规定；对车辆基地、控制中心等大空间建筑，应设置红外光束感烟探测器。

2 规定了火灾手动报警为火灾人工确认的必要方式。

3 规定了适合缆式线型定温探测器的设置部位。当在电缆桥架或支架上设置时，应采用接触式布置。

4 规定了车站公共区火灾声响报警装置设置部位，每个防火分区至少应设一个火灾报警装置。车站公共区利用火灾应急广播发布火灾信息，以免引起乘客恐慌。

5 规定了集中火灾自动报警控制盘的设置部位。火灾自动报警控制盘应设置在有专人值班的消防控制室或值班室内布置。

6 在车站控制室及各消防控制室设置电话主机；在设置手动报警处设置固定报警电话插孔；在高低压室、通信设备室、信号设备室、环控电控室和屏蔽门设备室等室外及值班室、消防水泵房、通风空调机房、自动灭火系统气瓶间应设消防挂壁电话；地下区间隧道报警利用通信专业设置的轨旁电话机。

8.6.6 维修工作站设于车辆基地，以实现FAS系统设备及系统软件的实时维护。

8.6.7 对不同轨道交通线路的换乘站，车站级FAS应预留后建系统通信接口，实现火灾报警信息的互通，以统一协调火灾防排烟控制模式。

8.7 环境与设备监控系统

8.7.1 针对轨道交通的特点，规定了环境与设备监控系统（BAS）应具备的基本功能。

8.7.2 对本章8.7.1条第1款功能的具体描述。BAS具有中央及车站两级监控信息管理，中央、车站、现场三级控制功能。通过车站紧急控制盘（IBP）手动按钮控制具有优先级。

8.7.3 对本章8.7.1条第2款功能的具体描述。列车在区间发生火灾时，应优先选择驶往前方车站实施救灾的模式。仅当列车失去动力而被迫停留在地下区间时，根据列车发生火灾部位及停留在区间位置，由相邻车站级 BAS 系统执行相应防排烟模式。列车区间阻塞工况，由相邻车站级 BAS 系统执行相应阻塞通风模式，气流方向应与列车运行方向一致。

8.7.4～8.7.6 对本章 8.7.1 条第 3、4、5 款功能的具体描述。

8.7.11 软件采用高可靠和主流的实时多任务、安全等级满足美国国防部 C2 标准（安全计算机系统评估准则（Trusted Computer System Evaluation Criteria））的 32 位窗口式操作软件。应用软件包含顺序控制、PID 控制及节能控制等高级算法软件，且应该是标准、开放和通用的监控软件。人机界面应为汉化界面。

8.8 自动售检票系统

8.8.1 从线网层面规定自动售检票系统结构。线网票务清分中心负责各轨道交通线路票务清分；清分中心与城市公共交通“一卡通”票务系统进行数据交换，实现城市轨道交通与城市其他公共交通系统的票务清分。

8.8.2 车票的数据格式和密钥管理系统应符合行业标准《建设事业集成电路（IC）卡应用技术》CJ/T 166 及 PSAM 应用技术规则。

8.8.3 自动售检票系统（AFC）系统采用计程、计时制，全封闭票务收费管理模式，同时应兼顾未来的发展，预留区域票务收费和开放式管理模式的条件；具备快速处理客流信息，为运营管理提供相关数据；具有严密的制票、售票和验票程序，以防止票务作弊行为。收入清分应由票务清分中心实施。

8.8.4 规定了为保证系统的高可靠性而采取的具体措施。各级系统均可降级独立运行，满足票务处理要求；中央计算机系统服务器以双机集群方式运行；车站级计算机系统、车站终端设备均按冗余原则配置。

8.8.5 为保证票务数据安全，系统对外部的恶意侵扰的防御措施应包括车票防伪、重要数据传输加密和系统防病毒能力等。系统设备要满足防尘、防潮、防霉、抗电磁干扰等技术要求。

8.8.6 中央计算机系统的数据处理能力应能满足最大预测客流量（包括高峰小时客流及全日客流）的要求，只需更新或增加设备的硬件即可达到扩充数据处理能力的要求。

8.8.7 系统应预留系统扩展条件和软、硬件接口，车票采用符合 ISO 14443 标准的非接触式 IC 卡，满足与其他线路一卡通付费区换乘条件。

8.8.8 系统应具备正常运营模式（正常服务模式，关闭模式和暂停服务模式，设备故障模式，维修模式，离线运行模式）；非正常运行模式（列车故障模式，进出站次序、乘车时间、车票日期、车费免检模式，紧急放行模式等）。各种模式通过中央、车站计算机系统设定，自动检票机显示器显示相应乘客导引标志。

8.8.9 当车站发生紧急情况时，通过中央、车站计算机系统或紧急按钮、检票机就地控制等方式将所有检票机开启并保持开放状态，保证乘客无障碍快速离开付费区。

8.8.10 规定自动售票、自动检票设备数量的配置原则。每个集散厅自动售票机的数量不应少于两台，以避免乘客因购票原因在非付费区滞留。出站检票机数量应分别满足近、远期不同行车间隔内乘客出站的要求，以避免乘客在付费区滞留。自动检票机应尽量集中布置，每组进、出站自动检票机的数量应满足不少于 3 通道，以减少机群数量。

8.8.11 单向自动检票机在相应端分别显示允许使用和禁用信息；双向自动检票机的使用模式包括进站模式、出站模式及双向模式。在双向模式下，当一端有乘客使用时，另一端拒收车票并显示禁用信息，直至该乘客通过。

8.9 自动扶梯、电梯

8.9.1 残障乘客专用电梯不受此条限制。

8.9.2 规定了自动扶梯选择和设置的基本技术要求。传动设备、结构及装饰件主要包括梯级、梳齿板、扶手带、传动链、梯级链、内外装饰板、传动机构等。

8.10 站台屏蔽门

8.10.1 根据行业标准《城市轨道交通站台屏蔽门》CJ/T 236－2006 的规定，站台屏蔽门包括全高屏蔽门和半高屏蔽门，有密闭和非密闭结构之分。屏蔽门的设计、制造、安装和运行管理不仅要考虑正常状态下的安全要求，也要考虑紧急状态下的安全要求，屏蔽门不得成为应急疏散的障碍。

8.10.4 在站台应可以由站务员手动打开或关闭每一扇滑动门；在轨道侧应可以由乘客手动打开每一扇滑动门。

二、基础类标准

中华人民共和国国家标准

城市公共交通常用名词术语

Common terms of urban public transport

GB 5655－85

目　录

本标准是对城市公共交通常用名词术语所作的规定。

1　基本术语

1.1　城市公共交通

urban public transport

城市中供公众乘用的、经济方便的各种交通方式的总称。

1.2　公共交通方式

public transport mode

按公共交通工具类型划分的各种客运形式。

1.3　城市公共交通系统

urban public transport system

由多种城市公共交通方式组成的有机总体。

1.4　大运量客运系统

mass transit system

城市公共交通中，运送大量乘客的有机总体。

1.5　快速轨道交通

rail rapid transit（RRT）

通常以电能为动力，采取轮轨运转方式的快速大运量公共交通之总称。

1.6　地下铁道，地铁

subway

用于城市中的一种速度快、运量大、行车间隔小的电动有轨客运系统，其部分线路设于地下隧道内。

1.7　单轨运输系统

monorail transit system

车厢跨骑或悬挂在架空的单轨上，由电力驱动的轨道客运系统。

1.8　新交通系统

new transport system

新开发的具有高速、准点、舒适和污染小的交通方式及其运行服务系统的总体。

1.9　垂直运送系统

vertical transit system

沿铅直方向运送乘客的有机整体。

1.10　应急公共交通系统

emergency public transport system

在非常时期为应变而组成的临时公共交通系统。

1.11　城市客渡

urban ferry

在城市区域及邻近郊县内，以运送乘客为主，横渡江河、湖泊的水上交通方式。

1.12　索道缆车客运

cableway transport

在以架空钢索为轨道的线路上，以电能为动力由钢索牵引载客工具的运输方式。

1.13　轨道缆车客运

funicular railway transport

在坡面铺设的轨道上，以电能为动力由钢索牵引载客工具的运输方式。

1.14　公共交通信息系统

public transport information system

与公共交通服务有关的信号、数据、显示等所构成的有机整体。

1.15　公共交通优先

public transport priority

在政策、法规、设施等方面对公共交通的优惠。

1.16　公共汽车优先通行系统

bus priority system

以各种措施保证公共汽车先于其他车辆通行的交通管理体系。

1.17　城市公共交通企业

urban public transport enterprise

经营城市公共交通的经济实体。

1.18　城市公共交通标志

urban public transport sign

为便于乘客识别车辆、线路、车站等所设置的各种专用标记。

1.19　公共交通工具

public transport means

公共交通中供乘客乘用的车、船等。

1.20　公共交通线路

public transport line

城市公共交通中的车、船运行通路。

1.21　公共交通线路设施

public transport line facilities

公共交通线路上设置的有关建筑物、构筑物、设备与标志等。

1.22　公共交通线路网

public transport network

全部公共交通线路构成的网络。

1.23　公共交通车站

public transport stop，public transport station

公共交通线路上供乘客上下车或兼办运营业务的处所。

1.24　公共交通停车场

public transport parking place

停放公共交通车辆的场地。

1.25　公共交通枢纽

public transport junction

多条公共交通线路的汇集点。

1.26　城市公共交通规划

urban public transport planning

根据预测的居民乘车出行量及其分布，统筹安排公共交通线路、站点布置、车场用地等。

1.27　公共交通线路布局

public transport network distribution

公共交通线路的整体安排与调整。

1.28　公共交通场站布局

public transport yard and station arrangement

公共交通车场、车站位置及配套设施在一定区域内的整体安排与调整。

1.29　城市公共交通客流预测

urban public transport passenger flow forecast

用科学方法对城市公共交通客流变化规律进行预计、测算的工作。

1.30　城市公共交通客流调查

urban public transport passenger flow survey

为掌握城市公共交通乘客活动规律所进行的调查。

1.31　城市公共交通票价制

urban public transport fare structure

城市公共交通企业规定的车、船票计价原则。

1.32　城市公共交通运行调度

urban public transport scheduling

城市公共交通运行的组织、计划、管理与指挥。

2　公共交通工具及设备

2.1　公共交通工具

2.1.1　公共汽车

bus

有固定的线路和车站，供公众乘用的汽车。

2.1.2　小公共汽车

minibus

外形尺寸小，乘坐人数较少（一般为 8～15 人）的公共汽车。

2.1.3 长途公共汽车

long-distance bus

在城市与较远地区间使用的公共汽车。

2.1.4 旅游车

touring bus

旅行游览用的汽车。

2.1.5 单车，单机车

single bus

只有一节车厢的公共电、汽车。

2.1.6 通道式公共汽车，铰接式公共汽车

articulated bus

二节或三节车厢以活络方式连接，且车厢相通的公共汽车。

2.1.7 双层公共汽车

double-deck bus

有上、下两个乘坐空间的公共汽车。

2.1.8 低地板式公共汽车

low-floor bus

一种地板高度比常规低很多的公共汽车。

2.1.9 出租汽车

taxi

充分满足乘客意愿而被雇用的营业汽车。

2.1.10 无轨电车

trolley bus

由外界输电线供电，无轨道的电动公共车辆。

2.1.11 通道式无轨电车，铰接式无轨电车

articulated trolley bus

二节或三节车厢以活络方式连接，且车厢相通的无轨电车。

2.1.12 双动源无轨电车

dual-powered trolley bus

在脱离外界输电线的路段上，由蓄电池供电或内燃机驱动的无轨电车。

2.1.13 有轨电车

tram

由外界输电线供电，采用轮轨运转方式的电动公共车辆。

2.1.14 快速有轨电车

light rail rapid transit car

由有轨电车发展起来的，一般在地面、或高架轨道上运行的一种快速车辆。

2.1.15 动车

rail car

具有牵引动力装置的轨道车辆的总称。

2.1.16 车列

car row

未挂动车，连挂在一起的一组车辆。

2.1.17 列车

train

以站外线路运行为目的而编成的机车、车辆的总称。

2.1.18 地下铁道列车

subway train

在地下铁道中使用的电动列车。

2.1.19 单轨车

monorail car

在单轨运输系统中使用的电动车辆。

2.1.20 磁垫车

magnetic levitated vehicle

靠磁力相互作用沿轨道悬浮运行的车辆。

2.1.21 行人传送带，自动步道

passenger belt

一种位置固定，由电动机驱动的运送行人的传输带。

2.1.22 客渡轮

ferryboat

在城市客渡中使用的船舶。

2.1.23 双体客渡轮

dual-body ferryboat

主甲板以下由并列的两只船体组合而成的客渡轮。

2.1.24 单层甲板客渡轮

single-deck ferryboat

只有一层载客甲板的客渡轮。

2.1.25 双层甲板客渡轮

double-deck ferryboat

具有两层载客甲板的客渡轮。

2.1.26 客渡驳

passenger barge

本身无动力装置而被拖挂的载客船舶。

2.1.27 索道缆车

cable car

由钢索牵引沿架空索道运行的载客工具。

2.1.28 轨道缆车

funicular railway car

由钢索牵引沿山坡铺设的轨道运行的载客工具。

2.2 设备

2.2.1 车厢，客厢

carriage

车辆上容纳乘客的厢形结构物。

2.2.2 客舱

cabin

客渡轮内，容纳乘客的空间。

2.2.3 车门

service door

乘客人员上、下车用的门。

2.2.4 安全门

emergency exit

紧急疏散乘客的备用出口。

2.2.5 车窗

window

车辆前部、后部和两侧设置的窗户。

2.2.6 车顶通风窗

ventilator

设于车厢顶部以利通风的窗口。

2.2.7 安全监视窗

curb window

设于车厢前部侧下方，便于司机监视的窗口。

2.2.8 地板

floor

车厢内底部的铺装。

2.2.9 踏板，踏步

step

车门处供乘客上、下车的台阶。

2.2.10 车内通道

passage

车厢内纵向通行的走道。

2.2.11 铰接装置

articulated equipment

使多节车厢连通并便于车辆转向的活络机构。

2.2.12 司机坐椅

driver seat

供司机专用的坐具。

2.2.13 乘务员坐椅

attendant seat

供乘务员专用的坐具。

2.2.14 乘客坐椅，客座

passenger seat

供乘客使用的坐具。

2.2.15 扶手

handrail

为乘客安全乘行而设置的手扶装置。

2.2.16 车厢顶灯

roof light

车厢内顶部的照明灯。

2.2.17 门灯

door light

车门顶部的照明灯。

2.2.18 服务台

service table

车厢内乘务员的工作台。

2.2.19 废票箱

invalidated ticket box

车厢内存放废票的容器。

2.2.20 路牌

line number plate

装在车厢外部指示线路的标志。

2.2.21 前路牌，前牌

front number plate

置于车厢前部的路牌。

2.2.22 后路牌，尾牌

rear number plate

置于车厢后部的路牌。

2.2.23 侧路牌

side number prate

置于车厢侧面的路牌。

2.2.24 出租汽车标志

taxi sign

识别出租汽车的标记。

2.2.25 车厢空调设备

air-conditioning equipment

车厢内温度、湿度及通风调节装置的总称。

2.2.26 车用直流电度表

vehicle D. C. kilowatt-hour meter

装在电动车辆上，指示车辆运行电力消耗的直流仪表。

2.2.27 车用扩音机

vehicle microphone

车厢内扩大乘务员音量的装置。

2.2.28 车用播音机

vehicle recorder

车厢内司机、乘务员用来播放录音的装置。

2.2.29 车用计费器

taxi meter

自动记录与显示乘车应付费用的装置。

2.2.30 乘客计数器

passenger countor

自动记录上下车人数的装置。

2.2.31 自动售票机

passimeter

乘客按规定投入硬币或代用币，即能自动给出车票的装置。

2.2.32 自动检票机

automatic ticket checker

设置在检票口上，供乘客将磁性车票投入进票口，即能自动检验车票有效性的装置。

2.2.33 集电装置

power collector

电动车辆从外界输电线获取电能的装置。

2.2.34　接地链
grounding chain
无轨电车车体与大地相接触的金属链条。

2.2.35　索道绞车
cableway winch
索道缆车运行途中因故停运，可将乘客垂直运离索道的手动救生装置。

2.2.36　索道救护车
cableway wrecking car
能沿索道行驶并与因故停运的索道缆车对接，将乘客运送到站台的救生装置。

2.2.37　风力风向器
wind-force direction gauge
指示索道处的风向，且当风力达到一定程度时能自动报警的装置。

2.3　其他

2.3.1　车内净高
interior hight
车厢地板表面到顶棚之间的最大距离。

2.3.2　车厢通道宽度
passage width
车厢内左右两排坐椅间的横向净距。

2.3.3　车门开度
door opening degree
车门开启后的最大宽度。

2.3.4　车厢地板高度
floor hight
空车时。车厢地极表面高出地面（轨面）的距离。

2.3.5　一级踏板高度
first step hight
空车时，踏板的最低一级表面高出地面（轨面）的距离。

2.3.6　踏板级间高度
step spacing
相邻踏板表面间的距离。

2.3.7　坐位间距
seat spacing
相邻前后坐椅的间距。

2.3.8　车厢站立面积
standing area
车厢内乘客可以站立的总面积。

2.3.9　坐位数
seating capacity
车厢内乘客可坐位置数之总和。

2.3.10　站位数
standing capacity
车厢内规定的乘客站立人数。

2.3.11　额定载客量，客位数，定员
rated passenger capacity
①车辆制造厂规定的载客人数。
②船舶检验部门核定的客渡轮的容许载客人数。

2.3.12　最大载客量
maximum passenger capacity
公共交通企业规定的车辆最大的载客人数。

2.3.13　车列长度
car-row length
车列的全长。

2.3.14　列车长度
train length
列车的全长，或连挂成列的电动客车组的全长。

3　公共交通线路及设施

3.1　公共交通线路

3.1.1　市区线路
urban line
设在城市市区内的公共交通线路。

3.1.2　郊区线路
suburban line
设在城市市区与郊区，郊区与郊区间的公共交通线路。

3.1.3　长途线路
intercity line
设在城市与较远地区间的公共交通线路。

3.1.4　地面线路
ground line
在地面设置的公共交通线路。

3.1.5　地下线路
underground line
在地面以下设置的公共交通线路。

3.1.6　高架线路
elevated line
用构筑物支承，架设在地面以上的公共交通线路。

3.1.7　高峰线路
peak-hour line
只在早、晚高峰时间内运营的公共交通线路。

3.1.8　昼夜线路
day and night line
二十四小时连续运营的公共交通线路。

3.1.9　夜间线路
night line
仅在夜间运营的公共交通线路。

3.1.10　快车线路
express line
采用大站距以提高运送速度的公共交通线路。

3.1.11 固定线路

fixed line

长期使用，不变路由的公共交通线路。

3.1.12 临时线路

temporary line

为适应临时需求而设的公共交通线路。

3.1.13 游览线路

touring line

为旅游专设的公共交通线路。

3.1.14 环形线路

loop line

围绕某一区域闭合运营的公共交通线路。

3.1.15 干线

artery

城市公共交通线路网中的主要线路。

3.1.16 支线

branch

围绕干线，扩大服务范围的辅助线路。

3.1.17 调头线，折返线

turn line

公共交通车辆于线路中途或终点调头（折返）的运行路线。

3.1.18 正线

main line

连接车站并贯穿或直股伸入车站的线路。

3.1.19 站线

siding

车站内除正线以外的线路。如到发线、编组线等。

3.1.20 段管线

section line

车辆、工务、电务等维修段内所配属的线路。

3.1.21 岔线

branch line

由区间或站内通向同一交通系统的不同方向的专用线。

3.1.22 特别用途线

special line

指专门用途的线路，如安全线、待避线等。

3.1.23 单向行驶线段

one-way section

公共交通线路上，只提供单方向服务的路段。

3.1.24 航线

shipping line

按一定的运行组织组成的水上客货运输线。

3.1.25 市区航线

city shipping line

在市区范围内的航线。

3.1.26 郊县航线

suburban shipping line

市区与郊区、县城之间的航线。

3.1.27 顺江航线

downstream shipping line

客渡轮沿江运行的航线。

3.1.28 固定航线

fixed shipping line

长期使用的不变航线。

3.1.29 临时航线

temporary shipping line

为完成特定任务而开辟的短期航线。

3.1.30 轨距

gauge

同一线路两条钢轨间，自钢轨头部内侧顶面下16mm处所量测的间距。

3.1.31 索距

cable spacing

两条承载索之间的距离。

3.1.32 限制坡度

limited grade

在规定列车编组长度和行车速度下，对列车起限制作用的坡度。

3.1.33 最小曲线半径

minimal curve radius

为保证列车能以规定的速度行驶，线路平面曲线部分的限制半径。

3.1.34 最小竖曲线半径

minimal vetical curve radius

为保证列车运行的平顺与安全，线路纵断面曲线部分的限制半径。

3.1.35 线路大修

track overhaul

全面更换钢轨、轨枕、清筛道床等综合性的修理。

3.1.36 线路中修

intermediate repair of track

全面清筛道床，部分更换钢轨和轨枕的两次大修间的中间修理。

3.1.37 线路维修

track maintenance

为保持线路经常处于良好技术状态，而按计划对线路进行的周期性、预防性保护和修理。

3.2 设施

3.2.1 调度站

control station

具有调度业务职能的车站。

3.2.2 调度中心

control centre

对多条线路或全市线路进行综合调度的控制中心。

3.2.3 中途调度站

intermediate control office

在线路中途设置的调度站。

3.2.4 起点站，首站

origin station

线路起点端的车站。

3.2.5 终点站，末站

terminal

线路末端的车站

3.2.6 沿途站，中途站

stop，station

除起点站、终点站外，沿公共交通线路设置的车站。

3.2.7 始发站

origin stop

按调度指令发车的起点。

3.2.8 快车站

express bus stop，express bus station

快车线路上设置的车站。

3.2.9 招呼站

request stop

固定线路上，根据乘客的特殊需要，临时停靠车辆的地点。

3.2.10 定时车站

timed stop

只在规定时段内停靠车辆的车站。

3.2.11 换乘站

transfer stop，transfer station

公共交通线路汇集处，具有换乘条件的车站。

3.2.12 枢纽站

junction station

在多条公共交通线路汇集处设置的车站。

3.2.13 港湾式车站

bus bay

在线路一侧，拓宽局部路面设置的车站。

3.2.14 长途公共汽车站

long distance bus stop

长途线路上设置的停靠公共汽车的车站。

3.2.15 出租汽车站

taxi station

办理出租汽车业务的地点

3.2.16 客运码头

passenger quay

在江河沿岸专供客渡轮安全停靠和上下乘客的建筑设施。

3.2.17 索道客运站

cableway terminal

索道缆车停靠供乘客上下的地方。

3.2.18 拉紧站

tensioning office

索道一端，装有张紧索道设备并设有客运服务设施的站房。

3.2.19 驱动站

driving office

索道一端，装有驱动设备并设有客运服务设施的站房。

3.2.20 轨道缆车客运站

funicular railway terminal

轨道缆车停靠供乘客上下的地方。

3.2.21 发车站

outgoing station

发出列车的车站。

3.2.22 接车站

receiving starion

接受列车的车站

3.2.23 站名

stop name，station name

车站的名称。

3.2.24 站号

stop number

沿线路各车站的顺序编号。

3.2.25 站牌

stop board

车站处设置的乘车指示标志。

3.2.26 夜班车站牌

night-bus stop board

夜间线路车站处设置的站牌。

3.2.27 路别

line number

运营线路的文字或数字标志。

3.2.28 轨道

track

由钢轨、轨枕、道床等构成，供列车行驶的线路。

3.2.29 道岔

turnout

使轨道分岐的设备。

3.2.30 缆车轨道

funicular track

轨道缆车运行的导轨。

3.2.31 索道

cable way

在两地之间用钢索架设的空中运输通道。

3.2.32 牵引索

haulage cable

牵引索道缆车的钢索。

3.2.33 承载索

loading cable

承受索道缆车载重并引导其运行的钢索。

3.2.34 卷筒提升机

rolled lifter

设置在轨道缆车客运站处的缆车牵引装置。

3.2.35 渡趸

storge barge

无动力装置的矩形平底船，固定在岸边，码头以供客渡轮停靠和上下乘客。

3.2.36 垫跳船

pontoon

一种船形的结构物，固定在岸边或码头，靠托衬跳板而构成乘客上下船的通道。

3.2.37 候车亭

bus shelter

为方便乘客候车，在车站设置的防护（遮阳、防雨等）设施。

3.2.38 车站出入口

station entrance-exit

地下铁道车站位于地面处乘客出入的地方。

3.2.39 候车室

waiting room

车站内供乘客等候乘车的房屋。

3.2.40 售票厅

ticket hall

车站内供乘客购票的地方。

3.2.41 检票口

ticket entrance

车站设置的供检票进站的地方。

3.2.42 验票口

ticket exit

车站设置的供验票出站的地方。

3.2.43 站台

platform

车站内供乘客上下车的平台。

3.2.44 岛式站台

island platform

介于两条轨道线路之间的站台。

3.2.45 侧式站台

side platform

位于轨道线路一侧的站台。

3.2.46 自动扶梯

escalator

在建筑物内上、下层之间，倾斜而不间断地运送乘客的一种传输设备。

3.2.47 换乘停车场

park-and-ride place

为驻车换乘提供存放车辆的场地。

3.2.48 多层停车场

parking lot

存放车辆的多层建筑物。

3.2.49 信号

signal

在行车、调车工作中，对乘务人员及与行车有关人员指示运行条件而规定的符号。

3.2.50 信号机

signal device

显示或表示信号的设备。为固定信号机和移动信号机的总称。

3.2.51 信号表示器

signal indicator

表示与行车有关设备的位置、状态或某种附加含义的设备。如道岔表示器，进路表示器等。

3.2.52 联锁

interlocking

在两个以上的信号机间或信号机与道岔间相互动作和锁闭的制约关系。

3.2.53 锁闭

block

使信号机与道岔等处不能用电气或机械方法操纵的状态。

3.2.54 解锁

release

解除锁闭。

3.2.55 电动转辙机

electric switcher

用来改变道岔开通方向的电动设备。

3.2.56 电气集中联锁，电气集中

electric interlocking

用电动转辙机转换道岔，道岔和信号机均集中在车站值班室或专门的信号楼内操纵。

3.2.57 轨道电路

track circuit

以钢轨作为传输线的信号通路。

3.2.58 闭塞

blocking

在规定区间，只准许一个列车运行的方式。

3.2.59 闭塞分区

blocking section

为实行闭塞方式所划定的区段。

3.2.60 自动闭塞

automatic block

在连续的轨道电路上，由列车自动地控制信号显示的常用闭塞法。

3.2.61 移频自动闭塞

frequency shift automatic block

利用多种低频作为控制信号显示的信息，以钢轨作为传输载频通道的自动闭塞法。

3.2.62 列车自动限速装置

train overspeed protection

自动将列车行驶速度控制在限定速度之内的装置。

3.2.63 列车自动停车装置

automatic train stop system

列车接近停车信号时，可使列车自动制动的装置。

3.2.64 死区

dead section

轨道电路中不能分路轨道继电器的区段。

3.2.65 调度集中

centralized control

调度员对所管辖区段内各车站的信号、道岔在一处集中控制。

3.2.66 分界点

dividing point

车站及自动闭塞区间的通过信号机的总称。

3.2.67 区间

section

分界点之间的轨道线路。

3.2.68 区间占用

section occupied

区间有列车的状态。

3.2.69 区间空闲

section clear

区间没有列车的状态。

3.2.70 列车调度电话

train dispatching telephone

为列车调度员指挥列车运行而设的通讯装置。

3.2.71 电力调度电话

power dispatching telephone

电力调度员监视电力设备运行，发布电力调度命令的电话。

3.2.72 列车无线电话

train radiophone

供列车调度员与运行列车或停站列车司机进行业务联系，而分别设置在沿线各站和列车上的无线电话。

3.2.73 站间行车电话，闭塞电话

block telephone

用于站间行车闭塞的专用电话。

3.2.74 各站电话

interstation telephone

沿线各车站值班员间相互进行业务联系的专用电话。

3.2.75 站场无线电话

station/yard radiophone

站场内局部使用的无线电话。

3.2.76 电视监视系统

TV monitoring system

为调度人员监视列车出入站和乘客上下车情况而采用的一种监视设备。

3.2.77 牵引供电系统

tractive power supply system

将电能供给电动车辆的全部电力装置的整体。

3.2.78 直流牵引变电站

D. C. traction substation

将电力网输入的高压交流电降压并整流成直流电，供电动车辆用电的全部设备及建筑设施的整体。

3.2.79 馈线

feeder

从直流牵引变电站向触线网输送直流电的导线。

3.2.80 馈线网

feeder network

馈线所形成的网络。

3.2.81 触线

trolley wire

以滑动接触方式向电动车辆集电装置供电的导线。

3.2.82 触线网

trolley wire network

触线所形成的网络。

3.2.83 接触轨，第三轨

contract rail, third rail

轨道交通中，沿行车方向一侧起触线作用的轨条。

3.2.84 供电方式

power supply mode

牵引变电站向触线网供电的形式。

3.2.85 供电分区

power supply zone

触线网上断开的供电区段。

3.2.86 供电距离，供电臂

supply arm

沿线路布置的牵引变电站供电范围的长度。

3.2.87 分线器

frog

使无轨电车架空触线分歧的装置。

3.2.88 并线器

trailing frog

使无轨电车架空触线合并的装置。

3.2.89　交叉器

crossover

无轨电车线路需交叉通过时，在架空触线交叉处所设的装置。

4　运营管理

4.1　客流

4.1.1　随车调查

survey on vehicle

在运行车辆上逐站记上下车人数的调查方法。

4.1.2　驻站调查

survey at stop，survey at station

在停车站上，人工测定每个车次载客量的方法。

4.1.3　询问调查

inquiring survey

通过询问方式，了解每个乘客上下车地点的调查。

4.1.4　月票调查

monthly ticket survey

对月票乘客乘车规律进行的调查。

4.1.5　起迄点调查，O-D调查

origin-destination survey

为研究乘客的流动规律而对乘客出行起点和终点的调查。

4.1.6　客源

passenger origin

乘客发生点。

4.1.7　客向，客流流向

passenger flow direction

乘客的去向。

4.1.8　客流

passenger flow

乘客乘坐公共交通工具沿线路的流动。

4.1.9　客流量

passenger flow volume

一定时间内，沿一个方向通过线路某断面的乘客数。

4.1.10　城市客流

urban passenger flow

城市行政区划范围内的客流。

4.1.11　市区客流

city passenger flow

城市市区内的客流。

4.1.12　郊区客流

suburban passenger flow

城市郊区内的客流。

4.1.13　工作客流

work passenger flow

以工作为出行目的的客流。

4.1.14　学习客流

student flow

以学习为出行目的的客流。

4.1.15　文化客流

recreation passenger flow

以文体娱乐为出行目的的客流。

4.1.16　生活客流

living passenger flow

以购物、探亲、访友等为出行目的的客流。

4.1.17　乘客吸引点

passenger attractive point

汇集乘客的地点。

4.1.18　乘客集散点

passenger flow collector-distributor point

聚集和疏散乘客的地点。

4.1.19　出行

trip

由甲地到乙地有目的的交通行为。

4.1.20　出行调查

trip survey

为了解出行构成所进行的调查。

4.1.21　出行方式

trip mode

出行采用的交通方式。

4.1.22　公共交通出行

transit trip

乘用公共交通工具的出行。

4.1.23　自行车出行

cycling trip

使用自行车的出行。

4.1.24　步行出行

walking trip

不乘用交通工具的出行。

4.1.25　出行目的

trip purpose

出行的主要原因。

4.1.26　工作出行

working trip

以工作为目的的出行。

4.1.27　学习出行

student trip

以学习为目的的出行。

4.1.28　文化出行

recreation trip

以文体娱乐等为目的的出行。

4.1.29 生活出行
living trip
以购物、探亲、访友等为目的的出行。

4.1.30 居民出行量
resident trips
一定时间内，平均每个居民的出行次数。

4.1.31 居民乘车出行量
resident riding trips
一定时间内，平均每个居民的乘车出行次数。

4.1.32 乘车率
riding rate
居民乘车出行量与居民出行量之比。

4.1.33 平均乘距
average riding distance
一次出行中，平均每位乘客乘行的距离。

4.1.34 出行时间
travel time
一次出行中，由起点到终点所花费的时间。

4.1.35 平均出行时间
average travel time
城市居民出行时间的平均值。

4.1.36 出行距离
trip distance
一次出行中，由起点到终点的距离。

4.1.37 步行距离
walking distance
出行中起点至上车站，下车站至终点，换乘中的步行长度。

4.1.38 步行时间
walking time
在步行距离中所花费的时间。

4.1.39 候乘时间
wait time
乘客在车站或码头等候乘行的时间。

4.1.40 乘行时间
ride time
乘客乘车、船花费的时间。

4.1.41 换乘
transfer
乘客在出行中转换线路或交通方式的行为。

4.1.42 换乘时间
transfer time
乘客在换乘中步行时间及候乘时间之和。

4.1.43 换乘距离
transfer distance
换乘中的步行距离。

4.1.44 驻车换乘
park-and-ride
将自用车辆存放后改乘公共交通工具到达目的地的行为。

4.1.45 换乘率
transfer rate
居民在一次出行中，需换乘的人数与乘行总人数之比。

4.1.46 换乘方便性
transfer convenience
乘客在换乘距离、时间等方面的便利程度。

4.1.47 高峰时间
peak time
一天中，客流量最大的时段。

4.1.48 非高峰时间
off-peak time
客流高峰时间以外的时段。

4.1.49 早高峰
morning peak
上午的高峰时间。

4.1.50 晚高峰
evening peak
下午的高峰时间。

4.1.51 高峰小时
peak hour
一天中客流量最大的一个小时。

4.1.52 高峰主流向，高单向
main flow during the peak period
线路上高峰时间内，客流量最大的方向。

4.1.53 线路断面
line section
线路上两相邻站间的路段。

4.1.54 客流最大断面，高断面
maximum section of passenger flow
线路上，客流量最大的断面。

4.1.55 客流图
passenger flow diagram
描述客流量在时间上或空间上变化的图表。

4.1.56 乘客
passenger
乘用公共交通工具者。

4.1.57 普票乘客
revenue passenger
现购普通票乘车、船的乘客。

4.1.58 月票乘客
commuter
持月票乘车、船的乘客。

4.1.59 持证乘客
passholder
持用城市公共交通企业颁发的乘车证件的乘客。

4.1.60 留候乘客

remainder

由于车辆满员而暂时留站的乘客。

4.1.61 换乘乘客

transfer passenger

出行中进行换乘的乘客。

4.1.62 包车乘客

passenger chartered

乘用包车的乘客。

4.1.63 违章乘客

violated passenger

违背城市公共交通企业颁布的乘行规则的乘客。

4.2 调度

4.2.1 调车

dispatching vehicle

为运营需要而进行的公共交通车辆的调动。

4.2.2 调船

dispatching ship

按调度指令、变动客渡轮航行时间、航线及停泊地点的运营作业。

4.2.3 线路车

regular vehicle

在线路上按行车时刻表运送乘客的车辆。

4.2.4 备用车

reserved vehicle

供机动调用的车辆。

4.2.5 专线车

special vehicle

按合同定时定线运送某单位职工上下班的车辆。

4.2.6 包车

chartered vehicle

为某些单位临时包乘的车辆。

4.2.7 行车方式

running mode

组织车辆运行所采取的各种方式。

4.2.8 快车

express bus

在快车线路上行驶的公共交通车辆。

4.2.9 慢车

local bus

在站距较小的线路上运行，并每站都停靠的公共交通车辆。

4.2.10 直达车

through vehicle

沿途不停靠的公共交通车辆。

4.2.11 区间车

interzonal vehicle

只在线路上客流量大的线段运行的公共交通车辆。

4.2.12 跨线车

trans-line bus

跨越一条以上线路，并在其间组织联运服务的公共交通车辆。

4.2.13 高峰车

vehicle during the peak period

只在客流高峰时间投入运营的公共交通车辆。

4.2.14 加班车

extra vehicle

在线路上临时增开的公共交通车辆。

4.2.15 加班船

extra ship

在客渡航线上临时增开的客渡轮。

4.2.16 夜班车

night bus

仅在夜间运营的公共交通车辆。

4.2.17 昼夜车

day and night vehicle

二十四小时连续运营的公共交通车辆。

4.2.18 出场车

pull-out vehicle

离开车场投入运营的车辆。

4.2.19 回场车

pull-in vehicle

离开线路返回车场的车辆。

4.2.20 下线车

off-line vehicle

离开线路暂停运营的车辆。

4.2.21 首班车

first-run vehicle

线路上每日第一班发出的车辆。

4.2.22 末班车

final-run vehicle

线路上每日最后一班发出的车辆。

4.2.23 首班船

first-run ship

航线上每日第一班开航的客渡轮。

4.2.24 末班船

final-run ship

航线上每日最后一班开航的客渡轮。

4.2.25 最初列车

first train

每日运营的首次列车或每次闭塞方式变更后的第一列列车。

4.2.26 最终列车

final train

每日运营的最后一列列车。

4.2.27 跟随列车，追踪列车
following train
跟在前次发出的列车后面的列车。

4.3 运行

4.3.1 运行
running
车辆沿线路行驶。

4.3.2 正点，准点
on schedule
实现时刻表规定的时间运行。

4.3.3 正点率
on-schedule rate
正点行车（航行）次数与总行车（航行）次数之比。

4.3.4 早点，快点
running hot
车辆运行早于时刻表规定的时间。

4.3.5 晚点，慢点
behind the schedule
车辆运行迟于时刻表规定的时间。

4.3.6 压点
decelerated run
车辆运行因早点而减速行驶。

4.3.7 赶点
accelerated run
车辆运行因晚点而加速行驶。

4.3.8 行车时刻表
timetable
车辆运行时间的计划表。

4.3.9 运行图
running chart
以图的形式表示的行车时刻表。

4.3.10 运行调度图
dispatching diagram
安排客渡轮航行航线、次序、间隔时间及停泊地点的图形或表格。

4.3.11 路单
booking sheet
发给司机、乘务员的行车调度书面指令。

4.3.12 放站运行
slipping-stop running
空车或载有乘客的车辆，自某站起越过几站后再按站序运行。

4.3.13 跳站运行
skip-stop running
部分沿途站不停靠的车辆运行。

4.3.14 滞站
delay at stop
车辆因故延迟离站。

4.3.15 发车间隔
departure interval
前后两车驶离始发站的时距。

4.3.16 发车频率
departure frequency
单位时间内，自始发站发出的车辆数。

4.3.17 发船频率，发船密度
frequency of dispatching
单位时间内，驶离起点码头的客渡轮数量。

4.3.18 行车间隔
running interval
前后两车通过线路某一停车站的时距。

4.3.19 行车频率
service frequency
单位时间内，通过线路某一停车站的车辆数。

4.3.20 串车
bunching
在违背行车时刻表的情况下，同一路别两辆以上跟踪行驶的车辆。

4.3.21 待命时间
waiting time
等候行车指令的时间。

4.3.22 调度空驶时间
deadhead time for dispatch
调车行程中花费的时间。

4.3.23 接客空驶时间
deadhead time for passenger
出租汽车由停车点到乘客所在地的行驶时间。

4.3.24 载客时间
carrying time
公共交通车辆载客行驶的时间。

4.3.25 延误时间
delay time
车辆在线路上运行中因故耽误的时间。

4.3.26 滞站时间
delay time at stop
车辆延迟离站的时间。

4.3.27 灯阻时间
red-time delay
车辆在运行中因红灯受阻而延误的时间。

4.4 票务

4.4.1 票务
ticket business
公共交通票证的业务与管理。

4.4.2 票价
fare
票证的金额。

4.4.3　基本票价
basic fare
乘用公共交通工具的起始收费金额。
4.4.4　全程票价
full fare
乘行距离为线路全长的总票价。
4.4.5　计程票制
metered fare
按乘行里程计算票价的方法。
4.4.6　分段票制
sectional fare
按站数或里程分段计算票价的方法。
4.4.7　计时票制
time fare system
按租用车辆的时间计算票价的方法。
4.4.8　单一票制
flat fare
不论乘行里程远近，票价均相同的计算票价的方法。
4.4.9　票类
fare ticket type
按照公共交通票证的使用范围和期限而划分的类别。如普通票、月票等。
4.4.10　票价里程
fare-kilometre
票额规定的最大乘行里程。
4.4.11　车（船）票
ticket
乘用公共交通工具的有价凭证。
4.4.12　普通票，零票
cash fare
乘客乘行时付现金购买的车（船）票。
4.4.13　月票
monthly ticket
乘客预购的全月乘行凭证。
4.4.14　市区月票
city monthly ticket
市区线路上使用的月票。
4.4.15　郊区月票
suburban monthly ticket
郊区线路上使用的月票。
4.4.16　专线月票
one-line monthly ticket
只适用于一条线路的月票。
4.4.17　学生月票
student monthly ticket
学生专用的月票。
4.4.18　通用月票
general monthly ticket
在市区及郊区线路或多种交通方式中均可使用的月票。
4.4.19　公用月票
service monthly ticket
单位购买供内部职工为公务使用的月票。
4.4.20　本票
ticket book
将一定数量的普通票合订成本，常以优惠价格出售的车票。
4.4.21　往返票
round-trip ticket
在一条线路上，去程和回程可各使用一次的车票。
4.4.22　磁性车票
magnetic ticket
票面上有磁性物质在自动检票机上使用的车票。
4.4.23　代用币
token
代替车船票面值的一种硬质品。
4.4.24　废票
invalid ticket
失效的车船票。
4.4.25　查票
ticket checking
对乘客持用乘车（船）票证有效性的检查。
4.4.26　补票
compensation fare
补购过站的车票。
4.4.27　罚票
penalty fare
乘客违背乘行规则而受到的经济惩罚。
4.4.28　车票有效期
ticket validity time
车票的有效使用时段。
4.4.29　免费乘车
zero fare
按合法规定无需付款乘用公共交通工具的行为。
4.5　运营
4.5.1　运营，营运
operating
公共交通的运输和经营。
4.5.2　客运
passenger transport
城市公共交通企业运送乘客的业务。
4.5.3　劳动班次
working shift
一天中，司机、乘务员工作时间的安排。

4.5.4 整班

one-piece run

司机、乘务员连续工作的劳动班次。

4.5.5 分班

every other run

司机、乘务员间断工作的劳动班次。

4.5.6 替班

relief run

代替司机、乘务员休息日的劳动班次。

4.5.7 司机

driver

公共交通工具的职业驾驶者。

4.5.8 乘务员

attendant

随车售票及为乘客服务的人员。

4.5.9 查票员

inspector

执行查票任务的人员。

4.5.10 调度员

cotroller

城市公共交通企业中担任调度工作的人员。

4.5.11 航行班次

shipping shift

根据客流状况和要求按时间间隔所编排的客渡轮航行的次序和次数。

4.5.12 航行班次表

shipping schedule

按航行班次编制的计划表。

4.5.13 市区客渡

city ferry

客渡轮在市区水域内，由此岸至彼岸的横渡或沿江河的运营。

4.5.14 郊县客渡

suburban ferry

客渡轮在市区与郊区、县城水域之间的运营。

4.5.15 上水航行

upstream shipping

客渡轮的船首面向江河湖泊发源地或面向规定的基准点的航行。

4.5.16 下水航行

downstream shipping

客渡轮的船首背向江河湖泊发源地或背向规定的基准点的航行。

4.5.17 待航

waiting for shipping

客渡轮及乘务人员等待航行指令。

4.5.18 开航

shipping

客渡轮按调度指令，开始航行作业。

4.5.19 停航

suspend shipping

客渡轮按调度指令或因故停止航行作业。

4.5.20 误班

delay

客渡轮因故不能按时开航，延误时间超过一个班次以上者为误班。

4.5.21 误班船

overdue ship

误班后才开出的客渡轮。

4.5.22 晚点船

ship behind schedule

按正点开出，但延迟到达终点码头的客渡轮。

4.5.23 合乘车

van pool

几位乘客联合租乘的出租汽车。

4.5.24 招呼式公共汽车

request bus

乘客招手示意停车，就近下车的公共汽车。

4.5.25 通勤列车

commuter train

往来于市区、郊区之间，供上下班乘用的列车。

4.5.26 服务质量

service level

在公共交通服务中，安全、迅速、舒适、方便、正点等方面的优劣程度。

4.5.27 服务合格率

service qualified rate

在公共交通服务质量检验中，符合规定的项目与被检验的项目总数之比。

4.5.28 门到门服务

door to door service

从出行起点到终点，无需换乘的客运形式。

4.5.29 安全行车

safe driving

公共交通车辆无事故的运行。

4.5.30 车容

vehicle appearance

车辆外观和内部设备的综合面貌。

4.5.31 站貌

station appearance

车站环境、设施及布置等的综合面貌。

4.5.32 车况

vehicle condition

公共交通车辆的车厢及机械动力装置的技术状况。

4.5.33 船况

ship condition

客渡轮船体结构及机械动力设备的技术状况。

4.5.34 水性

water nature

表现在水运中的航道特征与水文特征。

4.5.35 船性

ship character

客渡轮所具有的航行性能及使用性能。

4.5.36 洗检

cleaning and checking

客渡轮进行清洗、检查、调整等项技术工作。

4.5.37 运营时间

service time

①公共交通为乘客提供的服务时间。

②客渡轮运送乘客的主机运转时间。

4.5.38 非运营时间

non-service time

①公共交通车辆的非营业时间。

②客渡轮未运送乘客的主机运转时间。

4.5.39 航行总时间

total shipping time

一定时间内，客渡轮的运营时间与非运营时间之和。

4.5.40 出场时间

pull-out time

出场车驶离车场的时刻。

4.5.41 回场时间

pull-in time

回场车驶抵车场的时刻。

4.5.42 单程时间

single-trip time

按行车时刻表的规定，车辆自起点站到终点站的运行时间。

4.5.43 停站时间

dwell time

车辆在沿途站的停留时间。包括乘客上、下车时间和启闭车门的时间。

4.5.44 终点站停车时间

layover time

车辆在终点站自调头停车后至回程发车离站的时间。

4.5.45 调头时间

turn round time

车辆在终点站或沿途站空车回程转向的时间。

4.5.46 首班车时间

first vehicle hour

首班车驶离起点站或到达各沿途站的时刻。

4.5.47 末班车时间

final vehicle hour

末班车驶离起点站或到达各沿途站的时刻。

4.5.48 收车时间

off-running time

末班车到达终点站结束运营的时刻。

4.5.49 首班船时间

first-run hour

首班船的开航时刻。

4.5.50 末班船时间

final-run hour

末班船开航的时刻。

4.5.51 上客时间

boarding time

客渡轮开航前的乘客登船时间。

4.5.52 下客时间

alighting time

客渡轮停靠码头后，乘客下船登岸的时间。

4.5.53 停泊时间

anchoring time

运营中客渡轮在码头或途中主机停止运转的时间。

4.5.54 收船时间

off-shipping time

末班船到达终点码头结束运营的时刻。

4.5.55 误班时间

overdue time

客渡轮因误班而延误的时间。

5 运营量标

5.1 居民拥有车数

vehicles per resident

城市居民平均每万人（或千人）所拥有的公共交通车辆数。

5.2 在册车辆数

listed vehicles

在企业财产清册中记载的车辆总数。

5.3 运营车辆数

operating vehicles

用于运营业务的全部车辆数。

5.4 完好车辆数

well-conditioned vehicles

运营车辆中，技术状况良好、具备行驶条件的全部

5.5 完好备用车辆数

well-condition reserved vehicles

完好车辆中，待用的全部车辆数。

5.6 工作车辆数

working vehicles

完好车辆中，在线路上运营的全部车辆数。

5.7 配车数

fitted out vehicles

一条线路上配备的车辆数。

5.8 配船数

fitted out ships

一条航线上拥有的客渡轮数。

5.9 客渡轮总马力

total ferryboat H. P.

客渡企业中，全部客渡轮的主机额定功率数之和。

5.10 总客位数，总定员

total passenger places

全部运营车（船）客位数之和。

5.11 客渡轮单位马力定员

ferryboat passenger-place per H. P.

一艘客渡轮的客位数与其马力之比。

5.12 线路条数

the number of lines

各种公共交通固定线路条数之总和。

5.13 线路长度

line length

一条线路起点到终点的里程。

5.14 线路总长度

total line length

城市公共交通全部线路长度之和。

5.15 线路网长度

network length

公共交通线路网经过的道路长度。

5.16 线路网密度

network density

线路网长度与其服务区域的面积之比。

5.17 线路负荷

line load

单位时间内，每公里线路所负担的客运量。

5.18 线路通行能力

line capacity

一定时间内，一条线路上单方向所能通过的最大车辆数。

5.19 触线网长度

trolley wire network length

电车触电网的总长度。无轨电车触线网按单向双线计算，有轨电车触线网按单向单线计算。

5.20 航线数量

the number of shipping lines

某一地区或某一客渡企业拥有的固定航线总数。

5.21 航线总长度

total shipping line length

客渡企业设置的固定航线长度的总和。

5.22 站距

stop spacing, station spacing

同一线路相邻车站之间的距离。

5.23 平均站距

average stop spacing, average station spacing

同一种交通方式中，全部线路站距的平均值。

5.24 站台容量

platform capacity

轨道交通站台所能容纳的最大乘客数量。

5.25 停车额定面积

rated parking area

规划规定的单位车辆停车用地的定额。

5.26 车日

vehicle-day

一辆公共交通车辆历经一天为一个车日。

5.27 船日

ship-day

一艘客渡轮历经一天为一个船日。

5.28 运营车日

operating vehicle-days

企业中所有运营车辆的车日总数。一辆运营车在企业保有一天即一个运营车日。

5.29 运营船日

operating ship-days

企业中所有运营客渡轮的船日总数。一艘客渡轮在企业保有一天即一个运营船日。

5.30 完好车日

well-conditioned vehicle-days

企业中所有完好车辆的车日总数。

5.31 完好船日

well-conditioned ship-days

运营客渡轮中，技术状况良好，具备航行条件的船日总数。

5.32 工作车日

working vehicle-days

企业中所有工作车辆的车日总数。

5.33 工作船日

working ship-days

所有客渡轮为营业而开航的船日总数。

5.34 完好车率

well-conditioned vehicle rate

完好车日与运营车日之比。

5.35 完好船率

well-conditioned ship rate

完好船日与运营船日之比。

5.36 工作车率

working vehicle rate

工作车日与运营车日之比。

5.37 工作船率

working ship rate

工作船日与运营船日之比。

5.38 车时

vehicle-hour

一辆公共交通车辆历经一小时为一个车时。

5.39 工作车时

working vehicle hour

车辆在每个工作车日中所工作的小时数。

5.40 营业车时

running time

车辆在工作车时中实际营业的小时数。包括线路上纯行驶时间、沿途站乘客上下车时间、终点站调头、停站时间。

5.41 客运量

passenger carrying capacity

在统计期内，公共交通工具运送的乘客数。单位：人次。

5.42 客运周转量，客运工作量

passenger person-kilometres

在统计期内，乘客乘坐里程的总和。单位：人公里。

5.43 平均运距

average distance carried

运送乘客的平均距离。为客运周转量与客运量之比。单位：公里。

5.44 满载率

load factor

①公共交通工具实际载客量与额定载客量之比。

②在统计期内，公共交通工具完成的客运周转量与客位公里之比。

5.45 线路最高满载率

maximum load factor of line

线路上，高峰小时内最大断面客流量与小时定员（小时通过车数与定员的乘积）之比。

5.46 高峰小时上车率

peak hour boarding rate

高峰小时上车人数与全日客运量之比。

5.47 客渡轮运营率

ferryboat operating rate

客渡轮实际运营天数与计划运营天数之比。

5.48 客渡轮利用率

ferryboat utilization rate

客渡轮实际航行小时与计划航行小时之比。

5.49 客流方向不均衡系数

direction non-equilibrium factor of passenger flow

最大单向客流量与双向平均客流量之比。

5.50 客流断面不均衡系数

section non-equilibrium factor of passenger flow

最大断面客流量与同一时间全程其他断面的平均客流量之比。

5.51 客流时间不均衡系数

time non-equilibrium factor of passenger flow

高峰小时客流量与全天平均小时客流量之比。

5.52 发送乘客人数

the number of departure passengers

快速轨道交通中，在一定时期内车站发送的乘客总人数。

5.53 乘客到达人数

the number of arrivals

快速轨道交通中，在一定时期内终到车站的乘客总人数。

5.54 集结量

passenger collecting volume

一定时期内，在某停车站候车的人数。

5.55 疏散量

passenger distributing volume

一定时期内，在某停车站下车离站的人数。

5.56 集散量

passenger collector-distributor volume

集结量与疏散量之和。

5.57 出租汽车未应率

taxi unresponsive rate

出租汽车站未满足乘客租车次数与乘客租车次数之比。

5.58 载客里程

carrying kilometres

车辆运送乘客的行驶里程。

5.59 空驶里程

deadhead kilometres

车辆不载乘客的行驶里程。

5.60 调度空驶里程

deadhead kilometres for dispatch

出租汽车运送乘客抵达目的地后返回原停车地点的行驶里程。

5.61 接客空驶里程

deadhead kilometres for passenger

出租汽车由停车地点到乘客所在地的行驶里程。

5.62 营业里程

revenue kiloreetres

①公共电、汽车的载客里程。

②出租汽车的接客空驶里程、载客里程、调度空驶里程之和。

5.63 总行驶里程，总行程

total kilometres

在统计期内，运营车辆在工作车日中所行驶的里程总和。

5.64 人公里

passenger kilometre

一位乘客被运送一公里称为一人公里。系客运周转量的单位。

5.65 车公里

vehicle kilometre

一辆公共交通车辆行驶一公里为一车公里。

5.66 坐位公里

seat-kilometres

公共交通工具的坐位数与行驶里程的乘积。

5.67 客位公里，定员公里

passenger place kilometres

公共交通工具的客位数与行驶里程的乘积。

5.68 里程利用率

kilometre utilization

在统计期内，运营车辆的营业里程与总行驶里程之比。

5.69 调车行程

switching kilometres

调车中的空驶里程。

5.70 车日行程

daily vehicle-kilometre

一辆车一天中所行驶的里程。

5.71 车班

vehicle shift

一辆公共交通车辆工作一个班次为一个车班。

5.72 车班行程

vehicle-shift kilometres

车辆在一个车班中所行驶的里程。

5.73 车班载客次数

carrying times per shift

出租汽车一天中一个车班的载客次数。

5.74 航行里程

shipping kilometres

客渡轮在航行中以公里为计算单位所行驶的里程。

5.75 重航里程

loading shipping kilometres

客渡轮载客、载货航行的里程。

5.76 空航里程

unloading shipping kilometres

客渡轮不载客、不载货航行的里程。

5.77 临运里程

temporary shipping kilometres

客渡轮承担临时运输任务的航行里程。

5.78 包运里程

affreighting shipping kilometres

机关、团体等包乘客渡轮的航行里程。

5.79 设计速度，构造速度

design speed

设计车辆时规定的最高速度。

5.80 容许速度

allowable speed

受道路或轨道线路及其设备等条件所限，允许车辆行驶的最高速度。

5.81 技术速度

technical speed

车辆自起点站至终点站，沿途不停站的直达速度。即线路长度与车辆在线路上耗用的行驶时间之比。

5.82 运送速度，旅行速度

travelling speed

车辆实际运送乘客的速度。即线路长度与车辆在线路上耗用的行驶时间及沿途站停靠时间之和的比值。

5.83 运营速度

overall trip speed

车辆在线路上的周转速度，即线路长度与下列时间：

行驶时间、沿途站的停靠时间、起终点站调头停站时间之和的比值。

5.84 接客空驶速度

deadhead speed for passenger

接客空驶里程与接客空驶时间之比。

5.85 载客行驶速度

carrying running speed

出租汽车载客行驶里程与载客行驶时间之比。

5.86 调度空驶速度

deadhead speed for dispatch

调度空驶里程与调度空驶时间之比。

5.87 出租汽车运行速度

taxi operating speed

出租汽车接客空驶里程、调度空驶里程、载客里程之和与接客空驶时间、调度空驶时间、载客行驶时间之和的比值。

5.88 行车无事故天数

safe running days

车站或运营单位，连续安全行车的天数。

5.89 行车事故次数

the number of running accidents

一定时期内，行车中意外发生的人身伤亡或财务损失的总次数。

5.90 行车责任事故次数

the number of running responsible accidents

一定时期内，行车中发生的由司机、乘务员等有关人员应负全部责任或部分责任的事故总次数。

5.91　行车责任事故间隔里程

kilometre interval of running responsible accident

两次行车责任事故间的车辆行驶里程。

5.92　车辆保养间隔里程

kilometre interval of vehicle

车辆两次保养间的行驶里程。

5.93　车辆大修间隔里程

kilometre interval of vehicle overhaul

车辆两次大修间的行驶里程。

5.94　轮胎平均报废里程

average kilometre of tyre scrap

运营车辆的轮胎自开始使用至报废时止（不管中间是否翻新或翻新过几次）的平均行驶公里数。

5.95　小修频率

minor repair frequency

运营车辆平均行驶每千车公里所进行的小修次数。

5.96　车辆机件平均故障时间

average trouble time of vehicle mechanizm

由于机件损坏或失效而发生故障、影响车辆正常运行的平均时间。

5.97　平均故障间隔时间

mean time between failures

在统计期内，相邻两次故障间车辆平均运行时间。

5.98　修程

repair procedure

对轨道客车进行各种检查修理的周期及程序。

5.99　客车定检间走行里程，定检里程

kilometres between regular maintenance

一定时期内，一台客车两次定期检修期间行驶的公里数。

5.100　客运收入

passenger transport income

在一定时期内，公共交通企业以载客运营所得的货币金额。

5.101　票款收入

fare income

公共交通企业出售车（船）票所得的货币金额。

5.102　人公里成本

person-kilometre cost

完成单位客运周转量平均所耗的费用。

5.103　车公里成本

vehicle-kilometre cost

车辆行驶一公里平均所耗的费用。

5.104　客位公里成本

passenger-place kilometres cost

车辆完成一客位公里平均所耗的费用。

5.105　保修材料费

maintenance material cost

统计期内保养、维修车辆所耗的材料总金额。

5.106　每车占用流动资金

current fund per vehicle

每辆运营车平均所占用的流动资金额。

5.107　公共交通工具折旧期限

means depreciation time limit

公共交通工具折旧到仅存残值时所经的时间。

5.108　公共交通工具折旧里程

means depreciation kilometre

公共交通工具折旧到仅存残值时所行驶的公里数。

5.109　行车燃料消耗，百公里油耗

fuel consumption

汽车每行驶一百公里所消耗的燃料量。

5.110　行车电力消耗，百公里电耗

power consumption

电动车辆每行驶一百公里所消耗的电能。

6　其他

6.1　商业中心

central business district（CBD）

城市中商业、服务业及文化娱乐场所集中，且交通紧张的闹市区。

6.2　城市对外交通

urban outbound traffic

由城市区域向外引出的交通。

6.3　计算区域

zoning

在道路网范围内依据出行特性等所划定的适当计算小区。通常用于进行交通规划的OD调查中。

6.4　比较线路

alternative route

在规划线路时，作为比较、研究对象的线路。

6.5　覆盖面积

area coverage

公共交通系统所服务的地理面积，在此面积内，乘客到达车站的步行距离一般采取0.4公里。

6.6　覆盖率

service rate

公共交通线路网覆盖面积与所在计算区域的土地总面积之比。

6.7　公共汽车专用街道

bus only street（BOS）

只允许公共汽车通行的街道。

6.8　公共汽车专用车道

exclusive bus lane

在道路同一路幅内，用标线分划出专供公共汽车使用的车道。

6.9　公共汽车优先车道

bus priority lane

在规定的路段或时间内，公共汽车得以优先使用的车道。

6.10　公共汽车优先通行信号

bus priority signal

为使公共汽车先于其他车辆通行所显示的信号。

6.11　公共交通标准车（船）

standard transit bus（ship）

对不同类型车（船）采取统一的标准当量折算时所选定的车（船）型。

6.12　自行车交通

bicycle traffic

使用轻便、灵活、门到门的个体交通工具——自行车，适合短途出行的一种交通方式。

6.13　自行车车道

bicycle lane

在道路同一路幅内，用标线分划出供自行车通行的车道。

6.14　自行车专用路

bicycle route

规定专供自行车使用的道路。

6.15　交通道德

traffic morality

机动车驾驶人员、自行车骑行者、行人表现在遵守交通法规和互谦互让等方面的社会品质。

6.16　乘行舒适性

riding comfort

乘行中，由于交通条件、交通工具、设备、以及交通环境等因素，在乘客生理上或心理上产生的安逸程度。

6.17　乘客心理

passenger mentality

在候乘或乘行中，乘客在意识和情绪上对公共交通服务质量的内心反射。

6.18　票价政策

fare policy

公共交通票价制定的准则。

6.19　票价补贴

fare subsidy

对公共交通票价与成本差额的补偿。

6.20　滑行

coasting

车辆切断动力后，靠本身惯性行驶。

6.21　制动

braking

使运行车辆减速、停止的作用。

6.22　制动距离

braking distance

自操纵制动装置开始到车辆完全停止时，车辆行驶的距离。

6.23　停车距离

stopping distance

自司机制动反应开始，到操纵制动装置使车辆完全停止，这段时间内车辆行驶的距离。

6.24　行车间距

following distance

从先行车辆的后端到跟随车辆的前端间的距离。

6.25　安全行车间距

safe following distance

为避免同向前后运行的两车首尾相撞，而必须保持的行车间距。

6.26　电制动

electric braking

使电动车辆的牵引电动机产生电能而导致电机降速的制动方式。

6.27　反馈制动，再生制动

regenerative braking

车辆向触线网或蓄电池反馈电能的电制动方式。

6.28　电阻制动

resistance braking

利用电阻吸收车辆电制动产生的电能的制动方式。

6.29　启动加速度

acceleration

车辆在启动、加速过程中，单位时间速度的增量。

6.30　制动减速度

deceleration

车辆在制动、减速过程中，单位时间速度的减量。

6.31　轴重

axle load

每一车轴加在道路上的总重量。

6.32　转向架轴距

bogie wheelbase

同一转向架的两端车轴中心的距离。

6.33　转向架中心距

distance between bogie centres

相邻两转向架中心间的距离。

6.34　无轨电车偏线距离

trolley bus pantograph deviation distance

无轨电车行驶时，允许车身中心线偏离触线中心线的最大距离。

6.35 站界

station boundary

车站的界限。车站与它两端所衔接的区间应有明确的分界线，分界线外方为区间，内方为车站。

6.36 车站中心

station centre

车站的中心里程位置。

6.37 限界

limited range

为保证轨道车辆运行安全，而对车辆、线路、邻近建筑物和设备所规定的不许超越的轮廓尺寸线。

6.38 车辆限界

vehicle gauge

轨道车辆横断面（与线路中心线垂直）的极限轮廓线。

6.39 建筑限界

construction clearance

沿轨道线路的各建筑物、构筑物在与轨道中心线相垂直的横断面内的极限轮廓线。

6.40 设备限界

facilities clearance

沿轨道线路安装的所有行车设备，在与轨道中心线相垂直的横断面内的极限轮廓线。

6.41 线路曲折系数，线路非直线系数

line nonlinear factor

公共交通线路实际长度与起迄点间的空间直线距离之比。

6.42 线路重复系数，线路复线系数

line overlap factor

公共交通线路总长度与线路网长度之比。

附加说明

本标准由中华人民共和国城乡建设环境保护部提出，由城乡建设环境保护部城市建设管理局归口。

本标准由北京市公共交通研究所、北京工业大学、北京建筑工程学院负责起草。

中华人民共和国行业标准

城市公共交通工程术语标准

Terminology standard for urban public transport engineering

CJJ/T 119-2008
J 782-2008

批准部门：中华人民共和国建设部
施行日期：2 0 0 8 年 9 月 1 日

中华人民共和国建设部
公 告

第817号

建设部关于发布行业标准《城市公共交通工程术语标准》的公告

现批准《城市公共交通工程术语标准》为行业标准，编号为CJJ/T 119-2008，自2008年9月1日起实施。

本标准由建设部标准定额研究所组织中国建筑工业出版社出版发行。

中华人民共和国建设部
2008年2月29日

前　言

根据建设部建标［2003］104号文的要求，标准编制组在深入调查研究、认真总结实践经验，参考有关国家标准和行业标准，并在广泛征求意见的基础上，制定了本标准。

本标准的主要技术内容是：1. 总则；2. 基本术语；3. 公共交通设施；4. 公共交通运营；5. 车辆保养与维修；6. 技术经济指标；7. 公共汽电车交通；8. 快速公共汽车交通（BRT）；9. 出租汽车交通；10. 城市轮渡；11. 客运索道、缆车；12. 客运扶梯、电梯等。

本标准由建设部负责管理，由主编单位负责具体技术内容的解释。

本标准主编单位：中国城市公共交通协会（地址：北京市车公庄西路38号；邮政编码：100044）

本标准参加单位：北京市公共交通研究所
广东省公共交通协会
北京城建设计研究总院
深圳市公交集团公司
贵阳市公交总公司
武汉市轮渡公司
上海巴士股份有限公司
杭州市公交集团公司
广州市一汽巴士有限公司
重庆市索道公司
北京工业大学
清华大学

本标准主要起草人员：朱　滢　杨青山　杨大忠　董志卿　梁满华　于松伟　赵书民　刘新航
薛国山　蔡夏英　沈贤德　张立群　杨孝宽　杨新苗　蒋大林

目　次

1 总 则

1.0.1 为使我国城市公共交通工程术语规范化，利于国内外交流，促进公共交通事业的发展，制定本标准。

1.0.2 本标准适用于城市公共交通（轨道交通除外）工程。

1.0.3 城市公共交通工程术语除应符合本标准外，尚应符合国家现行的有关标准的规定。

2 基 本 术 语

2.1 一 般 术 语

2.1.1 城市公共交通 urban public transport

在城市地区供公众乘用的各种交通方式的总称。也可简称公共交通或公交。

2.1.2 公共交通方式 public transport modes

按公共交通工具的类型和运行特征划分的各种客运形式。

2.1.3 公共交通工具 public transport means

泛指供乘客乘用的公共交通车、船等运输工具。

2.1.4 客运 passenger transport

公共交通企业运送乘客的业务活动。

2.1.5 乘客 passenger

乘用公共交通工具的人。

2.1.6 城市公共交通工程 urban public transport engineering

关于城市公共交通的研究、规划、设计、建设、运营、管理、维护、更新等全部工作的总称。

2.1.7 公共交通规划 public transport planning

根据居民出行的分布及其发展趋势，统筹安排不同公共交通方式的功能分工、线网布局、场站建设、车船配置以及相应的人员和机构等事项的发展计划。

2.1.8 公共交通运营 public transport operation

公共交通运行和经营。

2.1.9 城市公共交通系统 urban public transport systems

由若干种公共交通方式的线路、场站、交通工具及运营组织等组成的客运有机整体。

2.1.10 城市快速公共交通系统 urban rapid transit systems

城市快速公共汽车系统、快速轨道交通系统和快速轮渡系统的总称。

2.1.11 公共交通信息系统 public transport information system

利用现代通信、计算机等技术手段对公共交通业务信息进行采集、传输、处理和应用的系统。

2.1.12 城市交通结构 urban transport structure

居民出行所采用的步行、自行车、公共交通、自备汽车等交通方式，分别承担的出行量占出行总量的百分比。

2.1.13 公共交通优先 public transport priority

在政策、法规和资源利用等方面对公共交通实行优惠。

2.1.14 公共交通标志 public transport signs

便于公众识别的表明公共交通行业特征的专用图形符号。

2.1.15 公共交通企业 public transport enterprise

经营公共交通业务的经济实体。

2.2 公共交通方式

2.2.1 常规公共交通 regular public transport

单向客运能力小于每小时1万人次的公共交通方式，一般指公共汽车交通和无轨电车交通等客运方式。

2.2.2 中运量公共交通 medium-carrying-capacity public transport

单向客运能力为每小时1～3万人次的公共交通方式，一般指轻轨交通、单轨交通和快速公共汽车交通等。

2.2.3 大运量公共交通 large-carrying-capacity public transport

单向客运能力大于每小时3万人次的公共交通方式，一般指地铁交通。

2.2.4 单向客运能力 one-way carrying capacity

单位时间内从单方向通过线路断面的客位数上限。即车辆（列车）额定载客量与行车频率上限值的乘积。计量单位：人次/小时。

2.2.5 公共汽车交通 bus transport

以公共汽车沿固定线路按班次运行的客运方式。

2.2.6 无轨电车交通 trolley bus transport

以无轨电车沿架空接触线网在道路上按班次运行的客运方式。

2.2.7 快速公共汽车交通（BRT） bus rapid transit

以大容量高性能公共汽电车沿专用车道按班次运行，由智能调度系统和优先通行信号系统控制的中运量快速客运方式。简称快速公交，英文缩写BRT。

2.2.8 出租汽车交通 taxi transport

一般以客运小汽车按乘客需要的时间和地点行驶的客运方式。

2.2.9 城市轮渡 urban ferry transport

在城市及附近水域，以渡轮沿固定航线按航班运行的客运方式。也可简称轮渡。

2.2.10 城市客渡 urban passenger ferry transport

以运送乘客为主，也可搭载少量货物的城市轮渡。

2.2.11 城市车渡 urban vehicle ferry transport

以运送行驶途中的客（货）车为主的城市轮渡。

2.2.12 客运索道 passenger cable transport

由驱动电机和钢索牵引的客车（吊厢、吊椅）沿架空索道运行的客运方式。

2.2.13 客运缆车 passenger cable car transport

由驱动电机和钢索牵引的车厢一般沿坡面轨道往复运行的客运方式。

2.2.14 客运扶梯 passenger escalator transport

由驱动电机和链条牵引的梯级和扶手带沿坡面连续运行的客运方式。

2.2.15 客运电梯 passenger elevator transport

由驱动电机和钢索牵引的轿厢沿垂直导轨往复运行的客运方式。

3 公共交通设施

3.1 公共交通线路

3.1.1 公共交通线路 public transport line

城市公共交通中运营车（船）沿固定路线和车站（码头）运行的通路。也可简称线路。

3.1.2 线路长度 line length

沿公共交通线路的两个运行方向从起点站到终点站的里程的平均值。

3.1.3 线路周长 girth length of operation line

运营车在线路上往返运行一周的里程，即往返线路长度与两端回车（折返）里程之和。

3.1.4 回车里程 turn round distance

运营车从线路一个方向的终点站到另一个方向的起点站的里程。也称折返里程。

3.1.5 线路条数 number of operation line

在一定范围内运营线路的总数，不包括临时线、区间线和专为机关、学校、企事业单位服务的班车线。

3.1.6 线路总长度 total line length

在一定范围内全部线路长度之和。

3.1.7 线路平均长度 average line length

线路长度的平均值。

3.1.8 公共交通线路网 public transport line network

在一定区域内布有公共交通线路的道路组成的网络。

3.1.9 线路网长度 line network length

在公共交通线路网内，各道路中心线长度的总和。

3.1.10 线路网密度 line network density

线路网长度与城市建成区面积之比。

3.1.11 线路重复系数 line overlap factor

公共交通线路总长度与线路网长度之比。

3.1.12 线路非直线系数 line nonlinear factor

线路长度与起止站之间的直线距离之比。

对于环行线路，为线路所经过的客流集散点之间，里程与直线距离之比。

3.1.13 线路负荷 line loading

在考核期内，线路所完成的客运周转量与运营时间之比。计量单位：人公里/小时。

3.1.14 线路负荷密度 line loading density

单位线路长度上的线路负荷。计量单位：人公里/小时公里。

3.1.15 线路衔接 lines connection

不同线路之间能实现尽可能方便、快捷的换乘。

3.1.16 线网优化 line network optimization

综合研究公共交通线路网内的客流变化规律，合理调整运营线路，达到提高乘客出行效率和降低运营成本的目的。

3.1.17 公共交通线路设施 pubic transport line facilities

在公共交通线路上设置的相关建筑物、构筑物、设备及标志等总称。

3.1.18 线路名 line name

线路的名称，一般以阿拉伯数码加“路”（“线”）字命名。

3.1.19 市区线路 urban line

全部或大部在城市市区运行的公共交通线路。

3.1.20 郊区线路 suburban line

全部或大部在城市郊区运行的公共交通线路。

3.1.21 长途线路 long distance line

在城市与较远地区之间运行的公共交通线路。

3.1.22 旅游线路 tourist line

在城市中较大的客流集散点与旅游景区之间运行，主要为旅游乘客服务的公共交通线路。

3.1.23 昼夜线路 day and night line

每天24小时连续运营的公共交通线路。

3.1.24 夜间线路 night line

仅在夜间运营的公共交通线路。

3.1.25 高峰线路 peak-hour（rush-hour）line

仅在高峰时间内运营的公共交通线路。

3.1.26 快车线路 express line

采用大站距运营的公共交通线路。

3.1.27 临时线路 temporary line

为临时需求而设的公共交通线路。

3.1.28 环行线路 loop line

环绕某一区域运行，起止站合一的公共交通

线路。

3.1.29 内环线路 inner-loop line

沿顺时针方向运行的环行线路。

3.1.30 外环线路 outer-loop line

沿逆时针方向运行的环行线路。

3.1.31 单行路段 one-way section

在公共交通线路上的某一路段，往返路径不同，且停靠车站也不同。

3.1.32 公交专用道路 public transport exclusive way

在规定时间内，只允许公交车通行的道路。

3.1.33 公交专用车道 public transport exclusive lane

在规定时间内，只允许公交车通行的车道。

3.1.34 公交逆向专用道 retrograde exclusive lane for public transport

在单行道路上，允许公交车逆向通行的车道。

3.1.35 全封闭线路 all-separated line

以隔离墩、护栏、隧道、桥梁等物质实体与其他车辆和行人全线隔离的公共交通线路。

3.1.36 半封闭线路 part-separated line

以隔离墩、护栏、隧道、桥梁等物质实体与其他车辆和行人在部分路段隔离的公共交通线路。在未隔离部分，设有优先通行信号系统。

3.2 公共交通车站

3.2.1 公共交通车站 stop of public transport

在公共交通线路上，供运营车停靠、乘客候车和乘降的设有相应设施的场所。也可简称车站。

3.2.2 站名 stop name

车站的名称，一般以当地地名加"站"字命名。

3.2.3 车站序号 series number of stop

从公共交通线路的首站开始，顺序对沿线各车站所作的编号。也可简称站号。

3.2.4 站牌 stop board

在公共交通车站设置的乘车指示牌，标明本站站名、线路名、沿线各站站名、运行方向、运营时间、票制、票价等。

3.2.5 起点站 origin station

运营车按调度指令开始单程载客运行的车站。也称始发站。

3.2.6 终点站 destination station

运营车按调度指令结束单程载客运行的车站。

3.2.7 起止站 origin and destination station

起点站和终点站的统称。也称端点站。

3.2.8 沿途站 stop

除起点站和终点站以外，沿公共交通线路设置的其他车站。也称中途站。

3.2.9 调度站 dispatch station

具有调度职能的车站。

3.2.10 首站 origin station

在公共交通线路上，设有主调度的起止站。

3.2.11 末站 terminal

在公共交通线路上，不设主调度的起止站。

3.2.12 首末站 origin station and terminal

首站和末站的统称。

3.2.13 中心站 central station

多条公交线路的运营管理中心，也是多条线路首末站的汇集中心，还能为公交车辆提供保养、停放、加油、加气等服务。

3.2.14 换乘站 transfer stop/station

能实现不同公交线路之间相互换乘的车站。

3.2.15 枢纽站 transfer hub

有多条公共交通线路汇集的客流集散量较大的起止站组合。

3.2.16 公共交通综合枢纽 transfer hub of public transport

在多种公共交通方式的线路汇集的特大型客流集散点，为安全、有序、高效地疏导客流而设有相关设施和场地的大型车站集合体。

3.2.17 招呼站 call-responsive stop

在公共交通线路上，根据乘客需要而增设的不另设站号的车站。

3.2.18 港湾式车站 bus bay

运营车停靠时不占用行车道的车站。

3.2.19 站距 stop spacing

在同一线路的同一运行方向，相邻两车站的对应点之间的距离。

3.2.20 平均站距 average stop spacing

在城市的同类地区（指市区或郊区）、同种交通方式（指常规公共交通或快速公共交通）中，站距的平均值。

3.2.21 车站服务半径 service radius

乘客到车站乘车所需步行距离的上限值。

3.2.22 站台 platform

在车站供乘客候车和乘降的高于路（轨）面的平台。

3.2.23 站台长度 platform length

由设计停靠车辆数决定的站台全长。

2.2.24 站台高度 platform height

站台地面与路（轨）面的高差。

3.2.25 停车标志 stop sign

车辆进站停靠时，应与之对齐的标志物，是计算车站在线路上的里程位置的坐标点。

3.2.26 候车亭 shelter

在车站供乘客遮阳、避雨的设施。

3.2.27 候车廊 waiting corridor

在车站为乘客安全、有序乘车而设置的有护栏的长廊。

3.2.28 停车坪 parking lot

在线路首末站，供待发车和歇班车停放的场地。

3.2.29 回车道 passage way

运营车从线路一个方向的终点站到另一个方向的起点站的通道。也称折返线。

3.3 车内服务设施及相关参数

3.3.1 车厢 carriage

在公共交通车辆上，容纳乘客的设有门窗的厢形结构。也称客厢。

3.3.2 一级踏步 first step of door

乘客从地面上车时，第一步踩踏的位于车门下端的支承面。

3.3.3 客座 passenger seat

在公共交通车（船）内，供乘客使用的坐椅。

3.3.4 车内通道 passage

在车厢内，供乘客纵向通行的走道。

3.3.5 路牌 line number plate

置于公共交通车辆的前、后、侧窗上方，面向车外标有本车运行线路及首末站的指示牌。对于环行线路，则标出首站及中点站。

3.3.6 发光路牌 luminous line number plate

在夜间字迹能发光的路牌。

3.3.7 售票台 ticket table

置于公交车内售票员座椅前的售票工作台。

3.3.8 投币机 slot machine

供乘客投入票款的设备。

3.3.9 电子收费机 electronic toll collection

以电子车票刷卡的方式收取票款的电子设备。

3.3.10 驾驶员隔栏 operator separator

为防止乘客进入驾驶员操作空间而设的护栏。

3.3.11 扶手柱 hand-mast

置于车内通道范围和车门两侧，供乘客扶握的管状立柱。

3.3.12 扶手杆 handrail

置于车内通道上方和侧窗上部，供乘客扶握的管状横杆。

3.3.13 拉手环 pulling ring

在车内净高较高的车厢内，悬吊在通道上方的扶手杆上的环形拉手。

3.3.14 电脑报站机 computer-controlled speaker

由电脑控制的向车内、外播放本车运行状况和服务用语的设备。

3.3.15 报站显示屏 display screen in carriage

在电脑报站机的控制下，向车内乘客显示本车运行状况及服务用语的屏幕。

3.3.16 车厢空调 air conditioning device in carriage

车厢内的温度、湿度调节和换气装置的总称。

3.3.17 顶窗 ceiling window

设于车厢顶部的通风窗。

3.3.18 车用监视设备 monitoring device in carriage

供驾驶员监视中、后车门内乘客下车、关门情况和倒车时车后障碍情况的闭路电视设备。

3.3.19 车门防夹装置 anti-nip device

在关闭（开启）车门时，当阻力大于给定值后，能使车门短暂开启（关闭）动作的装置。

3.3.20 上车辅助装置 boarding device

便于轮椅进出车辆的装置，如举升装置、导乘板等。

3.3.21 导乘板 ramp

用于车内通道地板与站台地面（或路肩）之间搭桥的板形装置。

3.3.22 车外允许噪声 out-of-vehicle noise allowance

公交车辆加速行驶时产生的噪声在车外一定距离处的允许值。

3.3.23 车内允许噪声 in-vehicle noise allowance

公交车辆加速行驶时产生的噪声在车厢内的允许值。

3.3.24 防雨密封性 rainproof seal

在门窗关闭时，防止雨水或尘土进入车厢的能力。

3.3.25 行驶平顺性 running smoothness

公交车辆行驶时所产生的颠振程度。

3.3.26 乘行舒适性 passenger's comfort

由于车辆性能、服务设施及交通环境等因素，使乘客在乘行中感受到的舒适程度。

3.3.27 车内净高 interior height

车厢地板表面至顶棚间的最大距离。

3.3.28 通道宽度 passage width

车内通道两侧物体（如座椅、护栏等）间的净距。

3.3.29 车门开度 door opening degree

车门开启后的空间宽度。

3.3.30 车内通道地板高度 height of passage floor in carriage

空车时，车内通道地板表面与地面（轨面）的距离。

3.3.31 一级踏步高度 first step height

空车时，一级踏步边缘与地面（轨面）的高差。

3.3.32 踏步级间高度 step spacing

相邻踏步表面间的距离。

3.3.33 坐位间距 seat spacing

前后相邻座椅的对应点间的距离。

3.3.34 坐位数 number of seat

车厢内的客座总数。

3.3.35 车厢站立面积 standing area in carriage

车厢内乘客可站立的总面积。

3.3.36 额定站立密度 rated standing density

在单位面积上允许站立的人数。

3.3.37 额定站位数 rated standing capacity

车厢站立面积与额定站立密度的乘积。

3.3.38 额定载客量 rated passenger capacity

车厢内坐位数与额定站位数之和。也称客位数。

3.3.39 车辆定员 rated passenger capcity of vehicle

额定载客量与乘务组人数之和。

3.4 牵引供电系统

3.4.1 牵引供电系统 traction power -supply system

由牵引变电所、牵引网及自动监控设备组成的将电能供给电动车辆的全部电力装置的总称。

3.4.2 供电制式 power -supply mode

指牵引供电系统中采用的电流制、供电方式及电压等级等。

3.4.3 牵引变电所 traction substation

将中压交流电降压并整流成牵引用直流电的变电所。

3.4.4 牵引网 traction network

经过受电器向电动车辆输送牵引电能的导电网。分为架空触线网和接触轨两种形式。

3.4.5 架空接触网 overhead contact-wire network

由触线及悬挂装置组成的供电网。也称触线网。

3.4.6 双极触线牵引网 double contact-wire traction network

由正负触线组成的牵引网。

3.4.7 馈线 feed line

从牵引变电所向接触网输送电能的导线。

3.4.8 触线 contact wire

与电动车辆的受电器相接触，向车辆供电的导线。

3.4.9 触线网长度 length of contact-wire network

组成触线网的触线总长度。双极触线网按单向双线计算，单极触线网按单向单线计算。

3.4.10 触线高度 height of contact-wire

悬挂点处触线与地面（轨面）之间的距离。

3.4.11 触线间距 spacing of contact-wire

正负触线的中心线之间的距离。

3.4.12 无轨电车偏线距离 trolley bus pantograph deviation distance

无轨电车行驶时，允许车身中心线偏离触线中心线的距离。

3.4.13 供电分区 power-supply zone

在牵引网上电路相互断开的每一个供电区段。也称供电区间。

3.4.14 供电距离 power-supply distance

在牵引变电所供电范围内的触线网长度。

3.4.15 牵引整流机组 a set of rectifier-transformer for traction

由牵引变压器与整流器组成的电流变换设备。

3.4.16 整流机组负荷等级 loading level of rectifier-transformers

根据负荷特性划分的牵引整流机组过载能力等级。

3.4.17 接触网最小短路电流 minimum short circuit current in contact-wire network

在最小运行方式下，接触网中离馈入点最远端发生正负极间短路时的电流。

3.4.18 接触网最大短路电流 maximum short circuit current in contact-wire network

在最大运行方式下，接触网的馈入点处发生正负极间短路时的电流。

3.4.19 末端电压 end voltage

在单边供电的接触网中离馈入点最远端的电压。

3.4.20 双边供电 sides feeding

一个供电区间由相邻两个牵引变电所共同供电。

3.4.21 单边供电 one-side feeding

一个供电区间只由一个牵引变电所供电。

3.4.22 受电器 power receiver

集电杆、受电弓和受流器的统称。

3.4.23 集电杆 trolley pole

无轨电车从正负触线上接取电能的装置。

3.4.24 接地链 grounding chain

实现无轨电车的车体与大地电气接触的铁链。

3.5 公共交通信息系统

3.5.1 有线通信系统 wire communication system

公共交通调度、管理和业务联络专用的话音、数据和图像的有线通信网。

3.5.2 无线通信系统 wireless communication system

公共交通调度、管理和业务联络专用的话音、数据无线通信网。

3.5.3 电视监视系统 TV monitoring system

对公共交通运营状况进行现场监视的闭路电视系统。

3.5.4 出行信息查询系统 travel information inquiry system

供公众查询公交出行信息的多媒体系统。

3.5.5 出行信息 travel information

在全市任意两点之间的出行，需要乘行的公交线路及其乘降站、换乘站以及相应的乘行距离、所需经费和乘行时间等信息。

3.5.6 智能调度系统 intelligent dispatching system

对车辆运营数据进行自动检测、传输和实时处理的调度监控系统。

3.5.7 车辆动态位置 vehicle real-time position

运营车辆在任意时刻所在的位置。

3.5.8 车辆定位 vehicle positioning

根据相关数据由系统设备实时判定车辆动态位置。

3.5.9 定位误差 positioning error

车辆定位数据与车辆动态位置的真实值之差。

3.5.10 定位信标 position signaling

为判定车辆动态位置，在线路上顺序设置的若干标志信号装置。

3.5.11 信标定位法 position signaling method

根据车辆收到的信标信号或定位信标收到的车辆信号，判定该车的动态位置的方法。

3.5.12 里程表定位法 odometer positioning method

根据车载电子里程表记录的里程信号，判定该车的动态位置的方法。

3.5.13 卫星定位法 satellite positioning method

根据车载接收机收到的全球卫星定位系统的定位信号，判定该车的动态位置的方法。

3.5.14 运行时刻偏离量 operation schedule offset

在考核点上，车辆实际运行时刻与运行时刻表规定的时刻之差。

3.5.15 车辆运营数据 vehicle operation data

运营车辆的线路号、车次、车号、司机号、动态位置、行驶方向、车速、里程、载客量、车辆技术参数、故障、报警等信息的总称。

3.5.16 运营图像 operation diagram

在公交电子地图上实时显示运营线路上各受监控车辆的动态位置及其他运营数据。

3.5.17 公交电子地图 electronic map for public transport

以计算机软件形式存在的标有公共交通线路、场、站的地图。

3.5.18 实时调度 real-time dispatch

调度人员随时掌握车辆运营数据，即时指挥车辆运行，即时解决运营中出现的问题。

3.5.19 计算机辅助调度 computer-aided dispatch

调度人员参照计算机推荐的预案，及时处理运营中的问题。

3.5.20 远程调度 remote dispatching

借助于智能调度系统，对远离调度室的车辆进行实时调度。

3.5.21 集中调度 centralized dispatching

在智能调度系统覆盖的区域内，调度中心对多条线路的运营车进行统一、协调、高效的调度。也称区域调度。

3.5.22 线路调度 route dispatching

对一条线路的运营车进行调度。

3.5.23 调度中心 dispatch center

对多条线路的运营车进行远程调度的场所，也是公交智能调度系统的数据通信中心、信息处理中心、图像显示中心。

3.5.24 电子站牌 electronic stop board

在公共交通中途站向候车乘客显示本线路来车方向运营车的动态位置及预计候车时间等信息的自动电子显示站牌。

3.5.25 发车显示牌 departure display board

在公共交通起点站向候车乘客和待发车驾驶员显示待发车次的时刻和车号的自动电子显示站牌。

3.5.26 运营数据自动统计 automatic statistics of operation data

公共交通智能调度系统将车辆运营的原始数据，自动整理并生成相关的统计图表。

3.5.27 运营时刻表自动优化 automatic optimization of operation schedule

公共交通智能调度系统根据一定时期（数天）内自动统计的运营数据，提出运行时刻表的调整方案。

3.5.28 计算机辅助线网优化 computer-aided line network optimization

公共交通智能调度系统根据一定时期（数月）内自动统计的运营数据，提出各线路的调整方案。

3.5.29 公交专用车道监视系统 exclusive lane-monitoring system of public transport

对公交专用道内行驶的车辆和行人进行监视和记录的系统。

3.5.30 公交优先信号系统 priority signal system of public transport

保证公交车辆优先通行的交通信号系统。

4 公共交通运营

4.1 乘客和客流

4.1.1 居民出行 resident trip

居民从出发地到目的地的交通行为。

4.1.2 出行方式 trip mode

居民出行所采用的交通方式。

4.1.3 公共交通出行 public transport trip

以乘用公共交通工具为主的出行。

4.1.4 居民出行量 resident trips

在统计期内，居民出行的人次数。

4.1.5 公共交通出行量 number of trip of public transport

在统计期内，公共交通出行的人次数。也称公交出行量。

4.1.6 公共交通出行率 ratio of trip of public transport

公共交通出行量占居民出行量的百分比。

4.1.7 乘行 riding

乘公共交通工具行驶或航行。

4.1.8 乘降 riding-alighting

上车（船）和下车（船）的统称。

4.1.9 出行距离 trip distance

在一次出行中，乘客从出发地到目的地的行程。

4.1.10 乘距 riding distance

在一次乘行中，乘客从上车（船）站（码头）到下车（船）站（码头）的里程。计量单位：公里/人次。

4.1.11 运距 travelling distance

在一个单程中，将一个乘客运送的里程。其值与乘距相同。

4.1.12 里程 kilometer

以公里为计量单位的车（船）行程。

4.1.13 平均乘距 average riding distance

在统计期内，所有乘客乘行距离的平均值。也称平均运距。计量单位：公里/人次。

4.1.14 步行距离 walking distance

在一次公交出行中，乘客从出行起点至上车站、从下车站至出行终点及换乘中的步行长度之和。

4.1.15 换乘 transfer

乘客在出行中转换线路或交通方式的行为。

4.1.16 平均换乘率 average transfer ratio

在统计期内，换乘人次与公交出行量之比。

4.1.17 换乘距离 transfer distance

乘客在一次换乘中的步行距离。

4.1.18 出行时间 travel time

在一次出行中，乘客从出发地到目的地所花费的时间。也称出行时耗。

4.1.19 步行时间 walking time

乘客在步行距离中所花费的时间。

4.1.20 候乘时间 waiting time

乘客在车站、码头等候乘行的时间。

4.1.21 乘行时间 riding time

乘客在乘行距离中所花费的时间。

4.1.22 换乘时间 transfer time

乘客在换乘中的步行时间与候乘时间之和。

4.1.23 换乘方便性 transfer convenience

乘客在换乘时，在距离、时间、拥挤程度及换乘次数等方面的便利程度。

4.1.24 驻车换乘 park and ride

在出行途中将自用车辆存放后，改乘公共交通工具。

4.1.25 客源 ridership source

在某时某地需要乘用公共交通工具的人员。客源包含时间、地点和人数三个要素。

4.1.26 客流 passenger flow

在一定时间内，一定数量的乘客沿着公交线路的一定方向位移所形成的人流。客流包含时间、地点、方向和流量四个要素。

4.1.27 客流量 passenger flow volume

在一定时间内，沿某方向通过某线路断面的乘客数。计量单位：人次/小时。

4.1.28 高峰时间 peak time

一天中，客流量最大的时段。

4.1.29 早高峰 morning peak

上午的高峰时间。

4.1.30 晚高峰 evening peak

下午的高峰时间。

4.1.31 高峰小时 peak hour

一天中，客流量最大的一小时。

4.1.32 高峰小时乘车（船）率 riding (boarding) ratio in peak hour

高峰小时乘车（船）人次与全日客运量之比。

4.1.33 高峰主流向 main flow during the peak period

在高峰时间内，线路上客流量最大的方向。也可简称高单向。

4.1.34 线路断面 cross section of line

为测量客流量而选取的同一线路上某相邻两站间的路段。也称客流断面。

4.1.35 最大客流断面 cross section of maximum passenger flow

线路上客流量最大的断面。也可简称高断面。

4.1.36 客流图 passenger flow diagram

描述客流量沿时间和空间变化的图表。

4.1.37 客流方向不均衡系数 unbalanced directional factor of passenger flow

在一条线路的高断面上，高单向客流量与双向客流量的平均值之比。

4.1.38 客流断面不均衡系数 section non-equilibrium factor of passenger flow

在一条线路上，高断面客流量与其他断面客流量的平均值之比。

4.1.39 客流时间不均衡系数 time non-equilibrium factor of passenger flow

在一条线路的高断面上，高峰小时客流量与其他小时客流量的平均值之比。

4.1.40 客流集结量 passenger collecting volume

在统计期内，从某地上车的人次数。

4.1.41 客流疏散量 passenger distributing volume

在统计期内，从某地下车的人次数。

4.1.42 客流集散量 passenger collecting-distributing volume

客流集结量与客流疏散量之和。

4.1.43 客流集散点 passenger flow collecting-distributing place

客流集散量较大的地方。

4.1.44 客流主流向 main direction of passenger flow

在客流集散点上，客流集散量最大的方向。

4.1.45 客流主干线 main line of passenger flow

聚集了多条公交线路和大量客流的通道。也称客流走廊。

4.1.46 大客流 superabundant passenger flow

在特殊情况下发生的超过正常客运组织措施所能承担的客流。

4.1.47 客流特性 characteristic of passenger flow

客流量随时间、地点和方向的变化规律。

4.1.48 客流调查 passenger flow survey

为掌握乘客出行规律所进行的调查。

4.1.49 全面客流调查 whole passenger flow survey

对线路的所有车次在所有车站的上下车人数及留站人数的调查。

4.1.50 随车客流调查 passenger flow survey on vehicle

调查人员在运营车上记录本车次在各车站的上下车人数及留站人数的调查。

4.1.51 驻站客流调查 passenger flow survey at stop (station)

调查人员在车站上记录各车次在本站的上下车人数、车内人数（目测）及留站人数的调查。

4.1.52 乘客情况抽样调查 passenger sampling

按乘客人数的一定比例，通过问卷方式对乘客的构成和乘车情况的调查。

4.1.53 节假日客流调查 passenger flow survey on holiday

对客流在不同的节假日较平时的变化进行的调查。

4.1.54 月票调查 monthly ticket survey

对月票乘客日常出行进行的调查。

4.1.55 O-D 调查 origin-destination survey

对乘客出行的起点、终点和换乘点的调查。也称起讫点调查。

4.1.56 客流预测 passenger flow forecasting

根据客流调查数据，对未来客流的变化趋势作出科学的估计。

4.2 运行及调度

4.2.1 运行 operation

运营车（船）在线路上周期性的行驶（航行）。

4.2.2 运营车（船） operating vehicle (boat)

投入公共交通运营的车辆（船舶）。

4.2.3 运营调度 operation dispatch

根据运营作业计划，组织、指挥、监督、协调车（船）运行。也可简称调度。

4.2.4 调度指令 dispatching command

调度人员以书面、口头或其他形式，指挥乘（航）务组执行运营任务的命令。也称行车指令。

4.2.5 乘务组 crews

在同一车次（航班）为乘客服务的工作人员的组合。

4.2.6 线路车 regular vehicle

按预定线路和班次运行的运营车。

4.2.7 区间车 interzonal vehicle

在线路的部分区段内运行的运营车。

4.2.8 联运车 combined-operation vehicle

在同一车次内，沿两条以上线路（或线路段）运行，为乘客提供连贯服务的运营车。也称跨线车。

4.2.9 直达车 direct vehicle

在中途站不停靠的运营车。

4.2.10 高峰车 peak vehicle

只在高峰时间运行的运营车。

4.2.11 加班车 extra vehicle

由于客流量的突然变化，在计划车次以外加开的运营车。

4.2.12 机动车 reserved vehicle

未编排车次的只在客流量或运营秩序发生突然变化时投入运营的运营车。也称备用车。

4.2.13 首班车 first-run vehicle

在一条线路上的一个方向，每天发出的第一班运营车。

4.2.14 末班车 final-run vehicle

在一条线路上的一个方向，每天发出的最后一班运营车。

4.2.15 单班车 one-shift vehicle

在一天中只排一个车班间断作业的运营车。

4.2.16 双班车 double-shift vehicle

在一天中排有两个车班连续作业的运营车。

4.2.17 出场车 pull-out vehicle

离开停车场或保养场开往运营线路的运营车。

4.2.18 回场车 pull-in vehicle

离开运营线路返回停车场或保养场的运营车。也称进场车。

4.2.19 线路配车数 fitted out vehicles for line

根据客运计划，为一条线路配备的运营车数。

4.2.20 劳动配班数 working shifts

根据客运计划，为一条线路配备的车班数。

4.2.21 运行时刻表 operation schedule

一条线路全天应完成的运行计划的表格。其中包括车次、车号、乘务组以及在首末站和中途考核站的运行时刻等。也称行车时刻表。

4.2.22 运行图 operation chart

以时间为横坐标，距离（车站）为纵坐标的图示运行时刻表。

4.2.23 车次 serial number of bus run

一条线路在一天中，按时间顺序编排的各运营车往返运行的次序数。也称班次。

4.2.24 车班 vehicle shift

一个乘务组在一天内完成的运营车次的总和。

4.2.25 整班 one-piece run

乘务组连续完成其全天运营车次。

4.2.26 分班 every other run

乘务组间断完成其全天运营车次。

4.2.27 替班 relief run

代替其他乘务组完成其休息日的车班。

4.2.28 运行周期 operation cycle

运营车（船）沿线路往返运行一周的时间。

4.2.29 下行 downward run

运营车沿首站向末站方向运行。

4.2.30 上行 upward run

运营车沿末站向首站方向运行。

4.2.31 时区 time zone

为便于前后车班的衔接而将全天运营时间划分成的若干工作时段。也称时组。

4.2.32 行车路单 booking sheet

记录本车当天各车次运行情况的表格。

4.2.33 线路运行记录表 running record sheet

记录本线路当天各车次运行情况的表格。

4.2.34 正点 on schdeule

运营车（船）在各考核点上的实际运行时刻与运行时刻表规定时刻之间的误差小于允许值。也称准点。

4.2.35 发车正点率 departure on schedule rate

在统计期内，正点发车次数占总发车次数的百分比。

4.2.36 运行正点率 on schedule operating rate

在统计期内，正点运行车次数占总车次数的百分比。

4.2.37 早点 running hot

运营车（船）的实际运行时刻早于运行时刻表规定时刻的误差大于允许值。

4.2.38 晚点 behind schedule

运营车（船）的实际运行时刻晚于运行时刻表规定时刻的误差大于允许值。

4.2.39 压点 decelerated run

调度员为调整行车间隔而推迟发车。或运营车（船）因早点而减速运行。

4.2.40 赶点 accelerated run

调度员为调整行车间隔而提前发车。或运营车（船）因晚点而加速运行。

4.2.41 运营时间 operation time

线路在一天中，首班车（船）驶离运营起点至末班车（船）到达运营终点的时间。或某运营车（船）在一天中投入运营的时间。

4.2.42 单程时间 single-trip time

运营车（船）单程运行的时间。

4.2.43 单程 single trip

运营车（船）沿线路的一个方向，从运营起点至终点的行程。

4.2.44 单程载客时间 single-trip loaded time

在单程中，从驶离起点站至到达终点站的时间。

4.2.45 停站时间 dwell time

运营车（船）到站开门至关门离站的时间。

4.2.46 滞站时间 delay-at-stop time

运营车（船）因故延迟离站的时间。

4.2.47 首末站停车时间 dwell time at origin/destination station

运营车在相邻两个单程运行之间，在首末站停留的时间。

4.2.48 首班车时间 first-run vehicle time

首班车驶离某车站的时刻。

4.2.49 末班车时间 final-run vehicle time

末班车驶离某车站的时刻。

4.2.50 收车时间 off-running time

末班车到达运营终点，结束运营的时刻。

4.2.51 发车间隔 departure headway

同一线路的相邻两车次驶离起点站的时距。

4.2.52 发车频率 departure frequency

同一线路在单位时间（小时）内，驶离起点站的车次数。

4.2.53 行车间隔 service headway

同一线路的相邻两车次驶离某车站的时距。

4.2.54 行车频率 service frequency

同一线路在单位时间（小时）内，驶离某车站的车次数。

4.2.55 运行状况 operating condition

运营车当前的运行线路、行驶方向、所在位置（车站）、前方到站等情况。

4.2.56 运行秩序 operating order

线路各车次通过车站的顺序及其行车间隔。

4.2.57 串车 bunching

行车间隔小于规定值的三分之一。

4.2.58 大间隔 large headway

行车间隔大于规定值的三倍。

4.2.59 放站运行 slipping-stop running

运营车空驶若干站后，开始载客运行。

4.2.60 跳站运行 skip-stop running

运营车在部分中途站不停靠的运行。

4.2.61 待命时间 order-await time

运营车（船）等待调度指令的时间。

4.2.62 载客时间 loaded time

运营车（船）按规定可载客的运行时间。

4.2.63 调度空驶时间 unloaded time

运营车（船）按规定不载客的运行时间。

4.2.64 延误时间 delay time

运营车（船）在运行中因意外事故耽误的时间。

4.2.65 灯阻时间 red-delay-time

运营车在运行中因遇红灯受阻而延误的时间。

4.2.66 出场时间 pull-out time

出场车驶离停车场的时刻。

4.2.67 回场时间 pull-in time

回场车抵达停车场的时刻。

4.2.68 载客量 passenger volume

某时某地在运营车（船）内的乘客数。

4.2.69 满载率 loading rate

载客量与额定载客量之比。

4.2.70 高峰小时满载率 loading rate during peak hour

在高峰小时内，通过最大客流断面的各车次载客量之和与额定载客量之和之比。

4.2.71 车次兑现率 vehicle-run ratio

在统计期内，实际完成的车次数与计划车次数之比。

4.2.72 包车 charter bus

供团体或个人提前预订，根据车型、用车时间或里程收费的客运形式。

4.2.73 班车 regular bus

沿固定线路按班次为团体单位乘客服务的包车。

4.2.74 校车 school bus

沿固定线路按班次接送师生到、离学校的包车。

4.3 票　　务

4.3.1 票务 ticketing

有关公共交通票证、票款的业务。

4.3.2 车（船）票 ticket

乘客付款乘车（船）的凭证，也是乘客和公交企业建立运输合同关系的凭证。

4.3.3 票价 fare

根据乘行距离、车（船）类别和票价率等要素确定的客票价格。

4.3.4 票价率 fare rate

根据公共交通工具的运输成本和票价补贴等要素确定的每人每公里运价。

4.3.5 票价补贴 fare subsidy

对公共交通票价与运输成本的差额的补偿。

4.3.6 票制 fare structure

票价与乘行距离的对应关系。

4.3.7 单一票制 flat fare structure

在一次乘行中，无论乘行距离长短，票价相同。

4.3.8 计程票制 stage fare srtucture

由起始票价、票价级差和按一定里程（站数）将乘行距离划分的段数确定客票的价格。也称分段票制。

4.3.9 起始票价 initial fare

在执行计程票制的线路上，按里程或站数划分的第一段乘距以内的票价。

4.3.10 票价级差 difference of fare stage

票价按乘行距离逐段递增的差价。

4.3.11 票类 fare ticket category

按使用的期限和范围划分的公共交通票证的类别。

4.3.12 普通票 normal ticket

仅在一次乘行中有效的车（船）票。也称零票。

4.3.13 本票 ticket book

将一定面值的代币卷合订成册，乘车时按所需票价取用。

4.3.14 月票 monthly ticket

价格优惠，在指定线路上全月有效的卡式车（船）票。

4.3.15 市区月票 urban monthly ticket

在指定的市区公共汽电车线路有效的月票。

4.3.16 通用月票 general monthly ticket

在指定的市区和郊区公共汽电车线路有效的月票。

4.3.17 联合月票 joint monthly ticket

在指定的不同公共交通方式线路有效的月票。

4.3.18 成人月票 staff monthly ticket

供成人使用的月票。

4.3.19 学生月票 student monthly ticket

供学生使用的月票。

4.3.20 无人售票 one-person operation

指常规公共交通车内无售票员，乘客自行投币、示证或刷卡交费。

4.3.21 电子车（船）票 electronic ticket

条码、磁卡和IC卡车（船）票的统称。

4.3.22 读卡机 reader

供乘客以电子车（船）票刷卡交费的设备。

4.3.23 自动票务系统 automatic fare collection (AFC) system

由计算机集中控制的进行自动售票、检票、验票及结算的自动化管理系统。也称自动售检票系统。

4.3.24 公交一卡通 card for public transport

凭一张电子车（船）票能乘坐各种公共交通工具。

4.3.25 免费乘车（船） free riding

按规定免费乘用公共交通工具。

4.3.26 补票 compensation fare

未能及时购票或越站的乘客，补买应购车（船）票。

4.3.27 罚票 penalty fare

对逃避购票、使用废票、假票或他人月票等的乘客，罚以加倍购票。

4.3.28 废票 invalid ticket

已失效的车（船）票。

4.3.29 越站 beyond stop

乘行距离超过车（船）票的有效行程。也称过站。

4.3.30 搭载物品购票标准 fare standard for lifting goods

与乘客携带物品的体积或重量相对应的应购同程客票的倍数。

4.4 安全与服务

4.4.1 运营安全 operating safety

在公共交通运营中，人员没有危险、不受威胁和伤害；设施和财物不丢失、不出事故和损坏。

4.4.2 客运服务 passenger transport service

公交企业的人员和设施为乘客出行而工作。

4.4.3 服务质量 service quality

在客运服务中的安全、快捷、方便、舒适、文明等方面的优劣程度。

4.4.4 服务合格率 service eligibility rate

服务质量符合要求的项目数与被考核项目总数之比。

4.4.5 车厢（客舱）服务合格率 service eligibility rate in carriage (cabin)

在车厢（客舱）内外，服务质量符合要求的项目数（车数）与被考核项目数（车数）之比。

4.4.6 车厢（客舱）清洁合格率 cleaning eligibility rate in carriage (cabin)

在车厢（客舱）内外，清洁卫生符合要求的项目数（车数）与被考核项目数（车数）之比。

4.4.7 服务用语 service terms

在客运服务中使用的礼貌、文明、准确、规范的语言。

4.4.8 服务态度 service attitude

在客运服务中表现出来的精神面貌和服务意识。

4.4.9 服务设施 service facilities

为乘客服务的建筑物、构筑物、设备及标志等。

4.4.10 服务热线 service hot line

向社会公开的随时为乘客提供咨询、监督、投诉等服务的专用电话。

4.4.11 服务标志 service sign

以简单、醒目、规范的图形或文字，给乘客必要的指示、提示或警示的设施。

4.4.12 提示标志 guide sign

向乘客指示某服务场所或设施所在位置、工作状态或服务时间的标志。

4.4.13 导向标志 directive sign

指导乘客去往某场所或设施的方向或路径的标志。

4.4.14 警示标志 warning sign

提醒、警告乘客注意预防某种危险的标志。

4.4.15 禁止标志 prohibitory sign

禁止乘客某种行为的标志。

4.4.16 公共交通线路图 route map of public transport

标有公共交通线路、场、站的地图。

4.4.17 公共交通覆盖面积 the covered area by public transport

在公共交通线路网上，以各车站为圆心，以服务半径划圆所围成的面积之和（重叠部分只计一次）。

4.4.18 公共交通覆盖率 the covered area rate of public transport

公共交通覆盖面积与城市建成区面积之比。

4.4.19 公交车辆保有率 ownership of public transport vehicle

城市居民平均每万人所拥有的标准公交车数。

4.4.20 车（船）况 vehicle condition

公共交通车辆（渡轮）的车（船）体结构、机械动力装置及相关设备的技术状况。

4.4.21 车（船）容 vehicle (ship) appearance

车（船）内外设施的整齐、清洁、美观等状况。

4.4.22 站容 station appearance

车站（码头）内外设施及环境的整齐、清洁、美观等状况。

4.4.23 仪容 attendant appearance

客运工作人员的卫生、服饰及精神面貌等状况。

4.4.24 运营纪律 operating discipline

运营服务人员必须遵守的行为准则。

4.4.25 文明服务 civilized service

主动、积极、热情、周到、有礼貌地为乘客服务。

4.4.26 文明乘车（船） civilized boarding

遵守乘车（船）秩序，主动购票、示证，关照行动不便的乘客，对其他乘客和乘务人员有礼貌，爱护车（船）内、站内的设备和卫生等。

4.4.27 乘务纠纷 dispute in service

在车（船）运营中发生的乘务人员与乘客之间的争执。

4.4.28 甩客 denial of passenger

提前开车（船），在车（船）内尚有空位的情况下不等乘客上完就开车（船），或擅自甩站等致使乘客滞留的行为。

4.4.29 甩站 skip stop

擅自不停靠车站，致使乘客无法乘降的行为。

4.4.30 滞站 delay at stop

故意延迟运营车（船）离站的行为。

4.4.31 滞留乘客 delayed passenger

因车（船）满员而不能上车（船）的乘客。

4.4.32 故障停车 failure stop

在运营途中，因车（船）故障而停止运行。

4.4.33 行车（船）责任事故 responsible accident of vehicle (ship)

运营方应负全部或部分责任的交通和客伤事故。

4.4.34 客伤事故 passenger injury accident

在运营途中因急刹车、急拐弯、开关车门操作不当或交通事故等发生的撞、跌、挤、剐、夹伤乘客的事故。

4.4.35 行车（船）责任事故频率 frequency of responsible accident of vehicle (ship)

在考核期内，运营车（船）发生的行车（船）责任事故次数与运行里程之比。计量单位：次/百万公里。

4.4.36 乘客投诉 passenger appeal

因对服务质量不满，乘客向上级机关或新闻媒体提出对运营方的申诉。

4.4.37 乘客满意度 satisfaction level of passenger

在统计期内，对服务质量满意的乘客数占被调查乘客总数的百分比。

5 车辆保养与维修

5.0.1 保养 maintenance

为维持车辆完好技术状况或工作能力而进行的作业。

5.0.2 分级保养制 classified maintenance system

根据运营车的运行里程或时间，分等级确定保养作业内容和技术要求的制度。

5.0.3 车辆保养周期 vehicle maintenance cycle

按车辆运行的里程或时间确定的相同等级的两次保养的间隔。

5.0.4 例行保养 routine maintenance

每天对运营车进行的检查、补给、清洁等作业。

5.0.5 驻站维修 repair at station

在首末站配备少量维修人员，对运营车出现的异常情况，进行较简单的排除处理。

5.0.6 低级保养 low-class maintenance

泛指作业内容较少，难度较低的一、二级保养。也可简称低保。

5.0.7 高级保养 high-class maintenance

泛指作业内容较多，难度较高的三、四级保养。也可简称高保。

5.0.8 总成互换 unit exchange

用储备的完好总成替换车上的不可用总成，将所换下的总成修复后，再换到其他需要保修的车上。

5.0.9 强制维护 compulsory maintenance

有计划、分级别、按周期强制执行对车辆的维护。

5.0.10 视情修理 fit repair

根据对车辆检测诊断和技术鉴定的结果，按不同的作业范围和深度进行车辆修理。

5.0.11 报修 reporting repair

车辆运营单位向主管部门或维修单位报告车辆需要修理的情况。

5.0.12 抢修 rush repair

在运营途中因故障不能继续运行且不能自行回场的运营车，派抢修车到现场修理或拖回。

5.0.13 抢修车 rush repair van

配有相关的修理人员和适当器材，对运营车进行抢修的专用工程车。

5.0.14 停车场 parking lot

供运营车集中停放，备有必要设施，能进行低保和小修作业的场所。

5.0.15 保养场 maintenance shop

在区域性线路网的重心处设置的进行运营车各级保养及相应的配件加工、修制和修车材料储存、发放的场所。

6 技术经济指标

6.0.1 客运量 passenger carrying capacity

在统计期内，运送乘客的数量。计量单位：人次。

6.0.2 人次 person-times

一个乘客乘公共交通工具一次。是客运量的计量单位。

6.0.3 客运周转量 passenger person-kilometer

在统计期内，所有乘客乘行距离之和。即客运量与平均乘距的乘积。也称客运工作量。计量单位：人公里。

6.0.4 人公里 person-kilometer

一个乘客乘行一公里。是客运周转量的计量单位。

6.0.5 运营车（船）数 operating vehicles (ships)

用于运营业务的全部车辆（船舶）数。计量单位：车（船）。

6.0.6 标准运营车（船）数 standard operating vehicles (ships)

不同车（船）型的车（船）数分别与相应的车（船）型换算系数的乘积之和。

6.0.7 车（船）型换算系数 vehicle (ship) conversion coefficient

某种车（船）型的客位数与标准车（船）型的客位数之比。

6.0.8 标准车（船）型 standard vehicle (ship) type

将客位数不同的各种车（船）型按客位数的多少排序，其中客位数较为适中且使用较多的某种车（船）型为标准车（船）型。

6.0.9 车（船）日 vehicle (ship)-day

公交企业对一标准运营车（船）拥有一天使用权。是企业运输能力的计量单位。

6.0.10 运营车（船）日数 operating vehicle (ship)-day

在统计期内，企业每一天拥有的运营车（船）数之和。

6.0.11 完好车（船）日数 well-conditioned vehicle (ship)-day

在统计期内，企业每一天拥有的技术状况完好的运营车（船）数之和。

6.0.12 工作车（船）日数 working vehicle (ship)-day

在统计期内，企业每一天投入运行的运营车（船）数之和。

6.0.13 完好车（船）率 well-conditioned vehicle (ship) rate

完好车（船）日数与运营车（船）日数之比。

6.0.14 工作车（船）率 working vehicle (ship) rate

工作车（船）日数与运营车（船）日数之比。

6.0.15 完好车（船）利用率 well-conditioned vehicle (ship) utilization

工作车（船）日数与完好车（船）日数之比。

6.0.16 工作车（船）时数 working vehicle (ship) hours

运营车（船）在一个工作日中所工作的小时数。

6.0.17 总行驶（航行）里程 total running (shipping) kilometers

运营车（船）所行驶（航行）的全部里程，包括运营里程和非运营里程。计量单位：车（船）公里。

6.0.18 运营里程 operating kilometers

运营车（船）在运营中运行的全部里程，包括载客里程和调度空驶（航）里程。

6.0.19 载客里程 passenger-carrying kilometers

运营车（船）按规定可载客的运行里程。

6.0.20 调度空驶里程 deadhead kilometers for dispatch

运营车（船）按规定不载客的运行里程。

6.0.21 车（船）公里 vehicle (ship) kilometer

一运营车（船）运行一公里。是车（船）运行里程的计量单位。

6.0.22 里程利用率 kilometer utilization rate

运营车（船）的载客里程与运营里程之比。

6.0.23 车（船）日行程 daily vehicle (ship)-kilometer

运营车（船）在一个工作车日运行的里程。计量单位：车（船）公里/日。

6.0.24 车班行程 vehicle-shift kilometers

运营车（船）在一个车班运行的里程。计量单位：车（船）公里/车班。

6.0.25 客位里程 passenger place kilometers

运营车（船）的客位数与载客里程的乘积，表示为乘客提供的运送能力。计量单位：客位公里。

6.0.26 运力利用率 carrying capacity utilization rate

客运周转量与客位里程之比。

6.0.27 运营速度 operating speed

线路周长与运行周期之比。

6.0.28 运送速度 travelling speed

线路长度与单程载客时间之比。也称旅行速度。

6.0.29 技术速度 technical speed

线路长度与单程载客时间减去中途停站时间之差之比。

6.0.30 单位运营里程成本 unit cost of vehicle-kilometer

在统计期内，运营成本与运营里程之比。计量单位：元/千车公里。

6.0.31 单位客位里程成本 unit cost of passenger-place kilometers

在统计期内，运营成本与客位里程之比。计量单位：元/千客位公里。

6.0.32 单位客运周转量成本 unit cost of person-kilometer

在统计期内，运营成本与客运周转量之比。计量单位：元/千人公里。

6.0.33 人车比 ratio of persons to vehicles

公交企业的运营职工人数与标准运营车数之比。也称标车综合定员。

6.0.34 人均客运周转量 passenger person-kilometers per capita

在统计期内，客运周转量与公交运营职工平均人数之比。计量单位：千人公里/人。

6.0.35 人均客运量 passenger carrying capacity per capita

在统计期内，客运量与公交运营职工平均人数之比。计量单位：千人次/人。

6.0.36 人均客位里程 passenger-place kilometers per capita

在统计期内，客位里程与公交运营职工平均人数之比。计量单位：千客位公里/人。

6.0.37 人均运营里程 operating kilometers per capita

在统计期内，运营里程与公交运营职工平均人数之比。计量单位：千车（船）公里/人。

6.0.38 人均运营收入 operating income per capita

在统计期内，运营收入与公交运营职工平均人数之比。计量单位：元/人。

6.0.39 运营收入 operating income

与公交运营直接有关的经济收入。含票款、租车、包车等收入，不含补贴、赞助和广告等收入。

7 公共汽电车交通

7.0.1 公共汽车 bus

供乘客搭乘的大、中型客运汽车。车内设有一定数量的座席、立席、扶手以及路牌、售检票、报站等服务设施。也称巴士。

7.0.2 铰接式公共汽车 articulated bus

以铰接机构和伸缩棚将前后车厢连接贯通的大容量公共汽车。也称通道式公共汽车。

7.0.3 双层公共汽车 double-deck bus

具有上下两层车厢的大容量公共汽车。

7.0.4 小公共汽车 minibus

定员在19人（含）以下的公共汽车。

7.0.5 空调公共汽车 air-conditioning bus

装有车厢空调的公共汽车。

7.0.6 低地板公共汽车 low-floor bus

车内通道地板与一级踏步之间无台阶的公共汽车。

7.0.7 高地板公共汽车 high-floor bus

车内通道地板高度不低于轮胎罩顶的公共汽车。

7.0.8 无障碍公共汽车 non-obstacle bus

残疾人轮椅能从车门自行通过的公共汽车。

7.0.9 后置发动机公共汽车 rear engine bus

发动机置于车体后端的公共汽车。

7.0.10 压缩天然气公共汽车 compressed natural gas（CNG）bus

以压缩天然气为燃料的公共汽车。

7.0.11 液化石油气公共汽车 liquefied petroleum gas（LPG）bus

以液化石油气为燃料的公共汽车。

7.0.12 两用燃料公共汽车 dual-fueled bus

能分别使用两种燃料的公共汽车。

7.0.13 混合燃料公共汽车 mixed-fueled bus

使用两种燃料混合物的公共汽车。

7.0.14 电动公共汽车 electric bus

以车载电源为动力的公共汽车。

7.0.15 市区公共汽车 urban bus

在市区线路上运行的公共汽车。车内座席少，立席多，乘客门不少于两个。

7.0.16 城郊公共汽车 suburban bus

在郊区线路上运行的公共汽车。车内座席较少，立席较多，乘客门不少于两个。

7.0.17 长途公共汽车 long-distance bus

在长途线路上运行的公共汽车。车内座席较多，立席较少，一般只有一个乘客门，有行李等物品搭载设施。

7.0.18 旅游车 touring bus

在旅游线路上运行的公共汽车。车内服务设施比较齐全，乘坐舒适性较好。

7.0.19 无轨电车 trolley bus

以集电杆从触线网获取的电能为动力，以轮胎在道路上行驶的客运车辆。

7.0.20 铰接式无轨电车 articulated trolley bus

以铰接机构和伸缩棚将前后车厢连接贯通的大容量无轨电车。

7.0.21 双能源无轨电车 dual-powered trolley bus

既能从触线网获取电能，又备有车载动力电源的无轨电车。

7.0.22 单机车 single carriage bus

只有一节车厢的公共汽（电）车。

7.0.23 双动力公共汽车 dual-powered bus

能分别使用内燃机和电动机作动力的公共汽车。

8 快速公共汽车交通（BRT）

8.0.1 快速公共汽车 rapid bus

在快速公共汽车交通中使用的高性能、特大型客车。

8.0.2 路权 road right

道路使用权。例如专用权、优先权、公用权、无权等。

8.0.3 中央公交专用道 median exclusive bus lane

靠近道路中心线的公交专用车道。

8.0.4 路侧公交专用道 side exclusive bus lane

靠近道路边线的公交专用车道。

8.0.5 物体隔离 object separation

以隔离墩、护栏、隧道或桥梁等物质实体实行车道隔离。

8.0.6 岛式车站 island stop

可在站台两侧乘降的车站。

8.0.7 侧式车站 side stop

只在站台一侧乘降的车站。

8.0.8 封闭式车站 closed stop

与外界隔离，可避雨雪，乘客凭车票进站候车和乘降的车站。

8.0.9 站台安全门 safety door of platform

设在站台边缘，使候车区与客车运行区相互隔离的自动门。

8.0.10 水平乘降 horizontal riding-alighting

在快速公共汽车或快速轨道交通系统中，站台高度与车内通道地板高度相近，乘降时无明显台阶。

8.0.11 列车化运行 trainize operation

由多辆客车组成同一车次，连续进出车站，连续通过路口的运行方式。

8.0.12 路口等候率 wait ratio at crossing

BRT 车辆在路口停车等候绿灯的次数与其到达路口的总次数之比。

9 出租汽车交通

9.0.1 出租汽车 taxi

供乘客租用的客运小汽车。也称的士。

9.0.2 出租汽车标志 taxi sign

用于识别出租汽车的专用标志，包括图案、顶灯和车身颜色等。

9.0.3 顶灯 taxi light

置于车顶上的出租汽车标志灯。

9.0.4 出租汽车营业站 taxi station

在较大的客流集散地设置的办理出租汽车业务的场所。

9.0.5 出租汽车运营 taxi operating

关于出租汽车的调度、揽客、载客、行驶和结算等服务过程的总称。

9.0.6 出租汽车调度站 taxi control station

对所辖出租汽车进行调度和监控的场所。

9.0.7 出租汽车停靠点 stop place for taxi

在城市的主要街道及其附近，允许出租汽车停靠并有明显标识的地点。

9.0.8 空车 deadhead taxi

处于待租状态的出租车。

9.0.9 空车标志灯 unloaded light

表示本车处于待租状态的指示灯。

9.0.10 重车 loaded taxi

处于租用状态的出租车。

9.0.11 计价 charge the amount

根据里程、时间及车速等运行要素和单价计算租车价格。

9.0.12 计价器 taximeter

测量出租汽车的里程、时间及车速等运行要素，并计算租车价格的计量仪器。能实时显示运行要素、单价和收费金额，结算时打印票据。

9.0.13 计程收费 charge the amount on distance

按租用中的出租车行驶的里程，计算收费金额。

9.0.14 计时收费 charge the amount on time

按租用中的出租车在低速状态行驶的时间，计算加价。

9.0.15 时距并收 charge the amount on distance and time

租用中的出租车在低速状态行驶时，按计程和计时同时收费。

9.0.16 切换速度 switch speed

计程收费与时距并收的切换点车速。

9.0.17 低速 low speed

租用中的出租车的行驶速度等于或低于切换速度（含车速为零）的状态。

9.0.18 暂停计时 counting pause

因运营方的原因停车、不进入计时收费状态，车辆重新起动后，此状态消失。

9.0.19 起程 basic kilometers

租用出租车的起始计价里程。

9.0.20 起价 base price

起程以内的租车价格。

9.0.21 续程 extended kilometers

起程以外的计价里程。

9.0.22 昼间 day time

按规定以基本单价计费的运营时间（不含终止时间）。

9.0.23 夜间 night time

按规定执行夜间加价的运营时间（不含终止时间）。

9.0.24 基本单价 basic unit price

按车辆的档次规定的不含起价和加价的每公里

租金。

9.0.25 加价 added price

在规定条件下，比按基本单价多收的租金。

9.0.26 单价 unit price

出租车的总租金除以载客里程，即含起价、基本单价和加价在内的平均每公里租金。

9.0.27 门到门服务 door to door service

乘客从出行起点到终点，无需步行和换乘的客运服务。

9.0.28 电话订车 phone call destine

乘客通过电话向出租车营业站预订上车的时间、地点、车型和去向等。

9.0.29 营业站服务 station service

与固定的营业站联系或办理出租车业务。

9.0.30 营业站服务半径 station service radius

在以出租汽车营业站为圆心的一定半径范围内，可调度出租车为乘客提供上门服务。

9.0.31 出租车GPS调度系统 taxi GPS dispatch system

利用卫星定位技术，对出租车进行实时监控和无线调度的管理系统。

9.0.32 流动服务 moving service

出租车在道路上空驶，随时为路边乘客提供服务。也称路抛制服务。

9.0.33 未应业务 taxi unresponsive service

因乘行起点地区运力不足、车型不符、去往目的地的道路和安全情况等客观原因，未能承接的租车业务。

9.0.34 未应率 taxi unresponsive rate

在统计期内，出租汽车未应业务次数与乘客要车总次数之比，表示出租汽车未能满足乘客需要的程度。

9.0.35 拒载 refusal service

出租汽车司机无理拒绝乘客租车的行为。

9.0.36 车班载客次数 person-time per shift

出租汽车一天内一个车班的载客次数。

9.0.37 出租汽车载客里程 taxi loaded kilometers

出租汽车在租用中行驶的里程。

9.0.38 出租汽车空驶里程 taxi deadhead kilometers

出租汽车在运营中空车行驶的里程。

9.0.39 出租汽车调度空驶里程 taxi deadhead kilometers for dispatch

出租汽车由停车地点到达乘客上车地点的空驶里程，或出租汽车揽客空驶的里程。也可简称调空。

9.0.40 回程空驶里程 deadhead kilometers for backhaul

出租汽车运送乘客到达目的地后返回原停车地点的空驶里程。也可简称回空。

9.0.41 正常空驶里程 ordinary deadhead kilometers

出租汽车在运营中，两次业务之间不超过15公里（含）的空驶里程。

9.0.42 非正常空驶里程 unordinary deadhead kilometers

出租汽车在运营中，两次业务之间的空驶里程超过15公里以外的部分。

9.0.43 出租汽车运营里程 revenue kilometers

定点服务出租汽车的调度空驶里程、载客里程和回程空驶里程之和。

流动服务出租汽车的载客里程与正常空驶里程之和。

9.0.44 出租汽车载客时间 taxi carrying time

出租汽车在运营中，载客行驶时间与等候乘客时间之和。

9.0.45 正常揽客时间 ordinary deadhead time

出租汽车在运营中，相邻两次业务之间不超过1小时（含）的揽客时间。

9.0.46 非正常揽客时间 unordinary deadhead time

出租汽车在运营中，相邻两次业务之间超过1小时的揽客时间（含1小时以内的部分）。

9.0.47 出租汽车运营时间 taxi operating time

出租汽车载客时间与正常揽客时间之和。

9.0.48 载客行驶速度 carrying running speed

出租汽车载客行驶里程与载客行驶时间之比。

9.0.49 调度空驶速度 deadhead speed for dispatch

调度空驶里程与调度空驶时间之比。也称接客空驶速度。

9.0.50 回程空驶速度 deadhead speed for backhaul

回程空驶里程与回程空驶时间之比。

9.0.51 合乘车 cabpool

两位以上乘客合资租用一辆出租汽车。

9.0.52 租赁车 rental vehicle

供自驾出行者租用的客车。

10 城市轮渡

10.1 轮渡设施

10.1.1 渡轮 ferryboat

具有机械动力装置及辅助设施的船舶。

10.1.2 客渡轮 passenger ferry

用于城市客渡的渡轮。

10.1.3 车渡轮 vehicle ferry

用于城市车渡的渡轮。

10.1.4 驳船 barge

被拖挂航行的无动力装置的船舶。

10.1.5　客渡驳　passenger barge

用于城市客渡的驳船。

10.1.6　车渡驳　vehicle barge

用于城市车渡的驳船。

10.1.7　高速客船　rapid passenger boat

静水航速为每小时35公里以上的内河客船。

10.1.8　游览船　touring boat

用于游览、观光和娱乐的客船。

10.1.9　客舱　class berth

在客渡轮中供乘客停留的舱室。

10.1.10　机舱　engine room

在渡轮中设置动力和机电设备的舱室。

10.1.11　前舱　front cabin

靠近船艏的舱室。

10.1.12　后舱　back cabin

靠近船艉的舱室。

10.1.13　客渡轮额定载客量　rated passenger capacity of passenger ferry

船舶检验部门核定的客渡轮的允许载客人数。也称渡轮客位数。

10.1.14　客渡轮定员　rated person capacity of passenger ferry

客渡轮额定载客量与航务组人数之和。

10.1.15　救生浮具　lifesaving float

为落水者提供浮力的救生用具，例如救生圈、救生衣等。

10.1.16　船舶电台　ferry radio station

用于渡轮对调度和海事部门的业务联系、通报航行动态、报告险情及呼救等的无线通信设备。

10.1.17　对外扩音装置　amplifier device

用于渡轮对轮渡码头和过往船舶以话音表达航行意图的扩音装置。

10.1.18　号笛　hooter

用于渡轮对轮渡码头和过往船舶以笛声表达航行意图的装置。

10.1.19　号钟　direct bell (siren)

用于渡轮对轮渡码头和过往船舶以钟声表达航行意图的装置。

10.1.20　号灯　signal light

用于渡轮在夜间对轮渡码头和过往船舶以灯光表达航行意图的装置。

10.1.21　号旗　semaphore flags

用于渡轮在白天对轮渡码头和过往船舶以旗语表达航行意图的信号旗。

10.1.22　标志旗　indicator flag

表示轮船的工作性质及所属关系的旗帜。

10.1.23　轮渡航线　liner

渡轮在江河、湖泊或海峡的码头之间运行的路线。也可简称航线。

10.1.24　横江轮渡　river-crossing ferry

两岸码头之间的距离小于当地江面宽度1.5倍的过江轮渡。

10.1.25　斜江轮渡　angled river-crossing ferry

两岸码头之间的距离为当地江面宽度1.5至3倍的过江轮渡。

10.1.26　顺江轮渡　along river ferry

起止码头之间的距离大于当地江面宽度3倍的轮渡。有的设有中途站，有的不设中途站；有的过江，有的不过江。

10.1.27　轮渡码头　ferry jetty

供渡轮停靠和乘客（车辆）购票、候船和乘降的场所。也可简称码头。

10.1.28　趸船　storage barge

固定在江、湖、海边，供渡轮停靠和乘客乘降的，无动力装置的矩形平底船。

10.1.29　跳桥　float gangboard

在趸船和边岸之间，用跳船和跳板搭成的浮桥。

10.1.30　跳船　pontoon boat

支撑跳板的船形浮体。

10.1.31　跳板　gangplank

搭放在趸船、跳船和边岸之间的桥板。

10.2　航　　行

10.2.1　配船数　fitted out ships

为一条线路配备的渡轮数。

10.2.2　航行时刻表　shipping schedule

一条航线全天应完成的运行计划的表格。其中包括航班、船号、航务组、开船时刻、到达终点码头时刻等。也称航行计划表。

10.2.3　航行日志　shipping log

本渡轮当天各航班航行情况的记录。

10.2.4　轮机日志　engine log

本渡轮当天各航班机舱设备运行情况的记录。

10.2.5　航务组　shipping crew

在同一航班上为乘客服务的工作人员的组合。

10.2.6　航班　ship shift

一条航线在一天中，按时间顺序编排的渡轮往返航行的次序数。也称航次。

10.2.7　上水航行　upstream shipping

渡轮的船艏面向河湖上游或规定基点的航行。简称上行。

10.2.8　下水航行　downstream shipping

渡轮的船艏面向河湖下游或背向规定基点的航行。简称下行。

10.2.9　开航　shipping

渡轮按调度指令开始航行。

10.2.10 首班船 first ship

在一条航线上，每天开出的第一班渡轮。

10.2.11 末班船 final ship

在一条航线上，每天开出的最后一班渡轮。

10.2.12 首班船时间 first ship time

首班船的开航时刻。

10.2.13 末班船时间 final ship time

末班船的开航时刻。

10.2.14 上客时间 boarding time

渡轮开航前，乘客（车辆）登船的时间。

10.2.15 下客时间 alighting time

渡轮停靠码头后，乘客（车辆）下船登岸的时间。

10.2.16 停泊时间 anchor time

运营中的渡轮在码头或途中，动力装置停止运转的时间。

10.2.17 晚点船 late ship

晚点到达终点码头的渡轮。

10.2.18 误班船 delay ship

误班后才开出的渡轮。

10.2.19 误班 delay

渡轮因故不能按时开航，其延误时间超过一个航班以上。

10.2.20 误班时间 delay time

误班船的实际开航时刻与航行时刻表规定时刻之差。

10.2.21 收船时间 off-shipping time

末班船到达终点码头结束运营的时刻。

10.2.22 开航正点率 on-time shipping rate

在统计期内，正点开航的班数占开航总班数的百分比。

10.2.23 重航里程 loaded shipping kilometers

渡轮载客航行的里程。

10.2.24 空航里程 deadhead shipping kilometers

渡轮不载客航行的里程。

10.2.25 包航里程 charter boat kilometers

机关、团体等包乘客渡轮的航行里程。

10.2.26 封航 banning shipping

因水势汹涌、流急等全流域性的险情或其他情况而停止一切船舶航行。

10.2.27 停航 suspend shipping service

因大雾等局部暂时的险情或其他情况而停止部分航线、航班航行。

10.2.28 禁航 no shipping

因水下或上空施工作业而禁止在施工区域附近航行。

10.2.29 航行意图 sail intention

渡轮将要进行停靠、直行、转向、加速、减速、开车、停车、倒车、抛锚和求救等行为。

11 客运索道、缆车

11.0.1 架空索道 ropeway

将钢索悬挂在支承结构上，作为客车运行轨道的客运系统。也可简称索道。

11.0.2 双往复式索道 double to-and-fro ropeway

两个客车分别沿线路两侧的承载索交替往复运行的索道。

11.0.3 循环式索道 circulating ropeway

多个吊厢（椅）沿线路两侧的运载索循环运行的索道。

11.0.4 水平长度 horizontal (level) length

索道或缆车线路从起点站口到终点站口的水平投影长度。

11.0.5 高差 difference in level

索道或缆车线路从起点站口到终点站口的标高之差。

11.0.6 斜长 sloping length

索道或缆车线路从起点站口到终点站口的直线距离。

11.0.7 爬坡角 upgrade angle

索道客车（吊厢、椅）的悬挂处，钢索垂悬曲线的切线与水平面的夹角。

11.0.8 索距 gauge (track centers)

索道线路两侧的承载索或运载索中心线之间的水平距离。

11.0.9 站房 station

位于客运索道或缆车线路两端，供乘客候车和乘降的建筑物及相关设施的总称。

11.0.10 上站 mountain station (upper station)

设在客运索道或缆车线路高端的站房。

11.0.11 下站 valley station (lower station)

设在客运索道或缆车线路低端的站房。

11.0.12 锚固站 anchorage station

在索道上设置钢索锚固装置的站房。

11.0.13 锚固座 anchorage

钢索锚固端的构筑物。

11.0.14 张紧站 tension station

在索道上设置钢索张紧装置的站房。

11.0.15 张紧重锤 tension weight

悬挂在钢索的适当位置，以其重力保持钢索一定张力的装置。

11.0.16 驱动站 driving station

在客运索道（缆车）系统中，设有驱动机的站房。

11.0.17 驱动机　drive

在客运索道（缆车）系统中，由电动机、制动器和驱动轮组成的带动牵引索和客车运行的装置。

11.0.18 迂回站　return station

在索道系统中，设有牵引索或运载索自动回转装置的站房。

11.0.19 索道支架　telpher bracket ropeway trestle

在索道系统中用以支承钢索的构筑物。

11.0.20 钢索　steel wire rope

在索道、缆车、电梯系统中使用的钢丝绳的总称。

11.0.21 承载索　track rope (carrying rope)

在索道中用于客车支承和导向的钢索。

11.0.22 牵引索　hauling rope

在索道或缆车系统中，用于客车牵引的钢索。

11.0.23 运载索　transport rope

既是承载索又是牵引索的钢索。

11.0.24 辅助索　auxiliary rope

在往复式索道上作救护用的有独立驱动的钢索。

11.0.25 避雷索　lightning cable

平行架设在索道上方的避雷用钢索。

11.0.26 索道客车　ropeway passenger car (cabin)

由行走小车、吊架和客厢组成的沿承载索行驶的载客设备。

11.0.27 索道救援车　ropeway rescue car

当索道客车因故在中途停车时，由辅助索牵引的将乘客接救到车站的小车。

11.0.28 救援吊篮　rescue basket

当索道客车因故在中途停车时，由乘务员操作的将乘客降落到地面的吊篮。

11.0.29 吊厢　cabinlift

由吊架和客厢组成的悬挂在运载索上的载客设备。

11.0.30 吊椅　chairlift

由吊架和座椅组成的悬挂在运载索上的载客设备。

11.0.31 抱索器　rope-grip

用于索道客车（吊厢、吊椅）与牵引索（运载索）相连接的装置。

11.0.32 固定式抱索器　fixed grip

紧固在牵引索（运载索）上的抱索器。

11.0.33 脱挂式抱索器　detachable type grip

在进出站房时能与运载索脱开和挂结的抱索器。

11.0.34 缆车　cable car

由钢索牵引的沿坡面轨道运行的客车。

11.0.35 行程限位器　motion limiter (travel limiter)

在索道、缆车和电梯系统中，当客车（轿厢）接近和到达停车位置时，能自动减速和停车的装置。

11.0.36 速度限制器　speed limiter

在索道、缆车、扶梯和电梯系统中，当运行速度超过额定值时，能自动减速的装置。

11.0.37 超载限制器　overload limiter

在索道、缆车和电梯系统中，当客车（轿厢）载荷超过额定值时，能发出警告信号并使客车（轿厢）不能起动的安全装置。

11.0.38 牵引索松弛停车器　slack rope stop

在索道系统中，当牵引索松弛超过规定值时，能自动停止运行的装置。

12　客运扶梯、电梯

12.0.1 自动扶梯　escalator

由循环运行的电动梯级和扶手带沿坡面运送乘客的设备。

12.0.2 升降高度　rise of escalator

自动扶梯或电梯的进、出口处地板表面之间的垂直距离。

12.0.3 扶梯倾斜角　inclination angle of escalator

梯级和扶手带运行方向与水平面之间的夹角。

12.0.4 梯级　steps

在自动扶梯中供乘客站立的阶梯状运输单元。

12.0.5 扶手带　handrail

在自动扶梯中与梯级同步运行的供乘客握扶的带状部件。

12.0.6 扶手带防夹装置　anti-nip device for handrail

在自动扶梯入口处，当乘客手指或其他物品被夹进扶手带缝隙时，能使自动扶梯停止运行的装置。

12.0.7 电梯　elevator

由轿厢、导轨、井道、曳引绳、曳引机、对重等组成的垂直运送乘客的电动升降设备。

12.0.8 轿厢　lift car

能沿垂直导轨移动的装载乘客的箱形轿体。

12.0.9 导轨　guide rail

供轿厢和对重垂直运行的导向轨。

12.0.10 井道　well (shaft)

容纳轿厢和对重沿导轨垂直运行的建筑空间。

12.0.11 曳引绳　hoist rope

在曳引机的驱动下带动轿厢和对重交替升降的钢丝绳。

12.0.12 曳引机　traction machine

由电动机、制动器和曳引轮组成的带动曳引绳、轿厢和对重运行的装置。

12.0.13 对重　counterweight

由曳引绳经曳引轮与轿厢连接，在运行过程中起重力平衡作用的装置。

12.0.14 层站 landing

在各楼层供乘客候车和出入轿厢的场地。也称层厅。

12.0.15 平层 leveling

轿厢停靠时，使轿厢地面停到层站地面的同一高度。

12.0.16 平层准确度 leveling accuracy

轿厢停稳后，轿厢地面与层站地面之间在高度上的偏差值。计量单位：毫米。

12.0.17 联锁装置 door interlock (door locking device)

轿厢门与层站门联动关闭并锁紧后，轿厢方能开始运行的机电控制装置。

中华人民共和国行业标准

城市公共交通工程术语标准

CJJ/T 119 - 2008

条文说明

前　　言

《城市公共交通工程术语标准》CJJ/T 119 - 2008 经建设部 2008 年 2 月 29 日以第 817 号公告批准发布。

为便于广大设计、施工、科研、学校等单位有关人员在使用本标准时能正确理解和执行条文规定，《城市公共交通工程术语标准》编制组按章、节、条顺序编制了本标准的条文说明，供使用者参考。在使用中如发现本条文说明有不妥之处，请将意见函寄中国城市公共交通协会（地址：北京市车公庄西路 38 号；邮政编码：100044）。

1　总　　则

城市公共交通工程术语标准是对公共交通领域内各种事物的定义和基本规范，是社会各界涉及公交事务的共同依据，内外交流的共同语言。

在本标准收集的词条中，凡是本行业的专用术语或以本行业为主的术语，均为自主解释和定义，而少量与相关行业通用术语或以相关行业为主的术语，则注意了与相关领域的协调。

本标准所列术语及其定义主要来源于以下几个方面：公共交通及相关领域的标准、规范、规程；国家颁布的有关法律、法令、条例、规章；有关论文、专著及词典等。

本标准第 2～6 章为城市公共交通行业的通用术语，第 7～12 章为按城市公共交通方式（不含城市轨道交通）划分的专用术语。

2　基 本 术 语

2.1　一 般 术 语

2.1.1　在居民出行所采用的步行、自行车、公共交通、自备汽车等交通方式中，公共交通的突出特点是：可供社会任何人员乘用，人均占用资源少，运输效率高，票价低廉，因此，是大多数居民出行的首选方式，在城市交通中应占有主体地位。

2.1.2、2.1.3　目前我国已经投入运营的公共交通方式有以下 14 种：公共汽车、无轨电车、有轨电车、快速公共汽车、出租汽车、轮渡、地铁、轻轨、单轨、磁浮、索道、缆车、扶梯、电梯。此外，市郊铁路、市域快速轨道交通及导轨交通等也在规划发展中。

2.1.4　公共交通企业运送乘客的业务活动包括在乘客从乘行起点进站到乘行终点出站的运输全过程中所进行的经营管理和服务工作。

2.1.7 公共交通规划是城市总体规划的组成部分之一，为了保证居民出行量快速增长的需要，现代城市必须优先安排公共交通发展计划。公共交通规划必须以客流调查为依据，做到交通资源的优化配置，社会效益和经济效益的最大化。

2.1.8 运营是公交企业直接为乘客服务的工作，是公交行业一切活动的核心，是其社会效益和经济效益的主要体现。

2.1.9 对城市公共交通系统总的要求是安全、方便、快捷、经济，其客运能力应能满足高峰客流的需要。不同规模的城市，应配备与客流量相适应的公共交通方式，并能做到不同线路之间、不同交通方式之间的通达衔接。

2.1.11 公共交通信息系统包括：运营调度管理系统、乘客出行信息服务系统、行业管理信息系统等。

2.1.12 以公共交通为主体的城市交通结构，能最大限度地提高城市交通的整体效益，减少能源、土地和其他资源的消耗，减少交通对环境的污染，因此是可持续发展的城市交通结构。这是国家制定的优先发展城市公共交通战略的理论依据。

2.2 公共交通方式

2.2.1 常规公共交通对道路和场站要求低，投资少，建设周期短，运营成本低，机动性好，乘用方便，票价低廉，适合在各类城市中发展，是居民出行最常用的交通方式，是城市公共交通的主体。

2.2.2、2.2.3 大、中运量公共交通系统以大容量公交车辆（列车）在相对封闭的专用道路（轨道）上运行，排除了其他交通方式的干扰，按设计速度行驶，能在单位时间内运送大量乘客。以大、中运量公共交通系统为骨干，是现代化大城市交通的主要标志。

2.2.4 线路单向运送能力等于车辆（列车）的额定载客人数与发车频率上限值的乘积，是由不同交通方式的技术特征所决定的，也是根据城市客流发展的需要，规划建设不同公共交通方式的主要依据。

2.2.7 快速公共汽车是一种介于轨道交通与常规公交之间的新型交通方式：具有专用路权、封闭运行、水平乘降、大容量车辆、交通信号优先等。使公共汽车基本达到轨道交通的服务水平，单向客运能力可达2万人次/小时，而投资及运营成本则远低于轨道交通。

2.2.8 出租汽车的可达性和方便性比其他公共交通方式更好，但其运营成本和价格较高，是紧急或重要出行或出行不便者的理想交通方式，是常规公共交通的必要补充。

2.2.9～2.2.11 具有水域的城市，陆上交通被水域阻断，靠轮渡将客流连通，但运送速度较低，且易受水情、水势和天气的影响。当客流量发展到一定程度后，投资建桥可极大地改善两岸之间的交通状况，但以旅游观光为主的轮渡，则仍将长期存在。

2.2.12～2.2.15 客运索道、缆车、扶梯、电梯是在山地城市特有的公共交通方式，对降低山城居民过高的步行率和登山难度，提高出行机动化水平是十分有效的。

3 公共交通设施

3.1 公共交通线路

3.1.1 线路布局的原则是：线路的走向应与客流主流向一致，线路的客运能力应与客流量相匹配，在主要的客流集散点，应有多条线路（含不同交通方式）通过并能方便换乘。

3.1.2 以起点站到终点站的里程定义的线路长度是公交企业为社会提供服务的重要参数，是乘客在线路上乘行距离的最大值，是计算载客里程、平均站距、运送速度、技术速度、客运周转量、全程票价、线路非直线系数、线路重复系数、线路负荷密度等的依据，是国际上公认的标称值。

3.1.3 以在线路上运行一周的里程定义的线路周长是车船运行的实际值，是公交企业内部计算运营里程、运营速度、里程利用率、运输成本等的依据。

3.1.5、3.1.6 线路条数和线路总长度是衡量城市公共交通规模和可达性的指标。线路条数越多，线路总长度越长，则公交出行可到达的范围越大。

3.1.9、3.1.10 线路网长度和线路网密度是公交出行的方便性指标，取值越高，在公交出行中所需的步行距离越少。在城市中心区的线路网密度应达到3～4公里/平方公里，在城市边缘地区应达到2～2.5公里/平方公里。

3.1.11 线路重复系数是衡量公共交通线路在城市道路网中的布局是否均匀的指标。随着城市道路网的拓展、完善和客流的变化，应尽量将过分集中的线路分散开，适当降低线路重复系数。

3.1.12 线路非直线系数是衡量公共交通线路是否捷近的指标，一般不应大于1.4。线路曲折，虽可扩大服务面，但也使不少乘客增加了多余的乘行时间和费用。随着城市道路网的拓展、完善和客流的变化，应及时调整线路的走向，适当降低线路非直线系数。

3.1.13、3.1.14 线路负荷、线路负荷密度是衡量公共交通线路的社会效益和经济效益的主要指标，但取值应该适当，运力配置应留有余地。

3.1.15 线路衔接的好坏主要包含下列因素：各线路走向决定的换乘次数；车站位置决定的换乘距离；行车间隔决定的换乘时间和拥挤程度。

3.1.18 以地名或其他文字命名的公共交通线路，将显得繁杂、无序、难以快速识别，并且在不同民族、不同国家之间有语言障碍。惟有以阿拉伯数字编码命名，能使线路名称变得简单、有序、易于识别，全世界的人都一目了然。因此，以阿拉伯数码表示线路名，是世界通用的标准化名称。

3.1.19～3.1.21 市区线路一般线路长度和平均站距较短，全天车次较多，运营时间长。郊区线路一般线路长度和平均站距较长，车次较少，运营时间较短。长途线路一般线路长，站距大，车次少。

3.1.32～3.1.36 仅在少数道路上设置公交专用道的效果是不明显的，仅有公交专用道而无公交优先信号的效果也是很有限的。只有在多数交通拥堵的道路上都划出公交专用道，并在相关路口设有公交优先信号设备，才能大大提高城市交通的效率。

3.2 公共交通车站

3.2.3 车站序号也是计程票制线路按乘行站数计算票价的编号。

3.2.10 线路的首站不仅设有主调度室，而且设有线路办公、主停车坪、车辆保养及加油等必要设施。

3.2.15、3.2.16 在多条公共交通线路汇集的特大型客流集散点，乘客换乘是比较困难的，例如：找不到所需换乘线路的车站，换乘距离过远，与车行道有交叉不安全，到达换乘站后不知道上哪一辆车，不知道本次车何时发出，候车秩序混乱等。因此，将各线路的到离站场地集中布置，渠化换乘路径，配备引导标志、提示标志、无障碍设施、照明设备、播音设备、发车显示（发车车号、发车时间、发车间隔等）装置等服务设施，并实行多条线路的集中调度、紧密衔接，达到换乘方便、快捷，有序、合理、高效地疏导客流的目的。

3.2.18 在大中城市机动车拥堵现象日趋严重，公交车辆占用行车道停站也成了交通不畅的原因之一。因此，在城市交通干道，宜将公交车站建成港湾式车站。

3.2.19、3.2.20 城市中心区客流密集，出行目的地密集，上下车频繁，站距宜小。郊区线路一般乘距较长，出行目的地分布较稀，站距可大些。公共汽电车线路的站距，在市区宜为500～600米，在郊区宜为800～1000米。为保证快速公共交通有较高的运送速度，快速公共汽车和轨道交通线路的站距，在市区宜为1000～1200米，在郊区宜为1500～2000米。

3.2.21 车站服务半径是与线路网长度和线路网密度相关的指标。只有当线路网长度和密度达到一定值后，才能将车站服务半径缩小到适当的取值范围，使公交出行中的步行距离较小。

3.2.25 常规公共交通车站的停车标志即站牌，而快速公共汽车和轨道交通车站则设有专用停车标志。

3.3 车内服务设施及相关参数

随着社会的发展进步，车内服务设施也日益增多和完善，对于不同类型和档次的公共交通车辆，应具有相应的服务设施和技术要求。

3.3.36 在现行国家标准中规定了额定站立密度的上限值：市区公共汽车为8人/平方米，郊区公共汽车和地铁车辆为6人/平方米，长途公共汽车不设立席。

3.4 牵引供电系统

电车、地铁、轻轨、单轨、索道、缆车等客运车辆属于直流牵引，对供电系统有特殊的要求，因此在本章内列出了相应的术语。而在扶梯、电梯等系统中，属于一般的市电供电，故未列入本标准的范围。

3.4.4 电车、地铁、轻轨等客运车辆属于电动机在移动状态下的牵引，必须以牵引网将车辆与变电所相连，具有本标准所列的完整的牵引供电系统。而索道和缆车属于电动机在固定状态下的牵引，整流机与电动机直接连接，无需牵引网和受电器。

3.5 公共交通信息系统

全面实现公共交通运营调度、服务质量、运行安全、设施状态及客流调查的信息化、智能化管理，可大大提高工作的质量和效率。建立和完善公共交通信息系统，是公交现代化的重要标志。

3.5.6 公共交通智能调度系统具有下列功能：

——调度室能实时监控系统内全部车辆的运行；

——能实现远程调度、实时调度和计算机辅助调度；

——能实现多条线路的集中综合调度；

——各车站的电子站牌向乘客显示即将到达本站的车辆动态位置和预计候车时间；

——借助车辆定位技术，能实现车内外的自动报站服务；

——按车次自动采集各车站的上下车人数；

——按统计期自动生成运营统计数据；

——根据运营数据，提出行车计划修改方案；

——根据客流统计数据，提出线网优化设计方案等。

4 公共交通运营

4.1 乘客和客流

各种客流参数是公共交通的基础数据，是确定公共交通方式、线网布局、线路配车（船）数、运营时间、发车（船）频率等各种业务活动的主要依据。

4.1.14 在公交出行中，步行距离的长短，说明了公交服务覆盖率的高低、可达性的好坏、换乘的方便程度等。缩短公交出行中的步行距离是公交线网调整的主要目的之一。

4.1.15、**4.1.16** 在统计期内，换乘人次与公交出行人次之比，相当于平均一次出行需要换乘几次，反映了公交出行的可直达程度。平均换乘率在特大城市不宜大于1，大城市不宜大于0.5，中小城市不宜大于0.3。

4.1.17 在路段中的同向换乘距离不宜大于50米，异向换乘距离不宜大于100米；在平交路口，换乘距离不宜大于150米；在立交路口，换乘距离不宜大于200米；在快速轨道交通车站的出入口50米范围内，应设有公共汽（电）车站；在长途汽车站、火车站、客运码头的主要出入口100米范围内，应设有公共交通车站。

4.1.18 出行时间是一项重要的综合性指标，公共交通方式的选择、线路布局、站点设置、线路衔接、配车数量、发车频率等都应服务于缩短出行时间的总要求。在一般情况下，特大城市的市区出行时间不宜大于50分钟，大中城市的市区出行时间不宜大于30分钟。

4.1.24 在轨道交通车站附近应设自行车存车换乘停车场（库）。

4.1.34 在一条线路上的任何相邻两站之间，车内的乘客人数是不变的，以此人数表示线路在该路段的客流量十分准确。在不同时段内，全线路各断面客流的组合，能充分反映该线路客流的时空分布情况。

4.1.35 最大客流断面的客流量，是运力配置（车型和发车频率）的主要依据。

4.1.36 客流量沿时间和空间的分布，是决定各个时段的发车间隔、区间车、大站快车、机动车（加车）等的主要依据。

4.1.37 客流方向不均衡系数一般具有潮汐性，即早高峰与晚高峰的互易性，这是确定上下行高峰发车频率的主要依据。

4.1.38 客流断面不均衡系数过高，将造成客流量较小的路段的运力浪费，开行部分区间车，是优化运力配置的措施之一。对该系数特别高的线路，应进行调整。

4.1.39 客流时间不均衡系数是确定不同时段发车频率的依据。

4.1.40～4.1.44 客流集散点的客流集散量和客流主流向是确定线路走向、线网布局和运力配置的重要依据，以保证集散点的线路衔接、客流畅通和换乘方便。

4.1.45 客流主干线聚集的多条公交线路和大量的客流是长期、逐渐发展形成的，当预期客流将达到每小时1万～2万人次时，应建设快速公共汽车交通系统或轻轨交通系统；当预期客流将达到每小时3万人次以上时，应建设地铁系统。

4.1.48～4.1.56 对大城市而言，作全市范围的全面客流调查是非常浩大而繁杂的工程。一般只能采取抽样的方法，分期分批地对主要线路和较大的客流集散点作调查，在此基础上以合理的数学模型进行测算。调查的成果是为线网和运力的优化发展提供科学的依据。此类调查一般为若干年进行一次，由全市统一组织。

仅在一条线路范围进行的客流调查，着重记录不同季节、不同时段以及节假日，本线路各典型段面的客流数据，为制订线路行车时刻表提供依据。这是线路调度员的日常工作之一。

4.2 运行及调度

4.2.19 线路配车数根据本线路的最大断面客流量、线路长度、单程时间、发车频率等参数计算，再加上一定比例的机动车数后确定。

4.2.21 运行时刻表是根据不同时间的客流情况编制的，例如平日、节假日以及不同季节的客流量及其小时分布是不一样的，因而运行时刻表也应不同。

4.2.22 在快速公共汽车和城市轨道交通中，封闭式运行排除了其他交通方式的干扰，便于按计划准时到离各车站，因此，可按车站和车次用运行图实施调度。横坐标以分钟为单位，纵坐标以公里或车站为单位，各车次为相互平行的斜线。

4.2.43 运营车沿线路的一个方向，从运营起点至终点的行程包含从首（末）站停车场（折返点）至起点站，从起点站至终点站，从终点站至末（首）站停车场（折返点）三段行程之和。

4.2.51～4.2.54 客流高峰时间的发车频率，应按高峰小时的最大断面客流量、运营车的额定载客量及计划满载率计算确定。客流低谷时间的发车频率不应使乘客候车时间过长，例如：在市区不宜超过15分钟，郊区不宜超过半小时。

4.2.56～4.2.58 串车和大间隔现象将大大延长乘客的候车时间，且造成运力的浪费。保持正常的行车秩序，行车间隔均衡，是保证乘客出行效率的重要条件。对于串车和大间隔的量化定义，是首次提出。

4.2.59、**4.2.60** 放站运行和跳站运行是在运行秩序受到严重破坏，出现大间隔、串车现象，或在某站出现大量乘客滞留时，所采取的调度措施。

4.2.63 运营车（船）按规定不载客的运行时间是指在起止站调头（折返）、放站运行、中途故障或其他原因空驶到终点或车场、从线路到车场的往返以及包车回程等空驶时间。

4.2.68、**4.2.69** 载客量是与时间和地点相关的动态参数。满载率应在最大客流断面处考核，其值不宜大于80%。

4.2.71 由于线路运行不畅、车次大量晚点、车辆技术完好率低、乘务组误班等原因将造成车次兑现率低下，影响运营服务质量。

4.3 票 务

4.3.2 车票是乘客付款乘车的凭证，也是乘客和公交企业建立运输合同关系的凭证。随着无人售票制的推行，投币式付款乘车已不存在有形的“车票”，但所建立的运输合同关系依然存在。

4.3.14 纸质月票不限乘行次数，电子月票限定乘行次数。

4.3.21 乘客使用电子车（船）票时，在单一票制的线路，应在上车（船）或进站时刷卡，验证票证的有效性并扣除一次票款；在计程票制的线路，上车（船）或进站时刷卡，验证其有效性并标记乘行起点，下车（船）或出站时再次刷卡，验证乘行距离并扣除相应票款。

4.4 安全与服务

4.4.17、4.4.18 公共交通覆盖率，按车站服务半径300米计算，城市建成区应不低于50%，中心城区不低于70%；按车站服务半径500米计算，建成区应不低于90%。否则，应增加和调整线路，增加线路网长度，提高线路网密度，以减少公交出行中的步行距离。

4.4.19 根据我国社会发展的实际情况，目前关于公交车辆保有量的规定为：大城市每万人不少于10～12辆标准车、20辆出租车；中小城市每万人不少于6～8辆标准车、5辆出租车。

5 车辆保养与维修

5.0.2 由于公交企业所拥有的运营车辆的种类不多，数量很大，使用频繁，工作条件相近，因而其损耗、老化情况具有较强的普遍性和规律性，便于实行统一的强制性的按运行周期分级保养与维修的制度，以确保行车安全和服务质量，降低消耗，延长使用寿命。

5.0.3～5.0.7 对于不同类型的运营车辆（如公共汽车、电车、地铁、索道、缆车等）的同级保修，具有不同的保修周期（时间或里程），但其作业范围和技术要求，则是一致的。

5.0.10 贯彻车辆视情修理的原则，既防止了拖延修理造成车辆技术状况恶化，又可避免提前修理造成的浪费。

6 技术经济指标

公共交通技术经济指标是全面、科学地反映公交企业综合实力、技术状况、工作效率、社会效益、经济效益的量化指标体系，是企业考核的本质内涵。

6.0.3 客运周转量是对公交企业运营工作的综合衡量指标，社会经济效益的最终体现。然而，对每一个乘客的每一次乘行距离调查，几乎是不可能的，只能以每一条线路的客运量与平均乘距的乘积来计算客运周转量。

6.0.5～6.0.8 由于车（船）型不同，其客位数也不同，单凭运营车（船）数不能准确地反映企业所拥有的运输能力，没有可比性。只有以某种车（船）型为标准，将不同类型的车（船）数换算成标准车（船）数，才能以统一的尺度准确地反映企业拥有的运输能力。

6.0.9～6.0.16 车（船）日数包含了公交企业每一天所拥有的标准车（船）数，能够充分说明企业在统计期内实际拥有或使用的运输能力。

6.0.20 运营车按规定不载客的运营里程是指在起止站调头（折返）、放站运行、中途故障或其他原因空驶到终点或车场、从线路到车场的往返以及包车回程等空驶里程。

6.0.33 不同规模的公交企业，应有不同的人车比。企业规模越大，拥有车辆越多，线路越多，运营越复杂，功能越完善，机构越齐全，因而人车比也越高。

6.0.34～6.0.39 人均客运周转量、人均客运量、人均客位里程、人均运营里程、人均运营收入是公交企业全员劳动生产率的不同表达形式。其中人均客运周转量是社会效益的集中体现，人均运营收入是经济效益的衡量标准。

7 公共汽电车交通

7.0.1 公共汽车是使用最广泛的公共交通工具，随着国民经济的快速发展和现代化水平的提高，公共汽车呈现出用途和功能多元化，配置和档次多元化，燃料多元化等品种和规格繁多的局面，可以满足不同城市、不同条件、不同要求的需要。

7.0.7 高地板公共汽车的车内通道地板高度一般在1.2米以上，提高了乘客视线，改善观光效果，地板以下设有行李箱，因此适合做高档旅游车和长途客车。

7.0.21 在特大城市的大型路口或重要路段，为了景观的需要，不宜架设电车触线网，双能源无轨电车可借助自备车载动力电源在1～2公里距离内脱线行驶，较好地解决了这个城市发展中出现的新问题。

8 快速公共汽车交通（BRT）

快速公共汽车交通（BRT）的基本特征：

①车辆容量大

BRT运营车一般为铰接式特大型客车，载客量不低于150人。根据需要经主管部门特许，可选用长度为25米以上的超长特大型客车。

②运送速度快，准时性好

专用车道和路口信号优先可提高行车速度；站内售票和水平乘降可缩短停站时间。运送速度不低于25公里/小时。

③客运能力强

利用专用车道的优势，实行多车连发列车化运行，单向客运能力可达1万～1.5万人次/小时。

④乘车、候车条件好

道路条件、客车等级和车内配置均按1级标准要求，乘行舒适性好；

封闭式车站、自动售检票、乘车信息服务、水平乘降等便于乘客候车和乘降。

⑤安全、可靠性高

与其他交通方式隔离，行车事故少；

车辆性能优良，并有完善的保修和故障紧急救援系统，故可靠性高。

⑥能耗低，污染少

专用车道和路口信号优先，有效避免拥堵和频繁变速、停车，可降低能耗和尾气污染。

⑦资金投入较少

快速公共汽车系统的投资约为相同规模轻轨系统的1/10～1/5。

⑧建设和改造难度较低

与轨道交通相比，快速公共汽车系统的建设比较容易，其车辆监控设施和优先信号设施等还可分步建立。当客流量达到运力上限时，易于向轨道交通方式升级改造。

9 出租汽车交通

9.0.27～9.0.32 合理的出租汽车运营服务系统应以营业站服务为主，流动服务为辅。在GPS设备的监控下，营业站对服务半径内的所有待租车（不分所属公司）实行统一调度。乘客可电话订车或到附近停车点上车，从而大大减少出租车的空驶里程，减少乘客的候车时间和步行距离，从总体上提高服务水平和效率，提高社会效益和经济效益。

10 城市轮渡

10.1.13 为了保证客渡轮航行的安全，其额定载客量不是由制造厂或使用单位确定，而是由船舶检验部门核定。

10.1.24～10.1.26 由于江水有一定的流速，致使轮渡往返航行的时间和运行成本都有明显差别，其中横江轮渡差别较小，斜江轮渡差别较大，顺江轮渡差别最大。对于横江、斜江和顺江的量化定义，是首次提出。

10.2.26～10.2.28 城市轮渡受水情、水势、天气和施工的影响很大，是城市交通的薄弱环节。

11 客运索道、缆车

11.0.7 由于索道客车（吊厢、椅）的重心在承载索下方，稳定性很好，爬坡角可达55°。而缆车的重心在轨道上方，爬坡角不大于45°。

11.0.12～11.0.15 由于往复式索道的跨度很大，钢索受到的张力是非常大的，将钢索一端锚固，另一端经过滑轮悬挂张紧重锤，随着客车的运行和重锤的升降，使索道支架之间的钢索长度不断得到调整，张力始终保持给定的安全值。

11.0.16～11.0.18 在缆车系统中，以上站为驱动站，两个客车分别与牵引索的两端相连，互为配重，受驱动机牵引的一端往上站行驶，另一端在重力作用下往下站滑行。

在索道系统中，牵引索（运载索）为环形，它在线路的一端绕过驱动站内的驱动轮，在线路的另一端绕过迂回站的迂回轮。

11.0.35～11.0.38 在索道、缆车和电梯系统中，客车或轿厢均以钢索悬挂在空中，其安全性和可靠性十分重要。行程限位器、速度限制器、超载限制器和牵引索松弛停车器等是从多方面保证人员和设备安全的设施。

12 客运扶梯、电梯

12.0.1 一条客运扶梯线路应有两部扶梯并列相向运行。当线路长度大于100米时，宜分段设置。当扶梯上无乘客时，应自动减速运行。

中华人民共和国行业标准

城市公共交通分类标准

Standard for classification of urban public transportation

CJJ/T 114－2007
J 682－2007

批准部门：中华人民共和国建设部
施行日期：2 0 0 7 年 1 0 月 1 日

中华人民共和国建设部
公　　告

第 658 号

建设部关于发布行业标准《城市公共交通分类标准》的公告

现批准《城市公共交通分类标准》为行业标准，编号为 CJJ/T 114－2007，自 2007 年 10 月 1 日起实施。本标准由建设部标准定额研究所组织中国建筑工业出版社出版发行。

中华人民共和国建设部
2007 年 6 月 13 日

前　言

根据建设部建标［2003］104号文件的要求，标准编制组在深入调查研究，认真总结国内外科研成果和大量实践经验，并广泛征求意见的基础上，制定了本标准。

本标准的主要技术内容是城市公共交通的分类，包括城市道路公共交通、城市轨道交通、城市水上公共交通及城市其他公共交通方式。

本标准由建设部负责管理，由主编单位负责具体技术内容的解释。

本标准主编单位：城市建设研究院（地址：北京市朝阳区惠新南里2号院；邮政编码：100029）

本标准参编单位：铁道第二勘察设计院
上海市城市建设设计研究院
上海市隧道工程轨道交通设计研究院
上海申通轨道交通研究咨询有限公司
中国城市公共交通协会
广东省城市公共交通协会

本标准主要起草人员：何宗华　吕士健　许斯河　扈　森　曹文宏　周　勇　宋　健　徐正良
柴家远　梁满华　杨青山　毕湘利

目　次

1　总　则

1.0.1　为统一全国城市公共交通分类，科学地编制、审批、实施城市公共交通系统的规划和设计，规范城市公共交通项目的建设和管理，制定本标准。

1.0.2　本标准适用于我国城市公共交通的规划、设计、建设、运营、管理和统计等工作。

1.0.3　城市公共交通分类，除应执行本标准外，尚应符合国家现行有关标准的规定。

2　城市公共交通分类

2.0.1　城市公共交通应按系统形式、载客工具类型、客运能力进行分类。

2.0.2　城市公共交通分类，应采用大类、中类、小类三个层次。

2.0.3　城市公共交通类别，应采用汉语拼音字母与阿拉伯数字混合型代码表示。城市公共交通分类代码的大类，采用城市公共交通“公交”两字的汉语拼音大写字母“GJ”和一位阿拉伯数字表示；中类和小类各增加一位阿拉伯数字表示。

2.0.4　城市公共交通分类应符合表2.0.4的规定。

表 2.0.4 城市公共交通分类

分类名称及代码			主要指标及特征		
大类	中类	小 类	车辆和线路条件	客运能力（N） 平均运行速度（v）	备 注
城市道路公共交通 GJ_1	常规公共汽车 GJ_{11}	小型公共汽车 GJ_{111}	车长：3.5～7m 定员：≤40 人	N：≤1200 人次/h v：15～25km/h	适用于支路以上等级道路
		中型公共汽车 GJ_{112}	车长：7～10m 定员：≤80 人	N：≤2400 人次/h v：15～25km/h	适用于支路以上等级道路
		大型公共汽车 GJ_{113}	车长：10～12m 定员：≤110 人	N：≤3300 人次/h v：15～25km/h	适用于次干路以上等级道路
		特大型（铰接）公共汽车 GJ_{114}	车长：13～18m 定员：135～180 人	N：≤5400 人次/h v：15～25km/h	适用于主干路以上等级道路
		双层公共汽车 GJ_{115}	车长：10～12m 定员：≤120 人	N：≤3600 人次/h v：15～25km/h	适用于主干路以上等级道路
	快速公共汽车系统 GJ_{12}	大型公共汽车 GJ_{121}	车长：10～12m 定员：≤110 人	N：≤1.1 万人次/h v：25～40km/h	适用于主干路及公交专用道
		特大型（铰接）公共汽车 GJ_{122}	车长：13～18m 定员：110～150 人	N：≤1.5 万人次/h v：25～40km/h	适用于主干路及公交专用道
		超大型（双铰接）公共汽车 GJ_{123}	车长：≥23m 定员：≤200 人	N：≤2.0 万人次/h v：25～40km/h	适用于主干路以上等级道路及公交专用道
	无轨电车 GJ_{13}	中型无轨电车 GJ_{131}	车长：7～10m 定员：≤80 人	N：≤2400 人次/h v：15～25km/h	适用于支路以上等级道路
		大型无轨电车 GJ_{132}	车长：10～12m 定员：≤110 人	N：≤3300 人次/h v：15～25km/h	适用于支路以上等级道路
		特大型（铰接）无轨电车 GJ_{133}	车长：13～18m 定员：120～170 人	N：≤5100 人次/h v：15～25km/h	适用于主干路以上等级道路
	出租汽车 GJ_{14}	小型出租汽车 GJ_{141}	定员：≤5 人		随时租用或预订，按计价器收费或按日包车
		中型出租汽车 GJ_{142}	定员：7～19 人		预订，按计程或计时包车
		大型出租汽车 GJ_{143}	定员：≥20 人		预订，按计程或计时包车

续表 2.0.4

分类名称及代码			主要指标及特征		
大类	中类	小　类	车辆和线路条件	客运能力（N） 平均运行速度（v）	备　注
城市轨道交通 GJ_2	地铁系统 GJ_{21}	A 型车辆 GJ_{211}	车长：22.0m 车宽：3.0m 定员：310 人 线路半径：≥300m 线路坡度：≤35‰	N：4.5 万～7.0 万人次/h v：≥35km/h	高运量适用于地下、地面或高架
		B 型车辆 GJ_{212}	车长：19m 车宽：2.8m 定员：230～245 人 线路半径：≥250m 线路坡度：≤35‰	N：2.5 万～5.0 人次/h v：≥35km/h	大运量适用于地下、地面或高架
		L_B型车辆 GJ_{213}	车长：16.8m 车宽：2.8m 定员：215～240 人 线路半径：≥100m 线路坡度：≤60‰	N：2.5 万～4.0 万人次/h v：≥35km/h	大运量适用于地下、地面或高架
	轻轨系统 GJ_{22}	C 型车辆 GJ_{221}	车长：18.9～30.4m 车宽：2.6m 定员：200～315 人 线路半径：≥50m 线路坡度：≤60‰	N：1.0 万～3.0 万人次/h v：25～35km/h	中运量适用于高架、地面或地下
		L_C型车辆 GJ_{222}	车长：16.5m 车宽：2.5～2.6m 定员：150 人 线路半径：≥60m 线路坡度：≤60‰	N：1.0 万～3.0 万人次/h v：25～35km/h	中运量适用于高架、地面或地下
	单轨系统 GJ_{23}	跨座式单轨车辆 GJ_{231}	车长：15m 车宽：3.0m 定员：150～170 人 线路半径：≥50m 线路坡度：≤60‰	N：1.0 万～3.0 万人次/h v：30～35km/h	中运量适用于高架
		悬挂式单轨车辆 GJ_{232}	车长：15m 车宽：2.6m 定员：80～100 人 线路半径：≥50m 线路坡度：≤60‰	N：0.8 万～1.25 万人次/h v：≥20km/h	中运量适用于高架

续表 2.0.4

分类名称及代码			主要指标及特征		
大类	中类	小类	车辆和线路条件	客运能力（N） 平均运行速度（v）	备注
城市轨道交通 GJ_2	有轨电车 GJ_{24}	单厢或铰接式有轨电车（含D型车）GJ_{241}	车长：12.5～28m 车宽：≤2.6m 定员：110～260人 线路半径：≥30m 线路坡度：≤60‰	N：0.6万～1.0万人次/h v：15～25km/h	低运量适用于地面(独立路权)、街面混行或高架
		导轨式胶轮电车 GJ_{242}	—	—	—
	磁浮系统 GJ_{25}	中低速磁浮车辆 GJ_{251}	车长：12～15m 车宽：2.6～3.0m 定员：80～120人 线路半径：≥50m 线路坡度：≤70‰	N：1.5万～3.0万人次/h 最高运行速度：100km/h	中运量主要适用于高架
		高速磁浮车辆 GJ_{252}	车长：端车27m， 中车24.8m 车宽：3.7m 定员：端车120人 中车144人 线路半径：≥350m 线路坡度：≤100‰	N：1.0万～2.5万人次/h 最高运行速度：500km/h	中运量主要适用于郊区高架
	自动导向轨道系统 GJ_{26}	胶轮特制车辆 GJ_{261}	车长：7.6～8.6m 车宽：≤3m 定员：70～90人 线路半径：≥30m 线路坡度：≤60‰	N：1.0万～3.0万人次/h v：≥25km/h	中运量主要适用于高架或地下
	市域快速轨道系统 GJ_{27}	地铁车辆或专用车辆 GJ_{271}	线路半径：≥500m 线路坡度：≤30‰	最高运行速度：120～160km/h	适用于市域内中、长距离客运交通
城市水上公共交通 GJ_3	城市客渡 GJ_{31}	常规渡轮 GJ_{311}	定员：≤1200人	v：<35km/h	静水航速
		快速渡轮 GJ_{312}	定员：≤300人	v：≥35km/h	静水航速
		旅游观光轮 GJ_{313}	定员：≤500人	v：<35km/h	静水航速
	城市车渡 GJ_{32}	—	定员：8～60标准车位	v：<30km/h	单车载重5t的车辆限界为一个标准车位

续表 2.0.4

分类名称及代码			主要指标及特征		
大类	中类	小　类	车辆和线路条件	客运能力（N） 平均运行速度（v）	备　注
城市其他公共交通 GJ_4	客运索道 GJ_{41}	往复式索道 GJ_{411}	吊厢定员：4～200 人 索道坡度≤55°	N：≤4000 人次/h v：≤12m/s	—
		循环式索道 GJ_{412}	吊厢定员：4～24 人 吊椅或吊篮定员：2～16 人 索道坡度≤45°	N：≤4800 人次/h v：≤6m/s	—
	客运缆车 GJ_{42}	—	车长：8.5～16m 定员：48～120 人 线路坡度：≤45°	N：≤2400 人次/h v：≤5m/s	—
	客运扶梯 GJ_{43}	—	线路坡度：≤30°	N：≤12000 人次/h v：≤0.75m/s	—
	客运电梯 GJ_{44}	—	定员：12～48 人	N：≤2000 人次/h v：≤10m/s	—

注：1 “平均运行速度”是指公共交通线路的起点站至终点站间全程距离除以车辆全程运行时间（包括沿途停站时间在内）所得的平均速度指标。又称“运送速度”或“旅行速度”。

2 表中 L_B 和 L_C 型车辆为直线电机车辆。

中华人民共和国行业标准

城市公共交通分类标准

CJJ/T 114－2007

条文说明

前　言

《城市公共交通分类标准》CJJ/T 114－2007经建设部2007年6月13日以第658号公告批准、发布。

为便于广大设计、施工、科研、学校等单位有关人员在使用本标准时能正确理解和执行条文规定，《城市公共交通分类标准》编制组按章、节、条顺序编制了本标准的条文说明，供使用者参考。在使用中如发现本条文说明有不妥之处，请将意见函寄城市建设研究院（地址：北京市朝阳区惠新南里2号院；邮政编码：100029）。

1　总　则

1.0.1　本条明确了本标准的编制目的。

本标准是我国城市公共交通标准体系中的基础标准，是城市公共交通行业在选择公交方式、建设前期策划、项目实施和管理工作的依据。

目前全国城市公共交通的类别很多，虽然共同的目标都是安全运送乘客，但建设规模、运输能力、工程造价都各有不同，其技术支撑条件和技术水平也各有特色，采用何种公交方式与客流大小、经济条件、技术水平、道路状况有密切关联。编制标准时，认真分析了我国现行各种公交方式的现状和各种相关因素的影响，充分考虑国内外各种公交系统的发展趋势，科学、合理、准确地对现行公共交通方式进行分类，尽量做到层次清楚、分类明确、构成合理和具有广泛的适用性。

1.0.2　本条规定了本标准的适用范围。

本标准规定城市客运服务行业各种公共交通方式的分类和适用范围，包括：城市道路公共交通、城市轨道交通、城市水上公共交通和城市其他公共交通共四大类。

2　城市公共交通分类

2.0.1　本标准对全国现有各种公交方式及国际上技术成熟的公交类型进行了统计和研究，认为分类的方法有多种，例如可按交通工具的等级和配置分类；可按车辆的运输能力分类；可按车辆的动力特点和技术水平分类；可按车辆运行的速度分类；也可按交通运输的特点和形式分类等。如何科学、合理、准确进行分类才能满足本标准制定的目的，是本标准分类的难点。经过多次讨论和分析研究，认为城市公交技术无论发展到什么水平，其运输形式基本不会改变。因此，城市公共交通首先按照客运系统线路环境条件分成几个大类是适当的。主要分为“城市道路公共交通”，“城市轨道交通”和“城市水上公共交通”三种类型，考虑到现实情况，还有一些特种客运方式的存在，以及为今后的公交发展留有余地，又增加了一种“城市其他公共交通”类型，这样将城市公共交通总共分成四个大类。然后按照系统运营特点分成若干个中类，最后按照载客工具类型分成小类。

2.0.2　按分类原则，公交分类采用大类、中类、小类三个层次，以达到简洁明了和容易区分的目的。这样分类基本覆盖了我国城市公交的类型，可以真实反映公交的实际状况，满足公交的规划设计、建设生产、运营管理、科学研究和统计等工作的需要。

2.0.3 为使分类代码具有较好的识别性，便于文件使用和公交的管理，本标准使用汉语拼音与阿拉伯数字混合型分类代码。如 GJ_1 表示城市道路公共交通，GJ_{11} 表示城市道路公共交通中的常规公共汽车交通，GJ_{111} 表示常规公共汽车交通中的小型公共汽车交通，依此类推。

2.0.4 城市公交分类表按照大类、中类、小类三个层次进行列表，并对其内容和范围作了规定。

分类表中的主要指标及特征，是按车辆及线路条件、客运能力和平均运行速度来表述的，其中"车辆及线路条件"分别给出车辆主要几何尺寸及对线路要求的控制数据；"客运能力"是指单向高峰小时断面客流量的最大值；"平均运行速度"即轨道交通习惯用词"旅行速度"或常规公交习惯用词"运送速度"的同义语，其定义系指起点站至终点站间的全程距离，除以车辆全程运行时间（包括沿途停站时间在内）所得的平均速度指标，称为平均运行速度。

1 GJ_1 城市道路公共交通

行驶在城市地区各级道路上的公共客运交通方式，称为城市道路公共交通，如公共汽车、无轨电车和出租汽车等。

城市道路公共客运交通，是目前我国城市客运公共交通的主体。由于现代城市对公交运输质量要求的提高，以及先进技术的广泛应用，使得道路公共交通不再是单一的模式，在常规公共汽车和无轨电车的基础上又派生出了快速公共汽车。

1）GJ_{11} 常规公共汽车

公共汽车系统，具有固定的行车线路和车站，按班次运行，并由具备商业运营条件的适当类型公共汽车及其他辅助设施配置而成。

公共汽车的小类划分，采用了《城市客车分等级技术要求与配置》CJ/T 162－2002 的分类规定。

公共汽车的定员，包括座位和车厢内有效站立位，在符合《机动车运行安全条件》GB 7258 和《客车装载质量计算方法》GB 12428 有关规定的基础上，根据用户要求，有较大的选择范围。表中的定员数是在调研了国内外 100 多个主要车型定员数的基础上，总结归纳而得出的，既符合我国现行规定，又便于与国际接轨。

公共汽车线路的客运能力，取决于车辆定员和发车频率，表中数值是按照最小发车间隔为 2min 一次车的理论测算值所得的每小时最大客运量。表中平均运行速度 15～25km/h，主要是指市区而不包括郊区。

2）GJ_{12} 快速公共汽车系统

快速公共汽车系统是由公共汽车专用线路或通道、服务设施较完善的车站、高新技术装备的车辆和各种智能交通技术措施组成的客运系统，具有快捷舒适的服务水平，是新兴的大容量快速公共汽车系统。由于使用专用车道，车站采用长站台形式，所用车辆一般都为特大型或超大型车辆，可多车同时上下乘客，又可同时发车，列车化运行，车速较快，车辆运行不受其他交通干扰，因而客运量较大，表中所列的客运能力上限值，是按发车频率 20 次/h，五车连发所得的数据。

3）GJ_{13} 无轨电车

无轨电车有固定的行车路线和车站，通常由外界架空输电线供电（也可由高能蓄电池供电），是无专用轨道的电动公交客运车辆。

无轨电车按车辆长度和载乘客量可分三个级别。本标准的分类划分基本上采用行业标准《无轨电车》CJ/T 5004－1993 的规定。

无轨电车系统设施由无轨电车车辆及其相匹配的牵引供电系统、相对固定的运营线路、相应等级和规模的起点站、中途站、终点站和停车站场、维护修理场地以及管理企业所组成。

无轨电车的客运能力以及运营速度，基本与公共汽车相同。

4）GJ_{14} 出租汽车

出租汽车是按照乘客和用户意愿提供直接的、个性化的客运服务，并且按照行驶里程和时间收费的客车。出租汽车服务应以人为本、方便乘客。其服务方式有三种：

①在不妨碍交通时可扬手招车；

②电话约车；

③在客流集散地或交通管理需要之处，设出租车候客或上、下客站（点）。

出租汽车系统由出租汽车车辆、相应等级和规模的停车站场、维修保养场地、调度系统、物资供应机构和进行管理的出租汽车企业组成。

2 GJ_2 城市轨道交通

城市轨道交通为采用轨道结构进行承重和导向的车辆运输系统，依据城市交通总体规划的要求，设置全封闭或部分封闭的专用轨道线路，以列车或单车形式，运送相当规模客流量的公共交通方式。包括地铁系统、轻轨系统、单轨系统、有轨电车、磁浮系统、自动导向轨道系统和市域快速轨道系统。

1）GJ_{21} 地铁系统

地铁是一种大运量的轨道运输系统，采用钢轮钢轨体系，标准轨距为 1435mm，主要在大城市地下空间修筑的隧道中运行，当条件允许时，也可穿出地面，在地上或高架桥上运行。按照选用车型的不同，又可分为常规地铁和小断面地铁，根据线路客运规模的不同，又可分为高运量地铁和大运量地铁。

地铁车辆的基本车型为 A 型车、B 型车和 L_B 型车

(直线电机）三种，A型车车辆基本宽度3000mm；B型车和L_B型车车辆基本宽度2800mm。每种车型有带司机室和不带司机室、动车和拖车的区分。

地铁系统的列车编组通常由4～8辆组成，列车长度为70～190m，要求线路有较长的站台相匹配，最高行车速度不应小于80km/h。地铁系统的主要标准及特征如表1所示。

表1　地铁系统主要标准及特征表

项　目		标准及特征		
车辆	车型	A型	B型	L_B型
	车辆基本宽度（mm）	3000	2800	2800
	车辆基本长度（m）	22.0	19.0	16.8
	车辆最大轴重（t）	≤16	≤14	≤13
	列车编组（辆）	4～8	4～8	4～8
	列车长度（m）	100～190	80～160	70～140
线路	类型、型式	地下、高架及地面，全封闭型		
	线路半径（m）	≥300	≥250	≥100
	线路坡度（‰）	≤35	≤35	≤60
客运能力（万人次/h）		4.5～7.0	2.5～5.0	2.5～4.0
供电电压及方式		DC1500V接触网供电	DC1500/750V接触网或三轨	DC1500/750V接触网或三轨
平均运行速度（km/h）		≥35		

注：1　表中客运能力按行车间隔2min和列车额定载客量（站立6人/m²）计算。

2　平均运行速度即旅行速度，系指起点站至终点站间全程距离除以全程运行时间（包括沿途停站时间）。

2）GJ_{22}轻轨系统

轻轨系统是一种中运量的轨道运输系统，采用钢轮钢轨体系，标准轨距为1435mm，主要在城市地面或高架桥上运行，线路采用地面专用轨道或高架轨道，遇繁华街区，也可进入地下或与地铁接轨。

轻轨车辆包括C型车辆、L_C型车辆（直线电机）。轻轨C型车和L_C型车都采用钢轮钢轨体系，标准轨距为1435mm，车辆基本宽度为2600mm。

根据我国《轻轨交通车辆通用技术条件》CJ/T 5021－95的规定，标准C型车分C-Ⅰ型、C-Ⅱ型和C-Ⅲ型三种。如表2所示。

表2　C型车分类表

类　型	车　体	低地板车型	高地板车型
C-Ⅰ型	单节4轴轻轨车	C-Ⅰ（D）	C-Ⅰ（G）
C-Ⅱ型	单铰双节6轴轻轨车	C-Ⅱ（D）	C-Ⅱ（G）
C-Ⅲ型	双铰三节8轴轻轨车	C-Ⅲ（D）	C-Ⅲ（G）

C型车辆的列车编组，通常由1～3辆组成，列车长度一般不超过90m，最高行车速度不应小于60km/h，站台最大长度不应大于100m。

L_C型列车，通常可由2辆、4辆或6辆组成，站台长度应小于100m。当前，采用直线电机L_C型车组成的轻轨系统，在我国尚无实例。

轻轨系统主要标准及特征如表3所示。

表3　轻轨系统主要标准及特征表

项　目		标准及特征			
		C型			L_C型车
车辆	车型	C-Ⅰ型	C-Ⅱ型	C-Ⅲ型	
	车辆基本宽度（mm）	2600	2600	2600	2600
	车辆基本长度（m）	18.9	22.3	30.4	16.5
	车辆最大轴重（t）	11	11	11	11
	列车编组（辆）	1～3	1～3	1～3	2～6
	列车长度（m）	20～60	25～70	35～90	35～100
线路	类型、型式	高架、地面或地下，封闭或专用车道			封闭
	线路半径（m）	≥50			≥60
	线路坡度（‰）	≤60			
客运能力（万人次/h）		1.0～3.0			
供电电压及方式		DC750V/1500V、架空接触网或三轨			
平均运行速度（km/h）		25～35			

3）CJ_{23}单轨系统

单轨系统是一种车辆与特制轨道梁组合成一体运行的中运量轨道运输系统，轨道梁不仅是车辆的承重结构，同时是车辆运行的导向轨道。单轨系统的类型主要有两种，一种是车辆跨骑在单片梁上运行的方式，称之为跨座式单轨系统GJ_{231}，另一种是车辆悬挂在单根梁上运行的方式，称之为悬挂式单轨系统GJ_{232}。

单轨系统适用于单向高峰小时最大断面客流量1.0万～3.0万人次的交通走廊。因其占地面积很少，与其他交通方式完全隔离，运行安全可靠，建设适应性较强。主要适用范围如下：

①城市道路高差较大，道路半径小，线路地形条件较差的地区；

②旧城改造已基本完成，而该地区的城市道路又比较窄；

③大量客流集散点的接驳线路；

④市郊居民区与市区之间的联络线；

⑤旅游区域内景点之间的联络线，旅游观光线路等。

线路的站间距离视城市具体情况而定，通常站间距离为0.6～1.5km。车站布置，要与周围地形和环境密切配合，形式灵活多样，站台应考虑设置自动屏蔽门或安全门，高架车站应设自动扶梯和垂直升降电梯。

单轨系统的列车，通常为4～6辆编组，相应列车长度在60～85m之间，线路半径不小于50m、线路坡度不大于60‰、站台最大长度不应大于100m；最高运行速度不应小于80km/h，平均运行速度一般为20～35km/h。供电制式为DC750V或DC1500V。

单轨系统主要标准及特征如表4所示。

表4 单轨系统主要标准及特征

项目		标准及特征	
车型		单轨系统	
		跨座式	悬挂式
车辆	车辆基本宽度（mm）	3000	—
	车辆基本长度（m）	15.0	—
	车辆最大轴重（t）	11	—
	列车编组（辆）	4～6	—
	列车长度（m）	60～85	—
线路	类型、型式	封闭	高架
	线路半径（m）	≥50	
	线路坡度（‰）	≤60	
客运能力（万人次/h）		1.0～3.0	—
供电电压及方式		DC750V/1500V	接触轨
平均运行速度（km/h）		30～35	≥20

4）GJ_{24}有轨电车

单厢或铰接式有轨电车GJ_{241}，是一种低运量的城市轨道交通，电车轨道主要铺设在城市道路路面上，车辆与其他地面交通混合运行，根据街道条件，又可区分为三种情况：

①混合车道；

②半封闭专用车道（在道路平交道口处，采用优先通行信号）；

③全封闭专用车道（在道路平交道口处，采用立体交叉方式通过）。

车辆以单车运行为主，车辆基本长度为12.5m，也可联挂运行，但不宜超过2辆车联挂；当前，车型发展趋势为低地板车厢，车站布置可考虑设在街道两旁人行道上的单侧布局或设在道路中央分隔带上的中央布局，具体选用应与地区规划、周围地形和环境密切配合，形式可灵活多样，站间距离通常不超过1.0km。

导轨式胶轮电车GJ_{242}目前仅在天津开发区运行，适用于低运量，所采用的车长为8m，客运能力小于1.0万人次/h，最大运行速度为70km/h。此系统尚不具有普遍性，运营和技术经验还不够成熟，推广应用的前景有待验证，故没有给出具体参数。

5）GJ_{25}磁浮系统

磁浮系统在常温条件下，利用电导磁力悬浮技术使列车上浮，因此，车厢不需要车轮、车轴、齿轮传动机构和架空输电线网，列车运行方式为悬浮状态，采用直线电机驱动行驶，现行标准轨距为2800mm，主要在高架桥上运行，特殊地段也可在地面或地下隧道中运行。

磁浮列车适用于城市人口超过200万的特大城市，是重大客流集散区域或城市群市际之间较理想的直达客运交通，也是中运量轨道运输系统的一种先进技术客运方式，对客运能力1.5万～3.0万人次/h的中、远程交通走廊较为适用。

目前，磁浮系统主要有两种基本类型，一种是高速磁悬浮列车，其最高行车速度可达500km/h，另一种是中低速磁悬浮列车，其最高行车速度可达100km/h。

高速磁浮的主要技术参数为：车辆长度：端车27.0m，中车24.8m；车辆宽度3700mm；车辆高度4.2m。车辆的定员标准，一般按座位数来确定：端车120人，中车144人，不考虑站立定员。线路最小半径不宜小于350m；线路坡度不大于100‰；最高行车速度不大于500km/h。

高速磁浮系统由于行车速度很高，通常对于站间距离为不小于30km的城市之间远程线路客运交通较为适宜。

高速磁浮系统的列车编组，通常由5～10辆组成，列车长度在130～260m左右，要求线路有较长的站台相匹配。

中低速磁浮车辆的主要技术参数为：车辆长度为12～15m；车辆基本宽度为2600mm：车辆高度约3200mm。列车载客定员：4辆编组约为320～480人，6辆编组约为480～720人。线路半径不小于50m；线路坡度不大于70‰；最高行车速度不大于100km/h。

中低速磁浮系统由于行车速度相对较低，对于城市区域内站间距大于1km的中、短程客运交通线路较为适宜。

中低速磁浮系统的列车编组，通常由4～10辆组成，列车长度在60～150m左右，要求线路有较长的站台相匹配。

由于磁浮系统在我国尚处于新兴技术发展阶段，在城市轨道交通领域的应用经验，还有待不断总结，选用这项技术方案时，应做充分的技术经济比较。

6）GJ_{26}自动导向轨道系统

自动导向轨道系统，是一种车辆采用橡胶轮胎在专用轨道上运行的中运量旅客运输系统，其列车沿着特制的导向装置行驶，车辆运行和车站管理采用计算机控制，可实现全自动化和无人驾驶技术，通常在繁华市区线路可采用地下隧道，市区边缘或郊外宜采用高架结构。

自动导向轨道系统适用于城市机场专用线或城市中客流相对集中的点对点运营线路，必要时，中间可设少量停靠站。

车辆定员标准按车厢座位数设定，定员约70～90人，车辆轴重不超过9t，自动导向轨道系统主要标准及特征如表5所示。

表5　自动导向轨道系统主要标准及特征

项目		标准及特征
车辆	车型	胶轮导向车
	车辆宽度（mm）	2600或2500
	车辆长度（m）	7.6～8.6
	车辆最大轴重（t）	9
	列车编组（辆）	2～6
	列车长度（m）	17.2/52.0
线路	形态、型式	架空或地下、全封闭型
	线路半径（m）	≥30
	线路坡度（‰）	≤60
客运能力（万人次/h）		1.5～3.0
供电电压及方式		DC750V/1500V、三轨供电
平均运行速度（km/h）		≥25

注：车辆宽度不推荐采用大于2.6m车宽的车型。

7）GJ_{27}市域快速轨道系统

市域快速轨道系统是一种大运量的轨道运输系统，客运量可达20～45万人次/日（一般不采用高峰小时客运量的概念）。市域快速轨道系统适用于城市区域内重大经济区之间中长距离的客运交通。市域快速轨道列车，主要在地面或高架桥上运行，必要时也可采用隧道。当采用钢轮钢轨体系时，标准轨距亦为1435mm，由于线路较长，站间距相应较大，必要时可不设中间车站，因而可选用最高运行速度在120km/h以上的快速专用车辆，也可选用中低速磁悬浮列车进行技术经济比较。

3　GJ_3城市水上公共交通

城市水上公共交通是航行在城市及周边地区范围水域上的公共交通方式，是城市公共交通的重要组成部分，其主要运行方式有三种：连接被水域阻断的两岸接驳交通；与两岸平行航行，有固定站点码头的客运交通；旅游观光交通；三者均为城市地面交通的补充。

城市客渡系统是城市水上公共客运交通的主体。城市客渡有固定的运营航线和规范的客运码头，是供乘客出行的交通工具。

客流系统的运输能力则取决于城市客渡的运输能力及运营航线的配船数、航班频率、运营时间、河面交通通畅程度和水位枯涨情况。

常规客渡轮定员不大于1200人，快速客渡轮定员不大于300人，而游览客渡轮定员不大于500人；城市车渡定员为8～60车位（以单车载重量5t的车辆限界为一个标准车位）。

除快速轮渡的航速大于或等于35km/h外，其他均小于35km/h。

4　GJ_4城市其他公共交通

1）GJ_{41}客运索道

由驱动电机和钢索牵引的吊厢（吊椅、吊篮），以架空钢索为轨道运行的客运方式，称为客运索道交通。客运索道主要用在山地城市、跨水域城市克服天然障碍的短途客运，一般不大于2km。索道系统主要由支承塔架、承载索、牵引索（在循环式索道中，承载索和牵引索合一）、驱动机、载人吊厢（吊椅、吊篮）、站台建筑、运行控制设备和通信设施等组成。

双往复式索道的两个吊厢分别沿线路两侧的钢索交替运行。其吊厢应为封闭式，吊厢定员为4～200人，索道最大坡度不大于55°，客运能力不大于4000人次/h，运行速度不大于12m/s。

循环式索道的吊厢（吊椅、吊篮）沿线路两侧的钢索循环运行。吊厢定员4～24人，吊椅定员2～8人，索道最大坡度不大于45°，客运能力不大于4800人次/h，运行速度不大于6m/s。

2）GJ_{42}客运缆车

二、基础类标准

山区城市的不同高度之间，沿坡面铺设钢轨和牵引钢索，车厢以钢轨承重和导向，并由钢索牵引运行的客运方式称为客运缆车交通。适用于需要克服地域高差较大的短途客运交通线路，以及山区旅游地区等。

客运缆车系统主要由车站建筑、轨道基础设施、轨道结构、牵引钢索、导向轮、驱动系统、行车控制系统、通信设施和载人车辆组成。

缆车系统的载人车辆，为无动力轨道车辆，车辆宽度和轨距标准可根据线路环境条件确定或参照轻轨交通标准采用，车辆定员为 40～120 人，客运能力不大于 2400 人次/h，运行速度不大于 5 m/s，线路坡度不大于 45°。

3）GJ_{43} 客运扶梯

在山地或建筑物的不同高度之间，由驱动电机和齿链牵引的梯级和扶手带，沿坡面连续运行的客运系统称为客运扶梯。一条线路有两部扶梯并列相向运行。当线路长度大于 100m 时，宜分段设置，线路坡度不大于 30°。当扶梯上无乘客时，应自动减速运行。

4）GJ_{44} 客运电梯

在山地或建筑物的不同高度之间，由驱动电机和钢索牵引的轿厢，沿垂直导轨往复运行的客运系统称为客运电梯。线路一般为直达，必要时也可设置中途站。

中华人民共和国国家标准

地铁客运服务标志

The passenger service signs for subway

GB/T 18574－2001

目　　次

前　　言

本标准除自行制订了“自动步道”、“报警”、“检（验）票门禁通行”、“检（验）票门禁禁行”、“当心夹手”等标志的图形符号以外，“地下铁道标志”采用了 GB/T 5845.5—1986《城市公共交通标志　地下铁道标志》的图形符号，“老幼病残孕座席标志”采用了 GB/T 7058—1986《铁路客运服务图形标志》中“病残者席”的图形符号，“禁止携带危险品标志”采用了 GB/T 5845.10—1986《城市公共交通标志　禁令和一般标志》中“禁止危险品上车船”的图形符号，“禁止靠门标志”采用了 GB/T 5845.10—1986《城市公共交通标志　禁令和一般标志》中的图形符号。其他标志的图形符号均采用 GB 2894—1996《安全标志》和 GB/T 10001.1—2000《标志用公共信息图形符号　第 1 部分：通用符号》中的图形符号。

本标准的附录 A、附录 B 是提示的附录。

本标准由中华人民共和国建设部提出。

本标准由建设部城镇建设标准技术归口单位建设部城市建设研究院归口。

本标准负责起草单位：北京市地下铁道总公司。

本标准参加起草单位：广州市地下铁道总公司、天津市地下铁路管理处、上海市地铁总公司。

本标准主要起草人：周克、刘鸣、冯俊萍、颜景林、王淑敏、李爱平。

1　范围

本标准规定了地铁客运服务标志的种类、内容、形式和设置要求，适用于地铁客运服务的相关场所。

其他形式的城市快速轨道交通系统可参照使用。

2　引用标准

下列标准所包含的条文，通过在本标准中引用而构成为本标准的条文。在标准出版时，所示版本为有效。所有标准都会被修订，使用本标准的各方应探讨使用下列标准最新版本的可能性。

GB/T 1252—1989　图形符号　箭头及其应用（neq ISO 4196—84）

GB 2894—1996　安全标志（neq ISO 3864—84）

GB/T 3181—1995　漆膜颜色标准

GB/T 5655—1985　城市公共交通常用名词术语

GB/T 5845.5—1986　城市公共交通标志　地下铁道标志

GB/T 5845.10—1986　城市公共交通标志　禁令和一般标志

GB 6527.1—1986　安全色卡

GB/T 7058—1986　铁路客运服务图形标志

GB/T 10001.1—2000　标志用公共信息图形符号　第1部分：通用符号（neq ISO 7001：1990）

GB/T 12103—1990　公共信息标志用图形符号的制订和测试程序（neq ISO 9186—89）

GB/T 15565—1995　图形符号　术语

GB/T 15566—1995　图形标志　使用原则与要求

GB/T 15608—1995　中国颜色体系

GB/T 16159—1996　汉语拼音正词法基本规则

GB/T 16275—1996　地下铁道照明标准

GB/T 16900—1997　图形符号表示规则　总则（eqv ISO/IEC 11714-1：1996）

GB/T 16903.1—1997　图形符号表示规则　标志用图形符号　第1部分：图形标志的形成

GB 50157—1992　地下铁道设计规范

GSB G51 001—1994　漆膜颜色标准样卡

3　术语

本标准除采用 GB/T 5655、GB/T 15565、GB/T 15608 中的术语外，还定义下列术语：

3.1　单一标志

只有一种信息内容的标志。

3.2　组合标志

将两种以上（含两种）信息内容按一定要求布置在同一几何形状内的标志。

3.3　不变标志

信息内容和表述形式固定不变的标志。

3.4　可变标志

信息内容或表述形式可以变换的标志。

3.5　人工控制标志

由手工直接完成信息内容或表述形式变换的可变标志。

3.6　自动控制标志

由非人工方式自动完成信息内容或表述形式变换的可变标志。

3.7　固定标志

位置和安放相对不变的标志。

3.8　移动标志

根据需要可变动位置的标志。

3.9　常设标志

根据常规需要相对固定设置的标志。

3.10　临时标志

根据非常规需要暂时设置的标志。

3.11　站牌标志

集中显示车站名称及列车运行指向、始发（或终点、换乘）等乘车指示信息的一类构成形式特殊的组合标志。

4　基本原则和总体要求

4.1　基本原则

地铁客运服务标志应能通过提供相关的视觉信息和最佳视觉效果，给乘客必要的指示、提示和警示，以方便乘客，确保安全，利于客运组织。

4.2　总体要求

地铁客运服务标志应规范、协调，醒目、清晰，明确、易懂，易辨、易记，设置适当。

5　构成与分类

5.1　构成

地铁客运服务标志由反映特定服务信息内容的图形符号、文字、数字、颜色、几何形状（或边框）等元素组成。

5.2　分类

5.2.1　标志按信息表述形式可以分为：图形标志和文字标志。

5.2.2　标志按反映信息的主从关系可以分为：主标志和辅助标志（或补充标志）。

5.2.3　标志按反映信息的数量可以分为：单一标志和组合标志。

单一标志按使用功能可以分为：提示标志、导向标志、禁止标志、警告标志。导向标志又可分为：指向标志、指示标志和方向标志。

详细的地铁客运服务常用标志体现系见附录 A（提示的附录）。

5.2.4 标志按信息显示方式可以分为：不变标志和可变标志。

可变标志按控制方式可以分为：人工控制标志和自动控制标志。

5.2.5 标志按设置形式可以分为：固定标志和移动标志，常设标志和临时标志。

6 一般要求

6.1 标志内容的表述

6.1.1 应准确、简明、规范地反映所表述的信息。

6.1.2 标志中的地名（含站名）应使用地名管理部门审定的名称。

6.1.3 尽可能使用图形符号。导向标志中的指向标志应配有指向明确的箭头；导向标志中的指示标志，应用明确的文字指明方位。

6.2 标志中的图形符号

6.2.1 标志中的箭头应符合 GB/T 1252—1989 中 3.1.1 的规定，箭头的组合、转向应符合 GB/T 1252—1989 中 4.4 的规定。

6.2.2 本标准未涉及的标志，如果需要制订新的图形符号，应符合 GB/T 12103、GB/T 16900 和 GB/T 16903.1 的有关规定。

6.3 标志中的文字、数字

6.3.1 标志中的文字，除汉语地名外，应同时使用中、英两种文字。少数民族自治地区宜增设民族文字。标志中的汉语地名应使用中文和汉语拼音。

6.3.2 汉字应以《简化字总表》、《第一批异体字整理表》为准。词句、简称等都应规范。

6.3.3 汉语拼音应符合 GB/T 16159 的规定。应用大写字母拼写，不标声调。

6.3.4 英文应用大写字母拼写，语句、缩略语等都应规范。

6.3.5 数字应使用阿拉伯数字。

6.3.6 中文、汉语拼音、英文和数字除特殊情况外，都应从左到右，横排横写；少数民族文字的排列应符合其书写习惯。字体应统一，宜使用印刷黑体，不得使用手写体。

6.4 标志的几何形状（或边框）

6.4.1 图形标志的几何形状（或边框），主要有圆形、等边三角形、矩形（含正方形）。禁止标志的几何形状（或边框）应为圆形；警告标志的几何形状（或边框）应为等边三角形；提示、导向标志的几何形状（或边框）应为矩形（含正方形）。

6.4.2 文字标志的几何形状为矩形。

6.4.3 辅助标志、补充标志的几何形状为矩形。

6.5 标志的颜色

6.5.1 服务标志应使用红、黄、绿、蓝、黑、白六种颜色。

6.5.1.1 提示标志中的始发、终点、换乘标志，出、入口标志，楼梯标志，票务标志，检、验票标志的衬底色宜使用绿色或白色。当衬底为绿色时，图形符号（含边框）、文字、数字等应为白色或黑色；当衬底为白色时，图形符号（含边框）、文字、数字等应为绿色。

提示标志中的站名标志，残疾人设施标志，老幼病残孕座席标志，安全保卫标志，自动扶梯、自动步道、电梯、问讯、公用电话、卫生间、废物箱等服务设施标志，地铁运营、设施服务、车站首末车时间标志的衬底色宜使用蓝色或白色。当衬底为蓝色时，图形符号（含边框）、文字、数字等应为白色；当衬底为白色时，图形符号（含边框）、文字、数字等应为蓝色。

提示标志中的报警标志，紧急制动标志，回库标志，空驶标志，停用标志，暂停售票标志，暂停运营标志，临时关闭标志的衬底色应使用白色，图形符号（含边框）、文字、数字等应为红色。

6.5.1.2 导向标志中的服务设施指向、指示标志，安全保卫指向、指示标志的衬底色宜使用蓝色或白色。当衬底为蓝色时，图形符号（含边框）、文字、数字等应为白色；当衬底为白色时，图形符号（含边框）、文字、数字等应为蓝色。

其他导向标志的衬底色宜使用绿色或白色。当衬底为绿色时，图形符号（含边框）、文字、数字等应为：白色或黑色；当衬底为白色时，图形符号（含边框）、文字、数字等应为绿色。

6.5.1.3 禁止标志的衬底色应使用白色，图形符号、文字、数字等应为黑色，图形边框和否定直杠应为红色。

6.5.1.4 警告标志的衬底色应使用黄色，图形符号、三角形边框、文字、数字等除特殊情况外，应为黑色。

6.5.2 服务标志使用的蓝色为孔雀蓝，其颜色标号及相关数值应符合 GB/T 3181—1995 中表 2 及附录 A 的规定，色样见 GSB G51 001—1994。服务标志使用的红色、黄色、绿色均为安全色，黑色、白色为对比色，其颜色标号及相关数值应符合 GB 6527.1—1986 中表 1 的规定，色样见 GB 6527.1—1986 中表 2。

6.5.3 直接引用的图形标志，其颜色应符合所引用标准的规定。

6.5.4 辅助标志、补充标志的衬底色和文字、数字等的颜色应分别与主标志一致。

6.5.5 出站方位指向标志组合时，相邻的不同指向标志的衬底色与图形符号、文字、数字等宜互为相反色。

6.5.6 组合站牌标志时，可不受单一标志颜色的限制，除不能使用表示禁止、警告的红色、黄色外，其他颜色可同时使用。

6.6 标志的布置

6.6.1 标志中的箭头不应指向图形符号、文字、数字等。箭头的宽度应为主标志尺寸的0.6倍。

6.6.2 标志中的文字、数字不应位于图形符号的上方，文字、数字不宜位于图形符号与箭头之间。不得在图形符号内添加任何文字、数字。箭头、图形符号、文字、数字间应留有适当距离。

6.6.3 标志中箭头、图形符号、文字、数字等采取横向布置时：

——箭头指左向（含左上、左下），图形符号、文字、数字等应位于右方；

——箭头指右向（含右上、右下），图形符号、文字、数字等应位于左方；

——箭头指上向或下向，图形符号、文字、数字等宜位于右方。

6.6.4 标志中箭头、图形符号、文字、数字等采取纵向布置时：

——箭头指下向（含左下、右下），图形符号、文字、数字等应位于上方；

——其他情况，图形符号、文字、数字等均应位于箭头下方。

6.6.5 辅助标志、补充标志应附设在相对应的主标志下（旁），并与其留有适当的距离。辅助标志、补充标志的文字、数字与主标志横向排列或纵向排列时的总高度不应超过主标志图形符号、文字尺寸的0.6倍。

6.7 标志的组合

6.7.1 两个以上（含两个）单一标志相邻设置时，应组合成组合标志。组合标志中图形符号、箭头、文字、数字的尺寸一般应分别统一。

6.7.2 使用功能相同的单一标志可直接组合；禁止标志、警告标志可直接组合；导向标志不宜与其他标志组合；指示标志不宜与指向标志、方向标志组合；服务设施指向标志、安全保卫指向标志不宜与其他导向标志组合。

6.7.3 使用功能相同的单一标志组合时，应按显示信息的重要程度顺序排列。禁止、警告标志组合时，应按禁止、警告的顺序排列。

6.7.4 矩形（含正方形）标志组合时，其间距不应小于标志短边尺寸的0.2倍。不同形状的标志组合时，其间距应符合以下规定：

——标志尺寸小于350mm时，间距应大于10mm；

——标志尺寸等于或大于350mm时，间距应大于50mm。

6.7.5 引导同一方向的不同单一导向标志组合时，宜共用同一箭头。导向组合标志不同指向部分之间应设置明显的界线或空位。导向组合标志纵向排列时，其箭头宽度不应小于其中一个图形符号或一行文字的高度。

6.7.6 组合站牌标志时，可不受原单一标志构成形式的限制，根据具体情况，采用不同的布置方式。站牌标志中站名标志的文字应大于其他标志的文字。

6.8 标志的设置

6.8.1 常设标志的设置方式和位置应在地铁设计、施工时统筹规划，标志的设置不应侵入相关限界。

6.8.2 标志的设置应便于视读，其观察角应接近90°。对位于最大观察距离的观察者，观察角不应小于75°，偏移角不宜大于15°（见图1）。如受条件限制，无法满足上述要求，应加大标志尺寸，或增加标志的数量。

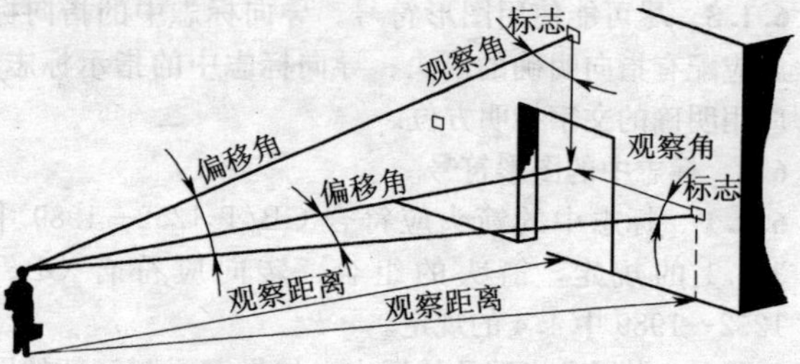

图1

6.8.3 标志的设置有以下方式：

——附着式：采用钉挂、粘贴、焊接、镶嵌、喷涂等方法直接将标志的一面或几面固定在物体上的设置方式。

——悬挂式：通过拉杆、吊杠等将标志上方与建筑或其他结构物连接的悬空设置方式。

——悬臂式：将标志直接固定在悬臂上的设置方式。

——柱式：将标志固定在一根或多根支撑杆顶部的设置方式。

——架式：将标志固定在框架内或支撑杆之间的设置方式。

——摆放式：将标志直接放置在使用处的方式。

6.8.4 标志设置的高度一般应与人平均水平视线的高度大体一致。在经常易被人体遮挡的场所，标志下沿距地面不宜低于1.75m。采用悬挂式、悬臂式设置的标志，其下沿距地面不宜低于2m。

6.8.5 标志应设在所要说明的场所、设施上（或附近）的醒目位置，并避免被其他物体遮挡。不宜在活动的物体上设置。

6.8.6 在车站列车停车位置两侧为车内乘客提供信息的标志，其设置应便于车内乘客的视读。

6.8.7 在方向性的图形标志，应避免其方向与实际场景的方向相矛盾。当出现矛盾时，应采有该图形符号的镜像。

6.8.8 设置位置的背景材料不应反光，其颜色不应影响标志的醒目突出。

6.8.9 设置位置的照明条件应符合 GB/T 16275 的有关规定。其照度应取该场所照度标准值的高值。

6.8.10 标志不应与广告等其他图形、文字混设。

6.8.11 当地铁客运组织和设施使用功能发生临时变化时，应设置相应的临时标志，并将与之相矛盾的常设标志进行遮挡。

6.8.12 可变标志每幅画面显示的时间不应少于10s；需经常循环显示的标志，其同一画面的显示间隔，不宜大于 90s。

6.9 标志的尺寸

6.9.1 标志尺寸的确定应以保证标志所传递信息的最大观察距离为基准。

6.9.2 正方形、圆形、等边三角形图形标志的尺寸，应符合 GB/T 15566—1995 中第 8 章的规定，并可根据需要放大。

6.9.3 矩形标志的尺寸，可根据具体情况确定。

6.10 标志的制作

6.10.1 图形标志应按照规定的图案、线条宽度成比例制作。

6.10.2 制作材料应选用安全，耐用，不褪色、变色，符合相关环保标准，并易于维护、保洁的材料。设置在站内的标志，制作材料不应反光；设置在站外的标志，宜使用发光装置。

6.10.3 人工控制标志应操作简便，显示可靠。自动控制标志的制作应符合有关标准的规定。移动标志的制作应同时兼顾移动方便和安放稳固。

6.10.4 临时标志的制作应规范。

6.11 标志的安装

6.11.1 标志应牢固固定在依托物上，不应产生倾斜、卷翘、摆动等现象。

6.11.2 标志的依托物应稳固。

6.11.3 标志在露天设置时，还应充分考虑风压力等各种自然因素的作用。

7 单一标志

7.1 提示标志

7.1.1 地下铁道标志

7.1.1.1 应符合 GB/T 5845.5 的规定。

7.1.1.2 宜设置由“地铁”等文字构成的辅助标志。可配置运营时间等补充标志。可与站名等标志的信息内容组成组合标志。

7.1.1.3 地铁出入口外应设置该标志。宜多处、多面设置。

7.1.1.4 露天设置的该标志，其最大观察距离昼夜都不宜小于 60m。

7.1.1.5 可根据具体情况增设由该标志和箭头构成的导向标志。

7.1.1.6 示例（见图 2）

图 2

7.1.2 站名标志

7.1.2.1 设置在站台的该标志由车站名称文字构成，设置在地铁出入口外的该标志由“地铁”、车站名称两部分文字构成，其颜色在保证与衬底对比强烈的前提下，可根据具体制作材料而定。

7.1.2.2 设置在站台的该标志宜同时标出车站代码。

7.1.2.3 可与列车运行指向、始发、终点、换乘等标志的信息内容组合成不同形式的站牌标志。

7.1.2.4 站台、地铁出入口外应设置该标志。

7.1.2.5 示例（见图 3）

图 3

7.1.3 始发标志、终点标志

7.1.3.1 标志分别由“始发”或“始发站”、“终点”或“终点站”文字构成。

7.1.3.2 标志不宜单独使用，应与站名、列车运行指向等标志的信息内容组成站牌标志。

7.1.4 换乘标志

7.1.4.1 标志由“换乘”、具体线路名称、“由此下车”三部分文字构成。

7.1.4.2 标志不宜单独使用，应与站名、列车运行指向等标志的信息内容组成站牌标志。

7.1.5 地铁运营时间标志、设施服务时间标志

7.1.5.1 标志由文字、数字构成。

7.1.5.2 地铁运营时间标志宜作为地下铁道标志的补充标志；设施服务时间标志宜作为服务设施标志的补充标志。

7.1.5.3 地铁运营时间标志宜设置在地铁出入口处。设施服务时间标志应设置在设施提供服务的起始处。

7.1.5.4 示例（见图 4）

图 4

7.1.6 车站首末车时间标志

7.1.6.1 标志由文字、数字构成。应分别标出开往不同方向首班车和末班车到达本站时刻。

7.1.6.2 应设置在地铁入口处。

7.1.6.3 示例（见图5）

图5

7.1.7 出口标志、入口标志

7.1.7.1 标志由图形符号构成。图形符号应符合GB/T 10001.1的规定。

7.1.7.2 宜设置由“出口”、“入口”及方向、方位、代码等文字、数字、字母构成的辅助标志。可配置开放时间等补充标志。

7.1.7.3 应设置在相应的出、入口处。

7.1.7.4 示例（见图6）

图6

7.1.8 紧急出口标志

7.1.8.1 标志由图形符号构成。图形符号应符合GB/T 10001.1的规定。

7.1.8.2 应设置由“紧急出口”等文字构成的辅助标志。

7.1.8.3 应设置在紧急出口处。

7.1.8.4 标志的照明和设置高度应符合GB/T 16275—1996中5.1.1的规定。

7.1.8.5 示例（见图7）

图7

7.1.9 楼梯标志、上楼楼梯标志、下楼楼梯标志

7.1.9.1 标志由图形符号构成。图形符号应符合GB/T 10001.1的规定。

7.1.9.2 宜设置在相应的楼梯口处。

7.1.10 自动扶梯标志

7.1.10.1 标志由图形符号构成。图形符号应符合GB/T 10001.1的规定。

7.1.10.2 宜设置由“自动扶梯”等文字构成的辅助标志。

7.1.10.3 宜设置在乘梯起始处。

7.1.11 自动步道标志

7.1.11.1 标志由图形符号构成。

7.1.11.2 宜设置由“自动步道”等文字构成的辅助标志。

7.1.11.3 宜设置在自动步道的入口处。

7.1.11.4 示例（见图8）

图8

7.1.12 电梯标志

7.1.12.1 标志由图形符号构成。图形符号应符合GB/T 10001.1的规定。

7.1.12.2 宜设置由“电梯”等文字构成的辅助标志。

7.1.12.3 宜设置在电梯乘梯处。

7.1.13 票务标志

7.1.13.1 标志由图形符号构成。图形符号应符合GB/T 10001.1的规定。

7.1.13.2 应设置由“售票处”、“票务处”等文字构成的辅助标志。可根据办理不同票务业务的具体情况，分别设置由“售卡”、“售月票”、“补票”、“票务查询”等文字构成的辅助标志。

7.1.13.3 可配置服务时间等补充标志。

7.1.13.4 应设置在办理相关票务业务处（口）的上方或附近。

7.1.13.5 示例（见图9）

图9

7.1.14 检票标志

7.1.14.1 标志由文字构成。可根据具体情况标明“检票处（口）”、“检卡处（口）”等。

7.1.14.2 宜设置在进站检票处（口）的上方或附近。

7.1.14.3 示例（见图10）

图10

7.1.15 验票标志

7.1.15.1 标志由文字构成。可根据具体情况标明“验票处（口）”、“验卡处（口）”等。

7.1.15.2 宜设置在出站验票处（口）的上方或附近。

7.1.1 5.3 示例（见图11）

图11

7.1.16 检（验）票门禁通行标志

7.1.16.1 标志由指下向的绿色箭头构成。

7.1.16.2 应设置在允许通行的检（验）票门禁的上方。

7.1.16.3 宜采用可变标志。

7.1.17 检（验）票门禁禁行标志

7.1.17.1 标志由红色“×”构成。

7.1.17.2 应设置在禁止通行的检（验）票门禁的上方。

7.1.17.3 宜采用可变标志。

7.1.18 问讯标志

7.1.18.1 标志由图形符号构成。图形符号应符合GB/T 10001.1的规定。

7.1.18.2 宜设置由“问讯处”、“自动查询”等文字构成的辅助标志。可配置服务时间等补充标志。

7.1.18.3 应设置在问讯处、自动查询设施的上方或附近。

7.1.18.4 示例（见图12）

图12

7.1.19 公用电话标志

7.1.19.1 标志由图形符号构成。图形符号应符合GB/T 10001.1的规定。

7.1.19.2 可设置由“公用电话”、“投币电话”、“磁卡电话”、“IC卡电话”等文字构成的辅助标志。

7.1.19.3 应设置在提供相应服务的公用电话处。

7.1.19.4 示例（见图13）

图13

7.1.20 卫生间标志、男卫生间标志、女卫生间标志

7.1.20.1 标志由图形符号构成。卫生间标志的图形符号应符合GB/T 10001.1的规定。男、女卫生间标志的图形符号分别采用GB/T 10001.1中男性、女性的图形符号。

7.1.20.2 卫生间标志宜设置由“卫生间”、“厕所”、“收费厕所”等文字构成的辅助标志。男（女）卫生间标志，宜设置由“男（女）卫生间”、“男（女）厕所”、“男（女）”等文字构成的辅助标志。

7.1.20.3 卫生间标志应设置在卫生间附近，男、女卫生间标志应分别设置在男、女卫生间的门外。

7.1.20.4 示例（见图14）

图14

7.1.21 废物箱标志

7.1.21.1 标志由图形符号构成。图形符号应符合GB/T 10001.1的规定。

7.1.21.2 宜设置由“废物箱”等文字构成的辅助标志。

7.1.21.3 应设置在废物箱上或附近。

7.1.21.4 示例（见图15）

图 15

7.1.22 安全保卫标志

7.1.22.1 标志由图形符号构成。图形符号应符合 GB/T 10001.1 的规定。

7.1.22.2 宜设置由“安全保卫”、“治安”等文字构成的辅助标志。

7.1.22.3 公安部门应设置警徽，并宜设置由“派出所”、“报警点”、“公安”等文字构成的辅助标志。

7.1.22.4 应设置在安全保卫部门、公安部门的固定值勤处所。

7.1.22.5 示例（见图 16）

图 16

7.1.23 报警标志

7.1.23.1 标志由图形符号构成。

7.1.23.2 应设置由“报警”、“报警开关”、“报警按钮”等文字构成的辅助标志。

7.1.23.3 应设置在报警开关处。

7.1.23.4 示例（见图 17）

图 17

7.1.24 紧急制动标志

7.1.24.1 标志由“紧急停车”、“紧急制动”等文字构成。

7.1.24.2 应设置在紧急制动开关处。

7.1.24.3 应同时设置使用管理规定。

7.1.24.4 示例（见图 18）

图 18

7.1.25 残疾人设施标志

7.1.25.1 标志由图形符号构成。图形符号应符合 GB/T 10001.1 的规定。

7.1.25.2 应设置由具体残疾人设施名称文字构成的辅助标志。

7.1.25.3 应设置在相应的残疾人设施上或附近。

7.1.26 老幼病残孕座席标志

7.1.26.1 标志由图形符号构成。图形符号采用 GB/T 7058—1986 中“病残者席”的图形符号。

7.1.26.2 应设置由“老幼病残孕座席”等文字构成的辅助标志。

7.1.26.3 应设置在车站、车厢内“老幼病残孕座席”上或附近。

7.1.27 回库标志

7.1.27.1 设置在列车上的该标志，由“终点”、具体清人回库车站名称两部分文字构成，宜同时标出车站代码；设置在站台的该标志，由“本次列车回库”、“本次列车不载客”等文字构成。

7.1.27.2 宜采用发光装置显示。显示时字体应为红色。

7.1.27.3 在正常行车组织状态下，需要进行中途清人回库、折返的列车和相关一侧的站台，都应设置该标志。设置在列车的该标志，应在回库、折返车次发出时显示；设置在站台的该标志，应在回库、折返列车进站前至出站期间显示。

7.1.27.4 示例（见图 19）

图 19

7.1.28 空驶标志

7.1.28.1 标志由“本车不载客”文字构成。

7.1.28.2 宜采用发光装置显示。显示时字体应为红色。

7.1.28.3 在运营线路上空驶不载客的调试、故障、回库下线等列车，应设置该标志。

7.1.28.4 示例（见图 20）

图 20

7.1.29 停用标志

7.1.29.1 标志由“暂停使用”、“故障停用”、“检修停用”等文字构成。

7.1.29.2 服务设施、设备临时因故停止使用时，应在醒目的位置设置。

7.1.29.3 示例（见图 21）

图 21

7.1.30 暂停售票标志

7.1.30.1 标志由“暂停售票”文字构成。

7.1.30.2 采用发光装置显示时，字体宜为红色。

7.1.30.3 车站因故临时停止售票时，应在售票处醒目位置设置。

7.1.30.4 示例（见图 22）

图 22

7.1.31 暂停运营标志

7.1.31.1 标志由“暂停运营”文字构成。

7.1.31.2 地铁因故临时停止运营时，应在地铁各相关车站入口处设置。

7.1.31.3 示例（见图 23）

图 23

7.1.32 临时关闭标志

7.1.32.1 标志由“本站临时关闭”文字构成。

7.1.32.2 车站因故临时关闭时，应在该站入口处设置。

7.1.32.3 示例（见图 24）

图 24

7.2 导向标志

7.2.1 进站方位指向标志

7.2.1.1 标志由箭头和说明具体方位的文字构成。

7.2.1.2 宜设置由“去往”、“相应线路主要车站名称”、“方向”三部分文字构成的辅助标志或地铁线路示意图。

7.2.1.3 换乘站入口处、进站岔路口应设置该标志。

7.2.1.4 示例（见图 25）

图 25

7.2.2 出站方位指向标志

7.2.2.1 标志由箭头和说明具体方位的文字构成。

7.2.2.2 单层车站的站台、站台出口处、集散厅出口处、出站岔路口处应设置该标志；多层车站还应在站厅层和站厅层出口处设置该标志。

7.2.2.3 示例（见图 26）

图 26

7.2.3 紧急出口指向标志

7.2.3.1 标志由箭头和紧急出口图形符号构成。图形符号应符合 GB/T 10001.1 的规定。

7.2.3.2 应设置由“紧急出口”文字构成的辅助标志。

7.2.3.3 标志的照明和设置应符合 GB/T 16275—1996 中 5.1.1 和 GB/T 50157—1992 第十二章第五节的规定。

7.2.3.4 示例（见图 27）

图 27

7.2.4 票务指向标志

7.2.4.1 标志由箭头和票务服务图形符号构成。图形符号应符合 GB/T 10001.1 的规定。

7.2.4.2 宜设置由“售票处”、“票务处”等文字构成的辅助标志。

7.2.4.3 宜在通道、集散厅、站厅层等处设置。

7.2.4.4 示例（见图 28）

图 28

7.2.5 票务指示标志

7.2.5.1 标志由具体票务业务名称、“在”、具体地点三部分文字构成。

7.2.5.2 应设置在不办理相关票务业务车站的售票处。

7.2.5.3 示例（见图 29）

图 29

7.2.6 检票指向标志

7.2.6.1 标志由箭头和“检票处（口）”等文字构成。

7.2.6.2 可根据具体情况设置。

7.2.6.3 示例（见图 30）

图 30

7.2.7 换乘指向标志

7.2.7.1 标志由箭头、“换乘”和具体换乘线路名称文字构成。

7.2.7.2 宜设置由“去往”、换乘线路主要车站名称、“方向”三部分文字构成的辅助标志或地铁线路示意图。

7.2.7.3 应在换乘处（口）设置，可根据具体情况，在换乘站的通道、站台、站厅等处设置。

7.2.7.4 示例（见图 31）

图 31

7.2.8 换乘指示标志

7.2.8.1 标志由“去往”、具体换乘线路名称、“在”、相关换乘站名称、“换乘”五部分文字构成。宜在相关换乘站名称后同时标出车站代码。

7.2.8.2 可根据具体情况，在非换乘站的通道、站台、站厅等处设置。

7.2.8.3 宜在地铁线路示意图上（旁）设置。

7.2.8.4 示例（见图 32）

图 32

7.2.9 列车运行指向标志

7.2.9.1 标志由箭头和“开往”、前方到达车站名称、“方向”文字构成；或由箭头和“开往”、前方途经主要车站名称、终点站名称、“方向”文字构成。宜在车站名称后同时标出车站代码。

7.2.9.2 可与站名、始发、终点、换乘等标志的信息内容组合成不同形式的站牌标志。

7.2.9.3 应在站台、站台入口处或通向单侧侧式站台的车站入口处等需要指明列车运行方向的处所设置。

7.2.9.4 示例（见图 33）

图 33

7.2.10 服务设施指向标志、安全保卫指向标志

7.2.10.1 标志由箭头和图形符号构成。应根据服务设施、安全保卫的具体情况选用相应的图形符号，并应符合 GB/T 10001.1 的规定。

7.2.10.2 应设置由与图形符号相对应的文字构成的辅助标志。

7.2.10.3 可根据具体情况设置。

7.2.10.4 示例（见图 34）

图 34

7.2.11 服务设施指示标志、安全保卫指示标志

7.2.11.1 标志由具体服务设施或安全保卫名称、“在”、具体地点三部分文字构成。

7.2.11.2 可根据具体情况，在没有相关服务设施、安全保卫固定处所的车站设置。

7.2.11.3 示例（见图 35）

图 35

7.2.12 方向标志

7.2.12.1 标志由箭头和表示具体方向（东、南、西、北、东南、西南、东北、西北）的文字构成。

7.2.12.2 宜在站台、集散厅等需要指明方向的处所设置。

7.2.12.3 示例（见图 36）

图 36

7.3 禁止标志

7.3.1 禁止吸烟标志

7.3.1.1 标志由图形符号构成。图形符号应符合 GB 2894 的规定。

7.3.1.2 宜设置由“禁止吸烟”、“地铁范围内禁止吸烟”等文字构成的辅助标志。

7.3.1.3 应在地铁入口处、站台设置，可在地铁其他场所设置。

7.3.2 禁止携带危险品标志

7.3.2.1 标志由图形符号构成。图形符号采用 GB/T 5845.10—1986 中“禁止危险品上车（船）”的图形符号。

7.3.2.2 应设置由“禁止携带易燃易爆等危险品”、“地铁范围内禁止携带危险品”等文字构成的辅助标志。

7.3.2.3 应在地铁入口处或检票处设置。

7.3.3 禁止通行标志

7.3.3.1 标志由图形符号构成。图形符号应符合 GB 2894 的规定。

7.3.3.2 应设置由“禁止通行”、“止步”、“禁止入洞”等文字构成的辅助标志。

7.3.3.3 应在单行通道或楼梯出口处、站台尽头处和禁止乘客通行的其他处所设置。

7.3.4 禁止入内标志

7.3.4.1 标志由图形符号构成。图形符号应符合 GB 2894 的规定。

7.3.4.2 宜设置由“禁止入内”、“止步”等文字构成的辅助标志。

7.3.4.3 应在禁止乘客进入的入口处设置。

7.3.5 禁止停留标志

7.3.5.1 标志由图形符号构成。图形符号应符合 GB 2894 的规定。

7.3.5.2 应设置由“禁止停留”、“禁止坐卧”等文字构成的辅助标志。

7.3.5.3 应在出口、入口、通道、楼梯等禁止乘客坐卧、停留处设置。

7.3.6 禁止跨越标志

7.3.6.1 标志由图形符号构成。图形符号应符合 GB 2894 的规定。

7.3.6.2 宜设置由“禁止跨越”等文字构成的辅助标志。

7.3.6.3 应在禁止乘客跨越的防护栏等处设置。

7.3.7 禁止跳下标志

7.3.7.1 标志由图形符号构成。图形符号应符合 GB 2894 的规定。

7.3.7.2 应设置由“禁止跳下”、“禁止跳下站台”等文字构成的辅助标志。

7.3.7.3 应在站台附近和禁止乘客跳下的其他处所设置。

7.3.8 禁止攀登标志

7.3.8.1 标志由图形符号构成。图形符号应符合 GB 2894 的规定。

7.3.8.2 宜设置由“禁止攀登”等文字构成的辅助标志。

7.3.8.3 应在禁止乘客攀登的建筑物、构筑物、设备上或附近设置。

7.3.9 禁止靠门标志

7.3.9.1 标志由图形符号构成。图形符号应符合 GB/T 5845.10 的规定。

7.3.9.2 宜设置由“禁止靠门”等文字构成的辅助标志。

7.3.9.3 应在禁止乘客倚靠的列车车门、车站屏蔽门等处设置。

7.3.10 禁止触摸标志

7.3.10.1　标志由图形符号构成。图形符号应符合 GB 2894 的规定。

7.3.10.2　宜设置由"禁止触摸"等文字构成的辅助标志。

7.3.10.3　应在禁止乘客触摸的设施、设备上或附近设置。

7.4　警告标志

7.4.1　当心触电标志

7.4.1.1　标志由图形符号构成。图形符号应符合 GB 2894 的规定。

7.4.1.2　宜设置由"当心触电"等文字构成的辅助标志。

7.4.1.3　应在需要提醒、警告乘客的有电处所设置。

7.4.2　当心夹手标志

7.4.2.1　标志由图形符号构成。其衬底为黄色，手形和边框为黑色，"×"和血滴为红色。

7.4.2.2　应设置由"当心夹手"等文字构成的辅助标志。

7.4.2.3　应在列车车门、车站屏蔽门等需要提醒、警告乘客容易夹手的处所设置。

7.4.2.4　示例（见图 37）

图 37

7.4.3　当心踏空标志

7.4.3.1　标志由"当心踏空"等文字构成。其衬底为黄色，文字为黑色。

7.4.3.2　应在列车车门上方、车站屏蔽门上方等需要提醒、警告乘客当心踏空的处所设置。

7.4.4　当心滑跌标志

7.4.4.1　标志由图形符号构成。图形符号应符合 GB 2894 的规定。

7.4.4.2　宜设置由"当心滑跌"、"小心摔倒"等文字构成的辅助标志。

7.4.4.3　应在需要提醒、警告乘客容易滑跌的处所设置。

7.4.5　注意安全标志

7.4.5.1　标志由图形符号构成。图形符号应符合 GB 2894 的规定。

7.4.5.2　宜设置由"注意安全"等文字构成的辅助标志。

7.4.5.3　应在需要提醒、警告乘客注意安全的处所设置。

8　组合标志

8.1　导向组合标志

8.1.1　进站方位指向组合标志

8.1.1.1　由多个进站方位指向标志的信息内容组成。

8.1.1.2　需相邻设置不同进站方位指向标志的换乘站入口处、进站岔路口应设置该标志。

8.1.1.3　示例（见图 38）

图 38

8.1.2　出站方位指向组合标志

8.1.2.1　由多个出站方位指向标志的信息内容组成。

8.1.2.2　需相邻设置不同出站方位指向标志的站台、站台出口处、集散厅出口处、出站岔路口处，多层车站的站厅层、站厅层出口处，都应设置该标志。

8.1.2.3　示例（见图 39）

图 39

8.1.3　进出站方位指向组合标志

8.1.3.1　由进站方位指向和出站方位指向标志的信息内容组成。

8.1.3.2　需相邻设置进站方位指向标志、出站方位指向标志的进出站岔路口处应设置该标志。

8.1.3.3　示例（见图 40）

图 40

8.1.4　出站方位指向和换乘指向组合标志

8.1.4.1　由出站方位指向和换乘指向标志的信息内容组成。

8.1.4.2　需相邻设置出站方位指向标志、换乘指向标志的出站岔路口、换乘岔路口处应设置该标志。

8.1.4.3　示例（见图 41）

图 41

8.1.5 出站方位指向和方向组合标志

8.1.5.1 由出站方位指向和方向标志的信息内容组成。

8.1.5.2 需要同时指明出站方位和方向的站台、集散厅等处所宜设置该标志。

8.1.5.3 示例（见图 42）

图 42

8.1.6 列车运行指向组合标志

8.1.6.1 由两个列车运行指向标志的信息内容组成。

8.1.6.2 需相邻设置不同列车运行指向标志的站台、站台入口处应设置该标志。

8.1.6.3 示例（见图 43）

图 43

8.1.7 服务设施指向、安全保卫指向组合标志

8.1.7.1 由不同的服务设施指向、安全保卫指向标志的信息内容组成。

8.1.7.2 需要同时指明不同服务设施、安全保卫方向的处所宜设置该标志。

8.1.7.3 示例（见图 44）

图 44

8.2 站牌标志

8.2.1 始发站站牌标志

8.2.1.1 由站名、始发、列车运行指向标志的信息内容组成。

8.2.1.2 需相邻设置站名标志、始发标志、列车运行指向标志的始发站列车发车一侧的站台应设置该标志。

8.2.1.3 示例（见图 45）

图 45

8.2.2 中途站站牌标志

8.2.2.1 由站名、列车运行指向标志的信息内容组成。

8.2.2.2 需相邻设置站名标志、列车运行指向标志的中途站站台应设置该标志，并应同时便于站台乘客和与列车运行指向标志同方向车内乘客的视读。

8.2.2.3 示例（见图 46、47）

图 46

图 47

8.2.3 换乘站站牌标志

8.2.3.1 由站名、换乘、列车运行指向标志的信息内容组成。

8.2.3.2 需相邻设置站名标志、换乘标志、列车运行指向标志的换乘站站台应设置该标志，并应同时便于站台乘客和与列车运行指向标志同方向车内乘客的视读。

8.2.3.3 示例（见图 48）

图 48

8.2.4 终点站站牌标志

8.2.4.1 由站名、终点标志的信息内容组成。

8.2.4.2 需相邻设置站名标志、终点标志的终点站列车到站一侧的站台应设置该标志。

8.2.4.3 示例（见图 49）

图 49

附　录　A

（提示的附录）

地铁客运服务常用标志体系

- 地铁客运服务标志
  - 组合标志
    - 站牌标志
      - 终点站站牌标志
      - 换乘站站牌标志
      - 中途站站牌标志
      - 始发站站牌标志
    - 导向组合标志
      - 服务设施指向、安全保卫指向组合标志
      - 列车运行指向组合标志
      - 出站方位指向和方向组合标志
      - 出站方位指向和换乘指向组合标志
      - 进出站方位指向组合标志
      - 出站方位指向组合标志
      - 进站方位指向组合标志
  - 单一标志
    - 警告标志
      - 注意安全标志
      - 当心滑跌标志
      - 当心踏空标志
      - 当心夹手标志
      - 当心触电标志
    - 禁止标志
      - 禁止触摸标志
      - 禁止靠门标志
      - 禁止攀登标志
      - 禁止跳下标志
      - 禁止跨越标志
      - 禁止停留标志
      - 禁止入内标志
      - 禁止通行标志
      - 禁止携带危险品标志
      - 禁止吸烟标志
    - 导向标志
      - 方向标志
      - 服务设施指示标志、安全保卫指示标志
      - 服务设施指向标志、安全保卫指向标志
      - 列车运行指向标志
      - 换乘指示标志
      - 换乘指向标志
      - 检票指向标志
      - 票务指示标志
      - 票务指向标志
      - 紧急出口指向标志
      - 出站方位指向标志
      - 进站方位指向标志
    - 提示标志
      - 临时关闭标志
      - 暂停运营标志
      - 暂停售票标志
      - 停用标志
      - 空驶标志
      - 回库标志
      - 老幼病残孕座席标志
      - 残疾人设施标志
      - 紧急制动标志
      - 报警标志
      - 安全保卫标志
      - 废物箱标志
      - 卫生间标志、男卫生间标志、女卫生间标志
      - 公用电话标志
      - 问讯标志
      - 检(验)票门禁禁行标志
      - 检(验)票门禁通行标志
      - 验票标志
      - 检票标志
      - 票务标志
      - 电梯标志
      - 自动步道标志
      - 自动扶梯标志
      - 楼梯标志、上楼梯标志、下楼梯标志
      - 紧急出口标志
      - 出口标志、入口标志
      - 车站首末车时间标志
      - 地铁运营时间标志、设施服务时间标志
      - 换乘标志、终点标志
      - 始发标志
      - 站名标志
      - 地下铁道标志

附　录　B
（提示的附录）
地铁客运服务常用标志中文名称索引

表 B1

序　号	标志名称	条　号
1	地下铁道标志	7.1.1
2	站名标志	7.1.2
3	始发标志	7.1.3
4	终点标志	7.1.3
5	换乘标志	7.1.4
6	地铁运营时间标志	7.1.5
7	设施服务时间标志	7.1.5
8	车站首末车时间标志	7.1.6
9	出口标志	7.1.7
10	入口标志	7.1.7
11	紧急出口标志	7.1.8
12	楼梯标志	7.1.9
13	上楼楼梯标志	7.1.9
14	下楼楼梯标志	7.1.9
15	自动扶梯标志	7.1.10
16	自动步道标志	7.1.11
17	电梯标志	7.1.12
18	票务标志	7.1.13
19	检票标志	7.1.14
20	验票标志	7.1.15
21	检（验）票门禁通行标志	7.1.16
22	检（验）票门禁禁行标志	7.1.17
23	问讯标志	7.1.18
24	公用电话标志	7.1.19
25	卫生间标志	7.1.20
26	男卫生间标志	7.1.20
27	女卫生间标志	7.1.20
28	废物箱标志	7.1.21
29	安全保卫标志	7.1.22
30	报警标志	7.1.23
31	紧急制动标志	7.1.24
32	残疾人设施标志	7.1.25
33	老幼病残孕座席标志	7.1.26
34	回库标志	7.1.27
35	空驶标志	7.1.28
36	停用标志	7.1.29
37	暂停售票标志	7.1.30

续表 B1

序　号	标志名称	条　号
38	暂停运营标志	7.1.31
39	临时关闭标志	7.1.32
40	进站方位指向标志	7.2.1
41	出站方位指向标志	7.2.2
42	紧急出口指向标志	7.2.3
43	票务指向标志	7.2.4
44	票务指示标志	7.2.5
45	检票指向标志	7.2.6
46	换乘指向标志	7.2.7
47	换乘指示标志	7.2.8
48	列车运行指向标志	7.2.9
49	服务设施指向标志	7.2.10
50	安全保卫指向标志	7.2.10
51	服务设施指示标志	7.2.11
52	安全保卫指示标志	7.2.11
53	方向标志	7.2.12
54	禁止吸烟标志	7.3.1
55	禁止携带危险品标志	7.3.2
56	禁止通行标志	7.3.3
57	禁止入内标志	7.3.4
58	禁止停留标志	7.3.5
59	禁止跨越标志	7.3.6
60	禁止跳下标志	7.3.7
61	禁止攀登标志	7.3.8
62	禁止靠门标志	7.3.9
63	禁止触摸标志	7.3.10
64	当心触电标志	7.4.1
65	当心夹手标志	7.4.2
66	当心踏空标志	7.4.3
67	当心滑跌标志	7.4.4
68	注意安全标志	7.4.5
69	进站方位指向组合标志	8.1.1
70	出站方位指向组合标志	8.1.2
71	进出站方位指向组合标志	8.1.3
72	出站方位指向和换乘指向组合标志	8.1.4
73	出站方位指向和方向组合标志	8.1.5
74	列车运行指向组合标志	8.1.6
75	服务设施指向、安全保卫指向组合标志	8.1.7
76	始发站站牌标志	8.2.1
77	中途站站牌标志	8.2.2
78	换乘站站牌标志	8.2.3
79	终点站站牌标志	8.2.4

中华人民共和国国家标准

城市公共交通标志
地下铁道标志

Marks for urban public transport

Mark for subway

GB 5845.5－86

本标准规定了城市地下铁道标志，目的是为实现城市公共交通行业管理统一规范化，便于公众识别。

1 适用范围

a. 地下铁道企业办公地（建筑物）；

b. 地铁站进出口；

c. 站牌；

d. 车辆；

e. 后方辅助机构（如：车辆段、电力段、工务段等）；

f. 票据；

g. 办公用品（如：公文信纸、信封等）；

h. 服饰（胸卡、臂章）；

i. 纪念品。

2 标志图形（见图 1）

图 1

3 标志图形的颜色

3.1 标志图形的基本颜色为蓝色（孔雀蓝），图案颜色为白色，见图 1 和表 1。

表 1

部　位	颜　色
字母“G”，“D”	白　色
底　色	蓝　色

3.2 用于建筑物上、徽章等，“G、D”两字母的轮廓线可采用金色，见表 2 和图 2。

表 2

部　位	颜　色
字母“G”，“D”	白色套金边
底　色	蓝　色

图 2

3.3 用于站牌、车辆上可采用与站牌、车辆相协调的颜色，但使用的颜色除金色外不超过两种。

3.4 参考色样见表 3：

表 3

颜　色	色　样
蓝　色 （孔雀蓝）	

4 标志图形的绘制

标志图形按 GB 3818—83《公共信息图形符号》的有关规定绘制。

5 原始图形的缩小和放大

5.1 根据实际需要，须将原始图形缩小或放大时，可用在原始图形上打方格的方法进行缩小或放大，但要求缩小后的图形能清楚地识别。

5.2 缩小放大原始图形，应保持原始图形的相关比例。

6 检查与维修

标志图形必须保持清晰、完整。当发现形象损坏，颜色污染或有变化，退色不符合本标准有关规定时应及时修复或更换。检查时间至少每年一次。

附 录 A
标志使用指导性示例
（参考件）

A.1 后方辅助机构标志推荐使用尺寸见图 A1、图 A2：

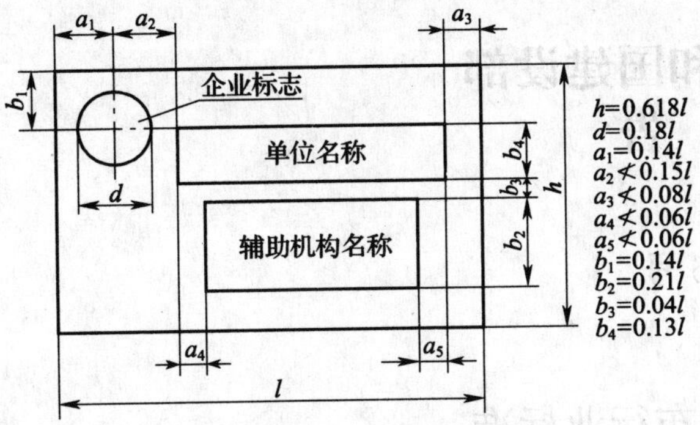

图 A1

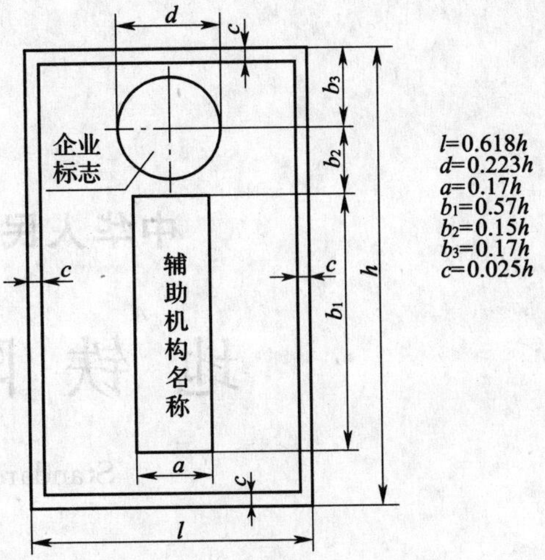

图 A2

A.2 标志在后方辅助机构上使用示例见图 A3、图 A4：

图 A3

图 A4

附加说明

本标准由中华人民共和国城乡建设环境保护部提出，由北京市公共交通研究所归口。

本标准由广州市公用事业局起草。

本标准主要起草人曾繁君、张立德、赖麟传。

中华人民共和国行业标准

地 铁 限 界 标 准

Standard of metro gauges

CJJ 96－2003

批准部门：中华人民共和国建设部
实施日期：2 0 0 3 年 1 1 月 1 日

中华人民共和国建设部
公　　告

第 166 号

建设部关于发布行业标准《地铁限界标准》的公告

现批准《地铁限界标准》为行业标准，编号为 CJJ 96—2003，自 2003 年 11 月 1 日起实施。其中，第 1.0.4 条为强制性条文，必须严格执行。

本标准由建设部标准定额研究所组织中国建筑工业出版社出版发行。

中华人民共和国建设部
2003 年 7 月 11 日

前　言

根据建设部“88 建标字 19 号”文的要求，标准编制组经广泛调查研究，认真总结实践经验，参考有关国内标准和国外先进标准，并在广泛征求意见的基础上，制定了本标准。

本标准主要技术内容是：1. 总则；2. 术语、符号；3. 限界计算的基本规定；4. A 型限界标准；5. B1 型限界标准；6. B2 型限界标准等。以上各类限界标准中均包括车辆限界、设备限界、建筑限界，并分别列出了隧道内及高架（或地面线）的不同限界。

本标准由建设部负责管理和对强制性条文的解释，由主编单位负责具体技术内容的解释。

本标准主编单位： 同济大学铁道与城市轨道交通研究院

（上海市真南路 500 号，200331）

北京城建设计研究总院

（北京市阜成门北大街 5 号，100037）

本标准参加单位： 铁道第二勘察设计院

长春客车厂

南京浦镇车辆厂

本标准主要起草人员： 沈培德　沈景炎　倪　昌　罗湘萍　薛克仲　王　锋　施青松　朱剑月　徐博铭　王　建　程振廷

目　次

1　总　则

1.0.1　为做到地铁限界的通用化、系列化、标准化，有利于推动车辆规格标准化，有利于控制建筑工程用地规模，确保地铁工程建设和运行的安全，制定本标准。

1.0.2　本标准适用于运行在隧道内、高架线（或地面线），车辆最高速度为 80km/h 的钢轮钢轨、标准轨距系列的地铁 A 型和 B 型车辆。包括 A 型限界、B1 型限界、B2 型限界三类。

1.0.3　地铁限界根据不同的功能应分为车辆限界、

设备限界和建筑限界。

1.0.4 在新建或续建工程中，必须遵守本标准的各种限界的计算规定。当选用与本标准不同的车辆和轨道参数时，应进行车辆限界核算，并不得超过本标准的车辆限界，同时应符合本标准的设备限界和建筑限界。

1.0.5 在地铁同一条线路上运行的其他车辆，也应符合该线路规定的车辆限界。

1.0.6 地铁限界除应执行本标准外，尚应符合国家现行有关强制性标准的规定。

2 术语、符号

2.1 术 语

2.1.1 地铁限界 metro gauges

保障地铁安全运行、限制车辆断面尺寸、限制沿线设备安装尺寸及确定的建筑结构有效净空尺寸的图形称为限界。根据不同的功能要求，分为车辆限界、设备限界和建筑限界。

2.1.2 基准坐标系 normal coordinate system

垂直于直线轨道线路中心线的二维平面直角坐标。横坐标轴（X轴）与设计轨顶平面相切，纵坐标轴（Y轴）垂直于轨顶平面，该基准坐标系的坐标原点为轨距中心点。

2.1.3 计算车辆及其轮廓线 standard vehicle and vehicle outline

制定限界时设定的某种车辆，包括各项构造参数、横断面轮廓尺寸及水平投影轮廓尺寸等，均是车辆限界设计计算的依据。计算车辆横断面上最外点的连线为计算车辆轮廓线。

2.1.4 车辆限界 kinematic envelope

计算车辆（不论是空车或重车）在平直线的轨道上按规定速度运行，计及了规定的车辆和轨道的公差值、磨耗量、弹性变形量，以及车辆的振动等正常状态下运行的各种限定因素而产生的车辆各部位横向和竖向动态偏移后的统计轨迹，并以基准坐标系表示的界线。

2.1.5 设备限界 equipment gauges

基准坐标系中在车辆限界外加未计及因素和安全间距（包括一系或二系悬挂故障状态）的界线。设备限界外安装的任何设备［有效站台长度内及接触网（轨）设备带电部分除外］，包括安装误差值和柔性变形量在内，均不得向内侵入的界线。

2.1.6 建筑限界 structure gauges

位于设备限界外，并考虑了沿线设备安装后的界线。任何沿线永久性固定建筑物，包括施工误差值、测量误差值及结构永久变形量在内，均不得向内侵入的界线。

2.1.7 偏移及偏移量 throw and quantity of throw

在基准坐标系内，计算车辆轮廓线上各坐标点因车辆和轨道的公差值、磨耗量、弹性变形量、车辆各种振动等原因，使车辆在运行中偏离上述各坐标点定义的基准位置的现象称为偏移。在横坐标方向的偏移称为横向偏移，在纵坐标方向的偏移称为竖向（向上、或向下）偏移。上述偏移的量值为偏移量。

2.1.8 曲线几何偏移 throw on curve

车辆在平曲线路上运行时，车辆纵向中心线的水平投影线与曲线线路中心线偏离的水平矢距称为平曲线几何偏移。车辆在竖曲线线路上运行时，车辆定距线的垂直面投影弦线、与竖曲线轨面之间的竖向矢距称为竖曲线几何偏移。以上通称为曲线几何偏移。

2.2 符 号

本标准所用符号如下：

a——车辆定距（mm）；

a_B——横向加速度（m/s^2）；

a_q——未平衡离心加速度（m/s^2）；

b_1——隧道右侧设备或支架最大宽度值（mm）；

b_2——隧道左侧设备或支架最大宽度值（mm）；

b_p——转向架一系弹簧横向间距（mm）；

b_s——转向架二系弹簧横向间距（mm）；

A_w——车体受风面积（m^2）；

B_R——矩形隧道线路中心线至隧道建筑限界右侧面的距离（mm）；

B_L——矩形隧道线路中心线至隧道建筑限界左侧面的距离（mm）；

B_S——矩形单线隧道直线建筑限界宽度（mm）；

c——设备安装误差值和安全间隙（mm）；

c_p——每一轴箱一系弹簧垂向刚度值（N/mm）；

c_s——转向架一侧二系弹簧垂向刚度值（N/mm）；

d——轮对轮缘最小外侧距（轮缘最大磨耗量时）（mm）；

B_a——建筑限界曲线外侧宽度（mm）；

B_i——建筑限界曲线内侧宽度（mm）；

f_1——转向架一系弹簧空重车挠度变化量（mm）；

f_{01}——转向架一系弹簧竖向永久变形量（mm）；

f'_{01}——车轮竖向弹性变形量（mm）；

f_2——转向架二系弹簧空重车挠度变化或高度阀不感度（mm）；

f_{02}——转向架二系弹簧竖向永久变形量或安装公差值（mm）；

g——重力加速度（m/s^2）；

h_0——直线地段圆形或马蹄形隧道建筑限界圆心距轨面的高度（mm）；

h_1——接触导线距轨面高度（mm）；

h_2——接触网结构高度（mm）；

h'_1——设备限界高度（mm）；

h'_2——设备限界至建筑限界预留空间高度（mm）；

h_{ac}——轨道超高值（mm）；

h'_{ac}——轨道超高设置方法系数（mm）；

h_{cp}——转向架一系弹簧上支承面距轨面高度（mm）；

h_{cs}——转向架二系弹簧上支承面距轨面高度（mm）；

h_{dc}——欠超高值（mm）；

h_{sc}——车体重心距轨面高（mm）；

h_{sj}——车底架边梁底面距轨面高度（mm）；

h_{sw}——车体受风面积形心距轨面高度（mm）；

H——轨顶面至隧道顶板建筑限界高度（mm）；

H_u——曲线建筑限界高度（距轨面）（mm）；

H_{cq}——车体侧墙高度（mm）；

$k_{\phi n}$——抗侧滚扭杆的抗侧滚刚度（每根）（N·mm/rad）；

$k_{\phi p}$——整车一系弹簧侧滚刚度（N·mm/rad）；

$k_{\phi s}$——整车二系弹簧侧滚刚度（N·mm/rad）；

l——最大轨距（含钢轨内侧面磨损）（mm）；

m——转向架计算断面至相邻轴距离（mm）；

m_B——含载客车体重量（AW3）（kg）；

m_z——载荷不对称的计算载客重量（kg）；

n——车体计算断面至相邻中心销距离（mm）；

n_p——车辆一侧一系弹簧并列数；

n_s——车辆一侧二系弹簧并列数；

p——转向架固定轴距（mm）；

P_w——风压（N/m^2）；

R——线路水平曲线半径（m）；

R_v——线路竖曲线半径（m）；

S——重力倾角附加系数；

T_a——车体在水平曲线外侧最大偏移量（mm）；

T'_a——车体在凸形竖曲线外侧最大偏移量（mm）；

T_{ba}——转向架在水平曲线外侧最大偏移量（mm）；

T_{bi}——转向架在水平曲线内侧最大偏移量（mm）；

T_i——车体在水平曲线内侧最大偏移量（mm）；

T'_i——车体在凹形竖曲线内侧最大偏移量（mm）；

v——车辆运行速度（km/h）；

x'——曲线地段圆形或马蹄形隧道建筑限界圆心的横向移动量（mm）；

y'——曲线地段圆形或马蹄形隧道建筑限界圆心的竖向移动量（mm）；

X——计算点的横坐标值（mm）；

X_1——超高倾斜前曲线地段设备限界最大高度点的横坐标值（mm）；

X_2——超高倾斜前曲线地段设备限界曲线内侧最大宽度计算点的横坐标值（mm）；

X_3——超高倾斜前曲线地段设备限界曲线外侧最大宽度计算点的横坐标值（mm）；

$X_{s(max)}$——直线地段设备限界最大宽度点的横坐标值（mm）；

Y——计算点的纵坐标值（mm）；

Y_1——超高倾斜前曲线地段设备限界最大高度计算点的纵坐标值（mm）；

Y_2——超高倾斜前曲线地段设备限界内侧最大宽度计算点的纵坐标值（mm）；

Y_3——超高倾斜前曲线地段设备限界外侧最大宽度计算点的纵坐标值（mm）；

α——轨道超高角（°）；

δ_c——线路中心线竖向位差值（mm）；

δ_e——轨道竖向弹性变形量（mm）；

δ'_{w1}——两次旋轮间踏面磨耗量（不可补偿的踏面磨耗量）（mm）；

δ_{w1}——车轮最大旋削量（mm）；

δ_{w0}——轨道竖向磨耗量（mm）；

Δ_c——线路中心线横向位差值（mm）；

Δ'_c——站台区域中心线横向位差值（mm）；

ΔC_{vt}——接触轨距相邻走行轨轨面高度公差值（mm）；

Δ_d——轮对横向制造误差值（mm）；

Δ_{de}——钢轨横向弹性变形直线与曲线差值（mm）；

Δ_e——轨道横向弹性变形量（mm）；

Δf_p——转向架一系弹簧竖向动挠度（mm）；

Δf_s——转向架二系弹簧竖向动挠度（mm）；

Δh_{c1}——两条钢轨的相对高度误差值（mm）；

Δh_{c2}——两条钢轨的相对高度的弹性变化量（mm）；

ΔH_{vt}——受流器非工作状态下竖向向上位移量（mm）；

ΔJ_{vd}——架空线抬升量（mm）；

ΔJ_{vw}——架空线磨耗量（mm）；

ΔM_{t1}——转向架中心销安装定位误差值（mm）；

ΔM_{t2}——转向架一系弹簧横向定位误差值（mm）；

ΔM_{t3}——车体半宽横向制造误差值（mm）；

ΔM_{t4}——车体表面设备安装误差值（mm）；

ΔM_{t5}——受电弓横向安装误差值（mm）；

ΔM_{t6}——车辆地板面未能补偿的高度误差值（mm）；

ΔM_{t7}——车体下部及吊挂物高度尺寸制造安装误差值（mm）；

ΔM_{t8}——车体上部或上部安装设备的高度尺寸制造安装误差值（mm）；

ΔM_{t9}——车体销外上翘/下垂量（mm）；

ΔM_{t10}——转向架构架横向制造误差值（mm）；

ΔM_{t11}——转向架构架向上竖向制造误差值（mm）；

ΔM_{t12}——转向架构架向下竖向制造误差值（mm）；

ΔM_{t13}——转向架簧下部分横向制造误差值（mm）；

ΔM_{t14}——转向架簧下部分竖向制造误差值（mm）；

ΔM_{t15}——受流器横向安装误差值及受流器横向尺寸公差值（mm）；

ΔM_{t16}——受流器竖向安装误差值及受流器竖向尺寸公差值（mm）

Δq_1——转向架轴箱轴承横向游间（mm）；

Δq_2——车轮横向弹性变形量（mm）；

Δq_3——转向架一系弹簧横向弹性变形量（或轴箱与导柱最大间隙）（mm）；

Δs_a——曲线轨距加宽外轨分量及外轨磨耗量（mm）；

Δs_i——曲线轨距加宽内轨分量及内轨磨耗量（mm）；

ΔS_{hd}——受电弓相对车体横向晃动量（mm）；

ΔS_{vw}——受电弓炭精板磨耗量（mm）；

Δw_1——转向架中心销径向间隙及磨耗量（mm）；

Δw_2——转向架二系弹簧横向弹性变形量（静态）（mm）；

Δw_3——转向架二系弹簧横向弹性变形量（动态）（mm）；

Δ_q——车辆一系弹簧横向位移在曲线及直线上差值（mm）；

Δ_w——车辆二系弹簧横向位移在曲线及直线上差值（mm）；

ΔX_a——设备限界在曲线地段外侧加宽量的总和（mm）；

ΔX_{BP}——车体横向偏移量（mm）；

ΔX_{Bq}——车体倾斜量（mm）；

ΔX_{ca}——车体及转向架由于轨道及车辆参数在曲线地段的变化引起的设备限界外侧加宽量（mm）；

ΔX_{ci}——车体及转向架由于轨道及车辆参数在曲线地段的变化引起的设备限界内侧加宽量（mm）；

ΔX_i——设备限界在曲线地段内侧加宽量的总和（mm）；

ΔX_t——构架横向偏移量（mm）；

ΔX_{Qa}——欠超高引起的设备限界曲线外侧加宽量（mm）；

ΔX_{Qi}——超高引起的设备限界曲线内侧加宽量（mm）；

ΔX_{sd}——受流器横向偏移量（mm）；

ΔX_w——簧下部分横向偏移量（mm）；

ΔY_a——设备限界在曲线地段外侧加高（或降低）总量（mm）；

ΔY_{BPu}——车体竖向向上偏移量（mm）；

ΔY_{BPd}——车体竖向向下偏移量（mm）；

ΔY_f——车轮轮缘部分竖向向下偏移量（mm）；

ΔY_{gu}——受电弓竖向向上偏移量（mm）；

ΔY_i——设备限界在曲线地段总的内侧加高（或降低）量（mm）；

ΔY_m——车轮踏面部分竖向向下偏移量（mm）；

ΔY_{sd}——受流器向下偏移量（mm）；

ΔY_{su}——受流器向上偏移量（mm）；

ΔY_{Qa}——欠超高引起的设备限界加高或降低量（mm）；

ΔY_{Qi}——超高引起的设备限界加高或降低量（mm）；

ΔY_{td}——转向架构架竖向向下偏移量（mm）；

ΔY_{tu}——转向架构架竖向向上偏移量（mm）；

ΔY_{wd}——簧下部分竖向向下偏移量（mm）。

3 地铁限界计算的基本规定

3.1 车辆限界的计算

3.1.1 车辆限界的计算应符合下列原则：

1 车辆限界的计算应以列车在平直线上，并用额定速度在整体道床的轨道上运行为基本条件。根据线路环境不同分为隧道内车辆限界和高架线（或地面线）车辆限界两种基本类型。

2 曲线地段增加的附加因素，不应在车辆限界内考虑，应在设备限界内考虑并加宽、加高。

3 车辆限界的计算参数，按其概率性质应分成两大类，即随机因素和非随机因素。对非随机因素应按线性相加合成；对按高斯概率分布的随机因素应采取均方根值合成，将两大类相加形成车辆的偏移量。

4 对隧道内、高架线（或地面线）两类车辆限界均应采用统一的计算公式。计算时应根据不同外部条件合理选用不同的计算参数。

5 车辆限界的偏移量计算应按车体、转向架（构架、簧下部分、踏面、轮缘）、受电弓（受流器）三部分分别计算。

3.1.2 车辆限界应包括下列计算要素：

1 车辆的制造误差值；

2 车辆的维修限度；

3 转向架轮对处于轨道上的最不利运行位置；

4 转向架构架相对于轮对的横向及竖向位移量；

5 车体相对于转向架构架的横向及竖向位移量；

6 车体相对于轨道线路的最不利倾斜位置；

7 车辆的空重车挠度差及竖向位移量；

8 因车辆制造、载荷不对称等引起的偏斜；

9 车辆一系悬挂及二系悬挂侧滚位移量；

10 轨道线路的垂向及横向几何偏差、磨耗、维修限度及弹性变形量。

3.1.3 区间平直线车辆限界应由计算车辆轮廓线各点坐标加横向及竖向车辆偏移量得到。偏移量的计算宜符合下列规定：

1 车体部分

1）车体横向平移和车体倾角产生的横向偏移方向相同时：

车体横向偏移量计算公式：

$$
\begin{aligned}
\Delta X_{BP} = & \left(\frac{l-d}{2}\cdot\frac{2n+a}{a}\right)+(\Delta q_1+\Delta q_2+\Delta q_3)\frac{2n+a}{a}+(\Delta w_1+\Delta w_2)\frac{2n+a}{a}+\Delta e \\
& +\frac{\Delta h_{c2}}{1500}Y(1+S)+100m_z g(1+S)\left(\frac{Y-h_{cp}}{k_{\phi p}}+\frac{Y-h_{cs}}{k_{\phi s}}\right) \\
& +\sqrt{\begin{aligned}&\left(\frac{\Delta d}{2}\cdot\frac{2n+a}{a}\right)^2+\left(\Delta w_3\cdot\frac{2n+a}{a}\right)^2+(\Delta M_{t1})^2+(\Delta M_{t2})^2+(\Delta M_{t3})^2\\&+(\Delta M_{t4})^2+(\Delta M_{t5})^2+(\Delta S_{hd})^2+[\Delta_c(或\Delta'_c)]^2+\left[\frac{\Delta x_{Bq}}{H_{cq}}(Y-h_{sj})\right]^2\\&+\left[\frac{\Delta h_{c1}}{1500}Y(1+S)\right]^2+[A_w\cdot P_w(1+S)C_h]^2+[m_B a_B(1+S)C'_h]^2\end{aligned}}
\end{aligned}
\tag{3.1.3-1}
$$

$$
\left.\begin{aligned}
C_h &= (Y-h_{cp})\cdot\frac{h_{sw}-h_{cp}}{k_{\phi p}}+(Y-h_{cs})\cdot\frac{h_{sw}-h_{cs}}{k_{\phi s}}\\
C'_h &= (Y-h_{cp})\cdot\frac{h_{sc}-h_{cp}}{k_{\phi p}}+(Y-h_{cs})\cdot\frac{h_{sc}-h_{cs}}{k_{\phi s}}
\end{aligned}\right\}
\tag{3.1.3-2}
$$

$$S = m_B g\left(\frac{h_{sc}-h_{cp}}{k_{\phi p}}+\frac{h_{sc}-h_{cs}}{k_{\phi s}}\right) \tag{3.1.3-3}$$

$$k_{\phi p} = 0.5n_p c_p b_p^2 \tag{3.1.3-4}$$

$$k_{\phi s} = 0.5n_s c_s b_s^2 + 2k_{\phi n} \tag{3.1.3-5}$$

注：1 当$Y<h_{cp}$、$Y<h_{cs}$、$Y<h_{sj}$时，$(Y-h_{cp})=0$、$(Y-h_{cs})=0$、$(Y-h_{sj})=0$，以下同。

2 以上公式中c_p、c_s为线性特性，在需要进行精确计算时，c_p、c_s可采用非线性特性，以下同。

车体竖向向上偏移量计算公式：

$$
\begin{aligned}
\Delta Y_{BPu} = & \left[\Delta M_{t9}+\sqrt{(\Delta M_{t6})^2+(\Delta M_{t8})^2+\left(\Delta f_p\frac{2n+a}{a}\right)^2+\left(\Delta f_s\frac{2n+a}{a}\right)^2+\delta_c^2}\right] \\
& -\left[\begin{aligned}&\frac{\Delta h_{c2}}{1500}(1+S)X+100m_z g(1+S)\left(\frac{1}{k_{\phi p}}+\frac{1}{k_{\phi s}}\right)X\\&+\sqrt{\begin{aligned}&\left(\frac{\Delta x_{Bq}}{H_{cq}}X\right)^2+\left[\frac{\Delta h_{c1}}{1500}(1+S)X\right]^2+\left[(A_w\cdot P_w)(1+S)X\left(\frac{h_{sw}-h_{cp}}{k_{\phi p}}+\frac{h_{sw}-h_{cs}}{k_{\phi s}}\right)\right]^2\\&+\left[(m_B\cdot a_B)(1+S)X\left(\frac{h_{sc}-h_{cp}}{k_{\phi p}}+\frac{h_{sc}-h_{cs}}{k_{\phi s}}\right)\right]^2\end{aligned}}\end{aligned}\right]
\end{aligned}
\tag{3.1.3-6}
$$

车体竖向向下偏移量计算公式：

$$
\begin{aligned}
\Delta Y_{BPd} = & f_{01}+f'_{01}+f_1+f_{02}+f_2+\Delta M_{t9}+\delta_e+\delta_{w0}+\delta'_{w1}(或\delta_{w1})+\frac{\Delta h_{c2}}{1500}(1+S)X+100m_z g(1+S)\left(\frac{1}{k_{\phi p}}+\frac{1}{k_{\phi s}}\right)X \\
& +\sqrt{\begin{aligned}&(\Delta M_{t6})^2+(\Delta M_{t7})^2+\left(\Delta f_p\frac{2n+a}{a}\right)^2+\left(\Delta f_s\frac{2n+a}{a}\right)^2+(\delta_c)^2+\left(\frac{\Delta x_{Bq}}{H_{cq}}X\right)^2\\&+\left[\frac{\Delta h_{c1}}{1500}(1+S)X\right]^2+\left[(A_w\cdot P_w)(1+S)X\left(\frac{h_{sw}-h_{cp}}{k_{\phi p}}+\frac{h_{sw}-h_{cs}}{k_{\phi s}}\right)\right]^2\\&+\left[(m_B\cdot a_B)(1+S)X\left(\frac{h_{sc}-h_{cp}}{k_{\phi p}}+\frac{h_{sc}-h_{cs}}{k_{\phi s}}\right)\right]^2\end{aligned}}
\end{aligned}
\tag{3.1.3-7}
$$

2）车体横向平移和车体倾角产生的横向偏

移方向相反时：

车体横向偏移量计算公式：

$$\Delta X_{BP}=\left[\begin{aligned}&\left(\frac{l-d}{2}\cdot\frac{2n+a}{a}\right)+(\Delta q_1+\Delta q_2+\Delta q_3)\\&\frac{2n+a}{a}+(\Delta w_1+\Delta w_2)\frac{2n+a}{a}+\Delta e\\&+\sqrt{\begin{aligned}&\left(\frac{\Delta d}{2}\cdot\frac{2n+a}{a}\right)^2+\left(\Delta w_3\cdot\frac{2n+a}{a}\right)^2+[\Delta_c(\text{或}\Delta'_c)]^2\\&+(\Delta S_{hd})^2+(\Delta M_{t1})^2+(\Delta M_{t2})^2\\&+(\Delta M_{t3})^2+(\Delta M_{t4})^2+(\Delta M_{t5})^2\end{aligned}}\end{aligned}\right]$$

$$-\left[\begin{aligned}&\frac{\Delta h_{c2}}{1500}Y(1+S)+100m_zg(1+S)\\&\left(\frac{Y-h_{cp}}{k_{\phi p}}+\frac{Y-h_{cs}}{k_{\phi s}}\right)\\&+\sqrt{\begin{aligned}&\left[\frac{\Delta X_{Bq}}{H_{cq}}(Y-h_{sj})\right]^2+\left[\frac{\Delta h_{c1}}{1500}Y(1+S)\right]^2\\&+[A_w\cdot P_w](1+S)C_h]^2\\&+[m_Ba_B(1+S)C'_h]^2\end{aligned}}\end{aligned}\right]\tag{3.1.3-8}$$

车体竖向向上偏移量计算公式：

$$\begin{aligned}\Delta Y_{BPu}=&\frac{\Delta h_{c2}}{1500}(1+S)X+100m_zg\\&(1+S)\left(\frac{1}{k_{\phi p}}+\frac{1}{k_{\phi s}}\right)X+\Delta M_{t9}\\&+\sqrt{\begin{aligned}&(\Delta M_{t6})^2+(\Delta M_{t8})^2+\left(\Delta f_p\frac{2n+a}{a}\right)^2\\&+\left(\Delta f_s\frac{2n+a}{a}\right)^2+(\delta_c)^2+\left(\frac{\Delta X_{Bq}}{H_{cq}}X\right)^2\\&+\left[\frac{\Delta h_{c1}}{1500}(1+S)X\right]^2+\left[(A_w\cdot P_w)(1+S)X\left(\frac{h_{sw}-h_{cp}}{k_{\phi p}}+\frac{h_{sw}-h_{cs}}{k_{\phi s}}\right)\right]^2\\&+\left[(m_B\cdot a_B)(1+S)X\left(\frac{h_{sc}-h_{cp}}{k_{\phi p}}+\frac{h_{sc}-h_{cs}}{k_{\phi s}}\right)\right]^2\end{aligned}}\end{aligned}\tag{3.1.3-9}$$

车体竖向向下偏移量计算公式：

$$\Delta Y_{BPd}=\left[\begin{aligned}&f'_{01}+\delta'_{w1}(\text{或}\delta_{w1})+f_{01}+f_1+f_{02}\\&+f_2+\delta_e+\delta_{w0}+\Delta M_{t9}\\&+\sqrt{\begin{aligned}&(\Delta M_{t6})^2+(\Delta M_{t7})^2\\&+\left(\Delta f_p\frac{2n+a}{a}\right)^2\\&+\left(\Delta f_s\frac{2n+a}{a}\right)^2+(\delta_c)^2\end{aligned}}\end{aligned}\right]$$

$$-\left[\begin{aligned}&\frac{\Delta h_{c2}}{1500}(1+S)X+100m_zg\\&(1+S)\left(\frac{1}{k_{\phi p}}+\frac{1}{k_{\phi s}}\right)X\\&+\sqrt{\begin{aligned}&\left(\frac{\Delta x_{Bq}}{H_{cq}}X\right)^2+\left[\frac{\Delta h_{c1}}{1500}(1+S)X\right]^2\\&+\left[(A_w\cdot P_w)(1+S)X\left(\frac{h_{sw}-h_{cp}}{k_{\phi p}}+\frac{h_{sw}-h_{cs}}{k_{\phi s}}\right)\right]^2\\&+\left[(m_B\cdot a_B)(1+S)X\left(\frac{h_{sc}-h_{cp}}{k_{\phi p}}+\frac{h_{sc}-h_{cs}}{k_{\phi s}}\right)\right]^2\end{aligned}}\end{aligned}\right]\tag{3.1.3-10}$$

2 转向架部分

1）构架：

（a）横向平移和倾角产生的横向偏移方向相同时：

构架横向偏移量计算公式：

$$\begin{aligned}\Delta X_t=&\left(\frac{l-d}{2}\cdot\frac{2m+p}{p}\right)+(\Delta q_1+\Delta q_2\\&+\Delta q_3)\frac{2m+p}{p}+\Delta e+100m_zg\\&(1+S)\frac{(Y-h_{cp})}{k_{\phi p}}+\frac{\Delta h_{c2}}{1500}Y(1+S)\\&+\sqrt{\begin{aligned}&\left(\frac{\Delta d}{2}\cdot\frac{2m+p}{p}\right)^2+(\Delta M_{t10})^2+\\&(\Delta c)^2+\left[\frac{\Delta h_{c1}}{1500}Y(1+S)\right]^2\\&+\left[A_w\cdot P_w(1+S)(Y-h_{cp})\frac{h_{sw}-h_{cp}}{k_{\phi p}}\right]^2\\&+\left[m_B\cdot a_B(1+S)(Y-h_{cp})\frac{h_{sc}-h_{cp}}{k_{\phi p}}\right]^2\end{aligned}}\end{aligned}\tag{3.1.3-11a}$$

构架竖向向上偏移量计算公式（竖向平移和倾角产生的竖向偏移方向相反）：

$$\begin{aligned}\Delta Y_{tu}=&\sqrt{(\Delta M_{t11})^2+\left(\Delta f_p\frac{2m+p}{p}\right)^2+(\delta_c)^2}\\&-\left\{\begin{aligned}&\frac{\Delta h_{c2}}{1500}(1+S)X+100m_zg(1+S)\frac{X}{k_{\phi p}}\\&+\sqrt{\begin{aligned}&\left[\frac{\Delta h_{c1}}{1500}(1+S)X\right]^2+\left[A_w\cdot P_w(1+S)X\frac{h_{sw}-h_{cp}}{k_{\phi p}}\right]^2\\&+\left[m_B\cdot a_B(1+S)X\frac{h_{sc}-h_{cp}}{k_{\phi p}}\right]^2\end{aligned}}\end{aligned}\right\}\end{aligned}\tag{3.1.3-12a}$$

构架竖向向下偏移量计算公式（竖向平移和倾

角产生的竖向偏移方向相同）：

$$\Delta Y_{td}=f'_{01}+\delta_{w1}+f_{01}+f_1+\delta_e+\delta_{w0}+\frac{\Delta h_{c2}}{1500}(1+S)X+100m_zg(1+S)\frac{X}{k_{\phi p}}+\sqrt{(\Delta M_{t12})^2+\left(\Delta f_p\frac{2m+p}{p}\right)^2+(\delta_c)^2+\left[\frac{\Delta h_{c1}}{1500}(1+S)X\right]^2+\left[A_w\cdot P_w(1+S)X\frac{h_{sw}-h_{cp}}{k_{\phi p}}\right]^2+\left[m_B\cdot a_B(1+S)X\frac{h_{sc}-h_{cp}}{k_{\phi p}}\right]^2}$$

（3.1.3-13*a*）

（b）横向平移和倾角产生的横向偏移方向相反时：

构架横向偏移量计算公式：

$$\Delta X_t=\left(\frac{l-d}{2}\cdot\frac{2m+p}{p}\right)+(\Delta q_1+\Delta q_2+\Delta q_3)\frac{2m+p}{p}+\Delta e+\sqrt{\left(\frac{\Delta d}{2}\cdot\frac{2m+p}{p}\right)^2+(\Delta M_{t10})^2+(\Delta c)^2}-\left\{100m_zg(1+S)\frac{(Y-h_{cp})}{k_{\phi p}}+\frac{\Delta h_{c2}}{1500}Y(1+S)+\sqrt{\left[\frac{\Delta h_{c1}}{1500}Y(1+S)\right]^2+\left[A_w\cdot P_w(1+S)(Y-h_{cp})\cdot\frac{h_{sw}-h_{cp}}{k_{\phi p}}\right]^2+\left[m_B\cdot a_B(1+S)(Y-h_{cp})\frac{h_{sc}-h_{cp}}{k_{\phi p}}\right]^2}\right\}$$

（3.1.3-11*b*）

构架竖向向上偏移量计算公式（竖向平移和倾角产生的竖向偏移方向相同）：

$$\Delta Y_{tu}=\frac{\Delta h_{c2}}{1500}(1+S)X+100m_zg(1+S)\frac{X}{k_{\phi p}}+\sqrt{(\Delta M_{t11})^2+\left(\Delta f_p\frac{2m+p}{p}\right)^2+(\delta_c)^2+\left[\frac{\Delta h_{c1}}{1500}(1+S)X\right]^2+\left[A_w\cdot P_w(1+S)X\frac{h_{sw}-h_{cp}}{k_{\phi p}}\right]^2+\left[m_B\cdot a_B(1+S)X\frac{h_{sc}-h_{cp}}{k_{\phi p}}\right]^2}$$

（3.1.3-12*b*）

构架竖向向下偏移量计算公式（竖向平移和倾角产生的竖向偏移方向相反）：

$$\Delta Y_{td}=\left[f'_{01}+\delta_{w1}+f_{01}+f_1+\delta_e+\delta_{w0}+\sqrt{(\Delta M_{t12})^2+\left(\Delta f_p\frac{2m+p}{p}\right)^2+(\delta_c)^2}\right]-\left\{\frac{\Delta h_{c2}}{1500}(1+S)X+100m_zg(1+S)\frac{X}{k_{\phi p}}+\sqrt{\left[\frac{\Delta h_{c1}}{1500}(1+S)X\right]^2+\left[A_w\cdot P_w(1+S)X\frac{h_{sw}-h_{cp}}{k_{\phi p}}\right]^2+\left[m_B\cdot a_B(1+S)X\frac{h_{sc}-h_{cp}}{k_{\phi p}}\right]^2}\right\}$$

（3.1.3-13*b*）

2）簧下部件：

簧下部分横向偏移量计算公式：

$$\Delta X_w=\frac{l-d}{2}+\Delta e+\frac{\Delta h_{c2}}{1500}(1+S)Y+\sqrt{\left(\frac{\Delta d}{2}\right)^2+(\Delta_c)^2+(\Delta M_{t13})^2+\left[\frac{\Delta h_{c1}}{1500}(1+S)Y\right]^2}$$

（3.1.3-14）

簧下部分竖向偏移量计算公式：

$$\Delta Y_{wd}=\frac{\Delta h_{c2}}{1500}(1+S)X+f'_{01}+\delta_{w1}+\delta_e+\delta_{w0}+\sqrt{(\Delta M_{t14})^2+(\delta_c)^2+\left[\frac{\Delta h_{c1}}{1500}(1+S)X\right]^2}$$

（3.1.3-15）

3）轮缘部分竖向偏移量计算公式：

$$\Delta Y_f=\frac{\Delta h_{c2}}{2}+\delta'_{w1}+\delta_e+\delta_{w0}+\sqrt{(\delta_c)^2+\left(\frac{\Delta h_{c1}}{2}\right)^2}$$

（3.1.3-16）

4）踏面部分竖向偏移量计算公式：

$$\Delta Y_m=\frac{\Delta h_{c2}}{2}+\delta_e+\delta_{w0}+\sqrt{(\delta_c)^2+\left(\frac{\Delta h_{c1}}{2}\right)^2}$$

（3.1.3-17）

3　受电弓及受流器部分

1）受电弓偏移量计算：

（a）横向偏移量：应采用公式（3.1.3-1）进行计算。

（b）竖向向上偏移量：

$$\Delta Y_{gu}=\Delta J_{vd}+\Delta J_{vw}+\Delta S_{vw}$$（3.1.3-18）

2）受流器偏移量计算：

（a）横向偏移量：

$$\Delta X_{sd}=\Delta X_t+\Delta M_{t15}$$（3.1.3-19）

（b）竖向向上偏移量（上部受流工作状态）：

受流器根部转轴（图5.3.1中第15′点）：

$$\Delta Y_{su}=\Delta Y_{tu}+\Delta M_{t16}$$（3.1.3-20）

受流器与接触轨接触点（图5.3.1中第14c′点）：

$\Delta Y_{su}=\Delta C_{vt}$（$\Delta C_{vt}$ 取正公差）（3.1.3-21）

受流器端部：按以上两定位点用作图法求得

[转轴用（3.1.3-23）式]。

（a）竖向向上偏移量（上部受流非工作状态）：

$$\Delta Y_{su}=\Delta Y_{tu}+\Delta H_{vt}+\Delta M_{t16} \quad (3.1.3\text{-}22)$$

（b）竖向向下偏移量（上部受流工作状态）：

受流器根部转轴（图 5.3.1 中第 15′点）：

$$\Delta Y_{sd}=\Delta Y_{td}+\Delta M_{t16}(\Delta Y_{td}\text{ 公式中 }\delta_{w1}\text{ 用 }\delta'_{w1}\text{ 代替}) \quad (3.1.3\text{-}23)$$

受流器与接触轨接触点（图 5.3.1 中第 14c′点）：

$$\Delta Y_{sd}=\Delta C_{vt}(\Delta C_{vt}\text{ 取负公差}) \quad (3.1.3\text{-}24)$$

受流器端部：按以上两定位点用作图法求得[转轴用（3.1.3-20）式]。

（a）竖向向下偏移量（上部受流非工作状态）：

$$\Delta Y_{sd}=\Delta Y_{td}+\Delta M_{t16}(\Delta Y_{td}\text{ 公式中 }\delta_{w1}\text{ 用 }\delta'_{w1}\text{ 代替}) \quad (3.1.3\text{-}25)$$

（b）垂向向上偏移量（下部受流工作状态）：

$$\Delta Y_{su}=\Delta C_{vt}(\Delta C_{vt}\text{ 取正公差}) \quad (3.1.3\text{-}26)$$

（c）垂向向上偏移量（下部受流非工作状态）：

$$\Delta Y_{su}=\Delta Y_{tu}+\Delta H_{vt}+\Delta M_{t16} \quad (3.1.3\text{-}27)$$

（d）垂向向下偏移量（下部受流工作状态）：

$$\Delta Y_{sd}=\Delta C_{vt}(\Delta C_{vt}\text{ 取负公差}) \quad (3.1.3\text{-}28)$$

（e）垂向向下偏移量（下部受流非工作状态）：

$$\Delta Y_{sd}=\Delta Y_{td}+\Delta M_{t16}(\Delta Y_{td}\text{ 公式中 }\delta_{w1}\text{ 用 }\delta'_{w1}\text{ 代替}) \quad (3.1.3\text{-}29)$$

3.1.4 车站区域车辆限界的计算应符合下列规定：

1 车站有效站台区的车辆限界的计算方法应符合本标准第 3.1.3 条的规定。

2 当车站有效站台区域的计算参数不同于区间时，可使用新的参数进行站台区域车辆限界的计算，并制定站台区域的车辆限界。

3 当车站有效站台区域的计算参数同于区间的计算参数时，站台区域的车辆限界可使用本标准的区间车辆限界。

3.1.5 高架线（或地面线）车辆限界的计算应符合下列规定：

1 高架线（或地面线）的车辆限界，当采用本标准第 3.1.3 条的公式进行计算时，其中风压（P_w）值一般情况取 600N/m²。

2 高架线（或地面线）车辆限界可取当地气象资料核定值（$P_W\neq600\text{N/m}^2$）进行计算并制定符合当地气象资料的高架线（或地面线）车辆限界。

3.1.6 碎石道床车辆限界的计算宜采用本标准第 3.1.3 条的方法，取碎石道床参数进行车辆限界的计算。

3.2 设备限界的计算

3.2.1 直线地段设备限界与车辆限界之间，应留安全间距。车体肩部横向间距应为 100mm；车体下边梁横向间距应为 30mm；车体下边梁向下间距应为 50mm；车下悬挂物向下应为 50mm；车体顶部向上应为 60mm（含竖曲线偏移量）；车顶与车体肩部的过渡线应相距 60～100mm 构成设备限界，转向架部分横向及竖向间距应为 15～30mm。转向架设备限界（轮对除外）最低点离轨面净距：A 型车，25mm；B 型车，15mm。

3.2.2 设备限界应采用基准坐标系确定其计算点的坐标。

3.2.3 水平曲线地段的设备限界应在直线设备限界的基础上加宽和加高，本标准直线设备限界已包括竖曲线偏移量故竖曲线设备限界不必加高。计算方法应符合下列规定：

1 曲线几何偏移引起设备限界加宽和加高量的计算公式：

1）车体横向加宽量：

曲线外侧：

$$T_a=[4n(n+a)-p^2]/8R \quad (3.2.3\text{-}1)$$

曲线内侧：

$$T_i=[4n(a-n)+p^2]/8R \quad (3.2.3\text{-}2)$$

2）车体竖向加高量（当已包括在直线设备限界内，可不另计算）：

凸形竖曲线：

$$T'_a=[4n(n+a)-p^2]/8R_v \quad (3.2.3\text{-}3)$$

凹型竖曲线：

$$T'_i=[4n(a-n)+p^2]/8R_v \quad (3.2.3\text{-}4)$$

3）转向架横向加宽量：

曲线外侧：

$$T_{ba}=m(m+p)/2R \quad (3.2.3\text{-}5)$$

曲线内侧：

$$T_{bi}=m(p-m)/2R \quad (3.2.3\text{-}6)$$

2 超高与欠超高引起的设备限界加宽和加高量的计算公式：

1）车体横向加宽量：

曲线内侧：

$$\Delta X_{Qi}=\frac{h_{ac}}{1500}m_B gC'_h(1+S) \quad (3.2.3\text{-}7)$$

曲线外侧：

$$\Delta X_{Qa}=\frac{h_{dc}}{1500}m_B gC'_h(1+S) \quad (3.2.3\text{-}8)$$

$$\left.\begin{aligned}h_{dc}&=a_q\frac{1500}{g}\\a_q&=\frac{(v/3.6)^2}{R}-g\frac{h_{ac}}{1500}\end{aligned}\right\} \quad (3.2.3\text{-}9)$$

2）车体竖向加高量、降低量：

由超高引起（曲线内侧 X 为正值，曲线外侧 X 为负值）：

$$\Delta Y_{Qi} = -\frac{h_{ac}}{1500} m_B g X \left(\frac{h_{sc} - h_{cp}}{k_{\phi p}} + \frac{h_{sc} - h_{cs}}{k_{\phi s}} \right)(1 + S) + h'_{ac} \quad (3.2.3\text{-}10)$$

由欠超高引起（曲线内侧 X 为正值，曲线外侧 X 为负值）：

$$\Delta Y_{Qa} = \frac{h_{dc}}{1500} m_B g X \left(\frac{h_{sc} - h_{cp}}{k_{\phi p}} + \frac{h_{sc} - h_{cs}}{k_{\phi s}} \right)(1 + S) \quad (3.2.3\text{-}11)$$

注：当超高由提高外轨和降低内轨各半实现时 $h'_{ac} = 0$；当超高由单独提高外轨实现时 $h'_{ac} = h_{ac}/2$。

3　曲线轨道参数及车辆参数变化引起的设备限界加宽和加高量的计算公式：

1）车体及转向架横向曲线外侧加宽量：

整体道床：

$$\Delta X_{ca} = \Delta S_a + \Delta_{de} + \Delta_w + \Delta_q \quad (3.2.3\text{-}12)$$

碎石道床：

$$\Delta X_{ca} = 1000/R + \Delta S_a + \Delta_{de} + \Delta_w + \Delta_q \quad (3.2.3\text{-}13)$$

2）车体及转向架横向曲线内侧加宽量：

整体道床：

$$\Delta X_{ci} = \Delta S_i + \Delta_{de} + \Delta_w + \Delta_q \quad (3.2.3\text{-}14)$$

碎石道床：

$$\Delta X_{ci} = 1000/R + \Delta S_i + \Delta_{de} + \Delta_w + \Delta_q \quad (3.2.3\text{-}15)$$

当计算转向架时以上公式中 $\Delta_w = 0$。

4　设备限界在曲线地段总的加宽、加高量的计算公式：

1）车体横向加宽量：

曲线外侧：

$$\Delta X_a = T_a + \Delta X_{Qa} + \Delta X_{ca} \quad (3.2.3\text{-}16)$$

曲线内侧：

$$\Delta X_i = T_i + \Delta X_{Qi} + \Delta X_{ci} \quad (3.2.3\text{-}17)$$

2）车体竖向加高量：

由欠超高引起：

$$\Delta Y_a = \Delta Y_{Qa} + T'_a \text{（或 } T'_i\text{）} \quad (3.2.3\text{-}18)$$

由超高引起：

$$\Delta Y_i = \Delta Y_{Qi} + T'_i \text{（或 } T'_a\text{）} \quad (3.2.3\text{-}19)$$

当竖曲线偏移量已在直线设备限界中考虑时，应取 T'_a（或 T'_i）$=0$。

3）当设备限界左右对称时：

曲线超高区段：

$$\Delta X_a = \Delta X_i = (T_a + \Delta X_{Qa} + \Delta X_{ca}) \text{ 或 } (T_i + \Delta X_{Qi} + \Delta X_{ci}) \text{ 中取较大值} \quad (3.2.3\text{-}20)$$

$$\Delta Y_a = \Delta Y_i = [\Delta Y_{Qa} + T'_a \text{（或 } T'_i\text{）}] \text{ 或 } [\Delta Y_{Qi} + T'_i \text{（或 } T'_a\text{）}] \text{ 中取较大值} \quad (3.2.3\text{-}21)$$

曲线无超高区段：

$$\Delta X_a = \Delta X_i = T_a + \Delta X_{Qa} + \Delta X_{ca} \quad (3.2.3\text{-}22)$$

$$\Delta Y_a = \Delta Y_i = \Delta Y_{Qa} + T'_a \text{（或 } T'_i\text{）} \quad (3.2.3\text{-}23)$$

3.3　建筑限界的计算

3.3.1　区间隧道建筑限界与设备限界之间的空间，应考虑设备和管线安装所需的尺寸，并应预留安装误差值、测量误差值和变形量，所需的安全间隙宜为 20～50mm。建筑限界和设备限界之间的最小间距不宜小于 200mm，困难条件下不应小于 100mm。

3.3.2　建筑限界的坐标系在曲线超高地段应采用原来直线地段的基准坐标系，不得随超高角而旋转。

3.3.3　矩形单线隧道建筑限界的计算应符合下列规定：

1　直线地段矩形隧道建筑限界，应在直线地段设备限界基础上，按下列公式计算确定：

1）建筑限界宽度：

$$B_S = B_R + B_L \quad (3.3.3\text{-}1)$$

线路中心线至隧道右侧建筑限界的距离：

$$B_R = X_{s(max)} + b_1 + c \quad (3.3.3\text{-}2)$$

线路中心线至隧道左侧建筑限界的距离：

$$B_L = X_{s(max)} + b_2 + c \quad (3.3.3\text{-}3)$$

2）建筑限界高度（距轨面）：

A 型、B2 型限界轨顶面至隧道顶板建筑限界高度：

$$H = h_1 + h_2 \quad (3.3.3\text{-}4)$$

B1 型限界轨顶面至隧道顶板建筑限界：

$$H = h'_1 + h'_2 \quad (3.3.3\text{-}5)$$

2　曲线地段矩形隧道建筑限界，应在曲线地段设备限界的基础上，按下列公式计算确定：

1）曲线地段建筑限界内侧宽度：

$$B_i = X_2 \cos\alpha + Y_2 \sin\alpha + b_1 \text{（或 } b_2\text{）} + c \quad (3.3.3\text{-}6)$$

2）曲线地段建筑限界外侧宽度：

$$B_a = X_3 \cos\alpha - Y_3 \sin\alpha + b_1 \text{（或 } b_2\text{）} + c \quad (3.3.3\text{-}7)$$

3）曲线地段建筑限界高度（仅适用于 B1 型限界）：

$$H_u = Y_1 \cos\alpha + X_1 \sin\alpha + h'_2 \quad (3.3.3\text{-}8)$$

$$\alpha = \sin^{-1}(h_{ac}/1500) \quad (3.3.3\text{-}9)$$

3.3.4　圆形单线隧道的建筑限界，应按盾构施工地段的水平曲线最小半径计算确定。

3.3.5　马蹄形单线隧道的建筑限界，宜按全线采用矿山法施工地段的水平曲线最小半径计算确定。

3.3.6　圆形或马蹄形隧道在曲线超高地段，应采用隧道建筑限界中心点相对于直线建筑限界中心点移动的方法补偿轨道超高产生的附加偏移量。隧道建筑限界中心点移动量应按下列公式计算：

$$x' = h_0 \times \sin\alpha \quad (3.3.6\text{-}1)$$

超高由提高外轨和降低内轨各半时：

$$y' = -h_0(1-\cos\alpha) \quad (3.3.6\text{-}2)$$

超高由单独提高外轨时：

$$y' = h_{ac}/2 - h_0(1-\cos\alpha) \quad (3.3.6\text{-}3)$$

3.3.7 道岔区的建筑限界，应根据实际选定的道岔和车辆技术参数，以及车辆过岔速度，在直线地段建筑限界的基础上进行加宽。

3.3.8 当道岔区的电缆需从隧道顶部过轨时，建筑限界高度应考虑电缆桥架结构高度的需要进行加高。当采用接触网受电时，隧道建筑限界可不加高。

3.3.9 在安装风机、风管、接触网隔离开关、道岔转辙机等设备地段，应在设备限界要求的基础上确定建筑限界，必要时应采取局部加宽、加高措施。

3.3.10 直线地段车站建筑限界应符合下列规定：

1 站台面至轨顶面高度：

A型车　　1030～1080mm；

B型车　　1000～1050mm；

2 有效站台范围内，站台边缘与车厢地板面高度处的车辆限界之间的水平间隙不宜小于10mm，站台边缘与车厢地板面高度处的车辆轮廓线之间的水平间隙不应大于100mm。

3 有效站台范围外的站台边缘距设备限界的安全间隙不宜小于50mm，有效站台范围外可设过渡段，过渡段长度不应大于20m。

4 车站范围内有墙、柱处的建筑限界：当墙、柱上悬挂设备时，应按设备限界加400～500mm空隙确定；当墙、柱上不安装设备或管线时，线路中心线至墙柱的建筑限界可按设备限界加200mm空隙确定；困难条件下不应小于100mm。

5 车站有效站台范围内的屏蔽门或栏杆与车辆限界之间的安全间隙不应小于25mm。

3.3.11 曲线站台应按直线站台车辆限界加曲线偏移量（公式3.2.3-16、3.2.3-17）及安全留量确定，曲线站台边缘至车辆轮廓线之间的间隙不得大于180mm。

3.3.12 辅助线的水平曲线半径小于正线水平曲线最小半径时，其建筑限界应另行计算确定。

3.3.13 直线地段防淹门和人防隔断门建筑限界与设备限界之间的横向间隙不应小于100mm；高度应与区间矩形隧道相同。

3.3.14 车辆段建筑限界应符合下列规定：

1 车辆段库外连续建筑物至设备限界间距不得小于200mm；当设人行便道时宜为1000mm；

2 车辆段库外非连续建筑物（其长度不大于2m）至设备限界的净距不得小于200mm；当设人行便道时宜为600mm；

3 车辆段车库大门与设备限界的横向间隙不应小于100mm；

4 车辆段车库大门最小高度应按车辆高度加不小于200mm安全间隙；当列车升弓进库时，应按受电弓设备限界确定；

5 库内检修平台不得侵入车辆限界。

3.3.15 当两线路间无墙、柱及其他设备时，两线路中心线水平间距应按两设备限界之间的安全间隙不小于100mm计算。

3.3.16 道岔警冲标至相邻两线中心线的垂直距离，应按两单线设备限界确定。

3.3.17 高架线（或地面线）建筑限界与设备限界之间的最小间隙应为500mm。

4　地铁A型限界标准

4.1　A型限界主要计算参数

4.1.1 A型车采用受电弓受电。

4.1.2 A型车计算车辆主要参数宜符合下列要求：

1 车辆长度：

1）车体长度　　22100mm

2）车辆定距　　15700mm

2 车辆宽度：

1）车体外侧最大宽度　　3000mm

2）车顶外侧宽度　　2823mm

3）底架外侧宽度　　3000mm

3 车辆高度：

1）车顶高度（距轨面）　　3800mm

2）落弓高度（距轨面）　　3810mm

3）地板面高度（距轨面）　　1130mm

4 转向架：

转向架固定轴距　　2500mm

5 车轮直径（新轮）　　840mm

6 受电弓宽度　　1550～1700mm

7 车体重量：

1）空车　　22000kg（铝车）

2）重车　　47920kg（铝车）

8 最高运行速度　　80km/h

4.1.3 制定限界的主要设计参数宜符合下列要求：

1 接触导线距轨顶面安装高度：

1）隧道内　　4040mm

2）高架线和地面线　　最小高度4400mm

3）车辆段车场线　　5000mm

2 水平曲线最小半径：

1）正线　　$R300m$

2）辅助线　　$R150m$

3）车场线　　$R110m$

3　竖曲线最小半径　　R_v2000m

4　钢轨类型：

1）正线及辅助线　　60kg/m

2）车场线　　50kg/m

5　轨道超高：

1）最大超高值　　120mm

2）超高设置方法：

第一种　　内轨降低半超高

外轨抬高半超高

第二种　　外轨抬高一个超高

6　各种断面隧道内整体道床的轨道结构高度（轨道中心线处）：

1）矩形　　560mm

2）马蹄形　　按结构仰拱矢跨比确定

3）圆形：

一般道床　　740mm

减振道床　　≤840mm

7　风荷载：

1）高架线或地面线　　600N/m²

2）隧道内　　0

4.1.4　A型计算车辆轮廓线坐标值见表4.1.4和图4.3.1。

表4.1.4　A型（隧道内、高架或地面线）车辆轮廓线坐标值（mm）

点号	0	1	2	3	4	5	6	7	8	9
X	0	250	500	850	1031	1300	1365	1412	1500	1500
Y	3800	3790	3759	3677	3623	3504	3416	3313	1800	1130
点号	10	11	12	13	14	15	16	17	18	19
X	1500	1400	1250	1120	1120	811.5	811.5	708.5	708.5	676.5
Y	520	520	234	234	170	170	0	0	−28	−28
点号	20	21	22	23	24	25	—	0*k*	1*k*	2*k*
X	676.5	626	626	450	450	0	—	0	466	772
Y	160	160	95	95	160	160	—	3842	3842	3780
点号	26	27	28	29	—	0*s*	1*s*	2*s*	3*s*	4*s*
X	1425	1481	1507	1452	—	0	325	615	687	850
Y	3078	3064	2621	2605	—	4040	4040	4022	3992	3856
点号	0*a*	1*a*	2*a*	3*a*	4*a*	0*b*	1*b*	2*b*	3*b*	4*b*
X	0	325	615	687	850	0	325	615	687	850
Y	5000	5000	4982	4952	4816	4400	4400	4382	4352	4216

注：表中第0～13点是车体上的控制点；第13～15点是转向架上的控制点；第16～19点是车轮上的控制点；22，23两点为连接在车轴上的齿轮箱点；20，21，24，25点为连接在转向架构架上的车载信号设备的最低点；26～29为信号灯预留位置；第0*a*，1*a*，2*a*，3*a*，4*a*点为高架或地面线受电弓（高度5000mm）控制点；第0*b*，1*b*，2*b*，3*b*，4*b*点为高架或地面线受电弓（高度4400mm）控制点；第0*s*，1*s*，2*s*，3*s*，4*s*点为隧道内受电弓控制点；第0*k*、1*k*、2*k*点是车顶空调器控制点。

4.2　A型车辆限界

4.2.1　A型隧道内车辆限界坐标值应符合表4.2.1和图4.3.1的规定。

4.2.2　A型高架线（或地面线）车辆限界坐标值应符合表4.2.2和图4.3.2的规定。

4.3　A型设备限界

4.3.1　A型隧道内直线地段设备限界坐标值应符合表4.3.1和图4.3.1的规定。

4.3.2　A型高架线（或地面）直线地段设备限界坐标值应符合表4.3.2和图4.3.2的规定。

表 4.2.1　A 型隧道内车辆限界坐标值（mm）

点号	0′	1′	2′	3′	4′	5′	6′	7′	8′
X	0	525	916	984	1171	1437	1499	1544	1642
Y	3878	3885	3794	3700	3630	3503	3414	3309	1677
点号	9′	10′	11′	12′	13′	14′	15′	16′	17′
X	1578	1565	1465	1303	1155	1155	846	841	738
Y	1007	399	401	122	125	80	82	−18	−18
点号	18′	19′	20′	23′	24′	25′	26′	27′	28′
X	738	647	643	421	415	0	1550	1606	1620
Y	−54	−54	42	42	73	75	3074	3058	2498
点号	0s′	1s′	2s′	3s′	4s′				
X	0	464	753	824	984				
Y	4084	4084	4066	4036	3900				

注：第 0s′，1s′，2s′，3s′，4s′点为隧道内受电弓车辆限界坐标值。

表 4.2.2　A 型高架线（或地面线）车辆限界坐标值（mm）

点号	0′	1′	2′	3′	4′	5′	6′	7′	8′	9′
X	0	526	1012	1067	1262	1524	1583	1624	1671	1584
Y	3878	3899	3769	3686	3596	3461	3369	3263	1634	964
点号	10′	11′	12′	13′	14′	15′	16′	17′	18′	19′
X	1565	1465	1303	1167	1167	858	841	738	738	647
Y	355	360	84	92	74	77	−18	−18	−54	−54
点号	20′	23′	24′	25′		26′	27′	28′		
X	634	421	403	0		1623	1678	1677		
Y	42	42	71	73		3027	3010	2454		
点号	0a′	1a′	2a′	3a′	4a′	0b′	1b′	2b′	3b′	4b′
X	0	624	913	983	1138	0	588	877	947	1102
Y	5044	5044	5026	4996	4860	4444	4444	4426	4396	4260

注：第 0a′，1a′，2a′，3a′，4a′点为受电弓高度 5000mm 时坐标值；0b′，1b′，2b′，3b′，4b′点为受电弓高度 4400mm 时坐标值。

表 4.3.1　A 型隧道内直线地段设备限界坐标值（mm）

点号	0″	1″	2″	3″	4″	5″	6″	7″	8″
X	0	531	952	1016	1193	1477	1570	1644	1703
Y	3938	3945	3848	3758	3686	3551	3452	3309	1677
点号	9″	10″	11″	12″	13″	14″	15″	16″	17″
X	1622	1593	1482	1308	1170	1170	859	856	753
Y	1007	368	371	71	74	50	52	−18	−18
点号	18″	19″	20″	23″	24″	25″	26″	27″	28″
X	753	633	629	408	405	0	1645	1700	1700
Y	−69	−69	30	30	43	45	3074	3058	2498
点号	0s″	1s″	2s″	3s″	4s″				
X	0	465	765	851	1016				
Y	4134	4134	4115	4079	3938				

注：第 0s″，1s″，2s″，3s″，4s″点为隧道内受电弓设备限界坐标值。

表 4.3.2　A 型高架线（或地面）直线地段设备限界坐标值（mm）

点号	0″	1″	2″	3″	4″	5″	6″	7″	8″	9″
X	0	533	1050	1102	1286	1565	1655	1724	1732	1629
Y	3938	3959	3821	3743	3651	3507	3406	3263	1634	964
点号	10″	11″	12″	15″	16″	17″	18″	19″	20″	23″
X	1593	1481	1308	868	856	753	753	634	620	411
Y	323	329	34	47	−18	−18	−69	−69	30	30
点号	24″	25″				26″	27″	28″		
X	404	0				1717	1772	1758		
Y	41	43				3027	3010	2454		
点号	0a″	1a″	2a″	3a″	4a″	0b″	1b″	2b″	3b″	4b″
X	0	626	925	1010	1171	0	590	889	974	1135
Y	5094	5094	5075	5039	4897	4494	4494	4475	4439	4297

注：第 0a″，1a″，2a″，3a″，4a″点为受电弓高度 5000mm 时的坐标值；第 0b″，1b″，2b″，3b″，4b″点为受电弓高度 4400mm 时的坐标值。

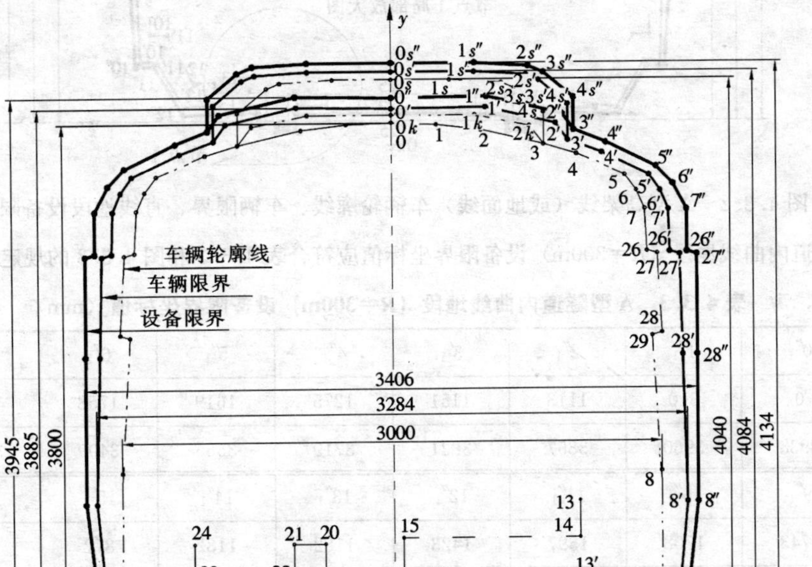

图 4.3.1　A 型隧道内车辆轮廓线、车辆限界、直线地段设备限界

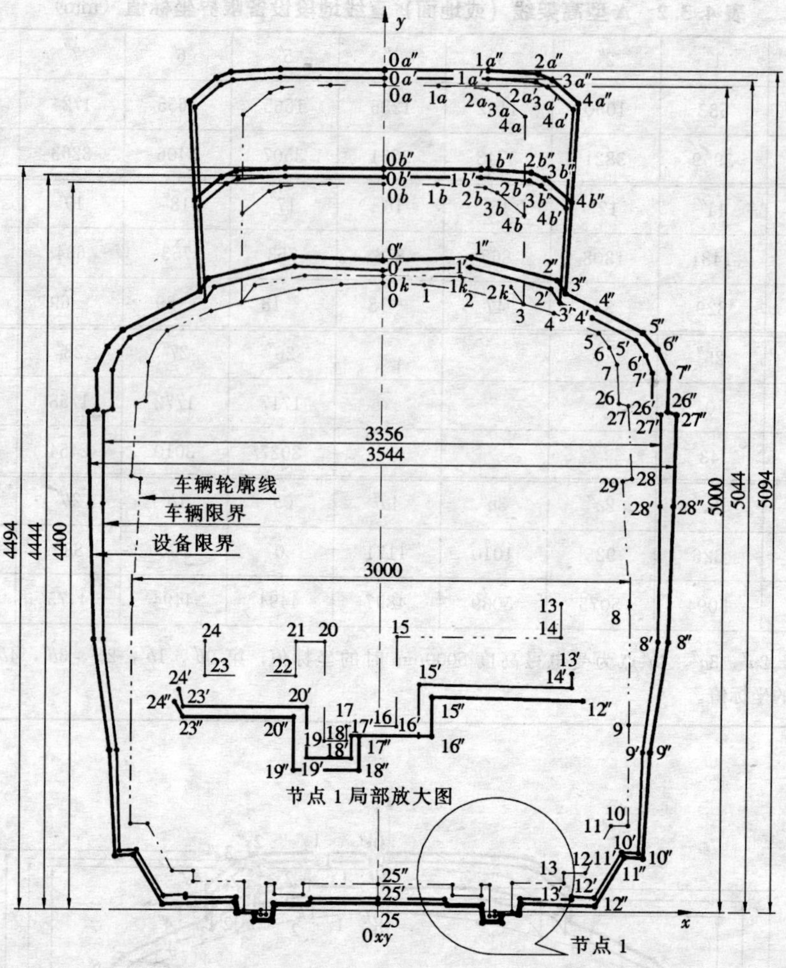

图 4.3.2　A 型高架线（或地面线）车辆轮廓线、车辆限界、直线地段设备限界

4.3.3　A 型隧道内曲线地段（R=300m）设备限界坐标值应符合表 4.3.3 和图 4.3.3 的规定。

表 4.3.3　A 型隧道内曲线地段（R=300m）设备限界坐标值（mm）

点号	$0''_1$	$1''_1$	$2''_1$	$3''_1$	$4''_1$	$5''_1$	$6''_1$	$7''_1$	$8''_1$
X	0	610	1113	1151	1275	1619	1758	1828	1842
Y	3938	3960	3857	3821	3719	3565	3409	3264	1631
点号	$9''_1$	$10''_1$	$11''_1$	$12''_1$	$13''_1$	$14''_1$	$15''_1$	$16''_1$	$17''_1$
X	1743	1708	1597	1423	1182	1182	872	868	765
Y	963	324	330	35	74	50	52	−18	−18
点号	$18''_1$	$19''_1$	$20''_1$	$23''_1$	$24''_1$	$25''_1$			
X	765	621	617	395	393	0			
Y	−69	−69	30	30	43	45			
点号	$26''_1$	$27''_1$	$28''_1$		$0s''_1$	$1s''_1$	$2s''_1$	$3s''_1$	$4s''_1$
X	1823	1877	1863		0	382	781	951	1113
Y	3029	3011	2451		4134	4147	4133	4055	3910

注：第 $0s''_1$，$1s''_1$，$2s''_1$，$3s''_1$，$4s''_1$ 点坐标为隧道内曲线段受电弓设备限界坐标。

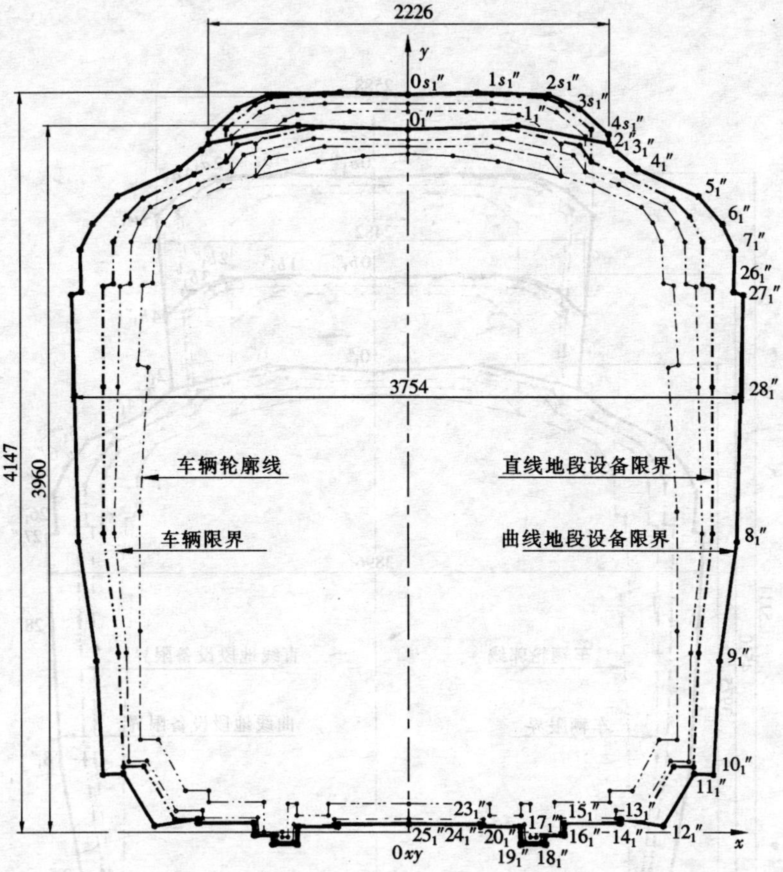

图 4.3.3　A 型隧道内曲线地段（$R=300$m）设备限界（未按超高旋转）

4.3.4　A 型高架（或地面）曲线地段（$R=300$m）设备限界坐标值应符合表 4.3.4 和图 4.3.4 的规定。

表 4.3.4　A 型高架（或地面）曲线地段（R=300m）设备限界坐标值（mm）

点号	$0''_1$	$1''_1$	$2''_1$	$3''_1$	$4''_1$	$5''_1$	$6''_1$	$7''_1$	$8''_1$
X	0	632	1203	1248	1368	1707	1842	1907	1871
Y	3938	3975	3833	3792	3687	3522	3360	3216	1586
点号	$9''_1$	$10''_1$	$11''_1$	$12''_1$	$15''_1$	$16''_1$	$17''_1$	$18''_1$	$19''_1$
X	1749	1708	1596	1423	880	868	765	765	622
Y	919	279	289	25	47	−18	−18	−69	−69
点号	$20''_1$	$23''_1$	$24''_1$	$25''_1$			$26''_1$	$27''_1$	$28''_1$
X	608	398	392	0			1894	1948	1919
Y	30	30	41	43			2980	2961	2406
点号	$0a''_1$	$1a''_1$	$2a''_1$	$3a''_1$	$4a''_1$				
X	0	516	952	1137	1294				
Y	5094	5111	5096	5011	4865				
点号	$0b''_1$	$1b''_1$	$2b''_1$	$3b''_1$	$4b''_1$				
X	0	497	902	1084	1241				
Y	4494	4510	4496	4412	4266				

注：第 $0a''_1$，$1a''_1$，$2a''_1$，$3a''_1$，$4a''_1$ 点为受电弓高度 5000mm 时设备限界坐标；$0b''_1$，$1b''_1$，$2b''_1$，$3b''_1$，$4b''_1$ 点为受电弓高度 4400mm 时设备限界坐标。

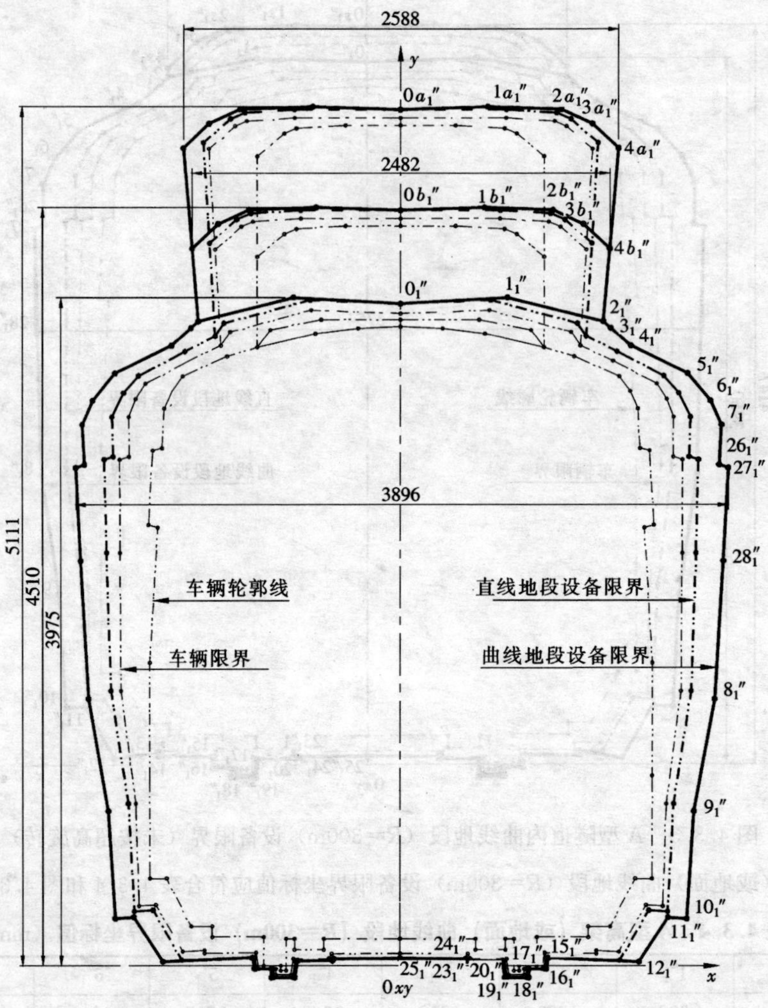

图 4.3.4　A型高架（或地面）曲线地段（$R=300m$）设备限界（未按超高旋转）

4.4　A型建筑限界

4.4.1　A型隧道建筑限界应符合下列规定：

1　A型区间直线地段矩形隧道建筑限界应符合图 4.4.1-1；

2　A型区间曲线地段矩形隧道建筑限界（$R=300m$、$h_{ac}=120mm$）应符合图 4.4.1-2；

3　A型区间直线地段圆形隧道建筑限界应符合图 4.4.1-3；

4　A型区间曲线地段圆形隧道建筑限界（$R=300m$、$h_{ac}=120mm$）应符合图 4.4.1-4；

5　A型区间直线地段马蹄形隧道建筑限界应符合图 4.4.1-5；

6　A型区间曲线地段马蹄形隧道建筑限界（$R=300m$、$h_{ac}=120mm$）应符合图 4.4.1-6。

4.4.2　A型车站建筑限界应符合下列规定：

1　A型车站直线地段矩形隧道建筑限界应符合图 4.4.2-1；

2　A型车站直线地段高架线或地面线建筑限界应符合图 4.4.2-2。

4.4.3　A型高架线（或地面线）建筑限界应符合下列规定：

1　A型区间直线地段高架双线建筑限界应符合图 4.4.3-1；

2　A型区间直线地段地面双线建筑限界应符合图 4.4.3-2。

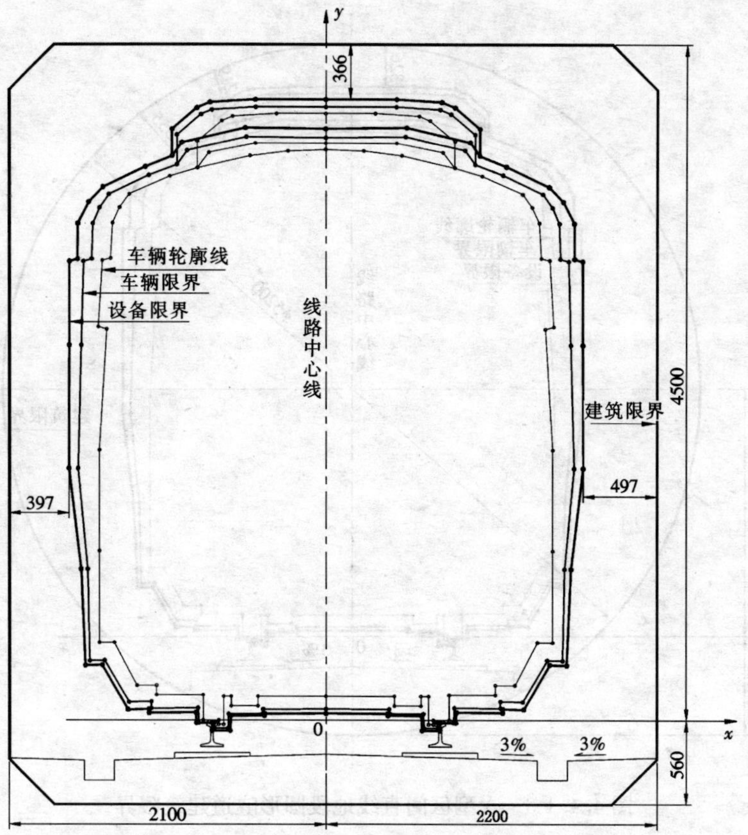

图 4.4.1-1　A 型区间直线地段矩形隧道建筑限界

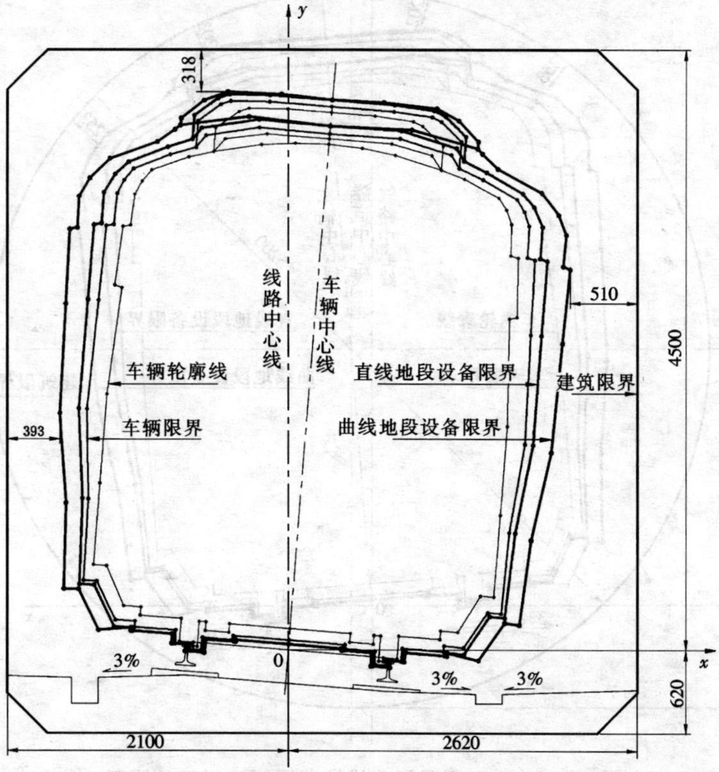

图 4.4.1-2　A 型区间曲线地段矩形隧道建筑限界

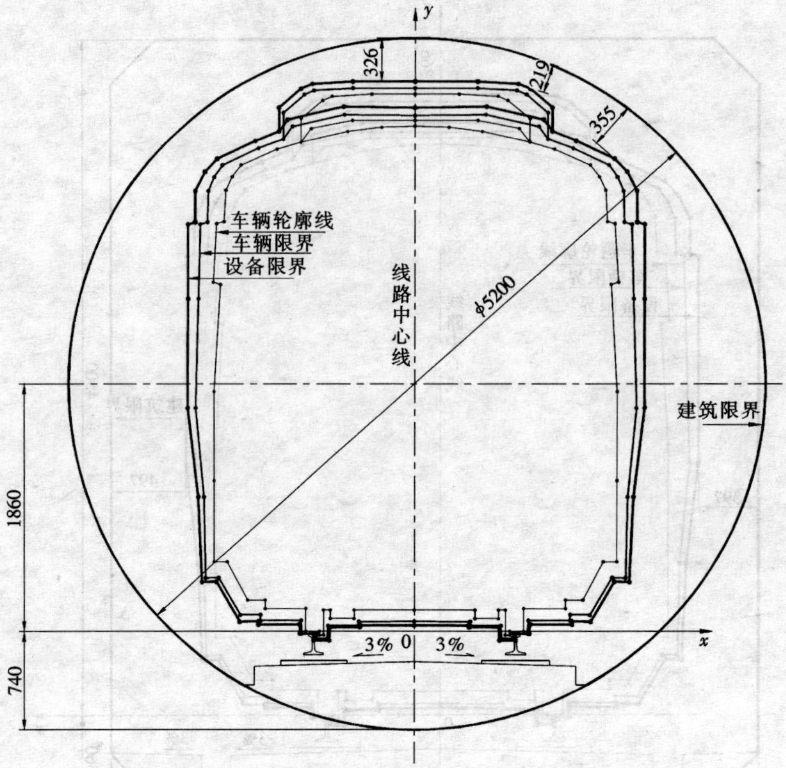

图 4.4.1-3　A 型区间直线地段圆形隧道建筑限界

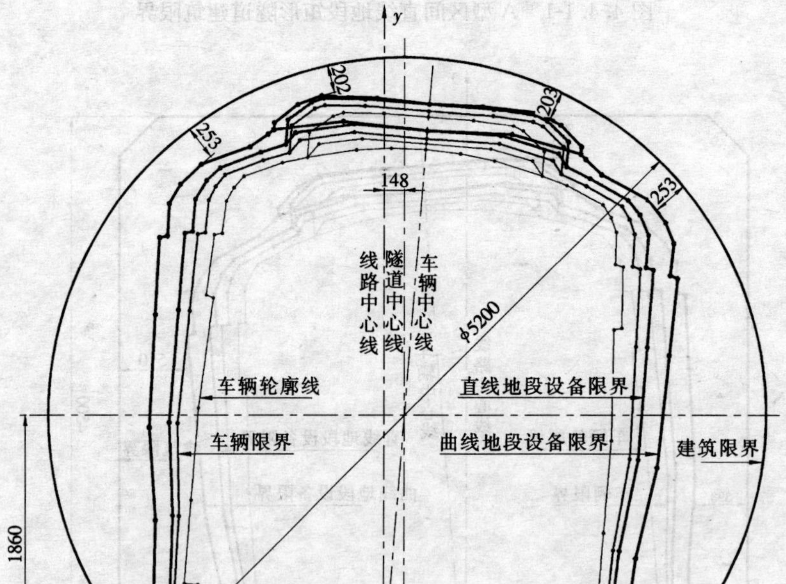

图 4.4.1-4　A 型区间曲线地段圆形隧道建筑限界

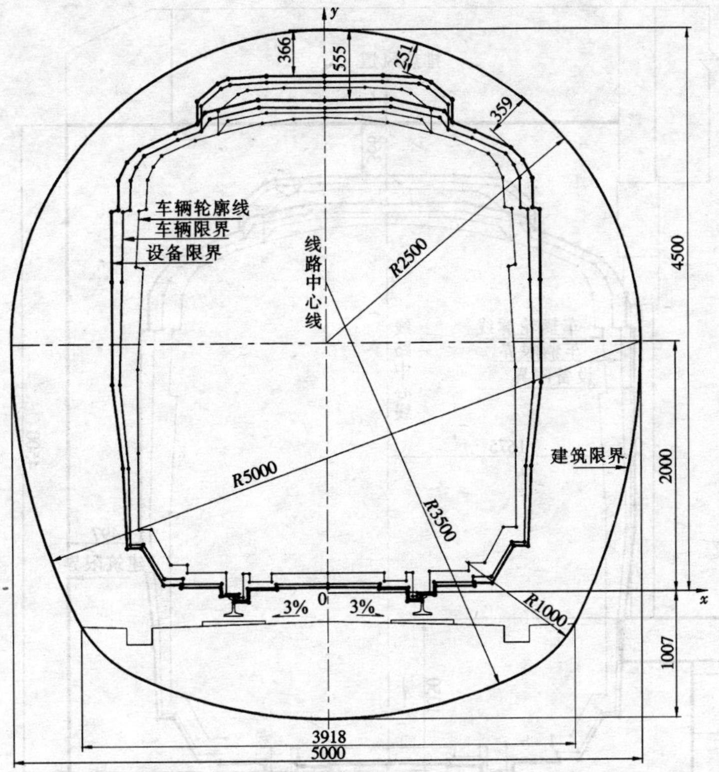

图 4.4.1-5　A 型区间直线地段马蹄形隧道建筑限界

注：图中尺寸 1007，3918 及矢量 $R1000$，$R3500$ 为参考值

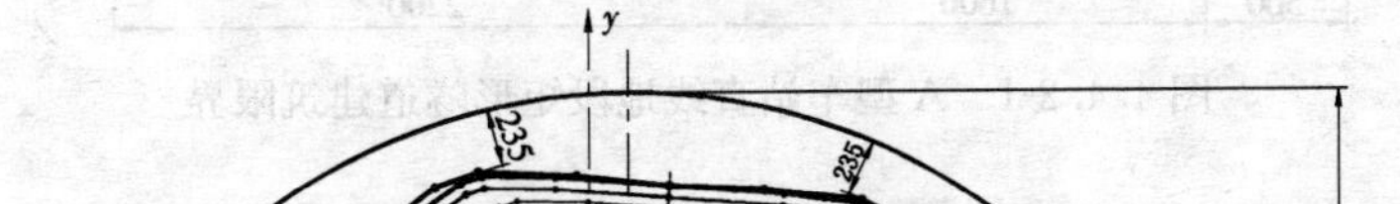

图 4.4.1-6　A 型区间曲线地段马蹄形隧道建筑限界

注：图中尺寸 1007，3912 及矢量 $R1000$，$R3500$ 为参考值

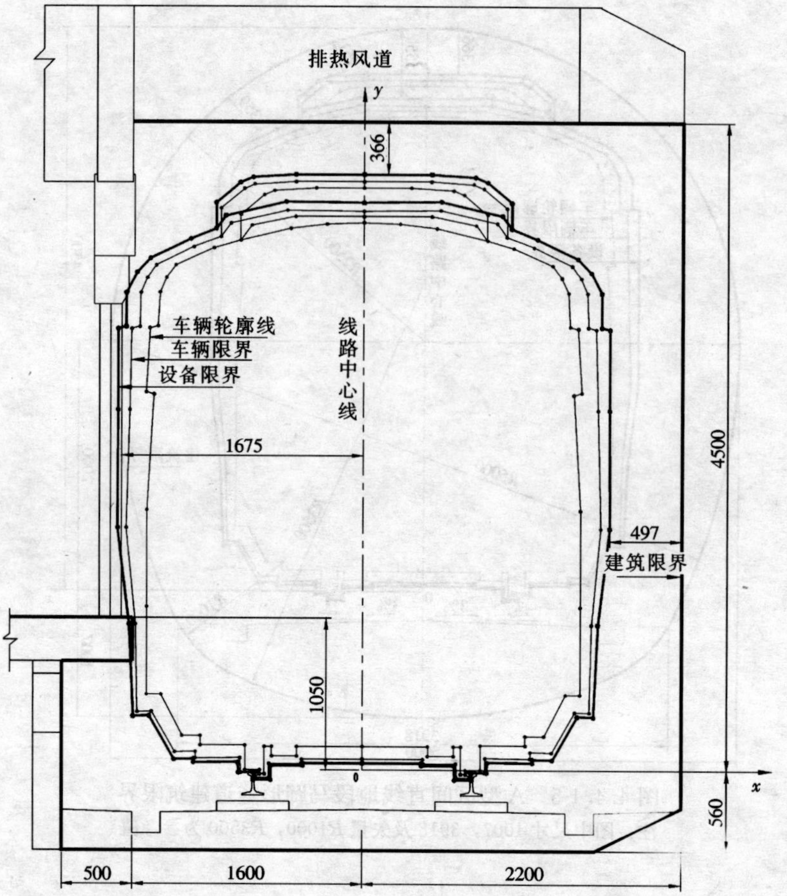

图 4.4.2-1　A 型车站直线地段矩形隧道建筑限界

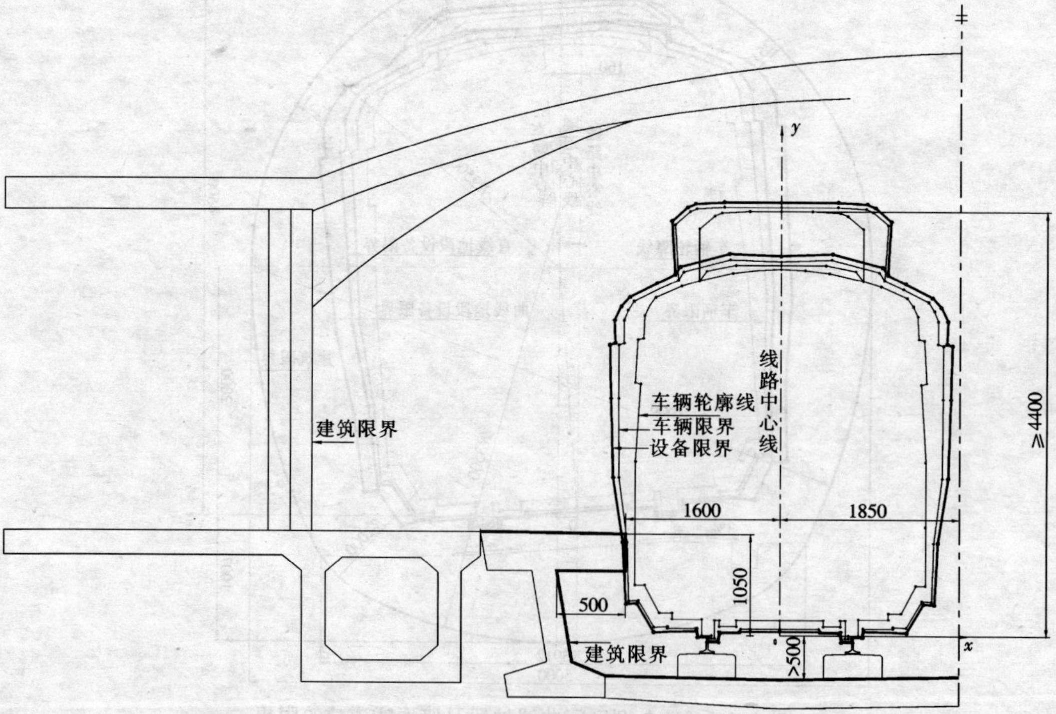

图 4.4.2-2　A 型车站直线地段高架线（或地面线）建筑限界

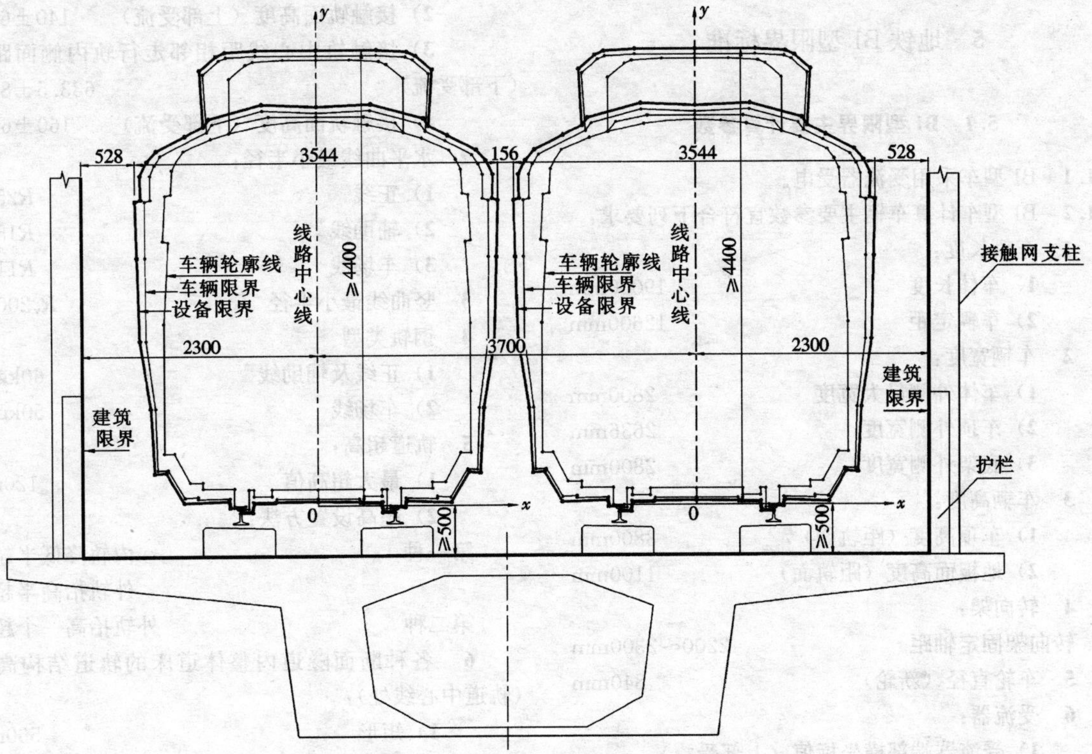

图 4.4.3-1　A 型区间直线地段高架双线建筑限界

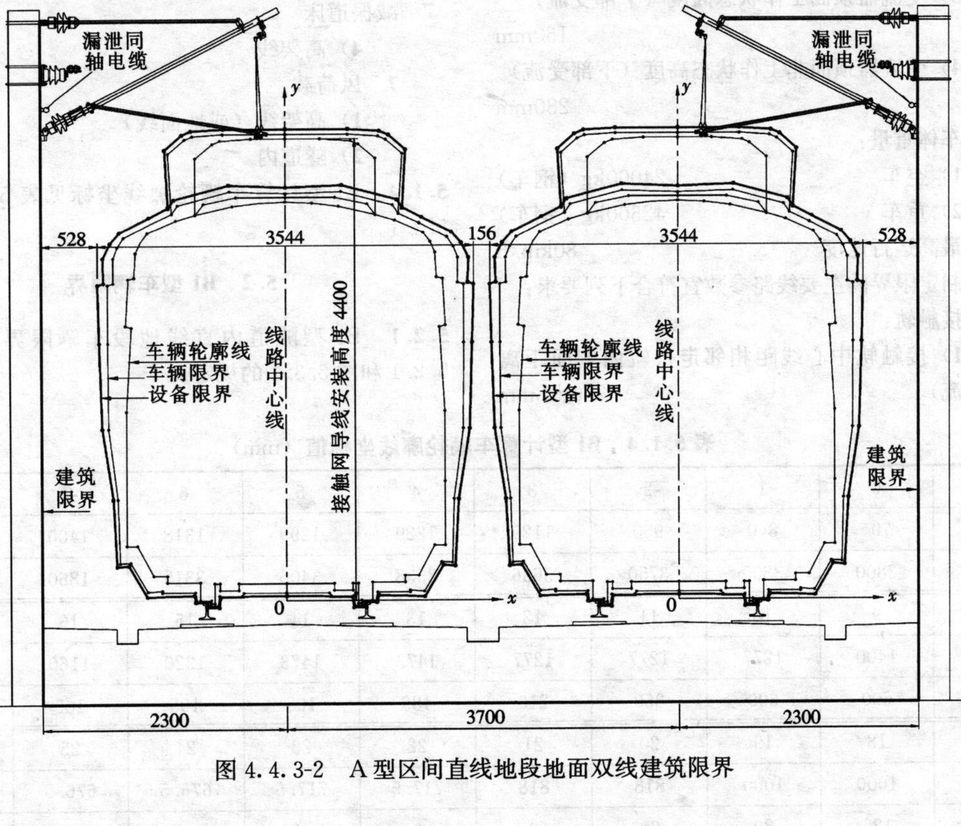

图 4.4.3-2　A 型区间直线地段地面双线建筑限界

5 地铁B1型限界标准

5.1 B1型限界主要计算参数

5.1.1 B1型车采用受流器受电。

5.1.2 B1型车计算车辆主要参数宜符合下列要求：

1 车辆长度：

1）车体长度 19000mm

2）车辆定距 12600mm

2 车辆宽度：

1）车体外侧最大宽度 2800mm

2）车顶外侧宽度 2636mm

3）底架外侧宽度 2800mm

3 车辆高度：

1）车顶高度（距轨面） 3800mm

2）地板面高度（距轨面） 1100mm

4 转向架：

转向架固定轴距 2200～2300mm

5 车轮直径（新轮） 840mm

6 受流器：

1）受流器端部横坐标值（上部受流） 1473mm

2）受流器中心线高度（上部受流） 140mm

3）受流器顶面工作状态高度（下部受流） 160mm

4）受流器顶面非工作状态高度（下部受流） 230mm

7 车体重量：

1）空车 24000kg（钢车）

2）重车 42600kg（钢车）

8 最高运行速度 80km/h

5.1.3 制定限界的主要线路参数宜符合下列要求：

1 接触轨：

1）接触轨中心线距相邻走行轨内侧面距离（上部受流） 700±8mm

2）接触轨面高度（上部受流） 140±6mm

3）接触轨中心线距相邻走行轨内侧面距离（下部受流） 633.5±8mm

4）接触轨面高度（下部受流） 160±6mm

2 水平曲线最小半径：

1）正线 R250m

2）辅助线 R150m

3）车场线 R110m

3 竖曲线最小半径 R_v2000m

4 钢轨类型：

1）正线及辅助线 60kg/m

2）车场线 50kg/m

5 轨道超高：

1）最大超高值 120mm

2）超高设置方法：

第一种 内轨降低半超高
外轨抬高半超高

第二种 外轨抬高一个超高

6 各种断面隧道内整体道床的轨道结构高度（轨道中心线处）：

1）矩形 560mm

2）马蹄形 650mm

3）圆形：

一般道床 740mm

减振道床 ≤840mm

4）高架线 500mm

7 风荷载：

1）高架线（或地面线） 600N/m²

2）隧道内 0

5.1.4 B1型计算车辆轮廓线坐标见表5.1.4和图5.3.1。

5.2 B1型车辆限界

5.2.1 B1型隧道内直线地段车辆限界应符合表5.2.1和图5.3.1的规定。

表5.1.4 B1型计算车辆轮廓线坐标值（mm）

点号	0	1	2	3	4	5	6	7	8
X	0	840	950	1129	1229	1299	1318	1400	1400
Y	3800	3800	3750	3636	3538	3406	3315	1860	1100
点号	9	10	11	12	13	14	15	16	17
X	1400	1277	1277	1277	1473	1473	1220	1160	1140
Y	600	600	350	210	185	105	105	105	125
点号	18	19	20	21	22	23	24	25	26
X	1000	1000	818	818	717.5	717.5	676.5	676.5	0
Y	125	80	80	0	0	−25	−25	80	80

续表 5.1.4

点号	27	28	29	30		10d	11d	12d	13d
X	1332	1387	1413	1358		1255	1255	1255	1440
Y	3077	3063	2621	2605		600	355	160	160
点号	14d	15d	16d	17d	20d		12e	13e	14e
X	1441	1230	1065	1065	818		−1255	−1428	−1428
Y	120	85	85	165	165		222	222	190

注：表中第 0～10，10d 点是车体上的控制点；第 11、11d 点是车轴上轴箱的控制点；第 12～15 点是转向架构架上受流器的控制点；第 16～18 为转向架构架上的控制点；第 19～20 为构架上的电感应器控制点；第 21、22 两点为车轮踏面上的控制点；23、24 为轮缘上的控制点；25、26 点为连接在车轴上的齿轮箱最低点；27～30 为信号灯预留位置；第 12～15d 点是转向架构架下受流器的控制点；第 16d～20d 为下部受流转向架构架上的控制点。

表 5.2.1 B1 型隧道内直线地段车辆限界坐标值（mm）

点号	0′	1′	2′	3′	4′	5′	6′	7′	8′
X	0	911	1073	1250	1348	1416	1433	1540	1480
Y	3859	3867	3790	3672	3572	3439	3347	1740	980
点号	9′	10′	11′	12′	13′	14′	15′	16′	17′
X	1475	1353	1306	1316	1512	1512	1259	1199	1174
Y	481	482	296	233	208	77	77	77	45
点号	18′	19′	20′	21′	22′	23′	24′	25′	26′
X	1034	1027	852	852	717.5	717.5	647	647	0
Y	45	40	40	−18	−18	−51	−51	42	42
点号			27′	28′	29′		13a′	13b′	13c′
X			1443	1498	1516		−1455	−1486	−1517
Y			3109	3094	2501		271	258	211
点号	14a′	14b′	14c′			10d′	11d′	12d′	13d′
X	−1518	−1515	−1364.5			1294.5	1294.5	1308	1494
Y	140	125	140			483	303	160	160
点号	14d′	15d′	16d′	17d′	20d′		12e′	13e′	14e′
X	1494	1285	1120	1104.5	852		−1307	−1486	−1481
Y	120	21	24	113	113		252	256	122

注：第 13a′，13b′，13c′，14a′，14b′，14c′点为左侧上部受流器工作状态车辆限界坐标；10d′～20d′为下部受电车辆限界坐标；12e′～14e′为下部受电工作状态车辆限界坐标。

5.2.2 B1 型高架（或地面）直线地段车辆限界应符合表 5.2.2 和图 5.3.2 的规定。

表 5.2.2　B1 型高架（或地面）直线地段车辆限界坐标值（mm）

点号	0′	1′	2′	3′	4′	5′	6′	7′	8′
X	0	925	1149	1323	1418	1482	1497	1562	1482
Y	3859	3879	3764	3641	3538	3403	3311	1718	958
点号	9′	10′	11′	12′	13′	14′	15′	16′	17′
X	1475	1353	1306	1316	1512	1512	1259	1199	1174
Y	481	482	296	233	208	77	77	77	45
点号	18′	19′	20′	21′	22′	23′	24′	25′	26′
X	1034	1027	852	852	717.5	717.5	647	647	0
Y	45	40	40	−18	−18	−51	−51	42	42
点号			27′	28′	29′		13*a*′	13*b*′	13*c*′
X			1500	1554	1560		−1455	−1486	−1517
Y			3073	3056	2478		271	258	211
点号	14*a*′	14*b*′	14*c*′			10*d*′	11*d*′	12*d*′	13*d*′
X	−1518	−1515	−1364.5			1294.5	1294.5	1308	1494
Y	140	125	140			483	303	160	160
点号	14*d*′	15*d*′	16*d*′	17*d*′	20*d*′		12*e*′	13*e*′	14*e*′
X	1494	1285	1120	1104.5	852		−1307	−1486	−1481
Y	120	21	24	113	113		252	256	122

注：第 13*a*′，13*b*′，13*c*′，14*a*′，14*b*′，14*c*′点为左侧上部受流器工作状态车辆限界坐标；10*d*′～20*d*′为下部受电车辆限界坐标；12*e*′～14*e*′为下部受电工作状态车辆限界坐标。

5.3　B1 型设备限界

5.3.1　B1 型隧道内直线地段设备限界应符合表 5.3.1 和图 5.3.1 的规定。

表 5.3.1　B1 型隧道内直线地段设备限界坐标值（mm）

点号	0″	1″	2″	3″	4″	5″	6″	7″	8″
X	0	925	1104	1289	1398	1492	1533	1604	1527
Y	3919	3927	3841	3718	3607	3465	3347	1740	980
点号	9″	10″	14″	20″	21″	22″	23″	24″	25″
X	1522	1568	1568	867	867	733	733	632	632
Y	432	432	15	15	−18	−18	−66	−66	15
点号	26″			27″	28″	29″		9*a*″	10*a*″
X	0			1538	1592	1597		−1545	−1660
Y	15			3109	3094	2501		432	432
点号	14*a*″		9*d*″	10*d*″	14*d*″		9*e*″	10*e*″	14*e*″
X	−1660		1565	1650	1650		−1550	−1625	−1625
Y	15		545	545	15		545	545	15

注：第 10″，14″点为上部受电受流器非工作状态设备限界坐标；9*a*″，10*a*″，14*a*″为上部受电受流器工作状态设备限界坐标。第 9*d*″，10*d*″，14*d*″点为下部受电受流器工作状态设备限界坐标；9*e*″，10*e*″，14*e*″为下部受电受流器非工作状态设备限界坐标。

5.3.2　B1 型高架线（或地面线）直线地段设备限界应符合表 5.3.2 和图 5.3.2 的规定。

表 5.3.2　B1 型高架（或地面）直线地段设备限界坐标值（mm）

点号	0″	1″	2″	3″	4″	5″	6″	7″	8″
X	0	938	1181	1363	1469	1559	1597	1626	1530
Y	3919	3939	3815	3687	3573	3427	3311	1718	958
点号	9″	10″	14″	20″	21″	22″	23″	24″	25″
X	1522	1568	1568	867	867	733	733	632	632
Y	432	432	15	15	−18	−18	−66	−66	15
点号	26″			27″	28″	29″		9*a*″	10*a*″
X	0			1594	1648	1641		−1545	−1660
Y	15			3073	3056	2478		432	432
点号	14*a*″		9*d*″	10*d*″	14*d*″		9*e*″	10*e*″	14*e*″
X	−1660		1565	1650	1650		−1550	−1625	−1625
Y	15		545	545	15		545	545	15

注：第 10″，14″点为上部受电受流器非工作状态设备限界坐标；9*a*″，10*a*″，14*a*″为上部受电受流器工作状态设备限界坐标。第 9*d*″，10*d*″，14*d*″点为下部受电受流器工作状态设备限界坐标；9*e*″，10*e*″，14*e*″为下部受电受流器非工作状态设备限界坐标。

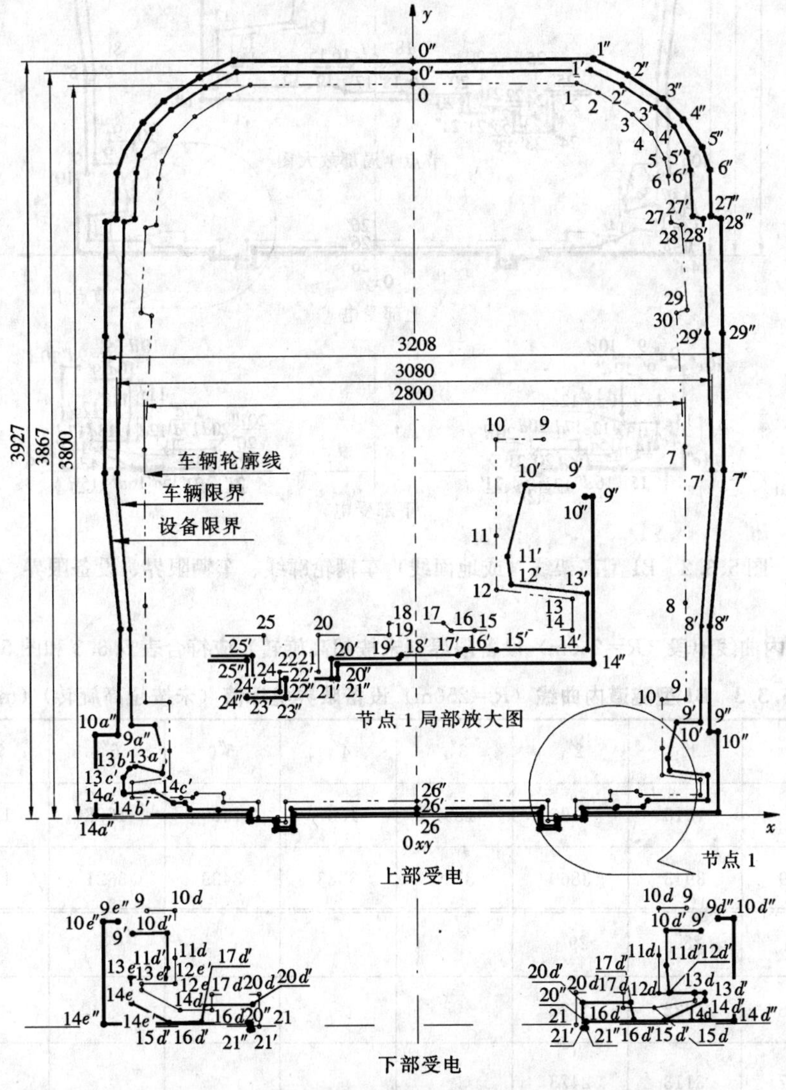

图 5.3.1　B1 型隧道内车辆轮廓线、车辆限界、设备限界

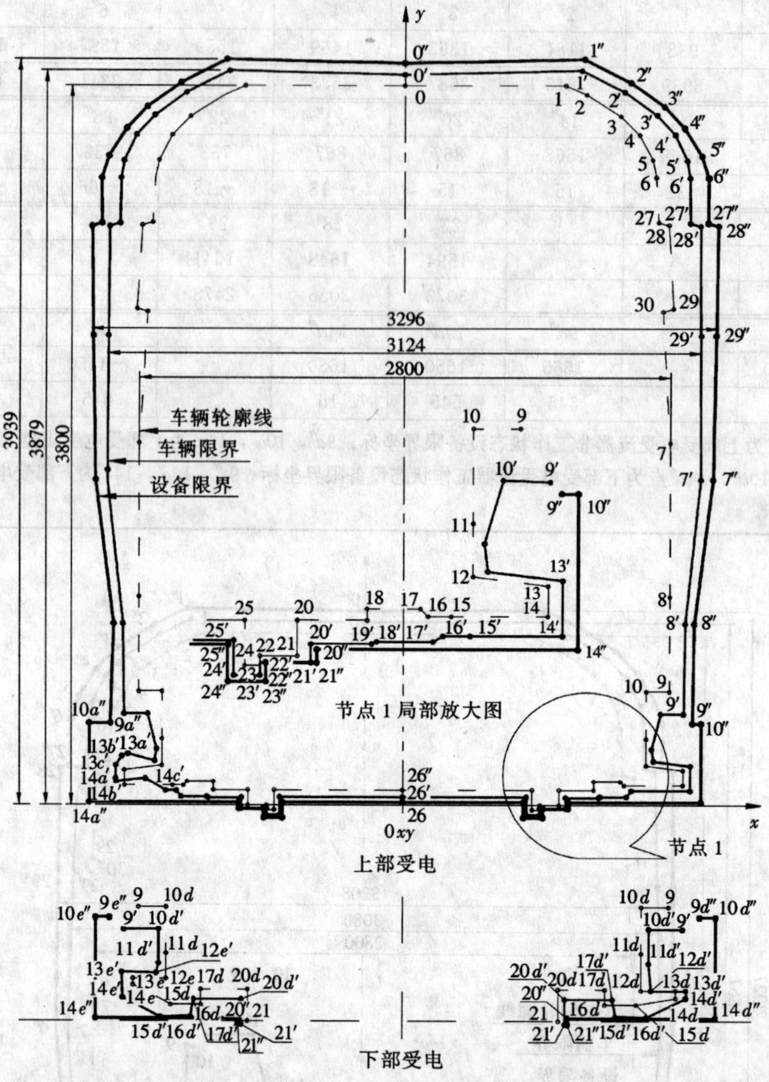

图 5.3.2　B1 型高架线（或地面线）车辆轮廓线、车辆限界、设备限界

5.3.3　B1 型隧道内曲线地段（R=250m）设备限界（未按超高旋转）应符合表 5.3.3 和图 5.3.3 的规定。

表 5.3.3　B1 型隧道内曲线（R=250m）设备限界坐标值（未按超高旋转）（mm）

点号	$0''_1$	$1''_1$	$2''_1$	$3''_1$	$4''_1$	$5''_1$	$6''_1$	$7''_1$	$8''_1$
X	0	1016	1196	1397	1537	1629	1668	1724	1641
Y	3919	3943	3860	3730	3583	3439	3321	1712	954
点号	$27''_1$	$28''_1$	$29''_1$						
X	1668	1722	1722						
Y	3127	3113	2473						

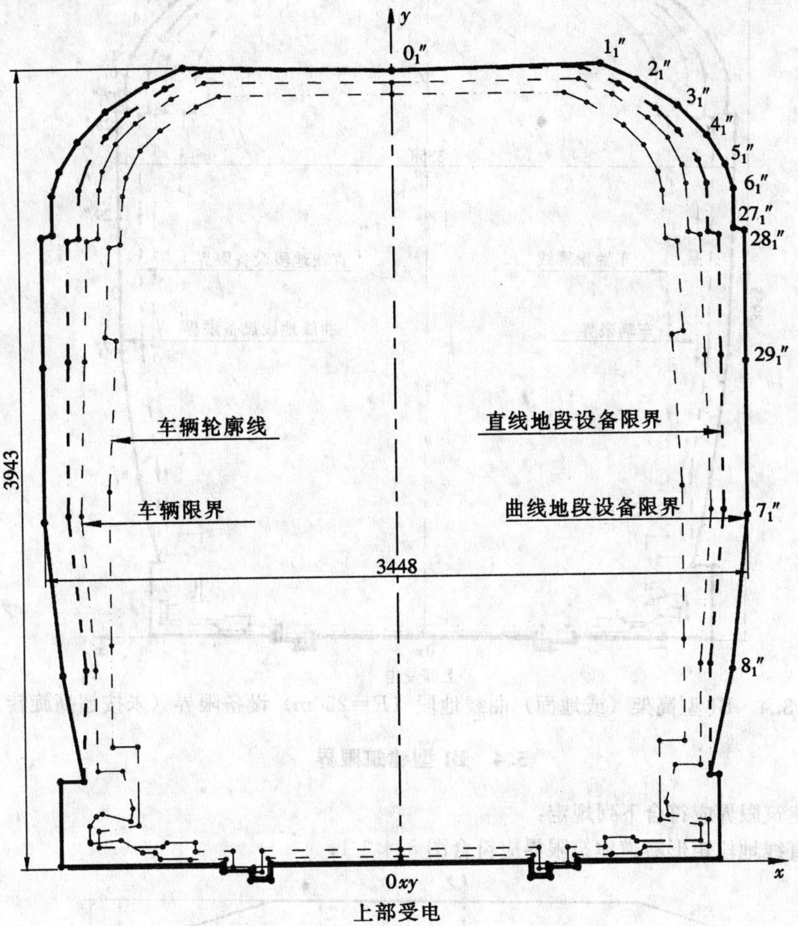

图 5.3.3 B1 型隧道内曲线地段（R=250m）设备限界（未按超高旋转）

5.3.4 B1 型高架线（或地面线）曲线地段（R=250m）设备限界（未按超高旋转）应符合表 5.3.4 和图 5.3.4 的规定。

表 5.3.4 B1 型高架线（或地面线）曲线（R=250m）设备限界坐标值（未按超高旋转）（mm）

点号	$0''_1$	$1''_1$	$2''_1$	$3''_1$	$4''_1$	$5''_1$	$6''_1$	$7''_1$	$8''_1$
X	0	1029	1273	1470	1607	1695	1731	1746	1644
Y	3919	3955	3835	3700	3547	3400	3284	1690	931
点号	$27''_1$	$28''_1$	$29''_1$						
X	1725	1779	1766						
Y	3090	3075	2450						

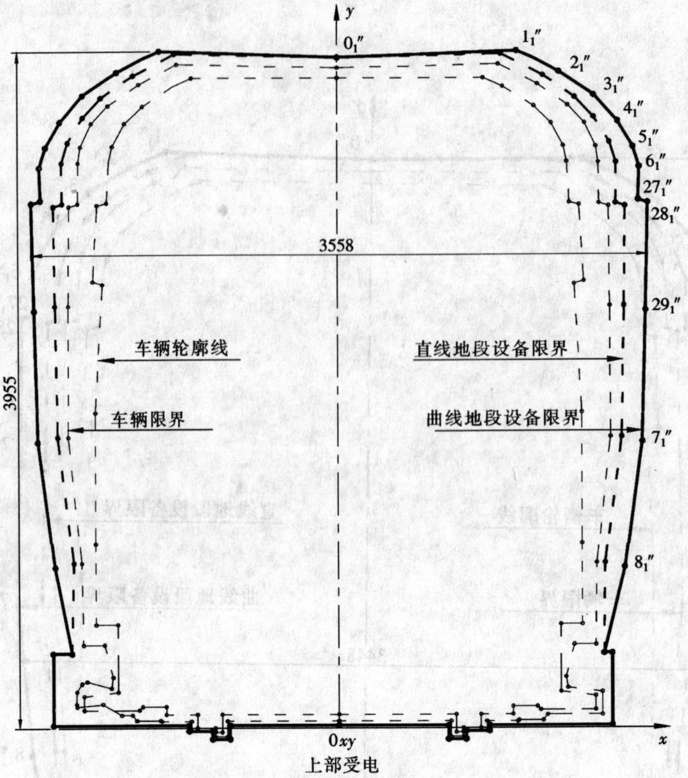

图 5.3.4　B1 型高架（或地面）曲线地段（R=250m）设备限界（未按超高旋转）

5.4　B1 型建筑限界

5.4.1　B1 型隧道建筑限界应符合下列规定：

1　B1 型区间直线地段矩形隧道建筑限界应符合图 5.4.1-1；

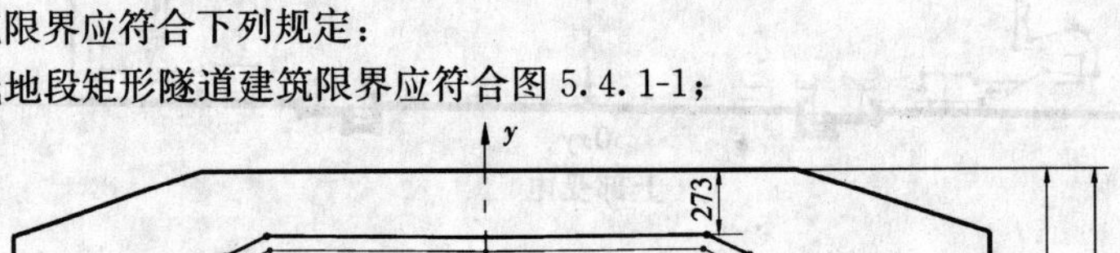

图 5.4.1-1　B1 型区间直线地段矩形隧道建筑限界

2　B1 型区间曲线地段矩形隧道建筑限界（R=250m、h_{ac}=120mm）应符合图 5.4.1-2；

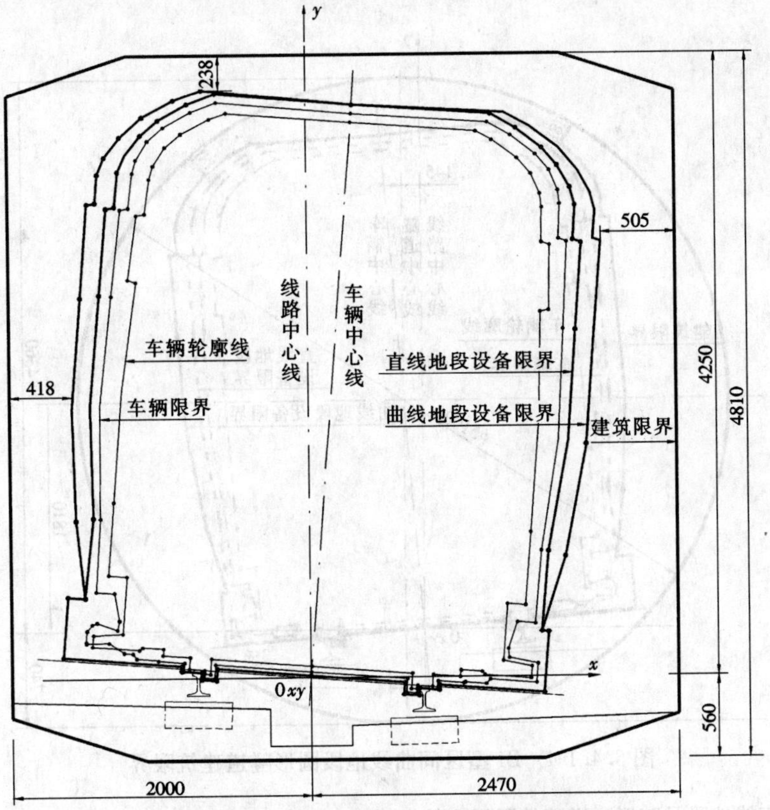

图 5.4.1-2　B1 型区间曲线地段矩形隧道建筑限界

3　B1 型区间直线地段圆形隧道建筑限界应符合图 5.4.1-3；

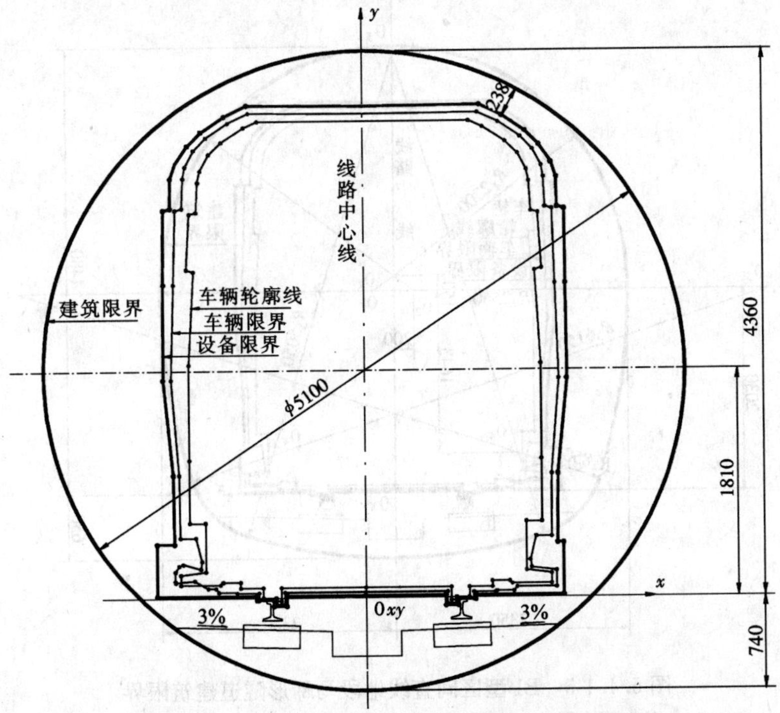

图 5.4.1-3　B1 型区间直线地段圆形隧道建筑限界

4 B1 型区间曲线地段圆形隧道建筑限界（R=250m、h_{ac}=120mm）应符合图 5.4.1-4；

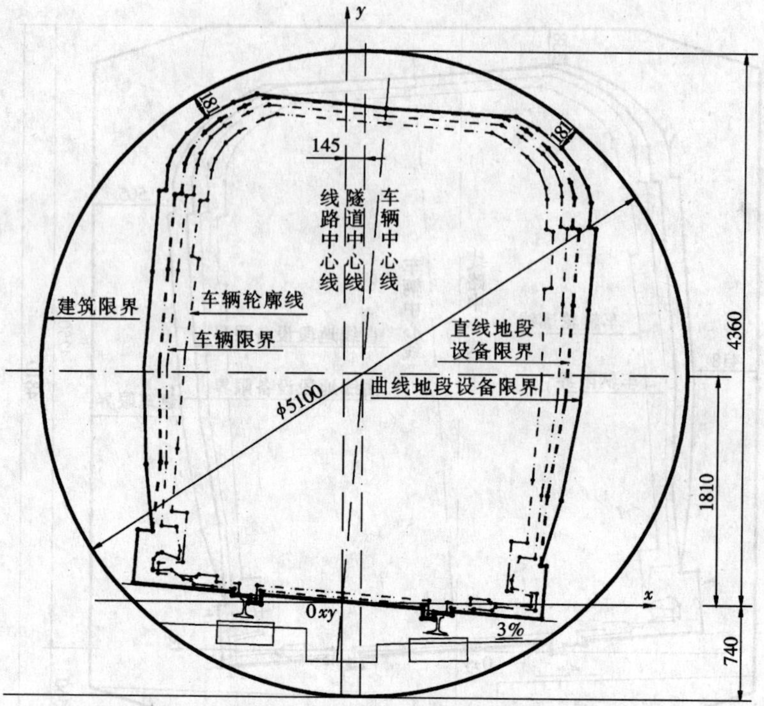

图 5.4.1-4　B1 型区间曲线地段圆形隧道建筑限界

5 B1 型区间直线地段马蹄形隧道建筑限界应符合图 5.4.1-5；

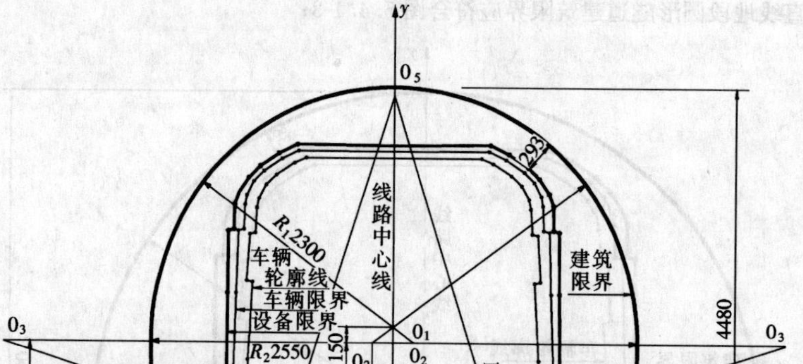

图 5.4.1-5　B1 型区间直线地段马蹄形隧道建筑限界

注：图中尺寸 650 及矢量 R_4=850，R_5=5050 为参考值。

6 B1 型区间曲线地段马蹄形隧道建筑限界（R=250m、h_{ac}=120mm）应符合图 5.4.1-6。

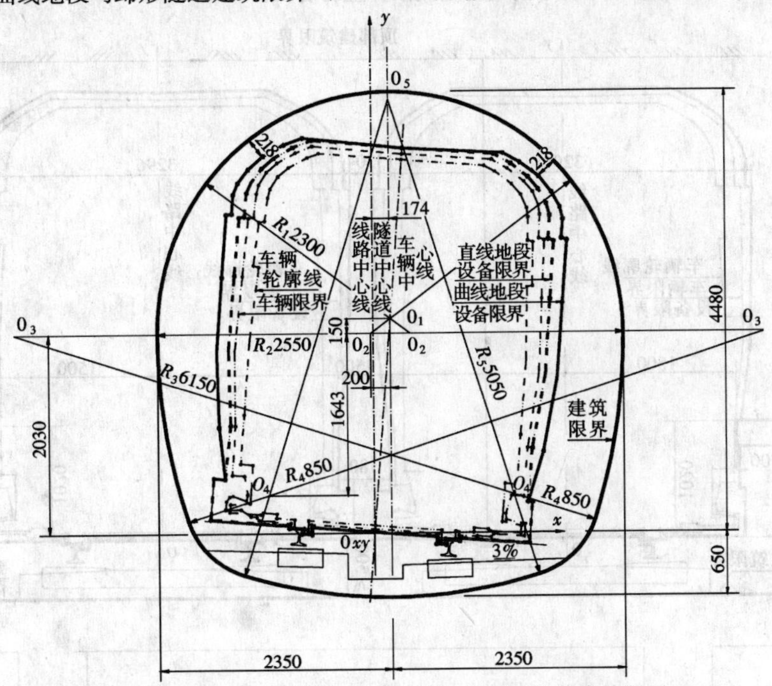

图 5.4.1-6 B1 型区间曲线地段马蹄形隧道建筑限界

注：图中尺寸 650 及矢量 R_4=850，R_5=5050 为参考值。

5.4.2 B1 型车站建筑限界应符合下列规定：

1 B1 型车站直线地段矩形隧道内建筑限界应符合图 5.4.2-1；

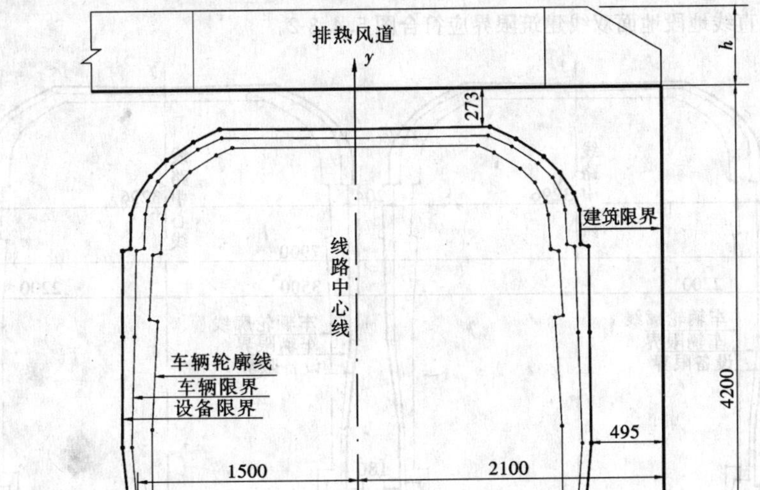

图 5.4.2-1 B1 型车站直线地段矩形隧道内建筑限界

2 B1 型车站直线地段高架线（或地面线）建筑限界应符合图 5.4.2-2。

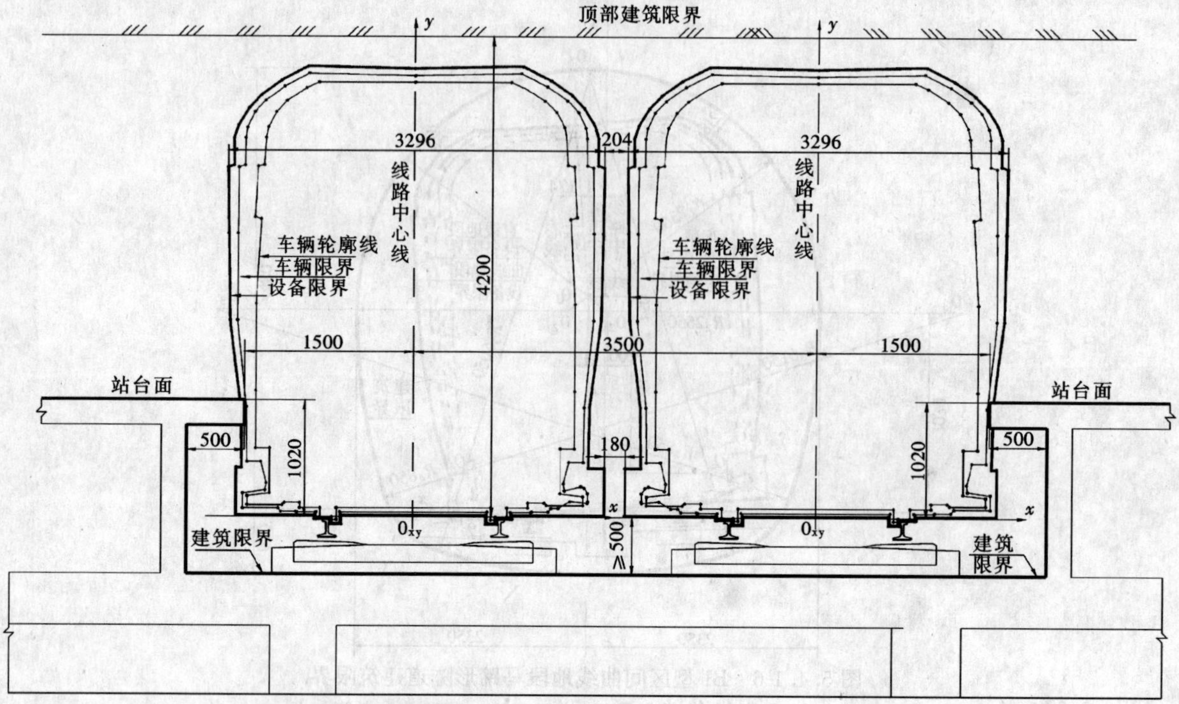

图 5.4.2-2 B1 型车站直线地段高架线（或地面线）建筑限界

5.4.3 B1 型高架线（或地面线）建筑限界应符合下列规定：

1 B1 型区间直线地段高架双线建筑限界应符合图 5.4.3-1；

2 B1 型区间直线地段地面双线建筑限界应符合图 5.4.3-2。

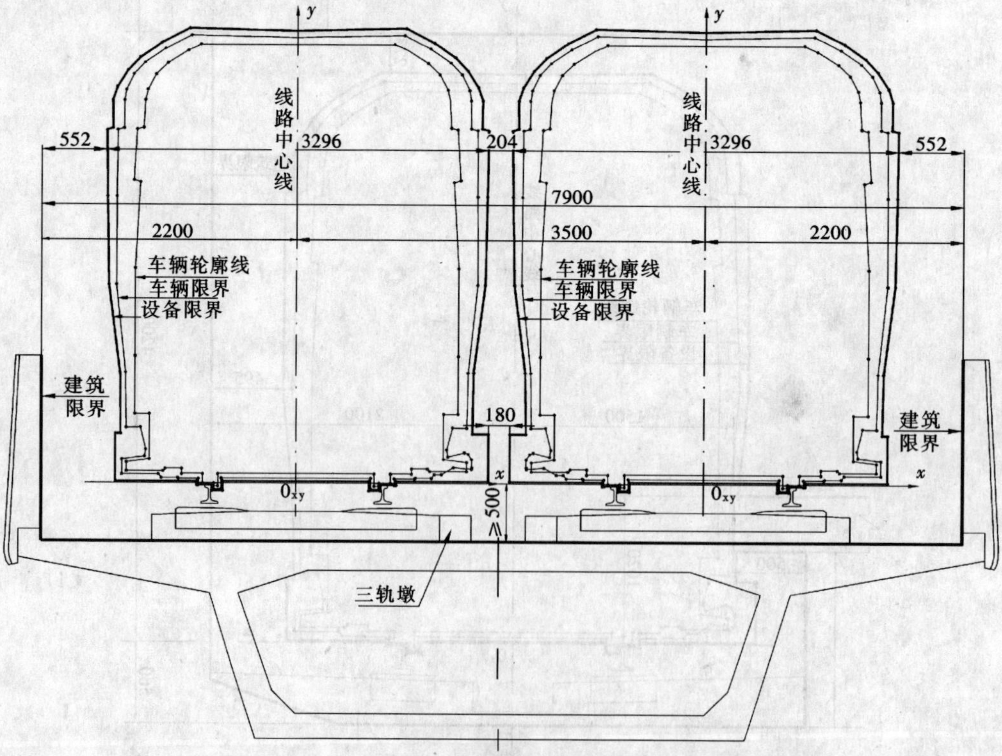

图 5.4.3-1 B1 型区间直线地段高架双线建筑限界

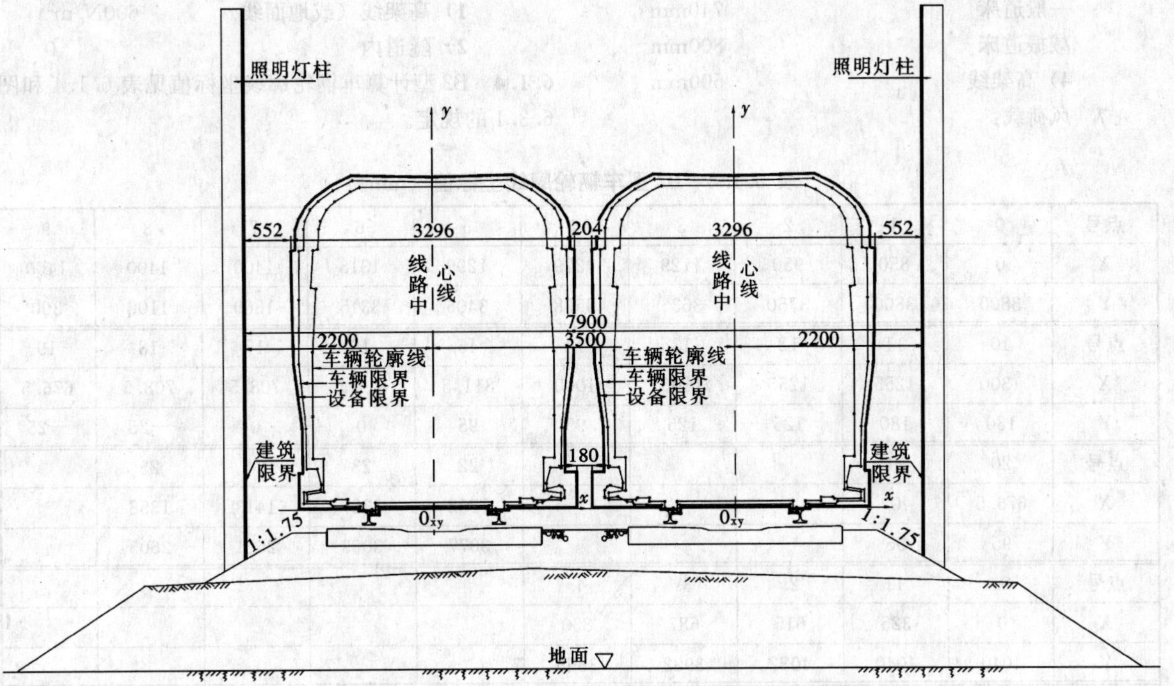

图 5.4.3-2　B1 型区间直线地段地面双线建筑限界

6　地铁 B2 型限界标准

6.1　B2 型限界主要计算参数

6.1.1　B2 型车采用受电弓受电。

6.1.2　B2 型车计算车辆主要参数宜符合下列要求：

1　车辆长度：

1）车体长度　19000mm

2）车辆定距　12600mm

2　车辆宽度：

1）车体外侧最大宽度　2800mm

2）车顶外侧宽度　2636mm

3）底架外侧宽度　2800mm

3　车辆高度：

1）车顶高度（距轨面）　3800mm

2）地板面高度（距轨面）　1100mm

4　转向架：

转向架固定轴距　2200～2300mm

5　车轮直径（新轮）　ϕ840mm

6　受电弓：

1）落弓高度（距轨面）　3810mm

2）最大工作高度　5410mm

3）最大宽度　1550～1700mm

7　车体重量：

1）空车　24000kg（钢车）

2）重车　42600kg（钢车）

8　最高运行速度　80km/h

6.1.3　制定限界的主要线路参数宜符合下列要求：

1　接触导线距轨顶面安装高度：

1）隧道内　4040mm

2）高架线和地面线，最小高度 4400mm

3）车辆段车场线　5000mm

2　水平曲线最小半径：

1）正线　R250m

2）辅助线　R150m

3）车场线　R110m

3　竖曲线最小半径　R_V2000m

4　钢轨类型：

1）正线及辅助线　60kg/m

2）车场线　50kg/m

5　轨道超高：

1）最大超高值　120mm

2）超高设置方法：

第一种　内轨降低半超高

外轨抬高半超高

第二种　外轨抬高一个超高

6　各种断面隧道内整体道床的轨道结构高度（轨道中心线处）：

1）矩形　560mm

2）马蹄形　650mm

3）圆形：

一般道床 740mm

减振道床 800mm

4）高架线 500mm

7 风荷载：

1）高架线（或地面线） 600N/m²

2）隧道内 0

6.1.4 B2 型计算车辆轮廓线坐标值见表 6.1.4 和图 6.3.1 的规定。

表 6.1.4 B2 型车辆轮廓线坐标值（mm）

点号	0	1	2	3	4	5	6	7	8	9
X	0	850	950	1129	1229	1299	1318	1400	1400	1400
Y	3800	3800	3750	3636	3538	3406	3315	1860	1100	300
点号	10	11	12	13	14	15	16	17	18	19
X	1300	1255	1255	1000	1000	811.5	811.5	708.5	708.5	676.5
Y	180	180	125	125	95	95	0	0	−25	−25
点号	20	21				22	23	24	25	
X	676.5	0				1332	1387	1413	1358	
Y	95	95				3077	3063	2621	2605	
点号	0*s*	1*s*	2*s*	3*s*	4*s*					
X	0	325	615	687	850					
Y	4040	4040	4022	3992	3856					
点号	0*a*	1*a*	2*a*	3*a*	4*a*	0*b*	1*b*	2*b*	3*b*	4*b*
X	0	325	615	687	850	0	325	615	687	850
Y	5000	5000	4982	4952	4816	4400	4400	4382	4352	4216

注：表中第 0～11 点是车体上的控制点；第 11～13 点是转向架构架上的控制点；第 14、15 为转向架构架上的电磁感应器控制点；第 16、17 两点为车轮踏面上的控制点；第 18、19 为轮缘上的控制点；第 20、21 点为连接在车轴上的齿轮箱或连结在转向架构架上的电机最低点；第 22～25 为信号灯预留位置；第 0*a*，1*a*，2*a*，3*a*，4*a* 点和第 0*b*，1*b*，2*b*，3*b*，4*b* 点为地面上受电弓控制点；第 0*s*，1*s*，2*s*，3*s*，4*s* 点为隧道内受电弓控制点。

6.2 B2 型车辆限界

6.2.1 B2 型隧道内车辆限界坐标值应符合表 6.2.1 和图 6.3.1 的规定。

表 6.2.1 B2 型隧道内车辆限界坐标值（mm）

点 号	0′	1′	2′	3′	4′	5′	6′	7′	8′
X	0	960	1073	1250	1348	1416	1433	1540	1480
Y	3859	3868	3790	3672	3572	3439	3347	1740	980
点 号	9′	10′	11′	12′	13′	14′	15′	16′	17′
X	1462	1353	1290	1290	1035	1035	846	841	738
Y	188	75	76	49	50	20	21	−18	−18
点 号	18′	19′	20′	21′			22′	23′	24′
X	738	647	647	0			1443	1498	1516
Y	−51	−51	42	43			3109	3094	2501
点 号	0*s*′	1*s*′	2*s*′	3*s*′	4*s*′				
X	0	439	728	800	960				
Y	4084	4084	4066	4036	3900				

注：第 0*s*′，1*s*′，2*s*′，3*s*′，4*s*′ 点坐标为隧道内受电弓车辆限界坐标。

6.2.2 B2 型高架线或地面线车辆限界坐标值应符合表 6.2.2 和图 6.3.2 的规定。

表 6.2.2 B2 型高架线（或地面线）车辆限界坐标值（mm）

点 号	0′	1′	1o′	2′	3′	4′	5′	6′	7′
X	0	943	1033	1149	1323	1418	1482	1497	1562
Y	3859	3879	3829	3764	3641	3538	3403	3311	1718
点 号	8′	9′	10′	11′	12′	13′	14′	15′	16′
X	1482	1462	1353	1290	1290	1035	1035	846	841
Y	958	163	51	53	47	49	19	20	−18
点 号	17′	18′	19′	20′	21′	22′	23′	24′	0a′
X	738	738	647	647	0	1500	1554	1560	0
Y	−18	−51	−51	42	43	3073	3056	2478	5044
点 号	1a′	2a′	3a′	4a′	0b′	1b′	2b′	3b′	4b′
X	564	853	924	1081	0	536	825	896	1053
Y	5044	5026	4996	4860	4444	4444	4426	4396	4260

注：第 0a′，1a′，2a′，3a′，4a′第 0b′，1b′，2b′，3b′，4b′点坐标为地面（或高架）直线上受电弓车辆限界坐标。

6.3 B2 型设备限界

6.3.1 B2 型隧道内直线地段设备限界坐标值应符合表 6.3.1 和图 6.3.1 的规定。

表 6.3.1 B2 型隧道内直线地段设备限界坐标值（mm）

点 号	0″	1″	2″	3″	4″	5″	6″	7″	8″
X	0	993	1104	1289	1398	1492	1533	1604	1527
Y	3919	3928	3841	3718	3607	3465	3347	1740	980
点 号	9″	10″	11″	12″	13″	14″	15″	16″	17″
X	1492	1346	1304	1304	1050	1050	860	856	753
Y	175	25	26	19	20	15	15	−18	−18
点 号	18″	19″	20″	21″			22″	23″	24″
X	753	632	632	0			1538	1592	1597
Y	−66	−66	30	31			3109	3094	2501
点 号	0s″	1s″	2s″	3s″	4s″				
X	0	440	740	826	993				
Y	4134	4134	4115	4079	3938				

注：第 0s″，1s″，2s″，3s″，4s″点坐标为隧道内受电弓设备限界坐标。

6.3.2 B2 型高架线（或地面线）直线地段设备限界坐标值应符合表 6.3.2 和图 6.3.2 的规定。

表 6.3.2 B2 型高架线（或地面线）直线地段设备限界坐标值（mm）

点 号	0″	1″	1o″	2″	3″	4″	5″	6″	7″
X	0	958	1066	1181	1363	1469	1559	1597	1626
Y	3919	3940	3879	3815	3687	3573	3427	3311	1718

续表 6.3.2

点 号	8″	9″	10″	15″	16″	17″	18″	19″	20″
X	1530	1492	1360	860	856	753	753	632	632
Y	958	150	15	15	−18	−18	−66	−66	30
点 号	21″				0a″	1a″	2a″	3a″	4a″
X	0				0	566	865	951	1113
Y	31				5094	5094	5075	5039	4897
点 号	0b″	1b″	2b″	3b″	4b″		22″	23″	24″
X	0	538	837	923	1085		1594	1648	1641
Y	4494	4494	4475	4439	4297		3073	3056	2478

注：第 0a″，1a″，2a″，3a″，4a″及 第 0b″，1b″，2b″，3b″，4b″点坐标为地面（或高架）直线上受电弓设备限界坐标。

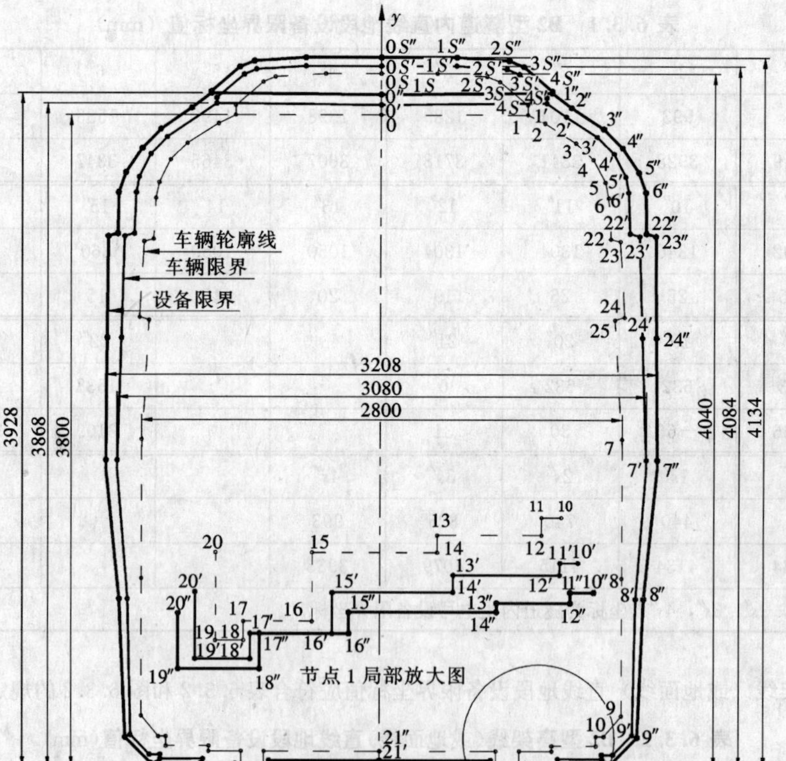

图 6.3.1 B2 型隧道内车辆轮廓线、车辆限界、设备限界

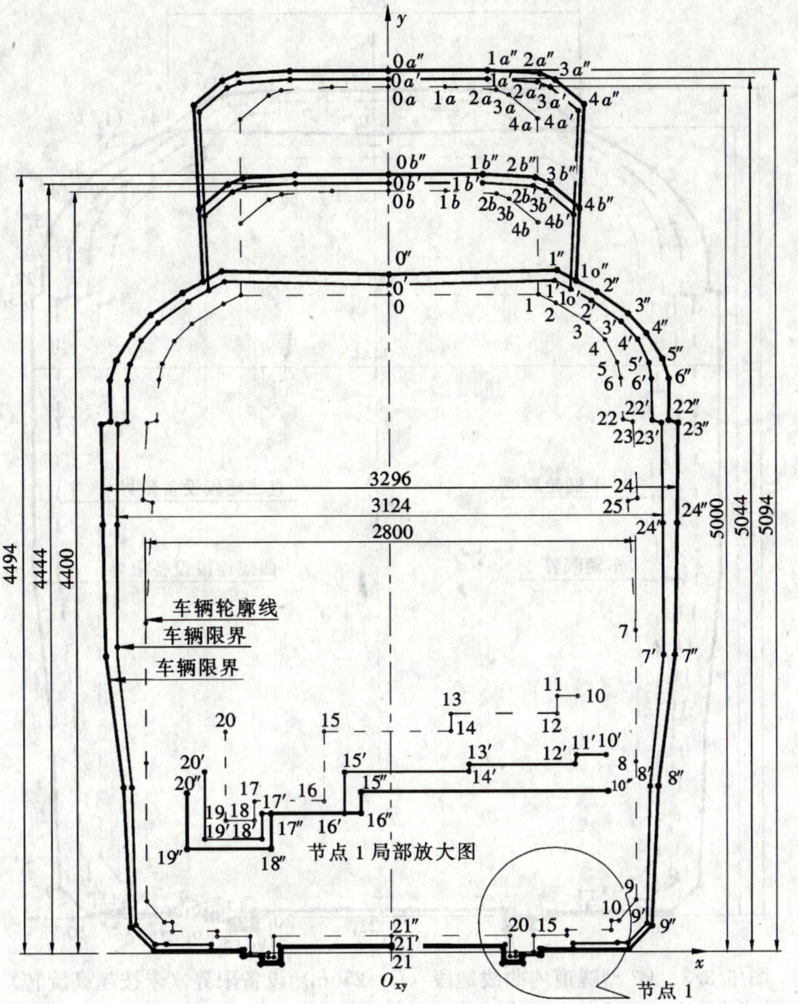

图 6.3.2 B2 型高架线（或地面线）车辆轮廓线、车辆限界、设备限界

6.3.3 B2 型隧道内曲线地段（R=250m）设备限界坐标值（未按超高旋转）应符合表 6.3.3 和图 6.3.3 的规定。

表 6.3.3 B2 型隧道内曲线地段（R=250m）设备限界坐标值（未按超高旋转）（mm）

点号	$0_1''$	$1_1''$	$2_1''$	$3_1''$	$4_1''$	$5_1''$	$6_1''$	$7_1''$	$8_1''$
X	0	1031	1196	1397	1537	1629	1668	1724	1641
Y	3919	3944	3860	3730	3583	3439	3321	1712	954
点号	$9_1''$	$10_1''$	$11_1''$	$12_1''$	$13_1''$	$14_1''$	$15_1''$	$16_1''$	$17_1''$
X	1605	1459	1317	1317	1062	1062	873	868	765
Y	150	15	26	19	20	15	15	−18	−18
点号	$18_1''$	$19_1''$	$20_1''$	$21_1''$			$22_1''$	$23_1''$	$24_1''$
X	765	620	620	0			1668	1722	1722
Y	−66	−66	30	31			3127	3113	2473
点号	$0s_1''$	$1s_1''$	$2s_1''$	$3s_1''$	$4s_1''$				
X	0	392	754	891	1031				
Y	4134	4141	4125	4065	3944				

注：第 $0s_1''$，$1s_1''$，$2s_1''$，$3s_1''$，$4s_1''$ 点坐标为隧道内曲线段受电弓设备限界坐标。

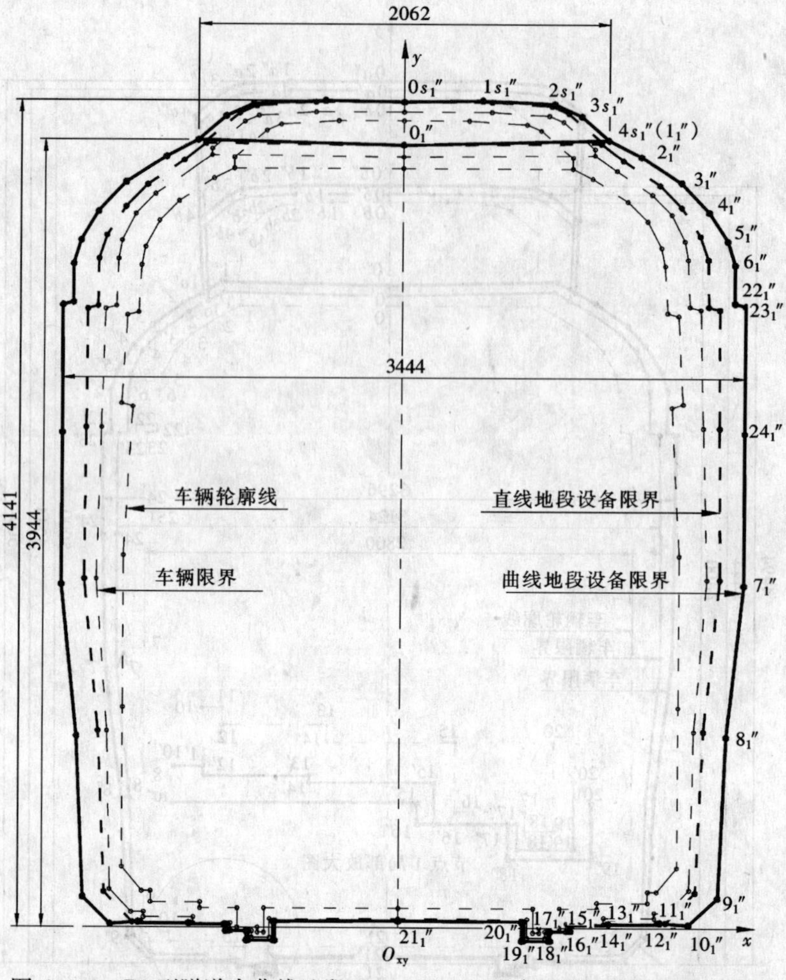

图 6.3.3　B2 型隧道内曲线地段（R=250m）设备限界（未按超高旋转）

6.3.4　B2 型高架线（或地面线）曲线地段（R=250m）设备限界（未按超高旋转）应符合表 6.3.4 和图 6.3.4 的规定。

表 6.3.4　B2 型高架线（或地面线）曲线地段（R=250m）设备限界坐标值（未按超高旋转）（mm）

点号	$0_1''$	$1_1''$	$1_{01}''$	$2_1''$	$3_1''$	$4_1''$	$5_1''$	$6_1''$	$7''_1$
X	0	1049	1131	1273	1470	1607	1695	1731	1746
Y	3919	3956	3912	3835	3700	3547	3400	3284	1690
点号	$8_1''$	$9_1''$	$10_1''$	$15_1''$	$16_1''$	$17_1''$	$18_1''$	$19_1''$	$20_1''$
X	1644	1605	1473	873	868	765	765	620	620
Y	931	125	15	15	−18	−18	−66	−66	30
点号	$21_1''$						$22_1''$	$23_1''$	$24_1''$
X	0						1725	1779	1766
Y	31						3090	3075	2450
点号	$0a_1''$	$1a_1''$	$2a_1''$	$3a_1''$	$4a_1''$				
X	0	502	889	1032	1193				
Y	5094	5103	5086	5022	4878				
点号	$0b_1''$	$1b_1''$	$2b_1''$	$3b_1''$	$4b_1''$				
X	0	484	851	994	1154				
Y	4494	4503	4486	4423	4279				

注：第 $0a_1''$，$1a_1''$，$2a_1''$，$3a_1''$，$4a_1''$ 及第 $0b_1''$，$1b_1''$，$2b_1''$，$3b_1''$，$4b_1''$ 点坐标为地面（或高架）曲线段受电弓设备限界坐标。

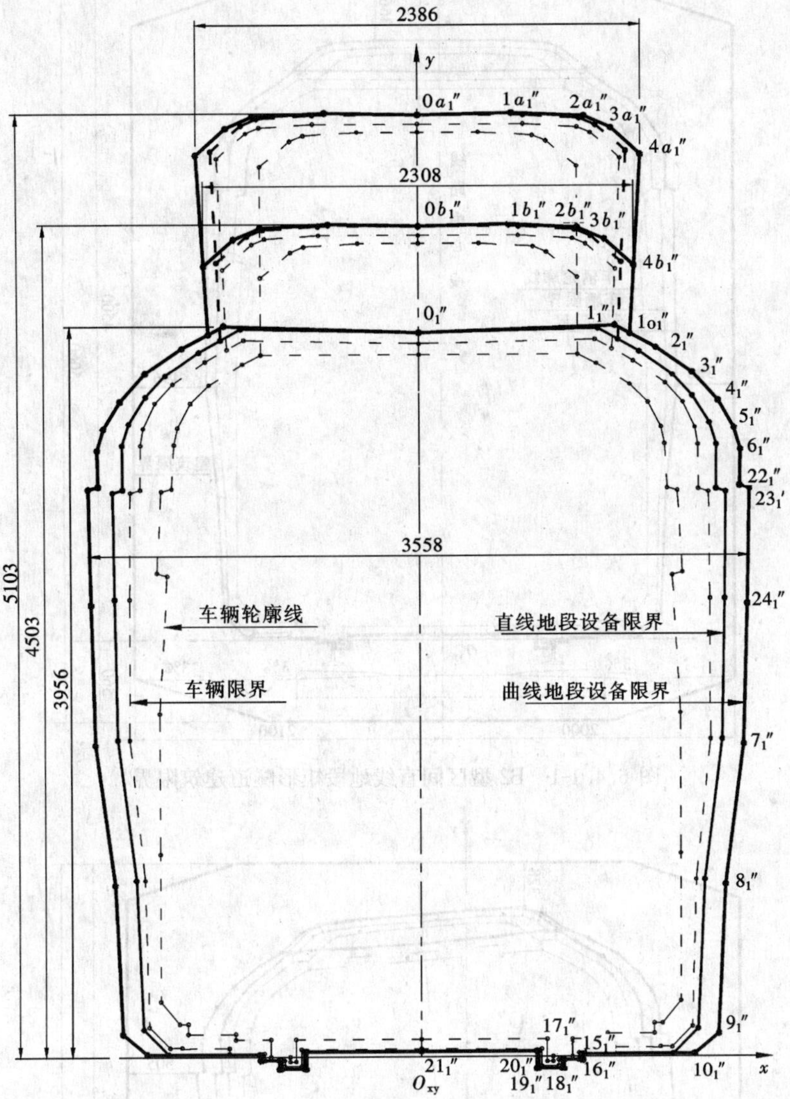

图 6.3.4　B2 型高架线（或地面线）曲线地段（R=250m）设备限界（未按超高旋转）

6.4　B2 型建筑限界

6.4.1　B2 型隧道建筑限界应符合下列规定：

1　B2 型区间直线地段矩形隧道建筑限界应符合图 6.4.1-1；

2　B2 型区间曲线地段矩形隧道建筑限界应符合图 6.4.1-2；

3　B2 型区间直线地段圆形隧道建筑限界应符合图 6.4.1-3；

4　B2 型区间曲线地段圆形隧道建筑限界应符合图 6.4.1-4；

5　B2 型区间直线地段马蹄形隧道建筑限界应符合图6.4.1-5；

6　B2 型区间曲线地段马蹄形隧道建筑限界应符合图6.4.1-6。

6.4.2　B2 型车站建筑限界应符合下列规定：

1　B2 型车站直线地段矩形隧道内建筑限界应符合图6.4.2-1；

2　B2 型车站直线地段高架线（或地面线）建筑限界应符合图 6.4.2-2。

6.4.3　B2 型地面及高架建筑限界应符合下列规定：

1　B2 型区间直线地段高架双线建筑限界应符合图6.4.3-1；

2　B2 型区间直线地段地面双线建筑限界应符合图6.4.3-2。

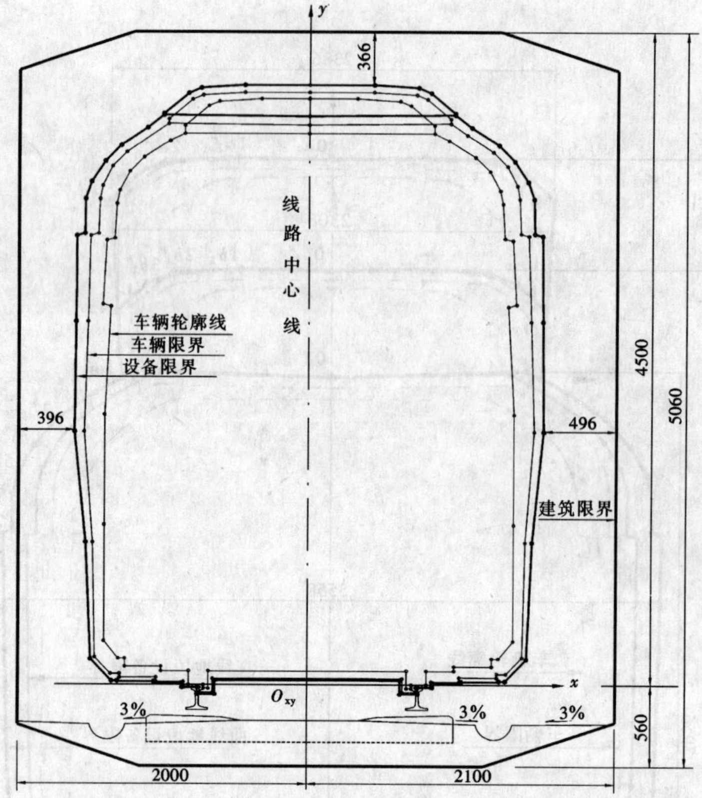

图 6.4.1-1　B2 型区间直线地段矩形隧道建筑限界

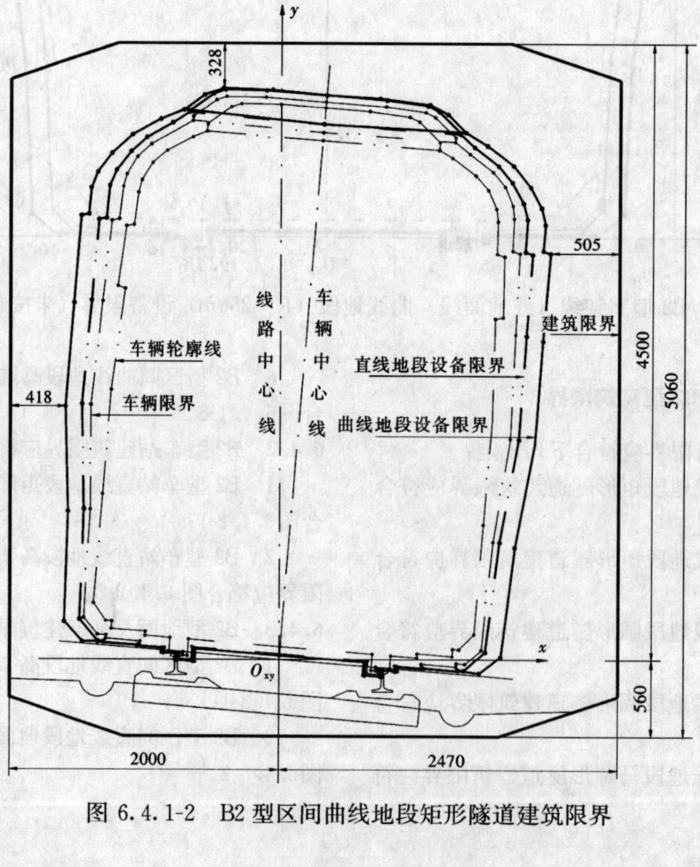

图 6.4.1-2　B2 型区间曲线地段矩形隧道建筑限界

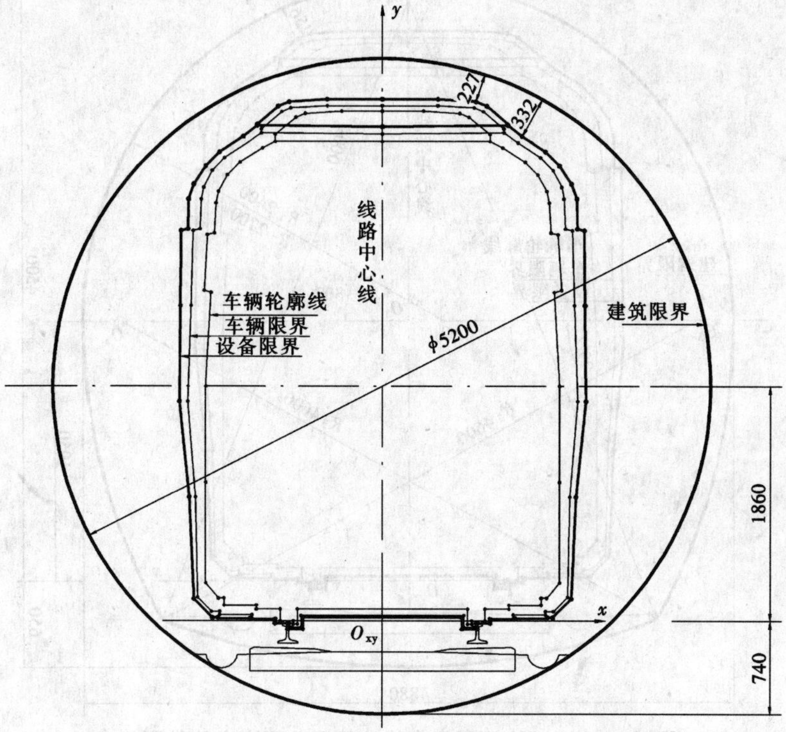

图 6.4.1-3　B2 型区间直线地段圆形隧道建筑限界

图 6.4.1-4　B2 型区间曲线地段圆形隧道建筑限界

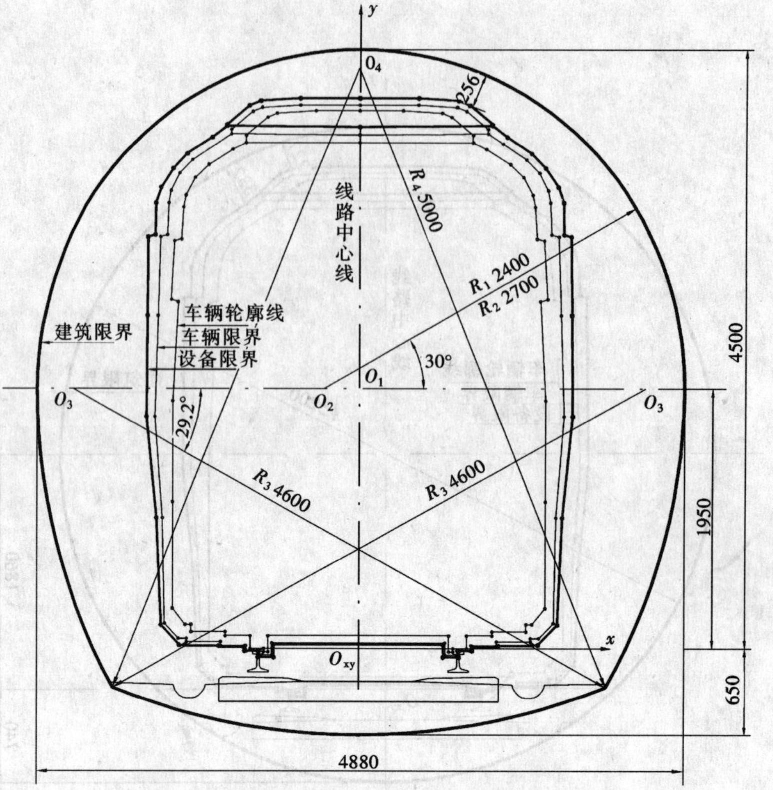

图 6.4.1-5　B2 型区间直线地段马蹄形隧道建筑限界

注：图中尺寸 650 及矢量 R_3=4600，R_4=5000 为参考值。

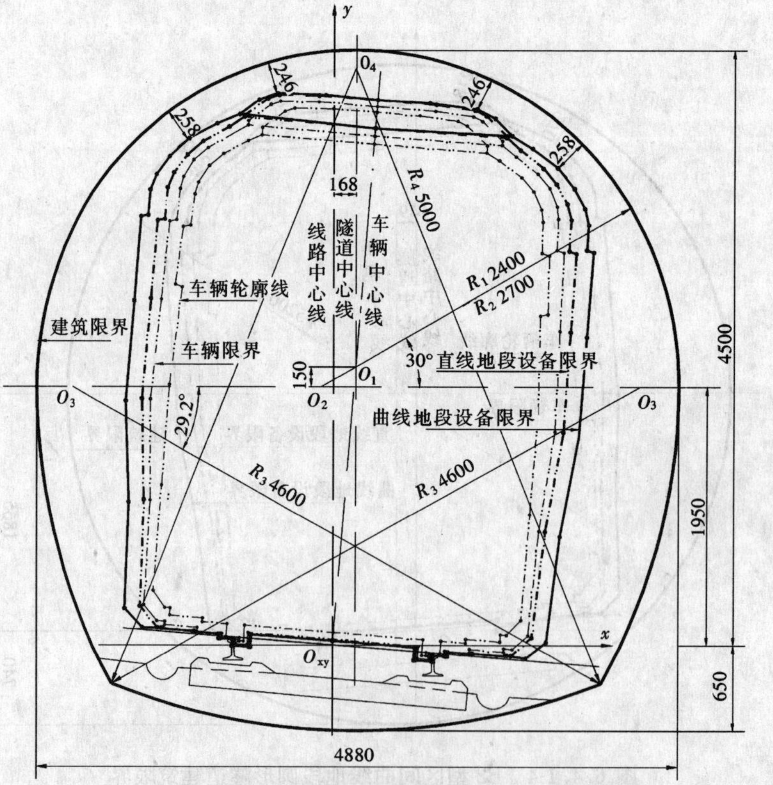

图 6.4.1-6　B2 型区间曲线地段马蹄形隧道建筑限界

注：图中尺寸 650 及矢量 R_3=4600，R_4=5000 为参考值。

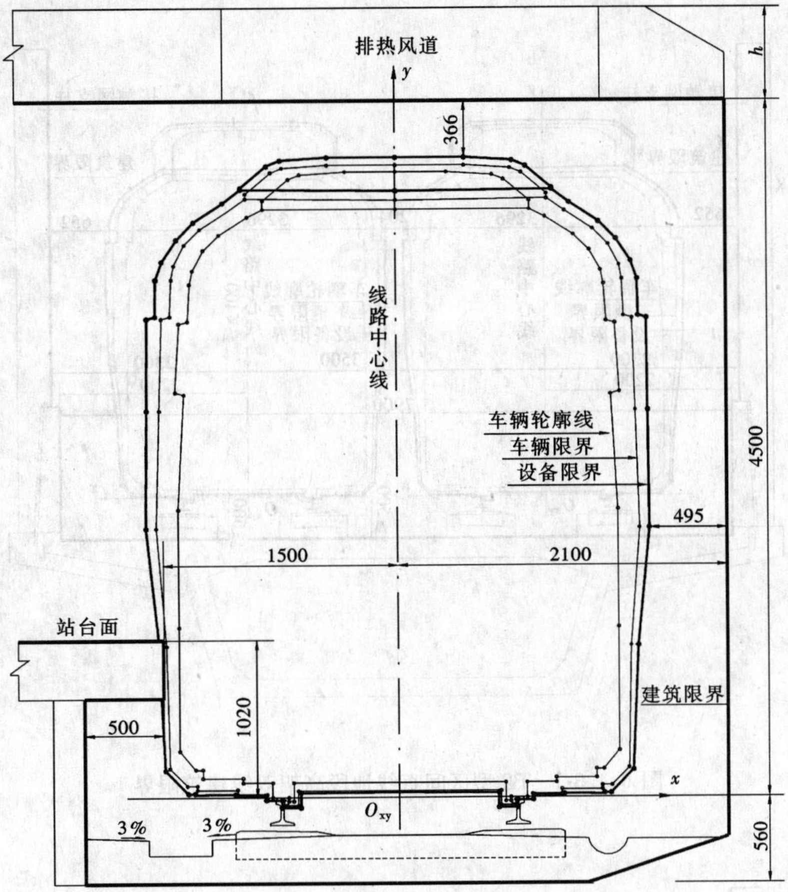

图 6.4.2-1　B2 型车站直线地段矩形隧道内建筑限界

图 6.4.2-2　B2 型车站直线地段高架线（或地面线）建筑限界

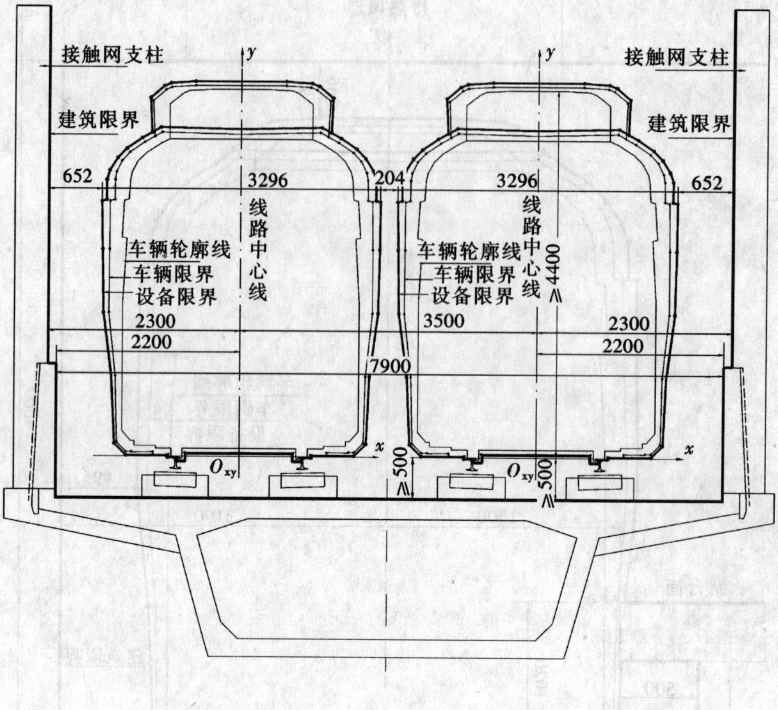

图 6.4.3-1　B2 型区间直线地段高架双线建筑限界

图 6.4.3-2　B2 型区间直线地段地面双线建筑限界

中华人民共和国行业标准

地 铁 限 界 标 准

CJJ 96－2003

条 文 说 明

前　　言

《地铁限界标准》（CJJ 96—2003）经建设部 2003 年 7 月 11 日以第 166 号公告批准，业已发布。

本标准主编单位：同济大学铁道与城市轨道交通研究院、北京城建设计研究总院；参编单位：铁道第二勘察设计院、长春客车厂、浦镇车辆厂。

为了便于广大设计、施工、科研、学校等单位有关人员在使用本标准时能正确理解和执行条文规定，《地铁限界标准》编制组按章、节、条顺序编制了本标准的条文说明，供使用者参考。在使用中如发现本条文说明有不妥之处，请将意见函寄同济大学铁道与城市轨道交通研究院（上海市真南路 500 号，同济大学沪西校区，邮编 200331）或北京城建设计研究总院（北京市阜成门北大街 5 号，邮编 100037）。

1　总　　则

1.0.1　本条叙述本标准的编制目的和意义。根据我国地铁建设情况，目前在限界的设计和计算方法方面，尚无统一标准。为适应我国地铁建设的发展需要，合理控制车辆通行的有效净空断面，保障车辆运行的安全，必须制订我国地铁限界标准。按照目前我国地铁车辆的分类，见《城市地铁工程项目建设标准》，对于限界标准也按此分类并系列化，对于计算方法需要完善统一，使地铁限界标准列入通用化、标准化、系列化。同时强化限界设计工作规范化，对控制建筑工程用地规模，保障运行安全，推动车辆国产化，降低工程整体造价具有重要意义。

1.0.2　本条叙述本标准的适用范围，限定车辆为 A 型和 B 型两种车，运行在隧道内或高架线（或地面线）的线路上、车辆最高速度为 80km/h 的钢轮钢轨、标准轨距（1435mm）的地铁系统。这是根据目前我国地铁建设和运营实际情况而定的。由于目前我国地铁车辆限于 A、B1、B2 三类车型：A 型车宽 3m、接触网受电；B1 型车宽 2.8 m、接触轨受电；B2 型车宽 2.8 m、接触网受电，所以本标准只编制 A、B1、B2 三类限界，每类限界又分隧道内或高架线（或地面线）两种限界，其中高架线（或地面线）考虑了风力的因素。当最高速度超过 80km/h 时，基本计算公式仍然适用，但车辆及轨道参数需要改变，并需重新制定新限界。

1.0.3　本条叙述本标准的编制内容，在确定地铁限界定义和功能定位的基础上，将限界分为三种，分别为车辆限界、设备限界、建筑限界。

1.0.4　本条叙述本标准适用于今后新建和续建的地铁工程。限界设计和计算时统一按本标准执行。本标准制定限界时，设定了计算车辆和线路的各种规格和参数，这些数据来自国内现有车辆和地铁工程，并经过修正，具有较大的包容性。对于今后新建或续建的工程，可能会采用新的车辆和新的轨道形式，其规格和参数将与本标准选用的有所不同，这是允许的。但要遵守本标准规定的统一的计算方法来进行各类限界的计算和核对，计算结果不应超过本标准的车辆限界、设备限界、建筑限界，否则应缩减车辆断面。

由于国内外限界计算的方法很多，采用不同的计算方法将得到完全不同的计算结果，本标准第3章提出的计算方法和有关规定，是综合了国内外最新的计算方法和我国设计、施工的实践而制定的，建立了新的理念和方法，经过反复验证，可以作为限界计算的统一标准推广使用，以强化限界设计工作规范化。

1.0.5 本条叙述本标准对于在地铁线路上运行的其他车辆，如运料车、工程维修车、磨轨车、抢险车等车辆的计算限界，要符合本标准规定的车辆限界，以保证其运行安全。

1.0.6 本条叙述本标准在执行过程中除应遵守本标准外，尚应遵守与地铁、轻轨、地面铁路等关于工程建设和车辆方面，由国家颁布的现行强制性条文中的相关标准。本标准在编制过程中，已经注意到与相关标准的协调，力求基本统一。

2 术语、符号

2.1 术 语

2.1.1 本条是对地铁限界的总定义。总体上看，限界是保证车辆运行安全的有效空间，是车辆与沿线固定建筑物及其设备安装空间关系总体协调后得到的净空尺寸图形。由于地铁的车辆运行、设备安装、土建工程等各层次功能不同，故分为车辆限界、设备限界、建筑限界。

2.1.2 限界由控制点及其连线组成，所有的控制点必须有坐标值才能确定其位置，因此规定坐标系的准确位置十分重要。限界基准坐标系严格说，应采用三维坐标，根据国内外实践经验，经理论和方法上的完善，现在采用二维坐标系已能解决问题。为了限界计算的连续性、统一性，采用垂直于直线轨道中心线，以轨道中心为原点的二维直角水平坐标为基准坐标系。

2.1.3 计算车辆是一种假设的车辆，是根据国内实际使用的某车辆作为雏形，考虑到目前车辆发展中可预见的变化和优化，通过对其合理修正，设定一种假设的车辆，既代表现有车辆，又考虑了地铁车辆将来的发展方向。计算车辆是制定限界的基础，但并非是限界标准本身，所以限界标准制定以后，计算车辆就失去了存在的意义。

2.1.4 车辆限界曾根据静动状态有多种名称，定义不一致。如：只考虑车辆的制造公差、磨耗等静态偏移量而制定的车辆限界称为静态车辆限界（static gauges）；既考虑车辆的静态偏移量，又考虑了车辆的动态偏移量而制定的车辆限界称为动态车辆限界（kinematic gauges）；既考虑车辆的静态偏移量和动态偏移量，还考虑了车辆因轨道原因产生的车辆偏移量所制定的车辆限界称为车辆动态包络线（kinematic envelope）。本标准为统一名词，使用平直线轨道上车辆动态包络线的概念，统称为车辆限界。

2.1.5 设备限界过去曾被称为设备接近限界。本定义中要求沿线所有的设备在安装时，要充分考虑到上述设备安装误差和各种变形等不利因素，在任何情况下都不得侵入设备限界（由于车站站台作为特殊的设备和建筑物，专供车辆停靠和乘客上下，所以站台例外）。这是进一步保证车辆运行的安全性而设置的界限。设备限界包含车辆在水平曲线区段和竖曲线区段的曲线几何偏移量。

2.1.6 建筑限界过去曾被称为建筑接近限界，现在统一称为建筑限界。建筑限界是地铁工程建设的永久性固定建筑物的最小净空尺寸，设计时还需预留施工误差、测量误差、结构下沉和永久变形等余量。

2.1.7 在基准坐标系中所画出的计算车辆轮廓称为计算车辆的定义位置，实际上车辆不可能正好处于各定义的位置上，当车辆在轨道上运行时，由于车辆和轨道原因，使计算车辆轮廓偏离原来计算车辆定义位置的现象，称为偏移，该偏移的量值称为偏移量。

2.1.8 车辆在曲线轨道上运行时，车辆纵向中心线水平投影与线路中心线的交点，即车辆转向架的中心销投影点，称为导向点。导向点以外的车辆纵向中心线水平投影与曲线线路中线产生的矢距为曲线几何偏移量。导向点处的曲线偏移量等于零。在两导向点之间为内侧偏移量，车辆中部的内侧偏移量最大。在两导向点之外为外侧偏移量，车辆端部的外侧偏移量最大。

2.2 符 号

2.2.1 本标准所采用的符号一律在“符号”一节解释并注以单位，后面公式中出现该符号时不再用“式中”进行解释。与车辆及轨道参数有关的符号取值见表3.1.2-1，但所取值仅供参考。

3 地铁限界计算的基本规定

3.1 车辆限界的计算

3.1 本计算基本规定中涉及的计算车辆轮廓线及计算参数仅供制定限界时使用，并不是对车辆规格和参数的强制性规定。实际制造的车辆应以实际车辆轮廓及实际参数，按本计算的基本规定，验算是否符合本标准的车辆限界为最后准则。

3.1.1 车辆限界计算方法适用的运行速度不受限制，但计算参数因速度而有所变化。

1 本标准只制定整体道床隧道内车辆限界及高架线（或地面线）车辆限界。隧道内车辆限界与高架线（或地面线）车辆限界考虑的计算要素区别在“风力”项。整体道床的车辆限界与碎石道床的车辆限界区别在于线路条件引起有关计算参数的取值不同，如遇地面碎石道床线路，应另外制定碎石道床车辆限界。

2 车辆限界只考虑正常运营工况下车辆在直线上的运行情况。曲线地段增加的附加因素在设备限界加宽内考虑，非正常运行工况产生的附加偏移量也在设备限界中考虑。

3 对于随机且按高斯概率分布的因素，因不可能同时达到最大值，不能采用线性相加合成，故和非随机量区分开来。本条文说明提供的计算参数（见本说明 3.1.2 条）中认定的随机性质仅供参考，实际校验车辆限界时应对其随机且按高斯概率分布的因素再次确认其性质。

4 本标准制定了隧道内及高架线（或地面线）两种车辆限界，两者计算公式相同。

5 由于车体、转向架（构架、簧下部分、踏面、轮缘）、受电弓（受电器）等偏移量的影响因素不同，因此计算公式也不同，需分别进行计算。

3.1.2 车辆限界计及的计算要素包括车辆和轨道线路两大主要方面，这两大主要方面的各项参数取值应根据设计制造与施工及应用和维护检修限度等因素按最不利原则确定。

车辆限界计及的计算要素未含空气弹簧失效（过充或失气）和轴箱弹簧破损折断等工况（不同时发生）。另外因抗侧滚扭杆瞬间失效引发过大振动的工况也不在本标准考虑的范畴内。

上述前两种非正常运行工况所产生的附加偏移量，在车辆限界之外设备限界之内设置了一定的安全留量（见标准正文第 3.2.1 条）。如果偏移量较大，超过表 1 的规定值，应在车辆限界内考虑超出部分。若出现本标准未考虑到的因素，且其对车辆运行安全性有影响，也应在车辆限界内考虑超出部分或采取限速等措施。

车辆脱轨后的安全性不属于本标准限界考虑的范围。

车站站台区域与车辆作用的限界安全距离遵循的原则是：1）车辆状态处于正常的运行工况可不限速通过；2）车辆状态处于非正常运行工况时，必须限速通过。

车辆限界计算用参数详见表 1，表中所取计算参数基本来源于国内几大城市目前已运营的地铁车辆和线路条件，具有较强的包容性，同时也考虑前瞻的发展，这些参数值只在编制本标准时采用，各设计部门在新的地铁设计限界时可按实际情况自行确定计算参数。本标准对具体车辆和线路的规格参数不作规定，允许与车辆限界计算用参数表（见本说明第 3.1.2 条）中所列的计算参数存在差别，因此按实际参数校核出来的符合本标准车辆限界的实际车辆轮廓可能大于或小于计算车辆轮廓是允许的。

表 1 车辆限界计算用参数表

序号	符号	计 算 要 素	计 算 参 数	概率性质
1	a	车辆定距	A 型车 15.7m B 型车 12.6m	NZ
2	a_B	横向振动加速度	$0.5m/s^2$	NZ
3	a_q	未平衡离心加速度： $a_q=[(v/3.6)^2/R]-g(h_{ac}/1500)$	当 $R=300m$，$v=65km/h$： $a_q=0.302m/s^2$ 当 $R=250m$，$v=60km/h$： $a_q=0.326m/s^2$	
4	A_w	车体受风面积： A 型车 B 型车	 $72.7\ m^2$ $57\ m^2$	Z
5	b_1	矩形隧道右侧设备或支架最大宽度值	450mm	
6	b_2	矩形隧道左侧设备或支架最大宽度值	350mm	
7	b_p	转向架一系弹簧横向间距	A 型车 1940mm B 型车 1930mm	
8	b_s	转向架二系弹簧横向间距	A 型车 1880mm B 型车 1850mm	

续表 1

序号	符号	计 算 要 素	计 算 参 数	概率性质
9	c	设备安装误差值和安全间隙	50mm	
10	c_p	每一轴箱一系弹簧垂向刚度值	A 型车 1350N/mm B 型车 1800N/mm	
11	c_s	转向架一侧二系弹簧垂向刚度值	A 型车 600N/mm B 型车 480N/mm	
12	d	轮对轮缘最小外侧距（轮缘最大磨耗量时）	1353－2＋2×23＝1397mm	NZ
13	f_1	转向架一系弹簧空重车挠度变化量	A 型车 －26mm B 型车 －13.1mm	NZ
14	f_{01}	转向架一系弹簧竖向永久变形量	－5mm	NZ
15	f'_{01}	车轮竖向弹性变形量： 弹性车轮 刚性车轮	 －1mm 0	NZ
16	f_2	转向架二系弹簧空重车挠度变化或高度阀不感度	±3mm	NZ
17	f_{02}	转向架二系弹簧竖向安装公差值： 无高度调整（钢簧） 有高度调整	 －5mm 0	NZ
18	g	重力加速度	$9.81m/s^2$	
19	h_1	接触导线距轨面高度	隧道内 4040mm；高架或地面 4400～5000mm	NZ
20	h_{ac}	轨道超高值	最大 120mm	NZ
21	h'_{ac}	轨道超高设置方法系数	超高由提高外轨和降低内轨各半实现时 $h'_{ac}=0$；当超高由单独提高外轨实现时 $h'_{ac}=h_{ac}/2$	NZ
22	h_{cp}	转向架一系弹簧上支承面距轨面高度	A 型车 500mm B 型车 510mm	
23	h_{cs}	转向架二系弹簧上支承面距轨面高度	A 型车 850mm B 型车 905mm	
24	h_{dc}	欠超高值（mm）	最大 120mm	
25	h_{sc}	车体重心距轨面高度（AW3）	A 型车 1800mm B 型车 1500mm	NZ
26	h_{sj}	车底架边梁距轨面高度	A 型车 785mm B 型车 915mm	
27	h_{sw}	车体受风面积形心距轨面高度	A 型车 2292mm B 型车 2213mm	
28	H_{cq}	车体侧墙高度	A 型车 2534mm B 型车 2700mm	

续表 1

序号	符号	计 算 要 素	计 算 参 数	概率性质
29	$K_{\phi n}$	抗侧滚扭杆的抗侧滚刚度（每根）	A 型车 4900Nmm/rad B 型车 0	
30	l	最大轨距（含钢轨内侧面磨损）	1435+8=1443mm	NZ
31	m	转向架计算断面至相邻轴距离	按计算点实际位置决定	
32	m_B	含载客车体重量（超载）	A 型车 47920kg B 型车 42600kg	
33	m_z	载荷不对称的计算载客重量	A 型车 12960kg B 型车 9300kg	NZ
34	n	车体计算断面至相邻中心销距离	最大 3.2m，计算断面在销内取 0	NZ
35	n_p	车辆一侧一系弹簧并列数	4	
36	n_s	车辆一侧二系弹簧并列数	2	
37	p	转向架固定轴距	A 型车 2500mm B 型车 2200～2300mm	
38	P_w	风压	600N/m²	
39	R	正线水平曲线最小半径	A 型车 300m B 型车 250m	
40	R_v	正线竖曲线最小半径	2000m	
41	v	列车运行速度	最高 80km/h	
42	α	轨道超高角 $\alpha=\sin^{-1}$ (h_{ac}/1500)	当 h_{ac}=120mm 时：α=4.589°	
43	δ_c	线路中心线竖向位差值： 整体道床 碎石道床	 ±5mm ±10mm	 Z Z
44	δ_e	轨道竖向弹性变形量： 整体道床 碎石道床	 −2mm −5mm	 NZ NZ
45	δ_{w0}	轨道垂直磨耗量	−10mm	NZ
46	δ_{w1}	车轮最大旋削量	−35mm	NZ
47	δ'_{w1}	两次旋轮间踏面磨耗量（不可补偿的踏面磨耗量）	−12mm	NZ
48	Δ_c	线路中心线横向位差值： 整体道床 碎石道床（无轨撑）	 ±5mm ±25mm	 Z Z
49	Δ'_c	站台区域中心线横向位差值： 整体道床 碎石道床（无轨撑） 碎石道床（有轨撑）	 ±5mm +25mm ±5mm	 Z Z Z
50	ΔC_{vt}	接触轨距相邻走行轨轨面高度公差值	±6mm	Z
51	Δ_d	轮对横向制造误差值	±1.5mm	Z

续表 1

序号	符号	计算要素	计算参数	概率性质
52	Δ_e	轨道横向弹性变形量： 直线 曲线外侧 曲线内侧	 ±1mm +2.4mm −2.4mm	 NZ NZ NZ
53	Δf_p	转向架一系弹簧竖向动挠度	±5 mm（整体道床） ±9 mm（碎石道床）	Z
54	Δf_s	转向架二系弹簧竖向动挠度	A 型车±15mm B 型车±30mm	Z
55	Δh_{c1}	两条钢轨的相对高度误差值： 整体道床 碎石道床	 ±4mm ±10mm	 Z Z
56	Δh_{c2}	两条钢轨的相对高度的弹性变化量： 整体道床 碎石道床	 1mm 2mm	 NZ NZ
57	ΔH_{vt}	受流器非工作状态下竖向向上位移	按受流器构造确定	
58	ΔJ_{vd}	架空线抬升量	25mm（柔性接触网） 10mm（刚性接触网安装误差）	NZ
59	ΔJ_{vw}	架空线磨耗量	3.7mm（柔性接触网） 6mm（刚性接触网）	NZ
60	ΔM_{t1}	转向架中心销安装定位误差值	±1mm	Z
61	ΔM_{t2}	转向架一系弹簧横向定位误差值	±1mm	Z
62	ΔM_{t3}	车体半宽横向制造误差值	±5mm	Z
63	ΔM_{t4}	车体表面设备安装误差值	±2mm	Z
64	ΔM_{t5}	受电弓横向安装误差值	±5mm	Z
65	ΔM_{t6}	车辆地板面未能补偿的高度误差值	±5mm（A 型车） ±10mm（B 型车）	Z
66	ΔM_{t7}	车体下部及吊挂物高度尺寸制造安装误差值	−6mm	Z
67	ΔM_{t8}	车体上部或上部安装设备的高度尺寸制造安装误差值	±12mm	Z
68	ΔM_{t9}	车体销外上翘/下垂量	到支承点距 0.1%： A 型车±10mm B 型车±10mm	NZ
69	ΔM_{t10}	转向架构架横向制造误差值	A 型车±2mm B 型车±2mm	Z
70	ΔM_{t11}	转向架构架向上竖向制造误差值	A 型车+1.5mm B 型车+1.5mm	Z
71	ΔM_{t12}	转向架构架向下竖向制造误差值	A 型车−1.5mm B 型车−1.5mm	Z

续表 1

序号	符号	计 算 要 素	计 算 参 数	概率性质
72	ΔM_{t13}	转向架簧下部分横向制造误差值	A 型车±1mm B 型车±1mm	Z
73	ΔM_{t14}	转向架簧下部分竖向制造误差值	A 型车±1mm B 型车±1mm	Z
74	ΔM_{t15}	受流器横向安装误差值及受流器横向尺寸公差值	±2mm	Z
75	ΔM_{t16}	受流器竖向安装误差值及受流器竖向尺寸公差值	±2mm	Z
76	Δq_1	转向架轴箱轴承游隙	±1mm	NZ
77	Δq_2	车轮横向弹性变形 弹性车轮 刚性轮	 ±2mm ±0mm	NZ
78	Δq_3	转向架一系弹簧横向弹性变形量（静态+动态），或轴箱与导柱最大间隙	±4mm（直线） ±8mm（曲线）	NZ
79	ΔS_a	曲线轨距加宽外轨分量及外轨磨耗量 $R\geqslant 800$m 800m$>R>$110m	 3mm 3+300/R（mm）	NZ
80	ΔS_{hd}	受电弓相对车体横向晃动量***	±25mm	Z
81	ΔS_i	曲线轨距加宽内轨分量及内轨磨耗量 $R\geqslant 800$m 800m$>R>$110m	 0 300/R (mm)	NZ
82	ΔS_{vw}	受电弓炭精板磨耗量	15mm	NZ
83	Δw_1	转向架中心销径向间隙及磨耗量	±1mm	NZ
84	Δw_2	转向架二系弹簧横向弹性变形量（静态）	±10mm（直线） ±15mm（曲线）	NZ Z
85	Δw_3	转向架二系弹簧横向弹性变形量（动态）	±10mm	Z
86	Δ_q	车辆一系弹簧的横向位移在曲线及直线上的差值	4mm（车体） 4mm（转向架）	NZ
87	Δ_w	车辆二系弹簧的横向位移在曲线及直线的差值	5mm（车体） 0mm（转向架）	NZ
88	Δx_{Bq}	车体倾斜量	10mm	Z

注：***仅对受电弓用限界计算有效，计算其他部位 $\Delta S_{hd}=0$。

实际车辆轮廓线可能大于或小于本标准的计算车辆轮廓线，这是允许的，但实际取用的参数值计算出的车辆限界应符合本标准的计算方法并应不突破本标准的车辆限界。

风力参数是以风作用压强大小体现，因此需按风级或风速确定风作用压强来校核限界，见表 2。

表 2　风级或风速确定的风作用用压强

等级	名称	风速（m/s）	垂直方向单位面积的风压（N/m^2）	风的特征
0	无风	0～0.2	0～0.392	烟几乎垂直地上升，树不动
1	软风	0.3～1.5	0.0882～2.205	可根据飘烟测定风向，风标不动
2	轻风	1.6～3.3	2.5088～10.672	树叶沙沙作响，脸上有风的感觉
3	微风	3.1～5.4	11.328～23.5768	树叶及小的树枝不断徐徐摇动
4	和风	5.5～7.8	29.645～61.1618	尘土及薄纸飞扬
5	清风	8.0～10.7	62.720～112.2002	小的树杆摇动
6	强风	10.8～13.8	114.3072～186.6312	大树枝摆荡，电线啸啸作响
7	疾风	13.9～17.1	189.3458～286.2580	小树摇摆
8	大风	17.2～20.7	289.8810～419.930	小树及枯树折断，迎风难行
9	列风	20.8～24.4	423.9480～583.492	毁坏烟囱及瓦块
10	狂风	24.5～28.4	617.604～790.468	树连根拔
11	暴风	28.5～32.6	786.254～1041.544	很大破坏
12	飓风	大于 32.6	大于 1041.544	成灾害

注：风压 $q=\gamma v^2/2g$

式中　g——当地的重力加速度（m/s^2）；

γ——当地最大风速时的空气重度（N/m^3）；

v——当地最大风速（m/s）；

q——风压（N/m^2）。

本标准计算公式中采用的重力倾角附加系数“S”和 UIC 505 标准中定义的柔性系数“S”两者概念有区别，因而计算公式也不同。

3.1.3　所有倾侧角度引起的偏移量是由绕其各自的转动中心而产生，偏移量和角偏移的偏移方向存在两种不同的组合，因此计算公式分别列出了不同组合的计算公式。当偏移量和角偏移的偏移方向相同时，随机项在根号内相加不存在问题，但当偏移量和角偏移的偏移方向不同时，随机项在根号内需相减，这在数学上没有意义。为了实现可操作性，必须将根号内的平方项依类别进行拆解，分成两组平方项的开根值。

计算偏斜系数（$2n+a$）/a 及（$2m+p$）/p 时，计算断面处于中心销以内时，计算公式中 n 取 0。转向架计算断面处于车轴中心线以内时，计算公式中 m 取 0。

计算受电弓时，应选接触电刷所处的断面为计算断面，而非安装座所处断面。

对于接触网受电方式的车辆限界，其车体下部吊挂物部分和转向架部分的车辆限界是有区别的，实际并不重叠（限界图中标明的仅是它们在平直线路上最大包容的控制点坐标连线）。曲线上设备限界下部区域计算加宽时，应以车体下部吊挂物部分限界为加宽的基础。

因不同车辆车体上的吊挂物不相同，无法制定统一的标准，因此本标准未包括车体下部吊挂物部分的限界。

对于接触轨受电方式的车辆限界，因接触轨不能加宽，其车体下部吊挂物部分的限界，应按全线最小曲线半径和接触轨限界，确定吊挂物限界的缩减量。

为了充分利用车下吊挂的空间，尽可能方便设备布置，允许沿车体纵向中心各断面的吊挂物限界尺寸不同。

计算受流器偏移量时，应注意受流器安装座高度可调。

对于鼓形车体，其站台边缘距车辆限界的净空间隙，应考虑车体向下运动引起的车辆轮廓增大的因素。

公式举例解释如下：

（3.1.3-1）式中：

$\left(\frac{1-d}{2}\cdot\frac{2n+a}{a}\right)$——为轮轨最大间隙乘以车体纵向中心线的偏斜系数。

$(\Delta q_1+\Delta q_2+\Delta q_3)[(2n+a)/a]$——为一系悬挂横向间隙之和乘以车体纵向中心线的偏斜系数。

$(\Delta w_1+\Delta w_2)[(2n+a)/a]$——为二系悬挂横向位移之和乘以车体纵向中心线的偏斜系数。

Δe——为轨道横向弹性变形量。

$(\Delta h_{c2}/1500)Y(1+S)$——为两条钢轨的相对高

度的弹性变化量引起的倾角产生的横向偏移。

$100m_zg(1+S)(Y-h_{cp})/k_{\phi p}$——为载荷不对称的计算载客重量 m_z 产生的偏载力矩 $100m_zg$ 在一系悬挂上的倾角 $100m_zg$（$1+S$）/$k_{\phi p}$ 产生的横向偏移，100mm 为载荷不对称的计算标准。

$100m_zg(1+S)(Y-h_{cs})/k_{\phi s}$——为载荷不对称的计算载客重量 m_z 产生的偏载力矩 $100m_zg$ 在二系悬挂上的倾角 $100m_zg$（$1+S$）/$k_{\phi p}$ 产生的横向偏移，100mm 为载荷不对称计算标准。

以上为非随机量用线性相加合成。

$(\Delta d/2)[(2n+a)/a]$——为轮对横向制造误差值乘以车体纵向中心线的偏斜系数。

$\Delta w_3[(2n+a)/a]$——为转向架二系弹簧横向弹性变形量（动态）乘以车体纵向中心线的偏斜系数。

ΔM_{t1}、ΔM_{t2}、ΔM_{t3}、ΔM_{t4}、ΔM_{t5}——为相应的制造公差，见正文第 2.2.1 条。

ΔS_{hd}——为受电弓相对于车体横向晃动量。

$\Delta_c(\Delta'_c)$——为线路中心线横向位差值或站台区线路中心线横向位差值。

$(\Delta X_{Bq}/H_{cq})(Y-h_{sj})$——为车体倾斜量引起的倾角产生的横向偏移。

$(\Delta h_{c1}/1500)Y(1+S)$——为两条钢轨的相对高度误差值引起的倾角产生的横向偏移。

$A_wP_w(1+S)(Y-h_{cp})(h_{sw}-h_{cp})/k_{\varphi p})$——为风力 A_wP_w 产生的侧倾力矩 $A_wP_w(h_{sw}-h_{cp})$ 在一系悬挂上的倾角 $A_wP_w(1+S)(h_{sw}-h_{cp})/k_{\varphi p}$ 产生的横向偏移。

$A_wP_w(1+S)(Y-h_{cs})(h_{sw}-h_{cs})/k_{\varphi s}$——为风力 A_wP_w 产生的侧倾力矩 $A_wP_w(h_{sw}-h_{cp})$ 在二系悬挂上的倾角 $A_wP_w(1+S)(h_{sw}-h_{cs})/k_{\varphi s}$ 产生的横向偏移。

$m_Ba_B(1+S)(Y-h_{cp})(h_{sc}-h_{cp})/k_{\varphi p}$——为横向振动惯性力 m_Ba_B 产生的侧倾力矩 $m_Ba_B(h_{sc}-h_{cp})$ 在一系悬挂上的倾角 $m_Ba_B(1+S)(h_{sc}-h_{cp})/k_{\varphi p}$ 产生的横向偏移。

$m_Ba_B(1+S)(Y-h_{cs})(h_{sc}-h_{cs})/k_{\varphi s}$——为横向振动惯性力 m_Ba_B 产生的侧倾力矩 $m_Ba_B(h_{sc}-h_{cp})$ 在二系悬挂上的倾角 $m_Ba_B(1+S)(h_{sc}-h_{cs})/k_{\varphi s}$ 产生的横向偏移。

$$S=m_Bg\left(\frac{h_{sc}-h_{cp}}{k_{\phi p}}+\frac{h_{sc}-h_{cs}}{k_{\phi s}}\right)$$

S——重力倾角附加系数为车体因力矩作用发生倾角 β 时，由于重心偏离原来位置，重力 m_Bg 产生附加力矩 $m_Bg(h_{sc}-h_{cp})\beta/k_{\varphi p}+m_Bg(h_{sc}-h_{cs})\beta$，而增加的倾角 $m_Bg(h_{sc}-h_{cp})\beta/k_{\varphi p}+m_Bg(h_{sc}-h_{cs})\beta/k_{\varphi s}$ 与原来的倾角 β 相加得 $[m_Bg(h_{sc}-h_{cp})\beta/k_{\varphi p}+m_Bg(h_{sc}-h_{cs})\beta/k_{\varphi s}]+\beta=\{[m_Bg(h_{sc}-h_{cp})/k_{\varphi p}+m_Bg(h_{sc}-h_{cs})/k_{\varphi s}]+1\}\beta=(1+S)\beta$。

C_p、C_s 两个参数在第三章的所有公式中都假定为线性特性，但实际上车体横向位移受横向止挡限制，车体的竖向位移受空气弹簧下面的应急弹簧（垂向止挡）限制。对于 A 型车（上海地铁 1、2 号线和广州地铁 1 号线），横向止挡的间隙为 10mm，垂向止挡的间隙为 18mm，如果超过这个数值，车体碰上止挡，C_s 就大大提高，也就是实际上 C_s 为非线性的；另外垂向止挡对车体侧滚也有限制作用，当车体超过一定的侧滚角，垂向止挡就与车体相碰，从而导致侧滚刚度大大提高。为了简化计算，公式中仍采用线性特性，这样使得计算出的偏移量比实际偏移量大，计算结果偏于安全。有时为了工程建设需要，如使用现有方法计算减振道床（轨道基础高度 820mm）圆形隧道曲线限界时，设备限界与建筑限界的距离太小。为了重新校核车辆限界，采用 C_p、C_s 为非线性的特性进行计算，得到的车辆限界计算结果将比较符合实际情况。至于 C_p、C_s 为非线性时的限界计算方法，本标准还未提出，有待进一步研究确定。

3.2 设备限界的计算

3.2.1 设备限界与车辆限界之间应留安全间隙，主要考虑在表 1 中未考虑的因素，如弹簧折断、空气弹簧漏气或过充，以及其他非正常状态因素引起的车辆额外偏移，但不包括事故状态下车辆发生的偏移。考虑到以上一些因素造成的偏移大多属于角偏移，故一般情况车体肩部留有最大的横向安全间隙 100mm，车体下部底架处横向安全间隙取 30mm，侧墙安全间隙从 100～30mm 递减。车顶向上安全间隙取 50mm，考虑计算简化再加 10mm 的竖曲线偏移量，车顶向上安全间距共计取 60mm，按此值取值时后面的计算可不再考虑竖曲线加高因素。转向架部分无论横向或竖向都取 15～30mm。

3.2.2 设备限界在曲线超高地段为倾斜的限界，其基本坐标系随超高角而旋转，本节给出的设备限界是对于未旋转的基本坐标系而言的。

3.2.3 曲线地段的设备限界，在直线设备限界基础上进行加高加宽的原因有以下 4 点：

1 曲线几何偏移引起设备限界加宽和加高。由于曲线几何偏移是曲线半径的函数，因此不同曲线半径有不同的设备限界。注意在使用公式（3.2.3-1）～（3.2.3-6）时 n 为计算断面至相邻中心销的距离，m 为计算断面至相邻车轴的距离，n 的最大值为车辆悬出部分的长度（$n=3.2$m），转向架最大悬出部分的长度（$m=540$mm），当转向架构架端部无悬挂物时可取 $m=0$。所以车体最大的外侧偏移量在车辆的两端，转向架最大外侧偏移量在构架的端部，最大的内侧偏移量在车辆的中部和转向架的中部。

2 过超高与欠超高引起的设备限界加宽和加

高。在现行《地铁设计规范》（GB 50157—92）中曲线地段设备限界计算只考虑限界在曲线超高地段的倾斜和曲线的几何偏移量这两个因素，本标准增加车辆在曲线上以规定速度通过曲线时的未平衡离心力（欠超高）造成的车辆倾角偏移和车辆停在曲线超高地段上因重力（过超高）造成的车辆倾角偏移。注意计算曲线外侧加宽量时公式（3.2.3-8）；（3.2.3-11）考虑车辆以允许最高速度通过曲线，此时使用欠超高值h_{dc}。计算曲线内侧加宽量时使用公式（3.2.3-7）；（3.2.3-10）考虑车辆停在曲线上，使用过超高值h_{ac}。

3 曲线轨道参数及车辆参数变化引起的设备限界加宽和加高。曲线设备限界的加宽原因除了本条第2款外，还应加上轨道参数和车辆参数在曲线上发生变化引起的设备限界加宽。其内容如下：

1） 轨道在曲线地段的轨距加宽，曲线外侧加宽及磨耗量为ΔS_a，内侧加宽及磨耗量为ΔS_i。

2）内外侧钢轨在离心力或重力作用下的弹性变形，曲线对直线的增量，取$\Delta_{de}=1.4$mm。

3）曲线地段车辆在离心力或重力作用下一系横动量的增量Δ_q和二系横动量的增量Δw。

4）对于碎石道床，在离心力和重力作用下道床松动引起的轨道内外移动量$1000/R$（mm）。

4 当未考虑设备限界在曲线超高地段上的倾斜因素时，设备限界在曲线地段的总加宽量包括：

1）曲线几何偏移T_a、T_i，及T'_a、T'_i；

2）由超高及欠超高引起的曲线偏移ΔX_{Qa}、ΔX_{Qi}；

3）曲线轨道参数及车辆参数变化引起的曲线偏移ΔX_{ca}、ΔX_{ci}。

由于以上参数在曲线外侧和曲线内侧的数值都不一样，因此设备限界在曲线地段总的加宽量在曲线外侧和曲线内侧也不相同，这样造成一个左右非对称的曲线设备限界。本标准考虑设备限界左右对称，可取内侧加宽量和外侧加宽量中较大值。在曲线无超高地段（道岔等）因无过超高曲线设备限界，一般用欠超高决定的外侧加宽数据。

3.3 建筑限界的计算

3.3.1 隧道内设备和管线安装尺寸，通常在列车前进方向左侧墙上，安装强电电缆、电源箱、照明灯具等，其设备占用空间宽度不大于300mm；在列车前进方向右侧墙上，安装弱电电缆、信号机、区间电话、漏泄同轴电缆、隔离开关、接触导线张紧装置等。其设备占用空间宽度不大于400mm。消防水管和消火栓（箱）布置视具体情况而定，一般布置在线路左侧。

隧道侧壁上的设备安装，应考虑其安装误差及隧道永久变形带来的变形量。

对设备限界的检测手段，一般采用限界检测车进行动态检查，此种检测车是在工务用平板车上安装一块测量模板，模板外形采用设备限界坐标。由于轮轨间隙不可弥补以及设备安装误差和长期变形，线路两侧的设备需与设备限界保持20～50mm间隙。

在无设备安装的建筑表面和设备限界之间的最小间距不小于200mm，以应付建筑变形和隧道内衬修补所占用空间，在困难条件下这个间隙不小于100mm。

3.3.2 车辆限界和设备限界在曲线超高地段随超高角而旋转符合本标准定义的基准坐标系，而建筑限界则使用原直线地段的基准坐标系，不随超高角而旋转。

3.3.3 公式（3.3.3-5）仅适用于B1型车辆。

A型和B2型建筑限界高度受接触网高度控制，曲线建筑限界不必加高。

公式（3.3.3-6）和（3.3.3-7）中的X_2、Y_2为制约建筑限界内侧加宽量的设备限界控制点坐标。X_3、Y_3为制约建筑限界外侧加宽量的设备限界控制点坐标。

公式（3.3.3-8）中的X_1、Y_1为制约限界加高量的设备限界控制点坐标。

3.3.4 圆形隧道是采用盾构开挖机，在施工过程中不能改变直径，所以必须按其施工地段的水平曲线和竖曲线最小半径及最大超高值计算的设备限界确定圆形隧道建筑限界。

3.3.5 当马蹄形隧道断面为曲墙时，采用圆形隧道建筑限界的确定方法按其施工地段的水平曲线和竖曲线最小半径及最大超高值计算的设备限界确定马蹄形隧道建筑限界。

当马蹄形隧道断面为直墙时，采用曲线地段矩形隧道建筑限界的加宽方法计算曲线地段马蹄形隧道建筑限界。

3.3.6 曲线轨道超高产生的偏移量，曲线内侧偏移量大于曲线外侧偏移量。为了合理分配限界空间，建立了公式（3.3.6-1）、（3.3.6-2）、（3.3.6-3）。由于公式（3.3.6-2）的计算值与建筑限界的高度相比是很小的，所以在工程设计中（3.3.6-2）式中的y'值往往忽略不计，以简化设计。

3.3.7 过去计算道岔区导曲线建筑限界加宽量时只考虑了曲线几何偏移量这一项，见公式（3.2.3-1）（3.2.3-2）。本标准计算道岔区段导曲线建筑限界加宽量时应同时考虑离心力即欠超高的影响，见公式（3.2.3-7）、公式（3.2.3-8），以及曲线轨道参数及车辆参数变化的影响，见公式（3.2.3-12）、（3.2.3-14）。

3.3.8 隧道中隔墙上敷设的电缆，进入道岔区时，由于中隔墙中断，此时电缆需从隧道顶部过道岔。电缆桥架和 1500V 接触网带电体的净距通常要满足 150mm 的要求。接触轨受电的 B1 型限界应检查顶部净空，必要时进行局部加高。

3.3.9 在隧道顶部或侧墙上安装风机、接触网重力锚上网开关、道岔转辙机等设备时，应根据相关专业提供的安装要求，必要时对建筑限界进行局部加高、加宽。

3.3.10 对直线地段车辆建筑限界的规定。

1 站台高度应按车厢地板面基准高度减去下列因素求得：

1）车厢地板面负公差；

2）车厢地板面在重车时的下挠度值；

3）空气弹簧高度公差及无感度；

4）一系弹簧永久变形量；

5）一系弹簧空重车挠度值；

6）不可补偿的踏面磨损量；

7）钢轨最大垂直磨耗量和轨下垫板变形量；

8）乘客上下车时产生的侧滚。

采用外挂门时，按（动态）车辆限界检查车门与站台之间的安全间隙，并考虑乘客上下车时产生车辆侧滚振动。

采用塞拉门时，应按静态车辆限界以及开门时推出量检查车门与站台之间的安全间隙。

2 站台计算长度是按列车总长加停车误差而定。站台计算长度范围内站台边缘至轨道中心线的建筑限界按车辆限界加 10mm 安全余量确定，以确保列车运行安全；列车停站时，车门地板边缘和站台之间的净空不大于 100mm，以确保乘客上下车安全。

3 站台计算长度内外分界处，可设过渡段，也可不设过渡段。前者用于南京地铁等，后者用于上海、广州地铁等。

4 侧式站台两线间，如有墙、柱等建筑物，一般不宜安装设备或管线，以免不必要地增大线间距；若两线间因布置单渡线或交叉渡线而增大线间距，则两线间的墙、柱上可以安装管线。通常侧式站台两线间有柱子时，柱间可安装广告灯箱。

侧式站台两线间有墙、柱且安装管线时，轨道中心线至墙、柱净空应按设备限界加 400～500mm 空隙确定。

站台轨道中心线至站台上设备用房侧墙间净空，当侧墙上有管线时应按设备限界加 400～500mm 空隙确定，当侧墙上无管线时，可按设备限界加 200mm 空隙确定，困难条件下不得小于 100mm。

5 屏蔽门限界是车辆限界加不小于 25mm 的安全间隙确定。本标准未给出屏蔽门限界，但若安装屏蔽门时必须制定屏蔽门限界，屏蔽门在确定安装位置时，应保证当屏蔽门产生弹性变形时，其最外突出点不得侵入车辆限界。

3.3.11 车辆轮廓线至站台边缘的距离不得大于 180mm，按照规定站台计算长度内的线路半径不得小于 800m，轨道超高不大于 15mm。

3.3.12 本标准中 A 型限界标准按正线水平曲线 R300m，B 型限界标准按正线水平曲线 R250m 进行计算的。故辅助线水平曲线半径小于上述数值时，其限界应另行计算确定。

3.3.13 本条系规定防淹门和人防隔断门在开门状态下的净空，在此空间内除接触导线外，任何管线均不能侵入。

3.3.14 库外连续建筑物或非连续建筑物至设备限界间距值，库内检修平台系指固定构筑物。该平台离库线轨道中心线水平距离，不得侵入车辆限界（本条参照香港地铁限界，按调车速度 3～5km/h 计算）。

3.3.15 直接地段双线线路中心线水平间距取整数，A 型为 3700mm，B 型为 3500～3600mm 由线路规范确定。本标准只规定两设备限界之间的安全间隙不小于 100mm。

3.3.16 警冲标是设于交叉两线路间的安全标志。当一条线路上停放列车时，禁止越过警冲标，以保证相邻线路上运行的另一列车安全通过道岔，故警冲标应设置在两单线设备限界之外。

3.3.17 在高架线（或地面线）上设备限界与建筑限界之间应留较大的空间，以防止万一在高架线（或地面线）上有人滞留，并考虑用于设置电缆沟槽，故建筑限界与设备限界之间应有 500mm 以上的间隙。

4 地铁 A 型限界标准

4.1 A 型限界主要计算参数

4.1.1 目前我国的 A 型均采用受电弓受电。

4.1.2 A 型计算车辆主要尺寸根据上海地铁一、二号线和广州地铁一号线车辆制定，这些主要尺寸只在制定限界标准时使用，实际制造的车辆不受这些尺寸限制。受电弓宽度，上海车采用 1700mm，广州车采用 1550mm。由于 1700mm 能包容 1500mm，故计算车辆轮廓线采用 1700mm 的受电弓宽度。当接触网采用柔性悬挂（例如广州地铁车）时，必须采用 1550mm 的窄弓才能容纳在 ϕ5200mm 的圆形建筑限界中。

4.1.3 本条是制定限界的主要设计参数。

1 本标准 A 型曲线限界是按水平曲线最小半径 R300m 计算的，小于或大于 R300m 时应参照本标准推荐的计算公式重新计算设备限界及建筑限界尺寸。

2 整体道床轨道结构高度采用《地铁设计规范》中 60kg/m 钢轨的数据。

3　风荷载 600N/m² 取自上海地铁 2 号线铝合金车体强度计算资料。

4.1.4　计算车辆轮廓线主要参照上海地铁一、二号线和广州地铁一号线车辆轮廓线。地铁车辆不设车厢侧面信号灯时，车辆轮廓线中预留的信号灯位置可作鼓形车占位用。计算车辆轮廓线在制定过程中，比较了国内现有 A 型的断面（见图 1）。虽然国内现有 A 型的断面都非常接近，但考虑到计算车辆轮廓线需要具有较大的包容性，因此选择了广州地铁一号线车、上海地铁二号线车和国产化车的断面作为本标准的计算车辆轮廓线，同时考虑了广州地铁二号线车空调器在车顶上凸出超过 3.8m 的情况。

4.2　A 型车辆限界

4.2.1　A 型计算车辆轮廓线上各点坐标加上横向和竖向偏移量（由第 3.1.1 条中计算公式算出）后，得到 A 型车辆限界各点坐标。计算偏移量时按表 1 给出的参数，选择用于 A 型车的计算参数（列于表 3 中）。

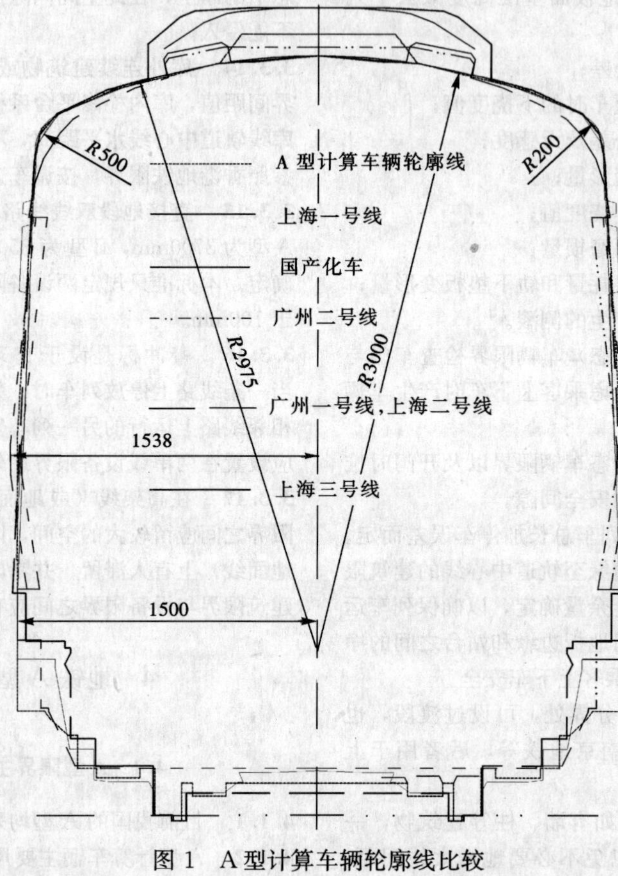

图 1　A 型计算车辆轮廓线比较

A 型隧道内直线地段车辆限界的计算示例如下：

1　受电弓控制点（0s～4s 点）：

1）计算公式按本标准中：

受电弓横向偏移量：公式（3.1.3-1；3.1.3-2；3.1.3-8）

受电弓竖向向上及向下偏移量：公式（3.1.3-18）

2）车辆限界的计算：

第 2s 点轮廓线坐标：$X=615$；$Y=4022$

横向偏移量：$\Delta X_{BP}=138$mm；竖向向上偏移量 $\Delta Y_{BPu}=44$mm

车辆限界坐标：$X=753$；$Y=4066$

2　车体控制点（0～13 点；26～29 点）：

1）计算公式按本标准中：

车体横向偏移量：公式（3.1.3-1；3.1.3-2；3.1.3-8）

车体竖向向上及向下偏移量：公式（3.1.3-6；3.1.3-7；3.1.3-9；3.1.3-10）

2）车辆限界计算：

第 3 点轮廓线坐标：$X=850$；$Y=3677$

横向偏移量：$\Delta X_{BP}=134$mm；竖向向上偏移量 $\Delta Y_{BPu}=23$mm

车辆限界坐标：$X=984$；$Y=3700$

第 26 点轮廓线坐标：$X=1425$；$Y=3078$

横向偏移量：$\Delta X_{BP}=125$mm；竖向向上偏移量 $\Delta Y_{BPu}=-4$mm

表 3 A型车辆限界计算用参数

参 数	取 值	参 数	取 值	参 数	取 值
d	1397mm	f_2	3mm	n_p	4
Δd	1.5mm	Δf_s	15mm	c_p	1350N/mm
Δq_1	1mm	ΔM_{t9}	10mm	b_p	1940mm
ΔW_1	1mm	m_z	12960kg	ΔM_{t10}	2mm
ΔM_{t1}	1mm	$\Delta x_{Bq}/H_{cq}$	10/2534	ΔM_{t11}	1.5mm
ΔM_{t2}	1mm	Δ_c	5mm	$k_{\phi s}$	$=0.5n_s c_s b_s^2+2K_{\phi n}$
ΔM_{t3}	5mm	Δ_c'	5mm		
ΔM_{t4}	2mm	δ_c	5mm	n_s	2
ΔM_{t5}	5mm	Δh_{c1}	4mm	c_s	600N/mm
Δq_2	0	Δ_e	1mm	b_s	1880mm
Δq_3	4mm	δ_e	2mm	$K_{\phi n}$	4900Nmm/rad
ΔW_2	10mm	Δh_{c2}	1mm	ΔM_{t12}	1.5mm
ΔW_3	10mm	l	1443mm	ΔM_{t13}	1mm
ΔS_{hd}	25mm	δ_{w0}	10mm	ΔM_{t14}	1mm
δ_{w1}'	12mm	$(2n+a)/a$	$a=15.7$m $n=3.2$m	$(2m+p)/p$	$p=2500$mm $m=0$
δ_{w1}	35mm			h_{sj}	785mm
ΔM_{t6}	5mm	$A_w \cdot P_w$	$A_w=72.7m^2$ $P_w=600N/m^2$	ΔJ_{vd}	25mm
ΔM_{t7}	6mm			ΔJ_{vw}	3.7mm
ΔM_{t8}	12mm	$m_B \cdot a_B$	$m_B=47920$kg $a_B=0.5m/s^2$	ΔS_{vw}	15mm
f_{01}'	0			g	9.81 m/s^2
f_{01}	5mm	h_{sc}	1800mm	R	300m
f_1	26mm	h_{sw}	2292mm	R_v	2000m
Δf_p	5mm	h_{cp}	500mm	h_{ac}	120mm
f_{02}	3mm	h_{cs}	850mm	v	65km/h
		$k_{\phi p}$	$=0.5n_p c_p b_p^2$		

注：1 受电弓控制点计算时，$(2n+a)/a$ 中 $n=0$；车梯点 10～11 点，$n=1.97$；车下悬挂点 12～13 点，$n=0$；

2 车体点（0～13 点），用 $\delta_{w1}'=12$；轮缘点（18～19 点），用 $\delta_{w1}'=8$；除此以外，用 $\delta_{w1}=35$；

3 对于 13 点，横向用构架计算，垂向用车体计算。

车辆限界坐标：$X=1550$；$Y=3074$

3 转向架构架控制点（13～15 点；20、21 点、24、25 点）：

1）计算公式按标准中：

构架横向偏移量：公式（3.1.3-11）

构架竖向向上及向下偏移量：公式（3.1.3-12；3.1.3-13）

2）车辆限界的计算：

第 14 点轮廓线坐标：$X=1120$；$Y=170$

横向偏移量：$\Delta X_t=35$mm；竖向向下偏移量 $\Delta Y_{td}=-90$mm

车辆限界坐标：$X=1155$；$Y=80$

4 转向架簧下部分控制点（22～23 点）：

1）计算公式按本标准中：

簧下部分横向偏移量：公式（3.1.3-14）

簧下部分竖向偏移量：公式（3.1.3-15）

2）车辆限界计算：

第 22 点轮廓线坐标：$X=626$；$Y=95$

横向偏移量：$\Delta X_w=17$mm；竖向向下偏移量 $\Delta Y_{wd}=-53$mm

车辆限界坐标：$X=643$；$Y=42$

5 轮缘部分控制点（18 点、19 点）：

1）计算公式按本标准中：

簧下部分横向偏移量：公式（3.1.3-14）

轮缘部分竖向偏移量：公式（3.1.3-16）

2）车辆限界计算：

第 18 点轮廓线坐标：X=708.5；Y=－28

横向偏移量；ΔX_w＝29.5mm；竖向向下偏移量 ΔY_f＝26mm

车辆限界坐标：X=738；Y=－54

6 踏面部分控制点（16 点、17 点）：

1）计算公式：

簧下部分横向偏移量：公式（3.1.3-14）

踏面部分竖向偏移量：公式（3.1.3-17）

2）车辆限界计算：

第 16 点轮廓线坐标：X=811.5；Y=0

横向偏移量：ΔX_w＝29.5mm；竖向向下偏移量：ΔY_{md}＝－18mm

车辆限界坐标：X=841；Y=－18

4.2.2 A 型地面（或高架）直线地段车辆限界及设备限界

1 受电弓控制点（0a～4a 点，0b～4b 点）：

1）计算公式按本标准中：

受电弓横向偏移量：公式（3.1.3-1；3.1.3-2；3.1.3-8）

受电弓竖向向上及向下偏移量：公式（3.1.3-18）

2）车辆限界的计算：

第 2a 点轮廓线坐标：X=615；Y=4982

横向偏移量：ΔX_{BP}＝298mm；竖向向上偏移量 ΔY_{BPu}＝44mm

车辆限界坐标：X=913；Y=5026

2 车体控制点（0～13 点；26～29 点）：

1）计算公式按本标准中：

车体横向偏移量：公式（3.1.3-1；3.1.3-2；3.1.3-8）

车体竖向向上及向下偏移量：公式（3.1.3-6；3.1.3-7；3.1.3-9；3.1.3-10）

2）车辆限界计算：

第 6 点轮廓线坐标：X=1365；Y=3416

横向偏移量：ΔX_{BP}＝218mm；竖向向上偏移量 ΔY_{BPu}＝－47mm

车辆限界坐标：X=1583；Y=3369

第 26 点轮廓线坐标：X=1425；Y=3078

横向偏移量：ΔX_{BP}＝198mm；竖向向上偏移量 ΔY_{BPu}＝－51mm

车辆限界坐标：X=1623；Y=3027

3 转向架构架控制点（13～15 点；20、21 点、24、25 点）：

1）计算公式按本标准中：

构架横向偏移量：公式（3.1.3-11）

构架竖向向上及向下偏移量：公式（3.1.3-12；3.1.3-13）

2）车辆限界的计算：

第 14 点轮廓线坐标：X=1120；Y=170

横向偏移量：ΔX_t＝47mm；竖向向下偏移量 ΔY_{td}＝－96mm

车辆限界坐标：X=1167；Y=74

4 转向架簧下部分控制点（22～23 点）：

1）计算公式按本标准中：

簧下部分横向偏移量：公式（3.1.3-14）

簧下部分竖向偏移量：公式（3.1.3-15）

2）车辆限界计算：

第 22 点轮廓线坐标：X=626；Y=95

横向偏移量：ΔX_w＝8mm；竖向向下偏移量 ΔY_{wd}＝－53mm

车辆限界坐标：X=634；Y=42

5 轮缘部分控制点（18 点、19 点）：

1）计算公式按本标准中：

簧下部分横向偏移量：公式（3.1.3-14）

轮缘部分竖向偏移量：公式（3.1.3-16）

2）车辆限界计算：

第 18 点轮廓线坐标：X=708.5；Y=－28

横向偏移量；ΔX_w＝29.5mm；竖向向下偏移量 ΔY_f＝26mm

车辆限界坐标：X=738；Y=－54

6 踏面部分控制点（16 点、17 点）：

1）计算公式按本标准中：

簧下部分横向偏移量：公式（3.1.3-14）

踏面部分竖向偏移量：公式（3.1.3-17）

2）车辆限界计算：

第 16 点轮廓线坐标：X=811.5；Y=0

横向偏移量：ΔX_w＝29.5mm；竖向向下偏移量 ΔY_{md}＝－18mm

车辆限界坐标：X=841；Y=－18

4.3 A 型设备限界

4.3.1 A 型隧道内直线地段设备限界的计算。

1 受电弓控制点（0s～4s 点）：

将车辆限界中线段 1s'2s' 及 2s'3s' 向外平移 50mm 得两线段，将其延长，取两者交点即为设备限界点 2S″（X：765；Y：4115）。

2 车体控制点（0～11 点；26～29 点）：

车辆限界中 7′点向外水平移动 100mm，得设备限界点 7″（X：1644；Y：3309）。

将车辆限界中线段 4′5′和 5′6′向外平移 60mm，得两线段，取其交点即为车辆限界中 5′点的设备限界点 5″（1477，3551）。将车辆限界中线段 5′6′和 6′7′向外平移 80mm，得两线段，取其交点即为车辆限界中 6′点的设备限界点 6″（1570，3452）。（车顶的 0～1 线段、1～2 线段、2～3 线段、3～4 线段、4～5 线段都向外平移 60mm，由于第 7 点横向移动 100mm，设一过渡段 5～6 线段向外平移 80mm。）

设备限界计算时，车体侧部 7′点横向留 100mm，9′、10′点横向留 30mm，其余各侧部点横向应留量根据其高度按比例分配。

3 转向架构控制点（12～15 点；24 点、25 点）：

该部分各点设备限界计算时，只需在车辆限界基础上，分别在横向留 15mm 的间距和垂向留 30mm 的间距。如车辆限界中 14′点（*X*：1155；*Y*：80），其设备限界为点 14″（*X*：1170；*Y*：50）。

4 转向架簧下部分控制点（20～23 点）：

该部分各点设备限界计算时，同样只需在车辆限界基础上，分别在横向留 14mm 的间距和垂向留 12mm 的间距。如车辆限界中 20′点（*X*：643；*Y*：42），其设备限界为点 20″（*X*：629；*Y*：30）。

5 轮缘部分控制点（18 点、19 点）：

该部分各点设备限界计算时，同样只需在车辆限界基础上，分别在横向和垂向留 15mm 的间距。如车辆限界中 18′点（*X*：738；*Y*：－54），其设备限界为点 18″（*X*：753；*Y*：－69）。

6 踏面部分控制点（16 点、17 点）：

该部分各点设备限界计算时，同样只需在车辆限界基础上，在横向留 15mm 的间距。如车辆限界中 16′点（*X*：841；*Y*：－18），其设备限界为点 18″（*X*：856;*Y*：－18）。

4.3.2 A 型地面（或高架）直线地段设备限界的计算。

1 受电弓控制点（0*a*～4*a* 点）：

将车辆限界中线段 1*a*′2*a*′及 2*a*′3*a*′向外平移 50mm，得两线段，将其延长，取两者交点即为设备限界点 2*a*″（*X*：925；*Y*：5075）。

2 车体控制点（0～11 点；26～29 点）：

车辆限界中 7′点向外水平移动 100mm，得设备限界点 7″（*X*：1724；*Y*：3263）。

将车辆限界中线段 4′5′和 5′6′向外平移 60mm，得两线段，取其交点即为车辆限界中 5′点的设备限界点 5″（1565，3507）。将车辆限界中线段 5′6′和 6′7′向外平移 80mm，得两线段，取其交点即为车辆限界中 6′点的设备限界点 6″（1655，3406）。（车顶的 0～1 线段、1～2 线段、2～3 线段、3～4 线段、4～5 线段都向外平移 60mm，由于第 7 点横向移动 100mm，设一过渡段 5～6 线段向外平移 80mm。）

设备限界计算时，车体侧部 7′点横向留 100mm，9′、10′点横向留 30mm，其余各侧部点横向应留量根据其高度按比例分配。

3 转向架构架控制点（12～15 点；24 点、25 点）：

该部分各点设备限界计算时，只需在车辆限界基础上，分别在横向留 10mm 的间距和垂向留 30mm 的间距。如车辆限界中 15′点（*X*：858；*Y*：77），其设备限界为点 15″（*X*：868；*Y*：47）。

4 转向架簧下部分控制点（20～23 点）：

该部分各点设备限界计算时，同样只需在车辆限界基础上，分别在横向留 14mm 的间距和垂向留 12mm 的间距。如车辆限界中 20′点（*X*：634；*Y*：42），其设备限界为点 20″（*X*：620；*Y*：30）。

5 轮缘部分控制点（18 点、19 点）：

该部分各点设备限界计算时，同样只需在车辆限界基础上，分别在横向和垂向留 15mm 的间距。如车辆限界中 18′点（*X*：738；*Y*：－54），其设备限界为点 18″（*X*：753；*Y*：－69）。

6 踏面部分控制点（16 点、17 点）：

该部分各点设备限界计算时，同样只需在车辆限界基础上，在横向留 15mm 的间距。如车辆限界中 16′点（*X*：841；*Y*：－18），其设备限界为点 16″（*X*：856;*Y*：－18）。

4.3.3 A 型隧道内（*R*＝300m）曲线地段设备限界是在隧道内直线区段设备限界（本标准表 4.3.1 图 4.3.1）的基础上加宽和加高得到，加宽和加高按本标准中公式（3.2.3-19；3.2.3-20）计算得到，最后结果列于本标准表 4.3.3 和图 4.3.3 中。实际运用时需以轨道中心点（超高由提高外轨和降底内轨各半实现）或内侧轨顶点（超高由单独提高外轨实现）为圆心旋转一个超高角而得到倾斜后的曲线设备限界后，方可使用。

4.3.4 A 型高架线（或地面线）（*R*＝300m）曲线地段设备限界是在高架线（或地面线）直线地段设备限界（表 4.3.2 与图 4.3.2）基础上进行加宽和加高而得到，加宽和加高的方法与上一条相同，最后计算结果列于表 4.3.4 及图 4.3.4 中，实际运用时需以轨道中心点（超高由提高外轨和降底内轨各半实现）或内侧轨顶点（超高由单独提高外轨实现）为圆心旋转一个超高角而得到倾斜后的曲线设备限界后，方可使用。

4.4 A 型建筑限界

4.4.1 A 型隧道建筑限界。

1 A 型区间直线地段矩形隧道建筑限界宽度按本标准公式（3.3.3-1～3.3.3-4）计算确定。线路左侧宜安装强电，设备宽度不大于 300mm；线路右侧宜安装弱电电缆、信号机、区间电话、接触导线下锚装置、隔离开关、冷冻水管等，设备宽度不大于 400mm。另外，考虑隧道耐久性设计基准期 100 年的要求，预留隧道内衬喷锚厚度 50mm 的留量。A 型矩形隧道建筑限界左侧宽度为 2100mm，右侧宽度为 2200mm，总宽度为 4300mm。A 型矩形隧道建筑限界轨面上高度为 4500mm，总高度为 5060mm。

2　区间曲线地段矩形隧道建筑限界加宽量按本标准公式（3.3.3-6）和（3.3.3-7）计算确定。不同的平面曲线半径和不同超高值会有不同的加宽量。本标准中图4.4.1-2是平面曲线半径 R300m、轨道超高120mm的建筑限界图。

3　圆形隧道建筑限界按本标准第3.3.4条规定执行。车体设备限界和建筑限界之间的最小净距为200mm，受电弓设备限界和建筑限界之间的净空应满足接触网安装要求并且带电车体和隧道结构、车体之间的最小净距（电间隙）应符合100mm（动态）和150mm（静态）的规定。圆形隧道建筑限界采用本标准5200mm直径的隧道。当采用宽度为1700mm的受电弓时，只能使用刚性接触网（例如上海地铁车）；当使用柔性接触网（例如广州地铁车），若采用宽度为1700mm的受电弓，其曲线设备限界与柔性接触网杆相碰，因此应改用宽度为1550mm的受电弓。

4　马蹄形单线隧道建筑限界推荐采用圆形隧道建筑限界的制定方法，这种方法在设计中简易可行，施工时在曲直线上均可采用与圆形隧道同一种模板台车。

4.4.2　A型车站直线建筑限界是按本标准第3.3.10条规定执行。本标准中图4.4.2-1为站台计算长度内的建筑限界图。

通常，高架线和地面线接触导线安装高度超过4400mm，雨棚建筑限界高度应按实际需要计算确定，但不得小于矩形建筑限界。

4.4.3　制定高架线（或地面线）建筑限界时必须使用高架线（或地面线）的设备限界，后者不同于隧道内设备限界。主要原因是在高架线（或地面线）上运行的车辆要受风载荷，其偏移量也因此增大。在曲线双线区段，两个设备限界都发生倾斜。这时两设备限界之间仍应保持100mm的间隙后确定双线线间距。

5　地铁B1型限界标准

5.1　B1型限界主要计算参数

5.1.1　B1型限界的特征为计算车辆车宽为2800mm，车辆长度为19m，车顶高度为3.8m，车辆采用接触轨（上部或下部受流）受电方式。

5.1.2　B1型限界计算车辆主要尺寸参考北京地铁、北京复八线、北京城铁（西直门到东直门）及天津、武汉轨道交通车辆的参数而确定，考虑到今后的城市轨道交通车辆必须安装空调装置，车辆高度需提高到3800mm，即符合《城市快速地铁工程项目建设标准》计算车辆的车顶距钢轨面高度（空载）3800mm的规定。北京车辆因受过去2600mm车宽站台的影响，底架宽度只能继续使用2600mm，作为新的标准按国家标准《地铁设计规范》和《城市快速轨道工程项目建设标准》底架宽度改为2800mm。因此本标准的车辆轮廓线能包容北京的所有车辆。上部受流的受流器尺寸取自北京地铁一直沿用至今的尺寸。下部受流的受流器尺寸取自武汉车辆。

5.1.3　制定限界的主要参数取自北京地铁，由长春客车厂提供。

5.1.4　B1型计算车辆轮廓线的车体上部与B2型计算车辆轮廓线的应取得一致。本标准B1型计算车辆轮廓线的来源主要是北京地铁车，本标准计算车辆轮廓线的第27点到第8点与北京车完全吻合。计算车辆轮廓线车顶取自天津地铁车，比北京地铁现有车辆的车顶都高，底架宽度较大。由于车顶高度增加，车体肩部的高度也由北京地铁车（复八、城铁）的3196mm提高到3315mm，这也有利于车门的安装。B1型车的上部受电第10点到第26点的轮廓线完全取自北京地铁车断面的轮廓线点。下部受电第10d点到第20d点的轮廓线完全取自武汉轨道交通车断面的轮廓线点。目前B1型车没有在车外安装信号灯，但上海、广州地铁车外的信号灯能使工作人员在站台上很远的地方就观察到每一辆车的工作状态，可以说它是一种较先进的装备，另外预留信号灯的位置能在目前常用建筑限界内容纳，并不需要额外扩大建筑限界，因此决定预留信号灯位置。预留信号灯位置，实际上加宽了车辆宽度，能满足当前用户希望扩大车辆断面宽度（鼓形车）的愿望。B1型计算车辆轮廓线的比较见图2。

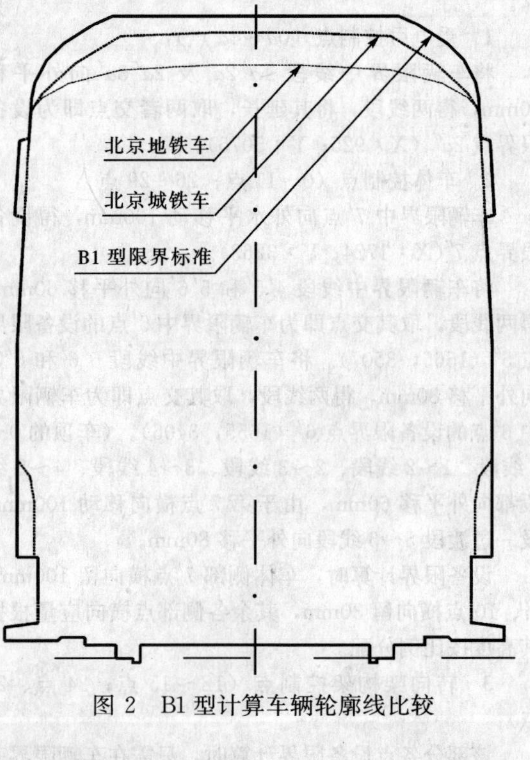

图2　B1型计算车辆轮廓线比较

5.2 B1 型车辆限界

5.2.1 B1 型隧道内车辆限界，由 B1 型计算车辆轮廓线上各点坐标加上按本标准中第 3.1.3 条中计算公式算出的横向和竖向偏移量而得到，在计算偏移量时按本说明表 1 给出的参数选列于表 4 中。

B1 型隧道内直线地段车辆限界的计算示例如下：

1 车体控制点（0～10 点；27～30 点）：

1）计算公式按本标准中：

车体横向偏移量：公式（3.1.3-1；3.1.3-8）

车体竖向向上及向下偏移量：公式（3.1.3-6；3.1.3-7；3.1.3-9；3.1.3-10）

2）车辆限界计算：

第 5 点轮廓线坐标：$X=1299$；$Y=3406$

横向偏移量：$\Delta X_{BP}=117$mm；竖向向上偏移量 $\Delta Y_{BPu}=33$mm

表 4 B 型车辆限界计算用参数

参　数	取　值	参　数	取　值	参　数	取　值
d	1397mm	Δw_3	10mm	f_2	3mm
Δd	1.5mm	ΔS_{hd}	25mm	Δf_s	30mm
Δq_1	1mm	δ'_{w1}	12mm	ΔM_{t9}	10mm
Δw_1	1mm	δ_{w1}	35mm	m_z	9300kg
ΔM_{t1}	1mm	ΔM_{t6}	10mm	$\Delta x_{Bq}/H_{cq}$	10/2700
ΔM_{t2}	1mm	ΔM_{t7}	6mm	Δ_c	5mm
ΔM_{t3}	5mm	ΔM_{t8}	12mm	Δ'_c	5mm
ΔM_{t4}	2mm	f'_{01}	0	δ_c	5mm
ΔM_{t5}	5mm	f_{01}	5mm	Δh_{c1}	4mm
Δq_2	0	f_1	13.1mm	Δ_e	1mm
Δq_3	4mm	Δf_p	5mm	δ_e	2mm
Δw_2	10mm	f_{02}	3mm	Δh_{c2}	1mm
l	1443mm	n_p	4	ΔM_{t14}	1mm
δ_{w0}	10mm	c_p	1800N/mm	$(2m+p)/p$	$p=2300$mm
$(2n+a)/a$	$a=12.6$m	b_p	1930mm		$m=0$
	$n=3.2$m	ΔM_{t10}	2mm	h_{sj}	915mm
$A_w \cdot P_w$	$A_w=57m^2$	ΔM_{t11}	1.5mm	ΔJ_{vd}	25mm
	$P_w=600N/m^2$	$k_{\phi s}$	$=0.5n_s c_s b_s^2$	ΔJ_{vw}	3.7mm
$m_B \cdot a_B$	$m_B=42600$kg		$+2K_{\phi n}$	ΔS_{vw}	15mm
	$a_B=0.5m/s^2$	n_s	2	g	9.81 m/s^2
h_{sc}	1500mm	c_s	480N/mm	R	250m
h_{sw}	2213mm	b_s	1850mm	R_v	2000m
h_{cp}	510mm	$K_{\phi n}$	0	h_{ac}	120mm
h_{cs}	905mm	ΔM_{t12}	1.5mm	v	65km/h
$k_{\phi p}$	$=0.5n_p\ c_p\ b_p^2$	ΔM_{t13}	1mm		

注：1 受电弓控制点计算时，$(2n+a)/a$ 中 $n=0$；车梯点 9 点，$n=1.3$；车下悬挂点 10～11 点，$n=0$；

2 车体点（0～11 点），用 $\delta'_{w1}=12$；轮缘点（18～19 点），用 $\delta'_{w1}=8$；除此以外，用 $\delta_{w1}=35$；

3 对于 11 点，横向用构架计算，垂向用车体计算。

车辆限界坐标：$X=1416$；$Y=3439$

第 27 点轮廓线坐标：$X=1332$；$Y=3077$

横向偏移量：$\Delta X_{BP}=111$mm；竖向向上偏移量 $\Delta Y_{BPu}=32$mm

车辆限界坐标：$X=1443$；$Y=3109$

2 转向架构架控制点（11～19 点）：

B1 型车北京地铁已运用 20 多年未发生问题，因此 B1 型车辆限界标准中第 12 点到第 19 点直接采用北京地铁相应点车辆限界的坐标，不再另外计算。作为过渡点，第 20 点的横坐标用本标准第 21 点的计算值 852mm，纵坐标用北京地铁车辆限界相应点纵坐标 40mm。

3 转向架簧下部分控制点（20、21、25、26 点）：

1）计算公式按本标准中：

簧下部分横向偏移量：公式（3.1.3-14）

簧下部分竖向偏移量：公式（3.1.3-15）

2）车辆限界计算：

第 25 点轮廓线坐标：$X=676.5$；$Y=80$

横向偏移量：$\Delta X_w=-29.5$mm，竖向向下偏移量 $\Delta Y_{wd}=-38$mm

车辆限界坐标（25′点）：$X=647$；$Y=42$

4 轮缘部分控制点（23、24 点）：

1）计算公式：

簧下部分横向偏移量：公式（3.1.3-14）

轮缘部分竖向偏移量：公式（3.1.3-16）

2）车辆限界计算：

第 23 点轮廓线坐标：$X=717.5$；$Y=-25$

横向偏移量：$\Delta X_w=0$，竖向向下偏移量：$\Delta Y_{fd}=-26$mm

车辆限界坐标（点 23′）：$X=717.5$；$Y=-51$

5 踏面部分控制点（21、22 点）：

1）计算公式按本标准中：

簧下部分横向偏移量：公式（3.1.3-14）

踏面部分竖向偏移量：公式（3.1.3-17）

2）车辆限界计算：

第 21 点轮廓线坐标：$X=818$；$Y=0$

横向偏移量：$\Delta X_w=34$mm：竖向向下偏移量 $\Delta Y_{md}=-18$mm

车辆限界坐标（点 21′）：$X=852$；$Y=-18$

6 上部受电车辆限界点 $13a'\sim13c'$；$14a'\sim14c'$ 未进行计算，取自北京地铁车辆的上部受电器车辆限界。

7 下部受电车辆限界点 $10d'\sim20d'$；$12e'\sim13e'$ 未进行计算，取自武汉轨道交通车辆的下部受电器车辆限界。

5.2.2 B1 型高架（或地面）直线地段车辆限界的计算示例如下：

1 车体控制点（0～11 点；27～30 点）：

1）计算公式按本标准中：

车体横向偏移量：公式（3.1.3-1；3.1.3-8）

车体竖向向上及向下偏移量：公式（3.1.3-6；3.1.3-7；3.1.3-9；3.1.3-10）

2）车辆限界计算：

第 5 点轮廓线坐标：$X=1299$；$Y=3406$

横向偏移量：$\Delta X_{BP}=183$mm；竖向向上偏移量 $\Delta Y_{BPu}=-3$mm

车辆限界坐标：$X=1482$；$Y=3403$

第 27 点轮廓线坐标：$X=1332$；$Y=3077$

横向偏移量：$\Delta X_{BP}=168$mm；竖向向上偏移量 $\Delta Y_{BPu}=-4$mm

车辆限界坐标：$X=1500$；$Y=3073$

2 转向架构架控制点（11～19 点）：

B1 型车北京地铁已运用 20 多年未发生问题，因此 B1 型车辆限界标准中第 12 点到第 19 点直接采用北京地铁相应点车辆限界的坐标，不再另外计算。作为过渡点，第 20 点的横坐标用本标准第 21 点的计算值 852mm，纵坐标用北京地铁车辆限界相应点纵坐标 40mm。

3 转向架簧下部分控制点（20、21、25、26 点）：

1）计算公式按本标准中：

簧下部分横向偏移量：公式（3.1.3-14）

簧下部分竖向偏移量：公式（3.1.3-15）

2）车辆限界计算：

第 25 点轮廓线坐标：$X=676.5$；$Y=80$

横向偏移量：$\Delta X_w=-29.5$mm；竖向向下偏移量 $\Delta Y_{wd}=-38$mm

车辆限界坐标（25′点）：$X=647$；$Y=42$

4 轮缘部分控制点（23、24 点）：

1）计算公式按本标准中：

簧下部分横向偏移量：公式（3.1.3-14）

轮缘部分竖向偏移量：公式（3.1.3-16）

2）车辆限界计算：

第 23 点轮廓线坐标：$X=717.5$；$Y=-25$

横向偏移量：$\Delta X_w=0$；竖向向下偏移量：$\Delta Y_{fd}=-26$mm

车辆限界坐标（点 23′）：$X=717.5$；$Y=-51$

5 踏面部分控制点（21、22 点）：

1）计算公式按本标准中：

簧下部分横向偏移量：公式（3.1.3-14）

踏面部分竖向偏移量：公式（3.1.3-17）

2）车辆限界计算：

第 21 点轮廓线坐标：$X=818$；$Y=0$

横向偏移量：$\Delta X_w=36$mm；竖向向下偏移量 $\Delta Y_{md}=-18$mm

车辆限界坐标（点 21′）：$X=854$；$Y=-18$

6 上部受电车辆限界点 $13a'\sim13c'$；$14a'\sim14c'$ 未进行计算，取自北京地铁车辆的上部受电器车辆限界。

7 下部受电车辆限界点 $10d'\sim20d'$；$12e'\sim13e'$ 未进行计算，取自武汉轨道交通车辆的下部受电器车辆限界。

5.3 B1型设备限界

5.3.1 B1型隧道内直线地段设备限界由B1型隧道内车辆限界加上未计及因素的安全留量而得到，安全留量应符合本标准第3.2.1条的规定。设备限界的计算示例如下：

1 车体控制点（0点～8点；27点～30点）：

车辆限界中6′点向外水平移动100mm，得设备限界点6″点（X：1533；Y：3347）。

将车辆限界中线段3′4′及4′5′向外平移60mm，得两线段，取其交点4″（1398，3607）即为4′点的设备限界点；将车辆限界中线段4′5′及5′6′向外平移80mm，得两线段，取其交点5″（1492，3465）即为5′点的设备限界点。（车顶的0～1线段、1～2线段、2～3线段、3～4线段都向外平移60mm）。

设备限界计算时，车体侧部6″点横向留100mm，9″点横向留30mm（实际上因与北京地铁设备限界靠拢，9″点横向留了47mm），其余各侧部点横向应留量根据其高度按比例分配。

2 转向架构架控制点（10～20点）：

转向架设备限界由接触轨确定，故第9″、10″、14″点取自北京地铁，未进行计算。

3 转向架簧下部分控制点（20、25点）：

该部分各点设备计算时，只需在车辆限界基础上，分别在横向留15mm的间距，纵坐标按B型设备限界距轨面15mm执行本标准第3.2.1条。如车辆限界中20′点（X：852；Y：40），其设备限界为点20″点（X：867；Y：15），即横向留15mm垂向留25mm，这是为了保证B型设备限界离轨面15mm。

4 轮缘部分控制点（23、24点）：

该部分各点设备限界计算时，同样只需在车辆限界基础上，分别在横向和垂向留15mm的间距，如车辆限界中23′点（X：717.5；Y：－51），其设备限界为点23″点（X：733；Y：－66）。

5 踏面部分控制点（21、22点）：

该部分各点设备计算时，同样只需在车辆限界基础上，分别在横向和垂向留15mm的间距。如车辆限界中21′点（X：852；Y：－18），其设备限界为点21″（X：867；Y：－33）。

6 上部受电设备限界点10a″、14a″未进行计算，取自北京地铁设备限界。

7 下部受电设备限界点9d″～14d″；9e″～14e″未进行计算，取自武汉轨道交通的（下部受电）设备限界。

5.3.2 B1型高架线（或地面线）直线地段设备限界由B1型高架线（或地面线）车辆限界加上未计及因素的安全留量得到，安全留量应符合本标准第3.2.1条的规定。设备限界的计算示例如下：

1 车体控制点（0～8点；27～30点）：

车辆限界中6′点向外水平移动100mm，得设备限界点6″点（X：1597；Y：3311）。

将车辆限界中线段3′4′及4′5′向外平移60mm，得两线段，取其交点4″（1469，3573）即为4′点的设备限界点；将车辆限界中线段4′5′及5′6′向外平移80mm，得两线段，取其交点5″（1559，3427）即为5′点的设备限界点。（车顶的0～1线段、1～2线段、2～3线段、3～4线段都向外平移60mm）。

设备限界计算时，车体侧部6″点横向留100mm，9″点横向因留30mm（实际上因与北京地铁设备限界靠拢9″点横向留了47mm），其余各侧部点横向应留量根据其高度按比例分配。

2 转向架构架控制点（10～20点）：

转向架设备限界由接触轨确定，故第9″、10″、14″点取自北京地铁，未进行计算。

3 转向架簧下部分控制点（20、25点）：

该部分各点设备计算时，只需在车辆限界基础上，分别在横向留15mm的间距，纵坐标按B型设备限界距轨面15mm执行第3.2.1条。如车辆限界中20′点（X：852；Y：40），其设备限界为点20″点（X：867；Y：15），即横向留15mm垂向留25mm，这是为了保证B型设备限界离轨面15mm。

4 轮缘部分控制点（23、24点）：

该部分各点设备限界计算时，同样只需在车辆限界基础上，分别在横向和垂向留15mm的间距，如车辆限界中23′点（X：717.5；Y：－51），其设备限界为点23″点（X：733；Y：－66）。

5 踏面部分控制点（21、22点）：

该部分各点设备计算时，同样只需在车辆限界基础上，分别在横向和垂向留15mm的间距。如车辆限界中21′点（X：852；Y：－18），其设备限界为点21″（X：867；Y：－33）。

6 上部受电设备限界点10a″、14a″未进行计算，取自北京地铁设备限界。

7 下部受电设备限界点9d″～14d″；9e″～14e″未进行计算，取自武汉轨道交通的（下部受电）设备限界。

5.4 B1型建筑限界

5.4.1 B1型隧道建筑限界的规定。

1 B1型区间直线地段矩形隧道建筑限界：

线路中心线距离中墙距离为2000mm，距离边墙为2100mm，中墙侧一般布置电力电缆、动力检修箱、照明灯等，设备限界宽度不大于300mm；边墙侧一般布置通信信号电缆、漏泄同轴电缆、广播喇叭、给水管、消防栓（箱），设备限界宽度不大于

400mm；考虑车辆顶部空间排热、通风的需要，轨面以上建筑限界高度定为4200mm（车顶上部空间为273mm）。见本标准图5.4.1-1。

2 B1型区间曲线地段矩形隧道建筑限界：

B1型区间曲线地段矩形隧道，由于曲线地段设备限界要加宽并且因超高倾斜而加高，因此，其建筑限界也需在直线地段基础上进行加宽和加高，按本标准公式3.3.3-6～3.3.3-8进行计算。右侧宽度加到2470mm，左侧宽度保持不变为2000mm，由于因超高倾斜后，轨面以上空间仍有192mm，满足限界要求，故轨面以上建筑限界高度仍为4200mm，见本标准图5.4.1-2。

3 B1型区间直线地段圆形隧道建筑限界：

圆形隧道建筑限界直径受线路水平曲线最小半径控制，且曲线设备限界和圆形隧道建筑限界之间的间隙要满足本标准第3.3.1条"困难条件下大于100mm"的要求。因此，在直、曲线地段，隧道建筑限界直径相同定为5100mm。此时直线地段设备限界和圆形隧道建筑限界之间的最小间隙为238mm，见本标准图5.4.1-3。

4 B1型区间曲线地段圆形隧道建筑限界：

用超高倾斜后的B1型曲线地段设备限界，并使隧道中垂线相对线路中垂线横向移动 $x'=145$mm（$h_{ac}=120$mm），得到曲线地段圆形隧道建筑限界。曲线地段设备限界和圆形隧道建筑限界之间的最小间隙为178mm，见本标准图5.4.1-4，满足本标准第3.3.1条"困难条件下大于100mm"的要求。但如果采用传统的减振道床，其轨道建筑高度为840mm，曲线设备限界和圆形隧道建筑限界之间的间隙为92mm，见图3，不能满足本标准第3.3.1条"困难条件下大于100mm"的要求。这时可采取以下措施：

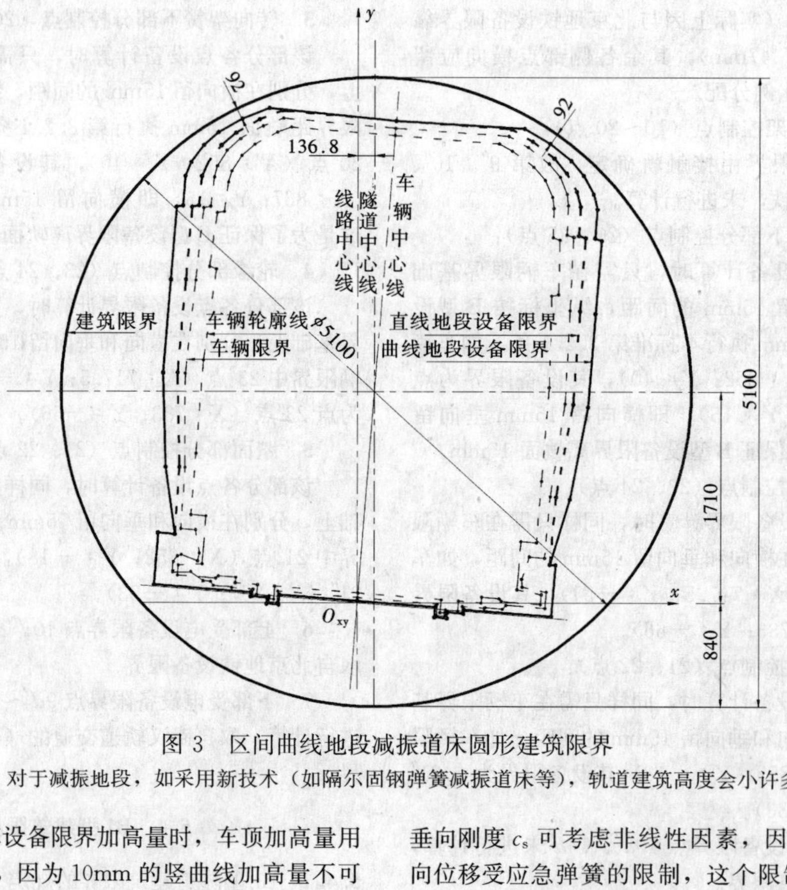

图3 区间曲线地段减振道床圆形建筑限界

注：对于减振地段，如采用新技术（如隔尔固钢弹簧减振道床等），轨道建筑高度会小许多。

1) 在计算设备限界加高量时，车顶加高量用50mm取代60mm，因为10mm的竖曲线加高量不可能同时出现在水平曲线上，也就是设备限界车顶部分下降10mm。

2) 在计算车辆限界向上偏移量时，二系弹簧竖向动挠度 $\Delta f_s=30$mm考虑了极限值，可另核定一个实际数值。

3) 在计算车辆限界横向偏移量时，二系弹簧垂向刚度 c_s 可考虑非线性因素，因为空气弹簧的垂向位移受应急弹簧的限制，这个限制A型车转向架为18mm，B型车转向架为25mm，超过这个限制二系弹簧垂向刚度 c_s 将大大提高。

如考虑以上三个因素，曲线设备限界和圆形隧道建筑限界之间的间隙可超过100mm。

5 B1型区间直线地段马蹄形隧道建筑限界：

马蹄形隧道曲线地段和圆形隧道一样，采用移动隧道中心的办法来弥补曲线地段设备限界的加宽。因此，直、曲线段建筑限界一样，直线地段设备限界和马蹄形隧道建筑限界之间的间隙为293mm，见本标准图5.4.1-5。

6　B1型区间曲线地段马蹄形隧道建筑限界：

用超高倾斜后的B1型曲线地段设备限界，并使隧道中垂线相对线路中垂线横向移动 $x'=174.4$mm（$h_{ac}=120$mm）得到曲线地段马蹄形隧道建筑限界。曲线地段设备限界和马蹄形隧道建筑限界之间的最小间隙为212mm，见本标准图5.4.1-6，满足本标准第3.3.1条"困难条件下大于150mm"的要求。如果采用传统减振道床，其轨道建筑高度为750mm，曲线设备限界和圆形隧道建筑限界之间的间隙也能满足本标准第3.3.1条"困难条件下大于100mm"的要求。

5.4.2　B1型车站建筑限界的规定。

1　B1型地下岛式站台车站建筑限界：

岛式车站矩形隧道边墙内侧面距线路中心线的距离为2100mm（如采用北京地铁电缆管墙形式为2200mm），此限界距离主要考虑布置广告灯箱、通信信号电缆及信号灯等的安装要求决定的。站台边缘距线路中心线的距离为1500mm，站台面距离轨面高度为1020mm。边墙内侧面距站台边缘的建筑限界宽度为3600mm，轨道建筑高度为560mm，轨面以上限界高度与区间矩形隧道相同为4200mm，设备限界至建筑限界距离为273mm。4200mm以上至顶板间高度由排热风道高度决定。见本标准图5.4.2-1。

2　B1型地面侧式站台车站建筑限界：

地面侧式站台车站轨面以上建筑限界高度为4200mm，设备至建筑限界距离为273mm，考虑了车顶上部空间排热通风的需要。站台边缘距离线路中心线1500mm，站台面距轨面高度为1020mm。地面线线间距要满足接触轨受流器的安装及其检修空间的要求，不得小于3500mm。见本标准图5.4.2-2。

5.4.3　B1型高架地面段建筑限界的规定。

1　B1型区间直线地段高架桥面建筑限界：

由于高架桥上景观要求，护栏柱不能太高，但电缆多，电缆桥架宽度不能太小，线路中心线距离护栏柱建筑限界为2200mm，电缆桥架宽度此时不得大于400mm。两线间布置接触轨受流器，受流器间间隙需要满足受流器固定及检修需要，因此线间距不得小于3500mm。桥面建筑限界宽度为7900mm。见本标准图5.4.3-1。

2　B1型区间直线地段地面为双线建筑限界：

地面线线间距要满足受流器安装及检修的空间要求，不得小于3500mm。线路边照明灯柱内侧面距离线路中心线为2200mm。见本标准图5.4.3-2。

6　地铁B2型限界标准

6.1　B2型限界主要计算参数

6.1.1　B2型限界采用受电弓受电方式。

6.1.2　B2型计算车辆主要尺寸与B1型计算车辆主要尺寸完全相同，其受电弓的参数则与A型完全相同。大连、天津轻轨是我国首先采用B2型车的城市，大连轻轨的受电弓宽度为1750mm，天津轻轨的受电弓宽度为1540mm。目前A型车的受电弓宽度为1700mm，制定出的受电弓车辆限界必然能容纳受电弓宽度为1540mm所得出的受电弓车辆限界，但无法容纳受电弓宽度为1750mm所得出的受电弓车辆限界。由于大连轻轨大部分线路在地面上，其受电弓宽度不受限制，本标准主要考虑以地铁隧道为主，故不采用大连轻轨车的受电弓。

6.1.3　制定B2型限界的主要参数中，受电弓与接触导线的参数与A型相同，其他参数与B1型相同，本条不再重复。

6.1.4　B2型计算车辆轮廓线的受电弓部分与A型完全相同。车体部分上部第2～8点，第27～30点与B1型车相同。但第1点的横坐标B1型为840mm，B2型为了与受电弓连接第1点的横坐标改为850mm，纵坐标两者相同。转向架部分第13～26点与B1型相同，但其簧下部分最低点距轨面改为95mm不同于B1型的80mm，如按本标准进行计算簧下部分最低点距轨面最小为95mm，新设计的车辆应按这个尺寸进行设计，已设计车辆可用80mm。第9～11点为车体上的点，由长春客车厂提供。第11～13点为转向架构架上的点，取自B1型计算车辆轮廓线。B2型计算车辆轮廓线比较见图4。

6.2　B2型车辆限界

6.2.1　B2型隧道内直线地段车辆限界的计算示例如下：

B2型车辆限界计算参数见表5.3.1。但注意计算受电弓控制点车辆限界时 $(2n+a)/a$ 中 $n=0$。

1　受电弓控制点（$0s$～$4s$ 点）：

1）计算公式按本标准：

车体横向偏移量：公式（3.1.3-1；3.1.3-2）

车体竖向向上及向下偏移量：公式（3.1.3-18）

2）车辆限界计算：

第 $2s$ 点轮廓线坐标：$X=615$；$Y=4022$

横向偏移量：$\Delta X_{BP}=113$mm；竖向向上偏移量 $\Delta Y_{BPu}=44$mm

车辆限界坐标：$X=728$；$Y=4066$

2　车体控制点（0～11点；22～25点）：

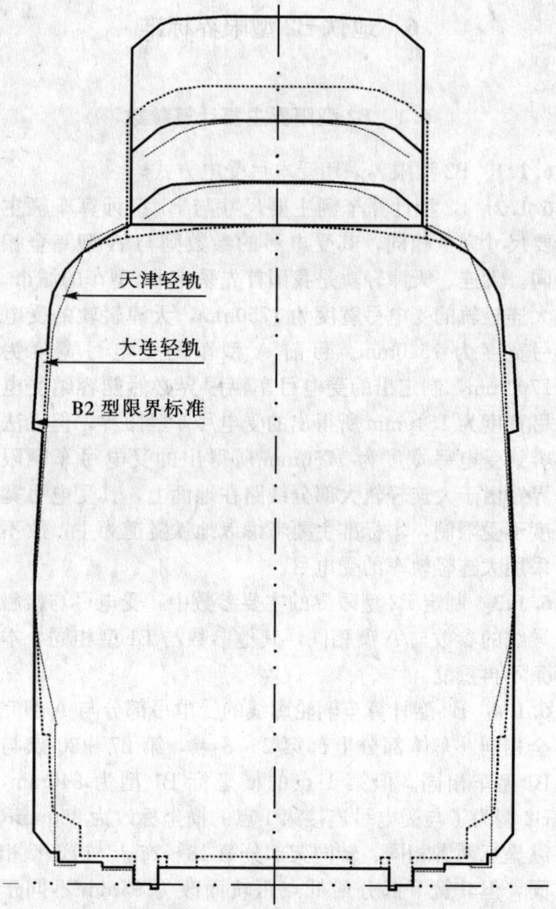

图 4　B2 型计算车辆轮廓线比较

1）计算公式按本标准：

车体横向偏移量：公式（3.1.3-1；3.1.3-8）

车体竖向向上及向下偏移量：公式（3.1.3-6；3.1.3-7；3.1.3-9；3.1.3-10）

2）车辆限界计算：

第 5 点轮廓线坐标：$X=1299$；$Y=3406$

横向偏移量：$\Delta X_{BP}=117$mm；竖向向上偏移量 $\Delta Y_{BPu}=33$mm

车辆限界坐标：$X=1416$；$Y=3439$

第 22 点轮廓线坐标：$X=1332$；$Y=3077$

横向偏移量：$\Delta X_{BP}=111$mm；竖向向上偏移量 $\Delta Y_{BPu}=32$mm

车辆限界坐标：$X=1443$；$Y=3109$

3　转向架构架控制点（12～15 点）：

1）计算公式按本标准：

构架横向偏移量：公式（3.1.3-11）

构架竖向向上及向下偏移量：公式（3.1.3-12；3.1.4-13）

2）车辆限界计算：

第 13 点轮廓线坐标：$X=1000$；$Y=125$

横向偏移量：$\Delta X_t=35$mm；竖向向下偏移量 $\Delta Y_{td}=75$mm

车辆限界坐标：$X=1035$；$Y=50$

4　转向架簧下部分控制点（20、21 点）：

1）计算公式按本标准：

簧下部分横向偏移量：公式（3.1.3-18）

簧下部分竖向偏移量：公式（3.1.3-15）

2）车辆限界计算：

第 20 点轮廓线坐标：$X=676.5$；$Y=95$

横向偏移量：$\Delta X_w=29.5$mm；竖向向下偏移量 $\Delta Y_{wd}=53$mm

车辆限界坐标（20′点）：$X=647$；$Y=42$

5　轮缘部分控制点（18、19 点）：

1）计算公式按本标准：

簧下部分横向偏移量：公式（3.1.3-18）

轮缘部分竖向偏移量：公式（3.1.3-16）

2）车辆限界计算：

第 18 点轮廓线坐标：$X=708.5$；$Y=-25$

横向偏移量：$\Delta X_w=29.5$mm；竖向向下偏移量：$\Delta X_{fd}=26$mm

车辆限界坐标：$X=738$；$Y=-51$

6　踏面部分控制点（16、17 点）：

1）计算公式按本标准：

簧下部分横向偏移量：公式（3.1.3-18）

踏面部分竖向偏移量：公式（3.1.3-11）

2）车辆限界计算：

第 16 点轮廓线坐标：$X=811.5$；$Y=0$

横向偏移量：$\Delta X_w=29.5$mm；竖向向下偏移量 $\Delta Y_{md}=18$mm

车辆限界坐标：$X=841$；$Y=-18$

6.2.2　B2 型地面（或高架）直线地段车辆限界的计算示例如下：

1　受电弓控制点（0*a*～4*a* 点，0*b*～4*b* 点）：

1）计算公式按本标准：

车体横向偏移量：公式（3.1.3-1；3.1.3-2）

车体竖向向上及向下偏移量：公式（3.1.3-18）

2）车辆限界计算：

第 2*a* 点轮廓线坐标：$X=615$；$Y=4982$

横向偏移量：$\Delta X_{BP}=233$mm；竖向向上偏移量 $\Delta Y_{BPu}=44$mm

车辆限界坐标：$X=848$；$Y=5026$

2　车体控制点（0～11 点；22～25 点）：

1）计算公式按本标准：

车体横向偏移量：公式（3.1.3-1；3.1.3-8）

车体竖向向上及向下偏移量：公式（3.1.3-6；3.1.3-7；3.1.3-9；3.1.3-10）

2）车辆限界计算：

第 5 点轮廓线坐标：$X=1299$；$Y=3406$

横向偏移量：$\Delta X_{BP}=183$mm；竖向向上偏移量 $\Delta Y_{BPu}=-3$mm

车辆限界坐标：$X=1482$；$Y=3403$

第 22 点轮廓线坐标：$X=1332$；$Y=3077$

横向偏移量：$\Delta X_{BP}=168$mm；竖向向上偏移量 $\Delta Y_{BPu}=-4$mm

车辆限界坐标：$X=1500$；$Y=3073$

3 转向架构架控制点（12～15 点）：

1）计算公式按本标准：

构架横向偏移量：公式（3.1.3-11）

构架竖向向上及向下偏移量：公式（3.1.3-12；3.1.4-13）

2）车辆限界计算：

第 13 点轮廓线坐标：$X=1000$；$Y=125$

横向偏移量：$\Delta X_t=35$mm；竖向向下偏移量 $\Delta Y_{td}=76$mm

车辆限界坐标：$X=1035$；$Y=49$

4 转向架簧下部分控制点（20、21 点）：

1）计算公式按本标准：

簧下部分横向偏移量：公式（3.1.3-18）

簧下部分竖向偏移量：公式（3.1.3-15）

2）车辆限界计算：

第 20 点轮廓线坐标：$X=676.5$；$Y=95$

横向偏移量：$\Delta X_w=29.5$mm；竖向向下偏移量 $\Delta Y_{wd}=53$mm

车辆限界坐标：$X=647$；$Y=42$

5 轮缘部分控制点（18、19 点）：

1）计算公式按本标准：

簧下部分横向偏移量：公式（3.1.3-18）

轮缘部分竖向偏移量：公式（3.1.3-16）

2）车辆限界计算：

第 18 点轮廓线坐标：$X=708.5$；$Y=-25$

横向偏移量：$\Delta X_w=29.5$mm；竖向向下偏移量：$\Delta X_{fd}=26$mm

车辆限界坐标：$X=738$；$Y=-51$

6 踏面部分控制点（16、17 点）：

1）计算公式按本标准：

簧下部分横向偏移量：公式（3.1.3-18）

踏面部分竖向偏移量：公式（3.1.3-11）

2）车辆限界计算：

第 16 点轮廓线坐标：$X=811.5$；$Y=0$

横向偏移量：$\Delta X_w=29.5$mm；竖向向下偏移量 $\Delta Y_{md}=18$mm

车辆限界坐标：$X=841$；$Y=-18$

6.3 B2 型设备限界

6.3.1 B2 型隧道内直线地段设备限界，由 B2 型隧道内车辆限界加上未计及因素的安全留量而得到，安全留量应符合本标准第 3.2.1 条的规定。设备限界的计算示例如下：

1 受电弓控制点（0s～4s 点）：

将车辆限界中线段 1s′2s′及 2s′3s′向外平移 50mm，得两线段，将其延长，取两者交点即为车辆限界中 2s′点的设备限界点 2s″（X：740；Y：4115）。

2 车体控制点（0～12 点；27～30 点）：

车辆限界中 6′点向外水平移动 100mm，得设备限界点 6″点（X：1533；Y：3347）。

将车辆限界中线段 3′4′及 4′5′向外平移 60mm，得两线段，取其交点 4″（1398，3607）即为 4′点的设备限界点；将车辆限界中线段 4′5′及 5′6′向外平移 80mm，得两线段，取其交点 5″（1492，3465）即为 5′点的设备限界点。（车顶的 0～1 线段、1～2 线段、2～3 线段、3～4 线段都向外平移 60mm）。

设备限界计算时，车体侧部 6′点横向留 100mm，10′点横向留 30mm，其余各侧部点横向应留量根据其高度按比例分配。

3 转向架构架控制点（12～15 点）：

该部分各点设备限界计算时，只需在车辆限界基础上，分别在横向留 14mm 的间距和垂向留 4mm 的间距（保证 B 型车除轮对外转向架设备限界最低点离轨面净距 15mm）。如车辆限界中 14′点（X：1035；Y：19），其设备限界为点 14″（X：1050；Y：15）。

4 转向架簧下部分控制点（20、21 点）：

该部分各点设备计算时，同样只需在车辆限界基础上，分别在横向留 15mm 的间距和垂向留 12mm 的间距。如车辆限界中 20′点（X：647；Y：42），其设备限界为点 20″点（X：632；Y：30）。

5 轮缘部分控制点（18、19 点）：

该部分各点设备限界计算时，同样只需在车辆限界基础上，分别在横向和垂向留 15mm 的间距，如车辆限界中 18′点（X：738；Y：−51），其设备限界为点 18″点（X：753；Y：−66）。

6 踏面部分控制点（16、17 点）：

该部分各点设备计算时，同样只需在车辆限界基础上，在横向留 15mm 的间距。如车辆限界中 16′点（X：841；Y：−18），其设备限界为点 16″（X：856；Y：−18）。

6.3.2 B2 型高架线（或地面线）直线地段设备限界：

1 受电弓控制点（0a～4a 点，0b～4b 点）：

将车辆限界中线段 1a′2a′及 2a′3a′向外平移 50mm，得两线段，将其延长，取两者交点即为车辆限界中 2a′点的设备限界点 2a″（X：865；Y：5075）。

2 车体控制点（0～11 点；22～25 点）：

车辆限界中 6′点向外水平移动 100mm，得设备限界点6″点（X：1597；Y：3311）。

将车辆限界中线段3′4′及4′5′向外平移60mm，得两线段，取其交点4″（1469，3573）即为4′点的设备限界点；将车辆限界中线段4′5′及5′6′向外平移80mm，得两线段，取其交点5″（1559，3427）即为5′点的设备限界点（车顶的0～1线段、1～2线段、2～3线段、3～4线段都向外平移60mm）。

设备限界计算时，车体侧部6′点横向留100mm，10′点横向留30mm，其余各侧部点横向应留量根据其高度按比例分配。

3 转向架构架控制点（12～15点）：

该部分各点设备限界计算时，只需在车辆限界基础上，分别在横向留14mm的间距和垂向留5mm的间距（保证B型车除轮对外转向架设备限界最低点离轨面净距15mm），如车辆限界中15′点（X：846；Y：20），其设备限界为点15″（X：860；Y：15）。

4 转向架簧下部分控制点（20、21点）：

该部分各点设备限界计算时，同样只需在车辆限界基础上，分别在横向留15mm的间距和垂向留12mm的间距。如车辆限界中20′点（X：647；Y：42），其设备限界为点20″点（X：632；Y：30）。

5 轮缘部分控制点（18、19点）：

该部分各点设备限界计算时，同样只需在车辆限界基础上，分别在横向和垂向留15mm的间距。如车辆限界中18′点（X：738；Y：−51），其设备限界为点18″点（X：753；Y：−66）。

6 踏面部分控制点（16、17点）：

该部分各点设备限界计算时，同样只需在车辆限界基础上，在横向留15mm的间距，如车辆限界中16′点（X：841；Y：−18），其设备限界为点16″点（X：856；Y：−18）。

6.4 B2型建筑限界

6.4.1 B2型隧道内建筑限界的规定。

1 B2型区间直线地段矩形隧道建筑限界：

B2型直线地段区间矩形隧道建筑限界宽度按本标准中公式（3.3.3-1，3.3.3-2，3.3.3-3）计算确定。线路左侧宜安装强电电缆，设备宽度不大于300mm；线路右侧宜安装弱电电缆、信号机、区间电话、接触导线下锚装置、隔离开关、冷冻水管等，设备宽度不大于400mm。另外，考虑隧道耐久性设计基准期100年的要求，需预留隧道内衬喷锚厚度50mm的余量。因此区间单线矩形隧道边墙侧距线路中心的距离为2100mm，中墙侧距线路中心线的距离为2000mm，隧道建筑限界宽度为4100mm，建筑限界总高度为5060mm。轨道结构高度为560mm，见本标准图6.4.1-1。

2 B2型区间曲线地段矩形隧道建筑限界：

B2型区间曲线地段矩形隧道建筑限界，是用超高倾斜后的B2型曲线地段设备限界加设备宽度综合考虑得到。设备布置方式和直线地段一样，区间单线矩形隧道边墙侧距线路中心的距离为2470mm，中墙侧距线路中心线的距离为2100mm，隧道建筑限界宽度为4570mm，建筑限界高度为5060mm。轨道结构高度为560mm，见本标准图6.4.1-2。

3 B2型区间直线地段圆形隧道建筑限界：

区间圆形隧道多是采用盾构施工，若根据直线与曲线的不同，采用不同直径的盾构进行施工是很难办到的，因此只能根据全线采用的最小曲线半径来计算所需要的盾构直径。B2型车由于受限界高度控制，圆形隧道建筑限界直径需为ϕ5200mm，轨道建筑高度一般宜为740mm。受电弓设备限界距圆形隧道建筑限界的最小距离为227mm，见本标准图6.4.1-3。

4 B2型区间曲线区段圆形隧道建筑限界：

B2型区间曲线地段圆形隧道建筑限界，是用超高倾斜后的B2型曲线地段设备限界，并使隧道中垂线相对线路中垂线横向移动$x'=149$mm（$h_{ac}=120$mm）得到。曲线地段圆形隧道建筑限界直径为ϕ5200mm，轨道建筑高度一般宜为740mm。受电弓设备限界距圆形隧道建筑限界的最小距离为215mm，见本标准图6.4.1-4。

5 B2型区间直线区段马蹄形隧道建筑限界：

区间马蹄形隧道建筑限界，直、曲线段一样。马蹄形隧道建筑限界，既要考虑满足设备、管线安装、节省工程造价的需要，还要考虑结构受力、施工方便等方面因素的需要后才能决定。B2型区间直线区段马蹄形隧道建筑限界的宽度为4880mm，马蹄形隧道建筑限界的轨上高度为4500mm，直线区段马蹄形的受电弓设备限界距马蹄形隧道建筑限界的最小距离为256mm，见本标准图6.4.1-5。

6 B2型区间曲线区段马蹄形隧道建筑限界：

B2型区间曲线区段马蹄形隧道建筑限界，是用超高倾斜后的B2型曲线地段设备限界，并使隧道中垂线相对线路中垂线横向移动$x'=169$mm（$h_{ac}=120$mm）得到。马蹄形隧道建筑限界的宽度不变为4880mm，马蹄形隧道建筑限界的轨上高度为4500mm，受电弓设备限界距圆形隧道建筑限界的最小距离为241mm，见本标准图6.4.1-6。

6.4.2 B2型车站建筑限界的规定。

1 B2型直线段岛式车站矩形隧道建筑限界：

岛式车站矩形隧道边墙内侧面距线路中心线的距离为2100mm，主要考虑车站端部需要布置接触网下锚装置及安装信号灯、广告灯箱等的需要。站台边缘距线路中心线距离为1500mm，站台面距轨面高度为1020mm，轨面至车辆顶部排热风道高度为4500mm。

距离轨面4500mm以上排热风道两侧的空间，一般为接触网设备占用。轨道结构高度为560mm，建筑限界高度为5060mm。结构顶板与结构底板的建筑限界高度为4500mm加排热风道高度h，见本标准图6.4.2-1。

2 B2型车高架线（或地面线）侧式站台车站建筑限界：

直线段地面侧式站台车站线间距不小于3500mm，线路中心线距离站台边缘为1500mm，站台面距离轨面高度为1020mm，轨面以上建筑限界高度视接触网安装高度、受电弓工作高度等的需要进行计算确定，但不得小于矩形隧道建筑限界高度4500mm。整体道床轨道结构高度不小于500mm。见本标准图6.4.2-2。

6.4.3 B2型高架段建筑限界的规定。

1 B2型区间直线段高架双线桥面建筑限界：

高架双线桥面线路外侧护栏柱或防护墙内侧面至线路中心线的距离为2300mm，主要考虑接触网安装需要、设置声屏障、固定接触网支柱的底座和电缆槽间关系等需要。线路中心线到桥边护栏柱限界为2200mm，两线间不设结构物及其他设备，线间距不小于3500mm，桥面建筑限界宽度为7900mm。见本标准图6.4.3-1。

2 B2型区间直线段地面双线建筑限界：

地面双线线路接触网支柱内侧面距离线路中心线最小距离为2300mm，两线间不设结构物及其他设备，线间距不小于3600mm，见本标准图6.4.3-2。

附录 地铁限界设计、校核CAD系统

随着国民经济的发展，国家整体实力提高，我国各大地铁已如雨后春笋一样遍地开花，受国家计委及建设部委托，编写组编制并出版了《地铁限界标准》。为了更好地推行本标准，减少设计人员工作强度，设计开发了本系统。本CAD系统将交互式CAD技术与优化技术相结合，运用结构化、模块化程序设计方法，实现了《地铁限界标准》设计校核的自动化。

1 CAD系统的建立过程

本CAD系统是供新建、维修、改建地铁时设计车辆限界、设备限界、建筑限界并校核是否符合标准，该CAD系统建立过程如下：

1） 根据地铁限界的设计与校核任务制订任务书。

2） 分析任务特征。按地铁车辆类型分组。

3） 编制轨道交通限界图。按《地铁限界标准》，分组建立图形库、为CAD应用软件的设计提供依据。

4） CAD系统支持软件的选用。如系统软件、图形软件等选用较成熟、应用较广的软件。

5） 应用软件研制。

2 CAD系统各模块的功能及其关键技术

该CAD系统由4个模块2个库构成。4个模块为：人机界面设计、地铁限界设计、限界图的自动绘制及校核、文档处理；2个库为：标准地铁限界图形库、数据库。

1） 人机界面设计

人机界面设计是程序设计中的一个重要方面。它必须向用户提供一个友好的人机操作环境。为此，本系统设计了级联式全屏幕菜单中文显示，用户使用时只需用光标键或鼠标选择功能，十分简单易行。

2） 地铁限界计算

本模块为地铁限界的计算。包括限界尺寸的计算和按照限界确定新设计车辆的最大断面轮廓两部分。其计算方法采用《地铁限界标准》推荐的方法，以得到限界坐标及一些控制点的缩减量。同时生成数据文件，为下一模块生成限界服务。

3） 限界图的自动绘制及校核

其主要功能是根据断面控制相关数据文件在屏幕上自动生成限界图，并进行必要的标注。

4） 文档处理

该模块将对图形及相关数据进行整理，并在打印机或绘图仪上输出，还可根据需要保留这些图形及数据，建立用户图形库和数据库，以便日后调阅使用。

5） 标准限界图形库和数据库

建立标准限界图形库将为限界校核服务。

3 结束语

地铁限界设计、校核CAD系统改变了传统的限界设计、校核方法，提供了计算机辅助设计、校核限界的新路。我们相信，随着本系统的推广使用，必将大大提高限界设计和校核的工作效率，降低设计人员工作强度，更好地为地铁建设服务。

三、工程项目建设标准

城市轨道交通工程项目建设标准

建标 104－2008

主编部门：中 华 人 民 共 和 国 建 设 部
批准部门：中 华 人 民 共 和 国 建 设 部
中华人民共和国国家发展和改革委员会
施行日期：2 0 0 8 年 7 月 1 日

建设部、发展改革委关于批准发布《城市轨道交通工程项目建设标准》的通知

建标〔2008〕57 号

国务院有关部门，各省、自治区、直辖市、计划单列市建设厅（委、局）、发展和改革委员会：

根据建设部《二〇〇三年工程项目建设标准、投资估算指标、建设项目评价方法与参数编制项目计划》（建标函〔2004〕43 号）的要求，由建设部负责编制的《城市轨道交通工程项目建设标准》，经有关部门会审，现批准发布，自 2008 年 7 月 1 日起施行。

在城市轨道交通项目的审批、设计和建设过程中，要严格遵守国家关于严格控制建设标准，进一步降低工程造价的相关要求，认真执行本建设标准，坚决控制工程造价。

本建设标准的管理由建设部和国家发展改革委负责，具体解释工作由建设部负责。

中 华 人 民 共 和 国 建 设 部
中华人民共和国国家发展和改革委员会
二〇〇八年三月四日

前　　言

《城市轨道交通工程项目建设标准》是建设部、国家发展和改革委员会下达任务，由北京城建设计研究总院有限责任公司会同全国城市轨道交通领域部分设计、研究、建设、运营方面的单位共同编制的。

原《城市快速轨道交通工程项目建设标准》（试行本）是由建设部与国家发展和改革委员会联合发布的，自1999年5月1日开始施行，至今已经过去八年。实践证明，在国内城市中轨道交通建设得到良好的贯彻和运用。近几年来，在轨道交通制式方面，直线电机、低地板（70%）车、跨座式单轨等轮轨系统已建成运营。随着我国城市轨道交通建设迅速发展，各城市在轨道交通建设和运营中也积累了较丰富的经验，城市轨道交通的建设理念在不断更新和发展，需要及时吸收到标准中来，对标准中的一些参数需要及时更新和完善。特别是"国务院办公厅关于加强城市快速轨道交通建设管理的通知"（国办发〔2003〕81号）文件的发布，对项目的建设规划和建设条件提出了新的要求。因此，对原《城市快速轨道交通工程项目建设标准》（试行本）进行全面修订是十分必要的。

修订工作中，标准编制工作组认真贯彻科学发展观，本着实事求是的精神，总结多年来在轨道交通前期研究工作与后期设计、施工、运营中的问题和经验，坚持以人为本，以安全、节约、环保为原则，强化轨道交通运营的网络化理念，以国办发〔2003〕81号文件精神为指导，充实了线网规划、建设规划和可行性研究报告方面的内容和规定。对原建设标准各章节内容作了大量修改和补充，如：在第二章建设规模与项目构成中，对线路运量分级及相关要求作了适当变更，各运量级间有0.5万人次/h的弹性跨越，并与轨道交通体系分类一致，更符合实际情况。本标准首次提出客流预测的内容，对项目初期建设规模与列车运行服务水平结合作出规定。第三章规定了轨道交通线网规划内容，线路长度和超长线路，以及控制保护地界。第四章扩充为车辆与限界，提出目前运行车辆的主要技术规格，首次提出对车辆与隧道的安全疏散基本要求；首次提出车辆定员、站立人员拥挤度的评价标准。增加了第五章运营组织与管理，将原第七章中"运营组织"部分分解过来，首次对列车运行速度和车站配线提出新的规定。对第六章车站建筑强化安全疏散的建设原则和规模控制。第七章的运营装备，补充了自动化装备内容。第八章车辆基地规定各种车型，不同作业功能的车辆基地、车辆段、停车场的占地指标（m^2/车），为节约用地和控制用地提供了依据。第九章明确提出"城市轨道交通应建立预防、报警、逃生、救援的安全系统"和"防灾、疏散"的原则，以及节能、节地、节约资源的规定。第十章增加了项目各阶段投资估（概）算的控制比例。

为保证修订质量，在编制过程中，标准编制组结合多项设计实例开展专题研究，稿件经多次讨论，并广泛征求全国各有关部门、单位及专家的意见，反复修改，最后由建设部标准定额司与国家发改委会同有关部门审查定稿。

修订后的主要内容包括：总则、建设规模与项目构成、总体布局与线路工程、车辆与限界、运营组织与管理、车站建筑与结构工程、机电系统与设备、车辆基地及配套工程、安全防护、环保和节能、主要技术经济指标。共十章、八十六条。

在标准施行过程中，请各单位注意总结经验，积累资料，如需要修改和补充本建设标准，请将意见和有关资料寄北京城建设计研究总院《城市轨道交通工程项目建设标准》编制组（地址：北京市阜成门北大街5号，邮编100037），以便今后修订时参考。

主编单位： 北京城建设计研究总院有限责任公司

参编单位： 建设部地铁与轻轨研究中心
北京市基础设施投资有限公司
北京市轨道交通建设管理有限公司
北京市市政工程设计研究总院
北京全路通信信号研究设计院
上海申通轨道交通研究咨询有限公司
上海隧道工程轨道交通设计研究院
上海市城市建设设计研究院

广州市地下铁道总公司
广州市地下铁道设计研究院
中铁二院工程集团有限责任公司
中铁第四勘察设计院集团有限公司
南京地下铁道有限责任公司
成都市地铁有限责任公司
重庆市轨道交通总公司

主要参编人员： 沈景炎 秦国栋 郑 毅 俞加康 孔繁达 于 波 申大川 周 建 徐明杰 李国庆 杨秀仁 于松伟 宋 毅 丁建隆 毕湘利 欧阳长城 徐正良 许斯河 冯爱军 任 静 魏 怡 牛英明 高 朋 许建军 沈建文 仲建华 熊朝晖 倪 昌 靳玉广 李永芳

目　录

第一章　总　　则

第一条　为适应我国城市轨道交通快速发展的需要，提高城市轨道交通工程项目决策、建设和管理水平，合理控制建设规模和投资，推进技术进步和车辆、设备国产化，提高投资效益，促进城市轨道交通的健康发展，修订本建设标准。

第二条　本建设标准是编制、评估和审批城市轨道交通"项目建议书"、"预可行性研究报告"和"可行性研究报告"的重要依据，是审查工程项目初步设计、监督检查整个建设过程、建设标准和项目后评价的尺度。

第三条　本建设标准适用于城市轨道交通的高运量、大运量、中运量系统、钢轮钢轨系统的新建工程项目。市域轨道交通系统、有轨电车系统、跨座式单轨等轮轨系统，既有线的改建、扩建工程可参照执行。

第四条　城市轨道交通工程项目建设应坚持以人为本，做到安全可靠，功能合理，经济适用，低耗高效，节约能源、资源和土地，保护环境和文物古迹；充分体现地区特色，力争实现项目生命周期内价值的最大化。

第五条　城市轨道交通工程项目应超前规划，适时建设，量力而行，有序发展。依据城市总体规划、国民经济和社会发展规划、城市综合交通规划，做好轨道交通远景线网规划。从实际需求和可能出发，把握项目建设条件和建设时机，合理安排项目建设。

第六条　城市轨道交通的规划建设，应与铁路、民航、公路等其他交通方式的规划建设进行有机衔接，促进城市现代化综合交通体系的建立，满足便捷、通畅、高效、安全的运输服务需求。

第七条　城市轨道交通近期建设规划范围，应与城市远期总体规划相符合，重点选择近期10～15年内的建设项目、建设时机、建设时序和建设规模，落实建设资金，做好沿线土地利用和控制规划，支持城市总体规划协调发展，初步构成线网基本骨架，形成初始规模效益。

第八条　城市轨道交通工程项目建设，应树立网络化资源共享理念，开发轨道交通资源，开拓经营范围，提高服务水平和经营效益，提高自我发展和抗风险的能力，减轻城市财政负担。

第九条 城市轨道交通工程项目的初期建设规模，应按客流预测、筹资能力和网络效应等综合研究确定；提高车辆和机电设备国产化率，并符合国家有关规定；改、扩建工程项目，应充分利用已有的设施资源。

第十条 城市轨道交通工程项目的建设，应以城市轨道交通远景线网规划和近期建设规划为基础，按全线（包括支线）范围进行工程可行性研究和有关专题论证研究。其研究报告内容应保持 2 年内的时效性。

第十一条 城市轨道交通工程项目的前期工作，应按规定程序进行线网规划、项目建议书（含预可行性研究报告）和可行性研究报告。在可行性研究阶段，除客流预测专题报告外，应同时进行环境影响评价、地质灾害评估、地震安全性评估、土地使用评价等四项专业报告；并建立防灾救援的应急机制，保证安全设施的资金投入，提高城市轨道交通灾害防御和应急救助能力。

第十二条 城市轨道交通工程项目设计，应依次做好总体设计、初步设计和施工图设计工作。对工程复杂的项目，宜作试验段工程，试验段工程必须在总体设计指导下进行。

第十三条 城市轨道交通工程项目除符合本建设标准外，尚应符合国家现行有关经济参数标准和指标及定额的规定。

第二章 建设规模与项目构成

第十四条 城市轨道交通建设应根据线网规划，依据建设线路的客流特征、运量等级和速度目标等进行功能定位，确定工程规模、运营规模和效益规模。其项目构成应满足城市轨道交通系统运营模式和客运需求。

第十五条 城市轨道交通新线建设的运营规模，按线路远期单向高峰小时客运能力，划分为四个类别、三个量级。各级线路相关技术特征宜按表 1 的规定确定。

表 1 各级线路相关技术特征

线路运能分类	Ⅰ 高运量（钢轮钢轨）	Ⅱ 大运量	Ⅲ 中运量（钢轮钢轨/单轨）	Ⅳ
线路型式	全封闭型			部分平交道口
列车最大长度（m）	185	140	100	60
单向运能（万人次/h）	4.5～7	2.5～5	1.5～3	1～2
适用车型	A	B 或 L_b	B、C、L_b 及单轨	C 或 D
最高速度（km/h）	80～100			60～80
平均站间距（km）	1.2～2			0.8～1.5
旅行速度（km/h）	35～40			20～30
适用城市城区人口规模（万人）	≥300		≥150	

注：①A、B、L_b、D 型车和单轨车的技术规格见表 5。

②Ⅰ、Ⅱ、Ⅲ级线路是全封闭快速系统，采用独立的专用轨道和信号，高密度运行。Ⅳ级线路具有专用轨道和部分信号的中低运量系统，但部分路段设置平交道口。

③“适用城市城区人口规模”系指人口规模能达到或超过此限的城市轨道交通线网中的主干线等级，其余线路可根据运量选用较低等级。

④旅行速度指一般情况下的特征数据。当车辆最高速度大于 100km/h 时，有关技术标准应另行研究确定。

第十六条 建设项目的设计年限按项目建成通车年为基准年，可分为初期、近期和远期。初期为建成通车后第 3 年；近期为第 10 年；远期为第 25 年。建设项目的设计运能，应根据各设计年限的客流预测，对客流特征进行定性、定量分析后合理确定。

第十七条 每条线路的客流预测应按初期、近期和远期设计年限，对相应建成范围，分别测试；若一条线路分段建设，每段通车时间相距 3 年以上，应按不同项目实施。后期实施的项目，设计年限应按后期项目建成通车年为基准年，重新推定初期、近期和远期设计年限，进行全线客流预测。

第十八条 客流预测应以居民出行和相关交通调查的成果为基础，并应保证其成果的时效性和可用性，不宜大于5年，否则应补充其他有效措施。客流预测的方法、计算模型以及采用的相关参数，应预先经过实例验证其可用性。

第十九条 客流预测应按不同研究阶段分别测试，并应符合下列规定：

一、线网规划阶段客流预测。

（一）线网总量预测：依据城市总体规划和综合交通规划，分析城市现状和规划区域OD客流；分析和确定远景线网规划承担的客运总量及在公交总量中分担的比例、平均运距、客流负荷强度等相关指标，并在全线网范围内按总量控制原则，进行各线客流总量预测。

（二）线路客流预测：以远景线网客流总量为基础，预测各条线路的全日客流（双向）总量、分段断面流量（图），全日平均运距和客流负荷强度等相关指标进行总量控制分析。并估测各线高峰小时单向最大断面流量。

二、工程可行性研究阶段，应按每一条线路项目的设计年限进行初期、近期和远期的客流预测，预测内容应符合下列规定。预可行性研究阶段客流预测可参照执行。

（一）线网客流预测：在远景线网规划阶段客流预测基础上，预测项目远期设计年限建成的线网规模的全日客流总量、各条线路的全日客流总量和客流负荷强度；并对各条线路的客流进行总量控制与分析。

（二）线路客流预测：预测全日客流量和各小时段的客流量及其比例、全日和高峰小时的平均运距及平均客流负荷强度、全日各级运距（每2km分级）的乘客量。

（三）车站客流预测：预测全日和早、晚高峰小时的各车站上下行的乘降客流、站间断面流量以及相应的超高峰系数；在大型社会活动期间或节假日、双休日，对具有突发客流的特殊车站，应单独作特别预测和分析。

（四）OD客流预测：预测全日、高峰小时的各车站站间OD；对跨越不同区域的线路，应进行各区域的内外OD客流预测，并对客流特征进行分析。

（五）换乘客流预测：预测全日和高峰时段的各换乘车站（含支线接轨站）的换乘客流量及占车站总客流量的比重进行预测。并应预测相关线路之间、不同方位和方向的换乘客流。

（六）出入口分向客流预测：对各个车站出入口高峰时段的分担客流进行预测（可在初步设计阶段补充）。

（七）客流特征分析：绘制客流年递增曲线，进行敏感性分析、客流特征分析和风险评价，合理确定需求规模，推荐设计采用数值。指导运营组织、票价研究、国民经济和财务效益评价。

第二十条 线路建设规模应按不同设计年限的设计运量，分别合理确定。初期建设规模宜符合下列规定：

一、初期建设线路正线长度不宜小于15km。

二、地下车站及区间的桥梁、隧道、路基、轨道等土建工程宜按远期规模一次建成。在不影响正常运营的条件下，地面车站、高架车站及地面建筑可分期建设。

三、初期车辆配置数量和编组应符合下列要求：

（一）满足初期设计年限的客流需求。

（二）初期高峰小时列车运营密度不少于12对/h。

（三）初期列车编组长度宜与近期编组长度一致；当近期与远期列车编组长度相近时，初期列车编组长度可与远期编组长度一致。

四、车辆基地的规模应从城市轨道交通线网规划统筹考虑，用地范围应按远期设计规模划定和控制；列车运用整备、检修设施、站场股道及其相关的房屋建筑宜按近期规模建设；其余的地面建筑应根据工艺要求和远期规模，确定分期建设方案。

五、初期各系统运营设备宜按近期配置，合理兼顾设备使用寿命的周期。通过技术经济比较，也可按远期需求一次配置。

第二十一条 城市轨道交通工程项目构成可分为工程基本设施和运营装备系统两大部分：

一、工程基本设施，包括线路运营总图和土建工程设施。

（一）线路运营总图，属工程设施的基础项目，包括线路、客流预测、运营组织、限界。

（二）土建工程设施，包括轨道、路基、桥梁、隧道、车站以及主变电所、集中冷站、控制中心及车辆基地的土建工程部分。

二、运营装备系统，包括车辆、供电、通风空调（含采暖）、通信、信号、给排水与消防、防灾与报警、机电设备监控、自动售检票、自动扶梯和电梯、站台屏蔽门、旅客信息等系统设备及其控制管理设施，车辆基地的维修设备等。

三、上述土建工程设施和运营装备应根据功能需求合理选择，分期实施，适度配置，并做好包括技术经济分析的多方案比较。

第三章 总体布局与线路工程

第二十二条 城市轨道交通建设应重视网络化运

营效益，必须做好线网总图规划、线网实施规划和有关专题研究，并应符合下列规定：

一、线网总图规划应重点研究线网的总体结构形态、覆盖范围、分布密度、总体规模、换乘节点、车辆基地及其联络线分布等。采用定性、定量分析，经客流预测和多方案评比，确定远景线网总图规划。

二、线网实施规划应重点研究线网的近期建设规模、建设时序、运行组织、工程实施、换乘接驳以及建设用地控制规划，支持远景线网规划的可实施性。

三、在线网规划完成后，应对线网资源的综合利用进行专题研究，包括车辆与车辆基地、控制中心、供电、通信、信号、自动售检票等系统的资源共享和综合规划研究，以及沿线建设用地、开发用地、交通枢纽及停车换乘等用地的控制性详细规划研究。

第二十三条 线路总体布局应重点把握功能定位、接驳换乘、客流效益，并应符合下列规定：

一、拟建线路应依据城市轨道交通线网规划进行选线布站。根据在线网中功能定位和客流预测分析，明确线路性质、运量等级和速度目标。

二、拟建线路应有全日客流效益、通勤客流规模、大型客流点的支撑。车站应服务于重要客流集散点，起迄点车站应与其他交通枢纽相配合，构筑城市交通一体化，并落实城市规划用地。

三、拟建线路起、终点不应设在市区内大客流断面位置，也不宜设在高峰断面流量小于全线高峰小时单向最大断面流量1/4的位置。

四、每条线路长度不宜大于35km，旅行速度不应低于表1的规定。

五、对超长线路应以最长交路运行1h为目标，旅行速度达到最高运行速度的45％～50％为宜。

六、对穿越城市中心的超长型线路，应分析全线不同地段客流断面和分区OD的特征；分析在线网中车站和换乘点分布；分析列车在各区间的满载率，合理确定线路起迄点、站间距和旅行速度目标。

七、当新建初期线路由两条线路的部分地段组合为一期工程，贯通运行时应具备下列条件：

（一）两条线路选用的车辆、轨道、信号和供电制式应一致，并不得影响远期车站规模。

（二）两条正线为二期延伸预留工程实施应有足够施工长度，并不得影响一期线路安全运行。

（三）两条线路初期组合贯通运行，应设置双线联络线（或渡线）。当两条正线分别延伸为独立运营后，联络线退出正线运行，但仍应保留联络线功能。

八、轨道交通全封闭式线路应采用立体交叉方式。

九、对设置支线的运行线路，支线长度不宜过长，接轨点必须在车站，宜选在客流断面较小的地段。正线、支线进站方向宜设置为同站台两侧平行进路。

十、两条正线共线运行地段，应符合支线接轨条件，且应分别满足两线列车行车密度的要求。

第二十四条 线路敷设应符合下列规定：

一、线路敷设方式应根据城市总体规划和地理环境条件，因地制宜地选择。

（一）当采用全封闭方式时，在城市中心区宜采用地下线，但应注意对地面建筑、地下资源和文物的保护；在城市中心区外围，且街道宽阔地段，宜首选高架。有条件地段也可采用地面线，但应处理好与城市道路的关系。

（二）高架线地段，应注重结构造型，控制建筑体量，注意高度、跨度、宽度的和谐比例，既要维护地面道路的交通功能，又要注意环境保护和景观效果，做好环境设计。

（三）当采用部分封闭方式时，在平交道口必须设置“列车优先通过”信号，同时兼顾道路的通行能力。

二、在线路长大陡坡地段，不宜与平面小半径曲线重叠。当正线线路坡度或连续提升高度大于表2的规定值时，根据列车动力配置、线路具体条件和环境条件，均应对列车各种运行状态下的安全性，以及运行速度进行全面分析评价。

表2 正线线路长大陡坡规定值

正线线路	钢轮/钢轨系统车辆		跨座式单轨车辆
	旋转电机车辆	直线电机车辆	
线路坡度（‰）	30	50	50
连续提升高度（m）	16	20	24

第二十五条 车站分布应符合下列规定：

一、车站应布设在主要客流集散点和各种交通枢纽点上，其位置应有利乘客集散，并应与其他交通换乘方便。

二、高架车站应控制造型和体量，中运量轨道交通的车站长度不宜超过100m。站厅落地的高架车站宜设置站前广场，有利于周边环境和交通衔接相协调。

三、车站间距应根据线路功能、沿线用地规划确定。在全封闭线路上，市中心区的车站间距不宜小于1km，市区外围的车站间距宜为2km。在超长线路上，应适当加大车站间距。

四、当线路经过铁路客运车站时，应设站换乘。有条件的地方，可预留联运条件（跨座式单轨系统除外）。

第二十六条 钢轮钢轨系统的轨道工程应符合下列规定：

一、轨道结构应有足够强度，具有良好的稳定性、耐久性和适当的弹性，应有利于养护维修，确保列车安全、快速、平稳运行。在新建的路基、隧道、桥梁上铺设轨道，应考虑工程沉降、徐变的时间要求。

二、轨道应采用1435mm标准轨距。轨道结构及主要部件应符合城市轨道交通列车运行技术要求。区间曲线最大超高为120mm，车站内曲线超高为15mm，允许未被平衡横向加速度分别为$0.4m/s^2$和$0.3m/s^2$。

三、在隧道内和高架桥上宜铺设无缝线路和混凝土整体道床，并应具有良好绝缘性能和对杂散电流的防护措施。在道岔铺设地段应避开结构沉降缝（或施工缝）。在振动超标地段，应采取有效的减振、降噪措施。

四、高架桥跨越铁路、河流、重要路口或小半径曲线地段应采取防脱轨措施。

五、在轨道末端应设车挡，其结构强度应按列车15km/h撞击速度设计。

六、在区间线路的轨道中心或轨旁的道床面，应设有逃生、救援的应急通道，应急通道的宽度不应小于0.55m。

第二十七条 路基工程应符合下列规定：

一、当路基建于城市道路红线内时，应以少占路面为原则，并应满足相邻道路的交通功能。建于城市道路红线外时，应尽量少占土地。

二、路基和支挡结构应有足够的强度和稳定性，并应满足防洪、防涝的要求；路基造型应简洁美观，并应与城市环境相协调。

三、路基与桥梁墩台应严格控制下沉，路基与高架桥衔接的分界点可设在桥下净空1.5～2.0m处。

第二十八条 在线路经过地带，应划定轨道交通走廊的控制保护地界，并应符合下列规定：

一、在城市轨道交通建设走廊应以城市轨道交通线网规划为依据，对建成线路和规划线路应确定控制保护地界，并应纳入城市用地控制保护规划范畴。

二、轨道交通控制保护地界应根据工程地质条件、施工工法和当地工程实践经验，确定规划控制保护地界，但不应小于表3的规定。

表3 控制保护地界最小宽度标准

线路地段	控制保护地界计算基线	规划控制保护地界
建成线路地段	地下车站和隧道结构外侧，每侧宽度	50m
	高架车站和区间桥梁结构外侧，每侧宽度	30m
	出入口、通风亭、变电站等建筑物外边线的外侧，每侧宽度	10m
规划线路地段	以城市道路规划红线中线为基线，每侧宽度	60m
	规划有多条轨道交通线路平行通过或线路偏离道路以外地段	专项研究

三、在规划控制保护地界内，应限制新建各种大型建筑、地下构筑物，或穿越轨道交通建筑结构下方。必要时须制定必要的预留和保护措施，确保轨道交通结构稳定和运营安全，经工程实施方案研究论证，征得轨道交通主管部门同意后，可依法办理有关许可手续。

四、在城市建成区，当新建轨道交通处于道路狭窄地区时，在规划控制保护地界内，其工程结构施工应注意对相邻建筑的安全影响，并应采取必要的拆迁或安全保护措施。

五、在规划线路地段，应以城市道路规划红线中线为基线，控制保护地界为两侧各60m；当规划有两条轨道交通线路平行通过，或线路偏离道路以外地段，该保护地界应经专项研究确定。

六、高架及地面线在市政道路红线外的征地范围，桥梁宜按结构投影面为准，路基以天然护道外1m为准，并根据现场具体情况协商确定。

第二十九条 线路工程主要技术标准应符合表4规定。

表 4　线路工程主要技术标准

基本车型		A	B	C/D	L	单轨
		一般地段/困难地段				
最小曲线半径（m）	正线	350/300	300/250	100/50	150	100
	联络线	250/200	200/150	80/25	100	50
	车场线	150	110/80	80/25	65	50
最大坡度（‰）	正线	30/35	30/35	60	50	60
	联络线	40	40	60	70	60
	车场线	1.5	1.5	1.5	1.5	3
竖曲线半径（m）	正线	5000/3000	5000/2500	1000	5000/3000	2000～3000
	联络线	2000	2000	1000	2000	1000
钢轨（kg/m）	正线	60	60	60	60	轨道梁
	联络线	50	50	50	50	轨道梁
	车场线	50	50	50	50	轨道梁
道岔（N_0/V_0）	正线	单开 9/35	单开 9/35	单开 9/35	单开 9/35	关节可绕型道岔/25
	车场	单开 7/25	单开 7/25 或单开 6/20		单开 5/15	关节型道岔/15

注：①正线包括支线范围，联络线包括车辆出入线。

②N_0 系指道岔号，V_0 系指道岔侧向通过速度（km/h）。

③对特殊困难地段线路工程的技术标准，应按国家现行有关技术规范执行。

第四章　车辆与限界

第三十条　车辆类型应根据当地的预测客流量、行车密度、线路条件、供电电压、车辆与备品来源、技术发展、产品价格和维修能力等因素，综合比较而选定。车辆基本型式应按以下类型选择：

一、按车体宽度和驱动方式，可分为以下两类、六种车型：

（一）粘着牵引系统：

A、B 型车，车体宽度为 3.0m、2.8m 的四轴系列车型；

C、D 型车，车体宽度为 2.6m，车地板不同高度的铰接车系列车型；

单轨胶轮车，车体宽度为 3.0m 的跨座式单轨胶轮系列车型。

（二）非粘着牵引系统：L 型直线电机车辆系列。

二、按车辆的牵引控制系统，可选用交流变压、变频车。

三、按车体材料，可选用不锈钢车、铝合金车和耐候钢车。

四、按受电方式，可选用受电弓车、受流器车、受电弓加受流器车。

五、按电压等级分：有直流 1500V 和直流 750V。

第三十一条　同一城市内的车辆型式应从线网规划统筹考虑，类型不宜过多。各类车型的主要技术规格，可按表 6 规定确定，并严格遵循车辆国产化的原则和政策。

第三十二条　对各类车型应规定相应的车辆限界、设备限界和建筑限界。A、B 型车的限界应符合国家现行标准《地铁限界标准》CJJ 96 的有关规定，其他车型的限界可按《地铁限界标准》CJJ 96 规定的计算方法确定。

第三十三条　车辆构造速度应高于车辆设计最高速度的 10％或 10km/h。车辆设计最高速度应满足列车最高运行速度，并允许出现瞬间超速 5km/h。

第三十四条　制定限界的计算车辆应采用无驾驶室车辆的基本参数，进行车辆限界和设备限界计算。各类车型的计算车辆参数见表 5。车站限界（站台）应满足列车停站、开门状态时的车辆限界，且满足列车过站时的车辆限界。

表 5　各类车型计算车辆参数

项目名称	A 型车	B 型车	C 型铰接车	D 型铰接车	L 型车	单轨车
车长	22.1	19.0	—	—	17.08	14.8
车宽	3.0	2.8	2.6	2.6	2.8	2.98
车高	3.8	3.8	3.7	3.7	3.625	3.84/5.3
转向架中心距	15.7	12.6	—	—	11.14	9.6
固定轴距	2.5	2.3	1.9	1.9	2.0	2.5
车厢地板高度	1.13	1.10	0.95	0.35	0.93	1.13

第三十五条　列车端部车辆应设置专用前端门或指定侧门为乘客紧急疏散门，并应配置下车设施。在正线区间隧道或高架桥的建筑限界内应预留乘客逃生和救援的通道和空间位置，并应符合下列规定：

一、当采用驾驶室前端门专用疏散模式时，应利用轨道中心（或轨旁）道床面作为应急疏散通道。

二、当采用指定侧门疏散模式时，在区间单线圆隧道内，应设置应急平台，宽度不应少于 550mm；同时利用轨道中心作为应急疏散通道。

第三十六条　车辆的安全设施应符合下列规定：

一、车辆应设置列车运行自动保护装置以及通信、广播、应急照明、避雷等安全设施，必须设置乘客与司机的对讲通信设施；必要时，可在驾驶室设置对每个车厢的电视监视系统。

二、车辆内应设有灭火器具、报警装置以及必要的防护设施。

三、车辆内部结构应具有良好的耐火性、绝缘性。电缆应采用阻燃型无卤电缆，其他部件应采用阻燃材料。

四、运行在隧道内固定编组的车厢之间，应设置贯通通道。

五、车辆的编组和动力（牵引和制动）性能，应满足在长大陡坡线路上正常安全运行，并应符合下列故障情况时的运行要求：

（一）在定员（AW_2）工况下，当列车丧失 1/4 或 1/3 动力时，列车仍能维持运行至线路终点。

（二）在定员（AW_2）工况下，当列车丧失 1/2 动力时，列车仍能在正线最大坡道上启动，并行驶至就近车站，列车清客后返回车辆段。

（三）在定员（AW_2）工况下，当列车丧失全部动力时，应能由另一列相同空载列车（AW_0）在正线最大坡道上牵引（或推送）至临近车站，列车清客后被牵引至车辆段。

六、车辆构造强度应满足车辆在构造速度运行时超员的荷载要求。

第三十七条　每辆车的定员，应符合下列规定：

一、定员：每辆车的定员，由座席位和站席位的总和确定，为正常情况下载客能力的计算依据。

二、座席：车辆的座位数宜占总定员的 15%～20%。当全程线路大于 35km，平均运距大于 12km 时，根据客流性质，宜适当降低车辆定员。

三、座席区：每位座席区面积计算范围包括座椅横截面宽度（0.45～0.5m）和座前区（0.20～0.25m），座席区横截面总宽按0.7m 计。

四、站席：车内面积扣除座席区及相关设施的面积后，按 6 人/m^2 计。

五、超员：每辆车的超员，按座席不变，站席以 9 人/m^2 计，超员系数（超员与定员的比值）不宜小于 1.4，与车站客流的超高峰系数相适应，并应作为车辆构造强度和制动力计算的依据。

六、车辆客室的车门开启宽度不宜小于 1.3m，每侧车门数量应与定员相匹配。

第三十八条　车辆内乘客站立人员密度的评价宜符合本建设标准附录一的规定。

第三十九条　列车编组、定员与运能可按本建设标准附录二的规定执行。

第四十条　各类车型主要技术规格应符合表 6 规定。

表 6　各类车型主要技术规格

<table>
<tr><th>项目名称</th><th>A 型车</th><th>B 型车</th><th>C 型车</th><th>D 型车</th><th>L_b 型车</th><th>单轨车</th></tr>
<tr><td rowspan="2">车辆驱动特征</td><td colspan="5">钢轮/钢轨</td><td rowspan="2">胶轮—跨座单轨</td></tr>
<tr><td colspan="4">旋转电机</td><td>直线电机</td></tr>
<tr><td>车轴数</td><td>四轴</td><td>四轴</td><td colspan="2">4、6、8 轴—铰接车</td><td>四轴</td><td>四轴</td></tr>
<tr><td>车辆轴重（t）</td><td>≤16</td><td>≤14</td><td colspan="2">≤11</td><td>≤13</td><td>≤11</td></tr>
</table>

续表 6

项目名称		A 型车	B 型车	C 型车	D 型车	L_b 型车	单轨车
车厢基本长度（m）	单司机室车厢	23.6（24.4）	19（19.55）	—	—	17.2	14.6（15.5）
	无司机室车厢	22.0（22.8）	19（19.55）	—	—	16.84	13.9（14.6）
车辆基本宽度（m）		3.0	2.8	2.6	2.6	2.8	2.9（车门踏板处 2.98）
车辆高度（m）	受流器车 有空调	3.8	3.8	3.7	3.7	≤3.625	
	受流器车 无空调	3.6	3.6	—	—	—	车辆总高≤5.53 轨面以上高 3.84
	受电弓车（落弓高度）	3.81	3.81	3.7	3.7	3.560	
	受电弓工作高度	3.9～5.6	3.9～5.6	3.9～5.6	3.9～5.6	—	
车内净高（m）		2.10～2.15		≥2.1	≥2.1	≥2.1	2.2
地板面高（m）（车门处）		1.13	1.10	0.95	0.35	0.93	1.13
转向架中心距（m）		15.7	12.6	11.0	10.70	11.14	9.6
固定轴距（m）		2.2～2.5	2.2～2.3	1.8～1.9	1.7～1.8	1.9～2.0	走行轮 1.5；导向轮 2.5
车轮直径（mm）		φ840		φ760 或 φ660	φ660	φ660～φ730	走行轮 φ1006；导向轮、稳定轮 φ730
车门数（每侧）（个）		5	4	—	4	3	2
车门宽度（m）		≥1.3～1.4		1.3～1.4	1.3～1.4	1.4	1.3
车门高度（m）		≥1.8		≥1.8	≥1.8	1.86	1.82
定员	单司机室车厢	310（超员 432）	230（超员 327）	—	双司机室 238	217	151（211）
	其中：座席	56	36	—	66	28	32
	无司机室车厢	310（超员 432）	250（超员 352）		—	242	165（230）
	其中：座席	56	46	—	—	32	36
车辆最高速度（km/h）		80～100	80～100	80	80	90	80
启动平均加速度（m/s^2）（0～35km/h）		0.83～1.0		0.85	0.85	0.95～1.0	≥0.833
常用制动减速度（m/s^2）		1.0		1.1	1.1	≥1.0	≥1.1
紧急制动减速度（m/s^2）		1.2		1.5	1.5	≥1.3	≥1.25
等效噪声〔dB（A）〕	司机室内	≤80		≤75	≤75	—	≤70
	客室内	≤83		≤75	≤75	75	≤75
	车外	80～85		≤80	≤80	80	≤75

注：①车辆基本长度无司机室的为标准车辆长度；

②有司机室的车辆加长长度部分，应满足标准车的曲线地段限界；

③（ ）内的数字为车辆两端车钩连接中心点之间的距离；

④C 型车为低地板车，D 型车为高地板车，均分为 4、6、8 轴的铰接车。应符合《城市轨道交通铰接车辆通用技术条件》的规定；

⑤双铰六轴 70％为低地板车辆，全长 28.76m。

第五章　运营组织与管理

第四十一条　运营管理包括列车运行组织与管理、车站服务与安全管理、票务管理、设备运行及维修管理。

第四十二条　列车运行组织与安全应符合下列规定：

一、每条正线运营线路均应采用双线、右侧行车制。全线列车运行应采用集中调度。

二、每条线路应按客流预测和在线网中的地位，确定功能定位、速度目标、运能规模和管理方式；拟定运行系统的正常运行和非正常运行模式，包括各种应急状态的对应措施。

三、每条线路宜组织独立运行。根据全线客流分布特征，宜组织部分列车区域折返运行，也可与其他正线或支线组织混合运行，并按运行模式要求，设置各种功能的配线。

四、在地面或高架线地段，应设置有关风速监测设施，遇暴风8级（风速17.2～20.7m/s）时，列车应缓行；遇暴风9级（风速20.8～24.4m/s）及以上或大雾、大雪、沙尘暴等恶劣气象条件下应及时停运。

第四十三条　列车运行速度应符合下列规定：

一、列车在正线上最高运行速度应与车辆设计最高速度相符合，并允许瞬间超速5km/h。

二、列车通过曲线线路和道岔区宜按规定的限速运行。

三、列车进入站台端的运行速度不宜大于55km/h。

四、列车进入车辆段站场线路的运行速度不宜大于25km/h。

五、列车故障状态下，推送运行速度宜为25～30km/h。

第四十四条　车站配线应符合下列规定：

一、车站配线应按全网、全线分层布局和配置。按线网规划确定设置正线间联络线及其渡线；确定车辆段（或停车场）与正线接轨站的配线，支线与正线接轨站的配线；按列车运行交路选定中间折返站及其配线。

二、中间折返站的选择，应适应各设计年限的客流特征及其设计运行交路要求，并具有良好的适应性和灵活性。

三、在折返站应设置折返线。为满足故障运行工况，每隔5～6座车站（或8～10km）应设置故障列车待避线，其间每相隔2～3座车站（约3～5km）应加设渡线。

四、当故障列车待避线设在折返站时，应与折返线分开设置，在正常运营时段，不宜兼用。待避线尾端应设置单渡线与正线贯通。

五、当载客运行的两条正线或支线交会共线运行时，其交会点必须设在车站，并在进站方向设置为同站台两侧平行进路。车辆出入线（非载客运行线）接入正线的接轨点宜设在站端，并应具备站外一度停车的条件；否则，在接入正线前，应设置安全线。

六、折返站的折返能力应与线路的运营间隔时间相适应。中间折返站宜采用站后折返，当折返列车的计算停站时间（含清客时间）有碍该运行时段的列车发车间隔时间，应敷设站内折返线，采用站前折返，并应配置相应站台。

七、远离车辆段（或停车场）的尽端站的车站配线，除应满足折返功能外，还应考虑故障列车待避、夜间存车和维修车辆折返等功能要求。

八、在靠近隧道洞口或临近江、河、湖、海岸边的地下车站，应根据非正常运营模式和行车组织要求，研究和确定车站配线形式。

第四十五条　运能设计应满足客流预测要求，并应符合下列规定：

一、每条线路的设计运能应满足全线远期高峰小时、各站间客流断面预测值。当远期高峰小时、同方向、前三位的最大客流断面值中凸现一个尖峰时，应根据客流特征分析尖峰值的量级和概率，分析运营组织的经济性和合理性，必要时可采取“削峰”设计，合理确定设计运能。

二、每条正线线路远期的设计运能应根据列车编组长度、最高运行速度、追踪运行间隔、停站时分等因素，并针对不同运量等级和服务水平，确定设计列车发车密度和运行交路。各折返站配线的折返能力、支线或车辆出入线接轨站的通过能力，应与正线设计行车密度相匹配，并留有10%～15%的储备能力。

第四十六条　高峰时段列车发车密度，应保持一定的服务水平，维持乘客较好的舒适度和一定的列车满载率。并应符合下列规定：

一、在全封闭线路上，城市中心区地段的列车发车密度：

初期：高峰时段不宜小于12对/h（5min间隔），平峰时段宜为6～10对/h（10～6min间隔）。

远期：高峰时段钢轮钢轨全封闭系统不应小于30对/h，单轨胶轮系统不应小于24对/h。平峰时段均不宜小于10对/h。

二、当线网中采用相同车辆制式的若干条线路，远期运量级相差较大时，宜采用相同或相近的发车密度，不同的列车编组长度；当运量级相差较小时，经过论证，也可采用相同列车编组长度，不同发车密度。钢轮钢轨全封闭系统发车密度不应小于24对/h，单轨系统发车密度不应小于 20 对/h。

三、在高峰运行时段，在单向运行各区段内，列车乘客站席最大密度为 5～6 人/m^2 的区间数量（或里程），不宜大于全程的 20%。

四、在部分封闭型路段的平交道口应采用“列车优先通过”措施，做好路口交通组织设计，并确保安全的前提下，设计行车密度不应小于 10 对/h，一般运行时段不应小于 6 对/h。

第四十七条 车站服务与安全管理应符合下列规定：

一、车站内应设醒目的各类导向标志及必要的信息系统，以引导乘客自我服务为原则，逐步提高自动化服务水平。

二、车站应设有安全值班员或服务员，对站台、楼扶梯、垂直电梯、检票口和出入口的客流状态和安全秩序实施监控，帮助残疾人乘降车，及时阻止事故发生，及时报警，正确疏导客流，保障车站及乘客安全。

三、在正常运营时间内，任何人不得进入轨道区，在站台两端应设有阻挡标志或设施。

四、车站管理、保安与服务人员的配置应考虑专业化与社会化相结合。

第四十八条 票务管理应符合下列规定：

一、车站售检票宜选择自动售检票的管理模式；人工售检票可作为过渡性模式。

二、票务系统可采用计程、计时制，全封闭式或半封闭式票务管理模式，应兼容系统的发展，预留区域票务收费和开放式管理模式的条件。

三、车票为系统信息载体，应采用 IC 卡，并具备实现与城市公共交通“一卡通”的条件。

四、自动售检票系统由线路中央计算机、编码/分拣机、车站计算机、车站终端设备（包括售票、验票和进出站检票机）及车票组成。从轨道交通线网考虑，应设置清分系统，并预留与城市公交清分系统接口。

五、进站检票机数量应按预测进站客流计算，出站检票机数量应保障每列车下车出站乘客，在下一次列车到达前疏散完，并应留有适当储备能力。不同时段潮汐客流现象明显的车站，应设置标准通道双向检票机。

六、自动检票机应具备紧急疏散模式。

第四十九条 设施与设备运行和维修管理应符合下列规定：

一、各类设施，应根据运营需要，在充分研究运营目标与工程经济、运营效率与资源共享的基础上，合理配置。

二、运营管理、服务与车辆设备维修应充分考虑全线网的专业化协作和社会化服务，统筹考虑设置应急救援指挥中心、票务清算中心、运营控制中心、车辆基地及物流中心。

三、运营设备应根据线路和车站的空间位置，按规定的运营模式，合理选择设备系统和管理方式。设备的管理模式分为集中型的中心级管理、分散型的车站级管理及混合型的两级管理。

四、混合型的两级管理由控制中心和车站监控组成。需全线协同控制的系统设备，应在控制中心集中控制；涉及车站运营安全的设备，应在车站就地控制。

五、控制中心应设置行车调度中心、电力调度中心、环境与防灾监控中心及自动售检票终端等机电设备，以及有关自动控制设施。

六、车站监控的运营设备，如：采暖通风、空调、给排水、防灾报警、自动扶梯、电梯、广播、照明、自动售检票等机电设备，以及有关自动控制设施，应按运营模式选定。

七、车站 FAS（火灾自动报警系统）、BAS（环境与设备监控系统）维修管理工作站应实现对系统及被监控设备的状态进行监视及故障报警查询、系统的维修及调试等功能。应通过通信传输网络组成全线的维修管理系统。

八、全线应设置专门的维修机构，对全线的各种运营设备进行养护和维修。

九、运营管理方式应逐步实现管理自动化及集约化，提高管理水平和服务质量。

第六章 车站建筑与结构工程

第五十条 车站型式及布局应满足客流需求、乘降安全、疏导迅速、环境适宜、布置紧凑、便于管理的基本要求，根据车站位置、周边环境、建筑形式、施工方法、客流组织等条件，全线总体平衡、协调统一，合理选择。

第五十一条 全线网车站站名应统一管理，宜与所在地区或附近路名一致，并与当地路名管理单位统一研究认可，不宜随意改变。

第五十二条 车站外 200m 范围均应设置导向标志，并应设夜间照明设施；车站公共区内设置的各种标志应通视清晰、避免相互遮挡。车站可适度设置广告，并与车站建筑装饰融为一体。导向标志应全线网统一规划、统一规格和造型，安装应坚固安全。

第五十三条 车站站台应符合下列要求：

一、站台宜以岛式和侧式为基本形式，在一条线上宜一致，或分段保持一定的连续性。

二、站台宽度应满足乘降区宽度以及楼梯、自动扶梯和立柱的总宽度要求。

三、站台高度应比车辆地板面低50～100mm，并根据车辆、车门类型分析选定。

四、站台边缘与静止车辆（车门处）之间的安全间隙，直线站台宜为80～100mm。曲线站台应不大于180mm。

五、在站台边缘应加设安全警示线。若设置半高屏蔽门局部护栏等安全防护设施，应在初期安装定位。

六、站台屏蔽门（或护栏）及附加设施，均不得侵入车辆限界，并应留有25mm的安全间隙。

七、站台长度应满足远期列车停靠和乘降要求。

第五十四条 车站站台乘降区宽度应满足乘客候车和乘降的要求，并应按车站远期超高峰小时的客流特征、行车组织和乘降客流量进行计算确定。最小设计宽度宜符合下列规定：

一、当乘降区宽度内侧为连续整体墙面部位，其墙面至站台边缘的最小设计宽度宜为3.5m；当乘降区宽度内侧设有立柱或局部楼扶梯（连续长度10m内）时，其侧面至站台边缘的最小设计宽度宜为2.5m。

二、在车站客流较小的车站，乘降区计算宽度小于1.5m时，最小设计宽度可减小至2.0m，但必须设置栏杆或半高屏蔽门等安全措施。

三、根据车站特殊需要，在站台端部10m局部范围内，当计算宽度小于2m时，乘降区设计宽度可采用2m，但应设置局部防护设施。

四、对于大型车站、中间折返站和换乘站的站台乘降区最小设计宽度，应按行车交路和发车密度，分析上、下车客流特征，较上述规定适当加大。

五、当车站近期客流暂大于远期，乘降区设计宽度应按近期客流计算校核和分析，必要时对行车组织作适当调整。

第五十五条 车站布局应符合下列规定：

一、车站应根据车站型式、客流大小、票制与管理方式，确定车站布局和规模。

二、车站应根据线路敷设方式，结合周边环境、地下管线、地形条件设置，控制车站体量。地下站或高架站应减少层数，敞开式站台应设风雨棚，有利乘客乘降和出入。

三、换乘车站应做好规划设计，换乘距离不宜大于250m，换乘时间不宜大于5min，并结合工程实施条件，选择便捷的换乘方式，换乘通道应满足正常通过和紧急疏散能力。

四、换乘车站在工程实施中，属近期建设的车站，其换乘节点的土建工程宜一次建成，统一利用两站地下空间和设备资源共享。属远期建设的车站，宜作预留换乘条件和后期施工条件。

五、站台上应设有足够数量的出站通道、楼梯和自动扶梯，并保证下车乘客至就近通道或楼梯口的最大距离不得超过50m，并在下一次列车到达前，已撤离站台。

六、车站设备及管理用房区应根据各系统工艺和相互接口联系要求，进行综合协调、合理布置。地面和高架车站的设备用房，应因地制宜、灵活布置，有条件的地方可与邻近建筑物合建。

七、地下车站站台与站厅公共区应划分防烟、防火分区，防烟分区不得跨越防火分区。

八、车站的楼梯（含自动扶梯）、检票口、出入口通道的通过能力均应按超高峰小时进出站客流及各口部的不均衡系数计算确定；并应满足在高峰小时发生事故灾害时的紧急疏散，能在6min的目标时间内，将一列进站列车所载的乘客（按远期高峰时段的进站客流断面流量计）及站台上候车人员全部撤离站台。

九、车站的站厅应进行客流流线组织设计，出入口、检票口、楼梯口布置应符合客流组织路线，并有一定缓冲距离，确保进出站客流路线通畅。

十、当采用全封闭式自动售检票方式时，车站站厅应分设付费区和非付费区。非付费区面积应大于付费区，付费区的面积应紧凑。

十一、非付费区的面积应满足客流流动和有关设备安装的要求；位于出入口的站厅区域是进出站客流交叉流动的集散区（检票机或楼梯栏杆的外侧），其区域范围宜保持16～20m的纵向空间。

十二、售票机前应留有不小于2m的排队空间。在出站检票机内侧应留有4～5m的滞留聚集空间。

十三、车站的站台、站厅、楼梯、通道和出入口，应设置无障碍服务设施。

第五十六条 车站出入口与风亭的设置应符合下列规定：

一、出入口布置应根据车站站位、周边环境和人流方向而定，尽量分散、多向布设，或与人行过街设施相结合，在有条件的地方宜与公共建筑连通。

二、出入口外应有客流集散或停车的场地，并与城市公共交通接驳方便。

三、每座车站从站厅引出的出入口数量不得少于2个；出入口总疏散能力应大于远期高峰小时紧急疏散客流量的1.3倍。

四、大型地下车站的主要设备用房区内，应单独设置一个直达地面的消防、救援专用入口。在一般车站，经过分析论证，可利用靠近主要设备区的直达地面的独立出入口合并兼用。专用入口位置应靠近城市道路。

五、地下车站与商场共建时，宜分层、分隔设置。车站出入口必须有不少于2个独立、直通地面的出入口，并应满足地下车站紧急疏散能力要求。若车站出入口与地面建筑结合，应具备对建筑物倒塌的防御能力。

六、对分期建设的换乘车站，其地面出入口应集中规划、合理布局、分步建设，节约用地，避免重复建设。地面通风亭宜设置在城市道路规划红线之外，宜与周边环境相协调或合建，重视造型、景观和环保的要求。

七、出入口、风亭的开口部应高出所处区域的地面道路积水水位，必要时应加设防涝、防洪设施。地面出入口、风亭进风口、排风口与地面建筑合建时，应注意错开方向和距离，防止进、排风气流短路。

八、出入口地下通道或换乘通道的长度大于100m时，应满足紧急疏散的消防要求。

九、在严寒地区，出入口地面和楼梯应采取防冻、防滑措施。

第五十七条 车站建筑与装修应符合下列规定：

一、车站建筑形式应简洁、明快、舒适、健康，服从交通功能为主，并与地面环境、结构型式和施工方法相协调。

二、车站内部建筑装修应经济、实用、安全、耐久，便于施工和维修。应采用防火、防潮、防腐、容易清洁、光反射系数小的环保型材料，站内地面应选用耐磨、防滑的材料。

三、建筑装饰材料和构件应采用标准化、工厂化、施工装配化。

第五十八条 结构工程应符合下列规定：

一、主体结构及其相连的重要构件，其安全等级应为一级，按可靠度理论设计时，设计基准期为50年，结构耐久性设计应符合结构设计使用年限为100年的要求。

二、结构型式应与线路敷设方式相协调，并根据工程地质、水文地质及周围环境条件选择安全可靠、经济合理的施工方法和结构型式。

三、对于穿越通航的江、河、湖泊的隧道，应考虑未来100年河床断面受冲淤的变化对隧道安全的影响，根据国家水利及航运部门要求，按国家水利部门批准的，对防洪、防汛、防潮汐的评价要求，合理拟定隧道顶部的覆盖层厚度，制定穿越堤防的工程措施，跨江隧道两端的岸边适当位置或车站临江端必须设置防淹门。

四、结构设计应满足强度、刚度、稳定性、耐久性和抗震要求，并采取杂散电流防护措施。当地下结构处于含水地层中时，还应满足抗浮要求。

五、高架桥应注重结构造型和桥梁景观，应结合城市规划及所处地段环境，合理选择梁式、跨径、墩台和基础型式，应力求构造简洁、构件标准化，便于施工。宜推广采用预制架设的设计、施工方法。

六、桥梁跨越铁路、公路、城市道路时，跨径、墩台布置及桥下净空应满足相关设施的限界要求，并预留一定的裕量。跨越排洪河流的高架桥桥下净空应按1/100洪水频率标准进行设计；技术复杂，修复困难的大桥、特大桥应按1/300洪水频率标准进行检算；跨越通航河流时，其桥下净空应根据航道等级确定，满足现行国家标准《内河通航标准》GB 50139的要求。

七、结构工程抗震设防烈度必须符合国家规定的权限审批、颁发的文件规定，应根据当地政府主管部门批准的地震安全性评价结果确定。

八、地下结构工程应按当地政府主管部门核定的人防设防等级要求，进行结构强度核算。对特殊的结构工程设计、施工方案应作安全性专项审查。

九、地下结构的防水应符合以防为主，刚柔结合，因地制宜，综合治理的原则，并以结构自防水为主，附加防水为辅。高架桥面应设置连续、整体密封、耐久的附加防水层。

十、地下结构防水等级，车站主体和出入口应为一级，结构不得渗水、表面无湿渍。车站风道、风井及区间隧道应为二级，结构不得漏水、表面可有少量湿渍。

第七章 机电系统及设备

第五十九条 机电系统及设备的选配应符合下列要求：

一、机电设备应选择技术成熟、安全可靠、节能高效、环保卫生、维修简便的产品。

二、设备选择应首选性价比合理的国内产品，适当引进国外的关键设备和先进技术，并做好统一技术标准和相关接口，有利系统设备集成化、模块化及网络兼容性，并逐步提高国产化比例。

三、初期设备数量应按近期需要配置，并预留远期设备加装位置。根据近、远期运量增长的需要，结合设备使用寿命周期，以及设备安装条件的可能，研究合理配置方案。

四、设备和电缆的安装不得侵入设备限界和紧急疏散通道的地面和空间，还要考虑安全保护和防盗报警的措施。

第六十条 供电系统应符合下列要求：

一、外部电源方案可采用集中式、分散式或混合式。各城市应根据本市电网构成的不同特点，经过技术、经济比较进行选择。中压网络电压等级可采用35kV、20kV、10kV。

二、主变电所应从城市电网取得两路独立电源，并做好电缆敷设路径选择，其中至少有一路应为专线电源。每座主变电所设两台主变压器，其容量按近、远期用电负荷设计，可分期实施；占用面积按远期设计控制。

三、牵引变电所的分布应满足远期高峰运营的需要，并有两路独立电源，整流机组容量按近、远期运量的牵引负荷计算。当系统中任何一座牵引变电所故障解列时，应靠其相邻牵引变电所的过负荷能力，保证列车正常运行。

四、注入公用点的谐波电压、谐波电流应符合现行国家标准《电能质量、公用电网谐波》GB/T 14549的规定。牵引网系统的标称电压应为直流750V或1500V。

五、降压变电所应有两路独立电源，设两台配电变压器，其容量应满足当一台变压器故障解列时，由另一台变压器承担本所全部一、二级负荷。对高架车站，可采用箱式变电所。

六、地下车站及隧道应设应急照明与疏散指示标志，其应急照明持续供电时间不应少于60min。

七、其他

（一）地下车站的照明应采用节能设施，其照度应符合现行国家标准《地下铁道照明标准》GB/T 16275的规定。地面车站与高架车站的照度可按相关民用建筑设计标准执行。

（二）城市轨道交通供电系统应设电力监控系统，对主变电所、牵引变电所、降压变电所、牵引网等进行控制、监视和测量。

（三）城市轨道交通的杂散电流的腐蚀防护，应符合现行国家标准《地铁设计规范》GB 50517及现行行业标准《地铁杂散电流腐蚀防护技术规程》CJJ 49的规定。接地宜采用自然接地体和人工接地体组成的综合接地方式。

（四）电气设备及材料应选用体积小、噪声小、低损耗、防潮、防火、阻燃、低烟、无卤、不自爆、维护少、安全、节能的定型产品。

（五）电缆在地下敷设时应选用阻燃型低烟、无卤的电缆；应急照明、消防设施的供电电缆，明敷时应选用低烟无卤耐火型电缆或矿物绝缘类不燃电缆。

第六十一条 信号系统应符合下列要求：

一、信号系统配置应根据行车组织和运营要求、线路状态及车辆性能等条件，满足行车密度和列车运行安全的要求，满足故障运营或紧急状态下运行的需要。

二、信号系统宜采用计算机网络技术、数字通信技术，并易于实现自低水平等级向高水平等级的升级。系统水平的升级应尽量减少废弃工程。

三、在全封闭线路上，必须配置列车自动防护系统，应配置列车自动监控系统，宜配置列车自动驾驶运行系统及相应的车辆段（场）信号系统。系统的地面电缆和轨旁设施，宜尽量避开在轨道中心设置，或采取必要措施，确保乘客紧急疏散通道畅通。

四、部分封闭的线路，应设车内信号显示及自动停车或列车自动防护等列车运行安全防护系统设备；在线路设置道口处，应设道口信号及“列车优先通过”设施。道口监控方式应与公路交通信号协调一致，其相关设备应纳入信号系统。

五、在全封闭线路上，根据运营需求，可配置列车全自动运行（无人驾驶）系统。

六、采用分段建设、分段投入的初期运营线路，或改扩建线路，在线路较短、行车密度不大（15对/h以下）的情况下，可设置临时过渡信号，其涉及行车安全的设备，应遵循故障——安全原则。

第六十二条 通信系统应符合下列要求：

一、城市轨道交通宜设置独立的通信系统，系统应满足城市轨道交通对语音、数据和图像等信息传送的需要。

二、通信系统宜由专用通信系统、商用通信系统、警用通信系统组成。专用通信系统可由传输、无线通信、公务电话、专用电话、闭路电视监视、广播、时钟、电源、乘客信息、网络管理等子系统组成。

三、传输子系统应利用光纤，采用光传输设备组网为通信各子系统，以及信号、供电、防灾报警、环境与设备监控、自动售检票等专业的信息提供可靠的传输通道。

四、无线通信子系统主要包括正线无线通信和车辆段（场）无线通信，本系统宜采用数字集群移动通信技术。

五、公务电话子系统宜采用程控自动电话交换机组网，其设备应符合国家规定制式系列。亦可利用公用电信网组建。

六、专用电话子系统应包括调度电话、站内专用电话、站间行车电话及轨旁电话。

七、闭路电视监视子系统应提供列车运行、防灾救援、设备安防及旅客疏导等方面的视频信息。

八、广播子系统包括车站广播和车辆段（场）广播系统。车站广播应向乘客提供列车运行、安全及向导等服务信息，同时向工作人员发布指令和通知。

九、乘客信息子系统宜由控制中心、车站及车载等设备组成，为站内和列车内的乘客提供列车运行、公告、紧急疏散指示等运营信息，以及新闻、商业广告等公共信息。

十、商用通信系统、警用通信系统宜与专用通信系统同步建设、统筹实施、资源共享。

第六十三条 通风与空调应符合下列规定：

一、隧道排热通风应尽可能利用自然冷源，采用活塞通风。当采用活塞通风不能达到排除余热、余湿要求时，应设置机械通风。

二、地下车站通风与空调系统可采用开式运行、闭式运行。若采用站台屏蔽门式系统应经过方案论证。

三、地下车站设置空调系统必须符合下列条件：

（一）当车站采用机械通风时，站内夏季的空气计算干球温度超过30℃。

（二）当地夏季最热月平均温度超过25℃。

四、当地下车站设置空调系统时，车站公共区设计干球温度：在双层车站中，站厅宜比地面室外低2℃，站台宜比站厅低1℃；在单层车站中，站台宜比地面室外低2～3℃，但不应高于30℃，相对湿度均为45%～70%。每人的新鲜空气量不应小于12.6m^3/h，且新风量不应少于系统总风量的10%。

五、区间隧道夏季最热日的日平均温度，应符合下列规定：

（一）列车车厢不设置空调时，不得超过33℃。

（二）列车车厢设置空调，车站不设置屏蔽门时，不得超过35℃；车站设置屏蔽门时，不得超过40℃。

（三）隧道通风系统的通风量应保证隧道内换气次数每小时不应少于3次供应人员的新鲜空气量要求：当采用活塞通风或机械通风时，不应少于30m^3/h；当采用闭式循环运行时，不应少于12.6m^3/h。

六、通风与空调设备传至车站站台和站厅的噪声不得超过70dB（A），传至地面风亭的噪声应符合现行国家标准《城市区域环境噪声标准》GB 3096的规定。

七、地下车站及区间隧道内必须具备事故通风及防烟、排烟系统功能。

第六十四条 给排水与消防应符合下列规定：

一、给水系统：

（一）给水系统应满足生产、生活和消防用水对水量、水压、水质和水温的要求。坚持节约用水、综合利用的原则，选用技术成熟、经济合理的节水和节能设备。

（二）给水水源应优先选用城市自来水，否则可采用其他可靠的水源。

（三）车站给水系统应采用生产、生活与消防分开的给水系统。生活用水的水质、水压和用水量应符合现行国家标准的规定。生产用水的水压和用水量按工艺要求确定。

（四）消防用水应按如下规定：

1. 地下车站及区间隧道应由城市自来水管引入两路消防给水管，并设置为环状管网的消火栓给水系统。如地下车站只有一路自来水源，应由相邻地下车站再引一路，两站水源互为备用。

2. 地面、高架车站及地面建筑的消防给水系统的设置应按现行国家标准、规范的规定执行。消防用水量：地下车站为20L/s；人行通道、折返线及区间隧道为10L/s。

二、排水系统：

（一）城市轨道交通工程各种污水排放，必须符合现行国家标准《污水综合排放标准》GB 8978的规定，并分类集中、排入城市排水系统。

（二）地下工程开口部位的雨水量按口部汇水面积及当地50年一遇的暴雨强度计算确定。

（三）在地下车站内的低洼处，自动扶梯的基坑、厕所、露天出入口及敞开风口等应设排水泵房组成车站排水系统。

（四）区间隧道应沿轨道设置纵向排水沟，在线路最低点、隧道洞口应设排水泵站；地下折返线检修坑等不能自流排水的低洼处应设局部排水泵房。

第六十五条 设备运转的监控系统包括火灾自动报警系统（FAS）、环境与设备监控系统（BAS）、综合监控系统（ISCS），均应以功能需要，经济实用为原则配置相关设施，并以全线装备的整体水平均衡选择，并符合下列要求：

一、车站、控制中心、车辆段、停车场、主变电所应设FAS。FAS按全线同一时间发生一次火灾的原则，系统按中央级和车站级两级监控方式设置。车站内每个防烟分区为一个报警区域。

二、FAS实现对车站消防广播、警铃、消防水泵、防火卷帘等相关消防设备的自动控制；并由控制中心或车站及时发送火灾报警信息及控制命令。

三、FAS与通信系统公用广播及闭路电视监视系统互联，并具有火灾事故广播的优先级。

四、BAS监控的对象包括：车站公共区及主要设备管理用房的环境参数，隧道通风、车站采暖、通风空调、空调水系统及采暖热源、车站及区间给排水、自动扶梯及电梯、照明、事故电源等设备。

五、正常运行工况由BAS监控的防排烟、送排风等设备及与消防相关的其他机电设备，在火灾发生时，BAS接受FAS发送的火灾信号并启动相应的火灾运行模式，实现相关防排烟设备的联动。

六、IBP盘作为紧急情况下车站BAS系统的后备措施，可直接通过BAS控制器控制现场设备按规定的模式运行，并显示模式的运行状况，具有最高控制权。

七、为适应轨道交通监控系统的发展趋势，宜将变电所自动监控PSCADA、BAS、FAS等子系统集成为综合监控系统，建立统一的监控层硬、软件平台，实现相关各子系统之间的信息共享和协调联动功能。

八、综合监控系统面向的对象为控制中心的行调、电调、环调、维修调度及车站值班站长、值班员；系统采用两级管理、三级控制分层分布式结构；系统应由信息管理层、控制层及设备层构成。可将3、4个站作为一个区域，设区域数据服务器和数据库，其他车站仅设工作站。

九、综合监控系统应具备对监控对象的模式控制、群组控制及重要设备的点控功能。相关的安全联锁功能由控制层实现，控制层应具有相对独立工作的能力。

十、综合监控系统可采用工业以太网标准独立组网或共用通信骨干网通信级网络结构。

十一、弱电控制系统宜考虑UPS电源系统合理整合，以实现资源共享，降低电源系统的投资。

第六十六条　电梯、扶梯的设置应符合下列规定：

一、车站站台设置的自动扶梯数量和楼梯宽度的总量，应根据高峰小时客流量，按各口部提升高度及其客流不均衡系数计算确定，并满足乘客紧急疏散能力。

二、自动扶梯与步行梯的设置，可按表7的规定执行。当两台自动扶梯平行设置时，应设置备用自动扶梯或楼梯，其楼梯宽度不宜小于1.8m，并统筹考虑为行动不便的乘客服务的相应设施。

表7　自动扶梯与步行梯设置

提升高度 H（m）	上行	下行	备　用
$H\leqslant 6$	步行梯（或扶梯）	步行梯	
$6<H\leqslant 12$	自动扶梯	步行梯（或扶梯）	当上下行均设自动扶梯时，应加设步行梯或自动扶梯为备用
$12<H\leqslant 19$	自动扶梯	自动扶梯	增加备用步行梯（或扶梯）
$H>19$	自动扶梯	自动扶梯	增加备用自动扶梯

注：①H分别指站台至站厅，或站厅至地面高度。无站厅时，指站台至地面的高度。

②（或扶梯）表示在重要车站或主要楼梯口，也可设自动扶梯。

三、当出入口或换乘通道的水平距离超过100m时，宜增设自动步道。

四、作为事故疏散用的自动扶梯，其电源应按一级负荷供电，并具有逆向运转功能。

五、垂直电梯及其箱体结构宜采用透明材料，或设置电视监控、电话报警等安全防范设施，但不能作为紧急疏散用。

六、垂直电梯在站台上的开门方向不宜面向站台边线，否则应采取防挡安全措施。

第八章　车辆基地及配套工程

第六十七条　车辆基地的布局和选址应符合下列要求：

一、城市轨道交通车辆基地的布局，应根据线网规划统筹安排，充分考虑资源共享，明确各车辆基地在全线网中的地位和分工。必要时，可结合地形和规划条件，进行综合开发的专题研究。

二、车辆基地应包括车辆段、综合维修中心以及配套生活设施等，也可设置物资总库（分库）和培训中心。其中车辆段的设置应符合下列要求：

（一）车辆段根据其作业范围可分为定修段和厂、架修段。定修段承担车辆定修、月检、日常检修和停放的任务；厂、架修段除承担定修段的任务外，尚应承担车辆厂修和架修任务。有条件的城市可集中设置车辆大修厂。

（二）停车场承担车辆的月（周）检和停车、列检的任务；仅承担停车、列检任务的停车场称辅助停车场。停车场隶属于车辆段。

（三）每条运营线路宜设一个定修车辆段，当车辆段距终点站超过20km时，宜增设停车场（或辅助停车场）。

（四）厂、架修段和综合维修中心，宜结合轨道交通线网和车型情况按多线共用设置。

三、车辆基地选址应符合下列要求：

（一）用地性质应与城市总体规划协调一致。

（二）用地位置应靠近正线，有良好的接轨条件。

（三）用地面积应满足功能和布置的要求，并具有远期发展余地。

（四）用地范围宜避开工程地质及水文地质不良地段。

（五）用地周边应有利于与城市道路连接，有利于与城市电力、通信及各种管道的引入，并有良好排水条件，宜与地面铁路连接。

第六十八条　车辆段的规模和设施应符合下列要求：

一、车辆的检修周期，可按表8的规定执行。

三、工程项目建设标准

表 8　车辆检修周期表

检修种类		定期检修			日常维修		
		厂修	架修	定修	月检	周检	列检
定检周期（万 km）	A、B	120（10年）	60（5年）	15（1.25年）	3.0（3月）	0.5（15天）	每日或双日
	L_b	160	80	20	2	—	—
	单轨	全面检修	重点检修	换轮	三月检	—	列检
		60（6年）	30（3年）	10（1年）	（3月）	—	（3日）

二、车辆段的规模应根据车辆技术条件，配属的列车编组和数量、列车年走行公里（或间隔年限）、车辆检修周期、检修作业时间等进行计算。

三、车辆段内应根据列车运用整备和检修作业的需要设停车、列检库、月修库、定修库、厂架修库和调机及工程车库等，并配备相应的设备和设施。

四、列检列位宜按停车列检列位的50%确定。停车列检规模达12列位级以上的车辆段或停车场应设机械化洗车设备和洗车线。

五、车辆段的运用整备和检修设施，初期建设规模应按近期规模设计，按远期规模预留。对远期改扩建困难的检修车库可按远期规模一次建成。车辆段远期停车能力，不考虑沿线车站夜间的停车线列位。

六、车辆段检修、试验设备，应选用国家标准产品或成熟的专用设备。

七、承担定修及以上修程的车辆段应设试车线，其长度应满足列车高速运行性能试验要求。在困难条件下，因用地长度不足，试车线长度可按中速（50km/h）运行试验，完成车辆动力运行试验，也可在正线上指定地段完成高速运行性能和有关信号的试验。

八、定修段和厂、架修段宜设不落轮镟床。

第六十九条　车辆出入线的设置应符合下列要求：

一、车辆出入线应在车站接轨，在接轨点外应具备一度停车条件。

二、车辆出入线应按双线双向运行设计，有条件的地方宜设置八字形出入线。

三、车辆出入线与正线间的发车、收车应进行运行组织和能力验算，保证正线高峰小时的设计运能。

第七十条　联络线设置应从规划线网中确定，并应符合如下规定：

一、根据线网规划的车辆基地分布位置和承担的任务，对于同属一个车辆基地承担车辆厂、架修的线路之间应设置联络线。

二、凡设置在相邻线路间的联络线，承担车辆临时调度，运送厂、架修车辆，工程维修车辆、磨轨车等运行的线路可设置单线。

三、为相邻两段线路初期临时贯通、正式载客运行的联络线，应设置双线。

四、联络线与正线的接轨点宜靠近车站，也可在区间正线接轨；在两线同站台平行换乘站，应设置渡线，代联络线功能。

第七十一条　车辆基地的总平面布置应以车辆段为主体，根据地形条件综合考虑维修中心、物资总库及其他配套设施的功能和作业要求，合理布置，力求紧凑、经济、实用，节约用地。车辆基地占地面积指标宜按表9进行控制。

表 9　车辆基地占地面积指标表（m^2/车）

车　　型	A、B	L_b
车辆基地（厂架修，设备维修）	1000	900
车辆段（定修级）	900	750
停车场	600	500

注：表中数值用于实施后的用地，作为规划用地还应适当留有余地。

第七十二条　综合维修中心的设置应符合下列规定：

一、综合维修中心应根据线网规划统一布局，资源共享，设在车辆基地内。承担本线或多线的土建设施和机电设备的维修保养、检修任务。可分设工务、建筑、供电、通信、信号、机电、自动化等专业车间和计量站，当线路较长时，可在相应的停车场分设维修工区。

二、综合维修中心应根据功能要求配备相应的设备。通用设备应与车辆段共用；大型专用设备宜考虑路网中共享。

三、综合维修中心的办公房屋宜与车辆段办公楼合建；生活设施应在车辆基地内共享。

第七十三条　物资总库的设置应符合下列规定：

一、物资总库宜设在车辆基地内，其规模应根据运营线路中的设备和材料种类、数量确定。

二、物资总库应设有机电设备库、金属材料库、配件库、辅助材料库和起重运输设备等以及露天堆放场地。危险品库和燃油库可在线网中集中设置，或由社会供应。

三、从全线网考虑，物资总库可集中设置，建立物流中心。

第七十四条 培训中心应以城市轨道交通线网规划为依据统一布局，原则上集中设置一处。

第七十五条 车辆基地生产设施的设置应符合下列规定：

一、车辆基地生产设施应根据生产的需要配备各专业生产设施，包括站场轨道、道路、桥涵、房屋建筑、供电、给排水及消防、电力工程、暖通、通信、信号及防灾等各系统的设备和设施。

二、站场线路布置应满足工艺要求和作业的需要，并做好站场竖向设计，满足排水要求。

三、房屋建筑设计应满足工艺要求，并符合安全和节能的有关规定。

四、车辆基地供电设计的制式和标准应与全线供电系统相协调，并满足工艺要求，确保作业安全。牵引和降压变电所的位置应靠近负荷中心。

五、采暖和通风系统应根据工艺要求和生活的需要，结合当地气候条件合理设计。采暖地区的采暖设计宜采用城市集中供暖系统供热。

六、给排水系统设计应满足生产、生活和消防的需要，并与城市给排水系统相适应。

七、通信系统应设有列车调度电话、局部专用电话、公务电话、无线电话和广播、时钟等通信设施。

八、信号系统应保证列车在车辆段内调车作业和列车出入车辆段的安全运行，并与正线行车密度相适应。

九、防灾报警系统应设置值班室及救援设施，并与正线防灾报警系统联网。

十、车辆基地应根据生产、生活的管理要求，设置综合办公楼和生活用房等配套设施。并宜设置维护管理系统和档案资料库。

第九章 安全防护、环保和节能

第七十六条 城市轨道交通安全防护设施的设置应符合下列规定：

一、城市轨道交通运营必须贯彻安全第一的宗旨，保证人的生命与健康安全，保证列车和设备运营的安全。

二、城市轨道交通的防灾，应贯彻“预防为主，防消结合”的工作方针，结合本地消防、安全等部门的要求。制定安全系统与紧急救灾预案，采取各种有效的预防和救灾措施，确保运营期间的行车和设备安全。

第七十七条 城市轨道交通应建立预防、报警、逃生、救援的安全系统。

一、预防、阻止灾害、事故的发生和蔓延，并具备一定的预防设施和灭灾自救能力。对车辆和设备的事故源头加强预防和防护，对人身安全保护采取防范措施。

二、设有自动报警和自动灭火装置，当灾害和事故发生时，能提供可靠的通信设施，及时启动自动报警和灭火系统设备，得到控制中心统一指挥，尽快得到外援。

三、在轨道区具备无障碍的乘客逃生通道和应急照明，有紧急疏散导向标志。在车站内的楼梯、通道和出入口具有足够的疏散能力。

四、使外部救援人员快速进入现场，并具备营救设施和救援条件。

第七十八条 城市轨道交通防灾、疏散应遵循以下原则：

一、全线防灾只考虑同一时间，只发生一处灾害，一种灾情。并以“自救为主，内外结合”为原则，设置独立的防灾、救灾安全系统。

二、轨道交通的土建工程和车辆（含部件、电缆）均应采用耐火、阻燃材料。

三、列车运行中发生火灾，只要动力系统未受破坏，不得在区间停车，列车应驾驶到车站，从站台疏散乘客。

四、列车在区间发生故障，应由另一列车（清客后）救援推送（牵引）至就近车站疏散，随后送入就近车站的待避线停放。

五、故障列车被迫区间停车，可采用就地疏散方案，车辆或隧道内应备有下车设施，并按应急预案规定，有序地组织乘客从列车下车，向轨道区疏散。

六、乘客疏散经过的轨道区应属于安全区，并应具备以下条件：

（一）接触轨或接触网设有停电保护设施而及时停电，轨道上无任何列车运行。

（二）隧道内设有应急照明、事故通风与排烟系统的设备已被自动控制系统启动。

（三）轨道中间或旁侧设有通向车站的步行通道，有利于乘客逃生和外来救援。

七、在两条平行的单线区间隧道内，其长度大于600m时，应在相邻隧道间设置横向联络通道。联络通道内应设置甲级防火门。

八、在长大区间隧道内，应充分研究最不利情况下的救援和疏散模式。按设计运行密度计算，出现在同一区间、同一方向上有2列或3列车同时运行时，应在区间中间设置中间风道或直通地面的专用疏散出口，或其他安全疏散措施。

第七十九条 城市轨道交通防灾与人防设施的设置应符合下列规定：

一、地下车站至少有两个独立出入口直通地面，宜设在地面建筑倒塌范围之外，或具有倒塌防护措施。车站站台的竖向紧急疏散通道，采用为楼梯和自动扶梯组合设置时，其中自动扶梯应配置一级供电负荷，每个站台上的楼梯数量不宜少于 2 台，并分开设置。

二、地下车站、出入口和通风亭的结构，应按一级耐火等级设计，地面开口部应具有防淹措施。地面及高架车站及建筑结构，按国家现行有关防火设计规范的规定执行。

三、为保证列车运行安全，必须设有完善和可靠的通信、信号系统。

四、机电设备应采用质量可靠、技术合理的设备，并符合国家有关标准要求。对有可能危及人身安全的电器设备，应采取安全防护措施。

五、地下车站和区间隧道应设消火栓给水系统，地面及高架车站的消防给水系统应按现行国家标准《建筑设计防火规范》GB 50016 执行。

六、地下车站及重要电器设备房间内，应设置防灾报警与灭火装置，并建立防灾监控系统。无人值守的地下变电所、通信、信号机房和发电机房等重要电器设备房间，应设自动灭火装置。

七、车辆基地应设救援设施，负责全线的救援工作，并接受控制中心指挥。

八、地面及高架线路应采取防淹、防雪、防滑、防暴风、防雷击等措施。

九、隧道洞口及露天出入口应设排雨水泵站；对穿越（通航）的江、河、湖水域的区间隧道应在离开水域的两端适当位置设置防淹门。

十、城市轨道交通工程应以交通功能为主。根据城市人防系统规划范围及设防要求，轨道交通的地下线地段，应兼顾设置人防设施。地下结构工程应符合当地政府主管部门核定的人防等级要求和平战结合的原则进行设防，并应与防灾系统统一管理。

第八十条 城市轨道交通环境保护设施的设置应符合下列规定：

一、城市轨道交通线路所经过地段，应根据环境保护要求，采取减振、降噪等有效措施，并符合现行国家标准《城市区域环境噪声标准》GB 3096 和环境影响评价报告；设施范围应比需要防护地段两端向外延伸 50m。

二、高架线路距建筑物的距离应综合考虑安全、消防、噪声、振动、日照和景观等因素；地下车站内部环境和装修材料，应满足环境保护和劳动卫生的要求。

三、城市轨道交通系统及其所有部件在系统运行时须具有与现场环境的电磁兼容性，其所产生的电磁辐射应符合现行国家标准《电磁辐射防护规定》GB 8702 和《环境电磁波卫生标准》GB 9175的规定。

四、高架桥的造型应形体轻巧、视觉通透，并应采取减振、降噪措施。当采用声屏障时，应与周围环境和景观相协调。

五、城市轨道交通的生活污水和生产废水应分类处理，集中排放至城市管网，并应符合国家现行有关排放标准的规定。

第八十一条 城市轨道交通节能应符合下列规定：

一、城市轨道交通建设应坚持以节约土地、节约资源、减少能耗为基本原则。对节能应统一规划，各系统间应协调配合，在满足相同功能要求的前提下，尽量降低系统和设备自身的能量损耗。

二、根据客流预测，做好行车组织设计。保证运能的前提下，合理选择车型，研究列车编组和行车密度的合理配置，提高运营效率，降低运营成本。

三、优化线路纵断面设计，尽可能将车站设在纵断面的凸形坡段上，根据实际条件，应用节能坡设计，并进行列车牵引计算校核运营的经济性。

四、控制车站规模，地下车站应减少埋深和层次，控制建筑层高，控制车站体量，控制空调通风合理负荷，空调风管应选用保温隔热材料。

五、浅埋车站应尽量采用自然通风、引入自然光源。积极推广采用自然通风、排烟模式的浅埋隧道方案。有条件地段宜采用高架线方案，同时做好环境设计。

六、城市轨道交通应根据具体条件，研究太阳能、风能和冰蓄能等能源利用开发。合理确定各场所照明标准，车站照明与广告照明统一规划，采用高效节能灯具，室内表面适当采用高反射比的材料。

七、机电设备应优先选用高效、低耗、节能型的产品；对照明、自动扶梯、空调通风设备等实施智能控制；电缆布设应接近最短路径。

八、合理确定用水标准，对污水、废水、雨水宜进行回收处理，转换为中水利用。

第十章 主要技术经济指标

第八十二条 运营管理机构与定员指标宜符合下列要求：

一、城市轨道交通应设置专门的运营管理机构，对运营线路实施统一领导，分级管理，负责列车安全、准点、高效的运行和设备的维修保养。

二、运营管理机构的设置应本着精简机构、合理分工、强化专业管理、提高管理和经济效益的原则。

三、机构定员可按运营线路长度指标 80～100 人/km测算，后续建设线路定员应比第一条线路呈降低趋势。

第八十三条 项目研究与设计周期宜符合下列

要求：

一、城市轨道交通是一项特大型的综合性系统工程，在工程开工之前必须做好前期工作。

二、前期工作和各阶段设计应按以下程序进行，其编制、设计的工作周期，可参照下列指标：

（一）城市轨道交通线网规划 8～10 个月；

（二）项目建议书及预可行性研究 5～6 个月；

（三）工程可行性研究 6～8 个月；

（四）总体设计 5～6 个月；

（五）初步设计 6～9 个月；

（六）施工图设计 10～12 个月。

注：（一）线网规划按 400km² 面积的工作量测算；（二）～（六）项是按一般情况下一条线路长度 15～20km的工作量测算的，根据实际情况可适当调整。

第八十四条 工程实施进度指标宜符合下列规定：

一、工程开工前，应做好各项准备工作，包括土地征用、房屋拆迁、地下管线及道路改移、施工用地、用电、用水和弃土场地落实等。一般情况下，开工前准备时间宜为 4～6 个月。

二、各项土建工程的建设工期，应根据工程规模、地面环境、地质条件和施工方法确定。主要项目的工期可按表 10 的规定确定。

表 10 建设工期参考表

项目		工期
地面高架结构（含车站、区间）		10～12 个月/1 个区间或 1 个车站
地下车站土建（含出入口、风道）	明挖法施工	地下车站，12～18 个月/站
	盖挖法施工	地下车站，20～25 个月/站
	矿山法施工	地下车站，24～30 个月/站
区间隧道（含隧道内联络通道）	明挖施工	双线洞，日进度 4m/日 平均进度 50～80m/月
	盾构施工	单线单洞推进（7～10m/日）
		盾构井施工：两层站为 6 个月/座 三层、四层站分别为 7～8 个月/座
		平均进度：140～200m/月（注）
	矿山法施工	单线单洞 40～50m/月 双线单洞 15～20m/月
车站装修（含出入口、风亭）		7～12 个月/站
轨道工程（整体道床、含道岔）		50～65m（单线）/班·日
设备安装（含通风、供电、给排水、通信、信号等各项）及调试		10～15 个月/全线
车辆基地工程		24～30 个月/座
全线单调、系统联调、总联调、可靠性测试		6 个月
试运行		3 个月
全线竣工（15～20km）		4～5 年

注：盾构安装调试 1～1.5 个月；盾构调头 1 个月；盾构转场 1.5 个月；盾构拆卸1 个月。

第八十五条 投资控制宜符合下列要求：

一、城市轨道交通工程建设应严格执行国家、行业和省（市）地方有关造价的规定和法令，按动态管理编制投资估（概）算。

二、做好资料收集工作，结合实际情况，实事求是编制估（概）算书，以便进行资金筹措和控制投资。

三、进行方案的技术经济比较，应综合技术与经济的协调平衡，坚持技术合理，控制工程造价。

四、城市轨道交通工程建设项目应加大政府投入力度，提高项目资本金比例，减少财务风险。

五、项目的投资估（概）算应进行专业和系统的分项投资分析和评价，对各设计阶段的总投资的变化幅度应予控制，可行性研究阶段的总投资不宜超过预可行性研究（或建设规划）的15%；总体设计与初步设计均不得超过可行性研究阶段的10%。

第八十六条 工程项目经济评价宜符合下列要求：

一、在可行性研究阶段，城市轨道交通项目应根据国家发展和改革委员会与建设部颁发的《建设项目经济评价方法与参数》（第三版）及其他有关规定进行经济评价，为项目的科学决策提供依据。

二、城市轨道交通项目作为基础设施项目，是否需要建设，宜由社会需求和地方财力两个主要因素决定。

三、城市轨道交通的固定资产折旧年限，宜参照下列规定：

土建工程：隧道为100年；高架桥为50年；房屋为35年；声屏障为15年；轨道为25年；轨道特殊减振设施为30年；

运营装备：车辆为30年；车辆基地的维修设备为18年；供电与给排水设备为25年；通风设备与自动扶梯为20年；站台屏蔽门15年；通信、信号、环境监控、电力监控、防灾与报警等控制系统设备均为15年；自动售检票系统设备为10年。

附录一　车内乘客站立人员密度评价标准

站席密度	乘客拥挤情况	评价标准
3人/m^2	乘客可以自由流动，十分宽松	舒适
4人/m^2	平均每位乘客占有0.5m×0.5m的空间，有较大宽松度，乘客可以看书报	良好
5人/m^2	平均每位乘客占有0.5m×0.4m的空间，有一定宽松度，部分乘客可以看书报	良好
6人/m^2 (AW_2)	平均每位乘客占有0.5m×0.33m的空间，感到不宽松、不拥挤、稍可活动，是舒适度的临界状态	临界状态 （定员标准）
7人/m^2	平均每位乘客占有0.47m×0.3m的空间，感到有些拥挤，站席范围有些突破	有些拥挤
8人/m^2	平均每位乘客占有0.42m×0.3m的空间，身体有接触，需错位排列，并突破站席范围，感到比较拥挤	比较拥挤
9人/m^2 (AW_3)	平均每人占有的空间非常拥挤，需突破站席范围，挤入座区，此情况偶有可能出现（车辆制造强度必须满足）	非常拥挤 （超员标准）
10人/m^2	乘客突破站席范围，挤入座区，极为拥挤，难以忍受，影响上、下车行为和总时间，属极端情况	难以忍受

注：表中乘客占有面积是立席区分配的计算面积。

附录二　列车编组、定员与运能参考表

车型		列车编组（辆/列）							运量级
		2辆	3辆	4辆	5辆	6辆	7辆	8辆	
A	长度		69.2	92.0	114.8	137.60	160.4	183.2	高运量 4.5～7
	定员		930	1240	1550	1860	2170	2480	
	运能		27900	37200	46500	55800	65100	74400	
B	长度		58.10	77.65	97.20	116.75	136.30	155.85	
	定员		710	960	1210	1460	1710	1960	
	运能		21300	28200	36300	43800	51300	58800	
L_b	长度	34.04	50.88	67.72	84.56	101.40			大运量 2.5～5
	定员	459	701	943	1185	1427			
	运能	13770	21030	28290	35550	42810			
单轨	长度	28.7	42.6	56.5	70.4	84.3			中运量 1～3
	定员	316	467	632	797	962			
	运能	7584	11208	15168	19128	23088			
D	长度	28.76		57.52					
	定员	238		476					
	运能	7140		14280					

注：①列车编组均按两端车为驾驶室，中间车为无驾驶室，定员按表6计算。

②运能均按30对/h计算。单轨车按24对/h计算。

附 件

城市轨道交通工程项目建设标准

条文说明

第一章 总 则

第一条 阐明本建设标准的修订目的。

一、原《城市快速轨道交通工程项目建设标准》（试行本）是由建设部和国家发展和改革委员会联合发布的，自1999年5月1日开始施行，至今已经过去八年。实践证明在国内城市轨道交通建设中得到良好的贯彻和运用。近几年来，在轨道交通制式方面，直线电机、低地板（70%）车、跨座式单轨等轮轨系统已建成运营。随着我国城市轨道交通建设迅速发展，各城市在轨道交通建设和运营中也积累了较丰富的经验，城市轨道交通的建设理念在不断更新和发展，需要及时吸收到标准中来，对标准中的一些参数需要及时更新和完善。特别是“国务院办公厅关于加强城市快速轨道交通建设管理的通知”（国办发［2003］81号）的发布，对项目的建设规划和建设条件提出了新的要求。因此，对原《城市快速轨道交通工程项目建设标准》（试行本）进行全面修订是十分必要的。

二、由于城市快速轨道交通是特大型系统工程，具有专业多、规模大、投资高、工期长、涉及面广、管理层多、决策层次高的特点。因此本建设标准必须适应多层次要求。

（一）为适应当前我国城市轨道交通的快速发展形势，总结经验、提升新的理念，必须修订我国城市轨道交通工程项目建设标准。

（二）适应国家管理决策部门服务需要，提高工程项目决策、建设和管理水平。

（三）为适应项目建设的主管部门、执行机构、设计、评审和审查机构服务的需要，提出合理控制建设规模和投资。

（四）提出技术经济政策和总体目标，要“推进技术进步和车辆、设备国产化，提高投资效益，促进城市轨道交通的健康发展”。

第二条 阐明本建设标准的用途。

一、是为编制者、评估者和审批者三个层次的对象服务。

二、是轨道交通“项目建议书”、“预可行性研究报告”和“可行性研究报告”编制的依据。

三、是审查工程项目的初步设计、监督检查整个建设过程建设标准和项目后评价的尺度。

第三条 规定本建设标准的适用范围。

目前我国城市轨道交通系统按运量分级，根据车辆制式，选择比较普及和成熟的技术是钢轮钢轨系统，这种轨道交通制式的主流选择，在北京、上海、广州、深圳、天津、武汉、南京、大连、长春等城市建成并运营多年，已经积累了一定经验。

直线电机系统是以非黏着力牵引系统为特点，属于城市轨道交通钢轮钢轨系列。在国内仅有广州首例，北京机场线也在建设之中，从总体技术上看，其轮轨关系和机电设备配置与钢轮钢轨系列基本一致。

对于重庆的单轨、胶轮系统是跨座式单轨系列，虽然有轮有轨，但与钢轮钢轨模式仍有较大差异，由于单轨的机电设备与钢轮钢轨系统具有共性较多。因此，单轨仍纳入城市轨道交通系统中运量级的单种模式。

市域轨道交通和有轨电车均有钢轮钢轨系统共性，但在敷设形式、适用范围、运营模式和速度目标上有较大区别。有轨电车是全地面的敷设形式，其运营模式和速度上更接近城市公交系统，可类似公交专用道和BRT运营模式。市域轨道交通是跨区性、跨组团式、超长性的线路，因此对旅行速度目标要求较高，乘客舒适度要求也有所提高，行车密度接近于城市轨道交通，并采用全封闭运营模式；在技术装备系统更为接近城市轨道交通运营模式。由于上述两种系统的技术标准在国内仍在探索研究之中，时机尚未成熟，暂未列入本建设标准内容。故规定参考执行。

磁浮交通系统属非轮轨、非黏着力牵引系统，与钢轮钢轨系统无基本共性，故本建设标准不适用磁浮交通系统。

属本系统的类似项目（包括改、扩建工程），由于受原有条件的限制，故规定可参照执行。但每一种系统均有自身特征，必须实事求是，不能生搬硬套。

第四条 阐述轨道交通工程项目建设的指导思想。

坚持以人为本，突出安全，从功能、规模、成本、节能、环保等主要方面综合考虑，配置和选择项目内各项设施。在设计时应考虑各项设施的总体功能平衡，发挥最大经济效益；在采购时应考虑最佳性价比，保障满足运行能力和安全可靠；在运营使用寿命上应达到生命周期内价值的最大化，降低运营成本。使项目建设成为节约型、环保型的轨道交通系统工程，使项目建设与运营形成良性循环和保持其可持续发展。

第五条 对轨道交通建设提出一个超前规划、适时建设、量力而行、有序发展的原则。规划的目的是控制用地规划，为各条线路建设同时做好换乘线的预留位置。明确规划的依据，即城市总体规划、城市经济和社会发展规划、城市综合交通规划。明确做好远景线网规划的目标是从实际出发，依据客流需求和经济能力，把握建设条件和建设时机，选择合理的项目。

城市轨道交通线网（远景）规划是第一道工序，要与城市远景规划相配合，是城市总体规划的一项专业规划。线网规划是我国近年来轨道交通领域内一项创新的研究性工作，根据实践经验，初步形成了一套系统理论和方法，提出线网规划的原则：依据总体规划、支持总体规划、超前总体规划、回归总体规划；线网规划的内容：线网总图规划，线网实施规划；线网规划的基本目标：达到“三个稳定——线路走向和起终点稳定、线网换乘点稳定、交通枢纽衔接点稳定；两个落实——车辆基地和联络线的功能定位及其规划用地落实；一个明确——各条线路的建设时序明确”的基本目标。并以此为基础，做好预可行性研究报告和可行性研究报告。

第六条 本条文阐述轨道交通的规划与建设要从全局出发，应建立城市现代化综合交通体系的理念，以轨道交通线网为骨架，构筑便捷、通畅、高效、安全的城市交通枢纽和网络体系，尤其是对外交通的有机衔接，如铁路客运站、机场、公路长途客运站等各种交通枢纽的规划和建设，应根据运量需求和规模，相互协调，统筹规划，有条件的实现同步建设，或按规划和建设时序，做好工程预留的空间。

第七条 本条规定了编制轨道交通近期建设规划的范围、年限、内容和要求。轨道交通线网规划分为远景规划和近期规划两个阶段。近期建设规划是远景线网中最近 10～15 年内要实施的线路项目的选择，也是近期线网规划，其规划年限应与城市总体规划的远期年一致，有利采集有关城市规划的基础数据，保持轨道交通建设对总体规划的一致性。

在规划内容上应研究论证：建设时机——何时启动建设的时机；建设范围——选择建设项目，适宜建设的线路选择哪几条线路和路段；建设时序——项目建设时间的排序；建设规模——建设线路多少条（可以按规划线路全长分段建设）、多少公里、多少车站；落实建设资金——估算项目总投资和分年度投资的安排，分析城市经济承担能力和资金筹划方案；做好沿线用地控制规划——对沿线土地性质和价值重新认识，重新规划，保护轨道交通建设用地和支持城市总体规划协调发展。

近期建设规划的 10～15 年时间内，一般来说，可能至少建成三条线，初步构成线网基本骨架，诸多城市证明，一旦合理的基本网骨架形成，线路平均客流强度有一个明显跳跃，凸现初始规模效益。所以尽快构成初步线网基本骨架，形成初始规模效益，选择主要线路作为建设项目进行排序，纳入城市总体规划和经济发展规划。近期建设规划工作深度应相当于预可行性研究报告。

第八条 城市轨道交通是为老百姓出行服务的工程，属于城市公共交通的快速骨干系统，又是城市大型基础设施，工程资金投入大，经济效益远远不及社会效益大。这是世界地铁的普遍规律，政府年年补贴，成为较大负担。为提高轨道交通的经济效益，应注意开源节流。一方面是建立网络化资源共享理念和对策，节约运营成本；另一方面是开发地铁资源，开拓经营范围，增加其他营业收入，弥补地铁亏损。最终目标是提高自我发展和抗风险能力，减轻政府负担，为轨道交通可持续发展探索一条新路。

第九条 本条阐述轨道交通工程项目的初期建设规模，要讲网络效应，就是对投资与效益的综合评价。强调车辆和机电设备国产化率，有利于我国轨道交通产业的发展，有利于产品的标准化、有利于降低成本、保证产品供应，有利于轨道交通可持续发展。对于改扩建工程，应充分利用已有设施资源，以达到控制固定资产的投资，降低运营成本的目的。

第十条 为了维护全线的系统性、总体性，必须要有全线网的网络化概念，必须从全线网上看每一条线路，每一条线路必须明确在线网中的地位。对于一条线路可以分期建设，但必须从全线研究客流特征、运营模式、车站配线和牵引变电所分布等，才能确定分段的理由、分段的位置。因此可行性研究必须全线研究，并作好有关专题论证。为了维护可行性报告的有效性，基础资料的最新性，投资估算的可靠性，规定可研报告内容一般应保持 2 年的时效性。

第十一条 城市快速轨道交通工程是一项特大型系统工程，为了便于对工程项目的正确决策，一定要讲科学，按基建程序办事。因此根据城市轨道交通工程特点，必须按规定顺序做好前期工作，包括线网规划、项目建议书（含预可行性研究）和可行性研究。

可行性研究报告内容一般包括：项目建设必要性和建设条件；建设年限和工程范围；线站分布与客流预测；车辆、限界和运营组织；系统构成与工程方案；技术难点和可实施性；车辆与设备国产化；环保与节能；征地拆迁和工程筹划；投资估算和造价分析；建设和运营管理体制、资金筹措和还贷方案；社会效益和经济评价；对项目的工程、环境、投资、运营的安全与风险等不确定性评价等。预可行性研究报告可参照执行。

可行性研究阶段，除客流预测专题报告外，应同时完成四项有关专题报告：即环境影响评价、地质灾害评估、地震安全性的评估、土地使用评价。对项目的工程、环境、投资、运营方面的安全与风险评价是新增加的要求，需要引起重视。

上述工作均需单独委托有关专业有资质的单位完成。同时对拟建项目要保证安全设施的资金投入，建立“防灾和救援”的应急机制，提高城市轨道交通灾害防御和应急救助能力。

第十二条 本条阐述了轨道交通工程设计阶段的划分。

一、轨道交通工程设计阶段分为总体设计、初步设计和施工图设计。

二、为保障项目中各专业系统的总体性和完整性，经过实践尝试，总体设计是“付出小，收效大”的阶段性设计工作，是轨道交通各项专业完成磨合的十分有效的设计过程，实现总体设计目标，保证初步设计顺利进行。

总体设计具体目标是落实外部条件、稳定线路站位；明确功能定位，确定运营规模；理顺纵向系统，明确横向接口；统一技术标准，分割工程单元；筹划合理工期，控制投资总额，并形成总体设计文件，指导各单项工程的初步设计，并为试验段工程提前实施提供依据。

第十三条 本建设标准体现了轨道交通行业的技术政策和技术规范，是针对轨道交通建设规模、水平和投资的控制性标准。标准涉及面较广，但难以包容国家现行各项有关经济参数标准和指标及定额的规定，执行中尚应符合有关规定。

第二章 建设规模与项目构成

第十四条 城市轨道交通每一个建设项目，首先要根据线网规划，确定项目在线网中的地位，依据客流特征、量级和速度目标作功能定位，就是为项目定性，定规模。所谓规模应包括工程、运营、效益三方面。工程规模是车站数量和土建工程规模，线路敷设方式长度和规模；运营规模是车型和制式选择、列车编组和运行密度等运营模式，配套系统设备以及车辆基地等规模；效益规模是合理选择建设项目和时序，有利于尽快形成网络效益的规模，使各线路之间形成互联互通、换乘方便的整体网络，保障项目的最佳规模效益。

第十五条 明确城市轨道交通系统分类分级，是按线路运量为主划分为四个类别、三个量级、两种封闭型式。对于表1中的一些数据作如下说明：

一、各级运量级的特征主要是三个方面：线路单向运能、线路敷设形式、列车编组长度。

（一）线路单向运能。每条线路运能等级是按运量级划分，其高、大、中运量级的边界数值是5万人次/h、3万人次/h，这是宏观性的分界值。在实际使用运能设计时，总不是那么准确。为了有较好的适用性，各量级之间应有一定弹性，故取0.5万的搭接。最终实际划分的界面为：高运量为4.5万～7万人次/h，大运量为2.5万～5万人次/h，中运量为按两种封闭形式，分别取1.5万～3万人次/h和1万～2万人次/h。

（二）线路敷设形式。高、大运量级的线路均采用全封闭形式。具有独立的专用轨道和信号、高密度运行的、为中长运距服务的、现代化的城市客运快速骨干系统，传统称为“地铁”。

中运量级线路敷设形式分为全封闭（Ⅲ级线路）和半封闭（Ⅳ级线路）两种型式。Ⅲ级线路因全封闭，在速度上与地铁有雷同之处，但在规模上因运量较小，选择车辆的轴重较轻，车体较窄，列车编组长度较短。Ⅳ级线路部分路段设置平交道口，但具有专用轨道和部分信号的中低运量系统，旅行速度随平交道口数量增加而平均速度降低。

（三）列车编组长度。Ⅰ、Ⅱ级线路的列车编组长度分别是185m、140m，多为适用A、B型车的高运量、大运量的地铁系统。Ⅲ级线主要是中运量级线路，为采用高架线创造条件，为此限制列车长度为100m，基本理由是：①控制高架车站的长度，使出入口布置灵活，有利于减小建筑体量，做好城市景观，为中运量线采用高架方式创造条件。②地下车站100m站台长度是车站设计布局概念发生变化的临界点（因空调系统和降压变电所一端布局），可能控制和减小地下车站规模。③适应高架线的车辆运行的振动和噪声对环境影响，控制列车的长度和轴重（轴重是质量，长度是数量），采用轻轴重，减少轮轴数量是控制振动和噪声的基本点。Ⅳ级线路对列车长度限制是60m，以尽量减少平交路口通过的时间，减少对路口的其他交通的影响。

因此，Ⅰ级线为高运量全封闭系统；Ⅱ级线为大运量全封闭系统；Ⅲ级线为中运量全封闭系统；Ⅳ级线为中运量部分封闭系统；并提出了相关技术特征。上述特征与当前国内采用的车辆制式和定员计算相吻合，参见附录二的运能计算表。表中每条线最大单向运能均按 30 对/h 通过能力计算。单轨系统运行按 24 对/h 计算，列车载客能力按列车最大编组长度的车辆和车辆载客标准定员计算。

二、旅行速度目标。对于轨道交通速度应追求旅行速度为主。对于全封闭的城市轨道交通线路，长度一般在 35km 内，旅行速度与车辆最高速度有关，与车站的间距有关，可参见附表 1 的规定确定。

（一）车辆的最高速度目标定为 80km/h 时，站间距大部分在 1.2～1.5km，可以满足旅行速度 35km/h。站间距大部分在 2.0～2.5km，可以满足旅行速度 40～45km/h。

附表 1　不同站间距的旅行速度

车辆最高速度（V_{max}）	1.0km	1.5km	2.0km	2.5km	3.0km
70（动力 50%～75%）	30～33	35	—	—	—
80（动力 50%～75%）	—	38	40	45	50
100（动力 50%～75%）	—	40	45	50	55
120（动力 75%～100%）	—	—	50	55	60

（二）车辆的最高速度目标定为 100km/h 时，站间距 2.5～3.0km，可以满足旅行速度 45～55km/h。

（三）对于站间距普遍大于 3.0km 的线路，可能属于城郊组团之际快速线路，可以追求最高速度≥120km/h，可有效地提高旅行速度≥60km/h。

三、“适用城市城区人口规模”一栏，一般来说城区人口超过 300 万以上，有可能出现个别的高运量级的线路（但与线网密度有关，也可能没有）。超过 150 万的含义类同，可以为各城市选线定级时确定。

第十六条　明确规定每条线路的工程设计年限分为初期、近期、远期，不分地铁和轻轨之别，也不分各种运量级不同，均按城市快速轨道交通系统项目统一要求。设计年限是按规划的设计年度进行客运需求的预测，确定建设规模。所以，采用设计年限的概念有两个作用：一是对建设规模有阶段性的总量控制；二是有利于分期实施，保持项目规模和标准的整体性和有序发展。

初期定为通车后第 3 年，这 3 年作为“客流培育期”是十分必要的。根据第 3 年培育的客运量判断是否具有一定运量规模，是确定项目建设的必要性的依据之一。同时按此组织行车方案，计算选配车辆数量。

近期定为通车后第 10 年，是指第 3～10 年的“客流成长期”，这与当地的城市建设总体规划远期年是比较接近的，对于客流预测的基础和依据比较落实，预测结果的可信度较好，对于近期规模有较合理的控制，同时考虑本系统内大量采用的电子产品的使用寿命（10～15 年）和更新率较快的特点，即到第 10 年后开始要逐步更新改造，具体更新或扩容的时间应结合当时的客流实际发展情况和设备使用状况采取具体措施。因此近期年限就可用于确定机电设备在初期装置的内容和数量。

远期定为通车后第 25 年。如果从建设期开始计，至远期年是 30 年了。实际上已接近城市建设总体规模的远景年，城市建设发展规模基本稳定。这样既体现了快速轨道交通项目的长远性和超前性的要求，同时又对建设规模进行最终的控制，避免盲目扩大工程规模。远期的客流预测值是确定项目最终规模的依据，主要是确定列车选型和编组最大长度，因此“客流预测”必须作为研究专题，认真组织专家评估，确认其可信性。

由于客流预测存在一定的不确定性，同时预测数据不可能与运能设计的模数正好吻合，因此在应用时，尚需对客流特征进行定性、定量分析后合理采用。

第十七条　线路的建设规模是根据预测客流——交通需求而确定运输能力。值得注意的是每一条线路的客流预测要按初、近、远期的设计年限分别测算。对于一条线路分段建设时，各段线路通车时间相距 3 年以上，已超过一期工程的初期 3 年的时限，应按不同项目实施。二期工程建设时，则应按后期项目建成通车年为基准年，重新推定初期、近期和远期设计年限，进行全线客流预测。

第十八条　本条要求做好客流预测的基础工作——居民出行和交通调查，并规定 5 年为有效周期，目的是提高客流预测的质量和可信度，是对设计规模的负责。同时要求对客流预测的方法、计算模型具有科学性，验算其相对误差，对相关参数如分区人口、岗位，流动人口、日出行次数，出行交通方式结构及其分担率等，均需进行分析论证。以上均为基础性工作。

第十九条　本条阐述客流预测不同研究阶段的测试规定。

一、线网规划阶段客流预测需做两方面的工作。

（一）把握总量控制概念。在线网尚未形成之前，从城市现状和规划两个方面着手，以城市总体规划和综合交通规划为依据，对各个分区域的内部OD和外部OD进行预测分析，探索客流走廊，把握线路长度总量。在线网形成过程至确定线网，对远景线网规划承担的客运总量及在公交总量中分担的比例、平均运距、客流负荷强度等相关指标，并在全线网范围内按总量控制原则，进行各线客流总量预测。

（二）在线网总量控制下，对线网中各条线的客流预测，避免远期各条线路的日运量的合计大于全网的日运总量。同时这样做使每条线路在建成后的客流发展趋势有了粗略描述。在预测年中，若出现过大流量断面，应考虑及时修建其他相邻线路，为其分流，尽量避免发生过渡时期的大客流，而误导加大建设规模。同时对各条线路的客流进行平衡分析，否则需要调整个别线路。所以客流预测对远景线网平衡性测试是十分必要的。这样才能做好综合分析，确定合理规模。

二、工程可行性研究阶段的客流预测要求比较全面，按初期、近期、远期的设计年限进行预测。对于预可行性研究的线路，需作的客流预测内容要基本接近可研阶段的客流预测要求。重点解决客流需求规模，确定建设必要性、建设时机、建设规模、建设效益，并对线路长度、车辆选型、列车长度、车站规模等有基本判断，为工程总体规模、造价、经济效益有较准确的估计。故规定可参照可研报告的客流预测要求执行。

（一）对于每一条线的全日客流总量控制有两层意义，一是远景规划网的总量控制，二是远期设计年建成线网的总量控制。对线网上每一条线全日运量作预测分配，对于某一条线很可能出现远期设计年的全日客流大于远景年，也许相反，必须有个判断。在上述基础上，作以下客流预测，有利于提高预测值的可信度。

（二）阐述全日客流预测内容和用途。

1. 全日客流是用来评定一条线运营的客流效益的基本数据。各小时段的客流量及其比例是查阅高峰小时系数和其他时段的系数，评价全日客流的均衡性的指标，也是对全日行车组织的指导和设计依据。

2. 全日平均运距和全日客流量的乘积是全日乘客周转量，同时等于全日各级运距与其相应客流量的乘积之和，这是衡量线路效益特征的重要指标，是研究运营成本和计程票价的重要依据。

3. 平均客流负荷强度是全日客运量按线路长度分摊客运量的指标，是评价线网中各条线的客运效率进行对比的指标，同时作为对线路全日运量预测值总量的经验判断指标，避免预测数据离奇而不可信。

（三）阐述车站客流预测内容。

1. 车站客流一般分为全日、早高峰、晚高峰三个时段的客流预测，早晚高峰小时对比，取大的为控制性设计客流。同时晚高峰是车站内全日温度最高时段，是车站温度控制计算的数据，为通风空调设计提供依据。

2. 每时段应预测上下行方向的乘降客流、站间断面流量及其超高峰小时系数，这是车站站台宽度和楼扶梯数量的计算依据。每一座车站的进站和出站列车的载客量，与车站乘降量（上下客量）的差值具有密切关系，是与乘客平均运距密切相关，对区间最大断面流量及其位置密切相关，是确定列车编组和行车密度设计的基本数据。

3. 超高峰小时是指高峰小时段中的某一个时间内客流的不均衡性的聚集特征。例如：在早高峰时段的通勤客流集中的超高峰系数具有明显特征。在晚高峰时段，客流性质不同，一般以下班乘客和休闲性客流为主，随着人们文化生活的丰富，晚高峰会不断明显。一般来说，超高峰系数不宜大于1.4（在10min内集中了相当14min的客流量），这与车辆的超员系数1.4也是相适应的。

4. 全线客流的高峰小时时段，不一定是车站客流的高峰时段。作为车站设计客流要具体分析。在大型社会活动期间或节假日、双休日，对具有突发客流的特殊车站，应单独作特别预测和分析。突发性客流是非常影响车站的规模和接纳能力，但又是短暂的。所以在车站规模设计时，既不能影响客运能力，又不能盲目加大车站规模，这是设计工作中需要认真把握和研究的。根据诸多城市地铁的运营经验，在保证安全原则下，充分分析客流特征，关键是客流组织的合理，采用标准（参数）恰当，是运用客流预测值正确进行设计的基本思路。

（四）阐述OD客流预测内容。

1. OD客流包括站间OD和区域OD两个内容。站间OD是与各种运距等级的客流量相呼应的，是以车站为定点，表述与其他车站到发的客运量关系，包括换乘量的关系，同时反映出每一座车站在一条线中占据的地位，对设计者合理设计运行交路的微观分析具有重要指导意义。

2. 对于长大线路应按车站所在地区为群体区域，进行区域之间OD预测，分析区域内部客流和跨区客流的基本特征，分析线路长度和行车交路匹配的合理性。

（五）阐述换乘站客流预测内容。

在换乘站必须预测换乘客流。为了换乘站的换乘形式接近换乘客流特征，摸清换乘的主客流方向，设计便捷的换乘路线，在换乘站车站建筑设计开展之前，必须明确该换乘车站的构成的线路和车站数，一般是两个车站、三个车站或是支线接轨站。因此对换乘客流需要各个方位之间的往返方向进行预测，以指导换乘站车站建筑平面和竖向布置，合理设计换乘方式和换乘形式，以及换乘通道的数量和宽度。

（六）阐述出入口客流预测内容。

每个车站有多个出入口，一般有4个，最少2个，以跨马路或跨路口分散布置。若在建筑区内的车站，可能设置地面站厅，或与地面建筑结合。所以出入口的分向客流宜在初步设计车站站位稳定以后，再进行预测。当多个出入口分布设置时，必定有主有次，有早晚不同，有不平衡系数，所以要对不同高峰时段的出入流量进行预测，合理确定出入口规模。

（七）阐述客流特征分析内容。

客流预测是按三个设计年限进行主要数据预测，但是客流增长规律，是可以帮助检查可信度的一种重要手段，若远期客流增长趋于平稳，则可以用于设计规模依据，否则不能用。其次可以看到其中在新建一条线路投入运行时，可能在增长曲线上产生突变点，或增长速度发生变化，使增长曲线接近真实性。同时弥补了各设计年限间客流量的内插值，为经济分析提供的数据提高其合理性。

敏感性分析，是对客流预测基础数据的不确定性和波动性，对预测成果的各项数据影响的分析，对运营设计时的运能储备和适应性进行抗风险评价。对票价研究、国民经济评价、财务效益评价具有重要意义。

每一条线都有自己的客流特征，高峰时段最大断面的量级分析；高峰与平峰的级差分析，上下行客流不平衡性分析，全线客流不平衡性分析，线路末端客流分析；区域OD分析等，都是围绕指导运行组织做铺垫。

第二十条 阐述初期建设规模的规定。

一、为适应轨道交通是中长运距客流为主的定位和特征，一般市区线路平均运距大约是全线运营线路长度的1/3～1/4，乘坐轨道交通的乘客一般不短于3～4站（约4～5km），因此乘坐轨道交通的经济性运距的起步距离应在4～5km。线路长、吸引力强，效益好。实际运营经验也证实了这一点。为此，初建线路长度必须有15km，否则平均运距过短，同时也不符合快速轨道交通为中长距离乘客服务的性质，吸引客流差。

据统计，一般城市轨道交通线路长度在30km内线路，不同乘距的粗框比例大致是：5km内乘距占10%，5～10km乘距占40%，10～15km乘距占20%，15km以上占30%。由此可见，5～10km乘距比例最大，因此线路初建长度不宜短于15km比较适当。

二、轨道交通地下工程建设是百年大计，一旦建成运营后，难以扩建改造。故初期建设宜按远期规模一次建成。但有条件的土建工程，在不影响正常运营条件下，可以缓建或分期建设。

三、初期车辆配置数量和编组的要求。

（一）初期车辆配置应满足初期客流需要，并适度控制初期总投资。

（二）同时必须满足较好的行车密度和服务水平，即不大于5min的发车间隔，与当地公交车发车间隔相当，有利吸引客流。

（三）必须稳定车辆编组长度，适应一个车辆大修周期，大致10年，所以初期列车长度与近期一致。当近期列车编组长度与远期列车长度接近（仅相差1辆），则初期列车长度可按远期长度一致，对初期购车数量会有所增加，但通过合理行车组织，尽可能控制初期购置车辆总量。

四、车辆基地是用地的大户，在规划阶段选址和确定范围十分困难，为了保护和控制用地范围，应按远期需要规模确定。为节省初期投资，提高使用效率，避免车辆段频繁改造和扩建工程，保持8～10年的稳定性，故初期建设规模宜按近期规模建设。

五、轨道交通的机电设备使用寿命一般都在10年以上，虽然不完全相同，但均能适应运营到近期或更长时间。由于当前机电设备的技术和产品发展较快，不断更新，必须考虑既有设备使用价值的充分发挥，又要适应新技术的配套发展和更新，故需要确定一个底线，初期设备功能和数量按近期需要配置。但是有的设备是定型产品，功率容量选配的适应性较差，但使用寿命较长（25年），相当于远期运营期，经过比较论证和经济核算，也可按远期一次配置。

第二十一条 对轨道交通工程项目实施内容分为：工程基本设施和运营装备系统两大部分。其中工程基本设施系统包括“线路运营总图”和“土建工程设施”两大块。

虽然轨道交通工程建设的周期长、投资高、涉及面广、系统复杂、综合性强，但仍然具有一定的规律，规划——设计——施工的建设过程的经验告诉我们，轨道交通工程项目内容，基本上可分成四大板块，并按如下流程进行研究与设计：

一、线路运营总图——是基础性最强的第一板块流程。确定线路、站位、客流规模、限界、运营功能、服务水平和管理模式，是为运营装备和土建工程设计的最基本基础。虽然不反映具体的工程量，但是他确定了建成什么样的轨道交通？建在哪里？如何运营？规模多大？是一项总体性的线路运营总图，是体现项目总设计师的总图设计思想，是整个项目的设计基础。

二、运营装备系统——是系统功能性决策的第二板块流程。根据运营功能和管理模式，提出整个系统的构成和配置各种设备要求，为车站及其他土建设施的总平面布置，建设规模的确定提供条件。

三、土建工程设施——是实践性最强的第三板块流程，重要的是工程的工法、规模和施工安全。

四、工程技术经济——是投入与产出综合性很强的第四板块流程，包括投资概算、资金筹措、工程筹划、经济评价等，控制建设和运营成本，对轨道交通建设和运营的投入和效益作总体分析评价。

第三章　总体布局与线路工程

第二十二条　“轨道交通建设应重视网络化运营效益”，就是要在工程建设之前，做好线网总图规划、线网实施规划，这是对我国轨道交通建设40余年的经验总结。北京、上海、广州地铁建设经验证实，随着投入运营的线路增多，暴露出过去设计仅重视单一线路技术标准的研究，而对整个城市整体规划和轨道交通线网规划研究不足，缺乏轨道交通网络化建设的总体技术标准研究，使地铁部分工程技术标准和运营设施的配置欠合理。“国务院办公厅关于加强城市快速轨道交通建设管理的通知”国办发〔2003〕81号）（以下简称“81号文件”）中指出“城市交通发展直接影响到城市的布局和发展方向，应统筹规划、分步实施”。因此，各城市轨道交通建设必须遵守和落实，应按规定内容，做好线网总图规划和线网实施规划，在上述基础上，进行有关专题研究。

“81号文件”明确规定：“城轨交通项目的审批，要根据国务院批准的建设规划进行。拟建城市要根据批准的城轨交通规划开展项目前期工作”。因此，“线网实施规划”是“建设规划”编制工作的基础，又是项目前期工作的重要步骤。

“专题研究”的范围应包括城市轨道交通线网规划中所有不同时期的建设项目，主要研究以下问题：

一、可以实现线网内资源合理配置和充分利用，主要是节约资源和土地、设备系统的互通互联，检修和维修设备的共用等，为确定拟建项目的规模和主要技术标准奠定基础。

二、进行沿线土地开发的规划和控制，主要是车站和车辆基地，对其周边用地范围进行城市设计，落实建设用地控制，以利工程实施，减少拆迁，降低建设成本，保证工程建设如期进行。

三、做好线网范围的公交衔接，尤其是交通枢纽及停车加换乘（P+R）。

四、拉动车站附近土地升值，将其收益作为城市轨道交通建设储备基金，使轨道交通建设与运营进入良性循环。

第二十三条　阐述线路总体布局的规定。

一～二、指出线路总体布局应重点把握“功能定位、接驳换乘、客流效益”三大要点。功能定位就是线路性质、运量等级和速度目标；接驳换乘就是服务水平和方便性，构筑城市交通一体化；客流效益就是要符合以下三项基本条件：

（一）应有全日客流效益——就是要讲全日运营效益好。因此线路应选择在主客流通道，能分担城市公交客运较大比重，尤其是跨江客流，吸引能力大。线路应经过流动人口分布密集地区，使流动人口的客流正好填补了平峰时段客流，使高峰与平峰客流相差不大，才能实现全日效益好。

（二）为通勤客流服务——城市通勤客流往往是当地的主体客流，轨道交通应满足高峰小时密集型的大运量乘客服务要求，必须保证合理的发车密度，初期高峰时段不宜小于5min间隔。这样才能吸引大量乘客，发挥轨道交通大运量的骨干作用，分担道路交通客流，缓解城市道路交通压力。

（三）有大客流点的支持——一条线路中往往是仅有几个大客流车站，其乘降量占全线较大的比例，例如：某城市的一条线路20站中有3个大客流车站，其车站数量仅占全线15%，而其车站客流占全线的40%。这些车站所以有较强的客流，主要是设置在客流集结的商业区、大型交通枢纽、大型文化旅游聚集点。尤其是对外交通衔接点，可为客流接驳和延伸创造条件，对全线客流的支持是非常重要的。对于每一条线路的起、迄点车站往往是邻近城市市区边缘，或向郊外延伸，应考虑该车站与郊外客运系统具有良好的接驳换乘条件，使城市轨道交通充分发挥接驳作用。

三、对拟建线路起、迄点位置的设置限定要求，一方面考虑到建成运营后能吸引更多的客流和促进城市的经济发展，又可为合理组织运行交路提供条件。线路两端起、迄点不宜选在大断面客流处，说明大量乘客还未达到出行目的地，还要继续前进。如果定为终点，必然发生两种情况：

（一）起点站的上车客流过大，车厢满载过高，限制了下一个车站的上客量，不利于组织运行。

（二）如果下客量过大，必将延长清客停站时间，影响发车密度，降低运营能力，这是选线中的大忌。

如果线路终点客流断面小于最大断面的25%，为保证在一定的列车运营间隔和服务水平条件下，必然会降低线路两端的列车满载率和运营效益，不利行车组织交路的合理匹配。所以终点处的断面流量小于全线高峰小时单向最大断面流量1/4时，应另行研究选用不同运量级的轨道交通或其他城市公共交通系统进行接驳，以降低轨道交通工程投资和运营成本。

四、根据国际城市轨道交通建设经验和我国城市规划规模的分析，提出了拟建新线建设长度不宜大于

35km 的限制概念，与当前轨道交通 35km/h 旅行速度，1h 运程的适应性基本相符。若特大城市或城市形态规模为带状分布，可根据实际情况适当增加建设长度，但应充分考虑车辆段（停车场）分布的合理性和运营的经济性。

五、线路长度和运行速度的规定都是遵循全程运行 1h 为目标。1h 的全程运行（可认为最长交路运程），是避免司机驾驶疲劳，属劳动安全问题。对全封闭的线路，规定旅行速度不小于 35km/h，是体现城市轨道交通的快速性能。

由上述规定与实际工程情况，当前车辆最高速度为 80km/h 时，旅行速度一般为 35km/h，接近于车辆最高速度的 45%。当平均站间距较大时，旅行速度可能达到 40km/h，相当于车辆最高速度的 50%。同时避免盲目追求车辆的最高速度。

六、穿越城市中心的超长型线路，将存在以下问题：

（一）客流不均匀问题比较突出。在市区中心地段总是客流大断面集中地段，市区外延线路客流断面将不断减小，可能造成两者客流断面不在一个运量等级上，甚至相差更大，贯通运行必然需要评价其运营的经济性。

（二）长大线路穿越的城市不同区域，每个区域之间的客流（OD）联系总是显示“近密、远疏”特征，采用大小交路运行的方式，可以保证中心区的运行密度，但线路两端的运行密度是否足以支撑对乘客的最低服务水平，应予认真研究贯通运行的合理性。

（三）贯通运行的合理性主要反映在满载率。首先确认合理的起、迄点，分析贯通还是分段运行，以达到较好的满载率和运营经济效益。其次评价合理的速度目标和适应的站间距。

七、为满足城市交通初期需求和发挥最大的工程投资效益，初期可将两条线路的部分路段组合成一条临时贯通交路运行，待客流进一步增长和建设条件成熟后，再拆分为两条各自独立的运营线路。这种做法是为满足在特定条件下的运营需要，应予谨慎处置。

若拆分后两条正线采用不同的车辆、轨道、信号和供电制式，必将产生较多废弃工程，增加工程投资。如实施拆分运营时，中断运营时段较长，将产生不良社会影响，干扰城市交通正常秩序。所以采用临时贯通运营方案，应尽量控制车站规模，辅助配线设计应结合近、远期运营需要综合研究，以避免和减少废弃工程。

若采用临时贯通运行交路设计方案时，应根据待建线路的工程地质、水文地质和地面环境等条件，选择合理的施工工法。先期建设的工程终点除满足上述施工工法作业空间外，还需考虑不应影响已开通运营地段的行车安全。

当两条正线垂直交叉，初期采用临时贯通运行设计方案时，往往是采用两条独立联络线相连；当两条正线平行交织时，并设置为同站台平行换乘的车站内，可以设置两条单渡线相连。以上联络线就是作为初期正线功能，一定要设双线。但在两线拆分后，应仍保留具有线网上的联络线功能，不致于废弃，同时也避免列入拆分项目，确保正常安全运营。

八、因为全封闭的轨道交通系统中，线路均设计为双轨分向独立运行，只有在有配线的车站，两轨可互相连通。对于两条正线在区间正是高速运行地段，必须要各行其道，绝对保证安全运行，避免敌对运行，故采用立体交叉方式是最安全的方式。

九、“支线长度不宜过长”，主要是考虑正线区间客流断面往往是控制全线的运能需求，若支线长度过长，其区间客流断面必然增大，共线运行段行车交路难以做到经济合理，此时则应另行研究支线采用其他轨道交通制式，或同制式不同编组列车的独立运行，并在接轨站换乘，以支持适应客流需求的支线经济运行模式。

“接轨点必须在车站”，主要考虑接轨点选择在区间将降低正线列车通过能力和不利于安全运营，同时也不利于非正常运营条件下的故障（事故）处理和设备维修。

“正线、支线进站方向宜设置为同站台两侧平行进路”，有以下作用：接轨车站对正线与支线应具备同时进站的接车能力；由于支线进站有独立进路，不存在站外停车问题，避免列车发生站外停车，而引发乘客的恐惧心理和不安全隐患。

对支线列车在站内停车时分具备适应性的调整条件，增加运营灵活性，为维持正线正点运行提供条件，利于列车安全运行。

十、“应分别满足两线列车行车密度的要求”是两条正线线路运行交路设置的基本条件，不仅需分别满足各自客流量控制断面对运能的需求，还要满足会合后的共线运行地段断面和运能的适应性，并有一定的运能贮备能力，以满足维持正常运营秩序和适应客流增长后对运能的需要。

第二十四条 阐述了线路敷设的规定。

一、近十余年地铁工程建设中对线路敷设方式一直存在不同意见，认为高架线路“会影响城市景观”、“影响线路两侧土地增值”和“对环境造成不良影响”。本建设标准制定时总结了各城市地铁建设经验，对线路敷设方式给出一般性原则，选择拟建线路时应参照执行。

（一）“城市中心区”因建筑物密集，道路交通拥挤，道路两侧管线复杂，为节省工程投资和工程实施时不过多影响城市正常生活秩序，线路宜选用地下线方式敷设。

“城市中心区外围”泛指城市新开发区，城市各类建筑和设施均按城市规划实施，道路较宽且交通流量相对城市中心区较少，当道路红线宽度大于 60m 时，采取相应减振降噪工程措施后，列车运行时产生的振动对道路两侧建筑物处产生的噪声低于《城市区域环境噪声标准》是可以接受的，故线路宜首选高架方式，不仅可节省初期投资，还可降低长年运营成本和能耗。

“有条件地段也可采用地面线”，但应谨慎。必须注意处理截断城市横向道路的可能性和处理方案。如果因轨道交通设为地面线，而使城市道路高架或下穿立交（包括匝道），则应从全工程总造价分析，确定轨道交通采用地面线的经济性。若采用道路高架交叉方式，还应做好防护措施，严防上方物体坠落，影响列车行驶安全。

（二）当选用高架方式时应控制好高架桥的造型和体量，桥梁造型是建筑景观，固然重要，还需注意以下方面：

高度：桥的体量在视觉上是随高度而变小，桥下净高宜与桥梁的宽度相当，避免桥下空间的压抑感；

跨度：桥跨宜为 25～30m，使桥下空间的横向视线开阔和通透；

开阔度：从高架线路与城市建筑、道路交通环境相协调考虑，桥与两侧建筑物之间应有 20m 以上宽度的空间。从列车运行噪声衰减距离要求，桥与两侧建筑物之间应有 30m 以上宽度的空间。

高架桥地段设计应结合城市环境和景观进行设计，要为城市增加新的景观。

（三）与城市道路交叉的平交道口设置“列车优先通过”信号的规定是为确保轨道交通通过能力和行车安全。采用半封闭方式时，根据行车组织，确定该道口的列车行车密度，设置道口“列车优先通过”信号。但同时对该路口采取合理的交通组织措施，核实道口的城市车辆的通过能力，否则平交道口不能成立。

二、“线路长大陡坡地段”系指列车运行在连续上坡时，可能导致列车不能止常牵引运行而造成运行速度下降过低，或在故障条件下，发生列车停车再启动的困难。在该坡道下坡运行时，可能需要控制速度运行，以免制动力不足而失控，为此应检查列车下坡时应有充分的制动力，其电阻制动力与空气制动力之和应大于下滑力，此外还要考虑电机温升的安全。上述问题随车辆性能和环境条件的差异而不同，尤其应注意在高架线路或受气候条件影响，轮轨黏着条件有较大差异。虽然对于“线路长大陡坡地段”在城市轨道交通的有关规范和标准中没有确切定义和规定，对于选线设计人员难以定性判断，为此根据近年来的各城市有关人士的研究，初步提出表 2 作为一般条件下长大坡道的控制值，当线路设计参数大于表 2 规定时，需作安全验算。

“线路长大陡坡”应避免与平面小半径曲线重叠，主要是考虑尽量避免两种不利条件叠合而恶化线路运行条件。当列车进入圆曲线后，曲线外轨较内轨长，使车辆转向架内外侧的车轮踏面发生横向滑动和纵向滑动，导致黏着系数下降，甚至会出现动轮空转而降低列车运行速度。

第二十五条 阐述了车站分布的规定。

一、提出车站站位选择原则，既要与主要客流集散点和各种交通枢纽点靠近，有利换乘，又要有集散场地，有利乘客流动，疏散畅通安全。

二、对高架地段设计应特别注重环境保护和景观效果。中运量轨道交通的车站长度不宜超过 100m，是与本建设标准第十五条“列车最大长度”的规定相对应的，其目的是尽量控制车站体量。

当车站站厅层设在道路红线以外地面时，应与城市规划部门协调，设置一定规模的站前广场，可为乘客提供方便和便于与城市公共交通接驳。同时使高架车站与广场融为一体，淡化车站建筑，减小车站体量感觉。

三、站间距控制数值系根据城市轨道交通客流吸引范围和满足一定的列车旅行速度要求综合确定的。根据国内外统计资料，地铁车站对客流的吸引范围约为 500～750m 的半径区域，乘客步行时间为 10min 左右，是比较适宜的。根据牵引计算，平均站间距为 1.2～1.5km，列车最高运行速度为 80km/h 时，旅行速度可达 35km/h。若列车为四动两拖配置，站间距为 1.5km，旅行速度可达 37～38km/h，考虑到理论计算与实际运行存在差异，应预留列车的运能贮备，实际列车旅行速度只可用到 36km/h 左右。若站间距过密，列车巡航（或惰行）时间非常短，列车的牵引性能得不到正常发挥，致使旅行速度下降，不仅需增加运行车数，乘客的出行时间也将延长。

“市区外围的车站间距宜为 2km”是根据城市规划和客流源分布拟定的。相对而言，城市外围建筑群和人流较市中心区要少，城市公共交通设施配置较为完善和合理，能有效地协调好公交线路与地铁车站的客流集散，可为乘客提供方便的换乘接驳条件。

四、一般来说，铁路客运车站是对外客运枢纽，“有条件的地方，可预留联运条件”是指：相同的轨距和轨道结构；供电制式、信号系统相互兼容；票务制式、运营管理、行车调度应统一；需分别满足各自线路的运能需求。

第二十六条 阐述了钢轮钢轨系统的轨道工程的

规定。

一、对钢轮钢轨系统，轨道是对车辆导向兼承载力的功能，所以轨道结构既要有强度，又要稳定、耐久和适当弹性，才能确保列车安全、快速、平稳运行。鉴于轨道交通夜间停运时间甚短，在有限时间内进行检查和维修，并且工作条件较差，因此轨道结构应有利于减少维修工作量，并努力向无维修化发展。

路基、隧道、桥梁具有工后沉降或徐变现象。其中路基沉降与路基高度、填土质量、地基地质条件密切相关，若处于软弱土层，土层沉降值一般较大，稳定时间较长。对轨道敷设的合理时间关系密切，也涉及整个工期进展。若工期较紧，应视工后沉降值决定轨道结构类型和设计方案，并采取相应措施。

若区间隧道因结构、地基、基础或荷载作用对结构产生较大的差异沉降时，宜通过地基处理、结构或施工措施，将结构的纵向沉降曲率和沉降差控制在整体道床结构允许变形范围内，以确保轨道结构强度和行车安全。

现浇预应力钢筋混凝土梁架设后的后期徐变拱度（或挠度），将对整体道床结构产生破坏性损伤。现行国家标准《地铁设计规范》GB 50157—2003 第 9.4.8 条规定："线路铺设后，徐变拱度（或挠度）不宜大于 15mm。必要时，在轨道铺设时采用预挠或预拱的办法，以减少后期徐变拱度或挠度对线路平顺性的影响"。根据工程策划给定的架梁和铺轨时间间隔，按照梁跨大小、桥梁结构型式核算徐变上拱值，以严格控制铺轨后预应力混凝土的徐变上拱值。

二、城市轨道交通钢轮钢轨系统，直线标准轨道轨距为 1435mm，是与国家铁路统一的标准。轨道结构及部件强度应适应列车运行，并具有以下技术特点：

（一）行车密度大，列车在轨道上年通过总质量多。

（二）轨道维修条件和作业时间受制约。

（三）线路位于城市建筑群中，对列车运行时产生的振动影响较为敏感，需采取减振降噪措施。

（四）根据客流分布特征，组织长、短交路运行作业，对折返站折返能力和列车安全防护要求较高。

（五）钢轨是地铁牵引直流用电回流电路，轨道结构应满足绝缘要求，以减少泄漏电流对隧道、桥梁结构及设备的腐蚀。

全线最高运行速度 100km/h 条件下，规定区间线路曲线最大超高为 120mm，允许未被平衡横向加速度 $0.4m/s^2$，符合车辆曲线通过速度和乘客舒适度的平衡。车站曲线超高为 15mm 是照顾列车进站的速度和乘客的舒适度。同时考虑列车在超高轨道上的倾斜度不大，保持车厢与站台面的高差，低侧不低于站台面，高侧不高于 100mm。

三、提出在隧道内和高架桥上轨道、道岔铺设的原则与要求。

铺设无缝线路可增强隧道内和高架桥上轨道结构的稳定性，减少维修工作量，改善行车条件，减少振动和噪声。当工程地质较好，地面线采用碎石道床时，也应尽量铺设无缝线路。

基于多年运营证实，整体道床可确保轨道结构牢固、稳定、维修工作量少，可为列车安全运行提供良好条件。对于软土地基中的隧道，整体道床还具有增强隧道结构刚性，减少不均匀沉降的良好作用。

道岔是轨道的薄弱环节，是安全运行的关键设备。为增强道岔区轨道强度和确保轨道弹性一致，以保证行车平稳，故道岔应避开结构沉降缝或施工缝。

轨道结构设计应依据拟建工程"环境影响评价报告"中对线路所经地段其振动噪声超出《城市区域环境噪声标准》规定时，均应视其超标值分别采取相应有效的减振、降噪工程措施，以满足环境保护要求。

四、在高架桥跨越铁路，河流、重要路口和小半径曲线地段设置防脱护轨，主要是防止列车脱轨或倾翻，并避免事故扩大。防脱护轨是一种轮缘槽较小，能消除列车车轮因减载、悬浮而造成脱轨的设备。

五、车挡是消耗列车动能，迫使列车停住，以保障人身和车辆安全的轨道设备。目前国外有承受列车最大撞击速度 35km/h 的滑动车挡，但安装距离长达 20 余米，且造价较贵。国内近十余年来采用缓冲滑动车挡、液压式车挡和固定式车挡，安装距离短、结构简单，可承受列车最大撞击速度为 15km/h。

15km/h 的规定理由。列车进站按电制动运行，列车头部进站限速为 55km/h，由电制动至 10～12km/h 时，自动转换为空气制动（各种车辆会有差异的）。假定此时空气制动系统故障失效，可能直冲车挡，由此确定车挡应承受列车最大撞击速度为 15km/h。因车辆设置能量吸收保护装置，在 15km/h 的撞击下，对车辆不会造成严重损坏。

六、区间隧道内应在限界设计时，对隧道内空间综合分配，其中对乘客从列车上紧急疏散下来，必须留有步行的逃生通道，也是外来人员的救援通道。既然为逃生通道，原则按单人通过条件。通道可设在轨道中心（也可是中心水沟），或轨道旁的道床面，或设置轨旁人行平台。通道或平台宽度应具备一定宽度的空间，最小尺寸：一般取步行面宽度 0.55～0.65m，符合人体基本模数。

若指定在轨道旁侧的道床面，或设置应急平台，作为人行的应急通道，应有不小于 1.8m 的净高。

第二十七条 阐述了路基工程的规定。

一、当路基建于道路红线内时，应以少占地为原则，其目的要控制路基高度，少放坡，尽量建筑挡墙。并注意机动车道路缘石及超载车辆车体外边缘与路基和挡墙的安全距离，并注意路基排水与道路排水设施的协调性。当线路穿越道路时，应与市政道路协调好交叉工程实施方案，并满足各自交通使用功能。

二、对路基和支挡结构有两点要求：首先是功能，满足设计建筑强度和稳定性，高度上满足防洪、防涝要求。二是建筑造型，在城市内作为一个建筑物，要讲究造型，简洁美观，与城市环境相协调。

三、路基与桥梁墩台间不均匀沉降较大，将危及轨道结构的稳定，形成较严重的安全隐患，因此路基和桥梁墩台不仅要控制其工后沉降量，更要严格控制这两类不同基础的建筑物之间的不均匀差异沉降，以策安全。

路基与桥台的分界点除应经技术经济比较确定外，还需考虑城市环境影响和桥下净空合理利用。在城市中为少占地面，保持城市空间的通透性，高架线路地段应尽量建桥，少作路基，为此应控制路基高度，同时考虑桥下空间具有一定高度，或有一定可利用性，按小汽车停放和人行通过的最小高度确定，一般取 1.8m 即可。根据近些年设计实践，考虑对桥跨模数和桥面坡度的耦合，稍留有一些弹性，定为 1.5～2.0m，具有一定指导性和可操作性。

第二十八条 阐述了轨道交通走廊的控制保护地带的规定。

一、轨道交通走廊的控制保护地界，是保障轨道交通建设用地和通车后运营安全的重要措施。为确保建成轨道交通线路结构安全，目前国内城市由市政府部门（或立法机构）颁布了保护轨道交通安全的管理办法（或法令），对沿线新建工程的审批作了严格的规定。2005 年建设部《城市轨道交通运营管理办法》（中华人民共和国建设部令第 140 号）已于 2005 年 8 月 1 日起施行。

二、对规划控制保护区的确定，首先要结合当地实际情况确定，以便于操作。但不能小于表 3 的数据，表中数据是根据运营经验总结提出的。

三、本条阐述了规划控制保护的目的，对拟建轨道交通工程，除应充分做好与城市规划协调外，必要时还要进行专题研究论证，采取工程保护措施，或做好未来预留措施，尚应研究轨道交通工程与相关市政工程接口实施方案，以确保轨道交通结构稳定和运营安全。

四、在以往工程实际中，往往是保护地界未得到控制，或是历史形成狭窄的道路，在工程实施时，现状建筑物在先，轨道交通工程施工在后，在现实面前，对于临近的建筑物应采取措施，如侵入规划红线，拆迁是最简单的手段，也符合城市规划要求。否则要采取保护措施，应予谨慎处置。

五、在规划线路地段，对规划控制保护地界提出了具体数据。

六、高架及地面线区间地段的征地范围，要按节约用地原则，按轨道交通工程建设后实际占用土地而定。根据各地实际操作经验，但往往还要根据现场情况，与当地有关部门协商确定。

第二十九条 按 A、B、C/D、L、单轨等五种车型，汇集了线路工程主要技术标准，并纳入表 5，可以看出各种车辆的适用条件，便于横向对比，简单明了，把握好基本标准。

第四章　车辆与限界

第三十条 车辆类型选择根据客流需求、运营模式、供电制式、车辆来源、运营环境等而定，主要是客流需求、车辆来源和运营模式。

客流需求：根据预测客流需求，对车辆的编组、定员和行车密度作适应性研究，选定合理的车辆类型。可参见第三十九条有关规定，列车编组、定员与运能应符合本建设标准附录二的规定。

车辆来源：坚持车辆的国产化原则，坚持车辆标准化要求，选用技术成熟先进、备品来源和维修能力可靠、性价比合理的车辆。国内主要车型有 A、B、C、D、L 及单轨车辆。各类车型主要技术规格详见表 6 规定。

运营模式、供电电压等级和授电制式、运营环境等基本条件，在线网规划时应予统筹考虑。

第三十一条 基于车辆维修资源共享的原则，有利于车辆基地的充分利用，有利于减少车辆备品的投资，因此同一城市车辆型式不宜过多。提高车辆国产化率，有利于民族工业的发展，减少从国外进口。从线网运营管理进行综合考虑，不宜采用多种制式，应尽量一致，或一种类型车辆宜形成一定数量级的规模。

第三十二条 我国 A、B 型车的车辆限界、设备限界和建筑限界已在国家现行标准《地铁限界标准》CJJ 96 和现行国家标准《地铁设计规范》GB 50157 中作出规定；跨座式单轨车限界和 L_b 型车限界也正在编制，即将颁布实施。

第三十三条 本条对车辆最高运行速度和构造速度的关系作了规定——车辆构造速度应大于车辆设计

最高速度 10%或 10km/h 的要求，是符合实际情况的。进一步明确要求，在正常运行中，允许出现瞬间超速，车辆处于加速度运行状态，在接近最高速度时，由 ATP 信号控制限速时，可能会发生系统控制的延时，产生瞬间超速，为此规定其瞬间超速 5km/h 的限值，但应低于车辆构造速度，宜采取车辆设计最高速度和构造速度之中间值。从总体上提高旅行速度是可能的，并具有一定积极意义。在车辆订购时应予明确。

瞬间的时间一般是在 2～3s 以内，这与线路坡度、曲线半径、轮轨的黏着力、设备故障，车轮磨耗影响速度误差等因素有关，为慎重起见，需要具体计算，保证有一定的安全余地。这比较符合列车实际运行控制，有利于运行牵引计算与信号控制的一致性。

第三十四条 各类车辆的有驾驶室车体长度，一般要比无驾驶室车体长度长，但由于驾驶室头部的造型采取了适应曲线地段通过的削减断面处理，所以，不论有无驾驶室，其计算车辆长度相等。表 5 中的车长都是无驾驶室的车体长度，即在限界设计中采用的计算长度。重庆单轨车不符合上述原则，车辆计算长度既不是有驾驶室车长，也不是无驾驶室车长，这是特例。

对于车站站台地段的限界，是满足列车过站时的车辆限界。主要控制车辆限界与站台之间的安全间隙，与屏蔽门之间的安全间隙，并控制和避免列车停站时，车辆轮廓与站台、与屏蔽门的安全间隙过大，保证乘客乘降安全。

第三十五条 列车在区间运行途中发生突发事件而失去动力时，乘客的疏散必须在驾驶员引导下，根据车辆设置的逃生门形式，采用两种疏散方式：

一是乘客由司机室头部端门放下的斜梯直接到达轨道道床，实现紧急疏散，乘客可以轨道中心的道床面作为逃生通道。

二是利用侧门疏散方式逃生时，由于车厢地板面高出道床面约 1300mm，如果在矩形隧道内，只要有足够宽的空间，可以用备用梯子下车，也可设置旁侧应急平台。若在单线圆形隧道内，因道床面狭窄，必须在全线轨旁一侧设应急平台。应急平台宽度不小于 550mm，并不得侵入设备限界，平台高度作为乘客从车辆到道床面的中间过渡设施，因此应急平台不宜长距离行走，平台高度应有利于人员安全上下，并尽快进入轨道中心道床面的逃生通道。

上述逃生方式，因为车辆与隧道之间空间甚小，侧门疏散只能有单人通道条件。列车两端设有端门的疏散通道，乘客从车辆端门直接走到隧道内，可由轨道中心行走至车站。

第三十六条 车辆安全是第一位的，安全设施的主要内容是：

一、车辆内设置的车辆自身自动保护装置，以及司机与乘客联系设施。

二、为乘客备用的应急灭火和报警设施。

三、严格限定车辆材料和部件自身的阻燃性能，防止灾害的蔓延。

四、因为列车仅在两端的驾驶室设有紧急疏散的逃生门，故在隧道内运行的每一列车编组车辆之间应予贯通；如果在双线高架桥上，两线轨道之间设有 T 型平台，则列车一侧可开启每辆车厢的一扇车门，使乘客下到相邻轨道道床而撤离现场。故对于行驶在全线均为高架线的列车，车节间是否贯通，没有太严格的要求。

五、根据车辆动力故障三种工况，提出故障安全运行必备条件，对车辆提出应达到的自救能力，作为车辆制造、设计的安全验算依据。

六、明确规定车辆构造强度，必须保障在正常运行状态时，乘客达到超员条件时，车辆结构应有足够强度，确保运行安全。

第三十七条 对于车辆定员，涉及以下几个标准：

一、车辆的座席比例：座席是按车辆纵向排列布置，以目前国内使用车辆计算，座席比例为：A 型车为 18%，B 型车为 18.4%，D 型车为（横排座）27.7%，L_b 型车为 13.2%，单轨车为 21.8%（因每侧车门仅有两扇，故座位率偏高），基本上在 15%～20%之间。

二、座席区的截面计算：座席宽（0.45m）＋前区（0.25m）合计 0.7m。

三、站席的密度：站席定员按 6 人/m^2 计，站席拥挤度应小于 6 人/m^2。

四、超员：站席密度达 9 人/m^2，主要为车辆结构强度计算依据。

五、超员系数与车站最大超高峰系数（1.4）一致。

六、车门开启宽度 1.3m 符合双人上下车的宽度模数，车门数与定员的比例可参照 A、B 型车按 1：(60～63) 估计。

第三十八条 附录一“车内乘客站立人员密度评价标准”说明：车辆内乘客站立人员密度是舒适度标准，也是定员标准，以此评价满载率。在此以前，国内未见系统研究。本建设标准研究，经理论分析，并与日本和俄罗斯的标准对比，确定我国车内乘客站立人员密度评价标准宜符合附表 2 的规定。

附表 2　车内乘客站立人员密度评价标准

站席密度（人/m^2）	乘客拥挤情况	评价标准		
		中国	日本	俄罗斯
3 以下	乘客可以自由流动，十分宽松	舒适	舒适	好
4	平均每位乘客占有 0.5m×0.5m 的空间，有较大宽松度，乘客可以看书报	良好	正常	好
5	平均每位乘客占有 0.5m×0.4m 的空间，有一定宽松度，部分乘客可以看书报	良好	正常	好
6（AW_2）	平均每位乘客占有 0.5m×0.33m 的空间，感到不宽松、不拥挤，稍可活动，是舒适度的临界状态	临界状态（定员标准）	中间状态	好
7	平均每位乘客占有 0.47m×0.3m 的空间，感到有些拥挤，站席范围有些突破	有些拥挤	可接受	一般
8	平均每位乘客占有 0.42m×0.3m 的空间，身体有接触，需错位排列，并突破站席范围，感到比较拥挤	比较拥挤	可接受	一般
9（AW_3）	平均每人占有的空间非常拥挤，需突破站席范围，挤入座区，此情况偶有可能出现（车辆制造强度必须满足）	非常拥挤（超员标准）	非常拥挤	不好
10	需突破站席范围，挤入座区，极为拥挤，难以忍受，影响上下车行为和总时间，属极端情况	难以忍受	极为拥挤	不好

注：表中乘客占有面积是立席区分配的计算面积。

第三十九条　附录二“列车编组、定员与运能参考表”，是按各种车辆定员、列车编组、行车密度计算的，可参照使用。

第五章　运营组织与管理

第四十一条　阐述轨道交通运营管理的主要内容，包括：列车运行组织与管理，安排全日列车运行计划，维护正常列车运行秩序，及时处理故障运行列车；车站服务与安全管理，为乘客服务，包括对老弱病残的照顾，维护客流秩序，保证乘客安全；提供乘客买票和进、出站方便，减小漏票概率，统计客流资料，维持进、出站客流秩序；对全线和车站运营设备使用和维修的管理。

第四十二条　列车运营组织与管理，是维护列车运行正常秩序和保证运营的安全性、经济性的基本规定。本条对行车规则（双线右侧行车），功能与目标（速度与运能），运行模式（正常与非正常），行车组织（独立、折返、支线）与配线要求，地面和高架线设置风速、气象监测设施、安全停运（暴风雨、雪、雾及沙尘暴气候）等方面作出规定。

第四十三条　阐述列车运行速度的规定。

一、车辆构造速度是指车辆制造时为保证车辆最高速度运行的结构强度，并留有一定的安全余量。因此车辆构造速度应比车辆设计最高运行速度大 10% 或 10km/h 的潜在能力。在实际运行中，使车辆速度发挥最佳效率，宜控制列车的实际最高运行速度与车辆设计最高速度接近。但对于配备超速防护设备（ATP）的车辆，由于各种不同性能的车辆测速精度各不相同，同时信号设备超速防护需有一定的反应时间，目前信号设计专业将车辆最高速度认为是不可突破的警戒线，因此，为避免信号控制的列车速度超过车辆最高速度（如 80km/h），而将信号设计的最大限制速度值按车辆最高速度降低 10%或 8～10km/h 考虑，即当车辆最高速度定为 80km/h，那么信号设计最大限制速度值为 70～72km/h。降低了运营速度，存在不经济运营现象。

本条规定“允许瞬间超速 5km/h”。就是允许车辆最高速度瞬间超过 5km/h，即将信号设计的最高速度控制警戒线提高到 85km/h，即使按设计下降 10km/h 计，使信号最高限速可提高到 75km/h。但必须强调仅仅在车辆超速后，减速控制实施前的瞬间，为可能出现的超速现象留有余地，有利于提高信号设计对列车运行的最高运行速度限值。对于轨道、限界均可满足车辆瞬间速度的要求。

二、曲线限速应按曲线半径、轨道超高和允许未被平衡横向加速度的数值制约，这是舒适度的标准。当超高 $h=120$mm 时，未被平衡横向加速度 $a=$

0.4m/s² 时，$V=3.9\sqrt{R}$计。

道岔受侧向通过速度主要受导曲线半径（无超高）和未被平衡横向加速度 $a=0.5m/s^2$ 限制，即 $V=2.54\sqrt{R}$计，正线 9 号单开道岔的导曲线半径 $R=200m$时，$V=36km/h$，故规定限速 35km/h。

三、列车进站速度为列车头部进入站台有效长度端部时的运行速度，并在规定制动条件下，保证列车在限定站台范围的位置停车。根据 A、B 型车，6 辆车编组长度 120～140m 的计算和运行实际数据，进站速度控制在 55km/h 以内为宜。至于短编组列车，站台长度短，进站速度应有所降低，需另行计算。为便于车站限界设计，合理控制车辆与站台、屏蔽门的最小安全间隙，因此按列车进站速度计算。

四、在车辆段内的列车运行速度，主要受车场内道岔侧向限速控制，车场 7 号单开道岔（曲尖轨）的 $R=150m$ 时，$V=30km/h$，（直尖轨）$R=110m$ 时，$V=26km/h$。同时考虑车场咽喉区道岔布置密集，夹直线短，为维护安全运行，故规定限速 25km/h。但列车进各种车库的限制速度还要另行规定。

五、运行中的载客列车发生动力故障而停运，根据救援模式规定，需要在正常运行中的后一列车清客后，向前推送故障列车。根据北京、上海、广州的地铁公司运营部门经验，为尽快将故障列车送至故障车待避线，既要适当提高速度，又要保证安全，提出推送速度不宜大于 30km/h 的共识。为此规定推送运行速度宜为25～30km/h。

第四十四条 阐述了车站配线的规定。

一、车站配线大致分为三类，功能要求不一。

第一类，是取决于本线在线网规划中的地位和与其他线路的关系，这些站点不取决于行车组织要求，而是线网规划要求而定。例如：车辆出入线的接轨站点，取决于车辆基地的位置、再选定出入线的接轨点和接轨形式。相邻正线的联络线的接轨站点，取决于线网规划，对联络线的功能定位。还有支线引入的接轨站点，都是在线网规划时确定。根据上述接轨线路性质，应比较容易确定接轨点的车站位置和配线要求。

第二类，是为满足运能需求，取决于列车运行组织。根据列车正常运行交路和大型突发客流时段的运行交路，而选定折返点及其站位，以及夜间列车存放线。

第三类，根据运营时间内故障情况下的运行模式，设置故障车待避线和渡线，为处理故障列车运行提供条件，以及夜间停运后的其他维修工程车辆的运行和折返要求。

以上三类的配线应根据功能需求，确定合理形式。当然，一个车站的配线往往是兼顾多种功能的需求。

二、中间折返站的选择，应适应各设计年限的客流特征，并考虑以下因素：

一条线路可能是分期实施，但车站配线应根据全线的列车运行组织、交路设计进行统筹布置，确定中间折返站点和折返线的布置形式。

根据线网建设时序，线路建设长度增加和客流增长的不同规律，在规定的设计年限中，对不同的运营线路，客流断面分布不同，因此要注意车站配线既满足各设计年限的设计运行交路要求，又具有良好的适应性和灵活性。

三、对于折返线的布置是根据运行交路而定，同时结合故障列车待避线进行布置是十分必要的。待避线的功能是提供运营时段内，故障列车暂时停留的配线，也可兼用临时折返和停放线的功能。一般在车站一端单独设置。使故障车及时下线，退出运营，维持正线正常运行。因此待避线布置的密度与运行方便性和灵活性密切相关。当然也涉及工程规模和造价，为此需在运营方便与工程造价之间寻找到中间的平衡点。根据当前的车辆和运营经验，结合车站施工方法，车站分布的站距大小不一的情况，拟定“每隔5～6座车站或 8～10km 设置故障列车待避线，其间每相隔 2～3 座车站（约 3～5km）加设渡线”的要求。其中设渡线的车站相间于两座设待避线的车站之间，可以让未失去动力的故障列车随时折返回车辆段，作为避车线布置间距较大时的弥补作用。上述布局目的是为列车在正常运行中出现故障时，能及时引导故障列车离开正线，进入待避线，保障正线其他列车正常畅通运行，尽最大可能减少对正常运行的干扰。为了设置待避线，必将造成车站土建工程规模加大，增加投资，因此应适度控制其分布密度和数量。

根据多年运营实践，列车发生的故障中，车门故障率最高（约占 30%以上），其次是车载信号故障，其余是车辆其他部分或线路故障。上述故障虽然不影响列车动力，但不同程度上会影响上、下客和停站时分，影响运行速度和高峰时段的客运能力。另一方面，故障率是随车辆和设备的质量提高而减少，因此故障列车待避线的使用频率不会很高，但不能没有。为此，从总体上看，采用待避线和渡线相间布设，适当加大待避线布设距离，其中加设渡线，使每隔 2～3 站设有配线，密度比较适当，使运行的灵活性和工程规模的经济性得到平衡和兼顾。同时预计在新建线路中会出现长大站间距的特殊性，为避免故障列车走行距离过长，限定适当的站间距必须设置配线作为补充性控制。

待避线的间隔距离宜按故障列车按 25～30km/h 的运行速度计，走行时间不大于 20min 为控制目标，故限制设有故障车待避线的车站间距约 8～10km。预计一列故障车处理下线退出运行的总时间可控制在

三、工程项目建设标准

30min 以内。在这一段时间内，对其他列车的运行状态需作动态调整，速度减缓，尽量减少停运时间，使对正常运营秩序的影响降低到最小程度。

四、故障列车待避线与折返线均为正常运营时段的服务功能，在高峰运行时段，为提高车辆周转率和满载率，根据全线客流断面，应予组织列车大、小交路的折返运行，因此折返线的功能必须保证；同时又难以避免车辆出现故障的可能性。如果折返线要提供列车折返，又要被故障列车暂时停车而占用，为此必须分出两条线分担不同功能，不宜兼用。所以故障列车待避线不宜与折返线共用，应予分开设置。

由于故障列车可能动力受损，需其他车辆推行进入待避线，故必须使待避线与正线贯通。具体设计时应注意配线的位置、配线形式、施工方法以及与车辆段（或停车场）的位置均有密切关系。

五、平行进路是安全运行的基本原则，两线列车进站时各行其道，互不干扰。随后按发车时序出站，进入共线运行。既保证运行安全，又能提高运行效率。由于设置平行进路可以避免载客列车发生站外停车现象，给予乘客良好的安全感。尤其是在隧道内，以免乘客心理不安或恐慌情绪。一般情况下采用一岛一侧站台的三线式布置，或双岛四线为基本图形。

车辆出入线运行列车是不载客运行，因此出入线接轨点宜设在站端，为保证正线列车运行准点和安全，避免对正线运行的列车产生干扰，并具备站外一度停车的条件，也可满足车辆暂停、转换信号的需要。如果在接入正线前，为大下坡地段，对停车安全条件不利，应设置安全线。

六、中间折返站的配线，以站后折返为主，因为这是从折返列车运行与正线列车运行干扰最小、安全性好的基本原理和经验，结合车站规模和土建工程造价经济性而推荐的。但存在一个最大的问题是停站清客时间。如果折返列车的下客量较大，在高峰小时的高密度运行的时段，折返列车的停站时分不能满足清客等技术作业时间，应敷设站内折返线，采用站前折返，并应配有相应站台（即按三线或四线式车站配线）。同时应该检查中间折返点选择的合理性，注意选择进站断面较小的车站，以保证清客时间较小，必要时应予调整折返站点位置。

七、远离车辆段的尽端站，其配线应具备日间和夜间的运行功能。日间具有折返线和故障车待避功能，但该待避线可不具贯通功能。夜间利用折返线和待避线作夜间末班车存车，为次日早发车创造条件，同时为满足夜间维修的工务车辆折返等功能需要，根据以上功能要求，综合研究确定配线形式和数量。

八、在靠近隧道洞口或临近江河岸边的地下车站，应设防淹门，目的是万一发生水淹时，可以采取紧急隔断措施。隧道洞口是地上线路和地下线路的分界点，将被分割为两段线路；一条跨越江河的线路，也可能被分割为两段线路。尽管是百年一遇甚至概率较小，但仍应考虑相应的非正常运营模式要求，组织临时路段折返运行，维护可运行地段发挥最大作用，减小影响地段长度。同时也要实事求是，根据工程实施条件和车站配线统筹规划，研究和确定车站配线形式。

第四十五条 阐述了运能设计的规定。

一、设计运能应满足远期高峰时段客流预测最大断面流量要求，这是一条原则要求。但尚应进一步分析当远期高峰小时、同方向、前三位的客流断面值中出现一个尖峰，其量级相差较大，可能大于一个量级。出现这种情况有几种可能：①客流预测需重新核算；②前一个车站上客量过于集中而过大，而下客量极少，应采取措施控制高峰小时进站客流量，或延长高峰时间。在实际工作中很少遇到上述情况（偶尔遇到过的，发现客流预测有问题）。如果出现这种情况，应从运行的经济性和合理性作进一步分析。经验表明，凡是尖峰值大于第二峰值 1 万人次/h 以上，均应强制削峰，即取第二峰值为设计客流。

首先应理解客流预测值是量级的概念，是一个定性、量化的数字。所谓“量级”是为运能设计定位，根据选用的车辆、编组长度、定员和发车密度而定；所谓“精度”对“量级”无多大影响，精度按 0.1 万人次/h 即可。例如：车站上、下车人数预测数据分析，对 6 辆 A 型车，单侧 30 车门，高峰时段运行 30 对/h 的时候，若按每车门上车数差 1 人，则为 900 人；差 2 人，为 1800 人。因此可以认为预测每小时客流值的误差 1000～2000 人是可以接受的。

客流预测是规划值，实际是在城市公交客运总量中的分担值，因此对客流的量级应以宏观性、控制性为目标，不是绝对值。而且高峰小时最大断面出现的概率较低：全线上、下行方向的所有区间中、在全天的某 1h 内、仅有一处。分担的比例也是可能动态调整的。

在实际设计中还发现有两种尴尬的现象。第一种情况是最大峰值与第二、第三峰值相差较大，甚至不在一个量级；第二种情况是最大峰值处于两个量级之间，而且靠近较低的量级。上述两种情况，应从概率和效益分析，首先评价以高峰小时最大断面流量作为控制运营规模是否合理，经过全线各区间满载率分析比较，可以考虑削峰设计。

二、条文阐述了线路设计运能的设计要素，同时提出线路上各种配线、接轨点是全线通过能力的控制点，因此对上述控制点的通过能力应与正线设计的行车密度相匹配，并留有 10%～15%的储备能力。例如：在实例计算中，B 型车 5～6 辆编组列车（100～120m），设计行车密度为 30 对/h，采用准移动闭塞信号，站后折返线的通过能力可达33～34对/h，储备系数为10%～13%。但供电、信号、车辆段等的设计及其储备系数，均应按30对/h为基础进行设备选型，并验算相应的储备系数。各个专业不能按33～34对/h为基础，再考虑储备系数的设计。

储备能力的概念是列车行车密度的（对/h）储备能力，设计30对/h，储备为33对/h，储备系数1.10或储备能力10%。应注意设计运能的裕量与储备能力差别，裕量是设计运能与客流预测量的差值，实际是平均满载率的概念。

第四十六条 阐述了高峰时段列车发车密度的规定。

一、列车发车密度是评价乘客等车时间的一种服务水平标志，是对乘客吸引力的重要参数。根据上海地铁1号线2000年至2003年的行车间隔与客运量弹性关系分析，认为行车间隔不断减小，客流不断增加，但增长量变化在逐渐减小。在行车间隔4min左右，客运量弹性系数最大，行车间隔为4min以下时，对客运量变化率影响明显降低（参见《城市轨道交通研究》2006·6期，"上海城市轨道交通近期线网建设的效果评价"），为提高轨道交通的效能和作用，必须提高初期对通勤客流的服务水平，确定行车密度为5min间隔（12对/h），对于乘客感觉的最长等车时间为4.5min，接近4min间隔。比平峰时段6～10min间隔的标准有所区别和提高。远期高峰小时的通过能力应与地铁和单轨设计规范相关规定保持一致。

二、在实际工作中，往往遇到线网中的各条线路客流预测的量级不一。如果采用相同行车密度，则需采用不同的列车编组长度；当采用相同列车编组长度，就有不同发车密度。应从线网运营效益出发，从车辆运营管理、车辆维修资源共享的全局观念出发，给予一定的弹性规定，既要维持高密度运行，又要控制运营成本，为此提出20%内的弹性幅度。即：采用相同车辆制式的若干条线路，经过论证，也可采用钢轮钢轨全封闭系统发车密度不应小于24对/h，单轨系统发车密度不应小于20对/h。

三、运营要讲效益，对于列车运行要讲满载率，满载率有三个相关概念和标准，即：载客定员、拥挤度和忍耐度。载客定员是车辆额定载客量，拥挤度是评价乘客乘车的舒适度，忍耐度是在拥挤情况下乘客承受的时间限度。根据车辆定员标准，站席密度为6人/m²，因此设计载客最大密度是5～6人/m²，但即使是允许拥挤度的状况下还是有忍耐时间的，所以增加了忍耐度的标准，即，站席乘客密度在5～6人/m²的区间不宜大于全线区间数量的20%（或全线长度的20%）。若全线运行1h，则列车站席最大拥挤度（5～6人/m²）的区间最长运行时间应为12min。可以作为拥挤度的忍耐度标准。

四、在部分封闭型的线路上，因与道路平面交叉地段设置平交道口，设计行车密度受道路交通穿割，行车密度必然降低，为保证一定行车密度和行车安全，权衡之下，提出不应小于10对/h，一般运行时段不应小于6对/h。由此可见，在平交路口的地面交通量也将受到限制，交通量过大时，不宜设平交道口，或限制道路交通通行量。

第四十七条 阐述了车站服务与安全管理的规定。

一～二、阐述车站管理是为乘客服务，并提高服务水平。其任务：一是引导服务——采用导向标志和信息系统告知；二是维持客流秩序——合理疏解、保障进出车站的客流通道安全流畅；三是为乘客提供帮助——提供乘客问讯及帮助残疾人乘降车；四是及时发现和处理事故，及时报警，正确疏导客流，保障车站及乘客安全。

三、近年来，多处地铁车站发生外人由车站进入区间的事件。为此强调在正常运营时间内，应严加管理，任何人不得进入轨道区，以防意外事故。同样，内部管理人员或维修人员，均不得在正常运营时间内进入区间。

四、专业化与社会化相结合的管理方式。已在某些城市地铁公司不同程度作了试探，积累了一些经验，对于提高服务水平、降低管理成本是十分有益的，应予积极推广、不断探索。

第四十八条 阐述了票务管理的规定。

一、选择自动售检票管理模式，可实现票务系统的清算对账、线路的收益管理、数据审核等功能。根据当前国内外票务管理先进模式，有利于对不同时段的客流数量，不同乘距进行自动统计，最终对票务收入自动清算。普遍采用全封闭式、半封闭式、计程、计时、IC卡、自动售检票系统，技术和设备基本成熟，因此推荐为我国轨道交通建设中票务管理的基本模式。但根据各城市具体情况，也可采用人工售检票作为过渡性模式。

二、计程、计时、全封闭式、半封闭式的票务管理模式是当前通用的收费模式，当轨道交通远景线网是一个比较庞大规模的网络，为快速处理客流信息，应考虑兼容系统的发展，预留区域收费和开放式管理模式等票务管理模式。

三、非接触IC卡具有储存信息量大、防伪和保密性好、使用寿命长等优点。IC卡车票应符合ISO 14443标准，具备与城市公共交通实现"一卡通"的条件。并提出与城市公交的收费系统一致，提供乘客方便，实现一卡通，为此需设置清分系统接口。

四、从轨道交通线网层面考虑，自动售检票系统由线网清分中心、线路中央计算机、车站计算机、车站终端设备、车票组成。编码/分拣机具有对IC卡车票的初始化、赋值、分拣、校验、注销等功能，系全线或线网 IC 卡车票处理设备。

五、在确定车站内的进出站检票机数量和布置时，应考虑进站客流相对比较均匀的特点，进站检票机数量按近期进站设计客流（高峰客流乘以超高峰系数）计算；因此进站检票机数量应既能满足高峰时段进站客流的通过能力，又有控制进站客流的作用。

出站检票机数量的确定应考虑出站为集中客流的特点及行车密度因素，为避免乘客在付费区较多滞留，因此出站检票机数量要有足够的疏散能力，应保证在下一次列车到达前疏散完滞留的乘客，并应留有适当储备能力。

对不同时段潮汐客流现象明显的车站，应设置标准通道双向检票机。既可随时适应不同客流流量和流向，合理调节检票机使用效率，也有利于减少检票机布置占用面积。双向检票机可根据潮汐客流方向，在不同时段分别设定为进、出检票机。设计应预留适应远期客流车站终端设备安装位置及安装条件。

六、在车站发生紧急情况时，车站计算机可向车站设备下达紧急模式命令，或通过设于 IBP 盘 AFC 系统的紧急按钮控制车站进、出检票机，保证其完成最后一次交易和检票通道处于常开状态。

第四十九条 从运营功能和保障安全出发，对于轨道交通设施和设备配置的原则、管理和维修模式提出了基本规定，为车站、控制中心的建设规模，管理体系框架提出提示。通过车站 FAS、BAS 维修管理工作站，记录主要被监控设备的运行状态，统计设备累计运行时间、故障报警信息进行历史记录及故障查询和分析。上述设备应具有监控系统自诊断功能，监视系统中各模块、UPS、网络运行网络负荷情况，并进行故障报警。由通信传输系统提供逻辑独立的虚拟通道组建全线维修系统，在车辆基地设置维修管理工作站和数据库服务器，实时监控各站点监控设备的运行情况，实现远程维修功能。

第六章 车站建筑与结构工程

第五十条 阐述车站型式和布局的功能需求的原则。

第五十一条 本条要求各城市全线网车站站名应统一管理、统一确定，其目的是为了避免因各条线独自确定站名，可能造成站名与所在地区或附近路名不相符，尤其是两线或三线交会的换乘站，站名应统一为一个站名，否则给乘客造成不便。当后续线路建成后，才发现需要调整站名，导致凡涉及站名的行车指挥系统、车站的导向系统、标识系统的改造，不仅浪费工程投资，还可能给乘客带来因改变习惯而误乘的麻烦。

第五十二条 轨道交通车站的客流吸引范围一般在 500m 左右，因此要求在地面距离车站 500m 范围内能看到车站导向标志。本条规定车站外 200m 范围应设置导向标志是基本满足乘客可视度的最低要求距离。各地可根据具体情况，结合城市道路、地形与车站出入口相对位置，合理安排导向标志，包括设置夜间照明。标志需统一，有一定体量大小，但要安装坚固、安全，远距离能看见。车站内导向标志具有紧急疏散引导作用，需合理安排，良好通视，互不遮挡；广告应作为车站装饰的组合部分，包括灯光的应用。与车站照明综合考虑，以节约电能。

第五十三条 本条阐述了车站站台的规定。

一、在一条线上的车站站台形式宜一致，或分段保持一定的连续性。其目的是保持车辆一侧开门的规律，避免车内乘客对开门方向变化的不适应而造成意外事故。

二、说明站台宽度应满足乘降区、楼梯、自动扶梯和结构立柱的总宽度，也体现了站台宽度的多重功能要求。

三、车厢地板面原则上应略高于站台面，使乘客养成向前、向上跨一步的习惯，从车辆与站台之间的间隙跨过去，是一种必要的安全意识。车辆在新车状态下的车厢地板面高度比站台高 50～100mm，是根据车辆车轮与钢轨的日久磨耗、车体下垂、弹簧变形等最大值接近 50mm 为控制的最小值而定，最大高度参照一般楼梯高度（150mm）的 1/2～2/3，确定的最大值 75～100mm。在实际选用中，采用 50～80mm 为多，对于乘客上、下车不会费劲。若车辆车门是采用外挂塞拉门，在推拉门过程中，车门会有一定下垂，尚需特别计算，一般取其高差 100mm 为宜。上述数据包括施工误差在内，不宜突破，作为乘客上下车安全而确定的一个范围。

在曲线站台范围，由于规定车站曲线轨道设置超高 15mm，势必造成车辆地板倾斜，因而与站台间发生高差变化。在岛式站台两侧，应验算车厢倾斜时产生高差附加值（两条钢轨按±1/2 超高设置方法时，A 型车车厢两侧产生高差附加值为±15mm）。如果选用高差为 70mm，总高差低侧为 55mm（大于 50mm），高侧为 85mm（不大于 100mm）。再考虑施工误差和其他因素，可以控制在 50～100mm 以内。

上述车站站台高度的标准确定后，无论是直线或曲线站台，均应保持全线统一，保证岛式站台两侧与车辆地板面高差：最小高差，不高于车辆地板面，最大高差不大于 100mm。

四、站台边缘与静止车辆之间的安全间隙宜为 80～100mm，是根据目前车辆限界略加安全间隙确定的。据各城市地铁公司反映，采用 100mm 缝隙偏大，可以减小到 80mm。由于站台施工误差控制不当，多数车站站台与车辆的缝隙大于100mm，为此采用粘贴胶皮予以弥补，实现80mm的间隙。

在曲线站台边缘与车辆车门处的最大间隙，目前国际上规定的最大值是200mm（日本），我国规定不得大于180mm。主要根据乘客上车时的安全性考虑，180mm缝隙的宽度，可能使上车时一般乘客的脚后跟还踏在站台上。

五、站台边缘的安全防护设施有多种形式，安全警示线、栏杆、半高屏蔽门等任何一种都是可以的。如果是作为节能设施的屏蔽门，可预留缓建；如果被选为站台安全防护设施，不存在预留概念，必须初期安装。

六、25mm是屏蔽门（包括附带设施）与车辆限界的安全距离，但未包括门的动态变形和安装施工误差，实际安装距离尚需按上述因素具体计算确定。

七、车站站台有效长度应满足全列车长度的停靠，并包括停车误差距离。可满足乘客上、下车的基本功能要求。即使设置屏蔽门时，站台有效长度不变，因为驾驶员上下站台的位置仍要保留，仅仅是屏蔽门内的站台计算长度变化。

第五十四条 关于车站站台乘降区最小宽度的规定，考虑到全国轨道交通运量级参差不齐，为照顾到全国的覆盖面，合理控制规模，对现行国家标准《地铁设计规范》GB 50157—2003的相关规定作了适当补充。

乘降区最小宽度是根据计算值得到的宽度的最低限值。乘降区宽度内侧为立柱或楼扶梯侧面时，相当岛式站台的两侧乘降区，规定其最小宽度2.5m，这是局部最小宽度，同时满足站台下排热风道和站台层上部管线安排，其空间宽度比较适当。

当乘降区宽度范围内侧连续为墙面时，没设置电扶梯或步行楼梯，也没有立柱时，相当侧式站台一侧的乘降区，其最小宽度要比岛式站台的两侧乘降区宽，主要为下车乘客留出一条约1m的走行通道，故规定最小宽度定位3.5m。但是在上述范围内，设有电扶梯或步行楼梯时，或设有立柱时，上述建筑物的局部范围内距离站台边缘不应小于2.5m。

在车站客流较小的车站，例如中运量系统的高架车站，或接近线路起讫点两端的车站，往往出现乘降区计算宽度较小，当计算宽度为1.5m以下时，在满足乘降功能前提下，既要节约工程规模，控制车站体量，又要保证乘客候车时的安全，提出设置半高屏蔽门或其他安全防护措施是必要的，设置半高屏蔽门后，乘降区有效宽度可以保证在1.5m，即乘降区站台宽度按2.0m设置。同时也是满足站台上部、下部空间管线布设的最小要求的宽度。因此半高屏蔽门内最小宽度1.5m宜作为控制条件。如日本的地铁车站安装半高屏蔽门后的最小宽度就是1.5m，可以容纳3人并行通过。

站台两端10m范围内，当计算宽度小于2m时，可减小到2m，但需设置局部安全防护设施。这样做可能使站台层设备用房适当伸入站台，但控制在10m以内。这影响站台范围相当半节车长度和两个车门的乘客上下车，但有利减小车站长度规模。若在站台端10m范围内设置楼梯和自动扶梯时，将乘降区2.5m减小至2m，可以加宽楼梯宽度，提高进出站通过能力。在功能上置换和补偿是值得的。

对于中间折返站应考虑到因折返列车而造成的一次列车的下客中需要继续前进的换乘客流和两次列车的上车客流的滞留，在站台上候车的面积需要扩大。换乘站的乘降区宽度计算应考虑另一条线进入本车站的一次换乘客流（在客流预测中车站上车客流已包括一次列车的换乘客流）外，还应考虑可能发生两次列车换乘一次列车的换乘客流量。

当近期客流大于远期客流，有三种情况：一是车站客流近期大于远期，但近远期列车长度相同；二是车站客流近期小于远期，但近期列车长度短于远期；三是车站客流近期大于远期，近期列车长度短于远期。

上述情况应作区别对待。当近期车站乘降客流大于远期时，一般来讲不会是长远现象，是线网建设时序上的问题，如果线网建设时序合理，这种现象很少出现。因此处理原则是尽量按远期需求设计，不宜加大车站建设规模。建议采用以下两种处理方法：一是按近期客流规模计算时，对站台乘客密度标准适当调整，因近期计算年是第10年，近期可按2.5～3.0人/m^{2}计算，远期按2.0人/m^{2}计算，两者中取较大数值。两种标准都是合理范围内；二是调整（增加）近期行车密度，使远期站台乘降区宽度满足近期需要的宽度。如果近期是短编组列车，采用上述处理方法外，还应考虑提前改编短列车为远期的列车长度。这在行车设计时应做多方案比较确定。

第五十五条 阐述了车站布局的规定。

一、强调车站布局和规模的基本功能和控制因素（车站型式、客流大小、票制与管理方式）。车站站型包括空间位置是在地上或地下，包括高程和施工方法，往往取决于线路敷设条件；客流大小是根据站台形式决定站台宽度，还影响选择出入口的位置和数量；票制和管理方式确定了站厅与站台布置和面积大小，尤其对进出站乘客的票务管理方式，是采用封闭式（分为付费区和非付费区），还是开放式；垂直电梯设在付费区，还是非付费区，都会影响车站布局和规模。

二、阐述车站位置和规模，先决条件是线路敷设方式，建设目标是要控制车站体量和深度、高度，有利于乘客出入车站，有利于安全疏散。

三、阐述换乘车站的建设，首先要做好规划设计，一是解决换乘站功能性的核心要素——换乘方式、换乘距离和换乘时间，一般要求换乘距离计算是从站台到站台（任意一点），换乘时间控制在5min内比较合理，步行速度按50m/min，距离为250m。这项标准基本能做到。

四、解决两个换乘站的建设时序和后期预留工程接口，原则上是换乘节点同步规划、同步设计，有条件时争取同步施工，否则应做好预留工程，充分考虑后期施工时对已建线路运营的安全。

五、条文中下车乘客至就近通道式楼梯口的最大距离不得超过50m规定的基本理由：一是让到达列车的乘客下车后，尽快离开站台乘降区，在时间上错开，以便使进、出站客流分开，同时让进站乘客顺利进入乘降区，并有足够的候车面积，基本避免受下车客流干扰。二是下车乘客离开乘降区的时间和距离，根据乘客的不同性别、年龄、职业和体质情况，在车站下车时的步行速度，大约在3～5km/h之间，相差甚大，正因如此，拉开了疏散距离，有利于加快疏散时间。因此按最慢速度（3km/h＝50m/min）、限时1min为目标，确定最大步行距离50m的要求。三是限时疏散1min的理由，同时包含了另一个1min的意义——下一次列车到达前1min乘降区范围内清空下车乘客。这是根据当前设计远期列车行车密度30对/h，即车站发车间隔2min，停站时分为30s的基础上分析，前列车启动离站至后列车到达停车，真正的有效间隔是90s，而下车乘客完全离开乘降区的时间1min，是包括停站时间30s，应理解为列车启动后，还有30s时间。由此可见，在下一次列车到达之前的1min，下车乘客已经撤离站台乘降区（在楼梯口还可能有少量聚集，但不是乘降区），完全可以保证满足上车乘客使用规定的乘降区面积。这与站台乘降区宽度计算原则相符——只要计算上车乘客候车面积即可。

六、阐述车站设备及管理用房区布置原则，车站设备是全线所有机电系统的汇集和综合，因此各系统的管线进入车站，各系统之间的联系接口都在车站，因此车站布置应从工艺和接口联系，使管线最短，交叉干扰最少为原则，合理布置车站。对于高架车站，还要考虑减小车站体量，设备用房尽量移出车站主体结构，有条件可与邻近建筑物合建。

七、地下车站站台与站厅公共区应划分防烟、防火分区是根据地铁车站实际情况，可能进行分割的条件提出的，并根据上述条件设置通风排烟设备。

八、根据城市消防建设标准，消防站的布设，按5min的时间距离规划设置，因此当消防指挥部接到报警电话，直至第一辆消防车到达事故现场，预计要6min，就是说车站发生灾害时，首先要依靠自身的防灾能力，及时消灾和自救是基本原则。外援力量需要在6min以后才能到达。6min是目标时间，是指所有站台上的乘客和工作人员，从站台上向外撤离完毕的时间。当灾害发生时，总是由车站值班员→运营总调→市消防（或应急救援）中心，逐级报告。可以说第一现场的发现者，首先是在车站，并得到第一信息，在市消防中心接到报警之前，车站已经开始自救，组织乘客紧急疏散，撤离站台和车站。因此何时开始计时，难以明确，车站设计的疏散能力只要具备6min的疏散能力即可，这就是目标时间的概念。在现行国家标准《地铁设计规范》GB 50157—2003的紧急疏散计算公式中，实际上按5min时间计算是偏于安全的。

如果列车在区间停车，属于较大的事故和灾害，被迫采用紧急疏散乘客，情况比较复杂，需要疏散时间长，除乘客自救外，还需外来救援。列车上乘客多少，距离车站多远，不定因素较多，无法限定时间，不属于6min的时间规定范畴。

关于疏散列车乘客数量计算：规定按“一列进站列车所载的乘客”，就是按远期高峰时段的进站客流断面流量计（即客流预测，远期高峰小时区间断面流量），不是“满载列车乘客”，因为高峰时间内一条线路上各个区间断面的客流满载率是不一样的，市中心地段线路满载率高，两端线路满载率较低。所以不能按“满载列车乘客”计算。值得注意的是，紧急疏散时，站内工作人员应组织乘客疏散，并接应和引导消防救援人员，不能撤退。

九、客流流线组织就是对乘客进站——出入口——（售票）——检票口——楼梯口——站台——上车的走行路线策划（出站相反），对上述设备设置在对进、出站的走行路线上的通道应顺捷流畅。在上述设备前有乘客停留作业的地方，应有缓冲距离和迂回的空间，尽量减少交叉冲突。缓冲距离要求，在以下条文叙述。

十、目前国内所有城市轨道交通，几乎都采用全封闭式自动售检票方式，将车站站厅分设付费区和非付费区，由于非付费区的客流方向多而发散，交叉汇集空间要求较大，付费区内客流方向单一，仅起通道作用。所以要求非付费区面积应大于付费区。这是对站厅公共区面积合理分配的基本原则。

十一、出入口的站厅区域是来自出入口和检票机之间客流集中的流动地方，是客流流动多方向，彼此交叉干扰最大的区域，也是在车站发生事故灾害时，指挥和组织乘客逃生的重要缓冲地区，因此必须有较大的回转空间。关于16～20m的纵向空间。根据客流流线的合理组织，综合考虑售票机、检票机等设备的布置条件，从目前地铁车站运营经验判断，宜保持16～20m的纵向空间比较合理，在一般车站大概可保持有 300～400m² 空间区域。即可容纳 300～800 人的区域流动面积（按 1～2 人/m² 计），具体距离可视车站客流大小，在 16～20m 之间酌定。

十二、关于售票机前 2m 的排队空间，车站进出站的客流是一股宽带客流，进站客流略显平缓而均匀，售票机是为进站客流服务，理论上应设在进站流线上，但不能阻挡不买票的乘客通行，因此要把售票机前 2m 的排队长度一起考虑，2m 是最小距离。上述要求可能会受车站内实际空间制约，同时买票的乘客比例多大，要做具体分析。

关于出站检票机内 4～5m 的滞留聚集空间。出站检票机是接纳和放行出站乘客的闸口，出站客流特点是比较快速而集中，出站检票机数量不可能大量安装，只要满足在下一次列车到达前疏散完略留有裕量就可以了。因此，肯定在出站检票机内侧会有积聚，一般应留有 4～5m 的滞留聚集空间，可以起到缓冲作用。

十三、无障碍服务设施包括为盲人、乘轮椅车的乘客服务的设施。垂直电梯应具有内外兼顾的作用。内部为工作人员和设备运输服务，外部为老、弱、病、残、孕、幼乘客服务。

第五十六条 阐述了车站出入口与风亭设置的规定。

一、当站点选定后，往往是出入口的合理位置决定了车站位置。所以出入口与车站位置是互动的，因此“没有出入口就没有车站”，这是车站设计的基本理念。从地面条件看，出入口对周边环境、人流方向的反映更为直观和现实。对于出入口的建筑处理难度较大，因此提出尽量分散、多向布设，或与人行地道（或天桥）结合，在有条件的地方宜延伸至公共建筑之中。

二、城市轨道交通是城市公共交通的重要组成部分，要发挥公共交通的整体效益，在城市内部，就是要提供相互换乘、接驳的便利条件；在城市边缘，应有客流集散或停车的场地。因此车站建设时，应同时考虑好出入口与其他交通的停车、换乘（P＋R）的场地。

三、车站出入口数量不得少于 2 个，而且设置在不同侧，以防不测，起到安全互备作用，这是基本原则。若单层地下车站的侧式站台，对于每个站台一侧设一个出入口，就不符合上述原则，因此每侧需要设置 2 个。但当车站站台较短（60～80m），客流较小，每侧设置 2 个出入口是不经济的，也是不合理的。所以这种单层地下侧式站台的车站型式值得进一步探讨和改进。

远期高峰小时紧急疏散客流量根据站台上的候车人数、高峰小时断面客流量和工作人员总数计算确定。本条要求设在站厅的出入口总疏散能力应大于远期高峰小时紧急疏散客流量的 1.3 倍，在总体疏散能力上应留有余量，是应对各种不可预见因素，提高防范风险能力。例如，各出入口疏散客流不均衡性；到紧急疏散时，其中某一个出入口自动扶梯出现故障或正在维修中；或需要封闭一个出入口作为他用，还有其他不可预见因素。

四、车站内若发生火灾，只有电器设备有冒烟和起火的可能，因此在车站设备区“单独设置一个直达地面的消防、救援专用入口”，是为消防人员加快速度，顺利进入车站设备区，及时救火灭灾。使乘客从车站出入口向外跑，救灾人员向里跑，对于客流大的大型地下车站，上述两种人流可能同时出现，为此形成两条路线，不同通道，互不干扰的理想条件是必要的，但通道的地面口部需要加强管理。

对于一般客流较小的车站，当消防救援人员在 6min 到达时候，车站站台上乘客已经疏散完毕，站厅和出入口客流在车站工作人员控制下，基本已经清空，至少可留出一个靠近设备区的出入口，作为消防救援人员的入口，总要比专门设置的 1.2m 的通道舒畅多了。为此在一般车站，经过分析论证，可利用靠近主要设备区的直达地面的独立出入口合并兼用，同时降低了工程投资。

对于专用出入口，包括指定为救灾时的专用出入口的位置应靠近城市道路，是为消防人员和车辆容易找到位置，并有一定的场地。

五、地下车站与商场共建时，宜分层、分隔设置。这是考虑到车站客流与商场客流是两种不同性质的客流。客流组织时应能互通，又能分开。当发生火灾时，应考虑车站与商场能将其隔断，互不影响，便于救灾和逃生，避免灾害扩大。

地铁车站必须有自己的独立通道直达地面，不少于 2 个，其口部应安全防塌，符合自救原则。若商场发生火灾时，地铁车站与其隔断，不分担疏散任务，由商场自身设置独立的防灾救灾系统和逃生通道。

六、对换乘车站的出入口和风亭的设计要求。出入口应集中规划，以节约用地，不能两个车站各做各的出入口。例如：一般情况下，十字型或双十字型换乘站，限设 4 个口，T 字型或双 T 字型换乘站，限设 6 个出入口。

风亭设置宜在道路红线外，不影响道路断面合理使用。由于风亭体量较大，本身对环境选择要求较高，但在城市建筑区中，又难以独树一帜，因此宜与周边环境相协调或合建，重视造型、景观和环保的要求。

七、在出入口、风亭的地面开口部做好防涝、防洪设计，防止地面出入口、风亭进、排风气流短路，提出平面位置和高程的设计要求。

八、当车站事故的烟雾进入通道时，若地下通道的连续（封闭）长度大于100m，依靠自然排风有困难，为保障人员疏散安全，需借助机械排风、排烟能力，以满足紧急疏散要求。

九、提出对严寒地区，出入口从安全考虑，楼梯和通道的地面应增加防冻、防滑的安全措施。

第五十七条 阐述了车站建筑与装修的规定。

一、明确车站建筑服从交通功能为主的原则。尤其是地下车站空间有限，应提倡简洁、明快、舒适、健康的建设理念。

二、车站是公共性的交通建筑，建筑装修应提倡实用、安全、耐久的原则，同时从安全、卫生出发选择材料。

三、建筑装饰材料和构件应采用标准化、工厂化、施工装配化，有利保障工程质量，降低工程造价。对设计建筑结构的模块化提出了新的要求。

第五十八条 阐述了结构工程的规定。

一、轨道交通工程是百年大计，安全等级要求高，所以主体结构安全等级应为一级。但车站内部的站台板、楼梯等与主体结构相连的构件以及设有重要机电设备的外挂结构，凡在维修或更换时会影响正常运营的结构构件，其设计使用年限也应采用100年。

二、凡是桥、隧、路基的型式都是取决于线路敷设方式，然而结构形式是根据工程地质、水文地质及周围环境条件，选择合理的施工方法而定。

三、水下隧道的覆盖层厚度除应满足水利及航运部门对规划航道要求和船舶锚击深度要求外，在采用盾构法隧道时，为保证施工的安全，覆盖层厚度一般不应小于隧道直径的一倍，同时应满足河床最不利冲刷时结构的抗浮稳定性要求。

对于隧道下穿一般较小的河流、湖泊等水域，应区别其通航等级，并与当地水利部门协商，根据隧道结构和深度，确定隧道两端的岸边是否设置防淹门。

四、提出了结构设计的原则要求。

五、对高架桥造型、梁式、跨径、墩台和基础型式的选择作原则要求。

六、高架桥下净空要求和规定，从净空限界富余量，排洪、通航等有关规定综合分析确定。其中，桥下净空除应满足相关设施的限界要求外，尚应考虑施工误差、结构变形、后期沉降、道路路面翻修或铁路抬道量等因素预留一定的富余量，一般可按200mm考虑。根据地质情况，适当调整。

七、轨道交通工程应对地震安全性作专题评价研究，并经政府主管部门组织评审、批准，应按批准的地震安全性评价结果确定抗震设防烈度。

八、规定轨道交通地下结构强度应符合当地政府主管部门核定的人防等级要求。对特殊的结构工程设计、施工方案应作安全性专项审查。

九、提出地下结构防水原则。

十、特殊结构工程包括深基坑工程，穿越既有地铁、铁路、重要地下管线及敏感建筑物地段的线路与车站工程，采用矿山法暗挖施工的区间隧道与车站及采用冰冻法等特殊施工工艺的工程等。由于地下工程的特殊性，存在不可预见的风险，发生灾害带来的危害性大，抢险救灾及修复工作难度大，因此对上述特殊结构工程必须进行设计、施工方案的专项审查。审查内容可主要包括工程地质、水文地质的调查与分析，周边环境条件的调查与保护要求的论证确定，相应的设计方案、对策措施，工程施工引起的环境影响分析及相关保护对象的安全性评价分析，施工中的控制落实措施及监控保护方案等。

第七章 机电系统及设备

第五十九条 阐述机电设备选配的总体原则和安装安全要求。

第六十条 阐述了供电系统的规定。对地铁车站照明、电力监控系统、杂散电流防护标准、设备选型电缆选择等提出标准和原则。

一、外部电源是采用城市供电局电源为主，根据城市电源的电压（如220kV、110kV）、容量的裕量和分布距离，确定引入轨道交通系统的组成方式：集中式、分散式、混合式。并在轨道交通内部构成中压网络，电压等级可采用35kV、20kV、10kV三种标准电压选择。

二、明确主变电所的电源引入原则。①可靠性：从城市电网取得两路独立电源，并做好电缆敷设路径选择，其中至少有一路应为专线电源。②设计容量：按近、远期用电负荷设计、分期实施。③占用面积：按远期设计控制。

三、为保障牵引变电所的可靠性，需有两路独立电源，并在任何一座牵引变电所故障解列时，应靠其相邻牵引变电所的过负荷能力，保证列车正常运行。

四、为保障牵引电压、电流的稳定性，对谐波电压、谐波电流提出标准。并进一步明确牵引网系统的标称电压应为直流750V或1500V。

五、为保障降压变电所供电的可靠性，要求设两台配电变压器，其容量应满足当一台变压器故障解列时，由另一台变压器承担本所全部一、二级负荷。

六、明确应急照明持续供电时间应不少于60min的安全标准。

第六十一条 阐述了信号系统的规定。

一、信号系统的选择，应根据运营需求，合理选择系统的构成与配置，减少系统多余的功能，防止过高的系统配置，将有利于降低初期造价和运营维护费用，也较有利于系统的升级换代；信号系统的建设目标，除保证系统各种正常运营模式外，满足故障运营或紧急状态下运行的需要，是信号系统的自身需求，也是线路实际运用的需求。

二、信号系统采用较为先进的计算机网络技术、数字通信技术有利于系统功能的扩展，将便于系统自低水平向高水平发展，乃至有利于联通联运的实施。根据城市轨道交通客流量的变化规律，初期客流量小于近期客流，通常远期客流大于近期客流。根据传统概念信号系统的可用期约为15～20年，将进入系统的更替，相当于运营近期至远期之间；信号系统的使用寿命也有定义为30年的，与车辆寿命相当。在30年期间，信号系统设备可能需要不断地对部件更新或实施大修，信号系统所用元器件也可能经历了多次更新换代。因此，信号系统也以采用较为通用的计算机与通信技术更为有利。

三、ATP（列车自动防护系统）是保证列车运行安全的系统，为地铁线路的必备系统。ATP可与ATS（列车自动运行系统）组成信号系统最基本的行车指挥与列车运行控制系统，基本适应保证地铁行车安全、实现高效指挥的目标。地铁线路具有线路封闭、行车密度高的特点。其最大行车间隔通常小于3min，采用ATO（列车自动驾驶系统）有利于提高运行效率，适应不同行车密度的需求，提升节能效果，降低司机的劳动强度，提高服务水平。

轨旁设备通常包括信号机、转辙机、应答器、地面环路电缆以及轨道电路的扼流变压器、调谐单元等。以上设施尽可能避开轨道中心设置，因为轨道中心被指定为紧急疏散和救援的通道，当发生意外灾害时，人员沿轨道中心疏散，因此，如必须设置的轨旁设备，应采取一定的安装措施，减少对人员疏散的影响。

四、线路未全部封闭的，设有部分平交道口的系统，其客流量认定为单向高峰小时约为1万～2万人次。由于线路未全部封闭，其运行环境较封闭线路复杂，线路的平均旅行速度较低。并且工程造价较低，信号系统的选择不宜以地铁及高端轻轨为准。可根据运用需求选用适当的安全保护设施，或采用列车运行安全以司机掌控为主，设备监控为辅的模式。城市轨道交通相对于其他公交输送模式具有载客量大、输送能力强的特点，也有起停过程长的不足。因此，在有与公交系统平面交叉，并设有道口时，宜按城市轨道交通优先的原则组织城市轨道交通与其他交通输送模式的交互行车。而“列车优先”的程度，可按实际交通流量分析而定。道口是运行安全的薄弱环节，宜少设或不设。

五、列车全自动运行（无人驾驶）系统，具有典型ATC系统不可替代的技术优势与运营效果。但系统造价相对较高，系统技术要求严格。对采用列车全自动运行（无人驾驶）系统应采取既要积极，又要慎重，尊重科学的态度。

六、临时过渡信号是指在一段时期内使用的非正式运营用信号设备，用以辅助运营和指示司乘人员行车的信号设备。由非正式运营至正式运营的时间不应过长，为保证过渡期间的行车安全，使用的连锁等信号设备也必须遵从故障导向安全的原则。规定中的“行车密度不大”，是以可实现站间闭塞的行车间隔为基本要求。

第六十二条 阐述了通信系统的规定。

一、阐述轨道交通通信系统的地位——独立系统，和基本功能要求的内容——语音、数据和图像等信息传送的需要。

二、阐述轨道交通通信系统组成内容。

三、城市轨道交通传输网络，宜由通信专业综合规划组网。传输网络应兼顾各机电系统及与外网的信息交换。对于各类综合监控系统及乘客信息系统等的传输网络，原则上也宜由通信专业统一筹划。

四、数字集群移动通信技术除了具备公众移动通信网所能提供的个人移动通信服务外，还能实现个人与群体间的任意通信，并可进行自主编控，保密性高，功能丰富，比较适合轨道交通的无线调度通信要求。国内地铁系统尤其是新建地铁的无线通信系统，基本上采用了专用数字集群移动通信技术，大多采用TETRA系统。对于非地铁系统，尤其是运营规模较小的城市轨道系统，也可利用公用移动通信系统。

五、阐明程控自动电话交换机组网设备的制式选择原则。

六、阐明专用电话子系统的组成内容。

七、阐明闭路电视监视子系统的服务功能。

八、阐明广播子系统的内容与服务功能。

九、在我国，城市轨道交通乘客信息子系统，是一亟待发展、完善的技术。对于提高服务质量、促进乘客输送安全，具有重要意义。该子系统与通信、信号、防灾报警等系统以及车站、车辆等的设备配置相关，涉及行车组织、救灾抢险等运营管理业务，各城市轨道交通线路可根据实际情况设置系统功能和显示信息，但应满足向乘客提供基本列车运行信息和紧急疏散指示信息。本建设标准将该子系统纳入通信范畴，随着技术的发展，该子系统的作用、构成模式逐渐明朗时，其归属可另定。

十、城市轨道交通通信系统中的商用通信、警用通信、专用通信等子系统，涉及了移动无线通信、专用电话、广播、电视监视等通信的子系统。商用通信、警用通信、专用通信等各子系统相互独立，同时又可实现设备、频率与信息资源的共享。各通信子系统同步建设、统筹实施有利于系统设备的优化配置、工程投资的合理利用，并可实现通信系统的综合。

第六十三条 阐述了通风与空调的规定。

一、列车在隧道内运行会产生大量的热量，隧道维护结构、人员以及其他方面的因素，也会产生大量的余湿，必须有效地加以排除，从节能角度出发，排除余热、余湿应尽量利用自然冷源以及列车运行时产生的活塞效应。当自然条件和活塞效应不足以排除隧道内的余热和余湿时，应采用机械通风方式。

二、为保证将地下车站的余热和余湿排除到外界大气环境中，且达到节能的效果，通风与空调系统可采用开式运行，但当外界气温较高或较低时，为避免对内部空气环境造成较大影响，同时降低能源消耗，也可采用闭式运行。站台设置屏蔽门对通风与空调的系统容量配置和运行费用都将产生很大的影响，但应引起注意的是，不同的外界气候条件和系统运输能力等条件下，设置屏蔽门的节能效果截然不同，在有些地区和城市，设置屏蔽门时，由于不能充分利用外界的自然条件，全年周期运行费用反而更高，因此，应结合系统运力、当地气候实际状况、工程初投资以及运行和维护费用等因素，进行技术经济综合的方案论证，作为地下车站是否设置屏蔽门的依据。

三、地下车站设置空调系统将导致巨大的初投资和很高的运行能耗，因此应尽量利用通风方式实现控制内部空气环境的目的，只有当采用通风方式无法满足人员对内部空气环境的要求，或者达到要求代价非常大时，可采用空调系统。当夏季站内空气计算温度超过30℃，人员的过度性舒适条件将无法满足，结合我国的实际情况，并参考国内地铁建设和运营的实际状况，在当地夏季最热月平均温度超过25℃时，只采用通风基本难以达到要求，因此可以设置空调系统。

四、地下车站设置空调系统时，对车站站台、站厅的设计温度、湿度、新鲜空气量的规定。

五、对区间隧道夏季最热日的日平均温度以及对隧道通风系统的通风量、换气次数的规定。

六、通风与空调设备的运转将产生连续的噪声，对车站声环境的影响很大，为不影响人员在车站的普通谈话，并尽可能降低消声设备的造价两方面考虑，规定通风与空调设备传至车站站台和站厅的噪声不得超过70dB（A）。

七、地下车站及区间隧道相对外界比较闭塞，一旦发生事故或火灾，疏散和救援都非常困难，为保证运营安全，要求必须具备有效、可靠的事故通风和防烟、排烟功能。

第六十四条 阐述了给排水与消防的规定。

一、给水系统：

（一）、（二）提出给水系统设计原则和水源、水质、水压的选择原则。

（三）车站采用生产、生活与消防分开的给水系统是为保障消防水使用时的水压正常。

（四）提出消防水管布置原则。对地面、高架车站及地面建筑的消防给水系统设置的规定和用水量标准。

二、排水系统：

（一）提出污水排放原则。

（二）明确暴雨强度按50年一遇计算的规定，对局部低洼处设排水泵房的规定。

（三）阐述区间隧道排水系统按沿轨道设置纵向排水沟的规定。

第六十五条 阐述了监控系统的规定。

一、明确火灾自动报警系统FAS设置范围，火灾发生概率的规定。设置于全线控制中心（OCC）的FAS中央级，应具备监视、管理全线的火灾报警、确认火灾灾情、向车站级发布消防救灾指令的功能；设置于车站、车辆段、主变电站消防控制室（车站控制室）的FAS车站级，应具备监视区域火灾报警、确认火灾灾情并报告FSA中央级、接受中央级发布的消防救灾指令的功能。对分区排烟的车站，报警区域与防烟分区一致便于排烟模式联动。

二、明确FAS对消防设备的自动控制范围。

三、FAS（通过综合监控虚脱车站局域网）将火灾信息传递给通信广播系统，自动切换为应急广播状态；通过闭路电视切换装置和显示火灾灾情。

四、明确BAS的主要监控对象，具体监控对象根据设备配置确定。

五、当车站发生火灾时，由FAS探测火灾发生的位置，通过BAS、FAS之间设置可靠的通信接口直接向BAS发布相应的火灾模式指令，由BAS优先执行对应的控制程序，控制启动防排烟及其他相关设备进入救灾状态。

六、IBP盘可由综合监控系统统一设置，主要为以下控制操作提供后备紧急控制功能：信号系统的紧急停车、扣车和放行功能；环控通风排烟系统的紧急控制（模式控制）和消防联动功能；自动售检票系统自动检票机远程解锁控制；门禁系统门锁解锁功能；屏蔽门系统远程开门控制；自动扶梯远程停止控制；防淹门远程控制；车站消防水泵远程开启/停机控制。

七、综合监控系统集成，是指被集成PSCADA、BAS、FAS等子系统全部信息均由综合监控系统传输，子系统中央级和车站级全部功能由综合监控系统实现。

八、信息管理层由中央级、车站级综合监控系统组成；控制由中央级、车站级、现场级实现。现场级由PSCADA、BAS、FAS等系统的控制层、设备层组成。现场级控制功能由各相关系统完成，一般采用工业控制网络或现场总线，分散控制结构。对不设公共区空调系统的地下、高架车站，车站配置设备较简单，可设区域综合监控中心，3～4个车站为较合适的控制范围，其他车站仅设监控终端，可降低综合监控系统硬件及软件的投资。

九、综合监控系统的模式控制包括正常情况、紧急情况、故障情况的工作模式；群组控制主要指对被监控机电设备群时间表控制。综合监控在中央级及车站级实现对被集成系统重要设备的点控功能是系统集成的重要功能。控制层脱离综合监控系统的信息管理层时，仍能独立工作，可满足分散控制可靠性的要求。

十、通过综合监控系统的骨干传输网络将车站、车辆段与中央级综合监控系统联结，形成有机的整体。综合监控系统的组网方式由技术经济比较确定，与通信系统共用传输系统，通信骨干网应为综合监控系统提供逻辑独立的通道。

十一、对电子类控制，如通信、信号、自动售检票、综合监控等系统，后备 UPS 电源可集中设置，统一考虑备用电源容量，各系统馈电回路分别控制，满足各系统不同后备时间的要求。

第六十六条 阐述了电梯、扶梯的设置规定。

一、阐述车站站台上自动扶梯和楼梯的设置原则，必须满足高峰小时车站客流的进出总量，并满足发生紧急疏散时的通过能力。

二、自动扶梯与步行梯的设置。

（一）自动扶梯原则上应主要用在上行方向，下行方向尽量设步行楼梯。随高度增加，可增设下行方向的自动扶梯。

（二）即使在上下行方向上均设置自动扶梯，也要设置步梯以作备用。因为紧急疏散时，若高度不大，步梯是最畅通、最可靠、最安全、甚至速度也是最快的竖向疏散通道。

（三）备用楼梯最小宽度不小于 1.8m，可以保障 3 人宽度模数通行，与自动扶梯的宽度比较匹配，同时起到自动扶梯能力的补充和调节作用。在高峰时段，体力好的乘客往往会优先选用，加快疏散能力。

（四）在楼扶梯布置时，统筹考虑为轮椅人和盲人服务的配套设施，使公共区的布局更人性化。

三、通道的水平距离超过 100m 时，使乘客感到距离较远。为弥补这个缺陷，提高服务水平，加设自动步道，可提高步行速度、改善舒适度，减少体力支出。

四、在地铁车站的有限空间中，有必要将自动扶梯作为事故疏散用。自动扶梯为乘客省力、快速输送具有一定优势，有助加快疏散能力。但是自动扶梯静止状态时不宜作为紧急疏散梯道，由于自动扶梯梯级较高，不宜代替步行楼梯使用，尤其不宜年老、体弱、儿童等乘客使用。为此需保障自动扶梯在事故疏散中的作用，要求其电源应按一级负荷供电，并具有逆向运转功能，灵活适应疏散方向。

五、垂直电梯的设置规定。

（一）为避免在垂直电梯内的乘客因受其他人为的或意外的伤害，并得到及时救助，保障人身安全。

（二）垂直电梯不是连续性的载客运输工具，并且受超载停运控制，故不宜作为紧急疏散使用。

六、防止垂直电梯内的轮椅车乘客向外出时用力不当，冲向站台边缘而发生意外事故。在实际设计中，尤其是换乘车站的交叉点上，上下站台间设置的垂直电梯，特别是岛式站台，难免出现电梯门面向站台边，则应尽量增加后退距离（不宜小于 2.5m），以加设防挡安全设施，使轮椅车绕过防挡设施后驶向站台乘降区。

第八章 车辆基地及配套工程

第六十七条 阐述了车辆基地的布局和选址的规定。

一、车辆基地是城市轨道交通系统重要的组成部分，是保证城市轨道交通系统正常运营的后勤基地。由于它们的设备、设施性质相近，相互之间联系比较密切，又都是地面工程，在城市轨道交通工程项目建设管理中，通常都把它们放在一起形成一个综合系统。原《地下铁道设计规范》GB 50157—92 称为“车辆段及其他基地”，现行《地铁设计规范》GB 50157—2003 称为“车辆段与综合基地”，为统一名称现简称为“车辆基地”。

车辆基地是车辆的“家”，到夜里车辆必须收回到车辆段，进行规定的检修和保养作业，有故障可以及时修理排除，它是保证日常安全运行的重要基地。

城市轨道交通是一个网络化运营系统，车辆基地的布局和位置将对运营成本产生直接的影响。因此车辆基地位置应从网络运行、资源共享的合理性综合考虑，统筹安排，合理分工。由于车辆基地用地面积较大，其位置及用地范围需得到规划部门的认可和控制。同时考虑车辆基地基本上以单层建筑为主，上部发展空间较大，如有条件，有开发价值，可以进行综合开发的专题研究。

二、车辆基地包括车辆段、综合维修中心以及配套生活设施等。也可设置物资总库（分库）和培训中心。但车辆基地是以车辆段为主体，而车辆段按修理等级区分，即厂、架修级车辆段，定修级车辆段，停车场和辅助停车场级。综合维修中心可分为维修中心、维修工区和维修组；物资总库可分为物资总库、物资分库、材料库和材料分库。其中厂、架修作业和综合维修中心可以设计为多线共用、资源共享。

车辆段的规模是根据线路长度、列车数量和运行密度确定的，同时与车辆段在线路中接轨点位置有关，由于受早发列车的时间和数量控制，因此规定车辆段距最远线路终点站超过 20km 时，宜增设停车场（或辅助停车场）。

三、条文对车辆基地的选址提出了五项基本原则，说明如下：

（一）用地性质与城市总体规划协调一致：车辆基地一般都建在地面上，占地面积较大，属工业用地性质。因此对车辆基地的选址应避开市区，用地应进行选择和比较，取得规划部门的认可，并对用地范围加以控制。

（二）用地位置应靠近正线，有良好的接轨条件。就是在尽量缩短出入段线的长度，并满足线路坡度、平面曲线半径和信号要求的前提下，保证正常运营、降低工程投资和运营费用。

（三）用地面积应满足功能和布置的要求，并具有远期发展余地。用地面积应根据功能和工艺要求以及总平面布置确定，而且对用地地块的长度和宽度以及地块的几何形状都有一定的要求，这里要强调的是用地面积的有效性。由于车辆基地初期规模是按近期需要建设，按远期规划预留。每一条线路建设也往往是分期建设，远期线路长度难免会有一定延伸，因此车辆基地规模控制时应留有一定发展余地。

（四）用地范围宜避开工程地质及水文地质不良地段。其目的是为工程的施工和今后的运营创造有利条件，降低工程造价和运营维修成本。由于车辆基地内通常设有数十条股道和各类厂房、车间和办公楼等房屋建筑，总建筑面积近 10 万 m^2，还有各种大型设备和室内、外构筑物，这些股道、房屋、大型设备和构筑物都必须有稳定的基础，以保证生产的安全和各项设备、设施功能的发挥。

（五）用地周边应便于与城市道路连接，这主要是材料、设备的运输和消防的需要。车辆基地一般不设消防车队，而利用城市的消防队伍。道路连接时，对外交通联系和消防外援是首要条件；同时有城市电力线路、各种市政管道及通信的引入，尤其是对利用城市电网供电的供电品质和电力线路的引入条件就显得更为重要了。有条件与地面铁路连接最好，尤其是第一条线路的车辆基地，为新的车辆到达，大型设备和大宗货物的运输带来方便。

第六十八条 阐述车辆段的规模和设施的规定。

一、根据我国地铁车辆检修的实际情况和管理水平，推荐优先采用日常维修和定期检修相结合的检修制度。

车辆修程和检修周期的确定，主要取决于车辆的结构性能和质量、运行线路的技术条件、车辆的使用环境条件、检修人员的技术素质和经验等。条文根据我国各城市轨道交通的运营经验，并综合考虑了各城市在建轨道交通工程的设计情况，对我国地铁车辆修程的种类和各修程的检修周期提出标准列入表 8，供工程设计参考使用。

随着科学技术的发展，车辆检修制度还会逐步完善，修程可能会有变化，设计中可以根据实际情况进行分析、比较，合理确定。必须指出，表中所列车辆检修周期的各项指标仅用于工程设计是作为确定车辆段规模的依据，运营单位在接受工程之后还可根据运营的实际情况作适当的调查，不断完善。

表中检修周期有两种指标，即走行公里数和时间间隔。在预可行性研究阶段或可行性研究阶段，有时不可能得到详细的行车资料（列车年走行公里数），一般可采用时间间隔指标作为计算依据。

编制中吸取了北京、上海、广州等地车辆检修周期进行对比，参见附表 3。

附表 3　车辆检修周期对比表

检修种类	定检周期（万 km）				
	北京	上海	广州	原建设标准	现建设标准
厂修	120	100	120	90～120	120
架修	60	50	60	30～60	60
定修	30	10	15	10～15	15
月检	2	2	3	1～2	3
周检	—	0.5	0.5	—	0.5
列检	—	—	—	0.06～0.07	每日、双日

二、车辆技术条件，不仅是车辆段设计的主要依据，也是界定线路技术标准的基础，是确定系统运营管理模式、维修方式的基本条件，也是确定设备系统规模的重要依据。因此，在开展轨道交通工程项目建设的时候，首先必须确定车辆技术条件。

配属列车数、列车走行公里数和车辆检修周期（包括检修作业时间）是计算车辆段规模的基础。其中配属列车数（运用车列数＋非运用车列数）和列车年走行公里数，应根据行车组织和运营管理模式、列车运行交路等资料计算确定。

在工程项目建设的前期阶段，如果不能得到列车年走行公里数，这时计算规模可采用表8中检修周期的时间间隔进行计算。

三、根据列车运用整备和检修作业的需要，需要设停车、列检库、月修库、定修库、厂架修库和调机及工程车库等，并配备相应的设备和设施。

四、主要考虑地铁列车技术检查一般实行双日检制，为减少进库列车转线作业而适当提高比例；另一方面，列检线均设有检查坑，其造价相当昂贵，特别是地质条件不好的地方更贵，应严加控制。本条规定“列检列位宜按停车列检列位的50%确定”。通过几年来的实践，基本符合国情。符合现行国家标准《地铁设计规范》GB 50157—2003的规定。

五、车辆段的运用整备和检修设施的分期建设原则。车辆段的运用和检修设施初期建设规模，应考虑到城市轨道交通工程远期设计年限距近期的设计年限长达15年，距开通年更远，达25年之久。这些设施（包括房屋和设备）如按远期规模一次建成，工程量大，建成后长期不使用，造成浪费，还带来相当大维护工作量。为控制工程投资，条文规定车辆段的运用和检修设施应按近期规模设计，并按远期规模预留的规定。同时规定车辆段远期停车能力，不考虑沿线车站夜间的停车线列位。

六、为保证轨道交通的安全性和可靠性，严禁采用未经试验验证的关键设备（包括车辆）。条文规定车辆段检修、试验设备应采用国家标准产品或成熟的专用设备。

七、试车线是为经定期检修后的列车和新购列车验收时，进行全面动态性能检测而设，其长度主要与列车的性能，包括运行速度、制动性能和参数以及试车综合作业要求有关，各种参数应以车辆厂商能够提供的数据为依据。

鉴于有些车辆段由于受地形限制，无法按规定长度设试车线，允许将试车线按两部分设计，段内设试车线仅用于中速（50km/h）的常规试验，同时在正线上指定地段完成高速运行性能和有关信号试验。但必须指出，利用正线试车是迫不得已的，正线试车必须具备试车的条件，包括线路技术标准、供电、通信信号、生产房屋和工作人员工作及生活条件等，同时，还应采取切实可靠的安全防护措施。不能因在正线试车就降低标准。

八、定修段和厂、架修段宜设不落轮镟床的规定。

第六十九条 阐述了车辆出入线的设置规定。

一、车辆出入线在车站接轨，在接轨点外应具备一度停车再启动条件。不仅有利于正线列车的正常运行，确保行车安全，也有利于车站的管理和作业。接轨站的选择应本着方便运营、减少列车出入的空走时间，降低运营成本的原则。有条件时，在线路的终点站或列车的折返站接轨是一种选择，但是必须满足功能和通过能力，不能使配线复杂化。车辆段段址的选择往往受城市规划和工程地质等多种条件的限制，理想的接轨方案往往难以实现，在设计中应结合段址的选择、线路条件、车辆的技术条件和接轨站的条件进行经济技术比较，选择较为合理的接轨站和接轨方案。

二、由于车辆出入线作业频繁，为保证列车出入安全、可靠、迅速，为此车辆出入线应按双线双向运行设计，以确保在事故状态下，其中一条线路发生故障时，另一条线路仍可保证列车进出段的作业。根据车辆段的布置和车辆段与相关车站的位置关系，车辆段与车站的接轨可以是双线一站接轨（两条出入线接入同一车站），也可以是双线或单线两站接轨（两条出入线分别接入不同车站），均应保障正线列车正常运行和安全。有条件的地方宜设置八字形出入线，可以增加列车调头换边运行的功能。

三、车辆出入线的接轨形式，需要在车站配线与列车运营组织时综合考虑，尤其是发车、收车时的运行组织和能力，要进行验算，保证正线高峰小时的设计运能。

第七十条 阐述了车辆联络线的设置规定。

明确联络线的功能和任务：联络同属一个车辆基地承担车辆厂、架修的线路；工程维修车辆通行；初期临时贯通、正式载客运行等；并提出与正线接轨的原则和方法。

第七十一条 本条表9列出车辆基地占地面积的指标。土地是不可再生的资源，在当前提倡建造节约型社会的形势下，城市轨道交通工程项目建设，特别是车辆基地的建设应认真贯彻节约用地，少占农田、好地的方针，应严格控制车辆基地占地面积。但在实际应用中，有时由于规划部门给出的用地地形条件较差，可作适当调整，但必须作出说明并核实实际用地面积。

第七十二条 阐述了综合维修中心的设置规定。

一、综合维修中心应根据线网规划统一布局，设在厂、架修级的车辆基地内。综合维修中心与车辆段的生产性质相近，综合维修中心和车辆段设置在同一基地内，可利用车辆段内的股道和公共设施（包括水、电生产设施和食堂、浴室等生活设施），实现基地内的综合利用，有利于生产，节省投资。综合维修中心和厂、架修段设在一起形成厂、架修级车辆基地，在线网内厂、架修集中的前提下，也体现了综合维修基地在线网内的资源共享。但是在具体的工程设计中，还应根据线路的具体情况和管理体制具体分析，有时把综合维修中心的机构设在定修段内也是合理的。原则上一条线路不能设两个综合维修中心。根据综合基地的任务和管理上的方便原则，综合维修中心内可根据需要分设工务建筑、供电、通信信号、机电和自动化等车间，在其他相应的车辆段或停车场分设维修工区或维修组隶属于相应的车间管理，不设车间。有条件的地方，特别是专业性较强的工作，如房屋修缮、车站、桥梁、隧道等应充分利用当地的社会资源，精简机构，节约投资。

二、综合维修中心的通用设备，包括车床、钻床、刨床、铣床、磨床等，由于这些设备的利用率不高，应考虑利用车辆段的设备，按同一车辆基地内共设一处设计，充分利用设备的能力，节省投资；对于大型专用设备，如磨轨车、隧道冲洗车、轨道检测车、接触网维修车等，专用性强、生产效率高、造价高，应根据设备的功能和工作量分析，一般可根据线网中资源共享，即一台设备供若干条线共同使用。

三、综合维修中心的办公房屋宜与车辆段办公楼合建，生活设施应在车辆基地内共用，主要是从节省用地、节约能源方面考虑的。

第七十三条 阐述了物资总库的设置规定。

一、轨道交通系统的物资总库，其服务对象主要包括车辆检修和综合维修中心的设备设施维修两方面，建设期间还可作为建设材料、物资、器材和设备的存放及储存基地设在车辆基地内，与服务对象在一起，有利于生产和管理，更主要的是将车辆段维修中心和物资总库设在厂、架修级车辆基地内，可充分利用基地内的生活设施，节约用地，避免另购地的麻烦。

二、危险品库和燃油库属物资总库的分库，其设置消防和防火要求较高，而车辆基地生产中危险品（易燃品）和燃油的用量又不大。因此，在有条件的地方可在线网中集中设置，或由社会供应。

三、建立全线网的物流中心是近几年出现的新生事物。实际上是在全线网范围内设置一个管理平台，在各车辆基地根据规模分别设置一级库、二级库或三级库。在各级库内仍需配置各种库房、设备和设施。在工程项目建设中可结合当地的管理体制，因地制宜地选用。

第七十四条 本条主要是强调集中管理，避免重复建设。一般一座城市的轨道交通系统只建立一处培训中心。培训中心宜设于车辆基地范围内的适当地点，主要原因有二：一是培训中心通常规模不大，设于车辆基地范围内，其生活设施可以利用车辆段的设施，减少管理机构，节约投资；二是靠近现场可以利用现场的设备、设施，方便现场直观教学。

第七十五条 阐述了车辆基地生产设施的设置规定。

规定车辆基地各种生产设施，包括站场轨道、道路、桥涵、房屋建筑、供电、给排水及消防、电力工程、暖通、通信、信号及防灾等各系统的设备和设施的建设原则。

第九章　安全防护、环保和节能

第七十六条 阐述了安全防护设施的设置规定。

一、明确了安全保护的对象是人员、车辆、设备和环境，尤其对危及人的生命和健康的各种灾害和隐患应有足够的防范措施。

二、提出防灾原则“预防为主，防消结合”，就是要轨道交通工程自身建立预防和自救体系，同时根据地方救援力量进一步“制定安全系统与紧急救灾预案”，加强整体协调的救灾能力。

第七十七条 提出建立“轨道交通安全系统”的概念和内容。鉴于轨道交通是一个自成系统的综合性工程，载客量特别大，一旦发生灾害，后果十分严重，所以安全问题是轨道交通的首要问题，因此提出安全系统概念是由“预防、报警、逃生、救援”组成。

一是预防。预防首先要找事故源头，车辆和机电设备是主要预防对象，第一是把住产品质量和材料问题，避免发生设备自生灾害。同时一旦发生灾害，要及时启动灭灾设施，阻止灾害蔓延，必须要装备一定的救护设备和具备自救能力，至少可以控制灾情的发展，争取时间脱险。

二是报警。报警是为及时启动救灾安全系统设备，同时向上级机构报告，尽快得到专业消防队伍的外援，加快灭灾，抢救人员，减少损失。

三是逃生。一种是在车站内组织乘客紧急疏散，是通过站台、楼梯、自动扶梯、出入口向外撤离；一种是在区间列车因故停车，乘客必须下车，在隧道或高架桥上组织紧急疏散，这必须解决乘客下车方式、疏散方向和路径、到达的车站。因此在区间地段提出了“逃生通道”的空间位置，创造逃生的自救能力和条件。原则上区间逃生通道应规定在轨道中心的道床面上，若设有中心水沟，水沟宽度不宜小于550mm，也可作逃生通道。

四是救援。专业消防人员进入车站和区间进行灭灾，并实施救援工作，救援通道与上述逃生通道可以一致。对于行动不便，缺乏自救能力的乘客，由专业消防人员救援。

第七十八条 阐述了防灾、疏散的原则。

一、提出防灾设计原则。把握灾害发生的概率，各种灾害，不考虑同时发生。明确每一条线路上都要设置独立的防灾、救灾安全系统，保证具有一定的自救能力。

二、灾害中以防火为主，防火中以材料为主，抓住防火的源头。尤其是车辆制造选用的材料均应为耐火、阻燃、自身燃烧的概率极低的材料，控制火灾发生和蔓延。

三、阐述列车发生灾害时应行驶至站台疏散的原则。列车在区间发生灾害进行就地疏散时，乘客在区间隧道中行走困难，救援空间狭窄，还容易出现二次事故。一般情况下，即使列车发生火灾，车辆动力不会同时发生故障，因此列车应行驶到车站，通过站台疏散乘客是既安全，又快速的方案。

四、阐述列车在区间故障停运的救援模式。一般来说，停电事故或车辆机械故障造成的区间停车概率甚小。如果因列车本身故障而被迫停止运行，应首先采用的救援方案是由另一列车（清客后）救援推送（牵引）至就近车站疏散，随后送入就近车站的待避线停放，退出正线运行，尽快恢复线路上的列车正常运行。

五、故障列车在不得已情况下，可采用就地疏散方案，按应急预案规定，有序地组织乘客从列车下车，向轨道区疏散。上述疏散方案均由总调度员决策下令，司机是执行者。

六、阐述乘客向轨道区疏散的安全条件。也是对供电牵引接触网、事故通风与排烟系统，应急照明系统提出的特殊工作模式，以保障乘客疏散的安全。在轨道道床中心或旁侧，设无障碍步行通道，这对设在轨道之间的信号交叉环形电缆和地面设施的布置，提出新的要求——不得有绊脚的障碍物，保障有一条使乘客和救援人员可以安全通行的逃生和救援通道。

七、横向通道的功能是使两相邻隧道相通，当一个隧道中间出现列车事故时，乘客可能下车步行，通过横通道至相邻隧道，或直接步行安全撤离至车站，这样在事故隧道内最大步行距离为300m。一是前方预设的引导目标，在乘客可视度范围内；二是按乘客在隧道内步行速度 2～3km/h（33～50m/min）计，需要6～9min，可控制在10min内撤离事故现场。对于体弱乘客可视为被救援对象，有利救援快速撤离。总的救援撤离时间无法规定。

八、当站间距在2km以上的区间隧道内，列车行车密度达30对/h及以上时，需核算高峰小时段内，该区间内同时运行的列车数量，如果在同一方向上有2列或3列车同时运行，应充分研究当前一列车突然故障停运在区间时，后续列车也被迫停运在区间的最不利情况下，如何保证在车辆阻塞条件下送进足够新风，如何救援和疏散乘客。在站间距过长的长大区间隧道，因疏散到车站的距离过长，应在区间中间设置直通地面的专用疏散出口，或其他安全疏散区，这都需要结合具体情况专门研究对策。

第七十九条 阐述了防灾与人防的设置规定。

一、两个直通地面的独立出入口，且具有地面建筑倒塌防护能力或侵入范围以外，可保证在最不利情况下有两个逃生和救援的安全通道。在车站中，站台至站厅，站厅至出入口的竖向通道中设置的楼梯和自动扶梯，总是将日常使用和紧急疏散的功能结合考虑的。在实际运用中，步行楼梯往往是最安全、最快速的，因此必须设有步行楼梯是紧急疏散时必备的通道，并对客流具有很好的调节作用，因此站台上的楼梯必须设有不少于两处，分开设置，最小宽度1.8m。上述要求是指每个站台，如果是侧式站台的车站，每个站台均应设两个步行楼梯。在中运量车站中，站台较短，客流较小，正常使用计算楼梯仅设一台即可，但从紧急疏散要求，还应设置另一个备用疏散楼梯。同时作为紧急疏散用的自动扶梯必须具备一级供电、不间断的供电保证。

二、地铁车站最大的事故是火灾，所以主要建筑结构材料均应采用一级耐火等级设计，按国家现行有关防火设计规范的规定执行。对于地面开口部，应根据就近地面常年的积水位标高，设置防涝设施。

三、完善和可靠的通信是为及时报警、及时处理事故，及时救援；完善和可靠的信号系统是为列车运行安全。

四、轨道交通运营安全中，防止机电设备对人身安全的危害十分重要，尤其是供电及强电设备，高压电的泄漏和袭击，电器设备自燃等，一方面要有安全防护措施，另一方面要把握质量问题。

五、地下和高架的车站和区间，消防给水系统设置原则。

六、地下车站的重要电器设备房间，是可能发生火灾的地方，为防止意外，必须加强自动监控系统，尤其是无人值守的设备房间，要增加自动灭火装置。

七、轨道交通的救援工作，一方面要具有一定自救能力，另一方面要借助地方消防队的外援。为此轨道交通应有负责全线的救援基地——宜布置在车辆基地，并设置相应的救援设施和装备。由于每一条线路都较长，因此救援基地可与车辆基地一样，做好全线网的统一规划、合理布局，相互支援。

八、提示在地面的线路，必须注意对大自然的气候环境的影响，尤其是对列车运行的安全影响，做好防淹、防雪、防滑、防暴风、防雷击等措施。

九、对于在隧道开口处，可能被雨水淹的口部应设置排雨水泵站；在水域下的隧道，应防止隧道损坏被淹的重大事故的扩大化，因此规定在水域的两端适当位置设置防淹门。

十、明确轨道交通工程是以交通功能为主，兼顾人防的原则。符合当地政府主管部门核定的人防等级要求和平战结合的原则进行设防。轨道交通工程中的防淹门可与人防区间隔断门统一设置，在平时应由防灾系统统一管理。

第八十条 阐述了环境保护设施的设置规定。对噪声、震动、日照和景观、装修材料、电磁兼容性、电磁辐射、生活污水和生产废水的处理、排放等方面分别作了原则规定。

第八十一条 阐述了节能的规定。节能是建立节约型轨道交通的核心，主要反映在以下三个方面：

一是建设方面：节约土地（车辆基地用地控制）、节约资源（中水利用）、开发能源（开发太阳能、风能和冰蓄能等），采用高效、低耗的节能设备。

二是长期运营方面：合理的行车组织和运能配置，既要提高运营服务水平，又要提高满载率，降低运营成本；同时优化线路纵断面，设计节能坡度，有利于列车出站加速、进站减速条件，减小运行能耗等。

三是对车站规模和体量的控制：有利于节约照明，空调通风的负荷，实现智能控制，从而达到节能目的。

第十章 主要技术经济指标

第八十二条 阐述了运营管理机构与定员指标的要求。

一～二、提出对城市轨道交通运营机构的责任定位和要求、运营机构设置和组建的原则。

三、提出机构定员的指标，是根据近年来北京、上海、广州等地地铁公司的经验数据，照顾到其他城市的管理水平，略作调整。对于初建线路，尤其第一条线路因缺乏经验和兼顾后期线路人员的培训和储备，定员指标可以取偏高一些，到后期线路定员可以逐步降低。同时根据运营管理模式和设备智能化水平酌情调整。

第八十三条 提出项目研究与设计的程序和工作周期。强调工程开工之前，做好工程前期工作的重要性。条文中的工作周期，是根据国内当前工作程序、内容和深度要求，实际经验和调查分析，为保证工作时间和产品质量，提出一般平均工作周期指标，宜参照执行。

第八十四条 提出工程实施进度指标。提出工程开工的前期工作内容和准备时间，各项土建工程的建设工期，可以根据工程具体情况参照应用。

第八十五条 阐述投资控制有关规定。

一～三、城市轨道交通工程复杂，投资大，工期长，属于重大工程项目，该项目的立项，往往是城市建设中的第一号工程。因此要严格执行国家、行业和地方有关造价的规定和法令，按动态管理编制投资估（概）算，进行方案的技术经济比较，控制工程造价，以便进行资金筹措和控制投资。

四、大力发展公共交通和轨道交通是重要国策。为此必须引起城市领导重视，要使建设资金得到保障，必须加大政府投入力度，提高项目资本金的比例。同时减少建成后还贷的财务风险。

五、要求进行专业和系统的分项投资分析和评价，是为控制和检查投资总量而采用的基本方法。对每阶段的方案深化和投资变化说明原因。

对各设计阶段的总投资的变化幅度提出控制要求：可行性研究阶段的总投资不宜超过预可行性研究的15%；总体设计与初步设计均不得超过可行性研究阶段的10%。以上规定是根据各城市轨道交通工程在不同阶段方案研究深度要求基础上，随方案深化，在工程上从规划到实施过程的复杂性和不稳定性的特点，又考虑到不同时期政策和价格的变化（如材料价格、房屋拆迁费），参照以往政策规定，确定其投资控制变化率分别在15%和10%的限值。若超过上述限值，应予提出分析报告，向上级部门申报，按批复意见执行。

第八十六条 规定城市轨道交通可行性研究阶段的经济评价方法，按《建设项目经济评价方法与参数》（第三版）执行。城市轨道交通项目作为基础设施项目，是否需要建设，宜由社会需求和地方财力两个主要因素决定。

四、勘察规划标准

中华人民共和国国家标准

地下铁道、轻轨交通岩土工程勘察规范

Code on geotechnical investigations for metro and light rail transit

GB 50307－1999

主编部门：首都规划建设委员会办公室
批准部门：中华人民共和国建设部
施行日期：2000年6月1日

关于发布国家标准《地下铁道、轻轨交通岩土工程勘察规范》和《地下铁道、轻轨交通工程测量规范》的通知

建标［1999］318号

根据我部《关于印发一九九八年工程建设标准规范制订、修订计划（第二批）的通知》（建标［1998］224号）的要求，由首都规划建设委员会办公室会同有关部门共同制订的《地下铁道、轻轨交通岩土工程勘察规范》和《地下铁道、轻轨交通工程测量规范》，经有关部门会审，批准为强制性国家标准，编号分别为：GB 50307—1999和GB 50308—1999，自2000年6月1日起施行。

本规范由首都规划建设委员会办公室负责管理，北京市城建勘察测绘院负责具体解释工作，建设部标准定额研究所组织中国计划出版社出版发行。

中华人民共和国建设部
一九九九年十二月十五日

前　言

本规范是根据中华人民共和国建设部建标〔1998〕224号文《关于印发一九九八年工程建设标准规范制订、修订计划（第二批）的通知》要求编制的。

本规范共有17章、11个附录及条文说明，主要内容有：

一、对各勘察阶段工作布置的原则和要求。

二、岩土和地下水技术参数测定的方法。

三、不同施工方法的勘察要点。

四、特殊土及高架线路、桥涵的勘察内容。

五、勘察报告的编制及工程监测。

经授权，负责本规范具体解释的单位是：北京市城建勘察测绘院，院址：北京市朝阳区安慧里五区六号，邮编：100101，http：//www. cki. com. cn，E-mail：webmaster @ cki. com. cn。希望各单位在使用中注意积累经验，并将建议和意见寄给北京市城建勘察测绘院，以供今后修订时参考。

本规范主编单位、参编单位和主要起草人：

主 编 单 位：北京市城建勘察测绘院

参 编 单 位：北京市城建设计研究院

广州市地下铁道总公司

上海岩土工程勘察设计研究院

北京市勘察设计研究院

西北综合勘察设计研究院

沈阳市勘察测绘研究院

青岛市勘察测绘研究院

建设部综合勘察研究设计院

铁道部科学研究院

深圳市勘察测绘院

主要起草人：袁绍武　王元湘　刘官熙　史存林　庄宝璠　吴成孝　林在贯　张乃瑞　金　淮　周士鉴　罗梅云　顾宝和　顾国荣　贾信远　傅迺鑫　彭家骏　鞠世健　陈玉梅

目　次

1 总 则

1.0.1 为统一地下铁道、轻轨交通岩土工程勘察的技术标准，做到确保质量、安全适用、技术先进、经济合理，制定本规范。

1.0.2 本规范适用于地下铁道、轻轨交通的隧道、车站、路基、桥涵、车辆段及附属建筑物岩土工程勘察工作。

1.0.3 在地下铁道、轻轨交通岩土工程勘察中应重视环境保护，防止或减少对环境平衡的破坏。并应预测和控制对市政工程安全产生的危害。

1.0.4 地下铁道、轻轨交通岩土工程勘察必须广泛搜集已有的勘察、设计与施工资料，针对不同的施工方案和施工影响范围安排工作量和测试手段，提供勘察资料，提出工程建议。

1.0.5 勘察阶段宜与设计阶段相适应。可分为可行性研究勘察阶段，初步勘察阶段，详细勘察阶段，在地质复杂地区可配合施工阶段进行施工中的岩土工程勘察。

1.0.6 地下铁道、轻轨交通岩土工程勘察，除应执行本规范外，尚应符合国家现行的有关强制性标准的规定。

2 术语和符号

2.1 术 语

2.1.1 地下铁道 metro 或 underground railway 或 subway tube

在城市中修建的高速、大运量的用电力机车牵引的铁道，远期单向高峰小时客流量超过 30000 人次，线路通常设在地下的隧道中，有时也从地下延伸至地面，或设在高架桥上。

2.1.2 轻轨交通 light rail transit

在城市修建的高速、中运量的轨道交通客运系统，远期单向高峰小时客流量在 10000～30000 人次之间，线路设在地面、高架桥上或地下。

2.1.3 工程环境 engineering environment

工程环境指工程所处的自然环境、人文环境，以及由于工程建设产生的新环境。研究环境与工程建设的相互影响、相互制约的作用，通过勘察、预测、评估使工程建设和环境的改善，同步进行，以达到工程建设走可持续发展道路的目的。

2.1.4 围岩 surounding rock

指隧道周围一定范围内，对其稳定性产生影响的岩土。

2.1.5 基床系数 coefficient of subgrade reaction

基床系数是地基土在外力作用下，产生单位变位时所需的压力，也称弹性抗力系数或地基反力系数。有水平基床系数和垂直基床系数之分。

2.1.6 热物理指标 thermophysical index

岩土热物理指标主要包括导热系数、导温系数和比热容。

2.2 符 号

a——压缩系数

b——基础底面宽度

c——粘聚力

C_c——压缩指数

C_s——回弹指数

d——土粒粒径

d_{10}——有效粒径

d_{50}——中值粒径

D_r——相对密实度

E——弹性模量

E_c——回弹模量

E_d——动弹性模量

E_o——变形模量

E_s——压缩模量

e——孔隙比

f_o——地基承载力基本值

f_k——地基承载力标准值

f_r——岩石饱和单轴抗压强度

G——地基剪切模量；土的比重

G_d——动剪切模量

H——高度

I_L——土的液性指数

I_p——土的塑性指数

K_o——静止土压力系数

K_a——主动土压力系数

K_p——被动土压力系数

k——土的渗透系数

K——基床系数

N——标准贯入试验锤击数

N_{10}——轻型动力触探锤击数

$N_{63.5}$——重型动力触探锤击数

N_{120}——超重型动力触探锤击数

OCR——超固结比

P——总压力

P_c——先期固结压力

Q——出水量

q_c——静力触探锥头阻力

q_p——桩端土承载力标准值

q_s——桩周土摩擦力标准值

q_u——无侧限抗压强度

s——沉降量

S_r——土的饱和度

S_t——土的灵敏度

V——地下水流速

V_p——地层压缩波波速

V_s——地层剪切波波速

w——土的天然含水量

w_L——液限

w_p——塑限

γ——土的重力密度（重度）

γ_d——土的干重度

ν——泊松比

ρ——土的密度

φ——内摩擦角

3 基本规定

3.0.1 地下铁道、轻轨交通岩土工程勘察，应按不同设计阶段的精度要求，实施相应的勘察工作。

3.0.2 地下铁道、轻轨交通岩土工程勘察，应结合不同的施工方法，为工程设计提出岩土分布及其技术参数的评价，并应提出工程建议与监测措施。

3.0.3 工程安全等级应根据工程破坏后果和工程类型来确定，安全等级划分可按表 3.0.3 确定：

表 3.0.3 工程安全等级

安全等级	破坏后果	工程类型
一级	很严重	隧道及出入口、高架桥、大中桥梁，30 层以上高层建筑及其他重要构筑物
二级	严重	路基、检修库、停车库
三级	不严重	次要建筑物

3.0.4 隧道通风设计或冻结法施工，应测定岩土的热物理指标。

3.0.5 应搜集和分析地表水系的水情要素，并应提供沿线地下水参数。

3.0.6 采用人工降低地下水位的施工地段，对附近土体变形和重要建筑物的沉降，应提出监控措施。

3.0.7 对沿线重要的自然景观和人文景观应进行调查，并应提出保护措施。

3.0.8 对地下有害、可燃气体、突水、涌砂等危险地段应进行调查，并应进行必要的勘察测试。

3.0.9 地下铁道、轻轨交通的场地复杂程度，宜按表 3.0.9 划分：

表 3.0.9 场地复杂程度

类别	地貌特征	岩土性状
简单场地	开阔平坦 平缓坡地	地层较稳定，岩性变化不大，地下水位较低 为坚硬场地土或中硬场地土所构成
中等复杂场地	基本平坦 一般斜坡	地层变化较大，岩性多变，地下水位较高 多为中硬场地土和中软场地土所构成
复杂场地	高差较大 兼容多种地貌	岩土成分复杂，土质软弱，起伏较大，地下水位高，具有多种类型的地下水

3.0.10 地下铁道、轻轨交通应按当地基本烈度设防。

3.0.11 场地土类型划分、建筑场地类别划分、地基土液化判别，地下铁道、轻轨交通工程构筑物应执行现行国家标准《铁道工程抗震设计规范》GBJ 111 的有关规定。凡对地面建筑物，应执行现行国家标准《建筑抗震设计规范》GBJ 11。其划分深度应满足设计的需要。

3.0.12 车辆段及其附属建筑勘察可与正线勘察同步实施。通风道、通风井及水源井的勘察宜在详细勘察阶段实施。

3.0.13 应对岩土的变形和应力变化、围岩稳定、降水效果、支护结构状态以及对邻近建筑和市政设施的影响等提出监测建议。

4 岩土定名、描述与围岩分类

4.1 岩 石 分 类

4.1.1 岩石按成因应分为岩浆岩、沉积岩和变质岩。

4.1.2 岩石应根据饱和极限抗压强度 f_r 按表 4.1.2 划分。

表 4.1.2 岩石的分类（MPa）

岩石类别		f_r
硬质岩石	极硬岩	$f_r>60$
	硬质岩	$30<f_r\leqslant60$
软质岩石	软质岩	$5\leqslant f_r\leqslant30$
	极软岩	$f_r<5$

4.1.3 岩石的风化程度应按本规范附录 A 分为未风化、微风化、中等风化、强风化和全风化。

4.1.4 按软化系数 K_r 分为软化岩石 $K_r\leqslant0.75$ 和不软化岩石 $K_r>0.75$。

注：K_r 为饱和状态与风干状态岩石单轴极限抗压强度之比。

4.2 土 的 分 类

4.2.1 土按沉积年代分为老沉积土、一般沉积土、新近沉积土并应符合下列规定：

1 老沉积土：第四纪晚更新世 Q_3 及其以前沉积的土层。

2 一般沉积土：第四纪全新世（文化期以前 Q_4）沉积的土层。

3 新近沉积土：文化期以来新近沉积的土层 Q_4。

4.2.2 按地质成因应分为残积土、坡积土、洪积土、冲积土、淤积土、冰积土、风积土。

4.2.3 按土中有机质含量 W_u 分为无机土、有机质土、泥炭质土和泥炭（有机质含量 W_u 为 550℃时的灼失量），按表 4.2.3 确定。

四、勘察规划标准

表 4.2.3 按有机质含量（W_u）分类（%）

土的名称	有机质含量
无机土	$W_u<5$
有机质土	$5\leqslant W_u\leqslant 10$
泥炭质土	$10<W_u\leqslant 60$
泥炭	$W_u>60$

4.2.4 土的分类按颗粒级配应分为碎石土、砂土并应符合下列规定：

1 碎石土：粒径大于 2mm 颗粒的质量超过总质量 50%的土。

2 砂土：粒径大于 2mm 颗粒的质量少于总质量 50%且粒径大于 0.075mm 颗粒的质量超过总质量 50%的土。

3 对碎石土和砂土的分类应按表 4.2.4-1 和表 4.2.4-2 确定：

表 4.2.4-1 碎石土的分类

土的名称	颗粒形状	颗粒含量
漂石	圆形和亚圆形为主	粒径大于 200mm 颗粒的质量超过总质量的 50%
块石	棱角形为主	
卵石	圆形和亚圆形为主	粒径大于 20mm 颗粒的质量超过总质量的 50%
碎石	棱角形为主	
圆砾	圆形和亚圆形为主	粒径大于 2mm 颗粒的质量超过总质量的 50%
角砾	棱角形为主	

表 4.2.4-2 砂土的分类

土的名称	颗粒含量
砾砂	粒径大于 2mm 颗粒占总质量大于 25%，且少于 50%
粗砂	粒径大于 0.5mm 颗粒超过总质量的 50%
中砂	粒径大于 0.25mm 颗粒超过总质量的 50%
细砂	粒径大于 0.075mm 颗粒超过总质量的 85%
粉砂	粒径大于 0.075mm 颗粒超过总质量的 50%

4.2.5 按塑性指数分类分为粉土和粘性土。

1 粉土：塑性指数 I_P 大于 3 小于或等于 10 的土。

2 粘性土：塑性指数 I_P 大于 10 的土，按表 4.2.5 确定。

表 4.2.5 粘性土的分类

土的名称	塑性指数 I_P
粉质粘土	$10<I_P\leqslant 17$
粘土	$I_P>17$

4.2.6 特殊土：按其特殊性质分为湿陷性土、膨胀土、软土、残积土和人工填土。

1 湿陷性土：在干旱、半干旱环境中堆积形成，固结程度低、孔隙比大，随着含水量的增加或浸水会产生显著、大量附加压缩变形的土，主要是黄土和黄土类土。但也包括在类似环境中形成的一部分碎石类土、砂土与混合土。湿陷性土有自重湿陷性和非自重湿陷性之分。

2 膨胀土：含较多或大量亲水粘土矿物，具有显著的吸水膨胀和失水收缩并往复可逆的变形特性的粘性土。

3 软土：天然含水量大于或等于液限，天然孔隙比大于或等于 1.0，外观常为灰色或灰黑色的粘性土，具有压缩性高（$a_{1-2}>0.5\text{MPa}^{-1}$）强度低（$C_u<30\text{kPa}$）灵敏度高与透水性低等技术特性。天然含水量大于液限，孔隙比大于或等于 1.5 且含大量有机质的粘性土称淤泥；天然孔隙比小于 1.5，但大于或等于 1.0 的称淤泥质土。

4 残积土：岩石的组织结构已全部破坏，除石英外其矿物成分已完全风化成土但未经搬运的物质。

5 人工填土：由人类活动而堆填的土，根据其物质成分和堆填方式，可分为下列三类：

1）素填土：由碎石、砂质、粉土质、粘土质等一种或多种材料组成的填土，不含杂质或含杂质不多。按主要组成物质，素填土分为碎石素填土、砂质素填土、粉土质素填土与粘土质素填土等。

2）杂填土：含有大量建筑垃圾、工业废料或生活垃圾等杂物的填土，按组成物质成分又可分为建筑垃圾填土、工业废料填土与生活垃圾填土。

3）冲填土：利用水力运移吹填泥砂形成的填土，亦称吹填土。

4.3 隧道围岩分类

4.3.1 隧道围岩应按表 4.3.1 划分。

表 4.3.1　隧道围岩分类

类别	围岩主要工程地质条件：主要工程地质特征	围岩主要工程地质条件：结构特征和完整状态	围岩开挖后的稳定状态（单线）
Ⅵ	硬质岩石（饱和极限抗压强度 $f_r>60$MPa）：受地质构造影响轻微，节理不发育，无软弱面（或夹层）；层状岩层为厚层，层间结合良好	呈巨块状整体结构	围岩稳定，无坍塌，可能产生岩爆
Ⅴ	硬质岩石（$f_r>30$MPa）：受地质构造影响较重，节理较发育，有少量软弱面（或夹层）和贯通微张节理，但其产状及组合关系不致产生滑动；层状岩层为中层或厚层，层间结合一般，很少有分离现象；或为硬质岩石偶夹软质岩石	呈大块状砌体结构	暴露时间长，可能会出现局部小坍塌，侧壁稳定，层间结合差的平缓岩层，顶板易塌落
	软质岩石（$f_r\approx30$MPa）：受地质构造影响轻微，节理不发育；层状岩层为厚层，层间结合良好	呈巨块状整体结构	
Ⅳ	硬质岩石（$f_r>30$MPa）：受地质构造影响较重，节理发育，有层状软弱面（或夹层），但其产状及组合关系尚不致产生滑动；层状岩层为薄层或中层，层间结合差，多有分离现象；或为硬、软质岩石互层	呈块（石）碎（石）状镶嵌结构	拱部无支护时可产生小坍塌，侧壁基本稳定，爆破震动过大易坍塌
	软质岩石（5MPa$<f_r\leqslant30$MPa）：受地质构造影响较重，节理较发育；层状岩层为薄层、中层或厚层，层间结合一般	呈大块状砌体结构	
Ⅲ	硬质岩石（$f_r>30$MPa）：受地质构造影响很严重，节理很发育，层状软弱面（或夹层）已基本被破坏	呈碎石状压碎结构	拱部无支护时可产生较大的坍塌，侧壁有时失去稳定
	软质岩石（5MPa$<f_r\leqslant30$MPa）：受地质构造影响较重，节理发育	呈块（石）碎（石）状镶嵌结构	
	土：1. 密实的粘性土和胶结的砂土 2. 黄土（Q_1、Q_2） 3. 一般钙质或铁质胶结的碎、卵石土，大块石土	1、2 呈大块状压密结构，3 呈巨块状整体结构	
Ⅱ	石质围岩位于挤压强烈的断裂带内，裂隙杂乱，呈石夹土或土夹石状	呈角（砾）碎（石）状松散结构	围岩易坍塌，处理不当会出现大坍塌，侧壁经常小坍塌，浅埋时易出现地表下沉（陷）或坍塌至地表
	一般第四系的坚硬至硬塑的粘性土及稍湿至潮湿的一般碎、卵石土，圆砾、角砾土及黄土（Q_3、Q_4）	呈松散或松软状	

续表 4.3.1

<table>
<tr><td rowspan="2">类别</td><td colspan="2">围岩主要工程地质条件</td><td rowspan="2">围岩开挖后的稳定状态（单线）</td></tr>
<tr><td>主要工程地质特征</td><td>结构特征和完整状态</td></tr>
<tr><td rowspan="2">Ⅰ</td><td>石质围岩位于挤压强烈的断裂带内，呈角砾、砂、泥松软体</td><td>呈松软状</td><td rowspan="2">围岩极易坍塌变形，有水时土、砂常与水一齐涌出，浅埋时易坍塌至地表</td></tr>
<tr><td>软塑状粘性土及粉土、潮湿的粉细砂等</td><td>粘性土易蠕动，砂性土潮湿松散</td></tr>
<tr><td colspan="4">注：软质岩石Ⅱ、Ⅲ类围岩遇有地下水时，可根据具体情况和施工条件适当降低围岩分类。</td></tr>
</table>

4.4 土、石可挖性分级

4.4.1 土、石可挖性可按本规范附录B分为松土、普通土、硬土、软石、次坚石和坚石。

4.5 岩土的描述

4.5.1 岩石应描述名称、颜色、成分、结构与构造、风化程度、节理发育程度、充填物、有无岩脉侵入等。

4.5.2 碎石土应描述颗粒级配、形状、母岩成分、风化程度、充填物和充填程度、密实度、层理特征等。

4.5.3 砂土应描述颜色、颗粒级配、矿物组成、形状、粘性土含量、湿度、密实度及层理特征等。砂土的密实度根据标准贯入实测锤击数 N 值按表 4.5.3-1 确定。粉土密实度根据孔隙比 e 按表4.5.3-2确定。

表 4.5.3-1 砂土密实度

密实度	N 值
松散	$N\leqslant 10$
稍密	$10<N\leqslant 15$
中密	$15<N\leqslant 30$
密实	$N>30$

表 4.5.3-2 粉土密实度

密实度	e 值
密实	$e<0.75$
中密	$0.75\leqslant e\leqslant 0.90$
稍密	$e>0.90$

4.5.4 粉土应描述颜色、含有物、湿度、密实度及层理特征等，粉土的湿度按表 4.5.4 确定。

4.5.5 粘性土应描述颜色、含有物、土的结构和结构性、层理特征及状态、断面状态、粘性土的状态根据液性指数 I_L 按表 4.5.5 确定。

表 4.5.4 按含水量确定粉土湿度（%）

湿度	W
稍湿	$W<20$
湿	$20\leqslant W\leqslant 30$
很湿	$W>30$

表 4.5.5 粘性土状态的划分

状态	I_L 值
坚硬	$I_L\leqslant 0.00$
硬塑	$0.00<I_L\leqslant 0.25$
可塑	$0.25<I_L\leqslant 0.75$
软塑	$0.75<I_L\leqslant 1.00$
流塑	$I_L>1.00$

4.5.6 特殊土应描述其特殊成分、状态和结构特征等。

5 勘察阶段工作内容

5.1 一般规定

5.1.1 地下铁道、轻轨交通岩土工程勘察工作阶段应分为可行性研究阶段、初步勘察阶段、详细勘察阶段及施工中的岩土工程勘察工作。

5.1.2 各勘察阶段所提供的工程地质及水文地质资料必须满足相应设计阶段需要的设计参数和有关技术资料，并应对工程环境进行预测、评价。

5.2 可行性研究阶段

5.2.1 可行性研究阶段应调查和搜集有关勘察资料，必要时可适当进行勘探工作。

5.2.2 可行性研究阶段工作应包括下列内容：

1 勘察前应根据建设单位和设计人员提出的勘察任务书，制定工作计划。

2 应搜集区域性的地质构造、工程地质、水文地质、气象、地震、地貌、地下水动态、古河道等有关资料以及物探资料和有关图片（卫片、航片）。

3 应调查研究沿线重要及高大建筑物的地基资料，沿线岩土工程施工经验。

4 每个车站、区间、每个地貌单元应有勘探资料。

5 对地下水动态进行长期观测时可布置一定数量的观测孔。

6 评价比选方案。

5.2.3 可行性研究阶段应提交下列文件：

1 可行性研究阶段岩土工程勘察报告。

2 钻孔平面位置图。

3 工程地质纵剖面图。

4 必要的测试资料及附图、附表。

5 复杂地段的工程地质、水文地质及市政环境资料。

5.3 初步勘察阶段

5.3.1 初步勘察阶段应初步查明沿线的区域地质、水文地质及工程地质条件，并应对线路通过地区的工程地质、水文地质条件进行评价；应初步查明控制线路方案的不良地质、特殊地质的性质、特征、范围，并应初步提出对不良地质的治理措施。

5.3.2 初步勘察阶段应包括下列内容：

1 初步查明沿线区域地质条件、地貌、地层、岩性、地质构造、水文地质条件，地下有害气体。

2 划定构造复杂地段、不良地质和特殊地质地段，并初步查明其成因、类型、性质、发生、发展、分布规律及对线路的危害程度，并提出治理意见。

3 初步查明沿线河湖淤积物的发育、分布，古建筑遗址，并结合工程要求提出初步评价。

4 调查沿线重要建筑物的地基条件、基础类型、上部结构和使用状态，并预测由于地铁修建可能引起的变化及预防措施。

5 分析已有地震资料，划分场地土类型和场地类别。

6 初步确定沿线土、石可挖性分级、围岩分类。

7 对沿线的重要车站、区间及不良地段，必要时可单独提供勘察资料。

8 初步查明沿线的地表水水位、流量、水质，以及补给、排泄条件与地下水的相互关系。

9 初步查明地下水类型、埋藏条件、补给来源、历年最高水位、水质、流速、流向，了解地下水动态和周期变化规律，提出水质评价，进行水文地质分区。

10 按地貌单元选择代表性地段进行水文地质试验，提出有关技术参数。需要进行地下水动态观测时，应设长期观测孔。

5.3.3 初步勘察阶段的勘探工作应符合下列规定：

1 在隧道一侧或两侧宜交叉布点，当需要在隧道范围内钻孔时应回填封孔。勘探点间距宜为100～200m，并可根据地质条件复杂程度及设计需要确定。

2 取试验样品和进行原位测试的孔不宜少于勘探孔总数的2/3。

3 控制性勘探孔深度：在松散地层中，应在隧道结构底板下不宜小于20m。在微风化及中等风化岩石地层中孔深应进入底板以下3～5m，在强风化带、全风化带中深度可根据地质条件、设计和施工的要求而定。

5.4 详细勘察阶段

5.4.1 根据初步设计鉴定意见，应详细查明沿线的工程地质及水文地质条件。

5.4.2 详细勘察阶段应包括下列内容：

1 对工程地质、水文地质复杂地段、特殊地段或有施工特殊要求的区段，应进行重点勘察，并应提出评价及处理方案。

2 对车站、出入口、通风道、水源井、车辆段等应进行单独详细勘察。

3 车站横剖面图不得少于3个。在地质条件复杂地段的区间应布置横剖面。

4 依据工程地质和水文地质条件，结合设计及施工方法的要求，按车站、区间综合各项指标以数理统计的方法分层，提出设计所需要的技术参数。

5 查明水文地质条件，补充初步勘察的不足。进一步查明地下水的性质，并做出评价。需要降水施工时，应分车站、区间提出降水方法及有关计算参数。

6 分析沿线建筑物、地下构筑物及管线在施工过程中的稳定性，并提出防护措施。

5.4.3 详细勘察阶段勘探点的数量、勘探孔深度应符合下列要求。

1 勘探孔间距可按表5.4.3确定：

表5.4.3 勘探孔间距（m）

类 别	区 间	车 站
简单场地	100～50	80～40
中等复杂场地	50～30	40～25
复杂场地	＜30	＜25

2 勘探孔深度：

1) 第四纪松散地层中控制性钻孔的深度应根据区间、车站的埋深，地层、地下水等地质条件、设计要求、施工方法及降水工程的需要确定，其他钻孔可钻至基础底下6～10m；

2) 基岩地区控制性钻孔：微风化带应钻入3～5m，但每个车站、区间必须有进入基底下1～3m的钻孔。在中等风化带应进入基底下3～5m。

3 取样试验及原位测试孔数量不应少于勘探孔总数的1/2。

4 必要时各车站、区间及每个地貌单元进行水文地质试验。

5 水源井勘探应根据设计要求进行。

6 车辆段内线路勘察应按本规范第15章的有关规定执行，除应绘制地质纵剖面图外，必要时还应绘制地质横剖面图。勘探深度可钻到基底下4～8m，地质条件复杂或有特殊要求时可适当加深。

5.4.4 应分车站、区间提供沿线地下水类型、补给和排泄条件、流速、流向、渗透系数、历年最高水位、枯水位、勘察时水位、水质等水文地质资料。

5.5 施工中的岩土工程勘察工作

5.5.1 施工中的岩土工程勘察工作宜包括下列内容：

1 验证勘察资料的准确性，根据实际情况及时调整勘察报告中提供的技术参数。

2 解决施工中遇到的工程地质及水文地质问题。

3 对沿线重要高大建筑物及附近地面沉降进行监测。

4 绘制隧道竣工地质剖面图。

5 对地下水动态进行长期观测。

6 对围岩或衬砌中进行岩体应力及变形观测。

6 工程地质调查与测绘

6.0.1 工程地质调查与测绘宜采用下列方法：

1 根据任务要求对已有的地质资料进行分析研究，编写纲要。必要时选择有代表性的地段进行实地踏勘。

2 对线路所处第四系覆盖地段，宜先使用物探方法进行探测，对解释成果应选择性地进行验证，并应提供实测地质剖面和必要的岩土测试资料。

3 基岩裸露、半裸露区，宜采用路线地质追索法与横穿法相结合进行调查与测绘，必要时可进行适量的勘探与测试。

4 地质复杂，宜采用填图的方法进行。当地质条件简单或既有地质资料比较充分时，可采用编图方法进行。编图地段应有剖面总数1/3的实测地质剖面。

5 对线路设计与施工有重要影响的地质问题，设专题进行研究。

6.0.2 工程地质调查与测绘的范围应符合下列规定：

1 应按规划的线路、附属建（构）筑物及其邻近地段开展工作。

2 以线路中线向两侧扩展宽度：车站、弯道不应少于100m，直线段不应少于50m。

3 为满足线路方案比选和附属建（构）筑物选址的需要所确定的地段，以及因工程建设可能诱发地质灾害所能影响的范围。

4 为研究和解决对工程建设有影响的不良工程地质和特殊地质，所扩展的范围。

5 受断裂构造、地下富水区、放射性矿体、污染土以及地下类似工程等因素的影响对线路的稳定性、适宜性产生直接或潜在的危害的地段，或建筑物的基础已影响线路的合理埋深时的地段。

6 当需要比较两岸工程地质条件时确定的范围。

7 当地质条件特别复杂时，所确定的扩大调查与测绘的范围。

6.0.3 工程地质调查与测绘宜包括下列内容：

1 研究地貌的基本特征，划分地貌基本成因类型和成因形态类型，分析其与基底岩性和新构造运动的关系。

2 调查可液化土层及新、老堆积土、特殊土工程地质特征。

3 岩层、岩体的岩性特征，宜按其成因、岩体结构的不同，划分地质单元体，了解岩石风化程度、岩石坚固程度。

4 调查构造类型、形态、产状、分布规律。对断裂、节理构造进行分类，确定主要结构面的走向与线路夹角的关系。

5 对主干断裂、强烈破碎带，宜进行适量的勘探与测试，调查软弱结构面的形态、规模、物质组成、地下水软化作用对隧道围岩稳定性的危害程度。

6 调查地表水及河床演变历史，搜集主要河流的最高洪水位、流速、流量、淹没范围等。调查地下水类型、基本特征、补给来源和排泄条件，以及地下水动态变化与地表水系的联系。评价地下水对混凝土和钢结构有无腐蚀性。

7 调查岩溶、滑坡、崩塌、岸边冲刷、地下古河道、暗浜、含沼气地层等不良地质现象的形成、形态、规模、分布、发展趋势及其对工程建设的影响。

8 根据地震基本烈度区划资料，调查历史地震活动状况，划分对工程建设抗震有利、不利或危险的地段。

9 调查线路及其邻近已发生或者可能发生地面

沉降的范围、原因及其发展趋势。

10 调查线路及其周边建（构）筑物对工程建设的影响，并对场地稳定性作出评价。

11 当线路通过采空区，以搜集资料、调查访问为主。圈定已施工的采空区和设计采空区的范围，了解其规模、洞室埋深以及上覆岩土层的稳定性，可进行物探测试和钻探验证。

12 调查线路不同地段的土石成分和可挖性等级。

13 搜集当地水文、气象、植被及土的冻结深度资料。

6.0.4 工程地质测绘的比例尺和精度应符合下列要求：

1 测绘用图比例尺选用比最终成果图大一级的线路地形图作底图，在可行性研究勘察阶段选用1：1000～1：2000；初步勘察阶段或详细勘察阶段选用1：500～1：1000；工程地质条件复杂地段应适当放大比例尺。

2 在可行性研究勘察阶段地层单位划分到“阶”或“组”；岩体年代单位划分到“期”；初步勘察阶段或详细勘察阶段均划分到“段”。第四系应划分不同的成因类型，时代应划分到“统”。

3 地质界线、地质观察点测绘在图面上的位置误差，不应大于图面比例尺2mm。

4 地质单元体在图上的宽度等于或大于2mm时，均应在图上表示。有特殊意义或对工程有重要影响的地质单元体，在图面上宽度小于2mm时，应采用超比例尺方法适当扩大标示并加注明。

6.0.5 地质观察点的布置应满足下列要求：

1 地质观察点应布置在不同类型的地质界线上，在不良地质现象和特殊地质分布地段内，应有适量的地质观察点。

2 地质观察点应利用岩石露头。当岩石出露稀少时，应布置一定数量的勘探点。

3 地质观察点密度应根据技术要求、地质条件的复杂程度和成图比例尺等因素综合确定。其密度应能控制不同类型地质界线和地质单元体的变化。

6.0.6 工程地质调查与测绘的原始资料应准确可靠、图文相符。对工程设计、施工有影响的工程地质现象，应拍彩色照片并附文字说明。

6.0.7 可按车站、区间或以地质单元体为单位，选择有代表性的岩芯妥善保存，并拍彩色照片及说明。

6.0.8 工程地质调查与测绘提交的主要成果应包括全线实际材料图、工程地质分区图、隧道围岩分类平面图、线路纵横地质剖面图、岩土测试成果一览表、照片及综合工程地质资料、调查与测绘报告。

7 勘探与取样

7.1 一 般 规 定

7.1.1 勘探与取样工作应根据任务要求，确保分层准确、取样符合规定，且资料必须完整、可靠。

7.1.2 钻探、井探、槽探等方法的选择，应根据地层、深度、取样、原位测试及场地现状确定。

7.1.3 岩土试样的采取方法应结合地层条件、岩土试验技术要求确定。

7.1.4 勘探工作应考虑对工程及周围环境的影响，并应了解各种地下管线、地下构筑物的分布情况。钻孔、探井、探槽用完后应及时回填。

7.2 钻　探

7.2.1 钻探方法可根据岩土类别，水样、土样采取，原位测试和地下水观测等要求选择，并应符合下列要求：

1 根据工程的特点、设计要求及地质情况可采用回转、冲击、振动等钻探方法。

2 钻探应根据单孔技术要求进行。

3 鉴别地层及天然湿度的钻孔或需分层观测地下水位和采取水样时，应进行干钻。

4 钻探的回次进尺，应在保证获得准确地质资料的前提下，根据地层条件和钻头长度确定：在粘性土及粉土层中钻进时不超过钻头或管钻的长度；在砂土及碎石土中钻进时，应控制其进尺，以确保分层与描述的要求；在岩石中钻进时，回次进尺不得超过岩心管净空长度，必要时可限制回次进尺或回次时间。

7.2.2 钻孔直径应依据钻探目的和用途确定。

7.2.3 钻进深度、岩土分层界面深度、地下水位量测允许误差为±20mm。

7.2.4 岩芯采取率，应符合勘察设计任务要求，当需确定岩石质量指标（*RQD*）时，应采用75mm口径（N型）双层岩芯管和金刚石钻头。

7.2.5 对重要的钻孔，应妥善保存岩芯、土样，分段拍摄彩色照片。

7.3 井探、槽探

7.3.1 在建筑物密集、地下管网复杂、卵石地层等难以钻进的区域或地点以及技术上合理时，可采用挖探的方法，并宜在地下水位以上进行。

7.3.2 井探宜采用圆形或方形断面，在井内取样应随挖探工作及时进行。在松散地层中掘进时应进行护壁，且应每隔0.5～1.0m设一检查孔。井探施工时，应根据实际情况，向井中送风并应监测井内有害气体含量。

7.3.3 对井探、槽探的描述记录应按本规范第4章的有关规定执行。

7.4 取　样

7.4.1 土试样质量等级应根据用途按表7.4.1划分为四级：

表7.4.1 土试样质量等级

级别	扰动程度	试验内容
Ⅰ级	不扰动	土类定名、含水量、密度、强度试验、固结试验
Ⅱ级	轻微扰动	土类定名、含水量、密度
Ⅲ级	显著扰动	土类定名、含水量
Ⅳ级	完全扰动	土类定名

7.4.2 取样的工具、方法，应根据土试样质量等级和土的类别按现行国家标准《岩土工程勘察规范》GB 50021的有关规定选用。对特殊土的取样应符合本规范第11章的有关规定。

7.4.3 取原状土，宜采用静力压入法，取原状砂宜用取砂器。

7.4.4 对特殊试验项目的取样要求，应按表7.4.4执行。

表7.4.4 特殊试验项目的取土要求

试验项目	取样要求	备注
比热容、导热系数、导温系数	砂土取样数量应大于试验用料0.025m³并应保持其含水量，注明土的密度；岩石样应大于试件 $L\times D\times H$（cm）15×10×5一块，另一块应大于试件直径2.5cm×高5.5cm然后加工成试件尺寸，外表应光滑	砂土应封装在密闭器内或塑料袋中
基床系数	垂直基床系数：土两筒，扰动砂应满足制备土样数量的要求，水平基床系数同上，均应注明地下水位	粘性土样应为原状土、砂样可取扰动样，应注明密度
动三轴	动模量及阻尼比各一筒，砂不少于10kg，注明密度、含水量，并应注明地下水位	土要原状土、砂可取扰动样

7.5 地球物理勘探

7.5.1 采用地球物理勘探方法时，应具备以下条件：

1 被探测对象与围岩之间有明显的物理性质差异。

2 被探测对象具有一定的埋藏深度和规模，且地球物理异常有足够的强度。

3 能抑制各种干扰，区分有用信号和干扰信号。

7.5.2 各种地球物理勘探方法的特点及使用范围，应符合本规范附录C的有关规定。

7.5.3 在应用地球物理勘探方法时，应进行方法有效性试验，试验地段应选择在对比资料有代表性的地段。

7.5.4 地球物理勘探的成果，应根据任务的性质和要求，进行对比验证。

8 地　下　水

8.1 一 般 规 定

8.1.1 地下铁道、轻轨交通岩土工程勘察中应查明沿线与工程有关的水文地质条件，并应根据工程需要和水文地质的特点，评价地下水对岩土体及建筑物的作用和影响，预测地下水对工程施工可能产生的后果并提出防治措施。

8.2 调查与评价

8.2.1 应调查历年最高水位、最低水位和回灌水位，且分层查明地下水位、水量及含水层层位、地下水与地表水的水力联系和补给条件，测定有关地层的渗透性，并应按下列内容评价地下水对工程的影响：

1 评价施工采取降、排水措施可能引起的两侧建筑物变形、市政道路的下沉、塌陷、地下水动态的变化和地下管线及各种设施的变形等不利影响，并提出防治措施。

2 基坑下有承压水含水层时，评价承压水头对基坑稳定性的影响。

3 线路通过含水粉细砂、粉土层时，评价开挖引起潜蚀、流砂、涌土的可能性。

4 评价地下水对岩土的软化、崩解、湿陷、潜蚀等有害作用，必要时建议进行抗浮验算。

5 调查沿线人防工程、人工洞室的充水情况，评价对基坑及隧道的影响。

6 评价地下水对支挡构筑物、路堑、边坡及路基稳定性的影响。

8.2.2 对有关含水层，应采取水样进行水质分析，评价地下水水质对建筑材料的腐蚀性。评价标准应符合现行国家有关标准的规定。

8.3 地下水参数的测定

8.3.1 地下水参数测定项目，宜根据工程需要与岩土特性确定。

8.3.2 地下水水位，可在钻孔、探井中测得，并应符合下列规定：

1 凡遇地下水的钻孔、探井，均应测定初见水位和静止水位。多层含水层的水位，应采取止水措施分层测定。承压含水层应测定承压水头。

2 抽水试验孔必须及时进行洗井。抽水试验前应测量自然静止水位。

8.3.3 地下水的流向宜利用等水位线图采用几何法确定。地下水真流速的测定，可采用指示剂法。

8.3.4 含水层的渗透系数及导水系数宜采用钻孔或探井抽水试验、注水试验求得；含水层的透水性根据渗透系数 k 值，按表8.3.4划分。

表 8.3.4 含水层的透水性（m/d）

类别	特强透水	强透水	中等透水	弱透水	微透水	不透水
k 值	$k>200.000$	$10.000\leqslant k\leqslant 200.000$	$1.000\leqslant k<10.000$	$0.010\leqslant k<1.000$	$0.001\leqslant k<0.010$	$k<0.001$

8.3.5 含水层的给水度宜采用抽水试验确定。松散岩类含水层的给水度，宜采用实验室法确定；岩石裂隙、岩溶的给水度，可采用裂隙率、岩溶率代替。有经验地区，可采用经验值。

8.3.6 越流系数宜进行带观测孔的多孔抽水试验确定。影响半径可经计算法确定，当工程需要时，可用实测法求得。

8.3.7 孔隙水压力，在中等和中等以上渗透性的土层中可采用立管式测压计。在弱渗透性土层中宜采用孔隙水压力探头测定。

8.3.8 布置抽水试验和注水试验应符合下列规定：

1 试验孔应布置在不同地貌单元、不同含水层（组）且富水性较强的地段，并应距隧道外侧 3～5m。

2 人工降低地下水位施工的区间、车站。

3 评价降水对环境产生影响的区段。

4 评价含水层的渗透性，抽水试验的观测孔宜垂直或平行地下水流向。

5 抽水试验孔的水位下降深度，应与施工降水状态接近。

6 在含水构造复杂且富水性较强的地段，应分层或分段进行抽水试验；潜水与承压水、咸水与淡水应分别进行抽水试验。

8.3.9 抽水试验和注水试验，应同时观测水位和水量。

8.3.10 抽水稳定应根据出水量和水位降深与时间关系曲线在一定范围内微小波动，且没有持续上升或下降趋势的原则确定。稳定延续时间不应少于 8h。

8.3.11 抽水结束后，应进行恢复水位观测直至稳定。

8.3.12 注水试验的注水稳定时间宜为 4～6h。

8.3.13 在含水构造简单，且富水性不强的区段，可采用提水试验。

8.3.14 渗透系数，应在分析水文地质条件的基础上计算确定。当根据水位恢复速度计算渗透系数时，可按本规范附录 D 选用计算公式。

8.4 水样的采取与试验项目

8.4.1 水质分析的水样，应代表天然条件下的客观水质情况，并应符合下列要求：

1 地下水试样应在不同的地貌单元不同含水层采取。

2 采取水试样的钻孔，应无泥浆、无外界物质。

3 盛水容器宜采用带磨口玻璃塞的玻璃瓶或塑料瓶，取水样时必须先彻底清洗。

4 采取水样深度宜在水面 0.5m 以下。

5 水样采取数量不应少于 750ml，其中一瓶为 250～300ml 进行分析侵蚀性 CO_2，应立即加入 2～3g 大理石粉。

6 水样采取后应立即用蜡或火漆封口，并按有关规定填好水样标签和送样单。

7 水样应避免阳光直接照射，且试样存放时间不应超过有关规定。

8.4.2 水质分析项目宜包括：pH 值、酸度、碱度、游离 CO_2、侵蚀性 CO_2、矿化度、硬度、溶解氧、导电率、Na^+、K^+、Mg^{2+}、Ca^{2+}、Fe^{2+}、Fe^{3+}、NH_4^+、Cl^-、SO_4^{2-}、HCO_3^-、NO_3^-、CO_3^{2-}、OH^- 及有机质。

8.4.3 有特殊用途的水样采取与分析，应按有关规定进行。

8.5 工程降水

8.5.1 工程降水勘察应搜集当地降水经验及有关水文地质资料，且应与勘察阶段同步进行。

8.5.2 工程降水勘察应查明下列内容：

1 地层、岩性、构造、含水层与隔水层的分布、地下水类型、水质、水量、渗透系数、补给、径流、排泄条件。

2 沿线重要建筑物地基基础情况，各种构筑物的分布，以及自然景观、人文景观和市政设施的分布。

8.5.3 降水方法的适用范围可按表 8.5.3 选用。

表 8.5.3 降水方法适用范围

名称		适用地层	渗透系数 (m/d)	降低水位 (m)
集水坑明排		风化基岩、粘性土、砂土	<20.0	<2
井点降水	电渗井点	粘性土	<0.1	<6
	喷射井点	填土、粘性土、粉土、粉砂	0.1～20.0	8～20
	真空井点	粘性土、粉土、粉砂、细砂	0.1～20.0	单级<6、多级<20
管井		砂类土、碎石土、岩溶裂隙	1.0～200.0	>5
大口井		砂类土、碎石土	1.0～200.0	5～20
辐射井		粘性土、砂土、砾砂	0.1～20.0	<20
引渗井		粘性土、砂土	0.1～20.0	将上层水引渗到下层含水层

8.5.4 采用本规范表 8.5.3 所列降水方法不能满足降水深度要求时，可与堵、截等方法组合使用。

8.5.5 地面有重要建筑、自然景观或人文景观等条件限制，不宜在地面降水时，可在隧洞内采用降水措施。

8.5.6 降水时应计算出水量，对地下水资源、地面沉降有影响时，应将水质符合标准的地下水回灌到地层深处。

8.5.7 工程降水引起的地面附加沉降量，可采用本规范附录 E 的方法计算。

8.5.8 应根据地下水类型、基坑形状与含水构造的特点、完整性等条件，选用计算公式预测基坑出水量，并提出降水方案的建议。

1 块状基坑，可简化为圆形，其基坑出水量，可采用“大井法”选择表 8.5.8-1 中的计算公式。

表 8.5.8-1 圆形基坑出水量计算公式

计算公式 / 地下水类型 / 基坑（井）类型		潜　水	承 压 水
完整井		$Q=\dfrac{1.366k\ (2H-S)\ S}{\lg R-\lg r_o}$	$Q=\dfrac{2.73kMS}{\lg R_0-\lg r_o}$
非完整井	基坑（井）底进水	$Q=4kSr_o$	$Q=2\pi kSr_o$
	基坑（井）壁进水	$Q=\dfrac{\pi k\ (H^2-h^2)}{\lg\dfrac{R_o}{r_o}+\dfrac{\bar{h}-l}{l}\left(1-0.2\dfrac{\bar{h}}{r_o}\right)}$	$Q=\dfrac{2\pi kMS}{\lg\dfrac{R_o}{r_o}+\dfrac{M-l}{l}\left(1+0.2\dfrac{M}{r_o}\right)}$

注：1 式中 Q——基坑出水量 (m^3/d)；
k——渗透系数 (m/d)；
r_o——基坑等效半径 (m)；
R——影响半径 (m)；
R_o——引用影响半径 (m)；
S——设计水位降深 (m)；
H——静止水位或承压水头至含水层底板的距离 (m)；
h——动水位至含水层底板的距离 (m)；
$\bar{h}$——平均动水位 (m)；
M——承压含水层厚度 (m)；
l——基坑中进水段厚度 (m)。

2 $R_o=R+r_o$；
$\bar{h}=(H+h)/2$。

2　流向切穿含水层的条形基坑，出水量可选择表 8.5.8-2 中的公式计算。

表 8.5.8-2　条形基坑出水量计算公式

地下水类型	计算公式
潜水	$Q=\dfrac{Lk(2H-S)S}{R}+\dfrac{1.366k(2H-S)S}{\lg R-\lg\dfrac{B}{2}}$
承压水	$Q=\dfrac{2kMLS}{R}+\dfrac{2.73kMS}{\lg R-\lg\dfrac{B}{2}}$
注：式中 L——条形基坑长度（m）； B——条形基坑宽度（m）； 其余见表 8.5.8-1 注。	

8.5.9　管井降水单井出水量应根据地下水类型和井群排列方式等条件，利用干扰井群理论选用计算公式。均质无界含水层、完整井井群的单井出水量，可选用表 8.5.9 中的公式计算。

8.5.10　管井降水水位，可按含水层与降水井性质及井群排列方式计算，块状基坑，出水量相同的管井，按下列公式选用：

1　任意点的水位降深：

潜水完整井

$$S=H-\sqrt{H^2-\frac{nQ'}{1.366k}\lg\frac{R_o}{\sqrt[n]{\chi_1\chi_2\cdots\chi_n}}}\tag{8.5.10-1}$$

承压完整井

$$S=\frac{nQ'}{2.73kM}\lg\frac{R_o}{\sqrt[n]{\chi_1\chi_2\cdots\chi_n}}\tag{8.5.10-2}$$

2　基坑中心的水位降深：

潜水完整井

$$S=H-\sqrt{H^2-\frac{nQ'}{1.366k}\lg\frac{R_o}{r_o}}\tag{8.5.10-3}$$

承压完整井

$$S=\frac{nQ'}{2.73kM}\lg\frac{R_o}{r_o}\tag{8.5.10-4}$$

式中　S——水位降深（m）；

$\chi_1\chi_2\cdots\chi_n$——降深计算点至各降水井的距离（m）；

H——降水前水位或水头高度（m）；

Q'——单个降水井出水量（m^3/d）。

表 8.5.9　降水井群单井出水量计算公式

基坑（井）类型 ＼ 计算公式 ＼ 地下水类型	潜　水	承　压　水
封闭干扰井群	$Q'=\dfrac{1.366k(2H-S_w)S_w}{n\lg R_o-\lg(r_1\cdot r_2\ldots r_n)}$	$Q'=\dfrac{2.73kMS_w}{n\lg R_o-\lg(r_1\cdot r_2\ldots r_n)}$
单排直线井群	$Q'=\dfrac{\pi k(2H-S_w)S_w}{\ln\dfrac{d}{\pi r_w}+\dfrac{\pi R}{2d}}$	$Q'=\dfrac{2\pi kMS_w}{\ln\dfrac{d}{\pi r_w}+\dfrac{\pi R}{2d}}$
注：式中 Q'——单个降水井出水量（m^3/d）； S_w——设计降水井中水位降深（m）； $(r_1\cdot r_2\cdots r_n)$——计算降水井至井群中其余各井的距离（m）； n——降水井井数； d——降水井井距之半（m）； r_w——降水井半径（m）。		

8.5.11　工程降水应进行降水水位、出水量及水质和环境监测，并应做好观测记录。

9　原 位 测 试

9.1　一 般 规 定

9.1.1　原位测试方法应根据工程要求、岩土条件、设计对参数的需要、地区经验和试验方法等因素结合确定。

9.1.2　原位测试应与室内土工试验和工程经验结合使用，并应进行综合分析。

9.1.3　原位测试方法应遵照有关测试规程的规定。

9.2　标准贯入试验

9.2.1　标准贯入试验适用于砂土、粉土、粘性土、残积土、全风化岩及强风化岩。

9.2.2　标准贯入试验可用于下列目的之一：

1　取扰动样、鉴别和描述土的类别。

2　确定砂土密实度、天然地基土承载力和地基土变形参数。

3　估算单桩极限承载力和锚杆抗拔力，判断沉桩的可能性。

4 判定饱和砂土、粉土的地震液化的可能性及液化等级。

9.2.3 标准贯入试验可在钻孔全深度范围内或在个别土层内以 1～2m 间距进行，并应清除孔底残土，进行预贯 15cm。

9.2.4 当在 30cm 内锤击数已达 50 击时，可不再强行贯入，但应记录 50 击时的贯入深度，试验成果可按下式换算为相当于 30cm 的锤击数。

$$N=30n/\Delta S \tag{9.2.4}$$

式中 N——实测标贯击数；

n——所取击数为 50 击；

ΔS——相应于 n 的贯入深度（cm）。

9.2.5 标准贯入试验成果，应采用实测值，按数理统计方法进行统计。不宜使用单孔的 N 值对土的工程性能作出评价。

9.2.6 每个车站、区间在同一地质单元内，每层标准贯入试验次数不应少于 10 个。

9.3 动力触探试验

9.3.1 动力触探（圆锥）试验类型应符合表 9.3.1 的规定。轻型动力触探试验适用于一般粘性土及填土。重型动力触探试验和超重型动力触探试验适用于强风化、全风化的硬质岩石、各种软质岩石及砂土、圆砾（角砾）和卵石（碎石）。

表 9.3.1 动力触探试验类型

类型		轻型	重型	超重型
落锤	锤的质量（kg）	10±0.2	63.5±0.5	120±1
	落距（cm）	50±2	76±2	100±2
探头	直径（mm）	40	74	74
	锥角（°）	60	60	60
探杆直径（mm）		25	42	50～60
贯入指标	深度（cm）	30	10	10
	锤击数	N_{10}	$N_{63.5}$	N_{120}

9.3.2 动力触探试验可用于下列目的之一：

1 划分土层及评定土的均匀性和密实度。

2 确定承载力和变形模量。

3 选择桩基持力层和估算单桩承载力。

4 检验地基加固与改良的效果。

5 进行基坑验槽。

9.3.3 动力触探试验应结合地区经验并与其他方法相配合使用。

9.3.4 单孔动力触探可绘制动探击数与深度曲线或动贯入阻力与深度曲线，进行力学分层，不宜使用单孔击数对土的工程性能作出评价。

9.3.5 每个车站、区间在同一地质单元内，每层动力触探试验次数不应少于 10 个。

9.4 旁压试验

9.4.1 旁压试验适用于粘性土、粉土、砂土、碎石土、软质岩石和风化岩等。

9.4.2 旁压试验可用于下列目的之一：

1 确定土的临塑压力和极限压力，以评定地基土的承载力。

2 自钻式旁压试验可确定土的原位水平应力或静止侧压力系数。

3 估算土的旁压模量、旁压剪切模量、水平基床系数。

4 估算软粘性土不排水抗剪强度和砂土内摩擦角。

5 估算基础沉降、单桩承载力等。

9.4.3 旁压试验应在有代表性的位置和深度进行，旁压器的量测腔应在同一土层内，试验点的垂直间距不宜小于 1m，每层土的测点不应少于 1 个，厚度大于 3m 的土层测点不应少于 3 个。

9.4.4 在饱和软粘性土层中宜采用自钻式旁压试验，在试验前宜通过试钻确定最佳回转速率、冲洗液流量、切削器的距离等技术参数。

9.4.5 旁压试验的加荷方式可采用快速法。每一级压力持续 1min 或 3min，再施加下一级压力。

9.4.6 旁压试验成果分析应包括下列内容：

1 对各级压力及相应的扩张体积或半径增量分别进行约束力及体积的修正后，绘制压力与体积曲线，需要时可作蠕变曲线。

2 根据压力与体积曲线，结合蠕变曲线确定初始压力、临塑压力和极限压力，计算地基承载力。

3 根据压力与体积曲线的直线段斜率计算旁压模量。

9.4.7 每个车站、区间在同一地质单元内，其每层岩土旁压试验数据不应少于 10 个。

9.5 静力触探试验

9.5.1 静力触探试验适用于粘性土、粉土、砂土。可测定比贯入阻力、锥尖阻力、侧壁摩阻力和孔隙水压力。

9.5.2 静力触探试验可用于下列目的之一：

1 可按贯入阻力曲线的形态特征或数值变化幅度划分土层。

2 估算土的强度、压缩性等力学参数和确定地基土的承载力。

3 选择桩基持力层，估算单桩承载力，判定沉桩的可能性和判定场地地震液化势。

9.5.3 静力触探探头可根据工程所需测定的参数选

用单桥探头、双桥探头或孔压探头。

9.5.4 当贯入深度超过30m，或穿过厚层软土再贯入硬土层时，应采用导向装置，防止孔斜或断杆，当偏斜角超过15°时宜停止贯入。

9.5.5 静力触探试验成果分析应包括下列内容：

1 绘制比贯入阻力与深度曲线、锥尖阻力与深度曲线、侧壁摩阻力与深度曲线、侧壁摩阻力与锥尖阻力之比与深度曲线、孔隙水压力与深度曲线以及超孔隙水压力与深度曲线。

2 根据贯入曲线的线型特征，结合相邻钻孔资料和地区经验划分土层。计算各土层静力探触有关试验数据的平均值。

3 根据静力探触资料，利用地区经验估算土的强度、变形参数等。

9.5.6 每个车站、区间在同一地质单元内，其静力触探试验孔数量不应少于4个。

9.6 载荷试验

9.6.1 载荷试验包括平板载荷试验和螺旋板载荷试验。平板载荷试验适用于浅层地基土；螺旋板载荷试验适用于深层地基土或地下水位以下的土层。

9.6.2 载荷试验可用于下列目的之一：

1 确定地基土的临塑荷载、极限荷载，为评定地基土的承载力提供依据。

2 估算土的变形参数。

3 估算土的不排水抗剪强度。

4 估算土的基床系数。

9.6.3 载荷试验应布置在围岩内或基础埋置深度处，当土质不均匀或多层土时，应选择有代表性的地点和深度进行，必要时，宜在不同土层深度进行试验。

9.6.4 载荷试验应满足下列技术要求：

1 平板载荷试验的承压板，应为圆形或方形板，面积宜为2500～5000cm^2，不应小于1000cm^2。

2 螺旋板载荷试验的承压板，应为刚性圆形板，面积宜为200～500cm^2。

3 平板载荷试验宜在基坑坑底进行，坑底宽度不应小于承压板直径或宽度的3倍，并应减小坑底开挖和修整对土层的扰动，缩短开挖与试验的间隔时间。

4 螺旋板载荷试验应保持螺旋板头竖直下旋，每旋转一周，板头应下旋一个螺距，板头旋至试验深度后，应静止5min以上。

5 试验加荷方式可采用分级维持荷载沉降相对稳定法（慢速法）或沉降非稳定法（快速法）或等沉降速率法。

6 荷载的量测精度不应超过最大荷载的1%，沉降值的量测精度不应大于0.01mm。

7 沉降相对稳定标准应为连续2h的每1h沉降量不大于0.1mm，或为连续1h的每30min沉降量不大于0.05mm。

9.6.5 试验点附近应取土样提供土工试验指标，或其它原位测试资料，试验后应在承压板中心向下开挖取土试验，并描述2.0倍承压板直径或宽度范围内土层的结构变化。

9.6.6 根据载荷试验压力 P 与沉降 s 及沉降 s 与时间 t 的关系曲线的特征点，可综合分析确定临塑压力和极限压力，评定地基土承载力。

9.6.7 进行载荷试验时试验点数不应少于3个。

9.7 十字板剪切试验

9.7.1 十字板剪切试验适用于均质饱和软粘性土。

9.7.2 十字板剪切试验可用于下列目的之一：

1 测定原位应力条件下软粘性土的不排水抗剪强度及灵敏度。

2 计算地基承载力、确定软粘性土地区土坡的临界高度及判定软粘性土的固结历史。

9.7.3 试验点竖向间距可取1～2m，或根据静力触探试验等资料布置。

9.7.4 十字板剪切试验成果分析应包括下列内容：

1 计算软粘性土的不排水抗剪强度峰值、残余值和灵敏度。

2 绘制不排水抗剪强度峰值和残余值随深度的变化曲线，需要时，绘制抗剪强度与扭转角度的关系曲线。

3 根据土层条件及地区经验，对不排水抗剪强度应进行修正。

9.7.5 每个车站、区间在同一地质单元内，每层土十字板剪切试验数据不应少于10个。

9.8 波速试验

9.8.1 波速试验可采用跨孔法、单孔法和面波法。

9.8.2 波速试验可用于下列目的之一：

1 划分场地土类型、计算场地卓越周期、判别地基土液化的可能性，提供地震反应分析所需的场地土动力参数。

2 计算设计动力机器基础和计算结构物与地基土共同作用所需的动力参数。

3 判定碎石土的密实度，评价地基土加固处理的效果。

4 利用岩体纵波速度与岩石单轴极限抗压强度对比划分围岩类别，确定岩石风化程度，并初步确定基床系数，围岩稳定程度。

9.8.3 跨孔法应设置2个或3个试验孔，且成一条直线，在第四系覆盖层地段孔距宜为3～5m，在基岩地段孔距宜为8～15m。试验钻孔应圆直，并应下定向套管，套管与孔壁间应灌浆或填砂。

9.8.4 竖向测试点间距宜为1～2m，三分量传感器应紧贴套管壁，同一深度的剪切波，锤击应正反向重复激振，并应互换激振孔与接收孔，经重复试验，确定剪切波的初至时间。

9.8.5 当钻孔深度大于15m时，应对试验孔进行测斜，测斜点竖向间距宜为1m，测得每一试验深度的倾斜角与方位。

9.8.6 单孔法剪切波速试验，激振板长2～3m应放置在距孔口1～3m处，且应与地面紧密接触，激振板上压重500kg，试验时对木板两端应分别水平激振。

9.8.7 面波法波速试验，可根据测定的不同激振频率下瑞利波的波长，确定地表以下一个波长深度范围内土的平均波速。

9.8.8 波速试验成果分析应包括下列内容：

1 在波形记录上识别压缩波和第一个剪切波的初至时间。

2 根据压缩波和剪切波的传播时间和距离，确定压缩波与剪切波的波速。

3 确定地层小应变的剪切模量、弹性模量、泊松比和动刚度。

9.8.9 压缩波速V_p值和剪切波速V_s值的测试深度，应按表9.8.9确定。

表9.8.9 波速测试深度h_c（m）

场地土类型	V_s值测试至基底下的深度	V_p值测试至基底下的深度
坚硬场地土	$h_c \leqslant 10$	按设计要求确定
中硬场地土	$10 < h_c \leqslant 15$	
中软场地土	$15 < h_c \leqslant 20$	
软弱场地土	$h_c > 20$	

9.8.10 每个车站、区间在同一地质单元内，其波速试验孔数不应少于4个。

10 岩土试验

10.1 一般规定

10.1.1 室内试验求得的技术参数，在工程评价时应与原位测试相结合，进行分析研究。

10.2 土的常规试验

10.2.1 土的常规物理性质试验应测定颗粒级配、比重、天然含水量、重力密度、最大和最小密度、液限、塑限、有机质含量。

土的常规力学性质试验应测定内摩擦角、粘聚力、压缩系数、压缩模量。

10.2.2 采用灌砂法或其他方法求得干密度，控制回填土质量。

10.2.3 剪切试验的试验方法应根据设计、施工要求，选用快剪或三轴不固结不排水剪，对排水条件较好或施工速度较慢的土层，宜采用固结快剪或三轴固结不排水剪。

10.2.4 固结试验最大加压值应大于自重压力与附加压力之和。高压固结试验，施加的最大压力应满足绘制完整的$e-\lg P$曲线的要求。

10.2.5 土的比重，可直接测定也可根据经验值确定。

10.3 基床系数

10.3.1 基床系数在现场测定时宜采用K_{30}方法，采用直径30cm的荷载板垂直或水平加载试验，可直接测定地基土的水平基床系数K_x和垂直基床系数K_v。

10.3.2 在室内宜采用三轴试验或固结试验的方法测得地基土的基床系数K。

10.3.3 在初步勘察阶段可根据地基土的分类、密实度，按照本规范附录F选用。

10.3.4 在详细勘察阶段应通过试验方法确定。

10.4 热物理指标

10.4.1 岩土热物理指标，应在详细勘察阶段通过试验确定。

10.4.2 岩土热物理指标的测定，可采用面热源法、热线比较法及热平衡法。

10.4.3 三个热物理指标有下列相互关系：

$$\alpha=\frac{\lambda}{C\rho} \tag{10.4.3}$$

式中 ρ——密度（kg/m³）；

α——导温系数（m²/h）；

λ——导热系数（W/m·K）；

C——比热容（kJ/kg·K）。

10.4.4 在初勘阶段，可根据岩土的含水量、密度按本规范附录G选用。

10.5 土的动力性质试验

10.5.1 土的动力性质试验，可采用动三轴试验、动单剪试验或共振柱试验。

10.5.2 动三轴和动单剪试验适用分析测定土的下列动力性质：

1 动弹性模量、动阻尼比及其与动应变的关系。

2 既定循环周数下的动应力与动应变关系。

3 饱和土的液化剪应力与动应力循环周数关系。当出现孔隙水压力上升达到初始固结压力时，或轴向动应变达到5%时，即可判定土样液化。

10.5.3 共振柱试验可用于测定小动应变时的动弹性模量和动阻尼比。

10.6 岩石试验

10.6.1 岩石的试验内容宜包括比重、密度、吸水率、软化或崩解试验、膨胀试验、极限抗压强度、泊松比、抗剪试验、抗拉试验等，并应根据工程需要确定。

10.6.2 试验数量：每一地质单元宜做3组，每组3块，破碎带地段应加做或用其他方法测定。

10.6.3 单轴抗压强度应分别测定干燥和饱和状态下的强度，并应提供有关参数。

10.6.4 岩石抗剪试验，应沿节理面、层面等薄弱环节进行。应在不同法向应力下测定。

10.6.5 岩石抗拉强度试验可在试件直径方向上，施加一对线性荷载，使试件沿直径方向破坏，间接测定岩石的抗拉强度。

11 特殊土的勘察

11.1 软土

11.1.1 软土勘察应查明下列内容：

1 软土的成因类型、分布规律、厚度变化与地层结构及其砂土夹层与含砂层、硬土层或基岩的埋深及地表硬壳层等。

2 潜水的埋深与变化幅度，软土中各含水层的分布、颗粒成分、渗透系数与地下水位。

3 软土的固结应力史，强度、压缩特性、灵敏度。

4 软土向邻近河湖、洼地或基坑蠕滑的可能性。

5 暗埋的塘、浜、坑穴、填土、管线或工程设施。

6 与基坑开挖施工、隧道掘进、设桩、填筑工程、降水等有关的土性变异、土体位移、地面下沉及由此引起的工程设施受损或破坏的经验。

11.1.2 软土的勘探应符合下列要求：

1 钻探取样应与原位测试相结合；取样宜采用薄壁取土器，取一级土样；原位测试宜采用静力触探，十字板剪切试验等。当软土中有砂土或粉土夹层时，宜采用孔压静力触探。

2 勘探点的平面布置与深度宜符合下列规定：

1）线路的横剖面间距宜为25～50m，每一断面上的勘探点数宜为2～6个；

2）勘探深度应满足设计要求；

3）当需要圈定重要的局部变化时，可以加密勘探点。

3 钻进、取样工艺、取土器的种类、规格应与拟取的试样质量等级相匹配。

4 对重要工段或工点，重要的建筑物，在工程地质单元中每层的试样数不应少于10个。

11.1.3 软土的力学性质参数宜采用室内试验与原位测试相结合的方法确定；室内试验方法测定软土的力学性质时，应符合下列要求：

1 为地基承载力计算测定强度参数时，当加荷速率高，土中超孔隙水压力消散慢，宜采用自重压力预固结的不固结不排水剪*UU*试验或快剪试验。当加荷速率低，土中孔隙水压力消散快，可采用固结不排水剪*CU*试验或固结快剪试验。

2 支护结构设计中土压力计算所需用的抗剪强度参数应根据不同条件和要求选用总应力强度参数或有效应力强度参数。后者可用固结不排水剪*CU*测孔隙水压力试验确定。

3 固结试验方法，各土样的最大试验压力及所取得的系数应符合沉降计算的需要。

11.1.4 对软土的岩土工程分析与评价，应包括下列内容：

1 应按土的先期固结压力与上覆有效土自重压力之比，判定土的历史固结程度。

2 按灵敏度 S_t 对软土进行结构性的分类，应符合表11.1.4的规定。

表11.1.4 结构性分类

灵敏度 S_t	结构性
$S_t<2$	不灵敏
$2\leqslant S_t<4$	中灵敏
$4\leqslant S_t<8$	高灵敏
$8\leqslant S_t<16$	极灵敏
$S_t\geqslant16$	流　性

3 当邻近有河湖、洼地、基坑或暗挖时，应分析软土发生滑移或过大变形的可能性。

4 对软土地层基坑的开挖、支护结构类型、抗剪强度参数、土压力图形、土压力系数、渗透系数及降水方法提出建议。

5 软土地基的承载力评价应根据建（构）筑物对沉降的限制要求综合分析。

6 桩基设计应考虑软土继续固结所产生的负摩擦力。当桩基邻近有堆载时，还应分析桩的侧向位移或倾斜。

11.2 湿陷性土

11.2.1 湿陷性土的勘察应查明下列内容：

1 湿陷性土的年代、成因、分布与地质、地貌、气候之间的关系。

2　湿陷性土的地层结构，厚度变化以及与非湿陷性土层的关系。

3　湿陷系数与自重湿陷系数随深度的变化。

4　湿陷类型和不同湿陷等级的平面分布。

5　古墓、井坑、井巷、地道等的分布。

6　降水的积聚与排泄条件；地下水位季节变化幅度及升降趋向。

7　当地消除湿陷性的建筑经验。

11.2.2　湿陷性土的勘探应满足下列要求：

1　在自重湿陷性场地内高湿陷等级的地基土，探井数量宜占取土勘探点总数的1/3～1/2。

2　取土勘探点的数量不应少于勘探点总数的1/2～2/3，当勘探点间距较大或数量不多时，宜将所有勘探点作为取土勘探点。

3　勘探点的深度，除应大于地基压缩层深度外，在非自重湿陷性场地尚应达到基础底面以下5m；在自重湿陷性场地尚应大于自重湿陷性土层的深度，并应满足工程设计与施工的特殊需要。

4　土试样应为Ⅰ级土样，并应在探井中取样，竖向间距宜为1m，土样直径不应小于100mm；在钻孔中取样，应按现行国家标准《湿陷性黄土地区建筑规范》GBJ 25的要求执行。

5　探井和钻孔应分层回填夯实，回填土的干密度不应小于1.5g/cm^3。

11.2.3　对湿陷性土的岩土工程分析和评价应包括下列内容：

1　判定场地湿陷类型：当实测自重湿陷量Δ_{zs}或计算自重湿陷量Δ_{zs}大于7cm时应判定为自重湿陷性场地；小于或等于7cm时应判定为非自重湿陷性场地。

2　地基总湿陷量Δ_s计算方法按现行国家标准《湿陷性黄土地区建筑规范》GBJ 25执行。

3　确定湿陷性土地基的湿陷等级是根据场地的湿陷类型、计算自重湿陷量Δ_{zs}和总湿陷量Δ_s，按表11.2.3-1确定。

表 11.2.3-1　湿陷性土地基的湿陷等级

湿陷类型 / 计算自重湿陷量（cm） / 总湿陷量（cm）	非自重湿陷性场地	自重湿陷性场地	
	$\Delta_{zs}\leqslant7$	$7<\Delta_{zs}\leqslant35$	$\Delta_{zs}>35$
$\Delta_s\leqslant30$	Ⅰ（轻微）	Ⅱ（中等）	
$30<\Delta_s\leqslant60$	Ⅱ（中等）	Ⅱ或Ⅲ	Ⅲ（严重）
$\Delta_s>60$	—	Ⅲ（严重）	Ⅳ（很严重）

4　应提出消除地基湿陷性措施的建议。

5　湿陷性黄土的承载力应按现行国家标准《湿陷性黄土地区建筑规范》GBJ 25的有关规定确定。碎石类、砂土类等其他湿陷性土的承载力宜按载荷试验确定。

6　宜对自重湿陷性场地的桩基设计提出关于负摩擦力的建议，测定负摩擦力宜进行现场试验。当进行现场试验有困难时可按表11.2.3-2中的数值估算：

表 11.2.3-2　桩侧平均负摩擦力（kPa）

自重湿陷量（cm）	钻、挖孔灌注桩	预制桩
7～20	10	15
>20	15	20

7　黄土的边坡允许坡度可按表11.2.3-3结合当地建筑经验确定，对其他湿陷土应根据试验确定其允许坡度。

表 11.2.3-3　黄土的边坡允许坡度

地层时代	允许坡度（高：宽）		
	坡高在5m以内	坡高5～10m	坡高10～15m
次生黄土	1：0.50～1：0.75	1：0.75～1：1.00	1：1.00～1：1.25
马兰黄土（Q_3）	1：0.30～1：0.50	1：0.50～1：0.75	1：0.75～1：1.00
离石黄土（Q_2）	1：0.20～1：0.30	1：0.30～1：0.50	1：0.50～1：0.75
午城黄土（Q_1）	1：0.10～1：0.20	1：0.20～1：0.30	1：0.30～1：0.50

8 当对黄土暗挖法进行稳定性评价时，可按本规范附录H工程地质类比法的黄土分类进行。

11.3 膨胀土

11.3.1 膨胀土的勘察应查明下列内容：

1 与膨胀土有关的地形、地层、地下水与气象特点。

1）地层结构、时代、成因、分布与厚度变化。

2）地形形态。

3）浅层滑坡的存在、分布、发生发展规律与治理经验。

4）地表水的排泄条件，地下水位与变化幅度。

5）多年的气象资料及大气的影响深度。

6）当地的建筑经验，建筑物与道路的破坏形式，发生发展特点与防治措施等。

2 土的自由膨胀率、膨胀率、收缩系数与膨胀力等特性指标。必要时，宜进行土的粘土矿物成分鉴定。

3 膨胀土的膨胀潜势分类、地形条件分类与地基的胀缩等级。

11.3.2 膨胀土的勘探应符合下列要求：

1 在勘探点中应有足够的探井，必要时可以井探为主。

2 取土勘探点的数量不应少于全部勘探点的1/2。必要时全部勘探点均可用于取试样。

3 勘探深度，除应超过压缩层深度外，尚应大于大气影响深度。对于桩基，勘探深度还应满足桩基设计的需要。

4 在大气影响深度内的土试样，取样间隔宜为1m，在大气影响深度以下，取样间隔可适当增大。

5 钻孔、探井应分层回填夯实。

11.3.3 进行在荷载作用下的地基膨胀量计算时，应测定土样在自重与附加压力之和作用下的膨胀率。

11.3.4 对膨胀土的岩土工程分析与评价，尚应包括下列内容：

1 膨胀潜势应按表11.3.4-1进行分类：

表 11.3.4-1 膨胀潜势分类

膨胀潜势	自由膨胀率 δ_{ef}（%）
弱	$40\leqslant\delta_{ef}<65$
中	$65\leqslant\delta_{ef}<90$
强	$\delta_{ef}\geqslant 90$

2 场地应按下列条件进行分类：

1）平坦场地：地形坡度小于5°；地形坡度大于5°小于14°而距坡肩的水平距离大于10m的坡顶地带；

2）坡地场地：地形坡度等于或大于5°；地形坡度虽小于5°但同一座建筑物或工程设施范围内的局部地形高差大于1m。

3 膨胀土地基胀缩等级应按表11.3.4-2进行划分：

表 11.3.4-2 膨胀土地基胀缩等级

级别	地基分级变形量 S_c（mm）
Ⅰ	$15\leqslant S_c<35$
Ⅱ	$35\leqslant S_c<70$
Ⅲ	$S_c\geqslant 70$

注：1 测定膨胀率的试验压力应为50kPa；
2 分级变形量的计算应按现行国家标准《膨胀土地区建筑技术规范》GBJ 112的有关规定进行。

4 确定地基土的承载力应按下列要求进行：

1）重要建筑物或工程设施的地基承载力宜采用载荷试验或浸水载荷试验确定；

2）一般建筑物或工程设施的地基承载力宜根据三轴不固结不排水剪*UU*试验结果计算确定。

5 应对建筑物、工程设施、边坡等的变形、土的含水量的变化及气候等环境条件的变异的监测提出建议。

11.4 风化岩与残积土

11.4.1 风化岩划分为未风化岩、微风化岩、中等风化岩、强风化岩、全风化岩与残积土。

11.4.2 风化岩与残积土的勘察应查明下列内容：

1 不同岩石的各风化带的分布、埋深与厚度变化。

2 风化岩与原岩矿物、组织结构的变化程度。

3 风化岩的透水性和富水性。

4 风化岩内软弱夹层的分布范围、厚度与产状。

5 风化岩与残积土的岩土技术性质。

6 当地的建筑经验。

11.4.3 风化岩与残积土的勘探有下列要求：

1 勘探工作，除钻孔外，应有一定数量的探井，并应与标贯试验、超重型动力触探试验N_{120}、旁压试验等原位测试相结合。

2 勘探点间距宜为15～30m，并可有一定数量的追索、圈定用的勘探点。钻孔深度：一般性钻孔应穿透残积土和全风化岩；控制性钻孔应穿透强风化岩。

3 在残积土、全风化岩与强风化岩中应取得Ⅰ级试样，在中等风化岩与微风化岩中岩心采取率不应低于90%。

4 岩土技术性质指标和参数的确定应重视室内试验结果与原位测试的结合。

11.4.4 在室内试验中，对风化岩应进行重力密度、比重、吸水率、天然状态和饱和状态单轴抗压强度试验；对花岗岩类残积土和全风化岩应进行细粒土的天然含水量、塑性指数、液性指数等试验，其值可按本规范附录J计算确定。

11.4.5 对风化岩与残积土的岩土工程分析与评价尚应包括下列内容：

1 对岩石风化程度进行分类。花岗岩风化程度与残积土亦可按表11.4.5的规定分类：

表11.4.5 花岗岩风化程度与残积土分类

测试项目及指标 / 土的名称	标准贯入 N 值（击数）（修正值）	单轴抗压强度 f_r（风干样）(kPa)	剪切波速 V_s (m/s)
强风化岩	$N \geq 50$	$f_r \geq 800$	$V_s \geq 350$
全风化岩	$50 > N \geq 30$	$800 > f_r \geq 600$	$350 > V_s \geq 250$
残积土	$N < 30$	$f_r < 600$	$V_s < 250$

2 风化岩与残积土的承载力宜采用原位测试方法，结合理论公式计算确定；亦可按现行国家标准《建筑地基基础设计规范》GBJ 7的有关规定确定。

3 风化岩与残积土的变形计算参数：

1）风化岩与残积土地基的变形模量 E_0 可采用载荷试验确定，亦可采用旁压试验、标贯试验或超重型动力触探 N_{120} 试验结果结合类比验证确定；

2）花岗岩残积土的变形模量 E_0，可用标贯试验的杆长修正击数 N 按下式，并结合建筑经验确定。

$$E_0 = 2.2N \quad (11.4.5)$$

4 评价设在风化岩与残积土中的桩的承载力和桩基的稳定性。

5 残积土和不同风化程度岩石的透水性、地下水的富水性与不同层位间的水力联系，分析其对土压力计算、地下设施防水、明挖、盖挖与暗挖施工时的土体稳定性及降水对周围环境的影响。

6 分析风化岩岩体内的软弱结构面的组合情况，并就其中与开挖面关系上的不利组合进行稳定性评价。

7 对易风化岩石进行稳定性评价，并提出支护建议。

11.5 填 土

11.5.1 填土的勘察应查明下列内容：

1 地形、地物的变迁，填土的来源、物质成分、堆填方式、堆填年限、荷载大小及其面积等。

2 不同物质成分的填土分布、厚度、深度及相互接触关系。

3 填土的重力密度、含水量、有机物含量、压缩性、湿陷性及对金属管线的腐蚀性等。

4 地下水的赋存状态、补给及水质对混凝土的腐蚀性等。

11.5.2 填土的勘探应符合下列要求：

1 勘探点密度应根据查明不同种类与物质成分填土的分布、厚度、工程性质及其变化的要求综合确定。

2 勘探点的深度应穿透填土层，并应满足地基加固或设桩的需要。

3 除应布置勘探钻孔外，宜有一定数量的探井，并宜采用便携钻具进行追索圈定。

4 对填土的岩土技术性质测试宜以原位测试方法为主，结合室内试验确定。

11.5.3 对填土的工程分析与评价应包括下列内容：

1 填土的成分、平面分布、厚度与岩土技术性质上的多变性，并提出处理措施。

2 填土的堆填年代和固结程度。

3 填土的承载力可主要用原位测试方法结合当地经验确定，必要时应作载荷试验。

4 在明挖、盖挖或暗挖时应就边坡坡度、支护措施类型及应有的监测工作提出建议。

5 填土开挖时应进行验槽，必要时应补充勘探测试工作。

12 明挖法勘察

12.1 一 般 规 定

12.1.1 明挖法施工的隧道在进行岩土工程勘察前，应取得下列资料：

1 线路平面图、隧道结构平面图和剖面图。

2 隧道结构类型、荷载、预埋深度及有关基础的设计方案。

3 施工方案。

12.1.2 明挖法的岩土工程勘察应提供比选采用放坡开挖、支护开挖及盖挖设计、施工方法所需要的场地环境条件、工程地质、水文地质、不良地质及特殊地质等资料以及岩土工程设计参数。

12.1.3 勘探取样、原位测试及室内试验条件应与设计方案、施工工艺及运营时期的现场实际应力状态、地下水动态变化等相适应。

12.1.4 明挖法的岩土工程勘察应提出埋设隧道适宜地层、埋设深度及其平面位置的建议。

12.2 放坡开挖

12.2.1 放坡开挖勘察应包括下列内容：

1 场地岩土种类、成因、性质及软弱土夹层、粉细砂层分布。在覆盖层地区应查明上覆地层厚度、下伏基岩产状、起伏及其坡度。

2 场地不良地质现象、特殊地质问题及古河道、地下洞穴、古文物等，并应判明有无可液化层。

3 地下水类型、水位、水量、流向；岩土渗透性、上层滞水及其补给源；地下水动水压力对边坡稳定的影响；水质对混凝土及金属材料的腐蚀性。

4 岩土物理力学性质，软弱结构面抗剪强度及边坡稳定性计算所需技术参数。

5 确定人工边坡最佳开挖坡形和坡角、平台位置及其边坡坡度允许值，并应符合表12.2.1-1、表12.2.1-2的规定。

6 场地附近既有建筑物基础类型、埋深与地下设施现状，并对坡顶与既有建筑基础间的安全距离作出评价。

7 放坡开挖勘察范围应扩大到可能发生边坡滑体以外，勘探深度不宜小于基坑深度的2倍。

表12.2.1-1 岩石边坡坡度允许值（高宽比）

岩石名称	风化程度	边坡高度（m）		
		＜10	10～20	20～30
1. 各种岩浆岩 2. 厚层灰岩、硅（铁）质砂砾岩 3. 片麻岩、石英岩、大理岩	微风化	直立～1∶0.1	1∶0.10～1∶0.20	1∶0.10～1∶0.20
	中等风化	1∶0.1～1∶0.2	1∶0.10～1∶0.30	1∶0.20～1∶0.40
	强风化	1∶0.2～1∶0.3	1∶0.20～1∶0.40	1∶0.30～1∶0.50
1. 中薄层砂砾岩 2. 中薄层灰岩 3. 较硬板岩、片岩、泥岩	微风化	1∶0.1～1∶0.2	1∶0.10～1∶0.30	1∶0.20～1∶0.40
	中等风化	1∶0.2～1∶0.3	1∶0.20～1∶0.40	1∶0.30～1∶0.50
	强风化	1∶0.3～1∶0.4	1∶0.30～1∶0.50	1∶0.30～1∶0.75
1. 薄层砂页岩互层 2. 板岩、片岩、泥岩	微风化	1∶0.2～1∶0.3	1∶0.20～1∶0.40	1∶0.30～1∶0.50
	中等风化	1∶0.3～1∶0.4	1∶0.30～1∶0.50	1∶0.50～1∶0.75
	强风化	1∶0.4～1∶0.5	1∶0.50～1∶0.75	1∶0.75～1∶1.00

表12.2.1-2 土质边坡坡度允许值（高宽比）

土的名称	密实度或状态	边坡高度（m）	
		＜8	8～15
碎石土	密实	1∶0.35～1∶0.50	1∶0.50～1∶0.75
	中密	1∶0.50～1∶0.75	1∶0.75～1∶1.00
	稍密	1∶0.75～1∶1.00	1∶1.00～1∶1.25
粉土	$S_r \leqslant 0.5$	1∶0.75～1∶1.00	1∶1.00～1∶1.25
粘性土	坚硬	1∶0.50～1∶0.75	1∶0.75～1∶1.00
	硬塑	1∶0.75～1∶1.00	1∶1.00～1∶1.25
	可塑	1∶1.00～1∶1.25	1∶1.25～1∶1.50

12.3 支护开挖

12.3.1 基坑开挖深度大于自然稳定临界深度或放坡条件受限制时，应设置挡土结构支护。

12.3.2 支护开挖勘察应符合下列要求：

1 场地岩土种类、成因、性质及软弱土夹层、粉细砂层的分布。在覆盖层地区应查明上覆地层厚度、下伏基岩产状、起伏及其坡度。

2 场地不良地质现象、特殊地质问题及古河道、地下洞穴、古文物等；并应判明有无可液化层。

3 地下水类型、水位、水量、流向；隔水层、含水层分布及其渗透性；上层滞水及其补给源；水质对混凝土及金属材料的腐蚀性。

4 基坑内、外产生水头压差，对粉细砂层、粉土层的潜蚀、管涌、浮托破坏的可能性作出评价。

5 根据支护开挖工程特点应提供重力密度、粘聚力、内摩擦角、静止侧压力系数、基床系数、回弹模量、弹性模量及渗透系数等岩土参数。

6 支护开挖根据土的性质、工程类别和施工方法可分别采用不固结不排水剪、固结不排水剪和固结排水剪试验。

7 判断基坑开挖人工降低地下水位的可能性，提供地下水参数。由于降低水位对基底、坑壁以及地面建筑的稳定进行预测与评价。

8 场地附近既有建筑物基础类型、基础埋深、地下设施现状及评价对明挖施工影响的承受能力。

12.4 盖 挖 法

12.4.1 盖挖法勘察除应执行本规范第 12.3 节中有关规定外，结合盖挖中地下连续墙、护坡桩与中间桩等特点还应补充部分勘察内容。

12.4.2 地下连续墙及护坡桩应作下列补充勘察：

1 盖挖中地下连续墙及护坡桩应提供：土的重度、粘聚力、内摩擦角、压缩模量、无侧限抗压强度、基床系数等设计参数及静水头高度。

2 对基坑抗倾覆的整体稳定性、抗隆起和抗管涌的稳定性及地下水浮托应进行预测与评价。

3 应查明墙端、桩端持力层及隔水层位置、厚度。

12.4.3 大直径中间桩尚应作下列勘察：

1 应查明桩基持力层及下卧软弱土层的埋深、厚度、性状及其变化。

2 当采用基岩作为桩基持力层时，应查明基岩岩性、构造、风化程度及厚度，并应取岩样进行饱和单轴抗压强度试验。

3 应估算桩的端承力、摩阻力。

4 计算桩基沉降的勘探孔，深度应超过桩端以下压缩层计算深度，并应取样试验确定变形计算参数。

5 相邻勘探孔的持力层层面高差大于 1m，或岩土条件复杂时，勘探点可适当加密。

6 车站中间桩、中柱基桩或大型十字桩等大直径钻孔灌注桩的控制性勘探孔，其深度应达到持力层以内不少于 3 倍桩端直径，且不少于 5m，一般勘探孔深应达到桩端以下 2～3m。

13 暗挖法勘察

13.1 一 般 规 定

13.1.1 隧道的地质勘察，应查明水文地质条件及其有关参数，分析评价可能产生的后果，提出建议。

13.1.2 在复杂含水地层中，应加密勘探点，查明地层中有无古河道或使开挖面产生突发性涌水及坍塌的含水透镜体，并提供地质剖面。

13.1.3 隧道的勘察，应提供比选采用矿山法或盾构法施工所需地层稳定性的特征指标及有关参数。

13.1.4 钻孔取样和进行土工试验的方法，应与施工过程岩土的实际应力状态相接近。

13.1.5 应对隧道施工引发的环境问题进行监测。

13.1.6 隧道的勘察，宜结合施工监测，采用反分析或其他有效方法，对隧道通过地段地层的物理、力学指标、围岩稳定性作出合理评价。

13.2 矿 山 法

13.2.1 矿山法施工隧道的勘察，应为解决下列工程问题提供勘察资料：

1 选定隧道轴线位置。

2 确定洞口位置或明、暗挖施工的分界点。

3 开挖方案及辅助施工方法的比选。

4 衬砌类型及设计。

5 开挖设备的选型及设计。

6 施工组织设计。

7 不良地质条件下施工和运营中的工程问题预测。

8 环境保护。

13.2.2 矿山法施工隧道的勘察，应查明下列围岩条件及其形态：

1 滑坡等活动性围岩。

2 构造破碎带。

3 含水松散围岩。

4 膨胀性围岩。

5 岩溶现状。

6 可能产生岩爆的围岩。

7 有地热、温泉、有害气体等的围岩。

13.2.3 矿山法施工的隧道，应根据实际情况，从表 13.2.3 中选择所需进行的勘察项目。

表 13.2.3　矿山法施工隧道的勘察项目

项目	勘察内容
地貌	1. 滑坡地貌
	2. 偏压地形
地质构造	1. 地层分布、产状
	2. 断层、褶曲
	3. 岩体结构
岩、土性质	1. 岩土名称、状态
	2. 岩相
	3. 裂隙
	4. 风化变质
	5. 固结程度
地下水	1. 地下水类型
	2. 地下水位、水量
	3. 渗透系数
	4. 水质分析
力学性质	1. 无侧限抗压强度
	2. 抗拉强度
	3. 粘聚力、内摩擦角
力学性质	4. 岩体的弹性模量
	5. 土体的变形模量及压缩模量
	6. 泊松比
	7. 标贯击数
	8. 静止侧压力系数
	9. 基床系数
	10. 动弹性模量、动剪切模量
物理性质	1. 含水量
	2. 液限、塑限
	3. 粘粒含量及颗分曲线
	4. 密度、孔隙比
	5. 围岩的纵横波速、超声波波速
矿物组成及工程特性	1. 矿物组成
	2. 浸水崩解度
	3. 吸水率、膨胀率
	4. 热物理指标
其他	围岩分类、土石工程等级、酸碱度

13.2.4　当采用弹塑性有限元模型分析围岩稳定性时，应提供描述岩土与结构关系的参数。

13.2.5　浅埋土质隧道的勘察应查明下列内容：

1　表层填土的组成、性质及厚度。

2　隧道通过土层的性状、密实度及自稳性。

3　上层滞水及各含水层的分布、补给及对成洞的影响，产生流砂及隆起的可能性。

4　辅助施工方法所需的有关勘察资料。

5　古河道、古湖泊、古墓穴及废弃工程的残留物。

6　地下管线的分布及现状。

7　隧道附近建筑物、构筑物的基础型式、埋深及基底压力等。

13.2.6　当需要采用掘进机开挖隧道时，应查明沿线的地质构造、有无断层破碎带及溶洞等，并应进行岩石抗磨性试验，在含有大量石英或其他坚硬矿物的地层中，应作含量分析。

13.2.7　矿山法施工的隧道可采用超前导坑进行勘察。

13.2.8　当采用降低地下水位法施工，地层有可能产生固结沉降时，应进行固结试验。

13.2.9　当采用气压法施工时，可向钻孔内加压缩空气，进行透气试验。

13.2.10　当需要采用冻结法施工时，应提供以下参数：

1　地下水流速。

2　地下水中的含盐量。

3　地层温度。

4　地层的含水量，孔隙比和饱和度。

5　地层的热物理指标。

13.2.11　对岩石地层，应进行室内岩石试验，并结合野外工程地质测绘，对围岩进行分类、评价其稳定性。

13.2.12　在市区采用钻爆法施工时，应进行爆破振动监测。

13.2.13　矿山法隧道施工中的勘察应包括以下内容：

1　配合隧道开挖进行围岩岩性的编录。

2　绘制隧道轴线工程地质纵剖面图及工程地质横断面图。

3　测试点的地质描述、围岩变形及松动范围量测、现场取样试验。

4　围岩分类的确认与修正。

5　围岩稳定性分析。

6　施工超前地质预报及变更设计与施工方法的建议。

7　施工地质日志。

8　施工勘察报告。

13.2.14　勘察报告除应符合本规范第 16 章的要求外，尚应包括以下内容：

1　关于线路位置、埋置深度、洞口位置和明、暗挖隧道分界点的建议。

2 施工方法、开挖方法、大型开挖设备选型及辅助施工措施的建议。

3 隧道断面形式及支护型式的建议。

4 不良地质条件下施工和运营中的问题预测及建议。

5 开挖断面预留围岩变形量的建议。

13.3 盾 构 法

13.3.1 盾构法施工隧道的勘察，应为解决下列工程问题提供勘察资料：

1 选定隧道轴线位置。

2 确定隧道在陆地及江、河、湖、海大水体下的最小覆盖层厚度及其纵断面。

3 盾构类型及盾构正面支撑、开挖。

4 盾构施工方法及连通道等附属建筑的施工方法。

5 衬砌结构及竖井等地下结构的设计。

6 不良地质条件下施工阶段和运营中的工程问题预测。

7 辅助施工方法。

8 环境保护。

13.3.2 盾构法施工隧道的勘察，应查明以下复杂地层：

1 灵敏度高的软土层。

2 透水性强的松散砂土层。

3 高塑性的粘性土层。

4 含有承压水的砂土层。

5 含漂石或卵石的地层。

6 开挖面的软、硬地层。

13.3.3 盾构法施工的隧道，应根据实际情况，从表13.3.3中选择需要进行的勘察项目。

表 13.3.3 盾构法施工隧道的勘察项目

项目	勘察内容
地形	丘陵、台地、洼地等
地层组成	1. 地层分类
	2. 地层构造
	3. 地层中充水洞穴、透镜体及障碍物
地下水	1. 地下水位
	2. 孔隙水压力
	3. 渗透系数
	4. 流速、流向
	5. 水质分析
力学性质	1. 无侧限抗压强度
	2. 粘聚力、内摩擦角
	3. 压缩模量、压缩系数
	4. 泊松比
	5. 静止侧压力系数
	6. 标贯击数
	7. 基床系数
物理性质	1. 比重、含水量、重力密度、孔隙比
	2. 颗粒分析（即含砾石量、含砂量、含粉砂量、含粘土量；d_{50}、d_{10}及不均匀系数 d_{60}/d_{10}；最大粒径；砾石形状、尺寸、硬度）及颗分曲线
	3. 液限、塑限
	4. 灵敏度
	5. 波速
缺氧及有害气体	1. 土的化学组成
	2. 有害气体成分、压力、含量

13.3.4 当采用降低地下水位法或气压法施工时，应进行固结试验或透气试验。

13.3.5 在含卵石或漂石地层中采用机械化密闭型盾构时，应探明卵石或漂石的最大粒径；当采用破碎方式排土时，应进行破碎试验。

13.3.6 盾构法隧道施工中的勘察，应包括以下内容：

1 在盾构试推进阶段或地面变形敏感的地带进行土体变形和地面垂直及水平位移监测。

2 工作面取样并观测土体移动及涌水量，验证已提供的工程地质和水文地质资料，预报前方地质条件的变化。

3 观测地下水位的变化。

4 隧道沉降槽范围的地表下沉和建筑物、构筑物及地下管线的变形观测。

5 采用气压法施工时，随时观察工作面的状态，测定涌水量，并对邻近水井、地下室等进行观测。

6 洞内有害气体含量及环境监测。

7 发生地质异常情况时的调查。

8 按本规范第13.2.13条的规定，绘制施工地质图件，填写施工地质日志并提出施工勘察报告。

13.3.7 位于饱和软土地层中的隧道，应进行竣工后的后期沉降观测；后期沉降观测期应根据地层特点及当地经验确定。

13.3.8 勘察报告除应符合本规范第16章的要求外，尚应包括以下内容：

1 预测施工及运营中隧道的纵向沉降。

2 预估在地震和动载作用下地层液化及震陷的可能性，提出预防的措施。

3 关于盾构选型及隧道最小埋深的建议。

14 岩土加固工程勘察

14.1 一般规定

14.1.1 本章适用于隧道围岩的整体支护或局部加固补强；地下铁道、轻轨交通的线路、车站及地面建（构）筑物地基的加固处理；受施工影响的既有建筑物和构筑物地基的加固托换，以及基坑开挖时边坡支护或坑底土处理等的勘察。

14.1.2 岩土加固工程勘察应配合设计和施工解决下列工程问题：

1 对隧道的围岩进行初期支护，使围岩在施工开挖期间保持稳定。

2 增强地基土的强度。

3 湿陷性土地基的浸水湿陷。

4 地震和动载作用下地基土产生液化或震陷。

5 构筑物承受不均匀荷载造成不均匀变形和过大的结构内力。

6 由于隐伏的基岩滑坡、沟床内泥石流，以及其他不良地质现象引起的桥涵变形。

7 由于地下施工引起地面、建（构）筑物或市政管线变形影响正常使用或破坏。

8 基坑发生潜蚀、涌砂和基底粘性土被冲破或隆起以及边坡失稳。

9 暗挖法隧道出现的涌砂、涌水或坍塌。

10 采用矿山法施工的隧道，不良地质条件造成的围岩失稳。

11 采用盾构法施工的隧道，因遇灵敏度高、软弱粘性土层，透水性强的松散砂质土层或含承压水的砂土层，造成的施工开挖面的失稳。

12 隧道在竣工后渗水，造成的结构开裂或地面下沉。

14.1.3 岩土加固工程勘察应包括下列内容：

1 搜集和分析已有工程地质与水文地质资料，必要时可进行补充勘察，并应提供稳定或变形分析以及加固设计和施工所需的岩土参数。

2 在既有建筑物下进行加固时，应详细调查既有建筑物结构、基础类型、埋深以及地基土等情况，搜集被加固建筑物竣工后沉降或变形观测资料。

3 配合设计进行围岩、边坡或坑底土的稳定性验算以及有关的变形计算，对稳定性和变形量作出评价。

4 搜集和了解本地区工程加固处理的经验，根据场地地质条件以及稳定和变形分析结果，经过方案比较，提出加固处理的范围以及方案的建议。

5 当场地条件复杂时，可对所选择的加固方法，在施工现场进行试验。

6 分析和评价加固处理给周围环境及邻近建筑物造成的影响，并提出减小影响的建议。

7 对在施工过程中出现或可能出现的围岩、边坡、坑底或开挖面坍塌失稳等，根据施工条件提出辅助施工加固措施的建议。

8 对加固处理效果检验和监测提出建议。

14.1.4 拟加固的围岩、深基坑坑壁或进行托换的建筑物等，应在加固处理前埋设观测点，开始对加固施工的全过程进行现场监控量测，必要时应进行长期观测。

14.2 岩体加固

14.2.1 岩体的加固勘察除应符合本规范第14.1.3条规定外，还应符合下列要求：

1 查明岩体的风化程度、节理发育、裂隙、软弱面或软弱夹层的状况及其组合关系、层状岩层厚度及层间结合程度、围岩体结构特征和完整状态。

2 提供加固设计所需要的岩体的弹性模量、粘聚力、内摩擦角、泊松比、重力密度以及围岩结构面的粘聚力、摩擦系数。

14.2.2 进行岩体围岩的稳定性评价时，应采用工程地质分析与理论计算相结合的综合评价方法，并应符合下列规定：

1 对于硬质、整体状结构的围岩，宜按弹性理论计算围岩压力，并评价其稳定性。

2 受结构面切割且在洞壁或洞顶产生分离体的岩体，当主要结构面走向平行洞轴且结构面张开或有充填物时，可按分离块体平衡理论评价其稳定性。

3 对受多组结构面切割的层状、碎裂状的硬质围岩，或整体状、块状的软质围岩，可按弹塑性理论进行松动围岩压力计算。

4 对受强烈构造作用、强烈风化的围岩，宜采用松散理论计算松动围岩压力。

5 当洞室穿过膨胀性岩土可能产生膨胀压力、地形地质条件复杂可能产生偏压以及埋深大或地应力高的脆性岩体可能产生岩爆时，围岩压力应专门研究确定。

14.2.3 凡属下列情况时应对围岩进行局部加固或采取加强措施：

1 对洞室的转角、交叉、断面变化以及局部围岩较差的部位。

2 Ⅳ、Ⅴ、Ⅵ类围岩中存在的个别断层。

3 遇到岩溶时。

4 浅埋隧洞需考虑地形偏压影响时。

5 在隧洞开挖后，地质条件或围岩的类别比预计的差。

6 施工过程中，喷混凝土层的裂纹多、裂缝大，或者裂纹和裂缝不断扩展。

7 实测位移量超过允许值。

8 围岩的稳定特征出现异常或出现局部坍塌。

14.3 土体加固

14.3.1 土体加固勘察除应符合本规范第 14.1.3 条的规定外，还应符合下列要求：

1 应查明造成隧道或地面建筑过大不均匀沉降的软弱土层以及坚硬土层的分布规律、厚度变化。

2 应取土样做室内试验并进行原位测试，必要时可进行载荷试验。

3 查明地下水位、水量及含水层层位，并测定土层的渗透性、水压。

4 当隧道周围和建筑物基底下有湿陷性土时，应查明湿陷性土层分布，提供判定场地湿陷类型、地基湿陷等级的湿陷系数与自重湿陷系数，并就消除湿陷性土的范围、措施和方法提出建议。

5 当隧道周围和建筑物基底下为可液化土层时，应查明可液化土层的厚度与分布，提供液化指数，对液化等级作出评价，并提出抗液化措施的建议。

6 对深基坑边坡支护加固工程，勘察时应查明坑壁和坑底软弱土层、粉细砂层分布情况，提供各土层的有关技术参数，并应经过边坡、坑底土的稳定性验算后，对支护方案以及施工监测项目提出建议。

14.3.2 基坑底部土体有可能发生隆起失稳时，应进行坑底土的稳定验算，计算方法可按现行国家标准《岩土工程勘察规范》GB 50021 的规定。

14.3.3 土体加固方法应根据本规范附录 K 提出建议。

14.3.4 基坑支护方法，应根据基坑开挖深度、施工场地条件、坑壁与坑底土质情况确定。

14.3.5 对于深基坑支护工程，必要时可建议采取下列措施：

1 增加围护结构刚度和支撑体系的稳定性，适当加深围护墙或围护桩的入土深度。

2 对坑内外土体进行注浆或深层搅拌加固，提高土的抗剪强度，增加土体抗力。

3 坑内外形成有效的止水幕墙，护墙有渗漏应及时堵漏。

4 基坑内分层、分段对称挖土和边支撑边挖土。

5 在砂土中应有效地控制地下水的水力梯度防止发生管涌或流砂。

6 缩短基坑暴露时间，及时浇注素混凝土垫层。

15 路基、高架线路与桥涵勘察

15.1 一般规定

15.1.1 高架线路勘察应根据地形、地质条件及各勘察阶段，沿线路每侧 50m 范围内进行。对控制线路方案的地质复杂地段，大型工点及不良地质工点，可适当扩大勘察范围。

15.2 路基勘察

15.2.1 路基勘察应包括路基、高路堤、深路堑及支挡建筑物。

15.2.2 路基勘察应包括下列内容：

1 查明地层结构、土、石性质、岩层产状、风化程度及水文地质特征；分段划分土、石可挖性等级；确定路堑边坡坡度；评价路基基底的稳定性。

2 工程地质纵剖面、横剖面上的勘探点，其数量与深度应满足设计需要。

3 应分段取岩土试样进行物理力学试验，取水样进行水质分析。

15.2.3 高路堤勘察应包括下列内容：

1 查明基底地层结构，土、石性质，覆盖层与基岩接触面的形态。查明不利倾向的软弱夹层，并应评价其稳定性。

2 调查地表水汇水面积及地下水活动对基底稳定性的影响。

3 查明基底和斜坡稳定性，地质复杂地区应布置横剖面。

4 应分段取岩土试样，进行物理力学试验，并应提供验算基底稳定性的技术参数。

5 应取水样进行水质分析。

15.2.4 深路堑勘察应包括下列内容：

1 查明地貌、植被、不良地质现象和特殊地质问题。调查沿线天然边坡、人工边坡的工程地质条件。

2 岩质边坡应查明岩层性质、厚度、成因、节理、裂隙、断层、软弱夹层的分布、风化破碎程度；主要结构面的类型、产状及充填物。

3 松散地层边坡应查明土层厚度、地层结构、成因类型、密实程度及下伏基岩面形态和坡度。

4 查明地下水类型、水位、水压、水量、补给和动态变化。评价岩土透水性及地下水出露情况对路堑边坡及地基稳定性的影响。

5 进行岩土物理力学试验和软弱面抗剪试验，提供边坡稳定性计算参数。

6 提出边坡最优开挖坡形和排水措施，边坡坡度允许值应按本规范第 12 章表 12.2.1-1、表 12.2.1-2

的规定执行。

7 调查雨期、暴雨量及雨水对坡面、坡脚的冲刷和地震对坡体稳定性的影响。

8 勘探点间距不宜大于 50m，遇有软弱夹层或不利结构面时，勘探点可适当加密。孔深应探明软弱层厚度及软弱结构面产状，且应穿过潜在滑动面并深入稳定地层内 2～3m。

15.2.5 支挡建筑物勘察应包括下列内容：

1 查明支挡地段地貌、地质及不良地质现象和特殊地质问题，判定其稳定状态。

2 查明基底的地层结构及岩土性质，提供地基承载力。对路堑挡土墙应提供墙后岩土物理力学指标。

3 查明支挡地段水文地质条件，评价地下水对支挡建筑物的影响，提出处理地下水措施，并取水样进行水质分析。

4 查明地基与被支挡岩土体的地质条件，按其复杂程度可适当增减勘探孔，但不得少于 3 个，孔深应穿过潜在滑动面并深入稳定地层内 2～3m。

15.2.6 路基工程勘察资料编制除应符合本规范第 16 章有关规定外尚应包括下列内容：

1 工程地质说明。

2 1∶500～1∶2000 工程地质平面图。

3 工程地质纵剖面、横剖面图。

4 支挡建筑物、墙址工程地质图。

5 勘探、测试资料。

15.3 高架线路勘察

15.3.1 选址勘察应了解选择高架线路方案的工程地质条件和影响高架线路方案的主要工程地质问题，其工作应符合下列规定：

1 选址勘察以搜集资料为主，每地貌单元或每公里内应有勘探资料；初步了解区域地质、水文地质条件，对线路通过地区的工程地质条件进行初步评价。

2 对控制线路方案的地段，应了解地层、岩性、构造、水文地质及不良地质现象和特殊地质问题，并进行可行性评价。

15.3.2 初步勘察应在选址勘察基础上，进一步查明初定方案沿线的水文地质、工程地质条件。其主要内容应符合下列规定：

1 查明沿线的地形、地貌、地层、岩性、构造及水文地质对高架线路方案的影响。

2 查明不良地质、特殊地质的成因、类型、性质和范围，预测其发生和发展趋势及对高架线路危害程度和影响。

3 查明沿线岩土的分类、密实程度、含水特征、物理力学性质，初步确定地基承载力并提出基础埋深意见。

4 高架线路重点地段每 100～200m 应布置一个勘探孔，查明墩台地质情况，并初步提出基础类型意见。

5 取水样进行水质分析，取岩、土样进行物理力学试验。

15.3.3 详细勘察应根据初步设计方案进行勘察。应详细查明沿线工程地质、水文地质条件，提出编制施工设计所需的工程地质资料。详细勘察应包括下列内容：

1 应查明高架柱基地层分布、埋藏条件，溶洞、土洞、人工洞穴、采空区等不良地质现象；地下管网和地基中的有害气体。提供岩土、物理力学性质及有关技术参数，并应对柱基的稳定性作出评价，提出基础处理措施。

2 查明沿线水文地质条件，进行水文地质试验，确定施工设计需要的水文地质参数，提出控制地下水措施，判定地下水、地表水对混凝土和金属材料的腐蚀性。

3 对各类柱基持力层、单桩承载力，提出建议。

4 当抗震设防烈度等于或大于 7 度时，应判别地基土液化势，并应对柱基设防提出建议。

5 勘探点数量应满足编制详细工程地质纵剖面图的要求。地质简单的直线柱基地段，每 3～4 柱基布置一个勘探点。地质复杂、高架线路曲线以及大跨越地段，每个柱基应布置勘探点，并应进行原位测试。

6 勘探点深度应满足下列要求：

1）当基础置于无地表水地段时，应穿过最大冻结深度达持力层以下；

2）当基础置于地表水水下时，应穿过水流最大冲刷深度，并达到持力层以下；

3）当第四系覆盖层较薄时，应根据上部荷载的要求，结合基岩性质和风化带的强度确定。

7 测定有关技术参数和具有特殊要求的钻孔，可配合物探测井，其数量与孔深应根据需要确定。

15.3.4 各阶段的勘察报告，除应按本规范第 16 章有关规定执行外，还应包括以下内容：

1 选址勘察阶段，评价控制线路方案的不良地质、特殊地质和地质条件复杂地段的工程地质条件，对各方案做出简要的工程地质评价并提出方案比选意见。

2 初步勘察阶段，对各方案沿线工程地质条件，全线重大不良地质、特殊地质地段和高、大跨越地段的地基稳定性进行评价，提出最优线路方案。

3 详细勘察阶段，提出全线沿柱基的工程地质纵剖面图和丰水期带状等水位线图，按区段分析地基稳定性，对不良地质、特殊地质和重大工程地质问题作出评价，对施工中的工程地质问题作出预测，提出基础方案和工程措施建议。

15.4 桥涵勘察

15.4.1 小桥、涵洞勘察应包括下列内容：

1 查明地貌、地层、岩性、地质构造、天然沟床稳定状态、隐伏的基岩斜坡、不良地质和特殊地质。

2 查明小桥、涵洞地基水文地质条件，必要时进行水文地质试验，提出地下水参数并取水样进行水质分析。

3 每座小桥、涵洞根据地形、地质复杂程度，勘探点可定为1～3个。各类土层应取样进行物理力学试验。

4 基础置于土中的小桥、涵洞勘探深度，可按表15.4.1确定。

表 15.4.1 小桥涵洞勘探深度（m）

工程类别 \ 土的名称	碎石类土（角砾土、圆砾土、碎石土、卵石土）	砂类土及粘性土	流塑状态粘性土及饱和粉细砂、软土等
涵洞	3～6	4～8	6～15
小桥	4～8	6～12	12～20

注：1 勘探深度应由地面或新开挖地面算起；
2 箱形桥的勘探深度，可按涵洞要求适当加深。

5 资料编制包括工程地质说明、桥址工程地质纵剖面图或涵洞轴向工程地质纵剖面图及勘探、测试资料。

15.4.2 中桥、大桥、特大桥、高跨线桥勘察应包括下列内容：

1 桥渡位置应选在工程地质条件较好的地段。

2 查明桥渡区的地形、地貌、地层、岩性、地质构造及岸坡稳定性，查明断层破碎带及活动情况，查明墩台范围内有无软弱夹层，提出地基稳定性评价及处理意见。

3 查明土层成因类型、物质成分、结构特征、密实度、含水程度及下伏基岩面的形态。

4 查明桥渡区不良地质、特殊地质范围及对墩台稳定的影响，提出工程措施建议。

5 查明墩台及调节建筑物基底岩土的物理力学性质，确定地基承载力。

6 查明桥渡区水文地质条件及地基土渗透性，预测基坑可能出现涌水、流砂、液化等情况。

7 粘性土和岩石应取样进行试验；砂类土地基应判别液化势。

8 地表水及地下水应取样进行水质分析，并应提供地下水参数。

9 每个墩台宜有一个钻孔。当地质条件复杂时，每个墩台可有2～5个钻孔。

10 钻孔深度宜按表15.4.2确定。

表 15.4.2 钻孔深度表（m）

基础类型 \ 钻孔深度 \ 地层	细砂、粉砂、粘性土	碎石类土、砾砂、粗砂、中砂
桩基	25～35	15～30
扩大基础	15～20	10～15

注：1 深度应由地面或新开挖地面算起，遇特殊情况可适当增减；
2 对岩质地层，风化层不厚时，应穿透风化层至完整岩面下2～3m；抗冲刷较差的岩层应适当加深。

11 资料编制应包括工程地质说明、桥址工程地质图（1：500～1：2000）、桥址工程地质纵剖面图（水平1：200～1：2000，垂直1：20～1：200），必要时作墩台工程地质横剖面图，并应附勘探、测试资料。

16 成果分析与勘察报告

16.1 一般规定

16.1.1 地下铁道、轻轨交通岩土工程勘察报告，应在工程地质测绘、勘探、测试及搜集已有资料的基础上编写；应提供工程场地及沿线邻近地带的工程地质及水文地质资料，并结合工程特点和要求，进行岩土工程分析评价。

16.1.2 勘察报告中的岩土工程分析评价，应论据充分、针对性强，所提建议应技术可行、经济合理，宜包括下列内容：

1 工程场地的稳定性评价。

2 地下工程的围岩分类、围岩压力、稳定和变形分析，对施工和衬砌方案的建议。

3 地上工程的地基承载力及变形分析，对地基基础设计方案的建议。

4 不良地质现象及特殊地质条件对工程影响的评价及治理方案的建议，在强震区，应划分场地土类型和场地类别，评价地震液化和震陷的可能性。

5 工程建设对环境影响的预测及其防治对策的建议。

6 地下水对工程的静水压力、浮托作用等影响，对建筑材料腐蚀性的评价及其防治对策的建议。

16.1.3 岩土工程分析应符合下列要求：

1 充分了解工程结构的类型、特点、荷载组合、施工顺序和方法及对变形控制的要求。

2 掌握场地的地质历史，岩土的非均质性、各向异性和随时间的变化，评估岩土参数的不确定性，确定其最佳估值。

3 可借鉴类似工程及当地工程的经验。

4 对理论依据不足，实践经验不多的工程，可进行现场模型试验或足尺试验，进行专门性研究。

16.1.4 对地质条件复杂的地段，有代表性的地段及工程上需要的地段，宜提出监测的建议。

16.2 参数确定

16.2.1 确定岩土参数时，应按下列内容评价其可靠性和适宜性：

1 取样、试验操作等因素对测试成果的影响。

2 采用的测试方法及取值标准。

3 测试方法与分析评价方法的配套性。

4 必要时采用多种方法测试，进行分析比较。

16.2.2 岩土的物理力学性质指标，应按岩土单元、区段和层位分别统计，对主要参数应按下列公式计算其平均值 f_m、标准差 σ_f 及变异系数 δ：

$$f_m = \left(\sum_{i=1}^{n} f_i\right)/n \quad (16.2.2\text{-}1)$$

$$\sigma_f = \sqrt{\frac{1}{n-1}\left[\sum_{i=1}^{n} f_i^2 - \frac{\left(\sum_{i=1}^{n} f_i\right)^2}{n}\right]} \quad (16.2.2\text{-}2)$$

$$\delta = \frac{\sigma_f}{f_m} \quad (16.2.2\text{-}3)$$

式中 f_i——岩土参数测试值；

n——参加统计的子样数。

16.2.3 勘察报告应提供岩土参数的平均值，最小值、最大值、标准差、变异系数及子样数。当子样数少于10个时，附属建筑及中、小型桥少于6个时，可不提供标准差和变异系数，表示岩土性状的物理性指标及按正常使用极限状态计算的变形指标，可采用平均值；当按承载能力极限状态计算强度或稳定时，可用标准值及设计值。标准值 f_k 及设计值 f_d 可按下列公式计算：

$$f_k = \gamma_s \cdot f_m \quad (16.2.3\text{-}1)$$

$$\gamma_s = 1 \pm \left(\frac{1.704}{\sqrt{n}} + \frac{4.678}{n^2}\right)\delta \quad (16.2.3\text{-}2)$$

$$f_d = \frac{f_k}{\gamma} \quad (16.2.3\text{-}3)$$

式中 γ_s——统计修正系数，式（16.2.3-2）中的正负号按不利组合确定；

γ——分项系数。

16.3 勘察报告的基本要求

16.3.1 工程地质测绘、勘探、测试、监测及搜集所得的各项数据和资料，均应整理、检查、分析、鉴定。

16.3.2 初步勘察报告应满足初步设计线路方案比选、确定隧道埋深及施工方法的要求，并应符合下列规定：

1 确定不良地质现象严重发育区段，评价对工程的影响。

2 初步划定围岩类别，并对岩土性状进行初步评价。

3 初步确定地下水的类型、补给、径流和排泄条件，含水层和隔水层的分布，评价地下水对工程的影响。

4 对线路位置、隧道埋深、施工方法、不良地质现象的防治提出建议。

5 对详细勘察工作的建议。

16.3.3 详细勘察报告应满足施工图设计对支护计算、地基计算、涌水量和降水计算及其他设计计算的要求，并应符合下列规定：

1 详细划分地层，提供各项设计需要的岩土参数。

2 详细划定各地段的围岩类别。

3 提供地下水位及其变化规律，提供含水层的渗透系数，以及地下水对建筑材料的腐蚀性作出评价。

4 对围岩压力或土压力进行分析评价，对地基基础方案、支护方案、降水或截水方案、不良地质及特殊地质的治理提出建议。

5 对工程施工和运营过程中可能产生的环境地质问题进行预测，提出防治措施的建议。

16.3.4 施工勘察报告应针对工程的具体情况，对需要补充调查、勘察、测试的问题，提供补充勘察资料和数据，并应进行分析评价，提出建议。

16.3.5 对明挖法施工的分析评价宜包括下列内容：

1 软弱结构面空间分布、特性及其对边坡、坑壁稳定的影响。

2 岩土压力的计算参数，对岩土压力大小、特点的评价。

3 岩土透水性或隔水性的评价，对施工排水或截水方案的建议。

4 放坡开挖合理坡度、坡形、平台位置的建议。

5 深基坑开挖支护方式、支护设计及施工的建议，基坑整体稳定、坑底隆起、坑底突涌、邻近地面沉降可能性的分析评价。

6 地下连续墙持力层、嵌入深度及连续墙施工设备的建议，连续墙槽壁稳定性的评价，中间桩类型的选择，中间桩、护坡桩持力层及嵌入深度的建议，软弱下卧层稳定性的评价。

7 基坑开挖引起岩土体移动对邻近工程影响的分析评价，并提出防治措施的建议。

16.3.6 对矿山法施工的分析评价宜包括下列内容：

1 在围岩分类的基础上，进行结构面分析，指出冒顶、边墙失稳、洞底隆起、围岩破坏的可能形式和围岩稳定的薄弱部位，并提出防治措施。

2 对可能出现高地应力地段，进行地应力对工程影响的分析，并建议进行地应力观测。

3 指出可能涌水地段和突水地段，并提出防治建议。

16.3.7 对盾构法施工的分析评价宜包括下列内容：

1 对盾构选型的建议。

2 当采用普通盾构时，提出开挖方法、支护方法、辅助施工措施的建议，提出在软硬不均地层中开挖措施及开挖面障碍物处理方法的建议。

3 当采用密封型盾构时，提出选择排土方式的建议。

4 根据设计要求，提供岩土压力、水压力、土的颗粒组成及其特征参数，土的渗透系数和透气性等有关参数。

5 提出关于衬砌方案的建议。

6 预估盾构施工，土体固结造成的沉降和地面变形，分析评价地层移动地面变形对邻近工程的影响，提出防治措施。

7 预估出现有害气体的可能性，提出防治措施。

16.3.8 地面建筑物、构筑物的岩土工程分析评价，应按照现行国家标准《岩土工程勘察规范》GB 50021的有关规定执行。

16.3.9 分析评价工程建设对环境的影响应包括下列内容：

1 基坑开挖或隧道掘进，引起地面下沉、隆起或水平位移，可能导致对邻近建筑物及地下管线的影响。

2 施工降水导致地下水位变化，出现区域性的降落漏斗，水源枯竭、水质恶化、地面固结沉降、生态失衡的预测并提出防治措施建议。

3 隧道建成后，在其上部及两侧一定范围内，对新建建筑物、大面积地面超载及其他影响隧道安全施工活动的评价。

4 工程建成后造成的环境问题评价。

16.4 勘察报告内容

16.4.1 勘察报告内容应符合本规范16.3节的要求，并应包括正文和附件两部分。

16.4.2 正文应根据工程规模、地质条件及对勘察工作要求编写，并应包括下列内容：

1 拟建工程概述。

2 勘察目的、任务和要求。

3 勘察工作量及工作方法。

4 区域地质概况。

5 勘察场地的地形、地貌、水文、气象概况。

6 场地环境，包括拟保留的和拟拆除的各种地面工程、地下工程、道路、管线等。

7 勘察场地的地质构造及地层的年代、成因、产状、性质及分布。

8 岩土的物理力学性质、围岩分类、岩土设计参数。

9 地下水的类型、赋存、补给、径流、排泄条件、水位及其变化，地层的透水和隔水性质。

10 不良地质现象及其发展趋势，特殊地质条件分析评价。

11 按本规范第16.1.3条的要求进行岩土工程分析评价，并提出相应的建议。

16.4.3 勘察报告的附件应包括下列内容：

1 勘察任务书。

2 勘察大纲。

3 勘探点平面布置图。

4 综合工程地质图。

5 岩土物理力学性质综合统计表。

6 工程地质纵剖面图、工程地质横剖面图。

7 工程地质柱状图。

8 原位测试成果图表。

9 各种室内试验图表。

10 其他图表。

16.4.4 沿线路应有纵剖面图；车站、大型构筑物及复杂地段应有横剖面图；特殊测试项目、专门研究项目、地质复杂地段及大型单体工程，应单独提出报告。

16.4.5 勘察报告中的图例宜按本规范附录L执行。

17 工 程 监 测

17.1 一 般 规 定

17.1.1 地下铁道、轻轨交通岩土工程应根据工程需要进行监测。

17.1.2 当收集研究与地面沉降有关的施工参数时，并应根据工程的具体情况对下列项目进行监测。

1 地下水位长期观测及施工中水位、水质、水量的监测。

2 验槽、验洞、验桩。

3 对沿线重大建筑物及重要管线进行沉降观测。

4 地面沉陷量。

5 围岩压力。

6 拱顶沉降及周边收敛。

7 桩、墙沉降及测斜。

8 土体回弹量。

9 土体分层沉陷及水平位移。

17.2 施工前的监测

17.2.1 施工前应制定监测计划，并应符合下列规定：

1 监测计划应根据勘察设计意图、工程的规模、施工方法、地形地质条件、地面和地下设施特征及其他有关条件制定。

2 监测计划的内容应包括量测项目和量测方法、量测仪器的选择、测点的布置、量测频率、数据处理以及人员的组成等。

3 应根据地质条件的变化或施工异常，修改监测计划。

17.2.2 量测点的埋置应符合下列规定：

1 地表量测点应埋置在硬质路面或冻土带及易受不同季节降水量影响的软土层以下。

2 永久结构、临时结构量测点应固定在结构体上，且应牢固，易于量测。

3 永久性基标应埋在基岩上或稳定的砂卵石地层中或其他不受施工降水影响的地带。

17.2.3 施工前应完成观测点的初始值量测，对施工过程中潜在的风险提出预测报告。

17.3 施工中的监测

17.3.1 施工过程中观测内容和要求应符合下列规定：

1 开挖工作面的观察，应包括地质条件的变化，渗漏情况，支护系统状况，工作面的稳定性。对开挖工作面的观察应每天进行一次，必要时绘制实际地层素描图，并与勘察资料进行对比。

2 对已完成的永久结构或临时结构的观察应每天进行一次。其内容应包括地下水渗漏情况、预制管片的变形、喷射混凝土、现浇混凝土、锚杆、支架的状况等，可提出建议。

3 施工现场周边环境的观察内容应包括地面、地面建筑和地下设施的状况，以及邻近工程施工对本工程的影响等。

17.3.2 地面和建筑物的沉降监测应符合下列要求：

1 监测应包括下列内容：

1）对地面、地下设施、地面建筑物沉降量、沉降速率和沉降分布特点的量测；

2）对建筑物和构筑物裂缝的量测。

2 量测点的布置：

1）根据地质条件和隧道埋深，在隧道中心线上方及其两侧 15～25m 的范围内应设置量测点。每 20～100m 设置一个观测断面，每个断面至少应设置 3 个量测点。

2）建筑物沉降量测点应根据工程的需要设置在建筑物的转角、桩基、建筑物沉降缝两侧、新旧建筑物连接处两侧等处，每幢建筑物上至少应有 2 个量测点，间距宜为 8～12m。

3 监测频率：在工作面前 30m，应每周一次；在工作面前 10m，应每天一次；在工作面后 30m，应每周二次。并应根据建筑物沉陷速率作适当调整。

4 观测精度：对一级建筑物，观测允许误差为变形测量一等±0.3mm；对一般高层建筑物，观测允许误差为变形测量二等±0.5mm；对一般建筑物，观测允许误差为变形测量三等±1.0mm。

17.3.3 暗挖法施工隧道拱顶下沉和净空水平收敛量测应符合下列要求：

1 净空量测断面的间距宜为 10m。

2 拱顶下沉量测和净空水平收敛量测应在同一断面内进行，宜采用相同的量测频率。量测频率可按表 17.3.3 的规定执行。

表 17.3.3 量测频率

量测过程	1～15d	16d～1个月	1～3个月	3个月以上
量测频率	1～2 次/d	1 次/2d	1～2 次/周	1～3 次/月

3 采用全断面开挖时，可设一条测线；采用台阶式开挖时，可在拱腰和边墙部位各设一条水平测线。

17.3.4 明挖法和盖挖法施工监测应符合下列要求：

1 根据基坑工程的安全等级和具体特点选择下列监测内容：

1）雨、雪、冻融、地震等；

2）地下水位的变化及基坑的渗、漏、冒水、

四、勘察规划标准

冲刷、管涌等；

3）边坡土体顶部及基坑周围地表的水平位移、垂直位移和开裂等；

4）基坑附近的建筑物、地下设施；

5）支护系统、墙体和桩基等的应力和应变。

2 量测点的布置和量测频率：

1）边坡量测点应沿基坑周边布置，并应设置在每边的中部和端部，间距不宜大于20m；

2）距基坑周边3*H*（*H*为开挖深度）的建筑物和地下设施应设置量测点，间距宜为8m；

3）量测点每天至少观测一次。

17.3.5 盾构法施工隧道内的监测应包括下列内容：

1 对管片破损、开裂的情况逐环量测。

2 管片之间、环与环之间的安装偏差。

3 盾构机的空间位置及推进速度、推力、扭力等。

4 出土量、出土物质成分和物理特性等。

5 工作面使用泥浆、添加剂、水、压缩空气情况。

6 盾尾注浆量及注浆时间、位置、物质和物理特性等。

7 管片防水和渗漏特点。

8 启用人闸和材料闸时，对压缩空气的控制必须时刻进行监测。

9 始发和到达竖井洞门时，对附近的土体稳定性应时刻进行监测。

17.3.6 地下水动态监测应符合下列规定。

1 下列情况应进行地下水动态监测：

1）当地下水位的升降影响施工时；

2）当地下水位的上升对构筑物产生浮托力或对地下结构的防水、防潮有较大影响时；

3）当施工排水对邻近工程设施或建筑物有影响时。

2 应根据工程需要选取下列监测内容：

1）地下水位的变化及其与地表水、大气降水的水力联系；

2）对开挖深基坑、掘进隧道、洞室的地下水监测；

3）工程降水对区域地下水的影响；

4）潜蚀、管涌及对工程的影响；

5）水质、水量的监测。

3 量测点的布置和监测频率：

1）每个施工场地的观测点不宜少于3个，深度不应小于最大可能降深以下1m；

2）区间隧道的观测点应根据工程的需要及工程地质和水文地质特点布置量测点和确定测量频率；

3）动态监测不应少于一个水文年，并宜每周监测二次，雨天宜每天监测一次；

4）地下水位长期观测在每个站、段均应有观测孔，并应按上层滞水、潜水、承压水分别设置，每周应监测一次，雨季应增加观测次数。

17.4 施工后的监测

17.4.1 施工后和运营期的监测，应在充分研究竣工工程地质资料的基础上，监测不良地质现象的发展变化，发现新的地质病害，并应提出防治措施和补充勘察意见。

17.4.2 监测工作应包括下列内容：

1 收集、整理区域地质、工程地质和水文地质的最新资料，研究区域地质变化可能对地铁永久结构和运营的影响。

2 监测附近工程施工可能对线路工程和运营造成的影响。

3 在不良地质和特殊地质病害地段应对永久结构、地面建筑物和土体变形进行监测。与地下水有关的不良地质工点，应布置相应的地下水动态观测点。

监测频率和持续时间，应根据实际需要确定。

17.4.3 对不良地质和病害工点应建立专门的地质档案。

附录A 岩石按风化程度分类

表A 岩石按风化程度分类

岩石类别	风化程度	野外特征	风化程度参数指标		
			压缩波速度 V_p（m/s）	波速比 K_v	风化系数 K_i
硬质岩石	未风化	岩质新鲜，未见风化痕迹	>5000	0.9～1.0	0.9～1.0
	微风化	组织结构基本未变，仅节理面有铁锰质渲染或矿物略有变色，有少量风化裂隙	4000～5000	0.8～0.9	0.8～0.9

续表 A

岩石类别	风化程度	野外特征	风化程度参数指标		
			压缩波速度 V_p (m/s)	波速比 K_v	风化系数 K_i
硬质岩石	中等风化	组织结构部分破坏，矿物成分基本未变化，仅沿节理面出现次生矿物，风化裂隙发育，岩体被切割成 20～50cm 的岩块，锤击声脆，且不宜击碎，不能用镐挖掘，岩芯钻方可钻进	2000～4000	0.6～0.8	0.4～0.8
硬质岩石	强风化	组织结构已大部分破坏，矿物成分已显著变化，长石、云母已风化成次生矿物。裂隙很发育，岩体破碎，岩体被切割成 2～20cm 的岩块，可用手折断，用镐可挖掘，干钻不易钻进	1000～2000	0.4～0.6	<0.4
硬质岩石	全风化	组织结构已基本破坏，但尚可辨认，并且有微弱的残余结构强度，可用镐挖，干钻可钻进	500～1000	0.2～0.4	—
残积土		组织结构已全部破坏，矿物成分除石英外大部分已风化成土状，锹镐易挖掘，干钻易钻进，具可塑性	<500	<0.2	—
软质岩石	未风化	岩质新鲜，未见风化痕迹	>4000	0.9～1.0	0.9～1.0
软质岩石	微风化	组织结构基本未变，仅节理面有铁锰质渲染或矿物略有变色。有少量风化裂隙	3000～4000	0.8～0.9	0.8～0.9
软质岩石	中等风化	组织结构部分破坏，矿物成分发生变化，节理面附近的矿物已风化成土状。风化裂隙发育，岩体被切割成 20～50cm 的岩块，锤击易碎，用镐难挖掘，岩芯钻方可钻进	1500～3000	0.5～0.8	0.3～0.8
软质岩石	强风化	组织结构已大部分破坏，矿物成分已显著变化，含大量粘土质粘土矿物。风化裂隙很发育，岩体被切割成碎块，干时可用手折断或捏碎，浸水或干湿交替时可较迅速地软化或崩解，用镐或锹可挖掘，干钻可钻进	700～1500	0.3～0.5	<0.3
软质岩石	全风化	组织结构已基本破坏，但尚可辨认，并且有微弱的残余结构强度，可用镐挖。干钻可钻进	300～700	0.1～0.3	—
残积土		组织结构已全部破坏，矿物成分已全部改变并已风化成土状，锹镐易挖掘，干钻易钻进，具可塑性	<300	<0.1	—

注：1　波速比 K_v 为风化岩石与新鲜岩石压缩波速度之比；
2　风化系数 K_i 为风化岩石与新鲜岩石饱和单轴抗压强度之比；
3　岩石风化程度，除按表列野外特征和定量指标划分外，亦可根据地区经验按点荷载试验资料划分；
4　花岗岩类的强风化与全风化、全风化与残积土的划分，宜采用标准贯入试验，其划分标准 $N \geqslant 50$ 为强风化；$50 > N \geqslant 30$ 为全风化；$N < 30$ 为残积土。

附录B 土、石可挖性分级

表B 土、石可挖性分级

土石等级	土石类别	土石名称	钻1m所需时间			爆破1m³所需炮眼长度(m)		开挖方法
			湿式凿岩一字合金钻头（净钻分钟）	湿式凿岩普通淬火钻头（净钻分钟）	双人打眼(d)	路堑	隧道导坑	
Ⅰ	松土	砂类土、种植土、粉土和软塑粉质粘土、弃土、未经压实的填土	—	—	—	—	—	用铁锹挖，脚蹬一下到底的松散土层。机械能全部直接铲挖满载者
Ⅱ	普通土	坚硬的、硬塑的粉土和粉质粘土、可塑的粘土、可塑的膨胀土（裂土）、新黄土、中密的碎石类土（不包括块石土，漂石土）、压实的填土、风积砂	—	—	—	—	—	部分用镐刨松，再用锹挖，以脚蹬锹需连蹬数次才能挖动的。机械需部分刨松方能铲挖满载者，或可直接铲挖，但不能满载者
Ⅲ	硬土	坚硬的粘土、坚硬的膨胀土（裂土）、老黄土、含块石、漂石≥30%～50%的土及其他密实的碎石类土，各种风化成土状的岩石	—	—	—	—	—	必须用镐先整个刨过才能用锹挖的。机械须普遍刨松或部分爆碎方能铲挖满载者
Ⅳ	软石	块石土、漂石土、岩盐。各种软质岩土：泥岩、泥质页岩、泥质砂岩、泥质砾岩，煤、泥灰岩、凝灰岩、云母片岩、千枚岩等	—	<7	<0.2	<0.2	<2.0	部分用橇棍或十字镐及大锤开挖，部分用爆破法开挖
Ⅴ	次坚石	各种硬质岩：硅质页岩、钙质砂岩、钙质砾岩、白云岩、石灰岩、坚实的泥灰岩、软玄武岩、片岩、片麻岩、正长岩、花岗岩	≤15	7～20	0.2～1.0	0.2～0.4	2.0～3.5	用爆破法开挖
Ⅵ	坚石	各种极硬岩：硅质砂岩、硅质砾岩、致密的石灰岩、大理岩、石英岩、硬玄武岩、闪长岩、正长岩、细粒花岗岩	>15	>20	>1.0	>0.4	>3.5	用爆破法开挖

注：软土（软粘性土、淤泥质土、淤泥、泥炭质土、泥炭）和多年冻土等应结合具体施工情况另定。

附录C　地球物理勘探方法的原理、特点及应用范围

表C　地球物理勘探方法的原理、特点及应用范围

方法名称		基本原理	特点	应用范围									
				1	2	3	4	5	6	7	8	9	10
电法	自然电场法	利用在一定水文地质环境下，地下自行产生的电流场解决某些地质问题	不需人工供电，装置简单，工作效率高，成本低，能用于测定地下水流向、地下水与地表水之间的补给关系和裂隙带的发育情况			△				△			
电法	充电法	利用天然的或人工揭露的良导体露头，进行充电，测量充电电场的变化情况，解决某些地质问题	对地下良导体目标物充电，增强了目标物引起异常，探测精度高，能用于测定地下水流速、流向，滑坡体的滑动方向和滑动速度，追索岩溶暗河的位置				△			☆		△	☆
电法	电阻率测深	在地面的每一测点上，用改变供电电极距的办法控制不同的勘探深度，测定地下介质在垂直方向上的电阻率变化	可探测地下介质在垂直方向上的电阻率变化，解决许多地质问题，并可进行层状介质的定量解释	☆	△	△	△	△	△			△	
电法	电阻率剖面法	用固定极距的电极排列，沿剖面线逐点测量视电阻率，用于了解一定勘探深度范围内岩性沿测线水平方向的电阻率变化	装置灵活多变，可探测地下介质在水平方向的变化规律，特别是利用联合剖面装置确定断层破碎带的位置，精确度较高	△		☆	△					△	
电法	高密度电阻率法	利用一组排列密集的电极，通过开关组合成一系列电极装置进行视电阻率测量，在一条剖面线上同时获得一组多种不同装置的视电阻率曲线	一次测量可以获得多种不同装置的视电阻率曲线，便于综合解释，提高解释的可靠性和精确度，提高工作效率	☆	△	☆	△	△	△			△	
电法	激发极化法	利用在一次场激发下，由于地质体的激发极化感应，研究二次场衰减特性来解决某些地质问题	用一定的电极装置，在测定视电阻率的同时，测定激发极化场衰减特性，用以区分地层的含水特性			△	△	△	☆			△	
电磁法	甚低频	利用甚低频无线电发射台的电磁场在地质体或目标物中感应产生的电流所引起的电磁场来解决地质问题或探测目标物	方法简便，成本低，效率高，但精度低，受干扰大，其信号强度与无线电台与地质体的相对方向有关			△						△	△
电磁法	频率测深	通过发射线圈或接地电极向地下发射不同频率的交变电磁场，在地面上测量相应二次场的频率特性，解决地下介质在不同深度上的变化规律	装置轻便，灵活多变，工作效率高，只要通过改变发射电磁场的频率就可得到不同深度地下介质的电性变化	△	△	△	△	☆			△	△	△
电磁法	电磁感应法	利用发射线圈或接地电极向地下发射一定频率的交变电磁场，用接收线圈接收由地质体或目标物引起的二次场来解决地质问题或探测金属目标物	装置轻便、灵活，工作效率高，对于探测地下良导地质体或金属目标物有显著的优点	△		△	△					△	☆

续表 C

方法名称		基本原理	特点	应用范围 1	2	3	4	5	6	7	8	9	10
电磁法	地质雷达	利用高频电磁波（主频几十兆赫至几百兆赫），以宽频带短脉冲形式，由地面通过天线发送入地下，经地下地质体或目标物反射后返回地面，用另一天线接收，用于探测地质体或目标物	仪器设备轻便，适应性强，可沿剖面线连续测量，工作效率高，抗干扰能力强，可在城市内各种噪声环境下工作，具有较高的探测深度和分辨率，现场直接提供实测剖面记录图，图像清晰直观	☆	△	☆	☆	△	△		△	☆	△
电磁法	地下电磁波法	将发射线圈和接收线圈分别安置在不同钻孔或坑道的不同深度位置上，利用电磁波在地下介质中的辐射、传播、散射特性，探测目标物的空间位置	可利用发射线圈和接收线圈在钻孔或坑道的不同空间位置，探测地下复杂形状目标物的空间形态，具有较高的准确度和分辨率			△	☆					☆	△
地震波法和声波法	折射波法	利用入射波以临界角射到下层介质波速大于上层介质波速的界面时，产生沿界面的滑行波，并以折射波的形式返回地面根据地面接收到的折射波时距曲线，求得地下界面的埋藏深度和波速等参数	受浅部干扰小，工作方法较简便，可以通过叠加技术增强信号，提高信噪比，勘探成本较低，解释精度较高，但在盲区或具有软弱夹层时，不能接收到折射波	☆	△			☆	△		△		
地震波法和声波法	反射波法	利用入射波在不同波阻抗的界面上产生反射，在地面上接收反射波，用于探测反射界面的埋藏深度和起伏变化	通过多次覆盖和数字处理技术，可取得时间剖面，图像清晰直观，探测精度高，特别是横波反射法分辨率高	☆	☆	△	△	☆	△		△	△	△
地震波法和声波法	直达波法	利用单孔或跨孔，直接测量纵波和横波在地层中的传播速度	测定地层的横波和纵波波速，精度高，并可利用波速资料计算不同深度地层的弹性参数		☆			△					
地震波法和声波法	瑞雷波法	通过稳态或瞬态人工激震，产生不同频率的地震波，在震源附近埋设两个检波器，测定相应不同频率瑞雷波到达的时间差，求得不同深度的瑞雷波波速	对场地要求低，可在狭窄的场地测量，抗交流电干扰和微振干扰的能力强，适用于城市勘测，尤其对空洞和地下隐埋物体反应敏感	△	△	△	☆	△				☆	△
地震波法和声波法	声波法	利用发射机发射声波或超声波信号（频率一般 1000Hz～10MHz），通过岩石传播、吸收、衰减，由接收机接收，测出岩石的声波波速	分辨度高，可对几十米，几米，甚至几厘米范围内的岩体进行测定，利用波速推算其物理力学性质或小构造的特征	△	☆	☆	△	△				△	△

续表C

方法名称		基本原理	特点	应用范围 1	2	3	4	5	6	7	8	9	10
地震波法和声波法	声纳浅层剖面法	利用电声换能器将电能转变为声能以声脉冲的形式向水下传播，当声脉冲遇到水下声阻抗界面时，被反射回来，用水听器接收，将声能转变为电信号，经信号处理，计算出地下声阻抗界面的空间位置	适用于水上工作，探测水深和泥沙沉积的厚度和水下隐埋物								☆	☆	
磁法勘探		利用地质体或目标物与周围介质之间的磁性差异，测量磁场强度或磁场梯度的变化	仪器轻便，工作效率高；对铁磁性物体敏感，适用于探测地下铁磁性隐埋物体									☆	△
放射性勘探		利用岩石的天然或人工放射性，通过地面 γ 测量、射气测量、α 径迹测量以及 α 卡等方法来解决地质问题	方法简单，轻便，成本低，工作效率高，不受地形因素的干扰，适用于探测断层或构造裂隙带的位置		☆	△	△					△	
红外辐射法		利用岩石的红外线辐射特性，研究地质或目标物的热辐射场、温度场，以解决有关地质问题或追索目标物	方法简单，不受地形因素干扰，适用于探测裂隙破碎带、空洞、热力管道等的位置		☆	△	△					△	△
测井	地球物理测井	将各种地球物理勘探方法移到钻孔中去应用，按原理不同可分为：电测井、放射性测井、声波测井、热测井等	可以研究地球物理场随深度的变化规律，确定深部地质体或目标物埋藏深度的精度高，但必须打钻孔，成本高，效率低	☆	△	△	△	☆	△			△	
测井	井径、井斜测量	将井径仪、井斜仪放到井里，沿井轴线测量井径、井斜随深度的变化	测量精度高，可用于测量钻孔的井径、井斜随深度的变化，作为施工质量监测的手段										

注：1 “应用范围”分为10类，用阿拉伯数字代表的意义如下：

1—测定覆盖层的厚度及基岩的起伏形态；
2—测定基岩的风化程度及风化层厚度的变化；
3—探测隐伏断层、裂隙破碎带的位置、宽度及延伸方向；
4—探测岩溶及地下洞穴的位置、埋深和大小；
5—划分松散沉积地层的层序；
6—测定潜水面的深度和地下含水层的分布；
7—测定地下水的流速、流向；
8—探测河床水深及沉积泥沙厚度的变化；
9—探测地下或水下隐埋物体的位置；
10—探测地下管线的位置、性质及埋深。

2 表中“☆”代表应用广泛，效果较好；“△”代表在一定条件下可以应用或效果一般。

附录D 渗透系数的计算

D.0.1 根据水位恢复速度计算渗透系数（见表D.0.1）。

表D.0.1 根据水位恢复速度计算渗透系数

计算公式	适用条件
$k=\frac{1.57r_w(h_2-h_1)}{t(S_1+S_2)}$	1. 承压含水层 2. 大口径平底井底（或试坑）进水
$k=\frac{r_w(h_2-h_1)}{t(S_1+S_2)}$	1. 承压含水层 2. 大口径半球状井底（或试坑）进水
$k=\frac{3.5r_w^2}{t(H+2r_w)}\ln\frac{S_1}{S_2}$	潜水完整井
$k=\frac{\pi r_w}{4t}\ln\frac{S_1}{S_2}$	1. 潜水非完整井 2. 大口径井底进水，井壁不进水
注：1 式中 r_w——井半径（m）； h_1、h_2——井中水柱高度（m）； t——计算水位恢复时间间隔（h）； S_1、S_2——井中剩余水位降低（m）； k——渗透系数（m/h）。 2 当求得一系列的水位恢复时间有关的k值后，应作$k=f(t)$曲线，根据曲线确定k值。	

D.0.2 当利用水位下降资料计算渗透系数时，可根据适用条件按承压水、潜水、完整井、非完整井等水文地质学原理，选择相应的计算公式。

附录E 降水引起的地面附加沉降计算

E.0.1 因地下水位下降引起的土层附加荷载，可按下式计算：

$$\Delta P=\gamma_w(h_1-h_2) \qquad (E.0.1)$$

式中 ΔP——降水引起的土层附加荷载（kPa）；

h_1——降水前土层的水头高度（m）；

h_2——水位下降后的水头高度（m）；

γ_w——水的重度（kN/m^3）。

E.0.2 降水引起的地面附加沉降量，可采用分层总和法，按下式计算：

$$S=\sum_{i=1}^{n}S_i=\sum_{i=1}^{n}\frac{\Delta P_i}{E_i}H_i \qquad (E.0.2)$$

式中 S——降水引起的地面总附加沉降量（m）；

S_i——第i计算土层的附加沉降量（m）；

ΔP_i——第i计算土层降水引起的附加荷载（kPa）；

E_i——第i计算土层的压缩模量（kPa）；

H_i——第i计算土层的土层厚度（m）。

E.0.3 公式E.0.2中的E_i，对于砂土，应为弹性模量E；对于粘土和粉土，可按下式计算：

$$E_i=(1+e_o)/a_v \qquad (E.0.3)$$

式中 e_o——土层的原始孔隙比；

a_v——土层的体积压缩系数（MPa^{-1}），应取自土的有效自重压力至土的有效自重压力与附加压力之和的压力段。

附录F 基床系数K的经验值

表F 基床系数K的经验值（MPa/m）

岩土类别	状态	K值
软土、淤泥质土、有机土		1～8
粘性土	软塑	8～15
	可塑	15～35
	硬塑	35～70
	坚硬	70～90
砂土	松散	5～10
	稍密	10～15
	中密	15～25
	密实	25～40
圆砾、角砾	中密	25～40
	密实	40～95
黄土、黄土质土		30～50

注：本表系垂直基床系数。

附录G　岩土热物理指标

表G　岩土热物理指标

序号	岩土名称	天然含水量 w (%)	密　度 ρ (kg/m^3)	导热系数 λ (W/m·K)	导温系数 α (m^2/h)	比热容 C (kJ/kg·K)
1	粉　土	16.3	1590	0.63	0.00129	1.11
2	粉　土	22.9	1920	1.26	0.00158	1.50
3	粉　土	26.9	2130	1.79	0.00264	1.15
4	粉　土	25.3	1850	1.45	0.00178	1.59
5	粉　土	26.0	1930	1.61	0.00222	1.35
6	粘性土	26.3	1990	1.41	0.00164	1.56
7	粘性土	19.0	2000	1.20	0.00152	1.42
8	粘性土	29.8	2050	1.66	0.00171	1.71
9	粘性土	30.1	2110	1.63	0.00197	1.41
10	粘性土	27.0	2170	1.55	0.00183	1.41
11	粘性土	29.0	2020	1.69	0.00184	1.64
12	粘性土	31.4	2140	1.85	0.00223	1.40
13	粘性土	20.0	2090	1.19	0.00136	1.51
14	细　砂	22.1	1800	1.60	0.00209	1.53
15	细　砂	11.1	1570	0.73	0.00165	1.02
16	细　砂	5.5	1310	0.64	0.00176	1.00
17	细　砂	8.0	1420	0.65	0.00196	0.84
18	细　砂	16.1	1460	0.86	0.00210	1.01
19	中　砂	7.0	1490	0.79	0.00201	0.95
20	中　砂	13.8	1510	1.06	0.00255	0.99
21	粗　砂	12.4	1260	1.06	0.00285	1.06
22	砾　砂	8.9	1950	1.41	0.00281	0.93
23	砾　砂	5.3	1600	1.04	0.00280	0.84
24	粗砾砂	23.3	2130	1.88	0.00228	1.39
25	粗砾砂	21.9	2200	1.75	0.00188	1.52
26	圆　砾	9.5	1860	1.44	0.00318	0.88
27	圆　砾	10.5	1830	0.94	0.00198	0.93
28	卵石＋砂	9.8	1840	1.62	0.00358	0.89
29	砂　岩	—	2250	1.84	0.00350	0.84
30	石灰岩	—	2700	3.14	0.00460	0.91
31	石灰岩	—	2250	1.28	0.00245	0.84
32	石灰岩	—	2000	1.16	0.00227	0.92
33	石灰岩	—	1700	0.93	0.00214	0.92
34	大理石、花岗岩	—	3000	3.60	0.00517	0.84
35	大理石、花岗岩	—	2800	3.45	0.00487	0.91
36	花岗岩	—	2700	3.14	0.00460	0.91
37	石灰质凝灰岩	—	1300	0.52	0.00157	0.92
38	灰质页岩	—	1760	0.83	0.00166	1.02

附录H 工程地质类比法的黄土分类

表H 工程地质类比法的黄土分类

特征/分类	工程地质特征			物理力学性质														
	地貌	地层	构造	含水量（%）		干密度（g/cm³）		粘聚力（kPa）		内摩擦角（°）		无侧限抗压强度（kPa）		S−P曲线比例极限（kPa）	变形模量（MPa）	侧压力系数 K_o	湿陷性	毛峒围岩稳定情况
				一般	平均	一般	平均	一般	平均	一般	平均	一般	平均					
甲类黄土	一般出露在沟底基岩两壁之上，沟壁陡峭，一般大于45°～70°	一般为老黄土下部（Q_1、Q_2）	一般夹有数层至十来层古土壤，下部钙质结核密集成层，层位比较复杂，节理多	17～24	20	1.45～1.66	1.57	49～160	90	24.8～33.4	30.1	270～650	460	1000～1700	60～130	0.21～0.31	无	埋深≤10m，毛跨≤4m时，毛峒稳定时间较长；毛跨为6m，进深小于4m时可暂时稳定
乙类黄土	一般出露在沟壁，有少量潜蚀溶洞沟壁较陡，一般大于30°～45°	一般为老黄土下部（Q_2、Q_3）	一般夹有数层古土壤，钙质结核一般不成层，层间较疏，层位稳定，节理较多	11～22	18	1.34～1.69	1.47	25～85	62	22.8～31.6	26.3	130～230	180	400～700	30～60	0.30～0.36	轻微～无	埋深≤10m，毛跨≤3m时，毛峒稳定时间较长；毛跨为6m，进深小于3m时可暂时稳定
丙类黄土	一般出露地表，常见潜蚀溶洞，沟壁较缓	一般为新黄土（Q_3）	一般无层理，节理少	10～20	16	1.16～1.36	1.26	21～27	24	26.7～31.5	28.5	40～160	100	100～300	5～20		一般～强烈	埋深≤10m，毛跨≤3m时，毛峒稳定时间较长；毛跨小于4m，进深小于2m时可暂时稳定

附录J 花岗岩残积土细粒土试验

J.0.1 残积土细粒土的天然含水量 W_f，塑性指数 I_p，液性指数 I_L 分别按下列公式计算：

$$W_f=\frac{W-W_A 0.01P_{0.5}}{1-0.01P_{0.5}} \quad (J.0.1)$$

$$I_P=W_L-W_P \quad (J.0.2)$$

$$I_L=\frac{W_f-W_p}{I_P} \quad (J.0.3)$$

式中 W——花岗岩残积土（包括粗、细粒土）的天然含水量（%）；

W_A——土中粒径大于0.5mm颗粒吸着水含水量（%），可取5%；

$P_{0.5}$——土中粒径大于0.5mm颗粒质量占总质量的百分数（%）；

W_L——土中粒径小于0.5mm颗粒的液限含水量（%）；

W_P——土中粒径小于0.5mm颗粒的塑限含水量（%）。

附录K 土体加固方法的适用范围

表K 土体加固方法的适用范围

加固处理方法	适用范围	所需参数与资料	检验与检测内容
颗粒级配法	浅层土处理	原土的颗粒级配和天然结构特征，添加料的级配	
加筋土法	宜用于垫层、桥台、挡土结构和岸边防护	土与加筋间的摩阻力、土的静止侧压力系数，土工织物的力学强度、耐久性、透水性及填土压实性	地基变形和建筑物沉降、水平位移的检测
开挖置换法和垫层法	暗埋的塘、浜、沟、穴等局部软弱地基处理和淤泥、淤泥质土、湿陷性土、膨胀性土、季节性冻土、素填土和杂填土的浅层处理	下卧土层的承载力和压缩模量以及换土或垫层材料的最优含水量、最大干密度、相应的强度和变形模量	用环刀法、灌砂法等方法测试压实系数或采用贯入仪和钢筋贯入试验，使达到控制压实系数值或与其相应的贯入度
预压法	厚度较大的淤泥、淤泥质土、冲积土和饱和粘性土地基	土层成层条件和排水砂层、砂夹层的分布，提出土的先期固结压力、固结系数、孔隙比和固结压力关系、压缩指数、三轴试验抗剪强度以及原位十字板抗剪强度等	十字板抗剪强度试验和室内土工试验，必要时进行载荷试验
强夯法	碎石土、砂土、低饱和度的粉土与粘性土、杂填土、素填土和湿陷性黄土地基	土的级配、密实程度、饱和度和地下水位	根据土性选用原位测试和室内土工试验，必要时进行现场大压板载荷试验
冻结法	饱和砂土、粉土和粘性土。当遇流砂或泥炭等不良土层时，宜采用此法进行施工	土的比热、导热系数、地下温度场，土的冰点、土层均匀性、地下水流向及流量、冻胀压力、冻土和融冻土的长期强度与应力应变关系	冻结时间和强度
深层搅拌法	适用于淤泥、淤泥质土、粉土和含水量较高且承载力不高的粘性土加固，可用于既有建筑地基处理、深基坑支护与地下防水工程	被加固土含水量和有机质含量、地下水的侵蚀性	轻便触探检验必要时桩身取样或开挖检验，当承受竖向荷载时，宜进行单桩载荷试验或复合地基载荷试验

续表 J

<table>
<tr><th colspan="2">加固处理方法</th><th>适用范围</th><th>所需参数与资料</th><th>检验与检测内容</th></tr>
<tr><td colspan="2">土与灰土挤密桩法</td><td>地下水位以上的湿陷性土、素填土和杂填土地基。当以消除地基湿陷性为主要目的时宜采用土挤密桩法；当以提高地基承载力或水稳性为目的时宜采用灰土挤密桩法；当地基土的含水量大于23%和饱和度大于65%时不宜采用</td><td>土的干密度、含水量、饱和度、湿陷性土的湿陷性类别与等级</td><td>检验桩和桩间土的干密度、承载力，对重要和大型工程应进行载荷试验或其他原位测试，必要时在处理的深度范围内取土样测定桩间土的压缩性或湿陷性</td></tr>
<tr><td rowspan="2">振冲法</td><td>振冲置换法</td><td>处理不排水抗剪强度不小于20kPa的粘性土、粉土、饱和黄土和人工填土等地基</td><td>土的不排水抗剪强度、桩与桩间土的承载力标准值</td><td>对于重大工程或场地复杂的振冲置换地基，宜用单桩或多桩复合地基载荷试验进行检验</td></tr>
<tr><td>振冲密实法</td><td>处理砂土和粉土地基。不加填料的振冲密实法仅适用于处理粘粒含量小于10%的粗砂和中砂地基</td><td>土的颗粒级配、桩与桩间土的承载力标准值</td><td>用标准贯入或静力触探等对桩间土进行处理前后对比，并进行单桩载荷试验检验</td></tr>
<tr><td rowspan="2">灌浆法</td><td>粒状剂灌浆法</td><td>宜用于中、粗砂和卵石层地基、隧道围岩以及深基坑边坡加固</td><td rowspan="2">土的颗粒级配、孔隙性、渗透性、酸碱含量和有机质含量、地下水的埋深、流向和流速</td><td rowspan="2">开挖检验和处理前后原位测试的对比检验或通过开挖或钻孔取样、测定强度、压缩性、湿陷性等</td></tr>
<tr><td>化学剂灌浆法</td><td>宜用于砂土、粉土、粘性土、填土和湿陷性黄土等的地基、隧道围岩以及深基坑边坡加固</td></tr>
<tr><td colspan="2">砂石桩法</td><td>挤密松散砂土、素填土和杂填土等地基，宜用于加固可液化砂层</td><td>砂土的相对密度</td><td>标准贯入、静力触探或动力触探等方法检测桩间土的挤密质量，对于重大工程应进行载荷试验或采用其他有效手段综合评定处理效果</td></tr>
<tr><td colspan="2">高压喷射注浆法</td><td>处理淤泥、淤泥质土、粘性土、粉土、砂土、黄土、人工填土和碎石土地基。当土中含有较多的大粒径块石、坚硬粘性土、大量植物根茎或有过多的有机质时应经现场试验确定其适用程度。可用于既有建筑物和新建建筑物的地基处理、深基坑侧壁挡土或挡水、基坑底部加固、防止管涌与隆起、坝和隧道围岩加固以及防水帷幕等，对于地下水流速过大和已涌水的工程应慎用</td><td>土的常规试验指标或标准贯入值</td><td>采用开挖检验、钻孔取芯、标准贯入、复合地基载荷试验或压水试验等方法进行检验</td></tr>
<tr><td colspan="2">锚固法</td><td>岩土体与填土加固，用于边坡支挡和围岩支护</td><td>锚杆极限抗拔力、岩土的粘结力</td><td>锚杆的抗拔试验，对于粘性土中的锚杆进行蠕变和松弛试验</td></tr>
<tr><td colspan="2">树根桩法</td><td>地铁穿越的既有建筑物的托换加固和深基坑边坡加固</td><td>拟加固体的地基、基础与上部结构状况</td><td>加固体的变形监测</td></tr>
</table>

附录L　常 用 图 例

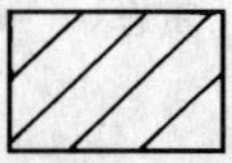
粘土(I_P>17)

粉质粘土(10<I_P≤17)

粉土(3<I_P≤10)

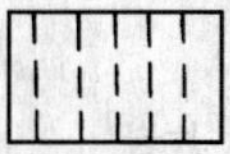
湿陷性黄土

粉砂

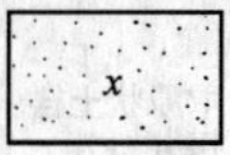

细砂

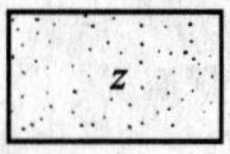

中砂

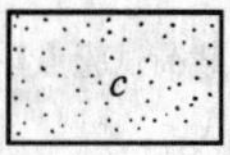

粗砂

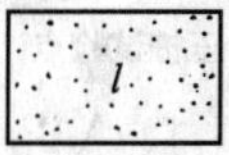

砾砂

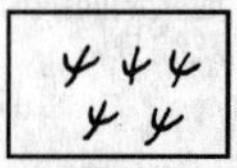
草炭

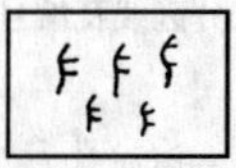
泥炭

淤泥质土
(与岩性图例叠加)

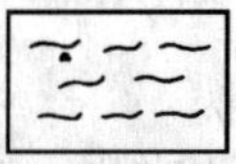
淤泥

涂蓝色　含有机质(W_u>5%)

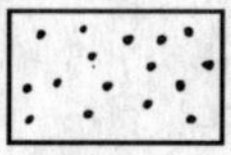
圆砾

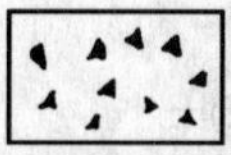
角砾

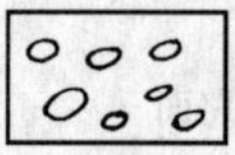
卵石

碎石

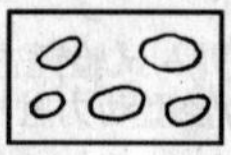
漂石

块石

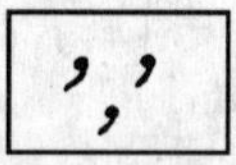
新近沉积符号
(与岩性图例叠加)

含有机质土
(与岩性图例叠加)

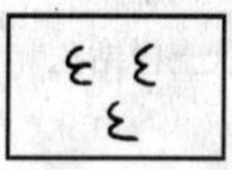
有机土
(与岩性图例叠加)

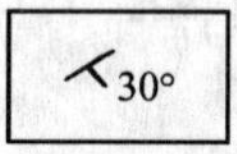

地层倾向及倾角

一、二、三级阶地

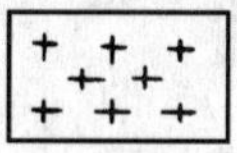
花岗岩

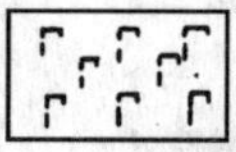
玄武岩

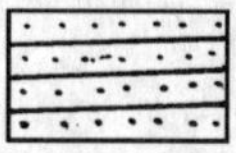
砂岩

四、勘察规划标准

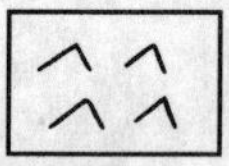
素填土(与岩性图例叠加)

杂填土

耕(表)土

沥青路面

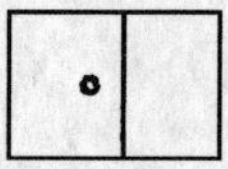
取土试验位置(剖面用)

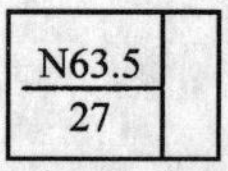

标准贯入试验锤击数(如为轻型动力触探注 N_{10})

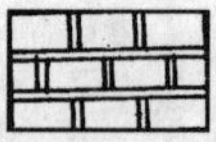
大理岩

片麻岩

安山岩

取原状土样钻孔

取水样钻孔

重型动力触探试验钻孔

标准贯入试验孔

轻型动力触探试验孔

静力触控试验孔

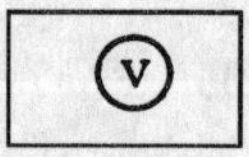

波速试验孔

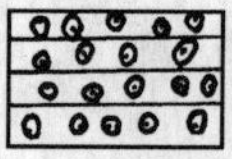
砾岩

页岩

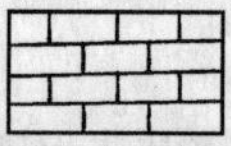
石灰岩

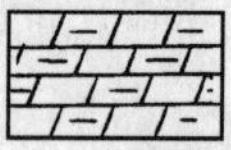
泥灰岩

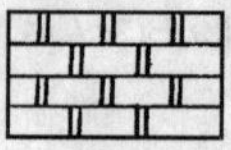
白云岩

片岩

石英岩

取原状土样探井

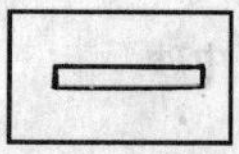
探槽

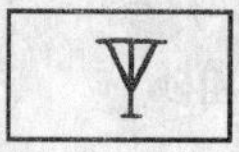
载荷试验点

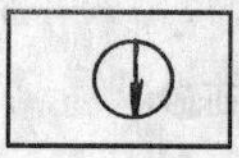
压桩试验点

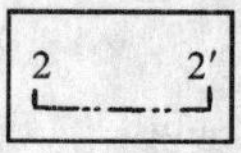

地质剖面线及编号

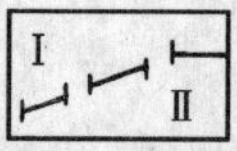

工程地质分区线及编号

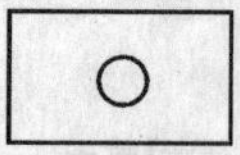
勘探孔(即一般孔)

利用已有资料钻孔

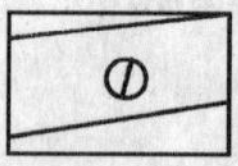
土层编号

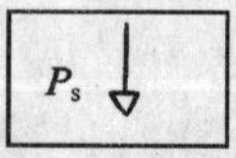

比贯入阻力

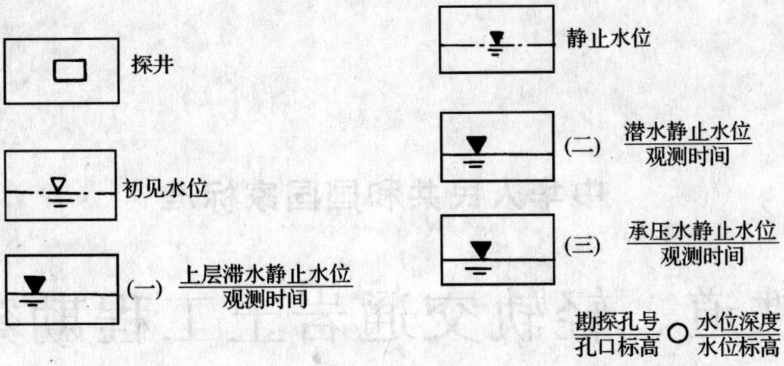
探井
初见水位
(一) 上层滞水静止水位
观测时间
静止水位
(二) 潜水静止水位
观测时间
(三) 承压水静止水位
观测时间
勘探孔号
孔口标高
水位深度
水位标高

中华人民共和国国家标准

地下铁道、轻轨交通岩土工程勘察规范

GB 50307－1999

条 文 说 明

1 总 则

1.0.1 目前我国大陆已有20余座城市正在修建或筹建地下铁道、轻轨交通，岩土工程勘察任务很重。没有准确的勘察资料，就不能进行正确的设计与施工。地铁设计规范已于1993年开始执行，而地铁勘察工作尚无章可循，其勘察质量难以保证，不能使技术、安全管理达到最佳水平，为改变目前状况使地铁勘察有章可循并进一步提高，而制定本规范。

1.0.2 本规范的制定是在国内一些大中城市地铁与轻轨勘察实践经验的基础上制定的。编制中参照了地铁设计、施工等方面的需要以及国外有关参考资料，因此本规范适用于地铁与轻轨岩土工程勘察工作。本规范是国内第一本地铁与轻轨岩土工程勘察的技术法规，同时增加了一些岩土技术工作实用的新内容，如基床系数经验值，岩土热物理指标值，黄土围岩分类，土体加固方法的适用范围等。

1.0.3 根据“中国21世纪议程”的精神，在编写过程中贯彻了在建设的同时应综合考虑生存、发展、环境、效益诸方面的问题，预防工程环境问题的产生。

在地铁建设中所产生的新环境即工程环境，例如因钻探串通了潜水、承压水带来的环境问题，由施工降水而产生的城市水资源的减少，两侧高大建筑物下沉等，都应引起岩土工程勘察人员的重视。要提出对策，防止因修建地铁而破坏环境的平衡，使地铁建设造福于人民。

1.0.4 地下铁道、轻轨交通岩土工程勘察，多在大城市进行，而城市中的勘察钻探资料往往比较集中，特别是各种大型工业与民用建筑工程的基础设计、施工、监测资料，都可供地铁工程参考。所以收集与利用既有资料对地铁勘察工作是十分有益的。

80年代前我国地铁勘察工作，尚属工程地质勘察体制，其任务是查明沿线工程地质、水文地质条件，为规划、设计、施工提供地质资料，很少提出解决工程问题的具体办法。

90年代初随着现行国家标准《岩土工程勘察规范》GB 50021的编制，在勘察行业中提出推行岩土工程制。地铁勘察工作也逐步实行岩土工程制。即在进行工程地质、水文地质勘察的同时，密切结合工程，有针对性的对各阶段的各种设计、施工方法，根据工程地质条件提出较具体的工程建议，并进行技术论证和评价。提出问题，并提出解决问题的具体建议。服务于地铁建设全过程，使地铁岩土工程勘察体制逐步走向深入和成熟。

1.0.6 地铁、轻轨各项岩土工程勘察工作，均应按照本规范执行。凡是本规范未涉及的内容，属于地铁及轻轨线路、隧道方面的问题，可根据地铁、轻轨的特点，参照铁道部的有关规范执行。属于各种地面建筑物、高层建筑可按照现行国家有关强制性规范执行。

3 基 本 规 定

3.0.2 依据城市地下铁道、轻轨交通的路网规划，收集有关水文、气象、区域地质资料和各类岩土工程勘察资料，并予以分析、归纳和述评，以此为基础，按设计阶段，沿线路方案布置勘察工作。循序摸清沿线岩土性状、地下水动态以及不良地质区段的特征。为工程设计提出岩土评价和施工建议，并应结合现场提出岩土监测措施。

3.0.4 在地下铁道运营期间，行车和乘客会散发出大量的热，若不及时通风排出，将逐日积蓄热量，在围岩中形成热套。在冻结法施工中也涉及热的置换，为此尚须测定围岩的热物理指标，以作为通风设计和冻结法设计的依据。

3.0.5 地表水系的水情要素，系指水位、比降、流速、流量、含沙量、水温、水质、冰情等。地下水的参数，系指水位、承压水头、水量、水质、渗透系数、单位涌水量、流速等。在勘察之初，可结合路网规划或线路方案选定一批长期观测孔，逐步构成联网，可以预测环境工程地质的动向，对地下铁道规划、设计、施工和运营阶段都有实用价值。

3.0.6 在地下水位较浅，第四纪淤积层发育的城市修建地下铁道，疏干基底是常用的施工作业程序，伴随而来的就是地面沉降，对线路两侧重大建筑物及土体变形应予监护。

地下水作为资源，已日益匮缺。疏干排走的地下水，应合理的加以利用，或者回灌到层位适宜的砂和砂砾层中。这一举措，在北京地下铁道复八线施工中已付诸实施，效果较好。

3.0.7 随着国民经济的发展，环保意识日益增强。修建地下铁道、轻轨交通要改变部分市容，因此对园林、湖泊、古迹和名胜一定要妥善保护。以北京为例，正阳门楼、北京站主楼和建国门古观象台在地下铁道施工前，进行勘察和评估，施工中予以监护，均安然无恙。

3.0.9 由于目前地下铁道、轻轨交通的工程实践较少，场地复杂程度的划分尚处于定性描述的阶段，有待积累资料，日臻完善。

3.0.11 现行国家标准《铁路工程抗震设计规范》GBJ 111关于“液化土的判别方法”摘录如下：标准贯入试验法：当实测标准贯入锤击数 N 值小于液化临界标准贯入锤击数 N_{cr} 值时，应判为液化土。N_{cr} 值应按下列公式计算：

$$N_{cr}=N_O\cdot a_1\cdot a_2\cdot a_3\cdot a_4 \quad (1)$$

式中 N_O ——当 d_s 为 3m，d_w 为 2m，d_u 为 2m，a_4 为1时土层的液化临界标准贯入锤击数，应符合下列规定：设计烈度7度时为8，8度时为12，9度时为16；

a_1 ——地下水埋藏深度 d_w（m）修正系数，当地面常年有水且与地下水有水力联系时，d_w 为零；

a_2 ——标准贯入试验点的深度 d_s（m）修正系数；

a_3 ——上覆非液化土层的厚度 d_u（m）修正系数，对于深基础取 a_3 为1；

a_4 ——粘粒重量百分比 P_c 修正系数。

上述修正系数可按以下各式计算：

$$a_1=1-0.065\ (d_w-2) \quad (2)$$

$$a_2=0.52+0.175d_s-0.005d_s^2 \quad (3)$$

$$a_3=1-0.05\ (d_u-2) \quad (4)$$

$$a_4=1-0.17\sqrt{P_c} \quad (5)$$

也可按表1取值。

表1 P_c 修正系数 a_4 值

土性	砂土	粘砂土	塑性指数 $I_P\leqslant10$ 的砂粘土
a_4	1.0	0.6	0.45

根据唐山地震时的液化资料，液化深度达20m。由于地下铁道埋设较深，结合唐山震灾资料，饱和砂土和粉土的液化深度，可延深至地表下20m。

4 岩土定名、描述与围岩分类

4.1 岩石分类

4.1.1 按成因分类：不同成因的岩石有不同的结构、构造特征，在强度上也有明显的差别，因此本规范保留了地质学上的分类，把岩石分为岩浆岩、沉积岩和变质岩。

4.1.2 按强度分类：按原地基勘察规范仍分为硬质岩石和软质岩石两大类。参照现行国家标准《岩土工程勘察规范》GB 50021，每类均分为两个亚类，即把大于等于30MPa的硬质岩石分为极硬岩（大于60MPa）和硬质岩（30～60MPa）；把小于30MPa的软质岩石分为软质岩（5～30MPa）和极软岩（小于5MPa）。

4.1.3 按风化程度分类：本规范增加了未风化岩石和全风化岩石，并增加了参数指标。

全风化岩石在自然界是存在的，在工程中也常常遇到这类岩石，国内外一些规范也有类似规定和提法。

未风化岩石按工程岩体分级标准，涵义是岩质新鲜、结构未变。

4.1.4 按软化系数分类：软化系数是衡量水对岩石强度的影响程度的判别准则之一。软化的岩石浸水后的承载力明显降低。分类标准和现行国家标准《岩土工程勘察规范》GB 50021一致，规定0.75作为不软化和软化的界限值。

4.2 土的分类

4.2.1 按沉积（堆积）年代分类：沉积年代久的老

沉积土，强度较高，新近沉积土，其土质较软，强度较低，划分地层时应确定其沉积年代和成因，然后再定名。

4.2.5 按塑性指数分类：塑性指数是用质量为 76g 的液限仪，锥尖入土深度为 10mm 时所对应的含水量为液限时计算而得的。

4.2.6 特殊土：是按特殊性质分类的土。

混合土：如含碎石粘土，粘土是主体，碎石是含有物；含粉土圆砾，圆砾是主体，粉土是含有物。

4.3 隧道围岩分类

目前国内分类方法很多，例如水电部把围岩按稳定系数分为五类，现行国家标准《岩土工程勘察规范》GB 50021 规定了洞室围岩质量分级，按岩体质量指标划分级别。

本规范根据现行国家标准《地下铁道设计规范》GB 50157 条文说明第 41 页"……采用国家现行标准《铁路隧道设计规范》（TBJ3）规定的铁路隧道围岩分类作为地下铁道暗挖隧道的围岩分类标准"，为与设计相配套，我们也采用铁路隧道围岩分类。

4.5 岩土的描述

4.5.1 岩石的描述：

1 节理发育程度分级可按表 2 划分。

表 2 节理发育程度分级

发育程度等级	基 本 特 征
节理不发育	节理 1～2 组，规则，为构造型，间距在 1m 以上，多为密闭节理。岩体切割呈块状
节理较发育	节理 2～3 组，呈 X 型，较规则，以构造型为主，多数间距大于 0.4m，多为密闭节理，部分微张节理，少有充填物，岩体呈大块
节理发育	节理 3 组以上，不规则，呈 X 型或米字型，以构造型或风化型为主，多数间距小于 0.4m，大部分为张开节理，部分有充填物。岩体呈小块
节理很发育	节理 3 组以上，杂乱，以风化和构造型为主。多数间距小于 0.2m。以张开节理为主，一般均有充填物，岩体呈碎石状

2 岩石节理分级，对节理进行工程评价时，要结合考虑以下因素：

1）节理的密度；

2）节理的宽度；

3）节理形状及其与建筑物的关系；

4）节理的力学特征及表面性质；

5）节理的含水情况；

6）节理的充填情况等。

节理分级主要依据节理的密度和宽度，其他因素，应另行考虑。

节理宽度分级可按表 3 划分。

表 3 节理宽度分级（mm）

分级名称	节理宽度 b
密闭节理	$b<1$
微张节理	$1\leqslant b<3$
张开节理	$3\leqslant b\leqslant 5$
宽张节理	$b>5$

4.5.3 砂土的描述，描述密度时有松散、稍密、中密和密实。个别情况可遇有胶结的砂层按坚固程度可分为：

1 轻微胶结：原状砂土呈块状，用手可以捏碎，干后可捏成粉末状。

2 中等胶结：呈块状，用手难以捏碎，干后敲击可碎成粉末或呈棱角碎块。

3 强胶结：只能用铁锤可以打碎，碎块呈棱角状。

4.5.5 粘性土的描述：

1 颜色：土具有黑色及灰色是含有机质，土呈红色、黄色是含氧化铁，白色是含有二氧化硅、碳酸钙、高岭土及氢氧化铝。描述时主色写在后，如褐黄色是以黄色为主，褐色次之。描述颜色一定在天然湿度下进行，在描述过程中，也可用天然颜色如肉红色、草绿色等。三色及三色以上掺杂者，不易分主次，可定为杂色。

2 含有物，凡不属于土的基本组成部分的一切物质和物体，含于土中者称含有物。含有物是土的成因年代的一个特征，一般含有物有：

1）原生姜石：在土层中经淋滤等作用自然形成的姜石，特征是色鲜、发白，与土接触密合、呈多角状；

2）次生姜石：原生姜石经人工破坏或水流冲刷搬运后，而含于土中的姜石，色暗，表面光滑，有磨损与土体接触不密合；

3）氧化铁、锰：在土中呈色体、条纹状、结核集聚。有些呈柱状，似木年轮，有的呈网状、斑状，还有的呈红褐色结核状；

4）云母：主要指云母碎片，描述时可注明均匀分布或集中分布。含量多少可记"多"或"少"；

5）贝壳：可分为螺壳、蚌壳、蜗牛壳，有时呈碎片；

6）植物根：可分树根、苇根、草根等；

7）有机物：可分为腐殖物、腐殖斑点等分布在土中，一般为灰黑色；

8）其他：如含卵石、骨头、瓷片、化石、古文物等。

3 土的结构和结构性：

1）土的结构，是指结构单元的形态，可分为：

块状：土粒胶结成块状；

片状：土粒胶结成层；

团粒状：土粒胶结成团，形状大体似球形，直径约为1～10mm。

2）结构性，指土的三相物质内部连结强度。根据经验和习惯可按以下两种进行描述：

结构性差，用手稍一触动立即会破坏了土的天然结构；

结构性好，用手稍触动不会立即破坏土的天然结构。

4 层理特征及状态，土层用肉眼能看出其层理者，按其厚度分为：

1）花层：层厚小于 3mm；

2）薄层：层厚为 3～10mm；

3）成层：层厚大于 10mm。

5 勘察阶段工作内容

5.3 初步勘察阶段

5.3.3 初步勘察阶段钻孔间距一般为 100～200m 之间，如地质条件复杂时可适当加密。广州地铁 1# 线广钢至广州东站，其地层为第四纪沉积层，下伏白垩系红层，多为中等风化或强风化，局部为海陆交互层，资料较多，但地层较为复杂，因此钻孔间距一般为 20～30m。其地质纵剖面图比例为横 1：5000，竖 1：500，因地貌单元原因，有时每站段有抽水、提水资料 2～3 处。

上海地铁 1# 线锦江乐园至新客站全长 17.3km，共完成钻孔 64 个，取原状土样 287 个，最大钻探深度为 40m，利用钻孔 41 个，取水样分析 5 个，除绘有全线工程地质纵剖面图外，还有横剖面图。

5.4 详细勘察阶段

5.4.2 车站横剖面数量可根据地质条件复杂程度和设计要求进行调整，通风道、喇叭口等都应有勘探资料。

5.4.3 详细勘察阶段的勘探孔间距的确定，主要应根据场地类别而确定，并考虑到设计与施工的需要。例如：

北京地铁复八线为第四纪冲洪积层，区间布孔原则上每 50m 一孔，地层变化较大处适当加密。地质纵剖面图比例尺横1：1000、竖 1：200，车站地区一般钻孔间距为 30～40m，在中间桩施工地段适当增加，其地质纵剖面图比例尺为横 1：500、竖1：200，并有 4～6 个地质横剖面图。控制性钻孔深度为 40～50m，一般钻孔深度为 30m 左右。如考虑到防护设计和施工降水与回灌的需要，每站均有超过 70m 深的钻孔，其中取样并进行原位测试的技术性钻孔为 1/2 左右。

青岛地铁围岩大部分处于中生代燕山晚期花岗岩中，有强风化带、中等风化带、局部为微风化带，其钻孔间距为 30～50m，车站地段布置 3～4 个横剖面，其钻孔深度微风化带一般钻至地铁基底下 1～3m，中等风化带为 3～5m。

车站及其他建筑物如果采用人工地基、桩基时，勘探孔深度需根据地质条件与施工方法等按有关技术规定确定。

6 工程地质调查与测绘

6.0.1 对本条各款作如下说明：

1 关于第 1 款提出："必要时选择有代表性的地段进行实地踏勘"，系指尽可能的选择在线路范围及其邻近与有关的地段，以了解工作区内的工程地质条件、交通、经济等，为合理布设实测剖面位置、观察路线、拟定工作重点、统一要求、统一工作的方法提供依据。

2 第 2 款指出："对线路所处第四系覆盖地段，宜先使用物探方法进行探测"，这一规定是根据国内一些城市地铁建设的勘察经验提出来的，又指出"对解释成果应选择性的进行验证"，其目的是为了充实地质剖面的内容，并对岩土地质性状作出一定的评价。

3 关于第 4 款，工程地质调查与测绘的最终产品是图件和文字报告。生产图件的工作方法基本上有两种，一是填图、二是编图。填图与编图不仅是在建设部门从事工程地质调查与测绘常用的方法，而且在地矿部门从事大量的"区域地质调查与测绘"或者在地质普查与勘探过程中均是常用的，也是传统的工作方法。

4 关于第 5 款工程地质调查与测绘具有多学科、多工种、综合性强、服务领域广的特点。本款这一规定是来自国内地铁勘察实践经验的总结。至于具体研究什么课题，应根据实际情况确定。例如："青岛地铁工程暗挖段车站、隧道合理埋深的专题研究"，就是建立在以往大量的地下人防工程的现场调查、分析资料、室内试验等的基础上，提出覆跨比 Δ＝0.5 可作为区间隧道埋深的准则，也是保持洞室围岩稳定的界限值；$\Delta=0.7\sim0.9$ 可作为车站埋深的取值准则（$\Delta=h/B$；h 为自强风化带底界面算起至洞顶的距离；B 为洞室的跨度）。该项科研成果，比有关规范规定的埋深要浅得多，且又安全。因此，对地下铁道工程的建设必将产生显著的经济效益和社会效益。

6.0.2 工程地质调查与测绘的宽度以往没有具体的规定。本条第 2 款提出："以线路中线向两侧扩展宽度：车站、弯道不应少于 100m，直线段不应少于 50m"。这是根据国内一些城市地下铁道工程勘察的经验总结出来的。

各款提出工程地质调查与测绘范围的确定是以往实践经验的总结。总之，应根据工程地质条件的复杂程度为前提，以利于线路方案的比选、工程设计和地质灾害的处理为准则确定。

6.0.3 本条提出：工程地质调查与测绘宜包括的内容，列述了 13 款。这些条款是总结国内在这方面的一些经验。针对某一个城区而言，调查与测绘的内容多少，应根据地下铁道、轻轨交通工程的特点、地区的工程地质条件的复杂程度、工程建设所需解决的实际问题等进行选定。其目的仍是为了在工程建设中以有利于对岩土体的整治、利用和改造。

"主干断裂"主要指某一构造体系中的Ⅰ～Ⅱ级压性—压扭性断裂。晚更新世～全新世有过活动，对工程建设有潜在危害的断裂。"强烈破碎带"系指结构体极其破碎，以散体状—碎裂状结构为特征；具有褐铁矿染色、高岭土化、碳酸盐化、绿帘石化、绿泥石化等蚀变现象，常伴有构造压扁体、构造泥所组成的软弱结构面发育，吸水后结构面易软化、沿结构面易产生滑移，对工程的安全与稳定破坏极大，国内外的实例不少，应引起工程界的重视，并采取有效的措施加以整治。

6.0.4 工程地质测绘比例尺的选择和精度，应与地下铁道、轻轨工程设计的需要及工程地质条件的复杂程度有关，同时，宜与本地区在城区规划、勘察、设计、施工等常用比例尺和精度的要求相一致，以利于使用。为了达到精度要求，在测绘工作中习惯采用比提交成果图大一级的地形图作为测绘的底图，或者直接采用城区建设常用的 1∶500 的比例尺地形图作底图，待外业完成后根据设计需要可缩成提交成果图所需要的比例尺图件，以提高测绘精度。

地质界线、地质观察点在图面上的位置误差，目前无统一的规定。本条提出："不应超过图面比例尺 2mm"。这是根据青岛地区地下铁道勘察的实践经验以及设计要求，并参照铁路系统有关规定提出来的。

在测绘时图面所表示地质单元体的最小尺寸，尚无统一规定。在国家现行标准《铁路工程地质技术规范》TBJ 12 中曾作过这样的规定："对于评价工程地质条件有重要意义的地质现象，在图上填绘宽度不足 2mm 时，应适当扩大并加注说明"。本条除了采纳了上述规定之外，又作为补充规定。这样既可确保重要地质现象不漏失，又不降低工作精度。

6.0.5 对本条作以下说明：

1 地质观察点的布置是否合理，这对于工作质量、成果质量以及岩土工程评价至关重要。本款提出"地质观察点应布置在不同类型的地质界线上"，例如：地层、岩体、岩性、构造、不整合面、不同地貌成因形态类型等地质界线，本款提出"不良地质现象"系指各种地质作用和人类活动，所造成的不良工程地质条件，如：滑坡、错落、岩锥、崩塌、泥石流、岩溶、水库塌岸、高烈度地震、人工坑洞等。

2 本款提出："地质观察点应利用岩石露头"。例如：采石场、路堑、基坑、基槽、冲沟、基岩裸露等。它们可以提供有关岩土体的工程地质性状，包括：岩性、物质成分、粒度成分、层序及其变化、岩石风化程度、岩体结构类型、构造类型、结构面形态及其力学性质、地下水等。当地质体隐蔽时或天然露头、人工露头稀少时，应根据具体情况（场地的地形、工作环境、技术要求等），选择适宜的手段、布置一定数量的勘探与测试工作。

3 在工程地质调查与测绘中关于地质观察点的密度，国内外未有统一的规定。本款只是从原则上作出这一规定，具体实施时，应从实际出发，根据技术要求，工程地质条件的成图比例尺等因素综合确定。

6.0.6、6.0.7 对工程有重要意义的工程地质现象，对下步勘察工作具有指导意义的部分岩芯要妥善保存，并应拍彩色照片附文字说明，存档备查。这项工作在国内外都是常用的，这样做有利于地质资料的分析研究与综合整理；也有利于后期工作需要。

6.0.8 工程地质调查与测绘，提交的主要成果资料及图件，本条只作一般的规定。如果为了解决某一专门的岩土工程问题，也可编制专门用途的图件。对于各种图件、图表的表示内容，可按设计的需要和有关规定执行。

7 勘探与取样

7.1 一般规定

7.1.4 地铁与轻轨勘探多在大城市的繁华街道上进行。其特点是地上有高压电线，地下有各种管网如各种通讯电缆、供电电缆、煤气、天然气、自来水、污水等管道。还可能有地下构筑物、地下古迹。来往车辆又多，如不小心，钻坏地下管网，其后果不堪设想。所以在施钻前应找到街道管网分布图，在布孔时尽量躲避各种地下设施。并采用地下管道探测仪了解地下设施，或用探坑查明，确无设施时，再行钻探。

安装钻机除要避开地下设施外，还要注意钻架距高压线要有一定的安全距离，防止发生触电事故。

钻孔完成后，根据地层情况，分层回填，孔口要用不透水粘性土封好孔，以免地上污水污染地下水。

7.2 钻　探

7.2.1 地铁勘探在技术上要求较高，为充分取得有效的地质资料，在勘探前拟定好勘察纲要。每孔均对孔位、孔深、钻探方法、取样、原位测试等提出具体技术要求。

地下水对地铁设计、施工至关重要。除应进行必要的专门水文地质勘察外，在对一般工程钻孔勘探时，也要取得初见水位、静止水位的资料。分清地下水类型，并分层观测地下水位，确定含水层和隔水层的部位。例如在北京地铁复八线勘察时几乎每孔均测有上层滞水、潜水和承压水三种地下水位。

7.3 井探、槽探

7.3.1 在无条件进行钻探的地点，可利用人工挖探达到技术要求。目前井探已广泛应用而且能保证质量，便于鉴定、描述和取样。

7.3.2 井探的支护可根据地质情况及当地施工经验，采取不同方法，并附合当地政府主管部门的规定。

7.4 取　样

7.4.1 土试验的质量要求，应根据工程的需要而定。在工程的关键部位取样质量，需要Ⅰ级土样。作热物理指标的土样可用Ⅱ级土样。进行颗粒分析的土样质量可用Ⅲ级土样。

7.4.3 过去对砂层的压缩模量、密度等技术指标，多根据其它方法换算求得，准确度不高。而砂土的压缩模量和密度是地铁勘察的重要指标之一。所以要推广取砂器，在取砂器内放置环刀，将环刀取出后，即可求得砂的密度，并放入压缩仪，直接试验砂土的压缩模量。

7.5 地球物理勘探

本节内容仅涉及采用地球物理勘探方法的一般原则与注意事项。目的在于指导非地球物理勘探专业的岩土工程师结合工程特点合适地选择地球物理勘探方法。强调岩土工程勘察工程师与地球物理勘探工程师的密切配合，共同制定方案，分析解释成果。各种地球物理勘探方法具体方案的制定与实施，应执行地球物理勘探规程的有关规定。

8 地　下　水

8.1 一般规定

8.1.1 这一条规定了本章的基本原则。地下水直接影响着岩土体的工程特性和状态，因此，勘察中要求查明与工程有关的水文地质条件，评价地下水对岩土体和建筑物的作用和影响，预测可能产生的岩土工程危害，为设计和施工提供必要的水文地质资料。由于地下水的危害作用有直接的也有间接的表现形式，地下水赋存环境不同与施工方法的差异都影响到地下水对岩土体和建筑物的作用程度，所以强调应从设计和施工的角度出发，根据含水构造的特点进行评价。不仅要查明地下水的天然状态和天然条件，评价地下水对岩土体和建筑物的作用和影响，更重要的是要分析、预测在人为工程活动中地下水天然状态和天然条件变化后对岩土体和建筑物的反作用，预测可能产生的后果，提出防治措施。

8.2 调查与评价

8.2.1 线路区间和车站地段，是整个地下铁道和轻轨交通工程水文地质工作的重点部位。从工程角度出发，规定不同条件下应当重点评价地下水对围岩稳定性影响和工程环境问题。在调查地下水与地表水的水力联系时，尤其应注意查明地下水与江、河、湖、海大水体的水力联系。

当地下线路通过供水水源地时，不仅在施工期间由于降水直接造成地下水位降低，引起城市水资源减少，而且在使用过程中也可能因其隧道周围成为地下水新的排泄通道，引起地下水资源的损耗。

施工降排水引起的潜水位或承压水头的下降，一方面减少了水的浮托力，增加了土的有效压力，使土体产生附加沉降变形；另一方面，产生的动水压力可能使粉细砂地层产生流砂、潜蚀现象，使粘性土地层中也可能出现“流泥”现象，从而引起局部地层被掏空，造成沿线路两侧建筑物下沉，周围地面产生塌陷。当不均匀沉降超过地下管线及其他市政设施承受变形的能力时，还将发生错位、开裂等现象，以致造成供水、供气的漏失和中断，以及下水管道堵塞等环境问题。

降水井点施工中，泥浆废液还可能引起周围环境的污染、阻碍交通和堵塞下水道等环境问题，所以必须加强管理，防止泥浆废液流入城市下水管网和污染周围环境。降排水期间，对排出的地下水须合理安排

四、勘察规划标准

出路，防止淹没农田、道路或周围建筑物。

当基坑下有承压含水层时，由于基坑开挖减少了基坑底部隔水层的厚度，在承压水头压力作用下，基坑底部岩土体有产生隆起、裂开甚至冲毁等变形，造成基坑突涌的危险。坑底不透水土层抗浮稳定性一般可以按 $\gamma \cdot H$ 与 $\gamma_w \cdot h$ 的关系进行评价：当 $\gamma \cdot H \geqslant \gamma_w \cdot h$ 时，认为是安全的；反之，当 $\gamma \cdot H < \gamma_w \cdot h$，则可能产生基坑突涌，应采用降低承压水头避免基坑失稳。上述式中，γ、γ_w 分别为土、水的重度；H、h 分别为基坑底板和承压水头至含水层顶板的距离。

在含水粉细砂和粉土地层中开挖隧道，当基坑内外产生水头差时，可能由于动水压力作用将细颗粒冲走，使土的结构破坏，强度降低，甚至形成管洞和地表塌陷。

历史上废弃的防空洞、地道、矿坑等人工洞室、管道往往是充水的，地铁沿线若有该类人工洞室，将可能成为施工中产生突水的根源，直接威胁到施工的安全，应引起重视。

8.3 地下水参数的测定

8.3.1 地下水对岩土体的作用，按作用机制可分为力学作用和物理、化学作用。不同工程、不同岩土条件下，其表现形式有所不同，评价重点亦应有区别。具体工程勘察中，应根据地层、岩性、透水性和工程重要性等条件的不同，确定评价地下水对岩土体和建筑物的作用，并根据评价要求确定需要测定的地下水参数，而且应根据岩土特性和工程的重要性确定测定方法。

8.3.2 地下水位包括历年最高水位、最低水位、静止水位、初见水位、稳定水位等。埋测压管是测量地下水位较准确的方法。

历年最高水位、最低水位指长期观测孔中历年地下水达到的最高、最低记录。

静止水位系指天然条件下的地下水水位，也指抽水前处于相对稳定状态时地下水位；稳定水位一般指抽水试验中某时间段内不随时间变化或变化很小时的水位。稳定水位和自然静止水位是计算渗透系数、涌水量等地下水参数的重要数据之一。

初见水位的测量，一般在工程勘察中从钻具带上的土样中观测，土样由湿到很湿带水时的标高，即为初见水位。在测得初见水位后，粘性土每隔 20～30min，砂土每隔 5～10min 测量水位一次，连续两次水位相差小于 2cm，即为静止水位。

8.3.4 室内渗透试验求得的渗透系数往往与实际出入较大，一般不宜采用。由于在某些情况下现场抽水试验难度大，室内试验结果尚有参考意义。故本规范对此暂不作硬性规定。表 4 的渗透系数经验值可供参考。

表 4 岩土的渗透系数经验值

岩土名称	渗透系数 k (m/d)	渗透系数 k (cm/s)
粘土	<0.001	$<1.2\times10^{-6}$
粉质粘土	0.001～0.100	1.2×10^{-6}～1.2×10^{-4}
粉土	0.100～0.500	1.2×10^{-4}～6.0×10^{-4}
黄土	0.250～0.500	3.0×10^{-4}～6.0×10^{-4}
粉砂	0.500～1.000	6.0×10^{-4}～1.2×10^{-3}
细砂	1.000～5.000	1.2×10^{-3}～6.0×10^{-3}
中砂	5.000～20.000	6.0×10^{-3}～2.4×10^{-2}
均质中砂	35.000～50.000	4.0×10^{-2}～6.0×10^{-2}
粗砂	20.000～50.000	2.4×10^{-2}～6.0×10^{-2}
均质粗砂	60.000～75.000	7.0×10^{-2}～8.6×10^{-2}
圆砾	50.000～100.000	6.0×10^{-2}～1.2×10^{-1}
卵石	100.000～500.000	1.2×10^{-1}～6.0×10^{-1}
无充填的卵石	500.000～1000.000	6.0×10^{-1}～1.2×10^{0}
稍有裂隙岩石	20.000～60.000	2.4×10^{-2}～7.0×10^{-2}
裂隙多的岩石	>60.000	$>7.0\times10^{-2}$

含水层是指饱含地下水又导水的地层，而隔水层（或称不透水层）指地下水渗透率小到可以忽略不计的地层。划分含水层和隔水层是评价水文地质条件的基础工作，主要岩土的透水性强弱、含水性质和工程环境条件综合确定。由于渗透系数大于 200m/d 的含水层的水量往往很大，这类地层中进行施工降水时，常配合采用堵水、截水等方法才能满足设计和施工的要求，所以本规范中特别划出“特强透水”一类。

8.3.5 松散类岩土给水度可参考表 5 的经验值。

表 5 岩土给水度的经验值

岩土名称	给水度 μ
粉砂与粘土	0.100～0.150
细砂与泥质砂	0.150～0.200
中砂	0.200～0.250
粗砂及砾砂	0.250～0.350
粘土胶结的砂岩	0.020～0.030
裂隙灰岩	0.008～0.100

8.3.6 采用计算法求影响半径时，可采用表 6 所列公式计算。

表6　影响半径计算公式表

计算公式		适用条件	备注
潜　水	承压水		
$\lg R=\frac{S_W(2H-S_W)\lg\gamma_1-S_1(2H-S_1)\lg\gamma_W}{(S_W-S_1)(2H-S_W-S_1)}$	$\lg R=\frac{S_W\lg\gamma_1-S_1\lg\gamma_W}{S_W-S_1}$	1. 完整井 2. 一个观测孔	结果偏大
$\lg R=\frac{S_1(2H-S_1)\lg\gamma_2-S_2(2H-S_2)\lg\gamma_1}{(S_1-S_2)(2H-S_1-S_2)}$	$\lg R=\frac{S_1\lg\gamma_2-S_2\lg\gamma_1}{S_1-S_2}$	二个观测孔	精度可靠
$\lg R=\frac{1.366k(2H-S)S}{Q}\lg\gamma$	$\lg R=\frac{2.73kMS}{Q}+\lg\gamma$	单孔	一般偏大
$R=2S\sqrt{Hk}$	$R=10S\sqrt{k}$	单孔	概略计算

8.3.7　孔隙水压力对土体的变形和稳定性有很大影响。在隧道开挖阶段，采取工程降水时，为了控制地面沉降，应对有关土层进行孔隙水压力的监测。孔隙水压力计应根据工程的测试目的、施工期的长短和土层的渗透性等条件选择。当土层渗透系数大于10^{-4} cm/s时，一般采用立管式测压计；当土层渗透性较差，测试期较短（如小于1个月）时，多采用孔隙水压力探头，用上述方法测量时，孔隙水压力可用下式计算。

$$U=P_a+\rho_w\cdot h \tag{6}$$

式中　U——土中孔隙水压力（kPa）；

P_a——压力表读数（kPa）；

ρ_w——水的密度（N/cm^3）；

h——孔隙水压力计至压力表基准面的高度（cm）。

8.3.9～8.3.11　抽水试验中常遇到水位显现持续上升或下降趋势，虽然在一定范围内波动，但实际上并没有稳定。故本规范规定抽水试验的稳定标准采用双控制，具体稳定标准可以采用：每隔1h观测一次，三次所测水位相同，或4h内水位差不超过2cm，并且动水位无持续上升或下降趋势则认为达到稳定。具体执行时，还应注意，当有观测孔时，一般以距离抽水孔最远的观测孔的动水位判定；另外还应考虑到自然水位的影响，当观测孔、抽水孔的动水位变化与区域自然水位变化一致时，则应认为达到稳定。

稳定流抽水试验观测时间，一般宜在开泵后第5、10、20、25、30min各测一次，以后每隔30min或60min观测一次直到结束。抽水试验结束后，观测恢复水位时间，一般按停泵后第1、2、3、4、6、8、10、15、20、25、30、40、50、60、80、100、120min进行，以后每隔30min或60min观测一次直至稳定。水位恢复到自然状态或与自然变化趋势一致时，均可认为达到稳定。

8.3.12　钻孔注水试验是野外测定岩土渗透系数的一种比较简单方法。其原理与抽水试验相似，只不过它所形成的漏斗与抽水试验相反而已。

8.3.13　提水试验实质同抽水试验，它是用抽筒、水桶等简单的抽水工具进行简易抽水，常在探井、民井或钻孔中进行。除有时用抽水试验的有关计算公式计算渗透系数外，通常根据水位恢复速度，用本规范附录D所列计算公式计算渗透系数。

8.3.14　渗透系数的计算，是水文地质工作中一件非常重要而且是比较复杂的事。由于水文地质条件和抽水试验井的完整性，布局不等同，计算公式就会随之变化。

1　利用稳定流抽水试验计算渗透系数k，仍为目前勘察报告中常用的方法。但由于公式推导时的假设条件与实际水文地质条件不符，抽水试验时，井壁及其周围含水层可能产生紊流、三维流的影响，同一水文地质条件下，算出的k值不是常数，故计算时应尽量考虑这些因素的影响。

2　对具有多层结构、边界附近或承压转无压等较为复杂情况的抽水井，可参照有关水文地质、工程地质手册选用计算公式，或根据映射法和势的迭加理论和水文地质条件进行推导。在选用或推导公式时，应当考虑地下水类型（潜水、承压水、承压一无压水）与补给、排泄边界条件、抽水井的完整性（完整井、非完整井）以及抽水井的布置等水文地质条件，注意各公式的适用条件，避免盲目地套用。

8.4　水样的采取与试验项目

8.4.1　取水试样的盛水容器，事先要洗干净，在现场再用欲取的水反复冲洗三次。试样存放的时间，清洁水不宜超过72h，稍受污染的水不宜超过48h，受污染的水不宜超过12h。

8.4.3　本条是指有关除评价水质对建筑材料的腐蚀性以外的要求，如评价回灌水的水质、测定其某些污染源的污染水的水质等。不同的试验目的，要求测试不同的项目，水样的采取与分析，应满足测试项目的有关要求。

8.5 工程降水

8.5.3 隧道与车站等地下工程施工时，降低地下水位的方法可根据地质情况和不同的施工方法，经过经济、技术比较后选用不同的降水、排水方法。

集水坑明排的费用最便宜。主要是在基坑设置排水沟，利用排水沟将渗水集中到集水坑（井）中，然后排走。适用于围岩强度较高，但富水性不太强（渗透系数小于20m/d）的降水工程。

井点降水适用于易于发生流砂、管涌的围岩，但渗透性较弱（渗透系数在0.1～20.0m/d之间）的地层，费用较高，特别是电渗井点和喷射井点，费用较为昂贵。

电渗井点主要用于渗透系数小于0.5m/d的粘性土极弱透水层中，是利用电渗现象使地下水流入井点后再排走。采用该方法时，阴阳极之间的电压梯度需达到规定值，所以应注意了解施工范围内土层导电率是否适宜电渗降水的需要。

多级真空井点（轻型井点）主要适用于渗透系数为0.1～20.0m/d的粉土、粉砂、细砂及淤泥质土层中的降水。在粉细砂中，每级最大降深3～4m，粉土和淤泥质土层中，每级最大降深一般可达5.0～5.5m。

喷射井点适用地层同多级真空井点，降低水位可达8～20m，但由于费用较昂贵，一般在多级真空井点达不到要求时采用。

管井适用于厚度较大的砂类土、碎石土含水层或多层含水层及岩溶裂隙含水层，渗透系数k值一般宜大于1.0m/d。采用管井降水时，可以选用不同的水泵类型来满足水位降低的要求。

大口井降水，费用较井管便宜，一般适用于地下水位埋藏深度在20m以内，含水丰富且透水性较强的砂类土和碎石土含水层的降水工程，以及某些受场地条件限制难以采用机械化施工的降水工程。

8.5.4 根据上海等地经验，用树根桩、喷粉桩、钻孔灌注桩进行深基坑围护，可以同时起堵水作用。

当隧道临近江、河、湖、海等地表水体，且降水的含水层与其有水力联系时，一般的降水方法就难以达到要求。采用地下连续墙、喷粉桩重力墙等堵水和进行基坑围护，基坑内再加适当降水井，可以得到较为理想的效果。

8.5.5 在地面无条件降水时，可考虑在隧道内采用集水坑明排和沿隧道设置水平降水井点等方法降低地下水位。在岩溶区和含水构造带通过地段及有充水地下洞室处，采用超前水平钻孔导水，可以得到较明显的效果。当采用上述方法时，同样需要注意降水是否会引起地面过大沉降等问题。

8.5.6 回灌地下水的目的在于节省地下水资源和控制地面及建筑物的沉降量，各地区的具体要求有所不同。

地下铁道的施工降水势必影响到地下水资源的减少，为了减少损耗，将排出的地下水回灌到深部含水层。为了防止地下水质产生污染，回灌水的水质必须经过检验。关于回灌水量的要求，主要是考虑地下水的利用问题。各地条件不同，暂不作具体规定。

考虑控制相邻建筑物及地面的沉降量，施工降水的同时，需配备必要的回灌井，控制周围地下水位保持一定的高度，这时的回灌水的水质，应以避免水源产生污染为原则。

8.5.7 地基最终沉降量一般包括瞬时沉降量（初始沉降量）、固结沉降量和次固结沉降量。

瞬时沉降量的计算方法包括弹性理论方法、临界点法、弹性应变法以及载荷试验和旁压试验等。

固结沉降量计算方法通常有分层总和法（包括一般单向分层总和法和现行国家标准《建筑地基基础设计规范》GBJ 7推荐的公式法等）和$e-\log P$曲线法（考虑应力历史的沉降计算法）及单位变形量法等等。计算的方法、理论虽多，但计算结果往往比实际沉降量偏大。

本规范附录E规定的附加沉降量的计算方法是一般单向分层总和法。认为施工降水产生的附加沉降，对于粘性土而言，主要是固结沉降，而对于砂土而言，主要为瞬时沉降。

8.5.8 预测基坑出水量，可将基坑分为两种形状。当基坑长度L与宽度B比小于10时，为块状基坑；长度与宽度比大于10时，为条形基坑。

块状基坑采用“大井法”计算出水量时，其大井等效半径r_0可分别用下列公式计算：

1 长方形基坑：

$$r_0=\eta\frac{B+L}{4} \tag{7}$$

式中 η——概化系数，可由下表查得：

表7 概化系数η值表

B/L	0.1	0.2	0.3	0.4	0.5	≥0.6
η	1.08	1.12	1.14	1.16	1.17	1.18

2 近似圆形不规则的基坑：

当 $L/B\leqslant2.5$时 $r_0=\sqrt{F/\pi}$ (8)

当 $L/B>2.5$时 $r_0=P/2\pi$ (9)

式中 F——基坑面积（m^2）；

P——基坑周长（m）。

8.5.10 管井降水水位预测是降水设计中的一项重要工作。条文中是应用稳定流法。除了利用条文中的计算公式外，也可以利用专门性的水文地质勘察如群井抽水试验或降水工程施工前进行试验性群井抽水，在现场实测基坑范围内总降水量和各降水井水位降深的关系，以及地下水下降和时间的关系，利用这些关系拟定出相关曲线，从而用单相关或复相关关系确定相关函数，据此推测各种布井条件下基坑水位下降数值。此法在含水层结构较为复杂的基坑降水计算时尤为合适。

n个出水量相同的井，任意分布在无界含水层中，各井开始抽水时间相同且单井出水量保持不变，当$r_0^2/4at \leqslant 0.1$时，预测基坑降水水位降深，也可采用如下非稳定流的计算公式。

1　潜水含水层：

$$S=H-\sqrt{H^2-\frac{Q\ln\frac{2.25at}{r_0}}{2\pi k}} \tag{10}$$

2　承压水含水层：

$$S=\frac{Q\ln\frac{2.25at}{r_0}}{4\pi k} \tag{11}$$

式中　S——任意点t时水位降深（m）；

a——导水系数（m/d）；

t——降水时间，从抽水开始时起算（d）；

H——潜水含水层厚度（m）；

Q——井群总出水量（m^3/d）；

k——渗透系数（m/d）；

r_0——等效半径（m）。

$$r_0=n\sqrt{r_1^2\cdot r_2^2\cdots r_n^2} \tag{12}$$

式中　$r_1\cdot r_2\cdots r_n$——计算降深点至降水井的距离（m）。

9　原位测试

9.1　一般规定

9.1.1　原位测试基本上是在原位的应力条件下对土体进行测试，其测试结果有较好的可靠性和代表性，但原位测试评定土的工程参数主要是建立在统计的经验基础上，有很强的地区性和土类的局限性，因此，在选择原位试验方法时应根据岩土条件、设计对参数的要求、地区经验和试验方法的适用性等确定。

9.1.2　布置原位试验，应注意配合钻探取样进行室内土工试验，其目的是建立统计经验公式并有助于缩短勘察周期和提高勘察质量。

原位测试成果的应用主要应以地区性经验的积累为依据，建立相应的经验关系，这种经验关系必须经过工程实践的验证。

9.2　标准贯入试验

9.2.1　标准贯入试验对砂土、粉土和一般粘性土较为适用，尤其对砂土，标准贯入试验是可行的重要测试手段。目前，在国内的一些地方在残积土及强风化岩也采用标准贯入试验，并取得了这方面的经验，故适用范围也将残积土及强风化岩列入其中。

9.2.3　本条文对标准贯入试验间距作了一般性的规定，并提出了相应的钻探施工工艺要求，以保证标准贯入试验击数的准确性。

附部分国家SPT标准对照表，见表8。

表8　部分国家SPT标准对照表（节录）

比较项目			JIS-1219-61 (1961) 日本	ASTMD-1586-67 (1974) 美国	欧洲试验观察委员会 (1977)
试验装置	杆	15m以内	JISM 1409OD40.5/42	A杆 OD41.2ID28.5	AW杆 6kg/mOD43.7 ID34.1
		15m以上	JISM 1409OD40.5/42	推荐使用刚性更高的杆	相当BW杆或每隔3m安装稳定支撑
	取土器	外径（mm）	51	50.8	51
		内径（mm）	35	34.9	35
		全长（mm）	810	658.8	680
		刃口角度	19°47′	18°25′	18°37′
		刃口厚（mm）	—	1.6	1.6
		除水孔	4孔	ϕ12.7×4孔	ϕ13.0×4孔
		球阀	—	ϕ22.2的孔用径25的球	ϕ22.1的孔用径25的球
	锤	自重（kg）	63.5	63.5（140Lbs）	63.5±0.5
		落距（cm）	75	76（30in）	76±2

续表 8

比较项目			JIS-1219-61 (1961) 日本	ASTMD-1586-67 (1974) 美国	欧洲试验观察委员会 (1977)
试验孔标准	适用钻孔孔径 (mm)		65～150	57.2～152	60～200
试验孔标准	钻孔孔内水位		注意孔底以下取原状土	保持孔内水位高于地下水位	保持孔内水位高于地下水位
贯入试验	贯入长度 (cm)	预打	15	15	15 或 50 次
贯入试验	贯入长度 (cm)	试打	30	30	30
贯入试验	贯入长度 (cm)	后打	5～0	—	—
贯入试验	预定贯入长度内的最大打击数		试打 50 次	包含预打 100 次	预打 50 次后试打 50 次
贯入试验	打击次数记录	中间打击数	不含预打包括 10cm 的记录	含预打包括 15cm 的记录	含预打包括 15cm 的记录
贯入试验	打击次数记录	预定贯入长度内的记录方法	试打 50 次/多少厘米	贯入最后 30cm 打击数或 30cm 比例值	试打 50 次/多少厘米
贯入试验	锤的落下方式		自由落下前提下不做特殊指定	自由落下前提下不做特殊指定	推荐自由落下法，避免使用“缆索+塔轮”法
作为试验对象的土质类型			所有土质	所有土质	所有土质
试验的实施间隔			一般 1.0m	1.5m 或地层变化时进行	—

9.2.4 标准贯入试验要求分两段进行：

1 预打阶段：先将贯入器打入土中 15cm，并记录锤击数。

2 试验阶段：将贯入器打入土中 30cm，记录每打入 10cm 锤击数；累计打入 30cm 的锤击数即为标准贯入试验 N 值；当累计锤击数已达 50 击，而贯入度未达 30cm，可不再强行贯入，但应记录 50 击时的贯入深度，试验成果以大于 50 击表示或换算为相当于 30cm 的锤击数。

9.2.5 标准贯入试验成果分析包括下列内容：

N 值修正问题，主要是杆长修正及上覆压力的修正，国内长期以来只考虑杆长修正，但据目前大量文献资料及国内外的试验研究分析：杆长大于 15m，有效能量随杆长的减少变化极小，基本上趋于一个稳定值。众所周知，影响 N 值的其他因素如钻孔孔底应力状态、施工工艺（用清水、泥浆或下套管等）不同，对 N 值的影响可达 50%左右，杆长的影响远小于施工因素，因此可以忽略不计；现行国家标准《岩土工程勘察规范》GB 50021 也明确规定不必进行杆长修正。至于上覆压力的修正问题在《北京地区建筑地基基础勘察设计规范》DBJ 01—501 及上海地区《岩土工程勘察规范》DBJ 08—37 中已考虑了上覆压力的修正，但国内在这方面研究和试验较少，故本规范暂不作规定。

由于 N 值离散性大，故在利用 N 值解决工程问题时，应持慎重态度，依据单孔标贯资料提供设计参数必须与其他试验综合分析。

9.3 动力触探试验

9.3.1 动力触探（圆锥）试验是利用一定的锤击动能，将一定规格的圆锥探头打入土中，根据其打入击数，对土层进行力学分层，它对难以取样的砂土、粉土、碎石类土等是一种有效的勘探测试手段，本规范列入了目前国内常用的三种动力触探试验规格（轻型、重型、超重型），并对其岩土条件的适用性作了规定。

9.3.2 动力触探试验可用于对土性的工程性质进行定性与定量的评价。定性方面的评价有：场地土层的均匀性、划分土层、确定桩的持力层位置、地基土的加固效果检验等；定量方面的评价有：土的密实度、地基土承载力、地基土变形模量、估算单桩极限承载力及判断沉桩可能性等。

9.3.3 动力触探试验由于不能采取土样对土进行直接鉴别描述，试验误差较大、再现性差等缺点，故在使用试验成果时，应结合地区经验并与其他方法相配合使用。

9.3.4 动力触探试验成果分析：

1 根据触探击数、曲线形态，结合其他钻孔资料可进行力学分层，分层时注意超前滞后现象。

2 在整理触探资料时，应剔除异常值，在计算土层的触探指标平均值时，超前滞后范围内的值不反映土性的变化，所以不应参加统计。

3 整理多孔触探资料时，应结合钻探地质资料进行分析，对土质均匀，动探数据离散性不大时，可取各孔分层平均动探值，用厚度加权平均法计算场地分层平均动探值；当动探数据离散性大时，可采用多孔资料或与钻探资料及其他原位测试资料综合分析。

4 采用动力触探指标进行评定土的工程性能时，必须建立在地区经验的基础上。

9.4 旁压试验

9.4.1 旁压试验包括预钻式旁压试验、自钻式旁压试验和压入式旁压试验。预钻式旁压试验适用于易成孔的土层；自钻式旁压试验适用于软粘性土以及松散一稍密的粉土或砂土，但含碎石的土不适用；压入式旁压试验适用于一般粘性土、粉土和软土，但硬土和密实土不易压入。

9.4.2 旁压试验成果，在国外工程设计中已广泛应用。但在国内由于缺乏旁压试验设备及成果的应用经验，仍以常规勘察手段为主。近年来，随着国外设计工程的增多，旁压试验已在许多工程中采用，试验深度也已突破100m，研究其成果的应用问题已提到日程上来。

旁压试验成果包括：静止水平总压力或初始压力 P_0、临塑压力 P_f、极限压力 P_1、旁压模量 E_m、回弹模量 E_e。

1 确定粘性土不排水抗剪强度 *CU* 和砂土内摩擦角 φ。

旁压试验确定粘性土不排水抗剪强度 *CU* 的方法很多，有理论公式和经验法，通过与已有指标分析对比，宜采用 Me'nard（1970）公式估算粘性土不排水抗剪强度 *CU*，其关系式如下：

$$CU=(P_1-P_0)/5.5 \quad (13)$$

砂土内摩擦角 φ 确定建议采用 Muller（1970）公式，其关系式如下：

$$\varphi=5.77\ln(P_1-P_0/180)+24 \quad (14)$$

式中 P_1、P_0 均以 kPa 计。

2 地基土承载力的确定及沉降量的估算，可参照旁压试验规程及有关技术资料。

9.4.3 旁压试验点的布置，先作静力触探试验或标准贯入试验，以便能合理地在有代表性的位置上进行试验。布置时使旁压器的量测腔在同一土层内，并建议试验点的垂直间距不小于1m。

预钻式旁压试验成孔要求：孔壁垂直、光滑、呈规则圆形，尽可能减少对孔壁的扰动；在软弱土层（易缩孔、坍孔）须用泥浆护壁；钻孔孔径应略大于旁压器外径，但一般不宜大于 8mm。

9.4.4 当采用自钻式旁压试验，应先通过试钻，以便确定各种技术参数及最佳的匹配，保证对周围土体的扰动最小，保证试验质量。

9.4.5 旁压试验的加荷等级，一般可根据土的临塑压力和极限压力而定，加荷等级一般为 10～12 级。不同土类的加荷等级，可按下表选用：

表 9 旁压试验不同土性加荷增量表（kPa）

土性特征	加荷增量
淤泥、淤泥质土、流塑状态的粘性土、松散的粉细砂	≤15
软塑的粘性土、疏松-稍密饱和的粉土、稍密饱和的粉细砂、稍密的中粗砂	15～25
可塑-硬塑状态的粘性土、一般性质的黄土、中密-密实的饱和粉土、中密-密实的很湿粉细砂、中密的中粗砂	25～30
硬塑-坚硬的粘性土、密实的粉土、密实的粉细砂、密实的中粗砂	50～100

旁压试验加荷速率，目前国内有“快速法”和“慢速法”两种。一般情况下，为求土的强度参数时，常用“快速法”；而为求土的变形参数往往强调采用“慢速法”。据国内一些单位的对比试验，两种不同加荷速率对试验结果影响不大。为提高试验效率，本规范规定使用每一级压力维持 1min 或 3min 的快速法。

9.4.6 旁压试验成果分析：

1 在绘制压力 P 与扩张体积 ΔV 或 $\Delta V/V_0$、水管水位下沉量 s 或径向应变曲线前，应先进行弹性膜约束力仪器管路体积损失的校正。由于约束力随弹性膜的材质、使用次数和气温而变化，因此新装或用过若干次后均需对弹性膜的约束力进行标定。仪器的综合变形，包括调压阀、量管、压力计、管路等在加压过程中的变形。国产旁压仪还需作体积损失的校正。

2 旁压模量。由于加荷采用快速法，相当于不排水条件。依据弹性理论，对于预钻式旁压仪，可用下式计算旁压模量 E_m：

$$E_m=2(1+\nu)(V_c+V_m)\Delta P/\Delta V \quad (15)$$

式中 ν ——泊松比；

V_c——旁压器量测腔初固有体积（cm^3）；

V_m——旁压曲线直线段头尾中间的平均扩张体

积（cm^3）；

$\Delta P/\Delta V$——旁压曲线直线段的斜率。

3 预钻式的旁压试验据所测定的旁压模量由于原位侧向应力经钻孔后已释放，一般所得的旁压模量偏小，建议采用卸荷再加荷方法确定再加荷旁压模量，可减少孔壁扰动对试验的影响；或采用自钻式旁压试验。

9.5 静力触探试验

9.5.1 静力触探试验主要用于粘性土、粉土、砂土，对杂填土、碎石是不适用的。它可测定比贯入阻力（单桥探头）、锥尖阻力、侧壁摩擦力（双桥探头）和孔隙水压力（孔压静探探头）。

9.5.3 静力触探探头除当前广泛采用的单桥探头、双桥探头外，增加了孔压探头，孔压探头在国际上已成为取代双桥探头的换代新探头。考虑到国内一些单位已经引进国外的孔压探头，同济大学等单位已研制了孔压探头。并在一些工程中成功地使用了孔压探头，所以在本规范中列入。

静探探头圆锥截面积，国际上通用标准为$10cm^2$，但国内大多数单位广泛使用$15cm^2$探头测得的比贯入阻力相差不大。

9.5.4 根据工程经验，当静力触探试验贯入硬层，易发生触探孔的偏斜及发生断杆事故。孔斜使土层界线及比贯入阻力发生失真，影响桩基持力层埋深的判定，因此，对静力触探试验的孔斜作了规定。参照国外的多功能探头的产品技术标准，测斜传感器所能测的偏斜角最大14°，为避免发生断杆及失真分层界线和阻力，要求采取导管护壁，防止孔斜或断杆或装配测斜装置，量测探头偏斜角，校正土分层界线，当偏斜角超过15°时宜停止贯入。

9.5.5 静力触探试验成果分析：

1 利用静力触探试验比贯入曲线划分土层，可根据锥尖阻力、侧壁摩阻力与锥尖阻力之比曲线参照钻孔的分层资料划分土层；利用孔隙水压力曲线，可以提高土层划分的精度并能分辨薄夹层。

2 利用静力触探资料，结合地区经验估算土的强度、变形参数等。由于经验关系有地区局限性，因此只有当经验关系经过检验已证实是可靠的，则可以提供设计参数。

3 利用孔压静力触探试验资料，可评定土的应力历史、估算土的渗透系数和固结系数，一般均采用半理论半经验公式计算，在这方面有待于积累经验。

9.6 载荷试验

9.6.2 用快速法或等沉降速率法进行的载荷试验所得的极限荷载P_u，除可用于确定地基土允许承载力外，还可估算饱和软粘性土的不排水抗剪强度CU：

$$CU=(P_u-P_o)/N_C \qquad (16)$$

式中 P_u——极限荷载（kN）；

P_o——承压板周边外的超载或土的自重压力（kN）。

N_C值见下表：

表10 N_C值表

D/B	0	1	1.5	2	2.5	3	3.5	4	5	6
N_C	6.14	8.07	8.56	8.86	9.07	9.21	9.32	9.40	9.52	9.60

估算基床系数：载荷试验求得的基床系数有三种，即载荷试验基床系数K_V（直接由载荷试验取得）；标准基床系数K_1（把不同承压板直径或宽度的载荷试验所得载荷试验基床系数K_V统一换算成标准承压板$B_f=0.305m$的基床系数）；地基土基床系数K（与基础宽度有关）。

标准基床系数K_1与土类有关：

对粘性土

$$K_1=B_f/0.305\times K_V=3.28B_fK_V \qquad (17)$$

对砂土

$$K_1=[4B_f^2/[B_f+0.305)^2]K_V \qquad (18)$$

对粉土按砂土处理。

地基土的基床系数K：

对粘性土

$$K=0.305/B\times K_1=B_f/B\times K_V \qquad (19)$$

对砂土

$$K=[(B+0.305)/2B]^2\times K_1 = [B_f/B\times(B+0.305)/(B_f+0.305)]^2\times K_V \qquad (20)$$

式中 B——基础宽度（m）。

9.6.5 本条的目的建立载荷试验与室内土试验指标或其它原位测试结果的相关经验公式，有利于缩短勘察周期和提高勘察质量。

9.6.6 对载荷试验成果的分析和应用，应特别注意承压板影响深度范围内土层的不均匀性，否则会降低试验成果的使用价值。

9.7 十字板剪切试验

9.7.1 十字板剪切试验适用范围，大部分国家规定限于饱和软粘土（$\varphi_\mu=0$）。虽然有的国家把它扩大到非饱和土，但需进一步的研究和实践。

美国ASTM-STP1014（1988）提出十字板剪切试验适用于灵敏度$S_t\leqslant10$，固结系数$C_V\leqslant100m^2/a$的均质饱和软粘性土，对于其他的土（如夹有薄层粉细砂或粉土的软粘性土）十字板剪切试验会有相当大的误差。

9.7.3 十字板剪切试验点的布置，对均质土试验点竖向间距可取1～2m，对于非均质土，根据静力触探等资料选择有代表性的点布置，不宜机械地按等间距布置试验点。

9.7.4 十字板剪切试验成果分析：

1 实践证明，正常固结的天然饱和软粘性土的不排水抗剪强度是随深度增加，室内抗剪强度的试验成果，由于取样扰动等因素，往往不能反映这一变化规律。

2 十字板剪切试验所测得的不排水抗剪强度峰值，一般认为是偏高的，土的长期强度只有峰值强度的60%～70%，因此在工程中，需对十字板测定的强度值作必要的修正。

9.8 波速试验

9.8.1 波速试验是依据弹性波在岩土体内的传播速度，间接测定岩土体在小应变条件下动弹性模量。试验方法分为跨孔法、单孔法或面波法。在工程上，对于多层土体系常用跨孔法，直接测定不同深度处土层的波速。当土层软硬变化大和层次较少时或基岩上为覆盖层时，可用单孔法。面波法近几年来工程中应用较广，尤其在检验地基土加固处理的效果方面有所突破，为在这方面积累经验，本规范将其列入。

9.8.2 利用岩体的纵波速度与岩石单轴极限抗压强度对比，可以划分岩石的风化程度，确定岩石基床系数等技术参数。青岛地铁工程在勘察中，作了对比工作。详见表11和表12。

9.8.3 跨孔法以一孔为激发孔，设置2个钻孔作为检波孔，以便校核平均。当孔深较大，应对钻孔的倾斜度及倾斜方位进行量测，以便对激发孔与检波孔的水平距离进行修正。在现场应及时对记录波形进行鉴别判断，确定是否可用。

9.8.6 单孔法剪切波速试验主要是检测水平的剪切波速，识别第一个剪切波的初至最为关键，为保证激振能量，要求激振与地面紧密接触，激振板上应压重物500kg左右，试验时对木板两端分别水平激振。套管与地层之间应密贴，可采用灌注泥浆或其他措施。

9.8.7 面波法适用于地质条件简单，测定不同激振频率下瑞利波的波长，可得地表下一个波长深度范围内土的平均波速，目前国内已经研制测试深度较大（20m左右）的仪器设备并已开展了该项工作。

9.8.9 在地下铁道、轻轨交通岩土工程勘察中，压缩波速 V_P 值和剪切波速 V_S 值的测试非常重要。需按场地土类型实施不同深度的波速测试，在软弱场地土中，最大测试深度达40m左右。

通过波速测试，可以反求岩土的动参数，用于抗震验算。在人防设计中，用于升压时间的验算，并在暗挖施工中，可进行导洞围岩的应力监测。

表11 青岛深成相花岗岩体隧道围岩分类综合指标对照表

隧道围岩分类代号（Ⅰ～Ⅵ）及其岩体纵波速度 V_P（m/s）	风化程度代号及岩体纵坡速度 V_P(m/s)	岩体结构	软化系数 k_d	岩石单轴极限抗压强度（MPa） 饱和 F_r	天然 R_C	岩体完整程度及其完整系数 K_W	岩石准抗压强度 R_{cm}（MPa）	单位弹性抗力系数 K_O（MPa/cm）	质量指数 P_i	毛洞稳定情况（与人防干道类比）
Ⅰ —1000— Ⅱ -1500— —2000—	（丰）	散体状 碎裂状	<0.45		<20.00	破碎～较破碎<0.40	<10.00	<38.00	Ⅰ <17 17 Ⅱ 33 33 Ⅲ 50	1. 不宜直接作隧道围岩 2. 强风化带（丰）底界面作为洞顶埋深的起始深度
Ⅲ—2500 -3000—	—2200— -2400— （¥）	碎裂状～块状	0.45～0.75	12.00～33.00	20.00～46.00	较破碎～较完整 0.40～0.64	10.00～30.00	38.50～187.63	50 Ⅳ 67	1. 当 $\Delta=0.50$ 可作为地铁区间隧道埋深的准则，也是保持洞室围岩稳定的界线值 2. 当 $\Delta=0.70\sim0.90$ 洞室跨度 $B=8\sim22$m，十多年来处于稳定状态，可作为地铁车站埋深的取值准则
Ⅳ—3500 —4000— Ⅴ —4500— Ⅵ —5600—	—3000— -3600— （Y） —4200— —4600— （Y）	块状～整体块状	0.65～0.88	25.00～130.00	35.00～148.00	较完整～完整 0.60～0.93	28.00～120.00	170.00～395.24	67 Ⅴ 83 Ⅵ >83	

注：1 质量指数 P_i，计算过程详见表12；

2 $\Delta=H/B$；H—强风化带底面至洞室拱顶距离；B—洞室跨度；Δ—覆跨比；丰—强风化；¥—中等风化；Y—微风化；Y—未风化。

表 12　青岛深成相花岗岩体隧道围岩质量指数计算表

隧道围岩分类		隧道围岩分类综合评定指标							
		块度（m）	天然单轴极限抗压强度 R_C（MPa）	完整性系数 K_W	软化系数 K_d	结构面形态	地下水	裂隙张开度	质量指数
代号	稳定程度	F1	F2	F3	F4	F5	F6	F7	P_i
Ⅵ	很稳定	＞1.50 F1.1＝ 20.17	＞80 F2.1＝ 18.34	＞0.85 F3.1＝ 15.59	＞0.85 F4.1＝ 13.76	良好 F5.1＝ 10.84	无或很少 F6.1＝ 7.50	闭合 F7.1＝ 3.34	＞83
Ⅴ	稳定	1.00～ 1.50 F1.2＝ 1.4x＋ 14.75	40～80 F2.2＝ 0.1x＋9.0	0.75～ 0.85 F3.2＝5x ＋8.75	0.75～ 0.85 F4.2＝5x ＋7.25	良好 F5.2＝ 10.84	无或很少 F6.2＝ 7.50	闭合 F7.2＝ 3.34	67～83
Ⅳ	基本稳定	0.40～ 1.00 F1.3＝ 11.07x ＋5.08	20～40 F2.3＝ 0.134x ＋7.64	0.50～ 0.75 F3.3＝ 20.72x －3.04	0.60～ 0.75 F4.3＝ 30x－ 11.50	一般 F5.3＝ 6.50	中等 F6.3＝ 4.50	微张开 F7.3＝ 2.00	50～67
Ⅲ	稳定性差	0.20～ 0.40 F1.4＝ 3.40x＋ 8.15	10～20 F2.4＝ 0.4x＋ 2.40	0.35～ 0.50 F3.4＝ 3.07x＋ 5.79	0.45～ 0.60 F4.4＝ 3.20x＋ 4.58	一般 F5.4＝ 6.50	中等 F6.4＝ 4.50	微张开 F7.4＝ 2.00	33～50
Ⅱ	不稳定	0.10～ 0.20 F1.5＝ 66.6x －4.49	5～10 F2.5＝ 0.54x ＋0.92	0.20～ 0.35 F3.5＝ 34.8x －5.32	0.30～ 0.45 F4.5＝ 30.27x －7.6	不好 F5.5＝ 2.17	大 F6.5＝ 1.50	张开 F7.5＝ 0.67	17～33
Ⅰ	很不稳定	＜0.10 F1.6＝ 1.83	＜5 F2.6＝ 1.66	＜0.20 F3.6＝ 1.41	＜0.30 F4.6＝ 1.25	不好 F5.6＝ 2.17	大 F6.6＝ 1.50	张开 F7.6＝ 0.67	＜17

注：1　完整性系数：$K_W=(V_P/V_{pr})^2$ 为岩体与岩石纵波速度之比的平方。

2　结构面形态：着重考虑软弱面或软弱夹层，结构面走向与隧道轴线的夹角大小。

当夹角 $\phi>30$，裂隙闭合，连续性不好，无软弱夹层的称良好。

当夹角 $\phi<30$，裂隙张开，连续性好，或有软弱夹层的称不好；其余为一般。

3　地下水：坑道壁上无水或有水滴流出者称为无或很少；呈线状或浸延成片状流出者称为中等；呈柱状流出者称为大（但不会突然涌水或有较大水压力）。

4　裂隙张开度：裂隙宽度＜1mm 者称闭合；1～3mm 者称微张开；＞3mm 者称张开。

5　算例：以丫－γ为例：F1＞1.50m，F2＝89.3MPa，F3＝0.80，F4＝0.75，F5＝良好，F6＝很少，F7＝闭合，P_i＝20.17＋18.34＋（5×0.8＋8.75）＋（5×0.75＋7.25）＋10.84＋7.50＋3.34＝83.94，P_i＞83 属Ⅵ类围岩。

10 岩土试验

10.1 一般规定

10.1.1 在使用和评价岩土试验数据时，必须注意到，岩土试样与地铁围岩是存在着差别的，试验方法应尽量模拟实际，评价成果时，宜结合原位测试成果进行比较分析，并通过工程监测进行验证。

10.2 土的常规试验

10.2.2 控制地铁回填土质量时，可用标准砂法或其他方法求得干密度。

北京地铁环线，加强层结构以下 0.6m 范围内的回填土，要求达到最佳密度的 98%，再向下至基坑底要求达到最佳密度的 95%。

不同含石率的回填土所要求的干密度也不相同。见表 13。

表 13 不同含石率的干密度

含石率(%) / 干密度	25	30	40	50	60	70
路面下 0.6m 以内要求干密度	2.06	2.09	2.16	2.23	2.30	2.35
路面下 0.6m 以下要求干密度	2.01	2.04	2.11	2.18	2.25	2.30
含水量	6%～12%					

工地控制最佳密度方法：

先求出土壤的湿密度，湿密度具体检测方法：含石不多可用体积法；工地使用标准砂法时，在工地挖大于 15cm×15cm 的检查坑，取出原地砂石称其重量，将纱布放入坑中，用标准砂填平检查坑，然后取出标准砂称其重量。工地检测湿密度等于取出砂石重量除以所挖体积（取出标准砂重除以标准砂比重）。

再求出含水量、干密度和含石率之多少（大于 5mm 的为石）查表 13，可根据含石率和对密实度的要求，查不同含石率的干密度表，即可衡量压实是否合乎要求。试验不合格的不能超过全试验的 10%。填料较干燥时，应洒水压实使之接近最佳含水量。

试验数量每层应测两组，每组 3 个，也可根据土方量而定，一般回填料 $500m^3$ 左右测一组。

10.3 基床系数

10.3.1 基床系数是地基土在外力作用下产生单位变位时所需的应力，也称弹性抗力系数或地基反力系数，一般可表示为：

$$K=\frac{P}{S} \tag{21}$$

式中 K ——基床系数（MPa/m）；

P ——地基土所受的应力（MPa）；

S ——地基的变位（m）。

基床系数与地基土的类别（砾状土、粘性土）、土的状况（密度、含水量）、物理力学特性、基础的形状及作用面积受力状况有关。

基床系数用于模拟地基土与结构物的相互作用，计算结构物内力及变位。结构物是指受水平力、垂直力和弯矩作用的基础、衬砌及桩等。变位是指基础竖向变位、衬砌的侧向变位、桩的水平变位和竖向变位等。基床系数的确定方法如下：

地基土的基床系数 K 可由原位荷载板试验（或 K_{30} 试验）结果计算确定。考虑到荷载板尺寸的影响，K 值随着基础宽度 B 的增加而有所减小。

对于砾状土、砂土上的条形基础：

$$K=K_1\left(\frac{B+0.305}{2B}\right)^2 \tag{22}$$

对于粘性土上的条形基础：

$$K=K_1\left(\frac{0.305}{B}\right) \tag{23}$$

式中 K_1——是 0.305m（1ft）宽标准荷载板的标准基床系数或 K_{30} 值。

铁路常用的 K_{30} 荷载板试验是用直径为 30cm 的承载板，测定土的 K_{30} 值。其 K_{30} 值是指在 P—S 曲线上对应地基土变形为 0.125cm 时的 P 值与变形的比值：

$$K_{30}=\frac{P_{0.125}}{0.125} \tag{24}$$

10.3.2 三轴试验法是将土样经饱和处理后，在 K_o 状态下固结，对一组土样分别做：

$$\sigma_3=k_o\gamma h,\quad \sigma_1=\gamma h \tag{25}$$

$$n=\frac{\Delta\sigma_3}{\Delta\sigma_1}=0.0,\ 0.1,\ 0.2,\ 0.3 \tag{26}$$

不同应力路径下的三轴试验（慢剪），得到 $\Delta\sigma'_1$～Δh_o 曲线，求得初始切线模量或某一割线模量，定义为基床系数 K。

固结试验法是根据固结试验中测得的应力与变形关系来确定基床系数 K：

$$K=\frac{\sigma_2-\sigma_1}{e_1-e_2}\times\frac{1+e_m}{h_o} \tag{27}$$

式中 $\sigma_2-\sigma_1$ ——应力增量；

e_1-e_2 ——相应的孔隙比减量；

$e_m=(e_1+e_2)/2$。

两种试验方法需经大量对比试验后，再行评价。

10.3.3 对本条作以下说明：

四、勘察规划标准

1 本规范附录F的制定是在当前国内外部分基床系数试验成果的基础上综合确定的。

当缺乏试验资料时（主要是指初勘阶段），可根据地基土的类别，状态等具体情况，按照本规范附录F选用。

2 国内外部分试验成果及经验值摘录如下：

地基土的基床系数 K 与土的类型及状态有关。太沙基（Terzaghi，1955），根据方形荷载板（30.5cm×30.5cm）的试验资料，提出的地基土基床系数 K 如表14所示。地基土的基床系数 K 还与结构物的基础面积有关，当基础面积大于 $10m^2$ 时，地基土的基床系数 K 的经验值见表15，这是我国水运、船厂设计部门常用的经验数据。地基土的基床系数 K 还与结构物接触压力有关，当接触压力为20kPa时，地基土的基床系数 K 值见表16，摘自《工程地质手册》(1992)。筏基设计基床系数 K 的建议值见表17，引自谢旭升（1996）的资料。其余表的来源，见表下注解。

基床系数 K 与地基土的标贯击数 N 的经验关系为：

$$K=(1.5\sim3.0)N \tag{28}$$

上式参考谢旭升等（1996）及其他有关资料。

地基土的基床系数 K 与土体介质的弹性模量 E、泊松比 ν 及基础面积 A 的关系为：

$$K=\frac{E}{(1-\nu^2)\sqrt{A}} \tag{29}$$

基床系数 K 这个指标，不同的试验方法和不同的试验条件，其结果会有较大的差别。为便于统一和比较，建议 K_{30} 荷载板试验值作为标准基床系数 K_1 值，即标准基床系数 K_1 值应用 K_{30} 荷载板试验。对于具体设计中基床系数 K 的取值，应考虑施工程序和施工过程中的结构变位，由设计人员修正确定。

对于流塑、软塑状粘性土的基床系数 K 值，直接与施工因素有密切关系，宜在施工过程中通过监测结构物的变位，反分析求解，不断积累数据形成经验推算法。国内外通过大量荷载板试验已积累了许多垂直基床系数 K_V 的经验参考值，而水平基床系数 K_X 与垂直基床系数 K_V 的关系，今后还需进一步研究。

表14 太沙基方形荷载板（30.5cm×30.5cm）的地基土基床系数 K 值（MPa/m）

土类及其湿度			土的状态		
			松散	中密	密实
砂土	干或稍湿	范围值	6.4～19.2	19.2～96.2	96.2～321.0
		建议值	12.9	41.7	161.0
	饱和	建议值	8.0	25.6	96.2

续表14

土类及其湿度		土的状态		
		松 散	中 密	密 实
硬粘土		硬	很硬	坚硬
	范围值	16.1～32.1	32.1～64.2	>64.2
	建议值	24.1	48.1	96.2

表15 基床系数 K 的经验值（MPa/m）

土的类别	基床系数 K
淤泥质或有机土	5～10
粘性土	
软塑状态	10～20
可塑状态	20～40
硬塑状态	40～100
砂土	
松散状态	10～15
中密状态	15～25
密实状态	25～40
中密的砂砾土	25～40
黄土及黄土状砂粘土	40～50

表16 接触压力为20kPa的基床系数 K 值（MPa/m）

地基特征	土的名称	K 值
非刚性的	流塑（$I_L>0.75$）的粘土	6
	流塑（$I_L>0.75$）的亚粘土	7
低刚性的	软塑（$0.5<I_L\leqslant0.75$）的粘土和亚粘土	8
	可塑（$0.5<I_L\leqslant0.75$）的轻亚粘土	10
	饱和松散（$e>0.8$）的粉砂	12
中刚性的	硬塑（$0.25<I_L\leqslant0.50$）的粘土和亚粘土	20
	可塑（$0<I_L\leqslant0.50$）的轻亚粘土	16
	中密和密实（$e\leqslant0.8$）的粉砂	14
	细砂、中砂、粗砂（与密度和含水量无关）	18
	天然湿度的黄土和黄土状亚粘土	15～20
刚性的	坚硬的（$I_L<0$）粘土和亚粘土	30
	坚硬的（$I_L<0$）轻亚粘土	22
	大块碎石类土	26

表 17　筏基设计基床系数 K 的建议值

土的种类	N 值	K（MPa/m）
粘性土		
极　软	0～2	＜5
软　弱	2～4	5～10
中等坚实	4～8	10～20
坚　实	8～15	20～40
极坚实	15～30	40～80
坚　硬	＞30	＞80
砂性土		
极　松	0～4	＜8
稍　松	4～10	8～20
中等紧密	10～30	20～60
紧　密	30～50	60～80
极紧密	＞50	＞80
承载层	＞50	80～100

注：1　承载层包括砾石层、岩块层和岩基等；
　　2　本表适用于连续壁束制的状况。

表 18　基床系数参考表（MPa/m）

地基特征	土的类别	K_x 值
松软土	流砂 新填筑的砂土 湿的软粘土 弱淤泥质土或有机质土*	1～5 1～5 1～5 5～10
中等密实土	粘土及亚粘土 　软塑的* 　可塑的*	 10～20 20～40
	砂土 　松散的* 　中密的* 　密实的*	 10～15 15～25 25～40
	中密砾石土	25～40
	黄土及黄土状亚粘土	40～50
密实土	紧密下卧层砂 紧密下卧层砂砾石 碎石 砂砾、砾砂 硬塑土	50～100 50～100 50～100 50～100 50～100
极密实土	人工夯实的亚粘土 硬粘土	100～200 100～200
硬土	软质岩石 中等风化或强风化的坚硬岩石 冻土层	200～1000 200～1000 200～1000
硬质岩石	完好的坚硬岩石	1000～15000
人工桩基*	木桩 　打至岩层的桩 　穿过软土达到密实砂及粘土层的桩 　软弱土层内摩擦桩	 50～150 50～150 10～50

续表 18

地基特征	土的类别	K_x 值
人工桩基*	钢筋混凝土桩 　打至岩层的桩 　穿过软土达到密实砂及粘土层的桩	 8000 50～150
建筑材料	砧 块石砌体 混凝土 钢筋混凝土	4000～5000 5000～6000 8000～15000 8000～15000

注：1　凡有 * 号的，原文注明适用于地基面积＞$10m^2$；
　　2　本表系数与基础埋深无关；
　　3　本表摘自 1996 年深圳地区建筑深基坑支护技术规范条文说明 158～159 页。

表 19　根据粘性土液性指数（I_L）砂土的标贯击数（N）查表找出 K_x 值

地基土分类	粘性土			
	$I_L \geqslant 1$	$1 > I_L \geqslant 0.5$	$0.5 > I_L \geqslant 0$	$I_L < 0$
K_x（N/cm^3）	3～15	15～30	30～150	150～650

地基土分类	砂土				砂砾、卵石	
	$N \leqslant 10$	$10 < N \leqslant 15$	$15 < N \leqslant 30$	$N > 30$	中密	紧密
K_x（N/cm^3）	3～15	15～30	30～100	100～650	250～600	600～1000

注：此表见《岩土工程治理手册》542 页。

表 20　基床系数（K_V）经验值（Bowles 1982）（kN/m^3）

土　类		K_V
砂	松散	4800～16000
	中密	9600～80000
	密实	64000～128000
细粒土质砂	粘土质中密砂	32000～80000
	粉土质中密砂	24000～48000
粘性土	$100kPa < q_a < 200kPa$	12000～24000
	$200kPa < q_a \leqslant 400kPa$	24000～48000
	$q_a > 400kPa$	＞48000

注：1　Bowles 经验公式 $K_V = 120q_a$；
　　2　此表引自《岩土工程勘察设计手册》第 218 页；
　　3　q_a 是地基允许承载力。

表 21　围岩类别与基床系数参考表（MPa/m）

围岩类别	基床系数 K
Ⅵ	1800～2800
Ⅴ	1200～1800
Ⅳ	500～1200
Ⅲ	200～500
Ⅱ	100～200
Ⅰ	≤100

注：此表摘自《铁路隧道新奥法指南》12 页表 2.3.2-1（节录）。

表 22　北京地铁复八线各地层基床系数（中值）室内试验值

地层编号	名称	围岩分类	塑性指数	纵波速 V_P (m/s)	基床系数 (kN/m³)	
					垂直	水平
②	轻亚粘土	Ⅰ	7.85	467	31000	31400
②—1	亚粘土	Ⅰ	12.60	458	10425	22500
③	粉细砂	Ⅰ	—	629	36000	30500
④	圆砾	Ⅱ	—	758	91250	—
⑤	亚粘土	Ⅱ	14.10	628	50918	48844
⑤—1	轻亚粘土	Ⅱ	8.06	671	53754	48614

注：1　此表摘自北京地铁复八线勘察报告。

2　在室内三轴仪测定，试样直径 3.57cm，高度 8.0cm。其方法是在原状土样经饱和处理后，在 K_O 状态下达到固结，通过不同的应力路径下的三轴压缩试验（慢剪）得到垂直基床系数和水平基床系数。

扰动土样的基床系数，根据现场标贯值确定孔隙比，干密度，土样击实成型。试样直径 3.91cm，高度 8.0cm 经饱和处理后，采用原状土样同样的方法确定基床系数。

在试验时已考虑到深度的关系，因此在设计使用时可只按地铁宽度进行修正。

表 23　上海地区基床系数表（N/cm³）

基底持力层名称	基床系数
褐黄色表土层（粘土、粉质粘土）或灰色粉质粘土	10～20
灰色淤泥质粉质粘土	5～10
灰色淤泥质粘土	3～5

注：此表摘自上海市标准《地基基础设计规范》DBJ 08—11。

3　关于岩石的基床系数：

1）北京地铁工程在 60 年代根据工程的需要，在公主坟第三纪红色砂砾岩中作了现场大型试验，根据试验成果提出了第三纪强风化-全风化砂砾岩基床系数 K 值为120～150 MPa/m。

2）青岛地铁花岗岩中等风化、微风化、未风化，岩体单位基床系数 K 计算及测试方法如下：

计算公式：

$$K=\frac{E}{(1+\nu)\ 100} \tag{30}$$

K 与岩体弹性模量 E 和泊松比 ν 关系密切。测定 E 和 ν 简便易行。因此，可根据 E、ν 与 K 值之间的关系，计算出 K 的值。

测试方法有两种：

一是用静力法测得 E、ν 值，是把岩芯加工成立方体、长柱体，贴应变片，以应变方法测出 E、ν 值，计算出 K 为静基床系数。

二是用动力法测得 E_d、ν_d 值，是在岩芯上由超声波检测仪分别测出纵波速 V_P 横波速 V_s；然后计算出 E_d、ν_d，根据上述公式，可求得动基床系数。

E_d、ν_d 计算公式如下：

动弹性模量

$$E_d=\frac{\rho V_s^2\ (3V_p-4V_s^2)}{V_p^2-V_s^2} \tag{31}$$

动泊松比

$$\nu_d=\frac{V_p^2-2V_s^2}{2\ (V_p^2-V_s^2)} \tag{32}$$

式中 ρ=2.60～2.70。

10.4　热物理指标

10.4.1　地铁通风负荷计算方法确定后，合理的选择岩土热物理指标，对保证地铁建筑良好的使用功能及降低工程造价和运行管理有着不可忽视的影响。而岩土的热物理性能是与密度、湿度及化学成分有关。导热系数、导温系数随着密度和湿度的增加而变大，而湿度对比热容的影响较大。此外，在相同密度及湿度的情况下，由于化学成分不同，其值也相差很大。因此，在施工设计阶段时，应通过试验取得数据，以保证合理设计。

10.4.2　测定热物理性能试验方法较多，各种不同的方法都有一定的适用范围。因此，根据岩土自身的特性，本规范选用了三种方法测定岩土的热物理性能。面热源法及热线比较法适用于测定潮湿的土质材料，其中，热线比较法还适合测定岩石的导热系数。测定比热容的方法是目前常用的方法。

1　面热源法是在被测物体中间作用一个恒定的短时间的平面热源，则物体温度将随时间而变化，其温度变化是与物体的性能有关。通过求解导热微分方程，并通过试验测出有关参数，然后按下列一些公式就可计算出被测物体的导温系数、导热系数和比热容。

1）导温系数：

$$a=\frac{d^2}{4\tau' y^2} \tag{33}$$

式中　a——导温系数（m^2/h）；

τ'——距热源面 d（m），温度升高 θ'时的时间（h）；

y——函数 $B(y)$ 的自变量。

函数 $B(y)$ 值

$$B(y)=\frac{\theta'(\sqrt{\tau_2}-\sqrt{\tau_2-\tau_1})}{\theta_2\sqrt{\tau'}} \tag{34}$$

式中　$B(y)$——自变量为 y 的函数值；

τ_1——关掉加热器的时间（h）；

τ_2——加热停止后，热源上温度升高为 θ_2 时的时间（h）。

2）导热系数：

$$\lambda=\frac{I^2R\sqrt{a}(\sqrt{\tau_2}-\sqrt{\tau_2-\tau_1})}{S\theta_2\sqrt{\pi}} \tag{35}$$

式中　λ——导热系数（W/m·K）；

I——加热电流（A）；

R——加热器电阻（Ω）；

S——加热器面积（m^2）。

3）比热容：

$$C=3.6\frac{\lambda}{a\rho} \tag{36}$$

式中　C——比热容（kJ/kg·K）；

ρ——密度（kg/m^3）。

2　热线比较法是在被测岩土与已知导热系数试材之间，设置一根细长的金属丝，当加热丝通电以后，温度就会升高。温度升高的快慢是与被测材料的导热系数有关，因此，通过试验测出有关参数后，按下式计算岩土的导热系数。

$$\lambda_A=\frac{I^2R}{4L\pi\Delta t}\cdot\ln\frac{\tau_2}{\tau_1}-\lambda_B \tag{37}$$

式中　λ_A——被测材料的导热系数（W/m·K）；

λ_B——已知材料的导热系数（W/m·K）；

R、I——分别为加热丝的电阻（Ω）和电流（A）；

L——加热线的长度（m）；

τ_1、τ_2——在加热过程中，热源面上的温度分别升高为 t_1、t_2 时的时间（h）。

3　测定岩土的比热容是按热平衡方法进行计算，通过试验测出有关参数后，按下式计算岩土的比热容。

$$C_m=\frac{(G_1+E)\cdot C_w(t_3-t_2)}{G_2(t_1-t_3)}-\frac{G_3}{G_2}\cdot C_b \tag{38}$$

式中　C_m——岩土在 t_3 到 t_1 温度范围内的平均比热容（J/kg·K）；

C_b——试样筒材料（黄铜）在 t_3 到 t_1 温度范围内的平均比热容（J/kg·K）；

C_w——杜瓦瓶中水在 t_2 到 t_3 温度范围内的平均比热容(J/kg·K)；

E——水当量（用已知比热的试样进行测定，可得到 E 值）（g）；

t_1——岩土下落时的初温（℃）；

t_2——杜瓦瓶中水的初温（℃）；

t_3——杜瓦瓶中水的计算终温（℃）；

G_1——水重量（g）；

G_2——试样重量（g）；

G_3——试样筒重量（g）。

10.4.4　本规范附录 G 是常用的 38 种热物理指标，来源于近 30 年的试验值。其数值的大小与密度、含水量有关，在初勘阶段可根据岩土的密度、含水量的实际情况予以选用。

11　特殊土的勘察

11.1　软　　土

11.1.1　本条的各款内容是针对软土形成的地理—地质环境条件和主要的岩土技术特性提出的，现对有关内容加以说明：

1　软土的厚度及其变化对沉降和差异沉降的预测，地基处理与结构措施的选择，桩基设计及基坑开挖与支护方法关系甚大，其中应特别重视查明砂层和含砂交互层的存在与分布，因为这涉及软土地层的排水固结条件，沉降历时长短与强度在荷载作用下的递增速度，甚至会关系到一个工程项目的可行性。例如，某国有一座特大的机场筑造在一人工岛上，经计算人工岛下的巨厚海湾软土的总固结沉降达 11m 余。起初曾预计投入使用时，大部分固结沉降尚待完成，后经对软土中的砂夹层的进一步研究，调整了计算模型，结果预计到临计划投产的时候的剩余沉降将仅为 1m 多，该工程已投入使用，情况良好。

2　软土中的含水层数量、位置、颗粒组成与各层的水头高度是深基坑降水、开挖与支护设计及地下结构的防水所不可缺的资料。

3　软土的固结应力历史及反映这个历史的不排水抗剪强度，先期固结压力（亦称最大历史压力），$e-\log P$ 曲线上的回弹指数与初次压缩指数等对确定软土的承载力，选择地基处理方法及预测地基性状与表现等是重要的依据。将软土按超固结比 OCR 划分为欠固结土、正常固结土与超固结土（后者还可进一步划分）是一种对软土按固结应力历史的具有特征性的科学划分，有一定实用意义。

4 关于第 6 款，应指出施工或相邻工程的施工（包括降水、开挖、设桩或大面积填筑等）会导致软土中应力状态的突变或孔隙水压的骤升，使土体和已竣工程的变形、位移或破坏。岩土工程勘察应就防止此类事故的必要性进行分析并提出措施建议。

11.1.2 本条的勘探与取样要求也是针对软土的特殊性而言的。

1 国内外经验证明静力触探、十字板剪切试验及自钻式旁压试验是软土地区行之有效的原位测试方法，它们能大大弥补钻探取样与室内试验的不足。例如，由孔内十字板剪切试验所测得的不排水剪强度往往能较室内无侧限抗压试验或三轴剪切试验结果更好地代表软土的原位实际强度；静力触探对贯入阻力反应灵敏，结果连续，在测得侧阻力和端阻力及其变化的同时，也能测得孔隙水压力及其变化，因此不但能提供确定承载力和桩基设计所需参数，而且有助于精确划分地层，特别是软土中的砂夹层和含砂交互层；旁压试验（主要是自钻式旁压试验）对软土的扰动不大，能直接测出原位水平压力、临塑压力、极限压力、旁压模量，在法国及一些法语国家和地区已是最常用的原位测试方法。

2 关于勘探点的平面布置和深度控制的要求系基于软土貌似均匀，实系多变，沉降计算或设桩设计往往要涉及较大的深度，以及多年来在软土地区的工作经验等。

3 关于土样质量等级划分和相应的对钻探工艺和取土器种类、规格的要求见现行国家标准《岩土工程勘察规范》GB 50021 第 8 章，后者的制定除基于我国的实际状况外，还大量参考引用了国外的多年成功经验，如英国的《场地勘察实施规范》（BS5930：1981），英国的《场地勘察手册》（Site Investigation Manual），美国的 ASTM 标准 D1587《土的薄壁管取样》及国际土力学与基础工程学会（ISSMFE）的取样技术委员会的专题研究总结报告等。

11.1.3 软土的土样质量易受钻探工艺、土样采取、试样制备与运输储存等过程中众多因素以及应力解除与孔隙水压力变化等的影响，为此强调了原位测试技术的应用与结合，以使所测得的软土力学性质（压缩性、强度等）尽可能符合实际情况。同时，软土的力学性质绝不是像建筑材料那样可看做是定值，作为力学性质参数。它们是因荷载施加速率（地基土排水固结条件），设计用途（稳定性计算、土压力计算等），处理方法（堆载预压、设桩等），甚至沉降计算方法（不排水沉降、固结沉降等）而异的，故测试方法也应有所不同。

11.1.4 本条中各款的规定，对软土而言是有很强的针对性的，按超固结比划分软土，对确定承载力和预测沉降有启发、指导作用，掌握了软土的灵敏度有助于重视挖土方法，选好支护措施或合理布置设桩施工程序，以防止出现坑底隆起、土体滑移或桩基变位等事故。在我国沿海低地和内陆洼地中常有沉积时间短暂，自重固结尚未结束，即超固结比 $OCR \leqslant 1$ 的软弱、高压缩性的软土存在，在桩基设计时要考虑负摩擦力问题。在这类地基上的大面积堆载对邻近建筑物或桩基的影响也不能忽视。

11.2 湿陷性土

11.2.1 本条所列的 7 个重点是重要的经验总结，现对前三款给予说明：

1 土的湿陷性是否显示和显示大小与所施加的压力有密切关系。一般的情况是土的形成时间愈早，使其在浸水时显示湿陷性所需的压力愈大。例如新近堆积黄土（Q_4^2）和一般湿陷性黄土（$Q_4^1+Q_3^2$）在 200kPa 的压力下就较充分地显示其湿陷性，较之为老的离石黄土（Q_2^2 和 Q_2^1）则不然，要它们显示出湿陷性需要较高的压力，而且时代愈早所需的压力愈大。成因与土的湿陷性高低也有一定关系。例如，在形成时代相同的条件下，坡积土的湿陷性一般要比冲积土高。

2 地层结构系指不同时代湿陷性土的序列分布及它们与其中的非湿陷性土层的位置关系，包括基岩、砂砾层等下卧地层的深度与起伏，这些与湿陷性场地与地基的岩土工程评价，防止湿陷事故与消除湿陷性措施的选取关系密切。

3 查明湿陷系数与自重湿陷系数沿深度的变化，既有助于对地基的深入岩土工程评价，也是有针对性地选取工程技术措施的依据。图 1 也许能给人以这方面的启示，图中所示的是陕北洛川坡头和河南陕县的黄土自重湿陷系数 δ_{zs}、先期固结压力（也即是自重湿陷起始压力）P_{cw} 与土自重压力 P'_{ow} 三者沿深度方向变化的比较。可见前者的自重湿陷起始压力 P_{cw} 到 50 多米深仍小于自重压力，这与 δ_{zs} 一直大于 0.015 一致。后者的自重湿陷起始压力 P_{cw}，到 20 多米等于或略小于自重压力 P'_{ow}，再深则一直大于自重压力，故可被认为基本上是非自重湿陷性场地。其 δ_{zs} 值的变化与之一致。

11.2.2 本条的特殊要求系基于湿陷性土的特殊结构与该结构的易破坏性。现作如下说明：

1 由于湿陷性土的结构易破坏，迄今无论国外或国内，探井仍是采取原状黄土样不可缺少的手段，有时还可以作为主要的手段。

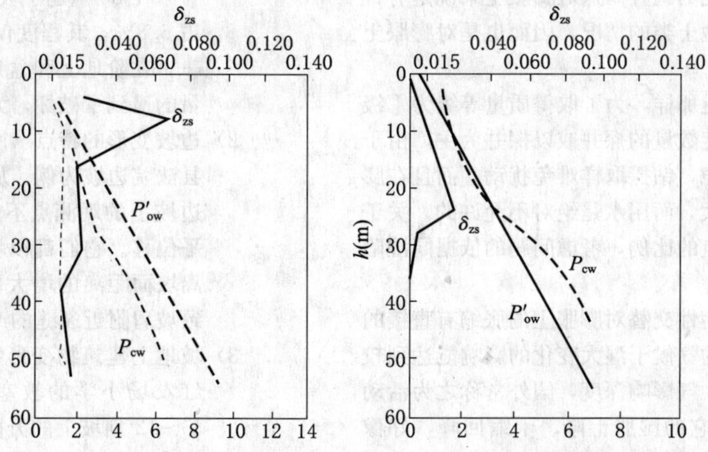

(a) 陕北洛川坡头　　(b) 河南陕县

图 1　黄土的 δ_{zs}、P_{cw} 与 P'_{ow} 三者沿深度的变化与相互关系的比较

P'_{ow}—自重压力；P_{cw}—先期固结压力；h—深度；δ_{zs}—黄土自重湿陷系数

2　湿陷性土的地层结构的持续性一般好于其他土类，故勘探点间距可比别的土类的间距大些。同理，不取样的“鉴别”钻孔作用有限，不宜很多。在这种情况下，取土勘探点的比例就应大些或可将所有勘探点当作取土勘探点，以保证满足湿陷性评价的需要。

3　第 4 款是为了保证湿陷性评价的准确性，湿陷性土样的质量等级必须是Ⅰ级，否则可能错误地歪曲或降低地基的湿陷等级，严重时还会将等级本属严重湿陷性的地基错定为非湿陷性或轻微湿陷性地基。对黄土钻探取样必须采用专用的黄土薄壁取土器和相应的钻进取样工艺（见现行国家标准《湿陷性黄土地区建筑规范》GBJ 25 附录和《岩土工程勘察规范》GB 50021 第 8 章）。

11.2.3　本条一些款的说明可阅现行国家标准《湿陷性黄土地区建筑规范》GBJ 25 和《岩土工程勘察规范》GB 50021 条文说明的相关部分。下面仅对第 4 款和第 8 款给予说明：

1　第 4 款的意义可用图 2 说明。如图所示，对图中的非自重湿陷性黄土场地，为了全部消除土的湿陷性，处理深度为基底以下 4.4m 即可。

2　消除地基湿陷性的措施之一，孔内深层强夯，亦称 DDC 工法（DDC 是英语 Downhole Dynamic Consolidation 或 Compaction 的缩称），该工法系司炳文高级工程师首创，享有专利。工法的要点为：先按要求的深度成孔（孔径通常为 400mm）；接着采用质量为数百千克～数吨的特制孔内夯锤进行强力夯挤，同时补入土料，形成直径为 600～2000mm 的密实桩体，桩间土也同时挤密强化。近年来，已有数十个工程项目在河南、陕西等地得到了成功应用，加固地基或消除黄土湿陷性的深度为数米至 20 多米不等，特别在为一些大型电厂的冷却塔或大型油罐地基消除厚 20 余

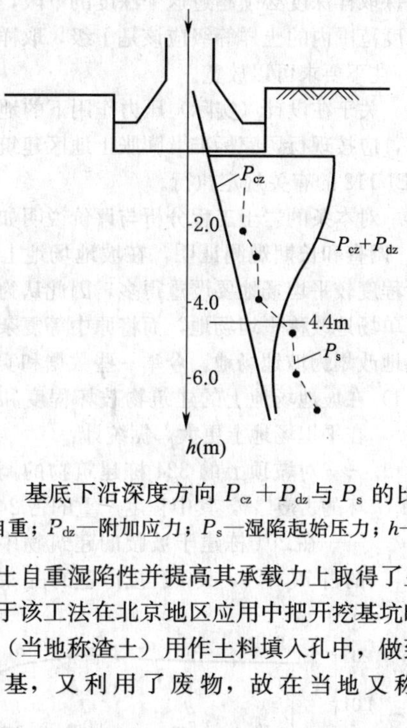

图 2　基底下沿深度方向 $P_{cz}+P_{dz}$ 与 P_s 的比较

P_{cz}—自重；P_{dz}—附加应力；P_s—湿陷起始压力；h—深度

米的黄土自重湿陷性并提高其承载力上取得了显著成效。由于该工法在北京地区应用中把开挖基坑时形成的杂工（当地称渣土）用作土料填入孔中，做到既加固了地基，又利用了废物，故在当地又称渣土桩。

3　第 8 款的黄土围岩分类系自 60 年代前期至 70 年代末，总共历时约 16 年的科研成果的主要部分之一。科研内容包括勘察、设计、施工与使用管理，研究成果集中反映在由中国建筑科学研究院主编的《黄土地下建筑技术条例》（1978）中，其中的岩土工程勘察方面的成果还专门在由林在贯主编的《工业与民用建筑工程地质勘察》（1981）一书中专设一章阐述。

11.3　膨　胀　土

11.3.1　本条的内容十分强调对微地貌，当地气象特

点和建筑物破坏情况的调查。这对膨胀土来说是有针对性的，不同于其他土类的情况，因而也是对膨胀土进行评价所必需的。

11.3.2 像湿陷性土那样，为了取得质量等级为Ⅰ级的土样，必须有一定数量的探井或以探井为主。由于膨胀土中有众多裂隙，钻探取样难免扰动，而且在膨胀土中钻进难度较大，而用水是绝对不允许的。关于勘探点中取土勘探点的比例，考虑问题的依据同湿陷性土。

气候的干湿周期性交替对膨胀土的胀缩有直接的影响。多年一周期的气候干湿大变化的影响能达到较大的深度，称之为大气影响深度，国外常称之为活动层（Active zone）。它的湿胀上隆、干缩回降，好像土地在呼吸一般。经多年观测，我国膨胀土分布区内平坦场地的大气影响深度一般在5m以内，再往下土的含水量受气候变化影响很小，以至消失。显而易见，勘探取样深度必须超过这个深度的下限，而且在这个深度范围内的土样等级应该是Ⅰ级，取样间隔宜为1m，往下要求可以放宽。

11.3.3 关于在设计（实际）压力作用下的地基胀缩量计算，应按现行国家标准《膨胀土地区建筑技术规范》GBJ 112的有关规定执行。

11.3.4 对本条的岩土工程分析与评价说明如下：

1 调查和长期观测证明，在坡地场地上建筑物的损毁程度较平坦场地要严重得多，因此认为有必要将原简单场地改称平坦场地，而将原中等复杂场地和复杂场地改划为坡地场地。今举一些数据和实例：

1）在坡地场地上的建筑物破坏程度和数量较在平坦场地上更大，据统计：

——对坡顶上的324栋建筑物的调查，损坏的占64%，其中程度严重的占24.8%。

——在291栋建于坡腰的建筑物中，损坏的占77.4%，其中程度严重的占30.6%。

——在36幢建于坡脚的建筑物中，损坏的占6.8%，其程度仅为轻微－中等。

——在阶地上和盆地中部的建筑物，除少量的遭到了破坏，大多数完好。

2）边坡变形的特点（图3和表24）以湖北郧县法院边坡为例。从图3和表24可见，在边坡上的观测点不但有升降变化而且有水平位移。它们都以坡面上的为最大，随着离坡面距离的增大而减小，水平位移还导致坡肩附近裂缝的产生。

3）坡地上建筑物变形特点，以云南个旧东方红农场小学的教室和该市冶炼厂5栋在5°～12°斜坡上的升降观测结果为例，临坡面的变形与时间关系曲线是逐年渐次下降的，在非临坡面则基本上是波状升降。这说明边坡的影响加剧了建筑临坡面的变形，导致建筑物的破坏。

2 为了防止膨胀土地基或土体的过量胀缩变形引起的对建筑物的影响和破坏，集中起来是“防水保湿”四个字，做到了这点，便没有膨胀土的胀缩变形。这一点对开挖的基坑的保护也完全适用。有过这样一个实例：位于非洲某地的一项重要建筑物的基坑是在旱季开挖的，在近半年的开挖和基础浇筑过程中没有任何保护措施，膨胀土地基严重失水。继旱季而来的是半年的雨季，地基土剧烈膨胀，酿成严重事故。实践证明公路、铁道等筑造过程中的边坡开挖必须采取防水保湿措施。70年代我国的几条通过膨胀土地区铁道的修筑中经验教训十分深刻。由于忽视了及时的必要支护与防水保湿措施，膨胀土开裂严重，滑坡频繁（以中小型浅层为多）。以后花了多年的科研与治理的时间和巨额的补充投资才基本完成了整治。至于支护结构遭膨胀土的膨胀压力而变形开裂的实例也不鲜见。

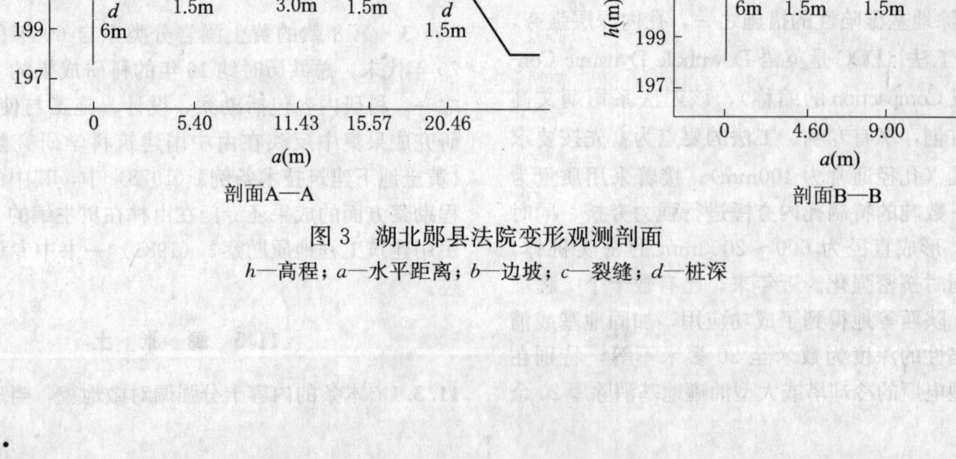

图3 湖北郧县法院变形观测剖面

h—高程；a—水平距离；b—边坡；c—裂缝；d—桩深

表 24　湖北郧县法院边坡变形观测结果

剖面长度（m）	点　号	距离（m）	水平位移（mm）“+”	水平位移（mm）“−”	点　号	升降变形幅度（mm）
20.46（Ⅱ−$b4$）	Ⅱ−$b1$	5.40	4.00	3.10	Ⅱ	10.29
	−$b2$	11.43	—	9.90	$b1$	49.29
	−$b3$	15.57	20.60	10.70	$b2$	34.66
	−$b4$	20.46	34.20	—	$b3$	47.45
9.00（Ⅱ−$b6$）	Ⅱ−$b5$	4.60	3.00	6.10	$b4$	47.07
	−$b6$	9.00	24.40	—	$b5$	45.01
					$b6$	51.96

注：“+”表示位移增大；“−”表示位移减小。

11.4　风化岩与残积土

11.4.1　与以前的划分不同，除残积土和未风化岩外本条规定将风化岩分为全风化岩、强风化岩、中等风化岩和微风化岩四级，增加了全风化岩。这样改划的主要考虑之一是与目前国际上大多数国家的做法一致，便于科研与工程技术的合作交流。按国际上大多数国家采用的分类，全风化岩的主要特征是原岩矿物（石英颗粒除外）完全风化成粘土矿物等次生矿物，组织结构虽已基本上破坏却尚可辨认，有微弱的残余结构强度。按这一描述特征及在一些技术上进行合作的涉外工程的经验，按原用分类法的残积土的厚度大为减少，强风化岩的上界面相应降低。

11.4.2　风化岩与残积土勘察的着重点的确定与其他土（岩）类有明显不同。现将条文前四款作简要说明：

1　如本规范附录A所示，划分不同程度风化岩的依据有矿物岩石学（组织结构等）和物理力学（测试）两类。二者是互补的，但前者应是基础，后者应以前者为前提，不能搞单个指标唯一论。同时，也应注意，多数半定量和经验性的指标是有地域性的，不宜机械地搬用。

2　岩石内的矿物与组织结构的变化程度是第1款中划分风化程度的主要矿物岩石学依据，节理裂隙的密度与发育程度也是控制风化程度与深度的主要因素之一。

3　由于原岩矿物成分的不同和节理裂隙密度与发育程度的差别，风化岩的透水性和富水性有很低的，也有很高的，必须注意查明。

4　风化岩内的软弱结构面对岩体的整体强度和稳定性常起控制作用。

11.4.3　下面就本条各款逐一说明：

1　本款强调了两点。一是应有一定数量的探井，此系基于对残积土和风化岩作直接观察描述和采取Ⅰ级试样的需要。二是与原位测试，特别是标贯试验相结合。这是由于残积土与风化岩的Ⅰ级试样采取困难，数量有限，国内外常用标贯试验等方法，通过击数等指标与风化岩的工程性质建立相关关系，以更好地进行风化岩的分级并推求工程技术性质指标。除标贯试验外，在有些国家旁压试验用得较多，已总结有较系统的经验。我国的超重型动力触探（N_{120}）在碎石、卵石地层中应用颇有成效，亦宜通过组织比较试验，建立相关关系，推广应用到残积土与风化岩的勘察评价上来。

2　风化岩和各级风化岩之间的界面通常变化较大，有时在很近的距离内深度差别就很悬殊，因此勘探点间距不宜过大。当单桩的设计荷载很大，例如采用一柱一桩的情况，可采用一柱一孔或一柱数孔的勘探点的布置方法。

3　残积土与风化岩的结构极易受到扰动，为了取得质量等级属Ⅰ级的试样，应采用三重管（单动）取样器，其中的第三重管是衬管。利用三重管取样器达到100%的岩心采取率并取得Ⅰ级试样，这在国外已很普及或成定规。商品化的三重管取样器有多种，常用之一为 Mazier 取样器。我国的现行国家标准《岩土工程勘察规范》GB 50021 对三重管取样器亦有具体规定。国际上的另一普及做法是对钻孔岩心进行 RQD（Rock Quality Designation）分级，即将每一回次进尺的岩心取其长度大于和等于10cm的段（包括虽已断开但能完全衔接的拼合段）加在一起，其总长占回次进尺的百分数即是RQD值。岩石风化破碎程度愈低，RQD值愈接近100。对中等风化与微风化岩，除选取试块进行单轴抗压试验外，应对每回次进尺的岩心，算求其RQD值。为了有统一的比较基础，岩心钻探宜采用双重单动岩心管和金刚石镶焊钻头，每一回次进尺的长度一般宜为1m。

4　鉴于取得Ⅰ级土样比较困难而且有的试验，如压缩试验，不易在试验室内完成，原位测试逐渐被注意利用，作为取样试验的必要补充，迄今已几乎是必不可缺。每一种原位测试方法都有其最佳适用范围，为此在选用时应区别不同要求，有针对性地选用最适用的方法或方法组合，以获得最佳效果。

11.4.5 现就本条内的有关问题集中给予说明（不按款序）：

1 对实测的标贯击数按杆长进行修正是现行国家标准《建筑地基基础设计规范》GBJ 7 的规定。修正后的击数用于从该规范所给的表值确定承载力。类似的做法在其他国家尚未见有应用。在建立标贯击数和残积土与风化岩的工程技术性质指标之间的相关关系时，国外用的是实测击数 N 或换算至上覆有效自重压力为 100kPa 条件下的击数 N_1。例如有的国家将 $N\geqslant100$ 作为划定强风化岩的指标之一。有鉴于此，在进行国内外资料的比较和利用国外数据时，应注意上述差别的存在。

2 用旁压试验确定地基土的承载力、变形模量等岩土技术参数，以至计算建筑物的沉降，为锚杆或土钉设计确定土的抗拔摩阻力等，在一些国家（如法国、加拿大、澳大利亚等）已成常规或常规之一。原苏联也有类似做法。在我国推广应用旁压试验的条件首先是要有能提供足够工作压力（如大于等于 15000kPa）测试设备；其次是进行必要数量的对比试验，建立旁压试验指标（临塑压力 P_f、极限压力 P_1、旁压模量 E_m 等）和岩土技术设计参数（承载力、抗拔摩阻力、不排水剪强度、变形模量等）之间的相关关系。用标贯击数确定变形模量或压缩模量国外也有不少实例，如 Decourt（1989）等提出可按下式计算残积土的变形模量 E_0：

$$E_0=3N \tag{39}$$

式中 N——标贯实测击数。

按上式的计算结果可能较实际偏高。

3 花岗岩残积土、全风化与强风化岩的变形模量可用标贯试验的实测击数 N 按下式，结合当地经验和类比验证确定。

$$E_0=0.4\sim1.4N \qquad N<100 \tag{40}$$

上式系来自一份日本的内容较丰富的总结性材料。它综合反映了花岗岩残积土、全风化岩与强风化岩的压缩性（变形模量）与标贯击数（实测值）之间的关系。需要指出，风化岩中的颗粒因粘土化作用和裂隙的存在要低于密度为中密和中密以上的较纯的砂土。后者的颗粒由于搬运、冲刷等的分选、改造等作用一般较为完整。

4 $E_0=2.2N$，该式系我国根据标贯试验和载荷试验的约 30 个对比资料总结出来的。用此式计算 E_0 值时需结合当地经验，必要时可进行载荷试验确定。

11.5 填 土

11.5.1 下面对值得注意的问题说明如下：

1 掌握填土的堆填年限和固结程度，特别是填土有否经过超载，在对填土的岩土工程评价中有重要意义。一般而言，填土之所以“松”、压缩性高，主要是由于它只经过自重压力（这一压力还是不大的）固结或（对年轻的填土）仍在经受自重压力的固结。归纳言之，一是固结压力小，二是正常固结或欠固结的。这就是填土常常难以直接作为地基土的主要原因。若填土在历史上曾有过超载，则它是超固结的；超载愈大，超固结比愈大。有过这样经历的填土就有被直接利用作为天然地基的可能性。填土年代愈久，经受过超载的概率愈高，因此，往往年代和超载指的是同一过程和效应。

2 强调查明填土的种类和物质成分，是为了划分素填土、杂填土和冲填土，而这三个基本种类还可细分。在本款中，还要求对其厚度变化予以特别注意。这是因为填土不是自然过程形成的物质。它不但成分多变，厚度也极不稳定。将本款与上款的内容归纳之，填土的主要特点是：成分不一，厚薄多变，固结程度低，往往系欠固结的（即高压缩性的）。

11.5.2 填土与湿陷性土、软土、膨胀土与残积土、风化岩一样，填土对勘探与取样亦有其特殊要求；下面就第 1、3、4 款依次给予必要说明：

1 关于第 1 款，由于填土的物质成分和厚度多变，勘探点的密度自然宜大于一般情况，但在具体布置上不应一步到位而宜采取逐步加密和有目的的追索、圈定的方法。

2 关于第 3 款，像其他特殊土一样，填土的勘探与取样也应有一定数量的探井。这既是对填土成分和组织结构进行直接观察的需要，也是采取高质量等级的土样和进行大体积重度测定的需要。

3 关于第 4 款，由于填土的物质成分多变，取高质量等级的土样不但不易而且所测得的岩土技术性质参数变异性大，为弥补这些不足应充分利用原位测试技术，特别是轻便型的原位测试设备。只有勘探取样和原位测试结合起来，才能取得好的效果。

11.5.3 填土的岩土工程分析与评价应结合填土的前述主要特点。现就第 2、4、5 款作必要说明：

1 关于第 2 款，如前指出，填土的历史超载程度与其压缩性高低和强度大小有直接关系。填土是否有过超载和超载程度，除进行调查和作建筑经验分析外，有时还可通过室内试验解决。例如对素填土可进行 $e-\log P$ 曲线的特性点分析或对其不排水抗剪强度与正常固结粘土在相应有效自重压力下一般应有的不排水抗剪强度进行比较后判定。在有相似建筑经验的地区，轻便静力触探、动力触探等测试数据有时亦能反映超载效应是否存在。

2 关于第 4 款，基坑坑壁局部或大范围坍塌是有较厚填土分布场地深基坑开挖时的常遇现象，特别当填土形成年代较短和成分复杂时更为常见。

3 关于第5款，施工验槽的必要性是针对填土的物质成分和分布厚度多变的现实情况提出来的。坚持施工验槽能揭露勘探过程中遗漏的重要现象（即使勘探工作密度和数量可观时），修改岩土工程评价和建议中的不当、不足之处，防止事故，总结经验，提高填土地区岩土工程勘察水平与质量。

12 明挖法勘察

12.2 放坡开挖

12.2.1 明挖法放坡开挖勘察内容大部分和一般边坡工程勘察相同，但考虑地铁与轻轨交通工程的特点，对其中几款说明如下：

1 关于第2款，对城市地下铁道、轻轨交通工程来说，不良地质问题主要是岩溶、地裂、断层破碎带、地震液化等方面。特殊地质问题在一些城市都可能遇到，如软土、膨胀土、湿陷性严重的黄土等等。此外古河道、地下洞穴等的存在常常给施工造成被动的局面，为此在勘察中应给予足够的重视。

2 关于第4款，边坡稳定性计算，可分段进行。勘察中应逐段提供岩土重度、粘聚力、内摩擦角及工程地质剖面图，粗估可能产生的破坏形式。

软弱结构面的方位是边坡稳定评价的重要因素。地铁工程放坡开挖施工，基坑又深又长，临空面暴露又多，为此在软弱面上取样作三轴剪切求出粘聚力、内摩擦角是评价边坡稳定的重要依据。对基岩结构面进行地质测绘了解产状、构造等条件，作出比较接近实际的稳定性计算与评价，也是很必要的。

3 关于第5款，为确定人工边坡最佳坡形及边坡允许值可考虑概念设计的原则，在定性分析的基础上，进行定量设计，较为稳妥。鉴于《北京地区建筑地基基础勘察设计规范》DBJ—01—501中所列岩石及土质边坡坡度允许值（高宽比），是综合公路、铁路系统及其他有关资料写成的，有一定代表性。其边坡高度的划分与地铁明挖基坑深度也比较适宜，所以在此引入使用，待日后通过有关城市修建地铁工程的实践，不断总结经验再进行适当修正。

4 关于第6款，在靠近建筑基础处开挖基坑，要考虑基础失稳与边坡稳定问题。一般按现行国家标准《建筑地基基础设计规范》GBJ 7有关规定处理：

$$a \geqslant 3.5b - \frac{d}{\tan\beta} \tag{41}$$

式中 a——坡顶至基础外缘距离（m）；

b——基础底面边长（m）；

d——基础埋深（m）；

β——坡角（°）。

式（41）与土的物理力学性质无关，为便于使用可简化为 $a \geqslant 3.5b$。

12.3 支护开挖

12.3.1 由于城市环境条件比较复杂，场地建筑与市政设施过密，无条件放坡开挖，且基坑深度大于自然稳定临界深度时，就必须采取支护措施。

粘性土体处于弹性极限状态下，直立坡高度常用索科洛夫斯基"极限平衡法"，其公式如下：

$$h_{90}\ (\max) = \frac{2c}{\gamma}\tan\left(45° + \frac{\varphi}{2}\right) \tag{42}$$

式中 φ——内摩擦角（°）；

c——粘聚力（kPa）；

γ——土的重力密度（kN/m^3）。

当有倾斜面的土层，可按有关公式求出土层中垂直边坡极限高度，以此作为一般评价边坡自然稳定临界高度之用。

12.3.2 对支护开挖范围、深度等款说明如下：

1 关于第1款，特别强调要查明软弱土夹层、粉细砂层的分布。实践证明这种岩土条件往往给支护工程带来极大麻烦，必须给予更多的投入查清其产状与分布，以便采取防范措施。

2 关于第5款，结合支护开挖的特点，除提供常规指标外，又增加了必要的特性参数。其中个别的还有些情况，需加以说明。如基床系数（又叫弹性抗力系数，单位为MPa/m或kN/m^3），现场与室内试验结果往往相差甚远，须根据诸多因素与经验综合评价用于实际工作中。当前求基床系数有室内、外试验，沉降观测以及通过部分力学指标和原位测试结果进行换算等方法，可视具体情况选择使用。总之基床系数（K）除根据实测、试验等资料外，还要结合地区经验综合评价较为稳妥。

再如深基坑开挖中的基底回弹计算比较复杂，实践中问题也不少。开挖基坑相当于地基土卸载，使土的天然压力减少，所以基底产生回弹变形。回弹变形大小与岩土性状、基坑深、宽和暴露时间、挡土结构刚度及横撑刚度、施工质量等密切相关。

实测表明，回弹量与挖深之间并非线性关系。评价卸荷回弹时，应分清弹性回弹与吸水膨胀回弹，且回弹量往往随开挖宽度的增大而增大。开挖中坑底回弹与侧壁地基土的沉降、坑边地面超载引起的沉降是相关连的，勘察中应加强调研深入分析。

3 关于第6款，按工程施工情况和现场的饱和粘性土存在的不同排水条件，考虑究竟采用总应力法或有效应力法，以期更接近实际，取得较好效果。

如饱和粘性土层不甚厚，有较好的排水条件，工程进展较慢，宜采用排水剪的抗剪强度指标；一般土质或粘性土层较厚，工程进展较快，来不及排水，为分析此间地基失稳问题，宜采用不排水剪的抗剪强度指标。

有效应力法的粘聚力、内摩擦角用于分析饱和粘性土地基稳定性时，在理论上比较严密，但它要求必须求出孔隙水压分布、荷载应力分布。实践中由于仪器不尽完善，要测准孔隙水压力有一定难度。

总应力法比较方便，广为使用。但它要求地层统一，这在客观上是不多见的，所以它的计算成果比较粗些，是可以理解的。

4 关于第7款，人工降低水位与深基坑开挖密切相关。勘察工作首先要分析判断要不要人工降低水位，并应对降低水位形成地层固结导致地面沉降、建筑物变形以及潜蚀带来的危害等有充分估计。实践中这类教训是不少的，为此勘察中应充分论证和预测，以便采取有效措施，使之对既有建筑的危害减至最低限度。

12.4 盖 挖 法

12.4.1 盖挖施工过程中，如何控制作为支护结构的地下连续墙、护坡桩等的绝对沉降量及其与中间桩的差异沉降量至关重要。盖挖实属明挖范畴，其勘察内容与支护开挖的要求近同。不过在此特别强调了地下连接墙护坡桩及与盖挖配套的中间桩等的勘察特点与要求。

12.4.2 地下连续墙在地铁浅埋明挖施工中所处地位比较重要，为此对墙桩端持力层、墙体滑动等勘察工作应予加强并作出比较准确的评价。下面对其中几款说明如下：

1 关于第1款，基床系数除本条文说明第12.3.2条第2款已做说明外，在此着重介绍水平基床系数 K_x 的评价，这对计算地下连续墙墙体移动是不可少的。当前可参照日本学者森重龙马提出的关于墙体变位对土压力产生增减的计算方法。简式如下：

$$P_1=P_0+K_x\cdot\delta\leqslant P_b \tag{43}$$

$$P_2=P_0-K_x\cdot\delta\geqslant P_a \tag{44}$$

式中 P_1、P_2 ——分别为开挖后地下墙被动区和主动区的土压力；

P_0 ——开挖前静止土压力（kN）；

P_a ——主动土压力（kN）；

P_b ——被动土压力（kN）；

δ ——位移量（mm）；

K_x ——地基土水平基床系数。

2 关于第3款，对地下连续墙来说同样是隔水层，但有的可能兼做持力层，有的只是一般隔水层，不适于做持力层。为此应查明二者在深度、厚度、性状等方面的差别，对地下连续墙设计、施工是有参考价值的。连续墙体因管道等原因可能为中断地段，在分析墙体稳定性时应考虑这一因素。

12.4.3 大直径中间桩、护坡桩在浅埋明挖施工中是不可少的重点工程之一，为此勘察工作应紧紧围绕桩的设计所需要的参数及岩土条件来进行。下面对其中几款说明如下：

1 关于第1款，查明桩基持力层及下卧软弱土层条件，应包括桩端以下压缩层计算深度范围内各岩土层物理力学性质并提供桩的设计、施工所需要的指标及参数，尤其下卧层有较厚软土时，更应全面查清。

2 关于第2款，基岩作为持力层且地质条件较复杂时，在场区附近可进行必要的地质测绘，搞清地表露头与地下基岩构造关系。基岩作持力层其饱和极限抗压强度试验是不可少的，因为桩的承载力也是靠抗压强度来定的，必要时应作浸水软化试验，它是耐风化、耐水浸能力不可少的指标。

3 关于第3款，对桩基勘察除进行常规物理力学试验外，还应进行三轴剪切、无侧限抗压强度试验，以满足设计、施工要求。

三轴剪切试验要提供固结不排水抗剪强度 CU 与无侧限抗压强度 q_u，二者关系有 $1/2q_u=CU$ 之经验表达式。用此经验关系估算桩侧极限摩阻力和验算桩基持力层和下卧层强度。经验表明桩侧极限摩阻力近似于 CU 值。

4 关于第4款，桩基沉降可通过载荷试验结果推求。有关沉降计算参数可取原状岩土样经室内试验求得，难于取样时可进行原位测试取得参数。高压固结试验其压力以大于桩基土层实际受力大小为度。

5 关于第6款，北京地铁复八线永安里车站，采用“盖挖逆筑法”施工。车站为三跨三层整体现浇钢筋混凝土框架结构。基坑侧壁边桩采用 ϕ600mm 间距为1m的钻孔灌注桩，与45cm厚的内衬组成桩墙结构，此边桩可作为永久结构的一部分与内衬共同受力。边桩总深度达21.5m，水下作业达7～8m。

永安里车站中间柱采用 ϕ600mm 钢管混凝土柱，间距6m。中柱基桩采用 ϕ1500mm 钻孔灌注桩，基桩长13m。

大北窑车站也采用了“盖挖逆筑法”施工，但中间支撑柱是由底板以下的“十字型桩”和底板以上的钢管混凝土柱组合而成。“十字型桩”是由0.6m厚、3m长的两幅地下连续墙垂直相交而成。“十字型桩”承载力大，可把重负荷直接传至较深的地层，因而沉降量较小（见表25）。由于桩身刚度比一般桩（圆桩、方桩）大，所以其抗侧力稳定性好。

“十字型桩”在我国还是首创，它不仅应用于地铁施工中，也可用于工业与民用建筑的深基础。

中间桩是“盖挖逆筑法”施工的关键构件，施工期竖向支撑的承载能力和稳定性是工程成败的关键。为此勘察工作要有足够的深度，查清持力层、下卧层及其软弱土夹层以及风化破碎带等是十分重要的。

表 25　北京地铁大北窑站十字桩垂直静载荷试验结果

桩 N01　十字桩沉降					桩 N02　十字桩沉降				
加荷级数	桩顶荷载（kN）	实测沉降（mm）	钢管桩压缩量（mm）	十字桩沉降（mm）	加荷级数	桩顶荷载（kN）	实测沉降（mm）	钢管桩压缩量（mm）	十字桩沉降（mm）
1	1200	0.93	0.143	0.787	1	1200	1.62	0.143	1.477
2	1800	1.50	0.215	1.285	2	1800	2.56	0.215	2.345
3	2400	2.20	0.286	1.914	3	2400	3.71	0.286	3.424
4	3000	2.80	0.358	2.442	4	3000	5.04	0.358	4.682
5	3600	3.60	0.425	3.175	5	3600	6.25	0.425	5.825
6	4200	4.30	0.501	3.799	6	4200	7.72	0.501	7.219
7	4800	5.06	0.572	4.488	7	4800	9.17	0.572	8.598
8	5400	5.75	0.644	5.106	8	5400	10.92	0.644	10.276
9	6000	6.87	0.715	6.155	9	6000	12.65	0.715	11.986
10	6600	7.85	0.787	7.068	10	6600	14.97	0.787	14.183
11	7200	8.63	0.858	7.772	11	7200	17.11	0.858	16.252
12	7800	9.38	0.929	8.451	12	7800	19.77	0.929	18.841
13	8400	10.32	1.001	9.391	13	8400	23.33	1.001	22.329
14	9000	11.39	1.073	10.317	14	9000	27.15	1.073	26.077
15	9600	12.46	1.144	11.316	15	9600	31.77	1.144	30.626
16	10200	13.95	1.216	12.734	16	10200	35.18	1.216	33.964
17	10800	15.50	1.287	14.213	17	10800	39.05	1.287	37.763
18	11400	17.06	1.359	15.701	18	11400	44.65	1.359	43.291
19	12000	18.90	1.430	17.470	19	12000	50.37	1.430	48.940

注：本表摘自 1993 年 4 月北京地下铁道大北窑车站超大型十字桩垂直静载荷试验报告。根据试桩结果分析，极限承载力可高达 15000kN 左右。

13　暗挖法勘察

13.1　一 般 规 定

13.1.1　地下水对暗挖隧道的设计、施工、使用以及由它引发的环境问题的影响，主要表现在以下两个方面：

一是隧道施工中，地下水大量涌入，不仅影响正常作业，严重的还会导致开挖面失稳。慕尼黑地铁施工分析资料表明：塌方总量的 95％都与地下水有关。

二是在某些地层中由于施工降水措施不当，或在隧道建成后的运营过程中，由于长期渗漏造成城市地下水位的大幅度变化，引起周围建筑物因沉陷过大而破坏，或对植被生长构成威胁，造成水井枯竭等。此外，在粉状土中长期渗漏会把土颗粒带进隧道，最终将削弱对隧道的侧向和底部支撑，严重时可导致隧道破坏。

地下水的处理，必须因地制宜，结合隧道所处地质条件、环境条件及施工方法等，选择经济、适宜的方法。常用的有降排水法、气压法、注浆法和冻结法等。

1　降排水法。降排水法是一种经济、实用的辅助施工方法，适用于粉砂至卵石等地层。采用降水法时，应通过抽水试验确定渗透系数。

当需要保护水资源或控制降水引起的地层下沉时，降水应与回灌相结合。例如：北京地铁复八线用矿山法施工的隧道中就应用了这一技术。

复八线位于永定河冲洪积扇中部，第四系地层的厚度为 80～120m，与地铁工程有关的地层主要有：第一层为人工填土层，底板埋深 1～4m；第二层为亚粘土层（局部有上层滞水），底板埋深 8～12m；第三层为粉细砂及卵砾石层（潜水含水层），底板埋深 15～21m；第四层为亚粘土层（夹薄砂层），局部底板埋深 19～27m；第五层为砂砾层—砂卵砾石层（第一承压水层），底板埋深 28～33m，王府井至建国门局部地段第一承压水层与其下第二承压含水层连通，底板埋深可达 40m。第五层之下还有第二、第三、第四承压含水层。与地铁降水有关的含水层主要为潜水含水层及第一承压含水层。其中潜水含水层的渗透系数为 50～80m/d，水位埋深 8～14m，第一承压含水层渗透系数为 100～200m/d，水位埋深 17～19m，两层水位相差一般大于3～4m。第二及以下各承压含水层均较第一承压含水层水位埋深大，且呈递增加大趋势。

施工中为了疏干潜水、降低第一层承压水水位，保护水资源，从地表或洞内将砂渗井和抽水井打入第一承压水层，将回灌井打到第二或第三承压含水层。潜水通过砂渗井渗入第一承压水层，再把从第一承压水层中抽出的水回灌到第二、第三承压水层中。

2　气压法。气压法是在软弱含水地层中，向开挖面输送能抵抗水压力的压缩空气，以控制涌水、保证开挖面稳定的一种开挖隧道的方法，被广泛应用于矿山法和盾构法中。

覆盖层厚度、土的粒径、颗粒组成、密度、土的透气性、地下水状态和隧道开挖断面的大小等对压气作用的效果影响很大。一般在粘性土地层中，压气效果显著。在粉土地层中，由于透水性小，压气效果较好，但当覆盖层薄和气压高时，有造成地表隆起的危险；而气压过低又容易使隧道底部呈现泥泞状态，引起开挖面松弛。这时，应结合实际情况，及时调整气压。在透水性和透气性大的砂土地层中，当开挖面的顶部有一层不透水的粘性土层时，也是一种使用气压法施工的较好条件；如果砂土中粘土成分占 30%～40%，则有一定的压气效果；在粘土含量在 15%～20%以下的砂层中，当覆盖层薄或上部无不透水层时，过高的气压有使地表喷发的危险，此时往往需要与注浆法或降低地下水位法同时使用；当隧道开挖断面较大时，由于隧道底部的气压无法平衡外部的水压力，有可能出现涌水甚至是流砂，而隧道顶部由于“过剩压力”而导致的地层过度脱水，又极易引起地层坍塌。此外，还必须注意在冲积层和洪积层中，地层的固结程度也有很大差异，一般冲积层多为松散地层，气压法施工问题较多。在砾、卵石层中，由于地层的透水性和透气性很大，压气效果不明显。表 26 示出了气压法在砂层或砂砾层中的施工效果。一般认为在渗透系数 $k>10^{-2}$cm/s 的地层中，或粘土成分的含有率少（10%左右）、不均匀系数小（<5）的砂层中，气压法的施工效果不佳，当 $k>10^{-3}$cm/s 时，地层漏气较多。

3　注浆法。当采用降排水法和气压法不能保证安全开挖隧道，或因环境、施工条件的限制，不能采用上述方法时，可考虑采用注浆法。注浆法是将水泥浆、硅酸钠（水玻璃）等液体注入地层使之固化，用以加固围岩，提高其止水性能的一种施工方法。为此需根据围岩的渗透系数和孔隙率等，选定与注浆目的相适应的注浆材料和施工方法，决定注浆范围、注浆压力和注浆量等。传统的注浆方法分为渗透注浆和劈裂注浆。前者适用于透水性大的砂层或砾石层，后者适用于粘性土层或软弱砂层。图 4 为渗透注浆中各种注浆材料的适用范围。此外，使用水泥土搅拌法和高压喷射注浆法，也可提高围岩的强度和改善止水效果。

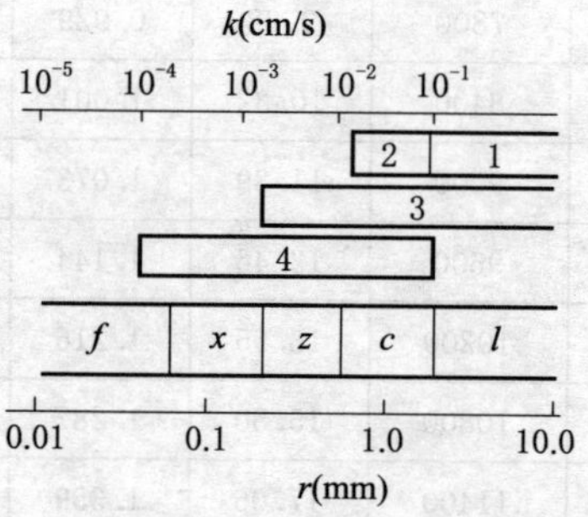

图 4　渗透注浆中各种注浆材料适用范围

1—水泥浆；2—添加膨润土的水泥浆；
3—水泥水玻璃；4—水玻璃类溶液；
f—粉砂；x—细砂；z—中砂；
c—粗砂；l—砾；r—粒径

4　冻结法：

本法是临时用人工方法将软弱围岩或含水层冻结成具有较高强度和抗渗性能的冻土，以安全地进行隧道作业的一种施工方法。由于成本较高，一般是在其它辅助施工方法不能达到目的时方可采用。

冻结法可用于砂层和粘土地层中，但当土层的含水率在 10%以下或地下水流速为 1～5m/d 时，难以获得预期的冻结效果。对于后一种情况，可以通过注浆来降低水流速度。采用本法时，必须对围岩的含水量、地下水流速、土的冻胀特性及冻土解冻时地层下沉等问题进行充分地调查与研究。

土壤冻结时产生的体积膨胀与土壤的物理力学性质、有无上覆荷载及所采用的冻结方法等有关，一般在砂层和砂砾层中几乎不会产生，在粘土和粉砂中较大。通常人工冻土的体积膨胀不会超过5%，产生的冻胀力可达2500～3000kN/m²。为了获得粘性土的冻胀量，可进行不扰动土取样的室内试验。在接近建筑物或地下管线处采用冻结法施工时，必要时可采取以下措施：

1)控制冻土成长；

2)限定冻结范围，设置冻胀吸收带，使建筑物周围不冻结；

3)对建筑物进行临时支撑或加固等。

解冻产生的地层下沉主要出现在粘性土中。解冻时，由于土粒子的结合被切断而产生的孔隙，在上覆荷载和自重的作用下就会产生下沉。下沉量可比冻胀量大20%。为此，可配合作用注浆法加以克服。

冻土强度与温度和地层的含水量有关。同一温度下的饱和土，冻土强度大小依次按砂砾＞砂＞粘土的顺序排列。表27的数值可供参考。

表26　砂层或砂砾层中的压气效果

土质		地层特征	冲积层 N值	冲积层 孔隙率	冲积层 渗透系数	冲积层 压气效果	洪积层 N值	洪积层 孔隙率	洪积层 渗透系数	洪积层 压气效果
砂层	粘性成分少	松散的细砂	＜20	大	10^{-3}	△	＜30	中	10^{-3}～10^{-4}	○
		松散的中砂	＜20	大	10^{-2}～10^{-3}	×	＜30	中	10^{-3}	△
		松散的粗砂	＜20	大	10^{-1}～10^{-2}	×	＜30	中	10^{-2}～10^{-3}	△
	粘性成分多	密实的细砂	＞20	中	10^{-3}～10^{-4}	○	＞30	小	10^{-4}～10^{-5}	○
		密实的中砂	＞20	中	10^{-3}	△	＞30	小	10^{-3}～10^{-4}	○
		密实的粗砂	＞20	中	10^{-2}～10^{-3}	△	＞30	中	10^{-3}	○
砂砾层	粘性成分少	松散的小砂砾	＜40	大	10^{-2}～10^{-1}	×	＜50	中	10^{-2}～10^{-3}	△
		松散的中砂砾	＜40	大	10^{-1}～10^{0}	×	＜50	中	10^{-1}～10^{-2}	×
		松散的大砂砾或卵石	＜40	大	10^{0}	×	＜50	大	10^{0}～10^{-1}	×
	粘性成分多	密实的小砂砾	＜50	中	10^{-2}～10^{-3}	△	＞50	小	10^{-3}～10^{-4}	○
		密实的中砂砾	＜50	中	10^{-2}～10^{-3}	△	＞50	小	10^{-3}～10^{-4}	○
		密实的大砂砾或卵石	＜50	中	10^{-2}	×	＞50	中	10^{-2}～10^{-3}	△

注：○—效果良好；△—漏气较多；×—漏气大。

表27　冻土强度(kN/m²)

土质	−10℃ 单轴抗压强度	−10℃ 弯曲抗拉强度	−10℃ 抗剪强度	−15℃ 单轴抗压强度	−15℃ 弯曲抗拉强度	−15℃ 抗剪强度
粘土、粉砂	4000	2000	2000	5000	2500	2500
砂	7000	2000	2000	10000	3000	2000

13.1.3 近年来，随着城市地铁修建条件日趋复杂，为避免施工对城市居民生活造成大范围的干扰，暗挖法已在地铁区间隧道的施工中占据主流。在无水的第四纪地层中，盾构法和矿山法各有所长。前者虽然造价一般较高，但施工安全，进度快；后者一般不需要大型施工机械，能适应地铁断面变化和地层变化，特别适用于我国当前劳动力较低廉的状况。因此，凡是在不允许采用明挖法施工的地段，只要地层条件适宜，隧道开挖时开挖面土体有一定的自稳能力，或采取简单的施工措施后开挖面能够自稳时，宜首先考虑采用矿山法施工的可能性。对于含水地层，矿山法和盾构法的比选应结合辅助施工方法及经济性、可靠性等统一考虑。

13.2 矿 山 法

13.2.2 对本条第7款作以下说明：

1 对人体带来不良影响的各种有毒气体，以及能形成爆炸、火灾等可燃性气体，统称为有害气体。除洞内作业生成的以外，从地层涌出的有害气体主要包括缺氧空气、硫化氢(H_2S)、二氧化碳(CO_2)、二氧化氮(NO_2)、有机溶液的蒸气及甲烷等天然气。

其中包藏在气田、油田、煤田、垃圾及池沼回填地中的甲烷属可燃性气体，由于它的比重仅约为空气比重的一半，极易沿地层的裂隙上升到地表附近，是隧道施工中遭遇频度最高的一种有害气体。硫化氢气体主要产生于火山温泉地带，它可燃，能引起人员中毒，还会腐蚀衬砌结构。

2 缺氧气体多出现在以下地层中：

1)在上部有不透水层的砂砾层或砂层中，由于抽取地下水或用气压法施工等原因，使地下水完全枯竭或含水量大量减少，如果地层中含有氧化亚铁等还原性物质或有机物等，就会与空气产生氧化作用而消耗氧气，使之变为缺氧气体。

2)含有甲烷或其他可燃气体时，在通风不良的隧道或竖井中，因施工作业大量消耗氧气，使空气中氧气浓度降低，也会导致缺氧。

人体吸入氧气浓度低于18%的缺氧空气而产生的各种病症，称为缺氧症；低于10%时能造成神志不清或窒息死亡。

缺氧空气不仅危害隧道作业人员的健康，而且还会从附近水井、地下室、暗渠等泄漏，威胁居民的生命。所以，当遇有上述可能产生缺氧气体的地层时，应调查地层中缺氧气体的浓度，必要时进行含量监测，采取通风措施；开工前应对影响范围内有无水井、地下室等进行调查，施工中查明缺氧气体是否泄漏，并监测其状况。

13.2.6 掘进机是一种先进、高效的开挖设备，它根据以剪裂为主的滚刀破岩原理，充分利用了岩石抗剪强度较低的特点，尤其适用于长隧道的施工。但它也存在以下问题：

1 掘进机掘进速度取决于岩石硬度、完整性和节理情况。节理越密、掘进愈快；节理方向与掘进方向的夹角在45°左右，掘进速度较快；节理平行或垂直掘进方向，速度较慢；在软岩中最快，但在断层、溶岩发达区则问题较多，还出现过难以用正常方法掘进的实例。因此，事前对沿线地质进行深入细致的调查，对掘进机的选型、设计、估算工程进度等都至关重要。

2 工作中刀片消耗极大，需要经常更换。

13.2.9 采用气压法施工时，为了判断压气效果，编制施工计划时，必须掌握地层的透气性状。地层的透气性，与地层组成及地下水状态、渗透程度及裂缝等关系密切。当担心空气消耗量过大或可能出现喷发时，往往要进行现场透气试验。用以评估工程实施时的空气消耗量、地下水位降低量及有无喷发等。透气试验测定的项目一般包括：

1 地层的漏气量。

2 地层中的空气压力分布。

3 地层中的地下水位降低量。

作为近似方法，也有通过地层的渗透系数计算透气系数的方法：

$$k_a = \eta_w \cdot k / \eta_a \qquad (45)$$

式中 k ——渗透系数；

k_a ——透气系数；

η_w ——水的粘性系数；

η_a ——空气的粘性系数。

η_w/η_a 与温度的关系，见图5。

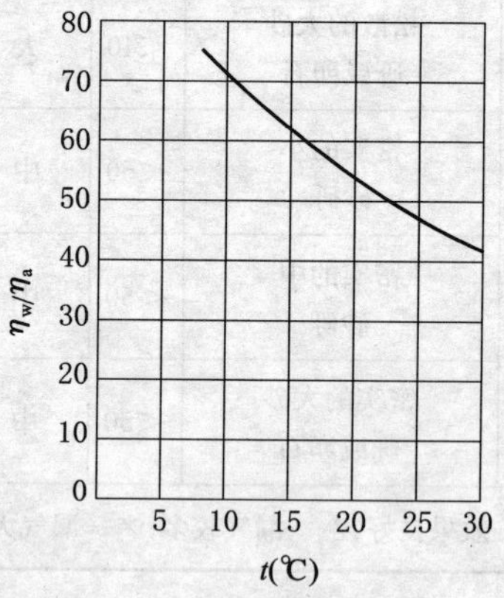

图5 η_w/η_a 与温度的关系

η_w—水的粘性系数；η_a—空气的粘性系数；

t—温度

13.2.10 对本条作如下说明：

1 关于第1款，地下水流速是控制冻结法成败的关键参数之一，冻结法不适用于地下水流速过大的地层。

2 关于第2款，地下水的含盐量对冻土强度和冻结时间有直接影响。试验表明，当用海水冻结的冻土强度比淡水降低约1/3～1/4，且冻结时间加长。

3 关于第3款，地层的含水量、孔隙比和饱和度是决定地层热物理性质的重要参数，直接影响到冻土强度。

4 关于第5款，导热系数、比热容、导温系数及潜热等地层的热物理指标，是制定冻结方案和实施冻结工程时的基础资料，用以推算冻结速度、决定冻结负荷、冻结管和机组配置等。

13.2.11 围岩的物理力学指标，一般是在室内试验的基础上求得。由于室内试验难以全面反映围岩的不均匀性、节理等不连续面、各向异性及尺寸效应等影响，所以，通常是将室内试验获得的岩石试件的物理力学指标，在考虑了以上诸多因素影响进行折减后作为岩体的物理力学指标。

我国重庆朝一沙线地下轻轨工程的设计，确定岩体的力学特性标准值时，根据现场岩芯取样率并结合工程经验，分别对不同岩性、不同风化程度的岩石抗拉、抗压、弹模等室内试验得到的标准值乘以小于1.0的岩体完整性系数。

在《日本隧道标准规范（山岭篇）》中，用下式计算岩体的单轴抗压强度 q'_u：

$$q'_u=(V_p/v_p)^2\cdot q_u \qquad (46)$$

式中 V_p——围岩的弹性波速（纵波）(m/s)；

v_p——试件的超声波传播速度（纵波）(m/s)；

q_u——试件的单轴抗压强度(kPa)。

13.2.12 爆破对地面建筑和居民的主要影响表现在爆破地震动效应和爆破噪声。爆破地震动在达到一定的量值之后，不仅引起建筑物的裂损和破坏，而且也会影响居民的正常生活。大量的试验观察结果表明，地震动对建筑物的破坏和对居民的影响与爆破产生的地面震动速度关系极大，爆破噪声也与爆破地面震动速度关系密切。所以各国大都把爆破产生的地面震动速度作为评价爆破次生效应的基础，制定出建筑物和人员所能承受的地面安全震动速度标准。

据现行国家标准《爆破安全规程》GB 6722 规定，不同类型建筑物地面安全震动速度为：

土窑洞、土坯房、毛石房屋：1.0cm/s；

一般砖房、非抗震的大型砌块建筑物：2～3cm/s；

钢筋混凝土框架房屋：5cm/s。

爆破产生的地震动参数，与爆破作业方式、装药量、炸药埋置深度、爆源介质的地球物理参数、地质构造、传播途径、局部地质条件及爆心距离等因素有关，而建筑物对地震动的反应又与其自身的状态及自振特性有关。因此，无论关于地震动量的计算以及安全震动标准，目前都还难以全面反映以上诸多因素的影响。工程中的一般做法是：首先根据半经验、半理论的公式对地震动参数作出预估，然后在施工中利用振动测试通过调整爆破设计参数进行控制。

13.2.14 对本条作如下说明：

1 矿山法隧道的埋置深度应根据运营使用和环境保护要求结合地层情况通过技术经济比较确定。无水地层中，在不影响地铁运营和车站使用的前提下，宜使区间隧道处于深埋状态，以节约工程费用。但在第四纪土层中往往难以做到。这种情况在选择隧道穿越的土层时，最好使其拱部及以上有一定厚度的可塑一硬塑状的粘性土层，以减少施工中的辅助措施费用，有条件时宜把隧道底板置于地下水位以上。在综合以上考虑的基础上，隧道的埋深宜选择较大的覆跨比（覆盖层厚度与隧道开挖宽度之比）。

2 关于开挖方法。开挖方法对支护结构的受力、围岩稳定、周围环境、工期和造价等有重大影响。对一般的地铁单双线区间隧道和开挖宽度在15m内的其它地铁隧道，可根据地层条件、埋深、机具设备及环境条件等，从图6中选择合适的开挖方法。车站隧道的开挖方法则要根据结构型式、跨度及围岩条件等来选择。例如，埋置于第四纪地层中的北京西单地铁车站，采用双层三跨拱形结构，覆盖层厚度6m，隧道开挖尺寸为26.14m（宽）×13.5m（高）。采用侧洞法施工，首先开挖两侧的行车隧道，完成边洞的二衬及立柱后，再开挖中洞并施作中洞拱部及仰拱的二衬；侧洞采用双侧壁导洞法开挖。埋置于岩石地层中的大跨度单拱车站隧道，当地层较差或为浅埋时，多采用品字形开挖先墙后拱法施工；在Ⅴ、Ⅵ类围岩中的深埋单拱车站，也可采用先拱后墙法施工。

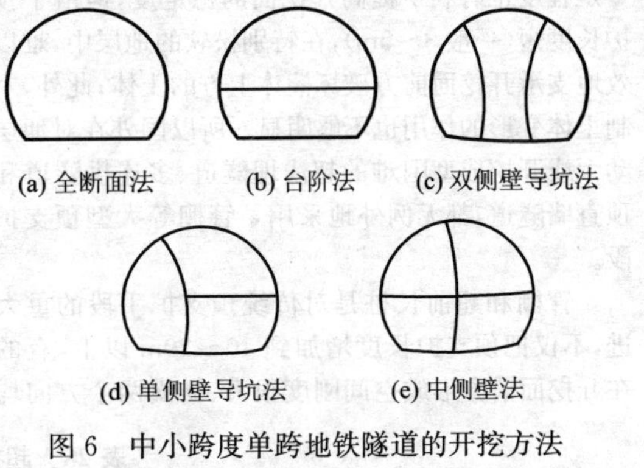

图6 中小跨度单跨地铁隧道的开挖方法

3 关于辅助施工方法。在土、砂等软弱围岩中，遇下列情况在隧道开挖前应考虑使用辅助施工方法：

1)采用缩短进尺、分部开挖和及时支护等时空效应的综合利用手段仍不能保证从开挖到支护起作用这段时间内围岩自稳时；

2)在隧道上方或一侧有重要建筑物、构筑物或地下管线需要保护，采用以上时空效应综合利用手段或设置临时仰拱等常规方法仍不能把隧道开挖引发的地面沉降控制在允许范围以内时；

3)开挖及出渣等需要采用机械化作业或因工期要求，不允许通过以上缩短进尺等措施作为主要手段来稳定围岩和控制地表沉降时；

4)需处理地下水时。

作为稳定围岩和控制地面沉降的辅助施工方法大致可分为预支护和围岩预加固两类。常用的预支护方法有超前杆或超前插板、小导管注浆、管棚、超前长桩、预切槽、管拱和超前盖板等；围岩预加固有垂直砂浆锚杆加固和地层注浆等。作为地下水处理的辅助施工方法有降排水法、气压法、地层注浆法和冻结法。

辅助施工方法的选择与地层条件、隧道断面大小及采用目的等因素有关，并对工程造价和施工机具的配置等产生直接影响。

4　预支护与围岩预加固。工程实践和理论分析证明，隧道开挖过程中，围岩应力状态的改变和松弛将波及开挖面前方一定范围内的地层。所以提高开挖面前方土体强度和改善其受力条件，是保证开挖面稳定和控制开挖产生过大沉降的重要手段。因此，预支护和围岩预加固就成为土质浅埋隧道中经常使用的施工措施。

所谓预支护，就是在隧道开挖前，预先设在隧道轮廓线以外一定范围内的支护，有的还与开挖面后方的支架等共同组成支护体系。超前杆和小导管注浆是一般土质隧道采用较多的预支护方法，前者适用于拱顶以上粘性土地层较薄或为粉土地层，后者多用于砂层或砂卵石地层。它们能有效地防止顶部围岩坍塌，在一定程度也有利于提高开挖面的稳定度，但由于预支护长度短(一般 3～5m)，在特别松软的地层中，难以有效地支承开挖面前方破坏棱体上方的土体；此外，对限制土体变形的作用也不够明显。所以国外在对地层扰动大或开挖成型困难的超浅埋隧道、多连拱隧道和平顶直墙隧道，都无例外地采用了管棚等大型预支护手段。

管棚和超前长桩是对传统预支护手段的重大改进，不仅把预支护长度增加到 10～20m 以上，有的还在开挖面前方形成空间刚度很大、纵横两个方向均能传力的伞状预支护体系，因而对控制开挖产生的地面沉降特别有效。一种常见的超前长桩是意大利人开发的高喷水平桩，利用专用设备，根据土层分别选用不同的注浆方法及注浆材料，可以在隧道外周构筑直径 0.6～2.0m 的砂浆桩(在砂性土中，采用单管法，使用水泥浆加固，砂浆桩的直径为 0.6～0.8m；在淤泥和粘性土中，采用双重管法，用压缩空气＋水泥浆加固，砂浆桩的直径为 1.2m，若采用三重管法，用压缩空气＋水＋水泥浆加固，砂浆桩的直径可达 2.0m)。

管拱实际上是一种直径达 2m 的巨型钢筋混凝土超前长桩，它同时又作为隧道主要承载结构的一部分。米兰地铁 Veriezia 车站采用了这一技术。车站主体为净跨 22.8m、净高 16m 的单拱隧道，开挖宽度达 28m，覆盖层厚度为 4～5m，埋置于砂砾和粉细砂组成的地层中。先在墙脚处开挖两个侧导洞并浇注混凝土；在车站两端的竖井内沿隧道顶部依次顶入 12 根覆盖整个车站的钢筋混凝土管，在管内充填混凝土；从侧导洞沿拱圈每隔 6m 开挖一个弧形导洞，施作支承顶管的钢筋混凝土拱肋；在管拱的下面开挖隧道，施作仰拱。实测施工引起的地面沉降为 10～14mm。

预切槽法是在隧道开挖前，沿隧道外轮廓用专用设备切出一条1.5～5.0m的深槽，当为土质隧道时必须用喷混凝土立即充填，形成一个预拱。它可用于开挖断面积为 30～150m^2、土质比较均匀的隧道。

超前盖板法的施工要求是：首先在带自然边坡或有边墙保护的基坑中，修建支承在土层上的拱形或平顶盖板，回填顶部覆土后，在顶盖下面用新奥法开挖隧道。由于隧道开挖是在纵横两个方向均具有高度刚性和强度的钢筋混凝土盖板的保护下进行的，不仅施工安全度高，能有效的控制土层和地表的下沉，而且进度较快。表 28 为欧洲采用过的一些实例。日本北陆新干线八重原隧道也应用了这一技术。该隧道覆盖层厚仅 1.3～2.5m，隧道通过的地层大致可分为两段。一段为含有安山岩角砾的火山灰质粉土和由砂组成的弱固结的泥流堆积物；另一段基本为由砂砾、卵石、夹砂卵石的粘土和其他废弃物组成的填土。

表 28　超前盖板法的工程实例

国名	隧道名称	区段长度(m)	横断面积(m^2)	地层类别
奥地利	柯尔金城公路隧道	4×(38～50)	85～125	夹有粘土的结晶页岩
德国	波鸿公路隧道	4×40,125,85	85～110	砂土，砂质页岩，页岩
	黛安娜公路隧道	22	77～98	泥渣，细砂
	任根城公路隧道	124	108	带有碎石和砂透镜体的灰泥
	科隆地铁	411	区间、车站	软质不稳定土层

围岩预加固多用于浅埋隧道或对地面沉降控制特别严格的隧道。其中垂直砂浆锚杆加固，是在地面按一定间距垂直钻孔后，设置一直伸到拱外缘的砂浆锚杆，用以加固地层。注浆法则常与封闭地下水的目的配合使用。

5 矿山法地铁隧道的结构断面型式，应根据围岩条件、使用要求，施工工艺及开挖断面的尺度等从结构受力、围岩稳定及环境保护等方面综合考虑合理确定。宜采用连接圆顺的马蹄形断面。围岩条件较好时，采用拱形与直墙或曲墙相组合的形状，软岩及土、砂地层中应设仰拱或受力平底板。在Ⅴ类及以上围岩中，设200mm厚的铺底，作为整体道床的基础。浅埋地铁区间隧道，一般采用两单线平行隧道，岩石地层中则采用双线单洞断面较为经济，也有利于大型施工机具的使用。

土层中的地铁车站隧道，一般采用三跨或双跨的拱形结构；岩石地层中的车站隧道，从减少施工对围岩的扰动和提高车站的使用效果等方面考虑，宜采用单跨结构。矿山法车站隧道，视需要也可作成双层，但在土层中不宜采用。

视地层及地下水条件、环境条件、施工方法及隧道开挖断面尺寸的不同，矿山法隧道可选用单层衬砌或双层衬砌。轨道交通行车隧道不宜单独采用喷锚衬砌，当岩层的整体性好、基本无地下水，从开挖到衬砌这段时间围岩能够自稳，或通过锚喷临时支护围岩能够自稳时，可采用单层整体现浇混凝土衬砌或装配式衬砌。双层衬砌一般用于Ⅳ类及以下的围岩或车站、折返线等大跨度隧道中，其外层衬砌为初期支护，由注浆加固的地层、锚喷支护及格栅等组合而成，内层衬砌为二次支护，大多采用模注混凝土或钢筋混凝土。

13.3 盾 构 法

13.3.2 以下地层对盾构施工和环境造成的主要问题是：

灵敏度高的软土层：由于土层流动造成开挖面失稳；

透水性强的松散砂土层：涌水并引起开挖面失稳和地面下沉；

高塑性的粘性土地层：因粘着造成盾构设备或管路堵塞，使开挖难以进行；

含有承压水的砂土层：突发性的涌水和流砂，随着地层空洞的扩大引起地面大范围的突然塌陷；

含漂石或卵石的地层：难以排除，或因被切削头带动而扰动地层，造成超挖和地层下沉；

开挖面存在软硬两种地层：因软弱层排土过多引起地层下沉，并造成盾构在线路方向上的偏离。

所以，在盾构选型和确定辅助施工措施时应结合沿线的地质条件，充分考虑上述情况，并在施工中采取必要的对策。

13.3.3 各项勘察试验目的见表29。

表29 各项勘察试验目的

勘察项目	勘察试验目的
地下水位	计算水压力（衬砌及盾构设计用）；决定气压盾构的气压和最小覆土厚度；盾构选型
孔隙水压力	计算水压力
渗透系数	决定降水方法及抽水量；判定注浆难易；选择注浆材料及注浆方法；盾构选型；推求土层的透气系数
地下水流速、流向	分析注浆法和冻结法的可行性
无侧限抗压强度	推算粘性土的抗剪强度；评价开挖面的稳定性
土的粘聚力	计算土压力；盾构选型；推算粘性土强度
内摩擦角	计算土压力；盾构选型；推算砂性土强度；确定剪切破坏区
变形系数	有限元分析的输入参数；计算地层变形量
泊松比	有限元分析的输入参数；计算地层变形量
标贯击数	盾构选型（表示土的强度及密实度）；液化判定
基床系数	计算地层反力
土的重力密度	计算土压力
孔隙比	了解土孔隙的大小；估计注浆率；计算粘性土的固结下沉量
含水量	计算浆体充填量；施工稳定性分析
颗粒分布曲线	明确颗粒粗细；推算渗透系数；测算注入率；选择注浆材料和压注方式；判定砂地层液化；开挖面自稳性分析
液　限	推算土的稳定性；结合土的灵敏度，选择注入率；粘性土固结下沉量估算
塑　限	推算土的稳定性；结合土的灵敏度，选择注入率

13.3.5 当盾构穿越含有漂石或卵石的地层时，粒径大小、含量及强度对盾构机的选型、设计，以及设备配置等有直接影响。随着盾构技术的发展，在此种含水地层中，采用密闭型盾构施工的实例正在增多，但也不乏因情况不明或设计不周导致机械故障，造成难以推进的例子。所以，当用常规钻孔无法搞清情况时，就应该采用大口径钻孔以便摸清地质情况，据此

四、勘察规划标准

设计盾构机切削刀头的前面形状、支承方式，确定刀盘的开口形状和尺寸，刀头的材质和形状，螺旋输送机或其他水力输送机的直径、结构等。由于受到盾构内部作业空间的限制，输送管道允许采用的口径与盾构内径有关。一般当粒径大于输送管道直径的 1/3 时，就容易出现堵塞现象，而需在盾构中设置破碎机。

13.3.6 在盾构试推进阶段和地面变形敏感地带进行土体变形和地面位移监测，主要是为了确定在特定的工程地质和水文地质条件及复杂环境条件下，最佳的盾构施工系数，达到提高盾构推进效率和保护环境的目的。

13.3.8 对本条作如下说明：

1 建议盾构隧道的最小覆土厚度时，必须确保施工安全，并且不给周围环境带来不利影响，应综合考虑地面及地下建筑物的状况、围岩条件、开挖断面大小、施工方法等因素后确定。覆盖层过小，不仅可能造成漏气、喷发（当采用气压盾构时）、上浮、地面沉降或隆起、地下管线破坏等，而且盾构推进时也容易产生蛇行；过大则会影响施工的作业效率，增大工程投入。根据工程经验，盾构隧道的最小覆盖层厚度以控制在 1 倍开挖直径为宜。

2 关于提供盾构选型建议时应注意的问题。

盾构机械根据前端的构造型式和开挖方式的不同，大致分为图 7 所示的几种基本型式：

- 盾构
  - 全面开放型—
    - 人工开挖式
    - 半机械开挖式
    - 机械开挖式
  - 部分开放型——闭胸式
  - 密闭型—
    - 泥水式
    - 土压式—
      - 土压式
      - 泥土压式—
        - 泥土加压式
        - 泥浆式
  - 混合型

图 7 盾构类型

由于盾构选型与地质条件、开挖和出渣方式、辅助施工方法的选用关系密切，各种盾构的造价、施工费用、工程进度和推进中对周围环境的影响差别又相当大，加之施工中盾构难以更换，所以必须结合地质条件、场地条件、使用要求和施工条件等慎重比选。

1)开放型盾构：又称敞口盾构，是开挖面前方未封闭的盾构的总称。根据所配备的开挖设备，又区分为人工开挖式盾构、半机械开挖式盾构和机械开挖式盾构。

开放型盾构原则上适用于洪积层的密实的砂、砂砾、固结的粉砂、粘土等开挖面能够自稳的地层。当在含水地层或在冲积层的软弱砂土、粉砂和粘土等开挖面不能自稳的地层中采用时，需与气压法、降低地下水位法或注浆法结合使用。

其中人工开挖式盾构是利用铲、风镐、锄、碎石机等工具开挖地层，根据需要，开挖面可设置挡土千斤顶进行全断面挡土。它比较容易处理开挖面出现软硬不匀的地层或夹有漂石、卵石等的地层，清除开挖面前方的障碍物也较为便利。一般当开挖断面很大时，可在盾构机内装备可动工作平台采用分层开挖，来保证开挖面的稳定。

半机械开挖式盾构是指断面的一部分或大部分的开挖和装渣使用了动力机械的盾构。由于在使用挖掘机和装渣机的部分采用挡土千斤顶等支护措施比较困难，只能实现部分挡土，且往往工作面的敞开比用人工开挖式盾构时大，因此对地层稳定性的要求比后者更为严格。

机械开挖式盾构采用旋转的切削头连续地进行开挖。刀头安装在刀盘或条幅上，前者可利用刀盘起到支护作用，对开挖面的稳定有利；后者工作面敞开较大，适用于可在相当长的时间内自稳的地层。

2)部分开放式盾构：这种盾构在距开挖面稍后处设置隔墙，其部分是开口的，用以排除工作面上呈塑性流动状的土砂，是一种适合在冲积层的粘土和粉砂地层中使用的机种；不适用于洪积粘土层、砂土和碎石土地层。此种盾构对土层的含砂量及液性指数等有一定要求（见图 8 及表 30）。从日本的工程实践看，

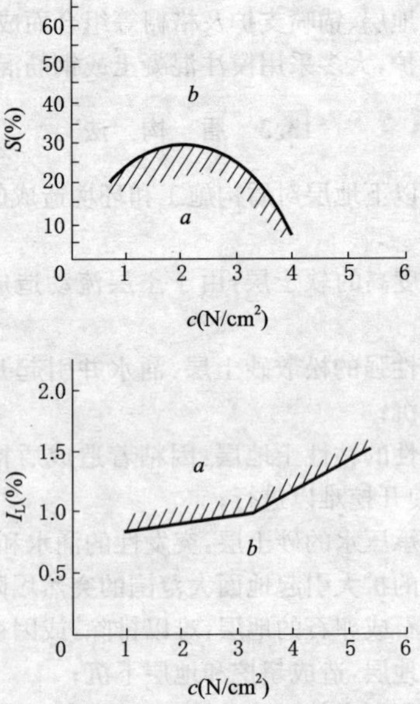

图 8 部分开放式盾构的适用范围

a—可用封闭；b—不能用封闭；

S—含砂率；c—粘聚力；I_L—液性指数

注：引自《日本隧道标准规范（盾构篇）》及解释。

多采用于含砂量小于15%的地层；一般适用范围为含砂量小于25%、粘聚力小于45kPa、液性指数大于0.80的地层。如果超出以上范围，随着地层强度和含砂量增大，盾构推进时的千斤顶推力亦增大，易造成对管片和盾构机的损伤，且会产生盾构方向控制和地表隆起问题。

表30　部分开放式盾构适用的地层特性

项目	土壤参数				
	名称		符号	单位	适用范围
1	颗粒组成	砂	S	%	<20
		粉土	M		>20
		粘土	C		>20
2	土的粒径	有效粒径	d_{10}	mm	<0.001
		60%的粒径	d_{60}		<0.030
3	天然含水量		W	%	40～60
4	$\frac{\text{天然含水量}}{\text{液　限}}$		$\frac{W}{W_L}$	%	>1
5	内摩擦角(三轴)		φ	(°)	<12
6	粘聚力(三轴)		c	kPa	<20
7	无侧限抗压强度		q_u	kPa	<60

注：引自刘建航、侯学渊：《盾构法隧道》。

3)密闭型盾构：包括土压平衡盾构和泥水平衡盾构两大类。它们是现代盾构技术发展的结晶，具有施工安全可靠、掘进速度快，在大多数情况下可不用辅助施工方法等特点。这两类盾构在工法形成的基本条件方面有许多共同点，前端都有一个全断面的切削刀盘和设在刀盘后面的密封舱，把从液状到半固体状的各种状态的弃土充满在舱室内，用以保持开挖面的稳定，并通过适当的手段把密封工作面的弃土排除掉。

土压平衡盾构：其特点是利用与密封舱相连的螺旋输送机排土，通过充填在密封舱内的弃土并调节螺旋输送机的排土量以平衡开挖面上的水、土压力。为了达到上述目的，对密封舱内的弃土最基本要求是应具有一定的流动性和抗渗性。前者至少要有使土颗粒容易移动的尽可能适度的孔隙量(含水量、孔隙比)。此孔隙量随地层而异，作为大致的标准，粘性土是液性限界、砂性土是最大孔隙比。此外渗透系数 $k=10^{-5}$ cm/s 被认为是土压平衡盾构操作的一个经验限制值。如果土质的渗透性过高，地下水可能穿透密封舱和螺旋输送机的土壤。因此，在不具备流动性或渗透性能过高的土层中，需要通过对密封舱内的弃土注入附加剂的方法改善其特性。这种措施使得土压平衡盾构可以适用于多种地层。包括砂砾、砂、粉砂、粘土等固结度低的软弱地层和软、硬相兼的地层。视地层条件的不同，可以采用不同类型的土压平衡盾构，其中：

土压式适用于一般的软粘土和含水量及颗粒组成适当、有一定粘性的粉土。弃土经刀盘搅拌后已具备较大的流动性，能以流态充满密封舱。

泥土加压式适用于无流动性的砂、砂砾地层或洪积粘土层中。通过对舱内弃土添加水、膨润土、粘土浆液、气泡、高级水性树脂等外加剂，经强制搅拌使挖土获得必要的流动性和抗渗性。

泥浆式适用于松散、透水性大，易于崩坏的含水砂砾层或覆土较薄、泥土易于喷出地面的情况。将压力泥浆送入密封舱，与弃土搅拌后成为高浓度泥浆(比重为1.6～1.8)，用以平衡开挖面的水、土压力。

泥水平衡盾构：此种盾构的特点是向密封舱内注入适当压力的泥浆用以支撑开挖面，将弃土和泥水混合后用排泥泵及管道输送至地面进行排泥处理。泥水盾构不仅适用于砂砾、砂、粉土、粘土等固结度低的含水软弱地层及软、硬相间的地层，并且对上述地层中上部有河流、湖泊、海洋等高水压的情况也是有效的。但是对渗透系数 $k \geqslant 10^{-2}$ cm/s、细粒含量在10%以下的土层难以通过泥水取得加压效果，并可能使地层产生流动化。

泥水盾构的主要缺点是需要配备一套昂贵的泥水处理设备，且占地较大。

4)混合型盾构是为适应沿线地质条件有明显差异的长隧道的施工而开发的新型盾构。实质是根据具体工程的地质、水文、隧道、环境等方面的实际条件将软土盾构和硬岩掘进机的功能和结构，合理地加以组合与改进，可以适应从饱和软土到硬岩的开挖。例如带有伸缩式刀盘并设有土压平衡设施，刀盘上备有能分别适应于软、硬岩切削的割刀和滚刀两种刀具，还装备有横向支撑等。当盾构在硬岩中掘进时，横向支撑将盾构固定在围岩中，刀盘旋转并向前伸进，弃土进入土舱后经螺旋输送机排除，此时土舱中的弃土不充满，也不需要进行土压平衡控制。当遇不稳定含水地层时，利用盾构千斤顶顶进，弃土全部充满土舱，必要时施加添加剂，采用土压平衡盾构的方式工作。

14 岩土加固工程勘察

14.1 一般规定

14.1.1 岩土加固工程是通过采取一定措施来达到保持岩土体的稳定、增强岩土的承载能力、改善其变形性能，确保施工安全。本章内容是根据地下铁道与轻轨工程特点，针对工程中所遇到的岩土加固工程勘察有关问题所编制的。

地铁隧道有时在岩层中穿过，有时在土层中穿过，同样地铁与轻轨的地面线路、车站和其他辅助用房有时建造在岩体上，有时建造在土体上，因而岩体加固的对象包括岩体和土体。另外，地铁工程的线路较长，所通过地区的工程地质与水文地质条件往往复杂多变，隧道常常由于遇到不良工程地质与水文地质条件使围岩在施工期间出现整体或局部失稳，需要通过围岩的整体支护或者局部加固补强，保持施工时围岩的稳定。由于隧道的埋深不一，有的埋深很大，有的埋深较浅，所采用的施工方法不同，除了要进行围岩的支护保持围岩的稳定外，有时在施工过程中常会出现基坑边坡或开挖面的坍塌、涌水、涌砂，坑底土的失稳和隆起等现象，需要经过边坡支护和坑底土的加固处理保持边坡和坑底土的稳定。或者采用辅助施工措施对施工开挖段进行预加固，保证施工安全顺利进行。还有，目前地铁与轻轨线路常常分布在大城市中心，隧道常在高层建筑群下穿越，地铁隧道的施工容易造成既有建筑物或市政管线下沉和变形，严重时造成损坏或影响其使用，故需要对它们进行托换加固。此外，地铁与轻轨线路、车站和附属用房同其他建筑物一样，当以软土作为地基持力层时，其地基强度和变形不能满足要求，同样要对地基土进行人工处理。因此，地下铁道与轻轨工程的岩土加固处理的具体内容主要包括围岩的整体支护和局部加固、地基的加固处理、既有建筑物地基托换加固、深基坑侧壁支护和坑底土的加固，以及施工过程中工作面的加固处理。

14.1.2 本条所列是地铁与轻轨岩土加固处理工程勘察所要面对的工程问题，其中有些已在工程中获得经验教训，例如：本世纪初，巴黎采用气压盾构修建地铁时，由于覆盖层过薄使地面严重塌陷，大大影响了路面交通；上海打浦路越江隧道因地面超载引起轴向不均匀沉降导致严重漏水等等。另外，地铁在建筑物下通过的实例也很多，需要在勘察和设计阶段充分重视。如德国地铁在老议会大厦、约瑟夫教堂以及依萨尔门等古建筑下通过，为了保护这些古建筑采用了各种地基加固或基础托换处理。条文还强调作为岩土工程勘察人员不仅要针对不同的岩土加固处理问题开展工程地质勘察工作，提供工程地质与水文地质资料和有关参数，还应配合设计进行必要的稳定性或变形分析，提出加固处理方案的建议，配合施工预估施工过程中可能出现的问题，提出施工方面的建议等。做到更好地为设计、施工解决工程问题。

14.1.3 岩土加固工程勘察首先要搜集加固区域的已有工程地质和水文地质资料，同时要了解或提供下列几个主要方面的资料：

1 地层变化、层位关系、层间胶结情况、产状要素及物理力学性质。

2 岩体的风化程度及深度。

3 断层的类型、规模、产状、充填物情况，以及断层破碎带的充水情况。

4 节理裂隙的性质、间距、组数、组合关系以及裂隙的贯穿沿展情况。

5 主要软弱结构面和它们的组合情况。

6 软弱土层的不均匀情况。

7 地下水的水位、水量、类型、补给排泄条件以及有无腐蚀性。

8 岩体（尤其是软弱夹层及结构面）的富水性、水理性质和化学作用方面的性质，如膨胀、软化、溶解等。

9 加固处理设计和施工所需的各种岩层或土层计算参数。

当资料不够充分时应补充勘察，进一步查明情况，或补充试验获得必要的设计参数。

在对既有建（构）筑物地基加固或附近有建筑物的地铁围岩加固时，容易引起建（构）筑物的隆起或附加下沉，造成建筑物结构开裂或影响使用。故应调查了解这些建（构）筑物的现状，如地基土的岩性和物理力学性质的现状、上部结构刚度、基础类型、基底埋深、建筑物有无倾斜和裂缝等。在被加固建筑物有观测资料时，应搜集并详细分析观测资料。在上述工作的基础上充分估计加固处理对结构的不良影响，在选择加固处理方案时要尽可能地减少这种不良影响。当采用明挖法施工的深基坑附近有既有建筑物或地下管线时，也应对既有建筑物和管线进行详细调查，根据其重要性、离坑壁的距离以及结构等情况，在保证不受损害的原则下，确定基坑侧壁的允许水平位移量，以作为选择边坡支护方案的依据。

另外，在获得详细的工程地质和水文地质资料的基础上，还应对可能失稳的围岩、基坑边坡和基底土详细地验算其稳定性，对稳定性作出评价。对于以软弱或软硬不均的土体为围岩或地基的地铁工程，尤其是直接承受地面建筑物、构筑物荷载时应进行变形分析，估计其差异变形能否控制在允许范围内，然后根据稳定与变形分析情况判定是否需要加固和提出加固范围和部位的建议，并尽可能地搜集和了解本地区工程的加固处理的经验，以作为本工程加固处理方案选择的类比依据。通过多种加固处理方案的分析和类比，提出加固处理方案的建议。当场地条件复杂或对所选定加固处理方法缺乏经验时，应在加固处理前在现场进行试验，获得施工所需要的各种参数并检验加固处理的效果。

此外，围岩或地基的加固处理是属于隐蔽工程，能否达到预期效果不仅取决于设计的合理与否，更重要的是施工质量的好坏。所以施工期间加强质量控制和检验是十分重要的，因此在提出加固处理方案建议的同时，还应提出与其相应的检验手段的有关建议，在必要时应建议进行施工阶段或长期的监测，这样有利于及时发现问题采取措施加以补救。

14.1.4 对于围岩可能失稳需要加固的地段或部位，需要加固的地面建筑物，由于围岩加固可能引起裂缝或倾斜的地面建筑物，以及可能失稳或变形过大的深基坑边坡，均应在加固处理前就开始进行现场监控量测，以密切注意其变化情况。施工期间的监控量测内容包括对被加固围岩位移、边坡的水平和垂直位移或建（构）筑物地基沉降等。通过加固期间的动态测定，了解变形发展情况，合理地安排施工顺序，当出现异常时，可立即采取加强措施，改变施工对策，修正设计参数和方案，抑制位移或沉降的继续发展，使隧道或边坡趋向稳定，或者避免建（构）筑物结构受损，从而使加固处理设计达到现代"信息化设计"的新水平。施工中对围岩和支护的监控量测是新奥法的要点与主要手段，对于采用新奥法设计和施工的围岩尤为重要。

长期观测是指在加固处理完成投入运行或使用后，对位移或沉降的继续监测，直至基本稳定为止。长期观测的目的是为了获得接近稳定时的位移或沉降资料，用来检验加固处理的最终效果，验证分析方法的有效性，并为进一步分析研究、总结经验积累宝贵的资料，以提高加固处理的设计、施工水平。故而，对于变形需要严格控制的加固处理工程可建议长期观测，对于采用先进的加固技术或重要的加固处理工程亦应进行长期观测。

14.2 岩体加固

14.2.2 围岩的稳定性应根据围岩的情况按不同的理论计算，并与工程地质分析相结合评价围岩的稳定性。其理论计算方法可根据岩体的力学特性不同，基本可分为弹性、弹塑性和松散体三种介质，按相应的理论确定：对于Ⅵ级围岩可以弹性理论为主计算围岩应力，辅以块体平衡理论分析分离体的稳定；对于Ⅴ、Ⅳ级围岩可以弹塑性理论为主，辅以块体平衡理论计算围岩压力；对于Ⅲ级围岩可以散体理论为主，辅以弹塑性理论计算围岩压力。另外，对于可能出现膨胀压力、偏压或者岩爆的情况下其围岩压力应针对具体情况进行专门研究后确定。各种情况下的计算公式可参照现行国家标准《岩土工程勘察规范》GB 50021和其他有关资料。大型工程有条件的情况下可采用有限元等数值方法分析评价。

为了进行围岩的稳定性分析，应通过现场实测来取得岩体物理力学性质的计算指标，如弹性模量、粘聚力、内摩擦角、泊松比、重度以及围岩结构面的粘着力、摩擦系数等参数。

14.2.3 除了由于局部围岩地质情况较差，如岩溶、断层等，或者在施工过程中发现工程地质与水文地质或围岩类别比预计的差时，应采取局部加固或加强措施外，在洞室的转角、交叉、断面变化部位，由于围岩的应力较为集中，故需要加强。在浅埋隧洞承受偏压时也应加强。另外，一般喷射混凝土需喷 2～3 次才达设计厚度，喷射初期由于围岩应力调整，洞周会产生径向位移，再加喷射混凝土收缩及温度等因素影响，喷射混凝土层一般都会出现裂纹，但是当达到设计厚度后不应再出现裂缝，或者既有的裂缝也不应再有扩展趋势，否则均属于异常状态，应采取加强措施。还有，由于围岩位移过大将会影响二次衬砌或锚喷衬砌的厚度，所以当所实测到的围岩位移量超过允许值时，也必须采取加强措施。当支护过程中所观察到的围岩周边位移增大速度没有明显的减缓趋势，或者出现局部坍塌时，均应及时采取加强措施，使其达到基本稳定。

14.3 土体加固

14.3.1 在我国沿海软土地区或具有较厚的第四纪覆盖层的地区，地铁隧道往往在软土或各种岩性的土层中通过，有时土体还具有湿陷性或可液化特性。由于在隧洞周围或基底下有厚度大的软弱土层或者土层软硬分布不均匀的情况下，局部承受地面建筑荷载或过大的地面超载、覆盖土厚度变化以及邻近建筑物深基坑开挖等，都会引起沿地铁轴向过大的不均匀沉降或侧向位移。另外，如果局部有湿陷性土或可液化土存在，在地下水变化或受震动荷载的作用后也会产生局部沉陷。这些都将影响地铁的正常运行，或者使防水层拉裂造成漏水或渗水而影响使用。当在既有建筑物下或邻近既有建筑物处进行地铁隧道施工时，容易引起建筑物或地下管线过大的附加下沉或侧向位移。由此可见，土体中尤其是在软弱土体中建造地铁除了有土体围岩强度稳定问题外，要特别注意控制变形和差异变形问题，若变形和差异变形过大，必须采取加固处理措施来纠正或抑制这种不均匀变形或附加变形。在这种情况下，岩土工程勘察的任务是着重查明造成过大变形和不均匀变形的工程地质及水文地质条件，如软弱与坚硬土层和湿陷性或可液化土层的分布、地下水位与变化等情况，并且提供各土层的有关变形参数，以供变形分析用，必要时应配合设计进行变形分析工作，并提出加固措施的建议。另外，还要提供加固设计及施工所需要的其它参数。若存在湿陷性或可液化土层时，应提供地基湿陷等级或液化等级，提出抗湿陷或抗液化沉陷的措施建议。

14.3.2 当基坑底有软弱土层尤其是灵敏粘土时，容易造成基底土失稳隆起，从而使坑壁护坡桩倾斜、基坑附近地面下陷，为防止这种现象发生，应进行坑底土的稳定性验算。

14.3.4 当地铁基坑深度超过自然稳定的临界深度不能放坡开挖时，应设置支挡结构进行边坡支护。支护结构的类型应根据基坑挖深、坑壁土质、地下水位、场地条件以及邻近建筑物情况确定，其中包括悬臂、锚杆以及内撑式支护结构。支护结构设计的关键是维护结构内外两侧水、土压力的取值。土压力大小和分布与边坡土体的类别与性质、支护结构类型和刚度，墙体的变位、墙体与土之间的摩擦力以及挡墙两侧地面坡度等因素有关，理应根据土和支护结构共同作用进行支护结构设计，但目前在实际工程中尚难实现，故仍以经典的库仑和朗肯土压力理论为基础，对各种支护类型的土压力分布作近似假设，并根据经验对有的支护结构的土压力系数略作修改。为了确保支护工程的安全，应加强施工期间的监测。

悬臂支挡结构的刚性较大，可以近似看成刚性结构，绕着接近底部的某一点转动。其土压力可按经典的库仑和朗肯土压力理论计算，沿垂直深度呈三角形分布。实测结果表明，当支护结构顶部位移大于底部时，上述假设与实际较为接近。然而，当支护结构顶部位移小于底部时，其土压力呈抛物线分布，合力增大10%～15%，且合力作用点上移，所以在这种情况下应另行研究确定。

锚杆支护结构可根据其刚度情况确定土压力。当采用锚杆护坡桩等刚度较好支护结构体系时，可按三角形分布，并根据场地与工程条件按表31确定其主动与被动土压力系数。当采用锚杆钢板桩等刚度较柔的支护结构时，可参照内撑式支护结构的土压力分布确定。在粘性土中，有时按照朗肯土压力理论计算的主动土压力常出现负值，这在实际中是不可能出现的，若对此种情况作出具体统一的取值规定，目前条件尚未成熟，可根据各地经验进行处理。锚杆支护在国内明挖浅埋地铁工程中经常应用，如北京西直门地下铁车站16m深基坑，除地面以下10m处有2～3m砂卵石层外，坑壁以粘性土为主，在基坑开挖过程中坑壁采用锚杆支护方案。

内撑式支护结构由于影响土压力分布的因素很多，施工顺序和质量对其影响很大，简单假设与实际出入更大，可参照有关规范或规定确定，但应加强施工过程中的监测，检验其工作状态，发现问题及时调整补救。

表31 锚杆挡土结构的土压力系数

土压力类型	场地与工程条件	土压力系数
主动土压力	支挡结构墙体允许产生一定的变形	K_a
主动土压力	基槽外侧距槽边0.5～1.0H范围内存在相邻结构或设施的基础且埋深不大	$\frac{1}{2}(K_a+K_o)$
主动土压力	基槽外侧距槽边0.5H范围内存在相邻结构或设施的基础且埋深不大	K_o
主动土压力	基槽外侧一定距离范围内虽存在相邻结构或设施的基础，但其埋深大于支挡结构墙基埋深	K_a
被动土压力		K_p/F_s ($F_s\geqslant1.5$)

注：1 H为墙高，K_a、K_p、K_o分别为主动、被动和静止土压力系数；
2 当基槽外侧1.0H范围内存在相邻结构或设施的基础，且其埋深不大时，除应按表查取相应的土压力系数外，尚应考虑相邻基础荷载对垂直和水平应力的影响。

15 路基、高架线路与桥涵勘察

15.1 一般规定

15.1.1 高架线路勘察工作亦应分阶段进行，具体划分为可行性研究勘察、初步勘察、详细勘察三个阶段，并应与设计阶段相适应。勘察工作应沿线路中心线向每侧各50m的范围内进行，但由于高架线路工程较长大，不同地区常遇有复杂的地质条件控制线路走向，或遇有需要设置大型建筑的工点，要进行场地的技术经济论证和方案比较，因此，可根据实际需要适当扩大勘察范围。

15.2 路基勘察

15.2.3 高路堤勘察应重点查明基底稳定情况。从既有线调查表明，路堤病害绝大多数是由于路堤基底有软弱夹层或对地下水没处理好，其次是填料不合要求，夯实不紧密而引起的。为此查明基底有无软弱夹层及地下水出露范围和埋藏情况至关重要。路基横断面宜选择在填方边坡最高及工程地质较差地段。勘探深度视地层情况与路堤高度而定。

15.2.4 深路堑、地质复杂路堑在路基工程中是属于比较重要的工程，在岩土工程勘察中不可忽视。路堑受地形、地貌、地质、水文地质、气候等条件影响较大，且边坡又较高，容易出现边坡病害。为了路堑边坡及地基的稳固，避免工程病害出现，勘察工作须按本条基本要求详细查明岩土工程条件，并针对不同情况提出相应的处理措施。

15.2.5 挡土墙及其他支挡建筑物是确保路堑边坡稳固的重要措施。当路堑边坡稳固条件较差，需要设置支挡建筑物时，勘察工作可在详勘阶段结合深路堑工程勘察一道进行。不管在那一阶段开展工作，都应着重查明支挡地段的地形、地貌、不良地质现象，并判定其稳定状态；支挡建筑物地基的地层结构、岩性特征，以及被支挡土体的结构和有关物理力学性质，提出地基土的承载力；支挡地段水文地质特征，评价地下水对支挡建筑物的影响，提出处理措施意见。这三方面内容，无论是结合深路堑勘察，还是单独进行支挡工程勘察，都是不可缺少的。

15.3 高架线路勘察

15.3.1 选址勘察主要是搜集和分析既有资料，对线路的主要控制点（如越岭、大中型河流跨越点）进行踏勘调查，了解并取得选择线路方案的一般工程地质条件和影响线路方向的主要岩土工程问题，为选择技术合理、安全经济的线路提供可靠的依据。因此，加强选址勘察是十分必要的，尤其是大中型的跨越工程受地形、地质及施工等多方面因素的影响和制约，在整个工程中所占投资比重较大，为此对选址勘察应给予足够的重视。

15.3.2 线路初步勘察阶段的工作主要是利用城市现有的勘探资料及自然露头景观，进一步开展测绘与调查。在确定工作内容时，要求初步查明线路基础埋设深度内的地层岩性、厚度和成因。

为了正确地选定线路方案，达到方案的合理性，方便编制“全线工程地质图”，调查测绘应注意地质条件复杂的高跨越工点，线路受构造影响的地段以及沿河线路等，并可适当扩大调查测绘范围。

15.3.3 详细勘察是在已经选定的线路上进行高架墩柱工程地质调查、勘探、试验以及必要的计算工作，提出合理的基础类型和地基处理方案及施工方法的建议。该阶段的工作任务及主要勘察内容，条文中已阐述清楚。现仅就几个具体问题说明如下：

1 高架线路多建筑在城市建成区，其中地下构筑物较多，埋设的管线密集复杂，且常有暗洞、暗穴等存在，因此，在地基勘察前，应详细搜集和了解各种地下设施、洞穴及既有建筑物等的分布情况。确保相邻既有建筑物及地下设施，在高架线路勘察与施工时不受影响。

2 高架线路在城市旧区通过时，城市旧区内的地下各种管道很多，因此，应查明污水、化工液体及气体泄漏现象，尤其要查明对人体有害的气体。必要时应进行现场测试或取样分析，提出施工人身安全和基础不受损害的处理意见。

3 高架线路的特点是线路长，通过的地貌地质单元多，岩土性质差异较大，各种不良地质现象和特殊地质问题都有可能遇到，因此，应注意各分段成果的一致性和连续性。

4 对高架线路的勘探点布设原则、孔数、孔深等有关问题简要说明如下：

1）平原地区的直线柱基地段，当地质条件比较简单时，可视其柱基间隔的大小（如间距为25m时），可每隔70～100m布设一个勘探点；当地质条件复杂、高架线路曲线及大跨越地段，受力的情况也比较复杂，每一柱基均应布设勘探点。

2）当线路在丘陵及山区通过时，应围绕柱基的稳定性进行布设勘探点。为了查明柱基及其附近是否有滑坡、崩塌、倒石堆、冲沟、岩溶与人工洞穴等不良地质现象，每一柱基均应布设勘探点，如地质条件简单，可酌情减少。

3）勘探孔的深度，以能揭露地基主要受力层及可能在受力后的影响深度为主要原则，并结合土质条件，高架跨越的基础类型、基础埋深和荷重大小以及墩柱受力特点确定勘探孔深度。在均质土层时，勘探孔深以基础底面宽度的1～2倍为宜。若为多层土或碎石土、砂类土时，其孔深可酌情增减；若为软弱土层时，可根据具体情况研究确定。

4）当需要测定有关技术参数和划分场地土的类型时，可配合物探在不同地貌地质单元体范围内布设波速测试孔，其孔深可按地面至剪切波速 V_s 值大于500m/s的土层或坚硬土顶面的距离确定。

15.4 桥涵勘察

15.4.1 为便于进行桥涵勘察工作的布置及提出相应的要求，对桥涵分类，见表32。

表 32　桥涵分类表

桥涵分类	桥长（m）
小桥 中桥 大桥 特大桥	＜20 ≥20，且＜100 ≥100，且≤500 ＞500
涵洞	可分为圆涵、拱涵、盖板涵、箱涵
注：桥长系指桥台台背至桥台台背间的距离。	

小桥涵岩土勘察工作，应着重判明地基不均匀下沉和斜坡不稳引起桥涵变形的可能性。每座桥涵不宜少于1个勘探孔。当桥跨较大、涵洞较长、地势较陡或地形、地质条件复杂时，应适当增加勘探孔并增加孔深。

15.4.2　中桥、大桥、特大桥、高跨线桥，因其跨越河流，墩柱基础大部置于水中，无论是地形、岸坡、地质、水文等条件都比较复杂，一旦建桥就要确保基础稳固、施工方便、运营安全。因此，岩土工程勘察工作尚需注意以下几个问题：

1　大中桥、特大桥是高架线路工程的重要部位，桥渡位置的选择应注意两点：一是选择在水流集中而平缓，河床较窄且断面大致对称，岸坎明显且岸坡稳定，岩层完整且构造单一，基底地质条件较好的地段；二是桥位应避开断层破碎带，特别是近期活动的断裂带。

2　沿桥址纵剖面方向勘察工作的侧重点应是逐墩查明地基的地质、水文地质、构造地质及墩基与附近有无岩溶、软弱地层等不良地质现象及其对墩基稳定性的影响。同时，对岸坡上设立的桥台和河道中的墩柱，根据百年一遇洪水淹没范围，岸坡与河床冲刷的演变情况，结合工程地质条件，对桥址地基的稳定性作出评价。

3　大中桥、特大桥、高跨线桥勘探孔数量和孔深的确定，取决于桥址地段的岩土工程条件。详勘阶段每墩台宜有一个钻孔，当地质条件简单时，可酌情减少勘探孔，孔深应满足能查明桥址地基的工程地质条件；当条件复杂时，必须逐墩布设勘探孔，如果基础底面下伏基岩的岩面倾斜变化较大时，除适当增加勘探孔外，还应结合物探方法，查明基岩岩面的变化，以便在设计和施工时采取必要的措施。

16　成果分析与勘察报告

16.1　一 般 规 定

16.1.1　本条明确提出了对岩土工程勘察报告两方面的基本要求：

1　提供工程场地及沿线的工程地质、水文地质及岩土性质资料；

2　结合工程特点和要求，进行岩土工程分析评价。

16.1.2　本条规定了岩土工程分析评价的内容。对地下工程主要是围岩和土体的稳定和变形问题，对地面工程主要是地基的承载力和变形问题，并特别强调了工程建设对环境的影响和对地下水作用的分析评价。因为城市中已有工程十分密集，大量的地下开挖和大量的地下水抽排，都可能导致土体失稳和变形，地下水赋存和运动条件的改变，危及既有工程的安全，水资源的枯竭，乃至生态失衡，必须进行预测，并提出合理对策。

16.1.3、16.1.4　岩土工程分析的不确定因素非常多，故不能迷信简单的公式计算，应特别注意吸收当地的工程经验，并在地质条件复杂的地段，有代表性的地段和工程需要的地段布置监测工作。

16.2　参 数 确 定

16.2.1　对岩土参数的基本要求是可靠和适用。所谓可靠，是指参数能正确反映岩土体的性状，能比较有把握地估计参数真值所在的区间；所谓适用，是指参数能满足岩土力学计算的假定条件和计算精度要求。

岩土参数的可靠性和适用性，在很大程度上决定于岩土结构受到扰动的程度，不同的取样器和取样方法，对结构的扰动程度是不同的，结构扰动后的样品，无侧限抗压强度明显降低，变异系数明显增大。试验方法和取值方法对试验结果有重要影响，例如液限、锥式仪和碟式仪测定的结果有差异；土的不排水抗剪强度，可以用三轴*UU*试验，可以用无侧限抗压试验，也可以用十字板试验，而结果是不同的。因此，应当注意测试方法与分析评价方法的配套性，必要时采用多种方法测试，进行分析比较。

16.2.2　由于岩土各项指标都是随机变量，故必须进行数理统计，通常用平均值和方差，平均值表示分布的平均趋势；方差表示分布的离散程度。标准差是方差的平方根，其量纲与平均值相同，由于它是有量纲的指标，不同参数的离散程度不好比较，故引入变异系数这个无量纲指标，使用上比较方便。

16.2.3　岩土参数的标准值是岩土工程设计时所采用的基本代表值，是岩土参数的可靠性估值，根据统计学区间估计理论，这是参数母体平均值的单侧置信界限值。母体平均值 μ、可靠性估值 f_k 按下式求得：

$$\alpha=P\ (\mu<f_k) \quad (47)$$

式中　α——风险率。

风险率是一个可以接受的小概率，符合上式的是单侧置信下限，采用此值时，意味着参数母体平均值为一个大概率大于此值，仅有一个小的风险率可能会小于此值。按区间估计理论，单侧置信界限值由下式求得：

$$f_k < f_m \ (1 \pm t_\alpha \sigma / \sqrt{n} f_m) = f_m \ (1 \pm t_\alpha \delta / \sqrt{n}) \quad (48)$$

式中 t_α——学生氏涵数；

n——样本容量。

风险率 α 和样本容量 n 可从有关书中查得。

岩土参数的变异系数，应当有一个限值。但由于研究程度不足，目前尚无条件对此值作出具体规定。Ingles 的研究成果见表 33，由表可知，报道的范围值相当分散，其建议值也值得推敲。国内的一些研究成果见表 34，也不够完整。建议今后进一步深入研究，争取在修订本规范时予以补充。

表 33 Ingles 建议的变异系数

岩土参数		范围值	建议标准值
内磨擦角	砂土	0.05～0.15	0.10
	粘性土	0.12～0.56	
粘聚力（不排水）		0.20～0.50	0.30
压缩性		0.18～0.73	0.30
固结系数		0.25～1.00	0.50
弹性模量		0.02～0.42	0.30
液限		0.02～0.48	0.10
塑限		0.09～0.29	0.10
标准贯入击数		0.27～0.85	0.30
无侧限抗压强度		0.06～1.00	0.40
孔隙比		0.13～0.42	0.25
重度		0.01～0.10	0.03
粘粒含量		0.09～0.70	0.25

表 34 国内研究成果的变异系数

地区	土类	r 的变异系数	E_s 的变异系数	ϕ 的变异系数	c 的变异系数
上海	淤泥质粘土	0.017～0.020	0.044～0.213	0.206～0.308	0.049～0.089
	淤泥质亚粘土	0.019～0.023	0.166～0.178	0.197～0.424	0.162～0.245
	暗绿色亚粘土	0.015～0.031	—	0.097～0.268	0.333～0.646
江苏	粘土	0.005～0.033	0.177～0.257	0.164～0.370	0.156～0.290
	亚粘土	0.014～0.030	0.122～0.300	0.100～0.360	0.160～0.550
安徽	粘土	0.020～0.034	0.170～0.500	0.140～0.168	0.280～0.300
河南	亚粘土	0.015～0.018	0.166～0.469	—	—
	粉土	0.017～0.044	0.209～0.417	—	—

16.3 勘察报告的基本要求

16.3.2 初步勘察报告必须对重要的、关键性的岩土工程问题作出明确结论，如不良地质现象、围岩类别、地下水的基本情况和规律等，因为这些问题对方案比选有举足轻重的影响，对确定线路位置、隧道埋深、施工方法起关键作用。如不弄清楚，结论不明确或不正确，后期再发现时则会造成严重损失。

16.3.3 详勘报告要满足设计计算的要求，故必须具体而详尽，包括地层和围岩类别的详细划分，提供岩土参数和地下水的渗透性、腐蚀性等，并进行分析、评价、预测，提出工程建议。

16.3.4 由于地质条件的复杂多变，详细勘察有时不一定能全部查清，施工时还可能发现一些问题，需进行施工勘察，故施工勘察报告针对性很强，针对具体问题提出补充资料，进行分析评价，提出工程建议。

16.3.5 对于明挖法，主要是边坡问题，在地下水位以下开挖时，地下水的治理也是突出问题。由于城市中工程密集，地下管线纵横交错，因此对于边坡不仅要注意稳定，还要注意控制位移，以免对邻近工程造成损害。条文对这些问题都作了明确的规定。近年来，曾有工程因开挖引起土体移动而造成桩基横向变位，在软土中深开挖时应予注意。

16.3.6 矿山法开挖施工一般在条件较好的岩体中进行。但是，地质体是多变的，故应特别注意结构面分析、围岩的薄弱部位、高地应力、涌水和突水等复杂地质问题。

16.3.7 盾构法施工适用于软土地区的隧道开挖，土质条件不同，盾构类型也不同，故勘察报告应提出盾构选型的建议。软硬不均地层、开挖面障碍物、密封型盾构的排土等，是施工中常遇的需特别注意的问题，勘察报告宜予分析评价。勘察报告应提供什么参数的问题，一方面与岩土条件有关，同时又与设计要求有关，必须在勘察前与设计人员充分协商，使报告书中提供的参数符合设计要求。在现行国家标准《地下铁道设计规范》GB 50157 的条文说明第 41 页中，提出应考虑不同施工方法的特殊要求，用盾构法施工时，应提供水压、气压等，提供土的不均匀系数及 d_{70}。采用泥水式或土压式盾构时，需调查砾石的形状、大小、数量、硬度、颗粒组成，尤其是细颗粒所占的百分比及渗透系数等。本条规定与这些说明是一致的。

16.3.9 地铁和轻轨工程建设对城市环境的影响较大，应注意分析评价，进行预测和提出措施。环境问题涉及面广，本条规定内容是属于岩土工程方面的主要问题。

16.4 勘察报告内容

16.4.1、16.4.2 由于各地地质条件差别很大，工程性质和要求也各不相同，因此不可能对报告内容作统一的具体的规定，只能因地制宜，因工程制宜，本条只规定了基本内容。

17 工程监测

17.1 一般规定

17.1.2 对验槽、验洞、验桩作如下说明：

地下铁道、轻轨交通多为隐蔽工程，开挖后一般均由建设单位、勘察、设计、施工、监理等有关部门参加，共同验槽、验边坡、验洞、验桩，如与勘察设计资料相符合，则可进行下一道工序。

地铁明挖基坑验槽的主要任务是：核对基坑、边坡土质、地下水情况是否与勘察报告相同；核对开挖位置、标高、预埋件、坑形是否符合设计文件；基底是否需要换填等问题，及时洽商解决。

地铁暗挖施工中验洞的主要任务是：检验实际开挖的围岩，地下水与勘察资料是否相符；施工方法是否符合设计要求；地面下沉及拱顶沉降是否超标；检验初期支护的质量，合理确定二衬的时间。

地铁盖挖法验桩内容一般与工业与民用建筑工程相同，但在桩的垂直度方面要求比较严格。

17.2 施工前的监测

17.2.1 随着科学技术的进步，越来越多的先进和简便的设备可以用于工程监测中，但工程实践表明，监测人员的肉眼观察及其科学的分析和判断仍是重要的工作。

17.3 施工中的监测

17.3.1～17.3.6 这些条文规定的监测内容，均为必须做的项目。其中大部分由施工单位负责执行。作为岩土工程勘察人员，应承担与岩土勘察有关的内容，并对与岩土工程勘察有关的监测问题提出工程建议。

17.3.2 对本条作如下说明：

1 在松软地层中，以直径 6m 的隧道为例，地面沉降影响最明显的区域是隧道的正上方和距隧道中心线两侧各 1～1.5H（H 为隧道上覆地层厚度）的范围内。在这个范围内，每一断面内量测点的间距不宜大于 3m。

2 第 3 款地面和建筑物沉降监测宜选择－15mm 为警戒值。在工作面前后各 10m 的范围内，累积沉降在 15mm 以内的，每天监测一次；在 15～30mm 之间的，每天监测 2～3 次；累积沉降超过 30mm 时，应每 1～2h 监测一次。

17.3.4 量测方法和频率可参照现行国家标准《地下铁道、轻轨交通工程测量规范》GB 50308 及其《条文说明》。

中华人民共和国国家标准

城市轨道交通工程测量规范

Code for urban rail transit engineering survey

GB 50308-2008

主编部门：北京市规划委员会
批准部门：中华人民共和国建设部
实施日期：2008年9月1日

中华人民共和国建设部
公　　告

第828号

建设部关于发布国家标准《城市轨道交通工程测量规范》的公告

现批准《城市轨道交通工程测量规范》为国家标准，编号为GB 50308-2008，自2008年9月1日起实施。其中，第1.0.7、6.1.8、18.5.1、18.6.4条为强制性条文，必须严格执行。原《地下铁道、轻轨交通工程测量规范》GB 50308-1999同时废止。

本规范由建设部标准定额研究所组织中国建筑工业出版社出版发行。

中华人民共和国建设部
2008年3月10日

前　言

本规范是根据建设部“关于印发《2006 年工程建设标准规范制定、修订计划（第一批）》的通知”（建标［2006］77 号）的要求，由主编单位北京城建勘测设计研究院有限责任公司，会同来自全国生产、教学、科研和管理的参编单位及专家组成修订组，对原规范《地下铁道、轻轨交通工程测量规范》GB 50308－1999 进行全面修订而成。

在修订过程中，修订组广泛调查和总结了原规范执行情况，根据近年来我国城市轨道交通工程的发展状况，吸收了城市轨道交通工程测量的有关实践、科研和技术发展成果，借鉴了国（境）外有关成功经验和先进技术，并以多种方式，广泛征求了全国城市轨道交通工程测量方面有关专家和单位的意见，经反复讨论、修改，最后经审查定稿形成本规范。

修订后根据专家建议将本规范更名为《城市轨道交通工程测量规范》，本规范在原规范 18 章和 12 个附录的基础上修订为 20 章和 11 个附录。新增加的内容有第 16 章、第 20 章和第 5.4、6.6、6.7、19.6 节等内容，原有各章节条文的内容也进行较为全面的修订。

本规范中以黑体字标识的条文为强制性条文，必须严格执行。

本规范由建设部负责管理和对强制性条文的解释，主编单位负责具体技术内容的解释。在执行过程中，请各单位结合工程实践，如发现需要修改或补充之处，请将意见和建议寄至北京城建勘测设计研究院有限责任公司《城市轨道交通工程测量规范》国家标准管理组（地址：北京市朝阳区安慧里 5 区 6 号；邮编：100101；E-mail：webmaster@cki.com.cn）。

本规范的主编单位、参编单位和主要起草人：

主 编 单 位：北京城建勘测设计研究院有限责任公司

参 编 单 位：（按笔画排序）

上海岩土工程勘察设计研究院有限公司
广州市地下铁道设计研究院
中铁工程设计咨询集团有限公司
天津市测绘院
北京市轨道交通建设管理有限公司
北京市测绘设计研究院
同济大学
沈阳市勘察测绘研究院
南京测绘勘察研究院有限公司
重庆市轨道交通设计研究院有限责任公司
深圳市勘察测绘院
解放军信息工程大学

主要起草人：秦长利（以下按姓氏笔画排序）

于来法　马全明　马尧成　马海志　王双龙　王荣权　王镇全　张忠良　张晓沪　李小果
陈乃权　陈大勇　孟志义　林　莉　钟金宁　凌志平　黄　勇　潘国荣

目　次

1 总 则

1.0.1 为适应城市轨道交通建设发展的需要，统一城市轨道交通工程测量技术要求，遵循技术先进、经济合理、质量可靠和安全适用的原则，制定本规范。

1.0.2 本规范适用于城市轨道交通新建和旧线改造及运营期间的工程测量。

1.0.3 在同一城市内的轨道交通工程控制测量应满足下列要求：

1 平面和高程系统应与所在城市平面和高程系统一致；

2 工程建设前应在城市一、二等平面和高程控制网的基础上，建立专用平面、高程施工控制网，其与现有城市控制网重合点的坐标及高程较差，应分别不大于 50mm 和 20mm；

3 施工前应对已建成的平面、高程控制网进行复测，建设中应对其进行检测。

1.0.4 城市间的轨道交通工程控制测量除应满足本规范 1.0.3 条中的 2、3 款外，还应采用统一的坐标、高程系统，当城市间坐标、高程系统不一致时应进行相应的换算。

1.0.5 线路工程控制测量应采用附合导线（网）和附合高程路线的形式。特殊情况下采用支导线、支水准路线时，必须制定检核措施。

1.0.6 在隧道贯通前，联系测量、地下平面控制测量和地下高程控制测量，随工程进度应至少独立进行三次，满足限差后应以各次测量的平均值指导隧道贯通。

1.0.7 暗、明挖隧道和高架结构横向贯通测量中误差为±50mm，高程贯通测量中误差为±25mm。

1.0.8 施工期间内和运营期一定时间内，应对线路结构和临近主要建筑、管线等进行变形监测，并应制定应急变形监测方案。

1.0.9 竣工测量应按工程竣工验收要求进行，其工作内容和测量技术要求，应符合现行国家测量规范、工程验收规范以及工程资料管理相关要求。

1.0.10 应根据国家有关法规，定期对测量仪器和工具进行检定。作业时应避免作业环境对仪器的影响。

1.0.11 城市轨道交通工程测量除执行本规范外，还应符合国家现行的有关标准的规定。

2 术语和符号

2.1 术 语

2.1.1 城市轨道交通 urban rail transit，mass transit

在不同型式轨道上运行的大、中运量的城市公共交通工具，是当代城市中地铁、轻轨、单轨、直线电机、磁浮等轨道交通的总称。

2.1.2 地 铁 metro，underground railway，subway，tube

在城市中修建的高速、大运量的用电力机车牵引的轨道交通，远期单向高峰小时客流量超过 30000 人次。线路通常设在地下隧道中，有时也从地下延伸至地面或高架桥上。

2.1.3 轻轨 light rail transit

在城市中修建的高速、中运量的轨道交通客运系统，远期单向高峰小时客流量在 10000～30000 人次之间。线路设在地面、高架桥上或地下。

2.1.4 精密导线 precise traverse

城市轨道交通工程平面控制网的二等网，其测量技术要求与国家和城市现行规范中的四等导线基本一致，主要是缩短了导线总长度与导线边长，提高了点位精度。

2.1.5 二等水准 precise levelling

城市轨道交通工程测量高程控制网的二级网，其精度介于城市二、三等水准测量之间。

2.1.6 专项调查与测绘 special investigation surveying and mapping

城市轨道交通工程在设计阶段必须进行的沿线建筑、管线、水域、房屋拆迁和勘测定界等调查测绘工作。

2.1.7 定线测量 final survey，route location survey

将线路工程设计图纸上的线路位置测设于实地的

测量工作。

2.1.8 线路中线测量 center line survey

对实地测设的线路中线点进行角度与边长的测量工作。

2.1.9 线路中线调整测量 track adjusting survey

把线路中线调整到设计位置上的测量工作。

2.1.10 近井点 control points near the well

布设在竖井旁，用于向地下传递坐标和方位的导线点或传递高程的水准点。

2.1.11 近井导线 adjacent traverse

附合在卫星定位控制点或精密导线点上，为测设近井点而布设的导线。

2.1.12 近井水准 adjacent levelling route

附合在一、二等水准点上，为测设近井高程点而布设的水准线路。

2.1.13 联系测量 connection survey

将地面测量坐标系统传递到地下，使地上、地下坐标系统相一致的测量工作。

2.1.14 陀螺经纬仪和铅垂仪组合定向 plumb instrument orientation in combination with gyro-theodolite

利用陀螺经纬仪和铅垂仪组合进行竖井定向的一种作业方法。

2.1.15 贯通测量 holing through survey

对相向掘进隧道或按要求掘进到一定地点与另一隧道相通的施工所进行的测量工作。

2.1.16 铺轨基标 track laying benchmark

线路轨道铺设所需的测量控制点。

2.1.17 建筑 building and structure

本规范定义为供人们进行生产、生活或其他活动的房屋、场所等建筑物和构筑物的总称。

2.1.18 限界 gauge

限定车辆运行及轨道周围建筑和设备超越的轮廓线。限界分为车辆限界、设备限界和建筑限界三种，是工程建设、管线和设备安装等必须遵守的依据。

2.1.19 车辆段 depot

具有配属车辆，承担车辆的运用管理、整备保养和检查，以及较高级别的车辆检修任务的基本生产单位。

2.1.20 变形监测 deformation and settlement monitoring

本规范定义为对建筑及地基或一定范围内岩土体、管线等的位移和沉降等变形所进行的测量工作，以及对建设工程的围岩、支护结构、工程环境进行的应力、应变、压力、轴力、振动和孔隙水压力等的监测工作。

2.2 符 号

a——固定误差、近井点至悬挂钢丝的最短距离；

b——比例误差系数（1×10^{-6}）；

B——隧道开挖宽度；

c——竖井中悬挂钢丝间的距离；

C——方向照准差，仪器加常数；

d——控制导线长度，相邻点间的距离，接触轨或接触网至邻近轨道的距离；

D——贯通距离，测距边水平距离；

f——地球曲率和大气折光对垂直角的修正量；

f_β——附合导线或闭合导线环的方位角闭合差；

f_k——摄影焦距；

H_p——现有城市坐标系统投影面高程或城市轨道交通工程线路的平均高程；

H_m——测距边两端点的平均高程；

K——仪器乘常数，大气折光系数；

L——水准路线长度，附合路线长度，轨道梁长；

M——地形图比例尺分母，摄影比例尺分母；

M_Δ——每千米高差中数偶然中误差；

M_P——房屋建筑面积中误差；

M_L——界址边丈量中误差；

M_W——每千米高差中数全中误差；

m_β——测角中误差；

m_u——导线点横向中误差；

m_Φ——贯通中误差；

n——独立环中基线边的个数，同一边复测的次数，导线的角度个数，附合导线或导线环的角度个数，往返测水准路线的测段数，水准测量转点数，测站数，桥梁跨数；

N——同步环中基线边的个数，附合导线或闭合导线环的个数，附合线路和闭合线路的条数；

P——建筑面积，宗地面积；

R——地球平均曲率半径；

R_a——参考椭球体在测距边方向法截弧的曲率半径；

R_m——测距边中点的平均曲率半径；

S——气象及加，乘常数改正后的斜距；

S_0——气象及加，乘常数改正前的斜距；

W——附合线路或环线闭合差，环闭合差；

Y_m——测距边两端点横坐标平均值；

ΔY——测距边两端点近似横坐标的增量；

Δ——水准路线测段往返高差不符值；

σ——基线向量的弦长中误差。

3 地面平面控制测量

3.1 一 般 规 定

3.1.1 地面平面控制网应按城市轨道交通工程建设规划网中各条线路建设的先后次序，沿线路独立布设。布网时应根据线路延伸和与其他线路交叉状况，在线路延伸和交叉地段，必须有两个以上的控制点相重合。城市近期规划与建设的城市轨道交通线路较多构成网络且原城市控制网不能满足建设需要时，宜建立一个覆盖全部线路的整体控制网。

3.1.2 平面控制网由两个等级组成，一等为卫星定位控制网，二等为精密导线网，并分级布设。

3.1.3 平面控制网的坐标系统应与所在城市现有坐标系统一致。投影面高程应与城市现有坐标系统投影面高程一致，若城市轨道交通工程线路轨道的平均高程与城市投影面高程的高差影响每千米大于5mm时，应采用其线路轨道平均高程作为投影面高程。

3.1.4 向隧道内传递坐标和方位时，应在每个井(洞)口或车站附近至少布设三个平面控制点作为联系测量的依据。

3.1.5 凡符合卫星定位控制网和精密导线网要求的现有城市控制点的标石应充分利用。

3.1.6 对已建成的卫星定位控制网和精密导线网应定期进行复测。第一次复测应在开工前进行，之后应每年或两年复测1次，且应根据控制点稳定情况适当调整复测频次。复测精度不应低于初测精度。

3.2 卫星定位控制网测量

3.2.1 卫星定位控制网测量前，应根据城市轨道交通线路规划设计，收集、分析线路沿线现有城市控制网的标石、精度等有关资料，并按静态相对定位原理进行控制网设计。

3.2.2 卫星定位控制网的主要技术指标应符合表3.2.2的规定。

表 3.2.2 卫星定位控制网主要技术指标

平均边长(km)	最弱点的点位中误差(mm)	相邻点的相对点位中误差(mm)	最弱边的相对中误差	与现有城市控制点的坐标较差(mm)	不同线路控制网重合点坐标较差(mm)
2	±12	±10	$\frac{1}{100000}$	≤50	≤25

3.2.3 卫星定位控制网相邻点间基线精度按3.2.3式计算。

$$\sigma=\sqrt{a^2+(bd)^2} \tag{3.2.3}$$

式中 σ——标准差，即基线向量的弦长中误差(mm)；

a——固定误差(mm)；

b——比例误差系数(1×10^{-6})；

d——相邻点间的距离(km)。

3.2.4 卫星定位控制网的布设应遵守以下原则：

1 卫星定位控制网内应重合3～5个现有城市一、二等控制点，控制点应均匀分布；在不同线路交叉有联络线处或同一线路前后期工程衔接处应布设2个以上的重合点，重合点坐标较差应满足表3.2.2的相关要求；

2 卫星定位控制网应沿线路两侧布设，控制点宜布设在隧道出入口、竖井或车站附近，车辆段附近应布设3～5个控制点，相邻控制点应满足通视要求；

3 卫星定位控制网非同步独立观测时，必须构成闭合环或附合路线。每个闭合环或附合路线中的边数不应大于6条。

3.2.5 卫星定位控制点的选点应符合以下要求：

1 控制点间应有两个以上方向通视；

2 当利用已有城市控制点时，应检查该点的稳定性及完好性；

3 控制点应选在利于长久保存、施测方便和施工变形影响范围以外的地方；

4 建筑上的控制点应选在便于联测的楼顶承重结构上；

5 控制点附近不应有大面积的水域或对电磁波反射(或吸引)强烈的物体；

6 控制点与无线电发射装置的间距应大于200m，与高压输电线的间距应大于50m。

3.2.6 卫星定位控制点均应埋设永久标石。建筑顶上的标石可现场浇注。标石宜按本规范附录A中的图A.0.1、图A.0.2、图A.0.3形式和规格埋设。埋石结束后应按本规范附录A中A.0.6绘制点之记，点位标识应牢固清楚，并应办理测量标志委托保管书。

3.2.7 车站、洞口和竖井附近建筑上的卫星定位控制点上宜建造三脚钢架或竖立照准杆，三脚钢架宜按本规范附录A中的图A.0.4规格制作。

3.2.8 卫星定位控制网测量作业的基本技术要求应符合表3.2.8的规定。

表 3.2.8 卫星定位控制网测量作业基本技术要求

项目	要求
接收机类型	双频或单频
观测量	载波相位
接收机标称精度	≤($10mm+2\times10^{-6}\times D$) ($D$为相邻点间的距离)
卫星高度角(°)	≥15
同步观测接收机(台)	≥3
有效观测卫星数(颗)	≥4
平均重复设站数(次)	≥2
观测时段长度(min)	≥60
数据采样间隔(s)	≤10
点位几何图形强度因子(PDOP)	≤6

3.2.9 作业前应对卫星定位接收机和天线等设备进行常规检查，检查内容应包括：仪器检定结果、电池容量、光学对中器和接收机内存容量等。

3.2.10 观测前应根据接收机数量、控制网设计图形以及交通情况编制作业计划，观测中可根据实际情况进行必要的调整。

3.2.11 卫星定位控制网观测应满足下列要求：

1 天线定向标志应指向正北，且经整平、对中后，其对中误差应小于2mm；

2 每时段观测前、后量取天线高各一次，两次互差小于3mm时，应取其两次平均值作为最后结果；

3 应严格按规定的时间开机作业，保证同步观测同一组卫星；观测开始后，应及时记录或输入有关数据并随时注意卫星信号和信息存储情况；外业观测手薄应按本规范附录A中表A.0.5的内容逐项填写；

4 每日观测结束后，应及时将存储介质上的数据进行拷贝，并应及时将外业观测记录结果录入计算机进行数据处理。

3.2.12 平差前应对观测数据进行预处理。基线解算时，对于小于8km的短基线必须采用双差相位观测值和双差固定解；对8～30km长基线可在双差固定解和双差浮点解中选择最优结果。对周跳较多或数据质量欠佳的时段应进行删除或用分段处理后的数据进行解算。基线解算采用卫星广播星历坐标值作为基线解的起算数据，基线解算结果中基线长度中误差输出值不应超过2σ。

3.2.13 卫星定位控制网外业观测的全部数据应经同步环、独立环及复测边检核，并应满足下列要求：

1 同步环各坐标分量及全长闭合差应满足式（3.2.13-1）～（3.2.13-5）的要求：

$$W_x \leqslant \frac{\sqrt{N}}{5}\sigma \tag{3.2.13-1}$$

$$W_y \leqslant \frac{\sqrt{N}}{5}\sigma \tag{3.2.13-2}$$

$$W_z \leqslant \frac{\sqrt{N}}{5}\sigma \tag{3.2.13-3}$$

$$W = \sqrt{W_x^2 + W_y^2 + W_z^2} \tag{3.2.13-4}$$

$$W \leqslant \frac{\sqrt{3N}}{5}\sigma \tag{3.2.13-5}$$

式中 N——同步环中基线边的个数；

W——环闭合差。

2 独立基线构成的独立环各坐标分量及全长闭合差应满足式（3.2.13-6）～（3.2.13-9）的要求：

$$W_x \leqslant 2\sqrt{n}\sigma \tag{3.2.13-6}$$

$$W_y \leqslant 2\sqrt{n}\sigma \tag{3.2.13-7}$$

$$W_z \leqslant 2\sqrt{n}\sigma \tag{3.2.13-8}$$

$$W \leqslant 2\sqrt{3n}\,\sigma \tag{3.2.13-9}$$

式中 n——独立环中基线边的个数。

3 复测基线长度较差应满足下式的要求：

$$d_s \leqslant 2\sqrt{n}\sigma \tag{3.2.13-10}$$

式中 n——同一边复测的次数，通常为2。

3.2.14 卫星定位控制网的平差要求应符合下列规定：

1 应将全部独立基线构成闭合图形，以三维基线向量及其相应方差协方差阵作为观测信息，以一个点的城市现有WGS-84坐标系的三维坐标作为起算数据，在WGS-84坐标系中进行三维无约束平差，并提供WGS-84坐标系的三维坐标、坐标差观测值的总改正数、基线边长及点位和边长的精度信息。基线向量改正数的绝对值应满足式（3.2.14-1）～（3.2.14-3）的要求：

$$V_{\Delta x} \leqslant 3\sigma \tag{3.2.14-1}$$

$$V_{\Delta y} \leqslant 3\sigma \tag{3.2.14-2}$$

$$V_{\Delta z} \leqslant 3\sigma \tag{3.2.14-3}$$

2 应在所使用的城市坐标系中进行约束平差及精度评定，并应输出相应坐标系中的坐标、基线向量改正数、基线边长、方位角以及相关的中误差、相对点位中误差的精度信息，转换参数及其精度信息等。基线向量的改正数与同名基线无约束平差相应改正数的较差应满足式（3.2.14-4）～（3.2.14-6）的要求：

$$dV_{\Delta x} \leqslant 2\sigma \tag{3.2.14-4}$$

$$dV_{\Delta y} \leqslant 2\sigma \tag{3.2.14-5}$$

$$dV_{\Delta z} \leqslant 2\sigma \tag{3.2.14-6}$$

3.2.15 进行约束平差后，当卫星定位控制点与现有城市控制点的重合点的坐标较差大于本规范表3.2.2的规定时，应检查已知点是否可靠，并对约束控制点和控制方位角进行筛选后，重新进行不同约束控制点或不同约束方位角的不同组合的约束平差。

3.2.16 卫星定位控制网测量结束后，应提交下列资料：

1 技术设计书；

2 控制点点之记及测量标志委托保管书；

3 控制网示意图；

4 外业观测手簿及其他记录；

5 控制网平差及精度评定资料；

6 控制点成果表；

7 技术总结。

3.3 精密导线网测量

3.3.1 精密导线网测量的主要技术要求应符合表3.3.1的规定。

表 3.3.1 精密导线测量主要技术要求

平均边长（m）	闭合环或附合导线总长度（km）	每边测距中误差（mm）	测距相对中误差	测角中误差（″）	水平角测回数		边长测回数	方位角闭合差（″）	全长相对闭合差	相邻点的相对点位中误差（mm）
					Ⅰ级全站仪	Ⅱ级全站仪	Ⅰ、Ⅱ级全站仪			
350	3～4	±4	1/60000	±2.5	4	6	往返测距各2测回	$\pm 5\sqrt{n}$	1/35000	±8

注：1 n 为导线的角度个数，一般不超过 12；
2 附合导线路线超长时，宜布设结点导线网，结点间角度个数不超过 8 个；
3 全站仪的分级标准执行本规范附录 A 中表 A.0.7 的规定。

3.3.2 精密导线网应沿线路方向布设，并应布设成附合导线、闭合导线或结点导线网的形式。

3.3.3 选择精密导线点时应符合下列要求：

1 附合导线的边数宜少于 12 个，相邻边的短边不宜小于长边的 1/2，个别短边的边长不应小于 100m；

2 导线点的位置应选在施工变形影响范围以外稳定的地方，并应避开地下构筑物、地下管线等；

3 楼顶上的导线点宜选在靠近并能俯视线路、车站、车辆段一侧稳固的建筑上；

4 相邻导线点间以及导线点与其相连的卫星定位点之间的垂直角不应大于 30°，视线离障碍物的距离不应小于 1.5m，避免旁折光的影响；

5 在线路交叉及前、后期工程衔接的地方应布设适量的共用导线点；

6 应充分利用现有城市控制点标石。

3.3.4 在地面宜按本规范附录 A 中图 A.0.8 的规格埋设精密导线点标石，在楼顶可按本规范附录 A 中图 A.0.3 的规格埋设标石。埋设结束后应绘制点之记。

3.3.5 导线测量前应对仪器进行常规检查与校正，同时记录检校结果。

3.3.6 导线点上只有两个方向时，其水平角观测应符合以下要求：

1 应采用左、右角观测，左、右角平均值之和与 360°的较差应小于 4″；

2 前后视边长相差较大，观测需调焦时，宜采用同一方向正倒镜同时观测法，此时一个测回中不同方向可不考虑 2C 较差的限差；

3 水平角观测一测回内 2C 较差，Ⅰ级全站仪为 9″，Ⅱ级全站仪为 13″。同一方向值各测回较差，Ⅰ级全站仪为 6″，Ⅱ级全站仪为 9″。

3.3.7 在精密导线网结点或卫星定位控制点上观测水平角时应符合以下要求：

1 在附合导线两端的卫星定位控制点上观测时，宜联测两个卫星定位控制点方向，夹角的平均观测值与卫星定位控制点坐标反算夹角之差应小于 6″；

2 方向数超过 3 个时宜采用方向观测法，方向数不多于 3 个时可不归零；

3 方向观测法水平角观测的技术要求应符合表 3.3.7 的规定。

表 3.3.7 方向观测法水平角观测技术要求（″）

全站仪的等级	半测回归零差	一测回内 2C 较差	同一方向值各测回较差
Ⅰ级	6	9	6
Ⅱ级	8	13	9

3.3.8 附合精密导线或精密导线环的方位角闭合差（W_β），不应大于下式计算的值：

$$W_\beta = \pm 2m_\beta\sqrt{n} \tag{3.3.8}$$

式中 m_β——本规范表 3.3.1 中的测角中误差（″）；

n——附合导线或导线环的角度个数。

3.3.9 精密导线网测角中误差（M_0）应按下式计算：

$$M_0 = \pm\sqrt{\frac{1}{N}\left[\frac{f_\beta \cdot f_\beta}{n}\right]} \tag{3.3.9}$$

式中 f_β——附合导线或闭合导线环的方位角闭合差；

n——附合导线或导线环的角度个数；

N——附合导线或闭合导线环的个数。

3.3.10 精密导线网测距时应符合下列要求：

1 距离测量除应符合本规范表 3.3.1 的要求外，还应符合表 3.3.10 的规定；

表 3.3.10 距离测量限差技术要求（mm）

全站仪等级	一测回中读数间较差	单程各测回间较差	往返测或不同时段结果较差
Ⅰ级	3	4	2·（$a+bd$）
Ⅱ级	4	6	

注：1 （$a+bd$）为仪器标称精度，a 为固定误差，b 为比例误差系数，d 为距离测量值（以千米计）；
2 一测回指照准目标一次读数 4 次。

2 测距时应读取温度和气压，测前、测后各读取一次，取平均值作为测站的气象数据。温度读至 0.2℃，气压读至 50Pa。

3.3.11 精密导线网边长应按下列要求进行改正：

1 气象改正，根据仪器提供的公式进行改正；也可以将气象数据输入全站仪内自动改正。

2 仪器加、乘常数改正值 S，应按下式计算：

$$S = S_0 + S_0 \cdot K + C \tag{3.3.11-1}$$

式中　S_0——改正前的距离；

C——仪器加常数；

K——仪器乘常数。

3　利用垂直角计算水平距离 D 时应按下式计算：

$$D = S \cdot \cos(\alpha + f) \quad (3.3.11\text{-}2)$$

$$f = (1-K)\rho S \cdot \cos\alpha/(2R) \quad (3.3.11\text{-}3)$$

式中　α——垂直角观测值；

K——大气折光系数；

S——经气象及加、乘常数改正后的斜距（m）；

R——地球平均曲率半径（m）；

f——地球曲率和大气折光对垂直角的修正量（″）；

ρ——弧与度的换算常数，ρ=206265（″）。

3.3.12　精密导线网测距边的高程归化和投影改化，应符合下列规定：

1　归化到城市轨道交通线路测区平均高程面上的测距边长度 D，应按下式计算：

$$D = D'_0\left[1+\frac{H_p - H_m}{R_a}\right] \quad (3.3.12\text{-}1)$$

式中　D'_0——测距两端点平均高程面上的水平距离（m）；

R_a——参考椭球体在测距边方向法截弧的曲率半径（m）；

H_p——现有城市坐标系统投影面高程或城市轨道交通工程线路的平均高程（m）；

H_m——测距边两端点的平均高程（m）。

2　测距边在高斯投影面上的长度 D_z，按下式计算：

$$D_z = D\left[1+\frac{Y_m^2}{2R_m^2}+\frac{\Delta Y^2}{24R_m^2}\right] \quad (3.3.12\text{-}2)$$

式中　Y_m——测距边两端点横坐标平均值（m）；

R_m——测距边中点的平均曲率半径（m）；

ΔY——测距边两端点近似横坐标的增量（m）。

3.3.13　精密导线网计算应采用严密平差方法，其精度应符合本规范表 3.3.1 的规定。

3.3.14　精密导线网测量结束后，应提交下列资料：

1　技术设计书；

2　外业观测记录与内业计算成果；

3　导线网示意图；

4　导线点点之记；

5　导线点坐标及其精度评定成果表；

6　技术总结。

4　地面高程控制测量

4.1　一 般 规 定

4.1.1　城市轨道交通工程高程测量应采用统一的高程系统，并应与现有城市高程系统相一致。

4.1.2　城市轨道交通工程高程控制网为水准网，应分两个等级布设：一等水准网是与城市二等水准精度一致的水准网，二等水准网是加密的水准网。当现有城市一、二等水准点间距小于 4km 时，应一次布设城市轨道交通工程二等水准网。

4.1.3　水准网应沿线路附近布设成附合线路、闭合线路或结点网。二等水准点间距平均 800m，联测城市一、二等水准点的总数不应少于 3 个，宜均匀分布。

4.1.4　水准网测量的主要技术要求应符合表 4.1.4 的规定。

表 4.1.4　水准网测量的主要技术要求

水准测量等级	每千米高差中数中误差（mm）		附合水准路线平均长度（km）	水准仪等级	水准尺	观测次数		往返较差、附合或环线闭合差（mm）
	偶然中误差 M_Δ	全中误差 M_W				与已知点联测	附合或环线	
一等	±1	±2	35～45	DS1	铟瓦尺或条码尺	往返测各一次	往返测各一次	$\pm 4\sqrt{L}$
二等	±2	±4	2～4	DS1	铟瓦尺或条码尺	往返测各一次	往返测各一次	$\pm 8\sqrt{L}$

注：1　L 为往返测段、附合或环线的路线长（以 km 计）；
2　采用数字水准仪测量的技术要求与同等级的光学水准仪测量技术要求相同。

4.1.5　水准点应选在施工影响的变形区域以外稳固、便于寻找、保存和引测的地方，宜每隔 3km 埋设 1 个深桩或基岩水准点。车站、竖井及车辆段附近水准点布设数量不应少于 2 个。

4.1.6　当水准路线跨越江、河、湖、塘且视线长度小于 100m 时，可采用一般水准测量方法进行观测；视线长度大于 100m 时，应进行跨河水准测量。跨河水准测量可采用光学测微法、倾斜螺旋法、经纬仪倾角法和光电测距三角高程法等，其技术要求应符合现行国家标准《国家一、二等水准测量规范》GB 12897 的相关规定。

4.1.7　水准点标石和标志应按本规范附录 B 中的图 B.0.1、图 B.0.2、图 B.0.3 和图 B.0.4 的形式和规格埋设。地层为软土的城市或地区应根据其岩土条件设计和埋设适宜的水准标石。水准点也可利用精密导线点标石，墙上水准点应选在稳固的永久性建筑上。

4.1.8　水准点标石埋设结束后，应绘制点之记，并办理水准点委托保管书。

4.1.9 对已建成的水准网应定期进行复测，第一次复测应在开工前进行，之后应1年复测1次，且应根据点位稳定情况适当调整复测频次。复测精度不应低于原测精度，高程较差不应大于$\sqrt{2}$倍高程中误差。当水准点标石被破坏时，应重新埋设，复测时统一观测。

4.2 水准网测量

4.2.1 作业前，应对所使用的水准测量仪器和标尺进行常规检查与校正。水准仪i角检查，在作业第一周内应每天1次，稳定后可半月1次。一等水准测量仪器i角应小于或等于15″；二等水准测量仪器i角应小于或等于20″。

4.2.2 一等及二等水准网测量的观测方法应符合下列规定：

1 往测 奇数站上：后—前—前—后
偶数站上：前—后—后—前

2 返测 奇数站上：前—后—后—前
偶数站上：后—前—前—后

3 使用数字水准仪，应将有关参数、限差预先输入并选择自动观测模式，水准路线应避开强电磁场的干扰。

4 一等水准每一测段的往测和返测，宜分别在上午、下午进行，也可在夜间观测。

5 由往测转向返测时，两根水准尺必须互换位置，并应重新整置仪器。

4.2.3 水准测量观测的视线长度、视距差、视线高度应符合表4.2.3的规定。

表4.2.3 水准测量观测的视线长度、视距差、视线高度的要求（m）

等级	视线长度		前后视距差	前后视距累计差	视线高度	
	仪器等级	视距			视线长度20m以上	视线长度20m以下
一等	DS_1	≤50	≤1.0	≤3.0	≥0.5	≥0.3
二等	DS_1	≤60	≤2.0	≤4.0	≥0.4	≥0.3

4.2.4 水准测量测站观测限差应符合表4.2.4的规定。

表4.2.4 水准测量的测站观测限差（mm）

等级	上下丝读数平均值与中丝读数之差	基、辅分划读数之差	基、辅分划所测高差之差	检测间歇点高差之差
一等	3.0	0.4	0.6	1.0
二等	3.0	0.5	0.7	2.0

注：使用数字水准仪观测时，同一测站两次测量高差较差应满足基、辅分划所测高差较差的要求。

4.2.5 往返两次测量高差超限时应重测。重测后，一等水准应选取两次异向观测的合格成果，二等水准则应将重测成果与原测成果比较，其较差合格时，取其平均值。

4.2.6 水准测量的内业计算，应符合下列规定：

1 计算取位，高差中数取至0.1mm；最后成果，一等水准取至0.1mm，二等水准取至1.0mm。

2 水准测量每千米的高差中数偶然中误差（M_Δ）按下式计算：

$$M_\Delta=\pm\sqrt{\frac{1}{4n}\left[\frac{\Delta\Delta}{L}\right]} \qquad (4.2.6\text{-}1)$$

式中 M_Δ——每千米高差中数偶然中误差（mm）；

L——水准测量的测段长度（km）；

Δ——水准路线测段往返高差不符值（mm）；

n——往返测水准路线的测段数。

3 当附合路线和水准环多于20个时，每千米水准测量高差中数全中误差（M_W）应按下式计算：

$$M_W=\pm\sqrt{\frac{1}{N}\left[\frac{WW}{L}\right]} \qquad (4.2.6\text{-}2)$$

式中 M_W——每千米高差中数全中误差（mm）；

W——附合线路或环线闭合差（mm）；

L——计算附合线路或环线闭合差时的相应路线长度（km）；

N——附合线路和闭合线路的条数。

4 水准网的数据处理应进行严密平差，并应计算每千米高差中数偶然中误差、高差全中误差、最弱点高程中误差和相邻点的相对高差中误差。

4.2.7 水准网测量结束后应提交下列资料：

1 技术设计书；

2 水准网示意图；

3 外业观测手簿及仪器检验资料；

4 点之记及水准点委托保管文件；

5 高程成果表和精度评定等资料；

6 技术总结。

5 线路带状地形测量

5.1 一般规定

5.1.1 本章适用于城市轨道交通工程沿线的大比例尺带状地形测量。

5.1.2 线路带状地形测量包括：图根控制测量、地形图测绘。

5.1.3 线路带状地形图测绘的比例尺可根据各设计阶段的需要选用1∶500、1∶1000、1∶2000，车站局部地区和区间重点部位按设计要求可选用1∶200。

5.1.4 地形图图式符号应按现行国家标准的地形图图式的规定执行。对国家标准中没有规定的图式符号可作补充，并应在技术设计和技术总结中说明，并绘制相应的图例。

5.1.5 线路带状地形图测绘可选用全站仪数字化测图、航空摄影测量成图、平板仪测图等能够达到本规范规定精度的测绘方法，并应提供数字化成果。

5.1.6 线路带状地形图的成图精度应符合下列要求：

1 地物点相对于邻近图根点的图上点位中误差：主要地物为±0.5mm，一般地物为±0.75mm；隐蔽、困难地区：主要地物为±0.75mm，一般地物为±1.13mm；邻近地物点间距图上中误差为±0.4mm；

2 地形图注记点的高程精度应符合表5.1.6的规定，等高线内插点的高程中误差：丘陵为±$0.5H_d$，山区为±$0.7H_d$，高山区为±$1.0H_d$，其中H_d为基本等高距。

表 5.1.6 地形图注记点的高程精度（m）

测点类别	铺装地面、桥面、路面、房基散水、门口、铁路轨顶	一般地形点
建成区或平坦地区	±0.05	±0.15
困难地区或山区	±0.08	±0.15

5.1.7 对于较平坦的地区可不勾绘等高线，对起伏较大的地区应勾绘等高线。同一图幅应采用一种基本等高距。

5.1.8 线路带状地形图应通过过程检查、最终检查无误后方可提供使用。有关检查方法、检查标准应按现行行业标准《测绘产品质量检查验收规定》CH 1002执行。

5.2 图根控制测量

5.2.1 图根点可利用城市轨道交通工程的地面各级控制点，也可利用城市各等级控制点进行加密。图根点密度应符合表5.2.1的规定，在地形复杂、隐蔽以及建筑密集区应适当加密。

表 5.2.1 图根点密度（点/km^2）

测图比例尺	1∶500	1∶1000	1∶2000
图根点密度	150	50	15

5.2.2 图根点测量宜采用附合导线，图根导线不宜超过二次附合。当图根导线无法附合时，可布设支导线，但支导线边数不应超过4条。

5.2.3 图根导线测量技术要求应符合表5.2.3的规定。

表 5.2.3 图根导线测量技术要求

比例尺	附合导线长度（m）	平均边长（m）	测回数Ⅲ级全站仪	导线相对闭合差	方位角闭合差（″）
1∶500	900	80	1	1/4000	$\pm40\sqrt{n}$
1∶1000	1800	150	1	1/4000	$\pm40\sqrt{n}$
1∶2000	3000	250	1	1/4000	$\pm40\sqrt{n}$

注：1 n为测站数；

2 当导线长度短于表中规定的1/3时，其坐标闭合差不应大于图上0.3mm；

3 边长单程测距一测回（照准一次，测三次），读数较差应小于5mm；

4 支导线长度不超过附合导线长度的1/3，边数不应超过4条。水平角应测左、右角各一测回。

5.2.4 图根高程控制测量可采用图根水准或光电测距三角高程测量方法，并应按附合路线形式布设。

5.2.5 图根水准测量应使用不低于DS3级水准仪，采用单程观测，其主要技术要求应符合表5.2.5的规定。

表 5.2.5 图根水准测量主要技术要求

附合路线长度（km）	视线长度（m）	闭合差（mm）
≤5	≤100	$\pm8\sqrt{n}$或$\pm30\sqrt{L}$

注：n为测站数；

L为水准路线长度，以千米计。

5.2.6 光电测距三角高程测量宜与图根导线测量同时进行。垂直角对向观测各一测回，边长单程观测一测回，仪器高、觇标高应量至毫米，高程闭合差应为$\pm30\sqrt{\sum D}$（mm）（D为测距边水平距离，单位为千米）。

5.3 线路带状地形图测绘

5.3.1 线路带状地形图分幅应符合下列要求：

1 带状地形图宜采用自由分幅，施测前应进行分幅设计；

2 自设计线路的起点沿线路前进方向顺序编号，编号以分数表示，分母为总图幅数，分子为所在图幅号；

3 图幅长度宜在100～150cm之间，相邻图幅长度不宜变化过大；

4 分幅不宜设在重要建筑、路口、设计的车站等地方。当线路有比较方案时，宜将其测绘在同一幅图内。当设计人员对接图位置有特殊要求时，应满足设计人员的要求。

5.3.2 线路带状地形图施测宽度应依据设计要求确定。

5.3.3 线路带状地形图成果的数据格式、数据分类与代码应满足设计要求。

5.3.4 地形图上应展绘出各等级平面控制点、水准点，并用规定符号表示。

5.3.5 带状地形图测绘应包括以下主要内容：

1 居民地的各类建筑及主要附属设施的外围轮廓及结构特征等；

2 工矿建筑及其附属设施的位置、形状和性质特征等；

3 交通及附属设施的位置、类别、等级及结构特征等；

4 架空管线及附属设施的位置、线类、走向等；

5 水系及附属设施的范围、水涯线、流向、水深等；

6 境界、地貌和土质、植被等。

5.3.6 地形图测绘内容的表示方法、取舍和注记应执行国家现行标准的规定。

5.4 航空摄影测量

5.4.1 本节适用于采用摄影测量方法测绘 1∶500、1∶1000、1∶2000数字化图。

5.4.2 摄影资料应满足下列要求：

1 摄影比例尺应满足 1∶500、1∶1000、1∶2000成图的要求；

2 摄影质量应满足现行行业标准《城市测量规范》CJJ 8 的相关要求。

5.4.3 摄影测量的精度要求应符合下列规定：

1 影像分辨率应不低于 25μm；

2 像控点的精度：采用导线联测时，方位闭合差为 $\pm 30'' \sqrt{n}$，平差后导线相对闭合差不大于 1/10000；采用卫星定位测量时，像控点相对邻近已知点的点位误差为±30mm；

3 内业加密点相对于邻近平面控制点的点位中误差为图上±0.35mm，地物点相对于邻近平面控制点的点位中误差为图上±0.50mm；

4 内业加密点、等高线插求点相对于邻近高程控制点的高程中误差应满足现行行业标准《城市测量规范》CJJ 8 的相应要求。

5.4.4 像控点布设可根据航线数目选用航线网布点或区域网布点，像控点在像片上的位置以及像控点的布设方法、精度应满足现行行业标准《城市测量规范》CJJ 8 的相应要求。像控点测量宜采用光电测距导线、卫星定位静态或卫星定位动态等方法。

5.4.5 空中三角测量加密点的选择应符合下列规定：

1 加密点应选在航向三片重叠中线和旁向重叠中线的交点附近；

2 加密点在本片和邻片上影像均应清晰明显，易于量测；

3 加密点距像片边缘应大于 10mm。

5.4.6 空中三角测量的各项误差应符合下列规定：

1 内定向精度应小于 12μm；

2 相对定向精度应小于 1 个像素；

3 模型连接差：平面连接差不应大于 $0.06M$ (mm)，高程连接差不应大于 $0.04\,\frac{f_K}{b}M$ (mm)，[M 为摄影比例尺分母，b 为摄影基线，f_k 为摄影焦距 (mm)]；

4 绝对定向完成后，定向点残差应小于加密点中误差的 75%，多余野外控制点残差应小于加密点中误差的 1.3 倍，区域网间公共点较差应小于加密点中误差的 2.0 倍。

5.4.7 测图的各种定向误差应满足以下要求：

1 内方位恢复定向精度应小于 12μm；

2 恢复相对定向精度应小于 1 个像素；

3 绝对定向各点平面坐标残差：平地及丘陵地区应小于图上 0.2mm；山区及高山区应小于图上 0.3mm。高程定向各点残差应小于加密点高程中误差的 60%。

5.4.8 地物、地貌测绘应满足下列要求：

1 地物、地貌测绘内容应执行本规范第 5.3.5 条的规定；

2 相应地物、地貌的属性数据应根据设计需要同时采集；

3 成果图形文件格式宜为三维或二维的 DXF (DWG)、DGN 及适合于今后应用的其他格式；

4 符号库、线型库和汉字库必须符合现行的有关图式、地形要素分类与代码规定；

5 相邻像对的地物和等高线接边误差应分别小于地物点平面位置中误差和等高线中误差的 1.5 倍，个别应小于 2 倍。接边差应合理配赋，避免地物、地貌变形。

5.4.9 对于 1∶500、1∶1000 比例尺测图，城市建筑区、平坦地区和铺装路面，高程注记点宜由外业实测，其余地区高程注记点和等高线均可采用数字摄影测量方法进行测绘。

5.4.10 调绘时，应对航测内业成图进行全面实地检查、修测和补测，并对地理名称进行调查注记，对房檐进行改正等。

5.4.11 对调绘后的地形图进行编辑，地形图的表示、取舍和注记应符合现行行业标准《城市测量规范》CJJ 8 的相关规定。

5.4.12 采集带属性数据的图形，应进行拓扑分析。

6 专项调查与测绘

6.1 一般规定

6.1.1 本章适用于城市轨道交通工程线路中线两侧及车辆段范围内的管线、建筑、水域、房屋拆迁等专项调查与测绘。

6.1.2 专项测绘的坐标、高程系统应与城市轨道交通工程的坐标、高程系统一致。

6.1.3 专项调查应充分收集测区内已有的相关资料，并应通过检查、修测、补测和整理后予以利用。

6.1.4 专项调查与测绘的成图比例尺应符合下列要求：

1 平面图比例尺宜与线路带状地形图相同，局部地区详细图的比例尺宜为1：50～1：200；

2 纵断面图比例尺：水平方向宜为1：500～1：1000，竖直方向宜为1：100；

3 横断面图比例尺宜按建筑复杂程度和地形起伏变化确定。

6.1.5 专项调查与测绘控制点、地物点的平面位置和高程，其精度应与线路带状地形图图根控制点、地物点相同。细部点相对于邻近控制点的精度要求应符合表6.1.5的规定。

表6.1.5 细部点相对于邻近控制点的精度要求

细部点分类		平面点位中误差（mm）	高程中误差（mm）
解析法	重要细部点	±50	±30
	一般细部点	±70	±40
图解法	细部点	±0.5M	±70

注：1 重要细部点是指制约线路的建筑细部点和管线点；一般细部点是指重要细部点之外的细部点；

2 采用坐标反算房屋边长进行拆迁测量时，其平面位置精度应符合对重要细部点的规定；

3 M为地形图比例尺的分母。

6.1.6 地下管线隐蔽点探测精度要求应符合表6.1.6的规定。

表6.1.6 地下管线隐蔽点探测精度要求

管线中心埋深h（cm）	平面位置限差（cm）	埋深限差（cm）
$h\leqslant100$	±10	±15
$h>100$	±0.10h	±0.15h

6.1.7 专项调查与测绘细部点的坐标、高程可采用下列方法测量：

1 极坐标测量技术要求应符合表6.1.7-1的规定；

表6.1.7-1 极坐标测量技术要求

测距方法	测距中误差或往返测较差相对误差	水平角观测测回数	垂直角观测测回数	测站至细部点最大距离（m）
光电测距	±30mm	1	1	150
钢尺丈量	1/1000	1	1	50

注：角度测量仪器应不低于Ⅲ级全站仪。

2 观测条件允许时，也可采用卫星定位方法测量，测量时应对细部点进行重复观测，平面、高程较差应不大于2倍的观测中误差；

3 高程测量使用水准测量方法时，应布设附（闭）合水准路线，水准线路长度不应超过4km；高程闭合差应在±40$\sqrt{L}$mm之内（L为路线长度，以千米计）；观测应使用不低于DS10型精度的水准仪；

4 光电测距三角高程导线可附合在精密水准点或城市等级水准点上，其技术要求应符合表6.1.7-2的规定；

表6.1.7-2 光电测距三角高程导线技术要求

导线长度（km）	最大边长（m）	每边测距中误差（mm）	垂直角中丝法观测测回数		往返高差较差（mm）	高程闭合差（mm）
			Ⅱ级全站仪	Ⅲ级全站仪		
4	100	±15	1	2	100$\sqrt{d}$	±40$\sqrt{L}$

注：1 d为相邻点间距离（以千米计）；

2 L为附合路线长度（以千米计）；

3 若垂直角小于15°，距离可单向测定。

5 专项测绘还可采用能满足精度要求的其他测量方法。

6.1.8 作业人员进入检查井时，必须遵守国家有关安全保护规定，并应采取防止中毒、爆炸等意外事故发生的措施。

6.2 地下管线调查与测绘

6.2.1 对埋设于地下的给水、排水、燃气、热力、工业和电力、电信等管线，除管径小于50mm的给水管道和管径小于200mm的排水管道外，均应进行调查与测绘。

6.2.2 地下管线调查前的准备工作应符合下列要求：

1 必须全面收集和整理测区内已有的地下管线资料，包括各种地下管线图及技术说明等，并进行分析比较，确定其能否利用及需要补充的内容；

2 现场踏勘时，应察看地下管线分布和出露情况，直埋管线的地面标志保存情况，当地的地球物理条件及可能的干扰因素；

3 制定地下管线调查、探测和测绘的实施计划。

6.2.3 对线路沿线具有明显管线点的地下管线及其附属设施应进行实地调查、量测，记录管线点有关数据和填写管线调查表，并应符合下列规定：

1 实地调查时应查明管线的性质、类型、走向、电缆条数、材质、载体特征、敷设方式及日期、产权单位以及建筑和附属设施等；

2 在明显管线点上应测量地下管线的埋深；

四、勘察规划标准

3　当地下管线中心线偏离窨井中心间距大于0.2m时，应以管线在地面的投影位置设置管线测点，窨井作为专业管线附属物处理；

4　地下管廊、管沟或管线隧道应量测其外径或外壁断面尺寸。圆形断面可量测内直径，矩形断面可量取内宽度和高度，并应获取对应结构的厚度，同时在图上进行标注，单位以毫米表示。

6.2.4　隐蔽地下管线宜采用物探方法查明其位置、走向、埋深等，并应符合下列规定：

1　探查前应进行探查方法选择、试验和仪器检校；

2　隐蔽管线探测时应确定其交叉点、分支点、转折点、起终点及附属设施中心点等特征点在地面的投影位置，对设计、施工有特殊需要的位置也应进行探测；

3　经物探定位的管线点应设置地面标志并绘制点位示意图；

4　探查所获资料尚不能满足设计与施工要求时，应开挖调查与测绘。

6.2.5　地下管线的测绘内容应包括测量管线特征点、管线附属设施的平面位置及高程、管线剖面图及窨井平面图，并应符合下列规定：

1　应按本规范第6.1.7条规定的测量方法测量明显管线点和隐蔽管线点标志的坐标和高程；

2　平面图应绘制地下管线交叉、分支、转折、变径、变坡点及窨井（或小室）等位置，还应包括管线建筑及阀门、消火栓、排气、排水、排污装置等附属设施、管线走向、窨井轮廓以及井底高程等。

6.2.6　在综合地下管线图上应绘出偏距大于0.2m管线的实际位置。综合管线图以分色表示为宜，绘制综合地下管线图采用的图例、符号应按国家现行有关规定执行。

综合地下管线图上除绘制地下管线外，还应将道路、街坊以及与地下管线有参照作用的建筑绘于图上。

6.2.7　综合地下管线点成果表的内容宜包括：管线点号、管线连接点号、管线类型、管径或断面尺寸、材质、埋深、管线点坐标、高程、压力或电压、电缆根数或总孔数及已用孔数、权属单位和埋设日期等。

6.2.8　地下管线数字化成图应符合国家现行规范的有关规定，并应满足本章的有关技术要求。各种类型的管线和设施宜分层存储，并可根据设计需要输出专业管线图或综合管线图。

6.2.9　管线测绘完成后应按工区抽样检查。每一个工区隐蔽管线点和明显管线点的抽样数分别不少于各自总点数的5%，样本应随机抽取，且分布均匀、合理。质量检查应安排不同作业人员重复调查与探测，检查内容应包含管线点的几何精度和属性等。

6.3　地下建筑测绘

6.3.1　地下建筑包括人防工程、地下停车场、地下商店、仓库、地下通道及其出入口、竖井等，对地下建筑应进行详细测绘。

6.3.2　地面、地下控制点测量均应布设成附合导线。有困难时，地下可布设成支导线。

6.3.3　导线测量应符合下列规定：

1　地面控制导线的技术要求，应按本规范第5.2节的规定执行；

2　地下控制导线可附合在地面控制导线点上，也可直接附合在精密导线点或城市导线点上，其技术要求应符合表6.3.3的规定。

表6.3.3　地下控制导线测量技术要求

导线长度（m）	平均边长（m）	每边测距相对中误差	水平角观测测回数（Ⅲ级全站仪）	方位角闭合差（″）	导线全长相对闭合差
300	30	1/2000	1	$\pm 90\sqrt{n}$	1/1000

注：1　n为测站数。

2　困难测区导线超长或边长过短，应提高测量精度，导线坐标闭合差为±0.3m。

3　支导线测量技术要求应执行本规范第5.2.3条的规定。

6.3.4　地下控制导线宜通过地下建筑的出入口直接与地面控制点联测。

6.3.5　地下建筑的平面图及细部测量施测要求除应执行本规范第5.3节和第5.4节的有关规定外，还应符合下列规定：

1　测定地下建筑的内壁确定其内轮廓后，应调查或探测墙壁厚度，并应加绘外墙符号；困难时，次要建筑可仅绘制内轮廓；

2　地下建筑的底面高程注记应与地面高程注记相区分；

3　测绘地下建筑的各种附属设施。

6.3.6　地下通道除测量巷道及附属设施的平面位置外，还应测量起点、终点、折点、交点、变坡点等处内顶、内底板的高程，并应进行断面测量。在地下通道平面图上应注记断面尺寸、衬砌材料和通道名称等。

6.4　跨越线路的建筑测绘

6.4.1　对跨越线路的天桥、立交桥、栈桥和架空管线等主要建筑应进行测绘。

6.4.2　跨越线路建筑测绘宜采用解析法，并应按本规范第6.1.7条的规定测量建筑角点、外轮廓以及结构支撑柱等的坐标和高程。

6.4.3 架空管线的平面位置可通过测定其支架、杆、塔等支撑物体的位置进行推算，也可采用交会法直接测定，并应计算管线与线路中线的交角。

6.4.4 桥梁和管线应测定其离地面的净空高。电缆、电线应加测与线路中线相交处的悬高。

6.4.5 管线调查和细部测量方法应按本规范第6.2节和第5.3节的相关规定执行。

6.4.6 在平面图、纵断面图上应标注建筑的坐标、高程、宽度和净空高等数据，并编制相应成果表。

6.5 水域地形测量

6.5.1 水域应测绘水底地形图，测深点的布设可采用断面法或散点法。

6.5.2 测深断面宜垂直于岸线，当线路中线与岸线近似正交时，可平行于线路中线布设。断面间距为图上20mm，断面的起、终点应位于岸上且埋桩，并应按本规范第6.1.7条的规定测量断面起、终点的平面位置和高程。

6.5.3 测深点定位可采用下列方法：

1 断面法测深点间距为图上10mm，距起、终点的距离可采用光电测距法、断面索法、单角交会法等方法测定，方向可采用经纬仪控制；

2 散点法测深点间距宜为图上10～30mm，测深点定位可采用交会法、极坐标法和卫星定位等方法。点位中误差在图上为±2mm。

6.5.4 测深前应对测深仪器、工具进行检验。

6.5.5 测深精度应符合表6.5.5的规定。

表6.5.5 测深精度要求

水深范围（m）	测深仪器或工具	流速（m/s）	测深点深度中误差（m）
0～5	测深杆	—	±0.10
2～10 0～10	测深仪 测深锤	— <1	±0.15
10～20	测深仪 测深锤	— <0.5	±0.20
>20	测深仪 测深锤	— 静水	水深的1.5%～2.0%

注：当水底有大量水草时，不宜用测深仪测深。

6.5.6 在测深开始及结束时，应测断面处的水位。若水位涨落较快，应定时测量水位，并记录各测点测深时间，也可设置临时水尺，与测深同步观测水位。

6.5.7 水域地形测量完成后除应绘制水域等高线图外，水域与地面等高线还应进行拼接。

6.5.8 测深过程中或测深结束后，应对测深断面进行检查。检查断面与测深断面宜垂直相交，检查点数不应少于5%。深度检查较差应符合表6.5.8的规定。

表6.5.8 深度检查较差

水深 H（m）	≤20	>20
深度检查较差（m）	≤0.4	≤0.02H

6.6 房屋拆迁测量

6.6.1 为轨道交通建设而进行的房屋拆迁测量包括拆迁定界、拆迁调查测量、拆迁房屋建筑面积测量。

6.6.2 拆迁定界依据规划及设计要求对拆迁范围线进行实地测设。建筑密集地段可在建筑上设置界线标记，空旷地区应埋设界线桩。

6.6.3 拆迁调查测量应满足下列要求：

1 调查前应收集测区范围内的现状地形图，将拆迁范围线展绘在地形图上；

2 对拆迁范围内的每栋建筑进行实地对照检查，有变化的应进行修测或补测；

3 对拆迁范围内的每栋房屋进行编号并实地标识；必要时实地拍摄能反映建筑现状、层数及结构特征的照片；

4 丈量房屋各边边长，测量房（层）高，记录门牌号、房（层）号、建筑结构类型和附属物相关数据；边长丈量可使用钢尺、手持测距仪、红外测距仪和全站仪等；

5 外业应绘制房屋分层测量草图，图形复杂处可绘制局部放大图；遇有地下室、复式房、夹层等应另行描绘；

6 当日工作结束后，应对采集的外业数据进行整理、绘图、编辑和检查。

6.6.4 拆迁房屋建筑面积测量，包括永久性房屋建筑面积测量和非永久（临时）性房屋建筑面积测量。非永久性房屋和附属物拆迁测量的详略程度，由规划或房地产行政主管部门确定。已有产权登记的房屋，不再进行房屋拆迁建筑面积测量。

6.6.5 房屋建筑面积计算和统计应满足下列规定：

1 应计算各层不同结构建筑面积和整栋房屋建筑面积；

2 对测区内房屋建筑面积逐栋汇总，并按不同建筑结构进行分类统计；对跨越范围线的房屋宜按拆迁范围线内的房屋部分和整栋房屋分别统计；

3 对外围轮廓复杂或不规则的房屋，应测定房屋特征点坐标，绘制房屋平面图形，计算房屋建筑面积；

4 编制房屋拆迁平面位置总图，图中应附房屋拆迁编号、门牌号等；

5　一栋房屋具有多个产权人时，应依据产权各方的合法建筑面积分割文件或协议进行计算；

6　房屋拆迁测量的长度单位为米，取至0.01m；面积单位为平方米，取至0.01m^2。

6.6.6　对永久性房屋全部建筑面积、一半建筑面积和不计算建筑面积的范围划定，应按现行国家标准《房产测量规范 第一单元：房产测量规定》GB/T 17986.1的规定执行。对非永久性房屋，应执行规划或房屋行政管理部门的有关规定。

6.6.7　房屋建筑面积测算应独立计算两次，其较差不应大于2倍的建筑面积中误差，取中数作最后结果。房屋建筑面积测算中误差（M_P）按下式计算：

$$M_P \leqslant \pm(0.04\sqrt{P}+0.003P) \qquad (6.6.7)$$

式中　M_P——建筑面积中误差；

P——建筑面积值（m^2）。

6.6.8　房屋拆迁测量结束后，应提供下列资料：

1　房屋拆迁平面位置图；

2　房屋拆迁建筑面积测算图；

3　房屋拆迁测量成果表，表中应包括：地址门牌，房屋用途、层数和结构，基底面积，建筑面积，房屋现状照片；

4　房屋拆迁测量成果汇总表；

5　房屋拆迁测量报告。

6.7　勘测定界测量

6.7.1　城市轨道交通工程建设用地勘测定界测量工作主要包括：前期准备、实地放样、界址测量、绘制勘测定界图以及面积量算。

6.7.2　前期准备工作包括接受委托、收集有关文件及资料、现场踏勘。

6.7.3　需要收集的有关文件及资料主要包括：

1　由建设单位提供的建设用地规划许可证、批准的初步设计和有关资料；

2　土地管理部门在前期对项目用地的审查意见；

3　由市县级人民政府民政部门提供的区（县）行政界线以及证明材料；

4　由土地管理部门提供的土地利用现状调查图以及由专业设计单位提供的比例尺不小于1：2000的建设项目工程总平面布置图。

6.7.4　现场踏勘应实地调查用地范围内的行政界线、地类界线及地下埋藏物等。同时收集项目建址附近的各类测量控制点资料，并了解勘测的通视条件以及标石的完好情况。

6.7.5　实地放样应满足下列要求：

1　对界址点、线以及其他重要的界标设施均应放样，如有需要应测设加桩；

2　界址桩放样宜采用极坐标法、卫星定位法和图解法等；

3　极坐标法放样时，观测应使用不低于Ⅲ级的全站仪，角度观测半测回，距离测量一测回；

4　卫星定位法放样时，其精度应不低于极坐标法测量的要求；

5　极坐标法、卫星定位法放样困难时，可利用现有建筑进行图解法放样；

6　放样完成后，应对放样点进行检核。

6.7.6　界址桩和界址线确定后，应进行界址测量。测量精度应满足下列要求：

1　界址点坐标相对邻近图根点的点位中误差为±5cm；

2　界址边丈量中误差为±5cm；

3　界址线与邻近地物或邻近界线的距离中误差应为±5cm。

6.7.7　勘测定界图可在土地利用现状调查图或地形图上编绘，或直接绘制。勘测定界图主要内容应包括界址点、权属界线、地类界线、用地面积等，各种符号与注记应按勘测定界图图例绘制，绘图比例尺不应小于1：2000。

6.7.8　面积量算可采用坐标法、几何图形法、求积仪法等。面积量算应满足下列要求：

1　宗地的地类应执行国家国土行政管理部门规定的土地分类标准；

2　宗地内有不同的地类，应分别计算每一地类的面积；

3　宗地内有若干权属单位，应根据国有土地使用证以及有关各方认可的权属界线，分别计算其用地面积；

4　图上两次面积量算的较差限差应小于$0.0003M\sqrt{P}$（M是比例尺分母，P是宗地面积，单位为平方米）；几何图形法两次计算面积的较差限差应小于$2.04M_L\sqrt{P}$（P是宗地面积，单位为平方米；M_L是界址边丈量中误差，单位为米）。

6.7.9　勘测定界测量结束后，应提交土地勘测定界技术报告书，供土地管理部门审查核定。土地勘测定界技术报告书包括：

1　勘测定界技术说明；

2　勘测定界表；

3　勘测面积表；

4　土地分类面积表；

5　用地范围略图；

6　界址点坐标成果表；

7　界址点点之记。

6.7.10　依法批准的建设项目用地范围、面积与呈报的不一致时，应根据审批结果对变化的部分重新进行勘测定界。重新勘测定界成果经验收合格后，应重新提交土地勘测定界技术报告书。

7 线路定线及纵横断面测量

7.1 一般规定

7.1.1 城市轨道交通工程线路定线测量工作分初步设计定线和施工定线。定线测量应根据设计单位或建设单位的技术要求和有关资料进行。

7.1.2 当城市轨道交通工程的专用控制网未布设完成时，初步设计定线测量可利用线路带状地形图测量的控制点，若其密度不够时可加密。测量精度不应低于图根控制点的精度。施工定线测量必须利用专用控制网的卫星定位控制点、精密导线点进行。

7.1.3 定线测量前，应编制定线测量作业方案，并应对定线测量使用的线路设计资料进行复核。

7.1.4 纵横断面测量宜在初步设计定线完成后按设计要求进行。纵断面应沿线路中线测量，横断面在直线段应与中线垂直；曲线段应沿法线方向布设。

7.2 初步设计定线测量

7.2.1 定线测量位置和测量精度应按设计要求及本规范的有关规定执行。

7.2.2 线路中线应埋设控制桩和加密桩，控制桩为百米桩和曲线要素桩。加密桩间距：直线段应为50m、曲线段应为30m。

7.2.3 定线测量时应将线路控制桩和加密桩等测设于实地，并标识清楚。当中线控制桩位于河、湖或建筑上时，应测设指示桩，其精度应与中线桩相同，并应注明中线控制桩与指示桩的相对关系。

7.2.4 开阔地区中线控制桩放样，可使用卫星定位、全站仪等测量仪器，采用解析法作业。建筑密集地区中线控制桩放样，可利用线路两侧建筑的明显特征点采用图解法定线。

7.2.5 线路中线控制桩放样精度应符合表7.2.5的规定。

表 7.2.5 线路中线控制桩放样精度

测量方法	相对于邻近控制点（地物点）的点位中误差（mm）
解析法	±50
图解法	±100

7.2.6 对影响设计线路的建筑、柱子和大型管道等，均应测定其特征点的坐标。

7.2.7 定线测量完成后，应进行线路中线测量，并与建筑细部坐标点进行检核。相邻中线控制桩实测距离与设计的距离较差应小于70mm。相邻中线桩不通视时，宜采用间接测量的方法进行检核。

7.2.8 定线测量完成后，应提交下列资料：

1 定线测量技术总结报告；

2 定线测量成果表，见本规范附录C表C.0.1；

3 定线测量交接桩书，见本规范附录C表C.0.2。

7.3 纵横断面测量

7.3.1 纵断面应沿线路中线逐桩测量，并起闭于水准点上；水准路线长度应小于1000m，其闭合差为±30mm。

7.3.2 纵断面、横断面测量可采用水准测量或光电测距三角高程测量，横断面点间距也可用皮尺、测绳等丈量。

7.3.3 纵断面图比例尺：水平方向宜为1∶500～1∶2000，竖直方向宜为1∶50～1∶200；横断面图比例尺宜为1∶50～1∶200。

7.3.4 纵断面测量水准点和转点的读数取至毫米，各间视点的读数取至厘米；横断面测量可直接记录高程或高差，高程或高差的读数取至厘米，距离读数取至分米。

7.3.5 直线段纵断桩距宜为50m、曲线段纵断桩距宜为20～30m，或按设计要求确定。

7.3.6 纵断面测量遇下列情况时应加桩：

1 铁路、公路、桥涵、建筑、水域、沟渠等处；

2 高差大于0.3m的坡、坎上下等地形突变处；

3 设计中有特殊要求的位置。

7.3.7 设计中所依据的铁路轨顶、桥面、路中、探坑等重要高程点位，应按图根点精度施测。

7.3.8 当已有地形图精度和比例尺满足相应纵、横断面测量技术要求时，可从地形图上择录纵、横断面数据，但设计中有特殊要求的点位应现场实测。

7.3.9 线路穿越河流时，在线路两侧应至少各加测一个河床横断面，断面与线路中线的间距应满足设计要求。

7.3.10 横断面在线路上的位置应与纵断面点相对应，横断面测量宽度及测点间距应符合下列规定：

1 左右线平行时，左线中线左侧、右线中线右侧各30m全部范围内；

2 左右线不平行时，左右线分别测量各中线两侧30m范围内；

3 特殊地段断面按设计要求确定；

4 横断面的断面测点间距宜为10m，遇地形变化需加桩时，应执行本规范第7.3.6条有关规定。

7.3.11 横断面测量精度应符合下列规定：

1 实测横断面明显地物点的横距误差为图上±1mm；断面长度大于100m时，横距误差不应大于断面长度的1/300；图择横断面横距误差不应大于所用地形图上0.5mm；

2 同一横断面需转点施测时，应闭合至相邻横断面的中桩点，闭合差：平坦地区为$\pm 10\sqrt{n}$cm；山地为$\pm 20\sqrt{n}$cm（n为转点数）；

3 实测横断面测点高程误差，明显地物点为±10cm，平坦地区的地形点为±30cm；山地不应大于一个基本等高距。

7.3.12 自来水厂、泵站、污水处理厂等临近水域时，应根据设计要求进行取水口或出水口的水域断面测量。

7.3.13 纵、横断面测量完成后，应提交下列资料：

1 技术报告；

2 纵、横断面图及数字文件；

3 设计需要的数据格式文件。

7.4 地面施工定线测量

7.4.1 地面施工定线测量前，应根据施工设计资料和定线任务书，编制地面施工定线测量方案。

7.4.2 定线时，线路双线平行地段宜定右线，非平行地段应定双线。

7.4.3 线路中线控制点宜选择百米桩及曲线要素点。

7.4.4 线路中线控制点放样时，可利用卫星定位控制点或精密导线点直接放样，条件不允许时应测设加密导线进行放样。

7.4.5 线路中线控制点放样完毕后，应进行线路中线测量。线路中线测量应将线路中线控制点联测成附合导线，使用不低于Ⅱ级全站仪联测，水平角观测左、右角各一测回，边长往返观测各一测回。

7.4.6 线路中线测量应采用严密平差，平差后的最弱点横向中误差为±20mm，全长相对闭合差不应大于1/20000。

7.4.7 线路中线控制点坐标实测值与设计值较差不应大于20mm。超限时应进行归化改正，并对其进行检核测量。

7.4.8 线路中线控制点放样完成后应埋设固定标志并进行标识。

8 车辆段测量

8.1 一 般 规 定

8.1.1 车辆段测量应包括施工场地、车场线、建筑及附属设施和联络线的施工控制测量和施工测量等。

8.1.2 设计阶段的地形图、管线图、纵横断面等测绘，应执行本规范第5、第6、第7章的有关规定。

8.1.3 施工控制网测量应利用前期建立的卫星定位控制点及二等水准点为起算依据，根据场地特点，平面控制网可采用导线测量、基线测量和卫星定位测量等方法。高程控制网可采用附合水准或结点水准网等形式。

8.1.4 施工控制网的精度应符合下列规定：

1 平面控制网应执行本规范第3.3节关于精密导线测量的有关规定；

2 高程控制网应执行本规范第4章关于二等水准测量的有关规定。

8.1.5 车辆段测量前应收集下列资料：

1 总平面图；

2 车场线路设计图、车场线与正线和地面铁路的联络线线路设计图；

3 相关的建筑结构图；

4 已有的测量资料。

8.2 车辆段施工控制测量

8.2.1 施工平面控制网宜与全线精密导线网同期布设，当受拆迁等场地条件限制时，也可分期布设。

8.2.2 施工平面控制点宜按车辆段总平面图布设，并应符合下列要求：

1 导线点和卫星定位点宜沿车辆段的四周布设；

2 狭长车辆段可沿主轴线布设基线，同一基线上的点不应少于3个，间距不应小于100m；

3 控制点应便于与正线控制点的衔接联测及场区施工放样；

4 控制点选点还应符合本规范第3.2.5条和第3.3.3条的相关要求；

5 控制点埋石应符合本规范第3.3.4条的相关要求。

8.2.3 施工平面控制点测量应符合下列要求：

1 导线网测量的施测方法及技术要求与精密导线测量相同；

2 平面控制网采用卫星定位测量方法时，其控制点相邻点的相对点位中误差与精密导线测量相同；

3 基线点宜采用极坐标法、交会法测设，并与卫星定位点或精密导线点联测，精度应符合本规范第7.4.6条的要求，平差后应将点位归化到设计位置上，并使点间折角与180°较差小于8″。

8.2.4 高程控制测量应符合下列要求：

1 高程控制网应一次布设，控制点数量应不少于3个；

2 高程控制测量应按本规范第4章关于二等水准测量技术要求施测；

3 施工平面控制点宜联测高程。

8.3 施工场地测量

8.3.1 施工场地测量包括场地平整、临时管线敷设、施工道路、临时建筑以及场地布置等测量。

8.3.2 场地平整测量应根据总体竖向设计及施工方案的有关要求进行，宜采用方格网法。方格网边长在平坦场区宜为20m×20m，地形起伏场区宜为10m×10m。

8.3.3 施工道路、临时管线与临时建筑的位置，应根据场区测量控制点和施工现场总平面图进行测设。场地内需要保留的原地下建筑、地下管线、古树等应进行细部测量。

8.3.4 施工场地测量允许误差应符合表8.3.4的规定。

表8.3.4 施工场地测量允许误差（mm）

内 容	平面位置允许误差	高程允许误差
场地方格网测量	±50	±20
场区施工道路	±70	±50
临时上水管道	±70	±50
临时下水管道	±50	±50
临时电缆管线	±50	±70
临时建筑	±50	±30

8.4 建筑及附属设施施工测量

8.4.1 建筑及附属设施施工测量应包括建筑施工控制测量、建筑及附属设施细部点放样测量。

8.4.2 建筑施工平面控制网，应在车辆段施工控制网基础上布设，宜布设成矩形、十字轴线或平行于建筑外轮廓的多边形。

8.4.3 建筑施工平面控制网可依据建筑的不同类型分三级，其主要技术要求应符合表8.4.3的要求。

表8.4.3 建筑施工平面控制网主要技术要求

等级	适用范围	测角、测距中误差		测距边长相对中误差
		测角（″）	测距（mm）	
一	钢结构、超高层、结构连续性高的建筑	±9	±3	1/24000
二	框架结构、高层、结构连续性一般的建筑	±12	±5	1/15000
三	附属设施	±24	±10	1/8000

8.4.4 建筑施工高程控制，可直接利用车辆段施工高程控制点，或在其基础上进行加密。加密高程控制点时，应采用水准测量方法，并构成附合（或闭合）水准路线。建筑施工高程控制测量精度要求，应执行本规范第4章关于二等水准测量的有关规定。

8.4.5 放样测量应依据施工控制网和设计图进行。

8.4.6 放样测量前应对设计资料及放样数据进行复核和计算。平面放样测量宜采用极坐标法、直角坐标法和交会法等。高程放样测量宜采用水准测量等方法。

8.4.7 细部放样和竖向投测误差应为建筑施工允许偏差的1/3～1/2。

8.5 车场线、出入线及地面联络线测量

8.5.1 车场线、出入线及地面联络线测量包括定线测量、中线调整测量。

8.5.2 定线测量应以车辆段施工控制点为依据，采用极坐标法测设线路中线点、道岔中心、股道终点等，中线点坐标实测值与设计值较差不应大于20mm。中线间距的实测值不应小于设计值。

8.5.3 中线调整测量应依据中线点坐标实测值与设计值较差进行，对超限的中线点应进行归化改正。

8.5.4 车场出入线测量工作宜与线路正线同时进行，当不同步时，应进行衔接中线点的联测及中线调整测量。

8.5.5 对联络线与地面铁路的接轨点，应测定其坐标和轨面高程，并注明里程。同时应从接轨点对已有地面铁路进行长度不小于100m的旧线测量。旧线测量时，应实测每10m间距的轨顶面高程、线路中线（包括曲线要素点）的位置，调查曲线半径、路基和上部建筑。

9 联系测量

9.1 一般规定

9.1.1 联系测量应包括：地面近井导线测量和近井水准测量；通过竖井、斜井、平峒、钻孔的定向测量和传递高程测量；地下近井导线测量和近井水准测量等。

9.1.2 定向测量宜采用下列方法：

1 联系三角形法；

2 陀螺经纬仪、铅垂仪（钢丝）组合法（见附录D）；

3 导线直接传递法；

4 投点定向法。

9.1.3 传递高程测量宜采用下列方法：

1 悬挂钢尺法；

2 光电测距三角高程法；

3 水准测量法。

9.1.4 地面近井点可直接利用卫星定位点和精密导线点测设，需进行导线点加密时，地面近井点与精密导线点应构成附合导线或闭合导线。近井导线总长不宜超过350m，导线边数不宜超过5条。

9.1.5 隧道贯通前的联系测量工作不应少于3次，

宜在隧道掘进到100m、300m以及距贯通面100～200m时分别进行一次。当地下起始边方位角较差小于12″时，可取各次测量成果的平均值作为后续测量的起算数据指导隧道贯通。

9.1.6 定向测量的地下定向边不应少于2条，传递高程的地下近井高程点不应少于2个，作业前应对地下定向边之间和高程点之间的几何关系进行检核。

9.1.7 贯通面一侧的隧道长度大于1500m时，应增加联系测量次数或采用高精度联系测量方法等，提高定向测量精度。

9.2 地面近井点测量

9.2.1 地面近井点包括平面和高程近井点，应埋设在井口附近便于观测和保护的位置，并标识清楚。

9.2.2 平面近井点应按本规范第3章精密导线网测量的技术要求施测，最短边长不应小于50m，近井点的点位中误差为±10mm。

9.2.3 高程近井点应利用二等水准点直接测定，并应构成附合、闭合水准路线。高程近井点应按本规范第4章二等水准测量技术要求施测。

9.3 联系三角形测量

9.3.1 联系三角形测量，每次定向应独立进行三次，取三次平均值作为定向成果。

9.3.2 在同一竖井内可悬挂两根钢丝组成联系三角形。有条件时，应悬挂三根钢丝组成双联系三角形。

9.3.3 井上、井下联系三角形布置应满足下列要求：

1 竖井中悬挂钢丝间的距离 c 应尽可能长；

2 联系三角形锐角 γ、γ' 宜小于1°，呈直伸三角形；

3 a/c 及 a'/c 宜小于1.5，a、a' 为近井点至悬挂钢丝的最短距离。

9.3.4 联系三角形测量宜选用 ϕ0.3mm钢丝，悬挂10kg重锤，重锤应浸没在阻尼液中。

9.3.5 联系三角形边长测量可采用光电测距或经检定的钢尺丈量，每次应独立测量三测回，每测回三次读数，各测回较差应小于1mm。地上与地下丈量的钢丝间距较差应小于2mm。钢尺丈量时应施加钢尺鉴定时的拉力，并应进行倾斜、温度、尺长改正。

9.3.6 角度观测应采用不低于Ⅱ级全站仪，用方向观测法观测六测回，测角中误差应在±2.5″之内。

9.3.7 联系三角形定向推算的地下起始边方位角的较差应小于12″，方位角平均值中误差为±8″。

9.3.8 有条件时可采用两井定向等方法，地下起始边的定向精度应满足本规范第9.3.7条的要求。

9.4 陀螺经纬仪、铅垂仪（钢丝）组合定向测量

9.4.1 陀螺经纬仪、铅垂仪（钢丝）组合定向测量布置宜按本规范附录D进行。

9.4.2 全站仪精度应选用不低于Ⅱ级的精度，陀螺经纬仪的标称精度应小于20″，铅垂仪（钢丝）投点中误差为±3mm。悬挂的钢丝应符合本规范第9.3.4条的要求。

9.4.3 地下定向边陀螺方位角测量应采用“地面已知边—地下定向边—地面已知边”的测量程序。地下定向边的陀螺方位角测量每次应测三测回，测回间陀螺方位角较差应小于20″。隧道贯通前同一定向边陀螺方位角测量应独立进行三次，三次定向陀螺方位角较差应小于12″，三次定向陀螺方位角平均值中误差为±8″。

9.4.4 隧道内定向边边长应大于60m，视线距隧道边墙的距离应大于0.5m。

9.4.5 测定仪器常数的地面已知边宜与地下定向边的平面位置相接近。

9.4.6 陀螺经纬仪、铅垂仪（钢丝）组合每次定向应在3天内完成。

9.4.7 陀螺方位角测量可采用逆转点法、中天法等。

9.4.8 陀螺方位角测量应符合下列规定：

1 绝对零位偏移大于0.5格时，应进行零位校正；观测中的测前、测后零位平均值大于0.05格时，应该进行零位改正；

2 测前、测后各三测回测定的陀螺经纬仪常数平均值较差不应大于15″；

3 两条定向边陀螺方位角之差的角度值与全站仪实测角度值较差应小于10″。

9.4.9 铅垂仪投点应满足下列要求：

1 铅垂仪的支承台（架）与观测台应分离，互不影响；

2 铅垂仪的基座或旋转纵轴应与棱镜轴同轴，其偏心误差应小于0.2mm；

3 全站仪独立三测回测定铅垂仪的坐标互差应小于3mm。

9.5 导线直接传递测量

9.5.1 导线直接传递测量应按本规范第3.3节精密导线测量有关技术要求进行。

9.5.2 导线直接传递测量应独立测量两次，地下定向边方位角互差应小于12″，平均值中误差为±8″。

9.5.3 导线直接传递测量应符合下列要求：

1 宜采用具有双轴补偿的全站仪，无双轴补偿时应进行竖轴倾斜改正；

2 垂直角应小于30°；

3 仪器和觇牌安置宜采用强制对中或三联脚架法；

4 测回间应检查仪器和觇牌气泡的偏离情况，必要时重新整平。

9.5.4 导线边长必须对向观测。

9.6 投点定向测量

9.6.1 可在现有施工竖井搭设的平台或地面钻孔上，架设铅垂仪（钢丝）等向井下投点，进行定向测量。投点定向测量所使用投点仪精度不应低于1/30000。

9.6.2 投测的两点应相互通视，其间距应大于60m。

9.6.3 架设铅垂仪进行投点定向测量时，应独立进行两次，每次应在基座旋转120°的三个位置，对铅垂仪的平面坐标各测一测回。架设钢丝时，应独立测量三次，并应按本规范第9.3.5条和第9.3.6条的要求测量钢丝的平面坐标。

9.6.4 投点定向测量应按本规范第3.3节精密导线测量有关技术要求进行。

9.6.5 投点中误差为±3mm。地下定向边方位角互差应小于12″，平均值中误差为±8″。

9.7 高程联系测量

9.7.1 高程联系测量应包括地面近井水准测量、高程传递测量以及地下近井水准测量。

9.7.2 测定近井水准点高程的地面近井水准路线，应附合在地面二等水准点上。近井水准测量，应执行本规范第4.2节水准测量有关技术要求。

9.7.3 采用在竖井内悬挂钢尺的方法进行高程传递测量时，地上和地下安置的两台水准仪应同时读数，并应在钢尺上悬挂与钢尺鉴定时相同质量的重锤。

9.7.4 传递高程时，每次应独立观测三测回，测回间应变动仪器高，三测回测得地上、地下水准点间的高差较差应小于3mm。

9.7.5 高差应进行温度、尺长改正，当井深超过50m时应进行钢尺自重张力改正。

9.7.6 明挖施工或暗挖施工通过斜井进行高程传递测量时，可采用水准测量方法，也可采用光电测距三角高程测量的方法，其测量精度应符合本规范第4.2节中的二等水准测量相关技术要求。

10 地下控制测量

10.1 一般规定

10.1.1 地下控制测量包括地下平面控制测量和地下高程控制测量。

10.1.2 地下平面和高程控制测量起算点，应利用直接从地面通过联系测量传递到地下的近井点。

10.1.3 地下平面和高程控制点标志，应根据施工方法和隧道结构形状确定，并宜埋设在隧道底板、顶板或两侧边墙上。各种标志的形状和埋设位置，可在本规范附录E中选择确定。

10.1.4 贯通面一侧的隧道长度大于1500m时，应在适当位置，通过钻孔投测坐标点或加测陀螺方位角等方法提高控制导线精度。

10.1.5 地下平面和高程控制点使用前，必须进行检测。

10.2 平面控制测量

10.2.1 从隧道掘进起始点开始，直线隧道每掘进200m或曲线隧道每掘进100m时，应布设地下平面控制点，并进行地下平面控制测量。

10.2.2 隧道内控制点间平均边长宜为150m。曲线隧道控制点间距不应小于60m。

10.2.3 控制点应避开强光源、热源、淋水等地方，控制点间视线距隧道壁应大于0.5m。

10.2.4 平面控制测量应采用导线测量等方法，导线测量应使用不低于Ⅱ级全站仪施测，左右角各观测两测回，左右角平均值之和与360°较差应小于4″；边长往返观测各两测回，往返平均值较差应小于4mm。测角中误差为±2.5″，测距中误差为±3mm。

10.2.5 控制点点位横向中误差宜符合下式要求：

$$m_u \leqslant m_\Phi \times (0.8 \times d/D) \quad (10.2.5)$$

式中 m_u——导线点横向中误差（mm）；

m_Φ——贯通中误差（mm）；

d——控制导线长度（m）；

D——贯通距离（m）。

10.2.6 每次延伸控制导线前，应对已有的控制导线点进行检测，并从稳定的控制点进行延伸测量。

10.2.7 控制导线点在隧道贯通前应至少测量三次，并应与竖井定向同步进行。重合点重复测量坐标值的较差应小于$30 \times d/D$（mm），其中d为控制导线长度，D为贯通距离，单位均为米。满足要求时，应取逐次平均值作为控制点的最终成果指导隧道掘进。

10.2.8 隧道长度超过1500m时，除满足本规范第10.1.4条要求外，还宜将控制导线布设成网或边角锁等。

10.2.9 相邻竖井间或相邻车站间隧道贯通后，地下平面控制点应构成附合导线（网）。

10.3 高程控制测量

10.3.1 高程控制测量应采用二等水准测量方法，并应起算于地下近井水准点。

10.3.2 高程控制点可利用地下导线点，单独埋设时宜每200m埋设一个。

10.3.3 地下高程控制测量的方法和精度，应符合本规范第4.2节中二等水准测量要求。水准线路往返较差、附合或闭合差为$\pm 8\sqrt{L}$mm。

10.3.4 水准测量应在隧道贯通前进行三次，并应与传递高程测量同步进行。重复测量的高程点间的高程较差应小于5mm，满足要求时，应取逐次平均值作为控制点的最终成果指导隧道掘进。

10.3.5 相邻竖井间或相邻车站间隧道贯通后，地下高程控制点应构成附合水准路线。

11 暗挖隧道、车站施工测量

11.1 一 般 规 定

11.1.1 暗挖隧道施工测量包括施工导线测量、施工高程测量、车站施工测量、区间隧道施工测量和贯通误差测量等。

11.1.2 施工测量前，应熟悉设计图纸，检核设计数据，并对测量资料进行核对。

11.1.3 暗挖隧道掘进初期，施工测量应以联系测量成果为起算依据，进行地下施工导线和施工高程测量，测量前应对联系测量成果进行检核。

11.1.4 随着暗挖隧道的延伸，应以建立的地下平面控制点和地下高程控制点为依据进行地下施工导线和施工高程测量。

11.1.5 暗挖隧道施工测量应以地下平面控制点或施工导线点测设线路中线和隧道中线，以地下高程控制点或施工高程点测设施工高程控制线。

11.1.6 隧道掘进面距贯通面60m时，应对线路中线、隧道中线和高程控制线进行检核。

11.1.7 隧道贯通后，应随即进行平面和高程贯通误差测量。

11.2 施工导线和施工高程测量

11.2.1 施工导线边数不应超过3条，总长不应超过180m。

11.2.2 施工导线点宜设置在线路中线或隧道中线上，也可埋设在其他位置。

11.2.3 施工导线测量技术要求应符合表11.2.3规定。

表11.2.3 施工导线测量技术要求

仪器等级（全站仪）	测角中误差（″）	测距中误差（mm）	测回数
Ⅱ	±6	±5	1
Ⅲ	±6	±5	2

11.2.4 地下施工高程测量应采用水准测量方法，水准点宜每50m设置一个。

11.2.5 施工高程测量可采用不低于DS3级水准仪和区格式木制水准尺，并按城市四等水准测量技术要求进行往返观测，其闭合差为$\pm 20\sqrt{L}$mm（L以千米计）。

11.3 车站施工测量

11.3.1 施工竖井、斜井等地面放样，应测设结构四角或十字轴线，放样后应进行检核。临时结构放样中误差为±50mm，永久结构放样中误差为±20mm。

11.3.2 施工竖井、斜井竣工后应进行联系测量，联系测量的方法和精度应符合本规范第9章的有关要求。

11.3.3 车站采用分层开挖施工时，宜在各层测设地下控制点或基线，各控制点或基线点的测量中误差为±5mm。有条件时各层间应进行贯通测量。

11.3.4 采用导洞法施工，上层边孔拱部隧道和下层边孔隧道两侧各开挖到100m时，应进行上下层边孔的贯通测量，其上下层边孔贯通中误差为±30mm。贯通测量后必须进行上、下层线路中线的调整，并标定出隧道下层底板上的左、右线线路中线点和其他特征点。

11.3.5 采用双侧壁（桩）及梁柱导洞法施工时，应根据施工导线测设壁（桩）的位置，其测量允许误差为±5mm。

11.3.6 车站钢管柱的位置，应根据车站线路中线点测定，其测设允许误差为±3mm。钢管柱安装过程中应监测其垂直度，安装就位后应进行检核测量。

11.3.7 进行车站结构二衬施工测量时，应先恢复上、下层底板上的线路中线点和水准点，下层底板上恢复的线路中线点和水准点，应与车站两侧区间隧道的线路中线点进行贯通误差测量和线路调整，贯通误差分配时应考虑车站施工现状，下层底板上的线路中线点和水准点调整幅度不宜超过5mm。

11.3.8 车站站台的结构和装饰施工，应使用已调整后的线路中线点和水准点。站台沿边线模板测设应以线路中线为依据，其间距误差为0～＋5mm。站台模板高程宜低于设计高程，测设误差为－5～0mm。

11.4 矿山法区间隧道施工测量

11.4.1 线路中线或结构中心线测设应利用地下平面控制点及施工导线点，高程控制线测设应利用地下高程控制点或施工高程点。

11.4.2 线路中线或结构中心线测定宜采用不低于Ⅲ级全站仪，高程控制线宜采用不低于DS3级的水准仪测定。隧道每掘进30～50m应重新标定中线和高程控制线，标定后应进行检查。

11.4.3 曲线隧道施工应视曲线半径的大小、曲线长度及施工方法，选择切线支距法或弦线支距法测设中线点。

11.4.4 利用激光指向仪指导隧道掘进时，应满足下列要求：

1 激光指向仪设置的位置和光束方向，应根据中线和高程控制线设定；

2 仪器设置必须安全牢固，激光指向仪安置距工作面的距离不应小于 30m；

3 隧道掘进中，应经常检查激光指向仪位置的正确性，并对光束进行校正。

11.4.5 采用喷锚构筑法施工时，宜以中线为依据，安装超前导管、管棚、钢拱架和边墙格栅以及控制喷射混凝土支护的厚度，其测量允许误差为±20mm。

11.4.6 采用弦线支距法测设曲线时，与弦线相对应的曲线矢距在下列条件下，应以弦线代替曲线：

1 开挖土方和进行导管、管棚、格栅等混凝土支护施工，矢距不大于 20mm；

2 混凝土结构施工，矢距不大于 10mm。

11.4.7 隧道二衬结构施工测量前应进行贯通测量，相邻车站或竖井间的地下控制导线和水准线路应形成附合线路并进行严密平差。

11.4.8 隧道二衬结构施工测量应符合下列要求：

1 以平差后的地下控制点作为二衬施工测量依据，进行中线和高程控制线测量；

2 在隧道未贯通前必须进行二衬施工时，应采取增加控制点测量次数（联系测量和控制点复测）、钻孔投点以及加测陀螺方位等方法，提高现有控制点的精度，并以其调整中线和高程控制线。同时应预留不小于 150m 长度的隧道不得进行二衬施工，作为贯通误差调整段。待预留段贯通后，应以平差后的控制点为依据进行二衬施工测量。

11.4.9 用台车浇筑隧道边墙二衬结构时，台车两端的中心点与中线偏离允许误差为±5mm。曲线段台车长度与其相应曲线的矢距不大于 5mm 时，台车长度可代替曲线长度。台车两端隧道结构断面中心点的高程，应采用直接水准测设，与其相应里程的设计高程较差应小于 5mm。

11.5 盾构法区间隧道施工测量

11.5.1 盾构机始发井建成后，应利用联系测量成果加密测量控制点，满足中线测设、盾构机组装、反力架和导轨安装等测量需要。

11.5.2 始发井中，线路中线、反力架以及导轨测量控制点的三维坐标测设值与设计值较差应小于 3mm。

11.5.3 盾构机姿态测量时，在盾构机上所设置的测量标志应满足下列要求：

1 盾构机测量标志不应少于 3 个，测量标志应牢固设置在盾构机纵向或横向截面上，标志点间距离应尽量大，前标志点应靠近切口位置，标志可粘贴反射片或安置棱镜；

2 测量标志点的三维坐标系统应和盾构机几何坐标系统一致或建立明确的换算关系。

11.5.4 盾构机就位始发前，必须利用人工测量方法测定盾构机的初始位置和盾构机姿态，盾构机自身导向系统测得的成果应与人工测量结果一致。

11.5.5 盾构机姿态测量应满足下列要求：

1 盾构机姿态测量内容应包括平面偏差、高程偏差、俯仰角、方位角、滚转角及切口里程；

2 应及时利用盾构机配置的导向系统或人工测量法对盾构机姿态进行测量，并应定期采用人工测量的方法对导向系统测定的盾构机姿态数据进行检核校正；

3 盾构机配置的导向系统宜具有实时测量功能，人工辅助测量时，测量频率应根据其导向系统精度确定；盾构机始发 10 环内、到达接收井前 50 环内应增加人工测量频率；

4 利用地下平面控制点和高程控制点测定盾构机测量标志点，测量误差应在±3mm 以内；

5 盾构机姿态测量计算数据取位精度要求应符合表 11.5.5 的规定。

表 11.5.5 盾构机姿态测量计算数据取位精度要求

测量内容	取位精度
平面偏差	1mm
高程偏差	1mm
俯仰角	1′
方位角	1′
滚转角	1′
切口里程	0.01m

11.5.6 衬砌环测量要求应满足下列规定：

1 衬砌环测量应在盾尾内完成管片拼装和衬砌环完成壁后注浆两个阶段进行；

2 在盾尾内管片拼装成环后应测量盾尾间隙；

3 衬砌环完成壁后注浆后，宜在管片出车架后进行测量，内容宜包括衬砌环中心坐标、底部高程、水平直径、垂直直径和前端面里程。测量误差为±3mm。

11.5.7 每次测量完成后，应及时提供盾构机和衬砌环测量结果，供修正运行轨迹使用。

11.5.8 盾构法施工测量的控制点宜设置在隧道顶部，其埋设形式见附录 E 中图 E.0.2。

11.6 贯通误差测量

11.6.1 隧道贯通后应利用贯通面两侧平面和高程控制点进行贯通误差测量。

11.6.2 贯通误差测量应包括隧道的纵向、横向和方位角贯通误差测量以及高程贯通误差测量。

11.6.3 隧道的纵向、横向贯通误差，可根据两侧控制点测定贯通面上同一临时点的坐标闭合差，并应分别投影到线路和线路的法线方向上确定；也可利用两侧中线延伸到贯通面上同一里程处各自临时点的间距确定。方位角贯通误差可利用两侧控制点测定与贯通面相邻的同一导线边的方位角较差确定。

11.6.4 隧道高程贯通误差应由两侧地下高程控制点测定贯通面附近同一水准点的高程较差确定。

12 明挖隧道、车站施工测量

12.1 一般规定

12.1.1 明挖隧道、车站施工测量包括基坑围护结构、基坑开挖和结构施工测量等。

12.1.2 施工前测量人员应收集设计和测绘资料，并应根据施工方法和现场测量控制点状况制定施工测量方案。

12.1.3 施工测量前应对接收的测绘资料进行复核，对各类控制点进行检测，并应在施工过程中妥善保护测量标志。

12.1.4 施工放样应依据卫星定位点、精密导线点、线路中线控制点及二等水准点等测量控制点进行。

12.1.5 对线路中线控制点的检测方法和精度要求，应执行本规范第7.4节的有关规定。对精密导线点、二等水准点的检测方法和精度要求，应执行本规范第3.3节和第4.2节的有关规定。检测成果与原成果较差：精密导线点应小于10mm、二等水准点应小于5mm、线路中线控制点应小于15mm。

12.2 基坑围护结构施工测量

12.2.1 采用地下连续墙围护基坑时，其施工测量技术要求应符合下列规定：

1 连续墙的中心线放样中误差应为±10mm；

2 内外导墙应平行于地下连续墙中线，其放样允许误差应为±5mm；

3 连续墙槽施工中应测量其深度、宽度和铅垂度；

4 连续墙竣工后，应测定其实际中心位置与设计中心线的偏差，偏差值应小于30mm。

12.2.2 采用护坡桩围护基坑时，其施工测量技术要求应符合下列规定：

1 护坡桩地面位置放样，应依据线路中线控制点或导线点进行，放样允许误差纵向不应大于100mm、横向为0～＋50mm；

2 桩成孔过程中，应测量孔深、孔径及其铅垂度；

3 采用预制桩施工过程中应监测桩的铅垂度；

4 护坡桩竣工后，应测定各桩位置及与轴线的偏差。其横向允许偏差值为0～＋50mm。

12.3 基坑开挖施工测量

12.3.1 采用自然边坡的基坑，其边坡线位置应根据线路中线控制点进行放样，其放样允许误差为±50mm。

12.3.2 基坑开挖过程中，应使用坡度尺或采用其他方法检测边坡坡度，坡脚距隧道结构的距离应满足设计要求。

12.3.3 基坑开挖至底部后，应采用附合导线将线路中线引测到基坑底部。基坑底部线路中线纵向允许误差为±10mm，横向允许误差为±5mm。

12.3.4 高程传入基坑底部可采用水准测量方法或光电测距三角高程测量方法。光电测距三角高程测量应对向观测，垂直角观测、距离往返测距各两测回，仪器高和觇标高量至毫米。水准测量和光电测距三角高程测量精度要求应符合本规范第9.7.6条相关规定。

12.4 结构施工测量

12.4.1 结构底板绑扎钢筋前，应依据线路中线，在底板垫层上标定出钢筋摆放位置，放线允许误差应为±10mm。

12.4.2 底板混凝土模板、预埋件和变形缝的位置放样后，必须在混凝土浇筑前进行检核测量。

12.4.3 结构边墙、中墙模板支立前，应按设计要求，依据线路中线放样边墙内侧和中墙两侧线，放样允许偏差为0～＋5mm。

12.4.4 顶板模板安装过程中，应将线路中线点和顶板宽度测设在模板上，并应测量模板高程，其高程测量允许误差为0～＋10mm，中线测量允许误差为±10mm，宽度测量允许误差为－10～＋15mm。

12.4.5 结构施工完成后，应对设置在底板上的线路中线点和高程控制点进行复测，测量方法和精度要求应按本规范第10.2节和第10.3节的有关规定执行。

12.4.6 采用盖挖逆作法的结构施工测量应按下列方法进行：

1 顶板立模前，应在连续墙或桩墙的顶面，每5m测量一个高程点并标定其位置，同时在连续墙或桩墙的侧面标出顶板底面设计高程线，其测量允许误差为0～＋10mm；

2 中板施工前，应对顶板上的线路中线控制点和高程控制点进行检测，并通过顶板上的预留孔或预留口将这些控制点的坐标和高程传递到中板的基坑面上，作为支立中板模板和钢筋的依据；在浇筑混凝土前应对标定在模板上的线路中线控制点和高程点进行检核，其中线测量允许误差为±10mm，高程允许误差为0～＋10mm；

3 底板的施工测量方法同中板，其中线允许误差应为±10mm，高程允许误差应在－10～0mm之内。

12.4.7 采用盖挖顺作法的隧道、车站结构施工测量方法和技术要求应符合暗挖隧道、车站结构的施工测量方法和技术要求。

12.4.8 相邻结构贯通后，应进行贯通误差测量。贯通误差测量的内容和方法应按本规范第11.6节的有关规定执行。

13 高架结构施工测量

13.1 一 般 规 定

13.1.1 高架结构施工测量包括高架桥和高架车站的柱（墩）基础、柱（墩）、柱（墩）上的横梁、横梁上的纵梁等施工测量等。

13.1.2 进行高架线路结构施工测量时，应根据高架线路结构设计图，选择地面施工定线的中线控制点或卫星定位控制点、精密导线点和二等水准点等测量控制点作为起算点。测量前应对起算点进行检核。

13.1.3 当本规范第13.1.2条的控制点不能满足放样需要时，应加密控制点，加密控制点的施测应执行精密导线测量和二等水准测量的相关技术要求。

13.1.4 线路高架结构的测量应进行整体布局。分区、分段进行施工时，相邻区段的控制点和相邻结构应进行联测。

13.1.5 相邻结构贯通后，应进行贯通误差测量。贯通误差测量的内容和方法应按本规范第11.6节的有关规定执行。

13.2 柱、墩基础放样测量

13.2.1 柱、墩基础放样应依据线路中线控制点或精密导线点进行。放样可采用极坐标法等。放样后应进行检核。

13.2.2 同一里程多柱或柱下多桩组合的基础放样应分别进行，放样后应对柱或桩间的几何关系进行检核。

13.2.3 柱、墩基础放样精度应符合下列要求：

1 横向放样中误差为±5mm；

2 柱、墩间距的测量中误差为±5mm；

3 各跨的纵向累积测量中误差为$\pm 5\sqrt{n}$mm（n为跨数）；

4 柱下基础高程测量中误差为±10mm。

13.2.4 基础放样后应测设基础施工控制桩，施工控制桩中的一条连线应垂直于线路方向，每条线的两侧应至少测设2个控制桩。

13.2.5 柱、墩基础施工时，应以施工控制桩为依据，测定基坑边沿线、基础结构混凝土模板位置线，其位置中误差为±10mm；基底高程、基础结构混凝土面或灌注桩桩顶的高程测量中误差为±10mm。

13.2.6 基础承台施工时，应对其中心或轴线位置、模板支立位置、顶面高程进行测量控制。基础承台中心或轴线位置测量中误差为±5mm、模板支立位置测量中误差为±7.5mm、顶面高程测量中误差为±5mm。

13.3 柱、墩施工测量

13.3.1 柱、墩施工时，应对柱、墩的中心位置、模板支立位置及尺寸、垂直度以及顶部高程等进行检测。柱、墩的中心位置测量中误差为±5mm、模板支立位置及尺寸测量中误差为±5mm、垂直度测量误差为1‰、顶部高程测量中误差为±5mm。

13.3.2 柱、墩施工测量应满足下列要求：

1 中心或轴线位置应利用施工控制桩或精密导线点进行测设；

2 施工模板位置线应以经纬仪或钢卷尺进行标定，并以墨线标记；

3 模板支立铅垂度可使用经纬仪或吊锤进行测量；

4 高程可采用水准测量方法测定，也可使用钢尺丈量测定，并应在设计高度标记高程线。

13.3.3 柱、墩施工完成后，应按下列要求测定柱、墩顶帽中心坐标和高程：

1 利用线路中线控制点及精密导线点等，将柱、墩的中心独立两次投测到顶部，两次投测较差应小于3mm；投测后应按本规范附录F中图F.0.1埋设中心标志，并进行点位坐标的测量，其实测值与设计值较差应小于10mm；

2 利用水准仪和悬吊的钢尺，将高程传递到每一个柱、墩顶部的高程点上。高程传递按城市四等水准测量精度要求独立测量两次，其较差应小于5mm。高程传递示意图见本规范附录F中图F.0.2。

13.4 横梁施工测量

13.4.1 横梁施工前，应对柱（墩）顶部的中心位置、高程及相邻柱距进行检核和调整。依据检核后的控制点进行横梁位置的标定。

13.4.2 横梁现浇前应检测模板支立的位置、方位和高程，其轴线测量中误差为±5mm，结构断面尺寸和高程测量中误差为±1.5mm。

13.4.3 预制梁安装前必须检查其几何尺寸和预埋件位置。

13.5 纵梁施工测量

13.5.1 纵梁架设前应对支承横梁上线路中线点、桥墩跨距和顶帽上的高程进行检测。

13.5.2 当采用混凝土预制纵梁为轨道梁时，拼装梁的中线和高程与线路设计中线和高程的较差应小于5mm。

13.5.3 采用混凝土现浇纵梁为轨道梁时，应在模板上测设线路中线和高程控制点，其测量误差为±5mm。

14 线路中线调整和结构断面测量

14.1 一般规定

14.1.1 线路中线调整和结构横、纵断面测量应按委托方的技术要求，根据工程情况和具体需要分段进行。

14.1.2 分区、分段施工的土建结构完成后，应及时进行贯通测量、线路中线点的调整测量和高程测量。

14.1.3 线路中线调整后，应根据调整后的测量成果进行隧道、车站和高架桥等的结构横、纵断面测量。

14.1.4 线路中线调整测量和高程测量、结构横、纵断面测量应按下列步骤进行：

1 测设线路中线点必须以区间贯通平差后的施工控制点为起算依据；

2 线路中线点应分段与施工控制点联测并形成附合导线，平差后应对线路中线点依据设计位置进行归化改正；同时，以贯通平差后的高程控制点为依据，施测线路中线点的高程；

3 以归化改正后的线路中线点或贯通平差后的施工控制点为依据，进行线路结构横、纵断面测量；

4 横、纵断面测量数据应及时提交给设计单位，根据设计反馈的意见，对不满足设计要求的数据应进行复核测量；

5 对结构断面超限等引起设计变更的区段，应根据变更后的设计要求按照本条1～4款的步骤重新进行线路中线定线，重新进行横、纵断面测量。

14.1.5 线路中线调整及结构横、纵断面测量使用的测量仪器和精度等应与施工控制测量相同。

14.2 线路中线调整测量

14.2.1 线路中线调整测量应使线路的几何关系满足设计要求。

14.2.2 线路中线点进行联测时，联测的附合导线长度不应大于1500m，起算控制点宜选用车站或区间竖井投测的施工控制点，直线段中线点的间距宜为120m；曲线段除曲线要素外，中线点的间距不应小于60m。

14.2.3 对中线点组成的附合导线，应使用不低于Ⅱ级全站仪测量。水平角的左、右角各观测两测回，左、右角平均值之和与360°较差应小于6″；导线边长测量往返测各两测回，测回间较差应小于5mm，往返测平均值较差应小于4mm。

14.2.4 数据处理应采用严密平差，相邻中线点间纵、横向中误差应满足下列要求：

1 直线段：纵向中误差为±10mm，横向中误差为±5mm；

2 曲线段：纵向中误差为±5mm，横向中误差应根据曲线上中线点间距大小区别对待，曲线边长小于60m时，其横向中误差为±3mm；曲线边长大于60m时，其横向中误差为±5mm。

14.2.5 平差后的线路中线应依据设计坐标进行归化改正。对归化改正后的线路中线点的几何关系应重新检测，检测结果与设计值之差应满足下列要求：

1 直线段：实测水平角值与180°之差不应大于8″；

2 曲线段：实测水平角值与设计值之差应根据曲线段线路中线点的间距大小区别对待，当间距小于60m时，其角度值之差不应大于20″；当间距大于60m时，其角度值之差不应大于15″。

14.2.6 归化改正后的线路中线点检测满足要求后，应做好标志并标识清楚。

14.2.7 地下线与高架线间地面联络线的中线调整测量，应以地下线路的出（进）洞点及其线路方向和高架线路起（终）点及其线路方向为依据，进行地面联络线路的中线调整测量。

14.2.8 线路中线调整测量完成后，应按委托方或本规范附录G中表G.0.1格式要求编制线路调整测量成果表。

14.3 结构断面测量

14.3.1 分区、分段施工的线路土建结构工程完成后，应对隧道、车站和高架桥的结构横断面和底板纵断面等进行测量。

14.3.2 结构横断面测量可采用支距法、全站仪解析法、断面仪法、摄影测量等方法。

14.3.3 结构横断面及底板纵断面测量应以贯通平差后的施工平面和高程控制点及调整后的线路中线点为依据，按设计或工程需要进行。直线段每6m、曲线段每5m测量一个横断面和底板高程点，结构横断面变化处和施工偏差较大段应加测断面。

14.3.4 结构横断面测量点的位置，应为建筑限界控制点或设计指定位置的断面点。

14.3.5 采用光面爆破与预裂爆破等方法施工的隧道，对于其不规则断面，除应按本规范第14.3.1条～第14.3.4条相关条款测量外，还应加测隧道突出处的断面和断面上的突出点。

14.3.6 结构横断面测量可采用不低于Ⅲ级全站仪或断面仪等测量设备进行测量。横断面里程中误差为

±50mm，断面点与线路中线法距的测量中误差为±10mm，断面点高程的测量中误差为±20mm。

14.3.7 底板纵断面高程点可使用不低于 DS3 级水准仪测量，里程中误差为±50mm，高程测量中误差为±10mm。

14.3.8 断面测量完成后，应对结构断面测量成果进行检核，结构尺寸异常的断面应现场复测。

14.3.9 结构横断面和底板纵断面测量完成后，应按设计要求的数据格式编制和提供断面测量成果表，或按本规范附录 G 中的表 G.0.2、表 G.0.3 和表 G.0.4 编制结构断面测量成果表并绘制相关断面图。

14.4 变更后的线路中线调整测量

14.4.1 结构断面测量后，当结构断面净空不能满足要求，线路设计变更时，应根据变更后的设计文件重新测设变更区段线路中线点。

14.4.2 重新测设的变更区段线路中线点，应与变更区段两端的线路中线联测，并依据测量结果进行归化改正，归化改正后的线路中线点应标识清楚。

14.4.3 变更的线路中线调整测量，应执行本规范第 14.2 节相关规定。

14.4.4 变更区段内结构断面应重新测量，并执行本规范第 14.3 节相关规定。

15 铺轨基标测量

15.1 一 般 规 定

15.1.1 铺轨基标应根据铺轨综合设计图，利用调整好的线路中线点或贯通平差后的控制点进行测设。

15.1.2 铺轨基标测设应对控制基标和加密基标进行测设。基标测设时，应首先测设控制基标，然后利用控制基标测设加密基标。

15.1.3 铺轨基标宜设置在线路中线上，也可设置在线路中线的一侧。

15.1.4 道岔基标应利用控制基标单独测设，道岔基标分为道岔控制基标和道岔加密基标，道岔基标宜设置在道岔直股和曲股的外侧。

15.1.5 控制基标应设置成等高等距，埋设永久标志；加密基标可设置成等距不等高，埋设临时标志。

15.1.6 铺轨基标的标志类型，可按本规范附录 H 中图 H.0.1 和图 H.0.2 进行设计。

15.1.7 铺轨基标应使用不低于Ⅱ级全站仪和 DS1 级水准仪测设。

15.1.8 铺轨基标测设完成后，应按本规范附录 H 中表 H.0.3、表 H.0.4 提交控制基标、加密基标和道岔基标测量成果表。

15.2 控制基标测量

15.2.1 控制基标在线路直线段宜每 120m 设置一个，曲线段除在曲线要素点上设置控制基标外，曲线要素点间距较大时还宜每 60m 设置一个。

15.2.2 控制基标设置在线路中线上时，在直线上，可采用截距法；在曲线上，曲线要素点的控制基标可直接埋设，其他控制基标利用中线点采用偏角法进行测设。控制基标设置在线路中线一侧时，可依据线路中线点按极坐标法测设。

15.2.3 控制基标的埋设宜按下列步骤进行：

1 埋设基标位置的结构底板上应凿毛处理；

2 依据基标设计值与底板间高差关系埋设基标底座；

3 基标标志调整到设计平面和高程位置，并初步固定。

15.2.4 控制基标埋设完成后，应对其进行检测，检测内容、方法与各项限差应满足下列要求：

1 检测控制基标间夹角时，其左、右角各测两测回，左右角平均值之和与 360°较差应小于 6″；距离往返观测各两测回，测回较差及往返较差应小于 5mm；

2 直线段控制基标间的夹角与 180°较差应小于 8″，实测距离与设计距离较差应小于 10mm；曲线段控制基标间夹角与设计值较差计算出的线路横向偏差应小于 2mm，弦长测量值与设计值较差应小于 5mm；

3 控制基标高程测量应起算于施工高程控制点，按二等水准测量技术要求施测；控制基标高程实测值与设计值较差应小于 2mm，相邻控制基标间高差与设计值的高差较差应小于 2mm；

4 各项限差满足要求后，应进行永久固定。对未满足要求的，应进行平面位置和高程调整，调整后按本条第 1～3 款进行检查，直至满足要求为止。

15.3 加密基标测量

15.3.1 加密基标在线路直线段应每 6m、曲线段应每 5m 设置一个。

15.3.2 直线段加密基标测设方法和限差要求：

1 依据相邻控制基标采用量距法和水准测量方法，逐一测定加密基标的位置和高程；

2 加密基标为等高等距时，其埋设要求应符合本规范第 15.2.3 条的要求；

3 加密基标平面位置和高程测定的限差应符合下列要求：

1）纵向：相邻基标间纵向距离误差为±5mm；

2）横向：加密基标偏离两控制基标间的方向线距离为±2mm；

四、勘察规划标准

3）高程：相邻加密基标实测高差与设计高差较差不应大于1mm，每个加密基标的实测高程与设计高程较差不应大于2mm。

15.3.3 曲线段加密基标测设方法和限差要求如下：

1 依据曲线上的控制基标，采用偏角法和水准测量方法，逐一测设曲线加密基标的位置和高程。

2 曲线加密基标为等高等距时，其埋设要求应符合本规范第15.2.3条的要求。

3 曲线加密基标平面位置和高程测定的限差应符合下列要求：

1）纵向：相邻基标间纵向误差为±5mm；

2）横向：加密基标相对于控制基标的横向偏差应为±2mm；

3）高程：相邻加密基标实测高差与设计高差较差不应大于1mm，每个加密基标的实测高程与设计高程较差不应大于2mm。

15.3.4 直线和曲线加密基标测定后，应按本规范第15.3.2条和第15.3.3条的相关要求进行检测。

15.3.5 加密基标经检测满足各项限差要求后，应进行固定。

15.4 道岔基标测量

15.4.1 道岔基标应依据道岔铺轨设计图，利用控制基标测设道岔控制基标，然后利用道岔控制基标测设道岔加密基标。

15.4.2 各类道岔控制基标应按本规范附录H中图H.0.5、图H.0.6和图H.0.7所示，在下列位置进行埋设：

1 单开道岔控制基标应测设在岔头、岔尾、岔心和曲股位置或一侧；

2 复式交分道岔控制基标应测设在长轴和短轴的两端及岔头、岔尾位置或一侧；

3 交叉渡线道岔控制基标应测设在长轴和短轴的两端、岔头、岔尾以及与正线相交的岔心位置或一侧。

15.4.3 道岔控制基标应利用控制基标采用极坐标法测设，测设后应对道岔控制基标间及其与线路中线几何关系进行检测。

15.4.4 道岔控制基标间及其与线路中线几何关系应满足下列要求：

1 道岔控制基标间距离与设计值较差应小于2mm；

2 道岔控制基标高程与设计值较差应小于2mm，相邻基标间的高差与设计值较差应小于1mm；

3 岔心相对于线路中线的里程（距离）与设计值较差应小于10mm；

4 道岔控制基标与线路中线的距离和设计值较差应小于2mm；

5 正线与辅助线交角的实测值与设计值较差：单开道岔不应大于20″，复式交分道岔、交叉渡线道岔不应大于10″。

15.4.5 道岔控制基标经检测满足各项限差要求后，应埋设永久标志。

15.4.6 道岔加密基标应利用道岔控制基标测设。测设后必须进行几何关系检测，并应满足本规范第15.3节中加密基标测设的相关技术要求。

16 磁悬浮和跨座式轨道交通工程测量

16.1 磁悬浮轨道交通工程测量

16.1.1 磁悬浮轨道交通工程测量包括首级控制网、高架结构施工、轨道梁精调控制网、轨道梁精密定位等测量。

16.1.2 首级平面控制网测量应执行本规范第3.2节相关技术规定，且控制点应埋设强制对中标志。

16.1.3 高程控制测量应满足下列要求：

1 高程控制网分两级布设，首级高程控制网布设在地面上，应按国家一等水准测量技术要求施测；二级高程控制网布设在盖梁和轨道梁上，应按国家二等水准测量技术要求施测；

2 高程控制网应布设成附合路线、闭合路线或结点网。

16.1.4 高架结构施工测量应执行本规范第3.3节和第13章的相关技术规定。

16.1.5 轨道梁铺设时应建立精调平面控制网。轨道梁精调平面控制网测量应满足下列要求：

1 轨道梁精调平面控制网应起算于首级平面控制网。分段布设时，每一段两端应至少包含两个首级控制点；相邻段轨道梁精调平面控制网应设立重合点；

2 控制网宜采用边角网的形式进行布设，相邻控制点间应通视；

3 控制点应埋设在盖梁和轨道梁上，并与地面上已有的高架结构施工控制点组成精调控制网；盖梁上控制点的点间距宜为100～150m，地面上的高架结构施工控制点间距宜为350m；

4 控制点应采用强制对中标志；

5 轨道梁精调平面控制网测角中误差为±0.7″，边长测距中误差为±1.0mm；

6 水平角观测宜采用精度DJ05经纬仪，测角9测回；距离测量采用精度不低于$1mm+1\times10^{-6}\times D$的测距仪，光电测距往返观测各两测回；

7 轨道梁精调平面控制网应经常进行检测并进行稳定性评价，检测方法和精度应与初测一致。

16.1.6 轨道梁精密定位测量应满足下列要求：

1 轨道梁定位精度：X、Y、Z 的实测值与设计值较差均应小于 1mm；

2 轨道梁定位测量起算于布设在轨道梁上的精调控制点，使用前应进行稳定性检测，确认稳定后方可进行轨道梁定位测量；

3 轨道梁精密定位分为基准梁定位和中间梁定位；基准梁和中间梁应交错布置，宜先进行高程定位，然后再进行平面定位；

4 基准梁定位应采用满足定位精度要求的全站仪与水准仪，精确测定轨道梁的三维空间位置，通过调位千斤顶精确定位；中间梁定位应根据游标卡尺等量测出的与基准梁的相对位置数据，利用调位千斤顶精密定位，测量数据应进行温度改正；

5 搁置在盖梁上的轨道梁，应在沉降趋于稳定后定位精调。

16.1.7 车辆运行前，应利用限界检查专用设备，进行建筑限界和设备限界检查测量。

16.2 跨座式轨道交通工程测量

16.2.1 跨座式单轨交通工程测量包括平面和高程控制网、隧道结构施工、高架结构施工、轨道梁架设等测量。

16.2.2 平面和高程控制网应执行本规范第 3 章、第 4 章的相关技术规定。

16.2.3 隧道施工测量应执行本规范第 11 章和第 12 章的相关技术规定。

16.2.4 高架结构施工测量应执行本规范第 13 章的相关技术规定。

16.2.5 轨道梁架设测量应满足下列要求：

1 轨道梁架设前，应对相邻桥墩的跨距、左右线间距和支座位置等进行检查测量。相邻盖梁左（右）线锚箱中心斜距和相邻盖梁左（右）线轨道梁梁端梁缝中心斜距精度：单跨允许偏差为±4mm；多跨允许偏差为$\pm 4\sqrt{n}$mm（n 为跨数）；盖梁左、右线基座板中心距离及其与线路中心距离的允许偏差为±2mm；

2 轨道梁架设前，同时应对成品轨道梁的梁宽、梁高、梁长、走行面垂直度、端面倾斜度、两端面中心线夹角、顶面线形、侧面线形、指形板与梁表面高差和支座位置等进行检测，轨道梁线形精度要求应满足表 16.2.5 的规定；

表 16.2.5 轨道梁线形精度要求

测量项目	允许偏差
梁宽	端部±2mm，中部±4mm
梁高	±10mm
梁长	±10mm
走行面垂直度	±0.5%
端面倾斜度	±0.5%
两端面中心线夹角	±0.5%
顶面线形	整体±L/2500，局部±3mm/4m
侧面线形	整体±L/2500，局部±3mm/4m
指形板与梁表面高差	±2mm
支座位置	±1mm

注：L 表示轨道梁长。

3 轨道梁架设测量应使用全站仪和水准仪进行施测，施测后应进行检查测量。轨道线路中心横向允许偏差为±25mm；轨道梁线间距允许偏差为 0～+25mm；轨道梁高程允许偏差为−15～+30mm；轨面超高允许偏差为±7mm；

4 本条 1～3 款中各项测量工作的测量中误差，应为相应允许偏差的 1/2。

16.2.6 轨道梁架设完成后，应对轨道梁连接处线形和错台进行测量。轨道梁连接处水平线形曲线用 20m 弦长测量的矢距与设计值的允许偏差为±20mm，直线用 4m 弦长测量的横向允许偏差为±5mm；轨道梁竖向线形用 4m 弦长测量的矢距与设计值允许偏差为±5mm；顶面和侧面错台允许偏差为±2mm。测量中误差应为相应允许偏差的 1/2。

16.2.7 现浇梁测量应满足本章第 16.2.5 条和第 16.2.6 条相关技术规定。

16.2.8 道岔安装前，道岔底板及走行轨应满足以下要求：

1 岔前点和岔后点平面位置和高程允许偏差均为±3mm；

2 同组道岔各安装底板的基准中心与放线基准线的垂直允许偏差应为±2mm；

3 同一走行轨的各测点间高差允许偏差为±1mm；

4 相邻走行轨间高差允许偏差为±3mm；

5 相邻走行轨间距允许偏差为±5mm。

16.2.9 道岔安装后，活动端的转辙量允许偏差为±3mm，且直线状态下道岔钢梁应满足本章第 16.2.5 条和第 16.2.6 条相关技术规定。

16.2.10 道岔安装前、后的各项测量中误差，应为相应允许偏差的 1/2。

16.2.11 车辆运行前，应利用限界检查专用设备，进行一般建筑限界和特殊限界检查测量。特殊限界包括

四、勘察规划标准

站台建筑限界、安全栅栏建筑限界、安全门建筑限界、屏蔽门建筑限界、道岔建筑限界、信号机建筑限界、接触线限界、接底板限界及综合管线等其他设施限界。

17 设备安装测量

17.1 一 般 规 定

17.1.1 设备安装测量主要包括接触轨、接触网、隔断门、行车信号标志、线路标志、车站装饰及屏蔽门等安装测量。

17.1.2 编制安装测量方案应依据设备安装设计图，方案编制完成经审核批准后实施。

17.1.3 设备安装测量精度及限差应按相关设备安装技术要求确定。

17.1.4 安装完成后必须进行检查，确保设备不侵入限界。

17.2 接触轨、接触网安装测量

17.2.1 接触轨、接触网的放样测量，应利用铺轨基标或线路中线点进行。

17.2.2 采用极坐标方法确定接触轨（网）的平面位置，采用水准测量或光电测距三角高程方法测定接触轨（网）支架高程。

17.2.3 安装后应对接触轨、接触网与轨道或线路中线的几何关系进行检查，其安装允许偏差应满足现行国家标准《地下铁道工程施工及验收规范》GB 50299的相关要求。

17.2.4 接触轨安装包括底座和轨条安装，轨条与相邻走行轨道的平面距离测量允许偏差为±6mm，高程测量允许偏差为±6mm。

17.2.5 隧道外接触网安装应包括支柱、硬横跨钢梁、软横跨钢梁和定位装置的安装定位；隧道内接触网安装应包括支撑结构的底座、定位臂、弹性支撑以及接触悬挂等，安装定位测量误差应为安装允许偏差的1/2。

17.3 隔断门安装测量

17.3.1 隔断门安装测量，应根据隔断门施工设计图并利用铺轨基标及贯通调整后的线路中线控制点对隔断门中心的位置、轴线及高程进行放样。

17.3.2 隔断门门框中心与线路中线的横向偏差为±2mm,门框高程与设计值较差应不大于3mm，平面放样测量中误差为±1mm、高程放样测量中误差为±1.5mm。

17.3.3 隔断门导轨支撑基础的高程应采用水准测量方法测定，其与设计高程的较差应不大于2mm，高程放样测量中误差为±1mm。

17.4 行车信号与线路标志安装测量

17.4.1 行车信号安装测量主要包括自动闭塞的信号灯支架和停车线标志的放样测量，其里程位置允许误差为±100mm，放样测量中误差为±50mm。

17.4.2 线路标志安装测量主要包括线路的千米标、百米标、坡度标、竖曲线标、曲线元素标志、曲线要素标志和道岔警冲标位置的测设。线路标志应测定在隧道右侧距轨面1.2m高处边墙上或标定在钢轨的轨腰上，其里程允许误差为±100mm，轨腰上标志里程允许误差为±5mm，线路标志放样里程测量中误差分别为±50mm、±2.5mm。

17.4.3 安装的信号标志和线路标志，必须确保其外沿不侵入限界。

17.4.4 钢轨轨腰上的线路标志，应在整体道床施工和无缝钢轨锁定完毕后进行标定。

17.5 车站站台及屏蔽门安装测量

17.5.1 车站站台测量应包括站台沿位置和站台大厅高程测量。测量工作应根据施工设计图和有关施工规范的技术要求进行。

17.5.2 车站站台沿测量应利用车站站台两侧铺轨基标或线路中线点进行测设，其与线路中线距离允许偏差为0～+3mm。

17.5.3 站台大厅高程应根据铺轨基标或施工控制水准点，采用水准测量方法测定，其高程允许偏差为±3mm。

17.5.4 车站屏蔽门安装应根据施工设计图和车站隧道的结构断面进行，并应利用站台两侧的铺轨基标或线路中线点放样屏蔽门在顶、底板的位置，其实测位置与设计较差不应大于10mm。

18 变形监测

18.1 一 般 规 定

18.1.1 本章适用于城市轨道交通工程建设和运营阶段结构自身及周边环境的变形监测。

18.1.2 变形监测方案应根据变形体特点以及岩土条件、埋深和结构特点、支护类型、开挖方式、建筑场地变形区内环境状况和设计要求等因素制定，并应包括变形体和环境条件发生异常时的应急变形监测方案。

18.1.3 变形监测工作应按全线或各施工段开工时间、工程进度以及工程需要适时开展。

18.1.4 变形监测应包括如下项目：

1 施工阶段包括支护结构、结构自身以及变形区内的地表、建筑、管线等周边环境；

2 运营阶段包括受运营或周边建设影响的轨道、道床、建筑结构和受运营影响的地表、建筑、管线等周边环境。

18.1.5 变形监测可采用几何测量、物理传感器测量、卫星定位测量、近景摄影测量和三维激光扫描等方法。

18.1.6 变形监测网应由基准点、工作基点和变形监测点组成，变形监测控制网应由基准点和工作基点组成。

18.1.7 变形监测点可按本规范附录J中图J.0.2的类型和埋设形式在变形体上能反映出变形特征的部位埋设。变形监测点应埋设牢固并标识清楚。易遭毁坏部位的变形监测点应加设保护装置。

18.1.8 变形监测的等级划分、精度要求和适用范围应符合表18.1.8的规定。

表 18.1.8 变形监测的等级划分、精度要求和适用范围

变形监测等级	垂直沉降监测		水平位移监测	适用范围
	变形点的高程中误差（mm）	相邻变形点高差中误差（mm）	变形点的点位中误差（mm）	
Ⅰ	±0.3	±0.1	±1.5	线路沿线对变形特别敏感的超高层、高耸建筑、精密工程设施、重要古建筑等以及有高精度要求的监测对象
Ⅱ	±0.5	±0.3	±3.0	线路沿线对变形比较敏感的高层建筑、地下管线；建设工程的支护、结构，隧道拱顶下沉、结构收敛和运营阶段结构、轨道和道床以及有中等精度要求的监测对象
Ⅲ	±1.0	±0.5	±6.0	线路沿线一般多层建筑、地表及施工和运营中的次要结构等以及有低等精度要求的监测对象

注：变形点的高程中误差和点位中误差是相对最近变形监测控制点而言。

18.1.9 变形监测应满足下列主要技术要求：

1 水平位移监测的主要技术要求和监测方法应符合表18.1.9-1的规定；

表 18.1.9-1 水平位移监测的主要技术要求和监测方法

等级	变形点的点位中误差（mm）	坐标较差或两次测量较差（mm）	主要监测方法
Ⅰ	±1.5	2	坐标法（极坐标法、交会法等）或基准线法、投点法等
Ⅱ	±3.0	4	
Ⅲ	±6.0	8	

2 垂直沉降监测，应构成附合、闭合路线或结点网，其主要技术要求和主要监测方法应符合表18.1.9-2的规定。

表 18.1.9-2 垂直沉降监测主要技术要求和监测方法

等级	高程中误差（mm）	相邻点高差中误差（mm）	往返较差，附合或环线闭合差（mm）	主要监测方法
Ⅰ	±0.3	±0.1	$0.15\sqrt{n}$	水准测量
Ⅱ	±0.5	±0.3	$0.30\sqrt{n}$	水准测量
Ⅲ	±1.0	±0.5	$0.60\sqrt{n}$	水准测量

注：n为测站数。

18.1.10 使用传感器进行变形监测，同等级观测的仪器精度不应低于几何测量仪器。变形监测点监测精度不应低于表18.1.8的要求。

18.1.11 在变形监测过程中，变形体的变形量、变形速率等发生显著变化时，应及时调整变形监测方案，进行实时监测。

18.1.12 地上和地下都进行变形监测时，应同步进行监测工作。

18.1.13 对每单元变形体进行不同周期变形监测时，应在基本相同的环境下采用相同的观测路线和观测方法，使用相同的仪器和设备，并应固定观测人员。

18.1.14 观测记录中还应包括对施工现状、荷载变化、岩土条件、气象等情况的简单描述。

18.1.15 首次观测应独立观测2次，两次观测较差应满足本章第18.1.9条的要求，并取平均值作为初始值。

18.1.16 变形监测中应根据气象条件、施工进度和施工环境等状况对监测成果进行综合分析。定期对监测控制网的稳定性进行检测。各周期观测前应对选用的基准点、工作点进行检测。

18.2 监测控制网测量

18.2.1 水平位移监测控制网的布设应符合下列要求：

1 水平位移监测控制网可采用导线网、三角网、边角网、基准线和卫星定位等形式或方法，当采用基准线控制时，基准线上必须设立检核点；

2 基准点应埋设在变形区外，按变形监测精度要求可建造具有强制对中标志的观测墩，也可采用对中误差小于 0.5mm 的光学对中装置。水平位移监测控制网的基准点不应少于 3 个。

18.2.2 垂直沉降监测控制网的布设应符合下列要求：

1 垂直沉降监测控制网宜与城市轨道交通工程高程系统一致；

2 垂直沉降监测控制网可采用几何水准测量、光电测距三角高程测量、静力水准测量等方法。采用几何水准测量、光电测距三角高程测量时，应布设成闭合、附合或结点网；

3 垂直沉降监测控制网基准点不应少于 3 个，基准点可按本规范附录 B 中图 B.0.1、图 B.0.2、图 B.0.3 埋设在变形区外的基岩露头上、密实的砂卵石层或原状土层中，也可埋设在稳固建筑的墙上。受条件限制时，在变形区内也可按本规范附录 J 中图 J.0.1 埋设深层金属管基准点，金属管底应在变形影响深度以下。

18.2.3 采用导线网或边角网时，水平位移监测控制网主要技术要求应符合表 18.2.3 的规定。

表 18.2.3 水平位移监测控制网主要技术要求

等级	相邻基准点的点位中误差（mm）	平均边长（m）	测角中误差（″）	最弱边相对中误差	全站仪标称精度	水平角观测测回数	距离观测测回数	
							往测	返测
Ⅰ	±1.5	150	±1.0	≤1/120000	±1″，±(1mm+1×10⁻⁶×D)	9	4	4
Ⅱ	±3.0	150	±1.8	≤1/70000	±2″，±(2mm+2×10⁻⁶×D)	9	3	3
Ⅲ	±6.0	150	±2.5	≤1/40000	±2″，±(2mm+2×10⁻⁶×D)	6	2	2

18.2.4 采用水准测量方法时，垂直沉降监测控制网主要技术要求应符合表 18.2.4-1、表 18.2.4-2 的规定。

表 18.2.4-1 垂直沉降监测控制网主要技术要求

等级	相邻基准点高差中误差（mm）	测站高差中误差（mm）	往返较差、附合或环线闭合差（mm）	检测已测高差之较差（mm）
Ⅰ	±0.3	±0.07	$\pm0.15\sqrt{n}$	$0.2\sqrt{n}$
Ⅱ	±0.5	±0.15	$\pm0.30\sqrt{n}$	$0.4\sqrt{n}$
Ⅲ	±1.0	±0.30	$\pm0.60\sqrt{n}$	$0.8\sqrt{n}$

注：n 为测站数。

表 18.2.4-2 水准观测主要技术要求

等级	仪器型号	水准尺	视线长度（m）	前后视距差（m）	前后视距累计差（m）	视线离地面最低高度（m）	基、辅分划读数较差（mm）	基、辅分划读数所测高差较差（mm）
Ⅰ	DS05	铟瓦	≤15	≤0.3	≤1.0	0.5	≤0.3	≤0.4
Ⅱ	DS05	铟瓦	≤30	≤0.5	≤1.5	0.3	≤0.3	≤0.4
Ⅲ	DS1	铟瓦	≤50	≤1.0	≤3.0	0.3	≤0.5	≤0.7

18.2.5 采用其他方法布设监测控制网时，在满足相邻基准点精度要求下，其主要技术要求应符合本规范和相关技术规范的要求。

18.3 结构施工变形监测

18.3.1 各城市或地区在结构施工期间的变形监测内容，应根据具体情况在表 18.3.1 所列主要项目中选择：

表 18.3.1 结构施工期间变形监测主要内容

监测项目		监测内容	主要监测仪器
必测项目	支护结构	护坡桩、连续墙、土钉墙的变形以及支撑轴力监测等	全站仪、水准仪、测斜仪、轴力计等
	建筑	建筑变形、隧道拱顶下沉和净空水平收敛、高架结构的柱（墩）沉降和梁的挠度监测等	全站仪、水准仪、收敛计、测斜仪等
	周边环境	施工变形区内建筑、地表、管线变形监测等	全站仪、水准仪、测斜仪、位移计等
选测项目	支护结构	支护和衬砌应力、锚杆轴力监测等	应变片、应变计、锚杆测力计等
	建筑	混凝土应力、钢筋内力及外力监测等	应变片、应变计、钢筋计等
	其他	地基回弹、围岩内部变形、围岩压力、围岩弹性波速测试、分层地基土沉降、爆破震动、孔隙水压力等	位移计、压力盒、波速仪、爆破震动测试仪、孔隙水测压计等

18.3.2 水平位移监测的方法可采用交会法、导线测量、极坐标法、小角法、基准线法等。

18.3.3 垂直沉降监测可采用几何水准测量、静力水准测量等方法。

18.3.4 使用物理传感器进行变形监测应选用本章表

18.3.1 中相应仪器，并按仪器操作要求进行作业。

18.3.5 结构变形监测工作应从施工前开始，直至稳定终止。变形监测中应遵守下列规定：

1 监测前应对施工现场岩土变化和工程状况进行察看并作简明记录；

2 分步施工时，每步应有完整的连续观测数据；

3 雨后、冻融、地震等对变形体稳定可能产生影响时应增加观测次数；

4 根据变形体的变形趋势，应及时适当调整观测周期。

18.3.6 隧道内监测点应在工程施工的同时埋设。初始观测值应在开挖后12h内采集。监测点断面应测注线路里程（或坐标）和高程。

18.3.7 隧道拱顶下沉、净空水平收敛和地表沉降等监测点，应按本规范附录J中图J.0.3在同一断面内布设。纵断面间距宜为10～50m，监测点横向间距宜为2～10m。

18.3.8 隧道内各项变形监测项目的监测频率，宜根据变形速度和变形量的大小以及施工状况，按表18.3.8的要求选择。

表 18.3.8 监测频率

变形速度 W（mm/d）	监测频率	施工状况	
		喷锚暗挖法	盾构掘进法
$W>10$	每天2次	距工作面1倍洞径	距盾尾1倍洞径
$5<W\leqslant10$	每天1次	距工作面1～2倍洞径	距盾尾1～2倍洞径
$1<W\leqslant5$	每2天1次	距工作面2～5倍洞径	距盾尾2～5倍洞径
$W\leqslant1$	7～14天1次	距工作面>5倍洞径	距盾尾>5倍洞径

18.4 施工阶段沿线环境变形监测

18.4.1 施工阶段沿线环境变形监测包括下列主要对象和内容：

1 线路地表沉降观测；

2 变形区内燃气、热力和大直径给水、排水等主要管线变形监测；

3 变形区内高层、超高层、高耸建筑、古建筑、桥梁、铁路、经鉴定的危房等变形监测。

18.4.2 变形监测可采用本规范第18.3.2～18.3.4条中的相应方法。

18.4.3 隧道上的地表沉降监测点应与隧道拱顶下沉和净空水平收敛点布置在同一断面内，并应在线路中线上及其两侧变形区内布设沉降监测点，地表监测点纵横向布置宜符合表18.4.3的规定。

表 18.4.3 地表沉降监测点纵横向布置要求（m）

隧道埋设深度 H	监测点纵向布置		监测点横向布置	
	点间距	横断面间距	点间距	断面宽度
$H>2B$	7～20	20～50	7～10	$>2H+B$
$B<H<2B$	5～15	10～20	5～7	$>2H+B$
$H<B$	3～10	10	2～5	$>2H+B$

注：B 为隧道开挖宽度。

18.4.4 地表沉降监测点应埋设在原状土层中，必要时应加设保护装置。沉降观测点埋设稳定后，方可进行初始观测。

18.4.5 在变形区内的燃气、大直径给水、排水、热力管线等观测体上应埋设监测点。如不能在变形体上直接设点，可在管线周围土体中埋设监测点，通过对周围土体变形监测，确定管线变形情况。

18.4.6 对线路两侧变形区内高层、超高层、高耸建筑、古建筑、桥梁、铁路等进行沉降观测时，观测点应根据其结构特点埋设在能明显反映建筑变形敏感的部位，标志点应和建筑外观协调一致。

18.4.7 环境变形监测应在施工（包括降水）前进行初始观测，并应从距开挖工作面前方 $H+h$（H 为隧道埋深，h 为隧道高度）处开始第二次观测，直到土建结构完工及观测对象稳定后结束。环境变形监测宜与隧道内变形监测同步进行。

18.4.8 隧道穿越地面建筑、铁路、桥梁、管线时，应在施工全过程中对隧道自身和穿越体进行监测，对穿越物体不能直接进行监测时，应增加对其周围土体的变形监测。监测点埋设范围：宽度为距地铁线路中心两侧各2倍洞径，长度为地铁最近结构边墙至穿越体前后距离为 $H+h$（H 为隧道埋深，h 为隧道高度）的范围。

18.5 运营阶段变形监测

18.5.1 在运营阶段，属于下列条件之一的应对相关线路或周边环境进行变形监测：

1 施工阶段的观测对象仍未稳定，需要继续进行观测的项目；

2 不良岩土条件和特殊岩土条件的地区（段）；

3 地面沉降变化大的城市或地区的轨道交通线路；

4 临近线路两侧进行建设施工的地段；

5 新建线路和既有线路衔接、交叉、穿越的地段；

6 新建线路穿越地下工程和大型管线的地段；

四、勘察规划标准

7 地震、列车振动等外力作用对线路产生较大影响的地段。

18.5.2 变形监测对象应包括现有线路轨道、道床和隧道、高架结构、车站等建筑以及受线路运营影响的周边环境变形区内的道路、建筑、管线、桥梁等。

18.5.3 运营阶段的变形监测方案应根据本规范第18.5.1条的要求制定。变形监测方案应包括施工阶段延续的和新增加的变形监测项目，延续项目的观测数据应保持其连续性。

18.5.4 延续的施工阶段变形监测项目，应继续利用原变形监测控制点对变形点进行观测。控制点和变形点被破坏时应进行恢复。

18.5.5 新增变形监测项目应按本规范第18.2.1条和第18.2.2条的规定埋设监测点，新增变形监测项目宜利用施工阶段布设的变形监测控制点，也可在远离变形区的出入口、横通道、通风竖井和车站、区间隧道等稳定的建筑结构上埋设新的控制点。

18.5.6 变形监测精度要求和作业方法执行本规范第18.1～18.4节的相关规定。

18.6 资料整理与信息反馈

18.6.1 对变形监测数据应及时进行检查、整理并填写报表、绘制变形体的时态等曲线图，按本规范附录J中图J.0.4绘制变形与施工开挖工作面距离关系图等。

18.6.2 监测结果分析应根据时态曲线形态，选择与实测数据拟合较好的函数进行回归分析，并结合变形体和施工环境现状预测变形体的变形趋势，为判断变形体以及施工环境的安全提供依据。

18.6.3 对变形监测数据应进行单独项目分析和多项目的综合分析，并应定期向委托方等单位提交阶段变形监测的各种图表和变形趋势分析报告。

18.6.4 建筑的允许变形值应根据设计要求和相关规范确定。当实测变形值大于允许变形值的2/3时，应及时上报，并应启动应急变形监测方案。

18.6.5 变形监测应满足信息化施工和管理的要求，并应建立变形监测信息数据库。

18.6.6 变形监测工作结束后应提交下列资料：

1 变形监测成果表；

2 变形监测点位置图；

3 变形体变形量随时间、荷载等变化的时态曲线图；

4 变形监测技术报告。

19 竣工测量

19.1 一般规定

19.1.1 竣工测量主要包括：线路轨道竣工测量；区间、车站和附属建筑结构竣工测量；线路沿线设备竣工测量；地下管线竣工测量。

19.1.2 竣工测量采用的坐标系统、高程系统、图式等应与原施工测量一致。

19.1.3 竣工测量时，应收集已有的测量资料并进行实地检测；对符合要求的测量资料应充分利用，对不符合要求的测量资料应重新测量。测量方法和精度要求应与施工测量相同，并应按实测的资料编绘竣工测量成果。

19.1.4 竣工测量成果资料应满足城市轨道交通工程竣工测量与验收的要求。

19.1.5 竣工测量完成后应提交下列成果：

1 竣工测量成果表；

2 竣工图；

3 竣工测量报告。

19.2 线路轨道竣工测量

19.2.1 线路轨道竣工测量应包括铺轨基标和轨道铺设竣工测量。

19.2.2 在隧道内应以控制基标为起始数据，在地面应以地面控制点或控制基标为起始数据，进行线路轨道竣工测量。控制基标或地面控制点发生变化时，应重新进行控制测量，并以新的控制测量成果作为起始数据。

19.2.3 铺轨基标竣工测量应在道床铺设之后进行，宜主要检测控制基标间的夹角、距离和高程，其测量方法和精度要求应按照本规范第15章的有关技术要求执行，并应按本规范附录K中表K.0.1编制控制基标竣工测量成果表。

19.2.4 线路轨道竣工测量应在线路轨道锁定后，采用轨道尺对轨道与铺轨基标的几何关系和轨距进行测量。直线段应测量右股钢轨至铺轨基标间的距离和高程以及两股钢轨间的轨距和水平，曲线段还应加测轨距加宽量和外轨对内轨的超高量。轨道距铺轨基标或线路中心线的允许偏差为±2mm，轨道高程允许偏差为±1mm，轨距允许偏差为−1mm～+2mm，左、右轨的水平允许偏差为±1mm。测量中误差应为允许偏差的1/2。

19.2.5 道岔区的线路轨道竣工测量，应以道岔铺轨基标为依据，分别测量基标与对应道岔轨道的位置、距离、高程以及轨距。道岔岔心里程位置允许偏差为±15mm，轨顶全长范围内高低差应小于2mm，道岔轨道的高程、水平、轨距以及距铺轨基标距离的允许偏差应符合本规范第19.2.4条相关技术要求。

19.3 区间、车站和附属建筑结构竣工测量

19.3.1 区间、车站和附属建筑结构竣工测量应包括：

1 区间隧道、高架桥、车站结构净空横断面的竣工测量；

2 区间隧道、高架桥、车站结构及附属建筑竣工测量。

19.3.2 对已有的区间隧道、高架桥、车站等结构断面测量成果进行外业抽检测量时，应以铺轨基标为依据，抽检比例应不少于30%。对符合要求的断面测量资料应作为竣工测量成果，对不符合要求的测量资料应重新测量，并按实测的资料编绘断面竣工测量成果。

19.3.3 抽检的横断面测点数量、位置、测量方法和精度，应执行本规范第14.3节的相关规定，检测值与原测值较差不应大于25mm。

19.3.4 区间隔断门结构竣工测量，应以隔断门前、后控制基标为基准，按本规范附录K中图K.0.2进行隧道瓶颈口A-A、B-B、C-C、D-D四个断面的测量，测量允许误差为±10mm。

19.3.5 区间隧道、高架桥、车站结构及附属建筑竣工测量应包括内容：

1 地下区间隧道和地下车站及附属设施的内侧平面位置、高程和结构尺寸，并调查结构厚度；

2 高架桥、高架车站及其柱（墩）的平面位置、高程、结构尺寸以及主要角点距相邻建筑的距离；

3 车站出入口、通道和区间风道结构的平面位置、高程和结构尺寸。

19.3.6 地下区间隧道和地下车站及附属设施的结构厚度，宜根据地下施工测量成果或设计资料确定。

19.4 线路沿线设备竣工测量

19.4.1 线路沿线设备竣工测量应包括接触轨、接触网、风机以及行车信号与线路标志等主要设备的竣工测量。

19.4.2 接触轨、接触网竣工测量，应以铺轨基标为竣工测量依据，在直线段每30m，曲线段每10m，按本规范附录K中图K.0.3量测接触轨与左轨和接触网与右轨的间距（d、d'）和高差（Δh、$\Delta h'$），并按本规范附录K中表K.0.4填写竣工测量记录。接触轨和接触网平面允许偏差分别为±6mm、±10mm，高程允许偏差分别为±6mm、±10mm，测量中误差应为允许偏差的1/2。

19.4.3 风机和风管位置竣工测量，应对其轴线、消声墙以及风管与线路轨道立体相交处主要部位进行测量。

19.4.4 行车信号与线路标志竣工测量，应包括其里程、与轨道的水平距离和高差测量；岔区的警冲标，应测定其到辙岔中心的距离以及与两侧钢轨的垂距。测量精度应符合本规范第17.4节相关技术要求。

19.4.5 车站站台两侧边墙广告箱等与轨道之间的水平距离和高差应进行测量，测量中误差应为±10mm。

19.5 地下管线竣工测量

19.5.1 地下管线竣工测量包括施工拆迁、改移、复原的现有管线和新建管线的竣工测量等。

19.5.2 地下管线竣工测量应符合下列规定：

1 在竣工覆土前，应测定各种管线起点或衔接点、折点、分支点、交叉点、变坡点的管线（或管沟）中心以及每个检查井中心、小室轮廓角点的坐标和高程，实测管径、结构尺寸和管底或管外顶的高程；

2 对于覆土前来不及测量的点，应设定临时参考点和参考方向，并应测量管线点与临时参考点的相对关系；覆土后应统一测定临时参考点的位置，并应换算出管线的实际坐标和高程；

3 测量仪器、测量方法和精度要求应执行本规范第6章有关规定。

19.5.3 竣工测量完成后应分类别、分区段提交下列资料：

1 管线测量成果表；

2 管线平面综合图；

3 管线纵断面图；

4 小室大样图；

5 管线竣工测量技术报告。

19.6 磁悬浮和跨座式轨道交通工程竣工测量

19.6.1 磁悬浮轨道交通工程竣工测量应符合下列要求：

1 轨道梁竣工测量应利用轨道梁精调平面控制网和二级高程控制网并依据相关验收标准进行。测量误差应为允许偏差的1/2。

2 除轨道梁以外的主体结构和附属设施等竣工测量，应执行本章的相关技术规定。

19.6.2 跨座式轨道交通工程竣工测量应符合下列要求：

1 轨道梁竣工测量应利用卫星定位网或精密导线网、高程控制网并依据相关验收标准进行。测量误差应为允许偏差的1/2。

2 除轨道梁以外的主体结构和附属设施等竣工测量，应执行本章的相关技术规定。

20 测量成果资料验收

20.0.1 城市轨道交通工程测量成果，应在作业单位检查合格的基础上，由业主单位组织实施验收。

20.0.2 城市轨道交通工程测量成果的验收应符合现行行业标准《测绘产品质量检查验收规定》CH 1002的要求，验收的依据应为工程合同、经批准的技术设计书及有关技术标准。

20.0.3 城市轨道交通工程设计阶段、施工阶段、竣工阶段的测量成果应分期进行验收。

20.0.4 提交验收的测量成果资料应包括下列内容：

1 委托书或合同书、任务书；

2 技术设计书；

3 所利用的坐标和高程起算数据文件及来源证明、测量仪器的鉴定证书和检验、校准记录；

4 测量观测的原始记录、计算资料和测量成果；

5 技术报告书；

6 测量单位质量检查报告。

20.0.5 测量成果的验收应符合下列要求：

1 成果资料齐全、正确；

2 测量符合有关技术标准及技术设计的要求，重要技术方案变更应提供充分的论证说明材料并经批准；

3 使用的已知成果资料应具备有效性；

4 测量的各项原始记录应真实、可靠；

5 测量仪器应鉴定和检校合格，并存有记录；

6 测量成果应进行检校，并签注齐全；

7 测量技术报告书内容齐全。

20.0.6 测量成果验收内业抽查不应少于10%，外业复测不应少于5%。

20.0.7 测量成果验收结论分别是：批合格、批不合格。对批不合格的测量成果资料要退回作业单位返工，返工完成后应重新组织验收。

20.0.8 验收成果的提交应符合下列要求：

1 验收合格的测量成果应及时归档；

2 归档提交的测量成果应包括本章第20.0.4条规定的全部成果资料和验收报告书；

3 验收报告书的内容及格式，应符合现行行业标准《测绘产品质量检查验收规定》CH 1002的相关要求。

附录A 地面平面控制测量

A.0.1 卫星定位控制点标石埋设见图A.0.1。

图A.0.1 卫星定位控制点土中标石埋设（单位：mm）

1—土；2—捣固之土石层

A.0.2 卫星定位控制点岩石标石埋设见图A.0.2。

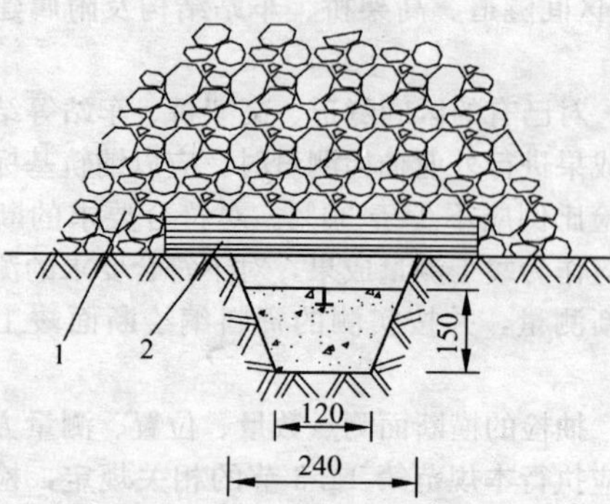

图A.0.2 卫星定位控制点岩石标石埋设（单位：mm）

1—石块；2—保护盖

A.0.3 卫星定位楼顶控制点标石埋设见图A.0.3。

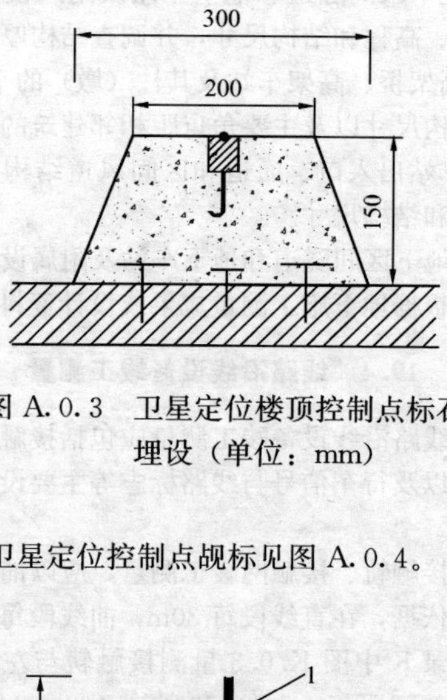

图A.0.3 卫星定位楼顶控制点标石埋设（单位：mm）

A.0.4 卫星定位控制点觇标见图A.0.4。

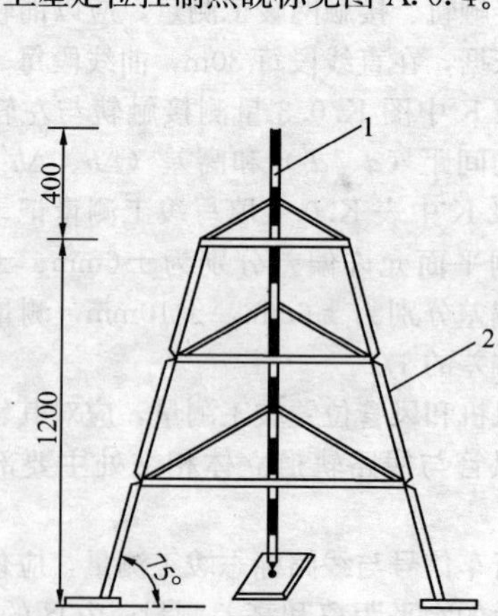

图A.0.4 卫星定位控制点觇标（单位：mm）

1—照准杆；2—ϕ50钢管或50×50角钢

A.0.5 卫星定位外业观测手簿格式见表 A.0.5。

表 A.0.5 卫星定位外业观测手册手簿

________线卫星定位外业观测手簿

观测者姓名________ 日 期____年____月____日 测 站 名________测站号________时段号________ 天 气 状 况________
测站近似坐标： 经度：E ____°____′ 纬度：N ____°____′ 高程：________（m） 本测站为： □________新点 □________等大地点 □________等水准点 □________
记录时间：□北京时间 □UTC □区时 开录时间：________ 结束时间：________
接收机号：________ 天线号：________ 天 线 高：________（m） 测后校核值：________ 1. ________ 2. ________ 3. ________ 平均值：________
测站略图及障碍物情况
观测状况记录 1. 电池电压________ 2. 接收卫星信号________ 3. 信噪比（SNR）________ 4. 故障情况________
备 注：

A.0.6 卫星定位控制点点之记见表 A.0.6。

表 A.0.6 卫星定位控制点点之记

________年________月________日 记录：________________________ 校对：____________

<table>
<tr><td rowspan="4">点名及种类</td><td rowspan="3">卫星定位点</td><td>名</td><td rowspan="3">标石说明
（单、双层、
类型、旧点）</td><td rowspan="3"></td></tr>
<tr><td>号</td></tr>
<tr><td></td></tr>
<tr><td colspan="4">相邻点（名、号、里程、通视否）</td></tr>
<tr><td>所在地</td><td colspan="4"></td></tr>
<tr><td colspan="5">（略图）</td></tr>
<tr><td>备注</td><td colspan="4"></td></tr>
</table>

A.0.7 全站仪的分级标准见表 A.0.7。

表 A.0.7 全站仪的分级标准

级　　别	测角中误差（″）	测距中误差（mm）
Ⅰ	≤±1	1+1×D
Ⅱ	≤±2	3+2×D
Ⅲ	≤±6	5+5×D

注：D 是测距边长，以千米为单位。

A.0.8 精密导线点标石埋设见图 A.0.8。

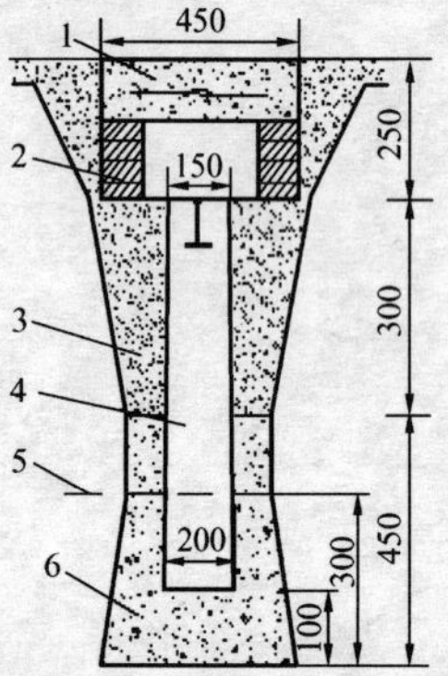

图 A.0.8 精密导线标石埋设（单位：mm）

1—盖；2—砖；3—素土；
4—标石；5—冻土线；6—混凝土

附录 B 地面高程控制测量

B.0.1 混凝土水准点标石埋设见图 B.0.1。

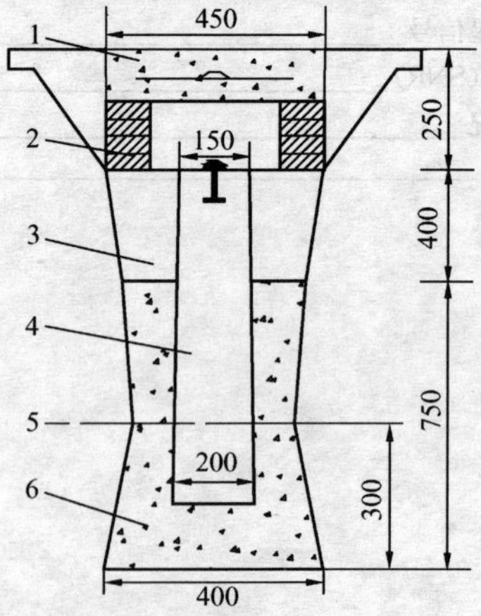

图 B.0.1 混凝土水准点标石埋设（单位：mm）

1—盖；2—砖；3—素土；
4—标石；5—冻土线；6—混凝土

B.0.2 墙脚水准点标志埋设见图 B.0.2。

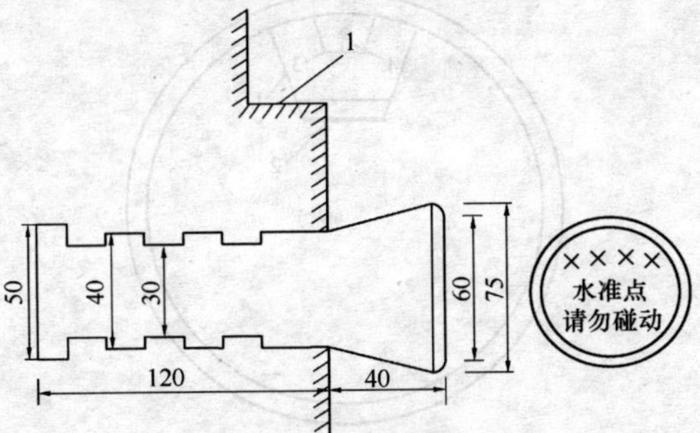

图 B.0.2 墙脚水准点标志埋设（单位：mm）

1—墙面

B.0.3 岩石水准点标石埋设见图 B.0.3。

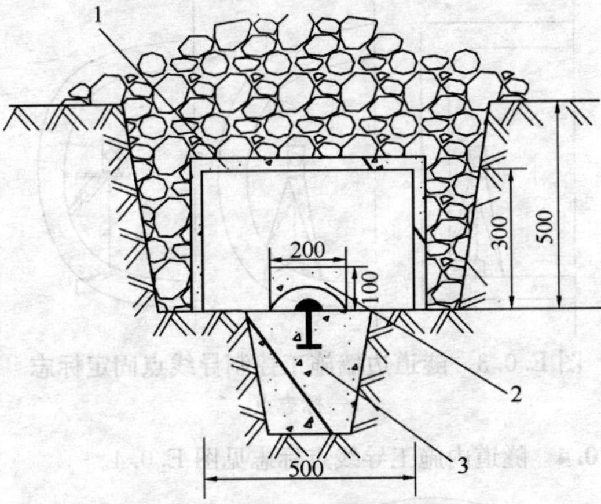

图 B.0.3 岩石水准点标石埋设（单位：mm）

1—混凝土盖板；2—混凝土盖板；3—混凝土

B.0.4 深桩水准点标志埋设见图 B.0.4。

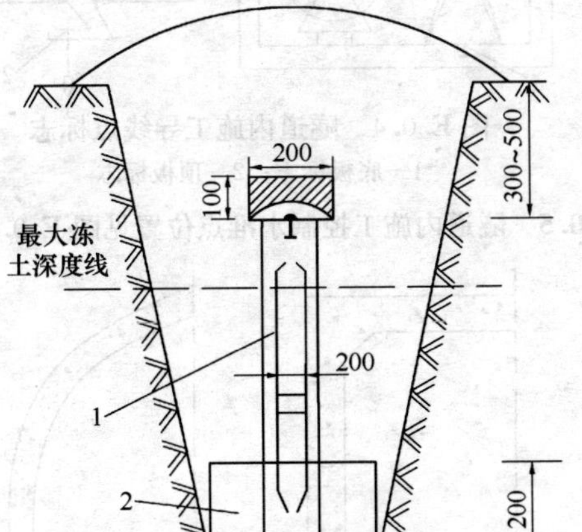

图 B.0.4 深桩水准点标志埋设（单位：mm）

1—混凝土桩；2—混凝土桩座

附录 C 线路定线测量

C.0.1 定线测量成果表见表 C.0.1。

表 C.0.1 定线测量成果表

______线线路中线定线测量成果表

线别（左/右）	里程	边长（m）	方位角（°′″）	坐标（m）		桩类型	备 注
				X	Y		

制表：______ 校核：______ ______年______月______日

C.0.2 定线测量交接桩书见表 C.0.2。

表 C.0.2 定线测量交接桩书

______线定线测量交接桩书

线路中线（控制）点于______年______月______日定测完毕，现于______年______月______日由建设单位主持，设计单位、监理单位、施工单位、测量单位参加，在现场进行交、接桩。测量单位代表将定测在实地的桩点交给接桩单位代表，现场所交的所有桩点完整无缺、稳固，接桩单位接桩后应进行复测并妥善保护。如经复测有误，需在一周内反馈给测量单位，测量单位重新进行定测。

交桩单位名称__________________
（代表签字）__________________

接桩单位名称__________________
（代表签字）__________________

监理单位名称__________________
（代表签字）__________________

设计单位名称__________________
（代表签字）__________________

附件：线路定线测量成果表

附录D　陀螺经纬仪、铅垂仪组合定向图

D.0.1　陀螺经纬仪、铅垂仪组合定向见图D.0.1。

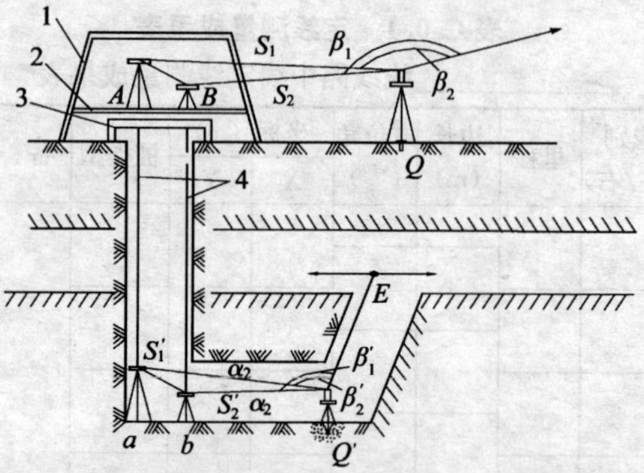

图D.0.1　陀螺经纬仪、铅垂仪组合定向图

1—井架；2—仪器台；3—井台；4—视线

Q——地面上近井点；

Q'——地下近井点；

A、B——铅垂仪位置；

a、b——井底测量点位；

β_1、β_2——地面观测角度；

β'、β_2'——地下观测角度；

S_1、S_2——地面测量距离；

S_1'、S_2'——地下测量距离；

α_1、α_2——陀螺方位角；

$Q'E$——地下方位角起算边。

附录E　地下平面和高程测量

E.0.1　隧道底板上施工控制导线点或线路中线点钢板标志见图E.0.1。

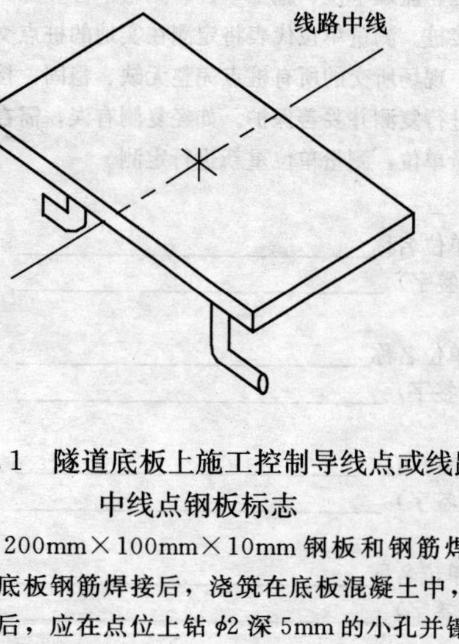

图E.0.1　隧道底板上施工控制导线点或线路中线点钢板标志

注：标志以200mm×100mm×10mm钢板和钢筋焊接而成，与底板钢筋焊接后，浇筑在底板混凝土中，点位经归化后，应在点位上钻$\phi2$深5mm的小孔并镶以黄铜丝。

E.0.2　隧道拱顶施工控制导线“吊篮”标志见图E.0.2。

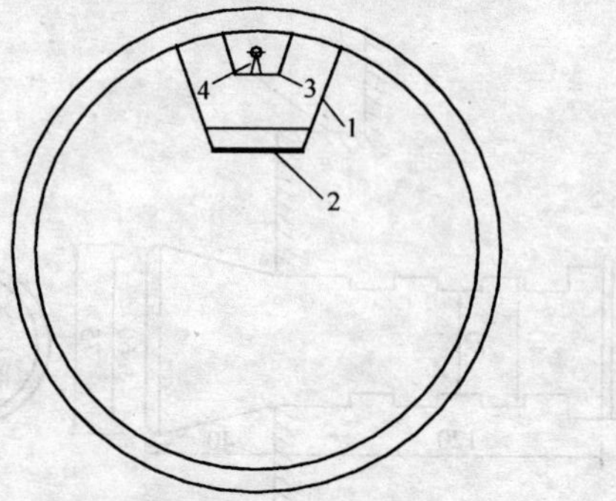

图E.0.2　隧道拱顶施工控制导线“吊篮”标志

1—护栏；2—观测站台；3—仪器架设平台；4—仪器

E.0.3　隧道边墙施工控制导线点固定标志见图E.0.3。

图E.0.3　隧道边墙施工控制导线点固定标志

1—标志点

E.0.4　隧道内施工导线点标志见图E.0.4。

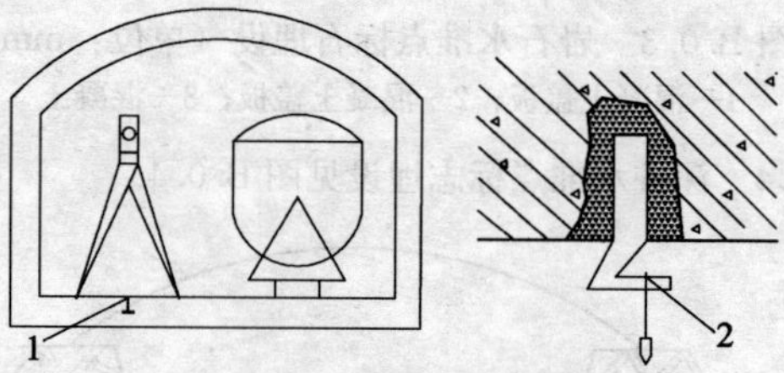

图E.0.4　隧道内施工导线点标志

1—底板标志；2—顶板标志

E.0.5　隧道内施工控制水准点位置见图E.0.5。

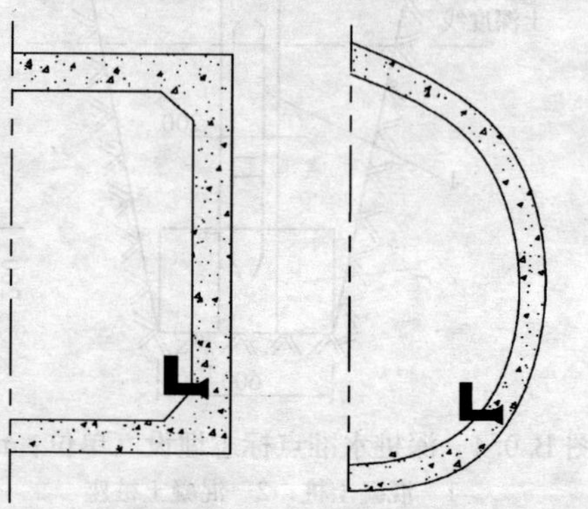

图E.0.5　隧道内施工控制水准点位置

附录F　高架线路施工测量

F.0.1　墩顶帽测量标志位置见图F.0.1。

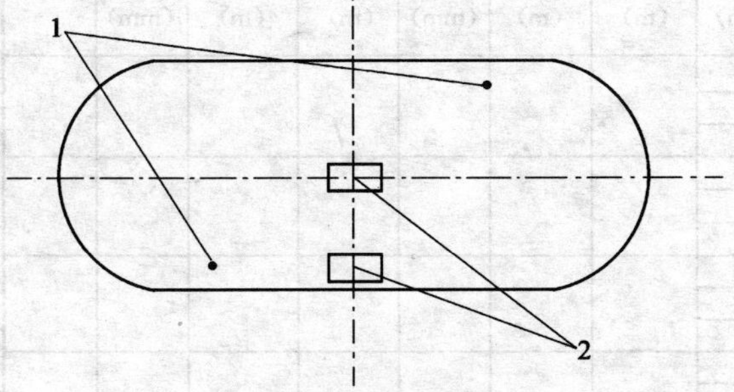

图F.0.1　墩顶帽测量标志位置

1—水准点；2—钢板标志

F.0.2　墩顶帽高程传递测量见图F.0.2。

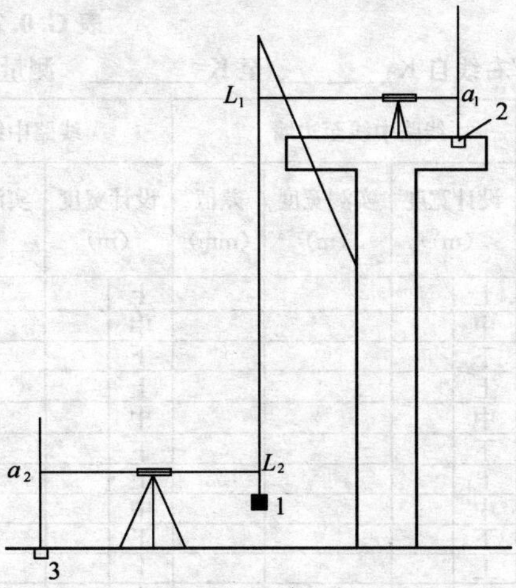

图F.0.2　墩顶帽高程传递测量

1—重锤；2、3—水准点

附录G　线路中线调整测量

G.0.1　线路中线调整测量成果表见表G.0.1。

表G.0.1　线路中线调整测量成果表

____________________线路中线调整测量成果表

线名：________________　区段：________________

测　站	前　视 后　视	水平角（折角）			距离（点间距）			坐标（m）		高　程 （m）	备注
		设计值 （°′″）	测量值 （°′″）	差值 （″）	设计值 （m）	测量值 （m）	差值 （mm）	X	Y		

制表：________________　检核：________________　______年______月______日

G.0.2 隧道横断面净空测量成果表见表 G.0.2。

表 G.0.2 隧道横断面净空测量成果表

左/右线自 K________ 至 K________ 测量记录：________ 检查：________ ______年______月______日

里程	线路中线至边墙			线路中线至中墙			底板高程			顶板高程			备注
	设计宽度（m）	实测宽度（m）	差值（mm）	设计宽度（m）	实测宽度（m）	差值（mm）	设计值（m）	实测值（m）	差值（mm）	设计值（m）	实测值（m）	差值（mm）	
	上			上									
	中			中									
	下			下									
	上			上									
	中			中									
	下			下									
	上			上									
	中			中									
	下			下									
	上			上									
	中			中									
	下			下									
	上			上									
	中			中									
	下			下									
	上			上									
	中			中									
	下			下									
	上			上									
	中			中									
	下			下									

G.0.3 高架线路横断面测量成果表见表 G.0.3。

表 G.0.3 高架线路横断面测量成果表

左/右线自 K________ 至 K________ 测量记录：________ 检查：________ ______年______月______日

里程	线路中线至左侧距离			线路中线至右侧距离			左侧高程			右侧高程			备　注
	设计值（m）	实测值（m）	差值（mm）	设计值（m）	实测值（m）	差值（mm）	设计值（m）	实测值（m）	差值（mm）	设计值（m）	实测值（m）	差值（mm）	

G. 0. 4 线路结构底板纵断面测量成果表见表 G. 0. 4。

表 G. 0. 4 线路结构底板纵断面测量成果表

线名：____________ 区段：____________ ______年______月______日

里 程	高 程（m）	坡度 ‰	备 注	里 程	高程（m）	坡度 ‰	备 注

制表：____________ 检核：____________

附录 H 铺轨基标测量

H.0.1 矩形或直墙拱铺轨基标标志见图 H.0.1。

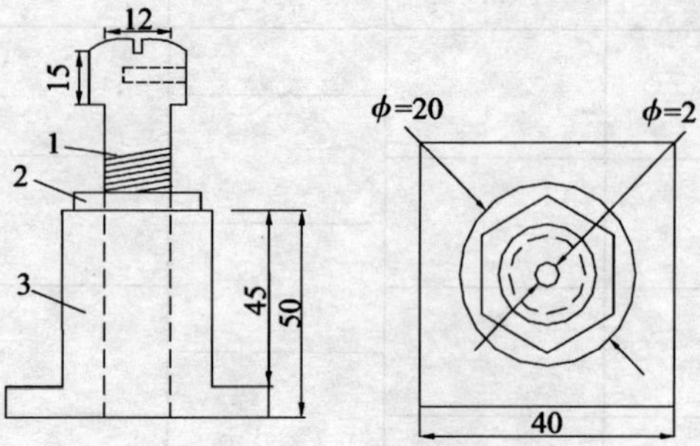

图 H.0.1 矩形或直墙拱铺轨基标标志（单位：mm）

1—M10×1.5 螺栓；2—螺母；3—基座

H.0.2 马蹄形或圆形隧道铺轨基标标志见图 H.0.2。

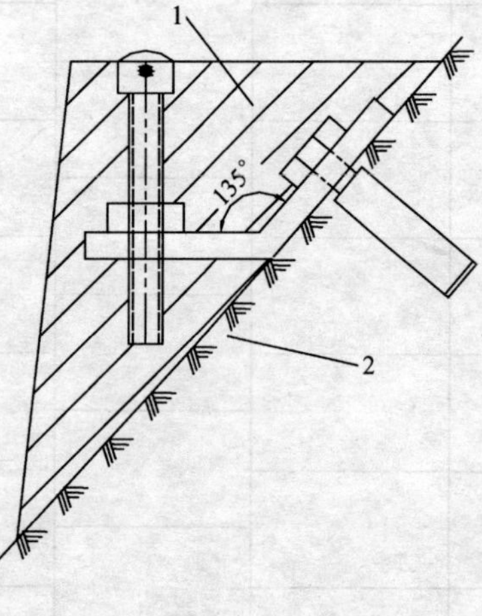

图 H.0.2 马蹄形或圆形隧道铺轨基标标志

1—混凝土；2—隧道结构

H.0.5 单开道岔铺轨基标示意见图 H.0.5。

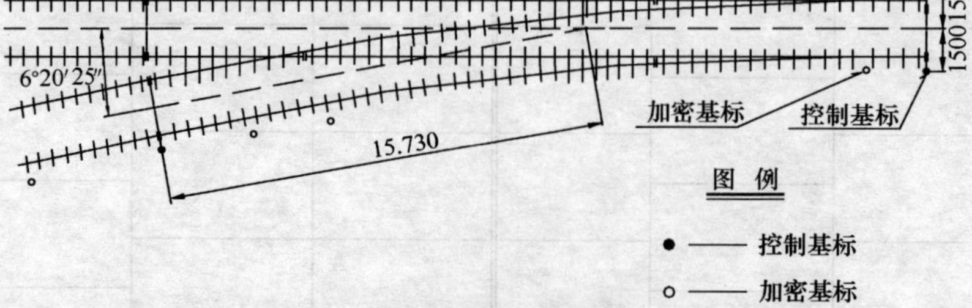

图 H.0.5 单开道岔铺轨基标示意

H.0.3 控制基标成果表见表 H.0.3。

表 H.0.3 控制基标成果表

线名：________ ______年______月______日

里程	折角(° ′ ″)		X 坐标(m)		Y 坐标(m)		高程(m)	
	设计值 / 实测值	差值(″)	设计值 / 检测值	差值(mm)	设计值 / 检测值	差值(mm)	轨面高 / 基标高	差值(mm)

制表：________ 检核：________

H.0.4 加密基标成果表见表 H.0.4。

表 H.0.4 加密基标成果表

线名：________ ______年______月______日

里程	设计轨面高程（m）	实测基标高程（m）	差值（mm）	里程	设计轨面高程（m）	实测基标高程（m）	差值（mm）
备注							

制表：________ 检核：________

H.0.6 复式交分道岔铺轨基标示意见图 H.0.6。

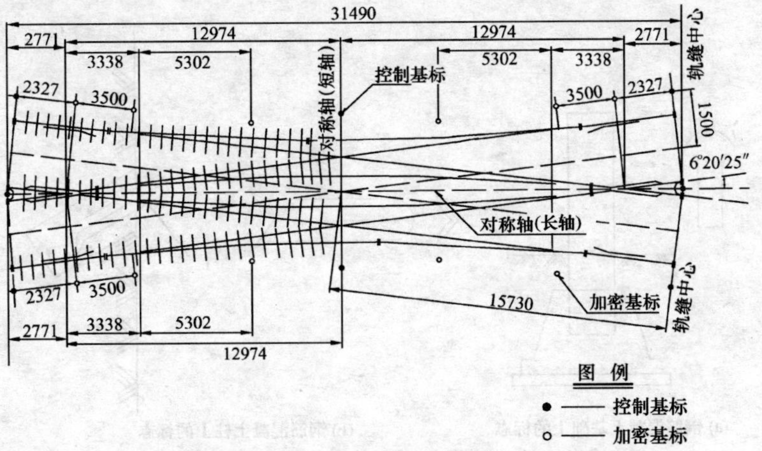

图 H.0.6 复式交分道岔铺轨基标示意

H.0.7 交叉渡线道岔铺轨基标示意见图 H.0.7。

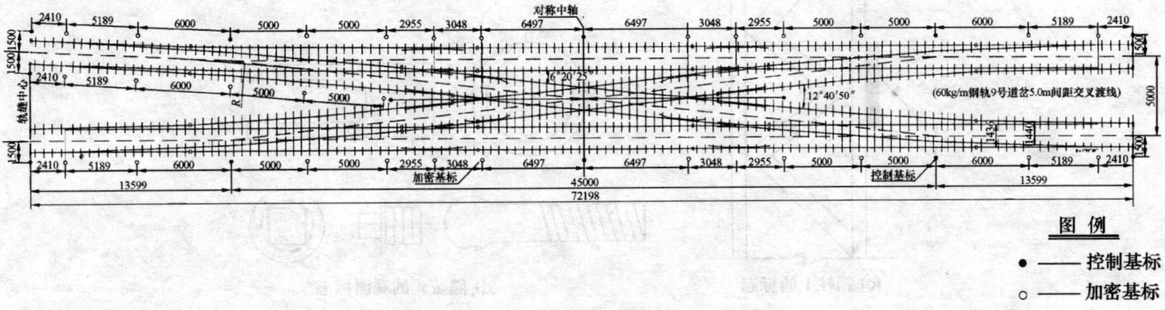

图 H.0.7 交叉渡线道岔铺轨基标示意

附录J 变形监测

J.0.1 深层测温钢管高程控制点标石埋设见图 J.0.1。

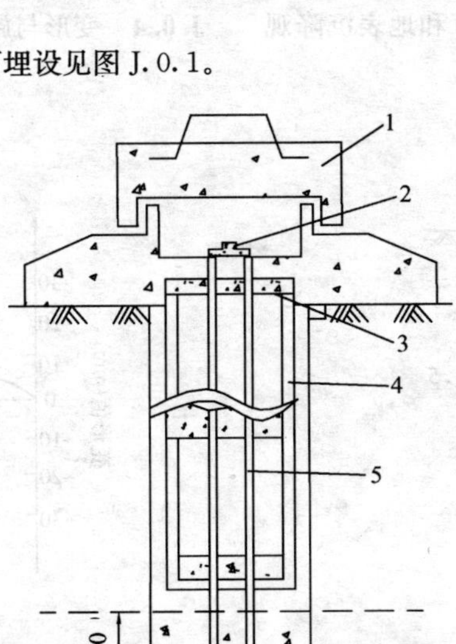

图 J.0.1 深层测温钢管高程控制点标石埋设（单位：mm）

1—标志盖；2—标心（有测温孔）；3—橡皮环；4—保护管；5—钢管；6—混凝土；7—封底钢板

J.0.2 建筑变形观测点标志类型和埋设形式见图 J.0.2。

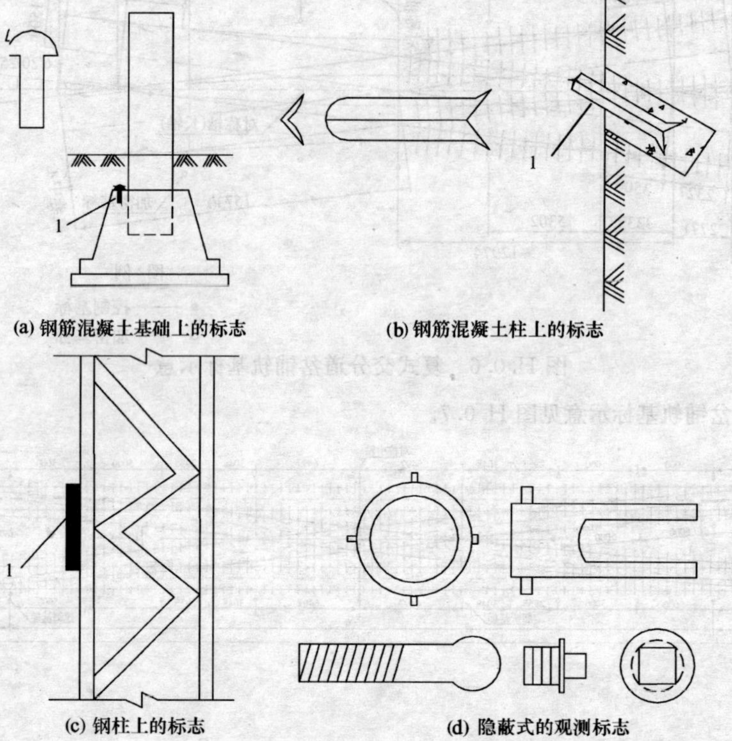

图 J.0.2 建筑变形观测点标志类型和埋设形式（单位：mm）

1—标志

J.0.3 隧道净空水平收敛、拱顶下沉和地表沉降观测点布设见图 J.0.3。

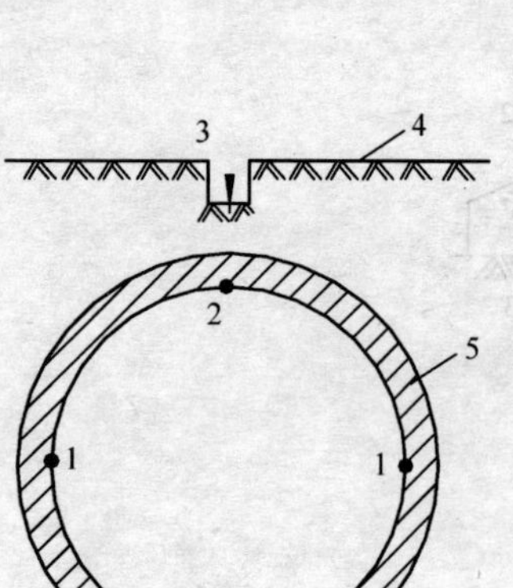

图 J.0.3 隧道净空水平收敛、拱顶下沉和地表沉降观测点布设

1—净空水平收敛观测点；2—拱顶下沉观测点；3—地表沉降观测点；4—地表；5—隧道结构

J.0.4 变形与施工开挖工作面距离关系见图 J.0.4。

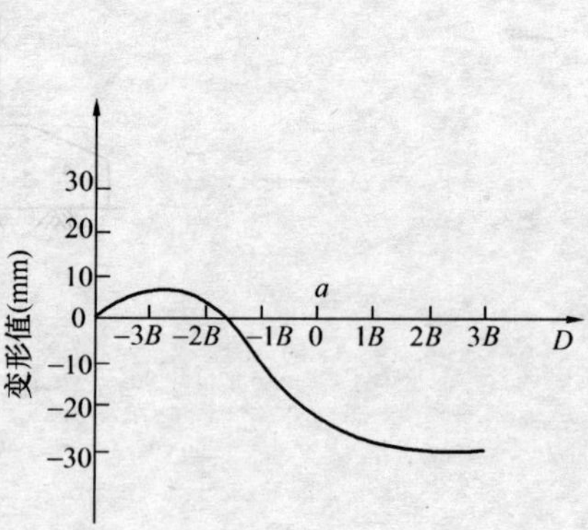

图 J.0.4 变形与施工开挖工作面距离关系

B—隧道开挖宽度（m）；a—开挖工作面；D—距开挖工作面距离（m）

附录K 竣工测量

K.0.1 控制基标竣工测量成果见表K.0.1。

表K.0.1 控制基标竣工测量成果表

________线________段

控制基标名称和里程	间距（m）	实测夹角（°′″）	设计夹角（°′″）	夹角较差（″）		控制基标相对偏移量δ（mm）		控制基标高程			备注
				＋	－	左	右	实测高程（m）	设计高程（m）	较差（mm）	

制表：________ 检核：________ ____年____月____日

K.0.2 隔断门断面测量见图K.0.2。

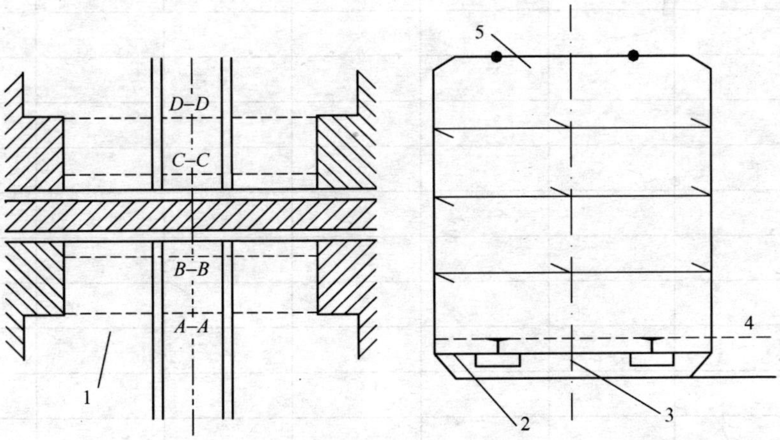

图K.0.2 隔断门断面测量

1—隧道瓶颈口；2—底板；3—线路中线；4—轨面；5—顶板

注：A—A、B—B、C—C、D—D表示四个横断面；每横断面应测量左右轨面高程、2个顶板点高程、3个横距（其高度依据车辆、限界要求选定）。

K. 0. 3 接触轨、接触网竣工测量位置见图 K. 0. 3。

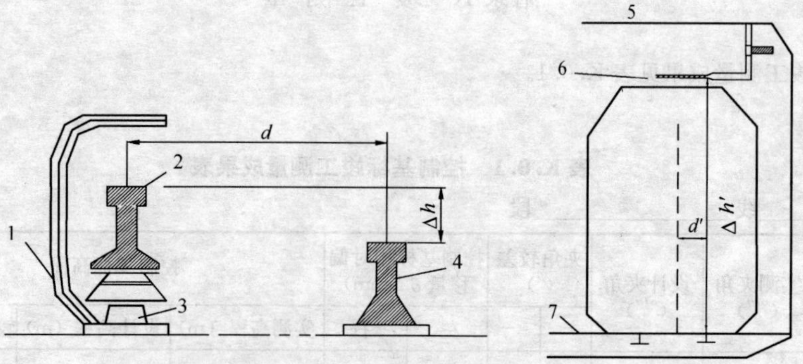

图 K. 0. 3 接触轨、接触网竣工测量位置

1—绝缘护板；2—接触轨；3—接触轨承台；4—轨道；5—隧道顶板；6—接触网授电线；7—轨面

K. 0. 4 接触轨、接触网竣工测量记录见表 K. 0. 4。

表 K. 0. 4 接触轨、接触网竣工测量记录表

____________线____________段

基标名称或里程	Δh（或 $\Delta h'$）			d（或 d'）（m）			备　注
	实测值（m）	设计值（m）	较　差（mm）	实测值（m）	设计值（m）	较　差（mm）	

制表：________　检核：________　　　____年____月____日

中华人民共和国国家标准

城市轨道交通工程测量规范

GB 50308－2008

条文说明

1 总 则

1.0.1 1965年以来，北京、天津、上海和广州等许多城市先后兴建城市轨道交通工程，但是一直没有统一的测量规范。根据建设部建标［1998］224号文《关于印发一九九八年工程建设标准规范修订计划（第二批）的通知要求》，为健全城市轨道交通工程建设规范，使城市轨道交通工程测量工作有统一的标准，主编单位编制了《地下铁道、轻轨交通工程测量规范》，并于2000年6月1日起实施。经过几年的实践，为适应技术发展，对原规范进行修订，并更名为《城市轨道交通工程测量规范》，以满足城市轨道交通发展的需要。

1.0.2 本规范内容涵盖城市轨道交通工程建设和运营各个阶段所应进行的主要测量工作。

1.0.3 为充分利用城市现有的测绘资料，参照国家现行标准《城市测量规范》CJJ 8中控制点、地形图及市政工程测量的基本精度规格，制定较差指标，以便测绘资料互相利用。

城市轨道交通工程平面和高程控制系统应与现有城市系统一致。由于城市轨道交通工程建设周期长、城市建设发展日新月异、工程施工场地为不稳定的载体等原因，对测量控制点的稳定和通视影响颇大，因此在施工前和建设中对控制点进行复（检）测极为重要。复（检）测工作不仅对评价测量控制点是否稳定提供了依据，而且对符合限差要求的复测结果与原测成果取平均值也提高了控制点的精度。

1.0.4 两个城市的坐标和高程系统往往不一致，为满足城市轨道交通工程建设要求，两个城市间的轨道交通工程必须采用统一的坐标和高程系统，如果条件限制不能采用统一的坐标和高程系统，两套系统应有严密的换算公式。

1.0.6 在隧道贯通前，联系测量、地下平面控制测量和地下高程控制测量，随工程进度应至少独立进行三次，主要是为了提高测量精度。

1.0.7 轨道交通工程最大贯通距离一般不超过1.5km，根据目前各地城市轨道交通工程设计要求和工程贯通误差现状以及建设单位测量设备状况、施工方法等制定本限差。本条给出的横向贯通测量中误差值为投影到线路法线方向的测量中误差。

贯通测量误差分为贯通测量允许误差和贯通测量中误差，横向贯通测量允许误差应为±100mm，高程贯通测量允许误差应为±50mm。贯通测量允许误差的1/2为贯通测量中误差。两个误差标准是一致的，使用中可任意选择。

1.0.8 城市中的轨道交通工程在建设和运营期间，对自身和环境的安全影响非常重要，应十分重视此项工作。制定的变形监测方案，应包括由于施工结构自身和环境的变形量及变形速率等超过设计和施工要求可能造成安全隐患时的应急变形监测措施与手段。

1.0.9 轨道交通工程的竣工测量是极其重要的。与其他工程竣工一样，不仅应将竣工测量资料提交城市建设档案馆存档，而且竣工测量资料对工程建成后的维修、改扩建是不可少的。

1.0.10《中华人民共和国计量法实施细则》第二十五条规定“任何单位和个人不准在工作岗位上使用无

检定合格印、证或者超过检定周期以及经检定不合格的计量器具”现将这些规定摘录如下：

《光学经纬仪检定规程》JJG 414 规定的经纬仪检定内容，检定周期一般不超过一年。

《水准仪检定规程》JJG 425 规定的水准仪检定内容，检定周期一般不超过一年。

《光电测距仪的检定规程》JJG 703 规定的光电测距仪检定内容，检定周期最长不超过一年。

《钢卷尺检定规程》JJG 4 规定的钢卷尺检定内容，检定周期最长不超过一年。

《水准标尺检定规程》JJG 8 规定的水准标尺检定内容，检定周期为一年。

2 术语和符号

2.1 术　　语

本术语中主要列入了具有城市轨道交通工程测量特点的测量和与测量有关的术语。同时为简化用词，对个别词汇赋予较广泛的含义，如“建筑”一词在本规范中包含了建筑物和构筑物两个词的意思。

2.2 符　　号

城市轨道交通工程测量涉及内容和专业繁多，同一符号在不同专业中的意义不一样，因此规范中列出的符号代表多种意思，以供理解与掌握。

3 地面平面控制测量

3.1 一 般 规 定

3.1.2、3.1.3 地面平面控制网分两级布设，一是考虑到城市轨道交通建设与城市建设密不可分，工程设计所需的测量资料要互相利用，因此只有轨道交通工程控制网在城市二等网基础上布设，且坐标系统、高程系统与城市网相一致，才能满足轨道交通工程控制网分期建立的需要，又便于使用各期测绘资料。二是因城市轨道交通工程各条线路为带状结构，车站较多，站间距较短，施工时又有一定数量的竖井，因此在城市二等网下只建立一个等级的首级网，控制点的数量偏少，满足不了施工测量的需要，所以必须在首级网下再布设二级网。地面平面控制网一等为卫星定位控制网，二等为精密导线网。卫星定位是一种先进的测量方法，不仅适用于一等卫星定位控制网测量，而且在城市开阔地区二等网也可以应用卫星定位技术，但其测量精度应满足精密导线网要求。

3.1.6 由于城市轨道交通工程的每一条线路建设周期较长，初期建立的平面和高程控制网点有可能发生位移和沉降，因此在本条和第 4.1.9 条中规定应定期对平面控制点及高程控制点进行复测。根据经验，除第一次在开工前进行外，一般宜 1～2 年复测 1 次。

3.2 卫星定位控制网测量

3.2.2 城市轨道交通工程地面控制网的精度要求，是根据城市测量的实际和暗挖隧道贯通精度的要求，以及国内外城市轨道交通建立地面控制网的经验而制定的。尤其对相邻点的相对精度的规定，主要是满足暗挖隧道、铺轨、限界及设备安装精度的要求。

提出横向贯通中误差应为±50mm，是根据误差理论及国内外地铁贯通测量的经验而制定的。为严格控制横向贯通测量误差，在各个测量环节的分配的一般原则为：地面控制测量中误差±25mm，联系测量中误差±20mm，地下导线测量中误差±30mm。因此±25mm 应是规定卫星定位控制网和精密导线网测量精度与设计的依据。

表 3.2.2 中规定，卫星定位控制点与现有城市控制点的坐标较差为 50mm，不同线路控制网重合点的坐标较差为 25mm，是为了保证在轨道交通工程设计、定线时能够使用城市现有的大比例尺地形图和资料，以及保证各条线路交叉处控制点坐标基本一致，不能影响线路的衔接。

3.2.4 为了保证城市轨道交通工程卫星定位控制网的整体精度，要求网内应重合 3～5 个现有城市一、二等控制点，并能均匀分布。一方面既可以作为卫星定位控制网的起算数据和求定坐标转换参数，还可在卫星定位控制网平差时进行方案优化；另一方面能够保证控制网的精度均匀和减少尺度比的误差影响。

3.2.6 标石分为基本标石、岩石标石和建筑顶标石三种。

3.2.14、3.2.15 约束平差中当改正数的较差超限时，可以认为该基线或其附近基线有粗差，应采用软件提供的方法或人工干预的方法剔除粗差基线，直至符合本规范式（3.2.14-1）～（3.2.14-3）的要求。如果超限可能是已知约束值（坐标、边长、方位）与新建的卫星定位控制网不兼容引起的，应剔除某些误差大的已知点的约束值，重新进行约束平差，直至符合本规范式（3.2.14-4）～（3.2.14-6）的要求。

3.3 精密导线网测量

3.3.1 城市轨道交通工程平面控制网的精密导线网，由表 3.3.1 知其测量的主要技术要求与国家其他现行规范中的导线不同，平均边长为 350m，相邻点的相对点位中误差为±8mm，这样的要求完全是为满足轨道交通工程施工和保证暗挖隧道准确贯通的需要。

3.3.2 由于轨道交通工程线路多为直伸形状，精密导线网布设在卫星定位控制点之间，并应布设成附合导线形式。当条件限制不利于布设附合导线时，应布设成结点网形式。

3.3.6 前后视边长相差较大时，采用一般方法测角调焦幅度大，对测角误差影响显著。针对这一问题，工作实践中采用同一方向正倒镜同时观测法，可减少调焦误差对测角的影响。同一方向正倒镜同时观测法一测回的程序是：先盘左、盘右观测零方向（观测中不调焦），再瞄准另一方向调焦后，对盘右、盘左进行观测（观测中不调焦）。

4 地面高程控制测量

4.1.4 本规范总则中提出暗挖隧道高程贯通中误差为±25mm，根据误差理论和实践经验，高程贯通中误差在高程测量的各个环节作如下分配：地面高程控制测量的中误差为±16mm；向地下传递高程的中误差为±10mm；地下高程控制测量的高程中误差为±16mm。本规范表4.1.4中二等水准测量的主要技术规格就是根据±16mm的要求设计出来的。

4.1.5 一些城市或地区地表沉降比较大，造成水准点沉降，因此水准点每隔3km左右需埋设深桩水准点或基岩水准点，深桩水准点应埋设在稳定的持力层上。为方便施工或高程传递，车站、竖井及车辆段附近应布设水准点，为加强检核，其数量不应少于2个。

4.1.7 水准点标石可分为混凝土水准点标石、墙脚水准点标志、基岩水准点标石和深桩水准点标石四种。城市轨道交通工程地面高程控制网的二等水准网测量时，为满足轨道交通工程施工测量的需要，沿线路的精密导线点宜纳入水准路线中。

4.1.9 由于城市轨道交通工程建设的周期较长，水准点常常受到外界环境和施工建设的影响，必须定期对其复测。

5 线路带状地形测量

本章内容根据城市轨道交通工程特点、设计要求和《城市测量规范》CJJ 8相关技术规定编制。

6 专项调查与测绘

6.1 一 般 规 定

6.1.4 为便于对照使用，通常将地上、地下建筑二者综合绘制在一张图上，故专项调查与测绘比例尺宜与带状地形图一致。对于某些专项图（如管线图），若管线过密，则经设计与施工单位同意后，可将较小比例尺线路图放大后再展绘管线图。

6.1.5 本条细部点的概念是指测区某些建筑的主要拐角点或几何中心。细部点测量是测定细部点坐标、高程的一项专门测量工作。原规范在条文中未对细部点的精度作明确规定，但在条文说明中有类似表达，只是在高程精度上有差异。原规范引用了现行国家标准《工程测量规范》GB 50026对细部点分类及其精度指标的规定，主要建（构）筑物点位中误差为±50mm，高程中误差为±20mm；次要建（构）筑物点位中误差为±70mm，高程中误差为±30mm。按《城市测量规范》CJJ 8－99的第7.3.6条规定，将上述两类建（构）筑物的高程中误差分别放宽到±30mm和±40mm，调整后的高程中误差与测绘方法相适应，也符合效益原则，且并不违背《工程测量规范》确定细部点精度指标的基本思路。因此，这次修订引用了现行行业标准《城市测量规范》CJJ 8有关细部点精度的规定。

6.1.6 本条依据《城市地下管线探测技术规程》CJJ 61－2003第3.0.12条(强制性条文)的规定，并结合城市轨道交通特点制定。

6.1.7 本条方法适用于测量建筑角点（特征点）或建筑轴线点的坐标和高程，包括细部点、管线点和线状地物的中线点等。

6.2 地下管线调查与测绘

6.2.2 地下管线由于其功能不同，分属各有关部门敷设和管理。而且敷设的年代亦不同，既有资料往往反映不了全貌，常有遗漏。因此，向主管部门调查是了解管线现状很重要的一环。特别是对隐蔽地下管线，除了搜集资料外还应向熟悉现场情况的有关部门调查了解。

6.2.3 本条第2款，明显管线点中窨井（包括检查井、闸门井、阀门井、仪表井、人孔和手孔等）的位置应为井盖的中心。

第4款规定断面尺寸应量外径或外壁，但在外业中量取外径（壁）比较困难，可通过量取内径加入壁厚求得外径。一般来说，不同类型、不同口径的管道（沟）壁厚有一定的规律。

6.2.4 本条第1款选择物探方法主要考虑以下因素：

① 地铁工程设计施工要求——这里是指对地铁施工区及其邻近的地下管线的普查与探测的要求（包括精度要求），通常由地铁工程设计部门提出。

② 探查对象——是指被探查管线的类型、材质、直径、载体、埋深、出露情况、接地条件等。

③ 地球物理条件——这里主要是指地下管线与

其周围介质之间的物理特性上的差异，以及周围的干扰场等。

根据以上条件，选择成本低、效果好、效率高且能满足要求的物探方法和仪器。例如：

探查金属管线宜用电磁感应法；

探查钢筋混凝土管道可用磁偶极感应法；

在接地条件好的场地可用直流电法（电阻率法、充电法）探测金属、非金属管道与人防巷道；

地质雷达法、地震波法可用于探查金属、非金属管道及人防巷道；

探查热力管道可用红外辐射法等。

④ 方法试验——是指在探查区或邻近的已知管线上进行物探方法的试探测，以确定该方法和仪器的有效性、精度和有关参数。

本条第2款除管线特征点上需设置管线点外，施工场地的管线探测通常每5～10m间距设一个探测点，平面图比例尺宜为1∶200～1∶1000。地铁工程设计、施工特殊要求的探测点位应在探查任务中明确规定。

本条第4款提出经过物探，还不能查明管线的某些特性，或对于某些重要管线需要进一步落实位置或埋深，可与设计单位商榷选择适当部位开挖调查、测绘。

6.2.6 综合管线图分色一般为：给水——天蓝，排水——褐，燃气——粉红，热力——橘黄，工业——黑，电力——大红，电信——绿。

6.2.9 本条规定了地下管线探查的明显管线点检查及隐蔽管线点通过重复探查的质量检查比例；检查取样应随机，“随机取样”是指重复探查点应均匀分布于整个工区不同条件、不同埋深、不同类型的管线上，并具有代表性的管线点。本条还规定重复探查应在不同时间，由不同作业人员进行。明确了检查内容包括管线点的几何精度检查和属性调查结果检验。

6.3 地下建筑测绘

6.3.5 地下建筑轮廓在城市测量中规定测内壁，但在城市轨道交通建设中，地铁设计人员要求测外壁。地下建筑外壁可通过搜集已有资料（施工图、竣工图等）取得壁厚数据，也可用物探方法探测，同时在图上还应绘出外壁轮廓线。对于复杂的重要部位，可开挖量取壁厚。

6.4 跨越线路的建筑测绘

6.4.1 本条所指的天桥又称人行过街桥，立交的公路、铁路统称为立交桥，栈桥是运送货物过街或在铁路车站越过铁路站线运送货物的桥，另将管道置于栈桥上以越过障碍物的，又称管线桥等。

本节中所称的跨线建筑，不包括埋设在地下的跨越地铁工程的建筑。

6.5 水域地形测量

6.5.1 本条是城市轨道交通工程设计与施工的必需资料。水底地形图测量范围和技术要求由设计单位提出。水底纵、横断面可实测，也可利用相关资料编绘。

6.5.2 一般认为线路中线与岸线（或水流方向）相交在90°±10°范围内即为近似正交，测深断面与线路中线平行布设时，与线路中线重合的测深断面为线路纵断面。

6.5.3 城市轨道交通工程穿过小的河、渠道，一般可直接观测，采用断面法测深、定位等较容易。对于跨越江、河、湖等宽阔水面的断面测深、定位除执行本规范外，还应执行国家有关规范。

6.5.4 用测深仪测深时，由于水质、水中生物、微生物以及电压波动等原因会影响测深精度。因此，可采用测深仪与其他直接测深工具的测深值进行比较，并进行改正。

6.6 房屋拆迁测量

6.6.1 已进行过产权登记的房屋，不宜再进行房屋拆迁建筑面积测算。

6.6.7 现行国家标准《房产测量规范　第一单元：房产测量规定》GB/T 17986.1－2000将房屋建筑面积测算中误差分为三级：一级为$\pm(0.01\sqrt{S}+0.0003S)$、二级为$\pm(0.02\sqrt{S}+0.001S)$、三级为$\pm(0.04\sqrt{S}+0.003S)$。该规范分级方法是把原行业标准《房产测量规范》CH 5001－1991中的房屋面积精度标准作为最低一级，即第三级，把固定误差的精度等级系数定为2，把比例误差比例系数的精度等级系数定为3，然后加以处理和凑整。将建筑面积测算中误差定为三级的目的是考虑到各地房价差别很大，存在不同需求，给各地根据当地实际情况确定等级的机会。国家标准《房产测量规范》主要是适用于房屋竣工测量和房屋预售测量。而房屋拆迁测量与竣工测量、预售测量的测量范围不完全一致，它既要测量永久性建筑，又要测量临时建筑。一些农房、临时建筑受自身条件限制房屋边长测量精度提高比较困难，也没有必要。因此，本规范将房屋拆迁建筑面积中误差定为第三级比较符合实际情况。本规范房屋建筑面积用P表示。

7 线路定线及纵横断面测量

7.1 一 般 规 定

7.1.1 城市轨道交通工程的初步设计和施工设计，

是采用解析设计，设计者依据地形图和沿线的重要建筑的位置，设计线路的走向，并在实地核实后，才将初步设计阶段的线路测设到地面上。

7.1.2 城市控制网的精度可以满足城市轨道交通工程初步设计定线要求，但对于施工定线，精度不够。因此，需建立专用控制网，其精度比城市一般控制网精度高，以满足施工定线或施工测量要求。

7.2 初步设计定线测量

7.2.6 线路初步设计定线时，可能由于地形图的不准确或图解误差大，使设计的线路与某些建筑发生矛盾，因此需测定建筑等的坐标和高程，用解析数据核实线路位置和走向。

7.2.7 为防止用极坐标法或交会法测定的各个单点线路位置的错误，因此要进行相互两点间的距离检测。当各线路中线点间通视，可将它们串测成闭合导线，通过坐标反算检查线路点间的距离是否符合要求。

7.3 纵横断面测量

本节纵横断面测量根据城市轨道交通工程测量对纵横断面的特殊要求，以及一般纵横断面测量要求编制。

7.4 地面施工定线测量

7.4.2 双线平行地段，定出右线后，即可根据右线将左线放出来。非平行地段，由于线路长度不一样，线路里程也不一样，应分别编制线路里程表。

7.4.6 当线路中线附合导线长度平均 1.5km，导线全长相对闭合差为 1/20000 时，其绝对闭合差为 ±75mm，经计算中点的点位中误差约为±19mm。实际测量精度一般要高于上述估算精度，因此规定横向中误差±20mm，是可以达到的。

8 车辆段测量

8.1 一 般 规 定

8.1.1 车辆段为具有配属车辆，承担车辆的运用管理、整备保养和检查，以及较高级别的车辆检修任务的基本生产单位，也是地铁工程检修车辆和停放车辆的场所，形式上分为贯通式和尽端式车辆段。

8.1.3 平面控制网的形式，应根据场地大小、建筑配置和设计要求确定。

8.2 车辆段施工控制测量

8.2.2 基线是场区的控制主轴线，需要时也可增设辅助基线与主轴线构成方格网。

8.3 施工场地测量

8.3.2 场区方格网的布设要根据车辆段的工程施工设计总平面图进行设计，设计中应考虑联测方案、精度、点位扩展等情况。对场地平整的方格网边长，可根据场地的起伏、坡度等具体情况决定，本条提出了 20m×20m 和 10m×10m 两种规格，工作中可根据实际情况选用。

8.4 建筑及附属设施施工测量

8.4.2 建筑施工控制网是依附在车辆段施工控制网上的，其网形一般与建筑形状基本相同，其任务主要是为建筑施工服务。

8.4.3 按照建筑结构、层数、设备联系或生产工艺联系程度等情况，各等级建筑平面控制网对建筑的放样中误差分别为：一级±3mm，二级±5mm 和三级 ±10mm；按其轴线最大间距 50m 估算，相对中误差分别为 1/17000、1/10000、1/5000。考虑到建筑平面控制网的误差影响，设控制网中误差为 $m_{控}$，又顾及到建筑放样误差的影响，设放样中误差为 $m_{放}$，取 $m_{控} \leqslant m_{放}/\sqrt{2}$，则三个等级建筑控制网的边长相对中误差分别为 1/24000、1/15000、1/8000。同时按边角匹配的原则 $\left(m_{\beta}=\frac{m_s}{D}\rho\right)$，则各级建筑控制网的测角中误差分别为±9″、±12″、±24″。因此制定了本规范表 8.4.3 的各项指标。

8.5 车场线、出入线及地面联络线测量

8.5.2 车场线是一组尤如扫把状的平行股道，其中线间距测量误差不得有“负”误差，防止车辆进出场错车时，车辆间相互碰撞。

9 联 系 测 量

9.1 一 般 规 定

9.1.1 联系测量是将地面坐标、方位和高程传递到地下隧道，作为地下各项测量工作起算数据的一项综合测量工作。联系测量是隧道控制测量的重要环节，其精度对隧道贯通误差影响很大，必须引起重视。

9.1.2 本规范定向测量方法简介如下：

1 联系三角形法，适合于井口小、深度大的竖井进行联系测量。虽然其作业工作量较大，但其精度很稳定，因而国内很多单位仍在使用该法，在城市轨道交通联系测量工作中该法也得到广泛应用。

2 陀螺经纬仪、铅垂仪（钢丝）组合法，首

四、勘察规划标准

先应用在北京地铁复西段的施工测量中，在西单车站施工技术科研成果的鉴定会上，得到了与会专家肯定，其方法简单、精度高、作业时间短，此后推广到北京地铁复八线和全国各线的施工测量中。

3 导线直接传递法，较适合于井口大、深度浅（深度小于 30m）的竖井进行联系测量。用导线测量方法将坐标和方位直接传递到隧道内，如果不能一次传入隧道，可再经站厅层过渡传入隧道。此法工作量较小、简单易行，在全国地铁中应用较多。

4 投点定向法，该法利用在车站两端的出土井搭设人仪分离的观测台，将坐标用投点仪直接投入井内，此法前提条件是井下两点应当通视。另外，当隧道贯通距离较长时，为控制隧道掘进的横向误差，对浅埋隧道可在地面钻一孔，用吊锤或光学、激光铅垂仪将坐标传入地下隧道内，将地下施工控制支导线变成坐标附合导线，由此提高地下施工控制导线精度，并使用平差后的导线成果继续指导隧道掘进。

9.1.3 在采用明挖法开挖隧道，从地面向基坑内不能用直接水准测量传递高程时，采用全站仪三角高程测量方法，应注意以下两点：

1 应采用有自动补偿的Ⅱ级全站仪或相当于Ⅱ级全站仪的仪器，其觇标高和仪器高，不能用小钢尺去量，而应采用无仪器高测定法或用水准仪直接测定。

2 必须采用同一架仪器往返观测，测得的高差较差小于 5mm 时，取平均值。

9.1.5 无论定向和高程传递，在隧道贯通前至少进行三次测量的原因如下：

1 一次测量不能满足贯通测量精度要求，多次测量可提高定向和传递高程的精度。

2 由于受隧道结构自身不稳定和施工的影响，隧道中的导线点易于变动。

3 增加隧道内支导线测量路线检核条件。

9.3 联系三角形测量

9.3.1 联系三角形测量是通过竖井悬挂两根钢丝，由井上导线点测定与钢丝的距离和角度，从而算得钢丝的坐标以及它们之间的方位角；然后在井下，把钢丝的坐标和方位角作为已知数据，通过测量和计算便可得出地下导线点的坐标和方位角，这样就把地上与地下导线联系起来了。见图 1。

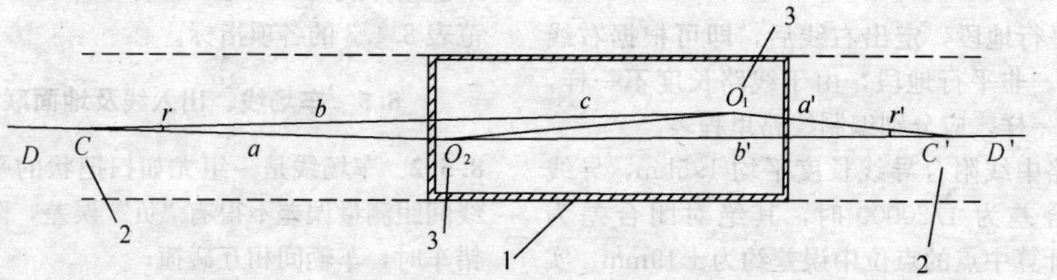

图 1　联系三角形定向图

1—施工竖井；2—C 为地面近井点、C' 为地下近井点；3—O_1、O_2 为悬挂钢丝

9.3.2 悬挂三根钢丝组成双联系三角形，可以提高定向精度。

9.3.3

1 钢丝间的距离越长连接图形越好，根据竖井井口的直径尽量加大钢丝间的距离。

2 从竖井联系测量传递方位角的精度公式来看，减小 γ、γ'，可提高方位角传递的精度，故规定小于 1°，实际操作中也容易做到。

3 $\frac{a}{c}$ 比值越小，越有利于提高精度，故一般选择井上、井下近井点时，宜使近井点距钢丝距离不超过两钢丝的间距 c。

9.4 陀螺经纬仪、铅垂仪（钢丝）组合定向测量

9.4.2 按照本规范的贯通误差配赋原则，联系测量中误差为±20mm，偏于安全考虑，本条规定竖井投点的点位中误差相对于临近竖井口的精密导线点为±10mm。我国城市地铁的埋深一般较浅，使用精度为 1/200000 的铅垂仪或荷重钢丝进行投点的精度一般均能达到要求。

9.4.3 本条所规定的是进行陀螺经纬仪定向的一般步骤，无论陀螺定向观测采用何种方法，一般均应遵循本条的步骤。

9.4.4 井下陀螺定向边，其边长应长短适中，边

长太短时对中、照准误差对方位角精度影响较大，边长太长时由于隧道内粉尘分布不均匀以及照明条件有限等原因造成的照准误差也会影响方位角的精度。

9.4.5 测定仪器常数在竖井附近的已知控制点上进行时，由于已知边距待定边较近，可认为井上、井下的子午线收敛角影响相同。在这种情况下可不考虑子午线收敛角的影响，计算仪器常数的公式为：

$$\Delta = \alpha_0 - \alpha_T \quad (1)$$

从而

$$m_\Delta^2 = m_{\alpha_0}^2 + m_{\alpha_T}^2 \quad (2)$$

式中 α_0——已知边的坐标方位角；

α_T——已知边的陀螺方位角。

另外，测定仪器常数的已知边，其方位角精度对仪器常数的精度有直接影响，因此已知边的方位角必须有较高的精度。

9.4.6 相关研究表明，陀螺经纬仪的仪器常数不是一个恒量，而是一个随时间和地点变化的量。因此规定陀螺定向各个步骤应在3天内完成，以避免时间过长造成仪器常数发生变化。

9.4.7 陀螺定向的观测方法较多，根据照准部是否跟踪陀螺吊丝摆动可分为逆转点法和中天法两类。具体观测方法和数据处理可参照解放军出版社1988年12月出版的《陀螺定向测量》一书的相关章节。

9.5 导线直接传递测量

9.5.3 当导线定向传递边的相邻点存在较大高差时，一般测量仪器纵轴误差不易消除，因此采用的Ⅰ、Ⅱ级全站仪要有双轴自动补偿功能，若全站仪没有这种补偿，应采用跨水准器进行纵轴倾斜误差改正。

10 地下控制测量

10.1 一 般 规 定

10.1.5 城市轨道交通工程隧道结构在施工期间非常不稳定，因此埋设在隧道结构上的测量标志难免发生变化，同时由于施工单位不慎，将测量标志碰动和损坏也是屡见不鲜的，因此必须经常对其进行复测和检查。

10.2 平面控制测量

10.2.4 本条规定测左、右角的主要原因是：增加测站检核条件和提高测角精度。

10.2.6 在延伸施工控制导线测量前，应对现有施工控制导线前三个点进行检测。因为地铁施工控制导线点由于种种原因会发生变化，因此测量前对已有导线点进行检测十分必要。

10.3 高程控制测量

10.3.3 地下施工控制水准测量规定，采用地面二等水准测量的仪器、设备以及观测方法，主要是考虑隧道内铺轨基标的测设精度要求而制定的。

11 暗挖隧道、车站施工测量

11.1 一 般 规 定

11.1.4 竖井内联系测量的控制点是直接从地面传递到井下的坚强控制点，隧道开挖初期必须由此指导隧道掘进。随着暗挖隧道的延伸，不断在延伸的隧道中布设地下施工平面和高程点，作为施工测量依据。但是，一旦地下施工平面和高程路线长度满足布设平面和高程控制的要求后，应进行地下控制测量。

11.1.7 隧道贯通后，进行贯通测量的目的是了解贯通情况并进行贯通误差调整测量。因为，城市轨道交通工程隧道有较严格的限界，为使隧道满足限界条件，贯通误差必须符合要求。在此前提下，隧道贯通后或二衬结构施工前进行线路中线调整测量，利用中线调整测量后的成果作为下一道工序隧道施工依据。

11.2 施工导线和施工高程测量

本节内容是根据全国城市轨道交通工程施工测量总结的实践经验和贯通误差设计要求编制而成。

11.3 车站施工测量

施工测量是为施工服务的，本节结合目前在全国城市轨道交通工程建设中，不同车站既有的施工方法，制定相应施工测量方法、技术要求。本节未涉及到的施工方法所需求的测量方法和技术要求应与本节制定的测量精度一致。

11.4 矿山法区间隧道施工测量

11.4.8 隧道二衬结构施工是隧道结构的最后一道工序，为保证其施工质量和结构限界要求，隧道未贯通前不能进行二衬施工。这样做的目的是一旦贯通误差过大，可以在二衬结构施工中进行调整，避免结构限界超限。

11.5 盾构法区间隧道施工测量

11.5.1 盾构始发井建成后，应在井下适宜的位置埋设足够数量的测量控制点，并通过联系测量方法将坐标和高程传递到这些点上，指导盾构机在始发井的拼装工作。

11.5.3 盾构机上所设置的测量标志必须牢固、可靠；有条件时宜设置两套，既可用于检核，也可提高测量精度。

11.5.4 始发前盾构机的初始位置和姿态对正确掘进影响较大，必须准确测定。对于具有导向系统的盾构机也应利用人工测量方法进行检核测量，自动导向系统与人工测量结果一致，才能进行掘进施工。

11.5.5 盾构机生产厂家和型号不同则配置不一样，对自身具有导向测量系统的盾构机，其盾构机姿态和衬砌环状况，可由该导向测量系统以施工测量控制点为起算数据，实时测量和计算出来。但施工测量控制点数据和稳定状况需要依靠人工测量方法确定，由于隧道内观测条件差，测量所依据的控制点稳定状况不好，加之导向测量系统难免出故障，因此，掘进过程中应在一定的距离内用人工测量方法对盾构机姿态和衬砌环状况进行检核测量，且对盾构机的掘进提供修正参数。

11.5.6 管片测量应选择在盾尾中和脱离盾尾后分别进行。管片拼接完成后与盾尾脱离前测定衬砌环姿态，主要是为管片拼装机提供衬砌环拼装偏差的修正参数。与盾尾脱离后测定衬砌环姿态，主要提供衬砌环安装初始位置偏差的修正参数。衬砌环安装后的变形状况由监控量测提供。

12 明挖隧道、车站施工测量

12.1 一般规定

12.1.3 在施工测量前，有关单位向施工单位提交地面线路中线桩和地面控制测量及有关设计文件和资料，在建设单位的主持下签订交接桩文件，其内容为卫星定位控制点、精密导线点、水准点和埋设在地面的线路桩的桩号、名称、性能、中线桩标志的类型、埋设深度，以及定线测量的方法与精度等，并在现场交桩。同时在建设单位主持下，由设计、测量、施工的单位各方代表签字，交桩后施工单位应对这些桩点进行复测并采取措施妥善保护。

施工测量人员必须阅读线路平面图、剖面图、明挖基坑的断面图、连续墙、支护桩或其他围护结构的设计图纸，并对线路里程、坐标、曲线、坡度、高程等资料以及设计图上标注的有关尺寸等进行复算和核对，发现错误立即会同相关单位协商解决。

13 高架结构施工测量

13.1 一般规定

高架线路结构工程与特大型桥梁线路工程和大型高架市政道路大体相同，因此参照特大桥引桥线路工程的特点，编制了高架线路工程施工测量的内容，制定了相应的测量限差，作为高架线路结构施工测量的标准。

高架线路工程是城市轨道交通工程中的一部分，车辆从隧道内行驶到地面后，上高架线路，有接轨问题。尽管高架线路结构的施工测量按桥梁工程的测量标准施测，但其线路测量应按城市轨道交通工程整体道床轨道线路测量标准施测。

13.4 横梁施工测量

13.4.1 随着城市轨道交通技术的发展，磁悬浮列车和梁式轨道列车以及更多其他形式的轨道列车将会广泛地应用到城市轨道交通中。由于轨道梁直接用于机车的行驶，因此进行支撑轨道梁横梁施工时，限差应严格要求，同时必须依据检核后的控制点对横梁的平面位置和高程按照相关工程技术要求进行精度控制。

14 线路中线调整和结构断面测量

14.1 一般规定

14.1.1 城市轨道交通工程运行模式、隧道施工工艺等不同，对线路施工的精度及限差要求亦不同。因此，关于线路调整、结构横断面和线路纵断面测量的精度及限差要求应依工程实际确定。

14.1.2 城市轨道交通工程是线性的系统工程，工程环节多，施工标段多。由于测量误差等影响，施工所依据的线路中线可能与设计位置有偏差，相临标段施工所用线路中线间也有差异，因此土建结构完成后必须进行贯通测量和线路调整测量。

14.2 线路中线调整测量

14.2.2 在隧道施工贯通后进行中线调整测量时，车站附近的控制点相对于其他控制点精度较高，应作为起算控制点。线路中线点之间形成的附合导线不宜太长，以控制误差积累。另外地铁车站间距一般在 1500m 左右，因此规定附合长度不大于 1500m。

14.2.7 地下线与高架线的线路中线，由于测量的误差，可能导致两段线路中线不统一，或者不在设计位置上，因此应进行线路中线调整测量。由于地面联络线路限界宽松，所以应以地下线路和高架线路为依据对地面联络线路进行调整。

14.3 结构断面测量

14.3.4 限界一般应根据车辆的轮廓尺寸和技术参数、轨道特性、受电方式、施工方法、设备安装等综合因素确定，并分为车辆限界、设备限界、建筑限界等。本条主要规定了对制约断面尺寸的建筑限界的测量位置。

区间隧道的限界控制点应位于结构两侧边墙和顶底板上。高架线路的限界控制点应根据其限界及设备安装位置而定，一般应位于防护栅栏和人行便道边沿以及地板上。车站的限界控制点一般一侧位于结构边墙，另一侧为站台沿和底板上。上述各限界控制点的高度应根据车辆尺寸和其上、中、下影响列车运行三个限界比较紧张的位置和顶、底板的线路中线而定。如：区间隧道的限界控制点，在北京一期地铁建设中规定其在两侧边墙的高度分别高于右轨轨面 0.400m、1.850m 和 3.250m 以及顶、底板的线路中线位置。

14.3.6 在横断面测量中，使用全站仪进行横断面测量精度较高，横断面点与线路中线法距测量误差能满足本规范规定±20mm的要求，但目前还有使用常规的支距法等测量横断面，因此，在测量的各个环节，如线路中线定线、支距测量等应细致操作，应满足本规范要求。

14.4 变更后的线路中线调整测量

14.4.1 修改的线路设计文件，应由设计单位提供，而且这种修改的线路设计文件还要得到建设单位的审查批准和备案以后，以文件的形式由建设单位提供给测量单位，方可作为修改线路实地定线的依据。

15 铺轨基标测量

15.1 一 般 规 定

15.1.1 为确保地铁列车行驶的安全，铺轨基标测设，必须使用隧道贯通后并对贯通测量数据进行统一严密平差的测量控制点，因为这些测量控制点，已满足结构限界要求，利用其进行铺轨基标测设能符合线路关系，并保证轨道的平滑和圆顺。

铺轨基标的里程和高程，一般不需要施测单位另行计算，业主所提供的铺轨综合设计图已表述得非常清楚，基标测设时，只需严格按照铺轨综合设计图提供的设计数据进行测量。

15.1.2 城市轨道线路需埋设铺轨基标数量较多，每条线路（左线或右线）一般每千米约为 180 个，控制基标需要长期保存，加密基标则只要满足铺轨施工期间使用即可。

15.1.3 整体道床的铺轨基标一般设置在线路中线上，也可将铺轨基标测设在轨道一侧。圆形或马蹄形隧道可将铺轨基标设置在右侧的隧道边墙上。对于有渣轨道，铺轨基标一般放置在右侧的路肩上。

15.1.4 控制基标的等高，是指控制基标顶部高程与其所在里程处轨顶面的设计高程间的差值，应保持为一个固定常数 K。常数 K 一般取整体道床排水沟底部至轨顶面的设计高差，一般为300～500mm。控制基标的等距，是指所有控制基标的中心位置与对应线路中线点在法线上的距离 D 保持相等，并根据铺设道床的形式和整体道床水沟的位置而定。当采用碎石道床时，一般 $D=3000$mm。当采用整体道床时，水沟设置在两侧，D 一般为 1500mm；水沟设置在中间时，$D=0$。

15.2 控制基标测量

15.2.3 车站、矩形隧道、直墙拱形隧道以及浮置板施工后的盾构隧道等的基标埋设，一般按本条规定的三个步骤进行。对于盾构隧道浮置板未进行施工，且基标又设置在中线的某一侧落在衬砌环片上时，还应在衬砌环片上埋设钢筋，进行基标的底座加固。

16 磁悬浮和跨座式轨道交通工程测量

16.1 磁悬浮轨道交通工程测量

磁悬浮轨道交通工程地面和高架结构与一般城市轨道交通工程基本一致，这部分的施工测量方法和技术要求同本规范第 13 章相关内容。但是，轨道梁的架设精度要求很高，因此本节重点从建立精调控制网、轨道梁放样、调整等方面制定标准，供广大测绘技术人员参照执行。由于我国磁悬浮轨道交通工程建设还处在起步阶段，施工测量经验还不丰富，本节内容还有待于今后不断完善。

16.2 跨座式轨道交通工程测量

16.2.11 限界检查是单轨车辆上线在轨道梁上运行之前，利用限界检查专用设备，按照规定的方法和程序，检查工程是否满足限界设计要求。通过现状的限界检查，发现限界缺陷，提出整改要求，最终使限界满足单轨车辆上线运行的安全性、可靠性要求。建筑限界和车辆限界、轨道梁周围特殊限界见以下示意图（图 2 和图 3）：

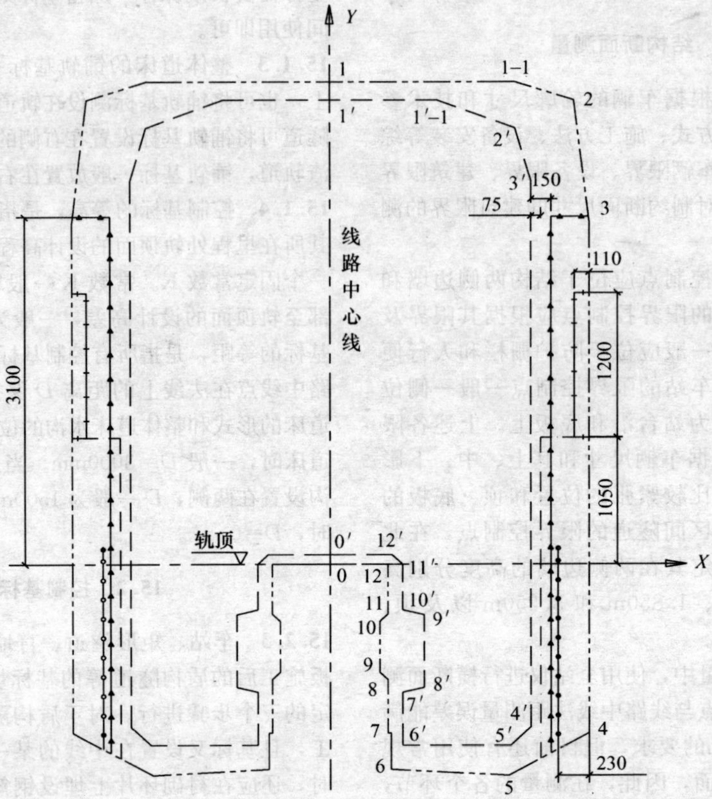

车辆限界坐标（单位 mm）

控制点	0′	1′	1′−1	2′	3′	4′	5′	6′	7′	8′	9′	10′	11′	12′
X	0	0	800	1380	1500	1500	1350	540	540	700	700	540	540	460
Y	80	3850	3850	3620	3080	−1350	−1500	−1500	−1060	−1020	−420	−380	0	80

建筑限界坐标（单位 mm）

控制点	0	1	1−1	2	3	4	5	6	7	8	9	10	11	12
X	0	0	1380	1820	1935	1935	1335	455	430	430	370	370	430	430
Y	0	4000	4000	3850	2880	−1400	−1750	−1700	−1400	−955	−895	−475	−415	0

图 2　建筑限界和车辆限界示意

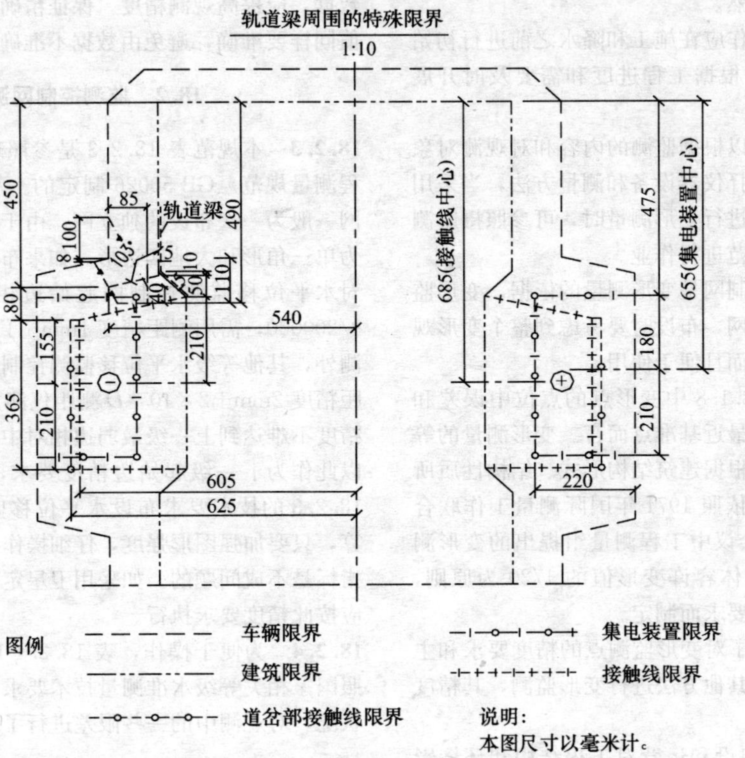

注：除图 3 所示意的限界外，还有客运站台建筑限界、安全栅建筑限界、道岔建筑限界、定期检修线、存车线等车库内信号机建筑限界、接地装置限界、接地板限界。

图 3　轨道梁周围特殊限界示意

17　设备安装测量

17.2　接触轨、接触网安装测量

接触轨通常设置在线路轨道左股钢轨的左侧，但当进入道岔区，轨道的左右侧都设置接触轨，此时应根据道岔区的设计图纸进行测设，测量方法和限差与本节各条款相同。接触网的悬吊支架，一般都设置在隧道线路中线的拱顶上，但在车站、道岔区也有的设置在隧道的边墙上，此时支架的里程和标高的测定应按照设计图纸进行测设。测设的方法和限差与本节各条款基本相同。

17.3　隔断门安装测量

17.3.1　隔断门包括用于人防工程和防淹等用途的隔断门。

17.4　行车信号与线路标志安装测量

17.4.4　城市轨道交通采用无缝轨道线路，在自动闭塞信号灯之间，轨道都没有接缝。无缝钢轨未锁之前，轨道随温度变化自由伸缩。在温度变化 1℃时，500m 的钢轨将伸缩 6mm，若变化 5℃即伸缩 30mm，超过了在轨腰上标志的位置允许误差为±5mm的要求。因此必须在无缝钢轨锁定之后测定标志。如果曲线元素标志正好位于锁定长轨的呼吸区钢轨的接缝附近，尽管呼吸区最大伸缩量为轨缝 1/2（即 4mm），同样能满足标志测定的误差要求。

18　变形监测

18.1　一般规定

18.1.1　城市轨道交通工程大都穿越城市繁华地区，埋深浅，地层岩土条件复杂，而且多数采用暗挖，即使在明挖段也是工作场地狭小，因此工程施工和运营期间对自身结构以及沿线环境稳定和安全的监测至关重要。同时也为今后城市轨道交通类似工程的设计、施工提供依据。所以在工程施工全过程和运营期阶段，进行变形监测是十分必要的。

18.1.2　城市轨道交通工程建设和运营阶段，要达到安全施工和环境稳定，满足的条件很多，因此制定变形监测方案要考虑工程场地、工程环境、施工与设计水平等条件，同时对可能影响安全的突发事件要制定

应急方案，防患于未然。

18.1.3 变形监测工作应在施工和降水之前进行初始观测，以后的观测要根据工程进度和需要及时开展工作。

18.1.5 测量单位可以根据监测的内容和对观测对象的精度要求，择优选择仪器设备和测量方法，当采用摄影测量和物理仪器进行变形测量时，可参照摄影测量和岩土施工有关规范进行作业。

18.1.6 变形监测控制网是变形测量的依据，变形监测一般布设专用控制网，布设时要考虑到整个变形观测时间内稳固可靠，而且便于使用。

18.1.8 本规范表18.1.8中变形点的点位中误差和高程中误差是相对于最近基准点而言。变形测量的等级划分和精度要求是根据建筑结构形式、结构性质所制定的变形限差，并依照1971年国际测量工作联合会（FIG）第十三届会议中工程测量组提出的变形测量精度要求，以观测体容许变形值的1/20为原则，并结合现行标准相关要求而制定。

18.1.9 本条仅列出了对变形监测点的精度要求和主要测量方法，如采用其他方法进行变形监测，其精度要求不变。

18.1.11 由于工程建设和运营对工程结构和环境影响非常复杂，变形监测方案必须随变形体的变化和发展趋势及时进行修订，使之能适应变化的情况。

18.1.12 地上、地下同步进行变形测量是为了上、下对照，全面了解和掌握观测对象的变形状态 。

18.1.13 这是为了减弱系统误差影响，提高观测精度。

18.1.14 记录观测时的施工、环境、岩土水文和气象等状况是为了便于分析变形原因。

18.1.15 变形测量的初始值是整个变形观测的基础数据，应提高观测精度，保证精确。变形测量的异常值同样要准确，避免由数据不准确而造成决策失误。

18.2 监测控制网测量

18.2.3 本规范表18.2.3是参照现行国家标准《工程测量规范》GB 50026制定的。水平位移监测控制网一般为一次布设的独立网，由于控制范围较小，多为单三角形和大地四边形。如果布设成三角网，除了对水平位移监测控制网起始边相对中误差不低于1/200000，需用测距精度1mm＋$1\times10^{-6}D$测距仪施测外，其他等级水平位移监测控制网起始边均可用测距精度2mm＋$2\times10^{-6}D$测距仪测定，它们的起始边精度不难达到上一级最弱边相对中误差的要求。如果以此作为下一级起始边精度要求，并按照本规范表18.2.3的技术要求布设水平位移监测控制网，经估算，只要加强图形强度，仔细操作，达到规定的精度指标是不成问题的。如采用卫星定位布设控制网，也应按此精度要求执行。

18.2.4 为便于操作，表18.2.4-1和表18.2.4-2参照国家相关等级水准测量技术要求，并根据实际测量状况，对观测中的一些限差进行了调整而编制。

18.3 结构施工变形监测

18.3.1 必测项目为保证城市轨道交通工程自身结构和周边环境稳定及安全，同时反映建设对象在施工和运营中的状态而进行的日常监测项目。选测项目为设计人员和施工的特殊需要而进行的局部变形监测项目。

根据监测内容，除几何测量仪器外，所选择的主要物理仪器及其技术指标见表1（仪器厂家及仪器种类繁多本表仅供参考）：

表1 主要物理仪器及其技术指标

测量内容	主要测量仪器	测量范围	测量精度
净空水平收敛	YSJ-2型收敛计	测量距离50m， 量程30～50m	系统误差0.003mm， 分辨率0.01mm
水平位移测量	SDW-2型位移计	测量深度30～50m	0.1mm
倾斜测量	CX-01伺服加速计、 数显型测斜仪	0°～53°，深度100m	±4mm/15m
围岩分层沉降	CT-1型电磁沉降仪	量程50m	±2mm
围岩压力测量	钢弦式土压力计	量程15000kPa	分辨率1%F.S 零飘±1%F.S
应力测量	CHL-2型弦式 混凝土应力计	量程50MPa	分辨率0.15%F.S

18.3.6 要及时采集变形数据，尽量减少变形量损失。观测点注记里程主要是便于对地面、地下的数据进行对照。

18.3.7 断面间距应根据围岩类别、隧道埋深、断面尺寸等因素确定。

18.3.8 根据国家现行标准《铁路隧道喷锚构筑法技术规则》TBJ 108 规定和盾构施工要求，可视围岩性质和其实际变形速度，根据本规范表 18.3.8 适当选择和调整测量频率。

18.4 施工阶段沿线环境变形监测

18.4.3 本规范表 18.4.3 是参照《铁路隧道喷锚构筑法技术规则》TBJ 108 的规定和施工经验确定，适用于软弱破碎围岩。

18.4.4 线路地表的沉降观测点要埋实，沉降观测点若埋设在路面等容易破坏的地方要加设保护设施，如可在点上砌筑像地下管线手孔状的设施并加上保护盖。

18.4.5 对于不便在管线上设置观测点的管线，如燃气、锈蚀严重的管线等可观测其周围土体的变形，如埋设压力盒和位移计等，间接测量变形体的变形状况。

18.4.6 对地铁地表线路中线两侧 2.5 倍埋深范围的变形区内建筑等都需要进行监测。但是由于经济原因，可进行重点建筑的变形监测。另外有些建筑装修档次较高，为不破坏其内、外装修效果，变形观测点的式样设计和埋设应和观测对象外观协调。

18.4.7 根据工程经验，一般距开挖工作面前方 $H+h$（H 为隧道埋深，h 为隧道高度）范围，施工对穿越物体和其周围土体产生影响，因此应对其进行变形监测，并及时提供监测结论，确保工程安全。

18.6 资料整理与信息反馈

18.6.2 回归分析要有足够的数据，可选择如下类型回归函数：

$$U = A \cdot \lg(1+t)$$
$$U = A \cdot e^{-B/t}$$
$$U = t/(A+Bt)$$
$$U = A(1-e^{-Bt})$$
$$U = A + B/\lg(1+t)$$
$$U = A\{1-[1/(1+Bt)]^2\}$$

式中 U——位移值（mm）；

A、B——回归系数；

t——测点埋设后的时间（d）。

19 竣 工 测 量

19.1 一 般 规 定

19.1.2 竣工测量的起始依据：地面应以控制测量的卫星定位控制点、精密导线点、水准点为依据；地下应以铺轨控制基标为依据。

19.1.3 竣工测量记录了工程地面、地下建筑竣工后的实际位置、高程以及形体尺寸、材质等状况，是反映、评估施工质量的技术资料，应作为工程进行交接验收、管理维护、改建扩建的重要依据；作为建设及运营管理单位必须长期保存的技术文件；更是国家建设行政管理部门进行监督审查以及国有资产归档的主要技术档案。

竣工图的编制和测量，一般由各承办施工单位负责。按本规范和相关技术规范要求执行。但对某些施工中变更较多、技术复杂、竣工测量繁重的项目，或涉及全线整体质量评估及行车安全的项目，应统一由建设单位主持、组织或委托勘测单位测绘。

竣工测量基本方法和精度要求，与施工测量基本相同，但程序相反。竣工测量应选择竣工建筑的有关部位检测，并注记在原施工图上相应部位以便说明比较，如注记主轴线点坐标值、主要高程点、间距、方向以及重要的碎部点相关尺寸等。对一般施工中无变更的施工图，应在原图上加注竣工检测调查数据，经施工主管、工程监理审定后，作为竣工图。

对有变更的施工图，应将原图进行修改补充，注记说明，并附以设计变更通知单、竣工实测调查记录以及监理审核验收记录等，加工编制成正式竣工图。

19.1.4 全国各个地方建设工程竣工测量与验收的标准和要求不完全相同，因此建设工程竣工测量成果资料除满足本规范要求外，尚应满足地方主管部门的要求。

19.1.5 竣工成果资料除提供文本资料外，还应提交数字文档。

19.2 线路轨道竣工测量

19.2.1 为编制线路平面和纵、横断（含净空）面的竣工图以及轨道（含道岔）铺设竣工图，应进行线路轨道竣工测量。

19.3 区间、车站和附属建筑结构竣工测量

19.3.2、19.3.3 根据限界设计的要求，净空横断面竣工测量主要是对影响行车安全的净空断面点进行检查测量。根据断面形状，断面测量点应选择结构限界的关键点，例如马蹄形断面，测量点设置在每侧边墙各 3 个、顶和底板线路中线处各 1 个，边墙上测点的位置分别高于右轨轨面 0.400m、1.850m 和 3.250m 处。

19.3.4 隔断门在隧道中是重要的大型设备，其净空限界极为严格，为保证高速运行车辆的安全，在长轨锁定之后，必须进行精确细致的竣工测量。对于竣工资料不但要归档，而且还要根据竣工测量数据判断隔

断门的安装质量是否达到设计要求。

19.4 线路沿线设备竣工测量

19.4.2 接触轨的受电方式是利用设在车厢左侧的受电器（电刷子），压紧在接触轨的顶面。受电器有固定长度、高度和弹簧压力。当接触轨与左轨的距离和高度满足设计要求，就可正常受电，因此，本条规定只需测出左轨和接触轨的距离和高差，以便衡量接触轨的安装质量。

接触网受电器是弓形的，它有固定的长度并压紧在接触网的输电线上，接触网弓形受电器只要压紧在满足设计高程的输电线上，就可正常受电。因此只需测出右轨和接触网输电线的高差和与右轨的距离就可衡量接触网安装的质量。

20 测量成果资料验收

本节是根据城市轨道交通测量成果特点，以及国家测绘行业有关测量成果资料验收标准编制。

中华人民共和国国家标准

城市道路交通规划设计规范

Code for transport planning on urban road

GB 50220－95

主编部门：中华人民共和国建设部
批准部门：中华人民共和国建设部
施行日期：1 9 9 5 年 9 月 1 日

关于发布国家标准《城市道路交通规划设计规范》的通知

建标［1994］808 号

根据国家计委计综（1986）250 号文的要求，由建设部会同有关部门共同制订的《城市道路交通规划设计规范》已经有关部门会审，现批准《城市道路交通规划设计规范》GB 50220－95 为强制性国家标准，自一九九五年九月一日起施行。

本标准由建设部负责管理，具体解释等工作由上海同济大学负责，出版发行由建设部标准定额研究所负责组织。

中华人民共和国建设部
一九九五年一月十四日

目　次

1　总　　则

1.0.1　为了科学、合理地进行城市道路交通规划设计，优化城市用地布局，提高城市的运转效能，提供安全、高效、经济、舒适和低公害的交通条件，制定本规范。

1.0.2　本规范适用于全国各类城市的城市道路交通规划设计。

1.0.3　城市道路交通规划应以市区内的交通规划为主，处理好市际交通与市内交通的衔接、市域范围内的城镇与中心城市的交通联系。

1.0.4　城市道路交通规划必须以城市总体规划为基础，满足土地使用对交通运输的需求，发挥城市道路交通对土地开发强度的促进和制约作用。

1.0.5　城市道路交通规划应包括城市道路交通发展战略规划和城市道路交通综合网络规划两个组成部分。

1.0.6　城市道路交通发展战略规划应包括下列内容：

1.0.6.1　确定交通发展目标和水平；

1.0.6.2　确定城市交通方式和交通结构；

1.0.6.3　确定城市道路交通综合网络布局、城市对外交通和市内的客货运设施的选址和用地规模；

1.0.6.4　提出实施城市道路交通规划过程中的重要技术经济对策；

1.0.6.5　提出有关交通发展政策和交通需求管理政策的建议。

1.0.7　城市道路交通综合网络规划应包括下列内容：

1.0.7.1　确定城市公共交通系统、各种交通的衔接方式、大型公共换乘枢纽和公共交通场站设施的分布和用地范围；

1.0.7.2　确定各级城市道路红线宽度、横断面形式、主要交叉口的形式和用地范围，以及广场、公共停车场、桥梁、渡口的位置和用地范围；

1.0.7.3　平衡各种交通方式的运输能力和运量；

1.0.7.4　对网络规划方案作技术经济评估；

1.0.7.5　提出分期建设与交通建设项目排序的建议。

1.0.8　城市客运交通应按照市场经济的规律，结合城市社会经济发展水平，优先发展公共交通，组成公共交通、个体交通优势互补的多种方式客运网络，减少市民出行时耗。

1.0.9 城市货运交通宜向社会化、专业化、集装化的联合运输方式发展。

1.0.10 城市道路交通规划设计除应执行本规范的规定外，尚应符合国家现行的有关标准、规范的规定。

2 术 语

2.0.1 标准货车

以载重量4～5t的汽车为标准车，其他型号的载重汽车，按其车型的大小分别乘以相应的换算系数，折算成标准货车，其换算系数宜按本规范附录A.0.1的规定取值。

2.0.2 乘客平均换乘系数

衡量乘客直达程度的指标，其值为乘车出行人次与换乘人次之和除以乘车出行人次。

2.0.3 存车换乘

将自备车辆存放后，改乘公共交通工具而到达目的地的交通方式。

2.0.4 出行时耗

居民从甲地到乙地在交通行为中所耗费的时间。

2.0.5 当量小汽车

以4～5座的小客车为标准车，作为各种型号车辆换算道路交通量的当量车种。其换算系数宜按本规范附录A.0.2取值。

2.0.6 道路红线

规划道路的路幅边界线。

2.0.7 港湾式停靠站

在道路车行道外侧，采取局部拓宽路面的公共交通停靠站。

2.0.8 公共交通线路网密度

每平方公里城市用地面积上有公共交通线路经过的道路中心线长度，单位为km/km^2。

2.0.9 公共交通线路重复系数

公共交通线路总长度与线路网长度之比。

2.0.10 公共交通标准车

以车身长度7～10m的640型单节公共汽车为标准车。其他各种型号的车辆，按其不同的车身长度，分别乘以相应的换算系数，折算成标准车数。换算系数宜按附录A.0.3取值。

2.0.11 公共停车场

为社会公众存放车辆而设置的免费或收费的停车场地，也称社会停车场。

2.0.12 货物流通中心

将城市货物的储存、批发、运输组合在一起的机构。

2.0.13 货物周转量

在某一时间（年或日）内，各种货物重量与该货物从出发地到目的地的距离乘积之和，单位为t·km。

2.0.14 交通方式

从甲地到乙地完成出行目的所采用的交通手段。

2.0.15 交通结构

居民出行采用步行、骑车、乘公共交通、出租汽车等交通方式，由这些方式分别承担出行量在总量中所占的百分比。

2.0.16 交通需求管理

抑制城市交通总量的政策性措施。

2.0.17 客运能力

公共交通工具在单位时间（h）内所能运送的客位数。单位为人次/h。

2.0.18 快速轨道交通

以电能为动力，在轨道上行驶的快速交通工具的总称。通常可按每小时运送能力是否超过3万人次，分为大运量快速轨道交通和中运量快速轨道交通。

2.0.19 路抛制

出租汽车不设固定的营业站，而在道路上流动，招揽乘客，采取招手即停的服务方式。

2.0.20 线路非直线系数

公共交通线路首末站之间实地距离与空间直线距离之比。环行线的非直线系数按主要集散点之间的实地距离与空间直线距离之比。

2.0.21 运送速度

衡量公共交通服务质量的指标。公共交通车辆在线路首末站之间的行程时间（包括各站间的行驶时间与各站停站时间）除行程长度所得的平均速度，单位为km/h。

3 城市公共交通

3.1 一般规定

3.1.1 城市公共交通规划，应根据城市发展规模、用地布局和道路网规划，在客流预测的基础上，确定公共交通方式、车辆数、线路网、换乘枢纽和场站设施用地等，并应使公共交通的客运能力满足高峰客流的需求。

3.1.2 大、中城市应优先发展公共交通，逐步取代远距离出行的自行车；小城市应完善市区至郊区的公共交通线路网。

3.1.3 城市公共交通规划应在客运高峰时，使95%的居民乘用下列主要公共交通方式时，单程最大出行时耗应符合表3.1.3的规定。

表 3.1.3 不同规模城市的最大出行耗时和主要公共交通方式

城市规模		最大出行时耗（min）	主要公共交通方式
大	>200 万人	60	大、中运量快速轨道交通 公共汽车　电车
	100～200 万人	50	中运量快速轨道交通 公共汽车　电车
	<100 万人	40	公共汽车　电车
中		35	公共汽车
小		25	公共汽车

3.1.4 城市公共汽车和电车的规划拥有量，大城市应每 800～1000 人一辆标准车，中、小城市应每 1200～1500 人一辆标准车。

3.1.5 城市出租汽车规划拥有量根据实际情况确定，大城市每千人不宜少于 2 辆；小城市每千人不宜少于 0.5 辆；中等城市可在其间取值。

3.1.6 规划城市人口超过 200 万人的城市，应控制预留设置快速轨道交通的用地。

3.1.7 选择公共交通方式时，应使其客运能力与线路上的客流量相适应。常用的公共交通方式单向客运能力宜符合表 3.1.7 的规定。

表 3.1.7 公共交通方式单向客运能力

公共交通方式	运送速度（km/h）	发车频率（车次/h）	单向客运能力（千人次/h）
公共汽车	16～25	60～90	8～12
无轨电车	15～20	50～60	8～10
有轨电车	14～18	40～60	10～15
中运量快速轨道交通	20～35	40～60	15～30
大运量快速轨道交通	30～40	20～30	30～60

3.2 公共交通线路网

3.2.1 城市公共交通线路网应综合规划。市区线、近郊线和远郊线应紧密衔接。各线的客运能力应与客流量相协调。线路的走向应与客流的主流向一致；主要客流的集散点应设置不同交通方式的换乘枢纽，方便乘客停车与换乘。

3.2.2 在市中心区规划的公共交通线路网的密度，应达到 3～4km/km²；在城市边缘地区应达到 2～2.5km/km²。

3.2.3 大城市乘客平均换乘系数不应大于 1.5；中、小城市不应大于 1.3。

3.2.4 公共交通线路非直线系数不应大于 1.4。

3.2.5 市区公共汽车与电车主要线路的长度宜为 8～12km；快速轨道交通的线路长度不宜大于 40min 的行程。

3.3 公共交通车站

3.3.1 公共交通的站距应符合表 3.3.1 的规定。

表 3.3.1 公共交通站距

公共交通方式	市区线（m）	郊区线（m）
公共汽车与电车	500～800	800～1000
公共汽车大站快车	1500～2000	1500～2500
中运量快速轨道交通	800～1000	1000～1500
大运量快速轨道交通	1000～1200	1500～2000

3.3.2 公共交通车站服务面积，以 300m 半径计算，不得小于城市用地面积的 50%；以 500m 半径计算，不得小于 90%。

3.3.3 无轨电车终点站与快速轨道交通折返站的折返能力，应同线路的通过能力相匹配；两条及两条线路以上无轨电车共用一对架空触线的路段，应使其发车频率与车站通过能力、交叉口架空触线的通过能力相协调。

3.3.4 公共交通车站的设置应符合下列规定：

3.3.4.1 在路段上，同向换乘距离不应大于 50m，异向换乘距离不应大于 100m；对置设站，应在车辆前进方向迎面错开 30m；

3.3.4.2 在道路平面交叉口和立体交叉口上设置的车站，换乘距离不宜大于 150m，并不得大于 200m；

3.3.4.3 长途客运汽车站、火车站、客运码头主要出入口 50m 范围内应设公共交通车站；

3.3.4.4 公共交通车站应与快速轨道交通车站换乘。

3.3.5 快速轨道交通车站和轮渡站应设自行车存车换乘停车场（库）。

3.3.6 快速路和主干路及郊区的双车道公路，公共交通停靠站不应占用车行道。停靠站应采用港湾式布置，市区的港湾式停靠站长度，应至少有两个停车位。

3.3.7 公共汽车和电车的首末站应设置在城市道路以外的用地上，每处用地面积可按 1000～1400m² 计算。有自行车存车换乘的，应另外附加面积。

3.3.8 城市出租汽车采用营业站定点服务时，营业站的服务半径不宜大于1km，其用地面积为250～500m²。

3.3.9 城市出租汽车采用路抛制服务时，在商业繁华地区、对外交通枢纽和人流活动频繁的集散地附近，应在道路上设出租汽车停车道。

3.4 公共交通场站设施

3.4.1 公共交通停车场、车辆保养场、整流站、公共交通车辆调度中心等的场站设施应与公共交通发展规模相匹配，用地有保证。

3.4.2 公共交通场站布局，应根据公共交通的车种车辆数、服务半径和所在地区的用地条件设置，公共交通停车场宜大、中、小相结合，分散布置；车辆保养场布局应使高级保养集中，低级保养分散，并与公共交通停车场相结合。

3.4.3 公共交通车辆保养场用地面积指标宜符合表3.4.3的规定。

表3.4.3 保养场用地面积指标

保养场规模（辆）	每辆车的保养场用地面积（m²/辆）		
	单节公共汽车和电车	铰接式公共汽车和电车	出租小汽车
50	220	280	44
100	210	270	42
200	200	260	40
300	190	250	38
400	180	230	36

3.4.4 无轨电车和有轨电车整流站的规模应根据其所服务的车辆型号和车数确定。整流站的服务半径宜为1～2.5km。一座整流站的用地面积不应大于1000m²。

3.4.5 大运量快速轨道交通车辆段的用地面积，应按每节车厢500～600m²计算，并不得大于每双线千米8000m²。

3.4.6 公共交通车辆调度中心的工作半径不应大于8km；每处用地面积可按500m²计算。

4 自行车交通

4.1 一般规定

4.1.1 计算自行车交通出行时耗时，自行车行程速度宜按11～14km/h计算。交通拥挤地区和路况较差的地区，其行程速度宜取低限值。

4.1.2 自行车最远的出行距离，在大、中城市应按6km计算，小城市应按10km计算。

4.1.3 在城市居民出行总量中，使用自行车与公共交通的比值，应控制在表4.1.3规定的范围内。

表4.1.3 不同规模城市的居民使用自行车与公共交通出行量的比值

城市规模		自行车出行量：公共交通出行量
大城市	>100万人	1：1～3：1
	≤100万人	3：1～9：1
中等城市		9：1～16：1
小城市		不控制

4.2 自行车道路

4.2.1 自行车道路网规划应由单独设置的自行车专用路、城市干路两侧的自行车道、城市支路和居住区内的道路共同组成一个能保证自行车连续交通的网络。

4.2.2 大、中城市干路网规划设计时，应使自行车与机动车分道行驶。

4.2.3 自行车单向流量超过10000辆/h时的路段，应设平行道路分流。在交叉口，当每个路口进入的自行车流量超过5000辆/h时，应在道路网规划中采取自行车的分流措施。

4.2.4 自行车道路网密度与道路间距，宜按表4.2.4的规定采用。

表4.2.4 自行车道路网密度与道路间距

自行车道路与机动车道的分隔方式	道路网密度（km/km²）	道路间距（m）
自行车专用路	1.5～2.0	1000～1200
与机动车道间用设施隔离	3～5	400～600
路面划线	10～15	150～200

4.2.5 自行车道路与铁路相交遇下列三种情况之一时，应设分离式立体交叉：

4.2.5.1 与Ⅱ级铁路正线相交、高峰小时自行车双向流量超过10000辆；

4.2.5.2 与Ⅰ级铁路正线相交、高峰小时自行车双向流量超过6000辆；

4.2.5.3 火车调车作业中断自行车专用路的交通，日均累计2h以上，且在交通高峰时中断交通15min以上。

4.2.6 自行车专用路应按设计速度 20km/h 的要求进行线型设计。

4.2.7 自行车道路的交通环境设计，应设置安全、照明、遮荫等设施。

4.3 自行车道路的宽度和通行能力

4.3.1 自行车道路路面宽度应按车道数的倍数计算，车道数应按自行车高峰小时交通量确定。自行车道路每条车道宽度宜为 1m，靠路边的和靠分隔带的一条车道侧向净空宽度应加 0.25m。自行车道路双向行驶的最小宽度宜为 3.5m，混有其他非机动车的，单向行驶的最小宽度应为 4.5m。

4.3.2 自行车道路的规划通行能力的计算应符合下列规定：

4.3.2.1 路段每条车道的规划通行能力应按 1500 辆/h 计算；平面交叉口每条车道的规划通行能力应按 1000 辆/h 计算；

4.3.2.2 自行车专用路每条车道的规划通行能力应按第 4.3.2.1 条的规定乘以 1.1～1.2；

4.3.2.3 在自行车道内混有人力三轮车、板车等，应按本规范附录 A.0.4 的规定乘非机动车的换算系数，当这部分的车流量与总体车流量之比大于 30% 时，每条车道的规划通行能力应乘折减系数 0.4～0.7。

5 步行交通

5.1 一般规定

5.1.1 城市中规划步行交通系统应以步行人流的流量和流向为基本依据。并应因地制宜地采用各种有效措施，满足行人活动的要求，保障行人的交通安全和交通连续性，避免无故中断和任意缩减人行道。

5.1.2 人行道、人行天桥、人行地道、商业步行街、城市滨河步道或林荫道的规划，应与居住区的步行系统，与城市中车站、码头集散广场，城市游憩集会广场等的步行系统紧密结合，构成一个完整的城市步行系统。

5.1.3 步行交通设施应符合无障碍交通的要求。

5.2 人行道、人行横道、人行天桥、人行地道

5.2.1 沿人行道设置行道树、公共交通停靠站和候车亭、公用电话亭等设施时，不得妨碍行人的正常通行。

5.2.2 确定人行道通行能力，应按其可通行的人行步道实际净宽度计算。

5.2.3 人行道宽度应按人行带的倍数计算，最小宽度不得小于 1.5m。人行带的宽度和通行能力应符合表 5.2.3 的规定。

表 5.2.3 人行带宽度和最大通行能力

所在地点	宽度（m）	最大通行能力（人/h）
城市道路上	0.75	1800
车站码头、人行天桥和地道	0.90	1400

5.2.4 在城市的主干路和次干路的路段上，人行横道或过街通道的间距宜为 250～300m。

5.2.5 当道路宽度超过四条机动车道时，人行横道应在车行道的中央分隔带或机动车道与非机动车道之间的分隔带上设置行人安全岛。

5.2.6 属于下列情况之一时，宜设置人行天桥或地道：

5.2.6.1 横过交叉口的一个路口的步行人流量大于 5000 人次/h，且同时进入该路口的当量小汽车交通量大于 1200 辆/h 时；

5.2.6.2 通过环形交叉口的步行人流总量达 18000 人次/h，且同时进入环形交叉的当量小汽车交通量达到 2000 辆/h 时；

5.2.6.3 行人横过城市快速路时；

5.2.6.4 铁路与城市道路相交道口，因列车通过一次阻塞步行人流超过 1000 人次或道口关闭的时间超过 15min 时。

5.2.7 人行天桥或地道设计应符合城市景观的要求，并与附近地上或地下建筑物密切结合；人行天桥或地道的出入口处应规划人流集散用地，其面积不宜小于 $50m^2$。

5.2.8 地震多发地区的城市，人行立体过街设旋宜采用地道。

5.3 商业步行区

5.3.1 商业步行区的紧急安全疏散出口间隔距离不得大于 160m。区内道路网密度可采用 13～18km/km^2。

5.3.2 商业步行区的道路应满足送货车、清扫车和消防车通行的要求。道路的宽度可采用 10～15m，其间可配置小型广场。

5.3.3 商业步行区内步行道路和广场的面积，可按每平方米容纳 0.8～1.0 人计算。

5.3.4 商业步行区距城市次干路的距离不宜大于 200m；步行区进出口距公共交通停靠站的距离不宜

大于 100m。

5.3.5 商业步行区附近应有相应规模的机动车和非机动车停车场或多层停车库，其距步行区进出口的距离不宜大于 100m，并不得大于 200m。

6 城市货运交通

6.1 一般规定

6.1.1 城市货运交通量预测应以城市经济、社会发展规划和城市总体规划为依据。

6.1.2 城市货运交通应包括过境货运交通、出入市货运交通与市内货运交通三个部分。

6.1.3 货运车辆场站的规模与布局宜采用大、中、小相结合的原则。大城市宜采用分散布点；中、小城市宜采用集中布点。场站选址应靠近主要货源点，并与货物流通中心相结合。

6.2 货运方式

6.2.1 城市货运方式的选择应符合节约用地、方便用户、保护环境的要求，并应结合城市自然地理和环境特征，合理选择道路、铁路、水运和管道等运输方式。

6.2.2 企业运量大于 5 万 t/年的大宗散装货物运输，宜采用铁路或水运方式。

6.2.3 运输线路固定的气体、液化燃料和液化化工制品，运量大于 50 万 t/年时，宜采用管道运输方式。

6.2.4 当城市对外货物运输距离小于 200km 时，宜采用公路运输方式。

6.2.5 大、中城市的零担货物，宜采用专用货车或厢式货车运输，适当发展集装箱运输。

6.2.6 城市货运汽车的需求量应根据规划的年货物周转量计算确定，或按规划城市人口每 30～40 人配置一辆标准货车估算。

6.2.7 大、中城市货运车辆的车型比例应结合货物特征，经过比选确定。大、中、小车型的比例，大城市可采用 1∶2∶2～1∶5∶6；中、小城市可根据实际情况确定。

6.3 货物流通中心

6.3.1 货运交通规划应组织储、运、销为一体的社会化运输网络，发展货物流通中心。

6.3.2 货物流通中心应根据其业务性质及服务范围划分为地区性、生产性和生活性三种类型，并应合理确定规模与布局。

6.3.3 货物流通中心用地总面积不宜大于城市规划用地总面积的 2%。

6.3.4 大城市的地区性货物流通中心应布置在城市边缘地区，其数量不宜少于两处；每处用地面积宜为 50 万～60 万 m^2。中、小城市货物流通中心的数量和规模宜根据实际货运需要确定。

6.3.5 生产性货物流通中心，应与工业区结合，服务半径宜为 3～4km。其用地规模应根据储运货物的工作量计算确定，或宜按每处 6 万～10 万 m^2 估算。

6.3.6 生活性货物流通中心的用地规模，应根据其服务的人口数量计算确定，但每处用地面积不宜大于 5 万 m^2，服务半径宜为 2～3km。

6.4 货运道路

6.4.1 货运道路应能满足城市货运交通的要求，以及特殊运输、救灾和环境保护的要求，并与货运流向相结合。

6.4.2 当城市道路上高峰小时货运交通量大于 600 辆标准货车，或每天货运交通量大于 5000 辆标准货车时，应设置货运专用车道。

6.4.3 货运专用车道，应满足特大货物运输的要求。

6.4.4 大、中城市的重要货源点与集散点之间应有便捷的货运道路。

6.4.5 大型工业区的货运道路，不宜少于两条。

6.4.6 当昼夜过境货运车辆大于 5000 辆标准货车时，应在市区边缘设置过境货运专用车道。

7 城市道路系统

7.1 一般规定

7.1.1 城市道路系统规划应满足客、货车流和人流的安全与畅通；反映城市风貌、城市历史和文化传统；为地上地下工程管线和其他市政公用设施提供空间；满足城市救灾避难和日照通风的要求。

7.1.2 城市道路交通规划应符合人与车交通分行，机动车与非机动交通分道的要求。

7.1.3 城市道路应分为快速路、主干路、次干路和支路四类。

7.1.4 城市道路用地面积应占城市建设用地面积的 8%～15%。对规划人口在 200 万以上的大城市，宜为 15%～20%。

7.1.5 规划城市人口人均占有道路用地面积宜为 7～15m^2。其中：道路用地面积宜为 6.0～13.5m^2/人，广场面积宜为 0.2～0.5m^2/人，公共停车场面积宜为 0.8～1.0m^2/人。

7.1.6 城市道路中各类道路的规划指标应符合表 7.1.6-1 和表 7.1.6-2 的规定。

表 7.1.6-1　大、中城市道路网规划指标

项目	城市规模与人口（万人）		快速路	主干路	次干路	支路
机动车设计速度（km/h）	大城市	>200	80	60	40	30
		≤200	60～80	40～60	40	30
	中等城市		—	40	40	30
道路网密度（km/km²）	大城市	>200	0.4～0.5	0.8～1.2	1.2～1.4	3～4
		≤200	0.3～0.4	0.8～1.2	1.2～1.4	3～4
	中等城市		—	1.0～1.2	1.2～1.4	3～4
道路中机动车车道条数（条）	大城市	>200	6～8	6～8	4～6	3～4
		≤200	4～6	4～6	4～6	2
	中等城市			4	2～4	2
道路宽度（m）	大城市	>200	40～45	45～55	40～50	15～30
		≤200	35～40	40～50	30～45	15～20
	中等城市		—	35～45	30～40	15～20

表 7.1.6-2　小城市道路网规划指标

项　目	城市人口（万人）	干路	支路
机动车设计速度（km/h）	>5	40	20
	1～5	40	20
	<1	40	20
道路网密度（km/km²）	>5	3～4	3～5
	1～5	4～5	4～6
	<1	5～6	6～8
道路中机动车车道条数（条）	>5	2～4	2
	1～5	2～4	2
	<1	2～3	2
道路宽度（m）	>5	25～35	12～15
	1～5	25～35	12～15
	<1	25～30	12～15

7.2　城市道路网布局

7.2.1　城市道路网规划应适应城市用地扩展，并有利于向机动化和快速交通的方向发展。

7.2.2　城市道路网的形式和布局，应根据土地使用、客货交通源和集散点的分布、交通流量流向，并结合地形、地物、河流走向、铁路布局和原有道路系统，因地制宜地确定。

7.2.3　各类城市道路网的平均密度应符合表7.1.6-1和7.1.6-2中规定的指标要求。土地开发的容积率应与交通网的运输能力和道路网的通行能力相协调。

7.2.4　分片区开发的城市，各相邻片区之间至少应有两条道路相贯通。

7.2.5　城市主要出入口每个方向应有两条对外放射的道路。七度地震设防的城市每个方向应有不少于两条对外放射的道路。

7.2.6　城市环路应符合以下规定：

7.2.6.1　内环路应设置在老城区或市中心区的外围；

7.2.6.2　外环路宜设置在城市用地的边界内1～2km处，当城市放射的干路与外环路相交时，应规划好交叉口上的左转交通；

7.2.6.3　大城市的外环路应是汽车专用道路，其他车辆应在环路外的道路上行驶；

7.2.6.4　环路设置，应根据城市地形、交通的流量流向确定，可采用半环或全环；

7.2.6.5　环路的等级不宜低于主干路。

7.2.7　河网地区城市道路网应符合下列规定：

7.2.7.1　道路宜平行或垂直于河道布置；

7.2.7.2　对跨越通航河道的桥梁，应满足桥下通航净空要求，并应与滨河路的交叉口相协调；

7.2.7.3　城市桥梁的车行道和人行道宽度应与道路的车行道和人行道等宽。在有条件的地方，城市桥梁可建双层桥，将非机动车道、人行道和管线设置在桥的下层通过；

7.2.7.4　客货流集散码头和渡口应与城市道路统一规划。码头附近的民船停泊和岸上农贸市场的人流集散和公共停车场车辆出入，均不得干扰城市主干路的交通。

7.2.8　山区城市道路网规划应符合下列规定：

7.2.8.1　道路网应平行等高线设置，并应考虑防洪要求。主干路宜设在谷地或坡面上。双向交通的道路宜分别设置在不同的标高上；

7.2.8.2　地形高差特别大的地区，宜设置人、车分开的两套道路系统；

7.2.8.3　山区城市道路网的密度宜大于平原城市，

并应采用表 7.1.6-1、表 7.1.6-2 中规定的上限值。

7.2.9 当旧城道路网改革时，在满足道路交通的情况下，应兼顾旧城的历史文化、地方特色和原有道路网形成的历史；对有历史文化价值的街道应适当加以保护。

7.2.10 市中心区的建筑容积率达到 8 时，支路网密度宜为 12～16km/km²；一般商业集中地区的支路网密度宜为 10～12km/km²。

7.2 11 次干路和支路网宜划成 1∶2～1∶4 的长方格；沿交通主流方向应加大交叉口的间距。

7.2.12 道路网节点上相交道路的条数宜为 4 条，并不得超过 5 条。道路宜垂直相交，最小夹角不得小于 45°。

7.2.13 应避免设置错位的 T 字型路口。已有的错位 T 字型路口，在规划时应改造。

7.2.14 大、中、小城市道路交叉口的形式应符合表 7.2.14-1 和表 7.2.14-2 的规定。

表 7.2.14-1 大、中城市道路交叉口的形式

相交道路	快速路	主干路	次干路	支路
快速路	A	A	A，B	—
主干路		A，B	B，C	B，D
次干路			C，D	C，D
支 路				D，E

注：A 为立体交叉口；B 为展宽式信号灯管理平面交叉口；C 为平面环形交叉口；D 为信号灯管理平面交叉口；E 为不设信号灯的平面交叉口。

表 7.2.14-2 小城市的道路交叉口的形式

规划人口（万人）	相交道路	干路	支路
>5	干路	C，D，B	D，E
	支路		E
1～5	干路	C，D，E	E
	支路		E
<1	干路	D，E	E
	支路		E

注：同表 7.2.14-1。

7.3 城 市 道 路

7.3.1 快速路规划应符合下列要求：

7.3.1.1 规划人口在 200 万以上的大城市和长度超过 30km 的带形城市应设置快速路。快速路应与其他干路构成系统，与城市对外公路有便捷的联系；

7.3.1.2 快速路上的机动车道两侧不应设置非机动车道。机动车道应设置中央隔离带；

7.3.1.3 与快速路交汇的道路数量应严格控制。相交道路的交叉口形式应符合表 7.2.14-1 的规定；

7.3.1.4 快速路两侧不应设置公共建筑出入口。快速路穿过人流集中的地区，应设置人行天桥或地道。

7.3.2 主干路规划应符合下列要求：

7.3.2.1 主干路上的机动车与非机动车应分道行驶；交叉口之间分隔机动车与非机动车的分隔带宜连续；

7.3.2.2 主干路两侧不宜设置公共建筑物出入口。

7.3.3 次干路两侧可设置公共建筑物，并可设置机动车和非机动车的停车场、公共交通站点和出租汽车服务站。

7.3.4 支路规划应符合下列要求：

7.3.4.1 支路应与次干路和居住区、工业区、市中心区、市政公用设施用地、交通设施用地等内部道路相连接；

7.3.4.2 支路可与平行快速路的道路相接，但不得与快速路直接相接。在快速路两侧的支路需要联接时，应采用分离式立体交叉跨过或穿过快速路；

7.3.4.3 支路应满足公共交通线路行驶的要求；

7.3.4.4 在市区建筑容积率大于 4 的地区，支路网的密度应为表 7.1.6-1 和表 7.1.6-2 中所规定数值的一倍。

7.3.5 城市道路规划，应与城市防灾规划相结合，并应符合下列规定：

7.3.5.1 地震设防的城市，应保证震后城市道路和对外公路的交通畅通，并应符合下列要求：

(1) 干路两侧的高层建筑应由道路红线向后退 10～15m；

(2) 新规划的压力主干管不宜设在快速路和主干路的车行道下面；

(3) 路面宜采用柔性路面；

(4) 道路立体交叉口宜采用下穿式；

(5) 道路网中宜设置小广场和空地，并应结合道路两侧的绿地，划定疏散避难用地。

7.3.5.2 山区或湖区定期受洪水侵害的城市，应设置通向高地的防灾疏散道路，并适当增加疏散方向的道路网密度。

7.4 城市道路交叉口

7.4.1 城市道路交叉口，应根据相交道路的等级、分向流量、公共交通站点的设置、交叉口周围用地的性质，确定交叉口的形式及其用地范围。

7.4.2 无信号灯和有信号灯管理的T字型和十字型平面交叉口的规划通行能力，可按表7.4.2的规定采用。

表7.4.2 平面交叉口的规划通行能力（千辆/h）

相交道路等级	交叉口形式			
	T字型		十字型	
	无信号灯管理	有信号灯管理	无信号灯管理	有信号灯管理
主干路与主干路	—	3.3～3.7	—	4.4～5.0
主干路与次干路	—	2.8～3.3	—	3.5～4.4
次干路与次干路	1.9～2.2	2.2～2.7	2.5～2.8	2.8～3.4
次干路与支路	1.5～1.7	1.7～2.2	1.7～2.0	2.0～2.6
支路与支路	0.8～1.0	—	1.0～1.2	—

注：①表中相交道路的进口道车道条数：主干路为3～4条，次干路为2～3条，支路为2条；
②通行能力按当量小汽车计算。

7.4.3 道路交叉口的通行能力应与路段的通行能力相协调。

7.4.4 平面交叉口的进出口应设展宽段，并增加车道条数；每条车道宽度宜为3.5m，并应符合下列规定：

7.4.4.1 进口道展宽段的宽度，应根据规划的交通量和车辆在交叉口进口停车排队的长度确定。在缺乏交通量的情况下，可采用下列规定，预留展宽段的用地。

（1）当路段单向三车道时，进口道至少四车道；

（2）当路段单向两车道或双向三车道时，进口道至少三车道；

（3）当路段单向一车道时，进口道至少两车道。

7.4.4.2 展宽段的长度，在交叉口进口道外侧自缘石半径的端点向后展宽50～80m；

7.4.4.3 出口道展宽段的宽度，根据交通量和公共交通设站的需要确定，或与进口道展宽段的宽度相同；其展宽的长度在交叉口出口道外侧自缘石半径的端点向前延伸30～60m。当出口道车道条数达3条时，可不展宽；

7.4.4.4 经展宽的交叉口应设置交通标志、标线和交通岛。

7.4.5 当城市道路网中整条道路实行联动的信号灯管理时，其间不应夹设环形交叉口。

7.4.6 中、小城市的干路与干路相交的平面交叉口，可采用环形交叉口。

7.4.7 平面环形交叉口设计应符合下列规定：

7.4.7.1 相交于环形交叉口的两相邻道路之间的交织段长度，其上行驶货运拖挂车和铰接式机动车的交织段长度不应小于30m；只行驶非机动车的交织段长度不应小于15m；

7.4.7.2 环形交叉口的中心岛直径小于60m时，环道的外侧缘石不应做成与中心岛相同的同心圆；

7.4.7.3 在交通繁忙的环形交叉口的中心岛，不宜建造小公园。中心岛的绿化不得遮挡交通的视线；

7.4.7.4 环形交叉口进出口道路中间应设置交通导向岛，并延伸到道路中央分隔带。

7.4.8 机动车与非机动车混行的环形交叉口，环道总宽度宜为18～20m，中心岛直径宜取30～50m，其规划通行能力宜按表7.4.8的规定采用。

表7.4.8 环形交叉口的规划通行能力

机动车的通行能力（千辆/h）	2.6	2.3	2.0	1.6	1.2	0.8	0.4
同时通过的自行车数（千辆/h）	1	4	7	11	15	18	21

注：机动车换算成当量小汽车数，非机动车换算成当量自行车数。换算系数应符合本规范附录A的规定。

7.4.9 规划交通量超过2700辆/h当量小汽车数的交叉口不宜采用环形交叉口。环形交叉口上的任一交织段上，规划的交通量超过1500辆/h当量小汽车数时，应改建交叉口。

7.4.10 城市道路平面交叉口的规划用地面积宜符合表7.4.10的规定：

表 7.4.10 平面交叉口规划用地面积（万 m²）

城市人口（万人）/ 相交道路等级	T字型交叉口			十字型交叉口			环形交叉口		
	＞200	50～200	＜50	＞200	50～200	＜50	中心岛直径（m）	环道宽度（m）	用地面积（万 m²）
主干路与主干路	0.60	0.50	0.45	0.80	0.65	0.60	—	—	—
主干路与次干路	0.50	0.40	0.35	0.65	0.55	0.50	40～60	20～40	1.0～1.5
次干路与次干路	0.40	0.30	0.25	0.55	0.45	0.40	30～50	16～20	0.8～1.2
次干路与支路	0.33	0.27	0.22	0.45	0.35	0.30	30～40	14～18	0.6～0.9
支路与支路	0.20	0.16	0.12	0.27	0.22	0.17	25～35	12～15	0.5～0.7

7.4.11 在原有道路网改造规划中，当交叉口的交通量达到其最大通行能力的 80%时，应首先改善道路网，调低其交通量，然后在该处设置立体交叉口。

7.4.12 城市中建造的道路立体交叉口，应与相邻交叉口的通行能力和车速相协调。

7.4.13 在城市立体交叉口和跨河桥梁的坡道两端，以及隧道进出口外 30m 的范围内，不宜设置平面交叉口和非港湾式公共交通停靠站。

7.4.14 城市道路立体交叉口形式的选择，应符合下列规定：

7.4.14.1 在整个道路网中，立体交叉口的形式应力求统一，其结构形式应简单，占地面积少；

7.4.14.2 交通主流方向应走捷径，少爬坡和少绕行；非机动车应行驶在地面层上或路堑内；

7.4.14.3 当机动车与非机动车分开行驶时，不同的交通层面应相互套叠组合在一起，减少立体交叉口的层数和用地。

7.4.15 各种形式立体交叉口的用地面积和规划通行能力宜符合表 7.4.15 的规定：

表 7.4.15 立体交叉口规划用地面积和通行能力

立体交叉口层数	立体交叉口中匝道的基本形式	机动车与非机动车交通有无冲突点	用地面积（万 m²）	通行能力（千辆/h）	
				当量小汽车	当量自行车
二	菱形	有	2.0～2.5	7～9	10～13
	苜蓿叶形	有	6.5～12.0	6～13	16～20
	环形	有	3.0～4.5	7～9	15～20
		无	2.5～3.0	3～4	12～15

续表 7.4.15

立体交叉口层数	立体交叉口中匝道的基本形式	机动车与非机动车交通有无冲突点	用地面积（万 m²）	通行能力（千辆/h）	
				当量小汽车	当量自行车
三	十字路口形	有	4.0～5.0	11～14	13～16
	环形	有	5.0～5.5	11～14	13～14
		无	4.5～5.5	8～10	13～15
	苜蓿叶形与环形①	无	7.0～12.0	11～13	13～15
	环形与苜蓿叶形②	无	5.0～6.0	11～14	20～30
四	环形	无	6.0～8.0	11～14	13～15

注：①三层立体交叉口中的苜蓿叶形为机动车匝道，环形为非机动车匝道；

②三层立体交叉口中的环形为机动车匝道，苜蓿叶形为非机动车匝道。

7.4.16 当道路与铁路平面交叉时，应将道路的上下行交通分开；道口的铺面宽度应与路段铺面（包括车行道、人行道，不包括绿带）等宽。

7.5 城市广场

7.5.1 全市车站、码头的交通集散广场用地总面积，可按规划城市人口每人 0.07～0.10m² 计算。

四、勘察规划标准

7.5.2 车站、码头前的交通集散广场的规模由聚集人流量决定，集散广场的人流密度宜为1.0～1.4人/m^2。

7.5.3 车站、码头前的交通集散广场上供旅客上下车的停车点，距离进出口不宜大于50m；允许车辆短暂停留，但不得长时间存放。机动车和非机动车的停车场应设置在集散广场外围。

7.5.4 城市游憩集会广场用地的总面积，可按规划城市人口每人0.13～0.40m^2计算。

7.5.5 城市游憩集会广场不宜太大。市级广场每处宜为4万～10万m^2；区级广场每处宜为1万～3万m^2。

8 城市道路交通设施

8.1 城市公共停车场

8.1.1 城市公共停车场应分为外来机动车公共停车场、市内机动车公共停车场和自行车公共停车场三类，其用地总面积可按规划城市人口每人0.8～1.0m^2计算。其中：机动车停车场的用地宜为80%～90%，自行车停车场的用地宜为10%～20%。市区宜建停车楼或地下停车库。

8.1.2 外来机动车公共停车场，应设置在城市的外环路和城市出入口道路附近，主要停放货运车辆。市内公共停车场应靠近主要服务对象设置，其场址选择应符合城市环境和车辆出入又不妨碍道路畅通的要求。

8.1.3 市内机动车公共停车场停车位数的分布：在市中心和分区中心地区，应为全部停车位数的50%～70%；在城市对外道路的出入口地区应为全部停车位数的5%～10%；在城市其他地区应为全部停车位数的25%～40%。

8.1.4 机动车公共停车场的服务半径，在市中心地区不应大于200m；一般地区不应大于300m；自行车公共停车场的服务半径宜为50～100m，并不得大于200m。

8.1.5 当计算市中心区公共停车场的停车位数时，机动车与自行车都应乘以高峰日系数1.1～1.3。

8.1.6 机动车每个停车位的存车量以一天周转3～7次计算；自行车每个停车位的存车量以一天周转5～8次计算。

8.1.7 机动车公共停车场用地面积，宜按当量小汽车停车位数计算。地面停车场用地面积，每个停车位宜为25～30m^2；停车楼和地下停车库的建筑面积，每个停车位宜为30～35m^2。摩托车停车场用地面积，每个停车位宜为2.5～2.7m^2。自行车公共停车场用地面积，每个停车位宜为1.5～1.8m^2。

8.1.8 机动车公共停车场出入口的设置应符合下列规定：

8.1.8.1 出入口应符合行车视距的要求，并应右转出入车道；

8.1.8.2 出入口应距离交叉口、桥隧坡道起止线50m以远；

8.1.8.3 少于50个停车位的停车场，可设一个出入口，其宽度宜采用双车道；50～300个停车位的停车场，应设两个出入口；大于300个停车位的停车场，出口和入口应分开设置，两个出入口之间的距离应大于20m。

8.1.9 自行车公共停车场应符合下列规定：

8.1.9.1 长条形停车场宜分成15～20m长的段，每段应设一个出入口，其宽度不得小于3m；

8.1.9.2 500个车位以上的停车场，出入口数不得少于两个；

8.1.9.3 1500个车位以上的停车场，应分组设置，每组应设500个停车位，并应各设有一对出入口；

8.1.9.4 大型体育设施和大型文娱设施的机动车停车场和自行车停车场应分组布置。其停车场出口的机动车和自行车的流线不应交叉，并应与城市道路顺向衔接。

8.1.9.5 分场次活动的娱乐场所的自行车公共停车场，宜分成甲乙两个场地，交替使用，各有自己的出入口。

8.2 公共加油站

8.2.1 城市公共加油站的服务半径宜为0.9～1.2km。

8.2.2 城市公共加油站应大、中、小相结合，以小型站为主，其用地面积应符合表8.2.2的规定。

表8.2.2 公共加油站的用地面积（万m^2）

昼夜加油的车次数	300	500	800	1000
用地面积（万m^2）	0.12	0.18	0.25	0.30

8.2.3 城市公共加油站的选址，应符合现行国家标准《小型石油库及汽车加油站设计规范》的有关规定。

8.2.4 城市公共加油站的进出口宜设在次干路上，并附设车辆等候加油的停车道。

8.2.5 附设机械化洗车的加油站，应增加用地面积160～200m^2。

附录 A　车型换算系数

A. 0. 1　标准货车换算系数宜符合表 A. 0. 1 的规定。

表 A. 0. 1　货运车型换算系数

车型大小	载重量（t）	换算系数
小	<0.6	0.3
	0.6～3.0	0.5
中	3.1～9.0	1.0（标准货车）
	9.1～15.0	1.5
大	>15	2.0
	拖挂车	2.0

A. 0. 2　当量小汽车换算系数宜符合表 A. 0. 2 的规定。

表 A. 0. 2　当量小汽车换算系数

车　　种	换算系数
自行车	0.2
二轮摩托	0.4
三轮摩托或微型汽车	0.6
小客车或小于 3t 的货车	1.0
旅行车	1.2
大客车或小于 9t 的货车	2.0
9～15t 货车	3.0
铰接客车或大平板拖挂货车	4.0

A. 0. 3　公共交通标准汽车换算系数宜符合表 A. 0. 3 的规定。

表 A. 0. 3　公共交通标准汽车换算系数

车　　种	车长范围（m）	换算系数
微型汽车	≤3.5	0.3
出租小汽车	3.6～5.0	0.5
小公共汽车	5.1～7.0	0.6
640 型单节公共汽车	7.1～10.0	1.0（标准车）
650 型单节公共汽车	10.1～14.0	1.5
≥660 型铰接公共汽车	>14	2.0
双层公共汽车	10～12	1.8

注：无轨电车的换算系数与等长的公共汽车相同。

A. 0. 4　非机动车换算系数宜符合表 A. 0. 4 的规定。

表 A. 0. 4　非机动车换算系数

车　　种	换算系数
自行车	1
三轮车	3
人力板车或畜力车	5

附加说明

本规范主编单位、参加单位和主要起草人名单

主 编 单 位： 同济大学城市规划设计研究所
参 加 单 位： 中国城市规划设计研究院
天津市建委城乡建设研究所
北京市城市规划设计研究院
主要起草人： 徐循初　倪学成　王宪臣　王绪安

中华人民共和国国家标准

城市道路交通规划设计规范

GB 50220－95

条文说明

制订说明

根据国家计委计标〔1987〕第39号文下达的编制任务要求，《城市道路交通规划设计规范》由上海同济大学城市规划设计研究所负责主编，并会同中国城市规划设计研究院、天津市建委城乡建设研究所、北京市城市规划设计研究院等共同编制而成。经建设部1995年1月14日以建标（1994）808号文批准发布。

为便于广大规划、设计、科研、学校等有关单位人员在使用本规范时能正确理解和执行条文规定，《城市道路交通规划设计规范》编制组根据国家计委关于编制标准、规范条文说明的统一要求，按《城市道路交通规划设计规范》的章、节、条的顺序，编制了规范条文说明，供国内有关部门和单位参考。在使用中如发现本条文说明有欠妥之处，请将意见函寄我部中国城市规划设计研究院城市规划标准归口办公室（地址：北京市三里河路九号，邮政编码：100037），以供今后修改时参考。

建设部

1995年1月

1 总 则

1.0.2 城市规模越大，城市道路交通类型和网络越复杂，交通问题也越多。大、中、小城市在编制城市总体规划和道路交通规划设计时，所考虑的内容、范围和深度是不同的。本规范适用于大、中、小城市。但小城市的城市人口规模和用地面积较小，对交通的需求，与大、中城市有明显的差别，所以对本规范所列的标准也有所区别。

1.0.3 城市是衔接全国铁路、公路、内河、海洋和航空运输线路的重要起讫点或交通枢纽，城市交通运输网络是全国大交通运输网络的一个重要组成部分。不同规模的城市根据其所处的地域范围，在交通运输方面分别起着不同的承上启下作用。因此，必须打破行政上条块分割的局面，相互协作，综合规划，综合建设和综合治理。处理好市际、市域和市内三个层次的交通衔接和协调，在城市道路交通中处理好过境交通、出入城交通和市内交通的关系。

1.0.4 城市用地往往是沿着城市交通发展轴而发展的。昔日以水运为主，沿河湖江海发展城市用地，继而沿铁路车站向外发展，如今汽车交通发展，城市用地将进一步沿城市道路、公路和高速公路发展。因此，城市交通规划必须与城市土地使用和土地开发的强度紧密结合，充分利用各种交通方式来诱导和促进城市的发展。对于城市因自然条件或人为因素所造成的用地布局欠合理之处，可以借助城市交通改善其时效，弥补其不足。与发达国家和有些发展中国家相比，我国城市道路的发展还刚起步。根据国内外实践经验总结，城市道路交通的增长速度比城市用地发展规模和人口增长速度快，交通的发展还经常受到政策的冲击，加上预测的技术还不很完善，难以准确地预见未来发展动态。因此，必须对城市交通发展留有弹性和余地。城市道路交通网络是城市的骨架、建筑物的依托，并为地下工程管线的埋设和交通设施布局提供了空间。道路交通网一旦形成，将随着历史的发展一直延续下去，即使遇到自然灾害或战争的破坏，在修复和重建城市时，也不会有大的变化。况且，城市在发展壮大的过程中，道路交通网还要不断延伸、扩大，往往规划要在二三十年后才实现。因此，对城市道路交通网络的规划一定要与城市总体规划的用地发展紧密结合，并带有超前性。

1.0.5 城市道路交通规划工作的一般程序如图 1 所示。

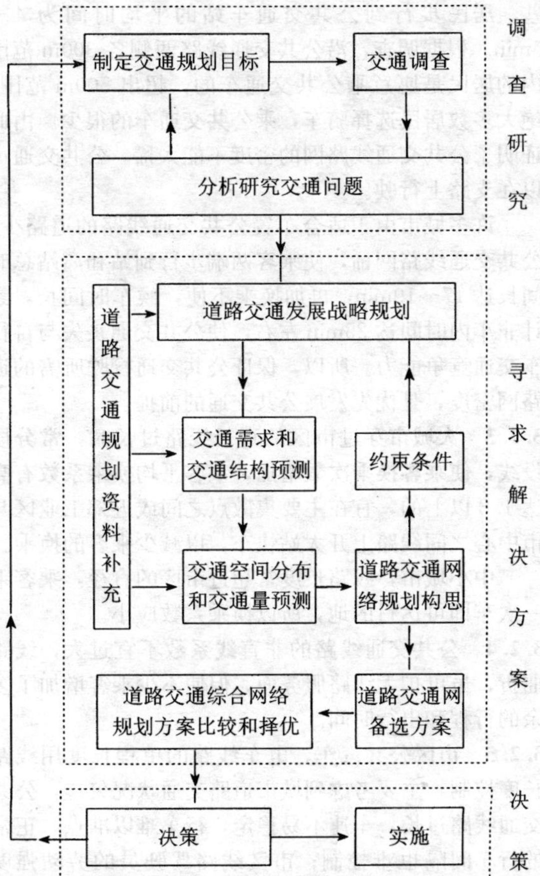

图 1 城市道路交通规划工作程序图

1.0.6 城市道路交通发展战略规划，首先要分析影响城市道路交通发展的外部环境和内部环境，从社会经济发展、城市人口增长、有关政策制定和执行，建设资金的变化等方面，来确定城市交通发展的水平和目标，预估未来的城市客货流量、流向，确定城市对外交通和市内交通的各种交通网络的布局，及各种交通的用地规模和位置，并落实在规划图纸上。同时，还应提出保证交通规划实施的各项交通政策建议，因此，规划图纸和规划说明报告同等重要。

在旧城进行城市交通规划和制定交通政策时，为了使土地的开发强度、车辆数和交通量的增长能与城市道路、停车设施等所提供的交通容量相适应，可以进行交通需求管理，控制地块上的建筑容积率，以及采取各种措施，在一定的时间或空间范围内禁止或限制某种交通工具通行，鼓励和发展占用城市道路时空少的交通工具。

1.0.7 城市道路交通综合网络规划的重点是在工程技术上下功夫，认真考虑实施规划的可能性。通过对城市的地形、地物，工程技术能力和水平，城市经济的发展和建设财力等多方面的深入调查研究、综合分析，结合各种规划构思，寻求多种适用、经济的方案，再经过技术、经济、环境等方面效益的评价比较，工程建设费用的估算，排出分期建设的序列，供决策者择优实施。

1.0.8 城市中使用的各种交通方式都有各自的优缺点，应本着扬长避短的精神，结合本城市的具体情况选择，切忌绝对化。对于城市中的公共交通和个体交通（当前主要是自行车和摩托车）的发展，应视为一对互相补充的合作者，让市民在出行活动中掌握交通主动权，能自由选择和换乘各种交通工具，得到最方便、省时、经济的效果。从节约城市停车用地、节约交通能源、减少交通公害、方便交通弱者的出行等方面出发，应优先发展公共交通。

1.0.9 根据国内城市货运调查的资料表明，大量分散的、企事业单位的货运车辆，近年增加得很快，因为它能保证货物及时地运到目的地，但其运输效率很低，造成了许多不必要的道路交通量，而向社会开放服务的专业运输车辆的效率要高得多，广泛使用它，还可以避免一些社会弊端，因此，需要从政策和管理上大力支持其发展，并在规划中为社会化的货运市场创造用地条件。

3 城市公共交通

3.1 一 般 规 定

3.1.1 在城市行政辖区内为本市居民和流动人口提供乘用的公共交通，包括定时定线行驶的公共汽车、无轨电车、有轨电车、中运量和大运量的快速轨道交通，以及小公共汽车、出租汽车、客轮渡、轨道缆车、索道缆车等。

城市公共交通规划应根据城市的发展规模、客流特点、自然地理环境，选择适用的交通方式。

3.1.2 长途骑车者改用其他交通方式，主要考虑节约时间。骑自行车者存车换乘公共交通方式，国内一些大城市已有实践，而且还有骑车者存车换乘通勤车的。说明这种交通方式对骑车人有吸引力，在城市交通规划中应争取更多的远距离骑车者换乘公共交通，以减少道路上的自行车流量。

3.1.3 出行时耗是一项重要的综合性指标，公共交通方式选择、线路布局、站点布置、线路与线路的衔接方式、换乘方式等都应围绕缩短出行时耗的要求来考虑。

3.1.4 我国大、中、小城市公共汽车和电车的拥有量水平很不平衡，全国城市目前平均约2500人一辆标准车，水平较高的个别大城市达到1000人一辆标准车，水平低的中等城市只有6000人一辆标准车，指标相差很大。规划指标的确定是根据国家对公共交通的投资倾斜政策，以公共交通投资比重较高时期的水平、公共交通服务较好的城市作为参考的。

3.1.5 出租汽车是定线公共交通系统的补充，应根据城市经济发展水平和社会实际需要，有控制的发展。我国城市出租汽车的发展很不平衡，据调查，个别大、中城市或经济发展快的小城市已达到或超过每千人2.5辆的水平，而经济发展慢的城市每千人还不到0.1辆车。条文中的规划指标是根据国内统计值和参考国外的数值确定的。

3.1.6 人口200万以上的城市，城市用地面积有$200km^2$左右，客流总量大，长途出行者多，一些主要的公共交通线路上客流汇集量往往是地面公共交通难以承担的。且地面公共交通又受道路阻滞和站距的制约，无法提高车速，所以，200万人口的城市已经具备了有效使用快速轨道交通的基本条件。

从发展趋势看，各地城市化进程加快，城市发展已不是按照同心圆模式向外扩展，而是按交通发展轴向外伸展，尤其是大城市市中心区职能加强和大量拆迁改造，都转向在城市外围寻找开发空间；而市区范围扩大，新增的客流和向市区集中的客流就更多，对公共交通又提出新的要求。快速轨道交通运量大、车速快、准点，能保证居民的出行时耗控制在某一规定的范围内，其建设有利于城市土地的开发。

快速轨道交通是一种与地面交通分离的独立系统，技术要求高，建设费用较多，维护也较昂贵，城市没有一定的财力，是难以办到的。所以，只有在大城市客流量很大的线路上才值得使用。

3.1.7 公共交通线路的客运能力由投入该线路营运的车辆数、单车载客量和发车频率决定，单车载客量又与车上乘客密度相关。由于我国城市公共交通公司财力有限，而客流量增加又很快，客运能力供不应求现象十分严重，于是一些大、中城市采用站立式铰接车来提高客运能力，每车的载客量由90人增加到200人以上，发车频率也从每小时30次增加到90次。

无轨电车线路发车频率受架空触线和站点通过能力的限制，其客运能力比公共汽车略低。

3.2 公共交通线路网

3.2.1 在计划经济下，各种公共交通方式由于投资渠道和经营管理部门的不同，常为部门利益各搞一套，线路不相衔接，给居民乘车带来不便。在市场经济下，各种客运方式虽然相互竞争，但必须树立综合规划的思想，将自身融合在一个统一的公共交通网络系统中，使各条线路既分工又合作，把相互衔接的公共交通线路深入到城市的各区内，以满足居民乘车的需要，才能争取到乘客，以盈利。

3.2.2 公共交通线路网密度大小反映出居民接近线路的程度，按理论分析，其值全市以$2.5km/km^2$为佳，在市中心可以加密些，城市边缘地区取值可小些。居民步行到公共交通车站的平均时间为4～5min。根据调查，沿公共交通线路两侧各300m范围内的居民是愿意乘公共交通车的，超出500m范围，绝大多数居民选择骑车，乘公共交通车的很少。由此证明了公共交通线路网的密度不能太稀。公共交通可以在支路上行驶。

许多城市由于适合布置公共交通线路的道路少，公共交通线路网稀，使乘客两端步行到站和离站总时间长达17～19min，再加换乘不便，候车时间长，累计非车内时间达25min左右，使公共交通丧失与自行车交通竞争能力。所以，保证公共交通行驶所需的道路网密度，是优先发展公共交通的前提。

3.2.3 大城市穿过市区的直径线路过长时，常分段设线，使乘客换乘次数增加，乘客平均换乘系数有高达1.8以上的，宜在主要集散点之间或近郊工业区与市中心之间线路上开大站快车，以减少乘客的换乘。

中小城市，线路长度常超过市区的直径，乘客乘一次车即可达目的地，所以换乘系数应小。

3.2.4 公共交通线路的非直线系数不宜过大，线路曲折，虽可扩大线路服务面，但使不少乘客增加了多余的行程和出行时间。

3.2.5 市区公共汽车、电车线路的单程长度用线路长度控制，主要考虑到城市道路交通状况欠佳，公共交通线路过长，车速不易稳定，行车难以准点，正常的行车间隔也难控制；市区线路驾驶员的劳动强度大，应在每个终点站上有短暂的休息。郊区线和大站线，站距大，车速较高，所以，用运送时间来控制。

3.3 公共交通车站

3.3.1 公共交通站距受交叉口间距和沿线客流集散

点分布的影响，在整条线路上是不等的。市中心区客流密集，乘客乘距短，上下车频繁，站距宜小；城市边缘区，站距可大些；郊区线，乘客乘距长，站距可更大。快速轨道交通最小站距由设计速度决定。

3.3.4

3.3.4.1 一条道路上设有多条公共交通线路时，为方便换乘，尽可能合站。若候车乘客多，小时发车频率超过80次，在同一站址可分设两处停靠站，两站相距不超过50m。

3.3.4.2 鉴于国内城市已建的立体交叉口很少考虑公共交通乘客的换乘，公共交通站点设在立体交叉口范围以外，乘客换乘一次车一般约需步行1km，而且车站难找，这是很不合理的，也迫使乘客不愿再乘公共交通。国外的处理方法是让乘客直接在立体交叉桥上、下换乘，换乘步行距离很短。所以，根据国情，条文作了限制规定。

3.3.4.3 国内许多城市的对外交通车站、码头的出入口与公共交通车站的距离很远，使外来乘客换乘不便。近年来，一些城市已重视换乘，并在其出入口50m范围内建了公共交通车站，取得很好效果，所以，作此规定。

3.3.6 我国城市普遍采用路边设站方式，公共交通车辆停站时要占用车道，交通量小的道路，不致影响道路通行能力；快速路和主干路上，机动车流量大，公共交通车站占用车道，使道路通行能力受到损失，所以应做港湾式停靠站。

3.3.7 由于城市不断扩大，城市规划没有相应预留出公共交通所需的站场用地，占用道路作首末站的例子颇多，这对公共交通、对城市道路交通都没有好处，应改变这种被动局面。

首末站公共交通车回车和停车，另加乘客候车排队和小型调度用房，每处用地面积1000～1400m^{2}已是营运的最低要求。在客流大的换乘枢纽站上，还要考虑存车的地方。

在城市中保证首末站这块空地，还有防灾避难用途。

3.3.8～3.3.9 出租汽车营业站面积，考虑停放20～50辆出租汽车。为路抛制服务方式所设的出租汽车停车道，供上下乘客和车辆周转停放用，可与公共交通的港湾式停靠站结合在一起布置。

3.4 公共交通场站设施

3.4.2 市区公共交通线路密，保养维修的车多，建造保养流水线，可提高效率，降低成本，因此，保养场和修理厂的规模宜大些。

在大城市的郊区，线路终端可建造例行保养和小修的小场，以免回城空驶里程过长，清早出车太早。

3.4.3 保养场200辆单节标准车规模，车辆的保修设备有较高的机械化和现代化水平，车辆进出空驶里程较短，且可节约成本，职工的生活设施也比较完备。

表3.4.3的规划指标，是一些城市多年实践的经验数据。

4 自行车交通

4.1 一般规定

4.1.1 自行车道路上的交通状况可用道路服务水平来反映，如表1所示。

表1 自行车道路服务水平

等级	行程车速(km/h)	饱和度 路段	饱和度 交叉口	交通状况
优	≥15	<0.5	<0.4	车速任意，自行车的横向空间不受限制，骑车自由
良	11～14	0.5～0.69	0.4～0.5	车速与自行车横向空间略受限制，行人能穿越
中	6～10	0.7～0.9	0.6～0.8	车流密，行人不易穿越，骑车时受到约束，不能自由骑，但能忍受
差	<6	>0.9	>0.8	拥挤或阻塞，行人不能穿越

分析道路上的交通情况时，采用等级为“良”的服务水平作为规划依据。

4.1.2 根据国内20个城市居民出行调查资料归纳分析，在公共交通发达的城市，居民出行距离6km，骑自行车与乘公共交通车所花费的时间差不多，约需30min，出行30min以上的骑车人数明显减少。若公共交通比较方便或有省时省力的交通工具可选择时，这部分骑车者有可能改乘其他交通工具。解决了自行车存车换乘公共交通，骑车者就不必长途跋涉。但根据小城市调查，在农村居住的工人，到城里的工厂去上班，由市郊到市区骑车一般可达10km左右。

4.1.3 国内除不适宜用自行车的城市外，城市中自行车的拥有量已达饱和状态，骑车年龄人口几乎每人一辆车，用途极其广泛。尽管各城市对自行车的政策方针有分歧，但在现阶段和今后相当长一个时期内，自行车仍将是城市居民近距离出行的合适工具，它的优点和用途在3km范围内是公共交通和其他交通工具无法替代的。

城市中自行车的出行量，一般要占居民出行总量的40%～60%。公共交通与自行车出行人次比，多数城市在1∶9～1∶12之间，有的达到1∶28。城市小比差大，只有个别公共交通发达的大城市保持1∶1～1∶3。而近年来，中学生和高年级的小学生骑车人数正在迅速增加，使骑车的出行量占居民总出行量的比重进一步增加。

自行车无节制的发展不是大城市交通的发展方向，但对市区面积不大的小城市和一部分中等城市，有适宜的自行车活动条件。条文中所列的自行车出行量与公共交通客运量的比值，考虑了大中小城市的现状，也考虑了公共交通发展完善以后依靠步行和自行车的一部分人转化为公共交通乘客的可能。

4.2 自行车道路

4.2.1 随着机动车交通日益增长，为了确保自行车交通安全，并充分提高机动车交通的效率，机动车交通与自行车交通分流势在必行，各种解决自行车交通问题的做法，有从局部路段发展成网络的必然趋势。因此，交通规划应该有意识地将它纳入一个统一的网络系统中，分期实现。从自行车交通本身的要求和交通管理的要求出发，自行车道路也应有良好的交通环境和交通的连续性。沿自行车道路的生活服务设施设置情况，对吸引骑车人有重要的影响，在道路系统规划时应充分重视这一点。

4.2.3 当一条自行车道路上单向流量超过10000辆/h时，在高峰最大15min内，每分钟通过道路断面的流量将达240辆，若遇到平面交叉口，在6m宽的路口，被红灯拦下的自行车排队长度将达100m左右，这些车在一次绿灯时间内难以全部通过，会造成车队滞留，对交叉口上的机动车交通干扰严重，为此，要设平行道路共同分担其流量。

同样，在平面交叉口上，每个进口道上的自行车流量超过5000辆/h时，交叉口车辆间的相互干扰和交通延误十分突出。若建立体交叉口，造价高。根据国内成功的实例，先从路网调节分流，减少交叉口进口道的流量，能取得显著的效果。

4.3 自行车道路的宽度和通行能力

4.3.1 根据调查资料，城市道路在早晨上班高峰小时自行车出行人次约占其全日出行总人次的20%～25%，并且常集中在30min左右通过，最集中的15min自行车交通量约占高峰小时自行车交通量的1/3，其峰值很大，这点与机动车高峰情况不同，在设计自行车道路宽度时应注意这个特点。

自行车行驶的轨迹是蛇形的，据实测，左右摆动各0.2m，车把宽0.6m，每条车道宽取1m。靠边行驶的自行车，受道路的侧石、护拦、侧墙、雨水进水口、路面平整度和绿化植物的影响，对车道宽度要求增加0.25m的安全距离。

4.3.2 为了使规划的自行车道路通行能力留有发展余地，本条文中各项数值的确定，采用等级为“良”的服务水平。

5 步行交通

5.2 人行道、人行横道、人行天桥、人行地道

5.2.3 一般一条人行带宽度0.75m，步行速度取4km/h，人流密度取0.6人/m^2，通行能力为1800人/h。车站码头、天桥、地道的一条人行带宽度0.9m，步行速度取3.7km/h，人流密度取0.5人/m^2，通行能力为1400人/h。

5.2.4 为了保证行人交通安全，避免因行人随意横穿干路而影响干路的车速，宜在相邻两个交叉口的路段中间加设一条人行横道、人行天桥或人行地道。

5.2.8 地震区的人行立交设施若建于地面以上，灾害发生时很可能因其坍塌而堵塞地面交通，影响紧急救援。

5.3 商业步行区

5.3.1 商业步行区内道路网密度是根据消防紧急疏散的要求，并参考我国和国外老城商业区的道路网密度而定的。

5.3.3 根据观测，在道路和广场上的步行者，要求在漫步活动时，在其自身周围有一个安全保护圈，其半径为0.56～0.63m，即步行者向前跨出一步时不致于干扰别人或受别人的干扰，以此得出每个步行者所需的活动面积。

5.3.5 为了使商业步行区内的人流活动不受车辆干扰，车辆宜停在商业步行区外的停车场内，在地价高昂的商业步行区可建多层停车楼。根据我国已经形成的就近停车的习惯和实测的资料表明，停车场必须放得近才能发挥作用。

6 城市货运交通

6.1 一般规定

6.1.1 城市货运交通是城市经济、社会活动赖以生存和发展的基本条件，而城市的经济发展水平直接地反映出对货运需求量的要求。不同的产业结构、产品结构、能源结构、消费水平等因素的变化，均将直接影响到货种、货运量、货运流向和货运方式的变化。建国以来，根据我国经济发展与货运量的变化规律分析，货运量与工业总产值和工业生产水平之间存在着较密切的关系。工业产值增加，货运量增加；工业生产水平提高，货运量减少。统计表明，工业生产水平

每提高1%，货运量平均减少0.5%～0.6%，两者之间存在着一定的弹性关系。经济改革十年来的实践证明，公路货运量的增长与工农业总产值的增长速度基本上是同步的。

货运量的空间分布直接受城市布局的制约。城市土地开发利用的布局不同，不仅影响货物运输的种类和发生量，还直接影响到货物的流向与周转量。为此，在进行货运交通规划工作之前，需要对城市经济社会发展规划、土地开发利用规划进行深入的调查分析，掌握基本数据和情况，使货运交通规划方案更加符合实际，并留有余地。

6.1.2 城市货运交通的内容可分为三个层次：

一、过境货运交通：它与城市在地域内的位置有关，与城市的生产、生活关系较小，有些经过市区，有些经城市中转。一般规律是城市生产水平越高，则过境交通量越少；城市生产水平越低，则过境交通量越大，中小城市其过境交通量甚至大于市内交通量。为此，过境货运交通应布置在城市外围，避免对市区造成不必要的干扰。

二、出入市货运交通：它与城市对外辐射的活力有密切关系，一是中心城市与市辖范围内各县城之间的联系，二是市际间乃至国际间的联系。各种等级的城市在其经济区域内都有承上启下的功能。中心城市的职能越强，其出入市货运交通量就越大，规划建设好区域公路网对发挥中心城市的职能十分重要。

三、市内货运交通：它是和城市自身生产、生活和基本建设有关的货运。据国内一些大城市的调查资料，市内货运量中煤、石油燃料约占10 %～15%，钢铁、机电、五金约占5%～10%，油粮、副食品和日常生活用品约占8%～15%，基本建设用的水泥、砂石等约占35%～45%，其余为纺织、化工和垃圾等。基建材料、燃料以及钢铁等货物的堆放因其占地面积大，有些还有污染，因而应放在郊区，平均运距较大，约5～8km；市民日常生活用品以及设在市区内工厂的原料及产品一般就近分散存在全市各地，平均运距不大，中小城市约2～3km，大城市约4～5km。当大城市建造高速公路后，城市用地向外扩展，平均运距随之增加到数十公里。

不同性质、规模的城市其上述的数值也相同。一般中小城市过境货运量大，而大城市是出入市及市内货运量大，因此，在做货运交通规划时，应视具体情况而有所侧重。

6.1.3 货运车辆场站是货运车辆停放、维修、保养和人员管理的基层单位。货运车场一般按所运货物种类的专业要求分类管理。如建材、燃料、石油、化工原料及制品、钢铁、粮食、农副产品和百货等货物的运输，均有不同的车种与车型要求，应分别设置，分散布置在全市各地，与主要货源点、货物集散点结合，以便就近配车，方便用户，减少空驶。但对于大型货场以及高级保养场，由于货车数量大、设备复杂、投资大，应适当集中设在城市边缘区，减少对城市的干扰和污染。为此，货运车辆的场站设施，宜采取大、中、小相结合，分散布置的原则。

此外，对于大城市中各行业系统的专业运输车场，其用地虽不属城市道路交通设施用地，但其产生的货流交通量对城市道路交通仍有一定的影响，在规划中应一并考虑。

6.2 货运方式

6.2.1 城市货运方式有道路（公路）、铁路、水运、航空和管道运输等。在组织货运时，应根据各种运输方式的特点和适用条件，以经济、便捷、灵活、安全为原则，充分发挥各种运输方式的优势，选择有效的联合运输方式，使货物在运输过程中尽可能实现门到门的直达运输，减少因中途多次转驳而造成的货损与时滞。

随着汽车运输和集装箱运输的发展，市内货运中汽车运输的比重越来越大，铁路运输的比重已开始减少，市内水运也明显衰退，管道运输正在兴起。城市货运交通规划中应考虑这一发展趋势，加强公路网和城市道路网的建设。

在商品的流通过程中，提高运输的质量与速度，将创造出新的附加产值，产生出新的经济效益。

货运方式的选择旨在降低运输成本，提高运输服务质量与效率，利用组织联合运输，节省工程建设费用。对道路、铁路、水运、航空及管道运输等方式应在充分发挥其优势的基础上，采用平衡点分析法进行合理的选择，它是按某种运输方式的固定投资加上其运输费用之和的总费用最少作为比较，选取最有效、经济的运输方式。

6.2.3 管道运输作为一种货运方式已被许多国家广泛采用，我国近年来也有较快发展，所运货物主要为原油、成品油、天然气和化工原料及成品。管道运输具有运量大、运行稳定、安全性好、污染小、耗料低、生产率高等优点。因此，城市中对于具备定向定点且年运量大于50万t的上述物资（相当于最小径的经济输送能力），采取管道输送，不仅可降低运输费用、减少物资损耗，而且可净化城市环境。采取管道输送方式是经济有效的。

6.2.4 汽车运输的优点是门到门，运输灵活、减少中途转驳，时效高、货损少。虽然运输成本高于铁路和水运，但在200km内运输全过程的总费用，汽车运输仍是经济的。随着大型集装箱车运输的发展、高速公路的建设，其经济运距还能延长，这也是当前公路铁路分流运输的政策所规定的。根据国外城市建高速公路后的情况，城市货车平均运距从5km增加到

70km，因此，在出入市货运规划中应予考虑。

6.2.5 大、中城市各种用户的零担货运，量少、品种繁杂、流向分散，若各家备车自运，可以达到及时运到的目的，但很不经济，又增加了大量空驶的交通量。有的城市在铁路零担货场前组织专门的车队送货上门，改变了原来货场前拥挤不堪、提货车辆阻塞交通的状况。因此，对社会上零星的货运需求，应开放货运市场，发展面向社会服务的专业运输方式，组织其货源，科学调度运输，将货车满载率由42%左右提高到55%～65%。

6.2.6 货运汽车的需求量一般应按城市货运周转量的需要进行计算，但在货运周转量难以确定时，亦可根据经验来估算。从一些国家或地区和我国一些城市的车辆配属情况看，美国为6.4人/车，日本为8.2人/车，西欧为30～40人/车，俄罗斯33.7人/车，北京为46人/车，天津为32.4人/车。因此，根据目前我国的情况，在货运周转量一时难以判定时，可按规划的常住人口每30～40人配置一辆货车来估算货运车辆。

6.2.7 我国城市货运市场开放竞争机制以后，城市原有的专业货运部门发展缓慢，难以适应社会需要，而社会上各企业事业单位的货运车辆剧增，城市货运机动车的年增长率平均为12%～15%，而货运量年增长率平均仅为6%～9%，已出现了运力大于运量的情况。车型构成上，城市缺少大型车、专用车和为居民服务的营业性小型货车，而中型载重汽车居多。据调查，大型集装箱车很少，多为专业运输部门拥有，车辆满载利用率高；小型车不足，由中型车代替，普遍出现了大车小用的不合理现象，运输效率很低。有些城市现有车况较差，动力因素低、车速慢，制约了整个城市的交通速度，有待更新的车辆约占车辆总数的20%～25%。

随着工业水平的提高和产业结构的变化，货运车辆不适应运输要求的矛盾会更加突出。因此，为了加强宏观调控，在规范中提出了车型吨位结构的合理构成比例。货运车辆可按吨位划分，小于3t为小型货车，3～15t为中型货车，大于15t为大型货车。按大中、小型货车辆数的比值，大城市可按1∶2∶2～1∶5∶6进行宏观估算或控制，一般城市应根据城市货运特征及产业结构的变化，经论证后确定。

根据我国城市现有中型货运车辆比重过大的状况，为适应经济的发展，应适当发展大型车、小型车、专用车和集装箱车，适当控制中型车的增长，逐步形成较为合理的车辆结构，以适应货运结构变化的要求。

6.3 货物流通中心

6.3.2 货物流通中心是组织、转运、调节和管理物流的场所，是集城市货物储存、运输、商贸为一体的重要集散点，是为了加速物资流通而发展起来的新兴运输产业。按其功能和作用可分为集货、分货、配送、转运、储调、加工等组成部分，按其服务范围和性质，又可分为地区性货物流通中心、生产性货物流通中心、生活性货物流通中心三种类型：

地区性货物流通中心，主要服务于城市间或经济协作区内的货物集散运输，是城市对外流通的重要环节。

生产性货物流通中心，主要服务于城市的工业生产，是原材料与中间产品的储存、流通中心。

生活性货物流通中心，主要为城市居民生活服务，是居民生活物资的配送中心。

上述货物流通中心的规模与分布，应结合城市土地开发利用规划、人口分布和城市布局等因素，综合分析、比选确定。

6.3.3 货物流通中心的规划应贯彻节约用地、争取利用空间的原则。地区性、生产性、生活性及居民零星货物运输服务站的用地面积总和，不宜大于城市规划总用地面积的2%，此面积不包括工厂与企业内部仓储面积。城市货物流通中心的用地面积计入城市交通设施用地内。

6.3.4 地区性的货物流通中心，是城市对外交往的重要环节，规模较大，运输方式综合，应设置在城市边缘地区的货运干路附近。其数量视城市规模和经济发展水平而定，大城市一般至少应设两处，便于对外联系，以减轻市区交通压力。

地区性货物流通中心的规模，应根据货物流量、货物特征和用地环境的条件而确定。

6.3.5 生产性货物流通中心，是专用仓储设施向社会化发展的必然趋势，是将生产性物资与产品的运输、集散、储存、配送等功能有机地结合起来的货物流通综合服务设施，是城市生产的重要基础设施，对于节约用地、加速货物流通、提高运输效率、改善城市交通均具有明显的经济效益与社会效益。由于生产性货物流通中心的货物种类与城市的产业结构、产品结构、城市工业布局有着密切的联系，因此，一般均具有明确的服务范围，规划选址应尽可能与工业区结合，服务半径不宜过大，一般采用3～4km，用地规模应根据需要处理的货物数量计算确定，新开发区可按每处6万～10万m^2估算。

6.3.6 城市的生活性货物流通中心，一般是以行政区来划分服务范围的。生活性货物流通中心所需要处理的货物的种类与城市居民消费水平、生活方式密切相关，处理的货物数量与人口密度及服务的居民数量有关，服务范围和用地规模均不宜太大。大中城市的规划选址宜采用分散方式，小城市可适当集中。服务半径2～3km为宜，人口密度大的地区可适当减小服务半径。用地规模应根据需要处理的货物数量计算确定，新开发区可按每处3万～5万m^2估算。

6.4 货运道路

6.4.1 城市货运道路是城市干路的重要组成部分。目前我国城市中货运机动车约占机动车总数的60%～70%，一些大城市和经济发展较快的地区，客运汽车多，货运机动车只占到50%左右。根据经济增长和汽车工业发展的趋势分析，我国在城市规划年限内，可能会因各城市建设快速路或高速公路而增加运距，货运机动车的比例从50%回升到60%左右。由于货运车辆比客运车辆重、速度慢、交通量大、噪声振动污染严重，对道路通行能力、城市环境和行车安全影响较大。因此，在道路网规划中，要明确划分出货运道路，使主要的货运车辆集中在几条干路上行驶。

6.4.3 城市货运道路是城市货物运输的重要通道，应满足城市自身的大型设备、产品以及抗灾物资的运输要求。其道路标准、桥梁荷载等级、净空界限等均应予以特殊考虑。目前道路桥梁设计荷载为汽—超20、挂—120、特—300、道路净空高5m，并且城市东西向和南北向都应有一条净空不受限制的道路。城市对外货运交通的出入口数，应根据城市土地使用、出入市货物流向和流量而定，一般不少于3个，并与对外公路网联系起来。若出入口数量太小，会使流量过分集中，使城乡结合部的道路不胜负担，这种现象在我国不少城市中已经出现，若道路发生交通事故或不幸灾害，则交通问题更加严重。这也是城市抗灾设防所必须具备的条件。

6.4.4 大、中城市的市内货运量约占全市货运量的50%～60%，据调查：北京市仅矿建、煤炭、工业原料三项的运量，就占全市总运量的60%～70%，上海市为71%。并且货运量大量集中在主要货源点与集散点之间的联络道路上。规划货源点与集散点之间的直接通路或货运干路，对缩短货运距离、改善城市交通环境、提高运输效率均具有重要作用。

6.4.6 大、中城市的过境货运车辆，大多是带拖挂车的机动车，大型集装箱车若穿过市区，无论是噪声、振动，或对市区道路交通的干扰，都是十分严重的。目前我国不少中等城市由于建设投资能力有限，跨越江河的大桥只在市区建造一座，结果引入了大量过境交通。也有些城市在市中心区外围未建环路或切线道路分流过境货运交通，结果使大量交通穿越市中心或居住区。上述情况在规划中都必须加以改善。

7 城市道路系统

7.1 一般规定

7.1.1 城市道路是多功能的，它们相互之间有时是矛盾的，在规划时，需按功能的主次进行协调。

7.1.2 城市道路的交通功能在城市道路诸功能中占有重要地位。为了确保交通安全，使它们发挥各自的效能，应采取不同的方法，对不同性质和不同速度的交通实行分流。目前国内用的三幅路，在路段上起了交通分流的作用，但在交叉口多方向的交叉和干扰仍集中在一起。解决这些矛盾需花费大量资金和用地，建造多层立体交叉口。因此，在新建地区宜从道路系统上实行交通分流。对旧城区、近年新建的地区和红线已作控制的规划地区，要将道路完全按系统实行交通分流难度较大，但这个交通分流的原则是必须在道路规划和改造中长期贯彻下去的。

7.1.3 不同规模的城市对交通方式的需求、乘车次数和乘车距离有很大的差异，反映在道路上的交通量也很不相同：大城市将城市道路分为四级；中等城市可分为三级，即主、次干路和支路；而小城市人们的出行活动，主要是步行和骑自行车，对道路交通和道路网的要求也不同于大城市。随着城市的发展，小城市现有主干路也只相当于大中城市的次干路或支路，因此只将道路分为两级。

7.1.4 城市道路用地面积占城市建设用地面积的百分率是根据国家标准《城市用地分类与建设用地标准》的规定确定的。由于大城市的交通要求比中小城市高得多，而且城市道路网骨架一旦形成又难以改动，因此，为适应大城市远期交通发展的需要，其道路用地面积率宜适量增加，预留发展余地。道路用地面积率中不含居住用地内的道路面积。其他道路，如自行车专用路、滨河步行路、商业步行街等均属城市支路。

7.1.5 人均道路和街道用地面积中不含居住用地中的人均道路面积；交叉口和广场面积是指大型立体交叉口、环形交叉口、各种交通集散广场和游憩集会广场等的面积，公共停车场地面积不含公共交通、出租汽车和货运交通场站设施的用地面积，其面积属于交通设施用地（U_2）面积；也不包括各种建筑的配建停车场的用地面积，其面积属于公共建筑（C）用地面积。

7.1.6 规划的城市道路网等到分期实现，往往已是20年后的事。在这未来的20多年内，我国的国民经济和汽车交通事业将会有较大的发展。根据国内外的经验和教训，在城市道路网规划指标取值时，将比现在有较大的增加。

一、机动车设计速度对道路线形和交通组织的要求起着决定性作用。道路网骨架和线形一旦定局，将长期延续下去，即使遇到自然灾害或战争的破坏，在恢复和重建城市时，也较难改变。另外，对外开放的城市道路，设计速度不宜变化太大，目前国内不少城市对道路上的行驶车速作了自己的规定，外来车辆一进市区就很难适应，或违章或将车速降得很低，对城市交通效率的发挥很不利。为此，条文中对次干路和支路的设计速度，不论城市规模大小，均作了统一的规定，对于快速路和主干路才按城市规模作了区分。

二、道路网的密度，是指单位城市用地面积内平均所具有的各级道路的长度。快速路，对人口在50万以下的城市，其用地一般在7km×8km以下，市民活动基本是在骑30min自行车的范围内，没有必要设置快速路；对人口在200万以上的大城市，用地的长边常在20km以上，尤其在用地向外延伸的交通发展轴上，十分需要有快速路呈“井”字形或“廿”字形切入城市，将市区各主要组团，与郊区的卫星城镇、机场、工业区、仓库区和货物流通中心快速联系起来，缩短其间的时空；对人口在50万～200万的大城市，可根据城市用地的形状和交通需求确定是否建造快速路，一般快速路可呈“十”字形在城市中心区的外围切过。

快速路和主干路在城市交通中起“通”的作用，要求通过车辆快而多。次干路兼有“通”和“达”的作用，其上有大量沿街商店、文化服务设施，主要靠公共交通对居民服务。支路主要起“达”的作用，其上有较多的公共交通线路行驶，方便居民集散。支路的路网密度要求很密，表中所列的数值3～4km/km^2，是全市平均值，扣除工业区用地、公园绿地、水面、对外交通等用地，需要布置支路的用地面积不到城市用地总面积之半，加上部分居住区道路作为支路，因此，支路的实际道路网密度可达6～8km/km^2，在城市中心地区、商业繁华的步行区，其路网密度可高达10～12km/km^2，使该地区有较大的交通容量，以利于人流交通聚散。次干路和支路的路网密度不分大中城市都取一样的数值，目的是希望在组织居民生活和生产活动中，具有相似的交通可达性，也有利于用它来组织非机动车交通。小城市的干路和支路取值比大中城市的值大，因为它们承担了农村乡办企业货运和农民进城工作和生活活动的交通。

城市中支路密，用地划成小的地块，有利于分块出售、开发，也便于埋设地下地上管线、开辟较多的公共交通线路，有利于提高城市基础设施的服务水平。目前国内许多城市的旧城地区，道路虽窄，但较密，可行驶小汽车的道路网密度达18～20km/km^2，每条道路所分担的交通量并不大，交叉口也容易组织交通；而在新建地区，道路很宽，但道路网很稀，有干路却缺少支路，使干路上各种车流和人流交通汇集量过大，加上近年来风行沿街设摊，使交通十分紧张。若支路多，即使占用一两条路，对交通影响也不大；而缺乏支路的城市则交通问题和交通事故明显增多。对照国内外一些城市的实例和经验教训，在道路网中必须重视支路的规划。

道路网的密度反映了城市用地的各类道路间距。在规划时各地块上的道路间距应比较均匀，才能使道路发挥网络的整体效益。目前国内有些城市验算全市人均道路面积和全市道路网密度时均符合标准，但由于道路太宽、道路网疏密不均，例如，穿过方格道路网的河流上桥梁很少，使交通汇集在仅有的几座桥梁上，造成局部地区道路交通超负荷，高峰小时交通阻塞严重。

三、道路宽度。当道路的功能分清以后，有效地在不同的系统和地段组织车流和人流，道路的宽度就可定得较合理。根据国内一些城市的经验，在城市用地上宁愿道路条数多些，使车辆有较好的可达性，也不要将道路定得太宽，使车流集中在几条干路上，使交叉口负荷过大。

道路宽度中包括人行道宽度与车行道宽度，不包括人行道外侧沿街的城市绿化用地宽度。

城市中其他道路不作具体指标规定，视城市交通需要而定，但其他道路用地可计入支路用地内。居住用地内的居住区道路，其功能作为城市支路，其道路面积计入居住用地面积（R13，R23，R33，R43）内。

7.2 城市道路网布局

7.2.1、**7.2.2** 城市用地扩展，城市道路网要能随之长大、向外延伸。目前国内有些城市为了追求轴线、视点，将干路正对着火车站或重要的公共建筑物，形成许多错位丁字路口，不仅不利于车流通行，而且改造困难，若要延伸道路，无论是地道下穿或者是高架桥跨越，都花费昂贵。因此，不应将干路建成尽端式道路。

7.2.3 城市土地开发的强度应与其上的交通网和道路网所提供的运送能力和通行能力相协调。在有些城市的售出土地上，建筑层数和土地开发的容积率不断提高，已经失控，而道路网并未作相应的调整，结果道路网超负荷运转，造成交通堵塞，反而会制约建筑功能的发挥。

7.2.4 各相邻片区之间至少有两条道路相通，可使城市发生突发事件或交通事故而堵塞道路时，仍有一条道路能通行。

7.2.5 城市对外联系的道路，主要是为市际交通和郊县交通服务的。为了确保在受地震等灾害后，外来救灾交通能畅通，或平时道路上发生交通事故、道路和桥梁维修时，交通不致受阻、中断，都要求城市每个方向至少有两条与外界相联系的道路。

7.2.6 城市的中心区一般是在旧城的基础上发展起来的，道路狭窄，交通密集，为避免不必要的交通穿越其间，建造内环路是十分需要的。环路与直径线比较，路程较长，外环路离市中心越远，行程越长，为了使外环路对过境车辆有吸引力，必须提高车速，设置汽车专用道。城市中是否要设置中环路，应根据市内客货交通的需要和城市用地规模而定。

城市环路与放射路相交时，由于禁止车辆进入市中心地区，在交叉口上的左转车比重较高，在高峰小时机动车和自行车的交通量都很大时，往往会相互干扰，甚至切断对向车流，使道路通行能力明显下降。这在国内外的许多大城市都已发生。所以，规划时实行交通系统分流、处理好交叉口的左转交通，可使交叉简化，并提高道路通行能力。

7.2.7 我国的老城市大多濒临河流发展起来，在城外都有护城河，当城市用地向外扩展时有不同的布局方式，其中：平行发展、对置发展或向四面发展，对道路交通的负荷分布较均匀，较易处理；若用地对置错位发展，在两片用地有相邻连接部分，尤其是在方格网道路系统中，就经常会出现"蜂腰"地区，在这个地区内，道路较少，车辆交通集中，遇到跨过通航河道，桥梁净空高，道路坡度大，交通问题就更紧张，因此，在规划时要预见到日后可能出现的"蜂腰"地区，及早控制用地，理顺道路系统。

河网地区的城市道路网应与水系结合好，使道路平行和垂直河道，有利于架设桥梁，也有利于道路延伸和发展。但当城市河道多并十分曲折时，应力求理顺道路，即使为了照顾道路日照通风的要求，需要与河道保持一个角度时，也要使新规划的道路网走向与原有的道路网走向有个渐变的地段。否则会产生大量畸形交叉口，使交通组织极其困难。

7.2.9 改造旧城道路网时，对原有道路网的形成和发展过程必须充分研究，切勿随意改变道路走向。否则，大量支路与干路斜交，不仅难于组织平行道路以分担主干路的交通压力，反而会使干路上产生许多畸形交叉口，更增加了干路的交通负担。

7.2.10 市中心区商务和第三产业发达，每天吸引大量人流、机动车和非机动车流行驶和停放，因此，要求有稠密的道路网，以承受和分担交通。居住区的支路密，有利于公共汽车线路伸入居住区，扩大服务面，吸引更多的居民乘车活动，也有利于埋设地下管线。

7.2.11 次干路和支路的道路网划成长方格，可使各个地块具有良好的可达性，又可减少许多交叉口。

7.2.12 道路交叉口相交道路条数多，或道路相交角度小，都不利于交叉口的交通组织。它减少了车辆通过的有效绿灯时间，降低了通行能力，使交叉口用地畸形，影响行车安全视距，加大行人过街距离。因此，条文作了规定，若交叉口上道路夹角小，需在路段上用较大转折角度将道路扭过来，使交叉口进口道之间的夹角放大，这种做法虽然在道路施工或埋设地下管线时会增添麻烦，但可改善道路交通，丰富城市道路景观。

7.3 城市道路

7.3.1 当前国内许多城市在规划或建设干路时，交叉口的间距控制得很严，但对沿路的建筑或用地的性质就控制不严。有的在快速机动车专用路两侧设置慢速的非机动车道，非机动车可以随意进入机动车道。有的用地拨给各使用单位后，他们可以随意在沿路开出入口，任车辆左转出入，行人随意横穿道路，结果快速路有名无实。国外在时速达 60～80km 的城市道路上，无论在规划上或管理上都采取了严格的控制措施，以确保快速交通的安全和效能的发挥。横穿快速路的行人必须走人行天桥或地道。

城市快速路两侧成行种植乔木和高大灌木后，会产生晃眼的树影，也遮挡视线，有碍交通安全。只有中央分隔带上可种植修剪整齐的矮灌木丛，遮挡对向车辆的头灯灯光。快速路两侧不种树，在城市防灾中可起隔离火灾蔓延的作用。

7.3.2 我国习惯将主干路建设得很宽，中间车行道上的汽车和自行车交通量很大，在主干路的两旁设置大型商店和公共建筑，吸引大量人流。当道路上车辆交通量不大时，行人可利用车辆间空档穿梭；当车辆交通量日益增加，穿行的人流迫使车速下降，车流密度增加，反过来进一步降低车速；此外，沿路两侧建筑物前的自行车停车问题也日益严重。目前许多城市采用几道栅栏纵向分隔的办法，阻止行人穿越道路，来提高车速并保证交通安全，但对商店顾客和公共交通乘客形成很大不便。为此，希望将吸引人流多的商店和公共建筑设置在次干路上，使主干路主要发挥通行车辆的交通功能。国外也有沿主干路建造吸引大量人流公共建筑的经验，在离交叉口较远的路段中建造1～2座行人天桥，直接伸入沿路两侧的高层公共建筑或多层商店内，天桥下设公共交通停靠站，使市民的步行交通组织在另一个连续的层面内，穿过道路时不再干扰快速的车辆交通，也不再争夺交叉口的用地，交叉口四周也可以有较开阔的空间和宽畅的绿地。

7.3.5 城市可能遭受的灾害种类很多：如地震、水灾、火灾、风灾、瓦斯泄漏和其他突发性事故所造成的灾害。城市的防灾能力，除了加强建筑物本身抗灾能力外，灾害一发生，不外乎是消灭次生灾害和抢救受灾人员两个方面。城市道路在这紧急时刻能确保交通畅通，对抢险救灾和防止次生灾害蔓延起着极大的作用，例如：维系生命线的各种主干管，若埋设在快速路和主干路下，一旦遭到破坏需要抢修，会影响甚至中断交通，对救灾工作极为不利；此外，当道路交通量增加，需要建造下穿式立体交叉时，要搬迁干管也很困难。又如：地震区采用刚性路面，受灾后路面板块翘曲、撕裂，接缝处高差达数十厘米至1m多；立体交叉的高架桥梁下坠，切断交通，且一时无法清除，严重影响抢救车辆的通行。条文中对城市道路规划所提出的要求，是用血的教训换来的，必须贯彻执行。

7.4 城市道路交叉口

7.4.1 在道路网布局基本确定后，重点确定交叉口的形式及其用地范围，为今后交叉口的实施和交通组织提供条件。因此应做交通流线分析，但不必做交叉口详细的几何设计。

一个规划设计得好的平面交叉口，其通行能力是很高的。目前国内一些城市平面交叉口的交通量并不很高，但由于路段单向车道数与交叉口进口道车道数相同（进口道可通行的时间只有路段的一半），或由于交叉口交通组织不善而产生交通混乱或交通堵塞的状况，就提出要建造立体交叉口是欠妥的，这往往是由于城市道路网不完善，或路段和交叉口的通行能力不匹配所致。凡在道路系统上对交通重新组织、或展宽交叉口，能缓解该交叉口矛盾的，就尽量不要建大型立体交叉口。

7.4.2 表中所提供的数值是供规划交叉口时用的。为了使规划有一定的灵活性，表中的数值均换算成当量小汽车数。换算系数见条文附录A非机动车（包括自行车和其他人力三轮车等）换算成当量小汽车的换算系数：当自行车占非机动车交通量的比例大于90%时，换算系数为0.2，比例为80%时，系数为0.23；比例为60%时，系数为0.3；比例为40%时，系数为0.37；比例为20%时，系数为0.45；比例小于10%时，系数为0.5。

表中数值的选用幅度是根据进口道是否对非机动车设置非机动车道和过街行人的多寡而定。进口道不设非机动车道或行人多者取下值，设非机动车道或行人少者取上值。若交叉口各进口道的交通量最大值与平均值之比超过1.5，或左转车超过交叉口交通量的25%时，可适当降低通行能力的标准。

7.4.3 交叉口是制约道路通行能力的咽喉。交叉口上，横向道路行驶的车辆、进入交叉口的左转车辆和横过交叉口的行人，都要占用纵向车辆的行驶时间，使纵向道路的通行能力不及路段通行能力之半，为此，在城市道路网规划中，必须改变只建宽路不重视交叉口的旧观念。要展宽交叉口，增加通行空间以弥补通行时间的损失。

7.4.4 展宽式的交叉口能提高通行能力，主要是增加了进口道的车道条数，弥补由于横向道路通行车辆所损失的绿灯时间，使交叉口进口的通行能力与路段的通行能力相协调。条款所述展宽式交叉口增加的车道条数和展宽长度，是在交通量缺乏时，为预先控制交叉口用地而提出的。若进口道上的左转车很多，左转车与对向直行车在冲突点上合计的交通量达到或超过冲突点的通行能力1000辆/h时，可设置两条直行车道或两条左转车道，以提高其通行能力，缩短进口道车辆排队长度。但是，若允许自行车进入交叉口，则原来只有机动车通行的十字交叉口，在绿灯时间内由2个冲突点变为18个冲突点，其中10个冲突点是由自行车左转所引起的。自行车的交通量越大，车道越宽，冲突点的矛盾越大，整个交叉口的通行能力也降得越低。因此，在规划道路网时，宜将机动车与自行车等分别设在两个系统内。当条件不允许时，只能在交叉口上采取措施，渠化交叉口内的交通或者分层组织交通。

目前国内许多城市的交叉口只在进口道上划线，指示车道宽度、行车方向、停车线和人行横道的位置，而在交叉口内很少有标线，车辆一旦进入交叉口内，行车轨迹就十分自由，尤其当交叉口右转缘石半径大于30m时，车流游荡的现象十分严重。因此，在交叉口内的路面上，划出左转车、直行车和右转车的车道线，固定车辆的行驶轨迹，使车辆像在渠道内流过。无车行驶的地方，则用高出路面的交通岛或在路面上用标线划出安全岛，对车流起导向作用或供过街行人停歇。经过渠化交叉口的交通，对提高交叉口的车速和通行能力，保障交叉口的交通安全是十分有效的。

7.4.5 车辆通过环形交叉口时，在环道上车流的密度不能很大，最好是车头间隔在20m以上，使进出环道的车辆可以穿梭或交织通过，最忌稠密的长串车队在环道上相遇，这时，后到的一串车只能在环形交叉口进口道或环道上停车等候，让另一串车通过以后才能继续前进。进入环形交叉口的交通量过大，很容易在环道上造成堵车。而在整条道路上采用交通信号灯管理时，其间夹设一个环形交叉口，就正好人为地制造了这个矛盾。

7.4.7 环形交叉口环道的外侧缘石做成与中心岛相同的同心圆后，进入环道的车辆遇到两段反向曲线，不符合实际行车轨迹。结果右转驶入交织段，占用了环道上其他车辆的交织时间，降低了环形交叉口的通行能力。在环道中段的外侧无车行驶的路面就成了停车场和摊贩活动之地，增加了环形交叉口的交通混乱。新规划的环形交叉口应予改正。

环形交叉口的中心岛建造成公园，会吸引大量人流出入，切断环道上的车流，降低环形交叉口的通行能力，也不利于游人的安全。

环形交叉口进出的道路中间不设导向的交通岛，容易使不遵守交通规则的左转非机动车在环道上逆行酿成车祸，快速驶入环形交叉口的机动车稍有不慎，还会闯入中心岛。设置交通岛就可避免交通事故苗头。

7.4.9 环形交叉口的通行能力可以用总量来估算，但有时相交通路上的车流很不均匀，往往交通量并未达到最大通行能力，环道上已经堵车。为此，条文中加了检验交织段上的交通量不超过交织点通行能力 1500 辆/h 的规定。检验时，只要将与被检的某一环道交织相连的进口道交通总量加出口交通总量减去该环道上右转车数的两倍，即可得到该交织段上通过的交通量。

7.4.12 城市中心建造立体交叉口一定要有全局观点，要与整条道路交叉口的通行能力和车速相协调，避免哪里交叉口堵塞哪里建立体交叉口的被动局面，避免花了钱却换来堵塞地点转移的现象。

7.4.13 在城市中建造重要的大型桥梁和遂道花费很大。所以，往往将其设计的车道条数控制很严，希望投入使用后每条车道都能发挥其最大交通效能，这是十分正确的。但现状中许多城市在这些重要桥隧的进出口并没有处理好交通组织，任意设置交叉口和左转出入口、设置占用车行道的公共交通停靠站等，使其上的通行能力锐减。一方面桥上或隧道内车辆稀少，通行能力未充分发挥；另一方面进口道车辆堵塞排长队，或出口道被阻，使桥隧内车流不畅甚至堵塞。因此，必须在桥隧两端做好规划和控制。

7.4.14 旧城市改造中，用地十分紧张，对原有道路网改造规划，首先要在系统上理顺，实现交通分流，简化交叉口的交通，即使要建造立体交叉口也应尽量使其形式简单。立体交叉口不是现代化交通的象征，更不是城市的点缀品，不能按照城市的规模来确定立体交叉口的数量，而应该根据道路的等级和交通的需求作系列的设置。对立体交叉口的形式，由于国外城市中建的立体交叉口都是通行机动车的，缺乏在立体交叉口上处理好机动车和自行车交通的经验，因此，国内一些城市在建造立体交叉口时，在各种形式上进行了多次探索。但今后城市间的交往会越来越多，立体交叉口的形式太复杂，不利于辨认行驶方向，应力求简单统一或定型化。

目前国内城市主干路大多采用了机动车与非机动车合在一个横断面内的三幅路做法，使平面交叉口或立体交叉口的交通组织变得很复杂，改造工程费用高，占地面积大。新规划的城市道路网应尽量在道路系统上实行快、慢交通分流，既可提高车速，保证交通安全，还能节约非机动车道的用地面积。当机动车和非机动车交通量都很大的道路相交时，双方没有互通的要求，只需建造分离式立体交叉口，将非机动车道在机动车道下穿过。

7.4.15 城市中各种立体交叉口形式，主要由处理左转交通的方式所决定。除了全定向立体交叉口外，归纳起来，基本上是由菱形、苜蓿叶形和环形三种及其变种所组成。根据机动车和非机动车交通混行或分行有无冲突点的要求进行各种组合，可分为双层、三层和四层式立体交叉口。层数越多，立体交叉口的用地面积和造价也越大。

从国内已建成的或提出的设计方案看，各种立体交叉口各有特点：

第一类：双层式立体交叉口

一、菱形立体交叉口：常用于主、次干路相交的交叉口上。这种立体交叉口形式常由展宽的平面交叉口改造而成，将主干路上的机动车（有时也包括非机动车）从次干路下穿过，也有的将主干路上的直行机动车由高架桥上跨越次干路。机动车和非机动车在次干路的交叉口上左转，并对次干路上直行机动车和非机动车产生干扰，但其交通量不多时，影响不大。菱形立体交叉口的用地较小，约 2.0 万～2.5 万 m^2。

二、苜蓿叶形立体交叉口：机动车与非机动车均在同一横断面上分道行驶，直行车分上下层垂直通过，左转车按苜蓿叶形匝道绕行出入交叉口，左、右转机动车出入匝道对直行非机动车会有干扰，但由于转弯机动车交通量不大，使用效果尚好。若转弯的机动车与非机动车的干扰很大时，会引起车辆在冲突点阻滞排长队，则不宜采用这种立体交叉口。苜蓿叶形立体交叉口的桥梁工程很少，直行通行能力大，占地面积大，达 8 万～12 万 m^2。长条苜蓿叶形立体交叉口，用地面积较小些，为 6.5 万 m^2。

三、环形立体交叉口：

1. 环形立体交叉口由平面环形交叉口改造而成，在直行交通量大的方向，将直行的机动车道和非机动车道从环形立体交叉口下穿过，使环形立体交叉口上的机动车与非机动车在混行交织时的干扰减少，通行能力得以明显提高，其用地面积约 3.0 万～4.5 万 m^2；

2. 环形立体交叉口是由两层环形交叉口相叠而成，通常机动车在上层行驶，非机动车在下层行驶，取其净空高度低、交织长度小的特点，套在上层环道的内圈，有时还可将人行天桥套在两层环形交叉口之间，跨过非机动车道，这种环形立体交叉口机动车、非机动车和行人之间没有干扰，交通顺畅，用地较小，约为 2.5 万～3.0 万 m^2。

第二类：三层式立体交叉口

一、十字形立体交叉口：直行机动车在上下两层垂直穿过，左、右转的机动车和所有的非机动车在中间一层十字交叉口上混行通过。若直行的非机动车很多时，可将地面层十字交叉口用信号灯管理，或者将直行的非机动车移到上、下两层机动车道外侧通过，地面层只通行左、右转的机动车和非机动车。这种立体交叉口的用地面积约为 4.0 万～5.0 万 m^2。

二、环形立体交叉口：

1. 直行机动车在上、下层垂直穿过，左、右转的机动车和所有非机动车在中间一层环形交叉口上混行通过。若通过中间层的机动车和非机动车很多时，环形交叉口的交织段很容易堵塞；若有一条路的直行非机动车很多时，可以将它置于下层直行机动车道两侧通过。这种立体交叉口的通行能力主要决定于直行车道的条数。它还可适应分期建设，用地面积约为5.0万～5.5万m^2；

2. 机动车和非机动车分别在上、下两层环形交叉口上行驶，直行交通量特别大的机动车道由环形交叉口的最下层穿过，若因地下管道限制，也可以从最上层跨越环形交叉口，但工程量和用地面积要增加许多。这种环形立体交叉口的用地面积为4.5万～5.5万m^2。

三、苜蓿叶形与环形立体交叉口：机动车在苜蓿叶形立体交叉口上行驶，非机动车在另一层环形交叉口上行驶，后者套在前者用地内，置于前者构筑物之下。机动车和非机动车完全分流，互不干扰，非机动车环道的交织段长，使用效果好，但立体交叉口占地大，达7.0万～12.0万m^2。若非机动车行驶的环形交叉口套在机动车行驶的长条形苜蓿叶形立体交叉口的中层，其用地虽节省不少，但若环形交叉口的交织段过短，不利于非机动车交织通过。

四、环形与苜蓿叶形立体交叉口：由一个两层式非机动车苜蓿叶形立体交叉口套在一个三层式机动车环形立体交叉口内组成。直行的非机动车道紧贴在两条相互垂直的直行机动车道的外侧，左、右转的非机动车在其间的苜蓿叶形匝道上转向，左、右转的机动车或超高度的车辆可在最上层的环道上转向或通过。这种立体交叉口各个方向的车流均没有干扰，只有少量左转自行车有绕行。其通行能力是所有立体交叉口中最大的，用地面积约5.0万～6.0万m^2。

第三类：四层式环形立体交叉口

由一个非机动车平面环形交叉口套在一个三层式机动车环形立体交叉口内组成。通常非机动车环形交叉口一层在地面，机动车环形交叉口一层在上层，相互垂直的直行的机动车道设置在最下层和最上层。该立体交叉口的层数多，土建工程量大，用地面积约6.0万～8.0万m^2。这种立体交叉口的机动车和非机动车完全分流，但在非机动车交通流向很不均匀、环道上交通量超过交织点通行能力时，也会产生交通阻塞的现象。因此，宜将非机动车环道设置在机动车环道的外侧，增加交织段长度，提高非机动车环形交叉口的通行能力。

对表7.4.15中所列的规划通行能力，在估算时作了下列设定：

一、在立体交叉口进口道上单向机动车道的规划通行能力：一条车道为当量小汽车数1500辆/h，两条车道为当量小汽车数2600辆/h，三条车道为当量小汽车数3300辆/h。单向非机动车道，宽5～7m，其规划通行能力为当量自行车数6000～9000辆/h。

二、在立体交叉口上采用苜蓿叶形立体交叉口，单向直行车道：机动车用2～3车道，非机动车道用5～6m。左转车和右转车的比例各占总交通量的10%，右转车匝道转弯半径：机动车道用20～25m，自行车道用10～15m。立体交叉口的通行能力：机动车为当量小汽车数6000～13000辆/h；非机动车为当量自行车数的16000～20000辆/h，不受机动车干扰的，为当量自行车数20000～30000辆/h。

三、在立体交叉口上采用的环形交叉层，中心岛直径：机动车的，为40～50m，非机动车的，25～30m；环道宽度：机动车的，只含左、右转车的为8m，含左、右转车和在中心岛外侧180°调头为12m，含左、右转车、直行车的为12m，含左、右转、直行车和在中心岛外侧180°调头的为16m；非机动车的为6～8m；机动车与非机动车混行的，只含左、右转车为14～16m，含左、右转车和直行车的为16～20m；环形交叉层的通行能力：机动车为当量小汽车数600～800辆/h（只含左、右转车），2800～3000辆/h（含左、右转车和直行车）；在中心岛外侧180°调头的回车道，每车道通行能力为当量小汽车数1200辆/h。非机动车为当量自行车数12000～15000辆/h；机动车与非机动车混行的，为当量小汽车数800～1000辆/h（只含左、右转车），1600～2800辆/h（含左、右转车和直行车），或将混行车换算成当量自行车数4000～6000辆/h（只含左、右转车），13000～14000辆/h（含左、右转车和直行车）。

根据这些设定，在不同的立体交叉口交通组织方式下，可以得出表中的规划通行能力数值。

7.4.16 铁路与城市道路相交的平面交叉道口是城市道路交通的卡口，严重时会影响城市交通的正常秩序。例如，城市在上班高峰时间内，铁路道口通过的列车次数多达8～9次/h，自行车双向交通量达6000～11000辆/h，加上当量小汽车双向交通量为500～600辆/h，就会在每次列车到达关闭交通时，排成400～500m长的队伍，并且很难在道口开放后的时间内一次过完，于是骑车者常常不顾一切向前挤，甚至在整个栅栏宽度前排满，使双向车流相互顶住，待道口开放后，其疏散能力极差。若铁路道口宽度再缩小，交通受阻的情况就更严重。因此，须将道路上的双向交通用栅栏或分隔带隔开，使道口开放交通后，上下行交通的前方没有阻碍，能立刻驶出。若机动车与非机动车交通量都很大，道口前混行严重，则须将同向的机动车与非机动车交通也分隔开，以提高道口的通行能力。

7.5 城市广场

7.5.1 每个规划城市人口所需交通集散广场用地面

积中，已包括外来暂住人口和流动人口的需求量。

7.5.2 交通集散广场的人流密度是按每个带物品的旅客在走动时要求对自身有一个安全保护圈而定的。

7.5.3 条文中所列的数值是根据国内外一些规划设计成功的实例归纳而得的。

7.5.4 城市游憩集会广场是市民的“起居室”，是城市接待外来旅游者的“客厅”，平时主要供市民在闲暇时间内生活游憩活动和供旅游者观光活动之用。城市游憩集会广场用地面积是按平均分摊到规划城市人口每1～2户有1人来参加活动计算的。

8 城市道路交通设施

8.1 城市公共停车场

8.1.1 城市公共停车场是指在道路外独立地段为社会机动车和自行车设置的露天或室内的公共停车场地。

公共建筑和住宅区的配建停车场也有兼为社会车辆服务的功能，但其用地面积应另行计算。

为保证城市道路交通正常运转，公共停车场的用地面积应列入城市道路用地总面积之中，但计算用地面积总指标的取值可由各城市根据建设用地宽紧情况决定。

目前，我国城市因停车用地太少，停车泊位不能满足实际需要，占用车行道、人行道停车的现象十分普遍，已严重削弱了道路的通行能力，降低了车辆的行驶速度。而另一方面，城市车辆数和道路交通流量的发展趋势在不断增长，停车难的问题会变得更严重，道路运转效益低下的状况是不能长久维持下去的。应趁旧城区的改造和城市规划布局调整的时机，使停车需求得到实际解决。

8.1.2 城市外来机动车公共停车场，主要为过境的和到城市来装卸货物的机动车停车而设，由于这些车辆所装载的货物品种较杂，其中有些是有毒、有气味、易燃、易污染的货物以及活性畜等，为了城市安全防火和环境卫生，不宜入城。装完待发的货车也不宜在市区停放过夜，应停在城市外围。

8.1.3 市中心和分区中心地区停车的需求高于城市一般地区，且以客车为主，有50%～70%的机动车停车泊位，基本上可适应城市汽车拥有量达10人一辆车的要求。

8.1.4 公共停车场要与公共建筑布置相配合，要与火车站、长途汽车站、港口码头、机场等城市对外交通设施接驳，使从停车地点到目的地的步行距离要短，所以，公共停车场的服务半径不能太大。用户至公共停车场可达性好，吸引来此停放的车辆就多，反之，吸引停车量就少，不能很好地发挥作用。条文中的数值是根据调查和观测得到的。

8.1.5 公共停车场从星期一到星期日每天停车数是不均匀的，高峰日是一周中停车数最多的一天。高峰日系数是高峰日的停车数与一周平均的日停车数的比值。

8.1.6 停车位周转次数与服务的对象有关，办公机关附近的公共停车场，公务停车的时间较长，停车位周转次数取低值；商店购物停车，存取车较频繁，停车位周转次数取高值；体育和文娱设施的公共停车场，停车位的周转次数则取决于比赛和演出场次。

8.1.7 当量小汽车所需的停车位面积指标是考虑了各种汽车停放方式，综合了车辆停放面积、走道面积和必要的空地绿化面积后确定的。

自行车停车位面积是一个计算的平均值，因自行车停车场不像汽车停车场划分停车位格子，据实测资料，停满自行车的停车场地，平均每辆车只有0.7～0.9m^2，一般为1.2m^2左右，规划指标已适当放宽。

8.1.9

8.1.9.1 长条形的自行车公共停车场是沿路边停车方式的改进，一些城市将公共建筑前面、后退道路红线的空余地段作自行车停车用地，收到很好的效果。

8.1.9.5 影剧院的活动散场、入场几乎同时，自行车停车场要能容纳两场观众的停车，才能满足需要。国内有些城市采取分设两个自行车停车场的做法，取车、存车交替使用，秩序井然，疏散速度快，比起集中一个停车场的做法大有改进。

8.2 公共加油站

8.2.1 城市中公共加油站的数量过少，则汽车加油不便，在加油站前排队等候加油，影响城市道路交通；过多，则城市中储油过多，尤其是各单位或个人经营加油业务，设备又简陋，不利于城市防火。为此，参考香港、澳门、深圳等地的情况，作此规定。

8.2.2 由于我国汽车工业刚起步发展，汽车进入家庭以后，对汽车加油站的各种需求会不断增加，例如：今后燃料品种扩充（不同型号的汽油、柴油或天然气）、轮胎充气、小修等，因此，在加油站的用地上留有适当余地。

表中所列的用地面积包括：加油站建筑、加油站设施、车辆小修、车行道路、隔离绿地等。

五、设计、施工及验收标准

中华人民共和国国家标准

地铁设计规范

Code for design of metro

GB 50157－2003

主编部门：北京城建设计研究总院
批准部门：中华人民共和国建设部
施行日期：2 0 0 3 年 8 月 1 日

中华人民共和国建设部
公　告

第 158 号

建设部关于发布国家标准《地铁设计规范》的公告

现批准《地铁设计规范》为国家标准，编号为GB 50157—2003，自 2003 年 8 月 1 日起实施。其中，第 1.0.3、1.0.7、1.0.8、1.0.13、1.0.15、1.0.16、3.1.3、3.2.1、3.3.1、4.3.4、4.3.7（1）、4.3.10（2）、4.3.11、5.1.2、5.1.4、5.1.6、5.2.1、5.3.9、5.3.10、6.1.1、6.1.3、6.2.3、6.2.10、6.4.1、7.1.1、7.2.3、7.2.6、8.1.1、8.1.2、8.3.1、8.3.7、8.3.9、8.4.2、8.4.4、8.5.1、8.5.4、8.6.3、8.7.2、9.1.4、9.1.5、9.1.9、9.2.5、9.2.19、9.5.6、9.5.10、10.1.3、10.1.7、10.1.8、10.2.4、10.2.5、10.2.6、10.3.2、10.5.1（1）（5）（9）（10）、10.5.5（1）、10.6.1、10.6.3（2）（3）、11.1.3、11.3.2（1）、11.5.9、12.1.1、12.1.3、12.1.4、12.1.5、12.1.7、12.2.8、12.2.9、12.2.11、12.2.14、12.2.15、12.2.24、12.2.27、12.2.29、12.2.42、13.1.2、13.2.4（2）（3）、13.2.5（4）、13.3.4（7）（8）、13.3.8（1）（5）、13.4.8、13.4.9、14.1.7、14.1.11、14.1.14、14.1.15、14.2.6、14.2.12、14.2.21、14.3.8、14.3.12、

14.3.21、14.4.1、14.4.16、14.7.8、15.1.4、15.1.6、15.2.8、15.2.9、15.2.10、15.3.3、15.4.7、15.5.1、15.5.5、15.6.3、15.9.1、15.9.2、15.9.3、15.9.7、16.1.1、16.1.2、16.1.3、16.1.4、16.1.5、16.1.7、16.1.8、16.1.10、16.2.7（2.4）、16.2.8、16.2.9（1）（2）、16.3.2（3）（4）（7）（9.3）、16.5.1（1）（2）（3）（4）、16.5.2（2）（3）、16.5.3（1）（2）、16.5.5（1）（2）（7）（11）（12）、16.8.2（1）、17.1.1、17.1.7、17.3.3、17.3.7、18.1.2、18.1.6、18.1.9、18.2.1、19.1.3、19.1.7、19.1.9、19.1.10、19.1.13、19.1.15、19.1.19、19.1.22、19.1.27、19.1.29、19.1.30、19.1.31、19.1.32、19.1.33、19.1.35、19.1.36、19.1.39、19.1.47、19.1.52、19.1.54、19.1.58、19.1.60、19.1.61、19.2.7（4）、19.2.13、19.2.20（2.1）、19.2.21、20.1.1、20.1.2、20.1.4、20.2.1、20.3.1、20.3.3、20.4.3、20.5.1、20.6.1、20.6.4（1）、20.7.1、20.7.2、20.7.3、20.7.4、21.1.1、21.1.5、21.1.7、21.2.3（3）、22.1.3、22.1.7、22.1.8、22.1.9、22.2.8、22.3.6、22.4.13、22.6.1、22.9.1、22.10.2、22.10.5、23.2.1、23.2.6、23.2.7、23.2.10、23.2.13、23.3.1、23.4.1、23.4.6、23.4.7、23.5.1、23.5.4、23.5.8、23.5.9、23.6.2、23.7.1、23.7.2条（款）为强制性条文，必须严格执行。原《地下铁道设计规范》GB 50157—92及原《地下铁道设计规范》GB 50157—92 的强制性条文同时废止。

本规范由建设部标准定额研究所组织中国计划出版社出版发行。

中华人民共和国建设部
二〇〇三年五月三十日

前　言

本规范是根据建设部建标标［2000］92 号文的要求，由主编单位北京城建设计研究总院会同各参编单位，并在有关高等院校、各城市地铁公司等单位的协助下，对原《地下铁道设计规范》GB 50157—92进行全面修订而成。

在修订过程中，广泛调查和分析总结了原规范执行情况，特别是近 10 年来我国地铁工程建设和运营管理方面引入的诸多新的技术系统和积累的很多新经验，同时，认真分析借鉴了国（境）外当代地铁有关成功经验和先进技术，在此基础上又以多种方式，广泛征求了全国城市轨道交通方面有关专家和单位的意见，经反复论证研究，多次修订，最后经审查定稿形成本规范。

本规范在原规范 13 章的基础上增订为 23 章并附加 4 个附录。新增加的内容有运营组织、A 型车辆限界、高架结构、环境与设备监控系统、自动售检票系统、环境保护等内容，许多原有章节条文的内容也进行了与时俱进的扩充与深化。同时根据专家建议并取得广泛认同，本规范名称现简化为《地铁设计规范》。

本规范中以黑体字标志的条文为强制性条文，必须严格执行。

本规范由建设部负责管理和对强制性条文的解释，国家标准《地铁设计规范》管理组负责具体技术内容的解释。在执行过程中，请各单位结合工程实践，认真总结经验，如发现需要修改或补充之处，请将意见和建议寄北京城建设计研究总院《地铁设计规范》管理组（地址：北京阜成门北大街 5 号，邮编：100037，传真：010－68330879）。

本规范的主编单位、参编单位和主要起草人：

主 编 单 位： 北京城建设计研究总院

参 编 单 位： 上海市隧道工程轨道交通设计研究院
北京全路通信信号研究设计院
铁道第二勘察设计院
上海铁路城市轨道交通设计研究院
广州市地下铁道设计研究院

广州市地下铁道总公司、北京市地下铁道设计研究所也派出人员参加了部分修订工作。

在规范修订过程中，曾得到上海地铁建设有限公司、广州市地下铁道总公司、南京市地下铁道总公司、深圳市地铁有限公司的积极配合与支持。

主要起草人： 施仲衡 周庆瑞 郑晓薇

（以下按姓氏笔划为序）

于松伟 马丽兰 王元湘 毛宇丰 毛励良 申大川 叶大德 包国兴 刘 扬 刘忠诚 乔宗昭 李国庆 李湘久 许斯河 沈锡安 宋 毅 吴建忠 单兆铁 张 弥 周才宝 周新六 杨家齐 俞加康 郝际贤 彦启森 倪 昌 翁心存 徐明杰 韩秋官 靳玉广 褚敬止

目 次

五、设计、施工及验收标准

1 总 则

1.0.1 为使地铁设计做到安全、可靠、适用、经济和技术先进，制定本规范。

1.0.2 本规范适用于采用钢轮钢轨系统的地铁新建工程设计。

改建、扩建和最高运行速度超过 100km/h 的地铁工程，以及其他类型的城市轨道交通相似工程的设计，可参照执行。

1.0.3 地铁工程设计，必须符合政府主管部门批准的城市总体规划和城市轨道交通线网规划。

1.0.4 地铁工程在满足本系统的安全、功能、环境需求的前提下，人防要求可由城市主管部门根据具体情况确定。

1.0.5 地铁工程的设计年限应分初期、近期、远期三期。初期按建成通车后第 3 年要求设计，近期按第 10 年要求设计，远期按第 25 年要求设计。

1.0.6 地铁工程的建设规模、设备容量，以及车辆段和停车场等的用地面积，应按预测的远期客流量和列车通过能力确定。对于可分期建设的工程和配置的设备，应考虑分期扩建和增设。

1.0.7 地铁的主体结构工程，设计使用年限为 100 年。

1.0.8 地铁线路应为右侧行车的双线线路，并应采用 1435mm 标准轨距。

1.0.9 地铁线路必须为全封闭形式，并宜采用高密度、短编组组织运行。远期设计行车最大通过能力宜采用每小时 40 对列车，但不应少于 30 对列车。

1.0.10 初期、近期和远期列车编组的车辆数，应分别根据预测的初期、近期和远期客流量、车辆定员数和设定的行车密度确定。

车辆定员数为车辆座位数和空余面积上站立的乘客数之和。车厢空余面积定员数宜按每平方米站立 6 名乘客计算。

1.0.11 地铁车辆段设置应根据线网规划统一考虑。按具体情况可以一条线路设一座车辆段或几条线路合建一座车辆段。

当一条线路长度超过 20km 时，可根据运营需要，在适当位置增设停车场。

1.0.12 地铁各线路之间，以及地铁与其他轨道交通线路相交处的换乘，应采用便捷换乘方式。

地铁与其他常规地面公共交通的换乘，宜作方便换乘的统一规划。

1.0.13 设计地铁浅埋、高架及地面线路时，应采取降低噪声、减少振动和减少对生态环境影响的措施，使之符合国家现行的城市环境保护的相关规定。

地铁各系统排放的废气、废水、废物，应达到国家现行的相关排放标准。

1.0.14 地铁地面和高架结构的形式和体量的确定，应考虑对城市景观的影响和注意与周围环境的协调。

1.0.15 地铁工程抗震设防烈度，应根据当地政府主管部门批准的地震安全性评价结果确定。

1.0.16 跨河流和临近河流的地铁地面和高架工程，应按 1/100 的洪水频率标准进行设计。

对下穿河流或湖泊等水域的地铁工程，应在进出水域的两端适当位置设防淹门或采取其他防淹措施。

1.0.17 地铁设计应逐步实现以行车指挥与列车运行为核心的机电设备综合自动化。

1.0.18 地铁机电设备及车辆选型，应采用满足功能要求、技术经济合理的成熟产品，并应考虑标准化、系列化和立足于国内生产。

1.0.19 地铁设计应在不影响安全可靠和不降低使用功能的条件下，采取各种有效措施降低工程造价和建成后的运营成本。

1.0.20 地铁设计除应遵守本规范规定外，尚应符合国家现行有关强制性标准的规定。

2 术 语

2.0.1 地铁 metro 或 underground railway 或 subway

在城市中修建的快速、大运量用电力牵引的轨道交通。线路通常设在地下隧道内，也有的在城市中心以外地区从地下转到地面或高架桥上。

2.0.2 城市轨道交通 urban rail transit 或 mass transit

在不同型式轨道上运行的大、中运量城市公共交通工具，是当代城市中地铁、轻轨、单轨、自动导向、磁浮等轨道交通的总称。

2.0.3 设计使用年限 designed lifetime

在一般维护条件下，保证工程正常使用的最低时段。

2.0.4 运营概念 operation concept

地铁系统的运营模式、管理方式、运营规模的综合定义。

2.0.5 旅行速度 operation speed

列车从起点站发车至终点站停车的平均运行速度。

2.0.6 限界 gauge

限定车辆运行及轨道周围构筑物超越的轮廓线。限界分车辆限界、设备限界和建筑限界三种，是工程建设、管线和设备安装位置等必须遵守的依据。

2.0.7 正线 main line

载客列车运营的贯通线路。

2.0.8 辅助线 assistant line

为保证正线运营而设置的不载客列车运行的线路。

2.0.9 联络线 connecting line

连接两条独立运行正线之间的线路。

2.0.10 试车线 testing line

对车辆进行动态性能试验的线路，其线路标准通常应与正线一致。

2.0.11 轨道结构 track structure

路基面或结构面以上的线路部分，由钢轨、扣件、轨枕、道床等组成。

2.0.12 轨距 gauge of track

轨面以下规定距离处左右两股钢轨头部内侧之间的最短距离。

2.0.13 无缝线路 seamless track

钢轨连续焊接或胶结超过两个伸缩区长度的轨道。

2.0.14 整体道床 monolithic track-bed

用混凝土等材料灌筑的道床。

2.0.15 路基 subgrade

经开挖和填筑而成的直接支承轨道的基础结构物。

2.0.16 站台计算长度 computed length of platform

最大列车编组长度加列车停站时产生的误差。

2.0.17 车站公共区 public zone of station

车站站厅层公共区为供乘客完成售检票到达乘车区及出站的区域；站台层公共区为乘客上、下列车的区域。

2.0.18 无缝线路纵向水平力 longitudinal horizontal force of seamless track

指伸缩力和挠曲力。伸缩力是指因温度变化桥梁与长钢轨相对位移而产生的纵向力；挠曲力是指在列车荷载作用下，桥梁挠曲引起的桥梁与长钢轨相对位移产生的纵向力。

2.0.19 无缝线路断轨力 broken rail force of seamless track

因长钢轨折断引起桥梁与长钢轨相对位移而产生的纵向力。

2.0.20 明挖法 cut and cover

由地面挖开的基坑中修筑隧道的方法。

2.0.21 盖挖顺筑法 cover and cut-bottom up

明挖法的一种。方法是在地面修筑维持地面交通的临时路面及其支撑后，自上而下开挖土方至坑底设计标高，再自下而上修筑结构。

2.0.22 盖挖逆筑法 cover and cut-top down

明挖法的一种。其作业顺序与传统的明挖法相反，方法是开挖地面修筑结构顶板及其竖向支撑结构后，在顶板的下面自上而下分层开挖土方分层修筑结构。

2.0.23 矿山法 mining method

传统的矿山法是指用钻眼爆破的方法，修筑隧道的暗挖施工方法。随着技术的发展，除钻爆法外，现代矿山法还包括新奥法等施工方法。

2.0.24 盾构法 shield method

用盾构修筑隧道的暗挖施工方法，盾构是一种钢制壳体内配有开挖和拼装衬砌管片等的设备，在钢壳体的保护下进行开挖、推进、衬砌和注浆等作业。盾构又根据开挖的方法和断面形状的不同，分为多种类型。

2.0.25 沉管法 immersed tube method

预制管段沉放法的简称，是一种修筑水底隧道的施工方法。

2.0.26 防水等级 grade of waterproof

根据地铁工程对防水的要求确定的结构允许渗漏水量的等级标准。

2.0.27 变形缝 deformation joint

沉降缝与伸缩缝的统称。

2.0.28 刚柔结合的密封区 rigid-flexible joint of sealed zone

在内衬结构分段施工缝或变形缝处，于内衬迎水面设置背贴式止水带和夹层防水层并进行焊接，使缝的两侧形成不连通的封闭区，称之为刚柔结合的密封区。

2.0.29 开式运行 open made operation

地铁隧道通风与空调系统运行模式之一。开式运行时，地铁隧道内部空气通过风机、风道、风亭等设施与外界大气进行空气交换。

2.0.30 闭式运行 close made operation

地铁隧道通风与空调系统运行模式之一。闭式运行时，地铁隧道内部基本上与外界大气隔断，仅供给满足乘客所需的新鲜空气量。车站采用空调系统，区间隧道冷却借助行车“活塞效应”携带的部分车站空调冷风来实现。

2.0.31 活塞通风 piston action ventilation

利用地铁列车在隧道内的高速运行所产生的活塞效应而形成的一种通风方式。

2.0.32 合流制排放 combined sewer system

除厕所污水以外的消防及冲洗废水、雨水等废水合流排放的方式。

2.0.33 集中式供电 centralized power supply mode

由专门设置的主变电所（或电源开闭所）集中为牵引变电所及降压变电所供电的外部供电方式。

2.0.34 分散式供电 distributed power supply mode

由分散引入的城市中压电源直接为牵引变电所及降压变电所供电的外部供电方式。

2.0.35 混合式供电 combined power supply mode

以主变电所（或电源开闭所）为主，以在线路适当位置引入的城市中压电源为辅，为牵引变电所及降压变电所供电的外部供电方式。

2.0.36 主变电所 high voltage substation

从城市电网引入高压电源，降压后为地铁系统提供中压电源的专用高压变电所。

2.0.37 牵引降压混合变电所 combined substation

既能为地铁提供直流牵引电源，又能为地铁提供交流低压电源的变电所。

2.0.38 杂散电流 stray current

在非指定回路上流动的电流。

2.0.39 同步数字传输系统 synchronous digital hierarchy transmission system (SDH)

指为各系统提供数字传输通道的系统。

2.0.40 全球定位系统 global position system (GPS)

指全球卫星定位系统，可从此系统提取基准定时信号。

2.0.41 列车自动控制 automatic train control (ATC)

地铁信号系统自动实现列车监控、安全防护和运行控制技术的总称。

2.0.42 列车自动监控 automatic train supervision (ATS)

根据列车时刻表为列车运行自动设定进路，指挥行车，实施列车运行管理等技术的总称。

2.0.43 列车自动防护 automatic train protection (ATP)

对列车运行自动实施列车追踪间隔和超速防护控制技术的总称。

2.0.44 列车自动运行 automatic train operation (ATO)

自动实行列车加速、调速、停车和车门开闭、提示等控制技术的总称。

2.0.45 调度集中 centralized traffic control (CTC)

在控制中心调度室内，集中控制线路内各站信号和道岔，并指挥列车运行的设备。

2.0.46 自动人行道 moving pavement

连续水平运送乘客的一种设备，又称自动步道。有的自动人行道具有缓坡，其倾斜角在0～12°之间。

2.0.47 自动售检票设备 automatic fare collection

无售、检票员而由乘客自行买磁卡或非接触式IC卡车票，并用其通过检票机进出地铁车站的一种设备。

2.0.48 火灾自动报警系统 fire alarm system (FAS)

包含地铁火灾报警、消防控制等监视地铁火灾灾情及联动控制消防设备，为地铁防火救灾工作进行自动化管理的系统。

2.0.49 区域报警系统 local alarm system

由防灾报警控制器和火灾等探测器组成，为功能简单的防灾自动报警系统。

2.0.50 集中报警系统 remote alarm system

由车站防灾报警控制器、防灾探测器、计算机工作站等组成，为功能较复杂的防灾自动报警系统。

2.0.51 环境与设备监控系统 building automatic system (BAS)

对地铁建筑物内的环境与空气调节、通风、给排水、照明、乘客导向、自动扶梯及电梯、屏蔽门、防淹门等建筑设备和系统进行集中监视、控制和管理的系统。

2.0.52 系统集成 system integration (SI)

地铁建筑物内不同功能的子系统通过系统集成的方式，将其在物理上和逻辑上连结在一起，以实现综合信息、资源和整体任务的共享。

2.0.53 运营控制中心 operation control center (OCC)

简称控制中心，为调度人员使用信号、电力监控、火（防）灾自动报警、环境与设备监控、自动售检票、通信等系统中央级设备对地铁全线所有运行车辆、车站和区间的设备运行情况进行集中监视、控制、协调、指挥、调度和管理的场所。同时控制中心也是上述系统中央级设备的安装场所。

2.0.54 集中监控和管理 concentration supervisory control and management

集中监视、集中控制、集中协调、集中指挥、集中调度和集中管理的统称。

2.0.55 车辆段 depot

具有配属车辆，以及承担车辆的运用管理、整备保养、检查工作和承担较高级别的车辆检修任务的基本生产单位。

2.0.56 停车场 stabling yard

具有配属车辆，以及承担车辆的运用管理、整备保养、检查工作的基本生产单位。

2.0.57 检修修程 examine and repair program

根据车辆技术状态和寿命周期所确定的车辆检查、修理的等级划分，我国现行地铁车辆检修修程定为厂修、架修、定修、月检和列检五个等级，其中厂修、架修和定修为定期检修，月检和列检为日常维修。

2.0.58 检修周期 examine and repair period

车辆各种检修修程中，两次检修的间隔，通常采用车辆走行公里或间隔时间作为规定。

3 运营组织

3.1 运营概念

3.1.1 地铁设计应根据城市轨道交通规划和预测客流量，制定系统的运营概念，包括运营规模、运营模式和管理方式，明确在各种运营状态下，各子系统之间以及系统与人员组织之间的相互关系。

3.1.2 地铁运营模式，应明确列车运行、调度指挥、运营辅助系统、维修保障系统和人员组织等内容的管理模式，使系统功能和运营需求紧密结合。

3.1.3 地铁的基本运营状态应包含正常运营状态、非正常运营状态和紧急运营状态。系统的运营，必须在能够保证所有使用该系统的人员和乘客以及系统设施安全的情况下实施。

3.2 运营规模

3.2.1 地铁的设计运输能力，应满足预测的远期单向高峰小时最大断面客流量的需要。

3.2.2 地铁车辆的数量，应按照初期运营需要进行配置，近、远期再根据客运量增长的需要增配。

3.2.3 地铁列车的旅行速度一般不低于35km/h。设计最高运行速度大于80km/h的系统，列车旅行速度应相应提高。

3.2.4 地铁各设计年限的列车运行间隔，应根据各设计年限预测客流量、列车编组及列车定员、系统服务水平、系统运输效率等因素综合确定。为保证地铁的服务水平，高峰时段初期列车运行间隔不宜大于6min。

3.2.5 车辆及设备维修基地的功能、规模和各项设施的配置，应根据城市轨道交通线网规划和地铁线路的具体条件来确定。

3.3 运营模式

3.3.1 地铁线路必须为全封闭形式，同时列车须在安全防护系统的监控下运行。

3.3.2 一般情况下，列车宜配置一名司机驾驶或监控列车运行。

3.3.3 在客流量不均匀的线路上，应组织区段运行。列车运行交路应根据各设计年限客流断面的分布情况确定。

3.3.4 列车在曲线上的运行速度应按曲线半径大小进行计算，其未被平衡离心加速度不宜超过$0.4m/s^2$。

3.3.5 地铁应设运营控制中心，根据城市轨道交通线网的情况，每个中心可控制一条或数条线路。控制中心应有对列车运行、供电等系统进行集中监控的能力。

3.3.6 地铁车站应设车站控制室，对列车运行和车站设备进行监视控制。

3.3.7 地铁宜采用计程票价制，并应具备对客流数据和票务收入进行自动统计的能力。

3.4 辅助配线

3.4.1 线路的终点站或区段折返站应设置专用折返线或折返渡线。

3.4.2 当两个具备临时停车条件的车站相距过远时，根据运营需要，宜在沿线每隔3～5个车站加设停车线或渡线。

3.4.3 车辆段出入线应连通上下行正线。当出入线与正线发生交叉时，宜采用立体交叉方式。

3.4.4 车辆段和停车场设置双线或单线出入线，应根据远期线路的通过能力和运营要求计算确定。尽端式车辆段出入线宜采用双线，贯通式车辆段可在车辆段两端各设一条单线。停车场规模较小时，出入线可采用单线。

3.5 管理方式

3.5.1 运营管理机构应满足系统运营管理任务的要求，通过合理安排组织机构，实现以机构实施管理的方式。

3.5.2 运营机构和人员数量的安排应本着依靠科技进步、提高管理效率的原则，精简机构和人员。一般情况下，第一条线路的运营管理系统平均每公里管理人员宜控制在100人以下。

3.5.3 运营管理机构应对不同的运营状态制定相应的管理规程和规章制度，包括工作流程和岗位责任，确保在正常、非正常和紧急状态下的运营。

4 限 界

4.1 一般规定

4.1.1 地铁限界分为车辆限界、设备限界、建筑限界。受电弓限界或受流器限界是车辆限界的组成部分，接触轨限界属于设备限界的辅助限界。

4.1.2 地铁限界应根据车辆轮廓线和车辆有关技术参数，结合轨道和接触网或接触轨的相关条件，并计及设备和安装误差，按规定的计算方法进行设计。

4.1.3 车辆限界是车辆在正常运行状态下形成的最大动态包络线。直线地段车辆限界分为隧道内车辆限界和高架或地面线车辆限界，高架或地面线车辆限界应在隧道内车辆限界基础上，另加当地最大风荷载引起的横向和竖向偏移量。

4.1.4 设备限界是用以限制设备安装的控制线。

1 直线地段设备限界是在直线地段车辆限界外扩大一定安全间隙后形成：车体肩部横向向外扩大100mm，边梁下端横向向外扩大30mm，接触轨横向向外扩大185mm，车体竖向加高60mm，受电弓竖向加高50mm，车下悬挂物下降50mm。

转向架部件最低点设备限界离轨顶面净距：A型车为25mm，B型车为15mm。

2 曲线地段设备限界应在直线地段设备限界基础上，按平面曲线不同半径、过超高或欠超高引起的横向和竖向偏移量，以及车辆、轨道参数等因素计算确定。

4.1.5 建筑限界是在设备限界基础上，考虑了设备和管线安装尺寸后的最小有效断面。在宽度方向上设备和设备限界之间应留出20～50mm的安全间隙。当建筑限界侧面和顶面没有设备或管线时，建筑限界和设备限界之间的间隙不宜小于200mm；困难条件下不得小于100mm。

4.1.6 相邻的双线，当两线间无墙、柱及其他设备时，两设备限界之间的安全间隙不得小于100mm。

4.1.7 建筑限界中不包括测量误差、施工误差、结构沉降、位移变形等因素。

4.1.8 本章规定适用于A型和B_2型受电弓车辆以及B_1型受流器车辆，同时，采用的基本参数还必须符合4.2节的规定。当选用与本规范不同的车辆时，应重新核算车辆限界、设备限界和建筑限界。

4.2 制定限界的基本参数

4.2.1 车辆基本参数应符合表4.2.1的规定。

表 4.2.1 各型车辆基本参数表（mm）

车型 / 参数	A型	B型		
		B_1型		B_2型
		上部受流	下部受流	
计算车辆长度	22100	19000		
车辆最大宽度	3000	2800		
车辆高度	3800	3800		
车辆定距	15700	12600		
转向架固定轴距	2500	2300（2200）		
地板面距走行轨面高度	1130	1100		
受电弓落弓高度	3810	—		3810
受电弓最大工作高度	5410	—		5410
受流器端部距车体横向中心距离	—	1473	1440	—
受流器中心距走行轨顶面工作高度	—	140	256	—

4.2.2 制定限界的基本参数应符合下列规定：

1 接触导线距轨顶面安装高度：

1）隧道内　4040mm

2）高架和地面线地段　最小为4400mm

3）车辆段车场线　5000mm

2 正线平面曲线最小半径：

A型车　300m

B型车　250m

3 轨道超高：

1）最大超高值　120mm

2）超高设置方法

第一种　内轨降低半超高
外轨抬高半超高

第二种　外轨抬高一个超高

4 各种道床的轨道结构高度，按本规范第6章的规定确定。

5　高架线或地面线风荷载：　600N/m²

4.3　制定建筑限界的原则

4.3.1　建筑限界分为矩形隧道建筑限界、马蹄形隧道建筑限界、圆形隧道建筑限界、高架线及地面线建筑限界、车辆段车场线建筑限界。

4.3.2　建筑限界坐标系，规定正交于轨道中心线的平面内的直角坐标，通过两钢轨轨顶中心连线的中点引出的水平坐标轴称水平轴，以 X 表示；通过该中点垂直于水平轴的坐标轴称垂直轴，以 Y 表示。

4.3.3　矩形隧道建筑限界应按下列规定计算确定。

1　直线地段矩形隧道建筑限界，应在直线设备限界基础上，按下列公式计算确定：

1）建筑限界宽度：

$$B_S = B_R + B_L \qquad (4.3.3\text{-}1)$$

线路中心线至隧道右侧墙净空距离：

$$B_R = X_{S(max)} + b_1 + c \qquad (4.3.3\text{-}2)$$

线路中心线至隧道左侧墙净空距离：

$$B_L = X_{S(max)} + b_2 + c \qquad (4.3.3\text{-}3)$$

2）自结构底板至隧道顶板建筑限界高度 H：

A 型车和 B_2 型车：

$$H = h_1 + h_2 + h_3 \qquad (4.3.3\text{-}4)$$

B_1 型车：

$$H = h_1' + h_2' + h_3 \qquad (4.3.3\text{-}5)$$

式中　$X_{S(max)}$——直线地段设备限界最大宽度值（mm）；

b_1、b_2——右侧、左侧设备或支架最大安装宽度值（mm）；

c——设备安装误差和安全间隙（mm）；

h_1——接触导线安装高度（mm）；

h_2——接触网系统高度（mm）；

h_3——轨道结构高度（mm）；

h_1'——设备限界高度（mm）；

h_2'——设备限界至建筑限界安全间隙（mm）。

2　曲线地段矩形隧道建筑限界，应在曲线地段设备限界基础上按下列公式计算确定：

1）曲线建筑限界外侧宽度：

$$B_a = X_{ka}\cos\alpha - Y_{ka}\sin\alpha + b_2\ (\text{或 } b_1) + c \qquad (4.3.3\text{-}6)$$

2）曲线建筑限界内侧宽度：

$$B_i = X_{ki}\cos\alpha + Y_{ki}\sin\alpha + b_1\ (\text{或 } b_2) + c \qquad (4.3.3\text{-}7)$$

3）曲线建筑限界高度应按下式计算确定：

A 型车和 B_2 型车：采用公式（4.3.3-4）

B_1 型车：

$$B_u = X_{kh}\sin\alpha + Y_{kh}\cos\alpha + h_3 + 200 \qquad (4.3.3\text{-}8)$$

$$\alpha = \sin^{-1}(h/s) \qquad (4.3.3\text{-}9)$$

式中　h——轨道超高值（mm）；

s——滚动圆间距（mm）；

（X_{kh}，Y_{kh}）、（X_{ki}，Y_{ki}）、（X_{ka}，Y_{ka}）——曲线地段设备限界控制点坐标值（mm）。

3　缓和曲线地段矩形隧道建筑限界应按所在曲线位置的曲率半径和超高值等因素计算确定。

4.3.4　圆形隧道应按全线盾构施工地段的平面曲线最小半径确定隧道建筑限界。

4.3.5　正线地段马蹄形隧道，宜按全线采用矿山法施工地段的平面曲线最小半径确定隧道建筑限界。

4.3.6　圆形或马蹄形隧道在曲线超高地段，应采用隧道中心向线路基准线内侧偏移的方法解决轨道超高造成的内外侧不均匀位移量。位移量按公式（4.3.6-1～4.3.6-3）计算。

按第一种超高设置时：

$$x' = h_0 \cdot h/s \qquad (4.3.6\text{-}1)$$

$$y' = -h_0\ (1-\cos\alpha) \qquad (4.3.6\text{-}2)$$

按第二种超高设置时：

x'——同公式（4.3.6-1）

$$y' = h/2 - h_0\ (1-\cos\alpha) \qquad (4.3.6\text{-}3)$$

式中　x'——隧道中心线对线路基准线内侧的水平位移量（mm）；

y'——隧道中心线竖向位移量（mm）；

h_0——隧道中心至轨顶面的垂向距离（mm）。

4.3.7　高架线或地面线建筑限界的确定应符合下列规定：

1　高架线、地面线的区间和车站建筑限界，应按高架或地面线设备限界或车辆限界及设备安装尺寸计算确定。

2　线路一侧无人行通道时，建筑限界宽度的计算方法按照矩形隧道办理。

线路一侧有人行通道时，人行通道和设备限界之间的安全间隙应不小于 50mm。

3　线路一侧设置接触网支柱时，接触网系统最大突出点与设备限界之间的安全间隙应不小于 100mm。

4　线路一侧设置声屏障时，声屏障与设备限界之间的安全间隙应不小于 100mm。

5　建筑限界高度：

1）A 型车和 B_2 型车按接触导线安装高度和接触网系统高度加轨道结构高度确定；

2）B_1 型车按设备限界顶部高度和轨道结构高度另加不小于 200mm 的安全间隙。

4.3.8　道岔区的建筑限界，应在直线地段建筑限界的基础上，根据不同类型的道岔和车辆技术参数，分别按几何偏移量和相关公式计算合成后进行加宽。

采用接触轨授电的道岔区，当电缆从隧道顶部过轨时，应检查顶部高度，必要时采取局部加高措施。

4.3.9 隧道内安装风机、接触网隔离开关、道岔转辙机等设备时，应符合限界要求，必要时建筑限界应采取局部加宽、加高措施。

4.3.10 车站直线地段建筑限界应满足下列要求：

1 站台面至轨顶面高度：

A型车：(1030～1080)$_{-10}^{\ 0}$mm

B_1、B_2型车：(1000～1050)$_{-10}^{\ 0}$mm

当采用外挂门或塞拉门时，应检查车门与站台边缘的安全间隙，必要时修改车体轮廓尺寸或站台高度以满足限界要求。

2 站台计算长度内的站台边缘距线路中心线的距离，应按车辆限界加10mm安全间隙确定，但站台边缘与车辆轮廓线之间的间隙，当采用整体道床时不应大于100mm；当采用碎石道床时不应大于120mm。

3 站台计算长度外的站台边缘距线路中心线的距离，宜按设备限界另加不小于50mm的安全间隙确定。

4 车站范围内其余部位建筑限界，按区间建筑限界的规定执行。

5 车站设置屏蔽门时，屏蔽门安装尺寸应考虑在弹性变形状态下，屏蔽门最外突出点至车辆限界之间应有不小于25mm的安全间隙。

4.3.11 曲线车站站台边缘与车辆轮廓线之间的间隙不应大于180mm。

4.3.12 辅助线的平面曲线半径小于正线平面曲线最小半径时，其建筑限界应另行计算确定。

4.3.13 防淹门和人防隔断门建筑限界宽度，其门框内边缘至设备限界应有不小于100mm的安全间隙；建筑限界高度，当采用A型或B_2型车辆时和区间矩形隧道高度相同，当采用B_1型车辆时，按设备限界加100mm安全间隙确定。

4.3.14 车辆段建筑限界应满足下列要求：

1 车辆段库外连续建筑物至设备限界净距，当有人行便道时取1000mm。

2 车辆段库外非连续建筑物（其长度不大于2m）至设备限界净距，当有人行便道时，取600mm。

4.3.15 警冲标设在两线交叉处的适当位置，警冲标处的线间距按两设备限界之和确定。

5 线 路

5.1 一 般 规 定

5.1.1 地铁线路按其在运营中的作用，应分为正线、辅助线和车场线。辅助线包括折返线、渡线、联络线、停车线、出入线、安全线等。

5.1.2 地铁线路的选定应根据城市轨道交通线网规划进行。

5.1.3 地铁的线路敷设方式，应根据城市总体规划和地理环境条件因地制宜地选择，一般在城市中心地区宜采用地下线，其他地区条件许可时宜采用高架线或地面线。

5.1.4 地铁的线路平面位置和高程应根据城市现状与规划的道路、地面建筑物、管线和其他构筑物、文物古迹保护要求、环境与景观、地形与地貌、工程地质与水文地质条件、采用的结构类型与施工方法，以及运营要求等因素，经技术经济综合比较后确定。

5.1.5 地铁的线路宜按独立运行进行设计。根据客流需要并通过论证，线路可按共线运行设计，但其出岔站汇入方向的线路应设平行进路。

地铁线路之间应根据线网规划需要设置联络线。联络线应采用单线。但近期阶段性兼作运营线的联络线应设双线，有条件时宜按正线标准设计。

5.1.6 地铁的线路之间及与其他轨道交通线路之间的交叉处，应采用立体交叉。

5.1.7 地铁车站应设置在交通枢纽、地铁线路之间及与其他轨道交通线路交会处、商业、居住、体育、文化中心等大的客流集散点。

车站间的距离应根据现状及规划的城市道路布局和客流实际需要确定，一般在城市中心区和居民稠密地区宜为1km左右，在城市外围区应根据具体情况适当加大车站间的距离。

5.1.8 地面线路和高架线路距建筑物的距离，应根据行车安全、消防、减振、降噪、景观和居民隐私等相关要求，以及采取相应的防范措施等因素，经综合比较后确定。

根据防火要求，线路路肩边缘和高架结构外缘与民用建筑间的最小距离，应符合现行国家标准《建筑设计防火规范》和《高层民用建筑设计防火规范》的规定。当地铁与地面建筑合建时，应加强防火、减振、降噪和结构安全措施。

5.2 线 路 平 面

5.2.1 线路平面曲线半径应根据车辆类型、列车设计运行速度和工程难易程度经比选确定，线路平面的最小曲线半径不得小于表5.2.1规定的数值。

表5.2.1 最小曲线半径

线路		一般情况（m）		困难情况（m）	
		A型车	B型车	A型车	B型车
正线	$V\leqslant80km/h$	350	300	300	250
	$80km/h<V\leqslant100km/h$	550	500	450	400
联络线、出入线		250	200	150	
车场线		150	110	110	
注：除同心圆曲线外，曲线半径应以10m的倍数取值。					

5.2.2 线路平面圆曲线与直线之间应根据曲线半径、超高设置及设计速度等因素设置缓和曲线，其长度可按表 5.2.2 的规定采用。

表 5.2.2 缓和曲线长度

R \ l \ V	100	95	90	85	80	75	70	65	60	55	50	45	40	35	30
3000	30	25	20	—	—	—	—	—	—	—	—	—	—	—	—
2500	35	30	25	20	20	—	—	—	—	—	—	—	—	—	—
2000	40	35	30	25	20	20	—	—	—	—	—	—	—	—	—
1500	55	50	45	35	30	25	20	—	—	—	—	—	—	—	—
1200	70	60	50	40	35	30	25	20	20	—	—	—	—	—	—
1000	85	70	60	50	45	35	30	25	25	20	—	—	—	—	—
800	85	80	75	65	55	45	40	35	30	25	20	—	—	—	—
700	85	80	75	70	60	50	45	35	30	25	20	20	—	—	—
650	85	80	75	70	60	55	45	40	35	30	20	20	—	—	—
600		80	75	70	70	60	50	45	35	30	20	20	20	—	—
550			75	70	70	65	55	45	40	35	20	20	20	—	—
500				70	70	65	60	50	45	35	20	20	20	20	—
450					70	65	60	55	50	40	25	20	20	20	—
400						65	60	60	55	45	25	20	20	20	—
350							60	60	60	50	30	25	20	20	20
300								60	60	60	35	30	25	20	20
250									60	60	40	35	30	20	20
200										60	40	40	35	25	20
150												40	40	35	25

注：表中 R——曲线半径（m）；V——设计速度（km/h）；l—缓和曲线长度（m）。

5.2.3 道岔附带曲线可不设缓和曲线和超高，但其曲线半径不得小于道岔的导曲线半径。

5.2.4 地铁线路不宜采用复曲线。在困难地段，有充分技术经济依据时可采用复曲线。当两圆曲线的曲率差大于 1/2500 时，应设置中间缓和曲线，其长度根据计算确定，在困难情况下不得小于 20m。

5.2.5 正线及辅助线的圆曲线最小长度，A 型车不宜小于 25m，B 型车不宜小于 20m，在困难情况下不得小于一个车辆的全轴距。

5.2.6 正线及辅助线上两相邻曲线间的夹直线长度（不含超高顺坡及轨距递减段的长度），A 型车不宜小于 25m，B 型车不宜小于 20m，在困难情况下不得小于一个车辆的全轴距；车场线上的夹直线长度不得小于 3m。

5.2.7 车站站台计算长度段线路应设在直线上，在困难地段可设在曲线上，其半径不应小于 800m。

5.2.8 道岔应设在直线地段，道岔基本轨端部至曲线端部的距离（不含超高顺坡及轨距递减段）不宜小于 5m，车场线可减少到 3m。

5.2.9 道岔宜靠近车站设置，但道岔基本轨端部至车站站台计算长度端部的距离不应小于 5m。

5.2.10 正线和辅助线上采用的道岔不得小于 9 号，车场线采用的道岔不得大于 7 号。

设置交叉渡线两平行线的线间距宜按下列规定确定：

12 号道岔采用 5.0m；

9 号道岔采用 4.6m 或 5.0m；

6、7 号道岔采用 4.5m 或 5.0m。

对于交叉渡线的线间距小于上述标准规定的，应予特殊设计。

5.2.11 折返线的有效长度，宜为远期列车长度加40m（不含车挡长度）。

5.3 线路纵断面

5.3.1 正线的最大坡度不宜大于30‰，困难地段可采用35‰，联络线、出入线的最大坡度不宜大于40‰（均不考虑各种坡度折减值）。

5.3.2 隧道内和路堑地段的正线最小坡度不宜小于3‰，困难地段在确保排水的条件下，可采用小于3‰的坡度；地面和高架桥上正线最小坡度在采取了排水措施后不受限制。

5.3.3 地下车站站台计算长度段线路坡度宜采用2‰，在困难条件下，可设在不大于3‰的坡道上。

5.3.4 地面和高架桥上的车站站台计算长度段线路宜设在平坡道上，在困难地段可设在不大于3‰的坡道上。

车场线宜设在平坡道上，条件困难时，库外线可设在不大于1.5‰的坡道上。

5.3.5 道岔宜设在不大于5‰的坡道上，在困难地段可设在不大于10‰的坡道上。

5.3.6 车站站台计算长度段线路应设在一个坡道上。有条件时车站宜布置在纵断面的凸型部位上，并设置合理的进、出站坡度。

5.3.7 折返线和停车线应布置在面向车挡或区间的下坡道上，隧道内的坡度宜为2‰，地面和高架桥上的折返线、停车线，其坡度不宜大于1.5‰。

5.3.8 两相邻坡段的坡度代数差等于或大于2‰时，应设圆曲线型的竖曲线连接，竖曲线的半径应符合表5.3.8的规定。

表5.3.8 竖曲线半径

线别		一般情况（m）	困难情况（m）
正线	区间	5000	3000
	车站端部	3000	2000
联络线、出入线		2000	
车场线		2000	

5.3.9 车站站台计算长度内和道岔范围内不得设置竖曲线，竖曲线离开道岔端部的距离不应小于5m。

5.3.10 碎石道床线路竖曲线不得与平面缓和曲线重叠；当不设平面缓和曲线时，竖曲线不得与超高顺坡段重叠。

5.3.11 线路坡段长度不宜小于远期列车长度，并应满足相邻竖曲线间的夹直线长度的要求，其夹直线长度不宜小于50m。

5.4 安全线

5.4.1 在车辆段出入线、折返线、停车线和岔线（支线）上，当遇到下列情况时，宜设安全线或其他隔开设备。

1 当出入线上的列车在进入正线前需要一度停车，且停车信号机至警冲标之间小于列车制动距离时；

2 折返线末端与正线接通时；

3 当岔线（支线）与正线接轨时。

5.4.2 安全线的长度一般不小于40m。在困难条件下，可设置脱轨道岔。

5.4.3 当停车线末端与正线接通时，可设置列车防溜设备。

6 轨道

6.1 一般规定

6.1.1 轨道结构应具有足够的强度、稳定性、耐久性和适量弹性，确保列车安全、平稳、快速运行和乘客舒适。

6.1.2 全线轨道结构宜统一型式，采用通用的零部件，同时，应外观整齐、施工和维修工作量少且方便。

6.1.3 根据环境保护对沿线不同地段的减振、降噪要求，轨道应采用相应的减振轨道结构。

6.1.4 轨道结构应具有良好的绝缘性以减少杂散电流。

6.1.5 轨道结构应采用成熟、先进的技术和施工工艺。

6.2 钢轨及配件

6.2.1 正线及辅助线钢轨应依据近、远期客流量，并经技术经济综合比较确定，宜采用60kg/m钢轨，也可采用50kg/m钢轨。

车场线宜采用50kg/m钢轨。

6.2.2 正线半径小于400m的曲线地段，应采用全长淬火钢轨或耐磨钢轨。

6.2.3 正线钢轨接头应采用对接，曲线内股应采用厂制缩短轨调整钢轨接头位置。

辅助线和车场线半径等于及小于200m的曲线地段钢轨接头应采用错接，错接距离不应小于3m。

6.2.4 不同类型的钢轨应采用异型钢轨连接。

6.2.5 正线和辅助线钢轨接头螺栓和螺母的强度等级应分别采用10.9级和10级，并采用高强度平垫圈，车场线接头螺栓可采用8.8级。

6.2.6 半径等于及小于200m曲线地段的轨距，应按表 6.2.6 规定的数值加宽。

表 6.2.6 曲线地段轨距加宽值

曲线半径（m）	加宽值（mm）		轨 距（mm）	
	B 型车	A 型车	B 型车	A 型车
200≥R>150	5	10	1440	1445
150≥R>100	10	15	1445	1450

轨距加宽值应在缓和曲线范围内递减，无缓和曲线时，在直线地段递减。递减率不宜大于 2‰，困难地段不应大于 3‰。

6.2.7 正线、辅助线和车场线上的钢轨，应设置 1/40 或 1/30 的轨底坡，但在无轨底坡的两道岔间不足 50m 的地段不应设置轨底坡。

6.2.8 轨道曲线超高值应按下列公式计算：

$$h=\frac{11.8V_C^2}{R} \tag{6.2.8}$$

式中 h——超高值（mm）；

V_C——列车通过速度（km/h）；

R——曲线半径（m）。

曲线的最大超高宜为 120mm，当设置的超高值不足时，一般可允许有不大于 61mm 的欠超高。

6.2.9 隧道内及隧道外 U 形结构的整体道床地段轨道曲线超高，宜采用外轨抬高超高值的一半、内轨降低超高值一半的办法设置；高架线、地面线的轨道曲线超高，宜采取外轨抬高超高值的办法设置。

6.2.10 曲线超高值应在缓和曲线内递减，无缓和曲线时，应在直线段递减。

超高顺坡率不宜大于 2‰，困难地段不应大于 3‰。

6.2.11 正线、联络线、出入线的直线和半径大于及等于 200m 曲线的整体道床地段、半径大于及等于 400m 曲线的碎石道床地段，以及长度大于 1000m 的试车线宜铺设温度应力式无缝线路。

高架桥上无缝线路应在适当位置设置钢轨伸缩调节器。

6.3 扣件、轨枕及道床

6.3.1 轨道结构高度根据不同结构型式，宜采用下列数值：

1 矩形隧道内混凝土整体道床为 560mm；

2 单线马蹄形隧道内混凝土整体道床为不小于 650mm；

3 单线圆形隧道内混凝土整体道床为不小于 740mm；

4 高架桥上整体道床为 500～520mm；

5 地面线碎石道床为 820～1000mm；

6 浮置板轨道为 750～900mm。

6.3.2 轨枕铺设数量应符合表 6.3.2 的规定。

表 6.3.2 轨枕铺设数量

序号	道床型式	轨枕铺设数量			
		正线 50kg/m、60kg/m 钢轨		辅助线	车场线
		直线及 R>400m 或坡度 i<20‰	R≤400m 或坡度 i≥20‰		
1	枕式整体道床（根<对>/km）	1600～1680	1680	1600	1440
2	减振轨道枕式整体道床（根<对>/km）	1600～1680	1680	1600	1440
3	混凝土枕碎石道床（根/km）	1600～1680	1680	1600	1440
4	无缝线路混凝土枕碎石道床（根/km）	1680～1760	1760～1840	1680～1760	—
5	木枕碎石道床（根/km）	1680～1760	1760～1840	1680	1440

6.3.3 扣件结构应力求简单，并应具有足够的强度和扣压力、适量的弹性和轨距、水平调整量和良好的绝缘、防腐性能。

6.3.4 不同道床型式的扣件设计，宜符合表 6.3.4 的规定。

表 6.3.4 扣件类型

道床型式	型式	扣压件	与轨枕联结方式
一般整体道床	弹性分开式	有螺栓弹条、无螺栓弹条	在轨枕预埋套管
高架桥上整体道床	弹性分开式	有螺栓弹条、小阻力	在轨枕预埋套管
混凝土枕碎石道床	弹性不分开式	有螺栓弹条、无螺栓弹条	轨枕内预埋螺栓或铁座
木枕碎石道床	弹性分开式	有螺栓弹条、无螺栓弹条	采用螺纹道钉
车场库内整体道床、检查坑	弹性分开式	有螺栓弹条、无螺栓弹条	在轨枕或立柱内预埋套管

6.3.5 长度大于 100m 的隧道内和隧道外 U 形结构地段及高架桥和大于 50m 的单体桥地段，宜采用短枕式或长枕式整体道床，并符合下列要求：

1 长、短轨枕混凝土强度等级应为 C50。长轨枕应采用预应力式，轨枕与道床联结应采取加强措施。

2 隧道内和隧道外 U 形结构地段，整体道床混凝土强度等级宜为 C30，高架桥上整体道床混凝土强

度等级宜为 C40，道床内应布筋并与排流筋结合。

道床与结构底板或桥面联结应采取加强措施。

3 轨下部位混凝土道床厚度，直线地段不宜小于 130mm、曲线地段不宜小于 110mm。

4 整体道床应设置伸缩缝，隧道内宜每隔 12.5m、U 形结构地段和高架桥上宜每隔 6m 设置一个。在结构沉降缝和高架桥梁缝处，应设置道床伸缩缝。

5 排水沟的纵向坡度应与线路坡度一致，线路平坡地段，排水沟纵向坡度不宜小于 2‰。

6 整体道床应设铺轨基标，基标宜设在排水沟内，并宜每隔 15～24m 保留一个供维修用的永久基标。

7 道床面应低于轨枕承轨面 30～40mm，道床面横向排水坡度不宜小于 3%。

6.3.6 地面正线宜采用混凝土枕碎石道床。

基底坚实、稳定，排水良好的地面车站地段，可采用整体道床。

6.3.7 车场库内线应采用短枕式整体道床。根据检修工艺要求可采用检查坑整体道床或立柱式道床结构。

地面的出入线、试车线和库外线宜采用混凝土枕碎石道床或木枕碎石道床。

6.3.8 碎石道床厚度应符合表 6.3.8 的规定。

表 6.3.8 碎石道床厚度

路基类型	道床厚度（mm）		
	正　线		车场线
非渗水土路基	双层	道碴 250	单层 250
		底碴 200	
岩石、渗水土路基	单层道碴 300		

桥梁上道碴槽内碎石道床厚度不应小于 250mm，与两端的道床厚度差应在桥台外不小于 10m 范围内递减。

6.3.9 正线、辅助线、出入线和试车线应采用一级道碴。车场线可采用二级道碴。

6.3.10 碎石道床材料应符合现行铁路标准《铁路碎石道碴》和《铁路碎石道床底碴》的规定。

6.3.11 正线、联络线、出入线和试车线无缝线路地段碎石道床道碴肩宽不应小于 400mm，非无缝线路地段道碴肩宽不应小于 300mm。无缝线路半径小于 800m、非无缝线路半径小于 600m 的曲线地段，曲线外侧道碴肩宽应增加 100mm，道床边坡均为 1∶1.75。

车场线碎石道床道碴肩宽不应小于 200mm，半径小于 300m 的曲线地段，曲线外侧道碴肩宽应增加 100mm，道床边坡均为 1∶1.5。

6.3.12 无缝线路碴肩应在碎石道碴上堆高 150mm，堆高道碴的坡度为 1∶1.75。

6.3.13 混凝土枕碎石道床顶面应与轨枕中部顶面平齐，木枕碎石道床顶面应低于木枕顶面 30mm。

6.3.14 正线、联络线、出入线和试车线的整体道床与碎石道床间应设轨道弹性过渡段。

同一曲线地段宜采用一种道床型式。

6.4 道岔及其道床

6.4.1 正线上道岔的钢轨类型应与正线的钢轨类型一致。

6.4.2 相邻道岔间插入短钢轨的最小长度应符合表 6.4.2 的规定。

表 6.4.2 道岔间插入短钢轨最小长度

道岔位置		线　别	插入短钢轨长度 L	
			一般地段（m）	困难地段（m）
对向单开道岔	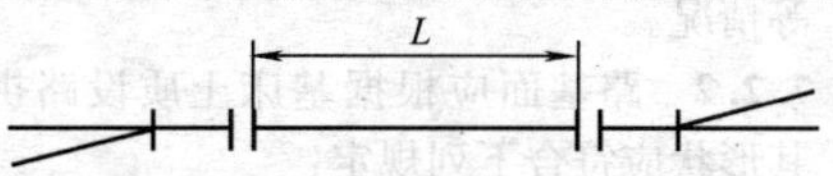	正线及辅助线	12.5	6.25
		车场线	4.5	0
顺向单开道岔	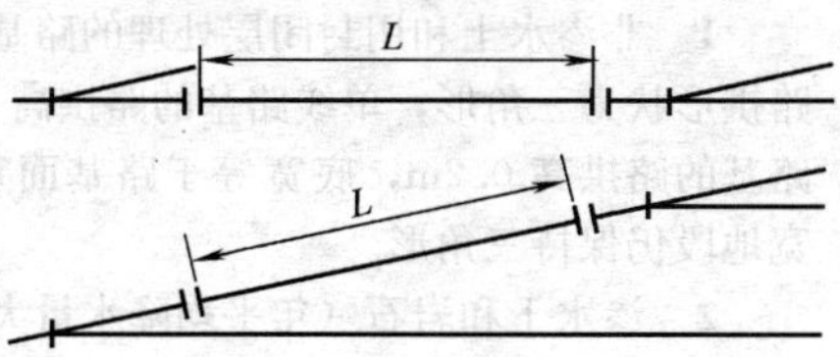	正线及辅助线	6.25	4.5
		车场线	4.5	3.0
反向单开道岔	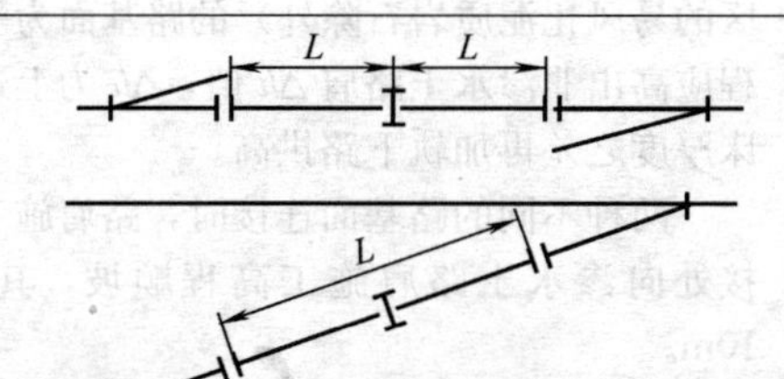	正线	6.25	4.5
		辅助线	6.25	0
		车场线	4.5	0

6.4.3 正线、辅助线和试车线应采用不小于9号的各类道岔，车场线咽喉区应采用不大于7号的各类道岔，并宜采用AT尖轨、高锰钢辙叉和可调式护轨。

道岔上应采用弹性分开式扣件。

6.4.4 隧道内和高架桥上的道岔区宜采用短枕式整体道床，车场线道岔宜采用碎石道床。

6.5 减振轨道结构

6.5.1 一般减振轨道结构可采用无缝线路、弹性分开式扣件和整体道床或碎石道床。

6.5.2 线路中心距离住宅区、宾馆、机关等建筑物小于20m及穿越地段，宜采用较高减振的轨道结构，即在一般减振轨道结构的基础上，采用轨道减振器扣件或弹性短枕式整体道床或其他较高减振轨道结构型式。

6.5.3 线路中心距离医院、学校、音乐厅、精密仪器厂、文物保护和高级宾馆等建筑物小于20m及穿越地段，宜采用特殊减振轨道结构，即在一般减振轨道结构的基础上，采用浮置板整体道床或其他特殊减振轨道结构型式。

6.6 轨道附属设备及安全设备

6.6.1 车场线半径小于200m的曲线木枕碎石道床配用普通铁垫板及普通道钉地段，应设置绝缘轨距拉杆，每25m钢轨设6～10根。

6.6.2 高架桥上，在下列地段宜设置防脱护轨：

1 半径小于500m曲线的缓圆（圆缓）点，缓和曲线部分35m、圆曲线部分15m的范围内曲线下股钢轨内侧；

2 双线高架桥跨越城市干道和铁路地段及其以外各20m范围内，在靠近高架桥中线侧的钢轨内侧；单线高架桥上述地段两股钢轨内侧；

3 竖曲线与缓和曲线重叠处，重叠范围内两股钢轨内侧。

6.6.3 正线、辅助线和试车线的末端宜采用缓冲滑动式车挡。

库内线末端宜采用固定式车挡。

6.7 线路标志及有关信号标志

6.7.1 地铁应设下列标志：

1 线路标志：百米标、坡度标、曲线要素标、曲线始终点标、道岔编号标、水准基点标、桥号标、涵洞标、水位标等；

2 有关信号标志：限速标、停车位置标、警冲标等。

6.7.2 百米标、坡度标、限速标、停车位置标、警冲标等标志，宜采用反光材料制作。警冲标设在两设备限界相交处，其余标志安装在行车方向右侧司机易见的位置上。

7 路 基

7.1 一般规定

7.1.1 路基是地铁工程的重要组成部分，直接承受轨道和车辆荷载。路基工程作为土工结构物，必须具有足够的强度、稳定性和耐久性。

7.1.2 轨道和车辆荷载应根据采用的轨道结构及车辆的轴重、轴距等参数计算，并用换算土柱高度来代替。

7.1.3 路基工程设计应优先采用新技术、新结构、新材料和新工艺，并采用机械化施工。

7.1.4 路基设计应符合环境保护的要求，重视沿线的绿化设计，结构设计应与邻近的建筑物相协调。

7.1.5 路基工程应做好防排水设计，确保排水通畅。

7.1.6 路肩及边坡上不应设置电缆沟槽，困难情况下必须设置时，应采取适当措施，并及时回填夯实，确保路基的完整稳定。在路基上设置其他杆架、管线等设备时，也必须采取保证路基稳定的措施。

7.1.7 根据维修要求可适当设置养路机械平台，间距宜采用500m。在双线地段可采用两侧交错布置，单线地段可采用一侧布置。若采用移动平台时可不设。

7.2 路基设计

7.2.1 路基路肩高程应高出线路通过地段的最高地下水位和最高地面积水水位，应加毛细水强烈上升高度和有害冻胀深度或蒸发强烈影响深度，再加0.5m。若采取降低水位、设置毛细水隔断层等措施时，可不受此限制。

路肩高程还应考虑与城市其他交通的衔接和相交等情况。

7.2.2 路基面应根据基床土质设路拱或做成平面，其形状应符合下列规定：

1 非渗水土和用封闭层处理的路基面应设路拱。路拱形状为三角形，单线路基的路拱高0.15m，双线路基的路拱高0.2m，底宽等于路基面宽度，曲线加宽地段仍保持三角形。

2 渗水土和岩石（年平均降水量大于400mm地区的易风化泥质岩石除外）的路基面为平面。路肩高程应高出非渗水土路肩Δh值，Δh为上述两种路基道床厚度之差再加轨下路拱高。

两种不同的路基面连接时，路肩施工高程应由衔接处向渗水土路肩施工高程顺坡，其长度不小于10m。

7.2.3 路基面宽度应根据正线数目、配线情况、线

间距、轨道结构尺寸、路基面形状、曲线加宽、路肩宽度等计算确定。

当路肩埋有设备时，路堤及路堑的路肩宽度均不得小于0.6m，无埋设设备时路肩宽度均不得小于0.4m。

7.2.4 区间曲线地段的路基面宽度，单线应在曲线外侧，双线应在外股曲线外侧按表7.2.4的数值加宽。加宽值在缓和曲线范围内线性递减。

表7.2.4 曲线地段路基面加宽值

曲线半径 R（m）	路基面外侧加宽值（m）
$R \leqslant 600$	0.5
$600 < R \leqslant 800$	0.4
$800 < R \leqslant 1000$	0.3
$1000 < R \leqslant 2000$	0.2
$2000 < R \leqslant 5000$	0.1

7.2.5 路堤及路堑边坡坡度应根据填料或土质的物理力学性质、边坡高度、列车荷载和地基工程地质条件确定，路堤边坡坡度一般取1∶1.5。

路堤坡脚外应设宽度不小于1.0m的天然护道。

7.2.6 路基基床分表层和底层，表层厚度应不小于0.4m，底层厚度应不小于1.1m。基床厚度以路肩施工高程为计算起点。

7.2.7 路堤基床表层填料应优先选用A、B组填料，基床底层填料可选用A、B、C组填料。使用B组填料中砂粘土及C组填料中的粉土、粉粘土和卵石土、碎石土、圆砾土、角砾土中细粒土含量大于30%时，在年平均降水量大于500mm的地区，其塑性指数不得大于12，液限不得大于32%。

填料分类按现行《铁路路基设计规范》执行。

7.2.8 路基基床各层的压实度按表7.2.8执行。

表7.2.8 基床土的压实度

层位	填料类别 / 压实指标	细粒土和粘砂、粉砂	细砂、中砂、粗砂、砾砂	砾石类	碎石类
表层	压实系数 K_h	0.91	—	—	—
	地基系数 K_{30}（MPa/cm）	0.9	1.0	1.2	1.2
	相对密度 D_r	—	0.75	0.75	—
底层	压实系数 K_h	0.89	—	—	—
	地基系数 K_{30}（MPa/cm）	0.8	0.8	1.0	1.0
	相对密度 D_r	—	0.7	0.7	—

注：1 K_h为重型击实试验的压实系数；

2 K_{30}为30cm直径荷载板试验得出的地基系数，一般取下沉量为0.125cm的荷载强度。

7.2.9 高度小于基床厚度的低路堤，基床表层厚度范围内天然地基的土质及其压实度应符合本规范第7.2.8条的规定。基床底层厚度范围内天然地基为冲积细粒土时，其静力触探比贯入阻力 P_s 值不得小于1MPa。

7.2.10 路堑基床表层的压实度不应小于表7.2.8的规定值，否则应采取压实措施。基床底层为软弱土层时，其静力触探比贯入阻力 P_s 值不得小于1MPa。

7.2.11 基床以下部分的填料可选用A、B、C组填料。路堤浸水部位的填料，应选用渗水土填料，当渗水土填在非渗水土上时，非渗水土层顶面应向两侧设4%的人字横坡。基床以下部分填料的压实度应符合表7.2.11的规定。

表7.2.11 基床以下部分填料的压实度

填筑部位	填料类别 / 压实指标	细粒土和粘砂、粉砂	细砂、中砂、粗砂、砾砂	砾石类	碎石类
不浸水部分	压实系数 K_h	0.86	—	—	—
	地基系数 K_{30}（MPa/cm）	0.7	0.7	0.8	0.8
	相对密度 D_r	—	0.65	0.65	—
浸水部分及路桥过渡段	压实系数 K_h	0.89	—	—	—
	地基系数 K_{30}（MPa/cm）	0.8	0.8	1.0	1.0
	相对密度 D_r	—	0.7	0.7	—

注：在年平均降水量小于400mm地区，压实系数可按表列数值减少0.05。

7.2.12 路堤基底处理应符合下列要求：

1 地基表层为人工杂填土时，必须清除换填。碾压后，其压实度应根据其不同部位分别满足表7.2.8、表7.2.11的要求；

2 基底有地下水影响路堤稳定时，应采取拦截引排至基底范围以外或在路堤底部填筑渗水土；

3 若地基表层为软弱土层，其静力触探比贯入阻力 P_s 值小于1MPa时，应进行地基稳定性检算并采取排水疏干、清除淤泥、换填片石或砂砾石等方法，也可采用土工合成材料进行加固，加固后的地基承载力应满足其上部荷载的要求。

7.3 路基支挡结构物

7.3.1 路基在下列情况下应修筑支挡结构物：

1 路基位于陡坡地段或风化的路堑边坡地段；

2 为避免大量挖方及降低边坡高度的路堑地段；

3 为节约用地，少占农田和城市用地的地段；

4 为保护重要的既有建筑物及其他特殊条件和生态环境需要的地段；

7.3.2 支挡结构物设计应符合下列要求：

1 在各种设计荷载作用下，应满足稳定性、坚固性和耐久性要求；

2 结构类型及其设置位置，应做到安全可靠、经济合理、技术先进和便于施工及养护，同时应与周围环境协调；

3 使用的材料应保证耐久、耐腐蚀。混凝土结构宜采用预制构件；

4 路堤或路肩挡土墙的墙后填料及其压实度应符合表7.2.8、7.2.11的规定；

5 支挡结构物与桥台、地下结构、既有支挡结构物连接时应平顺衔接；

6 需设置照明灯杆、电缆支架和声屏障立柱等设施的路基挡土墙地段，应预留上述设施的位置，并保证挡土墙的完整、稳定。

7.3.3 路肩挡土墙的平面位置，在直线地段应按路基宽度确定，曲线地段宜按折线形布置，并应符合曲线路基加宽的规定。在折线处应设沉降缝。

7.3.4 路堤或路肩挡土墙与路堤连接可采用锥体填土坡面，挡土墙端部深入路堤内应不小于0.75m，路堤锥体顺线路方向的坡度应不大于1∶1.25。

路堤或路肩挡土墙嵌入原地层的深度，土层应不小于1.5m，弱风化的岩石应不小于1.0m，微风化的岩石应不小于0.5m。

挡土墙基础埋置深度不应小于1m，同时在最大冻结深度以下不应小于0.25m。

7.3.5 支挡结构物设计时，所采用的荷载力系、荷载组合及检算要求可按现行铁路路基支挡结构物的有关规范、规则执行。

7.3.6 当支挡结构物上有声屏障等附属设施时，还应该考虑增加的风荷载等附加荷载。

采用装配式挡土墙时，尚应检算连接部分的焊接强度。

7.4 路基排水及防护

7.4.1 路基应有完善的排水系统，并宜利用市政排水设施。排水设施应布置合理，当与桥涵、隧道、车站等排水设施衔接时，应保证排水畅通。

7.4.2 排水设施应按下列原则布置：

1 在路堤天然护道外设置单侧或双侧排水沟；

2 路堑应于路肩两侧设置侧沟；

3 堑顶外应设置单侧或双侧天沟。

7.4.3 地面横坡明显地段，排水沟、天沟可在上方一侧设置。若地面横坡不明显，宜在路基两侧设置。

7.4.4 路堑顶部天沟内边缘至堑顶距离不宜小于5m，当天沟采取加固防渗时，不应小于2m。

7.4.5 路基排水纵坡不应小于2‰；地面平坦地段或反坡排水地段，仅在困难情况下可减少至1‰。

7.4.6 排水沟的横断面应按流量及用地情况确定，并确保边坡稳定。

7.4.7 对路基有危害的地下水，应根据地下水类型、含水层的埋藏深度、地层的渗透性等条件，设置暗沟（管）、渗沟、检查井等地下排水设施。

地下排水设施的类型、位置及尺寸应根据工程地质和水文地质条件确定。

7.4.8 对受自然因素作用易产生损坏的路基边坡坡面，应根据边坡的土质、岩性、水文地质条件、边坡坡度与高度以及周围景观等，选用适宜的防护措施。

在适宜于植物生长的土质边坡上应优先选用种草、铺草皮等方式进行绿化美化。

8 车站建筑

8.1 一般规定

8.1.1 车站的总体布局，应符合城市规划、城市交通规划、环境保护和城市景观的要求，妥善处理好与地面建筑、地下管线、地下构筑物等之间的关系。

8.1.2 车站设计必须满足客流需求，保证乘降安全、疏导迅速、布置紧凑、便于管理，并具有良好的通风、照明、卫生、防灾等设施，为乘客提供舒适的乘车环境。

8.1.3 地铁各线路之间及与其他轨道交通线路交会处的换乘站，换乘设施的通过能力应满足预测的远期换乘客流量的需要。不能同步实施时，应预留接口。

8.1.4 车站的站厅、站台、出入口通道、人行楼梯、自动扶梯、售检票口（机）等部位的通过能力应按该站远期超高峰客流量确定。超高峰设计客流量为该站预测远期高峰小时客流量（或客流控制时期的高峰小时客流量）乘以1.1～1.4超高峰系数。

8.1.5 车站设计宜考虑地下、地上空间综合利用。

8.1.6 车站应建设无障碍设施。

8.1.7 地下车站的土建工程宜一次建成。地面车站、高架车站及地面建筑可分期建设。

8.1.8 车站的防灾设计应按本规范第19章的规定执行。

8.2 车站总体布置

8.2.1 车站平面形式应根据线路特征、营运要求、地上和地下环境及施工方法等条件确定。站台可选用岛式、侧式或岛侧混合式等形式。

8.2.2 车站竖向布置根据线路敷设方式、周边环境及城市景观等因素，可选取地下一层、地下多层、路堑式、地面、高架一层、高架多层等形式。但地下车站宜浅，车站层数宜少。有条件的地下或高架车站应尽量考虑站厅和设备及管理用房设于地面。

8.2.3 换乘车站应根据地铁线网规划、线路敷设方式、地上及地下周边环境、换乘量的大小等因素，可选取同车站平行换乘、同站台平面换乘、站台上下平行换乘、站台间的“十”字形、“T”形、“L”形、

"H"形等换乘及通道换乘形式，且应形成在付费区内换乘。

8.2.4 车站出入口与风亭的位置，应根据周边环境及城市规划要求进行合理布置。出入口位置应有利于客流吸引和疏散；风亭位置在满足功能要求的前提下，尚应满足规划、环保和城市景观的要求。

8.2.5 地铁车站应设公共厕所，并应根据需要与可能在靠近位置设置自行车和汽车的停放场地。

8.3 车站平面

8.3.1 站台计算长度应采用远期列车编组长度加停车误差。

8.3.2 站台宽度应按车站客流量计算确定，但不得小于本章表8.3.17-1规定的数值。

8.3.3 设置在站台层两端的设备和管理用房，必要时可伸入站台计算长度内，但不应超过半节车厢长度，且不得侵入侧站台计算宽度，并应满足距梯口的距离不小于8m。

8.3.4 站台上的人行楼梯和自动扶梯宜沿纵向均匀设置，同时应满足站台计算长度内任一点距最近梯口或通道口的距离不得大于50m。

8.3.5 采用屏蔽门系统的车站结构立柱可设在站台边缘，但必须满足限界和屏蔽门设置的要求。

8.3.6 敞开式的车站应根据气候条件，在站台上设置风雨棚或封闭的候车棚，其体量、造型应考虑城市景观要求。

8.3.7 距站台边缘400mm处应设不小于80mm宽的纵向醒目安全线。采用屏蔽门时不设安全线。

8.3.8 站台边缘与车辆外边之间的空隙，在直线段宜为80～100mm，在曲线段应不大于180mm。

站台面应低于空载车辆地板面50～100mm。

8.3.9 人行楼梯和自动扶梯的总量布置除应满足上、下乘客的需要外，还应按站台层的事故疏散时间不大于6min进行验算。消防专用梯及垂直电梯不计入事故疏散用。

8.3.10 站台层的事故疏散时间按下列公式计算：

$$T=1+\frac{Q_1+Q_2}{0.9\,[A_1\,(N-1)+A_2B]}\qquad(8.3.10)$$

式中 Q_1——一列车乘客数（人）；

Q_2——站台上候车乘客和站台上工作人员（人）；

A_1——自动扶梯通过能力［人/(min·m)］；

A_2——人行楼梯通过能力［人/(min·m)］；

N——自动扶梯台数；

B——人行楼梯总宽度（m）。

8.3.11 站厅公共区布置应满足功能分区要求，尽量避免进、出站及换乘人流路线之间的相互干扰。

检票口（机）宜垂直于人流方向布置。付费区内应设补票亭。检票口（机）处宜设监票亭。条件合适时，可考虑监票、补票合一设置。

8.3.12 售票处距出入通道口和进站检票处的距离不小于5m，出站检票处距梯口的距离不小于8m。

8.3.13 车站控制室位置要便于对售检票口（机）、人行楼梯和自动扶梯部位的观察，其地面宜高于站厅地面450～600mm。

8.3.14 售、检票方式应根据具体情况，采用人工式、半自动或自动式。近、远期分期实施时应预留条件。

8.3.15 地下车站的设备、管理用房布置应紧凑合理，主要管理用房应集中一端布置。

8.3.16 车站乘客通过各部位的最大通过能力，宜符合表8.3.16的规定。

表8.3.16 车站各部位的最大通过能力

部位名称			每小时通过人数
1m宽楼梯	下行		4200
	上行		3700
	双向混行		3200
1m宽通道	单向		5000
	双向混行		4000
1m宽自动扶梯	输送速度0.5m/s		8100
	输送速度0.65m/s		不大于9600
人工售票口			1200
自动售票机			300
人工检票口			2600
自动检票机	三杆式	磁卡	1500
		非接触IC卡	1800
	门扉式	磁卡	1800
		非接触IC卡	2100

8.3.17 车站各建筑部位的最小宽度和最小高度，应符合表8.3.17-1和表8.3.17-2的规定。

表8.3.17-1 车站各部位的最小宽度

名　称	最小宽度（m）
岛式站台	8
岛式站台的侧站台	2.5
侧式站台（长向范围内设梯）的侧站台	2.5
侧式站台（垂直于侧站台开通道口）的侧站台	3.5
通道或天桥	2.4
单向公共区人行楼梯	1.8
双向公共区人行楼梯	2.4
与自动扶梯并列设置的人行楼梯（困难情况下）	1.2
消防专用楼梯	0.9
站台至轨道区的工作梯（兼疏散梯）	1.1

表 8.3.17-2 车站各部位的最小高度

名　　称	最小高度（m）
站厅公共区（地面装饰面至吊顶面）	3
地下车站站台公共区（地面装饰面至吊顶面）	3
地面、高架车站站台公共区（地面装饰面至风雨棚）	2.6
站台、站厅管理用房（地面装饰面至吊顶面）	2.4
通道或天桥（地面装饰面至吊顶面）	2.4
人行楼梯和自动扶梯（踏步面沿口至吊顶面）	2.3

8.4 车站环境设计

8.4.1 车站建筑设计应简洁、明快、大方，易于识别，适度装修，充分利用结构美，体现现代交通建筑的特点。地面、高架车站设计应因地制宜，并尽可能减小体量和使其具有良好的空透性。

8.4.2 装修应采用防火、防潮、防腐、耐久、易清洁的环保材料，应便于施工与维修，可能条件下兼顾吸声。地面材料应防滑、耐磨。

8.4.3 照明灯具要节能、耐久，尽可能采用深罩明露式。半敞开式风雨棚的地面、高架站的灯具应能防水、防尘。照度标准应符合本规范第 14 章的规定。

8.4.4 车站内应设置各种导向、事故疏散、服务乘客的标志。

8.4.5 车站公共区内可适度设置广告，其位置、色彩不得干扰导向、事故疏散、服务乘客的标志。

8.4.6 不采用屏蔽门系统的车站，应考虑车站行车区的吸声处理。有噪声源的房间，应采取隔声、吸声措施。

8.4.7 地面、高架车站应综合考虑噪声、振动的防治措施。当采用声屏障时，应综合考虑功能和城市景观的要求。

8.5 车站出入口

8.5.1 车站出入口的数量，应根据吸引与疏散客流的要求设置，但不得少于两个。每个出入口宽度应按远期分向设计客流量乘以 1.1～1.25 不均匀系数计算确定。

8.5.2 车站出入口布置应与主客流的方向相一致，宜与过街天桥、过街地道、地下街、邻近公共建筑物相结合或连通，统一规划，同步或分期实施。如兼作过街地道或天桥时，其通道宽度及其站厅相应部位应计入过街客流量，同时考虑地铁夜间停运时的隔离措施。

8.5.3 设于道路两侧的出入口宜平行或垂直于道路红线，距道路红线的距离，一般情况下，应按当地规划部门要求确定。当出入口开向城市主干道时，应有一定面积的集散场地。

8.5.4 地下车站出入口的地面标高应高出室外地面，并应满足当地防洪要求。

8.5.5 车站地面出入口的建筑形式，应根据所处的具体位置和周边建筑规划要求确定。地面出入口可做成合建式或独立式，但应优先采用与地面建筑或风亭合建式。

8.5.6 地下出入口通道力求短、直，通道的弯折不宜超过三处，弯折角度宜大于 90°。地下出入口通道长度不宜超过 100m，超过时应采取能满足消防疏散要求的措施。有条件时宜设自动人行道。

8.6 风井与冷却塔

8.6.1 地下车站按通风、空调工艺要求设活塞风井、进风井和排风井。在满足功能的前提下，根据地面建筑的现状或规划要求，风井可集中或分散布置。

8.6.2 地面风亭的设置应尽量与地面建筑相结合。对于单建的风亭，如城市环境有特殊要求时，可采用敞口低风井，风井底部应有排水设施，风口最低高度应满足防淹要求，开口处应有安全装置。风井的周边应绿化。

8.6.3 单建或与建筑物合建的风亭，其口部距其他建筑物距离应不小于 5m。当风亭设于路边时，风亭开口底距地面的高度应不小于 2m。

8.6.4 对于采用集中式空调系统的地下车站设在地面的冷却塔，其造型、色彩、位置应尽量符合城市规划、景观及环保要求。对于有特殊要求的地段，冷却塔可采用下沉式或全地下式，但必须满足工艺要求。

8.7 人行楼梯、自动扶梯、电梯、屏蔽门

8.7.1 乘客使用的人行楼梯宜采用 26°34′倾角，其宽度单向通行不小于 1.8m，双向通行不小于 2.4m。当宽度大于 3.6m 时，应设置中间扶手。楼梯宽度应符合建筑模数。

每个梯段不超过 18 步。休息平台长度宜采用 1.2～1.8m。

8.7.2 车站出入口的提升高度超过 6m 时，应设上行自动扶梯；超过 12m 时应考虑上、下行均设自动扶梯。站厅与站台间应设上行自动扶梯，高差超过 6m 时，上、下行均应设自动扶梯。分期建设的自动扶梯应预留位置。

8.7.3 自动扶梯应采用 30°倾角，有效净宽为 1m，运输速度宜采用 0.65m/s，设计通过能力应不大于 9600 人/h。上、下两端水平运行梯级数不得小于三块平级梯。作为事故疏散用的自动扶梯，应采用一级负荷供电。

8.7.4 当自动扶梯穿越楼层，且扶手带中心至开孔

边缘的净距小于 400mm 时，应设防碰撞安全标志；当自动扶梯靠墙布置时，扶手带中心至墙装饰面的距离应不小于 400mm。

8.7.5 两台相对布置的自动扶梯工作点间距不得小于 16m；自动扶梯工作点至前面影响通行的障碍物间距不得小于 8m；自动扶梯与人行楼梯相对布置时，自动扶梯工作点至楼梯第一级踏步的间距不得小于 12m。

8.7.6 车站主要管理区内的站厅与站台层间应设人行楼梯，也可设置电梯。

8.7.7 屏蔽门的设计应满足负载强度、气密性等功能要求和经济实用原则，并应做到安全、可靠、检修方便、造型美观。

8.7.8 屏蔽门的设置应符合本规范第 4 章限界的有关规定。

8.7.9 屏蔽门应相对于站台计算长度中心线对称纵向布置，滑动门设置应与列车门一一对应。首末两节车辆驾驶室门不应包在屏蔽门长度范围内。滑动门的开启净宽度不小于车辆门宽度加停车误差，其净高度不小于 2m。

8.7.10 对于呈坡度的站台，要求屏蔽门以同坡度垂直于站台面设置。安装屏蔽门的地面在站台全长上的平整度误差应不大于 15mm。

8.7.11 设置屏蔽门车站的站台端部，应设向站台内侧开启的端门，供司机、站台管理人员及区间事故疏散人员用。沿站台长度方向设内侧开启的应急门，为特殊情况下乘客疏散用。站台每一侧应急门数量为远期列车编组数。

8.7.12 屏蔽门的门体材料宜采用金属材料和安全玻璃。屏蔽门不作为车站防火分隔设施。

8.7.13 屏蔽门在土建结构的诱导缝、变形缝等处应采取相适应的构造措施。

8.7.14 当屏蔽门的驱动装置采用电动时，其电源为一级负荷，且备用电源的容量，能使屏蔽门控制系统在 1h 内对每侧滑动门开/关操作 5 次。

8.7.15 屏蔽门无故障使用次数不小于 100 万次。

8.7.16 屏蔽门应有良好的绝缘和接地，保证乘客安全。

8.7.17 屏蔽门应有明显的安全标志和使用标志，方便乘客识别。

9 高架结构

9.1 一般规定

9.1.1 本章适用于区间高架结构（高架桥）、车站高架结构中轨道梁、支承轨道梁的横梁、支承横梁的柱等构件及柱下基础的结构设计，上述结构本章未包括的内容均按现行铁路桥涵设计规范执行。

车站高架结构中其他构件的设计应按现行建筑设计规范执行。

9.1.2 区间高架结构应构造简洁、力求标准化，并须满足耐久性要求，满足列车安全运行和乘客乘坐舒适度的要求。地铁高架结构作为城市建筑物，其建筑形式应充分考虑城市景观的要求。

9.1.3 区间高架桥上部结构应优先采用预应力混凝土结构。结构除满足规定的强度外，要有足够的竖向刚度、横向刚度，并保证结构的整体性和稳定性。一般地段宜采用等跨简支梁式桥跨结构。宜推广采用预制架设的设计、施工方法。

9.1.4 高架结构墩位布置应符合城市规划要求。跨越铁路、道路时桥下净空应满足铁路、道路限界要求并预留结构沉降量、铁路抬道量或公路路面翻修高度；跨越排洪河流时，应按 1/100 洪水频率标准进行设计，技术复杂、修复困难的大桥、特大桥应按 1/300 洪水频率标准进行检算；跨越通航河流时，其桥下净空应根据航道等级，满足现行国家标准《内河通航标准》的要求。

9.1.5 钢筋混凝土与预应力混凝土梁式桥跨结构在列车静活载作用下，其竖向挠度不应超过表 9.1.5 的容许值。

表 9.1.5 梁式桥跨结构竖向挠度容许值

跨 度	挠度容许值
$L \leqslant 30m$	$L/2000$
$L > 30m$	$L/1500$
注：表中 L 为梁的跨度（m）。	

9.1.6 梁式桥跨结构的横向自振频率应不小于 $90/L$，L 为桥梁跨度（m）。

9.1.7 采用无缝线路的区间简支梁高架结构桥墩墩顶纵向水平线刚度应满足表 9.1.7 的要求。单线桥梁桥墩纵向水平刚度取用表中值的 1/2。

表 9.1.7 桥墩墩顶纵向水平线刚度（双线）

跨度 L（m）	最小水平刚度（kN/cm）	附 注
$L \leqslant 20$	240	不设钢轨伸缩调节器
$20 < L \leqslant 30m$	320	不设钢轨伸缩调节器
$30 < L \leqslant 40m$	400	不设钢轨伸缩调节器

9.1.8 高架结构墩顶的弹性水平位移应符合下列规定：

顺桥方向：　$\Delta \leqslant 5\sqrt{L}$

横桥方向：　$\Delta \leqslant 4\sqrt{L}$

式中　L——桥梁跨度（m）；当为不等跨时采用相邻跨中的较小跨度。当 $L<25$m 时，L 按25m计；

Δ——桥墩顶面处顺桥或横桥方向水平位移（mm），包括由于墩身和基础的弹性变形及基底土弹性变形的影响。

9.1.9　高架结构墩台基础的沉降应按恒载计算。

对于外静定结构，其总沉降量与施工期间沉降量之差，不应超过下列容许值：

墩台均匀沉降量：　50mm；

相邻墩台沉降量之差：　20mm。

对于外静不定结构，其相邻墩台不均匀沉降量之差的容许值还应根据沉降对结构产生的附加影响来确定。

9.2　荷　　载

9.2.1　地铁高架结构设计，应根据结构的特性，按表9.2.1所列的荷载，就其可能出现的最不利组合情况进行计算。

表9.2.1　高架结构荷载分类表

荷载分类		荷载名称
主力	恒载	结构自重 附属设备和附属建筑自重 预加应力 混凝土收缩及徐变影响 基础变位的影响 土压力 静水压力及浮力
	活载	列车竖向静活载 列车竖向动力作用 列车离心力 无缝线路纵向水平力 列车活载产生的土压力 人群荷载
附加力		列车制动力或牵引力 列车横向摇摆力 风力 温度影响力 流水压力
特殊荷载		无缝线路断轨力 船只或汽车的撞击力 地震力 施工临时荷载

续表9.2.1

荷载分类	荷载名称
注：1　如杆件的主要用途为承受某种附加力，则在计算此杆件时，该附加力应按主力计； 2　列车横向摇摆力不与离心力、风力组合； 3　无缝线路纵向力不与本线制动力或牵引力组合； 4　无缝线路断轨力及船只或汽车撞击力，只计算其中一种荷载与主力相组合，不与其他附加力组合； 5　流水压力不与制动力或牵引力组合； 6　地震力与其他荷载的组合应按现行国家标准《铁路工程抗震设计规范》的规定执行； 7　计算中要求考虑的其他荷载，可根据其性质，分别列入上述三类荷载中。	

9.2.2　高架结构设计，仅需考虑主力与一个方向（纵向或横向）的附加力组合。

9.2.3　根据不同的荷载组合，应将材料基本容许应力和地基容许承载力乘以不同的提高系数。对预应力混凝土结构中的强度和抗裂性计算，应采用不同的安全系数。

9.2.4　计算结构自重时，一般材料重度应按现行铁路桥涵设计规范规定取用；对于附属设备和附属建筑的自重或材料重度，可按所属专业的现行规范或标准取用。

9.2.5　列车竖向静活载确定应符合下列规定：

1　列车竖向静活载图式按本线列车的最大轴重、轴距及近、远期中最长的列车编组确定。

2　单线和双线高架结构，按列车活载作用于每一条线路确定。

3　多于两线的高架结构，按下列最不利情况考虑：

1）按两条线路在最不利位置承受列车活载，其余线路不承受列车活载；

2）所有线路在最不利位置承受75%的活载。

4　影响线加载时，活载图式不可任意截取，但对影响线异符号区段，轴重按80kN计。

9.2.6　列车竖向活载包括列车动力作用时，为列车竖向静活载乘以动力系数（$1+\mu$）。μ 宜按现行《铁路桥涵设计基本规范》规定的值乘以0.8。

9.2.7　位于曲线上的高架结构应考虑列车产生的离心力，其大小等于列车静活载乘以离心力率 C。C 值按下式计算：

$$C=\frac{V^2}{127R} \tag{9.2.7}$$

式中　V——本线设计最高列车速度（km/h）；

R——曲线半径（m）。

离心力作用于轨顶以上车辆重心处。

9.2.8 列车横向摇摆力宜按相邻两节车四个轴轴重的15%计，以集中力形式作用于轨顶面处。

9.2.9 列车制动力或牵引力应按列车竖向静活载的15%计算，当与离心力同时计算时，可按竖向静活载10%计算。

区间双线桥应采用一线的制动力或牵引力；三线或三线以上的桥应采用二线的制动力或牵引力。

高架车站及与车站相邻两侧100m范围内的区间双线桥应按双线制动力或牵引力计，每线制动力或牵引力值为竖向静活载的10%。

制动力或牵引力作用于轨顶以上车辆重心处，但计算墩台时移至支座中心处，计算刚架结构移至横梁中线处，均不计移动作用点所产生的力矩。

9.2.10 活载在桥台后破坏棱体上引起的侧向土压力，应将活载换算成当量均布土层厚度计算。

9.2.11 无缝线路的纵向水平力（伸缩力、挠曲力）和无缝线路的断轨力，应根据梁、轨共同作用的原理进行计算，并作用于墩台上的支座中心处。

断轨力为特殊荷载，单线及多线桥只计算一根钢轨的断轨力。

同一根钢轨作用于墩台顶的伸缩力、挠曲力、断轨力不作叠加。

9.2.12 区间高架结构及本规范9.1.1条所列的车站高架结构中适用本章规定的构件，风荷载按现行《铁路桥涵设计基本规范》的规定执行。

9.2.13 温度变化的作用及混凝土收缩的影响，可按现行《铁路桥涵设计基本规范》的规定执行。

结构构件截面的不同侧面或内外面温差很大时，应考虑温度梯度产生的内部应力。

9.2.14 桥墩承受的船只撞击力，可按现行《铁路桥涵设计基本规范》的规定执行。

9.2.15 墩柱有可能受汽车撞击时，应设防撞保护设施。当无法设置防护设施时，必须考虑汽车对墩柱的撞击力。撞击力顺行车方向采用1000kN，横行车方向采用500kN，作用在路面以上1.20m高度处。

9.2.16 车站站台、楼板和楼梯等部位的人群均布荷载值应采用4.0kPa。

9.2.17 设备用房楼板的计算荷载应根据设备安装、检修和正常使用的实际情况（包括动力效应）确定，其值不得小于4.0kPa。

9.2.18 高架结构的挡板结构，除考虑其自重及风荷载外，尚应考虑0.75kN/m的水平推力和0.36kN/m的竖向压力，该项荷载作为附加力可与风力组合。水平推力作用于桥面以上1.2m处。

9.2.19 地震力的作用，应按现行国家标准《铁路工程抗震设计规范》的相关规定计算。

9.2.20 高架结构应按不同施工阶段的施工荷载加以检算。

9.3 结构设计

9.3.1 钢筋混凝土、预应力混凝土和钢结构，应按容许应力法设计。其材料、容许应力、结构安全系数、结构计算方法及构造要求应符合现行《铁路桥涵钢筋混凝土和预应力混凝土结构设计规范》和《铁路桥梁钢结构设计规范》的规定。

9.3.2 当无缝线路断轨力参与荷载组合时，钢筋混凝土中心受压、弯曲受压、偏心受压、局部承压容许应力及钢材的容许应力提高系数为1.4。

9.3.3 当无缝线路断轨力参与组合时，预应力混凝土强度安全系数采用1.7，抗裂安全系数采用1.1。

9.3.4 预应力混凝土结构进行运营阶段各项应力、裂缝验算时，无缝线路断轨力应按"特种超载荷载"处理。运营阶段验算时各项应力的限值应按现行《铁路桥涵钢筋混凝土和预应力混凝土结构设计规范》的规定执行。混凝土和砌体结构应按现行《铁路桥涵混凝土和砌体结构设计规范》的规定执行。

9.3.5 支座宜采用橡胶支座，跨度不大于30m的梁可采用板式橡胶支座，但板式橡胶支座应区分固定和活动两类，并且应有横向限位装置。橡胶板反力应按现行《铁路桥梁板式橡胶支座规格原则》的规定取值。跨度大于30m的梁宜采用盆式橡胶支座，其反力应按现行《铁路盆式橡胶支座》的规定取值，活动支座（纵向或多向）的纵向位移量可按±50mm、±100mm、±150mm、±200mm和±250mm设计；多向活动支座横向位移可按±40mm设计。支座计算应符合现行《铁路桥涵钢筋混凝土和预应力混凝土结构设计规范》的规定。

9.3.6 高架结构基础设计，应符合现行《铁路桥涵地基和基础设计规范》的规定；地基的物理力学指标应与现行《铁路桥涵地基和基础设计规范》中的规定相符。当无缝线路断轨力参与荷载组合时，地基容许承载力$[\sigma_0]$和单桩轴向容许承载力可提高40%。

9.3.7 为避免脱轨情况下不致遭受过多损害，不设护轮轨或防脱轨装置的区间高架结构应考虑列车脱轨荷载作用，可按下列两种情形进行结构强度和稳定性检算。

1 车辆集中力直接作用于线路中线两侧2.1m以内的桥面板最不利位置处，检算桥面板强度。检算时，集中力值为本线列车实际轴重的1/2，不计列车动力系数，应力提高系数为1.4。

2 列车位于轨道外侧但未坠落桥下时，检算结构的横向稳定性。检算时，可采用长度为20m、位于线路中心外侧1.4m、平行于线路的线荷载，其值为本线列车一节车轴重之和/20m，不计列车动力系数、离心力和另一线竖向荷载。倾覆稳定系数不得小于1.2。

9.4 构造要求

9.4.1 桥上轨道可根据具体情况采用有碴轨道或无碴轨道结构。采用碎石道床时，轨道下枕底道碴厚度应不小于0.25m（当设置碴下胶垫层时含胶垫层的厚度）。

9.4.2 桥面必须设置性能良好的排水系统，排水设施应便于检查、维修与更换。应防止桥面出现积水。双线桥桥面横向宜采用双侧排水坡，单线桥可设单向排水横坡，坡度不小于2%。排水管道直径与根数应根据计算确定，且直径不宜小于150mm。排水管出水口不得紧贴混凝土构件表面。应设滴水檐防止水从侧面淌入梁、板底面。

9.4.3 桥面应设防水层。梁缝处应设伸缩缝，伸缩缝除保证梁部能自由伸缩外，还应有效防止桥面水渗漏。

9.4.4 采用直流电力牵引和走行轨回流的地铁高架结构，应根据现行《地铁杂散电流腐蚀防护技术规程》采取防止杂散电流腐蚀的措施。钢结构及钢连接件应进行防锈处理。

9.4.5 高架结构构造应力求简洁统一，便于检查。桥下应设养护、维修便道，使自行走行升降式桥梁检修车能进行检修作业；高度超过20m、桥下无条件设置养护维修便道处，可设置专门检查设备以便日常维修。

墩台顶面应预留更换支座时顶梁的位置，并应设置排水坡，防止表面及支座处积水。

9.4.6 高架结构的截面尺寸应能保证混凝土灌注及振捣质量。预应力钢筋或管道表面与结构表面之间的保护层厚度，在结构的顶面和侧面不应小于0.8倍管道直径，同时不应小于50mm，结构底面不应小于60mm。

9.4.7 预应力混凝土梁的封锚及接缝处，应在构造上采取防水措施，防止雨水渗入。管道压浆材料和压浆工艺应严格控制，有条件时应优先采用真空压浆工艺，确保压浆密实。对于结构有可能产生裂缝的部位，应适当增设普通钢筋防止裂缝的发生。

9.4.8 预应力混凝土梁的后期徐变拱度或挠度，应严格限制。线路铺设后，徐变拱度或挠度不宜大于15mm。必要时，在轨道铺设时采用预挠或预拱的办法，以减小后期徐变拱度或挠度对线路平顺性的影响。

9.4.9 高架结构桥面上电缆支架、声屏障、接触网立柱等附属设施应与主体结构有可靠的联结。

9.4.10 北方地区设于路边或路中的桥墩应考虑除冰盐溅射的腐蚀作用，遭雨水导致混凝土水饱和的部位应考虑冻融的危害。酸雨地区的高架结构不应用硅酸盐水泥作为单一的胶凝材料。

9.5 车站高架结构

9.5.1 车站高架结构宜采用钢筋混凝土或预应力混凝土结构体系。垂直线路方向，落地柱的布设应结合地面的道路交通等要求采用双柱或三柱形式，困难地段，也可采用独柱形式。

9.5.2 轨道梁与车站结构完全分开布置，形成独立轨道梁（高架）桥时，其孔跨布置及结构设计一般与区间高架结构相同；车站高架结构设计应按现行建筑设计规范进行。

9.5.3 当轨道梁支承于车站结构或站台梁等车站结构构件支承于轨道梁桥上，形成“桥-建”组合结构体系时，轨道梁跨径应根据其对下横梁及柱产生的影响、经济指标等因素选择，一般采用中等跨径组合（$20m \leqslant L \leqslant 30m$）或小跨径组合（$L < 20m$）；需要时（如跨越道路）也可采用30m以上的跨径。车站结构的纵梁宜采用小跨径组合。

9.5.4 轨道梁简支于车站结构横梁上时，应按本章要求设置支座。

9.5.5 “桥-建”组合结构体系中，轨道梁、支承轨道梁的横梁、支承横梁的柱等构件及基础，应按现行铁路桥涵设计规范进行结构设计。当轨道梁简支于横梁布置时，内力分析可按平面刚架假定进行；当轨道梁与横梁刚结布置时，内力分析宜按空间刚架假定进行，由活载产生的内力，应根据影响线加载计算得到。

除上述构件外的其余构件，均按现行建筑结构设计规范进行结构设计。

9.5.6 车站高架结构，应考虑纵、横向地基不均匀沉陷的影响，包括不均匀沉陷对车站结构的影响和轨道梁桥独立布置时不均匀沉陷对站台标高的影响。

9.5.7 独柱车站结构应同区间高架结构一起验算横梁顶面处的横向位移值，并按现行《铁路桥涵设计基本规范》的规定进行控制。

9.5.8 车站高架结构中长悬臂结构，应验算悬臂端部竖向位移值，并按现行有关建筑设计规范的规定进行控制。

9.5.9 车站高架结构（不包括独立轨道梁桥）纵向伸缩缝的间距不宜大于50m。

9.5.10 车站高架结构应按现行建筑抗震设计规范进行抗震设计及设防。轨道梁桥与车站结构完全分开布置时，轨道梁桥应按现行国家标准《铁路工程抗震设计规范》进行抗震设计。

10 地下结构

10.1 一般规定

10.1.1 本章适用于下列地铁结构的设计：

1 放坡开挖或护壁施工的明挖结构；

2 用盾构法或矿山法施工的暗挖结构；

3　用沉管法或顶进法等特殊方法施工的结构。

10.1.2　地下结构的设计应以地质勘察资料为依据，根据现行国家标准《地下铁道、轻轨交通岩土工程勘察规范》按不同设计阶段的任务和目的确定工程勘察的内容和范围，考虑不同施工方法对地质勘探的特殊要求，通过施工中对地层的观察和监测反馈进行验证。

暗挖结构的围岩分级按现行《铁路隧道设计规范》确定。

10.1.3　地下结构的设计，应减少施工中和建成后对环境造成的不利影响，考虑城市规划引起周围环境的改变对结构的作用。

10.1.4　地下结构的设计，应根据沿线不同地段的具体条件，通过对技术经济、环境影响和使用效果等综合评价，选择施工方法和结构形式。

在含水地层中，应采取可靠的地下水处理和防治措施。

10.1.5　地下结构应根据环境类别，按设计使用年限为100年的要求进行耐久性设计。

10.1.6　地下结构的设计，应根据施工方法、结构或构件类型、使用条件及荷载特性等，选用与其特点相近的结构设计规范和设计方法，结合施工监测逐步实现信息化设计。

10.1.7　地下结构的净空尺寸应满足地铁建筑限界和其他使用及施工工艺等要求，并考虑施工误差、结构变形和位移的影响。

10.1.8　采用直流电力牵引和走行轨回流的地铁结构，应根据现行《地铁杂散电流腐蚀防护技术规程》采取防止杂散电流腐蚀的措施。钢结构及钢连接件应进行防锈处理。

10.1.9　盾构法施工的区间隧道的覆土厚度不宜小于隧道外轮廓直径，确有技术依据时，允许在局部地段适当减少。

10.1.10　盾构法施工的平行隧道间的净距，应根据工程地质条件、埋置深度、盾构类型等因素确定，且不宜小于隧道外轮廓直径。当因功能需要或其他原因不能满足上述要求时，应在设计和施工中采取必要的措施。

10.1.11　沉管隧道的覆土厚度应根据抗浮稳定和河道通行要求、预防河床冲刷及抵御沉船、抛锚等条件确定。

10.2　荷　　载

10.2.1　作用在地下结构上的荷载，可按表10.2.1进行分类。在决定荷载的数值时，应考虑施工和使用年限内发生的变化，根据现行国家标准《建筑结构荷载规范》及相关规范规定的可能出现的最不利情况确定不同荷载组合时的组合系数。

表10.2.1　荷载分类表

荷载分类		荷载名称
永久荷载		结构自重
		地层压力
		结构上部和破坏棱体范围的设施及建筑物压力
		水压力及浮力
		混凝土收缩及徐变影响
		预加应力
		设备重量
		地基下沉影响
可变荷载	基本可变荷载	地面车辆荷载及其动力作用
		地面车辆荷载引起的侧向土压力
		地铁车辆荷载及其动力作用
		人群荷载
	其他可变荷载	温度变化影响
		施工荷载
偶然荷载		地震影响
		沉船、抛锚或河道疏浚产生的撞击力等灾害性荷载

注：1　设计中要求考虑的其他荷载，可根据其性质分别列入上述三类荷载中；
2　表中所列荷载本节未加说明者，可按国家有关规范或根据实际情况确定；
3　施工荷载包括：设备运输及吊装荷载，施工机具及人群荷载，施工堆载，相邻隧道施工的影响，盾构法或顶进法施工的千斤顶顶力及压浆荷载，沉管拖运、沉放和水力压接等荷载。

10.2.2　地层压力应根据结构所处工程地质和水文地质条件、埋置深度、结构形式及其工作条件、施工方法及相邻隧道间距等因素，结合已有的试验、测试和研究资料，按有关公式计算或依工程类比确定。

10.2.3　作用在地下结构上的水压力，可根据施工阶段和长期使用过程中地下水位的变化，区分不同的围岩条件，按静水压力计算或把水作为土的一部分计入土压力。

10.2.4　在设计换乘站中直接承受地铁车辆荷载的楼板等构件时，地铁车辆竖向荷载应按其实际轴重和排列计算，并考虑动力作用的影响，同时尚应按线路通过的重型设备运输车辆的荷载进行验算。

10.2.5　车站站台、楼板和楼梯等部位的人群均布荷载的标准值应采用4.0kPa。

10.2.6　设备用房楼板的计算荷载应根据设备安装、检修和正常使用的实际情况（包括动力效应）确定，其标准值不得小于4.0kPa。

10.3 工程材料

10.3.1 地下结构的工程材料应根据结构类型、受力条件、使用要求和所处环境等选用，并考虑可靠性、耐久性和经济性。主要受力结构应采用混凝土或钢筋混凝土材料，必要时也可采用金属材料。

10.3.2 混凝土的原材料和配比、最低强度等级、最大水胶比和单方混凝土的胶凝材料最小用量等应符合耐久性要求，满足抗裂、抗渗、抗冻和抗侵蚀的需要。一般环境条件下的混凝土设计强度等级不得低于表 10.3.2 的规定。

表 10.3.2 地下结构混凝土的最低设计强度等级

明挖法	整体式钢筋混凝土结构	C30
	装配式钢筋混凝土结构	C30
	作为永久结构的地下连续墙和灌注桩	C30
盾构法	装配式钢筋混凝土管片	C50
	整体式钢筋混凝土衬砌	C30
矿山法	喷射混凝土衬砌	C20
	现浇混凝土或钢筋混凝土衬砌	C30
沉管法	钢筋混凝土结构	C30
	预应力混凝土结构	C40
顶进法	钢筋混凝土结构	C30

注：一般环境条件指现行国家标准《混凝土结构设计规范》环境类别中的一类和二 a 类。

10.3.3 普通钢筋混凝土和喷锚支护结构中的钢筋及预应力混凝土结构中的非预应力钢筋宜采用 HRB335 级钢筋，也可采用 HPB235 级钢筋；预应力混凝土结构中的预应力钢筋，宜采用预应力钢绞线、钢丝，也可采用热处理钢筋。

10.3.4 钢筋混凝土管片间的螺纹紧固件的连接形式及其机械性能等级应满足构造和结构受力要求，表面需进行防腐蚀处理。

10.3.5 喷射混凝土宜采用高性能湿喷混凝土。

10.4 结构形式及衬砌

10.4.1 衬砌结构宜设计为闭合式。在无地下水的Ⅰ、Ⅱ级围岩中可不设底板，但需铺设厚度不小于 200mm 的混凝土垫层。

10.4.2 明挖结构的衬砌应符合下列规定：

1 一般可采用整体式钢筋混凝土衬砌或装配式钢筋混凝土衬砌。

2 地下连续墙及灌注桩支护宜作为主体结构侧墙的一部分与内衬墙共同受力。墙体的结合方式根据使用、受力及防水等要求，可选用叠合式或复合式构造。确能满足耐久性要求时，可将地下连续墙作为主体结构的单一侧墙。

10.4.3 盾构法施工的隧道衬砌应符合下列规定：

1 可采用单层衬砌或在其内现浇钢筋混凝土内衬的双层衬砌，在满足工程使用、受力和防水要求的前提下，应优先选用装配式钢筋混凝土单层衬砌。

2 在联络通道门洞区段的装配式衬砌，可采用钢管片、铸铁管片或钢与钢筋混凝土的复合管片。

3 使用带护盾的掘进机施工的隧道，采用圆形结构。

10.4.4 矿山法施工的结构衬砌应符合下列规定：

1 结构的断面形状和衬砌形式，应根据围岩条件、使用要求、施工方法及断面尺度等，从受力、围岩稳定和环境保护等方面综合考虑，合理确定。

2 宜采用马蹄形断面，下列情况可采用直墙拱结构：

1）埋置于稳定围岩中、不受冻害影响和水压力作用的区间隧道；

2）当使用功能或施工工艺需要时。

特殊情况下也可采用矩形结构。

Ⅲ～Ⅵ级围岩中宜设置仰拱。

3 衬砌形式按以下原则确定：

1）区间隧道和车站结构应采用整体式衬砌或复合式衬砌。整体现浇混凝土衬砌，一般适用于无水的Ⅰ～Ⅱ级围岩中的单线区间隧道和Ⅰ级围岩中的双线区间隧道。

复合式衬砌的外层衬砌为初期支护，可由注浆加固的地层、喷锚支护及钢拱架等支护形式组合形成，二次衬砌宜采用模筑混凝土或钢筋混凝土；内外层衬砌之间铺设防水层或隔离层。

有条件时，也可采用装配式衬砌。

2）在围岩完整、稳定、无地下水和不受冻害影响的地段，出入口通道和通风道等附属结构也可采用喷锚衬砌，喷锚衬砌的内部净空应考虑结构补强的预留量。

10.4.5 沉管隧道的衬砌应符合下列规定：

1 结构形式应根据隧道功能和工程条件等因素确定。水深小于 35m 的通行地铁车辆和机动车的多车道隧道，宜采用普通钢筋混凝土或纵向施加预应力的钢筋混凝土矩形框架结构；水深大于 45m 的单、双线隧道，宜采用圆形单层或双层钢壳混凝土结构；水深介于 35～45m 之间时，应通过综合研究确定。

2 管节长度应根据沉埋段的长度与管节制作、沉埋设备及航道等有关的施工条件和工期等因素确定，宜控制在 100～130m。

10.4.6 顶进法施工的结构，当长度较大时应分节顶进。分节长度根据地基土质、结构断面大小及控制顶进方向的要求确定，首节长度宜为中间各节长度的 1/2。节间接口应能适应容许的空间变形并满足防水要求。

10.5 结构设计

10.5.1 结构设计应符合下列一般规定：

1 地下结构应就其施工和正常使用阶段，进行结构强度的计算，必要时也应进行刚度和稳定性计算。对于混凝土结构，尚应进行抗裂验算或裂缝宽度验算。当计入地震荷载或其他偶然荷载作用时，不需验算结构的裂缝宽度。

2 普通钢筋混凝土结构的最大计算裂缝宽度允许值应根据结构类型、使用要求、所处环境和防水措施等因素确定。

处于一般环境中的结构，按荷载效应标准组合并考虑长期作用影响时，最大计算裂缝宽度允许值，可按表10.5.1中的数值进行控制；处于冻融环境或侵蚀环境等不利条件下的结构，其最大计算裂缝宽度允许值应根据具体情况另行确定。

表10.5.1 最大计算裂缝宽度允许值

结构类型		允许值（mm）	附注
钢筋混凝土管片		0.2	
其他结构	水中环境、土中缺氧环境	0.3	
	洞内干燥环境或洞内潮湿环境	0.3	环境相对湿度为45%～80%
	迎土面地表附近干湿交替环境	0.2	

注：当设计采用的最大裂缝宽度的计算式中保护层的实际厚度超过30mm时，可将保护层厚度的计算值取为30mm。

3 计算简图应符合结构的实际工作条件，反映围岩对结构的约束作用。

结构采用双层衬砌时，应根据两层衬砌之间的构造形式和结合情况，选用与其传力特征相符的计算模型。

当受力过程中受力体系、荷载形式等有较大变化时，宜根据构件的施作顺序及受力条件，按结构的实际受载过程进行分析，考虑结构体系变形的连续性。

4 侧向地层抗力和地基反力的数值及分布规律，应根据结构形式及其在荷载作用下的变形、施工方法、回填与压浆情况、地层的变形特性等因素确定。

5 换乘站中直接承受列车荷载的楼板等构件，其计算及构造应满足现行《铁路桥涵钢筋混凝土和预应力混凝土结构设计规范》的相关要求。

6 地下结构应进行横断面方向的受力计算，遇下列情况时，尚应对其纵向强度和变形进行分析：

1）覆土荷载沿其纵向有较大变化时；

2）结构直接承受建、构筑物等较大局部荷载时；

3）地基或基础有显著差异时；

4）地基沿纵向产生不均匀沉降时；

5）沉管隧道；

6）地震作用时。

当温度变形缝的间距较大时，应考虑温度变化和混凝土收缩对结构纵向的影响。

空间受力作用明显的区段，宜按空间结构进行分析。

7 装配式构件的尺寸应考虑制作、吊装、运输以及施工的安全和方便。接头设计应满足受力、防水和耐久性要求。

8 矿山法施工的结构的设计，应以喷射混凝土、钢拱架或锚杆为主要支护手段，根据围岩和环境条件、结构埋深和断面尺度等，通过选择适宜的开挖方法、辅助措施、支护形式及与之相关的物理力学参数，达到保持围岩和支护的稳定、合理利用围岩自承能力的目的。施工中，应通过对围岩和支护的动态监测，优化设计和施工参数。

9 设计地震区的结构时，应根据设防要求、场地条件、结构类型和埋深等因素选用能较好反映其地震工作性状的分析方法，并采取必要的构造措施，提高结构和接头处的整体抗震能力。

当围岩中包含有可液化土层时，必须采取可靠对策，提高地层的抗液化能力，保证地震作用下结构的安全性。

10 暗挖法施工的结构，应及时向其衬砌背后压注结硬性浆液，保证围岩与结构的共同作用。

10.5.2 明挖结构设计应符合下列规定：

1 基坑工程的设计应满足下列要求：

1）根据工程特点、工程地质、水文地质条件和环境保护要求确定其安全等级及地面允许最大沉降量和围护墙的水平位移控制要求，据以选择支护形式、地下水处理方法和基坑保护措施等；

2）基坑工程应进行抗滑移和倾覆的整体稳定性、基坑底部土体抗隆起和抗渗流稳定性以及抗坑底以下承压水的稳定性检算。各类稳定安全系数的取值应根据环境保护要求参照地区经验确定；

3）桩、墙式围护结构的设计应根据设定的开挖工况和施工顺序按竖向弹性地基梁模型逐阶段计算其内力及变形。当计入支撑作用时，应考虑每层支撑设置时墙体已有的位移和支撑的弹性变形；

4）桩、墙式围护结构的设计，在确定计算土压力时，应综合考虑围护墙的平面形状、支撑方式、受力条件及基坑变形控制要求等因素。长条形基坑中的锚撑式结构或受力对称的内撑式结构，可假定开挖过程中作用在墙背的土压力为定值，按变形控制要求的不同分别选用主动土压力、静止土压力或各地区的经验值；受力不对称的内撑式结构或矩形竖井结构，宜按墙背土压力随开挖过程变化的方法分析；

5）桩、墙式围护结构的设计，在软土地层中，水平基床系数的取值宜考虑挖土方式、时限、支撑架设顺序及时间等影响。

2 明挖结构宜按底板支承在弹性地基上的结构物计算；当框架结构设有斜托时，宜计入斜托的影响。

3 明挖结构根据地质、埋深、施工方法等条件，必要时应进行抗浮、整体滑移及地基稳定性验算。

4 盖挖逆筑法施工的结构设计应满足下列要求：

1）逆筑法可在交通繁忙的地段或需严格控制基坑开挖引起地面沉降时采用；

2）当采用逆筑法施工时，应尽可能减少施工作业占用道路的时间和空间，结构形式、技术措施、施工方法和施工机具的选择等应与这一要求相适应；

3）中间竖向支撑系统的设计，其形式和纵向间距应综合考虑建筑、受力、地层条件和工期等要求，通过技术经济比较确定。宜优先采用临时支撑柱与永久柱合一的结构方案。支撑柱可采用钢管混凝土柱或H形钢柱，柱下基础采用桩基或条基；

4）中间竖向支撑系统的设计，应严格控制支撑柱的就位精度，允许定位偏差不大于20mm，同时其垂直度偏差也不宜大于1/500。在柱的设计中根据施工允许偏差计入偏心对承载能力的影响；

5）中间竖向支撑系统的设计，桩基的承载能力标准宜根据计算或现场原位静力试验结果按变形要求控制；

6）节点的构造应符合结构预期的工作状态，保证不同步施工的构件之间连接简便、传力可靠，在逆筑法特定的施工条件下可以操作，并且不影响后续作业的进行；

7）应采取措施严格控制施工过程中支护结构与中间桩的相对升沉。施作结构底板前，相对升沉的累计值不得大于 $0.003L$（L 为边墙和立柱轴线间的距离），同时也不宜大于20mm，并在结构分析中计入其影响；

8）应保证下部后浇墙、柱与先期施作的混凝土之间的整体性、水密性和耐久性。

5 盖挖顺筑法施工的结构设计应满足下列要求：

1）盖挖顺筑法可在施工中不允许长期占用路面的地段采用；

2）当采用盖挖顺筑法施工时，临时路面系统、围护结构形式、施工方法和施工机具的选择等，应符合本条第4款第2）项的要求；

3）临时路面系统可选用由围护结构支撑的军用梁或用围护结构和中间临时立柱支撑的由钢梁和铺板等构件组成的路面结构；

4）当采用中间临时立柱与永久柱合一的方案时，中间竖向支撑系统及其节点的设计应符合本条第4款第3）项至第6）项的要求。

6 现浇钢筋混凝土地下连续墙的设计应满足下列要求：

1）单元槽段的长度和深度，应根据建筑物的使用要求和结构特点、工程地质和水文地质条件、施工条件和施工环境等因素参考类似工程的实际经验确定，必要时可进行现场成槽试验；

2）地下连续墙墙段之间一般可采用不传力的普通接头，当有特殊需要时，接头构造应满足传力和防水要求；

3）当地下连续墙作承重基础时，应进行承载能力、变形和稳定性计算；

4）当地下连续墙与主体结构连接时，预埋在墙内的受力钢筋、钢筋连接器或连接板锚筋等，均应满足受力和防水要求，其锚固长度应符合构造规定。钢筋连接器的性能应符合现行《钢筋机械连接通用技术规范》的规定；

5）地下连续墙的墙面倾斜度和平整度，应根据建筑物的使用要求、工程地质和水文地质条件及挖槽机械等因素确定。墙面倾斜度不宜大于1/300，局部突出不宜大于100mm，且墙体不得侵入隧道净空。

10.5.3 盾构法施工的隧道结构设计应符合下列规定：

1 装配式衬砌宜采用接头具有一定刚度的柔性结构，应限制荷载作用下变形和接头张开量，满足其受力和防水要求。

2 隧道结构的计算简图应根据地层情况、衬砌构造特点及施工工艺等确定，宜考虑衬砌与围岩共同作用及装配式衬砌接头的影响。在软土地层中，采用通缝拼装的衬砌结构可取单环按自由变形的弹性匀质圆环、弹性铰圆环进行分析计算；采用错缝拼装的衬砌结构宜考虑环间剪力传递的影响。

3 装配式衬砌的构造应满足下列要求：

1）隧道衬砌宜采用块与块、环与环间用螺栓连接的管片；

2）衬砌环宽可采用800～1500mm，可能情况下宜选用较大的宽度。曲线地段应采用适量的不等宽的楔形环，其环面锥度由隧道的直径、楔形块间距及隧道曲线半径确定。楔形块间距及环面斜度的选用要考虑盾构施工在曲线段缓和转向的要求，环面斜度可采用1∶100～1∶300；

3）衬砌厚度应根据隧道直径、埋深、工程地质及水文地质条件，使用阶段及施工阶段的荷载情况等确定，宜为隧道外轮廓直径的0.05～0.06倍；

4）衬砌环的分块，应根据管片制作、运输、盾构设备、施工方法和受力要求确定。单线区间隧道可采用6～8块；双线区间隧道为8～12块。

4 衬砌制作和拼装必须达到下列精度：

1）单块管片制作的允许误差，宽度为0.5mm；弧弦长为1.0mm；环向螺栓孔及孔位为1.0mm；厚度为1.0mm；

2）整环拼装的允许误差，相邻环的环面间隙为1.0～1.5mm，纵缝相邻块间隙为1.5～2.5mm；纵向螺栓孔孔径、孔位分别为±1mm；衬砌环外径为±3mm；

3）采用错缝拼装时，单块管片制作允许误差，其宽度为±0.3mm，整环拼装相邻环面间隙为0.6～0.8mm，其余标准同本款1）、2）项。

10.5.4 矿山法施工的结构设计应符合下列规定：

1 矿山法施工的结构，在预设计和施工阶段，应对初期支护的稳定性进行判别。

2 喷锚衬砌和复合式衬砌的初期支护应按主要承载结构设计。其设计参数可采用工程类比法确定，施工中通过监控量测进行修正。浅埋、大跨度、围岩或环境条件复杂、形式特殊的结构，应通过理论计算进行检算。

3 复合式衬砌中的二次衬砌，应根据其施工时间、施工后荷载的变化情况、工程地质和水文地质条件、埋深和耐久性要求等因素按下列原则设计：

1）第四纪土层中的浅埋结构及通过流变性或膨胀性围岩中的结构，初期支护应具有较大的刚度和强度，且宜提前施作二次衬砌，由二者共同承受外部荷载；

2）应考虑在长期使用过程中，外部荷载因初期支护材料性能退化和刚度下降向二次衬砌的转移；

3）作用在不排水型结构上的水压力由二次衬砌承担；

4）浅埋和Ⅴ～Ⅵ级围岩中的结构宜采用钢筋混凝土衬砌。

10.5.5 沉管法施工的隧道结构设计应符合下列规定：

1 沉管法施工的隧道应就其在预制、系泊、浮运、沉放、对接、基础处理等不同施工阶段和运营状态下可能出现的最不利荷载组合，考虑地基的不均匀性和基础处理的质量，分别对横断面和纵向的受力进行分析。

纵向分析时应考虑接头刚度的影响。

2 水压力应分别考虑正常情况下的高水位和低水位两种工况，并用历史最高水位进行受力检算，在含泥砂量较高的河道中要考虑水重度的增高。

3 沉管法施工的隧道抗浮稳定性应满足以下要求：

1）管节完成舾装后的干弦高度控制在100～250mm；

2）在沉放、对接、基础处理等施工阶段的抗浮安全系数不小于1.05；

3）运营阶段的抗浮安全系数不小于1.10。

4 沉管隧道的沉降量应通过理论计算和基础沉降模拟试验的结果综合确定。

5 管节可采用柔性接头或刚性接头。接头应具备抵抗地基沉降及地震等作用产生的应力和变形的能力（刚性接头尚需考虑混凝土干燥收缩和温度变化的影响），满足水密性、可施工性和经济性等要求。其最终接头的位置，根据施工条件，可选在水中或岸上。

6 基槽横断面应满足以下要求：

1）基槽宽度一般在管节最大外侧宽度的基础上，每侧预留1.0～2.0m，如采用水下喷砂基础处理方法时，应适当加大预留宽度；

2）基槽的深度原则上等于沉管段的底面埋深加上基础处理所需的高度。基槽开挖的允许误差一般为±300mm；

3）基槽边坡率通过稳定性计算确定，并根据沉管隧道所处位置的潮汐、淤积和冲刷等水力因素进行修正。

7 沉管隧道应进行基础处理，根据场地的地质、水文情况、沉管隧道的断面形式、基槽开挖方法、施工设备和施工条件等，选择适宜的方法。一般地基的基础处理可采用先铺法或后填法来保证基底的平整；可能产生震陷的特别软弱地基上的沉管隧道宜采用桩基础。

8 沉管隧道的顶部应设防锚层，并用粗颗粒的不易液化和透水性好的材料进行回填。

10.5.6 顶进法施工的地铁结构的设计，可参照现行《铁路桥涵设计基本规范》中有关顶进桥涵的要求进行。

10.6 构造要求

10.6.1 变形缝的设置应符合下列规定：

1 地下结构应设置温度变形缝。缝的间距可根据施工工艺、使用要求、围岩条件以及运营期间地铁内部温度相对于结构施工时的变化等，参照类似工程的经验确定。

2 在区间隧道和车站结构中，当因结构、地基、基础或荷载发生变化，可能产生较大的差异沉降时，宜通过地基处理、结构措施或设置后浇带等方法，将结构的纵向沉降曲率和沉降差控制在整体道床和地下结构的允许变形范围内。

3 在车站结构与出入口通道等附属建筑的结合部应设置变形缝。

4 应采取可靠措施，确保变形缝两边的结构不产生影响行车安全和正常使用的差异沉降。

10.6.2 现浇混凝土及钢筋混凝土结构的横向施工缝的位置及间距应综合考虑结构形式、受力要求、施工方法、气象条件及变形缝的间距等因素，参照类似工程的经验确定。施工缝间各结构段的混凝土宜间隔浇筑。

沉管隧道的管节应分段浇筑。

10.6.3 钢筋的混凝土保护层厚度应符合下列规定：

1 钢筋的混凝土保护层厚度应根据结构类别、环境条件和耐久性要求等确定。

2 受力钢筋的混凝土保护层的厚度不得小于钢筋的公称直径，且在一般环境条件下应符合表10.6.3的规定。

表10.6.3 受力钢筋的混凝土保护层最小厚度（mm）

结构类别	地下连续墙		灌注桩	明挖结构					钢筋混凝土管片		矿山法施工的结构		
				顶板		楼板	底板				初期支护或喷锚衬砌		二次衬砌
	外侧	内侧		外侧	内侧		外侧	内侧	外侧	内侧	外侧	内侧	
保护层厚度	70	50	70	50	40	30	50	40	40	30	40	40	35

注：1 车站内的楼梯及站台板等内部构件主筋的保护层厚度可采用25mm；
2 顶进法和沉管法施工的隧道主筋的保护层厚度可采用明挖结构的数值；
3 矿山法施工的结构当二次衬砌的厚度大于50cm时，主筋的保护层厚度应采用40mm。

3 箍筋、分布筋和构造筋的混凝土保护层厚度不得小于20mm。

10.6.4 明挖法施工的地下结构周边构件和中楼板每侧暴露面上分布钢筋的配筋率，当分布钢筋采用Ⅰ级钢筋时不宜低于0.3%，当为Ⅱ级钢筋时不宜低于0.2%，同时分布钢筋的间距也不宜大于150mm。当受拉主筋的混凝土保护层的厚度大于或等于40mm时，分布钢筋宜配置在受力筋的外侧。

10.6.5 后砌的内部承重墙和隔墙等应与主体结构可靠拉结，轻质隔墙应与主体结构连结。

11 工程防水

11.1 一般规定

11.1.1 地铁工程的防水设计，应根据气候条件、工程地质和水文地质状况、结构特点、施工方法、使用要求等因素进行，以保证结构的安全、耐久性和使用要求。

11.1.2 地下结构防水应遵循“以防为主、刚柔结合、多道防线、因地制宜、综合治理”的原则，采取与其相适应的防水措施。当结构处于贫水稳定地层，同时位于地下潜水位以上时，在确保安全的条件下，可考虑限排。

11.1.3 地下结构防水等级应符合下列规定：

1 地下车站及机电设备集中区段的防水等级应为一级，不允许渗水，结构表面无湿渍；

2 区间隧道及连接通道等附属的隧道结构防水等级应为二级，顶部不允许滴漏，其他不允许漏水，结构表面可有少量湿渍，总湿渍面积不应大于总防水面积的6/1000；任意100m^2防水面积上的湿渍不超过4处，单个湿渍的最大面积不大于0.2m^2。

11.2 混凝土结构自防水

11.2.1 防水混凝土抗渗等级不得小于S_8，处于侵蚀性介质中防水混凝土的耐侵蚀系数，不应小于0.8。

11.2.2 防水混凝土结构，应符合下列规定：

1 结构厚度不应小于250mm；

2 防水混凝土结构最大裂缝宽度，钢筋保护层最小厚度应符合表10.5.1、表10.6.3的规定；

3 混凝土结构自防水设计应根据所处的环境条件，选用相适宜的材料，以满足混凝土自身的抗渗性、耐久性的要求。

11.3 附加防水层

11.3.1 附加防水层有卷材防水层、涂料防水层等，适用于需增强防水能力、受侵蚀性介质作用的工程。附加防水层应设在迎水面或复合衬砌之间。

11.3.2 卷材防水层应根据施工环境条件、结构构造形式、工程防水等级要求选择材料品种和设置方式，并应符合下列规定：

1　**卷材防水层宜为1～2层。高聚物改性沥青防水卷材单层使用时，厚度不宜小于4mm，双层使用时，总厚度不应小于6mm；高聚物改性沥青自粘卷材和合成高分子防水卷材单层使用时，厚度不宜小于1.5mm，双层使用时，总厚度不宜小于2.4mm；塑料树脂类防水卷材厚度宜为1.2～2mm。**

卷材及其胶粘剂应具有良好的耐水性、耐久性、耐刺穿性、耐腐蚀性和耐菌性。

2　卷材防水层主要物理性能除应满足设计要求外，尚应符合国家现行的有关强制性标准的规定。

3　阴阳角应做成圆弧或45°折角，其尺寸依据卷材品种和厚度确定；在转角处、阴阳角和特殊部位，应增贴1～2层相同的卷材，宽度宜不小于500mm。

11.3.3　涂料防水层应根据工程所在地区环境、气候条件、施工方法、结构构造形式、工程防水等级要求选择防水涂料品种，并应符合下列规定：

1　潮湿基层宜选用与潮湿基面粘结力大的水泥基渗透结晶型防水涂料、聚合物改性水泥基等无机涂料或有机防水涂料，或采用先涂水泥基类无机涂料而后涂有机涂料的复合涂层；

2　冬季施工宜选用反应型涂料；

3　有腐蚀性的地下环境宜选用耐腐蚀性较好的反应型、聚合物水泥涂料。涂料防水层的保护层应根据结构具体部位的情况确定；

4　涂层防水所选用的涂料应具有良好的耐水性、耐久性、耐腐蚀性，并且无毒、难燃、低污染；无机防水涂料应具有良好的湿干粘结性、耐磨性；有机防水涂料应具有较好的延伸性及适应基层变形的能力；

5　无机防水涂料厚度宜为0.8～3mm，有机防水涂料厚度宜为1～2mm，其中反应型涂料宜不小于1.5mm；

6　防水涂料可采用外防外涂，外防内涂和顶板外涂、侧墙与底板内涂三种做法。

11.4　高架结构防水

11.4.1　高架桥桥面应设置连续、整体密封、耐久的附加防水层。防水层的材料可根据环境条件和不同的工程部位选定。

11.4.2　桥面应设置通畅排水系统，排水设施应便于检查、维修。

11.4.3　伸缩缝应根据构造形式设置桥梁专用变形缝装置，并宜嵌填密封形成多道防线。

11.5　地下车站结构防水

11.5.1　地下车站结构的防水，应采用钢筋混凝土结构自防水，并根据需要可局部或全部增设附加防水层或采用其他防水措施。

11.5.2　明挖法修建的地下车站结构防水措施应按表11.5.2一级防水要求选用。

表11.5.2　明挖法修建的地下结构防水措施

工程部位		主体				施工缝					后浇带					变形缝					
防水措施		防水混凝土	防水卷材	防水涂料	塑料防水板	遇水膨胀止水带	中埋式止水带	外贴式止水带	金属板	外涂防水涂料	膨胀混凝土	遇水膨胀止水条	外贴式止水带	防水嵌缝材料	中埋式止水带	外贴式止水带	可卸式止水带	防水嵌缝材料	外贴防水卷材	外涂防水涂料	遇水膨胀止水条
防水等级	一级	应选	应选一至两种			应选两种					应选	应选两种			应选	应选两种					
	二级	应选	应选一种			应选一至两种					应选	应选一至两种			应选	应选一至两种					

11.5.3　明挖敞口放坡施工的地下车站结构宜采用防水混凝土和全外包柔性防水层组成双道防线。柔性防水层的设置应符合11.3节的规定。

11.5.4　地下连续墙作为单层墙主体结构时，防水设计应符合下列规定：

1　连续墙墙体幅间接缝应采用经实践检验行之有效的防水接头；

2　车站顶板迎水面宜设置柔性防水层，并应处理好柔、刚连接过渡区的密封；

3　墙体幅间接缝如有渗漏，应采用注浆、嵌填弹性密封材料等进行堵漏；

4　连续墙墙体应施作内防水层，内防水层宜为水泥基渗透结晶型防水材料或聚合物防水砂浆等；

5　对墙板连接施工缝宜用水泥基渗透结晶型防水材料做加强密封；

6　地下连续墙施工时宜采用高分子护壁泥浆护壁和水下抗分散混凝土浇筑。

11.5.5　叠合墙结构防水应符合下列规定：

1　围护结构为连续墙时，其支撑部位及墙体的裂缝、空洞等缺陷应采用防水混凝土或防水砂浆进行修补。墙体幅间接缝的渗漏，应采用注浆、嵌填聚合物防水砂浆进行防水处理；

2 车站结构顶板防水层的设置应符合 11.5.4 条 2 款的规定；

3 连续墙墙面应进行凿毛、清洗，必要时局部施做防水处理后，再浇筑内衬防水混凝土；

4 连续墙墙板连接的防水处理应符合 11.5.4 条 5 款的规定。

11.5.6 复合墙结构防水应符合下列规定：

1 明挖顺筑或逆筑车站结构顶、底板迎水面防水层与侧墙支护结构和内衬墙之间的夹层防水层宜形成整体密封防水层，并根据不同部位设置与其相适应的保护层；

2 地下车站与区间隧道的结合部位宜采用刚柔结合的密封区，并根据结构构造形式选择与其相匹配的加强防水措施；

3 地下车站与区间隧道所选用的不同材料应能相互过渡粘结或焊接，必须使其形成连续整体密封的防水体系。

11.5.7 矿山法施工的车站隧道结构防水应符合下列规定：

矿山法施工的车站隧道结构防水应根据含水地层的特性、围岩稳定情况和结构支护形式确定。在贫水的Ⅰ、Ⅱ级围岩地段的车站拱、墙宜用复合式衬砌防水，底部可考虑限排，不设仰拱但需铺底，其强度等级不小于 C_{30}，厚度不小于 250mm。对于地下水较多的软弱围岩地段应采用全封闭式的复合衬砌。防水措施应符合表 11.5.7 一级防水的要求。

表 11.5.7 矿山法修建的地下结构防水措施

<table>
<tr><th rowspan="2">工程部位</th><th rowspan="2" colspan="2">防水措施</th><th colspan="2">防水等级</th></tr>
<tr><th>一级</th><th>二级</th></tr>
<tr><td rowspan="5">主体</td><td rowspan="3">复合式衬砌</td><td>喷锚初期支护</td><td rowspan="4">应选一种</td><td rowspan="5">应选一种</td></tr>
<tr><td>夹层防水层或隔离层</td></tr>
<tr><td>整体现浇防水混凝土二次衬砌，抗渗标号 S_8</td></tr>
<tr><td colspan="2">整体现浇防水混凝土衬砌，抗渗标号不小于 S_8</td></tr>
<tr><td colspan="2">喷射混凝土宜掺入复合外加剂材料，其品种及掺量应通过试验确定。喷射混凝土的抗渗等级不应小于 S_6</td><td>不选用</td></tr>
<tr><td rowspan="4">内衬砌施工缝</td><td colspan="2">外贴式止水带</td><td rowspan="4">应选两种</td><td rowspan="4">应选一至两种</td></tr>
<tr><td colspan="2">遇水膨胀止水条</td></tr>
<tr><td colspan="2">防水嵌缝材料</td></tr>
<tr><td colspan="2">中埋式止水带</td></tr>
<tr><td rowspan="5">内衬砌变形缝</td><td colspan="2">中埋式止水带</td><td>应选</td><td>应选</td></tr>
<tr><td colspan="2">外贴式止水带</td><td rowspan="4">应选两种</td><td rowspan="4">应选一至两种</td></tr>
<tr><td colspan="2">可卸式止水带</td></tr>
<tr><td colspan="2">防水嵌缝材料</td></tr>
<tr><td colspan="2">遇水膨胀止水条</td></tr>
</table>

11.5.8 两拱相交节点处应采用防、截、堵相结合的综合防水措施。

11.5.9 变形缝处采取的防水措施应能满足接缝两端结构产生的差异沉降及纵向伸缩时的密封防水要求。

11.6 区间隧道结构防水

11.6.1 明挖法施工的区间隧道结构防水措施应符合表 11.5.2 二级防水要求的规定。

11.6.2 明挖敞口放坡施工的区间隧道结构应采用防水混凝土，需要时可设置附加防水层。

附加防水层品种的选择及设置方式应根据地区气候条件、降雨量、地下水类型、含水地层的特性等因素确定。

结构主体位于地下潜水位以上时，可在顶板迎水面涂刷水泥基渗透结晶型防水材料或设置柔性防水层。

结构主体位于地下潜水位或承压水以下时，宜设置外包柔性防水层。防水层的设置应符合 11.3 节的规定。

11.6.3 当采用地下连续墙作为区间隧道结构的单层墙时，防水做法应符合 11.5.4 条的规定。

11.6.4 叠合墙和复合墙结构防水方法应分别符合 11.5.5 条和 11.5.6 条的规定。

11.6.5 矿山法修建的区间隧道及附属隧道结构防水措施应符合表 11.5.7 二级防水的规定。

11.6.6 沉管隧道的结构防水应符合下列规定：

1 沉管隧道应采用抗裂性和耐久性好的防水混凝土，可设置外防水层及相适应的保护层。外防水层应具有与基面混凝土结合力强、耐久、抗腐蚀等性能。防水混凝土抗渗等级不小于 S_{10}。

2 沉管隧道管段接头宜采用吉那（GINA）和欧米茄(OMEGA)止水带组成双道防水。

止水带应满足埋深水压及各种位移最不利组合条件下的长期密封止水的要求。

3 沉管隧道管段施工缝中应埋设止水带或设置遇水膨胀腻子条。

11.6.7 盾构法施工的隧道结构防水应符合下列规定：

1 盾构法施工的隧道结构混凝土渗透系数不宜大于 5×10^{-13} m/s，氯离子扩散系数不宜大于 8×10^{-9} cm²/s 。当隧道处于侵蚀性介质中时，应采用相应的耐侵蚀混凝土或在衬砌结构外表面涂刷耐侵蚀的防水涂层，其混凝土的渗透系数不宜大于 8×10^{-14} m/s，氯离子扩散系数不宜大于 2×10^{-9} cm^2/s。

2 盾构隧道衬砌结构防水措施应符合表 11.6.7 的规定。

表 11.6.7 盾构法施工的隧道防水措施

措施选择 防水措施 / 防水等级	衬砌结构自防水	接缝防水			
		弹性密封垫	嵌缝	注入密封剂	螺孔密封圈
二级	必选	必选	宜选	可选	应选

3 管片接缝必须设置一道密封垫沟槽。防水材料的规格、技术性能和螺孔、嵌缝槽等部位的防水措施除满足设计要求外，尚应符合现行国家标准《地下工程防水技术规范》的有关规定。

4 管片接缝密封垫应满足在设计水压和接缝最大张开错位值下不渗漏的要求。

12 通风、空调与采暖

12.1 一般规定

12.1.1 地铁的内部空气环境应采用通风或空调系统进行控制。

12.1.2 地铁的内部空气环境范围应包括车站（站厅、站台、出入口通道）、区间隧道、折返线、尽端线隧道等和车站内的设备及管理用房。

12.1.3 地铁的通风与空调系统应保证其内部空气环境的空气质量、温度、湿度、气流组织、气流速度和噪声等均能满足人员的生理及心理条件要求和设备正常运转的需要。

12.1.4 地铁通风与空调系统应具有下列功能：

1 当列车在正常运行时，应保证地铁内部空气环境在规定标准范围内；

2 当列车阻塞在区间隧道内时，应保证阻塞处的有效通风功能；

3 当列车在区间隧道发生火灾事故时，应具备防灾排烟、通风功能；

4 当车站内发生火灾事故时，应具备防灾排烟、通风功能。

12.1.5 地铁通风与空调系统的确定应符合下列规定：

1 地铁通风和空调系统分为通风系统（含活塞通风）和空调系统两种系统方式；

2 地铁通风与空调系统宜优先采用通风系统方式（含活塞通风）；

3 在夏季当地最热月的平均温度超过 25℃，且地铁高峰时间内每小时的行车对数和每列车车辆数的乘积大于 180 时，可采用空调系统；

4 在夏季当地最热月的平均温度超过 25℃，全年平均温度超过 15℃，且地铁高峰时间内每小时的行车对数和每列车车辆数的乘积大于 120 时，可采用空调系统。

12.1.6 地铁通风与空调系统应结合地铁的运输能力、当地的气候条件、人员舒适性要求和运行及维护费用等因素进行技术经济综合比较，作为确定车站是否设置屏蔽门的依据。

12.1.7 地铁的通风与空调系统应按地铁预测的远期客流量和最大的通过能力设计，但设备应按近期和远期配置，分期实施。

12.1.8 地铁的通风与空调系统设计和设备配置应充分考虑运营节能，并宜充分利用自然冷、热源。

12.1.9 地铁的通风与空调系统应采取有效措施，保证通风与空调系统某一局部失效时，系统的整体功能维持在适宜的水平。

12.1.10 通风与空调系统的设备、管道及配件布置应为安装、操作、测量、调试和维修预留空间位置。

12.1.11 应为大型通风与空调设备设置运输、安装通道及孔洞，并应能装设起吊设施。

12.1.12 通风与空调系统的机房应设置设备起吊和冲洗设施。

12.1.13 通风与空调系统的管材及保温材料、消声材料应采用不燃材料，当局部部位采用不燃材料有困难时，可以采用难燃材料。管材及保温材料应具有防潮、防腐、防蛀、耐老化和无毒的性能。

12.2 地下部分的通风与空调

Ⅰ 隧道通风系统

12.2.1 地铁隧道正常通风应采用活塞通风，当活塞通风不能满足排除余热要求或布置活塞通风道有困难时，应设置机械通风系统。

12.2.2 地铁隧道通风系统的进风应直接采自大气，排风应直接排出地面。

12.2.3 地铁隧道夏季的最高温度应符合下列规定：

1 列车车厢不设置空调时，不得高于 33℃；

2 列车车厢设置空调，车站不设置屏蔽门时，不得高于 35℃；

3 列车车厢设置空调，车站设置屏蔽门时，不得高于 40℃。

12.2.4 地铁隧道冬季的平均温度不应高于当地地层的自然温度，但最低温度不应低于 5℃。

12.2.5 在计算隧道通风风量时，室外空气计算温度应符合下列规定：

1 夏季为近 20 年最热月月平均温度的平均值；

2 冬季为近 20 年最冷月月平均温度的平均值。

12.2.6 当计算排除余热所需的风量时，应计算隧道内的散热量和传至地层周围土壤的传热量。

12.2.7 当需要设置区间通风道时，通风道应设于区

五、设计、施工及验收标准

间隧道长度的1/2处，在困难情况下，其位置可移至距车站站台端部的距离不小于该区间隧道长度的1/3处，但该距离不宜小于400m。

Ⅱ 地下车站通风与空调系统

12.2.8 地铁地下车站应设置通风系统，当条件符合12.1.5条规定时，可采用空调系统。

12.2.9 地铁地下车站的进风应直接采自大气，排风应直接排出地面。

12.2.10 地下车站夏季室外空气计算温度应符合下列规定：

1 夏季通风室外空气计算温度，采用近20年最热月月平均温度的平均值；

2 夏季空调室外空气计算干球温度，采用近20年夏季地铁晚高峰负荷时平均每年不保证30h的干球温度；

3 夏季空调室外空气计算湿球温度，采用近20年夏季地铁晚高峰负荷时平均每年不保证30h的湿球温度。

12.2.11 地下车站夏季站内空气计算温度和相对湿度应符合下列规定：

1 当车站采用通风系统时，站内夏季的空气计算温度不宜高于室外空气计算温度5℃，且不应超过30℃；

2 当车站采用空调系统时，站厅的空气计算温度比空调室外计算干球温度低2～3℃，且不应超过30℃；站台厅的空气计算温度比站厅的空气计算温度低1～2℃；相对湿度均在40%～65%之间。

12.2.12 地下车站冬季站内空气计算温度，应等于当地地层的自然温度，但最低温度不应低于12℃。

12.2.13 地下车站冬季室外空气计算温度，应采用近20年最冷月月平均温度的平均值。

12.2.14 当通风系统采用开式运行时，每个乘客每小时需供应的新鲜空气量不应少于30m³；当采用闭式运行时，其新鲜空气量不应少于12.6m³，且系统的新风量不应少于总送风量的10%。

12.2.15 当采用空调系统时，每个乘客每小时需供应的新鲜空气量不应少于12.6m³，且系统的新风量不应少于总送风量的10%。

12.2.16 当计算排除余热所需的风量时，应计算车站传至地层周围土壤的传热量。

12.2.17 地铁的通风与空调系统设备传至站厅、站台厅的噪声不得超过70dB（A）。

12.2.18 地下车站宜在列车停靠在车站时的发热部位设置排风系统。

12.2.19 当活塞风对车站有明显影响时，应在车站的两端设置活塞风泄流风井或活塞风迂回风道。

12.2.20 站厅和站台厅的瞬时风速不宜大于5m/s。

12.2.21 地下车站内空气中的CO_2浓度应小于1.5‰。

12.2.22 地下车站空气中可吸入颗粒物的日平均浓度应小于0.25mg/m³。

12.2.23 地下车站的出入口通道和长通道连续长度大于60m时，应采取通风或其他降温措施。

Ⅲ 地下车站设备及管理用房通风与空调系统

12.2.24 地下车站的各类用房应根据其使用要求设置通风系统，必要时可设置空调系统；进风应直接采自大气，排风宜直接排出地面。

12.2.25 地下牵引变电所、降压变电所应设置机械通风系统，排风宜直接排至地面；通风量按排除余热量计算。当余热量很大，采用机械通风系统技术经济不合理时，可设置冷风系统。

12.2.26 厕所应设置独立的机械排风、自然进风系统，所排出的气体宜直接排出地面。

12.2.27 设置气体灭火的房间应设置机械通风系统，所排除的气体必须直接排出地面。

12.2.28 设在尽端线、折返线内的设备及管理用房，应设置机械排风、自然进风系统。

12.2.29 地下车站设备及管理用房内每个工作人员每小时需供应的新鲜空气量不应少于30m³，且新风量不少于总风量的10%。

12.2.30 地下车站设备及管理用房的室外空气计算温度，应符合下列规定：

1 夏季通风室外空气计算温度，应采用历年最热月14时的月平均温度的平均值；

2 夏季空调室外空气计算干球温度，应采用历年平均不保证50h的干球温度；

3 夏季空调室外空气计算湿球温度，应采用历年平均不保证50h的湿球温度。

12.2.31 当尽端线、折返线设备及管理用房通风系统需由隧道内吸风时，吸风口应设在列车进站一侧，排风口应设在列车出站一侧。吸风口应设置滤尘装置，经过滤尘装置净化后的空气，可吸入颗粒物的日平均浓度应小于0.25mg/m³。

12.2.32 地下车站设备及管理用房内空气中的CO_2浓度应小于1.5‰。

12.2.33 车站设备及管理用房的通风系统、空调系统应有消声和减振措施。通风、空调设备传至各房间内的噪声不得超过60dB（A）。

12.2.34 通风与空调机房内的噪声不得超过90dB（A）。

12.2.35 地下车站内的设备及管理用房的室内计算温度、相对湿度和换气次数应符合表12.2.35的规定。

表 12.2.35 车站设备及管理用房计算温度与换气次数

房间名称	冬季	夏季		小时换气次数	
	计算温度（℃）	计算温度（℃）	相对湿度（%）	进风	排风
站长室、站务室、值班室、休息室	16	27	<65	6	6
车站控制室、广播室、控制室	18	27	40～60	6	5
售票室、票务室	18	27	40～60	6	5
车票分类/编码室、自动售检票机房	16	27	40～60	6	6
通信设备室、通信电源室、信号设备室、信号电源室	12	27	40～60	6	5
降压变电所、牵引变电所	—	36	—	按排除余热计算风量	
配电室、机械室	16	36	—	4	4
更衣室、修理间、清扫员室	16	27	<65	6	6
警务室、会议、交接班室	16	27	<65	6	6
蓄电池室	16	30	—	6	6
茶水室	—	—	—	—	10
盥洗室、车站用品间	—	—	—	4	4
清扫工具间、气瓶室、储藏室	—	—	—	—	4
污水泵房、废水泵房、消防泵房	5	—	—	—	4
通风与空调机房、冷冻机房	—	—	—	6	6
折返线维修用房	12	30	—	—	6
厕所	>5	—	—	—	排风

注：厕所排风量每坑位按 $100m^3/h$ 计算，且每小时换气次数不宜少于 10 次。

Ⅳ 空调冷源及水系统

12.2.36 空调冷源设计应符合下列规定：

1 空调系统的冷源应优先考虑自然冷源，无条件采用自然冷源时，可采用人工冷源；

2 设于地铁地下线路内的空调冷源设备应采用电动压缩式，不应采用吸收式冷水机组；

3 冷水机组的选择应根据空调系统的负荷情况、运行时间、运行调节要求，结合制冷工质的种类、装机容量和节能效果等因素确定；

4 在执行分时电价、峰谷电价差较大的地区，经技术经济综合比较，可采用蓄冷系统。

12.2.37 冷冻机房设计应符合下列规定：

1 冷冻机房应设置在靠近空调负荷中心的位置，宜与空调机房综合布置；

2 冷冻机房的顶部空间应在考虑机房内各种风道、管道布置的前提下，保证满足制冷设备的安装、维修、检修和测量的需要；

3 冷冻机房应保证良好的通风；

4 冷冻机房内仪表集中处宜设局部照明；

5 冷冻机房内冷水机组的选用不宜少于 2 台，不需设置备用机组，当只选用 1 台冷水机组时，宜选用多机头联控型机组；

6 冷负荷量小且分散时，可选用风冷式冷水机组。

12.2.38 冷冻水系统设计应符合下列规定：

1 冷冻水系统应采用闭式水系统；

2 冷冻水的补水量为系统水容量的 1%，补水点宜设在冷冻水泵的入口处；

3 冷冻水补水泵的扬程应比补水点压力高 3～5m，小时流量应不少于系统水容量的 4%～5%；

4 冷冻水泵宜与冷水机组一一匹配设置，可不设置备用泵；

5 冷冻水管应保温，保温层厚度应保证其外表不结露。

12.2.39 冷却水系统设计应符合下列规定：

1 冷却水应循环使用；

2 应采取有效措施，保证冷却水的水质符合现行国家标准《工业循环冷却水处理设计规范》的规定；

3 冷却水的补水量为系统循环水量的 1%～3%；

4 冷却水的水温低于冷水机组的允许水温时，应进行水温控制；

5 冷却水泵宜与冷水机组一一匹配设置，可不设置备用泵；

6 冷却水管应根据当地的气候条件考虑保温处理。

12.2.40 冷却塔的设置应符合下列规定：

1 冷却塔应设置在通风良好的地方，并与周围环境相协调，其噪声应符合现行国家标准《城市区域环境噪声标准》的规定；

2 多塔布置时，宜采用相同型号产品，且其积水盘下应设连通管，进水管上设电动阀。

12.2.41 空调水系统附件设置应符合下列规定：

1 较大规模的空调水系统宜设置分水器和集水器；

2 冷水机组、水泵等设备的入口处，应安装过滤器或除污器；

3 空调水系统应设置必要的压力表和温度计等附件。

Ⅴ 风亭、风道和风井

12.2.42 地面进风风亭应设在空气洁净的地方，任何建筑物距进、排风亭口部的直线距离应大于5m。

12.2.43 当进、排风亭合建时，排风口应比进风口高出5m，或风口错开方向布置，且进、排风口最小间距应大于5m。

12.2.44 当排风口单独设置于地面时，风口设计应符合本规范第8.6.2条的有关规定。

12.2.45 进风亭格栅底部距地面的高度应大于2m，当布置在绿地内时，高度允许降低，但不宜低于1m。

12.2.46 通风道和风井的风速不宜大于8m/s，站台下排风风道和列车顶部排风风道的风速不宜大于15m/s，风亭格栅的迎面风速不宜大于4m/s。

12.2.47 风亭出口的噪声应符合现行国家标准《城市区域环境噪声标准》的规定。

Ⅵ 通风与空调系统控制

12.2.48 地铁区间隧道通风系统宜设就地控制、车站控制、中央控制的三级控制。

12.2.49 地下车站通风与空调系统宜设就地控制、车站控制、中央控制的三级控制。

12.2.50 地下车站设备及管理用房通风与空调系统宜设就地控制、车站控制的两级控制。

Ⅶ 地下车站采暖

12.2.51 地铁的地下车站及区间隧道可不设采暖系统。

12.2.52 车站设备及管理用房根据使用要求需采暖时，可以采用局部采暖。

12.2.53 对于最冷月份室外平均温度低于－10℃的地区，车站的出入口宜设热风幕。

12.3 高架线和地面线的通风、空调与采暖

Ⅰ 通风与空调

12.3.1 地铁高架线和地面线车站的站厅和站台一般宜采用自然通风。必要时，站厅可设置机械通风或空调系统。

12.3.2 通风与空调的室外空气计算温度、相对湿度应采用当地现行的地面建筑设计标准。

12.3.3 站厅采用通风系统时，站厅内的夏季计算温度不应超过室外计算温度3℃，但最高不应超过35℃。

12.3.4 站厅层设置空调系统时应符合下列规定：

1 站厅内的夏季计算温度应为29～30℃，相对湿度不大于65%；

2 站厅通向站台的楼梯口、扶梯口处以及出入口宜设置风幕。

12.3.5 地面变电站宜采用自然通风降温，当自然通风不能达到设备对环境的要求时，采用机械排风、自然进风的方式。

12.3.6 车站内的其他设备及管理用房的温度、湿度应按表12.2.35的规定执行。

Ⅱ 采 暖

12.3.7 对于最冷月份室外平均温度高于－10℃的地区，地面车站和高架车站的站厅、站台可不设置采暖系统。

12.3.8 对于最冷月份室外平均温度低于－10℃的严寒地区，车站的站台不设采暖装置，站厅宜设采暖系统。

12.3.9 站厅设采暖系统时，其厅内的设计温度为12℃。

12.3.10 站厅设置采暖系统时，站厅的出入口和站厅通向站台的楼梯口、扶梯口应设热风幕。

12.3.11 采暖地区的车站管理用房需设采暖装置，室内设计温度为18℃。

12.3.12 车站设备用房根据工艺要求设采暖装置，设计温度按工艺要求确定。

12.3.13 采暖室外计算温度及其他规定应符合现行国家标准《采暖通风与空调设计规范》的规定。

12.3.14 热源应尽可能采用附近热网，无条件时可采用无污染的热源。

13 给水与排水

13.1 一 般 规 定

13.1.1 地铁给水设计，必须满足生产、生活和消防用水对水量、水压和水质的要求，并应坚持综合利用、节约用水的原则。

13.1.2 地铁给水水源应优先采用城市自来水，当沿线无城市自来水时，应和当地规划等部门协商，采取其他可靠的供水水源。

13.1.3 地铁排水系统，除生活及粪便污水应单独排放外，结构渗漏水、冲洗及消防废水和口部雨水等可以按合流排放，但生活及粪便污水的排放，必须符合

当地和国家现行排水标准的规定。

13.1.4 给排水设备的自动化程度，应根据运营管理的需要，结合当地具体条件，经过技术经济比较确定，但排水设备应按自动化管理设计。

13.1.5 地铁金属给排水管道及有关设备，应采取防止杂散电流腐蚀的措施。

13.2 给 水

13.2.1 给水系统用水量定额应符合下列规定：

1 工作人员生活用水量为30～60L/（人·班），小时变化系数为2.5～2.0；

2 冷水机组的水系统的补充水量为冷却循环水量的2%～3%；

3 车站公共区域冲洗用水量为2～4L/（m^2·次），每次按冲洗1h计算；

4 生产用水量按工艺要求确定；

5 消防用水量应符合本规范第19章的有关规定。

13.2.2 给水系统的水质应符合下列规定：

1 生活用水的水质，应符合现行国家标准《生活饮用水卫生标准》的规定；

2 生产用水和消防用水的水质按工艺要求确定。

13.2.3 给水系统的水压应符合下列规定：

1 生活用水设备和卫生器具的水压，应符合现行国家标准《建筑给水排水设计规范》的规定；

2 生产用水的水压按工艺要求确定；

3 消防用水的水压应符合本规范第19章的有关规定。

13.2.4 地铁给水系统的选择，应根据生产、生活和消防等各项用水对水质、水压和水量的要求，结合市政给水系统等因素确定，一般按下列情况选择给水系统：

1 为保证人员饮用水的水质，地铁宜采用生活和消防分开的给水系统。生活给水管宜由市政自来水管引入。但生产用水可和消防或生活给水系统共用。

2 当城市自来水的供水量能满足生产、生活和消防用水的要求，而供水压力不能满足消防用水压力时，应和当地消防及市政部门协商设消防泵和稳压装置，不设消防水池。

3 当城市自来水的供水量和供水压力能满足生产和生活用水，而不能满足消防用水量要求时，则应设消防泵、稳压装置和消防水池。

4 如设自动喷水灭火系统时，应采用独立的给水系统，不应和生产、生活及消火栓给水系统共用。

13.2.5 管道布置和敷设应符合下列规定：

1 当车站生活和消防为分开的给水系统时，车站内生活用水宜设计为枝状管网，由城市自来水管引出一根给水管和车站内生活给水管连接；

2 地下车站的自来水引入管宜通过风道或人行通道和车站给水系统相接；

3 地下区间的给水干管的布置，当为接触轨供电时，应设在接触轨的对侧；当为架空接触网供电时，可设在隧道行车方向的任一侧，管道和消火栓的位置不得侵入设备限界；

4 给水管不应穿过变电所、通信信号机房、控制室、配电室等房间；

5 车站内的给水干管宜采取防结露措施；

6 寒冷地区设在出入线洞口附近、进风道内及无采暖措施的地面或高架站站厅、站台的给水管应采取防冻保温措施；

7 地铁的管道敷设应考虑热膨胀的影响。当穿过结构变形缝时，必要时应考虑防沉降措施，给水干管必须固定在主体结构或道床上；

8 当给水管穿过主体结构时，应设防水套管。

13.2.6 管材及附件的设置应符合下列规定：

1 地下车站站台板下及地下区间隧道敷设的给水干管，宜采用球墨铸铁给水管和胶圈接口。吊顶内的消防给水干管及其他支管宜采用内外热镀锌钢管，根据管径的不同，分别采用沟槽式、法兰盘或丝扣接口。生活给水管应采用符合国家有关规定并符合生活饮用水卫生标准的管材；

2 如设自动喷水灭火系统时，消防给水管应采用内外热镀锌钢管或热镀锌无缝钢管；

3 埋地或设在垫层内的给水管道的外壁，应采取防腐蚀措施；

4 给水管网上的阀门设置，应符合现行国家标准《建筑给水排水设计规范》及《建筑设计防火规范》的规定；

5 地下车站及区间给水干管的最高点设排气阀，最低点设泄水阀，其直径应通过计算确定；

6 给水泵的送水管上应设压力表，当扬程超过35m时，应采取防水锤措施。

13.3 排 水

13.3.1 地铁排水量定额应符合下列规定：

1 生活排水量按生活用水量的95%计算；

2 生产用水排水量按工艺要求确定；

3 冲洗和消防废水量和用水量相同。

13.3.2 地铁地下车站的生活及粪便污水、结构渗水、倒滤层排水、冲洗及消防废水、露天出入口和隧道洞口的雨水，宜分类集中，就近提升排放。生活及粪便污水必须单独排放，其他废水及雨水可按合流制排放。局部及临时排水泵房的废水如有可能宜排入线路排水沟。

13.3.3 地面或高架车站的污水及废水应按重力流排水方式设计。地下通道等地下部分的污水及废水如不能按重力流排放时，应设排水泵提升排入城市排水系统。

13.3.4 地铁隧道内的排水泵站（房）的设置应符合下列规定：

1 区间隧道主排水泵站应设在线路实际坡度最低点，每座泵站所担负的区间长度，单线不宜大于3km，双线不宜大于1.5km，主要排除结构渗水、冲洗及消防废水；

2 当主排水泵站所担负的区间长度超过规定，而排水量又较大时，宜设辅助排水泵站；

3 地下车站排水泵房必须设在车站线路坡度的下坡方向的一端，主要排除车站范围内的结构渗水、冲洗和消防废水，如车站端部设排水泵房有困难，而且区间排水泵站距该站又较近时，也可不设排水泵房；

4 地下车站污水泵房宜设在厕所附近，主要排除厕所的污水；

5 临时排水泵房应设在地铁分期修建的先建段内；

6 地下车站局部排水泵房宜设在地面至站厅层的自动扶梯基坑附近，折返线车辆检修坑端部，地下车站站台板下、碎石道床区段及电梯井等不能自流排水而又有可能集水的低洼处；

7 露天出入口及敞开通风口排水泵房的雨水排放设计按当地50年一遇暴雨强度计算，集流时间为5～10min；

8 洞口的雨水如不能自流排放时，必须在洞口适当位置设排水泵站，并在洞口道床的适当位置设横向截水沟，保证将雨水导流至泵站集水池。排水管渠或排水泵站的排水能力，按当地50年一遇的暴雨强度计算，集流时间按计算确定；

9 洞口排雨水泵站宜设2～3根压力排水管，其他泵站（房）宜设1～2根压力排水管，车站排水泵房的压力排水管宜通过风道或人行通道接入城市排水系统；

10 架空接触网供电时，地下区间排水泵房的室内地面宜和走行轨顶面齐平；接触轨供电时地下区间排水泵房的室内地面宜和接触轨防护罩面齐平；

11 排水泵站（房）的布置，参照现行国家标准《室外排水设计规范》的规定执行。

13.3.5 排水泵站（房）的排水泵的设置应符合下列规定：

1 区间排水泵站、辅助排水泵站及车站排水泵房应设两台排水泵，平时一台工作；当排除消防废水时，两台泵同时工作；排水泵的总排水能力，按消防时的排水量和结构渗水量之和确定。位于水域下的区间及车站排水泵站，应增设一台排水泵，每台排水泵的排水能力应大于最大小时排水量的1/2；

2 车站露天出入口及敞开通风口的排水泵房，设两台排水泵，平时一台工作，最大雨水时两台泵同时工作。每台排水泵的排水能力，应大于最大小时排水量的1/2；

3 洞口的雨水泵站，宜设三台排水泵，最大水量时三台泵同时工作，每台泵的排水能力应大于最大小时排水量的1/3；

4 车站污水泵房、临时和局部排水泵房设两台污水泵，一台工作，一台备用，每台泵的排水能力，不小于最大小时的污水量；

5 排水泵站（房）的排水泵应设计为自灌式，一般采用自动、就地和远动三种控制方式，但污水泵和自动扶梯基坑的局部排水泵，可以按自动和就地两种控制方式设计。排水泵的工作状态和水位信号应在控制室显示；

6 排水泵为自动控制启动时，水泵每小时启动次数不得超过6次。

13.3.6 排水泵站（房）的集水池有效容积按下列原则确定：

1 洞口雨水泵站的集水池有效容积，不应小于最大一台水泵5～10min的出水量；

2 厕所污水泵房的集水池有效容积，宜按6h的污水量确定；

3 其他各类排水泵站（房）的集水池有效容积，不得小于最大一台排水泵15～20min的出水量。

13.3.7 其他排水设施应符合下列规定：

1 隧道内碎石道床应设排水管，每隔20m设一个检查坑，排水管及明沟的纵向坡度不宜小于3‰；

2 在地下车站站厅层边墙角下，每隔50m宜设一个*DN*75～100的地漏，排水立管接入线路排水沟。在地面进入站厅的人行通道和站厅层相接部位，宜设横截沟并在沟内设排水立管，接入站台层线路排水沟；

3 车站各类用房的盥洗间、污水池和洗脸盆的污水，必须通过管道排入污水泵房的集水池；

4 地下车站和区间排水泵房的压力排水管宜采用金属管；

5 厕所污水泵房的污水池应设透气管，透气管在污水池盖板上及穿出主体结构内侧应设阀门（工作压力大于1.0MPa）；

6 重力流排水管宜采用阻燃型硬聚氯乙烯排水管；

7 车站污水泵房、临时排水泵房及局部排水泵房的压力排水管和地面城市排水管道连接时，宜设一般检查井；车站排水泵房及区间排水泵房的压力排水管和地面城市排水管连接处，宜设检修井和压力检查井（或设消力井），检查井距车站主体结构外墙的距离不小于3.0m；

8　排水泵站（房）的集水池应设冲洗管和人孔。

13.3.8　局部污水处理设施应符合下列规定：

1　当城市有污水排水系统而无污水处理厂时，车站厕所的污水应经过化粪池处理达到标准后排入城市污水排水系统；

2　当城市有污水排水系统又有污水处理厂时，车站厕所排出的污水是否设化粪池，应和城市市政管理部门商定；

3　地面化粪池距建筑物的距离不宜小于5m；

4　地面化粪池的设计应符合现行国家标准《建筑给水排水设计规范》的规定；

5　当城市无污水排水系统时，应根据国家或当地现行有关污水综合排水标准的规定，对地铁车站排出的粪便污水进行处理，达到标准后排入城市排水系统；

6　车站粪便污水处理设施，宜为埋地式并设在人行道或绿地内；

7　生活污水处理设施前应设调节池，调节池的有效容积应经计算确定，也可取4～6h的生活污水量。

13.4　车辆段和停车场给水与排水

Ⅰ　给　水

13.4.1　给水用水量定额应按下列规定确定：

1　办公人员生活用水为：40～60L/（班·人），小时变化系数为2.0；

2　职工淋浴用水为40L/（班·人）；

3　消防用水根据现行国家标准《建筑设计防火规范》的规定执行；

4　生产工艺用水按工艺要求确定；

5　路面洒水、绿化及草地用水、汽车冲洗用水等应符合现行国家标准《建筑给水排水设计规范》及有关规范的规定；

6　不可预见水量按车辆段内最高日用水量的15%计算。

13.4.2　给水水源应采用城市自来水，宜由城市自来水引入两根给水管和车辆段内室外给水管网相接。

13.4.3　室外生产、生活和消防给水宜采取共用的环状管网给水系统，每隔120m设一座室外消火栓井，每隔80m设一个洒水栓。

13.4.4　当城市自来水的供水量和供水压力不能满足车辆段内的用水要求时，应设给水泵房和蓄水池，并根据技术经济比较，可以设变频调速装置、屋顶水箱或水塔。

13.4.5　车库及多层建筑物，室内设消火栓超过10个且消防用水量大于15L/s时，应采用环状管网给水系统。

13.4.6　室外给水管宜采用球墨铸铁管和胶圈接口，变坡最高点设排气阀，最低点设泄水阀。

Ⅱ　排　水

13.4.7　排水量定额应符合下列规定：

1　生活排水量标准应按用水量的90%～95%确定；

2　生产用水排水量按工艺要求确定；

3　冲洗和消防废水排水量和用水量相同。

13.4.8　含油废水及洗车库的废水，不符合国家规定的排放标准时，应经过处理，达到标准后排放，并尽量重复利用。

13.4.9　车辆段附近无城市污水排水系统时，则车辆段内的生活污水必须经过处理，达到排放标准后才能排放。

13.4.10　车辆段的生活污水，宜集中后按重力流方式排入城市污水排水系统，如不能按重力流方式排放，则应设污水泵站提升并排入城市污水排水系统。

13.4.11　室内重力流排水管道宜采用阻燃型UPVC塑料管。室外排水管宜采用塑料管或钢筋混凝土排水管。

13.4.12　车辆段的停车列检库、定修库、试车线等，当设有检修坑时应有排水设施。

14　供　电

14.1　一般规定

14.1.1　地铁供电系统应包括外部电源、主变电所（或电源开闭所）、牵引供电系统、动力照明供电系统、电力监控系统。牵引供电系统应包括牵引变电所与牵引网；动力照明供电系统应包括降压变电所与动力照明配电系统。

14.1.2　地铁的外部电源方案应根据线网规划和城市电网进行规划设计，可采用集中式供电、分散式供电或混合式供电。

14.1.3　地铁中压网络的电压等级可采用35kV、20kV、10kV。对于分散式供电方案，中压网络的电压等级应与城市电网相一致；对于集中式供电方案，中压网络的电压等级应根据用电容量、供电距离、城市电网现状及发展规划等因素，经技术经济综合比较确定。

14.1.4　地铁中压网络可采用牵引动力照明独立网络形式，也可以采用牵引动力照明混合网络形式。

14.1.5　供电系统设计应根据建设要求，从可行性研究阶段开始会同城市电力部门协商确定下列内容：

1　外部电源方案及主变电所设置；

2　供电系统的一次接线方案；

3　近、远期外部电源容量及电压偏差范围；

4　电能计量要求；

5 城市电网近、远期的规划资料及系统参数；

6 城市电网变电所出线继电保护与地铁供电系统进线继电保护的设置和时限配合；

7 调度的要求及管理分工。

14.1.6 牵引用电负荷为一级负荷；动力照明等用电负荷可分成一级负荷、二级负荷、三级负荷。

14.1.7 一级负荷应由双电源双回线路供电，当一个电源发生故障时，另一个电源不应同时受到损坏。一级负荷中特别重要的负荷，除由双电源供电外，尚应增设应急电源。

14.1.8 二级负荷宜由双回线路供电；对电梯及其他距变电所不超过半个站台有效长度的负荷，可采用双电源单回线路专线供电。

14.1.9 三级负荷可为单电源单回线路供电，当系统中只有一个电源工作时允许自动切除该负荷。

14.1.10 下列电源可作为应急电源：

1 独立于正常电源的发电机组；

2 供电网络中独立于正常电源的专用馈电线路；

3 蓄电池。

14.1.11 供电系统中的各种变电所均应有两个电源，每个进线电源的容量应满足变电所全部一、二级负荷的要求。这两个电源可以来自不同变电所，也可来自同一变电所的不同母线。主变电所进线电源应至少有一个为专线电源。

14.1.12 供电系统的中压网络应按列车运行的远期通过能力设计，对互为备用线路，一路退出运行，另一路应承担其一、二级负荷的供电，线路末端电压损失不宜超过5%。

14.1.13 直流牵引网采用双导线制，正极、负极均不接地。

14.1.14 直流牵引供电系统的电压及其波动范围应符合表14.1.14的规定。

表 14.1.14 直流牵引供电系统电压值

系统电压（V）		
标称值	最高值	最低值
750	900	500
1500	1800	1000

14.1.15 直流牵引系统及非线性用电设备所产生的谐波引起的电网电压正弦波形畸变率应予控制。

14.1.16 当车辆再生制动能量吸收装置需在供电系统设计中考虑时，设计方案应通过经济技术综合比较确定。

14.1.17 低压配电电压应采用220/380V。带电导体系统的型式宜采用三相四线制。

14.1.18 在综合维修基地应设置供电工区，以对供电设备进行管理与维护。

14.2 变 电 所

14.2.1 地铁变电所可分为主变电所、电源开闭所、中心降压变电所、牵引变电所、降压变电所。当中压网络采用牵引动力照明混合网络时，牵引变电所与降压变电所可合建成牵引降压混合变电所。

14.2.2 牵引负荷应根据运营高峰小时行车密度、车辆编组、车辆型式、线路资料等计算确定。

14.2.3 变电所的数量、容量及其在线路上的分布应在综合考虑的基础上由计算确定。

14.2.4 主变压器的数量与容量宜根据近、远期负荷计算确定、分期实施，并在一台主变压器退出运行时其他变压器能负担供电范围内的一、二级负荷。

14.2.5 牵引整流机组的数量与容量宜根据近、远期计算负荷比较确定，并在其中一座牵引变电所退出运行时，相邻的两座牵引变电所应能分担其供电分区的牵引负荷。

14.2.6 配电变压器的容量选择应满足一台配电变压器退出运行时，另一台配电变压器能负担供电范围内远期的一、二级负荷。

14.2.7 牵引变电所中一套牵引整流机组退出运行时，另一套牵引整流机组具备运行条件时不应退出运行。

14.2.8 变电所选址应符合下列原则：

1 靠近负荷中心；

2 便于电缆线路引入、引出；

3 便于设备运输；

4 独立设置的变电所宜靠近地铁线路，并应和城市规划相协调。该变电所与地铁线路间应设置专用电缆通道。

14.2.9 在条件允许的情况下，牵引变电所可设在车站附近的地面。

14.2.10 变电所一次接线应在可靠的基础上力求简单。

14.2.11 降压变电所一次侧母线及低压母线宜采用分段单母线接线；牵引变电所一次侧母线宜采用备用电源自投的单母线接线，直流侧母线宜采用单母线接线。

14.2.12 在地下使用的电气设备及材料，应选用体积小、低损耗、低噪音、防潮、无自爆、低烟、无卤、阻燃或耐火的定型产品。

14.2.13 主变电所宜采用有载调压主变压器。

14.2.14 变压器外廓与墙壁的最小净距为800mm；10kV变压器外廓与门的最小净距为1000mm，35kV变压器外廓与门的最小净距为1200mm。10kV及以下中低压配电室内的各种通道最小宽度，应符合现行国家标准《10kV及以下变电所设计规范》的规定；10kV以上开关柜的各种通道最小宽度，再增加

200mm。

14.2.15 当变电所按有人值班设计时，控制室各屏间及通道最小距离，宜按表 14.2.15 规定的数值。

表 14.2.15 控制室各屏间及通道距离（mm）

屏正面一屏背面	屏背面一墙	屏边一墙	主屏正面一墙
1500	800	800	3000

14.2.16 变电所的交、直流操作电源屏的电源，应接自变电所的两段低压母线。

14.2.17 变电所直流操作电源宜采用成套装置，正常运行时蓄电池处于浮充状态。

14.2.18 蓄电池应急照明电源应满足 1h 应急照明的需要。

14.2.19 直流牵引配电装置的馈线回路，应设置能分断最大短路电流和感性小电流的直流快速断路器。

14.2.20 牵引整流机组的负荷特性应符合表 14.2.20 的要求。

表 14.2.20 牵引整流机组的负荷特性

负荷	100%额定电流	150%额定电流	300%额定电流
持续时间	连续	2h	1min

14.2.21 变电所继电保护装置应力求简单，并满足可靠性、选择性、灵敏性和速动性的要求。

14.2.22 变电所设计应满足其综合自动化的要求和电力监控系统的需要。

14.2.23 对中压电缆线路的下列故障或异常运行，应设相应的保护装置：

1 相间短路；

2 单相接地。

14.2.24 对干式变压器的下列故障及异常运行，应设相应的保护装置：

1 绕组及其引出线的相间短路和中性点直接接地（或小电阻接地）侧的单相接地；

2 外部短路引起的过电流；

3 过负荷；

4 变压器温升超过限定值。

14.2.25 对牵引整流器的下列故障及异常运行，应设相应的保护装置：

1 内部短路；

2 元件故障；

3 元件温升超过限定值。

14.2.26 对直流牵引馈线的短路故障及异常运行，应设置下列基本保护：

1 大电流短路断路器直接跳闸；

2 过电流保护；

3 电流变化率及其增量（$di/dt+\Delta I$）保护；

4 双边联跳保护；

5 低电压保护；

6 直流牵引设备的框架保护。

14.2.27 变电所综合自动化装置应具备下列基本功能：

1 保护、控制、信号、测量；

2 电源自动转接；

3 必要的安全联锁；

4 程序操作；

5 装置故障自检；

6 开放的通信接口。

14.2.28 直流牵引馈线开关应具有在线检测的自动重合闸功能。

14.3 牵 引 网

14.3.1 牵引网由接触网和回流网组成。接触网为正极，回流网为负极，并分别通过上网电缆和回流电缆与牵引变电所连接。

14.3.2 接触网按安装位置和接触导线的不同分为接触轨和架空接触网。

1 接触轨按授流接触位置的不同可分为上部授流接触轨、下部授流接触轨和侧部授流接触轨。接触轨可采用低碳钢或钢铝复合材料。

2 架空接触网按接触悬挂的不同可分为柔性架空接触网和刚性架空接触网。柔性接触网应采用铜或银铜接触线以及铜承力索。

14.3.3 接触轨与柔性架空接触网可应用于地下线、地面线及高架线。刚性架空接触网适用于地下线。

14.3.4 接触轨的安装位置及其安装误差应根据车辆受流器与接触轨相对运动中的可靠接触确定。

14.3.5 露天正常线路接触线距轨面的最低高度为 4400mm。隧道内接触线距轨面的最低高度为 4000mm。

14.3.6 对于柔性架空接触网，车站线路、区间线路、车辆段试车线与出入线的接触网，宜采用全补偿简单链型悬挂；车辆段中的其他线路宜采用补偿简单悬挂。

14.3.7 对于刚性架空接触网，可采用“Π”形或“T”形汇流排。

14.3.8 柔性接触线高度变化时，其坡度应符合表 14.3.8 的规定。

表 14.3.8 柔性接触线最大坡度值

列车速度（km/h）	接触线最大坡度（‰）
10	40
30	20
60	10
90	6
120	5

14.3.9 柔性架空接触网设计的强度安全系数，应不低于现行铁路标准《铁路电力牵引供电设计规范》的有关规定。

14.3.10 正常工作状态下，正线接触网应采用由两个相邻变电所构成的双边供电方式；当某中间牵引变电所退出运行时，相关正线接触网应由与该变电所相邻的两个牵引变电所通过直流母线或纵向联络开关等方式越区供电，即采用大双边供电方式。

14.3.11 牵引变电所直流快速断路器至正线接触网间应设置隔离开关。

14.3.12 上网电缆、回流电缆的根数及截面，应根据大双边供电方式下的远期负荷计算确定，但每个回路的电缆根数不得少于两根。

14.3.13 接触网的电分段应设在下列各处：

1 有牵引变电所车站的车辆惰行处；

2 辅助线与正线的衔接处；

3 车辆段出入线与正线的衔接处；

4 车辆段检修库入口处。

14.3.14 回流网宜在下列位置设置单向导通装置：

1 正线与车辆段或停车场的衔接处；

2 隧道出入口处。

14.3.15 当终端车站后面的正线区段作折返线用时，其接触网宜单独分段，并通过隔离开关与正线连接。

14.3.16 停车列检库、静调库、试车线的接触网，宜由牵引变电所直接馈电。每条库线的接触网应设置手动隔离开关。

14.3.17 设车辆检查坑并有检修作业的折返线，其接触网应通过检修间附近的配电装置供电。配电装置应有主备两个电源，主电源来自附近牵引变电所的直流快速断路器，备用电源来自一条正线接触网。主备电源均通过隔离开关接到配电装置上。

14.3.18 不设车辆检查坑的折返线，其接触网供电应有主备两路电源，它们分别接自上、下行的正线接触网。

14.3.19 车辆段中的接触网，应具有来自车辆段牵引变电所的主电源及来自正线的备用电源。

14.3.20 架空接触网设计的气象条件的确定，地下部分应根据环境控制条件确定，其余应符合现行铁路标准《铁路电力牵引供电设计规范》及《铁路电力牵引供电隧道内接触网设计规范》中的规定。

14.3.21 接触网带电部分和结构体、车体之间的最小净距，应符合表14.3.21的规定。

表14.3.21 接触网带电部分和结构体、车体之间的最小净距（mm）

标称电压	净态	动态	绝对最小动态
750V	25	25	25
1500V	150	100	60

14.3.22 架空接触网在隧道两端、为地面接触网供电的电源隔离开关处、空旷的地面区段与高架桥区段每隔500m处应设置避雷器。

14.3.23 在地面区段、高架桥区段，架空接触网的架空地线应每隔200m设置火花间隙；在满足条件时，架空地线也可兼作避雷线。

14.3.24 避雷器与火花间隙的工频接地电阻应不大于10Ω。

14.3.25 固定支持架空接触网的非带电金属体，应与架空地线相连接。架空地线应引至牵引变电所接地装置。

14.3.26 柔性架空接触网的支柱跨距，应根据悬挂类型、曲线半径、导线最大受风偏移值和运营条件确定。刚性架空接触网的悬挂点间距，应满足汇流排的弛度要求。接触轨的支架间距应根据支架结构形式、道床型式、轨枕间距、短路电动力和运营条件确定。

14.3.27 在直线区段，架空接触线应按"之"字形布置。柔性接触线定位点处的拉出值宜为地上线±200mm、地下线±200mm/100m；刚性接触线在沿轨道500m范围内的拉出值宜为±200～±250mm，200m范围内的拉出值宜为±180mm。

14.3.28 在曲线区段，应根据曲线半径、超高值、接触悬挂跨距选取拉出值，拉出值方向宜向曲线外布置。

14.3.29 柔性架空接触网锚段长度应根据补偿的接触线和承力索的张力差确定。刚性架空接触网和接触轨的锚段长度，应根据环境温度、载流温升、材料线胀系数、伸缩要求确定。

14.3.30 接触轨断轨处应设端部弯头。

14.3.31 在柔性架空接触网与刚性架空接触网的衔接处，应设置刚柔过渡设施。

14.3.32 接触轨应设防护罩，其电气性能与物理性能应满足技术要求。

14.3.33 对易受其他机动车辆损伤的支柱，应采取必要的防护措施。

14.4 电　　缆

14.4.1 电力电缆与控制电缆，在地下敷设时应采用低烟无卤阻燃电缆，在地上敷设时可采用低烟阻燃电缆。为应急照明、消防设施供电的电缆，明敷时应采用低烟无卤耐火铜芯电缆或矿物绝缘耐火电缆。重要信号的控制电缆宜采用金属屏蔽。

14.4.2 电缆在区间及车站内敷设时，各相关尺寸及距离应符合表14.4.2的规定。电缆在车辆段及控制中心建筑物内敷设时，可参照"工业与民用建筑"相关规定执行。

表 14.4.2 电缆敷设的各相关尺寸及距离（mm）

名称		电缆通道		电缆沟	
		水平	垂直	水平	垂直
两侧设支架的通道净宽		≥1000	—	≥300	—
一侧设支架的通道净宽		≥900	—	≥300	—
电缆支架层间距离	电力电缆	—	≥150(200)	—	≥200(250)
	控制电缆	—	≥100	—	120
电缆支架之间的距离	电力电缆	1000	1500	1000	—
	控制电缆	800	1000	800	—
车站站台板下电缆通道净高	人通行部分	—	≥1900	—	—
	电缆敷设部分	—	≥1300	—	—
变电所内电缆通道净高		—	≥1900	—	—
电力电缆之间的净距		≥35	—	≥35	—

注：1 表中括号内数字为 35kV 电缆标准；

2 电力电缆与控制电缆混敷时，电缆支架之间的距离宜采用控制电缆标准；

3 当确有困难时，地下车站站台板下电缆通道人通行部分的净高可适当降低，但不得低于 1300mm。

14.4.3 中压电缆中间接头不宜设在车站站台板下。

14.4.4 电缆在同一通道中位于同侧的多层支架上敷设时，宜按电压等级由高至低的电力电缆、强电至弱电的控制电缆的顺序排列。当条件受限时，1kV 及以下电力电缆可与强电控制电缆敷设在同一层支架上。

14.4.5 同一重要回路的工作与备用电缆，应适当配置在不同层次的支架上。

14.4.6 单洞单线隧道内的电力电缆和控制电缆，宜敷设在沿行车方向的左侧。单洞双线隧道内的电力电缆，宜布置在隧道两侧。

14.4.7 高架桥上的电力电缆与控制电缆，应敷设在电缆支架上或电缆沟槽内。

14.4.8 电缆在高架桥上或地面线路采用支架明敷时，宜有罩、盖等遮阳措施。

14.4.9 地面线路的电力电缆与控制电缆，宜敷设在电缆沟槽内。

14.4.10 电力电缆与通信信号电缆并行明敷时，两者间距应不小于 150mm；两者垂直交叉时，其间距应不小于 50mm。

14.4.11 电缆穿越轨道时，可采用轨道下穿塑料管敷设，也可采用刚性固定方式沿隧道顶部敷设。

14.4.12 干线电缆在房间内敷设时，宜沿吊顶内电缆桥架敷设。支路电缆在房间内敷设时，宜通过埋管暗敷。

14.4.13 直埋电缆进入地铁隧道时，应在隧道外适当位置设置电缆检查井。

14.4.14 接地装置至变电所的接地电缆的截面，应不小于系统中保护地线截面的最大值。

14.4.15 金属电缆支架，应有可靠的电气连接并单点接地。

14.4.16 中压交流单相电力电缆的金属护层，必须直接接地，且在金属护层上任一点非接地处的正常感应电压应符合下列规定：

1 未采取不能任意接触金属护层的安全措施时，不得大于 50V；

2 采取不能任意接触金属护层的安全措施时，不得大于 100V。

14.4.17 电缆构筑物中电缆引至电气柜、盘或控制屏的开孔部位，电缆贯穿隔墙、楼板的孔洞处，均应实施阻火封堵。

14.5 动力与照明

14.5.1 地铁用电设备的负荷分级应符合下列规定：

1 一级负荷：应急照明、变电所操作电源、火灾自动报警系统设备、消防系统设备、消防电梯、地下站厅站台照明、地下区间照明、排烟系统用风机及电动阀门、通信系统设备、信号系统设备、电力监控系统设备、环境与设备监控系统设备、自动售检票系统设备、兼作疏散用的自动扶梯、屏蔽门、防护门、防淹门、排雨泵、车站排水泵。其中应急照明、变电所操作电源、火灾自动报警系统设备、通信系统设备、信号系统设备为特别重要负荷；

2 二级负荷：地上站厅站台照明、附属房间照明、普通风机、排污泵、电梯、自动扶梯；

3 三级负荷：空调制冷及水系统设备、锅炉设备、广告照明、清洁设备、电热设备。

14.5.2 大容量设备或负荷性质重要的用电设备宜采用放射式配电。

14.5.3 中小容量设备，宜采用树干式配电，链接的配电箱不应超过 3 个。

14.5.4 区间动力设备的控制电源宜采用交流 380V。

14.5.5 建筑净高小于 1.8m 的电缆通道，应设置安全照明。

14.5.6 正常运行情况下，用电设备端子处电压偏差允许值（以额定电压的百分数表示）宜符合下列要求：

1 电动机：±5%；

2 照明：一般±5%；区间照明+5%～−10%。

14.5.7 地铁动力照明供电系统应采用并联电力电容器作为无功补偿装置。容量较大、负荷平稳且经常使用的用电设备的无功功率宜单独就地补偿。补偿基本无功功率的电容器组，宜在变电所内集中设置。

14.5.8 动力设备的控制根据需要可采用：

1 就地控制（包括手动与自动）；

2 车站控制；

3 中央控制。

14.5.9 通风和空调设备容量大，在其设备较集中场所宜设置环控电控室。

14.5.10 车站设站厅站台照明、附属房间照明、广告照明、应急照明。照明配电箱宜集中设置。

14.5.11 区间和道岔附近应设维修用移动电器的电源设施；车站站厅和站台应设清扫用移动电器的电源插座。

14.5.12 插座回路应具有漏电保护功能。

14.5.13 当车站内设电炉、电热、地上车站分散式空调的电源时，宜单独回路供电。

14.5.14 车站的站厅、站台照明光源宜采用荧光灯；地上区间照明和高大隧道区间宜采用显色性较好的高光强气体放电灯。

14.5.15 地下车站的站厅、站台照明，应分组控制。

14.5.16 车站出入口、站厅、站台、车站控制室、值班室、公安用房、变电所、配电室、信号机械室、消防泵房、地下区间应设应急照明。

14.5.17 地下车站及隧道的照度标准，应符合现行国家标准《地下铁道照明标准》中的规定。

14.5.18 地面车站与高架车站的照度标准，可参照民用建筑设计规范执行。

14.6 电力监控系统

14.6.1 地铁供电系统应采用电力监控（SCADA）系统。电力监控系统的设备选型、系统容量和功能配置应能满足运营管理的需要，并考虑发展的需要。

14.6.2 地铁的电力监控系统设计，其系统构成、监控对象、功能要求，应根据地铁供电系统的特点、地铁运营要求、通信系统的通道条件确定。

14.6.3 电力监控系统应包括主站、子站及传输通道。主站应设在地铁控制中心大楼内。

14.6.4 电力监控系统主站的设计，应确定主站的位置、主站系统设备配置方案、各种设备的功能、型式和要求，以及系统容量、远动信息记录格式和人机界面形式要求等。

14.6.5 电力监控系统子站的设计，应确定子站设备的位置、类型、容量、功能、型式和要求。

14.6.6 电力监控系统通道的设计要求，应包括通道的结构形式、主/备通道的配置方式、远动信息传输通道的接口形式和通道的性能要求等。

14.6.7 监控对象应包括遥控对象、遥信对象和遥测对象三部分。

14.6.8 遥控对象应包括下列基本内容：

1 主变电所、开闭所、中心降压变电所、牵引变电所、降压变电所内 10kV 及以上电压等级的断路器、负荷开关及系统用电动隔离开关；

2 牵引变电所的直流快速断路器、直流电源总隔离开关；降压变电所的低压进线断路器、低压母联断路器、三级负荷低压总开关；

3 接触网电源隔离开关；

4 有载调压变压器的调压开关。

14.6.9 遥信对象应包括下列基本内容：

1 遥控对象的位置信号；

2 高中压断路器、直流快速断路器的各种故障跳闸信号；

3 变压器、整流器的故障信号；

4 交直流电源系统故障信号；

5 降压变电所低压进线断路器、母联断路器的故障跳闸信号；

6 钢轨电位限制装置的动作信号；

7 预告信号；

8 断路器手车位置信号；

9 无人值班变电所的大门开启信号；

10 控制方式。

14.6.10 遥测对象应包括下列基本内容：

1 主变电所进线电压、电流、功率、电能；

2 变电所中压母线电压、电流、功率、电能；

3 牵引变电所直流母线电压；

4 牵引整流机组电流与电能、牵引馈线电流、负极柜回流电流；

5 变电所交直流操作电源的母线电压。

14.6.11 电力监控系统的基本功能应包括下列内容：

1 实现对遥控对象的遥控。遥控种类分选点式、选站式、选线式控制；

2 实现对地铁供电系统设备运行状态的实时监视和故障报警；

3 实现对地铁供电系统中主要运行参数的遥测；

4 实现汉化的屏幕画面显示、模拟盘显示或其他方式显示，以及运行和故障记录信息的打印；

5 实现电能统计等的日报月报制表打印；

6 实现系统自检功能；

7 以友好的人机界面实现系统维护功能；

8 实现主/备通道的切换功能。

根据工程情况，在满足上述要求的基础上可以选配其他功能。

14.6.12 电力监控系统的结构宜采用 1 对 N 的集中监控方式，即 1 个主站监控 N 个子站的方式。

14.6.13 主站硬件应包括下列主要设备：

1 计算机设备（主机）与计算机网络；

2 人机接口设备；

3 打印记录设备和屏幕拷贝设备；

4 通信处理设备；

5 模拟盘或其他显示设备；

6 不停电电源设备（UPS）；

7 调试终端设备及打印设备。

14.6.14 主机应按照双重冗余系统的原则进行配置。

14.6.15 子站设备（远动终端）应具备下列基本功能：

1 远动控制输出；

2 现场数据采集（包括数字量、模拟量、脉冲量等）；

3 远动数据传输；

4 可脱离主站独立运行。

14.6.16 子站设备（远动终端）的通信规约应对用户完全开放。

14.6.17 远动数据通道宜采用通信系统的数据通道。在设计中应向通信设计部门提出对远动数据通道的技术要求。

14.6.18 电力监控系统的主要技术指标应符合下列规定：

1 遥控命令传送时间：不大于3s；

2 遥信变位传送时间：不大于3s；

3 遥信分辨率（子站）：不大于10ms；

4 遥测综合误差：不大于1.5%；

5 双机自动切换时间：不大于30s；

6 画面调用响应时间：不大于3s；

7 子站系统可利用率：不小于99.8%；

8 远动数据传输速率：不低于9600bps；

9 平均无故障工作时间（MTBF）：不低于10000h。

14.7 杂散电流与接地

14.7.1 供电系统中电气装置与设施的外露可导电部分，除有特殊规定外均应接地。

14.7.2 低压配电系统接地与建筑物防雷接地宜采用共用接地系统，接地电阻应符合其中最小值的要求。

14.7.3 变电所接地装置的形式，考虑保护接地的要求，应降低接触电位差和跨步电位差，并应符合下列要求：

1 有效接地和低电阻接地系统发生单相接地或同点两相接地时，接触电位差和跨步电位差值，不应超过下列数值：

$$U_t=(174+0.17\rho_f)/\sqrt{t} \quad (14.7.3\text{-}1)$$

$$U_s=(174+0.7\rho_f)/\sqrt{t} \quad (14.7.3\text{-}2)$$

式中 U_t——接触电位差（V）；

U_s——跨步电位差（V）；

ρ_f——人脚站定处地表面的土壤电阻率（Ω·m）；

t——接地短路（故障）电流的持续时间（s）。

2 不接地或经消弧线圈接地和高电阻接地系统发生单相接地后，当不迅速切除故障时，接触电位差和跨步电位差值不应超过下列数值：

$$U_t=50+0.05\rho_f \quad (14.7.3\text{-}3)$$

$$U_s=50+0.2\rho_f \quad (14.7.3\text{-}4)$$

14.7.4 电气装置接地电阻的确定可参照现行的电力标准《交流电气装置的接地》执行。

14.7.5 变电所应敷设以水平接地极为主的人工接地网，此外宜利用自然接地体作为接地装置。自然接地体与人工接地网的接地电阻值的测量应能分别进行。

14.7.6 当人工接地网和自然接地体同时利用时，两者间应采用不少于两根导体在不同地点相联结。

14.7.7 降压变电所的配电变压器低压侧中性点应直接接地，配电系统应采用TN-S系统接地型式。

14.7.8 直流牵引供电为不接地系统，牵引变电所中的直流设备应绝缘安装。

14.7.9 当直流牵引供电系统利用走行轨作回流网时，对杂散电流应加以有效地限制及防护。

14.7.10 兼作回流的走行轨与隧洞主体结构（或大地）之间的过渡电阻值，在设计排流设施时，按不小于15Ω·km考虑。

14.7.11 整体道床中宜设置排流钢筋网，并与其他结构钢筋、金属管线、接地装置非电气连接。

14.7.12 兼作回流的走行轨应焊接成长钢轨，并在上、下行间根据信号系统要求采取均流措施。

14.7.13 当杂散电流腐蚀防护与接地有矛盾时应以接地安全为主。

14.7.14 变电所应提供杂散电流的检测排流条件。根据杂散电流的检测情况，决定是否将排流系统投入使用。

14.7.15 在各车站及车辆段检修库应设置钢轨电位限制装置，该装置的动作电压应可调整，并具有遥信功能。

14.7.16 杂散电流腐蚀防护的其他要求，应满足现行《地铁杂散电流腐蚀防护技术规程》的要求。

15 通 信

15.1 一 般 规 定

15.1.1 地铁通信应适应地铁运输效率、保证行车安全、提高现代化管理水平和传递语音、数据、图像和文字等各种信息的需要，做到系统可靠、功能合理、设备成熟、技术先进、经济实用。

15.1.2 确定地铁通信设计总体方案及系统容量时，应将近期建设规模和远期发展规划相结合。

15.1.3 地铁通信宜由下列主要子系统组成：

传输系统；

公务电话系统；

专用电话系统；

无线通信系统；

广播系统；

时钟系统；

闭路电视监视系统；

电源及接地系统。

不同城市的地铁建设应结合不同时期的通信技术发展、企业运营需要和当地的经济条件，选择设置不同水平的通信系统。

15.1.4　通信系统在灾害或事故的情况下应作为应急处理、抢险救灾的手段。

15.1.5　通信系统主要设备和模块应具有自检功能，并采取适当的冗余，故障时自动切换并报警，控制中心可监测和采集车站设备运行和检测的结果。

15.1.6　地铁隧道内托板托架的设置不应侵入设备限界；车载台无线天线的设置不应超出车辆限界。

15.2　传输系统

15.2.1　为满足地铁通信各子系统和信号、电力监控、防灾、环境与设备监控系统和自动售检票等系统各种信息传输的要求，应建立以光纤通信为主的传输系统网络。

15.2.2　传输系统宜采用光同步数字系列传输设备或其他宽带光数字传输系统，同时应能满足各系统接口的需求。传输系统容量应根据地铁各业务部门对通道的需求确定，并应留有余量。

15.2.3　为保证各种行车安全信息及控制信息不间断地可靠传送，传输系统宜根据需要尽量利用不同径路的两条光缆构成自愈保护环。

15.2.4　光缆容量应满足光同步数字传输系统或其他宽带光数字传输系统、无线基站中继和闭路电视视频信号传输等需要，并应考虑远期发展需要。

15.2.5　传输系统应配置传输网络管理系统和公务联络系统。传输网络管理中心设备应设置于控制中心。

15.2.6　通信电缆、光缆在区间隧道内可采用沿墙架设方式，进入车站宜采用隐蔽敷设方式；高架区段电缆、光缆宜敷设在高架区间通信管道内；地面电缆、光缆宜采用直埋式或管道式。

通信电缆、光缆应与强电电缆分开敷设。

地下直埋电缆、光缆的埋设深度应符合表15.2.6-1的规定。

表 15.2.6-1　直埋电缆、光缆的埋设深度（m）

序号	敷设地段	埋深
1	普通土、硬土	≥1.2
2	半石质（砂砾土、风化石等）	≥0.9
3	市区人行道	≥1.0

地下直埋电缆、光缆与其他建筑物、管线的最小净距应符合表15.2.6-2的规定。

表 15.2.6-2　直埋电缆、光缆与其他建筑物、管线的最小净距（m）

设施名称		最小净距	
		平行时	交叉时
电力电缆	电压＜35kV	0.5	0.5
	电压≥35kV	2.0	0.5
通信管道		0.75	0.25
给水管	管径＜0.3m	0.5	0.5
	管径≥0.3m	1.0	0.5
煤气管	压力≤300kPa	1.0	0.5
	300kPa＜压力≤800kPa	2.0	0.5
市外大树		2.0	—
市内大树		0.75	—
热力管、排水管		1.0	0.5
排水沟		0.8	0.5
房屋建筑红线（或基础）		1.0	

沿墙架设电缆、光缆与其他管线的最小净距应符合表15.2.6-3的规定。

表 15.2.6-3　沿墙架设电缆、光缆与其他管线的最小净距（m）

管线种类	最小净距	
	平行	垂直交叉
电力线	0.15	0.05
避雷引入线	1.00	0.30
保护地线	0.05	0.02
热力管（不包封）	0.50	0.50
热力管（包封）	0.30	0.30
给水管	0.15	0.02
煤气管	0.30	0.02

15.2.7　隧道内的通信主干电缆、光缆宜采用阻燃、低毒、防腐蚀的防护层。

站内配线电缆应采用带有屏蔽层的塑料护套电缆。

15.2.8　在地铁沿线敷设的光缆、电缆等管线结构，应选择符合杂散电流腐蚀防护的材质、结构设计和施

工方法。

15.2.9 隧道内的通信电缆、光缆应以绝缘方式进行敷设，电缆在支架上敷设时应具有5mm以上的塑料绝缘垫层。

15.2.10 地铁敷设光缆不设屏蔽地线，但接头两侧的金属护套及金属加强件应相互绝缘，光缆引入室内应做绝缘接头。

15.3 公务电话系统

15.3.1 地铁公务电话系统用于地铁各部门间进行公务通话及业务联系。公务电话系统由程控电话交换机、自动电话及其附属设备组成。程控电话交换机宜设置在负荷集中、便于管理的地点，交换机间通过数字中继线相连。

在有条件的地方也可不建公务电话系统，将业务纳入城市公用电话网。

15.3.2 地铁公务电话交换网与公用网本地电话局的连接方式宜采用全自动呼出、呼入中继方式，并纳入公用网本地网的统一编号。中继线的数量，应根据话务量大小和国家的有关规定确定。

15.3.3 公务电话交换设备应具备综合业务数字网络(ISDN) 功能。

15.3.4 公务电话交换网宜设置计费管理系统。

15.3.5 公务电话交换设备应具备完善的监控管理接口和功能，并设置维护终端。在控制中心宜设置集中网络管理设备，对全网内的公务电话交换设备进行统一管理。

15.3.6 公务电话交换机的容量应按下列原则确定：

1 近期容量应根据机构设置、新增定员、通信业务及日益增长的电话普及率或有关的基础数据及经济技术比较等因素确定；

2 远期容量应考虑发展的需要，当无资料可循时，可为近期容量的180%～200%。

15.3.7 地铁公务电话交换机至所管辖范围内的地区用户线传输衰耗不宜大于7dB。

15.3.8 地铁公务电话应采用统一用户编号，在交换网中宜采用：

"0"或"9"为呼叫市内电话的号码；

"1"为特种业务、新业务首位号码；

"2～8"为地铁用户的首位号码。

15.4 专用电话系统

15.4.1 专用电话系统是为控制中心调度员、车站、车辆段、停车场的值班员组织指挥行车、运营管理及确保行车安全而设置的专用电话系统设备。

15.4.2 专用电话系统主要包括：调度电话，站间行车电话，车站、车辆段、停车场内直通电话以及区间电话。

15.4.3 调度电话系统是供控制中心调度员与各车站、车辆段、停车场值班员以及与办理行车业务直接有关的工作人员进行调度通信之用。调度电话系统包括行车、电力、防灾、环境与设备监控系统等调度电话。

15.4.4 调度电话系统由中心调度专用主控设备，车站、车辆段、停车场专用主控设备，调度电话终端，调度电话分机，多轨迹录音装置及维护终端等组成。调度电话终端设置在控制中心各调度台上。

15.4.5 行车调度电话分机应设置在各车站行车值班员、车辆段信号楼行车值班员处等地点。

15.4.6 电力调度电话分机应设置在各变电所的主控制室和低压配电室及其他特殊需要的地点。

15.4.7 防灾、环境与设备监控系统调度电话分机应设置在各车站、车辆段综合控制室以及车辆段的消防控制室等地点。

15.4.8 地铁调度电话应能满足如下要求：

1 调度电话终端能选呼、组呼和全呼分机，任何情况下均不能发生阻塞；

2 调度电话分机可对调度电话终端进行一般呼叫和紧急呼叫；

3 控制中心调度电话终端之间应有台间联络等功能；

4 调度电话系统应具有录音功能。

15.4.9 车站专用直通电话供行车值班室或站长与本站内运营业务有关人员进行通话联系之用。车辆段专用直通电话可根据车辆段作业性质设置：行车指挥电话、乘务运转电话、段内调度指挥电话、车辆检修电话等。

车站、车辆段、停车场专用直通电话采用辐射式直通电话方式。

15.4.10 站间行车电话是保证安全行车的专用电话设备，供相邻车站值班员间办理有关行车业务联系。

站间行车电话应设在各车站行车值班室或车站综合控制室，在其回线上不得连接其他电话。

15.4.11 区间电话是供司机和区间维修人员与邻站值班员及相关部门联系通话使用。在信号机、道岔、接触轨(网)开关柜、通风机房、隔断门等处附近应设置电话机箱。一般区段每隔150～200m设一处。

15.5 无线通信系统

15.5.1 地铁应设置无线通信系统为控制中心调度员、车辆段调度员、车站值班员等固定用户与列车司机、防灾、维修、公安等移动用户之间提供通信手段。无线通信系统必须满足行车安全、应急抢险的需要。

15.5.2 地铁无线通信系统采用的制式应符合国家有关技术标准，所采用的工作频段及频点应由当地无线电管理部门批准。地铁无线通信系统根据业务需求可采用专用频道方式，也可采用数字集群移动通信方式。

15.5.3 地铁无线通信系统应采用有线、无线相结合的传输方式。中心无线设备通过光数字传输系统或光纤与车站、车辆段、停车场的无线基站连接，各基站通过天线空间波传播或经漏缆的辐射构成与移动台的通信。

15.5.4 地铁无线通信系统可根据运营需要设置行车调度、防灾调度、综合维修、公安、车辆段调度等系统。

15.5.5 地铁无线通信系统应具有选呼、组呼、全呼、紧急呼叫、呼叫优先级权限等调度通信功能，并应具有存储功能、监测功能等。

15.6 广 播 系 统

15.6.1 地铁广播系统应保证控制中心调度员和车站值班员向乘客通告列车运行以及安全、向导等服务信息，向工作人员发布作业命令和通知。

15.6.2 地铁广播系统由控制中心广播设备和车站广播设备组成。控制中心和车站均应设置行车和防灾广播控制台。控制中心广播控制台可以对全线选站、选路广播；车站广播控制台可对本站管区内选路广播。

15.6.3 行车和防灾广播的区域应统一设置。防灾广播应优先于行车广播。

15.6.4 地铁广播系统在车站站台宜设置供客运服务人员可随时加入本站广播系统作定向广播的装置。

15.6.5 地铁广播系统负荷区宜按站台层、站厅层、上行隧道、下行隧道、与行车直接有关的办公区域等进行划分。声场强度不论室内、室外均应大于噪声级10dB。负荷区各点的声场均匀度及混响指标应保证广播声音清晰、稳定。

15.6.6 地铁广播系统功放设备总容量应按照所有广播负荷区额定功率总和及线路的衰耗确定。功率放大器应按照 $N+1$ 的方式进行热备用，系统应有功放自动检测倒换功能。

15.6.7 列车上应设置列车广播设备。列车广播设备应兼有自动和人工两种播音方式，同时可接受控制中心调度员通过无线通信系统对运行列车中乘客的语音广播。

15.6.8 车辆段广播系统供车辆段行车调度指挥人员向与行车直接有关的车辆段内生产人员发布作业命令及有关安全信息等。

15.7 时 钟 系 统

15.7.1 地铁时钟系统为各线、各车站提供统一的标准时间信息，为其他各系统提供统一的定时信号。时钟系统由中心母钟（简称一级母钟）、车站和车辆段母钟（简称二级母钟）、时间显示单元（简称子钟）组成。

15.7.2 一级母钟设置在控制中心，二级母钟设置在各车站和车辆段，子钟设置在中心调度室、车站综合控制室、牵引变电所值班室、站厅、站台层及其他与行车直接有关的办公室等处所。

15.7.3 当设有数字同步网设备时，一级母钟应能接收外部全球卫星定位系统（GPS）基准信号校准，也可播发中央人民广播电台时钟信号；一级母钟定时向二级母钟发送时间编码信号用以校准；二级母钟产生时间信号提供给本站的子钟。

15.7.4 一级母钟自走时精度应在 10^{-7} 以上，二级母钟自走时精度应在 10^{-6} 以上。

15.7.5 一级母钟、二级母钟应配置数字式及指针式多路输出接口，一级母钟应配置数据接口，以便向其他各系统提供定时信号。

15.8 闭路电视监视系统

15.8.1 地铁闭路电视监视系统应为控制中心调度员、各车站值班员、列车司机等提供有关列车运行、防灾、救灾及乘客疏导等方面的视觉信息。

15.8.2 地铁闭路电视监视系统应由中心控制设备、车站控制设备、图像摄取、图像显示、录制及视频信号传输等部分组成。

15.8.3 地铁闭路电视监视系统在下列场所应设监视摄像机：售检票大厅、乘客集散厅、上下行站台、自动扶梯等公共场所，以及设置消防设备及变电设备的地方。

15.8.4 地铁闭路电视监视系统应在控制中心行车调度员、防灾调度员、车站行车值班员、车站防灾值班员等场所设置控制、监视装置。在上下行站台列车停车位置设置监视装置。

15.8.5 地铁闭路电视监视系统的摄像机、监视器宜采用彩色或黑白PAL/D制式和隔行扫描方式。室外摄像机应设全天候防护罩，并应适应最低0.2 lx的照度；室内摄像机应适应最低10 lx的照度。

15.8.6 地铁闭路电视监视系统应具备监视、控制优先级、循环显示、任意定格与锁闭、图像选择、随时录像、摄像范围控制、字符叠加、远程电源控制等功能。

15.8.7 地铁闭路电视监视系统视频信号的远距离传输可采用模拟或数字传输方式。本地视频信号传输宜采用视频同轴电缆传输。

15.9 电源及接地系统

15.9.1 通信电源系统必须是独立的供电设备并具有集中监控管理功能。

15.9.2 通信电源系统应保证对通信设备不间断、无

瞬变地供电。通信电源设备应满足通信设备对电源的要求。

15.9.3 地铁通信设备应按一级负荷供电。由变电所引接双电源双回线路的交流电源至通信机房交流配电屏，当使用中的一路出现故障时，应能自动切换至另一路。

15.9.4 对要求直流供电的通信设备，应采用集中方式供电。

直流供电系统可由直流配电盘、高频开关型整流模块、直流变换器、逆变器、阀控式密闭铅酸蓄电池组组合机架组成，并应具有遥信、遥测、遥控性能和标准的接口及通信协议。

直流电源基础电压为－48V，其他种类的直流电源电压应通过直流变换器供电。

15.9.5 对要求交流不间断供电的通信设备，可根据负荷容量确定采用逆变器供电或交流不间断电源（UPS）供电方式。

15.9.6 电源设备容量满足期限应符合下列要求：

1 直流配电设备的容量应按远期负荷配置；

2 整流器、直流变换器、逆变器、交流不间断电源设备的容量应按近期配置；

3 蓄电池组的容量应按近期负荷配置，并应保证连续供电不少于4h。

蓄电池一般设置两组并联。每组容量应为总容量的1/2。

交流不间断电源设备的蓄电池一般只设一组。

15.9.7 通信设备的接地系统设计，应做到确保人身、通信设备安全和通信设备的正常工作。

15.9.8 地铁车站根据条件可采用合设接地方式，也可采用分设接地方式。

15.9.9 分设接地方式由接地体、接地引入线、地线盘及室内接地配线组成。

15.9.10 按分设接地方式设置的不同接地体间的距离均应大于20m。

15.9.11 通信设备接地电阻值要求全年内不应大于表15.9.11的规定。

表 15.9.11 通信设备接地要求

接地体类型 / 地点	分设室外接地体阻值（Ω）			合设室外接地体阻值（Ω）
	联合接地	保护接地	防雷接地	
车站	1～4	10	10	1
注：通信防雷接地可与建筑防雷接地共用。				

15.10 通信用房技术要求

15.10.1 地铁通信设备用房，应根据设备合理布置的原则确定机房及生产辅助用房的面积。

15.10.2 地铁内通信机房的位置安排，除应做到经济合理、运转安全外，在技术上尚应考虑引入方便、配线最短、楼层的承载能力和便于维修等方面的因素。

15.10.3 各种机房的面积均应按远期容量确定，并根据需要预留公共通信系统的物理空间。

15.10.4 通信机房与电力变电所宜分设于车站的两端。

15.10.5 通信机房的内装修应满足通信设备的要求，应做到防尘、防潮、隔音。当通信设备有要求时，应采取防静电措施。

15.10.6 在通信机房的设计中，应根据通信设备及布线的要求合理预留沟、槽、管、孔。

15.10.7 地铁通信机房的工艺要求应符合表15.10.7的规定，其他辅助用房按一般办公用房工艺要求设计。

表 15.10.7 通信机房的工艺要求

内　　容	要　　求
室内最小净高（m）	2.8
地面均布荷载（kg/m^2）	通信提供机架重量和平面布置，房建计算荷载值

16 信　号

16.1 一般规定

16.1.1 地铁信号系统应由行车指挥和列车运行控制设备组成，并应设必要的故障监测和报警设备。

16.1.2 信号系统采用的器材和设备应符合有关现行国家标准或参照有关行业标准的规定。

16.1.3 涉及行车安全的设备及电路必须符合故障-安全的原则。安全系统必须经安全检测、认证并批准后方可采用。

16.1.4 信号系统应满足地铁行车组织和运营管理的需要，保证列车运行安全，提高行车效率，改善运营人员的工作条件。

16.1.5 地铁信号系统工程设计应满足大运量、高密度行车和不同列车编组的运营要求。

16.1.6 双线区段宜采用单方向运行模式，根据需要也可采用双方向运行模式；单线区段应满足双方向运行的需要。

16.1.7 信号系统应具有高可靠性和高可用性。

16.1.8 信号系统必须具有良好的电磁兼容性。

16.1.9 信号工程设计应满足现代化维护管理的需求。信号设备应便于维修并减少维修频度，便于测试、更换和降低运营成本。

16.1.10 信号系统的车载设备不得超出车辆限界，信号系统的地面设备不得侵入设备限界。

16.1.11 设于高架线路或地面线路的信号设备应与城市景观相协调。

16.2 列车自动控制（ATC）系统

16.2.1 地铁信号系统可具有下列主要ATC制式：

1 固定闭塞式ATC系统；

2 准移动闭塞式ATC系统；

3 移动闭塞式ATC系统。

16.2.2 ATC系统应包括下列主要子系统：

1 列车自动监控（ATS）系统或调度集中（CTC）系统；

2 列车自动防护（ATP）系统；

3 列车自动运行（ATO）系统。

16.2.3 ATC系统按所处地域划分可包括下列子系统：

1 控制中心系统；

2 车站及轨旁系统；

3 车载设备系统；

4 车辆段及停车场系统。

16.2.4 ATC系统可有下列水平等级：

1 最大通过能力小于30对的运营线路，可采用CTC和ATP系统，根据需要也可采用ATS和ATP系统；

2 最大通过能力不小于30对的运营线路，宜采用完整的ATC系统。

16.2.5 ATC系统应按下列原则选择：

1 ATC系统应采用安全、可靠、成熟、先进的技术装备，具有较高的性能价格比；

2 地铁运营线路宜采用准移动闭塞式ATC系统或移动闭塞式ATC系统，也可以采用固定闭塞式ATC系统；

3 ATC系统构成水平的选择按第16.2.4条的原则执行。

16.2.6 ATC系统应包括下列控制等级：

1 控制中心自动控制；

2 控制中心自动控制时的人工介入控制或利用CTC系统的人工控制；

3 车站自动控制；

4 车站人工控制。

以上控制等级应遵循的原则是：车站人工控制优先于控制中心人工控制、控制中心人工控制优先于控制中心的自动控制或车站自动控制。

16.2.7 地铁列车的主要驾驶模式及模式转换的基本要求应符合下列规定：

1 地铁列车的主要驾驶模式应包括：

1）列车自动运行驾驶模式；

2）列车自动防护驾驶模式；

3）限制人工驾驶模式；

4）非限制人工驾驶模式。

2 列车驾驶模式转换应符合下列规定：

1）ATC系统控制区域与非ATC系统控制区域的分界处，应设驾驶模式转换区，转换区的信号设备应与正线信号设备一致；

2）驾驶模式转换可采用人工方式或自动方式，并应予以记录。当采用人工方式时，其转换区域的长度宜大于一列车的长度。当采用自动方式时，应根据ATC系统的性能特点确定转换区域的设置方式；

3）ATC系统宜具有防止列车在驾驶模式转换区域未将驾驶模式转换至列车自动运行驾驶模式或列车自动防护驾驶模式，而错误进入ATC系统控制区域的能力；

4）为保证行车安全，在ATC控制区域内使用限制模式或非限制模式时应有破铅封、记录或特殊控制指令授权等技术措施。

16.2.8 ATC系统应满足自系统设备和通信、供电等相关系统设备故障的特殊条件下安全行车的需要。ATC系统应能降级运用，实现故障弱化处理，满足故障复原的需要。

16.2.9 ATC系统的设计能力应符合下列规定：

1 ATC系统对车站、车辆段、停车场等的监控范围应按线路和站场所确定的建设规模设计。系统监控能力应与线路远期条件相适应；

2 ATC系统监控和管理的最少列车数量按远期配属列车数量计。新线设计时，车载信号设备实际配备数量，按初期或近期配属列车数量计；

3 列车通过能力宜按远期设计，折返能力必须适应远期运营要求；

4 ATC系统应能与通信、电力监控、防灾报警和环境监控等其他专业系统接口。当地铁配置综合自动化系统时，ATC系统应能与其接口或纳入综合自动化系统。

16.3 列车自动监控（ATS）系统

16.3.1 ATS系统应具有下列主要功能：

1 列车自动识别、跟踪、车次号显示；

2 时刻表编制及管理；

3 进路自动控制；

4 列车运行自动调整；

5 列车运行和设备状态自动监视；

6 操作与数据记录、输出及统计处理；

7 车辆修程及乘务员管理；

8 系统故障复原处理；

9 列车运行模拟及培训；

10 乘客向导信息显示。

16.3.2 ATS系统的基本要求应符合下列规定：

1 同一ATS系统可监控一条或多条运营线路。监控多条运营线路时，应保证各条线路具有独立运营或混合运营的能力；

2 ATS的计算机系统及网络系统应采用冗余技术，应设调度员工作站、调度长工作站、时刻表编辑工作站和工程师工作站以及其他必要的设备。调度员工作站的数量，根据在线列车对数、线路长度和车站数量等因素合理配置；

3 运营线路上的车站应纳入ATS系统监控范围，涉及行车安全的应急直接控制应由车站办理。车辆段、停车场可不全部列入系统监控范围；

4 ATS系统应满足列车运行交路的需要，凡有道岔的车站均应按具有折返作业处理；

5 出入车辆段、停车场的列车不应影响正线列车的运行；

6 系统故障或车站作业需要时，经控制中心调度员与车站值班员办理必要的手续后，可实现站控与遥控转换，车站值班员也可强行办理站控作业。站控与遥控转换过程中，不应影响列车运行；

7 列车进路控制应以联锁表为依据，根据运行时刻表和列车识别号等条件实现控制；

8 ATS系统应具有良好的实时控制性能。系统处理能力、设备空间等应留有余量。信息采集周期宜小于2.0s；

9 ATS系统与联锁设备接口应满足：

1）ATS系统可与计算机联锁或继电联锁设备接口；

2）ATS系统的进路控制方式应与联锁设备的进路控制方式相适应；

3）ATS系统控制命令的输出持续时间应保证继电联锁设备的可靠动作，其与安全相关的接口应有可靠的隔离措施。

10 ATS系统宜从时钟系统获取标准时钟信号。

16.4 调度集中（CTC）系统

16.4.1 根据运营需要地铁可采用CTC系统。CTC系统主要完成列车跟踪、列车运行监视、人工控制命令输出等功能。

16.4.2 CTC系统控制区域的划分，应根据行车密度、车站数量、行车调度人员的劳动强度和CTC的技术性能等条件确定。根据需要，一条线路可单独设置CTC控制中心，若干运营线路可设置综合调度中心。

16.4.3 采用CTC的信号系统可不设乘客向导显示、发车计时器和ATO等设备。

16.4.4 CTC系统的其他功能和要求可参照ATS系统的有关部分执行。

16.5 列车自动防护（ATP）系统

16.5.1 ATP系统应具有下列主要功能：

1 检测列车位置，实现列车间隔控制和进路的正确排列；

2 监督列车运行速度，实现列车超速防护控制；

3 防止列车误退行等非预期的移动；

4 为列车车门、站台屏蔽门等的开闭提供安全监控信息；

5 实现车载信号设备的日检；

6 记录司机操作。

16.5.2 ATP系统的基本要求应符合下列规定：

1 ATP系统应由列车自动防护的轨旁设备、车载设备和控制区域内的联锁设备组成；

2 地铁必须配置ATP系统，其系统安全失效率指标应优于$10^{-9}h^{-1}$。ATP系统内部设备之间的信息传输通道也必须符合故障-安全原则；

3 闭塞分区的划分或列车运行安全间隔，应通过列车运行模拟确定。为保证行车安全，在安全防护地点运行方向的后方应设安全防护距离或防护区段，安全防护距离应通过计算确定；

4 地铁的ATP系统应采用连续式控制方式，宜采用速度-距离制动模式。列车位置检查可采用轨道电路、轨道环路等方式实现；

5 地铁宜采用计算机联锁设备，也可采用继电联锁设备。

16.5.3 ATP车载设备在满足ATP系统基本要求外，还应符合下列规定：

1 ATP系统导致列车停车为最高的安全准则。地-车连续通信中断、列车完整性电路断路、列车超速、列车的非预期移动、车载设备重要故障等均应导致安全性制动；

2 ATP车载设备的车内信号应是行车的主体信号。车内信号至少包括列车实际运行速度、列车运行前方的目标速度；在两端司机室内均应装设速度显示、报警装置和必要的切换装置；

3 ATP执行强迫停车控制时，应切断列车牵引，列车停车过程不得中途缓解；

4 车载信号设备与车辆接口电路的布线应与其主回路等环节的高压布线分开敷设并实施防护；与车辆电器的接口应有隔离措施。

16.5.4 ATP地面设备在满足ATP系统基本要求外，还应符合下列规定：

1 ATP地面设备宜采用报文式无绝缘轨道电路或适用于其他准移动闭塞、移动闭塞ATC系统的地面设备，也可采用模拟式移频轨道电路。

2 轨道电路应满足下列要求：

1）ATC控制区域宜采用无绝缘轨道电路，道岔区段、车辆段及停车场线路可采用有绝缘轨道电路。区间轨道电路应为双轨条回流方式；道岔区段、车辆段及停车场轨道电路可采用单轨条回流方式；

2）相邻轨道电路应加强干扰防护。

3 轨道电路的参数可采用下列数据：

1）道床电阻：

整体道床：2Ω·km；

碎石道床：1Ω·km。

2）分路电阻：0.15Ω。

4 轨道电路利用兼作牵引回流的走行轨时，装设的横向均流线应不影响轨道电路的正常工作。

5 ATP地面设备向ATP车载设备传送的允许速度指令或线路状态、目标速度、目标距离等信息，应满足ATP车载设备控制方式和控制精度的需要。

16.5.5 联锁设备的基本要求应符合下列规定：

1 确保进路上道岔、信号机和区段的联锁，联锁条件不符时，禁止进路开通。敌对进路必须相互照查，不得同时开通；

2 装设引导信号的信号机因故不能开放时，应通过引导信号实现列车的引导作业；

3 应能办理列车和调车进路，根据需要设置相应的防护进路；

4 联锁设备宜采用进路操纵方式。根据需要，联锁设备可实现车站有关进路、端站折返进路的自动排列；

5 进路解锁宜采用分段解锁方式。锁闭的进路应能随列车正常运行自动解锁、人工办理取消进路和限时解锁并应防止错误解锁。限时解锁时间应确保行车安全；

6 联锁道岔应能单独操纵和进路选动。影响行车效率的联动道岔宜采用同时启动方式；

7 车站站台及车站控制室应设站台紧急关闭按钮。站台紧急关闭按钮电路应符合故障-安全原则；

8 根据需要，地铁可实现自动站间闭塞行车方式；

9 联锁设备的操纵宜选用单元控制台。控制台上应设有意义明确的各种表示，用以监督线路及道岔区段占用、进路锁闭及开通、信号开放和挤岔、遥控和站控等；

10 车站联锁主要控制项目包括：列车进路、引导进路、进路的解锁和取消、信号机关闭和开放、道岔操纵及锁闭、区间临时限速、扣车和取消、遥控和站控、站台紧急关闭和取消；

11 地铁固定信号机、表示器等的设置应遵循下列原则：

1）在ATC控制区域的线路上应设道岔防护信号机或道岔状态表示器。道岔防护信号机以显示禁止信号为定位。其他类型的信号机可根据需要设置；

2）具有出站性质以外的道岔防护信号机应设引导信号。具有两个及两个以上运行方向的信号机可设进路表示器；

3）信号机应设在列车运行方向的右侧。特殊情况可设于列车运行方向的左侧或其他位置；

4）信号机等应采用白炽灯或其他光源构成的色灯式信号机；

5）车站应设发车指示器或发车计时装置。

12 各种地面信号机及表示器的显示距离应符合下列规定：

1）行车信号和道岔防护信号应不小于400m；

2）调车信号和道岔状态表示器应不小于200m；

3）引导信号和道岔状态表示器以外的各种表示器应不小于100m。

16.6 列车自动运行（ATO）系统

16.6.1 ATO系统应具有下列主要功能：

1 站间自动运行；

2 车站定点停车；

3 ATO或无人驾驶自动折返；

4 车门开、闭监督；

5 列车运行自动调整；

6 列车节能控制。

16.6.2 ATO系统的基本要求应符合下列规定：

1 根据线路条件、道岔状态、前方列车位置等，实现列车速度自动控制。列车在区间停车应尽量接近前方目的地。区间停车后，在允许信号的条件下列车自动启动。车站发车时，列车启动由司机控制；

2 ATO应能提供多种区间运行模式，满足不同行车间隔的运行要求，适应列车运行调整的需要；

3 ATO定点停车精度应根据站台计算长度、列车性能和屏蔽门的设置等因素选定。站台定点停车精度宜在±0.25～±0.50m范围内选择；

4 ATO控制过程应满足舒适度和快捷性的要求；

5 ATO应能控制列车实现车站通过作业。

16.7 车辆段及停车场信号系统

16.7.1 车辆段和停车场的信号系统可包括下列主要设备：

1 车辆段和停车场ATS或CTC分机；

2 联锁设备；

3 试车线信号设备；

4 培训设备；

5 日常维修和检查设备。

16.7.2 车辆段和停车场的信号系统应满足下列要求：

1 车辆段设进、出段信号机，根据需要设调车信号机。进、出段信号机、调车信号机以显示禁止信号为定位。停车场各种信号机的设置，应根据其运营要求和控制方式等确定；

2 进段信号机通常由车辆段控制，出段信号机由车站、控制中心监控；车辆段宜不全部纳入 ATS 监控；根据停车场的规模和作业特点，停车场可部分或全部纳入 ATC 控制范围；

3 试车线信号系统地面设备的布置，应满足 ATP 或 ATO 等双向试车的需要。试车线地面信号设备应与 ATC 系统的控制区域的信号设备相同。

16.8 其　他

16.8.1 ATC 系统控制区域内道岔的控制宜采用交流动力型转辙机，车辆段等其他线路可采用直流转辙机。

16.8.2 信号系统供电应满足下列要求：

1 供电负荷等级应为一级负荷，设两路独立电源。车上设备应由车上直流电源直接供电或经变流设备供电；

2 当交流电源电压的波动超过交流用电设备正常工作范围时，应设稳压设备；

3 信号设备可由专用电源屏供电，宜选用不间断电源（UPS）设备。控制中心、包括电动转辙机和信号机在内的车站信号设备等的 UPS 电池后备时间应该相同；

4 信号设备专用交、直流电源应对地绝缘。

16.8.3 信号系统电线路应满足下列要求：

1 电缆宜采用阻燃、低毒、防腐蚀护套电缆。

2 电缆敷设宜采用下列方式：

1）地面电缆采用直埋或管道方式；

2）隧道内电缆宜采用明敷方式，车站宜用隐蔽方式敷设；

3）高架线路的电缆宜用隐蔽方式敷设。

3 信号电线路应与电力线路分开敷设。交叉敷设时信号系统的电线路应采取防护措施，敷设间距按表 15.2.6-2 及表 15.2.6-3 执行。

4 电缆芯线或芯对应有一定的备用量。其中普通信号电缆的备用芯线数：

1）9 芯以下电缆备用 1 芯；

2）12～21 芯电缆备用 2 芯；

3）24～30 芯电缆备用 3 芯；

4）33～48 芯电缆备用 4 芯；

5）52～61 芯电缆备用 5 芯。

16.8.4 信号系统设备用房应满足下列要求：

1 信号机房面积应留有适当余量，以备设备增加、更新倒换；

2 信号机房应适应设备运用环境的要求，需要时可设空调设备。

16.8.5 信号设备的接地系统应满足下列要求：

1 信号设备应设工作地线、保护地线、屏蔽地线和防雷地线等；

2 地铁信号设备的接地宜接入综合接地系统，也可采用分设接地方式；

3 信号设备室应设主接地板，并通过主接地板接地。室外电缆屏蔽和防雷器的接地，宜通过设于电缆引入口的接地板与主接地板相连；

4 车载信号设备的地线应经车辆的接地装置接地。

16.8.6 信号设备防雷装置应符合下列规定：

1 高架和地面线的室外信号设备、与外线连接的室内信号设备必须具有雷电防护措施；

2 信号设备的防雷装置应满足：

1）防雷元器件的选择应将雷电感应过电压限制在被防护设备的冲击耐压水平之下，可不对直接雷击设备实施防护；

2）防雷元器件不应影响被防护设备的正常工作；

3）防雷元器件与被防护设备之间的连接线应最短，防护电路的配线应与其他配线分开，其他设备不应借用防雷元器件的端子。

16.8.7 信号系统应能控制站台屏蔽门与列车车门的开、闭按预定顺序动作，并满足下列要求：

1 根据需要，信号系统可向站台屏蔽门等提供列车位置信息；

2 车站设站台屏蔽门时，列车通过车站可不限速。车站不设站台屏蔽门时，列车通过车站的允许速度宜小于 50km/h。

17 电梯、自动扶梯与自动人行道

17.1 一般规定

17.1.1 当地铁设置电梯用于运送乘客时，应满足坐轮椅者和盲人使用。电梯的提升速度不小于 0.63m/s，载重量不小于 1t。

17.1.2 地铁车站无条件设上置式机房电梯时，宜采用液压电梯和无机房电梯。

17.1.3 自动扶梯和自动人行道的主要技术规定应符合表17.1.3的规定。

表 17.1.3 自动扶梯和自动人行道主要技术规定

项目名称	自动扶梯	自动人行道
梯级宽度	1000mm	1000mm
额定运行速度	≥0.5m/s	≥0.5m/s
倾斜角度	30°	0~12°

17.1.4 地铁车站自动扶梯的设计能力，应能满足该车站远期超高峰客流量的需要。自动扶梯的设置数量，应按远期超高峰客流量、提升高度以及客流量不均衡系数等通过计算确定。

17.1.5 自动扶梯的设置，应参考表 17.1.5 的规定执行。

表 17.1.5 自动扶梯设置参数

提升高度（m）	上行	下行	备用
$H \leqslant 6$	自动扶梯	—	—
$6 < H \leqslant 12$	自动扶梯	△	—
$12 < H \leqslant 19$	自动扶梯	自动扶梯	△
$H > 19$	自动扶梯	自动扶梯	自动扶梯
注：△表示重要车站也可设自动扶梯。			

17.1.6 自动扶梯水平运行梯级数量，当运行速度为 0.5m/s 时，上、下两端采用 3 块平梯级，当运行速度为 0.65m/s 时，上、下两端不应少于 3 块平梯级；当运行速度为 0.75m/s 时，上、下两端不应少于 4 块平梯级。

17.1.7 地铁车站自动扶梯应采用公共交通型重载扶梯，其传输设备（主要包括梯级、梳齿板、扶手带、传动链、梯级链、内外装饰板、传动机构等）应采用不燃或难燃材料。

17.1.8 露天地铁车站出入口设置自动扶梯时，应采用室外型扶梯。

17.1.9 当地铁车站出入口或换乘通道的水平距离超过 100m 时，宜设置自动人行道。

17.2 电梯布置

17.2.1 地铁车站液压式电梯的机房宜设置在电梯井道的侧面。

17.2.2 电梯井道顶部应设有起重吊环。机房面积应满足设备安装要求。机房设备周围的检修间距一般不小于 500mm，电器设备尚应满足有关规定的间距要求。

17.2.3 电梯机房应有通风和消防设施。

17.3 自动扶梯与自动人行道布置

17.3.1 在自动扶梯、自动人行道两台之间和靠桁架外部周围有连续建筑物或其他障碍物时，宜设宽度不小于 500mm 的检修通道。当顶部不可开启时，其净空高度不小于 1800mm。

17.3.2 当自动扶梯和自动人行道在桁架外部设机房时，机房内设备周围应留足够的检修空间，同时，机房内应有通风和消防设施。室外自动扶梯，宜在桁架外设机房。

17.3.3 自动扶梯的踏步面至顶部洞口处的建筑物底面垂直净空高度不应小于 2300mm。

17.3.4 地铁车站出入口自动扶梯下基点桁架外宜设集水坑和配备排水设施。

17.3.5 自动扶梯和自动人行道应设就地控制和自动控制装置，必要时可设远动控制装置。

17.3.6 自动扶梯和自动人行道宜由 BAS 实行监控。

17.3.7 自动扶梯的安装位置应避开建筑物变形缝。

18 自动售检票系统

18.1 一般规定

18.1.1 地铁宜设自动售检票（AFC）系统。

18.1.2 自动售检票系统的设计能力应满足地铁超高峰客流量的需要。自动售检票设备的数量按近期超高峰客流量计算确定，按远期超高峰客流量预留位置与安装条件。

18.1.3 自动售检票系统的设计应以可靠性、安全性、可维护性和可扩展性为原则。

18.1.4 自动售检票系统应具备用户权限管理的功能，防止非法操作。

18.1.5 自动售检系统应能实现与相关系统的接口。

18.1.6 自动售检票系统应能满足地铁各种运营模式的要求。

18.1.7 自动售检票系统应具备抗电磁干扰的能力和适应车站环境的要求。

18.1.8 自动售检票系统应选用操作方便、快速的设备，并应有清晰的信息提示。

18.1.9 自动售检票系统的设备应具有 24 小时不间断工作的能力。

18.1.10 中央计算机系统发生故障或传输网络中断时，车站计算机系统和车站自动售检票设备能维持一定时间的独立运行。

18.2 自动售检票系统的构成

18.2.1 自动售检票系统应由中央计算机系统、车站计算机系统、车站售检票设备和传输系统等组成。

18.2.2 中央计算机系统宜由中央计算机、初始编码机、网络设备、各种功能的工作站、不间断电源（UPS）和高速打印机等构成。

18.2.3 车站计算机系统由车站计算机、网络设备、紧急按钮、不间断电源和打印机等组成。

18.2.4 车站自动售检票系统设备主要应由半自动售票机、自动售票机、自动充值机、自动（进出站）检票机等组成。

18.3 自动售检票系统的功能

18.3.1 中央计算机系统应具备以下主要功能：

1 接受车站计算机系统上传来的车站售检票设备的数据，包括设备状态数据、车票交易数据、设备维修数据等；

2 向车站计算机系统和车站售检票设备下载系统参数和运营模式；

3 对所采集数据的类型和用途进行批量处理，以满足系统监控、运营管理及运营部门决策分析的需要；

4 预留与城市公交“一卡通”清算系统进行清算对账的功能，并能实现接受城市公交“一卡通”安全、车票等参数和数据的功能。

18.3.2 车站计算机系统应具备以下主要功能：

1 监视和控制车站售检票设备；

2 完成车站各种票务管理工作和自动处理当天的所有数据及文件，并能生成定期的统计报告；

3 与中央计算机及车站售检票设备进行网络数据通信和数据交换。

18.3.3 初始编码机的功能应能对流通于地铁自动售检票系统内的所有车票进行初始编码和分检。

18.3.4 进出站自动检票机应具备以下主要功能：

1 检验车票的有效性，控制阻挡装置的动作，引导乘客进出站；

2 控制设备置于正常运行、故障停用、测试、检修、停止服务以及特殊的运行模式；

3 接受车站计算机系统的数据和控制指令，向车站计算机系统发送设备状况和业务数据；

4 车站处于灾害紧急状态和设备失电时，自动检票机应能自动或手动控制，使其处于开放状态。

18.3.5 半自动售票机和自动售票机应具备以下主要功能：

1 半自动售票机通过人工收费和操作设备出售车票，以及为乘客办理退票、补票、验票和更换车票等手续；

2 自动售票机应根据乘客所选到站地点或票价自动计费、收费、发售车票；

3 接受车站计算机系统的数据和指令，向车站计算机系统发送设备状态和业务数据。

18.3.6 自动售检票机应能对地铁车票的相关信息进行查询。

18.3.7 自动充值机应能根据乘客所选定的充值金额，为乘客的储值票充值。

18.4 自动售检票系统与相关系统的接口

18.4.1 自动售检票中央计算机系统宜通过地铁专用通信传输通道进行数据通信。

18.4.2 自动售检票系统的电源供电负荷不低于二级。

18.4.3 自动售检票系统设计时，应提供车站和相关建筑预埋管线、箱、盒等的安装和敷设要求。

19 防灾与报警

19.1 防　　灾

Ⅰ 一般规定

19.1.1 地铁应具有防火灾、水淹、风灾、冰雪、地震、雷击和停车事故等灾害的防灾设施，并以防火灾为主。

19.1.2 地铁防火灾应贯彻“预防为主，防消结合”的方针。同一条线路按同一时间内发生一次火灾考虑。

19.1.3 地下车站站厅乘客疏散区、站台及疏散通道内不得设置商业场所。站厅及与地铁相联开发的地下商业等公共场所的防火灾设计，应符合民用建筑设计防火规范的规定。

19.1.4 地铁车站应配备防灾救护设施，车辆段和综合基地应配备防灾救援设施。

19.1.5 地铁控制中心负责全线的防灾调度指挥及救援事宜。

19.1.6 地铁的防灾设计，除执行本规范外，尚应符合现行国家有关规范的规定。

Ⅱ 建筑防火

19.1.7 地铁的地下工程及出入口、通风亭的耐火等级为一级。

19.1.8 地下车站管理用房宜集中一端布置。管理用房区应有一个安全出口通向地面，该区内站厅和站台层间的人行楼梯应为封闭楼梯间。

19.1.9 地铁与地下及地上商场等地下建筑物相连接时，必须采取防火分隔设施。

19.1.10 地下车站站台和站厅乘客疏散区应划为一个防火分区。其他部位的防火分区的最大允许使用面积不应大于1500m²。地上车站不应大于2500m²。

两个防火分区之间采用耐火极限4h的防火墙和甲级防火门分隔。在防火墙设有观察窗时，应采用C类甲级防火玻璃。

注：消防泵房、污水泵房、蓄水池、厕所和盥洗室的面积可不记入防火分区面积内。

19.1.11 地下车站的行车值班室或车站控制室、变电所、配电室、通信及信号机房、通风和空调机房、消防泵房、灭火剂钢瓶室等重要设备用房，应采用耐火极限不低于3h的隔墙和耐火极限不低于2h的楼板与其他部位隔开，建筑吊顶应采用不燃材料。隔墙上的门及窗应采用甲级防火门及甲级防火窗。

19.1.12 站厅与站台间的楼梯口处宜设挡烟垂壁，挡烟垂壁下缘至楼梯踏步面的垂直距离不应小于2.3m。

19.1.13 车站的站台、站厅、出入口楼梯、疏散通道、封闭楼梯间等乘客集散部位，以及各设备、管理用房，其墙、地及顶面的装修材料，以及广告灯箱、座椅、电话亭和售、检票亭等所用材料，应采用不燃材料，同时，装修材料不得采用石棉、玻璃纤维制品及塑料类制品。

19.1.14 防火卷帘与建筑构件之间的缝隙以及管道、电缆、风管等穿过防火墙、楼板及防火分隔物时，应采用防火封堵材料将空隙填塞密实。并应达到防火分隔物的耐火极限。

19.1.15 地下车站防火分区（有人区）安全出口的设置应符合下列规定：

1 车站站台和站厅防火分区，其安全出口的数量不应少于两个，并应直通车站外部空间；

2 其他各防火分区安全出口的数量也不应少于两个，并应有一个安全出口直通外部空间。与相邻防火分区连通的防火门可作为第二个安全出口。竖井爬梯出入口和垂直电梯不得作为安全出口；

3 与车站相联开发的地下商业等公共场所，通向地面的安全出口应符合现行《建筑设计防火规范》的规定。

19.1.16 站台公共区的任一点，距疏散楼梯口或通道口不得大于50m。在站台每端均应设置到达区间的楼梯。

19.1.17 设于公共区的付费区与非付费区的栏栅应设疏散门。

19.1.18 供人员疏散时使用的楼梯及自动扶梯，其疏散能力均按正常情况下的90%计算。

19.1.19 出口楼梯和疏散通道的宽度，应保证在远期高峰小时客流量时发生火灾的情况下，6min内将一列车乘客和站台上候车的乘客及工作人员全部撤离站台。

19.1.20 安全出口、楼梯和疏散通道的设置应符合下列规定：

1 供人员疏散的出口楼梯和疏散通道的宽度，应按本规范第8章车站建筑的有关规定计算。

2 车站的设备及管理用房区域的安全出口、楼梯、疏散通道的最小净宽应符合下列规定：

地铁车站设备、管理用房区安全出口及楼梯为1.0m；

单面布置房间的疏散通道为1.2m；

双面布置房间的疏散通道为1.5m。

3 附设于设备及管理用房的门至最近安全出口的距离不得超过35m，位于尽端封闭的通道两侧或尽端的房间，其最大距离不得超过上述距离的1/2。

19.1.21 地下出入通道长度不宜超过100m，如超过时应采取措施满足人员疏散的消防要求。

19.1.22 两条单线区间隧道之间，当隧道连贯长度大于600m时，应设联络通道，并在通道两端设双向开启的甲级防火门。

Ⅲ 消防给水与灭火装置

19.1.23 地铁的消防给水水源应优先采用城市自来水，当沿线无城市自来水时，应和当地规划部门协商，采取其他可靠的消防给水水源。

19.1.24 地铁消防给水系统的设计，应符合本规范第13.2.4条的规定。

19.1.25 地铁消火栓用水量：地下车站不小于20L/s；地下折返线及地下区间隧道不应小于10L/s；地面车站及高架车站应符合现行国家标准《建筑设计防火规范》的规定。

19.1.26 地铁消防给水管道的设置应符合下列要求：

1 地下车站和区间的消防给水应设计为环状管网；

2 每座地下车站宜由城市两路自来水管各引一根消防给水管和车站环状管网相接。地下区间上下行线各设置一根消防给水管，并宜在区间中部连通，在车站端部和车站环状管网相接。消防给水管的水力计算长度为一座车站长度及车站至前后区间给水管的连通管处的长度之和。区间连通管处宜设手动电动阀门；

3 如果地面仅有一路城市自来水管，每座地下车站可只引入一根消防给水管。消防给水管的水力计算长度，为地下两个车站的长度及两站之间的区间长度之和；

4 在经济技术比较合理的情况下，地下区间两条给水干管之间可不设连通管；

5 地面及高架车站，室内消火栓不超过10个、消防用水量不大于15L/s时，可以设一根进水管，室内消防给水管可为枝状。

19.1.27 地下车站站厅、站台、设备及管理用房区域、人行通道、地下区间隧道应设室内消火栓，地面或高架车站室内消火栓的设置应符合现行国家标准《建筑设计防火规范》的规定。

19.1.28 地铁室内消火栓的设置应符合下列要求：

1 消火栓口径均为*DN*65，水枪喷嘴直径为19mm，每根水龙带长度为25m，栓口距地面或楼板高度应为1.1m；

2 在车站的站厅、站台等公共场所内，宜将消火栓与灭火器共箱设置，箱内配备水龙带和水枪、自救式消防软管卷盘和灭火器。车站其他部位的消火栓箱可不设自救式消防软管卷盘。设双口双阀消火栓箱时，箱内可配一根25m的水龙带；

3 消火栓的布置应保证有两只水枪的充实水柱同时到达室内任何部位。水枪充实水柱不应小于10m。消火栓的间距应按计算确定，但单口单阀消火栓不应超过30m，双口双阀消火栓不应超过50m。地下区间隧道（单洞）内消火栓的间距不应超过50m。人行通道内消火栓间距不应超过30m；

4 消火栓口的静水压力不超过0.8MPa，消火栓口处出水压力不超过0.5MPa；

5 地下区间隧道的消火栓，可以不设消火栓箱、不配水龙带，但应将水龙带放在邻近车站端部专用消防箱内；

6 当车站设有消防泵房时，消火栓处应设水泵启动按钮。

19.1.29 在地下车站出入口或通风亭的口部等处明显位置应设水泵接合器，并在15～40m范围内设置室外消火栓。地面或高架车站水泵接合器的设置应符合现行国家标准《建筑设计防火规范》的规定。

19.1.30 当地铁车站必须设消防泵和消防水池时，消防水池的有效容积应满足消防用水量的要求。消火栓系统的用水量火灾延续时间按2h计算，当补水有保证时可减去火灾延续时间内连续补充的水量。

19.1.31 地下车站的车站控制室、通信及信号机房、地下变电所应设置气体自动灭火装置。地上运营控制中心气体灭火装置的设置，应按现行建筑设计防火规范的规定执行。

19.1.32 地铁工程应按现行国家标准《建筑灭火器配置设计规范》的规定配置灭火器。

Ⅳ 防烟、排烟与事故通风

19.1.33 地下车站及区间隧道内必须设置防烟、排烟与事故通风系统。

19.1.34 地铁的下列场所应设置机械防烟、排烟设施：

地下车站的站厅和站台；

地下区间隧道。

地铁的下列场所应设置机械排烟设施：

同一个防火分区内的地下车站设备及管理用房的总面积超过200m²，或面积超过50m²且经常有人停留的单个房间；

最远点到地下车站公共区的直线距离超过20m的内走道；连续长度大于60m的地下通道和出入口通道。

19.1.35 当防烟、排烟系统与事故通风和正常通风与空调系统合用时，通风与空调系统应采用可靠的防火措施，且应符合防烟、排烟系统的要求，并应具备事故工况下的快速转换功能。

19.1.36 防烟、排烟系统与事故通风应具有下列功能：

1 当区间隧道发生火灾时，应能背着乘客疏散方向排烟，迎着乘客疏散方向送新风；

2 当地下车站的站厅、站台或设备及管理用房发生火灾时应具备防烟、排烟和通风功能；

3 当列车阻塞在区间隧道时，应能对阻塞区间进行有效通风。

19.1.37 地下车站站厅、站台的防火分区应划分防烟分区，每个防烟分区的建筑面积不宜超过750m²，且防烟分区不得跨越防火分区。

19.1.38 防烟分区可采用挡烟垂壁等设施实现。挡烟垂壁等设施的耐火极限不应小于0.5h。

19.1.39 地下车站站台、站厅火灾时的排烟量，应根据一个防烟分区的建筑面积按1m³/(m²·min)计算。当排烟设备负担两个防烟分区时，其设备能力应按同时排除两个防烟分区的烟量配置。当车站站台发生火灾时，应保证站厅到站台的楼梯和扶梯口处具有不小于1.5m/s的向下气流。

19.1.40 区间隧道火灾的排烟量，按单洞区间隧道断面的排烟流速不小于2m/s计算，但排烟流速不得大于11m/s。

19.1.41 区间隧道排烟风机及烟气流经的辅助设备如风阀及消声器等，应保证在150℃时能连续有效工作1h。

19.1.42 地下车站站厅、站台和设备及管理用房排烟风机及烟气流经的辅助设备如风阀及消声器等，应保证在250℃时能连续有效工作1h。

19.1.43 列车阻塞在区间隧道时的送风量，按区间隧道断面风速不小于2m/s计算，并按控制列车顶部最不利点的隧道温度低于45℃校核确定，但风速不得大于11m/s。

19.1.44 排烟口的风速不宜大于10m/s。

19.1.45 当排烟干管采用金属管道时，管道内的风速不应大于20m/s，采用非金属管道时不应大于15m/s。

19.1.46 通风与空调系统下列部位风管应设置防火阀：

1 穿越防火分区的防火墙及楼板处；

2 每层水平干管与垂直总管的交接处；

3 穿越变形缝且有隔墙处。

Ⅴ 防灾通信

19.1.47 地铁公用通信的程控电话应具有火警时能自动转换到市话网的"119"的功能。同时，地铁内应配备在发生灾害时供救援人员进行地上、地下联络的无线通信设施。

19.1.48 地铁控制中心应设置防灾无线控制台，列车司机室应设置防灾无线通话台，车站控制室、站长室、保安室及车辆段值班室应设置无线通信设备。

19.1.49 地铁控制中心应设置防灾广播控制台，车站控制室、车辆段值班室应设置广播控制台。

19.1.50 地铁控制中心和车站控制室应设置监视器和控制键盘，供防灾调度员监视。

19.1.51 地铁应设消防专用调度电话，防灾调度电话系统应在控制中心设调度电话总机，在车站及车辆段设分机。

19.1.52 地铁车站应设消防对讲电话。

19.1.53 地铁通信系统的设计，应具备火灾时能迅速转换为防灾通信的功能。

Ⅵ 防灾用电与疏散指示标志

19.1.54 消防用电设备按一级负荷供电，并应在末级配电箱处设置自动切换装置，当发生火灾切断生产、生活用电时，应能保证消防设备正常工作。

19.1.55 应急照明的连续供电时间不应少于1h。

19.1.56 防灾用电设备的配电设备应有明显标志。

19.1.57 照明器标明的高温部位靠近可燃物时，应采取隔热、散热等防灾保护措施。可燃物品库房不应设置卤钨灯等高温照明器。

19.1.58 下列部位应设置疏散应急照明：

1 站厅、站台、自动扶梯、自动人行道及楼梯口；

2 疏散通道及安全出口；

3 区间隧道。

19.1.59 应急照明和疏散指示灯用的电缆应采用耐火型。

19.1.60 下列部位应设置醒目的疏散指示标志：

1 站厅、站台、自动扶梯、自动人行道及楼梯口；

2 人行疏散通道拐弯处、交叉口及安全出口；沿通道长向每隔不大于20m处；

3 疏散通道和疏散门均应设置灯光疏散指示标志，并设有玻璃或其他不燃烧材料制作的保护罩；

4 指示标志距地面小于1m。

5 站台、站厅、疏散通道等人员密集部位的地面，宜设置保持视觉连续的发光疏散指示标志。

Ⅶ 其他灾害预防

19.1.61 地铁车站出入口及敞口低风井等口部的防淹措施，应满足当地防洪要求。

19.1.62 洞口及露天出入口的防淹措施，按本规范第13.3.4条的规定执行。

19.1.63 地铁工程下穿河流、湖泊等水域时的防淹措施按本规范第1.0.16条的规定执行。

19.1.64 地铁地面及高架有关建筑工程的防雷措施及其他电气要求，按本规范第14章的有关规定执行。

19.1.65 地面及高架线路的架空线路与架空接触网应满足防风要求。

19.1.66 地下、高架及地面结构的抗震设计，除应遵守本规范规定外，尚应符合地面建筑现行国家抗震设计规范的有关规定。

19.1.67 寒冷地区的地面及高架线路应采取防冰雪措施。

19.2 火灾自动报警系统

Ⅰ 一 般 规 定

19.2.1 火灾自动报警系统（FAS）是由火灾报警装置、消防控制设备及其他具有辅助功能的装置组成。

19.2.2 地铁车站、区间隧道、控制中心楼、车辆段、停车场、主变电所应设FAS。FAS设计除满足本规范规定外，尚应符合现行国家标准《火灾自动报警系统设计规范》的相关规定。

19.2.3 FAS应可直接操作联动控制消防设施和防烟、排烟系统设备，或通过BAS联动控制防烟、排烟系统设备。

19.2.4 地铁FAS的保护对象的保护等级应符合下列规定：

1 地下车站和区间隧道，保护等级为一级；

2 设有集中空调系统或每层封闭的建筑面积超过2000m^2，但不超过3000m^2的地面车站、地上高架车站，保护等级为二级。

Ⅱ 火灾自动报警系统的组成与功能

19.2.5 地铁FAS由设置在控制中心的中央监控管理级、车站（车站与车辆段）监控管理级、现场控制级以及相关网络和通信接口等环节组成。

19.2.6 FAS的中央监控管理级由操作工作站、打印机和模拟屏等设备组成，并应具备下列功能：

1 与各车站、车辆段等FAS进行通讯联络；

2 接收全线火灾灾情信息，对全线系统监控管理；

3 发布火灾涉及有关车站消防设备的控制命令；

4 火灾事件历史资料存档管理；

5 全线消防设施日常监管。

19.2.7 FAS的车站监控管理级和现场控制级由火灾探测器、火灾报警控制器、计算机工作站、打印机等组成，并应具备下列功能：

1 与FAS中央管理级以及本车站BAS间进行通讯联络；

2 监视车站管辖内火灾灾情；

3 采集记录火灾信息，并报送FAS中央监控管理级；

4 车站控制室应能控制地铁消防救灾设备的启、停，显示运行状态；

5 当启动各种防烟、排烟模式时，应联动停止通风、空调系统运行，切断相关区域的非消防电源；

6 独立或接受控制中心FAS指令，发布火灾联动控制指令。

19.2.8 车辆段、停车场FAS由火灾探测器、火灾报警控制器等设备组成，并应具备下列功能：

1 与FAS中央监控管理级进行通讯联络；

2 监视管辖区内火灾灾情，并报送FAS中央监控管理级；

3 控制有关消防设备；

4 切断相关区域的非消防电源。

19.2.9 地铁全线火灾报警与联动控制的信息传输网络可利用地铁公共通信网络，不宜独立配置；但FAS现场级网络应独立配置。

19.2.10 消防通信的组成与功能按本规范第19.1.5中Ⅴ节的规定执行。

Ⅲ 消防联动控制

19.2.11 对消火栓系统的控制应满足下列要求：

1 控制消防泵的启、停；

2 设消防泵的消火栓处应设消火栓按钮，向消防控制室发送要求启动消防泵的信号；

3 消防值班控制室应能显示消防泵的工作和故障状态、消火栓按钮工作位置和手动/自动开关位置。

19.2.12 车站级FAS应控制消防给水干管电动阀门的开关，并显示其工作状态。

19.2.13 车站FAS必须显示气体自动灭火系统保护区的报警、放气、风机和风阀状态、手动/自动放气开关所处位置。

19.2.14 对防烟、排烟系统的控制应符合下列规定：

1 由FAS确认火灾，发布预定防烟、排烟模式指令；

2 由FAS直接联动控制或由BAS接收指令执行联动控制；

3 环境与设备监控系统接受火灾控制指令后，应优先进行模式转换，并反馈指令执行信号；

4 运行模式状态应显示在火灾报警显示器装置上。

19.2.15 根据火灾涉及区域，按供电配电范围，消防控制设备应在配电室或变电所切断相关区域非消防电源，接通应急照明灯和疏散标志灯电源，监视工作状态。

19.2.16 车站FAS对车站屏蔽门和自动检票闸门应设置开启控制装置，并显示工作状态。

19.2.17 车站FAS对消防泵和专用防烟、排烟风机除设自动控制外，还应设手动控制；对防烟、排烟设备，还应设手动和自动模式控制装置。

Ⅳ 火灾探测器的设置

19.2.18 报警区域应根据防火分区和设备配置划分。

19.2.19 地铁站厅、站台等大空间部位每个防烟分区必须划分为独立的火灾探测区域。

19.2.20 火灾探测器设置应符合下列原则：

1 火灾探测器设置应与保护对象的保护等级相适应。

2 地下车站火灾探测器设置部位应满足下列要求：

1）站厅、站台、各种设备机房、库房、值班室、办公室、走廊、配电室、电缆隧道或夹层应设火灾探测器；

2）有人活动的公共场所、地下区间隧道、长度超过30m的出入口通道应设手动报警按钮，长度超过60m的出入口通道应设火灾探测器；

3）设气体自动灭火的房间应设两种火灾探测器。

3 车辆停放和维修车库、重要设备用房、存放和使用可燃气体用房、可燃物品仓库、变配电室及火灾危险性较大的场所宜设火灾探测器。

19.2.21 设置火灾探测器的场所应设置手动报警按钮。

19.2.22 地铁乘客活动的公共区域不宜设置警报音响，办公区走廊应设置警铃。

Ⅴ 火灾探测器的选择

19.2.23 火灾探测器应具有对环境自适应、灵敏度自动调整功能。

Ⅵ 消防控制室

19.2.24 FAS控制中心宜与BAS控制中心结合，设置在地铁全线控制中心内，并靠近行车调度。

19.2.25 车站消防控制宜与车站BAS、行车值班结合设置车站综合控制室。

Ⅶ 系统供电

19.2.26 FAS应设主电源和直流备用电源。

19.2.27 FAS主电源应由地铁一级负荷或相当于一级负荷的电源供电；FAS直流备用电源宜采用专用蓄电池或集中设置的蓄电池组供电，其容量应保证主电源断电后供电1h。采用集中设置蓄电池时，消防报警控制器供电回路应单独设置，保证控制器可靠工作。

19.2.28 FAS中的显示器等电源宜由FAS的供电电源接引。

19.2.29 FAS主电源的保护不应采用漏电保护开关。

Ⅷ 布 线

19.2.30 FAS的信息传输线路、供电线路、控制线路应根据不同使用场所选用低烟、无卤、阻燃或耐火线缆。暗敷宜采用阻燃线缆，明敷宜采用耐火电缆。

19.3 其他灾害报警

19.3.1 地铁车站及沿线的各排水泵站、排雨泵站、排污水泵站应设危险水位报警装置。

19.3.2 地铁应具备接收当地气象部门气象预报的功能，预防各种气象灾害。根据车辆性能要求，作出减速或停运决定。

19.3.3 地铁应具备接收本地区地震预报部门的电话报警或网络通信报警功能。

20 环境与设备监控系统

20.1 一般规定

20.1.1 地铁环境与设备监控系统（BAS）的设计应针对地铁的特点和各城市的气候环境、经济情况，设置不同水平的BAS，以达到营造良好舒适环境、降低能源消耗、节省人力、提高管理水平的目的。

20.1.2 BAS应遵循分散控制、集中管理、资源共享的基本原则。

20.1.3 BAS应满足地铁运营管理的需要。

20.1.4 通风、空调、低压配电和BAS的设计应统一设计标准，协调各系统设计接口关系。

20.1.5 BAS设计除执行本章规定外，尚应符合现行有关国家规范的规定。

20.2 系统设计原则

20.2.1 BAS宜采用分布式计算机系统，由中央管理级、车站监控级、现场控制级及相关通信网络组成。

20.2.2 在地下线路连续设置的车站少于四座时，可不设置中央管理级系统，仅设车站管理级工作站。

20.2.3 火灾自动报警系统（FAS）、BAS独立设置时，系统之间应设置高可靠性通信接口，防排烟系统与正常的通风系统合用的设备由BAS统一监控，火灾工况由FAS发布火灾模式指令，BAS优先执行相应的控制程序。

20.2.4 FAS、BAS综合集成时，集成平台宜为车站级及以上平台。

20.2.5 BAS、电力监控（SCADA）系统、FAS综合集成时，宜组建综合集成系统平台。

20.2.6 BAS监控对象应以通风、空调及制冷系统为重点，根据不同功能需求也可包括以下系统：

1 给排水系统；

2 照明系统；

3 乘客导向系统；

4 自动扶梯、电梯；

5 屏蔽门、防淹门等。

20.3 系统基本功能

20.3.1 BAS应具有以下基本功能：

1 机电设备监控；

2 执行防灾及阻塞模式；

3 环境监控与节能运行管理；

4 环境和设备的管理。

20.3.2 机电设备监控应具有下列功能：

1 具有中央和车站二级监控的功能；

2 BAS控制命令应能分别从中央工作站、车站工作站和车站紧急控制盘人工发布或由程序自动判定执行，并具有越级控制功能，以及所需的各种控制手段；

3 对于设备操作的优先级遵循人工高于自动的原则；

4 具备注册和权限设定功能。

20.3.3 执行防灾及阻塞模式应具有下列功能：

1 能接收FAS系统车站火灾信息，执行车站防烟、排烟模式；

2 能接收列车区间停车位置信号，根据列车火灾部位信息，执行隧道防排烟模式；

3 能接收列车区间阻塞信息，执行阻塞通风模式；

4 能监控车站逃生指示系统和应急照明系统；

5 能监视各排水泵房危险水位。

20.3.4 环境监控应能通过对环境参数的检测，对能耗进行统计分析，控制通风、空调设备优化运行，提高地铁整体环境的舒适度，降低能源消耗。

20.3.5 环境和设备管理应具有下列功能：

1 能对车站环境等参数进行统计；

2 能对设备的运行状况进行统计，据此优化设备的运行，实施维护管理趋势预告，提高设备管理效率。

20.3.6 BAS监控内容应满足运营实际需要，监控内容配置应符合现行国家标准《智能建筑设计标准》等有关规定。

20.4 硬件设备配置

20.4.1 BAS设备应选择具备可靠性、容错性、可维护性和工业级控制产品；事故通风与排烟系统的监控宜采取冗余措施。

20.4.2 中央级硬件按下列要求配置：

1 宜配置两台操作工作站，并列运行或采用冗余热备技术；

2 可配置一台维护工作站，监视全线BAS运行情况；

3 可配置两台冗余服务器；

4 应至少配置一台事件信息打印机及一台报表打印机；

5 应配置在线式不间断电源，后备时间应不小于1h；

6 可配置模拟屏或大屏幕投影系统，其设计应与周围系统协调；

7 应与通信母钟时间同步。

20.4.3 车站级硬件应按下列要求配置：

1 配置工控计算机作为车站级操作工作站；

2 配置在线式不间断电源，后备时间不应小于30min；

3 配置一台打印机兼作历史和报表打印机；

4 配置车控室紧急控制盘（IBP盘），作为BAS火灾工况自动控制的后备措施，其操作权限高于车站和中央工作站，盘面应以火灾工况操作为主，操作程序应力求简便、直接；

5 操作工作站不应兼有网关功能。

20.4.4 现场设备、硬件按下列要求配置：

1 可选用分布式控制系统（DCS）和可编程逻辑控制器（PLC）作为地铁BAS控制设备；

2 控制器宜采用可扩展、易维修的模块化结构，并具有远程编程功能；

3 输入输出（I/O）模块可具有带电插拔功能及必要的隔离措施；

4 传感器的输出应选用标准电信号；

5 系统应具有抑制变频器谐波及防噪声干扰的措施。

20.5 软件基本要求

20.5.1 软件系统应与硬件系统配置相适应，应在成熟、可靠、开放的监控系统软件平台的基础上，按地铁功能需求开发应用软件。

20.5.2 软件系统应采用模块化结构，应具有良好的开放性和扩展性。

20.5.3 应用软件应按中央级、车站级、现场控制级三层次编制。

20.5.4 软件体系应具备完整的系统维护和诊断功能，以及良好的人机界面。

20.6 系统网络结构与功能

20.6.1 网络结构应符合下列规定：

1 中央级与车站级之间的传输网络应由通信系统提供；

2 满足中央级和车站级监控的功能需要；

3 减小故障的波及面，实现"集中管理，分散控制"；

4 系统应具有良好的可靠性、开放性和可扩展性。

20.6.2 BAS网络结构应采用分布式网络结构。BAS网络由通信传输网、中央级和车站级监控网（局域网）及现场总线组成。

20.6.3 中央级网络应具有下列功能：

1 中央级监控网通过通信传输网与车站级监控网相连。任一车站工作站和中央工作站的退出，均不应造成网络通信中断；

2 通信传输网为BAS数据传输提供的通信速率宜不低于2Mbps。

20.6.4 车站级网络应具有下列功能：

1 车站级局域网连接控制器、操作站和通信设备，必须保证数据传输实时可靠，并应具备良好的开放性和采用标准通信协议；

2 BAS车站级局域网应具有抗电磁干扰能力。

20.6.5 BAS主控制器与远程控制器或远程I/O模块通过现场总线连接，现场总线应具有以下功能：

1 实现系统的分散控制；

2 可连接智能化仪表；

3 连接远程I/O和控制器；

4 适应地铁现场环境及具有抗电磁干扰能力。

20.6.6 系统网络的技术指标应满足下列要求：

1 冗余热备设备的切换时间不大于2s；

2 画面刷新时间不大于2s；

3 系统平均无故障时间大于10000h；

4 系统平均修复时间不大于0.5h。

20.7 布线及接地

20.7.1 BAS管线布置应具有安全可靠性、开放性、灵活性、可扩展性及实用性。

20.7.2 BAS布线应考虑周围环境电磁干扰的影响。

20.7.3 BAS的信号线与电源线不应共用一条电缆，也不应敷设在同一根金属套管内。

20.7.4 采用屏蔽布线系统时，应保持系统中屏蔽层的连续性，以满足系统接地的可靠性。

20.7.5 BAS的电缆屏蔽层宜采用一点接地。

20.7.6 所有BAS现场机柜均应接地。

20.7.7 BAS的控制器和计算机设备宜根据相应产品或系统的要求采用一点接地或浮空地。

20.7.8 接地电阻不应大于1Ω。

21 运营控制中心

21.1 一般规定

21.1.1 为确保地铁列车安全、可靠和高效的运行，对地铁运营过程实施全面的集中监控和管理，应建立运营控制中心（OCC）。

21.1.2 控制中心可控制单条或多条地铁线路。

21.1.3 控制中心的位置宜选择靠近城市道路干线、靠近地铁车站、接近监控管理对象的中心地带，方便与城市其他线网连接，并能兼顾多条线路的场所。

21.1.4 控制中心周围的环境应较为清净，避开有毒、腐蚀、易燃、易爆等气源和污染源，避开公路、铁路等噪声和振动源，避开大功率电器设备等干扰源，并应位于污染源的上风向，利用有利的地形和环境，或采取相应的隔离措施。

21.1.5 控制中心的调度人员通过使用信号、火（防）灾自动报警、环境与设备监控、电力监控、自动售检票和通信等系统中央级设备对地铁运行的全过程进行集中监控和管理。在条件允许时，也可配备其他与地铁运营、管理和安全有关的系统和设备。

21.1.6 控制中心是上述系统中央级设备的安装场所，必须为上述系统和设备、调度及运营管理人员提供良好的运行环境和工作环境。

21.1.7 控制中心的总体布置应考虑安全、可靠，操作、维修及管理方便，运营成本低廉等。根据具体设备的数量，经济合理地确定控制中心的规模、水平、运作管理模式及装修标准，并适当预留将来发展的余地。

21.1.8 与地铁运营、管理和安全无关的系统和设备不宜纳入控制中心。

21.2 功能分区与总体布置

21.2.1 控制中心按功能可划分为运营操作区、设备区、运营管理区及维修区。运营操作区应靠近设备区，设备区和维修区应相邻设置。

21.2.2 中央控制室各系统设备的布置及设计应满足下列要求：

1 运营操作区设中央控制室，并应作为独立的安全分隔区，进入中央控制室前应设缓冲区，并宜配置保安设施；

2 室内只设置与运营有关的监控系统和操作终端设备，与运营、管理和安全无关的系统和设备不宜进入，不得安装大功率的电器设备及其他动力设备；

3 室内设备布置应整齐、紧凑，便于观察、操作和维修，并便于调度人员行动和疏散。调度台的布置不能遮挡住正常观察模拟屏的视线；

4 室内总体布置应以行车指挥为核心进行各调度台的布置，应便于行车调度、电力调度、环控调度、防灾调度、维修调度和总调度之间的信息沟通；

5 中央控制室应具备紧急事件指挥中心的功能；

6 各系统模拟屏宜统一考虑，调度台和模拟屏宜呈弧形布置，模拟屏的屏前和屏后、调度台的台前和台后必须留有足够的操作空间及维修空间，并预留近期和远期发展位置。调度台距模拟屏的通道宽度宜大于2.5m；

7 当中央控制室的规模按多条线路设计时，可按线路进行划分，将每条线的行车调度、电力调度和环控调度台等集中布置；

8 当按扇形方式分层展开布置设备时，在扇形的中间位置，向上展开的度角按15°考虑，向左右展开的度角按120°考虑。

21.2.3 设备区各系统设备的布置及设计应满足下列要求：

1 设备区设备房的室内布置应力求整齐、紧凑，便于观察、操作和维修；

2 设备布置应使设备之间的联线短，外部管线进出方便；

3 大功率的强电设备不得与弱电设备混合安装和布置。各电气系统设备用房不得有水管穿过，风管穿过时应安装防火阀；

4 设备房的布置，可按系统划分或按线路划分，采用封闭式布置或通透开放式布置（用玻璃幕墙相隔）；

5 设备区各系统设备房的布置楼层宜以方便运营管理、体现安全性和重要性为原则。

21.2.4 运营管理区宜根据生产和生活的需要，设置必要的办公、管理和生活设施。

21.2.5 维修区宜设置系统调试、维修测试、备品备件及工器具室。系统调试和维修测试室应满足更换性维修或小修以下修程的维修要求，各系统可以共用或分设用房。备品备件和工器具室也可以各系统共用或分设。

21.2.6 辅助设备区各系统设备的设计及布置应满足下列要求：

1 辅助设备区宜设置供电和低压配电系统、通风和空调系统、水消防系统和自动灭火系统、给排水等系统的辅助设施和用房；

2 供电和低压配电系统、空调系统、水消防系统及给排水等辅助设施宜设置在地面一层、地下一层或地下二层；通风系统和自动灭火系统等宜设置在各层距用户较近的场所。

21.3 建筑与装修

21.3.1 控制中心应具有高度的安全性和可靠性，宜设置为独立建筑；与其他建筑合建时，应设独立的进出口通道（包括电梯和消防安全通道）。

21.3.2 中央控制室和设备区不宜设在建筑的顶层。

21.3.3 中央控制室应满足下列要求：

1 中央控制室应满足工艺设计要求，并根据具体工程的实际情况，经济合理地确定规模、水平及标准；

2 室内净空高度应根据房间面积大小及视线的要求进行设计，不宜低于4m；

3 室内各调度台之间应设有通道，当距门最远的调度台通道距离超过10m以上时，中央控制室应设两个出入口与外部相连。至少有一个门的宽度为1.2m、高度为2.3m，并应符合现行消防规范的有关规定；

4 室内应设固定式双层窗户，进行密封、隔音和隔热；如有防火、防爆等特殊要求，应按特殊要求进行设计；阳光不能直接射到设备上，避免在设备上和模拟屏上产生眩光，否则应采取遮光措施；

5 室内地面应装设防静电活动地板，并应考虑各调度台的系统管线接口及电源插座。设备不应直接安装在活动地板上；

6 室内宜设吊顶，以满足敷设通风管道和管线的要求。吊顶宜采用轻质、耐火材料；

7 设备区系统设备房净空不宜低于 3.3m；地面宜根据各系统具体的工艺要求，装设防静电活动地板。并应根据设备安装要求，适当考虑设备起吊设施；

8 建筑设计除应满足各系统设备的工艺要求外，还应符合建筑、结构、防火等现行规范的规定。

21.4 布　　线

21.4.1 电缆的选择和管线的敷设过程应符合消防和电气等现行规范的规定。管线敷设应尽量做到线路短、交叉少。

21.4.2 竖向布线宜采用电缆井敷线方式，应符合消防和电气等现行规范的规定。

21.4.3 水平布线宜采用电缆夹层敷线方式（电缆楼层夹层、吊顶夹层、活动地板夹层），并应根据夹层的具体情况，分层分区设置电缆桥架或汇线槽，将动力电缆和弱电电缆分开敷设。

21.4.4 中央控制室和设备房内不宜外露电线、电缆和管线；无关管线不宜穿过中央控制室和设备房。

21.5 供电、防雷与接地

21.5.1 控制中心可单独设置降压变电所，降压所内应设两台动力变压器，分别引入两路相对独立的电源供电，满足控制中心一、二、三级负荷的需要，当一台变压器退出运行时，另一台变压器至少可满足全部一、二级负荷的需要。

21.5.2 需要不间断电源供电的系统设备，应根据各系统供电的要求确定。

21.5.3 控制中心应根据电气等现行规范的规定设防雷接地。

21.5.4 控制中心应设统一的弱电系统综合接地极，接地电阻不大于 1Ω，并满足各弱电系统总的散流要求。弱电系统接地极应与强电系统接地极分开设置。

21.6 通风、空调与采暖

21.6.1 控制中心的中央控制室及有温、湿度控制要求的工艺设备房，均应设置空调系统，对环境温度、湿度及空气的洁净度与新鲜度进行调节和控制，为各系统设备及工作人员提供适宜的运行环境和工作环境。火灾时通风系统应满足排烟及保证工作人员安全疏散的通风要求。

21.6.2 通风与空调系统应按远期运营条件进行设计，但必须综合考虑初、近期及各种不同工况，并宜采取相应的节能措施。考虑到多条线路分期投入使用及控制中心分期建设的情况，系统设计及设备布置应考虑近期和远期分期实施的可能性，并预留接口和安装场地。

21.6.3 中央控制室及设备房应维持正压，与走廊间的压差不应小于 4.9Pa。

21.6.4 通风与空调系统宜由环境与设备监控系统进行监控。

21.7 照明与应急照明

21.7.1 控制中心应设置一般照明与应急照明，宜采用集中控制方式进行控制。照明灯具宜选择节能型、散射效果良好、使用寿命长及维修更换方便的灯具；灯具的布置宜与建筑装修和设备布置相协调。

21.7.2 中央控制室的照明设计应满足下列要求：

1 中央控制室照明应柔和均匀，不能有眩光；灯具布置要美观、合理，应考虑模拟屏和操作台面最大照度的需要。灯具应嵌入吊顶内，组成光带；在操作台面上没有阴影，室内照明均匀度不宜低于 0.7，照明应采用调光控制及分区控制；

2 当中央控制室采用马赛克式模拟屏时，模拟屏前区和操作台面距地面 0.8m 处的照度宜为 150～200 lx；

3 当中央控制室采用投影式模拟屏时，模拟屏前区和操作台面距地面 0.8m 处的照度宜为 100～150 lx，并考虑局部照明。

21.7.3 设备房、维修用房、办公管理用房及其他各部位的照明照度应按照现行建筑电气规范的规定进行设计。

21.7.4 应急照明包括安全疏散照明和事故照明及指示照明，应急照明的照度不小于正常照明照度的 10%；应急照明的备用电源容量应包括整个控制中心及远期预留房间不低于 1h 的使用容量。

21.8 消防与安全

21.8.1 控制中心应设置火（防）灾自动报警、环境与设备监控、火灾事故广播、气体灭火、水消防、防排烟等消防系统。

21.8.2 控制中心应设置消防控制室。

21.8.3 控制中心宜根据需要设置闭路电视监视系统和安保门禁系统等保安系统；对各分区出入口、房间和主要通道进行监视和自动录像。

21.8.4 控制中心宜设置保安值班室。保安值班室宜与消防控制室合并设置。

21.8.5 控制中心给排水系统和消防设施由给水、排水、水消防，以及配置的灭火器与自动灭火等系统组成。给排水系统宜尽量利用城市既有设施。各系统的设计应符合现行规范的规定。

22 车辆段与综合基地

22.1 一般规定

22.1.1 车辆段与综合基地设计应包括车辆段、综合维修中心、物资总库、培训中心和必要的生活设施等。

22.1.2 车辆段与综合基地的功能、布局和各项设施的配置应根据城市轨道交通线网规划、既有地铁车辆设备的状况和工程具体情况分析确定。

一座城市首建的地铁工程的车辆段与综合基地应具有较为完善的功能，并宜与地面铁路接通。

22.1.3 车辆段与综合基地的设计，应初、近、远期结合，统一规划，分期实施。其车辆的配置应按初期运营需要配置，以后根据运营的需要逐步添置；站场股道、房屋建筑和机电设备等应按近期需要设计；用地范围应按远期规模并在远期站场股道和房屋规划布置的基础上确定。

22.1.4 车辆段与综合基地选址应满足下列要求：

1 用地应符合城市总体规划；

2 有良好的接轨条件；

3 宜避开工程地质和水文地质不良的地段；

4 具有良好的自然排水条件；

5 便于城市电力线路、给排水等市政管道的引入和道路的连接；

6 有足够的有效用地面积及远期发展余地。

22.1.5 车辆段与综合基地总平面布置应以车辆段为主体，根据段址地形条件，充分考虑综合维修中心、物资总库及其他设备、设施的功能要求和工作性质，按有利生产、方便管理和方便生活的原则进行统筹安排。各项设备、设施宜分区布置，并应充分考虑远期发展条件。

综合维修中心、物资总库、培训中心及其他生产设施宜与车辆段合建。

22.1.6 车辆段与综合基地设计，应贯彻节约用地、节约能源的方针。

22.1.7 车辆段与综合基地设计应有完善的消防设施。总平面布置、房屋设计和材料、设备的选用等应符合现行有关防火规范的规定。

22.1.8 车辆段与综合基地设计应对所产生的废气、废液、废渣和噪声等进行综合治理，并符合现行国家和地方有关规范的规定。

车辆段与综合基地污水处理的工艺应经当地政府主管部门批准；环境保护设施应与主体工程同时设计、同时施工、同时投产。

22.1.9 车辆段与综合基地内应有运输道路及消防道路，并应有不少于两个与外界道路相连通的出口。

22.1.10 车辆段与综合基地应设通透的围蔽设施，其设计宜结合当地的环境和要求，选用安全、实用、美观的结构形式和材料。

22.2 车辆段和停车场的功能、规模及总平面设计

22.2.1 地铁车辆段根据功能可分为检修车辆段（简称车辆段）和运用停车场（简称停车场）。

车辆段根据其检修作业范围可分为架（厂）修段和定修段。

独立设置的停车场应隶属于相关车辆段。

22.2.2 车辆段和停车场设计应以车辆的技术参数为依据。

22.2.3 车辆宜采用日常维修和定期检修相结合的检修制度，积极推行换件修。修程和检修周期应由车辆制造商提供，厂商未能提供时可参照表22.2.3的规定确定。

表 22.2.3 车辆日常维修和定期检修周期

类别	检修种类	检修周期		检修时间（天）
		里程（万公里）	时间（年）	
定期检修	厂修	100～120	10～12	35/32
	架修	50～60	5～6	20/18
	定修	12.5～15	1.25～1.5	8/6
日常维修	月检	—	1月	2/2
	列检	—	每天或双日	—

注：1 表中分子为近期天数，分母为远期天数；
2 表中检修时间是按部件互换修确定的。

22.2.4 车辆段应按下列作业范围设计：

1 列车停放、编组和日常检查、一般故障处理、清扫洗刷及定期消毒等日常维护保养；

2 沿线存车线上在线列车的日常检查和一般故障处理；

3 车辆的定修、架（厂）修等定期修理；

4 车辆的临时性故障检修；

5 段内设备、机具的维修和调车机车、工程车等的整备及维修；

6 根据运营管理模式要求，必要时负责段配属列车的乘务作业。

22.2.5 停车场作业范围宜按本规范第22.2.4条第1、6款的规定。

22.2.6 段内设备的大修宜就近外委专业工厂承担，有条件时车辆的厂修也可委托地铁车辆制造厂或修理

厂承担。

22.2.7 车辆段、停车场出入线的设计应满足下列要求：

1 车辆段、停车场出入线应在车站接轨，接轨站宜选在线路的终点站，有条件时可选在折返站；

2 车辆段出入线应按双线双向运行设计，并避免切割正线，有条件时可结合段型布置，实现列车调头转向功能；

3 车辆段出入线设计，应根据行车和信号的要求，留有必要的信号转换作业长度；

4 停车场出入线可根据需要设计为双线或单线。

22.2.8 车辆段、停车场的规模应满足功能和能力的要求，并根据列车对数、列车编组、管辖范围内配属列车数、车辆技术参数、检修周期和检修时间计算确定。

22.2.9 车辆段的总平面设计，应根据车辆运用和检修的作业要求，并综合考虑维修中心、物资总库和培训中心等其他设施的布局及道路、管线、绿化、消防、环保等要求，以及考虑当地气象条件等，合理布置。

22.2.10 车辆段生产房屋布置应以运用及检修库为核心，各辅助生产房屋应根据生产性质按系统布置。与运用和检修作业关系密切的辅助生产房屋宜分别布置在相关车库的侧跨内或邻近地点；性质相同或相近的房屋宜合并设置。

22.2.11 车辆段空气压缩机间、变配电所、给水所和锅炉房等动力房屋，应设置在相关的负荷中心附近。

22.2.12 产生噪声、冲击振动或易燃、易爆的车间宜单独设置；产生粉尘、有毒或有害气体的房间或设施宜布置在常年主导风向的下风侧，并宜远离生活、办公区；排出的有害气体、粉尘、废液应符合环境保护及卫生标准。

22.2.13 车辆段的生产机构根据运营管理模式确定，可设运用车间、检修车间和设备车间。

22.2.14 车辆段各修程工作量计算时应考虑检修不平衡系数，检修不平衡系数宜采用下列数值：

月检、定修取1.2；

架修、厂修取1.1。

22.3 车辆运用整备设施

22.3.1 车辆段运用车间应配备停车列检库（棚）、月检库和列车清洁洗刷设备及相应线路等设施，并根据生产需要配备办公、生活房屋。

22.3.2 车辆段宜将停车、列检库（棚）和月检库合建组成运用库；根据总平面布置的具体情况，月检库也可单独设置或与定修库等其他厂房合建。

22.3.3 运用库的规模应按近期需要确定，并考虑远期发展的需要。近、远期规模变化不大或厂房扩建困难时，其厂房可按远期规模一次建成。

运用库设计总列位数应按本段配属列车数扣除每天在修车列数和沿线停放车列数计算确定，其中列检列位数宜按运用库总列位数的50%设计。

22.3.4 停车、列检库（棚）应根据当地气象条件和运营要求设计。多雨地区宜设棚，寒冷地区或风沙地区应设库，当露天停车对运营和检车作业无影响时可按露天设计。

22.3.5 运用库各库线的列位设置应根据车库形式确定。

当库形为尽端式时，每条库线宜按远期编组辆数一列位布置，停车、列检线最多不应大于两列位。月检线应按一列位设计；

当库形为贯通式时，每条库线宜按远期编组辆数两列位布置。停车、列检线最多不应大于三列位。月检线可按两列位布置。

22.3.6 运用库各种库线均应根据车辆的受电方式设置架空接触网或地面接触轨。地面接触轨应分段设置并加装安全防护罩，列检库和月检线的架空接触网列位之间和库前均应设置隔离开关或分段器，并均应设有送电时的信号显示或音响。

22.3.7 列检列位应设检查坑，坑深宜为1.2～1.5m，坑内应有良好的排水设施。

列检检查坑的长度不应小于公式（22.3.7）的计算值。

$$L_j = L + 5 \quad (22.3.7)$$

式中 L_j——检查坑长度（m）；

L——列车长度（m）；

5——停车误差2m和检查坑两端阶梯踏步各1.5m，总长度为5m。

22.3.8 月检库的线路宜采用架空形式，并设车顶作业平台。股道内外作业面高度和车顶作业平台的结构尺寸，应根据车辆结构和作业要求确定。车顶作业两侧应设安全防护设施。兼作两线作业的车顶作业平台中间应设围蔽隔离栅栏。

22.3.9 各车库的长度应分别按下列公式计算，并应结合厂房组合情况和建筑、结构设计要求作适当调整，但不宜小于下列公式计算值。

1 停车库（棚）计算长度：

$$L_{tk} = (L+2) \times N_t + (N_t - 1) \times 8 + 9 \quad (22.3.9\text{-}1)$$

式中 L_{tk}——停车库（棚）计算长度（m）；

N_t——每条线停车列位数；

2——停车误差2m；

8——停车列位之间通道宽度8m；

9——停车库两端横向通道宽度9m。

2 列检库（棚）计算长度：

$$L_{jk}=(L+5)\times N_j+(N_j-1)\times 8+9 \quad (22.3.9\text{-}2)$$

式中 L_{jk}——列检库（棚）长度（m）；

N_j——每条线列检列位数；

8——列检列位之间通道宽度 8m；

9——列检库两端横向通道宽度 9m。

3 月检库计算长度：

$$L_{yk}=(L+2)\times N_y+(N_y-1)\times 8+25 \quad (22.3.9\text{-}3)$$

式中 L_{yk}——月检库计算长度（m）；

N_y——每条线月检列位数；

2——停车误差 2m；

8——月检列位之间通道宽度 8m；

25——月检库设计附加长度 25m。

22.3.10 车辆段应设机械洗车设施，配属车超过 12 列的独立停车场可设置机械洗车设施。机械洗车设施应包括洗车机、洗车线和生产房屋，其设计应满足下列要求：

1 洗车机宜采用通过式，其功能宜满足车辆两侧和端部（驾驶室）清洗及化学洗涤剂的洗刷要求；

2 洗车线宜布置在入段线端运用库库前咽喉区前部，并与入段线并联设计。当地形受限制时，洗车线可按尽端式布置；

3 北方严寒地区及风沙地区应设洗车库。其他地区洗车机宜按露天设置，必要时可加棚。洗车库的长度、宽度和高度应根据洗车设备的要求确定；洗车线在洗车机前后一辆车长度范围应为直线；北方寒冷地区的洗车库应有采暖设施；

4 洗车线有效长度应按下列公式计算确定：

1）尽端式洗车线有效长度：

$$L_{sj}=2L+L_s+10 \quad (22.3.10\text{-}1)$$

式中 L_{sj}——尽端式洗车线有效长度（m）；

$2L$——洗车机设备前后各一列车长度（m）；

L_s——洗车机长度（包括连锁设备）（m）；

10——线路终端安全距离 10m。

2）贯通式洗车线有效长度：

$$L_{st}=2L+L_s+12 \quad (22.3.10\text{-}2)$$

式中 L_{st}——贯通式洗车线有效长度（m）；

$2L$——洗车机设备前后各一列车长度（m）；

12——信号设备设置附加长度 12m。

5 洗车线应根据洗车设备的要求配备辅助生产房屋；

6 洗车线宜在适当的位置设人工洗车台，人工洗车台高度宜为 600～1000mm，长度不宜小于一个单元车长度。

22.3.11 车辆段应根据其布置和作业需要设牵出线，其数量应根据作业量确定。

牵出线的有效长度不应小于公式（22.3.11）的计算值。

$$L_q=L_{qc}+L_n+10 \quad (22.3.11)$$

式中 L_q——牵出线有效长度（m）；

L_{qc}——通过牵出线的列车总长度（m）；

L_n——调车机车长度（m）；

10——牵出线终端安全距离 10m。

22.3.12 车辆段各种车库内的通道宽度和车库大门等部位的最小尺寸宜符合表22.3.12的规定。

表 22.3.12 车辆段各车库有关部位最小尺寸（m）

项目名称 \ 车库种类	停车库	列检库	月检库	定/临修库	架（厂）修库	油漆库	调机车库
车体之间通道宽度(无柱)	1.6	2.0	3.0	4.0	4.5	2.5	2.0
车体与侧墙之间的通道宽度	1.5	2.0	3.0	3.5	4.0	2.5	1.7
车体与柱边通道宽度	1.3	1.8	2.2	3.0	3.2	2.2	1.5
库内前、后通道净宽	4.0	4.0	4.0	5.0	5.0	3.0	3.0
车库大门净宽	$B+0.6$	$B+0.6$	$B+0.6$	$B+0.6$	$B+0.6$	$B+0.6$	$B+0.6$
车库大门净高	$H+0.4$	$H+0.4$	$H+0.4$	$H+0.4$	$H+0.4$	$H+0.4$	$H+0.4$

注：1 B——电动车辆或内燃机车的宽度；
2 车库大门净高未考虑受电弓升弓进库状态下的高度，H——电动车辆高度（受电弓电动车辆按受电弓落弓高度计算）或调车机车的高度；
3 调车机车库如为单线库，车体与侧墙（或柱）表面之间的距离应有一侧不小于 2m；
4 静调库各部分尺寸参照定修库设计。

22.3.13 车辆段或停车场为贯通式布置时，应设联络车场两端咽喉区的走行线。

22.3.14 运用车间应根据列车日常运用维修和列检、月检作业的需要，配备车辆车载设备检修、内部清扫、洗刷、工具存放、备品储存、检修配件加工和工作人员更衣休息等生产、办公、生活房屋。上述房屋宜设于运用库的辅跨内或邻近地点。

22.3.15 车辆段内列车运转调度、检修调度和防灾调度宜合并设置。

22.3.16 运用车间内各房屋，应根据工艺要求设动力、照明、给排水及消防等设施。

22.3.17 在列检库检查坑内两侧应设动力及安全照明插座。地坑内固定照明灯具不应影响作业。月检库宜设调试用外接电源设备。

22.3.18 车辆段内宜设乘务员公寓，其规模根据早晚运行列车乘务员人数确定。

22.3.19 独立设置停车场的运用整备设施的设计可参照本节相应条款执行。

22.3.20 地铁沿线存车线根据列车作业要求，宜有下列设施：

1 尽端式存车线的有效长度不应小于公式（22.3.20）的计算值：

$$L_c = L + L_d + 24 \quad (22.3.20)$$

式中 L_c——存车线长度（m）；

L_d——车挡长度（m）；

24——存车线附加长度 24m。

2 存车线宜设检查坑，检查坑长度可参照公式（22.3.7）。检查坑内应设排水设施和交流 220V 插座和固定照明。

3 地上存车线两侧应设安全防护栏或围蔽结构，线路距相邻两侧构筑物的距离可参照表 22.3.12 列检库的相关尺寸设计。

4 存车线相关车站应设有必要的生产、生活、办公房屋。

22.4 车辆检修设施

22.4.1 车辆段检修车间应根据其功能和检修工艺要求设置下列主要的生产厂房和房屋：

1 定修段应设定修库、临修库和静调库及相应的辅助生产房屋；

2 架修段除设置上述定修段各种生产房屋外，尚应增设架修库、转向架等部件检修间，并根据需要设置油漆库；

3 承担厂修任务的车辆段尚应增设车体整修及车辆组装等厂房或车间；

4 车辆段应设置不落轮镟库。

22.4.2 定修库规模应根据定修工作量和检修时间计算确定。其设计应符合下列规定：

1 车辆定修宜采用定位作业，并宜以列位为计算单位，列位的长度可按单元车解钩的作业设计；

2 定修列位宜设通长宽型检查坑，股道外侧坑深宜为 1.0m，坑宽不宜小于车辆宽度加 1.0m，股道内侧坑深宜为 1.2～1.5m，坑内应有排水设施；

3 定修库宽度应符合本规范表 22.3.12 的有关规定；

4 定修库长度不应小于公式（22.4.2）的计算值：

$$L_{dk} = L + N_d \times 1 + 16 \quad (22.4.2)$$

式中 L_{dk}——定修库计算长度（m）；

N_d——列车单元数；

1——列车单元解钩后车钩检修作业所需距离为 1m；

16——定修库设计附加长度 16m。

22.4.3 临修库设计应符合下列规定：

1 临修库宽度应符合本规范表 22.3.12 的有关规定；

2 临修库长度不应小于公式（22.4.3）的计算值：

$$L_{lk} = L + L_z + 20 \quad (22.4.3)$$

式中 L_{lk}——临修库计算长度（m）；

L_z——转向架长度（m）；

20——临修库设计附加长度 20m。

3 临修列位应设检查地坑，坑深宜为 1.2～1.5m，并应有排水设施；

4 库内股道两侧应根据架车作业的需要设置块状或条状架车基础。

22.4.4 静调库设计应符合下列规定：

1 静调库设计应满足列车整列作业的要求；

2 库内检修列位上应设宽型检查坑，坑的深度和宽度应符合本规范 22.4.2 条定修库检查坑的有关规定；

3 静调库的宽度应符合本规范表 22.3.12 定修库的有关规定；

4 静调库的长度不应小于公式（22.4.4）的计算值：

$$L_{jt} = L + 14 \quad (22.4.4)$$

式中 L_{jt}——静调库计算长度（m）；

14——静调库设计附加长度 14m。

5 静调作业线应设架空接触网或地面接触轨，库前应设隔离开关，库内应设外接调试电源设备；

6 根据检修需要，可在静调线上的适当位置设限界检测装置。设有限界检测装置的线路应为零轨；

7 应设置车顶作业安全防护设施。

22.4.5 架修库和厂修厂房的规模应根据各修程的检修作业量、检修时间计算确定。厂房的布置和尺寸应根据厂房组合形式，并满足工艺流程和检修作业的要求。

22.4.6 定修库、临修库、架修库和厂修库均应设电动桥式或梁式起重机和必要的搬运设备；起重机的起重量应满足工艺和检修作业的要求；起重机走行轨的高度应根据车辆高度、架车方式、架车高度、车顶作业要求和起重机的结构尺寸计算确定。

22.4.7 临修库、架修库和厂修库均应根据作业要求设架车设备。临修库宜选用移动式架车机；架修库和厂修库可根据作业方式选用地下式固定架车机组或其他形式的电动架车设备。

22.4.8 各种车库的库前股道宜设有一段平直线路，其长度应满足车辆进出库时车辆外侧各部距大门内框净距不应小于 150mm 的要求。

22.4.9 不落轮镟库及其线路的设计应符合下列规定：

1 不落轮线的有效长度应满足列车所有车辆的轮对镟修工作的要求，设备前后应有一辆车长度的直线段；

2 不落轮镟库应结合总工艺流程和厂房组合情况合理布置，可单独设置，也可与检修厂房合并设置。当不落轮镟库与其他检修厂房合并设置时，宜以实体隔墙隔开；

3 不落轮镟库的尺寸应满足设备安装和镟轮作业的需要，北方寒冷地区不落轮镟库宜考虑镟轮过程中全部车辆均在库内，库内应设有采暖设施；

4 不落轮线应根据作业的需要配置列车牵引小车或其他牵引设备，不宜采用架空接触网或地面接触轨供电作为镟轮作业的列车牵引动力；

5 不落轮镟库宜根据作业要求设置专用起重设备。

22.4.10 车辆段应配备调车机车和车库。调车机车的台数应能满足段内调车作业的需要，并应有一台备用机车。调车机车的牵引能力应满足牵引远期一列车在空载状态下通过全线最大坡度地段的要求。调车机车库的规模应按远期配备机车台数确定，库内宜有一个台位的检查坑和必要的检修设施。

调车机车库长度应按公式（22.4.10）计算确定。

$$L_{nk}=(L_n+2)\cdot N_n+(N_n-1)\times4+7 \qquad (22.4.10)$$

式中 L_{nk}——调车机车车库计算长度（m）；

L_n——机车长度（m）；

N_n——每条线停放机车台数；

2——机车停车误差 2m；

4——两机车检修台位之间通道宽度 4m；

7——机车台位距车库前后横向通道宽，距前后墙轴线各 3.5m，共 7m。

注：有检修作业时，其库长宜增加 7m。

22.4.11 车辆段应设试车线。试车线的设计应满足下列要求：

1 试车线应为平直线路，困难条件下允许在线路端部设部分曲线，其线路应满足列车试验速度的要求；试车线的其他技术标准宜与正线标准一致；

2 试车线的有效长度应根据车辆性能和技术参数以及试车综合作业要求计算确定。试车线两端宜设缓冲滑动式车挡；

3 试车线应在适当位置设置检查坑和试车设备房屋，试车线检查坑长度不应小于 1/2 列车长度加 5m，检查坑深度应为 1.2～1.5m，坑内应有照明和良好的排水设施。

22.4.12 车辆段宜设一条列车吹扫线，吹扫线长度应根据列车长度、吹扫作业方式及设备布置的要求确定，吹扫线根据作业需要可设库。

22.4.13 油漆库可根据需要按台位设置，库内应设通风、给排水设施和压缩空气管路，并应有环保措施。库内电气设备均应采取防爆措施。油漆库的尺寸应根据工艺要求确定。

22.4.14 架修段的转向架检修车间应毗邻架修库设置。转向架检修车间规模和检修台位应根据转向架检修任务量、作业方式和检修时间计算确定。检修车间内应设 10t 电动桥式起重机，其数量应根据任务量确定。

22.4.15 转向架检修车间应设有转向架和轮对等零部件的检修、清洗、试验和探伤设备。

22.4.16 架修段转向架车间内或附近应设轮对存放房间。轮对存放房间内应设不小于 2t 的电动起重机。轮对存放房间存放备用轮对的数量不应小于同时进行架修车辆所需轮对的 2 倍，待修轮对的存放数量应根据本段轮对加工能力确定。

22.4.17 定修段应配置备用转向架存放场地，其存放数量应根据定修、临修任务量确定。

22.4.18 架修段电机车间应邻近转向架车间设置，车间内应根据作业需要配备电机分解、检测、清洗和组装设备，以及必要的起重运输设备，其中电机试验车间与其电源应毗邻设置，并采取有效的降噪、隔声措施。

有条件时，电机可外委专业工厂检修。

22.4.19 蓄电池间宜独立设置，并宜布置在常年主导风向的下风位置。蓄电池间的规模应满足地铁车辆蓄电池检修和充电需要，并宜根据具体情况考虑段内调车机车、工程车、蓄电池运搬车和汽车蓄电池的检修和充电。

蓄电池间应设有电源室、蓄电池检修室、充电室、药品储存室和值班室。检修室和充电室应有通风、给排水和防腐设施，酸性蓄电池充电室应与其他房屋隔断并采取防爆措施。

22.4.20 车辆段应设材料、备品房间。物资总库不设在段内时，车辆段应设独立物资库，并配备必要的起重和运输设备。

22.5 车辆段设备维修与动力设施

22.5.1 车辆段设备车间包括设备维修车间和相应管理部门，其工作范围应包括下列内容：

1 承担全段机电设备的管理和中、小修程的检修工作；

2 承担全段各种生产工具的维修和管理工作；

3 开展并实施段内技术更新改造和小型非标准设备的制作及检修。

22.5.2 车辆段生产设备应采用统一管理、集中检修的原则。有条件时，设备的大修宜外委或外协进行。

22.5.3 车辆段设备维修车间应根据段内机电设备和动力设施维护、检修的需要配备必要的金属切削、加工设备、电焊气焊设备、电器检测设备、管道维修设备和起重运输设备等。

车辆段检修车间的通用机加工设备与设备车间的通用机加工设备宜合并设置。

22.5.4 空压机房间的空压机应选择低噪声、节能型产品，其压力和容量应根据用风设备的要求确定。

空压机数量不应少于两台。

22.5.5 车辆段应采用瓶装乙炔气供气。

22.5.6 车辆段应根据工艺的要求和当地的具体情况设置采暖、通风和空调设施，采暖地区宜采用集中供热方式。

22.5.7 车辆段各种室外管线应根据管线的性质和走向，结合总平面的布置综合设置，力求安全、经济、合理，便于管理和维修。

22.5.8 室外电缆沟的设计应有可靠的排水措施。

22.6 综合维修中心

22.6.1 综合维修中心是地铁系统各种设备和设施的维修管理单位。其功能应满足全线线路、路基、轨道、桥梁、涵洞、隧道、房屋建筑和道路等设施的维修、保养工作，以及供电、通信、信号、机电设备和自动化设备的维修和检修工作的需要。

22.6.2 地铁线路、桥涵、房屋等设施和机电设备的大修宜外委当地专业队伍或工厂承担。

22.6.3 综合维修中心宜根据各专业的性质分设工务、建筑、供电、通信信号、机电和自动化等车间。

22.6.4 综合维修中心应根据生产的需要配备生产房屋、仓库和必要的办公、生活房屋。房屋的布置应根据作业性质结合总平面布置的具体情况合理布局，其生产房屋宜与检修综合楼和综合办公楼合建，生活房屋宜与车辆段同类房屋合并设置。

22.6.5 设于车辆段内的综合维修中心，其变电所、空压机间和供热、供水设施宜利用车辆段相关设备和设施。

22.6.6 综合维修中心应根据各专业的作业内容和工作量配备必要的设备。同时，尚应根据需要配备轨道探伤、检测车、接触网检修车、磨轨车、轨道车和平板车等工程车辆和设备。各种工程车辆宜集中放置，统一管理。

22.6.7 轨道检测车、接触网检修车、磨轨车和轨道车等工程车辆均应设停车库，并考虑必要的检修场地和设备。

22.7 物资总库

22.7.1 为保证地铁系统的正常运转和材料设备供应，应设物资总库，担负地铁系统材料、配件、设备和机具及劳保用品等的采购、存放、发放和管理工作。

22.7.2 物资总库应设有各种仓库、材料棚和必要的办公、生活房屋，以及材料堆放场地。

22.7.3 各种仓库的规模应根据所需存放材料、配件和设备的种类和数量确定。材料堆放场地应采用硬化地面。

不同性质的材料、设备宜分库存放，其中存放易燃品的仓库宜单独设置，并应符合现行《建筑设计防火规范》的有关规定。

22.7.4 物资总库应配备材料、配件和设备的装卸起重设备和汽车、蓄电池车等运输车辆。

22.7.5 物资总库应考虑对外运输条件，应有道路连接段内主要道路及外界道路。有条件时，可设材料运输线。

22.7.6 物资总库应单独设围墙或围蔽结构。

22.7.7 物资总库生活设施宜利用车辆段的设施。

22.8 培训中心

22.8.1 培训中心负责组织和管理职工的技术教育和培训工作，应根据当地地铁系统的实际需要设置，当系统内已设有培训中心时宜考虑共用。

22.8.2 培训中心宜设于综合基地范围内的适当地点，必要时也可设于其他地区。

22.8.3 培训中心应设教室、实验室、图书室、阅览室和教职员工办公和生活用房，以及必要的教学设备和配套设施。

22.9 救援设施

22.9.1 车辆段与综合基地内应设救援办公室，受地铁控制中心指挥。

22.9.2 救援办公室应设置值班室。值班室应设电钟、自动电话和无线通信设备以及直通地铁控制中心的防灾调度电话。

22.9.3 救援用的轨道车辆宜利用车辆段和综合维修中心的车辆，并根据救援需要设置专用地面工程车和指挥车。

22.10 其　他

22.10.1 车辆段与综合基地内线路的配备应满足功能及工艺要求，并应做到安全、方便、经济合理。线路平面及纵断面设计应按本规范第5章的规定执行。

22.10.2 沿海或江河附近地区车辆段与综合基地的线路路肩设计高程不应小于1/100潮水位、波浪爬高值和安全高之和。

22.10.3 车辆段与综合基地的路基排水应自成体系，并组织排入城市排水管网或附近自然水体；检查坑和室外电缆沟的排水宜利用地形采用自然排水，困难时应自成体系，采用集中机械提升排水方式排入路基排水系统或城市排水管网。

22.10.4 车辆段与综合基地的给水与排水设计应符合本规范第13章的有关规定。

22.10.5 车辆段与综合基地应根据地铁供电系统的要求、车辆段的规模和布置，以及生产工艺需要等设置牵引变电所和降压变电所及动力、照明设施。

车场牵引供电系统应根据作业和安全要求实行分区供电。

当牵引供电采用接触轨方式时，车场线路的外侧应设安全防护栅栏。

22.10.6 车辆段供电系统及动力、照明系统设计应符合本规范第14章供电的有关规定。

22.10.7 车辆段与综合基地生产房屋的设计应满足工艺要求，保证布置合理、结构安全，并符合有关房屋建筑设计规范的规定。

22.10.8 车辆段与综合基地房屋的采暖和通风设计应根据工艺要求和生活的需要，结合当地气候条件，合理选择设备类型，并符合有关规范的规定。

22.10.9 车辆段与综合基地应根据生产、生活的需要设置完善的通信系统，其设计应符合本规范第15章的有关规定。

22.10.10 车辆段与综合基地应根据作业要求设置完善的信号系统，信号系统的设备和设施设计应符合本规范第16章的有关规定。

22.10.11 车辆段与综合基地应根据本规范第19章防灾与报警的规定，配套设置有关防灾报警设备和设施。

23 环境保护

23.1 一般规定

23.1.1 为贯彻执行国家环境保护政策、法规，保证地铁运营期对地面环境和地下环境的影响达到国家有关环境标准的要求，地铁工程设计应采取必要的环境保护措施。

23.1.2 本章适用于地铁新建、改扩建工程的环境保护设计。

23.1.3 地铁工程环境保护设计应遵循统一规划、合理布局、综合治理、防治结合的原则。

23.1.4 地铁环境保护设施的设计应符合国家或行业现行的相关设计规范的要求。

23.1.5 地铁环境保护措施，应根据行业主管部门和环境保护行政主管部门批复核准的地铁工程环境影响报告书及其污染防治措施的要求确定。

23.1.6 地铁工程环境保护设施，应与主体工程相互协调、相互适应，做到同时设计、同时施工、同时投入使用，并应由环境保护行政主管部门实行竣工验收。

23.1.7 地铁环境保护措施应包括工程和设备的减振、降噪、大气污染防治、废水处理、室内空气质量控制，以及电磁辐射防护等。

23.1.8 环境保护设施应根据预测的远期客流量和最大通过能力设计，可按近期和远期分期实施（地铁环境保护工程设计年限应与其主体工程设计年限相同）。

23.2 噪声

23.2.1 地铁噪声污染防治设计应遵循《中华人民共和国环境噪声污染防治法》的规定，符合现行国家标准《城市区域环境噪声标准》、《工业企业厂界噪声标准》以及《城市区域环境噪声标准适用区域划分技术规范》的规定。

23.2.2 新建地铁线路选线及车站选址，应结合城市发展总体规划、城市轨道交通线网规划、城市环境规划以及城市环境功能区划，避绕既有、在建或规划的噪声敏感集中区域和重要敏感建筑，并充分利用天然缓冲地带的减噪作用。

Ⅰ 车辆和设备噪声

23.2.3 地铁应优先选用低噪声的车辆。司机室、客室噪声应符合现行国家标准《地下铁道电动车组司机室、客室噪声限值》的规定。

23.2.4 地下车站通风与空调系统、局部通风与空调系统及区间隧道通风系统，应优先选用符合现行国家标准的低噪声设备，同时应根据现行国家标准《城市区域环境噪声标准》中规定的相应区域噪声限值的要求，分别在风机的进风口和出风口设置消声器。

Ⅱ 车站噪声

23.2.5 在没有列车的条件下，车站站台、站厅环境噪声等效声级不得超过70dB（A），管理用房环境噪声等效声级不得超过60dB（A）。

23.2.6 不采用屏蔽门系统的地铁车站站台应进行列车走行区墙面的吸声处理，以降低混响声的影响。地铁车站站台列车进、出站平均等效声级应符合现行国家标准《地下铁道车站站台噪声限值》的规定。

Ⅲ 环境噪声

23.2.7 对于建成区，地面、高架线路应远离噪声敏感区域和重要敏感建筑等环境保护目标。列车运行噪声对环境的影响应符合现行国家标准《城市区域环境噪声标准》中相应区域噪声限值的规定。地面、高架线路两侧属交通干线两侧区域的敏感建筑应达到4类区的噪声限值。

23.2.8 对于规划区或远郊地区，应根据沿线环境功能区划分，确定轨道中心线与敏感建筑物的距离。轨道中心线距各类功能区敏感建筑的控制距离及噪声限值可参考表23.2.8执行。

表23.2.8 轨道中心线距各类区域敏感点的控制距离及噪声限值

区域类别	区域名称	控制距离（m）	等效声级 L_{eq}[dB(A)] 昼间	夜间
1	居住、文教区	45～50	55	45
2	居住、商业、工业混合区	30～35	60	50
4	交通干线道路两侧	约30	70	55

23.2.9 当地面或高架线路列车运行噪声导致沿线相临区域环境噪声超过现行国家标准《城市区域环境噪声标准》中相应区域噪声限值时，应根据地铁工程环境影响报告书提出的要求，采取减振、降噪措施。

23.2.10 风亭、冷却塔的位置应避开环境敏感区域。对于建成区，在交通干线两侧区域设置的风亭、冷却塔，其噪声应达到现行国家标准《城市区域环境噪声标准》4类区的噪声限值；位于2类区和1类区内的风亭、冷却塔，其噪声应达到相应区域噪声限值。

23.2.11 对于规划区或远郊地区，根据风亭、冷却塔的所属区域，确定其与敏感建筑物的距离。风亭、冷却塔距各类功能区敏感建筑的控制距离及其噪声限值可参考表23.2.11执行。

表23.2.11 风亭、冷却塔距各类区域敏感点的控制距离及噪声限值

区域类别	区域名称	控制距离（m）	等效声级 L_{eq} [dB(A)]	
			昼间	夜间
1	居住、文教区	25～50	55	45
2	居住、商业、工业混合区	15～30	60	50
4	交通干线道路两侧	约15	70	55

23.2.12 当风亭、冷却塔噪声不能达到现行国家标准《城市区域环境噪声标准》中相应区域噪声限值时，应根据地铁工程环境影响报告书的要求，采取减振降噪措施。

Ⅳ 车辆段和停车场噪声

23.2.13 车辆段和停车场的位置应选在非环境敏感区域。车辆段和停车场的厂界噪声应符合现行国家标准《工业企业厂界噪声标准》中相应区域噪声限值的规定。

23.2.14 污水处理站的泵房宜建在厂区内远离噪声敏感建筑的位置。

23.2.15 当车辆段的设备维修车间、电机试验间、空压机房、泵房等产生的噪声引起厂界噪声超过现行国家标准《工业企业厂界噪声标准》中相应区域噪声限值时，应进行隔声处理，必要时对车间的内墙做吸声处理。

23.2.16 减振、降噪措施的设计应满足相关设计技术规范的要求。

23.3 振 动

23.3.1 地铁振动污染防治设计应符合现行国家标准《城市区域环境振动标准》的规定。

Ⅰ 列车运行振动

23.3.2 地下线路的平面位置和埋设深度的确定，应考虑地面建筑物的结构、类型以及环境功能区划对环境保护的要求。对于建成区，地下线路应远离振动敏感区域和重要敏感建筑等环境保护目标。列车运行所引起的地面环境振动应符合第23.3.1条的规定。

23.3.3 对于规划区或远郊地区，应根据沿线环境功能区划分，确定轨道中心线与敏感建筑物的距离。轨道中心线距各类功能区敏感建筑的控制距离及振动限值可参考表23.3.3执行。

表23.3.3 轨道中心线距各类区域敏感点的控制距离及振动限值

区域名称	建筑物类型	控制距离（m）	Z振级 VL_Z (dB)	
			昼间	夜间
居民、文教、机关区	Ⅰ	20～25	70	67
	Ⅱ	35～40		
	Ⅲ	55～60		
商业与居民混合区、商业集中区	Ⅰ	15～20	75	72
	Ⅱ	25～30		
	Ⅲ	45～50		

23.3.4 当列车运行振动导致沿线敏感区域环境振动超过现行国家标准《城市区域环境振动标准》时，应根据地铁工程环境影响报告书的要求，结合工程实际考虑适当调整线路平面位置或对轨道结构采取其他减振措施。

Ⅱ 设备振动

23.3.5 车站通风与空调系统、局部通风与空调系统和区间隧道通风系统的风机等设备，应采取减振措施。

23.3.6 车辆段的风机、电机、空压机、水泵等设备，必要时应进行减振处理。

23.3.7 减振措施的设计应满足有关设计技术规范的要求。

23.4 空 气 质 量

23.4.1 地铁大气污染防治设计应遵循《中华人民共和国大气污染防治法》的规定，符合现行国家标准《锅炉大气污染物排放标准》和《饮食业油烟排放标准》的规定。

Ⅰ 地下车站空气质量

23.4.2 车站内部建筑装修材料，如石材、瓷砖及涂料等材料中的有害物质的释放量，应符合现行国家有关标准的规定。

23.4.3 地下车站内的CO_2浓度应小于1.5‰，可吸入颗粒物的浓度应小于0.25mg/m³。

23.4.4 风亭周围宜种植对CO_2、NO_x、CO等有害气体及颗粒物吸收能力强的灌木植物。

Ⅱ 车辆段空气质量

23.4.5 采暖地区的车辆段冬季采暖应纳入城市集中供热系统，当不具备集中供热的条件时，应采用清洁能源供热设备。

23.4.6 采用燃煤锅炉时应安装除尘设备和脱硫装置。锅炉大气主要污染物的排放浓度应符合现行国家标准《锅炉大气污染物排放标准》的规定。

23.4.7 车辆段食堂操作间应安装油烟净化设施。油

烟排放浓度应符合现行国家标准《饮食业油烟排放标准》的规定。

23.4.8 大气污染防治措施的设计应满足有关设计技术规范的要求。

23.5 废 水

23.5.1 地铁废水污染防治设计应遵循《中华人民共和国水污染防治法》的规定，符合地方污水排放标准或现行国家标准《污水综合排放标准》的规定。

Ⅰ 车站废水

23.5.2 当城市设有污水排水系统，但无污水处理厂时，车站生活污水需经化粪池处理，达到地方或国家污水排放标准后，排入城市污水排水系统。

23.5.3 当城市设有污水排水系统，且有污水处理厂时，是否设化粪池应与当地市政管理部门协商确定，并达到地方或国家污水排放标准后，排入城市污水排水系统。

23.5.4 当车站附近无城市污水排水系统时，应对车站的生活污水进行处理，达到地方或国家污水排放标准后排放。

Ⅱ 车辆段废水

23.5.5 当车辆段附近设有城市污水排水系统，但无污水处理厂时，生活污水需经化粪池处理，达到地方或国家污水排放标准后，排入城市污水排水系统。

23.5.6 当城市设有污水排水系统，且有污水处理厂时，是否设化粪池应与当地市政管理部门协商确定，并达到地方或国家污水排放标准后，排入城市污水排水系统。

23.5.7 当车辆段附近无城市污水排水系统时，应对车辆段的生活污水进行处理，达到地方或国家污水排放标准后排放。

23.5.8 车辆段的含油等生产废水必须进行处理，达到地方或国家污水排放标准后排放。

23.5.9 若车辆段污水需向自然水体排放时，污水处理及污染物的排放应符合现行国家标准《污水综合排放标准》。

23.5.10 污水处理设施的设计应满足有关设计技术规范的要求。

23.5.11 车辆段处理后的废水，应做到重复利用。

23.6 电磁辐射

23.6.1 地铁电磁环境主要包括 110kV 以上（含 110kV）主变电站的电磁辐射和列车运行中所产生的电磁辐射。

23.6.2 主变电站及列车运行中所产生的电磁辐射，其工频电场、工频磁场对公众环境生物效应的影响应符合现行国家标准《电磁辐射防护规定》的规定。

23.6.3 地铁列车在地面和高架线路行驶时所产生的电磁辐射对收听收看广播、电视的影响，可参照国际无线电咨询委员会推荐的评价标准，当电视信号接收场强达到规定值时，信噪比不低于 35dB（μV/m）。

23.7 其 他

23.7.1 地铁选线、选址必须合理使用国土资源，应充分利用荒地、劣地。

23.7.2 地铁选线应考虑文物保护单位、自然保护区、风景名胜区和其他需要特殊保护地区的保护。

23.7.3 地铁地面线路、高架线路、车站和段场的设置，应充分考虑城市景观的要求。

23.7.4 高架区间、车站的设置及材料的选择应考虑对线路两侧建筑物光照环境的影响。

23.7.5 地铁地面线路、高架线路沿线和车站、段场等区域应考虑进行绿化。

附录 A 曲线地段设备限界计算方法

A.1 曲线地段设备限界应在直线地段设备限界基础上加宽和加高。

A.2 曲线地段设备限界应按平面曲线几何偏移量、过超高或欠超高引起的设备限界加宽和加高量、曲线轨道参数及车辆参数变化引起的设备限界加宽量计算确定。

1 平面曲线上设备限界的几何偏移量按下列公式计算确定：

1）车体：

①曲线外侧：$T_a=\dfrac{L_0^2-(l_1^2+a^2)}{8R}$ （A.2.1-1）

②曲线内侧：$T_i=\dfrac{l_1^2+a^2}{8R}$ （A.2.1-2）

2）转向架：

① 曲线外侧：$T_{ba}=m(m+a)/2R$（A.2.1-3）

② 曲线内侧：$T_{bi}=a^2/8R$ （A.2.1-4）

式中 L_0——计算车辆长度（mm）；

l_1——车辆定距（mm）；

a——转向架固定轴距（mm）；

R——平面曲线半径（mm）；

m——计算断面至相邻轴距离（mm）。

2 过超高或欠超高引起的设备限界加宽和加高量按下列公式计算确定：

1）车体设备限界横向加宽量：

①曲线外侧：

$$\Delta X_{Qa}=\frac{h_{dc}}{1500}m_B g\left[(Y-h_{cp})\cdot\frac{h_{sc}-h_{cp}}{k_{\phi p}}+(Y-h_{cs})\cdot\frac{h_{sc}-h_{cs}}{k_{\phi s}}\right](1+S) \quad (A.2.2\text{-}1)$$

$$h_{dc}=\frac{1500\cdot a_q}{g} \quad (A.2.2\text{-}2)$$

$$a_q=\frac{1000\cdot(v/3.6)^2}{R}-g\cdot\frac{h}{1500} \quad (A.2.2\text{-}3)$$

②曲线内侧：

$$\Delta X_{Q\,i}=\frac{h}{1500}m_{B}g\left[(Y-h_{cp})\cdot\frac{h_{sc}-h_{cp}}{k_{\phi p}}+(Y-h_{cs})\cdot\frac{h_{sc}-h_{cs}}{k_{\phi s}}\right](1+S)\quad(A.2.2\text{-}4)$$

2）车体设备限界竖向加高量：

①曲线外侧：

$$\Delta Y_{Qa}=\frac{h_{dc}}{1500}m_{B}gX\cdot\left[\frac{h_{sc}-h_{cp}}{k_{\phi p}}+\frac{h_{sc}-h_{cs}}{k_{\phi s}}\right](1+S)\quad(A.2.2\text{-}5)$$

②曲线内侧：

$$\Delta Y_{Qi}=\frac{h}{1500}m_{B}gX\cdot\left[\frac{h_{sc}-h_{cp}}{k_{\phi p}}+\frac{h_{sc}-h_{cs}}{k_{\phi s}}\right](1+S)\quad(A.2.2\text{-}6)$$

式中 h_{dc}——欠超高（mm）；

a_q——未平衡离心加速度（m/s^2）；

h——轨道超高值（mm）；

m_B——满载车体重量（kg）；

g——自由落体加速度 $9.81m/s^2$；

（X、Y）——分别为直线地段设备限界计算点横向和竖向坐标值（mm）；

v——车辆运行速度（km/h）；

h_{cp}——一系弹簧上支承面距轨面高度（mm）；

h_{sc}——车体重心距轨面高度（mm）；

h_{cs}——二系弹簧上支承面距轨面高度（mm）；

$k_{\phi p}$——$0.5n_p\cdot c_p\cdot b_p^2$；

$k_{\phi s}$——$0.5n_s\cdot c_s\cdot b_s^2+2k_{\phi n}$；

S——重力倾角附加系数；

$$S=m_B\cdot g\left[(h_{sc}-h_{cp})/k_{\phi p}+(h_{sc}-h_{cs})/k_{\phi s}\right]；$$

n_p——车辆一侧一系弹簧列数 4；

c_p——每一轴箱一系弹簧垂向刚度（N/mm）；

b_p——一系弹簧间距（mm）；

n_s——车辆一侧二系弹簧列数 2；

c_s——转向架一侧二系弹簧垂向刚度（N/mm）；

b_s——二系弹簧间距（mm）；

$k_{\phi n}$——抗侧滚扭杆的抗侧滚刚度（每根）（N·mm/rad）。

3 曲线轨道参数及车辆参数变化引起车体及转向架设备限界加宽量：

1）曲线外侧：

整体道床：$\Delta X_{ca}=\Delta S_a+1.4+\Delta_{wq}$ （A.2.3-1）

碎石道床：$\Delta X_{ca}=1000000/R+\Delta S_i+1.4+\Delta_{wq}$ （A.2.3-2）

2）曲线内侧：

整体道床：$\Delta X_{ci}=\Delta S_i+1.4+\Delta_{wq}$ （A.2.3-3）

碎石道床：$\Delta X_{ci}=1000000/R+\Delta S_i+1.4+\Delta_{wq}$ （A.2.3-4）

式中 ΔS_a——曲线轨距加宽外轨分量及外轨磨耗（mm）；

ΔS_i——曲线轨距加宽内轨分量及内轨磨耗（mm）；

Δ_{wq}——车辆一系及二系弹簧的横向位移在曲线上的增量值（相对于直线）（mm）；

1.4——车辆在曲线上行驶时的弹性挤开量增值（相对于直线）1.4mm。

4 设备限界加宽加高量总和：

1）车体横向加宽和过超高（或欠超高）偏移方向相同时：

①曲线外侧：$\Delta X_a=T_a+\Delta X_{Qa}+\Delta X_{ca}$ （A.2.4-1）

$\Delta Y_a=-\Delta Y_{Qa}$ （A.2.4-2）

②曲线内侧：$\Delta X_i=T_i+\Delta X_{Qi}+\Delta X_{ci}$ （A.2.4-3）

$\Delta Y_i=-\Delta Y_{Qi}$ （A.2.4-4）

2）车体横向加宽和过超高（或欠超高）偏移方向相反时：

①曲线外侧：$\Delta X_a=T_a-\Delta X_{Qa}+\Delta X_{ca}$ （A.2.4-5）

$\Delta Y_a=\Delta Y_{Qa}$ （A.2.4-6）

②曲线内侧：$\Delta X_i=T_i-\Delta X_{Qi}+\Delta X_{ci}$ （A.2.4-7）

$\Delta Y_i=\Delta Y_{Qi}$ （A.2.4-8）

A.3 直线地段设备限界各点坐标值加上 ΔX_a（ΔX_i）和 ΔY_a（ΔY_i）值后形成曲线地段设备限界。

附录B A型车限界图

B.1 隧道内直线地段接触网授电车辆轮廓线、车辆限界、设备限界与坐标值见图 B.1 和表 B.1-1～B.1-3。

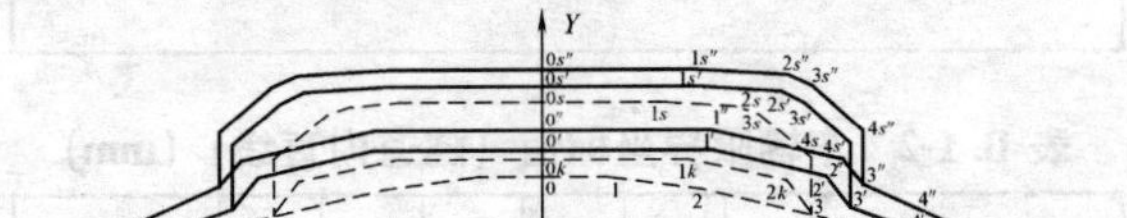

图 B.1 隧道内直线地段车辆轮廓线、车辆限界、设备限界图

表 B.1-1　车辆轮廓线坐标值（mm）

点号	**0**	**1**	**2**	**3**	**4**	**5**	**6**	**7**	**26**	**27**
X	0	250	500	850	1031	1300	1365	1412	1425	1481
Y	3800	3790	3759	3677	3623	3504	3416	3313	3078	3064
点号	**28**	**29**	**8**	**9**	**10**	**11**	**12**	**13**	**14**	**15**
X	1507	1452	1500	1500	1500	1400	1250	1120	1120	811.5
Y	2621	2605	1800	1130	520	520	234	234	170	170
点号	**16**	**17**	**18**	**19**	**20**	**21**	**22**	**23**	**24**	**25**
X	811.5	708.5	708.5	676.5	676.5	626	626	450	450	0
Y	0	0	−28	−28	160	160	95	95	160	160
点号	**0*s***	**1*s***	**2*s***	**3*s***	**4*s***	—	**0*k***	**1*k***	**2*k***	—
X	0	325	615	687	850	—	0	466	772	—
Y	4040	4040	4022	3992	3856	—	3842	3842	3780	—

注：表中第 0～13 点是车体上的控制点；第 13～15 点是转向架上的控制点；第 16、17 点为车轮踏面上的控制点；第 18、19 点为轮缘上的控制点；第 22、23 点为连结在车轴上的齿轮箱点；第 20、21、24、25 点为连结在转向架构架上的车载信号设备的最低点；第 26～29 点为信号灯预留位置；第 0*s*、1*s*、2*s*、3*s*、4*s* 点为隧道内受电弓控制点；第 0*k*、1*k*、2*k* 点是车顶空调器点。

表 B.1-2　车辆限界坐标值（隧道内直线）（mm）

点号	**0′**	**1′**	**2′**	**3′**	**4′**	**5′**	**6′**	**7′**	**26′**	**27′**
X	0	525	916	984	1171	1437	1499	1544	1550	1606
Y	3878	3885	3794	3700	3630	3503	3414	3309	3074	3058
点号	**28′**	**8′**	**9′**	**10′**	**11′**	**12′**	**13′**	**14′**	**15′**	**16′**
X	1620	1642	1578	1565	1465	1303	1155	1155	846	841
Y	2498	1677	1007	399	401	122	125	80	82	−18
点号	**17′**	**18′**	**19′**	**20′**	**23′**	**24′**	**25′**	—	—	—
X	738	738	647	643	421	415	0	—	—	—
Y	−18	−54	−54	42	42	73	75	—	—	—
点号	**0*s*′**	**1*s*′**	**2*s*′**	**3*s*′**	**4*s*′**	—	—	—	—	—
X	0	464	753	824	984	—	—	—	—	—
Y	4084	4084	4066	4036	3900	—	—	—	—	—

表 B.1-3　设备限界坐标值（隧道内直线）（mm）

点号	**0″**	**1″**	**2″**	**3″**	**4″**	**5″**	**6″**	**7″**	**26″**	**27″**
X	0	531	952	1016	1193	1477	1570	1644	1645	1700
Y	3938	3945	3848	3758	3686	3551	3452	3309	3074	3058
点号	**28″**	**8″**	**9″**	**10″**	**11″**	**12″**	**13″**	**14″**	**15″**	**16″**
X	1700	1703	1622	1593	1482	1308	1170	1170	859	856
Y	2498	1677	1007	368	371	71	74	50	52	−18
点号	**17″**	**18″**	**19″**	**20″**	**23″**	**24″**	**25″**	—	—	—
X	753	753	633	629	408	405	0	—	—	—
Y	−18	−69	−69	30	30	43	45	—	—	—
点号	**0*s*″**	**1*s*″**	**2*s*″**	**3*s*″**	**4*s*″**	—	—	—	—	—
X	0	465	765	851	1016	—	—	—	—	—
Y	4134	4134	4115	4079	3938	—	—	—	—	—

B.2　高架或地面直线地段接触网授电车辆轮廓线、车辆限界、设备限界与坐标值见图 B.2 和表 B.2-1～B.2-3。

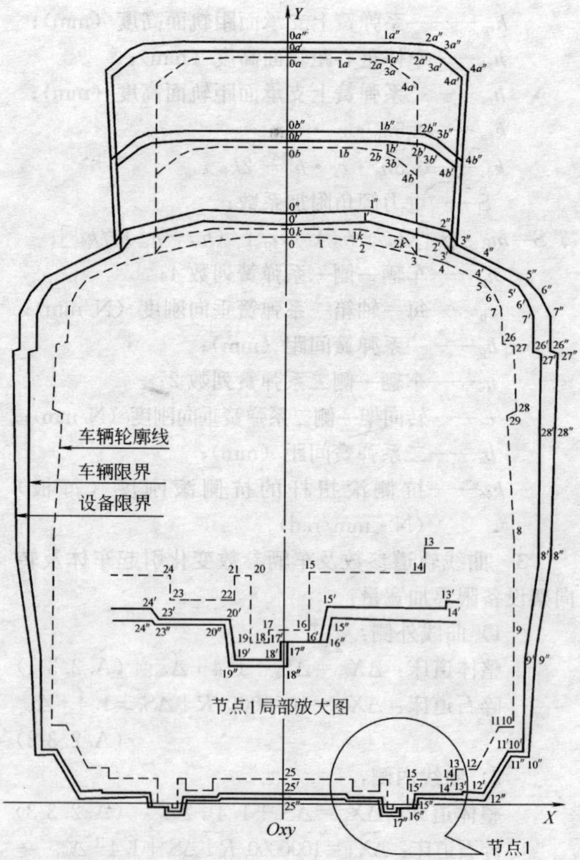

图 B.2　高架或地面直线地段车辆轮廓线、车辆限界、设备限界图

表 B. 2-1　车辆轮廓线坐标值（mm）

点号	**0**	**1**	**2**	**3**	**4**	**5**	**6**	**7**	**26**	**27**
X	0	250	500	850	1031	1300	1365	1412	1425	1481
Y	3800	3790	3759	3677	3623	3504	3416	3313	3078	3064
点号	**28**	**29**	**8**	**9**	**10**	**11**	**12**	**13**	**14**	**15**
X	1507	1452	1500	1500	1500	1400	1250	1120	1120	811.5
Y	2621	2605	1800	1130	520	520	234	234	170	170
点号	**16**	**17**	**18**	**19**	**20**	**21**	**22**	**23**	**24**	**25**
X	811.5	708.5	708.5	676.5	676.5	626	626	450	450	0
Y	0	0	−28	−28	160	160	95	95	160	160
点号	**0*a***	**1*a***	**2*a***	**3*a***	**4*a***	**0*b***	**1*b***	**2*b***	**3*b***	**4*b***
X	0	325	615	687	850	0	325	615	687	850
Y	5000	5000	4982	4952	4816	4400	4400	4382	4352	4216
点号	**0*k***	**1*k***	**2*k***	—	—	—	—	—	—	—
X	0	466	772	—	—	—	—	—	—	—
Y	3842	3842	3780	—	—	—	—	—	—	—

注：表中第 0～13 点是车体上的控制点；第 13～15 点是转向架上的控制点；第 16、17 点为车轮踏面上的控制点；第 18、19 点为轮缘上的控制点；第 22、23 点为连结在车轴上的齿轮箱点；第 20、21、24、25 点为连结在转向架构架上的车载信号设备的最低点；第 26～29 点为信号灯预留位置；第 0*a*、1*a*、2*a*、3*a*、4*a* 点为高架线受电弓（高度 5000m）控制点；第 0*b*、1*b*、2*b*、3*b*、4*b* 点为高架线受电弓（高度 4400m）控制点；第 0*k*、1*k*、2*k* 点是车顶空调器点。

表 B. 2-2　车辆限界坐标值（高架或地面直线）（mm）

点号	**0′**	**1′**	**2′**	**3′**	**4′**	**5′**	**6′**	**7′**	**26′**	**27′**
X	0	526	1012	1067	1262	1524	1583	1624	1623	1678
Y	3878	3899	3769	3686	3596	3461	3369	3263	3027	3010
点号	**28′**	**8′**	**9′**	**10′**	**11′**	**12′**	**13′**	**14′**	**15′**	**16′**
X	1677	1671	1584	1565	1465	1303	1167	1167	858	841
Y	2454	1634	964	355	360	84	92	74	77	−18
点号	**17′**	**18′**	**19′**	**20′**	**23′**	**24′**	**25′**	—	—	—
X	738	738	647	634	421	403	0	—	—	—
Y	−18	−54	−54	42	42	71	73	—	—	—
点号	**0*a*′**	**1*a*′**	**2*a*′**	**3*a*′**	**4*a*′**	**0*b*′**	**1*b*′**	**2*b*′**	**3*b*′**	**4*b*′**
X	0	624	913	983	1138	0	588	877	947	1102
Y	5044	5044	5026	4996	4860	4444	4444	4426	4396	4260

注：第 0*a*′、1*a*′、2*a*′、3*a*′、4*a*′ 点及 0*b*′、1*b*′、2*b*′、3*b*′、4*b*′点分别为高架线两种不同高度受电弓车辆限界坐标。

表 B. 2-3　设备限界坐标值（高架或地面直线）（mm）

点号	**0″**	**1″**	**2″**	**3″**	**4″**	**5″**	**6″**	**7″**	**26″**	**27″**
X	0	533	1050	1102	1286	1565	1655	1724	1717	1772
Y	3938	3959	3821	3743	3651	3507	3406	3263	3027	3010
点号	**28″**	**8″**	**9″**	**10″**	**11″**	**12″**	**15″**	**16″**	**17″**	**18″**
X	1758	1732	1629	1593	1481	1308	868	856	753	753
Y	2454	1634	964	323	329	34	47	−18	−18	−69
点号	**19″**	**20″**	**23″**	**24″**	**25″**	—	—	—	—	—
X	634	620	411	404	0	—	—	—	—	—
Y	−69	30	30	41	43	—	—	—	—	—
点号	**0*a*″**	**1*a*″**	**2*a*″**	**3*a*″**	**4*a*″**	**0*b*″**	**1*b*″**	**2*b*″**	**3*b*″**	**4*b*″**
X	0	626	925	1010	1171	0	590	889	974	1135
Y	5094	5094	5075	5039	4897	4494	4494	4475	4439	4297

注：第 0*a*″、1*a*″、2*a*″、3*a*″、4*a*″ 点及 0*b*″、1*b*″、2*b*″、3*b*″、4*b*″点分别为高架线两种不同高度受电弓设备限界坐标。

附录 C　B_1 型车限界图

C. 1　隧道内直线地段接触轨上部受流车辆轮廓线、车辆限界、设备限界与坐标值见图 C. 1 和表 C. 1-1～C. 1-3。

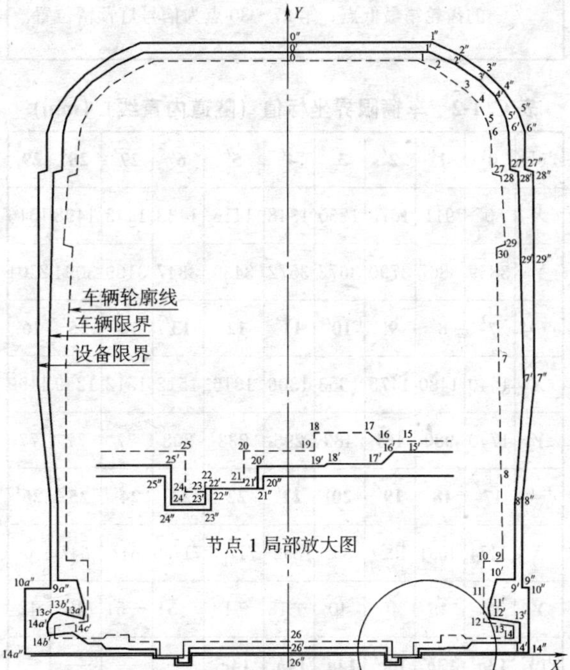

图 C. 1　隧道内直线地段车辆轮廓线、车辆限界、设备限界图

表 C.1-1　车辆轮廓线坐标值（mm）

点号	0	1	2	3	4	5	6	27	28	29
X	0	840	950	1129	1229	1299	1318	1332	1387	1413
Y	3800	3800	3750	3636	3538	3406	3315	3077	3063	2621
点号	**30**	**7**	**8**	**9**	**10**	**11**	**12**	**13**	**14**	**15**
X	1358	1400	1400	1400	1277	1277	1277	1473	1473	1220
Y	2605	1860	1100	600	600	350	210	185	105	105
点号	**16**	**17**	**18**	**19**	**20**	**21**	**22**	**23**	**24**	**25**
X	1160	1140	1000	1000	818	818	717.5	717.5	676.5	676.5
Y	105	125	125	80	80	0	0	−25	−25	80
点号	**26**	—	—	—	—	—	—	—	—	—
X	0	—	—	—	—	—	—	—	—	—
Y	80	—	—	—	—	—	—	—	—	—

注：表中第 0～10 点是车体上的控制点；第 11 点是车轴上轴箱的控制点；第 12～15 点是转向架构架上受流器的控制点；第 16～18 点是转向架构架上的控制点；第 19、20 点是构架上的电感应器控制点；第 21、22 点为车轮踏面上的控制点；第 23、24 点为轮缘上的控制点；第 25、26 点为连结在车轴上的齿轮箱最低点；第 27～30 点为信号灯预留位置。

表 C.1-2　车辆限界坐标值（隧道内直线）（mm）

点号	0′	1′	2′	3′	4′	5′	6′	27′	28′	29′
X	0	911	1073	1250	1348	1416	1433	1443	1498	1516
Y	3859	3867	3790	3672	3572	3439	3347	3109	3094	2501
点号	**7′**	**8′**	**9′**	**10′**	**11′**	**12′**	**13′**	**14′**	**15′**	**16′**
X	1540	1480	1475	1353	1306	1316	1512	1512	1259	1199
Y	1740	980	481	482	296	233	208	77	77	77
点号	**17′**	**18′**	**19′**	**20′**	**21′**	**22′**	**23′**	**24′**	**25′**	**26′**
X	1174	1034	1027	852	852	717.5	717.5	647	647	0
Y	45	45	40	40	−18	−18	−51	−51	42	42
点号	**13a′**	**13b′**	**13c′**	**14a′**	**14b′**	**14c′**	—	—	—	—
X	−1455	−1486	−1517	−1518	−1515	−1364.5	—	—	—	—
Y	271	258	211	140	125	140	—	—	—	—

表 C.1-3　设备限界坐标值（隧道内直线）（mm）

点号	0″	1″	2″	3″	4″	5″	6″	27″	28″	29″
X	0	925	1104	1289	1398	1492	1533	1538	1592	1597
Y	3919	3927	3841	3718	3607	3465	3347	3109	3094	2501
点号	**7″**	**8″**	**9″**	**10″**	**14″**	**20″**	**21″**	**22″**	**23″**	**24″**
X	1604	1527	1522	1568	1568	867	867	733	733	632
Y	1740	980	432	432	15	15	−18	−18	−66	−66
点号	**25″**	**26″**	—	**9a″**	**10a″**	**14a″**	—	—	—	—
X	632	0	—	−1545	−1660	−1660	—	—	—	—
Y	15	15	—	432	432	15	—	—	—	—

C.2　高架或地面直线地段接触轨上部受流车辆轮廓线、车辆限界、设备限界与坐标值见图 C.2 和表 C.2-1～C.2-3。

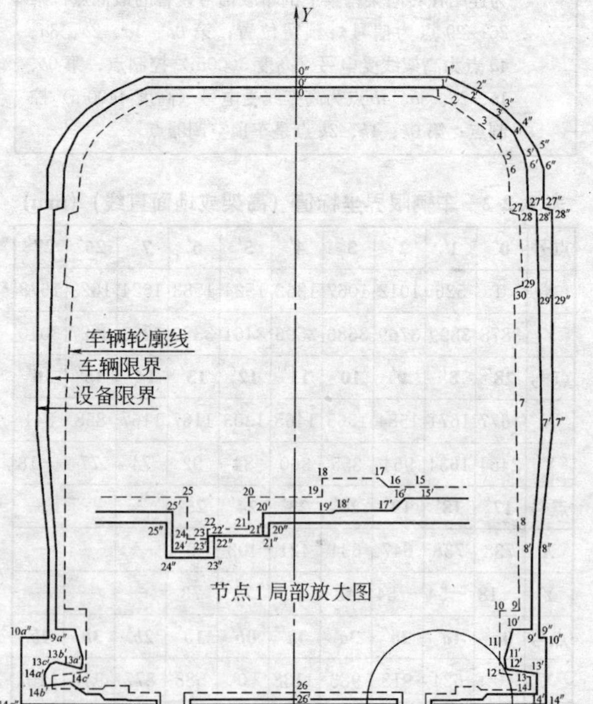

图 C.2　高架或地面直线地段车辆轮廓线、车辆限界、设备限界图

表 C. 2-1 车辆轮廓线坐标值（mm）

点号	0	1	2	3	4	5	6	27	28	29
X	0	840	950	1129	1229	1299	1318	1332	1387	1413
Y	3800	3800	3750	3636	3538	3406	3315	3077	3063	2621
点号	30	7	8	9	10	11	12	13	14	15
X	1358	1400	1400	1400	1277	1277	1277	1473	1473	1220
Y	2605	1860	1100	600	600	350	210	185	105	105
点号	16	17	18	19	20	21	22	23	24	25
X	1160	1140	1000	1000	818	818	717.5	717.5	676.5	676.5
Y	105	125	125	80	80	0	0	−25	−25	80
点号	26	—	—	—	—	—	—	—	—	—
X	0	—	—	—	—	—	—	—	—	—
Y	80	—	—	—	—	—	—	—	—	—

注：表中第 0～10 点是车体上的控制点；第 11 点是车轴上轴箱的控制点；第 12～15 点是转向架构架上受流器的控制点；第 16～18 点是转向架构架上的控制点；第 19、20 点是构架上的电感应器控制点；第 21、22 点为车轮踏面上的控制点；第 23、24 点为轮缘上的控制点；第 25、26 点为连结在车轴上的齿轮箱最低点；第 27～30 点为信号灯预留位置。

表 C. 2-2 车辆限界坐标值（高架或地面直线）（mm）

点号	0′	1′	2′	3′	4′	5′	6′	27′	28′	29′
X	0	925	1149	1323	1418	1482	1497	1500	1554	1560
Y	3859	3879	3764	3641	3538	3403	3311	3073	3056	2478
点号	7′	8′	9′	10′	11′	12′	13′	14′	15′	16′
X	1562	1482	1475	1353	1306	1316	1512	1512	1259	1199
Y	1718	958	481	482	296	233	208	77	77	77
点号	17′	18′	19′	20′	21′	22′	23′	24′	25′	26′
X	1174	1034	1027	852	852	717.5	717.5	647	647	0
Y	45	45	40	40	−18	−18	−51	−51	42	42
点号	13a′	13b′	13c′	14a′	14b′	14c′	—	—	—	—
X	−1455	−1486	−1517	−1518	−1515	−1364.5	—	—	—	—
Y	271	258	211	140	125	140	—	—	—	—

表 C. 2-3 设备限界坐标值（高架或地面直线）（mm）

点号	0″	1″	2″	3″	4″	5″	6″	27″	28″	29″
X	0	938	1181	1363	1469	1559	1597	1594	1648	1641
Y	3919	3939	3815	3687	3573	3427	3311	3073	3056	2478
点号	7″	8″	9″	10″	14″	20″	21″	22″	23″	24″
X	1626	1530	1522	1568	1568	867	867	733	733	632
Y	1718	958	432	432	15	15	−18	−18	−66	−66
点号	25″	26″	—	9a″	10a″	14a″	—	—	—	—
X	632	0	—	−1545	−1660	−1660	—	—	—	—
Y	15	15	—	432	432	15	—	—	—	—

C. 3 隧道内直线地段接触轨下部受流车辆轮廓线、车辆限界、设备限界与坐标值见图 C. 3 和表 C. 3-1～C. 3-3。

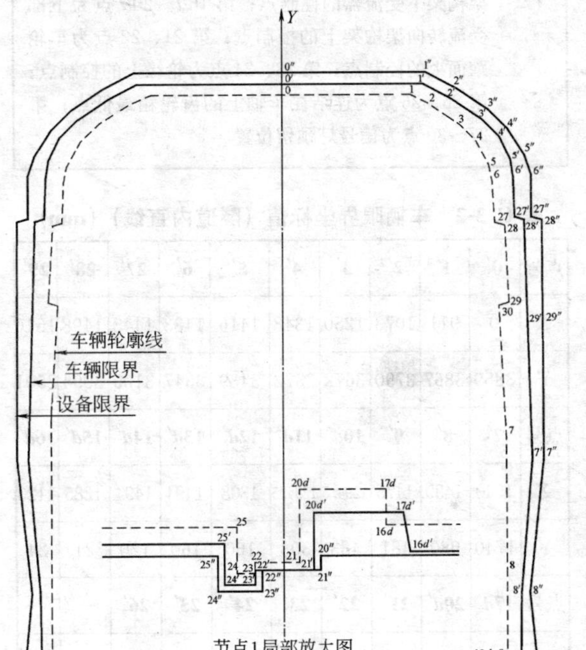

图 C. 3 隧道内直线地段车辆轮廓线、车辆限界、设备限界图

表 C.3-1　车辆轮廓线坐标值（mm）

点号	0	1	2	3	4	5	6	27	28	29
X	0	840	950	1129	1229	1299	1318	1332	1387	1413
Y	3800	3800	3750	3636	3538	3406	3315	3077	3063	2621
点号	**30**	**7**	**8**	**9**	**10d**	**11d**	**12d**	**13d**	**14d**	**15d**
X	1358	1400	1400	1400	1255	1255	1255	1440	1441	1230
Y	2605	1860	1100	600	600	355	160	160	120	85
点号	**16d**	**17d**	**20d**	**21**	**22**	**23**	**24**	**25**	**26**	—
X	1065	1065	818	818	717.5	717.5	676.5	676.5	0	—
Y	85	165	165	0	0	−25	−25	80	80	—
点号	**12e**	**13e**	**14e**	—	—	—	—	—	—	—
X	−1255	−1428	−1428	—	—	—	—	—	—	—
Y	222	222	190	—	—	—	—	—	—	—

注：表中第 0～9、10*d* 点是车体上的控制点；第 11*d* 点是车轴上轴箱的控制点；第 12*d*～15*d* 点是转向架构架下受流器的控制点；第 16*d*～20*d* 点为下部受流转向架构架上的控制点；第 21、22 点为车轮踏面上的控制点；第 23、24 点为轮缘上的控制点；第 25、26 点为连结在车轴上的齿轮箱最低点；第 27～30 点为信号灯预留位置。

表 C.3-2　车辆限界坐标值（隧道内直线）（mm）

点号	0′	1′	2′	3′	4′	5′	6′	27′	28′	29′
X	0	911	1073	1250	1348	1416	1433	1443	1498	1516
Y	3859	3867	3790	3672	3572	3439	3347	3109	3094	2501
点号	**7′**	**8′**	**9′**	**10d′**	**11d′**	**12d′**	**13d′**	**14d′**	**15d′**	**16d′**
X	1540	1480	1475	1294.5	1294.5	1308	1494	1494	1285	1120
Y	1740	980	481	483	303	160	160	120	21	24
点号	**17d′**	**20d′**	**21′**	**22′**	**23′**	**24′**	**25′**	**26′**	—	—
X	1104.5	852	852	717.5	717.5	647	647	0	—	—
Y	113	113	−18	−18	−51	−51	42	42	—	—
点号	**12e′**	**13e′**	**14e′**	—	—	—	—	—	—	—
X	−1307	−1486	−1481	—	—	—	—	—	—	—
Y	252	256	122	—	—	—	—	—	—	—

表 C.3-3　设备限界坐标值（隧道内直线）（mm）

点号	0″	1″	2″	3″	4″	5″	6″	27″	28″	29″
X	0	925	1104	1289	1398	1492	1533	1538	1592	1597
Y	3919	3927	3841	3718	3607	3465	3347	3109	3094	2501
点号	**7″**	**8″**	**9d″**	**10d″**	**14d″**	**20″**	**21″**	**22″**	**23″**	**24″**
X	1604	1527	1565	1650	1650	867	867	733	733	632
Y	1740	980	545	545	15	15	−18	−18	−66	−66
点号	**25″**	**26″**	—	**9e″**	**10e″**	**14e″**	—	—	—	—
X	632	0	—	−1550	−1625	−1625	—	—	—	—
Y	15	15	—	545	545	15	—	—	—	—

C.4　高架或地面直线地段接触轨下部受流车辆轮廓线、车辆限界、设备限界与坐标值见图 C.4 和表 C.4-1～C.4-3。

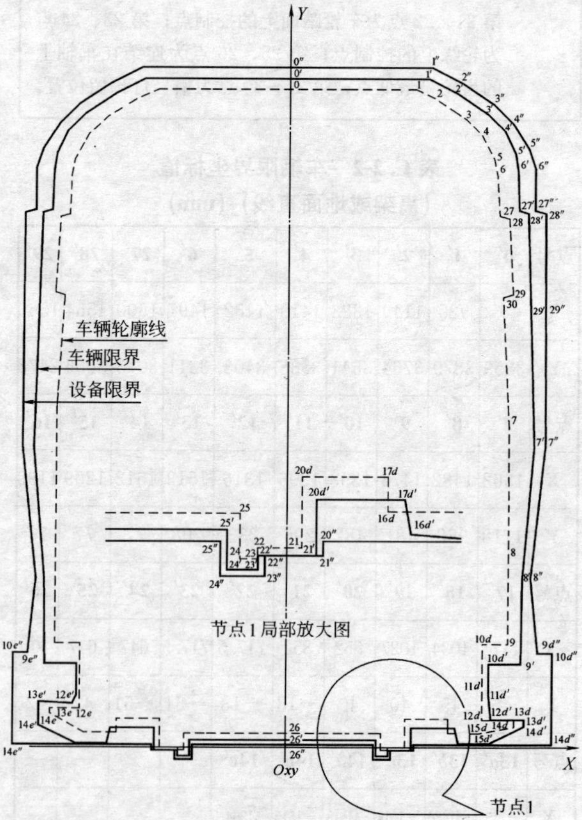

图 C.4　高架或地面直线地段车辆轮廓线、车辆限界、设备限界图

表 C.4-1　车辆轮廓线坐标值（mm）

点号	0	1	2	3	4	5	6	27	28	29
X	0	840	950	1129	1229	1299	1318	1332	1387	1413
Y	3800	3800	3750	3636	3538	3406	3315	3077	3063	2621
点号	**30**	**7**	**8**	**9**	**10*d***	**11*d***	**12*d***	**13*d***	**14*d***	**15*d***
X	1358	1400	1400	1400	1255	1255	1255	1440	1441	1230
Y	2605	1860	1100	600	600	355	160	160	120	85
点号	**16*d***	**17*d***	**20*d***	**21**	**22**	**23**	**24**	**25**	**26**	—
X	1065	1065	818	818	717.5	717.5	676.5	676.5	0	—
Y	85	165	165	0	0	−25	−25	80	80	—
点号	**12*e***	**13*e***	**14*e***	—	—	—	—	—	—	—
X	−1255	−1428	−1428	—	—	—	—	—	—	—
Y	222	222	190	—	—	—	—	—	—	—

注：表中第 0～9、10*d* 点是车体上的控制点；第 11*d* 点是车轴上轴箱的控制点；第 12*d*～15*d* 点是转向架构架下受流器的控制点；第 16*d*～20*d* 点为下部受流转向架构架上的控制点；第 21、22 点为车轮踏面上的控制点；第 23、24 点为轮缘上的控制点；第 25、26 点为连结在车轴上的齿轮箱最低点；第 27～30 点为信号灯预留位置。

表 C.4-2　车辆限界坐标值（高架或地面直线）（mm）

点号	0′	1′	2′	3′	4′	5′	6′	27′	28′	29′
X	0	925	1149	1323	1418	1482	1497	1500	1554	1560
Y	3859	3879	3764	3641	3538	3403	3311	3073	3056	2478
点号	**7′**	**8′**	**9′**	**10*d*′**	**11*d*′**	**12*d*′**	**13*d*′**	**14*d*′**	**15*d*′**	**16*d*′**
X	1562	1482	1475	1294.5	1294.5	1308	1494	1494	1285	1120
Y	1718	958	481	483	303	160	160	120	21	24
点号	**17*d*′**	**20*d*′**	**21′**	**22′**	**23′**	**24′**	**25′**	**26′**	—	—
X	1104.5	852	852	717.5	717.5	647	647	0	—	—
Y	113	113	−18	−18	−51	−51	42	42	—	—
点号	**12*e*′**	**13*e*′**	**14*e*′**	—	—	—	—	—	—	—
X	−1307	−1486	−1481	—	—	—	—	—	—	—
Y	252	256	122	—	—	—	—	—	—	—

表 C.4-3　设备限界坐标值（高架或地面直线）（mm）

点号	0″	1″	2″	3″	4″	5″	6″	27″	28″	29″
X	0	938	1181	1363	1469	1559	1597	1594	1648	1641
Y	3919	3939	3815	3687	3573	3427	3311	3073	3056	2478
点号	**7″**	**8″**	**9*d*″**	**10*d*″**	**14*d*″**	**20″**	**21″**	**22″**	**23″**	**24″**
X	1626	1530	1565	1650	1650	867	867	733	733	632
Y	1718	958	545	545	15	15	−18	−18	−66	−66
点号	**25″**	**26″**	—	**9*e*″**	**10*e*″**	**14*e*″**	—	—	—	—
X	632	0	—	−1550	−1625	−1625	—	—	—	—
Y	15	15	—	545	545	15	—	—	—	—

附录 D　B_2 型车限界图

D.1　隧道内直线地段接触网授电车辆轮廓线、车辆限界、设备限界与坐标值见图 D.1 和表 D.1-1～D.1-3。

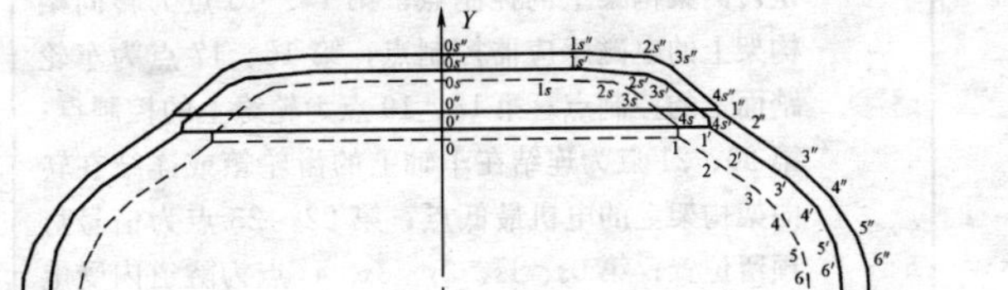

图 D.1　隧道内直线地段车辆轮廓线、车辆限界、设备限界图

表 D.1-1　车辆轮廓线坐标值（mm）

点号	0	1	2	3	4	5	6	22	23	24
X	0	850	950	1129	1229	1299	1318	1332	1387	1413
Y	3800	3800	3750	3636	3538	3406	3315	3077	3063	2621
点号	25	7	8	9	10	11	12	13	14	15
X	1358	1400	1400	1400	1300	1255	1255	1000	1000	811.5
Y	2605	1860	1100	300	180	180	125	125	95	95
点号	16	17	18	19	20	21	—	—	—	—
X	811.5	708.5	708.5	676.5	676.5	0	—	—	—	—
Y	0	0	−25	−25	95	95	—	—	—	—
点号	0*s*	1*s*	2*s*	3*s*	4*s*	—	—	—	—	—
X	0	325	615	687	850	—	—	—	—	—
Y	4040	4040	4022	3992	3856	—	—	—	—	—

注：表中第 0～11 点是车体上的控制点；第 11～13 点是转向架构架上的控制点；第 14、15 点为转向架构架上的电磁感应器控制点；第 16、17 点为车轮踏面上的控制点；第 18、19 点为轮缘上的控制点；第 20、21 点为连结在车轴上的齿轮箱或连结在转向架构架上的电机最低点；第 22～25 点为信号灯预留位置；第 0*s*、1*s*、2*s*、3*s*、4*s* 点为隧道内受电弓控制点。

表 D.1-2　车辆限界坐标值（隧道内直线）（mm）

点号	0′	1′	2′	3′	4′	5′	6′	22′	23′	24′
X	0	960	1073	1250	1348	1416	1433	1443	1498	1516
Y	3859	3868	3790	3672	3572	3439	3347	3109	3094	2501
点号	7′	8′	9′	10′	11′	12′	13′	14′	15′	16′
X	1540	1480	1462	1353	1290	1290	1035	1035	846	841
Y	1740	980	188	75	76	49	50	20	21	−18
点号	17′	18′	19′	20′	21′	0*s*′	1*s*′	2*s*′	3*s*′	4*s*′
X	738	738	647	647	0	0	439	728	800	960
Y	−18	−51	−51	42	43	4084	4084	4066	4036	3900

表 D.1-3　设备限界坐标值（隧道内直线）（mm）

点号	0″	1″	2″	3″	4″	5″	6″	22″	23″	24″
X	0	993	1104	1289	1398	1492	1533	1538	1592	1597
Y	3919	3928	3841	3718	3607	3465	3347	3109	3094	2501
点号	7″	8″	9″	10″	11″	12″	13″	14″	15″	16″
X	1604	1527	1492	1346	1304	1304	1050	1050	860	856
Y	1740	980	175	25	26	19	20	15	15	−18
点号	17″	18″	19″	20″	21″	0*s*″	1*s*″	2*s*″	3*s*″	4*s*″
X	753	753	632	632	0	0	440	740	826	993
Y	−18	−66	−66	30	31	4134	4134	4115	4079	3938

D.2　高架或地面直线地段接触网授电车辆轮廓线、车辆限界、设备限界与坐标值见图 D.2 和表D.2-1～D.2-3。

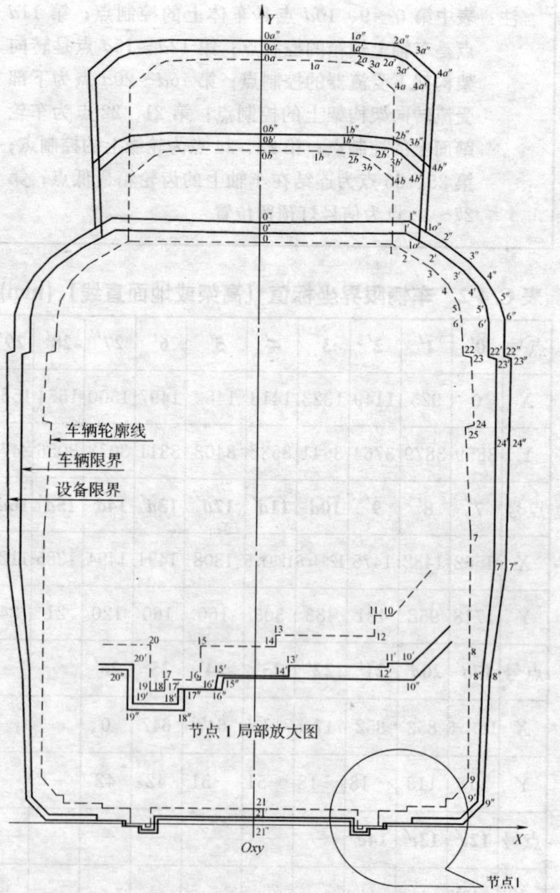

图 D.2　高架或地面直线地段车辆轮廓线、车辆限界、设备限界图

表 D.2-1　车辆轮廓线坐标值（mm）

点号	0	1	2	3	4	5	6	22	23	24
X	0	850	950	1129	1229	1299	1318	1332	1387	1413
Y	3800	3800	3750	3636	3538	3406	3315	3077	3063	2621
点号	**25**	**7**	**8**	**9**	**10**	**11**	**12**	**13**	**14**	**15**
X	1358	1400	1400	1400	1300	1255	1255	1000	1000	811.5
Y	2605	1860	1100	300	180	180	125	125	95	95
点号	**16**	**17**	**18**	**19**	**20**	**21**	—	—	—	—
X	811.5	708.5	708.5	676.5	676.5	0	—	—	—	—
Y	0	0	−25	−25	95	95	—	—	—	—
点号	***0a***	***1a***	***2a***	***3a***	***4a***	***0b***	***1b***	***2b***	***3b***	***4b***
X	0	325	615	687	850	0	325	615	687	850
Y	5000	5000	4982	4952	4816	4400	4400	4382	4352	4216

注：表中第 0～11 点是车体上的控制点；第 11～13 点是转向架构架上的控制点；第 14、15 点为转向架构架上的电磁感应器控制点；第 16、17 点为车轮踏面上的控制点；第 18、19 点为轮缘上的控制点；第 20、21 点为连结在车轴上的齿轮箱或连结在转向架构架上的电机最低点；第 22～25 点为信号灯预留位置；第 0*a*、1*a*、2*a*、3*a*、4*a* 点为高架线受电弓（高度 5000m）控制点；第 0*b*、1*b*、2*b*、3*b*、4*b* 点为高架线受电弓（高度 4400m）控制点。

表 D.2-2　车辆限界坐标值（高架或地面直线）（mm）

点号	0′	1′	1o′	2′	3′	4′	5′	6′	22′	23′
X	0	943	1033	1149	1323	1418	1482	1497	1500	1554
Y	3859	3879	3829	3764	3641	3538	3403	3311	3073	3056
点号	**24′**	**7′**	**8′**	**9′**	**10′**	**11′**	**12′**	**13′**	**14′**	**15′**
X	1560	1562	1482	1462	1353	1290	1290	1035	1035	846
Y	2478	1718	958	163	51	53	47	49	19	20
点号	**16′**	**17′**	**18′**	**19′**	**20′**	**21′**	—	—	—	—
X	841	738	738	647	647	0	—	—	—	—
Y	−18	−18	−51	−51	42	43	—	—	—	—
点号	***0a′***	***1a′***	***2a′***	***3a′***	***4a′***	***0b′***	***1b′***	***2b′***	***3b′***	***4b′***
X	0	564	853	924	1081	0	536	825	896	1053
Y	5044	5044	5026	4996	4860	4444	4444	4426	4396	4260

注：第 0*a*′、1*a*′、2*a*′、3*a*′、4*a*′ 点及 0*b*′、1*b*′、2*b*′、3*b*′、4*b*′ 点分别为高架线两种不同高度受电弓车辆限界坐标。

表 D.2-3　设备限界坐标值（高架或地面直线）（mm）

点号	0″	1″	1o″	2″	3″	4″	5″	6″	22″	23″
X	0	958	1066	1181	1363	1469	1559	1597	1594	1648
Y	3919	3940	3879	3815	3687	3573	3427	3311	3073	3056
点号	**24″**	**7″**	**8″**	**9″**	**10″**	**15″**	**16″**	**17″**	**18″**	**19″**
X	1641	1626	1530	1492	1360	860	856	753	753	632
Y	2478	1718	958	150	15	15	−18	−18	−66	−66
点号	**20″**	**21″**	—	—	—	—	—	—	—	—
X	632	0	—	—	—	—	—	—	—	—
Y	30	31	—	—	—	—	—	—	—	—
点号	***0a″***	***1a″***	***2a″***	***3a″***	***4a″***	***0b″***	***1b″***	***2b″***	***3b″***	***4b″***
X	0	566	865	951	1113	0	538	837	923	1085
Y	5094	5094	5075	5039	4897	4494	4494	4475	4439	4297

注：第 0*a*″、1*a*″、2*a*″、3*a*″、4*a*″ 点及 0*b*″、1*b*″、2*b*″、3*b*″、4*b*″ 点分别为高架线两种不同高度受电弓设备限界坐标。

中华人民共和国国家标准

地铁设计规范

GB 50157－2003

条 文 说 明

1 总 则

1.0.2 根据规范制订要求“纳入标准的技术内容必须成熟且行之有效”，由于我国现已建成的地铁都是采用钢轮钢轨走行系统，在这方面已有成熟的建设经验，本规范技术条文系在此基础上制订的，故其适用范围确定为采用钢轮钢轨系统的地铁新建工程。

对于改建、扩建的地铁工程，以及设计最高运行速度超过 100km/h 的地铁，因其有些技术要求与规范制订的基础有所不同，故只可根据情况参照执行。其他类型的城市轨道交通，如采用钢轮钢轨的轻轨交通、使用直线电机牵引列车的地铁和采用胶轮走行系统的地铁等，因有的工程结构或技术系统与本规范规定相近或相同，故相应部分也可参照执行。

1.0.4 地铁工程特别是处于地下的工程结构，除具有疏散能力外，自身还具有一定的防护能力，因此在保证作为重要的公共交通工具的前提下，工程的有些部分作为人防工程也可加以利用。由于各城市地位的重要性及地铁线路在城市所处的位置不同，人防要求也会随之不同，所以本条规定，在满足地铁自身的安全、功能、环境需求的前提下，人防要求可由各城市主管部门根据具体情况确定。

1.0.5 地铁的客运量一般具有随城市发展逐步增长的规律，为保证地铁在建成后不致长时期欠负荷运营或短期内频繁扩容改造，并节约初期的建设投资，地铁应经济合理地分阶段进行投资建设。

本规范规定的设计年限分为初期、近期、远期三期，较原规范增加了初期，主要为在通车的初期阶段少配车辆，以减少初期投资。

根据国内外实践经验，设计年限分期采用的设计标准，按该期最后一年采用，初期为建成通车也就是交付运营后第 3 年，近期为第 10 年，远期为第 25 年，即三期的设计分别按第 3 年、第 10 年、第 25 年的要求进行。

1.0.6 地铁工程的建设规模与设备容量要按远期设计年限的预测客流量和列车通过能力确定。由于地铁系统属大型建设工程，投资大、建设周期长，为节省初、近期投资和避免一些后期才使用的设备长期闲置，对于可以分期建设的工程及配备设备，应分期扩建、增设，诸如有的地面车辆段、土建工程、地面和高架车站结构以及车辆、供电、行车自动化系统等设备的配备。但对于后期扩建困难很大或再次施工时对周围环境会带来极不利影响的工程，以及行车需要一次建成的工程，应予一次建成，如地下车站及各种地下大型工程、区间隧道及桥梁、路基、轨道等土建工程。

1.0.7 本条设计使用年限是指在一般维护条件下，能保证主体结构工程正常使用的最低时段。

与主体结构相联的构件，如车站内部的钢筋混凝土楼板、站台板、楼梯等，当维修或置换会影响正常运营时，其设计工作年限也宜采用 100 年。

具体保证措施应符合本规范有关规定，未及部分可参照现行国家标准《混凝土结构设计规范》等相关规定执行。

1.0.8 地铁一般是在大城市交通需求十分紧张时才修建，要求运量大，行车速度和密度都很高。为保证高通过能力及安全行车，线路应采用上下分行的双线。此外，我国城市交通均规定右侧行车，地铁类属城市公共交通，因此，采用右侧行车制式。

地铁采用与我国地面铁路一致的1435mm标准轨距，主要为便于车辆、器材过轨运输和采用地面铁路系统已有的标准化产品，以简化设计及产品制造。

1.0.9 地铁是高密度、快速运行的城市公共交通系统，只有采用全封闭型线路，才能确保列车正常和安全运行。

推荐采用高密度、短编组组织列车运行，缩小了行车间隔，保证相同运量的条件下，可减少列车编组长度，从而缩短车站站台长度，不仅减少了土建工程和设备用量，而且可节省运营动力、照明等的电能和费用。同时，缩短行车间隔也减少了乘客候车时间，提高了服务质量。

地铁行车最大通过能力是指线路每小时单方向能通过的最多列车数。行车最大通过能力，取决于线路条件及信号系统、车辆等设备的技术性能，以及行车组织管理水平等多种因素，因此可以通过采用先进设备和提高科学管理水平来实现。所以它又是反映地铁技术和管理水平的一个综合性指标。莫斯科等城市的地铁由于采用了科学管理，早在20世纪50年代行车最大通过能力就已达到了40对，最高甚至达到48对，是当代运输效率最高的地铁系统。2000年新建的巴黎地铁14号线由于采用最新技术，设计行车最小间隔为85s，即行车密度也已超过40对。因此本规范推荐新建地铁行车最大通过能力为40对，亦即建成后25年达到此水平。同时也提出不应少于30对这一世界上已普遍达到的水平。

1.0.10 根据客流量逐步增加的规律，列车应相应采用初、近、远期不同的编组方式。列车编组车辆数，根据预测的高峰小时单向最大断面客流量和车辆的定员数确定。车辆定员数除座席外尚应计及座席占地以外的空余面积上站立的乘客数。为了提高舒适度，国外一些发达国家规定每平方米空余面积站立4～5名乘客。在我国，鉴于人口众多和当前的经济水平以及建地铁主要为解决交通困难的需要等国情，本规范推荐采用每平方米空余面积站立6名乘客的标准。

1.0.11 一般情况下，城市地铁均由多条线路组成网络，因此地铁车辆段应在线网规划中统筹安排，并明确各车辆段在全线网中的地位和分工。一条线路设一座车辆段或是几条线路使用一座车辆段，应根据城市地铁线路数量、技术经济等条件和线网规划的安排等具体情况确定。

车辆段通常设在线路一端靠市郊地区，线路很长时，车辆段至另一端发车的空驶距离会很大，也会增加运营费用，根据国内外实践经验，长度大于20km时，可在适当位置增设停车场。

1.0.17 为提高地铁管理的现代化水平，充分发挥各机电设备的能力、降低系统造价，地铁应实现各机电设备监控和管理的综合自动化。地铁信号、通信、电力、防灾报警等监控和管理自动化系统宜集成为以行车指挥与列车运行自动化为核心的综合自动化系统。

1.0.18 地铁是关系乘客生命安全和维系城市正常活动秩序的重要交通工具，因此采用的各种设备应是满足功能要求和技术经济合理的成熟产品。同时为进一步降低工程造价，应考虑立足国内生产，努力提高国产化率。

1.0.20 本规范与其他有关规范和标准的关系是：凡本规范有规定的，在设计中应按本规范执行；本规范未作规定的，应符合国家现行有关强制性标准的规定，或参照其他有关的现行国家规范和标准的规定执行。

2 术语

术语是本规范按统一要求新增加的内容，收编的是地铁各领域的主要术语。地铁专用术语的表达和解释，遴选了国际和国内常用的说明和中英文词汇；各技术专业的术语选编中注意了与相关专业相似术语表达的一致性。

3 运营组织

3.1 运营概念

概念设计为具体的设计工作确定目标，是最终合理地完成工程设计和建设的重要前提。因此地铁设计应根据城市轨道交通规划和预测客流量，在可行性研究阶段就对整个系统进行整体性的、在总体目标基础上以需求为基点的概念设计和研究，并据此指导地铁的设计工作。

运营概念的研究主要包括运营规模、运营模式和管理方式三个部分的内容。运营规模的确定是基础，是在预测客流和系统定位的前提下确定下来的。在此基础上，运营模式确定了系统的运行模式和操作程序，管理方式为系统的运行配备了必要的机构和人员以及管理程序。

以上三部分内容构成了运营概念的基本框架，为地铁的设计提供基本的功能性目标。

3.2 运营规模

3.2.1 地铁的设计运输能力，是指列车在定员情况下地铁的高峰小时单向输送能力，单位为“人/h”。设计运输能力在不同的设计年限应能够满足不同的高峰小时单向最大断面客流量的需要，远期所能够达到的最大设计运输能力应满足远期高峰小时单向最大运输能力的需要。

3.2.2 地铁设计年限分为初期、近期和远期三个阶段，初期为地铁建成通车后第3年。以初期运输能力的要求配置列车，是为了满足通车后地铁运营和节省初期工程投资的需要，同时也考虑了在通车后的最初几年客流量增长比较快的需要。在初期以后至远期的时段内，可以根据客流量的变化情况考虑车辆的增配。

3.2.3 根据国内几个城市地铁设计和运营的经验，主要服务于城市区域的地铁线路一般平均站间距均在1～1.2km，市区以外还可能增加，最小曲线半径一般大于或等于300m，最大纵断面坡度不大于30‰，地铁列车的最高运行速度为80km/h。参考国内北京、上海和广州地铁的运营经验和国外地铁运营经验，考虑到地铁运营管理系统和设备技术水平的不断发展，确定地铁的运行速度不低于35km/h。对于站间距大、列车运行速度高于80km/h的快速地铁系统，列车运行的运行速度应该相应提高。

3.2.4 列车运行间隔与客流量的大小、列车编组及定员、系统运输效率都有关系，同时也是体现地铁服务水平的重要指标。为了增加系统吸引力，保证一定的服务水平，地铁系统即使在建成初期行车密度也不应过低。

3.2.5 车辆段与综合基地是一种大型、专业化较强的车辆和设备的维修场所，为轨道交通的正常运营提供基本保证。对于一个城市的轨道交通线网，这种大型设施应该统一考虑，在保证功能合理的前提下，提高设施的使用效率，节省不必要的投资。

3.3 运营模式

3.3.1 地铁是城市骨干交通系统，具有运量大、速度快、运行密度高的特点，其敷设方式以地下或高架为主，采用全封闭方式运行。为保证列车运行安全，地铁的列车必须在安全防护系统的监控下运行。

3.3.2 一般情况下，列车宜配置一名司机驾驶或监控列车运行。如果采用ATO自动列车驾驶技术，列车司机的主要职责是监视列车运行状态、关闭车门、监视列车进入车站时站台乘客的安全状态以及处理故障和紧急情况等。

3.3.3 地铁每条线路沿线的客流量分布通常是不均匀的，一般市区客流量较大、郊区较小。为了提高运营效益和减少列车空驶距离，应根据客流在线路上的分布情况，在适当的位置设置折返站，组织分区段采用不同密度的列车运行方式。对于土建等改扩建困难的工程，应考虑一次建成，折返能力的要求应根据远期列车交路确定。

3.3.4 列车在曲线上的运行速度直接影响到线路的运行效率和服务水平，而线路曲线又成为运行速度的限制因素，主要表现在乘客舒适度、运行安全、钢轨磨耗和养护维修以及噪音、振动等方面。因此在确定列车运行速度时，曲线对速度的限制应首先考虑满足运营的需要，同时列车运行速度的大小应按曲线半径大小进行计算，正常运行时其未被平衡离心加速度不宜超过0.4m/s^2。

3.3.5 运营控制中心除对列车运行、供电系统具有集中监控的能力外，还根据需要对环境与设备、防灾与报警、自动售检票系统实行集中监控。

3.4 辅助配线

3.4.1 线路的终点站或区段折返站的配线在正常运营时主要用于折返列车，其折返配线根据车站位置和折返能力的不同有着不同的形式。一般情况下终点站所采用的折返形式比较灵活，以站前或站后两种形式的折返配线为主。中间折返站位于线路中间，配线的设置既要考虑折返能力的要求，还要考虑折返列车与正线列车的合理运行顺序和间隔。折返配线的形式多种多样，在具体工程中应根据运营需求和工程实施的可行性综合考虑，既要满足基本运营需求，又要保持一定的灵活性。

3.4.2 列车在运行过程中难免会出现这样那样的故障，当这些故障对高密度、高速度的列车运行产生影响，或对乘客的安全和舒适度不利时，故障列车就要被安排下线就近进入停车线或维修基地进行检查和修理。在这个过程中，列车运行的速度往往是受到严格控制的。这种情况一旦发生就会打乱全线列车的运行秩序，使系统运行产生混乱。由于地铁属于高密度大运量的城市轨道交通系统，因此应尽量减少故障列车进入停车线的运行时间，即减小故障列车对地铁运行产生的影响。停车线每隔3～5站设置是考虑其间隔约5km左右，特殊线路站间距过大时，应结合车站考虑，此值仅作参考。个别区段加设停车线困难时，可加设渡线。停车线列车一般不做日常技术检查，出现故障应回送临近车辆段或停车场。因此，停车线不设车辆检修设施，也不属车辆检修部门管辖。

3.4.3 为了保证列车从车辆段出入线方便地到达两条正线，或从正线方便地进入车辆段或停车场出入线，车辆段或停车场出入线应该能连通上下行两条正线。由于平面交叉会对正常运行的列车进路产生影响，使区间或车站的通过能力降低，因此当出入线与正线产生交叉时，车辆段或停车场出入线最好采取与正线立交的方式。

4 限界

4.1 一般规定

4.1.1 受电弓或受流器都是地铁车辆上的部件之一，所以，受电弓限界或受流器限界都包含在车辆限界内。

接触轨是地铁牵引网中的一种馈电方式，它安装在车辆走行轨旁，通过受流器向列车供电。所以，接触轨与车辆限界无关，仅是设备限界的辅助限界。

4.1.2 车辆轮廓线依据车辆横剖面包络而成，是设计地铁限界的基础资料。根据有关参数，行车速度、车辆制造公差、一系悬挂、二系悬挂、车辆检修规范、轨道安装和检修规范以及接触网或接触轨相关规定进行车辆限界和设备限界设计，并根据隧道内设备尺寸和安装误差进行建筑限界设计。车辆限界计算方法参阅行业标准《地下铁道限界标准》。

4.1.3 本规范只定义直线地段车辆限界。

车辆限界是车辆在直线地段正常运行状态下的最大动态包络线。所谓正常运行状态，是指一系悬挂和二系悬挂在正常弹性范围内、易损件磨耗不过限等。

直线地段车辆限界分为隧道内和高架或地面线两种，高架或地面线车辆限界受当地风荷载影响，因而比隧道内车辆限界的偏移量要大。

4.1.4 设备限界是车辆在运行途中一系悬挂或二系悬挂发生故障状态时的动态包络线，用以限制隧道内安装的设备不得侵入这条控制线。

1 直线地段设备限界，当考虑一侧一系弹簧全部损坏或一侧二系弹簧全部破损时，车体的侧滚所产生的横向偏移量，在车辆限界基础上，车体肩部横向扩大100mm，边梁下端横向扩大30mm；当考虑一个转向架的空气弹簧过充时，车体最大抬高量（含竖曲线增量）为60mm；当考虑一个转向架的二系弹簧破损时，车下悬挂物下降50mm（含竖曲线增量），若有扰流板则下降60mm；转向架部分横向偏移量15mm，竖向偏移量30mm；转向架簧下横向偏移量15mm，竖向偏移量12mm；踏面横向偏移量15mm，竖向为0。除踏面外的转向架设备限界最低点在轨顶面上净距：A型车25mm，B型车15mm。

受电弓设备限界不受一系弹簧和二系弹簧的影响，其加宽、加高量均按50mm计算。

2 曲线地段设备限界的计算方法详见附录A。

4.1.5 在设备和设备限界之间，在宽度方向上应留出20～50mm的安全间隙，其原因有二：一是为设备安装误差；一是为限界检测车检测误差。香港地铁也留有50mm的安全间隙。

根据地铁主体结构工程设计使用年限为100年的规定，建筑限界和设备限界之间的间隙，当无设备和管线时，不宜小于200mm，以弥补隧道变形、内衬喷锚所缩减的空间。当隧道壁上装有设备和管线时，若设备和管线占用空间加50mm安全间隙小于200mm时，按200mm间隙设置。

困难条件下不小于100mm是指盾构区间内采用减振道床时，受电弓设备限界至隧道壁的最小间隙。

4.1.6 单洞双线无中隔墙，两线路中心线线间距按隧道内设备限界加不小于100mm的间隙计算；高架线两相邻线路中心线间距按高架线设备限界加不小于100mm的间隙计算。

4.1.7 限界是不包含各种误差因素的，所以，隧道结构设计应在限界规定值上另加施工余量。

4.1.8 本条限定了使用范围以及制定限界图所采用的基本参数。

4.2 制定限界的基本参数

4.2.1 A型车参数取自广州地铁一号线、上海地铁一、二号线；B_1型车参数取自长春客车厂提供的资料；B_2型车参数参照B_1型车参数设定。

4.2.2 接触网、线路、轨道的各项参数取自本规范相关章节。线路、轨道参数采用行车速度小于或等于80km/h时的数据；当行车速度大于80km/h且小于或等于100km/h时，直线地段车辆限界和设备限界会有小的变化，但不影响建筑限界。风荷载采用上海地铁一号线车辆强度计算中的数值。

4.3 制定建筑限界的原则

4.3.2 建筑限界坐标系与限界标准中的基准坐标系是两种不同的坐标系。

4.3.3 矩形隧道直线地段建筑限界以直线地段设备限界为计算依据，曲线地段建筑限界是在曲线设备限界基础上再考虑超高进行计算，缓和曲线地段的建筑限界计算可参照《铁路隧道设计规范》规定的方法并用地铁车辆的有关参数修正其延伸长度。

4.3.4 用盾构机进行机械化施工的圆形隧道，全线是统一孔径的，所以，必须按规定运行速度用最小曲线半径和最大超高计算的车辆设备限界设计隧道建筑限界。

4.3.5 正线地段单线马蹄形隧道，由于直线地段建筑限界和曲线地段建筑限界的断面尺寸差别不大，为了简化设计，采用一种模板台车进行施工，全线宜按规定运行速度用最小曲线半径和最大超高值计算的曲线设备限界以及设备安装尺寸、误差等因素来设计隧道建筑限界。

也可分别设计直线地段和曲线地段两种不同断面的马蹄形建筑限界。

4.3.6 轨道超高造成设备限界和建筑限界之间的空间不均匀，为此，隧道中心线应作横向和竖向位移，横向位移公式见正文（4.3.6-1）；竖向位移公式见正文（4.3.6-2）、（4.3.6-3），由于竖向位移量只在毫米级变化，为了简化施工，竖向位移可忽略不计。

4.3.7 高架线区间建筑限界按高架线设备限界及设备安装尺寸计算确定；当线路一侧设人行通道时，通道宽度大于或等于600mm，人行通道可与电缆沟槽结合设计。接触网支柱和声屏障的设置，本条只作原则规定，应由接触网专业和桥梁专业具体设计。

高架线车站站台计算长度内的站台建筑限界按高架线车辆限界加不小于 10mm 的余量确定；

高架线车站站台计算长度外的站台建筑限界按高架线设备限界加不小于 50mm 的余量确定。

4.3.8 电缆过道岔区，通常都由隧道顶部通过。A 型车和 B_2 型车建筑限界，电缆桥架与接触网带电体之间应保持 150mm 净距，一般不必采取特殊措施；B_1 型车建筑限界，若设备限界顶部至电缆桥架净空不足 200mm 时，应采取局部加高措施。

4.3.9 接触网隔离开关应布置在车站端部的加宽段中；道岔转辙机则布置在线路较宽的一侧；行车隧道内需设风机时，尽量安装在设备限界和建筑限界的空间内，当安装不下时，采取将结构局部加宽、加高的措施。

4.3.10 车站直线地段建筑限界。

1 站台高度应根据空车状态下的车厢地板面高度计算确定，车厢地板面在任何情况下（轮轨磨耗、车体下垂、弹簧变形等）均不得低于站台高度；

车门结构型式对站台建筑限界有一定影响，内藏门、外挂门应按列车越行过站时的车辆限界确定计算长度内站台边缘至线路中心线的距离；塞拉门既需按关门状态时列车越行过站的车辆限界，又应满足停车后塞拉门开门所需的安全间隙；

2 计算长度内站台边缘距线路中心线的距离，我国过去由于没有一套科学的车辆限界计算理论，都采用经验数据：车厢地板面半宽加 100mm 安全间隙，这一数据经过北京、上海、广州地铁运营实践证明是安全的。但采用 UIC 计算公式求得的车辆限界，上海地铁一号线和广州地铁一号线都需要不小于 103mm 的安全间隙，显然，UIC 计算理论不适用于地铁限界。按照我国行业标准《地下铁道限界标准》提供的车辆限界计算公式，车厢地板面处的车辆限界宽度加上必要的间隙，车厢地板面半宽加 90mm 安全间隙已属安全；

碎石道床的轨道误差比整体道床的大，所以，车厢至站台的安全间隙也相应放宽。但如果采取增加轨撑等定位措施，亦可采用整体道床数据；

3 站台计算长度外的建筑限界均按设备限界加安全间隙计算确定；

4 屏蔽门设于站台计算长度之内，因此，屏蔽门安装尺寸按车辆限界加一定安全间隙确定。

4.3.11 曲线站台边缘与车辆地板面处车体的间隙 180mm 的规定，用以限制站台计算长度内的线路平面曲线半径不得小于 800m，轨道超高不大于 15mm。

4.3.12 辅助线如联络线、车辆段出入线等，由于其曲线半径小、运行速度低，应制定专用限界。

4.3.13 防淹门和人防隔断门建筑限界内除接触导线外的一切管线都不准在门框内通过。防淹门门框高度应与区间矩形隧道高度相同；人防隔断门门框高度，当采用接触网授电时，应按接触网导线和汇流排距门框下沿保持 150mm 净距设计。

4.3.14 车辆段建筑限界。

1 车辆段车场线建筑限界，参照香港地铁资料制定；

2 车库大门宽度应满足设备限界要求，这是必要条件。具体尺寸应符合本规范第 22 章的有关规定。车库大门高度根据接触网进库与否分别规定。B_1 型车的车库大门高度与矩形隧道高度相同。

4.3.15 根据道岔号数及本条规定计算确定警冲标距岔心的距离。

5 线 路

5.1 一般规定

5.1.1 地铁线路的类别主要根据其在运营中的地位和作用来划分，正线为载客运营的线路，行车速度高、密度大，且要保证行车安全和舒适，因此线路标准较高；辅助线是为保证正线运营而配置的线路，一般不行驶载客车辆，速度要求较低，故线路标准也较低；车场线是场区作业的线路，行车速度低，故线路标准只要能满足场区作业即可。规范按不同类别线路制定相应的技术标准，以达到既能保证运营要求又能降低工程造价的目的。

本次修订中明确了辅助线的具体内容，将试车线、存车线内容明确由车辆段与综合基地章节归口。用于故障车停放的线路（停车线）和折返线兼顾存车的线路是否设置检修设施，由工艺工种视具体情况在设计中提出要求；另外根据各方面的意见，在辅助线中增加了特种用途的安全线，并相应增加了一节内容。

5.1.2 根据多年来各城市修建轨道交通的经验和教训，在建设第一条线路时，凡事先未详细认真地做过轨道交通线网规划的城市，往往造成线路多变。为避免此类情况的发生，本规范强调了轨道交通线网规划的重要地位，规定线路选线必须以政府批准的、有法律效力的轨道交通线网规划为依据。

5.1.3 在城市中心区，通常建筑密集、道路狭窄、交通拥挤，为减少建设中的困难和噪声、振动等对城市的有害影响，地铁宜设在地下。地铁线路进入地面建筑稀少、路面宽阔的地区及郊区，可考虑设在高架桥或地面上以降低工程造价。设在地面时要充分考虑线路封闭给地面带来的隔离影响。

5.1.4 地铁线路有地下线、高架线和地面线，本条对原规范偏于地下线的规定作了修改。

确定地铁线路的平面位置和纵断面设置，应充分考虑现状和规划的道路、地面建筑、地下管线和其他构筑物，以及被保护的文物古迹，使其相互影响减至最低程度，并争取得到良好的结合。环境与景观、地形与地貌对高架线和地面线的要求较高，影响较大；工程地质与水文地质条件及结构类型对施工方法的确定有重要的影响，而施工方法又会影响线路的平面设置和地下线路埋置深度；此外，尚应考虑运营管理需要。因此，进行地铁线路平面和纵断面设计时，应综合考虑本条提出的诸方面因素的影响，使确定的方案既经济合理又有利于使用和运营管理。

5.1.5 原规范没有考虑支线，所以线路一律按独立运营设计。本次条目增加了客流需要的情况，主要是指当确实需要设置支线时，通过论证，在不影响主线运输能力并确保安全的情况下，可以考虑共线运行。具体安全保障措施不限于汇入方向线路的平行进路，还可结合停车线、折返线等双向均设平行进路。

线路间设置联络线，是解决车辆调配和处理其他事项须转线运行的需要。因为有时一个车辆段要承担两条或两条以上线路的车辆检修业务；有的线路没有条件与地面铁路接轨，无法直接运送车辆与大型设备；有的线路采取分段修建和运营时，车辆段一时未建，车辆检修业务需临时由其他车辆段承担等情况，都需要借助联络线转运。此外，联络线还可保证在特殊情况下，列车可由一条线转入其他线路运行，增加处理事态的灵活性。

就总体而言，转线运行几率较少，且不载客运营，故联络线通常采用单线；若联络线暂时需要兼作载客运行的，其标准仍按联络线标准设计，但需设计成双线。只有在增加工程投资很少的情况下，可按正线标准设计。

5.1.6 地铁的每条线路，按独立运行设计的，线路之间以及与其他交通线路之间的交叉处采用立体交叉，是保证地铁高效、安全运输的重要措施。

5.1.7 地铁的客流要靠车站吸引，为最大限度地吸引客流和方便乘客，地铁车站通常应设置在客流量大的地方，如商业中心、文化娱乐中心、大的居住区及地面交通枢纽等处，同时为便利不同线路间的乘客换乘，在地铁不同线路间及与其他轨道交通交会处也应设置车站。

车站之间的距离选定应根据具体情况确定，站间距离太短虽能方便步行到站的乘客，但会降低运营速度，增加乘客旅行时耗，并增大能耗及配车数量，同时，由于多设车站也增加了工程投资和运营成本。站间距离太大，会使乘客感到不便，特别对步行到站的乘客尤其如此，而且也会增大车站负荷。一般说来，市区范围内和居民稠密的地区，由于人口密集，大集散点多，车站布置应该密一些；郊区建筑稀疏、人口较少，车站间距可以大一些。参照国内外已投入运营的地铁的使用经验，本条对站间距离在市区和居民稠密区推荐采用1km左右，郊区由于情况不一，可根据现状和规划情况因地制宜地确定站位，一般站间距都较大。

5.1.8 地面线和高架线对乘客来讲比地下线安全感好，噪音小、豁亮通畅，可饱览市容，乘车比较舒服，而对沿线居民产生的影响就不同了。所以，在定线时一定要充分考虑行车、维修产生的振动、噪声，以及乘客视线对居民生活的影响；同时要防止建筑物内废弃物投掷到线路上影响行车安全；在建筑、结构、供电设计中更要处理好景观对城市的影响。由于根据相关规范要求所采取的防范措施不同，线路离建筑物的距离也不相同，但最小距离不得小于防火规范的要求。同地铁结合的建筑物除满足防火规范的要求外，还要从结构、轨道等方面加强减振、降噪措施，并要防止因建筑结构设计不当而影响行车安全。

5.2 线路平面

5.2.1 最小曲线半径是修建地铁的主要技术标准之一，它与地铁线路的性质、车辆性能、行车速度、地形地物条件等有关。最小曲线半径的选定是否合理，对地铁线路的工程造价、运行速度和养护维修等都将产生很大影响。

1 最小曲线半径的分析计算。

(1) 理论计算。

①计算公式：

$$R_{\min}=\frac{11.8V^2}{h_{\max}+h_{qy}}$$

式中 $R_{\min}$——满足欠超高要求的最小曲线半径（m）；

V——设计速度（km/h）；

$h_{\max}$——最大超高（120mm）；

h_{qy}——允许欠超高（$h_{qy}=153\times a$）。

②允许欠超高值的分析。列车在曲线上运行产生离心力影响乘客的舒适度，因此，通常以设置超高（$h=11.8V^2/R$）来产生向心力，以达到平衡离心力的目的。当曲线半径一定时，速度越高，要求设置的超高就越大。本规范第6.2.7条规定：最大超高 $h_{\max}=120$mm，因此当速度要求超过设置最大超高值时，就会产生未被平衡离心加速度 a。按同条规定，取 $a=0.4\text{m/s}^2$，则允许欠超高值为：$h_{qy}=153\times0.4=61.2$mm。

③最小曲线半径的计算结果。按目前我国地铁列车的运行速度在80km/h以下时，一般情况取 $R_{\min}=300\sim350$m，困难情况取 $R_{\min}=250\sim300$m；列车的运行速度在80～100km/h时，一般情况取 $R_{\min}=500\sim550$m，困难情况取 $R_{\min}=400\sim450$m；并考虑未被平衡离心加速度 a 值的影响，经计算地铁列车的

速度能达到表1中所列数值，从多年的运营情况看，此值是适宜的。

表1 地铁列车运行速度数值表

V(km/h) ／ R (m) ＼ a(m/s²)	0	0.4
550	74.79≈75	91.60≈90
500	71.31≈70	87.33≈85
450	67.65≈65	82.85≈80
400	63.78≈65	78.11≈75
350	59.87≈60	72.96≈70
300	55.43≈55	67.55≈65
250	50.60≈50	61.66≈60

(2) 从影响最小曲线半径的其他因素分析。

①列车运行安全。列车在小半径曲线地段下坡道上运行时，摇晃加剧，会降低乘客的舒适度。另外，小半径曲线上视距短，司机瞭望线路条件差，对行车安全不利。

②钢轨磨耗。钢轨磨耗主要是轮轨间发生摩擦造成的，轮轨间的摩擦包括滚动摩擦和滑动摩擦，据有关资料介绍，单纯的滚动摩擦使钢轨磨耗甚微，而车轮只要有0.2%的滑动，磨耗就会显著增加。列车在曲线上运行时，附加动压力及轮轨间的相对滑动与曲线半径成反比，半径越小滑动磨耗越大。从北京地铁运营情况看，一期地铁在困难情况下最小曲线半径为200m，有的地段磨耗较严重；二期地铁最小曲线半径为250m，磨耗情况尚可，曲线半径 $R\geqslant300$m 的曲线上未发现不正常磨耗现象。

③养护维修。小半径曲线地段，因横向力大，碎石道床线路的轨距与水平均难以保持，曲线的几何形状不易固定，养护维修工作量大。

2 国内外有些城市地铁最小曲线半径标准。目前国内外有些城市地铁最小曲线半径标准见表2。

表2 国内外部分城市地铁最小曲线半径（m）

地区	一般情况			困难情况		
	正线	辅助线	车场线	正线	辅助线	车场线
北京	300	200	110	250	150	80
上海	300～400	150～200	150	250～350	150	120～150
广州	350～400	150	150	300～350	150	150
香港	300	200	140	—	—	—
前苏联	600	150	75	300	100	60
匈牙利	400	150	75	250	100	60

注：辅助线特指出入线、联络线。

从表2可见，一般情况下地铁正线最小曲线半径为300～600m，困难情况下为250～300m。考虑到在城市修建地铁时，线路定线受控制的因素较多，如果最小曲线半径标准定得太高，会给设计施工带来很大困难，或大幅度地增加工程投资。故本次规范修改中，B型车取表中下限值，A型车则适当加大。

3 结论意见。

(1) 根据以上分析，无论是从运行安全、乘客舒适、钢轨磨耗和运营管理等方面看，本规范按照我国目前的经济实力和现行的地铁车辆情况，规定最小曲线半径在一般情况下A型车为350m，B型车为300m；困难情况下A型车为300m，B型车为250m是适宜的。对行车速度为80km/h以上的线路，规定在一般情况下A型车为550m，B型车为500m；困难情况下A型车为450m，B型车为400m。但最小曲线半径的确定除考虑上述因素外，还要充分考虑线路通过能力不受影响。

(2) 出入线、联络线一般为不载客运行的线路，而且通过的列车对数较少，行车速度较低，故本规范规定的最小曲线半径标准较低。

(3) 车场线的最小曲线半径，是根据道岔的导曲线半径及车辆构造允许的最小曲线半径等因素确定的。

5.2.2 设置缓和曲线主要为满足曲率过渡、轨距加宽和超高过渡的需要，以保证乘客舒适和安全。

1 缓和曲线的线型。为便于测设、养护维修和缩短曲线长度，本规范采用三次抛物线型的缓和曲线。

2 缓和曲线长度的分析。

(1) 从超高顺坡率要求看。本规范第6.2.10条规定，超高顺坡率不宜大于2‰，困难地段不应大于3‰，按此要求，则缓和曲线的最小长度为：

$$l_1: \frac{H}{2}\sim\frac{H}{3}$$

式中 l_1——缓和曲线长度（m）；

H——圆曲线实设超高（mm）。

(2) 从限制超高时变率，保证乘客舒适度分析：

$$l_2\geqslant\frac{H\cdot V}{3.6f}$$

式中 l_2——缓和曲线长度（m）；

V——设计速度（km/h）；

f——允许的超高时变率（mm/s）。

允许超高时变率 f 值，是乘客舒适度的一个标准，主要应依据实测来决定，但目前地铁尚缺乏这方面的资料。本规范采用的 f 值为40mm/s。

当 $f=40$mm/s 时：

$$l_2\geqslant\frac{H\cdot V}{3.6f}=0.007V\cdot H$$

以最大超高 $h_{max}=120$mm 代入得：

$$l_2 \geqslant 0.84V$$

（3）从限制未被平衡离心加速度时变率，保证乘客舒适度分析：

$$\beta=\frac{aV}{3.6l_3}$$

圆曲线上的未被平衡离心加速度 a 值应按一定的增长率 β 值逐步实现，不能突然产生或消失，否则乘客会感到不舒适。

英国的实测资料认为，当 $\beta=0.4\text{mm/s}^3$ 时，乘客舒适度指标接近于感觉到的边缘，日本地铁取 $\beta=0.249\sim0.373\text{m/s}^3$。

地面铁路 β 值的取值：

中国：$\beta=0.29\sim0.34$；

美国：$\beta=0.29$；

英国：$\beta=0.24\sim0.36$。

参照以上资料，并考虑到实际的 β 值要大于计算值，因此，从保证乘客舒适出发，本规范取离心加速度时变率 $\beta=0.3\text{m/s}^3$，则：

$$l_3 \geqslant \frac{0.4V}{3.6\times0.3}=0.37V<0.84V$$

这说明 β 值对缓和曲线长度并不起控制作用。

（4）综合分析。从上述分析可见，对缓和曲线长度起控制作用的是应满足超高顺坡和超高时变率的要求，即：

$$l_1:\ \frac{H}{2}\sim\frac{H}{3}$$

$$l_2 \geqslant 0.007V\cdot H$$

3 缓和曲线长度表。

（1）综上所述并考虑超高顺坡的要求可归纳如下：

①当 $V\leqslant50$km/h 时：

超高为：$H=11.8\dfrac{V^2}{R}$

缓和曲线长度为：$l=\dfrac{H}{3}\geqslant20$m

②当 50km/h$<V<$70km/h 时：

超高为：$H=11.8\dfrac{V^2}{R}$

缓和曲线长度为：$l=\dfrac{H}{2}\geqslant20$m

③当 70km/h$<V\leqslant3.2\sqrt{R}$时：

超高为：$H=11.8\dfrac{V^2}{R}$

缓和曲线长度为：$l=0.007V\cdot H\geqslant20$m

（2）缓和曲线长度，按上述有关公式计算求得，当 $l=H/3$ 时，计算值不舍只进，其他按 2 舍 3 进，取 5 的整倍数。

（3）缓和曲线的最小长度为 20m，主要是从不短于一节车辆的全轴距而确定的。全轴距是指一节车辆第一位轴至最后位轴之间的距离（下同），目前我国地铁车辆的全轴距最大不超过 20m。

4 不设缓和曲线的曲线半径的确定。如不设缓和曲线，列车通过直圆点（zy）或圆直点（yz）时，未被平衡离心加速度会突然发生变化，为满足乘客舒适度的要求，其时变率应符合不大于0.3m/s^3的规定，否则就要设置缓和曲线。即不设缓和曲线的曲线半径标准应按允许的未被平衡离心加速度时变率计算确定：

$$R\geqslant\frac{11.8V^3g}{3.6l\,(1500\beta+0.5fg)}$$

式中 l——车辆长度（m）；

β——允许未被平衡离心加速度时变率（0.3m/s^3）；

f——允许超高时变率（40m/s）；

g——重力加速度（9.81m/s^2）；

V——设计速度（km/h）。

本规范表 5.2.2 中最高速度级为 100km/h，将 B 型车 $l=19$m 代入上式，可得 $R=2619$m，即当速度为 100km/h 时，$R\geqslant2619$m 就可不设缓和曲线；当 A 型车 $l=22.1$m，速度为 100km/h 时，$R\geqslant2251$m可不设缓和曲线。取两数大者且取整，因此，本规范规定，曲线半径大于等于 3000m 时可不设缓和曲线。同理，将有关参数代入上式，可计算出各速度级不设缓和曲线的圆曲线半径大小，再按设缓和曲线与不设缓和曲线情况比较后，确定本规范各速度级不设缓和曲线的圆曲线半径大小，见规范表 5.2.2。

5.2.3 列车侧向通过道岔时要限速，而道岔附带曲线距道岔很近，列车速度不可能很快提高，故道岔附带曲线可不设缓和曲线和超高，并要求其半径不小于道岔导曲线半径，主要是考虑保证列车通过附带曲线时其速度不要低于过岔速度。

5.2.4 设置复曲线会增加勘测设计、施工和养护维修的困难。同时在复曲线上行驶的列车，其受力情况和产生的横向加速度将在短时间内发生较大变化，会降低列车的平稳性和乘客的舒适度，故本规范规定不宜采用复曲线。如在困难条件下要设置复曲线，并且复曲线的曲率差（$1/R_1$）－（$1/R_2$）$>1/2500$ 时，应设置中间缓和曲线。

5.2.5 地铁线路圆曲线长度短，对改善瞭望条件、减少行车阻力和养护维修有利。但最短不能小于车辆的全轴距，否则车辆将跨越在三种不同线型上，会危及行车安全、降低列车的平稳性和乘客的舒适度。

5.2.6 地铁属于城市轨道交通，布线条件往往受到一定的限制。考虑行车平稳要求，夹直线长度应保证不小于一节车辆的长度，故本规范规定夹直线长度A型车不小于25m，B型车不小于20m。车场线规定不小于3m是从不小于车辆转向架的轴距考虑的。

5.2.7 车站站台段线路设在曲线上时，司机和车站管理人员瞭望条件差，增加管理上的难度，对行车安全不利，另外曲线半径太小，列车停靠曲线站台时车辆与站台间的间隙过大，对乘客安全不利。根据我国目前使用车辆情况，分别对A型车和B型车进行的间隙检算，并参照国外经验，本规范规定在困难地段车站可设在半径不小于800m的曲线上，基本满足曲线站台边缘与车辆之间的空隙要求。但同时建议，非困难地段尽量采用大半径曲线，特别是A型车。

车站站台段是指按远期列车长度计算的停车范围（下同）。

5.2.8 道岔轨道构造比较复杂，如果设在曲线上，会增加设计、施工和养护维修的困难，因此规定道岔应设在直线上。

要求距曲线头（尾）的距离为5m，以保证曲线或曲线超高顺坡及轨距递减不侵入道岔范围并便于施工和养护。另外从铺设道岔整体道床考虑，其铺设范围为超出道岔前部1.5m左右，超出道岔后部4.5m左右，因此要求道岔基本轨端距曲线头（尾）的距离不小于5m是需要的。车场线为场区作业线，行车速度较低，且为碎石道床，故规定其最小距离可减至3m。

5.2.9 规定道岔距站台端部的距离，是从列车折返能力和道岔整体道床铺设范围及道岔信号设备的设置考虑的。要求道岔尽量靠近车站设置，主要为便于运营管理，有利于发挥线路的效能，一般应在5～10m内选定，但道岔距站台也不能太近，否则会影响其他设备的铺设和安装，因此规定不应小于5m。在车辆偏移范围内的站台宽度，应按其偏移量进行缩减。无折返要求的停车线道岔，其位置要求可适当放宽。

5.2.10 两平行线间设置交叉渡线的线间距是从有利于选用定型产品出发而考虑的。

5.2.11 折返线的有效长度主要从以下因素考虑：

1 停车线端距道岔基本轨端留有必要的距离，如该距离太短，将影响列车加速，从而影响列车折返能力；

2 列车进入折返线通过最后一组道岔时，不希望降低速度以便尽快给其他线路开通路，为此折返线的长度不能太短。

根据以上情况分析，折返线留有足够的长度对保证列车折返安全和折返能力是必要的。原规范根据北京地铁一、二期工程设置折返线的经验，其长度定为列车长加24m。现在我国有地铁的城市除北京、天津外，又增加了上海、广州等城市，集多年建设和运营的经验，为保证线路折返能力和行车安全，本规范规定折返线有效长度由原远期列车计算长度加24m，改为加安全距离40m，此距离也可根据工程实际情况，由信号设备系统等相关专业经协商计算论证确定，但不包括车挡长度。

5.3 线路纵断面

5.3.1 正线最大坡度是线路的主要技术标准之一，对线路的埋深、工程造价及运营都有较大的影响，因此，合理地确定线路最大坡度具有很重要的意义。

目前我国地铁采用的电动客车型为A、B两种车型，现选用北京B型车和上海A型车的有关资料作为检算坡度的依据是有代表意义的。

主要验算超员载客重车停在大坡道上的启动问题。目前地铁车辆一般采用动、拖车编组方式，两动车加两拖车编组的列车，运行时一辆动车失去动力为最不利情况，此时，要以一辆动车拉三辆拖车，并在超员情况下，按下式检算最大启动坡度 i_{max}。经检算，北京车在43.95‰坡道上，上海车在41.76‰坡道上都能启动，启动速度按5km/h考虑。

$$i_{max}=\frac{1000\Psi_K-(5.62T+8P)}{T+P+P\Psi_K}$$

式中 P——牵引动车重（t）；

T——被牵引车总重（t）；

Ψ_K——车辆轮轨间粘着系数，$\Psi_K=\frac{0.2}{1+0.0059V}$；

V——列车启动速度（km/h）；

当 $V=0$ 时，$\Psi_K=0.2$；

$V=5$km/h时，$\Psi_K=0.194$；

5.62、8——列车启动时的常数。

因此规定正线的最大坡度不宜大于30‰，困难地段可采用35‰，联络线、出入段线上的最大坡度不宜大于40‰是合适的。

5.3.2 隧道和路堑地段线路坡度一般不小于3‰，主要是为了满足隧道和路堑排水需要，因一般情况下线路的坡度是与排水沟的坡度一致的。

考虑到地铁线路有些地段会处于地下水位线以下，为保证排水，规定其线路最小坡度为3‰，困难地段在确保排水的条件下，可采用小于3‰的坡度。

5.3.3 地下车站坡度应尽量平缓，以防止车辆溜动，但又要考虑隧道的最小排水坡度问题，故宜将车站站台计算长度线路设在2‰的坡道上，在困难条件下设在3‰的坡道上。

与地面建筑结合建设的车站，考虑到设坡与建筑物接口困难，故线路坡度不受条文限制，但因其不是独立的单体建筑，区间的水不得排入车站，需在站端截流，车站的轨道结构要设带坡水沟。

5.3.4 地面、高架桥地段的车站排水较易处理，为使车站停车平稳，车站站台段线路应尽量设在平道上，只有在困难地段为便于停车和启动，才可设在不大于3‰的坡道上。

车场线设在不大于1.5‰的坡道上，主要是根据溜车条件决定的。

关于车辆溜动问题，从理论上分析，车辆单位坡道阻力 i（相当于下坡方向的单位分力）小于车辆开始溜动时的单位启动阻力 ω，车辆才不致溜走。ω 随很多因素而变化，与车辆重量、气候条件等都有很大关系，由于目前我国对地铁车辆启动阻力尚无试验资料，参照前苏联有关资料：

$$\omega=2+0.3\left(\frac{630}{R}+i\right)\ (‰)$$

假设列车停在直线上，又设坡度值为零，则：

$$\omega=2\ (‰)$$

当停车线坡度 $i\leqslant\omega$ 时，车辆就不会溜动。但车辆停留在车场内受很多外力影响（如风力和振动等），需考虑一定的安全系数，根据北京地铁经验，当停车线坡度 $i\leqslant1.5$‰时，尚未发现溜车现象。故本规范规定，车场线可设在不大于1.5‰的坡道上。

5.3.5 为便于道岔的养护和维修，道岔应铺设在较缓的坡道上，因道岔设在大于10‰的坡道上容易爬行、养护困难，所以规定设在不大于5‰的坡道上，在困难条件下可设在不大于10‰的坡道上。

我国地铁在隧道地段的道岔已逐步采用整体混凝土道床，其稳定性比碎石道床好，故道岔区的坡度标准尚有待进一步探讨。

5.3.6 将车站站台段线路布置在一个坡道上，对设计、施工均较简单，而且有利于排水的处理。

关于设置车站的线路宜尽量接近地面设置，其好处是：

1 工程量小。地铁车站的造价与其埋深有关，尤其浅埋明挖车站体现得更为突出；

2 方便乘客进、出车站。因地铁车站是乘客大量进出的地方，埋深大乘客会感到不方便。

车站在有条件时要尽量布置在纵断面的凸形部位上，即进站上坡、出站下坡，有利于节省列车启动和制动时的能耗。

5.3.7 隧道内的折返线和停车线，为保障车辆停放和检修作业的安全，线路坡度要求尽量平缓，但为保证隧道内的排水，线路又必须保持最小的排水坡度。在北京、上海的地铁工程中，均采用2‰的坡度，经运营使用未发现其他问题，故本规范规定其坡度值宜为2‰。

折返线和停车线布置在面向车挡的下坡道上，目的是防止向车站溜车，确保停车安全。

5.3.8 为缓和变坡点坡度的急剧变化，使列车通过变坡点时产生的附加加速度不超过允许值，相邻坡度差大于一定数值时，应在变坡点处设置圆曲线型竖曲线。

列车通过变坡点时产生的附加加速度即竖向加速度 a_v，竖曲线半径 R_v（m）与行车速度 V（km/h）及 a_v（m/s^2）的关系为：

$$R_v=\frac{V^2}{3.6^2a_v}$$

根据国外资料，a_v 值采用的范围为0.07～0.31 m/s^2，但多数国家采用 $R_v=V^2$，即 a_v 值为0.08 m/s^2；困难条件下采用 $R_v=V^2/2$，即 a_v 值为0.15 m/s^2。

参照上述数据并结合地铁情况，本规范在正线上取值一般为 $a_v=0.1$～0.154 m/s^2，困难条件下为 $a_v=0.17$～0.26 m/s^2。考虑到区间正线与站端的运行速度不同，按上式验算取整数，区间线路竖曲线半径采用5000m，困难地段为3000m；在车站端部由于速度较低，采用3000m，困难地段为2000m；辅助线和车场线采用值为2000m。

关于相邻地段的坡度代数差小于2‰不设竖曲线问题，主要是该坡度代数差按上述半径设置竖曲线时其变坡点调正值甚小，故可忽略不计。

5.3.9 竖曲线不得侵入车站站台范围，是为了保证站台平整和乘客安全，并有利于车站的设计和施工。

道岔是轨道的薄弱部位，其尖轨和辙岔应保持平顺、严密状态，因此竖曲线不应侵入道岔范围，并保持一定距离，以保证行车安全和便于线路养护维修。

5.3.10 竖曲线若与缓和曲线重叠，由于缓和曲线范围内超高顺坡改变了轨顶坡度，从而改变了两者立面上的形状。施工中要做成设计形状已很难做到，碎石道床在轨道养护中更难保持轨道的良好状态，所以，两者不能重叠。

5.3.11 列车通过变坡点时要产生附加力和附加加速度，从行车平稳考虑，宜设计较长的坡段，但为了适应线路高程的变化，坡段也不能太长，否则将发生较大的工程量，给施工带来困难。因此应综合考虑两者的影响来确定最短坡段长度。

1 一般情况下线路纵向最小坡段长不小于列车长度，可以使一列车范围内只有一个变坡点，避免变坡点附加力的叠加影响和附加力的频繁变化，以保证行车的平稳；

2 坡段长度还应满足竖曲线既不互相重叠，又能相隔一定距离，有利于列车运行和线路维修养护。从保证行车平顺性考虑，希望在两竖曲线间能放下

二、三节车辆，因此确定该距离不宜小于 50m。

5.4 安 全 线

5.4.1 安全线是列车运行隔开设备之一，其他还有脱轨器、脱轨道岔和车辆防溜等隔开设备。设置安全线的目的是为了防止在车辆段（场）出入线、折返线和岔线（支线）上行驶的列车未经允许进入正线与正线列车发生冲突，从而保证列车安全、正常的运行。安全线的有效长度一般不小于 40m。在困难条件下，也可设置脱轨器或脱轨道岔。

为了防止滥设安全线，增加不必要的工程投资，本规范对需要设置安全线的地方作了具体规定。

1 当车辆段（场）出入线上的列车在进入正线前需要一度停车，且其停车信号机至警冲标之间小于制动距离时，宜设安全线（图 1）；

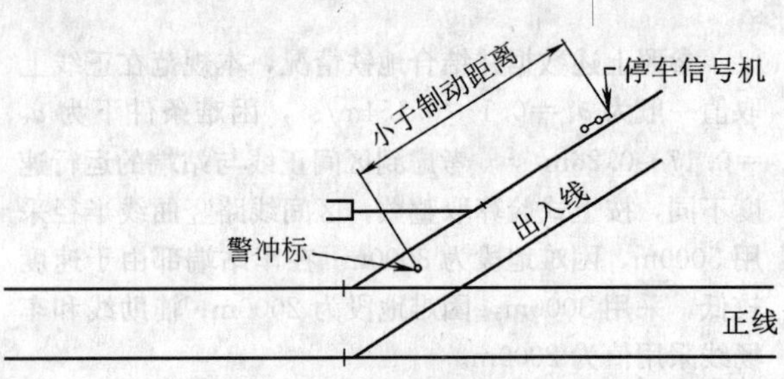

图 1 出入线接正线形式

2 当折返线末端与正线接通时，宜设置道岔隔开设备（图 2）；

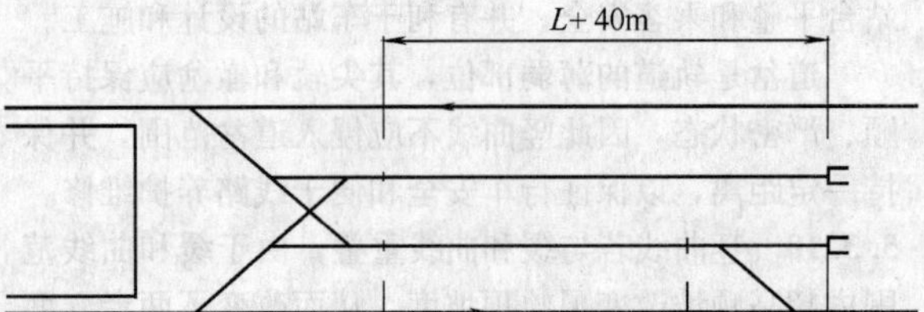

图 2 折返线末端接正线形式

3 岔线（支线）在站内接轨，当与正线间为岛式站台，且站台端至警冲标间的距离大于或等于 60m 时，可不设列车运行隔开设备（图 3）；若为侧式站台，宜设道岔隔开设备（图 4）。

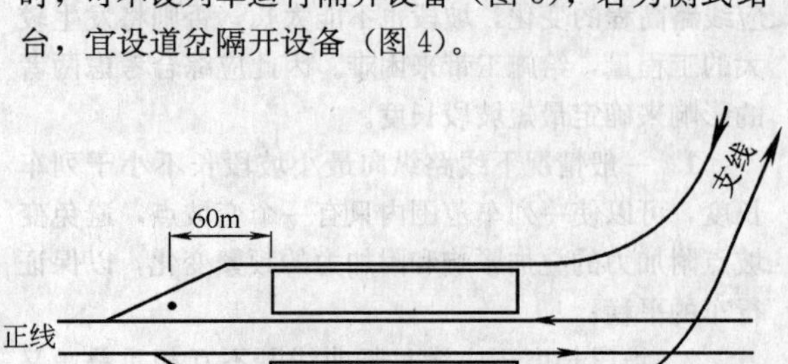

图 3 岛式车站岔线接轨形式

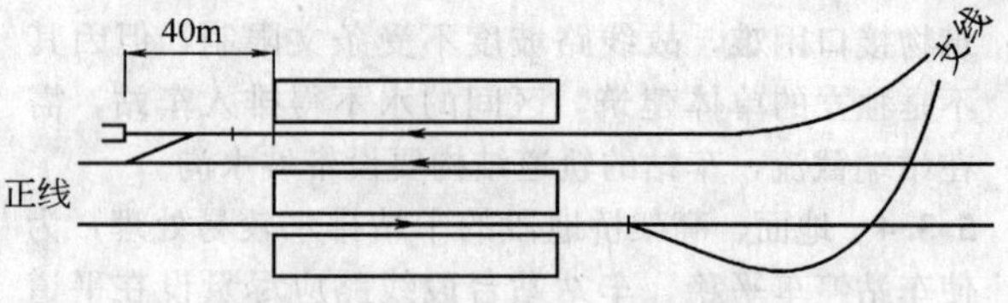

图 4 侧式车站岔线接轨形式

6 轨 道

6.1 一 般 规 定

6.1.1 轨道是地铁的主要设备，除引导列车运行方向外，还直接承受列车的竖向、横向及纵向力，因此轨道结构应具有足够的强度，保证列车快速安全运行。

地铁是专运乘客的城市轨道交通，轨道结构要有适量的弹性，使乘客舒适。

6.1.2 隧道及 U 形结构地段、高架线、地面线的轨道结构分别采用同一型式，采用通用定型的零部件，既能减少设计和施工麻烦、减少订货和维修备用料种类，又能使轨道结构外观整齐。

地铁运营时间长，列车运行间隔短，只能在夜间停运后的较短时间内进行轨道维修，所以设计的轨道结构，尽量使施工和维修工作量少且方便。

6.1.3 随着人民生活水平的提高，对环境保护的要求也越来越高，只有地铁相关专业共同采取减振降噪措施，才能达到地铁沿线的环保要求。根据沿线的减振要求，在轨道结构上采取分级减振措施，即一般减振、较高减振和特殊减振的措施，既能达到沿线不同地段的环境保护标准，又能节省轨道工程投资。

6.1.4 钢轨是地铁列车牵引用电回流电路，轨道结构应满足绝缘要求，以减少泄漏电流对结构、设备的腐蚀。

6.1.5 列车直接运行在轨道上，轨道结构必须采用先进和成熟及经过试验的部件，使轨道结构技术先进、适用。还要充分考虑采用先进的施工方法，以保证施工质量并缩短施工工期。

6.2 钢轨及配件

6.2.1 在轨道构造中，钢轨是主要的部件。地铁选定钢轨类型的主要因素是年通过总质量、行车速度、轴重、延长大修周期、维修工作量和减振降噪。

根据地铁线路近、远期客流量推算出近、远期年通过的总质量。国家铁路线路设计规范规定，年通过总质量等于或接近 25Mt 的轨道结构，应铺设60kg/m 的钢轨。

随着地铁车辆轴重加大和年通过总质量的增长及列车速度的提高，目前各国地铁都有选用重型钢轨的发展趋势。从技术性能上分析，我国生产的60kg/m钢轨较50kg/m钢轨质量只增加17.5%，而允许通过的总质量可增加50%。

有关资料表明：60kg/m钢轨比50kg/m钢轨抗弯强度增加34%，车轮通过所产生的轨底应力、局部应力及抗弯曲变形均较50kg/m钢轨小，可减小钢轨实际的冲击作用，降低钢轨本身和道床的振动和速度，减少了对道床的压力及残余变形的积累，提高轨道的稳定性，能延长钢轨及轨下基础各部件的使用寿命。

60kg/m钢轨使用寿命为50kg/m钢轨的1.5～3.0倍，由疲劳破坏造成的更换率为50kg/m钢轨的1/6，受列车冲击振动较50kg/m钢轨约减少10%，有利于减振降噪。同样条件下，60kg/m钢轨较50kg/m的轨道维修工作量减少40%。

综上所述，在经济条件允许的情况下，地铁尽量采用60kg/m钢轨。

车场线运行空载列车，速度又低，可以采用43kg/m钢轨，但目前国内钢轨生产厂家已不再正常生产供应43kg/m钢轨，需提前签订供货合同，维修用料更难订货。另外，由于车场线合计长度较少，43kg/m钢轨单价会相应提高，车场线采用50kg/m钢轨，能提高轨道的稳定性，减少维修工作量。所以车场线宜采用50kg/m钢轨。

6.2.2 小半径曲线地段钢轨的磨耗是影响钢轨使用寿命的主要因素。根据我国地铁多年运营中的钢轨磨耗状况，半径200m的曲线地段钢轨未涂油时，磨耗严重，四个月就得换轨，钢轨涂油后，磨耗明显减轻，两年多才换轨，换上耐磨钢轨再经常涂油，能使用三年多。半径300m地段，钢轨稍有磨耗。

全长淬火钢轨的耐磨性和使用寿命较普通钢轨高1～2倍，而价格较普通钢轨约高20%，耐磨钢轨较普通钢轨价格高10%，所以采用耐磨钢轨或全长淬火钢轨具有明显的技术经济效益。

根据以上所述，本条规定正线半径小于400m的曲线地段应采用耐磨钢轨或全长淬火钢轨。

6.2.3 正线、辅助线钢轨接头采用对接，可减少列车对钢轨的冲击次数，改善运营条件。在曲线地段，内股钢轨的接头较外股钢轨的接头超前，曲线内股钢轨应采用厂制缩短轨与曲线外股标准长度钢轨配合使用，以保证内、外股钢轨的接头相错量符合规定。

接触焊、气压焊的焊缝可不必对接，但焊缝的轨底及轨底上面30mm范围应打磨平整，不超过0.5mm，以免万一焊缝落在轨枕上影响扣件安装。铝热焊缝距轨枕边缘的距离应不小于30mm。

根据施工和维修的实践，半径等于及小于200m的曲线地段钢轨接头采用对接，曲线易产生支嘴，所以本条规定应采用错接，错开距离不应小于3m。3m大于地铁车辆的固定轴距。

6.2.4 一般正线采用60kg/m钢轨，车场线采用50kg/m钢轨。过去不同类型钢轨连接采用异型钢轨接头夹板连接，造成接头强度低、轨头断面突变，顶面和侧面不易平顺，对行车和维修不利，所以应采用异型钢轨连接。

6.2.5 为使轨道具有足够的强度和稳定性及减少维修，确保行车安全，规定接头螺栓、螺母和平垫圈均采用国家铁路线路设计规范规定的标准。

6.2.6 在小半径曲线地段，为使列车顺利通过，并减少轮轨间的横向水平力，减少轮轨磨耗和轨道变形，小半径曲线地段必须有适量的轨距加宽量。

地铁的曲线轨距加宽值是按车辆自由内接条件计算的。新建正线曲线半径一般大于250m，无须轨距加宽。辅助线、车场线小半径曲线按此条轨距加宽和轨距递减规定，经多年运营实践，工务部门认为可行，故B型车仍采用原规范规定的轨距加宽值和轨距递减率的标准。A型车转向架轴距较大，所以轨距加宽数值略大。

道岔构造复杂，为缩短道岔长度，道岔的轨距递减率不受此限制。

6.2.7 地铁轨底坡采用1/40是根据地铁相关技术条件确定的。北京、上海地铁经多年运营，基本状况良好。根据地铁车辆技术条件也可设1/30的轨底坡。道岔碎石道床，辙叉跟端轨缝后一定范围内是普通长轨枕，所以规定在无轨底坡道岔间不足50m不应设置轨底坡。

6.2.8 曲线超高是根据列车通过曲线时平衡离心力，并考虑两股钢轨垂直受力均匀等条件计算确定的。

最大超高值是根据行车速度、车辆性能、轨道结构稳定性和乘客舒适度确定的。经多年实践，曲线最大超高120mm比较合理、适宜，故规定最大超高值仍为120mm。

设置的超高不足时，其未被平衡的横向加速度值a，国内的试验资料表明，当$a=0.4\text{m/s}^2$时，欠超高61mm，乘客稍有感觉，不影响舒适度，所以规定计算列车在曲线运行速度时允许有61mm的欠超高。

6.2.9 隧道内整体道床轨道曲线超高外轨抬高一半、内轨降低一半，可不增加隧道净空，节省结构的投资，同时能使轨道中心线与线路中心线一致，还能减小超高顺坡段的坡度。U形结构与隧道衔接时，U形结构与隧道内的超高设置办法相同。

高架桥上的整体道床轨道，超高设置若采取内、外轨分别降低、抬高一半的方法，为不影响桥梁结构和保证内轨轨枕下最小道床厚度，要增加轨道结构高度，从而增加桥梁荷载。地面线碎石道床，若超高亦采取上述办法，轨道几何尺寸不易保持，维修困难，所以高架桥上的整体道床和地面线碎石道床的曲线超高均宜采取外轨抬高超高值的方法设置。

6.2.10 已建成的地铁，按超高顺坡率一般不大于2‰、困难地段不大于3‰铺设，经多年运营实践证明，未发现技术问题，故超高顺坡率仍采用原规定。

6.2.11 铺设无缝线路能增强轨道结构的稳定性，减少养护维修工作量，改善行车条件，减少振动和噪声，所以在条件允许时尽量铺设无缝线路。

地面线碎石道床地段，宜在正式运营前铺设无缝线路，可减少运营后再铺设的诸多麻烦。

整体道床轨道稳定，横向阻力可达300N/cm以上，故直线和半径大于及等于200m的曲线整体道床地段铺设无缝线路的稳定性是没有问题的。考虑小半径曲线地段钢轨磨耗，可在曲线两端设置缓冲区，便于更换钢轨。

根据国家铁路地面线大量铺设无缝线路的经验，规定地面线半径大于及等于400m的曲线混凝土枕碎石道床地段应铺设无缝线路。

高架桥上采用无缝线路，应做特殊设计，尽量减小梁轨间的作用力，采用小阻力扣件和在适当位置铺设钢轨伸缩调节器，既能保证轨道的稳定性，又能保证最低轨温下断轨的断缝不超过允许值。

6.3 扣件、轨枕及道床

6.3.1 各种轨道结构高度是一般的规定，也可根据隧道结构、轨道结构和路基的实际情况，在保证道床厚度的条件下确定。

6.3.2 通过计算分析，每公里轨枕减少80根时，钢轨应力、道床应力和路基面应力的增加均很有限，由于轨枕在道床中的纵、横向阻力和扣件扣压力均较大，轨道稳定性没有问题。根据地铁轨道结构各部位受力小的特点和国内地铁运营的实践经验，参考国外地铁和国家铁路的轨枕设置根数，作出了地铁轨枕铺设数量的规定。

库内立柱式检查坑轨道结构，根据计算，扣件的间距不宜大于1100mm。

6.3.3 扣件是轨道结构的重要部件，将钢轨与轨枕（或承轨台）牢固联结，能保持钢轨在轨枕等轨下基础上的正确位置，防止钢轨不必要的横向及纵向移动。因此，扣件应力求构造简单、造价低，不仅具有足够的强度和扣压力，还应具有良好的弹性和适量的轨距、水平调整及绝缘性能，特别是刚性整体道床更为重要。一般扣件静刚度20～40 kN/mm，轨距调整＋8mm、－12mm，钢轨调高量10mm，扣件的绝缘件电阻大于$10^8\Omega$；高架桥上整体道床扣件轨距调整＋8mm、－16mm，调高30mm，根据地铁多年运营实践，上述扣件的指标一般能满足运营使用需要。

我国从1965年第一条地铁——北京地铁开始就研究地铁扣件，主要经历了DTⅠ型→DTⅢ型→轨道减振器扣件→DTⅣ型→DTⅣ1型→DTⅥ型→DTⅥ2型→单趾弹条型→WJ2型→DTⅦ2型→DI轨道减振器扣件→DTⅥ3型→DTⅢ2型的发展过程，以上扣件均为弹性分开式。除DTⅠ型、DTⅢ型、DTⅣ型、DTⅥ型为挡肩式外，其余均为无挡肩式，DTⅠ型扣件扣压件为弹性扣板，用螺栓紧固；DTⅣ型、轨道减振器扣件、DTⅣ1型、DTⅦ2型、DTⅢ型、DTⅢ2型等扣件的扣压件为ω型弹条，用螺栓紧固；其余的扣压件为无螺栓弹条。以上扣件经多年运营使用效果良好。

扣件宜设两道杂散电流防线，即采用增加绝缘轨距垫，以增强轨道的绝缘性能。

对扣件的铁件进行防腐处理，能延长扣件的使用年限。

6.3.4 根据国内扣件使用情况，参考国外资料，规定了不同道床型式宜采用的扣件。

隧道内、地面线的正线扣件尽量采用无螺栓弹条，可减少零部件、减少施工和维修的工作量。

6.3.5 整体道床轨道牢固、稳定、维修工作量少。无枕式整体道床也称为整体灌注式道床，施工麻烦、进度慢、施工精度不易保证；短轨枕、长枕式整体道床，施工方便，可采用轨排法施工，进度快、精度易保证。国家铁路线路设计规范规定长度大于1000m，且曲线半径大于及等于400m的隧道内可铺设整体道床。根据地铁特点和地铁整体道床运营使用实践，宜按本条规定地段采用整体道床；高架桥上采用短枕式整体道床能减少桥梁荷载。也可根据实际情况确定道床型式。

1 为达到轨枕与道床的牢固联结的目的，短轨枕采取底部伸出钢筋钩、横断面为梯形或侧面设沟槽等措施；长轨枕采取横断面为梯形、横向设圆孔穿道床纵向钢筋等措施；

2 国内地铁发生过整体道床与结构脱离的问题，一般采取结构底板凿毛、高架桥上预埋联结钢筋及凿毛等措施，能增强道床与基础的粘结；

3 根据地铁道床受力较小的特点和实际使用情况，规定轨下部位轨枕下混凝土道床厚度直线地段不宜小于130mm、曲线地段不宜小于110mm；

4 原规范未规定整体道床设置伸缩缝。已建的地铁隧道内一般在结构沉降缝处和每隔30m左右设置一道道床伸缩缝，但有的整体道床发生小裂缝，后改为12.5m左右设置，消除了整体道床裂缝。根据实践经验，宜按本条规定设置道床伸缩缝。另外，隧道口以内宜在30m范围内每隔6m左右设置道床伸缩缝；

5 排水沟的横断面尺寸，应根据渗水、消防水、雨水等流量确定。圆形隧道长枕式整体道床两侧的水沟，曲线地段受结构尺寸控制，外侧水沟需抬高，内侧水沟需降低，缓和曲线部分水沟纵坡与线路坡度不一致，水沟需顺坡；

6 铺设基标，一般直线 6m，曲线 5m 设置一个。直圆、圆直和直缓、缓圆、圆缓、缓直点宜设置铺轨基标，铺轨基标距离轨道中心、轨顶面高度宜等距、等高，这样施工方便又不易出差错。考虑轨道大修时使用，故规定宜每隔 15～24mm 保留一个永久铺轨基标；

道岔铺轨基标 5～6m 设置一个，在道岔前后基本轨轨缝、尖轨尖端、跟端、岔心等部位宜设置铺轨基标；

7 为减少对扣件的污染、增强轨道的绝缘性能，根据地铁运营的实践经验，枕式整体道床轨下部位道床面宜低于轨枕承轨面 30～40mm。

6.3.6 地面正线一般地段宜采用混凝土枕碎石道床，道岔木枕碎石道床前、后地段应采用木枕碎石道床。在具备条件的地面线车站地段采用整体道床，能增强轨道的稳定性，保持车厢至站台边缘距离和车辆地板面至站台面的高度，并能使车站整洁美观。

6.3.7 根据地铁运营实践，车场库内线短枕式整体道床施工方便和使用效果良好，故规定车场库内线应采用短枕式整体道床。检查坑整体道床、立柱式道床的坑宽度及立柱间距应满足检修工艺的要求。

地面的出入线、试车线和库外线尽量采用混凝土枕碎石道床，能增强轨道的稳定性。混凝土枕使用年限长，同时能节省木材，特殊地段可采用木枕碎石道床。

6.3.8 碎石道床厚度是指直线、曲线地段内股钢轨部位的轨枕底面与路基基面之间的最小道碴层和底碴层的总厚度。

参考国家铁路道床厚度的规定并结合地铁的特点，地铁碎石道床厚度及高架桥上碎石道床厚度与两端的道床厚度差递减距离，应不小于本条规定。

6.3.9 根据地铁特点和运营实践，正线和辅助线采用一级道碴，能增强道床的稳定性，有效防止道碴粉化、道床板结，减少维修工作量，延长轨道大修周期。车场线列车空载低速运行，采用二级道碴，能满足使用需要，并可节省投资。

6.3.10 目前，国家铁路和地铁的有碴轨道均采用碎石道床。碎石道碴的粒径级配、材质指标、试验检算及道碴的生产管理和交付验收，在现行《铁路碎石道碴》“TB/T 2140”中都有详细规定，故地铁碎石道床材料应符合现行《铁路碎石道碴》和《铁路碎石道床底碴》的规定。

6.3.14 正线、联络线、出入线和试车线的整体道床刚度大，碎石道床的弹性较好，为改善行车条件、保持碎石道床的稳定、减少维修工作量，衔接处应设置轨道弹性过渡段。北京地铁Ⅰ、Ⅱ期轨道弹性过渡段，采取在整体道床端部预埋三对梯形短木枕的方法弹性过渡，梯形短木枕更换方便，经多年运营使用证明，技术状态良好。目前国内地铁多采用碎石道床厚度渐增的办法弹性过渡，碎石道床最小厚度不宜小于 250mm，基础宜采用 C20 混凝土，过渡段长度一般 8～12m。

较高减振轨道结构与碎石道床衔接时，不必设轨道弹性过渡段。

因整体道床采用弹性分开式扣件，扣件静刚度较小、弹性好，所以，也可采取适当加大整体道床轨枕间距、加密碎石道床轨枕间距的方法实施弹性过渡，过渡段长度宜 12～15m。

列车驶入车场库内线时速度低，又是空载，库内整体道床多采用弹性分开式扣件，弹性好，与库外线碎石道床衔接可采取适当加大整体道床轨枕间距、加密碎石道床轨枕间距的方法，实施轨道弹性过渡。

为使同一曲线轨道弹性一致，有利于行车，保持轨道的稳定性，减少维修工作量，故规定同一曲线地段宜采用同一种道床型式。

6.4 道岔及其道床

6.4.1 道岔是轨道的薄弱环节，其钢轨强度不应低于一般轨道的标准。正线上的道岔与一般轨道同样行车密度大，通过速度较高，为减少车轮对道岔的冲击，保证行车平稳及延长道岔的使用年限，应避免正线道岔两端设置异型钢轨接头，故规定正线道岔的钢轨类型应与正线的钢轨类型一致。

6.4.2 两个道岔间插入短钢轨，使得两相邻道岔间轨距变化平缓，可以减少列车对道岔的冲击，使列车运行平稳。根据地铁特点及运营实践，规定了相邻两道岔间插入短钢轨的最小长度。表中最后的单渡线道岔，侧股行驶空车，速度又低，特殊需要时两个岔尾可连接。

6.4.3 正线道岔是控制行车速度的关键设备，道岔铺设后再变更改造，工程量会很大，也影响地铁的正常运营，道岔整体道床改造难度更大，因此，道岔型号应满足远期运营的需要。目前，国内地铁运营线路列车运行速度一般都不超过 80km/h，所以正线均采用 9 号道岔。随着国民经济的快速发展，城市范围不断扩大，地铁往郊区延伸，列车运行的速度将提高，会超过 80km/h，所以规定正线宜采用不小于 9 号的各类道岔。车场线采用不大于 7 号的道岔，能减少车场占地面积，多年运营实践证明，能满足使用要求。

列车速度超过 80km/h 时，宜采用 AT 弹性可弯曲线尖轨、固定跟端，以提高道岔稳定性，增加导曲线半径，提高列车侧向通过速度，缩短过道岔时间。采用高锰钢辙叉能增强道岔的稳定性，减少道岔维修工作量。可调式护轨，利于道岔维修，容易调整查照间隔。

道岔扣件采用弹性分开式能增强道岔的稳定性和弹性，增加轨距、水平调整量，尤其是整体道床上的道岔更应采用弹性分开式扣件。

6.4.4 隧道内和高架桥上一般都采用整体道床，为使轨道弹性一致并增强道岔区轨道的强度，规定上述道岔区宜采用短枕式整体道床。

道岔尽量避开隧道结构沉降缝，道岔转辙器、辙叉部位不应有沉降缝和梁缝。若短岔枕位于沉降缝和梁缝时，应调整避开。

6.5 减振轨道结构

6.5.1 钢轨接头振动是非接头的三倍，无缝线路能大大减少接头；地铁弹性分开式扣件静刚度较小、弹性好，根据地铁运营实践，采用无缝线路、弹性分开式扣件和整体道床或碎石道床，能满足一般减振地段的需要，达到环境保护标准。

6.5.2 轨道减振器扣件能较充分地利用橡胶的剪切变形，弹性好。上海地铁一、二号线，广州地铁一、二号线在较高减振地段铺设了这种扣件，较一般扣件的振动减少 4～5dB，减振效果良好，但应严格控制橡胶配方及质量，延长使用年限；弹性短轨枕，利用其橡胶套及底部橡胶垫，可保证良好弹性，北京地铁二期工程东四十条段试铺了这种减振轨道结构，较一般轨道结构的振动加速度减少了 30%，减振效果良好。根据地铁运营实践，在一般减振轨道结构的基础上，较高减振地段采用轨道减振器扣件或弹性短枕式整体道床，一般能达到环境保护标准。

6.5.3 浮置板整体道床利用浮置板下面的大橡胶垫提供弹性，广州地铁一号线铺设了这种减振轨道结构。更换大橡胶垫时，应不影响地铁正常运营；弹簧整体道床，利用弹簧阻尼器提供弹性，弹簧更换方便。上述两种减振轨道结构，参与振动的整体道床质量较大，故减振效果显著，一般能满足特殊减振地段的需要。

关于小于 20m 的距离，是根据地铁运营影响沿线环境情况而定的，可根据实际情况确定其距离和减振范围。

6.6 轨道附属设备及安全设备

6.6.1 采用弹性分开式扣件，扣压力较大，保持轨距性能好，小半径曲线地段不必安装轨距杆和防爬设备。

木枕的铁垫板上，普通道钉抗横向力较小，约 20kN，为增强保持轨距的能力，规定半径小于 200m 的曲线木枕碎石道床配用普通铁垫板及普通道钉地段，应设置绝缘轨距杆。非轨道电路地段，设置普通轨距杆。

车场线一般是平坡，行驶空载列车，速度较低，根据地铁多年运营实践，木枕碎石道床配用普通铁垫板及普通道钉地段，可不安装防爬设备。

6.6.2 国外城市轨道交通高架桥上大多数不设置护轨，国家铁路线路规范规定在特大桥及大中桥上、跨越铁路、重要公路和城市交通要道的立交桥上等部位，应在基本轨内侧设置护轨，以防列车脱轨翻到桥下。

根据地铁特点，规定高架桥上本条所列位置宜设置防脱护轨。防脱护轨是新型护轨设备，轮缘槽较小，能消除列车车轮因减载、悬浮而脱轨的隐患，当一侧车轮轮缘将要爬上轨顶面时，同一轮对的另一侧车轮的轮背与护轨接触，促使要爬轨的车轮回复到正常位置，防止列车脱轨。防脱护轨设在基本轨内侧，用支架固定在基本轨轨底，安装拆卸方便。可根据实际需要增加安装防脱护轨的地段。

6.6.3 缓冲滑动式车挡也称为挡车器，具有结构简单、安全可靠的优点，车挡占用轨道长度 12～15m，允许列车撞击速度不小于 15 km/h。在被列车撞击后，车挡能滑动一段距离，有效地消耗列车的动能，迫使列车停住，一般能保障人身和地铁车辆的安全。经现场地铁列车撞击试验证明，效果很好，北京地铁复八线和上海地铁二号线、明珠线等安装了这种车挡。故规定在正线、辅助线和试车线及安全线的末端宜采用缓冲滑动式车挡，也可采用其他型式的车挡。

固定式车挡结构简单，长度小，造价低。北京、上海地铁等库内采用了铸钢月牙式车挡；库外线采用的我国铁路定型的乙式竖壁式车挡，曾被列车撞过，效果还好。

6.7 线路标志及有关信号标志

6.7.1 依据地铁运营情况，规定应设置的线路标志及有关信号标志。视实际情况，可减少和增加所需要的标志。

6.7.2 为司机瞭望清晰，与行车有关的标志如百米标、坡度标、限速标、停车位置标、警冲标等，宜采用反光材料制作，并安装在司机易见的位置上。其他标志材料可采用搪瓷板制作。所有标志应不侵入设备限界。

7 路 基

7.1 一般规定

7.1.6 电缆沟槽及其他设施杆架的施工经常在路基

本体工程施工验收之后进行，在路肩或边坡上开挖通信电缆、动力电缆沟槽或埋设照明灯杆架及声屏障基础等项工程时，会对已完工的路基造成不同程度的损坏。为保证路基的完整、稳定，施工中对上述沟槽和基坑必须及时回填并夯压密实，以免产生路基下沉及边坡溜塌等病害，影响运营安全。

7.2 路基设计

7.2.1 路基是承担线路轨道的基础，必须具有足够的强度、稳定性和耐久性。地下水位高或常年有地面积水的地区，路堤过低容易引起基床翻浆冒泥等病害，因此本条规定路肩高程应高出最高地下水位或最高地面积水水位一定高度。

产生有害冻胀的冻结深度为有害冻胀深度。一般地区有害冻胀深度为最大冻结深度的60%，东北地区有害冻胀深度为最大冻结深度的95%。

确定毛细水强烈上升高度的方法有直接观测法、曝晒法和公式计算法等。

盐渍土地区的水分蒸发后，盐分积聚下来，容易使路堤土体次生盐渍化，进而产生盐胀等病害，因此，盐渍土路基的路肩高程尚应考虑蒸发强烈影响高度。

当路基采取降低水位、设置毛细水隔断层等措施时，路肩高程可不受上述限制。

7.2.2 路基面应根据基床填料的种类确定是否需要设置路拱。不易渗水的填料必须设置三角形路拱，使道床下的积水能迅速排出路基面。路拱高度是按路拱所需大约4%的排水坡确定的，规定单线路拱高0.15m，双线路拱高0.2m。渗水性好的填料能较快地向下渗水，故不需设置路拱。

渗水土、岩石路基与非渗水土路基连接时，路肩施工高程由衔接处向渗水土路肩施工高程顺坡，以利于排水，且使顺坡地段的道床厚度能满足规定的要求。

7.2.3 区间路基面宽度根据正线数目、线间距、轨道结构尺寸、路基面形状、路肩宽度计算确定。

以双线非渗水土路基面宽度为例（如图5），其计算公式如下：

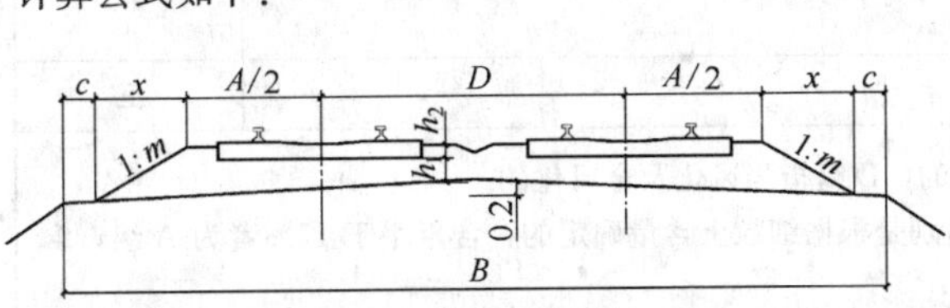

图5 双线非渗水土路基面示意

$$B=\frac{M\pm\sqrt{M^2-4N}}{2}$$

式中 $M=D+A+2c+2m\ (0.2+h_1+h_2)$；

$N=m\ (0.4D+0.8c-0.6)$；

B——路基面宽度；

D——双线的线间距；

A——道床顶面宽度；

c——路肩宽度；

m——道床边坡坡率；

h_1——路基中心的钢轨处轨枕下的道床厚度；

h_2——轨枕埋入道床深度。

7.2.4 区间曲线地段的路基面宽度，应在曲线外侧加宽。其加宽值由最高行车速度计算轨面超高值引起的路基面加宽确定。

如图6所示，曲线地段路基面加宽值为：

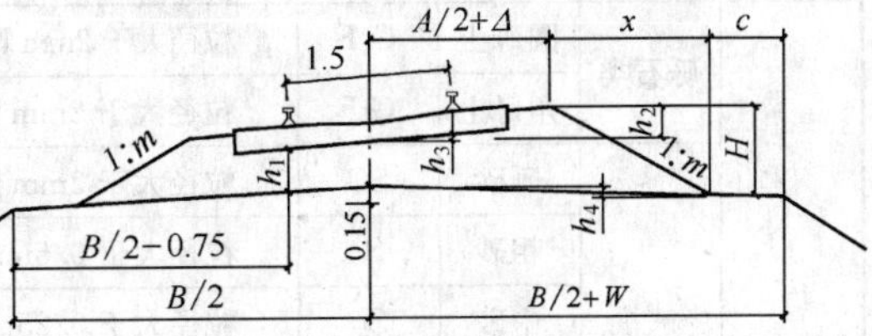

图6 曲线地段路基面示意

$$W=\frac{A}{2}+\Delta+x+c-\frac{B}{2}$$

式中 W——曲线地段路基面加宽值；

Δ——道床顶面加宽值，无缝线路 $R<800$m、非无缝线路 $R<600$m 时，$\Delta=0.1$m，否则 $\Delta=0$；

$x=m\ (h_1+h_2+h_4)$；

h_1——钢轨处轨枕下道床厚度；

h_2——外侧道碴肩至内股钢轨下轨枕底的道碴厚度；

h_4——外侧碴脚至钢轨下路拱高度。

7.2.5 一般情况下土质路堤边坡高度不大于6m，故采用1∶1.5单一坡率；如路堤高度超过6m时，可采用设平台或变坡率的形式。

路堑边坡坡度是指土质比较均匀、无不良地质现象及地下水的路堑边坡坡度的上、下限值。低边坡选用较陡的坡度，高边坡选用较缓的坡度。

7.2.6 路基基床是指路基上部受轨道、列车动力作用，并受水文气候变化影响较大，需作处理的土层。

路基基床厚度根据动应力在路基面以下的衰减形态，并参考国内外目前采用的基床厚度综合分析确定。

7.2.7 基床土的性质是产生基床病害的内因。为预防基床变形的产生，基床表层采用渗水性强的粗粒土较好，细粒土遇水抗剪强度降低，承载力减小，稳定性差，所以基床表层填料应优先选用A、B组填料，基床底层选用A、B、C组填料。填料分类见表3。

表 3　填料分类表

填料类别		名称	符号	说明	填料组别
岩块	块石类	硬块石	R_h	粒径大于 200mm 颗粒的质量超过总质量的 50%，不易风化，尖棱状为主	A
岩块	块石类	软块石	R_s	粒径大于 200mm 颗粒的质量超过总质量的 50%，易风化，尖棱状为主	B、C、D
岩块	块石类	漂石土	R_bF	粒径大于 200mm 颗粒的质量超过总质量的 50%，浑圆或圆棱状为主	A、B、C
岩块	碎石类	卵石土	R_gF	粒径大于 20mm 颗粒的质量超过总质量的 50%，浑圆或圆棱状为主	A、B、C
岩块	碎石类	碎石土	R_cF	粒径大于 20mm 颗粒的质量超过总质量的 50%，尖棱状为主	A、B、C
粗粒土	砾石类	圆砾土	G_cF	粒径大于 2mm 颗粒的质量超过总质量的 50%，浑圆或圆棱状为主	A、B、C
粗粒土	砾石类	角砾土	G_fF	粒径大于 2mm 颗粒的质量超过总质量的 50%，尖棱状为主	A、B、C
粗粒土	砂类	砾砂	SG	粒径大于 2mm 颗粒的质量占总质量的 25%～50%	A、B
粗粒土	砂类	粗砂	S_c	粒径大于 0.5mm 颗粒的质量超过总质量的 50%	A、B
粗粒土	砂类	中砂	S_m	粒径大于 0.25mm 颗粒的质量超过总质量的 50%	A、B
粗粒土	砂类	细砂	S_f	粒径大于 0.075mm 颗粒的质量超过总质量的 85%	B
粗粒土	砂类	粉砂	SM	粒径大于 0.075mm 颗粒的质量超过总质量的 50%，细粒土部分以粉粒为主	C
粗粒土	砂类	粘砂	SC	粒径大于 0.075mm 颗粒的质量超过总质量的 50%，细粒土部分以粘粒为主	B
细粒土	粉土类	砂粉土	MS	塑性图 *A* 线以下，*C* 线以左	B
细粒土	粉土类	粉土	M	塑性图 *A* 线以下，*B*、*C* 线之间	C
细粒土	粉土类	粘粉土	MC	塑性图 *A* 线以下，*B* 线以右	D
细粒土	粘土类	砂粘土	CS	塑性图 *A* 线以上，*C* 线以左	B
细粒土	粘土类	粉粘土	CM	塑性图 *A* 线以上，*B*、*C* 线之间	C
细粒土	粘土类	粘　土	C	塑性图 *A* 线以上，*B* 线之右	D
有机土			W_u	有机质含量大于 5%	E

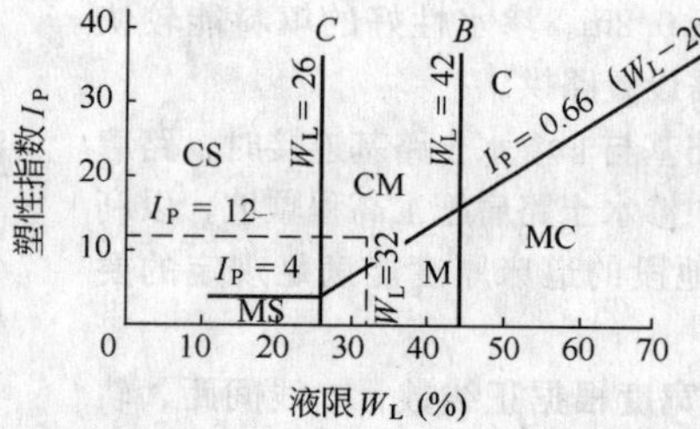

注：1　软块石填料组别：B 组指不易风化的，C 组指易风化的，D 组指强风化及全风化的；

2　漂石土、卵石土、碎石土和圆砾土、角砾土的填料组别是根据细粒土含量确定的：含量小于 15%者为 A 组，含量在 15%～30%者为 B 组，含量大于 30%者为 C 组；

3　表内填料组别为 A、B 者：A 组指级配良好的（$C_u \geqslant 5$，$C_c=1\sim3$），B 组指级配不良的（$C_u<5$，$C_c \neq 1\sim3$）。其中不均匀系数 $C_u=\frac{d_{60}}{d_{10}}$；曲率系数 $C_c=\frac{d_{30}^2}{d_{10}\times d_{60}}$；$d_{10}$、$d_{30}$、$d_{60}$ 分别为颗粒级配曲线上相应于 10%、30%及 60%含量的粒径；

4　硬块石的单轴饱和抗压强度 $R_c>30$MPa；软块石的单轴饱和抗压强度 $R_c \leqslant 30$MPa。

既有铁路调查资料表明，塑性指数大于12、液限大于32%的细粒土易产生病害，所以规定在年平均降水量大于500mm的地区，基床填料采用细粒土时，应限制其塑性指数不大于12，液限不大于32%。

路堑基床表层如为易风化的软石、粘粉土、粘土或人工填土，在多雨地区易形成基床病害，故应采取换填或土质改良等措施。特别是浅路堑，地表土较松散，达不到基床密实度要求，应采取压实措施。

7.2.8 路堤宜用同一种填料填筑，以免产生不均匀沉降。如不得不采用不同的填料填筑时，应防止接触面形成滑动面或在路堤内形成水囊。特别是渗水土填筑在非渗水土上时，非渗水土层顶面应向两侧设4%的人字横坡，以利于排水。

7.2.9 路堤基底处理对路基的稳定、减小路堤下沉具有十分重要的作用，必须给予足够的重视。为防止路堤沿基底面滑动，将原地面挖成宽度不小于1m的台阶即可。

当路堤基底有地下水影响路堤稳定时，应将地下水拦截或引排至基底以外，并在路堤底部换填渗水土或不易风化的碎石、片石等。

7.3 路基支挡结构物

7.3.4 支挡结构物两端与路堤的连接应保证路堤边坡坡面平顺，采用锥体填土坡面。为了加强挡土墙与路基连接处的坚固性，规定挡土墙端部伸入路堤内的长度不应小于0.75m。挡土墙锥体顺线路方向的边坡坡度，因不受列车荷载的影响，可比路堤边坡坡度变陡一级，当锥体护坡高度在8m以内时，顺线路方向锥体边坡坡度为1∶1.25，垂直线路方向的边坡坡度与路堤边坡相同。

7.3.5 列车荷载通过轨枕端部在道床内向下扩散至路基面。测试表明，当道床厚度为0.5m时，动荷载分布在路基面上的宽度约为3.5m，从而推算出列车荷载在道床内的扩散角约为45°。

作用在挡土墙上的荷载力系包括主力、附加力和特殊力。

1 主力包括：

(1) 墙背承受的由填料自重及轨道和列车荷载产生的侧压力；

(2) 墙身的自重；

(3) 墙顶部的有效荷载；

(4) 墙身与第二破裂面之间的有效荷载；

(5) 基底法向反力及摩擦力；

(6) 常水位时的静水压力和浮力。

2 附加力包括：

(1) 设计水位的静水压力和浮力（侵水挡土墙应从设计洪水位以下选择最不利水位作为计算水位）；

(2) 水位退落时的动水压力；

(3) 波浪压力；

(4) 冻胀压力和冰压力；

(5) 温度变化的影响。

3 特殊力包括：

(1) 地震力；

(2) 施工及临时荷载；

(3) 其他特殊力（如挡土墙顶部设置声屏障等设施时，应考虑风力对挡土墙的作用）。

8 车站建筑

8.1 一般规定

8.1.4 超高峰设计客流量是指该站高峰小时客流量乘以1.1～1.4的系数，主要考虑高峰小时内进出站客流量存在不均匀性。本规定是假定高峰20min内通过37%～47%的高峰小时客流量，故取超高峰系数为1.1～1.4。

各国情况不同，超高峰系数采用也不同，如匈牙利规定在高峰15min内要加上高峰小时预测客流量20%的增加值，即1.2系数，而法国规定最大系数为1.6。

本条中的“或客流控制时期的高峰小时客流量”，是指建设中的轨道交通线近期的预测高峰小时客流量会出现大于全线网建成后的远期预测高峰小时客流量，在设计中应考虑这一因素。

8.1.6 车站考虑无障碍设施，是关怀残疾人的具体体现。目前世界上发达国家和地区，在新建线路上均设置无障碍设施，供残疾人或老、弱、妇、幼乘客使用。具体做法：设置垂直电梯或斜坡道（或坡度小的自动人行步道），同时配制导盲设施到达站台层，在人行楼梯边上挂设轮椅升降台等。

8.3 车站平面

8.3.1 停车误差的确定与人工驾驶时司机操作的熟练程度或采用自动停车设备的先进程度有关。一般采用停车不准确距离为1～2m，当采用屏蔽门时停车误差必须控制在±0.3m之内。

8.3.2 站台宽度可参照下列公式计算：

岛式站台宽度：$B_d = 2b + n \cdot z + t$ (1)

侧式站台宽度：$B_c = b + z + t$ (2)

其中 $$b = \frac{Q_{上} \cdot \rho}{L} + b_a \quad (3)$$

或 $$b = \frac{Q_{上、下} \cdot \rho}{L} + M \quad (4)$$

(3)、(4) 两者取大者。

式中 b——侧站台宽度（m）；

n——横向柱数；

z——横向柱宽（m）；

t——每组人行梯与自动扶梯宽度之和（m）；

$Q_{上}$——远期每列车高峰小时单侧上车设计客流量（换乘车站应含换乘客流量）；

$Q_{上、下}$——远期每列车高峰小时单侧上、下车设计客流量（换乘车站应含换乘客流量）；

ρ——站台上人流密度 0.33～0.75 m²/人；

L——站台计算长度（m）；

M——站台边缘至屏蔽门立柱内侧的距离（m），无屏蔽门时，$M=0$；

b_a——站台安全防护宽度取 0.4m，采用屏蔽门时以 M 替代 b_a 值。

站台宽度的计算公式（3）、（4）两者取大者的含义是：

公式（3）是指列车未到站时，上车等候乘客只能站立在安全带之内，此时侧站台计算宽度是上车乘客站立候车所需要的宽度加上安全带宽度。

公式（4）是指列车进站停靠后，上、下车乘客进行交换中，安全带的宽度已被利用。

当站台采用屏蔽门时，公式（3）的 b_a 值用屏蔽门立柱所需宽度替代；当不采用屏蔽门时，公式（4）的 M 值为零。

最终侧站台计算宽度应按以上两种不同工况下取其大者。采用上述两种不同工况下的算式对于早晚高峰客流比较大的车站，其结果差距明显。

在计算岛式站台宽度时的 b 值，应分别按上、下行线的上、下客流量计算，其 b 值不等，为了建筑布置适宜，宜按大值对称布置。

公式中的 $Q_{上}$ 和 $Q_{上、下}$ 为远期每列车高峰小时单侧上车客流量和远期每列车高峰小时单侧上、下设计客流量，在计算中均应换算成远期高峰时段发车间隔内的设计客流量。

ρ 值各国取值不等，但大致在 0.33～0.75m²/人范围内，本规范推荐取 $\rho=0.5$m²/人。

8.3.3 "必要时可伸入站台计算长度内"，伸入长度不得超过半节车厢的长度，主要考虑便于乘客乘降。但其伸入后端面墙距梯口的距离应不小于 8m，当然同时还应满足第 8.3.4 条的规定。

8.3.5 本条规定采用屏蔽门系统的车站站台层结构立柱可设在站台边缘，此条仅为结构受力合理性考虑，一般情况下不采用，因结构立柱与屏蔽门的设置配合难度大。

8.3.6 本条敞开式车站是指路堑、地面、高架形式的车站。

8.3.9、8.3.10 事故疏散时间：

$$T=1+\frac{Q_1+Q_2}{0.9\ [A_1\ (N-1)\ +A_2B]}\leqslant 6\ (\text{min})$$

为体现以人为本的思想，站台层至站厅层采用自动扶梯的越来越多，故必须考虑自动扶梯计入事故疏散用，单靠人行楼梯来作事故疏散，则车站规模需要扩大很多。故自动扶梯的供电必须由原来二级提升到一级负荷供电。同时下行自动扶梯能改为上行（高架车站上行改为下行）的功能。

计算中：应考虑 1 台自动扶梯损坏不能运行的几率，（$N-1$）台自动扶梯和人行楼梯通行能力按 9 折折减。式中的"1"为人的反应时间。

8.3.15 合理紧凑地布置地下车站的设备、管理用房，目的是减少空间浪费，节省工程投资。车站管理用房面积可参照表 4。

表 4　车站管理用房面积参考表

名称	面积（m²）	备　注
车站控制室（含防灾控制）	35～50	两个站厅时另加设一间 12m² 副值班室，地面、高架车站酌情减小
站长室	15～18	中心站，另加一间 12m²
警务室	（12～15）×2	一条线上另加设 1～2 间警署室，每间 12m²
交接班室（兼会议、餐室）	1.2～1.5m²/人	按一班定员计
更衣室（分男、女）	0.6～0.7m²/人	按车站全部定员计
茶水间	8～10	附洗涤池
卫生间	女 2～3 坑位 男一个坑位、两个小便斗	管理人员用
清扫室（站厅、站台各设一间）	（6～8）×2	附洗涤池，两个站厅、侧式站台另增
站务员室	12～15	侧式车站站台设两间（面积可适当减小）
收款室（即票务室）	16～20	
库房	16～20	
供电值班室（每座降压变电所配一间）	10	如 SCADA 同步实施，可不设
列检室	10	交路折返站
司机休息室	6～8	交路折返站
维修巡检室	8～12	宜每站一间，至少3～5站一间

本条规定“主要管理用房应集中一端布置”，是便于采用有效的消防措施。一般而言，地下二层车站的防火分区划分：站厅公共区和站台层为一个防火分区；站厅两端的设备、管理用房各为一个防火分区。合理做法是把管理用房集中于一端，便于该区设专用消防通道直达地面，同时在该区内设站厅层至站台层封闭人行楼梯，以满足消防要求。另一端仅设无人值班的设备用房区，可不设消防专用通道。

8.3.16 本条规定的“车站各部位的最大通过能力”中，自动扶梯的通过能力，是指设计采用的通过能力，自动售票机通过能力本表为 300。根据上海地铁 1 号线、2 号线多年运营的实测资料，每小时的通过能力在 300 人左右，该数值随着乘客使用熟练程度的提高，通过能力也会提高。同样表中的自动检票机通过能力也会随着乘客使用熟练程度而有所提高。

8.5 车站出入口

8.5.1 本条规定“每个出入口宽度应按远期分向设计客流量乘以 1.1～1.25 的不均匀系数”，此系数与出入口数量有关，出入口多应取上限值，出入口少可取下限值。

当个别出入口宽度按分向设计客流量确定，由于地面种种因素而无法满足时，可考虑加宽其他出入口，使一个车站出入口通过能力的总和满足该站远期设计客流量的通过。

8.5.4 地下车站出入口的地面标高一般应高出该处室外地面 300～450mm，当此高程未满足当地防淹高度时，应加设防淹闸槽，槽高可根据当地最高积水水位确定。

8.7 人行楼梯、自动扶梯、电梯、屏蔽门

8.7.2 本条文的自动扶梯设置标准是最低标准，随着经济的发展，可根据各城市的财力相应提高标准。

8.7.3 为增加乘客使用自动扶梯的舒适度，规定了自动扶梯上、下两端水平运行梯级数不得小于三块平级梯，如采用四块平级梯则效果更佳。地下车站站台至站厅用的自动扶梯，由于事故时纳入疏散梯用，故必须采用一级负荷供电。

8.7.16 当列车采用架空接触网受电时，屏蔽门本体与站台土建结构应绝缘。同时站台缘口往内延伸 2m 范围内在站台装饰层下需铺设绝缘层（非屏蔽门系统同样处理），设计耐压以均不小于 150V 为宜。

9 高架结构

9.1 一般规定

9.1.1 城市轨道交通工程中的“高架结构”包括车站之间的区间高架桥及高架车站。高架桥承受列车荷载；高架车站从功能而言是房屋建筑，但从受力而言，当行驶列车的轨道梁与车站其他建筑构件有联系时，车站结构的构件分成两大类，一类是受列车荷载影响较大的构件如轨道梁、支承轨道梁的横梁、支承横梁的柱以及柱下基础等；另一类是受列车荷载影响小以致不受影响的一般建筑结构构件如站台梁、一般纵梁等。由于列车荷载与建筑荷载有较大的不同，鉴于目前我国规范的分类及研究水平实际状况，把高架车站中的第一类构件和区间桥梁归在一起，按本章的规定进行结构设计；车站结构中的第二类构件按现行建筑规范进行结构设计。因此，本章“高架结构”适用于城市轨道交通高架桥及高架车站中的第一类结构构件的结构设计。

城市轨道交通的列车荷载就其荷载集度而言，远小于铁路列车活载，但就其作用方式而言，如上桥即满载（指一列车长），特别是水平力作用方式等与铁路列车活载接近。因此，在目前我国关于城市轨道交通高架结构的专题研究成果（如荷载的分项系数、轨桥的相互作用等）尚不多、高架城市轨道交通建设实践尚少的情况下，沿用目前我国铁路桥涵设计采用的容许应力法是合适的。随着我国高架城市轨道交通的不断建设及研究成果的不断积累，容许应力法理论必将向以可靠度理论为基础、具有城市轨道交通自身特色的完整的极限状态设计方法过渡。

我国大陆第一条高架城市轨道交通线是上海明珠线一期工程，2000 年 10 月建成通车，至今运行良好。目前我国在建的全部或部分高架线有上海莘闵轻轨线、上海共和新路高架一体化工程、北京城市铁路、北京八通线、武汉轨道交通一号线、南京地铁一号线、大连轨道交通三号线等多条线。我国关于客运高速铁路线桥结构的研究则已进行多年，秦沈高速客运专线即将建成。本次地铁规范修订增编“高架结构”是在上述实践、研究的基础上进行的。

9.1.2 城市轨道交通高架线与城市高架道路相同，应充分重视对城市环境的影响，包括城市景观上的要求、对城市环境的保护（如噪声、振动防治等）等。

9.1.3 从降低噪声、降低造价的目的出发，应尽量采用预应力混凝土结构。为减少施工时对环境的污染，加快施工速度，宜推广采用预制架设的施工方法。

9.1.5 关于梁竖向挠度的容许值。

1 铁路和公路桥都有梁的竖向刚度的限值，目的是使桥梁长期使用不致变形太大，造成不良后果而影响正常使用。

城市轨道交通高架桥是行车密度很大的客运专线，而且一般是长大高架桥梁，因此其走行性即安全性和舒适性问题尤为重要。从这一思路出发，对梁的

竖向刚度提出了更高的要求。

由西南交通大学和原上海铁道大学进行的列车过桥动力分析的结果表明，当挠跨比小于 1/1800（$L<24m$）或 1/1500（$L>24m$）时，等跨布置的多跨简支结构均能满足列车的行车安全和乘客的舒适度要求。西南交通大学同时还建议梁的竖向自振频率不宜小于 4.5Hz，以避免结构振动过大；

2 预应力混凝土梁的徐变上拱度会影响轨道的平整度，城市轨道交通高架桥一般采用无缝线路无碴轨道结构，扣件的调高量仅 3～4cm。因此，梁的后期徐变必须严格限制。对于 25～35m 跨度的梁，线路铺设后的结构徐变上拱限值为不大于 2cm；

根据“九五”国家重点科技攻关课题铁科院高速铁路线桥结构与技术条件的研究报告，后期徐变拱度与挠跨比关系较大。$L=32m$、$L=24m$ 梁张拉两个月加二期恒载，当挠跨比在 1/2000～1/3000之间时，后期徐变上拱度在 1.2～2.4cm 之间。为此，该研究报告建议高架结构梁的挠跨比不宜小于 1/3000；

3 地铁高架结构一般采用无缝线路和无碴轨道结构，梁的刚度直接影响到无缝线路挠曲力的大小，加大梁的刚度对减少无缝线路的挠曲力有明显作用；

4 上海轨道交通明珠线高架桥是按挠跨比 1/3000 的要求设计的，通车近两年来运行情况良好。用经过实测验证的理论计算算得标准跨 30m 梁后期徐变上拱度为 3mm。采用“城市轨道交通走行性分析”课题组成果 RTV 程序进行分析，最大脱轨系数 0.42、减载率 0.05，都远小于容许值，说明安全性良好；斯佩林指标横向 2.6、纵向 2.2，均达到国际上平稳性一级即优的要求。总结明珠线的实践经验，表明刚度限值还可适当放宽些；

5 对于钢梁或钢-混凝土结合梁等其他结构体系，可参照混凝土梁的挠度限值。

9.1.6 关于梁的横向刚度。

横向刚度问题同竖向刚度一样，对车辆来说主要是影响车辆运行的安全性和平稳性；对桥梁而言，较大的振动主要影响桥梁的安全性和桥上线路的状态。现行铁路桥规范没有关于梁横向刚度的规定。铁路桥梁检定规范从评定结构技术状态角度出发，提出了梁的横向刚度的参考限值。铁道部工务局 1996 年从提速后运行安全的角度，在桥隧设备暂行技术条件中规定了梁的横向刚度要求；京沪高速铁路线桥隧站设计暂行规定中也规定了梁体在摇摆力、离心力、风力和温度力作用下水平挠度的限值。

国外规范中，前苏联《公路、铁路、城市道路桥涵设计规范》附录对运行 160km/h 客车、100km/h 货车线路的桥跨结构横向允许挠度规定了建议限值；日本铁路结构设计标准提出横向挠度一般取不超过竖向挠度限值的 1/2；国际铁路联盟规范 UIC－code (1981) 规定了行驶速度 $V>200$km/h 客车线路的梁体横向挠度的限值。

城市轨道交通列车的转向架性能较好，速度也不快（一般不超过 80～100km/h），且无货车运行，但城市轨道交通高架桥一般均是多跨梁构成的长大桥梁，而且行车密度特别大，从提高防脱轨安全度考虑，有必要对梁横向刚度提出一个参考限值。为使设计容易操作，这个限值参照我国铁路桥梁检定规范规定，采用横向自振频率控制。

关于横向刚度限值问题，国内铁路部门正在积极进行研究，包括对检定规范进行修改。因此，随着对城市轨道交通高架结构的不断实践和研究，积累足够的资料后再提出更合理的限值。

需要指出，本条规定的限值，对一般双线梁是不控制的，主要用于控制跨度较大的单线梁桥。

9.1.7 关于桥墩的纵向刚度。

城市轨道交通高架桥一般均铺设无缝线路，而且大多数采用无碴（刚性）轨道结构。这样，轨、梁成为统一的整体，梁体结构在温度变化、竖向活载及制动力作用下出现的位移和变形会使钢轨产生附加应力，这就是梁轨相互作用的特殊问题。其相互作用产生的附加应力大小，在很大程度上取决于桥墩的纵向水平刚度，过大的附加应力甚至会使钢轨断裂从而影响行车安全。

我国高速铁路线桥结构与技术条件的研究报告指出，列车制动时产生的钢轨附加应力随下部结构纵向水平刚度的降低而增大；伸缩力、挠曲力产生的附加应力随下部结构刚度降低而减少。但是，刚度对制动附加应力的影响比对伸缩附加应力和挠曲附加应力的影响要大得多；另一方面，钢轨附加制动应力、附加挠曲应力和附加伸缩应力均随跨度增大而增加，且几近线性关系。因此，需对桥墩刚度制定出限值，而且跨度不一样，限值也不一样。

钢轨容许附加应力为拉应力 81MPa，压应力 61 MPa，铁科院高速铁路线桥结构与技术标准研究报告进行了相关的理论计算，并建议跨度 40m 以下简支梁高架结构下部结构纵向刚度取 500kN/cm（双线）。根据这一研究结论，参考“京沪高速铁路线桥隧站设计暂行规定”，再考虑到轨道交通列车制动力较高速铁路列车制动力小的特点（以 30m 梁为例，前者制动力为后者的 60%），适当放宽了墩顶水平线刚度的限值，制定了本条的限值。本条主要适用于无缝线路固定区的一般跨度简支梁，对于连续梁，可参考“京沪高速铁路线桥隧站设计暂行规定”中的有关条文。

本条所指墩顶线刚度包括由墩身、支座和基础组成的综合刚度。

9.1.9 制定本条，是针对高架结构采用的轨道结构扣件可调量小的特点，防止过大的不可恢复的弹性变形影响线路的平顺性。限值和“京沪高速铁路线桥隧站设计暂行规定”相同。

9.2 荷 载

9.2.5 上海地铁总公司、同济大学桥梁系“城市高架轨道交通桥梁结构设计主要参数研究（中间报告）”中收集了国内外14种地铁车辆和7种轻轨车辆的轴重资料。地铁车辆轴重从98.5kN（英国伦敦）到182.1kN（法国巴黎）不等，轻轨车辆轴重从78.0kN（中国拟制的8轴车）到110kN（中国上海）不等。鉴于地铁轻轨列车种类的多样性并考虑到车辆构造发展将从不锈钢转向铝合金，意味着自重只会减少，而乘客载重不会变化，因此规定列车竖向活载可按本系统实际运行的列车最大轴重及最大编组确定，轴重上可不必留更多的余量。

对于双线桥，规定竖向荷载不折减，这是考虑到地铁、轻轨列车行车密度高、轴重一致的特点。以30m梁跨为例，按3min间隔、全天运行17h计，两车在桥上相遇的几率约为382次/年。对一般铁路而言，当采用内燃和电力机车牵引时，满载货物列车与机车荷载相近；也以同样条件计，两车在桥上相遇的几率约57次/年。显然，轨道交通列车两车在桥上相遇的几率大得多。国外的一些规范如日本铁路结构设计标准、英国BS 5400（铁路列车）、美国AREA—1977（铁路列车）、德国DS 804（铁路列车）等双线桥加载都不折减。

9.2.6 关于动力系数。

从理论上分析，地铁与轻轨列车荷载比一般铁路荷载小很多，因此，桥梁带载自振频率与梁的自振频率比较接近，从而远远高于列车荷载引起的强迫振动频率，因此，动力系数要较一般铁路荷载小些。上海地铁运营公司和原上海铁道大学进行了明珠线30m梁的车桥耦合振动计算，并在桥上进行了实测，两者结果相接近（当$V=60$km/h时，理论计算$1+\mu=1.121$，实测$1+\mu=1.145$），这两个值分别是按现行铁路桥规动力系数公式计算的0.605和0.725。据此，本规范规定动力系数按铁路桥规公式计算后乘以0.8。

9.2.9 关于制动力取值。

1 列车制动力可分成作用于轨面的制动力和桥墩承受的制动力。桥梁长度短，通过钢轨传至路基的制动力就多，桥墩承受的制动力就较少些，反之亦然。经多年试验研究并根据一般桥梁长度（几十米至1、2公里），铁路桥规确定桥墩承受的制动力为梁上列车竖向静活载的10%，这是指紧急制动时发生的值；

2 轨道交通列车制动系统均为电气指令式，减速度要较铁路列车大，前者约为$-1.2\sim-1.5\text{m/s}^2$，后者约为$-1.08\sim-1.23\text{m/s}^2$。因此，紧急制动时，轨道交通列车作用于轨面的制动力值要大些。另一方面，城市轨道交通高架桥一般都是长大桥，传至桥墩部分的制动力也要大些，因此，本规范规定区间高架桥制动力采用竖向静活载的15%；

3 国外如北美洲的一些地铁与轻轨系统，作用于轨面的列车制动力采用值如表5；

4 车站及附近桥梁由于列车进出站而频繁发生制动和启动，因此双线桥按双线制动力考虑，但由于一般都不是紧急制动，因此每线制动按10%计。

表5 国外列车制动力采用值

国名	城市轨道交通名称	作用于轨面的制动力
美国	旧金山城市轨道系统（BART）	$0.21qL$
美国	芝加哥市城市轨道系统（CTA）	$0.15qL$
美国	亚特兰大地铁（MARTA）	$0.21qL$
美国	华盛顿地铁（WMATA）	$0.15qL$
加拿大	多伦多地铁（TTC）	$0.25qL$
加拿大	加拿大轻轨系统（CLRV）	$0.25qL$

注：qL——一孔或一联梁上一条线上列车竖向荷载总重。

9.2.11 无缝线路伸缩力，是指因温度变化、由桥梁与长钢轨相对位移而产生的纵向力；挠曲力是列车荷载作用下，由挠曲引起的桥梁与长钢轨相对位移而产生的纵向力；断轨力是因长钢轨折断引起桥梁与长钢轨的相对位移而产生的纵向力。上述纵向力的大小，与轨道扣件阻力、梁跨度及桥墩刚度以及是否设钢轨伸缩调节器有关。

无缝线路断轨力T_3按单股钢轨在梁上最不利的位置折断考虑，可采用下式简化计算：

$$T_3=Q\cdot L\ (\text{N})$$

式中 Q——线路纵向阻力（N/cm）；

L——简支梁梁长（cm）（连续梁不设置钢轨伸缩调节器时，L为连续梁的梁长），当L大于无缝线路断轨时钢轨伸缩的长度时，L取断轨时钢轨伸缩的长度。

在连续梁的跨中设置钢轨伸缩调节器时，断轨力按下式计算：

$$T_3=Q\cdot L/2\ (\text{N})$$

线路纵向阻力由无缝线路设计提供。

伸缩力和挠曲力计算应通过建立梁、轨共同作用的计算模型求得。

9.4 构造要求

9.4.10 本条提出了特殊环境下的结构耐久性设计的一些原则要求，具体措施，将由设计者制定。

10 地下结构

10.1 一般规定

10.1.1 明挖地铁的基坑可分成放坡开挖和护壁施工两大类。地铁线路大多穿越市区，且埋深较大，基坑以护壁施工为主。放坡开挖仅在场地开阔、埋深浅和环境允许时采用。

明挖地铁的基坑护壁有锚喷支护、土钉墙、重力式挡墙和桩、墙式围护结构等多种形式。其选型应综合考虑周围环境、现场工程地质和水文地质条件、围护结构的使用目的、基坑深度和安全等级等因素，参照地区经验，结合土方开挖、降水和地层加固等辅助措施，通过技术经济比较确定。

10.1.2 在通过钻孔取样进行土工试验时，应尽可能模拟结构在施工或使用阶段地层的实际应力状态及具体条件。结构设计人员在选用土工试验结果进行结构稳定性分析或强度计算时，也应注意这一点。

在勘察的内容上，除满足一般要求外，还应考虑不同施工方法对地质勘察的特殊要求。例如，当采用降低地下水位法施工有可能使地层产生固结沉降时，要进行固结试验；在采用地下连续墙法施工时，为满足基坑开挖的稳定性要求，有时要采取内井点降水或坑底地基加固等措施，除不同部位土层的常规力学指标外，还需提供基坑内侧坑底土层卸载后排水固结状态下的 c、ϕ 值及坑外不排水、不固结、自重应力状态下土层的 c、ϕ 值，并需通过现场抽水试验测定地层的渗透系数；在软土地层中，为了预测明挖结构沿隧道纵向产生的不均匀沉降，应提供坑底土体卸载后再加载的弹性模量；为了判断盾构隧道在长期使用过程中底部砂性土层的稳定性，需要提供土层不均匀系数（d_{60}/d_{10} 及 d_{70}）等指标；在采用泥水式或土压式盾构时，需要调查砾石的形状、大小、数量及硬度、颗粒组成，尤其是细颗粒所占的百分比及渗透系数等；当采用矿山法施工时，需要提供有关评价围岩质量和进行围岩分级的各种指标；在用气压法施工时，必要时应对土层进行透气试验；采用冻结法施工时，应提供土层的热物理指标及有关土层冻胀和融沉的力学指标等。

鉴于工程地质现象的复杂性以及按一定间距布设的勘探点所揭示的地层信息与实际的地层剖面总是存在差异，地质勘察工作应贯穿工程建设的始终。施工中通过对开挖后地层状态（开挖面稳定性、净空位移量、节理裂隙等）的直接观察或监测反馈，对所提出的地质资料进行验证，必要时应根据实际情况修改设计方案和施工方案。

10.1.3 地铁工程的修建，不可避免地对周围环境产生不利影响。当地铁线路通过城市中心地区时，还会遇到与既有的建、构筑物处于接近或超接近的状态，个别情况还需要下穿建、构筑物或既有轨道交通结构物等。地铁工程设计，在经济合理的条件下，应力求把地铁施工中及建成后对城市居民生活、邻近建、构筑物、地下管线、地下水和总体环境的影响减至最小。

1 环境影响的主要方面。

（1）由于地铁施工造成的影响：如对居民生活环境的影响，主要表现在施工中环境质量的恶化；对邻近建、构筑物和地下管线的影响；地下水状态的变化；

（2）隧道建成后对周围环境可能造成的影响：如在粘性土地层中隧道长期渗漏引起地下水位的变化或地层的固结沉降；粉细砂含水地层中由于隧道渗漏引起水土流失造成周围地层的下沉；列车振动及噪声对城市居民及建、构筑物的影响等；

2 必须从工程的设计阶段就对修建地铁可能造成的环境影响进行调查、预测，提出保护环境的具体方法，采用合理的结构形式和支护方案，选择合适的施工方法、辅助施工措施和施工机具；

3 在地铁线网规划经上级审定后，就应及早对沿线的地上、地下建筑物进行规划，并对沿线控制范围内所有规划的拟建建筑物加以控制，尽量减少以后给地铁建设造成的困难；

当规划建筑物先于地铁实施、且位于施工相互影响范围以内时，应充分考虑远期地铁施工可能对其造成的不利影响而在建筑物的设计中采取必要的措施。例如，将建筑物的基础置于地铁隧道开挖形成的破裂面之下；位于沉降槽范围之内的桩基应考虑负摩擦力对其承载力的影响；当建筑物桩基距远期盾构隧道很近时，要考虑盾构推力和隧道开挖后土体侧向卸载对桩受力的影响等。当远期地铁可能下穿建筑物时，应在建筑物的桩基中预留走廊供其通过，避免以后采取基础托换等方法而增加地铁的工程投资；

4 现阶段我国修建地铁，有些地方与旧城改建不一定能同步实施，因此，在设计地铁结构时，要根据城市规划条件，尽可能地考虑规划建筑物实施时对它的影响。否则地铁建成后，在其影响范围内一般不允许任意新建建筑物和进行对地铁结构安全不利的一切工程活动，如在地铁结构近侧打桩、开挖基坑、井点降水等；

5 地铁的结构设计，应根据城市轨道交通线网规划，考虑发展的可能性，必要时在近期工程中做出适当的预留。预留工程的规模视所处的工程地质及水文地质条件，以尽可能减少近期工程投资，同时又不给远期工程的实施与地铁的安全运营造成过多困难和投资的无谓增大为原则。例如在饱和的软粘土地层中，地下换乘车站的相交节点或区间隧道下穿地下车站的节点等，都应在近期工程中一次做成（两侧结构向远期线路方向外延 2～3m，以利于近、远期工程结合部位的防水层施工，并减少远期站施工时对近期车站运营的影响）。而在无水的或一般冲洪积地层中，预留工程可以简化，如在近期工程的底部只预留远期工程开挖时的护壁桩和临时中间支撑柱等。

10.1.4 施工方法和结构形式的选择，不仅受沿线工程地质和水文地质条件、环境条件、隧道埋置深度和城市规划等因素的制约，而且对地下车站的建筑布局和使用功能、地下空间的开发利用、线路的平面和纵断面、工程的实施难度、工期、造价及施工期间的城市居民生活、经济活动和周围环境等都会产生直接影响。地铁沿线情况千差万别，结构功能要求也各不相同。因此，对地下结构施工方法和结构形式的选择，必须贯彻因地制宜的原则，通过综合比较，选择经济效益、社会效益和环境效益较好的方案。由于地下结构的形式对施工方法有一定的依从关系，所以施工方法的选择尤为重要。

根据国内外在土层中修建地铁的经验，区间隧道除洞口附近或郊区空旷地带线路埋深较浅的区段采用明挖法施工外，一般宜采用暗挖法施工（应进行矿山法和盾构法的比选），布置于车站端部的折返线或渡线隧道应进行明挖法和矿山法的比选。地下车站应优先采用常规的明挖法施工；当不允许长期占用既有道路施工时，可采用盖挖顺筑法；当需要缓解施工对地面交通的影响，且车站较深、临近地面建、构筑物或重要地下管线，必须严格控制开挖引起的地面沉降时，可采用盖挖逆筑法；仅当不具备明挖条件或当车站埋置过深，采用明挖法施工很不经济时，方可考虑采用暗挖法施工。此外，对于枢纽车站或具有综合功能要求的车站，一般也不宜采用暗挖法施工。

岩石地层中的区间隧道和地下车站一般采用矿山法施工。

10.1.5 地铁结构的耐久性设计，目前还达不到完全定量的程度。设计时，除满足本章有关条文的要求外，尚应根据环境类别，从材料、构造、施工质量和使用阶段的维护与检测等方面加强宏观控制，从总体上保证对设计基准期为 50 年的地铁结构，在规定的 100 年的设计使用年限内应具备的使用功能和安全储备。当然，也还需要结合地铁工程自身的特点做许多工作，如超长结构裂缝控制、提高在含有稳定液泥浆中灌注的混凝土和喷射混凝土的耐久性以及确定与时间因素有关的各种设计参数的取值等，逐步把耐久性设计从定性控制过渡到定量设计。

环境类别按现行国家标准《混凝土结构设计规范》确定。

1 处于一般环境（即一类和二 a 类）中混凝土结构的耐久性设计可从以下方面进行控制：

（1）混凝土材料：

1）配筋混凝土的最低强度等级、最大水胶比和单方混凝土胶凝材料的最小用量应满足表 6 的规定。素混凝土可按降低一个环境类别取用，但强度不低于 C25，水胶比不高于 0.65；

表 6 最低强度等级、最大水胶比和胶凝材料最小用量

环境类别	最低强度等级	最大水胶比	胶凝材料最小用量（kg/m^3）
一	C30	0.55	290
二 a	C30	0.55	290

注：表中胶凝材料最小用量指骨料最大粒径为 20mm 的混凝土。如最大粒径为 40mm，最小用量取表中数值减 $30kg/m^3$；如最大粒径为 15mm 和 10mm，最小用量分别取表中数值加 $20kg/m^3$ 和 $30kg/m^3$。

2）配制耐久混凝土的水泥可采用硅酸盐水泥、普通硅酸盐水泥或矿渣硅酸盐水泥，其强度等级宜为 42.5 号，并不宜低于 32.5 号；

不论骨料是否具有活性，水泥的含碱量（等效 Na_2O）均不宜超过水泥重的 0.6%；

在无氯盐的环境中，配制钢筋混凝土和预应力混凝土所用各种原材料（水泥、矿物掺和料、骨料、外加剂、拌和水等）的氯离子含量分别不应超过胶凝材料重量的 0.2%和 0.1%；

3）配制耐久混凝土所用的矿物掺和料应符合下列要求：

①粉煤灰应选用来料均匀、各项性能指标稳定的一级或二级灰。粉煤灰的烧失量应尽可能低、并不大于 4%，三氧化硫含量不大于 3%。在满足强度需要的前提下，粉煤灰掺量不宜超过 30%；

②磨细的粒化高炉矿渣的比表面积不宜小于 $3500cm^2/g$，但过高的细度也不利于控制水化热和混凝土的防裂；

4）配制耐久混凝土的骨料应满足以下要求：

①质地均匀坚固，粒形和级配良好，空隙率小（粗骨料堆积密度一般大于 $1500kg/m^3$，对较致密的石子如石灰岩大于 $1600kg/m^3$，即空隙率约不超过 40%；对不同细度模数的砂子，控制 5mm、0.63mm 和 0.16mm 筛的累计筛余量分别为 0～5%、40%～70%和大于等于 95%）。粗骨料的压碎指标不大于 10%，吸水率不大于 2%；

②对于可能处于干湿循环下的混凝土，粗、细骨料中的含泥量应分别低于0.7%和1%；粗、细骨料中的水溶性氯化物折合氯离子含量应均不超过骨料重的0.2%，硫酸盐和硫化物中的SO_3离子含量应均不超过骨料重的0.5%；

③除素混凝土外，配筋混凝土的细骨料不得使用海砂；

④对于可能处于潮湿环境的混凝土，当混凝土中含碱量不明时，不得采用有潜在活性的骨料。如因条件所限必须采用时，应采取抑制碱骨料反应的可靠措施并通过专门的检测和论证；

5）混凝土的化学外加剂及其使用应符合以下要求：

①各种外加剂应有厂商提供的推荐掺量与相应减水率，主要成分（包括复配组分）的化学名称、氯离子含量百分比、含碱量，以及施工中必要的注意事项如超量或欠量使用时的有害影响、掺和方法和成功的使用证明等；

②当混合使用各种外加剂时，应事先测定它们之间的相容性；

③外加剂中的氯离子含量不得大于混凝土中胶凝材料总重的0.02%，高效减水剂中的硫酸钠含量不大于减水剂干重的15%；

6）混凝土拌和用水应符合现行标准的有关规定，不得采用海水；

7）预应力混凝土孔道灌浆材料的流动度应事先经过测定，以满足施工要求，其水胶比应低于本体混凝土的水胶比，且不大于0.40，终凝时间不大于24h。在施工环境温度下，灌浆材料6h内保持可灌性，泌水率3h不超过2%，最终不超过3%，并要求泌出的水在密封状态下24h内被浆体重新吸收，或采用微膨胀剂保证灌浆的密实性；

（2）结构构造：

1）结构构件的外形应有利于通风和排水，避免水汽在混凝土表面的积聚，便于施工时混凝土的捣固和养护，减少荷载作用下或发生变形时的应力集中；

2）结构的构造应有利于减少结构因变形而引起的约束应力，并仔细规划施工缝、诱导缝、伸缩缝的间距、位置和构造。结构的施工缝和连接缝位置，应尽量避开可能遭受最不利局部侵蚀环境的部位（如水位变动区和靠近地表的干湿交替区）；

3）排水应通过专门设置的管道，不得将结构构件的混凝土表面直接作为排水通道。排水管的出口不得紧贴混凝土构件表面，出口应离开结构磡柱一定距离；

4）室外构件宜设滴水沟，防止雨水从构件侧面流向底面；

5）为便于使用过程中的维修、检测和构件替换，设计时应为方便人员、设备进入而设置通道，并为临时安装所需的机具预留必要的空间和预留埋设件；

6）为封闭预应力筋的金属锚具，后浇混凝土的强度等级应高于构件本体混凝土的强度等级，其水胶比应不低于本体混凝土，且在室外干湿交替环境下不小于0.4。封闭锚具的混凝土保护层厚度在干湿交替环境下应不小于5cm；

（3）施工要求：

1）耐久混凝土的施工应结合工程和环境特点，对施工全过程和各个施工环节提出质量控制与质量保证措施，并制定相应的施工技术条例；

2）混凝土配比及其原材料，应通过试配和混凝土抗裂性能的对比试验进行优选；

3）采用合理的浇注顺序，尽量减少新浇混凝土硬化收缩过程中的拉应力与开裂；

4）确保混凝土保护层的设计厚度。保护层垫块可用细石混凝土制作，其抗侵蚀能力和强度应高于构件本体混凝土，水胶比不低于0.4；

5）控制混凝土入模前的模板与钢筋温度以及混凝土的入模温度；

6）根据现浇混凝土使用的胶凝材料的类型、水胶比及气象条件等确定潮湿养护时间。预制构件蒸汽养护的最高温度应不超过60℃。

7）混凝土浇注后应仔细抹面压平，抹面时严禁洒水，并应防止过度操作；

8）应进行现场混凝土的耐久性质量检测；

（4）维护：在使用过程中应定期维护。

2 处于二b-五类环境中的混凝土结构的耐久性设计要求，应通过专门研究确定。

10.1.6 地铁建筑物由一系列荷载特性和工作状态完全不同的结构组成。对于各类结构，目前尚不具备全部按以概率理论为基础的极限状态法进行设计的条件。作为过渡措施，本规范规定，地下结构的设计可视其使用条件和荷载特性等，选用与其特点相近的国家或行业颁发的土木工程结构设计规范进行设计。受力明确并具备条件的，宜按极限状态法设计；荷载不甚明确或尚不具备条件的，可按破损阶段或按容许应力法设计；在Ⅴ级及以下围岩中用矿山法施工的区间深埋隧道，也可采用工程类比法设计。所选用的设计规范应在工程的初步设计文件中予以说明。

施工监测是确保地下工程施工安全和环境安全的重要手段，它提供了一个大量采集岩土参数和结构在不同施工工况下的反应（包括地铁结构、相邻建、构筑物和地下管线等）以及实现地下工程信息化设计的有利条件。地下工程的信息化设计应包括下面两个目标：

1 通过施工监测信息的反馈，及时修改设计参数和施工参数；

2 通过对量测数据的综合分析，对影响工程投资和安全的重要设计参数、设计方法和施工方法等提出改进建议。

10.1.7 地下结构的净空尺寸，在满足地铁建筑限界或其他使用及施工工艺要求的前提下，应考虑施工误差、结构变形和后期沉降等影响而留出必要的余量。

1 施工误差一般包括：

(1) 由于施工测量、放线、铺轨、盾构推进、结构沉放或顶进引起结构或线路在平面位置和高程上的偏离；

(2) 由于施工立模、浇注混凝土时模板变形、地下连续墙成槽时的墙面倾斜和局部突出等造成结构净空尺寸的变化；

(3) 矿山法隧道施工时的超挖；

(4) 装配式构件的制作和拼装误差等。

2 盾构推进过程中对中心位置的偏离，即所谓上下左右的"蛇行"，在盾构隧道的施工误差中占有相当的比例。产生"蛇行"的主要原因有：

(1) 由于周围地层不均匀以及盾构设备机械效率不一致，常使盾构偏离轴线推进；

(2) 平行隧道施工的影响。上海大多数盾构施工的"蛇行值"在±50～±100mm 之间，也有少量超过±100mm 的；日本大阪市高井田至长田长度为1500m 用土压式盾构施工的隧道，"蛇行"值为±80mm；美国巴尔的摩地铁盾构隧道"蛇行"值为±75mm。

3 地下连续墙的墙面倾斜和平整度，与地质条件、挖槽机的类型和挖槽方法、混凝土浇注的速度和质量有关。据目前的施工设备和技术水平，墙面的平均倾斜一般能控制在基坑开挖深度的1/300。

4 隧道后期沉降量与地层条件和施工方法等因素有关。在软粘土地层中要注意地面超载、地下水位变动、土体卸载之后再加载以及在反复荷载（包括列车荷载和地震荷载）作用下引起的地层位移。

5 在确定隧道净空尺寸时，必须根据工程的具体情况，综合考虑地质条件、隧道埋深、荷载状况、施工方法、结构类型及跨度等各种因素，参照类似工程的实践设定。鉴于目前对影响净空余量的各种因素尚难以分项确定，设计中一般的做法是，考虑诸多影响因素后按综合偏差预留。此外，视施工方法的不同，有的净空余量可在开挖轮廓中预留，如矿山法隧道的围岩变形量、明挖结构围护墙的倾斜、不平度和位移等。

日本规范规定：对盾构法施工的隧道，从中心向上下、左右各取 50～150mm 为其净空余量。我国地铁隧道的取值见表 7。

表 7 我国地铁隧道采用的净空余量

施工方法 / 线别	明挖法	盾构法	矿山法(注2)
北京地铁	敞口施工时，水平方向从线路中心算起，净宽每侧加宽 50mm；垂直方向从底板算起，净高加高 50mm	净空从中心向上下、左右各增加100mm	建筑限界控制点至隧道内轮廓的距离不小于100mm
上海地铁	采用地下连续墙法施工，考虑墙体倾斜、不平度和位移影响，有内衬时沿基坑宽度方向每侧按基坑深度的 1/150 加宽，无内衬时按 1/100 加宽(注1)	净空从中心向上下、左右各增加150mm	—
南京地铁	—	净空从中心向上下、左右各增加150mm	—
广州地铁	—	净空从中心向上下、左右各增加100mm	—

注：1 未包括线路中心线的定位偏差及内部结构的施工误差；

2 未包括在断面开挖轮廓中预留的围岩变形量，其数值可根据围岩性状、隧道宽度、埋深、施工方法和支护情况依工程类比确定。

10.1.9 盾构法隧道埋深应根据隧道功能、地面环境、地下设施、工程地质和水文地质条件、盾构特性、施工方法、开挖断面的大小等确定。

日本规范中提出隧道顶部必要的覆土厚度一般为1～1.5D（D为隧道外轮廓直径），本规范提出盾构法施工的区间隧道覆土厚度一般不小于 1.0D。但在工程实践中，不仅有覆土厚度较此值小而取得成功的实例，也出现过覆土厚度较此值大仍产生下陷和漏气的，故应结合工程的具体条件慎重确定，必要时可采取适当的辅助施工措施。若工程中局部地段覆土不足时，也可考虑增加临时人工覆土。如上海延安东路越江隧道，覆土最浅处仅 0.5D，上海地铁二号线龙东路单层地下车站端部盾构进出洞处，覆土仅2.7m（约为 0.43D），采用上述措施后，均满足了安全施工的要求。

双圆盾构的最小覆盖层厚度可按不小于其高度控制。

10.1.10 在用盾构法建造平行隧道时，作用于隧道上的荷载不同于单条隧道的情况。为防止地表下沉、相邻隧道变形，为保证后筑隧道的安全施工，其间必须考虑一定的间距。这里所指的平行隧道，是指在一定区段内，两座或两座以上的隧道在平面或立面平行修筑的隧道。日本规范指出："实践证明，当在既有隧道外径以内的范围施工时，后筑隧道将对既有隧道产生巨大影响"；前苏联地下铁道设计规范规定，在软土地层中，当平行隧道间距大于 1.0*D*、岩石地层和硬粘土层里不小于 0.5*D* 时，无需考虑相互影响，可各自按单线隧道设计。

上海地铁试验工程中，两条平行隧道净距约为 0.75*D*，情况良好。故本条中规定的平行隧道净距一般不小于隧道外轮廓直径。当不能满足上述要求时，应根据土层条件、隧道间的相互关系、隧道孔径、施工方法等具体条件及各座隧道施工的先后次序，分析平行隧道的相互影响。一般情况有：

1 先筑隧道引起的围岩松弛对后筑隧道产生的影响，后筑隧道引起的围岩松弛范围的变化对各座隧道的影响；

2 后筑隧道的开挖对先筑隧道的影响；

3 因压浆产生的挤压影响等。

上述影响可能导致衬砌变形、接头螺栓断裂、漏水、地表下沉增大等现象，必要时除在设计中采取相应措施外，施工中应加强对围岩及隧道的监控，如发现异常，需根据实际情况改变施工方法或采取加固围岩等措施。

据统计，1979 年以前，日本修建的盾构车站共 12 座，盾构隧道之间净距在 2～3m 的有 8 座，其中大阪市的阿倍野站，由于在站端要与普通尺寸的箱形隧道连接，两条并列车站隧道的净距逐渐减至 0.2m。另外，日本京都地铁的东西线和京津线在御陵站采用同站台换乘，四条区间盾构隧道在长 437m 的范围内处于超接近状态，且空间相对位置不断变化，最小净距仅 687mm。这些车站和区间盾构隧道的施工，由于事先进行了周密的设计，并采取了必要的地层加固和在先筑隧道内架设防止衬砌变形的临时支撑等措施，都取得了成功。

10.1.11 沉管隧道的覆土厚度对工程造价有重大影响，必须综合考虑本条所列各种因素后合理确定。在保证隧道安全运营的基础上，宜浅不宜深。国际隧道协会（ITA）建议的最小覆土厚度为0～0.5m。

10.2 荷　载

10.2.1 作用在地铁结构上的荷载，如地层压力、水压力、地面各种荷载及施工荷载等，有许多不确定因素，所以必须考虑每个施工阶段的变化及使用过程中荷载的变动，选择使结构整体或构件的应力为最大、工作状态为最不利的荷载组合及加载状态来进行设计。

下面是关于表 10.2.1 中荷载的说明：

1 隧道上部和破坏棱体范围的设施及建筑物压力应考虑现状及以后的变化，凡规划明确的，应依其荷载设计；凡不明确的，应在设计要求中规定；

2 混凝土收缩及徐变影响：超静定或截面厚度大的结构应考虑混凝土收缩的影响。《铁道隧道设计规范》中规定，混凝土收缩的影响可用降低温度的方法来计算。对于整体浇注的混凝土结构相当于降低温度 20℃；对于整体浇注的钢筋混凝土结构相当于降低温度 15℃；对于分段浇注的混凝土或钢筋混凝土结构相当于降低温度 10℃；对于装配式钢筋混凝土结构相当于降低温度 5～10℃；

混凝土收缩影响是一种长期、缓慢的过程，而混凝土又是一种具有徐变性能的塑性材料。因此，由于时间效应必然引起应力松弛，从而限制或抵消了在混凝土构件中产生的部分收缩应力。为了考虑此种影响，国内外的通常做法是，当把混凝土构件视为弹性体时，将材料的弹性模量或算得的收缩应力予以折减，但折减多少尚无定论。一般将弹性模量乘以 0.45 的系数；

3 地面车辆荷载及其冲力：一般可简化为与结构埋深有关的均布荷载，但覆土较浅时应按实际情况计算。在道路下方的浅埋暗挖隧道，地面车辆荷载可按 10kPa 的均布荷载取值，并不计动力作用的影响；

4 温度影响：通常认为，外露的超静定结构及覆土小于 1m 或位于严寒地区受外界气温影响较大的洞口段的隧道结构应考虑温度影响，但通过近年来对营运期间的一些明挖施工地铁车站的观测发现，即使具备 2～3m 的覆土，由于季节温度变化引起的伸缩缝或诱导缝宽度的变化也是明显的。因此，当明挖地铁结构在较长的距离内不设变形缝时，应充分研究温度变化对其纵向应力造成的影响。地铁结构构件因温度变化而引起的内力，应根据当地温度情况及施工条件所确定的温度变化值通过计算确定。为了考虑徐变的影响，当按弹性体计算构件的温度应力时，可将混凝土的弹性模量乘以 0.7 的系数；

必须重视温度变化对沉管隧道的影响。沉管隧道建成后，管节外侧墙面的温度基本上与周围土体一致，而水下土体的温度变化很小，可视为恒温。管节内部的温度由于隧道通风等原因则有较大变化，从而使沉管内外壁面温度不同而产生较大的温度梯度。设计时应注重考察结构内外温差在横断面产生的应力，它可能是控制结构配筋的主要因素；另外，温度变化产生的纵向应力和变形，还是选择沉管隧道接头形式的重要依据之一；

5 沉管隧道应考虑沉船、抛锚或河床疏浚以及危险品在隧道内爆炸时产生的冲击力等灾害性荷载的作用。这些荷载的大小与船型、吨位、装载情况、沉没方式和覆土厚度等因素有关。广州黄沙至芳村珠江水下隧道处于珠江主航道上，远期规划通航5000t货轮，沉船及抛锚荷载取50kN/m²；日本东京港沉管隧道按东京港通航7×10⁴t吨位的船只考虑，沉船荷载取130kN/m²，抛锚荷载取340kN集中力；

当沉管隧道不禁止运送危险品的汽车通过时，要考虑运输危险品的大型罐车在隧道内发生爆炸的可能性。珠江水下隧道和东京港沉管隧道均按单孔内发生爆炸考虑，爆炸荷载取100kN/m²；

6 其他未加说明的部分，可按本节条文或参照国家有关规范，依实际情况取值。

10.2.2 地层压力是地下结构承受的主要荷载。由于影响地层压力分布、大小和性质的因素很多，应根据隧道的具体条件，结合已有的试验、测试和研究资料慎重确定。一般情况，石质隧道可根据围岩分级依工程类比确定围岩压力，土质隧道可按下述通用方法计算土压力：

1 竖向压力：填土隧道及浅埋暗挖隧道一般按计算截面以上全部土柱重量考虑；深埋暗挖隧道按泰沙基公式、普罗托季雅柯诺夫公式或其他经验公式计算；

2 水平压力：根据结构受力过程中墙体位移与地层间的相互关系，分别按主动土压力、静止土压力或被动土压力理论计算；在粘性土中应考虑粘聚力影响。

计算土层的侧压力时，一般有两种方法，一种是将土压力与水压力分开计算，另一种是将水压力作为土压力的一部分进行计算，即所谓水土合算。两种方法的适用条件详见10.2.3条说明。

10.2.3 水压力的确定应注意以下问题：

1 作用在地下结构上的水压力，原则上应采用孔隙水压力，但孔隙水压力的确定比较困难，从实用和偏于安全考虑，设计水压力一般都按静水压力计算；

2 在评价地下水位对地下结构的作用时，最重要的三个条件是水头、地层特性和时间因素。具体计算方法如下：

（1）使用阶段：无论砂性土或粘性土，都应根据正常的地下水位按全水头和水土分算的原则确定；

（2）施工阶段：可根据围岩情况区别对待：

①置于渗透系数较小的粘性土地层中的隧道，在进行抗浮稳定性分析时，可结合当地工程经验，对浮力作适当折减或把地下结构底板以下的粘性土层作为压重考虑；并可按水土合算的原则确定作用在地下结构上的侧向水压力；

②置于砂性土地层中的隧道，应按全水头确定作用在地下结构上的浮力，按水土分算的原则确定作用在地下结构上的侧向水土压力；

3 确定设计地下水位时应注意的问题：

（1）由于季节和人为的工程活动（如邻近场地工程降水影响）等都可能使地下水位发生变动，所以在确定设计地下水位时，不能仅凭地质勘察取得的当前结果，必须估计到将来可能发生的变化。尤其近年来对水资源保护的力度加大，需要考虑结构在长期使用过程中城市地下水回灌的可能性；

（2）地形影响：在盆地和山麓等处，有时会出现不透水层下面的水压力变高的情况，使地下水压力从上到下按线性增大的常规形态发生变化；

（3）符合结构受力的最不利荷载组合原则：由于超静定结构某些构件中的某些截面是按侧压力或底板水反力最小的情况控制设计的，所以在确定设计地下水位时，应分别考虑最高水位和最低水位两种情况。

10.2.4 当轨道铺设在结构底板上时，一般来说，车辆荷载对结构应力影响不大，地铁车辆荷载及其动力作用的影响可略去不计。

10.2.5 国内外各种规范采用的有关人群荷载的标准值（或设计值）见表8，本规范采用了中间值。

表8 车站楼板、楼梯及站台人群荷载标准值（或设计值）

部位	规范名称或采用地点	数值（kPa）
车站大厅、候车室	《建筑结构荷载规范》	3.5
公共建筑楼梯	《建筑结构荷载规范》	3.5
地铁车站的站台、楼梯、楼板	《苏联地下铁道设计规范》	4.0
	《匈牙利地下铁道设计规范》	4.0
	《大阪市交通局地下结构物设计基准》(1983)	5.0
	新加坡地下铁道	5.0

10.2.6 对于大型设备，楼板设计时应考虑其运输过程的影响。

10.3 工程材料

10.3.1 金属材料一般仅用于：

1 当车站立柱的荷载很大或逆筑法施工时，采用钢管混凝土柱或钢骨混凝土柱；

2 用盾构法施工的隧道衬砌管片的连接件；

3 用盾构法施工的隧道开口部位的加强管片。

10.3.2 表10.3.2中混凝土的最低强度等级大多是从满足工程的耐久性要求考虑的。为了减少地下超长结构混凝土的收缩应力和温度应力，除立柱或纵梁等构件外，现浇混凝土结构混凝土的设计强度也不宜采用大于表 10.3.2 规定的等级。

10.3.3 现行国家标准《混凝土结构设计规范》对普通钢筋推荐采用 HRB400 级和 HRB335 级钢筋。但地下结构承受荷载大，钢筋用量多，配筋大多由裂缝要求控制。由该规范中的裂缝宽度计算公式可知，在其他条件相同的情况下，为控制构件的裂缝宽度所需要的钢筋面积仅与钢筋类别（光面钢筋或带肋钢筋）有关，而与钢筋的设计强度无关。所以在这种情况下，采用设计强度较高的 HRB400 级钢筋并不能达到减少钢筋用量或减薄断面厚度的目的。

10.3.4 地铁盾构隧道钢筋混凝土管片连接螺栓的机械性能等级一般采用 4.6～6.8 级，特殊情况也有采用 8.8 级的。为了保证隧道的使用寿命，对螺纹紧固件表面必须进行防腐蚀处理。

10.3.5 本条是为提高喷射混凝土的耐久性而提出的要求。城市地铁矿山法隧道大多数修建于第四系地层中，由初期支护和二次衬砌共同承受使用阶段的荷载。因此，对由以喷射混凝土为主要材料构成的初期支护，也应具备一定的耐久性。但传统的干喷混凝土，由于水灰比不易控制，强度难以超过 C20，基本不具备抗渗性；湿喷混凝土技术的推广对减少回弹量、改善工人劳动条件起到了很大的作用，但由于仍使用基于硅酸盐、铝酸盐和碳酸盐等传统速凝剂，导致后期强度大为降低（约 50%～60%），抗渗性提高不多，且对工人还有较大的腐蚀危害。近年来，随着高效减水剂、无碱速凝剂、有机纤维和新品种水泥的开发成功，出现了一种掺入纤维的高性能湿喷混凝土。由于掺入纤维的高性能混凝土具备和易性好、塌落度损失少、回弹量低、后期强度高、抗渗性和耐久性好以及使用中腐蚀性风险低等优点，故宜在地铁工程中推广，此时喷射混凝土的强度等级可采用 C25。

10.4 结构形式及衬砌

10.4.1 从保证隧道长期稳定、确保地铁整体道床正常工作的角度考虑，本条规定仅允许在无地下水的Ⅰ、Ⅱ级围岩中不设受力底板，但仍应用厚度不小于 200mm 的混凝土铺底。

10.4.2 明挖结构的衬砌。

1 装配式衬砌具有工业化程度高、施工速度快等优点，在前苏联地铁的车站及区间隧道中已被广泛采用。装配式结构的构件在现场应连接成整体，以利于防水、抗震，并提高隧道抵抗纵向不均匀沉降的能力；

2 把地下连续墙和灌注桩等基坑支护作为主体结构的一部分加以利用，既可以节约工程投资，又减少了资源的消耗，符合可持续发展的要求。我国大多数明挖地铁车站都是按照这一原则设计的。此时，主体结构的侧墙可有单一墙、叠合墙和复合墙三种形式。

（1）单一墙：围护结构直接作为主体结构的侧墙，不另作参与结构受力的内衬墙，多采用现浇地下连续墙，且槽段之间的接头需作特殊处理。一般顺筑法施工时可采用柔性防水接头；逆筑法施工时采用能传递竖向剪力的刚性防水接头或整体接头。由于灌注桩各柱列之间无构造上的联系，整体性差，防水性能也不可靠，故不宜单独作为主体结构的侧墙使用；

（2）叠合墙：围护结构作为主体结构侧墙的一部分，与内衬墙组合成叠合式结构，通过结构和施工措施，保证叠合面的剪力传递，叠合后可把二者视为整体墙。此种形式的围护结构也多采用地下连续墙；

（3）复合墙：围护结构作为主体结构侧墙的一部分，与内衬墙组成复合式结构，墙面之间不能传递剪力和弯矩，只能传递法向压力。围护结构可采用地下连续墙、钻孔灌注桩或人工挖孔桩等。在围护墙和内衬墙之间可敷设隔离层或封闭的防水层。用分离式灌注桩作为基坑支护时，虽然其与内衬墙之间有时也通过设置拉接钢筋传递一定的拉力，但由于连接较弱，也应视为复合墙。在含水地层中，灌注桩的外侧一般须设止水帷幕，因此施工阶段的水土压力由围护墙承受。长期使用阶段需考虑止水帷幕失效和地下水绕流等因素，水压力作用在内衬墙上。

三种形式侧墙的综合比较见表 9。

表 9 侧墙形式的综合比较

侧墙形式		单一墙	叠合墙	复合墙
结构特征	墙体的受力特点	施工阶段和使用阶段的荷载全部由单一的墙体承担，墙体的应力状态明确	设置内衬前的荷载由围护墙承担，设置内衬后的荷载增量由叠合墙承担；墙体的应力状态复杂	设置内衬前的荷载由围护墙承担，设置内衬后的荷载增量由围护墙和内衬墙共同承担；墙体的应力状态较复杂
	围护墙与内衬墙的连接	—	通过对地下墙的凿毛、清洗，与内衬墙连成整体；当结合面的剪应力超过 0.7MPa 时，应在二者之间设置抗剪拉接筋	·对墙面一般不作专门处理； ·或设置隔离层、防水层等

续表 9

<table>
<tr><td colspan="2">侧墙形式</td><td>单一墙</td><td>叠合墙</td><td>复合墙</td></tr>
<tr><td>结构特征</td><td>围护墙与水平构件的连接</td><td>水平构件的受力钢筋锚固到围护墙内</td><td>水平构件的受力钢筋锚固到围护墙内</td><td>水平构件的受力钢筋可以锚固到围护墙内，也可不锚固到围护墙内</td></tr>
<tr><td colspan="2">优缺点比较</td><td>·侧墙的厚度最小，有利于在车站总宽度受到限制之处采用；
·施工简单，工序少，工程进度快；
·对围护墙的防水要求高，槽段之间须采用防水接头；
·施工精度要求高，净空需预留较大裕量；
·不够经济；
·墙体的纵向刚度较弱，当沿结构的纵向地层或荷载分布明显不同时，不宜采用；
·由于围护墙的混凝土是在泥浆中浇注的，耐久性尚存在疑问</td><td>·经济；
·侧墙的刚度大；
·施工工序较多；
·由于内部结构的混凝土在硬化过程中的收缩受到地下墙的约束，内衬和水平构件中易出现裂缝，防水效果较差，在渗透性强的砂层中使用时要慎重</td><td>·防水效果好；
·内衬的收缩一般不受围护墙的约束，裂缝少；
·水压力较大时内衬的断面较厚，钢筋用量大，但侧墙的总刚度比叠合墙小；
·由于侧墙的总厚度最大，不利于在车站宽度受到限制之处采用；
·经济性差</td></tr>
</table>

侧墙形式对工程投资、结构受力、施工和使用等有较大影响，应结合使用要求、围护结构的形式、工程地质与水文地质条件及场地条件等通过技术经济比较确定。采用单一墙时，对泥浆中浇注的地下墙混凝土的耐久性应有论证依据，否则，在设计叠合墙或复合墙时，应考虑在长期使用过程中外部荷载因地下墙材料性能退化和刚度下降向内衬的转移。

10.4.3 盾构法施工的隧道衬砌结构。

1 盾构法施工的隧道衬砌的选型，应根据工程地质和水文地质条件、功能要求、衬砌成型方式等因素确定。为防水、防腐蚀、增加衬砌的强度和刚度、修正施工误差或减少竣工后的噪声和振动，装配式结构可采用双层衬砌。但双层衬砌施工周期长、造价高，在满足工程使用和受力要求的前提下，应优先采用单层衬砌；

2 装配式衬砌使用的材料有钢筋混凝土、钢、铸铁或这几种材料的组合。目前大量使用的为钢筋混凝土衬砌，该方法具有制作方便、强度大、耐久性和耐压性好、有较高的经济效益等优点，而且使用高精度钢模板也可保证其尺寸的精度。仅在受力复杂的缺口圆环等部位才使用钢管片、铸铁管片或钢与钢筋混凝土的复合管片；

3 为了适应侧式车站之间的区间隧道施工的需要，近年来出现了一种双圆盾构，相应的衬砌形式是一种带中柱的双圆结构。和传统的双线大直径盾构相比，双圆盾构具有空间利用充分、地面沉降较小等优点，特别适用于在较狭窄的街区下通过的区间隧道。

10.4.4 矿山法施工的结构衬砌。

1 从充分利用衬砌材料的抗压强度、提高结构的承载能力、减少施工难度、简化工程措施、保证围岩稳定和保护环境等方面考虑，矿山法施工的地铁结构应优先选用马蹄形断面，在地质条件差的Ⅳ～Ⅵ级围岩中尤为必要；

但在实际工程中，由于施工工艺要求或受施工条件的限制，即使在Ⅴ～Ⅵ级围岩中，有时也采用直墙拱结构或平顶直墙结构；

在Ⅰ～Ⅲ级围岩中的车站，为了充分利用地下空间，也有采用直墙拱结构的；

2 整体式衬砌是矿山法施工的隧道广泛采用的一种衬砌型式，有长期的实践经验。复合式衬砌在矿山法施工的地铁隧道中应用前景广阔，具有能抑制围岩变形、充分发挥围岩自承能力、能适应隧道建成后衬砌受力状态变化等突出优点，尤其适合在地质条件较差的地段或浅埋条件下使用，一般可用于Ⅱ～Ⅳ级围岩中；

3 鉴于施工质量较难控制，且耐久性难以保证，锚喷衬砌目前不宜在通行列车和人员、设备集中的区间隧道和地下车站中采用。

10.5 结构设计

10.5.1 结构设计的一般规定。

第2款，普通钢筋混凝土结构的最大计算裂缝宽度允许值。

1 表 10.5.1 是根据耐久性要求提出的，当有外观要求时，最大计算裂缝宽度允许值不应大于 0.2mm；

2 当混凝土保护层厚度较大时，虽然裂缝宽度的计算值也较大，但从总体上看，较大的混凝土保护层厚度对防止钢筋锈蚀是有利的，故本规范规定，当设计采用的最大裂缝宽度计算式中保护层的实际厚度超过 30mm 时，可将保护层厚度的计算值取为 30mm。

第 3 款，结构的计算简图。

1 为了反映双层衬砌的实际受力情况，结构分析时，应选用与其传力特征相符的计算模型和截面计算参数；

2 按结构实际受载过程分析的必要性。除了放坡施工的明挖结构或用全断面法开挖的矿山法隧道以及单圆盾构隧道外，现代地铁结构的受力大多有以下特点：

(1) 结构的主要受力构件常兼有临时结构与永久结构的双重功能，其结构形式、构件组成、刚度、支承条件和荷载情况在结构形成过程中不断变化；

(2) 结构受力与施工方法、开挖步序和工程措施关系密切。尤其是用矿山法施工的大型地下车站，开挖、初衬、二衬、临时隔墙的解体交替进行，结构体系应力转换频繁而复杂；

(3) 新施作的构件是在既有结构体系已产生变形和应力的情况下设置的，荷载效应有连续性。

上述特点决定了结构体系中某些关键部位受力的最不利情况，往往不是在结构完成后的使用阶段。所以传统的不考虑施工过程影响、结构完成后一次加载的计算模式，或虽考虑施工阶段和荷载变化的影响，却忽略结构受力连续性的分析方法，都不能反映结构的实际受力情况，按此进行的设计也不一定是安全的。所以本规范提倡按结构实际受载过程进行结构的内力和变形分析。这含有两层意思，一是在施工阶段按施工过程进行分析；二是使用阶段分析时要考虑施工阶段在结构体系中已产生的内力和变形，即所谓受力的连续性。有关明挖结构在使用阶段的内力分析中是否考虑施工过程影响的两种方法的比较见 10.5.2 条第 3 款的说明。

3 分阶段计算时考虑结构受力连续性的方法。

在分阶段计算结构的内力时，需要考虑各阶段之间受力的连续性，基本方法有“总和法”和“增量法”（也称“叠加法”）。两者都可用于整个受力过程中结构体系的刚度或构件组成不发生改变的情况，否则只应采用增量法。总和法的典型实例是明挖基坑在开挖和加撑阶段对围护墙的受力分析。此时，已知外荷载是各施工阶段实际作用在结构上的有效土压力或其他荷载，在支撑处应计入设置支撑前该点墙体已产生的水平位移，由此可直接求得当前施工阶段完成后结构的实际位移及内力。采用增量法计算时，外荷载和所求得的结构位移及内力都是相对于前一个施工阶段完成后的增量。对盖挖逆筑结构和初衬、二衬交互施作的矿山法车站结构，都需采用增量法计算。

第 4 款，侧向地层抗力和地基反力。

侧向地层抗力和地基反力，可统称为地层抗力。通常地层抗力的考虑有两种方法，一种方法是假定地层抗力与地层位移无关，是与承受的荷载相平衡的反力，并事先对其分布形式进行假定；另一种方法则认为地层抗力从属于地层的变形，一般都假定地层抗力的大小与地层变形成线性关系，并称之为弹性抗力。前者适用于地层相对于结构刚度较软弱的情况，把结构视为刚体，多用于计算地基反力；后者适用于柔性结构，多用于计算侧向抗力。

地层抗力有利于地下结构承载力的提高，但其大小及分布规律与地下结构的型式及其在荷载作用下的变形、结构与地层的刚度、施工方法、回填与压浆情况、土层的变形性质有关，在设计中应慎重确定。在确定地层抗力时，反映抗力与地层位移之间比例关系的基床系数是一个重要的计算参数，它与地层条件、受力方向、承载面积、构件形状和位移量等因素有关，一般可通过实验、查表并结合地区经验选用，但要注意室内小尺寸试件试验得出的结果往往偏高。用于基坑围护结构的受力分析时，基床系数可取为与深度无关的常数（常数法）或与深度成比例（m 法）。当假定为与深度无关的常数时，开挖面坑底以下一定深度范围内宜取为三角形分布，以反映基坑开挖过程中坑底土体受到扰动而使其强度降低的实际情况。在软土地层中，这一深度取 3～5m；在其他地层中，可取围护结构截面厚度的 3 倍。

第 6 款，车站结构纵向强度和变形的分析。

当明挖结构沿纵向间隔一定距离设置伸缩缝时，其纵向应力一般不会成为控制结构设计的因素。但遇本款所列情况时，必须分析结构的纵向应力。除温度变化和混凝土收缩影响外，一般可采用弹性地基梁模型进行分析，求出其变形和内力后检算其强度。当地下连续墙采用普通圆形接头时，接头部位的强度检算不应考虑其参与工作。

软土地层中，为了确保行车安全，一般沿车站纵向不设贯通结构横断面的伸缩缝。这种情况下，即使没有本款提到的前三种因素，也必须考虑温度变化、混凝土收缩和地基纵向不均匀沉降对车站结构的纵向变形和内力的影响。

第 9 款，抗震设计。

1 地下结构的震害。地下结构由于受到地层的约束，加之城市隧道大多采用抗震性能较好的整体现浇钢筋混凝土结构及能够适应地层变形的装配式圆形结构，震害明显低于地上结构。但对埋置于软弱地层或上软下硬地层中的城市地铁隧道的抗震问题必须高度重视。尤其对以下情况，应充分研究地震的影响：

（1）大断面的明挖结构和埋置于Ⅳ～Ⅵ级围岩中的矿山法隧道；

（2）结构局部外露时；

（3）隧道直接作为地面建筑或城市桥梁的基础时；

（4）隧道处于性质显著不同的地层中时；

（5）隧道下方的基岩沿深度变化很大时；

（6）隧道处于可能液化或软粘土地层以及处于易产生位移的地形条件时；

（7）隧道断面急剧变化的部位，如区间隧道与车站主体的连接部、通风竖井与水平通道的连接部、正线的分岔处及换乘节点等。

2 长期以来，地铁结构的抗震设计，基本是参照《铁路抗震设计规范》中有关隧道部分的条文和国家标准《建筑抗震设计规范》进行的。前者设计观念较为陈旧，设计方法也不完善，自 1987 年颁发以来，至今未见修订。后者的对象是工业与民用建筑，并不完全适用于单建的隧道工程，尤其是地铁隧道。地铁结构的抗震设计，必须根据地铁工程的特点和地震发生后对地铁的使用要求，针对不同的地形、地质条件和结构类型，采用不同的设计方法和构造措施，不能完全照搬上述两本规范。

地下工程一旦遭受破坏，修复困难且代价极大。为了实现震后“尽快恢复交通”的需要，对地铁隧道遭受罕遇地震时的破坏程度进行限制也是必要的。

3 抗震计算方法。当前我国地铁隧道横断面的抗震分析多按地震系数法进行。这一方法的基本出发点是，认为地震对地下结构的作用主要包括两部分，一是结构及其覆盖层重量产生的与地表地震加速度成比例的惯性力，二是地震引起的主动侧压力增量。

一般认为，地震系数法用于下面两种情况较为适宜，一是地下结构与地面建、构筑物合建，即作为上部结构的基础时；二是当与围岩的重量相比，结构自身的重量较大时（例如防护等级特别高的抗爆结构）。但是对于单建的以民用为主要目的的地铁隧道，由于其包括净空在内的单位体积的重量一般都比围岩重量轻，地震时几乎与围岩一同变形。这时，作为地震对结构的作用，随围岩一同产生的变形的影响是主要的，惯性力的影响则可忽略不计。以这一概念建立起来的抗震分析方法称为“反应位移法”或“地震变形法”，其特点是以地下结构所在位置的地层位移作为地震对结构作用的输入。因此，不加区别地把地震系数法作为地下结构抗震分析的唯一选择难以反映大多数地下结构地震时的真实工作状况。

无论是地震系数法还是反应位移法，都是将随时间变化的地震作用用等代的静力荷载或静位移代替，然后再用静力计算模型求解结构的反应。对于大型地下结构或沉管隧道等，用动力分析方法与静力法的计算结果进行对照也是必要的。

此外，对于地铁区间隧道等小断面长条形结构，地震时沿隧道纵向产生的拉压应力和挠曲应力可能会成为结构受力的控制因素。因此，还需对隧道纵向的抗震进行分析，尤其是用盾构法施工的装配式管片结构，其纵向连接螺栓应能承受地震产生的全部拉力。

4 构造措施。应区别不同的围岩条件和施工方法，根据地下结构地震条件下的受力和破坏特点，有针对性地采取抗震措施。

地下整体现浇钢筋混凝土框架结构的变形和破坏有以下特点：

（1）梁板构件具有良好的延性，能承受较大的超载，尤其是瞬时作用的动力荷载；

（2）立柱基本是一种脆性破坏，是框架结构中受力最薄弱的部位和首先遭受破坏的构件；

（3）结构的最终毁坏是由于立柱丧失承载能力而导致顶板被压塌。

因此，提高地下框架结构抗震能力的最有效方法应是改善立柱的受力条件和受力特征，尽可能用中墙代替立柱；当建筑要求必须设置立柱时，尽量采用塑性性能良好的钢管混凝土柱；当采用钢筋混凝土柱时，可以借鉴《建筑抗震设计规范》的思路，如限定其轴压比并对箍筋的配置提出相应的要求等。单建明挖结构和埋置于Ⅳ～Ⅵ级围岩中的矿山法施工的结构，其立柱的抗震等级可按三级考虑。

对梁板构件的配筋构造要求则应把重点放在确保其不出现剪切破坏和充分发挥构件的变形能力上，例如对受拉区和受压区钢筋合理配筋率的控制等。由于结构纵向侧墙的整体刚度较大，抗震能力较强，故原则上中间纵向框架的节点构造可不按抗震要求设计。

与地面建、构筑物合建的明挖地下结构的抗震等级与上部结构相同。

采用装配式结构时，应加强接缝的连接措施，以增强其整体性和连续性。

在不同结构的连接部位，宜采用柔性接头。

在装配式衬砌的环向和纵向接头处设弹性密封垫，以适应地震中地层施加的一定变形。

5 可液化地层及软粘土震陷地层的判别与处理。

（1）砂土液化。判别土层液化的方法很多，如我国的《建筑抗震设计规范》和日本的港口设计规范基于标准贯入试验和颗粒粒径累加的方法、我国《岩土工程勘察规范》推荐的用静力触探判别的方法，以及国外依据土层的剪切波速或剪应力比较的判别方法等。目前国内地铁的勘察部门对液化土层的判别多采用单一方法，这是不妥当的。地铁一旦破坏则后果严重，加之工程规模特别巨大，液化处理费用高昂，所以对其周边土层的液化判别必须谨慎从事，应采用多种方法相互印证，并结合室内动三轴试验和地区工程经验进行专门的分析。而对于所采用措施的可靠性，也宜通过室内试验加以确认。

设计时应根据不同情况分析液化土层对结构受力和稳定可能产生的影响，并采取相应对策。作为一条基本原则，不应将未经处理的可液化土层作为地铁车站天然地基的持力层。

具体对策应根据地震烈度和地基土的液化程度，结合液化土层与车站结构的相对位置关系和结构的施工方法等，通过技术经济比较后确定，一般可分为两大类：

1）防止支承隧道的地基土液化的措施：

①基底土换填。应挖除全部的液化土层；

②采用注浆、旋喷或深层搅拌等方法对基底土进行加固。处理深度应达到可液化土层的下界。

对基底土换填或加固宽度的控制范围，应根据地基土的处理深度来确定。例如，我国《构筑物抗震设计规范》规定，从基础外缘伸出的地基处理宽度，不应小于基础底面以下处理深度的1/3，且不小于2m。

2）在地层液化后仍使隧道保持稳定的措施：

①在隧道底部设置摩擦桩。桩插入非液化土层的深度通过计算确定；

②将围护结构嵌入非液化土层。

（2）软粘土的震陷。软土地基在地震或其他反复荷载作用下可能会因其强度降低和基底土的侧向流动产生显著的沉降，即所谓“震陷”。鉴于工程的重要性和使用要求的特殊性，在软土地层中修建地铁时，必须结合具体的场地条件对震陷问题进行专门分析。

第10款，本款规定是为保证围岩与结构的共同工作，同时也是控制开挖引起的地层位移的需要。主要包括：

1 用盾构法施工的隧道，在软土地层或需要严格控制地面沉降的地段应进行同步注浆；

2 用矿山法施工的不良地质地段或偏压地段的隧道，以及处于Ⅲ～Ⅵ级围岩中的隧道拱部应及时注浆。

10.5.2 明挖结构的设计。

第1款，基坑工程的设计。

1 我国各城市地铁采用的基坑工程安全等级的标准见表10～12。表中 H 为基坑开挖深度。

表10 上海地铁基坑工程的安全等级

基坑等级	地面最大沉降量及围护墙水平位移控制要求	环境保护要求
一级	1. 地面最大沉降量≤0.1%H； 2. 围护墙最大水平位移≤0.14%H	基坑周边以外0.7H范围内有地铁、共同沟、煤气管、大型压力总水管等重要建筑或设施
二级	1. 地面最大沉降量≤0.2%H； 2. 围护墙最大水平位移≤0.3%H	离基坑周边0.7H无重要管线和建（构）筑物；而离基坑周边0.7～2H范围内有重要管线或大型的在用管线、建（构）筑物
三级	1. 地面最大沉降量≤0.5%H； 2. 围护墙最大水平位移≤0.7%H	离基坑周边2H范围内没有重要或较重要的管线、建（构）筑物

表11 广州地铁二号线、南京地铁一号线基坑工程的安全等级

保护等级	地面最大沉降量及围护墙水平位移控制要求	周边环境保护要求
特级	1. 地面最大沉降量≤0.1%H； 2. 围护墙最大水平位移≤0.1%H，或≤30mm，两者取最小值	1. 离基坑0.75H周围有地铁、煤气管、大型压力总水管等重要建筑市政设施； 2. 开挖深度≥18m，且在1.5H范围内有重要建筑、重要管线等市政设施或在0.75H范围内有非嵌岩桩基础埋深≤H的建筑物
一级	1. 地面最大沉降量≤0.15%H； 2. 围护墙最大水平位移≤0.2%H，且≤30mm	1. 离基坑周围H范围内埋设有重要干线、在用的大型构筑物、建筑物或市政设施； 2. 开挖深度≥14m，且在3H范围内有重要建筑、管线等市政设施或在1.2H范围内有非嵌岩桩基础埋深≤H的建筑物
二级	1. 地面最大沉降量≤0.3%H； 2. 围护墙最大水平位移≤0.4%H，且≤50mm	仅基坑附近H范围外有必须保护的重要工程设施
三级	1. 地面最大沉降量≤0.6%H； 2. 围护墙最大水平位移≤0.8%H，且≤100mm	环境安全无特殊要求

表 12　深圳地铁一期工程基坑工程的安全等级

内容＼安全等级	一级	二级		三级
基坑深度（m）	＞14	9～14		≤9
地下水埋深（m）	＜2	2～5		＞5
软土层厚（m）	＞5	2～5		＜2
基坑边缘与邻近建筑物基础或重要管线边缘净距（m）	＜0.5H	0.5～1.0H		＞1.0H
地面最大沉降量（mm）	≤15%H	≤0.2%H		≤0.3%H
最大水平位移允许值（mm）	0.25%H	排桩、墙、土钉墙	0.5%H	1.0%H
		钢板桩、搅拌桩	1.0%H	2.0%H

2　基坑工程稳定性检算的内容应根据围护结构的类型、场区工程地质和水文地质条件确定，见表 13。

表 13　基坑工程稳定性检算内容

支护类型	整体失稳	抗滑移	抗倾覆	内部失稳	抗隆起（一）（围护墙以下土体上涌）	抗隆起（二）（坑底土体上涌）	抗管涌或渗流	抗承压水突涌
放坡	△	—	—	—	—	—	—	○
土钉支护	△	△	△	△	—	—	—	○
重力式围护结构	△	△	△	—	△	—	△	○
桩、墙式围护结构	○	—	△	—	△	△	△	○

注：1　△——应检算，○——必要时检算；
2　桩、墙式围护结构当设置一道支撑（或锚杆）时，应进行整体失稳检算。

各类稳定安全系数的取值应注意以下两点：

（1）现有基坑稳定检算的各种公式，大多建立在浅基础的基底稳定或土坡稳定概念的基础上，这与深大基坑或用围护结构护壁的情况不完全相同。加之由于试验手段的局限，检算中一些直接影响基坑稳定性的土体指标尚不能准确反映在基坑开挖过程中土体真实的应力状态，尤其难以反映不同部位土体卸载或降水等情况对土性的影响。此外，各城市地质条件不同，对基坑稳定考虑的侧重点不同，所采用的公式也不同，即使公式的形式相同，一些系数的取值和所选用土层的抗剪强度指标也不尽相同。因此，各类基坑稳定安全系数的取值必须参照地区经验确定；

（2）基坑开挖过程中出现的坑底土体的隆起等现象将引起坑外土体的变形和地表沉降。所以在基坑稳定性检算中，有些检算项目的安全系数与基坑的保护等级是有关连的。例如，《上海地铁基坑工程施工规范》（SZ-00-2000）规定，对于一、二、三级基坑（划分标准见表 10）的坑底土抗隆起稳定的安全系数分别采用2.5、2.0和1.7（计算时土体的抗剪强度指标取峰值的 0.7 倍）。在上海市标准《基坑工程设计规范》（DBJ 08-61-97）中，对坑底土抗隆起和围护结构抗倾覆稳定的安全系数也是按照基坑安全等级区分的。

3　桩、墙式围护结构的设计。

（1）计算方法。本规范推荐采用侧向地基反力法，其特点是将围护墙视为竖向弹性地基上的结构，用压缩刚度等效的土弹簧模拟地层对墙体变形的约束作用，可以跟踪施工过程，逐阶段地进行计算。由于能较好地反映基坑开挖和回筑过程中各种基本因素如加、拆撑、预加轴力等对围护结构受力的影响，并在分步计算中考虑结构体系受力的连续性，因而被我国工程界公认为是一种较好的深基坑围护结构的计算方法。当把围护结构作为主体结构的一部分时，还可以较好地模拟围护墙刚度和结构组成随施工过程变化等各种复杂情况，特别适用于地铁结构的受力分析。在竖向弹性地基梁模型的基础上，按照内部结构的施作顺序，过渡到弹性地基上的框架模型，就可以求出地铁结构从施工开始到长期使用的全过程中各个时段的内力和变形。

（2）土压力取值。基坑开挖阶段作用在围护结构墙背上的土压力视墙体水平位移的大小在主动土压力和静止土压力之间变化。当墙体水平位移很小时，墙背土压力接近静止土压力，并随墙体水平位移增大而减小，最终达到土压力的最小值，即主动土压力。设计时应根据对围护结构的变形控制要求以及实际的变形情况，结合地区经验，合理确定墙背土压力的计算值。

通常认为，采用盖挖逆筑法施工时，由于用刚度很大的顶、楼板等水平构件代替临时支撑，基坑开挖过程中墙体水平位移一般较小，墙背土压力可近似地按静止土压力考虑。顺筑法施工的情况则较为复杂。上海《地基基础设计规范》规定，视变形控制要求，墙背土压力可取 0.5～1.0 倍的静止土压力，并不得小于主动土压力。《岩土工程勘察规范》规定的墙背土压力系数的取值见表 14。

表 14　墙背土压力系数的取值

场地及工程条件	土压力系数
支护结构墙体允许产生一定程度的变形	K_a
基槽外侧距槽边（0.5～1.0）H 范围内存在相邻结构或设施的基础且埋深不大时	$(K_a+K_0)/2$

续表 14

场地及工程条件	土压力系数
基槽外侧距槽边 0.5H 范围内存在相邻结构或设施的基础且埋深不大时	K_0
基槽外侧一定距离范围内虽存在相邻结构或设施的基础，但埋深均大于支护结构墙基埋深时	K_a
注：H 为墙高（基坑深度），K_a、K_0 分别为主动和静止土压力系数。	

在采用竖向弹性地基梁模型计算时，假定基坑一侧坑底以下土压力由两部分组成，即静止土压力加土抗力，所以作用在墙背上的有效土压力为墙背土压力和基坑侧坑底以下静止土压力的代数和。由于目前对开挖过程中坑底以下被动区的土体应力状态尚难以准确把握，工程设计中对墙背坑底以下有效土压力有各种简化，如假定为与基坑面土压力数值相等的矩形分布或在坑底一定深度范围内为三角形分布等。

实际作用在墙上的土压力是随开挖过程变化的，但为简化计算，当作用在墙背的土压力比较明确时，一般都假定在整个施工阶段墙背土压力为定值。对于受力不对称的内撑式结构（包括偏载或两侧围护结构刚度或基坑开挖深度明显不同时）以及矩形竖井结构，由于作用在墙背的土压力与墙体和地层的刚度、墙体的变形、结构的平面和空间尺度以及偏载大小有密切关系，其在数值上及空间分布上均不甚明确，宜采用墙背土压力随开挖过程变化的分析方法，把围护墙和支撑体系视为一个整体，或按空间结构进行分析。

表 15 为按墙背土压力的设定方式区分的两种计算方法的基本特征。

表 15　按墙背土压力的设定方式区分的两种计算方法的基本特征

方法分类	方法特征					
	梁或板	支承	土弹簧设置范围	墙背土压力	坑底以下土压力	墙上有效土压力
墙背土压力为定值	弹性体	1. 土弹簧；2. 临时支撑；3. 结构板	一般设于开挖侧坑底以下（注）	常数（主动土压力或静止土压力或经验值）	静止土压力+土抗力（≤被动土压力）	墙背土压力和开挖侧坑底以下静止土压力的代数和

续表 15

方法分类	方法特征					
	梁或板	支承	土弹簧设置范围	墙背土压力	坑底以下土压力	墙上有效土压力
墙背土压力随开挖过程变化	弹性体	1. 土弹簧；2. 临时支撑；3. 结构板	1. 墙背全高范围；2. 开挖侧坑底以下	静止土压力−土抗力（≥主动土压力）	静止土压力+土抗力（≤被动土压力）	墙背土压力和开挖侧坑底以下静止土压力的代数和
注：计算预加压力工况时，在墙背朝向地层一侧变形的范围增设虚拟土弹簧。						

(3) 软土地层中的水平基床系数取值。由于软粘土的流变特性，水平基床系数与基坑开挖选用的时空参数和地质条件等关系密切。当围护结构按竖向弹性地基梁模型计算时，考虑上述因素影响的水平基床系数的取值方法见上海市标准《地基基础设计规范》。

第 2 款，明挖结构的计算。

1　作用在明挖结构底板上的地基反力的大小及分布规律，依结构与基底地层相对刚度的不同而变化。当地层刚度相对较软时，多接近于均匀分布；在坚硬地层中，多集中分布在侧墙及柱的附近；介于二者之间时，地基反力则呈马鞍形分布。

为了反映底板反力这一分布特点，可采用底板支承在弹性地基上的框架模型来计算。目前，国际隧道协会（ITA）大多数成员都采用这一模型。

计算中应注意两点：

(1) 底板的计算弹簧反力不应大于地基的承载力。所以对于软弱地层，需通过多次计算才能取得较为接近实际的反力分布；

(2) 在水反力的作用下，底板弹簧不能受拉。

综上所述，本规范规定，明挖结构宜按底板支承在弹性地基上的结构进行计算。对于设置在软弱地基上的小跨度结构，也可近似假定底板反力为均匀分布进行计算。

当围护墙作为主体结构使用时，可在底板以下的围护墙上设置分布水平弹簧，并在墙底假定设置集中竖向弹簧，以分别模拟地层对墙体水平变位及竖向变位的约束作用，此时计算所得的墙址竖向反力不应大于围护墙的垂直承载力。

2　结构受力分析的两种基本方法及其比较。明挖结构使用阶段的受力分析，目前有两种方法，即考虑施工过程影响的分析方法和不考虑施工过程影响的分析方法。前者视结构使用阶段的受力为施工阶段受力的继续，因此，这种分析方法可以考虑结构从施工开始到长期使用的整个受力过程中应力和变形的发展过程；后者则是把结构施工阶段的受力与使用阶段的受力截然分开，分别进行计算，两者间的应力和变形不存在任何联系。两种计算方法的基本特征见表16。

表16　两种计算方法的基本特征

分析方法	考虑施工过程影响的分析方法	不考虑施工过程影响的分析方法
计算模型及计算方法	1. 施工阶段： （1）根据开挖、架设或拆除支撑、浇筑内部结构的顺序以及结构构件组成、刚度和荷载变化，分步进行计算； （2）浇筑内部结构前（顺筑法的基坑开挖阶段），挡墙按竖向弹性地基梁模型，用总和法或增量法计算；浇筑内部结构以后（顺筑法的基坑回筑阶段和逆筑法施工的全过程），按弹性地基上的框架模型，用增量法计算 2. 使用阶段： （1）考虑使用阶段结构的内力和变形对施工阶段的继承； （2）分别就使用初期和长期使用阶段两种状态按弹性地基上的框架模型，用增量法计算 3. 按弹性地基上的框架模型计算时，考虑挡墙与主体结构的共同工作。视侧墙的构造形式分别采用不同的分析模型；水平构件与侧墙连接节点的力学特性视连接形式可分别采用铰结、半刚结或刚结，当两者的钢筋通过接驳器连接时，可按刚结考虑	1. 施工阶段： （1）原则上根据开挖、架设或拆除支撑、浇筑内部结构的顺序和荷载变化，分步进行计算； （2）浇筑内部结构前和浇筑内部结构以后，挡墙均按竖向弹性地基梁模型计算，一般把水平构件模拟为仅有拉压刚度的弹簧 2. 使用阶段： （1）不考虑使用阶段结构的内力和变形对施工阶段的继承； （2）分别就使用初期和长期使用两种工况按弹性地基上的框架模型，按实际作用在结构上的荷载计算 3. 按弹性地基上的框架模型计算时，考虑挡墙与主体结构的共同工作。视侧墙的结构形式分别采用不同的分析模型；水平构件与侧墙连接节点的力学特性视连接形式可分别采用铰结、半刚结或刚结，当两者的钢筋通过接驳器连接时，可按刚结考虑
荷载	总和法：施加在体系上的是各受力阶段实际作用在结构上的有效侧向水土压力和其他荷载； 增量法：施加在体系上的是相对于前一个受力阶段的荷载增量，包括外部荷载的变化、支撑的拆除、坑底土体强度的降低和挖除的影响以及新设置的结构构件的重量等	

续表16

分析方法	考虑施工过程影响的分析方法	不考虑施工过程影响的分析方法
截面设计	叠合墙的配筋考虑地下墙中的残余应力	叠合墙按墙体叠合后产生的最大应力配筋，不考虑地下墙中的残余应力

计算经验表明：

（1）是否考虑施工过程对框架结构使用阶段受力的影响，对计算结果有较大影响。虽然影响程度随着内衬墙与围护结构的结合方式、施工方法（顺筑或逆筑）、结构覆土厚度和水反力大小的不同而存在较大差异，但基本规律一般是不会变的，例如按不考虑施工过程影响计算时，地下墙迎土侧底板节点处的弯矩明显偏大、框架结构底板外侧和顶板跨中弯矩偏小等；

（2）考虑施工过程影响的分析方法虽然计算较繁杂，但能较好地反映使用阶段的结构受力对施工阶段受力的继承关系，以及结构实际的受力过程，且配筋一般较为经济，故对量大面广的地铁工程，在施工图设计阶段宜采用这种分析方法。按考虑施工过程影响的分析方法求得的结果进行地下墙的配筋时，如果在结构分析时没有单独考虑包括支撑温度变化等对墙体施加的预顶力影响，其迎土侧的配筋量应在计算的基础上适当提高。为了减少计算工作量，应开发计算机专用程序；

（3）不考虑施工过程影响的分析方法可作为初步设计阶段选择结构断面的参考。

第3款，本款指出了对明挖隧道进行整体稳定性验算的具体要求。

1　抗浮。

（1）处于高地下水位中的明挖结构遇下列情况时应验算其抗浮稳定性：

①覆土浅、结构大而深；

②从隧道向地面过渡的敞口段。

（2）在验算结构抗浮稳定性时，对浮力、抗浮力的计算及抗浮安全系数的取值均需慎重。

①浮力取值中应注意的问题见10.2.3条说明；

②抗浮力一般有隧道自重、隧道内部静荷载及隧道上部的有效静荷载，也可考虑侧壁与地层之间的摩擦力。应注意抗浮力是随施工过程及使用阶段不断变化的。施工期间，由于静荷载尚未全部作用在结构上，抗浮稳定性往往会成为问题。

（3）抗浮安全系数。目前尚无统一规定，宜参照类似工程，根据各地的工程实践经验确定。我国各城市地铁采用的抗浮安全系数见表17。

表 17　抗浮安全系数

城市	不计侧壁摩阻力时	计入侧壁摩阻力时	说　明
上海地铁	1.05	1.10	摩阻力采用值根据实践经验决定，考虑软粘土的流变特性，一般取极限摩阻力的一半
广州、南京、深圳、北京地铁	1.05	1.15	—

（4）抗浮措施。若抗浮安全系数不能满足要求，则应采取抗浮措施。措施可区分为消除浮力和抵抗浮力两大类。

1）施工阶段的临时抗浮措施。

①通过降低地下水位减小浮力，降水减压时，应避免引起周围地层下沉；

②在底层结构内临时充水、填砂或增加其他压重；

③在底板中设临时泄水孔，消除浮力。

2）使用阶段的永久抗浮措施。

①增加结构自重。此方法简单易行，但由于结构体积增大的同时，浮力也随之增加，所以一味地通过增加自重达到抗浮的目的往往是不经济的。一般多用于增加少许的自重即可满足抗浮稳定要求的情况；

②在结构内部局部用混凝土充填，增加压重；

③在底板下设置土锚或拉桩。在软粘土地层中采用土锚或拉桩时，对桩土间的摩擦力的设计取值应作限制，不宜超过极限摩阻力的一半，否则在浮力的长期作用下，由于土层的流变效应会导致变形过大。另外，抗浮安全系数不宜小于 2～2.5；

④在底板下设置倒滤层泄水引流。这一措施可以完全消除水浮力对结构的作用，不仅解决了地下结构的抗浮稳定性问题，还可减少结构底板和其他构件中的弯曲应力；

⑤利用围护结构作为主体结构的一部分共同抗浮。围护墙兼有挡土、止水和抗拔等多项功能，因而在实际工程中得到了广泛应用。但须注意，此种形式的结构，在满足整体抗浮稳定性要求的同时，在向上的水反力的作用下，地下结构将产生以两侧围护墙为支点的整体挠曲变形。地下结构的宽度越大，整体上挠的倾向越明显，由此在地下结构顶底板中产生的附加弯曲应力也越大。所以当地下结构的宽度较大时，该方法不一定是最经济的抗浮措施。

此种抗浮措施用于内衬墙与围护墙为复合式结构时，需在隧道的顶部设置与围护墙整体连接的压梁，通过压梁把作用在地下结构上的浮力传递到围护墙上。

2　整体滑移。在斜坡上修建的明挖隧道，当作用在隧道左右两侧的水平荷载有很大的差异时，或直接支承在隧道上的结构物地震中承受很大水平力，超过了由侧向被动土压力及隧道底部结构与土壤之间的摩阻力形成的水平抵抗力时，隧道就有可能出现整体滑移的危险。一般可采取地基加固或在底板下设置永久性土锚等措施防治。

3　地基的垂直承载力。一般的明挖隧道都比和它同体积的土的重量轻，地基垂直方向的承载能力大多数能满足设计要求。但当地基非常软弱，基底土因施工被扰动，或桥台、高层建筑物等重型结构物直接支承在明挖隧道上时，应仔细研究地基承载能力是否在允许范围内，超过时，可采用地基加固或桩基等措施。验算地基承载力时，可扣除底板水浮力的影响。

第 4 款，盖挖逆筑法施工的结构设计。

1　盖挖法的适用条件。盖挖法是在交通流量大的市区修建浅埋地铁车站的一种有效方法。视基坑开挖和施作结构顺序的不同，又可分为盖挖顺筑法和盖挖逆筑法两大类。盖挖顺筑法对地面交通影响的时间短、造价较低、工程难度不大、作业环境较好、结构防水可靠，适用于地层较稳定、一般挖深的双层地铁车站。盖挖逆筑法通常以结构顶板代替临时路面，在其上覆土后即可恢复地面交通，在顶板的下面自上而下分层开挖基坑和施作结构，适用于地层软弱、挖深大、需要严格控制施工引起的地面沉降的情况。除此之外，还有一种所谓的半逆筑施工法，其特点是在施作永久结构的顶板以后，用顺筑法施工顶板以下部分。

2　施工期间地面交通的处置。盖挖逆筑地铁车站的结构形式、支护方案、施工方法、机具和技术措施的选择与施工期间对地面交通的处置要求关系密切，必须在总体设计阶段把地面交通的处置要求作为设计的一个重要边界条件予以明确。

为了充分发挥逆筑法的效益，必须把减少施工对地面交通的干扰作为盖挖逆筑地铁车站总体设计的重要内容，尽可能压缩破路、改移地下管线、施作侧壁支护、中间竖向临时支撑系统和顶板、回填及恢复路面等项作业占用道路的时间和空间。

施工期间地面交通的处置一般有以下三种选择：

（1）临时断道或封闭部分宽度的路面；

（2）分条倒边施工结构顶板；

（3）夜间施工、白天恢复地面交通。

在以上的选择中，随着施工对地面交通干扰的减少，工程难度和投资也随之增大，并对工期等产生重大影响。就是说，在逆筑法中，要求施工对城市正常秩序造成的负面影响越小，工程投入就越大。必须兼顾城市和工程两方面的承受能力，根据车站的具体条件，通过慎重比较，确定一个大体能为各方接受的交通处置方案或封路时间。应尽可能采用方式（1）或方式（2），采用方式（3）时，宜尽量减少车站埋深，采用机动性较强的钻孔灌注桩作为基坑的支护，并用预制构件代替现浇顶板。

3 中间竖向临时支撑系统。

（1）系统组成及一般形式。中间竖向临时支撑系统由临时立柱及其基础组成。系统的设置有三种方式：

①在永久柱的两侧单独设置临时柱；

②临时柱与永久柱合一；

③临时柱与永久柱合一，同时增设临时柱。

由于方式②可以简化施工、加快暗挖作业进度和降低造价，目前已经成为一种主流方式，此时车站立柱的纵向间距是一个重要的设计参数，除考虑建筑要求外，还要结合地层条件和工期等要求经综合比较后确定。一般宜控制在6～7m。当临时柱的荷载很大时可采用方式③，例如上海地铁常熟路站，为一个双跨双层结构，柱的设计轴力高达8000kN，为此，施工期间在两个永久柱之间增设一根临时柱。

（2）结构选型。中间竖向临时支撑系统是结构封底前承受和传递竖向荷载的主要受力构件，其承载能力、刚度和稳定性关系工程的成败。为了顺利地将荷载传给地基，并把地基沉降控制在结构变形的允许范围内，必须合理选定竖向支撑及其下部结构的形式和施工方法。

施工阶段的临时柱通常采用钢管混凝土柱或H型钢柱。柱下基础可采用桩基或条基。桩基可采用钻孔灌注桩、人工挖孔桩、钢管打入桩或异形桩等。条基一般造价较高，仅在特殊需要时采用。

（3）中间临时立柱的定位方法及精度要求。在软土地层中，中间立柱一般安装于直径900～1000mm的深孔内。它的准确就位，是逆筑法施工中的一项关键技术。为了保证中间立柱的承载能力和连接节点传力可靠，必须严格控制中间立柱的定位精度，并在柱的设计中根据施工允许偏差计入偏心的影响。对于双层车站，一般要求立柱的定位偏差不大于20mm的同时，其垂直度也不大于1/500；三层及三层以上的地下车站，垂直度的控制应更为严格。

立柱的定位有两次法和一次法之分。两次定位法的特点是在柱顶（地面）和柱底均设有定位装置，柱顶一般是通过双经纬仪跟踪校正后予以固定，柱底则通过下人操作保证其对中及固定，避免后续作业造成柱身晃动和位移。采用两次定位时，柱下桩基采用灌注桩时混凝土需分两次浇注，第一次浇至柱底附近，用人工凿除顶部劣质混凝土、待立柱就位后再进行二次浇注。不仅作业程序复杂、工作条件差、费工费时，而且在一般含水、松软的土层中对孔壁需有专门的防护措施。一次定位法则是在地表定位，通过特制的装置控制桩身的垂直度并将其固定，可一次完成水下混凝土的浇注。虽然作业技术难度大，但可以提高工效、争取工期，是当今软土地层中逆筑技术发展的方向。

4 节点构造。逆筑法施工的车站结构，其交汇于同一节点的各构件，并非同步完成，构件之间的相互连接能否真正反映预期的工作状态，主要取决于节点的构造形式、施工精度和施工质量。对节点构造的基本要求是：连接简单、传力可靠、在逆筑的特定环境下可以操作，并为后续作业提供施工条件。

逆筑车站的关键节点有以下几处：

（1）地下墙与顶、楼、底板等水平构件的连接；

（2）后浇梁与中间立柱的连接；

（3）中间立柱与其基础，如H型钢柱与钢管桩、钢管混凝土柱与灌注桩的连接等。

采用钢管混凝土柱和H型钢柱时，梁端剪力通过柱上专门设置的钢牛腿传给立柱。而钢管混凝土柱一般是在其两侧设置双梁承受节点弯矩；H型钢柱由于可在其翼缘上穿孔，供梁的部分负弯矩钢筋通过，故而梁的总宽度较窄。

5 沉降控制。逆筑法施工时，必须严格把边、中桩的升沉控制在结构变形和节点连接精度的允许范围内。通常要求相对沉降不大于$0.003L$（L为边墙和立柱之间的跨度或立柱之间的跨度）。一般措施包括：

（1）选择较好的土层作桩、墙的持力层或采用条基；

（2）选择摩阻力大、抗沉降能力强的桩型，如扩底桩、多分支承力盘桩和竹节桩等；

（3）增强边墙的整体刚度。灌注桩作护壁时，应设置具有足够刚度的内衬墙，并在桩顶设置刚度较大的冠梁；连续墙作护壁且不设内衬时，其槽段之间应采用能有效传递剪力的接头，如钢板接头等；

（4）选择合理的施工工艺、加强施工质量控制，把沉渣减至最少。措施包括：配置高质量的泥浆并加强泥浆质量监控；采用反循环技术；加强工序衔接，减少成孔（槽）后的搁置时间；提高清底质量等；

（5）通过注浆提高桩、墙底部混凝土的密实度及围岩强度。

6 施工缝处理。采用逆筑法施工时，主体结构的内衬墙和立柱是在上部混凝土达到设计强度后再接着浇注的，由于浇注过程中在混凝土表面形成的气泡、混凝土硬化过程中产生的收缩和自身下沉等影响，施工缝处不可避免地会出现缝隙，对结构的强度、防水性和耐久性造成不利影响。为此需对施工缝进行特殊处理。

一般多在侧墙上设置L形接头，中柱设V形接头，接头倾角以20°～30°为宜。

施工缝处理有直接法、注入法和充填法之分。直接法为传统施工方法，注入法是通过预先设置的注入孔向缝隙内注入水泥浆或环氧树脂，充填法是在下部混凝土浇注到适当高度（一般与施工缝之间留 10～15cm 空隙）、清除浮浆后再用无收缩混凝土或沙浆充填。

从实际效果和室内试验的结果看，即使采用无收缩混凝土，直接法也难以完全消除新、旧混凝土之间的缝隙，由于其上下两部分混凝土不能有效地形成整体，使构件的传力性能和防水性能大为降低。因此，这种方法常与注入法联合使用。

室内试验表明：用注入法或充填法施工时，施工缝处钢筋分担的荷载比整体浇注时增大约 10%～30%；施工缝处在 20m 水头下开始渗水，25m 水头时出现漏水现象。这说明，虽然注入法和充填法的接头性能较好，但仍难以达到整体混凝土的状态。

综合以上情况，并考虑到地下逆筑在恶劣的施工环境下对施工质量难以全面控制，在盖挖逆筑车站的结构设计中，应充分考虑施工缝可能存在的缺欠，具体做法如下：

(1) 中间立柱尽可能采用钢管混凝土柱，使之一步到位，避免在永久柱中出现逆筑接头；

(2) 如果采用直接法施工，立柱的全部荷载应由劲性钢筋承担；用注入法或充填法施工的钢筋混凝土柱和边墙，其配筋量宜在理论计算的基础上适当提高；

(3) 内衬和围护墙间宜设置夹层防水层。

第 6 款，现浇钢筋混凝土地下连续墙的设计。

1 单元槽段的长度和深度。槽段长度和深度的确定，一般与以下因素有关：

(1) 设计要求：即与结构物的用途、形状、尺寸、地下连续墙的预留孔洞等有关；

(2) 槽段稳定性要求：即与场地的工程地质条件、水文地质条件、周围的环境条件（如临近建筑物或地下管线的影响）和泥浆质量、比重等有关；

(3) 施工条件：即与挖槽机性能、贮浆池容量、钢筋笼的加工和起吊能力、混凝土供应和浇灌能力，现场施工场地大小和施工操作的有效工作时间等有关。

一般可参考已安全施工的类似工程实例确定。以上海地区的淤泥质粘土地层为例，地下水位在地表面以下 0.5～1.0m 处，槽段长度采用 6m 左右，挖槽和浇注混凝土都较顺利，并已有最大挖深达 50m 的成功实践，当槽段过长过深、贴近现有建筑物、地层特殊或地下水位变动频繁时，需进行槽壁稳定性计算或现场成槽试验。

2 地下连续墙的接头形式应满足结构使用和受力要求。当荷载沿地铁纵向均匀分布并设有内衬时，可采用普通圆形接头；无内衬时应采用防水接头；当需要把单元槽段连成整体时，采用刚性接头。

3 从传力可靠和简化施工考虑，地下连续墙与主体结构水平构件宜采用钢筋连接器连接。钢筋连接器的抗疲劳性能及割线模量必须符合《钢筋机械连接通用技术规程》的要求。当二者采用钢筋连接时，墙体内预埋连接钢筋应选用 HPB235 级钢筋，考虑泥浆下浇注混凝土对钢筋握裹力的影响，对受剪钢筋的锚固长度，一般取为 $30d$。

4 为保证使用要求，墙体表面的局部突出大于 100mm 时应予以凿除，墙面侵入隧道净空的部分也应凿除。

10.5.3 盾构法施工的隧道结构设计规定。

第 1 款，为了取得较好的经济效益，在工程地质条件好、周围土层能提供一定抗力的前提下，衬砌结构可设计得柔一些，但圆衬砌环变形的大小对结构受力、接缝张角、接缝防水、地表变形等均有重大影响，故必须对衬砌结构的变形进行验算，作必要的控制。根据已有工程的实践经验，控制衬砌环的直径变形在 4‰～6‰D、纵缝张开量在 1～2mm 以内为宜。

第 2 款，衬砌结构的计算简图应根据地层情况、衬砌的构造特点及施工工艺等确定。装配式圆形衬砌，视地层情况可分别按以下方法进行计算：

1 自由变形匀质圆环法。埋设于松软、饱和土层（$N<2\sim4$，N 为标准贯入试验锤击数）中的衬砌，当结构变形时，土层一般无法（较少）提供被动抗力，为简单起见，略去接头刚度对衬砌圆环内力的影响，按自由变形的匀质圆环来计算，可求得偏安全的内力。而接缝处刚度不足时往往采用衬砌环的错缝拼装予以弥补，这对分块较少（尤其对分成四块、接缝处于垂直、水平轴成 45°位置）的衬砌环结构尤为合适。

2 弹性铰圆环计算法。在实际工程中，地下装配式圆形衬砌结构螺栓接头能够承担一定的弯矩、轴力和剪力，且接头的变形和内力间呈线性关系，因此可将这样的接头当作理想的弹性铰。对埋设于 $N>2\sim4$ 土层中的隧道衬砌结构，可以考虑衬砌与地层共同作用，在结构防水确有保证的情况下，用此法计算可大大减小断面弯矩，给工程带来较大的经济效益。此时，必须对圆环的变形作一定限制，并对施工提出必要的技术措施。

若有条件采用有限元法进行结构分析，就可将较多的构造因素考虑进去，如接头螺栓及螺栓所施加的预应力、块与块间的传力弹性衬垫的作用等，有利于优化设计。

3 衬砌环间采用错缝拼装时，可按惯用法考虑由于纵向接头存在引起的匀质圆环刚度降低及环间接头通过剪力传递所引起的断面与接头内力的重分配；或以二环为一个计算单元、块与块间设接头的回转弹簧、两环之间设径向剪切弹簧及切向弹簧的计算模式进行计算。

第 3 款，装配式衬砌的构造要求。

1 装配式衬砌按结构型式区分为砌块和管片两大类。管片环与环、管片与管片间均用螺栓连接，虽有施工操作麻烦、用钢量大的缺点，但可增加隧道抵抗变形的能力，有利于保证施工精度、施工安全及衬砌接缝防水，故在松软、含水、无自立性的土层中多选用管片。

管片按其螺栓手孔的大小，通常有箱形和平板之分。当衬砌较厚时，为减轻自重，常选用腹腔开有较大、较深手孔的箱形管片；管片较薄时，为了能承受施工中盾构千斤顶的顶力，则以选用较少开孔的平板形管片为宜。

2 选用较大的环宽，可减少隧道纵向接缝和漏水环节、节约螺栓用量、降低管片制作费和施工费、加快施工进度，但受运输和盾构及机械设备能力的制约，故应综合考虑。

3 视隧道直径、埋深、工程地质和水文地质条件的不同，地铁区间隧道钢筋混凝土管片的厚度一般为 300～500mm。

4 为满足结构设计的工作条件，衬砌制作和拼装必须满足本款提出的精度要求。

10.5.4 矿山法施工的结构设计。

第 1 款，初期支护的稳定性判别。

开挖宽度小于 10m 的单、双线区间隧道初期支护稳定性的判别可采用《铁路隧道设计规范》附录 F 的方法。大跨度渡线隧道及车站结构初期支护稳定性的判别应通过专门研究确定。

第 2 款，锚喷衬砌和复合式衬砌初期支护的设计参数。

对单、双线区间隧道，一般可参考有关规范及工程实例，按工程类比法决定其设计参数。某些特殊地形、地质条件下（如浅埋、偏压、膨胀性围岩、原始地应力过大的围岩等）及大跨度渡线隧道或车站结构的初期支护，应通过理论计算，按主要承载结构确定其设计参数。

常用的分析方法有收敛约束法、数值分析法及杆系结构分析法等。

第 3 款，二次衬砌的设计。

1 第四纪土层中的浅埋结构、流变性或膨胀性围岩中的结构、提前施作二次衬砌的结构，以及施作二次衬砌后外部荷载增大的结构，除满足本条第 2 款的要求外，尚应考虑由初期支护和二次衬砌共同承受外部荷载。可采用荷载-结构模型，根据已有结构复合衬砌的现场实测资料整理归纳的压力值作为二次衬砌的计算荷载。

2 对于初期支护和二次衬砌交替施作的大跨度车站结构或连拱结构，可采用地层-结构模型或荷载-结构模型，根据初期支护和二次衬砌之间的构造特点和应力传递特点，按施工过程分析确定二次衬砌的受力情况。

3 由于喷射混凝土难以完全满足地铁工程的耐久性要求，应通过加强二次衬砌的方法来保证矿山法结构的耐久性要求。所以，长期使用阶段复合衬砌的受力分析，应考虑初期支护刚度下降以后外部荷载向二次衬砌的转移。

4 考虑到浅埋条件下及Ⅴ～Ⅵ级围岩中外部荷载数值及分布的不确定性，以及城市地下水位变动的可能性，从安全角度考虑，二次衬砌宜采用钢筋混凝土结构。

10.5.5 沉管隧道的结构设计。

第 5 款，管节接头形式的选择应综合考虑隧道的横断面尺寸、外部荷载和温差等在沉管隧道中产生的纵向应力和变形量、抗震设防要求、接头处理的施工工艺的难易程度和经济性等因素。地震设防区、隧道横断面较大或沉管段较长的隧道应优先选用柔性接头。

10.6 构造要求

10.6.1 变形缝的设置。

1 沉降缝的设置原则。

(1) 由于地铁结构自身的重量通常都小于被挖除的土体重量，所以对于主体结构而言，一般情况下没有必要设置专门的沉降缝。

(2) 地铁轨道结构采用整体道床基础，其垂直方向的允许错位一般为 3～5mm，因此，不允许通过设置沉降缝让其两侧的结构自由沉降。

(3) 在可能产生较大差异沉降的部位可采取以下做法：

1) 通过地基处理或结构措施将沉降调整到轨道结构和主体结构变形的允许范围内。结构措施包括：

①设计中严格控制结构的绝对沉降量；

②地下连续墙槽段之间采用抗剪接头；

③围护墙的顶部设置刚度较大的整体现浇钢筋混凝土冠梁；

④适当增加结构底板的厚度。

2) 通过设置后浇带将施工阶段结构差异沉降产生的次应力先期释放，结构设计中主要考虑后期沉降产生的次应力；此外，在施工安排上应先重后轻，最大限度地降低差异沉降对结构的影响。

(4) 当为释放地基不均匀沉降等产生的纵向应力或因抗震需要在主体结构中必须设置沉降缝时，应采取可靠措施，确保沉降缝两边的结构不出现影响行车安全的差异沉降，例如设置可挠接头等。

(5) 在主体结构与附属建筑（如出入口通道、通风道等）的结合部，设置的变形缝一般具有沉降缝和伸缩缝的双重作用，但不允许两部分结构之间出现影响使用的差异沉降（如底板错台影响人流通行或管线错位等）。所以在软土地层中须在缝两侧的结构中设置“剪力棒”等，上海地铁则采用双变形缝的做法，同时还在底板（或顶板）内设置了榫槽。

2 明挖结构伸缩缝的设置方法。一般有两种做法：

（1）沿纵向每隔一定距离设置贯通整个结构横断面的断缝。北京地铁基底处于比较稳定的地层中，大多数采用这种做法， 车站主体结构伸缩缝间距一般控制在30～40m。其优点是可以较好地释放混凝土收缩和温度变化在结构中产生的纵向应力，纵向钢筋的配置数量较少。但对施工的要求较高，否则在接缝处容易出现渗漏等问题；此外，一般需在断缝两侧作成双柱或调整柱距，影响车站的建筑布置。

对于有特殊要求的车站，伸缩缝的间距必须加大时，还应采取其他辅助措施。例如与地面高架候车大厅连为一体的北京西客站预埋地铁工程，为了与候车大厅的变形缝对应，全长216.2m的地下车站沿其纵向仅设置两条变形缝，结构段的分段长度为60～85m，顶板混凝土的一次浇注量高达7610m^3。为了防止大体积浇注混凝土产生的裂缝，该工程采用浇注补偿收缩混凝土与设置膨胀加强带相结合的方法代替后浇带。

（2）沿纵向不设伸缩缝而在较长的区段内形成连续结构。这种做法多在软弱地层中采用，以避免人为设缝导致结构纵向刚度急剧下降，以至丧失抵抗纵向变形的能力。而由于地基后期沉降引发的纵向变形，在软土地层中是不可避免的。如果设置伸缩缝，极易引起缝两端的轨道结构产生过大差异沉降而危及行车安全。在这种情况下，设计必须按照本章第10.5.1条第6款的要求，验算结构的纵向内力和变形，并采取可靠对策。上海地铁的做法是设置横向诱导缝，这是一种利用人工控制技术，通过在结构的预想位置产生的“无害裂缝”来释放结构纵向应力的方法。所谓“无害”，大体应满足以下几方面的要求：

1）裂缝出现的部位不会影响结构基本的受力特性；

2）裂缝的宽度有限，应控制在外贴防水层的材料和楼板建筑装饰层允许拉伸的范围之内，并且裂缝不贯穿整个截面，保证“裂而不漏”；

3）裂缝的出现不影响结构基本的使用功能，仍使结构具备足够的纵向抗弯刚度和抵抗剪切变形的能力。

缝的位置和间距的严格控制是实现“无害裂缝”的关键。具体做法是：

①预设的诱导缝沿车站长度方向按一定间距（一般小于等于24m，冬季施工时可放宽至24～32m）分布。基坑分段开挖，结构分段浇筑，纵向长度与诱导缝对应。特殊情况下，诱导缝间距必须放大时，应增设施工缝以减小结构分段浇筑的长度；

②诱导缝一般设在柱体中心处，当为圆柱或采用逆筑法施工时，可设在跨度1/3处，且缝尽可能与地下墙的接缝对齐；

③诱导缝部位纵向钢筋的处理：顶、楼板和边墙的纵向钢筋或断开（诱导缝设在柱体中心时），或通过1/3（诱导缝设在跨度1/3处时），并在诱导缝两侧的顶板及边墙内设置可以滑移的剪力棒；底板分布筋全部贯通。

需要说明的是，上海地铁车站大多采用地下连续墙与内衬墙叠合的构造，顶、楼、底板等水平构件的钢筋锚入地下墙内，形成刚接节点。由于先期施工的地下墙对后浇内衬和水平构件混凝土收缩变形的约束作用较大，在与地下墙交接处的顶板易产生斜裂缝，因此宜在顶板与内衬墙相交的节点附近增设纵向构造钢筋，此外，内衬墙的裂缝控制仍是一个没有完全解决的问题。

3 减少收缩裂缝的其他措施。工程实践表明，即使沿隧道纵向每隔30～40m设置一条贯通整个结构横断面的伸缩缝，收缩裂缝也时有发现。这说明，除了要根据结构形式及其内部约束条件和所处的地层情况合理选择缝的形式和间距外，混凝土的材料选用和施工因素也很重要。为此施工中应注意以下问题：

（1）设置后浇带或控制分段浇注的长度；

（2）采用掺有外加剂的混凝土；

（3）合理选择水泥品种及标号；

（4）控制混凝土入模温度、加强养护和洞口遮挡；

（5）及时回填。

4 地铁一般属超长结构，目前工程界虽然已经认识到控制此类结构纵向应力的必要性，但如何控制分歧较大，做法也不统一。但以下几点应予注意：

（1）某些施工措施，例如设置后浇带或限制分段浇注长度等对减小混凝土的收缩应力肯定是有利的，但不能用它们代替伸缩缝。这不仅是由于受到浇注间隔时间的限制，不可能完全消除混凝土干缩的影响，而且也无助于克服由于温度变化（见10.2.1条说明）和软土地层中由于地基不均匀沉降产生的纵向应力；

（2）由于围岩条件、结构形式与构造、构件施作顺序等的不同，地下结构内外部约束条件有时差异都很大，因此对减小或释放纵向应力的各种措施的评价不能仅仅局限于短期内的少量未发现问题的工程实例，更要在较长期的运营中检验。另外，在某种特定约束条件下的成功经验对其他约束条件未必有效，不能简单地套用。

10.6.2 地下结构设置横向施工缝的主要目的是为了通过分段浇注控制超长结构或大体积浇注时在混凝土中产生的收缩应力，同时也是施工作业的需要。由于受到作业条件的限制，通常矿山法结构的施工缝间距较短，一般为6～12m，沉管隧道分段浇注的长度一般为15～20m，明挖结构的情况则较为复杂。施工缝的间距与结构内外部的约束条件以及伸缩缝的形式和间距等关系密切。深圳地铁采用8～12m；上海地铁诱导缝之间的距离为24m左右时，中间不再设置横向施工缝；北京地铁一般也是在两条伸缩缝之间不再设置横向施工缝。京沪两地的实践证明，对于内外部约束条件较弱的放坡开挖或采用复合式侧墙的结构，情况良好，结构表面的干缩裂缝基本能够控制；而当采用叠合式侧墙时，裂缝则较多。

施工缝的间距还与混凝土浇注时的外部气象条件有关。热天混凝土温度变化较大时取小值。

10.6.3 表中受力钢筋的混凝土保护层的最小厚度是根据各类地下结构的实际工作条件，综合考虑了混凝土的设计强度、环境条件、施工精度和耐久性要求等，并借鉴国内外同类工程的实践而提出的，适用于普通钢筋混凝土结构。其中矿山法部分系采用《铁路隧道设计规范》规定的数值。

11 工程防水

11.1 一般规定

11.1.2 地铁隧道工程属大型构筑物，长期处于地下，时刻受地下水的渗透作用，防水问题能否有效的解决不仅影响工程本身的坚固性和耐久性，而且直接影响到地铁的正常使用。因此，根据地铁工程的特点，这次在原规范基础上做了修改补充，防排结合的提法仅限隧道处于贫水稳定的地层，围岩渗透系数小，可允许限排，因结构排水不致对周围环境造成不良影响；反之，当围岩渗透系数大，使用机械排除工程内部渗漏水需要耗费大量能源和费用，且大量的排水还可能引起地面和地面建筑物不均匀沉降和破坏，这种情况则不允许排。故在条文中删去了"防排结合"，并增加了"刚柔结合、多道防线"的内容。其出发点是从材料角度要求在地铁工程中刚性防水材料和柔性防水材料结合使用。多道设防是针对地铁工程的特点与要求，通过防水材料和构造措施，在各道设防中发挥各自的作用，达到优势互补、综合设防的要求，以确保地铁工程防水和防腐的可靠性，从而提高结构的使用寿命。实际上，目前地铁工程结构主体不仅采用了防水混凝土，同时也使用了柔性防水材料。

"因地制宜、综合治理"，是指勘察、设计、施工、管理和维护保养每个环节都要考虑防水要求，应根据工程及水文地质条件、隧道衬砌的型式、施工技术水平、工程防水等级、材料来源和价格等因素，因地制宜地选择相适应的防水措施。

11.1.3 原规范规定地下铁道车站及机电设备集中地段的防水等级定为一级，从近10年地铁隧道建设和使用情况看，基本上是符合实际的，因此保留不变。

原规定"区间隧道及一般附属工程结构的防水等级为三级"，经近10年的实践，从实际使用和从事地铁防水工作的人士反映，认为区间隧道定为三级偏低，应改为二级。

等级规定主要是根据现行国家标准《地下工程防水技术规范》中地下工程的防水等级标准的规定确定的。

从定级中可知，一级只有定性要求；二级既有定性要求，又有定量指标。定量指标不仅规定了整个工程的渗水量值，也规定了工程任一局部的渗水量值。修订上述标准的主要依据是：

防水等级为一级的工程，其结构内壁并不是没有地下水的渗透现象，而是因墙面渗水与墙面蒸发散失两种现象同时存在，当渗水量小于正常人工通风系统的蒸发散失量［约0.012～0.024L/(m^2·d)］时，则墙表面无湿渍现象，从表面上看，可以认为墙体是"不透水"。由于渗水量极小，测量极为困难，因此，对一级标准没有规定定量指标；

防水等级为二级的工程的渗漏量在规范中给了定性要求和定量指标。20世纪90年代德国STUVA隧道防水等级规定处于基本干燥的隧道其容许渗水量为：10m区间为0.1L/(m^2·d)，100m区间为0.05L/(m^2·d)，由毛细管现象产生湿迹的隧道，即在衬砌内壁可见局部明显渗水现象，但无水珠滴落现象时，其容许渗漏水量为：10m区间为0.2L/(m^2·d)，100m区间为0.10L/(m^2·d)。上述德国标准中的渗水量的量值和我国防水等级为二级时的量值基本上是一致的，但由于这一量值仍然较小，难以准确检测，如以这一量值作为标准将给工程验收带来一定困难。在过去10年间，上海地区曾对工程渗水量大小与工程表面的湿迹大小进行了长期观测，尽管由于工程通风与否，风量大小、季节、湿度、温度等环境条件对湿迹的状态影响甚大，但经过大量观测数据的分析，在通风不好、工程内部湿度较大的情况下，也得到了一些有价值的数据：每5～6滴水约为1mL，每分钟2～3滴的渗水量约与0.06m^2湿迹相当。因此，铁道、隧道等部门在判断一个工程是否达到二级标准时，采用测量任意100m^2防水面积上的湿迹总面积、单个湿迹的最大面积、湿迹个数的办法来判断，已得到了工程界的认可。因此，修订时规定了工程结构内壁任意100m^2防水面积上湿迹总面积值、单个湿迹最大面积值及湿迹个数作为判断工程是否达到二级标准的量化指标。

11.2 混凝土结构自防水

11.2.1 由于防水混凝土的抗渗等级是根据素混凝土试件试验测得，而大型地铁车站隧道结构的主体钢筋密布，对混凝土的抗渗性有不利影响。为确保地铁工程结构主体的防水效果，将抗渗等级定为最低不得小于S_8，其理由是，原北京地下铁道工程局通过室内大量抗渗试验资料得知，采用普通的级配方法配制强度等级为C30时，抗渗标号均大于S_{12}。目前地铁隧道结构强度等级一般均在C30以上，故抗渗等级定为不小于S_8。

11.3 附加防水层

11.3.1 本条明确提出卷材防水层、涂料防水层的使用范围，这是根据材料的性能提出的。因为高聚物改性沥青卷材、合成高分子卷材、反应型涂料防水层耐腐蚀性能较好，这些材料中有的材料品种延伸率较高，因此可根据工程的实际需要选用适合要求的材质品种。在条文中明确规定附加防水层应铺设在结构主体迎水面或复合衬砌之间，是为保护结构主体不受侵蚀性介质的作用，并能有效地阻止水对结构主体内部的侵入，从而提高混凝土的耐久性。

11.3.2 本条明确规定卷材防水层应根据施工环境条件等因素选择材料品种和设置方式，同时强调卷材防水层必须具有足够的厚度，以保证防水的可靠性和耐久性。按照多层做法防水质量较优的经验（夹层防水层例外），建议卷材尽可能不单层使用。如高聚物改性沥青卷材双层使用时，宜采用两层4mm、一层4mm与一层3mm或两层3mm厚的方案，不得采用较薄的2mm厚卷材与4mm厚卷材复合，因热熔法施工时，卷材易被烧穿，影响防水层质量和耐久性。自粘式防水卷材的高聚物改性剂（SBS、丁丙等）含量高达30%左右，其技术性能（抗拉强度大于2.5MPa、延伸率大于300%、低温柔度达－30℃）与聚氨酯涂膜防水和高分子防水卷材相近，故将自粘式防水卷材和高分子防水卷材定为同一档次。另外，关于橡胶、塑料类卷材与沥青类卷材相比，具有重量轻、强度高、延伸大等性能好的特点，对建筑物开裂、错动的适应性强，而且又是冷作业，施工简便，受到施工操作者欢迎。这类卷材材质尽管比较好，但如果卷材彼此之间的接头及卷材与基层的粘结不密实，就不能发挥其防水功能。因此，这类防水材料需要解决与此相匹配的粘结剂和人工铺贴技术以及片材之间的搭接技术。即使粘接剂已过关，还存在着铺粘问题，尤其是片材间的搭接技术问题，稍有疏忽就易引起漏水。

在选用橡胶、塑料卷材时，为了解决卷材之间的粘结性能以及卷材与基层之间的粘结性能，需要进行长期耐水性、耐腐蚀性等的测试工作。目前，橡胶、塑料卷材常用一层，可根据工程使用要求及水文地质条件来选择不同厚度的卷材，如防止有压水，宜用两层，总厚度不宜小于2.4mm。

11.3.3 防水涂料品种较多，既使材料选择有较大余地，又给如何选择适合于地铁工程防水要求的材料造成一定难度。根据地铁工程防水对涂料的要求，耐水性是需要特别强调的一个最重要指标，因地铁工程长期处于地下水的包围之中，如涂料遇水产生溶涨现象，性能降低，就会失去其应有的防水功能。因此，所选用的防水涂料应具有良好的耐水性、耐久性、耐腐蚀性，据此，无机类材料宜优先选用水泥基渗透结晶型类材料；有机类宜优先选用反应型涂料。

11.4 高架结构防水

11.4.1 桥面所处的环境通常受大气降水、北方地区冬季降雪的影响，化冰盐水、氧气、二氧化碳等均是危害桥面结构耐久性的因素，如果能将上述物质与桥面结构隔离开，则桥面结构的耐久性就会提高。而在桥面设置连续、整体密封、耐久的附加防水层便提供了这种可能性。用于附加防水层的材料品种较多，较为适合桥面上用的有水泥基渗透结晶型材料、高聚物改性沥青卷材、聚氨酯涂膜水乳型阳离子氯丁橡胶沥青防水涂料等。

11.5 地下车站结构防水

11.5.1 目前地铁隧道结构主体采用防水混凝土结构自防水，其防水效果尚好，故规定应采用钢筋混凝土结构自防水。但结构的薄弱部位渗漏水现象较多，因此应根据需要设附加防水层或采用其他防水措施，确保不渗漏。

11.5.2 明挖法施工的地铁的地下结构防水设防分结构主体防水和细部构造防水两部分。对于结构主体，其防水以目前普遍应用的防水混凝土自防水为主，当工程的防水等级为一级时，应再增设一至两道其他防水层；当工程防水等级为二级时，可根据工程所处的地质条件、环境条件等不同情况，考虑增设一道其他防水层。之所以作这样的规定，是地铁地下结构长期受地下水侵蚀、碳化等作用，而防水混凝土并不是绝对不透水的材料。有资料显示，通常规定抗渗标号哪怕足能达到S_{12}时，其渗透系数也只能达到10^{-11}m/s。如果在设计时就注意到能将有害物质与地下结构隔离开，则结构的耐久性就会提高。而全外包防水层或在主体结构外侧涂刷水泥基渗透结晶型涂料能有效地阻止地下水的腐蚀性介质对地下结构的入侵，可延缓碳化过程，提高其耐久性。对于施工缝、后浇带、变形缝，应根据不同的防水等级选用不同的防水措施，防水等级越高，拟设防道数越多，一方面为了解决目前缝隙渗漏率高的状况，另一方面是由于缝的工程量相对于结构主体来说要小得多，采用多道做法也能做到精心施工，薄弱环节能得以加强，工程质量有保证。

11.5.4 地下连续墙既作工程主体的支护，又兼作主体结构的内衬墙，无疑对降低工程的造价、缩短工期、充分利用地下空间都极为有利。但由于地下连续墙的混凝土是在泥浆中浇注的，影响混凝土质量的因素较多，墙体混凝土密实度通常不如整体现浇混凝土好，连续墙幅间接缝、墙板连接缝也是防水的薄弱环节。因此，条文中规定了不同工程部位采用与其相应的防水措施，以达到整体的防水效果。

11.5.5 叠合式墙使用钢筋接驳器与地下围护墙连接，造成防水层无法实施全包。因此，只能因“位”制宜，不同部位采用不同的防水措施。在设计中，车站顶板通常采用附加柔性防水层，侧壁初期支护的局部薄弱处进行加强防水能力后再浇内衬组成叠合侧墙，底板靠密实混凝土自防水。从施工实践来看，侧壁支护墙与内衬结构共同组成叠合结构墙，也可以体现出加强了内衬侧壁的防水。底板由于结构比较厚，且其浇注及养护条件好，受外界因素影响较小，因此底板的混凝土自防水性能优于顶板。顶板增设附加柔性防水层，叠合墙、底板靠结构自防水，从整体防水上看仍然是相匹配的。

11.5.6 复合墙或复合衬砌之间的夹层防水层与混凝土二次衬砌是完全分开的，防水层施工完要立模板灌注混凝土，此过程中很难保证防水层不破损，防水层万一有一处损坏就会引起水的流窜，造成整个复合衬砌地段的防水失败。因此，本条第2款规定车站与区间隧道的结合部位或将一个区段划分为若干个小的密封区，如：利用分段施工缝或变形缝在二次衬砌迎水面设立背贴式止水带和夹层防水层进行焊接或用双面自粘带进行粘结，用丁基橡胶防水密封粘结带在分段的端头将防水层与混凝土粘结并密封，必要时在接合部二次衬砌与夹层防水层之间进行压浆，使其相互之间不连通，这样就能限制防水层破坏后水在防水层中流窜的范围。

11.5.7 矿山法施工的隧道的防水措施，通常采用复合衬砌全面防水的构造。

复合式衬砌除采用自身密实性防水之外，还需做夹层柔性防水层。一般由喷锚防水混凝土初期支护、敷设夹层柔性防水层和二次模筑防水混凝土衬砌三部分组成。

在喷锚支护结构内掺入一种性能可靠、使用方便的复合膨胀剂，通过严格的湿喷施工工艺，使混凝土喷层具有可控制的膨胀率，用以补偿在凝结硬化过程中所产生的体积减缩，从而减少乃至防止各种收缩裂缝，堵塞渗漏水通道，达到喷射混凝土自防水的目的。

目前用做夹层防水的主材通常采用塑料类，如乙烯醋酸乙烯共聚物（EVA）、乙烯共聚物沥青（ECB）、聚氯乙烯（PVC）、聚乙烯（PE）等。铺设夹层防水层的基层平整度应符合 $D/L \leqslant 1/8$ 的要求，其中：

D——喷射混凝土相邻两凸面间凹进去的深度；

L——喷射混凝土相邻两个凸面间的距离。

夹层防水层通常在防水隔离层背后加设起缓冲和导水作用的衬垫层，并采用无钉孔铺设法以保护防水隔离层免遭破坏，提高防水效果。

防水层施作之前铺设的缓冲层，应用暗钉将塑料圆垫固定在基层上。塑料圆垫圈间距：拱顶500～800mm，侧墙800～1500mm，按梅花形布设，底板可少设甚至可不设。

防水板实行无钉铺设，边铺边将其与塑料圆垫焊接牢固。卷材间用自动行走式热合机进行焊接。双焊缝之间充气压应达到0.15MPa保持5min不漏气为合格。

二次模筑宜采用补偿收缩防水混凝土，抗渗标号大于等于S_8。

11.5.8 中柱顶部两拱之间形成明显积水带，各施工步骤的施工缝又是防水的薄弱环节，同时，连拱处卷材施工又是防水施工最困难的部位，且极易遭到破坏引起渗漏。故节点防水采用“防、截、堵”相结合的综合防水措施。其一，在两拱之间形成的低洼带进行压浆加固地层，减少地下水汇集，同时又对初衬混凝土的孔隙填充并增加其密实度。与此同时又在纵梁范围的导洞初期支护表面抹聚合物砂浆找平，并多道涂刷弹性水泥，以使导洞范围的喷射混凝土防水可靠；其二，它既是刚柔结合的防水转向单一柔性防水的过渡区，又是刚柔防水的封锁区，从而避免了连拱处防水卷材遭破损而渗漏；其三，初期支护与二次衬砌之间设大于等于1.5mm厚度的塑料树脂类防水卷材和二衬结构自防水；其四，拱顶二衬结构与夹层防水之间进行充填注浆，使防水层与二衬之间紧密结合并加强二衬混凝土的密实度；其五，为避免破除小导洞向顶拱转换过程中防水层受到破坏，在顶梁节点处，特别是在初衬、二衬之间防水层搭接范围应用钢板、石棉布作防水层的保护层尤为重要，能形成多道防线和多种措施并用，使其达到牢固从而加强薄弱处的防水，确保不渗漏。

11.5.9 变形缝处为防止内、外防水层被拉破，防水层应具有适应变形的构造。变形缝是防水中的薄弱环节，断缝处的防水层是在经受伸缩、错动变形的情况下承受水压的，这比其他部分的防水层所处的环境恶劣得多。因此，对变形缝的防水处理，在选用材料、结构形式及做法上，应考虑变形缝沉降、伸缩的可变性，并且还应保证在变形时的不透水性和耐久性。

变形缝防水构造形式常用埋入式、背贴式、嵌缝式及综合式几种，实际工程中常采用埋入式。埋入式橡胶止水带变形缝，防水效果较好，适用于水压较大、伸缩和沉降量大的变形缝。

综合式处理的变形缝适用于防水要求较高的工程，利用多道设防，增强变形缝的防水性能。

11.6 区间隧道结构防水

11.6.6 由于沉管隧道通常建在近海或海峡底下，其地下水中通常含有不同程度的腐蚀介质，因此条文第1款规定应采用抗裂性、耐久性好的防水混凝土，宜设置外防水层，并规定防水混凝土抗渗等级不得小于S_{10}。这样做就是要求主体结构自身应具有防地下水侵蚀的能力，以提高钢筋混凝土结构的耐久性。

11.6.7 用盾构法施工的隧道，通常修建在地质条件不太好的含水地层中，地下水中含有的腐蚀性介质将影响钢筋混凝土管片的耐久性，在设计时就应采取措施加以保护。如管片采用高密实性防水混凝土制作，提高混凝土抗渗标号大于等于S_{12}；混凝土渗透系数不宜大于5×10^{-13}m/s、氯离子扩散系数不宜大于8×10^{-9}cm^2/s的规定都是提高隧道结构防腐蚀的措施。对盾构隧道的衬砌防水，由表11.6.7不难看出，采用多道设防是必要的。所谓多道设防，是指采用地层处理、衬砌结构自身防水处理、接缝沟槽密封、螺栓孔的密封以及内嵌槽等防水措施。

地层处理是通过灌浆来降低隧道周围地层的透水性，使流向隧道的地下水的压力降低，流量大为减少。

管片制作应严格按质量标准进行检查，进入施工现场的管片应抽样进行防水抗渗检查。

沟槽内粘贴的防水密封垫是接缝的首道防线，也是接缝的主要防线，其材料因反复承受千斤顶压力，会有较大的拉压变形，要求所选用的材料必须是弹性复原力强、适应变形量大、耐老化性能好、在一定水压（设计值）下能承受环向、纵肋面出现的相对位移与张开值（设计规定值），并仍然满足不渗漏的防水密封材料，如氯丁橡胶、遇水膨胀橡胶等。

嵌缝是接缝防水的辅助防线。嵌缝槽的形式与尺寸应根据工程具体情况与选用的嵌缝材质而定。嵌缝材料应收缩性小、耐久性好、能长期保持不透水性和气密性、能适应结构因各种原因产生的变形。常用的嵌缝材料有弹性水泥类、改性环氧类、聚硫橡胶类、聚氨酯类等。近年在日本有一种P-201组分的嵌缝材料，注入聚氨酯密封胶后，具有挤出注入嵌缝受潮固化、遇水再膨胀的特性。

管片拼装完成后，常有螺孔渗漏水现象，因此应对接缝纵、环向肋面螺栓孔进行处理。其方法是将腔肋一侧的螺栓孔口加工成锥形，并设置材质为氯丁橡胶或遇水膨胀橡胶类密封垫圈（螺孔密封垫圈应与设置的螺孔口的形式相匹配），靠纵、环向肋面螺栓在成环后拧紧压实以达到止水的目的。密封圈应具有耐油、耐水、耐老化等性能。

12 通风、空调与采暖

12.1 一般规定

12.1.1～12.1.3 地铁地下线路是一座狭长的地下建筑，除各站出入口和通风道口与大气沟通以外，可以认为地铁基本上是与大气隔绝的。由于列车运行、设备运转和乘客等会散发出大量的热量，若不及时排除，地铁内部的空气温度就会升高，同时，由于地铁周围土壤通过地铁围护结构的渗湿量也较大，若不加以排除，地铁内部的空气湿度会增大，这些都会使得乘客无法忍受。因此，必须设置通风或空调系统，对地铁内部的空气温度、空气湿度、气流速度和空气质量等空气环境因素进行控制，为乘客和工作人员创造一个生理和心理上都能够满意的适宜环境，并满足地铁设备正常运转的需要。

12.1.4 本条根据地铁的特点，明确指出了地铁通风和空调系统应具备三方面的功能：

1 地铁为一种现代化的交通系统，速度快、运量大，运行时消耗大量的电能，这些电能将转变为热能，若不及时排除，地铁内部的空气温度就会升高。此外，乘客也散发热量和湿量，同时地铁周围土壤通过地铁围护结构的渗湿量也较大，若不加以排除，地铁内部的空气温度和湿度会增大，这些都会使得乘客无法忍受。同时，巨大的客流集中在地铁内部，还必须补充足够的新鲜空气，以保证地铁的内部空气环境在规定标准范围内；

2 地铁列车非火灾事故阻塞在区间隧道内时，因为没有活塞效应的作用，停留在车厢内的乘客及向安全地点疏散的乘客，会因为没有足够的新鲜空气而难以忍受。此外，当地铁列车设置空调时，也要维持车厢空调正常运转，因此，需要对列车阻塞处进行有效的通风；

3 地铁内火灾时有发生。据资料记载，仅从1971年12月到1987年11月间，欧洲和北美地铁中就发生重大火灾40多起，并导致人员伤亡。据报道，所有伤亡中绝大部分系烟熏所致，如1979年旧金山有一列经过海湾隧道的地铁列车着火，1人死亡，56人受烟熏致伤。由这些事故得到了经验教训，现在地铁把防排烟系统设计放在了重要地位。

12.1.5 地铁列车在隧道内高速运行时会产生活塞效应，据资料分析，当系统布置合理时，每列车产生的活塞风风量约为 1500～1700m^3，这种不费能源的通风方式应首先考虑使用。但活塞效应所产生的换气量是有限的，而且在地铁的实际建设中，经常受到周边环境的影响，导致活塞风道无法修建，或由于风亭出口位置的关系，致使活塞风道长度过大，以至活塞效应失效，故本条规定在单靠活塞效应不足以排除隧道内的余热时，应设置机械通风系统。

地铁设置空调系统需要庞大的设备和机房，运行时又需耗费大量的电能，因此从降低地铁造价、节省能源的前提出发，只有在通风系统（含活塞通风）达不到地铁内部空气环境规定的标准时方可采用。根据资料记载，当列车编组在 6～8 节、运行间隔为 2min，且最热月的平均温度超过 25℃时，车站必须采用空调系统。前苏联地铁规范规定，当计算的空气温度大于空气极限温度 28℃或 30℃，以及高峰小时的行车对数和列车车辆数的乘积大于 120 时，进风必须进行冷却处理。由此可见，采用空调是由当地最热月的平均温度及高峰小时的行车对数和列车车辆数的乘积两个因素决定的。结合我国的情况，目前已在运行及正在设计的北京、广州、上海、深圳、南京等城市的地铁，其远期高峰小时的行车对数和列车车辆数的乘积多为 180，而这些城市夏季高温的气候是需要空调的。因此本条将采用空调的一个因素，高峰小时的行车对数和列车车辆数的乘积定为 180 是适宜的。采用空调的另一个因素是最热月的平均温度，本条参考一些资料的规定，采用 25℃。

同时，目前我国地铁正在快速发展，除特大城市外，许多大、中城市也在建设或规划，且地铁运营的各种方式也将根据实际情况不断得以应用，如不同的运行间隔和编组方式将不断得以尝试，小编组、高密度等将得以实际应用。此种状况下，虽然有时高峰小时的行车对数和列车车辆数的乘积达不到 180，但如果地铁所在地区和城市夏季气温或全年气温均较高，由于现代生活水平的提高，地铁的运行也应在充分考虑降低造价和节省能源的前提下，保证相应的舒适水平，故本条规定在全年平均气温超过 15℃时，即使高峰小时的行车对数和列车车辆数的乘积达不到 180 只达到 120 时，也可以采用空调系统。选择全年气温超过 15℃的标准，是基于对全国各主要城市气候条件全面综合分析研究的基础上提出的，国内全年平均温度 15℃以下的城市，其冬季通风温度一般均低于 0℃，有利于利用地铁围护结构及周围土壤的热壑效应对温度进行调节，通过冬季的有效通风消除夏季地铁内部累积的余热和余湿。同时，在地铁建设和将来的运行中，地铁列车采用 3 节编组、高峰小时 40 对行车对数，或 4 节编组、高峰小时 30 对行车对数等运营方式都是可能出现的，为给地铁建设提出一个可参照执行的依据，本条采用高峰小时的行车对数和列车车辆数的乘积达到 120 作为标准。若其乘积小于 120 时，说明该地铁的运力不大，发热量相对较小，采用合理的通风方式可以达到地铁规定的标准。

12.1.7 地铁通风与空调系统的风量、冷量的大小主要取决于地铁的客流量和列车通过能力，但客流量和列车通过能力远期大于近期，通风与空调设备的能力应与之相匹配。若近期就按远期能力实施，就要增加地铁建设的初期投资，若设计时不按预测的远期客流量和最大通过能力设计，留足远期设备安装的机房，就会造成远期土建扩建。众所周知，地铁土建扩建是非常困难的，有时甚至是不可能的，因此通风与空调系统应按地铁预测的远期量和最大通过能力设计，但设备安装应按不同时期的实际需要配置，并分期实施。

12.1.9 由于地铁与外界大气间的相对隔绝性，其内部满足人员生理和心理需求的空气环境完全由通风与空调系统保证，一旦通风与空调系统失效，地铁内部的空气环境将迅速恶化，严重时不仅会影响人员的舒适感，甚至将危及人员的生命安全。因此，在通风与空调系统设置时应充分考虑到这一点，并采取有效措施，保证通风与空调系统某一局部失效时，其他部分的运转能够满足人员最基本的生理要求。当然，在条件允许时，也可以考虑达到某种适当的舒适水平。

12.1.13 目前在工程中应用的管材及保温、消声材料种类繁多，性能上差异很大，为保证在地铁正常运营和事故状况下所采用的材料不会散发出有害气体，从而保持地铁内部在各种情况下都具有一个良好的空气环境，必须遵守本条所提出的选材要求。但当局部部位，如水管阀门的部位，形状极不规则，采用不燃保温材料确实困难时，允许采用难燃材料，但此时至少应采用 B1 级材料。

12.2 地下部分的通风与空调

Ⅰ 隧道通风系统

12.2.2 由于地铁与外界之间的相对隔绝性，为保证内部具有较好的空气质量，应使隧道内部与外界直接进行空气交换，保证隧道内部污浊空气顺利有效的排除和外界新鲜空气的输入。

12.2.3 本条对区间隧道夏季的最高温度按车厢设置空调和不设空调两种工况，以及车站设置屏蔽门和不设置屏蔽门两种情况作了规定。

当车厢不设空调时，车厢内是依靠列车运行时的自然通风或列车停站时的机械通风来降温的，因此隧道内的空气温度直接影响车厢内的温度。经测算，每节车厢所得的自然通风量约为 18000m^3/h，要排除车厢内人体的散热量，则送排风温差约为 2℃；若隧道的最高温度规定为 33℃，则车厢的进风温度就为 33℃，排风温度为 35℃，车厢内平均温度为 34℃。

可见，不管车站是否设置屏蔽门，隧道的最高温度都不宜高于33℃，否则车厢内乘客就难于忍受。

当列车车厢设置空调、车站设置屏蔽门时，车厢内是依靠空调来降温的。列车在隧道中运行时，要保证列车空调的正常运转，从而保持列车车厢内的温度条件，就要求隧道内的温度满足列车空调冷凝器正常运行的需要。从目前世界上运行的地铁列车来看，基本上空调冷凝器的失效温度最高为46℃，通过分析隧道中的温度分布梯度，本条规定此种状态下隧道内的最高温度为40℃。

当列车车厢设置空调、车站不设置屏蔽门时，在地铁正常运行过程中，由于活塞效应对车站和隧道的综合影响，列车进入车站会将部分隧道热量挟带进入车站，此时，隧道内的空气温度不宜过高，否则，由于活塞效应导致区间隧道内的热空气冲入车站，会对车站的空气温度场冲击较大，直接影响车站乘客的舒适性，列车离开车站又会将车站的部分冷量携带进入区间隧道，从而客观上起到冷却隧道内空气的作用，致使区间隧道的空气温度不会过高。据众多城市地铁通风模拟计算结果分析，此种状态下隧道内的空气温度一般不会高于35℃，此温度与车站温度相比较，经计算其相互影响，基本在可接受范围内，因此参照《工业企业设计卫生标准》的规定，本条规定，区间隧道夏季的最高温度，在此种状态下不得高于35℃。

应当指出，这里所指的最高温度不是指瞬时最高温度，而是指区间的最热月日最高平均温度。

12.2.4 规定冬季平均温度不高于当地地层的自然温度是基于节能考虑。地铁周围土壤是一个很大的容热体，对温度有调节的作用。从宏观上看，夏季地层从隧道空气中吸热，从而降低了隧道空气的温度；冬季则反之，地层向隧道空气放热。为使冬季尽可能将夏季吸进土壤的热量放出来，以维持土壤在夏季有较大的吸热能力，降低夏季通风或空调的能耗，就必须使冬季的隧道空气温度低于地层自然温度，形成整个冬季土壤都处于向隧道空气放热的状态。隧道空气温度较低当然对冬季冷却隧道有利，但太低对隧道内的设备不利，如给水管有冻裂的危险，故又规定最低温度不能低于5℃。这里所指的地层自然温度，是指地层的恒温温度，一般为地表下10m深的土壤温度。

12.2.5 本条规定，隧道通风的室外计算温度，夏季采用近20年最热月月平均温度的平均值，而不采用地面建筑的夏季通风室外计算温度（历年最热月14时的月平均温度的平均值），是考虑到地铁系统与地面建筑的不同。地铁系统围护结构与周围土壤的热容大、热惰性大，因此，以最热月月平均温度的平均值作隧道通风的室外计算温度更能反映实际情况。据北京地铁资料记载，当室外空气温度高达30℃时，经过通风道进至区间隧道内的温度约为26℃，与北京最热月月平均温度的平均值相符。

12.2.6 本条规定，在计算余热量时应扣除传入地铁围护结构周围土壤的传热量，不应当作安全因素考虑，因为地铁围护结构周围土壤能吸进大量的热量并能储蓄起来，达到夏储冬放、调节地铁空气温度的作用。根据一些资料记载及对北京地铁的计算，传进地铁周围土壤的热量占地铁产热量的25%～40%，这对节约能量、减少机房面积及降低设备的一次投资都起到了重要作用。

12.2.7 是否设置区间通风道，应根据每条线路的具体情况决定。需设区间风道时，应设在区间隧道的中部，因为这样有利于风量的平衡。但设区间风道会受到现场情况的诸多限制，有时不可能在区间隧道的中部找到设置风道、风亭的位置。为方便设计，将条件放宽到不少于该区间隧道长度的1/3处，但又规定了不宜少于400m。因为偏离区间隧道中部越远，风井至两端区间隧道气流分布就越不平衡，同时，太靠近站端就可以由站端风道代替，再设置区间通风道实质上已无意义。

Ⅱ　地下车站通风与空调系统

12.2.10 关于地铁地下车站通风的室外计算温度，夏季采用近20年最热月月平均温度的平均值的原因参见第12.2.5条。

地下车站夏季空调的室外计算干球温度采用近20年夏季地铁晚高峰负荷时平均每年不保证30h的干球温度，而不采用《采暖通风与空调设计规范》（以下简称“暖通规范”）规定的“采用历年平均不保证50h的平均温度”，因为该规范主要针对地面建筑工程，与地铁的情况不同。暖通规范的每年不保证50h的干球温度一般出现在12～14时，此时正值地铁客运较低峰。据我国北京、上海、广州的地铁资料统计，12～14时的客运负荷仅为晚高峰负荷的50%～70%，如果按此计算空调冷负荷，很难满足地铁晚高峰负荷的要求，若同时采用夏季不保证50h干球温度与地铁晚高峰负荷来计算空调冷负荷，就形成两个峰值叠加，冷负荷偏大，因此采用地铁晚高峰负荷出现的时间相对应的室外温度是合理的。通过对北京、广州等地的气象资料统计：北京为32℃，广州为32.5℃，上海为32.2℃，南京为32.4℃，重庆为33.8℃，均比较合适。

12.2.11 本条对车站采用通风系统时站内夏季的空气计算温度不宜高于室外空气计算温度5℃的规定是参照《工业企业设计卫生标准》制定的。地铁车站散热量较大，乘客进出车站都在匆忙走动，与散热量大的车间、轻度作业的条件类似。

地铁车站内的温度不应超过30℃的规定，是根据地铁特点制定的。地铁车站内的温度比较稳定，不受室外空气温度瞬时波动的影响，当站内出现较高温度时，会延续较长的时间，同时站内的相对湿度也比较大，影响热感觉指标，因此站内的空气计算温度不宜太高。根据北京地铁车站长期的观测，车站温度超过30℃时，工作人员、乘客都感到很不舒适，闷热难受。

地铁车站的空调属舒适性空调。地铁环境是人员密集、短时间逗留的公共场所，乘客完成一个乘车过程，从进站、候车到上车，在车站上仅3～5min，下车出站约需3min，其余约3/4的时间在车厢内。因此，车站的空调有别于一般舒适性空调。既然乘客在站厅和站台厅的时间特别短，只是通过和短暂停留，为了节约能源，只考虑乘客由地面进入地铁车站有较凉快的感觉，满足于"暂时舒适"就可以了。人们对温度变化有明显感觉的温差为2℃以上，因此站厅的计算温度比室外计算温度低2℃，就能满足"暂时舒适"的要求。同时考虑到我国地域辽阔，各地气候条件差异较大，人们长期生活的环境条件不同，因而对温度的适应情况不同，对温度的感觉也有所差异，如南方地区的人与北方地区的人相比，更喜欢温度低一些，因此提出一个既满足不同地区人员习惯又较为灵活的温差标准。本条规定地下车站站厅的空气计算温度比空调室外计算干球温度低2～3℃，站台厅比站厅低1～2℃，从上海、广州地铁的实际运行情况分析，此标准是合理的、可行的。

12.2.12 地下车站站内最低温度的规定参照了地面建筑有关规范的规定：不应低于12℃。

12.2.14 本条规定了采用活塞通风或机械通风时每位乘客需供给的新鲜空气量为30m³/h，这是最低标准。前苏联地铁设计规范（1981年版）规定每人新风量不少于50m³/h；我国《人民防空工程设计规范》规定，按每人每小时30～40m³新鲜空气量计算；美国《地铁环控设计手册》规定每人新鲜空气量为28m³/h；而我国现行《工业企业设计卫生标准》规定每两人所占容积小于20m³的车间应保证每人每小时不少于30m³的新鲜空气量。上述各资料规定的每人所需新鲜空气量都在28～50m³/h之间，并且除前苏联地铁设计规范定为每人50m³/h外，其他资料均为每人30m³/h左右。根据对我国现有的及正在设计的地铁车站统计，每位乘客所占有容积都在10m³左右，恰与我国《工业企业设计卫生标准》的规定一致，因此本条采用了每人需供给的新鲜空气量不少于30m³/h。采用闭式运行时，应尽量减少室外空气对地铁的影响，故采用最少新风量，考虑到设计的方便，取其值与空调系统推荐的新风量一致。

12.2.15 地铁车站的空调系统属舒适性空调，新风量的确定基于稀释人体所散发的CO_2浓度，并在满足卫生要求的前提下尽量节能的原则。地铁车站类似地面的商场、博物馆、体育馆等建筑物，都是人员密集而对每个人来说在其中逗留时间又较短的场所，根据暖通规范的规定，商场、博物馆、体育馆等建筑最少新风量为每人8m³/h，推荐新风量为12.6m³/h。因此地铁空调新风量的下限可定为每人8m³/h，但考虑到地铁车站受活塞风影响等不利因素，部分新鲜空气有时得不到充分利用，此值应比最少新风量稍放大些，故本条采用每人的新风量为12.6m³/h是适宜的。

12.2.17 地铁车站的主要噪声源来自列车的运行，噪声级高达80～90dB（A），但对车站来说，这一噪声不是连续的，列车进站时，噪声很大，离站后，噪声很小，而通风设备产生的噪声则是连续的，对车站影响较大，因此本条规定了通风设备传至站台的噪声不得超过70dB（A）。这一标准的制定主要是从不影响人们普通谈话而又尽可能减少降噪量以降低消声设备的造价两方面考虑的。不影响人们普通谈话的噪声级上限为70dB（A），通过对北京地铁一线及环线的测试，这一标准是可以实现的。当前已经运营的北京地铁、上海地铁及广州地铁一号线的实际运行状况都证明采用这一标准是合理和可行的。

12.2.18 许多国家在20世纪70年代后修建的地铁中广泛采用站台下的排风系统，用局部排风的方法达到高效率排热的目的。地铁列车由于高速运行而消耗大量电能，通过摩擦、刹车等运动又将大量的电能转变为热能，在列车停在车站时，被加热了的元件向周围传热，使车站温度升高。设置站台下排风系统是利用局部排风的方法将热空气立即排出，不让其扩散。据美国资料统计，其有效排热率达25%～30%。根据北京地铁的试验，风量少是不起作用的，由于没有准确的试验数据，本条未给出排风量计算值。目前设计可参考美国资料及新加坡地铁、香港地铁的设计图纸换算为单位站台长度的小时排风量的计算值，约为每侧行车道、每米站台长度750m³/h。在目前的地铁建设和运营中，随着生活水平的提高，根据各个城市的不同气候情况，设有空调装置的地铁列车越来越得以广泛应用，由于列车空调冷凝器一般设置在列车车厢顶部，而且空调运行时会将车厢内部的热量转移出来，并通过列车顶部的空调冷凝器散发到列车顶部空气中，为高效排除此部分热量，国内地铁基本上采用在车站站台列车停靠部位设置列车顶部排风管，将空调散热直接排除到外界。因此，为适应地铁建设的发展，本条规定宜在列车的发热部位设置排风系统。

12.2.23 地铁车站的出入口位置因受地面建筑环境的影响或因考虑吸引客流的需要，有时与车站主体相距较远，通过出入口通道进入车站需要较长的时间，或者出于换乘等的需要，在地铁车站中设置较长的通道。由于地下通道的相对封闭性，若不采取相应的措施控制其内部空气环境，人员在此处时间较长会对生理和心理造成较大影响。当出入口通道长度大于60m时，按一般的人行速度，人员将在此通道中行走约2min，这与人员一般从站厅到站台厅再上车约4min的整个过程相比，约占到了一半的时间，应该看出，此段时间对乘客的影响是较大的。为给此长度确定一个能够掌握和实施的标准，按照与排烟一致的原则，规定在出入口通道和长通道在连续长度大于60m时，应采取通风或其他降温措施。

Ⅲ 地下车站设备及管理用房通风与空调系统

12.2.24 地铁各类用房，不可能像地面建筑物那样，用打开窗门等办法进行通风换气，而必须用机械通风的方法才能实现通风换气。对于那些卫生标准要求较高或有生产条件要求的用房，用一般通风方式不能满足要求时，可设空调系统。

12.2.25 地下牵引变电所、降压变电所的发热量是相当大的。据北京地铁资料统计，若安装有两台干式变压器、整流器时，其发热量为75kW以上，排除这样大的热量约需送、排风量50000m^3/h左右，有时难以实现，在经济性上也可能是不合理的。为给设计留有灵活性，本条规定允许设置冷风系统。

12.2.26 地铁厕所的臭气采用通风的方法排除。为防止臭气向车站站台、厅扩散，用机械排风、自然进风系统为宜。从国内已经运营的地铁的实际情况分析，地下车站的臭气若不直接排除到外界，在车站会闻到臭味，故本条规定宜将废气直接排至地面。

12.2.30 地铁车站的工作人员在站内工作时间很长，不像乘客那样具有高度的流动性。为保证其生理和心理健康，将地铁车站用房与地面密闭性较高或无外窗的建筑等同视之，有关的室内、外的计算参数也与地面建筑规范的规定一致。

12.2.31 本条规定了地下尽端线、折返线内的设备用房需由隧道内吸风时，风口应设在列车进站一侧，当列车由车站开出时，由吸风井吸进新鲜空气，在此侧进风空气较为新鲜。排风口应设在列车出站一侧，这样列车出站时就将排出的空气带至区间隧道，由区间通风道或下站的活塞泄风井排出，减少对车站空气环境的影响。

列车在隧道内运行时会产生大量的颗粒物，据北京地铁调查，每年产生的颗粒物达1700kg，再加上众多乘客进入车站带进大量灰尘，使隧道内空气可吸入颗粒物的浓度超过最高允许浓度标准。因此，由隧道吸风时应设过滤装置。

净化后的空气可吸入颗粒物的浓度标准是根据现行国家标准《环境空气质量标准》的规定确定的。

12.2.35 本条是根据原规范的数值并在充分总结北京、上海和广州等城市地铁的运营经验的基础上修改制定的。

Ⅳ 空调冷源及水系统

12.2.36 当采用空调系统消除地铁内部产生的大量余热时，从节约能源的角度出发，在有条件的时候，空调冷源应优先使用自然冷源。

同时，采用空调系统的目的是为给地铁的地下空间创造一个良好的空气环境，在冷源的选择上，同样不应以影响环境为代价。因此，不能选用对比较封闭的地下环境造成影响的吸收式方式作为冷源。

在实行峰谷电价差的地区，经技术经济综合比较合理时，可以考虑削峰填谷，采用蓄冷系统。

Ⅴ 风亭、风道和风井

12.2.42 本条规定是基于地铁系统的空气交换主要依靠通风系统（包括活塞通风和机械通风）进行的，进风的质量直接影响到地铁系统内环境条件的好坏，故应将进风风亭设置于洁净的地方。

鉴于目前城市规划没有明确规定风亭口部距其他建筑物的距离，以致有些城市的地铁通风亭建成以后，其周围又建设了许多临时的或永久的建筑物，有些还将厕所、电焊车间、小吃店等散发有害气体的建筑物建在其附近，污染周围空气，严重影响了地铁的环境卫生。因此，一些城市在建设地铁时制定了技术规定代替立法。如建设北京地铁时，在市规划局的主持下曾研究过相应措施；北京复兴门至八王坟线的总体设计技术要求中明确规定：其他建筑物距风亭不小于10m，并设置围栏；上海市地铁一号线工程设计技术要求规定：地铁风井口部距任何建筑物的口部直线距离不应小于5m。考虑到有些城市用地紧张，本条采用不应小于5m的规定。

12.2.43 地铁的排风虽然未含有害物质，但常带有地铁的特殊气味，CO_2浓度比大气高，为防止排风对进风的污染，当进、排风亭合建时，应按本规定执行。

12.2.45 为了防止送风系统将进风口附近的灰尘、碎屑等物扬起并吸入地铁内，本条规定进风口底部距室外地坪应大于2m。当布置在绿地内时，因灰尘、碎屑很少，不易扬起，故把距地面距离的规定降至不宜低于1m。

Ⅵ 通风与空调系统控制

12.2.48、12.2.49 地铁隧道通风与空调系统宜设就地控制、车站控制、中央控制三级控制。就地控制是在各通风与空调设备电源控制柜处操作；车站控制是在各车站设控制室，配置显示和操作台，以微型计算机为基础构成管理系统，对本车站及其管辖区间的所有通风与空调系统进行监控；中央控制是设在控制中心以微型计算机为基础的中央监控系统与车站控制室的计算机联网，对一条或数条地铁的通风与空调系统进行监控。

设三级控制的原因是：

1　地铁隧道通风与空调系统是以一条线路组成一个统一系统，各区间、各车站的通风与空调系统有各自的功能，又互有影响，因而全线的通风设备需要统一协调运行，尤其是防灾时的运行，它需要将灾害发现、判断、核实、决定救援方案、下达救援指令等各步骤有机结合才能完成，没有高度的集中指挥是不可想象的。同时，全线的通风与空调设备很多，为了达到节省人力和节能的目的，需要全线或数条地铁线路设一个控制中心，从而实现中央控制；

2　地铁建设周期长、投资额巨大，因此我国修建地铁都是采用建成一段、运行一段，充分发挥建设效益的建设方法。在控制中心建成之前，部分区段要运行，就只能依靠车站控制，同时考虑到各车站有很多特殊情况需车站单独、迅速地处理，为此车站控制是不可少的；

3　为方便检修和调试，必须设就地控制，为了安全，就地控制有优先权。

12.2.50　地下车站的设备及管理用房通风与空调系统只是满足各自范围内的空气环境控制的需要，与车站和隧道或其他设备及管理用房之间的相互联系和影响较小，而且不需与其他车站的有关系统协调动作，因此不需要进行中央控制，故本条规定其宜设两级控制。

Ⅶ　地下车站采暖

12.2.51　地铁列车运行会产生大量的热量。据北京地铁和其他一些资料统计，当列车最大通过能力为30对/h和列车编组为6节时，1km地铁隧道内平均热量约为1200kW以上。同时，地铁的围护结构与其周围的土壤是一个极大的容热体，热季吸进大量的热量，冷季放出来加热隧道内的空气，因此只要适当地控制地铁冷季的进风量，就能维持地铁车站及区间隧道在5～12℃以上。北京地铁地下车站冬季不设采暖，温度都在12℃以上，即使是我国东北地区的城市修建地铁，也可以不设采暖系统。

12.2.53　本条是参考前苏联地铁设计规范制定的，目的是防止冷空气由于活塞效应大量进入车站，使车站温度下降至低于规定的标准。但该规范对设置热风幕的条件规定为最冷月室外平均气温低于0℃的城市，而我国最冷月室外平均低于0℃的城市包括黄河以北的广大地区，这些地区很多城市根本就不需设热风幕。如北京市的最冷月室外平均气温为－5℃，根据北京地铁20年的运行情况观测，在出入口未设热风幕的情况下，冬季车站的空气温度都在10℃以上，为节约能源，本条将需要设置热风幕的条件规定为最冷月份室外平均气温低于－10℃，把需设置热风幕的范围缩小到我国严寒地区的城市。

12.3　高架线和地面线的通风、空调和采暖

Ⅰ　通风与空调

12.3.1　地铁高架线和地面线的车站，其站厅、站台设置在地面以上，应在建筑型式上考虑与外界增加相通性，这样有利于利用自然通风消除余热和余湿，从而达到简化通风与空调系统、降低造价、节省能源的目的。

12.3.3　本条参照《工业企业设计卫生标准》的规定，并将寒冷地区、一般地区及炎热地区统一，但基本概括原文的规定。

12.3.4　地铁高架线和地面线的车站，在站厅设置空调系统时，站厅内的温度应比室外空气温度低一些，从而使乘客由外部进入站厅时有较凉爽的暂时舒适感。但此温度不应过低，否则，由于站台无空调降温，将导致乘客在站厅逗留时间较长，或从外部进入车站站厅，来到一个温度较低的环境，而再由站厅进入站台时，又到达一个温度较高的环境之中，冷热交替，反而造成乘客在整个车站候车过程中产生不舒适感，故本条规定站厅内的夏季计算温度应为29～30℃。

Ⅱ　采　暖

12.3.14　地铁高架线和地面线的车站一般独立于地面其他建筑，如需设置采暖，则应尽可能地利用城市热力网，以便于车站采暖系统简化，采暖效果可靠，运行维护和管理工作量少。若自设热源，则会带来一系列运行、管理和维护方面的问题，同时会增加地铁造价。

13　给水与排水

13.1　一般规定

13.1.1　地铁给水设计必须满足生产、生活和消防用水对水量、水压和水质的要求。我国现有水资源缺乏，地铁的各项用水必须厉行节约，对不符合排放标准的污水及废水必须处理，可利用的应尽量重复利用。

13.1.2　为降低工程造价、供水可靠、保证水质，各城市修建地铁时应优先选用城市自来水，但有的地铁延长到郊区时可能无城市自来水，故应和当地规划部门协商，可以打井自备水源，也可以新增设自来水或采取可靠的地面水源，但水质必须符合要求。

13.1.3　地铁的排水除厕所粪便污水应单独排放外，其他废水及雨水均可按合流制排放。如果城市有污水排水系统，而且有污水处理厂时，地铁内的厕所粪便污水可和当地排水及环保部门协商，直接排入城市污水排水系统，不需要设化粪池。如果城市无污水排水系统，则应根据国家及地方有关规定设污水处理装置，达到国家排放标准后排放。

13.1.4　地铁给排水设备一般都可按自动化设计，带

有稳压装置的消火栓给水系统和自动喷水灭火系统，在技术上、功能上都要求有自动控制的功能。地铁所有的排水泵都应按自动化管理设计。

13.2 给　水

13.2.1～13.2.3 给水系统用水量定额、水质及水压的规定，均参照国家现行有关规范的规定制定。工作人员的生活用水量参照地面建筑办公楼的用水量确定。冲洗用水量是参照北京地铁隧道冲洗用水量确定的。

13.2.4 地铁给水系统的选择。

第1款，为保证地铁工作人员的饮用水水质，地铁应采用生活和消防分开的给水系统。因地铁消防用水量大，而生活用水量很少，如果生活和消防给水管网共用，水质定会发生改变，而且消防给水管一般采用热镀锌钢管，不但不能保证生活用水水质，也不符合国家对生活饮用水管管材的要求。另外，消防用水压力较高，生产、生活用水压力较低，如果共用给水管网，消防时会对生产及生活给水造成一定影响，而且也不易保持消防用水的压力及压力的稳定。

第2款，地铁地下工程土建费用很高，为节省国家投资，一般城市自来水的供水管能够满足消防要求，而供水压力不一定能满足消防压力的要求，可以设消防泵增压，不设消防水池，如此处理符合国家现行防火设计规范的规定，但应和当地消防及自来水公司协商。我国上海、南京、北京的新建地铁，在城市自来水管的供水量能满足消防要求，而供水压力不能满足要求时，当地消防部门及自来水公司都同意这种做法。

第3款，当地面或高架车站需要设消防泵时，应设稳压装置，不宜设高位水箱。因水箱高度太低，不能满足消防要求；太高则影响城市景观，而且建筑也很难处理。

13.2.5 给水管道的布置和敷设。

第1款，为减少管道及投资，生活给水系统可以引入一根给水管，在站内设计为支状管网。有的城市地铁在车站两端各引一根给水管，并和地面城市自来水构成环状，而且增加的管道不多，这样也是可以的。

第2款，根据我国地铁建设的经验，地下车站的给水引入管由风道或人行通道引入是较合适的。因地铁地下车站一般都建在城市道路中间，而且埋设较深，如果由车站主体结构引入，因引入管埋设较深，定会增加土建及维修费用，而且管道穿过车站主体结构如果处理不好，难免产生漏水现象。

第3款，根据我国各城市修建地铁的实践经验，当为接触轨供电时，地下区间给水干管设在接触轨的对侧，即行车方向的右侧；如果为架空接触网供电时，给水干管设在行车方向的右侧、左侧均可。我国上海、南京、北京复-八线、广州一号线，均设在行车方向的右侧，广州三号线拟设在行车方向的左侧。确定地下区间给水干管、消火栓等附件的位置时应注意不得侵入设备限界。

第5款，设在车站吊顶内的给水管道，如果根据当地空气及管道内的水温变化，有可能结露时，应采取防结露措施。设在站台板下的给水管道不必采取防结露措施。

第7款，地铁车站内的镀锌钢管及给水铸铁管，应考虑热胀冷缩的影响，穿过结构沉降缝时，应采取防止伸缩及沉降的措施。为防止球墨铸铁管由于地铁长期运营振动造成给水管偏移，必须和主体结构或道床固定。根据北京地铁的运营经验，球墨铸铁给水管胶圈接口的固定方法为：2m设一个管卡，管卡必须和主体结构固定，而且在转弯处必须设支墩防止试压时滑动。

13.2.6 管材及附件的设置。

第1款，根据北京地铁及我国其他城市修建地铁的经验，敷设在站台板下及区间隧道的消防给水管采用球墨铸铁给水管和胶圈接口，主要优点是寿命长(50年以上)，防杂散电。而车站吊顶内的消防给水管道，为了施工及维修的方便，按照国家现行有关防火设计规范的规定，应采用热镀锌钢管。生活给水管道推荐管材较多，设计时可和甲方协商，选用符合饮用水卫生标准、国家允许采用的管材。

第3款，埋地或设在垫层内的镀锌钢管一般情况下均涂两道沥青漆，以防腐蚀。

13.3 排　水

13.3.2 局部及临时排水泵房的废水，如有可能宜排入线路排水沟内，主要目的是减少管道长度，节省工程造价。但应注意选用的排水泵不能太大，而且扬水管出口水流方向应和线路排水沟流水方向相同，保证不使出口压力水冲出排水沟。

13.3.3 地面及高架车站的污水及废水一般都按重力流方式排入城市排水系统，但有的车站设地下通道，车站站厅或站台设在地下，其污水和废水不能按重力流方式排入城市排水系统时，应设排水泵提升，排入城市排水系统。

13.3.4 地铁隧道间的排水泵站（房）的设置。

第1款，区间排水泵站所担负地下区间隧道的长度，是参考前苏联地铁规范，并根据我国地铁的建设经验确定的。我国地铁地下车站之间的地下区间线路坡度一般设一个最低点，而且两站之间的距离一般不超过1.5km。如果有的地铁区间线路超过1.5km，而且排水量不太大时，区间或车站排水泵房所担负的线路长度适当超过1.5km也是可以的。

第7、8款，露天出入口、敞口通风口及列车出入线洞口，必须根据当地的暴雨计算公式认真地计算排水量，合理确定排水泵站规模和排水设备性能及排水管道的管径。根据我国40多年的地铁建设经验，排雨水量按当地50年一遇的暴雨强度计算是比较合适的。集流时间宜按5～10min计算。泵站横截沟及排水箅子、导流排水管道的尺寸及管径，必须根据排水量计算确定。

第9款，排水泵站的压力排水管的根数及管径应根据排水量计算确定。

第10款，地下区间排水泵房的地面标高，除考虑牵引网为接触轨或架空接触网供电的情况外，如果泵房和区间防灾联络通道合建时，泵房地面应和联络通道地面齐平。

13.3.5 排水泵站（房）排水泵的设置。

第2款，洞口、露天出入口和敞开通风口的排水泵站（房），主要是排除雨水。地铁设计规范规定，最大雨水量按当地50年一遇的暴雨强度计算，这样的频率才有可能达到最大排水量，所以没有必要设备用泵。按国家现行有关规范的规定，排雨水泵站也不设备用泵，但排水泵的选型应留有一定余量。

13.3.6 关于排水泵站的集水池有效容积：洞口雨水泵站按最大一台泵排水量的5～10min计算是参照国家现行有关规定，并考虑到地铁此处排水的重要性确定的；厕所污水泵房集水池的有效容积是参照现行国家标准《建筑给水排水设计规范》的规定确定的；其他各类排水泵房的集水池有效容积按最大一台泵的15～20min的排水量计算，是参照国家现行有关设计规范，以及当自动控制设备发生故障，由人工控制时的要求确定的。

13.3.7 其他排水设施。

第1款，地铁地下工程有时也采用碎石道床，其线路排水坡度最小不小于3‰，所以排水管和排水明沟的坡度和线路坡度一致，道床排水沟每隔20m设一个检查坑，而且在碎石道床的适当地点应设局部排水设施，将集水排入其他排水泵站集水池或直接排入地面城市排水系统。

第2款，站厅的排水地漏、横截沟及排水立管主要为排除冲洗及消防时的废水。

第3款，根据北京地铁30年的运营经验，地铁地下车站的有关值班室等房间设置的洗脸盆及拖布池，值班人员经常用作洗漱及饭后洗碗，这些污水如果自流到车站站台板下或线路排水沟，长期滞留将会严重影响站内的环境卫生。所以必须强调把这些污水通过管道集中到污水池，排至地面市政污水排水系统。

第5款，为避免地下车站污水泵房污水池的有害气体渗到地下车站而影响站内环境卫生，污水池内必须设透气管。透气管及终点透气口的位置，应保证不被人无意堵塞并不能使有害气体回流到地下车站内。要求在泵房内污水池盖板上及出主体结构墙内侧设阀门是人防要求，平时则可防止雨水倒灌到车站内部，如北京地铁有的透气口设在地下透气井内，曾发生过在暴雨时通过透气管倒灌到车站污水泵污水池内的现象。

13.3.8 根据现行国家标准《建筑给水排水设计规范》的规定，当城市有污水排水系统，而且又有污水处理厂时，用户排出的粪便污水，可以不经过化粪池处理；当有污水排水系统而无污水处理厂时，则需设化粪池处理，但应和当地排水及环保部门协商确定。

13.4 车辆段和停车场给水与排水

13.4.1 给水用水量定额是参照国家现行有关设计规范的规定制定的。

13.4.2 车辆段给水水源应采用城市自来水，如果无城市自来水时，应和当地规划部门协商，采取其他可靠的供水水源。如果有城市自来水时，应由城市自来水管引入两根给水管接入车辆段室外环状给水管网。

13.4.4 如果车辆段附近只有一根自来水管或者城市自来水管网的供水压力或供水量不能满足车辆段内的用水量要求时，必须在车辆段内设生活及消防泵房和蓄水池。蓄水池的容积应满足车辆段内的生产、生活和消防用水的要求，并根据经济技术比较确定设置变频调速供水装置、屋顶水箱或水塔。这三种方式我国都已采用，北京一、二期工程采用水塔；上海地铁中有的采用屋顶水箱；南京等城市采用变频调速供水装置。

13.4.8 车辆段的轮对车间或架修库内，因有对轮对转向架齿轮轴承的冲洗作业，所以含油量较多，严重超过国家排放标准，另外洗车库的废水含油量一般也超过国家排放标准，所以对上述超过排放标准的含油废水，必须经过处理达到国家排放标准后才能排放。为节约用水，对处理后的含油废水、洗车废水，尽量重复利用，不宜直接排除。

14 供　电

14.1 一般规定

14.1.1 主变电所适用于集中式供电，电源开闭所适用于分散式供电。杂散电流腐蚀防护设计涉及多个专业，当地铁牵引供电系统利用走行轨作回流网时，因牵引供电系统是杂散电流的源头，因而在设计文件组成时，可以将杂散电流腐蚀防护设计内容归入地铁供电系统。

14.1.2 对于大城市尤其是特大城市，城市轨道交通的远期建设将呈网络状，因而地铁的外部电源方案的确立，不应局限在某一条线路，而应该结合轨道交通线网及城市电网进行统筹考虑。

14.1.4 牵引动力照明独立网络，是指牵引供电网络与动力照明供电网络相对独立的中压网络形式。牵引动力照明混合网络，是指牵引供电网络与动力照明供电网络共用的中压网络形式。对于牵引动力照明独立网络，牵引供电网络与动力照明供电网络的电压等级可以相同，也可以不同。

14.1.5 这些条件是供、用电双方必须明确，并相互提供有关资料，经双方确认的内容，以此作为设计及运营的依据。

外部供电方案经双方技术人员研究后，还需经双方领导审查，征求各部门的意见，最后以协议、纪要或公函的形式确定下来。

地铁供电系统的一次接线方案与城市电网相互连接，与双方安全运行都有着密切的关系，因此一次接线方案必须征得供电部门的同意。

14.1.6 电力负荷应根据对供电可靠性的要求及中断供电在政治、经济上所造成损失或影响的程度进行分级。根据现行《供配电系统设计规范》的规定，"重要交通枢纽、重要通信枢纽、重要宾馆、大型体育场馆、经常用于国际活动的大量人员集中的公共场所等用电单位中的重要电力负荷，应为一级负荷"。因牵引用电和消防等用电的中断将直接影响地铁列车运行和安全，故将牵引、消防等用电负荷规定为一级负荷；而动力照明等用电负荷，则可以根据其重要性不同依次分成一级负荷、二级负荷、三级负荷。

14.1.7 同一降压变电所的两个非并列运行变压器的两段低压母线，可以作为动力照明一级负荷的双电源。

14.1.8 对二级负荷的供电方式，因其停电影响还是比较大的，故宜由双回线路供电。对电梯及其他用电负荷，距变电所较近不超过半个站台有效长度时，考虑到供电线路的故障机率相对较低，因而可采用双电源单回线路专线供电。

14.1.10 实际运行经验表明，电气故障是无法限制在某个范围内部的。因此，应急电源应是与电网在电气上独立的各式电源，例如：蓄电池、柴油发电机等。供电网络中有效地独立于正常电源的专用馈电线路，是指与正常电源不可能同时中断供电的线路。

14.1.11 供电系统中的各种变电所均应有两个电源。当供电部门为主变电所提供两路专线电源比较困难时，主变电所进线电源应至少有一个为专线电源。地铁供电与企业供电不同，是对沿线所有负荷通过沿线各变电所供电的一个完整的供电网络，地铁自身可以通过一个较完整的系统来提高整个系统的供电可靠性。

14.1.12 地铁中压网络一般采用电缆，为保证供电可靠性，中压电缆线路平时采用互为备用方案，以确保第一次线路故障后的用电需要。中压电缆线路正常运行时属轻载，绝缘老化慢、使用寿命长，而分阶段敷设既不经济也不方便。

14.1.15 谐波对电力系统的危害一般有：

1 交流发电机、变压器、电动机、线路等增加损耗；

2 电容器、电缆绝缘损坏；

3 计算机失控，电子设备误触发，电子元件测试无法进行；

4 继电保护误动作或拒动；

5 感应型电度表计量不准确；

6 电力系统干扰通讯线路。

为了减少谐波的上述危害，对直流牵引系统及非线性用电设备所产生的谐波引起的电网电压正弦波形畸变率应予控制，具体指标按现行国家标准《电能质量 公用电网谐波》执行。

14.1.16 以往车辆再生制动的能量，除一小部分由相邻的取流列车吸收以外，一般以热能形式消耗在列车制动电阻上。假如将列车制动电阻移出车体而将其置于车站适当位置，则可减少车辆自重。另外，若能将该制动电阻移至地面，则还能减小地下空间的发热量。这样的方案涉及规划和技术的条件，因此应进行综合比较。

14.1.17 根据国际电工委员会标准 IEC－TC 64，配电系统的型式有两个特征，即带电导体系统的型式和系统接地的型式。在我国，交流系统带电导体系统的基本型式有：单相两线制、两相三线制、三相三线制、三相四线制。对地铁的低压配电系统，其带电导体系统的型式宜采用三相四线制。

14.2 变 电 所

14.2.1 对于用"负荷开关＋熔断器"组合电器从其他车站变电所引入中压电源的独立设置的降压变电所，可称为跟随式降压变电所。设置在车站的牵引变电所、降压变电所以及由两者合建的牵引降压混合变电所，可统称为车站变电所。当外部电源方案采用分散式供电时，可设置电源开闭所，并可与车站变电所合建。主变电所是指外部电源方案采用集中式供电时，接收城市电网 35kV 及以上电压等级的电源，经过降压，为地铁的牵引变电所、降压变电所等提供中压电源的高压（或中压）变电所。

14.2.2 城市轨道交通有其特殊性，每天有上、下班高峰，因而牵引负荷计算应以高峰小时的运行情况为依据。

14.2.4 为节省初期投资及降低运营成本，在工程初期主变压器的数量与容量可按近期负荷确定，但主变电所的相关土建设计应按根据远期负荷确定的主变压器数量与容量进行。

14.2.5 如果根据近远期计算负荷确定的牵引整流机组的数量与容量相差较大，则牵引机组可按近远期分期实施；反之，牵引机组数量与容量可按远期实施。

14.2.6 这样规定既能满足地铁供电可靠性的要求，又可降低一次性投资，平时配电变压器的负荷率可提高，使运营更为经济。

14.2.7 运行条件包括：机组过负荷满足要求；谐波含量满足要求；不影响故障机组的检修。如果这些条件能满足，那么一套机组维持运行，将有利于提高牵引网的电压水平、减少能耗、降低走行轨对地电位、减少杂散电流的影响。

14.2.9 牵引变电所的占用面积在地铁设备用房中占有较大的比重，在条件允许的情况下，将牵引变电所设在车站附近的地面，可以减小地铁车站规模。

14.2.15 当变电所设置在地下时，变电所设备布置受土建条件影响较大，控制室各屏间及通道距离可按条文列表中的数值控制。当变电所设置在地面时，表中数值可适当加大。

14.2.18 为贯彻以人为本的设计理念，确保事故状态下能够提供必需的应急照明电源，由原来的满足30min供电需要，增加到满足1h供电需要。

14.2.19 要求切断回路中可能出现的任何电流。在地铁牵引网中，根据实测的参数，短路电流大时其线路L/R（电感与电阻之比）的值小，因而在灭弧条件不变的情况下，有利于直流电弧的熄灭；短路电流小时其线路L/R的值大，同样在灭弧条件不变的情况下，直流电弧的熄灭就比较困难。因此提出本条要求是必要的。

14.2.20 根据IEC 164的规定，地铁作为重型牵引负荷，其负荷等级为Ⅵ级，其负荷特性如表14.2.20所示。

14.2.24 容量小于等于250kV·A的配电变压器，可以不设变压器温升超过限定值保护。

14.2.28 牵引网的非永久性故障和牵引负荷特性引起的短时过负荷情况，在保护启动中所占概率较大，故采用自动重合闸装置能减少不必要的停电。

14.3 牵 引 网

14.3.1 由牵引变电所直流快速开关柜至接触线（轨）间的直流电缆称为上网电缆，由回流轨至牵引变电所负极柜间的直流电缆称为回流电缆。

14.3.2 上部授流接触轨，是指车辆受流器在接触轨上顶面滑动取流；下部授流接触轨，是指车辆受流器在接触轨下底面滑动取流；侧部授流接触轨，是指车辆受流器在接触轨侧面滑动取流。

14.3.5 接触线距轨面的最低高度值，由车辆受电弓的最小工作高度决定。

14.3.9 现行《铁路电力牵引供电设计规范》要求，柔性架空接触网设计的强度安全系数应符合下列规定：

1 铜或铜合金接触线的强度安全系数，当磨耗面积小于或等于15%时，不应小于2.5；当磨耗面积大于15%且小于25%时，不应小于2.2。

2 各种绞线的强度安全系数不应小于：

(1) 软横跨横承力索中的钢绞线4.0；

(2) 承力索、定位索及附加导线中的钢绞线3.0；硬铜绞线2.0；铝绞线、钢芯铝绞线、铝包钢芯铝绞线2.5。

3 绝缘子的强度安全系数不应小于：

(1) 瓷及钢化玻璃悬式绝缘子（受机电联合荷载时抗拉）2.0；

(2) 瓷棒式绝缘子（抗弯）2.5；

(3) 针式绝缘子（抗弯）2.5；

(4) 其他材质的绝缘元件，无阳光照射处（抗拉或抗弯）2.5；有阳光照射处，应视材质老化性能酌情增加。

4 耐张的零件强度安全系数不应小于3.0。

14.3.10 双边供电有利于提高牵引网的电压水平，有利于减少牵引网能耗，有利于杂散电流腐蚀的防护。单边供电方式仅作为特定条件下的一种实际的牵引网供电方式，不作为设计推荐。

14.3.14 本规定的目的在于减小杂散电流腐蚀影响的范围。单向导通装置应承受可能的短路电流。

14.3.17 设检修坑的折返线需独立作业，因而需要保证全天供电。为了不影响正常的停电作业，由牵引变电所直接供电是必要的。

14.3.20 铁路隧道内接触网设计的气温取值应按下列原则确定：

隧道内接触网设计气温应依据隧道长度及该锚段在隧道内的长度确定。当2/3锚段长度及以上位于长度大于2000m的隧道内时，设计气温可按比隧道外接触网设计温度最低值高5℃、最高值低10℃取值；其余情况可与隧道外接触网设计气温取为一致。

隧道内接触网的最高计算温度宜为所取最高设计气温的1.5倍。

隧道内腕臂、吊弦、定位器正常位置时的温度宜按最高计算温度和最低设计气温的平均值计算。

隧道内接触悬挂及附加导线悬挂不宜考虑垂直线路方向的风荷载和冰荷载。

14.3.23 架空地线兼作避雷线时，其保护范围应满足防雷要求。

14.3.30 端部弯头的设置，能够保证行驶车辆的受流器平滑地导入导出接触轨的接触面，有利于车辆受流，减少受流器对接触轨的冲击。

14.3.32 防护罩的设置可以有效地防止人员无意中触及带电的接触轨。

14.4 电 缆

14.4.1 电力电缆与控制电缆，在地下敷设时采用低烟无卤阻燃电缆，其目的主要是考虑火灾时减小有害烟气对人身的侵害。上网电缆及回流电缆，其型号选择应充分考虑弯曲半径小的特点。

14.4.3 站台板下各种维修活动相对多些，中压电缆中间接头设在车站站台板下，容易受到损坏，尤其电缆接头的故障概率较电缆本身大，因此将中间接头设在区间有利于检查，也更为安全。

14.4.4 顺序排列的原则便于运行维护管理，有利于降低弱电电缆回路的电气干扰强度，有利于实行防火分割措施。

14.4.6 单洞单线隧道内的电力电缆和控制电缆一般沿行车方向的左侧敷设，而通信信号电缆则一般沿行车方向的右侧敷设（信号机设置在列车运行方向的右侧），其目的在于尽量减少干扰。

14.4.9 将地面线路的电力电缆与控制电缆敷设在电缆沟槽内有利于防盗、防晒、美观。

14.4.16 本条规定是为了确保巡视维修人员等接触时的安全。

14.5 动力与照明

14.5.4 区间动力设备的控制电源采用交流 380V，可以节省 *N* 线，有利于节省电缆投资。

14.5.9 目前对于地铁的通风与空调设备有两种供电方式，一是由变电所直接为通风与空调设备供电，二是通过环控电控室为通风与空调设备供电，后者便于控制与管理。

14.5.10 应急照明包括疏散照明与备用照明，疏散照明由出口标志灯、指向标志灯、疏散照明灯等组成。

14.5.15 照明的分组控制为地下车站的站厅、站台照明控制提供了灵活性，运营过程中可根据需要只开部分照明，以节约电能。

14.6 电力监控系统

14.6.1 目前，自动化系统发展很快，为适应这种发展，电力监控系统在设计时，在设备选型、系统容量和功能配置方面，应充分考虑发展的需要。

14.6.2～14.6.6 条文明确了电力监控系统的设计内容，主要划分为电力监控系统总体方案设计、电力监控系统主站的设计、电力监控系统子站的设计、电力监控系统通道的设计要求。地铁的电力监控系统设计，应根据地铁供电系统的特点、地铁运营要求、通信系统的通道条件，提出系统构成、监控对象、功能要求的意见，确定系统设备配置和设备选型，明确设备的功能、型式和要求。

14.6.7 遥控对象包括遥调对象。

14.6.8～14.6.10 条文规定的监控对象为监控的基本内容，设计中可根据实际情况增加监控对象。

14.6.18 主要技术指标为基本要求，设计时可根据产品情况具体确定。

14.7 杂散电流与接地

14.7.5 为节省投资及减小接地电阻值，有条件时，可利用自然接地体作为接地装置。

14.7.8 直流设备的绝缘安装为直流牵引设备的框架保护实施创造了条件。

14.7.10 走行轨与隧洞主体结构（或大地）之间的过渡电阻值是不确定的，为了排流设施设计时具有可操作性，建议按不小于15Ω·km考虑。

14.7.12 为减少回流网的阻抗，牵引系统要求上、下行回流网间应做必要的并联以均流，但这种并联将涉及信号系统的信息传输，因此均流措施应得到信号系统的认可。

14.7.15 钢轨电位限制装置动作电压的调整范围，建议在直流 40～120V 之间。

15 通 信

15.1 一般规定

15.1.1 在地铁通信设计中，既要积极发展新技术，以满足地铁现代化及信息化的要求，又要做到经济合理，努力降低工程造价。

15.1.4 地铁越是在发生事故和灾害时越是需要迅速及时的通信联系，但如果在常规通信系统之外再设置一套防灾救护通信系统，势必要增加很多投资，而且长期不使用的设备难以保持良好状态。所以，通信系统设计应在正常情况下为运营管理、指挥、监控提供迅速及时的联系，为乘客提供周密的服务；在突发灾害或事故的情况下应作为应急处理、抢险救灾的手段。

15.2 传输系统

15.2.1、15.2.2 从目前通信传输技术发展水平来看，光纤通信以其大容量、低成本、标准化及高可靠性等明显优势，成为通信传输的主要手段。因此，为满足地铁各种信息传输的要求，应建立以光纤通信为主的传输系统网络。传输设备制式也早已由 PDH 发展到 SDH 光数字传输或其他宽带光数字传输。因此，应根据地铁各种信息传输的要求，设置相应的传输系统网络。

15.2.3 鉴于地铁的各种行车安全信息及控制信息将通过传输系统来传送，为从根本上提高光缆的可靠性，防止由于一条光缆因故中断而造成地铁信息传送大通道的完全中断，宜利用地铁自身建设的有利条件，利用不同径路分别敷设光缆，通过信息传送系统构成自愈保护环，以大幅度提高网络的安全性。

15.2.4 光缆作为通信网建设的物理层基础设施，具有一次建设、长期使用、不易扩容的特点。从通信业务发展角度和通信建设经验来看，对光纤的需求量增长速度很快。因此，地铁的光缆容量除了应满足现阶段的需求外，还应充分考虑容量的预留，以适应远期发展需要。

15.2.6 光、电缆的敷设方式，是线路建设中的一项主要技术要求，直接关系到系统安全、工程量和投资。本条文是参照原邮电部的规定并结合地铁的特点制定的。

15.2.10 光纤本身不受外界强电磁场的影响，且光缆金属护套均为厚度小于0.3mm的钢外套，对电磁波的屏蔽作用很小。为保证金属加强件及金属护套上的感应电势不积累，故要求光缆接头两侧的金属护套和金属加强件应相互绝缘。为保证感应电流不进入车站影响设备及人身安全，当用光缆引入时，应做绝缘接头。

15.3 公务电话系统

15.3.3 公务电话交换设备应具备ISDN功能，不仅给用户提供话音及非话音业务，而且具有端到端数字连接、接入速度高等优点，也利于接入INTERNET。

15.3.5 公务电话交换设备应具备完善的监控管理接口和功能，并设置维护终端，具备性能管理、故障管理、配置管理、安全管理和账务管理功能。

15.5 无线通信系统

15.5.3 无线通信系统对于地面线路、高架线路、车辆段和停车场，电波传播宜采用高架定向天线的空间波方式；而对于隧道，电波传播宜采用漏泄同轴电缆或隧道定向天线的辐射方式。

15.6 广播系统

15.6.5 各城市新建地铁可根据其确定的车站、隧道的结构形式、建筑装修材料等条件参照本条文进行广播网的方案设计。有条件时应进行现场声场试验。

现场扬声设备的选择应考虑建筑布局和装修条件。一般具有装修吊顶的处所宜设吸顶式扬声器；没有装修吊顶的处所，宜设壁挂或吊挂式音箱；室外露天处所宜设扬声式声柱或音箱。

15.6.6 广播系统的功放与负荷之间通过切换控制柜连接，负荷与功放不固定接续，根据实际工程情况，可按照每N台功放设置一台备用机（N小于等于4）、自动切换方式设计。功放N备一是指在一台标准的19英寸机架上，设置N台主用功放、一台备用功放及自动检测切换装置。自动检测切换装置实时监测机架上功放设备的工作状态，发现故障自动倒换主、备功放。

15.8 闭路电视监视系统

15.8.3 摄像机的安装位置、数量及安装方式应根据乘客流向、乘客聚集地等场所综合考虑。同时，在设置重要设施处也应安装摄像机，以利于监管。

15.9 电源及接地系统

15.9.1 近几年来，随着通信建设的飞速发展，电源新技术、新设备也日趋成熟。为实现减少维护人员和无人值守的目标，地铁通信电源设备必须具有集中监控管理功能。

15.9.4、15.9.5 通信设备的数字化使传输、交换及其他通信设备的用电基本要求趋于同一化。−48V作为直流基础电压符合国际、国内标准以及数字通信的实际情况，故明确规定"直流基础电压为−48V"。

目前，逆变器已在通信网中得到广泛使用。鉴于逆变器的生产状况，国产逆变器容量较小、频率有限；进口逆变器容量较大、频率种类较多，但价格较高；相对而言，UPS设备的技术及设备的成熟性、运用的灵活性、可靠性及价格均优于逆变器，故本条款对逆变器及UPS的应用定位予以明确。建议当交流负荷小时，采用逆变器供电；当交流负荷大时，采用UPS供电。

15.9.7 明确指出接地系统设计的意义和作用。

15.9.8 分设接地和合设接地两种接地方式可因地制宜采用。

15.9.10 按分设接地方式设置的接地体之间应保持一定距离，防止产生地线之间的串扰所造成的不安全因素。

15.10 通信用房技术要求

15.10.3 由于车站内安装的设备不易更换和搬迁，故通信机房的面积均应满足通信业务发展的远期要求。

16 信 号

16.1 一般规定

16.1.2 信号系统采用的器材和设备应参照有关行业标准的规定，主要是指铁道部颁发的有关信号标准。

16.1.3 ATP子系统涉及行车安全，其设备及电路必须符合故障-安全的原则，该子系统的研发、选型应遵循经安全检测、认证并批准后方可采用的原则。目前国内ATP子系统有关设备的研发、选型虽也遵循这一原则，但安全检测、认证的手段和机构组成方式尚待完善。

16.1.5 信号系统是与运营效率直接相关的系统，系统设计应适应地铁分段开通，满足大运量、高密度行车的要求，地铁同一运行线路的不同时期可能存在不同列车编组数目，特别是短编组列车、30对以上高密度行车的运营要求。

16.2 列车自动控制（ATC）系统

16.2.1 系统分类与构成。

地铁的ATC系统门类繁多，本条所例举的是当前主要类型。其中，移动闭塞可解释为"列车安全追踪间隔距离不预先设定，而随列车的移动不断移动并变化的闭塞方式"，准移动闭塞可解释为"预先设定列车的安全追踪间隔距离，根据前方目标状态设定列车的可行车距离和运行速度、介于固定闭塞和移动闭塞之间的一种闭塞方式"。通常，准移动闭塞系统国外也纳入固定闭塞式ATC系统范畴，并注明其属于"可走行距离模式"，由于传统的固定闭塞式ATC系统与具有"可走行距离模式"的固定闭塞式ATC系统无论在系统构成模式、控制方式以及发展前景方面都有很大差异，故本规范将ATC系统大分类为固定闭塞式ATC系统、准移动闭塞式ATC系统和移动闭塞式ATC系统。

16.2.4 系统水平等级。

为确保行车安全和线路最大通过能力，根据国内外的运营经验，一般最大通过能力小于30对的线路宜采用ATS、ATP系统，实现行车指挥自动化及列车的超速防护。在最大通过能力较低的线路，行车指挥可采用以调度员人工控制为主体的调度集中CTC系统。最大通过能力大于30对的线路，应采用完整的ATC系统，实现行车指挥和列车运行自动化。

ATO系统对节能、规范运行秩序、实现运行调整、提高运行效率等具有重要的作用，但不同的信号系统设或不设ATO会使经费差异较大，不过即使是通过能力为30对的线路，有条件时也可选用ATO系统。

根据运营需要，信号系统还应满足最大通过能力为40对的总体要求。

对于城市轨道交通，通过能力的发挥往往受制于折返能力，而折返能力与线路条件、车辆状态、信号系统水平等因素有关。因此，通过能力要求较高时，折返能力需与之相适应，必须对上述因素进行综合研究、设计。

16.2.5 地铁具有客流量大、行车密度高的特点，而准移动闭塞式和移动闭塞式ATC系统可以实现较大的通过能力，对于客运量变化具有较强的适应性，可以提高线路利用率，具有高效运行、节能等作用，并且控制模式与列车运行特性相近，能较好地适应不同列车的技术状态，其技术水平较高，具有较大的发展前景。虽然固定闭塞式ATC系统技术水平相对较低，但由于可满足2min通过能力的行车要求，且价格相对低廉，因此也宜选用。根据实际情况，因地制宜选择三种不同制式的ATC系统是完全必要的。

16.2.7 自动驾驶模式和无人驾驶模式可以提高列车行车效率，实现列车运行自动调整、维护列车运行秩序、减少司乘人员劳动强度和人员配备的数量。然而，由于无人驾驶涉及车辆、行车组织、车辆段配置等多种因素，系统造价高，我国又无运用经验，故无人驾驶系统宜在探索经验后，根据用户需要逐渐采用。

16.2.8 信号系统降级运用是指系统由自动控制降级为人工控制，由遥控变为局控，由实现全部功能至仅完成部分功能等；对于某些ATC系统，可能存在系统设备故障失去列车位置检测并可能波及较大运营范围。若系统无后备的列车位置检测及后备模式，将不利于系统故障时的安全行车和故障后运营的恢复，因此类似的系统可考虑深层次的系统后退运行方式，包括投入后备系统的运用模式。后备模式及其具体要求应根据用户需要及系统设备的可靠性、可用性和安全性等因素确定。

16.2.9 信号系统的寿命周期为15～20年，列车通过能力按远期设计有利于列车运行调整。信号系统采用基于轨道电路的ATC时，其闭塞分区的划分按近期设计可以节省部分初期建设费用。

16.3 列车自动监控（ATS）系统

16.3.2 随着计算机技术及控制技术的发展，并考虑到不同地铁线路的同时建设或改扩建，ATS系统可以多运营线路共用，实现相关线路的统一指挥，并且也有利于实现资源的共享。

16.4 调度集中（CTC）系统

16.4.1 地铁运营初近期或运行能力较低的线路可以采用CTC（Centralized Traffic Control）系统，本规范引用的CTC系统概念，是采用传统调度集中的以人工控制、调度员实现运行调整为主要运用特点的系统，并以CTC区别于ATS（Automatic Train Supervision）。

16.5 列车自动防护（ATP）系统

16.5.2 ATP系统的基本要求。

1 联锁设备属于安全系统并纳入ATP系统为典

型的系统分类方式。但在系统阐述时，也可将联锁设备列为子系统独立论述。

2 信号系统安全失效率指标通常定义为 $10^{-11}h^{-1}$ 或 $10^{-9}h^{-1}$，本规范取 $10^{-9}h^{-1}$。

3 闭塞分区的划分或列车运行的安全间隔，应通过列车运行模拟确定，并经列车实际运行校验。安全防护距离涉及信号系统控制方式及其技术指标、列车速度、车辆性能和线路状态等多种因素，主要决定于一定的速度条件下，设定的紧急制动距离和有保证的紧急制动距离之差。在列车跟踪运行的情况下，安全防护距离应增加列车尾车后部车轴可能未被检出的附加距离。

4 地铁的 ATP 系统应采用连续式控制方式。连续式控制方式主要是指安全输入信息连续采集，并实现连续控制。

16.5.3 第 3 款，ATP 执行的强迫停车控制，包括全常用制动或紧急制动控制等不同方式，但最终控制模式应为紧急制动控制。考虑到行车的安全，要求停车过程不得中途缓解，并应在列车停车后，司机履行一定的操作手续，列车方能缓解。

16.5.4 道床电阻和分路电阻参数是参照国外地铁和北京地铁情况制定的，运用时可根据当地地铁的具体情况修订采用。

16.5.5 联锁设备的基本要求。

第 8 款，通过 ATP 地面设备自动检查站间空闲，人工办理站间闭塞手续。在规定的人工驾驶模式下，列车根据信号指示离站后，若站间闭塞手续不取消，即可自动构成站间闭塞的行车方式为自动站间闭塞，其闭塞范围可为站间区间或包括运行前方车站的站台。

第 11 款 1)，地铁设有 ATP 系统，自动闭塞通过信号机已失去主体信号的作用，所以一般可不设通过信号机。当 ATP 车载设备发生故障时，为便于司机掌握列车运行位置，可结合系统特点设置必要的地点标志，根据需要也可设置通过信号机。

第 11 款 3)，地铁属城市交通客运系统，采用右侧行车制，按惯例信号机也设于行车方向的右侧。如因设备限界、其他建筑物或线路条件等影响信号机的装设时也可设于线路的其他方位。

第 12 款，国外地铁有将道岔防护信号机以道岔状态表示器替代的实例，目前在我国道岔防护采用的是信号机形式。本款列入道岔状态表示器是考虑到设计思路和显示器材的可能变化。道岔状态表示器的显示距离宜远于其他类型的表示器，其显示距离定为 200m。

本款中所列各种地面信号机和表示器显示距离为无遮挡条件下的最小显示距离。

16.6 列车自动运行（ATO）系统

16.6.2 第 4 款，ATO 控制过程满足舒适度的要求主要是指牵引、惰行和制动控制以及各种工况之间的转换控制过程的加、减速度的变化率，快捷性主要是指控制过程的时间宜短，以减少对站间运行时分的影响和提高运行质量。

16.7 车辆段及停车场信号系统

16.7.2 第 2 款，停车场是部分或是全部纳入 ATC 控制范围，应根据停车场的规模和作业性质而定，停车场部分或全部纳入 ATC 控制范围，可以提高列车于正线的运行能力。根据需要停车场也可仅纳入 ATS 系统的监控范围。

16.8 其　他

16.8.3 第 3 款，作为原则信号电线路应与电力线路分开敷设，但鉴于地铁的线路条件，信号电线路与电力线路无论是交叉敷设或是平行敷设，很难保证较大的间距，这已为实践证实。由于信号系统技术水平、安全防护技术的不断提高和强化，信号电线路与电力线路分开敷设的间距可以选取较小的数值。

16.8.4 第 1 款，信号机房面积的设计要求尚无统一标准，信号机房面积与信号系统制式、系统结构、设备配置等有关。信号机房面积应留有适当余量，以备设备增加、更新时倒换。设备布置应尽量做到合理紧凑。

16.8.5 第 1 款，信号设备所设的工作地线、保护地线、屏蔽地线和防雷地线等，是指信号系统常用的地线种类。通常，除工作地线的电阻一般取 1～4Ω 外，其余可参照有关标准执行。

第 2 款，地铁采用分设接地方式很难满足接地电极之间的距离要求。根据各城市地铁建设的经验可以采用综合接地方式，其接地电阻以小于 1Ω 为宜。

17 电梯、自动扶梯与自动人行道

17.1 一 般 规 定

17.1.3 本条只提出主要技术规定，详细技术规定的要求参照现行国家标准《自动扶梯和自动人行道的制造和安装安全规范》办理。

17.1.4 自动扶梯设计输送能力可按理论输送能力的 75%～85%计。

17.2 电 梯 布 置

17.2.1 “电梯机房宜设置在电梯井道的侧面”是指电梯机房设在站厅或站台的地面上。站厅在首层而站台在二层则电梯机房在站厅地面上；站厅在二层而站台在首层电梯机房设在站台地面上。

18 自动售检票系统

18.1 一 般 规 定

18.1.2 确定设备数量的设计计算参数：

自动售票机为4～6张/min；

半自动售票机为4～6张/min；

自动检票机为20～25人/min。

18.1.3 “可靠性”主要是指系统运行的可靠性、数据的可靠性、通信的可靠性以及设备的可靠性等。

18.1.5 自动售检票系统应能实现与相关系统的接口，主要是指与通信专业的接口、与防火（灾）报警系统的接口、与监控系统的接口等。

18.1.6 “各种运营模式”主要是指在正常情况下乘客能快速购票和进出站；列车堵塞时，对站内乘客全部放行；未进站使用的单程票可延期使用；紧急疏散时，通过车站值班员的控制，使站内所有进出站闸机处于开放状态，疏导乘客快速疏散。

18.2 自动售检票系统的构成

18.2.2 “各种功能的工作站”主要是指安全工作站、清算工作站、审计工作站、维修工作站、统计工作站等。其中维修工作站宜设置在维修基地自动售检票系统维修工区内，其余则设置在控制中心相对应的职能部门内。

19 防灾与报警

19.1 防 灾

Ⅰ 一 般 规 定

19.1.1 根据国内外有关资料统计，地铁可能发生的灾害事故有火灾、水淹、地震、冰雪、风灾、雷击、停电、停车事故及人为事故等十几种灾害，但发生火灾事故最多，而且人员伤亡和经济损失最严重。所以地铁防灾把防止火灾事故放在主要地位，采用比较全面、先进和可靠的防火灾设施。

19.1.2 “预防为主，防消结合”是主动积极的消防工作方针，要求地铁设计、建设和消防监督部门的人员密切配合，在工程设计中积极采用先进的灭火技术，正确处理好运营与安全的关系，合理设计与建立科学的防火管理体制，做到防患于未然，从积极的方面预防火灾的发生及其蔓延扩大。这对减少火灾损失，保障人员生命的安全，保证地铁的安全运营，具有极其重要的作用。

地铁设计时按一条线路同时发生一次火灾考虑，是根据我国40多年的地铁建设及运营经验，并参考国外有关资料确定的。

19.1.3 根据国外地铁发生火灾事故造成的重大损失和人员伤亡情况，考虑到地下车站一旦发生火灾事故时灭火的难度，故规定地下车站站厅的乘客疏散区域、站台层及乘客疏散通道内不得设置商业场所，这样一旦发生火灾事故时，乘客可以迅速地疏散到安全区域。如果有的城市地铁运营公司在地下车站内，为方便乘客设置临时活动性售报摊、饮食亭，在取得当地消防部门认可的情况下，不属于上述规定的限制范围。

与站厅层或地下车站相联开发的地下商业等公共场所的防灾设计，应符合我国现行民用建筑设计防火规范的规定。在我国地铁建设中，已有这种情况，例如：上海一号线的徐家汇车站，南京地铁一号线的新街口车站将地下商场设在地下一层，地下二层为站厅层，地下三层为站台层，但这种安排都得到了当地消防部门的认可。

19.1.4 根据国内外地铁发生火灾的情况，可能有人员伤亡，所以车站应配备一定的医务救护设施。不同灾害事故的发生，有可能造成运行车辆的破坏，所以车辆段应配备救援车辆等设备。

19.1.5 控制中心一般设有行车调度中心、电调度中心、环控中心及防灾调度中心，当地铁发生灾害事故时，根据灾害的性质及灾害情况，控制中心的总调度或防灾调度中心，应发出防灾指令，由有关车站及部门进行救灾活动及救护求援行动。

Ⅱ 建 筑 防 火

19.1.17 地铁的地下工程是人流密集的封闭空间，出入口是安全疏散通道，通风亭是发生火灾时组织通风排烟的咽喉。本条规定是参照下列规范规定的：

《建筑设计防火规范》规定：建筑物地下室，其耐火等级应为一级；

《人民防空工程设计防火规范》规定：人防工程的耐火等级应为一级。

19.1.8 本条规定地下车站主要管理用房宜集中一端布置，其目的是便于该防火分区内单设一个对外的安全出口（另一个安全出口为相邻公共区防火分区的防火门），同时规定在该区内的站厅和站台层之间的人行楼梯应作封闭处理，目的是满足该区消防疏散要求。如管理用房分散两端设置，则应分别设一个对外的安全出口。

19.1.10 地下车站防火分区的划分，参照日本东京都营地下铁道10号线和横滨市《地下铁道防灾设备设计标准》的规定：除站厅、站台公共区外，以不超过1500m^{2}使用面积划分为一个防火分区。防火分隔均系指防火墙、防火卷帘加水幕、复合防火卷帘、防火门，其耐火极限均需4h。位于防火分隔物处设观察窗时，应采用防火玻璃。

地下车站内的消防泵房、污水泵房、蓄电池室、厕所、盥洗室、茶水室、清扫室等因无可燃物或可燃物极少，不易发生火灾，在划分防火分区时，此类房间面积可不计入防火分区计算面积之内。

19.1.14 防火卷帘和防火墙是阻止火灾蔓延的分隔物，当各类管道穿越防火墙时，其缝隙和防火卷帘与建筑物之间的缝隙均是防火的薄弱环节，因此应采用防火封堵材料将空隙填实。

同样作为竖向防火分区的分隔物的楼板、地板，如有管道穿越时，其缝隙作同样处理。

19.1.15 本条参照《建筑设计防火规范》第3.5.2条的规定：每个防火分区可利用防火墙上通向相邻分区的防火门作为第二安全出口，但每个防火分区必须有一个直通室外的安全出入口。竖井爬梯对妇孺老幼使用不便，且疏散人数有限，不能作为安全出口。同样，垂直电梯也不得作为安全出口。附设于地下车站的地下商场等公共场所，可燃物较多、人流集中、疏散也困难，故规定每个防火分区不应少于两个直通地面的安全出口，同时应符合《建筑设计防火规范》。

19.1.16 本条规定：当站台发生火灾时，为使乘客走行到疏散梯时距离不能过长，以便6min内使站台上的全部滞留人员完成撤离，站台每端应设置到达区间的楼梯，一是为了工作人员使用，二是为供区间乘客疏散使用。每座楼梯宽度应满足两股人流通过。

19.1.20 本条第2、3款是参考《人民防空工程设计防火规范》规定制定的。

19.1.22 列车有可能在地下区间隧道发生火灾而又不能牵引到车站时，乘客可从首节列车端头门下至区间隧道，当区间隧道有条件设置纵向疏散通道时，可考虑列车侧门打开疏散乘客，此时可利用两条区间隧道之间的联络通道将乘客疏散到另一条区间隧道内，使乘客疏散迅速、安全。

Ⅲ 消防给水与灭火装置

19.1.23 地铁的消防给水水源很重要，必须保证地铁有可靠的消防水源。一般城市市区自来水都能满足地铁消防用水的要求，但有的地铁延伸到城市郊区，有的没有城市自来水，这时就必须和城市规划部门及自来水公司协商，选用其他水源。如北京城市铁路有的站为满足消防用水要求而采取打深井设蓄水池的供水方式；北京八-通线采用在线路沿线铺设消防给水管并建消防增压泵房的供水方式。

19.1.26 地铁车站及区间消防给水管网均设计为环状。消防给水管网的供水区段，可由下列原则确定：

1 当地面有两路城市自来水管时，则由两路城市自来水管分别引入地下车站，与车站环状消防给水管网相接。这种方式是：当车站或区间发生火灾事故时，该站及车站前后各半个区间为消防时的供水区段。这种方式的优点是供水区段短，有可能利用城市自来水的压力供消防用水。车站内不设消防泵房，节省工程投资；

2 当地下车站只有一路城市自来水时，可以引入一路消防给水管，相邻车站再引入一路消防给水管。这种方式的消防供水区段为两个车站长度及两站之间的区间长度之和。根据这个区段长度的水力计算确定是否设消防增压泵房。而以上两站的消防给水引入管或消防泵房供水量及供水压力，必须满足相邻车站消防用水的要求。

19.1.28 关于地铁消火栓的设置规定，主要说明以下几点：

1 按我国地面建筑设计规范的规定，消火栓应采用单口单阀，所以地铁的地面及高架车站和车辆段的建筑物应采用单口单阀消火栓。地下车站站厅层应设单口消火栓，站台层采用单口还是双口，应和当地消防部门商定，听取消防部门的意见，但站台层的消火栓宜设在站厅层至站台层的自动扶梯或楼梯的下部。楼梯间距可能超过30m，所以站台层的消火栓宜按双口双阀设置；

2 地下车站公共区要求设大型消火栓箱，主要考虑地铁为重要工程，客流量大，发生火灾时灭火困难。所以要求在大型消火栓箱内设自救式软管卷盘，而且在下格箱内放置灭火器；

3 地面及高架车站的消火栓根据站台层的建筑形式和装修材料，可考虑按四种方式设置：①有可能时应暗装；②不能暗装可明装，宜和建筑专业协商，考虑景观效果；③可按室外地下式设在站台板下，站台板上单设水龙带箱；④可按室外地上式设消火栓，并在站台板上设置水龙带箱；

4 地下区间只设消火栓接口、不设消火栓箱、不放水龙带，主要是根据我国地铁运营及建设期间的经验，有的城市是和消防部门商定的，因地铁地下区间隧道运营的安全非常重要。如设消火栓箱，其箱体固定不好，易侵入设备限界，发生箱门碰车事故；又因地铁内潮湿，消防水龙带易受潮腐烂。所以规范规定地下区间隧道只设消火栓口，不设消火栓箱、不放水龙带，将消防水龙带放在邻近车站端部的消火栓箱内，供消防队员使用。实际上消防队员一般自带水龙带，备用箱内的水龙带、消防队员也不一定使用。

19.1.31 地铁的机房设备房间很多，但设备容量及占用面积较小，例如变电所的最大容量为4400kV·A，车站控制室的面积为40～60m^2，通信信号机房的面积为30～80m^2。根据我国现行地上建筑设计防火规范的规定，这些设备房间都达不到设置气体灭火装置的规定标准，但考虑到这些房间比较重要，又处在地下，一旦发生火灾，灭火难度较大，所以规定地下车站的车站控制室、通信信号机房和地下变电所应设置气体自动灭火装置，地面及高架车站的上述设备室为降低工程造价，不宜设气体自动灭火装置。

Ⅳ 防烟、排烟与事故通风

19.1.33 根据国内外资料统计，地铁发生火灾时造成的人员伤亡，绝大多数是被烟气熏倒、中毒、窒息所致。因此有效的防烟、排烟已成为地铁发生火灾时救援的重要组成部分。

由于地铁对外连通的口部相对来说是比较少的，一旦发生火灾，浓烟很难自然排除，并会迅速蔓延充满隧道，给救援工作带来极大的困难，同时由于人员要在狭长的隧道中撤离，需经过较长的路程才能到达口部，浓烟充满隧道会使可见度较低，人员不易行走，未到达口部就会被烟气熏倒。较好的方法是使人、烟分向流动，用机械排烟设备使烟气在隧道内顺着一个方向流动并排出地面，人员从另一个方向撤离，这样才易于脱险。1969 年 11 月 11 日，北京地铁因电气故障造成电气机车发生火灾，浓烟聚集，由于排烟设备不完善，未能形成有组织的排烟，因此烟气四处扩散，并从口部逸出，给人员疏散及救援造成极大的困难，多人被烟气熏倒，200 多人中毒受伤，这是严重的教训。因此，必须强调地铁车站及区间隧道要具备防烟、排烟系统和事故通风系统。

防烟、排烟系统在风量、风压及设备的耐温标准等方面都有特殊要求，不可简单地用正常运行的通风系统代替。设计时若考虑共用一个系统，则应同时满足防烟、排烟和正常通风的要求。

19.1.34 本条规定同一个防火分区内的地下车站设备及管理用房的总面积超过 200m² 时应设置机械排烟设施，是参照《高层民用建筑设计防火规范》制定的。根据本规范车站建筑防火的有关规定，地下车站内的消防泵房、污水泵房、蓄电池室、厕所、盥洗室、茶水室、清扫室等房间的面积不计入防火分区面积内，且这些房间因没有人员经常停留，也不易发生火灾，可以不设机械排烟。

同时本条规定，将地铁设备及管理用房的内走道视为与地面建筑物的内走道性质相同，地面建筑物发生火灾时，人员是从房间通过内走道到达楼梯间，再通过楼梯间疏散到室外；地铁设备及管理用房发生火灾的人员疏散情况与此基本一致，首先通过内走道到达车站公共区，然后，再通过公共区，经由出入口疏散至地面。可以看出二者在原理上是相同的。因此，参照《高层民用建筑设计防火规范》的规定，当地铁的设备及管理用房的内走道最远点到车站公共区直线距离超过 20m 时，应设置机械排烟。

同样，由于出入口通道或地下通道两端与外界或车站公共区直接相通，可以认为有自然通风，但当这些通道的长度超过 60m 时，参照《高层民用建筑设计防火规范》的规定，应设置机械排烟。

19.1.35 地铁地下车站和区间隧道可提供给通风与空调系统利用的空间是很有限的，正常通风与空调系统的管道断面尺寸一般较大，本身布置难度就很大，而且通风机房面积很大，若另单独设置一套防烟、排烟和事故通风系统，需要再增加防烟、排烟与事故通风机房，面积就更大，有时难以实现。因此，实际工程中，往往将防烟、排烟系统与事故通风和正常的通风与空调系统合用。此种情况下，为安全起见，确保火灾发生时能及时有效地满足防烟、排烟和事故通风的要求，就需要通风与空调系统采取可靠的防火措施，且应符合防烟、排烟系统所需达到的各项要求，且必须设计一套可靠的控制系统，确保发生火警时能从正常通风与空调模式快速转换为防烟、排烟运行模式。

19.1.36 地铁可能发生火灾的三个主要地域分别为区间隧道、车站的站厅和站台、车站设备及管理用房。根据其情况不同，分别作了规定：

1 区间隧道发生火灾时，应组织背着乘客疏散方向排烟，迎着乘客疏散方向正压送风，形成推拉式的防烟排烟系统；

2 当站厅或站台发生火灾时，应能组织机械排烟，并保证出入口为正压进新风，乘客向地面疏散；

3 设备及管理用房发生火灾时，应能组织机械排烟。对用气体灭火的房间设排风及送风系统。

地铁事故通风主要是指列车因非火灾的其他故障不能正常行驶而停在区间内，称作列车阻塞在区间隧道。乘客困在车内等候修理或有组织地向安全地点疏散，均需要一定的时间才能完成，但在这段时间内，列车和乘客仍在散发大量的热，由于列车停止行驶而失去了活塞效应的通风，车辆的空调器也难以运行，从而使空气温度上升，乘客难以忍受。必须通过机械通风的方法对事故地点送排风，以降低隧道内空气温度，保证车辆的空调器正常运行，因此本条确定了事故通风功能是向事故地点送排风。

19.1.37 本条是参照日本防火法规和我国《高层民用建筑设计防火规范》的规定制定的。但考虑到地铁的站厅或站台的使用面积为 1500m² 左右，为使一个站厅或站台厅划分为两个防烟分区，故将每个防烟分区的建筑面积定为不宜超过 750m²。

19.1.39 本条规定的排烟量是采用日本国际协力事业团为上海地铁一号线制定的车站内排烟标准的数据，即“防烟分区部分按地面面积每平方米要具有 1m³/min 以上的排烟能力”。我国《人民防空工程设计防火规范》、《高层民用建筑设计防火规范》的规定内容与此相同。

需要说明的是本条的后半条“当排烟设备负担两个防烟分区时，其设备能力应按同时排除两个防烟分区的烟量配置”与上述规范规定不同。上述规范规定“当排烟设备担负两个或两个以上防烟分区时，应按最大防烟分区面积每平方米不少于 2m³/min 计算”，本条是根据地铁具体情况制定的，地铁的站台、站厅，其面积都在 1500m² 左右，具备划分为两个 750m² 左右的防烟分区的条件，设备按同时能排除两个防烟分区的烟量配置，能力为 2×750×1＝1500m³/min；按上述规范计算，地铁最大防烟分区的面积规定为 750m²，其能力为 750×2＝1500m³/min，结果是吻合的，只是本条规定比较简明。

19.1.40 本条参考美国《有轨交通系统标准》（NFPA 130，Standard for Fixed Guideway Transit and Passenger Rail Systems）制定，基于两方面考虑，其一是发生火灾时，烟气水平方向流动的速度为 0.3～0.8m/s，因此送排风的速度必须大于 0.8m/s，才能使烟气流按规定的方向流动；其二是地铁发生火灾时，规定了乘客迎着新鲜空气流入的方向迅速撤离，因此必须造成一种气流使乘客感受到有新鲜空气流动，指示其撤离的方向。同时当乘客感受到有新鲜空气流动时，从心理上就产生了安全感，会鼓足勇气迅速地迎着新鲜空气流入的方向撤离到安全地带。使人们能感受到新鲜空气流动的最低速度为 2m/s，不言而喻，采用 2m/s 的排烟速度就能同时满足上述两方面的要求。此外，本条又规定了排烟流速不得大于 11m/s，因为当排烟速度大于 11m/s 时，新鲜空气的流动速度也大于 11m/s，在此速度下乘客不能行走，无法安全撤离。

19.1.41 本条参考美国《有轨交通系统标准》制定。该标准在 1988 年版中规定："用于事故通风的风机，其电动机和全部暴露在气流中的部件，须设计为能在 300°F（149℃）的外界气流中至少运转一小时"，但在 2000 年版中作了修改，规定"用于事故通风的风机，其电动机和全部暴露在气流中的部件，须设计为能在 482°F（250℃）的外界气流中至少运转一小时，其实际值应通过设计分析确定，任何情况下，其值不能低于 300°F（149℃）运转一小时"。根据地铁区间隧道的实际情况分析，发生火灾时多为列车电器着火，可燃物不多，没有熊熊烈火，烟气温度并不高；同时由于地铁区间隧道在火灾排烟时要送进大量的新鲜空气，结合一些工程实例计算，单洞风量可达50～60m³/s，这一风量不但起到诱导乘客撤离方向的作用，同时起到冲淡烟雾的浓度、降低烟气温度的作用。据一些计算标明，一般其排烟温度都在 150℃以下，同时这次规范修改时，考虑到原规定仍与美国《有轨交通系统标准》（2000 年版）规定的允许值相适应，故对原文未作变更。

19.1.42 地铁车站站厅、站台和设备及管理用房与地铁区间隧道不同，发生火灾时有可能存在明火，且没有区间隧道那么大的通风量，排烟温度要比区间隧道高。参照美国《有轨交通系统标准》（2000 年版），规定其排烟风机及烟气流经的辅助设备应能保证在 250℃时连续有效运转 1h。

Ⅴ 防灾通信

本部分见规范第 15.1.4 条条文说明。

Ⅵ 防灾用电与疏散指示标志

19.1.55 见本规范第 14.2.18 条条文说明。

19.1.56 为了避免误操作而影响灾情的施救，防灾用电设备的配电设备应有紧急情况下方便操作的明显标志。

19.1.57 据对多个城市的调查，由于照明器设计、安装位置不当而引起过许多火灾事故，本条因此规定了照明器表面的高温部位靠近可燃物时，应采取防火保护措施。

19.1.58 本条的疏散应急照明，主要指疏散照明灯。疏散照明灯的设置对于人员安全快速疏散具有重要作用。

19.1.60 本条的疏散指示标志，主要指指向标志灯及出口标志灯。设置疏散指示标志的作用是，火灾初期浓烟滚滚，会严重妨碍人们在紧急疏散时辨认方向，而疏散指示标志会使人们在烟雾弥漫的情况下，沿着灯光、发光疏散指示标志顺利疏散。

19.2 火灾自动报警系统

Ⅰ 一般规定

19.2.1 设置火灾自动报警系统（FAS）是为了实现对火灾的早期发现和通报，及时采取有效措施，控制和扑灭火灾。FAS 系统是地铁的一种自动消防设施，也是地铁同火灾作斗争的有力工具。本条规定了系统的组成内容，可使火灾自动报警系统在地铁防救火灾中发挥重要作用，防止和减少火灾危害，更好地保护人身和财产安全，不是只做报警。

19.2.2 本规范是地铁工程专业技术规范，其内容涉及范围较广。在 FAS 设计时，除执行本规范规定外，还有一些属于本专业范围以外的涉及其他有关规范的要求，应当执行，不能与之相抵触。

19.2.3 火灾自动报警系统确认火灾后应直接联动控制相应的消防救灾设备，但地铁有相当部分日常运行使用的通风、空调系统设备与防烟、排烟系统设备合用，同一设备在火灾或正常工况中均发挥应有的作用，且 BAS 监控内容设置完全满足 FAS 联动控制的需要。为避免对同一设备监控设施重复设置、减少投资、方便管理，本条规定地铁防烟、排烟系统设备合用时，可由 BAS 执行联动控制，执行联动控制的 BAS 系统设备配置应符合现行国家标准《火灾自动报警系统设计规范》的规定。

19.2.4 本规范为力求与有关各种防火规范衔接，将地铁各部分建筑视为保护对象，并划分为两级。按其重要性、火灾危险性、疏散和扑救难度等方面进行综合比较，地铁地下车站和区间隧道属重要的地下建筑，划为一级保护对象。参照《火灾自动报警系统设计规范》表 3.1.1 将地铁设有集中空调系统或每层封闭的建筑面积超过 2000m²，但不超过 3000m² 的地面车站、地上高架车站划为二级保护对象；控制中心楼、车辆段、停车场为地面建筑，保护等级执行现行国家标准《火灾自动报警系统设计规范》的规定。

Ⅱ 火灾自动报警系统的组成与功能

19.2.5 随着计算机和通信网络技术的迅速发展和计算机软件技术在现代消防技术中的大量应用，FAS 的结构形式已呈多样化趋势，火灾自动报警技术的发展趋向智能化。地铁工程的特点是以行车线路为单元组建管理机制，每一条线路管理范围从几公里到几十公里，按这种线形工程管理的需要，全线宜设控制中心集中管理-车站分散控制的报警系统形式，即由中央管理级、车站与车辆段现场级以及相关网络和通信接口等环节组成，使管辖区内任意点的火灾信息和全线管理中心下达的所有指令均在全线范围内迅速无阻的传输，以实现火灾早期发现、及时救援。在设计时可根据工程建设的要求、投资条件、管理体制、联动控制功能的繁简要求等，设计成自己需要的系统形式。

19.2.6 本条中规定的设备配置应以满足控制中心管理和监控功能的需要为准。地铁工程通风系统兼排烟系统，当区间和车站发生火灾时，排烟运行模式涉及有关车站的通风设备，由于有关车站不一定能接收本站管辖外的火灾信息，为此本条规定，系统有“发布火灾涉及有关车站消防设备的控制命令”的功能。

19.2.7 地铁地下线路与地面隔离，空间狭小，人员密集，出入车站人员繁多，一旦发生火灾极易造成严重的后果。火灾报警系统的功能要齐全完备，性能必须安全可靠。

由于地铁通风系统兼排烟系统，发生火灾时涉及车站设备监控系统控制运行模式的转换，以便接收救灾指令，车站 FAS 与本系统中央管理级和本车站设备监控系统间均有信息传递关系，为此规定了进行通讯联络的功能。

地铁车站 FAS 控制室对防救灾设备应具备启、停控制和状态显示功能。共用设备承担正常和救灾两种工况的运作，此类设备的监控管理可纳入环境与设备监控系统。火灾控制要求应由火灾报警系统发布运行模式指令给 BAS 执行操作，本条规定 FAS 应具备发布火灾联动控制指令的功能。

各种防烟、排烟模式按防火分区编制，火灾报警信号报知火警区域，接收火警信号后启动火警区域内相应的防烟、排烟模式，为防止火灾蔓延，组织烟气流排放，并确保救灾人员身临火灾现场的安全，应将与防烟、排烟无关的通风、空调系统设备关机，切断非消防电源。

19.2.8 地铁自控系统较多，多数需要全线贯通的信息传输信道，为了通信设施的合理利用、维修管理方面及降低工程造价，地铁一般设有全线公共通信网络，宜将全线所有信息的传输均纳入通信网。本条规定了地铁全线火灾报警与联动控制的信息传输网络不宜独立配置，可利用地铁公共通信网络，但 FAS 现场级网络应独立配置。

Ⅲ 消防联动控制

19.2.12 地铁给水系统干管设有消防给水电动阀门，为满足消防用水，调节供水支路给水水量。为了解此类阀门的实际状态，FAS 对每个阀门都应具备状态监视和随时控制功能。

19.2.13 见《火灾自动报警系统设计规范》相关条文说明。如果气体自动灭火系统的电气监控系统由气体自动灭火设备配套提供，为管理方便及灭火设备可靠的运行，本规范规定了车站 FAS 必须显示气体自动灭火系统保护区的报警、放气、风机和风阀状态、手动/自动放气开关所处位置。

19.2.14 地铁由于排烟系统与正常通风系统合用，日常设备运行由车站设备监控系统监控管理，而火灾发生地点和灾情由火灾报警系统掌握和了解。为保障火灾运行模式准确、可靠的转换，必须由火灾报警系统选定、发布控制指令，车站设备监控系统执行操作，并反馈指令执行信号，显示在救灾指挥画面上，帮助救灾指挥的开展。

19.2.15 地铁低压配电为放射式和树干式两种形式。放射式配电于变电所或火灾点就地配电柜（箱）处切断非消防电源，树干式配电于火灾点就地配电柜（箱）处切断非消防电源，在保证利于消防救灾的前提下，尽量缩小断电范围。

19.2.16 屏蔽门和自动检票闸门是控制和检查乘客进出车站的主要限制关口，发生火灾时乘客出站越快越好，当火灾确认后应立即开放所有限制通行的关口（门），提高人员疏散速度，缩短疏散时间，保障人身安全。本条规定车站消防控制室对屏蔽门和自动检票闸门应具有开启控制功能，并显示工作状态。各地地铁的工程性质、建设原则、消防要求、管理体制、运营模式等不尽相同，具体设计应与当地各有关方面共同确定，满足消防疏散的功能要求。

19.2.17 本条规定消防控制室的消防控制设备除自动控制外，对重要的消防设备还应能手动直接控制。每个排烟设备要参与多个排烟运行模式，每个排烟运行模式又由多个排烟设备组成，对排烟设备只设手动直接控制则无法实现发生火灾时各种必要的排烟模式，为此规定还应设手动和自动模式控制装置，以简单的操作手段，组成复杂的运行模式。

Ⅳ 火灾探测器的设置

19.2.18 为在火灾初期及早地发现火灾发生的部

位，尽快扑灭火灾，规定了报警区域应根据防火分区和设备配置划分。地铁的特点是站厅和站台多以中心为分界点布置设备和配置系统，为方便自动联动控制程序的实现，在站厅和站台的每个防火分区应划分为两个报警区域，故本条规定除符合现行国家标准《火灾自动报警系统设计规范》的规定外，还应根据设备配置划分报警区域。

19.2.19 本条给出探测区域的划分依据，为迅速准确地探测出被保护区内发生火灾的部位，需将保护区划分成若干个探测区域。本条参照现行国家标准《火灾自动报警系统设计规范》的规定，结合地铁的具体情况，地铁站厅、站台等大空间部位的大部分防烟分区设有防火阀、防火排烟阀、防烟垂壁等需联动控制的设备，规定每个防烟分区必须划分为独立的火灾探测区域，以便实现联动控制。

19.2.20 本条规定见现行国家标准《火灾自动报警系统设计规范》相关条文说明。由于地铁的区间行车隧道也作为电缆敷设通道，现有国内地铁区间隧道敷设电缆的性能、敷设方式、电缆敷设数量各有不同，地区性的环境条件也不一样，因此，有关地铁区间隧道敷设的电缆是否需要设置火灾探测器，本规范未作规定。各地的具体工程应由工程建设单位、当地消防等有关部门结合工程实际情况共同研究确定。

Ⅴ 火灾探测器的选择

19.2.23 由于地铁环境特殊，出入乘客繁多密集，保障安全便显得极为重要。因此，对火灾的防范是首要任务，防灾报警设计思想是在火灾初期（过热、阴燃、气溶胶生成阶段）准确无误地探测与报警。虽然火灾探测器产品功能由于电子技术的迅速发展而越来越完备，智能化程度越来越高，对环境的识别能力也越来越强，但产品质量参差不齐，因此所选用的火灾探测器应保障火灾初期即可发现，从而消除火灾隐患，使火灾损失降到最小。本条规定火灾探测器应具有对环境自适应、灵敏度自动调整功能。

Ⅵ 消防控制室

19.2.25 地铁为大型综合性工程，专业和系统很多，在运营中相互关联，尤其灾害事故的处理，必须与BAS、行车调度共同合作才可完成全面救灾工作。为救灾方便，本条规定了结合的设置要求。

Ⅷ 布　　线

19.2.30 由于地铁地下车站远离地面，发生火灾时的烟雾难以排出地面，容易使人员窒息死亡，因此，为保障生命安全而规定了FAS的传输线路、供电线路、控制线路应根据不同使用场所选用低烟、无卤、阻燃或耐火线缆。

19.3 其他灾害报警

地铁除火灾外还可能遭遇水淹、地震、风灾等灾害，为了贯彻以预防为主的原则，地铁应具备报警功能，设置报警手段。

19.3.1 为防止各种原因发生的水淹灾害，本条规定地铁各种集水池设置危险水位报警信号，严防水灾。

19.3.2 地铁的地面和高架线路，自然风灾可能造成不可估量的损失，应具备风灾预防报警功能。但地铁不宜设置专用报警装置，由国家气象部门设置完备的气象预报装置，可提供可靠的风灾信息，本条规定，地铁具备接受气象预报功能即可。

19.3.3 地震是地区性灾害，波及面较广，造成损失较大，是地铁防灾内容之一。国家于全国各地设有若干地震监测中心，提供地震预报信息，地铁应具备接收本地区地震预报部门的电话报警的功能；若当地地震预报已组成地区网络，地铁应采用联网方式接收地震灾害信息，地铁不另设地震报警装置。

20 环境与设备监控系统

20.1 一般规定

20.1.2 地铁环境与设备监控系统（BAS），按照我国国家标准 JGJ/T 16—92 的规定应采用集散型系统。与过去传统的计算机控制方式相比，它的控制功能尽可能分散，管理功能相对集中，提高了控制系统的可靠性，结构灵活，布局合理，组态方便，降低了系统成本。

20.1.5 现行有关国家标准、规范主要有：

《电子计算机房设计规范》GB 50174；

《消防联动控制设备通用技术条件》GB 16806；

《工业过程测量和控制装置的电磁兼容性》GB/T 13926；

《信息技术设备的无线电干扰极限值和测量方法》GB 9254；

《电子设备用图形符号》GB/T 5465；

《过程检测和控制流程图形符号》GB 2625；

《自动化仪表盘标准》GB 109；

《可编程序控制器》GB/T 15969；

《工业控制用软件评定准则》GB/T 13423；

《计算机软件产品开发文件编制指南》GB 8567；

《计算机软件需求说明编制指南》GB 9385；

《计算机软件测试文件编制规范》GB 9386；

《计算机软件质量保证计划规范》GB/T 12504；

《计算机软件单元测试》GB/T 15532；

《建筑与建筑群综合布线系统工程设计规范》GB 50311；

《建筑与建筑群综合布线系统工程验收规范》GB 50312；

《电气装置安装工程盘、柜及二次回路接线施工及验收规范》GB/T 50712；

《电气装置安装工程接地装置施工及验收规范》GB/T 50169。

20.2 系统设计原则

20.2.2 在地下线路为四站三区间及以上时，区间列车火灾需由中央级计算机控制相邻两站的隧道排烟设备执行相应排烟模式；在地下线路为三站二区间或以下时，区间列车火灾可由车站级工作站控制相邻两站的隧道排烟设备执行相应排烟模式。

20.2.3 独立设置的FAS、BAS是指当地铁系统不采用综合集成方案时，FAS和BAS的监控平台是独立的。

20.2.5 电力监控系统常以SCADA称之。

20.3 系统基本功能

20.3.2 从系统功能分析，BAS具有中央和车站二级监控功能；从系统结构分析，BAS由中央管理级、车站监控级、就地（现场）控制级三级结构组成。

20.3.6 BAS监控内容，可参照以下说明配置：

1 BAS监控内容应包括下列基本功能：

（1）正常运营模式的判定及转换；

（2）消防排烟模式和列车区间阻塞模式的联动；

（3）设备顺序启停；

（4）风路和水路的联锁保护；

（5）大功率设备启停的延时配合；

（6）主、备设备运行时间平衡；

（7）车站公共区和重要设备房的温度调节；

（8）节能控制；

（9）运行时间、故障停机、启停、故障次数等统计；

（10）配置数据接口以获取冷水机组和水系统相关信息。

2 如果冷水机组带有联动控制功能，则空调水系统冷冻水泵、冷却水泵、冷却塔、风机、电动蝶阀的程序控制应由冷水机组承担，BAS可仅控制冷水机组的投切、监测空调系统的参数和状态、冷量实时运算、记录及累计。

3 地铁环境和通风与空调风、水系统设备监控点基本配置宜按表18执行。

表18 地铁环境和空调风、水设备及系统监控点基本配置

设备及项目	控制		监测								
	DO	AO	DI				AI				
	注①	调节	注②	故障	环控/遥控	就地/远方	开度	温度	湿度	压力	流量
隧道风机（正、反转）	2	—	2	1	1	1	—	—	—	—	—
推力风机	1	—	1	1	1	1	—	—	—	—	—
送风机	1	—	1	1	1	1	—	—	—	—	—
回/排风机	1	—	1	1	1	1	—	—	—	—	—
排烟风机	1	—	1	1	1	1	—	—	—	—	—
组合柜机	1	—	1	1	1	1	—	—	—	—	—
空调机	1	—	1	1	1	1	—	—	—	—	—
过滤网压差报警器	—	—	—	1	—	—	—	—	—	—	—
冷水机组	1	—	1	1	1	1	—	—	—	—	—
冷冻水泵	1	—	1	1	1	1	—	—	—	—	—
冷却水泵	1	—	1	1	1	1	—	—	—	—	—
冷却塔风机	1	—	1	1	1	1	—	—	—	—	—
电动风量调节阀	2	—	2	1	1	1	—	—	—	—	—
电动阀	2	—	2	1	1	1	—	—	—	—	—
防火阀	—	—	1	—	—	—	—	—	—	—	—
二通流量调节阀	—	1	—	—	—	—	1	—	—	—	—
压差旁通阀	—	1	—	—	—	—	1	—	—	—	—
水流开关	—	—	1	—	—	—	—	—	—	—	—
集水器	—	—	—	—	—	—	—	—	—	1	—
分水器	—	—	—	—	—	—	—	1	—	1	—
冷冻水（回水管）	—	—	—	—	—	—	—	1	—	—	1
新 风	—	—	—	—	—	—	—	1	1	—	—
送风（空调机出口）	—	—	—	—	—	—	—	1	1	—	—
混风（混合风室）	—	—	—	—	—	—	—	1	1	—	—
回/排风	—	—	—	—	—	—	—	1	1	—	—
车站控制室	—	—	—	—	—	—	—	1	—	—	—

续表 18

设备及项目	控制		监　测								
	DO	AO	DI				AI				
	注①	调节	注②	故障	环控/遥控	就地/远方	开度	温度	湿度	压力	流量
通信、信号设备室	—	—	—	—	—	—	—	1	—	—	—
环控电控室	—	—	—	—	—	—	—	1	—	—	—
整流变电室	—	—	—	—	—	—	—	1	—	—	—
低压设备室	—	—	—	—	—	—	—	1	—	—	—
公共区	—	—	—	—	—	—	—	N	N	—	—
通风空调设备供电母线失压继电器	—	—	1	—	—	—	—	—	—	—	—

注:1　设备的控制点:启停、开关、正转、反转各算一个 DO 点;
2　设备的状态点:启停状态、开关状态、正转状态、反转状态、阀门开状态、阀门关状态各算一个 DI 点;
3　表中组合柜机过程调节为冷冻水随冷负荷变化的流量过程调节控制;
4　如采用变频技术,应有相应设备的变流量过程调节;
5　特殊的环境条件要求时,可考虑检测站内 CO_2 浓度;
6　公共区温湿度点的设置数量应根据车站的建筑情况确定;
7　给排水系统监控点的基本配置宜按表 19 执行。

表 19　给排水系统监控点基本配置

设　备	控制	监　测				
	DO	DI				AI 或 PI
	开关	运行状态	低水位	高水位	故障	水量
一般水泵	—	1	1	1	1	—
重要水泵	1	1	1	1	1	—
车站进水表	—	—	—	—	—	1

注:1　污水泵、废水泵、一般的出入口集水泵等排水设备宜各自设置水位自动控制装置,BAS 只监视状态和故障及接收水池危险高水位报警信号;
2　重要水泵指区间集水泵等;
3　高水位可设两个 DI(DA)报警点。

4　车站事故照明电源系统监控点的基本配置宜按表 20 执行。

表 20　车站事故照明电源系统监控点基本配置

监测(DI,DA)		
交流失压信号	直流接地信号	故　障
1	1	1

5　照明系统监控点的基本配置宜按表 21 执行。

表 21　照明系统监控点基本配置

设备	控制	监　测	
	DO	DI	
	启停	状态	就地/远方
照明单元	1	1	1

注:1　BAS 可不监视就地/远方状态;
2　如果照明系统在车控室手动控制,BAS 可不控制照明单元。

6　车站导向指示系统监控点的基本配置宜按表 22 执行。

表 22　车站导向指示系统监控点基本配置

设　备	控制	监　测	
	DO	DI	
	启停	状态	就地/远方
指示牌单元	1	1	1

注:1　BAS 可不监视就地/远方状态;
2　如果导向指示系统在车控室手动控制,BAS 可不控制指示牌单元。

7　自动扶梯监控点的基本配置宜按表 23 执行。

表 23　自动扶梯监控点基本配置

设备	监　测(DI,DA)			
	上行运行状态	下行运行状态	速度偏差报警	故障总信号
扶梯	1	1	1	1

注:速度偏差报警也可分为欠速报警,左、右扶手带速偏差报警。

8　屏蔽门系统监控点的基本配置宜按表 24 执行。

表 24　屏蔽门系统监控点基本配置

设备	控制	监　测				
	DO	DI				
	启停	开启状态	关闭状态	锁定状态	故障	就地/远方
门机单元	1	1	1	1	1	—
门控单元	—	—	—	—	1	1
电源	—	—	—	—	1	—

注：1　屏蔽门应独立设置门控单元，完成屏蔽门开门、关门操作和各种联锁保护，该控制器由屏蔽门系统提供；

2　详细的监控点配置宜根据屏蔽门系统与 BAS 的集成和接口要求进一步细化。

9　防淹门系统监控点的基本配置宜按表 25 执行。

表 25　防淹门系统监控点基本配置

监测(DI,DA)				
开启状态	关闭状态	锁定状态	故障	报警水位
1	1	1	1	N

注：防淹门宜独立设置控制装置，完成防淹门开门、关门操作和各种联锁保护，该控制器或控制系统由防淹门系统提供。

20.4　硬件设备配置

20.4.3　第 5 款，BAS 的设计应保证：当操作员工作站退出时，BAS 能正常运行。

20.4.4　第 1 款，现代 PLC 具有逻辑判断、定时、计数、记忆和算术运算、数据处理、联网通信及 PID 回路调节等功能，更加适合工业现场的要求，具有高可靠性、强抗干扰能力，编程安装简便，输入和输出端更接近现场设备，因此，宜优先选用 PLC 作为 BAS 的主要控制设备。

20.5　软件基本要求

20.5.1　除操作系统软件外，应用软件主要包括下列软件：

中央级应用软件；

车站级应用软件；

DCS 或 PLC 应用软件；

通信接口软件；

数据库生成与管理软件；

人机接口软件；

系统组态软件；

系统维护及诊断软件；

通信管理和网管软件。

21　运营控制中心

21.1　一 般 规 定

21.1.1　随着地铁现代化和自动化技术的发展，随着运营管理水平的不断提高，地铁运营过程中被监控对象之间的关系越来越复杂，运营过程中的监视、控制、操作和管理渐趋集中，运营的安全性、可靠性越来越受到重视。为了确保地铁列车和各系统安全、可靠和高效的运行，方便运营操作人员对运营过程实施全面的集中监控和管理，需要建立一个具有适当环境、条件及规模的地铁运营指挥、调度和控制的运营控制中心，简称控制中心。

21.1.2　控制中心是对地铁全线所有运行车辆、车站和区间进行总的监视、控制、协调、指挥、调度和管理的中心，应满足运营的各种功能要求。控制中心可以是单条地铁线路的控制中心，也可以是多条地铁线路的控制中心。

21.1.3　控制中心的位置，宜选择在靠近城市道路干线、离地铁线路较近、靠近地铁车站、接近监控管理对象的中心地带，方便全线运营管理，方便与城市其他线网连接，并能兼顾多条线路的场所，缩短与地铁线路的距离，降低工程和管线投资及运营管理费用，便于在紧急情况下组织事故抢修及事件的处理。

21.1.4　控制中心周围的环境应较为清净，光线充足，通风良好，没有高温、潮湿、烟气、多尘、有毒、腐蚀、易燃、易爆、噪声、振动、电磁干扰等；应避开公路、铁路等振动源，避开大功率电器设备等干扰源，当不能避开污染源时，应位于上风向，尽可能利用有利的地形和环境，或采取相应的隔离措施。

21.1.7　运营控制中心的设计应与工程条件和运营管理体制相适应，总体布置应考虑安全可靠、操作方便、维修方便、管理方便及运营成本低廉等。由于地铁工程所处的地理位置、气候条件、具体线路规划、监控管理的范围、系统设备装备的数量及水平的不同以及运营总体功能需求的不同，控制中心设置的内容差异较大，实际实施时应从具体工程的实际情况出发，根据具体设备的数量，经济合理地确定控制中心的规模、水平、运作管理模式及装修标准。考虑到今后新技术、新设备、新工艺的推广及可能增加新的系统设备，控制中心宜适当预留将来发展的余地。

21.1.8　为便于控制中心的管理，提高控制中心的安全性和可靠性，与地铁运营、管理和安全无关的系统、设备不宜纳入控制中心。

21.2　功能分区与总体布置

21.2.1　控制中心按功能可划分为运营操作区、设备区、运营管理区、维修区等功能区。运营操作区应靠近设备区，以便减少管线敷设的距离；设备区和维修区应相邻设置。各功能区的划分应结合实际的运作模式和管理模式设置。

21.2.2 中央控制室各系统设备的布置及设计。

第1款，运营操作区应具有地铁全线运营监视、操作、控制、协调、指挥、调度、管理及值班等功能，宜设中央控制室、紧急事件指挥室、总调度室、值班主任室、值班休息室、男女卫生间等功能房间。其中总调度长室、值班主任室、值班休息室为一般的办公室；运营操作区应作为独立的安全分隔区，宜考虑配置保安设施；在安全分隔区内，宜考虑单独设置男女卫生间，减少调度(操作)人员中间离岗时间；进入中央控制室应设缓冲区。

第2款，中央控制室应设置与运营有关的监控系统和操作终端设备，应设置行车、电力、环控、防灾和值班主任调度台，也可根据情况考虑设置维修调度台、客运调度台、网络信息管理调度台和总调度台。通过各调度台的调度员，对全线列车运营和设备运行情况进行总的监视、控制、协调、指挥和调度，对地铁运行的全过程进行运行管理和安全管理。与运营和安全无关的系统、设备及信息不宜进入。室内不得安装大功率的电器设备和无关设备。

第3款，室内设备布置和造型应力求整齐、紧凑、美观、大方，便于观察、操作和维修，有利于通风采光，为操作人员和运行设备创造一个良好的工作环境，并便于调度人员行动和疏散。调度(操作)台的设计应符合人机工程和人体工程，便于操作人员观察，降低操作人员的工作强度，提高反映速度，减少误操作，顶部不能遮挡住正常观察模拟屏的视线。

第4款，室内总体布置应以行车指挥为核心进行各调度台的布置，应便于行车调度、电力调度、环控调度、防灾调度、维修调度和总调度之间的信息沟通。设备布置应使设备之间的联线短，外部管线进出方便；室内不得外露电线、电缆和管线，以确保安全；与中央控制室无关的管线不得穿过。室内的设备布置方式，不应形成卫生清洁的死角。

第6款，各系统模拟屏宜统一考虑，调度台和模拟屏宜呈弧形布置，模拟屏的屏前和屏后、调度台的台前和台后必须留有足够的操作空间及维修空间，并预留近期和远期发展位置。通道宽度应满足人员进出、联络、维修设备进出的需要。调度台距模拟屏的通道宽度宜大于2.5m；调度台与调度台前后净距离宜大于2.0m；模拟屏后的通道宽度，当通道长度小于10m时，通道宽度宜大于1.5m；当通道长度大于10m小于20m时，通道宽度宜大于1.8m；当通道长度大于20m时，通道宽度宜大于2.0m；模拟屏两侧进入模拟屏后的通道宽度宜大于1.5m，确保人员和设备的进出方便；模拟屏后面也可以作为独立分区进行设置。

第7款，当中央控制室的规模按多条线路设计时，可按线路进行划分，将每条线的行车调度、电力调度和环控调度台等集中布置。当中央控制室的规模是按多条线路设计，且各线路之间的相互关联及影响较大时，在功能区的划分上，应按系统进行划分，即每条线的行车调度台、电力调度台和环控调度台应分别集中布置。

第8款，当按扇型方式分层展开布置设备时，在扇型的中间位置，向上下展开的角度按15°考虑，向左右展开的角度按120°考虑，以便适应人的观察视角及人体工程。

21.2.3 设备区各系统设备的布置及设计。

第1款，设备区应具有方便各系统中央级设备的安装、运行及维修等功能，设备房的室内布置应力求整齐、紧凑、美观、大方，便于观察、操作和维修，有利于通风采光，为设备创造一个良好的运行环境。

第2款，设备布置应使设备之间的联线短，外部管线进出方便；室内不宜外露电线、电缆和管线，以确保安全；与设备区设备房无关的管线不得穿过。

第4款，设备区设备房有多种布置方式，按系统划分或按线路划分，可采用封闭式布置或开放式布置(通透式布置)，集中式布置或分散式布置，也可以是上述各种方式的混合式布置，具体方式需要根据各自的情况确定。

(1)当控制中心的规模是按一条线路设计、设备区按分散式布置时，应分散设置各系统布置的设备室、各分散系统布置的UPS电源室；

(2)当控制中心的规模是按一条线路设计、设备区各系统设备按集中式布置时，应设置各系统集中布置的设备室、各系统集中布置的UPS电源室等，辅助系统设备应根据实际情况进行布置；

(3)当控制中心的规模是按多条线路设计、各系统中央监控级按相互独立的方式设计、设备区按分散方式布置时，不同线路的同一系统设备房应布置在同一层内，以方便专业运营维护和管理；

(4)当控制中心的规模是按多条线路设计、中央级设置综合集成自动化系统时，设备区应按集中方式布置，同一线路的不同系统应布置在同一层的同一个设备房内，以方便运营维护和管理；设备与通道之间宜采用玻璃幕墙相隔，便于观察和管理；

(5)按系统划分可方便专业管理，但不便于分期实施和节能运作；按线路划分便于分期实施和节能运作，但不便于专业管理；封闭式布置设备房间单元划分相对较小，防火隔离安全性高，但不便于管理；开放式布置设备房间单元划分相对较大，设备与通道之间用玻璃幕墙相隔，便于观察和管理，灾害处理较为迅速，但防火隔离安全性较差；集中布置设备房间单元划分相对较大，便于观察和管理，灾害处理较为迅速，但防火隔离安全性较差;分散布置设备房间单元划分相对较小,防火隔离安全性高,但不便于管理。

第5款,设备区各系统设备房的布置楼层宜以方便运营管理、体现安全性和重要性为原则,即信号系统设备房(特别是ATS设备房、运行图编辑和打印室)应靠近中央控制室,其次为通信系统设备房、电力监控系统设备房、火(防)灾自动报警系统及环境与设备监控系统房,最后是通信电缆引入室和其他系统设备用房。

21.2.4 运营管理区应具有地铁中央级运营技术管理和生产管理等功能,宜设置主任室、运营管理技术室、运行图编辑室、运营生产管理室等管理功能房间。当中央控制室的层高较高时,宜在中央控制室总调度台的后上方夹层设置参观室,并用玻璃幕墙相隔;参观室宜配置一些教学讲解设施。上述用房可根据实际需要进行设置或合并设置。

21.2.5 维修区应具有系统调试、维修测试、备品备件保管存放、工器具保管存放等功能,宜设置系统调试室、维修测试室、备品备件室及工器具室;系统调试室和维修测试室应满足更换式维修或小修以下修程的维修要求,可以是各系统公用的用房,不需要每个系统都设;备品备件室和工器具室可以各系统公用,也可以根据实际情况分设。

21.2.6 辅助设备区各系统设备的设计及布置。

第1款,辅助设备区应具有供电、通风、空调、消防、自动灭火、给排水等辅助设施及功能,宜设置管理、办公、操作、工器具、维修及值班用房等管理和办公用房,这些用房可以根据需要分开设置或合并设置,也可与维修区统一考虑设置。

第2款,辅助设备区宜设置供电系统和低压配电系统、通风系统和空调系统、水消防系统和自动灭火系统、给排水等辅助设施用房;供电系统、低压配电系统、空调系统、水消防系统及给排水等辅助设施宜设置在地面一层、地下一层或地下二层;通风系统和自动灭火系统等宜设置在各层距用户较近的场所。供电系统和低压配电系统用房不得有通风风管和水管穿过,各系统应根据实际需要设置用房,水系统应设置独立的管道井。

辅助设备区还应具有通信、网络及公安等非地铁使用的设备房和办公管理等功能,应根据当地的实际情况,结合通信、网络及公安等非地铁使用的设备房和办公管理用房等的特点,并适当超前预留房间、电源、消防、防排烟及防火分隔等设施。

21.3 建筑与装修

21.3.1 控制中心是地铁运营管理最为重要的建筑之一,必须具有高度的安全性和可靠性。考虑到控制中心的整体安全,宜将其设置为独立专有建筑,不宜与其他功能的建筑合用,以保证其安全;当确实需要合建时,控制中心应设独立的进出口通道(包括电梯等)和消防安全通道。中央控制室和各系统设备房不宜与不明使用功能的建筑用房直接相邻,中间要有隔离缓冲房或隔离带,必须设置可靠的防火防爆隔离设施。

21.3.2 考虑到防止雷电干扰等,中央控制室和设备房不宜设在建筑的最顶层,也不宜设置在地下。

21.3.3 对中央控制室的要求。

第1款,中央控制室应满足工艺设计要求,房间面积大小应根据具体线路规划、监控管理的范围、系统设备装备的数量及装备水平的不同,从具体工程的实际出发,经济合理地确定规模、水平及装修标准。室内装修色调直接关系到操作人员的情绪、工作环境和采光效果,室内地面、墙壁和吊顶的颜色应与室内设备的颜色相协调,室内整个色调应以柔和、明快、舒适为宜。

第3款,室内各调度台之间设有通道,当距门最远的调度台通道距离超过10m以上时,中央控制室应设两个出入口与外部相连。门的大小应考虑操作人员和室内设备及维修设备的进出搬运方便,一般至少有一个门的宽度为1.2m、高度为2.3m,门扇应向外开,不设门槛,要严密防尘和防鼠,并符合现行消防规范、规定的要求。

第5款,室内地面应装设防静电活动地板,活动地板固定要牢靠、便于拆卸,地面应严密、平整、洁净、不起灰、易于清扫和避免眩光,地板与楼板地面之间应留有0.3~0.5m的空间,在这个空间可以相对自由地敷设电缆,此空间四壁应选用不起灰的材料装修;并应考虑各调度台的系统管线接口、系统电源插座及非系统的电源插座。设备安装位置要在地面上做设备基础或预埋件,不能把设备直接安装在活动地板上。

第6款,室内屋顶宜设吊顶,吊顶上面的夹层应可以敷设通风管道和管线,应方便照明设备的安装及维修人员的进入;吊顶宜采用轻质、防火、防潮、吸音、不起灰、不吸尘的材料;吊顶应严密,防止虫、鼠进入。吊顶的设计应考虑通风口、照明灯具、火灾自动报警烟感探头等统一协调布置;模拟显示屏的上部可以封顶,与吊顶统一协调处理,保持室内整齐美观。

第7款,设备区系统设备房净空不宜低于3.3m;地面宜根据各系统具体的工艺要求,装设防静电活动地板。对于需要吊装的设备,应根据设备安装要求,适当考虑设备起吊设施。在结构计算时还应考虑设备吊点所设置的位置及吊点的荷载值。

21.4 布　　线

21.4.1 建筑物常用的布线方式和敷线方式有明管布线、汇线槽布线、墙体和地坪埋线、电缆井布线、电缆走廊或电缆通道布线、架空布线、夹层布线、电缆沟布线、电缆隧道布线等敷线方式,采用何种敷线方式,应视具体情况而定。电缆的选择和管线的敷设过程应符合消防规范和防火要求。管线敷设应尽量做到线路短、交叉少、敷设整齐美观，便于调试、查线和补线，方便维护管理；管线敷设应把不同用途种类的电缆和管线分别敷设在不同层次的支架上，强电电缆和弱电电缆应分开敷设，防止强电对弱电的干扰或互相干扰。

21.4.2 控制中心不同楼层之间使用竖向布线，竖向布线宜采用电缆井敷线方式，强电和弱电电缆宜分别使用不同的电缆井分开敷设，并拉开一定的距离。每层的电缆井都应该满足人员进入、工程实施、维修检查、防火隔离及火灾自动报警系统探头安装、维护工作的要求。

21.4.3 控制中心同层之间使用水平布线，水平布线宜采用电缆夹层敷线方式(电缆楼层夹层、吊顶夹层、活动地板夹层)，应根据夹层的具体情况，分层分区设置电缆桥架或汇线槽，将强电动力电缆和弱电电缆分开敷设，并拉开一定的距离。当采用电缆(楼层)夹层布线时，宜将通风系统、自动灭火系统等辅助系统设备设置在电缆夹层内。运营控制中心与地铁线路之间的敷线宜采用电缆隧道，便于维修、维护和扩展。

21.5 供电、防雷与接地

21.5.1 控制中心可单独设置降压变电所，以提供可靠的动力用电。降压所内应设置两台动力变压器，分别引入两路相对独立的电源供电，满足控制中心一、二、三级负荷的需要，当一台变压器退出运行时，另一台变压器至少可满足全部一、二级负荷的需要。控制中心内信号、电力监控、火(防)灾自动报警、环境与设备监控、自动售检票、通信、自动灭火等系统设备用电以及中央控制室和重要设备房照明、应急照明、防排烟设备用电应纳入一类负荷；空调系统为二类负荷；其他为三类负荷。

21.5.2 需要不间断电源供电的系统设备，应根据各系统供电的要求确定。也可设置综合的 UPS 供电系统，其输出功率应大于所有用电设备总和的 1.5 倍，并确保不低于 2h 的后备用电；综合 UPS 电源室的位置宜接近系统设备区和中央控制室，并有利于进出线。

21.6 通风、空调与采暖

21.6.2 通风与空调系统应按远期运营条件进行设计，并按照上述不同的功能分区要求进行系统设计，满足不同的环境品质和工作时段的要求。系统设计时必须综合考虑初、近期及各种不同工况，并宜采取相应的节能措施，节约能源，降低运营成本。考虑到多条线路分期投入使用及控制中心分期建设的情况，系统设计及设备布置应考虑近期和远期分期实施的可能性，并预留接口和安装场地。运营操作区、设备区、维修维护操作区、维修区、综合办公管理区的资料档案房、辅助设备区、外部设备区及全天有人的场所等，应实行 24 小时全天候空调控制。在条件允许的情况下，中央控制室宜设独立的通风系统，管理用房通风系统宜与设备用房分开设置。

21.6.4 通风与空调系统宜由环境与设备监控系统进行监控，便于实现模式控制和参数控制，并明确与火(防)灾自动报警系统的分工。

21.7 照明与应急照明

21.7.1 控制中心应设置一般照明与应急照明，宜采用集中控制方式进行控制；中央控制室、设备房及管理用房应多设电源插座，以解决检修、检修局部照明等临时用电；照明灯具宜选择节能型、散射效果良好、使用寿命长及维修更换方便的灯具；灯具的布置宜与建筑装修和设备布置相协调。

21.7.2 中央控制室的照明设计。

第 3 款，当中央控制室采用投影式模拟屏时，模拟屏前区和操作台面距地面 0.8m 处的照度宜为 100～150 lx，并考虑局部照明；投影式模拟显示屏区尽量暗，但整个控制室的明暗反差不能太大。

21.7.3 设备房、维修用房、办公管理用房及其他各部位的照明照度应按照现行建筑电气规范的规定进行设计。设备房个别需要增加照度的地方，可采用局部临时照明。

21.8 消防与安全

21.8.1 控制中心应设置火(防)灾自动报警、环境与设备监控、火灾事故广播、自动灭火、水消防、防排烟等消防系统；宜根据需要设置自动水喷淋灭火系统；重要的电器设备房宜使用自动灭火系统，不得使用自动喷水灭火系统；防排烟自动联动宜由环境与设备监控系统实现。

21.8.3 控制中心应设置消防控制室，将火(防)灾自动报警系统、环境与设备监控系统及火灾事故广播系统等的操作台或工作站设置在消防控制室，24 小时值班，对大楼消防安全进行监控管理。消防控制室宜设在控制中心首层主要出入口，并与中央控制室设专用的消防电话。

21.8.3 控制中心作为地铁的要害场所，宜根据需要设置闭路电视监视系统和安保门禁系统等保安系统；对各分区出入口、房间和主要通道进行监视和自动录像；宜设置不同形式的自动门，通过身份钥匙或密码开启；重要房间宜设置报警检测装置，以防非法闯入。

21.8.4 控制中心宜根据需要设置保安值班室，将闭路电视监视系统和安保门禁系统等的操作台或工作站设置在保安值班室，24 小时值班，对大楼安全进行监控管理。保安值班室宜与消防控制室合并设置。

21.8.5 控制中心给排水系统和消防设施由给水、排水、水消防以及配置的灭火器与自动灭火等系统组成。

给排水系统宜尽量利用市政既有设施。各系统的设计应符合现行规范的规定。给水系统由生产和生活给水系统组成,采用城市自来水作为给水水源;排水系统由污水系统、废水系统和雨水系统组成;排水系统应采用清污分流的原则,就近接入城市排水管网;消防水池和生活水池应分别设置,并设立联通阀门,以保障消防水源。

22　车辆段与综合基地

22.1　一 般 规 定

22.1.1　本条规定了车辆段与综合基地的设计范围,明确了“车辆段与综合基地”的统一名称。

车辆段与综合基地是保证地铁正常运营的后勤基地,包括车辆段、综合维修中心、物资总库和培训中心以及必要的生活设施等,是地铁正常运营所必须的设备和设施。各种设备、设施有着较紧密的联系,性质相近,又都是地面工程,有条件时要进行综合考虑,形成综合体,以方便管理。

鉴于本章名称采用“车辆段与综合基地”,比原规范采用“车辆段及其他基地”更能体现综合体的实质,因此作了更改。

22.1.2　本条规定车辆段与综合基地的功能、布局和各项设施的配置应根据城市轨道交通线网规划、既有地铁车辆设备的状况和设计的地铁工程具体情况分析确定,其根本的目的是避免功能过剩或不足,力求布局和设施的合理配置,避免重复建设以造成浪费。

城市轨道交通线网规划是地铁工程建设的主要依据之一。在城市轨道交通线网规划中,对各条地铁线的基本走向,包括主要车站和换乘站的规划,以及车辆段与综合基地的分布和功能的划分都有明确的建议意见。城市轨道交通线网规划一经上级主管部门批准即具有相应的约束力,成为地铁工程设计的重要依据。特别是车辆段与综合基地,因其占地面积较大,在线网规划制定时其用地范围已得到规划部门的承认并控制。因此,车辆段与综合基地的设计应以城市轨道交通线网规划为依据。

既有地铁车辆设备状况是地铁新线车辆段与综合基地设计的另一个重要依据。既有地铁工程在设计时,往往已根据相关线路的规划情况,在功能、规模上进行了综合考虑,特别是车辆段高级修程的厂修和架修设备和设施,往往在设计中已考虑了相关线路的需要,或一次建成,或预留发展。同时,既有线路的车辆设备经过几年的运营,情况也会有所变化,设计时应深入现场了解情况,并作为设计依据。

条文强调车辆段与综合基地设计应根据工程的实际情况分析确定。不顾既有线路已形成的功能条件,一味追求本工程的功能齐全,或为减少投资,不加分析地将多条线路车辆检修设备都强加于既有线路上都是不合适的。

条文最后规定:“一座城市首建的地铁工程的车辆段与综合基地应具有较为完善的功能”,其目的也是保证地铁的正常运营,为地铁运营提供一套完整的服务体系。

所谓较为完善的功能,指的是包括车辆段、综合维修中心、物资总库、培训中心和必要的生活设施等各项设备、设施齐全,其中车辆段应包括停车、列检、月检、临修和车辆清洁洗刷等日常运用维修设施,以及定修、架修和厂修等各修程的定期检修设备,除有条件外委部分外,应该配套齐全。

22.1.3　车辆段与综合基地属大型建设工程,投资大,且大都是地面工程。因此条文强调在总规划的前提下实行分期实施,其站场股道、房屋建筑和机电设备等应按近期需要设计,用地范围应按远期规模确定。由于车辆段与综合基地近、远期工艺联系较为密切,因此要求确定远期用地范围时应将其股道和主要房屋进行规划和布置。此外,由于地铁工程的设计年限较长,近期设计年限长达10年,因此某些设施如车辆段厂修厂房和设备,根据工艺布置情况当今后扩建或增建不影响正常生产和周围环境时,尚可在完成总体设计的基础上实行分期实施,以避免该部分设施搁置多年不用而造成浪费。

关于车辆配置数量,应按初期设计年限的用车数配置,主要是考虑车辆的价格较高,一次性采购将增加初期工程投资。

22.1.4　本条规定车辆段与综合基地选址的六项基本要求,仅涉及对外部条件的要求,对于为保证地铁工程内部功能要求的其他条件将在其他条文中作规定。现对条文各项要求说明如下:

1　用地应符合城市总体规划。

车辆段与综合基地一般都建在地面上,占地面积较大。为保证地铁用地,通常在编制“城市轨道交通线网规划”时已对各条轨道交通线路的车辆段与综合基地的地点和用地面积作了初步安排,并纳入城市的总体规划。随着城市的发展,总体规划可能会有所变化或调整。地铁工程设计应从可行性研究阶段开始即对车辆段与综合基地的选址和用地范围进行选择和比较,取得规划部门的认可并对用地范围加以控制,用地符合城市总体规划是车辆段与综合基地选址的基本条件。

2　有良好的接轨条件。

车辆段与综合基地的良好接轨条件是保证正常运营、降低工程投资和运用费用的关键。车辆段与综合基地通常在终点站、折返站或其他车站接轨,其接轨点和接轨方式的选择应保证列车进入正线安全、可靠、方便、迅速及运行经济。地铁线路和车站可能在地下，也可能在高架桥上，而车辆段与综合基地通常设于地面，选址应保证与接轨站之间有适当的距离，不宜太近，也不宜太远，在满足线路坡度、平面曲线半径和信号要求的前提下，尽量缩短出入线的长度，既要保证正常运营作业的需要，又要尽量减少工程投资。同时还应注意选址的地形、地貌和周围环境，避免出入线因穿越建筑物、构筑物或跨越河流、水域而增加工程量。

3 宜避开工程地质和水文地质的不良地段。

车辆段与综合基地是地铁工程的重要后勤基地。基地内通常设有数十条股道和总建筑面积近 10 万 m^2 的各类厂房、车间和办公楼等房屋建筑，还有各种大型设备和室内、外构筑物，这些股道、房屋、大型设备和构筑物都必须有稳定的基础，以保证生产的安全和各项设备、设施功能的发挥。车辆与综合基地的选址应尽量选用地形、地貌、地质构造、地层岩性等工程地质条件和地表、地下水位、水量、岩土含水性、地下水腐蚀性、岩土渗透性等水文地质条件较好的地段，尽量避开地质不良地段，其目的是为工程的施工和今后的运营创造有利条件，降低工程造价和运营维修成本。处于工程地质和水文地质不良地段的工程必须采取适当的措施进行处理，以防患于未然。地质条件对工程投资影响甚大，例如某地铁车辆段与综合基地选址于河边的冲积地带，冲积淤泥和回填物厚达 15m 左右，且周围河沟纵横、地面高程又低于地区洪水水位高程 3～4m，水文地质条件欠佳，其结果是：用于基础软土处理、回填、改沟、建桥等费用多达 1.1 亿元（尚未计及房屋建筑基础所增加的投资），占总工程直接费的 13.8%。

4 具有良好的自然排水条件。

车辆段与综合基地占地面积大，排水种类较多，有地面排水，生产、生活废水和污水的收集和排放，还有纵横布置的管沟排水。由于大量股道的布置和分散的房屋建筑物，造成基地内的排水系统相当复杂。据了解，国内既有地铁车辆段与综合基地，大都存在排水不良的问题。规范条文强调具有良好的自然排水条件，在场地高程的确定上应留有余地，为排水系统的设计和运营提供有利的前提条件。

5 便于城市电力线路、给排水等市政管道的引入和道路的连接。

城市电力线路的引入条件主要是施工期间的用电，至于运营期间的供电，目前地铁工程较多的是建立地铁系统独立的专用供电系统，即集中式供电。采用集中式供电方式时，主要靠内部供电系统供电；但当采用分散式供电方式时，由于车辆段与综合基地是地铁系统的用电大户，对利用城市电网供电的供电品质和电力线路的引入条件就显得更为重要了。

给排水等市政管道，不仅限于目前的既有情况，尚应了解其规划情况。

考虑道路的连接条件，主要是材料设备的运输和消防的需要。车辆段与综合基地一般不设消防车队，而利用城市的消防队伍。

6 有足够的有效用地面积及远期发展余地。

车辆段与综合基地的用地面积应根据功能和工艺要求以及总平面布置确定，而且对用地地块的长度和宽度以及地块的几何形状都有一定有要求。本款重点强调用地面积的有效性。

以上六项要求是车辆段与综合基地选址的基本要求，其中最主要的是选址要符合城市总体规划要求，并有可靠的接轨条件。六项基本要求构成有机的整体，但它们在实际工程中往往又是互相矛盾的，十全十美的选址几乎是不存在的。因此，在工程项目建设中对选址应综合各项条件进行认真的技术经济比较，选出较优的方案。设计中还有赖于城市规划部门和市政、电力、交通、环保、消防及水利、水文等有关部门和单位的支持与理解。

22.1.5 车辆段与综合基地是地铁工程的后勤基地，是车辆维修和检修、各项设备设施维护、材料物资供应、职工培训等各种机构和设施集中的综合基地。各系统性质不同，功能各异，设计时应根据功能要求和工作性质按有利于生产、方便管理和方便生活的原则并结合地形条件，进行统一规划、合理布置。车辆段担负全线车辆的运用维修和检修任务，每天进出车频繁，与正线关系密切，而且线路、设备和房屋建筑多，工艺要求严格。因此，车辆段与综合基地的总平面布置应以车辆段为主体。

综合维修中心、物资总库都与车辆段的生产有较密切的关系，和车辆段布置在一起，可利用车辆段的股道和公共设施（包括水、电设施和生活设施等），实现综合利用、有利生产、方便管理和节约投资；培训中心虽具有相对的独立性，但与车辆段布置在一起时邻近现场，对教学也有一定的好处，同样也可利用车辆段的公共设施。因此条文规定，综合维修中心、物资总库和培训中心应尽量与车辆段布置在一起，形成车辆段与综合基地。

22.1.9 运输道路是工厂、企业总体设计的一部分，应满足生产运输和消防的要求。车辆段与综合基地内应有环形通道和必要的回车设施，保证运输畅通。

车辆段与综合基地内的道路宜为混凝土路面，主干道路面应为双车道，路宽不应小于 7.0m，通行汽车的一般道路路面宽度应为 4.0m。道路与铁路平面交叉处应按道路宽度设平过道，平面交叉道口应设警示牌。

为满足消防的要求，车辆段与综合基地应有不少于两个与外界道路相连通的出口，以保证发生火灾时消防车能从不同方向进入现场。

22.1.10 车辆段与综合基地的围蔽设施包括基地用地范围与外界的隔断、基地内重要设备、设施（如变电所、给水所、物资库等）的围蔽以及段内某些特殊地段（试车线、洗车线、牵出线等）的安全防护。本条主要强调设计中应因地制宜地选择围蔽的结构型式和材料。

22.2 车辆段和停车场的功能、规模及总平面设计

22.2.1 本条文为地铁工程的车辆检修、运用整备设施统一名称。在以往的地铁工程设计文件和国内、外地铁管理部门中，对地铁车辆检修、运用整备设施的名称尚不完全统一，如车辆检修设施就有车辆段、车厂或车辆工场等名称，对车辆运用整备设施则有运用段、停车场和车场等不同叫法，这给工程建设的管理，特别是地铁工程设计文件的统一和规范化带来了一定的麻烦和不便。尽管“车辆段”的名称仍属外来语，但该名词在我国已沿用数十年，同时考虑到我国铁路系统也一直沿用，因此，本规范根据地铁的特点，采用“车辆段”名称作为泛指地铁车辆检修设施和运用整备设施的总称，并将车辆检修设施和运用整备设施分别称为检修车辆段（简称车辆段）和运用停车场（简称停车场）。

停车场往往只配备停放车辆的股道和一般车辆维修整备设备，仅能完成车辆的运用管理、清洁整备、列车安全检查和月检等日常维修保养工作。简单的停车场也可不担负月检任务，其月检设施可设于相关车辆段内，在设计中应根据实际情况灵活运用。

车辆段则必须配备相应修程的各种检修设备和设施，包括检修库和各种检修线路、各种辅助生产车间和设备以及为车辆检修服务的各种设施，如试车线、镟轮线、给水设备、供电设备和污水处理设备等。车辆段可根据担负车辆检修等级的不同（即作业范围的不同）分为架（厂）修段和定修段。我国地铁车辆检修制度属于覆盖性检修，即高修程检修应包括低修程检修的全部内容，目前定期检修修程包括定修、架修和厂修三个等级。为充分利用设备，架（厂）修除完成架修（或厂修）任务外，尚应能完成定修任务；定修段则仅完成定修及其以下任务。

为充分利用设备、便于管理、节约基建投资，通常将停车场和车辆段合并设置在一起，统称为车辆段。独立设置的停车场只是在线路太长或车辆段用地面积受限制，或运营的特殊需要等情况下才设置。为便于运营管理，本条文还规定独立设置的停车场应隶属于相关车辆段。

22.2.2 车辆的选型及其技术参数不仅是界定线路技术标准的基础，是确定地铁系统运营管理模式和维修方式的基本条件，而且还是地铁系统设备选型和确定设备规模的重要依据。车辆段和停车场是地铁工程直接为车辆的检修和运用整备服务的场所。车辆段和停车场的设计，从修程的划分到检修内容和检修时间确定，从股道线路的配备到布置，从厂房的尺寸到相关构筑物的细部要求，从各项设备的选型到设备的技术要求，无一不依靠车辆的技术条件和技术参数作为基础，特别是我国地铁车辆还未能完全定型，车辆的技术条件和参数对设计工作的影响就更大了。由于车辆选型未能稳定，车辆主要技术条件和技术参数尚未落实，匆忙开展设计（特别是施工图设计）和施工，必然造成工程设计大量返工，甚至造成浪费或严重影响运营。因此，强调车辆段和停车场的设计应以车辆的技术参数为依据。

22.2.3 根据我国地铁车辆检修的实际情况和管理水平，推荐优先采用日常维修和定期检修相结合的检修制度。

车辆检修修程和检修周期的确定，主要取决于车辆的结构性能和质量、运行线路的技术条件、车辆的使用环境条件、检修人员的技术素质和经验。条文根据我国北京、上海和广州各城市地铁的运营经验，并综合考虑了上述三城市及深圳、南京等城市在建地铁的设计情况，对我国地铁车辆检修修程的种类和各修程的检修周期、检修时间提出推荐意见列入表 22.2.3，供工程设计参考使用。随着科学技术的发展，检修制度还会逐步完善，参数可能会有变化，设计中可以根据实际情况进行分析、比较，合理使用表中的规定。此外，车辆检修周期的各项指标仅用于工程设计时作为确定车辆段规模的依据，运营单位在接受工程之后还可根据运营的实际情况作适当的调查，不断完善。

表中检修周期有两种指标，即走行公里数和时间间隔。在预可行性研究阶段或可行性研究阶段，有时不可能得到详细的行车资料，一般可采用时间间隔指标作为计算依据。

22.2.4 条文规定了车辆段六项作业范围，其中第一款和第六款应属于停车场的作业内容。考虑到工程设计中车辆段附带设有停车场，因此，车辆段的作业范围也包括日常运用整备部分。

22.2.5 条文所指停车场的作业范围适用于独立设置的停车场，其中日常维修的月检作业可根据停车场的规模和停车场与车辆段的距离确定，规模较小或与车辆段距离较近时，月检作业也可于车辆段内统一设计。

22.2.6 为避免设备投资过大并保证设备的大修质量，设备的大修应尽可能外委相关的专业工厂承担，至于车辆的厂修则应进行具体分析。目前我国已有几家车辆工厂能够生产地铁车辆，并提供国内有关城市地铁运营所需的车辆，有条件时，利用地铁车辆制造厂的设备能力完成地铁车辆的厂修任务是最佳选择。此外，随着地铁建设的发展，有的城市已经拥有地铁线路数十公里或有了上千辆地铁车辆，城市地铁成网后车辆数量还会更多，根据地铁系统所在城市的技术水平和力量，组建城市地铁车辆修理厂以完成本市地铁车

辆的厂修任务应是发展方向。

不管是设备外委大修还是车辆外委厂修都应因地制宜,并在初步设计中加以论证确定。

22.2.7 本条文对车辆段、停车场出入线设计的规定,是在总结我国地铁建设经验的基础上形成的。车辆段、停车场出入线的设计应保证列车进入正线或由正线回段时安全、可靠、迅速,且运行合理、经济。综合维修中心与车辆段合建时,车辆段出入线还担负着夜间沿线设备维修作业以及各种检修车辆和机具、材料进出现场和事故时救援车辆的运行任务。各项具体规定说明如下:

1 车辆段、停车场出入线在车站接轨,不仅有利于正线列车的正常运行,确保行车安全,也有利于相关车站的管理和作业。

接轨站的选择也应本着方便运营、减少列车出入的空走时间、降低运营成本的原则,尽量选择在线路的终点站或折返站,即根据列车运行交路选择接轨站。但是,车辆段段址的选择受城市规划和工程地质等多种条件的限制,理想的接轨方案往往难以实现,在设计中应结合段址的选择、线路条件、车辆的技术条件和接轨站的条件进行经济技术比较,选择较为合理的接轨站和接轨方案。

2 车辆段出入线应为双线。由于车辆段列车出入频繁,为保证列车出入安全、可靠、迅速,车辆段出入线应按双线双向运行设计,以确保在事故状态下,其中一条线路发生故障时,另一条线路仍可保证列车出入作业。

根据车辆段的布置和车辆段与相关车站的位置关系,车辆段与车站的接轨可以是双线一站接轨(两条出入线接入同一车站),也可以是双线两站接轨(两条出入线分别接入两个车站)。不论采用哪种接轨方式,出入线与车站接轨应避免与运行正线相切割。有条件时,应利用段型布置实现列车调头转向功能。

3 车辆段出入线的长度应考虑满足行车和信号作业的要求。列车在进站前一度停车转换信号或进行其他检测作业时需留有适当长度,该停车位应不影响其他列车的正常作业(包括出段和调车等)。

4 关于停车场出入线的数量,主要根据其规模确定,这里所说的停车场是指独立设置的停车场。独立设置的停车场往往是某一车辆段内停车场的辅助设施,规模一般都不大,因而通常设一条出入线已可满足要求,只有规模较大或有其他特殊需要的停车场才设双线出入线。

22.2.8 车辆段、停车场的规模,主要取决于功能和能力两个方面。因此,确定车辆段、停车场的规模首先应综合考虑城市轨道交通线网及本线的具体情况,通过全面的功能分析,确定本段(场)的功能定位,并在功能定位的基础上,根据设计基础资料进行各项工作量的计算从而确定规模。设计的主要基础资料包括线路走向和行车交路、列车对数和编组辆数、管辖范围内配属车列数、车辆技术参数、车辆检修周期和检修时间等。

22.2.9～22.2.12 车辆段属于工业企业单位,其总平面设计应执行《工业企业总平面设计规范》的有关规定。本规范 22.2.9～22.2.12四个条文根据地铁系统中车辆段与综合基地生产工艺的要求,分别对总平面设计、房屋和设备的布置作了原则性的规定。

22.2.13 关于车辆段生产机构的设置,应根据运营管理模式确定。运营管理模式通常应由业主提出,但往往在开展设计的时候,尤其是新建立地铁系统的城市,业主未能提供运营管理模式,因此,条文根据现有各地铁车辆段的管理经验,建议按设置运用车间、检修车间和设备车间三车间的原则考虑其生产机构,主要用于办公房屋和定员的设计,设计中可根据实际情况作必要的调整。

22.3 车辆运用整备设施

22.3.1 本条文的规定是按车辆段设置运用、检修和设备三车间的原则制定的。运用车间是车辆和列车运用及各种运用整备设施的管理机构,属运用车间管理的主要房屋和设备有停车列检库(棚)、月检库和列车清洁洗刷设备及相应的线路,其中,停车库和列检库(棚)由于功能相近通常设在同一库(棚)内,统称为停车列检库(棚)。

22.3.3 运用库设计总列位数应包括停车库(棚)列位数、列检库(棚)列位数和月检库列位数。总列位数是衡量停车能力的指标,由于列检列位和月检列位均有停车功能,所以应计入停车能力的总列位数内。在修车列数一般仅包括厂修、架修、定修各修程的在修车数。临修作业是临时发生的检修作业,波动性较大,不宜计入核定停车能力的在修车列数。

关于列检列位数占停车列位和列检列位总数的比例问题。原规范规定"列检库线数可按运用列车数的30%设置",本次修订改为"列检列位数宜按运用库总列位数的50%设计"。主要考虑地铁列车技术检查一般实行双日检制,为减少进库列车转线作业而适当提高比例;另一方面,列检线均设有检查坑,其造价相当昂贵,特别是地质条件不好的地方更贵,应严加控制。综合上述因素,本规定取值50%。

22.3.4 关于停车、列检线设库(棚),我国几乎所有已建成运营的地铁包括北京、上海各地铁线路和广州地铁一号线以及目前在建的深圳、南京地铁线路的停车、列检线都按库内设置。国外地铁车辆的停放大多为露天设置,香港机场快线小濠湾车辆段的停车线也按露天停放设置,只是在列车头部考虑司机上下车的局部设有雨棚。广州地铁二号线赤沙车辆段吸取国外和香港的经验,在内地首次将停车、列检库改设为棚,该停车列检棚总宽度为70m，采用大跨度网架结构，降低了工程造价并获得了良好的采光和通风条件。本次修订条文对停车、列检线设库或棚作了新的原则规定，设计时可根据当地的条件进行选择确定。

22.3.5 运用库各种库线（包括停车、列检和月检）的列位布置应根据车库型式确定。主要考虑尽端式车库的线路仅能一端出车，贯通式车库的线路则可做到两端出车。为保证列车出库顺利、快捷，对不同库型每条库线上的列位布置作了不同规定。其中，月检线由于月检作业时间较长，作业要求较高，规定尽端式月检线应按一列位布置；贯通式月检线可按两列位布置。

22.3.6 条文规定地面接触轨应分段设置并加装安全防护罩，架空接触网列位之间和库前设隔离开关。设置送电信号显示或音响的要求主要是考虑作业的安全。

22.3.7 列检检查坑的深度，原规范规定为1.2m，考虑到检查坑设有一定的纵向坡度，同时各地区习惯也有差别，因此本次修订时，列检检查坑的深度定为1.2～1.5m，有一定的灵活性。检查坑的排水主要是地面清洁冲洗水，应引出室外排入排水系统。对于地势低洼地区，应注意防止洪、涝或地表排水的倒灌。

22.3.8 本条为新增内容。我国早期地铁车辆段的月检库线为地面线和检查坑。20世纪80年代后期，在上海地铁一号线车辆段扩大初步设计时，设计人员根据月检作业特点和要求，首次提出月检库线采用高架型式并设双层作业平台（包括车顶平台和中间平台）的构思，并在工程中得以实施。随后，在广州地铁一、二号线和其他新建车辆段设计中得到了广泛的推广和完善。多年来的实践证明，月检库线路采用高架型式和高架作业平台的设计给检修作业带来诸多好处，已成为月检库设计不可或缺的重要设施，现纳入本规范。条文仅提车顶作业平台，主要解决受电弓、空调器等的车顶作业，至于中间平台是否设置需根据车辆结构及检修要求而定。

22.3.9 运用库各车库长度的计算公式说明。

1 停车库（棚）长度计算公式（22.3.9-1）中：

停车列位之间通道宽度8m，综合考虑了信号和接触网分段器安装要求的间距；

停车库两端横向通道宽度9m，考虑停车列位距停车库（棚）两端端墙各4m（至端墙轴线按4.5m计）。

2 列检库（棚）长度计算公式（22.3.9-2）中：

列检列位之间通道宽度8m，综合考虑了信号和接触网分段器安装要求的间距；

列检库两端横向通道宽度9m，考虑列检列位距列检库（棚）两端端墙各4m（至端墙轴线按4.5m计）。

3 月检库长度计算公式（22.3.9-3）中：

月检列位之间通道宽度8m，综合考虑了信号和接触网分段器安装要求的间距；

月检库设计附加长度25m，考虑车库前后横向通道净空各4m（至端墙轴线按4.5m计），加上列位两端斜坡道各长8m。

22.3.10 条文对配属车超过12列的规定是对独立设置的停车场设机械洗车设施的限制条件，主要原因是机械洗车设施生产效率很高，通常每班可洗刷列车8～12列，而且价格也较高，对于任务量不大的停车场很不经济。对于与车辆段合建的停车场，一般其配属车都超过12列，应按规定设机械洗车设施。

洗车线有效长度的计算：

1 尽端式洗车线有效长度计算公式（22.3.10-1）中：

安全距离10m，是参照《铁路技术管理规程》的规定确定的。在尽头线上调车作业时，终端应有10m的安全距离。

2 贯通式洗车线有效长度计算公式（22.3.10-2）中：

信号设备设置附加长度12m，包括停车误差和信号机安装位置所需附加长度。其中停车误差为2m，信号机安装位置的要求两端各5m。根据《铁路信号设计规范》的要求，调车信号机处，钢轨绝缘可设在信号机前方或后方各1m的范围内；设在警冲标内方的钢轨绝缘，除渡线上外，其安装位置距警冲标计算距离不宜少于3.5m，距警冲标实际位置应不大于4m。因此，本规范综合以上数据取信号机的安装附加距离为两端各5m，全部附加长度总长为12m。

22.3.11 牵出线有效长度计算公式（22.3.11）中：

安全距离10m，是参照《铁路技术管理规程》的规定确定的。在尽头线上调车作业时，终端应有10m的安全距离；

当牵出线仅供地铁列车转线使用，且可依靠列车自身动力行驶而不用调车机车牵引列车时，公式中调车机车长度 L_m 可取消。

22.3.12 车辆段各车库有关部位最小尺寸（表22.3.12）在原规范表13.2.10的基础上作了适当调整，表中尺寸是根据现有地铁车辆检修、整备作业所需的最小尺寸确定的，设计时不宜小于表中尺寸要求。如由于车辆构造或作业方式有较大变化时，可根据实际需要作适当调整。

22.3.15 车辆段内列车运转调度、检修调度和防灾调度三者工作性质相同，为便于管理、统一协调，建议合并设置在一处并统称为车辆段调度中心，这是香港地铁管理上的先进经验。在广州地铁二号线车辆段工程设计中第一次建立了车辆段调度中心，即DCC，以取代传统设计的通信信号楼，有利于生产管理和节约投资。

22.3.17 月检库宜设调试用外接电源设备。由于月检作业有车顶作业，为确保作业人员的人身安全，列车进库就位后必须切断外部牵引供电电源。月检作业对车辆各部分的调试可采用外接电源设备，其容量一般仅满足空载试验即可。

22.3.18 乘务员公寓是为早、晚班司机提供夜间休息的场所。根据地铁运行的特点，早班司机早晨5点以前必须到位，晚班司机晚上则需24点以后才能下班，为保证司机有足够的休息时间，宜设有乘务员公寓，其规模可按每天早晨最初一小时和晚上最后一小时运行列车对数和每列车配备的司机人数确定。公寓应有必要的生活设施。

22.3.20 存车线和停车线的功能不同，设计中应严格区分。

存车线是根据线路状况、车辆段(停车场)分布情况和运营的实际需要而设的。当车辆段(停车场)之间或距未设停车场的终点站太远时，为减少早晚出车、收车的空走时间，提高运输效率，在线路另一端的终点站或折返站上需设置存车线，存放部分过夜列车。存车线存放的列车需进行技术检查，应设有必要的设施。原规范对设有列车技术检查的存车线称之为列检所，这一名称来源于地面铁路系统"车辆设备"。由于地铁夜间停放列车的技术检查较为简单，存车线设施也简单，不能成为一级机构，因此本次修订取消列检所的名称，改称存车线。

对沿线存车线的设施说明如下：

1 尽端式存车线的有效长度。

沿线车站存车线通常做成尽端式，除非该存车线还兼有其他功能，很少设置贯通式的。

尽端式存车线长度计算公式(22.3.20)中：

存车线附加长度24m，综合考虑了列车距出发信号机距离5m，列车停车不准确距离2m，列车检查作业活动距离4m，检查坑前后阶梯踏步长度共3m和列车端部至车挡的安全距离10m，上述数值的总和为24m。

2 存车线的线路距相邻两侧构筑物的距离和检查坑内的照明动力设施应满足列车技术检查作业的要求。其具体尺寸可参照表22.3.12列检库的相关尺寸设计。

3 相关车站应设有必要的生产、生活、办公房屋。存车线均在车站接轨，为减少存车线设施的工程投资，对于地下车站存车线，应利用相关接轨站的既有房屋和生活设施，地面存车线可将生产、生活、办公房屋设于存车线附近。

22.4 车辆检修设施

22.4.2 定修库长度为考虑列车按单位分钩作业设计。

定修库长度计算公式(22.4.2)中：

定修库设计附加长度16m，包括检修列位前后距车库前后端墙的通道各5m(距车库端墙轴线的实际距离为5.5m)、列车首尾车钩检修作业长度各1m和检查坑两端阶梯踏步长度各1.5m的总和。

22.4.3 临修库长度计算公式(22.4.3)中：

临修库设计附加长度20m，包括检修列位前后距车库前后端墙的通道各约5m(距车库端墙轴线的实际距离为5.5m)、临修作业考虑推出一个转向架进行换轮作业的长度6m和检查坑两端阶梯踏步长度各1.5m的总和，其中转向架换轮作业长度考虑分解后轮对与转向架构架之间各1m，轮对与车体之间间距各2m。

车库长度的设计还应考虑转向架或轮对吊装时起重机的作业范围。

22.4.4 静调库具体设计要求说明如下：

1 静调库长度计算公式(22.4.4)中：

静调库设计附加长度14m，包括检修列位前后距车库前后端墙的通道各约5m(距车库端墙轴线的实际距离为5.5m)和检查坑两端阶梯踏步长度各1.5m；

2 静调库设外接电源设备的说明见本规范第22.3.17条的说明；

3 设有限界检测装置的线路宜为零轨，这是限界检测作业的要求。对车辆限界进行检查时，对线路有较高的要求，称为零轨，其主要技术要求如下：

1)限界检测装置前后的平直线路长度不应小于一个单元的车的长度加一台调车机车的长度。有条件时，平直线路轨道内侧加装护轮轨；

2)限界检测装置前后各一辆车长度范围内的轨道精度要求：

①轨距：1435^{0}_{-2}；

②轨道水平及高程：左右两钢轨水平及高程允许偏差均不超过1mm；

③轨道水平方向在18m范围内，无超过1mm的三角坑；

④轨道方向：直线段用10m弦量，允许偏差为1mm；

⑤轨顶高低差：用10m弦量不超过1mm。

22.4.5～22.4.7 地铁车辆的架修和厂修是车辆检修的高修程检修，均需架车检修。车辆架修和厂修的检修方式和工艺流程多种多样，随着科学技术的发展还会不断更新和发展，其厂房的组合和布置也存在着多种方案，因而很难对架、厂修厂房的尺寸作出具体规定。这里仅强调一点，应满足工艺和作业的要求。此外，也对各厂房设置起重设备、搬运设备和架车设备提出设计原则，具体选型和技术参数可根据检修作业方式和工艺要求在设计中选定。

架(厂)修车辆段一般都同时配置定修库、临修库，通常大都把各种车库组合成检修联合厂房。

22.4.8 库前平直线段的要求主要是考虑避免车辆通过弯道进入车库时，车辆中心线偏离车库大门中心线造成安全事故。条文提出车辆进出库时，车辆外侧各部分距车库大门内框净距不应小于150mm的要求，以保证安全。

22.4.10 为充分利用设备能力，调车机车平时用于车辆段内的调车作业，当列车在沿线发生故障时，可利用调车机车进行救援，故调车机车的牵引能力应满足牵引远期一列空车在空载状态下通过全线最大坡度地段的要求。

22.4.11 试车线为经定期检修后的列车和新购列车验收时进行全面动态性能检测而设，其长度主要与列车的性能，包括运行速度、制动性能和参数以及试车综合作业要求有关，各种参数应根据车辆厂商提供的数据为依据。

试车线检查坑长度不小于1/2列车长度加5m，主要考虑节省投资。列车进检查坑作业分两次进行，增加5m长度为列车停车误差2m和检查坑两端阶梯踏步各1.5m的总和。有条件时，为方便作业也可按列车总长度加5m考虑。

试车线通常为露天设置，应有良好的排水设施。

22.4.12 列车吹扫线主要用于列车进库进行定期检修前对车辆走行部分、车底架和车底悬挂设备的外部进行除尘吹扫而设，以改善库内检修作业的劳动条件。

22.4.13 地铁车辆通常在架修或厂修时才需进行油漆作业，其工作量相对较少。由于油漆库环保要求高，土建及设备投资较大，因此，可以根据需要按台位设置，没有特殊要求时，不应按整列车同时油漆的列位设计。

油漆库的设计应满足环保要求，包括油漆工艺的选择，通风、除尘设备的选型和防爆、防火等设施。

22.4.14 为方便作业、缩短转向架走行距离，转向架车间应毗邻架修库设置，架修以下修程可不设转向架车间。

转向架车间内设10t电动桥式起重机，其起重量考虑目前地铁车辆转向架的实际重量已超过5t。

22.4.16 备用良好的轮对存放数量不应小于同时进行架修车辆所需轮对的2倍，主要考虑采用互换修，以提高生产效率。

22.5 车辆段设备维修与动力设施

22.5.1 设备车间是车辆段运用、检修和设备三大车间之一，本条提出设备车间的工作范围是根据目前国内地铁车辆段普遍采用的运营管理模式制定的，个别城市可能不同，而且根据生产的发展会有变化，在执行中可以根据业主提供的运营管理模式进行适当调整。

22.5.2 设备的大修，特别是大型设备的大修要求较高，需要较高的技术水平和高精度的设备。车辆段的能力有限，其本身设备的配备主要为修车服务。为充分利用地方的设备能力，保证设备大修质量，设备的大修宜外委或外协进行。

22.5.3 车辆段设备维修车间是设备车间的主要生产基地，其设备类型很多，设备利用率较低。为加强管理、提高设备利用率，在设计中应结合总平面的布置情况，全段通用加工设备宜合并设计。

22.5.4 空压机设备的选型应选择低噪声、节能型产品，以满足环境保护的要求。设备的容量应有足够的备用量，为保证设备检修时仍能供风，设备的数量不应少于两台。

22.5.5 车辆段乙炔气体用量不大，用气地点也较分散，为节约投资，车辆段应采用瓶装乙炔气供气，不设集中式乙炔站。

22.5.8 车辆段管线很多，其中以电缆的敷设最为复杂。由于车辆段场地排水非常复杂，室外电缆若采用电缆沟敷设时，应充分协调好与排水系统及其他管线的关系，尽可能采用自然排水方式。采用其他排水方式时，措施必须可靠。

22.6 综合维修中心

22.6.1 综合维修中心是地铁系统的组成部分，是确保地铁系统正常运营的重要设施，本条确定了它的功能。

22.6.2 地铁线路、桥涵、房屋（包括车站站房）和机电设备的大修工作专业性较强，需要工种配套齐全的专业队伍完成，而相对来说其工作量不大，综合基地配备齐全的专业队伍难度大。因此综合维修中心设计时，该部分任务应优先考虑外委，以节省投资。

22.7 物资总库

22.7.1 物资总库即为原规范的材料总库，考虑到原材料总库的业务范围实际上已包括机电设备、配件及劳保用品等，根据物资部门的管理体制，本规范统一名称为物资总库。

22.8 培训中心

22.8.1 本条主要是强调集中管理，避免重复建设。一般一座城市的地铁系统只宜建立一处培训中心。

22.8.2 培训中心宜设于综合基地范围内的适当地点，主要原因有二：一是地铁培训中心通常规模不大，设于综合基地范围内，其生活设施可以利用车辆段的设施，减少管理机构，节约投资；二是靠近现场可以利用现场的设备、设施，实现现场直观教育。

22.9 救援设施

22.9.1 设置救援办公室是为了便于全线集中管理，确保及时、准确地处理事故。

22.9.2 设置值班室及各种通信设备是为了能迅速地组织救援工作，及时处理事故，减少事故造成的损失。

22.9.3 利用车辆段和综合维修中心的车辆包括车辆

段的调车机车和维修中心的接触网检修车等作为救援用车的一部分，可以充分利用既有设备，节约投资。

22.10 其　他

22.10.1 为保证车辆段与综合基地各项功能和工艺的要求，车场设计应根据需要配备各种线路，包括出入线、停车线、列检线、月检线、定修线、临修线、架修线、油漆线、静调线、不落轮线、洗车线、吹扫线、工程车停放线、调机停放线、牵出线、走行线、材料线和调头线等。各种线路的合理布置是设计的根本任务，在满足工艺要求的前提下，实现安全生产、使用方便和经济合理是设计的最终目标。为此，设计应配合工艺设计和房屋布置进行多方案技术经济比较，选择最优方案。

22.10.2 对于沿海或江河附近地区的车辆段内线路路基设计高程受潮水位控制时，除按重现期为 100 年一遇的高潮水计算水位外，还应考虑壅水高(包括河道卡口或建筑物造成的壅水、河湾水面超高)加波浪侵袭高或斜水流局部冲高，加河床淤积影响高度(文中统称为波浪爬高值)，再加上安全高，条文中重现期 100 年一遇的标准是参照现行《铁路路基设计规范》Ⅰ、Ⅱ级铁路的设计标准。安全高通常采用 0.5m。

23 环境保护

23.1 一般规定

23.1.1 根据国务院(1998 年)第 253 号令《建设项目环境保护管理条例》(以下简称《条例》)的规定，建设项目的初步设计，应当按照环境保护设计规范的要求，编制环境保护篇章，并依据批准的环境影响报告书，在环境保护篇章中落实防治环境污染和生态破坏的措施。

23.1.2 根据《条例》的规定，新建、改建和扩建的建设项目必须采取措施，治理与该项目有关的原有污染源和生态破坏。

23.1.3 1972 年第一次全国环境保护会议审议通过了环境保护工作 32 字方针："全面规划、合理布局、综合利用、化害为利、依靠群众、大家动手、保护环境、造福人民"，1983 年第二次全国环境保护会议到 1989 年第三次全国环境保护会议期间，我国提出了"三同步"战略方针，即经济建设、城乡建设、环境建设同步规划、同步实施、同步发展，实现经济效益、社会效益和环境效益的统一，同时摸索了环境保护三大政策，即"预防为主，防治结合"；"谁污染，谁治理"；"强化管理"。

23.1.4 地铁环境保护设计可参考《噪声控制设计规范》、《环境工程手册》、《建筑声学设计手册》、《道路声屏障声学设计规范》、《采暖、通风设计手册》、《给排水设计手册》等。

23.1.5 国家根据建设项目对环境影响的程度，对建设项目的环境保护实行分类管理。对项目可能造成一定影响的，应当编制环境影响报告书，对建设项目产生的污染和对环境的影响进行全面、详细的评价。报告书必须针对建设项目的工程特点提出污染防治措施。环境影响报告书经项目主管部门预审并依照规定的程序报环境保护行政主管部门批准。环境影响报告书经批准后，国家主管部门方可批准建设项目设计任务书。

23.1.6 根据《条例》的规定，建设项目需要配套建设的环境保护设施，必须与主体工程同时设计、同时施工、同时投产使用。环境保护设施必须经原审批环境影响报告书的环境保护行政主管部门进行竣工验收合格后，该建设项目方可投入使用。分期建设、分期投入使用的建设项目，其相应的环境保护设施应当分期验收。

23.1.7 地铁环境保护措施指运营期的环保措施，其中包括地下线路、地面和高架线路的区间、车站、变电站、车辆段、停车场，列车和设备以及附属设施所产生的噪声、振动、大气污染、水污染、电磁辐射、固体废物及其控制措施。

23.1.8 环境保护设施应根据远期设计年限设计，机电工程按近期设计年限设计。地铁环境保护工程设计年限应与土建主体工程设计年限一致，即按远期设计，但可分期实施。

23.2 噪　声

Ⅰ 车辆和设备噪声

23.2.3 《地下铁道电动车组司机室、客室噪声限值》GB 14892—94 规定如表 26。

表 26 地铁电动车组司机室和客室内的允许噪声级[dB(A)]

地点	等级	地面线路测量	地下线路测量
司机室	一级	74	84
	二级	77	87
	三级	80	90
客室	一级	76	86
	二级	79	89
	三级	82	92

23.2.4 《城市区域环境噪声标准》GB 3096—93 规定如表 27。

表 27 城市各类区域环境噪声标准值 L_{eq}[dB(A)]

类别	区　域	昼　间	夜　间
0	特别安静区	50	40
1	居住、文教区	55	45
2	居住、商业、工业混合区	60	50
3	工业集中区	65	55
4	交通干线道路两侧	70	55

Ⅱ 车站噪声

23.2.5 目前国内尚未制定关于地下铁道车站内环境噪声的标准。本条参照《公共交通等候室卫生标准》GB 9672—1996 制定。

23.2.6 《地下铁道车站站台噪声限值》GB 14227—93 规定如表 28。

表 28 地下铁道车站站台噪声限值 L_{Aeq}[dB(A)]

限值等级	限 值
一级	80
二级	85

Ⅲ 环境噪声

23.2.7 本条参照《城市区域环境噪声标准》GB 3096—93 表27的规定执行。

23.2.9 在国内外地铁工程实际中应用比较普遍，而且对控制和减缓地铁列车噪声振动具有一定效果的技术措施有：金属弹簧浮置板减振道床、橡胶浮置板减振道床、轨道减振器、各种弹性扣件以及各种形式的声屏障等。

23.2.10 本条参照《城市区域环境噪声标准》GB 3096—93 表27的规定执行。

23.2.12 地铁风亭、冷却塔等设备的减振、降噪措施包括：风机、冷却塔等设备的减振处理、风机消声器、冷却塔降噪，以及风亭和风道的处理等。

Ⅳ 车辆段和停车场噪声

23.2.13 《工业企业厂界噪声标准》GB 12348—90 规定如表 29。

表 29 工业企业厂界噪声标准

区域类别	区域名称	噪声限值 L_{eq}[dB(A)]	
		昼间	夜间
1	居住、文教区	55	45
2	居住、商业、工业混合区	60	50
3	工业区	65	55
4	交通干线道路两侧	70	55

23.2.15 吸声降噪是噪声控制的重要手段之一。通常反射声可使声级提高 10～12dB。如果在车间天花板或墙壁镶饰吸声材料，就可使反射声减弱，从而使车间内总的噪声级下降，这种降噪方法称为吸声处理。

23.3 振 动

23.3.1 《城市区域环境振动标准》GB 10070—88 规定如表 30。

表 30 城市各类区域环境振动标准值 VL_z(dB)

类别	适用地带范围	昼间	夜间
0	特殊住宅区	65	65
1	居民、文教区	70	67
2	混合区、商业中心区	75	72
3	工业集中区	75	72
4	交通干线道路两侧	75	72
5	铁路干线两侧	80	80

Ⅱ 设备振动

23.3.5、23.3.6 参见 23.2.12。

23.4 空气质量

23.4.1 《锅炉大气污染物排放标准》GB 13271—2001 规定如表 31。

表 31 锅炉大气污染物最高允许排放浓度和烟气黑度限值

锅炉类别		适用区域	烟尘 (mg/m^3)	SO_2 (mg/m^3)	NO_x (mg/m^3)	烟气黑度（林格曼黑度，级）
燃煤锅炉	自然通风	一类区	80	900	—	Ⅰ
		二、三类区	120			
	其他锅炉	一类区	80			Ⅰ
		二类区	200			
		三类区	250			
燃油锅炉	轻柴油、煤油	一类区	80	500	400	Ⅰ
		二、三类区	100			
	其他燃料油	一类区	80	900	400	Ⅰ
		二、三类区	150			
燃气锅炉		全部区域	50	100	400	Ⅰ
注：本表适用于 2001 年 1 月 1 日起建成使用的锅炉。						

《饮食业油烟排放标准》GB 18483—2001 规定如表 32。

表 32 油烟最高允许排放浓度和油烟净化设施最低去除效率

规 模	小 型	中 型	大 型
最高允许排放浓度 (mg/m^3)		2.0	
净化设施最低去除效率(%)	60	75	85

Ⅰ 地下车站空气质量

23.4.2 《室内装饰装修材料有害物质释放限量》GB 18580～18588—2001、GB 6566—2001 共 10 项国家标准，规定了石材、瓷砖及涂料等材料中有害物质的释放量。地铁车站内部建筑装修材料应参照执行。

23.4.3 本条参照《公共交通等候室卫生标准》GB 9672—1996，见表 33。

表 33 公共交通等候室卫生标准值

项目			候车室和候船室
温度(℃)	空调	冬季	18～20
		夏季	24～28
	非空调	采暖期冬季	＞14
相对湿度(%)			—
风速(m/s)			≤0.5
二氧化碳(CO_2)(%)			≤0.15
一氧化碳(CO)，(mg/m^3)			≤10
甲醛 HCHO，(mg/m^3)			≤0.12
可吸入颗粒物(mg/m^3)			≤0.25
空气细菌总数	撞击法(cfu/m^3)		≤7000
	沉降法(个/皿)		≤75
噪声[dB(A)]			≤70

23.5 废　水

23.5.1 根据《中华人民共和国水污染防治法》，省、自治区、直辖市人民政府可以制定严于国家污染物排放标准的地方污染物排放标准。凡是向已有地方污染物排放标准的水体排放污染物的，应当执行地方污染物排放标准。

《污水综合排放标准》GB 8978—1996 规定如表 34。

表 34 第二类污染物最高允许排放浓度

序号	污染物	污染物最高允许排放浓度(mg/L)		
		一级标准	二级标准	三级标准
1	pH 值	6～9	6～9	6～9
2	悬浮物(SS)	70	150	400
3	生化需氧量(BOD_5)	20	30	300
4	化学需氧量(COD_{cr})	100	150	500
5	动植物油	10	15	100
注：本表适用于 1998 年 1 月 1 日以后建设的单位。				

23.6 电 磁 辐 射

23.6.1 地铁电磁污染源分为固定污染源和流动污染源两大类。固定污染源包括供电电源系统、牵引供电系统、动力及照明等低压供电系统，流动污染源是指地铁列车运行时产生的宽带电磁辐射。

23.6.2 《电磁辐射防护规定》GB 8702—88 如表 35。

表 35 公众照射导出限值

频率(MHz)	电场强度(V/m)	磁场强度(A/m)	功率密度(W/m^2)
0.1～3	40	0.1	40
3～30	$67/\sqrt{f}$	$0.17/\sqrt{f}$	$12/f$
30～3000	12	0.032	0.4
3000～15000	$0.22\sqrt{f}$	$0.001\sqrt{f}$	$f/7500$
15000～30000	27	0.073	2

中华人民共和国国家标准

跨座式单轨交通设计规范

Code for design of straddle monorail transit

GB 50458－2008

主编部门：重 庆 市 建 设 委 员 会
批准部门：中华人民共和国住房和城乡建设部
施行日期：2 0 0 9 年 2 月 1 日

中华人民共和国住房和城乡建设部
公 告

第119号

关于发布国家标准《跨座式单轨交通设计规范》的公告

现批准《跨座式单轨交通设计规范》为国家标准，编号为GB 50458－2008，自2009年2月1日起实施。其中，第1.0.5、1.0.10、1.0.12、1.0.19、3.1.2、3.2.2、4.2.1、4.2.2、4.2.3、4.2.4、4.2.5、4.2.6、4.3.1、4.3.4、5.3.8、6.1.3、6.1.4、7.1.8、7.3.1、7.3.2、7.4.5、7.5.1、7.7.7、7.7.10、8.1.2、8.2.6、9.3.4、9.4.12、11.1.3、11.2.5、12.1.4、12.3.1、12.3.8、12.3.18、13.2.6（3）、13.2.7（3）、13.3.1（5）、13.3.4、14.1.6、14.2.7、14.3.10、14.3.17、14.3.19、14.4.1、15.1.4、15.2.1、15.2.7、15.2.14、15.2.16、16.1.9、16.1.10、16.3.13（1、2、3、5、7）、16.4.3、17.1.4、17.10.2、17.10.6、18.4.1、18.4.3（3、6）、18.4.4（1）、18.4.5（2、3）、18.7.1、19.1.13、19.4.6、20.2.2、21.1.2、21.2.6（5）、21.8.1、22.1.7、22.1.8、22.1.9、22.3.6、22.10.2、22.10.3、23.1.3、23.1.4、23.2.1、23.2.2、23.2.3、23.2.4、23.2.9、23.3.1、23.3.8、23.3.10、23.4.4（1、6、7）、23.4.8、23.4.12、23.5.1、

23.7.1、23.7.3、23.7.6、23.8.1、23.8.4、23.8.8、23.9.1、23.9.6、23.10.1、23.11.1、24.8.1 条（款）为强制性条文，必须严格执行。

本规范由我部标准定额研究所组织中国建筑工业出版社出版发行。

中华人民共和国住房和城乡建设部

2008 年 9 月 24 日

前　言

本规范是根据中华人民共和国建设部《关于印发 2005 年工程建设标准制订、修编计划（第一批）的通知》（建标函［2005］84 号）的要求编制的。

本规范是我国首次编制的跨座式单轨交通国家标准，共有 24 章、2 个附录，主要内容除城市轨道交通具有的常规专业技术内容外，还根据跨座式单轨交通的特点专门增订了车辆、轨道梁桥、道岔系统等章节，在其他有关章节中也依据跨座式单轨交通技术要求局部地增补了专门的规定。

本规范的制订是在深入总结和分析我国跨座式单轨交通建设经验及相关科研成果的基础上，广泛调查研究国外跨座式单轨交通建设技术与经验并参考海外相关技术文献，经过多方面征求意见，反复论证和修订，最后经审查定稿。

本规范以黑体字标志的条文为强制性条文，必须严格执行。

本规范由住房和城乡建设部负责管理和对强制性条文的解释，重庆市轨道交通总公司负责具体技术内容的解释。在本规范实施的过程中，希望各单位注意积累资料，总结经验，对于需要修改、补充的意见和建议，请寄交重庆市轨道交通总公司国家标准《跨座式单轨交通设计规范》管理组（地址：重庆市渝中区长江支路 25 号，邮编：400042，传真：023-68808355，电子邮箱：cqmetro@cta.cq.cn）。

本规范主编单位、参编单位和主要起草人：

主 编 单 位： 重庆市轨道交通总公司

参 编 单 位： 中铁二院工程集团有限责任公司
北京城建设计研究总院
上海市隧道工程轨道交通设计研究院
重庆市轨道交通设计研究院
北车长春轨道客车股份有限公司
同济大学铁道与城市轨道交通研究院
中铁电气化勘测设计院

主要起草人： 仲建华　周庆瑞　吴　波　张海波　林　莉
（以下按姓氏笔画为序）
王　建　王仕春　王旭东　冯伯欣　向　红　任　强　孙　巍　朱祖熹　吴　明　吴焕君
李　珞　李国庆　沈晓阳　张明川　肖　珊　林绍平　范金富　季锦渝　罗湘萍　胡立中
俞加康　俞济涛　项丽琳　徐起万　聂绍富　高松柏　黄　河　曹克非　谢　林　谢风华
董　事　靳玉广　漆尔富

目　次

五、设计、施工及验收标准

1 总 则

1.0.1 为保障跨座式单轨交通建设和运营安全可靠，做到以人为本、保护环境、经济适用和技术先进，制定本规范。

1.0.2 本规范适用于中运量城市轨道交通以高架线为主的跨座式单轨交通新建工程的设计。

1.0.3 跨座式单轨交通设计必须符合政府主管部门批准的城市总体规划和城市轨道交通线网规划。

1.0.4 跨座式单轨交通工程的设计年限应分为初期、近期、远期三期。初期为建成通车后第3年，近期为第10年，远期为第25年。

1.0.5 跨座式单轨交通线路必须为全封闭、双线右侧行车的线路，在安全防护系统的监控下保障列车运行安全。

1.0.6 跨座式单轨交通工程的设计应全线统一规划，建设规模、设备容量应按预测的远期客流量和系统运输能力确定，对于可分期建设的工程和配置的设备应预留分期建设和增容的条件。

1.0.7 跨座式单轨交通线路是城市轨道交通线网中的组成部分，线网中各线之间应换乘便捷，并应与地面其他交通统一规划、有机衔接。

1.0.8 跨座式单轨交通设计应做到节省能源、节约资源、节约土地和实现工程项目生命周期内的价值最大化。

1.0.9 跨座式单轨交通工程设计在保证安全可靠和满足功能的前提下，应严格控制建设规模，降低工程造价和为运营创造降低成本的条件。

1.0.10 跨座式单轨交通主体工程结构及因损坏或大修时对系统运营产生重大影响的其他工程结构的设计使用年限应为100年。

1.0.11 跨座式单轨交通工程抗震设防烈度，应根据当地政府主管部门批准的地震安全性评价结果确定。

1.0.12 跨河流和临近河流的跨座式单轨交通地面和高架工程，应按不低于百年一遇的洪水频率进行设计。位于水域下的地下工程，当水体有可能危及工程使用安全时，应在地下工程的两端设置防淹门或采取其他防淹措施。

1.0.13 初期、近期和远期列车编组的车辆数，应分别根据预测的初、近和远期客流量、车辆定员数和设定的行车密度确定。

1.0.14 跨座式单轨交通的车辆基地、停车场、主变电所和控制中心的设置，应根据轨道交通线网规划统一布局，实现资源共享。

1.0.15 高架及地面车站和区间、地下车站出入口及风亭等地面建筑物的设计，应与城市景观和周边环境协调。

1.0.16 跨座式单轨交通应减少对周边生态环境的影响，各系统排放的废气、废水、废物应符合国家现行有关标准的相关规定。

1.0.17 跨座式单轨交通的车辆及机电设备，应采用满足功能要求、技术经济合理、成熟可靠的产品，并应逐步实现标准化、系列化和立足于国内生产。

1.0.18 跨座式单轨交通应逐步实现以行车指挥与列车运行为核心的机电设备综合自动化。

1.0.19 跨座式单轨交通应配置对火灾及其他灾害的防范和救援设施。

1.0.20 跨座式单轨交通设计除应遵守本规范的规定外，尚应符合国家现行相关标准和规范的规定。

2 术 语

2.0.1 单轨交通 monorail transit

城市中修建的采用电力牵引列车在一条轨道梁上运行的中运量轨道交通系统。根据车辆与轨道梁之间的位置关系，单轨交通可分为跨座式单轨交通和悬挂式单轨交通两种类型。

2.0.2 跨座式单轨交通 straddle monorail transit

为单轨交通的一种型式，车辆采用橡胶车轮跨行于梁轨合一的轨道梁上。车辆除走行轮外，在转向架的两侧尚有导向轮和稳定轮，夹行于轨道梁的两侧，保证车辆沿轨道安全平稳地行驶。

2.0.3 轨道梁 track beam

轨道梁是承载列车荷重和车辆运行导向的结构，同时也是供电、信号、通信等缆线的载体。跨座式单轨交通的轨道梁，通常采用预应力混凝土制成，常称PC梁（precast concrete track beam），在一些特殊区段也有采用钢梁或几种材料组成的复合梁体。

2.0.4 轨道梁桥 rail beam bridge

跨座式单轨交通轨道梁与直接支承轨道梁的桥墩、台及基础组成的桥梁体系，包括组合桥、道岔桥。轨道梁桥上需要设置轨道梁支座下摆、锚箱以及支座固定钢支架和测量定位设施。

2.0.5 组合桥 combined bridge

当轨道梁桥需要30m及以上跨度时，采用将标准断面的轨道梁、道岔架设在桥梁上，形成桥上桥的重叠结构。其上部为轨道梁或道岔，组合桥特指其下部支承轨道梁、道岔的桥梁结构。由较大跨度的组合断面轨道梁组成的桥梁结构也称为组合桥。

2.0.6 超高率 superelevation rate

曲线轨道梁横向倾斜的比率。超高率就是曲线地段轨道梁绕其中心旋转后角度的反正弦函数值的百分数。曲线地段为保证车辆在曲线上稳定运行而设置超高，用以平衡离心力的作用。

2.0.7 接触网 catenary

由正极接触轨和负极接触轨组成。正极接触轨和负极接触轨分别通过上网电缆和回流电缆与牵引变电所连接。

2.0.8 接触轨 contact rail

用金属轨条制成，装设在轨道梁的侧面，经过受流器向电动车辆供给牵引电能的导电轨。

2.0.9 关节型道岔 joint turnout

跨座式单轨交通线路中使用的一种特殊轨道转辙设备。关节型道岔的梁体由数节钢制轨道梁铰接组成，由台车支撑，采用电力等动力驱动，道岔梁一端固定，转辙时道岔梁整体移动并使道岔梁的活动端与另一条线路轨道梁衔接形成岔道，转换列车行驶路线。关节型道岔转辙后道岔梁纵向呈折线状。

2.0.10 关节可挠型道岔 joint flexible turnout

较关节型道岔构造复杂的一种特殊轨道转辙设备。关节可挠型道岔的梁体由数节钢制轨道梁铰接组成，由台车支撑，其梁两侧装有导向面板和稳定面板，转辙时道岔梁一端固定，梁整体移动并使梁的活动端与另一条线路轨道梁衔接形成岔道，转换列车行驶路线，转辙时挠曲装置在挠曲电机驱动下，将导向面板和稳定面板挠曲成设定的曲线面，能使列车以较高的速度平稳地通过道岔。道岔梁呈直线时，侧面的导向面板和稳定面板恢复成直线状。

2.0.11 挠曲电机 deflection motor

在关节可挠型道岔中实现导向面板和稳定面板挠曲的驱动电机。

2.0.12 道岔桥 turnout bridge

设置在高架线路段，用于安装道岔及附属设备的钢筋混凝土桥式平台。

2.0.13 道岔平台 turnout platform

设置在地面线路段，用于安装道岔及附属设备的钢筋混凝土坑式平台。

2.0.14 准移动闭塞 quasi moving block

前方列车与后续列车之间的最小安全追踪距离单元预先设定且固定不变，并根据前方目标状态设定列车的可行车距离和运行速度，是介于固定闭塞和移动闭塞之间的一种闭塞方式。

2.0.15 缓降装置 slow down set of vehicles

跨座式单轨交通车辆上用于在紧急情况下把乘客从车上疏散到地面的一种装置。

2.0.16 车辆基地 depot

跨座式单轨交通系统中提供车辆运用、检修和设备、设施的维修、保养以及材料、物资供应和技术培训等服务的综合性基地。主要设施、设备包括车辆段、综合维修中心、物资总库、培训中心和办公、生活设施等。

3 行车组织与运营管理

3.1 一 般 规 定

3.1.1 跨座式单轨交通的运营组织设计必须满足各设计年限预测客流量的需求，并采取先进的运营组织方案，为乘客提供安全、快捷、优质的服务。

3.1.2 运营模式应按正常、非正常和紧急状态的要求进行设计。

3.1.3 系统运行速度目标是列车最高运行速度为80km/h，其旅行速度不宜低于30km/h。

3.1.4 运营线路的南北向线路应以由南至北为上行方向，反之为下行方向；东西向线路应以由西向东为上行方向，反之为下行方向；环形线路应以外侧线路为上行方向，内侧线路为下行方向。

3.2 系统运能设计

3.2.1 系统运能应满足各设计年限预测客流的需求，依据车辆及其定员的有关标准，确定列车编组和最大行车密度，计算系统最大设计运能。

3.2.2 系统最大设计能力应满足预测的远期高峰小时单向最大断面客流量的需要，远期设计最大行车密度不应少于每小时24对列车。

3.2.3 全线各折返站的折返能力应根据道岔转辙时间、过岔速度、列车长度、列车车门数量以及停站时间等因素综合确定。支线或车辆基地出入线接轨站的通过能力，应与正线设计行车密度相匹配。

3.3 行 车 组 织

3.3.1 行车组织应满足运能需求，并应做到提高列车满载率、运营效率和降低运营成本。

3.3.2 每条线路应采用全封闭式独立运行模式，根据线网规划和行车条件，局部区段可采用共线运行。

3.3.3 根据全线客流分布特征，在高峰时段可组织大、小交路运行。

3.3.4 初期列车编组长度宜与近期编组一致；当近期、远期列车长度相近时，初期列车长度可与远期列车长度一致。列车编组长度不宜大于100m。

3.3.5 为保证系统的服务水平，初期高峰时段最小行车间隔不宜大于5min，近期、远期高峰时段最小行车间隔应根据客流预测资料确定。非高峰时段列车开行最大间隔时间不宜大于10min。

3.3.6 列车停站时间应根据车站最大上下车客流量、列车的发车间隔、车门数量和开关车门的时间等因素计算确定，停站时间不应少于20s；换乘站和折返站停站时间不应少于30s。

3.4 行 车 速 度

3.4.1 列车通过直线状态的道岔时可满足列车最高行驶速度的要求；通过曲线状态的关节可挠型道岔时限速为25km/h；通过折线状态的关节型道岔时限速为15km/h。

3.4.2 列车在车辆基地内运行限速为15km/h；救援列车推送事故列车运行限速在走行系统和制动性能良好时为25km/h；运营列车进站速度和不停车过站速度宜为55km/h。

3.4.3 列车在曲线上的运行速度应根据曲线半径大小确定，曲线限速应按下列公式计算确定：

$$v_x = 4.65\sqrt{R} \tag{3.4.3}$$

式中 v_x——列车通过曲线的最大速度（km/h）；

R——曲线半径（m）。

3.5 辅助线设置

3.5.1 线路起讫点站和折返站应设置折返线，中间折返站的折返形式宜采用站后折返。

3.5.2 沿线每隔4～6个车站（或间隔不大于10km）应结合车站的布置设置故障列车停车线，并根据故障运行和维修作业的要求，设置必要的渡线。

3.5.3 两条线路之间应根据线网规划的要求设置联络线。

3.5.4 远离车辆基地的终点站，宜设置存车线。

3.5.5 车辆基地出入线宜在车站接轨，并宜设置为双线。

3.5.6 在有"Y"形支线运行的接轨站，或与其他正线共线运行的接轨站，应设置进站方向的平行进路。

3.6 运营管理

3.6.1 跨座式单轨交通应设置控制中心，负责所管辖线路的列车运行调度指挥、电力监控、环境及防灾报警系统监控、机电设备系统的维修等管理工作。根据线网资源共享条件，控制中心可多线共用。

3.6.2 运营管理机构和人员数量的安排应考虑专业化和社会化相结合，加大社会化力度，减少专业人员编制。每条线路的运营管理总人数的定员指标宜控制在平均每公里80人以下。

3.6.3 车站设备应采用智能化监控管理，采用控制中心、车站两级管理和控制中心、车站、就地三级控制。

3.6.4 运营管理宜采用中心站管理模式，将车站设备的巡视检查和日常维护交由中心站负责；车站及区间设备的定期维修应由维修中心统一负责，可采用巡视检查和定期维修相结合的方式，包括紧急抢修任务。

3.6.5 列车乘务制度宜采用单司机、轮乘制。

3.6.6 列车进行站后折返时，不得带客进入折返线。

3.6.7 车站内应有明显的导向标志，保障客流路径畅通，并应具有足够的紧急疏散能力。

3.6.8 系统宜采用计程、计时票价制，并应具备对客流数据和票务收入进行自行统计的能力。

4 车辆

4.1 一般规定

4.1.1 车辆型式应根据客流预测、线路条件、环境条件及运营组织要求确定。

4.1.2 跨座式单轨交通车辆设计应符合下列规定：

1 供电电压：DC1500V；

2 车体结构材料：铝合金、不锈钢；

3 车辆种类：带有驾驶室的控制动车（Mc车）或控制拖车（Tc车）、无驾驶室的中间动车（M车）或中间拖车（T车）。

4.1.3 跨座式单轨交通车辆应符合国家现行标准《跨座式单轨交通车辆通用技术条件》CJ/T 287的规定。主要技术规格可按表4.1.3选定。

表4.1.3 跨座式单轨交通车辆主要技术规格

项目名称	车辆种类		备注
	Mc车或Tc车	M车或T车	
轨道梁断面尺寸(mm)	850×1500(宽×高)		—
额定电压(V)	DC1500		—
车钩连接面间长度(mm)	15500	14600	—
车体长度(mm)	14800	13900	—
车顶距轨道梁顶面高度(mm)	3840		空调装置顶面
车辆总高度(mm)	5300		—
车体宽度(mm)	2900		—
车辆最大宽度(mm)	2980		车门踏板处
客室地板面距轨道梁顶面高度(mm)	1130		—
车钩中心距轨道梁顶面高度(mm)	760		—
每辆车每侧客室门数(对)	2		—
客室门有效开度(mm)	≥1300		—
客室门洞高度(mm)	≥1820		—
座席人数(人)	32	36	—
定员人数(人)	151	165	6人/m^2
超员人数(人)	211	230	9人/m^2
车辆自重(t)	≤28.6	≤27.6	—
轴重(t)	≤11		—
设计最高速度(km/h)	88		—
最高运行速度(km/h)	80		—
启动加速度(m/s^2)	≥0.83		—
紧急制动减速度(m/s^2)	≥1.25		—
常用制动减速度(m/s^2)	≥1.1		最高制动位
冲击率极限(m/s^3)	0.75		—
最大坡度(‰)	60		—
正线最小曲线半径(m)	100		—
车辆基地最小曲线半径(m)	50		—
车钩型式	列车两端为密接式车钩列车中间为棒式车钩		—
转向架型式	无摇枕空气弹簧车辆转向架		—
转向架中心距(mm)	9600		—
空气弹簧中心距(mm)	2050		—
转向架主要尺寸：	—		—
走行轮固定轴距(mm)	1500		—
导向轮轴距(mm)	2500		—
走行轮自由直径(mm)	1006		—
导向轮自由直径(mm)	730		—
稳定轮自由直径(mm)	730		—

注：定员人数中6人/m^2及超员人数中9人/m^2是指每平方米有效站立面积站立的人数。在采用纵向座椅的情况下，有效站立面积是指客室地板面积减去座椅总数垂向投影面积以及投影面积前250mm内的面积以外所含高度不小于1800mm的面积。

4.2 安全与应急设施

4.2.1 列车的两端必须设有紧急疏散门，组成列车的各车辆之间必须贯通。

4.2.2 车辆每个客室车门必须配备缓降装置。

4.2.3 车体应设置防漏电保护装置，车体上应装设与车站和车辆段内接地板相匹配的接地电刷。车辆内各电气设备应有可靠的保护接地，接地线应有足够的截面。

4.2.4 列车必须具有纵向救援能力和横向救援能力并配备有相应的设施。纵向救援的渡板应安装在车辆上，同时，各车站应常备横向救援的跳板。

4.2.5 列车必须配备停放制动装置。停放制动的能力必须满足列车在超员（AW3）条件下能在最大坡道上的可靠停放。

4.2.6 列车应设有报警系统，客室内应设有紧急时乘客报警装置。

4.3 车辆与相关系统

4.3.1 车辆主保护系统与变电站保护系统应实现保护协调，在所有故障情况下应保证车辆主保护安全分断。

4.3.2 应采用再生制动能量吸收装置。再生制动能量吸收装置应采用地面设置。

4.3.3 列车应设有广播系统、无线通信系统、信息显示系统和乘客与司机的应急对讲装置。有条件的可设视频监视装置。车辆广播系统应与无线通信系统连接。

4.3.4 车辆应装设 ATC 或 ATP 信号车载设备。

5 限 界

5.1 一般规定

5.1.1 跨座式单轨交通的限界分为车辆限界、设备限界和建筑限界。集电装置限界和接地装置限界是车辆限界的组成部分，接触轨限界和接地板限界属于设备限界的辅助限界。

5.1.2 跨座式单轨交通限界应根据车辆轮廓线和车辆有关技术参数，结合轨道梁和接触轨的相关条件，并计及设备安装要求，按规定的计算方法进行设计。

5.1.3 车辆限界是车辆在平直线上正常运行状态下形成的最大动态包络线。车辆限界分为高架线及地面线车辆限界和地下区间车辆限界。高架线及地面线车辆限界是在地下区间车辆限界的基础上，另加上规定风荷载引起的横向和竖向偏移量。

5.1.4 设备限界是用来限制设备安装位置的控制线，应包括：

1 直线地段设备限界是在车辆限界外扩大一定的安全间隙后确定；

2 曲线地段设备限界是在直线地段设备限界的基础上，按平面曲线不同半径和车辆参数等因素计算确定（附录 A）。

5.1.5 建筑限界是在设备限界的基础上，考虑设备和管线安装尺寸后的最小有效断面。设备和设备限界之间宜留出 50mm 的安全间隙。当建筑侧面和顶面没有设备或管线时，建筑限界和设备限界的间隙不宜小于 200mm，困难条件下不得小于 100mm。

5.1.6 当相邻的两线间无墙、柱及其他设备时，两设备限界之间的安全间隙不得小于 100mm。

5.1.7 建筑限界中不包括测量误差值、施工误差值、结构沉降量和位移变形量等。

5.1.8 跨座式单轨交通选用的车辆应符合本规范第 4.1.3 条和本规范第 5.2 节的有关规定。当选用与本规范不同的车辆时，应重新核算车辆限界、设备限界和建筑限界。

5.2 制定限界的主要技术参数

5.2.1 制定限界的车辆基本参数应符合表 5.2.1 的规定。

表 5.2.1 车辆基本参数

项 目 名 称	基本参数（mm）
计算车辆长度	14900
车辆最大宽度（车门踏板处）	2980
车体宽度	2900
车体顶面距轨道梁顶面高度	3550
空调装置顶面距轨道梁顶面高度	3840
车辆总高度	5300
转向架中心距	9600
导向轮轴距	2500
客室地板面距轨道梁顶面高度	1130
适用的车门类型	内藏门

5.2.2 制定限界的其他参数和要求应符合下列规定：

1 车辆最高运行速度为 80km/h；

2 正线平面最小曲线半径为 100m；

3 轨道梁断面尺寸（宽×高）为 850mm×1500mm；

4 轨道梁最大超高率为 12%；

5 轨道梁走行面与导向面、稳定面间允许的制造公差（直角度）为±5/1000rad；

6 超高设置方法为曲线轨道梁内侧降低半超高，外侧抬高半超高；

7 侧面安装的接触轨中心距轨道梁顶面高度为

685mm；

8 高架及地面线风荷载为$500N/m^2$；

9 正线采用关节可挠型道岔，车辆基地采用关节型道岔或具有同等性能的道岔。

5.3 制定建筑限界的原则

5.3.1 建筑限界分为高架线及地面线建筑限界、矩形隧道建筑限界、马蹄形隧道建筑限界和车辆基地车场线建筑限界。

5.3.2 建筑限界的坐标系规定为正交于名义轨道梁中心线的平面内的直角坐标，通过轨道梁顶面中点引出的水平坐标轴，以X表示，通过该中点垂直于水平坐标轴的垂直坐标轴，以Y表示。

5.3.3 高架线及地面线建筑限界的确定应符合下列规定：

1 高架线、地面线的区间建筑限界，应按高架线、地面线设备限界及设备安装尺寸计算确定，并应满足本规范第5.1.5条的要求；

2 轨道梁顶面距轨道梁桥墩盖梁面的距离不应小于2100mm；

3 线路设在路堑段时，路堑侧壁至轨道梁中心线的距离按本规范第5.3.4条确定。

5.3.4 矩形或马蹄形单线隧道建筑限界应符合下列规定：

1 地下区间建筑限界与设备限界之间的空间，应考虑设备和管线安装所需的尺寸，并应预留安装误差值、测量误差值和变形量。建筑限界与设备限界的最小间距不宜小于200mm，困难条件下不得小于100mm；

2 直线地段矩形隧道建筑限界，应在直线地段设备限界的基础上，按下列公式计算确定：

1）建筑限界宽度：

$$B = B_R + B_L \quad (5.3.4\text{-}1)$$

轨道梁中心线至隧道右侧壁净空距离B_R：

$$B_R = X_{s(max)} + b_1 + c \quad (5.3.4\text{-}2)$$

轨道梁中心线至隧道左侧壁净空距离B_L：

$$B_L = X_{s(max)} + b_2 + c \quad (5.3.4\text{-}3)$$

式中 $X_{s(max)}$——直线地段设备限界最大宽度值（mm）；

b_1——右侧设备或支架最大安装宽度值（mm）；

b_2——左侧设备或支架最大安装宽度值（mm）；

c——安全间隙（mm）。

2）建筑限界高度（结构底板至隧道顶板）：

$$H = H_1 + H_2 \quad (5.3.4\text{-}4)$$

$$H_1 = Y_{s(max)1} + h + c \quad (5.3.4\text{-}5)$$

式中 H_1——轨道梁顶面至隧道顶板距离（mm）；

H_2——轨道梁顶面至结构底板面距离，不应小于2100mm；

$Y_{s(max)1}$——直线地段轨面以上设备限界最大高度值（mm）；

h——隧道顶部设备或支架最大安装高度值（mm）。

3 直线地段马蹄形隧道建筑限界，应在直线设备限界基础上，按下列原则确定：

1）直墙马蹄形隧道建筑限界，宜按矩形隧道建筑限界设计，拱顶曲率半径的制定，应满足本规范第5.3.4条第2款中安全间隙的要求；

2）曲墙马蹄形隧道建筑限界，宜按直墙马蹄形隧道建筑限界设计，曲墙曲率半径和仰拱曲率半径应与结构专业共同研究确定。

4 曲线地段矩形或马蹄形隧道建筑限界，应在曲线地段设备限界的基础上，按下列公式计算确定：

1）曲线地段内侧建筑限界宽度：

$$B_i = X_{ki}\cos\alpha + Y_{ki}\sin\alpha + b_1(\text{或}\ b_2) + c \quad (5.3.4\text{-}6)$$

2）曲线地段外侧建筑限界宽度：

$$B_a = X_{ka}\cos\alpha - Y_{ka}\sin\alpha + b_2(\text{或}\ b_1) + c \quad (5.3.4\text{-}7)$$

3）曲线地段建筑限界高度加高值（仅用于矩形隧道）：

轨道梁顶面以上加高：

$$B_u = (X_{ku}\sin\alpha + Y_{ku}\cos\alpha) - Y_{s(max)1} \quad (5.3.4\text{-}8)$$

轨道梁顶面以下降低：

$$B_d = (X_{kd}\sin\alpha + |Y_{kd}\cos\alpha|) - |Y_{s(max)2}| \quad (5.3.4\text{-}9)$$

$$\alpha = \sin^{-1}(\theta_{ac}) \quad (5.3.4\text{-}10)$$

式中 θ_{ac}——轨道梁超高率；

α——轨道梁超高角度；

$(X_{ki}、Y_{ki})$，$(X_{ka}、Y_{ka})$，$(X_{ku}、Y_{ku})$，$(X_{kd}、Y_{kd})$——超高倾斜前曲线地段设备限界控制点坐标值（mm）；

$Y_{s(max)2}$——直线地段轨面以下设备限界最大高度值（mm）。

5 区间曲线加宽范围包括圆曲线和缓和曲线，缓和曲线范围内的加宽量按线性渐变计算确定。

5.3.5 矩形隧道内安装风机时，应满足限界要求，局部可采取加宽或加高措施。

5.3.6 车站直线地段建筑限界应满足下列要求：

1 站台面至轨道梁顶面的高度：1050^{0}_{-10}mm；

2 站台计算长度内的站台边缘距轨道中心线的距离：1570^{+10}_{0}mm；

3 站台计算长度外的站台边缘距轨道中心线的距离，宜按设备限界另加不小于50mm的安全间隙确定；

4 屏蔽门、安全门或安全栏栅轨道侧最外突出点（含弹性变形量）至车辆限界之间安全间隙应不小于25mm；当安全门或安全栏栅高度不足以保证乘客头、手伸出后的安全时，应另加安全距离；

5 车站范围内其余部位的建筑限界，按区间建筑限界的规定确定。

5.3.7 车站曲线地段的建筑限界应在车站直线段的建筑限界的基础上，根据曲线半径按相关计算方法进行水平加宽。

5.3.8 曲线车站站台边缘与车门踏板处之间的间隙不得大于180mm。

5.3.9 道岔区的建筑限界，应在直线地段建筑限界的基础上，根据不同类型道岔的曲线半径，按本规范附录A计算加宽。

5.3.10 轨道梁周围的特殊限界，包括接触轨限界、道岔区接触轨限界、接地板限界、接地装置限界和集电装置限界，应按本规范附录B.0.5相应的特殊限界要求确定。

5.3.11 车辆基地内建筑物或设备应满足下列要求：

1 车辆基地内信号机边缘至轨道梁中心线的距离应按照车辆轮廓加安全量确定；

2 车库内高架检修平台建筑限界，可按车辆轮廓加安全量确定；

3 车辆基地库外连续建筑物至设备限界的净距不应小于600mm。

6 线 路

6.1 一般规定

6.1.1 跨座式单轨交通线路分为正线、辅助线和车场线。

辅助线包括折返线、渡线、联络线、停车线、存车线及出入线。

6.1.2 线路的基本走向应根据城市总体规划和轨道交通线网规划研究确定。线路平面位置和高程应综合考虑城市现状与规划的道路、地面建筑物、管线和其他构筑物、文物古迹和环境保护要求、地形地貌、工程地质和水文地质、采用的结构类型与施工方法以及运营要求等因素，经技术经济比较后确定。

6.1.3 线路敷设应选用高架线。在特殊地段，经技术经济比较后，可采用局部地下线和地面线。线路在地面线、地面线和高架线的过渡段、地下线和地面线的过渡段、地下线和高架线的过渡段应设置安全防护设施。

6.1.4 跨座式单轨交通线路之间及与其他轨道交通线路之间的交叉应采用立体交叉。

6.1.5 线路纵断面设计应结合线路平面、行车速度、自然条件、施工方法，桥、隧、站建（构）筑物，以及障碍物及管线等因素合理确定。

6.1.6 车站分布应以规划为前提，结合客流集散点、各类交通枢纽点及轨道交通换乘点分布合理确定。

6.1.7 车站间距应根据城市轨道交通线网布局、线路性质、客流吸引范围、道路布局来确定。市区中心的相邻站距宜在1km左右，市区外围宜根据具体情况加大站间距离。

6.1.8 地面线路和高架线路距建筑物的距离，应根据行车安全、消防和景观等相关要求，以及采取相应的防范措施等因素，经综合比选确定。

6.1.9 全线车站、区间及车场应设置线路、信号及控制测量等标志、标线。

6.2 线路平面

6.2.1 线路平面曲线半径应结合车辆类型、行车速度、周边地形、地质、地物等条件，以及对工程、运营的影响确定。线路最小平面曲线半径正线和辅助线不得小于100m，并宜优先选取大半径曲线。车辆基地内不得小于50m。

6.2.2 在双线平行地段中的平面曲线宜按同心圆设计。

6.2.3 正线上除道岔外，在直线与半径不大于2000m的圆曲线之间均应采用三次抛物线型的缓和曲线连接。缓和曲线长度应根据曲线半径、最高行车速度或曲线限速，以及工程条件按不小于表6.2.3中规定值选用。特殊困难条件下，可采用不小于按1m整数倍的缓和曲线长度计算值。

特别困难条件下采用复曲线线型时，两圆曲线间插入的缓和曲线长度应等于或大于分别按两圆曲线半径求得的缓和曲线长度差值，且不应小于一节车辆长度，也可按20m计。

6.2.4 线路平面设计应优先采用两端等长缓和曲线的单曲线线型，不宜采用复曲线，特殊困难条件下，经技术经济比较后，可采用两端不等长缓和曲线的单曲线线型或复曲线线型。

6.2.5 车站宜设置在直线上，需设于曲线上时，其平面曲线半径不应小于300m。

6.2.6 圆曲线及夹直线最小长度不应小于20m。

6.2.7 曲线超高应符合下列要求：

1 正线上的圆曲线（除道岔附带曲线外），均应设置不大于12%的超高率；

2 允许欠超高率和允许过超高率分别为5%与3%；

3 超高过渡方式及过渡段长度：

当平面缓和曲线为三次抛物线型时，超高过渡应呈直线变化，并宜在缓和曲线全长范围内完成；

表 6.2.3　缓和曲线长度表

缓长(m) \ 速度(km/h) \ 曲线半径(m)	80		75		70		65		60		55		50		45		40		35		30	
	一般	困难	一般	困难	一般	困难	一般	困难	一般	困难	一般	困难	一般	困难	一般	困难	一般	困难	一般	困难	一般	困难
3000																						
2500																						
2000																						
1500	25	20	20	15	15																	
1200	30	25	25	20	20	15	15															
1000	35	30	30	25	25	20	20	15	15													
800	45	35	35	30	30	25	25	20	20	15												
700	50	45	45	35	35	30	30	25	20	20	15											
650	55	45	45	40	35	30	30	25	25	20	20											
600	60	50	50	40	40	35	30	25	25	20	20	15										
550	65	55	55	45	45	35	35	30	30	25	20	20	15									
500	75	60	60	50	50	40	40	30	30	25	25	20	20									
450	80	65	65	55	55	45	45	35	35	30	25	20	20	15								
400	90	75	75	60	60	50	50	40	40	30	30	25	20	20	15							
350	105	85	85	70	70	60	55	45	45	35	35	30	25	20	20	15						
300	120	100	100	80	80	65	65	55	50	40	40	30	30	25	20	20	15					
250					100	80	80	65	60	50	50	40	35	30	25	20	20	15				
200							100	80	80	65	60	50	45	35	30	25	20	20	15			
150											80	65	60	50	45	35	30	25	20	15	15	
100															65	55	45	40	30	25	20	15
75																	60	50	40	35	25	20
50																					40	30

当采用复曲线线型时，应从大半径曲线向小半径曲线方向过渡，过渡段长度应按下列公式计算：

$$L_c = L_1 - L_2 \qquad (6.2.7)$$

式中　L_c——超高过渡段长度(m)；

L_1——小半径圆曲线所需缓和曲线长(m)；

L_2——大半径圆曲线所需缓和曲线长(m)。

6.2.8　正线上直线地段线间距为3.7m。当线路曲线半径不大于300m时，线间距加宽量应按表6.2.8取值。

表 6.2.8　线间距加宽量表

曲线半径 R(m)	300	250	200	150	100
线间距加宽量(mm)	50	50	100	150	250

6.3　线路纵断面

6.3.1　线路纵断面应结合线路平面、行车速度、自然条件、线路铺设方式、周边建筑物、道路、环境质量，以及工程条件进行设计。

并行地段上下行线宜按等高设计。

地面线的纵坡宜与城市道路基本一致，高架线应注意与城市景观的协调，当跨越城市道路、铁路时应满足其限界要求。采用地下线时，隧道内排水应畅通，其埋深应考虑隧道的工程地质与水文地质、施工方法，以及障碍物及管线的分布情况等。

6.3.2　区间正线的最大坡度为60‰。曲线上纵坡应考虑曲线阻力减缓纵坡，折减值可按下式计算：

$$\Delta i = 800/R \qquad (6.3.2)$$

式中　Δi——坡度折减值(‰)；

R——圆曲线半径(m)。

6.3.3　线路最短坡段长度不应小于远期列车编组长度。

6.3.4　车站站台范围内纵坡设置应符合下列要求：

1　车站站台应设置在一个坡道上，且竖曲线不得侵入；

2　地面站及高架站宜设在平坡上，地下站宜设置在2‰～3‰的坡道上。

6.3.5　竖曲线设置应符合下列要求：

1　相邻坡段的连接宜设计为较小的坡度差，当相邻坡度代数差为5‰及其以上时，均应设置圆曲线型竖曲线。当平曲线半径不大于400m时，竖曲线半径 R_v 不应小于3000m。当平曲线半径大于400m时，R_v 不应小于2000m。困难地段及车站两端 R_v 可减至1000m；

2　车站站台计算长度和道岔范围内不得设置竖曲线，竖曲线离开道岔端部的距离不应小于5m；

3 两相邻竖曲线端的距离不宜小于 40m，困难条件下不应小于 20m；

4 竖曲线和缓和曲线不宜重叠。

6.3.6 当纵坡等于或大于 30‰时，坡段长度应按下式计算的长度进行限制：

$$L \leqslant 1200-\frac{40i}{3} \quad (6.3.6)$$

式中 L——坡段长(m)；

i——坡度值(‰)。

6.4 辅助线、车场线及道岔

6.4.1 辅助线及车场线最小平面曲线半径和最大纵坡应根据功能、行车速度确定，并应符合表 6.4.1 的规定。

表 6.4.1 辅助线、车场线线路参数表

线 别		折返线	出入线	存车线、停车线及渡线	联络线	车场线
最小平面曲线半径(m)	一般	100	100	100	100	75
	困难	—	—	—	—	50
最大纵坡(‰)	一般	平坡	—	平坡	平坡	平坡
	困难	3	60	3	3	3

6.4.2 试车线应为平直线，困难条件下允许在线路端部设曲线，其线路应满足列车试验速度的要求，其他技术标准与正线标准一致。

6.4.3 道岔设置应符合下列要求：

1 道岔设置应满足正线运营、乘客舒适度、折返时间以及列车出入车辆段和段内调车的需要；

2 道岔应设在直线地段，道岔端部至平面曲线起点的距离不宜小于 5m，车场线可减少到 3m；

3 道岔宜靠近车站设置，道岔端部至车站站台计算长度端部的距离不应小于 5m；

4 道岔应设在平坡上，困难条件下允许设在不大于 3‰的坡道上。道岔端部至竖曲线起点的距离不应小于 5m；

5 道岔的附带曲线半径：

1）正线和辅助线不应小于 100m；

2）车场线不应小于 50m；

3）反向曲线间夹直线长不应小于 10m。

6 道岔与道岔之间应设置衔接梁，衔接梁长度不应小于 2m；

7 道岔类型应按下列要求采用：

1）正线及折返线道岔应采用关节可挠型道岔，存车线、停车线宜采用关节型道岔；

2）车场线、试车线、出入线及联络线宜采用关节型道岔或采用具有同等性能的道岔；

3）出入线及联络线在与正线接轨处当作业能力有要求时宜采用关节可挠型道岔。

6.4.4 尽头式折返线有效长度宜按远期列车长度加 40m 计（不含车挡长度）；尽头式存车线、停车线有效长度宜按远期列车长度加 24m 计（不含车挡长度）；贯通式折返线、存车线、停车线有效长度宜按远期列车长度加 10m 计（不含车挡长度）。

7 车站建筑

7.1 一般规定

7.1.1 跨座式单轨交通车站的总体布局，应符合城市总体规划、城市交通规划、环境保护、城市景观和节约土地的要求，并应处理好与地面建筑、地下管线、地下构筑物及施工时的交通组织之间的关系。

7.1.2 车站设计必须满足客流和设备运行的需求，保证乘客乘降安全、集散迅速、功能分区明确、布置紧凑、便于管理，并应具有良好的通风、照明、卫生、防灾等设施。

7.1.3 车站的站厅、站台、出入口通道、人行楼梯、自动扶梯、售、检票口（机）等部位的通过能力，应按该站远期超高峰小时客流量确定。超高峰设计客流量为该站预测远期高峰小时客流量或客流控制期的高峰小时客流量乘以 1.1～1.4 超高峰系数。

7.1.4 车站应设公共厕所。

7.1.5 车站的防灾设计应按本规范第 23 章的规定执行。

7.1.6 设于道路中的车站应考虑运营时段兼顾过街客流的功能。

7.1.7 换乘车站应选择便捷的换乘形式，换乘的通过能力应满足超高峰客流量的需要。不能同步建设的换乘站应预留与后建车站的接口。换乘车站应考虑资源共享。

7.1.8 地面和高架车站站台应设安全栏栅或安全门，地下车站站台应设安全门、安全栏栅或屏蔽门。高架车站行车轨道区底部应采用封闭结构。

7.1.9 车站周边有物业开发的宜结合实施或预留衔接条件。

7.2 车站平面

7.2.1 站台计算长度应按远期列车编组辆数的有效使用长度加停车误差和作业长度计算。

1 有效使用长度——设安全栏栅或安全门的站台为首末两节车辆驾驶室门外侧之间的长度，设屏蔽门的站台为首末两节车辆驾驶室门不包括在内的屏蔽门所围长度；

2 停车误差——1～2m；当设安全门或屏蔽门时，宜为±0.3m。

7.2.2 站台宽度应按下列公式计算，并不得小于本规范表7.8.2所规定的数值：

岛式站台宽度： $B_d = 2b + n \cdot z + t$ （7.2.2-1）

侧式站台宽度： $B_c = b + z + t$ （7.2.2-2）

$$b = \frac{Q_{上、下} \cdot \rho}{L} + M \quad (7.2.2\text{-}3)$$

式中 b——侧站台宽度（m）；

n——横向柱数；

z——横向柱宽（含装饰层厚度）（m）；

t——每组人行梯与自动扶梯宽度之和（含与柱间所留空隙）（m）；

$Q_{上、下}$——远期每列车高峰小时单侧上、下车设计客流量，换乘车站含换乘客流量（换算成高峰时段发车间隔内的设计客流量）（人）；

ρ——站台上人流密度（$0.5m^2$/人）；

L——站台有效使用长度（m）；

M——站台边缘至安全栏栅或安全门、屏蔽门的立柱内侧距离（m）。

当站台计算长度小于100m，且自动扶梯和人行楼梯不侵入站台计算长度时，则岛式站台宽度不应小于5m（无柱）；侧式站台宽度不应小于3m。

7.2.3 设在岛式站台层两端的设备及管理用房，可伸入站台计算长度内，但不应侵入侧站台计算宽度，且与最近梯口距离不应小于8m。

7.2.4 站台上的人行楼梯和自动扶梯纵向分布宜均匀，且站台计算长度内任一点距最近梯口或通道口距离不应大于50m。

7.2.5 站台计算长度范围内的站台建筑限界，应按本规范第5.3.6条和第5.3.8条执行。

7.2.6 设于站台层人行楼梯和自动扶梯的总量布置，除应满足上、下乘客的需要外，还应按站台层的事故疏散时间不大于6min进行验算。

7.2.7 高架车站站台层，除设置无障碍设施外，其他设备及管理用房不宜设于站台层。

7.2.8 车站站厅层应包括站厅公共区、自动扶梯、楼梯、电梯、设备及管理用房和出入口通道等，其中站厅公共区应分隔成为付费区和非付费区。

7.2.9 售票处距出入口通道口和进站检票处的距离不宜小于5m，出站检票处距出站梯口的距离不宜小于8m。当售检票设施设于站台层时，进出站检票机宜平行于线路方向设置。

7.2.10 对于分期实施的售检票设备应预留后期安装条件。

7.2.11 付费区与非付费区的分隔宜采用高度不小于1.1m的可透视栏栅，并应在适当部位安装可向疏散方向开启的栏栅门。栏栅门宽度宜按单开门设计，且不应小于1.2m，门的总量宽度应满足事故疏散要求。

7.2.12 地下车站有人值班的主要设备及管理用房应集中一端布置，如需设消防泵房宜设于主通道旁。

7.2.13 车站及出入口应远离加油站、加气站或其他危险品场地，其距离应符合现行国家标准《汽车加油加气站设计与施工规范》GB 50156的要求。

7.3 车站出入口

7.3.1 车站出入口的数量应根据分向客流和疏散要求设置，但每座车站不得少于两个。每个出入口宽度应按远期分向设计客流量乘以1.1～1.25的不均匀系数计算确定。特殊情况下当某一出入口宽度不能满足分向客流时，应调整其他出入口宽度，以满足总设计客流量的通过能力。

7.3.2 地下一层侧式站台车站每侧出入口不得少于两个。两侧式站台之间的过轨通道不应计入出入口数量。

7.3.3 当出入口兼作过街通道时，出入口通道宽度、自动扶梯、人行楼梯的通过能力及其站厅相应部位应计入过街客流量，同时应设置夜间停运时的隔离措施。

7.3.4 出入口处的门不应采用平开门和弹簧门。

7.3.5 设于道路两侧的出入口宜平行于或垂直于道路红线，后退道路红线应满足当地规划部门的要求。当出入口开向城市主干道时，出入口前宜设集散场地。

7.3.6 地下车站出入口通道宜短、直。需弯折的通道弯折处不宜超过三处，弯折夹角不宜小于90°，其长度不宜超过100m，超过时宜设自动人行道。

7.3.7 地下车站出入口的地面标高应高出该出入口室外地面300～450mm。当该高度不满足当地防洪要求时，在开口处应设防淹闸槽。

7.4 人行楼梯、自动扶梯、电梯

7.4.1 自动扶梯的设置数量，应按远期超高峰客流量、提升高度以及客流量不均衡系数等通过计算确定。近期应按超高峰小时客流规模配置，并应按远期超高峰客流规模预留设备安装条件。

7.4.2 乘客使用的人行楼梯宜采用26°34′倾角，其宽度单向通行不宜小于1.8m，双向通行不宜小于2.4m，当宽度大于3.6m时应设置中间扶手。楼梯宽度宜符合建筑模数。

7.4.3 当在同一部位上、下行均采用自动扶梯并分别满足上、下行正常疏散客流量，以及同部位又设有人行楼梯时，其梯宽最小宜取1.2m，倾角宜取30°。

7.4.4 消防专用楼梯宽度不宜小于1.2m。

7.4.5 车站出入口的提升高度超过6m时，应设上行自动扶梯；超过12m时应设上、下行自动扶梯。站台至站厅应设上行自动扶梯，高差超过6m时，应

设上、下行自动扶梯。分期建设时应预留后期建设的自动扶梯位置。

7.4.6 自动扶梯应采用30°倾角，梯级有效净宽度宜采用1m，运输速度宜采用0.65m/s，设计通过能力不应大于9600人/h。客流小的车站也可采用梯级有效净宽0.6m，运输速度宜采用0.60m/s，设计通过能力不应大于5400人/h，但上、下两端水平梯级数均不应少于3个梯级。

7.4.7 当自动扶梯穿越楼层，且扶手带中心至开孔边缘的净距小于400mm时，应设防碰撞安全标志。

7.4.8 两台相对布置的自动扶梯工作点间距宜大于24m，困难时不得小于16m。自动扶梯工作点至影响通行的障碍物间距宜大于12m，困难时不得小于8m。自动扶梯与人行楼梯相对布置时，自动扶梯工作点至楼梯第一级踏步的间距宜大于15m，困难时不得小于12m。

7.4.9 电梯宜选用无机房曳引电梯。电梯必须设置残疾人专用设施。

7.4.10 当地下车站采用的电梯超出地面标高时，应采用与地下车站出入口相同的措施，并应满足当地防淹要求。

7.5 安全门与屏蔽门

7.5.1 安全门或安全栏栅、屏蔽门的设置应满足限界的要求。

7.5.2 安全门或安全栏栅、屏蔽门应以站台计算长度中心线为基准对称纵向布置。滑动门应与列车门一一对应。滑动门的开启净宽度不应小于车辆门宽度加停车误差。当采用屏蔽门时，首末两节车辆驾驶室门不应包括在屏蔽门长度范围内。

7.5.3 屏蔽门的门净高度不得小于2m，安全门和安全栏栅高度不得低于1.2m。

7.5.4 对于呈坡度的站台面，安全门或安全栏栅、屏蔽门应随坡度设置，并应垂直于站台面。

7.5.5 站台屏蔽门端部应设向站台内侧开启的端门。沿站台长度方向应设向内侧开启的应急门，每侧不得少于二扇。

7.5.6 屏蔽门不应作为车站防火分隔设施。

7.5.7 屏蔽门或安全门位于土建结构的诱导缝、变形缝等部位应采取相应的构造措施。

7.5.8 屏蔽门应有明显的安全标志和使用标志。

7.6 无障碍设施

7.6.1 车站无障碍设施可采用电梯、轮椅升降机、斜坡道、导盲带或其他措施。地面车站升降设施宜采用斜坡道，地下及高架车站升降设施宜采用电梯或轮椅升降机。

7.6.2 当从站厅至站台采用电梯供老、弱、病、孕和管理人员兼用时应设于付费区。检票处应满足该人群通行尺寸和功能要求。当地面至站台层设置直达电梯时，应采取特殊收费措施。

7.6.3 位于站台层上的电梯门不宜正对行车轨道方向，也不应侵入站台计算长度内的侧站台宽度内。

7.6.4 导盲带可采用埋入式或后贴式。站台导盲带应铺设在侧站台内侧，同时其导盲带中心至柱（墙）面距离不应小于450mm。

7.6.5 无障碍设施的配置应符合残疾人设施的有关规定。

7.7 车站环境设计

7.7.1 车站环境设计包括内部环境和外部环境。车站环境设计应简洁、明快、美观，充分利用结构和空间形态构成的艺术性，体现当地人文环境和现代交通建筑特点，宜做到装饰构件设计标准化、生产工厂化、施工装配化。

7.7.2 地面、高架车站应因地制宜地尽可能减小体量和具有良好的通透性。设于站台层的设备及管理用房应尽可能下移至站台板下的夹层内。

7.7.3 位于道路中的高架车站的站厅层，以设置公共区售检票设施为主，其余设备及管理用房宜移至站台板下夹层内或设于道路红线外的地面层。

7.7.4 高架车站站台层雨篷，在炎热地区宜采用半敞开式，寒冷地区应采用封闭式，并应具有隔热性能。

7.7.5 在严寒酷热地区的高架车站站台层宜设供老、弱、病、残、孕等乘客使用的空调候车室。

7.7.6 路侧的高架车站应采用地面站厅层和高架站台层为主的二层式建筑。

7.7.7 车站装修应采用防火、防潮、防腐、耐久、易清洁的环保材料，地面材料应防滑耐磨。

7.7.8 装修材料的选用宜本地化，并应便于施工及维修。

7.7.9 照明应选用节能、耐久的灯具，并应便于更换、清洁、保养。地面、高架车站应选用防尘、防潮、抗风的灯具。照度标准应符合本规范第14章的有关规定。

7.7.10 车站内应设置各种导向、事故疏散、服务乘客的标志标识，并应符合有关规定和要求。

7.7.11 车站公共区内（含出入口通道）设彩色灯箱广告时，其位置、色彩不得干扰导向、事故疏散、服务乘客的标志，且不应侵入乘客疏散空间。广告箱尺寸应模数化。

7.7.12 车站内设壁画等装饰时，应融合于车站装修环境之中，不应影响使用功能。

7.7.13 风亭（风井）、风道设计应符合下列规定：

1 地下车站所需风亭宜与地面建筑相结合设置，

任何建筑物距进、排风（或活塞风）亭口部的直线距离应大于5m；

2 进风亭格栅底部距地面的高度应大于2m，排风口应比进风口高出5m，或风口错开方向布置，且进、排风口最小净距应大于5m；

3 当城市环境有特殊要求时，可采用敞口低风井。此时，风井底部应设排水措施，风口最低高度应满足防淹要求，开口处应有安全设施，进、排风井之间净距应满足消防要求。每座敞口低风井四周宜设置不小于3m宽的绿篱带；

4 活塞风道长度宜控制在25m之内。

7.8 最小高度、最小宽度、最大通过能力

7.8.1 车站各部位的最小高度应符合表7.8.1的规定。

表7.8.1 车站各部位的最小高度（m）

名　称	最小高度
站厅公共区（地面装饰面至吊顶面）	3
地下车站站台公共区（地面装饰面至吊顶面）	3
地面、高架车站站台公共区（地面装饰面至风雨篷）	2.6
站台、站厅管理用房（地面装饰面至吊顶面）	2.4
通道或天桥（地面装饰面至吊顶面）	2.4
人行楼梯和自动扶梯（踏步面沿口至吊顶面）	2.3

7.8.2 车站各部位的最小宽度应符合表7.8.2的规定。

表7.8.2 车站各部位的最小宽度（m）

名　称	最小宽度
岛式站台	8（5）(注1)
岛式站台的侧站台	2.5
侧式站台（长向范围内设梯）的侧站台	2.5(注2)
侧式站台（垂直于侧站台开通道口设梯）的侧站台	3
通道或天桥	2.4
单向公共区人行楼梯	1.8
双向公共区人行楼梯	2.4
消防专用楼梯	1.2

注：1 括号内的数值系指站台计算长度小于100m；

2 侧式站台最小宽度不含楼扶梯宽度。

7.8.3 车站各部位的最大通过能力应符合表7.8.3的规定：

表7.8.3 车站各部位的最大通过能力

部位名称			每小时通过人数（人）
1m宽楼梯	下行		4200
	上行		3700
	双向混行		3200
1m宽通道	单向		5000
	双向混行		4000
1m宽自动扶梯	输送速度0.5m/s		8100
	输送速度0.65m/s		≤9600
0.6m宽自动扶梯	输送速度0.5m/s		4500
	输送速度0.60m/s		≤5400
人工售票口			1200
自动售票机			300(注1)
人工检票口			2600
自动检票机	三杆式	非接触IC卡	1800（1500）(注2)
	门扉式	非接触IC卡	2100（1800）(注2)

注：1 乘客使用熟练程度高时，通行能力可提高；

2 括号内的数值系指采用接触型卡的通过能力。

8 轨道梁桥

8.1 一般规定

8.1.1 本章适用于跨座式单轨交通的轨道梁、轨道梁桥、组合桥及道岔桥的结构设计。

未包括的内容按现行铁路桥涵设计规范执行。

8.1.2 跨座式单轨交通轨道梁各部位尺寸应满足列车走行轮、导向轮和稳定轮走行要求，同时应保证通信信号及供电系统环网电缆、接触轨在梁体上的安装要求。

轨道梁结构应具有足够的竖向、横向和抗扭刚度，并保证结构的整体性和稳定性。

8.1.3 轨道梁桥、组合桥及道岔桥应满足轨道梁安装要求，并应满足信号及供电系统缆线和低压配电系统及避雷接地的安装要求；道岔桥和道岔平台还应满足道岔平面布置、道岔及其控制系统的安装要求。

8.1.4 轨道梁应优先采用预应力混凝土结构，一般地段轨道梁桥宜采用等跨简支结构，并宜采用预制架设的设计、施工方法。

8.1.5 受轨道梁截面宽度尺寸的限制，轨道梁长宜采用20～30m。如需要采用30m以上跨径时，宜采用钢轨道梁或组合桥式结构。

8.1.6 轨道梁桥的桥墩应构造简洁、力求标准化并

满足耐久性要求，其建筑形式、结构体量应充分考虑城市景观的要求。

8.1.7 墩位布置应符合城市规划要求。跨越铁路、道路时，桥下净空应满足铁路、道路限界要求并预留结构沉降量、铁路抬道量或道路路面翻修高度；跨越排洪河流时，应根据跨越河床的轨道梁桥长度按国家现行标准《铁路桥涵设计基本规范》TB 10002.1确定设计洪水频率；跨越通航河流时，其桥下净空应根据航道等级，满足现行国家标准《内河通航标准》GB 50139 的要求。

8.1.8 在列车静活载作用下，轨道梁竖向挠度不应超过其跨度的1/800。根据道岔系统对道岔桥变形的要求，道岔桥由于挠度产生的梁端竖向折角应不大于1/1250rad。钢轨道梁和组合桥梁部的竖向挠度按国家现行标准《铁路桥涵设计基本规范》TB 10002.1执行。

8.1.9 轨道梁桥的横向自振频率不宜小于70/L，L为轨道梁桥的跨度（m）。对于组合桥，按国家现行标准《铁路桥涵设计基本规范》TB 10002.1执行。

8.1.10 轨道梁桥墩顶的弹性水平位移在列车荷载、横向摇摆力、离心力、风力和温度力的作用下，应符合下列规定：

顺桥方向：

$$\Delta \leqslant 5\sqrt{L} \quad (8.1.10)$$

式中 L——桥梁跨度（m），当为不等跨时采用相邻跨中的较小跨度；当 L＜25m 时，L 按25m计；

Δ——桥墩顶面处顺桥方向水平位移（mm），包括由于墩身和基础的弹性变形及基底土弹性变形的影响。

横桥方向：由桥墩横向水平位移差引起的轨道梁端水平折角不得大于2‰。

8.1.11 轨道梁桥墩台基础的沉降应按恒载计算。

对于外静定结构，其总沉降量与施工期间沉降量之差，不应超过下列容许值：

墩台均匀沉降量：50mm；

相邻墩台沉降量之差：20mm。

对于外静不定结构，其相邻墩台不均匀沉降量之差的容许值还应根据沉降对结构产生的附加影响确定。

8.1.12 预应力混凝土轨道梁的徐变上拱值应严格控制。轨道梁架设后，后期徐变上拱值不应超过12mm。

8.1.13 轨道梁、轨道梁桥、组合桥和道岔桥应设置预拱度，预拱度值取恒载与1/2静荷载所产生的挠度之和，并应考虑混凝土收缩及徐变影响。预应力混凝土结构尚需考虑预加应力的作用。

8.1.14 混凝土强度等级应符合下列规定：

1 轨道梁预应力混凝土强度等级不宜低于C60、钢筋混凝土强度等级不宜低于C40；

2 组合桥的梁部结构、道岔桥预应力混凝土、钢筋混凝土强度等级不宜低于C40；

3 轨道梁桥、组合桥、道岔桥桥墩的钢筋混凝土强度等级不宜低于C40，轨道梁桥、组合桥、道岔桥的基础、道岔平台及其基础的钢筋混凝土强度等级不宜低于C30。

8.2 荷 载

8.2.1 跨座式单轨交通轨道梁桥结构设计，应根据结构的特性按表8.2.1所列的荷载，就其可能出现的最不利组合情况进行计算。

表8.2.1 轨道梁桥荷载分类表

荷载分类		荷载名称	荷载分类	荷载名称
主力	恒载	结构自重 附属设备和附属建筑自重 预加应力 混凝土收缩及徐变影响 基础变位的影响 土压力 静水压力及浮力	附加力	列车制动力或牵引力 风力 温度影响力 流水压力
	活载	列车竖向静荷载 列车竖向动力作用 列车离心力 列车横向摇摆力 列车活载产生的土压力 人群荷载	特殊荷载	船只或汽车的撞击力 地震力 施工临时荷载 车挡的影响

注：1 如杆件的主要用途为承受某种附加力，则在计算此杆件时，该附加力应按主力计算；

2 列车横向摇摆力不与离心力组合；

3 流水压力不与制动力或牵引力组合；

4 地震力与其他荷载的组合应按现行国家标准《铁路工程抗震设计规范》GB 50111的规定执行；

5 计算中要求考虑的其他荷载，可根据其性质，分别列入上述三类荷载中。

8.2.2 轨道梁桥设计仅需考虑主力与一个方向（纵向或横向）的附加力组合。

8.2.3 轨道梁桥设计时应根据不同的荷载组合，将材料基本容许应力和地基容许承载力乘以表8.2.3中规定的提高系数。

表 8.2.3 荷载组合及容许应力提高系数表

序号	荷载组合	容许应力提高系数
1	恒载＋列车竖向静荷载＋列车竖向动力作用＋列车横向荷载或离心力	1.00
2	1＋温度影响力	1.15
3	1＋风荷载	1.15
4	1＋温度影响力＋风荷载	1.25
5	1＋列车制动力及牵引力	1.25 (1.00)
6	1＋车挡的影响	1.70
7	1＋船只或汽车的撞击力	1.70
8	恒载＋列车竖向静荷载＋人群荷载	1.70
9	轨道梁运输、架设工况组合荷载	1.25
10	恒载＋雪荷载	1.15
11	恒载＋列车竖向静荷载＋列车竖向动力作用＋地震力＋温度影响力	1.70

注：1 曲线上离心力与列车横向荷载取不利者计算；
2 对于钢结构、框架结构等受温度变化影响较大的结构，应计入温度变化的影响；对钢筋混凝土结构，应计入混凝土干燥收缩的影响；对预应力混凝土结构，应计入预应力、混凝土徐变及干燥收缩的影响；其计算应符合国家现行标准《铁路桥涵钢筋混凝土和预应力混凝土结构设计规范》TB 10002.3的规定；
3 组合3还应考虑恒载＋风荷载（无车）的情况；
4 组合5中括号内为高架车站的提高系数；
5 曲线上的荷载组合应考虑车辆行驶时轨道超高的影响及曲线停车状态的影响；
6 高架车站考虑地震力时，可不计列车竖向动力作用；
7 对于超静定结构，计算支点位移的影响时，容许应力不提高；但能保证完全恢复时，可采用1.15的提高系数。

8.2.4 计算结构自重时，一般材料重度应按国家现行标准《铁路桥涵设计基本规范》TB 10002.1的规定取用；对于附属设备和附属建筑的自重或材料重度，可按所属专业的现行规范或标准取用。

8.2.5 跨座式单轨交通车辆荷载、列车竖向静荷载和列车计算重心位置应按照超员、定员和空车三种状态考虑：

1 正线、出入段线、试车线、折返线、故障车停车线应按照超员状态荷载计算；

2 车辆段内其他库线按照定员状态计算；

3 考虑疲劳和地震力影响时，按照定员状态计算；

4 考虑车挡影响时，按照空车状态计算。

8.2.6 列车竖向静活载确定应符合下列规定：

1 列车竖向静活载图式按本线列车的最大轴重、轴距及近、远期中最长的列车编组确定；

2 轨道梁设计按照单线行驶列车竖向荷载布置；

3 轨道梁桥下部结构设计，应按列车作用于每一条线路考虑，荷载不作折减；高架车站复线加载时，取一线停车、另一线行车状态；

4 影响线加载时，活载图式不得任意截取。

8.2.7 列车竖向动力作用时，列车竖向静活载应乘以动力系数（$1+\mu$），μ值按照下式进行计算：

$$\mu=20/(50+L) \tag{8.2.7}$$

式中 L——桥梁跨度（m）。

8.2.8 位于曲线上的轨道梁桥应考虑列车产生的离心力，其大小等于列车静活载乘以离心力率C，C值按下式计算：

$$C=V^2/127R \tag{8.2.8}$$

式中 V——本线设计最高列车速度（km/h）；

R——曲线半径（m）。

离心力作用于轨道梁顶面以上车辆重心处。

轨道梁设计时，离心力的作用位置应考虑轨道梁设置超高后的影响。

8.2.9 列车横向摇摆力应按列车设计荷载单轴重的25%计算，一列车以一个水平集中荷载取最不利位置，在轨道梁顶面作用于垂直轨道梁轴线方向。

8.2.10 列车制动力或牵引力作用于车辆重心位置，应按列车竖向静活载的15%计算。

轨道梁设计应按单线计算列车制动力或牵引力。

轨道梁桥下部结构设计时制动力或牵引力应移至支座中心处，双线时应采用二线的制动力或牵引力；三线或三线以上时按照最不利情况考虑，不作折减。

8.2.11 列车制动力或牵引力在固定支座和活动支座的分配应按下列公式计算：

固定端： $$P_1=T-0.1\times R \tag{8.2.11-1}$$

活动端： $$P_2=0.1\times R \tag{8.2.11-2}$$

式中 P_1——作用于支座固定端的水平荷载；

P_2——作用于支座活动端的水平荷载；

T——作用于梁跨内的水平荷载；

R——作用于支座上的荷载反力；

0.1——摩擦系数。

8.2.12 活载在桥台后破坏棱体上引起的侧向土压力，应将活载换算成当量均布土层厚度计算。

8.2.13 轨道梁桥风荷载强度应按国家现行标准《铁路桥涵设计基本规范》TB 10002.1的规定取值。

轨道梁设计应按单线计算轨道梁与列车风荷载。

轨道梁桥下部结构设计，双线轨道梁桥，线路等高时应按照100%、50%分别计算迎风面前后两线的列车与轨道梁风荷载；不等高时均应按照100%分别计算两线的列车与轨道梁风荷载。

三线及以上轨道梁桥，线路等高时应按照100%、50%、25%分别计算前后排列三条线路上的列车与轨道梁风荷载；线路不等高时应按照100%、100%、50%分别计算前后三条线路上的列车与轨道梁风荷载。

高架车站内列车风荷载应按照区间列车风荷载的50%计算。

与列车重叠的结构体不再计算风荷载。

8.2.14 温度变化的作用及混凝土收缩的影响，可按国家现行标准《铁路桥涵设计基本规范》TB 10002.1的规定执行。

设计时采用的基准温度，钢结构应以合拢时温度为准，温度变化范围−10℃～+50℃，日照部分与背光部分的温差取值为15℃。

混凝土结构随温度升降宜用当地月平均气温为参照来确定，一般取±20℃。

混凝土收缩应按照降温15℃考虑。

混凝土结构不均匀日照温差可按±3℃考虑。

钢结构线膨胀系数取12×10^{-6}。

混凝土结构线膨胀系数取10×10^{-6}。

8.2.15 当轨道梁桥桥墩有可能承受船只撞击时，应设防撞保护设施。当无法设置防撞保护设施时，船只撞击力可按国家现行标准《铁路桥涵设计基本规范》TB 10002.1的规定计算。

8.2.16 当轨道梁桥墩柱有可能承受汽车撞击时，应设防撞保护设施。当无法设置防撞保护设施时，轨道梁桥墩柱设计必须考虑汽车对墩柱的撞击力。汽车撞击力顺汽车行驶方向时采用1000kN，垂直于汽车行驶方向时，采用500kN，作用在路面以上1.20m高度处。

8.2.17 地震作用应按现行国家标准《铁路工程抗震设计规范》GB 50111的相关规定计算。

8.2.18 轨道梁桥应按不同施工阶段的施工荷载和运营养护检修荷载进行验算。采用跨座式单轨交通架桥机架设的轨道梁，应按照架桥工况对轨道梁和桥墩分别进行验算。

8.2.19 跨座式单轨交通线路终端的轨道梁及轨道梁桥、组合桥，应考虑车挡装置的影响。车挡装置对结构的冲击荷载，应根据车挡对列车冲撞荷载的吸收原理，考虑列车的速度及空车状态列车的荷载计算。

8.2.20 轨道梁桥、组合桥和道岔桥应考虑轨道梁支座负反力，设置相应的抗力装置。轨道梁支座负反力取以下两公式计算的最不利值：

$$R=R_1+R_2+R_3/1.5+R_4 \quad (8.2.20\text{-}1)$$

$$R=R_2+R_3/1.5+R_5 \quad (8.2.20\text{-}2)$$

式中 R——支座反力（kN）；

R_1——包括列车动力作用的动载所产生的最大负反力（kN）；

R_2——加在使支座产生负反力部位上的静载所产生的支座反力（kN）；

R_3——加在使支座产生正反力部位上的静载所产生的支座反力（kN）；

R_4——风荷载产生的最大负反力（kN）；

R_5——地震产生的最大负反力（kN）。

8.3 设计原则

8.3.1 钢筋混凝土、预应力混凝土和钢结构，应按容许应力法设计。其材料、容许应力、结构安全系数、结构计算方法及构造要求应符合国家现行标准《铁路桥涵钢筋混凝土和预应力混凝土结构设计规范》TB 10002.3、《铁路桥梁钢结构设计规范》TB 10002.2的规定。

8.3.2 预应力混凝土结构进行使用阶段各项应力、裂缝验算时，各项应力限值的采用应按国家现行标准《铁路桥涵钢筋混凝土和预应力混凝土结构设计规范》TB 10002.3的规定执行。预应力混凝土轨道梁还应用以下荷载组合检查正截面强度：

1 1.3×(恒载)+2.5×(列车竖向静荷载+列车动力作用+车辆横向荷载)；

2 1.8×(恒载+列车竖向静荷载+列车动力作用+车辆横向荷载)；

3 1.3×(恒载+列车竖向静荷载+地震力)。

8.3.3 轨道梁桥混凝土和砌体结构的设计应按国家现行标准《铁路桥涵混凝土与砌体结构设计规范》TB 10002.4的规定执行。

8.3.4 预应力及钢筋混凝土轨道梁应进行弯扭、弯剪扭的强度计算。

8.3.5 轨道梁独柱式桥墩应按压弯构件进行斜截面校核，并应进行抗扭计算。

8.3.6 预应力及钢筋混凝土轨道梁设计应满足梁体内安装系统设备缆线布置要求，并应考虑其对截面的削弱影响。

8.3.7 轨道梁支座应采用抗拉支座，支座的设置应满足线路纵坡要求及轨道梁安装精度要求。支座分固定和活动两种形式，其规格根据线路线形宜分为直线型和曲线型。

8.3.8 组合桥和道岔桥宜采用盆式橡胶支座，其反力和位移量应按国家现行标准《铁路桥梁盆式橡胶支座》TB/T 2331的规定取值。支座计算应符合国家现行标准《铁路桥涵钢筋混凝土和预应力混凝土结构设计规范》TB 10002.3的规定。

8.3.9 轨道梁桥、组合桥和道岔桥基础设计，应符合国家现行标准《铁路桥涵地基和基础设计规范》TB 10002.5的规定；地基的物理力学指标应与国家现行标准《铁路桥涵地基和基础设计规范》TB 10002.5中的规定相符。

8.4 构造要求

8.4.1 轨道梁间应设伸缩缝，伸缩缝除保证梁体能自由伸缩外，还应保证车辆走行轮、导向轮、稳定轮的行走面平顺连接，并应避免伸缩缝与轨道梁之间积水，保证整体符合耐久性要求。伸缩缝的锚固构件应在轨道梁预制时埋入。

8.4.2 轨道梁表面特别是钢制轨道梁及梁间接头的金属配件表面应采取防止车轮打滑和空转的措施。

8.4.3 轨道梁和轨道梁桥应满足抗拉力支座的埋设要求，组合桥的梁部结构和道岔桥上宜设置抗拉支座的台座。抗拉力支座的上摆的锚固构件应在轨道梁预制时埋入，下摆的锚固构件应在轨道梁桥、组合桥梁部结构和道岔桥上支座台座施工时埋入，轨道梁桥、组合桥的梁体结构和道岔桥上的支座台座处应预留更换支座时顶梁的位置；支座下支承垫石设置应满足国家现行标准《铁路桥涵设计基本规范》TB 10002.1要求。

8.4.4 地下结构应预留安装轨道梁支座台座安装接口。当地下结构采用仰拱时，轨道梁支座台座宜直接设置在仰拱结构上；当地下结构采用钢筋混凝土底板时，轨道梁支座宜穿过底板设置基础，但轨道梁台座应与底板浇合，不设施工缝。

8.4.5 轨道梁桥桥墩盖梁顶面和组合桥梁部结构顶面、道岔桥和道岔平台应设置性能良好的排水设施，使其表面无积水。排水设施应便于检查、维修与更换。

8.4.6 钢筋混凝土、预应力混凝土轨道梁上敷设信号、供电环网电缆和接触轨等系统应在轨道梁制作时埋入预埋管道和预埋件；钢轨道梁宜在结构上预留信号、供电环网电缆等系统管线通道和接触轨安装接口板。

8.4.7 轨道梁桥桥墩、组合桥梁部结构及其桥墩、道岔桥和道岔平台上的信号、通信、供电环网电缆系统、牵引供电接触网系统和动力照明配电系统的安装，应采用在相应土建工程施工时埋入预埋管道和预埋件的方式。

8.4.8 道岔桥和道岔平台平面应满足道岔区布置要求，并应满足道岔及其控制装置和轨道梁支座台座布置要求，同时应预留安装接口。

8.4.9 轨道梁桥构造应便于检查和维护。

8.4.10 轨道梁桥结构的截面尺寸应能保证混凝土灌注及振捣质量。预应力钢筋或管道表面与结构表面之间的保护层厚度应满足国家现行标准《铁路桥涵钢筋混凝土和预应力混凝土结构设计规范》TB 10002.3和国家现行有关混凝土结构耐久性设计规范的规定，轨道梁最小净保护层厚度不应小于30mm。

8.4.11 预应力混凝土梁的封锚及接缝处，应在构造上采取防水措施，防止雨水渗入。管道压浆材料和压浆工艺应严格控制，有条件时应优先采用真空压浆工艺，确保压浆密实。对于结构有可能产生裂缝的部位，应适当增设防裂钢筋。

8.4.12 寒冷地区设于路面的桥墩受雨水侵蚀的混凝土部位、酸雨地区的高架结构等，应满足国家现行混凝土结构耐久性设计规范中关于除冰盐等氯化物环境、冻融环境、大气污染环境的混凝土材料和保护层厚度的规定。

9 高架车站结构

9.1 一 般 规 定

9.1.1 高架车站结构形式应满足跨座式单轨交通车站的建筑功能和使用要求，应保证结构安全可靠、构造简洁、经济合理，并应具有良好的整体性、可延性和耐久性的要求。

9.1.2 车站结构应分别按施工阶段和使用阶段进行强度、刚度和稳定性计算，并保证有足够的承载力、刚度和稳定性。

9.2 荷 载

9.2.1 列车荷载应按本规范第8章中有关条款规定取值。

9.2.2 车站站厅、站台、楼梯、天桥的活荷载标准值应采用4.0kPa，设备用房的活荷载应根据设备的重量、安装运输要求及工作状态等确定，但不得小于4.0kPa，其他用房的活荷载标准值应按现行国家标准《建筑结构荷载规范》GB 50009的有关规定取值。

9.3 设 计 原 则

9.3.1 高架车站结构应充分考虑结构形式对城市景观的影响。

9.3.2 高架车站结构设计，应根据使用功能要求，结合站点周边环境、城市规划、道路交通、地下管线及工程地质、水文地质条件等对结构和基础形式进行综合比选确定。

9.3.3 车站结构应考虑轨道梁、供电、通信、给排水、空调等各系统设备及管线的设置，为接口预留条件，并应考虑防排水、防雷击、防腐蚀等措施。

9.3.4 高架车站抗震设防分类为乙类，结构安全等级为一级。

9.3.5 轨道梁与车站结构完全分开布置形成独立轨道梁桥时，车站的孔跨布置及结构设计宜与区间高架结构相同；车站高架结构设计应按国家现行有关建筑设计规范执行。

9.3.6 轨道梁支承于车站结构或站台梁等车站结构构件支承于轨道梁桥上形成建桥合一结构体系时，轨道梁、支承轨道梁的横梁、支承横梁的墩柱等构件及基础，应按国家现行标准《铁路桥涵设计基本规范》

TB 10002.1进行结构设计。当轨道梁简支于横梁布置时，内力分析可按平面刚架假定进行；当轨道梁与横梁刚接布置时，内力分析宜按空间刚架假定进行，由活载产生的内力，应根据影响线加载计算。除上述构件外的其余构件，应按国家现行有关建筑结构设计规范进行结构设计。

9.3.7 站台层结构设计时应考虑桥墩盖梁的竖向位移和相对纵横向水平位移的影响。

9.3.8 高架车站应按国家现行有关建筑结构设计规范设置变形缝，伸缩缝间距不宜大于50m。

9.3.9 高架车站站厅层、站台层不宜采用大悬臂结构，最大悬臂长不宜大于6m。设计时应验算悬臂端的竖向位移，并应按国家现行有关建筑结构设计规范的规定进行控制。

9.3.10 独柱高架车站结构应同区间高架桥结构统一验算盖梁。

9.4 构造要求

9.4.1 高架车站结构宜采用钢筋混凝土结构或预应力混凝土结构，在条件许可的情况下，宜优先采用建桥分离结构形式，以减小列车振动影响。

9.4.2 车站站台与站厅层大跨度纵向框架梁在施工时应预先起拱，并按国家现行有关规范控制其挠度和裂缝宽度值。

9.4.3 对建桥合一的车站，车站建筑的站台与站厅梁、板、柱及站台雨篷等应按国家现行建筑结构设计规范进行设计；而对支承轨道梁的横梁、支承横梁的墩柱及墩柱基础应按国家现行有关建筑结构设计规范进行设计，同时尚应按国家现行标准《铁路桥涵设计基本规范》TB 10002.1进行验算。

9.4.4 高架车站的纵向柱距宜取10～15m，最大柱距不得超过20m。

9.4.5 高架车站结构配筋构造，仅受列车荷载的构件，可按国家现行标准《地铁设计规范》GB 50157、《铁路桥涵设计基本规范》TB 10002.1配置；兼受列车荷载的构件，应同时满足国家现行标准《地铁设计规范》GB 50157、《铁路桥涵设计基本规范》TB 10002.1及有关建筑结构设计规范的构造要求。

9.4.6 高架车站墩柱的布置，既应顾及道路现状交通，又要考虑远期道路按规划道路红线实施的可能，并采取防撞措施。

9.4.7 高架车站的梁及墩柱，其外观应进行适当的艺术处理，使其造型简洁美观，反映时代风格。

9.4.8 高架车站屋面雨水应采用有组织排水，落水管直径不宜小于150mm，并通过管道排至城市排水系统。排水设施应便于检查、维修与更换。

9.4.9 高架车站结构一般构件混凝土强度等级不宜低于C30。

9.4.10 站台层、站厅层现浇板厚度不宜小于120mm，并宜双层双向配筋。

9.4.11 站台雨篷宜采用轻型钢结构，与站台结构应有可靠连接。

9.4.12 钢结构构件应做好防锈、防腐、防火处理。

10 地下结构

10.1 一般规定

10.1.1 本章适用于下列地下结构的设计：

1 采用放坡或支护明挖施工的结构；

2 采用矿山法暗挖施工的结构。

10.1.2 结构设计依据的地质勘察资料应符合现行国家相关勘察标准的规定，根据结构特征考虑不同施工方法和地质条件对勘探的特殊要求，按各设计阶段的任务和目的确定工程勘察的内容和范围，并应通过施工中对地层的观察和监测反馈进行验证，其中暗挖施工结构的围岩分级应按国家现行标准《铁路隧道设计规范》TB 10003确定。

10.1.3 地下结构应根据工程建设条件，通过对技术经济、建设工期、环境影响和使用效果等综合研究，在确保工程建设安全、可靠的条件下，选择适宜的施工方法和结构形式，并考虑城市规划可能引起周围环境的变化对结构产生的影响。

10.1.4 地下结构应根据结构形式和施工方法等情况，采用与实际工况条件相符的设计方法，满足强度、刚度、稳定性要求，并应根据环境类别，主体结构按设计使用年限100年进行耐久性设计。

10.1.5 结构设计应满足建筑、限界、施工工艺等要求，并应考虑结构变形和施工误差的影响。

10.1.6 结构设计应根据轨道梁不同的支承结构形式，考虑地基沉降对轨道梁产生的影响，满足轨道梁控制变形的要求。

10.1.7 地下结构处在含水地层中，应采取可靠的地下水处理和防治措施。

10.1.8 地下结构应根据周围环境保护和施工安全的要求，按照工程和水文地质条件、结构特征、支护类型和施工方法，进行监控量测设计，并应结合施工监测的反馈内容逐步实现信息化设计。

10.2 荷　载

10.2.1 作用在地下结构上的荷载，应按表10.2.1进行分类，并考虑荷载值在施工过程和使用年限内发生的变化，根据现行国家标准《建筑结构荷载规范》GB 50009及其他相关规范的规定，按永久荷载、可变荷载、偶然荷载对结构整体或局部作用可能出现的最不利组合进行设计计算。

表 10.2.1 地下结构荷载分类表

荷载分类	荷载名称
永久荷载	结构自重
	地层压力
	结构上部和破坏棱体范围的设施及建筑物压力
	水压力及浮力
	混凝土收缩及徐变影响
	预加应力
	设备重量
	地基下沉影响
可变荷载	地面车辆荷载及其动力作用
	地面车辆荷载引起的侧向土压力
	列车车辆荷载及其动力作用
	人群荷载
	温度变化影响
	冻胀力
	施工荷载
偶然荷载	地震力
	人防荷载
	落石冲击力

注：1 设计中要求考虑的其他荷载，可根据其性质分别列入上述三类荷载中；

2 表中所列荷载本节未加说明者，可按国家有关规范或根据实际情况确定；

3 施工荷载包括：设备、轨道梁运输及吊装荷载，施工机具及人群荷载，施工堆载，相邻结构施工的影响等。

10.2.2 地层压力、水压力、浮力、温度变化影响等荷载应根据结构所处的工程地质条件、水文地质条件、埋置深度、结构形式、施工方法、使用条件和相邻结构的影响等各类因素，并结合已建或类似工程的经验综合确定。

10.2.3 车站站台和站厅公共区、楼梯、通道、出入口等部位的人群均布荷载的标准值应采用 4.0kPa。

10.2.4 设备用房楼板的荷载应按本规范第 9.2.1 条规定执行。

10.3 设计原则

10.3.1 明挖施工的地下结构宜采用整体式钢筋混凝土结构。主体结构与支护结构之间，可根据结构特点、地层状况、使用要求等因素综合比较，选用复合式、叠合式等结构形式。

10.3.2 矿山法施工的地下结构宜采用复合式衬砌，其中二次衬砌应采用钢筋混凝土结构。结构断面形状、衬砌形式和尺寸应根据围岩状况、水文地质条件、埋置深度、使用要求和施工方法，通过工程类比和结构计算确定。

10.3.3 地下结构中采用明挖施工的结构应按概率极限状态法进行设计计算；采用矿山法施工的结构可按国家现行标准《铁路隧道设计规范》TB 10003 及其他相关规范的规定进行设计计算。

10.3.4 地下结构应分别按施工阶段和正常使用阶段进行强度、刚度、稳定性计算，并进行裂缝控制验算。当计入偶然荷载作用时，不需验算结构的裂缝宽度。

10.3.5 钢筋混凝土结构构件在一般环境中，按荷载效应标准组合并考虑长期作用影响时，最大计算裂缝宽度不应大于 0.3mm。当结构处于干湿交替、冻融或侵蚀等复杂环境中，最大计算裂缝宽度允许值应根据结构特征、施工方法、防水措施等因素综合确定。当按现行国家标准《混凝土结构设计规范》GB 50010计算裂缝宽度，混凝土保护层厚度超过 30mm 时按 30mm 取值。

10.3.6 明挖施工的结构设计应符合下列规定：

1 施工阶段时应进行下列计算和验算：

1）基坑支护结构的强度和变形计算；

2）基坑稳定性验算；各类安全系数的取值应根据环境保护要求，参照相关规范确定。

2 当结构的荷载形式、受力体系随施工顺序、开挖方式和工程措施发生变化时，计算时宜按结构的实际受载过程，以及施工阶段和使用阶段受力和变形的连续性考虑；

3 结构分析宜按底板支承在弹性地基上的结构模型计算；对长条形的结构，可沿结构物纵向取单位长度按平面框架分析；对与地面建筑连成一体、结构形式变化复杂、空间受力作用明显的地下结构，宜按空间结构分析；

4 结构应根据地形条件、地质状况、环境影响、结构特征等因素，在必要时进行抗浮、整体滑移及地基稳定性验算，并应满足相关规范的规定；

5 采用盖挖逆筑或盖挖顺筑法施工的结构设计应符合现行国家标准《地铁设计规范》GB 50157 的相关规定。

10.3.7 矿山法施工的结构设计应符合下列规定：

1 复合衬砌结构应分别进行初期支护和二次衬砌的设计计算，计算模型应符合结构的实际工作条件，反映围岩对结构的约束作用，并考虑施工中结构受载的变化过程；

2 初期支护应按施工期间的主要承载结构设计，其设计参数应采用工程类比确定、理论计算进行复核，并通过施工中监控量测进行修正；

3 结构设计和施工时，应对初期支护的稳定性进行判别，并根据选用的支护形式、围岩环境、结构特征、施工工艺等条件，合理地利用围岩自承能力，达到围岩和支护的稳定；

4 松散堆积层、含水砂层及软弱、膨胀性围岩中的初期支护结构应具有可靠的刚度和强度，并通过选择适宜的开挖方法、辅助措施，尽快完成二次衬砌的施工；

5 二次衬砌应综合围岩条件、埋置深度、施工方法、施工后外部荷载的变化、初期支护刚度作用以及与初期支护之间的构造特点等因素，确定设计的计算模型与方法；

6 矿山法施工的结构，应及时向初期支护背后和初期支护与二次衬砌之间压注结硬性浆液，确保围岩与结构的共同作用。

10.3.8 当地下结构构件直接承受列车荷载时，应考虑动力作用的影响，其计算及构造应符合国家现行标准《铁路桥涵钢筋混凝土和预应力混凝土结构设计规范》TB 10002.3 的相关规定。

10.3.9 当地下结构上方直接承受汽车荷载时，其计算及构造应符合国家现行标准《公路桥涵设计通用规范》JTGD 60 的相关要求。

10.4 构造要求

10.4.1 变形缝的设置应符合下列规定：

1 地下结构应根据施工工艺、围岩条件、气温变化、结构变形等情况考虑设置温度变形缝；缝的间距和构造可参照类似工程或当地工程的经验确定；

2 当结构纵向刚度突变、荷载和地基发生变化，可能引起较大的差异沉降而在结构中设置变形缝时，应采取可靠措施，确保变形缝两边的沉降差控制在允许变形范围内，并不影响正常的使用和行车安全；

3 在车站结构与出入口通道等附属结构、出入口通道与周边地下建筑物、区间隧道与地面和高架结构的结合部应设置变形缝。

10.4.2 钢筋的混凝土保护层厚度应符合下列规定：

1 钢筋混凝土构件中受力钢筋的混凝土保护层的厚度不得小于钢筋的公称直径，且在一般环境条件下应符合表 10.4.2 的规定；

2 车站结构中梁、柱、板、墙等主要受力构件，以及隧道衬砌中的箍筋、分布筋和构造筋的混凝土保护层厚度不得小于 20mm；

3 钢筋的混凝土保护层厚度除满足上述一般规定时，尚应符合混凝土结构的环境类别和耐久性设计所提出的要求。

10.4.3 钢筋混凝土结构构件中纵向受力钢筋的截面最小配筋率应符合表 10.4.3 的规定。

表 10.4.2 混凝土保护层最小厚度（mm）

结构类别	明挖施工的结构											矿山法施工的结构		
	地下连续墙		灌注桩	钻孔咬合桩	顶板		楼板	侧墙		底板		初期支护或喷锚衬砌		二次衬砌
	外侧	内侧			外侧	内侧		外侧	内侧	外侧	内侧	外侧	内侧	
保护层厚度	70	50	70	80	50	40	30	50	40	50	40	40	40	35

注：1 车站内的楼梯及站台板等内部构件主筋的保护层厚度可采用 25mm；
2 侧墙采用叠合结构形式时，内衬墙主筋的保护层厚度采用 30mm；
3 矿山法施工的结构当二次衬砌的厚度大于 50cm 时，主筋的保护层厚度应采用 40mm。

表 10.4.3 钢筋混凝土结构构件中纵向受力钢筋的最小配筋百分率（%）

受力类型		最小配筋百分率				
受压构件	全部纵向钢筋	0.6				
	一侧纵向钢筋	0.2				
受弯构件、偏心受拉、轴心受拉构件一侧的受拉钢筋	钢筋种类	混凝土强度等级				
		C20	C25	C30	C40	C50
	HPB235	0.25	0.25	0.30	0.35	0.40
	HRB335	0.20	0.20	0.20	0.25	0.30

注：1 偏心受拉构件中的受压钢筋，应按受压构件一侧纵向钢筋考虑；
2 受压构件的全部纵向钢筋和一侧纵向钢筋的配筋率，以及轴心受拉构件和小偏心受拉构件一侧受拉钢筋的配筋率应按构件的全截面面积计算；受弯构件、大偏心受拉构件一侧受拉钢筋的配筋率应按全截面面积扣除受压翼缘面积后的截面面积计算；
3 当钢筋沿构件截面周边布置时，“一侧纵向钢筋”系指沿受力方向两个对边中的一边布置的纵向钢筋。

10.4.4 明挖施工的地下结构周边构件和车站中楼板的分布钢筋宜采用 HRB335 级钢筋，每侧分布钢筋配筋率不宜低于 0.2%，分布钢筋的间距不宜大于150mm。

10.4.5 地下结构中的梁、柱、板、墙等混凝土构件的构造应满足现行国家标准《混凝土结构设计规范》GB 50010 的有关规定。当按规定的人防抗力等级设防时，还应满足国家现行相关标准的规定。

11 工 程 防 水

11.1 一 般 规 定

11.1.1 跨座式单轨交通工程防水设计应根据结构构造特点、使用要求、环境类别、施工方法等进行，并应满足结构的安全、耐久和使用要求。

11.1.2 工程防水设计应符合"以防为主、刚柔结合、因地制宜、综合治理"的原则，并应定级正确、技术先进、方案可靠、经济合理、使用安全。

11.1.3 跨座式单轨交通地下工程的防水等级应符合下列规定：

1 地下车站结构的防水等级应为一级，不得有渗水，结构表面无湿渍；

2 地下区间隧道及联络通道等隧道结构防水等级应为二级，顶部不应滴水，底部不应积水。区间隧道的总湿渍面积不应大于总防水面积的 2‰，任意 100m² 内防水面积上的湿渍不应超过 3 处，单个湿渍最大面积不应大于 0.2m²，其中，隧道工程平均渗漏量不应大于 0.05L/(m²·d)，任意 100m² 的渗漏量不应大于 0.15L/(m²·d)。湿渍应按面积大小换算后计入渗漏量中。

11.1.4 跨座式单轨交通应根据所处环境条件及运营的特点进行钢结构防腐蚀设计。

11.2 混凝土结构自防水

11.2.1 车站与区间的防水混凝土结构应符合下列规定：

1 结构厚度不应小于 250mm；

2 裂缝宽度应符合本规范第 10.3.5 条的规定；

3 保护层厚度应符合本规范表 10.4.2 的规定；

4 防水混凝土抗渗等级不应小于 P8。

11.2.2 地下连续墙、钻孔咬合桩等围护结构作为与内衬墙构成叠合结构时，应采用防水混凝土。防水混凝土的抗渗等级应比现行国家标准《地下工程防水技术规范》GB 50108 有关与埋深对应的规定等级降低一级。地下连续墙、钻孔咬合桩等围护结构作为分离墙时不要求抗渗等级。

11.2.3 地下车站结构和区间结构应根据环境类别与结构形式确定设置缝的种类与距离。

11.2.4 地下车站与区间混凝土结构的顶、底板不应设水平施工缝。结构垂直施工缝的间距宜控制在 6～25m 范围内。

11.2.5 防水混凝土的水胶比不应大于 0.50，在侵蚀性地层时，水胶比不应大于 0.45，并应严格控制胶凝材料用量。混凝土碱含量不应大于 3.0kg/m³，混凝土中的氯离子含量不应大于胶凝材料总量的 0.06%。

11.2.6 防水混凝土选用水泥品种宜采用低水化热、低含碱量的硅酸盐水泥或普通硅酸盐水泥，应避免使用早强水泥和高铝酸三钙的水泥。

防水混凝土可根据以下规定添加掺合料：

1 根据现行国家标准《用于水泥和混凝土中的粉煤灰》GB 1596规定添加不低于Ⅱ级的粉煤灰；

2 根据现行国家标准《用于水泥和混凝土的粒化高炉矿渣粉》GB/T 18046 规定添加矿渣微粉等活性矿物掺合料；

3 根据现行国家标准《高强高性能混凝土用矿物外加剂》GB/T 18736 规定添加硅灰；

4 选用的掺合料不宜小于胶凝材料总量的 20%，掺入量应根据试配验证后确定。

11.2.7 粗骨料宜选用 5～25mm 连续级配的碎石，针片状颗粒含量应不大于 8%。同时，还应规定砂粒的细度模数为 2.3～3.0。此外，应控制石子和砂粒的含泥量，其质量要求应符合国家现行标准《普通混凝土用砂、石质量及检验方法标准》JGJ 52 的规定。

11.3 附加防水层

11.3.1 应根据结构构造特点、水文地质条件、施工环境条件等选择附加防水层的种类和设置方法。

11.3.2 地下车站与区间隧道当处于腐蚀性介质地层和地下水丰富的地层中，宜采用全包柔性附加防水层。附加防水层应设在迎水面或复合式衬砌间，在结构构造限制的条件下（如叠合式结构）可设内防水层。

11.3.3 矿山法施工的暗挖车站或地下区间的复合式衬砌，应结合工程实际在初期支护和内衬模筑混凝土间设置夹层防水层。防水层的设置应符合以下要求：

1 基面不平整度（D/L）应控制在 1/10～1/6 的范围内，D 为初期支护基层相邻两凸面凹进的深度，L 为初期支护基层相邻两凸面的间距；

2 塑料防水板背后应设置相应的分区注浆系统；

3 塑料防水板的接头应采用双缝热风焊，并进行真空检漏保证密封。

11.3.4 放坡或有支护的明挖隧道结构防水层可采用涂料、卷材、聚合物水泥（或砂浆）等现行国家标准《地下工程防水技术规范》GB 50108 中规定的防水层。

11.3.5 地下车站与区间隧道选用的不同防水材料应能相容，或可通过搭接材料过渡，形成连续整体密封体系。车站与地下区间隧道的结合部宜采用刚柔结合的密封区，并应根据结构构造形式选择与其匹配的防水措施。

11.4 细部构造防水

11.4.1 基坑中间桩与底板接头防水应满足下列要求：

1 基坑中间桩桩头与底板混凝土结合面，应采用水泥基渗透结晶型防水材料或混凝土界面处理剂等材料处理，并应采用遇水膨胀止水条或密封胶等兜绕成圈密闭；

2 当桩头穿越底板防水层时，穿孔处周边应采用柔性涂层或遇水膨胀类止水条、密封胶封实。

11.4.2 基坑支撑窗洞防水应满足下列要求：

1 支撑割（拆）除后，在内衬上留有的窗洞施工缝，其缝面应清洗干净，并宜涂0.8～1.5mm厚的界面处理剂；

2 窗洞施工缝缝面宜设置遇水膨胀止水条（胶）或预留注浆管。

11.4.3 施工缝防水应符合下列规定：

1 水平施工缝止水宜采用止水带、缓膨胀类遇水膨胀止水条等；

2 垂直施工缝止水宜采用宽度不大于250mm的中埋式钢边橡胶止水带、中埋式橡胶止水带或遇水膨胀止水条等；

3 水平施工缝在浇筑混凝土前，应清除表面杂物及浮浆，应凿毛或涂混凝土界面剂、水泥基渗透结晶防水涂料等，再铺以30～50mm的1∶1～1∶2水泥砂浆；垂直施工缝在浇筑混凝土前，应凿毛或涂界面处理剂、水泥基渗透结晶防水涂料等；

4 逆筑法施工的施工缝止水条应采用水泥钉辅以胶粘剂于缝面逆向固定，并宜采用涂界面处理剂及补注浆等密封措施。

11.4.4 变形缝防水应符合下列规定：

1 应根据设计的防水等级、埋深水压、伸缩量大小，确定变形缝的设防道数、止水带（条）的形式与性能；

2 变形缝防水应首选中埋式止水带，其次选外贴式止水带、附贴式或可卸式止水带等内装式止水带；变形缝迎水与背水面的嵌缝胶，应分别采用拉伸模量小于和大于0.4MPa的密封胶；

3 变形缝防水中埋式止水带的设置：顶、底板的止水带应采用V形安装，止水转弯半径应不小于250mm，止水带接头应不超过二处，并应设在顶部。

11.4.5 地下车站与区间隧道结构应严格控制相对沉降变形、允许伸缩变形，设计变形缝的距离应根据本规范第10.4.1条的规定确定。变形缝缝宽宜为10～25mm，变形缝缝内应衬入低泊桑比的衬垫材料（如低密度聚乙烯板、丁腈软木橡胶板等）。顶板或拱顶变形缝内侧下宜预留疏排水管槽。

11.4.6 车站顶板结构如有大开孔，开孔处至相邻设缝的范围内浇筑的混凝土宜添加钢纤维。顶板、底板、侧墙浇筑的混凝土可采取掺入抗裂防水剂、合成纤维等措施加强防裂抗渗。

12 通风、空调与采暖

12.1 一 般 规 定

12.1.1 跨座式单轨交通的内部空气环境应采用通风、空调或采暖系统进行控制。

12.1.2 跨座式单轨交通的内部空气环境范围应包括地下车站（站厅、站台、设备及管理用房、出入口通道、换乘通道）、地下区间（隧道、渡线、折返线、存车线、尽端线隧道等）、地面及高架车站，以及控制中心、车辆基地、主变电所等。

12.1.3 跨座式单轨交通的通风、空调与采暖系统应保证其内部空气环境能满足人员健康和设备正常运转的需要。

12.1.4 跨座式单轨交通通风、空调与采暖系统应具有下列功能：

1 当列车在正常运行时，应保证内部空气环境在规定标准范围内；

2 当列车阻塞在地下区间内时，应保证阻塞处的有效通风功能；

3 当列车在地下区间发生火灾事故时，应具备防烟排烟、通风功能；

4 当车站内发生火灾事故时，应具备防烟排烟、通风功能。

12.1.5 跨座式单轨交通的通风、空调与采暖系统设计和设备配置应充分考虑运营节能，并宜充分利用自然冷、热源。

12.1.6 在夏季当地年最热月月平均温度的平均值超过25℃时，应通过技术经济比较确定地下车站是否采用空调系统。

12.1.7 通风、空调与采暖系统应按预测的远期客流量和最大的通过能力设计，设备配置应分期实施。

12.1.8 通风、空调与采暖系统的设备、管道及配件布置应为安装、操作、测量、调试和维修预留空间位置，通风和空调系统的机房内应设置设备起吊和冲洗设施。

12.1.9 设计应为大型通风和空调设备预留运输、安装通道及孔洞，并能装设起吊设施。

12.1.10 通风、空调与采暖系统应选用高效、节能、紧凑型设备，系统设置应考虑综合的节能措施。

12.1.11 通风、空调与采暖系统的管材及保温材料、消声材料应采用不燃材料，当局部部位采用不燃材料有困难时，应采用不低于B1级的防火材料。管材及保温材料应具有防潮、防腐、防蛀、耐老化和无毒的性能。

12.1.12 控制中心、车辆基地、主变电所等地面相关建筑的通风、空调与采暖系统设计，除应满足工艺要求外，并应符合地面建筑现行有关设计规范的规定。

12.2 地面及高架线路

12.2.1 高架线和地面线车站的站厅和站台宜采用自然通风。必要时，站厅可设置机械通风或空调系统。

12.2.2 通风、空调与采暖的室外空气计算温度、相对湿度应符合现行国家标准《采暖通风与空气调节设计规范》GB 50019的规定。

12.2.3 站厅采用机械通风系统时，站厅内的夏季计算温度不应超过室外计算温度3℃，且最高不应超过35℃。

12.2.4 站厅层设置空调系统时应符合下列规定：

1 站厅内的夏季计算温度应为29～30℃，相对湿度不应大于65%；

2 站厅通向站台的楼梯口、扶梯口处以及出入口宜设置风幕。

12.2.5 地面变电站宜采用自然通风降温；当自然通风不能达到设备对环境要求时，采用机械排风、自然进风的方式。

12.2.6 对于累年最冷月份室外平均温度低于－10℃的严寒地区的地面车站和高架车站的站台可不设采暖装置，站厅宜设采暖系统，其他地区车站的站厅、站台可不设置采暖系统。

12.2.7 站厅设采暖系统时，站厅内的设计温度为12℃，站厅的出入口和站厅通向站台的楼梯口、扶梯口应设热风幕。

12.2.8 采暖地区的车站管理用房应设采暖装置。

12.2.9 车站设备用房应根据工艺要求设置通风、空调与采暖系统，设计温度按工艺要求确定。

12.2.10 采暖室外计算温度及其他规定应符合现行国家标准《采暖通风与空气调节设计规范》GB 50019的规定。

12.2.11 热源应尽可能采用附近热网，无条件时可采用无污染的热源。

12.3 地 下 线 路

Ⅰ 地 下 车 站

12.3.1 地下车站的新风进风应直接采自大气，排风应直接排出地面。

12.3.2 地下车站可不设采暖系统。

12.3.3 地下车站夏季室外空气计算温度应符合下列规定：

1 夏季通风室外空气计算温度采用近20年最热月月平均温度的平均值；

2 夏季空调室外空气计算干球温度采用近20年夏季跨座式单轨交通晚高峰负荷时平均每年不保证30h的干球温度；

3 夏季空调室外空气计算湿球温度采用近20年夏季跨座式单轨交通晚高峰负荷时平均每年不保证30h的湿球温度。

12.3.4 地下车站夏季站内空气计算温度和相对湿度应符合下列规定：

1 当车站采用通风系统时，站内夏季的空气计算温度不应高于室外空气计算温度5℃，且不应超过30℃；

2 当车站采用空调系统时，站厅的空气计算温度应比空调室外空气计算干球温度低2～3℃，且不应超过30℃；站台的空气计算温度应比站厅的空气计算温度低1～2℃，相对湿度均应在40%～65%之间。

12.3.5 地下车站冬季室外空气计算温度应采用近20年最冷月月平均温度的平均值。

12.3.6 地下车站冬季站内空气计算温度应不高于当地地层的自然温度，但最低温度不应低于12℃。

12.3.7 当通风系统采用开式运行时，每个乘客每小时需供应的新鲜空气量不应少于30m³；当采用闭式运行时，其新鲜空气量不应少于12.6m³，且系统的新风量不应少于总送风量的10%。

12.3.8 当采用空调系统时，每个乘客每小时需供应的新鲜空气量不应少于12.6m³，且系统的新风量不应少于总送风量的10%。

12.3.9 通风和空调系统设备运转传至站厅、站台厅的噪声不得超过70dB（A）。

12.3.10 地下车站宜在列车停靠在车站时的发热部位设置排风系统。

12.3.11 地下车站内空气中的CO_2浓度应小于1.5‰。

12.3.12 地下车站空气中可吸入颗粒物的日平均浓度应小于0.25mg/m³。

12.3.13 站厅和站台厅的瞬时风速不宜大于5m/s。

12.3.14 地下车站的出入口通道和长通道连续长度大于60m时，应采取通风或其他降温措施。

Ⅱ 地下车站设备及管理用房

12.3.15 地下车站的各类用房的新风进风应直接采自大气，排风应直接排出地面。

12.3.16 地下牵引变电所、降压变电所应设置机械通风系统，排风宜直接排至地面。通风量按排除余热量计算。当余热量很大，采用机械通风系统技术经济性不合理时，可设置冷风系统。

12.3.17 厕所应设置独立的机械排风、自然进风系统，排除的气体应直接排出地面。

12.3.18 采用气体灭火的房间应设置机械通风系统，排除的气体必须直接排出地面。

12.3.19 地下车站设备及管理用房的室外空气计算温度应符合下列规定：

1 夏季通风室外计算温度，应采用历年最热月14时的月平均温度的平均值；

2 夏季空调室外计算干球温度，应采用历年平均不保证50h的干球温度；

3 夏季空调室外计算湿球温度，应采用历年平均不保证50h的湿球温度。

12.3.20 地下车站内的设备及管理用房的室内计算温度、相对湿度和换气次数应符合表12.3.20的规定。

表12.3.20 车站设备及管理用房计算温度与换气次数

房间名称	冬季	夏季		小时换气次数	
	计算温度（℃）	计算温度（℃）	相对湿度（%）	进风	排风
站长室、站务室、值班室、休息室	16	27	＜65	6	6
车站控制室、广播室、控制室	18	27	40～60	6	5
售票室、票务室	18	27	40～60	6	5
车票分类/编码室、自动售检票机房	16	27	40～60	6	6
通信设备室、通信电源室、信号设备室、信号电源室	12	27	40～60	6	5
降压变电所、牵引降压混合变电所	—	36		按排除余热计算风量	
配电室、机械室	16	36	—	4	4
更衣室、修理间、清扫员室	16	27	＜65	6	6
公共安全室、会议交接班室	16	27	＜65	6	6
蓄电池室	16	30	—	6	6

续表12.3.20

房间名称	冬季	夏季		小时换气次数	
	计算温度（℃）	计算温度（℃）	相对湿度（%）	进风	排风
茶水室	—	—	—	—	10
盥洗室、车站用品间	—	—	—	4	4
清扫工具间、气瓶室、储藏室	—	—	—	—	4
污水泵房、废水泵房、消防泵房	5	—	—	—	4
通风和空调机房、冷冻机房	—	—	—	6	6
折返线维修用房	12	30	—	—	6
厕所	＞5	—	—	—	排风

注：小时换气次数是指通风工况下房间的最小换气量，厕所排风量每坑位按100m^3/h计算，且小时换气次数不宜少于10次。

12.3.21 地下车站设备及管理用房内每个工作人员每小时需供应的新鲜空气量不应少于30m^3，且新风量不少于总风量的10%。

12.3.22 地下车站设备及管理用房内空气中的CO_2浓度应小于1.5‰。

12.3.23 地下车站设备及管理用房内空气中的可吸入颗粒物的日平均浓度应小于0.25mg/m^3。

12.3.24 地下车站设备及管理用房的通风系统、空调系统应有消声和减振措施。通风、空调设备传至各房间内的噪声不得超过60dB(A)。

12.3.25 通风和空调机房内的噪声不得超过90dB(A)。

Ⅲ 地下区间

12.3.26 地下区间正常通风应采用活塞通风，当活塞通风不能满足排除余热要求或布置活塞通风道有困难时，应设置机械通风系统。

12.3.27 地下区间通风系统的新风进风应直接采自大气，排风应直接排出地面。

12.3.28 在计算隧道通风风量时，室外空气计算温度应符合下列规定：

1 夏季为近20年最热月月平均温度的平均值；

2 冬季为近20年最冷月月平均温度的平均值。

12.3.29 区间隧道夏季的最高温度应符合下列规定：

1 列车车厢不设置空调时，不得高于33℃；

2 列车厢设置空调，车站站台不设置屏蔽门时，不得高于35℃；

3 列车车厢设置空调，车站站台设置屏蔽门时，不得高于40℃。

12.3.30 区间隧道冬季的平均温度不宜高于当地地层的自然温度，但最低温度不应低于5℃。

12.3.31 当需要在区间中部设置通风道时，通风道应设于区间隧道长度的1/2处，在困难情况下，其位置可移至不小于该区间隧道长度的1/3处，但离车站端部或洞口不宜小于400m。

Ⅳ 风亭、风道和风井

12.3.32 正常情况下，通风道和风井的风速不宜大于8m/s，站台下排风风道和列车顶部排风风道的风速不宜大于15m/s，风亭格栅的迎面风速不宜大于4m/s。

12.3.33 风亭出口的噪声应符合现行国家标准《城市区域环境噪声标准》GB 3096的规定。

12.4 空调冷源及水系统

12.4.1 空调系统的冷源应优先考虑自然冷源，无条件时可采用人工冷源，设于地下线路内的空调冷源宜采用电动压缩式制冷机组。

12.4.2 执行分时电价，峰谷电价差较大的地区，经技术经济综合比较，可采用蓄冷系统。

12.4.3 冷冻机房内冷水机组的选用不宜少于2台，可不设置备用机组，当只选用一台冷水机组时，宜选用多机头联控型机组。

12.4.4 冷冻水系统应采用闭式水系统，冷冻水泵宜与冷水机组一一匹配设置，可不设置备用泵。

12.4.5 冷却水应循环使用，冷却水泵宜与冷水机组一一匹配设置，可不设置备用泵。

12.4.6 冷却水的水质应符合现行国家标准《工业循环冷却水处理设计规范》GB 50050及有关产品对水质的要求。

12.4.7 冷却塔应设置在通风良好的地方，并与周围环境相协调，其噪声应符合现行国家标准《城市区域环境噪声标准》GB 3096的规定。

12.5 通风与空调系统控制

12.5.1 通风和空调系统应根据当地的气候条件、跨座式单轨交通的热负荷情况及变化规律，制定科学、合理的运营模式，以满足人员正常需要和设备正常运转的要求，并充分实现系统的运营节能。

12.5.2 地下车站的通风和空调系统宜设就地控制、车站控制和中央控制的三级控制。

12.5.3 地下车站设备及管理用房通风和空调系统宜设就地控制、车站控制的两级控制。

12.5.4 地下区间通风系统宜设就地控制、车站控制、中央控制的三级控制。

12.5.5 地面和高架车站通风和空调系统宜设就地控制、车站控制的两级控制。

12.6 其 他

12.6.1 控制中心、车辆基地、主变电所等地面相关建筑应在满足工艺要求的前提下，按照地面建筑现行有关设计规范的规定执行。

12.6.2 跨座式单轨交通地面相关建筑的通风、空调与采暖系统的设计方案应根据建筑物的用途、功能、使用要求和设备运行需求等，结合国家有关安全、环保、节能等方针、政策，通过综合技术经济比较确定。

13 给水与排水

13.1 一 般 规 定

13.1.1 跨座式单轨交通给水设计必须满足生产、生活和消防用水对水量、水压、水质的要求。

13.1.2 跨座式单轨交通的给水水源应优先采用城市自来水，当沿线无城市自来水时，应采取其他可靠的符合要求的供水水源。

13.1.3 给排水设计应考虑节约用水和综合利用措施，设备应选用节能产品。换乘站的给排水设备有条件时应考虑共用。

13.1.4 对太阳能资源较好的城市，给水宜利用太阳能热水。

13.1.5 跨座式单轨交通的排水系统，除生活及粪便污水应单独排放外，结构渗漏水、冲洗及消防废水和地下工程的列车出入线洞口、敞开出入口及风口的雨水可按合流制排放，但生活及粪便污水的排放必须符合当地和现行国家排水标准的规定。

13.1.6 给水设备的自动化程度，应根据运营管理的需要，结合当地具体情况，经过技术经济比较确定，但排水设备应按自动化管理设计。

13.2 给 水 系 统

13.2.1 给水系统主要分为生产及生活给水系统和消防给水系统。为保证工作人员饮用水的水质，车站内应采用生产及生活用水和消防用水分开的给水系统。地下区间隧道的冲洗用水宜采用和消防用水共用系统。

13.2.2 地下车站及地面高架车站生产、生活给水系统，宜设置为枝状管网。

13.2.3 给水系统的用水量定额应符合下列规定：

1 工作人员的生活用水量为30～60L/(人·班)，小时变化系数为2.5～2.0；

2　车站冲洗用水量为2～4L/(m²·次)，每日冲洗时间宜按1h计算；

3　冷水机组水系统的补充水量为冷却循环水量2%～3%；

4　生产用水应按工艺要求确定；

5　消防用水应符合本规范第23章的有关规定。

13.2.4　给水系统的水质和防水质污染应符合下列规定：

1　生活用水的水质，应符合现行国家标准《生活饮用水卫生标准》GB 5749的规定；

2　生产和消防用水的水质，应按工艺要求确定；

3　由城市自来水管引入车站的消防给水管上应设倒流防止器。

13.2.5　给水系统的水压应符合下列规定：

1　生活用水设备和卫生器具的水压，应符合现行国家标准《建筑给水排水设计规范》GB 50015的规定；

2　生产用水的水压应按工艺要求确定；

3　消防用水的水压应符合本规范第23章的规定。

13.2.6　给水管道布置和敷设应符合下列规定：

1　地下车站生产、生活和消防用水的城市自来水引入管宜由风道或人行通道引入，并和车站给水系统管网相接；

2　区间隧道给水干管的布置，宜设在行车方向右侧，且管道阀门和消火栓的设置应满足限界的要求；

3　给水管不得穿过变电所、通信信号机房、车站控制室和配电室等房间；

4　给水管处在环境温度3℃以下的场所及有可能结露的场所时，应有防冻或防结露措施，对消防给水管宜考虑电伴热保温；

5　管道的伸缩补偿器应按环境温度和管内水温变化等因素计算确定，但管道穿过结构伸缩缝、沉降缝、变形缝时，应设置管道伸缩器和剪切变形装置；

6　给水管穿过主体结构时，应设柔性防水套管。

13.2.7　管材、附件及主要设备选型应符合下列规定：

1　设在站台板下及区间隧道的给水管，宜采用球墨铸铁给水管及胶圈接口，但管卡间距不宜大于2m，管道转弯处和距接口不大于1m处应设管卡，曲线段管道和管道转接处宜采用法兰接口安装；

2　设在吊顶内的消防给水管，宜采用内外热镀锌钢管；

3　生活给水管应采用符合生活饮用水卫生标准的管材；

4　室外给水管道宜采用球墨铸铁给水管；

5　由市政自来水管道引入车站的生活给水管在地面应设水表井及相关阀门；

6　站厅及站台的两端应设冲洗水栓，且宜单独设置在冲洗水栓箱内；

7　区间隧道宜每隔100m设一个冲洗水栓。

13.3　排水系统

13.3.1　排水量标准应符合下列规定：

1　生活用水排水量按生活用水量的95%计算；

2　生产排水量按工艺要求确定；

3　冲洗及消防废水排水量和用水量相同；

4　地下结构渗水量按0.5～1L/(m²·d)计算；

5　排雨水量按列车出入线洞口、敞开出入口和风口的汇水面积及当地50年一遇的暴雨强度计算。

13.3.2　跨座式单轨交通的排水系统主要分为污水排水系统、冲洗、消防废水及结构渗漏水排水系统和列车出入洞口、敞开出入口及风口的雨水排水系统。

13.3.3　排水系统排水泵站（房）的设置，应符合现行国家标准《地铁设计规范》GB 50157的规定。

13.3.4　高架和地面车站、控制中心和车辆基地等地面建筑的雨水排水量，应按5～10年最大暴雨强度计算，集流时间为5～10min。

13.3.5　地下车站站厅层边墙处及站台层宜每隔50m设地漏和排水立管，将废水排入站台层线路排水沟，自流入排水泵房的集水池。

13.3.6　地面及高架车站的污水、废水和雨水宜按重力流方式排入城市污水及雨水排水系统。地下站厅或站台层及地下通道，应按现行国家标准《地铁设计规范》GB 50157的规定设置排水设施。

13.3.7　当污水沿城市污水排水系统可排入污水处理场时，是否设化粪池，应和当地城市市政管理部门商定。

13.3.8　主排水泵站、洞口排水泵站、车站排水泵房的排水泵宜于地面设压力检查井，由压力检查井和城市排水管道相接。检查井距建筑物外墙不应小于3m。洞口排水泵站宜设2～3根压力排水管，其他泵站（房）宜设1～2根压力排水管。

13.3.9　排水管道管材及排水泵选择应符合下列规定：

1　压力排水管宜采用普通钢管或内外热镀锌钢管，如处在有腐蚀性的地区宜采用钢塑管；

2　重力流排水管宜采用阻燃型UPVC排水管；

3　排水泵宜设计为自灌式潜污泵，并自带反冲洗装置。

13.4　车辆基地给排水及消防系统

13.4.1　给水用水量定额应按现行国家标准《建筑给水排水设计规范》GB 50015的规定执行。消防用水量应按现行国家标准《建筑设计防火规范》GB 50016的规定执行。

13.4.2 给水水源应采用城市自来水。

13.4.3 给水系统及给水设施应符合下列规定：

1 在技术经济合理的情况下，室外生产、生活和消防给水系统可按共用系统设计，也可按生产、生活和消防给水系统分开设计；

2 室内应按生产、生活和消防给水分开设计；

3 当城市自来水供水量和供水压力不能满足生产、生活用水要求时，应设加压泵和蓄水池；

4 室内应采用符合生活饮用水标准的管材；

5 车辆基地应设消防给水系统，其设计应按现行国家标准《建筑设计防火规范》GB 50016 的规定执行；

6 如果城市自来水有两路水源，能保证消防用水量和供水压力时，可不设消防泵及消防水池；

7 在必须设消防泵房和消防水池时，消防水池容积应满足室内外消防用水量的需要；

8 室外及室内消防给水管应布置为环状管网，室外每隔 120m 设一座室外消火栓井，每隔 80m 设一个给水栓，消防稳压方式宜采用高位水箱或水塔，如设置高位水箱或水塔有困难时，可另设稳压装置；

9 室外管材宜采用球墨铸铁给水管，室内消防水管应采用内外热镀锌钢管。

13.4.4 排水量定额应符合下列规定：

1 生活排水量按用水量的 90%～95%确定；

2 生产用水排水量按工艺要求确定；

3 冲洗和消防废水排水量和用水量相同。

13.4.5 缺水地区符合建设中水设施的车辆基地，应按照当地有关规定配套建设中水设施，中水设施必须与主体工程同时设计、同时施工。

13.4.6 车辆基地的停车列检库、检修库、试车线的检修坑和电缆沟、人行地道等低洼处，应有排水措施。

13.4.7 室内排水管宜采用阻燃型 UPVC 管，室外排水管宜采用塑料管或钢筋混凝土管。

13.4.8 对含油、含酸及含碱的生产废水，如不符合当地及国家规定的排放标准时，应经过处理达到排放标准后排放，并尽量回收利用。

13.4.9 如果车辆基地及停车场附近无城市污水排水系统时，其生活污水应按国家规定的排放标准进行处理，达到标准后排放。

13.4.10 车辆基地有条件时宜设置雨水收集和利用设施。

13.5 排水设备配置与监控

13.5.1 地下车站排水泵、区间主排水泵和洞口排水泵的配置与监控应符合下列规定：

1 设两台或三台排水泵时，平时一台或两台工作，最大水量时两台或三台同时工作；

2 排水泵应有自动控制和就地控制功能，必要时由车站控制室远程控制；

3 排水泵站（房）的集水池应设最高水位、开泵及停泵水位信号，并应设停泵水位信号发生故障后不停泵时的报警功能；

4 上述各种排水泵的工作状态及水位信号宜在车站控制室显示，但洞口排水泵的工作状态宜在控制中心显示。

13.5.2 地下车站污水泵、局部排水泵和临时排水泵的配置与监控应符合下列规定：

1 设两台排水泵，一台工作一台备用，能自动和手动切换，可自动和就地控制；

2 设最高水位报警信号和开泵停泵水位信号；如停泵水位信号发生故障时，应有不停泵时的报警功能；

3 排水泵工作状态应在车站控制室显示。

14 供 电

14.1 一 般 规 定

14.1.1 供电系统应包括电源系统、牵引供电系统、动力照明系统、电力监控系统（SCADA）和防雷接地系统。电源系统应包括外部电源、主变电所（或电源开闭所）、中心降压变电所、中压供电网络和自备电源；牵引供电系统包括牵引变电所和接触网；动力照明系统包括降压变电所和动力照明配电系统。

14.1.2 跨座式单轨交通应从城市公共电网取得电源，外部电源供电方案应根据线网规划和城市电网进行规划设计，电源变电所可采用 35kV 及以上集中供电方式，并尽量实现资源共享。

14.1.3 供电系统应满足供电安全、可靠、经济、优质运行的基本要求，供电系统的规模和设计容量应按远期高峰小时的用电负荷要求进行设计，可按一次建成或分期建成的方式进行建设。电源系统设计应根据建设要求，从可行性研究阶段开始会同城市电力部门确定下列各项：

1 外部电源供电方案和电源变电所设置；

2 供电系统的一次接线方案；

3 近、远期外部电源容量和电压偏差范围；

4 电能计量要求；

5 城市电网近、远期的规划资料和系统参数；

6 城市电网变电所出线继电保护与供电系统进线继电保护的设置和时限配合；

7 电力调度的要求和管理分工。

14.1.4 跨座式单轨交通中压供电网络的电压等级可采用 35kV、20kV 和 10kV。对于集中式供电方案，中压供电网络的电压等级应根据用电容量、供电距离、轨道梁下电缆敷设空间、城市电网现状及发展规划等因素，经技术经济综合比较确定。

14.1.5 跨座式单轨交通牵引用电负荷应为一级负荷；动力照明等用电负荷可分为一级负荷、二级负荷和三级负荷。

14.1.6 一级负荷应由双电源双回线路供电，当一个电源发生故障时，另一个电源不应同时受到损坏。一级负荷中特别重要的负荷，除由双电源供电外，尚应增设应急电源。

14.1.7 二级负荷宜由双回线路供电；对电梯及其他距变电所不超过半个站台有效长度的负荷，可由双电源单回线路供电；对电梯及其他距变电所超过 200m 长度的负荷，可由双电源双回线路供电。

14.1.8 三级负荷可为单电源单回线路供电，当系统中只有一个电源工作或供电容量不足时，允许自动切除该负荷。

14.1.9 下列电源可作为应急电源：

1 独立于正常电源的发电机组；

2 供电网络中独立于正常电源的专用馈电线路；

3 蓄电池。

14.1.10 在满足各种用电负荷供电要求的情况下，同一车站内的各种功能变电所应尽量合建。供电系统中的各类变电所均应有两个可靠的电源，每个进线电源的容量应满足变电所负担的全部一、二级负荷供电的要求。这两个电源可来自不同变电所，也可来自同一变电所的不同母线；在正常运行方式下，两个电源应同时供电且互为备用。主变电所应从城市电网至少接引两回电源进线，其中至少有一回为专线电源，并设两台有载调压主变压器。

14.1.11 供电系统的中压供电网络接线应简单、统一，便于运营管理及继电保护配置和减少系统电能损耗，宜采用环网接线，并采用牵引动力照明混合网络和按列车运行的远期通过能力设计；二回电源线路应互为备用，当变电所的任一回进线故障时，应由另一回进线负担其一、二级负荷的供电，中压网络末端的电压损失不宜超过 5%。

14.1.12 牵引负荷应根据线路条件、高峰时段的运行交路、行车密度、车辆编组和车辆性能等计算确定。

14.1.13 牵引网宜采用刚性接触网正极供电、刚性接触网负极回流、上下行分路双边供电的供电方式。直流牵引供电系统电压为 1500V，其波动范围为 1000～1800V。

14.1.14 在每座牵引变电所中应设两套整流机组，并采用等效 24 脉波整流方式。当一座牵引变电所解列时，由相邻牵引变电所实现越区供电。牵引变电所的布点和容量除应满足正常运行方式下远期高峰小时负荷要求外，还应满足该所越区供电时远期高峰小时的负荷需要。牵引整流机组的负荷特性应满足下列规定：

1 100%额定负荷——连续；

2 150%额定负荷——2h；

3 300%额定负荷——1min。

14.1.15 直流牵引系统及非线性用电设备所产生的谐波引起的电网电压正弦波形畸变率应予控制，并应满足电磁兼容的要求。

14.1.16 在供电系统中应设置列车再生制动能量吸收装置，设计方案应通过技术经济综合比较后确定。

14.1.17 为保证人身和车辆设备安全，应在每座车站及车辆基地和各牵引变电所中分别设置车体安全接地装置和接地保护装置。

14.1.18 主变电所的主变压器二次侧中性点宜采用小电阻接地方式，低压动力照明系统宜采用 TN-S 供电方式。

14.1.19 无功补偿应按整体平衡的原则考虑，对于在各降压变电所 0.4kV 侧分散就地补偿和在主变电所集中补偿的方案，应根据供电系统实际情况经技术经济比较后确定。

14.1.20 在车辆基地应设置供电工区，对供电设备进行管理与维护。

14.2 变电所

14.2.1 变电所可分为主变电所、电源开闭所、中心降压变电所、牵引变电所、降压变电所。当牵引变电所与降压变电所同时设置在同一车站时，宜合建成牵引降压混合变电所。

14.2.2 变电所的数量、容量及其在线路上的分布应在综合考虑的基础上由计算确定。牵引变电所间距的选择应满足供电容量、电压水平、电气保护等要求，变电所的选址应符合下列要求：

1 靠近负荷中心；

2 便于电缆线路引入、引出；

3 交通运输方便；

4 独立设置的变电所应靠近跨座式单轨交通线路，并应和城市规划相协调。该变电所与线路间应设置专用电缆通道。变电所的进所道路应利用城市或公用道路，新建进所道路和主要运输道路的宽度不应小于 3.5m 并具备回车条件。

14.2.3 变电所宜按无人值班设计。无人值班的变电所应根据跨座式单轨交通的特点采取必要的安全措施。

14.2.4 变电所的设备选择应安全可靠、技术先进和经济适用，应选用小型化、无油化、自动化、免维护或少维护、质量优良的产品，要适合于无人值班的运行条件。在地下变电所使用的电气设备及材料除应满足以上要求外，还应选用无卤、低烟、阻燃、低损耗、低噪声、防潮和无自爆型产品。

14.2.5 主变电所的主变压器台数和容量应根据近、远期负荷计算确定，宜分期实施，并在一台主变压器退出运行时其他变压器能负担供电范围内的一、二级负荷。

14.2.6 牵引整流机组的台数和容量应根据近、远期负荷计算确定，并在一座牵引变电所退出运行时，相邻的两座牵引变电所能分担其供电分区的牵引负荷。牵引变电所一台牵引整流机组退出运行时，另一台牵引整流机组具备运行条件时不应退出运行。

14.2.7 中心降压变电所、降压变电所变压器的容量应满足在一台变压器退出运行时，另一台变压器能负担其供电范围内的一、二级负荷。

14.2.8 变电所一次接线应在可靠的基础上力求简单。主变电所、中心降压变电所、降压变电所宜采用分段单母线接线。牵引变电所的整流机组宜接在同一段母线上；直流侧母线宜采用单母线接线。

14.2.9 主变电所电源侧宜设置谐波监测装置。

14.2.10 主变电所宜采用有载调压主变压器。

14.2.11 应根据车辆的型式设置列车再生制动能量吸收装置，该装置宜设置在牵引变电所，在变电所条件不满足或线路条件需要时，经计算也可设置在车站及区间。

14.2.12 牵引变电所的直流馈线回路应设置能分断最大短路电流和感性小电流的直流快速断路器。

14.2.13 牵引变电所直流负母线应经电阻接地，电阻值根据与车辆的保护情况计算确定。

14.2.14 变压器外廓与墙的最小净距为800mm，中低压配电室内的各种通道最小宽度应符合相关现行国家标准的规定。

14.2.15 变电所的交、直流操作电源屏的电源应分别接自变电所的两段低压母线。

14.2.16 变电所的直流操作电源屏宜采用成套装置，正常运行时蓄电池应处于浮充状态。

14.2.17 变电所的直流操作电源屏的蓄电池容量应满足变电所1h停电的需要。

14.2.18 变电所继电保护装置应力求简单，并应满足可靠性、选择性、灵敏性和速动性的要求。

14.2.19 对交流中压供电线路的下列故障或异常运行应设置相应的保护装置：

1 相间短路；

2 单相接地；

3 过负荷；

4 过电压。

14.2.20 对交流400V供电线路的下列故障或异常运行应设置相应的保护装置：

1 相间短路；

2 单相接地。

14.2.21 对干式变压器的下列故障或异常运行应设置相应的保护装置：

1 绕组及其引出线的相间短路和在中性点直接接地（或小电阻接地）侧的单相接地短路；

2 绕组的匝间短路；

3 外部相间短路引起的过电流；

4 过负荷；

5 变压器温度升高超过限值。

14.2.22 对于牵引整流器的下列故障或异常运行应设置相应的保护装置：

1 外部相间短路引起的过电流；

2 内部短路；

3 元件故障；

4 元件温度升高超过限值。

14.2.23 对于直流牵引进线的故障或异常运行应设置下列保护装置：

1 大电流脱扣；

2 过电流；

3 过电压；

4 直流牵引设备的框架；

5 直流接地漏电；

6 低电压。

14.2.24 对于直流牵引馈线的故障或异常运行应设置下列保护装置：

1 大电流脱扣；

2 过电流；

3 电流变化率及电流增量；

4 双边联跳；

5 直流牵引设备的框架；

6 直流接地漏电；

7 低电压。

14.2.25 对于直流再生制动能量吸收装置馈线的故障或异常运行应设置下列基本保护装置：

1 大电流脱扣；

2 过电流；

3 元件故障；

4 元件温度升高超过限值。

14.2.26 变电所各级电压的进线与其母线联络开关应设置备用电源自动投入装置。

14.2.27 变电所直流牵引馈线应设置具有在线检测故障功能的自动重合闸装置。

14.2.28 变电所综合自动化系统应具备下列基本功能：

1 保护、控制、信号、测量；

2 与SCADA系统良好的接口；

3 程序操作控制；

4 开放的通信接口；

5 系统在线故障自检。

14.2.29 变电所应有计量功能。

14.3 接 触 网

14.3.1 接触网应由正极接触轨和负极接触轨组成。正极接触轨和负极接触轨应分别通过上网电缆和回流电缆与牵引变电所连接。

14.3.2 接触轨的授流方式应为侧接触式。接触轨载流及授流部分应由汇流排和接触线组成。

14.3.3 接触轨的安装位置及安装误差应满足接触轨限界的要求。

14.3.4 车辆受流器与接触轨在相对运动中应可靠接触。

14.3.5 汇流排、接触线的材料及截面的选择应满足近、远期高峰小时牵引所故障运行模式下载流量和最低网压的要求。

14.3.6 接触网的坡度发生变化时应满足以下规定：

1 接触线相对于轨道梁走行面的坡度应小于7‰；

2 接触线相对于轨道梁侧面的坡度应小于1‰。

14.3.7 支持绝缘子及其配套零件的强度安全系数，应不低于国家现行标准《铁路电力牵引供电设计规范》TB 10009 的有关规定。

14.3.8 正常工作状态下，正线接触网应采用由两个相邻牵引变电所构成双边供电方式；当某个中间牵引变电所退出运行时，相关正线接触网应由与该牵引变电所相邻的两个牵引变电所通过直流母线或纵向联络开关等方式越区供电，即采用大双边供电方式。

14.3.9 牵引变电所直流快速断路器至正线接触网间应设置隔离开关。

14.3.10 上网电缆、回流电缆的根数及截面，应根据大双边供电方式下的远期负荷计算确定。除道岔区外，每个回路的电缆根数不得少于两根。

14.3.11 接触网的电分段应设在下列各处：

1 有牵引变电所车站的车辆惰行处；

2 车辆基地内不同功能线路衔接处；

3 车辆基地出入线与正线衔接处；

4 待避线与正线衔接处。

14.3.12 当终端车站后面的正线区段作折返线时，其接触网宜单独分段，并通过隔离开关与正线连接。

14.3.13 停车列检库、检修库、静调库、试车线的接触网，宜由牵引变电所直接馈电。每条库线的接触网应设置带接地刀闸的双极隔离开关。

14.3.14 在折返线处接触网供电应有主、备两路电源，并应分别接自上、下行的正线接触网。

14.3.15 车辆基地中的接触网，应具有来自车辆基地牵引变电所的主电源及来自正线的备用电源。

14.3.16 接触网设计的气象条件，地下部分应根据环境控制条件确定，其余应符合国家现行标准《铁路电力牵引供电设计规范》TB 10009 中的规定。

14.3.17 接触网带电部分和轨道梁之间的最小净距，一般支持点处应为96mm，馈线上网处应为70mm。

14.3.18 在车站线路正极侧、距地面小于3m的线路正极侧以及锚段关节电连接处，宜设置防护板。防护板电气性能与物理性能应满足相关技术要求。

14.3.19 在车站线路、车辆基地、故障停留线有人员上下车区段的负极侧，应设置车体接地板。车体接地板应采取温度补偿措施。车体接地板应可靠接地，接地电阻不应大于4Ω。

14.3.20 在正、负极接触轨上均应设置避雷器。避雷器应在下列位置设置：

1 地面高架区段每隔500m处；

2 地面高架区段馈线上网处；

3 隧道口处。

14.3.21 避雷器的工频接地电阻值不应大于10Ω。

14.3.22 接触轨的支持点间距应根据汇流排的结构特性、集中荷载、汇流排自重以及受流器接触压力等因素确定。

14.3.23 接触轨应按"之"字形布置，拉出值宜为±60mm。

14.3.24 接触轨的锚段长度，应根据环境温度、载流温升、材料线胀系数、锚段关节补偿量、线路条件等因素确定。

14.4 电 缆

14.4.1 供电系统所采用的电缆应具有无卤、低烟、阻燃等性能，其中地面区段所采用的电缆阻燃性能不应低于B级，地下区段所采用的电缆阻燃性能不应低于A级。电缆在地面或高架桥上敷设时，其外护套还应具有防紫外线的功能。

14.4.2 为便于施工安装，中压环网供电电力电缆和低压直流电力电缆宜采用单芯型式。敷设时，中压环网供电电力电缆宜采取"品"字形布置，低压直流电力电缆宜采取"一"字形布置。

14.4.3 供电电缆在高架区间敷设时，宜采用桥架并敷设于轨道梁下或疏散通道的电缆槽道内。

14.4.4 电缆中间接头宜设置在车站范围内。若必须设置在高架区间，电缆中间接头宜设置在桥墩上的电缆桥架中。

14.4.5 电缆敷设应满足车站、区间等处限界的要求。

14.4.6 车站或区间的接地干线应与每个金属电缆支架或吊架、桥架进行可靠电气连接，其两端应与变电所的接地网连接。

14.4.7 电缆桥架宜在桥墩处预留10～30mm的间隙作为桥架伸缩补偿用，电缆桥架的补偿处可同时设置接地扁钢的伸缩补偿，接地扁钢的补偿宜采用半径为100mm的半圆补偿环形式。

14.4.8 电缆在区间及车站内敷设时，各相关尺寸及距离应符合表14.4.8的规定。

表14.4.8 电缆敷设的各相关尺寸及距离（mm）

项目		电缆通道		电缆沟	
		水平	垂直	水平	垂直
两侧设支架的通道净宽		≥1000	—	≥300	—
一侧设支架的通道净宽		≥900	—	≥300	—
电缆支架层间距离	电力电缆	—	≥150 (200)	—	≥200 (250)
	控制电缆	—	≥100	—	120
电缆支架之间的距离	电力电缆	1000	1500	1000	—
	控制电缆	800	1000	800	—
车站站台板下电缆通道净高	人通行部分	—	≥1900	—	—
	电缆敷设部分	—	≥1300	—	—
变电所内电缆通道净高		—	≥1900	—	—
电力电缆之间的净距		≥35	—	≥35	—

注：1 表中括号内数字为35kV电缆标准；
2 电力电缆与控制电缆混敷时，电缆支架之间的距离宜采用控制电缆标准；
3 当确有困难时，地下车站站台板下电缆通道人通行部分的净高可适当降低，但不得低于1300mm。

14.4.9 电缆吊架应设防止磁回路闭合的措施。

14.4.10 当电缆在同一通道中的同侧多层支架上敷设时，应符合下列规定：

1 应按电压等级由高至低的电力电缆、强电至弱电的控制电缆和信号电缆、通信电缆的顺序排列；当电缆敷设需要满足电缆引入或引出弯曲半径的要求时，也可按电压等级由低至高的顺序排列；

2 当支架层数受空间大小限制时，35kV及以下相邻电压等级的电力电缆，可排列于同一层支架上，1kV及以下的电力电缆可与弱电电缆敷设在同一层支架上。

14.4.11 中压交流单相电力电缆的金属护层应直接接地，且在金属护层上任一点非接地处的正常感应电压应符合下列规定：

1 未采取不能任意接触金属护层的安全措施时，不得大于50V；

2 除上述情况外，不得大于100V。

14.4.12 中压电力电缆金属护层的有效截面，应满足在可能的电缆故障短路电流的要求。

14.4.13 在车站等建筑物设施内，数量较多的电缆垂直敷设时应采用电缆竖井。

14.4.14 直接支持电缆用的电缆支架、吊架的允许跨距，应满足相关国家标准的电力电缆敷设规定。

14.4.15 电力电缆在敷设时，应在电缆中间接头两侧、电缆进出支（桥）架端部、拐弯处等紧邻部位的电缆上，采用经防腐处理的电缆卡子进行刚性固定。对于交流单相电力电缆，固定的间距还应满足短路电动力的要求。

14.4.16 用于电缆固定的部件，禁用钢丝直接捆扎电缆；对于交流单相电力电缆的刚性固定，宜采用不构成磁性闭合回路的夹具。

14.4.17 直埋敷设的电缆，应避免位于地下管道的正上方或下方。电缆与管道或道路、构筑物、电缆等之间的最小允许距离，应符合表14.4.17的要求。

表14.4.17 直埋电缆与管道或道路、构筑物、电缆等之间的最小允许距离（m）

电缆直埋敷设时的配置情况		平行	交叉
控制电缆之间		—	0.5(注1)
电力电缆之间或与控制电缆之间	10kV及以下电力电缆	0.1	0.5(注1)
	10kV以上电力电缆	0.25(注2)	0.5(注1)
通信管线		0.15	0.05
不同部门使用的电缆		0.5(注2)	0.5(注1)
电缆与地下管沟	热力管沟	2.0(注3)	0.5(注1)
	油管或易燃气管道	1.0	0.5(注1)
	其他管道	0.5	0.5(注1)
电缆与建筑物基础		0.6(注3)	—
电缆与公路边		1.0(注3)	—
电缆与排水沟		1.0(注3)	—
电缆与树木的主干		0.7	—
电缆与1kV以下架空线电杆		1.0(注3)	—
电缆与1kV以上架空线杆塔基础		4.0(注3)	—

注：1 用隔板分隔或电缆穿管时可为0.25m；
2 用隔板分隔或电缆穿管时可为0.1m；
3 特殊情况可酌减但其值不应少于一半。

14.4.18 电缆从室外进入室内的入口处、电缆竖井的出入口处、电缆穿越建筑物隔墙楼板的孔洞处以及各供电设备与电缆夹层之间的电缆开孔处，应采取防止电缆火灾蔓延的阻燃封堵及分隔措施。

14.5 动力与照明

14.5.1 动力与照明用电设备的负荷分级应符合下列规定：

1 一级负荷：应急照明、变电所操作电源、火灾自动报警系统设备、消防系统设备、消防电梯、地下车站站厅与站台照明、地下区间照明、排烟系统用风机及电动阀门、通信系统设备、信号系统设备、道岔系统设备、电力监控系统设备、环境与设备监控系统设备、自动售检票系统设备、门禁系统设备、兼作疏散用的自动扶梯、安全门、屏蔽门、防护门、防淹门、排雨泵、地下车站及区间排水泵；

2 二级负荷：地上车站站厅和站台照明、附属房间照明、普通风机、排污泵、电梯、自动扶梯、自动人行道；

3 三级负荷：空调制冷及水系统设备、锅炉设备、广告照明、清洁设备、电热设备、维修设备等。

14.5.2 动力与照明负荷供电方式应符合下列规定：

1 一级负荷由两回独立电源供电，两回电源在设备端进行切换。对于特别重要负荷，如变电所操作电源、火灾自动报警系统设备、通信系统设备、信号系统设备、电力监控系统设备、环境与设备监控系统设备、自动售检票系统设备，可另外设置蓄电池作为第三电源，容量应满足防灾和设备故障处理的要求；

2 二级负荷由两回独立电源供电，两回电源在0.4kV母线处进行切换；

3 三级负荷由一回电源供电。

14.5.3 动力与照明的负荷计算应采用需要系数法。

14.5.4 大容量设备或负荷性质重要的用电设备宜采用放射式配电。中小容量设备，宜采用树干式配电，链接的配电箱不应超过3个。

14.5.5 动力与照明用电设备的无功补偿宜在变电所内集中设置，对于容量较大、负荷平稳且经常使用的用电设备宜单独就地补偿。根据供电系统无功功率的分布特点，设置于变电所内的无功补偿装置可以考虑位置预留，待需要时投入设备。

14.5.6 正常运行情况下，用电设备端子处电压偏差允许值（以额定电压的百分数表示）宜符合下列要求：

1 电动机：±5%；

2 照明：一般±5%；区间+5%～−10%。

14.5.7 建筑净高小于1.8m的电缆通道应设置安全照明。

14.5.8 动力设备的控制根据需要可采用：

1 就地控制（包括手动与自动）；

2 车站控制；

3 中央控制。

14.5.9 车站应设站厅和站台照明、附属房间照明、广告照明、应急照明和导向标志照明等。照明配电箱宜集中设置。车站照明应分组控制。

14.5.10 车站站台、站厅、出入口等公共活动区域内，应设置节电照明，单独控制。

14.5.11 应急照明应设置在车站的站台、站厅、出入口、疏散通道、紧急出口、车站控制室、站长室、公安用房、通信机房、信号机房、变电所设备房、自动售检票机房、防灾报警机房、设备监控机房、消防泵房和区间隧道内。应急照明的电源在主电源停电后应自动切换至应急电源，应急照明供电时间不应小于60min。

14.5.12 区间隧道的露天出入口处应设置照明过渡段。

14.5.13 地下区间和道岔区应设置专用固定照明和维修用移动电器的电源设施；车站站厅和站台应设清扫用移动电器的电源插座；高架区间应设置维修用移动电器的电源设施。

14.5.14 动力与照明的插座回路应具有漏电保护功能。

14.5.15 当车站内设电炉、电热、分散式空调的电源时，宜采用单独回路供电。

14.5.16 车站的站厅、站台照明光源宜采用荧光灯；地上区间和地下区间的照明宜采用显色性较好的高光强气体放电灯。

14.5.17 地下车站及区间隧道的照度标准，应符合现行国家标准《地下铁道照明标准》GB/T 16275中的规定。地面车站、高架车站、地面区间和高架区间的照度标准，可参照民用建筑设计规范执行。

14.6 电力监控系统

14.6.1 跨座式单轨交通供电系统应配置电力监控系统。电力监控系统的设备选型、系统容量和功能配置应能满足运营管理的需要，并考虑未来扩展的需要。

14.6.2 电力监控系统应包括主站、子站及数据传输通道。主站应设在控制中心大楼内。

14.6.3 电力监控系统主站的设计，应包括主站位置、系统构成、设备选型，以及系统功能、容量、监控范围等。

14.6.4 电力监控系统子站的设计，应确定子站设备的位置、容量、功能、选型。

14.6.5 电力监控系统通道的设计应包括通道的结构形式、主/备通道的配置方式、通道的接口形式和性能要求等。

14.6.6 监控对象应包括遥控对象、遥信对象和遥测对象三部分。

14.6.7 遥控对象应包括下列基本内容：

1 主变电所、开闭所、中心降压变电所、牵引变电所、降压变电所内10kV及以上电压等级的断路器、负荷开关及电动隔离开关；

2 牵引变电所的直流快速断路器、电动隔离开关；

3 降压变电所的低压进线断路器、低压母联断路器、三级负荷低压总开关；

4 接触网电动隔离开关；

5 有载调压变压器的调压开关；

6 列车再生制动能量吸收装置开关。

14.6.8 遥信对象应包括下列基本内容：

1 遥控对象的位置信号；

2　高中压各种保护动作信号；

3　交直流电源系统的故障信号；

4　降压变电所低压进线断路器、母联断路器、三级负荷低压总开关的保护动作信号；

5　直流接地漏电保护装置的动作信号；

6　列车再生制动能量吸收装置的电动隔离开关位置信号；

7　断路器手车位置信号；

8　控制方式。

14.6.9　遥测对象应包括下列基本内容：

1　主变电所进线电压、电流、功率、有功电度、无功电度；

2　主变电所中压母线电压、馈线电流；

3　牵引变电所进线电流，中压母线电压；

4　牵引整流机组电流与有功电度、直流母线电压、馈线电流、负极柜回流电流；

5　变电所交直流操作电源的母线电压。

14.6.10　电力监控系统的基本功能应包括下列内容：

1　遥控功能。遥控种类分单控、程控两种方式，系统应支持站内和跨站程控；

2　对供电系统设备运行状态的实时监视和故障报警；

3　对供电系统中主要运行参数的遥测；

4　汉化功能；

5　统计报表；

6　自诊断检测；

7　以友好的人机界面实现系统在线维护；

8　主/备通道的切换。

根据工程情况，在满足上述要求的基础上可以选配其他功能。

14.6.11　电力监控系统的结构宜采用1个主站监控*N*个子站的方式。

14.6.12　主站硬件应包括下列主要设备：

1　计算机设备（主机）与计算机网络；

2　人机接口设备；

3　打印记录设备和屏幕拷贝设备；

4　通信处理设备；

5　模拟盘或其他显示设备；

6　不间断电源设备（UPS）；

7　调试终端设备和打印设备。

14.6.13　主机应按照双重冗余系统的原则进行配置。

14.6.14　子站设备应具备下列基本功能：

1　远动控制输出；

2　现场数据采集（包括数字量、模拟量、脉冲量等）；

3　远动数据传输；

4　可脱离主站独立运行。

14.6.15　子站远动终端的通信规约应对用户完全开放。

14.6.16　不间断电源设备的容量，应满足交流电源失电后，维持系统供电时间不少于30min。

14.6.17　远动数据传输通道宜采用通信系统的数据通道。在设计中应向通信设计部门提出对远动数据传输通道的技术要求。

14.6.18　电力监控系统的主要技术指标应符合下列规定：

1　遥控命令传送时间：不大于1s；

2　遥信变位传送时间：不大于2s；

3　遥信分辨率（子站）：不大于10ms；

4　遥测综合误差：不大于0.5%；

5　双机自动切换时间：不大于30s；

6　画面调用响应时间：不大于0.5s；

7　系统可利用率：不小于99.8%；

8　远动数据传输速率：不低于64kbps；

9　平均无故障间隔时间（MTBF）：不低于50000h。

15　车站其他机电设备

15.1　电梯、自动扶梯和自动人行道

15.1.1　当设置曳引驱动电梯用于运送乘客时，应满足乘坐轮椅者和盲人使用。电梯的提升速度不应小于0.63m/s，载重量不小于1t。

15.1.2　自动扶梯供电应采用二级负荷；用于紧急疏散使用的自动扶梯供电应采用一级负荷。

15.1.3　自动扶梯和自动人行道的主要技术参数应符合表15.1.3的规定。

表15.1.3　自动扶梯和自动人行道的主要技术参数

项目名称	自动扶梯	自动人行道
梯级名义宽度	1000mm	1000mm
额定速度	≥0.5m/s	≥0.5m/s
倾斜角度	30°	0～12°
故障分类显示	有	有

15.1.4　车站自动扶梯应采用公共交通重载型自动扶梯，在任何3h间隔内，持续重载时间应不少于0.5h，载荷应达到100%制动载荷，其传输设备应采用不燃或难燃材料。

15.1.5　车站露天出入口，应采用室外型自动扶梯。

15.1.6　电梯井道顶部应设有起重吊环。机房面积应满足设备安装要求。机房设备的检修间距一般不小于500mm，电器设备应满足有关规定的间距要求。

15.1.7　电梯机房应为单独机房，应有通风和消防设施。有条件时可在机房设置空调。

15.1.8 自动扶梯和自动人行道应具有就地控制和自动控制功能。

15.1.9 自动扶梯和自动人行道应具有自动节能运行功能。

15.1.10 电梯、自动扶梯和自动人行道应纳入 FAS 或 BAS 系统实行监控。

15.2 安全门与屏蔽门

15.2.1 安全门与屏蔽门供电应采用一级负荷。

15.2.2 安全门与屏蔽门应保证在最小行车间隔条件下每天不少于 20h 的运行能力。

15.2.3 安全门与屏蔽门由机械和电气两部分组成。机械部分包括门体（包括滑动门、固定门、应急门和端门等）、地槛、框架结构、手动解锁装置等，电气部分包括门监控装置、门电源装置、门驱动装置以及电气锁闭装置等。

15.2.4 安全门与屏蔽门门体尺寸及布置，应考虑车门尺寸和部位、列车停车精度要求，以及列车停车位置等因素。

15.2.5 安全门与屏蔽门门体材料宜选用不锈钢或铝合金材料，玻璃应采用安全玻璃。

15.2.6 安全门与屏蔽门系统的综合荷载应考虑人群荷载、风荷载、冲击荷载，以及地震力的作用。

15.2.7 安全门与屏蔽门控制系统应保证在正常和非正常状态下的安全与可靠运行，在紧急状态下能保证乘客安全疏散。

15.2.8 安全门与屏蔽门控制系统可采用集中或分散供电方式，同时应配备应急电源保证安全门与屏蔽门系统所有滑动门不少于 3 次开关门动作。

15.2.9 安全门与屏蔽门系统设备应满足使用地区的气候环境要求。

15.2.10 本系统在任何故障情况下，确保所有活动门处于闭锁状态。

15.2.11 安全门和屏蔽门的开关应与列车车门的开关协调一致。

15.2.12 安全门与屏蔽门最小障碍物检测厚度不应大于 8mm。

15.2.13 安全门与屏蔽门的操作模式按其优先级顺序分为手动控制、就地控制和自动控制等。

15.2.14 安全门与屏蔽门系统使用的绝缘材料、密封材料和所用的电线电缆均应采用无毒、低烟、阻燃，且不含有放射性成分的产品。

15.2.15 安全门与屏蔽门无故障使用次数不应小于 100 万次，设计使用年限不应低于 30 年。

15.2.16 安全门和屏蔽门的接地应可靠。

15.2.17 安全门和屏蔽门系统与信号、车辆、FAS、BAS、供电、土建等专业应有可靠的衔接。

16 道 岔

16.1 一 般 规 定

16.1.1 为实现车辆在行驶中的转线、折返运行及车辆基地内调车作业，在跨座式单轨交通正线、辅助线和车辆基地内的线路上应根据需要设置道岔。

16.1.2 道岔系统应符合“故障-安全”原则，应能满足车辆运行平稳、安全可靠的要求。

16.1.3 道岔设备在高架线路段应安装在道岔桥上，在地面线路段应安装在道岔专用平台上。

16.1.4 道岔设备采用的材料、器材、元件应符合现行国家机电产品和金属材料制品的制造、验收标准的规定。

16.1.5 道岔设备的设计和安装必须满足跨座式单轨交通的限界要求。

16.1.6 道岔设备应符合室外及隧道内的使用条件，金属构件表面应进行防锈蚀处理，在寒冷地区使用的道岔应配置防冻加热设施。

16.1.7 道岔在锁定状态下应能承受车辆运行荷载的扭曲力、冲击力及制动力等的反复作用，并应具有足够的刚度和强度以及抗倾覆的能力。

16.1.8 道岔设备的结构形式应能便于操作、检查维护及设备润滑。

16.1.9 道岔转辙时，各节点应位移同步、定位准确、锁定牢固。

16.1.10 道岔设备的供电应采用一级负荷。

16.1.11 道岔设备接地电阻值应小于 4Ω，防雷接地电阻值应小于 10Ω。

16.1.12 道岔应由信号系统进行控制。道岔的控制装置应具有集中控制、现场控制、手动控制三种方式。当信号系统和道岔控制电路发生故障时，应由人工手动装置完成解锁、转辙和锁定。控制系统应具有安全保护功能。

16.1.13 道岔的转辙时间应包括从信号发出、解锁、转辙、锁定、信号回馈全过程。各型道岔的转辙时间应符合本规范表 16.2.1 的规定。

16.1.14 当道岔处于曲线或折线状态下车辆通过时应限速行驶。关节可挠型道岔的限制速度为 25km/h，关节型道岔的限制速度为 15km/h，当道岔处于直线状态时应满足列车最高行驶速度的要求。

16.1.15 道岔结构的设计使用年限为 100 年。

16.2 道 岔 类 型

16.2.1 跨座式单轨交通道岔按其结构组成和转辙后的线形状态分为关节型道岔和关节可挠型道岔。关节型道岔分为单开、对开、三开、五开、单渡线、双渡线、交叉渡线等型式；关节可挠型道岔分为单开、对开、单渡线、双渡线、交叉渡线等型式。道岔梁宽为850mm时的各型道岔的主要技术参数应符合表16.2.1的规定，其他梁宽尺寸的各型道岔技术参数可按表16.2.1选取。

16.2.2 单轨道岔根据其在线路中所处位置分为左开、右开和对开式。

16.2.3 渡线道岔宜设于线间距为4800mm的线路上，当线间距为3700mm的线路上需设置渡线道岔时，应在道岔活动端的轨道梁一侧设置可动式避让梁，其主要技术参数应符合本规范表16.2.1的规定。

表16.2.1 跨座式单轨道岔主要类型及技术参数表

类型 \ 技术参数		道岔梁尺寸（一根梁）(mm)	全长 (mm)	转辙量（mm）	曲线半径 (mm)	允许列车通过速度 (km/h)	台车数量（台）	转辙时间	附注
关节型道岔	单开道岔	W850×H1420 ×L5500	22000 (5500×4)	① 2400 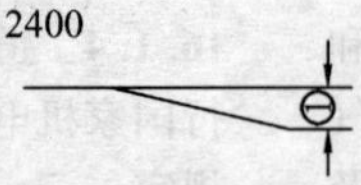	—		5	15秒以内	—
	对开道岔	W850×H1420 ×L5500	22000 (5500×4)	① 2400 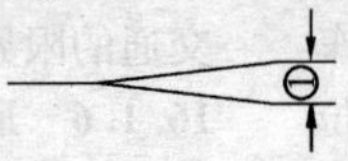	—				
	三开道岔			① 2375 ② 2400 ③ 4775 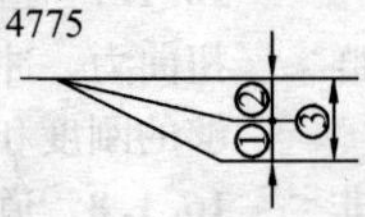	—		6	转辙量2375mm 15秒以内	
	五开道岔	W850×H1420 ×L6000	30000 (6000×5)	① 2375 ② 2400 ③ 4775 ④ 4800 ⑤ 7175 ⑥ 9550 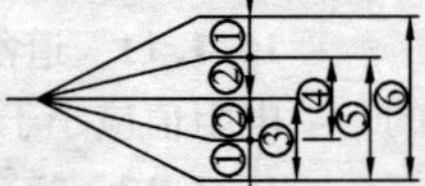	—	15 (直线时不限速)		转辙量4775mm 25秒以内	
	单渡线道岔（线间距3.7m）	道岔梁 W850×H1420 ×L5500 避让梁 W850×H1420 ×L7500	—	① 1850 ② 550 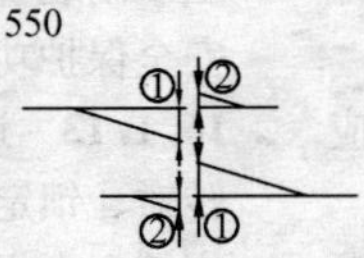	—		渡线 10（5×2） 避让梁 4（2×2）		单开道岔：2组 避让梁：2组
	单渡线道岔（线间距4.8m）	W850×H1420 ×L5500	—	① 2400 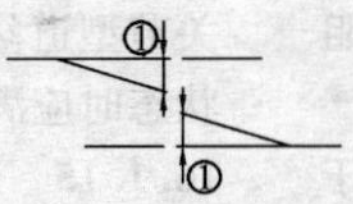	—		10（5×2）	15秒以内	单开道岔：2组
	双渡线道岔	W850×H1420 ×L5500	—	① 2400 	—		10（5×2）		对开道岔：2组

续表 16.2.1

类型	技术参数	道岔梁尺寸（一根梁）(mm)	全长 (mm)	转辙量 (mm)	曲线半径 (mm)	允许列车通过速度 (km/h)	台车数量（台）	转辙时间	附注
	单开道岔	W850×H1420 ×L5500	22000 (5500×4)	①2400 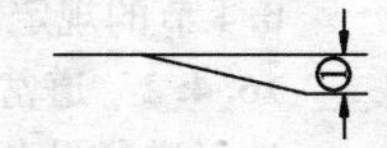	R=100456		5台	—	
	对开道岔	W850×H1420 ×L5500	22000 (5500×4)	①2400 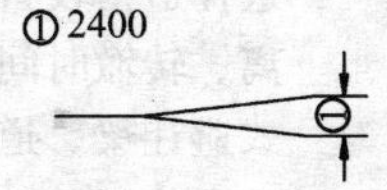	R=201500				
关节可挠型道岔	单渡线道岔（线间距3.7m）	道岔梁 W850×H1420 ×L5500 避让梁 W850×H1420 ×L7500	—	①1850 ②550 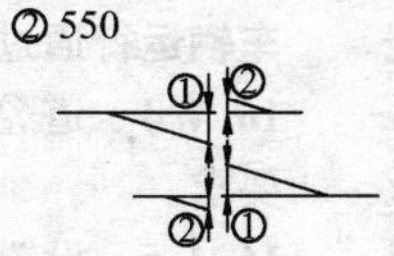	R=130521	25（直线时不限速）	渡线 10（5×2） 避让梁 4（2×2）	15秒以内	单开道岔：2组 避让梁：2组
	单渡线道岔（线间距4.8m）	W850×H1420 ×L5500	—	①2400 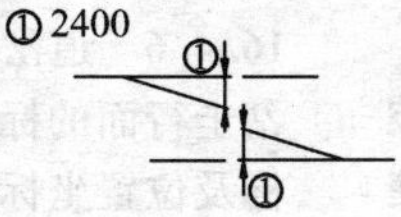	R=100456		10（5×2）		单开道岔：2组
	双渡线道岔	W850×H1420 ×L5500	—	①2400 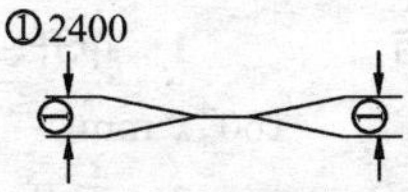	R=201500				对开道岔：2组
	交叉渡线道岔	W850×H1420 ×L8900	—	①2400 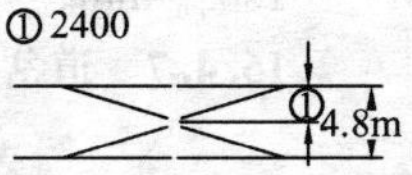	R=276000		16（4×4）		单开道岔：4组 旋转梁：1组

16.3 道 岔 设 备

16.3.1 道岔设备应由机械装置、驱动装置和控制装置组成，采用电力驱动，并应在道岔梁的两侧安装车辆牵引供电接触轨。

16.3.2 道岔机械装置应包括道岔梁、接缝板、梁间连接装置、锁定装置、台车、手动转换装置、走行轨、安装底板和道岔固定端转动装置。关节可挠型道岔除以上部分外，还应包括单独安装的导向面板、稳定面板、挠曲装置等。

16.3.3 道岔梁设计应符合下列要求：

1 应具有车辆走行、导向、稳定和支承作用，并应能承受车辆通过时的运行荷载；

2 结构组成应包括梁本体、导向面板、稳定面板，两侧中部安装供电接触轨的底座支撑板，梁上应根据信号设施的要求留出安装位置，关节可挠型道岔尚应增设挠曲装置。关节型道岔导向面板、稳定面板应与梁本体焊接在一起，关节可挠型道岔的导向面板和稳定面板应单独安装。

16.3.4 接缝板设置应符合下列要求：

1 道岔梁与道岔梁、道岔梁与相邻的轨道梁的走行面及两侧的导向面和稳定面的端部间应设置接缝板；

2 接缝板分活动式和固定式两种，活动式接缝板安装在道岔可动端的走行面端部。

16.3.5 道岔梁间连接装置中的转动轴宜采用T形轴形式。

16.3.6 驱动装置应符合下列要求：

1 应由转辙电机、安全离合器、减速机、传动轴、旋转臂、回转臂头及导向滑槽等组成；

2 应能使道岔在规定时间内完成启动、加速、匀速、减速、停止等动作过程；

3 应设有人工手动驱动装置。

16.3.7 锁定装置应符合下列要求：

1 应由锁定机构和锁定电机等组成；

2 应安全可靠、定位准确和锁定牢固，并能承受车辆通过时产生的离心力和冲击力；

3 应设置锁定位置自动检测装置并与控制信号系统联锁，当自动控制故障时，各锁定装置应能切换为人工操作方式。

16.3.8 台车应由台车架、台车轮、轴、轴承等组成，并应具有承受运行荷载和抗倾覆的能力。

16.3.9 走行轨应牢固地安装在道岔底板上，底板应能保证道岔的安装精度和使用精度，底板宜采用厚度不小于25mm的钢板。

16.3.10 道岔固定端转动装置是道岔的转辙中心，应能承受列车通过时产生的垂直力、纵向力及横向力。

16.3.11 关节可挠型道岔应设置挠曲装置及可在挠曲时变形的导向面板和稳定面板。

16.3.12 关节可挠型道岔的导向面板、稳定面板及挠曲装置应具有足够的强度和刚度，不应在运行时出现松动和异常的变形。

16.3.13 道岔控制装置应符合下列要求：

1 道岔控制装置应具备对道岔的各机构进行控制和检测的功能，并能按照信号系统发出的指令，使道岔完成解锁、转辙、锁闭、信号反馈和挠曲的动作，同时将道岔位置表示信号传给信号系统，并应与信号系统之间设授权、收权联锁电路；

2 应具有集中控制、现场控制、手动控制功能，并应具有系统检测、故障诊断、故障保护和报警功能；

3 控制电路应满足"故障—安全"原则；

4 检测点应采用切实可行的技术措施，确保检测信息的可靠；

5 联锁控制应采用安全型继电器；

6 电机应有一定的容量裕度，绝缘等级、防护等级应适合道岔的使用环境；

7 使用的电缆应为无卤、低烟、阻燃、防蚀、防潮和无放射性成分的产品；

8 控制柜应采取防潮、防湿、防鼠害、防虫进入及防外界温度影响的措施。

16.3.14 渡线道岔应在其各组道岔都在规定位置时，才能构成位置表示。

16.3.15 道岔的电源设备应包括电源切换箱及接地端子箱。

16.3.16 道岔的转辙电机、挠曲电机、锁定电机应使用AC380V、50Hz的三相电源，控制电源应使用AC220V、单相50Hz电源，信号控制应使用DC24V电源。

16.3.17 安装在道岔梁两侧的牵引供电接触轨应满足道岔的功能和要求，并应使车辆受电弓能顺利地取流，不应影响道岔控制信号和安全运行。

16.3.18 安装在道岔梁上的信号设施的敷设应满足信号系统要求和不影响道岔运行。

16.4 道岔系统设计原则

16.4.1 道岔的设置应由线路设计选择，道岔系统设计根据选择的结果提出系统要求，并应符合本规范6.4节的规定。

16.4.2 道岔系统设计时应根据线路条件和运营要求选择道岔设备的基本线型、道岔梁几何尺寸、转辙距离、转辙时间以及衔接梁型式及尺寸、线间距和可动式避让梁、道岔桥或道岔平台的最小尺寸及道岔安装凸台位置。

16.4.3 设置的道岔在定位或反位及渡线时，应保障车辆运行通过时平稳、安全、可靠。

16.4.4 道岔应满足车辆相关技术条件和参数的要求。

16.4.5 设置在有坡道的线路上的道岔应有防止车轮打滑和空转的措施。

16.4.6 道岔系统设计时，应标明道岔安装平台和道岔走行面的标高值，道岔的岔前点和岔后点的里程坐标及位置坐标、道岔区间线间距值。道岔梁的端面与相邻的轨道梁端面间距值应满足：

1 单开、单渡线道岔不动端：30^{+10}_{+0} mm，可动端160^{+10}_{+0} mm；

2 三开、五开道岔不动端：40^{+10}_{+0} mm，可动端160^{+10}_{+0} mm。

16.4.7 道岔系统应满足表16.4.7精度要求。

表16.4.7 道岔精度参数表

项目名称	精度
道岔梁全长（直线状态）	±10mm
梁整体水平直线度、导向面和稳定面直线度	8.8mm/22m
梁局部的直线度和平直度	3mm/4m
梁走行面和导向面及稳定面的垂直度	5/1000rad
道岔梁转辙时梁中点和梁端处的导向面、稳定面中心位置水平度	7/1000rad
相邻梁体接缝板水平错位	2mm
梁体与接缝板边表面高度差	2mm
安装轴线与线路轴线轴向和横向误差	±3mm
道岔不动端台车中心线与可动端台车中心线误差	±5mm
道岔的凸台中心线间误差	±3mm
道岔安装底板平面度	<2‰
同一安装底板的水平偏差	<3mm
两相邻台车轨道间轨道面的高低差	≤2mm

16.5 道岔安装原则

16.5.1 道岔应安装在坚实稳定的基础上，道岔桥或道岔平台不应有伸缩缝和裂纹，其沉降量和不均匀沉降量差应按本规范第 8.1.11 条要求执行。道岔区应有良好的排水设施，道岔平台上不应有积水。

16.5.2 道岔区应有足够的检修空间、通道和安装附属设施的条件及安全隔离设施。道岔区应有照明设施，其照度应不小于 50～100lx。道岔区应设置供维修使用的电源设施。

16.5.3 道岔桥上的供电电缆、通信及信号电缆、道岔控制电缆等应按电压等级分别布置在道岔桥两侧的电缆沟内。

16.5.4 道岔的台车走行基础（道岔安装凸台）和驱动装置安装基础（驱动装置安装凸台）应采用二次浇筑钢筋混凝土结构。道岔桥或道岔平台在施工时其凸台位置处应预留连接钢筋，凸台钢筋与预留钢筋间应采用焊接连接。

16.5.5 道岔区应设置视频监视设施，设置位置和数量应根据运营需要确定。

16.5.6 道岔区应设置专用电话。

17 通 信

17.1 一 般 规 定

17.1.1 通信系统应满足跨座式单轨交通运输效率，保证行车安全、乘客安全，提高现代化管理水平和传递语言、数据、图像及文字等各种信息的需要。

17.1.2 通信系统的总体方案及系统容量，应在近期建设规模和远期发展规划相结合的基础上，进行多条线路的综合研究确定。

17.1.3 通信系统宜由传输系统、公务电话系统、专用电话系统、无线通信系统、广播系统、时钟系统、闭路电视系统、乘客信息系统、电源及接地系统等子系统组成。

17.1.4 通信系统在灾害、事故或突发事件的情况下应满足应急处理、抢险救灾的需要。

17.1.5 通信系统主要设备和模块应具有自检功能，并采取适当的冗余，故障时可自动切换并报警，控制中心可监测和采集车站设备运行及检测的结果。

17.1.6 通信系统与其他系统的接口设计，应明确接口内容、类型、数量、技术要求和安装位置，并应划分好系统之间的接口和工程界面。

17.1.7 通信系统的车载设备不得超出车辆轮廓线，地面设备不得侵入设备限界。

17.2 传 输 系 统

17.2.1 为满足通信系统各子系统和信号、电力监控、防灾、环境与设备监控系统、自动售检票、计算机网络及公安通信等系统各种信息传输的要求，应建立以光纤通信为主的传输系统网络。

17.2.2 传输系统宜采用宽带光数字传输设备，同时应能满足各系统接口的需求。传输系统容量应根据跨座式单轨交通各业务部门对通道的需求确定，并应留有余量。跨座式单轨交通和其公安的宽带光数字传输系统可合建。

17.2.3 为保证各种行车安全信息及控制信息不间断地可靠传送，传输系统宜根据需要尽量利用不同径路的两条光缆构成自愈保护环。

17.2.4 光缆容量应满足传输系统、无线基站中继、闭路电视视频信号、其他专业和公安通信传输等需要，并应考虑远期发展的要求。

17.2.5 传输系统应配置传输网络管理系统和公务联络系统。传输网络管理中心设备宜设置在控制中心。

17.2.6 通信电缆、光缆在区间隧道内可采用沿墙架设方式，进入车站宜采用隐蔽敷设方式；高架区段电缆、光缆宜敷设在高架区间轨道梁下的电缆桥架上或在设有疏散通道的电缆槽道内；地面电缆、光缆宜采用管道或直埋方式。

通信电缆、光缆应与强电电缆分开敷设。

17.2.7 通信主干电缆、光缆应采用无卤、低烟、阻燃性电缆和光缆，在高架区间电缆的外护层应具有防阳光辐射的功能。

站内配线电缆应采用带有屏蔽层的塑料护套电缆。

17.2.8 跨座式单轨交通敷设的光缆可不设屏蔽地线，但接头两侧的金属护套及金属加强件应相互绝缘，光缆引入室内应做绝缘接头。

17.2.9 光缆、电缆进入终端设备之前，应设配线（纤）架及保安设备。

17.3 公务电话系统

17.3.1 公务电话系统用于跨座式单轨交通各部门间进行公务通话及业务联系。公务电话系统由程控电话交换机、自动电话机及其附属设备组成。程控电话交换机宜设置在负荷集中、便于管理的地点，程控交换机间通过数字中继线相连。

在有条件的地方也可不建公务电话系统，将业务纳入城市公用电话网。

17.3.2 公务电话交换网与公用电话网本地电话局的连接方式宜采用全自动呼出、呼入中继方式，并可纳入本地公用电话网的统一编号。中继线的数量，应根据话务量大小和相关规定确定。

17.3.3 公务电话交换设备应具备综合业务数字网络（ISDN）功能。

17.3.4 对特种业务呼叫应能自动转接到市话网的

"110"、"119"、"120"等。

17.3.5 公务电话交换网宜设置计费管理系统。

17.3.6 公务电话交换设备应具备完善的监控管理接口和功能，并设置维护终端。在控制中心宜设置集中网络管理设备，对全网内的公务电话交换设备进行统一管理。

17.3.7 公务电话交换机的容量应按下列原则确定：

1 近期容量应根据机构设置、定员、通信业务及日益增长的电话普及率或有关的基础数据及经济技术比较等因素确定；

2 远期容量应考虑发展的需要，当无资料可循时，可采用近期容量的2倍。

17.3.8 公务电话交换机至所管辖范围内的地区用户线传输衰耗不宜大于7dB。

17.3.9 采用全自动呼出、呼入中继方式的公务电话应采用统一用户编号，在交换网中宜采用：

"0"或"9"为呼叫市话电话的首位；

"1"为特种业务、新业务首位号码；

"2～8"为跨座式单轨交通用户的首位号码。

17.4 专用电话系统

17.4.1 专用电话系统是为控制中心调度员、车站、车辆基地、停车场的值班员组织指挥行车、运营管理及确保行车安全而设置的专用电话系统设备。

17.4.2 专用电话系统主要包括调度电话、站间行车电话、区间电话、车站和车辆基地及停车场内直通电话。

17.4.3 调度电话系统是供控制中心调度员与各车站、车辆基地、停车场值班员以及与办理行车业务直接有关的工作人员进行调度通信之用。调度电话系统包括行车、电力、防灾、环境与设备监控系统等调度电话。

17.4.4 调度电话系统由中心调度专用主控设备，车站、车辆基地、停车场专用主控设备，调度电话操作台，调度电话分机，多轨迹录音装置及维护终端等组成。调度电话操作台设置在控制中心各调度台上。

17.4.5 行车调度电话分机应设置在各车站行车值班员、车辆基地信号楼行车值班员处等地点。

17.4.6 电力调度电话分机应设置在各变电所的主控制室和低压配电室及其他特殊需要的地点。

17.4.7 防灾、环境与设备监控系统调度电话分机应设置在各车站、车辆基地行车值班室或综合控制室以及车辆基地和控制中心的消防控制室等地点。

17.4.8 调度电话应满足如下要求：

1 调度电话操作台具有选呼、组呼、全呼分机和电话会议功能，任何情况下均不能发生阻塞；

2 调度电话分机可对调度电话操作台进行一般呼叫和紧急呼叫；

3 控制中心各调度电话操作台之间应有台间联络等功能；

4 调度电话系统应具有录音功能，其性能应保证实时记录通话用户名、双方通话内容、时间，并具有检索和监听功能。

17.4.9 车站专用直通电话供行车值班室或站长与本站内运营业务有关人员进行通话联系之用。车辆基地专用直通电话，可根据车辆基地作业性质设置：行车指挥电话、乘务运转电话、基地内调度指挥电话、车辆检修电话等。

车站、车辆基地、停车场专用直通电话采用辐射式直通电话方式。

17.4.10 站间行车电话是保证安全行车的专用电话设备，供相邻车站值班员间办理有关行车业务联系。

站间行车电话应设在各车站行车值班室或车站综合控制室，在其回线上不得连接其他电话。

17.4.11 区间电话是供列车司机和区间维修人员与邻站值班员及相关部门联系通话使用。可根据需要在信号机、道岔、接触轨开关柜、通风机房、隔断门等处设置电话机箱。在隧道内的一般区段每隔150～200m设一处。

17.4.12 在选用的公务电话系统能满足专用电话以上功能时，专用电话系统也可纳入公务电话系统。

17.5 无线通信系统

17.5.1 跨座式单轨交通应设置无线通信系统为控制中心调度员、车辆基地调度员、车站值班员等固定用户与列车司机、防灾、维修、公安等移动用户之间提供通信手段。无线通信系统必须满足行车安全、应急抢险的需要。

17.5.2 无线通信系统采用的制式应符合现行国家有关技术标准，所采用的工作频段及频点应由当地无线电管理部门批准。无线通信系统根据业务需求应尽可能采用技术先进、功能齐全的数字集群移动通信方式，也可采用专用频道方式。

17.5.3 无线通信系统应采用有线、无线相结合的传输方式。中心无线设备通过光数字传输系统或光纤与车站、车辆基地、停车场的无线基站连接，各基站通过天线空间波传播或经漏缆的辐射构成与移动台的通信。

17.5.4 无线通信系统可根据运营需要设置行车调度、防灾调度、综合维修、公安、车辆基地调度等系统。

17.5.5 应按国家有关要求考虑地方公安、消防无线通信系统的设置。

17.5.6 无线通信系统应具有选呼、组呼、全呼、紧急呼叫、呼叫优先级权限等调度通信功能，并应具有录音和存储功能、监测功能等。

17.5.7 在紧急状态下控制中心应能通过无线通信系统的车载设备直接向列车内的乘客进行广播。

17.6 广播系统

17.6.1 广播系统应保证控制中心调度员和车站值班员向乘客通告列车运行以及安全、向导等服务信息，向工作人员发布作业命令和通知。

17.6.2 广播系统由控制中心设备和车站广播设备组成。控制中心和车站均应设置行车和防灾广播控制台。控制中心广播控制台可以对全线选站、选路广播；车站广播控制台可对本站管区内选路广播。广播设备应兼有自动和人工两种播音方式。

17.6.3 行车广播和防灾广播的区域应统一设置，并应符合现行国家标准《火灾自动报警系统设计规范》GB 50116的规定。防灾广播应优先于行车广播。

17.6.4 广播系统在车站站台宜设置供客运服务人员可随时加入本站广播系统对站台作定向广播的装置。

17.6.5 广播系统负荷区宜按站台（侧式站分成上、下行站台）、站厅与行车直接有关的办公区域等进行划分。车站公共区扬声器布置应采用小功率密布方式，声场强度不论室内、室外均应大于噪声级 10dB。负荷区各点的声场均匀度及混响指标应保证广播声音清晰、稳定。

17.6.6 广播系统功放设备总容量应按照所有广播负荷区额定功率总和及线路的衰耗确定。功率放大器应按照 $N+1$ 的方式进行热备用，系统应有功放自动检测倒换功能。

17.6.7 列车上应设置列车广播设备。列车广播设备应兼有自动和人工两种播音方式，同时可接收控制中心调度员通过无线通信系统对运行列车中乘客的语音广播。

17.6.8 车辆基地广播系统供车辆段行车调度指挥人员向与行车直接有关的车辆段内生产人员发布作业命令及有关安全信息等。

17.7 时钟系统

17.7.1 时钟系统应为各线、各车站提供统一的标准时间信息，为其他各系统提供统一的定时信号。时钟系统由中心一级母钟、车站和车辆基地的二级母钟、时间显示单元的子钟组成。

17.7.2 一级母钟设置在控制中心，二级母钟设置在各车站和车辆基地，子钟设置在中心调度室、车站行车值班室、变电所值班室、站厅、站台层及其他与行车直接有关的办公室等处所。

17.7.3 当设有数字同步网设备时，一级母钟应能接收外部全球卫星定位系统（GPS）基准信号并对一级母钟进行校准，一级母钟定时向二级母钟、控制中心的子钟及其他需提供统一时间信息的各系统发送时间编码信号用以校准；二级母钟产生时间信号提供给本站的子钟。母钟应具有万年历功能并具有年、月、日、时、分、秒输出与显示。子钟应能显示时、分、秒。

17.7.4 一级母钟自走时精度应在 10^{-7} 以上，二级母钟自走时精度应在 10^{-6} 以上。

17.7.5 一级母钟、二级母钟应配置数字式及指针式多路输出接口，一级母钟应配置数据接口，以便向其他各系统提供定时信号。

17.7.6 设置乘客信息系统的车站，当设有显示时间显示屏的地点可不设子钟。

17.8 闭路电视系统

17.8.1 闭路电视系统应为控制中心调度员、各车站值班员、列车司机、公安人员等提供有关列车运行、防灾、救灾及乘客疏导等方面的视频信息。

17.8.2 闭路电视系统应由中心控制设备、车站控制设备、图像摄取、图像显示、录制及视频信号传输等部分组成。

17.8.3 闭路电视系统在下列场所应设监视摄像机：售检票大厅、乘客集散厅、上下行站台、自动扶梯、出入口等公共场所，以及设置变电、道岔等重要设备的场所，根据需要也可在车辆客室及轨道线路两旁设置摄像机。摄像机安装位置宜为能摄取乘客正面图像处。

17.8.4 闭路电视系统应在控制中心行车调度员、防灾调度员、车站行车值班员、车站防灾值班员等场所设置控制、监视装置。在上下行站台列车停车位置设置监视装置，或把站台列车位置摄像信号送至司机室内监视器。车站及车上应对监视图像进行录像，控制中心可对各车站及车上的录像进行调放。

17.8.5 闭路电视系统的摄像机、监视器应采用彩色或黑白 PAL/D 制式。室外摄像机应设全天候防护罩，并应适应最低0.2 lx的照度；室内摄像机应适应最低2 lx的照度。在室外及高架站的摄像机要考虑到光线的变化和阳光直射的影响。

17.8.6 闭路电视系统应具备监视、控制优先级、循环显示、任意定格与锁闭、图像选择、随时录像、摄像范围控制、字符叠加、远程电源控制等功能。

17.8.7 闭路电视系统视频信号的远距离传输可采用模拟或数字传输方式，本地视频传输信号宜采用视频同轴电缆传输。

17.8.8 公安闭路电视系统的建设，应按国家主管部门有关要求实施。

17.9 乘客信息系统

17.9.1 全线各车站及车辆客室内宜设置乘客信息系统。

17.9.2 乘客信息显示内容应包括列车到达动态信息、时间信息、乘客乘车须知、时事、新闻及其他内容，并在FAS系统报警时具有联动功能。

17.9.3 乘客信息系统传上列车的视频信号和列车内摄像机的视频信号传至控制中心的无线通道宜合建。

17.9.4 在站厅、站台及车辆客室内适宜位置宜设置乘客信息显示设备。

17.10 电源及接地系统

17.10.1 通信电源系统应保证对通信设备不间断、无瞬变地供电，并具有集中监控管理功能。通信电源设备应满足通信设备对电源的要求。

17.10.2 通信设备供电应采用一级负荷。

17.10.3 对要求直流供电的通信设备，应采用集中方式供电。直流电源基础电压为48V，其他种类的直流电源电压应通过直流变换器供电。

17.10.4 对要求交流不间断供电的通信设备，应采用交流不间断电源（UPS）供电方式。

17.10.5 电源设备容量满足期限应符合下列要求：

1 直流配电设备的容量应按远期负荷配置；

2 整流器、直流变换器、逆变器、交流不间断电源设备的容量应按近期配置；

3 蓄电池组的容量应按近期负荷配置，并应保证连续供电不少于2h。

蓄电池一般设置两组并联，每组容量应为总容量的1/2。

交流不间断电源设备的蓄电池一般只设一组。

17.10.6 通信设备的接地系统设计，应做到确保人身、通信设备安全和通信设备的正常工作。

17.10.7 通信设备应采用综合接地方式，综合接地电阻值要求全年内不应大于1Ω，分设室外接地体的保护接地及防雷接地的电阻值要求全年内不应大于10Ω。

17.10.8 按分设接地方式设置的不同接地体间的距离均应大于20m。

17.11 通信用房技术要求

17.11.1 通信设备用房应根据设备合理布置的原则，确定机房、生产辅助及公共通信引入等用房的面积。通信设备用房可单建，也可与其他弱电系统合建。

17.11.2 通信机房的位置安排，除应做到经济合理、运转安全外，在技术上尚应考虑线缆引入方便、配线最短、楼层的承载能力和便于维修等方面的因素。

17.11.3 通信机房的面积均应按远期容量确定。

17.11.4 通信机房应满足通信设备的要求，应做到防尘、防潮、隔声。当通信设备有防静电要求时，应采取防静电措施。

17.11.5 在通信机房的设计中，应根据通信设备及布线的要求合理预留沟、槽、管、孔。

17.11.6 通信机房的室内最小净高应不小于2.8m，其他辅助用房按一般办公用房工艺要求设计。

18 信 号

18.1 一 般 规 定

18.1.1 跨座式单轨交通信号系统结构及设备配置应满足运营管理模式和行车组织方式的要求。

18.1.2 信号系统应由行车指挥和列车运行控制设备组成，并应设必要的故障监测和报警设备。

18.1.3 信号系统采用的器材、设备和技术指标应符合国家现行相关标准的规定。

18.1.4 信号系统宜采用配线简单、轨旁设备较少的列车自动控制系统。

18.1.5 涉及行车安全的设备及电路应符合“故障-安全”原则。

18.1.6 信号系统应具有高可靠性和高可用性。

18.1.7 信号车载设备不得超出车辆轮廓线，信号地面设备不得侵入设备限界。

18.1.8 信号系统必须满足环保要求并具有良好的电磁兼容性。

18.1.9 信号工程设计应满足现代化维护管理的需求。信号设备应便于维修、测试及更换。

18.1.10 设于高架线路或地面线路的信号设备应与城市景观相协调。

18.1.11 信号系统宜按远期设计年限设计，宜采用完整的ATC系统。

18.2 列车自动控制（ATC）系统

18.2.1 信号系统可采用下列闭塞制式的列车自动控制（ATC）系统：

1 固定闭塞式ATC系统；

2 准移动闭塞式ATC系统；

3 移动闭塞式ATC系统。

18.2.2 ATC系统应包括下列主要子系统：

1 列车自动监控（ATS）系统；

2 列车自动防护（ATP）系统；

3 列车自动运行（ATO）系统。

18.2.3 ATC系统选择应符合下列规定：

1 ATC系统应采用安全、可靠、成熟、先进的技术装备，并应具有较高的性价比；

2 ATC系统应满足运行能力，能实现故障弱化处理。当部分设备发生故障，在保障基本行车安全的前提下，可继续维持运行。

18.2.4 ATC系统设计能力应符合下列要求：

1 ATC系统的监控范围应按所确定的建设规模设计，系统监控能力应与线路远期条件相适应；

2 列车通过能力应按最大客流设计，折返能力应适应最大客流的要求；

3 ATC系统应能与车辆、通信、电力监控、防灾报警、环境监控、乘客向导、屏蔽门（或安全门）、道岔和车辆段设备等系统接口。

18.2.5 ATC系统应能具备下列控制功能：

1 控制中心自动控制；

2 控制中心人工控制；

3 车站自动控制；

4 车站人工控制。

18.2.6 列车运行应具有下列驾驶模式：

1 无人驾驶的全自动运行（ATO）模式；

2 司机监督驾驶的列车自动运行（ATO）模式；

3 司机人工驾驶的ATP自动防护模式；

4 限制人工驾驶模式（限制列车低速运行，司机随时准备停车）；

5 非限制人工驾驶模式（ATP切除，完全由司机保障安全）。

18.2.7 车辆段及停车场宜部分纳入ATC监控范围，其纳入部分的系统和设备应与信号系统正线设备相同。

18.3 列车自动监控（ATS）系统

18.3.1 列车自动监控（ATS）系统应具有下列主要功能：

1 列车自动识别、跟踪、车次号显示；

2 列车运行和设备状态自动监视；

3 自动进路和自动信号的控制；

4 运行图编制及管理；

5 列车运行自动调整（ATR）；

6 操作与数据记录、输出及统计处理；

7 计划与实际运行图的描绘；

8 系统故障时降级使用及故障复原处理；

9 列车运行模拟及培训、培训和运行数据回放。

18.3.2 列车自动监控（ATS）系统应符合下列基本要求：

1 ATS系统可监控一条或多条运营线路。监控多条运营线路时，应保证各条线路具有独立运营和混合运营的监控能力；

2 ATS计算机系统及网络系统应采用冗余技术，控制中心应设调度员工作站、调度长工作站、运行图编辑工作站、培训/模拟工作站、维护工作站以及其他必要的设备；调度员工作站的设置数量，应根据在线列车对数、线路长度和车站数量等因素合理配置；

3 控制中心宜采用背投显示屏、液晶显示器与鼠标的组合设备，车站宜采用液晶显示器与鼠标的组合设备；

4 对行车组织无折返交路要求但可形成折返进路的有道岔车站，应按折返站处理；

5 列车出入车辆段及停车场的能力应与正线行车能力相适应；

6 列车进路控制应以联锁表为依据，根据运行图和列车识别号等条件实现自动控制；

7 在车站端头应设置用以提示发车时刻的发车表示器，发车表示器应采用数字显示方式；

8 ATS系统数据传输应满足下列要求：

1）系统容量、传输速率和传输距离应满足系统实时监控的需要、满足行车指挥的要求；

2）数据传输应具有差错控制能力；

3）数据传输网络应具有冗余措施，主备通道应能实现自动和人工切换；

4）ATS子系统宜采用通信的传输通道进行数据传输。

9 ATS系统应从通信时钟系统获取标准时钟信息。

18.4 列车自动防护（ATP）系统

18.4.1 列车自动防护（ATP）系统应具有下列基本功能：

1 检测列车位置，实现列车间隔控制和进路的正确排列；

2 监督列车运行速度，实现列车超速防护控制；

3 防止列车误退行等非预期的移动；

4 为列车车门、站台屏蔽门和安全门的开闭提供安全监控信息；

5 记录司机的操作和设备运行状况。

18.4.2 在车辆段和停车场，为了防止列车司机误认信号闯入道岔端梁，应设置“误出发”控制设备。

18.4.3 列车自动防护（ATP）系统应符合下列规定：

1 ATP系统应由列车自动防护的轨旁设备、车载设备和控制区域内的联锁设备组成；

2 ATP系统应按双方向运行设计；

3 闭塞分区的划分或列车运行安全间隔，应通过列车运行模拟确定。在安全防护地点运行方向的后方应设安全防护距离并留有余量，安全防护距离应通过计算确定；

4 ATP系统应采用连续式速度控制方式，信息传输和列车位置检测可采用环线、无线、应答器等方式实现；

5 根据线路运行和维护的需要，可对特定范围设置临时限速；

6 在车站站台上或车站控制室应设置紧急停车按钮，当启动紧急按钮时，应切断车站一定范围内的全部速度命令，且应切断地面信号机的信号开放电路，以确保列车在一定范围内的紧急停车。

18.4.4 ATP车载设备应符合下列规定：

1 应以导致列车停车为最高的安全准则，任何地对车通信中断、列车超速、列车的非预期移动等均应导致安全性制动；

2 执行紧急制动时，应切断列车牵引，列车停车过程中不得中途缓解；

3 车门控制应在满足列车正确停站后才允许发出只有靠站台侧车门的开门命令；

4 车载设备应具有自检功能，一旦发现有危及行车安全的故障，立即给出紧急制动指令。

18.4.5 联锁设备应符合下列基本要求：

1 车站、车辆段和停车场应采用计算机联锁，计算机联锁设备应能实现站控；

2 联锁设备必须符合"故障一安全"的原则，应采用必要的冗余和安全技术，并应具有故障诊断和报警能力；

3 确保进路上的道岔、信号机和区段的联锁正确，一旦联锁条件不符时，禁止进路开通。敌对进路必须相互照查，不得同时开通；

4 联锁设备应能实现进路锁闭、区段锁闭及人工锁闭。并应能实现道岔的单独操纵和进路选动。影响行车效率的联动道岔宜采用同时启动方式；

5 有引导信号的信号机当信号不能开放时，应能通过引导信号实现列车的引导作业；

6 进路控制宜采用进路的始终端控制方式，根据需要联锁设备可实现车站有关进路、端站折返进路的自动排列；

7 联锁设备的操纵宜选用显示器加键盘鼠标，也可采用单元控制台。

18.4.6 联锁与道岔的接口应满足下列要求：

1 信号系统与道岔的接口分界点在道岔手动控制柜的外线端子；

2 信号联锁设备提供控制道岔的目标转辙信号，道岔系统提供与实际相符的道岔位置表示、道岔设备故障信号；

3 信号系统负责提供道岔现场办理条件及其他必要的道岔接口信息；

4 信号系统与道岔的接口电路应相互协调，满足与道岔接口电路的要求，道岔动作、表示电路接口采用安全型继电接口。

18.4.7 地面信号机设置和显示应符合下列原则：

1 设置原则应符合以下规定：

1）信号机宜采用LED光源构成的色灯式信号机；

2）信号机应设置在列车运行方向的右侧，若右侧安装确有困难时可设在左侧；

3）车站根据需要可设出站信号机，道岔应设信号机防护，站间可不设区间通过信号机；

4）车辆基地、停车场应设进、出车辆段或停车场的信号机，有调车作业的区域应设调车信号机；

5）进站、进车辆段和停车场的信号机及道岔防护的信号机应设引导信号机。

2 信号机显示方式应符合下列规定：

红灯——进路未开通，禁止通过该架信号机；

黄灯——准许列车按车内限速要求通过该信号机，并准备停车。信号系统降级运用时，按照有关行车规定速度的限速要求通过该信号机，并准备停车；

绿灯——准许列车按车内限速要求通过该信号机。信号系统降级运用时，按照有关行车规定速度的限速要求通过该信号机；

红灯＋黄灯——引导信号，准许列车在该信号机前方不停车，以不超过15km/h速度运行，并随时准备停车；

月白灯——允许调车。按照有关行车规定速度的限速要求通过该信号机。

18.5 列车自动运行（ATO）系统

18.5.1 列车自动运行（ATO）系统应具有下列主要功能：

1 站间自动运行；

2 车站定点停车；

3 在折返站或线路进行有人或无人驾驶自动折返；

4 列车运行自动调整；

5 列车运行节能控制；

6 列车车门开关的自动监控。

18.5.2 列车自动运行（ATO）系统应具有下列基本要求：

1 ATO系统必须在已装备有ATP系统的条件下安装使用；

2 根据线路条件、道岔状态、前方列车位置等实现列车速度自动控制；列车在区间停车后，在条件具备的情况下实现列车的自动启动；列车在车站停站后，发车时间到，列车可自动启动或由司机操作启动；

3 ATO应能提供多种区间运行模式，满足不同行车间隔的运行要求，适应列车运行调整的需要；

4 ATO应能自动精确对位停车，停车精度应满足停站、折返和存车作业的要求；安装有屏蔽门或安全门的车站列车停车精度宜为±0.3m；

5 ATO控制过程应满足舒适度和快捷性的要求；

6 ATO应能控制列车实现车站通过作业。

18.6 车辆基地及停车场信号系统

18.6.1 车辆基地及停车场的信号系统应包括下列主要设备：

1 车辆基地停车场ATS分机；

2 计算机联锁设备；

3 试车线信号设备；

4 信号培训设备；

5 日常维修和检查设备。

18.6.2 车辆基地及停车场信号系统应满足以下基本要求：

1 车辆基地设进、出车辆基地信号机，根据需要设调车信号机；进、出车辆基地信号机以显示禁止信号为定位；停车场各种信号机的设置，应根据其运营要求和控制方式等确定；

2 进车辆基地信号机应由车辆基地控制，出车辆基地信号机应由控制中心监控；根据车辆基地和停车场的运行模式和作业特点，可部分或全部纳入ATC的控制范围；全部纳入ATC控制时，可实现自动出入车辆基地和停车场；

3 试车线信号系统地面设备的布置，应满足信号车载设备等双向试车的需要，其地面设备应与正线信号系统的设备相同。

18.7 信号供电

18.7.1 信号系统供电应为一级负荷。

18.7.2 信号系统采用集中电源和分路馈电方式，其专用交、直流电源应对地绝缘。

18.7.3 电源电压波动超过用电设备正常工作范围时，应采取稳压和滤波等措施。

18.7.4 车载设备电源应采用车上直流电源或经变流设备供电，并应设过压和过流保护。

18.7.5 信号系统应采用专用的电源屏及配电屏供电，并应具有主、副电源自动和手动切换装置，切换时不得影响用电设备正常工作。

18.7.6 计算机系统应采用不间断电源，并由专用的电源屏供电。行车指挥中心系统、车站及轨旁设备子系统的不间断电源、后备电源供电时间不应小于30min。

18.8 电磁兼容与防护

18.8.1 电磁兼容应满足下列要求：

1 信号系统及设备应保证电磁干扰不影响其安全性和可靠性，并应采用屏蔽、滤波、接地、隔离、平衡以及其他技术措施，保证设备具有良好的电磁兼容性能；

2 消除电磁辐射、感应、传导和静电释放等干扰因素对信号设备的正常工作产生影响；信号设备及部件也应防止对其他系统、运营范围内以及附近系统的正常工作产生电磁干扰；

3 信号设备在正常工作时间向设备外部可能发射的电磁干扰，应符合电源和机箱端口试验项目有关规定的电磁发射限值要求。

18.8.2 信号系统防护应符合下列规定：

1 信号设备与供电接触轨之间应留有安全距离。信号电缆线路与强电线路应分开敷设，当有交叉时宜相互垂直交叉敷设，必要时应采取防护措施，动力电缆与信号电缆的最小平行间距宜大于0.5m；

2 室外信号设备与外线连接的室内设备应具有雷电防护措施，并应保证设备受雷电干扰时不得错误动作。

18.8.3 信号设备应设工作地线、保护地线和防雷地线，并宜采用综合接地系统，其接地电阻值不应大于1Ω。

18.8.4 信号设备室应设主接地板，并通过主接地板接地。

18.8.5 车载设备的地线应经车辆的接地装置接地。

18.9 其 他

18.9.1 信号系统电缆应满足下列要求：

1 地下区间、车站电缆应采用无卤、低烟、阻燃型电缆；地面、高架区间、车站宜采用低烟、防紫外线、难燃型电缆；

2 电缆芯线或芯对应有一定的备用量。

18.9.2 信号设备用房应满足下列要求：

1 信号设备室面积应留有适当余量，以备设备增加、更新倒换；

2 信号设备室应适应设备运行环境的要求，应设置空调和防静电地板；

3 信号设备室应按无人值守设计；

4 信号设备室内最小净高不应小于2.8m。

19 自动售检票系统

19.1 一 般 规 定

19.1.1 跨座式单轨交通应设自动售检票（AFC）

系统。

19.1.2 自动售检票系统的设计能力应满足远期超高峰客流量的需要。自动售检票设备的初期配置容量及数量应按近期超高峰客流量计算确定，并应按远期超高峰客流量预留位置与安装条件。

19.1.3 自动售检票系统宜按封闭式多级计程计时票价方式设计。售票可采用自动和人工两种方式，检票应采用自动方式。

19.1.4 自动售检票系统设计应结合城市轨道交通线网规划考虑线路间付费区换乘及清分，系统设计应符合城市轨道交通自动售检票系统有关的国家现行标准，并应适应线网发展的要求。

19.1.5 城市轨道交通线网清分系统的原始数据宜采取异地容灾措施。

19.1.6 自动售检票系统的设计应以可靠性、安全性、开放性、可维护性和扩展性为原则，并应考虑经济性。

19.1.7 自动售检票系统应预留系统功能升级和外接设备数量扩展的软、硬件接口。系统升级和扩容不应影响已运营系统的正常使用。

19.1.8 自动售检票系统应具备多级别用户权限管理功能，防止非法操作。

19.1.9 自动售检票系统应能实现与车站建筑、通信、供电、FAS等相关系统的接口。

19.1.10 自动售检票系统应能满足跨座式单轨交通各种运营模式和票务模式的要求。

19.1.11 自动售检票系统应具备抗电磁干扰的能力和适应车站环境条件。

19.1.12 自动售检票系统应选用操作方便、快速的设备，并应有清晰的提示提醒功能。车站售检票设备还应操作简单，使用安全。设备对人的不规范操作应有一定容错能力，不能因操作错误导致设备不能正常工作。

19.1.13 需乘客身体接触的售检票设备，其所有金属接触部分应充分考虑漏电保护及可靠接地措施，保证乘客安全使用。

19.1.14 自动售检票系统的设备应具有24h不间断工作的能力。

19.2 自动售检票系统的构成

19.2.1 自动售检票系统应由城市轨道交通线网清分系统、线路中央计算机系统、车站计算机系统、车站售检票设备、各种车票和传输系统等组成，并宜与城市“一卡通”清算系统相连接。

19.2.2 城市轨道交通线网清分系统应设置在城市轨道交通运营清分中心，并应由通信服务器、系统服务器、数据库服务器、编码分拣机、网络设备、各种功能的工作站、不间断电源（UPS）和高速打印机等构成。

19.2.3 线路中央计算机系统可设置于控制中心、车站或车辆基地，应由通信服务器、系统服务器、数据库服务器、编码分拣机、网络设备、各种功能的工作站、不间断电源（UPS）和高速打印机等构成。

19.2.4 车站计算机系统应由车站计算机、网络设备、各种工作站、紧急按钮、不间断电源和打印机等组成。

19.2.5 车站自动售检票系统设备应由半自动售票机、自动售票机、自动充值机、自动（进出站）检票机、验票机等组成。

19.2.6 车票宜采用非接触式集成电路卡，主要有单程票和储值票两种基本类型。

19.3 自动售检票系统的功能

19.3.1 城市轨道交通线网清分系统应具备下列主要功能：

1 接受城市“一卡通”清算系统下发的储值票、系统运行参数、交易结算数据、账务清分数据及黑名单等；

2 向城市“一卡通”清算系统上传“一卡通”储值票原始交易数据；

3 接受线路中央计算机系统上传的车票原始交易数据；

4 对系统参数进行统一设置、维护和管理。向线路中央计算机系统下发系统运行参数、运营模式、交易结算数据、账务清分数据、黑名单及票卡调配管理指令等；

5 对系统密钥和各用户权限进行统一管理及密钥下载；

6 对流通于城市轨道交通各线路的专用车票统一进行初始化、赋值、使用和库存管理，满足在城市轨道交通线网内“一票换乘”的要求，完成对各线路及不同运营商交易数据和收益的清分。

19.3.2 线路中央计算机系统应具备下列主要功能：

1 接受城市轨道交通线网清分系统下发的系统运行参数、运营模式、交易结算数据、账务清分数据、黑名单及票卡调配管理指令等；

2 向城市轨道交通线网清分系统上传单程票、储值票原始交易数据；

3 接受车站计算机系统上传来的车站售检票设备的数据，包括设备状态数据、车票交易数据、设备维修数据等；

4 向车站计算机系统和车站售检票设备下发系统运行参数、运营模式及黑名单等；

5 对所采集数据按类型和用途进行分类处理，以满足系统监控、运营管理及运营部门决策分析的需要；

6 对重要数据应具有自动备份和恢复功能；

7 对车票进行跟踪管理，能提供车票交易历史数据、车票余额等信息的查询及黑名单管理功能；

8 对不同人员的操作权限能进行设置和管理；

9 具有集中设备维护和网络管理功能。

19.3.3 车站计算机系统应具备下列主要功能：

1 接受线路中央计算机系统下发的系统运行参数、运营模式及黑名单等，并下传给车站售检票设备；

2 采集车站售检票设备原始交易数据和设备状态数据，并上传给线路中央计算机系统；

3 对车站售检票设备的运行状况进行实时监控，并能显示设备的工作状态及故障状态等信息；

4 完成车站各种票务管理工作，自动处理当天的所有数据和文件，并能生成定期的统计报表；

5 当线路中央计算机系统发生故障或通信中断时能独立工作。

19.3.4 车站售检票设备应具备下列主要功能：

1 接受车站计算机系统下发的系统运行参数、运营模式及黑名单等；

2 向车站计算机系统上传原始交易数据和设备状态数据；

3 具有正常运行、故障停用、测试、检修、停止服务以及紧急运行模式等；

4 当与车站计算机间的数据传输通道中断时，能独立运行，并保存信息。中断恢复后，能自动将保存的信息发送到车站计算机；

5 自动售票机应根据乘客所选到站地点或票价自动进行计费、收费、发售车票，并应预留城市轨道交通线网线路增加时的相关接口和扩展条件；

6 半自动售票机应具有权限登录功能，可通过人工收费和操作设备出售车票，以及为乘客办理退票、补票、验票和更换车票等服务；

7 进出站自动检票机应能检验车票的有效性控制阻挡装置动作，出站应扣除相应车费或回收指定类型车票；当车站处于紧急状态或设备失电时，自动检票机应能通过车站计算机、FAS、紧急按钮、就地操作或自动控制，将其置于放行状态；

8 自动充值机应能根据乘客所选定的充值金额自动进行收费，对储值票进行充值和查验；

9 验票机应能检查车票的合法性、有效性，显示余值、乘次等信息；查询储值票最近历史交易记录，提供购票流程、票价表、运营时间、线路图等运营和票务信息。

19.3.5 车票应符合下列规定：

1 车票宜采用非接触式集成电路卡车票，卡的选型应符合城市轨道交通自动售检票联网收费卡技术标准或规范，并与城市“一卡通”卡技术标准相兼容；

2 宜根据城市轨道交通线网规划对单程票和储值票进行规划及卡选型。

19.4 自动售检票系统与相关系统的接口

19.4.1 城市轨道交通线网清分系统应设有与城市“一卡通”清算系统的通信接口，其接口应符合城市“一卡通”清算系统相关技术标准或规定。

19.4.2 城市轨道交通线网清分系统宜通过城市轨道交通专用通信传输通道或电信网与线路中央计算机系统进行数据通信。

19.4.3 线路中央计算机系统应通过线路通信专用通道与车站计算机系统进行通信。

19.4.4 线路中央计算机系统应能接受通信提供的标准时间信号，实现本系统与其他系统的时间同步。

19.4.5 车站计算机系统应能接收防灾报警信号，控制车站售检票设备转入紧急运行模式。

19.4.6 城市轨道交通线网清分系统、线路中央计算机系统及各车站自动售检票系统的供电应采用一级负荷。

19.4.7 自动售检票系统设计时，应提供对车站和相关建筑预埋管线、箱、盒等的安装和敷设要求及设备和票务管理等用房要求。

19.4.8 车站售检票设备的外形、尺寸、重量及安装条件应符合车站总体要求，并应与车站协调一致。

19.4.9 系统接地宜采用综合接地方式，接地电阻值不应大于1Ω。

20 环境与设备监控系统

20.1 一 般 规 定

20.1.1 跨座式单轨交通应针对其特点、城市的气候环境和其他相关条件，设置不同规模、水平的环境与设备监控系统（BAS）。

20.1.2 BAS的设置应遵循集中监控管理、分散检测控制、资源共享的基本原则。

20.1.3 BAS应满足运营管理和各设备系统的要求。

20.1.4 地面及高架车站设置的BAS可简化配置，监控对象主要为车站照明、电梯和自动扶梯、空调、给排水泵等。

20.2 系统设计原则

20.2.1 BAS宜采用分布式计算机系统，由中央监控管理级、车站监控管理级、现场控制级及相关传输网络组成。

20.2.2 火灾自动报警系统（FAS）与BAS独立设置时，系统之间应设置高可靠性通信接口，防排烟系统与正常的通风系统合用的设备应由BAS统一监控，火灾工况应由FAS发布火灾模式指令，BAS优先执行相应的控制程序。

20.2.3 FAS、BAS综合集成时，集成平台宜为车站级及以上平台。

20.2.4 BAS纳入综合监控系统时，宜从车站级构建综合集成系统平台。BAS应主要通过工业级控制器实行对现场相关机电设备的监控，车站级、中央级的功能应由综合监控系统实现。

20.2.5 BAS监控对象应包括下列系统：

1 通风空调；

2 车站环境；

3 给排水设备；

4 照明系统及导向指示；

5 自动扶梯、自动人行道、电梯；

6 安全门、屏蔽门、防淹门等。

20.3 系统运行模式及基本功能

20.3.1 BAS应能提供设备运行状态、环境参数，并将有关数据集中存储、分析，实现设备运行管理自动化。

20.3.2 BAS按照线路的运行模式应分为正常模式、阻塞模式、故障模式、灾害模式。

20.3.3 BAS监控内容应满足运营实际需要，并应符合现行国家标准《地铁设计规范》GB 50157、《智能建筑设计标准》GB/T 50314等有关规定。

20.4 硬件设备配置

20.4.1 BAS设备应选择具备可靠性、可用性、可维护性的工业级控制产品；地下车站及区间事故通风系统与防排烟系统的监控宜采用冗余措施。

20.4.2 中央级硬件应按下列要求配置：

1 配置两台操作工作站，并列运行或采用冗余热备技术；

2 配置一台维护工作站，监视全线BAS运行情况；

3 配置一台实时数据库服务器，一台历史数据库服务器，且两台服务器可互为冗余；

4 至少配置一台事件信息打印机及一台报表打印机；

5 配置在线式不间断电源，后备时间不应小于1h；

6 配置模拟屏或大屏幕投影系统，其设计应与相关系统协调一致，统一设置；

7 与时钟系统实现时间同步。

20.4.3 车站级硬件应按下列要求配置：

1 配置工控计算机作为车站级工作站，地下车站可考虑冗余配置；

2 配置在线式不间断电源，后备时间不应小于30min；

3 配置一台打印机，兼作事件和报表打印机；

4 配置车站手动应急控制盘（IBP盘），作为BAS灾害工况自动控制的后备措施，其操作权限高于车站和中央工作站，盘面应以火灾工况操作为主，操作程序应力求简便、直接；根据需要也可增加其他系统的紧急手动控制按钮；

5 操作工作站不应兼有网关功能；

6 若设置综合监控系统，上述设备由综合监控系统实现，BAS应提供功能需求和技术支持。

20.4.4 现场设备、硬件的配置应符合下列要求：

1 BAS现场监控设备应选用具有工业级标准的可编程逻辑控制器；

2 控制器宜采用可扩展性、易维修的模块化结构，并具有远程编程功能；

3 输入输出模块可具备带电插拔功能及必要的隔离措施；

4 传感器的输出应选用标准电信号；

5 系统应具有抑制变频器谐波及防噪声干扰的措施。

20.5 软件基本要求

20.5.1 软件系统应与硬件系统配置相适应，应在成熟、可靠、开放的监控系统软件平台的基础上，按照跨座式单轨交通功能需求开发应用软件。

20.5.2 软件系统应采用模块化结构，应具有良好的开放性和扩展性。

20.5.3 系统软件应具有良好的组态功能，应能根据运营模式需要，可集成如FAS等相关系统的监控工作站软件功能。

20.5.4 应用软件应按照中央级、车站级、现场控制级三层次编制。

20.5.5 软件体系应具备完整的系统维护和诊断功能，以及良好的人机界面。

20.6 系统网络结构与功能

20.6.1 网络结构应符合下列规定：

1 BAS系统网络应包括中央级监控局域网、车站级监控局域网、现场总线控制网络，以及连接中央级与车站级、车站级与现场级的传输网络；

2 中央级局域网、车站级局域网以及现场总线控制网络可冗余设置；

3 中央级与车站级之间的传输网络应由通信系统提供；

4 车站级监控局域网与现场总线控制网络应通

过车站主控制器连接。

20.6.2 中央级网络应具备以下功能：

1 中央级监控网络应通过通信传输网与车站级监控网络相连；在任一车站工作站和中央工作站的故障或退出，均不应造成网络通信中断；

2 通信传输网为BAS数据传输提供所需的传输通道。

20.6.3 车站级网络应具备下列功能：

1 车站级局域网主要负责连接车站工作站、主控制器以及其他通信设备及外围设备，并应保证数据传输实时可靠，以及具备良好的开放性和采用标准通信协议；

2 车站级局域网应具备良好的抗电磁干扰能力。

20.6.4 现场级总线控制网络应具备下列功能：

1 现场总线控制网络应将车站主控制器与从控制器、远程I/O模块、智能仪表等设备联系起来；

2 现场总线可实现系统的分散控制；

3 现场总线控制网络传输协议应符合相关国家标准的规定；

4 适应跨座式单轨交通现场环境及具有抗电磁干扰能力。

20.6.5 系统网络的技术指标应满足下列要求：

1 各级监控网络冗余热备设备的切换时间不应大于2s；

2 画面刷新时间不应大于2s；

3 系统平均无故障时间应大于10000h；

4 系统单台设备平均修复时间不应大于0.5h。

20.7 系统布线及接地

20.7.1 BAS管线布置应具有安全可靠性、开放性、灵活性、可扩展性及实用性。

20.7.2 BAS布线应考虑周围环境电磁干扰的影响。

20.7.3 BAS的信号线与电源线不应共用一条电缆，也不应敷设在同一根金属套管内。

20.7.4 采用屏蔽布线系统时，应保持系统中屏蔽层的连续性，以满足系统接地的可靠性。

20.7.5 BAS的电缆屏蔽层宜采用一点接地。

20.7.6 所有BAS现场机柜均应接地。

20.7.7 BAS的控制器和计算机设备宜根据相应产品或系统的要求采用一点接地或浮空地。

20.7.8 接地电阻值不应大于1Ω。

21 运营控制中心

21.1 一般规定

21.1.1 为确保跨座式单轨交通列车安全、可靠和高效地运行，对运营过程实施全面的集中监控和管理，应建立运营控制中心（OCC）。

21.1.2 控制中心应具有对跨座式单轨交通全线的列车运行、电力供给、环境状况及车站设备、票务运行等全过程进行集中监控、统一调度指挥和管理的功能。

21.1.3 控制中心应设置信号、火（防）灾自动报警、环境与设备监控、电力监控、自动售检票和通信等系统中央级设备；也可根据需要配备其他与跨座式单轨交通运营、管理和安全有关的系统和设备。

21.1.4 控制中心应由中央控制室、上述各系统中央级设备用房及其维护管理用房、附属设备用房、运营管理及生活用房等组成。

21.1.5 控制中心可单条线路建设，也可多条线路合建或与城市其他的轨道交通线路合建。

21.1.6 控制中心的总体布置应考虑安全可靠，操作、维修及管理方便，运营成本低廉等，并应根据运营管理模式、控制线路的数量及线路长度、系统配置、设备类型及设备数量等，经济合理地确定控制中心的规模及装修标准，且应适当预留未来发展的余地。

21.1.7 控制中心的位置宜选择在靠近城市道路干线、跨座式单轨交通车站附近和接近监控对象的中心地带，以方便运营管理及各系统的连接。当与其他轨道交通线路合建时，宜选择在能兼顾多条线路的地方。

21.1.8 控制中心应具有高度的安全性和可靠性，宜单独修建，当与其他用房合建时，应满足其安全性和可靠性的要求。

21.1.9 控制中心的建筑、装修及辅助设备等应满足各系统设备的工艺要求，为上述系统和设备、调度及运营管理人员提供良好的运行环境和工作环境。

21.2 功能分区与总体布置

21.2.1 控制中心按功能可划分为运营操作区、设备区、运营管理区、维修区及辅助设备区。各功能区的设置应与运营管理体制和运行模式相适应。

21.2.2 运营操作区应靠近设备区和运营管理区，设备区和维修区宜相邻设置。

21.2.3 中央控制室和设备区不宜设在建筑物的顶层和地下。

21.2.4 根据运营需要可设置参观室，参观室应与中央控制室相邻设置，宜设在中央控制室后方、后上方夹层或楼层上。参观室与中央控制室之间宜用玻璃隔断。

21.2.5 运营操作区设中央控制室，并应作为独立的安全分隔区，进入中央控制室前应设缓冲区，并宜配置保安设施。中央控制室各系统设备的布置及设计应满足下列要求：

1 室内只设置与运营有关的系统和设备，与运营、管理和安全无关的系统和设备不宜进入，并不得安装大功率的电器设备及其他动力设备；

2 室内设备布置应整齐、紧凑，便于观察、操作和维修，并便于调度人员行动和疏散。调度台的布置不能遮挡住正常观察模拟屏的视线；

3 室内总体布置应以行车指挥为核心进行各调度台和模拟显示屏的布置，应便于行车调度、电力调度、环控调度、防灾调度、维修调度和总调度之间的信息沟通；

4 中央控制室应具备紧急事件指挥中心的功能，宜在中央控制室设置运营决策和应急处理工作区域或在中央控制室邻近设置应急事件指挥室；

5 各系统模拟屏宜统一考虑，调度台和模拟屏宜呈弧形布置，模拟屏的屏前和屏后、调度台的台前和台后应留有足够的操作和维护作业空间，并预留近期和远期发展位置；调度台距模拟屏的通道宽度宜大于2.5m，模拟屏后侧与墙壁之间的距离宜大于1.2m；

6 当中央控制室的规模按多条线路设计时，可按线路进行划分，将每条线路的行车调度、电力调度和环控调度台等集中布置；

7 当按扇形方式分层展开布置设备时，在扇形的中间位置，向上展开的角度按15°考虑，向左右展开的角度按120°考虑。

21.2.6 设备区各系统设备用房的布置和设备房内设备的布置及设计应满足下列要求：

1 设备区设备房的布置，根据运营管理模式，可按系统划分或按线路划分，采用封闭式布置或通透开放式布置；

2 设备区各系统设备房的布置楼层宜以方便运营管理、体现安全性和重要性为原则；

3 设备区设备房的室内布置应力求整齐、紧凑，便于观察、操作和维修；

4 设备布置应使设备之间的连线短，外部管线进出方便；

5 大功率的强电设备不得与弱电设备混合安装和布置；各电气系统设备用房不得有水管穿过，风管穿过时应安装防火阀。

21.2.7 运营管理区宜根据跨座式单轨交通中央级运营管理的需要配置相应的运营管理用房，设置必要的办公、管理和生活设施。

21.2.8 维修区宜设置系统维修、测试、备品备件及工器具等用房，以及系统维修机构办公、值班室等。维修区上述用房各系统可共用或分设。

21.2.9 辅助设备区各系统设备用房的布置及设计应满足下列要求：

1 辅助设备区宜设置供电和低压配电、通风和空调、水消防和自动灭火系统、给排水等系统设施用房；

2 供电和低压配电、空调、水消防及给排水等辅助系统设施宜设置在地下层，通风系统和自动灭火系统等宜设置在各层距用户较近的场所。

21.3 建筑与装修

21.3.1 控制中心的建筑布局应符合下列规定：

1 控制中心的建筑应满足工艺设计要求，并力求实用、经济、简洁、美观；

2 控制中心建筑分类为多（高）层一类公共建筑，耐火等级为一级，屋面防水为二级；

3 中央控制室室内的净高应结合房间面积大小及视线的要求进行设计，不宜低于4m；其他设备用房净高不应低于3m；

4 中央控制室内各调度台之间应设有通道，当距门最远的调度台通道距离超过10m以上时，应设两个出入口与外部相连，至少有一个门的宽度为1.2m、高度为2.3m，并应符合国家现行消防规范的有关规定；

5 控制中心与其他建筑合建时，应具有独立性、安全性和可靠性，同时应设置独立的进出口通道，并满足紧急情况下的疏散要求。

21.3.2 控制中心的建筑装修在满足工艺要求的同时应符合下列规定：

1 建筑装饰装修工程所用材料应符合国家现行有关建筑装饰装修材料有害物质限量标准的规定；

2 建筑装饰装修工程所使用的材料应按设计要求进行防火、防腐和防虫处理，并应符合现行国家标准《建筑内部装修设计防火规范》GB 50222的有关规定；

3 中央控制室宜设吊顶，以满足敷设通风管道和管线的要求；

4 地面应装设防静电活动地板，并应考虑各调度台的系统管线接口及电源插座，设备不应直接安装在活动地板上。

21.3.3 控制中心结构设计除应满足国家现行规范外，对特殊设备荷载应根据要求单独计算确定，并应考虑设备运输、安装时的最不利情况。结构安全等级应按一级设计。

21.3.4 控制中心建筑和结构设计应满足建筑节能标准的要求。

21.4 布　　线

21.4.1 电缆通道、电缆间宜靠近相关的设备用房，且强、弱电系统应分别设置。

21.4.2 电缆的选择和管线的敷设除应满足各自系统

的要求外，还应符合消防和电气等现行规范的规定。管线敷设应尽量做到线路短、交叉少。

21.4.3 竖向布线宜采用电缆井敷线方式。

21.4.4 水平布线宜采用电缆夹层敷线方式（电缆楼层夹层、吊顶夹层、活动地板夹层），并应根据夹层的具体情况，分层分区设置电缆桥架或汇线槽，将动力电缆和弱电电缆分开敷设。

21.4.5 中央控制室和设备房内不宜外露电线、电缆和管线；无关管线不宜穿过中央控制室和设备房。

21.4.6 控制中心楼层间、房间之间的各种管线孔洞设计应便于严密封堵。

21.5 供电、防雷与接地

21.5.1 控制中心宜单独设置降压变电所，降压变电所应设两台动力照明变压器，分别引入两路相对独立的电源供电，满足控制中心一、二、三级负荷的需要。当一台变压器退出运行时，另一台变压器至少可满足全部一、二级负荷的需要。

21.5.2 需要不间断电源供电的系统设备，宜根据各系统设备的供电要求集中设置。

21.5.3 控制中心应根据电气等现行规范的规定设置防雷接地。

21.5.4 控制中心宜设置综合接地装置，接地电阻值不应大于 1Ω。通信、信号、防灾报警、环境与设备监控等弱电系统设备接地应从综合接地装置上单独接引，并应与强电系统接地装置分开设置。

21.6 照明与应急照明

21.6.1 控制中心应设置一般照明与应急照明，照明的控制宜采用集中控制方式。照明灯具宜选择节能型、散射效果好、使用寿命长且维修更换方便的灯具。灯具布置宜与建筑装修和设备布置相协调。

21.6.2 中央控制室的照明设计应满足下列要求：

1 中央控制室的照明应柔和均匀，无眩光；灯具布置要美观、合理，并应考虑模拟屏和操作台面最大照度的需要。灯具应嵌入吊顶内，组成光带；操作台面上应无阴影，室内照明均匀度不宜低于 0.7，照明应采用调光控制及分区控制；

2 当中央控制室采用马赛克式模拟屏时，模拟屏前区和操作台面距地面 0.8m 处的照度宜为 150～200lx；

3 当中央控制室采用投影式模拟屏时，模拟屏前区和操作台面距地面 0.8m 处的照度宜为 150lx，并应考虑局部照明。

21.6.3 设备房、维修用房、办公管理用房及其他各部位的照明照度应执行国家现行建筑电气规范的规定。

21.6.4 应急照明包括安全疏散照明、事故照明和指示照明，应急照明的照度不应小于正常照度的 10%；应急照明的备用电源容量应包括整个控制中心及远期预留房间不低于 1h 的使用容量。

21.7 通风、空调与采暖

21.7.1 控制中心应采用通风和空调系统进行室内环境控制。中央控制室及有温、湿度控制要求的工艺设备房，均应设置通风和空调系统，对环境温度、湿度及空气的洁净度与新鲜度进行调节和控制，为各系统设备及工作人员提供适宜的运行环境和工作环境。

21.7.2 通风和空调系统应按控制中心远期的要求设计，并考虑分期实施。

21.7.3 当与其他建筑合建时，控制中心通风和空调系统应独立设置。

21.7.4 使用要求不同的空气调节区，不宜划分在同一个空气调节系统中。

21.7.5 与设备用房无关的管道不宜穿过设备用房，设备上方不宜敷设任何水管。

21.7.6 控制中心、中央控制室及重要机房在正常情况下应保持正压。

21.8 消防与安全

21.8.1 控制中心应设置火灾自动报警、环境与设备监控、火灾事故广播、自动灭火、水消防、防排烟等消防系统。

21.8.2 控制中心应设置消防控制室。

21.8.3 控制中心宜根据需要设置闭路电视监视系统和安保门禁系统等保安系统。对各分区出入口、房间和主要通道应进行监视和自动录像。

21.8.4 控制中心宜设置保安值班室。保安值班室宜与消防控制室合并设置。

21.8.5 控制中心给排水系统和消防设施，由给水、排水、水消防，以及配置的灭火器与自动灭火等系统组成。给排水系统宜利用城市既有设施。各系统的设计应符合国家现行有关规范的规定。

22 车 辆 基 地

22.1 一 般 规 定

22.1.1 跨座式单轨交通的车辆基地应包括车辆段、综合维修中心、物资总库、培训中心和必要的办公生活等设施。

22.1.2 车辆基地的功能、布局和各项设施的配置应根据城市轨道交通线网规划、既有设备的状况和工程具体情况综合研究确定。

一座城市第一条跨座式单轨交通线路的车辆基地应具有较为完善的功能。

22.1.3 车辆基地的设计应初期、近期、远期结合，统一规划，分期实施。车辆的配备应按初期运营需要配置。站场线路、房屋建筑和机电设备等应按近期需要设计；用地范围应按远期规模并在远期线路和房屋布置规划的基础上确定。

22.1.4 车辆基地选址应符合下列要求：

1 符合城市总体规划要求；

2 靠近正线，并与车站有良好的接轨条件；

3 宜避开工程地质和水文地质不良地段；

4 具有良好的自然排水条件；

5 便于城市电力线路、给排水等市政管道的引入和道路的连接；

6 具有足够的有效用地面积及远期发展余地。

22.1.5 车辆基地总平面布置应以车辆运用、检修设施为主体，根据地形条件，充分考虑综合维修中心、物资总库和其他设备、设施的功能要求和工作性质，按有利生产和方便管理的原则统筹安排。各项设备、设施宜分区布置，并充分考虑远期发展条件。

22.1.6 车辆基地的设计应节约用地、节约能源。

22.1.7 车辆基地应有完善的消防设施。总平面布置、房屋设计和材料、设备的选用等应符合国家现行防火规范的有关规定。

22.1.8 车辆基地设计应对所产生的废气、废液、废渣和噪声等进行综合治理，并应符合国家现行有关规范的规定。

22.1.9 车辆基地内应有运输道路及消防道路，并应有不少于两个与外界道路相连通的出口。

22.1.10 车辆基地应设围蔽设施，其设计宜结合当地的环境和要求，选用安全、实用、美观的结构型式和材料。

22.2 车辆基地的功能、规模及总平面设计

22.2.1 车辆基地应根据其在线网中的地位和集中检修的原则，合理确定车辆及其他系统设备检修范围及功能。独立设置的停车场应隶属于相关车辆基地，根据需要可增加日常维修功能。

22.2.2 车辆检修宜采用日常维修和定期检修相结合的预防性检修制度，并宜实行换件修。修程和检修周期应根据车辆和线路的技术条件以及车辆制造商的建议制订，设计时可按表22.2.2的规定确定。

22.2.3 车辆段各修程工作量计算时应考虑检修不平衡系数，检修不平衡系数宜采用下列数值：

1 三月检修取1.2；

2 定期检修取1.1。

22.2.4 车辆段应按下列作业范围设计：

表22.2.2 车辆检修周期表

类别	检修种类	检修周期		检修时间
		里程（万公里）	时间	
定期检修	全面检修	60	6年	40天/列
	重点检修	30	3年	30天/列
日常维修	换轮	10	1年	20天/列
	三月检	2.5	3月	3天/列
	列检	—	3天	4h/列

注：表中检修时间是按每列车6辆编组，并按部件换件修确定。

1 列车停放、编组和日常维修、一般故障处理、清扫洗刷及定期消毒等日常维护保养；

2 车辆的定期检修；

3 车辆的临时性故障检修；

4 车辆段检修设备、机具的维修和调车机车、工作车等的整备及维修；

5 根据运营管理模式要求，必要时负责列车的乘务作业。

22.2.5 停车场作业范围宜按本规范第22.2.4条第1款与第5款的规定设计。

22.2.6 车辆段及综合维修中心维修设备的大修宜就近外委专业工厂或单位承担。

22.2.7 车辆段出入段线的设计应满足下列要求：

1 出入段线应在车站接轨，接轨站宜选在线路的终点站或折返站；

2 出入段线宜按双线双向运行设计；

3 出入段线应根据行车和信号的要求，留有必要的信号转换作业长度；

4 停车场出入线应根据通过能力要求，决定设计为双线或单线。

22.2.8 车辆段（停车场）规模，应根据列车对数、列车编组、管辖范围内配属列车数、车辆技术参数、检修周期和检修时间计算确定。

22.2.9 车辆基地的总平面布置应根据车辆段的作业要求，并考虑综合维修中心、物资总库和培训中心等设施的布局及道路、管线、绿化、消防、环保等要求合理设计。

22.2.10 车辆段生产房屋的布置应以运用及检修厂房为核心，各辅助生产房屋应根据生产性质按系统布置；与运用和检修作业关系密切的辅助生产房屋宜分别布置在相关厂房的侧跨内或附近，性质相同或相近的房屋宜合建；生活、办公房屋宜集中布置。

22.2.11 车辆基地的空气压缩机间、变配电所、给水所和锅炉房等动力房屋，应设置在相关的负荷中心附近。

22.2.12 产生噪声、冲击振动或易燃、易爆的车间宜单独设置；检修车间排出的有害气体、粉尘、废液等应符合环境保护及卫生标准。

22.2.13 车辆段生产机构应根据运营管理模式确定，可设运用车间、检修车间和设备车间。

22.3 车辆运用整备设施

22.3.1 车辆运用整备设施包括停车库（棚），列检、月检库和列车清洁洗刷设备及相应线路等设施，并根据生产需要配备办公、生活房屋。

22.3.2 停车库（棚）和列检、月检库宜合建成运用库；根据总平面布置的具体情况，列检、月检库也可单独设置或与其他厂房合建。

22.3.3 运用库的规模应按近期需要确定，并预留远期发展的条件。近、远期规模变化不大或厂房扩建困难时，其厂房可按远期规模一次建成。

运用库设计时，停车列位数应按配属列车数在扣除每天在修车列数后计算确定（设有独立停车场的线路，还应扣除其停车场的停车列数）。列检、月检列位数应按列检、月检工作量计算确定，并适当留有余地。在列检、月检库内应单独设临修列位。

22.3.4 停车库（棚）应根据当地气象条件和运营要求设计。炎热多雨地区宜设棚，寒冷地区或风沙地区宜设库，当露天停车对运营作业无影响时可按露天设计。

22.3.5 运用库各库线的列位设置应根据车库型式确定。

停车库（棚）和列检、月检库宜为尽端式，每条库线停车不宜大于两列位。

22.3.6 运用库各种库线的供电接触轨在库内应加装安全防护设施，库前应设置隔离开关或分段器，并应设有送电时的声响警示及醒目的信号灯显示。

22.3.7 月检库的线路应设车辆车顶作业平台，并设安全防护设施。作业平台面高度和结构尺寸应根据车辆结构和作业要求确定。根据作业需要，可设置起重设备。

22.3.8 各车库的长度应分别按下列相应公式计算，并应结合厂房组合情况和建筑、结构设计要求作适当调整，但不宜小于下列公式计算值。

1 停车库（棚）计算长度：

$$L_{tk} = (L + 2) \times N_t + (N_t - 1) \times 6 + 12 \quad (22.3.8\text{-}1)$$

式中 L_{tk}——停车库（棚）计算长度（m）；

L——列车长度（m）；

N_t——每条线停车列位数；

2——停车误差（m）；

6——两列位之间距离（m）；

12——为前端列车距端墙（3m）、后端列车至车挡安全距离（3m）、车挡距端墙（6m）之和。

2 列检、月检库计算长度：

$$L_{ly} = (L + 2) \times N_j + (N_j - 1) \times 6 + 21 \quad (22.3.8\text{-}2)$$

式中 L_{ly}——列检、月检库长度（m）；

N_j——每条线列检、月检列位数；

2——停车误差（m）；

6——列检（或月检）列位之间距离（m）；

21——为前端列车距端墙（3m）、后端列车至车挡安全距离（3m）、车挡距端墙（15m）之和。

22.3.9 车辆段应设机械洗车设施，配属列车超过12列的独立停车场可设置机械洗车设施。机械洗车设施应包括洗车机、洗车线和生产房屋，其设计应满足下列要求：

1 洗车机应采用通过式，其功能宜满足车辆两侧和端部（驾驶室）清洗及化学洗涤剂的洗刷要求；

2 洗车线宜采用贯通式布置在入段线上的适当位置，当地形受限制时，洗车线可按尽端式布置；

3 寒冷地区及风沙地区应设洗车库，其他地区洗车机宜按露天设置，必要时可加棚；洗车库的长度、宽度和高度应根据洗车设备的技术要求确定；寒冷地区的洗车库应有采暖设施；洗车线在洗车机前后一辆车长度范围应为直线；

4 洗车线有效长度应按下列公式计算确定：

1）尽端式洗车线有效长度

$$L_{sj} = 2L + L_s + 10 \quad (22.3.9\text{-}1)$$

式中 L_{sj}——尽端式洗车线有效长度（m）；

$2L$——洗车机设备前后各一列车长度（m）；

L_s——洗车机长度（包括联锁设备）（m）；

10——线路终端安全距离10m。

2）贯通式洗车线有效长度

$$L_{st} = 2L + L_s + 12 \quad (22.3.9\text{-}2)$$

式中 L_{st}——贯通式洗车线有效长度（m）；

$2L$——洗车机设备前后各一列车长度（m）；

L_s——洗车机长度（包括联锁设备）（m）

12——信号设备设置附加长度12m。

5 洗车线应根据洗车设备的要求配备辅助生产房屋；

6 洗车线宜在适当的位置设人工洗车台，人工洗车台设置在洗车线两侧，高度宜与列车客室地板面一致，长度宜按不小于1/2列车长度设计；

7 洗车线洗车台位的供电接触轨应加装安全防护设施；洗车台位列车进入端前应设隔离开关或分段器，并应设有送电时的信号显示或声响警示。

22.3.10 车辆段应根据其布置和作业需要设牵出线，其数量应根据作业量确定。

牵出线的有效长度应按下列公式计算：

$$L_q = L_{qc} + L_n + 10 \quad (22.3.10)$$

式中 L_q——牵出线有效长度（m）；

L_{qc}——通过牵出线列车总长度（m）；

L_n——调车机车长度（m）；

10——牵出线终端安全距离10m。

22.3.11 车辆段各种车库内的通道宽度和车库大门等部位的最小尺寸宜符合表22.3.11的规定。

表22.3.11 车辆段各种车库有关部位最小尺寸（m）

项目名称 \ 车库种类	停车棚	列检月检库	检修库	油漆库	工作车库
车体之间通道宽度（无柱）	1.8	5.0	5.0	2.5	2.0
车体与侧墙之间的通道宽度	1.5	2.0	4.0	2.5	1.7
车体与柱边通道宽度	1.3	1.8	3.2	2.2	1.5
库内后部通道净宽	6.0	15.0	15.0	15.0	6.0
车体至库前大门距离	3.0	3.0	3.0	3.0	3.0
车库大门净宽	$B+0.6$	$B+0.6$	$B+0.6$	$B+0.6$	$B+0.6$
车库大门净高	$H_1+H_2+0.4$	$H_1+H_2+0.4$	$H_1+H_2+0.4$	$H_1+H_2+0.4$	$H_1+H_2+0.4$

注：1 B—车辆限界的宽度；

2 H_1—轨面高度；

3 H_2—轨面上车体高度。

22.3.12 运用库应根据列车日常运用维修和列检、月检作业的需要，在其边跨内或邻近地点设置车辆车载设备检修、列车内部清扫、洗刷、消毒、工具存放、备品储存和工作人员更衣休息等生产、办公、生活房屋。

22.3.13 车辆段内列车运转调度、检修调度与防灾调度宜合并设置。

22.3.14 在列检、月检库横向地下通道内两侧宜设动力及安全照明插座。地下通道内固定照明灯具不应影响作业。

22.3.15 车辆段内宜设乘务员公寓，其规模可根据早晨发车后2h和晚上收车前2h内运行列车乘务员人数确定。

22.3.16 独立设置停车场的运用整备设施的设计可按本节相应条款执行。

22.4 车辆检修设施

22.4.1 车辆段检修车间可根据其功能和检修工艺要求设置下列主要的生产厂房和房屋：

1 检修库、转向架间、电机间、电子电器间、车钩缓冲器间、制动空压机间、空调器间、车门窗间、车体电气管材间及相应的辅助生产房屋；

2 换轮库；

3 油漆库（根据需要设置）。

22.4.2 检修库规模应根据检修工作量和检修时间计算确定，其设计应符合下列规定：

1 车辆检修宜采用定位作业，并以列位为计算单位，列位的长度可按列车解钩的作业设计；

2 检修库宽度应符合本规范表22.3.11的有关规定；

3 检修库长度可按下列公式计算确定：

$$L_{jk} = L + (N_1 - 1) \times 1 + 34 \quad (22.4.2)$$

式中 L_{jk}——检修库长度（m）；

N_1——列车编组辆数；

1——为列车解钩后车钩检修作业所需距离（m）；

34——为前端车头距端墙（3m）、后端脱轨梁（6m）、水平轮压力检测梁（4m）、附加梁（3m）、车挡（1m）、车挡距端墙（17m）之和。

22.4.3 检修库应设电动桥式或梁式起重机和必要的搬运设备；起重机的起重量应满足工艺和检修作业的要求；起重机走行轨的高度应根据车辆分解起吊高度和起重机的结构尺寸计算确定。

22.4.4 各种车库的库前股道宜有一段平直线路，其长度应保证车辆安全进出库门。

22.4.5 换轮库及其线路的设计应符合下列规定：

1 换轮线的有效长度应满足列车所有车辆的轮对换修作业的要求；

2 换轮库应结合工艺流程和厂房组合情况合理

布置，可单独设置，也可与检修厂房合并设置；

3 换轮库应设专用起重设备、轮胎拆装设备和充气设备，换轮库的面积应满足设备安装和换轮作业的需要。

22.4.6 车辆段应配备调车机车和车库。调车机车库内应有必要的检修设施。

22.4.7 车辆段应设试车线。试车线的设计应满足下列要求：

1 试车线应为平直线路，困难条件下允许在线路端部设曲线；试车线应有配套的信号和供电设备，试车线的其他技术标准宜与正线标准一致；

2 试车线的有效长度应根据车辆性能、技术参数以及试车综合作业要求计算确定，试车线尽端应设车挡；

3 应在试车线的适当位置设置试车设备房屋；

4 地面试车线应有一段不小于一列车长度的硬化地面，便于维修人员作业。

22.4.8 转向架间一般在检修库内设置，也可毗邻检修库。转向架间规模和检修台位应根据转向架检修任务量、作业方式和检修时间计算确定。转向架间应设有转向架检修及零部件的检修、清洗、试验及探伤设备和轮胎拆装、充气及存放设备。

22.4.9 电机间应邻近转向架间设置，间内应根据作业需要配备电机检测、清扫设备，以及起重运输设备。

22.4.10 蓄电池间宜独立设置，蓄电池间的规模应满足车辆蓄电池检修和充电需要，并宜兼顾调车机车、工作车和蓄电池运搬车的检修和充电。蓄电池间应设有电源室、蓄电池检修室、充电室、电解液储存室和值班室。检修室和充电室应有良好的通风、排水和防腐措施；酸性蓄电池充电室应采用防爆电器。

22.4.11 油漆库可根据需要按一辆车或一个列车单元设置，库内应设通风、给排水设施和压缩空气管路，并应有环保措施。库内电气设备均应采取防爆措施。油漆库的尺寸应根据工艺要求确定。

22.4.12 车辆段应设材料、备品间。当物资总库不设在基地内时，应设独立物资库，并配备必要的起重和运输设备。

22.5 车辆段设备维修和动力设施

22.5.1 车辆段设备车间包括设备维修间和相应管理部门，其工作范围应包括下列内容：

1 承担全段机电设备的管理和中、小修程的检修工作；

2 承担全段各种生产工具的维修和管理工作。

22.5.2 生产设备应采用统一管理、集中检修的原则。设备的大修宜对外委托或与有关单位协作进行。

22.5.3 设备维修间应根据基地内机电设备和动力设施维护、检修的需要配备必要的电焊、气焊设备，电器检测设备，管道维修设备和起重运输设备等。检修车间的通用机加工设备与设备车间的通用机加工设备应合并设置。

22.5.4 空压机站的空压机应选择节能型的低噪声产品，其压力和容量应根据用气设备的要求确定。空压机数量不应少于两台。

22.5.5 乙炔用气应采用瓶装乙炔气供气。

22.5.6 各种室外管线应根据管线的性质和走向，结合总平面的布置进行管线综合设计，力求安全、经济、合理和便于管理维修。

22.6 综合维修中心

22.6.1 综合维修中心是跨座式单轨交通系统各种设备和设施的维修和管理单位，其功能应满足全线轨道梁、路基、涵洞、隧道、房屋建筑和道路等设施的维修、保养工作，以及供电、通信、信号、道岔、机电设备和自动化设备的维修和检修工作的需要，同时应结合所在城市的具体情况，逐步实行社会化服务，最大限度地实现资源共享。

22.6.2 轨道梁、房屋等设施和机电设备的大修宜对外委托专业队伍或工厂承担，并宜逐步实现维修工作专业化、社会化。

22.6.3 综合维修中心宜根据各专业的性质分设工务建筑、供电、通信、信号、道岔、机电和自动化等车间。

22.6.4 综合维修中心应根据生产的需要配备生产房屋、仓库和必要的办公、生活房屋。各类房屋应根据作业性质结合总平面布局的具体情况合理布置，其生产房屋宜合并建成综合维修楼。

22.6.5 设于车辆基地内的综合维修中心，其供电、供风、供热和供水设施宜与车辆段相关设备和设施统一设置。

22.6.6 综合维修中心应根据各专业的作业内容和工作量配备必要的设备，同时，尚应根据需要配备信号检测设备，供电检修设备，轨道梁检修设备和工作车、平板车等工程车辆。

22.6.7 综合维修中心应设置工作车库，供工作车的存放和日常维修保养。工作车库的股道数量和面积应根据配属工作车的台数来确定。

22.7 物资总库

22.7.1 跨座式单轨交通系统应设物资总库，担负材料、配件、设备和机具，以及劳保用品等的采购、存放、发放和管理工作。

22.7.2 物资总库应设有各种仓库、材料棚和必要的办公、生活房屋，以及材料堆放场地。

22.7.3 各种仓库的规模应根据所需存放材料、配件和设备的种类和数量确定，材料堆放场地应采用硬化地面。根据需要可设自动化立体仓库。

不同性质的材料、设备宜分库存放，其中存放易燃品的仓库宜单独设置，并应符合现行国家标准《建筑设计防火规范》GB 50016的有关规定。

22.7.4 物资总库应配备材料、配件和设备的装卸起重设备和汽车、蓄电池车等运输车辆。

22.7.5 物资总库应考虑对外运输条件，应有道路连接基地内主要道路及外界道路。

22.8 培训中心

22.8.1 培训中心负责组织和管理职工的技术教育和培训工作，应根据轨道交通系统的实际需要设置，当系统内已设有培训中心，应考虑共用。

22.8.2 培训中心宜设于车辆基地范围内的适当地点，必要时也可设于其他地区。

22.8.3 培训中心应设教室、实验室、图书室、阅览室和教职员工办公和生活用房，以及必要的教学设备和配套设施。

22.9 救援设施

22.9.1 车辆基地内应有救援办公室，受跨座式单轨交通控制中心指挥，救援人员由车辆基地人员兼职。

22.9.2 救援办公室应设值班室。值班室应配置电钟、自动电话和无线通信设备，以及直通控制中心的防灾调度电话。

22.9.3 救援用的轨道车辆宜利用车辆段和综合维修中心的车辆，并应根据救援需要设置地面工程车和指挥车。

22.10 其他

22.10.1 车辆基地线路的配备应满足功能及工艺要求，并应做到安全、方便、经济合理。线路平面及纵断面设计应按本规范第6章的有关规定执行。

22.10.2 车辆基地的场坪高程应按百年一遇洪水频率设计。

22.10.3 所有车辆基地线路、道岔区的外侧均应设安全防护栏栅，安全防护栏栅的高度不应低于1.2m。

22.10.4 各车库内和库前线路下面，根据作业和安全的需要，应设置横向地下人行通道。

22.10.5 车辆基地的给水和排水设计应符合本规范第13章的有关规定。

22.10.6 车辆基地应根据供电系统的要求、车辆基地的规模和布置及生产工艺需要等，设置牵引变电所和降压变电所及动力、照明设施。

牵引供电系统应根据作业和安全要求实行分区供电。

22.10.7 车辆基地供电系统和动力、照明系统的设计，应符合本规范第14章的有关规定。

22.10.8 车辆基地生产、办公房屋的采暖、空调和通风设计，应根据工艺要求和办公的需要，结合当地气候条件，合理选择设备类型，并符合有关规范的规定。

22.10.9 车辆基地应根据生产、生活的需要设置完善的通信系统，其设计应符合本规范第17章的有关规定。

22.10.10 车辆基地应根据作业要求设置完善的信号系统，其设计应符合本规范第18章的有关规定。

22.10.11 车辆基地应根据本规范第23章的有关规定，配套设置有关防灾报警设备和设施。

22.10.12 车辆基地内应设置计算机信息管理系统，综合管理车辆运用、维护、检修、人员和设备等各种信息，并留有与控制中心的传输通道。

23 防灾

23.1 一般规定

23.1.1 跨座式单轨交通应具有防火灾、冰雪、水淹、风灾、地震、雷击和事故停车等灾害的设施。

23.1.2 防火灾应贯彻"预防为主，防消结合"的方针。同一条线路按同一时间内发生一次火灾考虑。两条及两条以上线路的换乘站应按同一时间内发生一次火灾考虑。

23.1.3 地下车站站厅的乘客疏散区域、站台及疏散通道内不得设置商业用房。车站内的商店及车站周边连体开发的商业服务设施等公共场所的防火灾设计，应符合现行国家标准《建筑设计防火规范》GB 50016的有关规定。

23.1.4 与跨座式单轨交通相连接的商业等建筑物，必须采取防火分隔设施。

23.1.5 车站及区间应配备防灾救护设施，车辆基地应配备防灾救援设施。

23.1.6 控制中心应具备全线防灾及救援的调度指挥，以及和上一级防灾指挥中心联网通信的功能。

23.2 建筑防火

23.2.1 地下车站、地下区间、出入口、通风井的耐火等级应为一级，地面车站、高架车站及高架区间结构的耐火等级不应低于二级。

23.2.2 控制中心、车站控制室、变电所、配电室、通信及信号机房、通风及空调机房、消防泵房、气体灭火剂室、蓄电池室、安全门和屏蔽门的设备控制室等重要设备管理用房，应采用耐火极限不低于2h隔

墙和耐火极限不低于 1.5h 楼板与其他部位隔开，隔墙上的门应采用乙级防火门。

23.2.3 车站内楼梯、自动扶梯和疏散通道的通过能力，应保证在远期高峰小时客流量时发生火灾情况下，6min 内将一列车乘客和站台上候车的乘客及工作人员全部撤离站台层。

23.2.4 地下车站站台和站厅公共区应划为一个防火分区，其他部位的每个防火分区的最大允许使用面积不应大于 1500m²。地上车站不应大于 2500m²。两个相邻防火分区之间应采用耐火极限不低于 3h 的防火墙和甲级防火门分隔。在防火墙设有观察窗时，应采用 C 类甲级防火玻璃。

23.2.5 换乘车站内的站台层和站厅层公共区宜划为一个防火分区。换乘通道和楼梯应作防火分隔，并在门洞处设防火卷帘。

23.2.6 穿过防火墙的管道、电缆、风管空隙处应采用防火封堵材料填塞密实。当风管穿越防火墙时应设防火阀。

23.2.7 车站公共区防烟分区的建筑面积不宜大于 2000m²，在站台与站厅公共区楼梯洞处，必须设置挡烟垂壁。车站的设备及管理用房每个防烟分区的建筑面积不宜大于 750m²。且防烟分区不得跨越防火分区。挡烟垂壁在吊顶面下突出高度不应小于 0.5m，其下缘至楼梯踏步面的垂直距离不应小于 2.3m，且其上部应升到结构顶板底部，挡烟垂壁的耐火极限不应小于 0.5h。

23.2.8 车站的主要设备及管理用房内应设宽度不小于 1.2m 直通地面消防专用出口。

23.2.9 车站的站厅、站台、出入口楼梯、疏散通道、封闭楼梯间等乘客集散部位，其墙、地及顶面的装修材料应采用 A 级防火材料，使用架空地板时，材料防火等级不应低于 B1 级。广告灯箱、座椅、电话亭、售检票亭等固定设施应采用不低于 B1 级防火材料。装修材料不得采用石棉、玻璃纤维制品和塑料类制品。

23.2.10 地面、高架车站应设置消防车道，并应符合现行国家标准《建筑设计防火规范》GB 50016 的规定。

23.3 安全疏散

23.3.1 地下车站每个防火分区安全出入口设置应符合下列规定：

1 地下车站站台和站厅防火分区的安全出口的数量不应少于两个，并应直通外部空间；

2 其他各防火分区安全出入口的数量也不应少于两个，并应有一个为直通外部空间的安全出口，相邻的防火分区的防火门应作为第二安全出口；

3 防火分区安全出口应按不同方向分散设置，两个出口间的距离不应小于 10m；

4 对于地下一层侧式站台车站，过轨通道不得作为安全出口通道；

5 竖井爬梯和电梯不得作为安全出口；

6 消防专用通道不得作为乘客安全出口；

7 换乘车站内的换乘通道和楼梯不得作为安全出口。

23.3.2 地下车站管理用房区域宜集中一端布置，其区域内沟通各层的疏散楼梯应采用封闭楼梯间。

23.3.3 事故疏散时间应按下式计算，通行能力应符合本规范第 7 章的规定。

$$T = 1 + \frac{Q_1 + Q_2}{0.9[A_1(N-1) + A_2 B]} \leqslant 6\text{min} \qquad (23.3.3)$$

式中 Q_1——该站一列车高峰小时断面客流通过量（人）；

Q_2——站台上候车乘客和站台上工作人员（人）；

A_1——自动扶梯通过能力[人/(min·台)]；

A_2——人行楼梯通过能力[人/(min·m)]；

N——自动扶梯台数；

B——人行楼梯总宽度(m)；

1——人的反应时间(min)。

23.3.4 设于公共区的付费区与非付费区的栏栅应设疏散门，疏散门的总宽度按下列公式计算：

$$L \geqslant \frac{0.9[A_1(N-1) + A_2 B] - A_3}{A_4} \qquad (23.3.4)$$

式中 L——疏散门的总宽度(m)；

A_3——门式自动检票机通行能力(人/min)；

A_4——疏散门通行能力[人/(min·m)]；

其余符号同前。

当采用三杆式自动检票机时，其通行能力应按门式自动检票机的 50%计算。

23.3.5 站台、站厅公共区任一点距疏散楼梯、自动扶梯或通道口的距离应小于 50m。

23.3.6 地下出入口通道宜少设弯道，疏散通道内不能设置门槛和有碍疏散的构筑物。长度大于 100m 的通道中应加设消防疏散口，通道内最远一点到疏散口距离应小于 50m，当加设消防疏散口困难时，也可采取保证人员安全疏散的其他措施。

23.3.7 地下区间及高架区间宜设宽度不小于 600mm 纵向疏散通道。

23.3.8 两条单线区间隧道的连贯长度大于 600m 时，应设横向联络通道，联络通道内应并列设置双扇反向开启的甲级防火门。

23.3.9 当长区间隧道设中间风井时，井内应设直通地面的疏散梯，宽度应满足通过 2 股人流宽度的要求。

23.3.10 防灾疏散的自动扶梯应符合下列规定：

1 按一级负荷供电；

2 有逆向运转的功能。

23.3.11 安全出口、楼梯和疏散通道的设置应符合下列规定：

1 供人员疏散的出口楼梯和疏散通道宽度，应按本规范第7章有关规定计算；

2 有人值班的车站设备及管理用房的门至最近安全出口的距离不应大于40m，位于袋形通道两侧或尽端房间，其最大距离不应大于上述距离的1/2。

23.3.12 当地下车站站内上、下全部采用自动扶梯时，应增设一处人行楼梯，在侧式站台车站，每侧应设一处人行楼梯。

23.4 消防给水

23.4.1 消防给水系统的水源应优先采用城市自来水。当无城市自来水时，应选用其他可靠的水源。

23.4.2 车站消火栓给水系统应和生产、生活给水系统分开设置，但区间隧道冲洗用水宜和消防用水共用。

23.4.3 消火栓给水系统设计应符合下列规定：

1 地下车站消火栓用水量车站不小于20L/s，地下区间、人行通道及折返线不小于10L/s；

2 消火栓设置场所应为站厅层、站台层、设备及管理用房区域、地下区间隧道、超过20m的人行通道。除空调及冷冻机房消火栓箱和区间消火栓口明装外，其他场所消火栓箱宜暗装。

23.4.4 消火栓设置应满足以下要求：

1 消火栓的布置应保证每一个防火分区同层有两支水枪的充实水柱同时到达室内任何部位，水枪充实水柱不应小于10m，消火栓间距应按计算确定，但单口单阀消火栓间距不应大于30m，双口双阀消火栓间距不应大于50m；

2 消火栓的口径为*DN*65，水枪喷嘴为$\phi 19$，每根水带长为25m，栓口距地面为1.1m。出水方向宜向下或垂直于墙面；

3 除站台设单口消火栓有困难时可设双口双阀消火栓外，其他场所均应设单口消火栓；

4 车站站厅、站台和人行通道内宜设大型消火栓箱，箱内宜设自救消防卷盘一套和灭火器；

5 双口双阀消火栓箱内可配一根25m的水龙带；

6 地下区间的消火栓间距为50m，应按单口设置，不设消火栓箱，水龙带及水枪设在相邻车站站台端部的专用消防器材箱内；

7 消火栓栓口的静水压不应大于1.00MPa，当大于1.00MPa时，应采取分区给水系统，消火栓栓口的出水压力大于0.50MPa时，应采取减压措施；

8 设有消防泵的消火栓给水系统的消火栓箱内或区间消火栓口处应设水泵启动按钮。

23.4.5 消火栓给水系统构成应符合下列要求：

1 消火栓给水系统在车站及地下区间应设置为环状管网；

2 车站及沿线附属建筑物应由城市自来水管引入两路消防给水管和车站或附近建筑物环状管网相接；

3 地下车站及区间按水力计算确定消防给水系统供水区段。供水区段的两端宜设电动、手动阀门，发生火灾事故时应将两端相应阀门根据消防给水要求开启或关闭。

23.4.6 当城市自来水的供水量满足生产、生活和消防用水量的要求，而压力不能满足消防要求时，应设消防泵增压并宜直接从市政管网抽水，不设消防水池，但应得到当地自来水公司及消防部门认可，自来水压力能满足稳压要求则不设稳压装置。

23.4.7 地面或高架车站，消防给水系统的设置应按现行国家标准《建筑设计防火规范》GB 50016的规定执行，并应满足下列规定：

1 车站室外消防用水量：

车站建筑体积≤1500m³时，为10L/s；

车站建筑体积为1501～5000m³时，为15L/s；

车站建筑体积为5001～20000m³时，为20L/s；

车站建筑体积为20001～50000m³时，为25L/s；

车站建筑体积>50000m³时，为30L/s。

2 车站室内消防用水量：

车站建筑体积为5001～25000m³时，为10L/s；

车站建筑体积为25001～50000m³时，为15L/s；

车站建筑体积>50000m³时，为20L/s。

3 市政给水管道为枝状或只有一条水管，而且车站内外消防用水量之和超过25L/s时，应设消防泵和消防水池；消防水池的容积应满足火灾延续时间内的室内外消防用水总量的要求；

4 车站内消火栓超过10个，且站内消防用水量大于15L/s时，站内消防给水管至少有两条引入管和站外城市自来水管网相接，车站内也宜设置为环状管网。

23.4.8 地下车站的消防给水系统在车站地面适宜地点应设消防水泵接合器，并在15～40m范围内应有相对应的室外消火栓。

23.4.9 水泵接合器和室外消火栓设置可为地上式或地下式。

23.4.10 地面或高架车站水泵接合器的设置，应按现行国家标准《建筑设计防火规范》GB 50016的规定执行；

23.4.11 寒冷地区的室外消火栓和水泵接合器及消防水池的设置应采取防冻措施。

23.4.12 消火栓给水系统火灾延续时间不应小于2h。

23.5 灭火装置

23.5.1 地下车站的变电所、通信设备室和信号设备室应设置气体灭火系统。

23.5.2 地面及高架车站设置在地下的重要电气设备室，按地下车站的规定执行。

23.5.3 地面控制中心、车辆基地、主变电所、地面或高架车站的灭火装置的设置应按现行国家标准《建筑设计防火规范》GB 50016和《高层民用建筑设计防火规范》GB 50045的规定执行。

23.5.4 气体灭火系统的设计应按现行国家标准《气体灭火系统设计规范》GB 50370的规定执行。

23.5.5 跨座式单轨交通应按现行国家标准《建筑灭火器配置设计规范》GB 50140的规定配置灭火器。车站公共场所宜配置磷酸铵盐灭火器，变电所及综合控制室等电气房间宜配置二氧化碳灭火器，但不得选用装有金属喇叭筒的二氧化碳灭火器，人行通道宜配置水型或磷酸铵盐干粉灭火器。

23.6 消防设备配置与监控

23.6.1 消防泵的设置应符合下列要求：

1 两台消防泵，一台工作一台备用；

2 由车站控制室远程控制、就地控制；消火栓按钮控制；消防泵可自动和手动切换。设稳压装置时能自动控制，消防泵启动后停止时用手动控制。

23.6.2 气体灭火系统应有自动控制、手动控制和机械应急手动控制三种控制方式；控制盘可采用独立控制或集中控制方式。

23.6.3 消防泵、消防管道上的电动阀门及气体灭火系统的工作状态应在控制中心和车站控制室显示。

23.7 防烟、排烟与事故通风

23.7.1 跨座式单轨交通必须设置有效的防烟、排烟与事故通风系统。

23.7.2 地面和高架车站宜采用自然排烟方式，当无条件采用自然排烟方式时，应设置机械排烟系统。

23.7.3 地下线路应设置机械防烟、排烟系统，并应具有下列功能：

1 当区间隧道发生火灾时，应能背向乘客疏散方向排烟，迎向乘客疏散方向送新风；

2 当地下车站的站厅、站台、设备及管理用房发生火灾时，应具备防烟、排烟、通风功能；

3 当列车阻塞在区间隧道时，应能对阻塞区间进行有效通风。

23.7.4 地下线路的下列场所应设置机械防烟、排烟系统：

1 地下车站的站厅和站台；

2 地下区间隧道。

23.7.5 地下线路的下列场所应设置机械排烟系统：

1 同一个防火分区内的地下车站设备及管理用房的总面积超过200m²，或面积超过50m²且经常有人停留的单个房间；

2 最远点到地下车站公共区的直线距离超过20m的内走道；连续长度超过60m的长通道和出入口通道。

23.7.6 当防烟、排烟系统和事故通风、正常通风空调系统合用时，通风空调系统应符合防烟、排烟系统的要求，并应具备发生火灾事故时能够快速转换至防烟、排烟功能。

23.7.7 地面和高架车站采用自然排烟方式时，可开启外窗的面积不应小于地面面积的2%。

23.7.8 地下车站站台、站厅火灾时的排烟量，应根据一个防烟分区的建筑面积按60m³/(m²·h)计算。当排烟设备负担两个防烟分区时，其设备能力应按同时排除2个防烟分区的烟量配置。当车站站台发生火灾时，应保证站厅到站台的楼梯和扶梯口处具有不小于1.5m/s的向下气流。

23.7.9 地下车站设备及管理用房、内走道、地下长通道和出入口通道需设置机械排烟时，其排烟量应根据一个防烟分区的建筑面积按60m³/(m²·h)计算，排烟房间的补风量不应小于排烟量的50%。当排烟设备负担两个防烟分区时，其设备能力应根据最大防烟分区的建筑面积按120m³/(m²·h)计算的排烟量配置。

23.7.10 区间隧道火灾的排烟量应按单洞区间隧道断面的排烟流速高于计算的临界风速确定，但最低不应小于2m/s计算，排烟流速不应大于11m/s。

23.7.11 地下车站站厅、站台和车站设备及管理用房排烟风机应保证在250℃时能连续有效工作1h，烟气流经的辅助设备如风阀及消声器等应与风机耐高温等级相同。

23.7.12 地面及高架车站站厅、站台和车站设备及管理用房排烟风机应保证在280℃时能连续有效工作0.5h，烟气流经的辅助设备如风阀及消声器等应与风机耐高温等级相同。

23.7.13 区间隧道事故，排烟风机应保证在150℃时能连续有效工作1h，烟气流经的辅助设备如风阀及消声器等应与风机耐高温等级相同。

23.7.14 列车阻塞在区间隧道时的送风量应按区间隧道断面风速不小于2m/s计算，并应按控制列车顶部最不利点的隧道温度低于45℃校核确定，但风速不得大于11m/s。

23.7.15 排烟口的风速不宜大于10m/s。

23.7.16 当排烟干管采用金属管道时，管道内的风速不应大于20m/s，采用非金属管道时不应大于15m/s。

23.8 防灾用电与疏散指示标志

23.8.1 消防用电设备应按一级负荷供电，并应在末级配电箱处设置自动切换装置，当发生火灾切断生产、生活用电时，应能保证消防设备正常工作。

23.8.2 防灾用电设备的配电设备应有明显标志。

23.8.3 应急照明的连续供电时间不应少于1h，且其最低照度不应低于0.5lx。

23.8.4 下列部位应设置疏散应急照明：

1 站厅、站台、自动扶梯、自动人行道及楼梯口；

2 疏散通道及安全出口；

3 区间隧道。

23.8.5 应急照明和疏散指示灯用的电缆应采用耐火型或矿物电缆。

23.8.6 应急照明以及疏散指示标志的供电电源，宜采用直流电源供电。

23.8.7 应急照明以及疏散指示标志的供电电源采用UPS方式供电时，UPS的工作状态应由火灾报警系统（FAS）或设备监控系统（BAS）对其进行远程监视。

23.8.8 下列部位应设置醒目的疏散指示标志：

1 站厅、站台、自动扶梯、自动人行道及楼梯口；

2 人行疏散通道拐弯处、交叉口及安全出口；沿通道长向每隔不大于20m处；

3 疏散通道和疏散门均应设置灯光疏散指示标志，并设有玻璃或其他不燃烧材料制作的保护罩；

4 疏散指示标志距地面应小于1m；

5 地下车站的站台、站厅、疏散通道等人员密集部位的地面，应设置保持视觉连续的发光疏散指示标志。

23.9 防 灾 通 信

23.9.1 跨座式单轨交通公务电话系统程控交换机的分机应具有能自动拨号到市话网"119"的功能。同时，应配备在发生灾害时供救援人员进行地上、地下联络的无线通信设施。

23.9.2 控制中心应设置防灾无线控制台，列车司机室应设置无线通话台，车站控制室、站长室、保安室及车辆基地值班室应设置无线通信设备。

23.9.3 控制中心应设置防灾广播控制台，车站控制室、车辆基地值班室应设置广播控制台。在设有公共广播的车站区域，消防广播的功能应由通信系统广播子系统提供。

23.9.4 控制中心和车站控制室应设置监视器和控制键盘。

23.9.5 跨座式单轨交通应设消防专用调度电话。防灾调度电话系统应在控制中心设调度电话总机，在车站控制室及车辆基地设分机。

23.9.6 车站应设消防对讲电话。

23.9.7 通信系统应具备火灾时能迅速转换为防灾通信的功能。

23.10 火灾报警系统

23.10.1 车站、区间隧道、变电所、控制中心、车辆基地及停车场应设置火灾自动报警系统（FAS）。保护等级应为一级。

23.10.2 控制中心兼作全线防灾控制中心，火灾报警系统中央级应设在控制中心中央控制室；车站或车辆基地设防灾控制室，组成控制中心、车站两级管理，控制中心、车站、就地三级的控制模式。火灾报警系统的全线传输网络可利用公共通信传输网络，不宜单独配置。

23.10.3 火灾报警系统（FAS）应包括火灾报警装置、消防联动装置及与防灾相关的其他设备。

23.10.4 FAS应可直接操作联动控制消防设施和防烟、排烟系统设备，或通过环境与设备监控系统（BAS）联动控制防烟、排烟系统设备，当火灾工况排烟风机兼作正常运行工况时，通风空调系统回、排风机等设备应由BAS系统控制；仅用于火灾工况排烟设备应由FAS控制。

23.10.5 下列场所应设置火灾自动报警装置：

1 控制中心楼的各种设备机房、配电室（间）、电缆通道、电缆竖井、电缆夹层、走廊、会议室、办公室、控制室及其他管理用房；

2 地下车站的公共区、通道、各种设备机房、配电室（间）、电缆通道、电缆竖井、电缆夹层、走廊、办公室、控制室等管理用房；

3 地面和高架车站的各种设备机房、配电室（间）、电缆通道、电缆竖井、电缆夹层、控制室等重要管理用房；

4 主变电所、牵引变电所、降压变电所、混合变电所；

5 车辆基地与停车场的停车库、检修库、变电所、信号楼及火灾危险性较大的场所。

23.10.6 区间隧道应设手动报警按钮。手动报警按钮间距为50m，应靠区间消火栓设置。

23.10.7 车站级防灾控制应具有下列功能：

1 接收本车站及其所辖区间的火灾报警信号，

显示火灾报警、故障报警部位，并将本站管辖区域的灾害信息及设备状态信息传送至控制中心；

2 接收与本站联建的物业火灾报警信号，统一协调疏散、救灾；

3 对室内消火栓系统、自动喷水灭火系统、气体自动灭火系统、防排烟系统和防火卷帘等进行控制和显示；

4 防灾控制室在确认火灾后应具备下列功能：

1）启动消防广播，接通警报装置，接通应急照明和疏散指示灯，将电梯全部停于首层；

2）手动将疏散用的自动扶梯强切于疏散方向运行；

3）手动控制屏蔽门、安全门的开或关，手动或自动开启所有自动检票机闸门，切断相关区域非消防电源；

4）消防水泵、防排烟风机的启、停，除自动控制外，还应能手动直接控制。

5 显示被控设备的工作状态，显示系统供电电源的工作状态；

6 显示保护对象的部位、疏散通道及消防设备所在位置的平面图或模拟图；

7 接收控制中心命令，强制 BAS 系统将防排烟风机按火灾工况运行。

23.10.8 控制中心控制室应具有下列功能：

1 接收并显示全线各车站和车辆基地送来的火灾报警和相关防灾设备的工作状态信号；

2 地下区间隧道火灾时，协调相邻两座车站的控制工况，向车站发布控制命令；

3 对全线相关消防设施进行监控；

4 对全线火灾事件、历史资料进行存档和管理。

23.10.9 防灾控制室应结合其他控制系统综合设置，并应符合下列规定：

1 控制中心的防灾控制室宜设于全线的中央控制室内；

2 车站防灾控制宜与 BAS、通信及信号等系统同设于车站控制室内；

3 车辆基地防灾控制室宜设于信号楼的调度值班室内；

4 FAS 系统的专用面积不应小于 $6m^2$，在该区域内不应有与其无关的管线穿过。

23.10.10 FAS 系统的时钟应与全线时钟系统同步。

23.10.11 FAS 应设主电源和直流备用电源。FAS 主电源应由一级负荷或相当于一级负荷的电源供电；FAS 直流备用电源宜采用火灾报警控制器的专用蓄电池或集中设置蓄电池组供电，其容量应保证主电源断电后供电 1h。采用集中设置蓄电池时，消防报警控制器供电回路应单独设置，保证控制器可靠工作。

23.10.12 FAS 系统布线应采用无卤、低烟、阻燃或耐火电线电缆。

23.10.13 FAS 系统设计除应执行本规范规定外，尚应符合现行国家标准《火灾自动报警系统设计规范》GB 50116 的相关规定。

23.11 救援保障

23.11.1 跨座式单轨交通应设置对高架线路或其上行驶的列车发生故障或遭遇灾害时实施救援所需的设备和设施。

23.11.2 控制中心应能对所有紧急状态下的应急预案和操作程序进行监控管理。发布相关消防设施的控制命令，负责全线防灾、救灾的指挥和协调；控制中心负责灾害情况下的对外联络及协调工作，应能通过电话或网络通信快速地同本地区的消防、公安、医疗救护部门建立联系；控制中心应具备接收本地区气象预报部门、地震预报部门的电话报警或网络通信报警功能。

23.11.3 当列车遭遇暴风雨、冰雪、雷电等气候灾害时，应能根据车辆的性能要求作出减速或停运的决定。

23.11.4 当列车发生事故停车时，应由控制中心进行调度。

23.11.5 当从车辆中撤离所有乘客时，列车驾驶员应按控制中心的统一安排，通过广播通知乘客实施撤离。

23.11.6 各车站控制室应设综合后备控制盘，在火灾或紧急情况下，在综合后备盘上能够执行各监控系统的关键控制功能并采用手动按键操作实现。

23.11.7 车站及沿线的各排水站、排雨站、排污水泵站应设危险水位报警装置。

24 环境保护

24.1 一般规定

24.1.1 环境保护设计应遵循“统一规划、合理布局、预防为主、综合治理”的原则。

24.1.2 跨座式单轨交通环境保护工程设计应符合国家现行相关规范的要求。

24.1.3 环境保护措施及其防护对象应根据环境保护主管部门批复的环境影响报告书所确定的环境保护目标及核准的污染防治措施来确定。

24.1.4 跨座式单轨交通配置的环境保护设施，其功能要求、设置位置、结构形式、景观效果应与主体工程及周围环境相互协调，并应与主体工程同时设计、同时施工、同时投入使用，并应符合环境保护措施竣工验收的要求。

24.1.5 环境保护设施的设计标准、服务范围、设计规模应满足预测的远期客流和最大通过能力要求，按近期设置、远期预留实施。环保设施的主体部位或不易改、扩建的土建工程应按远期需要实施。对拟建的环境保护目标应考虑采取环保措施并预留实施的条件。

24.1.6 跨座式单轨交通工程应与城市发展规划、交通规划、环境规划相符合，并应从环境保护角度论证工程选线、车站和车辆基地选址、设备选型的环境合理性以及建设方案的工程可行性。跨座式单轨交通环境保护工程应与城市轨道交通规划环评相符合。对于未建成区，应结合城市发展规划及城市环境功能区划，留出要求的控制距离。

24.1.7 环境保护措施应包括轨道梁桥、车辆、环控设备及各种动力设备的减振、降噪措施、车站建筑的声学处理等，还包括车站、车辆基地的生活污水、生产废水处理、大气污染防治和电磁辐射防护等。

24.1.8 环境保护措施，应首先采用清洁生产工艺和技术，采用高效节能型设备，严禁使用对环境产生严重污染的设备和材料。

24.2 噪　　声

24.2.1 跨座式单轨交通噪声污染的防治，应遵循《中华人民共和国环境噪声污染防治法》，应符合现行国家标准《声环境质量标准》GB 3096、《工业企业厂界噪声标准》GB 12348 的规定。

24.2.2 车站环境噪声应符合下列规定：

1 地下车站站台列车进、出站平均等效声级及混响时间应符合现行国家标准《城市轨道交通车站站台声学要求和测量方法》GB 14227 的规定；

2 产生噪声污染的动力设备应设于专用机房内，并与车站站厅、站台层公共区有效分隔；

3 风机、水泵等动力设备应根据其噪声特点，在设备机座或基础下设置隔振垫或减振器等，并在与设备直接连接的管道上设置柔性接头或弹性支吊架，避免刚性连接。

24.2.3 车辆基地环境噪声应符合下列规定：

1 车辆基地边界噪声应符合现行国家标准《工业企业厂界噪声标准》GB 12348 的规定；

2 车辆基地内各维修车间应根据各自不同的作用状况采用相应的噪声防治措施；空压机房宜单独设置，并应对空压机房进行隔声处理，必要时还需对空压机房内壁进行吸声处理。

24.3 振　　动

24.3.1 列车运行振动有可能造成环境振动严重影响时，宜适当调整线路平面位置。

24.3.2 列车运行所引起的环境振动污染防治设计应符合现行国家标准《城市区域环境振动标准》GB 10070 中相应振动限值的规定。

24.3.3 应根据跨座式单轨交通结构振动辐射噪声影响，在振动和噪声敏感的路段，对轨道走行部位及桥梁结构采取有效的减振措施。

24.4 空　　气

24.4.1 跨座式单轨交通环境空气污染防治设计应遵循《中华人民共和国大气污染防治法》的规定，并应符合现行国家标准《恶臭污染物排放标准》GB 14554、《锅炉大气污染物排放标准》GB 13271 和《饮食业油烟排放标准》GB 18483 的规定。

24.4.2 车站内部建筑装修材料的有害物质释放量应符合国家现行有关标准的规定。

24.4.3 地下车站风井的设置应按本规范第 7 章规定执行。

24.4.4 车辆设施与综合基地的热源应遵循清洁生产的原则，优先采用太阳能、电能、人工煤气或天然气等热源。

24.5 水

24.5.1 跨座式单轨交通水污染防治设计应遵循《中华人民共和国水污染防治法》的规定，并应符合现行国家标准《污水综合排放标准》GB 8978 和地方水污染物排放标准的规定。

24.5.2 车站及车辆基地的生活污水、生产废水，包括已经处理后的生活污水、生产废水均不得排入水源保护水域。

24.5.3 当车站或车辆基地附近无市政污水排水系统时，应对生活污水、生产废水进行处理，并应符合《污水综合排放标准》GB 8978 和地方水污染物排放标准的规定。

24.5.4 车辆基地生产废水宜经处理后回收循环使用。

24.6 电磁辐射

24.6.1 变电所和列车运行中产生的电磁辐射，对公众环境生物效应的影响应符合现行国家标准《电磁辐射防护规定》GB 8702 的规定。

24.6.2 列车在地面和高架线路行驶时所产生的电磁辐射对收听、收看广播、电视的影响，可按国际无线电咨询委员会推荐的评价标准，当电视信号接收场强达到规定值时，信噪比不应低于 35dB（uv/m）。

24.6.3 临近敏感建筑区域的 35kV、110kV 主变电所宜设于地下。

24.6.4 地面变电所应考虑电磁辐射影响，宜采用金属屏蔽式开关设备，外壳应有效接地。

24.7　日照与景观

24.7.1　跨座式单轨交通地面和高架线路、车站的设置应考虑对线路两侧建筑物日照环境的影响。

24.7.2　地面和高架线路、车站及其他地面建筑物的设置应与城市景观协调。

24.7.3　高架桥梁线形应连续、流畅、简洁，色调适宜。

24.8　其　　他

24.8.1　跨座式单轨交通选线应符合文物保护单位、自然保护区、风景名胜区和其他需要特殊保护地区的保护要求。

24.8.2　跨座式单轨交通选线、车辆基地的选址应节约、集约用地。

24.8.3　地面和高架的区间、车站和车辆基地等区域应按有关规定进行绿化。

附录 A　曲线地段设备限界计算方法

A.0.1　曲线地段设备限界应在直线地段设备限界的基础上加宽。

A.0.2　曲线地段设备限界应按平面曲线几何偏移量引起的设备限界加宽量和车辆参数变化引起的设备限界加宽量计算确定。

A.0.3　平面曲线的设备限界几何偏移量按下列公式确定：

1　车体

1）曲线外侧：$T_a = [4n(n+a) - p^2]/8R$　　(A.0.3-1)

2）曲线内侧：$T_i = [4n(a-n) + p^2]/8R$　　(A.0.3-2)

2　转向架

1）曲线外侧：$T_{ba} = m(m+p)/2R$　　(A.0.3-3)

2）曲线内侧：$T_{bi} = m(p-m)/2R$　　(A.0.3-4)

式中　n——车体计算断面至相邻中心销距离（mm）；

a——转向架中心距，9600mm；

p——导向轮距，2500mm；

m——转向架计算断面至相邻轴距离（mm）；

R——曲线半径（m）。

A.0.4　车辆参数变化引起的设备限界加宽量：

1　曲线外侧：$\Delta X_{ca} = \Delta_{wq}$　　(A.0.4-1)

2　曲线内侧：$\Delta X_{ci} = \Delta_{wq}$　　(A.0.4-2)

式中　Δ_{wq}——车辆二系弹簧的横移量在曲线与直线上的差值，高架线及地面线取 5mm，地下线取 10mm。

A.0.5　设备限界加宽量总和：

1　曲线外侧：$\Delta X_a = T_a + \Delta X_{ca}$　　(A.0.5-1)

2　曲线内侧：$\Delta X_i = T_i + \Delta X_{ci}$　　(A.0.5-2)

A.0.6　直线地段设备限界各点 X 坐标值加上 ΔX_a（或 ΔX_i）值后，形成曲线地段设备限界。

附录 B　限　界　图

B.0.1　高架线及地面线车辆轮廓线、车辆限界、直线地段设备限界与坐标值见图 B.0.1 和表 B.0.1-1～表 B.0.1-3。

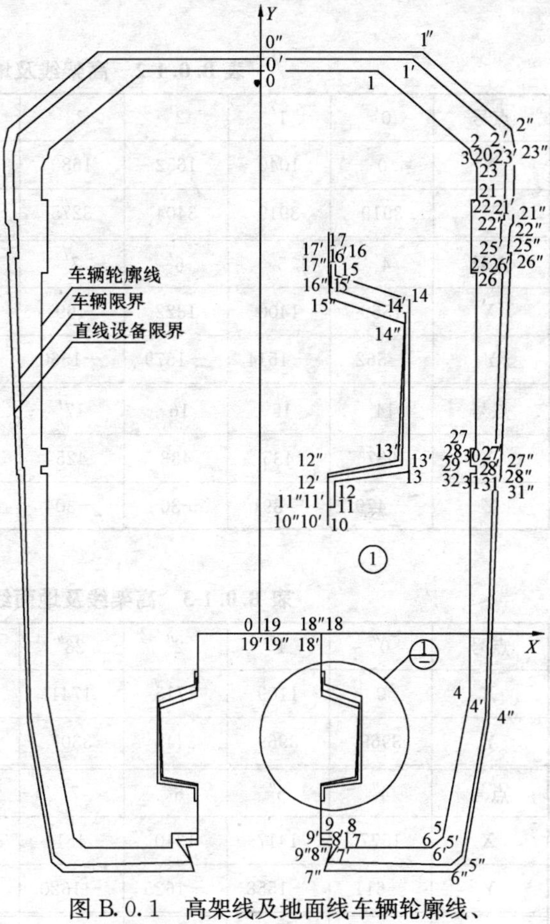

图 B.0.1　高架线及地面线车辆轮廓线、车辆限界、直线地段设备限界图

表 B.0.1-1　车辆轮廓线坐标值（mm）

点号	0	1	2	3	20	23	21	22	25	26	27
X	0	800	1435	1450	1465	1488	1488	1450	1450	1488	1488
Y	3840	3840	3305	3245	3235	3178	2958	2958	2460	2460	1260
点号	28	29	30	31	32	4	5	6	7	8	9
X	1450	1450	1490	1490	1450	1450	1268	1188	603	603	425
Y	1260	1140	1140	1090	1090	−430	−1392	−1460	−1460	−1363	−1363
点号	10	11	12	13	14	15	16	17	18	19	—
X	425	448	448	700	700	448	448	425	425	0	—
Y	−1141	−1141	−1055	−1020	−432	−350	−264	−264	0	0	—

注：1　不含集电装置、接地装置轮廓；

2　点 3、20、21、22 为侧门逃生支架控制点；点 23、21、22 为车侧灯控制点；点 25～28 为司机门扶手控制点；点 29～32为客室车门踏板控制点。

表 B.0.1-2　高架线及地面线车辆限界坐标值（mm）

点号	0′	1′	2′	23′	21′	22′	25′	26′	27′	28′
X	0	1040	1652	1680	1671	1652	1643	1664	1615	1605
Y	3919	3919	3404	3275	2830	2826	2560	2560	1128	1128
点号	4′	5′	6′	7′	8′	9′	10′	11′	12′	13′
X	1560	1400	1322	469	570	425	425	425	425	676
Y	−562	−1514	−1579	−1560	−1408	−1403	−1126	−1125	−1039	−998
点号	14′	15′	16′	17′	18′	19′	—	—	—	—
X	687	435	433	425	425	0	—	—	—	—
Y	−479	−391	−305	−304	0	0	—	—	—	—

表 B.0.1-3　高架线及地面线直线地段设备限界坐标值（mm）

点号	0″	1″	2″	23″	21″	22″	25″	26″	27″	28″
X	0	1109	1715	1741	1729	1711	1697	1717	1653	1640
Y	3969	3969	3445	3307	2803	2777	2600	2598	1085	1083
点号	4″	5″	6″	7″	8″	9″	10″	11″	12″	13″
X	1577	1417	1340	451	504	425	425	425	425	663
Y	−611	−1558	−1625	−1620	−1442	−1441	−1115	−1114	−1028	−982
点号	14″	15″	16″	17″	18″	19″	—	—	—	—
X	684	430	428	425	425	0	—	—	—	—
Y	−513	−428	−342	−342	0	0	—	—	—	—

B.0.2　地下区间车辆轮廓线、车辆限界、直线地段设备限界与坐标值见图 B.0.2 和表 B.0.2-1～表 B.0.2-3。

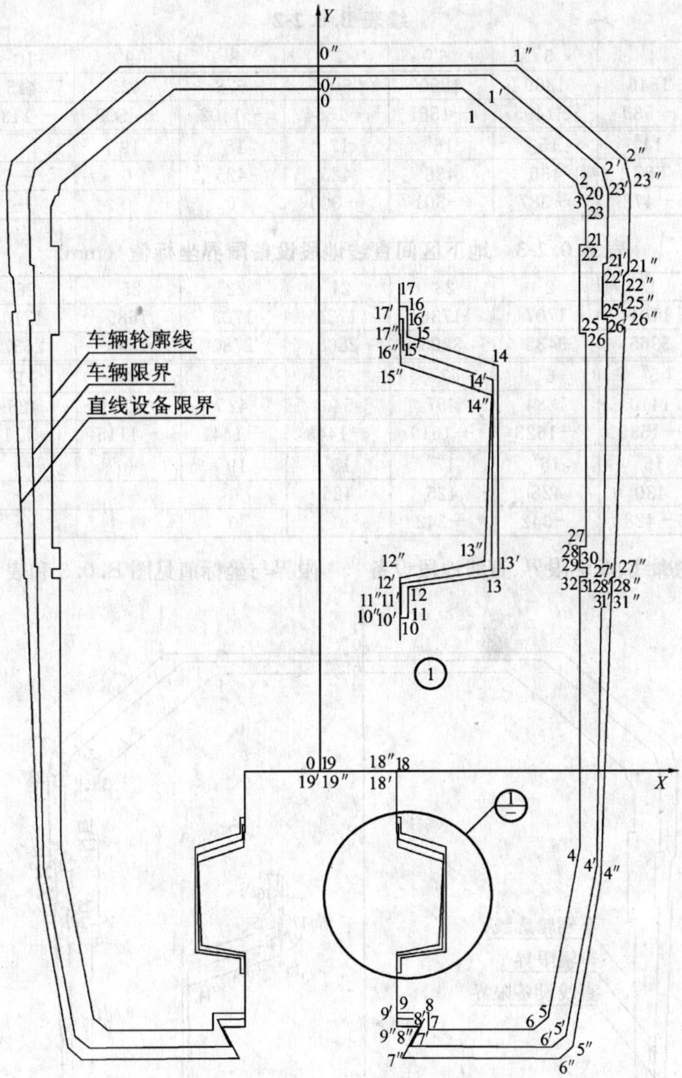

图 B.0.2　地下区间车辆轮廓线、车辆限界、直线地段设备限界图

表 B.0.2-1　地下区间车辆轮廓线坐标值（mm）

点号	0	1	2	3	20	23	21	22	25	26	27
X	0	800	1435	1450	1465	1488	1488	1450	1450	1488	1488
Y	3840	3840	3305	3245	3235	3178	2958	2958	2460	2460	1260
点号	28	29	30	31	32	4	5	6	7	8	9
X	1450	1450	1490	1490	1450	1450	1268	1188	603	603	425
Y	1260	1140	1140	1090	1090	−430	−1392	−1460	−1460	−1363	−1363
点号	10	11	12	13	14	15	16	17	18	19	—
X	425	448	448	700	700	448	448	425	425	0	—
Y	−1141	−1141	−1055	−1020	−432	−350	−264	−264	0	0	—

注：1　不含集电装置、接地装置轮廓；

2　点 3、20、21、22 为侧门逃生支架控制点；点 23、21、22 为车侧灯控制点；点 25～28 为司机门扶手控制点；点 29～32为客室车门踏板控制点。

表 B.0.2-2　地下区间车辆限界坐标值（mm）

点号	0′	1′	2′	23′	21′	22′	25′	26′	27′	28′
X	0	954	1577	1611	1607	1586	1582	1609	1586	1574
Y	3912	3912	3384	3252	2856	2849	2539	2538	1152	1152

续表 B.0.2-2

点号	31′	4′	5′	6′	7′	8′	9′	10′	11′	12′
X	1573	1546	1369	1290	501	578	425	425	426	427
Y	988	−539	−1495	−1561	−1554	−1402	−1399	−1130	−1129	−1043
点号	13′	14′	15′	16′	17′	18′	19′	—	—	—
X	680	687	436	436	425	425	0	—	—	—
Y	−1005	−472	−387	−301	−300	0	0	—	—	—

表 B.0.2-3　地下区间直线地段设备限界坐标值（mm）

点号	0″	1″	2″	23″	21″	22″	25″	26″	27″	28″
X	0	1101	1707	1736	1724	1703	1689	1710	1646	1633
Y	3965	3965	3435	3295	2808	2780	2589	2587	1088	1086
点号	4″	5″	6″	7″	8″	9″	10″	11″	12″	13″
X	1569	1410	1334	457	549	425	425	425	425	663
Y	−608	−1555	−1623	−1619	−1443	−1441	−1115	−1114	−1028	−982
点号	14″	15″	16″	17″	18″	19″	—	—	—	—
X	684	430	428	425	425	0	—	—	—	—
Y	−513	−428	−342	−342	0	0	—	—	—	—

B.0.3　高架车站车辆轮廓线、车辆限界、直线地段设备限界与坐标值见图 B.0.3 和表 B.0.3-1～表 B.0.3-3。

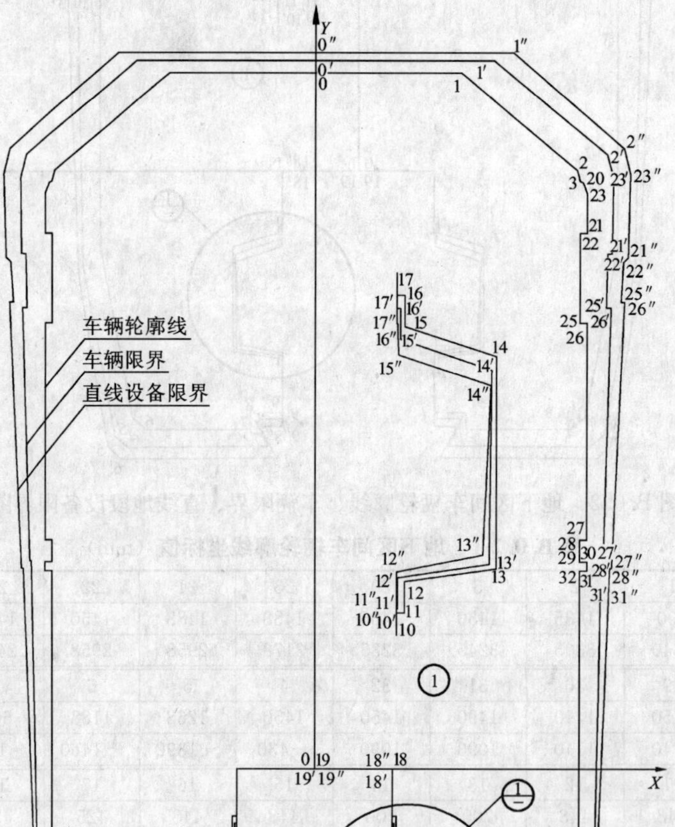

图 B.0.3　高架车站车辆轮廓线、车辆限界、直线地段设备限界图

表 B.0.3-1　高架车站车辆轮廓线坐标值（mm）

点号	0	1	2	3	20	23	21	22	25	26	27
X	0	800	1435	1450	1465	1488	1488	1450	1450	1488	1488
Y	3840	3840	3305	3245	3235	3178	2958	2958	2460	2460	1260
点号	28	29	30	31	32	4	5	6	7	8	9
X	1450	1450	1490	1490	1450	1450	1268	1188	603	603	425
Y	1260	1140	1140	1090	1090	−430	−1392	−1460	−1460	−1363	−1363
点号	10	11	12	13	14	15	16	17	18	19	—
X	425	448	448	700	700	448	448	425	425	0	—
Y	−1141	−1141	−1055	−1020	−432	−350	−264	−264	0	0	—

注：1　不含集电装置、接地装置轮廓；

2　点 3、20、21、22 为侧门逃生支架控制点；点 23、21、22 为车侧灯控制点；点 25～28 为司机门扶手控制点；点 29～32为客室车门踏板控制点。

表 B.0.3-2　高架车站车辆限界坐标值（mm）

点号	0′	1′	2′	23′	21′	22′	25′	26′	27′	28′
X	0	980	1597	1632	1624	1600	1594	1618	1578	1567
Y	3910	3910	3390	3261	2844	2842	2546	2546	1144	1144
点号	4′	5′	6′	7′	8′	9′	10′	11′	12′	13′
X	1534	1374	1296	495	576	425	425	425	427	679
Y	−546	−1501	−1567	−1552	−1403	−1400	−1129	−1128	−1042	−1003
点号	14′	15′	16′	17′	18′	19′	—	—	—	—
X	687	436	435	425	425	0	—	—	—	—
Y	−474	−388	−302	−301	0	0	—	—	—	—

表 B.0.3-3　高架车站直线地段设备限界坐标值（mm）

点号	0″	1″	2″	23″	21″	22″	25″	26″	27″	28″
X	0	1087	1692	1724	1711	1687	1672	1694	1627	1614
Y	3950	3950	3422	3282	2821	2797	2576	2574	1105	1103
点号	4″	5″	6″	7″	8″	9″	10″	11″	12″	13″
X	1547	1392	1316	475	540	425	425	425	425	663
Y	−591	−1538	−1606	−1599	−1443	−1441	−1115	−1114	−1028	−982
点号	14″	15″	16″	17″	18″	19″	—	—	—	—
X	684	430	428	425	425	0	—	—	—	—
Y	−513	−428	−342	−342	0	0	—	—	—	—

B.0.4　地下车站车辆轮廓线、车辆限界、直线地段设备限界与坐标值见图 B.0.4 和表 B.0.4-1～表 B.0.4-3。

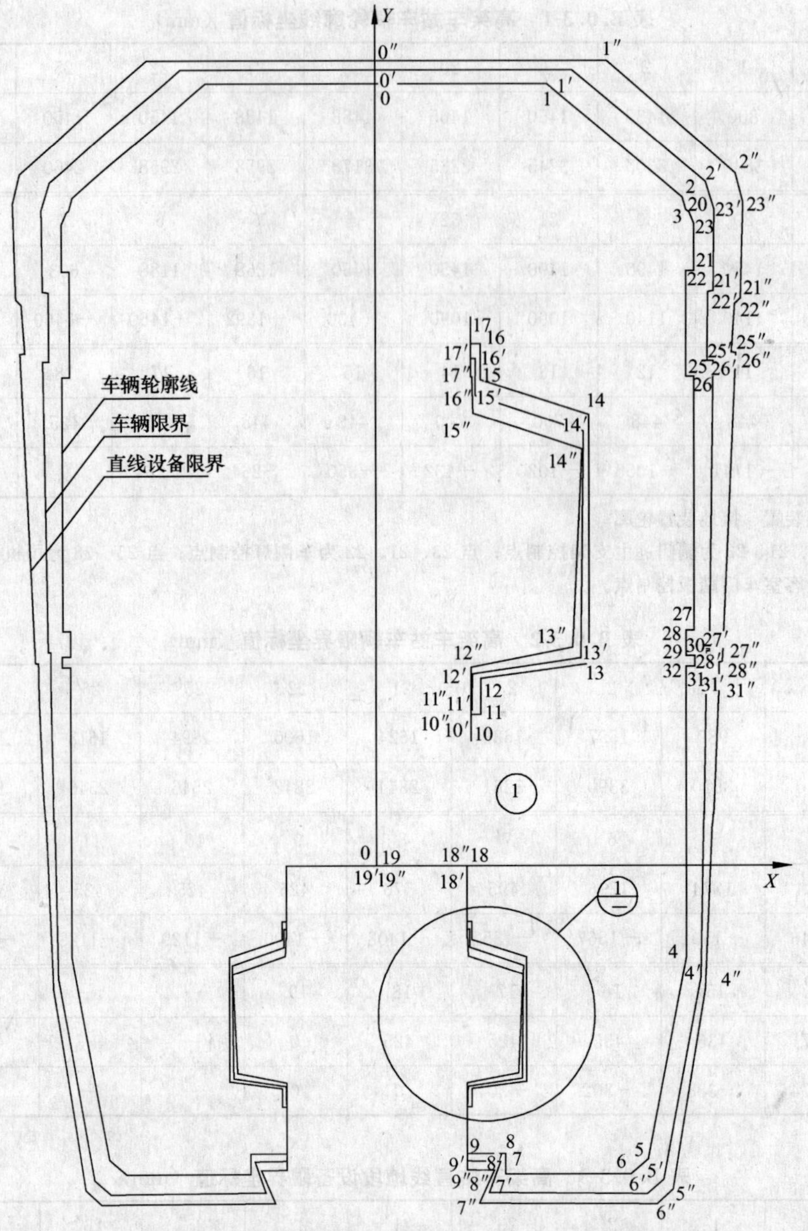

图 B.0.4　地下车站车辆轮廓线、车辆限界、直线地段设备限界图

表 B.0.4-1　地下车站车辆轮廓线坐标值（mm）

点号	0	1	2	3	20	23	21	22	25	26	27
X	0	800	1435	1450	1465	1488	1488	1450	1450	1488	1488
Y	3840	3840	3305	3245	3235	3178	2958	2958	2460	2460	1260
点号	28	29	30	31	32	4	5	6	7	8	9
X	1450	1450	1490	1490	1450	1450	1268	1188	603	603	425
Y	1260	1140	1140	1090	1090	−430	−1392	−1460	−1460	−1363	−1363
点号	10	11	12	13	14	15	16	17	18	19	—
X	425	448	448	700	700	448	448	425	425	0	—
Y	−1141	−1141	−1055	−1020	−432	−350	−264	−264	0	0	—

注：1　不含集电装置、接地装置轮廓；

2　点 3、20、21、22 为侧门逃生支架控制点；点 23、21、22 为车侧灯控制点；点 25～28 为司机门扶手控制点；点 29～32为客室车门踏板控制点。

表 B.0.4-2　地下车站车辆限界坐标值（mm）

点号	0′	1′	2′	23′	21′	22′	25′	26′	27′	28′
X	0	918	1543	1583	1579	1552	1549	1579	1558	1545
Y	3906	3906	3377	3246	2863	2858	2532	2531	1161	1160
点号	31′	4′	5′	6′	7′	8′	9′	10′	11′	12′
X	1544	1516	1342	1263	528	579	425	425	427	428
Y	995	−530	−1487	−1554	−1548	−1400	−1399	−1130	−1130	−1044
点号	13′	14′	15′	16′	17′	18′	19′	—	—	—
X	681	687	436	437	425	425	0	—	—	—
Y	−1007	−470	−386	−300	−300	0	0	—	—	—

表 B.0.4-3　地下车站直线地段设备限界坐标值（mm）

点号	0″	1″	2″	23″	21″	22″	25″	26″	27″	28″
X	0	1079	1684	1719	1706	1679	1664	1686	1620	1606
Y	3949	3949	3418	3278	2827	2802	2572	2570	1110	1107
点号	31″	4″	5″	6″	7″	8″	9″	10″	11″	12″
X	1604	1539	1385	1309	482	549	425	425	425	425
Y	959	−586	−1535	−1602	−1599	−1443	−1441	−1115	−1114	−1028
点号	13″	14″	15″	16″	17″	18″	19″	—	—	—
X	663	684	430	428	425	425	0	—	—	—
Y	−982	−513	−428	−342	−342	0	0	—	—	—

B.0.5　轨道梁周围特殊限界与坐标值见图 B.0.5 和表 B.0.5-1～表 B.0.5-4。

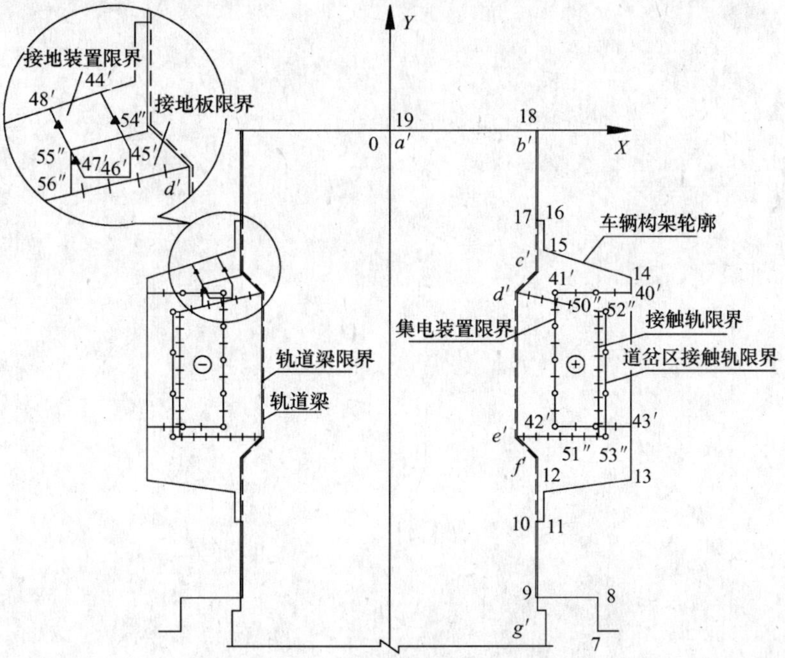

图 B.0.5　轨道梁周围特殊限界图

表 B.0.5-1　轨道梁周围车辆轮廓线坐标值（mm）

点号	7	8	9	10	11	12	13	14	15
X	603	603	425	425	448	448	700	700	448
Y	−1460	−1363	−1363	−1141	−1141	−1055	−1020	−432	−350
点号	16	17	18	19	—	—	—	—	—
X	448	425	425	0	—	—	—	—	—
Y	−264	−264	0	0	—	—	—	—	—

表 B.0.5-2　轨道梁限界坐标值（mm）

点　号	a'	b'	c'	d'	e'	f'	g'
X	0	430	430	370	370	430	430
Y	0	0	−415	−475	−895	−955	−1400

表 B.0.5-3　集电装置、接地板限界坐标值（mm）

点号	40′	41′	42′	43′	44′	45′	46′	47′	48′
X	700	480	480	700	−498	−455	−455	−521	−571
Y	−475	−475	−865	−865	−366	−450	−490	−490	−390

表 B.0.5-4　接触轨、道岔区接触轨限界坐标值（mm）

点号	50″	51″	52″	53″	54″	55″	56″
X	605	605	625	625	−430	−540	−540
Y	−530	−895	−530	−895	−423	−450	−515

中华人民共和国国家标准

跨座式单轨交通设计规范

GB 50458-2008

条文说明

1 总 则

1.0.2 目前国内已建成一条跨座式单轨交通线路并已投入正式运营，尚有新的线路正在建设。根据跨座式单轨交通系统的特点，在结合我国工程建设和运营过程中积累的经验，以及充分吸收国外同类工程建设与运营经验的基础上，制定了本规范技术条文，其适用范围为中运量城市轨道交通以高架线路为主的跨座式单轨交通新建工程。对于改建和扩建工程可根据情况参照执行。

1.0.4 跨座式单轨交通客运量具有随城市发展逐步增长的规律，为保证在建成后不致长时期欠负荷运营或频繁扩容改造，并节约初期投资，参照我国现行国家标准《地铁设计规范》GB 50157 和国外的实践经验，将设计年限划分为初、近、远三期，使工程经济合理地分阶段进行投资建设。

1.0.5 为保证跨座式单轨交通正常、安全运行，必须采用全封闭的双线线路。同时为提高服务水平，应科学合理地提高行车密度，减少乘客候车时间，并采用安全防护和监控设备系统保障列车安全、高效地运行。

1.0.6 跨座式单轨交通的建设规模和设备容量是按远期设计年限的预测客流量和列车通过的运输能力确定的，为节省初期投资，除后期实施难度很大或再次施工对运营和周边环境会带来很大不利影响的土建工程应一次建成外，对于可分期建设的工程和配置的设备，应考虑分期建设和增容。

1.0.7 跨座式单轨交通线路与城市其他交通共同组成城市交通网，但轨道交通作为城市交通主干线，对城市客运起非常重要的作用，因此在城市交通规划时应以轨道交通车站为中心，合理布局其他交通站点，方便乘客换乘，使城市各种交通有机结合，互相补充。

1.0.10 设计使用年限100年是指在一般维护条件下，能保证主体结构及因无法更换或因更换会严重影响运营的土建工程正常使用的最低时段，如地下车站、地下区间隧道、高架梁桥及运营控制中心等。

1.0.13 由于客流随着城市发展逐步增加的特点，跨座式单轨交通的客流量也在逐步增加，配置的列车数量和编组方式相应采用初期、近期和远期的不同方式与客流量相适应。列车编组车辆数，根据预测的各期的高峰小时单向最大断面客流量和车辆的定员数及设定的行车密度确定。

本规范表4.1.3推荐的车辆定员数量是根据跨座式单轨交通特点、国产车辆特性，以及现行国家标准《地铁设计规范》GB 50157，并参照国外同类型交通的车辆定员数确定的。

1.0.14 车辆基地、停车场、主变电所、控制中心的设置，应根据城市轨道交通线网规划统一考虑，在有技术经济依据时，可以几条线路合建一座主变电所、车辆基地，一个控制中心可管几条线，以充分实现轨道交通运营维修机电设备的资源共享达到节约投资，集中管理的目的。

1.0.17 跨座式单轨交通是城市的主要交通形式之一，客流量较大，关系到城市正常的活动秩序和维系乘客和周边居民的生命安全，因此要求采用的车辆、设备都应是满足功能要求、安全要求的可靠产品，其技术经济特性合理并经过相关方法验证符合要求的产品。为降低新建项目造价和维护维修的方便，应尽可能选用已有的标准产品。同时，应考虑立足国内生产，实现国产化。

1.0.20 本规范与其他规范和标准的关系是：凡本规范有规定的，在设计跨座式单轨交通中应按本规范执行，本规范未作规定的，应符合国家现行有关强制性标准的规定，或参照其他有关的国家现行标准和规范的规定执行。

2 术 语

本章收编的主要是跨座式单轨交通系统特有的专用术语，一般轨道交通常用的术语未再收编。跨座式单轨交通专用术语的表达和解释，参照了国内和国外类似常用的说明和中英文词汇，同时，各技术专业的术语在编写中注意了与相关专业相似术语表达的一致性。

3 行车组织与运营管理

3.1 一 般 规 定

3.1.3 跨座式单轨交通主要适用于地形地貌比较复杂的城市。若线路平纵断面条件均较差时，列车旅行速度难以达到30km/h，但为了保证一定的运营效率，本条规定较一般的钢轮钢轨系统要求有所降低。

3.2 系统运能设计

3.2.2 本系统运输能力主要受到信号系统、道岔转辙时间、信息传输时间、列车过岔速度等因素控制。按目前重庆轻轨较新线系统配置验算，系统最大设计能力已能达到24对/h，因此，本规范规定系统远期设计最大行车密度不应少于每小时24对列车，意在不排除当改进了信号系统、道岔转辙等技术后，进一步提高能力的可能。

3.3 行 车 组 织

3.3.2 在行车密度较低的路段（一般在线路尾段），可根据线网需要，设置与其他线路共线运营的条件，以充分发挥系统的运营效率。

3.3.4 跨座式单轨交通主要适用于线路采用高架形式，为降低对景观的影响，建议最大列车编组长度不宜大于100m，当需采用大于100m的车站长度时，应作充分的车站景观影响分析。

3.4 行 车 速 度

3.4.2 跨座式单轨交通发生事故需列车救援时，若事故列车未发生爆胎状况，对救援列车推送救援方式的限速为25km/h；当事故列车一个轴上的两个轮胎均爆胎时，推送限速宜为7km/h；当只有一个轮胎爆胎时，推送限速宜为15km/h。

3.4.3 列车在曲线上的运行速度：

1 限界条件允许的情况下，轨道梁的超高设置应满足列车通过曲线的限速要求，若线路控制条件较多，影响正常的超高设置时，应根据实设超高对速度进行限制。

2 曲线限速按下式计算：

超高、运行速度、曲线半径间的关系公式：

$$(V/3.6)^2 \times 1/R - gh_{\max} = gh_{qy}$$

式中 V——列车通过曲线的运行速度（km/h）；

R——曲线半径（m）；

g——重力加速度（m/s^2）；

$h_{\max}$——允许最大超高（%），取12%；

h_{qy}——允许最大欠超高（%），取5%；

则 $V = \sqrt{3.6^2 \times 9.8 \times (12\% + 5\%)R} \approx 4.65\sqrt{R}$。

3.5 辅助线设置

3.5.2 跨座式单轨交通由于道岔设置的特殊性以及道岔造价高等因素，造成了辅助配线的设置密度低于钢轮钢轨交通系统，对运营的影响是列车发生故障时救援时间的增长。根据现有经验，正线上两相邻事故列车停车线的距离不大于10km较为经济合理。

3.6 运 营 管 理

3.6.2 对跨座式单轨交通运营管理人员总额的规定较现行国家标准《地铁设计规范》GB 50157低，意在与第3.6.4条规定采用的管理及维修模式相适应。中心站管理模式是车站管理发展的方向，当车站不设任何运营控制设备时，车站管理定员将大大降低或最终实现无人值守。

4 车 辆

4.1 一 般 规 定

4.1.3 表4.1.3的注解中所说明的有效站立面积计算方法是用于计算车辆定员人数和超员人数的。计算车辆强度时应符合国家现行标准《跨座式单轨交通车辆通用技术条件》CJ/T 287有关车体的章节中的有效站立面积计算方法的规定。

4.2 安全与应急设施

4.2.2 本条提到的“缓降装置”是指在紧急情况下把停在高架轨道梁上的车辆中的乘客缓缓撤退到地面

的装置。它类似在火灾时消防队用的把乘客从高楼缓降到地面的装置。

4.3 车辆与相关系统

4.3.1 为实现车辆主保护系统与变电站保护系统“保护协调”，应根据供电系统设计部门提供的短路参数和变电站保护的方案选择车辆主保护系统技术规格，并与供电系统设计部门协商和进行必要的调整。

5 限 界

5.1 一 般 规 定

5.1.2 车辆轮廓线和车辆有关技术参数是设计跨座式单轨交通限界的基础资料。限界计算中有关车辆参数包括：行车速度，车辆制造公差，转向架走行部各部件（包括集电装置和接地装置）的安装位置，空气弹簧、走行轮、导向轮、稳定轮刚度和挠度变化值，车辆检修周期规定等；轨道梁参数包括制造和安装精度，静荷载和活荷载造成的各种弹性变形量。轨行区安装的设备和管线将影响建筑限界的设计。

5.1.3 本规范只定义直线地段车辆限界。

车辆限界是车辆在平直线路上正常运行状态下的最大动态包络线。所谓正常运行状态，是指空气弹簧、走行轮、导向轮、稳定轮等充气元件在正常弹性范围内、易损件磨耗不超限、车辆各部无故障等。

车辆限界分为高架线及地面线车辆限界和地下线车辆限界两种。高架线及地面线只是桥墩高度不同。高架线及地面线车辆限界受风荷载影响，因而比地下线车辆限界的偏移量要大。

1 车辆限界计算方法：

1）车辆限界的计算应符合下列原则：

①车辆限界的计算应以列车在平直线上，以额定速度运行为基本条件；根据线路环境不同，分为高架线及地面线车辆限界和地下线车辆限界两种基本类型；

②曲线地段增加的附加因素，不应在车辆限界内考虑，应在设备限界曲线加宽内考虑加高、加宽；

③车辆限界的计算参数，按其概率性质应分成两大类，即随机因素和非随机因素。对非随机因素按线性相加合成；对按概率分布的随机因素应采取均方根合成，将两大类相加形成车辆的偏移量；

④对高架线（或地面线）、地下线两类车辆限界均采用统一的计算公式；计算时应根据不同的外部条件合理选用不同的计算参数。

2）车辆限界计算考虑的因素：

①线路轨道梁的几何偏差（含维护限度）及弹性变形；

②车辆不同部位的横向及垂向制造误差（AW0 状态下）及维护限度；

③车辆正常运行状态下（无悬挂元件及各类橡胶轮失效）的各类振动（含振动加速度）；

④空重车挠度变化；

⑤乘客偏载引起的车辆偏斜；

⑥侧风载荷影响。

3）车辆限界计算公式：

①车体部分：

A. 横向：

$$\Delta X_{BP}=(\Delta X_{dw}+\Delta W)\frac{2n+a}{a}+\Delta_{e}+\Delta\theta_{t2}\cdot Y\cdot(1+S)+100m_{z}g(1+S)\left(\frac{|Y-h_{cp}|}{K_{\phi p}}+\frac{|Y-h_{cs}|}{K_{\phi s}}\right)+\Delta M_{BX}+\sqrt{\begin{aligned}&\Delta C^{2}+[\Delta\theta_{t1}\cdot Y\cdot(1+S)]^{2}\\&+[A_{w}\cdot P_{w}(1+S)C_{h}]^{2}\\&+[m_{B}\cdot a_{B}(1+S)C'_{h}]^{2}\end{aligned}}$$

式中

$$C_{h}=|Y-h_{cp}|\cdot\frac{h_{sw}-h_{cp}}{k_{\phi p}}+|Y-h_{cs}|\cdot\frac{h_{sw}-h_{cs}}{k_{\phi s}}$$

$$C'_{h}=|Y-h_{cp}|\cdot\frac{h_{sc}-h_{cp}}{k_{\phi p}}+|Y-h_{cs}|\cdot\frac{h_{sc}-h_{cs}}{k_{\phi s}}$$

B. 垂直向上：

$$\Delta Y_{BPu}=\Delta M_{BY}+f_{2}+\Delta M_{qc}+\Delta\theta_{t2}(1+S)X+100m_{z}\cdot g(1+S)X\left(\frac{1}{k_{\phi p}}+\frac{1}{k_{\phi s}}\right)+\sqrt{\begin{aligned}&\delta_{c}^{2}+\left[\Delta f_{p}\cdot\frac{2n+a}{a}\right]^{2}+\left[\Delta f_{s}\cdot\frac{2n+a}{a}\right]^{2}+[\Delta\theta_{t1}\cdot X(1+S)]^{2}\\&+\left[A_{w}\cdot P_{w}(1+S)X\left(\frac{h_{sw}-h_{cp}}{k_{\phi p}}+\frac{h_{sw}-h_{cs}}{k_{\phi s}}\right)\right]^{2}\\&+\left[m_{B}\cdot a_{B}(1+S)X\left(\frac{h_{sc}-h_{cp}}{k_{\phi p}}+\frac{h_{sc}-h_{cs}}{k_{\phi s}}\right)\right]^{2}\end{aligned}}$$

C. 垂直向下：

$$\Delta Y_{BPd}=f_1+f_2+\Delta M_{BY}+\delta_e+\delta_w+\Delta\theta_{t2}(1+S)X$$

$$+100m_z g(1+S)\left(\frac{1}{k_{\phi p}}+\frac{1}{k_{\phi s}}\right)X$$

$$+\sqrt{\begin{array}{l}\left(\Delta f_p\dfrac{2n+a}{a}\right)^2+\left(\Delta f_s\dfrac{2n+a}{a}\right)^2\\+\delta_c{}^2+[\Delta\theta_{t1}(1+S)X]^2\\+\Bigg[(A_w\cdot P_w)(1+S)X\\\left(\dfrac{h_{sw}-h_{cp}}{k_{\phi p}}+\dfrac{h_{sw}-h_{cs}}{k_{\phi s}}\right)\Bigg]^2\\+\Bigg[(m_B\cdot a_B)(1+S)X\\\left(\dfrac{h_{sc}-h_{cp}}{k_{\phi p}}+\dfrac{h_{sc}-h_{cs}}{k_{\phi s}}\right)\Bigg]^2\end{array}}$$

②构架部分：

A. 横向：

$$\Delta X_t=\Delta X_{dw}+100m_z g(1+S)\frac{|Y-h_{cp}|}{k_{\phi p}}$$

$$+\Delta\theta_{t2}\cdot|Y-h_{cp}|\cdot(1+S)+\Delta M_{tX}$$

$$+\sqrt{\begin{array}{l}[\Delta\theta_{t1}\cdot Y\cdot(1+S)]^2\\+\left[A_w\cdot P_w(1+S)(Y-h_{cp})\dfrac{h_{sw}-h_{cp}}{k_{\phi p}}\right]^2\\+\left[m_B\cdot a_B(1+S)(Y-h_{cp})\dfrac{h_{sc}-h_{cp}}{k_{\phi p}}\right]^2\end{array}}$$

B. 垂向向上：

$$\Delta Y_{tu}=\Delta M_{tY}+\Delta\theta_{t2}\cdot(1+S)X$$

$$+100m_z g(1+S)\frac{X}{k_{\phi p}}$$

$$+\sqrt{\begin{array}{l}\Delta f_p^2+[\Delta\theta_{t1}\cdot(1+S)X]^2\\+\left[(A_w\cdot P_w)(1+S)X\left(\dfrac{h_{sw}-h_{cp}}{k_{\phi p}}\right)\right]^2\\+\left[(m_B\cdot a_B)(1+S)X\left(\dfrac{h_{sc}-h_{cp}}{k_{\phi p}}\right)\right]^2\end{array}}$$

C. 垂向向下：

$$\Delta Y_{td}=\delta_w+f_1+\Delta M_{tY}+\Delta\theta_{t2}\cdot(1+S)X$$

$$+100m_z g(1+S)\frac{X}{k_{\phi p}}$$

$$+\sqrt{\begin{array}{l}\Delta f_p{}^2+[(\Delta\theta_{t1}\cdot(1+S)X]^2\\+\left[A_w\cdot P_w(1+S)X\dfrac{h_{sw}-h_{cp}}{k_{\phi p}}\right]^2\\+\left[m_B\cdot a_B(1+S)X\dfrac{h_{sc}-h_{cp}}{k_{\phi p}}\right]^2\end{array}}$$

2　限界计算参数定义及取值表

序号	符号	说　明	参　数
1	ΔX_{dw}	构架相对于轨道梁动态横移量	区间 5mm 车站 5mm
2	ΔM_{BX}	车体部分横向制造误差（按相应部位取值）	±15mm 门踏板±10mm
3	ΔM_{BY}	车体部分垂向制造误差（按相应部位取值）	±15mm
4	ΔW	二系弹簧横向弹性变形	高架车站 20mm 地下车站 15mm 地下区间 25mm 高架区间 30mm
5	δ_w	走行轮磨耗	8mm
6	f_1	走行轮空重车挠度变化	17mm
7	f_2	二系高度调整误差	±3mm
8	Δf_p	走行轮动挠度	5mm
9	Δf_s	二系垂向动挠度	区间 20mm 车站 15mm
10	ΔM_{qc}	车体销外上翘/下垂	3mm
11	m_z	定员载客的 2/3 重量	6080kg
12	Δ_c	轨道梁中心线横向偏差	区间±25mm 车站±10mm
13	δ_c	轨道梁中心线垂向偏差	+30mm −15mm
14	$\Delta\theta_{t1}$	轨道梁公差换算倾斜角	0.5°/57
15	Δ_e	轨道梁横向弹性变形	3mm
16	δ_e	轨道梁垂向弹性变形	15mm
17	$\Delta\theta_{t2}$	轨道梁弹性倾斜角	0
18	a	车辆定距（中心销距）	9600mm
19	n	计算断面至相邻中心销距离（销内均取 0）	车体点 2650mm 车灯、支架、踏板 0mm 扶手 2000mm 裙板 1400mm
20	A_w	车体受风面积	车站 20m² 区间 60m²
21	P_w	风作用压强	高架 500N/m² 地下 0N/m²
22	m_B	2/3 定员车体计算重量	26440kg
23	a_B	横向振动加速度	0.5m/s² 0.25m/s²
24	h_{sc}	车体重心距轨面高	1555mm（AW3） 1390mm（AW2）
25	h_{sw}	高架线车体受风面积形心距轨面高	车站 2950mm 区间 1563mm

续表

序号	符号	说　明	参　数
26	h_{cp}	构架回转中心低于轨面	正常－520mm 故障 －700mm
27	h_{cs}	二系弹簧上支承面距轨面高	928mm
28	$k_{\phi p}$	整车构架当量侧滚刚度（绕回转中心）$=K_{\phi p1}+K_{\phi p2}+K_{\phi p3}$ $K_{\phi p1}$—由导向轮引起的抗侧滚刚度 $K_{\phi p2}$—由稳定向轮引起的抗侧滚刚度 $K_{\phi p3}$—由走行轮引起的抗侧滚刚度 一个水平轮横向刚度：0.98MN/m 一个走行轮垂向刚度：1.18MN/m 稳定轮中心与导向轮中心垂向距离：1085mm 导向轮中心距轨面垂向（AW0）：160mm 走行轮中心距轨面垂向（AW0）：470mm 走行轮中心距轨面中心横向：200mm	正常刚度 3.46×10^9 N·mm/rad 失气刚度取 3.46×10^{15} N·mm/rad
29	$k_{\phi s}$	车体相对构架侧滚刚度$=0.5n_sc_sb_s^2$ n_s—车辆一侧二系弹簧并列数：2 c_s—每一侧二系弹簧垂向刚度：正常 450N/mm，故障 11000N/mm（一侧） b_s—二系弹簧间距：2050mm	正常刚度 1.890×10^9 N·mm/rad 过充刚度 1.890×10^{15} N·mm/rad 失气刚度 2.406×10^{10} N·mm/rad
30	ΔM_{tX}	构架部分横向制造误差	±3mm
31	ΔM_{tY}	构架垂向制造误差	±3mm
32	R	正线、辅助线最小曲线半径（m）	100m
33	R_v	最小竖曲线半径（m）	区间 1000m
34	θ_{ac}	轨道梁超高率最大值	区间 0.12 车站 0.02
35	v	车辆最高运行速度	80km/h
36	S	重力倾角附加系数 $S=m_{Bg}g[(h_{sc}-h_{cp})/k_{\phi p}+(h_{sc}-h_{cs})/k_{\phi s}]$	$g=9.81\text{m/s}^2$

续表

序号	符号	说　明	参　数
37	f_{01}	稳定轮失气高度（mm）	23＋8＝31mm
38	f_1'	走行轮失气高度（mm）	60＋11＝71mm
39	f_{02}	空气簧失气高度（mm）	30mm
40	f_{02}'	空气簧过充高度（mm）	45mm
41	$\Delta\theta_{q1}$	稳定轮失气时最大倾角（弧度）	$T_g=31/935$
42	$\Delta\theta_{q2}$	空气簧失气时最大倾角（弧度）	$T_g=30/2050$

5.1.4 设备限界是车辆在运行途中由于空气弹簧（过充或失气）、走行轮（失气）、导向轮（失气）、稳定轮（失气）四类部件中瞬间失效影响车辆偏移量最大的一种故障产生的动态控制线，不考虑失效组合。经分析：轨道梁一侧稳定轮失气（并含辅助轮磨耗8mm）产生的车体侧滚角最大（此侧滚角增大了车体肩部的横向位移量）；走行轮失气（并含辅助轮磨耗11mm）加上因 R1000m 竖曲线造成的车体向下增量16mm 产生的车体下沉量为最大值；由于空气弹簧过充造成的车端上升量加上 R1000m 竖曲线产生的车体向上增量 16mm 为车体升高最大值。以上三种工况形成的动态控制线为直线地段设备限界。

5.1.5 在设备和设备限界之间，宜留出 50mm 安全间隙，其原因有二：一为设备安装误差；二为限界检测车检测误差。

根据轨道交通主体结构工程设计使用年限为 100 年的规定，建筑限界和设备限界之间的间隙，当无设备和管线时，不宜小于 200mm，以弥补隧道变形、内衬喷锚所缩减的空间。当隧道壁上装有设备和管线时，若设备和管线占用空间加 50mm 安全间隙小于 200mm 时，按 200mm 间隙设置。

困难条件下不得小于 100mm 是指车站设备用房墙体至设备限界之间的最小间隙。

5.1.6 高架线两相邻线路中心线间距按高架线设备限界加不小于 100mm 的间隙计算；地下线单洞双线无中隔墙的两相邻线路中心线，其线间距按地下区间设备限界加不小于 100mm 的间隙计算。实际情况，列车在交会时，不可能发生两列车同时发生一系、二系弹簧损坏的故障，但存在一列列车瞬时发生一系、二系弹簧损坏故障可能，通常情况是两列车在正常运行状态下的交会。因此，线间距的确定原则，可保障列车的安全运行。

在贯彻本条款时，应注意：直线地段线间距采用直线设备限界计算；曲线地段线间距采用曲线设备限界计算，还要注意轨道梁的超高率因素。

5.1.7 建筑限界是不包括各种误差因素的，所以，结构设计应在限界规定值上另加施工余量，其数值应根据施工水平、施工条件、结构沉降和变形等外部条件，由结构设计人员自行确定。

5.2 制定限界的主要技术参数

5.2.1 车辆基本参数由长春轨道客车股份有限公司提供。其中计算车辆长度是按带驾驶室的控制动车确定的，自转向架中心线至车头距离3050mm，车头圆弧半径400mm，车辆定距9600mm。故计算车辆长度为2×(3050－400)＋9600＝14900mm。

5.2.2 线路、轨道梁各项参数取自本规范相关章节，风荷载按8级风列车缓行，9级风列车停运的原则，限界计算采用的侧向风力500N/m²，相当于9级风。

5.3 制定建筑限界的原则

5.3.2 建筑限界坐标系与设备限界的基准坐标系是两种不同的坐标系。基准坐标系是垂直于直线轨道梁中心线的二维平面直角坐标，横坐标轴（*X*轴）与轨道梁顶面相切，纵坐标轴（*Y*轴）垂直于轨道梁顶面，坐标原点为轨道梁顶面的中点。

5.3.3 轨道梁顶面距轨道梁桥墩盖梁面的距离应不小于2100mm，是综合考虑下部的设备限界、轨道梁及轨道梁支座的结构尺寸，以及电缆从桥墩盖梁面上通过时所需的最小空间和安全间隙。

线路自高架进入隧道之前，一般都有一段过渡段，该过渡段往往做成U形槽断面，U形槽宽度采用矩形隧道宽度。

5.3.4 矩形隧道直线地段建筑限界以直线地段设备限界为计算依据，曲线地段建筑限界是在曲线设备限界基础上再考虑轨道梁超高率进行计算。马蹄形隧道建筑限界参照矩形隧道建筑限界设计原则办理。

隧道侧壁有设备或管线安装时，应考虑其安装误差、测量误差及隧道永久变形量所需的空间。

在设计矩形隧道建筑限界曲线地段加高时，应按本规范公式（5.3.4-8）、（5.3.4-9）计算出轨道梁顶面以上或以下的加高（降低）值，并根据矩形隧道顶部和下部管线布置情况，核算限界后确定。

5.3.6 本条第1款站台建筑限界高度，是重庆市轨道交通二号线已经采用的参数；第2款站台建筑限界宽度，重庆市轨道交通二号线采用的参数为1575mm，经计算，高架车站在车门踏板处的车辆限界为1566mm，本规范站台建筑限界宽度取1570mm。在计算高架车站车辆限界时，风载荷是以安全门（高1.3m）以上的车体侧面积为受风面积，取20m²，并计算出相应的形心高度。若高架车站的安全门高度有变化，应重新核算高架车站车辆限界。

安全门高度：广州地铁采用1.5m、重庆市轨道交通二号线采用1.3m，国内尚未统一标准。故安全门高度较低时，为防止乘客将头、手伸出安全门外碰到车体，应另加安全距离。

站台计算长度外的站台建筑限界应按设备限界制定，这与站台计算长度内按车辆限界制定站台建筑限界的设计原则是不同的，因为在站台计算长度外，列车运行速度提高，按区间运行状态处理。

车站设备区邻近轨行区的设备用房外墙，应按有无管线区分建筑限界宽度。

5.3.8 站台计算长度内允许最小平面曲线半径应与本条相匹配。站台边缘与车门踏板处最大间距不应大于180mm，按凹形站台和凸形站台分别进行计算，经计算凹形站台对应的车站平面曲线半径不得小于300m，凸形站台对应的车站平面曲线半径不得小于200m。在工程设计时，还应考虑安全门、屏蔽门的安装条件确定车站最小平面曲线半径。

5.3.9 本条是针对隧道内道岔区有墙、柱等建筑物时，必须进行加宽量计算。

5.3.10 轨道梁周围的特殊限界参照重庆市轨道交通二号线的相关参数制定。

转向架两侧有集电装置，轨道梁两侧各架设正极和负极接触轨，正极接触轨向集电装置授电，负极接触轨回流。为了保证乘客在车站上下车时的安全，车站内轨道梁负极接触轨侧设接地板，列车停站时，车辆上的接地装置与接地板连通，形成接地回路。车辆基地检修库不安装接触轨的地段，集电装置和接地装置均呈自由状态，不得侵入轨道梁限界（横断面）。

接触轨限界和接地板限界均应满足车辆上集电装置和接地装置处于良好工作状态。

5.3.11 车库内高架检修平台建筑限界按车辆轮廓加安全余量制定，主要考虑车辆入库时速度很低。有条件缩小间隙，以利工人上下安全。

6 线 路

6.1 一般规定

6.1.1 跨座式单轨交通线路的类别主要根据其在运营中的地位和作用来划分，正线为载客运营的线路，行车速度高、密度大，且要保证行车安全和舒适，因此线路标准较高；辅助线是为保证正线运营而配置的线路，一般不行驶载客车辆，速度要求较低，故线路标准也较低；车场线是场区作业的线路，行车速度低，故线路标准只要能满足场区作业即可。规范按不同类别线路制定相应的技术标准，以达到既能保证运营要求又能降低工程造价的目的。

6.1.2 线路走向应根据城市总体规划在轨道交通线网规划的基础上进行研究，应符合城市主客流流向，串联主要客流集散点，方便与其他交通线路的换乘。

线路平面位置和高程应综合考虑城市现状与规划的道路、地面建筑物、管线和其他构筑物、文物古迹和环境保护要求，使其相互影响降至最低程度，并争取得到良好的结合。跨座式单轨交通应以高架线为主，对环境和景观、地形地貌的要求较高，影响较大；工程地质和水文地质、采用的结构类型对施工方法的确定有重要的影响，而施工方法又会影响线路平面的布置和地下线路埋置深度；并需考虑运营管理的要求。因此，线路设计时应综合考虑诸多方面因素，使确定的方案既经济合理又有利于使用和运营管理。

6.1.3 由于跨座式单轨交通的特殊性，即使在地下线或地面线段，仍然需架设轨道梁作列车走行的轨道，所以采用地下线不经济，而地面线对道路、地块等具有分割性，在城区不宜选择，故一般应选定高架线。只有在特殊地段经技术经济比较后，方宜采用地下线或地面线。

跨座式单轨交通牵引供电接触轨布置于轨道梁梁腰部分，必须设置安全防护围栏。地下线和高架线本身不易靠近，而地面线、地面线和高架线的过渡段、地下线和地面线的过渡段、地下线和高架线的过渡段本身不具备隔离性，故必须设置安全防护围栏。

6.1.8 地面和高架线路及车站外边缘距现状建筑物的距离宜不小于10m；距新建、改建、扩建的居住建筑物的距离宜不小于15m，困难地段为12m。

6.1.9 为了列车安全运行，利于行车操作、运营管理、维修及公共安全，应在全线区间、车站及车场等处设置必要的线路、信号等标志及标线，除特殊规定外，线路标志及标线可参照表1设置。

表1 线路标志及标线

序号	标志标线名称	设置位置	备 注
1	公里标	轨道梁内侧下部	标 线
2	半公里标	轨道梁内侧下部	标 线
3	车站中心标	轨道梁内侧下部	标 线
4	坡度标	轨道梁内侧下部 坡段起终点处	标 线
5	曲线标	轨道梁内侧下部 曲线起终点处	标 线
6	闭塞分区分界标	轨 面	标 线
7	限速标	轨 面	标 线
8	限速解除标	轨 面	标 线
9	站内标	轨 面	标 线
10	出发标	轨 面	标 线
11	停车位置标	轨 面	标 线
12	列车停车标	站台端部	标 志
13	折返线停车位置标	轨 面	标 线

续表1

序号	标志标线名称	设置位置	备 注
14	车挡标	固定于车挡上方	标 志
15	车辆停止标	轨 面	标 线
16	平面、高程控制点	地面、盖梁	标志、标线

6.2 线 路 平 面

6.2.1 为提高乘客舒适度，减小轮胎磨耗，提高正线线形标准，正线上的平面曲线希望尽量采用大半径曲线。曲线半径的选定与线路性质、车辆性能、行车速度、地形地物等条件有关，其选定是否合理会直接对城市轨道交通的工程造价、运行速度、乘客舒适度及运营成本等产生很大影响。

由于通过道岔区的设计速度一般为25km/h左右，而该区段设计超高为零，若运行时欠超高为5%，按超高、曲线半径、速度关系计算最小平面曲线半径：

$$R_{\min} = V^2/[1.27 \times (h_{\max} + h_{qy})]$$

$$R_{\min} = 25^2/(1.27 \times 5) \approx 100\text{m}$$

式中 $R_{\min}$——满足欠超高要求的最小曲线半径（m）；

V——道岔区侧向设计速度（km/h）；

$h_{\max}$——道岔区最大超高（0）；

h_{qy}——道岔区欠超高（5%）。

从重庆轻轨较新线运营情况看，正线100m小半径地段轮胎磨耗较严重，因此规定正线尽量选取大半径。

按道岔对岔后连接曲线的要求和车辆构造的限制，车场线上曲线半径不得小于50m。

6.2.3 直线与曲线之间，为避免随曲率变化的超高急骤变化，需要在曲线段和直线段间设置缓和曲线。而在曲线半径大于或等于2000m时，按最高速度80km/h计算，超高仅为2%，不设缓和曲线时，相当于欠超高为2%，对舒适性影响不大，故规定曲线半径大于2000m时，可不设缓和曲线。

另外在道岔区设置缓和曲线有一定困难，且列车过岔速度较低，故可不设置。

再者，出入线及车场线，能设缓和曲线是较为理想的，但可能会由于工程、环境等条件的限制难以实现，且这些线路并不是载客线路，车辆走行速度较低，故也可省略。

缓和曲线长度通常是越长越好，若太短，则给乘车舒适度带来显著的影响。为使乘客乘坐舒适，故设定的离心加速度变化率 β 为 0.03g/s，按其圆曲线半径及车辆运行速度来规定缓和曲线最小长度，参照圆曲线有关规定，采用不小于20m的缓和曲线长度。若条件允许，最好与轨道梁长度协调一致，避免一片轨道梁跨越三种线形，对结构设计不利。

以下为缓和曲线长度公式：

$$L=V^3/[0.3\times(3.6)^3\times R]\approx V^3/(14R)$$

式中 L——缓和曲线长度（m），按三次抛物线考虑；

V——列车设计运行速度（m/s）；

R——曲线半径（m）。

α：离心加速度，$\alpha=V^2/R$；

β：离心加速度变化率，$\beta=\alpha/t=V^3/(R\cdot L)$；

t：列车通过缓和区段时间（s），$t=L/V$；

故：$L=V^3/(\beta\cdot R)$

取 $\beta=0.03g/\text{s}\approx 0.3\text{m/s}^3$

一般情况下，缓和曲线长度算式中的速度是指在其曲线区段车辆的运行速度。但是，在项目前期方案设计阶段，可能还未进行牵引计算，暂不能确定列车通过曲线的速度，则一般以各种曲线所分别具有的最高允许速度（曲线限制速度）计算缓和曲线长度。

6.2.4 由于选线条件限制，在同方向的两个圆曲线十分接近，而不能设置各个圆曲线独立的缓和曲线时，则往往采用与两个圆曲线相适应的一段缓和曲线与之衔接，即设计成复曲线形式。

但复曲线存在下列缺点：

1 增加线路勘测设计和轨道梁设计、制作的难度；

2 由于复曲线上曲线阻力不同，短时间内改变列车受力情况，降低了列车运行的平稳性；

3 复曲线上不同半径的曲线产生的离心力不同，超高不一致，半径变更时，作用在列车上的横向力（或横向加速度）改变，降低了乘客舒适条件。

因此，一般不采用复曲线线形，规范中仅作为有此情况而列入。

6.2.5 车站希望尽可能设置于直线上，但是在困难地段车站站台需设置于曲线上时，由于车辆偏移致使车辆车门与站台边缘间距加大，会使乘客感到不安全，且间距加大往往会发生危险，另外，站台的通视条件也不好，故车站应避免采用过小的曲线半径。限界设计规定车辆车门踏板处与站台边缘之间的距离最大不超过180mm，按跨座式单轨交通车辆参数计算，车站段线路曲线半径应不小于300m。

6.2.6 跨座式单轨交通大部分区段均在城市既有道路上走行，由于既有道路标准可能与单轨标准不一致，线路完全走到道路中央难度较大，故选定线路受到很大制约，曲线长度也往往受到限制。

一方面，由于圆曲线上曲率半径不变，车辆摇摆不大，故一定程度上圆曲线长点为好，参照地铁有关规定，采用不小于20m的圆曲线长度。若条件允许，最好大于一片轨道梁长度，避免一片轨道梁跨越三种线形，减少轨道梁设计与制作难度。

同样夹直线最小长度也参照圆曲线长度设置。

6.2.7 曲线地段为保证车辆在曲线上稳定运行而设置超高，用以平衡离心力的作用。

普通铁路是按车辆倾翻安全度决定超高最大值。跨座式单轨交通车辆不存在翻车的情况，因而可以设置较大的超高值。但是，在曲线上也有临时停车的可能，考虑到临时停车时乘客的舒适度，参照日本已建线路及重庆轻轨较新线设置情况，超高最大值暂定为12%。

按满足乘客舒适度设置超高最为理想。但是不同车次列车在同一曲线上运行速度是有变化的，故就会产生过超高或欠超高。为了使这种过超高及欠超高尽量不影响乘客乘车舒适度，故规定最大允许过超高不大于3%，最大允许欠超高不大于5%，但应尽量不按过超高设置。

道岔区及道岔后连接曲线，由于速度较低，不设置超高。

6.2.8 根据限界要求，计算出直线上两条轨道中心间距值不小于3.7m，在设置单渡线地段还需根据道岔相关要求加宽线间距。

车辆通过曲线时，车体会产生偏移和倾斜，增加了水平移动量。因而曲线区段与车辆水平移动相对应，需加宽线间距。在半径小于等于300m曲线区段，按车辆水平移动量加宽线间距。

线间距加宽值可按下式计算：

$$E=(28000/R)+3700(1-\cos\alpha)+10$$

式中 E——线间距加宽值（mm）；

R——曲线半径（m）；

α——曲线轨道梁超高角度，若上、下行线超高不等时取大值（度）；

10——车辆二系弹簧的横移量在曲线与直线上的差值。

通常情况下，在同一曲线地段，上、下行线速度差异不大，即使按各自的速度计算超高，也相差不大。若取同一速度计算超高，过超高或欠超高也很小，并不影响舒适性，因此一般上、下行线在同一曲线地段可采用相同的设计速度。

条文中表6.2.8即是按以上公式计算后，并考虑设备限界间的安全间隙不小于100mm的要求，按50mm级差取整列表而成。

6.3 线路纵断面

6.3.1～6.3.4 坡度：

1 跨座式单轨交通车辆使用的是橡胶车轮，粘着力大，爬坡能力强，可设置较大的纵坡以适应地形的需要。

然而，采用陡坡过大，往往对车辆运行性能提出很高要求，且不安全，故考虑与车辆运行性能的匹配，以及与城市道路坡度相适应等情况，参照国外已建线路的相关标准，并依据重庆轻轨较新线运营情况确定允许最大纵坡为 60‰是合适的。

2　国铁轨道上的曲线半径通常较大，曲线阻力影响较小。但是，城市内的轨道交通曲线较多，故当采用最大坡度的坡道上有曲线时，应根据曲线阻力进行折减计算，修正坡度。计算上采用经验公式 $\Delta i = 800/R$ 进行折减。

3　地面车站和高架车站排水较易处理，为使车站停车平稳，便于安全门等设备的安装，车站站台段应尽量设在平道上，只有在困难地段才可设在不大于 3‰的坡道上。

地下车站坡度应尽量平缓，现行国家标准《地铁设计规范》GB 50157 规定宜采用为 2‰，但考虑到隧道内排水畅通以及跨座式单轨交通轮轨粘着力大的特点，可将车站设在 2‰～3‰的坡道上。

6.3.5　为缓和竖向变坡点坡度的急剧变化，使列车通过变坡点产生的附加加速度不超过允许值，相邻坡度代数差等于、大于 5‰时，应以竖曲线连接。

参照有关标准，设变坡点冲击的大小，由折角（i）与速度（V）的乘积来表示，不使乘客感到不适的最大冲击极限值通常按下式计算：

$$i \cdot V \leqslant 1$$

设 $V = 80\text{km/h}$，则 $i \leqslant 0.0125\text{rad}$。

允许轨道梁折角施工误差为 0.007rad 时，折角富余值为：

$$0.0125 - 0.007 = 0.0055 > 0.005 = 5‰$$

因而，纵坡变化率小于 5‰（0.005rad）时，即使不设置竖曲线，对乘车舒适度影响也不大。

6.3.6　纵坡大于 30‰时，连续坡长应小于由图 1“坡度与坡长之关系图”中所计算出的值。此外，各种同向陡坡区段有连续坡度时，应按这些连续陡坡区间的平均坡度计算连续坡长，并需进行安全性论证。

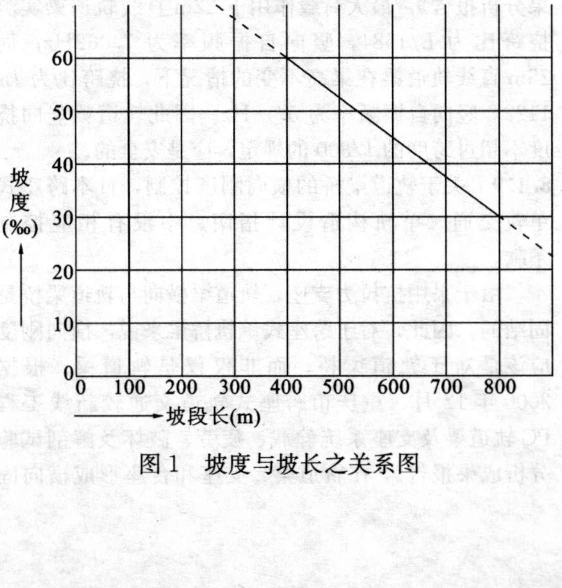

图 1　坡度与坡长之关系图

6.4　辅助线、车场线及道岔

6.4.3　由于道岔结构特殊，一般由 4 节或 5 节钢箱梁组成，并分别由移动台车支撑，若安装在坡道上，势必对道岔的受力状况及安装精度提出更高的要求，因此规定当线路条件能满足时应尽可能地将道岔设置在平坡上，当受地形条件影响确有困难时，宜设在不大于 3‰的坡道上。

7　车站建筑

7.1　一般规定

7.1.3　超高峰设计客流量是指该站高峰小时客流量乘以 1.1～1.4 的系数，主要考虑高峰小时内进出站客流量存在不均匀性。1.1～1.4 系数相当于高峰 20min 内将通过 37%～47%的高峰小时客流量。

本条中的“或客流控制时期的高峰小时客流量”是指建设中的线路近期预测高峰小时客流量有可能出现大于全网建成后的远期预测高峰小时客流量，在设计中应考虑这一因素。

7.1.8　跨座式单轨交通一般以高架、地面站为主，由于其特殊的构造形式，站台面距轨道区底板面较深，站台必须设安全门或安全栏栅，以策安全。至于地下车站根据通风空调制式的需要，可设安全门（安全栏栅）或屏蔽门。

7.2　车站平面

7.2.1　停车误差的确定与人工驾驶时司机操作的熟练程度或采用自动停车设备的先进程度有关。一般采用停车不准确距离为1～2m，当采用屏蔽门或安全门时的停车误差应控制在±0.30m 内。

7.3　车站出入口

7.3.1　本条规定“每个出入口宽度应按远期分向设计客流量乘以 1.1～1.25 的不均匀系数”，此系数与出入口数量有关，出入口数量多取上限值，出入口少取下限值。

7.4　人行楼梯、自动扶梯、电梯

7.4.2　当设计中在上、下行自动扶梯旁并列设置备用楼梯时，其梯宽最小可取 1.2m，倾角可取 30°，以利建筑布置。

7.4.5　此条规定自动扶梯设置标准是最低标准，必须满足。随着经济的发展，可根据各城市的财力相应提高标准。

7.4.6　为增加乘客使用自动扶梯的舒适度和安全，规定了自动扶梯上、下两端水平运行梯级不得小于三块平级梯的最低标准。目前有些城市采用了上四、下

三或上、下均四，则效果更佳，但自动扶梯水平投影长度加长，投资也有所增加。

7.5 安全门与屏蔽门

7.5.6 屏蔽门不应作为车站防火分隔设施，就目前屏蔽门的气密性、材料的耐火性等来看，还达不到作为防火隔断的要求。

7.5.8 目前国内外所采用的屏蔽门均采用金属框和安全玻璃构成，为了乘客使用方便和安全，通常在安全玻璃上标识此门是活动门、应急门和固定门。

7.6 无障碍设施

7.6.2 为了充分利用供残疾人使用的电梯，合理的设计应兼顾一般乘客使用，在此种使用工况下，电梯应设于付费区内。

7.6.3 位于站台上的电梯门一般情况下不应正对轨道向。当正对轨道向布置时，则门前应设栏栅遮挡。但栏栅不得侵入侧站台宽度内。

7.7 车站环境设计

7.7.2～7.7.6 这几条总的要求是：高架车站如何从城市景观角度考虑，尽可能减少车站的体量和具有良好的通透性：充分利用站台板下夹层空间，减少设于站台层的设备、管理用房；减少设于路中高架车站站厅层的面积；改善高架站台层的乘客候车环境；雨篷形式应根据城市的不同气候条件而采取半敞开和封闭式，分别达到遮阳、隔热、避雨、防寒等目的。

7.8 最小高度、最小宽度、最大通过能力

7.8.3 由于跨座式单轨交通适用于中运量客流，为了适应客流量较小车站的需要，表 7.8.3 列出了 0.6m 宽的自动扶梯。

表 7.8.3 所列的售检票机通过能力，仅供设计中参考，随着乘客使用熟练程度，通过能力也会相应提高。如当地有实测数据，建议优先采用。

8 轨道梁桥

8.1 一般规定

8.1.2 轨道梁为单线梁，是列车行驶轨道和承受列车荷载的承重结构，线路的平、纵、竖曲线以及横向超高都直接在梁体上实现。轨道梁上部截面尺寸直接受列车走行面控制。

轨道梁是系统设备的载体，是因为轨道梁梁体表面、腰部两侧均安装有供电系统接触轨；高架轨道梁的梁底均安装有电缆桥架，左线下为供电系统缆线，右线下为信号系统缆线。梁体内，梁顶面下两侧安装有信号系统 ATP/TD 环线；部分轨道梁内安装有从电缆桥架上引入接触轨的馈线上网管道。

8.1.3 为满足轨道梁的安装要求，轨道梁桥和组合桥上需要预埋支座锚箱及锚箱排水管道。由于轨道梁支座为抗拉力支座，在预埋支座锚箱时还应布置抗拉力钢筋，部分轨道梁桥上要布置机电控制柜和信号盒，区间的避雷接地也需要在轨道梁桥上预埋管道。

道岔桥一般采用预应力混凝土连续结构，道岔区应保证布置在一联内，道岔桥竖向刚度应保证道岔系统不均匀沉降要求。

道岔桥和道岔平台上应根据道岔要求预留道岔和控制机柜安装凸台基坑或预留连接钢筋，并应根据道岔要求布置供电及通信、信号系统电缆沟槽。

8.1.4 重庆市轨道交通二号线正线除钢轨道梁和现场制作的预应力混凝土连续梁外，均采用特设工场预制的预应力混凝土轨道梁和等跨简支结构，采用单轨架桥机结合汽车吊架设。在车辆基地咽喉区曲线半径小于 100m 地段的轨道梁采用现浇钢筋混凝土梁，梁长为 10m。

8.1.5 重庆市轨道交通二号线一期工程预制预应力混凝土轨道梁最大梁长为 22m，梁高 1.5m。二期工程预制简支梁在梁高不变的情况下直线梁梁长做到了 25m，并采用了 3m×30m 预应力混凝土连续梁。跨度大于 30m 时采用了跨度 40m 的钢轨道梁、33m 的 T 构和 V 撑组合桥、60m 的连续钢构组合桥。

8.1.8 日本跨座式单轨交通《单轨构造设计指南》中动载（不包括冲击荷载）引起的轨道梁最大挠度控制值为 $L/800$（L—轨道梁桥跨度）。根据 2000 年 12 月完成的《重庆市跨座式轨道交通较新线工程 PC 轨道梁及支座系统静载、疲劳、破坏及解剖试验分析成果报告》和 2003 年 10 月完成《重庆跨座式轻轨 25m 直线 PC 轨道梁静载、疲劳、动态特性、破坏试验成果分析报告》，最大荷载作用下 22m 直线轨道梁实测挠跨比为 $L/1584$，竖向自振频率为 7.062Hz；而 25m 直线轨道梁在梁高不变的情况下，挠跨比为 $L/1122$，竖向自振频率为 5.18Hz。因此轨道梁竖向挠度不超过跨度的 1/800 的规定，应是安全的。

8.1.9 关于轨道梁桥的横向刚度控制，日本跨座式单轨交通《单轨构造设计指南》中没有相应控制条款。

由于采用抗拉力支座，轨道梁横向与轨道梁桥是固结的，因此，对于跨座式单轨桥梁来说，横向刚度应该是对于轨道梁桥，而非仅仅是轨道梁。根据 2000 年 12 月《重庆市跨座式轨道交通较新线工程 PC 轨道梁及支座系统静载、疲劳、破坏及解剖试验分析成果报告》，在轨道梁、支座和台座形成横向固

结体系的前提下，22m 直线轨道梁横向自振频率为 3.875Hz，20m 跨径半径为 100m 的曲线 PC 梁横向自振频率为 3.937Hz，随疲劳次数的增加横向频率有所减低。2003 年 10 月《重庆跨座式轻轨 25m 直线 PC 轨道梁静载、疲劳、动态特性、破坏试验成果分析报告》，25m 直线轨道梁横向自振频率为 2.83Hz。因此，70/L 的轨道梁桥横向自振频率控制值应该是合理的，只是这里的 L 应该是轨道梁桥的跨径。

8.2 荷　载

8.2.1　本章节与国家现行标准《铁路桥涵设计基本规范》TB 10002.1 和现行国家标准《地铁设计规范》GB 50157 不同之处，在于增加了车挡的影响，这是跨座式单轨交通结构所特有的。重庆轨道交通二号线一期工程折返线、故障车线以及车辆基地中试车线和各库线均设置了车挡，其中试车线和停车线车档是在轨道梁上设置的。

8.2.3　本章节与国家现行标准《铁路桥涵设计基本规范》TB 10002.1 和现行国家标准《地铁设计规范》GB 50157 不同之处，在于增加了车挡的荷载组合及容许应力提高系数。

8.2.5　重庆轨道交通二号线满员状态列车轴重为 110kN，列车重心位置位于轨面上 1.3m 处；定员状态列车轴重为 90kN，列车重心位置位于轨面上 1.2m 处；空车状态列车轴重为 80kN。

8.2.7　跨座式单轨交通与其他轮轨系统不同，其静动载比小，动荷载影响较大，但因为其走行面比较光滑，并且使用了橡胶轮胎，所以冲击力减小。根据日本跨座式单轨交通实测结果，本公式中计算出的值已偏于安全，但日本跨座式单轨交通设计仍在采用本公式。本规范暂套用日本单轨交通的相关参数，待国内具备足够的试验数据后，再进行调整。

8.2.8　为保证车辆行驶安全，跨座式单轨交通在曲线轨道梁上设置了超高以平衡离心力。对于轨道梁，作用的离心力只考虑欠超高时即可，并且该值须考虑乘以冲击系数。

8.2.9　跨座式单轨交通由于不存在轨距加宽，所以车辆蛇行运动非常小，并且因为水平轮采用橡胶轮胎，所以，水平力的冲击作用也很小。日本跨座式单轨交通以跨度 20m 的梁测定结果，对连接起来的一列列车，车辆横向荷载最大值是各轴重的 10%，而且发生频率非常小，换算成集中荷载，相当单轴重的 22.2%。考虑安全起见，其大小取一列车辆设计荷载轴重的 25%。本规范暂套用日本单轨交通的相关参数，待国内具备足够的试验数据后，再进行调整。

8.2.10　跨座式单轨交通列车启动和制动时，对应其加速度的反作用力作用于轨道梁上形成列车纵向力，力的大小取决于制动或启动的加速度。日本跨座式单轨交通上的加速度以 3.5km/h/s 为标准，紧急制动时其值为 4.5km/h/s。加速度最大的紧急制动情况对应的荷载是车辆荷载的 12.7%，考虑运行操作上 20%的变动取 15%。本规范暂套用日本单轨交通的相关参数，待国内具备足够的试验数据后，再进行调整。另外由于车辆是全轴驱动、全轴制动，因此，计算时最好将这些荷载分散在全轴上。

8.2.18　国外跨座式单轨交通轨道梁一般采用汽车吊架设，重庆轨道交通二号线轨道梁除采用了汽车吊外，由于地形条件和架设高度等原因，需要采用专门制作的架桥机，因此需要考虑这两种架设方式的施工荷载。采用单轨架桥机架设时，除应注意控制架桥机和运梁车轴重、轴距和运梁车的车辆重心高度外，曲线轨道梁还应对运梁车运输反向曲线轨道梁时的运梁车重心横向偏心值进行控制。

8.2.19　跨座式单轨交通列车设有自动停车装置，故一般不会对车挡产生冲撞，发生冲撞的可能性是在列车调车、入库时以及从站台驶向车挡的时候。这时列车速度一般在 4～3km/h 甚至以下，同时列车通常又处于空车状态，冲撞力不会太大。车挡装置通过弹簧的压缩位移也会吸收列车一部分冲撞力。

8.2.20　重庆轨道交通二号线轨道梁桥上、组合桥和道岔桥上轨道梁支座台座上均设置有定位钢支架，支座锚箱与定位钢支架焊接，同时轨道梁桥上、组合桥和道岔桥的轨道梁支座台座上均布置了抗拉力钢筋。

8.4 构造要求

8.4.1　重庆轨道交通二号线采用指形板式伸缩缝，国外跨座式单轨交通除采用指形板式伸缩缝外，也有采用楔形板式等伸缩缝形式的例子。伸缩缝规格形式的选择除保证伸缩量和整体平坦性、耐久性等要求外，还应考虑加工和成本。

8.4.2　轨道梁走行面是钢结构时，当被雨淋湿或积有冰雪后，列车的橡胶轮胎和钢结构走行面之间粘着力下降，成为车辆产生滑动的原因，特别是位于坡道上，滑动危险性更高。因而，当轨道梁采用钢结构时，应根据需要在其列车走行面上进行适当的防滑处理。同理，对于轨道梁间接头的钢制配件表面也应进行防滑处理。

8.4.5　轨道梁桥和组合桥顶面要通过电缆桥架，部分轨道梁桥上要布置机电控制柜和信号盒，道岔桥表面布置有供电及通信、信号系统电缆沟槽，以上设备和缆线不能长期被水浸泡。因此，轨道梁桥、组合桥和道岔桥必须设置性能良好的排水系统。桥墩盖梁顶面有排水设施，可防止顶面积水四溢，污染柱体影响景观。

9 高架车站结构

9.3 设 计 原 则

9.3.4 城市轨道交通车站设计使用年限按 100 年考虑，故抗震设防类别应划为乙类。

9.3.5、9.3.6 “建桥合一”结构形式是指轨道梁直接支承在车站横梁上，支承轨道梁的横梁、支承横梁的墩柱及基础受到列车动荷载很大影响的车站结构形式；“桥建分离”结构形式是指高架区间桥在车站范围内连续，并与车站结构（站台和站厅的梁、板、柱及基础）完全脱开，各自形成独立的结构受力体系的车站结构形式。

9.4 构 造 要 求

9.4.4 高架车站的纵向柱距取 10～15m，主要为方便设计、简化构造考虑，当柱距大于 20m 时，站台、站厅的纵向梁设计相当困难。

9.4.8 高架车站一般位于城市道路中央，车站屋面雨水排放需高度重视，规定须采用有组织排水。

9.4.10 站台层、站厅层板厚取不小于 120mm，主要考虑到板通常采用上下双层双向通长配筋，方便施工。

10 地 下 结 构

10.1 一 般 规 定

10.1.1 由于跨座式单轨交通的技术特点，已建的工程中一般很少选用地下结构，即使建成的地下结构也基本选用明挖或矿山法施工，而用盾构法、沉管法等施工方法建造跨座式单轨交通尚无工程实践。因此，本条明确适用以明挖和矿山法两种施工方法为主的地下结构。

10.1.2 跨座式单轨交通中的地下结构与地铁等其他地下工程的结构设计和施工，在技术上是基本相似或相近的，设计时要按照工程和水文地质条件，根据确定的施工方法和选择的计算理论，吸收相近规范的规定，全面、准确、合理地提出工程勘察要求。

10.1.3 地下结构的设计要满足施工、使用、城市发展等不同阶段的要求，其中确保工程建设过程的安全、可靠已成为地下工程设计工作的主要内容。

10.1.4 由于地下结构形式和施工方法的复杂性，完全按照目前可靠度方法进行设计还存在一些问题。因此，在国家现行标准《公路隧道设计规范》JTGD 70 和《铁路隧道设计规范》TB 10003 中保留或部分保留了按破损阶段法设计的规定。设计中采用与实际工作特点相符的设计方法和规范是确保工程安全、可靠的重要保证。

10.1.5 结构设计时对构件以及构件之间的净空尺寸因为结构变形、施工误差、后期沉降等因素影响而产生的变化，要予以充分的考虑，并留出必要的余量。

10.1.6 由于支承轨道梁结构的不同形式，在车站或区间的结构沉降时会对轨道梁的变形造成不同程度的影响。设计中必须准确计算、判断可能产生的变形，采取措施确保列车运行的安全。

10.1.8 地下结构施工过程的安全，是地下工程设计中的主要内容，监控量测要纳入设计中，并结合当地类似工程的监控标准和经验，制定出合理有效的监控量测措施。

10.2 荷　　载

10.2.1 本条对地下结构上的荷载作出规定。由于地下工程的复杂性和多变性，设计时必须根据实际情况，根据所选用规范中有关荷载分类和组合的规定，对结构整体或局部作用可能出现的最不利组合进行设计计算。

10.2.2 地层压力、水压力等荷载是地下结构承受的主要荷载，其作用形式与工程和水文地质、结构特征、施工方法紧密相关，除按勘察资料进行理论计算外，更重要的是与类似工程的经验进行类比综合确定。

10.3 设 计 原 则

10.3.1 明挖施工的基坑护壁有锚喷支护、土钉墙、重力式挡墙、桩和墙式围护结构等多种形式。在我国众多轨道交通的土建工程明挖施工中，常将桩和墙式围护结构作为主体结构侧墙的一部分，形成复合墙和叠合墙形式。当地下连续墙和钻孔咬合桩作围护结构，而主体结构又不设置外包防水层时，可选用叠合墙形式。此外，利用地下连续墙既作为围护结构，又作为主体结构的侧墙，不再另筑参与受力的内衬墙的单一墙形式，由于对泥浆中浇筑的地下墙混凝土的耐久性能否确保使用寿命达到 100 年还存在一定的疑义，因此，采用时应慎重考虑。

10.3.2 在国内城市地铁建设中，采用矿山法施工的地下结构一般均采用复合式衬砌，二次衬砌也基本选用钢筋混凝土结构。工程实践经验证明，这样的衬砌形式对确保工程的安全和质量是必需的，也是合理的。

10.3.3 采用矿山法施工的结构，考虑完全按照概率极限状态法进行设计在目前条件下还存在一些困难。在我国现行标准《铁路隧道设计规范》TB 10003 和《公路桥涵设计通用规范》JTG D60 都作出了一些相应的规定，对此，在设计计算中可参照这些规定执行。

10.3.4 地下结构施工过程中荷载的变化、结构特征的不断转变，以及施工阶段与使用阶段在控制标准时存在的差异，使得地下结构必须进行施工阶段和正常使用阶段两阶段设计。

10.3.5 本条只对一般环境中钢筋混凝土结构构件的最大计算裂缝宽度作出规定，设计中还应当根据环境的具体特点和耐久性要求，制定相应计算标准。

10.3.6 本条对明挖施工的结构从施工阶段到使用阶段的支护结构和主体结构计算的主要内容提出基本要求。其中，对基坑变形和稳定性验算必须结合当地的工程经验，满足地方规范和规程要求，力求既安全、可靠，又经济、合理。

10.3.7 本条对矿山法施工结构的设计计算提出基本要求。复合衬砌中初期支护设计时既要作为施工期间的主要承载结构进行计算，又应当根据围岩环境等条件合理利用围岩自承能力，达到围岩和支护的稳定，二次衬砌的设计应根据围岩条件、施工中受载变化过程，以及使用过程可能面临的实际工作条件，综合确定计算的各项内容。

10.4 构造要求

10.4.1 变形缝一般包括沉降缝和伸缩缝，其中设置温度变形缝成为现行国家标准《地铁设计规范》GB 50157中强制性条文。但是由于近年来施工工艺、施工材料、计算理论和方法的不断进步，施工时少设或不设变形缝的情况越来越多。因此，可根据工程的具体情况，结合各地经验执行本条规定。

10.4.2 本条采用现行国家标准《地铁设计规范》GB 50157规定的数值，但增加了明挖施工的结构的“侧墙”、“侧墙采用叠合结构形式”，以及“钻孔咬合桩”的混凝土保护层厚度。

10.4.3 本条规定采用现行国家标准《混凝土结构设计规范》GB 50010的相关规定。

10.4.4 明挖施工的地下结构中分布筋应考虑承受适应结构变形和温度影响的作用，一般选用HRB335级钢筋。

11 工程防水

11.1 一般规定

11.1.3 关于地下工程防水等级的规定，在现行国家标准《地下工程防水技术规范》GB 50108中是作为强制性条文，所以本条的写法应与其中防水一级、防水二级相关工程的要求一致。同时，根据跨座式单轨交通的特点，强调了“顶部不应滴水，底部不应积水”。关于隧道渗漏水量的比较和检测，国内外的专家早已建立的共识是规定单位面积的量（或再包括单位时间）如：$L/(m^2 \cdot d)$、湿渍面积×湿渍数/$100m^2$，这样撇开了工程断面和长度，可比性强。

关于防水等级二级原国标中只从湿渍来反映，也较量化，但考虑到国外的有关隧道等级标准（包括二级）都与渗漏量［$(L/m^2 \cdot d)$］挂钩，也较合理。鉴于此，现行国家标准《地下工程防水技术规范》GB 50108［修订］防水等级二级的隧道工程也引入渗漏量［$L/(m^2 \cdot d)$］。隧道工程总湿渍面积不应大于总防水面积的2‰，与任意$100m^2$内防水面积的湿渍不超过3处，单个湿渍最大面积不大于$0.2m^2$的说法是合理的。本条文以上的写法与现行国家标准《地下工程防水技术规范》GB 50108［修订］的相关要求是一致的。

11.1.4 虽然在重庆跨座式单轨交通建设计中具体规定了钢结构的防腐蚀年限，但是本条文中不作定量要求，这是为了与各地具体的环境条件、运营特点相适应。

11.2 混凝土结构自防水

11.2.2 现行国家标准《地下工程防水技术规范》GB 50108、《地下防水工程质量验收规范》GB 50208中都规定地下连续墙要采用防水混凝土，因而对地下连续墙混凝土有抗渗等级要求。由于在施工实践中发现，若不考虑地下连续墙与内墙的不同构造关系，仅按埋深要求地下连续墙混凝土的抗渗等级是不适当的。本条文的规定是与现行国家标准《地下工程防水技术规范》GB 50108修订后的规定相一致。

11.2.4 目前，轨道交通地下车站和区间隧道施工缝设置的距离也是与结构形式和施工方法密切相关，差别也较大。

11.2.5 关于胶凝材料用量与水胶比有一定的对应关系，更与环境作用等级相关。因此，若离开不同的环境条件来谈胶凝材料用量，则欠妥当。故在条文中未予量化，而是用“严格控制”来表述。本条与混凝土结构耐久性、安全性直接有关，故作为强制性条文。

11.2.6 本条中具体规定的编写，除了参照中国土木工程学会制订的《混凝土结构耐久性设计与施工指南》CCES01外，还参考了一些相关的标准；如《铁路混凝土结构耐久性设计暂行规定》［铁建设（2005）157号］、《混凝土结构耐久性设计规范》（征求意见稿）。由于对混凝土中的水泥、矿物掺合料、混凝土配合比都是结合具体设计使用年限、环境类别及作用等级、混凝土耐久性指标等分别以众多表格提出了要求，本条仅提出主要材料的通常使用范围可按相关规范执行。

11.3 附加防水层

11.3.2 关于地下车站与区间隧道是否设置全包外防水层，一直很有争议。这里将容易获得共识的要求，即“在处于腐蚀性介质地层中，必须全包柔性附加防水层，地下水丰富的地层宜全包柔性附加防水层”，予以规定。

11.3.3 采用矿山法施工的车站或隧道的复合式衬砌，其夹层防水层尽管有多种防水材料在使用，但历史长久、技术成熟的还是塑料防水板。

“塑料防水板背后应设置相应的分区注浆系统”、“防水层的接头应双缝热风焊、并进行真空检漏”等规定是改善空铺防水板一旦渗漏窜水难以堵止、焊接接头与封边不可靠等缺点的重要措施，目前技术已较成熟。

11.3.4 近十年来尤其近几年的工程实践表明：膨润土防水卷材、预铺法自粘性防水卷材等新型防水材料有与现浇混凝土能咬合的特点。只要加强材料性能检测并完善施工方法，严格控制包括搭接等节点的处理，可允许用于明挖地下车站与区间隧道工程防水。

11.4 细部构造防水

11.4.1、11.4.2 对基坑中间桩、基坑支撑窗洞等容易忽视及往往会发生漏水的基坑节点的防水特别予以规定。水泥基渗透结晶型防水材料虽然不属于混凝土界面处理剂，但它也有混凝土界面处理剂加强接头施工缝防水相似的功效，也在现行国家标准《地下工程防水技术规范》GB 50108 中得到确定。遇水膨胀止水条、密封胶使用时，应兜绕成圈密闭，实践表明缝面的密封止水也以遇水膨胀止水条与密封胶为好。

11.4.3 本条第1款的水平施工缝止水带（条）有多种，有许多组合使用的方式；包括用遇水膨胀密封胶，注浆管等，在条文中不一一列举了。

本条第3款关于水平施工缝与浇筑混凝土前的防水措施；如凿毛的功效、接水泥净浆与砂浆的差异、混凝土界面剂与水泥基渗透结晶型防水涂料各自的防水、密封机理以及作业顺序，一直有诸多不同的提法，本条规定与现行国家标准《地下工程防水技术规范》GB 50108［修订］相一致。

11.4.4 变形缝防水是从设防的要求、止水带的选用、止水带的设置三方面规定的。在止水带的选用上明确首选中埋式止水带，其次为外贴式止水带，后选内装式止水带，这是以有关规范与实践为依据的。

11.4.5 由于不同的地下结构的构造有较大的差异，变形缝设置距离的差异随之也很大（甚至可以不设变形缝），若规定的幅度过于大，就失去实际意义，故本条不作定量规定，仅要求根据第 10.4.1 条的原则确定。同时，强调地下车站与区间结构应严格控制的相对沉降变形，这是因为跨座式单轨交通车辆不允许在相对沉降大的轨道梁上运行。

变形缝的衬垫材料采用泊桑比较小的材料，可避免较大的剪应力，防止结构混凝土在暑天等温度较高的场合下被剪损。

尽管地下车站与区间顶板要求不滴水，但长期运营后渗漏仍难免，而一旦顶部铺排了管道、装好吊顶，堵漏就很困难。因此，预留疏排水管槽是需要的，但也不硬性规定。

11.4.6 所谓“大开孔”一般指直径大于 6m 的圆孔、5m×5m 的方孔（或面积大于 $24m^2$ 的长方形孔）。

12 通风、空调与采暖

12.1 一 般 规 定

12.1.1 跨座式单轨交通与地铁、轻轨等交通方式都属于快速轨道交通系统，承担了大量乘客的快速运输职责，因此必须保证其内部空气环境满足乘客和工作人员的需要，并确保为运营服务的各项设施正常运转所需的空气环境条件。

12.1.2 跨座式单轨交通在不同线路上建筑构成情况不尽相同，一般由以下几个方面组成：地下车站（站厅、站台、设备及管理用房、出入口通道、换乘通道）、地下区间（区间、渡线、折返线、存车线、尽端线隧道等）、地面及高架车站以及控制中心、车辆基地、主变电所等相关地面建筑。这些也就是通风空调系统所应涵盖的范围。

12.1.3 每条线路的建筑构成不会相同，其内部热负荷的变化规律也随着建筑形式的不同而呈现不同的特点，通风空调系统应根据各种具体情况采取相应的对策，灵活应用通风（含自然通风和机械通风）、空调、采暖等各种手段，以科学合理地达到既满足系统需求又经济节能的目的，跨座式单轨交通对通风空调系统的需求就是应保证内部空气环境的空气质量、温度、湿度、气流组织、气流速度和噪声等均能满足人员的生理及心理条件要求和设备正常运转的需要。

12.1.4 本条明确了跨座式单轨交通在正常运营、阻塞状况和火灾事故状况下对车站和区间隧道的要求，在此需要同时明确的是对于高架区间在任何情况下都应具备自然通风和自然排烟的条件。

12.1.6 地下车站是人流密集、设备集中的场所，产热量很大，列车进、出车站，以及在车站停留的时候，都会产生大量的热量，同时，人员也会散发大量的湿量，周围的土壤也通过围护结构产生大量的渗湿量，这些热湿负荷对地下车站的热环境产生严重影响，将导致车站温度上升，湿度加大，人员舒适性下降，不利于交通运输。因此，必须采取有效的手段排除地下车站内的余热余湿，为人员营造一个良好的内部空气环境。从降低造价、节约能源的前提出发，首先应考虑采用活塞通风、机械通风等手段，但当夏季当地气温较高，用通风方式不能达到内部空气环境的标准或代价很大时，可以采用空气调节的方式。现行国家标准《地铁设计规范》GB 50157 规定："在夏季当地最热月的平均温度超过 25℃，且地铁高峰时间内每小时的行车对数和每列车车辆数的乘积大于 180 时，可采用空调系统"；"在夏季当地最热月的平均温度超过 25℃，全年平均温度超过 15℃，且地铁高峰时间内每小时的行车对数和每列车车辆数的乘积大于 120 时，可采用空调系统"，跨座式单轨交通为中运量轨道交通，运输能力介于地铁与地面公共电、汽车之间，因此不能像地铁系统那样完全按照气候和运力条件就可以确定是否采用空调系统，应根据当地的气候条件和运力情况，经过技术经济综合比较，论证合理的前提下，才应采用空调系统，故本条规定了采用空调系统的两个基本的前提条件，一是在夏季当地近 20 年最热月月平均温度的平均值超过 25℃，另一个则要求结合实际情况进行综合的技术经济比较。

12.2 地面及高架线路

12.2.1 地面和高架线路（含车站和区间）应在建筑形式上考虑与周围大气的相通性，以充分利用自然通风排除余热和余湿，从而达到简化通风与空调系统，降低造价，并节省能源的目的。

12.3 地下线路

12.3.2 单轨交通列车的运行会产生大量的热量，地下车站的众多乘客也会产生很大的热负荷，同时地下车站的围护结构和周围土壤是一个巨大的容热体，具有极强的热壑效应，热季吸进大量的热量，冷季释放出来加热地下车站的空气，而且在冷季乘客的着装也相应增加，几个因素综合考虑，只要制定合理的通风空调系统冷季运营模式，就能够保证乘客的温度要求，因此地下车站不必考虑设置采暖系统。

从北京地铁 30 多年的实际运行情况来看，其地下车站不设采暖，冬季温度都在 12℃以上。

12.3.10 单轨交通列车停靠在车站时有两大发热部位，一个是列车顶部的空调散热，另一个则是列车摩擦、刹车等的产热通过被加热了的元件的散发，因此系统上都是通过在列车的集中发热部位设置局部排风的方式达到高效排热的目的，一般是在车站停车道的顶部和站台底部设置排热风道来排除列车停靠在车站时的散热。但单轨交通列车的制动电阻有设置在列车底部和设置在车站用房内两种方式，当单轨交通列车的制动电阻设置在车站用房内，列车停靠在站台边时，其底部的发热量不是很大，此处可不视为主要发热部位，车站可不设置站台下排风系统。

12.3.14 地下通道和出入口通道的设置情况多种多样，但基本上可概括为车站到车站、车站到地下商业区、车站到地面建筑以及车站到地面出入口等几种形式。

在此需要明确通道长度的计算标准，对于前三种形式应计算从通道与车站公共区连接的口部至与另一车站、地下商业区或地面建筑公共区域相连接的口部之间的连续长度，其间如有坡道或楼、扶梯，则应计算其斜线长度。

对于出入口通道，则应计算从通道与车站公共区连接的口部至出入口计算点的连续长度，其间如有坡道或楼、扶梯，则应计算其斜线长度。所谓出入口的计算点是指直达出入口的楼、扶梯与通道的汇合点。

12.4 空调冷源及水系统

12.4.4、12.4.5 冷冻水泵与冷却水泵的配置应充分考虑与冷水机组在运营模式上的协调性，从而为制定和实施灵活有效的系统运行模式提供基础条件，达到既有利于随着系统热负荷的变化规律调节冷源的冷负荷，又保证节能运行的目的。在此需要指出的是，这里所讲的一一匹配是指为确保系统设备配置的协调性所要求的设备容量和设备数量上的对应关系。

12.5 通风与空调系统控制

12.5.2 跨座式单轨交通的地下车站公共区的通风与空调系统一般设置就地控制、车站控制、中央控制的三级控制，但地下车站数量很少的情况下，也可以只设置就地控制、车站控制的二级控制。连续三座（含）以上地下车站的通风与空调系统应设置就地控制、车站控制、中央控制的三级控制。

12.5.4 地下区间通风系统一般设置就地控制、车站控制、中央控制的三级控制，但区间数量很少，长度很小的情况下，也可以只设置就地控制、车站控制的二级控制。连续两座（含）以上地下车站的地下区间通风系统应设置就地控制、车站控制、中央控制的三级控制。

12.6 其 他

12.6.1 控制中心、车辆基地、主变电所等建筑都是跨座式单轨交通的地面建筑，其内部空气环境都应在满足工艺要求的前提下，按照地面建筑现行有关设计规范的规定执行。如确因工艺需要，也可采用相应的特殊措施和标准。

13 给水与排水

13.1 一 般 规 定

13.1.1 生产用水主要为车辆基地的洗车、转向架车间冲洗、吹扫用水和寒冷地区的采暖锅炉房的补水，生活用水为生活饮用水和生活杂用水，生活饮用水为饮用、淋浴用水和洗涤用水，生活杂用水为冲洗便器、汽车、浇洒道路、浇灌绿化、补充空调循环用水的非饮用水。

消防用水主要为消火栓给水系统及自动喷水灭火系统的用水。

水压首先应满足消防水压要求，满足卫生器具的最低工作压力要求，满足设备冲洗用水及冷却系统补水的水压要求。

水质应满足现行国家标准《生活饮用水卫生标准》GB 5749 的要求及生产工艺对水质的要求。

13.1.2 为降低工程造价，供水可靠，保证水质，应优先选用城市自来水。当无城市自来水时，结合当地的情况可以自建深井水源，也可在沿线铺设专用给水管道作为供水水源，但应取得当地规划局及自来水公司的认可。我国北京城铁在无自来水的车站采取自建深井和蓄水池，保证生产、生活和消防用水。八通线在无城市自来水的车站，区间沿线铺设给水管道，保证生产、生活和消防用水。

13.1.5 排水设计除厕所粪便污水应单独排放外，其他冲洗和消防废水及雨水均可按合流制排放。如果城市有污水排水系统，而且有污水处理厂时，车站内的厕所粪便污水可和当地排水及环保部门协商，直接排入城市污水排水系统，不需要设化粪池。如果城市无污水排水系统，则应根据国家及地方有关规定设污水处理装置，达到国家排放标准后排放。

13.1.6 给排水设备一般都可按自动化设计，带有稳压装置的消火栓给水系统和自动喷水灭火系统，在技术上、功能上都要求有自动控制的功能。所有的排水泵都应按自动化设计和管理。

13.2 给 水 系 统

13.2.1 我国当前轨道交通工程的给水系统设计，一般为生产与生活给水系统、消火栓给水系统、自动喷水灭火系统。为保证工作人员的饮用水质，应采用生产、生活和消防分开的给水系统。因消防用水量大，而生活用水量很少，如果生产、生活和消防给水系统共用，饮用水质不能保证，又因消防管道一般采用热镀锌钢管，这种管材已不能用于生活给水管，另外消防用水压力较高，生活用水压力较低，如果共用管道，在发生火灾事故消防供水时，会对生产、生活给水造成不利影响，而且也不易保证消防用水的水量和水压。

区间隧道不宜设生活给水系统，冲洗用水给水栓可以设在消火栓处和消防给水系统共用。

13.2.4 给水系统的水质和防水质污染。

生活饮用水水源的选择，必须符合现行国家标准《生活饮用水卫生标准》GB 5749 的规定。

因消防管道中的水长期不流动，水质会恶化，一旦倒流入城市自来水管网，容易污染城市自来水水质，故由城市自来水管引入的消防给水管上应设倒流防止器。但倒流防止器的设置位置应避免雨水等杂物将泄水口淹没或堵塞。倒流防止器工作压力为 0.4～2.5MPa，开启压力为 0.06～0.1MPa，公称通径为 10～400mm。

13.2.6 给水管道布置和敷设规定，基本上和现行国家标准《地铁设计规范》GB 50157 的规定相同，但主要说明以下几点：

风亭或出入口均设在马路红线以外的绿地或人行道上，给排水管道由此处进出，一方面不必专设较深的检查井，另外便于施工对城市交通不造成影响。

车站和区间的给水管如果处在 3℃以下环境时，必须采取防冻保温措施，对于经常不流动的消防给水管宜采用电伴热保温。对于有可能结露的给水管和压力排水管，应采取防结露保温措施。寒冷地区的进风道、洞口、出入口通道的给水管，有可能处在 3℃以下环境时，应考虑防冻保温。

设在车站范围内的刚性接口的金属管道，其补偿器的设置应根据计算确定。但穿过结构伸缩缝、沉降缝和变形缝时应设置剪切变形装置，宜采用工作压力不小于 1.0MPa 的不锈钢软管。

13.2.7 根据北京地铁一、二期工程运行 30 多年的经验，当时地下区间隧道采用灰铸铁给水管，胶圈接口，这种管材防腐性能好，而且可以防止杂散电流的影响，据检测还可继续使用，而选用的钢管早已腐蚀，更换多次。本条规定采用球墨铸铁给水管，胶圈接口，其质量性能比灰铸铁更好。但根据北京地铁经验管卡间距为 2m，否则水压试验容易出现脱扣，但在管道转弯处和线路曲线段，应采用球墨铸铁给水管的法兰接口。

为保证工作人员生活饮用水水质，国家已不允许生活给水管采用镀锌钢管，而应采用符合生活饮用水卫生标准的管材。南京 1 号线地铁的生活给水管采用紫铜管，这种管材性能质量好但造价较高，因用量较少，南京地铁公司为了工作人员的健康，决定采用这种管材，不锈钢管性能质量也好，但造价也偏高，现在地铁生活给水管材采用较多的是钢塑复合管材，在镀锌管内衬符合生活饮用水卫生标准的塑料材料。但消防给水管及管件应采用内外热镀锌钢管。

根据轨道交通工程的消防要求，消防给水管宜设水表及相关阀门，而且阀门必须常开，否则在地下车站发生火灾时会造成无水事故。

为了站厅、站台及区间隧道的冲洗，设置的冲洗水栓（区间隧道冲洗水栓可设在消火栓支管上）平时并不经常使用，所以设置数量较少。根据国内地铁运营情况，站厅及站台平时拖地保持清洁很少用水冲洗，区间隧道相隔一定时期，可以用水冲洗。北京地铁配备了隧道冲洗专用车。

13.3 排水系统

13.3.4 地面及高架车站、控制中心和车辆基地，均为重要公共建筑物，为保证安全，故参照现行国家标准《建筑给水排水设计规范》GB 50015 的规定，雨水汇水区域的设计重现期按5～10年最大暴雨强度计算。

13.3.5 为了排除冲洗和消防废水，规定地下车站站厅层边墙处及站台层每隔50m设地漏及排水立管。为了保证车站站台侧道床的环境卫生，站厅层地漏的排水立管接入道床排水沟时，应埋入道床内，不宜将立管的废水排至道床上。如站台层设屏蔽门或安全门下沿紧贴站台面时，则站台两侧也应设排水地漏。

13.4 车辆基地给排水及消防系统

13.4.2 如车辆基地附近无城市自来水管网，则应和当地规划等部门协商，采用基地可靠的供水水源，如北京八通线车辆基地单独铺自来水管网供水。北京城市铁路车辆基地自建深井取水。

13.4.3 为了保证车辆基地的消防用水，我国当前轨道交通工程均设置消防水池：消防水池的有效容积应包括室内外消防用水量之和，消防泵的流量也应按室内外消防流量考虑，因车辆基地面积较大，基地内消防环状管网，均由消防泵加压供给室外及室内的消防用水，所以在消防时消防车也可在基地内的室外消火栓取水灭火。

消防稳压方式，我国采用的有水塔、高位水箱和稳压装置。如果基地内有较高的建筑物，宜采用高位水箱稳压更为安全可靠。

13.4.5 我国北京市属于缺水地区，所以车辆基地均设置中水系统，南京地区不缺水，车辆基地未设置中水系统。

13.4.8 车辆基地转向架车间冲洗作业的含油废水，一般都超过国家排放标准，必须经过处理达标后排放。如果含酸及含碱废水超过国家排放标准也应经过处理达标后排放。

13.4.10 对于雨水量充足的地区，有条件时，可收集雨水储存，用于绿化、浇洒马路和冲洗用水。

13.5 排水设备配置与监控

13.5.1 根据现行国家标准《地铁设计规范》GB 50157 的规定，区间隧道主排水泵站，洞口排雨水泵站和地下车站端部排水泵房排水泵的控制方式为：自动控制、就地控制和车站控制室远程控制三种方式，其水泵工作状态及各种水位信息应在车站控制室显示，也可在控制中心显示。

集水池的停泵水位具体设置高度应根据潜污泵性能要求确定。为了防止水泵电机被烧坏，应设置最低水位报警信号。

13.5.2 条文中的三种排水泵房的排水泵控制方式为：自动和就地两种控制方式，其工作状态及水位信号在车站控制室显示。集水池的停泵水位距池底的距离应根据潜污泵性能要求确定。为防止烧坏水泵电机也应设最低水位报警信号。

14 供电

14.1 一般规定

14.1.1 主变电所适用于集中式供电，电源开闭所适用于分散式供电。

14.1.2 对于大城市尤其是特大城市，城市轨道交通的远期建设将呈网络状，因而外部电源方案的确立，应结合轨道交通线网及城市电网进行统筹考虑，做到资源共享。

14.1.3 与城市电力部门所确定的内容，是供、用电双方所必须明确的，并相互提供有关资料，经双方确认的内容，作为设计及运营的依据。

外部供电方案经双方技术人员研究确定后，征求相关主管部门意见，最后以协议、纪要或公函的形式确定下来。

供电系统的一次接线方案与城市电网相互连接，与双方安全运行都有着密切的关系，因此一次接线方案必须征得供电部门的同意。

14.1.4 跨座式单轨交通系统的高架区段，中压环网电缆一般情况下只能敷设在轨道梁下的电缆桥架或中间所设检修通道上，空间有限，成为确定中压供电网络的必须考虑的一个因素。

14.1.6 同一降压变电所的两个非并列运行变压器的两段低压母线，可以作为动力照明一级负荷的双电源。

14.1.7 对二级负荷的供电方式，因其停电影响还是比较大的，故宜由双回线路供电。对电梯及其他用电负荷，距变电所较近不超过半个站台有效长度时，考虑到故障概率比较低，因而可采用双电源单回路专线供电。

14.1.9 应急电源应是与电网在电气上独立的各式电源，例如：蓄电池、柴油发电机等。供电网络中有效地独立于正常电源的专用馈电线路，是指与正常电源不可能同时中断供电的线路。

14.1.10 供电系统中各类变电所均应有两个电源。当城市供电部门为主变电所提供两路专线电源比较困难时，主变电所进线电源应至少有一个为专线电源。

14.1.11 中压供电网络一般采用电缆，为保证供电可靠性，中压电缆线路平时采用互为备用方案，以确保一回线路故障后的用电需要。中压电缆线路正常运行时属轻载，绝缘老化慢、使用寿命长，而分阶段敷设既不经济也不方便，因此，中压电缆应按远期供电负荷设计并一次敷设。

14.1.15 谐波对电力系统的危害一般有：

1 交流发电机、变压器、电动机、线路等增加损耗；

2 电容器、电缆绝缘损坏；

3 计算机失控，电子设备误触发，电子元件测试无法进行；

4 继电保护误动作或拒动；

5 感应型电度表计量不准确；

6 电力系统干扰通信线路。

为了减少谐波的上述危害，对直流牵引系统及非线性用电设备所产生的谐波引起的电网电压正弦波形畸变率应予以控制，具体指标按现行国家标准《电能质量公用电网谐波》GB/T 14549 执行。

14.1.16 由于单轨交通车辆上不能设置列车再生制动能量吸收电阻，供电系统设计中应考虑设置列车再生制动能量吸收装置。为保证散热，列车再生制动能量吸收装置应尽量设置在靠近牵引变电所的通风良好的地面。

14.2 变 电 所

14.2.1 对于从本车站变电所引入中压电源独立设置的车站降压变电所、从相邻车站变电所引入中压电源独立设置的区间降压变电所及从停车场、车辆段变电所引入中压电源独立设置的停车场、车辆段降压变电所，可统称为跟随式降压变电所。设置在车站的牵引变电所，降压变电所以及由两者混合的牵引降压变电所，可统称为车站变电所。主变电所是指外部电源采用集中式供电时，接收城市电网 35kV 及以上电压等级的电源，经过降压，为跨座式单轨交通的牵引变电所、降压变电所等提供中压电源的高压（或中压）变电所。

14.2.2 城市轨道交通有其特殊性，每天有上下班交通高峰，因而牵引负荷计算应以高峰小时的运行情况为依据。对于独立设置的变电所应尽量设置在靠近车站和区间线路正常的征地红线范围内。

14.2.5 为节省初期投资及降低运行成本，在工程初期，主变压器的数量与容量可按近期负荷确定，但主变电所的相关土建设计应按根据远期负荷确定的主变压器数量与容量确定。

14.2.6 如果根据近、远期计算负荷确定的牵引整流机组的数量与容量相差较大，则牵引机组可按近、远期分期实施；反之，牵引机组数量与容量可按远期实施。

14.2.7 这样规定既能满足供电的可靠性要求，又可降低一次性投资，平时配电变压器的负荷功率可提高，使运营更为经济。

14.2.9 主变电所电源侧设置谐波监测装置既是电力系统的要求，又可为运行积累技术经验。

14.2.11 把列车再生制动能量吸收装置放置在地面既有利于通风散热、节省能源又可减轻地下车站环控系统的负担。再生制动能量吸收装置放置在牵引变电所中，主要是考虑到再生制动能量吸收装置放置的控制系统较复杂且需要遥测遥控，与变电所联系密切。

14.2.12 要求切断回路中可能出现的任何电流。在牵引网中，根据实测的参数，短路电流大时其线路 L/R（电感与电阻之比）的值小，因而在灭弧条件不变的情况下，有利于直流电弧的熄灭；短路电流小时其 L/R 的值大，同样在灭弧条件不变的情况下，直流电弧的熄灭比较困难。因而提出本条要求是必要的。

14.2.13 直流负母线经电阻接地是跨座式单轨交通车辆接地保护的特殊要求。变电所的直流接地保护应与之配合。

14.2.27 牵引网的非永久性故障和牵引负荷特性引起的短时过负荷情况，在保护启动中所占概率较大，故采用自动重合闸装置能减少不必要的停电。

14.2.29 变电所的计量功能宜根据运行部门运行管理、成本考核设置。

14.3 接 触 网

14.3.1 跨座式单轨交通接触网采用负极接触轨为负极回流电路，由牵引变电所直流快速断路器柜至正极接触轨间的直流电缆称为上网电缆，由负极接触轨至牵引变电所负极柜间的直流电缆称为回流电缆。

14.3.2 侧接触式接触轨，是指车辆受流器在接触轨侧面滑动接触取流；下接触式接触轨，是指车辆受流器在接触轨下底面滑动取流。

14.3.8 单边供电方式仅作为特定条件下的使用，不作为设计推荐。

14.3.15 当车辆基地牵引变电所故障解列时，可由正线支援供电。

14.3.18 防护板的设置可有效防止站场等处人员无意中触及带电的接触轨。

14.3.19 车体接地板可有效释放车体静电，保证人员上、下车时的安全。

14.4 电 缆

14.4.1 电力电缆与控制电缆，在地下敷设时采用无卤、低烟、阻燃电缆，其目的主要是考虑火灾时减少有害烟气对人身的侵害。直流上网电缆及回流电缆，其型号选择应充分考虑弯曲半径小的特点。

14.4.2 城市轨道交通中压供电网多采用35kV系统。由于35kV三芯电缆比较粗，其弯曲半径大，在城市轨道交通电缆敷设空间小的环境内较难敷设，同时给电缆运行维护带来较大的困难，因此在设计中不推荐使用。

14.4.3 高架区间供电电缆敷设于轨道梁下时，如果电缆多，应对轨道梁进行荷载校核。

14.4.4 中压电缆中间接头设置在车站时不应设置在站台板下，站台板下各种维修活动相对多些，且中压电缆中间接头设在车站站台板下，容易受到损坏，尤其是电缆接头的故障概率较电缆本身大。

14.4.10 顺序排列的原则便于运行维护管理，有利于降低弱电电缆回路的电气干扰强度，有利于实施防火分割措施。

14.4.11 本条规定是为了确保巡视维修人员等接触电缆金属护层时的安全。

14.4.17 与通信管线的距离为平行0.15m，交叉0.05m，是根据跨座式单轨交通高架区间电缆敷设在轨道梁下狭小的空间内，电缆敷设困难的条件下而确定的。根据重庆轻轨较新线运行经验，同时参考有关标准，与通信专业商定了本条标准。

14.5 动力与照明

14.5.3 用电设备的需要系数根据设备工作特点和运行方式确定，同时系数根据已经开通的类似工程运行情况确定。

14.5.5 供、配电系统大量使用电缆，工程开通初期负荷较小，系统高压侧表现为容性负载，因此设置于变电所内的容性无功补偿装置可以不投入。

14.5.12 避免光线强度突然变化影响司机的视觉。

14.6 电力监控系统

14.6.1 自动化系统发展很快，为适应这种发展，电力监控系统在设计时，在设备选型、系统容量和功能配置方面，应充分考虑发展的需要。

14.6.2～14.6.6 条文明确了电力监控系统的设计内容，主要划分为电力监控系统总体方案设计、电力监控系统主站的设计、电力监控系统子站的设计、电力监控系统通道的设计要求。电力监控系统设计，应根据供电系统的特点、运营要求、通信系统的通道条件，提出系统构成、监控对象、功能要求的意见，确定系统设备配置和设备选型，明确设备功能、形式和要求。

14.6.7 遥控对象包括遥调对象。

14.6.8～14.6.10 条文规定的监控对象为监控的基本内容，设计中可根据实际情况增加监控对象。

14.6.18 主要技术指标为基本要求，设计时可根据产品情况具体确定。

15 车站其他机电设备

15.1 电梯、自动扶梯和自动人行道

15.1.1 因跨座式单轨交通车站环境条件限制，尽量不采用液压电梯。

15.1.4 本条规定主要考虑了使用的安全性和超高峰客流量以及客流量的不均衡等情况，设置适应性和安全性能高的输送乘客设备。公共交通型自动扶梯和自动人行道与普通自动扶梯和自动人行道的设计使用要求不同，它是属于一个公共交通系统的组成部分，包括公共交通系统的入口处和出口处。它在设计使用的时间上比普通自动扶梯和自动人行道要求要高，即适应每周运行时间约140h，且在任何3h的间隔内，持续重载时间不少于0.5h，其载荷应达100%的制动载荷。

对公共交通型自动扶梯，有条件时宜安装附加制动器。

15.1.7 电梯驱动主机及其附属设备和滑轮应设置在一个专用房间内，该房间应有实体的墙壁、房顶、门和（或）活板门，只有经过批准的人员（维修、检查和营救人员）才能接近。机房或滑轮间不应用于电梯以外的其他用途，也不应设置非电梯用的线槽、电缆或装置。这些房间可设置：

1 杂物电梯或自动扶梯的驱动主机；

2 该房间的通风空调或采暖设备，但不包括以蒸汽和高压水加热的采暖设备；

3 火灾探测器和灭火器。具有高的动作温度，适用于电气设备，有一定的稳定期且有防意外碰撞的合适保护。

15.1.9 考虑到车站客流的不均匀性，各城市可根据财力在自动扶梯和自动人行道设置自动节能运行装置。

15.2 安全门与屏蔽门

15.2.6 综合荷载应按可能出现的荷载的合理组合最大值进行设置，确保既保证门体强度要求，又满足门体轻量化的要求。

15.2.7 非正常状态包括活动门开关门故障、列车

未准确停车等。

15.2.9 气候环境条件包括使用地区温度、湿度、海拔等自然条件。

15.2.16 跨座式单轨交通系统安全门和屏蔽门门体不考虑与车站的绝缘。

16 道 岔

16.1 一般规定

16.1.2 道岔是跨座式单轨交通系统安全、正常运营的关键设备，因此本标准对道岔系统的安全可靠性提出较高要求，即符合故障导向安全原则。

16.1.3 为保证道岔设备的安装精度要求，规定设置于高架地段的道岔应安装在道岔桥上，设置于地面线路段的道岔应安装在道岔专用平台上。

16.1.6 道岔一般设置于室外或隧道内，因此规定道岔设备应满足高温、高湿等的使用条件，在寒冷地区使用的道岔，为防止行走面和关节及活动机构冻结，还应配置防冻加热设施。

16.1.8 为了保证跨座式单轨交通的安全、稳定运行，需定期对道岔设备进行检查维护、修理和零部件更换等工作，因此道岔设备的结构形式应便于进行以上工作。

16.1.11 为保证人身和设备安全，道岔系统应有可靠的工作接地和保护接地，道岔设备接地电阻值应小于4Ω，防雷接地电阻值应小于10Ω是参照室外电气设备标准制订的。

16.1.12 道岔一般由信号系统集中控制，当集中控制系统发生故障时，在获得信号系统授权后，可使用现场控制；当道岔控制电路故障时，操作人员可使用现场控制柜的道岔解锁按钮、道岔转辙按钮、道岔锁闭按钮分别进行控制，即手动控制；当电源、控制装置、驱动电动机等设备发生故障不能用电动转辙道岔时，由现场操纵人员切断驱动电源，并通过人工转辙机构完成道岔的解锁、转辙和锁定。

控制系统应具备安全保护功能是指过电压、断相、过电流保护和相序检测等。

16.1.13 各型道岔的转辙时间及相关技术参数是根据国外跨座式单轨交通系统的运营经验以及道岔设备国产化研制成果确定的，并通过国内跨座式单轨交通运营证明是切实可行的。

16.1.14 对于关节可挠型道岔，当其处于曲线状态时，曲线半径约为100m，为简化道岔结构复杂，道岔区段不设超高，根据计算容许的列车通过速度应不大于25km/h。对于关节型道岔，当其处于折线状态时，列车运行至道岔梁关节转角处会发生冲击振动，根据空车时车辆转向架横向容许载荷计算出列车通过速度应不大于15km/h。道岔处于直线状态时，列车可以最高行驶速度通过。

16.2 道岔类型

16.2.1 关节型道岔是由数根道岔梁依次铰接组合成，转辙后道岔梁成折线状态，由于列车通过折角部位时冲击力较大，因而只适宜空车通过。该类型道岔适用于车辆基地调车作业和站后折返线路。

关节可挠型道岔是在道岔梁上增设导向及稳定面挠曲装置，由数根道岔梁依次铰接组合成，转辙后道岔梁成设定的曲线状态，因列车沿曲线行驶，冲击力小，运行平稳，舒适性好，故适用于正线载客运行。

单开、对开、三开、五开道岔是道岔的基本型式，单渡线、双渡线、交叉渡线等是单开道岔的组合型式。

表16.2.1中各型道岔的主要技术参数是以轨道梁宽为850mm为基础确定的，对于其他宽度轨道梁的跨座式单轨交通系统，其各型道岔技术参数应根据相应的车辆、限界和线路条件等确定，可参照表16.2.1中的参数选取。

16.2.3 渡线道岔设于线间距为3700mm的线路上时，由于其转辙距离仅为1850mm，转辙成曲线或折线状态时，不能满足车辆限界要求，因此应在道岔活动端的轨道梁一侧设置可动式避让梁。避让梁的结构和主要参数与单开道岔类似，其转辙时间与道岔转辙同步。主要技术参数按表16.2.1选取，其他未定参数根据设置条件确定。

16.3 道岔设备

16.3.1 道岔的驱动形式有气动、液动和电动等方式，但现在都选用电力驱动，结合我国跨座式单轨交通道岔设备国产化研制情况，宜采用电力驱动形式。

16.3.4 接缝板是道岔梁与道岔梁、道岔梁与相邻的轨道梁的连接过渡装置，安装在道岔梁与轨道梁的走行面、两侧的导向面、稳定面端部间，以保证列车安全平稳地通过。

固定式接缝板安装在道岔梁间、道岔固定端和活动端两侧的导向面、稳定面端部。活动式接缝板安装在道岔活动端梁的走行面端部，与相邻的轨道梁走行面端的固定式接缝板配对接缝。

16.3.5 根据国内及国外跨座式单轨交通道岔的设计制造经验，道岔的两相邻道岔梁间共同采用单台车承载时（即单台车形式），一般采用T形轴连接两相邻道岔梁；而两相邻道岔梁分别采用独立台车承载时（即双台车形式），一般采用十字铰轴连接两相邻道岔梁。本条规定“宜采用T型轴形式”，主要是考虑简化道岔结构及便于运用维修，同时降低工程造价。

16.3.6 道岔设置人工手动驱动装置，主要考虑因电源、电动机、控制装置发生故障，不能利用电力驱动时，可利用设置的人工手动装置驱动道岔，完成道岔转辙而不影响运营。

16.3.7 锁定装置是在各道岔梁被驱动到位后使其牢固锁紧的装置，分别安装在每节道岔梁的前端台车上，其可靠性直接影响行车安全。所以规定“应定位准确，锁定牢固，并能承受车辆通过道岔时产生的离心力和冲击力”。

锁定装置采用电动驱动，当驱动装置或自动控制故障时，各锁定装置可切换为用人工手动操作，完成解锁和锁定，以实现道岔的人工转辙。

16.3.9 走行轨是道岔各台车的行走轨道，为确保道岔安装精度，规定走行轨应牢固安装在道岔底板上。

16.4 道岔系统设计原则

16.4.4 车辆有关技术条件和参数是指：车辆轴重、轴距、运行速度、最高速度、加速度、重心位置等。

16.4.6 单开、单渡线、三开、五开的端面间距值和误差为道岔安装时应确保的尺寸，否则将影响道岔系统的正常运行。

16.4.7 表16.4.7所列道岔精度参数是根据国外及重庆跨座式单轨交通道岔的设计、制造和运用经验提出的。

16.5 道岔安装原则

16.5.1 为满足单轨交通道岔设备很高的安装精度要求，同时考虑道岔的驱动装置是安装于道岔平台上的，因此规定“道岔区应有良好的排水设施，道岔平台上不应有积水”。

16.5.2 道岔区设置的照明设施，其照度应满足检修人员的检修及维护作业需要，一般不小于50～100lx。对设置有视屏监视设施的道岔区其照度应满足视屏监视设施在夜间能清晰监视道岔转辙工况和接口工况的要求。

16.5.5 道岔区设置视频监视设施的主要目的是监视道岔转辙状态、导向面板及稳定面板挠曲状态及道岔区全貌等。

16.5.6 道岔区设置专用电话主要是考虑在道岔维修时供维修人员使用，一处道岔区一般设置一部专用电话机，电话机应安装在电话柜中。

17 通　　信

17.1 一 般 规 定

17.1.4 跨座式单轨交通在发生事故和灾害时需要迅速及时的通信联系，但如果在常规通信系统之外再设置一套防灾救护通信系统，势必要增加很多投资，而且长期不使用的设备难以保持良好状态。所以，通信系统设计应在正常情况下为运营管理、指挥、监控提供迅速及时的联系，为乘客提供周密的服务；在突发灾害或事故的情况下应作为应急处理、抢险救灾的手段。

17.1.6 因通信系统与其他系统的接口关系较多，接口工程界面的划分也较复杂，所以应在设计中划分好系统之间的接口和工程界面。

17.2 传 输 系 统

17.2.2 因目前宽带光数字传输系统容量较大，也比较可靠，所以在没有特殊要求时，为了节省投资，跨座式单轨交通和其公安宽带光数字传输系统设备可合建。

17.2.3 为了传输网络的安全性，采用两条光缆并敷设在不同的径路，在隧道区间宜上、下行侧各敷设一条光缆，在高架区间弱电电缆桥架内敷设一条光缆，另一条光缆可敷设在强电电缆桥架的低压电缆侧。

17.2.8 光纤本身不受外界强电磁场的影响，且光缆金属护套均为厚度小于0.3mm的钢外套，对电磁波的屏蔽作用很小。为保证金属加强件及金属护套上的感应电势不积累，故要求光缆接头两侧的金属护套和金属加强件应相互绝缘。为保证感应电流不进入车站影响设备及人身安全，当用光缆引入时，应做绝缘接头。

17.3 公务电话系统

17.3.1 根据具体情况并经过技术经济比较后，本系统可租用市内电话构成虚拟专网，以减少初期投资及运营后的维护工作量。

17.4 专用电话系统

17.4.12 因目前程控交换机的功能很强，能满足专用电话系统的要求，所以专用电话系统也可纳入公务电话系统。

17.6 广 播 系 统

17.6.5 现场扬声设备的选择应考虑建筑布局和装修条件。车站公共区的装修材料一般吸声差，所以采用小功率密布方式较好。一般具有装修吊顶的处所宜设吸顶式扬声器；没有装修吊顶或空间较高的处所，宜设壁挂或吊挂式音箱；室外露天处所宜设扬声式声柱或音箱。

17.6.6 广播系统的功放与负荷之间通过切换控制柜连接，负荷与功放不固定接续，根据实际工程情况，可按照每N台功放设置一台备用机（N小于等于4）、自动切换方式设计。功放N备一是指在一台标准的19英寸机架上，设置N台主用功放、一台备用功放及自动检测切换装置。自动检测切换装置实时监测机架上功放设备的工作状态，发现故障自动倒换主、备功放。

17.8 闭路电视系统

17.8.3 摄像机的安装位置、数量及安装方式应根据乘客流向、乘客聚集地，并在车辆客室、道岔区、轨道线路两旁、设备易受破坏等场所综合考虑。因公安取证要求正面图像，所以摄像机摄取的图像应为乘客正面图像。

17.10 电源及接地系统

17.10.5 因轨道交通电网供电可靠性较高，即使供电电源故障，恢复时间也较短，所以蓄电池组的容量定为：保证连续供电不少于2h。

17.10.6 明确指出接地系统设计的意义和作用。

17.10.8 按分设接地方式设置的接地体之间应保持一定距离，防止产生地线之间的串扰所造成的不安全因素。

17.11 通信用房技术要求

17.11.3 由于车站内安装的设备不易更换和搬迁，故通信机房的面积均应满足通信业务发展的远期要求。

18 信　　号

18.1 一 般 规 定

18.1.4 跨座式单轨交通大部分是高架线路，在线路上维修难度较大，采用配线简单、轨旁设备较少的列车自动控制系统便于更好地维护管理，宜采用基于通信（CBTC）的列车自动控制系统。

18.2 列车自动控制（ATC）系统

18.2.5 该条控制优先级，应以车站人工控制优先于控制中心人工控制；控制中心人工控制优先于控制中心自动控制。

18.2.6 列车自动驾驶模式和无人驾驶模式可以提高行车效率，减少驾驶员劳动强度和人员配备的数量。

18.3 列车自动监控（ATS）系统

18.3.2 随着计算机技术及网络控制技术的发展，并考虑到轨道交通线路同时建设或改、扩建的可能，ATS系统可考虑多条运营线路的共用和实现相关线路的统一指挥，有利于实现资源共享。

18.4 列车自动防护（ATP）系统

18.4.3 第2款，为充分考虑跨座式单轨交通运营的灵活性，ATP系统应按单线双方向运行设计。

第4款，由于跨座式单轨交通采用胶轮系统，列车位置检测不能采用轨道电路方式，宜采用环线、无线及应答器方式。

第5款，临时限速是指在列车运行线路上，一个或几个闭塞分区内，根据运行和维护的需要，人为设置预先规定的速度命令，对列车的运行速度进行限制。

第6款，跨座式单轨交通车站大多采用侧式站台，一旦有人掉下，两边来车均有可能导致二次伤害，因此紧急停车按钮的操作将切断车站上下行一定范围内的信号发码，确保列车在车站外停车。

18.4.5 随着计算机软、硬件技术的飞速发展，以及其可靠性、稳定性、安全性的提高，可取代原有的继电器联锁。

18.4.6 鉴于跨座式单轨交通的道岔与联锁分属两个不同系统，道岔的控制安全应由道岔与联锁系统共同保证，因此，信号联锁与道岔系统的接口界面应明确并相互协调。

18.5 列车自动运行（ATO）系统

18.5.2 第1款，主要指车载ATO设备，它是替代驾驶员实现列车自动驾驶，为保证列车运行安全，必须在装备有ATP系统，且在工作正常的条件下才能运用ATO方式运行。

第2款，列车自动启动主要指的是无人驾驶系统，在客流比较大的城市主要干线上，宜采用由司机操作关车门并按压启动按钮的列车自动驾驶系统。

18.9 其　　他

18.9.2 信号设备用房面积是依据信号制式、系统结构、设备配置等因素来确定。设备布置应尽可能做到合理紧凑，并应留有适当余量，以备设备增加、更换和倒换。

19 自动售检票系统

19.1 一 般 规 定

19.1.2 计算车站售检票终端设备数量时可参考以下数据：

自动售票机为4～6张/min；

半自动售票机为4～6张/min；

自动检票机为20～25张/min。

其中，计算出站检票设备数量时，还应考虑乘客集中出站等因素。

车站售检票终端设备宜按以下原则布置：

自动售票机、半自动售票机、自动充值机等宜在非付费区内相对集中布置；

每一个付费区应设置至少1台半自动售票机，作为出站补票用；

每一个检票口应至少设置1个无障碍通道；

每一个检票口检票机数量不应少于2台；

对于不同时段进出站客流相差较大的车站宜设置一定数量的双向检票机。

19.1.4 轨道交通线路间换乘主要应从车票的规划设计、售检票设备的规划设计和清分软件的规划设计等方面考虑，换乘应在各线路付费区内完成。

19.1.5 异地容灾地点的选择应满足当主系统所处位置发生火灾、水灾等灾害情况时所选位置不受影响。

19.1.10 "各种运营模式"主要指正常情况时乘客能快速购票和进出车站；列车堵塞时对站内乘客全部放行；未进站使用的单程票可延期使用；紧急情况时，可通过车站值班员控制或FAS控制或就地控制，使站内所有进出站检票机处于开放状态，引导乘客快速疏散。

"各种票务模式"主要指除基本的单程票和储值票外，根据运营管理需要，还可设置计次票、计时票、优惠票、纪念票、老人票、学生票、出站票、员工票、测试票等其他票种。

19.2 自动售检票系统的构成

19.2.1 由于各城市"一卡通"管理模式、经营模式以及涵盖的范围和名称等不尽相同，条文中统称为城市"一卡通"。城市"一卡通"泛指由政府授权统一发行的小额付费卡，一般可用于公交、轻轨、地铁、出租等交通领域，有的还可用于停车场、餐饮、超市、用水、用电、用气等小额消费领域。

19.2.2 首次建设轨道交通线路的城市可不设轨道交通线网清分系统，但应规划和预留系统建设及接口条件。

19.3 自动售检票系统的功能

19.3.1 "一票换乘"指乘客使用单程票或储值票由一条线路进站后在换乘站付费区内换乘其他线路列车，不用出站，也不用另外购票。轨道交通线网清分系统能根据其在各线路乘坐距离、站数或票价等条件，对相关线路应获取的票款收益进行清分。

19.4 自动售检票系统与相关系统的接口

19.4.1 轨道交通线网清分系统与城市"一卡通"清算系统间的数据通信，根据具体情况，既可设置专用通信通道，也可利用电信等其他通信运营商通信网络的数据传输通道。

20 环境与设备监控系统

20.1 一般规定

20.1.2 跨座式单轨交通环境与设备监控系统（BAS），按照国家现行标准《民用建筑电气设计规范》JGJ 16的规定应采用集散型系统。与过去传统的计算机控制方式相比，它的控制功能尽可能分散，管理功能相对集中，提高了控制系统的可靠性，结构灵活，布局合理，组态方便，降低了系统成本。

20.2 系统设计原则

20.2.3 独立设置的FAS、BAS是指当跨座式单轨交通不采用综合集成方案时，FAS和BAS的监控平台是独立的。

20.2.4 综合监控系统简称MCS，也称作主控系统或自动化集成系统。其为国内城市轨道交通工程近年来新增的、旨在方便车务人员日常操作的一个综合层面的管理系统。由于跨座式单轨交通以高架站为主，车站规模相对较小，因此应就具体工程的投资环境、系统设置的必要性等因素作全面的经济技术比较后，才可对是否采用以及怎样采用综合监控系统作出选择。

20.3 系统运行模式及基本功能

20.3.1 从系统功能分析，BAS具有中央和车站二级管理；中央、车站、就地三级控制功能；从控制系统结构分析，BAS应该由中央管理级、车站监控级、就地（现场）控制级以及受控设备四层结构组成。

20.3.3 BAS监控内容，可参照以下说明配置：

1 BAS监控内容应包括下列基本功能：

1）正常运营模式的判定及转换；

2）消防排烟模式和列车区间阻塞模式的联动；

3）设备顺序启停；

4）风路和水路的联锁保护；

5）大功率设备启停的延时配合；

6）主、备设备运行时间平衡；

7）车站公共区和重要设备房的温度调节；

8）节能控制；

9）运行时间、故障停机、启停、故障次数等统计；

10）配置数据接口以获取冷水机组和水系统相关信息。

2 如果冷水机组带有联动控制功能，则空调水系统冷冻水泵、冷却水泵、冷却塔、风机、电动蝶阀的程序控制应由冷水机组承担，BAS可仅控制冷水机组的投切、监测空调系统的参数和状态、冷量实时运算、记录及累计。

3 跨座式单轨交通各系统设备监控点的基本配置可参见《地铁设计规范》GB 50157相关条文说明。

20.4 硬件设备配置

20.4.3 第5款，BAS的设计应保证当操作员工作站退出时BAS能正常运行。

20.4.4 第1款，现代PLC具有逻辑判断、定时、计数、记忆和算术运算、数据处理、联网通信及PID回路调节等功能，更加适合工业现场的要求，具有高可靠性、强抗干扰能力，编程安装简便，输入和输出端更接近现场设备，因此，宜优先选用PLC作为BAS的主要控制设备。

20.5 软件基本要求

20.5.1 除操作系统软件外，应用软件主要包括下列软件：

中央级应用软件；

车站级应用软件；

PLC应用软件；

通信接口软件；

数据库生成与管理软件；

人机接口软件；

系统组态软件；

系统维护及诊断软件；

通信管理和网管软件。

21 运营控制中心

21.1 一般规定

21.1.1 随着跨座式单轨交通现代化和自动化技术的发展，运营管理水平的不断提高，运营过程中被监控对象之间的关系越来越复杂，运营过程中的监视、控制、操作和管理渐趋集中，运营的安全性、可靠性越来越受到重视。为了确保列车和各系统安全、可靠和高效的运行，方便运营操作人员对运营过程实施全面的集中监控和管理，在建设时需要建立一个具有适当环境、条件及规模的运营指挥、调度和控制的运营控制中心，简称控制中心。

21.1.3 为实现控制中心的功能，控制中心应设置信号、火（防）灾自动报警、环境与设备监控、电力监控、自动售检票和通信等系统中央级设备。为了提高服务质量和管理水平，也可配置综合监控系统、门禁系统、跨座式单轨交通信息管理系统等与运营、管理和安全有关的系统和设备。为便于控制中心的管理，提高控制中心的安全性和可靠性，与运营、管理和安全无关的系统和设备不宜纳入控制中心。

21.1.5 随着城市轨道交通向网络化建设的发展，为方便轨道交通网的运营管理、节约城市土地资源，在满足控制中心功能要求的前提下，根据城市轨道交通线网规划，控制中心可单条跨座式单轨交通线路单独建造，也可多条线路合建或跨座式单轨交通线路与地铁、轻轨等其他城市轨道交通线路合建。

21.1.6 跨座式单轨交通控制中心的设计应与工程条件和运营需求相适应，总体布置应考虑安全可靠、操作方便、维修方便、管理方便及运营成本低廉等。在工程实施时应从工程的实际出发，根据运营管理体制、控制线路的数量及线路长度、系统配置、设备类型及设备数量等，经济合理地确定控制中心的规模及装修标准。考虑到线路延伸、投入运营后可能出现新的运营需求以及新系统、新设备的推广应用等，控制中心宜适当预留将来发展的余地，以适应可能的发展和变化。

21.1.7 控制中心的位置宜选择在靠近城市道路干线、离线路较近、靠近车站、接近监控管理对象的中心地带，方便全线运营管理及各系统的连接，方便与城市其他线网连接，并能兼顾多条线路的场所，缩短与线路的距离，降低工程和管线投资及运营管理费用，便于在紧急情况下组织事故抢修及事件的处理。

21.1.8 控制中心是跨座式单轨交通运营管理最为重要的生产用房，必须具有高度的安全性和可靠性。考虑到控制中心的整体安全，宜将其设置为独立专用建筑，不宜与其他功能的建筑合用，以保证其安全；当确实需要与其他功能的房屋合建时，应保证控制中心相关用房及管理上的独立性，满足其安全性和可靠性的要求。

21.2 功能分区与总体布置

21.2.2 运营操作区应靠近设备区和运营管理区，以便设备间的电气连接、减少管线敷设的距离、便于运营管理；设备区和维修区宜相邻设置，以便设备的维护管理。

21.2.3 考虑到防止雷电干扰等，中央控制室和设备区不宜设在建筑物的最顶层，也不宜设置在地下。

21.2.5 运营操作区应具有全线运营监视、操作、控制、协调、指挥、调度、管理及值班等功能，宜设中央控制室、紧急事件指挥室、总调度长室、值班主任室、值班休息室及男女卫生间等功能房间。其中总调度长室、值班主任室、值班休息室为一般的办公室；运营操作区应作为独立的安全分隔区，宜考虑配置保安设施；在安全分隔区内，宜考虑单独设置男女卫生间，减少调度人员中途离岗时间；进入中央控制室应设缓冲区。中央控制室各系统设备的布置及设计应满足下列要求：

第1款，中央控制室内应只设置与运营有关的系统和设备（模拟显示屏、监视器、操作终端和电话机等），应设置行车、电力、环控、防灾和值班主任调度台，也可根据需要设置维修调度台、客运调度台、网络信息管理调度台和总调度台。通过各调度台的调度员，对跨座式单轨交通运行的全过程进行运行管理和安全管理。

第2款，室内设备布置和造型应力求整齐、紧凑、美观大方，便于观察、操作和维修，有利于通风、采光，为操作人员和运行设备创造一个良好的工作和运行环境，并便于调度人员行动和疏散。设备布置还应使设备之间的连线短，外部管线进出方便。

调度工作台的设计应便于操作人员观察，降低操作人员的工作强度，提高工作效力，减少失误，顶部不能遮挡正常观察模拟显示屏的视线。

第5款，各系统模拟屏宜统一考虑，调度台和模拟屏宜呈弧形布置，模拟屏的屏前和屏后、调度台的台前和台后应留有足够的操作和维护作业空间，并预留近期和远期发展位置。通道宽度应满足工作人员进出、联络、维修设备进出的需要。调度台距模拟屏的通道宽度宜大于2.5m；调度台与调度台前后净距离宜大于2.0m；模拟屏后侧与墙壁之间的距离宜大于1.2m，当通道长度大于10m小于20m时，通道宽度宜大于1.5m；当通道长度大于20m时，通道宽度宜大于1.8m；模拟屏两侧进入模拟屏后的通道宽度宜大于1.5m，确保人员和设备的进出方便；模拟屏后面也可以作为独立分区进行设置。

21.2.6 第1款，设备区设备房有多种布置方式，可按系统划分或按线路划分，可采用封闭式布置或通透开放式布置，集中式布置或分散式布置，也可上述各种方式的混合式布置，具体布置方式需根据管理体制、运营模式等情况确定。

1）当控制中心的规模按一条线路设计、设备区按分散式布置时，应分别设置各系统的设备室、电源室等用房；

2）当控制中心的规模按一条线路设计、设备区各系统设备按集中式布置时，应设置各系统设备集中布置的设备室、电源室等用房，辅助系统设备应根据实际进行布置；

3）当控制中心的规模按多条线路设计、各线各系统的中央级设备按相互独立的方式设计、设备区各系统设备按分散方式布置时，不同线路的同一系统设备房应布置在同一楼层或同一区域内，以方便专业的运营维护和管理；

4）当控制中心的规模按多条线路设计、中央级按线路设置综合集成自动化系统时，设备区应按集中方式布置，同一线路的不同系统设备应布置在同一设备房内，以方便运营维护和管理；设备与通道之间宜采用玻璃幕墙相隔，便于观察和管理；

5）按专业划分可方便专业管理，但不便于分期实施和节能运作，按线路划分便于分期实施和节能运作，但不利于专业管理；封闭式设备布置设备房间单元划分相对较小，防火隔离安全性高，但不便于管理，开放式布置设备房间单元划分相对较大，设备与通道之间用玻璃幕墙相隔，便于观察和管理，灾害处理较为迅速，但防火隔离安全性较差；集中布置设备房间单元划分相对较大，便于观察和管理，灾害处理较为迅速，但防火隔离安全性较差，分散布置设备房间单元划分相对较小，防火隔离安全性高，但不便于管理。

第2款，设备区各系统设备房的布置楼层或位置宜以方便运营管理、体现安全性和重要性为原则，即直接为行车指挥服务的信号系统设备房，包括ATS设备室、运行图编辑室和打印室应靠近中央控制室，其次为通信系统设备室、电力监控系统设备室、火（防）灾自动报警系统及环境与设备监控系统房，最后是通信电缆引入室和其他系统设备用房。

21.2.7 运营管理区应具有跨座式单轨交通中央级运营技术管理和生产管理等功能，宜设置主任室、运营管理技术室、运行图编辑室、运营生产管理室等管理功能房间，配置必要的办公、管理和生活设施。上述用房可根据实际需要设置或合并设置。

21.2.9 第1款，辅助设备区应具有供电、通风、空调、消防、自动灭火、给排水等辅助设施及相应功能，宜设置管理、办公、操作、工器具、维修及值班用房等管理和办公用房，这些用房可以根据需要分开设备或合并设置。

第2款，辅助设备区宜设置供电系统和低压配电系统、通风系统和空调系统、水消防系统和自动灭火系统、给排水等辅助设施用房；供电系统、低压配电系统、空调系统、水消防系统及给排水等辅助设施宜设置在地下一层或地下二层；通风系统和自动灭火系统等宜设置在各层距用户较近的场所。供电系统和低压配电系统用房不得有通风风管和水管穿过，各系统应根据实际需要设置用房，水系统应设置独立的管道井。

21.3 建筑与装修

21.3.1 控制中心的建筑布局应满足工艺要求，同时应符合以下规定：

第1款，控制中心作为运营管理核心，建筑布局应满足工艺要求，以功能、安全、节能、环保为控制要素。从实际出发，经济合理地确定规模水平及装修标准，建筑装修应简洁、实用，色彩与光环境应适应操作人员日常工作舒适、轻松的要求。

第4款，中央控制室应设两个出入口与外部相连，门的大小应考虑操作人员和室内设备及维修设备的进出搬运方便，一般至少有一个门的宽度为1.2m、高度为2.3m，门扇应向外开，不设门槛，要严密防尘防鼠，并符合现行消防规范、规定的要求。

第5款，控制中心与其他建筑合建时，控制中心应设独立的进出口通道（包括电梯等）以及消防通道。中央控制室和各系统设备房不宜与不明使用功能的建筑用房直接相邻，其间应有一定的隔离形成缓冲带或者隔离带，必须设置可靠的防火防爆隔离设施，确保控制中心的独立性、安全性和可靠性。

21.4 布　　线

21.4.2 建筑物常用的布线方式和敷线方式有明管布线、汇线槽布线、墙体和地面埋线、电缆井布线、电缆走廊或电缆通道布线、架空布线、夹层布线、电缆沟布线、电缆隧道布线等敷线方式，采用何种敷线方式，应视具体情况而定。电缆的选择和管线的敷设过程应符合消防规范和防火要求。管线敷设应尽量做到线路短、交叉少、敷设整齐美观，便于调试、查线和补线，方便维护管理；管线敷设应把不同用途种类的电缆和管线分别敷设在不同层次的支架上，强电电缆和弱电电缆应分开敷设，防止强电对弱电的干扰或互相干扰。

21.4.3 控制中心不同楼层之间采用竖向布线，竖向布线宜采用电缆井敷线方式，强电和弱电电缆宜分别使用不同的电缆井分开敷设，并相隔一定的距离。每层的电缆井都应该满足人员进入、工程施工、维修检查、防火隔离及火灾自动报警系统探头安装、维护工作的要求。

21.4.4 控制中心同层之间采用水平布线，水平布线宜采用电缆夹层敷线方式（电缆楼层夹层、吊顶夹层、活动地板夹层），应根据夹层的具体情况，分层分区设置电缆桥架或汇线槽，将强电动力电缆和弱电电缆分开敷设，并相隔一定的距离。当采用电缆（楼层）夹层布线时，宜将通风系统、自动灭火系统等辅助系统设备设置在电缆夹层内。

21.4.6 控制中心楼层间、房间之间的各种管线孔洞，在电缆敷设完工后，应采用防火封堵材料或产品进行防火封堵，以确保防火分区的完整性，防止火灾时火势和烟雾经电缆孔洞蔓延。各种管线孔洞的设计应便于严密封堵，采用的防火封堵材料或产品应符合国家相关标准。

21.5 供电、防雷与接地

21.5.1 控制中心内信号、电力监控、火（防）灾自动报警、环境与设备监控、自动售检票、自动灭火等系统设备用电以及中央控制室和重要设备房屋照明、应急照明、防排烟设备、消防电梯用电应纳入一级负荷；一般房屋照明、货物电梯为二级负荷；其他为三级负荷。

21.5.2 需要不间断电源供电的系统设备，应根据各系统设备的供电要求确定。也可设置综合的UPS供电系统，其输出功率应大于所供用电设备总和的1.5倍，并确保不低于2h的后备用电；综合UPS电源室的位置应尽量接近用电负荷设备和中央控制室，并有利于进出线。

21.6 照明与应急照明

21.6.1 控制中心应设置一般照明与应急照明，宜采用集中控制方式控制。中央控制室、设备房屋及管理用房应多设电源插座，以解决检修、检修局部照明等临时用电；照明灯具宜选择节能型、散射效果良好、使用寿命长及维修更换方便的灯具；灯具的布置宜与建筑装修和设备布置相协调。

21.7 通风、空调与采暖

21.7.3 主要考虑到运营控制中心与物业合建时两者的建设周期往往不一致，且以后两者的运行的时间也不相同，将空调冷热源和管路系统分开设置便于今后维修和管理。

21.7.4 控制中心各类设备和管理用房性质不一，室内环境要求不同，为减少调节和运行管理的困难，同时为减少空调能耗，强调应根据使用要求来划分空调系统。

21.8 消防与安全

21.8.1 控制中心应设置火（防）灾自动报警装置、环境与设备监控、火灾事故广播、自动灭火、水消防、防排烟等消防系统；宜根据需要设置自动水喷淋灭火系统；重要的电器设备房宜使用自动灭火系统，不得使用自动水喷淋灭火系统；防排烟自动联动宜由环境与设备监控系统实现。

21.8.2 控制中心应设置消防控制室，将火（防）灾自动报警系统、环境与设备监控系统及火灾事故广播系统等的操作台或工作站设置在消防控制室，24小时值班，对大楼消防安全进行监控管理。消防控制室宜设置在控制中心首层主要出入口，并与中央控制室设专用的消防电话。

21.8.3 控制中心作为城市轨道交通的重要场所，宜根据需要设置闭路电视监视系统和安保门禁系统等保安系统：对各分区出入口、房间和主要通道进行监视和自动录像；宜设置不同形式的自动门，通过身份钥匙或密码开启；重要房间宜设置报警检测装置，以防非法闯入。

21.8.4 控制中心宜根据需要设置保安值班室。将闭路电视监视系统和安保门禁系统等的操作台或工作站设置在保安值班室，24 小时值班，对大楼安全进行监控管理。保安值班室宜与消防控制室合并设置。

22 车辆基地

22.1 一般规定

22.1.1 本条规定将跨座式单轨交通的车辆段、综合维修中心、物资总库、培训中心等通常集中设置在一起的机构称为车辆基地，以统一和简化机构名称。

22.1.2 城市轨道交通线网规划是跨座式单轨交通工程设计的重要依据，线网规划中对车辆基地的分布和功能有明确的规定，车辆基地用地范围较大是得到规划部门的认可并加以控制的，所以车辆基地的设计应以城市轨道交通线网规划为依据。

"一座城市第一条跨座式单轨交通线路的车辆基地应具有较为完善的功能"，其目的是保证跨座式单轨交通的正常运营，并为其提供较为完整的服务体系。所谓较为完善的功能，是指车辆基地应包括车辆段、综合维修中心、物资总库、培训中心和必要的生活设施，其中车辆段应包括停车、列检、三月检、临修、换轮、车辆洗刷等日常运用维修设施以及重点检修、全面检修等定期检修设备。综合维修中心应包括轨道梁、供电、通信、信号、环控等系统的维修设备，只有这些设施、设备配套齐全，才能保证跨座式单轨交通的正常运营。

22.1.3 车辆基地属大型建设工程，总投资和占地都较大。为合理安排工程投资和征用土地，条文强调车辆基地应统一规划，分期实施，其轨道、房屋建筑和机电设备等按近期需要设计，用地范围按远期规模确定。由于车辆基地近、远期工艺联系较为密切，条文要求远期用地范围应按远期规模并在远期轨道和房屋布置规划的基础上确定。此外，由于车辆的全面检修一般在 6 年以后才进行，车辆段的全面检修设备和厂房可根据工艺布置的情况，在今后扩建不影响正常生产和周围环境的条件下，在完成总平面布置的基础上可分期实施，以避免该部分设施多年搁置不用，造成浪费。

车辆的配备应按初期运营需要配置，主要是考虑车辆单价较高，为提高车辆的利用率，初期车辆的配备数量应按初期设计年限用车数配置。

22.1.5 明确要求车辆基地总平面布置应以车辆运用、检修设施为主体，是因为车辆基地的总平面布置应在满足车辆出入段、运用、检修工艺要求的前提下进行设计，并按功能要求和有利生产、方便管理的原则统筹安排其他设施。

22.2 车辆基地的功能、规模及总平面设计

22.2.1 本条规定车辆基地应根据其在线网中的地位和集中检修的原则，合理确定车辆及其他系统设备检修范围及功能，是指在可能的条件下，实行车辆大部件的集中检修，以提高检修质量和检修设备利用率。

独立设置的停车场应隶属于相关车辆基地，以便统一管理，若跨座式单轨交通线路较长，停车场停车数较多，可根据需要在停车场设置三月检的维修设备。

22.2.2 本条规定的车辆日常维修和定期检修周期是根据重庆轻轨较新线和日本单轨交通运营经验、车辆制造厂建议等综合因素考虑制定的。车辆走行轮胎暂按 10 万公里进行更换，以及 1 列车（6 辆编组）的转向架换轮作业时间暂按 20 天计，设计时可根据线路条件、运营经验作合理调整。跨座式单轨交通车辆轮胎更换作业工作量较大，设计时应注意检查换轮库的能力。车辆的换轮还可与车辆的定期检修相结合，利用定期检修时进行换轮，以减轻换轮库的作业量。

22.3 车辆运用整备设施

22.3.3 设计时列、月检列位和临修列位宜综合考虑，统一设置，临修列位一般设在列、月检库内，可不固定具体位置。当单独设置时，也可设在检修库内。

22.3.6 因运用库内轨道梁两侧均有接触轨，高度在人可接触到的范围内，为保证库内作业人员安全，必须加装安全防护设施，库前均应设置隔离开关或分段器，并均应设有送电时的信号显示或音响。

22.3.7 三月检作业需进行车顶空调器的检查，所以在月检库宜设置车顶作业平台或移动式升降平台。考虑有空调器需从车顶吊下检修，在月检库的 1～2 条月检线上可设置起重设备。

22.3.8 停车库（棚）和列、月检库计算长度公式说明：

1 停车列位之间通道宽度 6m 是考虑了信号安装要求的间距。

2 停车库（棚）横向通道宽度前端 3m，后端

6m。库前端由于有轨道梁，地面形不成通道，列车停留位置距离库前端3m是考虑司机在司机室可以观察端墙上的信号，同时留出库前端设地下通道的位置。停车库（棚）后端6m是考虑通行运输车辆、存放部分设备的需要。

3 列检月检库后端15m是考虑通行运输车辆、存放部分台架、工具和临时存放从车上卸下需检修的部件（如空调器等）等。整个车库长度还应结合房屋建筑模数的柱距要求和车库检修工艺要求一并考虑。15m长度根据以上因素可适当调整。

22.3.14 库内因轨道梁隔断了车库的横向通道，列、月检库中部不靠墙的列月检列位检查时需要动力插座时不方便，在轨道梁横向地下通道内两侧宜设动力插座，以方便作业。横向地下通道较窄，考虑作业人员携带工具通过时不碰上固定照明灯具，所以固定照明灯具安装应嵌入墙内。

22.4 车辆检修设施

22.4.2 为检修库设计附加长度，库后端17m是考虑在股道后面可设置部分检修设备或存放备品备件。同时还应结合房屋建筑模数的柱距和检修库检修工艺要求一并考虑。库后端17m根据以上因素可适当调整。

22.4.4 库前股道宜设有一段平直线路，是保证列车进入库内时列车与股道平行，满足车库大门限界要求。平直线路长度一般不应小于一辆车的长度。

22.4.5 换轮库设专用起重设备，一是换轮需要，二是考虑必要时在换轮库也可作列车临修作业。起重设备吨位应能吊起一台未解体的转向架。换轮设备不宜少于一线二台位。

22.4.8 转向架间设在检修库内，最大好处是减少大部件的运输。在检修库设计时，除考虑车体检修场地外，还应考虑转向架清洗、检修、试验及转向架备品存放场地。

22.4.11 车辆在全面检修后才进行油漆，这时列车已分解成单辆或单元，故油漆库油漆台位长度可按一辆车或一个列车单元长度设置。

22.5 车辆段设备维修和动力设施

22.5.3 车辆基地的机械加工量较少，故车辆段和设备维修车间的通用机械加工设备应统一设置。具体设在车辆段的检修车间还是设备维修车间，可视具体情况而定。

22.6 综合维修中心

22.6.2 轨道梁、房屋等设施和机电设备的大修工作专业性较强，需要工种配套齐全的专业队伍完成，且这部分工作周期又较长，所以在综合维修中心设计时，该部分工作应优先考虑对外委托，实现维修工作专业化、社会化，达到节省费用的目的。

22.8 培训中心

22.8.2 培训中心宜设于车辆基地内，主要是考虑培训中心靠近车辆基地，教学人员相对集中，可利用现场的设备、设施，实现现场直观教学，培训中心的生活设施可利用车辆段的设施，方便管理节省投资。

22.10 其他

22.10.3 因为车辆基地的室外线路、道岔均设有高压接触轨，且轨道梁一般设在地面，接触轨距地面只有1m左右，人很容易接触到，所以车辆基地的线路及道岔区的外侧均应设安全防护栏栅。

22.10.4 由于轨道梁高1.5m，车间的横向通道被隔断，影响库内车辆维修作业。

故根据作业和安全的需要在车库内应设置横向地下人行通道。对联合车库，有必要在库前设置横向地下人行通道，以方便各车间工作人员的联系。

23 防灾

23.1 一般规定

23.1.1 根据有关资料统计，城市轨道交通可能发生的灾害事故有火灾、水淹、地震、冰雪、风灾、雷击、停电、事故停车及人为事故等十几种灾害，但以发生火灾情况最多，而且人员伤亡和经济损失最严重。所以跨座式单轨交通防灾把防止火灾放在首要地位，采用比较全面、先进和可靠的防火灾设施。

23.1.2 “预防为主，防消结合”是主动积极的消防工作方针，要求设计、建设和消防监督部门的人员密切配合，在工程设计中积极采用先进的灭火技术，正确处理好运营与安全的关系，合理设计与建立科学的防火管理体制，做到防患于未然，从积极的方面预防火灾的发生及其蔓延扩大。这对减少火灾损失，保障人员生命的安全，保证跨座式单轨交通的安全运营，具有极其重要的作用。

同一条线路按同一时间内发生一次火灾考虑。两条及两条以上线路的换乘站应按同一时间内发生一次火灾考虑，是根据我国40多年城市轨道交通的建设及运营经验，并参照国外有关资料确定的。

23.1.3 根据国外城市轨道交通发生火灾事故造成的重大损失和人员伤亡情况，考虑到车站一旦发生火灾事故时灭火的难度，故规定车站站厅的乘客疏散区域、站台层及乘客疏散通道内不得设置商业场所，这样一旦发生火灾事故时，乘客可以迅速地疏散到安全区域。如果为方便乘客，在车站内设置临时活动性售报摊、饮食亭，在取得当地消防部门认可的情况下，不属上述规定的限制范围。

23.1.5 根据国内外城市轨道交通发生灾害的情况，可能有人员伤亡，所以车站应配备一定的医务救护设施。不同灾害事故的发生，有可能造成运行车辆的破坏，所以车辆基地应配备救援车辆等设备。

23.1.6 控制中心一般设有行车调度中心、电调中心、环控及防灾调度中心，当跨座式单轨交通发生灾害事故时，根据灾害的性质及灾害情况，控制中心的总调度或防灾调度中心，应发出防灾指令，由有关车站及部门进行救灾活动及救护求援行动。

23.2 建筑防火

23.2.2、23.2.4 此两条为车站重要设备用房应采用耐火极限不低于2h隔墙和耐火极限不低于1.5h楼板与其他部位隔开，隔墙上应采用乙级防火门，以及两个相邻防火分区之间应采用耐火极限不低于3h的防火墙和甲级防火门。以上均参照现行国家标准《建筑设计防火规范》GB 50016的规定采用。

23.2.9 本条规定了车站内部装修材料和固定设施燃烧性能等级。至于地面与高架车站的地面及隔断装修材料可参照现行国家标准《建筑内部装修设计防火规范》GB 50222允许采用不低于B_1级的规定办理。

23.3 安全疏散

23.3.3 随着以人为本理念的落实，站台层至站厅层采用自动扶梯的比例越来越高。为了控制车站规模，应把自动扶梯纳入事故疏散用，并应采用一级负荷供电和具有逆向运转功能，即下行自动扶梯能改为上行（高架车站上行能改为下行）。在计算中，应考虑某一台自动扶梯损坏或正在保养不能运行的几率即以（$N-1$）台计算自动扶梯和人行楼梯通过能力按90%折减。

23.3.7 列车有可能在区间发生火灾或其他灾害事故而又不能牵引至车站，由于跨座式单轨交通构造特点，列车上乘客疏散困难。在综合考虑各种情况后，本条提出宜设置纵向疏散平台，便于乘客从车辆侧门下到疏散平台上疏散逃生。

23.4 消防给水

23.4.2 我国当前轨道交通工程的给水系统设计，一般为生产生活给水系统、消火栓给水系统、自动喷水灭火系统和空调循环冷却水系统。为保证工作人员的饮用水质，轨道交通工程应采用生产生活和消防分开的给水系统。因消防用水量大，而生活用水量很少，如果生产生活和消防给水系统共用，饮用水质不能保证，又因消防管道一般采用热镀锌钢管，这种管材已不能用于生活给水管，另外消防用水压力较高，生活用水压力较低，如果共用管道，在发生火灾事故消防供水时，会对生产、生活给水造成不利影响，而且也不易保证消防用水的水量和水压。

区间隧道不宜设生活给水系统，冲洗用水给水栓可以设在消火栓处和消防给水系统共用。

23.4.3 第1款，消火栓用水量及设置场所和现行国家标准《地铁设计规范》GB 50157相同。但人行通道的消防用水量定为10L/s。

第2款，消火栓设置场所和现行国家标准《地铁设计规范》GB 50157相同，地铁设计规范规定人行通道超过30m应设消火栓，宜改为20m应设消火栓。

第3款，消火栓设置规定。

第4款，考虑到跨座式单轨交通工程的重要性，规定车站站厅、站台及人行通道按大型消火栓箱设置，内设消防卷盘和灭火器，为了不影响乘客通行，站厅、站台和人行通道应将灭火器设在箱内。消火栓箱应设玻璃门，不宜采用封闭的铁皮门，以便在万一情况下敲碎玻璃使用消火栓。

第5款，为便于管理和使用，每条消防水龙带不应超过25m，因水带太长在火灾现场使用不便。

第6款，地下区间应设置消火栓口不设消火栓箱，是根据我国地铁运营实践确定的。上海地铁1号线曾设置消火栓箱，由于平开门锁不牢固，在行车中发生消火栓箱门撞车事故。北京地铁复-八线也设消火栓箱，专门设置侧拉门，但由于侧拉门固定不牢，为了避免发生撞车事故，将门拆除，水龙带移走。

第7款，工程设计时，应由业主向自来水公司索取沿线车站自来水管网的最低压力，如果最低压力和供水量能满足消防用水要求时，车站消防给水系统可以不设消防增压泵，直接由城市自来水供水，我国广州及南京地铁1号线地下车站都是这样设计的。如果城市自来水的供水量能满足消防要求而压力不能满足消防压力的要求时，则可设消防泵直接抽水，不设消防水池，如自来水压力能满足稳压要求可不设稳压装置，但应和自来水公司和消防部门协商确定。如果城市自来水管道管径很小，不能满足消防用水量时，则应设消防泵和消防水池及稳压装置。

23.5 灭火装置

23.5.1 我国已于2006年5月1日实施国家标准《气体灭火系统设计规范》GB 50370，该规范编入下列三种气体灭火系统：①七氟丙烷（HFC-227ea）灭火系统；②IG541惰性气体灭火系统；③热气溶胶预制灭火系统。

气体灭火系统的设置场所是参照现行国家标准《地铁设计规范》GB 50157，并结合国内城市轨道交通建设情况，以及听取有关专业工程师和有关部门的意见确定的。因地下车站变电所均为无油型设备，开关柜为气体开关不易失火，故对变压器及开关柜不列为气体保护房间，24h有人值班的车站控制室也不列入气体保护房间。主变电所宜按现行国家标准《建筑设计防火规范》GB 50016的规定选用灭火方式，主变电所一般由当地供电局设计，灭火方式应由供电局确定。

地下车站气体灭火系统的设置场所，其设备容量及保护房间的面积，按国家现行标准规范的规定，都达不到设置气体灭火系统的设置标准，但考虑到城市轨道交通安全的重要性，又因地下车站电器等设备失火灭火难度较大，故规定地下车站的重要电器设备房间设置气体灭火系统。

23.5.5 按现行国家标准灭火器配置设计规范的规定，应按严重危险级配置灭火器，为了灭火后对变电所等电气设备房间的设备不造成污染，灭火后便于清扫，所以规定在变电所及综合控制室等电器设备房间应采用二氧化碳灭火器，但不得选用装有金属喇叭喷筒的二氧化碳灭火器，因电气设备在带电状态下，采用装有金属喇叭筒的灭火器，有触电危险，故不宜采用。因人行通道比较狭窄，如果用干粉灭火器造成乘客能见度低，影响乘客安全疏散，故有的消防部门意见宜采用水型灭火器，但按灭火器规范规定，城市轨道交通应按严重危险级配置灭火器，而水型灭火器达不到严重危险级级别，故规定人行通道宜配置水型和磷酸铵盐两种灭火器。

23.7 防烟、排烟与事故通风

23.7.1 跨座式单轨交通与地铁、轻轨等均为大容量、快速城市轨道交通系统，其客流量巨大，各种电气设备众多，一旦发生火灾事故，烟气将是造成人员伤亡的最大危害因素，对于跨座式单轨交通的地下线路而言，这种情况就更加突出，因此必须强调跨座式单轨交通要具备有效的防烟、排烟和事故通风系统。

23.7.2 自然排烟是一种经济、有效、易操作的排烟方式，它无需专门的排烟设备，火灾时不受电源中断的影响，构造简单、经济，根据我国目前的经济水平，从降低造价、简化管理的原则出发，地面及高架车站宜优先考虑采用此种排烟方式。

23.7.6 地面和高架车站是地面的交通建筑，本条是参照现行国家标准《高层民用建筑设计防火规范》GB 50045的有关规定而制定的。

23.7.8 地下车站设备及管理用房非常闭塞，仅有极少的部位与区间隧道和车站公共区相连接，如排烟时没有同时进行补风，将无法有效的排除烟气，因此，本条规定排烟房间的补风量不应小于排烟量的50%。

23.8 防灾用电与疏散指示标志

23.8.2 为了避免误操作而影响灾情的施救，防灾用电设备的配电设备应有紧急情况下方便操作的明显标志。

23.8.4 本条的疏散应急照明，主要指疏散照明灯，疏散照明灯的设置对于人员安全快速疏散具有重要作用。

23.8.8 本条的疏散指示标志，主要指指向标志灯及出口标志灯。设置疏散指示标志的作用是，火灾初期浓烟滚滚，会严重妨碍人们在紧急疏散时辨认方向，而疏散指示标志会使人们在烟雾弥漫的情况下，沿着灯光、发光疏散指示标志顺利疏散。

23.9 防灾通信

23.9.7 单轨交通越是在发生事故和灾害时越是需要迅速及时的通信联系，但如果在常规通信系统之外再设置一套防灾救护通信系统，势必造成重复建设，更主要的是长期不使用的设备难以保持良好状态。所以，通信系统设计应能在突发灾害或是事故的情况下，迅速转换为应急处理、抢险救灾的通信系统。

23.10 火灾报警系统

23.10.1 本规范把车站、区间隧道、变电所、控制中心、车辆基地等建筑划为一级保护对象，除了考虑疏散和扑救难度外，还考虑到跨座式单轨交通突出的社会影响。

23.10.3 火灾报警系统（FAS）涉及范围较广。火灾时，除了报警外，还有大量的必须依托相关专业设备才能完成的模式联动，因此本规范明确火灾报警系统（FAS）包括火灾报警装置、消防联动装置及与防灾相关的其他设备。

23.10.6 有关区间隧道是否需要设置火灾探测器，地铁规范未作规定，本规范也不作强制规定，各地应根据工程具体情况由工程建设单位、当地消防等有关部门结合工程实际情况共同研究确定。

23.10.7 本条规定车站级防灾控制室对消防控制设备除自动控制外，对重要的与消防有关的设备还应能手动直接控制和手动模式控制。

23.10.8 本条规定防灾控制中心的功能，即应实时掌握管辖区内任意点的火灾信息，并下达所有指令，以实现火灾早期发现、及时组织并协调救援。

23.10.9 跨座式单轨交通为大型综合性工程，专业与系统很多，在运营中相互关联，尤其是灾害事故的处理，必须与行车、BAS等专业共同合作才能完成全面的救灾工作。为救灾方便，本条提出了结合的设置要求。

23.11 救援保障

23.11.2 地震是地区性灾害，波及面较广，造成损失较大，是跨座式单轨交通防灾内容之一。国家于全国各地设有若干地震监测中心，提供地震预报信息，跨座式单轨交通应具备接收本地区地震预报部门的电话报警的功能；若当地地震预报已组成网络，跨座式单轨交通应采用联网方式接收地震灾害信息，不另设地震预报装置。

23.11.7 为防止各种原因发生的水淹灾害，本条规定各种集水池设置危险水位报警信号。

24 环境保护

24.1 一般规定

24.1.1 跨座式单轨交通设计各阶段、各专业应充分考虑工程建设可能对周边环境带来的污染和影响，始终贯彻"统一规划、合理布局、预防为主、综合治理"的环境保护设计原则。

24.1.2 国家的各类环境保护设计标准、法规、规范是根据我国现有的环境状况、科技及经济发展的总体水平制定的。一般来说，国家和地方环境保护质量标准、污染物限值标准在不同发展阶段会有所变化；同时，地方标准在国家标准的基础上会根据当地环境条件有所发展和提高。因此，设计在执行现有国家标准、法规和规范的同时，尚应严格执行地方政府制定的有关标准、法规和规范。

24.1.3 建设项目环境影响报告书针对建设项目在建设过程中以及建成投入使用后，对周围环境乃至区域总体环境可能产生的影响，依据国家及地方政府现行的相关标准，进行全面的预测、评价，其评价意见和结论、污染防治的对策措施以及相关管理部门的审批意见，同样是设计依据和必须执行的内容。

24.1.5 由于跨座式单轨交通工程环保设施的建筑和构筑物布置与工程结构联系一般比较紧密，今后改、扩建会有一定的困难，同时这些建、构筑物的改、扩建工程量大，施工周期又较长，因此，环保设施不易改、扩建的土建工程，以及附设于跨座式单轨交通主体工程上的预埋件必须按远期需要与近期工程同步实施。

24.2 噪声

24.2.1 跨座式单轨交通噪声污染防治，应符合现行国家标准《声环境质量标准》GB 3096、《工业企业厂界噪声标准》GB 12348 的规定。

各种不同声环境功能类别、不同时段的噪声限值标准见表 2。

表 2 城市各类区域环境噪声限值标准［dB（A）］

声环境功能类别	限值	
	昼间	夜间
0 类	50	40
1 类	55	45
2 类	60	50
3 类	65	55
4 类	70	55

注：表中声环境功能类别适用区域由当地政府相关部门划定。

24.2.2 第 1 款，地下车站站台噪声及混响时间限值见表 3 与表 4。

表 3 地下车站站台噪声限值［dB（A）］

限值等级	限值
一级	80
二级	85

表 4 地下车站站台 500Hz 混响时间（T60）限值（s）

限值等级	限值
一级	1.5
二级	2.0

表中限值等级：一级限值指在车辆技术性能达到一定要求，并对车站建筑采取特殊声学处理后方能达到的平均等效（A）声级和混响时间的限值。二级限值指目前我国大多数城市的地下车站站台均可达到的平均等效（A）声级和混响时间的限值。

24.3 振动

24.3.2 跨座式单轨交通振动污染防治，应符合现行国家标准《城市区域环境振动标准》GB 10070 的规定。

各类区域、不同时段的振动限值标准见表 5。

表 5 环境振动铅垂向 Z 振级限值标准［dB］

适用地带范围	限值	
	昼间	夜间
特殊住宅区	65	65
居民、文教区	70	67
混合区、商业中心区	75	72
工业集中区	75	72
交通干线道路两侧	75	72
铁路干线两侧	80	80

注：表 5 中适用地带范围由当地政府相关部门划定。

24.4 空　气

24.4.1 饮食业油烟排放标准，见表6。

表6 油烟最高允许排放浓度和油烟净化设施最低去除率

规　模	小型	中型	大型
最高允许排放浓度（mg/m^3）	20		
净化设施最低去除率（%）	60	75	85

24.5 水

24.5.2 本条所指水源保护水域包括饮用水水源地一级、二级保护区及其他特殊保护区的水域及陆域。

24.6 电磁辐射

24.6.1 变电所或供电系统中开关动作时及车辆运行时出现电弧，瞬时可能产生高频辐射，故要求其电磁辐射污染应符合现行国家标准《电磁辐射防护规定》GB 8702的规定。

24.7 日照与景观

24.7.1 高架区间、车站的设置应保证其两侧住宅建筑在冬至日满窗日照时间不少于1h。

24.8 其　他

24.8.3 车辆基地等区域的绿化率应满足所在城市规定的指标要求。

中华人民共和国国家标准

地下铁道工程施工及验收规范

Code for construction and acceptance of metro engineering

GB 50299－1999

(2003年版)

主编部门：北京市城乡建设委员会
批准部门：中华人民共和国建设部
施行日期：1999年10月1日

建设部关于国家标准《地下铁道工程施工及验收规范》局部修订的公告

第187号

现批准《地下铁道工程施工及验收规范》GB 50299－1999局部修订的条文，自2003年12月1日起实施。经此次修改的原条文同时废止。

局部修订的条文及具体内容，将在近期出版的《工程建设标准化》刊物上登载。

中华人民共和国建设部
2003年10月24日

关于发布国家标准《地下铁道工程施工及验收规范》的通知

建标［1999］147号

根据国家计委《一九八七年工程建设标准规范制订修订计划》（计综［1986］2630号文附件八）的要求，由北京市城乡建设委员会会同有关部门共同制订的《地下铁道工程施工及验收规范》，经有关部门会审，批准为强制性国家标准，编号为GB 50299—1999，自1999年10月1日起施行。

本规范由北京市城乡建设委员会负责管理，北京城建集团有限责任公司负责具体解释工作，建设部标准定额研究所组织中国计划出版社出版发行。

中华人民共和国建设部
一九九九年六月十日

前　言

本规范是根据国家计委计综［1986］2630号文的要求，由北京城建集团有限责任公司会同有关单位组成编制组编制而成。

编制过程中，遵照国家基本建设的有关方针和政策，在总结我国地下铁道工程施工实践经验的基础上，充分考虑到我国现有的施工技术水平和今后的发展方向，经过调研和试验，适当的吸取和借鉴了部分国外标准，力求做到技术先进、经济合理、安全适用、确保质量。在编制的各个阶段，多次以座谈会和函审等形式，广泛征求全国有关单位的意见，并召开专业会议，经过反复修改和补充，最后由我委会同有关部门审查定稿。

根据地下铁道工程施工技术、方法和专业，共编制19章和3个附录，其中：第1章为总则，第2章至第13章为土建工程，第14章至第19章为机电设备安装工程。

本规范为新制定的国家标准，涉及范围广，专业多，为提高规范质量，请各单位在实施过程中，注意积累资料，总结经验，如发现有修改和补充之处，及时函告北京城建集团有限责任公司《地下铁道工程施工及验收规范》管理组（地址：北京市海淀区学院南路62号，邮编：100081），以供修改时参考。

本规范主编单位、参加单位和主要起草人：

主 编 单 位： 北京城建集团有限责任公司

参 加 单 位： 上海市隧道工程股分有限公司
上海市地下铁道总公司
北京市地下铁道总公司
铁道科学研究院

主要起草人： 任今浩　刘国琦　王义信　王玉林　杨我清　傅德明　黄国伟　闫景迪　吴秉儒　张景海　胡明林　杨学忠　薛泽惠　王金钟　高玉山　李善国　刘启琛　邵根大

目　次

1 总 则

1.0.1 为保证地下铁道工程施工质量，促进技术进步，做到经济合理、安全可靠，特制定本规范。

1.0.2 本规范适用于新建地下铁道工程的施工及验收。凡未做规定的，均应按国家现行的有关强制性标准执行。

1.0.3 工程开工前，必须根据设计文件经现场调查后，编制施工组织设计，批准后组织并指导施工。

1.0.4 施工现场及周围环境应保持清洁，减少对交通干扰，严格控制地面变形和环境污染，做到文明施工。

1.0.5 工程施工应以批准的设计文件为依据，如需修改，应取得设计单位的同意并签署变更设计或洽商记录后方可实施。

1.0.6 施工中如发现文物、古墓等应妥善保护，并及时报请有关部门处理。

对永久性测量标桩和地质、地震观测桩等应予保护，如需改动，应报请有关部门批准。

1.0.7 采用的原材料、预制品、设备等，应符合国家现行的有关技术标准规定。产品应有合格证和出厂说明书。设备应有铭牌。

1.0.8 采用和推广经鉴定并批准的新技术、新工艺、新材料、新设备等，应制定相应的施工技术标准。

引进的设备，应按其技术文件要求施工。

1.0.9 加强测量管理，严格控制建筑施工和设备安装偏差，严禁侵入限界。

1.0.10 施工应按设计要求实施限制杂散电流的各项措施。

1.0.11 设备安装前应对相关的土建工程进行检查，并符合下列规定：

1 结构验收合格，无渗、漏水现象；

2 影响设备安装和安装后不宜实施的装修工程已经完成；

3 预埋件位置正确、牢固，基础混凝土强度符合设计要求；

4 设备安装范围内清理干净。

1.0.12 设备安装的环境温度、湿度等应符合设计和设备技术文件的要求。

1.0.13 设备开箱检查应符合下列规定：

1 设备型号、规格及配件等应符合设计和设备技术文件的规定；

2 设备合格证、说明书等随机技术文件齐全；

3 设备及配件不得损伤、变形和锈蚀。

1.0.14 施工中有关安全、环保、消防、防汛和劳动保护等，应符合国家现行的有关强制性标准的规定。

2 井点降水

2.1 一般规定

2.1.1 本章适用于含水地层中隧道井点降水的施工及验收，其他排、隔水施工尚应按国家现行的有关强制性标准执行。

2.1.2 井点降水设计应具备下列资料：

1 地质勘察报告和地质剖面图，必要时宜做现场抽水试验确定水文地质参数；

2 基坑及隧道平、纵断面图；

3 降水区域内地下构筑物、管线及临近建筑物的资料。

2.1.3 井点降水方法应按表 2.1.3 选用。

表 2.1.3 各类井点降水方法适用范围

适用条件 \ 降水方法	单层轻型井点	多层轻型井点	喷射井点	管井井点	砂（砾）渗井点
土层渗透系数 (m/d)	0.1～50	0.1～50	0.1～50	20～200	0.1～20
水位降低深度 (m)	3～6	6～12	8～30	＞10	按下伏强导水层的水头、导水性与坑深确定

2.1.4 井点降水应使地下水位保持在基底以下 0.5m。停止降水时，必须验算涌水量和明挖隧道结构的抗浮稳定性，当不能满足要求时，不得停泵。

2.1.5 降水井点布设应符合下列规定：

1 井点距基坑边缘不应小于 1.5m，距暗挖隧道结构不应小于 2m；

2 井点应沿基坑或暗挖隧道布设，并应成封闭形，当不能封闭时，应延长 1 倍以上的基坑或暗挖隧道横断面宽度；

3 暗挖隧道如地面无条件布设井点时，可在隧道内设置水平井点或采取其他隔水措施；

4 井点间距应根据计算确定。当基坑较宽而满足不了降水深度需要时，应在基坑内增设井点。

2.1.6 井点施工前，应复测基坑（或暗挖隧道）平面位置并测放井点孔位；清除地面、地下障碍物并将保留的地下管线挖露出来；平整场地并挖设泥浆坑。

2.1.7 井点钻孔应符合下列规定：

1 钻孔的孔口处应设置护筒；

2 孔径应比管径大 200～300mm；

3 孔径应垂直、上下一致，孔底比管底深0.5～1.0m；

4 钻进中应取土样并做好记录。

2.1.8 分节组装的井点管直径应一致。钢管井点管的滤管应采用穿孔钢管，孔隙率不应小于 25%，外壁垫筋缠镀锌铅丝后并包土工布滤网。

管井井点管采用无砂混凝土管时，其孔隙率不应小于 20%，并外壁应垫筋、缠丝、包土工布滤网。

2.1.9 井点管沉设应符合下列规定：

1 沉设前应先配管；

2 沉设位置应居中、垂直，管井的滤管应置于含水层中；

3 分节沉设时，各节应同心并连接严密；

4 管井井点管应高出地面 300～500mm。井点管就位固定后，管上口应临时封闭。

2.1.10 滤料应洁净，其规格为含水层筛分粒径的 5～10倍。投放时应符合下列规定：

1 滤料投放前应清孔稀释泥浆；

2 滤料应沿井管周围均匀投放，投放量不得小于计算量的 95%；

3 滤料填至井口下 1m 左右时应用粘性土填实夯平。

2.1.11 井点管沉设后，应检查渗水性能。当投放滤料管口有泥浆水冒出或向管内灌水能很快下渗时方为合格。

2.1.12 排水管路断面应根据排水流量确定并连接严密。排出的水经过沉砂处理后，方可排入市政管道。

2.1.13 降水井点泵组应搭设防雨设施。寒冷地区冬季施工时，对泵组和管路系统应采取防冻措施。

2.1.14 降水施工应有防止降水区域内建筑物和构筑物产生沉降和水平位移的措施。当采用回灌措施时应化验水质，不得污染地下水。

2.1.15 土洞发育地区采用井点降水时，应有防止引起临近地面塌陷的措施。

2.1.16 降水井点系统，应在明挖隧道基坑回填土填至原水位以上或暗挖隧道初期支护结构完成后方可停泵，并及时拆除。

井点管拔除后，应及时用砂将井孔回填密实。

2.2 轻型井点

2.2.1 轻型井点宜按下列顺序施工：

1 钻设井孔、沉设井点管、投放滤料；

2 敷设集水总管、安装泵组；

3 试抽水合格后正式降水。

2.2.2 每一机组应根据泵类配用功率确定井点数量，并在井点管施工完毕后安装。

2.2.3 泵组及集水总管安装应符合下列规定：

1 泵组应稳固地设在平整、坚实、无积水的地基上。水箱吸水口与集水总管、井点管口等高程宜一致；

2 泵组宜置于集水总管中部；

3 管路系统各部件应连接严密；

4 集水总管与井点管应采用高压软管连接；

5 各组集水总管之间宜采用阀门隔开。

2.2.4 各组井点系统安装完毕，应及时进行试抽水，全面检查管路连接质量、井点出水和泵组工作水压力、真空度及运转等情况。

2.2.5 多层井点拆除应从底层开始逐层向上进行，在下层井点拆除前，上层井点应继续降水。

2.3 喷射井点

2.3.1 喷射井点应按下列顺序施工：

1 安装水泵、循环水箱及水泵的进出口管路；

2 敷设进回水管路；

3 钻孔、沉设井点管、投放滤料、连接进水总管后进行单井试抽水；

4 每组井点施工完毕，接通回水总管进行全面试抽水，合格后正式降水。

2.3.2 井点管组装前应检查井管、连接件及喷射器的喷嘴混合室、支座环和滤网等，组装后应做泵水试验和真空度测试，其真空度不宜小于93kPa。

2.3.3 直接利用井点管水冲孔下沉时，应先沉设外管后再安装内管。

2.3.4 喷射井点的进水总管与井点管位置应正确，管路连接严密，各井点管的连接管应安装阀门，每组进水总管应用阀门隔开，回水总管应分开。

高压水泵出水管必须安装压力表和调压回水管路。

2.3.5 喷射井点内外管底座安装应严密，顶端接头处应用油封装置连接。抽水时，当发现个别井点管的周围翻砂、冒水时，应立即关闭进行处理。

2.3.6 井点管试抽水时排出的混浊水，不得回入循环管路系统，试抽水延续时间，应根据井点水由浊变清程度确定。

2.3.7 工作循环水应保持清洁。全面试抽水2d后应采用清水更换。降水过程中应根据水质混浊程度定期更换。

2.4 管井井点

2.4.1 管井应按下列顺序施工：

1 钻孔、沉设井点管、投放滤料、洗井；

2 敷设排水管路；

3 安装水泵、试抽水合格后正式降水。

2.4.2 管井井点宜采用潜水泵，安装应符合下列规定：

1 安装前应检查各部件是否良好；

2 电缆必须绝缘，并牢固地捆绑在排水管上；

3 吸水管底部应设逆止阀；

4 水泵就位后应固定牢固；

5 水泵试抽水合格后方可正式抽水。

2.5 砂（砾）渗井点

2.5.1 砂（砾）渗井点宜疏干滞水层或弱透水层。下层应为非承压的强导水层，距基底4m以下，厚度不应小于3m。

2.5.2 砂（砾）渗井点布置间距：引渗自降井点为5～10m；引渗抽降井点为砂（砾）渗井与管井间隔布置，其管井间距为10～15m；砂（砾）渗井为2～6m。

2.5.3 砂（砾）渗井点成孔除按本规范第2.1.7条施工外，尚应符合下列规定：

1 井孔孔径不应小于300mm，其深入强导水层不应小于3m。

2 井点成孔后，可直接投入粗砂或砾石。如沉设无砂混凝土管时，管壁周围应投放滤料，井点管应高出地面300～500mm，井口应封闭并加以防护。

2.6 降水管理

2.6.1 降水井点系统应设双路电源供电。

2.6.2 降水观测孔设置应符合下列规定：

1 观测孔应沿基坑中心向两侧垂直成排布设，并宜延长至基坑外2～3倍降深长度；

2 降水基坑为二个以上含水层时，应分层布设；

3 临近地表水、地下给排水管道附近的渗漏水层和临近建筑物时，应增加观测点。

2.6.3 降水期间，应对地下水的水位、流量和各类降水设备运转情况进行观测，并按本规范附录C表C-1、表C-2、表C-3做好记录。

2.6.4 观测水位时，应在降水前观测初始水位高程，以后定期观测，雨季应增加观测密度。观测结果应绘制 *s-t* 和 *Q-t* 曲线。

2.6.5 降水抽出的地下水含泥量应符合规定，发现水质混浊时，应分析原因，及时处理。

2.6.6 雨季施工时，地面水不得渗漏和流入基坑，遇大雨或暴雨时，必须及时将基坑内积水排除。

3 基坑支护桩

3.1 一般规定

3.1.1 本章适用于隧道结构基坑及竖井，采用冲击或振动沉桩、静力压桩、钻孔灌注桩等支护结构的施工及验收。

3.1.2 各种沉桩方法，应根据地质、环境和施工机具设备等条件，按表3.1.2选用。

表3.1.2 各种沉桩施工适用地质范围

沉桩方法	适用地质范围
冲击沉桩	粘性土、砂土、淤泥和粒径不大于50mm碎石类土
静力压桩	粘性土、砂土、淤泥
振动沉桩	粘性土、砂土、淤泥
干作业螺旋钻机钻孔	地下水位以上粘性土、砂土和粒径不大于50mm碎石类土

续表 3.1.2

沉桩方法		适用地质范围
螺旋钻机钻孔压浆成桩		粘性土、砂土、淤泥和粒径不大于50mm碎石类土
泥浆护壁成孔	冲抓	有地下水的碎石类土、砂土、粘性土、淤泥及基岩
	冲击	有地下水的碎石类土、砂土、粘性土、淤泥及基岩
	回转钻	有地下水的碎石类土、砂土、粘性土、淤泥及基岩

3.1.3 支护桩及腰梁、横撑、锚杆等，必须经过计算，并按设计要求施工。

3.1.4 支护桩沉设前宜先试桩，试桩数量不得少于2根。

3.1.5 沉桩前应测放桩位；沉桩时，钻（桩）头就位应正确、垂直；沉桩过程中应随时检测。

沉桩以线路中线为准，允许偏差为：纵向±100mm；横向 $^{+50}_{0}$mm；垂直度3‰。

3.1.6 沉桩施工场地应坚实、平整，并应清除地下、地面及高空障碍物，需要保留的地下管线应挖露并加以保护。

3.1.7 基坑开挖后桩墙应垂直平顺，桩间挡土墙及支撑系统应牢固可靠。

钢桩应无严重扭曲、倾斜和劈裂。钢板桩锁口连接应严密，钢筋混凝土灌注桩应无露筋、露石、缩颈和断桩现象。

3.1.8 基坑土方和结构施工期间，应对基坑围岩和桩墙支撑系统进行动态观测，并及时反馈信息。

3.2 冲击沉桩

3.2.1 冲击沉桩应根据沉桩数量和施工条件选用沉桩机械，并按其技术规定施工。

3.2.2 钢桩上端应设吊装孔。钢板桩锁口内应涂油，下端应用易拆物塞紧。

3.2.3 工字钢桩应单根沉设，钢板桩应采用围檩法沉设。

3.2.4 钢板桩围檩支架的围檩桩必须垂直、围檩水平，位置正确、牢固可靠。围檩支架应高出地面1/3桩长；最下层围檩距地面不宜大于500mm；围檩间净距应比2根钢板桩组合宽度大8～15mm。

3.2.5 钢板桩宜以10～20根为一段，逐根插入围檩后，应先沉入两端的定位桩，再以2～4根为一组，采取阶梯跳跃式沉入。

3.2.6 钢板桩围堰宜在转角处两桩墙各10根桩位轴线范围内调整后合拢，如不能闭合需要搭接时，其背后应进行防水处理。

3.2.7 沉桩过程中，应随时检测校正桩的垂直度。钢桩沉设贯入度每击20次不应小于10mm。

3.3 振动沉桩

3.3.1 振动锤的振动频率应大于钢桩的自振频率。振桩前，振动锤的桩夹应夹紧钢桩上端，振动作用线与钢桩重心线应在同一直线上。

3.3.2 振动沉设钢桩的方法和程序，应按本规范第3.2.3条至第3.2.7条有关规定执行。

3.3.3 沉桩中如钢桩下沉速度突然减小，应停止沉桩，并将钢桩向上拔起0.6～1.0m，然后重新快速下沉，如仍不能下沉时，应采取其他措施。

3.4 静力压桩

3.4.1 压桩机压桩时，桩帽与桩身的中心线应重合，压同一根桩时，应连续沉设。

3.4.2 压桩过程中应随时检查桩身的垂直度，初压过程中，如发现桩身位移、倾斜和压入过程中桩身突然倾斜以及设备达到额定压力而持续20min仍不能下沉时，应停止压桩并采取措施。

3.5 拔桩

3.5.1 拔桩施工应具备下列资料：

1 沉桩平面布置图；

2 沉桩记录；

3 地下管线恢复竣工图及桩位附近原有管线分布图。

3.5.2 拔桩前应拆除或改移高空障碍物，平整夯实作业场地，修筑临时运输道路、架设动力及照明线路，清除桩头附近堆土，检修机械设备、拟定施工方案，就绪后方可施工。

3.5.3 拔桩宜采用振动拔桩机，吊车配合，并符合下列规定：

1 拔桩机卡头应卡紧桩头，起拔线应与桩中心线重合；

2 拔桩开始时应略松吊钩，当振动机振动后，随振幅加大拉紧吊钩；

3 钢桩拔起到可用吊车直接吊起时应停振，并及时吊出，其吊点必须在桩长1/3以上部位；

4 钢桩应逐根试拔，易拔桩应先拔出；

5 钢桩拔出后桩孔应及时用砂填实。

3.5.4 拔桩时，在操作方法正确、拔桩机振幅达到最大负荷、振动30min仍不能拔起时，应停止振动并采取措施。

3.5.5 在地下管线附近拔桩时，必须保护好管线，机械不得在其上面作业。

3.6 钻孔灌注桩

（Ⅰ）螺旋钻机成孔

3.6.1 钻头应根据土质选用，其成孔应符合下列规定：

1 钻杆就位正确、垂直，允许偏差不应大于本规范第3.1.5条规定；

2 开钻或穿越软硬不均匀土层交界处时，应缓慢钻进并保持钻杆垂直；

3 在松软杂填土或含水量较大的软塑性土层中钻进时，钻杆不得摇晃；

4 钻进中随时清理孔口积土，当发现钻杆跳动、机架摇晃、不进尺等现象时，应停钻检查；

5 钻孔至设计高程后应空钻清渣，提钻后及时加盖。

3.6.2 采用压浆成桩时，除应按本规范第3.6.1条规定施工外，在提钻杆时，应边提钻杆边压注水泥浆，至孔口后立即吊放钢筋笼并投放粗集料。

（Ⅱ）泥浆护壁成孔

3.6.3 护筒设置位置应正确、稳定，与孔壁之间应用粘土填实。其埋置深度，粘土层不应小于1.0m，砂质或杂填土层不应小于1.5m。

3.6.4 冲击成孔可根据土层按表3.6.4选用冲程和泥浆比重。

表3.6.4 各类不同土层冲程和泥浆比重选用值

土层类别	冲程（m）	泥浆比重
护筒及以下3m范围内	0.9～1.1	1.1～1.3
粘土	1～2	清水
砂土	1～3	1.3～1.5
砂卵石	1～3	1.3～1.5
风化岩	1～4	1.2～1.4
坍孔回填后重新钻孔	1	1.3～1.5

3.6.5 排渣施工应符合下列规定：

1 粘性土中成孔，可注入清水，以原土泥浆护壁，排渣泥浆比重应控制在1.1～1.2；

2 砂土和较厚夹砂层中成孔，泥浆比重应控制在1.1～1.3，在穿越砂夹卵石层或容易坍孔土层中成孔时，泥浆比重控制在1.3～1.5；

3 泥浆选用塑性指数$I_p \geqslant 17$的粘土配制；

4 施工中应经常测定泥浆比重，并定期测定粘度、含砂率和胶体率，其指标控制：粘度为18～22s，含砂率为4%～8%，胶体率不小于90%。

3.6.6 清孔施工应符合下列规定：

1 孔壁土质不易坍塌时，可用空气吸泥机清孔；

2 用原土造浆时，清孔后泥浆比重应控制在1.1左右；

3 孔壁土质较差时，宜用泥浆循环清孔，清孔后泥浆比重应控制在1.15～1.25；

4 清孔过程中必须补足泥浆，并保持浆面稳定；

5 清孔后立即吊放钢筋笼，并灌注水下混凝土。

3.6.7 成孔施工中如发现斜孔、弯孔、缩孔、塌孔或沿护筒周围冒浆及地面沉陷等现象时，应及时采取措施处理后方可继续施工。

（Ⅲ）钢筋笼加工与吊装

3.6.8 钢筋笼绑扎应牢固，其加工除满足设计要求外，尚应符合下列规定：

1 主筋接头可采用对焊、绑扎、搭接焊或冷挤压、气压焊等连接形式，并符合相应施工技术规定；

2 导管灌注水下混凝土桩的钢筋笼内径应大于导管连接处外径10cm以上；

3 钢筋笼应按吊装条件确定分段加工长度，并设置钢筋保护层定位装置和焊接吊装耳环；

4 钢筋笼下端0.5～0.8m范围内主筋应稍向内侧弯曲呈倾斜状；

5 箍筋间距不得大于300mm，并宜采用螺旋筋；

6 钢筋笼刚度较差时应补强，吊运中不得变形。

3.6.9 钢筋笼制作允许偏差为：主筋间距±10mm；箍筋间距±20mm；钢筋笼直径±10mm，长度±50mm。

3.6.10 钢筋笼向钻孔内吊装时应符合下列规定：

1 钢筋笼应吊直扶稳，对准孔位缓慢下沉，不得摇晃碰撞孔壁和强行入孔；

2 分段吊装时，将下段吊入孔内后，其上端应留1m左右临时固定在孔口处，上下段钢筋笼的主筋对正连接合格后继续下沉。

（Ⅳ）混凝土灌注

3.6.11 混凝土必须具有良好的和易性，配合比应经试验确定。细骨料宜采用中、粗砂，粗骨料宜采用粒径不大于40mm卵石或碎石。坍落度：干作业成孔宜为100～210mm，水下灌注宜为160～210mm。

3.6.12 混凝土灌注前应检查成孔和钢筋笼质量。混凝土应连续一次灌注完毕，并保证密实度。

3.6.13 干作业成孔应沿钢筋笼内侧连续灌注混凝土，不得满口倾倒。

3.6.14 泥浆护壁成孔应采用水下灌注混凝土。其灌注混凝土导管宜采用直径为200～250mm的多节钢管，管节连接应严密、牢固，使用前应试拼，并进行隔水栓通过试验。

3.6.15 水下混凝土灌注应符合下列规定：

1 混凝土灌注前应在导管内临近泥浆面位置吊挂隔水栓；

2　导管底端距孔底应保持 300～500mm；

3　导管埋入混凝土深度应保持 2～3m，并随提升随拆除；

4　导管吊放和提升不得碰撞钢筋笼。

3.6.16　冬季施工时应采取保温措施。桩顶混凝土强度未达到设计强度的 40%时不得受冻。

3.6.17　混凝土试件制作，同一配合比每班不得少于一组，泥浆护壁成孔的灌注桩每 5 根不得少于一组。

3.7　基坑支护

（Ⅰ）桩间土护壁

3.7.1　工字钢桩间土壁背板安装应符合下列规定：

1　背板强度应根据计算确定，每块背板伸入工字钢翼缘内不应小于 50mm；

2　每层土方开挖后应及时安装背板。背板拼接应严密，背板后的空隙应填密实。

3　背板应根据基坑回填土进度及时拆除，一次拆除高度，应根据坑壁土质确定。

3.7.2　钻孔灌注桩的桩间土壁，应用砂浆或混凝土封闭。如挂钢筋网时，则钢筋网应与桩体钢筋连接牢固。

（Ⅱ）横撑支护

3.7.3　横撑安装前应先拼装，拼装后两端支点中心线偏心不应大于 20mm。安装后总偏心量不应大于 50mm。

3.7.4　横撑应在土方挖至其设计位置后及时安装，并按设计要求对坑壁施加预应力，顶紧后固定牢固。

设有腰梁的横撑，其腰梁应与桩体水平连接牢固后，方可安装横撑。

3.7.5　横撑安装位置允许偏差为：高程±50mm，水平间距±100mm。

3.7.6　横撑需要设置中间支撑柱时，其支撑柱应按设计施工，并与横撑连接牢固。

3.7.7　隧道结构施工时，横撑上不得堆放材料或其他重物。发现变形、钢楔松动或支撑系统出现故障时，必须及时处理。

3.7.8　横撑及腰梁应随基坑回填自下而上逐层拆除，边拆边填，必要时应采取加固措施。

当地下连续墙作为主体结构墙体时，横撑必须按设计要求拆除。

（Ⅲ）土层锚杆支护

3.7.9　锚杆布置应符合下列规定：

1　最上层锚杆覆土厚度不应小于 3m；

2　上下两层锚杆间距宜为 2～5m，水平间距宜为 2～3m；

3　倾斜度宜为 15°～35°；

4　位置正确并应避开邻近地下构筑物或管线，如锚杆长度超过施工范围时，应取得有关单位同意；

5　锚固段必须设置于滑动土体 1m 以外的地层中，锚固段与非锚固段应界限分明。

3.7.10　锚杆的杆体可采用钢筋或钢绞线，钢筋应除锈，钢绞线锚固段应擦拭干净。

锚杆杆体应设置定位器，其间距：锚固段不宜大于 2m，非锚固段宜为 2～3m。

锚杆的锚头、垫板受力后不得变形和损坏。

3.7.11　锚杆应在基坑土方挖至其设计位置后及时安装。钻孔机具应根据地质条件选择。锚孔允许偏差为：孔位高程±50mm，水平间距±100mm，孔深$^{+100}_{0}$mm。

设有腰梁的锚杆，其腰梁应与桩体水平连接牢固后，方可安装锚头。

3.7.12　锚杆注浆应符合下列规定：

1　水泥应采用 325 号以上的普通硅酸盐水泥，必要时可掺外加剂；

2　水泥浆液的水灰比应为 0.4～0.5，水泥砂浆灰砂比宜为1∶1～1∶2；

3　锚固段注浆必须饱满密实，并宜采用二次注浆，注浆压力宜为 0.4～0.6MPa。接近地表或地下构筑物及管线的锚杆，应适当控制注浆压力。

3.7.13　锚杆的锚固段浆液达到设计强度后，方可进行张拉并锁定，其张拉值应为设计荷载的 75%～80%，并按本规范附录 C 表 C-4 做好记录。

3.7.14　锚杆应进行抗拉和验收试验，并应符合下列规定：

1　试件数量：抗拉试件宜为总数量的 2%，且不应少于 2 根；验收试件宜为总数量 3%，且不应少于 3 根；

2　加荷方式：依次为设计荷载的 25%、50%、75%、100%、120%（验收试验锚杆），133%（抗拉试验锚杆）；

3　验收试验锚杆总位移量不应大于抗拉试验锚杆总位移量。

4　地下连续墙

4.1　一般规定

4.1.1　本章适用于在土层或软岩地层中，采用机械挖槽、泥浆护壁、现浇钢筋混凝土地下连续墙的施工及验收。

4.1.2　地下连续墙结构及横撑或锚杆等，必须经过计算，其横撑或锚杆施工应符合本规范第 3.7 节有关规定。

4.1.3 地下连续墙施工应具备下列资料：

1 地质勘察报告；

2 隧道结构平、纵断面图；

3 基坑范围内地下管线、构筑物及临近建筑物的资料。

4.1.4 地下连续墙施工前，应平整场地，清除成槽范围内的地面、地下障碍物，对需要保留的地下管线应挖露出来，封堵地下空洞并测放出导墙位置。

4.1.5 地下连续墙支护的基坑，在土方开挖和隧道结构施工期间，应对基坑围岩和墙体及其支护系统进行监控量测，并及时反馈信息。

4.1.6 地下连续墙作为主体结构或其一部分时，在施工二次结构前，墙体应凿毛、清理干净、调直预留钢筋，经检查合格后，方可施工二次结构。

4.1.7 地下连续墙支护的基坑为软弱土层时，其基底加固措施应符合设计要求，并在加固浆体达到设计强度后方可进行土方开挖。

4.2 导墙施工

4.2.1 槽段开挖前，应沿地下连续墙墙面两侧构筑导墙，其净距应大于地下连续墙设计尺寸40～60mm。

导墙可采用现浇或预制钢筋混凝土结构。

4.2.2 导墙结构应建于坚实的地基上，并能承受水土压力和施工机械设备等附加荷载。

4.2.3 预制导墙接头连接必须牢固。现浇钢筋混凝土导墙养护期间，重型机械设备不得在附近作业或停置。

4.2.4 导墙高度宜为1.5～2m，顶部高出地面不应小于100mm，外侧墙土应夯实。导墙不得移位和变形。

4.2.5 导墙施工允许偏差应符合下列规定：

1 内墙面与地下连续墙纵轴线平行度为±10mm；

2 内外导墙间距为±10mm；

3 导墙内墙面垂直度为5‰；

4 导墙内墙面平整度为3mm；

5 导墙顶面平整度为5mm。

4.3 泥浆制备与管理

4.3.1 泥浆拌制材料宜优先选用膨润土，如采用粘土，应进行物理、化学分析和矿物鉴定，其粘粒含量应大于50%，塑性指数应大于20，含砂量应小于5%，二氧化硅与氧化铝含量比值宜为3～4。

4.3.2 泥浆应根据地质和地面沉降控制要求经试配确定，并应按表4.3.2控制其性能指标和按本规范附录C表C-5做好记录。

表4.3.2 泥浆配制、管理性能指标

泥浆性能	新配制		循环泥浆		废弃泥浆		检验方法
	粘性土	砂性土	粘性土	砂性土	粘性土	砂性土	
比重 (g/cm³)	1.04～1.05	1.06～1.08	<1.10	<1.15	>1.25	>1.35	比重计
粘度 (s)	20～24	25～30	<25	<35	>50	>60	漏斗计
含砂率 (%)	<3	<4	<4	<7	>8	>11	洗砂瓶
pH值	8～9	8～9	>8	>8	>14	>14	试纸

4.3.3 新拌制泥浆应贮存24h以上或加分散剂使膨润土（或粘土）充分水化后方可使用。

挖槽期间，泥浆面必须保持高于地下水位0.5m以上。

4.3.4 施工中可回收利用的泥浆应进行分离净化处理，符合标准后方可使用。废弃的泥浆应采取措施，不得污染环境。

4.3.5 遇有地下水含盐或受化学污染时应采取措施，不得影响泥浆性能指标。

泥浆贮备量应满足槽壁开挖使用需要。

4.4 挖槽施工

4.4.1 地下连续墙应根据地质、地下障碍物、施工环境、墙厚与工程质量要求选择挖槽机械。

挖槽时，抓斗中心平面应与导墙中心平面相吻合。

4.4.2 单元槽段长度应符合设计规定，并采用间隔式开挖，一般地质应间隔一个单元槽段。

4.4.3 挖槽过程中应观测槽壁变形、垂直度、泥浆液面高度，并应控制抓斗上下运行速度。如发现较严重塌坍时，应及时将机械设备提出，分析原因，妥善处理。

4.4.4 槽段挖至设计高程后，应及时检查槽位、槽深、槽宽和垂直度，并按本规范附录C表C-6做好记录，合格后方可进行清底。

4.4.5 清底应自底部抽吸并及时补浆，清底后的槽底泥浆比重不应大于1.15，沉淀物淤积厚度不应大于100mm。

4.5 钢筋笼制作与安装

4.5.1 钢筋笼应在平台上制作成型并应符合下列规定：

1 钢筋笼纵向应预留导管位置，并上下贯通；

2 钢筋笼底端应在0.5m范围内的厚度方向上

做收口处理；

3 吊点焊接应牢固，并应保证钢筋笼起吊刚度；

4 钢筋笼应设定位垫块，其深度方向间距为3～5m，每层设2～3块；

5 预埋件应与主筋连接牢固，外露面包扎严密；

6 分节制作钢筋笼应试拼装，其主筋接头搭接长度应符合设计要求，如采用焊接或机械连接时，应按相应的技术规定执行。

4.5.2 钢筋笼制作精度应符合表4.5.2规定。

表4.5.2 钢筋笼制作允许偏差值（mm）

项目	偏差	检查方法
钢筋笼长度	±50	钢尺量，每片钢筋网检查上、中、下三处
钢筋笼宽度	±20	
钢筋笼厚度	0 −10	
主筋间距	±10	任取一断面，连续量取间距，取平均值作为一点每片钢筋网上测四点
分布筋间距	±20	
预埋件中心位置	±10	抽查

4.5.3 钢筋笼应在槽段接头清刷、清槽、换浆合格后及时吊放入槽，并应对准槽段中心线缓慢沉入，不得强行入槽。

4.5.4 钢筋笼分段沉放入槽时，下节钢筋笼平面位置应正确并临时固定于导墙上，上下节主筋对正连接牢固，并经检查合格后，方可继续下沉。

4.6 混凝土灌注

4.6.1 地下连续墙应采用掺外加剂的防水混凝土，水泥用量：采用卵石时不应小于370kg/m³，采用碎石时不应小于400kg/m³，坍落度应采用200±20mm。其他使用的材料、配合比和搅拌应分别符合本规范第9.2.2条、第9.2.3条和第9.2.4条的规定。

4.6.2 混凝土宜采用商品混凝土，并应采用导管法灌注。导管应采用直径为200～250mm的多节钢管，管节连接应严密、牢固，施工前应试拼并进行隔水栓通过试验。

4.6.3 导管水平布置距离不应大于3m，距槽段端部不应大于1.5m。

导管下端距槽底应为300～500mm，灌注混凝土前应在导管内临近泥浆面位置吊挂隔水栓。

4.6.4 混凝土灌注应符合下列规定：

1 钢筋笼沉放就位后应及时灌注混凝土，并不应超过4h；

2 各导管储料斗内混凝土储量应保证开始灌注混凝土时埋管深度不小于500mm；

3 各导管剪断隔水栓吊挂线后应同时均匀连续灌注混凝土，因故中断灌注时间不得超过30min；

4 导管随混凝土灌注应逐步提升，其埋入混凝土深度应为1.5～3.0m，相邻两导管内混凝土高差不应大于0.5m；

5 混凝土不得溢出导管落入槽内；

6 混凝土灌注速度不应低于2m/h；

7 置换出的泥浆应及时处理，不得溢出地面；

8 混凝土灌注宜高出设计高程300～500mm。

4.6.5 每一单元槽段混凝土应制作抗压强度试件一组，每5个槽段应制作抗渗压力试件一组，并按本规范附录C表C-7做好记录。

4.6.6 地下连续墙冬季施工应采取保温措施。墙顶混凝土未达到设计强度的40%时不得受冻。

4.7 墙体接头处理

4.7.1 地下连续墙各墙幅间竖向接头应符合设计要求，使用的锁口管应能承受混凝土灌注时的侧压力，灌注混凝土时不得位移和发生混凝土绕管现象。

4.7.2 锁口管应紧贴槽端对准位置垂直、缓慢沉放，不得碰撞槽壁和强行入槽。锁口管应沉入槽底300～500mm。

4.7.3 锁口管在混凝土灌注2～3h后应进行第一次起拔，以后每30min提升一次，每次50～100mm，直至终凝后全部拔出。

锁口管起拔后应及时清洗干净。

4.7.4 后继槽段开挖后，应对前槽段竖向接头进行清刷，清除附着土渣、泥浆等物。

4.8 防水施工

4.8.1 地下连续墙需在墙体内侧喷涂或铺贴卷材防水层时，其施工应按本规范第5.8节和第9章有关规定执行。

4.8.2 单元槽段接头不宜设在拐角处，采用复合式衬砌时，内外墙接头宜相互错开。

4.8.3 地下连续墙与内衬结构连接处应认真凿毛并清理干净，必要时应做特殊防水处理。

4.9 工程验收

4.9.1 地下连续墙每一单元槽段施工，应对下列项目进行中间检验，并符合本章有关规定：

1 钢筋笼制作的长、宽、高和钢筋间距、焊接、预埋件位置及钢筋笼吊装、入槽深度及位置；

2 泥浆配制及循环泥浆和废弃泥浆的处理；

3 槽段成槽后的宽、深和垂直度及清底和接头壁清刷；

4 锁口管吊装时的插入深度、垂直度及起拔方法和时间；

5 混凝土配合比、坍落度、导管布置及混凝土灌注。

4.9.2 基坑开挖后应进行地下连续墙验收，并符合下列规定：

1 混凝土抗压强度和抗渗压力应符合设计要求，墙面无露筋、露石和夹泥现象；

2 墙体结构允许偏差应符合表 4.9.2 的要求。

表 4.9.2 地下连续墙各部位允许偏差值（mm）

项目 \ 允许偏差	临时支护墙体	单一或复合墙体
平面位置	±50	+30 0
平整度	50	30
垂直度（‰）	5	3
预留孔洞	50	30
预埋件	—	30
预埋连接钢筋	—	30
变形缝	—	±20

注：平面位置以隧道线路中线为准进行测量。

4.9.3 工程竣工验收应提供下列资料：

1 原材料质量合格证；

2 图纸会审记录、变更设计或洽商记录；

3 单元槽段中间验收记录；

4 工程测量定位记录；

5 各种试验报告和质量评定记录；

6 废弃泥浆处理报告；

7 基坑开挖后地下连续墙结构验收记录；

8 隐蔽工程验收记录；

9 开竣工报告；

10 竣工图。

5 隧道明挖法施工

5.1 一般规定

5.1.1 本章适用于明挖法修建隧道结构的施工及验收。如基坑采用支护桩或地下连续墙支护时，尚应按照本规范第 3 章和第 4 章有关规定执行。

5.1.2 隧道基坑必须保持地下水位稳定在基底 0.5m 以下。需要降水时，应按照本规范第 2 章有关规定执行。

5.1.3 隧道基坑土石方需要爆破时，必须事先编制爆破方案，报城市主管部门批准，经公安部门同意后方可实施。

5.1.4 隧道应分段施工，完成一段及时回填。

5.2 管线拆迁、改移和悬吊

5.2.1 隧道基坑开挖范围内各种管线，施工前应调查清楚，经有关单位同意后方可确定拆迁、改移或采取悬吊措施。

5.2.2 基坑管线悬吊必须事先设计，其支撑结构强度和稳定性等应进行验算。

5.2.3 管道漏水（气）时，必须修理好后方可悬吊。如跨基坑的管道较长或接口有断裂危险时，应更换钢管后悬吊或直接架设在钢梁上。

5.2.4 悬吊或架设管道的钢梁，连接应牢固。吊杆或钢梁与管底应密贴并保持管道原有坡度。

5.2.5 管线应在其下方的原状土开挖前吊挂牢固，经检查合格后，用人工开挖其下部土方。

5.2.6 种类不同的管线，宜单独悬吊或架设，如同时悬吊或架设时，应取得有关单位同意，并采取可靠措施。

5.2.7 跨越基坑的便桥上不得设置管道悬吊。利用便桥墩台作悬吊支撑结构时，悬吊梁应独立设置，并不得与桥梁或桥面系统发生联系。

5.2.8 支护桩或地下连续墙支护的基坑，可利用支护桩或地下连续墙做钢梁或钢丝绳悬吊的支撑结构，但必须稳固可靠。放坡开挖基坑的钢梁支撑墩柱或钢丝绳悬吊的锚桩，锚固端应置于边坡滑动土体以外并经计算确定。

基坑较宽而中间增加支撑柱时，梁、柱连接应牢固。

5.2.9 跨越基坑的悬吊管线两端应伸出基坑边缘外距离不小于 1.5m 处，其附近基坑应加强支护，并采取防止地面水流入基坑的措施。

5.2.10 隧道土方及其他工序施工时，不得碰撞管道悬吊系统和利用其做起重架、脚手架或模板支撑等。

5.2.11 基坑悬吊两端应设防护，行人不得通行。

基坑两侧正在运行的地下管线应设标志，并不得在其上堆土或放材料、机械等，也不得修建临时设施。

5.2.12 基坑回填土前，悬吊管线下应砌筑支墩加固，并按设计要求恢复管线和回填土。

5.3 基坑便桥

5.3.1 基坑施工运输便桥应采用装配式结构，其载重及通过能力必须根据施工机械、车辆荷载经计算确定。用做城市交通的便桥，尚应满足城市交通车辆的要求。

5.3.2 施工运输便桥，基坑如采用支护桩或地下连续墙支护时，宜利用其结构做桥台，并应加强支撑。放坡开挖的基坑，桥台必须加固。

5.3.3 基坑便桥的桥面系统应符合下列规定：

1 桥面应高出两端路面 300～500mm，并设横向排水坡度，桥面的桥头和原路面应顺坡相接。

2 桥面宽度应根据运输车辆确定，其两侧人行道宽不得小于 0.7m，并应高出桥面 150mm。人行道外侧应设护栏，高度不得小于 1.2m，护栏两端顺基坑方向延伸不得小于 2m。

3 桥面可铺砌炉渣、粉煤灰混合料或沥青路面等。

4 梁底至隧道结构净距和墩台至隧道结构边墙净距均不得小于 1m。

5.3.4 便桥两端应设置限载、限速和禁止超车、停车等标志。人行便桥应设置禁止机动车或机械通行标志，并应设置护栏。

5.3.5 便桥在使用中应经常检查主要受力杆件和基坑支护结构及边坡稳定情况，并应及时维修路面和排除积水。

5.4 基坑开挖与回填

（Ⅰ）基 坑 开 挖

5.4.1 基坑开挖前应做好下列工作：

1 制定控制地层变形和基坑支护结构支撑的施工顺序及管理指标；

2 划分分层及分步开挖的流水段，拟定土方调配计划；

3 落实弃、存土场地并勘察好运输路线；

4 测放基坑开挖边坡线，清除基坑范围内障碍物、修整好运输道路、处理好需要悬吊的地下管线。

5.4.2 存土点不得选在建筑物、地下管线和架空线附近，基坑两侧 10m 范围内不得存土。在已回填的隧道结构顶部存土时，应核算沉降量后确定堆土高度。

5.4.3 基坑应根据地质、环境条件等确定开挖方法，当机械在基坑内开挖并利用通风道或车站出入口做运输马道时，不得损坏地基原状土。

5.4.4 基坑开挖宽度，放坡基坑的基底至隧道结构边缘距离不得小于 0.5m。设排水沟、集水井或其他设施时，可根据需要适当加宽；支护桩或地下连续墙临时支护的基坑，隧道结构边缘至桩、墙边距离不得小于 1m。

5.4.5 放坡基坑的边坡坡度，应根据地质、基坑挖深经稳定性分析后确定，必要时应采取加固措施。

5.4.6 基坑必须自上而下分层、分段依次开挖，严禁掏底施工。放坡开挖基坑应随基坑开挖及时刷坡，边坡应平顺并符合设计规定；支护桩支护的基坑，应随基坑开挖及时护壁；地下连续墙或混凝土灌注桩支护的基坑，应在混凝土或锚杆浆液达到设计强度后方可开挖。

支护桩或地下连续墙支护的基坑应在土方挖至其设计位置后及时施工横撑或锚杆，并按本规范第 3.7 节有关规定执行。

5.4.7 基坑开挖接近基底 200mm 时，应配合人工清底，不得超挖或扰动基底土。

5.4.8 基底应平整压实，其允许偏差为：高程 $^{+10}_{-20}$ mm；平整度 20mm，并在 1m 范围内不得多于 1 处。

基底经检查合格后，应及时施工混凝土垫层。

5.4.9 基底超挖、扰动、受冻、水浸或发现异物、杂土、淤泥、土质松软及软硬不均等现象时，应做好记录，并会同有关单位研究处理。

5.4.10 基坑开挖及结构施工期间应经常对支护桩、地下连续墙及支撑系统、放坡开挖基坑边坡、管线悬吊和运输便桥等进行检查，必要时尚应进行监测。

5.4.11 土方及打桩、降水、地下连续墙等施工机械，在架空输电线路和通讯线路下作业时，其施工的安全距离应符合技术安全规范的规定。

5.4.12 雨季施工应沿基坑做好挡水埝和排水沟，冬季施工应及时用保温材料覆盖，基底不得受冻。

（Ⅱ）基 坑 回 填

5.4.13 基坑回填料除纯粘土、淤泥、粉砂、杂土，有机质含量大于 8％的腐植土、过湿土、冻土和大于 150mm 粒径的石块外，其他均可回填。

5.4.14 回填土使用前应分别取样测定其最大干容重和最佳含水量并做压实试验，确定填料含水量控制范围、铺土厚度和压实遍数等参数。

5.4.15 回填土为粘性土或砂质土时，应在最佳含水量下填筑，如含水量偏大应翻松晾干或加干土拌匀；如含水量偏低，应洒水湿润，并增加压实遍数或使用重型压实机械碾压。

回填料为碎石类土时，回填或碾压前应洒水湿润。

5.4.16 基坑必须在隧道和地下管线结构达到设计强度后回填。

基坑回填前，应将基坑内积水、杂物清理干净，符合回填的虚土应压实，并经隐检合格后方可回填。

5.4.17 基坑回填应分层、水平压实；隧道结构两侧应水平、对称同时填压；基坑回填高程不一致时，应从低处逐层填压；基坑分段回填接茬处，已填土坡应挖台阶，其宽度不得小于 1m，高度不得大于 0.5m。

5.4.18 基坑回填时，机械或机具不得碰撞隧道结构及防水保护层。隧道结构两侧和顶部 500mm 范围内以及地下管线周围应采用人工使用小型机具夯填。

5.4.19 基坑回填土采用机械碾压时，搭接宽度不得小于 200mm。人工夯填时，夯与夯之间重叠不得小于 1/3 夯底宽度。

5.4.20 基坑回填碾压过程中，应取样检查回填土密实度。机械碾压时，每层填土按基坑长度 50m 或基坑面积为 $1000m^2$ 时取一组，人工夯实时，每层填土按基坑长度25m或基坑面积为500m²时取一组；每组取样点不得少于6个，其中部和两边各取两个。遇有填料类别和特征明显变化或压实质量可疑处应增加取样点位。

5.4.21 基坑回填碾压密实度应满足地面工程设计要求，如设计无要求时，应符合表5.4.21规定。

表5.4.21 基坑回填碾压密实度值（%）

基础底以下高程（cm）	最低压实度				
	道路			地下管线	农田或绿地
	快速和主干路	次干路	支路		
0～60	95/98	93/95	90/92	95/98	87/90
60～150	93/95	90/92	90/92	87/90	87/90
＞150	87/90	87/90	87/90	87/90	87/90

注：1 表中分子为重锤击实标准，分母为轻锤击实标准，两者均以相应的击实试验法求得的最大压实度为100%；

2 基坑压实应采用重锤击实标准，如回填土含水量大或缺少重型压实机具时，方可采用轻锤击实标准；

3 建筑物基础以下的基坑回填土密实度，应根据设计要求确定。

5.4.22 基坑工字钢支护桩地段拆除背板时，应按本规范第3.7.1条规定执行。拆除中如有土体坍落或有孔洞时应认真处理，保证土体密实。

5.4.23 基坑雨季回填时应集中力量，分段施工，取、运、填、平、压各工序应连续作业。雨前应及时压完已填土层并将表面压平后，做成一定坡势。雨中不得填筑非透水性土质。

5.4.24 基坑不宜冬季回填。如必须施工时，应有可靠的防冻措施。除按常规施工要求外，尚应符合下列规定：

1 每层铺土厚度应比常温施工减少20%～25%，并适当增加压实密实度；

2 冻土块填料含量不得大于15%，粒径不得大于150mm，均匀铺填、逐层压实。建筑物、地下管线、道路工程设计高程1m范围内不得回填冻土块；

3 基坑回填前，应清除回填面上积雪和保温材料；

4 集中力量，分段施工，取、运、填、平、压各工序应连续作业；

5 基面压实后立即覆盖保温，必要时可撒盐水；

6 加强测试，严格控制填料含水量。

5.5 钢筋加工及安装

（Ⅰ）钢筋加工

5.5.1 钢筋宜在工厂加工成型后运至现场安装。运至加工厂的每批钢筋，应附出厂合格证和试验报告单，并按规定进行机械性能试验。如未附文件证明或对钢筋有怀疑时，尚应进行化学成分分析。

5.5.2 钢筋运输、储存应保留标牌，并分批堆放整齐，不得锈蚀和污染。

5.5.3 钢筋接头在工厂加工时宜采用闪光接触对焊。现场可采用搭接、绑条电弧焊或采用机械联接和其他焊接方法，其工艺和要求尚应按相应的规定执行。

5.5.4 钢筋加工允许偏差应符合表5.5.4规定。

表5.5.4 钢筋加工允许偏差值（mm）

项目		允许偏差
调直后局部弯曲		$d/4$
受力钢筋顺长度方向全长尺寸		±10
弯起成型钢筋	弯起点位置	±10
	弯起高度	0 −10
	弯起角度	2°
	钢筋宽度	±10
箍筋宽和高		+5 −10

注：d为钢筋直径。

5.5.5 结构采用钢筋焊接片形骨架时，应按设计要求施焊，其尺寸允许偏差应符合表5.5.5规定。

表5.5.5 钢筋焊接片形骨架尺寸允许偏差值（mm）

项目	允许偏差
钢筋骨架高度	±5
钢筋骨架宽度	±10
主筋间距	±10
箍筋间距	±10
钢筋网片长和宽	±10
钢筋网眼尺寸	±10

（Ⅱ）钢筋绑扎

5.5.6 钢筋绑扎前应清点数量、类别、型号、直径，锈蚀严重的钢筋应除锈，弯曲变形钢筋应校正；清理结构内杂物，调直施工缝处钢筋；检查结构位置、高程和模板支立情况，测放钢筋位置后方可进行绑扎。

5.5.7 结构不在同一高程或坡度较大时，必须自下而上进行绑扎，必要时应增设适当固定点或加设支撑。

5.5.8 钢筋绑扎应用同标号砂浆垫块或塑料卡支垫，支垫间距为1m左右，并按行列式或交错式摆放，垫块或塑料卡与钢筋应固定牢固。

5.5.9 钢筋绑扎搭接长度应满足设计要求，绑扎点应符合下列规定：

1 钢筋搭接时，中间和两端共绑扎三处，并必须单独绑扎后，再和交叉钢筋绑扎；

2 主筋和分布筋，除变形缝处2～3列骨架全部绑扎外，其他可交叉绑扎；

3 主筋之间或双向受力钢筋交叉点应全部绑扎；

4 单肢箍筋和双肢箍筋拐角处与主筋交叉点应全部绑扎，双肢箍筋平直部分与主筋交叉点可交叉绑扎；

5 墙、柱立筋与底板水平主筋交叉点必须绑扎牢固，如悬臂较长时，交叉点必须焊牢，必要时应加支撑；

6 钢筋网片除外围两行钢筋交叉点全部绑扎外，中间部分交叉点可相隔交错绑扎牢固。

5.5.10 箍筋位置应正确并垂直主筋。双肢箍筋弯钩叠合处，应沿受力方向错开设置，单肢箍筋可按行列式或交错式排列。

5.5.11 钢筋绑扎必须牢固稳定，不得变形松脱和开焊。变形缝处主筋和分布筋均不得触及止水带和填缝板，混凝土保护层、钢筋级别、直径、数量、间距、位置等应符合设计要求。预埋件固定应牢固、位置正确。钢筋绑扎位置允许偏差应符合表5.5.11规定。

表5.5.11 钢筋绑扎位置允许偏差值（mm）

项目		允许偏差
箍筋间距		±10
主筋间距	列间距	±10
	层间距	±5
钢筋弯起点位移		±10
受力钢筋保护层		±5
预埋件	中心线位移	±10
	水平及高程	±5

5.6 模板支立

5.6.1 模板设计应符合下列规定：

1 模板和支架应可靠的承受钢筋混凝土结构及施工的各项荷载；

2 保证结构形状、位置和尺寸正确；

3 构造简单，施工方便，装拆灵活，利于搬运，能满足钢筋安装、绑扎和混凝土灌注等工艺要求；

4 墙、柱（钢管柱除外）模板预留吹扫孔和振捣窗。

5.6.2 模板支立前应清理干净并涂刷隔离剂，铺设应牢固、平整、接缝严密不漏浆，相邻两块模板接缝高低差不应大于2mm。支架系统连接应牢固稳定。

5.6.3 模板应采用拉杆螺栓固定，两端应加垫块（如图5.6.3），拆模后其垫块孔应用膨胀水泥砂浆堵塞严密。

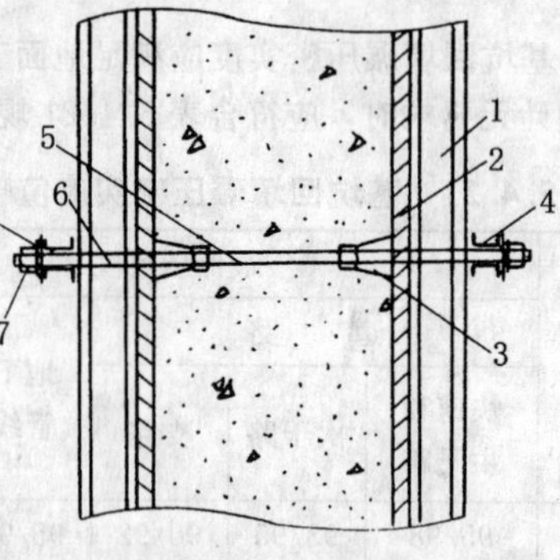

图5.6.3 模板拉杆螺栓连接图

1—立带；2—模板；3—椎型垫块；4—横带
5—拉杆；6—螺栓；7—螺帽；8—垫板

5.6.4 垫层混凝土模板支立应平顺，位置正确。其允许偏差为：高程 $^{+10}_{-20}$mm；宽度以中线为准，左右各±20mm；变形缝不直顺度在全长范围内不得大于1‰；里程±20mm。

5.6.5 底板结构先贴防水层的保护墙应支撑牢固，结构梗斜和底梁模板支立位置应正确、牢固、平整。

5.6.6 顶板结构应先支立支架后铺设模板，并预留10～30mm沉落量，顶板结构模板允许偏差为：设计高程加预留沉落量 $^{+10}_{0}$mm；中线±10mm；宽度 $^{+15}_{-10}$mm。

5.6.7 墙体结构应根据放线位置分层支立模板，内模板与顶模板连接好并调整净空合格后固定；外侧模板应在钢筋绑扎完后支立。

模板支立允许偏差为：垂直度2‰；平面位置±10mm。

5.6.8 钢筋混凝土柱的模板应自下而上分层支立，支撑应牢固，允许偏差为：垂直度1‰；平面位置，顺线路方向±20mm，垂直线路方向±10mm。

钢管柱垂直度、平面位置除符合以上规定外，柱顶高程允许偏差为 $^{+10}_{0}$mm。

5.6.9 结构变形缝处的端头模板应钉填缝板，填缝板与嵌入式止水带中心线应和变形缝中心线重合，并用模板固定牢固。止水带不得穿孔或用铁钉固定。

端头模板支立允许偏差为：平面位置±10mm，垂直度2‰。

5.6.10 结构留置垂直施工缝时，端头必须安放模板，如设置止水带，除端头模板不设填缝板外，其他应按本规范第5.6.9条规定执行。

5.6.11 区间结构采用模板台车施工时，除满足本节有关规定外，尚应制定相应的技术规定。

5.6.12 结构拆模时间：不承重侧墙模板，在混凝土强度达到2.5MPa时即可拆除；承重结构顶板和梁，跨度在2m及其以下的强度达到50%、跨度在2～8m的强度达到70%、跨度在8m以上的强度达到100%时方可拆除。

结构拆模时，尚应符合本规范第9.2.15条规定，否则应采取临时覆盖措施。

5.6.13 拆除的模板应清除灰渣，及时维修，妥善保管。

5.7 混凝土灌注

5.7.1 隧道结构均应采用防水混凝土，其施工除满足本节要求外，尚应符合本规范第9.2节的规定。

5.7.2 混凝土灌注地点应采取防止暴晒和雨淋措施。

混凝土灌注前应对模板、钢筋、预埋件、端头止水带等进行检查，清除模内杂物，隐检合格后，方可灌注混凝土。

5.7.3 垫层混凝土应沿线路方向灌注，布灰应均匀，其允许偏差为：高程$^{+5}_{-10}$mm，表面平整度3mm。

5.7.4 底板混凝土应沿线路方向分层留台阶灌注。混凝土灌注至高程初凝前，应用表面振捣器振一遍后抹面，其允许偏差为：高程±10mm，表面平整度10mm。

5.7.5 墙体和顶板混凝土灌注应符合下列规定：

1 墙体混凝土左右对称、水平、分层连续灌注，至顶板交界处间歇1～1.5h，然后再灌注顶板混凝土。

2 顶板混凝土连续水平、分台阶由边墙、中墙分别向结构中间方向进行灌注。混凝土灌至高程初凝前，应用表面振捣器振捣一遍后抹面，其允许偏差为：高程±10mm，表面平整度5mm。

5.7.6 混凝土柱可单独施工，并应水平、分层灌注。如和墙、顶板结构同时施工而混凝土标号不同时，必须采取措施，不得混用。

5.7.7 结构变形缝设置嵌入式止水带时，混凝土灌注应符合下列规定：

1 灌注前应校正止水带位置，表面清理干净，止水带损坏处应修补；

2 顶、底板结构止水带的下侧混凝土应振实，将止水带压紧后方可继续灌注混凝土；

3 边墙处止水带必须固定牢固，内外侧混凝土应均匀、水平灌注，保持止水带位置正确、平直、无卷曲现象。

5.7.8 混凝土灌注过程中应随时观测模板、支架、钢筋、预埋件和预留孔洞等情况，发现问题，及时处理。

5.7.9 混凝土终凝后应及时养护，垫层混凝土养护期不得少于7d，结构混凝土养护期不得少于14d。

5.7.10 混凝土抗压、抗渗试件应在灌注地点制作，同一配合比的留置组数应符合下列规定：

1 抗压强度试件：

1）垫层混凝土每灌注一次留置一组；

2）每段结构（不应大于30m长）的底板、中边墙及顶板，车站主体各留置4组，区间及附属建筑物结构各留置2组；

3）混凝土柱结构，每灌注10根留置一组，一次灌注不足10根者，也应留置一组；

4）如需要与结构同条件养护的试件，其留置组数可根据需要确定。

2 抗渗压力试件：每段结构（不应大于30m），车站留置2组，区间及附属建筑物各留置一组。

5.8 结构外防水

5.8.1 结构底板先贴卷材防水层施工，应符合下列规定：

1 保护墙砌在混凝土垫层上，永久保护墙用1∶3水泥砂浆砌筑，临时保护墙用1∶3白灰砂浆砌筑，并各用与砌筑相同的砂浆抹一层找平层；

2 卷材先铺平面，后铺立面，交接处应交叉搭接；

3 卷材从平面折向立面铺贴时，与永久保护墙粘贴应严密，与临时保护墙应临时贴附于该墙上（如图5.8.1）。

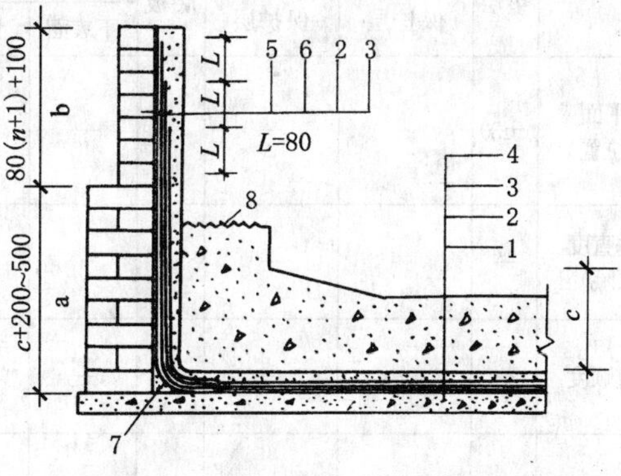

图5.8.1 先贴防水层卷材铺贴图

1—混凝土垫层；2—卷材防水层；3—卷材保护层；4—结构底板；5—保护墙；6—砂浆找平层；7—卷材加强层；8—结构施工缝；a—永久保护墙；b—临时保护墙；c—底板＋梗斜；n—卷材防水层层数

5.8.2 结构边顶后贴卷材防水层施工应符合下列规定：

1 铺贴前应先将接茬部位各层卷材揭开，并将其表面清理干净，如有局部损伤应修补；

2 卷材应采用错茬相接，上层卷材盖过下层卷材不应小于图 5.8.2 规定；

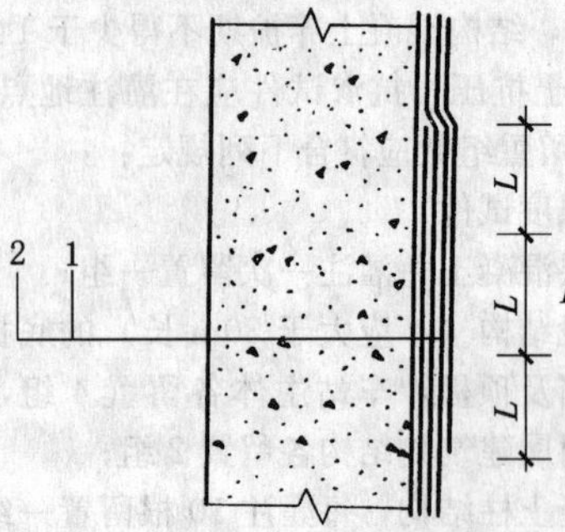

图 5.8.2 卷材错茬相接构造图

1—卷材防水层；2—垫层或主体结构

3 卷材铺贴宜先边墙后顶板，先转角，后大面。

5.8.3 在施工条件受到限制，边墙与底板防水层同时铺贴时，边墙顶部应留置临时保护墙，或采取防止损坏卷材留茬的措施。

5.8.4 卷材防水层铺贴及喷涂防水层和特殊部位的防水施工，尚应符合本规范第 9 章的有关规定。

5.9 工程验收

5.9.1 基坑开挖应对下列项目进行中间检验，并符合本章有关规定：

1 基坑平面位置、宽度及基坑高程、平整度、地质描述；

2 基坑降水；

3 基坑放坡开挖的坡度和支护桩及连续墙支护的稳定情况；

4 地下管线悬吊和基坑便桥稳固情况。

5.9.2 基坑回填应对下列项目进行中间检验，并符合本章有关规定：

1 基坑回填前基底清理；

2 回填料种类、取样、最大干容重和最佳含水量的测试；

3 每层回填土密实度测试。

5.9.3 结构施工应对下列项目进行中间检验，并符合本章有关规定：

1 原材料、配合比和混凝土搅拌及灌注；

2 防水层基面、每层防水层铺贴和保护层施工以及结构混凝土灌注前的模板、钢筋施工质量和隐蔽前的检验；

3 各种材料和试件试验的质量。

5.9.4 隧道结构竣工后，混凝土抗压强度和抗渗压力必须符合设计要求，无露筋、露石，裂缝应修补好，结构允许偏差值应符合表 5.9.4 规定。

表 5.9.4 隧道结构各部位允许偏差值（mm）

项目	允许偏差												检查方法
	垫层	先贴防水保护层	后贴防水保护层	底板	顶板		墙		柱子	变形缝	预留洞	预埋件	
					下表面	上表面	内墙	外墙					
平面位置	±30	—	—	—	—	—	±10	±15	纵向±20 横向±10	±10	±20	±20	以线路中线为准用尺检查
垂直度（‰）	—	—	—	—	—	—	2	3	1.5	3	—	—	线锤加尺检查
直顺度	—	—	—	—	—	—	—	—	—	5	—	—	拉线检查
平整度	5	5	10	15	5	10	5	10	5	—	—	—	用 2m 靠尺检查
高程	+5 −10	0 −10	+20 −10	±20	+30 0	+30 0	—	—	—	—	—	—	用水准仪测量
厚度	±10	—	—	±15	±10		±15		—	—	—	—	用尺检查

5.9.5 工程竣工验收应提供下列资料：

1 原材料、成品、半成品质量合格证；

2 各种试验报告和质量评定记录；

3 图纸会审记录、变更设计或洽商记录；

4 工程定位测量记录；

5 隐蔽工程验收记录；

6 基础、结构工程验收记录；

7 开竣工报告；

8 竣工图。

6 隧道盖挖逆筑法施工

6.1 一般规定

6.1.1 本章适用于盖挖逆筑法修建隧道结构的施工及验收。其施工竖井、洞内土方及材料运输、通风防尘及防有害气体、供电和照明、通风和供水等施工应分别按本规范第7章有关规定执行。工程竣工验收应符合本规范第4.9节和第5.9节的规定。

6.1.2 盖挖逆筑法施工，必须保持围护墙内土层的地下水位稳定在基底0.5m以下。必要时应采取降水措施，并按本规范第2章有关规定执行。

6.1.3 盖挖逆筑法在施工围护墙、中间支承柱、顶板土方及结构的同时，应进行竖井及横洞施工。

6.1.4 隧道结构顶板钢筋混凝土结构施工完后，应迅速恢复地面。

6.1.5 隧道结构围护墙和支承柱，在底板未封闭前，必须验算其承载力和稳定性，必要时应采取加强措施。

6.2 围护墙及支承柱

6.2.1 隧道结构围护墙采用钢筋混凝土灌注桩或地下连续墙时，位置必须正确，以线路中线为准，其允许偏差为：

1 平面位置：

1）支护桩：纵向±50mm、横向$^{+30}_{0}$mm；

2）地下连续墙$^{+30}_{0}$mm；

2 垂直度3‰。

6.2.2 隧道结构支承柱采用钢管柱或钢筋混凝土灌注柱时，位置必须正确，垂直度符合设计要求，其平面位置以线路中线为准，允许偏差为：纵向±25mm、横向±20mm。

6.2.3 隧道结构的地下连续墙及钢筋混凝土支承柱与楼、底板结构结合处，除设计规定外，应按施工缝进行处理。

6.2.4 隧道结构围护墙、支承柱所采用的地下连续墙和钢筋混凝土灌注桩（柱），其施工除符合本节规定外，尚应按本规范第3.6节和第4章的有关规定执行。

6.3 土方开挖

6.3.1 隧道结构顶板及洞内土方开挖，除应符合本节规定外，尚应按本规范第5.4节有关规定执行。

6.3.2 隧道结构顶板土方倒段施工时，应根据顶板结构施工的先后顺序进行开挖，并减少与地面干扰。

6.3.3 钢筋混凝土顶、楼、底板和梁的土方开挖时，必须严格控制高程，并应夯填密实、平整，其允许偏差为：高程$^{+10}_{0}$mm；平整度10mm，并在1m范围内不多于一处。

如遇有软弱或渣土层时，应采取换填或其他加固措施。

6.3.4 隧道洞内每一结构层土方，应根据地质和结构断面尺寸分层、分段进行开挖，其开挖断面坡度必须符合设计规定，不得出现反坡。

6.3.5 隧道洞内土方在未完成相应层的隧道结构前，不得继续开挖下层土方。

6.3.6 隧道洞内土方开挖，如围护墙结构需临时支撑时，应按设计位置及时设置，并按设计要求进行拆除。

6.3.7 围护墙采用支护桩时，桩间土护壁应随土方开挖施工，并按本规范第3.7.2条规定执行。

6.4 隧道结构

6.4.1 隧道结构现浇钢筋混凝土模板，除应按本规范第5.6节有关要求施工外，尚应符合下列规定：

1 端头模板支立必须保证顶、楼、底板和中、边墙结构变形缝在同一平面内，并符合本规范第5.6.9条规定；

2 顶、楼板和梁结构不得直接利用地基做模板，如在地基上铺设底模板时，其高程、中线、宽度等偏差应符合本规范第5.6.6条规定。

6.4.2 隧道结构钢筋，除应按本规范第5.5节有关要求施工外，尚应符合下列规定：

1 墙、柱结构预埋件位置应正确，预留钢筋搭接长度符合设计要求，并应采取保护措施；

2 顶板结构钢筋宜预先加工成骨架。

6.4.3 隧道结构混凝土灌注，除应按本规范第5.7节和第9.2节有关要求施工外，尚应符合下列规定：

1 洞内宜采用泵送混凝土，结构顶板宜采用早强混凝土；

2 结构边、中墙和底、楼板宜以变形缝为界单独灌注混凝土，如施工缝留置位置不符合本规范第9.2.10条规定时，应经设计单位同意后方可留置；

3 墙、柱与顶、楼板结合部位预留的施工缝，经养护、处理后方可灌注新混凝土。

6.4.4 隧道结构采用卷材或涂膜防水层时，除应按照本规范第9章有关要求施工外，尚应符合下列规定：

1 结构顶、楼、底板与边墙接茬处防水必须按设计规定进行处理；

2 变形缝处止水带应封闭严密。

7 隧道喷锚暗挖法施工

7.1 一般规定

7.1.1 本章适用于喷锚暗挖法修建隧道结构的施工及验收。岩体分类应根据附录A确定。

7.1.2 隧道喷锚暗挖施工应充分利用围岩自承作用，开挖后及时施工初期支护结构并适时闭合，当开挖面围岩稳定时间不能满足初期支护结构施工时，应采取预加固措施。

7.1.3 工程开工前，应核对地质资料，调查沿线地下管线、构筑物及地面建筑物基础等，并制定保护措施。

7.1.4 隧道开挖面必须保持在无水条件下施工。采用降水施工时，应按本规范第2章有关规定执行。

7.1.5 隧道采用钻爆法施工时，必须事先编制爆破方案，报城市主管部门批准，并经公安部门同意后方可实施。

7.1.6 隧道施工中，应对地面、地层和支护结构的动态进行监测，并及时反馈信息。

7.2 竖井

7.2.1 竖井应根据现场条件，宜利用通风道、车站出入口、单独或在隧道顶部设置。

7.2.2 竖井结构应根据地质、环境条件等，可采用地下连续墙、钻孔灌注桩或逆筑法等结构形式，并按相应的标准施工。

7.2.3 竖井尺寸应根据施工设备、土石方及材料运输、施工人员出入隧道和排水的需要确定。当竖井利用永久结构时，其尺寸尚应满足设计要求。

7.2.4 竖井与通道、通道与正洞连接处，应采取加固措施。

7.2.5 竖井应设防雨棚，井口周围应设防汛墙和栏杆。

7.2.6 竖井提升运输系统应符合下列规定：

1 提升架必须经过计算，使用中应经常检查、维修和保养；

2 提升设备不得超负荷作业，运输速度应符合设备技术要求；

3 竖井上下应设联络信号。

7.3 地层超前支护及加固

（Ⅰ）超前导管及管棚

7.3.1 超前导管或管棚应进行设计，其参数可按表7.3.1选用。

表7.3.1 超前导管和管棚支护设计参数值

支护形式	适用地层	钢管直径（mm）	钢管长度（m）		钢管钻设注浆孔的间距（mm）	钢管沿拱的环向布置间距（mm）	钢管沿拱的环向外插角	沿隧道纵向的两排钢管搭接长度（m）
			每根长	总长度				
导管	土层	40～50	3～5	3～5	100～150	300～500	5°～15°	1
管棚	土层或不稳定岩体	80～180	4～6	10～40	100～150	300～500	不大于3°	1.5

注：1 导管和管棚采用的钢管应直顺，其不钻入围岩部分可不钻孔；

2 导管如锤击打入时，尾部应补强，前端应加工成尖锥形；

3 管棚采用的钢管纵向连接丝扣长度不小于150mm，管箍长200mm，并均采用厚壁钢管制作。

7.3.2 导管和管棚安装前应将工作面封闭严密、牢固，清理干净，并测放出钻设位置后方可施工。

7.3.3 导管采用钻孔施工时，其孔眼深度应大于导管长度；采用锤击或钻机顶入时，其顶入长度不应小于管长的90%。

7.3.4 管棚施工应符合下列规定：

1 钻孔的外插角允许偏差为5‰；

2 钻孔应由高孔位向低孔位进行；

3 钻孔孔径应比钢管直径大30～40mm；

4 遇卡钻、坍孔时应注浆后重钻；

5 钻孔合格后应及时安装钢管，其接长时连接必须牢固。

7.3.5 导管和管棚注浆应符合下列规定：

1 注浆浆液宜采用水泥或水泥砂浆，其水泥浆的水灰比为0.5～1，水泥砂浆配合比为1：0.5～3；

2 注浆浆液必须充满钢管及周围的空隙并密实，其注浆量和压力应根据试验确定。

（Ⅱ）注浆加固

7.3.6 注浆施工，在砂卵石地层中宜采用渗入注浆法；在砂层中宜采用劈裂注浆法；在粘土层中宜采用劈裂或电动硅化注浆法；在淤泥质软土层中，宜采用高压喷射注浆法。

7.3.7 隧道注浆，如条件允许宜在地面进行，否则，可在洞内沿周边超前预注浆，或导洞后对隧道周边进行径向注浆。

7.3.8 注浆材料应符合下列规定：

1 具有良好的可注性；

2 固结后收缩小，具有良好的粘结力和一定强度、抗渗、耐久和稳定性，当地下水有侵蚀作用时，应采用耐侵蚀性的材料；

3 无毒并对环境污染小；

4 注浆工艺简单，操作方便、安全。

7.3.9 注浆浆液应符合下列规定：

1 预注浆和高压喷射注浆宜采用水泥浆、粘土水泥浆或化学浆液；

2 壁后回填注浆宜采用水泥浆液、水泥砂浆或掺有石灰、粘土、粉煤灰等水泥浆液；

3 注浆浆液配合比应经现场试验确定。

7.3.10 注浆孔距应经计算确定；壁后回填注浆孔应在初期支护结构施工时预留（埋），其间距宜为2～5m；高压喷射注浆的喷射孔距宜为0.4～2m。

7.3.11 注浆过程中应根据地质、注浆目的等控制注浆压力。注浆结束后应检查其效果，不合格者应补浆。注浆浆液达到设计强度后方可进行开挖。

7.3.12 注浆施工期间应对地下水取样检查，如有污染应采取措施。

7.3.13 注浆过程中浆液不得溢出地面及超出有效注浆范围。地面注浆结束后，注浆孔应封填密实。

7.4 光面与预裂爆破

7.4.1 隧道钻爆开挖，在硬岩中宜采用光面爆破，软岩中宜采用预裂爆破。分布开挖时，可采用预留光面层的光面爆破。

7.4.2 爆破前应进行爆破设计，并根据爆破效果及时修正有关参数。

7.4.3 爆破参数应依照浅孔、密布、弱爆、循序渐进的原则按表7.4.3选用，并必须经现场试爆后确定。

表7.4.3 爆破参数值

爆破类别	岩石种类	岩石单轴和抗压强度 (MPa)	周边眼间距 E (mm)	周边眼抵抗线 W (mm)	周边眼密集系数 E/W	周边眼至内排崩落眼间距 (mm)	装药集中度 q (g/m)
光面爆破	硬岩	>60	550～700	600～800	0.7～1.0	—	300～350
	中硬岩	30～60	450～650	600～800	0.7～1.0	—	200～300
	软岩	<30	350～500	450～600	0.5～0.8	—	70～120
预裂爆破	硬岩	>60	400～500	—	—	400	300～400
	中硬岩	30～60	400～450	—	—	400	200～250
	软岩	<30	350～400	—	—	350	70～120
预留光面层的爆破	硬岩	>60	600～700	700～800	0.7～1.0	—	200～300
	中硬岩	30～60	400～500	500～600	0.8～1.0	—	100～150
	软岩	<30	400～500	500～600	0.7～0.9	—	70～120

注：表列参数适用于炮眼深度1～1.5m，炮眼直径40～50mm，药卷直径20～25mm。

7.4.4 炮眼布置应符合下列规定：

1 炮眼深度应控制在1～1.5m；

2 掏槽炮眼应采用直眼，特殊情况采用斜眼时，如岩层层理或节理明显，则斜眼与其应成一定角度并宜垂直；

3 周边炮眼应沿设计开挖轮廓线布置；

4 辅助炮眼应均匀交错布置在周边与掏槽炮眼之间；

5 周边炮眼与辅助炮眼的眼底应在同一垂直面上，掏槽炮眼加深100mm。

7.4.5 炮眼钻设应符合下列规定：

1 掏槽炮眼的眼口、眼底间距允许偏差均为50mm；

2 辅助炮眼眼口排距、行距允许偏差均为100mm；

3 周边炮眼间距允许偏差为50mm，外斜率不应大于孔深3%～5%，眼底不应超过开挖轮廓线100mm；

4 周边炮眼至内圈炮眼的排距允许偏差为50mm；

5 除掏槽炮眼外，其他炮眼应在同一垂直面上；

6 钻孔完毕检查验收合格并做好记录后方可装药。

7.4.6 炮眼装药应符合下列规定：

1 炮眼装药前应清理干净。

2 炸药宜采用低密度、低炸速、低猛度或高爆力炸药。

3 药卷宜采用小直径连续或间接装药结构。在软岩中，可采用空气柱反向装药结构。硬岩的眼底可装一节加强药卷。

4 起爆方式采用毫秒雷管、导爆索或导爆管，如雷管分段毫秒差小，则周边眼应与内圈眼的雷管跳段使用。周边眼根据地质条件分段起爆。

5 装药完毕，炮眼堵塞长度不宜小于 200mm，当采用预裂爆破时，应从药包顶端起堵塞，不得只堵眼口。

7.4.7 爆破后应对开挖断面进行检查，并符合下列规定：

1 开挖断面不得欠挖，允许超挖值应符合本规范第 7.5.14 条规定；

2 爆破眼的眼痕率：硬岩应大于 80%，中硬岩应大于 70%，软岩应大于 50%，并在轮廓面上均匀分布；

3 两炮眼衔接台阶的最大尺寸不应大于 150mm；

4 爆破岩面最大块度不应大于 300mm。

7.5 隧道开挖

（Ⅰ）施工方法

7.5.1 隧道施工方法应根据地质、覆盖层厚度、结构断面及地面环境条件等，经过经济、技术比较后按附录 B 选用。

7.5.2 全断面法在稳定岩体中应采用光面或预裂爆破成型后施工仰拱，并按设计做初期支护结构或直接进行二次衬砌施工。

7.5.3 台阶法应根据地质和开挖断面跨度等可采用长、短和超短台阶施工，下台阶应在拱部初期支护结构基本稳定后开挖，在土层和不稳定岩体中的下台阶，应先施工边墙初期支护结构后方可开挖中间土体，并适时施工仰拱。

7.5.4 中隔壁法应采用台阶法先分部施工拱部初期支护结构后再分部施工下台阶及仰拱。上下台阶的左右洞体施工时，前后错开距离不应小于 15m。

7.5.5 单侧壁导洞法施工，其导洞应结合边墙设置，跨度不宜大于 0.5 倍隧道宽度，洞顶宜至起拱线。施工时应先完成导洞后再施工上下台阶及仰拱。

7.5.6 双侧壁导洞法施工，其导洞跨度不宜大于 0.3 倍隧道宽度，施工时，左右导洞前后错开距离不应小于 15m。并在导洞施工完后方可按台阶法施工上下台阶及仰拱。

7.5.7 双侧壁边桩导洞法施工，其导洞断面尺寸应满足边桩施工要求。施工应先完成边桩再开挖上台阶，并做好拱部初期支护结构后，方可按逆筑法施工下台阶至封底。

7.5.8 环形留核心土法施工，应先开挖上台阶的环形拱部，并及时施工初期支护结构后再开挖核心土。核心土应留坡度，并不得出现反坡。

上台阶施工完后，应按台阶法施工下台阶及仰拱。

7.5.9 双侧壁及梁柱导洞法施工，其侧壁导洞设置应符合本规范第 7.5.6 条规定，梁柱导洞断面尺寸应满足梁柱施工要求。施工时，相邻洞前后错开距离不应小于 15m，并先开挖侧壁导洞和柱洞，施工完梁柱做好拱部初期支护结构后方可按台阶法施工下台阶及仰拱。

7.5.10 双侧壁桩、梁、柱导洞法施工，其导洞断面尺寸应满足桩、梁柱施工要求，如隧道设置底梁时，则上、下导洞中心线应在同一垂直面内。施工应先开挖导洞，做好桩、梁柱结构，上台阶拱部初期支护结构完成后，方可按逆筑法施工下台阶至封底。

（Ⅱ）开　挖

7.5.11 隧道开挖前应制定防坍塌方案，备好抢险物资，并在现场堆码整齐。

7.5.12 隧道在稳定岩体中可先开挖后支护，支护结构距开挖面宜为 5～10m；在土层和不稳定岩体中，初期支护的挖、支、喷三环节必须紧跟，当开挖面稳定时间满足不了初期支护施工时，应采取超前支护或注浆加固措施。

7.5.13 隧道开挖循环进尺，在土层和不稳定岩体中为 0.5～1.2m；在稳定岩体中为1～1.5m。

7.5.14 隧道应按设计尺寸严格控制开挖断面，不得欠挖，其允许超挖值应符合表 7.5.14 的规定。

表 7.5.14 隧道允许超挖值（mm）

隧道开挖部位	岩层分类							
	爆破岩层						土质和不需爆破岩层	
	硬岩		中硬岩		软岩		平均	最大
	平均	最大	平均	最大	平均	最大		
拱部	100	200	150	250	150	250	100	150
边墙及仰拱	100	150	100	150	100	150	100	150

注：超挖或小规模坍方处理时，必须采用耐腐蚀材料回填，并做好回填注浆。

7.5.15 两条平行隧道（包括导洞），相距小于 1 倍隧道开挖跨度时，其前后开挖面错开距离不应小于 15m。

7.5.16 同一条隧道相对开挖，当两工作面相距 20m 时应停挖一端，另一端继续开挖，并做好测量工作，及时纠偏。其中线贯通允许偏差为：平面位置 ±30mm，高程 ±20mm。

7.5.17 隧道台阶法施工，应在拱部初期支护结构基本稳定且喷射混凝土达到设计强度的70%以上时，方可进行下部台阶开挖，并应符合下列规定：

1 边墙应采用单侧或双侧交错开挖，不得使上部结构同时悬空；

2 一次循环开挖长度，稳定岩体不应大于4m，土层和不稳定岩体不应大于2m；

3 边墙挖至设计高程后，必须立即支立钢筋格栅拱架并喷射混凝土；

4 仰拱应根据监控量测结果及时施工。

7.5.18 通风道、出入口等横洞与正洞相连或变断面、交叉点等隧道开挖时，应采取加强措施。

7.5.19 隧道采用分布开挖时，必须保持各开挖阶段围岩及支护结构的稳定性。

7.5.20 隧道开挖过程中，应进行地质描述并做好记录，必要时尚应进行超前地质勘探。

7.6 初期支护

（Ⅰ）钢筋格栅、钢筋网加工及架设

7.6.1 钢筋格栅和钢筋网宜在工厂加工。钢筋格栅第一榀制做好后应试拼，经检验合格后方可进行批量生产。

7.6.2 钢筋格栅和钢筋网采用的钢筋种类、型号、规格应符合设计要求，其施焊应符合设计及钢筋焊接标准的规定。

7.6.3 钢筋格栅加工应符合下列规定：

1 拱架（包括顶拱和墙拱架）应圆顺，直墙架应直顺，允许偏差为：拱架矢高及弧长 $^{+20}_{0}$ mm，墙架长度±20mm，拱、墙架横断面尺寸（高、宽）$^{+10}_{0}$ mm；

2 钢筋格栅组装后应在同一平面内，允许偏差为：高度±30mm，宽度±20mm，扭曲度20mm。

7.6.4 钢筋网加工允许偏差为：钢筋间距±10mm；钢筋搭接长±15mm。

7.6.5 钢筋格栅安装应符合下列规定：

1 基面应坚实并清理干净，必要时应进行预加固；

2 钢筋格栅应垂直线路中线，允许偏差为：横向±30mm，纵向±50mm，高程±30mm，垂直度5‰；

3 钢筋格栅与壁面应楔紧，每片钢筋格栅节点及相邻格栅纵向必须分别连接牢固。

7.6.6 钢筋网铺设应符合下列规定：

1 铺设应平整，并与格栅或锚杆连接牢固；

2 钢筋格栅采用双层钢筋网时，应在第一层铺设好后再铺第二层；

3 每层钢筋网之间应搭接牢固，且搭接长度不应小于200mm。

（Ⅱ）喷射混凝土

7.6.7 喷射混凝土应掺速凝剂，原材料应符合下列规定：

1 水泥：优先选用普通硅酸盐水泥，标号不应低于325号，性能符合现行水泥标准；

2 细骨料：采用中砂或粗砂，细度模数应大于2.5，含水率控制在5%～7%；

3 粗骨料：采用卵石或碎石，粒径不应大于15mm；

4 骨料级配通过各筛径累计重量百分数应控制在表7.6.7的范围内；

表7.6.7 骨料级配筛分率（%）

骨料粒径（mm）/项目	0.15	0.30	0.60	1.20	2.5	5	10	15
优	5～7	10～15	17～22	23～31	35～43	50～60	73～82	100
良	4～8	5～22	13～31	18～41	26～54	40～70	62～90	100

注：使用碱性速凝剂时，不得使用活性二氧化硅石料。

5 水：采用饮用水；

6 速凝剂：质量合格。使用前应做与水泥相容性试验及水泥净浆凝结效果试验，初凝时间不应超过5min，终凝时间不应超过10min。

7.6.8 喷射混凝土的喷射机应具有良好的密封性，输料连续均匀，输料能力应满足混凝土施工的需要。

7.6.9 混合料应搅拌均匀并符合下列规定：

1 配合比：水泥与砂石重量比应取1∶4～4.5。砂率应取45%～55%，水灰比应取0.4～0.45。速凝剂掺量应通过试验确定。

2 原材料称量允许偏差为：水泥和速凝剂±2%，砂石±3%。

3 运输和存放中严防受潮，大块石等杂物不得混入，装入喷射机前应过筛，混合料应随拌随用，存放时间不应超过20min。

7.6.10 喷射混凝土前应清理场地，清扫受喷面；检查开挖尺寸，清除浮渣及堆积物；埋设控制喷射混凝土厚度的标志；对机具设备进行试运转。就绪后方可进行喷射混凝土作业。

7.6.11 喷射混凝土作业应紧跟开挖工作面，并符合下列规定：

1 混凝土喷射应分片依次自下而上进行并先喷钢筋格栅与壁面间混凝土，然后再喷两钢筋格栅之间混凝土；

2 每次喷射厚度为：边墙70～100mm；拱顶50～60mm；

3 分层喷射时，应在前一层混凝土终凝后进行，

如终凝 1h 后再喷射，应清洗喷层表面；

4 喷层混凝土回弹量，边墙不宜大于 15%，拱部不宜大于 25%；

5 爆破作业时，喷射混凝土终凝到下一循环放炮间隔时间不应小于 3h。

7.6.12 喷射混凝土 2h 后应养护，养护时间不应少于 14d，当气温低于+5℃时，不得喷水养护。

7.6.13 喷射混凝土施工区气温和混合料进入喷射机温度均不得低于+5℃。

喷射混凝土低于设计强度的 40%时不得受冻。

7.6.14 喷射混凝土结构试件制作及工程质量应符合下列规定：

1 抗压强度和抗渗压力试件制作组数：同一配合比，区间或小于其断面的结构，每 20m 拱和墙各取一组抗压强度试件，车站各取二组；抗渗压力试件区间结构每 40m 取一组；车站每 20m 取一组。

2 喷层与围岩以及喷层之间粘结应用锤击法检查。对喷层厚度，区间或小于区间断面的结构每 20m 检查一个断面，车站每 10m 检查一个断面。每个断面从拱顶中线起，每 2m 凿孔检查一个点。断面检查点 60%以上喷射厚度不小于设计厚度，最小值不小于设计厚度 1/3，厚度总平均值不小于设计厚度时，方为合格。

3 喷射混凝土应密实、平整、无裂缝、脱落、漏喷、漏筋、空鼓、渗漏水等现象。平整度允许偏差为 30mm，且矢弦比不应大于1/6。

（Ⅲ）岩 体 锚 杆

7.6.15 锚杆应在初期支护结构喷射混凝土后及时安装。

7.6.16 锚杆钻孔孔位、孔深和孔径等应符合设计要求，允许偏差为：孔位±150mm；孔深，水泥砂浆锚杆±50mm，楔缝式锚杆 $^{+30}_{0}$mm，胀壳式锚杆 $^{+50}_{0}$mm；孔径，水泥砂浆锚杆应大于杆体直径 15mm，楔缝式锚杆应符合设计要求，胀壳式锚杆应小于杆体直径 1～3mm。

7.6.17 锚杆安装应符合下列规定：

1 安装前应将孔内清理干净；

2 水泥砂浆锚杆杆体应除锈、除油，安装时孔内砂浆应灌注饱满，锚杆外露长度不应大于 100mm；

3 楔缝式和胀壳式锚杆应将杆体与部件事先组装好，安装时应先楔紧锚杆后再安托板并拧紧螺栓；

4 检查合格后应填写记录。

7.6.18 锚杆应进行抗拔试验。同一批锚杆每 100 根应取一组试件，每组 3 根（不足 100 根也取 3 根），设计或材料变更时应另取试件。

同一批试件抗拔力的平均值不得小于设计锚固力，且同一批试件抗拔力最低值不应小于设计锚固力的 90%。

7.7 防水层铺贴及二次衬砌

（Ⅰ）防水层铺贴

7.7.1 防水层应在初期支护结构趋于基本稳定，并经隐检合格后方可进行铺贴。

7.7.2 铺贴防水层的基面应坚实、平整、圆顺、无漏水现象，基面不平整度为 50mm。阴阳角处理应符合本规范第 9.3.3 条规定。

7.7.3 防水层的衬层应沿隧道环向由拱顶向两侧依次铺贴平顺，并与基面固定牢固，其长、短边搭接长度均不应小于 50mm。

7.7.4 防水层塑料卷材铺贴应符合下列规定：

1 卷材应沿隧道环向由拱顶向两侧依次铺贴，其搭接长度为：长、短边均不应小于 100mm；

2 相邻两幅卷材接缝应错开，错开位置距结构转角处不应小于 600mm；

3 卷材搭接处应采用双焊缝焊接，焊缝宽度不应小于 10mm，且均匀连续，不得有假焊、漏焊、焊焦、焊穿等现象；

4 卷材应附于衬层上，并固定牢固，不得渗漏水。

7.7.5 隧道结构采用其他卷材和涂膜防水层施工时，应按本规范第 9.4 节有关规定执行。

（Ⅱ）二 次 衬 砌

7.7.6 隧道二次衬砌模板施工应符合下列规定：

1 拱部模板应预留沉落量 10～30mm，其高程允许偏差为设计高程加预留沉落量 $^{+10}_{0}$mm；

2 变形缝端头模板处的填缝板中心应与初期支护结构变形缝重合；

3 变形缝及垂直施工缝端头模板应与初期支护结构间的缝隙嵌堵严密，支立必须垂直、牢固；

4 边墙与拱部模板应预留混凝土灌注及振捣孔口。

7.7.7 隧道二次衬砌混凝土灌注应符合下列规定：

1 混凝土宜采用输送泵输送，坍落度应为：墙体 100～150mm，拱部 160～210mm；振捣不得触及防水层、钢筋、预埋件和模板；

2 混凝土灌注至墙拱交界处，应间歇 1～1.5h 后方可继续灌注；

3 混凝土强度达到 2.5MPa 时方可拆模。

7.7.8 隧道二次衬砌模板、钢筋和混凝土施工，尚应符合本规范第 5.5 节、第 5.6 节和第 5.7 节有关规定。

7.8 监 控 量 测

7.8.1 隧道施工前，应根据埋深、地质、地面环境、开挖断面和施工方法等按表 7.8.1 的量测项目，拟定监控量测方案。

表 7.8.1 监控量测项目和量测频率

类别	量测项目	量测仪器和工具	测点布置	量测频率
应测项目	围岩及支护状态	地质描述及拱架支护状态观察	每一开挖环	开挖后立即进行
	地表、地面建筑、地下管线及构筑物变化	水准仪和水平尺	每10～50m一个断面，每断面7～11个测点	开挖面距量测断面前后＜2B时1～2次/d 开挖面距量测断面前后＜5B时1次/2d 开挖面距量测断面前后＞5B时1次/周
	拱顶下沉	水准仪、钢尺等	每5～30m一个断面，每断面1～3个测点	开挖面距量测断面前后＜2B时1～2次/d 开挖面距量测断面前后＜5B时1次/2d 开挖面距量测断面前后＞5B时1次/周
	周边净空收敛位移	收敛计	每5～100m一个断面，每断面2～3个测点	开挖面距量测断面前后＜2B时1～2次/d 开挖面距量测断面前后＜5B时1次/2d 开挖面距量测断面前后＞5B时1次/周
	岩体爆破地面质点振动速度和噪声	声波仪及测振仪等	质点振速根据结构要求设点，噪声根据规定的测距设置	随爆破及时进行
选测项目	围岩内部位移	地面钻孔安放位移计、测斜仪等	取代表性地段设一断面，每断面2～3孔	开挖面距量测断面前后＜2B时1～2次/d 开挖面距量测断面前后＜5B时1次/2d 开挖面距量测断面前后＞5B时1次/周
	围岩压力及支护间应力	压力传感器	每代表性地段设一断面，每断面15～20个测点	开挖面距量测断面前后＜2B时1～2次/d 开挖面距量测断面前后＜5B时1次/2d 开挖面距量测断面前后＞5B时1次/周
	钢筋格栅拱架内力及外力	支柱压力计或其他测力计	每10～30榀钢拱架设一对测力计	开挖面距量测断面前后＜2B时1～2次/d 开挖面距量测断面前后＜5B时1次/2d 开挖面距量测断面前后＞5B时1次/周
	初期支护、二次衬砌内应力及表面应力	混凝土内的应变计及应力计	每代表性地段设一断面，每断面11个测点	开挖面距量测断面前后＜2B时1～2次/d 开挖面距量测断面前后＜5B时1次/2d 开挖面距量测断面前后＞5B时1次/周
	锚杆内力、抗拔力及表面应力	锚杆测力计及拉拔器	必要时进行	开挖面距量测断面前后＜2B时1～2次/d 开挖面距量测断面前后＜5B时1次/2d 开挖面距量测断面前后＞5B时1次/周

注：1 B为隧道开挖跨度；
2 地质描述包括工程地质和水文地质；
3 当围岩和初期支护结构符合本规范第7.8.3条规定时方可停止量测。

7.8.2 监控量测测点的初始读数，应在开挖循环节施工后24h内，并在下一循环节施工前取得，其测点距开挖工作面不得大于2m。

7.8.3 量测数据应准确、可靠，并及时绘制时态曲线，当时态曲线趋于平衡时，应及时进行回归分析，并推算出最终值。

7.8.4 围岩和初期支护结构基本稳定应具备下列条件：

1 隧道周边收敛速度有明显减缓趋势；

2 收敛量已达总收敛量的80%以上；

3 收敛速度小于0.15mm/d或拱顶位移速度小于0.1mm/d。

7.8.5 隧道施工中出现下列情况之一时，应立即停工，采取措施进行处理：

1 周边及开挖面塌方、滑坡及破裂；

2 量测数据有不断增大的趋势；

3 支护结构变形过大或出现明显的受力裂缝且不断发展；

4 时态曲线长时间没有变缓的趋势。

7.9 隧道内运输

7.9.1 隧道内运输方式应根据开挖断面、运量和挖运机械设备等确定。

7.9.2 有轨线路铺设应符合下列规定：

1 钢轨和道岔型号：钢轨不宜小于24kg/m。并宜选用较大型号的道岔，必要时尚应安装转辙器。

2 轨枕：铺设间距不应大于0.7m，轨枕长应为轨距加0.6m，上下面平整，道岔处铺长轨枕。

3 平面曲线半径不应小于机动车或车辆轨距的7倍。

4 线路铺设：道床应平整坚实，轨距允许偏差为$^{+6}_{-2}$mm，曲线应加宽和超高，必要时可设轨距杆。直线地段两轨水平，钢轨接头处应铺两根枕木并保持水平，配件齐全并连接牢固。

5 线间距：双线应保持两列车间距不小于400mm。

6 车辆距隧道壁、人行步道栏杆及隧道壁上的电缆不应小于200mm。人行道宽度不应小于700mm。

7 井底车场和隧道内宜设双股道，如受条件限制设单股道时，错车线有效长度应满足最长列车运行要求。

7.9.3 有轨运输作业应符合下列规定：

1 车辆装载限界：斗车高度不应大于400mm，并不得超宽；平板车高度不应大于1m，并有可靠固定措施，宽度不应大于150mm。

2 车辆不得超载，列车连接可靠，并设有刹车装置。

3 两组列车同方向行驶时，其相距不应小于60m，人推车辆时不应小于20m。

4 轨道外堆料距钢轨外缘不应小于500mm，高度不应大于1m，并堆码整齐。

5 车辆运行中不得摘挂作业，严禁非司机驾驶。

6 机动列车在视线不良弯道和通过道岔或错车时，行车速度不应大于5km/h；在其他地段不应大于15km/h。人推车辆速度不应大于6km/h。

7 轨道应随开挖面及时向前延伸。装卸车处设置车挡，卸土点应设置大于1%的上坡道。

7.9.4 隧道内采用无轨运输时，运输道路应平整、坚实，并做好排水维修工作。其行车速度，施工作业面区不应大于10km/h，其他区段不应大于15km/h。

7.9.5 隧道内运输线路应设专人维修保养，线路两侧的废渣余料等应随时清理干净。

7.10 风、水、电临时设施及通风防尘

（Ⅰ）供电和照明

7.10.1 隧道施工应设双回路电源，并有可靠切断装置。照明线路电压在施工区域内不得大于36V，成洞和施工区以外地段可用220V。

7.10.2 隧道内电缆线路布置与敷设应符合下列规定：

1 成洞地段固定电线路应采用绝缘线；施工工作面区段的临时电线路宜采用橡套电缆；竖井及正线处宜采用铠装电缆。

2 照明和动力电线（缆）安装在隧道同一侧时，应分层架设，电缆悬挂高度距地面不应小于2m。

3 36V变压器应设置于安全、干燥处，机壳应接地。

4 动力干线的每一支线必须装设开关及保险丝具。不得在动力线上架挂照明设施。

7.10.3 隧道施工范围内必须有足够照明。交通要道、工作面和设备集中处并应设置安全照明。

7.10.4 动力照明的配电箱应封闭严密，不得乱接电源，应设专人管理并经常检查、维修和保养。

（Ⅱ）供风和供水

7.10.5 空压机站输出的风压应能满足同时工作的各种风动机具的最大额定风量；设置的位置宜在竖井地面附近，并应采取防水、降温、保温和消音措施。

7.10.6 高压风管及水管管径应经计算确定，其安装应符合下列规定：

1 管材和闸阀安装前应检验合格并清洗干净；

2 管路安装应直顺，接头严密；

3 空压机站和供水总管处应设闸阀，干管每100～200m并设置分闸阀。

4 高压风管长度大于1000m时，应在管路最低处设油水分离器并定期放出管中的积水和积油；

5 隧道内宜安装在电缆线对面一侧，并不得妨碍交通和运输；

6 管路前端距开挖面宜为30m，并且高压软管接至分风或分水器；

7 严寒地区冬季隧道外水管应有防冻措施。

（Ⅲ）通风防尘及防有害气体

7.10.7 隧道内施工环境应符合下列规定：

1 氧气含量按体积比不应小于20%；

2 每立方米空气中含10%以上游离二氧化硅粉尘不应超过2mg；

3 有害气体浓度：一氧化碳含量不应大于30mg/m^3；二氧化碳按体积计不应大于5‰；氮氧化物（换算成NO_2）含量不应大于5mg/m^3；

4 气温不应超过28℃；

5 噪声不应大于90dB。

7.10.8 隧道施工应采用机械通风。当主风机满足不了需要时，应设置局部通风系统。

7.10.9 隧道内通风应满足各施工作业面需要的最大风量，风量应按每人每分钟供应新鲜空气3m^{3}计算，风速为0.12～0.25m/s。

7.10.10 通风管径应经计算确定。风管安装与接续应符合下列规定：

1 管路应直顺，接头严密。弯管半径不应小于风管直径的3倍。

2 风管的风口距工作面的距离：压入式不宜大于15m，吸入式不宜大于5m。

3 混合式通风，两组管路接续交错距离为20～30m。吸出式风管出风口应置于主风流循环的回风流中。

7.10.11 通风机运转中，必要时应采取消音措施。

通风过程中，应定期测试风量、风速、风压，发现风管风门破损、漏风应及时更换或修理。

7.10.12 隧道凿岩必须湿作业，装渣、放炮后必须喷雾洒水净化粉尘，喷射混凝土时必须采取防尘措施并定期测定粉尘和有害气体的浓度。

7.11 工程验收

7.11.1 喷锚暗挖隧道施工应对下列项目进行中间检验，并符合本章有关规定：

1 竖井开挖、结构和支撑施工以及提升设备安装；

2 超前导管和管棚支护、注浆加固；

3 钻爆施工的爆破参数、炮眼布置、钻设、装药、爆破后开挖断面的检查及锚杆的施工；

4 隧道开挖方法及每一循环节掘进长度、支护距开挖面的距离、开挖断面尺寸及地质描述；

5 初期支护结构钢筋格栅及钢筋网加工、安装以及喷射混凝土作业和质量；

6 喷射和二次衬砌混凝土原材料、配合比、搅拌、试件的制作和试验；

7 防水层材料及基层面检验和衬层、卷材的铺贴；

8 二次衬砌结构钢筋加工及绑扎，模板支立，预埋件安装和混凝土灌注。

7.11.2 隧道结构竣工后，混凝土抗压强度和抗渗压力应符合设计要求，无露筋、漏振、露石，其允许偏差应符合表7.11.2的规定。

表7.11.2 隧道二次衬砌结构允许偏差值（mm）

项目	允许偏差值						
	内墙	仰拱	拱部	变形缝	柱子	预埋件	预留孔洞
平面位置	±10	—	—	±20	±10	±20	±20
垂直度（‰）	2	—	—	—	2	—	—
高程	—	±15	+30 −10	—	—	—	—
直顺度	—	—	—	5	—	—	—
平整度	15	20	15	—	5	—	—

注：1 本表不包括特殊要求项目的偏差标准；

2 平面位置以隧道线路中线为准进行测量。

7.11.3 工程竣工验收应提供下列资料：

1 原材料、成品、半成品质量合格证；

2 图纸会审记录、变更设计或洽商记录；

3 各种试验报告和质量评定记录；

4 工程测量定位记录；

5 隐蔽工程验收记录；

6 冬季施工热工计算及施工记录；

7 监控量测记录；

8 开竣工报告；

9 竣工图。

8 隧道盾构掘进法施工

8.1 一般规定

8.1.1 本章适用于采用盾构掘进，钢筋混凝土管片拼装的隧道结构的施工及验收。

8.1.2 盾构掘进法施工，应根据隧道外径、埋深、地质、地下管线、构筑物、地面环境、开挖面稳定及地表隆陷值等的控制要求，经过经济、技术比较后选用盾构设备。

8.1.3 盾构设备制造质量，必须符合设计要求，整机总装调试合格，经现场试掘进50～100m距离合格后方可正式验收。

盾构及其部件吊运中，不得损坏和变形。

8.1.4 盾构组装时的各项技术指标应达到总装时的精度标准，配套系统应符合规定，组装完毕经检查合格后方可使用。

盾构使用中应经常检查、维修和保养。

8.1.5 盾构施工前，应核对隧道沿线地质资料，对疑难地段，必要时应进行复勘。同时应查清沿线地下管线、构筑物及临近建筑物类型，施工中应采取保护措施。

8.1.6 盾构掘进采用井点降水和地基加固时，应根据地质和地面环境等条件确定实施方法，并按相应的有关规定施工。

8.1.7 盾构掘进法施工，应建立完整的测量和监控量测系统，控制隧道位置，对地层及结构进行监测，并及时反馈信息。

8.2 盾构工作竖井

8.2.1 盾构工作竖井宜设置在靠近车站的端头处，其结构形式根据地质环境条件，可选用地下连续墙、支护桩及沉井等，并应按相应的有关规定施工。

8.2.2 盾构工作竖井结构必须满足井壁支护及盾构推进的后座强度和刚度要求。其宽度、长度和深度应满足盾构装拆、掉头、垂直运输、测量和基座安装等要求。

8.2.3 盾构工作竖井内应设集水坑和抽水设备，井口周围应设防淹墙和安全护栏。

8.2.4 盾构工作竖井提升运输系统应符合下列规定：

1 提升架和设备必须经过计算，使用中经常检查、维修和保养；

2 提升设备不得超负荷作业，运输速度符合设备技术要求；

3 工作竖井上下应设置联络信号。

8.3 盾构进出工作竖井

8.3.1 盾构在工作竖井内组装和进出工作竖井前，应安装基座和导轨，并对隧道洞口土体进行加固和完成封门施工。

8.3.2 盾构基座应有足够强度、刚度和精度，并满足盾构装拆和检修需要。

基座导轨高程、轨距及中线位置应正确，并固定牢固。

8.3.3 隧道洞口土体加固方法、范围和封门形式应根据地质、洞口尺寸、覆土厚度和地面环境等条件确定。

8.3.4 盾构出工作竖井时，其后座管片的后端面应与线路中线垂直并紧贴井壁，开口段支撑牢固。盾构距洞口适当距离拆除封门后，切口应及时切入土层。

8.3.5 盾构掘进临近工作竖井一定距离时，应控制其出土量并加强线路中线及高程测量。距封门500mm左右时停止前进，拆除封门后应连续掘进并拼装管片。

8.3.6 盾构进、出工作竖井时，当盾尾离开井壁后，应及时安装隧道洞口与管片之间空隙的密封装置。

8.4 盾构掘进

8.4.1 盾构掘进中，必须保证正面土体稳定，并根据地质、线路平面、高程、坡度、胸板等条件，正确编组千斤顶。

8.4.2 盾构掘进速度，应与地表控制的隆陷值、进出土量、正面土压平衡调整值及同步注浆等相协调。如停歇时间较长时，必须及时封闭正面土体。

8.4.3 盾构掘进中遇有下列情况之一时，应停止掘进，分析原因并采取措施：

1 盾构前方发生坍塌或遇有障碍；

2 盾构自转角度过大；

3 盾构位置偏离过大；

4 盾构推力较预计的增大；

5 可能发生危及管片防水、运输及注浆遇有故障等。

8.4.4 盾构掘进中应严格控制中线平面位置和高程，其允许偏差均为±50mm。发现偏离应逐步纠正，不得猛纠硬调。

掘进中应按本规范附录C表C-8填写施工记录。

8.4.5 敞口式盾构切口环前檐刃口切入土层后，应在正面土体支撑系统支护下，自上而下分层进行土方开挖。必要时应采取降水、气压或注浆加固等措施。

8.4.6 网格式盾构应随盾构推进同时进行土方开挖，在土体挤入网格转盘内后应及时运出。

当采用水力盾构时，应采用水枪冲散土体后，用管道运至地面，经泥水处理后排出。

8.4.7 土压平衡式盾构掘进时，工作面压力应通过试推进50～100m后确定，在推进中应及时调整并保持稳定。

掘进中开挖出的土砂应填满土仓，并保持盾构掘进速度和出土量的平衡。

8.4.8 泥水平衡式盾构掘进时，应将刀盘切割下的土体输入泥水室，经搅拌器充分搅拌后，采用流体输送并进行水土分离，分离后的泥水应返回泥水室，并将土体排走。

8.4.9 挤压式盾构胸板开口率应根据地质条件确定，进土孔应对称设置。盾构外壳应设置防偏转稳定装置。掘进时的推力应与出土量相适应。

8.4.10 局部气压式盾构掘进前应将正面土体封堵严密，并根据覆土厚度、地质条件等设定压力值；掘进中，出土量和掘进速度应相适应，并使切口处的出土口浸在泥土中；停止掘进时，应将出土管路关闭。

8.5 气压盾构

8.5.1 气压盾构的最低气压应满足工作面稳定和防止涌水的需要。遇有透水性强的地层且覆土厚度较小时，必须采取措施，保证安全。

8.5.2 气压盾构施工，工地应设医疗闸，施工人员必须经体检合格后方可参加气压作业。

8.5.3 气压盾构闸墙、闸室应专门设计，人行闸和材料闸应分开设置并应满足施工需要。闸室安装后，应用1.5倍计算工作压力试验不漏气。

8.5.4 气压盾构各闸室管路的控制阀、仪表、联络信号等应由专人操作。人员进出加、减压时间和压力梯度等应符合规定。

8.5.5 气压盾构工作面应保持安全、卫生、空气新鲜，并符合劳动保护卫生要求。

8.6 钢筋混凝土管片拼装

8.6.1 钢筋混凝土管片应验收合格后方可运至工地。拼装前应编号并进行防水处理，备齐连接件并将盾尾杂物清理干净，举重臂（钳）等设备经检查符合要求后方可进行管片拼装。

8.6.2 钢筋混凝土管片拼装中，应保持盾构稳定状态，并防止盾构后退和已砌管片受损。举重钳钳牢管片操作过程中，施工人员应退出管片拼装环范围。

8.6.3 钢筋混凝土管片拼装时应先就位底部管片，然后自下而上左右交叉安装，每环相邻管片应均布摆匀并控制环面平整度和封口尺寸，最后插入封顶管片成环。

8.6.4 钢筋混凝土管片拼装成环时，其连接螺栓应先逐片初步拧紧，脱出盾尾后再次拧紧。当后续盾构掘进至每环管片拼装之前，应对相邻已成环的3环范围内管片螺栓进行全面检查并复紧。

8.6.5 管片拼装后，应按本规范附录C表C-9进行记录，并进行检验，其质量应满足设计要求，当设计未做具体要求时，应符合下列规定：

1 管片在盾尾内拼装完成时，偏差宜控制为：高程和平面±50mm；每环相邻管片高差5mm，纵向相邻环管片高差6mm。

2 在地铁隧道建成后，中线允许偏差为：高程和平面±100mm，且衬砌结构不得侵入建筑限界；每环相邻管片允许高差10mm，纵向相邻环管片允许高差15mm；衬砌环直径椭圆度小于5‰D；

3 环向及纵向螺栓应全部安装，螺栓应拧紧。

8.7 壁后注浆

8.7.1 衬砌管片脱出盾尾后，应配合地面量测及时进行壁后注浆。

8.7.2 注浆前应对注浆孔、注浆管路和设备进行检查并将盾尾封堵严密。注浆过程中严格控制注浆压力，完工后及时将管路、设备清洗干净。

8.7.3 注浆的浆液应根据地质、地面超载及变形速度等条件选用，其配合比应经试验确定。

8.7.4 注浆时壁后空隙应全部充填密实，注浆量应控制在130%～180%。壁孔注浆宜从隧道两腰开始，注完顶部再注底部，当有条件时也可多点同时进行。注浆后应将壁孔封闭。

同步注浆时各注浆管应同时进行。

8.8 防水

8.8.1 钢筋混凝土管片粘贴防水密封条前应将槽内清理干净，粘贴应牢固、平整、严密、位置正确，不得有起鼓、超长和缺口等现象。

8.8.2 钢筋混凝土管片拼装前应逐块对粘贴的防水密封条进行检查，拼装时不得损坏防水密封条。当隧道基本稳定后应及时进行嵌缝防水处理。

8.8.3 钢筋混凝土管片拼装接缝连接螺栓孔之间应按设计加设防水垫圈。必要时，螺栓孔与螺杆间应采取封堵措施。

8.9 监控量测

8.9.1 盾构掘进施工必须设专人负责监控量测。开工前应拟定方案，施工中按规定进行量测；工程竣工后，应将量测资料整理归档并纳入竣工文件。

8.9.2 盾构掘进施工，应根据工程及水文地质条件、地面环境条件以及隧道埋深等按表8.9.2量测项目对地层和结构进行动态监控量测。

表8.9.2 盾构掘进施工监控量测项目

类别	量测项目
必测项目	地表隆陷
	地表建（构）筑物变形
	隧道沉浮和水平位移
选测项目	地中位移
	衬砌环内力和变形
	地层与管片的接触应力

8.9.3 监控量测项目应在盾构掘进前测得初始读数。其监控量测取得的数据，应采用随时间变化曲线表示，用回归分析法进行处理，并及时反馈，指导施工。

8.10 隧道内运输、通风及临时设施

8.10.1 隧道内土方水平运输应根据土质情况、设备条件、施工环境等因素，因地制宜地选用水力泵、泥土输送泵、土箱、皮带输送机等运输方法。材料水平运输宜采用有轨运输方式。

8.10.2 气压盾构材料闸门处应设置活动运输轨道，闸门框尺寸应符合运输车辆限界要求。

8.10.3 隧道内运输，除符合以上规定外，尚应按本规范第7.9节有关规定执行；通风、供电、照明和供水尚应按本规范第7.10节有关规定执行。

8.11 钢筋混凝土管片制作

8.11.1 钢筋混凝土管片应采用高精度的钢模制作，其钢模宽度及弧弦长允许偏差均为±0.4mm，并在使用中经常维修、保养。

8.11.2 钢筋混凝土管片的钢筋骨架应采用焊接并在靠模上制作成型。钢筋骨架制作允许偏差应符合表8.11.2的规定。

表8.11.2 钢筋骨架制作允许偏差值（mm）

项　目	允许偏差
主筋间距	±10
箍筋间距	±10
分布筋间距	±5
骨架长、宽、高	+5 −10
环、纵向螺栓孔	畅通、内圆面平整

8.11.3 钢筋混凝土管片混凝土施工，除满足本规范第9.2节和《混凝土结构工程施工质量验收规范》GB 50204—2002有关要求外，尚应符合下列规定：

1 石子最大粒径宜在15～25mm的范围内进行选择，当采用普通防水混凝土时，其坍落度不宜大于70mm；

2 混凝土抗渗试件应在混凝土的浇筑地点随机抽取。同一配合比每30环留置抗渗试件一组。

8.11.4 钢筋混凝土管片制作应符合下列规定：

1 混凝土抗压强度和抗渗压力应符合设计要求；

2 表面应平整，无缺棱、掉角、麻面和露筋；

3 尺寸允许偏差应符合表8.11.4的规定。

表8.11.4 钢筋混凝土管片尺寸允许偏差值（mm）

项目	检查点数	允许偏差
宽度	测3个点	±1
弧弦长	测3个点	±1
厚度	测3个点	+3 −1

8.11.5 钢筋混凝土管片，每生产50环应抽查1块管片做检漏测试，连续三次达到检测标准，则改为每生产100环抽检1块管片，再连续三次达到检测标准，最终检测频率为每生产200环抽查1块管片做检漏测试。如果出现一次检测不达标，则恢复每生产50环抽查1块管片做检漏测试的最初检测频率，再按上述要求进行抽检。每套模具每生产200环做一组（3环）水平拼装检验，其水平拼装检验标准应符合表8.11.5的规定。

表8.11.5 钢筋混凝土管片水平拼装检验标准

项目	检验要求	检验方法	质量误差（mm）
环向缝间隙	每环测6点	插片	2
纵向缝间隙	每条缝测3点	插片	2
成环后内径	测4条（不放衬垫）	用钢卷尺	±2
成环后外径	测4条（不放衬垫）	用钢卷尺	−2～+6

8.12 工程验收

8.12.1 盾构掘进法施工，应对下列项目进行中间检验，并符合本章有关规定：

1 管片制作：模板、钢筋、混凝土、制作成型的单块预制管片检漏测试和水平拼装检验；

2 盾构掘进及管片拼装：

1）隧道的平面及高程；

2）管片接缝的防水材料及密封条的粘贴质量；

3）管片的拼装及连接。

8.12.2 隧道结构竣工验收应符合下列规定：

1 钢筋混凝土管片结构抗压强度、抗渗压力应符合设计规定；

2 结构表面应无渗漏裂缝，无缺棱、掉角，管片接缝严密。其允许偏差应符合本规范第8.6.5条规定。

8.12.3 工程竣工验收应提供下列资料：

1 原材料、预制管片等成品、半成品质量合格证；

2 各种试验报告和质量评定记录；

3 隐蔽工程验收记录；

4 工程测量定位记录；

5 隧道衬砌环轴线高程、平面偏移值；

6 隧道衬砌渗漏水量检测值；

7 图纸会审记录、变更设计或洽商记录；

8 监控量测记录；

9 开竣工报告；

10 竣工图。

9 隧道结构防水

9.1 一般规定

9.1.1 本章适用于隧道结构自防水、附加防水层、特殊部位防水的施工及验收。

盾构隧道结构防水应按本规范第8章有关规定执行。

9.1.2 防水采用的原材料、制品和配件等应符合设计要求，并有出厂合格证，经检验符合要求后方可使用。

9.1.3 各种拌合物成分和调制应符合设计要求并通过试验确定。

9.1.4 卷材和涂膜防水层施工环境和温度应符合产品技术要求，不得在雨、雪及大风天气中施工。

9.1.5 附加防水层应在基层面及主体结构检验合格并填写隐检记录后方可施工。

9.1.6 变形缝、施工缝、结构外墙的穿墙管等特殊部位的防水应采取加强措施。

9.1.7 卷材或涂膜防水层完工后应及时施工保护层，并应符合下列规定：

1 顶、底板保护层平整度允许偏差为：底板5mm，顶板10mm；

2 边墙后贴防水层保护层，如采用砌块砌筑时，应边砌边用砂浆填实；

3 保护层砂浆或细石混凝土终凝后应及时养护。

9.2 防水混凝土

9.2.1 隧道结构应采用掺外加剂的防水混凝土，钢管柱宜采用微膨胀混凝土。如地下水含有侵蚀性介质时，尚应采用抗侵蚀性混凝土，其耐侵蚀系数不得小于0.8。

9.2.2 防水混凝土使用的材料应符合下列规定：

1 水泥：

1）标号不低于425号；

2）含碱量（Na_2O）不应大于0.6%；

3）在不受冻融和侵蚀性介质作用下，宜采用普通、火山灰质、粉煤灰硅酸盐水泥和矿渣硅酸盐水泥；

4）受冻融作用和冬期宜采用普通硅酸盐水泥，不宜采用火山灰质和粉煤灰硅酸盐水泥；

5）受侵蚀性介质作用时，应按设计选用水泥；

6）不得采用受潮和过期水泥，不同品种和不同标号的水泥不得混用。

2 砂、石：除应符合国家现行标准《普通混凝土用砂质量标准及检验方法》JGJ 52和《普通混凝土用碎石或卵石质量标准及检验方法》JGJ 53的规定外，石子最大粒径不应大于40mm，含泥量不应大于1%，吸水率不应大于1.5%。

砂宜采用中砂，含泥量不应大于3%。

3 外加剂：除含氯离子的外加剂外，可根据需要掺引气剂、减水剂、防水剂、膨胀剂等。

4 水：无侵蚀性洁净水。

9.2.3 防水混凝土配合比必须经试验确定。其抗渗等级应比设计要求提高0.2MPa，并应符合下列规定：

1 每立方米混凝土的水泥用量不应低于320kg，当掺活性粉细料时，不应低于280kg；

2 水灰比宜小于0.55，并不得大于0.60；

3 砂率应为35%～40%；

4 灰砂比应为1∶2～1∶2.5；

5 坍落度应为100～210mm；

6 掺引气剂或引气性减水剂时，混凝土含气量应控制在3%～5%。

9.2.4 防水混凝土搅拌应符合下列规定：

1 必须采用机械搅拌，并根据外加剂的技术要求确定搅拌时间；

2 配料允许偏差为：水、水泥、外加剂、掺合料±1%，砂、石±2%；

3 外加剂应溶成较小浓度溶液加入搅拌机内。

9.2.5 防水混凝土采用输送泵输送时应符合下列规定：

1 坍落度应为100～210mm；

2 混凝土不得发生离析现象；

3 混凝土必须保证供应，连续作业；

4 输送泵管路拐弯宜缓，接头严密，输送混凝土接长管路时，宜分段进行，接好一段，泵出混凝土后方可接长下一段；

5 输送泵间歇时间预计超过45min或混凝土出现离析现象时，应立即冲洗管内残留混凝土；

6 输送混凝土中，受料斗内应保持足够数量的混凝土。

9.2.6 防水混凝土灌注时的自由倾落度高度不应大于2m。当灌注结构的高度超过3m时，应采用串筒、溜槽或振动溜管下落。

9.2.7 防水混凝土必须采用振捣器振捣，振捣时间宜为10～20s，并以混凝土开始泛浆和不冒气泡为准。振捣器振捣时的移距，插入式不宜大于作用半径1倍，插入下层混凝土深度不应小于50mm，振捣时不得碰撞钢筋、模板、预埋件和止水带等；表面振捣器移距应与已振捣混凝土搭接100mm以上。

9.2.8 防水混凝土应从低处向高处分层连续灌注，如必须间歇时，应在前层混凝土凝结前，将次层混凝土灌注完毕，否则，应留施工缝。

混凝土凝结时间不应大于表9.2.8规定。

表 9.2.8 混凝土凝结时间（min）

混凝土标号	气温低于25℃	气温高于25℃
不大于C_{30}	210	180
大于C_{30}	180	150

注：本表所列时间，包括运输和灌注时间。

9.2.9 防水混凝土每层灌注厚度：插入式振捣器不应大于300mm，表面振捣器不应大于200mm。

9.2.10 防水混凝土留置施工缝位置应符合下列规定：

1 柱子施工缝应留置在与顶、底板或梁的交界处。

2 墙体施工缝留置位置：水平施工缝在高出底板200～300mm处，如必须留置垂直施工缝时，应加设端头模板，并宜与变形缝相结合。

3 顶、底板均不得留置水平施工缝，如留置垂直施工缝时，应按本条第2款规定执行。

4 墙体施工缝宜留置平缝，并粘贴遇水膨胀胶条进行防水处理，如图9.2.10-1和图9.2.10-2。

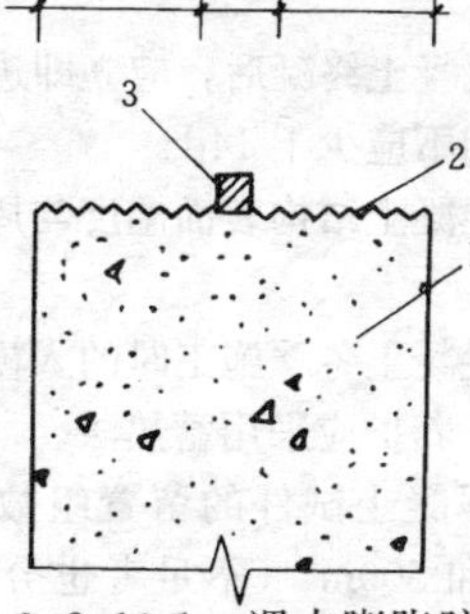

图 9.2.10-1 遇水膨胀胶条安装断面图

1—主体结构；2—施工缝；3—膨胀胶条

注：膨胀胶条应采取防过早膨胀措施并粘贴牢固。

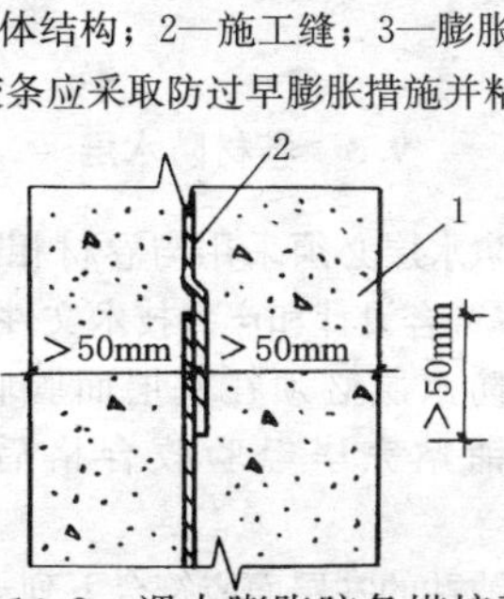

图 9.2.10-2 遇水膨胀胶条搭接平面图

1—主体结构；2—膨胀胶条

注：膨胀胶条应采取防过早膨胀措施并粘贴牢固。

9.2.11 施工缝处继续灌注混凝土时应符合下列规定：

1 已灌注混凝土强度：水平施工缝处不应低于1.2MPa，垂直施工缝处不应低于2.5MPa。

2 已灌注混凝土表面必须凿毛，清理干净后粘贴遇水膨胀胶条。

3 灌注混凝土前，施工缝处应先湿润。水平施工缝先铺20～25mm厚的与灌注混凝土灰砂比相同的砂浆。

9.2.12 后浇缝施工应符合下列规定：

1 位置应设于受力和变形较小处，宽度宜为0.8～1.0m；

2 后浇混凝土施工应在其两侧混凝土龄期达到42d后进行；

3 后浇混凝土施工前，两侧混凝土应凿毛，清理干净，保持湿润，并刷水泥浆后粘贴遇水膨胀胶条；

4 后浇缝应采用补偿收缩混凝土灌注，其配合比经试验确定，并不得低于两侧混凝土强度；

5 后浇混凝土养护期不应少于28d。

9.2.13 防水混凝土结构内的钢筋或绑扎铁丝，不得触及模板，固定模板的螺栓穿过外墙混凝土结构时，必须采取防水措施。

9.2.14 结构预埋件（管）、预留孔洞、钢筋密集以及其他特殊部位，必须事先制定措施，施工中加强振捣，不得漏振。

9.2.15 防水混凝土终凝后，应立即进行养护，并保持湿润，养护期不应少于14d。

拆模时，混凝土结构表面温度与周围气温的温差不应大于20℃。

9.2.16 防水混凝土冬季施工时的入模温度不应低于热工计算要求，养护应采用蓄热法。

9.2.17 防水混凝土试件的留置组数，同一配合比时，每$100m^3$和$500m^3$（不足者也分别按$100m^3$和$500m^3$计）应分别做两组抗压强度和抗渗压力试件，其中一组在同条件下养护，另一组在标准条件下养护。

9.3 卷材防水层

9.3.1 卷材防水层必须采用与卷材相适应的粘贴涂料，其涂刷应符合设计和产品技术文件的规定。

9.3.2 卷材防水层必须在基层面验收合格后方可铺贴，并在铺贴完毕经验收合格后及时施工保护层。

9.3.3 卷材铺贴的基层面应符合下列规定：

1 基层面应洁净；

2 基层面必须坚实、平整，其平整度允许偏差为3mm，且每米范围内不多于一处；

3 基层面阴、阳角处应做成100mm圆弧或50×50mm钝角；

4 保护墙找平层，永久与临时保护墙分别采用水泥和白灰砂浆抹面，其配合比均为1∶3，厚度为15～20mm；

5 基层面应干燥，含水率不宜大于9%。

9.3.4 卷材防水层搭接宽度应符合表9.3.4规定。

表9.3.4 卷材搭接允许宽度值（mm）

搭接宽度 / 铺贴方法 / 卷材种类		短边搭接宽度		长边搭接宽度	
		满粘法	空铺法 点粘法 条粘法	满粘法	空铺法 点粘法 条粘法
高聚物改性沥青防水卷材		80	100	80	100
合成高分子防水卷材	粘结法	80	100	80	100
	焊接法	50			

9.3.5 防水卷材在以下部位必须铺设附加层，其尺寸应符合下列规定：

1 阴阳角处：500mm幅宽；

2 变形缝处：600mm幅宽，并上下各设一层；

3 穿墙管周围：300mm幅宽，150mm长。

9.3.6 卷材防水层铺贴收头部位、搭接部位、端部等必须进行密封处理。

9.3.7 卷材铺贴基层面应涂刷处理剂，干燥后先铺贴附加层，并在基层面上测放出基准线后，方可进行卷材铺贴。

9.3.8 卷材防水层铺贴应符合下列规定：

1 卷材粘贴涂料必须涂满铺匀。

2 卷材铺贴长边应与隧道结构纵向垂直，其两幅搭接长度应符合本规范第9.3.4条的规定。上下两层卷材搭接缝应错开1/2幅宽。

3 卷材粘贴：底板底部卷材与基层面应按设计确定采用点粘法、条粘法或满粘法粘贴；立面和顶板的卷材与基层面、附加层与基层面、附加层与卷材及卷材之间必须全粘贴。

4 卷材应自平面向立面由下向上铺贴，其接缝应留置于平面上，距立面不应小于600mm。

5 卷材应随粘结料边涂边贴，并展平压实，卷材之间以及与基层面之间必须粘贴紧密，粘贴缝粘贴封严。卷材铺贴最外层表面应均匀涂刷一层涂料后方可施工保护层。

9.3.9 夹层卷材防水层，明挖隧道应用外防内贴法施工，喷锚暗挖隧道宜采用空铺法施工。

9.4 涂膜防水层

9.4.1 涂膜防水层应采用耐水、耐裂和耐腐蚀、无毒（或低毒）、刺激性小的合成高分子或高聚物改性沥青涂料。施工前应进行涂布试验，合格后方可正式施工。

9.4.2 涂膜防水层基层面必须坚实、平整、清洁，不得有渗水、结露、凸角、凹坑及起砂现象。采用油溶性或非湿固性涂料时，基层面应保持干燥。

9.4.3 涂膜防水层施工应符合下列规定：

1 涂料应按设计或产品技术规定配制，每次配料应在其规定的时间内用完；

2 涂布前应先在基层面上涂一层与涂膜材料相溶的基层处理剂；

3 涂料应分层涂布，并在前层干燥后方可涂布后一层。其涂膜厚度应符合设计规定；

4 每层涂料应顺向均匀涂布，且前、后层方向应垂直；

5 分片涂布的片与片之间应搭接 80～100mm；

6 边墙应由上向下顺序涂布，并采取防流淌措施。

9.4.4 涂膜防水层采用夹铺胎体增强材料时，除应符合本规范第 9.3 节有关规定外，其胎体搭接宽度，长边应为 50mm，短边应为 70mm。

9.5 特殊部位防水

9.5.1 变形缝处防水施工应符合下列规定：

1 止水带宽度和材质的物理性能均应符合设计要求，且无裂纹和气泡。

接头应热接，不得叠接，接缝平整牢固、不得有裂口和脱胶现象。

2 嵌入式止水带固定和变形缝处混凝土灌注应分别符合本规范第 5.6.9 条和第 5.7.7 条规定。

3 变形缝处增铺的附加层应按设计施工，并粘贴严密。

9.5.2 隧道结构外墙穿墙管处防水施工应符合下列规定：

1 穿墙管止水环和翼环应与主管连续满焊（如图 9.5.2-1 和图 9.5.2-2），并做防腐处理；

2 穿墙管处防水层施工前，应将翼环和管道表面清理干净；

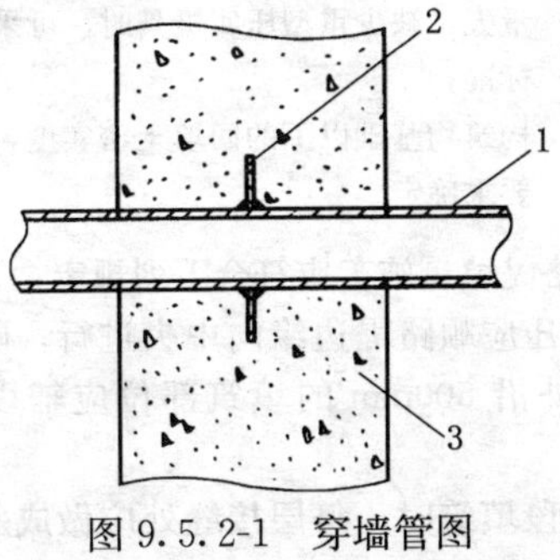

图 9.5.2-1 穿墙管图

1—钢管；2—止水环；3—主体结构

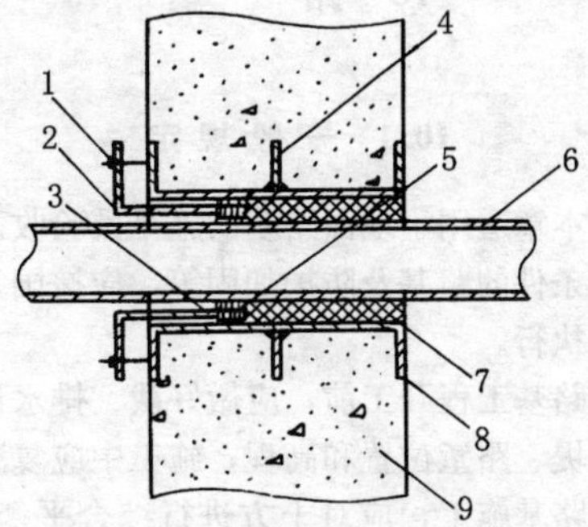

图 9.5.2-2 套管式穿墙管构造图

1—螺栓；2—压紧法兰；3—胶圈；4—止水环；5—挡圈；6—主管；7—嵌填料；8—翼环；9—主体结构

3 预埋防水套管内的管道安装完毕，应在两管间嵌防水填料，内侧用法兰压紧（如图 9.5.2-2），外侧铺贴防水层；

4 每层防水层应铺贴严密，不留接茬，增设附加层时，应按设计要求施工。

9.6 工程验收

9.6.1 隧道结构防水施工下列项目应进行中间检验，并符合本章有关规定：

1 材料规格、品种及质量；

2 混凝土：配合比、坍落度、搅拌时间 、混凝土灌注、抗压和抗渗试件试验；

3 基层面及保护层坚实情况及平整度；

4 防水层涂料配制及涂布，卷材及涂膜防水层铺贴及喷涂，穿墙管及变形缝处防水施工。

9.6.2 隧道结构防水竣工验收应符合下列规定：

1 混凝土抗压强度和抗渗压力应符合设计要求；

2 穿墙管与防水层连接紧密，无渗漏水现象；

3 防水层接缝严密，涂膜防水层厚度符合设计要求，各层之间和防水层与基层面之间接合紧密，无裂缝、损伤、气泡、脱层或滑动等现象。

9.6.3 工程竣工验收应提供下列资料：

1 原材料质量合格证；

2 试验报告和质量评定记录；

3 混凝土冬期施工热工计算及施工记录；

4 隐蔽工程验收记录；

5 图纸会审记录、变更设计或洽商记录；

6 防水层铺贴放线记录；

7 开竣工报告；

8 竣工图。

10 路　　基

10.1 一般规定

10.1.1 本章适用于地面路基的施工及验收。

特殊条件的路基及防护加固等，应按国家现行的有关标准执行。

10.1.2 路基工程开工前，应做好截、排水设施，并测放出路堤、路堑位置和高程，施工中应复测。

10.1.3 路基施工，应对土方进行综合平衡和调配。土方调配应与城市规划建设及郊区农田水利相结合。

10.1.4 路基应分段施工，减少对城市正常生活的干扰。

施工遇有地下管线时，应按本规范第5.2节有关规定执行。

10.1.5 路基采用土工布做渗滤和隔离层时，应根据设计选用材料，其铺设应符合下列规定：

1 铺设前应平整地基，不得有带尖角的杂物；

2 铺设应沿长度方向进行；

3 两幅隔离层应采用焊缝连接。两幅渗滤层搭接，在平面上后幅应压前幅，在斜坡和直墙上应上幅压下幅，其搭接长度不得小于300mm；

4 铺设完毕后应及时摊铺填料，并在300mm范围内不得采用机械碾压。

10.2 路　　堑

10.2.1 路堑两侧顶部排水截流设施开工前应先施工，并应符合下列规定：

1 排水设施应与城市排水系统相沟通，排出的水不得危害附近建筑物、地下管线、道路和农田；

2 路堑与隧道洞口连接处，应安装排水设施。

10.2.2 路堑天沟、侧沟及其他引、截、排水设施，基底应坚实，沟坡、沟底应平顺，沟内无浮土和杂物，排水畅通。

10.2.3 路堑开挖前应标出边坡线，坡顶、坡面应无危石、裂缝和其他不安全因素，必要时应进行处理。

10.2.4 路堑应自上而下逐层开挖，严禁掏洞施工。

路堑边坡应边开挖边修理。边坡设防护时，应紧跟边坡开挖施工，否则，应暂留一层保护层，待施工护坡时再刷坡至设计位置。

10.2.5 在岩层走向及倾角不利边坡稳定的地段应顺层开挖，不得挖断及扰动岩层。设有挡土墙地段，应短开挖或采用马口式开挖，并采取临时支护措施。

10.2.6 路堑两侧不宜弃土，如经批准弃土时，则应保证路堑边坡稳定。

10.2.7 路堑边坡应密实平整、无明显高低差、凸悬危石、浮石、渣堆和杂物，平台台面应平整并符合设计要求。

10.2.8 路堑挖至接近堑底时，应核对土质，测放基床边坡线，并修整压实。

路堑的路基质量应符合下列规定：

1 路基面应平顺，肩棱应整齐、路拱坡面应符合设计要求，不得有局部凹凸现象；

2 路基面宽度，自线路中线至每侧路肩边宽允许偏差为±50mm；

3 路肩高程允许偏差：每百米为±50mm，但连续长度不得大于10m；

4 路基面平整度允许偏差为：土质路基15mm，石质路基50mm；

5 设有路拱的路基与无路拱路基面之间应顺坡相连。

10.3 路　　堤

（Ⅰ）路堤填筑

10.3.1 路堤基底土质应符合设计要求，并在填筑前按下列要求进行处理：

1 拔除树根、树墩、杂草，清除杂物和积水；

2 基底坡度陡于1∶5时，应挖成不小于1m宽的台阶；

3 原地面松土应进行翻挖和压实。

10.3.2 路堤填料和边坡坡度应符合设计要求。路堤填筑密实度如设计无规定时应符合表10.3.2规定。

表10.3.2 路堤填筑密实度标准

路肩高程以下范围（cm）	密实度要求（%）
0～50	95/98
50～120	93/95
＞120	87/90

注：1 表中分子为重锤击实标准，分母为轻锤击实标准，两者均以相应的击实试验法求得的最大压实度为100%；

2 路堤压实应采用重锤击实标准，如回填土含水量大，缺少重型压实机具时，可采用轻锤击实标准；

3 构筑物基础以下的回填土密实度，应根据设计要求确定。

10.3.3 路堤填筑施工应符合下列规定：

1 碾压应顺路堤边缘向中央进行，碾轮外缘距填土边坡外沿500mm的填筑部位应辅以小型机具夯实；

2 分段填筑时，每层接缝处应做成斜坡形，碾迹重叠0.5～1.0m，上下层错缝不应小于1m；

3　采用振动压路机碾压时，宜先静压之后再振压；

4　同一填筑层土质不得混填。分层填筑时，下层宜填筑透水性较大填料，如条件限制，只能填筑透水性小的填料时，表面应做排水坡或盲沟，边坡不得用透水性小的填料封闭。

5　路堤填筑时的其他要求，应按本规范第5.4节的有关规定执行。

10.3.4　桥头、涵洞（管）结构强度达到设计要求时方可进行背后土方填筑，施工除按本规范第10.3.3条要求外，尚应符合下列规定：

1　桥头及挡土墙应填筑透水性好的填料，如受条件限制，填筑透水性差的填料时，应保证其密实度；

2　桥台护坡和填筑宜同时进行，填面微向外侧倾斜；

3　涵洞（管）填土应自两侧对称、均匀分层填筑，对防水层应有保护措施；

4　桥头护坡及挡土墙背后填筑时，其滤水层或排水盲沟应按设计施工。

10.3.5　沼泽地或杂填土地段的路堤应提前施工，对软土层、空洞及暗塘等，应按设计要求处理合格后方可进行填筑。

10.3.6　路堤边坡应夯实，其坡度应符合设计要求。对受自然因素易损坏的路堤边坡坡面，应按设计要求采取防护措施。

10.3.7　路堤雨季填筑施工应符合下列规定：

1　取、运、填、铺、压各工序应连续作业，逐段完成；

2　路堤周围应做好排水系统，傍山沿河地段，应采取防洪措施；

3　涵洞（管）和易翻浆或低洼地段应提前施工；

4　严禁在大、中雨或连阴雨天填筑非透水性填料；

5　路堤填筑应留横向排水坡度并应边填边压实。

10.3.8　冬季路堤填筑应符合下列规定：

1　填料：冻土块不得大于150mm，体积含量不得大于填料的30%，并均匀散布于填层内。路基面下1.2m、边坡面1m内和桥头路基不得使用冻土填筑；

2　取、运、填、铺、压各工序应连续作业，周转时间应大于土的冻结时间；

3　遇大雪或其他原因中途停工时，应整平填层及边坡面并加以覆盖，施工前应清除填筑面的冰雪和保温材料；

4　路堤面及边坡整修宜在解冻后进行。

10.3.9　路堤填筑应严格控制填料含水量，其碾压密实度检测应符合下列规定：

1　每层填筑按路基长度，每50m（也不大于1000m²）取样一组，每组不应小于3个点，即路基中部和两边各1点。

2　遇有填料类别和特征有明显变化和对压实质量可疑处，应增加测点。

（Ⅱ）涵　洞

10.3.10　涵洞采用预制钢筋混凝土圆管时，砌筑前基底应夯实，管底高程、坡度应符合设计要求，其管座混凝土应与管身密贴。

10.3.11　涵洞采用石料砌筑时，应按先墙后拱的顺序施工，变形缝应直顺，缝中填料填塞应紧密。

10.3.12　涵洞拱圈砌筑应采用拱架模板支撑，并应符合下列规定：

1　砌筑宜分节施工，并从拱脚同时对称向拱顶方向进行；

2　砌石大面应沿辐射线方向挤嵌稳固，成排砌好后，用中小石料嵌砌，并用砂浆捣实砌缝；

3　拱圈下层外露面应选用平整块石；

4　拱圈碹脸石应加工成同一规格和形状后砌筑；

5　拱圈砌筑后，砂浆达到设计强度的70%时，方可砌筑拱端侧墙和拱背填土。

10.3.13　涵洞采用现浇混凝土结构时，施工应符合本规范第5.6节～第5.8节有关规定。

采用预制钢筋混凝土盖板或拱圈时施工应符合设计规定。

10.3.14　涵洞施工允许偏差应符合下列规定：

1　现浇或砌筑涵洞孔径为±20mm；

2　中线位移为±20mm；

3　结构厚度：混凝土或钢筋混凝土结构为±15mm；砌石结构为±20mm；

4　结构不平整度为：混凝土或钢筋混凝土结构15mm；砌石结构30mm；

5　变形缝直顺度为15mm。

10.4　工程验收

10.4.1　路基工程以下项目应进行中间检验，并符合本章有关规定：

1　路堑：开挖前坡顶侧沟砌筑和开挖边坡坡度、路基侧沟、宽度及高程；

2　路堤：填筑前地基处理、填筑材料、填筑密实度、边坡坡度、路堤宽度及高程；

3　涵洞：基底处理、墙拱砌筑材料、配合比、拌合及砌筑高程、位置。

10.4.2　工程竣工验收应符合下列规定：

1　路堑的边坡坡度和防护符合设计要求，排水设施和路基应分别符合本规范第10.2.2条和第10.2.8条规定。

2 路堤边坡坡度和路堤宽度、高程等应符合设计要求，填筑密实度应符合本规范第10.3.2条规定。

3 涵洞结构应符合设计强度，尺寸允许偏差应符合第10.3.14条规定。

10.4.3 工程竣工验收应提供下列资料：

1 原材料、成品、半成品质量合格证；

2 各种试验报告和质量评定记录；

3 隐蔽工程验收记录；

4 工程测量定位记录；

5 图纸会审记录、变更设计或洽商记录；

6 开竣工报告；

7 竣工图。

11 钢筋混凝土高架桥

11.1 一般规定

11.1.1 本章适用于地面钢筋混凝土高架桥工程的施工及验收。其桩基础、沉井及钢梁等施工，尚应按国家现行有关强制性标准执行。

11.1.2 钢筋混凝土高架桥的预制构件宜在工厂制作，现场拼装。

11.1.3 钢筋混凝土高架桥施工中应经常检测、核对其位置和高程，并定期复测中线桩和水准点。

11.1.4 钢筋混凝土高架桥施工时，应采取措施减少对城市正常生活秩序和交通干扰。

11.2 桥基开挖

11.2.1 施工前应根据地质和现场环境条件，确定基坑开挖坡度或支护形式及降、排水措施。如桥基附近有建筑物或地下管线时，尚应采取防护措施。

11.2.2 基坑开挖采用支护桩支护时，应按本规范第3章有关规定执行。基坑放坡开挖而深度在5m以内时，其边坡坡度应符合表11.2.2规定。

表11.2.2 5m内深度基坑开挖边坡最大坡度值

土质种类	边坡坡度		
	人工挖土并将土临时堆放于坑边	机械开挖	
		基坑内挖土	基坑边挖土
中密砂土	1∶1.00	1∶1.00	1∶1.25
中密碎石类土（填充为砂土）	1∶0.75	1∶1.00	1∶1.00
硬塑轻亚粘土	1∶0.65	1∶0.75	1∶1.00

续表11.2.2

土质种类	边坡坡度		
	人工挖土并将土临时堆放于坑边	机械开挖	
		基坑内挖土	基坑边挖土
中密碎石类土（填充为粘性土）	1∶0.50	1∶0.65	1∶0.75
硬塑亚粘土、粘土	1∶0.33	1∶0.50	1∶0.65
干黄土	1∶0.25	1∶0.25	1∶0.33

11.2.3 基坑上边缘临时堆土不得影响基坑开挖和坑壁稳定，其距基坑边缘不应小于基坑深度。

11.2.4 基坑采用机械开挖时，应辅以人工刷坡和清底，基底不得超挖和扰动。

放坡基坑底边缘距桥基距离不应小于0.5m，支护桩基坑不应小于1m。

11.2.5 基底处理应符合下列规定：

1 基底为未风化岩层时，应将基底面松碎石块、泥土等清理干净，节理倾斜时应将岩面凿成台阶状；如为风化岩层时，周围宜少留或不留富余量，并用基础圬工填满坑底封闭岩层面。

2 基底为碎石类土或砂类土层时应先铺一层砂浆。

3 基底为干燥的粘性土时应先洒水湿润。过湿时应先铺一层碎石垫层。

4 地基有水时，必须进行排水处理。

5 特殊地基应按设计和国家现行有关强制性标准执行。

11.2.6 桥基开挖和回填，除满足本节要求外，尚应符合本规范第5.4节规定。

11.3 现浇钢筋混凝土结构

11.3.1 钢筋混凝土高架桥工程施工，除符合本节规定外，其钢筋、模板、混凝土工程尚应按本规范第5章和国家现行有关强制性标准执行。

（Ⅰ）钢筋绑扎

11.3.2 墩柱结构深入盖梁及承台内主筋的搭接形式和长度应符合设计规定并绑扎（焊接）牢固。

11.3.3 桥台台帽采用钢筋网片施工时应加支撑点，必要时应设置马蹬支架。

无筋基础与墩台连接时，连接处应插设钢筋。

11.3.4 钢筋及预埋件位置应准确，固定牢固。钢筋绑扎允许偏差应符合表11.3.4规定。

表 11.3.4 钢筋绑扎允许偏差值（mm）

项目		允许偏差
受力钢筋间距	板、梁、墩、柱	±10
	基础、桥台	±20
箍筋间距		±20
预埋件位置	中心线	10
	平面及高程	±5
支座	平面位置	±10
	平整度	2
混凝土保护层厚度	板	±3
	梁、墩、柱	±5
	基础和桥台	±5

（Ⅱ）模板支立

11.3.5 模板支立前应测放中线、平面位置和高程。

模板支立必须牢固、严密、平整、支架稳定，模板支立允许偏差应符合表 11.3.5 规定。

表 11.3.5 高架桥结构模板支立允许偏差值（mm）

项目 \ 结构部位	基础	桥台	墩柱	板或梁
轴线位移	±20	±10	±10	±10
结构断面尺寸	±10	±5	±5	±3
垂直度（‰）	1	1	1	—
高程	±10	±3	±3	±3
预埋件位置	—	±3	±3	±3
预留孔洞	—	±3	±3	±3
相邻模板接缝平整度	2	2	2	2

11.3.6 梁（现浇和预制）的模板，当跨度大于 4m 时，起拱应符合设计规定，如设计无规定时，起拱高度宜为全跨度的 2‰～4‰。

11.3.7 模板拆除时的混凝土强度应符合下列规定：

1 不承重结构侧模板不应小于 2.5MPa；

2 跨度小于 3m 的板、梁不低于设计强度的 50%。跨度大于 3m 的板、梁不低于设计强度的 70%。

（Ⅲ）混凝土灌注

11.3.8 桥基无筋混凝土填放石块时，应符合下列规定：

1 石块的填放数量不宜大于结构体积的 25%；

2 石块应无裂纹、夹层并具有抗冻性；

3 石块抗压强度不应低于 30MPa；

4 石块应清洗干净，并埋入混凝土内不小于一半石块的高度；

5 石块分布均匀，净距不应小于 100mm，距结构侧边和顶、底面净距不应小于 150mm；

6 结构受拉区及气温低于 0℃时，不得填放。

11.3.9 墩柱间如有横向连接杆件时，应与墩柱同时施工。

11.3.10 梁的混凝土，简支梁应自两端向跨中或自一端向另一端连续灌注；连续梁应自跨中向两端连续灌注，悬臂梁应自悬臂端向墩、柱方向连续灌注；箱型梁应先施工底板后方可施工边、顶和翼板。

11.3.11 大跨度的简支梁或支架坐落在刚性不同基底上的连续梁或悬臂梁，混凝土灌注应采取下列措施之一：

1 混凝土掺缓凝剂并加速灌注，在最初灌注的混凝土初凝前灌注完毕；

2 对支架施加全部结构荷载，使其充分变形后随卸载随灌注混凝土；

3 以正负弯矩变换点附近分段，先灌注正弯矩区段。

11.3.12 梁板组合结构，采用预制梁和现浇板时，混凝土龄期差不宜超过 3 个月。

11.3.13 梁结构混凝土初凝前，应用表面振捣器振一遍后及时抹面，其平整度允许偏差为 3mm。

11.3.14 混凝土强度未达到 2.5MPa 时，不得承受荷载。

11.3.15 混凝土灌注后应及时养护。其养护期不少于 7d。

11.3.16 混凝土抗压强度试件留置组数，同一配合比其基础和承台每 150m³ 制作一组，墩、台、柱、梁每 100m³ 制作一组；一次灌注混凝土不足以上规定者，亦应制作一组。

11.4 装配式钢筋混凝土构件

（Ⅰ）构件制作

11.4.1 构件制作场地应坚实、平整并排水畅通。

11.4.2 构件模板应拆装方便，表面平整光滑，支撑牢固，缝隙严密。钢筋绑扎或焊接符合规定，预埋件固定牢固，位置正确。

11.4.3 构件混凝土应采用机械振捣，并一次灌注完毕，不得间断。

11.4.4 构件混凝土灌注完毕应及时抹面、养护，并应标明型号、尺寸和制造日期，对上下面难分辨的构件应在统一位置上标注方向。

11.4.5 构件侧模板，应在混凝土强度达到 2.5MPa 时方可拆除。

重叠制作构件时，下层构件混凝土达到设计强度的 30% 以上时方可制作上层构件，并应采取隔离措施。

11.4.6 构件混凝土强度必须符合设计要求，表面应无蜂窝麻面、裂缝和漏振，构件应有证明书和合格印记。构件制作允许偏差应符合表 11.4.6 的规定。

表 11.4.6 构件制作允许偏差值（mm）

项目	允许偏差		
	梁、板	墩、柱	杆件
尺寸（长×宽×高）	±5	±10	±5
对角线之差	±10	±10	±5
翘曲和侧面不直顺度	5	5	3
表面平整度	3	3	3
预埋件位置	±5	±5	—
预留钢筋搭接长度	±10	±10	—
吊环外露高度	±10	±10	—
保护层厚度	±5	±5	±5
预留孔洞位置	±10	±10	—

（Ⅱ）构件运输和存放

11.4.7 构件检查合格，其混凝土达到设计强度的 70%以上时方可吊运。

吊运方法应根据受力要求确定，并固定牢固。

11.4.8 构件存放应符合下列规定：

1 场地应坚实平整、排水流畅，支垫稳固可靠；

2 按吊运、安装顺序和型号应分别堆码，堆垛间应留运输通道并满足吊车的吊距要求；

3 根据构件本身受力要求确定平放或立放并保持稳定；

4 构件重叠分层存放时，吊环面应朝上，层间应用垫木垫平、垫实，上下层垫木应在一条垂线上。存放的层高，应以构件不受损、吊装方便、堆垛稳固、保证安全为原则。

（Ⅲ）构 件 安 装

11.4.9 构件吊装机械的起重能力必须与构件相适应。吊装前应拟定施工方案，作业中遵守安全操作规定。

11.4.10 构件应在承重结构和构件本身混凝土分别达到设计强度的 70%和 100%时方可安装。

构件安装前应测放其位置，就位后应及时固定。

11.4.11 预制墩柱安装前，应将预留孔洞凿毛并清理干净，就位后支撑牢固，并及时用同标号砂浆或混凝土将缝隙填筑密实。

11.4.12 预制梁安装前，必须检查其长度、宽度、梁和盖梁及桥台支座预埋件位置，并在桥台和盖梁上测放出梁的安装位置。

每片梁安装就位后应固定牢固。

梁的支座与桥台或盖梁支座连接应正确，不得出现歪斜现象。

11.5 预应力混凝土结构

11.5.1 预应力混凝土不得掺氯盐、引气剂和引气型减水剂。其水泥用量不应超过 500kg/m³。

11.5.2 预应力混凝土结构采用的锚夹具应符合下列规定：

1 类型应符合设计和预应力筋张拉的要求；

2 产品必须有出厂合格证；

3 组合试验时的锚固力不应低于预应力筋标准抗拉强度的 90%。

（Ⅰ）预应力筋加工与编束

11.5.3 预应力筋材料应符合现行国家标准《混凝土结构工程施工及验收规范》GB50204 的要求。其加工下料长度应计算确定，并宜采用切断机或砂轮机切断，不得使用电弧切断。

11.5.4 编制成束的预应力筋应采用等强度的钢材，编束时应梳理直顺，绑扎牢固。

11.5.5 钢绞线除低松弛的可不进行预拉外，其他均应在使用前进行预拉，预拉应力值采用整根钢绞线破断负荷的 80%，持荷时间不应少于 5min。

11.5.6 预应力筋加工验收后应妥善保管，防止损伤、变形和锈蚀。

（Ⅱ）施加预应力

11.5.7 张拉机具与锚具应配套使用，张拉设备和仪表应配套校验。其压力表精度不宜低于 1.5 级，校验张拉设备的试验机测力计精度不得小于±2%，校验时的千斤顶活塞口运行方向应与实际张拉工作状态一致。

11.5.8 张拉机具应专人使用、管理和维护，定期校验。其校验期限不宜超过 6 个月或 200 次，其千斤顶使用中出现不正常现象或检修后均应重新校验。

11.5.9 张拉设备安装时，直线预应力筋应使张拉力的作用线与孔道中心线重合；曲线预应力筋应使张拉力作用线与孔道中心线末端的切线重合。

11.5.10 预应力筋的张拉方法和控制应力应符合设计要求，如超张拉时，不宜超过表 11.5.10 规定。

表 11.5.10 最大张拉控制应力允许值

钢材种类	张拉方法	
	先张法	后张法
碳素钢丝、刻痕钢丝、钢绞线	$0.80f_{ptk}$	$0.75f_{ptk}$
热处理钢筋、冷拔低碳钢丝	$0.75f_{ptk}$	$0.70f_{ptk}$
冷拉钢筋	$0.95f_{pyk}$	$0.90f_{pyk}$

注：f_{ptk}为预应力筋极限抗拉强度标准值；

f_{pyk}为预应力筋屈服强度标准值。

11.5.11 预应力筋张拉采用应力控制时，应以伸长值进行校核，实际伸长值与理论伸长值之差应控制在6%以内。

11.5.12 预应力筋张拉时，其理论伸长值ΔL（mm）可按下式计算：

$$\Delta L=\bar{P}L/A_y \cdot E_q \quad (11.5.12)$$

式中 $\bar{P}$——预应力筋平均张拉力（N）；

L——预应力筋长度（mm）；

A_y——预应力筋的截面面积（mm^2）；

E_q——预应力筋弹性模量（N/mm^2）。

11.5.13 预应力筋张拉前，应先调整至初应力值σ_0（一般为张拉控制应力的10%～25%）后开始量测，但必须加上初应力时的推算伸长值。对后张法预应力混凝土结构在张拉过程中产生弹性压缩值可省略。

11.5.14 预应力筋张拉后锚固值与设计规定的检验值允许偏差为±5%。

11.5.15 锚固阶段张拉端预应力筋的内缩量，不应大于表11.5.15的允许值。

表 11.5.15 锚固阶段张拉端预应力筋的内缩量允许值（mm）

锚具类型		内缩量允许值
螺帽锚具及墩头锚具		1
锥形锚具		6
夹片锚具		5
楔片式锚具	用于钢筋时	2
	用于钢绞线时	3

11.5.16 预应力筋张拉及放松时，应填写施加预应力记录。

（Ⅲ）先 张 法

11.5.17 先张法墩式台座结构应符合下列规定：

1 承力台座抗倾覆系数不应小于1.5，抗滑移系数不应小于1.3；

2 横梁受力挠度不应大于2mm；

3 台座结构构造应满足预制构件施工工艺要求。

11.5.18 预应力筋铺设时，应有防沾污的措施。

11.5.19 多根预应力筋同时张拉时应先调整初应力，并保持相互间的应力一致。

11.5.20 预应力筋张拉时的断丝数量不得超过表11.5.20规定。

表 11.5.20 先张法预应力筋断丝允许值

预应力筋类别	检查项目	允许值
钢丝及钢绞线	同一构件内断丝不得超过总数	1%
钢筋	拉断	不允许

11.5.21 同时张拉同一构件的多根钢筋时应抽查预应力值，其偏差的绝对值不得大于或小于全部钢筋预应力值的5%。

11.5.22 采用超张拉方法进行张拉时，其张拉程序应符合表11.5.22规定。

表 11.5.22 先张法预应力筋张拉程序

预应力筋种类	持荷时间（min）	张拉程序
钢筋	5	0→初应力→105σ_k%→90σ_k%→σ_k（锚固）
钢丝、钢绞线	5	0→初应力→105σ_k%→0→σ_k（锚固）

11.5.23 预应力筋张拉完毕，位置允许偏差为±5mm，并不得大于结构断面最短边的4%。

11.5.24 预应力筋放张时的混凝土不应低于设计强度的70%。

11.5.25 预应力筋张拉后切断顺序应由放张端开始，逐次切向另一端。

（Ⅳ）后 张 法

11.5.26 预留孔道宜采用内壁比预应力束直径大10～15mm的波纹管，其安装应符合下列规定：

1 位置正确，控制点允许偏差为：垂直方向±10mm，水平方向±20mm；

2 固定波纹管的托架应与结构钢筋连接牢固，托架间距不应大于600mm，特殊部位应加密；

3 管接头连接应严密；

4 灌浆孔设置间距不应大于30m；

5 端头波纹管孔道中心线应垂直于锚垫板并连接牢固、严密。

11.5.27 波纹管孔道形成后应逐根检查，合格后方可进行下道工序施工。施工中严禁电火花损伤管道。

11.5.28 施加预应力时的结构混凝土不应低于设计强度的70%。

11.5.29 预应力筋应分批、分阶段对称张拉，其张拉顺序应符合设计规定。

11.5.30 预应力筋超张拉时，其张拉程序应符合表11.5.30规定。

表 11.5.30 后张法预应力筋张拉程序

预应力筋种类		持荷时间（min）	张拉程序
钢筋、钢筋束及钢绞线束		5	0→初应力→105σ_k%→σ_k（锚固）
钢丝束	夹片式锚具及锥销式锚具	5	0→初应力→105σ_k%→σ_k（锚固）
	其他锚具	5	0→初应力→105σ_k%→0→σ_k（锚固）

11.5.31 长度大于 25m 的预应力筋宜在两端张拉，并宜在一端张拉锚固后，再在另一端补足预应力值后进行锚固。

11.5.32 预应力筋断丝、滑移不得超过表 11.5.32 的规定。

表 11.5.32 后张法预应力筋断丝、滑移控制值

检查项目		控制数
钢丝、钢绞线	每束钢丝或钢绞线断丝、滑丝	1 根
	每个断面断丝之和不超过该断面钢丝总数	1%
单根钢筋	断筋或滑移	不允许

（Ⅴ）孔道压浆

11.5.33 后张法预应力筋张拉后应及时进行孔道压浆。其水泥浆应符合下列规定：

1 宜采用 425 号以上的普通硅酸盐水泥或矿渣硅酸盐水泥；

2 水灰比为 0.4～0.45，泌水率不应大于 4%；

3 可掺加适量膨胀剂，其膨胀率不应大于 10%；

4 稠度为 14～18s，流动度为 120～170mm；

5 水泥浆调制至灌注延续时间不应超过 45min，并在压浆中经常搅动。

11.5.34 压浆应符合下列规定：

1 压浆前应将孔道清理干净，湿润无积水。

2 压浆应缓慢、均匀进行。曲线孔道由低处压浆孔压入，由最高点排气孔排气和泌水。

3 每一孔道宜于两端先后各压一次，间隔时间 30～45min。泌水率较小的水泥浆，可采用一次压注法进行。

4 压浆采用活塞泵或压浆泵，不得使用压缩空气。

5 压浆压力为 0.5～0.7MPa。

6 压浆中及压浆后 48h 内，结构混凝土温度不应低于 5℃。当气温高于 35℃时，宜在夜间施工。

7 压浆应填写记录，每班留取 3 组试件。

11.5.35 压浆后，锚具应灌注混凝土封闭。长期外露的锚具，应采取防锈措施。

11.5.36 预制构件的孔道水泥浆达到设计强度的 55%，并不低于 20MPa 时方可移运和吊装。

11.6 桥 面 系

11.6.1 变形缝应直顺无堵塞，垫层与结构变形缝应同位，填料前应清理干净，填料填充密实并与垫层面相平。

11.6.2 桥面采用卷材或涂膜防水层时，其施工应符合本规范第 9.3 节和第 9.4 节的规定。

11.6.3 栏杆安装应符合下列规定：

1 立柱位置和顶端高程应正确并垂直，其允许偏差：平面位置和高程均为±4mm，垂直度为 2‰；

2 扶手应直顺，允许偏差为 3mm。

11.6.4 消音墙安装位置应正确，支架应横平竖直，消音板固定牢固。

消音墙允许偏差为：平面位置±5mm，垂直度 2‰。

11.6.5 人行步道应平整，并按设计留置排水坡度，其平整度允许偏差为 3mm。

11.6.6 缘石必须固定牢固，位置正确，其平整度允许偏差为 3mm；

11.6.7 灯杆安装允许偏差为：平面位置，纵向±100mm，横向±20mm；垂直度 2‰。

11.6.8 排水孔位置应正确，排水畅通，并应伸出结构 100～150mm。

11.7 工 程 验 收

11.7.1 钢筋混凝土高架桥施工以下项目应进行中间检验，并符合本章有关规定：

1 桥基及开挖后的基底高程、基坑宽度、基坑支护和边坡稳定性以及基底处理和基础完成后基坑清理和回填；

2 结构使用的原材料、预制构件及混凝土的配合比、搅拌、灌注和钢筋加工、绑扎、模板、预埋件；

3 预应力混凝土结构钢筋冷拉、钢材编束、孔道预留、施加预应力和孔道压浆；

4 桥面系各部件安装及防水材料和施工。

11.7.2 高架桥结构竣工验收时，其混凝土强度必须符合设计要求，无露筋、露石、裂缝，表面平整，结构允许偏差值应符合表11.7.2规定。

表 11.7.2 高架桥钢筋混凝土结构允许偏差值（mm）

项 目		允许偏差	检查方法
平面位置	基础	±20	以线路中线为准，经纬仪检查
	承台	±15	以线路中线为准，经纬仪检查
	台、墩、柱	±10	以线路中线为准，经纬仪检查
	梁、板	±10	以线路中线为准，经纬仪检查
	变形缝	±10	以线路中线为准，用尺检查
	预埋件	±10	以线路中线为准，用尺检查
	预留孔洞	±10	以线路中线为准，用尺检查
	消音墙	±10	以线路中线为准，用尺检查

续表 11.7.2

项　目		允许偏差	检查方法
垂直度	基础	±30	吊锤塞尺检查
	承台	±20	吊锤塞尺检查
	台、墩、柱	2‰	吊锤塞尺检查
	消音墙	2‰	吊锤塞尺检查
平整度及直顺度	基础	20	拉线用 2m 靠尺检查
	承台	15	拉线用 2m 靠尺检查
	台、墩、柱	10	拉线用 2m 靠尺检查
	梁、板及步道	10	拉线用 2m 靠尺检查
	消音墙	10	拉线用 2m 靠尺检查
	预埋件	10	靠尺检查
高程	基础	±20	水平仪检查
	承台	±15	水平仪检查
	台、墩、柱	±10	水平仪检查
	梁、板	±10	水平仪检查
	桥面梁板防水保护层及步道	±10	水平仪检查
	预留孔洞	±15	水平仪检查
	预埋件	±10	水平仪检查

11.7.3　工程竣工验收应提供下列资料：

1　原材料、成品、半成品质量合格证；

2　各种试验报告和质量评定记录；

3　隐蔽工程验收记录；

4　工程测量定位记录；

5　混凝土冬季施工热工计算及施工记录；

6　图纸会审记录、变更设计或洽商记录；

7　开竣工报告；

8　竣工图。

12　建筑装修

12.1　一般规定

12.1.1　本章适用于车站及附属建筑物装修工程的施工及验收。未作规定的应按国家现行有关强制性标准执行。

12.1.2　装修工程施工应具备下列条件：

1　施工组织设计已经批准并进行交底；

2　主体结构验收合格并清理干净；

3　装修范围内的整体道床施工完毕；

4　主体结构和道床已贯通测量，与装修有关的水准点、轨道中线点等有关资料交装修施工单位；

5　装修施工范围内临时供电线路及供水管道敷设完毕。

12.1.3　装修工程施工时的环境温度和湿度应符合下列规定：

1　抹灰、镶贴板块饰面工程应不低于5℃；

2　涂料工程应不低于 8℃；

3　玻璃工程应不低于 5℃；

4　胶结剂粘贴饰面工程应不低于 10℃；

5　施工环境相对湿度不宜大于 80%。

12.1.4　施工前应对结构净空尺寸，柱子、墙面的垂直度、轴线、预埋件及预留孔、槽等进行检查，不符合设计要求的应进行处理。

12.2　吊　顶

12.2.1　吊顶工程应在顶棚内设备管道、检修通道安装完毕后施工。

12.2.2　吊顶的吊挂件不得与设备管道及检修通道的吊挂件合用，也不得吊挂在管道或其他设备上。设备管道不得架设在吊顶龙骨上。

12.2.3　吊顶施工前，应在结构顶板底面测放出大龙骨吊点位置和吊顶周边线以及高程控制线（点）。

12.2.4　吊顶的吊挂点与结构连接可采用预埋件或膨胀螺栓，位置应正确并固定牢固。

膨胀螺栓钻孔遇到结构钢筋时，应沿大龙骨方向前后移动 50～100mm 补设。

12.2.5 车站大厅吊顶中间应起拱，起拱高度宜为顶棚短边长度的1/400～1/500。

12.2.6 吊杆与吊点及大龙骨的连接件必须连接牢固，吊杆不得弯曲。大、中、小龙骨的挂、插件应连接牢固。

12.2.7 吊杆及连接件等，除采用镀锌件外，凡金属外露面均应做防锈处理。

12.2.8 吊顶的大龙骨不宜悬挑，如遇到悬挑时，其悬挑长度不应大于300mm。

大龙骨对接接长时，相邻大龙骨的接头位置应相互错开。

12.2.9 吊顶上的照明灯具（筒灯除外）、通风口及广播喇叭箅子等，应增设附加龙骨固定在大龙骨上或单独吊挂，不得架设在中、小龙骨上。

12.2.10 吊顶饰面板应在吊顶内的照明、广播及通风管线敷设完工并验收合格后安装。

12.2.11 水泥加压板、金属板（条）、钢丝网片等的吊顶饰面施工应符合下列规定：

1 明龙骨布置，如设计无要求时，中龙骨（或通长次龙骨）应沿车站大厅纵向或主要入口方向敷设，房间内应沿主要入口或房间长边方向敷设；中、小龙骨应相互垂直，搭接底面应平整、无错台，间距尺寸正确，饰面板周边与龙骨支承面应密贴，不得翘曲和露缝。

2 暗龙骨饰面板与龙骨应固定牢固，板面平整，板缝纵横直顺、宽窄均匀一致。

3 饰面板与灯口、箅子口等相交处，套割尺寸应正确，边缘整齐，不得露缝。

4 金属扣条饰面板面应平整，条缝应直顺，相邻条板接头位置应相互错开，接缝严密，不得有错台和错位。

5 钢丝网片饰面的纵横龙骨应相互垂直，接头平整，网格形状一致，周边支撑长度应符合设计要求，网片中部不得下垂，网片和龙骨的涂料颜色应均匀一致。

6 饰面板起拱尺寸应正确，阴阳角收边应规整。

12.2.12 吊顶花饰安装应牢固，并具有完整性和一致性，花饰板面不得翘曲和歪斜，表面应洁净。

12.2.13 吊顶饰面板安装后，不得踩踏龙骨和饰面板，并保持环境通风干燥。

12.3 站厅（台）地面

12.3.1 站厅（台）地面面层应在吊顶和柱（墙）面装修完工后施工。

12.3.2 站厅（台）地面必须以轨道中线位置及高程为基准，测放其高程及站台侧面帽石外缘的位置，其允许偏差为：距离$^{+3}_{0}$mm，高程±3mm。

12.3.3 站台边沿与轨道方向平行铺设的安全线标志的位置及材料的规格和颜色应符合设计要求。

12.3.4 站台面设置的变形缝及检查人孔，其镶边角钢预埋件应与地面基层结合牢固、直顺，宽窄一致并与站台面齐平。变形缝的盖板条及检查孔盖板，表面应平整并与站台面相平。

12.3.5 站厅（台）面层采用板（砖）块铺砌时应符合下列规定：

1 铺砌前应分类选料，凡有裂纹、表面破损和有缺陷的应予剔出，不同品种的板（砖）材不得混用。

2 板（砖）块面层材料应湿润后铺砌。

3 板（砖）块应在砂浆结合层初凝前铺砌完毕，其表面应平整，板缝直顺、缝宽一致，图案镶嵌正确。施工间歇后继续铺砌时，应将已铺砌板（砖）块挤出的砂浆清理干净。

4 板（砖）块面层宜在铺砌1～2d后用水泥填缝，水泥凝固后方可清洗面层。

5 大理石面铺砌前，应按设计图案或板面纹理试拼并编号。铺砌后应保护，待水泥砂浆结合层达到设计强度后方可打蜡擦亮。

12.4 站厅（台）钢管柱及钢筋混凝土柱饰面

12.4.1 钢管柱除锈或钢筋混凝土柱清理干净后应及时进行装修施工。

12.4.2 柱面饰面板施工应符合下列规定：

1 安装前饰面板应按品种、规格、颜色进行分类并清理干净，大理石板块尚应进行试拼编号。

2 饰面板应固定牢固，位置正确，接缝直顺，竖缝封闭严密。板面与柱面应湿润后及时灌注水泥砂浆。

3 天然及预制水磨石饰面板接缝应干接，并用与板面相同颜色的水泥浆填缝抹平。

4 饰面板安装完毕，柱面面层清洗干净后应打蜡擦亮。

12.4.3 柱面面层镶贴面砖施工应符合下列规定：

1 钢筋混凝土柱面应凿毛、刷界面剂，抹1∶3水泥砂浆底层后弹好控制线；

2 面砖镶贴前应先选砖、预挂、浸泡晾干后镶贴。

3 面砖应自下向上逐层镶贴，贴砖砂浆应饱满，镶贴面砖表面应平整，接缝横平竖直；

4 面砖接缝的嵌填材料、颜色及勾缝深度应符合设计要求。

12.5 站台电缆墙

12.5.1 电缆墙饰面层使用的材料应符合设计要求，墙面应垂直、平整、直顺，并与主体结构连接牢固，其位置以线路中线为准，允许偏差为$^{+3}_{0}$mm。

12.5.2 混凝土管块电缆墙铺砌应符合下列规定：

1 管块应平实铺卧在砂浆垫层上，垫层厚度为15～20mm；

2 管块接缝间隙不应大于5mm，上下两层接缝宜错开1/2管块长度；

3 管块接缝处应用纱布包缠并湿润，刷一道水泥浆后抹水泥砂浆；

4 管块铺设完毕后，管孔应用拉棒试通并合格。

12.5.3 金属活动板及水泥加压板电缆墙的型钢骨架应连接牢固，竖、横龙骨应相互垂直，表面平整，接头处不得有错台，骨架应做防锈处理。

12.5.4 金属活动板电缆墙的活动扇与骨架关闭后的固定装置，必须安全可靠，开启方式及方向应符合设计要求。

12.5.5 水泥加压板电缆墙板面安装应符合下列规定：

1 板面安装可用自攻螺丝或沉头螺栓紧固在型钢骨架上，自攻螺丝或沉头螺栓间距：周边不应大于200mm，中间不应大于300mm，距板边宜为12～16mm；

2 自攻螺丝或沉头螺栓帽应略埋入板面，并做防锈处理，用腻子补平后再刷涂料；

3 板缝处理应符合设计要求。

12.6 不锈钢栏杆及楼梯扶手

12.6.1 不锈钢栏杆及楼梯扶手使用的材料品种、规格应符合设计要求，管壁厚度如设计无要求时，应大于1.2mm。

12.6.2 栏杆及楼梯扶手安装位置应正确、牢固，扶手坡度与楼梯的坡度应一致，栏杆应垂直，间距正确。

12.6.3 栏杆立柱与扶手的接口应吻合，焊缝密实，焊口表面光洁度及颜色应与原材料一致。

12.6.4 扶手转角为弧形角时应圆顺、光滑、不变形；直拐角接口割角应正确，接缝严密，外形美观。

12.7 工程验收

12.7.1 吊顶以下项目应进行中间检验，并符合本章有关规定：

1 吊顶所用材质、品种、规格、颜色；

2 龙骨吊点测放位置、固定及组装；

3 饰面板块的切割和安装。

12.7.2 吊顶竣工后，龙骨及板块必须固定牢固，板面平整，无污染、翘曲、下垂、缺棱掉角等缺陷，板（条）均匀一致，纵横直顺。其吊顶饰面板面允许偏差应符合表12.7.2的规定。

表12.7.2 吊顶饰面板面允许偏差值（mm）

项目	允许偏差	检查方法
表面平整度	2	用2m靠尺和楔形塞尺检查
接缝平直度	3	拉5m线，不足5m拉通线用尺量检查
接缝高低差	0.5	用直尺和楔形塞尺检查
吊顶起拱高度	±5	拉线用尺量或水平仪检查
吊顶边线高度	±2	拉线用尺量或水平仪检查
分格线平直度	2	拉5m线，不足5m拉通线用尺量检查

12.7.3 站厅（台）板块地面以下项目应进行中间检验，并符合本章有关规定：

1 板块材质、品种、规格、颜色、光洁度；

2 板块垫层砂浆材质、配合比及铺砌；

3 板面及踢脚板铺砌；

4 站台帽石边缘距轨道中心线的距离及地面高程；

5 站台安全线位置及直顺度。

12.7.4 站厅（台）板块地面竣工后应无空鼓，表面平整、洁净，无明显色差，缝隙直顺，宽窄一致，其地面面层偏差应符合表12.7.4的规定。

表12.7.4 板块地面面层允许偏差值（mm）

项目	允许偏差				检查方法
	天然光镜面石材	预制水磨石	陶瓷地砖	缸砖	
表面平整度	1	2	2	4	用2m靠尺和楔形塞尺检查
缝格平直度	2	3	3	3	拉5m线，不足5m拉通线尺量检查
接缝高低差	0.5	1	1	1.5	直尺和楔形塞尺检查
踢脚板上口平直度	1	2	2	—	拉5m线，不足5m拉通线尺量检查
板缝宽度	1	2	2	2	尺量检查
帽石边距轨道中线	$^{+3}_{0}$				用经纬仪和尺量检查
站台面高程	±3				用水平仪和尺量检查

注：表中第5项板缝宽度为设计无要求时的宽度。

12.7.5 站厅（台）柱面板块饰面以下项目应进行中间检验，并符合本章有关规定：

1 饰面板的材质、品种、规格、颜色和光洁度；

2 饰面板底层砂浆材质、配合比及铺砌；

3 板块镶贴。

12.7.6 站厅（台）柱面板块饰面竣工后应无空鼓，表面平整、洁净，无明显色差，缝隙直顺，宽窄一致，阳角方正，弧面圆顺。其柱面板块面层允许偏差应符合表12.7.6的规定。

表12.7.6 柱面面层允许偏差值（mm）

项目	允许误差					检查方法
	天然光镜面石材		粗磨面石材	预制水磨石	饰面砖	
	方柱	圆柱				
表面平整度	1	—	2	2	2	用2m靠尺和楔形塞尺检查
立面垂直度	2	2	2	2	2	用2m托线板检查
阳角方正	2	—	3	2	2	用200mm方尺和楔形塞尺检查
接缝高低差	0.3	0.3	1	0.5	0.5	用直尺和楔形塞尺检查
板缝宽度	0.5	0.5	1	0.5	1	用尺量检查
弧形柱面精度	—	1.5	—	—	—	用1/4圆周样板和楔形塞尺检查
柱群纵横向直顺度	5	5	—	—	—	拉通线或经纬仪用尺量检查

12.7.7 电缆墙以下项目应进行中间检验，并符合本章有关规定：

1 使用的材质、品种、规格、型号；

2 混凝土管块的砌筑和试通；

3 金属活动板及加压板电缆墙的安装质量。

12.7.8 电缆墙竣工后应与结构连接牢固，墙面平整、垂直，混凝土管孔拉棒试通合格，金属活动板及水泥加压板骨架横平竖直，其允许偏差应符合表12.7.8的规定。

表12.7.8 电缆墙允许偏差值（mm）

项目	允许偏差	检查方法
墙面距轨道中线	+3 −2	用经纬仪和尺量检查
墙面垂直度	3	用2m托线板检查
墙面平整度	3	用2m靠尺和楔形塞尺检查
板墙骨架横竖龙骨中心距	±2.5	用尺量检查
板墙骨架横竖龙骨对角线尺寸	≤5	用尺量检查
管道管孔通顺度	拉棒试通	用比管孔孔径小5mm、长900mm的拉棒进行检查，两孔以上的水泥管块管道，每个管块任抽试两孔应通顺

12.7.9 不锈钢栏杆、扶手以下项目应进行中间检验，并符合本章有关规定：

1 使用的材质、品种、规格；

2 制作尺寸和安装位置。

12.7.10 栏杆、扶手竣工后应固定牢固，位置正确，表面光滑、色泽光亮一致，扶手弧形弯角无变形，直角接口严密无缝隙，其允许偏差应符合表12.7.10的规定。

表12.7.10 不锈钢栏杆扶手安装允许偏差值（mm）

项目	允许偏差	检查方法
扶手直顺度	1	拉5m线，不足5m拉通线尺量检查
栏杆垂直度	1	吊线尺量检查
栏杆间距	2	尺量检查

12.7.11 工程竣工验收应提供下列资料：

1 原材料、成品、半成品质量合格证；

2 各种试验报告和质量评定记录；

3 隐蔽工程验收记录；

4 工程测量定位记录；

5 图纸会审记录、变更设计或洽商记录；

6 开竣工报告；

7 竣工图。

13 整体道床轨道

13.1 一般规定

13.1.1 本章适用于隧道内1435mm标准轨距，采用预埋混凝土轨枕或短轨（岔）枕整体道床无缝线路和道岔的施工及验收。地面及高架线路的轨下基础、轨道和道岔施工及验收，应按设计和国家现行的有关强制性标准执行。

13.1.2 钢轨、道岔及配件、混凝土预制构件等应有出厂合格证，并经检验合格后方可使用。

13.1.3 整体道床轨道可采用直接铺轨法或换轨铺设法施工。

采用换轨铺设法施工，除满足本章有关要求外，尚应符合下列规定：

1 工具轨必须与永久轨同型号；

2 永久轨应在隧道外焊接成长轨条后换铺。

13.1.4 钢轨焊接接头应按操作工艺规程施焊，并应进行超声波探伤和外观检查，其标准应符合国家现行标准《钢轨焊接接头技术条件》TB/T 1632 的规定。

13.1.5 整体道床轨道施工的轨长、轨缝、曲线超高、混凝土标号和钢轨锁定温度等应符合设计规定。

13.1.6 整体道床采用的混凝土轨枕、短轨（岔）枕等宜在工厂制作。如牵引电网采用接触轨时，其混凝土底座应预制，并与整体道床同时施工。

13.1.7 整体道床轨道施工应具备下列条件：

1 设计文件齐全，图纸已经会审；

2 施工方案已审批并进行技术交底；

3 隧道结构验收合格，底板混凝土已凿毛，并清理干净；

4 铺轨基标敷设完毕；

5 施工区段内供水、供电和照明满足需要；

6 进料口已落实；器材和施工机具、模板等齐备。

13.1.8 轨道铺设完毕，应在设计规定的锁定轨温范围内正式锁定。

当施工锁定轨温偏离设计规定的锁定温度时，应放散应力后重新锁定。

13.1.9 整体道床轨道完工后，应进行线路贯通测量，并按设计位置敷设线路标志。

13.2 器材整备、堆放和运输

13.2.1 铺轨基地宜设在车辆段内。器材堆放场地应平整、坚实，排水系统应畅通。

13.2.2 钢轨堆放应符合下列规定：

1 分类堆码整齐并标明型号和规格；

2 标定长度公差值在 3mm 以内的应同垛堆放，并在轨端标注清楚；

3 钢轨应用垫木与地面隔离并分层堆放，每层垫木间距不应大于 5m，上下层垫木应在同一垂线上；

4 堆放层数应根据钢轨吊装不受损坏和变形确定；

5 配件不得直接堆放在地面上。

13.2.3 混凝土轨枕、短轨（岔）枕和接触轨预制底座应分类、分层、承力面朝上堆码整齐，并用垫木与地面隔离。

13.2.4 道岔及配件应配套成组或按部件分别堆放整齐，尖轨与基本轨应捆扎堆放。

13.2.5 采用轨节铺设时，宜在基地组装，并应符合下列规定：

1 轨节的钢轨应配对组装，其轨枕或短轨（岔）枕应按本规范第 13.4 节有关规定安装；

2 轨节组装必须牢固不变形，检查合格后，并应按铺轨顺序和里程编号堆放整齐。

13.2.6 向隧道内运输器材时，钢轨应配对或整轨节、道岔成组装车，并在隧道外调整好方向。

13.3 基标设置

13.3.1 基标设置前应进行隧道结构净空限界检测和轨道线路中线及水平贯通测量，偏差调整闭合后，应根据设计图敷设控制基标和加密基标。

13.3.2 基标设置位置应符合下列规定：

1 控制基标：直线上每 120m、曲线上每 60m 和曲线起止点、缓圆点、圆缓点、道岔起止点等均应各设置一个点；

2 加密基标：直线上每 6m、曲线上每 5m 各设置一个点。

13.3.3 基标设置允许偏差应符合下列规定：

1 控制基标：方向为 6″；高程为±2mm；直线段距离为1/5000，曲线段距离为 1/10000；

2 加密基标：方向为±1mm；高程为±2mm；直线段距离为±5mm，曲线段距离为±3mm。

13.3.4 基标标桩应埋设牢固，桩帽中线和高程调整符合要求后应及时固定，并标志清楚。

13.4 轨道架设与轨枕或短轨（岔）枕安装

13.4.1 钢轨架设前必须调直，扣件的飞边、毛刺等应打磨干净并涂油。

13.4.2 钢轨和道岔均应采用支撑架架设。

钢轨支撑架架设间距：直线段宜 3m、曲线段宜 2.5m 设置一个，并直线段支撑架应垂直线路方向，曲线段支撑架应垂直线路的切线方向。

道岔支撑架应按设计位置设置。

13.4.3 架设于支撑架上的钢轨、道岔应初步调整其水平、位置、轨距和高程，并测放出轨枕、短轨（岔）枕位置。

13.4.4 轨枕或短轨（岔）枕安装时，直线段两股钢轨的轨枕或短轨（岔）枕中心线应与线路中线垂直，曲线段应与线路中线的切线方向垂直。

道岔辙岔部分的短岔枕应垂直辙岔角的平分线，转辙器及连接部分应与道岔直股方向垂直。

13.4.5 轨枕或短轨（岔）枕安装距离允许偏差为±10mm，承轨槽边缘距整体道床变形缝和钢轨普通（绝缘）接缝中心均不应小于70mm。

13.4.6 轨枕或短轨（岔）枕的垫板安装完毕，其扣件宜先安装钢轨的一侧再安装另一侧，位置正确后拧紧螺栓。

钢轨的普通接头和绝缘接头，应按设计轨缝宽度安装夹板后拧紧螺栓。

13.5 轨道位置调整

13.5.1 轨道应按设计图并依照基标进行调整。道尺使用前应校正，其精度允许偏差为$^{+0.5}_{0}$mm。

13.5.2 轨道的两股钢轨应采用相对式接头，直线段允许相错量为20mm；曲线段采用现行标准缩短轨，允许相错量为规定缩短量之半加15mm，当缩短轨对接布置困难而需要错接时，其错开距离不应小于3m。

道岔接头应按设计图布置。

13.5.3 轨道钢轨的接头里程，普通和绝缘接头应保持相对式接头不变，但距特殊区段的里程必须符合设计规定。

13.5.4 轨道钢轨调整精度应符合下列规定：

1 轨道中心线：距基标中心线允许偏差为±2mm。

2 轨道方向：直线段用10m弦量，允许偏差为1mm。曲线段用20m弦量正矢，允许偏差应符合表13.5.4的规定。

表13.5.4 轨道曲线正矢调整允许偏差值（mm）

曲线半径（m）	缓和曲线正矢与计算正矢差	圆曲线正矢连续差	圆曲线正矢最大最小值差
251～350	3	5	7
351～450	2	4	5
451～650	2	3	4
＞650	1	2	3

3 轨顶水平及高程：高程允许偏差为±1mm，左右股钢轨顶面水平允许偏差为1mm，在延长18m的距离范围内应无大于1mm三角坑。

4 轨顶高低差：用10m弦量不应大于1mm。

5 轨距：允许偏差为$^{+2}_{-1}$mm，变化率不应大于1‰。

6 轨底坡：按1/40设置。

7 轨缝：允许偏差为$^{+1}_{0}$mm。

8 钢轨接头：轨面、轨头内侧应平（直）顺，允许偏差为0.5mm。

13.5.5 轨道道岔调整精度应符合下列规定：

1 里程位置：允许偏差为±15mm。

2 导曲线及附带曲线：导曲线支距允许偏差为1mm。附带曲线用10m弦量连续正矢差允许偏差为1mm。

3 轨顶水平及高程：全长范围内高低差不应大于2mm；高程允许偏差为±1mm。

4 转辙器必须扳动灵活，曲尖轨在第一连接杆处的动程不应小于152mm；尖轨与基本轨密贴，其间隙不应大于1mm。尖轨的尖端处轨距允许偏差为±1mm。

5 护轨头部外侧至辙岔心作用边的距离为1391mm，允许偏差为$^{+2}_{0}$mm，至翼轨作用边的距离为1348mm，允许偏差为$^{0}_{-1}$mm。

6 轨面应平顺，滑床板在同一平面内。轨撑与基本轨密贴，其间隙不应大于0.5mm。

7 其他调整精度应符合本规范第13.5.4条规定。

13.5.6 轨道的钢轨和道岔精度调整合格后必须固定牢固，并隐检合格后，应及时灌注整体道床混凝土。

13.6 整体道床

13.6.1 整体道床混凝土的变形缝和水沟模板支立应牢固，其允许偏差为：位置±5mm；垂直度2mm。

13.6.2 灌注混凝土的脚手架，必须独立设置并牢固，不得与钢轨和支撑架挂连。

13.6.3 混凝土应分层、水平、分台阶灌注，并振捣密实，严禁振捣器触及支撑架和钢轨。

13.6.4 道床混凝土初凝前应及时进行面层及水沟的抹面，并将钢轨、轨枕或短轨（岔）枕及接触轨预制底座、扣件、支撑架等表面灰浆清理干净。抹面允许偏差为：平整度3mm，高程$^{0}_{-5}$mm。

13.6.5 混凝土灌注终凝后应及时养护，其强度达到5MPa时方可拆除钢轨支撑架。

混凝土未达到设计强度的70%时，道床上不得行驶车辆和承重。

13.6.6 混凝土抗压试件留置组数：同一配合比，每灌注100m（不足者也按100m计）应取二组试件，一组在标准条件下养护，另一组与道床同条件下养护。

13.7 混凝土预制构件制作

13.7.1 混凝土轨枕、短轨（岔）枕及接触轨混凝土底座等预制构件制作应方正、平整、棱角直顺，不得有蜂窝麻面，强度应符合设计要求。

13.7.2 混凝土轨枕及短轨（岔）枕制作允许

偏差为：

1 承轨槽底线至螺栓套管中心距离±2mm；

2 承轨槽挡肩高度$^{+3}_{-1}$mm，坡度±2°；

3 承轨槽面平整度1mm；

4 螺栓套管与承轨面：垂直度1mm；位置±1mm；中心间距±1mm；螺栓套管口与承轨面相平度$^{+2}_{0}$mm；

5 外型长、宽、高$^{+10}_{-5}$mm。

13.7.3 接触轨混凝土预制底座制作允许偏差为：表面平整度1mm；螺栓与底座平面垂直度2mm，高出平面$^{+2}_{0}$mm，位置±1mm；中心线间距±2mm；外形长、宽、高$^{+3}_{0}$mm。

13.7.4 混凝土预制构件的试件留置组数，同一品种的同一配合比每1000块（不足1000块也按1000块计）应取两组试件。一组在标准条件下养护，另一组和构件同条件下养护。

13.8 工程验收

13.8.1 整体道床轨道以下项目应进行中间检验，并符合本章有关规定：

1 轨道：

1）钢轨、道岔及配件的材质、规格、品种及钢轨焊接质量；

2）基标设置；

3）轨道架设及轨枕或短轨（岔）枕安装；

4）轨道精度调整。

2 整体道床：混凝土预制构件、现浇混凝土材质、配合比、模板支立、混凝土灌注及试件制作。

13.8.2 整体道床竣工验收应符合下列规定：

1 混凝土强度应符合设计规定，并应无蜂窝、麻面和漏振。表面清洁，平整度允许偏差为3mm，变形缝直顺，在全长范围内允许偏差为10mm。

2 外露轨枕或短轨（岔）枕、接触轨预制底座的棱角应完整无损伤，预埋件位置正确。

3 水沟直（圆）顺；沟底坡与线路坡度一致并平顺，流水畅通，允许偏差为：位置±10mm，垂直度3mm。

13.8.3 轨道的钢轨和道岔，其扣件、接头夹板螺栓应拧紧并涂油。

13.8.4 轨道钢轨竣工验收，其精度应符合下列规定：

1 轨道中心线：距基标中心线允许偏差为±3mm。

2 轨道方向：直线段用10m弦量，允许偏差为2mm；曲线段用20m弦量正矢，允许偏差应符合表13.8.4的规定。

表13.8.4 轨道曲线竣工正矢允许偏差值（mm）

曲线半径（m）	缓和曲线正矢与计算正矢差	圆曲线正矢连续差	圆曲线正矢最大最小值差
251～350	5	10	15
351～450	4	8	12
451～650	3	6	9
>650	3	4	6

3 轨顶水平及高程：高程允许偏差为±2mm；左右股钢轨顶面水平允许偏差为2mm；在延长18m的距离范围内应无大于2mm三角坑。

4 轨顶高低差：用10m弦量不应大于2mm。

5 轨距：允许偏差为$^{+3}_{-2}$mm，变化率不大于1‰。

6 轨底坡：1/30～1/50。

7 轨缝：允许偏差为$^{+1}_{0}$mm。

8 钢轨接头：轨面、轨头内侧应平（直）顺，允许偏差为1mm。

13.8.5 轨道道岔竣工验收，其精度应符合下列规定：

1 里程位置：允许偏差为±20mm。

2 导曲线及附带曲线：导曲线支距允许偏差为2mm；附带曲线用10m弦量正矢为2mm。

3 轨顶水平及高程：全长范围内高低差不应大于3mm，高程允许偏差为±2mm。

4 转辙器必须扳动灵活，曲尖轨在第一连接杆处的动程不应小于152mm。尖轨与基本轨密贴，其间隙不应大于1mm。尖轨尖端处轨距允许偏差为±1mm。

5 护轨头部外侧至辙岔心作用边距离为1391mm，允许偏差为$^{+3}_{0}$mm。至翼轨作用边距离为1348mm，允许偏差为$^{0}_{-2}$mm。

6 轨面应平顺，滑床板在同一平面内。轨撑与基本轨密贴，其间隙不应大于1mm。

7 其他精度应符合本规范第13.8.4条规定。

13.8.6 整体道床轨道线路验收合格后应进行通车试验，其运行速度：第一次为15km/h，第二次为25km/h，第三次为45km/h，以后按设计速度运行，并在运行的头3d内复紧一次扣件螺栓。

13.8.7 工程竣工验收应提供下列资料：

1 原材料、配件、混凝土构件等出厂合格证及验收记录；

2 各种试验报告和质量评定记录；

3 钢轨焊接及检验记录；

4 隐蔽工程验收记录；

5　工程测量定位记录；

6　轨道锁定记录；

7　建筑和设备限界、轨距、高程、位置检验记录；

8　图纸会审记录、变更设计或洽商记录；

9　开竣工报告；

10　竣工图。

14　自动扶梯

14.1　一般规定

14.1.1　本章适用于自动扶梯设备现场组装的施工及验收。整机安装时也应按本章相应规定执行。

14.1.2　自动扶梯设备安装工程施工应具备下列条件：

1　施工组织设计已经批准，并进行交底；

2　混凝土基础符合规定并达到允许设备安装的强度；

3　施工用电设施敷设完毕，施工道路畅通。

14.1.3　利用结构吊运设备时，结构的允许承载力应经核算，当满足要求时方可施工。

14.1.4　设备出厂时已组装好的部件或整体吊装的自动扶梯，现场不宜拆装。

14.1.5　自动扶梯安装前应对基础进行检查，并测放出上、下地坪高程及扶梯安装中心线，允许偏差为：高程 $_{-3}^{\ 0}$mm；中心线±10mm。

14.2　金属结构架

14.2.1　自动扶梯金属结构架各段连接应符合下列规定：

1　连接应平直，允许偏差为±1mm；

2　结构架中心线与扶梯安装中心线允许偏差为±1mm，头、尾部水平段的水平度允许偏差为0.5‰；

3　结构架与混凝土基础的连接、固定应符合设计和设备技术文件的规定，固定可靠。

14.2.2　金属结构架的施焊部位及防腐损坏部位应作处理，且不得低于原防腐标准。

14.3　梯路系统

14.3.1　驱动端与张紧端安装应符合设计和设备技术文件规定。左右转向端对称于扶梯安装中心线的允许偏差为±0.5mm。

14.3.2　驱动轴与张紧轴安装应符合下列规定：

1　轴心线水平度允许偏差为0.5‰；

2　轴心线与扶梯安装中心线的垂直度允许偏差为0.5‰；

3　梯级张紧机构的安装应符合设备技术文件要求。

14.3.3　梯路导轨安装应符合下列规定：

1　直线段导轨的直顺度允许偏差为0.2‰，全长不得大于1.5mm；

2　两侧导轨与扶梯安装中心线的允许偏差为0.5mm；

3　上、下水平段两侧导轨水平度允许偏差为0.5‰；

4　主、副轮导轨轨距应一致，其与相应反轨之间的距离应使梯级滚轮平滑，通过无卡阻；

5　两侧对应导轨的接头应错开，固定应紧密、平滑、无凸肩。埋头螺栓顶面应埋入导轨平面以下0.15～0.25mm。

14.3.4　梯级安装应符合下列规定：

1　主、副滚轮转动应灵活，并应同时接触轨面；

2　梯级踏板与围裙板的间隙每侧不得大于4mm，两侧间隙之和不得大于7mm；

3　扶梯出入口水平梯级导向段长度应符合设计要求；

4　梯级踏板表面在工作区段内应水平；

5　在水平段内，相邻两个梯级的高度偏差不得大于4mm；

6　梯级运行应平稳，横向应无明显游动；

7　梳齿板梳齿与踏板面齿槽的啮合深度不得小于6mm，间隙不得大于4mm。

14.3.5　前沿板安装应符合下列规定：

1　装饰板与活地板镶拼密贴；

2　前沿板水平度允许偏差为0.5‰，与梳齿板拼接高低一致。

14.3.6　链条组装应符合下列规定：

1　链条应清洗脱蜡、销孔擦拭干净、润滑良好。

2　链条与链轮齿的啮合位置应正确，无偏磨现象。驱动链条张紧后，松弛边的垂度不应大于两链轮中心距离的2%。

3　运转时应无碰撞及异常声响。

14.4　驱动主机

14.4.1　驱动主机安装应符合下列规定：

1　驱动主机的纵、横向水平度允许偏差为0.5‰，且固定可靠；

2　主驱动轴的轴心线水平度及轴心线与扶梯纵向中心线的垂直度允许偏差均为0.5‰；

3　主传动轮与驱动轮的轮宽中央平面应在同一平面上，允许偏差为±0.5mm；

4　驱动主机安装在金属结构架内时，其精度应符合设备技术文件要求，并应连接紧密、固定牢固；

5 飞轮与制动盘外侧面应漆成黄色，飞轮上应有与运行方向对应的标志；

6 驱动链条的组装应符合本规范第 14.3.6 条规定。

14.4.2 制动器安装应符合下列规定：

1 制动带摩擦垫片与制动轮的实际接触面，不宜小于理论接触面积的 70%；

2 机电式制动器在制动电路断开时，应立即制动；

3 附加制动器动作时，控制电源应立即断开。

14.4.3 手动盘车装置应操作方便，安全可靠。

14.5 扶手装置

14.5.1 扶手带驱动与张紧装置的安装应按本规范第 14.3.1 条和第 14.3.2 条的规定执行。

14.5.2 扶手带导向装置的安装位置应符合设计规定，其托辊组、胶带滑轮和防偏轮均应转动灵活。

14.5.3 左、右扶手带支架安装应对称于扶梯安装中心线，允许偏差为±1mm，顶面高度一致，固定可靠。

14.5.4 扶手带导轨安装应符合下列规定：

1 直线段导轨的直顺度允许偏差为 2mm；两侧导轨的平行度允许偏差为 2mm；

2 两侧导轨对称于扶梯安装中心线，允许偏差为 1mm；

3 导轨表面应无擦伤、倒刺、锐棱，接头应平整光滑。

4 导轨与支架应固定紧密，当用埋头螺栓固定时应按本规范第 14.3.3 条第 5 款规定执行。

14.5.5 扶手带表面应无伤痕。扶手带开口边缘与导轨或支架之间的距离不得大于 8mm，运行时不得偏移。

14.5.6 围裙板、内外盖板和外装饰板应无孔洞或破边，安装时接头应对接，接缝应直顺，平整光滑。

14.5.7 护壁板安装应平整，两护壁板之间的缝隙不应大于 4mm，其边缘应成圆角或倒角。

14.6 电气装置

14.6.1 电线槽安装应符合下列规定：

1 每根电线槽固定点不应少于 2 点，并固定牢固；

2 电线槽水平和垂直偏差不应大于其长度的 2‰，全长不应大于 20mm；

3 电线槽接口应严密，槽盖平整，出线口应无毛刺。

14.6.2 接线箱或接线盒安装应牢固、端正。埋入墙内的盒口不应突出墙面，进墙面内不应大于 10mm。盒面板与墙面应密贴。

14.6.3 配线应符合下列规定：

1 导线的规格、型号应符合设计规定；

2 动力和控制线路应分别敷设；

3 电线槽内敷设导线的总截面（包括绝缘层），不应大于槽内截面积的 60%；电线管内敷设导线的总截面积（包括绝缘层），不应大于管内截面积的 40%；

4 截面为 $10mm^2$ 及以下单股铜芯导线和截面为 $2.5mm^2$ 及以下的多股铜芯导线与电气设备端子可直接连接，但多股铜芯导线应拧紧并搪锡；

5 截面大于 $2.5mm^2$ 的多股铜芯线与设备端子的连接应采用焊接，或压接后再连接。

14.6.4 动力回路和电气安全回路的绝缘电阻不应小于0.5MΩ。

14.6.5 扶梯桁架和电气设备金属外壳应与保护地线（PE 线）可靠连接。

14.6.6 限速器、断链保护、断带保护等装置的联动开关及安全保护开关的安装与调整，均应符合产品技术文件的规定，其动作应准确，灵敏可靠。

14.7 安全保护装置

14.7.1 自动扶梯安全保护装置应固定牢固，不得在运行中产生位移。

14.7.2 各种安全保护开关应接线正确，标志清晰，动作灵活，准确可靠。

14.7.3 自动扶梯有下列情况之一时，应自动停止运行并发出报警信号：

1 无控制电压；

2 电路接地故障；

3 运行速度超过额定速度的 1.2 倍；

4 控制装置在超速和运行方向非操纵逆转下动作；

5 驱动链、牵引链和扶手带的断链与断带保护开关动作；

6 附加制动器动作；

7 梯级进入梳齿板处有异物卡住；

8 扶手带入口保护装置动作；

9 梯级下陷保护开关动作；

10 安全电路的断电器和保护电动机的断路器动作。

14.8 调整试验

14.8.1 设备调试前应进行检查，并应符合下列规定：

1 机房及设备清洁无杂物；

2 无漏装零件，紧固件无松动；

3 润滑部位注入润滑油；

4 电气控制及机械保护装置动作正确可靠。

14.8.2 调整试验应符合下列规定：

1 驱动机构运行平稳，无振颤和异常声响。减速机不得漏油。空载运行时在高于上端梳齿板 1m 处所测得的噪音值不应大于 65dB（A）。

2 在额定电压下，空载运行速度与额定速度允许偏差为±5%。

3 扶手带在正常运行中不应卡阻和脱离导轨，其运行速度相对于梯级运行速度的允许偏差为 $^{+2}_{0}$%。

4 各类链条运行应符合本规范第 14.3.6 条的规定。

5 制动器制动时，停车应平稳。空载和负载的向下制动距离应符合表 14.8.2 的规定。

6 试运转中，操纵、联锁、制动等各种安全保护装置动作应灵敏，准确可靠。

表 14.8.2 自动扶梯空载和负载向下制动距离范围

额定速度（m/s）	制动距离范围（m）
0.50	0.20～1.00
0.65	0.30～1.30
0.75	0.35～1.50

14.8.3 操纵开关标志必须与扶梯的实际动作一致；制动装置制动时梯级应平稳。

14.8.4 扶梯应进行正、反两个方向的空载和负载运转。空载运转合格后，方可进行负载运转，并作出测试记录。

14.8.5 扶梯试运转时间：空载不得少于 4h；负载不得少于 2h。

14.9 工程验收

14.9.1 工程验收时应检查下列项目，并应填写验收记录：

1 扶梯整体外观检查符合本规范规定；

2 各种安全保护装置动作的有效性能检查，符合本规范第 14.7 节的规定；

3 功能测试检验，符合本规范第 14.8.2 条的规定。

14.9.2 工程竣工验收应提供下列资料：

1 原材料、设备的合格证及说明书；

2 图纸会审记录、设计变更或洽商记录；

3 调试记录；

4 隐蔽工程验收记录；

5 质量评定记录；

6 开竣工报告；

7 竣工图。

15 通 信

15.1 一般规定

15.1.1 本章适用于通信线路和设备安装工程的施工及验收。

15.1.2 管路内的电缆、电线，其总截面积不得超过管路内截面积的 40%。管路内不得设置接头。

15.1.3 设备电源报警时，应及时排除故障，严禁强行送电。

15.1.4 严禁使用带腐蚀性的焊剂进行焊接。

15.1.5 光、电缆线路施工前应按照施工图进行路由复测。

15.1.6 剥除光、电缆外护套（层）时，严禁损伤光纤及电缆芯线。

15.1.7 预埋件的埋设应符合下列规定：

1 预埋箱、盒位置应正确，并固定牢固；

2 预埋管伸入箱、盒内的长度应为 5mm，并拧紧锁紧螺母；多根管伸入时应排列整齐；

3 预埋在结构内的管路不得露出结构表面；

4 管路搣管时，弯曲半径不得小于管外径的 6 倍，弯扁度不得大于该管外径的 1/10；

5 管路经过结构变形缝时的防护及金属管路的接地应符合设计规定。

15.2 光、电缆线路

15.2.1 电缆托架安装应符合下列要求：

1 托架位置应正确，并固定牢固，水平和垂直允许偏差均为±5mm；

2 托架的同层托板应在同一水平面上。

15.2.2 光、电缆单盘测试前应进行检查，型号、规格、长度及气压应符合设计规定，并无损伤、霉烂及硬化变质。

15.2.3 光、电缆单盘应进行下列项目测试，并符合设计和产品技术文件规定：

1 确定光、电缆的 A、B 端别，并标注清楚；

2 芯线不得断线、混线和错对；

3 绝缘电阻；

4 芯线的环线电阻值；

5 四线组的电容耦合系数 K 和对地不平衡电容 e_1、e_2；

6 A、B 端的近端串音衰减值；

7 远端串音防卫度；

8 光缆损耗；

9 检测完毕，剖头应封闭严密。

15.2.4 电缆配盘应符合下列要求：

1 同一个区段内，应配置同一工厂生产的同一型号结构的电缆；

2 近端串音衰减值大的电缆和工作电容小的电缆，应配置在车站设备的两端；

3 电缆接头不得设置在门、洞、通道顶部；

4 电缆接头预留长度应为1.5～2m。

15.2.5 直埋电缆沟的开挖与回填，应符合下列要求：

1 直线段应平直，径路中心线允许偏差为100mm。曲线段弯曲半径不得小于最大电缆外径的15倍。

2 电缆沟深度应符合设计规定，沟底平整，不得有石块或坚硬土块。

3 回填土不得含有腐蚀性物质或坚硬物并夯实。

15.2.6 电缆敷设应符合下列规定：

1 电缆应排列整齐，不得损伤，其端别应一致；

2 铅护套电缆与铝护套电缆的弯曲半径（无特殊规定的），不得小于其电缆外径的7.5倍与15倍；

3 同沟直埋电缆和支架上的同层电缆，不得交叉、扭绞；

4 电缆与其他设施平行或相交时，其距离与防护措施应符合设计规定；

5 支架与隧道顶电缆应固定牢固；

6 直埋电缆应平放于沟内并自然松弛，接头设置在接头坑内，余留长度应为1～1.5m。其拐弯、接头、引入、靠近地下管线及接地处，穿越铁路、公路、河沟的两侧和直线段每隔250m处，应设电缆标志，并统一编号。

15.2.7 直埋电缆的防护，应符合下列规定：

1 穿越道路、铁路或其他障碍物时，其防护管路必须延伸于路基或其他障碍物以外0.5m。

2 采用砂、砖防护时，砖块应覆盖整齐。

3 沿杆或墙引上的防护管应垂直并固定牢固。防护管上口高出地面不得小于2.5m，并堵严。

15.2.8 电缆接续应符合下列要求：

1 铅套管不得变形、漏气，内外应光滑，干燥清洁；

2 芯线接续应牢固，线序正确，芯线套管排列应整齐、平直；

3 电缆接续不得有混线及断线；

4 电缆接头不宜设在电缆与障碍物交叉的位置；

5 绝缘电阻及电气绝缘强度应符合国家现行标准《铁路通信施工规范》TBJ 205的规定；

6 聚乙烯绝缘与纸绝缘的电缆接续，应设气闭绝缘套管；

7 芯线接续长度及扭绞方向应一致，不得改变芯线原有的扭矩和对称性，并恢复屏蔽线对的原屏蔽层；

8 分歧尾巴电缆接入干线的端别与干线应一致；

9 灌制气闭后不得漏气；

10 芯线接续完毕，应填写接头卡片，并封焊在铅套管内；

11 充油电缆剖头应使用电缆清洗剂清洗干净，端盖与电缆护套上下盖应密封严密，护套内应灌满密封化合物，并不得渗漏，电缆内外护套应分别沟通。

15.2.9 电缆接头封焊时，不得烫伤电缆与绝缘层。封焊应均匀、圆滑、牢固，不得漏气。

15.2.10 电缆气门安装位置应避开平衡套管，焊接牢固，不得漏气。多条电缆的气门宜集中设置并排列整齐。

15.2.11 充气电缆应充入清洁、干燥、无腐蚀的气体。充气最高气压应为0.1～0.15MPa，保持气压为0.06～0.08MPa，报警气压为0.04MPa。

15.2.12 站间通信电缆电气特性测试应符合设计规定。

15.2.13 综合电缆的平衡测试，应按设计规定的标准执行。

15.2.14 漏泄同轴电缆应进行下列项目测试，并符合设计和产品技术文件规定：

1 环路直流电阻；

2 内外导体间绝缘电阻；

3 内外导体间绝缘耐压；

4 交流特性；

5 测试完毕，应在测试端标出1～2个周期的开槽位置和中心。

15.2.15 漏泄同轴电缆应按测试及设计长度，采用分级补偿办法进行配盘。

15.2.16 隧道内漏泄同轴电缆敷设应符合下列要求：

1 钢丝承力索架设位置、垂度与方式应按设计规定执行；

2 钢丝承力索的钢绞线不得背扣、蓬松、损伤。钢绞线连接处必须安装套环，固定处用钢绞线轧头卡牢，钢绞线回头应有余留长度；

3 漏泄同轴电缆吊挂应平直，弯曲半径不得小于2m。

15.2.17 漏泄同轴电缆的接续，应符合下列要求：

1 不同规格漏泄同轴电缆相接，应采用调相接续法，接头放在漏泄同轴电缆开槽间的中心，并保持原结构型式；

2 相同规格漏泄同轴电缆的接续，应保持原结构型式。

15.2.18 漏泄同轴电缆全程测试应符合设计规定。

15.2.19 光缆应按长度、接头位置和单盘测试指标配盘。

15.2.20 光缆敷设应符合下列规定：

1 光缆端别应一致，一个中继段内应敷设同一厂家生产的结构、制式及维护方式相同的光缆。

2　光缆的弯曲半径不得小于外护层直径的15倍。

3　光缆不得破损、变形或扭伤，其接头套管应密封严密。

4　采用机械敷设时，牵引力不得超过光缆允许承受的最大拉力值。无牵引环的光缆应使用专用夹具及加强芯，牵引最大允许速度应为15m/min，并保持匀速。

5　接头搭接长度应符合光缆结构及接头装置类型的要求。

6　光缆敷设预留长度：接续处2～3m；中继站两侧引入口外3～5m；接续装置内光纤收容余长每侧不得小于0.8m；特殊情况按设计规定执行。

7　直埋敷设：

1）光缆与电缆同沟时，应先敷设电缆后敷设光缆，并分开排列不得交叉；

2）光缆敷设当天应先回填不少于300mm厚的细土或细砂。不得裸露过夜。

15.2.21　光缆接续应符合下列要求：

1　必须在有防灰尘和雨水的设施内接续。

2　光纤应按颜色对应接续，不得损伤。收容光纤的弯曲半径不得小于40mm。

3　光纤接续完毕，应作热缩加强管保护。加强管收缩应均匀，管中不得有气泡。

4　光纤护套、涂层的剥除，光纤端面制备、熔接，作热缩加强管等必须一次连续完成。

5　接续测试记录卡应一式二份，一份放入接头盒内，一份留存。

6　光缆护套接续部位、接头盒及密封材料应清洁，其装配按产品技术文件规定执行。

15.2.22　光缆引入终端应符合下列要求：

1　干线光缆引入室内换接室内光缆，必须做绝缘接头，干线光缆金属护套应屏蔽接地；

2　绝缘接头应置于走线架上或地槽内。

15.2.23　光缆测试应符合下列规定：

1　在一个中继段内，每根光纤接续损耗应符合设计规定；

2　中继段光纤线路衰减测试值应小于设计计算值。

15.3　设备安装

15.3.1　走线架和线槽安装应符合下列要求：

1　走线架支铁应垂直、牢固、整齐，水平支铁应在一条直线上，其转弯处应成直角；

2　走线架边铁、横铁应平直，横铁间距应均匀并垂直边铁；

3　走线架水平与垂直偏差不应大于2mm与3mm；

4　线槽与机架应垂直，连接牢固，边帮应成一直线，偏差不应大于3mm；

5　列间线槽应成一直线，偏差不应大于3mm，两列线槽拼接偏差不应大于2mm；

6　走行架或线槽穿过楼孔或墙洞时，所附装木框的漆色宜与楼板或墙壁颜色一致；

7　走线架和线槽安装位置偏差不应大于50mm。

15.3.2　配线架安装应符合下列规定：

1　底座位置与电缆孔、槽相对应。跳线环应横平竖直。

2　直列上下端垂直允许偏差不应大于3mm。

3　保安器排、试验弹簧排和端子板的排列应整齐。

4　试验弹簧排和端子板在相对湿度75%以下时，其相邻端子间绝缘电阻不得小于100MΩ和500MΩ。

15.3.3　设备安装应符合下列规定：

1　机柜（架）固定应牢固、垂直、水平，其允许偏差为2mm。并列机柜（架）应紧密靠拢。

2　同列机柜（架）主走道侧的盘面应位于同一平面，允许偏差为5mm。

3　非标准加工件、漆色与设备漆色应一致。

4　插接件应插接牢固，不得错插。

15.3.4　调度及会议电话总机阻抗应与外线阻抗匹配。

15.3.5　广播设备安装应符合下列规定：

1　控制台应对号就位。

2　扬声器、扩音柱与扩音机的配接应正确。室外设备应有防雨水渗漏措施。

3　同路多个扬声器的极性应一致。

15.3.6　母钟安装允许偏差为：水平1mm，垂直1.5mm。

15.3.7　高频（智能）开关电源设备的输入电源的相线和零线不得接错，其零线不得虚接或断开。

15.3.8　无线通信设备安装应符合下列规定：

1　机车台应便于司机操作；

2　跳线箱的端子板排列应整齐、序号正确；

3　保安器箱的真空避雷器放电间隙应为0.7mm；

4　天线安装牢固，电缆连接可靠，并应有防水措施。

15.3.9　电视监控设备安装应符合下列要求：

1　摄像机安装稳定、牢固，电动云台转动灵活，摄录范围符合设计规定；

2　控制设备和监视器安装应平稳牢固；

3　敷设在摄像机、控制设备与监视器端的电缆余留量，应以不影响摄像机本身的转动为准。

15.4 设备配线

15.4.1 设备配线应符合下列要求：

1 配线电缆、电线不得破损、受潮、扭曲、折皱；

2 机架上部走线架、走线槽内的配线，先出线的在上层；地面线槽内的配线先出线的在里侧；

3 配线按列（架）顺序分束排列，不得扭绞和交叉；

4 配线转弯圆滑，弯曲半径不得小于电缆直径的5倍。在进、出部位和转弯处，应固定牢固；

5 配线箱（盒）配线，输入端与输出端应分开；

6 室内所配电缆、电线，其段内不得有接头、破损；

7 线槽内或走线架上的电缆、电线应排列整齐，不得扭绞及溢出线槽；

8 广播线、交流电源线与电话线同槽（架）敷设时，广播线与交流电源线应分别采取屏蔽措施；

9 设备的引入电缆或电线，其预留长度应分别为1～2m和0.5～1m；

10 电话集中机配线，其外线环阻应符合设备技术文件的规定，并保持线路平衡；选号电话采用的屏蔽线，其屏蔽层应接地可靠；

11 隧道外的架空广播线路引入室内必须装设真空保安器。

15.4.2 电缆芯线编扎应符合下列要求：

1 电缆剖头平齐，并不得破坏电缆芯线原有扭绞；

2 电缆芯线应按色谱顺序出线，其间距和机架端子板焊片的间距相同，线扣一致；

3 芯线出线部位应在一条直线上，转弯圆滑；

4 备用芯线的长度，应大于更换最长芯线的长度。

15.4.3 电缆芯线与端子连接应符合下列要求：

1 焊接不得错焊、假焊、漏焊，焊点光滑并露出芯线筋骨。芯线绝缘不得烫伤及后缩。

2 无孔端子所绕芯线应全面施焊；有孔端子的焊接芯线由下至上或由左至右穿过焊孔平贴在焊片上，焊锡应填满孔眼。

3 弹簧排电缆芯线的焊接，A线在前面，B线在后面，不得错焊。

4 芯线采用绕接时，接触应严密，不得叠绕。直径为0.4～0.5mm与0.6～1.0mm的芯线，绕线匝数应分别为6～8匝及4～6匝。

5 芯线采用卡接时，芯线与接线排模块应接触严密。

15.4.4 配线架的跳线，其内、外侧端子间应经跳线环水平跳接，松紧一致，并保持原扭绞不变。

15.4.5 机架（设备）电源配线应符合下列要求：

1 直流电源线必须以线色区别正、负极性；

2 直流电源正负极严禁错接与短路，接触必须牢固；

3 交直流电源线应分开布放，并单独绑扎；

4 交直流馈线的直流正、负极线间和负极对地之间的绝缘电阻，交流芯线间和芯线对地之间的绝缘电阻（用500V兆欧表测试），均不得小于1MΩ；

5 列间馈电线架空敷设时，铝（铜）条应整齐平直，正负极分别涂红、蓝色油漆。

15.5 接地装置

15.5.1 接地装置的材质及型号、规格应符合设计规定。

15.5.2 接地体埋设应符合下列要求：

1 接地体与接地母线焊接应牢固，并做防腐处理；

2 两组接地体之间的距离及接地体埋深和接地电阻值应符合设计规定；

3 接地体回填土应使用黄粘土，并分层夯实。

15.5.3 接地引入线与母线连接应采用气焊，搭焊长度不得小于200mm，并不得损伤芯线。焊接处应做防腐处理。

15.5.4 接地引入线保护套管与隧道穿墙管法兰盘连接应绝缘，绝缘电阻应大于100MΩ。

15.5.5 接地引入线在保护套管内不得有接头。隧道穿墙管严禁与隧道结构钢筋接触。

15.5.6 接地引入线、室内接地线、工作（联合）地线及保护地线与设备连接应符合设计规定，严禁接地线代替电源线。

15.5.7 接地盘端子连接应紧密。

15.6 调整试验

15.6.1 设备调试前应进行检查，并符合下列规定：

1 电源电压应符合设备技术文件规定；

2 设备内不得有灰尘及杂物；

3 配线不得有错线、断线、混线和错误接地等情况；

4 元件与配件不得损坏、脱落及松动；

5 扳键、按键、塞孔、插入式电路板及继电器簧片不得变形或损伤，接点接触应可靠。

15.6.2 音选调度电话调试应符合下列规定：

1 电路全程工作衰减不得大于19dB，外线与调度电话总机的阻抗应匹配；

2 熔断器报警电路动作应可靠，信号显示准确；

3 总机或调度所选叫分机的发送频率应准确，接收回铃音清晰；分机接收频率应准确，并发出相应回铃音；

4 全程受信杂音防卫度应大于52dB；

5 踏键和扳键的接点断开时应有间隙，闭合时接触紧密；

6 总机或调度所向最远端分机送出低于额定选叫电平4.3dB的选叫频率时，应准确地呼出该分机；

7 总机或调度所以不同呼叫方式呼叫时，其分机接收应准确，并与分机的相互通话应清晰、音量一致。

15.6.3 程控调度电话调试应符合下列规定：

1 程控电路最大衰减不得大于30dB，程控主控机电路最大衰减为2.3dB；

2 程控调度设备（主机、分机、通话箱）的电气特性指标，应符合设备技术文件规定；

3 程控调度总机值班员对分机检验应无误；

4 熔丝熔断时，告警功能及信号显示应准确；

5 总机与调度所以不同呼叫方式呼叫时，其分机接收应准确；

6 总机对分机摘挂机显示功能应正常；

7 总机与分机间及分机之间的相互通话应清晰、音量一致。

15.6.4 电话集中机调试应符合下列规定：

1 分机或分盘的呼入、呼出及组呼时，应灯亮、响铃；

2 分盘呼入或呼出时的锁闭性能应可靠；

3 回铃音及通话应清晰；

4 交直流电源转换电路动作应准确。

15.6.5 广播设备调试应符合下列规定：

1 人工与自动转换正确、可靠，工作状态不得中断；

2 人工或自动开机、并机和停机性能应可靠；

3 信号显示和保护电路动作应准确；

4 输入阻抗的调整，应符合设备的接收与发送电平值的规定；

5 遥控命令的发送与接收及回示信号的接收与返回皆应准确、可靠；

6 在各种控制状态下，音质应清晰；

7 列车自动广播应准确、清晰。

15.6.6 时钟调试应符合下列规定：

1 自动或人工转换时，工作状态不得中断。

2 主、备母钟必须同步，母钟（二级母钟）与子钟指示时间应一致。

3 母钟（二级母钟）或同步装置故障及子钟回路熔丝熔断时，应及时发出准确的报警信号。

15.6.7 会议电话设备调试应符合下列规定：

1 告警设施显示准确；

2 主席台与分机送话时，应受话清晰，无失真和振鸣；

3 接口电平符合设计规定。

15.6.8 电源设备调试应符合下列规定：

1 人工或自动转换时，供电不得中断；

2 故障报警应准确、可靠；

3 额定负荷时，其输出电压和电流值以及蓄电池备用时间，应符合设备技术文件规定；

4 输出电压和电流超限时，保护电路动作应准确；

5 输入电源故障时，应自动转换电池组供电，其直流输出不得中断；

6 硅整流电源的整流元件应无跳火现象，主变压器、扼流圈、硅二极管、可控硅管的温升，不得超过设备技术文件规定；

7 高频（智能）开关电源的单元液晶显示应准确，交直流配电单元、整流模块、监控模块的性能，应符合设备技术文件规定；

8 不间断电源设备的输入电源故障时，连续供电时间、电压、频率应符合设备技术文件规定。

15.6.9 程控交换设备系统测试应符合下列规定：

1 可靠性测试：

1）每个用户及中继电路中断，每月平均不应大于150s；

2）两个用户及两条中继电路同时中断，每月不应大于120s；

3）选组级交换网络模块，不得发生已通话用户的阻断；

4）处理机的再启动次数每月不应大于：一类5次，二类1次，三类0次；

5）软件故障不应大于8个；硬件故障不应大于2次；印刷板故障更换的次数不得大于0.13次/100户；

6）长时间通话不应小于48h，通话路由应正常，有长时间通话信号输出。

2 接通率测试：

1）在MDF上接不少于32对用户至模拟呼叫器，测试呼叫次数不应小于40000次，接通率不应小于99.96%；

2）在MDF上接不少于10对用户，分组进行人工拨号，累计呼叫次数不应小于2000次，接通率不应小于95%；

3）程控电话局间及程控电话局与模拟电话局间人工拨号，呼叫次数不应小于200次，接通率不应小于95%。

3 性能测试应符合表15.6.9要求：

表15.6.9 性能测试

项 目	方法和要求	指标
本局呼叫	对正常通话，摘机不拨号和位间超时，拨号中途放弃，久叫不应，被叫忙，呼叫空千群和空号及链路忙等，每项抽测3～5次	良好
出入局呼叫	对每个直达局的中继线及重要路由作100%呼叫测试	良好

续表 15.6.9

项　目	方法和要求	指标
释放控制	分互不控制，主叫控制和被叫控制	良好
用户交换机	连选性能，夜间服务，应答反极性能	良好
其　他	符合设计规定	—

4 局间中继测试次数不应小于 40000 次，接续故障率不应大于 4×10^{-2}。

5 当处理机的处理能力超过上限值时，可自动逐步限制普通用户的呼出，被限制的用户应均匀分布在普通用户之间。对不同制式交换机分系统的各功能模块、业务模块、处理机忙时呼叫尝试次数（BH-CA），应符合设备技术文件规定。

6 维护管理和故障诊断性能测试：

1）对人机命令测试其功能应完善，执行准确；

2）报警系统动作可靠；

3）话务统计功能应准确；

4）用人机命令对局数据和用户数据的增、删、改应准确；

5）用人机命令执行用户线和用户电路、中继线和中继电路、公用设备、信号链路和交换网络的例行测试和指定测试时，输出应正确；

6）对电源系统、处理机、交换单元、连接单元和外围设备的摸拟故障试验，其故障告警，主、备用设备倒换、故障信息输出及排除故障应灵敏、准确；

7）对用户和中继电路进行人工/自动故障诊断应能测至每一电路；

8）测量台的维护管理功能应良好；

9）对远端交换用户模块或远端用户线单元的集中维护功能应良好。

7 传输指标及同步方式应符合设备技术文件和设计文件规定。

8 环境验收测试：

1）对标称电压为－48V 的电源，在电源为－57V和－40V 时，用模拟呼叫器呼叫，接通率不应小于 99.9%及各种操作维护功能应正常；

2）在室温为 35℃，相对湿度 30%～60%时，系统应能正常工作 1h，用模拟呼叫器进行局内呼叫接通率为 99.9%；在室温为 45℃，相对湿度大于 20%时，测试呼叫 0.5h，系统工作应正常。

15.6.10 程控交换设备试运转应符合下列规定：

1 试运转测试时间不应少于 3 个月，若主要指标达不到要求时，应延续 3 个月。

2 软件故障不得大于 9 个。

3 因元件故障更换印制板的次数，每百户每月不应大于 0.1 次。

4 处理机再启动及用户与中继设备的可靠性按本规范第 15.6.9 条规定执行。

5 试运转阶段不得由于设备原因进行人工再装入。

6 交换网络非正常倒换不得大于 4 次。

7 试运转模拟测试：

1）局内接通率测试：用模拟呼叫器每月测试一次，每次作 10000 次呼叫，接通率不得小于 99.9%；用人工呼叫每月测试一次，每次作 2000 次呼叫，接通率不得小于99.5%；

2）局间接通率测试：各局间出入中继接通率每月测试一次，每个局间作 200 次呼叫，接通率不得小于 95%；

3）长时间通话测试：每月测试一次，用 10 对话机连成通话状态，在 48h 内通话正常，无重接、断话或单向通话。

15.6.11 无线通信设备调试应符合下列规定：

1 仪表指示应正确；

2 设备的发射与接收频率以及发送功率与接收电平应符合设计规定；

3 设备的输入、输出阻抗及其电气特性应符合设备技术文件规定；

4 设备的主机或备机发生故障自动转换时，通道不得中断，报警显示应灵敏、准确；

5 当列车由一站管区进入另一站管区时，列车电台的工作频率人工或自动切换，应与站管区对应。

15.6.12 电视监控设备调试应符合下列规定：

1 监视区域内，物景必须清晰；

2 手动或自动、遥控切换及扫描应准确；

3 电动云台遥控操作时，上仰下俯、左右旋转应灵活；

4 时间与日期显示应准确；

5 监示器显示应清晰；

6 录像应清晰完整、准确。

15.6.13 光电数字传输设备系统测试，应符合设计规定及现行国家标准《脉冲编码调制通信系统网络数字接口参数》GB 761、《市内光缆通信系统进网要求》GB 11820 及《同步数字体系（SDH）光缆线路系统进网要求》GB/T 15941 的规定。

15.7 工程验收

15.7.1 工程竣工应按本规范和国家现行规范的有关规定进行验收，竣工验收检验项目应符合表 15.7.1 的规定。

表 15.7.1　竣工验收检验项目

序号	名称	项目		内容
1	管路敷设			路径，规格，弯曲半径，凹扁程度，连接方式，接头管口及变形缝处的管路处理，备用铁线及规格
2	光、电缆及漏泄同轴电缆线路	立杆、拉线、吊线		杆位及规格，杆垂直度，撑杆距高比，吊线架设高度及规格，垂度，拉线规格
		托架、吊架		托架、吊架位置及规格，垫圈及螺栓规格
		光缆、电缆及漏泄同轴电缆敷设		规格，型号及程式，敷设及管孔位置，埋设深度，电缆防护，回填土夯实，电缆固定，挂钩间距，弯曲半径，电缆垂度，电缆接续程式，管口堵塞，人孔内走向，接地与电阻，余留长度
		电缆气闭		气闭位置，固定，性能，堵气头
		电气测试		电缆绝缘，环路电阻，平衡测试，漏泄同轴电缆阻抗，传输衰减，耦合损耗，光缆接头损耗，光纤线路衰减
3	设备	安装		设备型号，规格，安装位置及固定，机柜（架、台）排列，垂直与水平程度，外观，油漆
		配线		排列，编扎与绑扎，出线间距，固定，整理，焊点，绕接与卡接，电源线规格，正、负极性，跳线规格
		测验	调度电话	各种呼叫方式呼叫，通话清晰度，报警性能
			电话集中机	对分机、分盘的呼叫，应答与终话，主机的呼出，再呼出及组呼，分盘锁闭性能，回铃音，通话清晰度
			广播设备	自动与人工转换，开、并机与停机，强行插入，信号显示，极性配接，音质与音量
			时钟设备	人工与自动转换，同步装置，报警功能，走时精度
			无线设备	人工与自动转换，开机与停机，发送与接收频率，站间工作频率切换，场强覆盖率及接收电平
			电视监控	景物摄取范围及显示，云台旋转角度，仰角及俯角，手动与自动切换，遥控操作，扫描范围，时间与日期显示，录像及监示显示
			程控交换机	接通率，可靠性能，本局及出、入局呼叫，释放控制，特种及非电话业务，局间中断，处理能力及超负荷，维护管理与故障诊断，传输指标及同步方式，极限条件测试，试运转测试
			光电传输	单机检验，平均发送光功率和光接收灵敏度，接口信号速率及容差，误码及抖动性能，系统特性及辅助功能
			电源设备	手动与自动转换，自动稳压及稳流性能，过负荷保护
			高频（智能）开关电源	故障保护性能，对电池组的浮充与均充，液晶显示，输出电压与电流
			不间断电源	防护性能，故障时向负载供电连续性能
4	接地装置			规格，埋设位置与深度，数量，回填土及夯实，接点处理，引入线规格及型号，接地电阻

15.7.2 工程竣工验收应提供下列资料：

1 材料和设备合格证及说明书；

2 图纸会审记录、变更设计或洽商记录；

3 隐蔽工程验收记录；

4 测试与调试记录；

5 质量评定记录；

6 开竣工报告；

7 竣工图。

16 信 号

16.1 一般规定

16.1.1 本章适用于信号安装工程的施工及验收。

16.1.2 电缆托架安装、管路敷设、管件预埋应符合本规范第15章有关规定。

16.1.3 设备配线应符合下列规定：

1 电线、电缆的型号、规格及所配线位应符合设计规定。

2 布线不宜交叉，线束应绑扎整齐，线槽出线应顺直。配线绝缘层不得破损，严禁中间接头。

3 配线与端子焊接应牢固，并套软塑料管。多股线焊接不得有漏焊的线头，单股线焊接线头不得露出锡面。

4 配线焊接严禁使用有腐蚀性的焊剂。

5 采用冷压接线端子时，配线压接应紧密。

6 配线线环与端子间及线环间应加垫片并连接紧密，配线绝缘层或配线套管不得压入垫片间。

7 变压器箱、电缆盒配线编号应统一，起始端子应做标志，电缆芯线应留有二次以上的做头余量。

16.1.4 室内设备的接地装置应符合本规范第15.5节有关规定。

16.1.5 设备涂漆应先除锈，漆面厚度应均匀并不得损伤、脱落。室外设备油漆颜色应符合表16.1.5规定。

表16.1.5 室外设备油漆颜色

机件名称	漆 色
机柱（不包括混凝土柱）	白 色
信号机构、背板及透镜式色灯信号机内部、信号机及表示器遮檐、机柱顶帽	黑 色
转辙机，各种箱、盒，支、吊架，防护管	灰 色
以上各栏未列的室外设备外部	灰 色

16.2 电缆敷设

16.2.1 电缆敷设应符合下列规定：

1 电缆护套不得损伤，芯线不得混线、断线或接地，电气特性应符合产品技术文件的规定。

2 综合扭绞电缆的A端应与B端相接，一条电缆径路中间有接线箱（盒）时，A端与B端应顺序连接。

3 电缆敷设的环境温度不得低于－5℃。采用耐寒护层电缆时，环境温度不得低于－10℃。

4 电缆弯曲半径：全塑电缆不得小于电缆外径的10倍，铠装电缆不得小于电缆外径的15倍。

5 托架上的电缆排列应整齐并自然松弛，同层电缆不得交叉、扭绞。

6 托架上和隧道顶板敷设的电缆，必须固定牢固。

7 电缆备用量：

1）引至室内的电缆备用量不得小于5m；

2）室外设备端电缆备用量不得小于2m，当电缆敷设长度小于20m时，备用量为1m。

16.2.2 直埋电缆径路选择应符合下列规定：

1 两设备间径路应最短或通过障碍物及跨股道最少；

2 宜于施工和维修；

3 不得在道岔尖端、辙岔心及钢轨接头处穿越股道。

16.2.3 直埋电缆应符合下列规定：

1 土质地带电缆埋设深度不得小于700mm，石质地带电缆埋深不得小于500mm，并均应在冻土层以下。电缆沟沟底应平坦，电缆排列应整齐并自然松弛，不宜交叉。

2 电缆防护应符合设计规定。当采用管、槽防护时，钢质管、槽应作防腐处理。

3 电缆通过碎石道床时，必须使用防护管，管内径不得小于管内所穿电缆堆积外径的1.5倍。防护管应伸出轨枕头部500mm，管口封堵严密。

4 平行于轨道的电缆距最近钢轨轨底边缘的距离：

1）在线路外侧不得小于2m；

2）在两线路间不得小于1.6m，如果线间距离为4.5m时，电缆距两线路中心的距离应相等。

5 电缆与供电电压大于500V的电力电缆或其他地下管线平行、交叉敷设间距及防护措施，应符合设计规定。

6 干线电缆径路的下列地点应设电缆标志：

1）电缆的转向处或分支处；

2）大于500m的直线中间点；

3）通过障碍物后需要标明电缆径路的部位；

4）电缆地下接续处。

16.2.4 信号工程中采用通信电缆时，应符合本规范第15章的有关规定。

16.3 室外设备

（Ⅰ）固定信号机

16.3.1 固定信号机安装位置应符合设计规定，严禁侵入设备限界。

16.3.2 信号机构及配件的紧固件应平衡拧紧，螺杆露出螺母2～3个螺距。

16.3.3 信号机构各灯室不得窜光，机盖严密，机构不得渗、漏水。

16.3.4 隧道内信号机安装应符合下列规定：

1 信号机托架顶面水平，配件完整，安装牢固；

2 信号机安装高度允许偏差为±100mm。

16.3.5 隧道外矮型信号机采用混凝土预制基础时，基础埋设深度不得小于500mm，基础顶面应水平并高出轨面200～300mm。

16.3.6 高柱信号机安装应符合下列规定：

1 机柱埋设深度和信号机构最下方灯位中心到轨面的距离应符合设计规定，机柱垂直度允许偏差为8‰。

2 同一机柱上同方向信号机构各灯室中心应在一条直线上（不包括引导信号机构和进路表示器），托架安装应水平。

3 机柱顶端及电线引入管入口应封堵严密。

4 信号机梯子中心应与机柱中心一致，梯子支架应水平，梯子应平直，连接牢固。

（Ⅱ）电动转辙机

16.3.7 电动转辙机安装前，道岔的状态应符合下列规定：

1 单开道岔应方正，尖轨的尖端前后位置偏差不应大于20mm，尖轨开程应为142～151mm。

2 复式交分道岔：

1）双转辙器道岔的4条尖轨的尖端应在一条直线上，前后偏差不应大于5mm。尖轨开程应为142～151mm；

2）活动心轨道岔的第一连接杆的中心线距其尖轨尖端距离应为450mm；两组尖轨尖端的间距应为312mm；尖轨开程应符合设计规定。

3 尖轨与基本轨应密贴。

16.3.8 电动转辙机安装前应进行检查，并符合下列规定：

1 零部件应齐全，不得损伤或锈蚀。传动齿条与齿轮应吻合，机盖盘根应完整、密贴。

2 转辙机进水、受潮时，必须分解、清洗、注油。

3 机内导电部分的绝缘电阻应符合产品技术文件的规定。

16.3.9 电动转辙机安装应符合下列规定：

1 碎石道床基础角钢应与基本轨固定牢固，并垂直于道岔的直股基本轨或复式交分道岔中心线；

2 整体道床预埋基础螺栓位置应准确，混凝土灌注密实；

3 绝缘配件安装应齐全，固定螺栓应拧紧；

4 动作杆与密贴调整杆应在一条直线上，并与表示杆、道岔第一连接杆平行；

5 道岔应转换灵活，固定装置不得松动。

16.3.10 电动转辙机中心距接触轨弯头端部不应小于1.5m。

（Ⅲ）轨道电路

16.3.11 轨道电路区段内连接两钢轨的装置，其绝缘配件应齐全、完整，绝缘性能符合产品技术文件规定。

16.3.12 扼流变压器安装应符合下列规定：

1 安装在股道中间时，其顶面高程应低于钢轨顶面5～25mm并固定牢固；

2 采用托架安装在隧道墙壁时，固定螺栓应有防松动措施。

16.3.13 焊接式钢轨接续线、道岔跳线、扼流变压器连接线安装，应符合下列规定：

1 焊接位置应准确；

2 焊接部位应去污、除锈，焊接牢固；

3 焊接线的断股数不得大于总股数的1%，焊点表面应涂防锈漆；

4 道岔跳线敷设应平直，并固定牢固；道岔跳线穿越股道时，距钢轨底面不得小于30mm。

16.3.14 塞钉式钢轨接续线、钢轨引接线、道岔跳线的安装，应符合下列规定：

1 塞钉线不得脱焊、损伤或锈蚀，安装位置应准确；

2 钢轨塞钉孔不得锈蚀，塞钉铆接牢固并不得弯曲，塞钉露出钢轨侧面长度应为1～4mm；塞钉与塞钉孔缘应涂漆封闭；

3 塞钉线敷设应平直并固定牢固；

4 钢轨引接线、道岔跳线穿越股道应符合本规范第16.3.13条规定；

5 单开道岔的长跳线宜安装在道岔绝缘节后第二轨枕间距处。

16.3.15 钢轨绝缘安装应符合下列规定：

1 轨道电路中相对的两绝缘节应对齐，不能对齐时，其错开距离不得大于2.5m；

2 绝缘配件齐全并不应破损，紧固螺栓应拧紧。

16.3.16 无绝缘轨道电路安装，应符合下列规定：

1 轨道电路区段配置的短路棒、调谐单元、电缆和环线安装位置应符合设计规定；

2 连接线焊接应牢固；

3 调谐区段内不宜有钢轨接头。

（Ⅳ）箱、盒安装

16.3.17 箱、盒安装应符合下列规定：

1 箱、盒安装位置应准确，严禁侵入设备限界。

2 变压器箱的箱盖应朝向所属线路内侧开启。轨道电路引接线电缆盒的引线口应背向轨道。电缆接续电缆盒的起始端子应朝向继电器室方向。

3 变压器箱和电缆盒内的部件应排列整齐，固定牢固。电缆引进做头后，应灌注绝缘胶固定。空闲的引接线口及备用电缆引入孔应封堵严密。

4 钢轨引接线与变压器箱、电缆盒连接应牢固，绝缘片、绝缘管不得破损。

16.3.18 列车自动运行系统轨旁设备安装位置和环路布置应符合设计规定，并固定牢固。连接线焊接应符合本规范第16.3.13条的规定。

16.4 室内设备

16.4.1 设备安装前应进行检查，并符合下列规定：

1 设备按钮、旋钮及扳键动作准确、灵活，触点接触可靠；

2 熔断器规格、指示灯显示、接线端子的使用符合设计文件规定；

3 插接件接触紧密。

16.4.2 设备安装应符合下列规定：

1 设备排列应横平竖直、固定牢固，垂直度允许偏差为1.5‰。同排机架（柜）的盘面应在同一垂直平面上，允许偏差为±1mm。相邻机架（柜）间隙不得大于2mm。

2 走线架应平直，并与机架（柜）连接牢固。

3 走线架油漆颜色应与机架（柜）颜色一致。

4 计算机及其外部设备安装应符合设计和国家现行的有关强制性标准的规定。

16.4.3 控制台盘面及两端方向标牌应与实际线路平面布置及方向相符合。控制台按钮和复示器的位置、颜色应符合设计规定。控制台背面与墙内侧距离不宜小于1m。

16.4.4 设备配线除符合本规范第16.1.3条规定外，尚应符合下列规定：

1 电缆引入口至分线盘的电缆应排列整齐并固定牢固。电缆两端应挂铭牌，标明电缆编号、去向、芯数。

2 走线架上的电缆应敷设在下层，电线敷设在上层，不宜交叉。

3 机架（柜）侧面端子电源环线和零层电源端子配线在同一端子上不得大于2条。机架（柜）无电源从外架（柜）引入电源时，应从外架（柜）零层端子引入。

4 零层端子应标明配线去向、线位。

16.5 车载设备

16.5.1 列车自动防护和自动运行系统车载设备的安装，应符合下列规定：

1 测速装置应固定牢固，并与轮轴运转同步；

2 电缆、电线的防护管路安装应牢固，管口光滑，管内不得有铁屑和杂物，管口封堵严密；

3 机柜内设备必须固定牢固，门、盖严密；

4 操作手柄、扳键和按钮应动作灵活、准确；

5 信号灯灯室不得漏光和窜光；

6 插接件必须接触紧密，防松动措施可靠；

7 天线安装应牢固，并有防松动措施。

16.5.2 车载设备电源不得接入其他用电设备。

16.5.3 屏蔽线经箱、盒连接时，屏蔽层必须经端子连接。

16.5.4 机柜接地线焊接位置应准确，焊接牢固，并做防腐处理。

16.5.5 设备铅封应齐全。

16.6 调整试验

（Ⅰ）单体调试

16.6.1 固定信号机的调试，应符合下列规定：

1 信号机的光源在聚焦位置上，并根据外界环境亮度调整光源的电压，使其为额定电压的85%～95%；

2 信号机的主、副灯丝转换可靠。

16.6.2 电动转辙机的调试，应符合下列规定：

1 转辙机开启机盖或插入手摇把时，遮断器保护接点应可靠断开，非经人工恢复不得接通电路。

2 转辙机内表示系统的动接点与定接点在接触状态时，其接触深度不应小于4mm，与定接点座的距离不应小于2mm。在挤岔状态时，表示系统的定位、反位接点均应断开。

3 摩擦联接器：

1）道岔正常转换时，摩擦联接器不得空转、打滑；

2）道岔尖轨因故不能转动，或在转换过程中受阻时，电机应空转；

3）摩擦电流不得大于额定电流的1.3倍。

16.6.3 轨道电路应进行下列项目的调试，并符合设计和设备技术文件的规定：

1 轨道电路各项参数指标测试；

2 轨道电路调整、分路状态的调试；

3 轨道电路分路灵敏度测试；

4 设计规定的其他项目。

16.6.4 电源设备调试应符合下列规定：

1 电源严禁混线或接地；

2 主、副电源切换必须可靠，切换时间和电压稳定度应符合设备技术文件规定；

3 闪光电源的闪光频率宜调整在每分钟80～120次；

4 不间断电源的输出电压、频率、满负荷放电时间及超载性能，应符合设备技术文件规定；

5 电源设备对地绝缘电阻值应符合设计规定。

16.6.5 控制台调试应符合下列规定：

1 控制按钮应动作可靠，表示正确；

2 复示器必须清晰、准确反映信号设备的状态；

3 报警装置应动作准确、可靠；

4 控制台端子对地绝缘电阻值，当设计无规定时，不应小于0.2MΩ。

16.6.6 计算机及其外部设备应进行下列项目的调试，并符合设计和设备技术文件规定：

1 设备性能指标测试；

2 计算机功能性测试；

3 稳定性试验；

4 设计规定的其他项目。

16.6.7 列车自动防护、自动运行车载设备应进行静、动态检验，并符合设备技术文件规定。

（Ⅱ）系统调试

16.6.8 列车自动防护系统设备调试应符合下列规定：

1 联锁试验：

1）进路联锁表所有列车进路的建立及锁闭、信号机开放、直至进路取消或解锁，进路联锁条件必须正确；

2）进路的敌对（敌触）进路不应建立，敌对信号不得开放，与进路无关的设备不得误动作；

3）室内外设备连通试验时，设备动作及其表示应正确；

4）报警信号准确、可靠；

5）稳定性试验时间不得小于72h。

2 在不同的线路状态、速度限制及联锁条件下，车站设备对列车运行线路各区段编码的选择及车载设备的接收、译码应准确、可靠。

3 列车运行间隔、超速防护及间隔控制等功能应符合设计和设备技术文件规定。

4 列车自动防护系统必须符合故障导向安全原则。

16.6.9 列车自动运行系统应进行下列项目调试，并符合设计和设备技术文件规定：

1 轨旁设备性能调试；

2 列车自动运行的速度控制不得引发列车自动防护系统超速防护控制的调试；

3 列车自动运行的速度控制精度、停车位置精度测试；

4 列车自动运行正点率的统计测试；

5 设计规定的其他项目。

16.6.10 列车自动监控系统应进行下列项目调试，并符合设计和设备技术文件规定：

1 列车自动监控系统通道打通试验；

2 列车自动监控系统控制命令执行功能试验；

3 列车运行时刻表编制及管理功能调试；

4 列车进路自动排出、变更和取消功能调试；

5 列车追踪显示功能试验；

6 人工介入控制功能试验；

7 设计规定的其他项目。

16.6.11 列车自动控制系统应进行下列项目综合试验，并符合设计规定：

1 列车自动防护、自动运行和自动监控系统的接口性能测试；

2 调车、接发车及通过列车的进路行车试验；

3 列车行车间隔、折返时间和列车运行调整功能试验；

4 列车自动控制系统可靠性、可用性指标检验；

5 设计规定的其他项目。

16.6.12 在运营条件下，列车自动控制系统无负载试运行应符合下列规定：

1 列车自动控制系统不得重新调整或修改；

2 列车自动控制系统的功能应符合本规范第16.6.8条～第16.6.11条规定；

3 试运行时间应为1～3个月。

16.7 工程验收

16.7.1 工程竣工应按表16.7.1竣工验收项目规定进行验收，并符合本规范有关规定。

表16.7.1 竣工验收项目

名称	项目	检查内容
管路敷设	管路	路径、规格
	摵管	弯曲半径、凹扁程度
	连接	连接方式，连接长度及接头处理
	其他	结构变形缝处的管路处理，管口处理，备用管规格、数量、是否贯通
电缆敷设	托架、吊架	安装位置、配件是否齐全
	电缆	型号、规格、电气参数、电缆径路
室外设备	轨道电路	扼流变压器、调谐单元安装位置，配件；连接线连接，轨道继电器，分路灵敏度测试
	变压器箱、电缆盒	安装位置和高度，内部配线，基础埋设，钢轨引接线安装，限流器使用阻值

续表 16.7.1

名称	项目	检查内容
室外设备	电动转辙机	设备安装、配线，道岔尖轨开程，工作电流，摩擦电流
	色灯信号机	安装位置，灯位排列，灯光显示，配件，灯泡端电压，主副灯丝断丝转换
	列车自动防护和自动运行系统车载与轨旁设备	安装、配线、技术指标测试，天线调整距离，管路防护，零部件
接地装置	接地体	埋设位置、深度、数量，接地电阻值
室内设备	控制台、电源屏、组合架（柜）	安装位置，盘面排列，内部配线，操纵按钮及扳键，表示灯显示，设备技术指标
	车站、车辆段联锁试验	1）控制台的控制与表示 2）按列车进路联锁表检查每条进路的联锁条件 3）检查每条进路取消，信号重复开放，进路正常解锁，人工解锁，调车中途返回解锁；引导接车，引导信号开放和解锁；区段人工解锁等反映设计意图的电路功能 4）联系电路试验
	列车自动控制系统控制中心设备	安装、配线、设备测试，配件
	列车自动控制系统车站、车辆段设备	安装、配线、设备测试
	列车自动控制系统综合检验	列车自动防护、自动运行、自动监控系统相互关系；进路办理，列车行车间隔，折返时间，运行调整功能；系统可靠性、可用性

16.7.2 工程竣工验收应提供下列资料：

1 原材料和设备合格证、说明书、试验记录；

2 图纸会审记录、变更设计或洽商记录；

3 测试与调试记录；

4 隐蔽工程验收记录；

5 质量评定记录；

6 开竣工报告；

7 竣工图。

17 供 电

17.1 一 般 规 定

17.1.1 本章适用于交流供电额定电压为110kV及以下的变电所和电缆，直流牵引电网（额定电压为750V接触轨、1500V架空接触网），1kV及以下配线、动力电控设备安装工程的施工及验收。

17.1.2 电气设备及器材运输通道，应符合下列要求：

1 隧道内走行轨铺设完毕；

2 地面车辆段能进出重载运输车。

17.1.3 大型设备运输前应对隧道内路径进行检查，严禁侵入设备限界。

17.1.4 隧道内的金属支持件，必须作防腐处理。

17.1.5 供电工程的施工及验收，除按本规范执行外，尚应符合国家现行的有关强制性标准的规定。

17.2 变 电 所

17.2.1 直流快速自动开关安装前应进行外观检查，并符合下列要求：

1 各部件应无破损，固定螺栓应齐全、牢固；

2 传动机构动作应灵活、准确，辅助接点应接触良好，动作可靠；

3 端子板应无裂纹或变形，插接式端子板的接触簧片弹性应良好；

4 灭弧室不应受潮，内绝缘衬件应完好。

17.2.2 直流快速自动开关安装应符合下列规定：

1 安装应垂直并固定牢固，开关的极间中心距及开关与相邻电器或柜体的距离，应符合产品技术文件的规定；

2 开关与母线连接后，不应使开关受到额外的应力；

3 二次回路接线应正确，接头连接应牢固；

4 灭弧室上部的喷弧距离，应符合产品技术文件的规定；

5 开关主触头的压力、开距及部件间隙的调整，应符合产品技术文件的规定。

17.2.3 牵引直流母线涂漆颜色，应符合下列规定：

工作正母线——红色；

备用正母线——黄色；

负母线——蓝色。

盘、柜上模拟母线的标志颜色，应与直流母线的颜色一致。

17.2.4 高压柜、低压柜、直流开关柜、整流柜、电源柜等设备的基础型钢应与结构钢筋进行电气隔离，柜体的非带电金属部分应接地。

17.3 牵引电网

17.3.1 牵引电网应在走行轨铺设符合设计标准后进行施工。

17.3.2 支柱混凝土基础施工应符合现行国家标准《混凝土结构工程施工及验收规范》GB 50204 规定。混凝土预制底座制作应符合本规范第 13.7.3 条规定。

（Ⅰ）接触轨

17.3.3 设备、器材安装前应进行外观检查，并符合下列规定：

1 轨条应无变形和锈蚀。

2 混凝土预制底座表面应平整，无裂纹和掉角；钢制底座的镀锌层应均匀。

3 绝缘子铁件与瓷件的胶装部位，不得开裂或松动。瓷釉表面应光洁，无裂纹、缺釉、斑点、烧伤和气泡等缺陷。

4 铸铁件表面应光洁，无裂纹、结疤。

5 防护罩应无裂纹、变形。

6 开关柜的漆面应完整、无损伤，柜内电器的规格应符合设计规定并固定牢固。

17.3.4 轨条装卸、运输及敷设时，不得损伤或变形。

17.3.5 底座安装应符合下列规定：

1 安装应平正，位置正确，固定牢固；

2 底座中心至相邻走行轨轨头内缘的距离允许偏差为±2mm，高程允许偏差为±2mm；

3 碎石道床地段安装的钢制底座，如置于木枕上时，其找平剔削部位应做防腐处理。

17.3.6 绝缘子与底座的连接应密贴、牢固。

17.3.7 轨条安装应符合下列规定：

1 直线段应平直，曲线段应圆顺、无硬弯；

2 轨条中心至相邻走行轨轨头内缘的水平距离允许偏差为±6mm；轨条顶面与相邻走行轨顶面的高程允许偏差为±6mm；

3 除膨胀接头和普通接头外，轨条焊接时，其接续长度允许偏差为±2%；

4 轨条分段的位置必须符合设计规定，其断开距离允许偏差为：电分段处 $^{+100}_{\ \ 0}$mm；电不分段处±100mm；

5 轨条焊接端面焊前应除锈，焊接应无夹渣和气孔，轨顶面应打磨平滑；

6 焊接接头电阻，膨胀接头电阻应符合本规范第 17.7.2 条规定；

7 端部弯头和侧面弯头的安装，必须符合设计规定；

8 膨胀接头的伸缩预留值允许偏差为±1mm。

17.3.8 夹板安装应符合下列规定：

1 轨端钻孔不得歪斜，毛刺应打磨干净；

2 夹板与轨条连接应密贴，两轨端顶面应水平。

17.3.9 接触轨的防爬器、挡板、导向板的安装位置应正确，并固定牢固。

17.3.10 膨胀接头处电连接线的截面应符合设计规定，与轨条的焊接应牢固。

17.3.11 防护罩托架与底座连接应牢固，防护罩及其托架，严禁突出接触轨限界。

17.3.12 接触轨设备安装应符合下列规定：

1 隧道开关柜：

1）柜体与基础连接应牢固，柜门锁闭应可靠；

2）电源刀开关与接地刀开关的联锁应正确可靠，动作灵活；

3）严禁侵入设备限界。

2 直流柜体的接地应符合本规范第 17.2.4 条规定。

17.3.13 接触轨供电点安装应符合下列要求：

1 接线板与轨条的焊接应牢固，焊缝应做防腐处理；

2 接线板与隧道开关柜应采用软连接，其支持点与道床的连接应牢固。

17.3.14 接触轨回流点安装应符合下列规定：

1 回流线与信号扼流变压器中性点的连接宜采用过渡板，连接应牢固、密贴；

2 回流钢轨应作电气连接，其连接线的型号、规格应符合设计规定，连接线与钢轨焊接应牢固。

（Ⅱ）架空接触网

17.3.15 设备、器材安装前应进行外观检查，并符合下列规定：

1 钢筋混凝土支柱表面应平整，无露筋；

2 钢柱应无弯曲、扭转现象，焊接处无裂纹，表面防锈漆或镀锌层完整；

3 金属配件表面应光洁、无裂纹，线夹与线索的接触面光滑、平整，镀锌件镀层均匀；

4 电分断绝缘器配件应齐全，绝缘器本体表面光洁、无裂纹，与受电弓接触的接触面应平整；

5 隔离开关绝缘瓷柱应光洁、无裂纹；

6 避雷器瓷釉应光洁、无裂纹，内部元件无松动；

7 绝缘子应符合本规范第 17.3.3 条的规定。

17.3.16 隧道外支柱应根据设计测放位置。跨距允许调整值为 $^{+1}_{-2}$m。

17.3.17 支柱安装应符合下列规定：

1 支柱埋深允许偏差为±100mm。

2 支柱装设横卧板或底板时，横卧板应密贴支柱，不得有空隙和夹土；底板中心应与支柱中心一致。

3 支柱支立应垂直，允许偏差为（钢筋混凝土支柱从地面起算，钢柱从基础起算）：

1）顺线路方向：5‰，但锚柱端应向拉线侧倾斜0～200mm；

2）垂直线路方向：曲线外侧和直线上的支柱外倾不应超过支柱外缘垂直线；曲线内侧及硬横跨支柱应向受力的反方向倾斜5‰。

4 同组软（硬）横跨支柱中心连线应垂直线路中心线，允许偏差为3°。

5 拉线与地面的夹角宜为45°，特殊地形不得大于60°。

17.3.18 隧道外接触网支持结构安装应符合下列要求：

1 支柱装配：

1）支持部件底座应与支柱密贴、平整；

2）水平拉杆及腕臂安装应满足承力索及接触线悬挂高度、悬挂位置及结构高度的要求；

3）链形悬挂的水平拉杆、腕臂，在平均温度时应垂直于线路中心线，温度变化时，腕臂顺线路方向偏移量应和承力索、接触线在该点的偏移量相一致；

4）腕臂上各部件应处在同一垂直平面内（不包括定位装置），铰接处转动应灵活。腕臂不得有弯曲、锈蚀，顶端管帽密封应良好。

2 硬横跨钢梁与支柱连接应牢固，并垂直线路中心线，固定高度允许偏差为$^{+100}_{0}$mm。

3 软横跨安装：

1）角钢安装高度允许偏差为±50mm；

2）横承力索和上、下部固定索不得有接头。其电分段绝缘子宜在同一垂直平面内；股道间横向电分段绝缘子应位于股道中心。

4 定位装置安装：

1）固定定位器的定位管宜呈水平状态，允许偏差为$^{+20}_{0}$mm；定位管在支持器外露长度不得大于50mm；

2）定位器必须保证接触线拉出值及工作面正确。在平均温度时，定位器应垂直于线路中心线，当温度变化时，顺线路方向的偏移量应与接触导线在该点的伸缩量相一致，其偏角不得大于18°。

17.3.19 隧道内接触网支撑结构底座应按设计测放其位置，并应避开结构变形缝及不同断面处。跨距允许调整值为±0.5m。

17.3.20 隧道内支撑结构安装应符合下列规定：

1 底座安装应牢固、平整，位置正确；

2 底座定位臂的长度允许偏差为±100mm；

3 弹性支撑必须调整在规定的范围内，其下垂角度不得超过35°。

17.3.21 敷设接触网、承力索，必须带张力展放，并无扭转、硬弯、断裂等缺陷。交叉点处导线的上、下位置应正确。

17.3.22 锚段内的接触线、承力索，不得有接头。连续敷设的馈电线、接地线的接头距离不得小于150m，且接头至悬挂点距离不得小于2m。

17.3.23 补偿装置安装应符合下列规定：

1 轮间钢丝绳排列位置及长度应符合设计要求，滑轮转动应灵活；

2 坠砣高度与弹簧终端的拉出值，应符合安装曲线表的规定；

3 补偿终端的断线自动制动装置应可靠，其制动块与棘轮齿间的距离为25±5mm；

4 坠砣应完整，坠串排列应整齐，其缺口应相互错开180°；

5 补偿绳不得有接头、松股、断股等缺陷。

17.3.24 接触悬挂安装应符合下列规定：

1 菱形或链形悬挂的吊弦应顺线路垂直安装，吊弦间距允许偏差为：地面±0.2m，隧道内±0.1m。

2 中心锚结应安装在设计跨距的中间位置上，中心锚结线夹两端辅助绳长度与张力应相等，并不得出现弛度。

3 接触线调整：

1）接触线的“之”字值和拉出值允许偏差为±20mm；

2）承力索与接触导线的“之”字值应调整在同一垂直平面内，允许偏差为：地面±75mm，隧道内±10mm；

3）悬挂点处接触线距轨面的高度允许偏差为：地面±30mm，隧道内±10mm；

4）接触线工作面及各种线夹应端正；

5）接触线、承力索的架设张力和弛度应符合相应的规定值；

6）相邻两悬挂点处，接触线高度允许偏差为±20mm；

7）相邻吊弦间接触线高度差不应大于10mm。

17.3.25 接触网电连接线的截面应符合设计规定，连接牢固，并应预留温度变化的位移长度。

17.3.26 线岔安装应符合下列要求：

1 在平均温度时，线岔的中点应位于接触线的交叉点，接触线在线岔里应能随温度变化而自由纵向移动；

2 静态时，交叉点处上、下方接触线的间隙宜为1～3mm。

17.3.27 架空接触网设备安装应符合下列规定：

1 隔离开关：

1）隔离开关瓷柱应直立并相互平行；

2）传动杆应校直，并与隔离开关、操作机构保持顺直，手动操作机构安装距地面高度宜为1.1～1.2m；

3）设有接地装置的开关主刀闸与接地刀闸的机械联锁应正确可靠。

2 避雷器安装应牢固，支架水平。

3 电分段绝缘器：

1）位置应设在进站惰行处；

2）底平面必须与轨道平面平行；中心线应与轨道中心线重合，允许偏差为±50mm；

3）安装后应保持锚段原有张力；

4）电分段绝缘器导流板与接触线连接处应平滑、不碰弓，绝缘器的连接螺栓应紧密。

4 严禁侵入设备限界。

17.3.28 架空接触网设备安装的安全距离应符合下列规定：

1 架空接触网带电部分至车辆限界线的最小安全间隙为115mm；

2 架空接触网带电部分在静态时至建筑物及设备的最小安全距离为150mm；

3 架空接触网设备安装后，受电弓与结构的最小安全间隙为150mm；

4 架空接触网上配件的横向突出部分与受电弓最小安全间隙为15mm；

5 隔离开关触头带电部分至顶部建筑物距离，不应小于500mm。

17.3.29 架空接触网与树枝间的距离，跨越架空接触网的供电线路距承力索的距离应符合设计规定。

17.3.30 架空接触网接地装置安装除满足设计要求外，尚应符合下列规定：

1 沿支柱敷设的接地线应紧贴杆身、规整，并与支柱绑扎牢固；

2 钢柱和接地线的连接处，宜露在基础外面；

3 隧道内接地线应与结构密贴并固定牢固；

4 接地线应作防腐处理，并连接牢固。

17.3.31 供电线和回流线断3股及以下时，应采用同材质线绑扎加固，断3股以上必须剪断重接。

17.4 配线及动力电控设备

17.4.1 隧道内配线支持件的固定方式应符合设计规定，当设计无规定时，宜用绝缘胀管固定。

17.4.2 隧道行车段的配线，严禁采用粘接法施工。

17.4.3 暗配电线保护管通过变形缝时，应沿止水带内侧通过，保护管及配线应有补偿措施。

17.4.4 经过隔断门处的配线，应在隔断门的两侧进行密闭处理。

17.4.5 隧道内动力箱、电控箱（柜）的安装应符合下列规定：

1 位于行车线路两侧时，必须符合设备限界要求，箱、柜门扇应有锁闭装置；

2 箱、柜应有防水淋措施；

3 隔断门、排水站处的箱、柜基础应高出地面150～250mm。

17.4.6 动力箱、照明箱、电控箱（柜）的金属外壳应接地，接地线另一端应与变电所低压柜的接地线相接。

17.5 电缆线路与接地装置

（Ⅰ）电缆线路

17.5.1 电缆及附件在运输装卸过程中不得损伤；采用轨道车牵引运输时应捆绑牢固。

17.5.2 电缆存放场地应平整、无积水，电缆盘应标明型号、规格、长度；隧道内临时存放的电缆，不得影响车辆通行和其他专业施工，并应有防护措施。

17.5.3 电缆管敷设应符合下列要求：

1 电缆管穿过隧道结构外墙时，必须设置防水套管；

2 引至设备的电缆管，其管口位置应便于设备连接及拆装；并列敷设的电缆管管口应排列整齐，露出地面的电缆管管口高度宜为100～300mm。

17.5.4 电缆托架安装应符合本规范第15.2节的有关规定。

17.5.5 电缆敷设前应进行检查，并符合下列要求：

1 行车道应畅通，照明满足施工要求，电缆沟清理干净，电缆管墙应无堵塞；

2 电缆型号、规格应符合设计规定，电缆外观无损伤，绝缘良好；

3 电缆托架应齐全，固定牢固。

17.5.6 电缆接头布置应符合下列要求：

1 并列敷设的电缆，其接头位置应相互错开。电缆沟及机房内不应有高压电缆接头。

2 托架上的电缆接头，应用绝缘托板托置固定，托板伸出电缆头两侧不应小于200mm。

17.5.7 电缆敷设应符合下列规定：

1 隧道内电缆敷设：

1）用牵引车敷设时，电缆盘支架及电缆导向架应稳固，牵引车速度均匀且不应大于20m/min；

2）在电缆沟内敷设电缆时不得拖拉摩擦；

3）电缆排列整齐，相互间的净距应符合设计要求。

2 直埋电缆的埋深不应小于0.7m，并设于冻土层以下；跨越碎石道床的电缆，应采取保护措施。

17.5.8 电缆固定点位置应符合下列规定：

1　垂直敷设或超过45°倾斜敷设的电缆在每个支架处或桥架上每隔2m处；

2　水平敷设的电缆，其首末两端、转弯及电缆接头的两端处；

3　沿隧道顶板敷设的电缆，应用刚性卡固定牢固，其间距不得大于1m。

17.5.9　铠装电缆的金属外皮一端应接至变电所开关柜的接地线，另一端浮空。

（Ⅱ）接 地 装 置

17.5.10　接地体和接地线的材质应符合设计规定；当设计无规定时，应采用铜质材料。

17.5.11　铜质接地体（线）敷设应符合下列规定：

1　接地体长度不应小于2.5m，并垂直配置，其间距不应小于5m；

2　扁铜带应沿铜管周边焊接牢固；

3　扁铜带的连接应采用搭接焊接，其搭接长度应为其扁铜带宽的2倍。

17.5.12　高土壤电阻率地区采用化学方法降低土壤电阻率时，应按产品技术文件规定施工。

17.5.13　接地体（线）经检测并隐检合格后，方可进行回填。

17.5.14　接地线引入隧道时，必须设置防水套管，并作绝缘处理，封堵严密。

17.5.15　隧道内接地线与隧道外引入的接地线应采用螺栓连接，连接处的表面应按现行国家标准《电气装置安装工程母线装置施工及验收规范》GBJ 149的规定处理。接地线宜通过配管进入接地箱。

17.5.16　室内接地线敷设应符合下列规定：

1　接地线应便于检查，其位置不得妨碍设备装卸及维修；

2　支撑件间的距离：水平直线段宜为0.5～1.5m；垂直段宜为1.5～3m；弯曲段宜为0.3～0.5m；

3　接地线应水平或垂直敷设。

17.6 监 控 系 统

17.6.1　计算机柜、远动终端装置机柜、模拟盘、中间继电器屏、不间断电源柜及控制台等设备安装应符合现行国家标准《电气装置安装工程盘、柜及二次回路结线施工及验收规范》GB 50171的规定。

17.6.2　光缆施工应按本规范第15.2节的有关规定执行。

17.6.3　强电回路应和弱电回路分开布线。

17.6.4　接地装置安装，应按本规范第15.5节的有关规定执行。

17.7 调 整 试 验

（Ⅰ）牵引供电系统

17.7.1　直流快速自动开关试验应符合下列要求：

1　开关本体及灭弧罩的绝缘电阻，主触头、弧触头的接触压力，主触头、弧触头的开距，均应符合产品技术条件的规定；

2　交流耐压试验应符合产品技术文件的规定；

3　开关的动作试验，应在直流操作母线额定电压值下分、合闸各3次，有条件时可在115%、90%额定电压下进行操作各2次，断路器动作应正常；

4　开关动作电流值整定。动作电流应采用低电压大电流整定，动作电流值应为3次动作电流平均值，刻度标志应与之相符。

17.7.2　接触网测试应符合下列规定：

1　接触轨焊接接头无损探伤和电阻测试数目应为其总数的1%～5%。

2　接触轨焊接接头电阻不应大于等长母材的电阻；膨胀接头电阻应满足设计要求。

3　绝缘电阻试验应按供电分段进行；架空接触网应大于1.5MΩ/km，接触轨满足设计要求。

17.7.3　接触网送电前应进行冷滑行试验，冷滑行试验不得少于2次。第一次运行速度为10～15km/h，车辆段为5～10km/h；第二次运行速度为25～30km/h，车辆段为10～15km/h；如需进行第三次，应按正常运行速度运行。

17.7.4　冷滑行试验时应按下列要求进行检查：

1　接触轨：

1）接头应平滑；

2）端部弯头、侧面弯头的安装应符合设计规定；

3）防护罩及其托架不得突出接触轨限界；

4）隧道内直流开关柜（箱）及跨越隧道顶部的电缆安装牢固，且无侵入设备限界。

2　架空接触网：

1）接触线的"之"字值和拉出值应符合设计规定；

2）接触悬挂的弹性良好；

3）各类线夹安装应无碰弓、刮弓现象；

4）接触线应无弯曲、扭转现象；

5）受电弓与有关接地体、定位管及绝缘子之间的距离应符合设计规定。

17.7.5　接触网送电前应检查并擦拭全部绝缘子，不合格者必须更换；绝缘电阻值应满足设计要求；隔离开关的分合闸位置应符合送电方案的规定，并拆除临时接地线。

17.7.6　牵引变电所向接触网送电时，直流快速自动开关合闸3次，接触网应无异常。送电过程中发生故障处理时，必须按有电运行线路的有关规定办理。

17.7.7　接触网送电后，应在供电臂末端进行电压测试，合格后进行空载试验。空载运行1h无异常，再进行电动车组负载试验，并运行24h合格后方可进行试运行。

17.7.8 牵引变电所控制、信号与保护功能试验应符合下列规定：

1 控制、信号功能试验应按手动、电动；就地、集中；单台、联动次序进行。

2 保护功能试验应采用模拟形式，模拟信号宜接近真实情况，其项目应符合设计要求。

3 控制应正确，动作应可靠，信号显示应无误。

17.7.9 牵引变电所电流增量保护和双边联跳保护试验应符合下列要求：

1 短路点应选择在供电距离最远的地方。

2 牵引变电所控制、信号及保护系统按双边供电投入正常运行，试验区段采用单边供电（与供电变电所相邻的变电所断开直流牵引供电回路）。

3 供电变电所应可靠分断，信号显示正确，设备无异常现象。

17.7.10 牵引变电所直流短路试验应符合下列要求：

1 选择一个单边供电和一个双边供电区间进行；

2 单边供电时在供电末端，双边供电时在靠近一端变电所 30m 以内制造人为短路；

3 牵引变电所控制、信号和保护系统投入正常运行；

4 两端变电所均应可靠分断，信号显示正确，设备无任何异常现象。

17.7.11 列车起动试验应在每个牵引变电所内观测列车起动电流对供电系统的影响，供电系统不应发生误动作。

（Ⅱ）监控系统

17.7.12 计算机中央处理装置的调试，应符合下列要求：

1 电源回路绝缘电阻、直流输出电压及时钟的脉冲周期和脉宽、周期和脉冲偏差，应符合产品技术文件的要求；

2 中央处理装置的开机自控、运算控制程序、主存贮器、各类中断、信息保护及双机切换等功能应正常。

17.7.13 计算机辅助存贮装置的调试项目，应符合下列要求：

1 对全部存贮器地址进行反复读写检查，24h 不出现差错；

2 信息保护、故障报警显示及出错检查功能正常。

17.7.14 计算机输入输出设备调试项目，应符合下列要求：

1 键盘上各键操作功能正常。

2 屏幕显示装置：

1）全字符显示、回车换行、光标控制、颜色选定和闪光等功能正常；

2）图示画面尺寸、垂直与水平方向的线性度、图像显示的稳定性、亮度、对比度及色度聚焦符合产品技术文件规定；

3）外联打印机、硬拷贝等各项功能正常；

4）画面显示的系统结构图应符合设计规定。

17.7.15 不间断电源的输出电压、频率、负荷充放电时间及超载试验等，应符合设备技术文件的规定。

17.7.16 模拟盘设备显示功能应正常。

17.7.17 远动终端设备应进行绝缘电阻、绝缘强度及连续通电试验，其试验方法和标准按现行国家标准《远动终端通用技术条件》GB/T 13729 执行。

17.7.18 过程输入输出设备调试项目，应符合设备技术文件的规定：

1 主要测定点的波形及其指标；

2 模拟量输入输出模块的寻址和精度；

3 数字量输入输出模块的寻址功能及可靠性，模块的频率、电压和脉冲宽度；

4 脉冲计数输入模块的寻址功能、积算精度。

17.7.19 数据传输通道调试项目，应符合下列要求：

1 装置的负载能力，负载变化时，输出电平符合设备技术文件规定；

2 信息传输功能正常；

3 定时监视的振荡器频率和监视时间符合设计规定；

4 数据传输通道的有效信号衰减及噪声度符合设计规定。

17.7.20 系统软件调试应符合设备技术文件规定的功能指标，应用软件调试应满足监控系统的要求。调试后应进行运行考核，其考核时间宜为：系统软件 1～2周；应用软件 3～6 个月。

17.7.21 监控系统基本功能试验，应按现行国家标准《地区电网数据采集与监控系统通用技术条件》GB/T 13730 要求进行；系统功能应符合设计规定。

17.7.22 接口装置试验应符合下列要求：

1 静态接口试验：通过接口输入、输出的信号应符合设计规定；

2 动态接口试验：远动终端与被监控设备联机运行时，被监控设备运转应正常。

17.7.23 监控系统设备运转试验，其系统功能和监控精度应符合设计规定。

17.7.24 监控系统设备应作 72h 连续运行试验，并应按现行国家标准《地区电网数据采集与监控系统通用技术条件》GB/T 13730 第 4.2 节执行。在试验中出现故障时，关连性故障则终止连续运行试验，待故障排除后重新开始计时试验；非关连性故障，待故障排除后继续试验，排除故障过程不计时。

17.7.25 监控系统设备试运行时间宜为 3 个月。在运行中出现故障时，有关故障处理按本规范第 17.7.24 条规定执行。

17.8 工程验收

17.8.1 设备验收时，应按下列要求进行检查：

1 直流快速自动开关：

1）固定牢固，外表清洁完整；

2）电气连接可靠，接触良好；

3）操动机构动作灵活可靠，合、分闸指示正确，辅助开关动作可靠，接点无烧损；

4）脱扣装置整定值准确，动作可靠；

5）主触头及部件调整后的间隙值，符合产品技术文件的规定。

2 接触轨：

1）直线段应直顺，曲线段圆顺，与走行轨的距离，接触轨顶面与相邻走行轨顶面的高程均应符合规定；

2）轨条顶面应平滑；

3）防护罩、隧道开关柜安装位置分别符合接触轨限界与设备限界的规定；

4）供电点、回流点的电气连接应正确、牢固。

3 架空接触网：

1）各种零部件安装齐全、牢固，且无超出允许偏差；

2）接触悬挂带电部分至所有接地部分之间的安全距离符合规定值；

3）接触导线高度、结构高度和转换坡度应符合设计规定，导线弹性均匀，无弯曲、扭转现象；

4）接触网设备不得侵入设备限界；

5）补偿装置灵活可靠，坠砣数量及距地面高度，符合设计标准；

6）馈电线和接地线的接头数量、连接质量及接头间的距离符合规定；

7）中心锚结绳的长度和安装质量符合要求；

8）接触导线上的各种线夹无歪斜现象；

9）隔离开关安装正确，操作灵活；

10）接地线连接正确、可靠；

11）沿线树木与接触网的水平距离，跨越接触网的电力线与接触网的垂直距离应符合设计规定。

4 配线及动力电控设备：

1）各种支持件固定牢固；

2）箱柜安装位置正确，箱柜门锁闭装置良好；

3）非带电金属部分的接地或接零良好。

5 电缆线路与接地装置：

1）排列整齐，标志牌齐全、清晰；

2）电缆固定、弯曲半径、相关距离符合要求；

3）电缆接头、终端头无渗漏，电缆终端的相色正确；

4）接地良好；

5）电缆沟内无杂物，盖板齐全；

6）直埋电缆路径标志与实际相符，路径标志清晰、牢固；

7）跨越隧道顶部的电缆固定牢固，并无侵入设备限界；

8）接地装置外露部分的连接应可靠，标志齐全、明显；

9）接地装置的接地电阻值符合设计规定。

6 牵引变电所：

1）控制、信号与保护功能试验；

2）电流增量保护和双边联跳保护试验；

3）直流短路试验；

4）列车起动试验。

7 监控系统：

1）模拟盘及远动终端设备的安装应符合要求；

2）系统的接地装置及其电阻值符合规定；

3）设备的系统功能测试应符合设计规定；

4）设备72h连续运行试验及试运行考核应符合本规范规定。

17.8.2 工程竣工验收应提供下列资料：

1 原材料和设备的合格证及说明书；

2 图纸会审记录、变更设计或洽商记录；

3 各种测试记录；

4 隐蔽工程验收记录；

5 质量评定记录；

6 试运行及系统调试记录；

7 开竣工报告；

8 竣工图。

18 通风与空调

18.1 一般规定

18.1.1 本章适用于通风与空调工程的施工及验收，凡未作规定的，尚应按现行国家标准《通风与空调工程施工及验收规范》GB 50243的有关规定执行。

18.1.2 通风与空调工程所使用的材料应为不燃材料，并应具有防潮、防腐、防蛀的性能，或已达到上述性能要求的防护措施。

18.1.3 通风与空调工程的紧固件应采用镀锌件。管道支、吊架的紧固螺栓应有防松动措施。

18.1.4 通风与空调系统中的金属风管、水管、钢结构及钢连接件均应按设计要求采取防止杂散电流腐蚀的措施。

18.1.5 通风与空调工程施工中应与环境监控系统和消防监控系统配合，做好接口处理工作。

18.1.6 穿越结构隔墙或楼板的管道应设套管，套管宜与结构钢筋绝缘。管道穿过防火墙、楼板及其他防火分隔物时，应采用不燃材料将管道周围的空隙填塞密实。

18.1.7 设备、部件及管材运入现场后，应有防潮及保护措施。

18.1.8 通风与空调设备交付运营前，应定期通电运转或机房通风。

18.2 风　　管

18.2.1 风管制作材料应符合设计规定。当设计未作规定时应采用钢板风管。

18.2.2 钢板风管的最小板材厚度应按风管的耐压等级及尺寸选用，并符合表 18.2.2 的规定。

表 18.2.2 风管钢板最小厚度（mm）

<table>
<tr><th rowspan="2">类别
长边尺寸或直径</th><th colspan="2">矩形风管</th><th colspan="2">圆形风管</th></tr>
<tr><th>低压≤500Pa
中压＞500Pa
且≤1500Pa</th><th>高压＞1500Pa</th><th>低压≤500Pa
中压＞500Pa
且≤1500Pa</th><th>高压＞1500Pa</th></tr>
<tr><td>100～320</td><td>0.5</td><td rowspan="4">0.8</td><td rowspan="2">0.6</td><td rowspan="2">0.8</td></tr>
<tr><td>360～450</td><td>0.6</td></tr>
<tr><td>500～630</td><td rowspan="2">0.8</td><td rowspan="2">0.8</td><td rowspan="2">1.0</td></tr>
<tr><td>700～1000</td></tr>
<tr><td>1120～1250</td><td rowspan="2">1.0</td><td>1.0</td><td>1.0</td><td rowspan="2">1.2</td></tr>
<tr><td>1400～2000</td><td rowspan="2">1.2</td><td>1.2</td></tr>
<tr><td>2500～3000</td><td>1.2</td><td colspan="2">按设计要求</td></tr>
</table>

18.2.3 钢板风管的厚度为 1.2mm 及以下时，应采用镀层质量为 235～385g/m² 的热镀锌钢板，钢板表面不得有镀锌层脱落、锈蚀及划伤等缺陷。厚度为 1.5mm 及以上时，可采用普通钢板。

18.2.4 排烟或排风兼排烟风管的钢板厚度如设计无规定可按高压风管壁厚选取，并不得使用按扣式咬口。

18.2.5 钢板风管管段间的连接可采用法兰或无法兰连接形式，并应符合表 18.2.5-1 或表 18.2.5-2 的规定。

表 18.2.5-1 矩形风管连接形式（mm）

名称	连接形式与密封	附件厚度	转角要求	使用范围长边尺寸	刚度等级
C型插条	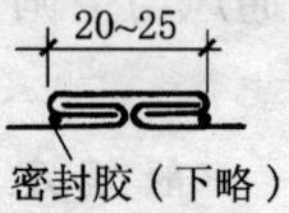	0.7～0.8	立面插条两端压到两平面各 20 左右	低压风管，≤630 中压风管，≤400	G1
立插条	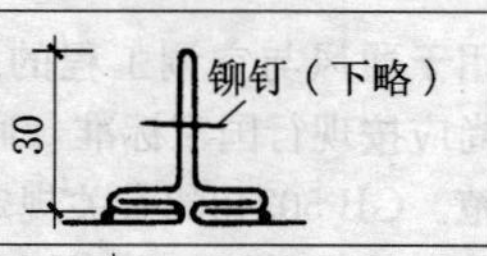	0.8	四角加 90°平板条固定	低压风管，≤1000 中压风管，≤630	G2
立咬口	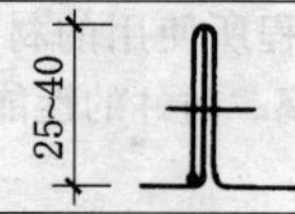	0.8	四角加 90°贴角，并固定	低压风管，≤1000 中压风管，≤630	G2
薄钢板法兰插条	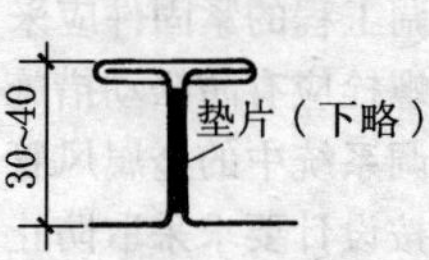	0.8～1.2	四角加 90°贴角	低压风管，≤1250 中压风管，≤1000 高压风管，≤800	G3
薄钢板法兰弹簧夹	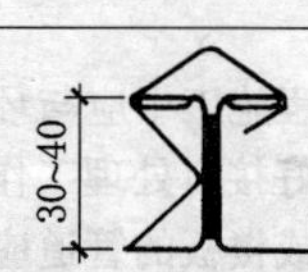	1.0～1.2	四角加 90°贴角	低压风管，≤1250 中压风管，≤1000 高压风管，≤800	G3

续表 18.2.5-1

名称	连接形式与密封	附件厚度	转角要求	使用范围长边尺寸	刚度等级
角钢法兰	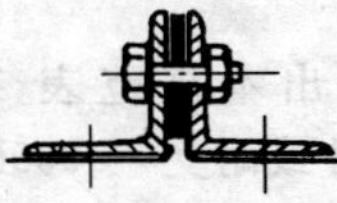	∠25×3	四角加螺栓	低、中、高压风管，≤630	G3
		∠30×4		低、中、高压风管，≤1250	G4
		∠40×4		低、中压风管，≤2500 高压风管，≤1600	G5
		∠50×5		低、中压风管，≤3000 高压风管，≤2500	G6

表 18.2.5-2 圆形风管连接形式（mm）

名称	连接形式与密封	附件厚度	接口要求	使用范围直径	备注
芯管连接	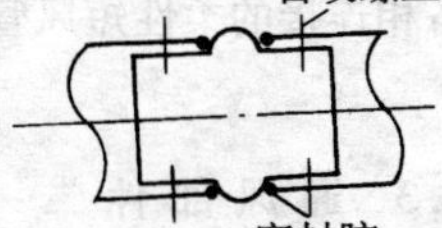	≥风管板厚	芯管长度 200～250，插入至根部，密封胶嵌缝	低压风管，≤1000 中压风管，≤700	直缝圆风管单节长度≤2000
扁钢法兰	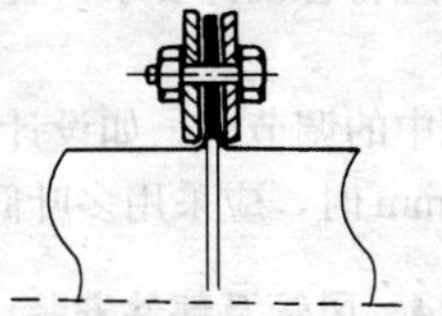	−20×4	翻边＞5，加密封垫片	低、中、高压风管，≤140	直缝圆风管单节长度≤2000
		−25×4		低、中、高压风管，≤280	
角钢法兰	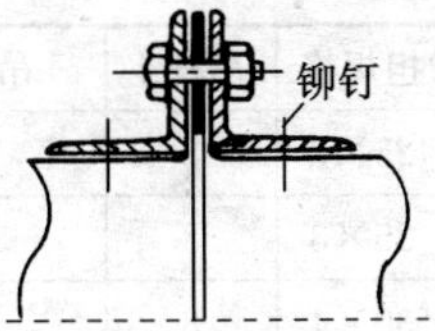	∠25×3	翻边＞6，加密封垫片	低、中、高压风管，≤500	直缝圆风管单节长度≤2000
		∠30×4		低压风管，≤1250 中、高压风管，≤800	两个管段连接间最大距离1000。对应的环状加强筋刚度等级为 G3
		∠40×4		低压风管，≤2000 中、高压风管，≤1500	两个管段连接间最大距离1000。对应的环状加强筋刚度等级为 G4

18.2.6 钢板风管需做环状加固时，矩形风管宜采用角钢、轻钢型材或钢板折叠；圆形风管宜采用角钢。其尺寸可按表 18.2.6 选定。

表 18.2.6　环状加固用加强筋规格（mm）

名称	断面	高度 H	厚度 δ	刚度等级
角钢	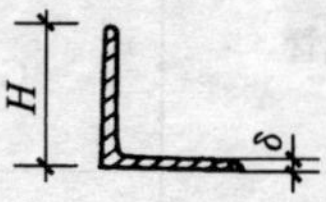	25	3	G2
		30	4	G3
		40	4	G4
		50	5	G5
		60	5	G6
钢板折叠	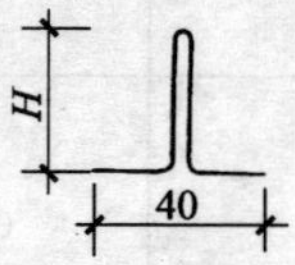	25	1.2	G1
		30	1.2	G2
		40	1.2	G3
		40	2.0	G4

18.2.7　矩形风管两个管段连接间（或与环状加强筋间）的最大距离应符合表 18.2.7-1、表 18.2.7-2 的规定。

表 18.2.7-1　低、中压矩形风管两个管段连接间的最大距离（mm）

风管长边尺寸		400	630	800	1000	1250	1600	2000	2500	3000
最小板厚		0.6		0.8			1.0		1.2	
连接或加强筋的刚度等级	G1	3000 3000	1600 —	—	—	—	—	—	—	—
	G2	3000 3000	2000 1600	1600 —	1200 —	—	—	—	—	—
	G3	—	2000 1600	1600 1200	1200 1000	1000 —	—	—	—	—
	G4	—	—	1600 1200	1200 1000	1000 800	—	—	—	—
	G5	—	—	—	—	1000 800	800 800	800 800	800 600	—
	G6	—	—	—	—	—	800 800	800 800	800 800	800 600

注：表中每格内上排为低压风管，下排为中压风管。

表 18.2.7-2　高压矩形风管两个管段连接间的最大距离（mm）

风管长边尺寸		400	630	800	1000	1250	1600	2000	2500
最小板厚			0.8			1.0		1.2	
连接或加强筋的刚度等级	G3	3000	1200	1000	—	—	—	—	—
	G4	—	—	1200	1000	800	—	—	—
	G5	—	—	—	1200	800	800	—	—
	G6	—	—	—	—	—	800	800	600

18.2.8　矩形风管的板面加固应符合下列规定：

1　板面宽度为 630～1250mm 时，宜采用钢板预轧横向弧形楞筋或交叉楞线方式加固；

2　板面宽度为 1600～3000mm 时，应采用∠40×4 角钢沿气流方向加固。角钢应置于风管宽度方向的中间或均分位置，其间距为 800～1000mm。

18.2.9　矩形风管的法兰或环状加强筋的边长为 2500～3000mm 时，应在法兰或加强筋内部采用 ϕ10mm 圆钢或 20mm×4mm 扁钢作拉撑杆。拉撑杆置于法兰宽度方向的中间或均分位置，其间距为 1000～1250mm。

18.2.10　当制作超出本规范表 18.2.5-1 和表 18.2.5-2 所列最大尺寸或耐受－1000Pa 以上负压的钢板风管时，应符合设计规定。如设计无规定时，宜使用 1.5～2mm 厚钢板。法兰、加强筋使用∠60×5 或更大规格的角钢，除法兰连接使用螺栓外，全部采用焊接成型。

18.2.11　玻璃纤维氯氧镁水泥风管制作应符合下列规定：

1　风管应达到该产品行业标准 P 类一等品的要求；

2　风管法兰螺栓孔排列规则，并有互换性。

18.2.12　柔性短风管可采用金属或非金属材料制作。柔性管不得漏风，并与法兰连接牢固，其支撑环的间距应均匀。但与设备相连接的柔性短风管应采用非金属材料制作。

18.3　通风部件

18.3.1　风口制作应符合设计要求，且宜选用铝合金型材。

18.3.2　通风系统中的调节阀，如设计无规定，其长边或直径大于 400mm 时，应采用多叶阀。

18.4　风管及部件安装

18.4.1　矩形风管水平安装吊架的规格和间距应符合表 18.4.1 的规定。

表 18.4.1　矩形风管水平安装吊架的规格和间距（mm）

风管长边尺寸	横担规格	吊杆 ϕ	吊架最大间距
400	∠25×3	8	3600
630	∠25×3	8	3000
1000	∠30×4	8	3000
1600	∠40×4	8	3000
2000	∠50×5	10	3000
2500	∠60×5	12	2500

注：1　长边尺寸 400mm 的风管亦可用 25mm×4mm 扁钢 U 型吊架代替横担和吊杆；
2　长边尺寸 2500mm 的焊接风管其横担和吊杆需进行荷载计算。

18.4.2 圆形风管（直缝）水平安装吊架的规格和间距应符合表 18.4.2 的规定。

表 18.4.2 圆形风管水平安装吊架的规格和间距（mm）

风管直径 φ	吊箍规格			吊杆		吊架最大间距
	垂直剖分环形箍	水平剖分环形箍	U形半圆箍	扁钢（1个）	圆钢 φ（2个）	
450	—25×2	—	—	—25×2	—	3000
800	—30×3	—	—	—30×3	—	2500
	—	—	—30×4	—	8	
1000	—	—30×4	—40×5	—	10	2500
1500	—	—30×4	—40×5	—	10	2500
2000	—	—40×5	—	—	10	2500

18.4.3 玻璃纤维氯氧镁水泥矩形风管水平安装吊架的规格和间距应符合表 18.4.3 的规定。

表 18.4.3 玻璃纤维氯氧镁水泥矩形风管水平安装吊架的规格和间距（mm）

风管长边尺寸	横担规格	吊杆 φ	吊架最大间距
400	∠30×4	8	3000
630	∠40×4	8	2500
1000	∠40×4	8	2000
1250	∠40×5	8	2000
1600	∠50×5	10	2000
2000	∠50×6	10	2000

注：上述风管高度应不超过 500mm，如超过时需进行荷载计算。

18.4.4 隧道通风风管与部件支、吊架的预埋件或膨胀螺栓，应与主体结构固定牢固。

18.4.5 站台厅隧道通风主风管中心线与走行轨中心线距离的偏差，应符合设计要求。

18.4.6 悬吊的风管与部件应设防止位移的固定点，两固定点间的距离不宜大于 20m。

18.4.7 风管末端的支、吊架距风管端部的距离不应大于 400mm。

18.4.8 玻璃纤维氯氧镁水泥风管法兰的连接螺栓两侧应加设大系列镀锌垫圈。

18.4.9 风管法兰垫片的材质，当设计无要求时，输送空气或烟气温度高于 70℃，应采用厚 3mm 及以上的耐热橡胶板。

18.4.10 风管连接或咬口处用于防止泄漏的密封胶，其适用温度范围应达到－20～＋200℃。

18.4.11 风管通过结构沉降缝时，应使用柔性短管连接。柔性短管应符合设计规定。如设计无要求时，柔性短管长度宜为 300～400mm，其中点距沉降缝中心不应大于 100mm。

18.4.12 站厅与站台厅的风口安装位置应正确，横平竖直，与风管接合牢固。同轴线、同水平面或垂直面的连续 3 个以上的风口，其中心与轴线的允许偏差为 10mm。

18.4.13 防火阀、多叶阀的讯号装置、调节机构及执行机构处，应留有操作和维护空间，阀下部吊顶应设检查口。

18.4.14 防火阀、排烟阀安装前应做检查，安装后应做动作试验，其动作应灵敏可靠，阀板关闭严密。

18.4.15 组合风阀安装应符合下列规定：

1 在结构墙体上安装时，应设支承框架。框架表面应平整、尺寸准确、四角方正、横平竖直、焊缝饱满。框架与预埋件焊接牢固，框架与结构墙体间应填充密封材料。

2 组合风阀与框架，风阀与风阀间连接应牢固可靠，不漏风。

3 组合风阀的执行机构及联动装置动作可靠，阀板或叶片的开启角度一致，关闭严密，并与输入、输出讯号同步。

18.4.16 通风与空调系统的风管及部件安装完毕，保温前应做漏风量测试。测试宜分段进行。当设计未做规定时，应符合表18.4.16的要求。

表 18.4.16 风管单位面积允许漏风量〔m^3/（m^2·h)〕

风管系统压力级别（Pa）	漏风测试压力（Pa）				
	＋300	＋500	＋800	＋1200	＋1500
低压风管 ≤500	4.3	6.0	—	—	—
中压风管 ＞500，且≤1500	—	2.0	2.6	3.5	—
高压风管 ＞1500	—	—	—	1.1	1.3

18.4.17 漏风量测试的抽检率应符合下列要求：

1 低压系统 5%，但不得少于一个系统。可只作透光检漏，如有明漏光，应做漏风量测试。

2 中压系统 10%，但不得少于一个系统，并均做漏风量测试。如抽检部分不合格，则加倍做漏风量测试。

3 高压系统全部做漏风量测试。

18.5 设备安装

18.5.1 通风机底座采用减振装置时，其基础顶面宜附设底座水平方向的限位装置。但不得妨碍底座垂直方向的运动。

18.5.2 吊装的管道风机、单体空调器及消声器，宜在预埋钢板上焊接吊杆。如采用膨胀螺栓固定时，每根吊杆顶端应设型钢，并用两个膨胀螺栓固定型钢。

18.5.3 组合式消声器安装，应符合下列规定：

1 吸声体的安装序号应符合产品技术文件的要求。

2 每个纵向段的吸声体，其组件竖直方向接口必须对齐，且连接牢固。吸声体两侧外缘垂直度允许偏差为3‰。

3 吸声体各纵向段应相互平行，前端外缘应处于与气流方向垂直的同一平面内，且与中间连接板结合牢固。各段间及与结构侧壁的距离应符合设计规定。

4 组合后吸声体的顶部、底部及吸声体临近侧壁的一边，皆应与结构壁面结合牢固，在额定风量下不得出现松动或振颤现象。

18.6 调整试验

18.6.1 通风与空调系统安装完毕，系统交付使用前，必须进行系统的测定和调整。

18.6.2 通风与空调系统的测定和调整应按下列顺序进行：

1 设备单机试运转；

2 系统无负荷联合试运转；

3 系统带负荷的综合效能试验。

18.6.3 设备单机试运转，应包括通风机、水泵、淋水室或组合空调器、制冷机及系统中所有含有动力输入的相关设备。

通风机试运行前，风亭、风道及区间隧道应预先冲洗干净。

18.6.4 系统无负荷联合试运转应作下列项目的测定与调试。

1 隧道通风系统、局部通风系统和空调送、回风系统：

1）通风机的风量、风压或空调设备余压、转速及噪声的测定；

2）风管、风道及风口的风速和风量分配的调整与测定；

3）站台厅、站厅、设备与管理用房、区间隧道、隧道消声器及风亭格栅等处典型测点的风速和噪声的测定；

4）在有列车运行的条件下，区间隧道及活塞风泄流风井或活塞风迂回风洞内的风速测定。

2 空调系统、制冷系统和未设空调车站的通风系统：

1）空气处理设备和制冷系统的冷、热媒及工质的压力、温度等各项参数的调整与测定；

2）站台厅、站厅、设备与管理用房及区间隧道典型测点的温度、相对湿度测定；

3）上一款测定当时的户外气温和相对湿度以及排风温度和相对湿度的测定。

3 事故通风和排烟系统：

1）事故通风用通风机及排烟风机的风量、风压、转速及噪声的测定；

2）事故通风及排烟风管、风道及风口的风速和风量分配的调整与测定；

3）上一款测定运行时，站台厅、站厅、疏散通道及区间隧道等典型测点的静压、气流方向和流速的测定。

4 地面厅热风采暖系统和设备与管理用房电热采暖运行时房间温度的测定。

5 各设备的就地、距离和远程控制的测定和调整。

6 设计规定的其他调试项目。

18.6.5 系统无负荷联合试运转时，应按设计规定的运行方式，适时投入通风、空调的各个系统。每个系统内的设备及主要部件的联动应协调，并运转正常。

18.6.6 当竣工季节气温符合冷（热）源的运行条件时，空调系统应做带冷（热）源的联合试运转。当不符合运行条件时，空调系统可先做不带冷（热）源的试运转。

18.6.7 无负荷联合试运转的时间，应符合下列规定：

1 隧道通风系统、局部通风系统、事故通风和排烟系统应连续、稳定运行6h以上；

2 空调系统、带制冷剂的制冷系统和采暖系统应连续、稳定运行8h以上；

3 带制冷剂的制冷系统如在最低负荷能力条件下，不能连续运行，可缩短试运转时间。

18.6.8 系统带负荷的综合效能试验应在地铁试运行期间接近设计负荷的条件下进行。

18.6.9 系统带负荷的综合效能试验其测定与调整项目应由建设单位根据工程设计的要求拟定。

18.7 工程验收

18.7.1 通风与空调工程应在系统无负荷联合试运转合格后进行竣工验收。

18.7.2 工程竣工验收时的设备、风管及部件检验项目应符合现行国家标准《通风与空调工程施工及验收规范》GB 50243的规定。

18.7.3 通风与空调工程试运行后，应进行综合效能试验，其项目及指标应符合设计规定。

18.7.4 工程竣工验收应提供下列资料：

1 原材料、设备、配件及仪表的合格证及说明书；

2 图纸会审记录、变更设计或洽商记录；

3 隐蔽工程验收记录；

4 试运转及系统调试记录；

5 质量评定记录；

6 开竣工报告；

7 竣工图。

19 给 排 水

19.1 一 般 规 定

19.1.1 本章适用于隧道内给水干管及排水系统安装工程的施工及验收。

地面、高架线路及通风道、车站室内给排水以及隧道内引至地面的管道施工，应符合国家现行的有关强制性标准的规定。

19.1.2 给排水管道穿越隧道外墙结构时，必须设置防水套管。穿越内部结构时，可预留孔洞或预埋套管。

19.1.3 给排水管道及附件应按设计要求进行防腐、保温和防杂散电流的绝缘处理。

19.1.4 给排水管材、部件及设备安装前，应对其规格、型号和质量等进行检查并清理干净，合格后方可安装。

管道安装中，敞口处应临时封闭。

19.1.5 隧道内的给排水管道与地面市政管线连接时，必须经主管部门批准，并按相应标准要求施工。

19.1.6 消火栓安装位置应正确，启闭灵活，关闭严密，密封填料完好。

19.2 给水干管加工与安装

19.2.1 给水干管的加工与安装除符合本规范的规定外，尚应符合现行国家标准《采暖与卫生工程施工及验收规范》GBJ 242 的规定。

（Ⅰ）钢 管 加 工

19.2.2 钢管切口应垂直钢管中心线，允许偏差为管径的±1%，且不大于 2mm。

19.2.3 钢管与法兰焊接时，法兰应垂直钢管中心线，允许偏差为 0.5mm。法兰内侧焊缝不得凸出法兰密封面。

19.2.4 钢管套丝螺纹应完整。其断丝或缺丝数量不得大于螺纹全扣数的 10%。

（Ⅱ）管 道 安 装

19.2.5 管道安装前应清扫管膛。采用承插口铸铁管时，其承口内侧及插口外侧应清理干净。

19.2.6 管道支座位置应正确，并与结构固定牢固。其位置允许偏差为：纵向±50mm；横向±10mm，高程±10mm。

19.2.7 管道采用法兰连接时应符合下列规定：

1 两法兰面应相互平行，允许偏差为 1mm。

2 法兰橡胶垫圈质量合格，置放平整，其内径不得突入管口内沿并与外缘相齐。

3 法兰连接螺栓的螺帽应置于法兰同一侧，并对称、均匀紧固。螺栓露出螺帽不得少于 2 倍螺距，并不得大于螺栓直径的1/2。

19.2.8 钢管采用丝扣连接时应符合下列规定：

1 钢管丝扣无裂纹、重皮等缺陷。

2 钢管丝扣与套管丝扣相一致。安装后，外露丝扣为 2～3 扣，并清除麻头等杂物。

3 钢管与套管连接应同心，管道无弯曲。

19.2.9 铸铁管承插口连接的对口间隙为 3～5mm，环向间隙应均匀一致，允许偏差为 $^{+3}_{-2}$mm。其接缝填料应符合设计规定，并按国家现行的有关标准施工。

19.2.10 给水管道阀门安装应符合下列规定：

1 阀门安装前应做强度和严密性试验，其试验压力必须符合设计和产品技术文件的规定。

2 阀门安装位置应正确，其轴线与管线一致。

3 阀门安装完毕，应及时设置支座并固定牢固。

19.2.11 管道安装位置应正确，其允许偏差为：中心线±15mm，高程为±20mm。

（Ⅲ）水 压 试 验

19.2.12 管道支座混凝土达到设计强度后，方可进行水压试验。试压管段长度不宜大于 1000m。

19.2.13 管道试压前应进行检查，并符合下列规定：

1 仪表应灵敏；

2 临时供水及排水管路畅通；

3 管道高点应设置排气孔；

4 支座、接口牢固，必要的管段应进行临时加固；

5 铸铁管在灌水后宜先加压到 0.2～0.3MPa 压力，并浸泡 24h。

19.2.14 管道试验压力应符合表 19.2.14 规定。在试验压力下，稳压 30min 降压不应大于 0.05MPa，且无渗漏水现象。

表 19.2.14 给水管道水压试验压力（MPa）

管材	工作压力 P	试验压力
钢管	P	$P+0.5$，且不应小于 0.9
铸铁管	$P\leqslant0.5$	$2P$
	$P>0.5$	$P+0.5$

19.2.15 给水系统试压合格后应进行冲洗，其水质应达到国家现行饮用水标准。

19.3 排水系统安装

19.3.1 排水管道安装应符合下列规定：

1 管道加工与安装应按本规范第 19.2 节有关规定执行；

2 立管垂直度允许偏差为 2‰；

3 管道固定应牢固、无泄漏，并与水泵连接严密。

19.3.2 排水泵安装应符合下列规定：

1 水泵基座表面平整，强度符合设计要求；

2 基座地脚螺栓埋设位置正确、牢固；

3 水泵底座与基座接触严密；

4 水泵的管口与管道连接应严密，无渗漏水现象。

19.3.3 设备仪表安装应符合下列规定：

1 压力表位置、高程、表盘朝向应便于观察及维修；

2 液压指示计或液位控制装置应指示正确，动作可靠，显示清晰。

19.3.4 水泵试运转应符合下列规定：

1 电机转动方向正确；

2 水泵运转无卡阻现象和异常声响；

3 水泵带负荷连续运转不应少于 2h；

4 仪表指示正确，水泵填料处滴水正常；

5 各密封部位无渗漏水现象；

6 滚动轴承温度不高于 80℃，特殊轴承温度应符合设备技术文件的规定；

7 电动机电流不超过额定值；

8 安全保护装置灵敏、可靠。

19.4 工程验收

19.4.1 工程验收应检查下列项目，并符合本章有关规定：

1 给水干管的中心位置及高程；

2 管道连接点或接口的严密性及支座位置和牢固性；

3 管道及附件防腐、保温和防杂散电流措施；

4 管道阀门启闭和仪表的灵敏度；

5 消火栓阀门位置及启闭、密封；

6 排水系统水泵设备运转性能。

19.4.2 工程竣工验收应提供下列资料：

1 原材料、设备说明书、合格证；

2 图纸会审记录、变更设计或洽商记录；

3 隐蔽工程验收记录；

4 质量评定记录；

5 给水管道水压试验记录及冲水记录；

6 设备试运转记录；

7 开竣工报告；

8 竣工图。

附录 A 工程岩体基本质量分级标准表

岩体稳定分类	基本质量级别	岩体基本质量定性特征	岩体基本质量指标（BQ）
稳定岩体	Ⅰ	坚硬岩，岩体完整	＞550
	Ⅱ	坚硬岩，岩体较完整 较坚硬岩，岩体完整	550～451
中等稳定岩体	Ⅲ	坚硬岩，岩体较破碎 较坚硬岩或软硬岩互层，岩体较完整 较软岩，岩体完整	450～351
	Ⅳ	坚硬岩，岩体破碎 较坚硬岩，岩体较破碎～破碎 较软岩或软硬岩互层，且以软岩为主，岩体较完整～较破碎 软岩，岩体完整～较完整	350～251
不稳定岩体	Ⅴ	较软岩，岩体破碎 软岩，岩体较破碎～破碎 全部极软岩及全部极破碎岩	＜250

注：岩体基本质量定性特征和基本质量指标（BQ）的计算方法及参数选择，应按现行国家标准《工程岩体分级标准》GB 50218 第 4.2.1 条和第 4.2.2 条规定执行。

附录B　隧道喷锚暗挖法施工方法图

开挖方法	图　例	适用范围	主要施工方法
全断面法	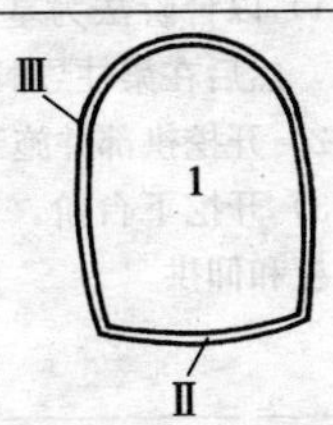	稳定岩体中的单拱单线区间隧道	1）采用光面或预裂爆破开挖 2）施工仰拱后根据设计做初期支护结构或直接进行二次衬砌施工
台阶法	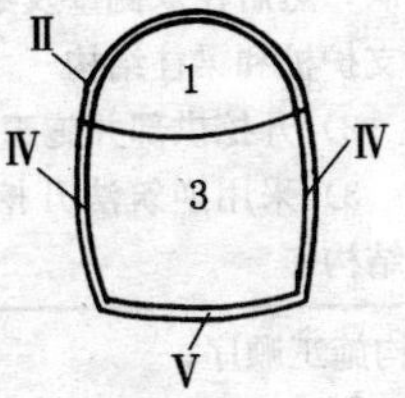	稳定岩体、土层及不稳定岩体	1）稳定岩体：上台阶采用光面爆破，下台阶采用预裂爆破，开挖后并分别施工初期支护结构。台阶留置长度不宜大于 5B（B 为隧道开挖跨度）或 50m，下台阶开挖后适时施工仰拱 2）土层及不稳定岩体：拱部开挖后及时施工初期支护结构，台阶根据地质和隧道跨度采用短台阶（1～1.5B）或超短台阶（3～5m）开挖，下台阶开挖后，适时施工仰拱
中隔壁法	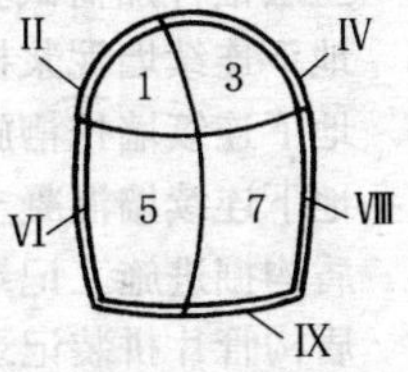	土层及不稳定岩体单拱隧道	1）以台阶法为基础，将上下台阶各分成左右两个单元洞体 2）分别开挖上台阶两个洞体，并施工初期支护结构 3）拱部初期支护结构稳定后，再分别进行下台阶左右两个洞体及仰拱施工
单侧壁导洞法	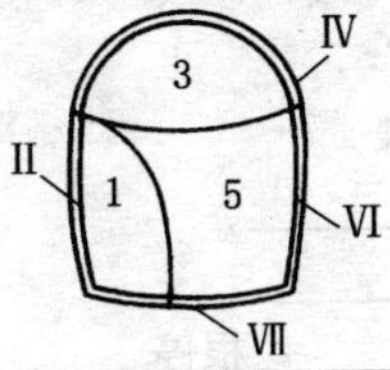	土层及不稳定岩体单拱隧道	1）以台阶法为基础，先开挖侧壁导洞并施工初期支护结构 2）开挖拱部并施工初期支护结构 3）开挖下台阶后并施工仰拱
双侧壁导洞法	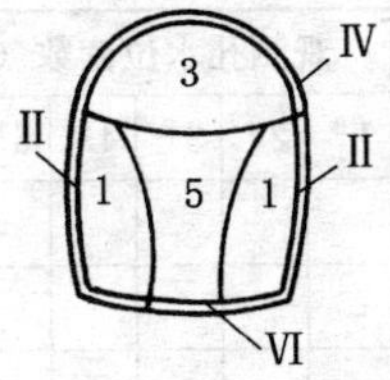	土层及不稳定岩体单拱隧道	1）以台阶法为基础，先开挖双侧壁导洞并施工初期支护结构 2）开挖拱部并施工初期支护结构 3）开挖下台阶，施工墙体初期支护结构后并做仰拱
双侧壁边桩导洞法	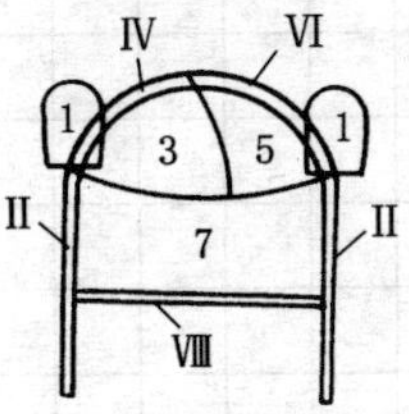	土层及不稳定岩体单拱隧道	1）以台阶法为基础，先开挖双侧壁导洞并施工初期支护结构 2）在双侧壁导洞内施工边墙支护桩 3）开挖拱部并施工初期支护结构 4）采用逆筑法开挖下台阶并施工楼、底板结构
环形留核心土法	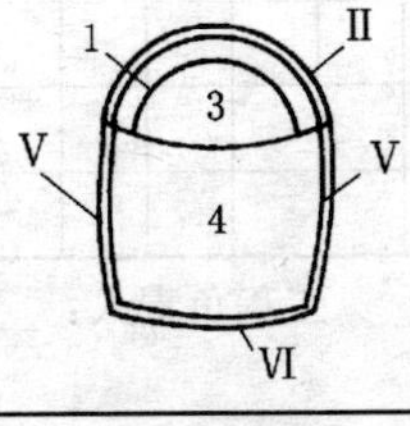	土层及不稳定岩体单拱隧道	1）以台阶法为基础，先分别开挖上台阶的环形拱部，并施工完初期支护结构后开挖核心土 2）开挖下台阶，施工墙体初期支护结构后并做仰拱

续表 B

开挖方法	图　例	适用范围	主要施工方法
双侧壁及梁柱导洞法	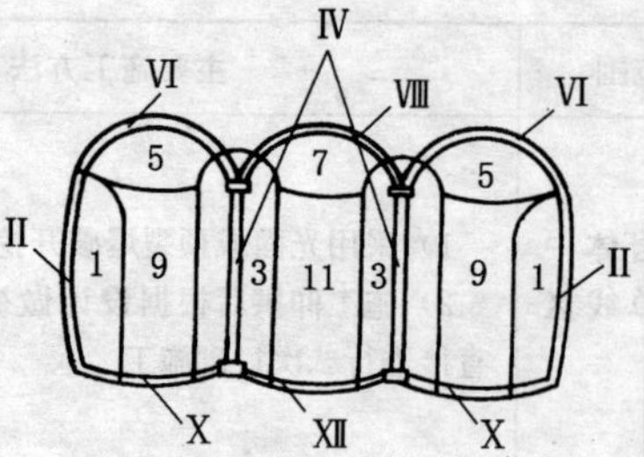	土层及不稳定岩体中多拱（双拱以上）隧道	1）以台阶法为基础，施工双侧壁及梁柱导洞，然后在梁柱导洞内施工梁柱结构 2）开挖拱部并施工初期支护结构 3）开挖下台阶，施工墙体初期结构后并做楼板和仰拱
双侧壁桩及梁柱导洞法	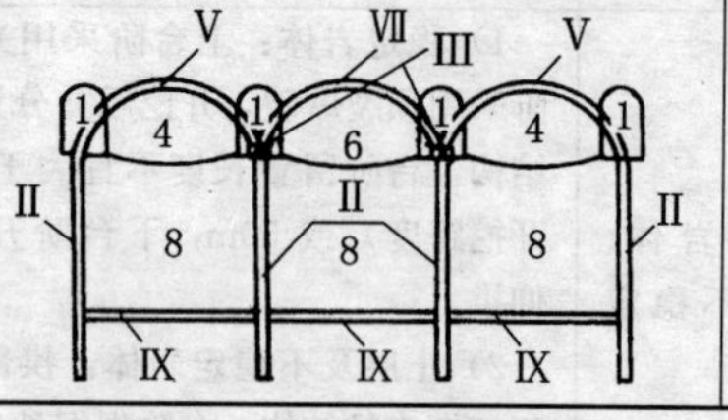	土层及不稳定岩体中多拱（双拱以上）隧道	1）以台阶法为基础，施工双侧壁及梁柱导洞，然后在双侧壁及梁柱导洞内分别施工边墙支护桩和梁柱结构 2）开挖拱部并施工初期支护结构 3）采用逆筑法开挖下台阶并施工楼、底板结构

注：1　图注阿拉伯数字为开挖顺序，罗马数字为初期支护结构或仰拱结构施工顺序；

　　2　土层及不稳定岩体开挖，必要时应采取预加固措施。

附录 C　施工记录表

表 C-1　轻型井点降水记录表

表 C-2　喷射井点降水记录表

表 C-3　管井井点降水记录表

表 C-4　土层锚杆加荷试验记录表

表 C-5　地下连续墙泥浆护壁质量检验记录表

表 C-6　地下连续墙挖槽施工记录表

表 C-7　地下连续墙混凝土灌注记录表

表 C-8　盾构掘进施工记录表

表 C-9　盾构管片拼装记录表

表 C-1　轻型井点降水记录表

工程名称＿＿＿＿＿＿＿＿＿＿＿＿工程里程＿＿＿＿＿＿＿＿＿＿

降水泵房编号＿＿＿＿＿＿＿＿＿＿机组类别及编号＿＿＿＿＿＿＿＿＿＿

正式运转机组数＿＿＿＿＿＿＿＿＿井点数量　开＿＿＿＿＿＿＿＿根停＿＿＿＿＿＿＿＿根

观测时间			降水机组		地下水流量	观测孔水位读数（m）						记事	观测记录者
年月日	时	分	真空表读数（kPa）	压力表读数（kPa）	（m^3/h）	$1^{\#}$	$2^{\#}$	$3^{\#}$	$4^{\#}$	$5^{\#}$	$6^{\#}$		

施工单位：＿＿＿＿＿＿＿＿＿＿＿＿＿＿　　　　工程负责人：＿＿＿＿＿＿＿＿

注：观测孔水位读数一栏，如井孔多时可根据实际数量增列其序号。

表 C-2　喷射井点降水记录表

工程名称＿＿＿＿＿＿工程里程＿＿＿＿＿降水泵房编号＿＿＿＿机组编号　运转＿＿停运＿＿维修＿＿

井点开＿＿＿根停＿＿＿根　观测日期：始＿＿年＿＿月＿＿日至＿＿年＿＿月＿＿日

施工单位＿＿＿＿＿＿＿＿＿＿＿＿＿＿＿＿　施工班组＿＿＿＿＿＿＿＿＿＿＿＿＿

观测时间		工作水压力（kPa）	地下水流量（m^3/h）	观测孔水位读数（m）						实际抽水井点编号	记事	观测记录者
时	分			1#	2#	3#	4#	5#	6#			

工程负责人：＿＿＿＿＿＿

注：1　记事包括换工作水时间、工作水含泥量、真空度、基坑边坡稳定及井点系统运转情况等；

2　观测孔水位读数一栏，如井孔多时可根据实际数量增列其序号。

表 C-3　管井井点降水记录表

工程名称＿＿＿＿＿＿＿＿工程里程＿＿＿＿＿＿＿

观测时间＿＿＿年＿＿＿月＿＿＿日＿＿＿时＿＿＿＿＿＿分

施工单位＿＿＿＿＿＿＿＿＿＿＿＿＿＿＿＿＿班组别＿＿＿＿＿＿＿＿

井点和观测孔编号	井点类别	功率（kW）	电流（A）	电压（V）	水位读数（孔口起算）（m）	流量（m^3/h）	含泥量	记事	观测记录者
1#									
2#									
3#									
4#									
5#									
……									
观 1	观测孔口高程（m）					孔深（m）			
观 2	观测孔口高程（m）					孔深（m）			
观 3	观测孔口高程（m）					孔深（m）			
观 4	观测孔口高程（m）					孔深（m）			
观 5	观测孔口高程（m）					孔深（m）			
……	观测孔口高程（m）					孔深（m）			

工程负责人：＿＿＿＿＿＿

注：记事内容包括水泵运转及边坡稳定等情况。

表 C-4　土层锚杆加荷试验记录表

锚杆编号	拉杆长度（m）			设计荷载 T_W（kN）	施加荷载 T 及位移量（mm）														试验时间
	总长度	锚固体长度	非锚固体长度		$0.25T_W$		$0.50T_W$		$0.75T_W$		$1.00T_W$		抗拉强度试验 $1.33T_W$		验收试验 $1.20T_W$		张拉强度 $0.75\sim0.80T_W$		
					稳压时间（min）	位移量	稳压时间（min）	位移量	稳压时间（min）	位移量	稳压时间（min）	位移量	稳压时间（min）	位移量	稳压时间（min）	位移量	稳压时间（min）	位移量	年、月、日

施工单位：__________　______年____月____日　施荷人：__________记录人：__________技术负责人：__________

注：T_W 为锚杆的设计荷载。

表 C-5　地下连续墙泥浆护壁质量检验记录表

工程名称____________________　泥浆搅拌机类型____________________

施工单位____________________　膨润土种类和类型____________________

泥浆配合比											说明
每立方米						每盘					
土　(kg)						土　(kg)					
水　(kg)						水　(kg)					
化学掺合剂　(kg)						化学掺合剂　(kg)					
日期班次	泥浆取样位置	泥浆质量指标									
		比重	粘度（秒）	含砂量（%）	胶体率（%）	失水量（mm/30min）	泥皮厚度（mm）	静切力（mm/cm³）	稳定性（g/cm³）	pH	

工程负责人：__________________　　　　记录：________________

表 C-6　地下连续墙挖槽施工记录表

工程名称＿＿＿＿＿＿＿＿＿＿＿＿＿　挖槽设备＿＿＿＿＿＿＿＿＿＿＿＿＿

施工单位＿＿＿＿＿＿＿＿＿＿＿＿＿　设计深度及宽度　深＿＿＿m　宽＿＿＿m

日期班次	单元槽段里程及编号		单元槽段深度		本班挖槽深度（m）	本班挖土数量（m^3）	挖槽宽度（m）	槽壁垂直度（‰）	槽位偏差情况	说明
	里　程	编　号	本班开始时（m）	本班结束时（m）						

工程负责人：＿＿＿＿＿＿＿＿＿＿　　　　记录：＿＿＿＿＿＿＿＿

表 C-7　地下连续墙混凝土灌注记录表

工程名称＿＿＿＿＿＿＿＿＿＿＿＿＿　设计标号＿＿＿＿＿＿＿＿＿＿＿＿＿

施工单位＿＿＿＿＿＿＿＿＿＿＿＿＿　坍落度＿＿＿＿＿＿＿＿＿＿＿＿＿

导管直径＿＿＿＿＿＿＿＿＿＿＿＿＿　扩散度＿＿＿＿＿＿＿＿＿＿＿＿＿

日期班次	单元槽段里程及编号		单元槽段混凝土计算灌注数量（m^3）	单元槽段混凝土实际灌注数量（m^3）	混凝土灌注平均速度（m^3/h）	混凝土实测坍落度（cm）	导管埋入混凝土深度（m）	说明
	里程	编号						

工程负责人：＿＿＿＿＿＿＿＿＿＿　　　　记录：＿＿＿＿＿＿＿＿

表 C-8　盾构掘进施工记录表

工程名称________________________　盾构机械类型________________________

设计每环长度________________________m　管片设计每环________________________片

循环节序号	循环节起止里程	施工班组别	施工日期 年月日时 至 年月日时	盾构掘进					管片拼装		压浆					记事	记录者
				掘进速度	地质描述	千斤顶编组	千斤顶顶力(t)	出土量(m^3)	拼装时间 年月日时 至 年月日时	拼装质量	时间 年月日时 至 年月日时	材料及配比	压浆压力(Pa)	压浆数量(m^3)	压浆质量		

施工单位：____________________　工班长：____________________　技术负责人：____________________

注：管片拼装栏除按此表填写外，并应填写表 C-9。

表 C-9　盾构管片拼装记录表

工程名称____________________　盾构机械类型____________________

管片设计每环____________________m　管片设计每环____________________片

施工单位____________________　班组别____________________

循环节序号	循环节起止里程	盾构掘进时间 年月日时 至 年月日时	循环节处地质描述	管理拼装时间 年月日时 至 年月日时	管片拼装								记事	记录者
					螺栓连接数量				高程(m)		平面位置偏差(mm)	相邻管片平整度最大偏差(mm)		
					设计		实际		设计	实际				
					纵	环	纵	环						

工程负责人：____________________

注：记事内容包括管片拼装过程中出现的问题及精度偏差等。

中华人民共和国国家标准

地下铁道工程施工及验收规范

GB 50299—1999

条文说明

1 总 则

1.0.3 施工组织设计是组织和指导施工的技术经济文件。地下铁道工程为国家特大型建设项目，为加强其施工的计划性和管理科学性，所以制定本条规定。

1.0.4 地下铁道工程线路长，施工影响范围大，所以必须加强现场管理，把对城市正常生活的干扰压缩到最低程度。

1.0.5 设计文件是指导施工的依据，未经同意，施工单位无权自行改变设计或设备技术文件。

1.0.6 我国是历史悠久的文明古国，基建过程中经常发现文物或古墓。为保护历史文化遗产和测量标桩等，所以制定本条规定。

1.0.7 地下铁道为大型公用设施，采用的材料和设备多，对产品质量要求高，因此规定了采用的材料和设备必须符合国家现行技术标准规定。同时，为对产品负责和便于施工，要求产品附合格证和技术说明书，设备应有铭牌。

1.0.9 为保证地下铁道车辆运行安全，设计对建筑限界、车辆和设备限界都做了具体规定。各专业必须以此为据，严格控制结构施工和设备安装精度。特别是在铺轨后，尚应进行贯通竣工测量，检测建筑和设备有无侵入限界情况，凡侵入限界的必须进行处理。

1.0.10 杂散电流是危害地下铁道结构和外部附近金属设备使用寿命的主要灾害之一。为保护好各种设施，设计对土建工程和安装的设备都采取了必要和相应的措施，所以，必须按设计图认真施工，保证质量，把杂散电流造成的电腐蚀现象减小到最低限度。

1.0.11 地下铁道工程专业多，施工相互干扰大，特别是主体结构和装修工程，制约着设备安装工程的施工，所以本条对设备安装条件做出了规定。

1 主体结构出现渗、漏水时，不但无法保证设备安装的正常进行，甚至还会出现安全事故；

2 地下铁道工程往往装修施工与设备安装同时进行，为协调相互间的干扰和矛盾，故对其做出了规定；

3 预埋件包括埋设在结构内的管道、支撑件及固定螺栓等；

4 施工现场清理干净，这是文明施工必须具备的条件。

1.0.12 由于结构施工完后比较潮湿，而有的设备，特别是计算机等对环境温度、湿度和空气含尘量等标准要求高，所以，设备安装之前，必须采取措施，以满足设备对环境条件的要求。

1.0.13 为保证设备安装质量，及时发现并处理设备制造及运输过程中存在的问题，故制定本条规定。

2 井点降水

2.1 一般规定

2.1.2 地质（工程地质和水文地质）和基坑及隧道平、纵断面图是确定水文地质参数和编制降水方案的主要依据。又因为隧道沿线地下构筑物、管线及临近建筑物多，所以在制定降水方案的同时尚应对其采取必要的保护措施，因此，制定本条规定。

2.1.3 在地下铁道隧道结构施工中，降低地下水位的方法主要有重力法、真空法、砂（砾）渗井法等，而各种施工方法各具特点，在选用时，需根据土层渗透系数、性能及工程具体情况等确定。

1 各种降水方法与渗透系数的关系。轻型井点和喷射井点是利用真空度产生的负压将地下水抽吸上来的，所以这两种降水方法适用于渗透系数小的土层降水；而管井采用的深井泵或潜水泵本身的扬程高，所以适用于渗透系数大的土层降水；砂（砾）渗井是疏通上、下含水层，将上层地下水疏向下层含水层，所以中间为隔水层。

2 各种降水方法适用降水深度。喷射井点和轻型井点，虽都是利用真空度产生的负压将地下水抽吸上来的，但由于喷射井点的真空度远大于轻型井点，所以喷射井点比轻型井点降水深度深。而管井采用的深井泵或潜水泵，本身的扬程高，抽吸水能力大，所以管井的降水深度深。

根据以上情况，所以降水施工可按本条文表2.1.3经过经济、技术综合比较后选择降水方法。

2.1.4 隧道结构线路长、面积大，无论是明暗挖隧道，特别是在土质地层中，如果不把地下水位控制在基底以下是无法保证安全和正常施工的。

采用降水法施工的隧道，地下水是依靠降水井点系统连续不断地工作将其周围的水封闭住的，由于地下水位高差大，如果停泵，周围的地下水很快涌入降水区，这样，不但影响施工，同时也危及安全。特别是明挖隧道，当隧道结构质量小于地下水的上浮力时，极易造成隧道结构上浮，在地下工程施工中已有先例，为此，制定本条规定。

2.1.5 本条说明如下：

1 降水井点所以要求距基坑边缘或暗挖隧道有一定的距离，其目的是为防止井点系统渗漏水而影响边坡稳定和隧道结构施工。

2 基坑或暗挖隧道端头降水井点布置不延长的话，则在两侧井点形成的降水影响曲线之间形成一条降水盲区，使地下水降不下去而影响施工。

3 暗挖隧道如遇地面交通繁忙或有建筑物等，无法进行垂直井点降水施工时，只能在隧道内设置水平集水井点管降水，但由于此种方法采用的较少，技术上还有待完善，积累的经验不多，故未列入本规范。

4 井点布置间距一般是根据计算确定的。但由于地质的差异，理论计算和实际情况出入很大，为防止影响降水效果，通常把计算出的井点数量再适当的予以增加10%～15%。

一般当基坑中心降深低于降落曲线时，应在基坑中间增加井点管。

2.1.7 轻型井点埋置浅，管距小，数量多，钻孔多采用射水、水冲和套管等冲孔施工。管井和喷射井点及砂（砾）渗井点等埋置深，孔径较大，钻孔多采用冲击钻或回转钻施工。

1 钻孔的孔口处为地表上，地质差并松软，为防止钻孔时坍塌，故需设置护筒护壁。

2 井点降水时，地下水是通过井点管周围的滤料进入滤管抽吸出来，而滤料厚度，实践证明一般为100～150mm较适宜，所以规定钻孔孔径比管径大200～300mm。

3 为使井点管周围滤料厚度保持均匀，防止滤管直接埋入泥土中而影响降水效果。

4 为掌握土层实际情况，便于配管。

2.1.8 井点管由井壁管、滤管和沉砂管组成。目前，在地下铁道和其他地下工程降水施工中，井点管多采用钢管。但由于无砂混凝土管价格低廉，货源充足，并能起到与钢管井点管相同降水效果，所以在管井降水施工中也已广为采用。

井点管一般由多节钢管连接而成，特别是喷射井点由内外管组成，另外，由于构造上的需要，所以要求井点管直径应一致并连接直顺。

为防止降水中的砂粒进入滤管，要求滤管外壁应垫筋缠铅丝并包滤网。其中，棕皮滤网包裹的体积大，时间长了易于腐蚀，由于土工布的发展，目前已代替了棕皮，并且从材质、货源和效果等方面都优于棕皮。

为保证地下水流入滤管内，并最大可能地减少阻力，增加出水量，所以对滤管的孔隙率做出规定。其标准是参照供水管井制定的。

2.1.9 本条说明如下：

1 井点管是由多节钢管和滤管组装而成，为保证井点管的组装质量，为此，井点管沉设前应事先组装并配好。

2 井点管居中并垂直方能保证滤料厚度均匀一致。管井滤管置于含水层中可提高降水效果。

3 为减少抽水时的阻力，防止漏水和漏气，要求井点管组装时，管节应同心并严密。

4 井点管沉设就位后，管口尚未与集水总管接通，为防止杂物掉入井点管内和保证安全，故制定本规定。

2.1.10 滤料具有滤砂和透水的作用，所以应洁净。而其规格与含水层筛分粒径有关。供水管井一般在砂类含水层中，按含水层筛分粒径的6～8倍确定滤料规格；在砾、卵石含水层中，按含水层筛分粒径的6～10倍确定滤料规格。同时，在备料条件困难时，允许以上两种含水层都可按含水层标准粒径的5～10倍确定滤料规格。

由于降水井点为临时施工措施，所以对滤料规格的标准放宽了一些。

泥浆过稠时，会对填入井孔内滤料产生一定的浮力，为保证滤料填充量，投料前应清孔稀释泥浆。

为保证井点管的真空度，防止地表水流入，故要求井口处应填粘土并夯实。

2.1.12 基坑排水管路，一般均接入市政管道中，为防止排出的地下水内的泥砂淤积市政管道，本条文规定了排水管路内的水应进行沉淀处理。

2.1.13 为防止雨淋降水泵组，要求应搭设防雨棚，特别是冬季施工，为保证井点系统连续不间断地抽水，对管路、泵组、阀门等应采取防冻措施，防止结冰，影响降水和损坏设备。

2.1.14 降水井点长时间抽水，会引起降水范围内的土层结构变化，进而引起附近建筑物或构筑物下沉或水平位移，所以，必要时可采取回灌或修筑防渗、隔水墙等措施，以保持地面不下沉，保证建筑物或构筑物安全。

2.1.15 在土洞发育地区，由于降水的作用，易于引起地层变形而造成土层塌陷，所以制定本条规定。

2.1.16 降水井点停泵后，为防止其材料和设备损坏或锈蚀，因此提出及时拆除的要求。

井点管拔除后，为防止井孔坍塌，引起地面下沉，故要求用砂填实，必要时，可随填随冲水，保证回填密实。

2.2 轻型井点

2.2.2 轻型井点降水机组一般有干式真空泵、射流泵和隔膜泵三种。其中：干式真空泵排气量大，而射流泵和隔膜泵排气量小，真空度波动敏感，易于下降。在选择泵类时，可根据具体情况确定。每套井点系统所用功率、井点根数和集水总管长度，可参照表1选用。

表1 轻型井点配用功率、井点根数及集水总管长度参数

井点类型	配用功率（kW）	井点根数	集水总管长度（m）
干式真空泵井点	18.5～22	60～80	70～100
射流泵井点	7.5	25～40	30～50
隔膜泵井点	2.0	30～50	40～60

由于井点管施工期间有泥浆溢出，并有大型机械作业，为避免施工干扰，故提出敷设集水总管与机组安装应在井点管施工完后进行。

2.2.3 为减小轻型井点真空度的损失，充分发挥其抽吸作用，以取得较好的降水效果，故对泵组安装提出了要求。

2.2.4 为了验证轻型井点系统安装质量，保证降水效果，因此，要求每组井点安装完毕后进行试抽水，通过试抽水发现的问题应在基坑开挖前全部处理好。特别是井点系统，如有一处漏气，就会影响整个机组的降水效果；如出现"死井"不在试抽水过程中处理，基坑开挖后再补做井点，困难就更大。

2.2.5 拆除双层或多层井点，要求从最低层开始，逐层向上，是为防止上层井点拆除后，地下水位集中在最下层，停泵后水位上升，影响拆除工作的正常进行。

2.3 喷射井点

2.3.1 喷射井点的水泵、循环水箱及进出管路安装完后才能冲洗总管、检验喷嘴混合室、沉设井点管、单根或全面试抽水等工作。

单井试抽水时，不宜接通回水总管，以防止抽出的浑水进入循环水箱而造成循环工作水浑浊，增加水泵叶轮磨损和影响试抽水效果。

全面试抽水是全部降水系统运转和降水效果的检验，并可核实抽水机组实际抽水性能，所以要最后进行。

2.3.2 喷射井点管比较长，构造较繁杂，组装之前要求对各部件进行检查，以保证总体安装质量。

喷射井点工作循环水具有一定压力，如外管渗漏水，则井点管就会失效；如内管渗漏水，将使工作循环水循环不正常，影响抽水。因此，喷射井点管组装后应在地面进行泵水试验和真空度测试。

在地面进行真空度测试时，还未进行抽水，故真空度较高，在井孔内抽水时，抽水抽气同时进行，其真空度会下降，同时，喷嘴混合室在使用过程中磨损，使真空度下降很多。因此，在地面测试真空度时不宜小于93kPa。

2.3.3 喷射井点利用井点管水冲下沉时，它是采用高压水通过井点管边冲管底的泥土边下沉，但井点管内管底部设有抽水喷射器，其喷嘴断面小，易被泥浆或土粒堵塞，同时，经泥土摩擦也易损坏。另外如带着内管下沉，尚还有其他一些技术问题无法解决。鉴于以上情况，所以要求先沉设外管后再安装内管。

2.3.4 进水和回水总管的连接管安装阀门后，可以调节使用并防止不抽水时发生回水现象。

降水过程中的工作循环水，如压力过小则抽水能力不足，压力过大则喷嘴易磨损，影响降水效果，故要安装压力表和调压回水管路以控制水压。

2.3.6 喷射井点管沉设后，如果立即与回水管相连接，则混浊水将流入循环水池（箱）内，使工作循环水混浊，加剧喷嘴磨损。每根井点管试抽水时间，要根据抽水水质情况确定，直到变清为止。

2.3.7 为保持工作循环水清洁，防止水泵叶轮磨损，影响抽水效果，故制定本条规定。

2.4 管井井点

2.4.1 管井井点适用于渗透系数大的土层中降水，

一般埋置深、井孔孔径大，钻设采用冲击钻或回转钻机钻进。同时井点管结构复杂并分节沉设，为了保证施工质量，特对施工程序做出规定。

2.4.2 潜水泵具有安装简单，使用方便，耗能低，效率高等特点，因此，在地下铁道管井井点降水施工中使用的比较多。为保证其安装质量和施工安全，故制定本条规定。

2.5 砂(砾)渗井点

2.5.1 砂（砾）渗井点是利用井点内的砂（砾）将上层含水层的水疏导至下层强导水层中。为疏干上层含水层，防止基底以下强导水层的水位上升而渗入基坑，特制定本条规定。

2.5.2 引渗自降井点，适用上层分布有滞水层，而下部含水层的地下水位低于基底4m以下，这样，采用砂（砾）渗井点，将上层滞水引入下层含水层，不用抽水达到降低地下水位的目的，其井点间距，根据地质情况，可在5～10m内选定。而引渗抽降井点适用于下部含水层位于基底以下不太深而导水性又远大于上部含水层，这样，采用砂（砾）渗井将上部含水层的水导入下层含水层，然后再通过管井抽降下层导水层的水，以达降水目的。其管井和砂（砾）渗井间距可根据地质情况分别在10～15m和2～6m内选定。

2.5.3 本条说明如下：

1 井点内的滤层，一般厚度100～150mm即可起到阻隔泥砂的作用，但为方便施工，防止泥砂淤积井孔，影响降水效果，所以规定井孔孔径不小于300mm；同时，为保证砂（砾）渗井疏水至基底以下强导水层后不致返回，要求砂（砾）渗井深入强导水层不小于3m。

2 砂（砾）渗井一般不需要井点管，但当采用引渗抽降井点降低地下水位时，其间隔布置的砂（砾）渗井也可采用无砂混凝土管。为阻隔泥砂，保证降水效果，因此，井壁与井点管间应投放滤料。同时为防止杂物掉入井点管内和保证安全，所以要求井口应封闭并加以保护。

2.6 降水管理

2.6.1 井点降水期间，特别是在渗透系数比较大的地层中，如果停电，地下水位就会很快上升，不但影响施工，而且还会造成结构上浮等严重事故，因此，为了不间断降水，本条作出了采用双路电源供电的规定。

2.6.2 降水过程中，为了详细掌握和了解地下水位变化情况，以随时调整停开泵数量，保证施工顺利进行和节约台班，因此，在设计井点时应同时考虑观测孔的设置。

1 为保证基坑地下水位降至基底以下0.5m，经过降水井点连续抽水，已形成“降水漏斗”，但基坑中心是受“降水漏斗”影响最小的部位，为测得全面降水情况，故观测孔应从基坑中心向两侧成排布置。

2 为了解各含水层的降水情况，应分层布置观测点。

3 为查明地表水及地下给排水管道渗漏水对降水影响和保证建筑物安全，在这些区域内需增设观测点。

2.6.3 为及时分析、研究并发现问题及时处理，使降水工作保持正常，特制定本条规定。

2.6.4 降水期间的水位观测，是降水管理工作中的重要一环，为掌握降水效果，降水之前应观测一次初始自然水位高程，然后以此为准，定期观测水位变化情况。并根据观测记录绘制 Q-t（抽水量与时间）和 S-t（水位下降值与时间）关系曲线图，以便分析研究水位下降趋势和流量变化，预测水位下降达到设计要求的时间，查明抽水过程中出现的不正常情况和产生的原因，便于及时排除。

2.6.5 由于降低地下水位，地层结构会受到一定影响，如果降水期间有泥砂带出，更会引起地层下沉，影响建筑物安全。因此，降水期间应观测地下水含泥量情况。

2.6.6 地下水位变化与季节有很大关系，特别是雨季，地面水增多，不断渗入地下，促使地下水位回升，因此，除加强观测地下水位和流量外，尚应防止地面水流入基坑。同时，由于基坑面积比较大，对直接降到基坑内的雨水及时排除，可防止渗入基底，造成地下水位的回升。

3 基坑支护桩

3.1 一般规定

3.1.2 本条规定了各种沉桩方法所适用的地质范围，特别是地下铁道工程在确定沉桩施工方法时，尚应考虑到噪声、振动、泥浆等对城市环境的污染和对城市居民正常生活的影响。而本条文表3.1.2仅列出了各种沉桩适用的地质范围，所以在确定施工时尚应考虑到城市中施工的特点。

3.1.3 为确保施工安全，基坑支护桩的结构尺寸、入土深度、支撑跨度和桩距等必须经过计算确定。

桩体支撑一般采用横撑、土层锚杆等形式。而各种支撑形式对隧道埋深和形状、地形及环境条件等要求不尽相同，所以施工时应根据具体情况，经过技术、经济和可行性等比较后确定。

3.1.4 地下铁道隧道工程施工中，不可预见的问题多，特别是地质情况，为保证支护桩工程施工顺利进行，而制定本条规定。

3.1.5 支护桩工程，桩孔位置和垂直度是很重要的。不然，侵入基坑特别是结构位置后很难处理。沉桩允许偏差，是按隧道结构边缘至桩边距离不小于1.0m制定的，如采用盖挖逆筑法施工时，尚应按本规范第6.2节有关规定执行。

3.1.7 本条是在基坑开挖后，为检查支护桩质量而制定的。

在沉桩过程中，特别是冲击沉桩，遇有孤石时，在打桩机锤冲击力作用下，钢桩（包括工字钢桩和钢板桩）易于扭曲、倾斜和劈裂。而混凝土灌注桩，由于钻孔和混凝土灌注质量等问题，也会出现露筋、露石、缩颈和断桩等现象。

出现以上情况，极易消弱桩体本身强度，为保证安全，特制定本条规定。

3.1.8 基坑开挖后，其围护墙（包括工字钢桩、钢板桩、钢筋混凝土灌注桩、地下连续墙等）承受了全部基坑背后的水土压力和地面的动荷载，同时，有的基坑紧靠建筑物或地下管线，为确保安全，应对基坑支护结构系统受力动态进行观测。

3.2 冲击沉桩

3.2.1 地下铁道隧道结构形状变化小而沉桩数量多时，多采用轨道式柴油打桩机。车站出入口、通风道以及竖井等，由于打桩数量少，结构形状变化大，多采用履带式打桩机较方便、灵活。所以，在施工时，应根据具体情况选择沉桩机械。

当采用轨道式打桩机时，其轨道应根据规定的技术标准铺设，以保证打桩质量和施工安全。

3.2.2 钢桩上端头焊补强板后设吊装孔，是为方便吊装。

为使钢板桩在沉桩过程中锁口能紧密连接并顺利通过，故要求锁口内应涂油，以增强其滑润性。同时，为防止其锁口下端在沉设中堵塞，应事先用麻丝之类易拆物塞紧，防止沉设时堵塞。

3.2.3 工字钢桩是单根沉入地下的，如地下无障碍物时，其垂直度和平面位置是易于控制的，但钢板桩由于其具有支护和隔水的作用，钢板桩彼此间是用锁口连接在一起的，为保证沉设垂直度，除吊装时必须将沉设桩插入已沉设桩的锁口之内，还要保证其垂直度，故用围檩导向，以保证各桩的紧密连接和垂直度。

3.2.4 采用钢板桩围檩支架是控制钢板桩位置和垂直度的重要措施，因此，本身精度必须保证。根据实践经验制定了本条规定。

3.2.5 钢板桩是以锁口彼此连成一体的，因此，每段先打入两端的桩，以控制该段的水平位置和垂直度，然后再分组，逐根逐步按台阶式沉入地下。

3.2.6 钢板桩除支护基坑外，尚有隔水作用，所以钢板桩围堰应合拢封闭。而合拢点一般设在转角处，合拢可采用延长线方法，但又要考虑到水平支撑施工的可能性，如果两者都不能达到时，尚以支撑为主，其接头两块钢板可搭接，而背后采用注浆等措施加以封闭。

3.2.7 为保证桩位正确和垂直度符合要求，在沉设过程中应随时进行检查。

钢桩沉设贯入度若击20次小于10mm时，根据实践经验，在打桩操作无误的情况下，一般是桩头处遇到障碍物，此时，如钢桩入土深度较浅，可拔出钢桩，适当移动位置，重新打入。或挖开地层排出障碍物后继续打入。如较深时，可改用重锤锤击，否则，可废弃此桩，在附近重新补桩。

3.3 振动沉桩

3.3.1 振动沉桩是靠振动锤的振动频率对桩产生振动压力，使桩沉入地下。在振动锤的振动过程中，只有当振动锤的振动频率大于钢桩自振频率时，方能使钢桩下沉，反之，则无法下沉。

3.5 拔桩

3.5.4 在钢桩沉入地下后，特别是冲击锤沉桩时，如遇到大孤石，很易造成钢桩偏斜或劈裂，在这种情况下，桩是很难拔出来的。但为了尽量把钢桩收回，如有拔出的可能，可改用千斤顶或其他大功率拔桩机进行试拔，如仍无法拔出，要做好记录。

3.6 钻孔灌注桩

（Ⅰ）螺旋钻机成孔

3.6.1 螺旋钻机主要适用于地下水位以上粘性土、砂土和粒径不大于50mm碎石类土施工，其螺旋钻机的钻头有尖底、平底、耙式和筒式四种，而各种钻头适用于不同的土层，施工时应根据具体情况选用。

为保证钻孔灌注桩位置正确、垂直，并防止塌孔，因此，根据机械性能和施工实践，制定了本条规定。

3.6.2 长螺旋钻机压浆成桩法在有水或无水的条件下都可钻孔，为保证不塌孔和工程质量，本条做出了具体规定。

（Ⅱ）泥浆护壁成孔

3.6.3 泥浆护壁成孔，是在有水情况下，为防止坍孔而采用的一种钻孔方法，同时它比长螺旋钻机钻孔深而直径大，其使用的机械有冲击钻、冲抓钻和回转钻机等。

泥浆护壁孔口处的泥浆动荡大，而地表土多为松散渣土，自稳性差，为此，一般都设护筒保护孔口，其埋置深度，由于粘性土层比砂质或杂填土层稳定性强，所以在粘性土层中的护筒埋置可浅些。

3.6.4 冲击成孔时，为稳定孔壁均采用泥浆护壁，而泥浆比重的大小与土质的自稳性和本身固有特性有关。其中本条文表 3.6.4 所列的粘性土层，由于本身就具备造浆的功能，所以钻孔时，注入清水即可。砂土及砂卵石地层，由于胶结性差，易坍塌，所以要采用大比重低失水量的泥浆护壁。

冲击成孔的钻进速度，与钻具质量、冲程、冲击频率及钻具在孔内重力加速度等有关，但为保证钻进速度和质量，根据施工实践，本条文表 3.6.4 对钻具冲程也做了具体规定，而在施工时会遇到各种不同的地质，因此，应根据具体情况，采取不同的技术措施。

3.6.5 排渣是在钻孔过程中进行的一道工序，每钻进 3～4m 排渣一次，施工时可根据工程地质情况调整泥浆的比重，并按条文要求进行操作，以保证泥浆质量，防止塌孔。

3.6.6 清孔是在桩孔钻至设计高程后而进行的一道工序，其目的是为了把孔底浮渣清理干净，以保证钢筋混凝土灌注桩的质量。

清除孔底浮渣可采用循环浆法，即钻孔达到设计高程后，保持钻头在原位转动的同时，注入清水，以减少孔底浮浆。

（Ⅲ）钢筋笼加工与吊装

3.6.8 钢筋笼骨架是在吊装之前预加工好的，为了保证工程质量，其钢筋焊接及绑扎必须按规定要求实施，钢筋之间的焊接或绑扎必须牢固。特别是由于钢筋笼骨架体长，分节加工时，绑扎或焊接要预留搭接长度，刚度差时可临时加固。为了吊装方便和施工安全，设计钢筋笼时应设置专门供吊装的耳环，并必须焊牢，避免吊装中脱焊发生事故。

3.6.9 允许偏差值是根据基础桩的标准，并结合支护桩的特点制定的。

3.6.10 为保证安全和工程质量，所以，对吊装作业做出了规定。

（Ⅳ）混凝土灌注

3.6.11 干式螺旋钻机成孔，由于孔深而断面小，混凝土无法振捣。而泥浆护壁成孔的混凝土应按水下灌注混凝土要求施工，所以应采用导管灌注。在采用的混凝土中加入外加剂，可保证质量，增加其流动性，因此，对不同成孔方法灌注的混凝土塌落度作出了规定。

由于钢筋混凝土灌注桩断面小，又有钢筋，根据混凝土粗集料不大于钢筋间距 1/4 的要求，所以确定混凝土粗集料粒径采用不得大于 40mm 的卵石或碎石。

3.6.12 钢筋混凝土桩深而断面小，如分两次灌注，已灌注混凝土接茬处施工缝无法处理，所以要求一次灌注完毕。

3.6.13 干式螺旋钻孔深而断面小，为防止混凝土灌注时将孔壁损坏，造成缩颈或塌孔，影响混凝土质量，故要求沿钢筋笼内侧灌注混凝土。

3.6.14 泥浆护壁钻孔桩采用水下灌注混凝土，并自下而上逐渐灌完，为使混凝土通过泥浆而不被泥浆沾污，故要求采用导管直接将混凝土输送到孔底。其灌注方法和地下连续墙施工相同。

3.6.15 泥浆护壁钻孔灌注桩是按水下混凝土的灌注方法施工的，故应按照其技术要求施工。

1 隔水栓是起隔水作用的，所以要求灌注混凝土前，应将其置于地下水位以上，以便于灌注混凝土时，将桩孔内泥浆排出导管。

2 导管底端距孔底 300～500mm 的规定，主要是为进入导 管的第一批混凝土至槽底将隔水栓排除后，尽快将导管底部埋入混凝土内，不使泥浆灌入导管，保证混凝土质量。

3 为防止断桩现象的发生而制定本规定。

4 钢筋笼无论是横向还是纵向位移，都会减少桩体的受力强度，所以制定本规定。

3.6.17 混凝土抗压强度试块的留置组数，是根据支护桩施工的具体情况，结合有关规范的规定而制定的。

3.7 基坑支护

（Ⅰ）桩间土护壁

3.7.1 为防止工字钢桩之间土壁墙面坍塌，一般常规的做法是采用木背板封闭。因为桩位和垂直度在沉设过程中出现一定偏差，所以背板都在现场根据具体情况制作，这样即安装速度快，又容易保证质量。

木背板受力随着深度加深而增大，所以木板也需要加厚，但实践证明，一般桩间距在 0.8～1.2m 之间时，采用 50mm 厚的木板是可行的。

3.7.2 钻孔灌注桩由于桩体是圆形的，采用背板较困难，因此，桩间土壁可抹砂浆或喷射混凝土封闭，也可以加挂钢筋网后再抹砂浆或喷射混凝土封闭。

（Ⅱ）横撑支护

3.7.3 地下铁道隧道结构基坑较宽，特别是车站，宽度已达 25m 以上，为吊运和施工方便，因此，横撑可制作成拼装式的。为保证横撑有良好的整体性，故安装之前要求先试拼。同时，为防止横撑偏心受压，本条对拼装偏心量做出了规定。

3.7.4 为保证施工安全，在基坑土方挖至设计位置后应及时安装横撑，尤其是在饱合的软弱地层中，必要时尚可采取掏槽先设横撑后再开挖土方的措施。横撑安装后，在施加预应力的过程中，应注意观察墙体变形、墙后的土体及上层横撑的状态，必要时应及时做适当调整。

地下连续墙一般整体性强，刚度大，可直接采用横撑支顶在墙壁上。而支护桩，为保持其整体性受力，一般均需设置腰梁。为使桩体、腰梁和横撑形成整体受力结构，要求其腰梁和桩体间必须连接牢固。

3.7.5 横撑安装的水平及高程位置，是根据墙体受力要求而确定的。如横撑支撑位置移动量偏大，很可能造成事故，因此，本条对安装位置偏差作了规定。

3.7.7 横撑是轴向受压构件，如果施工中在其上堆放材料或其他重物，则会增加横撑的弯度而影响其受力。

地下铁道工程隧道施工周期长，因此，本条规定施工过程中，要经常检查基坑支护结构后面的土体变化、横撑受力及腰梁、楔子松紧等情况，特别是春融和雨季更应加强观测，发现问题，及时处理，以保证基坑支护的安全。

3.7.8 基坑支护结构的横撑是随基坑土方开挖自上而下进行安装的，所以横撑是随基坑土方回填，自下而上逐层进行拆除。为保证安全，必须在土方填到每层横撑高程时方可拆除。特别在软弱土层的基坑中，由于基坑背后土压力很大，为保证安全，要求必要时应采取加固措施。

（Ⅲ）土层锚杆支护

3.7.9 为防止锚杆注浆引起地面隆起和影响地下构筑物和管线安全，考虑到锚杆受力等原因，本条对土层锚杆覆土厚度作了规定。

锚杆水平和垂直间距，是根据支护墙体、腰梁和锚杆受力等条件确定的。

对于锚杆倾斜度问题，因为锚杆水平分力是有效的，垂直分力无效，从这点考虑，锚杆倾斜角越小越好。但又要考虑到注浆的可能性和使锚固体尽量置于较好的土层中，所以，本条规定倾角一般在13°～35°之间为宜。

基坑支护结构背后主动滑动土体本身是不稳定的，所以，锚杆的锚固体必须置于主动滑动土体面之外，依靠其与稳定土体的摩擦力方能保证支护结构的稳定和安全。

土层锚杆的非锚固段拉杆是传递拉力的，为使其能保持自由伸长，而不影响锚杆承载能力，因此，要求锚固段和非锚固段界限分明。为达到这一目的，可采取在非锚固段上涂油、装塑料套管或在分界线处安放堵浆器等措施。

3.7.10 作用在基坑支护结构上的荷载，是通过拉杆传给锚固体后，再传递给土层。因此，锚杆的拉杆和锚头受力大。用做拉杆材料的有钢筋或钢绞线。钢筋拉杆制作简单，易于安装。如果土层锚杆承载力大而又很长时，可采用钢绞线作拉杆。

3.7.11 锚杆的成孔工艺，直接影响锚杆的锚固力、施工效率及工程成本。其钻孔设备，按工作原理分旋转式、冲击式和旋转冲击式三种，各种钻机适用于不同的地质条件，因此，应因地制宜的选用钻孔设备。

由于钻孔孔位方向偏差和孔长直接影响锚杆的承载能力，因而对此做出了具体规定。

3.7.12 土层锚杆承载力随注浆压力提高而增大，因此，注浆应有一定压力。而接近地表或临近地下构筑物和管道时，要适当降压，防止地表隆起和影响地下构筑物或管道的使用和安全。

3.7.13 锚杆的锚固段浆液凝固后，才能承受拉力荷载，所以规定浆液达到设计强度后方可进行锚杆张拉。

3.7.14 土层锚杆承载力，一般均通过试验确定，除极限强度试验外，又分抗拉试验和验收试验两种。抗拉试验是在施工锚杆验收前，在工地同一条件下进行试验，以确定验收标准。而验收试验是为检验施工锚杆承载力，以确定在设计荷载作用下的安全度。

以上两种试验，均按设计荷载0.25倍的等级级数增加，其中，验收荷载加载到1.20倍设计荷载，抗拉荷载加载到1.33倍设计荷载。两种试验均绘制荷载一变位图，在加载到1.20倍设计荷载的同条件下，如果验收试验锚杆总变位量小于或等于抗拉试验锚杆的总变位量，则认为合格。

4 地下连续墙

4.1 一般规定

4.1.2 地下连续墙的支撑，一般多采用型钢、钢管或钢桁架及土层锚杆的形式，其支撑间距和层数，根据地下连续墙受力和土方开挖及隧道结构的施工方法经计算确定，其施工在本规范第3.7节内均做了规定，因此，本条作了按其规定施工的要求。

4.1.3 地下连续墙施工前，应根据地质、隧道结构平、纵断面等进行预先设计。同时，为保证施工范围内的地下管线、构筑物和临近建筑物的安全，应制定相应的保护措施。

如果地下连续墙作为主体结构墙体及复合式衬砌结构时，虽地下连续墙由设计单位设计，但施工时放线及保护地下管线安全等仍应具备以上资料方可施工，因此制定了本条规定。

4.1.5 地下连续墙支护的基坑开挖后，作用在墙体上的水土压力、地面荷载产生的侧压力及垂直荷载等，对墙体应力会产生影响，特别是地下铁道隧道基坑周围建筑物多，为防止其地基位移，施工中除采取对地下连续墙施加相当于静止土压力的预加应力外，尚需做好监控量测工作，并及时反馈信息，以保证施工安全。

4.1.6 为充分利用地下连续墙结构，目前，在地下铁道车站设计中，已采用了复合式衬砌结构或把地下连续墙直接作为主体结构的墙体。以上两种形式，均需地下连续墙体做防水处理，并与二次衬砌结构的顶、楼、底板相连接，鉴于以上情况，本条做出了相应的规定。

4.1.7 支护基坑的地下连续墙，是靠埋入基底以下的结构作为支撑点承受土压力的，支撑点处地基如遇有软弱地层时，为增加其强度，有时需进行加固处理，为此，做出本条规定。

4.2 导墙施工

4.2.1 导墙内墙面应平行地下连续墙轴线的走向构筑。考虑到超挖率，一般抓斗宽度比连续墙厚度小些，而抓斗插入导墙时又需导墙内侧有相应的净空余地，因此，为挖槽方便、安全施工，可根据不同挖槽设备和施工方法，将导墙净距比设计的地下连续墙厚度加大 40～60mm。

导墙结构，有现浇钢筋混凝土、钢制及预制钢筋混凝土等，施工时可视具体情况选用。

4.2.2 导墙不仅对地下连续墙施工起导向作用，而且还承受土压、施工机械和车辆等荷载作用，同时还作为钢筋笼和导管、锁口管顶拔时的临时支座等，因此要求其坚固，具有一定强度和刚度并连成整体。修筑导墙时，应建在稳固的地基上，如果地基不稳定，当施工机械行走时，由于荷载和振动作用，易引起开挖壁面坍塌，使导墙向内侧挤拢。遇有软弱或不稳定地基时，可采取加大导墙深度、深层搅拌和注浆等措施对地基进行加固。

4.2.3 钢筋混凝土预制导墙一般每节 5～6m 长，多为L型，分节拼装。施工时，常因挖槽机、起重机、钢筋笼等作用在墙上的荷载很大，为防止导墙位移，甚至倾斜或落入槽孔内，因此，钢筋混凝土预制导墙相邻接头应用螺栓紧密相连或用钢插板螺丝连成整体。现浇钢筋混凝土导墙，其水平钢筋应连接起来，使导墙具有整体性。

4.2.4 导墙 1.5～2m 为常规高度，但在施工中常遇有地表层土质松软，地下管线或构筑物以及导墙底临近地下水水面等情况。为了保护地下管线或构筑物安全，防止导墙脱空、移动、下沉或倾斜，故遇有特殊情况时，导墙高度也可适当调整。

导墙顶面高出施工地面的规定，是为防止地表水流入沟槽而引起泥浆性能恶化。

4.2.5 导墙是控制挖槽精度的主要构筑物，为保证地下连续墙位置、垂直度、厚度、直顺等符合设计要求，制定本条规定。

4.3 泥浆制备与管理

4.3.1 膨润土的片状构造被水分子分解后，体积膨胀，水化性能强，泥浆粘度较好，所以制备泥浆时应优先选用。而粘土的片状构造水化性差，膨胀性小，粘度差，为了保证泥浆质量，对粘土质量指标做出规定。

4.3.2 泥浆具有防止槽壁坍塌的功能，并有悬浮土渣并把其夹带出槽外的作用，故泥浆对挖槽施工影响很大。为保证挖槽质量，制定了泥浆的主要性能技术指标，并在泥浆配制和挖槽施工中进行检验和控制。

1 泥浆比重。由于泥浆与地下水压力差的作用，所以泥浆可抵抗槽壁外的水土压力，以维护槽壁稳定。而新拌制泥浆比重以 1.05 为适宜，成槽后，由于泥砂污染而比重上升，所以一般为1.15，而底部一般不大于 1.20。如果泥浆比重过大，不但影响混凝土灌注，同时，由于泥浆流动性差而泵送困难并且消耗输送设备的功率。

2 泥浆粘度。由于泥浆具有一定的粘度，所以泥浆可将土渣悬浮而不沉淀并阻止泥浆向地层中渗透，如果粘度偏小，就会使其功能降低，如果超过限度，则泵送困难，降低挖槽效率，增加泥浆处理难度，影响混凝土质量。

3 泥浆含砂率。含砂率过高，会使泥浆粘度降低，失去泥浆形成良好泥皮的作用，并易于与水分离而沉淀，所以应严格控制其指标。

4 泥浆 pH 值。pH 值是表示泥浆酸碱程度的。pH 值等于 7 时，泥浆为中性；pH 值小于 7 时，泥浆为酸性，pH 值越小，酸性越强；大于 7 时为碱性，当 pH 值大于 11 时，则泥浆产生分层而失去固定槽壁的作用。

以上性能指标，应通过实地测试确定并决定可否使用或废弃。

4.3.3 槽段中水泥内的 Ca 离子和地下水中的 Na 离子、Mg 离子混入泥浆后，易使泥浆比重、pH 值、粘度等增大，不但影响开挖，甚至导致槽壁坍塌，为中和混入的阳离子，因此需要加分散剂。并且为了使膨润土（或粘土）充分水化，使泥浆各项性能指标达到标准要求，故要求泥浆应贮存一定时间。

泥浆在成槽中的护壁作用，是由泥浆产生的压力作用在槽壁上产生的，它除平衡水土压力外，尚给槽壁以向外的反作用力，如地下水位高出泥浆面时，由于泥浆压力抵抗不住槽壁外水土压力，则槽壁就会坍塌，为平衡两者之间的压力，规定泥浆面应保持地下水位 0.5m 以上。

4.3.4 地下连续墙在泥浆护壁施工过程中，由于挖槽方式、地质条件和混凝土灌注等使泥浆中混入土渣，降低了泥浆护壁效能。为此，要求根据泥浆劣化程度，能利用的应进行再生处理，不能利用的应予废弃。

由于废弃的泥浆中 pH 值高，不符合环境保护规定，所以要求采取措施。

4.3.5 当泥浆受到地下水或海水中的盐分（Na^+）污染时，会使泥浆变质，影响护壁效果。为此，要求采取必要措施，如选用耐盐性较强的膨润土、粘土以及有耐盐性（CMC）和高浓度下抗盐分污染能力强的铁铬木质素磺酸盐（FCL）等材料制备泥浆。

对于成槽制备泥浆的设备，根据施工经验，考虑到回收泥浆沉淀会减小有效容积，为此，设备容积应大于单元槽段2倍以上的容积为好。这样，一旦泥浆在土层中流失而引起浆液面下降时，可根据具体情况，预先采取补浆措施，以保证槽段的安全与稳定。

4.4 挖槽施工

4.4.1 根据开挖方法，常用的施工机械有导板抓斗式、导板旋转式、导板冲击式等，施工应根据不同情况和需要选用。

挖槽时，只有抓斗中心平面和导墙中轴平面重合，方可保证开挖槽壁面的垂直度和水平位置精度，所以规定抓斗中心面应与导墙中心面相吻合。

4.4.2 单元槽段长度，无论从使用还是从施工角度看，越长越好，但单元槽段的长度应与地质、地面荷载、钢筋笼起重设备的起重能力、混凝土及泥浆供应、施工现场条件以及隧道结构设计相适应，所以要求其施工应符合设计要求。但一般情况下5～8m较为合适。

通过量测表明，新槽段开挖时，对相邻已灌注混凝土的槽段会产生一定影响，所以单元槽段应采用间隔跳跃式施工。

4.4.4 挖槽未达到设计深度或槽底沉淀物过多，将使钢筋笼不能插至设计位置，造成预埋筋（件）和内衬结构接头位置错开。

当挖槽宽度小于设计槽宽时，将使钢筋笼保护层减小或出现露筋现象，而且还影响锁口管的插入，并碰撞槽壁，刮落泥渣。如挖槽宽度过大时，将增加混凝土浇灌量。故本条对槽段的检查项目做出了规定。

4.4.5 地下连续墙成槽过程中悬浮在泥浆中的土渣，在挖掘结束后很快沉淀，并和残留在槽底的淤泥土块，以及吊钢筋笼时槽壁上刮落的土块等堆积在槽底，影响墙的承载力，造成墙体不均匀下沉。若沉渣和沉渣悬浮物混入墙体内时，还将影响墙体混凝土结构质量。为此，成槽后要把槽底沉渣、淤泥、土块和被土粒污染的泥浆，从底部和槽内通过吸泥装置和再生装置清除出去，并补入新泥浆，使槽底附近的泥浆比重保持在1.1～1.15之间，最大不超过1.20，以减小槽底沉淀淤积物厚度和保持槽壁稳定。

4.5 钢筋笼制作与安装

4.5.1 钢筋笼在平台靠模上制作，可保证钢筋位置正确和焊接质量。

1 地下连续墙混凝土是采用导管法灌注的，并且导管长度伸入槽底，所以制作钢筋笼时应预留出导管位置，并上下贯通。

2 为方便钢筋笼吊放入槽和避免刮落槽壁的土体，所以在钢筋笼底端0.5m处的厚度方向应做收口处理。

3 钢筋笼高、宽及高、厚之比值较大，为保证其吊装有足够刚度，应在制作时采取措施，保证吊运中不变形或弯曲。

4 为保证地下连续墙混凝土保护层厚度，防止钢筋笼贴于槽壁上，钢筋笼制作完毕后，应在壁外侧钢筋上设置垫块。

5 地下连续墙作为主体结构或复合式结构时，在其墙体上设置的预埋件较多。同时，如果地下连续墙采用锚杆支护时，其墙体上尚还设置锚杆孔，为使预埋件固定牢固，并防止灌注混凝土时堵塞，故要求采取措施。

4.5.3 钢筋笼要在槽段泥浆清孔、换浆和刷壁合格后及时吊放入槽，一般至灌注混凝土时的总停置时间不超过6～8h。

钢筋笼吊放入槽时，要采用型钢作双索起吊梁，防止钢筋笼变形。入槽时，所以要求对准槽段中心缓慢沉入，是为了防止钢筋笼碰撞槽壁，造成坍塌，影响安全和地下连续墙的质量。

4.6 混凝土灌注

4.6.1 地下铁道隧道结构均有防水要求，所以地下连续墙作为隧道边墙一部分或直接作为边墙（即是作为临时支护结构，本身也有防水要求）时，均应采用防水混凝土。

地下连续墙结构由于是灌注水下混凝土，所以其水泥用量比一般防水混凝土用量多一些。同时，为保证混凝土灌注水平上升，必须具有一定的流动性，坍落度也相应的大一些。其他材料、配合比和搅拌与隧道防水混凝土相同，因此应按其规定执行。

4.6.2 导管根据地下连续墙的厚度和高度，一般都采用直径200～250mm多节钢管连接而成，为防止灌注混凝土时渗漏水，保证混凝土质量，施工前应对拼接好的导管接缝进行水密试验。

4.6.3 导管水平布置距离，是根据导管的通过能力、混凝土在槽内流动距离和混凝土要求的灌注速度等因素，并经过实践确定的。

导管灌注混凝土时，为使进入导管的第一批混凝土顺利灌注到槽底，并使导管底部埋入混凝土内一定深度，不使泥浆灌入导管，因此要求导管下端距槽底300～500mm，在混凝土灌注前，应在导管临近泥浆面位置吊挂隔水栓。

4.6.4 本条说明如下：

泥浆中悬浮物易于沉淀并吸附于钢筋上，时间越长，吸附量越大，影响握裹力。所以钢筋笼入槽后，应及时灌注混凝土。

导管底面距槽底有一定距离（300～500mm），如果导管储料斗内混凝土储备量达不到要求，则在开始灌注混凝土时，泥浆会从导管底部进入导管，造成泥浆与混凝土混合，不但影响混凝土质量，还会影响其强度。

混凝土如不同时均匀、连续灌注，会使灌注的混凝土面形成波浪形，而槽段中泥浆沉淀物易于滞留于导管间低洼处和端部混凝土面上，被后灌混凝土覆盖后，影响结构质量。

导管埋入混凝土内太深时，则混凝土在管内流动不畅。混凝土灌注中，每次提升高度一般为300mm左右，并缓慢提升，避免混凝土留下空洞。

混凝土溢出流入槽内后，将污染泥浆，影响混凝土本身质量。

混凝土灌注速度不应低于2m/h的规定，主要为使每层混凝土能及时覆盖，防止泥浆粘附于混凝土面上而影响质量。

地下连续墙灌至顶面时，一般在其表面形成一层凝胶化泥浆和塑性固化物，其强度较低，为保证质量，所以制定本规定。

4.7 墙体接头处理

4.7.1 地下连续墙相邻墙段竖向接头的接续方式，应根据设计图选用，一般作临时支护结构时，多采用锁口管方式，作为永久或半永久结构时，需按设计组合成各种形状的接头方式，并使各单元槽尽量连成整体，确保其连续性和隔水性。

锁口管要有足够强度和刚度，防止变形，影响起拔。锁口管的宽度一般至少应取设计壁厚尺寸的93%以上。在施工过程中，为防止混凝土出现挠管现象，其空间应用干硬粘土充填密实。

对超深地下连续墙工程，为防止锁口管起拔困难，也可选用预制钢筋混凝土构件做接头，这样既安全可靠，防渗效果也好。

4.7.2 锁口管插入槽底的要求，是为防止混凝土由管底进入管内。锁口管如猛撞强行入槽，不但损伤钢筋笼，而且还会造成拔管困难。

4.7.3 混凝土灌注2～3h期间，其强度还比较低，拔除锁口管时，其管壁与混凝土易于脱离，以后每次提管的时间和高度的规定，主要是为防止混凝土受碰撞后损坏而提出来的。

4.7.4 地下连续墙后继槽段开挖后，会有许多细小泥粒粘附在已成槽段结构接头的表面上，这些物质不清除，则后浇混凝土灌注后，就被包裹封闭，不仅影响混凝土强度，而且还会造成渗漏水，所以应将其清除干净。

4.8 防水施工

4.8.1 地下连续墙无论是做临时支护、主体结构或是主体结构的一部分，需要做防水处理时均应按设计要求办理。目前采用的防水方法有喷涂防水剂、铺贴卷材防水层等，施工时应按相应的有关规定办理。

4.8.2 地下连续墙的防水措施之一，是在条件允许的情况下，尽量加长槽段的长度，减少接缝，提高防水效能。由于拐角处是施工的薄弱环节，施工中易出现质量问题，所以接头尽量少设在拐角处，防止渗漏水发生。采用复合式衬砌结构的接头缝和地下连续墙接头缝要错开设置，避免通缝，防止渗漏水。

4.9 工程验收

4.9.1 地下连续墙是以每一槽段为单元进行施工的，为了保证工程质量和各工序的顺利进行以及施工安全，因此，每一槽段从开挖、泥浆护壁、钢筋笼制作及吊放入槽、混凝土配合比及灌注等都要进行工序的中间检查。

4.9.2 为保证地下连续墙不影响隧道施工和防止其侵入二次结构净空，故对其施工精度制定了具体标准。其他质量标准，特别是结构混凝土抗压强度和抗渗压力也必须达到要求，以满足使用和安全需要。

5 隧道明挖法施工

5.1 一般规定

5.1.1 明挖法施工，在拆迁量小的情况下，造价低，速度快，但交通干扰大。所以，一般在城市郊区多采用明挖法，在市区内，区间采用暗挖，车站采用明挖法施工的较多。

明挖法在空旷区有条件时，基坑可采用敞口放坡开挖，如无条件，特别是城区，应根据具体情况，采用支护桩或地下连续墙支护，以减小基坑占地面积。

5.1.2 地下铁道明挖隧道结构，区间和车站埋深一般在8～15m之间，如遇有地下水，必须采取措施降排水，以保证基坑在无水的条件下施工。

5.1.4 修建地下铁道隧道，一般都对地面交通和城市正常生活带来一定的影响，由于地下铁道是线型建（构）筑物，所以施工时，应集中力量，完成一段，恢复一段，以把影响地面交通和城市正常生活压缩到最低限度。

5.2 管线拆迁、改移和悬吊

5.2.1 地下铁道工程施工时，常遇有电力、通讯、热力、煤气、给排水等地下管线，为保证各类管线正常运行，本条规定施工前，应进行现场勘测，并与有关单位研究确定拆迁、改移或悬吊等方案，以便为基坑开挖创造条件。

5.2.2 基坑管线悬吊形式基本分两种，一种是钢丝绳悬吊，主要用于通讯、电力直埋电缆悬吊；另一种是型钢或桁架钢梁悬吊，由于其刚度大，一般可悬吊质量重，刚度要求比较高的铸铁管、钢管、混凝土管或电缆管块等。但无论什么样的悬吊形式，都应经过验算，以确保管线安全。

5.2.3 城市内的地下管线，特别是上、下水管道，大部是铸铁或混凝土管，在多年运行中，有的已出现渗漏水现象；而通讯和电力电缆，有的采用管块包装，整体性差；热力、煤气等运行中，危险性很大。以上管线，悬吊前必须事先处理好，对于有断裂危险的管线，尚应更换，以保安全。

5.2.4 采用钢梁悬吊或架设的管道，除煤气、热力外，大部为刚性接口，极易松动，而热力和煤气管道，危险性很大，一但发生漏气、漏水现象，后果非常严重，为保证安全，防止出现事故，故制定本条规定。

5.2.5 为保持管线悬吊时原有坡度，方便操作，有利施工，因此要求在管线下原状土开挖前悬吊。同时，为保证悬吊工程质量，防止损坏管线，要求采用人工开挖管线下部和附近的土方。

5.2.7 跨越基坑的便桥，是为交通和施工运输而设置的，当大型机械和车辆通过时，会产生一定的振动，其振幅可直接传递给管线，引起接口松动。为了安全，除柔性较大的直埋通讯、电力电缆外，其他管线不能直接架设或悬吊在桥梁上。

5.2.8 利用支护桩或地下连续墙作为悬吊梁的支撑墩柱时，支撑必须牢固，不得松动和变形。如基坑敞口开挖，则钢梁支撑墩柱或钢丝绳悬吊的锚桩，必须经过计算，并应将锚固端埋设于基坑边坡滑动土体以外，以确保安全。

5.2.9 为保证各类管线在施工期间的安全，根据实践，悬吊管线一般需延伸基坑外 1.5m 以上并挖露出来。这样，一旦发现问题，除在基坑外的检查井处采取措施外，在挖露出来的部分也可采取应急措施，避免对基坑造成影响。

5.2.10 本条是针对隧道工程的基坑开挖、降排水、支护桩、隧道结构等施工时，为了确保管线安全而制定的。

5.2.11、5.2.12 是为确保管线安全和质量并防止管线下沉而制定的。

5.3 基坑便桥

5.3.1 跨越基坑的便桥，一般是为施工运输或城市交通而设置的，吨位比较重，基坑跨度比较大，为了安全，便桥设置前，均应经过计算，特别是为城市交通设置的便桥，应与交通及管理单位研究后，确定载重量、规模和路面形式及采用的材料等。

为了使便桥材料和设备能多次使用，要求便桥、特别是梁的部分，应做成拼装制式的。

5.3.2 跨越支护桩或地下连续墙及敞口开挖的基坑便桥，为保证安全，制定本条规定。

5.3.3 便桥的桥面系统，是根据施工运输和城市交通要求制定的。

5.3.4、5.3.5 为确保便桥开通后的安全和畅通而制定的。

5.4 基坑开挖与回填

(Ⅰ) 基坑开挖

5.4.1 明挖法施工的基坑，土方开挖量大，所以基坑开挖前，必须统一规划和安排，特别是土方调运计划，要计算出弃土和回填土的数量，其存土应尽量利用基坑倒段施工的条件进行存放，以少占用城市土地，同时离回填地点近，可节约运费。

另外，在土方运输过程中，运输车辆应采取防洒落措施。并在开工前，要察看好运输路线报交通管理部门，以配合施工做好交通组织疏导工作。

5.4.2 城市地下管线和架空电线多，因此，选择存土点时，不得选在其附近，更不得选在其位置上，以防损坏或发生伤亡事故。

在已回填的基坑上面存土时，由于堆土荷载的质量，很可能引起隧道结构下沉，造成事故。同时，基坑两侧，是施工的运输道路，另外，在基坑边坡上存土时，也会引起基坑边坡不稳定，所以制定本条规定。

5.4.3 隧道明挖法施工的基坑深，土方量大，需采用机械开挖。其开挖方法一般有机械和运输车辆停靠在基坑边缘或下至基坑内施工两种，在条件允许时，应尽量在基坑内开挖，但遇有软弱而饱合的土层，其承载力低，机械车辆不易下至基坑，所以施工时要因地制宜地确定开挖方法。

在机械车辆可下至基坑时，为节约土方量，一般可利用通风道或车站出入口作为运输马道，但马道底不能超过通风道及出入口基底高程，防止超挖或扰动影响其承载力。

5.4.4 本条是根据基坑开挖后，为便于隧道结构施工而制定的。

5.4.5 基坑的稳定与坡度大小、地质条件、基坑深度、坡顶有否附加荷载等因素有关。一般坡度越平缓越稳定，越陡越易坍塌；土的粘聚力大的比粘聚力小的稳定；基坑边有荷载特别是有动荷载时较不稳定。因此，基坑开挖边坡坡度应根据土力学的理论，结合基坑深度和土质稳定情况等确定。

5.4.6 明挖隧道的基坑土方量大，因此，全部采用机械开挖，为保证施工安全，需根据机械挖掘的额定高度和土质的具体情况，分段分层开挖。而对于支护桩或地下连续墙支护的基坑，为防止土方开挖时，由于其结构强度不够或悬臂超过规定而发生位移或倒塌现象，特制定本条规定。

5.4.7 机械开挖至基底时，不易控制其平整度，并有可能造成超挖或扰动基底，因此，为保证工程质量，减少地基处理而制定本条规定。

5.4.8 基坑开挖后，地基暴露在大气中，如为土质地基，经风化后易于产生干缩，影响其承载力。尤其是支护桩或是地下连续墙作为主体结构一部分时，土方挖至基底后，尚需靠主体结构增强其强度，所以土方挖至基底后，应尽快施工混凝土垫层。

基底高程和不平整度允许偏差，是为保证隧道主体结构位置正确和工程质量，并节约混凝土而制定的。

5.4.9 隧道基坑开挖长而面积大，有时会出现漏勘现象，同时，施工中也会出现工程质量问题，为处理好施工中出现和遇到的问题，特制定本条规定。

5.4.10 地下铁道工程周围建筑物和地下管线多，而基坑开挖后暴露时间较长，所以要经常进行检查。特别是在软弱地层中，为防止基坑开挖后对周围建筑物或地下管线产生影响，必要时尚需采取监测措施，对基坑实行信息化管理，以确保安全。

5.4.11 城市不但地下管线多，同时架空电线也多，为确保施工安全，制定本条规定。

5.4.12 为保证基坑雨期不被水淹和冬季基底不受冻，制定本条规定。

（Ⅱ）基 坑 回 填

5.4.13 基坑回填土后一般均需立即恢复道路或修筑建筑物和构筑物，为保证工程质量和减小回填土的沉落量而制定本条规定。

5.4.14 进行取样测试和压实试验，是为取得参数，然后再依其为标准控制现场回填土的密实度，以保证工程质量。

5.4.15 为了使各类土能达到最佳含水量，保证压实质量，特制定本条规定。

5.4.16 基坑回填至地下管线底高程后，需要恢复管线工程，而管线工程有的是砌筑结构，有的是钢筋混凝土结构。为避免砌体或混凝土结构受损，提出了隧道结构和地下管线的结构达到设计强度后方可继续回填的要求。

基坑回填土属隐蔽工程检查项目，所以提出回填土前要清理基底的要求。

5.4.17 本条是为保证回填土压实质量和回填土时结构不至于产生位移而制定的。

5.4.18 基坑回填土，全部采用机械化施工，大型翻斗汽车运输，机械平整和压实，为防止其施工时碰撞结构和地下管线，制定本条规定。

5.4.20 基坑回填土质量是以密实度控制的，为在现场能控制碾压质量，因此，对回填土密实度检查面积和点数作了规定。

5.4.21 本条是根据城市市政道路工程的标准制定的。

5.4.23、5.4.24 是针对基坑回填土雨、冬季施工的特点，为保证工程质量而制定的。

5.5 钢筋加工及安装

（Ⅰ）钢 筋 加 工

5.5.1 隧道结构钢筋用量大，同时施工现场场地狭窄，所以钢筋一般在工厂集中加工后运至工地绑扎和安装。

运至工厂的钢筋质量及应附的技术文件是根据国家现行的有关规范制定的。

5.5.3 隧道结构采用的是热轧钢筋，由于施工现场竖向和水平钢筋焊接技术发展很快，并且已制定了相应的标准，根据这一趋势，所以制定本条规定。

5.5.4 钢筋加工允许偏差，是根据国家现行的有关规范并结合地下铁道明挖隧道结构的具体情况制定的。

5.5.5 明挖隧道结构，特别是区间结构，为节约材料，加快施工进度，钢筋骨架可采用在工厂预制，然后运至现场安装绑扎。为保证其钢筋焊接骨架的质量，本条文制定了允许偏差标准的要求。

（Ⅱ）钢 筋 绑 扎

5.5.6 本条是为保证钢筋绑扎质量，针对准备工作而提出的具体要求。

5.5.7 隧道结构，特别是车站出入口、通风道等附属建筑物斜坡道较多，为保证工程质量和安全并方便施工，制定本条规定。

5.5.8 钢筋保护层厚度，对保证钢筋与混凝土握裹力、防止钢筋锈蚀，以及结构耐久性是很重要的，因此，在绑扎钢筋时，应采用同标号砂浆垫块或塑料卡加以支垫，以保证钢筋混凝土保护层厚度。

5.5.9 本条为使箍筋、分布筋等与主筋以及主筋之间的接头固定牢固，保证钢筋连接质量而制定的。

5.5.10 本条为使箍筋正确受力并与主筋连接牢固而制定的。

5.5.11 本条是在钢筋安装并绑扎好后，为进行质量检查而提出来的要求，其允许偏差，是参照有关标准要求，并结合地下铁道隧道结构的具体情况而制定的。

5.6 模 板 支 立

5.6.1 模板设计是保证安全和质量并指导备料、制作、安装和拆模的重要技术环节，隧道工程钢筋混凝土量大，车站、区间和附属建筑物等断面变化较多，所以要求开工前需进行模板设计，并就设计原则做出了规定。

5.6.2 模板是钢筋混凝土结构成型的重要环节，为保证混凝土质量，易于拆除模板，故模板支立前必须涂刷隔离剂，并支立牢固、平整、不漏浆。特别是支架部分，为安全计，支撑系统的水平和斜撑必须连接牢固，以形成稳定的整体。

5.6.3 为防止固定模板的螺栓拆除后，形成结构渗漏水通道和拆除螺栓拉杆时不损伤混凝土，隧道工程应采用拉杆螺栓加垫块的办法，其垫块拆模后宜于取出，而留下的孔洞可用膨胀水泥砂浆堵塞严密。

5.6.4 垫层混凝土是沿线路方向在垫层边缘采用与垫层同厚度的型钢或方木做模板，用振捣尺振捣，并以边模为准，控制垫层高程和平整度，此外，还用变形缝处的模板控制变形缝的直顺度和位置。

5.6.5 底板结构除端模外，一般有梗斜或底梁模板和底板先贴防水层保护墙，为了保证灌注混凝土时模板不位移，保护墙不倒塌，因此要求支撑牢固。

5.6.6 明挖隧道结构，一般是边中墙和顶板结构同时施工，为保证模板支立位置正确，支架调好高程和位置后铺设顶板模板，然后以顶板为准，再支立中边墙模板，以保证质量。

同时，考虑到模板在灌注混凝土时会产生一定的沉落量，根据施工实践，为保证顶板净空不侵入限界，本条文规定预留10～30mm高的沉落量。

5.6.7 结构中边墙模板，由于底板结构施工时，表面平整度会产生一定的误差，为防止混凝土“烂根”，一般在第一层模板下设垫木，并用水泥砂浆将底板与垫木间孔隙堵严。并以垫木为准，支立模板，以保证模板支立位置正确。

5.6.8 明挖车站大部为框架结构，并设计有柱子，而柱子有现浇钢筋混凝土或钢管柱两种，现浇钢筋混凝土柱子需要支立模板，而柱子还需装修，为保证质量而制定本条规定。

5.6.9 隧道结构变形缝处的端模，不但是灌注混凝土需要，同时，还需固定变形缝填缝板和止水带。为保证结构变形缝和止水带位置正确而制定本条规定。

5.6.10 隧道结构分段有的较长，其施工缝不能留置于变形缝处。为保证混凝土整体性和不渗漏水，故制定本条规定。

5.6.11 区间隧道结构线路长，除渡、岔线外，断面变化不大，适宜采用模板台车，采取整体运输和装拆，以加快施工进度，保证混凝土质量，减轻劳动强度，但其施工工艺有一定的规定要求，所以制定本条规定。

5.6.12 本条是根据国家现行的有关规范，并结合地下铁道明挖隧道具体情况而制定的。

5.6.13 隧道明挖结构模板需要量大，为提高模板周转率，节约材料，保证混凝土质量，制定本条规定。

5.7 混凝土灌注

5.7.2 新灌注的混凝土暴晒会产生失水现象，雨淋会冲走水泥浆，所以要求灌注地点应采取措施。

混凝土灌注前，为保证结构钢筋、模板、预埋件位置正确，质量符合要求，制定本条规定。

5.7.3 垫层混凝土，是以两侧模板高程和平整度为准，采用振捣尺振捣，所以垫层混凝土应沿线路方向灌注。

由于在垫层上需铺贴防水层，所以对垫层平整度、高程允许偏差做出规定。

5.7.4 结构底板一般都有梗斜和底梁，同时底板比较厚，为保证混凝土质量，方便施工而制定本条规定。

5.7.5 隧道结构墙体和顶板，为避免增加施工缝，给结构防水带来困难，故提出墙体和顶板混凝土连续灌注的要求。同时，为保证混凝土灌注密实，要求墙体灌注至与顶板交界处停留1～1.5h，让墙体混凝土有一个自然下沉时间，并在混凝土未初凝前再灌注顶板混凝土，以保证墙体与顶板混凝土连接得更好。

混凝土灌注至顶板后，为保证混凝土分层灌注时的覆盖时间不超过规定，根据隧道结构形式，故提出边、中墙处向中间水平、分台阶灌注的要求。

5.7.6 隧道结构车站都设有柱子，其混凝土标号比墙、顶板结构标号高，如与墙、顶板混凝土同时灌注时，为防止用错混凝土，要求必须采取措施。

5.7.7 隧道结构变形缝处钢筋比较密，同时又有止水带，为保证混凝土质量和止水带位置正确，本条对止水带和混凝土灌注做出了规定。

5.7.8 隧道结构混凝土灌注时，模板、预埋件、钢筋等，受灌注混凝土的冲击力后易于移位、变形，为保证施工安全和工程质量，灌注混凝土时，应派专人观测，发现问题及时处理。

5.7.9 垫层属普通混凝土，标号低，体积小，散热面积大，故规定养护期不得少于7d；隧道结构是防水混凝土，标号高，体积大，散热时间长，故规定养护期不得少于14d。

5.7.10 混凝土抗压和抗渗试件的留置组数，是根据本规范第9.2.17条的规定，并结合隧道结构的具体情况制定的。

5.8 结构外防水

5.8.1 地下铁道明挖隧道结构底板卷材防水层，一般先贴防水层后，再施工结构底板，故称“先贴法防水层”。本条是根据其施工特点而制定的。

5.8.2 地下铁道明挖隧道的边顶结构施工完后，再铺贴卷材防水层，故称“后贴法防水层”，本条是根据后贴防水层施工特点，为保证其质量制定的。

5.8.3 施工条件受到限制而需要后贴防水层采用先贴法铺贴时，一般将保护墙砌至与顶板同高后再铺贴防水层。但由于墙体高，铺贴防水层需要搭设脚手架，施工比较困难，所以这种施工方法很少采用，不过，地下连续墙作为复合结构而需要进行卷材防水施工时，可采用此种方法。

5.9 工程验收

5.9.1～5.9.3 明挖法隧道工程施工，凡隐蔽工程必须按规定进行检查验收，但由于工序多，为保证工程质量，在原材料和主要工序施工过程中，尚应进行中间检查验收。

5.9.4 隧道为受力结构，混凝土强度必须满足设计要求，并且无露筋、露石等现象。

本条文表 5.9.4 是根据国家现行有关标准并结合地下铁道明挖法施工隧道的建筑限界要求而制定的。

6 隧道盖挖逆筑法施工

6.1 一般规定

6.1.1 地下铁道隧道工程大部分位于城市市区，特别是车站，有的处于道路的交岔路口或商业集散点，所以修建地下铁道的同时，人行过街道、地下商业街、停车场等与地下铁道隧道融为一体同步建设。规模大，技术复杂，如采用明挖法施工，地面干扰大，而采用暗挖法施工，造价高、技术复杂、工期长。因此，可采用盖挖逆筑法施工，先修筑隧道围护墙和支承柱以及结构顶板，然后利用出入口、通风道或单独设置竖井，采用自上而下的逆筑法施工单层或多层地下隧道结构。这种施工方法介于明暗挖施工方法之间，除隧道结构顶板明挖施工外，其他都为暗挖施工，在地下铁道隧道工程，特别是结构复杂的车站施工中，更具有一定意义。

盖挖逆筑法施工时，除按照本身固有的施工工艺要求外，凡涉及明挖法和暗挖法施工工艺的，尚应按照其相应的有关规定执行。

6.1.2 盖挖逆筑法施工，大部分土方在洞内开挖，特别是在软弱土质地层中，为保持土层的自稳性，必须保持其干燥，如土层含水，施工将非常困难，甚至无法施工，因此，本条对降低地下水位提出了要求。

6.1.3 盖挖逆筑法施工，基本分两个阶段，第一阶段为地面施工阶段，它包括围护墙、中间支承柱、顶板土方及结构施工，第二阶段为洞内施工阶段，包括土方开挖、结构、装修施工和设备安装。其土方开挖和所需要的材料、设备全靠设在隧道旁的竖井运输。为减少与地面交通干扰，并给隧道内各工序和专业施工创造条件，故在第一阶段施工中，除抓紧围护墙、中间支承柱、顶板土方及结构施工外，尚应抓紧竖井及横洞的施工。

6.1.4 盖挖逆筑法施工，在顶板结构施工阶段，还存在与地面交通干扰问题，因此，应加快顶板结构施工速度，迅速恢复地面的建筑物或市政道路、地下管线等，把与地面干扰时间压缩到最低限度。

6.1.5 围护墙和支承柱在施工期间直接承受着各层结构及地面传递下来的动荷载，为确保安全，特制定本条规定。

6.2 围护墙及支承柱

6.2.1 由于围护墙紧贴隧道结构边墙，或者地下连续墙直接作为隧道结构边墙，为保证结构墙体的垂直度和位置正确，不至于使围护墙体侵入隧道边墙内，为此，对地下连续墙或钢筋混凝土灌注桩位置和垂直度作了规定。

6.2.2 隧道结构，特别是车站，由于跨度大，两边墙之间设有支承柱，它和围护墙一起，不仅施工期间承受着各层结构及地面传递下来的动荷载，而且还是永久结构的一部分，由于受力和建筑装修的需要，所以对平面位置和垂直度作了规定。

6.2.3 为使地下连续墙及支承柱与二次结构连接紧密，保证工程质量，特制定本条规定。

6.3 土方开挖

6.3.1 盖挖逆筑法土方开挖方法，除本节特殊要求外，其他与明挖法施工基本相同，故作本条规定。

6.3.2 盖挖逆筑法地面施工阶段，与道路、交通等有一定干扰，有时，施工不能断绝交通，在这种情况下只能倒段施工。先封闭一段（侧）施工隧道结构顶板，完工后及时回填土并恢复道路和交通，然后再做另一段（侧）。由于开挖是配合隧道顶板结构施工进行的，所以制定本条规定。

6.3.3 盖挖逆筑法的结构顶、楼板，其底模一般是利用地基支模板或灌注混凝土垫层作为模板，然后在其上绑扎钢筋并灌注混凝土。由于结构净空和平整度的标准要求高，所以对地基高程和平整度提出要求。为防止软弱或渣土层地基承重后下沉，故对其处理也作了规定。

6.3.4 隧道围护墙随着土方逐层开挖，其受力形式也发生变化，同时，为防止土方开挖时，由于开挖断面的边坡不稳定而造成土体坍塌，所以制定本条规定。

6.3.5 盖挖逆筑法是自上而下进行施工的，如果每层结构未形成整体时继续向下开挖，对边墙和支承柱受力不利，为保证安全，制定本条规定。

6.3.6 盖挖逆筑法隧道的边墙，有的设计成复合式结构，在土方开挖后及二次衬砌之前，围护墙承受不住墙后的土压力，在这种情况之下，要求开挖的同时，需采取临时支撑措施，并根据边墙二次衬砌结构施工情况按设计要求拆除，以保证隧道结构和施工安全。

6.3.7 盖挖逆筑法围护墙采用支护桩支护时，由于桩与桩之间尚有土层，为保持其稳定性，可采取边开挖边喷（抹）混凝土的措施，并提出其施工应按本规范第3.7.2条规定执行。

6.4 隧道结构

6.4.1 盖挖逆筑法施工的隧道多为框架结构，与明挖法施工的结构相似，所以其模板施工，除本身特殊要求外，尚应符合本规范第5.6节的有关规定。

6.4.2 本条说明如下：

1 柱子结构是在地面一次施工至基底的，墙体是在洞内逐层施工的，为使上、下层墙体以及墙体、柱子与楼、底板结合良好，先施工的结构预设了预埋件和搭接钢筋，为保证其质量，特制定本规定。

2 顶板结构施工时，为争取时间，缩短与地面交通的干扰，宜将结构钢筋预先加工成骨架。

6.4.3 本条说明如下：

1 洞内施工的墙体与楼、底板结构等的混凝土灌注量大，由于施工条件的限制，所以适宜采用泵送混凝土。而顶板结构是在地面施工，为缩短与地面交通的干扰，加快混凝土强度的增长，以采用早强混凝土较为适宜。

2 盖挖逆筑法的施工工艺，决定了结构墙体与楼、底板单独施工的必然性，为保证其混凝土灌注施工的整体性，应尽量做到以变形缝为界进行施工，如果受到条件的限制，施工缝的设置位置满足不了规范要求时，应与设计人员商定后确定。

3 施工缝是结构防水的薄弱环节，为保证质量制定本规定。

6.4.4 本条说明如下：

1 结构接茬处易出现渗、漏水的现象，为保证防水效果，要求按设计规定认真处理；

2 结构变形缝处完全依靠止水带防水，所以止水带应是全封闭型的，否则，易于形成渗、漏水通路，达不到防水的目的。

7 隧道喷锚暗挖法施工

7.1 一般规定

7.1.2 隧道喷锚暗挖法其主要特点是约束围岩变位，使围岩和支护结构共同形成支护环。因此，必须注重“空间”和“时间”两个效应。实践证明，如果忽视了这两个“效应”，不仅达不到预期效果，甚至会造成事故。特别是在土层和不稳定岩体中开挖隧道时，工作面前方已被扰动，为延长围岩的稳定时间，必要时，需采取预支护或加固措施，然后再进行开挖，以确保安全。本条是根据新奥法施工原理而制定的。

7.1.3 根据喷锚暗挖法施工的特点，地质勘察工作必须贯穿于施工的全过程，因此，施工前需要对地质资料进一步核对，以便为制定施工方案打好基础。另外，由于隧道开挖引起的围岩扰动，极易造成隧道上方岩层的沉降，特别是在土层和不稳定岩体中，如果不及时处理，会影响沿线地下管线、构筑物及地面建筑物的安全，因此，施工前必须调查清楚，必要时应采取措施进行加固，以避免造成事故。

7.1.4 地下水是地下铁道隧道施工的主要对策对象，如果有地下水存在，洞体开挖时，特别是在土层和不稳定岩体中，就不可能形成自然拱或造成失稳，不但无法施工，而且还影响安全。因此，遇有地下水时，必须采取措施加以防治，确保在无水条件下施工。

7.1.6 监控量测是喷锚暗挖法施工的重要组成部分之一，其隧道的开挖方法和形式、支护的质量和施工时间等因素对围岩动态都有明显的影响，为此，采用监控量测的方法对围岩动态和支护结构状态作出正确的评价，并及时反馈信息，以给隧道设计和施工安全提供可靠的依据。

7.2 竖　井

7.2.1 地下铁道隧道的地面建筑物多，交通繁忙，同时，隧道埋置浅，所以施工时，为隧道内材料和土石方运输的出入口多采用竖井。其竖井位置，在交通繁忙地区，为不影响交通，多设于隧道线路的一侧或两侧，同时，从经济角度考虑，如与通风道或车站出入口永久建筑相结合，则更为合理，并可降低造价。在不影响交通的情况下，如将竖井直接设置于隧道顶部也是可行的。当竖井与横洞利用通风道或车站出入口设置时，应以不影响永久构筑物使用功能为原则。

7.2.2 竖井结构一般根据地质和地面环境等条件，多采用地下连续墙、钢筋混凝土灌注桩或逆筑法施工的结构形式。当采用钢筋混凝土灌注桩支撑结构时，为保持其整体性，其顶部多采用钢筋混凝土圈梁将桩连为一体。逆筑法施工时，一般其顶部的圈梁和底板多为现浇钢筋混凝土，其墙体多为喷射钢筋混凝土结构，必要时，也可做成复合式结构。

7.2.4 隧道结构施工竖井与横洞以及横洞与正线结构相连处，是结构受力薄弱环节，由于断面的变化，施工也比较困难，所以要采取措施，保证工程质量，防止出现安全事故。

7.2.5 为防止下雨时，雨水直接落入竖井，避免隧道被淹以及保证安全，故制定本条规定。

7.2.6 施工竖井提升设备是隧道内材料及土石方运输的主要运输提升系统，为安全计，设计时，受力部件必须进行检算，不能违章作业，防止发生事故。

7.3 地层超前支护及加固

（Ⅰ）超前导管及管棚

7.3.1 超前导管和管棚是喷锚暗挖隧道超前预支护的一种措施，采用这两种支护方法的地层，一般都很软弱、破碎，如不采取措施，开挖时工作面极易坍塌，同时，导管和管棚是主要的受力杆件，因此，纵向两排导管或管棚应采取一定搭接长度。

本条文表 7.3.1 中所列参数，设计时应根据具体情况进行选用。

7.3.2 为施工安全，防止开挖工作面坍塌，并保证导管或管棚安装位置正确，故制定本条规定。

7.3.3 导管支护法的导管每节长度仅 3～5m，所以一般采用钻孔插入或锤击打入和钻机顶入的办法，为保证导管有效支护长度，应根据施工方法的不同对导管的插入长度提出要求。

7.3.4 管棚钢管在钻设过程中，由于钢管较长，如果偏差太大，很可能给拱架等施工带来一定困难，所以要求钻设时要严格掌握和控制钢管的钻设角度。

7.3.5 导管和管棚的钢管，隧道开挖时均承受地层的压力，特别是管棚的钢管，为增强其强度和刚度并加固周围的地层，一般都应灌浆。为保证灌浆质量防止漏浆，导管和管棚钢管的尾部需设置封堵孔。

（Ⅱ）注 浆 加 固

7.3.6 地层加固施工时的注浆工艺分四种，即：渗入性注浆、劈裂注浆、电动硅化注浆以及喷射注浆等，本条针对不同工程地质情况规定了应采用的注浆方法。

7.3.7 地下铁道喷锚暗挖隧道由于埋置浅，钻孔注浆在地面操作方便，所以在有条件的地方，尽量采用地面钻孔注浆的方法。如果地面建筑物多，交通繁忙，很可能环境条件不允许，在这种情况下，只能在洞内进行超前注浆。

洞内注浆，除沿隧道周边超前注浆外，还可以采用先导洞，然后对隧道周边围岩进行径向注浆，固结后再进行隧道开挖。

7.3.8 注浆材料系指注浆用的主剂，并分颗粒浆材和化学浆材两种，而颗粒浆材主要包括水泥浆、水泥砂浆、粘土浆，水泥粘土浆以及粉煤灰、石灰浆等。为适用不同注浆目的，还可在浆液中掺入各种外加剂。

化学浆液在注浆中常用的有聚氨酯、丙烯酰氨类、硅酸盐类、水玻璃等。

在施工中，应根据具体情况经比较后选用。

7.3.9 注浆根据注浆目的、地质等情况选用适当浆液，这不仅对取得满意的效果至关重要，而且还直接影响造价，因此，在隧道工程注浆中，常采用颗粒浆材先堵塞大的孔隙，再注入化学浆液，这样既经济，又起到注浆的满意效果。

壁后回填注浆因为是起填充作用的，所以尽量采用颗粒浆液，这样既经济，又起到填充的效果。

在水泥类浆液中，普通硅酸盐水泥使用的比较多，在特殊情况下，也可采用矿渣硅酸盐水泥、火山灰质硅酸盐水泥和抗硫酸盐水泥等。

由于各种浆液适用不同的地质情况，所以配合比必须根据地质经过现场试验后确定。

7.3.10 注浆孔距、排距根据注浆加固厚度和浆液扩散半径经计算初步确定，由于地质原因，还得通过实地实验后，方能提出较正确的数据。

壁后回填注浆，应在初期支护结构完成一定长度后，且不影响隧道开挖的情况下及时进行，以控制地层沉陷。其压浆管应根据设计预埋于初期支护结构内。

高压喷射注浆，一般分为定向喷射和旋转喷射两种注浆形式。定向喷射时，要一面喷射，一面提升，其方向不变，使固结体形成壁状；旋喷时，喷嘴一面喷射一面旋转和提升，固结体形成柱状。

注浆时应根据注浆目的采用不同的注浆方法。

7.3.11 注浆压力能克服浆液在注浆管内的阻力，把浆液压入隧道周边地层中，如有地下水时，其注浆压力尚应高于地层中的水压，但压力太高，因扰动围岩，浆液就会溢出地表或其有效范围之外，给周边结构带来不良影响，所以应严格控制注浆压力。

由定量上判断注浆效果在技术上是很困难的，所以可采用开挖取样和贯入试验等判断注浆效果。

7.3.12 注浆浆液，特别是化学浆液，有的有一定毒性，如丙烯酰氨类等。为防止污染地下水，施工期间应定期检查地下水的水质。

7.3.13 隧道地面建筑物多，交通繁忙，地下各种管线纵横交错，一旦浆液溢出地面和有效注浆范围，就会危及建筑物或地下管线的安全，因此，注浆过程中，应经常观测，出现异常情况，应采取措施。

在地面进行垂直注浆后，为防止年久塌孔，造成地面沉陷，故要求注浆后应用砂子将注浆孔封填密实。

7.4 光面与预裂爆破

7.4.1 采用光面爆破或预裂爆破，可使隧道开挖断面尽可能地接近设计轮廓线，减轻对围岩扰动，减少超挖量，所以钻爆法开挖隧道时，采用光面或预裂爆破是比较适宜的。

光面爆破的掏槽炮眼先爆，最后为周边炮眼，由于开挖轮廓线以外的围岩直接受到多次爆破震动，故适宜开挖硬岩。预裂爆破的周边炮眼先爆，然后是掏槽炮眼和辅助炮眼，由于开挖轮廓线以外的围岩预先与开挖断面分裂开，受震动较小，故适用于软岩。分部开挖时，有些部位已先开挖，只对周边有光面爆破要求，因此需要预留光面层。

7.4.2 地下铁道工程的喷锚暗挖隧道埋置较浅，为安全计，岩石隧道预先进行爆破设计是非常重要的，其内容包括：炮眼布置图，周边眼装药结构图，爆破参数表和必要的文字说明等。由于地质条件的变化，应根据具体情况进行试爆，并在施工中随时修正有关参数，以获取良好爆破效果。

7.4.3 光面或预裂爆破参数选择正确与否，直接影响爆破效果。本条文表7.4.3所列光面与预裂爆破参数以及预留光面层的光面爆破参数，可供试爆时选用。在选用时除应考虑岩石软硬及完整、破碎程度外，尚应考虑到隧道开挖断面的大小、形状等。经过试验，以取得合理的爆破参数。

7.4.4 喷锚暗挖隧道爆破有掏槽炮眼、辅助炮眼和周边炮眼三种。其中，掏槽炮眼应先掏出开挖面上一部分岩石，增加临空面，以改善其他炮眼的爆破条件，所以要先通过试验，合理布置，正确掌握。采用斜眼时，位置要正确，否则，将影响循环节掘进。直炮眼可多机作业，增减炮眼可变更循环进尺。斜掏槽深度受断面限制，且炮眼角度较难控制，水平楔形掏槽时钻眼困难。

周边炮眼的作用是用来崩落周边岩石，保证设计开挖轮廓线。

辅助炮眼用于扩大掏槽体积，为周边炮眼爆破创造有利条件，其布置根据岩层性质特点而定，整体性好的硬岩布置宜密，软岩宜疏，一般要避开节理和裂隙。

7.4.5 钻设炮眼要严格控制质量。钻眼前，要根据线路中线和开挖轮廓线标出炮眼位置，然后再进行钻眼，尤其在全断面开挖中更为重要。

掏槽炮眼位置正确与否，关系到开挖面爆破效果，所以要求眼口、眼底位置和间距要正确。

辅助炮眼排距和行距允许偏差均为100mm，一般较好掌握，在破碎岩层中可适当调整，以避免在节理和裂缝上钻眼卡钻，影响爆破效果。

周边炮眼的眼口和眼底位置，关系到开挖质量最终效果，炮眼方向外斜率及眼底偏差，是根据凿岩机与风动支架打眼操作要求考虑的。

内圈炮眼至周边炮眼的排距以及炮眼方向，在预裂爆破时尤为重要。

7.4.6 地下铁道喷锚暗挖隧道由于处于城市施工，所以必须采取浅孔、弱爆、密布、循序渐进，充分发挥炸药的爆破作用并保持炮眼干净。同时，为使爆破后开挖断面能形成设计要求的轮廓线，并减少对围岩扰动，条文中规定的几种装药结构，就是为控制装药量并使爆破力分布均匀而制定的。由于喷锚暗挖隧道炮眼深度一般要求不超过1.5m，所以可以采用空柱装药结构，硬岩炮眼需装加强药包时，可加装一节导爆索或一节小直径药卷。

采用毫秒雷管、导爆管或导爆索起爆时，可提高爆破效果，但起爆时间差很小，当分段起爆差小于50～100ms时，往往爆破振动波峰出现叠加现象，增加围岩扰动，所以周边眼起爆雷管应与内圈雷管跳段使用。

装药后所以要求堵塞炮眼（但掏槽预留空眼不得堵塞），是为保证光面和预裂爆破取得预期效果。

7.4.7 喷锚暗挖隧道的炮眼眼痕率是检验质量的一种直观标准，由于软岩中炮眼残痕保留时间短，所以以成型好坏作为判断的依据。

两茬炮眼衔接台阶最大尺寸，是凿岩机操作的需要，炮眼应有一定向外插斜率，方可满足钻设炮眼的要求。

7.5 隧道开挖

（Ⅰ）施工方法

7.5.1 喷锚暗挖法修建的地下铁道隧道埋置浅，地面建筑物多，交通繁忙，所以选择开挖施工方法时，必须以安全为主，根据地质、隧道断面、埋置深度、施工设备、工期、经济和地面对沉降要求等条件综合考虑后确定。

附录B是根据目前常采用的开挖方法编制的。

7.5.2 全断面开挖方法，适用于Ⅰ～Ⅲ类稳定岩体而跨度在6～7m隧道，采用光面或预裂爆破一次成型。并适宜采用机械化作业，以充分发挥其效率。

7.5.3 台阶法是全地质型的隧道开挖方法，目前地下铁道喷锚暗挖隧道中采用此种方法较多。台阶法根据台阶长度不同分为长台阶法、短台阶法和超短台阶法三种。其中，长台阶法上、下台阶之间的距离一般为100～150m或5倍隧道跨度；短台阶法上、下台阶之间的距离一般为2倍隧道跨度；超短台阶法上、下台阶之间的距离一般为3～5m。

施工中采用以上三种台阶法的条件如下：

其一，对初期支护形成闭合的时间，围岩越差要求闭合的时间越短。

其二，上半台阶施工机械、设备需要场地大小的要求。

一般在土层和不稳定岩体中以第一条为主兼顾第二条，在稳定岩体中一般只考虑后一条。

台阶法施工中，开挖下部台阶时应注意以下几点：

1 下台阶开挖应在上台阶初期支护基本稳定后进行。下台阶墙体一般采用单侧落底或双侧交错落底，避免拱脚同时悬空。

2 下台阶边墙落底后及时施工初期支护结构。

3 做好监控量测工作，发现洞体位移速率增大时，应及时封闭仰拱。

7.5.4 中隔壁法适用于土层和不稳定岩体中施工。它是以台阶法为基础，将隧道断面从中间分成4部分，使上、下台阶左右各分成2部分，每一部分开挖并支护后形成独立的闭合单元。各部分开挖时，纵向间隔的距离根据具体情况，可按短台阶或超短台阶法确定。

7.5.5 单侧壁导洞法适用于土层和不稳定岩体中施工。它仍以台阶法为基础，将隧道断面分成三部分，即单侧壁导洞和上、下台阶。侧壁导洞尺寸，一般根据机械设备和施工条件确定，而侧壁导洞的高度，所以规定至起拱线的位置，主要是为施工方便而确定的。

单侧壁导洞法施工时，一般先施工侧壁导洞，然后施工上、下台阶，最后封底。上、下台阶的距离，一般可参照短台阶或超短台阶法确定。

7.5.6 双侧壁导洞法适用于土层和不稳定岩体中单侧壁导洞法不易控制围岩变形的隧道中施工。它仍以台阶法为基础，将隧道断面分成4部分，即双侧壁导洞和上、下台阶，其双侧壁导洞尺寸以满足机械设备和施工条件为主确定。施工时，左右侧壁导洞错开不小于15m距离的要求，主要以开挖过程中引起导洞周边围岩应力重新分布不影响已成导洞而确定的。上、下台阶之间的距离，根据具体情况，可按短台阶或超短台阶法确定。

7.5.7 双侧壁边桩导洞法适用于在土层和不稳定岩体中，断面宽度大、地基承载力差的隧道施工。它仍以台阶法为基础，将隧道断面分成4部分，即双侧壁导洞及上、下台阶。其双侧壁导洞尺寸以满足桩、机械设备和施工条件为主确定，桩位平面位置应与拱架相一致。施工时，应先开挖两侧的侧壁导洞，在导洞内施工完支护桩后再开挖上台阶，当隧道跨度大而地质较差时，上台阶也可采用中隔壁法或环形留核心土法开挖后并及时施工初期支护结构，在拱、墙的保护下，采用逆筑法逐层开挖下台阶至基底，并施工仰拱或底板。

7.5.8 环形留核心土法适用于土层和不稳定岩体中施工，它仍以台阶法为基础，将隧道断面分成环型拱部、上部核心土和下部台阶三部分。其环型拱部分，根据地质情况可分为一块或几块分别开挖后及时施工初期支护结构。在拱部初期支护结构保护下，开挖核心土和下部台阶。由于采用环型留核心土法施工的隧道地质较差，施工时，除严格控制循环节外，还必须注意核心土留置坡度问题，以避免开挖工作面坍塌。

7.5.9 多拱双侧壁及梁、柱导洞法适用于土层和不稳定岩层中两拱以上隧道施工。它以台阶法为基础，采用先施工双侧壁导洞和梁、柱导洞，并在梁、柱导洞内施工梁、柱结构，在下部结构形成后，再开挖上部台阶，并及时施工拱部初期支护结构，在拱、墙初期支护结构的保护下开挖下部台阶并封底。

这种施工方法，由于开挖洞体较多，避免开挖时因地层应力重分布而影响相邻洞体的稳定性，所以提出相邻洞体错开不小于15m的要求。另外，如果隧道断面跨度大，上台阶拱部一次开挖困难时，也可采用中隔壁法或环形留核心土法施工，以保证安全。

7.5.10 多拱侧壁桩、梁、柱导洞法适用于土层和不稳定岩体中施工，它以台阶法为基础，采用导洞先施工边墙桩和中间支撑柱、梁结构，在已形成并加强了拱脚基础的条件下，再开挖上部台阶并及时施工拱部初期支护结构，最后在拱、墙保护下，采用逆筑法逐层施工下台阶至基底，并做底板结构。

采用这种施工方法，如果上台阶拱部跨度大，一次开挖困难时，也可采用中隔壁法或环形留核心土法施工。另外，边桩和中间支撑柱均为永久性结构，所以在导洞桩、梁、柱施工中，必须严格控制其位置和桩柱的垂直度。

（Ⅱ）开　挖

7.5.11 喷锚暗挖隧道，主要靠围岩自身承载力进行开挖，由于地面上交通繁忙，建筑物多，一旦发生塌方事故，直接危及地面安全，为能及时抢修，所以应根据具体情况制定方案，备好抢修物资，做到安全施工。

7.5.12 隧道先挖后护，即先开挖后再支护。条文中规定的在稳定岩体中，其支护结构距开挖面5～10m的要求，主要指的是在中等稳定岩体中，当稳定性较好时，可取大值，当稳定性差或跨度大时可取小值。在稳定岩体中的Ⅰ类岩体一般不需要支护，Ⅱ类岩体需要局部进行支护。

在土层和不稳定岩体中，为保护围岩自承能力，争取时间约束围岩变形，使围岩和初期支护结构尽快形成共同受力结构，保证安全，所以开挖、拱架支立和喷射混凝土三环节需要连续作业。当地质差开挖断面大，其开挖面稳定时间满足不了初期支护结构施工时，可采取超前支护或加固措施。目前，经常采用的超前支护有导管和管棚法，在特殊情况下也可采用冻结法；超前加固一般采用注浆的方法。

7.5.13 喷锚暗挖隧道，为保护围岩自身的承载能力，每次开挖循环进尺，应根据岩层条件和开挖方法确定其长度。本条文规定的每次开挖循环进尺长度，是根据施工实践确定的，在施工过程中，应严密注意开挖面的地质情况，当地质较好时，可采用规定的较大值，否则，应采用较小值。

7.5.14 喷锚暗挖隧道，开挖断面原则上不应欠挖，以保证初期支护结构厚度和有利于拱架支立位置的正确。但在硬岩和中硬岩地层中，由于爆破原因，会出现个别部位欠挖现象，如补炮，则会造成较大超挖，所以在硬岩和中硬岩地层中爆破时，需采取措施，防止欠挖和较大的超挖。

本条文表7.5.14规定的允许超挖值，由于拱部施工比边墙、仰拱较困难些，所以允许超挖值较大些。但由于围岩种类不同拱部允许超挖值规定也不同，如硬岩允许超挖值比中、软岩小些，这是因为硬岩完整性好，轮廓易于掌握，而土质岩层易于开挖，所以允许超挖值小。

7.5.15 在喷锚暗挖法施工的两条平行隧道中，当相距1倍隧道直径时（最大的隧道直径），则后施工隧道开挖时产生的应力重分布对先施工的隧道会产生一定的影响，所以，制定本条规定。

7.5.16 地下铁道喷锚暗挖法施工，往往车站与区间或区间与区间是分段进行开挖的，在开挖过程中，为保证线路中线准确，高程无误，应加强控制测量，但相对开挖时，不可避免的会出现贯通误差，所以在接近贯通时，两侧应加强联系，统一组织指挥，待近20m左右时，停挖一端，而由另一端挖通，以确保贯通偏差在允许范围内。

由于地下铁道隧道净空要求较严，为满足建筑限界要求，本条文规定了贯通允许偏差。

7.5.17 隧道采用喷锚暗挖法施工，其开挖方法，在稳定岩体中多采用台阶法，而在土层和不稳定岩体中，除采用台阶法外，尚还有中隔壁法，单、双侧壁导洞法，环形留核心土法及双侧壁及梁柱导洞法等。这一切开挖方法，都是以台阶法为基础，在完成拱部初期支护结构下再进行下台阶开挖及墙体初期支护施工，为使墙体施工时，不至于使拱部初期支护结构悬空而造成坍塌事故的发生，并保证拱部和整个隧道的稳定，制定本条规定。

7.5.18 通风道、出入口等横洞与正洞相连或渡线、岔线等与区间隧道相连处一般会出现变断面或交叉点等情况，这些地方是结构受力的薄弱环节，在施工过程中，如果处理不当，极易造成事故，为保证工程质量和施工安全，故制定本条规定。

7.5.19 喷锚暗挖法施工的隧道，除全断面法外，其他均为留台阶分布开挖的方法，由于在同一隧道断面内分成几块进行开挖，有的分块甚至形成独立的洞体，而在同一洞体中又分台阶进行开挖。围岩开挖时引起的应力重分布对上、下台阶和相邻洞体会产生一定影响，因此，施工中，上、下台阶及相邻洞体施工留置距离以及循环节开挖长度等，必须按规定实施，以保证施工安全。

7.5.20 详细地掌握地质勘察资料对采用喷锚暗挖法施工隧道是非常重要的，但由于地质勘察是采用钻探取得的地质资料，在钻探过程中，钻孔间隔有一定距离，特别是在冲积岩层中，不可能把地质情况全部反映出来，更由于地下铁道线路沿线的地下管线和构筑物多，所以在隧道开挖过程中，应随时探明开挖工作面前面的情况，发现问题，及时采取对策，以保证施工安全。

7.6 初 期 支 护

（Ⅰ）钢筋格栅、钢筋网加工及架设

7.6.1 地下铁道工程施工，现场场地狭窄，因此，钢筋格栅拱架一般在工厂加工好之后运至现场安装。同时，由于钢筋格栅拱架加工精度要求高，且制作的数量大，为防止拼装质量不合格，要求制作出第一榀钢筋格栅拱架进行试拼合格后再进行批量生产，避免制造出废品，造成浪费。

7.6.3、7.6.4 钢筋格栅及网片加工允许偏差是为保证安装质量而制定的。

7.6.5、7.6.6 钢筋网片本身，以及钢筋网片与钢筋格栅拱架和钢筋网片与锚杆连接并与喷射混凝土共同形成受力结构，特别是钢筋格栅拱架支立位置正确与否，直接影响到隧道净空或二次衬砌结构的尺寸，所以制定这两条规定。

（Ⅱ）喷射混凝土

7.6.7 喷射混凝土质量与水泥品种和标号关系密切，而普通硅酸盐水泥与速凝剂有良好的相容性，所以优先选用它。矿渣硅酸盐水泥和火山灰质硅酸盐水泥抗渗性好，对硫酸盐类侵蚀抵抗能力较强，但初凝时间长，早期强度低，干缩性大，所以对早期强度要求较高的喷射混凝土不如普通硅酸盐水泥好。根据试验，325号以上的水泥配制的喷射混凝土可达到C_{20}以上，所以要求采用325号以上的水泥。

为减少混合料搅拌中产生粉尘和上料、拌合时水泥飞扬和损失，有利于喷射时水泥充分水化，故要求砂石宜有一定含水率，一般砂为5%～7%，石子1%～2%，但含水率不宜过大，以免凝结成团，发生堵管现象。

粗骨料粒径的大小主要与喷射机处理物料能力有关，目前采用的喷射机输料管直径多为51mm，为避免堵管，所以最大粒径规定不应超过15mm。这样也能减少石子喷射时的动能，降低回弹损失。

为使喷射混凝土速凝、避免喷射混凝土时由于自重而开裂、坠落，提高其在潮湿面施喷时的适应性，适当增加一次施喷厚度，缩短两次施喷间隔时间，故需在水泥中加入适量速凝剂。

喷射混凝土用水与普通混凝土对水质要求一样，因为地下铁道工程在城市施工，所以使用饮用

水即可。

7.6.8 喷射机是喷射混凝土的主要设备，为保证喷射混凝土质量，减少回弹和粉尘，提高工效，要求喷射机的主要性能，应满足喷射混凝土施工要求。

7.6.9 配合比在满足强度的前提下，还应考虑施工工艺要求，并尽量少用水泥。喷射混凝土配合比，通常以经验方法试配，通过实测进行修正。速凝剂掺量多少，直接影响喷射混凝土凝结时间和强度。不掺速凝剂，凝结时间会延长，影响施喷效果，回弹量增加，喷层因自重还会坠落，因此，掺速凝剂是必要的。但掺速凝剂后又会降低混凝土强度，所以要控制掺量，并通过试配确定。

由于砂率低于45%时，易堵管、回弹量高，当高于55%时，则会降低混凝土强度和增加收缩量，所以规定含砂率为45%～55%；当水灰比为0.4～0.5这一范围时，混凝土强度可满足要求，回弹和粉尘也小，因此，允许有一定波动范围。

水泥与骨料重量比为1：4～4.5，一般掺水泥400kg，喷射混凝土强度可达C_{20}以上，这样即满足喷射混凝土强度要求，又减少回弹。如果水泥用量太高时，不但不经济，而且也会增加混凝土收缩量。

为了保证工程质量，节约材料并使混凝土搅拌均匀，对原材料称量和混合料搅拌时间做出了规定。

由于喷射混凝土采用的是干混合料，如遇水后，水泥提前产生水化作用，造成凝结时间延长，混凝土强度降低。当大块石混入混合料中后易堵管，所以针对这些问题，作了相应的规定。由于砂、石中有一定水分，水泥产生水化作用，会影响混凝土速凝效果，所以混合料尽量随拌随用，不要超过规定的停放时间。

7.6.10 喷射混凝土施工准备工作好坏，直接关系到施工安全和工程质量。清理喷射作业面时，在岩石隧道中，可清除岩面的岩块，防止落石伤人，清扫岩面，使喷层与岩面结合牢固；当喷层有渗、漏、淋水时，应先防治水再喷射混凝土；检查开挖断面的尺寸，埋设喷面标志，以保证喷层厚度。

7.6.11 喷锚暗挖隧道施工，一般都是以循环节进行开挖，为防止围岩应力变化引起塌方和地面下沉，故要求挖、支、喷三环节紧跟。

喷射混凝土作业，在正常情况下，喷射手不移动脚步，可对2m宽、2m高范围内进行施喷；不移动喷射机，可在6m长范围内作业，根据这一情况，提出了分片施喷的要求。为防止喷射混凝土回弹料落下沾污施喷处下方受喷面并保证工程质量，规定了要先自下而上的施喷。为保证钢筋格栅拱架处的喷射混凝土质量，故要求先喷拱架背后，然后再喷两拱架间混凝土。

每次喷射混凝土厚度是根据实践确定的，在喷射混凝土时，如果前层未终凝就喷射后层，有可能由于自重大而使喷层产生裂缝甚至脱落，如果终凝时间超过1h，为使前后层粘结牢固，特提出对前层清洗的要求。

影响喷层混凝土回弹率因素很多，但应尽量从材料、配合比、风压及喷射手的熟练程度和正确操作入手，尽量达到规定的指标，以避免浪费。回弹料也可回收使用，在保证质量前提下，达到节约材料的目的。

7.6.12 喷射混凝土的含砂率高，水泥用量也较多，并掺速凝剂，其收缩变形比灌注混凝土大，为保证其质量，故应保持较长时间的养护。并且尽量采用喷雾养护，防止洒水过多而积水，影响质量和施工。

7.6.13 本条规定的喷射混凝土的冬季施工要求与灌注混凝土相同，这样可防止喷射混凝土因冻胀而受到损坏。

7.6.14 抗压试件是反映喷射混凝土物理力学性能优劣、检验喷射混凝土强度的主要指标，所以，通常作抗压试件或采用回弹仪测试换算其抗压强度值时，也可用钻岩心的办法取试件，由于地下铁道隧道还有抗渗要求，因此还要做抗渗试件。

检查喷射混凝土的厚度时，可在混凝土喷射8h内采用钢钎凿眼检查，发现厚度不够时，应及时补喷。在岩石层中，由于围岩与混凝土粘结紧密，颜色相近而不易辨认喷层厚度时，可用酚酞试液涂抹孔壁，呈现红色的即为混凝土。

为控制喷层厚度，本章对隧道断面开挖都作了具体规定，施工中只要严格按规定要求操作，其喷层厚度是可以保证的。

（Ⅲ）岩体锚杆

7.6.15 锚杆是为加固岩体而设置的，所以需要采用锚杆加固的岩体隧道开挖后锚杆安设越早越能发挥锚杆的作用，为保证施工安全和提高支护效能，一般在初期喷射混凝土后应及时安装锚杆。

7.6.16 锚杆安装在岩体中，以本身承受荷载来阻止岩层相互错动和变形，起到支护和加固岩体的作用。但由于隧道开挖后，岩面凹凸不平且岩体又存在节理裂隙，因此，施工时不能完全按设计要求布置孔位和钻孔孔深等，为保证锚杆支护的组合效果，本条对锚杆孔位、孔深和孔径等的偏差作了相应的规定。

7.6.17 水泥砂浆锚杆为全长粘结式锚杆，如杆体油污或锈蚀物清除不净以及砂浆不饱满，都会降低其粘结强度，影响锚固效果。

楔缝式和胀壳式锚杆均属机械式锚杆，这两种锚杆都是通过其端部的锚头锚固在岩体中，杆体另一端则由垫板同岩面接触，拧紧螺母后使垫板紧压在岩面上，以对岩体产生预加压应力，以增强岩体稳定性和阻止其变形。

锚杆如做永久衬砌结构的支护时，应有安装记录。

为保证锚杆安装质量而制定本条规定。

7.6.18 锚杆的锚固力与安装施工工艺操作有关，为保证质量，因此，锚杆安装后应进行抗拔试验。

7.7 防水层铺贴及二次衬砌

（Ⅰ）防水层铺贴

7.7.1 隧道开挖过程中，由于围岩扰动，引起周边围岩变化并有一过程，为防止由于围岩变化造成初期支护结构变形而损坏防水层，故要求结构防水层在初期支护趋于基本稳定，经检验合格后进行铺贴。

7.7.2 为保证防水层铺贴质量，防止二次衬砌混凝土施工时，由于基面不平而损坏防水层，所以对基面提出了要求和规定。

7.7.3 喷锚暗挖法施工的隧道防水层，为防止二次衬砌时损坏卷材防水层，一般先铺贴一层衬层，其材料多为4～5mm厚的聚乙烯泡沫塑料，为此，本条对其施工做出了具体规定。

7.7.4 塑料型防水卷材固定方式，目前有钢钉加胶垫与基面固定，还有与钢钉尾部采用塑料粘结的方法，但无论采用什么方法，都必须固定牢固，并不得渗漏水。为保证卷材搭接处的焊接质量，其焊缝焊接后都应进行充气试验，充气压力为0.15MPa，经3min其下降值不大于0.03MPa则为合格。

（Ⅱ）二 次 衬 砌

7.7.6 喷锚暗挖法修建的地下铁道隧道，由于二次衬砌结构是在初期支护结构已完成而且其变位已基本稳定的情况下施工的，为保证二次衬砌混凝土灌注质量，防止二次衬砌结构侵入建筑限界以及由于结构不均匀沉降而引起二次衬砌受到应力集中而产生裂缝，本条对模板施工制定了具体规定。

7.7.7 本条是根据喷锚暗挖法二次衬砌结构混凝土施工特点制定的，其中：

1 由于隧道内施工场地狭窄，所以混凝土需要采用输送泵把混凝土输送到结构内。本款规定的坍落度是根据实践确定的。

2 混凝土灌注到墙拱结合部后间歇1～1.5h，可使墙体内混凝土有一个下沉过程，保证混凝土密实，并可避免连接处产生裂缝。

3 喷锚暗挖隧道二次衬砌结构是在初期支护结构施工完并且其变位已基本稳定后施工的，不直接承受地层的压应力，只承受结构自重的应力，所以规定结构混凝土灌注后强度达到2.5MPa以上时即可拆模。

7.8 监 控 量 测

7.8.1 为保证施工安全和改进设计，根据隧道开挖过程中围岩和结构受力情况，制定了本条文表7.8.1。其中，应测项目是指在一般情况下需量测项目，选测项目是指在必要时的量测项目。而量测项目的选择还要根据围岩类别，开挖断面所处地面环境条件等确定应测或选测，必要时可适当调整。

地下铁道由于区间结构断面较小，覆跨比较大些，一般量测项目可少些，而车站结构跨度大，分部开挖次数多，围岩应力多次重新分布，为安全计，相应的量测项目就要多些，甚至有些选测项目可纳入应测项目中去。喷锚暗挖法修建地下铁道隧道时，开工前应根据具体情况安排量测方法，制定量测方案。

7.8.2 为通过量测正确反映围岩的位移量，尽早地获得靠近开挖面围岩的动态数据，特制定本条规定。其中，关于开挖后24h内并在下一循环节开挖之前取得初读数，测点设置位置距开挖面2m等规定，是考虑到施工的可能性的前提下提出来的。

7.8.3 施工监控量测的各类数据，是指导施工的重要依据，所以量测资料必须准确、真实、可靠，并以此绘制位移-时间曲线来反映隧道开挖中围岩和初期支护结构变化情况。监控量测工作应和施工紧密配合，以取得可靠数据，确保施工安全。

7.8.4、7.8.5 地下铁道隧道的地面建筑物多，交通繁忙，为保证安全，防止出现事故，施工中，通过量测和观察及时掌握隧道洞体周边收敛速度和地层沉降情况是非常必要的。当隧道达到第7.8.4条规定的要求时，即表示围岩和初期支护结构已达到基本稳定状态，当出现第7.8.5条规定的其中任何一款情况时，则认为隧道已临近危险状态，应及时采取措施进行处理。

7.9 隧道内运输

7.9.1 隧道内土石方运输必须与开挖工作面相适应，保证土石方以最快速度运出洞外。

隧道内土石方开挖、水平运输、提升三环节应配套，一般地下铁道隧道车站长度为250m左右，区间段最长为1500m左右，一次开挖工作面较小，线路较短，一般多为台阶法开挖，而上台阶又多为人工开挖，下台阶可采用机械施工，在综合考虑这些情况后，确定运输设备和有轨或无轨运输方式。

7.9.2、7.9.3 有轨线路铺设标准及运输作业要求，是根据铁路隧道施工规范制定的。

7.9.4 由于地下铁道每座车站和区间隧道线路较短，隧道内也可采用无轨运输。

无轨运输车辆行驶方便，安全度大，故规定行车速度比有轨行车速度大一些。

7.9.5 为保证隧道洞内运输不受影响，加快施工进度，保证安全，而制定本条规定。

7.10 风、水、电临时设施及通风防尘

（Ⅰ）供电和照明

7.10.1～7.10.4 该4条规定是为防止地面供电系统区域性或事故停电影响施工，保证供电和施工安全而制定的。

（Ⅱ）供风和供水

7.10.5 隧道施工使用的风动机具，其需要的压缩空气，一般由空压机站通过管道供给，而空压机站输出的总风量，是根据同时工作的各种风动机具最大耗风量、管路漏风系数、摩阻损失等经过计算确定的。

为避免风量损失过多，减少隧道外管路长度，规定空压机站宜设在竖井附近。同时，为保证空压机站设备的正常运转，减轻扰民，又制定空压机站应采取防水、降湿、保温和消音措施的规定。

7.10.6 为保证管路安装质量，本条文共制定了7款规定，其中：第1款为避免不合格产品安装到管路上；第2款使管路不漏风、不漏水；第3款为便于控制闸阀和管路维修；第4款为保证管路畅通；第5款为防止电缆漏电事故；第6款由于高压软管阻力大，为减少压力损失。

（Ⅲ）通风防尘及防有害气体

7.10.7 隧道内施工作业环境的卫生标准，是根据铁路隧道施工规范制定的。

7.10.8 隧道机械通风，一般分压入式、吸出式和混合式三种。其中，单一压入式或吸出式通风，适用于100～400m长的独头隧道，但如果多机串联加长风管，送风距离可达800m；混合式通风，一般以吸出式管路作为主通风管路，压入式作为局部通风，这样，一抽一压，通风效果较好。

当管道采用无轨运输时，宜以压入式为主，或采用吹、吸两用式风机。以上几种通风方式，可根据施工具体情况选用。

7.10.9 隧道施工时，由于湿度大、粉尘多，所以需要采取通风措施，以保证施工人员的身体健康。

施工中，除保证施工人员需要的新鲜空气外，尚需要满足施工机械（特别是内燃机械），岩石爆破时产生的有害气体允许浓度以及允许通风的最小风速等需要。根据以上计算出的最大值作为确定通风设备的依据。

7.10.10 地下铁道隧道，一般一座车站长度为250m左右，区间段最长为1500m左右，并且喷锚暗挖施工，均由横洞开挖进入正洞，独头长度较短，因此通风管采用直径70～100mm管道即可。为满足施工通风需要，合理地选择管径，经过计算更为可靠些。

1 是为保证管路安装质量而制定的；

2 是为防止形成循环风流、降低通风效果而制定的；

3 主要是考虑为尽快将工作面污浊空气自管路内吸出，让新鲜空气尽快吸入。如果吸风口距工作面远，有可能将新鲜空气一并吸出，造成浪费，效果不好。

7.10.11 为防止机械运转产生噪声对周围环境产生影响，特别是在市区，居民居住稠密，减少影响居民的正常生活，本条文规定“必要时应采取消音措施”。

同时，通风过程中，为保证正常供风，防止漏风、主回流回风和断路，提高通风效果，特制定本条规定。

7.10.12 为保证施工人员身体健康，尽量减少由于爆破和喷射混凝土作业产生的粉尘对人体的危害，根据实践，采取湿式凿岩、喷雾洒水、机械通风和个人防护等措施后，可使隧道内含尘浓度降低到规定的卫生标准值。

7.11 工程验收

7.11.1 喷锚暗挖隧道工程施工，凡隐蔽工程必须按规定进行检查验收，但为保证工程质量，在原材料和各重要工序施工过程中，尚应进行中间检查验收。

7.11.2 隧道衬砌混凝土为受力结构，包括初期支护的喷射混凝土，其强度必须满足设计要求，并且无露筋、露石等现象，除此之外，尚应满足本条文表7.11.2的要求。

8 隧道盾构掘进法施工

8.1 一般规定

8.1.1 采用钢纤维混凝土管片、钢管片、铸铁管片建造隧道结构的施工与验收，可参照本章相关内容。

8.1.2 盾构掘进机具有开挖、支护、排渣和拼装隧道衬砌管片等功能，其种类有敞口式、网格式、土压平衡式、泥水平衡式和气压式盾构等，而各种盾构都有一定适用范围，所以本条制定了盾构设备选用原则，以保证施工安全，提高工程质量和降低工程造价。

8.1.3 盾构机械设备的材质、加工、焊（铆）接、冷热处理等工艺和精度要求高，为使机体加工符合设计要求，保证使用，本条提出了整机制造完后，要在工厂内试组装，并在总装调试合格后出厂的要求。

盾构机械设备在工厂内总装调试后，仅能达到空载运转的程度，未经重载试验，为保证盾构整机性能，并达到设计各项技术指标，做出了经过实际掘进一定距离无问题后再验收的规定。

盾构机械设备吊运前，要根据运输途中具体情况，沿线道路和桥梁码头具体条件以及向井下吊装等确定整体还是解体运输，如解体运输，则在设计和加工时，事先明确具体分块部位。为避免在运输和吊装

过程中变形或碰撞损坏，尚要注意做好加固及防护措施。

8.1.4 盾构机械设备体积大，机件多，由工厂向工地运输时，有的需要解体。因此，运到工地后，需要在盾构工作竖井内重新组装，为保证其质量，特制定本条规定。

盾构机械设备部件多，特别是液压和电气系统两大部分，更应定期维修保养，以保证设备的正常使用。

8.1.5 盾构掘进法施工，由于不同的盾构适应不同的地质，所以施工前，应对地质资料进一步核对，必要时，尚应采取地质补钻和物探工作，以给盾构安全、顺利施工和采取相应的技术措施提供可靠依据。

地下铁道位于城市，隧道埋置浅，地下管线和构筑物多，同时又紧临建筑物，所以施工前，必须调查清楚，以便制定相应的技术措施，保证施工期间各种设施的安全。

8.1.6 盾构掘进施工中，经常遇到地下水、构筑物或地下管线等，要处理好这些问题，井点降水和注浆加固地基是经常采用的辅助施工措施，因为以上两种施工方法，各适用于不同的地质和地面环境等条件，所以制定本条规定。

8.1.7 盾构掘进施工中，地层受到扰动后，土层应力发生变化，为保证施工安全，控制地表隆陷，确保隧道设计位置正确，必须建立完整的监控量测系统，加强对隧道的地面、结构及盾构动态、衬砌拼装位置、地表隆陷、地面建筑、地下管线、地层位移及应力变化等进行监控，并及时反馈，发现问题以便采取措施。

8.2 盾构工作竖井

8.2.1 盾构工作竖井，一般均建于隧道正线结构上，为方便施工，降低工程造价，又多在明挖车站端头修建，这样既满足了区间隧道盾构施工需要，又可做车站结构的一部分，以得到充分利用。而盾构工作竖井结构目前多采用地下连续墙、钻孔灌注桩、钢板桩及沉井等形式，据此，本条对其施工作了规定。

8.2.2 盾构工作竖井结构，除承受背后水土压力和地面动荷载外，还承受盾构向隧道内推进时的后座推力。

另外，盾构工作竖井尚还应满足盾构组装、拆卸及盾构进出隧道始发、接受和土方、材料、测量向洞内投点等要求，所以，设计盾构工作竖井时，必须满足上述要求。根据实践，一般盾构工作竖井宽度比盾构直径大1.5～2.0m，长度比盾构结构总长大3m以上，深度比隧道底板低0.7m。

8.2.3 本条是为保证施工安全和防汛要求而制定的。一般护栏高度1.2m，防淹墙高40～60cm。

8.2.4 本条是为保证提升运输系统的安全而制定的。

8.3 盾构进出工作竖井

8.3.1 基座为盾构装拆和导向设施，它由基座结构和导轨组成，所以盾构进出工作竖井前要预先安装好。

为防止隧道洞口土体坍塌，在盾构组装和进工作竖井之前，要预先进行加固和完成封门施工。

8.3.2 基座为盾构进出工作竖井时主要受力和导向结构，通常采用钢结构或钢筋混凝土结构，其导轨一般采用38kg/m以上钢轨，安装夹角为60°～90°，导轨在盾构进出工作竖井时，承受盾构纵向推力并起导向作用，所以本条文对其结构和安装提出了要求。

8.3.3 盾构进、出工作竖井之前，为保持隧道洞口范围内土体稳定，一般都应对其进行加固处理。其方法常采用的有：冻结法、注浆法、降水法、泥浆固结法、临时隔墙法、钢板桩支护法等。在选择其方法时，可单独采用一种方法或两种方法，并应因地制宜，在保证安全的前提下，根据经济、工程进度及地表沉降控制要求等条件选用。

8.3.4 盾构后座设于盾构与后井壁之间，盾构推进时的推力，通过后座传递给后井壁。后座一般采用临时衬砌、顶块或顶撑等。用做临时衬砌的后座管片，在井底垂直运输部位装成开口式的，其开口环通常为圆环的3/4，并支撑牢固，以使后座管片闭合环部分不产生变形。

盾构出工作竖井时，为防止隧道洞口封门在盾构推进时受损，当盾构距封门一定距离后应停止推进。其距离一般采用外封门桩时为15～20cm。当采用土压平衡盾构时，洞口封门拆除前先在正面土舱内加满粘土，并稍顶伸盾构千斤顶，以使土舱内粘土受到一定压力。其封门拆除一般采用静力方法，以防扰动洞口土体。

为保证洞口土体稳定，拆除封门后，盾构即刻将切口切入土层，防止土体坍塌。

8.3.5 盾构推进中，对正面土体产生挤压，为防止盾构推力过大而顶坏封门，一般在距封门10m左右就要控制出土量以减少其推力。同时，为保证盾构正确的进入工作竖井，一般在距工作竖井20～30m时，需加强测量密度，以使盾构掘进时的偏差控制在最小范围内。另外，当盾构掘进距封门500mm左右时，为拆除封门，应停止前进，采用静力法拆除封门后，盾构立即向前推进，并拼装管片，直至进入工作竖井，以防止洞口土体坍塌。

8.3.6 盾构进、出工作竖井时，其拼装成环的钢筋混凝土管片与隧道洞口之间的空隙，除需要填实外，一般尚需采用特制的密封胶圈进行防水处理，以防止泥水流入竖井内，所以制定本条规定。

8.4 盾构掘进

8.4.2 盾构掘进速度主要受盾构设备进出土速度的限制，如果进出土速度不协调，极易出现正面土体失稳和地表隆陷等不良现象，所以制定本条规定。

盾构掘进一般应保持连续作业，以保证工程质量、减小地层扰动和沉降以及均衡组织施工。当确需停置时应采取防止盾构正面与盾尾土体流入，造成盾构和地面沉降以及盾构变位和其受到损坏。

8.4.3 盾构掘进中不良现象出现的原因，一般有以下几点：

1 对地层情况了解不详细，遇有桩、块石、砌体或其他构筑物；

2 对水文地质掌握不全，遇有流砂、暗浜、回填土、承压水等；

3 在线路曲线半径较小的区段施工；

4 地质情况不均匀，正面土体忽软忽硬；

5 盾构自重不对称，推进时千斤顶顶力大小与方向有偏移，仪表反映不正常以及进出土状况有变动等；

6 注浆部位不合理。

8.4.4 盾构在掘进施工中，由于盾壳和衬砌之间空隙较小，盾构如突然大幅度改变方向，则盾壳会将衬砌卡住甚至造成移动。同时，还会扰动土层而引起地层和隧道衬砌沉降量增大。故作本条规定。

8.4.5 敞口式盾构一般适用于在稳定性强而无水地层中掘进施工，其正面土体有手掘式和半机械化式开挖方式，在盾构切口环前檐加设刃口，使其切入土体，以保证正面土体在支撑系统支护下，自上而下分层进行开挖。

8.4.6 网格式盾构适用范围一般由含砂率与粘聚力、液性指数与粘聚力关系确定。其胸板上设有网格，当盾构掘进时，正面土体受挤压后通过网格挤入胸板内侧采用刮板运输机将土体运走。

当土体较硬，盾构掘进阻力过大时，为控制盾构掘进轴线、防止地表隆陷，可采用水枪冲刷网格外的土体，其冲刷范围不超过网格外边300mm，且冲刷采用间格法进行。

8.4.7 土压平衡式盾构适用于地表沉降量要求较小的地层，其刀盘后设有土腔，当刀盘切割下的土体进入土腔后，采用螺旋输送机将土排出土腔后运走。盾构推进时，土腔内需充满土砂，以保持工作面压力稳定，使盾构推进量和排土量平衡，这样，可减小地面沉降量。

8.4.8 泥水平衡式盾构与土压平衡式盾构相似，一般适用于地表沉降量要求较小的地层，其刀盘后设有泥水室，当刀盘切割下的土体，在泥水室由搅拌器充分搅拌后进行流体输送，其泥水分离后，泥水重新返回工作面，土体同时排出。盾构推进时，需保持泥水压力和开挖面水土压力的平衡，以减小地面沉降量。

8.4.9 挤压式盾构掘进时，正面土体呈挤压状态，被挤压的土体通过进土孔挤入盾构胸板内侧。

胸板上的开口率大小是否合适，主要取决于盾构推进时对土体挤压情况，开口率过大，进土量增加，但易于引起地面沉降。进土量过小，挤压力过大，则会引起地面隆起。为适应各种条件的需要，胸板上的进土孔一般均设计成可开闭的形式，以此调整开口率。

进土孔对称设置，有利于盾构掘进时保持方向正确。

8.4.10 盾构在含水砂土和软弱粘土地层及遇有地下障碍物时，采用气压法稳定地层后再进行开挖，由于需要维持开挖面的一定气压，所以对正面土体要封堵严密，防止漏气。一般在渗透系数大于1×10^{-2}cm/s，不适宜采用气压法。

8.5 气压盾构

8.5.1 气压盾构是利用输入工作面的气压压力来平衡土体和水压，从而达到安全施工的目的。因此，气压效果非常重要，而气压效果与工程地质关系密切，一般粘性土和粉砂地层透气性小，气压效果好，而砂性土和砂砾地层透气性强，故气压效果差。特别是地下铁道隧道埋置浅，土层互层性强，地面环境条件复杂，所以采用气压盾构施工时，必须慎重，措施可靠，以保证安全。

8.5.2 气压盾构，施工人员在超压环境下工作，因此，对施工人员体质条件要求较高，为保证施工人员健康与安全，要求在工地建医疗站，施工人员必须经专门体格检查，并在与气压最大工作压力相等的气压条件下试压合格后方可参加施工。

8.5.3 气压盾构一般需设置气压段和常压段，为保证气压段密闭，需设置闸墙，以将气压段与常压段隔开，并在闸墙上设置人行闸和材料闸，以便于材料运输和施工人员出入气压段。为满足施工需要，一般人行闸高度不低于1.8m，并能容纳每工班作业人员。材料闸直径一般为2～2.5m，长度8～12m。

气压盾构的气压值一般是经过计算确定的，为保证气压段密闭，要求按工作气压值的1.5倍进行检验。

8.5.4 气压盾构管路的控制阀、仪表等，为便于操作和管理，一般都集中布置在同一操作控制台上。

由于施工人员出入气压作业段，需要经过减、加压平衡，以适应不同的环境条件。

8.5.5 气压盾构施工人员直接在超压工作面上工作，为保证安全和身体健康，必须供给充足的新鲜空气。而压缩空气是由设在地面上的空压机站供给的，为使空气新鲜，空压机站供给的空气应经过冷却、过滤和抽水分离等处理。其供给气体的管路，并应采取防冻和保温措施。

8.6 钢筋混凝土管片拼装

8.6.1 本条是为保证管片顺利拼装和工程质量以及施工安全而制定的。

盾构设备施工前，主要检查举重臂动作是否正常，举重钳是否灵活，闭锁是否安全可靠，无问题后，再进行管片拼装，以确保施工安全。

8.6.2 管片在盾尾内拼装成环时，其中心偏离值在很大程度上受盾构现状位置的限制，因此，在拼装管片时，必须保持盾构位置的正确才能使管片成环后线路中线偏差值最小。

为保证管片拼装时安全，在拼装过程中，操作人员应退出管片拼装范围，在管片拼装基本稳定后，才允许进行穿螺栓等作业。同时对拼装影响范围内的电缆、液压管等在拼装过程中要有人专门管理，防止损坏。

8.6.3 管片拼装顺序，有先封顶或先封底两种，但目前绝大多数都采用底部为第一块，最后封顶的形式，其他为左右交叉进行，最后封顶成环。先拼装落底的第一块容易定位，同时对以后各片拼装也创造工作条件，因此，该拼装顺序采用的较多。

8.6.4 管片拼装的隧道结构是由螺栓连接成环的。在每环管片拼装过程中，由于管片是随定位随穿螺栓连接，同时，工作条件也受到一定限制，所以要求应初步拧紧。待盾构向下一环掘进后，即该环已脱出盾尾，这时已具有拧紧螺栓操作的工作面，故应再次拧紧。

为保证下一环管片拼装位置正确并便于纵向螺栓顺利地穿进连接孔，同时，为了保证隧道管片接缝位置正确，并有利于螺栓拧紧度的操作，要求在每环管片拼装之前，应对已拼装好的后三环管片螺栓进行全面检查并复紧。

8.6.5 隧道最终偏差包括：施工误差、测量误差、结构变形、隧道沉浮、水平位移等。

8.7 壁后注浆

8.7.1 盾构掘进法施工的隧道，其管片与周围土层间留有一定空隙，为防水和防止地面变形和下沉的需要，盾构脱出盾尾后，应按一定顺序，通过预留在管片上的注浆孔对管片壁后进行注浆，也可在盾尾后部当盾构掘进出现空隙的同时，通过设置在盾构机上的喷嘴或注浆管同步进行注浆。

8.7.2 为保证注浆施工顺利实施，注浆设备必须完好，注浆孔及管路畅通，因此，施工前应进行检查。

注浆压力是注浆施工主要的控制指标，并根据地质和覆土厚度确定，当隧道覆土厚度为6～10m时，压力一般控制在0.5MPa。

为保证注浆设备多次使用，完工后应将管路、设备等清洗干净。

8.7.3 注浆的浆液一般有豆石混凝土、水泥浆、砂浆和聚氨酯等，在粉性土中多采用稀软材料，而在砂土或砾石地层中多采用硬稠材料。

为保证浆液质量，施工中应严格控制浆液配合比，特别是合易性适宜的浆液，易于压送，运输中不易离析，不沉淀，不堵管，能充分填实孔隙。在凝结时间上，需缓凝早强，缓凝可防止损坏盾尾密封装置，早强可使浆液不易流失。要达到以上质量标准，一般需要通过试验方能确定。

8.7.4 管片背后注浆的目的是为了使浆液充满管片背后的空隙，以达防水和防止隧道结构及地面沉降的目的。由于在盾构掘进中，对周围土体产生一定的扰动，因此，在注浆时，不仅考虑到浆液要充满管片背后的空隙，同时还要渗透至周边的土层中，所以要求注浆量比计算的空隙要大些，根据上海地下铁道隧道盾构掘进法施工的经验，一般为130%～180%较为适宜。

壁孔注浆一般是从管片预留孔洞进行的，由于操作技术条件的原因，所以要求可分部实施，而同步注浆的方法，多为设在盾尾部的设备直接实施，机械化程度较高，所以要求同步注浆时各注浆管应同时进行。

8.8 防　水

8.8.1 隧道结构管片接缝，主要是依靠嵌填防水胶条防水，本条文对其粘贴提出了具体要求。

8.8.2 隧道结构预制管片防水胶条为预先粘贴在接缝处的，为保证隧道防水效果，在管片吊运和拼装过程中要采取措施，防止损坏防水胶条。

预制管片接缝处防水除粘贴防水胶条外，尚还进行嵌缝防水处理，为防止嵌缝后产生错裂现象，要求嵌缝应在隧道结构基本稳定后进行。

8.8.3 隧道预制管片一般为肋形结构，其端部肋腔内设有管片螺栓连接孔，为防水需要，螺栓都设有防水垫圈，同时螺栓杆与螺孔间尚还需充填防水材料封闭其渗水通路，以达到防水的目的。

8.9 监控量测

8.9.1 施工监控量测是保证安全的重要环节，所以制定本条规定。

8.9.2 为保证盾构掘进施工及隧道结构自身的安全，实现信息化施工，制定表8.9.2量测项目；盾构施工影响范围内的地表建(构)筑物变形应进行监测；监测断面及测点布置应根据工程及水文地质条件、隧道埋深、地表环境等实际情况进行确定，监测频率应根据具体工程要求并结合监测数据的实际变化情况进行确定。

8.9.3 为准确地获得土层和结构环的动态数据，需在盾构掘进前测得各监测点稳定的初始读数，以此为据，经过与掘进后的土层及结构环测得的数据比较后，方能反映出变化的情况。

监控量测取得的数据，一般在1～1.5个月后采用回归分析法进行处理。

8.10 隧道内运输、通风及临时设施

8.10.2 气压盾构材料闸是为保持工作面的超压而设置的，为不影响材料闸门的密闭，在材料闸门处需设置活动轨道，以便于运输材料时接通，运完材料后断开。为保证材料运输车辆的行车安全，在设置材料闸门时，其门框尺寸应满足车辆限界要求。

8.11 钢筋混凝土管片制作

8.11.1 钢筋混凝土管片制作精度要求高，其尺寸允许偏差均不应大于±1mm，同时由于管片养护的需要，脱模时间快、模板倒用次数多，加工数量大。为此，本条规定了钢筋混凝土管片加工成型应采用钢模板，并且其精度要求也很高。

8.11.2 钢筋骨架采用焊接方法成型后，其钢筋连接牢固、骨架强度高、不变形。在靠模上制作成型，易于保证钢筋骨架的尺寸准确，所以制定本条规定。

8.11.3 钢筋混凝土管片为防水结构，所以规定其混凝土施工时应按本规范第9.2节有关规定执行。而本条文规定是针对其施工特点，为保证管片制作质量和有利于对管片混凝土抗压强度和抗渗压力的检验而制定的。

8.11.4 钢筋混凝土管片是在工厂预制的，为满足隧道结构质量要求，本条文制定了管片制作的质量标准和允许偏差。

8.11.5 管片检漏测试，检测方法按设计抗渗压力保持时间不小于2h，渗水深度不超过管片厚度的1/5为合格。

8.12 工程验收

8.12.1、8.12.2 为保证隧道结构工程质量，从管片制作开始，就应精心施工，并对每一道工序进行检验，这样，才能最终保证隧道结构的工程质量。隧道结构不仅承受土压荷载，同时还要满足防水要求。因此，其抗压强度和抗渗压力必须符合设计要求，同时，管片接缝是防水薄弱环节，施工必须精心，保证质量，以防渗漏水。

9 隧道结构防水

9.1 一般规定

9.1.2 防水材料发展快，品种多，为保证地下铁道防水工程质量，特制定本条规定。

9.1.3 防水混凝土配合比以及防水层的粘结料等均需要施工时配制，为保证工程质量，本条作出了通过试验确定的规定。

9.1.4 防水混凝土及防水材料，对施工环境温度都有要求，而雨、雪和大风天气施工不易保证工程质量，故制定本条规定。

9.1.5 卷材和涂膜防水层施工，对基层面要求很严格，如果基层面不平或处理不干净，则防水层与基层面粘结不牢，影响防水效果。同时，防水层铺贴前，对基层面和结构的检查属隐检范筹，如果隐蔽前未检查出问题，铺贴防水层后再处理，困难很大，所以制定本条规定。

9.1.6 隧道结构的施工缝、变形缝和结构外墙的穿墙管等部位是防水薄弱环节，如果施工质量不合格，极易造成渗漏水现象，故制定本条规定。

9.1.7 卷材或涂膜防水层铺贴完工后，为防止后续施工将其损坏，一般都需要做防护处理。

1 在底板保护层上需要继续绑扎钢筋并灌注混凝土，为保证钢筋保护层厚度，所以底板保护层平整度标准要求高一些。

2 在砌筑保护墙过程中，保护墙和隧道结构之间会出现一定的空隙，为防止回填土侧压力将保护墙折断而损坏防水层，所以要求在砌筑砌块过程中，应边砌边将空隙填实。

3 砂浆或细石混凝土保护层比较薄，为不使其产生裂缝，所以要求及时养护。

9.2 防水混凝土

9.2.1 地下铁道隧道结构一般都采用商品混凝土，为便于泵送混凝土，保证混凝土的灌注质量，所以要求混凝土加外加剂。

地下铁道车站钢管柱的混凝土灌注时，钢管柱本身即作为模板，混凝土灌注后易产生收缩，使混凝土与钢管柱之间出现缝隙，为避免这种现象的产生，所以要求采用微膨胀混凝土。

地下水如果受到污染，将对隧道结构混凝土产生侵蚀现象，所以提出抗侵蚀性要求。

9.2.2 为保证防水混凝土真正起到防水的作用，选择适宜其性能的原材料是非常必要的。

1 水泥：

1）水泥标号是由混凝土强度决定的，由于隧道结构混凝土强度都在C_{30}以上，所以采用的水泥标号不宜低于425号；

2）水泥含碱量较高时，则其中的碱类和骨料活性物质发生化学反应后会使混凝土发生不均匀膨胀，造成裂缝、强度和弹性模数降低而影响混凝土质量；

3）普通硅酸盐水泥早期强度高，泌水性小，干缩较小，但其抗水性和抗硫酸盐侵蚀能力不如火山灰质硅酸盐水泥。火山灰质硅酸盐水泥抗水性好，水化热低，抗硫酸盐侵蚀能力较好，但早期强度低，干缩性大，抗冻性较差。粉煤灰硅酸盐水泥和易性好，其他与火山灰质硅酸盐水泥相近。矿渣硅酸盐水泥，水化热较低，抗硫酸盐侵蚀能力好，但泌水性大，干缩大，抗渗性较差，所以，必须加外加剂后方可配制防水混凝土。

根据以上情况，配制防水混凝土应优先选用普通硅酸盐水泥，在有硫酸盐侵蚀时，可选用火山灰质硅酸盐水泥或其他两种水泥。

2 试验证明，砂石级配对混凝土抗渗性能影响不大，所以配制防水混凝土可按现行的国家标准选用。但如果粗骨料粒径过大，混凝土和易性差而灌注混凝土时易产生离析现象，同时考虑到混凝土采用泵送和隧道结构断面尺寸及钢筋间距，所以规定石子粒径不大于4cm；

3 外加剂。为改变混凝土的性能可在混凝土搅拌时加入适量的外加剂。其种类有减水剂、引气剂、缓凝剂、早强剂、速凝剂、防冻剂、阻锈剂、防水剂和膨胀剂等，应根据其适用效果和适用范围选用。但由于地下铁道车辆运行采用直流供电，泄漏时会对隧道结构钢筋混凝土产生一定的腐蚀，尤其是掺有氯盐的混凝土，更加加剧了混凝土和钢筋的腐蚀作用，所以地下铁道隧道结构不得加含有氯离子的外加剂。

9.2.3 防水混凝土同普通混凝土相比，在配合比的选择上要求水灰比小，水泥用量较高，砂率较大，灰砂比较高，并需掺外加剂，以增强混凝土可泵性及和易性。采取以上措施后，从混凝土的配合比上保证了工程质量。

9.2.4 为使混凝土搅拌得均匀，保证混凝土质量，防止外加剂或气泡集中，特制定本条规定。

9.2.5 地下铁道隧道结构混凝土灌注量大，为适应城市施工特点，满足混凝土运输和采用泵送混凝土的需要，根据输送混凝土和输送泵使用的技术要求，制定了本条规定。

9.2.6 混凝土倾落度，是指混凝土从料斗、溜槽、串桶等卸料口倾落入模高度。混凝土灌注时，由于结构配筋不同，应以混凝土不发生离析现象为原则，如结构边、中墙或柱子较高而造成混凝土离析时，应采取措施。

9.2.7 采用机械振捣混凝土，能产生振幅小而频率较高的振动，可使混凝土中的粗骨料被水泥砂浆包裹后共同流动，并使混凝土中的气泡上浮排出，保证了混凝土强度和抗渗性，所以要求必须采用机械振捣。振捣器振捣时的移距和插入式振捣器插入混凝土下层深度要求，是根据设备振动影响半径范围和施工实践确定的。

由于振捣器振捣时，振动频率很大，特别是插入式振捣器，为防止振捣时触及模板、钢筋、预埋件、止水带等，造成移位、松动和损坏，故制定本条规定。

9.2.8 地下铁道隧道结构有的纵断面变化大，特别是附属建筑物，结构不在同一水平面上，为了使混凝土灌注符合规定，特提出混凝土应从低处向高处分层连续灌注的要求。

为保证混凝土覆盖时间，使上下层混凝土结合紧密，而要求连续灌注，其间歇时间不超过本条文表9.2.8的规定。

9.2.9 本条规定的混凝土灌注厚度，是指水平分层和按台阶分层两部分。

混凝土灌注时的每层厚度，一般根据振捣器振动时的影响范围确定。为保证上下层混凝土连接紧密和把混凝土振捣密实，特制定本条规定。

9.2.10 隧道结构施工缝留置位置，应在受剪力或弯矩较小处。本条文根据这一原则，结合地下铁道隧道结构的具体情况而制定。

关于墙体留置施工缝问题，传统的处理方法是将混凝土施工缝做成凹凸型接缝或在施工缝处加设止水钢板。但凹凸槽施工困难，止水钢板成本高且施工也较困难，实践证明这两种方法效果并不理想，而采用留平缝加设遇水膨胀胶条的方法，实践证明施工简单效果好，所以本条作了这一规定。

9.2.11 为防止前层混凝土被振裂或产生其他缺陷，保证新旧混凝土粘结牢固并尽量减少混凝土裂缝的出现，故制定本条规定。

9.2.12 为防止混凝土凝固时，由于收缩和温差效应而产生裂缝，所以在隧道结构长而体积大时，一般需设置后浇缝，其位置一般设于受力和变形较小而收缩应力最大的部位，其宽度一般为0.8～1.0m，并可采用垂直平缝或阶梯缝。为使先灌注的混凝土得到充分收缩变形后再灌注缝内的混凝土，规定先灌注混凝土龄期为42d，同时，为保证后浇混凝土具有补偿性，一般采用微膨胀混凝土为好。

9.2.13 为避免在混凝土结构内留下渗漏水通路而制定本条规定。

9.2.14 地下铁道隧道结构预埋件和预留孔洞多，特别是梁、柱、变形缝和不同断面结合等部位钢筋密集，为使混凝土振捣密实，保证混凝土质量，故制定本条规定。

9.2.15 防水混凝土在头14d内硬化速度快，如果这段时间养护不好，混凝土易于失水，抗渗性能下降，收缩率增大，致使混凝土易产生裂缝。另外，混凝土灌注后，产生大量的水化热，如果过早的拆模，使混凝土过早的暴露在大气层中，由于与周围环境温差过大，也会使混凝土产生裂缝。综合以上情况，制定本条规定。

9.2.16 蓄热法是混凝土冬季施工的主要保温措施之一，实践证明，地下铁道隧道结构混凝土冬季施工采用蓄热法是完全可行的。而蓄热法是通过热工计算来提高混凝土拌合物的温度和其水化热，并在加强保温的条件下，延长混凝土降到0℃的时间，以保证混凝土在养护期间不受冻。混凝土入模温度也是通过热工计算确定的，为保证混凝土质量而制定本条规定。

9.2.17 混凝土抗压强度和抗渗压力试件的留置组数，是根据国家有关标准并结合地下铁道隧道结构的具体情况制定的。

9.3 卷材防水层

9.3.1 防水层卷材之间的搭接、层与层之间及卷材与基层面之间，是靠粘贴剂将其粘贴在一起形成封闭整体式的结构而起到防水作用的，如果采用的粘贴剂性能与卷材材质不相适应，则粘贴强度就有可能达不到要求而影响防水质量。

地下工程防水卷材种类很多，其材质不同，粘贴料成分也不尽相同，所以要求其涂刷应符合产品技术文件的规定。

9.3.2 在卷材铺贴前，要求对基层面检查，一是只有基层面合格才能保证防水层铺贴质量，二是主体结构在防水层铺贴前属隐检项目，必须全面检查，以防留下隐患。

要求防水层铺贴完后及时施工保护层，是为了保护成品和后序施工进度的需要。

9.3.3 实践证明，只有基层面干燥、清洁、表面坚实平整，方能使卷材与基层面紧密粘贴形成整体，以起到防水作用，故制定本条规定。

9.3.4 本条是根据我国目前地下工程采用的作法及参考国外有关数据而制定的。

9.3.5 阴阳角、变形缝和穿墙管等是防水薄弱处，施工较困难，为保证防水的整体效果而制定本条规定。

9.3.6 卷材防水层的各种接缝是结构渗漏水的主要通道，其密封处理的好坏，直接影响到结构防水效果，因此，要求进行密封处理。

9.3.7 在基层面上涂刷处理剂，可使稀胶液渗入到基层面的细孔中，这样既可阻断卷材铺贴后从细孔中由于虹吸现象而渗透出的水分使卷材底结露，又可提高基层面与防水卷材之间的粘结力。

为了保证卷材铺贴搭接宽度、位置准确和长边平直，因此要求铺贴防水卷材之前测放基准线。

9.3.8 本条文说明如下：

1 本款是为保证卷材粘贴剂的粘贴效果，从施工角度而提出的要求。

2 卷材长度要求垂直隧道铺贴，是为便于施工，保证质量，防止卷材铺贴后滑动。而要求上、下两层卷材接缝错开，是为防止在同一处形成透水通路，导致防水层渗漏水。

3 由于底板防水层全部置于隧道结构下，负重大，所以根据设计要求卷材与基层面可采用点粘法、条粘法或满粘法粘贴，而其他部位必须采用满粘法粘贴。

4 卷材接缝留置在平面上（隧道的顶、底板上），易于操作和保证质量。

5 为防止粘结料随时间延长而凝固，并为保证卷材铺贴后的防水效果，故提出本款要求。

9.3.9 在明挖法施工的隧道中，用于支护基坑的地下连续墙作为主体结构一部分时，则防水层设置于地下连续墙与二次衬砌结构之间，卷材防水层保护墙即为地下连续墙，因此，卷材防水层只能采用外防内贴法施工。而在喷锚暗挖法施工的隧道中，卷材防水层设置于初期支护结构与二次衬砌之间，由于卷材防水层是沿隧道断面环向铺设并且初期支护结构为喷射混凝土，表面比较粗糙，所以采用空铺法施工。

9.4 涂膜防水层

9.4.1 涂膜防水层，在保证防水、防腐等条件下，选用污染小、无毒（或低毒）和刺激性小的防水材料，是为减少对环境和人体危害。

要求涂膜防水层施工前进行涂布试验，主要是为通过测试对其物理力学及抗渗等性能进行全面检验，以达到保证工程质量的目的。

9.4.2 本条文是为保证涂膜防水层与基层面粘贴牢固而制定的。

9.4.3 本条文说明如下：

1 涂料配合比一般设计或产品本身都作了具体规定，因此要求应按其配制。而涂料配制后，易随时间延长而固化，故提出了在规定的时间内用完的要求。

2 同本规范第9.3.7条的说明。

3 地下工程涂膜防水层厚度一般都不小于2mm，如一次涂成，由于涂膜内外收缩和干燥时间不一致而开裂，特别在边墙涂布时，一次涂得太厚，或前层未干就涂后层，则高部位涂料就会下淌并且越淌越薄，则低处就会堆积起皱，质量难以保证。

4 每层顺向而前、后垂直涂布，可使涂层涂布均匀，厚薄一致。

5 接茬粘贴紧密、牢固并形成封闭的整体。

6 边墙由上向下涂布，施工方便，易于保证质量。为避免涂料流淌，可采用“薄涂多遍”等措施。

9.4.4 为增强涂膜防水层抗拉强度，提高其耐穿刺能力，并增加其厚度，需要铺聚酯无纺布、化学无纺布和玻纤布等骨架脂体材料时，由于其材料纵、横向力学性质要求与卷材防水层相似，铺贴时应按本规范第9.3节规定执行。规定的搭接宽度，是按常规做法确定的。

9.5 特殊部位防水

9.5.1 本条文说明如下：

1 为防止隧道结构不均匀沉降而拉裂止水带，止水带本身必须具有抗拉强度和延伸率等物理力学性能。同时，为防止地下水从止水带处渗入结构内，止水带本身必须质量合格并密封。而止水带如果叠接不易保证密封，所以要求应热接。

2 为保持止水带位置准确并固定牢固，以及在灌注混凝土时与结构紧密连为一体，本规范第5.6.9条和第5.7.7条都作了具体规定，因此要求按其执行。

3 变形缝处是结构防水的薄弱环节，因此，结构外贴防水层在此处采取加强措施，施工时必须保证质量。

9.5.2 本条文说明如下：

1 穿墙管止水环和翼环都是起止水作用的，因此必须满焊。为防止穿墙管锈蚀和电腐蚀，应进行防腐和绝缘处理。

2 为使穿墙管和翼环与防水层粘贴严密并牢固，铺贴防水层前应清理干净。

4 穿墙管是防水的薄弱处，而此处的防水层施工又较复杂，为保证防水铺贴质量，特提出此要求。

9.6 工程验收

9.6.1、9.6.2 隧道不仅是受力结构，同时还具有防水功能，为保证防水施工质量，特制定了中间检验项目和验收规定。

10 路 基

10.1 一般规定

10.1.1 地下铁道线路延伸到郊区后一般方可采用路基形式，同时，路堤较低，路堑断面较小，否则，需采用高架桥或隧道代替。同时，对特殊土质、特殊条件以及特殊防护一般采用的也较少，如局部遇到以上情况时，可按国家现行的有关标准执行。

10.1.2 路基工程施工时，很可能引起区域性的防洪和排水变化，为保证施工安全和城市防洪、排水需要，要求工程开工前先做好防、排水设施。

路堤和路堑线路长，精度要求高，所以施工前应先测放出路堤、路堑、涵洞位置和高程，施工过程中经常核对、检测，以保证工程质量。

10.1.3 路基在城市施工，不能任意取、弃土，这样就增加了运距和其他施工的困难，因此，提出应对土方运输进行综合平衡，合理调配，避免重复运输，并与城市建设相结合。

10.1.4 地下铁道路基工程除在设计时应考虑少占用土地外，施工也应尽量少占用场地，为把对城市正常生活秩序和交通的干扰压缩到最低限度，故要求应集中力量，分段施工，以加快施工进度。

路基工程虽处于郊区，但施工时仍会遇到地下管线和构筑物等，施工时应根据拆迁法等进行处理。对地下管线的处理，本规范第5.2节已做出规定，所以要求按其执行。

10.1.5 路基采用土工布可起到以下作用：采用土工布包裹盲沟的砂砾石，可起到排水作用；土工布铺设在路基和地基之间，以起到隔离作用，防止翻浆冒泥；根据设计位置，铺设土工布或土工格栅，可依靠其与土界面的相互作用，限制土体侧向位移，以提高土体强度和稳定性，可起到加固路堤的作用。

土工布材料不同其功能也不尽相同，并可一种材料兼起到几种作用，应根据设计规定选用材料。其铺设施工：

1 为防止地基不平和带有尖角的硬物损坏土工布。

2 土工布沿长度方向铺设可减少接缝。

3 土工布在坚实的地基上可采用搭接形式，为施工方便并保证质量，在平面上应采用后铺幅压前铺幅的方法铺设，而在斜坡和直墙面上，应采用上幅压下幅的方法铺设。其搭接宽度一般为300mm，如遇到局部地基较软或搭接不能保证质量的部位，应适当加宽。如在铺设前，预计搭接困难或不易保证质量时，应采用接缝连接。

4 土工布长时间暴露和受阳光照射，易于引起老化变形，所以铺设后应及时摊铺填料。

填料一般为土质、砂砾石或碎石，为防止损坏土工布，故要求在300mm厚的填料范围内不得采用机械碾压。

10.2 路 堑

10.2.1

1 由于修筑路堑，很可能引起区域性流径变化，不但影响区域性防洪与排水，而且也危及路堑本身安全。因此，应根据修筑路堑而引起的变化，对防洪和排水重新进行规划与设计，使其与该区域内的排水设施相沟通，以形成完整的防洪、排水系统，确保路堑和附近建筑物、地下设施、道路和农田安全。

2 地下铁道延伸至城市郊区爬向地面时，为防止地面水流入隧道内，故要求洞口应安装好排水设施。

10.2.2　天沟是截流路堑顶部以上流水的，侧沟是排除路堑边坡和路基表面水的，为保证其流水畅通而不渗漏，制定本条规定。

10.2.3　路堑开挖时，由于地形所致，边坡线很可能不处于同一等高线上，为保证边坡线位置正确，特制定本条规定。

10.2.4　路堑开挖时，需根据开挖边坡线和机械设备额定开挖高度，自上而下分层开挖，以保持坡面土体稳定，防止坍塌，确保施工安全。

路堑边坡随挖、随修理，这样不但施工方便，而且也保证施工安全。

设有防护的路堑，一般地质都较差，所以要边挖边封闭边坡，如达不到这一要求时，必须采取稳定边坡的措施。

10.2.5　本条规定的顺层开挖及短开挖等，均是为稳定边坡、保证施工安全而采取的措施。

10.2.6　由于环境保护和景观的要求，弃土点需经有关部门批准后方可使用。如设计规定在路堑两侧存、弃土时，应按设计要求施工，并符合城市规划和环卫要求。

10.2.8　本条标准和偏差是参照地面铁路并结合地下铁道路基工程的具体特点而制定的。

10.3　路　　堤

（Ⅰ）路堤填筑

10.3.1　为使路堤与地基结合牢固并保持稳定，特对各种不同情况的地基处理提出了要求。

10.3.2　路堤填料对路堤强度和稳定性影响很大，所以需采用透水性好的土质，如采用透水性差的填料时，必须在接近最佳含水量时进行压实。凡淤泥、过湿土、垃圾土以及直径大于150mm冻土在任何情况下都不得使用。

本条对路堤填筑密实度要求，主要是为保证运营后线路畅通无阻，避免路基因沉落量过大影响运营而制定的。

10.3.3　本条说明如下：

1　路堤填筑一般有横向和纵向碾压两种方式，而地下铁道多为双线路堤，所以应采用顺路堤碾压的方式。而要求碾轮外缘距边坡外缘500mm，主要是为保证碾压机械的安全并防止沉陷而提出的。

2　分段施工的连接处是路堤压实的薄弱点，为保证其碾压的密实度而制定本规定。

3　采用振动压路机，每层填筑较厚，而振动压路机振动频率大，冲击力强，如不先静压即进行振动碾压，不但影响机械操作，而且不易保证填筑的密实度。

4　为避免路堤产生水囊而减弱其承载力，特制定本规定。

10.3.4　桥头、涵洞（管）结构，一般为钢筋混凝土、混凝土或砌筑结构，为防止因回填土产生的侧压力影响结构安全或受损坏，因此，要求结构强度或砌筑砂浆达到设计强度后，方可回填。

为避免桥台及挡土墙和护坡背后回填土受冻膨胀对其产生附加推力和受水浸泡产生湿陷而影响路基承载力及稳定性，故对填筑施工提出了要求。

为防止涵洞（管）两侧受力不均匀而产生位移和开裂，因此，对涵洞（管）两侧路堤缺口的填筑做出了相应的规定。

10.3.5　软土、沼泽地和杂土地段，为使路堤填筑时产生的荷重与地基抗剪强度相适应，故要求应按设计对地基进行处理。由于地基处理增加了技术处理工作量，为保证与其他地段同时完工，应安排提前施工。

10.3.6　路堤的边坡坡度是根据土壤自稳性由设计经过计算确定的，如果边坡出现裂缝、坍滑等现象，就不能保证路基本身的稳定，所以路堤边坡要求夯实，坡度应符合设计要求。

为保证路堤在任何季节及自然因素作用下不受损坏，可按设计要求采用以下不同的防护措施：

1　易生长植物坡面，可植耐旱草皮或灌木；不易生长植物的坡面宜采用抹面、捶面、喷浆或喷射混凝土、干砌或浆砌石以及做护坡、护墙等进行防护。

2　易受地表水冲刷的护坡，除采用砌石或挡土墙外，尚可采用抛石、做石笼、筑坝或进行河道改移等措施。

10.3.7　水是影响路堤稳定性的主要因素，雨季施工中，应注意防洪、排水和保持土壤正常含水量，并从施工组织、材料选择到施工技术等，采取综合措施，以保证工程质量。

10.3.8　冬季施工，要密切注意天气预报，防止气温骤降造成填料和填筑面冻结。

路堤冬季填筑时，由于土中的水分冻结并形成一定强度，在压实过程中，虽然也可能达到密实度要求，但解冻之后，冻结的毛细水孔形成孔隙，随着时间推移，会产生较大沉落。

为了保证冬季路基工程施工质量，本条文做出了相应的规定。

10.3.9　土工试验是保证路堤填筑质量的重要措施之一，除应测试其最佳含水量之外，由于路堤是分层填筑的，所以要求在一般情况下应以每层的长度和面积控制取试样组数。

（Ⅱ）涵　　洞

10.3.10　涵管砌筑时，无论是混凝土基础还是天然地基，都应和涵管密贴，特别是天然地基要密实，以保证涵管各管节受力均匀，避免因沉降不均匀和基础施工质量不好产生不均匀下沉或应力集中，导致管节错位、沉降和开裂。

10.3.11 石料砌筑的涵洞一般以变形缝为界，采取先墙后拱分部砌筑。

变形缝设置的目的主要是为防止涵洞结构不均匀沉降和伸缩而产生裂缝甚至导致结构损坏，因此，要求涵洞变形缝从墙基、墙身和拱圈整体通长设置并直顺，这样可在相邻段发生不均匀沉降变形时保持结构均匀受力，防止出现挤裂、折断等现象。

10.3.12 涵洞拱圈是在墙体砌筑完之后施工的，为使砌筑拱圈时左右墙体和拱架受力均匀，特制定了每节涵洞对称、水平的由拱脚向拱顶方向砌筑的规定。

10.3.14 本条是根据地面铁路并结合地下铁道路基的特点而制定的。

10.4 工程验收

10.4.1 路堑、路堤、涵洞工程施工，除隐蔽工程必须进行检查验收外，对主要工序也应进行检查，以保证工程质量。

11 钢筋混凝土高架桥

11.1 一般规定

11.1.2 高架桥由于处于城市，地面施工场地狭小，预制构件在工厂制作后运至现场安装，这不仅可以保证质量，而且可加快现场施工进度，减少与城市交通干扰。

11.1.3 为保证高架桥各部位尺寸、位置、高程等正确，特制定本条规定。

11.2 桥基开挖

11.2.2 放坡开挖的基坑，其开挖边坡，是根据各类土质的物理力学性质（内摩擦角、内聚力、湿度、容重等）和施工实践确定的。

本规范只列入5m内各类土在无水情况下的基坑边坡坡度，超过5m时，应按国家现行的有关标准执行。

11.2.3 基坑开挖后，如果边坡土体中的剪应力大于土的抗剪强度时，则边坡就会失稳。基坑上面堆土时，会使边坡土体自重加大，特别是下雨后土中的含水量增加，更易促成土体滑动，而影响边坡稳定，所以本条对基坑上边缘堆土作了规定。

11.2.4 桥基基坑采用机械开挖时，为保证基底高程和边坡坡度符合设计要求，故要求采用人工清底和刷坡。

为方便桥基结构模板支立，根据施工实践对桥基距基坑边的距离作了相应的规定。

11.2.5 为增强地基的承载力，并使桥基与地基结合牢固，本条文根据不同地质情况，提出了处理要求。

11.3 现浇钢筋混凝土结构

（Ⅰ）钢筋绑扎

11.3.3 为保证钢筋网片位置正确，防止施工荷载造成其变位和变形，所以施工时应架设支撑点。而无筋基础与墩台连接处插设钢筋，是为了使墩、台上下连接紧密，整体性更好。

11.3.4 钢筋绑扎允许偏差是根据高架桥结构的具体特点而制定的。

（Ⅱ）模板支立

11.3.5 模板是控制结构尺寸的重要工具，支立位置正确与否，直接影响高架桥各部位尺寸，所以应从测量放线到模板支立两方面进行质量控制，才能最终从整体上保证结构尺寸准确。

本条文表11.3.5制定的模板安装允许偏差，是为结构最终达到本规范第11.7.2条的标准而制定的。

12.3.6 梁结构由于灌注混凝土时，模板和支架会产生一定沉落量，同时，模板预留一定拱度，对梁的结构受力有利。鉴于以上原因，所以制定本条规定。

11.3.7 为保证钢筋混凝土结构拆除侧模板时的混凝土表面及棱角不致受损，必须使混凝土的抗剪、抗拉强度大于拆模时的粘着力。实践证明，混凝土抗压强度达到2.5MPa时，可以满足拆除侧模时需要的各项强度，所以提出这一规定。同时，为防止拆模时由于受力而使结构产生裂缝，规定以3m为界，其抗压强度分别达到50%和70%时方可拆除承重模板。

（Ⅲ）混凝土灌注

11.3.8 为节约水泥，一般混凝土中掺入25%的石块，结构强度和弹性模量与同标号未掺石块的混凝土基本相同，故本条文对无筋桥基混凝土加入石块作了具体规定。对石块的强度要求，是为适应混凝土抗压强度的需要而提出来的。由于石块与混凝土粘结强度小于同标号混凝土强度，所以规定结构受拉区混凝土不准埋入石块，而冬季施工时需采取防冻措施，故也规定不得埋入石块。

11.3.9 高架桥作为地下铁道快速有轨交通的双线结构，一般采用双排墩柱，为减小其长细比，保持其整体性，从构造与受力要求，设计增设了横向连接杆，而墩柱和横向连接杆同时施工易于保证工程质量，故做此规定。

11.3.10 为保证混凝土灌注质量，防止连续梁和悬臂梁灌注混凝土时，由于模板支架不均匀沉降而导致梁体产生裂缝，并方便箱型梁支拆模板，特制定本条规定。

11.3.11 为防止模板支架由于地基不均匀下沉，而引起梁的混凝土产生裂缝，故提出三条措施，可根据具体情况采用其中之一措施施工，以确保工程质量。

11.3.12 梁板结合部是混凝土结合的薄弱部位，特别是采用预制梁的现浇板龄期相差过大时，则相互之间收缩偏差就大，使连接处的后浇混凝土内应力增大而产生裂缝。由于混凝土不受收缩影响的时间一般为3个月，所以做此规定。

11.3.13 为保证梁结构混凝土的密实度，规定了初凝之前用表面振捣器再振一遍，然后抹面。一般桥面尚应铺贴防水层，所以要求抹面平整。

11.3.14 混凝土结构在强度增长过程中，如果过早的承受荷载，不但对混凝土强度增长不利，同时会使结构受损或出现裂缝，所以制定本条规定。

11.3.15 混凝土灌注后，为防止水化热的作用而导致混凝土产生裂缝，规定混凝土灌注终凝后应及时养护。其养护期不少于7d的规定，是根据施工实践确定的。

11.3.16 混凝土抗压强度试件留置组数，是根据国家现行的有关规范规定并结合高架桥工程特点确定的。

11.4 装配式钢筋混凝土构件

（Ⅰ）构件制作

11.4.1 高架桥预制构件一般在工厂制作。由于有的构件比较长，在制作过程中，为防止地面不均匀沉降使构件产生附加应力而出现裂缝，故制定本条规定。

11.4.2 为保证预制构件表面平整、美观，钢筋绑扎牢固，梁的支座预埋件等埋设位置正确，特制定本条规定。

11.4.3 为保证构件混凝土密实和质量，避免构件混凝土产生接茬而影响构件强度，故制定本条规定。

11.4.4 为方便现场安装，加快施工进度，防止出现错误，规定构件制作后要标注型号、尺寸和制作日期。

11.4.6 预制厂应对产品的质量负责，凡构件制造符合设计要求的，均应有说明书和构件产品上的合格印证。

本条文表11.4.6是根据高架桥的具体情况制定的。

（Ⅱ）构件运输和存放

11.4.7 钢筋混凝土预制构件，在强度增长过程中，会出现一个脆性阶段，在这期间如果移动或吊运，会产生裂缝甚至脆断，所以要求其强度达到70%以上时才允许吊运。

11.4.8 为方便构件吊运，防止沾污和损坏，特制定本条规定。

（Ⅲ）构件安装

11.4.9 高架桥预制梁、墩、柱等大型构件，一般墩、柱可采用汽车或履带吊机安装，而梁的结构除采用吊机吊装外，尚有悬索吊装法、龙门架桥机或龙门式吊车安装等方法。无论采用何种吊装方法，均需事先拟定方案，施工中精心操作，以确保安全。

11.4.10 预制梁的安装过程中，除承受本身自重外，尚还承受施工中不可预见的附加力，由于它是受弯构件，为防止构件受损，确保安全，因此，规定构件需达到设计强度100%。而对构件安装部位的承重结构，大部是承受压应力的，所以规定其混凝土应达到设计强度的70%。

预制梁逐块安装时，尚不能立即形成设计所要求达到的稳定状态，为保证安全，要求应及时固定。

11.4.11 预制墩柱安装就位后，由于和基础之间还有一定空隙，本身还不稳定，所以需采取临时支撑措施后及时用砂浆或混凝土将缝隙填实，待其强度达到70%时，再将临时支撑拆除，以保证安全。

11.4.12 为使预制梁和支座安装位置正确，保证施工安全，特制定本条规定。

11.5 预应力混凝土结构

11.5.1 混凝土掺入氯盐后，易使钢筋和预应力筋及金属孔道等受到腐蚀；混凝土内掺入引气剂后，虽可改善和易性，提高抗冻、抗渗和抗侵蚀性能，但强度下降；水泥用量越多，混凝土水化热越高，易于使混凝土产生裂缝。

11.5.2 锚夹具是预应力梁主要受力部件，为保证安全和工程质量，对使用的锚具提出了要求。

由于预应力筋的最大张拉应力要求为钢材抗拉强度的80%，而锚具组合试验的锚固力要求不低于抗拉强度的90%，这样就更安全可靠。

（Ⅰ）预应力筋加工与编束

11.5.3 预应力筋在计算下料长度时，需要考虑到构件及台座长度、锚夹具及千斤顶长度、焊接接头或镦头预留量、冷拉伸长值、弹性回缩值、张拉伸长值和外露长度等因素。

预应力筋如采用电弧切断时，在高温下易于降低抗拉强度。

11.5.5 钢绞线是由钢丝经过捻绞机捻制而成，使用前经过预拉可消除其弹性变形并降低松弛率。这样，正式张拉时，能准确达到要求的张拉力。

11.5.6 预应力筋加工后，都做了一定的预处理，为保证张拉质量，故提出需妥善保管的要求。

（Ⅱ）施加预应力

11.5.7 校验千斤顶使用的试验机和测力计的精度不得小于±2%的规定，是为了保持与我国现有设备条件并与国际有些国家的规定相一致。

千斤顶的工作状态与张拉时的实际工作状态相一致，可直接确定张拉力与压力表读数之间的关系，这样校验较准确。

11.5.8 张拉机具是测试预应力筋的主要设备，为保证正常使用并准确，提出应由专人保管、定期复验的要求。

11.5.9 为使张拉设备的拉力与预应力筋受力方向一致，使张拉筋受力正确，特制定本条规定。

11.5.10 为提高预应力结构在施工期间和使用中其受压区内预应力钢筋的抗拉性能，并为部分抵消由于应力松弛、摩擦、钢筋分批张拉以及预应力钢筋与张拉台座之间的温度差等因素产生的预应力损失，预应力筋张拉控制应力可比设计要求提高些，但不得超过本条文表11.5.10的规定。

11.5.11 伸长值校核可以综合反映张拉力是否足够，孔道摩阻力损失是否偏大，以及预应力筋是否有异常现象等。实践证明实际伸长值与理论伸长值之差控制在6%以内是适宜的。

11.5.13 对预应力筋的张拉，一般先预拉调整到初应力后再正式张拉和量取预应力筋的伸长值，由于量取伸长值未包括张拉到初应力时的伸长值，所以确定实际伸长值时，除量取的伸长值外，还需计入初应力时的伸长值，以便与理论伸长值相对应。由于初应力时的各根（束）预应力筋松紧、弯直程度不一，因此，宜采用推算方法。例如当初应力 σ_0 达到 $10\%\sigma_k$ 时，其伸长值可采用由10%张拉到20%的伸长值。

11.5.14 预应力筋张拉后，如锚固值与设计规定的检验值相差±5%时，其预应力筋仍在弹性变形范围之内，因此，制定本条规定。

11.5.15 本条是根据国家现行有关标准并结合高架桥钢筋混凝土预应力结构的具体情况制定的。其内缩量包括锚具变形和接缝压密及预应力筋内缩，其数值可通过实测取得。

11.5.16 预应力筋张拉属隐检项目，应做好记录，并纳入竣工文件。

（Ⅲ）先 张 法

11.5.17 先张法是将预应力筋用夹具临时固定在台座上，在未施工混凝土前施加预应力。为确保台座的安全而制定本条规定。

11.5.18 混凝土构件的预应力是由混凝土与预应力筋的粘结作用而获得的，如预应力筋污染，将影响与混凝土的握裹力，降低混凝土的预压应力。

11.5.19 多根预应力筋同时张拉时，在没有调到初应力之前，各根（束）预应力筋松紧、弯直程度不一，为保持其相互之间张拉之前应力一致，应先把各根（束）预应力筋调整至初应力值。

11.5.20 先张法张拉时，造成断丝的原因一般有：钢材质量不合格，钢丝束未理顺，张拉受力不均匀，钢丝被锚夹具卡断等。为保证质量，根据施工经验和质量评定标准，制定本条规定。

11.5.21 同一构件的多根钢丝同时张拉，应采用钢丝应力测定仪等仪器抽测其应力值。其检测的总预应力值，与该构件计算出的全部钢丝预应力总值相差5%以内时，则可认为预应力筋仍在弹性变形范围内，并可保持构件受力的整体性。否则，应检查原因进行处理。

11.5.22 预应力筋张拉后，由于持荷至混凝土灌注的时间差问题，易导致预应力筋松弛而使其应力受到一定影响，为弥补这一损失，所以采取超张拉程序进行张拉。同时，为调整每根预应力筋的应力使其一致和避免预应力筋超其屈服点或屈服强度张拉，本条对张拉时的初应力和超张拉值作了规定。

11.5.23 对于梁体构件，先张法一般多用于预应力板或预应力空心板梁结构，其预应力筋在张拉前，两端用夹具固定在横梁后面的定位板上，只要定位板位置正确，一般预应力筋不会发生较大的平面偏差，根据施工实践，制定了本条规定。

11.5.24 混凝土一般达到设计强度的70%时，方可获得所需抗压强度和预应力筋的粘结力，否则，放张时，混凝土构件端部可能沿预应力筋周围会出现裂纹，影响质量。

11.5.25 为防止预应力构件松张时发生裂纹及预应力筋断折等现象，因此，本条规定了预应力筋张拉后的切断顺序。

（Ⅳ）后 张 法

11.5.26 随着大跨度预应力梁施工技术的发展，后张法大吨位曲线束和多跨连续曲线束增多，孔道密集，形状复杂，采用传统的钢管抽芯、胶管抽芯和预埋钢管等已不能适应，因此，目前多采用波纹管。它具有质量轻、刚度好、弯折方便，易于连接，与预应力筋摩阻系数小，与混凝土粘着力强等优点，所以推荐这种材料。

预应力筋孔道的波纹管安装，是保持预应力筋位置正确的关键工序，它的质量好坏，对预应力筋穿束和张拉关系极大，所以施工时必须保证质量。

为保证穿束顺利进行，根据施工实践，选择波纹管内径一般比预应力筋（束）的外径大10～15mm较为合适。

11.5.27 为防止后张法预留孔道堵塞和使其位置正确，要求孔道形成后应逐根检查。施工中，若电火花烧伤波纹管，会造成灌注混凝土时水泥浆灌入管内，影响预应力筋张拉质量。

11.5.28 混凝土强度未达到规定即行张拉时，则因混凝土收缩、徐变所引起的预应力损失值将大为增加，严重时尚可使锚垫板处的混凝土产生裂缝甚至破碎。

11.5.29 后张法多根（束）预应力筋张拉时，应使张拉合力作用线处在结构核心截面以内，以防止受压结构的截面产生过大偏心受压和边缘拉力并引起张力应力损失，因此，规定应分批、分阶段对称张拉。

11.5.30 同本规范第 11.5.22 条说明。

11.5.31 长度大于 25m 的预应力筋与孔道之间摩阻力较大，如一端固定，另一端张拉时，则摩阻力集中在一端锚具和张拉设备上，实际的预应力有可能达不到要求，故要求采取两端张拉的方法。

11.5.32 同本规范第 11.5.20 条说明。

（Ⅴ）孔 道 压 浆

11.5.33 预应力孔道压浆的目的，是通过凝结后的水泥浆将预应力传布至混凝土结构，并防止预应力筋锈蚀。因此，要求预应力筋张拉后，应及时进行孔道压浆。

1 由于普通硅酸盐水泥适用性强，而矿渣硅酸盐水泥早期强度低，泌水性大，抗冻性差，因此，一般应优先采用普通硅酸盐水泥，但矿渣硅酸盐水泥除冬季外也可采用。

2 为减少水泥浆凝结时的收缩，增加其密实度，本款对水灰比作了规定。

3 水泥中掺入适量膨胀剂后可增加密实度，但掺量过大时，将降低水泥浆强度，故规定膨胀率不应大于 10%。

4 水泥浆调制稠度和流动度的要求，主要是考虑压浆的压力和便于灌注。

5 水泥浆调好后如延续时间太长，将降低其流动性，不但增加压浆的压力而且不宜密实，为防止水泥浆沉淀、泌水和过快地降低流动性，故制定本款规定。

11.5.34 本条说明如下：

1 孔道压浆前进行清理和湿润是为了保证压浆质量、增加水泥浆流动性和密实度。

2 压浆由最低处的压浆孔压入，可迫使孔道内空气聚集在水泥上面，并逐渐由最高点的泌水孔排出，以保证水泥浆的密实度。

3 压浆从两端压注，可使水泥浆充满孔道。

4 注浆机械一般有活塞式和风压式，而风压式可使空气窜入水泥浆中产生气孔，因此要求使用活塞泵或压浆泵压注水泥浆。

5 压浆泵需要的压力，以能将水泥浆压入并充满孔道的孔隙为原则。对气温的要求，是根据混凝土施工条件提出的。如气温在 35℃以上压注混凝土时，由于气温高，对压注水泥浆不利，而夜间气温较低些，所以宜在夜间施工。

11.5.35 封锚混凝土主要是防止锚具锈蚀。

11.5.36 装配式预应力构件，考虑到在吊运时不可避免的将受到一些振动，为防止压注的水泥浆产生裂缝而制定本条规定。

11.6 桥 面 系

11.6.1 高架桥变形缝是为气温升高或降低而引起桥梁长度变化而设置的。为防止其变化引起应力集中而损坏梁结构或垫层以及保证变形缝填缝质量，同时为不影响防水层铺贴，故制定本条规定。

11.6.2～11.6.7 桥面系的栏杆、消音墙、人行步道、缘石和灯杆等，都是以线路为准测放其位置和高程的。这样不但避免累积偏差的出现，而且保证不侵入限界。

各条文规定的质量标准，是根据有关规范并结合高架桥的特点而制定的。

11.6.8 排水管伸出结构 100～150mm，是为防止排出的水中含有有害物质，长期侵蚀混凝土结构而受到损坏。

11.7 工 程 验 收

11.7.1 本条列出了高架桥工程施工中间检查验收的具体规定。

11.7.2 高架桥工程，主要是钢筋混凝土结构，针对其特点，对竣工验收提出了要求，并对结构允许偏差做出了规定。

12 建 筑 装 修

12.1 一 般 规 定

12.1.2 本条是根据地下铁道工程特点和施工实践而制定的。

12.1.3 本条第 1～4 款为常规规定，而第 5 款由于地下铁道隧道内湿度比较大，为保证装修工程质量，故对施工环境湿度作了规定。

12.1.4 为保证施工质量和装修工程的尺寸正确，防止侵入建筑限界，本条做出这一规定。

12.2 吊　　顶

12.2.1 本条为避免施工相互干扰，保证施工安全，防止因设备管道等施工而损坏吊顶龙骨而制定的。

12.2.2 为保证吊顶和管道设备安全并便于维修，特提出吊挂系统需要独立设置的要求。

12.2.3 为防止吊顶的吊挂件与管道设备的吊挂件发生矛盾，并保证其位置正确而制定本条规定。

12.2.4 吊顶的吊挂点在结构顶板上的固定方法基本上有两种，一种是在结构顶板内预埋钢板或套管，然后与吊杆焊接或用螺杆连接；另一种是打胀管螺栓，然后与吊挂件连接。为保证安全，要求吊顶施工时吊挂件必须固定牢固，特别是站厅（台），吊顶面积大，吊杆负荷比较重，必要时尚需作荷载试验。

12.2.5 本条是根据施工实践制定的。

12.2.6 为防止吊顶下垂变形而影响吊顶宏观效果，故制定本条规定。

12.2.7 为使吊顶铁件延长使用寿命，防止铁件因氧化而锈蚀，特制定本条规定。

12.2.8 吊顶的大龙骨是主要受力构件，为防止吊顶变形，保证工程质量而制定本条规定。

12.2.9 在车站站厅（台）吊顶上，除安装一般筒灯照明外，有的尚安设组合灯具、通风口箅子、广播喇叭箅子等，为防止吊顶变形和以上设施坠落而制定本条规定。

12.2.11 由于近年来建筑装修材料的发展，结合地下铁道车站站厅（台）适用的吊顶材料和形式，所以本条对水泥加压板、金属板（条）、钢丝网片等吊顶材料的施工做出了规定。

12.2.12 本条是为吊顶花饰安装后达到应有的艺术效果而制定的。

12.2.13 为防止吊顶变形和损坏，避免已装修好的吊顶面层涂料变色、起皮现象发生，故制定本条规定。

12.3 站厅（台）地面

12.3.1 为保证车站大厅地面的施工质量而制定本条规定。在特殊情况下如先做地面时，则应采取保护措施，避免造成地面面层返工。

12.3.2 车站站台面高度是根据运行车辆的车厢门下槛的高度而确定的，而站台帽石边缘距轨道中线的距离，是根据建筑限界而确定的。为保证行车安全，特制定本条规定。

12.3.3 车站站台的边缘都设有与轨道平行的安全线标志，以提醒乘客注意列车进出站时的安全。所以本条对其位置、颜色等作了规定。

12.3.4 为防止结构不均匀沉降，一般结构分段设变形缝，而站台地面也在与结构同部位处设变形缝，以保持与结构沉降变形的一致性。另外为检修站台下的管道、电缆等需要，在站台地面上设有检查人孔。变形缝及检查人孔板周边均设置角钢边框，为保证乘客行走安全和面层质量，因此本条作了规定。

12.3.5 地下铁道客流量大，车站站厅及站台厅地面多采用耐久、易清洗的板块材料铺砌而成，目前除常用的预制水磨石板、缸砖外，还大量采用陶瓷地砖，天然石等板块材料。当采用上述地面面层材料施工时，为保证工程质量，故制定本条规定。

12.4 站厅（台）钢管柱及钢筋混凝土柱饰面

12.4.1 地下铁道车站建成初期比较潮湿，钢管柱表面易于锈蚀，为延长钢管柱使用寿命，要求在柱面装修时，应先认真除锈，并及时进行下道工序施工。

12.4.2 本条是为保证饰面板施工质量而制定的。

12.4.3 本条说明如下：

1 由于钢筋混凝土柱面常因沾有模板脱模剂而很难清洗干净，为使抹灰层与柱面结合牢固，避免空鼓，要求在抹灰前应采取柱面凿毛及刷界面剂等措施予以处理。

2 明确施工程序和方法，以便保证工程质量。

12.5 站台电缆墙

12.5.1 地下铁道内的各种电缆均沿隧道结构墙壁悬挂敷设，当电缆通过车站时，由于建筑装修需要，采用电缆墙加以隐蔽，其电缆墙有的采用混凝土管块、金属活动板墙及水泥加压板墙等形式，由于电缆墙与行车安全和站台厅装修有关，所以制定本条规定。

12.5.2 本条是根据国家现行标准《通信管道工程施工及验收技术规范》YDJ 39 并结合已建成地下铁道车站混凝土管块电缆墙施工实践而制定的。

12.5.3 金属活动板及水泥加压板电缆墙墙面是靠型钢骨架与主体结构连接在一起的，为保证墙面稳固，表面平整、直顺和美观而制定本条规定。

12.5.4 金属活动板电缆墙的活动板块（扇）与型钢骨架的连接，当采用合页连接时，扇的开启方向应符合设计要求，并且关闭后的固定装置必须可靠，以保证行车安全。

12.5.5 为保证水泥加压板电缆墙的板面与型钢骨架固定牢固，防止板面松动和表面变形，特制定本条规定。

12.6 不锈钢栏杆及楼梯扶手

12.6.1、12.6.2 为保证不锈钢栏杆及楼梯扶手安装后达到设计要求和使用安全而制定的。

12.6.3、12.6.4 这是对不锈钢栏杆、楼梯扶手的加工质量提出的要求。

12.7 工程验收

12.7.1 本条文第1款为施工保证项目，第2～3款为保证工程质量而必须检验的项目。

12.7.2 本条文表12.7.2中的各项为实测实量项目，所确定的允许偏差值是根据施工实践制定的。

12.7.3 本条文第1款为施工保证项目，第2～4款为保证工程质量而必须检验的项目。

12.7.4 本条文表12.7.4中的各项为实测实量项目，所确定的允许偏差值，其中第1～3项是参照国家现行标准《建筑地面工程施工及验收规范》GB 50209制定的，第4～7项是根据施工实践制定的。

12.7.5 本条文第1款为施工保证项目，第2～3款为保证工程质量而必须检验的项目。

12.7.6 本条文表12.7.6中的各项为实测实量项目。所确定的允许偏差值是参照北京市《高级建筑装饰工程质量检验评定标准》并根据实践制定的。

12.7.7 本条文第1款为施工保证项目，第2～3款为保证工程质量而必须检验的项目。

12.7.8 本条文表12.7.8中的各项为实测实量项目，所确定的允许偏差值，其中第1～5项是根据实践制定的，第6项系参照国家现行标准《通信管道工程施工及验收技术规范》YDJ 39制定的。

12.7.9 本条文第1款为保证项目，第2款为保证工程质量而必须检验的项目。

12.7.10 本条文表12.7.10中的各项为实测实量项目，所确定的允许偏差值系参照北京市《高级建筑装修工程质量检验评定标准》制定的。

13 整体道床轨道

13.1 一般规定

13.1.1 我国地面铁路标准轨距为1435mm，为使地下铁道轨道与地面铁路统一标准，便于维修和管理，地下铁道也采用了与地面铁路相同轨距。

目前，我国在地下铁道隧道内线路全部采用支撑式的整体道床，实践证明效果良好，并取得了施工经验。

在北京地下铁道一期工程中，曾铺设过连续梁式整体道岔，因先采用模具将扣件螺栓等固定，施工完道床后再换铺道岔，不但工序繁杂，而且把偏差都累计到轨面，线路精度不易保证，所以，本规范是以支撑式整体道床的形式制定的。地下铁道的地面线路碎石道床与地面铁路相同，因此，施工可按设计或地面铁路施工规范执行。

13.1.3 地下铁道整体道床铺轨方法有两种。一种是换铺法，其施工是先铺设工具轨，待轨枕或短轨枕与道床混凝土形成整体后，再拆除工具轨换铺永久轨。另一种为直接铺轨法，其施工是在隧道内直接将永久轨接头焊好，将轨枕或短轨枕连接好后灌注混凝土道床，一次完成铺轨和道床施工。

换铺法是采用工具轨做模具的，因此，工具轨采用与永久轨相同的型号。同时，为施工方便，便于控制焊接质量，本条文提出永久轨在隧道外焊好后再运至隧道内铺设。

13.1.4 目前，我国地下铁道铺轨采用的焊轨方法，直接铺轨法一般在隧道内采用移动式气压焊或铝热焊；换轨铺设法的永久轨，一般在隧道外铺轨基地采用固定式接触焊或气压焊。这几种焊轨方法，在操作工艺和质量要求方面都有相应的标准和规程，因此，本条文提出钢轨焊接接头应按其操作工艺规程施焊的规定。

13.1.5 地下铁道混凝土整体道床轨道工程，设计除采用标准定型图外，对轨道长度、轨缝位置、曲线超高及加宽、缓冲区、绝缘节、钢轨锁定等，在铺轨综合设计图内都作了具体规定。

13.1.6 地下铁道隧道内混凝土整体道床，设计规范规定采用C_{30}混凝土，轨枕、轨枕块、短岔枕等采用C_{50}混凝土。同时，预制构件精度要求高，加工数量比较大，为保证质量，本条文提出在工厂制作的要求。

另外，地下铁道车辆一般采用接触网和接触轨两种受电方式，如采用接触轨受电方式时，其接触轨支持底座为混凝土预制构件，应和其他构件同时预制并同时预埋在混凝土整体道床内。

13.1.8 为保持轨道稳定，减小钢轨温度应力，满足轨道强度要求，铺设轨道时，根据当地隧道内的最高和最低轨温代数平均值，确定设计锁定轨温。本条文要求轨道铺完后应按设计规定的锁定轨温对轨道重新调整，达到标准后再正式锁定。

13.1.9 线路竣工贯通测量，是对轨道的高程、水平、轨距以及建筑和设备限界的全面检查，以保证行车安全和工程质量。

13.2 器材整备、堆放和运输

13.2.1 地下铁道车辆段处于地面，便于与地面交通联系，同时，也是唯一的隧道出入口，为运输方便，本条文提出铺轨基地宜设于车辆段。

钢轨及配件等，需要的堆放场地比较大。同时，铺设前还需整备或组装，为保证材料质量和施工顺利进行，故要求场地平整、夯实并排水良好。

13.2.2 地下铁道隧道内都采用25m长钢轨，由于制造偏差所致，即使同一标定长度的钢轨，实际长度也不尽相同。地下铁道轨道为相对式接头，为防止铺轨形成的累积偏差超过相对接头偏差的规定，故要求钢轨标定公差在3mm以内的应同垛堆放，并标志清楚，以保证铺轨质量。

为保证钢轨堆放时不受损或变形并防止锈蚀，本条文提出钢轨分层并垫垫木与地面隔离的要求。

13.2.5 本条说明如下：

1 地下铁道隧道内整体道床轨道组装方法有两种：一种是将钢轨运至隧道内的铺设位置支架固定后架挂预制轨枕或短轨（岔）枕；另一种是在铺轨基地预先组装成整轨节后运至隧道内铺设。两种方法都可行。本规范第13.4节对预制轨枕或短轨（岔）枕安装都作了具体要求。

2 组装后的整轨节较长，刚度差，运输吊装较困难，而轨道铺设精度要求高，本款是为了方便施工，防止轨节铺错而制定的。

13.2.6 为施工方便，防止配件丢失，本条文提出钢轨应配对或整轨节、道岔应成组装车的要求。

由于地下铁道隧道内无法调整钢轨的方向，所以钢轨或轨节应在基地事先检查好，避免运进隧道内铺设过程中发现问题不好处理。

13.3 基标设置

13.3.1 地下铁道隧道结构的中线方向、里程、高程等均是地面引入的，由于隧道是以车站和区间分段施工，所以测量控制桩也是分段分批测放的。为保证隧道内的铺轨精度，要求铺轨前应全面的检测，通过贯通测量后，对中线点和水准点进行统一的调整和平差后，再设置基标，以保证基标的精度。

13.3.2 本条说明如下：

1 控制基标是根据线路中线设置的，用它控制铺轨里程、轨道中线和高程等，属永久性标桩；

2 加密基标是根据控制基标设置的，铺轨时用它控制轨道的轨距、高程和水平等，也属永久性标桩。

13.3.3 整体道床轨道铺设后，钢轨扣件调整量小，为保证线路的质量和精度，对基标设置允许偏差做出了规定。

13.3.4 基标桩不但是轨道铺设时控制精度的重要依据，也是地下铁道运营期间轨道线路维修、检测的重要标志，所以制定本条规定。

13.4 轨道架设与轨枕或短轨（岔）枕安装

13.4.1 钢轨架设后，即进行轨道位置的调整，如果在调轨过程中，再发现钢轨不直顺，则处理很困难。为防止混凝土渣沾污扣件，本条文提出涂油的规定。

13.4.2 目前我国地下铁道隧道内混凝土整体道床铺轨，都是采用支撑架将钢轨临时架立起来的施工方法，而且效果很好，并取得一定的经验。

支撑架摆放的间距是根据施工实践确定的。由于支撑架是支撑在隧道墙壁上而固定的，为使支撑牢固，受力合理，并保证支撑好的钢轨位置正确，故对支撑架的支立方向做出了规定。

13.4.3 钢轨和道岔的位置用支撑架固定并大致调整后，基本上形成了整体道床轨道的位置，为保证轨枕、短轨（岔）枕悬挂位置准确，本条文提出悬挂前要测放其位置的要求。

13.4.4 为使钢轨保持正确的方向、位置及轨距，保证轨枕或短轨（岔）枕本身受力正确，并将列车运行时产生的力传至整体道床，故制定本条规定。

13.4.5 轨枕或短轨（岔）枕布设在轨下后，为使钢轨受力均匀，对轨枕或短轨（岔）枕安装偏差作了规定。

如果轨枕或短轨（岔）枕布置在结构变形缝或钢轨普通（绝缘）接缝上时，由于结构的不均匀沉降和列车通过轨缝处产生的冲击力易于产生应力集中而使轨枕或短轨（岔）枕受到损坏，所以规定其不应摆放在结构变形缝或钢轨普通（绝缘）接缝处，并离开距离不应小于70mm。

13.4.6 钢轨扣件所以要求先安装一侧再安装另一侧，主要是为了施工方便，如有条件时，也可以两侧同时安装。

13.5 轨道位置调整

13.5.1 调整钢轨和道岔位置要以基标为依据，并使用道尺进行具体的调整和检查，因此，本条文对道尺的精度作了规定。

13.5.2 钢轨采用相对式接头的形式，可减少列车轮对冲击次数，列车运行平稳，使乘客感觉舒适。

相对式接头的轨道两轨缝容许相错量，地面铁路规定，直线不大于40mm，曲线不大于40mm加采用缩短轨缩短量的一半。而地下铁道隧道内铺设的整体道床轨道，考虑到换轨困难，为延长轨道寿命，使乘客感觉舒适，制定的轨道接头相错量的精度比地面铁路的标准高一些。

由于我国地下铁道采用的电动客车轴距为2.5m，为减少列车的冲击次数，要求相错量不应小于3m。

13.5.3 轨道钢轨接头里程，对于普通接头一般只要满足对接相错量的规定就可以了。但对于与道岔相连接的普通接头，为保持道岔里程位置的正确，其里程位置应满足本规范第13.5.5条的规定。而对于装有自动闭塞的区段，需要根据信号设备要求确定绝缘接头的里程。

13.5.4 本条是根据地面铁路技规并结合地下铁道隧道内整体道床轨道施工的具体情况而制定的。

1 为行车安全，防止建筑和设备限界超限；

2 直线上轨道的钢轨不直顺，曲线上的轨道钢轨不圆顺，极易引起列车运行时的蛇形运动而不平稳；

3 为防止列车运行时摇摆和避免两股钢轨由于高差过大而严重磨损以及出现超过规定的三角坑时可能引起列车脱轨事故的发生；

4 轨道前后高低不平处，列车通过时，增加了其冲击动力，加速钢轨变形并使乘客感觉不舒适；

5 为防止列车运行时车轮被轨道夹紧而产生行车阻力并加大对钢轨的磨损以及避免列车运行时产生强烈的摆动，制定适当的轨距偏差是非常重要的。地面铁路的碎石道床规定的铺轨偏差为$^{+6}_{-2}$mm，由于地下铁道整体道床轨道钢轨扣件调整量小，整体道床施工完后无法起道，同时，钢轨就是调整好后，施工中很可能还会产生一定变化，所以规定的精度高一些。

6 车辆的车轮踏面制作坡度为1∶20，但经过一定时间的磨损后都接近于1∶40，为使铺设的钢轨适应这一坡度，钢轨也铺设成向内倾斜1/40的轨底坡。

7 为保证轨缝宽度在轨温升高时不顶严，降低温度时夹板螺栓不受横向拉应力，轨缝宽度应经过计算确定。而现场铺轨时，预留轨缝一般可比计算略大

1mm，所以对允许偏差值做出了只能出现正值而不能出现负值的规定。

8 为保证行车平稳，减少列车行驶时的冲击振动，延长钢轨和列车的使用寿命。

13.5.5 道岔是引导列车从一股轨道转入或越过另一股轨道的线路设施，它直接影响到列车运行效率和安全，因此，铺设精度要求比较高。

1 道岔区的隧道结构是根据道岔平面位置特殊设计的。本款为保证行车安全和隧道建筑限界符合规定而制定。

2 道岔的导曲线位置和圆顺度是采用支距法确定的，并采用支距尺检测，为保证列车行车安全、平稳地通过道岔，故对支距偏差做出了规定。

地下铁道线间距不足 5.2m，因此道岔后设有附带曲线，为保证附带曲线设置精度，对其检查方法和标准也做出了规定。

3 道岔一般都设于直线上，为保证车辆平稳行驶，使轨道的两股钢轨平均承重，因此轨道都应平顺。

4 道岔的两股尖轨是利用转辙杆连接在一起的，转辙器动作时，两尖轨应连动，使一侧尖轨密贴基本轨，另一侧尖轨离开基本轨，并保持一定距离，使车辆顺利进入直向或侧向轨道。如果两尖轨脱离，扳动时一根尖轨移动，另一根尖轨不动或移动距离达不到要求，就会使车辆脱轨，不能保证行车安全。

尖轨的动程为尖轨尖端非作用边与基本轨作用边拉开的距离，并保证尖轨拉开后，车辆对尖轨非作用边不发生侧压作用，这与车辆轮对的尺寸、构造有关。曲尖轨和第一连接杆动程不应小于 152mm，这是地面铁路统一规定的，地下铁道是采用地面铁路的制式道岔，所以制定这一规定。

导轨是起导向作用的，其尖轨如果和基本轨不密贴，或使其轨距过宽或过窄，会由于列车通过时车轮的撞击而易损坏，特别是尖轨的尖端至 20mm 宽的一段是不受力部分，如果受力不当，更易损伤。

5 为使列车通过道岔时不撞击辙岔的翼轨和岔心，必须使车辆轮对的宽度大于辙岔护轨头部外侧到辙岔心作用边的距离。由于地下铁道车辆最大轮对宽为 1391mm，所以只能有正偏差值，而不能有负偏差值。

为保证列车通过道岔时不被楔住，则翼轨作用边至护轨头部外侧作用边的距离，必须小于列车车轮的最小轮背的内距。由于列车轮背间最小内距为 1348mm，所以只能有负偏差，而不能有正偏差值。

6 轨道前后高低不平时，车辆通过产生的冲击动力，使乘客感觉不舒适，同时也加速轨道变形，为此制定本规定。

13.5.6 混凝土整体道床轨道的钢轨和道岔是靠支撑架固定的，由于灌注和振捣混凝土时，会产生一定冲击力和振动力，为防止已调好的钢轨移动，影响其精度，支撑架必须支撑牢固。

整体道床是沿隧道方向逐段施工的，已架设好的钢轨或道岔施工段，如不及时施工，不但影响后序施工段施工，同时，在其他工序施工时，还会造成支撑架移动，影响其精度，因此提出及时灌注混凝土的要求。

13.6 整体道床

13.6.1 整体道床的变形缝和水沟需要支立模板灌注混凝土，水沟必须保证沟底平顺，排水畅通；而整体道床变形缝应与隧道结构变形缝在同一垂直面上，以防止隧道结构不均匀沉降而引起整体道床产生裂缝甚至开裂。

13.6.2 灌注混凝土施工时，为防止由于碰撞钢轨或支撑架而引起已支立好的钢轨位置产生移动，因此，要求施工脚手架应独立设置。

13.6.3 为保证整体道床混凝土振捣密实和不超过覆盖时间，故要求分层、水平、分台阶灌注。

钢轨是靠支撑架支撑的，而振捣器振动频率大，如触及钢轨和支撑架易使钢轨位移。

13.6.4 混凝土初凝阶段，虽已开始进行一定的水化作用，但还未形成一定强度，这时有利混凝土抹面。其抹面平整度和高程允许偏差是为保证整体道床面层和水沟不积水而制定的。

在混凝土抹面的同时，所以要求将洒落在钢轨、配件和支撑架以及预制混凝土块上的灰浆清理干净，主要考虑到这期间灰浆还未凝固，正处于脆性阶段而易于处理。

13.6.5 为保证混凝土整体道床质量，避免混凝土灌注后受到损坏，对支撑架拆除和载重提出了具体要求。

13.6.6 混凝土构件的留置组数，是根据整体道床施工的具体情况，结合现行的钢筋混凝土工程施工有关标准而确定的。

13.7 混凝土预制构件制作

13.7.1 整体道床内的轨枕或短轨（岔）枕等属三维受力构件，故必须有足够抗弯、抗压和抗剪强度。

13.7.2 混凝土轨枕及短轨（岔）枕，埋置于整体道床之后，用螺杆旋入套管通过扣件将钢轨压紧，它不仅承受钢轨传递的各向压力，并弹性的传递于整体道床上，同时还有效地保持轨道的方向、轨距和位置。因此，对承轨槽和螺栓套管以及外型尺寸在制作上作了具体规定。

13.7.3 接触轨混凝土预制底座，埋置于整体道床之后，需与接触轨支持绝缘子连为一体，以将接触轨固定，所以对其制作标准提出了具体规定。

13.7.4 整体道床混凝土预制构件，其试件的留置组数，是根据预制构件体积小，强度要求高、制作数量多的特点，结合现行的钢筋混凝土工程施工有关标准而确定的。

13.8 工程验收

13.8.1 为保证混凝土整体道床轨道的总体质量，工程验收应从材料检验开始，并在开工前对各主要工序进行全面的中间检验，合格后再进行下道工序施工。本条规定的检查项目，是根据整体道床轨道施工时的主要工序制定的。

13.8.2 整体道床是受力的轨下基础，所以要求混凝土强度必须达到设计要求。而混凝土无蜂窝、麻面和漏振，这是对混凝土结构最基本的要求，本条文提出的精度标准，考虑到在施工过程中各种因素的影响，预留了一定的变化量，以保证竣工后符合标准规定。

13.8.3 轨道夹板和扣件是连接和扣紧钢轨的部件，因此，竣工前应进行一次全面的检查，并应进一步拧紧。

另外，隧道内潮湿，为保护好钢轨和部件，故要求应涂油。

13.8.4、13.8.5 这两条轨道的钢轨和道岔竣工精度标准的确定，是考虑到支撑架和钢轨在施工过程中，由于受到各种因素的影响，使支撑架和钢轨产生一定的位移和变形，因此，预留一定变化量，比施工中的精度标准规定的偏差值低了些，这样，以保证轨道竣工后达到标准要求。

13.8.6 整体道床轨道竣工验收合格后，为检验线路的质量，应进行通车试验。

对钢轨的冲击力，行车速度越高冲击力越大，为试通车的行车安全，本条规定了三级通车运行速度，并在每一运行速度过程中，全面检查轨道状况，并进行必要的维修，以达到按设计速度正常运行的目的。

14 自动扶梯

14.1 一般规定

14.1.1 为方便乘客出入地下铁道车站，一般在车站出入口、站台与站厅等处设置自动扶梯，特别是车站出入口隧道埋置较深，而现场又不具备整机安装条件，所以本规范是按自动扶梯的金属结构架、梯路系统、驱动主机、扶手装置等装配式进行安装而制定的。现场如具备条件时，应尽量采用整机安装，但安装和调试仍应按本章相应的规定执行。

14.1.2 本条文提出了自动扶梯施工应具备的基本条件。

14.1.3 扶梯安装过程中，常受现场条件限制，不得不利用结构作承力点进行吊装，为保证结构、设备及人身安全，特制定本条规定。

14.1.4 因安装现场条件与制造厂有较大差距，现场拆装难以保证原有精度及性能，故制定本条规定。

14.1.5 高程及中心线是确定扶梯安装位置及与相关建筑物之间距离的依据。为保障乘客的安全，本条文在考虑现场条件和施工累积偏差的基础上，制定了允许偏差值。

14.2 金属结构架

14.2.1 金属结构架是自动扶梯的主要受力结构，同时又是控制扶梯精度和确定扶梯安装位置的主要部件，为保证扶梯安装质量，根据金属结构架分段安装的特点制定本条规定。

14.2.2 强调施工中对防腐损坏部位的处理，主要是为防止该部位的锈蚀，影响设备使用寿命。

14.3 梯路系统

14.3.1 梯路的驱动端与张紧端固定的位置正确与否，是控制梯级横向中心线能否重合于扶梯纵向中心线的主要环节，因此，本条文参照设备技术文件的有关要求，并结合实践经验，对其安装允许偏差值作了规定。保证梯路系统总体安装质量。

14.3.2 驱动轴与张紧轴的安装质量是关系到梯级是否平稳或偏移的主要因素，因此，本条文对其各部位施工允许偏差值作了规定。

14.3.3 梯路导轨是确定梯级良好运行的关键部件，其安装质量将直接影响梯级的运行状态和乘客的舒适，因此，依据设备技术文件的有关要求和实际施工经验制定本条规定。

14.3.4 梯级安装直接关系到乘客的舒适和安全，因此，根据其特点并参照现行国家标准《自动扶梯和人行步道的制造与安装安全规范》GB 16899 对其安装精度和标准做出了规定。

14.3.5 前沿板和梳齿板不仅是扶梯出入口部位的装饰性部件，也是梯级安全运行的保护性设施。因此，本条文对前沿板和梳齿板的施工偏差分别作了规定。

14.4 驱动主机

14.4.1 根据扶梯驱动主机制造精度要求，结合扶梯实际安装、运行考查情况等制定本条规定。

14.4.2 制动器是确保乘客安全的关键部件，其动作必须准确可靠，否则，运行和制动时将造成梯路上的乘客前俯后仰，甚至摔伤。本条文是根据设备技术要求并进行调研后制定的。

14.5 扶手装置

14.5.3 扶手带支架表面一般经过氧化处理，平滑而光泽。为保证安装质量，特作本条规定。

14.5.4 扶手带导轨易变形，与胶质扶手带相摩擦的曲线部分变形更甚。为减少损伤，保证扶手带均匀滑动制定本条规定。

14.5.5 为保证乘客安全，制定本条规定。

14.5.6、14.5.7 围裙板、内外盖板、外装饰板和护壁板等装饰性强，为保证扶梯的外观质量，对其材质及接头、接缝的镶配，做出了具体规定。

14.6 电气装置

14.6.1～14.6.7 参照现行国家标准《电气装置安装工程 1kV及以下配线工程施工及验收规范》GB 50258制定的技术要求。

14.7 安全保护装置

14.7.1、14.7.2 各种安全保护装置是确保自动扶梯安全运行的主要设施，为保证乘客的安全，故制定此两条规定。

14.7.3 本条系参照现行国家标准《自动扶梯和自动人行道的制造与安装安全规范》GB 16899制定的。

14.8 调整试验

14.8.1 为使扶梯试运转顺利进行并保证安全，故对检查内容作了具体规定。

14.8.2～14.8.4 为确保扶梯运行平稳和乘客的舒适安全，对扶梯试运转提出的综合考核指标。

14.9 工程验收

14.9.1 本条规定了工程验收时检查的内容和要求。

15 通 信

15.1 一般规定

15.1.5 为光缆配盘、敷设、增设保护段及核算光缆总长度提供数据。

15.1.7 防止灌注混凝土时，盒、箱与管路脱离而被堵塞，特制定本条。

15.2 光、电缆线路

15.2.3 为保证通话质量、传输距离和复用更多的话路，必须测试电缆的各项性能，以便于配盘，抵消电磁耦合产生的影响。

15.2.4 近端串音衰减主要取决于增音段两端电磁耦合的大小，其耦合值距终端愈远，反映到终端的串音就愈小。故选择近端串音衰减数值较高的电缆置于增音区段的两端，以提高增音区段两端的近端串音衰减值。由于我国目前尚未制定电缆规定长度的 k_2、k_3、e_1、e_2 数值，所以本条依据目前电缆施工的统一施工法，特规定将 k_1、k_2、k_3、e_1、e_2 数值小的电缆置于增音区段的两端。相应考虑远端的影响，将 k_1、k_2、k_3、e_1、e_2 绝对值相近的电缆尽量放在一起，便于选择交叉将其抵消。

15.2.8 质量差的铅套管容易漏气，使电缆的绝缘性能下降，容易产生串音及杂音，降低通话质量。

15.2.11 充入电缆的气体含有杂质、不干燥或具有腐蚀性，将造成电缆芯线间及芯线对地的绝缘电阻、耐压强度的降低，电缆线路串音衰减减小，通信干扰增大。

本条是参照国家现行标准《铁路通信施工规范》TBJ 205第6.10节制定。

15.2.17 调相接法：即两种不同类型的漏泄同轴电缆连接时，通过软同轴电缆调节其长度，使两种漏泄同轴电缆波面保持同相位。

不同规格的漏泄同轴电缆相接，由于电缆开槽大小和方向的差异，将引起相位突变，故采用调相接续，保持两电缆的波面为同一相位。其调相电缆长度 L_x 的计算公式为：

$$L_x=\lambda_s\ (M/2-L/P_0)\ +\lambda_s/\lambda_L\ [L-\ (l_1+l_2)] \quad (1)$$

式中 L——为两漏泄同轴电缆第一槽中心距离（cm）；

P_0——漏泄同轴电缆开槽距离的重复周期；

λ_L——漏泄同轴电缆电气波长（cm）；

λ_s——为调相软同轴电缆的电气波长（cm）；

l_1，l_2——分别为被调相电缆端头至第一槽中心的长度（cm）；

M——为两种漏泄同轴电缆第一槽方向平行时，为偶数；方向成八字时，为奇数。两者为整数，其值大小应使 $M>2\ \{L-\lambda_s/\lambda_L\ [L-\ (l_1+l_2)]\}\ /\lambda_s+L/P_0\}$，经计算必须是 $L_x>L$，满足接续长度。

15.2.20 光纤是按一定的几何形式固定，只有光缆A或B端朝一个方向，光纤接续才不会交叉，并保持光缆的特性。

光缆结构不同，其传输特性不同，为了保证光缆特性一致及传输质量，故本条要求在一个光缆中继段内应敷设同一厂家生产的结构、制式及维护方式相同的光缆。

因光纤由玻璃拉制，为防止光纤损伤，根据施工经验确定牵引最大速度为15m/min。同时为便于配盘核对，防止敷设失误损伤光缆，提出了先电缆后光缆的敷设规定。

15.2.21、15.2.22 为减小光损耗及接续损耗，保证通信质量及防止设备损坏而制定本条款。

15.2.23 计算值公式为：

$$\alpha=\alpha_0 l+\alpha_s n_1+\alpha_p n_2+\alpha_c m+C \quad (2)$$

式中 α_0——光缆线路每公里衰减（dB/km）；

l——中继段长度（km）；

α_s——接续损耗（dB）；

n_1——中继段内光缆直通接头数（个）；

α_p——配线箱内光纤与带有活动连接器尾纤的熔接衰减（dB/个）；

n_2——中继段内配线箱内接头数（个）；

α_c——活接头连接器损耗（dB/个）；

m——活动连接器数量（个）；

C——校表后的实际值。

15.3 设备安装

15.3.5 第1款是因设备安装地点距中心站的距离不同，其输入阻抗也不同，为保证阻抗匹配，故作本规定。

第3款是为了达到扬声器振动方向的一致性，取得较好的音响效果而制定的。

15.3.6 根据已建地下铁道实践，水平偏差超过本规定，钟摆左右摆动幅度不一致，走时精确度下降。

15.3.7 零线虚接处有一个大的接触电阻，交流在其上会产生一个交流电压降，该电压降对有的相是同相相加，有的是反相相减，造成某些相的电压偏高而超过允许范围，烧坏无输入过压保护的模块。

零线断开危害更大，电压将重新分配，若某相上带的整流模块少，它将因承受的电压高而被烧坏。

15.4 设备配线

15.4.1 本条第8款是为了防止广播线和交流电源线的电磁场在电话线上产生感应电势干扰通话质量而制定的；

第10款总机输出端混合线圈的平衡网络阻抗只有与外线阻抗相等时，才可保证送话端的信号只送入外线，而不进入受话端，从而防止振鸣；外线侧信号则只进入受话端，而不进入送话端。

混合线圈原理图及其简化图如图1、图2。

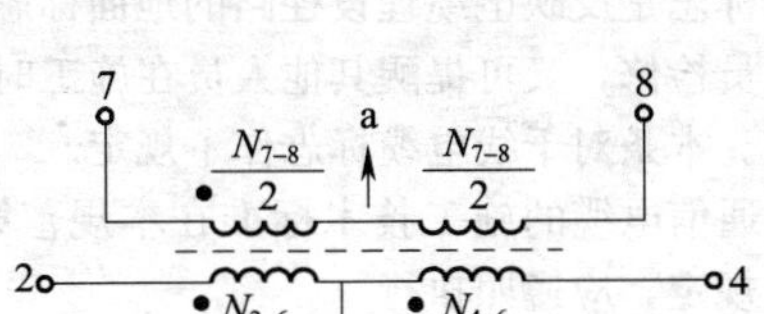

图1 混合线圈原理图

a—送话端；b—二线侧；c—平衡网络；d—受话端

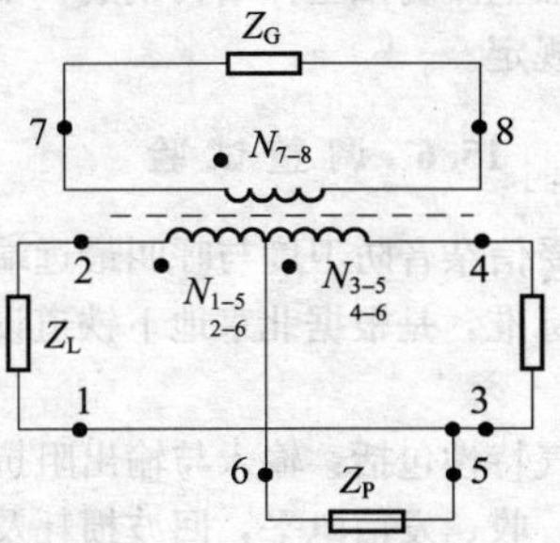

图2 混合线圈简化图

Z_G—送信阻抗；Z_P—受信阻抗；

Z_L—外线阻抗；Z_N—平衡网络阻抗；

N_{1-5}，N_{2-6}，N_{3-5}，N_{4-6}，N_{7-8}—为线圈匝数

当混合线圈为理想的变量器，且每个线圈的感抗比负载阻抗大得多，则：

受信阻抗：$Z_P=Z_L/2=Z_N/2$

送信阻抗：$Z_G=Z_L/2n^2=Z_N/2n^2$

受信衰耗：$b_{受}=b_{12-56}=b_{56-12}=0.35N$

送信衰耗：$b_{送}=b_{12-78}=b_{78-12}=0.35N$

式中 n——线圈匝数比，$n=(N_{1-5}+N_{2-6})/N_{7-8}$；

b_{12-56}，b_{56-12}，b_{12-78}，b_{78-12}——邻端衰耗。

当电桥平衡时，对端衰耗等于无限大，而实际上对端衰耗并非无限大，这就可能使送话电流通过混合线圈进入受话电路而引起振鸣。为此提出了外线阻抗与平衡网络阻抗相匹配的要求。

根据平衡衰耗与对端衰耗的关系：

$$b_{78-56}=0.7+\ln|(Z_L+Z_N)/(Z_L-Z_N)|=0.7+b_e \quad (3)$$

式中 b_{78-56}——对端衰耗；

b_e——平衡衰耗。

当Z_L与Z_N愈接近，b_e愈大，b_{78-56}也愈大，混合线圈的平衡度愈高；反之，混合线圈的平衡度愈差。

上述式（3）中加入0.7N是考虑到反射电流从混合线圈1-2端发出，它的一半功率送至7-8端，一半功率送至5-6端，其邻端衰耗均为0.35N。而7-8端所发送功率送至1-2端时，本身已衰耗了0.35N，因此，从7-8端到5-6端的对端衰耗应由外线阻抗与平衡网络阻抗不平衡时，而引起的平衡衰耗再加入0.7N，才是真正的对端衰耗值。

15.4.3 为符合电信、铁路系统的通用规则，并保持局间与电信或铁路系统连接时供电的一致性，而对弹簧排焊线做出的具体规定。

15.5 接地装置

15.5.6 接地体的施工技术要求是根据北京地下铁道通信施工实践制定的。

为防止杂散电流腐蚀主体结构钢筋，本条对绝缘程度作了相应规定。

15.6 调整试验

15.6.2 全程受信杂音防卫度与呼叫最远端分机的选叫信号电平的标准，是根据北京地下铁道设计规定制定的。

15.6.3 其电气特性包括：输入与输出阻抗，绝缘电阻，外线阻抗，收、发信电平，回波损耗及串音等。

15.6.5 因车站台与中心台的距离和线路的实际衰耗各不相同，为了保证足够的接收与发送电平值，本条提出各车站台调整阻抗匹配的要求。

15.6.9 局数据：局向、中继线数量、路由、信令、发号位数等；

用户数据：用户号码、设备号码、类别和性能等。

15.6.10 是参照国家现行标准《市内电话程控交换设备安装工程施工及验收暂行技术规定》YDJ 50 和《铁路数字程控交换通信工程质量评定验收标准》TB 10426 制定。

程控交换机系统测试与试运转是对交换设备性能和安装质量的检验。

"局"——为交换机；

"用户"——为电话单机。

15.6.11 因相邻车站电台工作于不同的高频载频频率，为了保证列车电台能与驶入的站区车站电台进行通信，故作本规定。

16 信 号

16.1 一般规定

16.1.1 本条规定了本章的适用范围。

16.1.2 信号电缆托架与通信电缆托架的安装方法和技术标准相同；通信管路敷设，管件预埋技术标准亦可满足信号安装工程的要求。本章均予以引用。

16.1.3 室内外设备配线是工程施工的重要组成部分，为保证配线正确、牢固，整齐美观，本条文对配线提出基本要求。

焊接配线一般均套塑料管保护焊线裸露部分，塑料管长度、规格本条文未作规定，可根据现场条件及要求确定。

腐蚀性的焊剂对施焊部位不仅增加接触电阻，而且将减少其使用寿命，故作出禁止使用的规定。

因室外箱、盒配线易老化，且维修时可能反复拆卸线环，造成线环根部断线，故对电缆芯线提出做头余量要求。

16.1.4 信号设备接地装置一般与通信工程共用或通用，故作引用规定。

16.1.5 为保证面漆施工质量和同类设备漆色的一致，特作本条规定。

16.2 电缆敷设

16.2.1 本条说明如下：

电缆受机械损伤、水分或潮气侵入破损部位，电缆芯线间的绝缘程度将降低，严重时可能混线，造成设备错误动作。

第 3 款是参照国家现行标准《铁路信号施工规范》TBJ 206 第 7.1.1 条制定。

信号电缆一般为聚氯乙烯外护套，该材料特性随外界温度变化，温度降低则韧性变小。为防止电缆损伤，根据电缆外护套的不同结构对弯曲半径提出不同要求。

第 6 款是为防止列车运行时的剧烈振动造成电缆脱落，与运行车辆挂连，发生事故。

第 7 款是参照国家现行标准《铁路信号施工规范》TBJ 206 第 7.2.4 条制定。

16.2.2 本条文规定是为保证电缆施工尽可能经济合理的基本原则。

16.2.3 本条说明如下：

为防止运行列车的振动、冲击损伤电缆，对电缆埋设深度作了规定。另因寒冷地区温差较大，影响电缆使用寿命，所以第 1 款做出电缆埋设深度在冻土层以下的规定。

为防止车辆通过时的冲击压力损坏电缆，而采取的防护措施。为便于施工和维修中更换电缆，根据施工实践，对防护管的内径做出了规定。

第 4 款是参照国家现行标准《铁路信号施工规范》TBJ 206 第 7.2.2 条制定。

防止强电对信号设备信息传输的干扰和其他地下管线对信号电缆的妨害，制定相应的敷设间距及防护措施是必要的，但目前地铁工程施工制约因素很多，且难于与国家现行规范的有关规定统一，故暂作本规定。

电缆标志是反映电缆埋设径路的地面标志，既便于维修人员检修，又可提醒其他人员在施工时，注意保护电缆。本条对干线电缆标志作了规定。

16.2.4 通信电缆的施工技术标准在本规范第 15 章已有明确规定，应遵照执行。

16.3 室外设备

（Ⅰ）固定信号机

16.3.1 固定信号机的纵横位置和高程尺寸等在设计文件中均作了规定，但安装施工中应按设备限界规定进行测量检查。设备限界图中标注的尺寸均为直线轨道的限界，不适用于线路曲线部分。在曲线部分，设备限界根据曲线半径大小和规定的速度极限相应予以加宽。设备安装必须符合限界加宽要求。

16.3.2 防止行车振动引起信号机构倾斜或脱落。

16.3.3 避免司机误认信号或辨认困难，本条文提出灯室不得窜光的要求。

16.3.4 根据北京、上海地下铁道施工经验和运营实践制定本条。

16.3.5 参照国家现行标准《铁路信号施工规范》TBJ 206 第4.1.5条制定。基础埋深不足部分应培土夯实。

16.3.6 本条说明如下：

1 参照国家现行标准《铁路信号施工规范》TBJ 206 第 4.1.4 条换算后确定的机柱倾斜限度。

2 便于司机观察信号显示状态。

3 防止雨水杂物及老鼠等小动物进入机柱内，损伤信号机配线。

4 避免登高作业人员重心偏移造成人身事故，故对信号机梯子安装提出要求。信号机梯子中心与机柱中心一致，是站在信号机构正面观测时，对梯子安装位置的要求。

（Ⅱ）电动转辙机

16.3.7 尖轨开程 S 是指道岔尖轨第一连接杆处的尖轨与基本轨之间的距离。由于目前广泛采用的 ZD6 型电动转辙机动作杆的动程 L 为 156mm，在施工中道岔密贴调整杆的游间 D 不得小于 5mm，所以尖轨的开程为：

$$S=L-D$$

即：$S=156\text{mm}-5\text{mm}=151\text{mm}$

《铁路工务规则》规定：尖轨在第一连接杆处的最小动程，直尖轨为 142mm，曲尖轨为 152mm，以确保车轮对尖轨不发生横向挤压。所以规定了此开程范围。

16.3.8 电动转辙机是带动道岔变位和保证行车安全的关键设备，动作频繁，所以安装前要认真检查，保证质量。根据施工经验制定本条检查内容。

16.3.9 电动转辙机的动作包括解锁、转换、锁闭三个过程。道岔尖轨与基本轨不密贴或假密贴条件下可能发生挤岔或车辆脱轨事故。为保证道岔安装装置不松动，转辙机不位移，在锁闭状态时保证列车安全通过而制定本条规定。

（Ⅲ）轨 道 电 路

16.3.11 轨道电路区段内各种连接杆、件的绝缘程度，直接影响到区段漏泄电阻值。当其中任一杆、件绝缘不良时，都会造成道床漏泄电阻减小，漏泄电流增大，降低轨道电路的可靠性，甚至无法工作。故提出本条要求。

16.3.12 本条说明如下：

1 主要从两方面考虑：一方面为保证行车安全，安装高度不侵入设备限界；另一方面保证整体道床排水沟的畅通。

2 防止膨胀螺栓等固定、支持件松动造成扼流变压器倾斜或脱落。

16.3.13 为保证焊接质量，防止因施焊部位的附加电阻降低轨道电路的技术指标，本条文对焊接提出要求。

为防止工务部门整修道床或其他原因造成焊接线隆起，与运行中的列车挂连，危及行车安全或造成信号设备损坏，本条文规定了焊接线固定措施和距钢轨底面的距离。

16.3.14 为减少塞钉与钢轨的接触电阻，规定了塞钉打入深度和无锈蚀的要求。

钢轨引接线、道岔跳线与钢轨底面接触或彼此交叉接触，将造成轨道电路短路，所以对其固定措施和低于钢轨底面的距离做出了规定。

16.3.15 防止轨道电路出现死区段，致使小车跳动或停留在轨道绝缘节处，得不到分路状态检查。

16.3.16 地下铁道信号系统中采用的无绝缘轨道电路均为国外引进产品。由于设备型号不同，安装技术要求和安装标准也不相同，故仅作原则性规定。

（Ⅳ）箱、盒安装

16.3.17 变压器箱箱盖向所属线路内侧开启，利于保障运营维修人员的人身安全。

规定箱、盒设置的基准方向，便于检查故障。

为防止雨水、地面积水或潮气进入箱、盒内部，造成锈蚀，规定了对空闲的引接线口及备用电缆引入孔的处理措施。

16.3.18 同本规范第 16.3.16 条的条文说明。

16.4 室内设备

16.4.1 设备在运输中的振动或其他原因，可能影响其性能。为保证安装质量，缩短开通调试时间，对设备规定了静态检查的要求。

16.4.2 室内设备数量多、规格各不相同，考虑设备安装的整齐、美观，根据施工经验制定了设备就位的偏差范围。

16.4.4 根据施工和运营维修的需要，对室内电缆提出加挂铭牌的要求。为便于处理电源故障，对电源环线和主要的电源端子的线位标注，分别做出规定。

16.5 车载设备

16.5.1 车载设备若由地铁客车生产厂家负责安装，应按本条要求逐车进行验收检查。为防止车载设备在列车运行剧烈振动中出现紧固件、插接件松动现象，导致设备错误动作，本条对车载设备的固定分别提出要求。

16.5.2 为保证供电电压稳定，确保设备可靠工作，特作本条规定。

16.6 调整试验

（Ⅰ）单体调试

16.6.1 光通量由信号灯泡端电压决定，电压的高、低又直接影响到灯泡的寿命。为保证信号显示距离并延长灯泡的寿命，根据实践经验对电压调整范围作了规定。

16.6.2 电动转辙机的保护接点是为保护操作人员的人身安全而设置。当开启机盖或插入手摇把时，保护接点必须切断启动电路，方可保护操作人员的安全。故对遮断器做出了规定。

为使电动转辙机动作可靠，表示正确，动接点与定接点须有一定的接触面和适当的压力。根据施工实践，对动接点与定接点的接触深度作了规定。

当道岔因故受阻不能转动时，由于动作电源未被切断，而反电动势等于零，外加电压全部加在电枢和激磁绕组上。因电枢和激磁绕组的电阻很小，电流值将远远超过额定值，电动机可能被烧毁，为此对摩擦联结器的调整作了规定。

16.6.3 由于现运营和在建的地下铁道信号轨道电路设备多为国外引进产品，制式各异，技术标准不同，所以本条仅对轨道电路调试项目予以规定。

16.6.4 根据人的视觉，对于闪光频率每分钟80～120次易于识别的特点，本条对闪光信号频率作了相应规定，根据实践证明是适宜的。

16.6.5 信号设备的动作是由控制按钮操纵并由盘面上各种复示器反映，为准确检查信号设备的状态是否符合值班员的意图，本条对控制按钮、复示器及控制台端子对地绝缘电阻值等做出了规定。

16.6.6 北京、上海地下铁道信号自动控制系统采用的计算机均为国外引进产品，外部设备也各不相同，其性能指标不宜进行规定。计算机功能性测试应按计算机运行检查程序和设计要求逐项进行试验，为系统调试创造条件。

16.6.7 车载设备宜在专用试车线进行检验，以保证全部运营列车车载设备技术指标一致并缩短调试时间。

（Ⅱ）系统调试

16.6.8 联锁试验首先使用模拟试验的方法达到检查进路联锁关系的目的。同时，对室内外各种设备进行单独操纵和连通试验。在上述试验完成后，根据联锁表进行行车（压轨道）试验。本条对6502电气集中和微机联锁系统一并做出规定。

为保证信号设备安全可靠，本条规定试验时间不得小于72h，以便充分暴露工程隐患，发现问题，及时解决。

16.6.9 列车自动运行系统的调试与车辆特性密切相关，本条所列调试项目均需结合车辆特性逐车进行调试。由于现阶段设备多为国外引进产品，其制式、性能各不相同，不宜提出具体调试指标。速度控制精度、停车精度等指标尚需结合运营经验逐步确定。

16.6.11 为全面考核列车自动控制系统的综合技术指标，特提出本条要求。

16.6.12 本条是对系统稳定性的实际考核要求，根据设计和施工单位的建议，对试运行时间作了规定。

16.7 工程验收

16.7.1 明确竣工验收的基本要求。

17 供 电

17.1 一般规定

17.1.1 地下铁道设置的变电所，分为主变电所、牵引降压变电所、牵引变电所和降压变电所。目前我国已建地下铁道的主变电所，一次电压最高为110kV。

直流牵引供电系统额定电压值750V、1500V是我国国家标准，据此制定本条规定。

17.1.2 电气设备及器材向地下铁道内运输有三种途径：第一种由地面车辆段通过轨道线路运入；第二种由车站出入口运入；第三种由明挖隧道区间暂留口或风亭运入。第一种运输途径是运输大型或大宗设备及器材；后两种途径是运输小型或少量就地安装的设备及器材。因此，第一种运输途径是设备、器材进入隧道的主要方式。

17.1.3 保证大型电气设备在隧道内运输安全。

17.1.4 地下铁道隧道内在设备安装阶段，相对湿度大，所以制定本条规定。

17.1.5 国家现行的电气装置安装工程施工及验收规范、标准主要有：

《电气装置安装工程电力变压器、油浸电抗器、互感器施工及验收规范》GBJ 148；

《电气装置安装工程高压电器施工及验收规范》GBJ 147；

《电气装置安装工程电力变流设备施工及验收规范》GB 50255；

《电气装置安装工程母线装置施工及验收规范》GBJ 149；

《电气装置安装工程蓄电池施工及验收规范》GB 50172；

《电气装置安装工程盘、柜及二次回路结线施工及验收规范》GB 50171；

《电气装置安装工程旋转电机施工及验收规范》GB 50170；

《电气装置安装工程1kV及以下配线工程施工及

验收规范》GB 50258；

《电气装置安装工程电梯电气装置施工及验收规范》GB 50182；

《电气装置安装工程电缆线路施工及验收规范》GB 50168；

《电气装置安装工程35kV及以下架空电力线路施工及验收规范》GB 50173；

《电气装置安装工程接地装置施工及验收规范》GB 50169；

《电气装置安装工程电气设备交接试验标准》GB 50150；

《建设工程施工现场供用电安全规范》GB 50194；

《电气装置安装工程低压电器施工及验收规范》GB 50254；

《电气装置安装工程起重机电气装置施工及验收规范》GB 50256；

《电气装置安装工程爆炸和火灾危险环境电气装置施工及验收规范》GB 50257。

17.2 变 电 所

17.2.1、**17.2.2** 规定了直流快速自动开关安装前外观检查和安装的一般要求。

17.2.3 便于及时、准确区分不同电压、不同电流制及不同用途的母线。

17.2.4 本条是为保证人身安全及采用"排"、"堵"双重方法，限制直流系统运行中杂散电流对结构钢筋及金属管道产生腐蚀而制定的。

17.3 牵 引 电 网

17.3.1 牵引电网是以走行轨为基准进行安装的，故作本条规定。

（Ⅰ）接 触 轨

17.3.3 对设备、器材安装前外观检查提出的一般要求。"锈蚀"是指轨条表面呈黄褐色起皮状态，起皮除净后，轨条表面有麻点。

17.3.4 变形或损伤的轨条，难以保证工程质量。

17.3.5 对底座安装提出的要求。

底座安装的水平距离及高程允许偏差±2mm，是考虑底座施工偏差和绝缘子、轨条安装后的积累偏差，不超过设计允许值（北京地铁为±6mm）而制定的。

17.3.6 绝缘子与底座出现间隙时，可用1～2mm厚的铁片垫平找正，但铁片最多不宜超过3片，以免增加绝缘子的不稳定性。

17.3.7 根据北京地下铁道一、二期工程实践经验制定。

保证电动车组受流器和接触轨相对运动中的可靠接触；允许偏差为：水平距离±6mm，高程±6mm实践证明是可行的。

轨条接续长度"允许偏差为±2%"是考虑施工配轨时尽量减少锯轨或短轨焊接而制定的。

第4、8款的允许偏差值是根据施工经验制定的。

端部弯头和侧面弯头安装如不符要求，则会出现受流器与接触轨初始接触不良，甚至碰坏受流器。

17.3.8 减少接触电阻，并保证取流良好。

17.3.11 突出接触轨限界将危及行车安全。

17.3.12 对接触轨设备安装做出的一般规定：

1 北京地下铁道曾发生过车辆通过时因振动或隧道风而使设备柜门开启影响行车、损坏设备的事故，故提出此要求；

2 接触轨用的直流柜体，按其安装位置及用途有：隧道开关柜、隧道联络柜（手动、电动）、检修线开关柜等。

17.3.13、**17.3.14** 供电点采用软连接是为缓冲列车通过时的振动对设备的影响，回流点采用过渡板连接是为检修方便。

（Ⅱ）架空接触网

17.3.15 同本规范第17.3.3条说明。

17.3.16 跨距允许调整$^{+1}_{-2}$m是根据上海地铁施工经验并参考国家现行标准《铁路电力牵引供电施工规范》TBJ 208制定的。

17.3.17 本条是根据上海地下铁道施工经验，并参考国家现行标准《铁路电力牵引供电施工规范》TBJ 208的相应规定制定的，其中实际埋深允许偏差值±100mm为DIN标准。

17.3.18 本条是对隧道外接触网支持结构安装提出的要求。其中定位管在支持器外露长度，国家现行标准《铁路电力牵引供电施工规范》TBJ 208规定为50～100mm，DIN标准规定为20mm，根据上海地下铁道施工经验定为不大于50mm。

17.3.19 跨距允许调整值±0.5mm，是根据上海地铁施工经验制定的。

17.3.20 底座定位允许偏差±100mm，弹性支撑下垂角度不得超过35°为DIN标准。

17.3.22 新敷设的接触导线、承力索以锚段计，DIN标准规定不准有接头，上海地铁在执行此标准时，根据具体情况做出了馈电线、接地线连续敷设时有关接头的具体规定。

17.3.23 制动块与棘轮齿间的距离25±5mm为DIN标准。

17.3.24 为保证接触网的滑行质量，对吊弦、中心锚结、"之"字值和拉出值、接触线高度等允许偏差值均根据DIN标准作了规定。

17.3.26 为保证交叉点处接触线随温度变化而自由

纵向移动，制定本条规定。

17.3.27 电分段绝缘器安装中心线与轨道中心线允许偏差为±50mm为DIN标准。

17.3.28 安全距离为IEC标准。

17.3.30 接地系统是接触网重要的组成部分，本条重点强调了牢固、可靠，确保供电安全。

17.3.31 本条文是根据上海地铁施工经验制定的。

17.4 配线及动力电控设备

17.4.2 施工期间隧道内的湿度较大，其粘接质量不易控制，为保证供电和行车安全，本条做出了规定。

17.4.3 保证结构和配电线路不进水。

17.4.4 对隔断门两侧配线线路进行密闭处理，是为满足防火、防水淹等非常情况下的需要。

17.4.5 本条是对地下铁道隧道中动力箱、电控箱（柜）安装做出的规定。行车线路两侧设备的门扇要求配锁闭装置，是为保证行车和供电安全。

隧道要定期冲洗，故设备应有防水淋措施。

考虑到地下铁道的内部环境条件，对排水站、隔断门等处的箱、柜基础规定应高出地面150～250mm，以防设备进水，危及供电安全。

17.4.6 同本规范第17.2.4条说明。

17.5 电缆线路与接地装置

（Ⅰ）电 缆 线 路

17.5.1 地下铁道内的电缆，一般采用轨道车牵引平板车运输，如电缆盘捆绑不牢，容易发生电缆盘滑动、摆动，甚至倾倒酿成事故。

17.5.2 电缆施工期间有时需要在隧道内渡线、岔线或风道口等地点暂存少量的电缆，这些电缆应尽可能远离轨道存放，以免施工运输车辆通过时碰伤电缆或酿成事故。站台上暂存的电缆盘，其底部应以支垫，防止站台板受力集中，电缆盘两侧应打楔，防止电缆盘滑动。但在接触网试送电前，必须清至隧道外。

17.5.3 本条说明如下：

1 电缆管穿过结构外墙处设置防水套管是为保证结构不渗水；

2 电缆管管口露出地面100～300mm，是防止地面积水进入电缆管。

17.5.5 电缆敷设前对经过的通道进行检查，特别是隧道内走行轨两侧有无影响牵引车辆通行的障碍物，照明是否满足要求等以免影响施工。

17.5.6 因为高压电缆头发生故障时产生大的声音并排出有害气体，并不便于抢修，为保证运营安全和维修方便做出了此规定。

固定电缆头的绝缘板伸出电缆头两侧不应小于200mm，是根据实践经验制定的。

17.5.7 北京地下铁道隧道内的电缆，是用轨道车牵引电缆平板车，在平板车上设置电缆导向架进行敷设的。实践证明牵引车的速度不应大于20m/min是可行的。

17.5.8 本条是根据现行国家标准《电气装置安装工程电缆线路施工及验收规范》GB 50168第5.1.20条与地下铁道实际情况而制定的。

17.5.9 为防止电缆金属外皮带电时，对人的危害，故要求电缆金属外皮需接地。另一端浮空是断开直流牵引系统的杂散电流沿电缆金属外皮的通路，防止电腐蚀。

（Ⅱ）接 地 装 置

17.5.10 北京地下铁道一、二期工程接地体（线）的材质为钢材，目前北京、上海等地下铁道的设计均采用铜材，故本条文提出当设计无规定时，应采用铜质材料。

17.5.11 间距规定主要考虑接地体互相的屏蔽影响。与接地体连接时，要求沿铜管的周边焊接，目的是为了增大接触面和提高连接处的强度。

17.5.13 确保接地可靠。

17.5.14 接地线引入隧道，不论何种方式，均应做防腐蚀、防水和绝缘处理，以保证隧道结构钢筋不锈蚀、不受杂散电流的腐蚀和不渗漏水。

17.5.15 隧道外接地线与隧道内接地干线，通过隧道内设置的接地箱连接，便于维护、检查。

17.5.16 本条系根据现行国家标准《电气装置安装工程接地装置施工及验收规范》GB 50169第2.3.7条并结合地下铁道特点制定的。

17.6 监 控 系 统

17.6.2 监控系统控制中心与远动终端之间的通道，按现行国家标准《地下铁道设计规范》GB 50157的要求，宜统一通信电缆内。

如果监控系统数据通道区间光缆单独施工或车站内光缆的施工，应按本规范第15.2节有关规定执行。

17.6.3 强电设备的操作，将使强电回路及其操作回路的电流产生突变，与强电回路并排走线的弱电信号输入线上，将会感应出干扰脉冲，影响主机正常工作。

17.7 调 整 试 验

（Ⅰ）牵引供电系统

17.7.1 直流快速自动开关为地下铁道牵引供电系统重要设备，经常切断很大的负荷电流和故障电流，故对开关的主要参数提出了应符合产品技术条件的要求。

直流快速自动开关动作试验是检验开关机械和电气性能的必要手段，鉴于现场试验条件，故对115%和90%额定操作电压分、合闸试验不作严格规定。

直流牵引供电要求可靠性高，直流快速自动开关在系统故障时应及时动作，正常过负荷时不允许动作。鉴于目前产品刻度标志误差很大，所以规定直流快速自动开关应进行实际动作电流整定。

17.7.2 接触轨焊接接头不仅要求足够的机械强度，而且电气性能要求也很严格，故对焊接接头无损检测和电阻试验做出了规定。

为了反映实际安装情况和使用要求，规定绝缘电阻试验按供电分段进行。

绝缘电阻因受环境条件（气候、湿度、污染等）、线路条件（安装方式、长度等）及安装地点等诸多因素影响，数值变化很大，故具体数值不作规定。

17.7.3 冷滑行试验是在接触网不带电的情况下，利用电动车组的被动运行，通过电动车组的受流装置与接触网的滑行摩擦，来检查接触网的安装质量，为正式开通运行提供可靠依据。接触网开通前所有股道均应安排冷滑行试验。

由于冷滑行试验的车速是逐次提高的，如果低速试验中发现的问题未解决，则可能在高速试验中重复出现并扩大，甚至造成碰坏受流装置等事故。冷滑行试验不合格，则可能造成送电开通时停电、中断行车等事故，因此必须严格执行本规定。

17.7.5 接触网送电开通前的绝缘测试，是检查接触网绝缘状况的重要依据，根据实践经验，接触网绝缘电阻值随着气候、隧道内的湿度环境影响相差很大，特别是隧道内开通初期比较潮湿，绝缘子的绝缘电阻值接近于零，此时只要确认没有接地现象，即可考虑强行送电，实践证明，由于电晕作用，绝缘子表面将自行干燥，恢复绝缘强度。

17.7.6 变电所的直流快速开关合闸 3 次，是参照现行国家标准《电气装置安装工程电气设备交接试验标准》GB 50150 第 24.0.5 条的规定制定的。

17.7.7 空载运行 1h 及负载运行 24h 的规定，是参照国家现行标准《铁路电力牵引供电施工规范》TBJ 208 的有关规定制定的。

17.7.8 为保证牵引变电所安全、可靠的运行，故对牵引变电所控制、信号及保护功能试验规定了试验方式。

保护功能试验采用模拟形式，要求模拟信号尽可能接近真实情况；如电流、电压信号直接取自互感器二次侧，接点宜采用保护源的接点。

17.7.9 牵引变电所供电距离很长，供电电流很大，由于线路阻抗影响，供电距离末端单纯依靠电流值大小很难区别列车起动电流和直流短路电流，目前采用电流增量保护和双边联跳保护。鉴于地铁供电安全性要求高，电流增量保护应按实际情况检验其可靠性，同时为减少试验次数，只采用单边供电距离最远的地方短路。双边联跳保护，采用实际情况下的模拟试验。

17.7.10 牵引变电所直流短路在运行中经常会发生。该试验目的是为考核牵引变电所在正常运行情况下承受突发短路的能力，同时检验继电保护动作的可靠性、选择性。鉴于该项试验影响设备的正常寿命，故规定只选择一个双边供电区段和一个单边供电区段并按对开关分断能力最为苛刻的条件进行。

（Ⅱ）监 控 系 统

17.7.12～17.7.14 中央处理装置、辅助存贮装置和输入输出设备是计算机系统组成的三部分，本规范即按此划分来调试的。

17.7.15 不间断电源供电给计算机、调制调解器、打印机、图形发生器、模拟盘驱动器、显示器等，它能在交流电源断电的情况下，满载维持供电 20min，使电力监控系统能继续进行工作。为此，它的试验项目中“满负荷放电时间”试验非常重要，在试验时要认真、准确。通过试验能真正反映出不间断电源的负载能力，满足设计的要求。

17.7.16 模拟盘是控制中心的一部分，本条的检查是属于单机调试项目。

17.7.17 远动终端设备在进行单机调试前，应进行设备的保安试验，其项目包括绝缘电阻、绝缘强度试验和连续通电试验，试验合格后再进行单体装置调试，以保证装置在调试中的安全。

17.7.18 模拟量输入通道由采样器、数据放大器和模数转换器等组成，模拟量转换数字量时，将产生一个偏差，即模拟量输入精度。

模拟量输出通道由输出控制器、数模转换器和执行器等组成，数字量转换模拟量也将产生一个偏差，即模拟量输出精度。

关于模拟量输入输出精度第测试，可参照现行国家标准《远动终端通用技术条件》GB/T 13729 中第“4.4 功能试验”一节。

17.7.19 数据传输通道，在数据传输时有效信号衰减和抗噪音能力，是两个重要指标。有效信号的衰减测量方法，可采用在远动终端的调制调解器的线路内，接入衰减器，不断向通道传送信号，在通信失效前，测量衰减的量值。此值在规定范围内时视为合格。

抗噪音能力的测试方法，即在上边测试衰减的线路里连接一个噪音发生器，增加噪音频率输入，直到远动终端设备通信失效，在每个失效点记录下噪音频率值及电平值。后者在规定范围内时视为合格。

17.7.20 计算机软件分系统软件和应用软件。系统软件调试主要内容有：建立基本系统；建立空闲区和工作文件区；组成所需的用户系统；编制磁盘目录和用命令测试确认程序运行正常等。应用软件调试内容有：程序装入、排障、汇编等工作；原始数据管理程序调试；数据收集程序调试和设置计算程序调试等。

对数据收集程序的调试，应进行通道测试和信号模拟测试，打印出的报表，数据准确。对设定的计算程序，确认计算正确。

17.7.21 监控系统设备的系统功能测试前，应先作系统基本功能测试，符合要求后再作系统功能测试。

17.7.22 过程输入输出设备与被监控设备间的接口装置的试验，分静态接口试验和动态接口试验。

静态接口试验是不带动被监控设备的试验，只检查确认信息传输到继电器和电磁开关的动作或末级输出信号为止。

动态接口试验是带动被监控设备，作无负载的运行试验。

17.7.23 监控系统设备与被监控设备进行动态接口试验后，再考核监控系统设备带动被监控设备运行情况，其监控系统设备的功能和监控精度等指标，须达到设计规定。但能否完全达到使用要求，还需作其他项目的考核。

17.7.24 连续运行试验时，可能出现关连性故障或非关连性故障，有关故障定义及判别为：

关连性故障是受试样品预期会出现的故障，通常都是由产品本身条件引起的。它是在解释试验结果和计算可靠性特征值时，必须要计入的故障。属于关连性故障判断依据为：

1 必须经更换元器件、零部件或设备才能排除的故障。

2 损耗件（如电池等）在其寿命期内发生的故障。

3 需要对接插件、电缆等进行修整，以消除短路和接触不良，方可排除的故障。

4 在试验过程中，需要重新对硬磁盘进行格式化才能排除的故障。

5 出现造成测试和维护使用人员的不安全和危险或造成受试样品和设备严重损坏而必须立即中止试验的故障。

6 程序的偶然停运或运行失常，但无须做任何维修和调整，再经启动就能恢复正常，这种偶然的跳动故障，凡积累数达3次者（指同一受试样品）计为1次关连性故障，不足3次者均做非关连性故障处理；

7 不是同一因素引起而同时发生两个以上的关连性故障，则应加数计入。如果是同一因素引起的，则只计1次。

8 承担确认试验的检验单位，根据故障情况和分析结果，有资格认定某种故障为关连性故障。

非关连性故障则是受试样品出现非预期的故障，这类故障不是受试样品本身条件引起的，而是试验要求之外而引起的，非关连性故障在解释试验结果和计算可靠性特征值时不计入。但应在试验中做记录，以便分析和判断。属于非关连性故障判断依据为：

1 从属性故障。由于受试样品中某一元器件、零部件失效或出现设备故障而直接引起受试样品另一相关元器件或零部件的失效而造成的故障，或者由于试验条件变化已超出规定的范围（如突然断电，电网电压和频率的变化，湿度变化，严重的机械环境变化和干扰等）而造成的故障。

2 误用性故障。由于操作人员的过失而造成的故障，如安装不当，施加了超过规定的应力条件，或者按产品标准的规定允许调整的部件，没有得到正确的调整等而造成的故障。

3 诱发性故障。在检修期间，因为维修人员的过失而造成的故障。

4 承担确认试验的检验单位，根据故障情况和分析结果，有资格认定某种故障为非关连性故障。

关连性和非关连性故障的定义和判据，引自现行国家标准《微型数字电子计算机通用技术条件》GB 9813的有关规定。在连续运行试验中，出现故障的性质，可参照上述判据进行判断。

17.7.25 试运行的时间规定，各使用单位均不一样。因此，可根据产品的定型与否、生产数量和产品的质量等情况，由订货的甲、乙双方商定。但是，一般情况下3个月即可。

有关故障分类情况，可按本规范第17.7.24条说明执行。

18 通风与空调

18.1 一般规定

18.1.2 地下铁道的地下空间封闭，人员疏散困难。火灾的高温浓烟是危及人员生命的主要原因。使用不燃材料是必须的。另外根据地下铁道内湿度大的环境特点，对材料的性能要求作了相应规定。

18.1.3 地下铁道内由于活塞风的存在，局部与瞬时气流速度较大，加上列车振动幅射的能量，对人流和车流上部管道的固定产生影响，故支吊架紧固螺栓的防松动措施是必要的。

18.1.4 防止杂散电流腐蚀可参照国家现行标准《地铁杂散电流腐蚀防护技术规程》CJJ 49第5.2节的内容执行。

18.1.6 穿越结构隔墙或楼板的金属管件与结构钢筋绝缘的目的是防止杂散电流馈入结构钢筋造成钢筋腐蚀，降低结构的承载能力。堵塞管道与防火墙间的空隙目的是完成有效的防火分隔。

18.1.7、**18.1.8** 因地下铁道从施工安装到运营使用的周期较长，隧道内的湿度又大，故制定本条措施。

18.2 风　　管

18.2.2 由于考虑了地下铁道内钢板风管的尺寸一般较大，其承压也高。故对风管的耐压等级及对应的最小壁厚做出了规定。

18.2.3 镀锌钢板的镀层厚度在潮湿环境下应有所要求。镀层质量以工厂产品证明为准。

18.2.4 对排烟或排风兼排烟风管，当温度较高时，其承压能力下降；而且风管承受负压的能力较承受正压的能力一般情况下要低一些。因此可按高压风管壁厚选取。

18.2.5 本条文对风管管段间的连接形式及对应的风管压力级别与尺寸做出了具体的规定，目的是保证风管施工质量。管段间连接形式所对应的刚度等级在表中仅做了相对值的比较，这样便于使用者做出选择。

18.2.6 风管的环状加固是指矩形风管的两个长边和短边皆要加固，即类同矩形法兰状。圆形风管则是圆环状。由于是单根角钢或钢板折叠件，故加强筋虽然与法兰的刚度等级相同，但规格要大一级。在选用加强筋时，为不使风管外部尺寸加大，亦可采用与法兰相同规格的角钢。

18.2.7 本条文对矩形风管的结构及如何作环状加固做出了具体的尺寸规定。例如：长边1600mm的中压矩形风管，风管制作的单节长度可以是800mm，此时两端各有∠40×4角钢法兰，但制作长度也可以是1600mm，此时两端仍为∠40×4角钢法兰，但在中间位置宜设置∠50×5的环状加强筋。如制作的长度为1200mm，则中间也必须加固，显然这将造成材料的浪费。

18.2.8 本条文提出的板面加固方式并没有改变两个管段连接间的最大距离，而仅使风管的刚度获得加强，可以减少风机初启动时板面鼓胀的噪声。

1. 此款的板面自身加固方式由于其对风管整体刚度的增强是有限的，即使对低压风管可适当增加两个管段连接间的距离，但在此未予考虑。

2. 此款的板面加固是必需的。例如，对前例的风管就应该在1600mm的长边宽度中间，在两个法兰间顺气流方向每侧加一根∠40×4角钢，并用铆钉将角钢与板面紧固。板面加固也可以将角钢置于风管内部。

18.2.9 当法兰或环状加强筋的边长较大时，对法兰或加强筋做内部拉撑是必需的。当使用扁钢时，扁钢的长边应顺气流方向设置。

18.2.10 对耐受－1000Pa以上负压的钢板风管，将法兰或加强件焊在壁面上，而不用机械紧固方式传递静载荷给法兰或加强件，将提高风管的强度和刚度。

18.2.11 鉴于目前玻璃纤维氯氧镁水泥风管的制造厂大多规模小，生产历史短，装备与工艺水平不高，基本上是手工操作。为确保在地铁工程中使用这类风管的可靠性，特提出本条要求。

1 该产品的行业标准为：《玻璃纤维氯氧镁水泥通风管道》JC 646-1996。

2 法兰螺栓孔如排列不规则，会给现场安装带来困难，故提出此要求。

18.2.12 本条文要求与设备相连接的柔性短风管应采用非金属材料制作，其目的是为了隔绝杂散电流。

18.3 通 风 部 件

18.3.2 由于地下铁道内通风系统的阀门关闭压差较大，故规定采用多叶阀。

18.4 风管及部件安装

18.4.1 本条文表18.4.1列出矩形风管水平吊架的横担规格、吊杆直径和吊架最大间距。该表综合考虑了横担与吊杆的承载能力和吊架间距对风管刚度的影响。不区分保温与不保温风管，二者皆可使用。

18.4.2 本条文表18.4.2列出直缝圆形风管水平吊架的吊箍形式、吊杆直径和吊架最大间距。该表同样考虑了本规范第18.4.1条条文说明中的各项因素。其中可剖分的环形箍在ϕ800直径及以下是垂直方向剖分的，因而只用一根吊杆，吊杆也可用ϕ8圆钢代替扁钢。用于ϕ1000及以上直径的圆形风管时，环形箍是水平方向剖分的，此时用两根吊杆。而U形半圆箍是托在风管下半圆下面，两侧皆有吊杆。

18.4.3 玻璃纤维氯氧镁水泥矩形风管的吊架基于其密度为2100kg/m^3，并兼顾了风管法兰的承载能力。

18.4.4 为防止因事故而造成风管位移出现严重泄漏，影响防灾通风而提出的要求。

18.4.5 地下铁道隧道内部断面尺寸比较严格，为避免风管与其他设施相互干扰出现事故而做出的规定。

18.4.6 参见本规范第18.1.3条条文说明。

18.4.7 风管末端悬臂过长，可能造成永久变形出现耷头。在金属风管中间连接柔性短管时，这一规定可防止软接头在非结构沉降状态下承受不应有的拉扯。

18.4.8 玻璃纤维氯氧镁水泥风管法兰在连接螺栓紧固时易被压裂，双侧使用大系列垫圈可增大受力面积，防止法兰损坏漏风。

18.4.9 在地下铁道中排烟风管的法兰垫片不宜采用石棉绳。因石棉制品在施工中污染环境，不易清除其微尘，会永久地留在隧道内。而采用石棉橡胶板，由于其硬度大，对大尺寸风管密封性无法保证。故应采用耐热橡胶板。

18.4.10 地下铁道内的通风系统在温带地区存在进、排风方向的季节性倒换，冬季进风温度较低。而在火灾排烟时，排风温度较高。因而要求密封胶的适用温度范围要达到本条要求。

18.4.11 金属风管通过沉降缝处断开，接入柔性短管。当结构出现不均匀沉降时，不致使风管发生断裂或屈折损坏。当使用售品柔性短管时，按产品的技术条件决定金属风管的断开间距。当使用无支撑环的柔性短管时，金属风管断开间距宜在200～250mm。

18.4.12 为保证工程外观质量，整齐划一的风口会给人以美感。由于风口的中心线与吊顶的网格存在位置上的偏差，因此本条文内提到的轴线应是考虑了安装过程中各种因素造成的累积误差后而划定的一条最终安装的风口轴线。这条轴线可能与设计图上的轴线有所背离，但其只要合理而美观，就允许修正。根据施工经验，一般是风管先吊装后开口，并在吊顶装修时配作支风管，这样可保证风口与支风管的连接准确。

18.4.14 防火阀、排烟阀是通风系统中防火灾的重要装置，必须全部做动作试验。不合格的应修复或更换。

18.4.15 组合风阀在隧道通风中应用数量很大。为使其与结构墙体结合牢固，故应设置坚固的支承框架。

1 此款是针对组合风阀支承框架的基本质量要求而制定的。其填充的密封材料应耐老化、防火并能承受气体压力。

2 此款首先要求组合风阀中的阀门应与框架连接牢固。其次是风阀间如有连接处亦应固定牢固，并在风阀和框架间应垫上密封垫片，使其不漏风。

3 组合风阀的启闭或调节的执行机构及联动装置在安装结束后应做试验，以考核其动作的可靠性。组合风阀在系统里一般是具有三重控制功能的阀门。可手动、就地电动（或气动）、距离控制或远程控制电动（或气动）。无论哪一种动作皆应该与电气专业结合做好试验。观察阀板或叶片的开启角度是否一致，关闭是否严密。执行机构应接受电气控制讯号的指令动作，并输出准确的阀位讯号。直至调整合格。

18.4.16 风管系统的漏风量测试是对风管制作、安装质量的一项检验。除了保证系统风量分配要求的正确性和兼顾节能以外，漏风测试最主要的目的是为了保证防灾与事故通风功能的实现。

本条文表18.4.16根据风管的压力等级给定了漏风测试压力。每个压力级别允许在2～3个测试压力中选择一个做试验。但不允许比该测试压力更低。因为过低的测试压力可能反映不出在承受较高的压力时密封是否可靠，也许会有某处密封材料鼓胀破裂。其次，负压风管仍可在正压下试验。因为目前的密封部位都更加适应负压操作。

18.4.17 透光检漏对环境的要求较严，而且操作人员的经验也很重要。比如灯光在外侧，则在风管内侧作观察是困难的；灯光在内侧，其移动距离有限，外部又需要黑暗。所以这种方法并不是非常可靠，故仅限用于低压风管。

关于抽检风管段落的选择，原则上应由工程监理或业主指定，以避免人为预作合格的样板段专供测试而忽略其他部位的密封质量。

18.5 设备安装

18.5.1 通风机底座设置限位装置的目的是防止地震灾害发生时，通风机出现水平位移而破坏通风系统的工作能力。地震灾害发生时，常合并出现列车脱轨及火灾，为保证人员疏散和抢修，通风系统的运行是至关重要的。故本着预防为主的方针，本条文提出了附加限位装置的要求。

18.5.2 本条文规定的采用双膨胀螺栓固定吊杆，其膨胀螺栓的规格仍按常规选用，数量增加一倍，以保证吊装设备的安全性。

18.5.3 隧道通风消声室使用的组合式消声器，目前我国以自联式使用较多。因无相应安装规范，故制定本条规定。

18.6 调整试验

18.6.1 本条文规定通风与空调工程在交付使用前必须进行系统各项运行参数的测定和调整。在调试过程中除深入检验施工质量以外，也对系统采用的设备进行考核，这样才能保证将来系统具有正常的使用功能。

18.6.2 本条文规定调试的顺序。其中第2款系统无负荷联合试运转不仅含有本系统内部各设备间的联动试运转，也包括数个系统的联合试运转。例如制冷系统内部包括冷冻机、冷却水和冷冻水等循环（设备），其间需要联动运行；而空调系统又要与制冷系统联合运行。

18.6.3 本条文规定了所有含有动力输入的设备都应进行单机试运转。

通风机试运行前所以要求冲洗风亭、风道和区间隧道是根据地铁施工的特殊性提出的。

18.6.4 本条文规定了系统无负荷联合试运转测定和调试的项目内容。这些项目是基本要求，如设计单位提出其他必要的调试项目应予以满足。

1 对于动叶或静叶可调的以及可换向运转的轴流风机，当换季时工况要求改变的，其测试应按运行工况的要求进行。

典型测点可由施工单位与设计单位共同确定。

活塞风泄流风井或活塞风迂回风洞的风速测定，如调试中无列车运行的条件时，也可推迟至下一个顺序测定。

2 当地下铁道未设空气调节系统时，亦应在通风系统运行时测定温度及相对湿度参数。

3 即使在某些工程中，事故通风风机和排烟风机是与平时通风系统的通风机共用，也需按事故通风工况和排烟工况重新测定其参数，尤其是可逆转的轴流风机，更不能例外。

典型测点的分布应考虑事故通风的如下功能：

当列车阻塞在区间隧道时，应能向事故地点迎着乘客疏散方向送新风，背着乘客疏散方向排风；

当区间隧道发生火灾时，应能背着乘客疏散方向排烟，迎着乘客疏散方向送新风；

当车站站台发生火灾时，应能及时排烟，并防止烟气向站厅和区间隧道蔓延；

当车站站厅发生火灾时，应能及时排烟，并防止烟气向出入口和站台蔓延。

4 此款仅对北方采暖地区适用。

5 此款牵涉设备和电气专业共同测定和调整。

18.6.5 地下铁道的通风、空调系统在不同的地区、季节及设计程式上有特定的运行方式，故系统无负荷联合试运转时必须考虑这些因素。各系统间和单独一个系统内设备的联动可参照本规范第18.6.2条条文说明。

18.6.7 无负荷联合试运转的时间规定是参照我国现行各相关的施工验收规范，并考虑到通风系统在地下铁道运行中的重要性而做出的最低时间要求。

18.6.8 系统带负荷的综合效能试验的基本条件是地下铁道各项建设设施已投入使用、配套机电设备全面启动、列车已运行且接近设计的定员指标；试验季节又正值当地最热月或最冷月。这样的条件只在地下铁道试运行期间才存在。

18.6.9 综合效能试验是为了验证系统是否满足使用要求的最终手段，所以其测定与调整项目主要是在正常使用条件下对工程设计参数的再复核。建设单位在拟定调试大纲时，也可邀请设计单位做顾问。

18.7 工程验收

18.7.1 工程竣工验收是施工单位按本规范要求将质量合格的工程移交给建设单位的验收过程。

18.7.3 综合效能试验是对工程使用功能的检测和评估，是工程正式验收前的最后一项考核。

19 给 排 水

19.1 一 般 规 定

19.1.2 地下铁道水源，一般由城市自来水管道直接供给。地下铁道隧道内排出的污水，需要接入地面市政管道内排走，因此，给排水管道均需穿越隧道结构，而地下铁道隧道为防水结构，为防止管道穿越隧道外墙结构处渗漏水，本条文规定必须设置防水套管并做防水处理。而穿越隧道内部结构的管道无特殊要求时，不需要做防水处理，所以设一般的套管即可。

19.1.3 给排水管道及附件，一般只进行防腐处理，而地下铁道内，由于直流供电系统杂散电流的泄漏，会对金属结构产生一定腐蚀作用，所以制定本规定。

19.1.4 给排水工程设计时，对使用的材料和设备规格、型号和材质作了具体规定，为保证工程质量，因此，在安装前应进行检查，避免造成返工和浪费。

同时，为防止管道安装时受到污染和掉进杂物，故要求管道安装过程中，敞口处要采取临时封闭措施。

19.1.5 地下铁道给排水系统，均与城市地面的市政给排水管道相接通，其接通施工时，涉及单位多，影响面广，因此，制定本条规定。

19.1.6 为保证消火栓安装质量，方便使用和管理，制定本规定。

19.2 给水干管加工与安装

（Ⅰ）钢 管 加 工

19.2.2 给排水管道采用钢管时，其连接有焊接、法兰和丝扣等形式，为保证钢管接口的连接质量，特制定本条规定。

19.2.3 钢管采用法兰连接时，除焊接质量必须保证外，为保证管道连接直顺和法兰之间连接严密，因此，本条提出了焊接要求。

19.2.4 为保证钢管螺纹连接严密而制定本条规定。

（Ⅱ）管 道 安 装

19.2.5 为保证工程质量并使给水管道输送的饮水符合卫生标准，制定本条规定。

19.2.6 地下铁道给水管道支座，多采用混凝土支墩、钢质支座和吊架等，为保证管道稳固，要求支座应与结构连接牢固。特别是设于区间隧道的干管，由于受到限界的严格控制，而支座又是固定管道的主要设施，为保证安全，并根据施工实践对安装位置制定了允许偏差要求。

19.2.7 管道采用法兰连接时，一般加设橡胶垫，当螺栓紧固后，法兰和橡胶垫形成刚柔结合的结构，不易松动，故地下铁道给水干管采用得较多。为保证连接质量，本条文做出相应的安装要求。

19.2.8 管道采用钢管时，可采用丝扣连接形式，但一般管径较大时，现场旋紧丝扣施工困难，如果采用此种形式时，应符合本条规定。

19.2.9 为保证铸铁管采用承插口形式时的连接质量，特制定本条规定。

19.2.10 管道阀门是隔断管道的主要设备，为保证其控制水流的可靠性，因此，本条文做出相应安装要求。

19.2.11 管道安装位置，特别是沿轨道敷设的干管，由于限界的要求，管道安装的中心位置和高程非常重要，为防止管道侵入设备限界，故制定本条规定。

（Ⅲ）水 压 试 验

19.2.12 由于水压试验时，对管道和支座都产生一定的推力，因此，要求支座混凝土达到设计强度时，方可进行水压试验。

为了加压试验时，保证管道压力和便于泄漏点检查，本条对试压管段长度规定不宜大于1000m。

19.2.13 本条文是为保证试压工作的顺利进行和安全而制定的。其中第5款，要求管道内先加压至0.2～0.3MPa并浸泡24h，是因为铸铁管内表面较粗糙，为保证管壁充分湿润，并将管内空气排除，以便于加压。

19.2.14 为保证管道运行的安全，根据给水管道采用的材质，本条文表19.2.14中的试验压力都采用了一定的安全系数，因此，试验压力都大于工作压力。

水压试验，一般都以测定渗水量为标准，为保证地下铁道给水管道质量，所以规定在试验压力下，稳压30min降压不超过0.05MPa，且无渗漏水现象，即为合格。

19.2.15 给水管道试压合格后，为使管道内洁净，一般需进一步灌水冲洗，并在冲洗过程中化验水质情况，达到饮用水标准后，方可停止灌水。

19.3 排水系统安装

19.3.1～19.3.3 是为保证排水管道、排水泵、设备仪表等安装质量而制定的。

19.4 工程验收

19.4.1 地下铁道给排水工程安装完毕，其中，给水管道经过试压、冲水等检查，排水系统经过试运转合格后，并填写记录，以给工程验收创造条件。而在验收过程中，除具体进行项目检查外，施工单位还应提供技术资料。当工程质量合格、技术资料齐全，即可正式验收。

中华人民共和国国家标准

盾构法隧道施工与验收规范

Code for construction and acceptance of shield tunnelling method

GB 50446－2008

主编部门：中华人民共和国住房和城乡建设部
批准部门：中华人民共和国住房和城乡建设部
施行日期：2 0 0 8 年 9 月 1 日

中华人民共和国住房和城乡建设部
公 告

第8号

关于发布国家标准《盾构法隧道施工与验收规范》的公告

现批准《盾构法隧道施工与验收规范》为国家标准，编号为GB 50446－2008，自2008年9月1日起实施。其中，第3.0.10、3.0.11、4.1.4、5.1.5、5.1.6、6.4.1、7.9.5、12.0.1、15.1.2、15.4.4、16.0.1条为强制性条文，必须严格执行。

本规范由我部标准定额研究所组织中国建筑工业出版社出版发行。

中华人民共和国住房和城乡建设部
2008年3月31日

五、设计、施工及验收标准

前　言

根据建设部建标函［2005］84号文的要求，标准编制组经广泛调查研究，认真总结实践经验，参考有关国际标准和国外先进标准，并在广泛征求意见的基础上，制定了本规范。

本规范的主要技术内容是：1. 总则；2. 术语；3. 基本规定；4. 施工准备；5. 施工测量；6. 管片制作；7. 盾构掘进施工；8. 特殊地段施工；9. 管片拼装；10. 壁后注浆；11. 隧道防水；12. 施工安全、卫生与环境保护；13. 盾构的保养与维修；14. 隧道施工运输；15. 监控量测；16. 钢筋混凝土管片验收；17. 成型隧道验收。

本规范中以黑体字标志的条文为强制性条文，必须严格执行。

本规范由住房和城乡建设部负责管理和对强制性条文的解释，住房和城乡建设部科技发展促进中心负责具体技术内容的解释。在执行过程中，请各单位结合工程实践，认真总结经验，如发现需要修改或补充之处，请将意见和建议寄住房和城乡建设部科技发展促进中心（地址：北京市三里河路9号；邮政编码：100835），以供今后修订时参考。

本规范主编单位、参编单位、主要起草人名单：

主 编 单 位： 住房和城乡建设部科技发展促进中心

参 编 单 位： 北京城建集团有限责任公司
中铁隧道集团有限公司
上海隧道工程股份有限公司
北京城建地铁地基市政工程有限公司
北京城建勘测设计研究院有限责任公司
北京城建建材工业有限公司

主要起草人： 张庆风　王　甦　万姜林　杨国祥　杜文库　李桧祥　傅德明　华　东　叶慷慨　吴惠明　梁　洋　秦长利　蔡亚宁　何　云　张　峰　蒙先君　汪恭胜　陈立生　朱建春　高立新　虞祖艺　恽　军　高万春　魏新良　朱海良　李朝忠　于　静　王建林　吴鸣冈　章龙管

目　次

1 总 则

1.0.1 为了加强盾构法隧道工程施工管理，统一盾构隧道工程的施工技术与质量验收标准，确保施工过程的工程安全、环境安全和工程质量，制定本规范。

1.0.2 本规范适用于采用盾构法施工、预制管片拼装式隧道衬砌结构的施工与质量验收。

1.0.3 本规范所指的盾构包括土压平衡盾构、泥水平衡盾构和复合盾构。

1.0.4 盾构法隧道工程的承发包合同和工程技术文件对施工与质量的要求不应低于本规范的规定。

1.0.5 盾构法隧道工程施工期间，应对邻近建（构）筑物、地下管网等进行监测；对重要或有特殊保护要求的建（构）筑物，应根据需要采取必要的技术措施。

1.0.6 盾构法隧道工程的施工与质量验收除应执行本规范外，尚应符合国家现行相关标准的规定。

2 术 语

2.0.1 盾构 shield

盾构掘进机的简称，是在钢壳体保护下完成隧道掘进、拼装作业，由主机和后配套组成的机电一体化设备。

2.0.2 工作井 working shaft

盾构组装、拆卸、调头、吊运管片和出渣土等使用的工作竖井，包括盾构始发工作井、盾构接收工作井等。

2.0.3 盾构始发 shield launching

盾构开始掘进的施工过程。

2.0.4 盾构接收 shield arrival

盾构到达接收位置的施工过程。

2.0.5 盾构基座 shield cradle

用于保持盾构始发、接收等姿态的支撑装置。

2.0.6 负环管片 temporary segment

为盾构始发掘进传递推力的临时管片。

2.0.7 反力架 reaction frame

为盾构始发掘进提供反力的支撑装置。

2.0.8 管片 segment

隧道预制衬砌环的基本单元，管片的类型有钢筋混凝土管片、纤维混凝土管片、钢管片、铸铁管片、复合管片等。

2.0.9 开模 mould loosening

打开管片模板的过程。

2.0.10 出模 demoulding

管片脱离模具的过程。

2.0.11 防水密封条 sealing gasket

用于管片接缝处的防水材料。

2.0.12 壁后注浆 back-fillgrouting

用浆液填充隧道衬砌环与地层之间空隙的施工工艺。

2.0.13 铰接装置 articulation

以液压千斤顶连接，可调节前后壳体姿态的装置。

2.0.14 调头 u-turn 或 turn back

盾构施工完成一段隧道后调转方向的过程。

2.0.15 过站 station-crossing

利用专用设备把盾构拖拉或顶推通过车站的过程。

2.0.16 小半径曲线 curve in small radius

地铁隧道平面曲线半径小于300m、其他隧道小于$40D$（D为盾构外径）的曲线。

2.0.17 大坡度 big gradient

隧道坡度大于3%。

2.0.18 姿态 position and stance

盾构的空间状态，通常采用横向偏差、竖向偏差、俯仰角、方位角、滚转角和切口里程等数据描述。

2.0.19 椭圆度 ovality

圆形隧道管片衬砌拼装成环后最大与最小直径的差值。

2.0.20 错台 step

成型隧道相邻管片接缝处的高差。

3 基本规定

3.0.1 盾构法隧道施工应执行相应的施工技术标准，应有健全的质量管理体系、质量控制和检验制度。

3.0.2 盾构的类型和技术性能应满足工程地质和水文地质条件、线路条件、环境安全和隧道结构设计要求。

3.0.3 盾构法隧道施工现场必须有足够的场地，满足工作井、龙门吊、管片存放、浆液站、泥水处理设施、材料、渣土堆放、充电间、供配电站、控制室、库房等生产设施用地要求。

3.0.4 盾构法隧道施工时，必须采取有效的技术和监控量测措施，控制地表变形，保证地下管网和邻近建（构）筑物的安全。

3.0.5 盾构法隧道施工使用的管片质量必须符合设计和本规范的要求。

3.0.6 管片拼装连接螺栓紧固件、防水密封条的规格、质量应符合设计要求。

3.0.7 盾构法隧道施工时必须严格监控盾构姿态，确保隧道轴线精度在本规范允许偏差范围内。

3.0.8 盾构法隧道施工时，必须保证管片拼装质量在本规范允许偏差范围内。

3.0.9 盾构隧道防水必须满足设计和国家现行相关规范的要求。

3.0.10 盾构法隧道施工必须采取安全措施，确保施工人员和设备安全。

3.0.11 盾构法隧道施工必须采取必要的环境保护措施。

3.0.12 质量合格应符合下列规定：

1 主控项目的质量100%合格；

2 一般项目的质量95%合格；

3 具有完备的施工操作依据和质量验收记录。

4 施工准备

4.1 一般规定

4.1.1 在隧道施工前，必须具备下列资料：

1 工程地质和水文地质勘察报告；

2 施工沿线的环境、地下管线和障碍物等的调查报告；

3 施工所需的设计图纸资料和工程技术要求文件；

4 工程施工有关合同文件。

4.1.2 工程所使用的原材料、半成品和成品的质量，除应符合本规范外，尚应符合设计要求和国家现行相关标准的规定。

4.1.3 对净距小的两条隧道包括邻近既有隧道的施工，应采取适当措施减小施工的相互影响，保证隧道施工及结构安全。

4.1.4 盾构掘进施工必须建立施工测量和监控量测系统。

4.1.5 应根据隧道所处的工程地质和水文地质条件、隧道线路条件和结构设计条件、环境保护要求等进行盾构选型、设计和制造。

4.1.6 盾构掘进施工前，应完成下列主要工作：

1 记录各工作井井位里程及坐标；

2 记录洞门钢圈制作精度和安装后的标

高、坐标；

3 进行盾构组装、调试与验收；

4 盾构基座、负环管片和反力架等设施及定向测量数据的检查验收；

5 准备预制管片；

6 准备盾构掘进施工的各类报表。

4.2 前期调查

4.2.1 应详细了解施工段的工程地质和水文地质情况，必要时应进行补充地质勘察。

4.2.2 应对工程影响范围内的道路、交通流量、地面建（构）筑物及文物等进行现场踏勘和调查，对需要加固或基础托换的建（构）筑物应作详细的调查；必要时应作鉴定，并提前做好施工方案。

4.2.3 应对工程影响范围内的地下障碍物、地下构筑物及地下管线等进行调查，必要时可进行探查。

4.2.4 应了解工程所在地的环境保护要求，进行工程环境调查。

4.3 技术准备

4.3.1 应编制施工组织设计，并经审批。特殊地段的施工必须编制专项方案。

4.3.2 必须进行施工前的技术培训与技术交底。

4.3.3 根据工程特点和环境条件，应完成测量及监控量测的准备工作。

4.4 设备、设施准备

4.4.1 盾构选型及配套设备应符合下列规定：

1 根据隧道功能、外径、长度、埋深等参数，工程地质和水文地质条件、沿线地形、建（构）筑物、地下管线等环境条件以及对地层变形的控制要求，结合开挖、衬砌、施工安全、经济和工期等因素，综合分析确定；

2 盾构及配套设备应由专业厂家制造，其质量必须符合设计要求；盾构制造完成后应经总装调试合格后出厂，并应提供盾构质量保证书；

3 根据盾构类型、掘进方法、隧道施工中各项工艺的要求，配置必要的辅助设施；

4 应配置符合工程需要的浆液站，泥水平衡盾构应设置相应的泥水处理装置，并应符合环境保护要求；

5 选择合理的水平运输及垂直提升设备；

6 供电设备必须满足盾构施工的要求。

4.4.2 盾构始发和接收工作井内设施的准备应符合下列规定：

1 始发工作井内的盾构基座必须满足盾构组装、调试及始发所需条件；

2 接收工作井内的盾构基座应保证安全接收盾构，并满足盾构检修、解体或整体移位的要求；

3 设置满足始发要求的反力架；

4 设置满足始发和接收要求的洞门密封装置。

4.5 工作井

4.5.1 工作井应符合下列规定：

1 依据地质条件、环境条件选择安全、经济、对周边影响小的施工方法；

2 始发工作井的长度应大于盾构主机长度3m，宽度应大于盾构直径3m；

3 接收工作井的平面内净尺寸应满足盾构接收、解体或整体移位的要求；

4 始发、接收工作井的井底板宜低于进、出洞洞门底标高700mm；

5 工作井预留洞门直径应满足盾构始发和接收的要求，并应按下式计算：

$$D_s \geqslant H \cdot \tan\alpha + (D/\cos\alpha) + \Delta e + \Delta s + \Delta g \tag{4.5.1}$$

式中 D_s——工作井预留洞门直径（m）；

H——洞门井壁厚度（m）；

α——隧道轴线与洞门轴线的夹角（°）（采取平面或纵坡夹角的值）；

D——盾构的外径（m）；

Δe——设计规定的始发或接收工作井预留口直径大于盾构外径的差值（m）（通常始发工作井为0.10m，接收工作井为0.20m）；

Δs——测量误差（m）（通常为0.10m）；

Δg——盾构基座安装高程误差（m）（通常为0.05m）。

6 洞圈、密封及其他预埋件等应在盾构始发或接收前按要求安设完成，并应符合质量要求。

4.5.2 当洞口段土体不能满足盾构始发和接收对防水、防坍等安全要求时，必须采取加固措施，并应符合下列要求：

1 加固方案可根据洞口附近隧道埋深、工程地质和水文地质条件、盾构类型、盾构外径、地面环境等条件确定，加固方法可选用注浆、旋喷桩、搅拌桩、玻璃纤维桩、SMW桩、冻结法、降水法等；

2 当洞口处于砂性土或有承压水地层时，应采取降水、堵漏等防止涌水、涌砂措施；

3 必须对加固的钻孔位置进行复核，当确认钻孔位置无地下管线后方能开钻。孔位允许偏差为±40mm，垂直度允许偏差为1%，并应确保桩体相互搭接；

4 应对洞口段土体的加固效果作检查，加固体强度、抗渗指标必须经现场取样试验确定，并应满足设计要求。

5 施工测量

5.1 一般规定

5.1.1 施工测量主要内容应包括地面控制测量、联系测量、地下控制测量、掘进施工测量、贯通测量和竣工测量。

5.1.2 测量前，应对施工现场进行踏勘，接收和收集相关测量资料，办理测量资料交接手续，并对既有测量控制点进行复测和保护。

5.1.3 应结合盾构及配置的导向系统的精度、特点和人工测量仪器精度等，制定盾构施工测量方案。

5.1.4 盾构施工隧道贯通测量中误差应符合表5.1.4规定。

表5.1.4 隧道贯通测量中误差（mm）

铁路、地铁隧道	横向贯通测量中误差	±50
	高程贯通测量中误差	±25
公路、水工隧道	横向贯通测量中误差	±75
	高程贯通测量中误差	±25

5.1.5 同一贯通区间内始发和接收工作井所使用的地面近井控制点间必须进行直接联测，并与区间内的其他地面控制点构成附合路线或附合网。

5.1.6 隧道贯通后必须分别以始发和接收工作井的地下近井控制点为起算数据，采用附合路线形式，对原有控制点重新组合或布设并施测地下控制网。

5.1.7 地面施工测量控制点必须埋设在施工影响的变形区以外。由于施工现场条件限制，埋设在变形区内的施工测量控制点必须经常检测。

5.2 地面控制测量

5.2.1 依据全线既有控制网的现状、坐标和高程系统、布网方法、布网层次和精度等状况，选择适宜的坐标、高程起算控制点，制定盾构施工控制测量方案。平面和高程控制网应与当地控制网联测。

5.2.2 平面控制网宜分为2个等级，一等控制网宜采用GPS网、二等控制网宜采用导线网，在满足精度要求的情况下可采用其他方法布网。高程控制网可采用水准测量方法一次布网。

5.2.3 控制网测量技术要求应符合下列规定：

1 一等平面控制网（GPS）测量技术要求应符合表5.2.3-1规定；

表5.2.3-1 一等平面控制网（GPS）测量技术要求

平均边长（km）	最弱点的点位中误差（mm）	相邻点的相对点位中误差（mm）	最弱边的相对中误差	与现有控制点的坐标较差（mm）
2	±12	±10	1/100000	≤50

2 二等平面控制网（导线）测量技术要求应符合表5.2.3-2规定；

表5.2.3-2 二等平面控制网（导线）测量技术要求

平均边长（m）	导线长度（km）	每边测距中误差（mm）	测距相对中误差	测角中误差（″）	测回数		方位角闭合差（″）	全长相对闭合差	相邻点的相对点位中误差（mm）
					DJ1	DJ2			
350	3～4	±4	1/60000	±2.5	4	6	$\pm5\sqrt{n}$	1/35000	±8

3 高程控制网（水准）测量技术要求应符合表5.2.3-3规定。

表5.2.3-3 高程控制网（水准）测量技术要求

每千米高差中数中误差（mm）		路线长度（km）	水准仪等级	水准尺	观测次数		往返较差、附合或环线闭合差	
偶然中误差	全中误差				与已知点联测	附合或环线	平地（mm）	山地（mm）
±2	±4	2～4	DS1	钢尺或条码尺	往返各一次	往返各一次	$\pm8\sqrt{L}$	$\pm2\sqrt{n}$

注：L为往返测段、附合或环线的路线长度（单位：km），n为单程的测站数。

5.2.4 在盾构始发和接收工作井间必须建立统一的施工控制测量系统，每个井口应布设不少于3个控制点。

5.2.5 当水准路线跨越江、河、湖、海时，应进行跨河水准测量。跨河水准测量可采用光学测微法、倾斜螺旋法、经纬仪倾角法和测距三角高程法等，并应执行现行国家标准《国家一、二等水准测量规范》GB 12897的规定。当视线长度小于100m时，可采用一般方法进行水准测量。

5.3 联系测量

5.3.1 联系测量主要内容应包括地面近井导线测量和近井高程测量、工作井定向测量和导入高程测量，以及地下近井导线测量和近井高程测量等。

5.3.2 地面近井导线和近井高程路线应采用附合路线形式，近井导线测量和近井高程测量技术要求应符合本规范表5.2.3-2和表5.2.3-3的规定。

5.3.3 当采用联系三角形方法进行工作井定向测量时，应符合下列规定：

1 每次应独立定向3次；

2 悬吊钢丝间距（c值）应尽量大；

3 联系三角形应成直伸形；

4 a/c(或a_1/c)不应大于1.5(a和a_1分别为地面和地下连接点与其最近钢丝的距离)；

5 仪器至钢丝的距离可采用钢尺丈量或在钢丝上粘贴反射片进行电磁波测距，地面、地下同一边测量较差应小于2mm；

6 角度观测应使用DJ2经纬仪或同等测角精度的全站仪，采用全圆测回法观测四测回，测角中误差为±2″；

7 各测回测定的地下起始边方位角较差应小于20″，方位角平均值中误差为±12″。

5.3.4 当采用陀螺经纬仪和垂准仪组合定向时，应符合下列规定：

1 全站仪角度标称精度不应低于2″，测距标称精度不应低于$2mm+2mm\times10^{-6}\times D$（$D$为测量距离，单位：km）；

2 陀螺经纬仪1次定向精度应小于20″；

3 垂准仪投点中误差为±3mm；

4 同一边应定向3次，每测回间陀螺方位角较差应小于20″，独立三次定向陀螺方位角平均值中误差为±12″。

5.3.5 导入高程测量应符合下列规定：

1 在工作井内悬吊钢尺进行高程传递测量时，地面、地下的两台水准仪应同时读数，并在钢尺上悬吊与检定钢尺时相同质量的重锤；

2 传递高程时应独立进行3次测量，高程较差应小于3mm；

3 高差应进行温度、尺长改正。

5.3.6 地下应埋设永久近井点。近井导线点不应少于3个，点间边长宜大于50m。近井高程点不应少于2个。

5.3.7 在贯通区间始发工作井联系测量不应少于3次，在初始掘进50～100m及贯通前200m时，应进行联系测量。

5.4 地下控制测量

5.4.1 地下控制测量主要内容应包括地下施工导线测量、施工控制导线测量、地下施工水准测量和施工控制水准测量。

5.4.2 地下控制测量起算点必须采用直接从地面通过联系测量传递到工作井下的平面和高程控制点，通常地下平面起算点不应少于3个，起算方位边不应少于2条，高程起算点不应少于2个。

5.4.3 控制点应埋设在稳定的隧道结构上，通常位于隧道两侧或顶、底板便于观测的位置，并应埋设强制对中装置。

5.4.4 地下控制网宜为支导线和支水准路线，当有联络通道时，应形成附合路线或结点网。

5.4.5 施工导线和施工水准应随隧道掘进布设，当直线隧道掘进长度大于200m或到达曲线段时，应布设施工控制导线和控制水准。

5.4.6 施工控制导线应满足下列技术要求：

1 直线隧道的导线平均边长宜为150m，曲线隧道的导线平均边长宜为60m；

2 采用DJ2全站仪施测，左右角各测2测回，左右角平均值之和与360°较差应小于6″；

3 导线点横向中误差m_u宜满足下列要求：

$$m_u \leqslant m\times 4l_d/5L_d \qquad (5.4.6)$$

式中 m_u——导线点横向中误差（mm）；

m——贯通中误差（mm）；

l_d——导线长度（m）；

L_d——贯通距离（m）。

5.4.7 施工控制水准应符合下列规定：

1 水准点宜按每200m间距设置1个；

2 水准点可利用导线点，也可单独埋设；

3 水准测量技术要求应符合本规范表5.2.3-3的规定。

5.4.8 延伸地下控制导线和控制水准时，应对现有施工控制点进行检测，并选择稳定点进行延伸测量。

5.4.9 在隧道贯通前，地下控制导线和控制水准测量不应少于3次。重合点坐标较差应小于10mm，且应采用平均值作为测量结果。

5.4.10 当采用支导线方法布设地下控制网不能满足隧道贯通误差要求时，应采用布设导线网或加测陀螺边等方法，也可使用高精度测量仪器。

五、设计、施工及验收标准

5.5 掘进施工测量

5.5.1 盾构始发工作井建成后，应采用联系测量方法，将平面和高程测量数据传入井下控制点，并应满足盾构组装、基座和反力架等安装以及盾构始发对测量的要求。

5.5.2 盾构测量标志点应符合下列规定：

1 标志点应牢固设置在盾构纵向或横向截面上，且不应少于2个，标志点间距离应尽量大，标志点可粘贴反射片或安置棱镜；

2 标志点间三维坐标系统应和盾构几何坐标系统一致，当不一致时，应建立明确的换算关系。

5.5.3 盾构就位后应利用人工测量方法准确测定盾构的初始姿态，盾构自身导向系统测量结果应与人工测量结果一致。

5.5.4 盾构姿态测量应满足下列要求：

1 盾构姿态测量主要内容应包括横向偏差、竖向偏差、俯仰角、方位角、滚转角和切口里程；

2 盾构姿态计算数据精度要求应符合表5.5.4规定；

表5.5.4 数据计算精度要求

名 称	单 位	精度要求
横向偏差	mm	1
竖向偏差	mm	1
俯仰角	′	1
方位角	′	1
滚转角	′	1
切口里程	m	0.01

3 盾构配置的导向系统宜具有实时测量功能，当采用人工辅助测量时，测量频率应根据其导向系统精度确定；当盾构始发掘进和距接收工作井50m内时，应增加人工测量频率；

4 当以地下控制导线点和水准点测定盾构测量标志点时，测量误差为±3mm。

5.5.5 衬砌环测量应在完成管片拼装后进行盾尾间隙测量；在衬砌环完成壁后注浆，宜在管片出车架后进行测量，其内容包括衬砌环中心坐标、底部高程、水平直径、垂直直径和前端面里程，测量误差为±3mm。

5.5.6 应根据测量结果及时调整盾构姿态。

5.6 贯通测量

5.6.1 隧道贯通后应进行贯通测量，测量主要内容应包括隧道的纵、横向和高程贯通误差测量。

5.6.2 贯通测量时，应在贯通面设置贯通相遇点。

5.6.3 纵、横向贯通误差，可利用隧道贯通面两侧平面控制点测定贯通相遇点的坐标闭合差确定，也可利用隧道贯通面两侧中线在贯通相遇点的间距测定；隧道的纵、横向贯通误差应投影到线路的法线方向上。

5.6.4 应利用隧道贯通面两侧高程控制点进行高程贯通误差测量。

5.7 竣工测量

5.7.1 隧道贯通后以始发和接收工作井内的控制点为起算点，对隧道内的导线点和水准点分别重新组成附合路线或附合网，测量结果作为后续施工的测量依据。

5.7.2 隧道竣工测量主要内容应包括隧道轴线平面偏差、高程偏差、衬砌环椭圆度以及隧道纵、横断面测量等。

5.7.3 地铁、铁路隧道在直线段每12m、曲线段每5m测量1个横断面，断面上的测点位置、数量应按设计要求确定；公路、水工隧道应按设计要求确定断面间距和测点位置。

5.7.4 横断面测量可采用全站仪极坐标法或断面仪等进行测量，测量误差为±10mm。

5.7.5 竣工测量结果应按要求归档，并作为隧道验收依据。

6 管片制作

6.1 一般规定

6.1.1 混凝土管片应由具备相应资质等级的厂家制造。

6.1.2 管片制造厂家应具有健全的质量管理体系及质量控制和质量检验制度。

6.1.3 管片制造应编制施工组织设计或技术方案，并经审查批准。

6.2 准备工作

6.2.1 生产线布置应符合工艺要求。

6.2.2 模具安装完毕后应进行质量验收。

6.2.3 混凝土搅拌、运输、振捣、养护等设备完成安装调试和安全检查后，应进行验收；各种计量器具、设备应通过检定。

6.2.4 原材料应经检验合格；混凝土应经试配确定配合比，其性能应符合设计及本规范要求。

6.2.5 对操作人员应进行技术培训，经培训合格后，方可进行操作，特殊工种应持证上岗。

6.3 原材料要求

6.3.1 钢筋混凝土管片原材料应符合下列规定：

1 具备产品质量证明文件，并应复检合格；

2 宜采用非碱活性骨料；当采用碱活性骨料时，混凝土中碱含量的限值应符合现行国家标准《混凝土结构设计规范》GB 50010的规定；

3 预埋件规格和性能应符合设计要求。

6.3.2 钢管片的钢材、焊接材料、防腐涂料、稀释剂和固化剂等材料的品种、规格、性能等应符合设计要求。

6.4 钢筋混凝土管片模具

6.4.1 模具必须具有足够的承载能力、刚度、稳定性和良好的密封性能，并应满足管片的尺寸和形状要求。

6.4.2 模具应便于安装和拆卸。

6.4.3 模具验收应符合下列规定：

1 模具制造应编制完善的技术文件；

2 模具材料应符合质量要求，选用焊条的材质应与被焊物的材质相适应；

3 模具各组成部件加工精度应符合设计要求；

4 模具安装后应进行初验，符合设计要求后可试生产；在试生产的管片中，应随机抽取3环进行水平拼装检验，合格后方可正式验收。

6.4.4 合模、开模与出模应符合下列规定：

1 合模前应清理模具各部位，脱模剂涂刷应薄而均匀，无积聚、流淌现象；

2 应按模具使用说明书规定的顺序合模和开模，并应对模具进行检查；

3 螺栓孔预埋件、中心吊装孔预埋件以及其他预埋件和模具接触面应密封良好，钢筋骨架和预埋件严禁接触脱模剂；

4 管片出模强度应符合设计要求；当设计无要求时，强度应根据管片尺寸、混凝土强度设计等级、起吊方式和存放形式等因素综合确定；

5 开模和出模时应注意保护模具。

6.4.5 模具周转100次时必须进行检验，允许偏差和检验方法应符合表6.4.5的规定。

表6.4.5 模具允许偏差和检验方法

项 目	允许偏差（mm）	检验工具	检查数量
宽度	±0.4	内径千分尺	6点/个
弧、弦长	±0.4	样板、塞尺	2点/个，每点2次
内腔高度	−1～+2	高度尺	4点/个

6.5 钢 筋

6.5.1 钢筋和骨架制作应符合下列基本规定：

1 钢筋的品种、级别和规格应符合设计要求。当钢筋的品种、级别或规格需作变更时，应办理设计变更；

2 钢筋骨架连接应符合设计要求，并应在符合要求的胎具上制作；

3 钢筋骨架应进行试生产，检验合格后方可批量制作。

6.5.2 钢筋加工应符合下列规定：

1 应按钢筋料表进行钢筋切断或弯曲；

2 弧形钢筋加工时应防止平面翘曲，成型后表面不得有裂纹，并应验证成型尺寸；

3 钢筋调直和主筋的弯钩、弯折应符合现行国家标准《混凝土结构工程施工质量验收规范》GB 50204的规定；

4 箍筋除焊接封闭外，末端应作弯钩，弯钩构造应符合设计要求；当设计无要求时，应符合下列规定：

1）箍筋弯钩的弯弧内直径应符合现行国家标准《混凝土结构工程施工质量验收规范》GB 50204 的规定；

2）箍筋弯钩的弯折角度应为135°，且弯后平直部分长度不应小于10倍箍筋直径。

6.5.3 钢筋骨架成型应符合下列规定：

1 骨架连接时，应按料表核对钢筋级别、规格、长度、根数及胎具型号；

2 采用焊接连接时，应根据钢筋级别、直径及焊机性能进行试焊，并确定焊接参数后，方可批量施焊；焊接骨架的焊点设置应符合设计要求；当设计无规定时，应采用对称跳点焊接；

3 焊接前应对焊接处进行检查，不应有水锈、油渍，焊接后不应有焊接缺陷；

4 骨架入模后，各部位保护层应符合设计要求。

6.5.4 钢筋及骨架制作与安装质量应符合下列规定：

1 浇筑混凝土前，应进行钢筋隐蔽工程验收。验收项目主要包括下列内容：

1）纵向主筋的品种、规格、数量、位置等；

2）箍筋、横向钢筋的品种、规格、数量、间距等；

3）预埋件的规格、数量、位置等。

2 钢筋加工偏差和检验方法应符合表6.5.4-1的规定；

表6.5.4-1 钢筋加工允许偏差和检验方法

项 目	允许偏差（mm）	检验工具	检验数量
主筋和构造筋长度	±10	钢卷尺	每班同设备生产15环同类型钢骨架，应抽检不少于5根
主筋折弯点位置	±10		
箍筋内净尺寸	±5		

3　钢筋骨架制作、安装偏差和检验方法应符合表 6.5.4-2 的规定。

表 6.5.4-2　钢筋骨架制作、安装允许偏差和检验方法

项　　目		允许偏差（mm）	检验工具	检验数量
钢筋骨架	长	+5，−10	钢卷尺	按日生产量的 3% 进行抽检，每日抽检不少于 3 件，且每件检验 4 点
	宽	+5，−10		
	高	+5，−10		
主筋	间距	±5		
	层距	±5		
	保护层厚度	+5，−3		
箍筋间距		±10		
分布筋间距		±5		

6.6　混　凝　土

6.6.1　检验混凝土强度用的试件尺寸及强度的尺寸换算系数应按现行国家标准《混凝土结构工程施工质量验收规范》GB 50204执行，试件的成型方法、养护条件及强度试验方法应符合现行国家标准《普通混凝土力学性能试验方法标准》GB/T 50081 的规定；强度评定应符合现行国家标准《混凝土强度检验评定标准》GBJ 107 的规定。

6.6.2　混凝土的冬期施工应符合国家现行标准《建筑工程冬期施工规程》JGJ 104 的规定。

6.6.3　混凝土配合比设计应符合下列规定：

1　混凝土坍落度不宜大于 70mm；

2　在满足设计要求及施工性能的前提下，可适当减少水泥用量；

3　混凝土中碱含量和氯离子含量应符合现行国家标准《混凝土结构设计规范》GB 50010 的规定；

4　混凝土的抗渗等级应符合设计要求。

6.6.4　混凝土生产与运输应符合下列规定：

1　首次使用的混凝土配合比应进行开盘鉴定，其工作性应满足设计要求；生产时应至少留置 1 组标准养护试件，作为验证配合比的依据；

2　应按施工配合比投放原材料，其计量偏差应符合现行国家标准《混凝土结构工程施工质量验收规范》GB 50204 的规定；

3　每工作班至少测定 1 次砂石含水率，并应根据测定结果及时调整施工配合比；

4　混凝土应搅拌均匀，和易性良好，应在搅拌或浇筑现场检测坍落度，并逐盘检查混凝土黏聚性和保水性；

5　混凝土运输、浇筑及间歇的全部时间不应超过混凝土的初凝时间。

6.6.5　混凝土浇筑应符合下列规定：

1　混凝土应连续浇筑，并应根据生产条件选择适当的振捣方式，振捣应密实，不得漏振或过振；

2　浇筑混凝土时不得扰动预埋件；

3　管片浇筑成型后，在初凝前应再次进行压面；

4　浇筑混凝土时留置的试件应符合现行国家标准《混凝土结构工程施工质量验收规范》GB 50204 的规定。

6.6.6　混凝土养护应符合下列规定：

1　混凝土浇筑成型后至开模前，应覆盖保湿，可采用蒸汽养护或自然养护；

2　采用蒸汽养护时，应经试验确定养护制度，并监控温度变化作好记录；

3　管片出模后宜进行养护。

6.7　钢筋混凝土管片

6.7.1　应在内弧面角部进行标识，标示内容应包括：管片型号、管片编号、模具编号、生产日期、生产厂家。

6.7.2　管片的质量要求应符合下列规定：

1　应按设计要求进行结构性能检验，检验结果应符合设计要求；

2　管片强度和抗渗等级应符合设计要求；

3　吊装预埋件首次使用前必须进行抗拉拔试验，试验结果应符合设计要求；

4　管片不应存在露筋、孔洞、疏松、夹渣、有害裂缝、缺棱掉角、飞边等缺陷，麻面面积不得大于管片面积的 5%；

5　日生产每 15 环应抽取 1 块管片进行检验，允许偏差和检验方法应符合表 6.7.2 的规定。

表 6.7.2　管片允许偏差和检验方法

项　　目	允许偏差（mm）	检验工具	检验数量
宽度	±1	卡尺	3 点
弧、弦长	±1	样板、塞尺	3 点
厚度	+3，−1	钢卷尺	3 点

6.7.3　每生产 200 环管片后应进行水平拼装检验 1 次，其允许偏差和检验方法应符合表 6.7.3 的规定。

表 6.7.3 管片水平拼装检验允许偏差和检验方法

项 目	允许偏差(mm)	检验频率	检验工具
环向缝间隙	2	每缝测 6 点	塞尺
纵向缝间隙	2	每缝测 2 点	塞尺
成环后内径	±2	测 4 条（不放衬垫）	钢卷尺
成环后外径	+6，−2	测 4 条（不放衬垫）	钢卷尺

6.8 钢筋混凝土管片贮存与运输

6.8.1 管片贮存场地必须坚实平整。

6.8.2 管片可采用内弧面向上或单片侧立的方式码放，每层管片之间应正确设置垫木，码放高度应经计算确定。

6.8.3 管片运输应采取适当的防护措施。

6.9 钢 管 片

6.9.1 钢管片制作应符合下列要求：

1 构件必须采用整块钢材，严禁拼接；

2 钢材如有弯曲应矫正后使用。矫正后钢材表面不应有明显的凹面或损伤，划痕深度不应大于0.5mm，且不应大于该钢材厚度负允许偏差的1/2；

3 钢材焊接宜采用二氧化碳气体保护焊，并应符合国家现行标准《二氧化碳气体保护焊工艺规程》JB/T 9186的规定。

6.9.2 钢管片质量应符合下列要求：

1 钢管片尺寸偏差、水平拼装和检验方法应符合本规范第6.7.2条中第5款和第6.7.3条的规定；

2 焊缝表面不得有焊接缺陷；

3 主要焊缝应按50％比例进行着色探伤（PT）或磁粉探伤（MT）检查。

7 盾构掘进施工

7.1 一 般 规 定

7.1.1 盾构现场组装完成后必须对各系统进行调试并验收。

7.1.2 盾构掘进施工划分为始发、掘进和接收三个阶段，施工中应根据每个阶段施工特点采取针对性技术措施，保证施工安全，并应满足质量及环保要求。

7.1.3 应在盾构起始段50～100m进行试掘进，并根据试掘进调整、确定掘进参数。

7.1.4 盾构掘进施工必须严格控制排土量、盾构姿态和地层变形。

7.1.5 盾构掘进至一个管片环宽度时，应停止掘进，进行管片拼装。管片拼装时，应采取措施保持土仓内压力，防止盾构后退。

7.1.6 盾构掘进过程中必须对成环管片与地层的间隙充填注浆。

7.1.7 盾构掘进过程中应保持盾构与配套设备、抽排水与通风设备、水平运输与垂直提升设备、泥浆管道输送设备、供电系统等正常运转，并保持盾尾密封。

7.1.8 盾构掘进过程中遇到下列情况时，应及时处理：

1 盾构前方地层发生坍塌或遇有障碍；

2 盾构本体滚动角不小于3°；

3 盾构轴线偏离隧道轴线不小于50mm；

4 盾构推力与预计值相差较大；

5 管片严重开裂或严重错台；

6 壁后注浆系统发生故障无法注浆；

7 盾构掘进扭矩发生异常波动；

8 动力系统、密封系统、控制系统等发生故障。

7.1.9 在曲线段施工时，应考虑已成环管片竖向、横向位移对隧道轴线的影响。

7.1.10 应按设定的掘进参数沿设计轴线进行盾构掘进，并应作好详细记录。

7.1.11 根据横向偏差和转动偏差，应采取措施调整盾构姿态，并应防止过量纠偏。

7.1.12 盾构暂停掘进时，应采取措施稳定开挖面，防止坍塌。

7.1.13 必须对盾构姿态与管片状态进行人工复核测量。

7.2 盾构的组装、调试

7.2.1 组装前应完成下列准备工作：

1 根据盾构部件情况、场地条件，制定详细的盾构组装方案；

2 根据部件尺寸和重量选择组装设备。

7.2.2 大件吊装作业必须由具有资质的专业队伍负责。

7.2.3 盾构组装应按相关作业安全操作规程和组装方案进行。

7.2.4 现场应配备消防设备，明火、电焊作业时，必须有专人负责。

7.2.5 组装后，必须进行各系统的空载调试，然后进行整机空载调试。

7.3 盾构现场验收

7.3.1 应按盾构主要功能及使用要求制定现场验收大纲，验收的主要项目应包括下列内容：

1 盾构壳体；

2 切削刀盘；

3 拼装机；

4 螺旋输送机（土压平衡盾构）；

5 皮带运输机（土压平衡盾构）；

6 泥水输送系统（泥水平衡盾构）；

7 同步注浆系统；

8 集中润滑系统；

9 液压系统；

10 铰接装置；

11 电气系统；

12 渣土改良系统；

13 盾尾密封系统。

7.3.2 盾构各系统验收合格并确认正常运转后，方可开始掘进施工。

7.3.3 现场验收时，应详细记录盾构运转状况、掘进情况，并进行评估，满足技术要求后，签认验收文件。

7.4 盾构始发

7.4.1 始发掘进前，应对洞门经改良后的土体进行质量检查，合格后方可始发掘进；应制定洞门围护结构破除方案，采取适当的密封措施，保证始发安全。

7.4.2 始发掘进时应对盾构姿态进行复核。

7.4.3 负环管片定位时，管片环面应与隧道轴线垂直。

7.4.4 始发掘进过程中应保护盾构的各种管线，及时跟进后配套台车，并对管片拼装、壁后注浆、出土及材料运输等作业工序进行妥善管理。

7.4.5 始发掘进过程中应严格控制盾构的姿态和推力，并加强监测，根据监测结果调整掘进参数。

7.5 土压平衡盾构掘进

7.5.1 应根据隧道工程地质和水文地质条件、隧道埋深、线路平面与坡度、地表环境、施工监测结果、盾构姿态以及盾构初始掘进阶段的经验设定盾构滚转角、俯仰角、偏角、刀盘转速、推力、扭矩、螺旋输送机转速、土仓压力、排土量等掘进参数。

7.5.2 掘进中应监测和记录盾构运转情况、掘进参数变化、排出渣土状况，并及时分析反馈，调整掘进参数，控制盾构姿态。

7.5.3 必须使开挖土充满土仓，并使排土量与开挖土量相平衡。

7.5.4 必须严格按注浆工艺进行壁后注浆，并根据注浆效果调整注浆参数。

7.5.5 应根据工程地质和水文地质条件，注入适当的添加剂，保持土质流塑状态。

7.6 泥水平衡盾构掘进

7.6.1 应根据隧道工程地质与水文地质条件、隧道埋深、线路平面与坡度、地表环境、施工监测结果、盾构姿态以及盾构始发掘进阶段的经验设定盾构滚转角、俯仰角、偏角、刀盘转速、推力、扭矩、送排泥水压力和流量、排土量等掘进参数。

7.6.2 应合理确定泥浆参数，对泥浆性能进行检测，并进行动态管理。

7.6.3 应设定和保持泥浆压力与开挖面的水土压力以及排出渣土量与开挖渣土量相平衡，并根据掘进状况进行调整和控制。

7.6.4 当掘进过程遇有大粒径石块时，应采用破碎机破碎，并宜采用隔栅沉淀箱等砾石分离装置分离大粒径砾石，防止堵塞管道。

7.6.5 应在泥水管路完全卸压后进行泥水管路延伸、更换。

7.6.6 泥水分离设备应满足渣土砂粒径要求，处理能力应满足最大排送渣土量的要求，渣土的存放与搬运应符合环境保护的有关要求。

7.6.7 必须严格按注浆工艺进行壁后注浆，并根据注浆效果调整注浆参数。

7.7 复合盾构掘进

7.7.1 应根据地层软硬情况、地下水状况、地表沉降控制要求等选择合适的掘进模式。

7.7.2 当采用土压平衡模式掘进时，宜按本规范第7.5节有关规定执行。

7.7.3 掘进模式的转换宜采用局部气压模式（半敞开模式）作为过渡模式，并在地质条件较好地层中完成。

7.7.4 掘进前，应根据地层软硬不均匀分布情况，确定刀具组合和更换刀具计划，并应在掘进中加强刀具磨损的检测。

7.7.5 应根据地层状况采用相应措施对地层和渣土进行改良，降低对刀盘刀具和螺旋输送机的磨损。

7.8 盾构姿态控制

7.8.1 盾构掘进过程中应随时监测和控制盾构姿态，使隧道轴线控制在设计允许偏差范围内。

7.8.2 在竖曲线与平曲线段施工时，应考虑已成环衬砌环竖向、横向位移对隧道轴线控制的影响。

7.8.3 应对盾构姿态及管片状态进行测量和人工复核，并详细记录。当发现偏差时，应及时采取措施纠偏。

7.8.4 实施盾构纠偏必须逐环、小量纠偏，必须防止过量纠偏而损坏已拼装管片和盾尾密封。

7.8.5 根据盾构的横向和竖向偏差及转动偏差，可采取千斤顶分组控制或使用仿行刀适量超挖或反转刀盘等措施调整盾构姿态。

7.9 刀具更换

7.9.1 应预先确定刀具更换的地点与方法，并做好相关准备工作。

7.9.2　刀具更换宜选择在工作井或地质条件较好、地层较稳定的地段进行。

7.9.3　在不稳定地层更换刀具时，必须采取地层加固或压气法等措施，确保开挖面稳定。

7.9.4　带压进仓更换刀具前，必须完成下列准备工作：

1　对带压进仓作业设备进行全面检查和试运行；

2　采用两种不同动力装置，保证不间断供气；

3　气压作业区严禁采用明火。当确需使用电焊气割时，应对所用设备加强安全检查，还必须加强通风并增加消防设备。

7.9.5　带压更换刀具必须符合下列规定：

1　通过计算和试验确定合理气压，稳定工作面和防止地下水渗漏；

2　刀盘前方地层和土仓满足气密性要求；

3　由专业技术人员对开挖面稳定状态和刀盘、刀具磨损状况进行检查，确定刀具更换专项方案与安全操作规定；

4　作业人员应按照刀具更换专项方案和安全操作规定更换刀具；

5　保持开挖面和土仓空气新鲜；

6　作业人员进仓工作时间符合表7.9.5规定。

表7.9.5　进仓工作时间

仓内压力（MPa）	工作时间		
	仓内工作时间（h）	加压时间（min）	减压时间（min）
0.01～0.13	5	6	14
0.13～0.17	4.5	7	24
0.17～0.255	3	9	51

注：24h内只允许工作1次。

7.9.6　应作好刀具更换记录。

7.10　盾构接收

7.10.1　接收前应制定接收施工方案，主要内容应包括接收掘进、管片拼装、壁后注浆、洞门外土体加固、洞门围护破除、洞门钢圈密封等。

7.10.2　盾构到达接收工作井100m前，必须对盾构轴线进行测量并作调整，保证盾构准确进入接收洞门。

7.10.3　盾构到达接收工作井10m内，应控制盾构掘进速度、开挖面压力等。

7.10.4　应按预定的破除方法破除洞门。

7.10.5　盾构主机进入接收工作井后，应及时密封管片环与洞门间隙。

7.10.6　盾构到达接收工作井前，应采取适当措施，使拼装管片环缝挤压密实，确保密封防水效果。

7.11　盾构调头和过站

7.11.1　调头和过站前，应做好施工现场调查、技术方案以及现场准备工作，调头和过站设备必须满足盾构安全调头和过站要求。

7.11.2　盾构调头和过站时必须有专人指挥，专人观察盾构转向或移动状态，避免方向偏离或碰撞。

7.11.3　调头和过站后完成盾构管线的连接工作，连接后应按本规范第7.2.5条执行。

7.12　盾构解体

7.12.1　盾构解体前，应制定详细的解体方案，并准备解体使用的吊装设备、工具、材料等。

7.12.2　盾构解体前，应对各部件进行检查，并应对液压系统和电气系统进行标识。

7.12.3　对已拆卸的零部件应做好清理和维护保养工作。

8　特殊地段施工

8.1　一般规定

8.1.1　盾构进入下列特殊地段，必须采取相应施工措施，确保施工安全：

1　覆土厚度不大于盾构直径的浅覆土层地段；

2　小半径曲线地段；

3　大坡度地段；

4　地下管线和地下障碍物地段；

5　建（构）筑物的地段；

6　平行盾构隧道净间距小于盾构直径70%的小净距地段；

7　江河地段；

8　地质条件复杂地段（软硬不均互层地段）和砂卵石地段。

8.1.2　特殊地段和特殊地质施工应符合下列规定：

1　必须详细查明和分析地质状况和隧道周边环境状况，确定专项施工技术措施；

2　应根据隧道所处位置与地层条件，合理设定开挖面压力，控制地层变形；

3　应根据隧道所处位置与工程地质、水文地质条件，确定壁后注浆的材料、压力与流量，在施工过程中根据量测结果，进行相关调整；

4　应对地表及建（构）筑物等沉降进行评估，必要时，应加密监测测点、提高监测频率，并应根据监测结果及时调整掘进参数。

8.2　特殊地段的施工措施

8.2.1　浅覆土层地段施工应符合下列规定：

1 控制掘进参数，减少施工对环境影响；

2 控制盾构姿态，防止发生突变。

8.2.2 小半径曲线地段施工应符合下列规定：

1 控制推进反力引起的管片环变形、移动、渗水等；

2 使用超挖装置时，应控制超挖量；

3 壁后注浆应选择体积变化小、早期强度高、速凝型的注浆材料；

4 增加施工测量频率；

5 采取措施防止后配套车架脱轨或倾覆；

6 防止管片错台和严重开裂。

8.2.3 大坡度地段施工应符合下列规定：

1 选择牵引机车时，应进行必要的计算，车辆应采取防溜措施；

2 上坡时应加大盾构下半部分推力，对后方台车应采取防止脱滑措施；

3 壁后注浆宜采用收缩率小、早期强度高的浆液。

8.2.4 地下管线与地下障碍物地段施工应符合下列规定：

1 应详细查明地下管线类型、位置、允许变形值等，制定专项施工方案；

2 对受施工影响可能产生较大变形的管线，应根据具体情况进行加固或改移；

3 应及时调整掘进速度和出渣量，减少地表的沉降和隆起，确保管线安全；

4 施工前应查明障碍物，并制定处理方案；

5 从地面处理地下障碍物时，应选择合理的处理方法，处理后应进行回填，确保盾构安全通过；

6 在开挖面拆除障碍物时，可选择带压作业或加固地层的施工方法，控制地层的开挖量，确保开挖面的稳定，并应配备所需的设备及设施。

8.2.5 建（构）筑物地段施工应符合下列规定：

1 盾构施工前，应对建（构）筑物地段进行详细调查，评估施工对建（构）筑物的影响，并应采取相应的保护措施，控制地表变形；

2 根据建（构）筑物基础与结构的类型、现状，可采取加固或托换措施；

3 应加强地表和建（构）筑物变形监测及反馈，调整盾构掘进参数；

4 壁后注浆应使用快凝早强注浆材料，并保证质量。

8.2.6 小净距隧道施工应符合下列规定：

1 施工前，分析施工对已建隧道的影响或平行隧道掘进时的相互影响，采取相应的施工措施；

2 施工时，应控制掘进速度、土仓压力、出渣量、注浆压力等，减少对邻近隧道的影响；

3 对先行和既有隧道应加强监控量测；

4 可采取加固隧道间的土体、先行隧道内支设钢支撑等辅助措施控制地层和隧道变形。

8.2.7 江河地段施工应符合下列规定：

1 应详细查明工程地质和水文地质条件和河床状况，设定适当的开挖面压力，加强开挖面管理与掘进参数控制，防止冒浆和地层坍塌；

2 必须配备足够的排水设备与设施；

3 应采用快凝早强注浆材料，加强壁后同步注浆和二次注浆；

4 穿过江河前，应对盾构密封系统进行全面检查和处理；

5 长距离穿越江河时，应根据地层条件预测刀具和盾尾密封的磨损，制定更换方案；

6 应采取措施防止对堤岸的影响。

8.2.8 地质条件复杂地段和砂卵石地段施工应符合下列规定：

1 穿过复杂地层、地段（软硬不均互层），应优先选择复合式盾构；

2 应综合考虑所穿过地段地质条件，合理选择刀盘形式和刀具配制方式、数量；

3 应选择适当地点，及时更换刀具或改变其配置，以适应前方地层的掘进；

4 应根据开挖面地质预测信息，调整掘进参数、壁后注浆参数和土仓压力，保证开挖面的稳定和掘进速度；

5 采用土压平衡盾构通过砂卵石地段时，应进行渣土改良；

6 采用泥水平衡盾构通过砂卵石地段时，应根据砾石含量和粒径确定破碎方法和泥浆配比；

7 遇有大孤石影响掘进时，应采取措施排除。

9 管片拼装

9.1 一般规定

9.1.1 必须使用质量合格的管片和防水密封条。

9.1.2 应根据上一衬砌环姿态、盾构姿态、盾尾间隙等确定管片排序。

9.1.3 应按拼装工艺要求逐块拼装，并及时联结成环。

9.1.4 拼装管片时，拼装机作业范围内严禁站人。

9.2 拼装前的准备

9.2.1 对管片及防水密封条应进行验收，并应按拼装顺序存放。

9.2.2 对上一衬砌环面应进行质量检查。

9.2.3 对拼装机具和材料应进行检查。

9.3 拼装作业

9.3.1 应严格控制盾构千斤顶的压力和伸缩量，并应保持盾构姿态稳定。

9.3.2 管片连接螺栓紧固质量应符合设计要求。

9.3.3 拼装管片时应防止管片及防水密封条损坏。

9.3.4 对已拼装成环的衬砌环应进行椭圆度抽查，确保拼装精度。

9.3.5 在曲线段拼装管片时，应使各种管片在环向定位准确，隧道轴线应符合设计要求。

9.3.6 在特殊位置拼装管片时，应根据特殊管片的设计位置，预先调整盾构姿态和盾尾间隙，管片拼装应符合设计要求。

9.4 管片拼装质量控制

9.4.1 管片拼装应严格按拼装设计要求进行，管片不得有内外贯穿裂缝和宽度大于 0.2mm 的裂缝及混凝土剥落现象。

9.4.2 管片防水密封质量应符合设计要求，不得缺损，粘结应牢固、平整，防水垫圈不得遗漏。

9.4.3 螺栓质量及拧紧度必须符合设计要求。

9.4.4 管片拼装过程中应对隧道轴线和高程进行控制，其允许偏差和检验方法应符合表 9.4.4 的规定。

表 9.4.4 隧道轴线和高程允许偏差和检验方法

项　目	允许偏差（mm）			检验方法	检查频率
	地铁隧道	公路隧道	水工隧道		
隧道轴线平面位置	±50	±75	±100	用经纬仪测中线	1 点/环
隧道轴线高程	±50	±75	±100	用水准仪测高程	1 点/环

9.4.5 施工中管片拼装允许偏差和检验方法应符合表 9.4.5 的规定。

表 9.4.5 管片拼装允许偏差和检验方法

项　目	允许偏差（mm）			检验方法	检查频率
	地铁隧道	公路隧道	水工隧道		
衬砌环直径椭圆度	±5‰D	±6‰D	±8‰D	尺量后计算	4 点/环
相邻管片的径向错台	5	6	8	用尺量	4 点/环
相邻环片环面错台	6	7	9	用尺量	1 点/环

注：D 指隧道的外直径，单位：mm。

9.4.6 粘贴管片防水密封条前应将管片密封条槽清理干净，粘贴后的防水密封条应牢固、平整、严密、位置正确，不得有起鼓、超长和缺口现象。管片防水密封条粘贴完毕并达到粘贴时间要求后方可拼装。管片拼装前应对粘贴的密封条进行检查，拼装时不得损坏密封条。

9.4.7 螺栓孔密封胶圈应按设计要求安装，不得遗漏，且不宜外露。

9.4.8 管片嵌缝防水应符合设计要求。当无设计要求时，应符合现行国家标准《地下工程防水技术规范》GB 50108－2001 中第 8.1.8 条的规定。

9.5 管片修补

9.5.1 当管片表面出现缺棱掉角、混凝土剥落、大于 0.2mm 宽的裂缝或贯穿性裂缝等缺陷时，必须进行修补。

9.5.2 管片修补时，应分析管片破损原因及程度，制定修补方案。

9.5.3 修补材料强度不应低于管片强度。

10 壁后注浆

10.1 一般规定

10.1.1 壁后注浆分为同步注浆、即时注浆和二次补强注浆等，应根据工程地质条件、地表沉降状态、环境要求及设备情况等选择注浆方式和注浆参数。

10.1.2 同步注浆和即时注浆必须与盾构掘进同步进行。

10.1.3 壁后注浆过程中，必须采取措施减少注浆施工对周围环境的影响。

10.2 注浆参数的选择

10.2.1 注浆压力应根据地质条件、注浆方式、管片强度、设备性能、浆液特性和隧道埋深等综合因素确定。

10.2.2 同步注浆和即时注浆的注浆量充填系数应根据地层条件、施工状态和环境要求确定，充填系数宜为1.30～2.50。

10.2.3 同步注浆的注浆速度应根据注浆量和掘进速度确定。

10.2.4 根据隧道稳定状态和环境保护要求，可进行二次补强注浆。二次补强注浆的注浆量和注浆速度应根据环境条件和沉降监测结果等确定。

10.3 注浆前的准备

10.3.1 应根据注浆要求进行注浆材料的试验和选择。可按地质条件、隧道条件和工程环境合理选用单液或双液注浆材料。

10.3.2 壁后注浆材料应满足强度、流动性、可填充性、凝结时间、收缩率、环保等要求。

10.3.3 应按注浆施工要求准备拌浆、贮浆、注浆设备，并应进行试运转。

10.4 注浆作业

10.4.1 注浆用浆液应符合下列规定：

1 浆液应按设计配合比拌制；

2 浆液的相对密度、稠度、和易性、杂物最大粒径、凝结时间、凝结后强度、浆体固化收缩率均应满足工程要求；

3 拌制后浆液应易于压注，在运输过程中不得离析和沉淀。

10.4.2 注浆作业应连续进行。

10.4.3 宜配备对注浆量、注浆压力、注浆时间等参数进行自动记录的仪器。

10.4.4 注浆作业时，应观察注浆压力及流量变化，严格控制注浆参数。

10.4.5 注浆作业后，应及时清洗注浆设备和管路。

10.4.6 管片与地层间隙应填充密实，并应确保衬砌环稳定，不得漏水。

11 隧道防水

11.1 一般规定

11.1.1 盾构隧道防水应以管片自防水为基础，接缝防水为重点，并应对特殊部位进行防水处理，形成完整的防水体系。

11.1.2 盾构隧道防水应满足环境保护和设计要求。

11.1.3 防水材料在运输、堆放、拼装前应采取防雨、防潮措施。

11.2 接缝防水

11.2.1 防水材料必须按设计要求选择，施工前应分批进行抽检。

11.2.2 防水密封条粘贴应符合下列规定：

1 按管片型号使用，严禁尺寸不符或有质量缺陷；

2 变形缝、柔性接头等管片接缝防水的处理应符合设计要求。

11.2.3 管片采用嵌缝防水材料时，槽缝应清理，并应使用专用工具填塞平整、密实。

11.3 特殊部位的防水

11.3.1 采用注浆孔进行注浆时，注浆结束后应对注浆孔进行密封防水处理。

11.3.2 隧道与工作井、联络通道等附属构筑物的接缝防水处理应按设计要求进行。

12 施工安全、卫生与环境保护

12.0.1 根据盾构类型、地质条件和工程实际，应制定盾构安全技术操作规程和应急预案，确保施工作业在安全和卫生环境下进行。

12.0.2 应根据盾构设备状况、地质条件、施工方法、进度和隧道掘进长度等条件，选用适用的通风方式、通风设备及隧道内温度控制措施，并应符合国家现行相关标准的规定。

12.0.3 隧道内作业场所必须设置照明设施。

12.0.4 隧道内作业场所必须配备消防设施。

12.0.5 隧道和工作井内必须安置足够的排水设备。

12.0.6 隧道内作业位置与场所必须保证作业通道畅通。

12.0.7 当存在可燃性或有害气体时，必须使用专用仪器进行检测，并应加强通风，可燃性或有害气体浓度应控制在安全允许范围内。

12.0.8 施工作业环境气体必须符合下列规定：

1 空气中氧气含量不得小于20%；

2 瓦斯浓度应小于0.75%；

3 有害气体浓度：

1）一氧化碳不得超过30mg/m³；

2）二氧化碳不得超过0.5%（按体积计）；

3）氮氧化物换算成二氧化氮不得超过5mg/m³。

12.0.9 隧道内温度不应高于32℃。

12.0.10 隧道内噪声不应大于90dB。

12.0.11 施工通风必须符合下列规定：

1 应采取机械通风（通常选用压入式通风）；

2 按隧道内施工高峰期人数，每人需供应新鲜空气不得小于3m³/min，隧道最低风速不得小于0.25m/s。

12.0.12 应采取措施避免施工噪声、振动、水质和土壤污染及地表下沉等对周边环境造成影响。

13 盾构的保养与维修

13.0.1 盾构的保养与维修必须坚持“预防为主、状态检测、强制保养、按需维修、养修并重”的原则，并应由专业人员进行保养与维修。

13.0.2 应按盾构生产厂家提供的设备说明书定期进行盾构及配套设备的保养与维修。

13.0.3 必须按计划对盾构进行保养与维修。

13.0.4 保养与维修工作应进行记录。

13.0.5 盾构长期停止掘进时，仍应进行保养与维修。

14 隧道施工运输

14.1 一般规定

14.1.1 盾构隧道施工运输应根据隧道直径、长度、纵坡、盾构的类型、掘进速度选择合理的运输方式、运输设备及其配套设施。运输能力应满足盾构掘进与管片拼装要求。

14.1.2 隧道内水平运输宜采用轨道运输方式，垂直提升宜采用门吊、悬臂吊等提升方式。

14.1.3 泥水平衡盾构和泥水运输应采用泥浆泵和管道组成的管道运输系统。

14.1.4 应根据最大起重重量对提升机能力和索具、挂钩、杆件承载力等进行验算。

14.1.5 水平运输和垂直提升应采取防溜和防坠落措施。

14.2 水平运输

14.2.1 水平运输的轨道应保持平稳、顺直、牢固，并应进行养护。

14.2.2 长距离掘进时，宜在适当位置设置会车道。

14.2.3 牵引设备的牵引能力应满足隧道最大纵坡和运输重量的要求。

14.2.4 车辆配置应满足出渣、进料及盾构掘进速度的要求。

14.3 垂直提升

14.3.1 垂直提升方式应根据工作井深度、盾构施工速度等因素综合考虑。

14.3.2 提升设备的提升能力应满足出渣、进料的要求。

14.3.3 垂直提升时，应根据安全需要采取稳定措施。

14.3.4 垂直提升通道内不得有任何障碍物。

14.4 管道运输

14.4.1 采用泥水平衡盾构时，管道运输系统应满足出渣和掘进速度的要求。

14.4.2 长距离掘进时，应在适当距离设置管道运输接力设备。

14.4.3 对输送泵和管道应经常进行检查和维修。

15 监控量测

15.1 一般规定

15.1.1 施工中应结合施工环境、工程地质和水文地质条件、掘进速度等制定监控量测方案。

15.1.2 监控量测范围应包括盾构隧道和沿线施工环境，对突发的变形异常情况必须启动应急监测方案。

15.1.3 在监控量测中可根据观测对象的变形量、变形速率等调整监控量测方案。

15.1.4 地上、地下同一断面内的监控量测数据应同步采集，并应收集同期盾构施工参数进行分析。

15.1.5 监控量测仪器和设备应满足量测精度、抗干扰性、可靠等要求。

15.1.6 监控量测项目应按表15.1.6选择。穿越水系和建（构）筑物或有特殊要求等地段的监控量测项目应根据设计要求确定。

表15.1.6 监控量测项目

类别	监测项目
必测项目	施工线路地表隆沉、沿线建（构）筑物和管线变形测量
	隧道变形测量
选测项目	地中位移
	衬砌环内力
	地层与管片的接触应力

15.1.7 沉降测量可采用水准测量方法，水准基点应埋设在变形影响范围外，且不得少于3个。

15.1.8 水平位移测量可采用边角测量、GPS等方法，应建立水平位移监测控制网，水平位移监测控制点宜采用具有强制对中装置的观测墩和照准装置。

15.1.9 当采用物理传感器进行监控量测时，应按各类仪器的埋设规定和监控量测方案的要求埋设传感器。

15.1.10 当采用静力水准测量方法进行沉降测量时，静力水准的埋设、连接、观测、数据处理等应符合相关技术要求，测量精度应与水准测量要求相同。

15.1.11 观测点应埋设在能够反映变形、便于观测、易于保存的位置。

15.2 隧道环境监控量测

15.2.1 隧道环境监控量测应包括地表沉降观测、邻近建（构）筑物变形量测和地下管线变形量测等。

15.2.2 地表沉降观测应沿线路中线按断面布设，当城市隧道埋深小于2倍洞径时，纵断面监测点间距宜为3～10m，横断面间距宜为50～100m，监测的横断面宽度应大于变形影响范围，监测点间距宜为3～5m。对特殊地段，地表沉降观测断面和观测点的设置应编制专项方案。

15.2.3 应根据结构状况、重要程度、影响大小对邻近建（构）筑物有选择地进行变形量测。

15.2.4 邻近地下管线的变形量测应直接在管线上设置观测点。对无法直接观测的管线应去除其覆盖土体进行观测或监测管线周围土体变形。

15.2.5 应从距开挖工作面前方隧道埋深与直径之和的距离处进行初始观测，直至监测对象稳定时结束。

15.2.6 变形测量频率应根据工程要求和监测对象的变形量和变形速率确定。

15.2.7 盾构穿越地面建（构）筑物、铁路、桥梁、管线等时除应对穿越的建（构）筑物进行观测外，还宜对邻近周围土体进行变形观测。

15.2.8 变形量测等级划分与精度应符合现行国家标准《城市轨道交通工程测量规范》GB 50308的要求。

15.2.9 变形量测的主要方法和精度要求应符合现行国家标准《城市轨道交通工程测量规范》GB 50308的要求。

15.2.10 当采用物理传感仪器进行监控量测时，测量精度不应低于现行国家标准《城市轨道交通工程测量规范》GB 50308的规定。

15.3 隧道结构监控量测

15.3.1 隧道结构监控量测内容应包括隧道沉降和椭圆度量测，必要时，还应进行衬砌环应力等量测。

15.3.2 隧道管片应力测量宜采用应力计量测。

15.3.3 初始观测值应在管片壁后注浆凝固后12h内量测。

15.3.4 变形量测频率宜按本规范第15.2.6条规定执行。

15.3.5 变形量测方法应按本规范第15.1.9条规定执行，测量精度应符合现行国家标准《城市轨道交通工程测量规范》GB 50308的规定。

15.4 资料整理和信息反馈

15.4.1 宜利用计算机实现测量数据采集实时化、数据处理自动化、数据输出标准化，并应建立监控量测数据库。

15.4.2 应结合施工和现场环境状况对监控量测数据定期进行综合分析，并应绘制变形时态曲线图。

15.4.3 宜选择与实测数据拟合较好的函数对时态曲线进行回归分析，并应对变形趋势进行预测。

15.4.4 当实测变形值大于允许变形的2/3时，必须及时通报建设、施工、监理等单位，并应采取相应措施。

15.4.5 监控量测完成后应及时提供监测成果。

15.4.6 工程竣工后应提供监控量测技术总结报告。

16 钢筋混凝土管片验收

Ⅰ 主控项目

16.0.1 管片出厂时的混凝土强度与抗渗等级必须符合设计要求。

检查数量：应符合现行国家标准《混凝土结构工程施工质量验收规范》GB 50204的规定。

检验方法：检查同条件混凝土试件的强度和抗渗报告。

16.0.2 管片混凝土外观质量不应有严重缺陷，管片外观质量缺陷等级宜按表16.0.2划分。

检查数量：全数检查。

检验方法：观察或尺量。

表16.0.2 混凝土管片外观质量缺陷等级

缺陷	缺陷描述	等级
露筋	管片内钢筋未被混凝土包裹而外露	严重缺陷
蜂窝	混凝土表面缺少水泥砂浆而形成石子外露	严重缺陷
孔洞	混凝土内孔穴深度和长度均超过保护层厚度	严重缺陷
夹渣	混凝土内夹有杂物且深度超过保护层厚度	严重缺陷
疏松	混凝土中局部不密实	严重缺陷
裂缝	可见的贯穿裂缝	严重缺陷
	长度超过密封槽、宽度大于0.1mm，且深度大于1mm的裂缝	严重缺陷
	非贯穿性干缩裂缝	一般缺陷
外形缺陷	棱角磕碰、飞边等	一般缺陷
外表缺陷	密封槽部位在长度500mm的范围内存在直径大于5mm、深度大于5mm的气泡超过5个	严重缺陷
	管片表面麻面、掉皮、起砂、存在少量气泡等	一般缺陷

Ⅱ 一般项目

16.0.3 存在一般缺陷的管片数量不得大于同期生产管片总数量的10%，并应由生产厂家按技术要求处理后重新验收。

检查数量：全数检查。

检验方法：观察，检查技术处理方案。

16.0.4 管片的尺寸偏差应符合本规范第6.7.2条第5款的规定。

检查数量：每日生产且不超过15环，抽查1环。

检验方法：尺量。

16.0.5 水平拼装检验的频率和结果应符合本规范第6.7.3条的规定。

检验方法：尺量。

16.0.6 管片成品检漏测试应按设计要求进行。

检查数量：管片每生产100环应抽查1块管片进行检漏测试，连续3次达到检测标准，则改为每生产200环抽查1块管片，再连续3次达到检测标准，按最终检测频率为400环抽查1块管片进行检漏测试。如出现一次不达标，则恢复每100环抽查1块管片的最初检测频率，再按上述要求进行抽检。当检漏频率为每100环抽查1块管片时，如出现不达标，则双倍复检，如再出现不达标，必须逐块检测。

检查方法：观察、尺量。

17 成型隧道验收

Ⅰ 主控项目

17.0.1 结构表面应无裂缝、无缺棱掉角，管片接缝应符合设计要求。

检验数量：全数检验。

检验方法：观察检验，检查施工日志。

17.0.2 隧道防水应符合设计要求。

检验数量：逐环检验。

检验方法：观察检验，检查施工日志。

17.0.3 衬砌结构不应侵入建筑限界。

检查数量：每5环检验1次。

检验方法：全站仪、水准仪测量。

17.0.4 隧道轴线平面位置和高程偏差应符合表17.0.4的规定。

表 17.0.4 隧道轴线平面位置和高程偏差

项目	允许偏差（mm）			检验方法	检查频率
	地铁隧道	公路隧道	水工隧道		
隧道轴线平面位置	±100	±150	±150	用全站仪测中线	10环
隧道轴线高程	±100	±150	±150	用水准仪测高程	10环

Ⅱ 一般项目

17.0.5 隧道允许偏差值应符合表17.0.5的规定。

表 17.0.5 隧道允许偏差

项目	允许偏差（mm）			检验方法	检查频率
	地铁隧道	公路隧道	水工隧道		
衬砌环直径椭圆度	±0.6%D	±0.8%D	±1%D	尺量后计算	10环
相邻管片的径向错台	10	12	15	尺量	4点/环
相邻管片环向错台	15	17	20	尺量	1点/环

注：D指隧道的外直径，单位：mm。

中华人民共和国国家标准

盾构法隧道施工与验收规范

GB 50446－2008

条 文 说 明

前 言

《盾构法隧道施工与验收规范》GB 50446－2008 经住房与城乡建设部 2008 年 3 月 31 日以第 8 号公告批准、发布。

为便于广大设计、施工、科研、学校等单位有关人员在使用本标准时能正确理解和执行条文规定，《盾构法隧道施工与验收规范》编制组按章、节、条顺序编制了本标准的条文说明，供使用者参考。在使用中如发现本条文说明有不妥之处，请将意见函寄住房与城乡建设部科技发展促进中心（地址：北京市三里河路 9 号；邮政编码：100835）。

1 总 则

1.0.1 编制本规范的目的是为加强盾构法隧道工程的施工管理，确保施工过程的工程安全、环境安全和工程质量，统一盾构法隧道工程的施工技术与质量验收标准。本规范不包括盾构隧道的设计、使用和维护方面的内容。

1.0.4 本规范是对盾构法隧道结构工程施工技术和工程质量的最低要求，应严格遵守。因此，承发包合同（如质量要求等）和工程技术文件（如设计文件、企业标准、施工技术方案等）对工程技术和质量的要求不得低于本规范的规定。

当承发包合同和设计文件对施工质量的要求高于本规范的规定时，验收时应以承发包合同和设计文件为准。

1.0.5 盾构法隧道工程施工期间，应对邻近建（构）筑物、地下管网进行监测，对重要的有特殊要求的建（构）筑物，应及时采取注浆、加固、支护等技术措施，保证邻近建（构）筑物、地下管网的安全。

1.0.6 本规范未规定的内容应按照国家现行相关标准执行。

2 术 语

本章给出了本规范有关章节引用的 20 条术语。因盾构及其施工技术都是新技术，目前在术语上存在地区和习惯差异，通过本规范统一盾构法施工及验收的相关术语。

本规范的术语主要参考《地铁设计规范》、《地下铁道、轻轨交通岩土勘察规范》、《城市轨道交通工程测量规范》、《地下铁道工程施工及验收规范》、《地下铁道设计施工》等标准和资料，经编制组集中归纳和整理，编入本规范。

本规范的术语是从盾构法隧道施工与验收的角度赋予其含义，同时还给出相应的推荐性英文术语，供参考。

3 基本规定

3.0.1 对于盾构法隧道施工现场的技术质量管理，要求有相应的施工技术标准、健全的质量管理体系、施工质量控制和检验制度；对具体的施工项目，要求有经审查批准的施工组织设计和施工技术方案，并能在施工过程中有效运行。

施工组织设计和施工技术方案应按程序审批，对涉及隧道结构安全和人身安全的内容，应有明确的规定和相应的措施。

3.0.12 相关单位应有质量验收记录和施工质量验收程序和组织。其中，检验层次为：生产班组的自检、交接检；施工单位质量检验部门的专业检查和评定，监理单位（建设单位）组织的验收。

在施工过程中，各工序均应得到监理单位（建设单位）的检查认可，以避免质量缺陷累积造成更大损失。

根据有关规定和工程合同的规定，对工程质量起重要作用或有争议的检验项目，应由各方参与见证检测，以确保施工过程中关键部位的质量得到控制。

4 施工准备

4.1 一般规定

4.1.1 盾构法隧道施工是一项综合性的施工技术，施工方法的确定关键在于全面掌握与工程有关的资料。在施工之前全面了解工程规模、要求、地质和环境条件，有利于正确采取经济合理的施工措施。

4.1.2 工程所使用的材料、半成品或成品都必须符合国家现行有关标准和设计要求，特别是地下工程防水的特殊性，防水密封条、注浆等材料在使用前应按规定进行抽检。

4.1.5 选择合适的盾构类型、配置优异功能和技术性能对安全、顺利、经济地完成盾构隧道的施工至关重要。盾构选型及功能配置应遵循安全可靠、适用耐久、功能齐备、操作方便、经济先进的原则。

盾构在施工中遇到的各种条件复杂多变，因此必须根据对这些条件的调查资料综合考虑盾构选型和功能及技术性能配置。选型应考虑的因素主要是：

1 工程地质及水文地质条件。包括：地层岩性及分布状况、地层软硬程度、地下水位、地层渗透性等，同时要特别注意：大直径卵砾石地层、漂石、高灵敏度软土、松散沙层、软硬混合地层、地中障碍物、可燃及有害气体等。

2 隧道线路条件。包括：曲线半径及长度、坡度、净空横断面、上覆土层厚度、连续掘进长度等。

3 隧道结构设计条件。包括：衬砌形式、参数等。

4 环境条件。包括：工程周边的建（构）筑物状况、地下管线情况、道路交通状况、控制沉降要求。

4.2 前期调查

4.2.2～4.2.4 为防止资料与实际工况条件不符，施工前应进行工程环境的调查和实地踏勘，为制定施工组织设计提供足够的依据，调查的主要内容有：

1 土地使用情况——根据报告和附图，实地踏勘调查各种建筑物的使用功能、结构形式、基础类型及其与隧道的相对位置等；

2 道路种类和路面交通情况；

3 工程用地情况——主要对施工场地及材料堆放场地、弃土场地、运输路线等作必要的调查；

4 施工用电和给排水设施条件；

5 有关环境保护的法律和法规；

6 地下障碍物及管线。

4.3 技术准备

4.3.1 采用盾构法隧道施工，施工过程中施工方法很难改变，因此，在施工前应依据工程特点、工程地质和水文地质条件、隧道结构、工程环境条件及环境保护等级、盾构类型与性能等编制施工组织设计，并应经审批作为施工依据。

4.3.2 应对盾构主控室操作人员、管片拼装操作人员、电气与机械保养维修人员等进行技术培训。

4.3.3 施工前，应建立工程测量控制系统和完成掘进前的联系测量工作，同时应根据施工组织设计和地面建（构）筑物保护专项方案等预先布设地面监测网点。

4.4 设备、设施准备

4.4.1 第2款 盾构配套设备应包括渣土运输设备、管片运输设备、电力设备、通风降温设备、照明设备、壁后注浆设备、泥水处理设备与设施、泥浆配置与设施、油脂注入设备、添加剂注入设备等。

为保证盾构及配套设备的质量，并确保安全而有效地组织现场施工，盾构及主要配套设备应由专业厂家设计及制造。盾构在工厂内制造完成后，必须进行整机调试，检查核实盾构设备的供油系统、液压系统、控制系统和电气系统的状况，调试机械运转状态和控制系统的性能，确保盾构出厂具备良好的性能，防止设备缺陷造成施工困难。

第3款 盾构法施工是一项综合性的施工工艺，要使盾构掘进施工顺利进行，必须配备各种辅助设施，各种辅助设施必须与盾构的特点及施工技术要求相适应。主要应具有以下辅助设施：

1）材料堆放场和仓库；

2）联络通信设施；

3）施工通风设施；

4）充电设备；

5）浆液搅拌站及相应管路和运输设备；

6）给排水设备；

7）压缩空气设备；

8）盾构出发与到达及调头设备与设施；

9）渣土临时存放场。

第4款　浆液站的规模应满足施工需要，站内还须配有浆体质量测定的设备。泥水平衡盾构应设置相应的泥水分离和处理设备，选用的浆液和泥水分离处理效果应符合环保要求。

第5款　在确定水平运输和垂直提升方案及选择设备时，必须根据作业循环所需的运输量详细考虑，同时还应符合各种材料运输要求，所有的运输车辆、起重机械、吊具要按有关安全规程的规定定期进行检查、维修、保养与更换。

4.5 工　作　井

4.5.1　第1款　根据地质条件与周边环境条件以及工作井的深度与断面大小，通常采用明挖法施工，其围护结构可选择钢板桩、连续墙法、各种钻孔桩等，也可采用沉井法施工工作井。

采用盾构法施工时，一般需在盾构掘进的始端和终端设置工作井，按工作井的用途，分为盾构始发工作井和接收工作井，而在竣工后多被用作地铁车站、排水、通风等永久性结构。工作竖井一般都设在隧道轴线上，用明挖法施工。本节内容主要是说明工作井施工后应满足盾构法施工的必要条件。

盾构始发工作井是用于组装、调试盾构，隧道施工期间作为管片、其他施工材料、设备、出渣的垂直运输及作业人员的出入通道。井的平面净尺寸必须满足上述各项的要求。一般情况下在盾构两侧各留1.5m作为盾构安装作业的空间。盾构的前后应留出洞口封门拆除、初期推进时出渣、管片运输和其他作业所需的空间，工作井的长度应大于盾构主机长度3.0m。

接收工作井宽应大于盾构直径1.5m，工作井的长度应大于盾构主机长度2.0m。

根据盾构的安装、拆除作业、洞口与隧道的接头处理作业等需要，确定洞口底至工作井底板顶面的最小高度。

从理论上来说，井壁预留洞口大小略比盾构的外径大一些即可（盾构外径含外壳突出部分），但考虑到井壁洞口的施工误差、隧道设计轴线与洞口轴线间的夹角、密封装置的需要，需留出足够的余量。

4.5.2　第4款　对于洞口段需要加固的土体，采用不同方法加固后均须达到设计要求的强度，起到防塌、防水作用。必须现场取芯做强度、抗渗和土工试验验证加固效果，如不能满足设计要求时，应分析原因并采取补强措施，以保证盾构始发和接收的安全。

5 施　工　测　量

5.1　一　般　规　定

5.1.4　本条是按照盾构单向掘进距离一般不超过2km确定贯通中误差；当大于2km时，按一般方法和仪器不能满足贯通中误差要求时，应采用精密测量方法和高精度仪器进行贯通测量，以满足表5.1.4规定的贯通中误差要求。当不能达到贯通误差要求时，应根据实际情况，确定适宜的贯通误差要求，但不得影响隧道建筑限界。

5.1.5　始发和接收工作井所使用的地面近井控制点间进行直接联测，可以减少测量环节，提高测量精度，是保证隧道贯通的必要措施。

5.2　地面控制测量

5.2.1　全线或部分采用盾构法施工都应了解施工地区坐标和高程系统，以及已有控制网布设的方法、层次、精度等情况，这样才能制定合理的盾构施工控制测量方案。通常地面控制网是在现有高一级控制网下加密的施工控制网；如果由于条件限制，只能布设独立的专用控制网，有条件时，应与当地高一级控制网进行联测。

5.2.2　施工平面一等控制网应在已有的国家二等三角网或B级GPS控制网下布设。二等控制网应在本规范一等控制网或国家C级GPS控制网或国家三等三角网下布设。

高程控制网应在已有的国家二等水准网的基础上一次布设全面网。

5.2.3　表5.2.3-1、表5.2.3-2、表5.2.3-3规定的主要技术要求是根据《城市轨道交通工程测量规范》制定的。

上述技术要求是按贯通测量距离小于2km，平面贯通测量误差±50mm，高程贯通测量误差±25mm设计的；若依据的技术条件发生变化，则应重新制定技术要求。

5.3　联　系　测　量

5.3.2　地面近井导线和近井高程路线采用附合路线形式可进行路线检核，提高测量精度，近井导线和高程测量技术要求与地面控制相同，同样是为了提高近井点测量精度。

5.3.3～5.3.4 联系三角形定向方法和陀螺仪与垂准仪组合定向法都是竖井定向测量的常用方法。对传统联系三角形定向精度可以按下式进行估算：

$$M_{\alpha\theta}=\pm\sqrt{M_{上}^2+M_{下}^2+\theta^2} \tag{1}$$

式中 $M_{上}$——地上连接误差；

$M_{下}$——地下连接误差；

θ——投向误差。

根据《城市轨道交通工程测量规范》在地铁定向测量中限定的误差要求：

地上的连接误差 $M_{上}=\pm\sqrt{M_{\alpha DC}^2+M_{\varphi}^2+M_{\alpha}^2}$，一般为 $\pm 5''$； (2)

地下的连接误差 $M_{下}=\pm\sqrt{M_{\alpha 1}^2+M_{\varphi}^2+M_{\delta 1}^2}$，一般为 $\pm 7''$； (3)

投向误差 $\theta=\pm e/c\times\rho''$；当 c 为 5m，e 为 0.5mm 时，此时 θ 的中误差将达到 20.6″。

$$M_{\alpha\theta}=\pm\sqrt{M_{上}^2+M_{下}^2+\theta^2}=\pm\sqrt{5^2+7^2+20.6^2}$$
$$=\pm 22.3$$

在上述总误差中，地上测量误差占 5%，地下测量误差占 10%，投向误差占 85%。欲提高定向精度，提高钢丝的投向误差是关键。为此，除满足上述联系三角形一般最有利的形状外，为减弱风流对悬吊钢丝的影响，沿隧道风流方向合理布设垂线位置可减小投向误差。另外除布设单一联系三角形外，也可采用布设组合联系三角形的办法，提高地下起始边的定向精度。

陀螺仪与垂准仪联合定向方法的定向精度取决于陀螺仪本身的定向精度。陀螺仪与垂准仪联合定向采用双投点、双定向的作业方法，采用定向精度比较高的陀螺仪进行定向，一次定向中误差可以小于 5″。现代的陀螺定向已经实现全自动定向，在定向精度、定向操作上都有了很大提高和改变，与传统定向测量相比精度高、速度快。该方法的特点是：陀螺仪定向以前的各个环节的方向测量误差不累计，垂准仪投点误差比较大，其作为一个误差常量影响贯通误差。

5.3.5 导入高程测量以在竖井内悬吊钢尺进行高程传递测量为主要方法，每次观测要独立，要有检核条件和措施。

5.3.6 规定地下近井导线点和近井高程点数量，使各类点间构成检核条件。

5.4 地下控制测量

5.4.2 规定地下控制测量起算点数量，使地下具有足够的检核测量条件。

5.4.3 根据测量实践，盾构施工 60m 以后，隧道结构已经趋于稳定，在稳定处设置地下控制点。导线点的稳定情况，通过重复测量确定，一般不少于 3 次。导线点应采用强制对中装置，控制点可在隧道两侧交叉设置。对曲线隧道，特别是连续同向曲线隧道，要注意旁折光的影响。直接用于盾构施工测量的控制点，可设置在隧道顶板上或隧道两侧。

5.4.5 隧道掘进初期，根据施工现场条件一般先布设精度较低的施工导线和施工水准，当具备条件后及时选择部分施工导线和施工水准点组成施工控制导线。曲线半径较小时，施工控制可不受曲线要素点的限制，应选择较长的导线边。

5.4.6 施工控制导线点横向中误差是依据导线长度与贯通距离之比并乘以 4/5 计算的。施工控制导线最远点横向中误差通常不大于贯通中误差即满足要求，但是为提高施工控制导线点精度，并考虑下一级施工导线的误差，取 4/5 作为比例系数。

5.4.8 当隧道结构不稳定时，埋设的地下控制导线点和控制水准点易变动，故每次控制测量必须对施工控制点进行检测。

5.4.10 当贯通误差要求不变，隧道贯通距离大于本规范规定的长度时，应采取下列措施增强地下控制网强度，提高测量精度：

1 地下控制测量布设形式可以采用图形强度比较高的布网形式；

2 在地下导线测量中，加测一定数量的陀螺方位角，可以限制测角误差的累积，提高定向精度。同时，在某些受折光影响大的导线边上加测陀螺方位角，还可以消除和减弱系统误差对方位的影响；

3 从地面向地下钻孔，增加地上和地下联系测量次数。

5.5 掘进施工测量

5.5.2 盾构上所设置的测量标志必须牢固、可靠；有条件时宜设置两套，便于检核和提高测量精度。

5.5.4 可根据盾构自身导向装置的精度，按照误差传播理论计算可能产生 1/3 贯通测量误差的距离，在此距离内应进行人工测量，把施工误差控制在允许范围内。

5.5.5 衬砌环测量可采用盾构导向系统与人工测量相结合的方法，衬砌环安装后的变形可作为监控量测的初始测量成果。

5.6 贯 通 测 量

5.6.3 贯通误差分解至线路法线方向可直观反映出贯通结果与线路、限界的关系。

5.7 竣 工 测 量

5.7.1 隧道贯通后进行贯道导线的附合路线测量，

并重新平差后，为断面测量、限界测量、铺轨测量和设备安装测量等提供较高精度的测量控制点。

5.7.2 竣工测量工作内容可根据设计要求选择，横向偏差、高程偏差指相对于衬砌环设计轴线的偏差。

5.7.3 断面上的测点位置、数量应根据隧道结构形状、设备、行车条件等对断面的要求，由设计确定。

6 管片制作

6.1 一般规定

6.1.1、6.1.2 对管片生产厂家的资质和质量管理及质量保证体系提出了要求，预制厂家推行全过程质量控制是确保管片质量稳定并不断改进的最基本条件。

6.1.3 编制施工组织设计或技术方案应对涉及结构安全和人身安全的内容作出明确的规定，其目的是在保证安全的前提下使管片生产有序、安排合理，采取各种预控措施以保证质量。

6.3 原材料要求

6.3.2 钢板的厚度、型钢的规格尺寸是影响承载力的主要因素，进场验收时应重点抽查钢板厚度和型钢规格尺寸。

对水工隧道尤其是排污隧道应按设计要求采取防腐抗蚀措施。通常钢管片的防腐要求严格，故对防腐涂料、稀释剂和固化剂等材料提出要求。

6.4 钢筋混凝土管片模具

6.4.1 本条是保证混凝土管片成型质量关键项目。其中，模具的稳定性更深层次的性能是指模具在设计周转次数内不变形，以满足对反复振捣、高温和温度重复变化等抗疲劳性能的要求。

6.4.3 第4款 模具是保证管片质量的最重要的环节，其材质和制作精度要求高，制作模具必须具有完善的技术文件，并严格按照技术文件要求进行制作。在实际生产中，不仅要对模具进行实测实量，还应考虑荷载、振动等影响因素，必须进行管片试生产，并经水平拼装检测合格才能通过验收。

6.5 钢 筋

6.5.1 第2、3款 由于弧形骨架加工尺寸不易保证，所以要求骨架必须试制，检验合格后才能批量制作，且应该在预先制作好的胎具上进行骨架成型，以保证骨架焊接成型精度。

6.5.2 第3款 盘条供应的钢筋使用前需要调直。调直宜采用机械方法，也可采用冷拉方法，但应控制冷拉伸长率，以免影响钢筋的力学性能。

6.5.3 第1、2款 在正式焊接之前，必须采用与生产相同条件进行焊接工艺试验，了解钢筋焊接性能，选择最佳焊接参数，每种牌号、每种规格钢筋至少做1组试件。当不合格时，应改进工艺，调整参数，直至合格为止。采用的焊接工艺参数应做好记录。

第3款 为了防止焊接部位产生夹渣、气孔等缺陷，在焊接区域内，钢筋表面锈蚀、油污等必须清除。

6.5.4 第2、3款 抽样检查数量采用了“双控”的方法，即按比例抽样的同时，还限定了抽样的最小数量。

6.6 混 凝 土

6.6.3 第1款 应以经济、合理的原则进行混凝土配合比设计，并按《普通混凝土拌合物性能试验方法标准》GB/T 50080等进行试验、试配，以满足混凝土强度、耐久性和工作性的要求，不得采用经验配合比。同时，低坍落度混凝土有利于减少管片成品裂缝的出现。随着混凝土技术的发展，当有可靠的技术保证时也可采用大流动性混凝土。

第2款 根据《地下铁道工程施工及验收规范》GB 50299中关于防水混凝土的规定，防水混凝土的水泥用量不得少于280kg/m³。本规范根据目前混凝土技术水平的发展现状提出，在管片混凝土的各项性能满足设计要求和施工性能的前提下，可适当减少水泥用量。

第3、4款 对混凝土中碱含量和氯离子含量加以限制和确保管片的抗渗等级是保证管片耐久性的有效措施。

6.6.4 第5款 混凝土的初凝时间与水泥品种、凝结条件、掺用外加剂的品种和数量等因素有关，应由试验确定。当施工环境气温较高时，还应考虑气温对混凝土初凝时间的影响。规定混凝土应连续浇筑并在低层初凝之前将上一层浇筑完毕。当因停电等意外原因造成低层混凝土已初凝时，则应在继续浇筑混凝土之前，按照施工技术方案对混凝土接槎的要求进行处理，使新旧混凝土结合紧密，保证混凝土结构的整体性。

6.6.5 第3款 施工经验表明：初凝前压面有利于减少混凝土表面的塑性裂缝。对于完成混凝土浇筑的外弧面，应强调压面密实。

6.6.6 第3款 出模后的管片宜加强早期养护，且养护周期不宜少于14d。养护可采用水中养护、喷淋养护、涂刷养护剂及其他可以达到预期养护效果的方法；在条件允许时，优先采用水中养护。但对于采用潮湿养护特别是水中养护时，要避免管片内部温度与水温存在过大温差而导致混凝土开裂。对于冬期施工期间生产的管片，宜采用适当的措施进行保温和防护。

6.7 钢筋混凝土管片

6.7.1 管片标记的作用是便于其质量的可追溯性，对于采用倒班作业的生产厂家，还应增加生产流水号码。

6.7.2 第4、5款 管片制作完成后，应对构件外观质量和尺寸偏差进行检查，并作出记录。当检查发现缺陷时应按本规范的有关规定执行。

6.8 钢筋混凝土管片贮存与运输

6.8.2 管片码放高度需要结合存放场地的地基承载力、管片出模强度和管片承压强度等相关因素验算后确定。当采用内弧面向上的方法贮存时，各层垫木应位于同一直线，两条直线相交于管片圆心；采用单片侧立方法贮存时，上下层管片应一一对应，不得错位。

6.8.3 运输管片时，每层之间应有支垫且必须稳固，同时应采取防护措施防止碰撞损伤。

6.9 钢 管 片

6.9.1 第3款 二氧化碳气体保护焊是具有焊接变形小、质量好、效率高、操作性好等优点的焊接方法。

6.9.2 主要焊缝是指钢管片两侧面板与两端面板间的焊缝，以及它们与顶弧板之间的焊缝。

7 盾构掘进施工

7.1 一 般 规 定

7.1.2 盾构始发施工阶段是指从破除洞门、盾构初始推进到盾构掘进、管片拼装、壁后注浆、渣土运输等全工序展开前的施工阶段；盾构接收施工阶段是指盾构刀盘距离到达洞门或贯通面一倍盾构主机长度内的掘进施工及盾构主机完全进入接收基座的施工阶段。

7.1.3 在盾构起始段50～100m进行试掘进，是为了掌握、摸索、了解、验证盾构适应性能及施工规律。在此段施工中应根据控制地表变形及环保的要求，沿隧道轴线和与轴线垂直的横断面布设地表变形量测点，施工时跟踪量测地表的沉降、隆起变形；并分析调整盾构掘进推力、掘进速度、盾构正面土压力及壁后注浆量和压力等施工参数，从而为盾构后续掘进阶段取得优化的施工参数和施工操作经验。

7.1.10 应通过盾构主控室监视与监测设定的土压力值、盾构的推进速率与油压、纵坡、刀盘油压与转速、螺旋机的油压与转速、进土速率，以及盾构左右腰对称千斤顶伸出长度等是否在优化的施工参数范围内，发现异常情况应及时调整。

7.1.11 盾构的内径与管片外径有一定施工间隙，盾构纠偏只能在此范围内调整，过量纠偏会引起盾壳卡住管片而导致管片挤压损坏或增加新一环管片拼装的困难。

根据施工经验，盾构纵坡和平面纠偏量最大值可分别按以下公式求得。

1 盾构纵坡最大纠偏量可按下式计算：

$$i=(i_{盾}-i_{衬})\leqslant[i] \tag{4}$$

式中 i——盾构与管片相对坡度；

$i_{盾}$——盾构推进后实际纵坡；

$i_{衬}$——已成隧道管片纵坡；

$[i]$——允许坡度差值。

2 盾构平面最大纠偏量可按下式计算：

$$\Delta L<S\times\tan\alpha \tag{5}$$

式中 α——盾构与衬砌允许的水平夹角；

S——两腰对称的千斤顶的中心距（mm）；

ΔL——两腰对称千斤顶伸出长度的允许差值（mm）。

要控制一次最大纠偏值在允许范围之内。纠偏系统使用铰接压缸，行程为250mm，最大纠偏值为150mm，铰接角度为右或左边1.5°，上或下为0.5°。盾构旋转角纠偏一般不大于VMT显示的转动值（rotate）10（旋转弧长与盾构外壳半径之比）。

盾构纠偏要做到及时、连续、限量，过量纠偏会使盾构与隧道的轴线产生较大的夹角，影响盾尾密封效果；同时过量纠偏也会增加盾构对地层的扰动。

7.1.12 当盾构因故停止掘进时，应根据暂停时间长短、开挖面地层、隧道埋深、地表变形等条件，对开挖面进行封闭，对盾尾与管片间的空隙进行嵌缝密封处理。可在盾构支撑环面与已拼装的管片环面间加设支撑，防止盾构后退。

对于泥水平衡盾构还应关闭泥浆管阀门，保持压力以稳定开挖面。

7.2 盾构的组装、调试

7.2.5 盾构是集机、电、液、控为一体的复杂大型设备，包含了多个不同功能系统，若在掘进中发生问题，处理十分困难且易导致地层坍塌。因此，在现场组装后，必须首先对各个系统进行空载调试，使其满足设计功能要求。然后必须进行整机联动调试，使盾构整机处于正常状态，以确保盾构始发掘进的顺利进行。

7.3 盾构现场验收

7.3.1 第1款 盾构壳体应符合下列规定：

1）外径符合设计要求；

2）长度符合设计要求；

3）盾壳表面平整；

4）在盾构推进千斤顶活动范围内，盾尾内表面平整，无突出焊缝，盾尾椭圆度在允许的范围内。

第2款　切削刀盘应符合下列规定：

1）连接用的高强度螺栓应按盾构制造厂家的设计要求配置，使用扭力扳手检查达到设计扭矩值，采用焊接形式时应符合设计要求；

2）切削刀盘空载运行各档正向、反向各15min，各减速机及传运部分无异常响声；

3）集中润滑系统应进行流量和压力的测试，各润滑部件的受油情况必须达到设计要求；

4）刀具装配应牢固，不得出现松动，刀具硬质合金焊接可靠坚固，且不得有裂纹。

第3款　拼装机应符合下列规定：

1）空载测试时，各部件的行程、回转角度、提升距离、平移距离、调节距离应符合设计要求，各系统的工作压力必须满足设计要求；

2）负载测试时，拼装机作回转、平移、提升、调节等动作运行平稳，回转运动停止可靠，各滚轮、挡轮安装定位准确、安全可靠，各系统的工作压力正常。

第4款　螺旋输送机应符合下列规定：

1）应在掘进过程中进行验收，驱动部分负载运转平稳，不应有卡死、异常响声，液压工作压力应小于设计值；

2）手动调节比例阀时，螺旋输送机的转速应有相应的变化；

3）螺旋输送机伸缩油缸、前后仓门的相关传感器灵敏度应符合设计要求。

第5款　皮带运输机应满足下列要求：

1）空载测试时，不得有皮带跑偏现象；

2）负载测试时，运转平稳，无振动和异常响声；全部托辊和滚筒均运转灵活。

第6款　泥水输送系统各泵的压力、流量应符合设计要求，电气系统操作灵敏、可靠、安全。

第7款　同步注浆系统应符合下列规定：

1）搅拌机安装完毕；

2）系统管路布置合理。

第8款　集中润滑系统应符合下列规定：

1）系统管路布置合理；

2）各润滑部位无油脂溢出；

3）各循环开关动作次数达到设计值。

第9款　液压系统应符合下列规定：

1）系统管路配管布置合理；

2）系统的泵组工作声音正常，无异常振动；

3）各系统的调定压力符合设计要求；

4）各系统空载压力正常；

5）所有系统工作的泄油压力正常；

6）各传感器、压力开关、压力表等工作正常；

7）对系统经耐压试验，无泄漏；

8）系统处于工作状态时，油箱温度正常。

第10款　铰接装置应符合下列规定：

1）铰接液压缸配管线路、阀组等布置合理，状态良好；

2）铰接液压缸的伸缩动作状况、动作控制和油缸行程良好；

3）铰接液压缸工作压力符合设计要求；

4）密封装置集中润滑工作正常，密封圈充满油脂。

第11款　电气系统应符合下列规定：

1　通电前验收项目：

1）电器型号、规格符合设计要求；

2）高、低压箱柜等符合要求；

3）电器安装牢固、平正；

4）电器接地符合设计要求；

5）电器和电缆绝缘电阻符合安全标准。

2　通电后验收项目：

1）操作动作宜灵活、可靠；

2）电磁器件无异常噪声；

3）线圈及接线端子温度不超过规定值。

第12款　渣土改良系统应符合下列规定：

1）泡沫泵性能符合设计要求，运转状况正常；

2）积压式输送泵能力符合设计要求，管路布置连接正确。

第13款　盾尾密封系统应符合下列规定：

1）密封刷的安装质量符合要求；

2）密封油脂注入泵性能符合设计要求，运转状况正常。

7.3.3　盾构验收应在经过施工一定长度隧道后进行，应根据盾构实际运转状况、掘进状况对照约定的验收考核内容及指标，由盾构设计、制造和使用方共同进行评估，达到设计制造和约定的技术要求后签认验收文件，履行验收手续，完成盾构验收。

7.4　盾构始发

7.4.1　土体加固质量检查主要内容包括土体加固范围、加固体的止水效果和强度，土体强度提高值和止水效果应达到设计要求，防止地层发生坍塌或涌水。

7.4.2、7.4.3　对盾构姿态作检查，采取措施使其稳定和负环管片定位正确的规定，都是为了确保盾构始发进入地层沿设计的轴线水平掘进。当盾构进入软土时，应考虑到盾构可能下沉，水平标高可按预计下沉量抬高。

7.4.4 由于受工作井井下场地尺寸的限制，始发施工时盾构后配套通常还在地面，需要接长管线来使盾构掘进，尚不能形成正常的施工掘进、管片拼装、壁后注浆、出土运输等。因此，应随盾构掘进适时延长并保护好管线，适时跟进后配套台车，并尽快形成正常掘进全工序施工作业流程。

7.4.5 盾构始发进入起始段施工，一般为50～100m，起始段是掌握、摸索、了解、验证盾构适应性能及施工规律的过程。在此段施工中应根据控制地表变形和环保要求，沿隧道轴线和与轴线垂直的横断面，布设地表变形量测点，施工时跟踪量测地表的沉降、隆起变形；并分析调整盾构掘进推力、掘进速度、盾构正面土压力及壁后注浆量和压力等掘进参数，从而为盾构后续掘进阶段取得优化的施工参数和施工操作经验。

7.5 土压平衡盾构掘进

7.5.1 可从盾构掘进两环以上的状态测量资料分析出盾构掘进趋势，并通过地表变形量测数据判定预设的土仓压力的准确程度，从而调整施工参数，制定出当班的盾构掘进指令。盾构掘进指令一般包括以下内容：每环掘进时的盾构姿态纠偏值、注浆压力与每环的注浆量、管片类型、最大掘进速度和推进油缸行程差、最大扭矩、螺旋输送机的最大转速等。

7.5.3 适当保持土仓压力的目的是控制地表变形和确保开挖面的稳定。如果土仓压力不足，可能发生开挖面漏水或坍塌；如果压力过大，会引起刀盘扭矩或推力的增大而导致掘进速度下降或喷涌。土仓压力是利用开挖下来的渣土充满土仓来建立的，通过使开挖的渣土量与排出的渣土量相平衡的方法来保持。因此，应根据盾构推进中所产生的地表变形，刀盘扭矩、推力和推进速度等的变化及时调整土仓压力。应根据土仓压力的变化及时观测并适当控制螺旋输送机的转速。

7.5.5 根据盾构穿过的地层条件，可有选择地向土仓内适当注入泥浆或水、泡沫剂、聚合物等，以改良仓内土质，使其保持一定程度的塑性流动状态。建立土仓内平衡土压力，保持开挖面的稳定，同时易于排土。

7.6 泥水平衡盾构掘进

7.6.2 泥浆管理主要包括泥浆制作、泥浆性能检测，送排泥浆压力、排渣量的计算与控制，泥浆分离等。

泥浆性能包括物理稳定性、化学稳定性、相对密度、黏度、含砂率、pH值等。为了控制泥浆特性，特别是在选定配合比和新浆调制期间，应对上列泥浆性能进行测试。在盾构掘进中，泥浆检测的主要项目是相对密度、黏度和含砂率。

根据地层条件的变化以及泥水分离效果，需要对循环泥浆质量进行调整，使其保持在最佳状态。调整方法主要采用向泥水中添加分散剂、增黏剂、黏土颗粒等添加剂进行调整，必要时须舍弃劣质泥浆，制作新浆。

7.6.3 泥水平衡盾构掘进施工的特征是循环泥浆，用泥浆维持开挖面的稳定，又使开挖渣土成为泥浆用管道输送出地面。要根据开挖面地层条件，地下水状态、隧道埋深条件等对排土量、泥浆质量、送排泥流量、排泥流速进行设定和管理。

1 泥浆压力的设定与管理：应根据开挖面地层条件与土水压力合理地设定泥浆压力。如果泥浆压力不足，可能发生开挖面的坍塌；泥浆压力过大，又可能出现泥浆喷涌。保持泥浆压力在设定的范围内，一般压力波动允许范围为±0.02MPa；

2 排土量的设定与管理：为了保持开挖面稳定和顺利地进行掘进开挖，排土量的设定原则是使排土与开挖的土量相平衡。排土量可用在盾构上配备的流量计和比重计进行检测，通过采集数据进行计算，泥水平衡主要是流量平衡和质量平衡。排土量可按以下公式估算：

$$\text{理论掘削量}=\pi/4\times D^2\times\text{推进行程} \tag{6}$$

$$\text{实际掘削量}=\text{排泥流量}-\text{送泥流量} \tag{7}$$

$$\text{干渣量}=\text{排泥流量}\times\text{排泥泥浆相对密度}-\text{送泥流量}\times\text{送泥泥浆相对密度} \tag{8}$$

通过计算求出偏差，以检查开挖面状态，也可据此推断开挖面的地层变化。

7.7 复合盾构掘进

7.7.1 复合盾构是一种不同于一般盾构的新型盾构，其主要特点是具有一机三模式和复合刀盘，即：一台盾构可以分别采用土压平衡、敞开式或半敞开式（局部气压）三种掘进模式掘进；刀盘既可以单独安装掘进硬岩的滚刀或掘进软土的齿刀，也可以两种掘进刀具混装，因此，复合盾构既适用于较高强度（抗压强度不超过80MPa）的岩石地层和软流塑地层施工，也适用于软硬不均匀地层的施工，并能根据地层条件及周边环境条件需要采用适当的掘进模式掘进，确保开挖面地层稳定，控制地表沉降，保护建（构）筑物。在盾构穿过地层为软硬不均匀且复杂变化的复合地层时，应根据地层软硬情况、地下水状况、地表沉降控制要求等选择合适的掘进模式。当地层软弱、地下水丰富，且地表沉降要求高时，应采用土压平衡模式掘进；当地层较硬且稳定可采用敞开模式掘进；当地层软硬不均匀时，则可采用半敞开模式或土压平衡模式掘进。

7.7.2 当复合盾构采用土压平衡模式掘进时，其掘进技术要求、操作方法及掘进管理等与土压平衡盾构相同。

7.7.3 复合盾构的土压平衡、敞开式和半敞开式三种掘进模式在掘进中可以相互转换，在掘进模式转换过程中，特别是土压平衡和敞开模式相互转换时，采用半敞开模式来逐步过渡并在地层条件较好、稳定性较高的地层中完成掘进模式转换，有利于防止在掘进模式转换中发生涌水、地层过大沉降或坍塌，确保施工安全。

7.7.4 不同的刀具其破岩（土）机理不同，相同的刀具对不同地层掘进效果差异大，因此，在掘进前，应针对盾构掘进通过的地层在隧道纵向和横断面的分布情况来确定具体的掘进刀具的组合布置方式和更换刀具的计划。如：对于全断面为岩石地层应采用盘形滚刀破岩；全断面为软土（岩）应采用齿刀掘进；断面内为岩、土且软硬混合地层则应采用滚刀和齿刀混合布置。

地层的软硬不均匀会对刀具产生非正常的磨损（如弦磨、偏磨等）甚至损坏，因此，在软硬不均复杂地层的盾构掘进中，应通过对盾构掘进速率、参数和排出渣土等的变化状况的观察分析或采取进仓观测等方法加强对刀具磨损的检测，据此及时调整或恰当实施换刀计划，以较少的刀具消耗实现较高的掘进效率。

7.7.5 因岩石地层以及岩、土混合地层含泥量小，开挖下来的渣土流塑性差，形成对开挖面支撑和止水作用的平衡压力效果差，并且地层和渣土对刀盘、刀具和螺旋出土机构的磨损大，因此盾构掘进中应采取渣土改良措施，向刀盘前、土仓内和螺旋输送机内注入添加剂，如：泡沫剂、膨润土浆、聚合物等，以改善渣土的流塑性，稳定工作面和防止喷涌，并降低对刀盘、刀具和螺旋出土机构的磨损。

7.8 盾构姿态控制

7.8.1～7.8.5 盾构掘进施工中，应经常测量和复核隧道轴线、管片状态及盾构姿态，发现偏差应及时纠正。应采用调整盾构姿态的方法来纠偏，纠正横向偏差和竖向偏差时，采取分区控制盾构推进千斤顶的方法进行纠偏；纠正滚动偏差时采用改变刀盘旋转方向、施加反向旋转力矩的方法进行纠偏；曲线段纠偏时可采取使用盾构超挖刀适当超挖增大建筑间隙的办法来纠偏。当偏差过大时，应在较长距离内分次限量逐步纠偏。纠偏时应防止损坏已拼装的管片和防止盾尾漏浆。

7.9 刀具更换

7.9.1～7.9.3 地层条件发生变化成长距离掘进，尤其通过砂卵石地层时，为保证盾构施工安全，需要更换刀具。更换刀具作业顺序一般为先除去土仓中的泥水、渣土，清除刀头上粘附的砂土，设置脚手架，确认需更换的刀头，运入工具、刀具、器材，进行拆卸、更换刀具。

由于更换刀具作业复杂而且时间比较长，容易造成盾构整体下沉、地层变形、地表沉降、损坏地表和地下建（构）筑物等。因此，应采取地层加固措施，保持开挖面稳定。

7.9.6 更换记录应包括刀具编号、原刀具类型、刀具磨损量、刀具运行时间、更换原因、更换刀具类型、位置、数量、更换时间和更换作业人员等。

7.10 盾构接收

7.10.2 为了达到隧道贯通误差的要求和使盾构准确进入工作井已设置的洞门位置，因此规定在盾构到达前100m，对盾构轴线进行复测与调整。

7.10.3 为防止由于盾构推力过大以及盾构切口正面土体挤压而损坏工作井洞门结构，当切口离洞门10m起应保证出土量，切口离洞门结构30～50cm时盾构应停止掘进，并使切口正面土压力降到最低值，以确保洞门破除施工安全。

7.11 盾构调头和过站

7.11.1 盾构调头和过站可选择方案较多，可根据竖井尺寸、盾构直径、重量及移动距离等决定。由于盾构重量大、体积大，起吊、移动调头工作时间长，因此必须预先编制安全、可靠的调头和过站技术方案。当盾构在工作井内调头时，可采用临时转向台调头；小直径且重量轻的盾构，可用起重机直接起吊调头。当盾构在井下通过车站移动至另一个区间掘进施工时，其移动距离较大，可采用移车台，或在预设轨道上使用顶推、牵引等方法调头。

8 特殊地段施工

8.1 一般规定

8.1.2 盾构在特殊地段施工与在一般地段施工不同，其掘进施工难度大、控制沉降要求严、安全风险高，如对穿过建（构）筑物施工时必须严格控制地表沉降保证建（构）筑物的安全；遇到地下障碍物盾构可能无法掘进；穿过江河时，若措施不当可能引起突水或灾难性后果。因此，盾构在特殊地段的施工技术及管理应遵守的规定比一般地段的施工要求更严格，必须制定并落实更详细的针对性计划和措施。

8.2 特殊地段的施工措施

8.2.1 由于覆土荷载减小，使开挖面压力允许范围缩小，在盾构掘进中，应严格控制开挖面压力，应特别注意使用的泥浆或添加剂的性能，尽量减小对地表的影响。

在浅覆土层地段，由于盾尾空隙会立即影响到地面或地下建（构）筑物，因此应对壁后注浆进行严格管理以控制地层变形，最好使用早期强度高、凝结时间短的壁后注浆材料。

穿过江河湖海浅覆土层施工，应采取保持开挖面稳定、防止泥浆或添加剂泄漏、喷出等措施。同时，还应采取防止隧道上浮和变形的相应措施。

8.2.2 第2款 使用超挖刀进行开挖时，超挖越大，小半径盾构掘进越容易，但是会引起隧道变形过大，应采用相关措施控制超挖量。

8.2.3 第2款 由于盾构前部较重，自重向前方倾斜，因此盾构在上坡掘进时，需要加大下半部范围盾构千斤顶的推进能力。

8.2.5 第2款 如果调整盾构掘进参数和注浆参数不能满足对地面建（构）筑物的保护要求，可对建（构）筑物的基础或结构进行加固或托换。

8.2.6 第1款 小净距隧道施工的相互影响，一般应考虑下列四种影响：

1）后续盾构的推进对先行隧道的挤压和松动效应；

2）后续盾构的盾尾通过对先行隧道的松动效应；

3）后续盾构的壁后注浆对先行隧道的挤压效应；

4）先行盾构引起的地层松弛而造成或引起后续盾构的偏移等。

伴随以上效应会发生管片变形、接头螺栓变形、断裂、漏水、地表下沉等现象。因此要采取相应措施，如加强变形监测等。

8.2.7 第1款 江河地段地层情况复杂，必须进行详细地质和水文地质调查，还应考虑地质钻孔的位置与对施工的影响；

第5款 通常河床下水量大、水压高且地质条件复杂，在水底地段更换刀具时，为防止涌水、坍塌，通常需要带压进仓更换刀具，其作业难度大、危险性高。因此在盾构长距离穿越江河掘进施工时，盾构应采用高可靠性的耐磨刀具和盾尾密封，尽量减少换刀和更换盾尾密封的次数和数量；施工中应根据地质条件、隧道长度、采用的掘进刀具、掘进参数，以及盾构掘进状况等预测刀具的磨损和盾尾密封的磨损情况，预先制定水底地段更换刀具和盾尾密封的计划和专项方案及防止涌水、坍塌的预案，做好包括换刀设备、设施、料具及应急抢险等在内的各项准备，并严格实施。

9 管片拼装

9.2 拼装前的准备

9.2.1 管片在地面上按拼装顺序排列堆放，并粘贴好管片接缝防水密封条，应备齐管片接缝的连接件和配件、防水垫圈等，并随第一块管片运送至拼装工作面。

9.3 拼装作业

9.3.1 拼装过程中按各块管片位置，应缩回相应位置的千斤顶，形成管片拼装空间使管片到位，然后伸出千斤顶完成底块管片的拼装作业。盾构司机在反复伸缩千斤顶时，必须保持盾构不后退、不变坡、不变向。

9.3.6 隧道曲线段使用楔形环管片拼装，拼装方法与直线段相同，但在小半径曲线段拼装时，应注意防止盾构千斤顶偏压引起管片开裂。因此要求准确定位第一环楔形管片并经检测，确认其位置准确后方可开始下一拼装管片循环。

10 壁后注浆

10.1 一般规定

10.1.1 同步注浆是在盾构掘进的同时通过安装在盾构壳体外侧的注浆管和管片的注浆孔进行壁后注浆的方法；即时注浆是在掘进后迅速进行壁后注浆的方法；二次补强注浆是对壁后注浆的补充，其目的是填充注浆后的未填充部分，补充注浆材料收缩体积减小部分，处理渗漏水和处理由于隧道变形引起的管片、注浆材料、地层之间产生剥离状态进行填充注浆使其形成整体，提高止水效果等。注浆方法、工艺和单、双液材料等应根据地层性质、地面荷载、允许变形速率和变形值等进行合理选定。惰性浆液一般不宜用于对环境地表沉降和隧道变形有严格要求的工程。

10.2 注浆参数的选择

10.2.1 注浆压力应根据计算确定。注浆出口压力应稍大于注浆出口处的静止土压力，注浆压力一般大于出口压力0.1～0.2MPa。通过计算的注浆压力不应过大导致浆液溢出地面或造成地表隆起，也不应过小而降低注浆作用。

10.2.2 同步或即时注浆的注浆量宜按下式计算：

$$Q=\lambda\times\pi(D^2-d^2)L/4 \quad (9)$$

式中 Q——注浆量（m^3）；

λ——充填系数，根据地质情况，施工情况和环境要求确定；

D——盾构切削外径（m）；

d——预制管片外径（m）；

L——每次充填长度（m）。

在施工中注浆量根据注浆效果应作调整，注浆量与盾构掘进时扰动土层范围有关系，扰动范围是变量，一般情况下充填系数取1.30～1.80；在裂隙比较发育或地下水量大的岩层地段，充填系数一般取1.50～2.50。

10.3 注浆前的准备

10.3.2 注浆原材料的选用应按地质条件及环保要求并经试验合理选定，一般要求如下：

1 注浆作业全过程浆液不易产生离析；

2 具有较好的流动性，易于注浆施工；

3 压注后浆液固化收缩率小；

4 有较好的不透水性能；

5 压注后强度能很快超过土层；

6 使用前必须进行材料试验，符合要求后方可正式用于工程。

10.3.3 注浆设备按采用的注浆工艺合理选择，应包括：注浆泵、软管、管接头、阀门控制系统等。选用的设备应保证浆液流动畅通，接点连接牢固，防止漏浆。

拌浆设备宜采用强制式搅拌机，其容量要与施工用浆量相适应。拌浆站必须配有浆液质量测定的稠度仪，随时测定浆液流动性能。

10.4 注浆作业

10.4.4 注浆时应观测并控制注浆压力、注浆量，防止泄漏，并作好记录。当同步注浆作业发生故障时，应立即停止盾构掘进，及时排除故障。

10.4.5 注浆结束后应在一定压力下关闭浆液分配系统，同时打开回路管，停止注浆。注浆管路内压力降至零后拆下管路进行清洗。

11 隧道防水

11.1 一般规定

11.1.1 隧道主要渗、漏水通道是管片和管片环接缝。管片接缝防水一般采用防水密封条（止水带），通过螺栓和拼装管片成环后盾构千斤顶反力（压力、顶力）挤压密贴达到防水目的。管片拼装成环后，应检查接缝是否密贴和有无渗水，并采取再次紧固螺栓方法处理。对于严重渗漏处可采用二次补强注浆的方法处理。

对壁后注浆孔一般采用有密封垫圈的注浆孔塞防水。

对隧道沉降缝等特殊部位的防水应按设计要求进行。

11.2 接缝防水

11.2.1 管片接缝防水密封条为工厂定型产品，应按设计标准选购与验收。必要时，应在现场做防水效果试验。

12 施工安全、卫生与环境保护

12.0.8～12.0.11 条文相关数据是根据国家现行标准《铁路隧道施工规范》TB 10264－2002的规定和实际施工经验确定。

13 盾构的保养与维修

13.0.2 日常保养与维修在每班作业前后及运转时，由专业人员负责进行。

日常保养的工作内容是“检查、调整、紧固、润滑、清洁”，并对检查中发现的问题及时处置。专业人员对盾构运转状况进行外观目测和仪表数据观测，采用视、听、触、嗅等手段，检查盾构及后配套设备的运转情况，观测主控室的运转参数，检查机件的异响、异味、发热、裂纹、锈蚀、损伤、松动、油液色泽、油管滴漏等，初步判断盾构的工作状态。

日常保养与维修具体内容为：

1 各部位的螺栓、螺母松动检查并拧紧；

2 异常声音、发热检查；

3 液压油、润滑油、润滑脂、水、空气的异常泄漏检查；

4 各润滑部位供油、供脂情况检查并补充；

5 油位检查及补充；电源电压及掘进参数检查确认；

6 电气开关、按钮、指示灯、仪表、传感器检查并处置；

7 液压、电气、泥浆、水、空气等管线检查确认并处置；

8 安全阀设定压力检查并确认；

9 滤清器污染状况检查确认并处置。

盾构在使用过程中，必须进行定期保养。定期保养是指按规定的运转周期或掘进长度对盾构及后配套设备进行检查和维护。

定期保养与维修分为周、月、季、半年和年保养与维修。

1 周保养与维修的主要内容：

1）检查油位、液压油滤清器有无泄漏；

2）检查旋转接头，用润滑脂枪给轴承注油；

3）检查刀盘驱动主轴承，检测油污染程度、含水量；

4）检查刀盘驱动行星齿轮的油位，监听运行声音；

5）检查推进油缸，润滑关节轴承；

6）检查螺旋输送机变速器的油位，润滑螺旋输送机轴承、后闸门、伸缩导向（土压平衡盾构）；

7）清理电动机、液压油泵的污物；

8）检查铰接油缸，对润滑点注脂；

9）润滑管片拼装机、管片吊机、管片输送机的润滑点，润滑所有轴承和滑动面；

10）检查送排泥泵的密封及送排泥管道的磨损情况（泥水平衡盾构）；

11）检查空压机温度，检查凝结水和冷却器污染；

12）液压油箱油位开关操作测试；

13）检查皮带运输机各滚子的转动、刮板磨损情况（土压平衡盾构）；

14）检查壁后注浆系统所有接头处的密封情况，润滑所有润滑点，彻底清理管线；

15）检查并清洁主控室 PLC 及控制柜，检查旋钮、按钮、LED 显示的工作情况；

16）检查并清洁风水管卷筒及控制箱、高压电缆卷筒及控制箱、传感器及阀组、接线盒及插座盒、送排泥泵站、照明系统等；

17）检查变压器的油温、油标，清除变压器上的水污，监听变压器运行声音；

18）检查刀具的磨损情况，当刀具磨损达到一定程度或由于地层条件变化时，进行刀具更换。刀具更换必须在确保安全的前提下进行，并作好更换记录。

2 月保养与维修的内容还应包括下列内容：

1）润滑人闸的铰链；

2）检查螺旋输送机的螺旋管的壁厚（土压平衡盾构）；

3）检查皮带运输机变速器油位、皮带张力（土压平衡盾构）；

4）液压油取样检测，按质换油；检查或更换滤芯；

5）检查管片拼装机轴承的紧固螺栓；

6）检查空压机皮带、更换机油过滤器、按质换油；

7）润滑后配套拖车行走轮的调节螺栓和轮轴；

8）检查注浆压力表及传感器；

9）检查蓄能器氮气压力，必要时添加；

10）检查刀盘驱动装置行星齿轮的冷却水系统。

3 季保养与维修的内容还应包括下列内容：

1）润滑膨润土泵轴承（土压平衡盾构）；

2）更换油脂泵齿轮油；

3）更换后配套空压机空滤器、油滤器，检测溢流阀，紧固电气接头；

4）检查循环水回路的水质；

5）润滑送排泥泵的轴承（泥水平衡盾构）；

6）用超声探测仪检查送排泥弯管、送排泥泵壳体的壁厚（泥水平衡盾构）；

7）测量送排泥泵电动机的绝缘电阻（泥水平衡盾构）。

4 半年保养与维修的内容还应包括下列内容：

1）更换所有液压油滤清器；

2）检查刀盘驱动的齿轮油，必要时更换；

3）检查电缆卷筒、水管卷筒传动装置油位，检查链条张紧并润滑；

4）用压缩空气清洁后配套空压机溢流阀。

5 年保养与维修的内容还应包括下列内容：

1）注浆泵进行安全检查，检查主轴密封；

2）更换空压机空滤器，检查分离器，按质换油；

3）润滑电缆卷筒、水管卷筒的轴承，按质更换变速箱齿轮油；

4）检查紧固变压器接头，用干燥压缩空气清除灰尘；

5）更换皮带输送机齿轮油（土压平衡盾构）；

6）后配套拖车操作运行安全检查。

13.0.4 盾构是盾构法施工的关键设备，必须执行保养维修制度，并作好记录。

13.0.5 盾构长期停止掘进时，仍必须进行保养，其主要内容如下：

1 每个系统的设备空载运行（每隔 10～15d）；

2 暴露于空气中的接合面上涂抹油脂；

3 润滑维护。

14 隧道施工运输

14.1 一般规定

14.1.1 隧道施工运输主要包括：渣土、管片以及各种机具机械设备、材料器材的运输装卸。选用的运输设备应满足隧道施工计划进度、隧道断面尺寸、施工机具与材料的尺寸、重量等要求。垂直提升与水平运输的转换作业必须保证通信信号联络通畅。

14.2 水平运输

14.2.1 隧道内水平运输一般采用轨道运输，使用电机车或内燃机车牵引，运输能力应满足盾构施工计划进度的要求，可根据隧道净空选用单轨、双轨运输，并按施工需要配备足够数量的编组列车。

通常应配备专用管片运输车、出渣斗车等。当使用平板车装运管片、轨料、钢管等大尺寸材料时，必须固定牢靠，不得超载、超限。

14.3 垂直提升

14.3.3 操作人员应按指令作业，保持物件吊运平稳。

14.4 管道运输

14.4.1 管道运输具有占用空间小、运输能力强等特点，通常适用于泥水平衡盾构的掘进施工。

通常情况下，泥浆泵能通过最大尺寸为管道直径的固体颗粒，泵送泥水混合物的最大密度为1.5t/m³。泥浆管道内的流速应保证管道不堵塞。

送、排泥的管道应按需要设置泵和阀门。依据管道上设置的压力计、流量计、密度计等的实测值计算排泥量。

稳定地控制、调节开挖面的泥浆压，保证输送过程中在管道内无渣土沉淀。

排泥管直径根据盾构外径、开挖面的地层条件、盾构制造厂提供的参考数据确定。

14.4.2 盾构后部的可调速式泥浆泵，在盾构掘进时，经过可伸缩管或柔性软管把混合物输送到后部的管道中，在长距离输送时，应按需要设置泥浆泵和阀门。

14.4.3 管道接头处和拐弯处磨损较快，应定期进行检查和更换，避免发生爆裂。

15 监 控 量 测

15.1 一 般 规 定

15.1.2 监控量测方案除包括在一般情况下的方案外，还应包括可能因变形引发安全事故时应采取的方案，以便满足对突发异常变形或抢险等对监控量测的需要。

15.1.4 同步采集地上、地下观测数据，便于全面了解、分析变形动态。

15.2 隧道环境监控量测

15.2.2 地表沉降监测断面和监测点布置间隔应根据各地区地质条件和工程环境等，并通过实践在本条规定的区间值中选择。特殊地段应根据其特殊条件确定。

15.2.6 监测初期应按照监测方案规定的量测频率进行，监测中可根据实测变形量和变形速率等情况调整量测频率。

15.4 资料整理和信息反馈

15.4.3 回归分析常用函数如下：

$$U = A \times \lg(1+t) \tag{10}$$

$$U = A \times e^{-B/t} \tag{11}$$

$$U = t/(A+Bt) \tag{12}$$

$$U = A(1-e^{-Bt}) \tag{13}$$

$$U = A + B/[\lg(1+t)] \tag{14}$$

$$U = A\{1-[1/(1+Bt)]^2\} \tag{15}$$

式中 U——位移值（mm）；

A、B——回归系数；

t——测点埋设后的时间。

17 成型隧道验收

17.0.1 发现有本条所指质量问题必须采取可行的技术措施修补或加强处理，修补或加强处理方案需经业主和设计单位认可。

17.0.2 发现隧道防水效果达不到设计要求必须采取注浆、堵漏等可行的技术措施予以处理，处理方案需经业主和设计单位认可。

中华人民共和国行业标准

地铁杂散电流腐蚀防护技术规程

CJJ 49－92

主编部门：北京市地下铁道科学技术研究所
批准部门：中 华 人 民 共 和 国 建 设 部
施行日期：1 9 9 3 年 4 月 1 日

关于发布行业标准《地铁杂散电流腐蚀防护技术规程》的通知

建标［1992］477 号

根据原城乡建设环境保护部（88）城标字第 141 号文的要求，由北京市地下铁道科学技术研究所主编的《地铁杂散电流腐蚀防护技术规程》，业经审查，现批准为行业标准，编号 CJJ 49－92，自 1993 年 4 月 1 日起施行。

本标准由建设部城镇建设标准技术归口单位建设部城市建设研究院归口管理，其具体解释工作由北京市地下铁道科学技术研究所负责。

本标准由建设部标准定额研究所组织出版。

中华人民共和国建设部
1992 年 7 月 25 日

目　　录

第一章　总　　则

第 1.0.1 条　地铁的杂散电流（迷流）对城市建筑和地铁本身具有较大的腐蚀作用，为有效地限制地铁杂散电流，降低与消除其不利影响，保证地铁具有良好的社会经济总体效益，制订本规程。

第 1.0.2 条　本规程适用于采用直流电力牵引和走行轨回流方式的地铁系统的设计、施工和运行维护等各个环节。其中主要包括：

一、地铁直流牵引供电系统中与限制和减小杂散电流值有关的措施；

二、地铁中可能受到杂散电流腐蚀或影响其外泄的结构与设备；

三、地铁系统中的防蚀措施。

本规程不适用于地铁建设过程中所采取的临时性措施。

第 1.0.3 条　地铁的工程设计，应包括杂散电流腐蚀防护的内容（积极防护和消极防护措施）。

第 1.0.4 条　地铁的建设施工必须按照工程设计的要求，完成限制杂散电流的各项措施和地铁结构的腐蚀防护与监测设施，并作为工程验收的内容。施工过程中，应及时逐段检查施工质量，保证达到技术指标。

第 1.0.5 条　常年正常运行的地铁线路，应在运行方式上力求减小杂散电流值。地铁的线路和线路上部建筑，应经常处于清洁、干燥和良好绝缘的状态。

第 1.0.6 条　地铁的杂散电流腐蚀防护除应遵守本规程外，尚应符合国家现行有关标准的规定。

第二章　基 本 原 则

第 2.0.1 条　地铁杂散电流（迷流）腐蚀防护的基本原则应符合下列规定：

一、以治本为主，将地铁杂散电流减小至最低限度；

二、限制杂散电流向地铁外部的扩散；

三、地铁附近的地中金属管线结构，应单独采取有效的防蚀措施。

第 2.0.2 条　新建的地铁线路，在其工程设计中，应包括下述有关杂散电流腐蚀防护的内容：

一、在地铁的牵引供电与回流系统中限制杂散电流的措施；

二、设计合理、性能可靠持久的隧洞绝缘防水措施；

三、主体结构钢筋及金属管线结构的防护措施；

四、在地铁沿线敷设的各种电缆、水管等管线结构，应选择符合杂散电流腐蚀防护要求的材质、结构设计和施工方法；

五、沿线及车站防蚀监测点的设置方案；

六、杂散电流腐蚀特殊防护方法论证和实施方案。

第 2.0.3 条　在对既有地铁线路进行“杂散电流腐蚀防护”设计时，应以现场实测和调查的结果为依据。

第三章 地铁结构与设备受杂散电流腐蚀的危险性指标

第 3.0.1 条 应对运行中的地铁建筑、结构与设备等进行相应的电气测量，以判断其受杂散电流腐蚀的情况。

第 3.0.2 条 地铁结构与设备受杂散电流腐蚀的危险性指标，应由结构表面向周围电解质漏泄的电流密度和由此引起的电位极化偏移来确定。

第 3.0.3 条 电腐蚀危险性的直接定量指标漏泄电流密度，其允许值应符合表 3.0.3 的规定。

表 3.0.3 地铁结构允许漏泄电流密度

材料与结构	允许漏泄电流密度 (mA/dm²)
生铁	0.75
混凝土结构中的钢筋	0.60
钢结构	0.15

注：①表中所列为列车运行高峰时的 1h 平均值。
②漏泄电流密度的计算方法见附录二。

第 3.0.4 条 腐蚀危险性的间接指标漏泄电流引起的结构的电位极化偏移（电压）值，应取在列车运行高峰时间内测得的小时平均值。

第 3.0.5 条 隧洞结构的外表面，受杂散电流腐蚀危害的控制指标是由漏泄电流引起的结构电压偏离其自然电位数值。对于钢筋混凝土质地铁主体结构的钢筋，上述极化电压的正向偏移平均值不应超过 0.5V。

第 3.0.6 条 直接埋设在土壤中的金属外铠装电缆，受杂散电流腐蚀的危险电压不应大于表 3.0.6 中所列数值。

表 3.0.6 电缆金属外铠装危险电压

"危险电压"值 (V)		土壤电阻率 ρ (Ω·m)
铁质接地极	硫酸铜测量参比电极	
0	−0.55	<100
0.1	−0.45	100～500
0.2	−0.35	500～1000
0.4	−0.15	>1000

注：表中所列为在列车运行高峰时的 1h 平均值。

第四章 地铁杂散电流值的限制

第一节 地铁牵引供电系统

第 4.1.1 条 在采用走行轨回流的直流牵引供电系统中，接触网应与牵引变电站的正母线相连接，回流走行轨应与负母线连接。

第 4.1.2 条 新建地铁线路的牵引供电系统，宜选用较高的牵引电压和分布式的牵引供电方案。应缩短直流牵引馈电距离。

第 4.1.3 条 在正常运行情况下，地铁接触网应实行双边供电。馈电区间两侧牵引变电站直流母线上的空载电压值应保持一致，不应出现越区供电现象。

第 4.1.4 条 不得从一个牵引变电站向不同的地铁线路实行牵引供电。

第 4.1.5 条 牵引变电站的负回流线应使用电缆，其根数不应少于两根。耐压等级不应低于工频 5kV。

第 4.1.6 条 地铁结构钢筋、自来水管及电缆金属外铠装等金属管线结构，与回流走行轨和电源负极间不应有直接的电气连接。

可经过论证设置极性排流防护系统。

第 4.1.7 条 牵引变电站的负极回流线应与主线路的走行轨相连接，并应保证在走行轨的任何线路区段实现牵引电流沿双方向回流。只有在车站线路上长度不超过 12.5m 的单线区段以及车辆段车场及检修库中的连接线路等，可允许单方向回流。

第 4.1.8 条 地铁车辆段中的牵引供电网，应具有来自本段牵引变电站的主电源及来自正线的备用牵引电源。在两电源的接合处，接触网和回流轨应分别实现电气分断并分别装设相应的断路器与隔离开关，两者应能实现同步操作。

第 4.1.9 条 不同地铁线路之间的连接与过渡区段，应从一条地铁线路接触网取得主供电电源，另一条线路提供备用电源。备用电源线路的接触网和走行轨应从备用电源侧与过渡区段的接触网和走行轨实行电气分断，装设专用的断路器与隔离开关，并实现操作连锁。

不重要的过渡区段接触轨，可从一条地铁线路上实现牵引供电。

第二节 地铁走行轨回流系统

第 4.2.1 条 兼用作回流的地铁走行轨与隧洞主体结构（或大地）之间的过渡电阻值（按闭塞区间分段进行测量并换算为 1km 长度的电阻值），对于新建线路不应小于 15Ω·km，对于运行线路不应小于3Ω·km。

第 4.2.2 条 木质轨枕必须先用绝缘防腐剂进行防腐处理。枕木的端面和螺纹道钉孔，必须经过绝缘处理，或设置专门的绝缘层。

螺纹道钉孔不应贯通。轨底部与道床之间的间隙值不得小于 30mm。

第 4.2.3 条 地铁的隧洞衬砌结构和钢筋结构不应兼作他用。

第 4.2.4 条 走行轨回路中的扼流变压器、道岔等与线路的路基，路面混凝土及主体结构之间，应具有良好的绝缘。道岔转撤装置控制电缆的金属外铠装与道岔本体之间亦应具有良好绝缘。

扼流变压器的塑料连接电缆、股道间均流线用塑料电缆的绝缘要求，应与负回流电缆相同。

第 4.2.5 条 在车辆段的检修与停车库中，每一条线路的走行轨均应使用绝缘接头与车场线路的走行轨相隔离。在绝缘接头处，应设置隔离开关，以保证列车能驶出停车位置。轨道和接地回路之间应具有良好绝缘。轨道和金属结构、管道、电缆外铠装壳、混凝土钢筋等之间亦应具有良好绝缘。

第 4.2.6 条 地铁隧洞内及沿线的各种金属设施和设备、临时存放洞内的钢轨、备用材料及设备等与走行轨之间不得有金属连接。

第 4.2.7 条 位于钢轨下面的道床素混凝土层的厚度，不宜小于 0.4m。

第 4.2.8 条 地铁线路的结构，应能保证道床、线路上部建筑及轨道不受水流和积水的浸蚀，不污染。隧洞结构不得漏水和积水，且应具有良好的排水系统。严禁采用直排废水入隧洞的设计与运行方式。

第 4.2.9 条 回流走行轨应焊接成长钢轨，其连接质量应符合有关标准规定，且能满足相应等级钢轨纵向电阻值的要求。

第 4.2.10 条 地铁线路中的道岔与撤岔的连接部位应设置铜引连接线，其截面面积不应小于 $120mm^2$，铜引线与钢轨之间应焊接，接头电阻不应超过 1m 长完整轨道的电阻值。

第 4.2.11 条 回流走行轨系统中，每处扼流变压器所增加的电阻值不应超过 36m 长度轨道的等值电阻。扼流变压器和走行轨之间的连接，应采用耐压水平不低于工频 5kV 的铜芯塑料电缆。

第 4.2.12 条 复线地铁中应设置股道间均流线，股道间均流线所用电缆的绝缘水平和截面与回流电缆相同。在具有牵引变电站的车站上，股道间均流线的功能，可通过连向各股道的负回流电缆来实现。

第 4.2.13 条 在地铁线路的区间区段中，股道间均流线及走行轨可分断点的设置与分布，应符合杂散电流测试和信号系统的技术要求。

第 4.2.14 条 地铁走行轨的下述部位，应实现电气隔离。

一、所有的电气化与非电气化区段之间；

二、地铁的运行线路与正在建设的线路区段之间；

三、地铁与地面铁道线路之间；

四、尽头线每条轨道的车挡装置与电气化轨道之间。

第五章 地铁沿线金属管线结构的防护

第一节 地铁主体结构

第 5.1.1 条 结合工程的具体情况，应将地铁主体结构沿纵向分为若干结构段，相邻的结构段之间应绝缘。每个结构段内部的主钢筋，应实现可靠焊接，在结构段两端的变形缝或沉降缝处附近，应按设计要求焊接引出杂散电流测防端子。

第 5.1.2 条 地铁主体结构的防水层，必须具有良好的防水性能和电气绝缘性能。防水材料的体积电阻率 ρ 不得小于 $10^8\Omega\cdot m$。

第 5.1.3 条 地铁线路与电车线或直流电气化铁路交叉跨越的地方，在自交叉位置向两侧各延长 50m 的区段中，地铁主体结构应采取双倍的加强型防水绝缘措施。

第二节 电缆及管道结构

第 5.2.1 条 敷设在地铁沿线的电力、通讯及控制测量电缆，应采用防水绝缘护套的双塑电缆。

第 5.2.2 条 地铁中各种电缆应以绝缘方式进行敷设。电缆在支架上敷设时应具有 5mm 以上的塑料绝缘垫层。

第 5.2.3 条 敷设在隧洞中的电缆、水管等金属管线结构，不得与地下水流、积水、潮湿墙壁、土壤以及含盐沉积物等发生接触。

第 5.2.4 条 水管在铁轨线路下方穿越时，宜采用非金属绝缘材质，否则水管应具有加强的绝缘层并在穿越部位两侧装设绝缘法兰，其安装部位应便于检查和维护，穿越部位必须保持清洁、干燥。

第 5.2.5 条 所有通向地铁隧洞外部的电缆和管道，必须装有绝缘接头或绝缘法兰，并应装设在地铁中的干燥和可以接近的部位，以便于进行观察和检测。上述电缆及管道结构位于绝缘法兰至穿越部位的区段应与周围的结构绝缘。

第 5.2.6 条 在供水贮槽的水管出口处，应设置绝缘法兰。

第三节 地铁及车辆段结构与设施

第 5.3.1 条 地铁与城市管网相连接的电缆和水管线路，在其离开车辆段的部位，应设置绝缘接头、绝缘套管或绝缘法兰。

第 5.3.2 条 在地铁车辆段范围内，直接埋设在地中的金属管线，应具有双倍加强的绝缘保护层。必要时，经过论证可采用阴极保护或阳极保护等防护方法。

第 5.3.3 条 在地铁车辆段范围内，电缆应按相应技术要求敷设在专门的电缆沟中，当采用地中直埋敷设方式时应采用塑料绝缘护套的电缆。

第六章 防护监测

第一节 一般规定

第 6.1.1 条 地铁沿线应设置专用的防蚀监测点。

第 6.1.2 条 每处监测点应具备下述条件：

一、在走行轨回流电路中能串接入测量电流的分流器；

二、提供本部位的接地测量电极；附近的金属管线结构应具备测量接线点；

三、在需要测量土壤电阻率 ρ 的地方，提供专用的土壤电阻率测量电极；

四、进行两种形式的定电流试验。

第 6.1.3 条 必须定期对监测点进行检查维护。

第 6.1.4 条 CD－Ⅰ型监测点接线盒的构成宜符合图 6.1.4 所示。

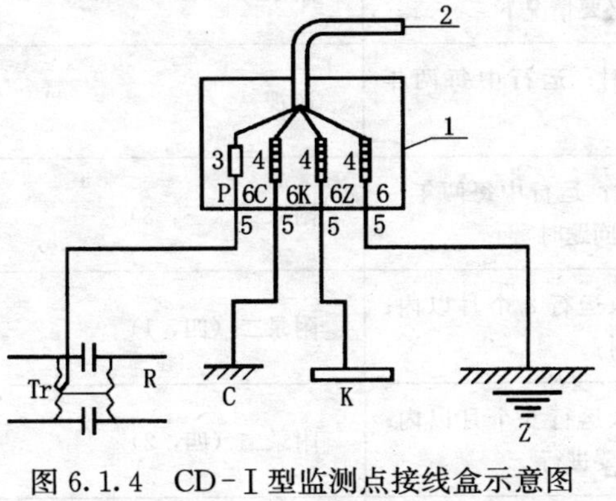

图 6.1.4 CD－Ⅰ型监测点接线盒示意图

1—监测点接线盒；2—通往监测中心的测量电缆；
3—熔断器；4—活动式短接导线或铜片；
5—测量连接线；6—接线端子；
R—走行轨；C—结构钢筋；
K—电缆外铠装等金属结构；Z—测量接地极；
T_r—扼流变压器（或走行轨分断点）

第 6.1.5 条 地铁杂散电流腐蚀与防护的试验测量和使用仪表应符合附录二的规定。

第二节 监测点和测量室

第 6.2.1 条 监测点宜采用 CD－Ⅰ型，并应设置在下列部位：

一、车站站台的两侧进、出站信号附近；

二、每一个回流点处及需要进行测试的走行轨分断点处；

三、地铁桥梁的两端；

四、地铁的尽头线及线路与车辆段的连接坡道处。

第 6.2.2 条 在有绝缘轨道电路的线路上，监测点应设在距轨道扼流变压器 10m 以内处。在采用无绝缘轨道电路的线路上，监测点的设置应与走行轨分断点配合。

第 6.2.3 条 监测点测量线的截面面积不应小于 $2.5mm^2$，长度不宜超过 10m，并应具有工频 2kV 以上的绝缘耐压水平。

第 6.2.4 条 在需要进行遥测杂散电流参数的情况下，应在车站上设置监测室，敷设必要的遥测线路。

第 6.2.5 条 车站测量室内应具备符合现场测试要求的试验场地，测量专用电源、接地极和专用仪表等。

第 6.2.6 条 对以直埋方式敷设在地中的水管和电缆等，应利用已有的可接触部位作监测点（如观察窗、观测井以及建筑物或其他可利用的设施等）。对于距离较长的管线结构，可参照通信部门的有关规定，设置专用的监测点。

第七章 验收与检查试验

第 7.0.1 条 地铁工程的验收与检查工作，可分为工程建设过程中的检查试验、工程竣工验收试验和运行过程中的检查试验。

第 7.0.2 条 地铁工程的验收与检查试验项目，应符合表 7.0.2 的规定。

表 7.0.2 验收与检查试验项目

序号	项目	检验周期	检验方法
1	测量回流走行轨的过渡电阻	工程验收时；投入运行 12 个月内；运行中每两年一次或巡视发现问题时	附录二（三，1）
2	测量回流走行轨的平均电压曲线	投入运行后 12 个月以内；根据需要进行	附录二（二，2）
3	检查轨道铜引线焊接质量及扼流变压器的连接质量	工程验收时；运行中每季度一次	巡视

五、设计、施工及验收标准

续表 7.0.2

序　号	项　　目	检验周期	检验方法
4	测量轨道连接部位的电阻	工程验收时；运行中每两年一次或巡视发现问题时	附录二（三，3）
5	测量扼流变压器连接单元的电阻	工程验收时；运行中每两年一次或巡视发现问题时	附录二（三，4）
6	根据第 4.2.14 条要求设置的所有绝缘接头的绝缘电阻测试	工程验收时；运行中每两年一次或巡视发现问题时	用绝缘摇表测量或参照附录二（四，3）
7	车辆段及停车场库线中的走行轨过渡电阻测试	工程验收时；运行中每两年一次	附录二（三，1）
8	牵引变电站负回流母线及股道间均流线的绝缘电阻测试	工程验收时；运行中每两年一次或巡视发现问题时	用绝缘摇表测量
9	隧道衬砌层的状态质量检查；洞内地面是否有漏水、被水淹的区段；轨道线路上部建筑、混凝土结构表面清洁干燥性检查	工程验收时；隧洞内工程竣工以后或根据需要进行	巡视
10	定电流试验	工程验收时（在典型区段进行）；在其他必要情况下	附录二〔三，2，(2)〕
11	检查电缆、水管等结构在隧洞中及地铁桥上的敷设条件	工程验收时；运行中每两年一次	巡视
12	绝缘套管与绝缘法兰状态检查及绝缘电阻测试	工程验收时；运行中每两年一次；巡视发现问题时	附录二（三，3）
13	在地铁特殊区段测量隧道钢筋相对土壤的极化电压	线路段投入运行 8 个月以内；运行中需要进行	附录二（四，1）
14	地铁结构钢筋漏泄电流测试	线路段投入运行 6 个月以内；运行中根据需要进行	附录二（四，2）
15	防腐蚀监测点及测试线路的状态检查	每年一次	三用表测量
16	电气防蚀设施的工作状态及完好性检查	根据需要进行	巡视
17	车辆段车库轨道绝缘检查	每年一次或根据需要进行	附录二（三，1）

第 7.0.3 条　隐蔽工程应在建设施工过程中进行中间验收试验，并做好记录。主体结构的防水层、结构段内钢筋焊接质量及其纵向电阻值的测定和线路及上部建筑的施工质量、过渡电阻等参数，均应逐段试验验收。

第 7.0.4 条　工程验收时，应提供下列技术文件：

一、有关杂散电流监测及腐蚀防护设施的竣工图纸；

二、在工程的具有代表性区段上进行定电流试验的试验报告；

三、走行轨对地（结构）过渡电阻的测试报告；

四、接触轨及走行轨回流系统的纵向电阻测试报告以及回流走行轨连接质量的检查记录；

五、地铁试运行后的结构电位分布曲线测试报告；

六、全线各监测点施工质量检查报告及初次试验的使用情况说明；

七、本地铁工程中各有关绝缘接头及绝缘法兰的绝缘电阻测试报告；

八、有关的接地电阻的测试报告；

九、主体结构钢筋纵向电阻的测试报告。

第 7.0.5 条 各项检查与试验工作，应由专业人员进行，试验工作应遵守有关安全标准的规定和地铁现场工作的规定。

第 7.0.6 条 在地铁线路的露天区段，严禁在雨、雪及大雾天气中进行各种试验工作。

第 7.0.7 条 验收与检查试验工作中所使用的导线，应具有工频 2kV 以上的绝缘耐压水平和不小于 $2.5mm^2$ 的截面。

当需要在接触轨或走行轨的下面通过测量接线时，必须将测量导线沿全长进行逐点可靠固定。

附录一 本规程术语解释

附表 1.1 本规程术语解释

术语名称	解释
1. 杂散电流	在非指定回路上流动的电流
2. 杂散电流腐蚀	由杂散电流引起的腐蚀
3. 土壤腐蚀	以土壤作为腐蚀介质的腐蚀
4. 地下金属结构腐蚀	由于周围腐蚀性介质或杂散电流的电化学作用，或是由于它们的综合作用而引起的地下金属结构的腐蚀
5. 电气排流保护	通过从金属体上将杂散电流排回电源负极来防止杂散电流腐蚀的电化学保护
6. 排流装置	用于实现电气排流防蚀的装置
7. 直接电气排流	具有双向导电能力的排流装置
8. 极性电气排流	具有单向导电性能的电气排流装置
9. 强制排流装置	在排流回路中串接入直流电源以加强排流防蚀效果的排流装置
10. 杂散电流源	产生地中杂散电流的直流电气设施及系统
11. 绝缘接头	结构的金属部分之间利用绝缘材料实现的机械连接，借以防止它们之间电气导通的装置
12. 阴极极化	电极电位从自然电位向负方向的极化现象
13. 阴极保护	电化学保护的一种，通过向金属结构表面输入阴极电流，使其电位向负方向极化，并保持在比自然腐蚀电位更负的数值，以达到防蚀的目的
14. 消极防护	从结构的材质和加强表面绝缘方面采取的防止金属结构与电解质接触以达到防蚀目的的保护措施
15. 防蚀监测点	由金属结构及接地端子等组成的测量装置
16. 介质的腐蚀性	给定的腐蚀体系内，环境介质对金属腐蚀的能力
17. 牵引电流负极回流线	用于连接牵引变电站负极和回流轨的电气绝缘导线
18. 回流点	回流线与回流走行轨的连接点
19. 表面漏泄电流密度	从金属结构单位表面积上向其周围介质中漏泄出的电流值
20. 地下金属结构电位分布图	在金属结构的实际线路坐标图上按一定比例画出的结构对地电位的平均值或最大值的分布图
21. 回流走行轨电压分布图	在回流走行轨的线路坐标图上按一定比例画出的回流走行轨电压的平均值和最大值的分布图

五、设计、施工及验收标准

续附表 1.1

术语名称	解　释
22. 地下金属结构的电压	地下金属结构相对于其周围大地电介质的某一点（相对于此点进行电压测量）的电压
23. 保护阳极	与被保护金属结构相连，可以提供阴极保护电流的接地电极
24. 防蚀保护层	在金属管道或结构的表面为防蚀目的而施加的绝缘保护层

附录二　地铁杂散电流腐蚀与防护的试验测量和使用仪表

一、杂散电流腐蚀测量工作的一般规定：

1. 为及时了解地铁中牵引回流漏泄的情况和地下金属结构受杂散电流腐蚀的程度，应进行专门的测量工作。现场测量的结果应作为金属结构受杂散电流腐蚀的定量判断依据。

2. 对地铁回流系统、隧道体结构等的电压测量，应在地铁正常运行条件下进行。

根据测量的目的，试验进行的时间和频率应符合附表 2.1 的规定。求取平均值的测量持续时间，应大于地铁运行中双向通过 10 对列车的时间。

地铁结构是否受外部杂散电流腐蚀影响的试验，其持续时间，应不小于 0.5h。

附表 2.1　地铁杂散电流参数计算公式表

被测参数种类	测量目的	被测参数代号	测量结果计算公式
日（每昼夜）平均值	对被测参数分布情况的一般评价；对日和年杂散电流腐蚀损失情况等进行一般评价	A_{da}	$A_{da}=\frac{n_d}{n_m}\cdot A_r$
地铁运行时间内的平均值	对被测参数的水平进行一般评价	A_{ea}	$A_{ea}=\frac{n_e}{n_m}\cdot A_r$
高峰运行时间内的小时平均值	确定被测参数超过允许值的程度	A_{pa}	$A_{pa}=\frac{n_p}{n_m}\cdot A_r$
参数的最大值（短时测量的瞬时最大值）	根据运行安全要求确定保护装置工作条件与其额定值的对应程度	A_{mmax}	根据实测结果确定
测量时间内的被测参数平均值	根据运行安全要求确定保护装置工作条件与其额定值的对应程度	A_{ma}	根据实测结果确定

表中符号的含义：

A_r——被测参数物理量（电压、电流等）实测值；

N——每昼夜运行列车总对数；

n_d——每昼夜的地铁列车小时平均运行对数，$n_d=N/24$；

n_e——在地铁运行时间内，运行列车的平均对数（列车/h），

$n_e=N/T_e$；

n_m——在进行测量的时间内的每小时平均列车对数（列车/h）；

n_p——地铁运行高峰时间内每小时平均列车对数（列车/h）

T_e——地下铁道的工作时间（h）。

当需要将上述测量值换算为预测值时，可将实测值乘以一个预测系数 y。

$$y=n_y/n_m$$

式中　n_m——测量时的列车实际运行对数；

n_y——地铁未来预期运行对数。

注：本条中列车的单位均为列车对数。

3. 当测量仪表的内阻值小于测量电极的电阻值时，所测得的实测值 U_r 应按下式换算：

$$U_r=U_m(R_i+R_e)/R_i \quad (附 2.1)$$

式中　U_r—实测电压数值（V）；

U_m——测量时仪表的指示值；

R_i——仪表内阻值；

R_e——测量电极电阻值。

二、回流走行轨电压的测量和电压分布图：

1. 当进行“走行轨-结构”、“走行轨-大地”电压的测量时，应使用内阻值符合要求的指针式或记录型测量仪表。仪表的正极通过CD-Ⅰ型监测点与走行轨扼流变压器中性点相连接，其负极与主体结构钢筋或接地极相连。

测量工作的持续时间，应符合本附录（一、2）的有关规定。

2. 为了绘制走行轨电压分布图，应在线路的不同监测点上同时进行测量，相邻测点间的距离可取为0.5～1km。当测量不同时进行时，应按附表2.1中的公式将实测值换算为相应时间区段的平均值。

3. 电压分布图的绘制方法（昼夜平均值）宜符合下列规定：

沿水平轴线标出地铁长度距离（百米公里标），沿纵轴标出相应的电压值，正极性向上，负极性向下。

在电压分布图的下面，按线路相应区段的坐标位置，标出现场测得的“走行轨-结构”的过渡电阻值 ω 值。

4. 为对电压分布图进行定量评价，走行轨电压特性区段可分为优先阳极区、优先阴极区和极性变换区。电压不对称系数应符合附表2.2的规定。

不对称系数 β 应按下述公式计算：

$$\beta=\frac{U_{r-c}(+)}{|U_{r-c}(+)|+|U_{r-c}(-)|} \quad (附2.2)$$

式中，U_{r-c}（+）和 U_{r-c}（－）分别表示走行轨对主体结构电压昼夜平均值的正值和负值。

附表2.2 走行轨电压特性区段

走行轨电压特性区段	电压不对称系数 β
优先阳极区	$\beta<0.7$
极性变换区	$0.3\leqslant\beta\leqslant0.7$
优先阴极区	$\beta<0.3$

三、地铁杂散电流参数的测量方法：

1. 走行轨和主体结构之间的过渡电阻 ω 和带有绝缘节的走行轨相邻闭塞区段之间的绝缘电阻值，可利用电压，电流表法或ZC-8型接地电阻测量仪测量。测量工作应在停电以后进行，并应断开本闭塞区段与相邻区段之间的电气连接。在具有股道间均流线的扼流变压器处，应在分断处断开股道间均流线。对整个区间过渡电阻的测试，宜对各个闭塞区间的过渡电阻逐个进行测试，并按下述方法求出其等值过渡电阻。

（1）整个区间或1km线路中，共有 n 个测试闭塞区间，则整个区间或1km线路的等值过渡电阻值 ω 的倒数为：

$$\frac{1}{\omega}=\sum_{i=1}^{n}\frac{1}{Rm_i} \quad (附2.3)$$

（2）一般情况下，实测得走行轨对主体结构的过渡电阻值，相当于1km长度走行轨的等值过渡电阻值 ω（Ω·km）为：

$$\omega_{r-c}=R_m\cdot L/1000 \quad (附2.4)$$

式中　R_m——测量时仪表的实际指示值（Ω）；

L——被测闭塞区段的长度（m）。

将被测区间所含的各闭塞区段的测量结果按并联方式计算其等值电阻值，即可求出本区间的等值过渡电阻。

在车场测量过渡电阻时，测量工作应在被测库线或尽头线上没有电压的情况下进行。

2. 地铁杂散电流不得用电流表直接测量，应采用间接测量法或定电流试验方法进行现场实测。

（1）间接测量法：按上述方法分别测出过渡电阻值 ω 和隧道对走行轨的电压值，然后根据欧姆定律计算出杂散电流值：

$$i_s=\frac{U_{r-c}}{\omega} \quad (附2.5)$$

（2）定电流试验方法：应在列车停运之后或新线投入运行前进行。以模拟的方法创造一个接近实际的走行轨回流条件，并在走行轨扼流变压器线圈中性点处串接入分流器或电流表，实测该点的走行轨回流电流，同时用电压表测量各点的有关电压值，这样相应的各测点走行轨电流之差即为漏泄出的杂散电流值。走行轨电流达到最小值的点即为中性点，最大杂散电流等于总负荷电流与中性点电流之差。定电流试验原理及电源波形示意图如附图2.1所示。

3. 走行轨轨道接头部位的电阻可采用双毫伏表法进行测量。测量工作应在停车、无电的情况下进行。为使轨道中产生测量电流，可短时内将一试验用直流电源与轨道接通。

以相对值表示的轨道接头电阻 R_j 可按下式进行计算：

$$R_j=\frac{U_1}{U_2}-1 \quad (附2.6)$$

式中　U_1——包括有接头的1m轨道长度上的电压降（V）；

U_2——不包括有接头的1m轨道长度上的电压降（V）。

测量时，同时读取 U_1 和 U_2 之值，读数应同步进行。取不少于5次读数的平均值。

4. 走行轨回路扼流变压器连接处的接头电阻值，可按双电压表法进行测量。测量应在没有列车运行的停电情况下进行。可利用具有相应容量的直流电源产生测量电流，在短时间通以电流的情况下，在扼流变

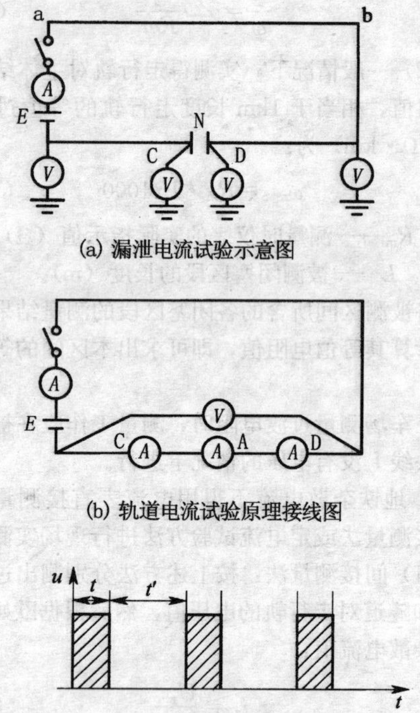

(a) 漏泄电流试验示意图

(b) 轨道电流试验原理接线图

(c) 定电流试验电源波形

附图 2.1　定电流试验原理及波形示意图

A—电流表；V—电压表；C、D—测点

压器的一个半边和附近 1m 长度的走行轨上同时测量电压降 U_1 及 U_2，然后在线路的另一侧轨道上进行同样的测量，测出另一半边的电压降 U_3 和 U_4。

根据上述的测量结果，由扼流变压器所带入的附加回流电阻可按下式算出：

$$R_b=\frac{U_1}{U_2}+\frac{U_3}{U_4}-1 \qquad (附 2.7)$$

式中　U_1、U_3——相应半边扼流变压器上的电压降（V）；

U_2、U_4——1m 长度走行轨上的电压降（V）。

按上述方法求出扼流变压器单元的电阻值，与第 4.2.11 条中规定的标准进行比较判断（其单位用相对倍数表示）。

5. 地铁运行过程中，应及时发现“走行轨-主体结构”过渡电阻值 ω 局部降低的区段，并进行处理，使过渡电阻值达到标准要求。

四、对地铁建筑与结构的腐蚀状态及防蚀措施效果的监测：

1. 结构极化电压的测量：

（1）测量主体结构钢筋在不受地铁杂散电流影响时的自然本底电位 U_c，测量应采用高内阻双向指针式或自动记录式电压表。在地铁停电半小时以后进行。仪表正极接主体结构钢筋，负极接测量参比电极，如附图 2.2（a）所示。这样测出的自然本底电位如附图 2.2（b）中的平行于时间轴的横线 U_c 所示。

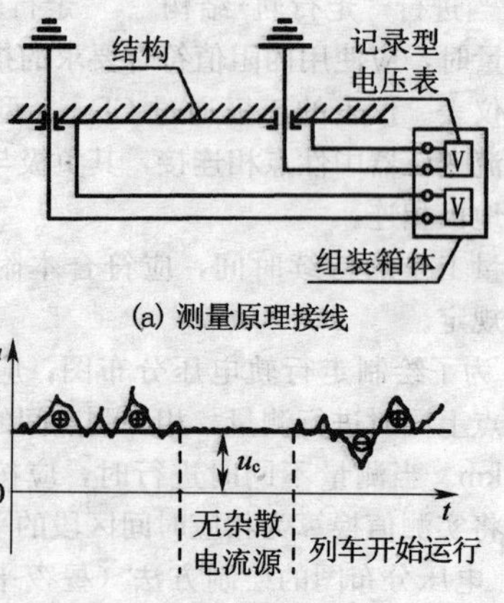

(a) 测量原理接线

(b) 考虑自然本底电位 U_c 时的电位曲线处理方法

附图 2.2　隧道体结构对地电位测量方法示意图

（2）以 U_c 作为本次测量的基准零电位，在地铁运行时，按上述相同的测量条件和相同仪表测量具有随机变量特性的地铁结构的极化电压值（测量时间应不少于 30min）。求取正向极化的电压曲线平均值，并与规程规定值进行分析比较。

根据上述方法求得的电压平均值，可画出沿线路的电压分布曲线，为此，应按照一定比例沿地下金属管线结构标出线路各个坐标位置上的电压数值并作出电压分布曲线。

测量所用的参比电极，应设在与被测点接近的地方。测量应采用短引线进行。

2. 从地铁结构钢筋向外漏泄出的杂散电流密度，在地铁结构钢筋按区段连通的情况下，可按下述的间接测量方法求得：

（1）间接测量方法是分别测量主体结构钢筋对地的电压和漏泄回路的电阻值，再计算出漏泄电流值。

$$I_s=\frac{U_{c-z}}{R_{c-z}} \qquad (附 2.8)$$

式中　I_s——在测量时间内，钢筋的漏泄电流平均值（A）；

U_{c-z}——结构钢筋对地电压平均值（V）；

R_{c-z}——钢筋对地过渡电阻（Ω）。

（2）测定 R_{c-z}，可用接地电阻测量仪进行，也可以通过电流表将回流走行轨扼流变压器的中点和结构钢筋连通，测量此电流 I_y，并同时测量钢轨对地电压 U_{r-z}，测量时间不少于 30min，如用指针式仪表，则每隔 10s 读取一次读数，求取其占优势极性的平均值，按下式计算电阻 R_{c-z} 的值：

$$R_{c-z}=\frac{U_{r-z}}{I_y} \qquad (附 2.9)$$

（3）地铁结构的漏泄电流密度，可按下式进行计算：

$$J=\frac{I_s\times10^3}{S_a} \quad (附 2.10)$$

式中 J——电流密度（mA/dm^2）；

S_a——杂散电流自结构钢筋漏出的表面积（取外层钢筋表面积的一半，结构段的长度取阳极电压区段的长度）（dm^2）。

3. 运行中，对电缆或管线上设置的绝缘接头的状态，可采用下述方法进行检测：

（1）近似测量：如附图 2.3（a）所示，在地铁和设备运行的情况下，并且在绝缘接头上有电压存在时，如在一侧电缆外皮一定长度上所接毫伏表的指针不发生偏转，则表示绝缘接头的状态正常。

当利用近似方法测量发现仪表指针偏移时，则应采用精确测量方法，作进一步的测量和确定。

（2）精确测量：如附图 2.3（b）所示，在短时接通电源的情况下，同步读取四支仪表的读数，按下式计算出绝缘电阻 R_{j1} 值：

$$R_{j1}=\frac{U_1+U_2}{U_1}\cdot\frac{U}{I} \quad (附 2.11)$$

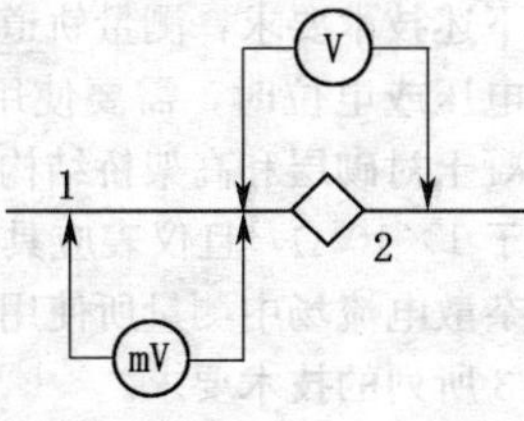

(a) 不需电源的近似监测法

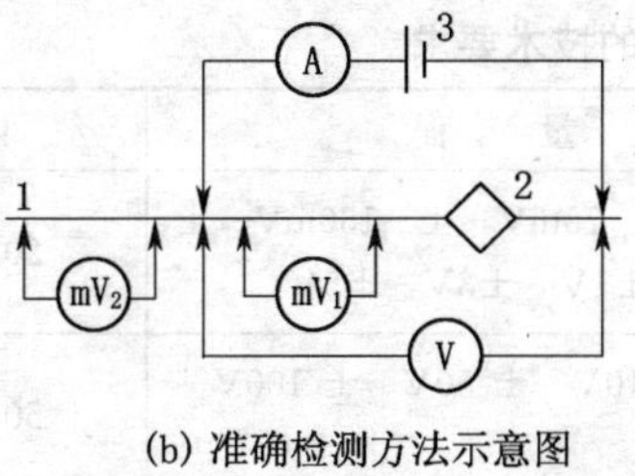

(b) 准确检测方法示意图

附图 2.3 电缆或管线绝缘接头状态检测方法示意图

1—电缆或管线；2—绝缘接头；3—测量用电源

当测得的绝缘电阻值 $R_{j1}\geqslant10^3\,\Omega$ 时，可认为其绝缘接头的质量是可靠的。测量时，所取的电缆或管线区段，应具有相同的长度。

当运行的电缆额定电压高于 1kV 时，应在没有电压的情况下进行测量。

4. 为了判断土壤对金属结构的腐蚀性和进行杂散电流腐蚀防护计算的需要，应进行土壤电阻率的现场测量。

在地铁的地面部分应每隔 100m 测量土壤的电阻率 ρ 值，测量可利用接地电阻测量仪或电压电流表法，按四电极方法的接线方式进行。

测量时，各电极按直线方向设置，直线的方向应与线路平行，对于已埋设在地下的金属管线应在与此结构垂直或平行的方向（平行时应距离线路轴线 2～4m）上进行测量。相邻电极之间的距离 a 可取结构埋设深度的 2 倍，且各电极间取相等的距离。测量电极打入地下的深度不宜超过 $a/20$。

测量时，如果不具备接地电阻测量仪，可利用“电压-电流”法进行测量。

土壤电阻率的实测值，当采用接地电阻测量仪时，可按下式计算：

$$\rho=2\pi Ra \quad (附 2.12)$$

式中 a——测量时，两相邻测量电极之间的距离（m）；

R——仪表指示值（Ω）。

当按电压-电流法测量时，可按下式计算：

$$\rho=2\pi a\frac{U}{I} \quad (附 2.13)$$

式中 U——在不同电源极性连接方式的情况下，各次测量电压表指示的平均值（V）。

为测量土壤电阻率，还可以从现场取土样，在试验室条件下，进行专门的试验和分析，也可以同时对土壤水分和地下水进行化学分析试验。

五、为保证地铁信号自动闭塞系统正常工作而进行的电气测量工作：

1. 扼流变压器的主线圈和附加线相对于变压器外壳的绝缘电阻值，应在地铁停电后用 500V 兆欧表进行测量，测量时，应断开被测扼流变压器的外部接线。

主线圈对外壳的绝缘电阻值应不小于 10kΩ，附加线圈对外壳的绝缘电阻值应不小于 2MΩ，测试周期为每 3 年一次。

对于安装在水泥底座上的扼流变压器，测量其线圈对外壳绝缘电阻时，可以在先不解开外引接线的情况下进行测量，当测得的电阻值达不到标准要求时，再解开外部接线进行测量。

2. 每年测量一次扼流变压器相对于回流牵引电流的不平衡系数。可通过测量扼流变压器的两个线圈上的电压降得到。在扼流变压器的两个线圈上各接以相应量程的电压表，在 10～15min 测量时间内，每隔一定的时间，同时读取两只电压表的读数，测量时，宜使用记录型仪表。在使用指针式测量仪表时，应读取不小于 10 次的读数，求电压降的平均值 U_{1b} 和 U_{2b}，再按下述公式求出不平衡系数 K。

$$K=\frac{U_{1b}-U_{2b}}{U_{1b}+U_{2b}}\times100\%\leqslant15\% \quad (附 2.14)$$

如果按上述方法求得 K 值超过标准规定值，则应对牵引回流的有关连接部位的可靠性、连接质量、连接线段长度以及线圈状态进行检查和调整，使不平衡系数达到标准要求。

六、电压测量数据的处理：

1. 在测量周期中，正电压 U_a（+）和负电压 U_a（−）的平均值或是相应电流的平均值，可按下列公式计算：

$$U_a(+)=\sum_{i=1}^{p}U_i(+)/n \quad (附2.15)$$

$$U_a(-)=\sum_{i=1}^{m}U_i(-)/n \quad (附2.16)$$

式中 $\sum_{i=1}^{p}U_i$（+）——被测物理量正极性瞬间实测值之和；

$\sum_{i=1}^{m}U_i$（−）——被测物理量负极性瞬间实测值之和；

n——试验中读取测量数据的总数；

ρ，m——分别为试验中读取的正极性和负极性实测值的次数。

2. 利用非极化电极测得电压的平均值，可按下式计算：

$$U_a(+)=\sum_{i=1}^{p}U_i(+)/n-U_c \quad (附2.17)$$

式中 $\sum_{i=1}^{p}U_i$（+）——所有正电极性电压瞬时值和绝对值小于 U_c 值的负极性电压各瞬时值之和；

p——所有正电极性电压瞬时值读取次数及绝对值小于 U_c 的负极性瞬时值读取次数之和。

对于其余所有被测量的负极性瞬时值，其平均值可按下式计算：

$$U_a(-)=\sum_{i=1}^{m}U_i(-)/n-U_c \quad (附2.18)$$

式中 $\sum_{i=1}^{m}U_i$（−）——绝对值超过结构恒定电位 U_c 的负极性瞬时值之和；

m——绝对值超出 U_c 的负极性电位的读取次数；

n——总的测量次数。

3. 在使用自动记录仪表对电压值进行连续测量时，可在记录纸上标出相应的电压位移 U_c 值，在整理试验结果和进行相应计算时，可相对于上述位移后的电压水平曲线进行计算。

七、测量仪表：

1. 在进行本规程中所规定的各种测量时，测量仪表应满足下述技术要求：测量轨道、隧道洞体、建筑与结构的电压或电位时，需要使用高内阻电压表，用于钢筋混凝土衬砌层和高架桥结构电压测量仪表的内阻应不小于 $1\times10^6\Omega$，且仪表应具有多量程和快阻尼特性。在杂散电流场中测量所使用的电气仪表，应符合附表 2.3 所列的技术要求。

附表 2.3　杂散电流参数测量专用仪表的技术要求

仪表类型	精度等级	刻度	量　程	内阻
毫伏表配合分流器使用	0.5 携带式	双向刻度 0 位在中间	0—± 75mV—± 150mV—± 300mV—±1V—±3V—±5V	20kΩ/V
电压表 携带式电压表	0.5 携带式	双向刻度 0 位在中间	0—± 10V—± 50V—± 100V—±200V	50kΩ/V
携带式自动记录电位差计或电压表	不低于 0.5	仪表 0 位可根据需要调节	根据需要确定	$1\times10^6\Omega$
接地电阻测量仪 ZC-8	1.0	单向刻度	0—10—100Ω 0—10—100—1000Ω	
兆欧表 ZC-7 型	1.0	单向刻度	仪表电压为 50V、100V、500V、1kV、2.5kV	

2. 对于随时间有强烈变化特性的被测物理量可采用记录型仪表进行测量，记录仪应具有较高的内阻值和便于携带。

3. 对于土壤电阻率 ρ、过渡电阻 ω、结构的接地电阻等进行现场测量，可采用 ZC-8 型接地电阻测量仪以及额定电压为 50V、100V、250V、500V、1000V、2500V 的 ZC-7 型兆欧表。

4. 测量参比电极，在进行与杂散电流有关的结构电位测量时，常用参比电极，即接地电极，以便在测量回路中实现与大地的电连接。电极与土壤接触产生的电极电位应稳定并可预先测知，对测量结果产生的影响应较小，并宜采用预先准确知道其极化电位值的专用硫酸铜测量电极。

在现场测量中，当被测电压值在1V以上时可采用钢制参比电极，如直径10～15mm、长度0.5～0.8m的钢钎，其上端设有专用的测量接线螺母。在洞内可通过监测点进行测试，在地面测量时，钢钎电极打入地下的深度不应小于0.5m。

附加说明

本规程主编单位、参加单位和主要起草人名单

主 编 单 位：北京市地下铁道科学技术研究所

参 加 单 位：北京市城建设计研究院

铁道部电气化工程局

铁道部第三勘测设计院

天津地铁管理处

北京腐蚀与防护学会

北京市公共交通研究所

主要起草人：马洪儒　张佩春　包国兴　史集芬　张兴昭　耿悦宾　李明远

中华人民共和国行业标准

地铁杂散电流腐蚀防护技术规程

CJJ 49－92

条文说明

前　　言

根据原城乡建设环境保护部（88）城标字第141号文的要求，由北京地下铁道科学技术研究所主编，北京市城建设计研究院、铁道部电气化工程局等单位参加共同编制的《地铁杂散电流腐蚀防护技术规程》(CJJ 49－92)，经建设部1992年7月25日以建标〔1992〕477号文批准，业已发布。

为便于广大设计、施工、科研、学校等单位的有关人员在使用本规程时能正确理解和执行条文规定，《地铁杂散电流腐蚀防护技术规程》编制组按本规程章、节、条顺序编制了条文说明，供国内使用者参考。在使用中如发现本条文说明有欠妥之处，请将意见函寄北京市地下铁道科学技术研究所。

本《条文说明》由建设部标准定额研究所组织出版发行。

1992年7月

第一章　总　　则

第1.0.1条　我国各主要城市的地铁，大都采用走行轨回流的直流牵引供电方式，这种方式将产生杂散电流腐蚀问题。杂散电流的腐蚀速度和强度比土壤腐蚀大得多。如果防护不善，它还有可能漏泄至地铁外部，危害城市的地下金属结构和管网设施，甚至还有可能造成灾难性的事故，成为城市的一种“公害”，给国民经济带来巨大损失。所以，为合理地解决地铁杂散电流腐蚀防护问题，使地铁更好地发挥其社会经济效益，制定本规程是十分必要的。

第1.0.2条　本规程的适用范围，主要指两个方面：

一、对产生杂散电流的系统和设备（主要包括地铁的直流牵引供电系统和回流系统），应大幅度有效地降低其杂散电流的量值，并防止回流电流向地铁外部的漏泄。

二、对可能受到杂散电流腐蚀的各种金属管线结构，采取经济有效的防蚀措施，以提高其工作质量和使用寿命。

除上述以外，本规程的各项规定也适用于地铁系统中采用的防蚀与监测设施。

第1.0.3条　为保证地铁工程及防蚀设施的质量，其基础工作在于工程设计，鉴于以往杂散电流腐蚀防护工作常受到忽视的情况，故在本条中规定，杂散电流腐蚀防护问题，应作为地铁工程设计的一项必要内容。

第 1.0.4 条　在具有设计保证的基础上，其各项措施应在施工过程中得到有效的落实。为了保证工程质量，把杂散电流腐蚀防护作为工程的百年大计，本条中作了逐段检查施工质量、逐段试验、逐段验收的规定。

第 1.0.5 条　本条从以下两个方面对地铁的运行管理提出了要求：

一、从牵引供电与回流的正常运行方式上，最大限度地降低杂散电流数值。

二、在走行轨回流系统中，保持道床和线路上部建筑的清洁干燥，从而使其具有良好的绝缘状态以限制和降低回流牵引电流向外部的漏泄。

第二章　基 本 原 则

第 2.0.1 条　在进行全面分析的基础上，本条规定了地铁杂散电流腐蚀防护的基本原则和指导思想，即从三个层次上来解决问题。

治理杂散电流腐蚀的最根本和有效的措施，首先应致力于治理和消除产生杂散电流腐蚀现象的根源，即贯彻“治本”的基本思想，对牵引供电和回流系统采取有效措施，将杂散电流减小至最低限度，直至完全消除杂散电流。

在“治本”的基础上，同时不放松对“条件”的治理，在地铁系统中采取若干层“绝缘屏障”，加强绝缘设施，如设置轨道绝缘、道床绝缘以及持久有效的结构防水绝缘层等，其目的同样是防止、减小直至消除杂散电流向外部的漏泄。

在作好上述两项工作的基础上，对地中金属结构(包括属于地铁的和地铁外部的)，还必须解决其自身的防蚀问题，包括其线路走向、材质的选择、表面绝缘防蚀直至排流或电化学防护等。

从这三个层次上来考虑防蚀工作，可使地铁杂散电流腐蚀防护问题得到有效的解决。

第 2.0.2 条　为了保证地铁工程的整体防蚀效果，本条中对地铁工程设计中必须包括的有关防蚀内容，作了具体规定。在工程施工和运行过程中，应满足设计中规定的防蚀要求。

第 2.0.3 条　做好防蚀设计的基本思想是从实际条件出发，针对性地解决具体存在的问题。由于测试结果和现场条件之间的巨大依存关系，使得实地测量工作成为现场准确信息的重要来源。因此，在对原有地铁线路地段进行防蚀设计时，必须从现场的实际条件出发，例如现场的腐蚀条件、土壤及介质条件、电位情况等等，均应以现场实测和调查的结果为依据。

第三章　地铁结构与设备受杂散电流腐蚀的危险性指标

第 3.0.1 条　金属的腐蚀过程实质上是一种微观的电解过程，为了掌握地铁结构与设备受杂散电流腐蚀的情况，宜通过对有关电气参数的测量，来定性地判断腐蚀现象的有无，或定量地判断其危害程度。

第 3.0.2 条、第 3.0.3 条　腐蚀现象实质上是一种电化学过程，它遵从法拉第电解定律 $Q=KIt$。公式中的漏泄电流（或其密度）值 I，就成了影响腐蚀过程的十分重要的参数，为便于在实际工作中具体掌握，应对这个电流密度值给予定量的规定。世界上大多数国家如德国、日本、美国和瑞士等国的标准，对此物理量作了如本规程表 3.0.3 的规定。为与世界大多数先进国家保持一致，本规程也采用了这些数值。

第 3.0.4 条、第 3.0.5 条　对国外文献的分析表明，在弱有害介质中，基于结构钢筋电压和漏泄电流密度之间的相互关系，密度为 0.6mA/dm^2 的电流能引起钢筋电压偏离 0.4～0.6V，根据对电极和极化现象的理解，当漏泄电流自金属（钢筋或极化电极）与电解质的界面流过时，金属将发生极化，上述电压即为极化电压数值。因此，可以将此杂散电流引起的极化电压数值作为简化的临界值标准，并将此极化电位值定为 0.5V。关于此极化电压值以及漏泄电流密度值的测量方法，可参见本规程附录二的有关内容。

第 3.0.6 条　对于以直埋方式敷设在地中的电缆外铠装钢甲，参照国内、外的有关标准，暂按本规程表 3.0.6 的规定试行，其对地电压不得大于表中所列之值。

第四章　地铁杂散电流值的限制

第一节　地铁牵引供电系统

第 4.1.1 条　鉴于我国的具体情况和实际水平，我国各城市的地铁目前都是采用走行轨回流的方式，对国内、外文献资料和运行经验的分析表明，采用正极性的牵引供电方式，对杂散电流腐蚀防护是有利的。

第 4.1.2 条　本规定是在牵引供电系统中降低牵引电流并进而降低杂散电流值的重要措施。提高直流牵引电压，在相同的牵引功率下可以按相同的比例降低负荷电流，由 $P=U\cdot I$ 的关系式很容易得出这个结论。

采用分布式的牵引供电和双边供电方案，可以有效地减小馈电距离，根据杂散电流的估算公式：

$$I_s = \frac{Ir}{\omega} \cdot \frac{l}{2}\left(\frac{l}{4} + \frac{l_3}{2}\right) \qquad (4.1.2)$$

式中 I_s——杂散电流值；

ω——对结构的过渡电阻值；

l——用电列车与供电牵引变电站间的距离；

r——回流走行轨的纵向电阻值。

各参数的具体含义参见图 4.1.2。

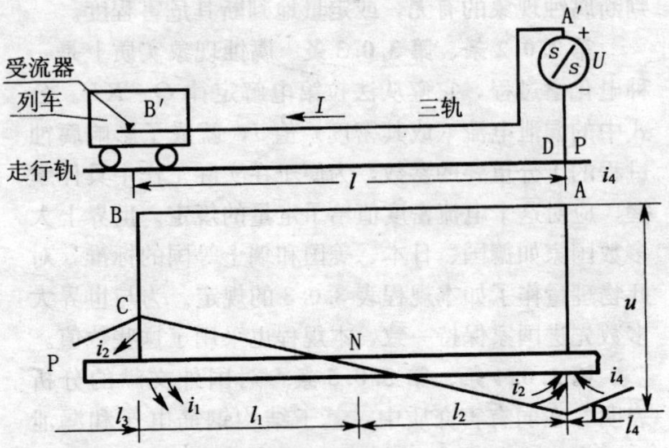

图 4.1.2　地铁直流牵引供电回流系统示意图

可知，一般情况下，杂散电流值和供电距离的平方成正比，即减小供电距离可以按平方倍数降低杂散电流值，其效果是十分显著的。

第 4.1.3 条　本条中规定应采用双边供电的牵引供电方式，并要求两侧直流母线上的空载电压及牵引机组的外部特性保持一致。这些规定，主要是为了保证双边供电情况下两侧牵引变电站负荷的合理分配，并可以有效地消除越区供电现象。

越区供电使供电距离大大增加，导致杂散电流值按其平方的比例增加，故必须设法防止这种最不利情况的发生。

第 4.1.4 条　规定了不得从一个牵引变电站向不同的地铁线路实行牵引供电是为了消除不同的地铁线路之间杂散电流的相互影响。每一条地铁线路，应该有自己独立的牵引供电和回流系统，不同线路之间不得有电气连接，这样可以避免一条地铁线路的回流和杂散电流影响及腐蚀另一条地铁线路的结构与设备。此外，每一条地铁线路的牵引负荷电流及杂散电流值，都是具有概率统计特性的随机变量，并不同时出现最大值，因而本条规定对有效地限制和降低杂散电流腐蚀更有作用。

第 4.1.5 条　牵引变电站的回流线，是牵引供电回流系统的最后一个重要环节，应保证其具有足够的导电截面和较高的绝缘水平，并考虑到在最不利情况下，当一根回流电缆出现故障时，还有一根电缆来保证使牵引回流过程不致中断，保证系统的正常运行，因此作了本条的规定。

第 4.1.6 条　回流走行轨和电源负极，作为牵引和回流电路的一部分，使牵引供电和回流形成一个完整的独立系统，它们与相邻近的结构与设备之间应具有可靠的绝缘，且没有任何直接的电气连接，否则，大量的回流电流将通过这些连接点直接进入相应的金属结构，致使杂散电流值剧增而导致结构出现严重的电腐蚀。

在特殊情况下，经过技术经济论证可以采取电化学的极性排流防护，因为排流器具有单向导电的性能，当回流走行轨具有正电位时，排流器电路不导通，从而实现了本条前述的意图。而当结构出现较大正电位，有可能产生电腐蚀危险时，排流器电路导通，将杂散电流不经过电解质而是通过电子导电方式将其直接引回负极，从而避免了电解腐蚀现象而达到结构防蚀的目的。

随着地铁和综合防蚀技术的发展，近年来出现了一些新的防护方法。如我国上海地铁及世界上某些城市（马尼拉、香港等）专用排流钢筋和辅助回流线配合极性排流的保护方式等。在目前国际上相应标准中尚无类似提法和缺乏实践经验的情况下，为了支持类似的新型防护思想和技术的发展，在本条末尾作了原则的规定。

第 4.1.7 条　本条规定的基本思想是保证在任何情况下回流系统都能可靠工作，并使回流通路具有尽可能小的电阻值，提供沿两个方向回流的可能性，降低回流电阻，这样作对降低杂散电流无疑是有利的。

第 4.1.8 条、第 4.1.9 条　这两条对车辆段中和不同地铁线路之间过渡区段的牵引电源的设置方式作了规定。其目的是在保证牵引供电的机动性和可靠性的前提下，防止不同地铁线路之间杂散电流的相互影响。

第二节　地铁走行轨回流系统

第 4.2.1 条　限制地铁回流系统中杂散电流值的一项根本措施，是设法提高回流走行轨与结构（或大地）之间的过渡电阻值，这个走行轨与主体结构之间过渡电阻 ω 的数值，对于地铁的杂散电流腐蚀防护是一个十分重要的参数。根据公式 4.1.2 和欧姆定律可以近似地认为，杂散电流值和过渡电阻 ω 值成反比，如能使过渡电阻值提高几倍，即可以按相同的倍数降低杂散电流的数值。所以提高过渡电阻值可有效降低金属的杂散电流腐蚀损失。在美国等一些国家把加强轨道绝缘作为防止杂散电流腐蚀的一项根本措施。

为了将杂散电流限制在一定的允许值以内，有必要对轨道过渡电阻规定一个最低标准值，以作为地铁工程验收和运行中掌握的标准。

日本东京地铁于 1969 年至 1971 年间对 24 个地下区段和 11 个地上区段的过渡电阻值作过现场实测，其地下部分 24 个测量数据的最大值为 36.8Ω·km，最小值为 0.91Ω·km，平均值为 8.19Ω·km，σ=9.41Ω·km。

在地上测量了 11 个区段，其平均值为 18.9Ω·km，σ=16.37Ω·km。

在现场通过定电流试验测量过渡电阻和杂散电流，试验条件和地铁的实际运行条件近似，测试结果接近实际情况。但进行现场定电流试验比较复杂，要耗费大量的人力，且受运行条件的限制。因此，如果仅是为了测试过渡电阻参数，可以采用更简单的测试方法，即采用电压电流表法或 ZC-8 型接地电阻测量仪在现场按测量电阻的方法进行，测量工作在被测的信号闭塞区间上进行。为了消除相邻轨道区段对测量结果的影响，测量时，需在被测区段的两侧解开其与相邻区段的连接，这样测量的结果代表该被测区段的过渡电阻数值。

为便于进行比较，还需将上述过渡电阻的现场实测值换算为每公里线路的等值过渡电阻值（换算方法参见本规程附录三）。

为确定标准数值，我们还对北京地铁一号线木樨地至崇文门区段中 41 个闭塞区间中的上行和下行线路 82 个线路区段进行了现场实测，然后又在北京地铁环线上选择了 25 个闭塞区段进行抽测实验。

对北京地铁 1 号线 40 个实测数据的计算结果为：

ω_a=9.07Ω·km

σ=12.84Ω·km

ω_{max}=74.1Ω·km

ω_{min}=0.16Ω·km

对北京环线地铁 25 个闭塞区段实测数据的统计分析结果为：

ω_a=13.73Ω·km

σ=17.02Ω·km

ω_{max}=58.9Ω·km

ω_{min}=0.849Ω·km

注：ω_a 为数学期望值，σ 为均方根差。

将上述之大量现场实测数据进行综合统计分析，其结果列于表 4.2.1 中。

表 4.2.1　北京地铁现场实测数据

序号	测试线路及地点	测试区段数目 n	过渡电阻参数 (Ω·km)		ω之最大值及最小值	
			ω_a (Ω·km)	σ (Ω·km)	ω_{max} (Ω·km)	ω_{min} (Ω·km)
1	日本地铁	24	8.19	9.41	34.57	0.91
2	北京 1 号线	40	14.32	16.16	74.1	0.5
3	北京 1 号线	82	9.07	12.84	74.1	0.16
4	北京 2 号线	25	13.73	17.02	58.9	0.849

考虑到防止电腐蚀的需要和工程上的可能，并参照上面的数据，将工程验收时过渡电阻 ω 的最低标准值定为 15Ω·km。

由于在运行过程中地铁隧洞及线路所处的复杂条件，且许多条件在洞体成型后难以人为控制，考虑到在运行过程中对过渡电阻值的基本要求，规定原有运行线路 ω 的最低值不得小于 3Ω·km。

第 4.2.2 条　由于木质材料的轨枕容易吸湿受潮而导致绝缘电阻值的急剧下降，为了保证在采用木质轨枕时仍能满足第 4.2.1 条关于轨道对结构（或大地）绝缘电阻值的要求，故当地铁采用木质轨枕时，必须满足本条规定的内容。

第 4.2.3 条　地铁主体结构属于永久性建筑，必须保证其结构钢筋具有良好的防蚀和绝缘状态，为了保证结构防蚀的需要，消除可能来自其他设施的影响，规定了地铁主体结构的钢筋不可兼作他用。

第 4.2.4 条　为有效防护杂散电流腐蚀，回流走行轨与各金属结构之间应具有良好绝缘。扼流变压器及其他与走行轨有电气连接的道岔、撤岔的金属部分，在电气上与走行轨形成一体，它们与金属结构及路面水泥之间，应具有良好的绝缘。

道岔转撤装置控制电缆的金属外壳，作为一种金属结构，与作为走行轨一部分的道岔本体之间亦应具有良好绝缘。

扼流变压器的连接电线和电缆、股道间均流线用电缆等，是回流电路的组成部分，它们的绝缘水平和技术要求，应与负回流线相同。

第 4.2.5 条　规定主要是为了防止车辆段及车库中各股道之间的相互影响，防止车场走行轨上的电流进入车库线路而使腐蚀范围扩大。设置绝缘接头，保证库内在列车不用电时，其走行轨与车场线路之间具有良好的绝缘。

车库中的轨道与接地回路及其与各种金属结构和混凝土结构钢筋之间，按照杂散电流腐蚀防护的一般要求，亦应具有良好绝缘。

第 4.2.6 条　地铁洞内的各种金属设施和具有金

属外壳的设备，临时存放在洞内的钢轨、备用材料及设备等，均属于洞内金属结构与设备的范畴，从杂散电流腐蚀防护的基本思想出发，它们与走行轨之间不得有金属连接。

第 4.2.7 条 位于钢轨下面的道床素混凝土层的厚度，对于自钢轨下面漏泄出的杂散电流密度及其分布情况具有重要影响。国外资料所载的研究结果表明，随着混凝土层厚度的减低，漏泄杂散电流具有向轨道紧固部位紧缩的趋势，当轨道下混凝土层的厚度在 0.4m 以上时，漏泄电流密度具有较均匀的分布。

第 4.2.8 条 北京地铁 1 号线的线路纵断面，具有车站低、区间高的类似锅底的形式，加上排水系统中存在的一些问题，致使在车站附近出现道床脏污和被水淹的情况，这里走行轨的绝缘过渡电阻 ω 已基本为零值，失去了限制杂散电流的作用。

另外，在地铁车站结构的设计当中，应给车站值班人员考虑设置必要的方便条件，运行中严禁向洞内道床丢弃异物和泼洒污水，以防止车站附近道床结构的人为污染与受潮，经常保持清洁干燥的状态。

第 4.2.9 条～第 4.2.11 条 这三条规定，是从不同的方面采取措施来降低走行轨回流系统的纵向电阻 γ 之值。包括采用重型钢轨和长钢轨，提高轨道各个连接部位的连接质量，使其纵向电阻值满足要求。

第 4.2.12 条、第 4.2.13 条 在复线地铁线路上设置股道间均流线，是为了降低走行轨回流系统的纵向电阻，并使其沿两个方向回流，充分利用复线地铁回流走行轨的纵向导电能力，形成近似于上、下行走行轨并联回流的情况，以求达到降低杂散电流值的目的。

第 4.2.14 条 在地铁走行轨系统中设置电气绝缘隔离的目的，是尽量缩小杂散电流的存在与作用范围，防止电气化区段对非电气化区段、运行线路对施工线路以及地铁对地面铁道线路之间的影响。在尽头线的车挡装置与电气化的轨道之间，在每一条轨道上设置单独的绝缘接头，也是基于相同的原则。

第五章 地铁沿线金属管线结构的防护

第一节 地铁主体结构

第 5.1.1 条 关于地铁主体结构中钢筋的处理工艺和方式，有两种不同的意见。

一种意见认为，地铁隧洞的各个结构段及它们之间的隔离变形缝，是整个杂散电流通路的一部分，是一段特殊的电流通路。其电阻值（包括钢筋之间及变形缝等串接起来的总电阻）越大则限流效果越好，总的杂散电流值也将会变小。

另一种意见是，考虑到在地铁主体结构钢筋的周围，存在有潮湿的土壤和潮湿的混凝土层，它们都具有电解质的特性，当隧洞的钢筋之间、结构段之间具有较大的绝缘电阻时，杂散电流在各相邻钢筋和结构段之间，将不再通过此绝缘电阻流过，而是由钢筋直接进入其周围的电解质中，沿着阻值不大的电解质流向另外的钢筋和结构段，由电解质再进入结构钢筋，沿钢筋流向此结构段末端的绝缘隔离层，杂散电流在那里再次进入电解质，这样多次流进、流出结构钢筋的杂散电流在其每一次自钢筋向电解质流出时，都发生一次阳极电解腐蚀现象。很显然，应该避免这种多重腐蚀现象的出现。因此规定将地铁隧洞主体结构的钢筋以焊接方式连接为一个整体。国外有些国家如美国和德国的专家也持有类似的意见。

其次，如果将主体结构的钢筋焊接为一体，还可以为实现地铁的电化学排流防护提供方便，预留了实现后备保护的条件。

上述两种意见各有其合理之处，我们在制定规程和进行地铁新线建设时，考虑采取将两者优点相结合的方法，即在工程设计和施工实践中，根据工程的实际情况和需要，将地铁主体结构通过变形缝和沉降缝将其分为若干个结构段，在每一个结构段内部，将主钢筋实现可靠焊接，并在每一个结构段或变形缝的两端各自通过焊接引出杂散电流测防端子，而在相邻结构段间的变形缝处实现可靠绝缘。上述杂散电流测防端子，可以用于进行现场测量。当需要实现排流防护时，可以在结构变形缝的两侧通过导线将其连通。

第 5.1.2 条、第 5.1.3 条 在这两条中对地铁隧洞主体结构的防水层作了规定。地下铁道的隧洞主体结构必须具有性能良好的防水层，为了杂散电流腐蚀防护的需要和防止地铁杂散电流对外部的影响，还应要求防水层具有良好的电气绝缘性能。

在地铁线路与电车线路或直流电气化铁路相交叉跨越的区段，为防止它们之间的相互影响，本规程规定在自交叉位置向两端各自延长 50m 的区段中，地铁隧洞应采取加强绝缘措施。

第二节 电缆及管道结构

第 5.2.1 条 本条中建议从材质的选择方面来考虑解决各种电缆的腐蚀防护问题，这是解决电缆结构杂散电流腐蚀的一条根本的、行之有效的途径。

第 5.2.2 条 本条规定了电缆在地铁隧洞中的敷设方式，为了有效地实现电缆防蚀和进行维护检查工作的需要，规定电缆在隧洞中应以绝缘方式进行敷设，当电缆在支架上敷设时应具有可靠的绝缘垫层。

第 5.2.3 条 地铁隧道中的水流和积水，潮湿墙壁和土壤以及含盐沉积物等，都是电解质一类的物质，是使金属结构发生腐蚀的重要因素。如能使电缆外铠装、水管等金属结构与这些电解质类物质脱离接触，就相应地消除了它们发生腐蚀（包括土壤腐蚀和杂散电流腐蚀）的条件。这对结构的防蚀是有利的。

第5.2.4条 水管在铁轨线路下方穿越的部位，最容易受到自走行轨漏出的杂散电流腐蚀，危害性最大。因此本条中规定，最好从水管材质的选择方面来解决其防蚀问题。如果从材质方面根本解决问题有困难，则要求在此部位设加强的绝缘防护层并在穿越部位的两侧设绝缘法兰，以防止杂散电流沿管路进一步扩散，规定穿越部位必须保持清洁干燥，以消除可能导致结构发生腐蚀的电解质条件。

第5.2.5条 本条规定的目的在于消除地铁内部与外部之间的相互影响，凡是由地铁内部通向其外部的电缆、管道等金属管线，必须具有绝缘接头或绝缘法兰，并且对它们的装设位置和工艺要求等作了相应的规定。

第三节 地铁及车辆段结构与设施

第5.3.1条 为消除地铁与城市中金属结构之间的相互影响，制定了本条规定。

第5.3.2条 由于地铁采用直流电力牵引和走行轨回流方式，在车辆段地层中可能存在有杂散电流，因此规定在车辆段范围内，直埋地下的金属管线结构，必须具有加强的绝缘保护层。

第5.3.3条 在车辆段范围内，由于具有比较严重的杂散电流腐蚀条件，要求将电缆敷设在专门的电缆沟中，以便于检查和维护。当采用地中直埋敷设方式时，为适应此种条件，并增强电缆的防蚀性能，建议采用塑料绝缘护套的电缆。

第六章 防护监测

第一节 一般规定

第6.1.1条～第6.1.4条 在判断地下金属结构受杂散电流腐蚀危险的程度，或是在解决地下金属结构的防蚀问题时，都需要进行大量的现场测量工作。这些测量工作，有的要在作为杂散电流源的设备上进行，有的要在被防蚀的金属结构上进行。由于地铁中的杂散电流、杂散电流场及许多有关的参数，与现场的实际运行条件存在有十分明显的依存关系，这使得现场实测工作成为获取杂散电流参数和判断金属结构防蚀状态的重要而可靠的信息来源，因此，按照规程统一规定的试验条件和测试方法高质量地进行现场测试，是十分重要和必要的。

一、检查地铁牵引供电的走行轨回流系统，判断其作为杂散电流源，满足本规程及有关标准要求的情况和进行现场实验（在地铁回流走行轨系统及牵引供电系统中的试验测量工作）。

二、判断地下金属结构受杂散电流腐蚀危险程度的有关测量工作（测量各种地下金属结构的电压、过渡电阻值及土壤电阻率的测量等）。

三、检查工程质量及各种防蚀设施工作状况的测量工作。

为了能在现场有效地进行上述各项测试，在第6.1.2条中，对相应监测点应当具备的条件和功能，作了规定。

在第6.1.3条中对监测点的定期检查维护作了规定，以保证其经常处于完好状态。

第二节 监测点和测量室

第6.2.1条～第6.2.6条 根据现场测量工作的实际需要，并考虑到节约的原则和方便现场施工，在第6.2.1条中规定了监测点的装设位置要求。

为了保证现场测试工作的安全，并考虑到测量技术发展和实行集中自动化测试的需要，在第6.2.4条和第6.2.5条中，规定了在车站应设置测量室和为进行杂散电流参数集中遥测提供必要的条件。

对于以直埋方式敷设在地中的金属管线结构（例如在车辆段和地面区段附近），对它们防蚀状态的监测应尽量利用原有条件，在原有条件不能满足测试要求时，则应根据需要考虑设置若干可接触的专用监测点。

第七章 验收与检查试验

第7.0.1条 本条中规定了验收与检查的三个方面。各种形式的检查试验，是保证工程质量达到设计要求的一项基本措施。

第7.0.2条 本条中以表格的形式列出了在不同情况下进行的试验项目。有关项目的试验方法可参照本规程附录二的有关规定。关于试验周期，考虑到我国地铁事业的现状，本规程没有像国外类似标准那样作严格的规定，在保证达到预期目标的前提下，某些项目可以根据具体情况适当灵活掌握。

第7.0.3条 由于地铁的主体结构属于地下隐蔽工程，工程中有关杂散电流腐蚀防护与监测的若干工序的工艺过程（如主体结构钢筋的处理方式，监测点与接地测量电极的设置，结构防水层、线路上部建筑结构中的有关防蚀措施等）、工艺质量要求等许多措施必须在工程施工中组织实施，并在进入下一步工序前保证按质量要求完成，否则可能造成无法补救的后果。因此本条规定了在工程中逐段进行试验和逐段验收的方法，发现质量问题时可以及时采取措施，进行处理和补救，这对保证工程质量是十分重要的。

第7.0.4条 本条中对工程验收交接时，在杂散电流腐蚀与防护方面必须提供的测试报告和技术文件作了明细的规定，这对工作的连续性和在地铁投入运行以后继续做好杂散电流腐蚀防护工作是十分必要的。

第7.0.5条 由于地铁系统中的防蚀测量工作与牵引供电系统和轨道及信号系统密切相关，因此试验工作应由熟悉有关电气设备及电气设备安全工作的专业人员进行。

此外，由于试验工作现场大多在地铁隧洞内，场地面积小，工作条件差，周密的安全设施至关重要，因此在工作中应遵守电力系统中的试验工作安全规程和地铁隧洞内工作的有关规定。

第7.0.6条 在地铁线路的露天区段，具有和地面电力系统近似的运行和试验条件。因而必须认真借鉴和吸取电力部门保证安全的经验和有关规定。在雷雨和大雾天气，为避免雷击伤害和保证试验工作质量，保证人身和设备安全，不允许在雷雨和大雾中进行电气试验工作。

第7.0.7条 关于试验用导线的规定是为了保证试验工作安全和测量结果的准确。当需要在轨道的下面通过测量接线时，必须将测量导线沿全长进行逐点可靠固定，以防止在列车通过时被车带动或被风吹动而出现意外。

中华人民共和国国家标准

城市轨道交通通信工程质量验收规范

Code for constructional quality acceptance of urban rail transit communication engineering

GB 50382－2006

主编部门：上海市建设和交通委员会
批准部门：中华人民共和国建设部
施行日期：2006年11月1日

中华人民共和国建设部
公 告

第437号

建设部关于发布国家标准《城市轨道交通通信工程质量验收规范》的公告

现批准《城市轨道交通通信工程质量验收规范》为国家标准，编号为GB 50382－2006，自2006年11月1日起实施。其中，第3.3.8、4.2.4、5.2.5、5.3.4、5.4.4、6.3.6、6.3.7、7.2.3、9.2.5、9.2.6、11.2.3、14.3.1、14.3.4条为强制性条文，必须严格执行。

本规范由建设部标准定额研究所组织中国计划出版社出版发行。

中华人民共和国建设部
二〇〇六年六月二十日

五、设计、施工及验收标准

前 言

本规范是根据建设部建标［2004］67号“关于印发《二〇〇四年工程建设国家标准制定、修订计划》的通知”的要求编制的。

本规范在编制过程中认真贯彻了“调整地位、验评分离、充实内容、严格程序、强化检测、明确职责”的指导思想，进行了深入的调查研究，总结了我国城市轨道交通通信工程质量控制的实践经验，并广泛征求了有关方面的意见。本规范提出城市轨道交通通信工程的质量保证措施、验收方法、验收程序和质量标准，明确了建设各方在工程质量控制中的职责，严格规定了材料进场和质量检测的程序及方法，体现了科学性和可操作性，突出规范对城市轨道交通通信工程质量的控制。

本规范共分15章，包括总则，术语，基本规定，通信管线安装，通信光、电缆线路及终端，传输系统，公务电话系统，专用电话系统，无线通信系统，闭路电视监视系统，广播系统，乘客信息显示系统，时钟系统，电源及接地系统，单位工程观感质量等。

本规范以黑体字标志的条文为强制性条文，必须严格执行。

本规范由建设部负责管理和对强制性条文的解释，由中国铁路通信信号上海工程公司负责具体内容的解释。

在执行本规范过程中，希望各单位结合工程实践，认真总结经验，积累资料。如发现需要修改和补充之处，请及时将意见及有关资料反馈给中国铁路通信信号上海工程公司（地址：上海市江场西路248号，邮编：200436，E-mail：fengyy@crscs.com.cn），供今后修订时参考。

本规范主编单位、参编单位和主要起草人：

主 编 单 位：中国铁路通信信号上海工程公司

参 编 单 位：中国铁路通信信号上海电信测试中心
上海申通地铁股份有限公司
上海地铁运营有限公司
北京市轨道交通建设管理有限公司
武汉市轨道交通有限公司
上海地铁咨询监理科技有限公司

主要起草人：王志麟 李 春 陈忠尧 左德沅 冯燕媛 庄珍花 刘伟中 华桂东 赵 晖 李士寒
（以下按姓氏笔画排名）
王 虹 艾 博 仲学凯 朱 明 孙 静 向清河 乔 炜 李鸿春 张文垚 余妙根
肖 红 姚春桥 赵冬平 赵晓蓉 侯越红 徐天伟 钱伟勇 蒋 新 裘哲雷 谭周强
潘云洪

目 次

1 总　则

1.0.1 为了加强城市轨道交通通信工程质量管理，统一城市轨道交通通信工程质量的验收标准，保证工程质量，制定本规范。

1.0.2 本规范适用于城市轨道交通（包括城市地铁、轻轨、快轨和磁浮等）通信工程质量的验收。

1.0.3 城市轨道交通通信工程建设应贯彻国民经济可持续发展战略，做好环境保护、安全文明等工作，合理利用资源。

1.0.4 城市轨道交通通信工程质量的检验、检测所用方法和仪器设备应符合相关标准的规定。在系统开通前宜委托具有相应资质的检测单位进行系统测试。

1.0.5 城市轨道交通通信工程质量的验收除应符合本规范外，尚应符合国家现行有关标准的规定。

2 术　语

2.0.1 传输系统　transmission system

为满足城市轨道交通通信各子系统和信号、电力监控、防灾、环境与设备监控系统和自动售检票等系统各种信息传输的要求而建立的以光纤通信为主的系统网络。

2.0.2 公务电话系统　executive PBX system

用于城市轨道交通各部门间进行公务通话及业务联系的电话系统。

2.0.3 专用电话系统　dispatching system

为控制中心调度员、车站、车辆段、停车场的值班员组织指挥行车、运营管理及确保行车安全而设置的电话系统。

2.0.4 无线通信系统　wireless communication system

为控制中心调度员、车辆段调度员、车站值班员等固定用户与列车司机、防灾、维修、公安等移动用户之间提供通信的无线系统。

2.0.5 闭路电视监视系统　closed circuit monitoring TV system

为控制中心调度员、各车站值班员、列车司机等提供有关列车运行、防灾、救灾及乘客疏导等方面的视觉信息的系统。

2.0.6 广播系统　public address system; broadcasting system

为保证城市轨道交通控制中心调度员和车站值班员向乘客通告列车运行及安全、向导等服务信息，向工作人员发布作业命令和通知的系统。

2.0.7 时钟系统　clock system

为各线、各车站提供统一的标准时间信息，为其他各系统提供统一的定时信号的时间系统。

2.0.8 乘客信息显示系统　passenger information system（PIS）

通过在车站站厅和站台设置显示器、在车厢内设置车载显示器等，为旅客提供包括交通信息、新闻、天气预报等实时服务信息的系统。

2.0.9 同步数字体系　synchronous digital hierarchy（SDH）

是为了使正确适配的净负荷在物理传输网（主要是光缆）上传送而形成的一系列标准化的数字传送结构。

2.0.10 异步传送模式　asynchronous transfer mode（ATM）

以高速分组传送模式为主，综合电路传输模式优点的一种宽带传输模式。

2.0.11 开放传送网络　open transport networks（OTN）

一种多业务接入的同步光纤网络。

2.0.12 综合业务数字网　integrated services digital network（ISDN）

是以提供了端到端的数字连接的综合数字电话网（IDN）为基础发展起来的通信网，用以支持电话及非话的多种业务，用户通过一组有限的标准用户网络接口接入综合业务数字网（ISDN）内。

2.0.13 集群通信系统　trunking communication system

指由多个用户共用一组无线信道，并动态地使用这些信道的移动通信系统，主要用于调度通信。

3 基本规定

3.1 一般规定

3.1.1 城市轨道交通通信（以下简称“通信”）工程施工现场质量管理应有相应的施工技术标准、健全的质量管理体系、施工质量检验制度和施工质量水平评定考核制度。

通信工程施工现场质量管理应按本规范附录A的要求进行检查记录。

3.1.2 通信工程除应按国家标准《建筑工程施工质量验收统一标准》GB 50300－2001第3.0.2条的规定进行施工质量控制外，还应符合下列规定：

1　工程采用的主要材料、构配件和设备，施工单位应对其外观、规格、型号和质量证明文件等进行验收，并经监理工程师检查认可。

2　凡涉及结构安全和使用功能的，施工单位应进行检验，监理单位应按规定进行见证取样检测或平行检验。

3　新材料、新设备、新器材及进口设备和器材的进场验收，除应符合本规范规定外，尚需提供安装、使用、维修、试验及合同规定的有关文件、检测报告等。

3.1.3　通信工程质量应按国家标准《建筑工程施工质量验收统一标准》GB 50300－2001 第 3.0.3 条的要求进行验收。

3.2　通信工程质量验收的划分

3.2.1　通信工程为一个独立的单位工程，该单位工程应划分为分部工程、分项工程和检验批。

3.2.2　分部工程应按一个完整部位或主要结构及施工阶段划分。

3.2.3　分项工程应按工序、工种、设备等划分。

3.2.4　检验批应根据施工及质量控制和验收需要划分。

3.2.5　通信工程的分部工程、分项工程、检验批划分和检验项目应符合表 3.2.5 的规定。

表 3.2.5　分部工程、分项工程、检验批划分和检验项目

单位工程	分部工程	分项工程	检验批	检验批检验项目条文号	
				主控项目	一般项目
城市轨道交通通信工程	通信管线安装	支架、吊架安装	一个站	4.2.1～4.2.4	4.2.5～4.2.8
		线槽安装	一个站	4.3.1～4.3.7	4.3.8～4.3.13
		保护管安装	一个站	4.4.1～4.4.4	4.4.5～4.4.8
		通信管道安装	一个站	4.5.1、4.5.2	4.5.3、4.5.4
		缆线布放	一个站	4.6.1～4.6.7	4.6.8～4.6.11
	通信光、电缆线路及终端	光、电缆敷设	一个区间	5.2.1～5.2.8	5.2.9～5.2.11
		电缆接续及引入终端	一个站	5.3.1～5.3.9	5.3.10～5.3.12
		光缆接续及引入终端	一个站	5.4.1～5.4.6	5.4.7～5.4.9
		光、电缆线路特性检测	一个中继段、区间	5.5.1～5.5.5	
	传输系统	传输设备安装	一个站	6.2.1、6.2.2	6.2.3～6.2.6
		传输设备配线	一个站	6.3.1～6.3.7	6.3.8～6.3.14
		系统传输指标检测及功能检验	一个系统/站	6.4.1～6.4.8	
		SDH 传输系统指标检测及功能检验	一个系统/站	6.5.1～6.5.3	
		ATM 传输系统指标检测及功能检验	一个系统/站	6.6.1、6.6.2	
		OTN 传输系统指标检测及功能检验	一个系统/站	6.7.1～6.7.9	
		传输系统网管功能检验	一个系统	6.8.1～6.8.8	
	公务电话系统	公务电话设备安装	一个站	7.2.1～7.2.4	7.2.5、7.2.6
		公务电话设备配线	一个站	7.3.1～7.3.4	7.3.5、7.3.6
		公务电话系统指标检测及功能检验	一个系统	7.4.1～7.4.7	
		公务电话系统网管功能检验	一个系统	7.5.1～7.5.6	

续表 3.2.5

单位工程	分部工程	分项工程	检验批	检验批检验项目条文号	
				主控项目	一般项目
城市轨道交通通信工程	专用电话系统	专用电话设备安装	一个站	8.2.1、8.2.2	8.2.3、8.2.4
		专用电话设备配线	一个站	8.3.1～8.3.4	8.3.5
		专用电话系统指标检测及功能检验	一个系统	8.4.1～8.4.7	
		专用电话系统网管功能检验	一个系统	8.5.1	
	无线通信系统	铁塔安装	一座	9.2.1～9.2.6	9.2.7～9.2.10
		天馈线	一处	9.3.1～9.3.5	9.3.6～9.3.9
		漏泄同轴电缆	一个敷设段	9.4.1～9.4.6	9.4.7～9.4.10
		无线通信设备安装	一个站	9.5.1～9.5.4	9.5.5～9.5.8
		无线通信系统指标检测	一个系统	9.6.1～9.6.6	9.6.7
		无线通信系统功能检验	一个系统	9.7.1、9.7.2	
		无线通信系统网管功能检验	一个系统	9.8.1～9.8.5	
	闭路电视监视系统	闭路电视监视设备安装	一个站	10.2.1～10.2.3	10.2.4～10.2.8
		闭路电视监视设备配线	一个站	10.3.1～10.3.4	10.3.5～10.3.9
		闭路电视监视系统指标检测及功能检验	一个系统	10.4.1～10.4.9	
		闭路电视监视系统网管功能检验	一个系统	10.5.1～10.5.3	
	广播系统	广播设备安装	一个站	11.2.1～11.2.8	11.2.9～11.2.12
		广播设备配线	一个站	11.3.1～11.3.4	11.3.5
		广播系统指标检测及功能检验	一个系统	11.4.1～11.4.8	11.4.9
		广播系统网管功能检验	一个系统	11.5.1～11.5.6	
	乘客信息显示系统	乘客信息显示设备安装	一个站	12.2.1～12.2.5	12.2.6、12.2.7
		乘客信息显示设备配线	一个站	12.3.1～12.3.4	12.3.5、12.3.6
		乘客信息显示系统指标检测及功能检验	一个系统	12.4.1～12.4.12	
		乘客信息显示系统网管功能检验	一个系统	12.5.1～12.5.4	
	时钟系统	时钟设备安装	一个站	13.2.1～13.2.3	13.2.4～13.2.7
		时钟设备配线	一个站	13.3.1～13.3.4	13.3.5
		时钟系统指标检测及功能检验	一个系统	13.4.1～13.4.7	
		时钟系统网管功能检验	一个系统	13.5.1～13.5.3	
	电源及接地系统	电源系统设备安装	一个站	14.2.1～14.2.4	14.2.5～14.2.9
		电源系统设备配线	一个站	14.3.1～14.3.4	14.3.5～14.3.7
		电源系统指标检测及功能检验	一个系统	14.4.1～14.4.9	
		电源监控系统功能检验	一个系统	14.5.1～14.5.9	
		接地装置	一个站	14.6.1～14.6.6	14.6.7～14.6.10

3.3 通信工程质量验收

3.3.1 检验批的质量验收应包括如下内容：

1 实物检查，包括主要材料、构配件和设备等的检验，应按进场的批次和产品的抽样检验方案执行。

2 资料检查，包括主要材料、构配件和设备等的质量证明文件（质量合格证、型号、规格及性能检测报告等）和检验报告、施工过程中重要工序的自检和交接检验记录、平行检验报告、见证取样检测报告、隐蔽工程验收记录等。

3.3.2 检验批合格质量应符合国家标准《建筑工程施工质量验收统一标准》GB 50300－2001 第 5.0.1 条的规定。

3.3.3 分项工程质量验收合格应符合国家标准《建筑工程施工质量验收统一标准》GB 50300－2001 第 5.0.2 条的规定。

3.3.4 分部工程质量验收合格应符合国家标准《建筑工程施工质量验收统一标准》GB 50300－2001 第 5.0.3 条的规定。

3.3.5 单位工程质量验收合格应符合国家标准《建筑工程施工质量验收统一标准》GB 50300－2001 第 5.0.4 条的规定。

3.3.6 通信工程质量验收记录应符合下列规定：

1 检验批质量验收应按本规范附录 B 执行。

2 分项工程质量验收应按本规范附录 C 执行。

3 分部工程质量验收应按本规范附录 D 执行。

4 单位工程质量验收，质量控制资料核查，安全和功能检验资料核查及主要功能抽查记录，观感质量检查应按本规范附录 E 执行。

3.3.7 当通信工程质量不符合要求时，应按国家标准《建筑工程施工质量验收统一标准》GB 50300－2001 第 5.0.6 条的规定进行处理。

3.3.8 通过返修或加固处理仍不能满足安全使用要求的分部工程、单位工程，严禁验收。

3.3.9 通信工程质量验收程序和组织应符合国家标准《建筑工程施工质量验收统一标准》GB 50300－2001 第 6 章的规定。

4 通信管线安装

4.1 一般规定

4.1.1 通信管线可包括通信专业的支架、吊架、线槽及保护管，由通信电源室向外布放的电源线，由通信机房向外布放的信号线。

4.1.2 通信管线的施工场所可包括控制中心、各车站、车场、区间等安装通信设备或终端的地方。

4.1.3 通信管线的规格、型号、数量及预埋、安装、敷设的位置与径路，应符合设计要求。

4.2 支架、吊架安装

（Ⅰ）主控项目

4.2.1 支架、吊架到达现场应进行检查，其型号、规格、质量应符合设计要求及相关产品标准的规定。

检验数量：全部检查。

检验方法：对照设计文件检查出厂合格证等质量证明文件，并观察检查外观及形状。

4.2.2 支架、吊架安装在有坡度（弧度）的电缆沟内或建筑物构架上时，其安装坡度（弧度）应与电缆沟或建筑物构架的坡度（弧度）相同。

检验数量：全部检查。

检验方法：观察检查。

4.2.3 支架、吊架不应安装在具有较大振动、热源、腐蚀性液滴及排污沟道的位置，也不应安装在具有高温、高压、腐蚀性及易燃易爆等介质的工艺设备、管道以及能移动的构筑物上。

检验数量：全部检查。

检验方法：观察检查。

4.2.4 支架、吊架安装在区间时，严禁超出设备限界。

检验数量：全部检查。

检验方法：观察、尺量检查。

（Ⅱ）一般项目

4.2.5 支架、吊架宜经过热镀锌处理，切口处不应有卷边，表面应光洁、无毛刺，尺寸应准确，并应符合设计要求。支架与吊架的各臂应连接牢固。

检验数量：全部检查。

检验方法：观察检查。

4.2.6 支架、吊架安装时应固定牢固、横平竖直、整齐美观。安装位置偏差不宜大于 50mm。在同一直线段上的支架、吊架应间距均匀，同层托板应在同一水平面上。

检验数量：全部检查。

检验方法：观察检查。

4.2.7 安装金属线槽及保护管用的支架、吊架间距应符合设计图纸要求。

检验数量：全部检查。

检验方法：观察检查。

4.2.8 敷设电缆用的支架、吊架间距应符合设计要求，水平敷设时宜为 0.8～1.5m；垂直敷设时宜为 1.0m。

检验数量：全部检查。

检验方法：观察、尺量检查。

4.3 线槽安装

（Ⅰ）主控项目

4.3.1 线槽到达现场应进行检查，其型号、规格、质量应符合设计要求及相关产品标准的规定。

检验数量：全部检查。

检验方法：对照设计文件检查出厂合格证等质量证明文件，并观察检查外观及形状。

4.3.2 线槽终端应进行封堵。

检验数量：全部检查。

检验方法：观察检查。

4.3.3 金属线槽采用焊接连接时应牢固，内层平整，不应有明显的变形，埋设时焊接处应做防腐处理。采用螺栓连接或固定时应牢固。

检验数量：全部检查。

检验方法：观察检查。

4.3.4 槽与槽之间、槽与设备盘（箱）之间、槽与盖之间、盖与盖之间的连接处，应对合严密。

检验数量：全部检查。

检验方法：观察检查。

4.3.5 线槽与机架连接处应垂直，连接牢固。

检验数量：全部检查。

检验方法：观察、尺量检查。

4.3.6 金属线槽应接地，接缝处应有连接线或跨接线。预埋线槽时，线槽的连接处、出线口、分线盒，均应做防水处理。

检验数量：全部检查。

检验方法：观察检查。

4.3.7 当供电电缆与信号电缆在同一径路用线槽敷设时，宜分线槽敷设。若需要敷设在同一线槽内，应采用带金属隔板的金属线槽，分开敷设。

检验数量：全部检查。

检验方法：观察检查。

（Ⅱ）一 般 项 目

4.3.8 金属线槽宜经过热镀锌处理。在缆线转弯处，槽道开口的大小应与缆线相适应，切口处应光滑，不应有卷边，内、外壁及盖板表面应光洁、无毛刺，尺寸准确。槽底与盖板均应平整，侧壁应与槽底垂直。

检验数量：全部检查。

检验方法：观察检查。

4.3.9 预埋线槽的出线口位置应符合设计要求。线槽的出线口宜与地面、墙面平齐。

检验数量：全部检查。

检验方法：观察检查。

4.3.10 线槽的直线长度超过 50m 时，宜采取热膨胀补偿措施。

检验数量：全部检查。

检验方法：观察检查。

4.3.11 两列线槽拼接偏差不应大于 2mm。

检验数量：全部检查。

检验方法：观察、尺量检查。

4.3.12 当直接由线槽内引出电缆时，应采用合适的护圈保护电缆。

检验数量：全部检查。

检验方法：观察检查。

4.3.13 线槽的安装应横平竖直，排列整齐。其上部与楼板之间应留有便于操作的空间。垂直排列的线槽拐弯时，其弯曲弧度应一致。线槽拐直角弯时，其弯头的弯曲半径不应小于槽内最粗电缆外径的 10 倍。

检验数量：全部检查。

检验方法：观察检查。

4.4 保护管安装

（Ⅰ）主 控 项 目

4.4.1 保护管到达现场应进行检查，其型号、规格、质量应符合设计要求及相关产品标准的规定。

检验数量：全部检查。

检验方法：对照设计文件检查出厂合格证等质量证明文件，并观察检查外观及形状。

4.4.2 保护管两端管口应密封。

检验数量：全部检查。

检验方法：观察检查。

4.4.3 金属保护管应接地，金属保护管连接后应保证整个系统的电气连通性。

检验数量：全部检查。

检验方法：施工单位用万用表检查电气连通性。监理单位见证试验。

4.4.4 预埋保护管宜采用整根材料，如必须连接时，在连接处应做防水处理。预埋保护管管口应做防护处理。

检验数量：全部检查。

检验方法：观察检查。

（Ⅱ）一 般 项 目

4.4.5 金属保护管宜经过镀锌处理，不应有变形及裂缝，管口应光滑、无锐边，内、外壁应光洁、无毛刺，尺寸准确。

检验数量：全部检查。

检验方法：观察检查。

4.4.6 保护管增设接线盒或拉线盒的位置应符合设计或相关标准，接线盒或拉线盒开口朝向应方便施工。预埋箱、盒位置应正确，并固定牢固。

检验数量：全部检查。

检验方法：观察检查。

4.4.7 预埋保护管应符合下列规定：

1 伸入箱、盒内的长度不小于 5mm，并固定牢固，多根管伸入时应排列整齐。

2 预埋的保护管引出表面时，管口宜伸出表面 200mm；当从地下引入落地式盘（箱）时，宜高出盘（箱）底内面 50mm。

3 预埋的金属保护管，管外不应涂漆。

4　预埋保护管埋入墙或混凝土内时，离表面的净距离不应小于15mm。

检验数量：全部检查。

检验方法：观察、尺量检查。

4.4.8　保护管应排列整齐、固定牢固。用管卡固定时，管卡间距应符合设计要求。

检验数量：全部检查。

检验方法：观察检查。

4.5　通信管道安装

（Ⅰ）主 控 项 目

4.5.1　通信管道所用的器材在使用之前应进行检查，其型号、规格、质量应符合设计要求及相关产品标准的规定。

检验数量：全部检查。

检验方法：对照设计文件检查出厂合格证等质量证明文件，并观察检查外观及形状。

4.5.2　通信管道应进行试通，不能通过标准拉棒但能通过比标准拉棒直径小1mm的拉棒的孔段占试通总数（孔段）的比例不大于10%。

检验数量：按以下比例检查。

1　水泥管块管道：2孔及以下试全部管孔，2孔以上每块管块任意抽试2孔。

2　钢材、塑料等单孔组群的通信管道，2孔及以下试全部管孔，3孔至6孔抽试2孔，6孔以上每增加5孔多抽试1孔。

检验方法：施工单位在直线管道使用比管孔标称直径小5mm长900mm的拉棒试通，在弯曲半径大于36m的弯管道使用比管孔标称直径小6mm长900mm的拉棒试通。监理单位见证试通。

（Ⅱ）一 般 项 目

4.5.3　人（手）孔四壁及基础表面应平整，铁件安装牢固，管道窗口处理美观。

检验数量：全部检查。

检验方法：观察检查。

4.5.4　人（手）孔口圈安装质量、位置、高程应符合设计要求。

检验数量：全部检查。

检验方法：观察、尺量检查。

4.6　缆 线 布 放

（Ⅰ）主 控 项 目

4.6.1　电源线、信号线，到达现场应进行检查，其型号、规格、质量应符合设计要求及相关产品标准的规定。

检验数量：全部检查。

检验方法：对照设计文件检查出厂合格证等质量证明文件，并观察检查外观及形状。

4.6.2　电源线、信号线不应破损、受潮、扭曲、折皱，线径正确。每根电源线或信号线不应断线、错线，线间绝缘、组间绝缘应符合产品技术条件或设计要求。

检验数量：全部检查。

检验方法：施工单位观察检查，用万用表检查电缆断线和错线，用兆欧表测试绝缘电阻。监理单位见证试验。

4.6.3　数条水平线槽垂直排列时，布放应按弱电、强电的顺序从上至下排列。

检验数量：全部检查。

检验方法：观察检查。

4.6.4　线槽内的电缆、电线应排列整齐，不应扭绞、交叉及溢出线槽。

检验数量：全部检查。

检验方法：观察检查。

4.6.5　缆线在管内或线槽内不应有接头和扭结。缆线的接头应在接线盒内焊接或用端子连接。

检验数量：全部检查。

检验方法：观察检查。

4.6.6　当采用屏蔽电缆或穿金属保护管以及在线槽内敷设时，与具有强磁场和强电场的电气设备之间的净距离应大于0.8m。屏蔽线应单端接地。

检验数量：全部检查。

检验方法：观察、尺量检查。

4.6.7　电源线与信号线交叉敷设时，应成直角；当平行敷设时，相互间的距离应符合设计要求。

检验数量：全部检查。

检验方法：观察检查。

（Ⅱ）一 般 项 目

4.6.8　多芯电缆的弯曲半径，不应小于其外径的6倍。

检验数量：全部检查。

检验方法：观察检查。

4.6.9　过伸缩缝、转接盒及缆线终端处应做余留处理。

检验数量：全部检查。

检验方法：观察检查。

4.6.10　线槽敷设截面利用率不宜大于50%，保护管敷设截面利用率不宜大于40%。

检验数量：全部检查。

检验方法：观察检查。

4.6.11　室内光缆宜在金属线槽中敷设，在桥架敷设时应在绑扎固定段加装垫层；应有必要的防护措施；转弯处应保持足够的弯曲半径，其弯曲半径不应小于光缆外径的15倍。光缆连接线两端的余留、处理应符合工艺要求。

检验数量：全部检查。

检验方法：观察检查。

5 通信光、电缆线路及终端

5.1 一般规定

5.1.1 通信光、电缆线路施工可包括区间光、电缆的敷设、接续、引入终端和测试等。

5.1.2 光、电缆线路施工前应按照施工图进行径路复测。

5.1.3 光、电缆和光、电缆配线架的规格、型号及数量应符合设计要求。光、电缆成品的低（无）烟、低（无）卤、阻燃特性，应具有相应资质的检测单位出具的测试报告。

5.1.4 光缆施工中应按设计要求整盘敷设，不得任意切断光缆增加接头。

5.1.5 光、电缆的接续、测试人员必须经过培训考核持证上岗。

5.2 光、电缆敷设

（Ⅰ）主控项目

5.2.1 光、电缆到达现场应进行检查，其型号、规格、质量应符合设计要求及相关产品标准的规定。

检验数量：全部检查。

检验方法：对照设计文件检查出厂合格证等质量证明文件，并观察检查外观及形状。

5.2.2 光、电缆敷设前应进行单盘测试，测试指标应符合产品技术条件及设计要求。

检验数量：全部检查。

检验方法：施工单位用光时域反射仪（OTDR）测试光缆；用万用表、直流电桥、兆欧表等测试电缆。监理单位见证试验。

5.2.3 光、电缆线路的径路、敷设位置应符合设计要求。

检验数量：全部检查。

检验方法：对照施工设计图检查。

5.2.4 光、电缆线路的埋深应符合设计要求。

检验数量：全部检查。

检验方法：施工单位检查随工检验记录。监理单位旁站监理。

5.2.5 光、电缆线路的防雷设施的设置地点、区段、数量、方式和防护措施应符合设计要求。

检验数量：全部检查。

检验方法：观察检查。

5.2.6 光、电缆线路的防蚀和防电磁设施的设置地点、区段、数量、方式和防护措施应符合设计要求。

检验数量：全部检查。

检验方法：观察检查。

5.2.7 光、电缆外护层（套）不得有破损、变形或扭伤，接头处应密封良好。

检验数量：全部检查。

检验方法：观察检查。

5.2.8 光、电缆与其他管线的间隔距离应符合设计要求。

检验数量：全部检查。

检验方法：观察检查。

（Ⅱ）一般项目

5.2.9 光、电缆线路标桩的埋设应符合设计要求。光电缆标桩应埋设在光电缆径路的正上方，接续标桩应埋设在接续点的正上方，标识清楚。

检验数量：全部检查。

检验方法：观察检查，对照设计文件检查。

5.2.10 光缆敷设、接续或固定安装时的弯曲半径不应小于光缆外径的15倍。电缆敷设和接续时，铅护套电缆的弯曲半径不应小于电缆外径的15倍，铅护套电缆的弯曲半径不应小于电缆外径的7.5倍。

检验数量：全部检查。

检验方法：检查随工检验记录。

5.2.11 光、电缆线路余留的设置位置和长度应符合设计要求。

检验数量：全部检查。

检验方法：对照设计文件检查。

5.3 电缆接续及引入终端

（Ⅰ）主控项目

5.3.1 电缆芯线应按顺序一一对应接续，接续完成后应检查无错线、断线，绝缘良好。

检验数量：全部检查。

检验方法：施工单位用万用表检查错线和断线，用兆欧表测试绝缘电阻。监理单位见证试验。

5.3.2 直埋电缆接头套管应做绝缘防腐处理并将接头加以保护。人（手）孔内的电缆接头应放在托板架上，相邻接头放置位置应错开。

检验数量：全部检查。

检验方法：观察检查。监理单位旁站监理。

5.3.3 电缆接头的埋深、固定方式、位置应符合设计要求。

检验数量：全部检查。

检验方法：检查随工检验记录。监理单位旁站监理。

5.3.4 电缆引入室内时，其金属护套与相连接的室内金属构件间应绝缘。

检验数量：全部检查。

检验方法：施工单位观察检查，用万用表检查绝缘性能。监理单位见证试验。

5.3.5 分歧尾巴电缆接入干线的端别应与干线端别

相对应。

检验数量：全部检查。

检验方法：观察检查。

5.3.6 接线盒、分线盒、交接箱的配线应卡接牢固、排列整齐、序号正确，并应有相应的标识。

检验数量：全部检查。

检验方法：观察检查。

5.3.7 数字电缆引入应终接在数字配线架（DDF）上，音频电缆引入应终接在总配线架（MDF）上。

检验数量：全部检查。

检验方法：观察检查。

5.3.8 数字配线架的安装应符合下列规定：

1 数字配线架的型号、规格和安装位置应符合设计要求，架体安装应牢固可靠，紧固件应齐全且安装牢固。

2 数字配线架上的标志应齐全、清晰、耐久可靠；连接器单元上应有标识。

3 同轴头焊接应牢固、可靠。

4 架内同轴缆应进行绑扎并有适当余留。

5 数字配线架接地应可靠。

检验数量：全部检查。

检验方法：施工单位观察检查，用同轴对号表检查同轴头连通性和同轴头内外导体间的绝缘性。监理单位见证试验。

5.3.9 总配线架的安装应符合下列规定：

1 总配线架的型号、规格和安装位置应符合设计要求，架体安装应牢固可靠，紧固件应齐全且安装牢固。

2 总配线架上的标志应齐全、清晰、耐久可靠；卡接（绕接）模块上应有标识。

3 接线端子应卡接（绕接）牢固，接触可靠。

4 接线排上任意互不相连的两接线端子之间以及任一接线端子和金属固定件之间，其绝缘电阻不应小于50MΩ。

5 总配线架的总地线和交换机的地线应实现等电位连接；引入总配线架的用户电缆其屏蔽层在电路两端应接地，局端应在入局界面处进线室内与地线总汇集排连接接地。接地应可靠。

6 总配线架告警系统应能发出可见可闻的告警信号。

检验数量：外观全部检查，绝缘电阻抽测10%。

检验方法：施工单位观察检查，用500V兆欧表测试绝缘电阻，进行告警试验。监理单位见证试验。

（Ⅱ）一 般 项 目

5.3.10 引入电缆应符合下列规定：

1 成端的弯曲半径应符合本规范第5.2.10条的规定。

2 室内电缆分线盒、交接箱安装在墙上时，其位置及高度应符合设计要求；从引入口到分线盒的电缆宜用线槽保护。

检验数量：全部检查。

检验方法：观察、尺量检查。

5.3.11 接头装置宜按设计要求进行编号。

检验数量：全部检查。

检验方法：观察检查。

5.3.12 电缆进入引入室后，上下行标识应清晰、准确。

检验数量：全部检查。

检验方法：观察检查。

5.4 光缆接续及引入终端

（Ⅰ）主 控 项 目

5.4.1 光纤接续时应按光纤色谱、排列顺序，一一对应接续；光纤接续部位应用热缩加强管保护，加强管收缩应均匀、无气泡；光纤收容时的弯曲半径不应小于40mm。

检验数量：全部检查。

检验方法：观察检查。监理单位旁站监理。

5.4.2 直埋光缆的金属外护套和加强芯应紧固在接头盒内。两侧的金属外护套、金属加强芯应绝缘。

检验数量：全部检查。

检验方法：观察检查。监理单位旁站监理。

5.4.3 光缆接头的埋深、固定方式、位置应符合设计要求，直埋光缆接头埋于地下时，应设防护。

检验数量：全部检查。

检验方法：检查随工检验记录。

5.4.4 光缆引入室内时，应做绝缘接头，室内室外金属护层及金属加强芯应断开，并彼此绝缘。

检验数量：全部检查。

检验方法：观察检查。

5.4.5 室内光缆应终端在光配线架或光终端盒上。光配线架或光终端盒的安装位置及面板排列应符合设计要求。

检验数量：全部检查。

检验方法：观察检查。

5.4.6 光配线架的安装应符合下列规定：

1 光配线架的型号、规格和安装位置应符合设计要求，架体安装应牢固可靠，紧固件应齐全且安装牢固。

2 光配线架上的标志应齐全、清晰、耐久可靠；光缆终端区光缆进、出应有标识。

3 光纤盘纤盘内，光纤的盘留弯曲半径应大于40mm。

4 裸光纤与尾纤的接续应符合本规范第5.4.1条的要求，其接头应加热熔保护管保护并按顺序加以排列固定。

5 余留尾纤应按单元进行盘留，盘留弯曲半径应大于50mm。

检验数量：全部检查。

检验方法：观察、尺量。监理单位见证试验。

（Ⅱ）一 般 项 目

5.4.7 光缆接续后的光纤收容余长单端引入引出不应小于0.8m，两端引入引出不应小于1.2m。

检验数量：全部检查。

检验方法：观察检查。

5.4.8 光缆接续后应余留2～3m；光缆接头处的光缆弯曲半径不应小于护套外径的15倍。

检验数量：全部检查。

检验方法：观察检查。

5.4.9 光缆进入引入室后，上下行标识应清晰、准确。

检验数量：全部检查。

检验方法：观察检查。

5.5 光、电缆线路特性检测

主 控 项 目

5.5.1 光缆线路在一个区间（中继段）内，每根光纤的背向散射曲线应平滑，无阶跃反射峰，接续损耗平均值应符合下列指标：

单模光纤 $\bar{\alpha}\leqslant0.08$dB（1310nm、1550nm）；

多模光纤 $\bar{\alpha}\leqslant0.2$dB。

检验数量：全部检查。

检验方法：施工单位用光时域反射仪（OTDR）测试光纤接续损耗。监理单位见证试验。

5.5.2 光缆线路区间（中继段）光纤线路衰减测试值应小于设计计算值。

检验数量：全部检查。

检验方法：施工单位用光源、光功率计测试线路衰减。监理单位见证试验。

5.5.3 光缆线路区间（中继段）S点的最小回波损耗指标应符合下列规定：

STM－1　1550nm波长不应小于20dB；

STM－4　1310nm波长不应小于20dB；

STM－4　1550nm波长不应小于24dB；

STM－16　1310nm、1550nm波长不应小于24dB。

检验数量：全部检查。

检验方法：施工单位用回波损耗测试仪测试回波损耗。监理单位见证试验。

5.5.4 区间通信电缆低频四线组音频段电特性指标应符合表5.5.4的规定。

表5.5.4 低频四线组音频段电特性标准

序号	项目		测量频率	单位	标准	换算
1	0.9mm线径环阻（20℃）		直流	Ω/km	≤57	实测值/L
	0.7mm线径环阻（20℃）		直流	Ω/km	≤96	
	0.6mm线径环阻（20℃）		直流	Ω/km	≤132	
	0.5mm线径环阻（20℃）		直流	Ω/km	≤190	
2	环阻不平衡（20℃）		直流	Ω	≤2	—
3	0.9mm、0.7mm线径绝缘电阻		直流	MΩ·km	≥10000	实测值×（$L+L'$）
	0.6mm、0.5mm线径绝缘电阻		直流	MΩ·km	≥5000	
4	电气绝缘强度	所有芯线与金属外护套间	直流	V	≥1800（2min）	—
		芯线间	直流	V	≥1000（2min）	
5	交流对地不平衡衰减		800Hz	dB	≥65	—
6	近端串音衰减		800Hz	dB	≥74	—
7	远端串音防卫度		800Hz	dB	≥61	—
8	轨道交通区段杂音计电压（峰值）	调度回线	800Hz	mV	≤1.25	用杂音测试器测量时，应用高阻挡，输入端并接阻抗值等于电缆输入阻抗Z，其实测值应乘以$\sqrt{600/Z}$
		一般回线	800Hz	mV	≤2.5	

注：L为音频段电缆实际长度，单位为km。

L'为电缆线路各种附属设备的等效绝缘电阻的总长度，单位为km。

$$L'=L_{头}+L_{分歧}+L_{盒}+L_{区间}$$

式中 $L_{头}$——每个接头绝缘电阻为10^5MΩ，等效电缆100m；

$L_{分歧}$——按实际分歧电缆长度计算；

$L_{盒}$——电缆分线盒等效电缆2km；

$L_{区间}$——每个区间电话端子板等效电缆10km。

检验数量：全部检查。

检验方法：施工单位用直流电桥、500V 兆欧表、耐压测试仪、电平表、杂音测试器、串音衰减测试器进行测试。监理单位见证试验。

5.5.5 市话电缆直流电特性指标应符合本规范表5.5.5的规定。

表 5.5.5 市话电缆直流电特性标准

序号	项 目	单位	标 准	换 算
1	0.8mm 线径单线环阻（20℃）	Ω/km	≤74	实测值/L
	0.6mm 线径单线环阻（20℃）	Ω/km	≤132	
	0.5mm 线径单线环阻（20℃）	Ω/km	≤190	
	0.4mm 线径单线环阻（20℃）	Ω/km	≤296	
2	绝缘电阻	MΩ·km	≥3000（填充式电缆） ≥10000（非填充式电缆）	实测值×（$L+L'$）

检验数量：全部检查。

检验方法：施工单位用直流电桥、250V 兆欧表进行测试。监理单位见证试验。

6 传输系统

6.1 一般规定

6.1.1 传输系统可采用同步数字系列（SDH）、异步转移模式（ATM）以及开放传送网络（OTN）。

6.2 传输设备安装

（Ⅰ）主控项目

6.2.1 传输设备到达现场应进行检查，其型号、规格和质量应符合设计要求及相关产品标准的规定。

检验数量：全部检查。

检验方法：对照设计文件检查出厂合格证、试验报告等质量证明文件，并观察检查外观及形状。

6.2.2 机架（柜）电路插板的规格、数量和安装位置应符合设计要求。

检验数量：全部检查。

检验方法：对照设计文件观察检查。

（Ⅱ）一般项目

6.2.3 设备安装位置、机架及底座的加固方式应符合设计要求。

检验数量：全部检查。

检验方法：观察检查。

6.2.4 设备安装牢固，排列整齐，漆饰完好，铭牌、标记清楚正确，并符合设计要求。

检验数量：全部检查。

检验方法：观察检查。

6.2.5 机架（柜）安装的垂直倾斜度偏差应小于机架（柜）高度的1‰。

检验数量：全部检查。

检验方法：观察、尺量检查。

6.2.6 传输系统电源及接地装置的安装应符合本规范第14.2.5～14.2.9条及第14.6.7～14.6.10条的相关规定。

6.3 传输设备配线

（Ⅰ）主控项目

6.3.1 传输设备的配线光、电缆到达现场应进行检查，其型号、规格、质量应符合设计要求及相关产品标准的规定。配线标识齐全、清晰、不易脱落。

检验数量：全部检查。

检验方法：对照设计文件检查出厂合格证等质量证明文件，并观察检查外观及形状。

6.3.2 配线电缆和电线的芯线应无错线或断线、混线，中间不得有接头。配线电缆芯线间的绝缘电阻应符合下列规定：

1 音频配线电缆不应小于 50MΩ。

2 高频配线电缆不应小于 100MΩ。

3 同轴配线电缆不应小于 1000MΩ。

检验数量：抽验 10%。

检验方法：施工单位用万用表检查断线、混线，用 500V 兆欧表测量绝缘电阻。监理单位见证试验。

6.3.3 音频配线电缆近端串音衰减不应小于 78dB。

检验数量：抽验 10%。

检验方法：施工单位用串音衰减测试器或用振荡器、电平表测量。监理单位见证试验。

6.3.4 光缆尾纤应按标定的纤序连接设备。光缆尾纤应单独布放并用垫衬固定，不得挤压、扭曲、捆绑。弯曲半径不应小于 50mm。

检验数量：全部检查。

检验方法：对照设计文件检查光缆尾纤纤序，并观察检查。监理单位见证试验。

6.3.5 电源端子配线应正确，配线两端的标志应齐全。

检验数量：全部检查。

检验方法：观察检查。监理单位见证试验。

6.3.6 设备地线必须连接良好。

检验数量：全部检查。

检验方法：施工单位用万用表检查。监理单位见证试验。

6.3.7 电缆、电线的屏蔽护套应接地可靠，并应与接地线就近连接。

检验数量：全部检查。

检验方法：观察检查。

（Ⅱ）一 般 项 目

6.3.8 配线电缆、电线的走向、路由应符合设计文件要求。

检验数量：全部检查。

检验方法：观察检查。

6.3.9 配线电缆在电缆走道上应顺序平直排列。电缆槽道内配线应顺直。配线电缆弯曲半径不得小于其外径的5倍。

检验数量：全部检查。

检验方法：观察检查。

6.3.10 电缆芯线的编扎应按色谱顺序分线，余留的芯线长度应符合更换编扎线最长芯线的要求。

检验数量：全部检查。

检验方法：观察检查。

6.3.11 设备配线采用焊接时，焊接后芯线绝缘层应无烫伤、开裂及后缩现象，绝缘层离开端子边缘露铜不宜大于1mm。

检验数量：全部检查。

检验方法：观察、尺量检查，并用对号器检查端子。

6.3.12 设备配线采用绕接时，绕线应严密、紧贴，不应有叠绕。铜线除去绝缘外皮后，在绕线柱上的最少匝数：当芯线直径为0.4～0.5mm时应为6～8匝；0.6～1.0mm时应为4～6匝。不接触绕接柱的芯线部分不宜露铜。

检验数量：全部检查。

检验方法：观察、尺量检查，并用对号器检查端子。

6.3.13 设备配线采用卡接时，卡接电缆芯线的卡接端子应接触牢固。

检验数量：全部检查。

检验方法：观察、尺量检查，并用对号器检查卡接端子。

6.3.14 高频线、低频线、电源线应分开绑扎，交、直流配线应分开布放。

检验数量：全部检查。

检验方法：观察检查。

6.4 系统传输指标检测及功能检验

主 控 项 目

6.4.1 传输系统光通道的接收光功率不应超过系统的过载光功率，并应符合下列要求：

$$P_l \geqslant P_R + M_c + M_e \quad (6.4.1)$$

式中 P_l——接收端在R点实测系统接收光功率（dBm）；

P_R——在R点测得的接收器的接收灵敏度（dBm）；

M_c——光缆富裕度（dB）；

M_e——设备富裕度（dB）。

检验数量：全部检查。

检验方法：施工单位用光功率计测接收光功率，用误码测试仪、光可变衰减器、光功率计测光接收灵敏度。监理单位见证试验。

6.4.2 传输设备光接口的以下性能指标测试应符合设计要求：

1 平均发送光功率。

2 接收机灵敏度。

3 接收机最小过载功率。

检验数量：全部检查。

检验方法：施工单位用码型发生器、光功率计测发送光功率、过载功率，用误码测试仪、光可变衰减器、光功率计测光接收灵敏度。监理单位见证试验。

6.4.3 传输设备电接口的输入允许比特率容差应符合设计要求或产品技术条件。

检验数量：全部检查。

检验方法：施工单位用传输综合分析仪测试。监理单位见证试验。

6.4.4 传输系统2048kbit/s数字接口应测试以下指标：

1 2048kbit/s数字接口端到端误码性能测试应符合表6.4.4-1的要求。

表6.4.4-1 2048kbit/s接口端到端误码

速率（kbit/s）	2048
比特/块	800～5000
误块秒比（ESR）	0.04
严重误块秒比（SESR）	0.002
背景误块比（BBER）	2×10^{-4}

2 2048kbit/s数字接口输入抖动容限和最大输出抖动性能应符合表6.4.4-2和表6.4.4-3的要求。

表 6.4.4-2　2048kbit/s 接口输入抖动容限

频　率 (Hz)	抖动容限 (UIp—p)	频　率 (Hz)	抖动容限 (UIp—p)
1.2×10^{-5}	36.9	500	1.5
4.88×10^{-3}	36.9	1×10^{3}	1.5
0.01	18	2.4×10^{3}	1.5
1.667	18	10×10^{3}	0.36
20	1.5	18×10^{3}	0.2
100	1.5	100×10^{3}	0.2
200	1.5	—	—

表 6.4.4-3　2048kbit/s 接口容许最大输出抖动

测试滤波器	最大输出抖动幅度 (UIp—p)
$LP+HP_1$	1.5
$LP+HP_2$	0.2

注：对 2048kbit/s 接口：

LP——截止频率为 100kHz 的低通滤波器；

HP_1——截止频率为 20Hz 的高通滤波器；

HP_2——截止频率为 18kHz 的高通滤波器。

检验数量：全部检查。

检验方法：施工单位用传输综合分析仪测试。监理单位见证试验。

6.4.5　传输系统低速数据接口的端到端误码性能指标应满足以下要求：

1　速率为 $N\times64$kbit/s（$N=1\sim31$）时，比特误码率（BER）不应大于 1×10^{-6}。

2　速率小于 64kbit/s 时，比特误码率（BER）不应大于 1×10^{-5}。

检验数量：全部检查。

检验方法：施工单位用误码测试仪测试。监理单位见证试验。

6.4.6　传输系统音频接口的音频特性应符合下列要求：

1　通路电平：用参考测试频率 1020Hz 的正弦波信号，以−10dBmO的电平加到发送侧的输入端，在接收侧测得电平偏差限值应为±0.6dB（四线—四线）、±0.8dB（二线—二线）或±0.3dB（四线—数字口）、±0.4dB（二线—数字口）。

2　净衰减频率特性应符合表 6.4.6-1 的规定。

表 6.4.6-1　净衰减频率特性

测试频率（Hz）		200	300	400	500	600	820
偏差限值(dB)	二线(A—A)	—	+2	+1.5	+1.5	+0.7	+0.7
		−0.6	−0.6	−0.6	−0.6	−0.6	−0.6
	四线(A—A)	—	+0.5	+0.5	+0.5	+0.5	+0.5
		−0.5	−0.5	−0.5	−0.5	−0.5	−0.5
	二线(*A—D* 或 *D—A*)	—	+1.0	+0.75	+0.75	+0.35	+0.35
		−0.3	−0.3	−0.3	−0.3	−0.3	−0.3
	四线(*A—D* 或 *D—A*)	—	+0.25	+0.25	+0.25	+0.25	+0.25
		−0.25	−0.25	−0.25	−0.25	−0.25	−0.25
测试频率(Hz)		1020	2400	2800	3000	3400	3600
偏差限值(dB)	二线(A—A)	0	+0.7	+1.1	+1.1	+3.0	—
		0	−0.6	−0.6	−0.6	−0.6	−0.6
	四线(A—A)	0	+0.5	+0.9	+0.9	+1.8	—
		0	−0.5	−0.5	−0.5	−0.5	−0.5
	二线(*A—D* 或 *D—A*)	0	+0.35	+0.55	+0.55	+1.5	—
		0	−0.3	−0.3	−0.3	−0.3	−0.3
	四线(*A—D* 或 *D—A*)	0	+0.25	+0.45	+0.45	+0.9	—
		0	−0.25	−0.25	−0.25	−0.25	−0.25

3 增益随输入电平的变化应符合表 6.4.6-2 的规定。

表 6.4.6-2 增益随输入电平变化限值（正弦法）

输入电平（dBmO）		−55	−50	−40	−30	−20	−10	0	+3
偏差限值（dB）	二线（四线）（*A*—*A*）	±3.0	±1.0	±0.5	±0.5	±0.5	0	±0.5	±0.5
	二线（四线）（*A*—*D*）	±1.6	±0.6	±0.3	±0.3	±0.3	0	±0.3	±0.3

4 空闲信道噪声（衡重噪声）：在音频通道输入、输出端都终接标称阻抗，空闲信道噪声（衡重噪声）不应大于－65dBmOp。

5 总失真（噪声法）应符合表 6.4.6-3 的规定。

表 6.4.6-3 总失真（噪声法）

输入电平（dBmO）		−55	−40	−34	−27	−20	−10	−6	−3
信号对总失真比的指标应大于（dB）	二线（*A*—*A*）	11.1	26.1	30.7	32.4	32.4	32.4	32.4	24.8
	四线（*A*—*A*）	12.6	27.6	32.2	33.9	33.9	33.9	33.9	26.3
	二线发（*A*—*D*）	12.4	27.4	32.0	33.7	33.7	33.7	33.7	26.1
	二线发（*D*—*A*）	13.4	28.4	33.0	34.7	34.7	34.7	34.7	27.1
	四线发（*A*—*D*）	13.1	28.1	32.7	34.4	34.4	34.4	34.4	26.8
	四线发（*D*—*A*）	14.1	29.1	33.7	35.4	35.4	35.4	35.4	27.8

6 路际串话电平应符合表 6.4.6-4 的规定。

表 6.4.6-4 路际串话电平

<table>
<tr><td rowspan="3">主串频率
1020Hz

主串电平
0dBmO</td><td colspan="9">串话电平（dBmO）</td></tr>
<tr><td rowspan="2">二线—二线
或
四线—四线
（A—A）</td><td>近端</td><td>≤−65</td><td rowspan="2">二线发或
四线发—
数字口出
（A—D）</td><td>近端</td><td>≤−73</td><td rowspan="2">数字口入
—二线收
或四线收
（D—A）</td><td>近端</td><td>≤−70</td></tr>
<tr><td>远端</td><td>≤−65</td><td>远端</td><td>≤−70</td><td>远端</td><td>≤−73</td></tr>
</table>

检验数量：全部检查。

检验方法：施工单位用 PCM 通路分析仪测试。监理单位见证试验。

6.4.7 传输系统以太网端到端的丢包率（IPLR）、时延（IPTD）、吞吐量（IPPT）指标应符合设计要求。

检验数量：全部检查。

检验方法：施工单位用 IP 网络测试仪测试。监理单位见证试验。

6.4.8 传输系统自愈功能应正常，保护倒换时间应小于 50ms。

检验数量：全部检查。

检验方法：施工单位进行自愈功能检查，用传输综合测试仪进行保护倒换时间测试。监理单位见证试验。

6.5 SDH 传输系统指标检测及功能检验

主控项目

6.5.1 SDH 传输系统端到端误码性能指标应满足表 6.5.1 的规定。

表 6.5.1 端到端误码性能指标

速率（kbit/s）	139264/155520	622080	2488320
比特/块	6000～20000	15000～30000	15000～30000
误块秒比（ESR）	0.16	未定	未定
严重误块秒比（SESR）	0.002	0.002	0.002
背景误块比（BBER）	2×10^{-4}	1×10^{-4}	1×10^{-4}

检验数量：全部检查。

检验方法：施工单位用传输综合测试仪测试。监理单位见证试验。

6.5.2 定时基准源应能正确倒换。

检验数量：全部检查。

检验方法：施工单位进行定时基准源倒换试验。监理单位见证试验。

6.5.3 SDH 传输系统抖动性能测试应包含以下项目：

1 输出抖动测试指标应符合表 6.5.3-1 的规定。

表 6.5.3-1 SDH 网络接口的输出抖动规范参数

等级	最大输出抖动峰-峰值（UI）UIp—p		测量滤波器参数		
	B_1	B_2	f_1 (Hz)	f_3 (kHz)	f_4 (MHz)
STM-1（电）	1.5	0.075	500	65	1.3
STM-1（光）	1.5	0.15	500	65	1.3
STM-4（光）	1.5	0.15	1000	250	5
STM-16（光）	1.5	0.15	5000	1000	20

2 输入抖动容限应符合表 6.5.3-2 的规定。

表 6.5.3-2 STM-N 输入抖动容限参数

STM 等级	幅度（UIp_p）					频 率									
	A_0 (18μs)	A_1 (2μs)	A_2 (0.25μs)	A_3	A_4	f_0 (Hz)	f_{12} (Hz)	f_{11} (Hz)	f_{10} (Hz)	f_9	f_8 (Hz)	f_1 (kHz)	f_2 (kHz)	f_3 (kHz)	f_4 (MHz)
STM-1（电）	2800	311	39	1.5	0.075	12×10^{-6}	178×10^{-6}	1.6×10^{-3}	15.6×10^{-3}	0.125	19.3	0.5	3.25	65	1.3
STM-1（光）	2800	311	39	1.5	0.15	12×10^{-6}	178×10^{-6}	1.6×10^{-3}	15.6×10^{-3}	0.125	19.3	0.5	6.5	65	1.3
STM-4（光）	11200	1244	156	1.5	0.15	12×10^{-6}	178×10^{-6}	1.6×10^{-3}	15.6×10^{-3}	0.125	9.65	1	25	250	5
STM-16（光）	44790	4977	622	1.5	0.15	12×10^{-6}	178×10^{-6}	1.6×10^{-3}	15.6×10^{-3}	0.125	12.1	5	100	1000	20

检验数量：全部检查。

检验方法：施工单位用传输综合测试仪测试抖动。监理单位见证试验。

6.6 ATM 传输系统指标检测及功能检验

主 控 项 目

6.6.1 ATM 传输系统物理层光接口应测试以下指标：

1 平均发送光功率、接收机灵敏度、接收机最小过载功率应符合本规范第 6.4.2 条的要求。

2 ATM 系统误码性能测试应符合本规范第 6.5.1 条的要求。

3 ATM 系统光接口抖动性能测试应符合本规范第 6.5.3 条的要求。

6.6.2 ATM 层网络性能应测试以下指标，其指标应符合表 6.6.1 的规定：

1 信元丢失率（CLR）。

2 信元差错率（CER）。

3 信元传送时延（CTD）。

4 信元时延变化（CDV）。

表 6.6.1 QoS 等级网络性能指标

	CTD	2-ptCDV	CLR_{0+1}	CLR_0	CER
网络性能指标的含义	平均 CTD 的上限值（ms）	CTD 差在 10^{-8} 分界点的上限值（ms）	信元丢失概率的上限值	信元丢失概率的上限值	信元差错率的上限值
QoS1	400	3	3×10^{-7}	无	4×10^{-6}
QoS2	未规定	未规定	10^{-5}	无	4×10^{-6}
QoS3	未规定	未规定	未规定	10^{-5}	4×10^{-6}
QoS4	未规定	未规定	未规定	未规定	未规定
QoS5	400	6	无	3×10^{-7}	4×10^{-6}

检验数量：全部检查。

检验方法：施工单位用 ATM 测试仪测试。监理单位见证试验。

6.7 OTN 传输系统指标检测及功能检验

主 控 项 目

6.7.1 OTN 系统光接口应测试以下指标：

1 平均发送光功率、接收机灵敏度、接收机最小过载功率应符合本规范第 6.4.2 条的要求。

2 OTN 系统误码性能测试应符合本规范第 6.5.1 条的要求。

3 OTN 系统光接口抖动性能测试应符合本规范第 6.5.3 条的要求。

6.7.2 OTN 系统 RS－232、RS－422、RS485 端口点到点或点到多点连接功能检查应正常，测试低速口误码率（BER）应符合本规范第 6.4.5 条的规定。

检验数量：全部检查。

检验方法：施工单位用数据误码测试仪检查验证。监理单位见证试验。

6.7.3 OTN 系统 X.21 接口点到点连接功能检查应正常，测试误码率（BER）应符合本规范第 6.4.5 条的规定。

检验数量：全部检查。

检验方法：施工单位用数据误码测试仪检查、验证。监理单位见证试验。

6.7.4 OTN 系统模拟电话、带信令语音通道的通话功能应正常。

检验数量：全部检查。

检验方法：施工单位进行电话呼叫功能验证。监理单位见证试验。

6.7.5 OTN 系统 E1 接口端到端误码性能应符合本规范第 6.4.4 条的规定。

检验数量：全部检查。

检验方法：施工单位用误码测试仪检查验证。监理单位见证试验。

6.7.6 OTN 系统 ISDN 接口误码测试，应符合本规范第 6.4.4 条和第 6.4.5 条的规定。

检验数量：全部检查。

检验方法：施工单位用误码测试仪检查验证。监理单位见证试验。

6.7.7 OTN 系统以太网接口连接功能检查应正常。

检验数量：全部检查。

检验方法：施工单位用网络检测器检查。监理单位见证试验。

6.7.8 OTN 系统高保真音频接口检测，试听双向语音质量应清晰可懂、流畅、无漏字、无杂音，其测试电平衰减应符合设计要求或产品技术要求。

检验数量：全部检查。

检验方法：施工单位用音频信号发生器、电平表检查，测试音频电平衰减。监理单位见证试验。

6.7.9 OTN 系统视频接口，检查经系统传输的图像信号，应清晰无抖动、无雪花干扰、无马赛克现象等。

检验数量：全部检查。

检验方法：施工单位用视频信号发生器发送图像检查视频图像传输质量。监理单位见证试验。

6.8 传输系统网管功能检验

主 控 项 目

6.8.1 网管设备到达现场应进行检查，其型号、规格、质量应符合设计要求及相关产品标准的规定。

检验数量：全部检查。

检验方法：对照设计文件检查出厂合格证等质量证明文件，并观察检查外观及形状。

6.8.2 所有网元应能接入网管系统。网管系统显示的配置应符合网元的实际配置。网管设备应能正确显示整个网络的拓扑结构。

检验数量：全部检查。

检验方法：施工单位用网管软件进行功能试验。监理单位见证试验。

6.8.3 通过网管应能按预定路由表自动进行路由变更。

检验数量：全部检查。

检验方法：施工单位按预定路由表进行路由变更试验。监理单位见证试验。

6.8.4 故障管理应具有下列功能：

1 告警功能：

1）故障定位；

2）设置故障等级；

3）告警指示；

4）告警历史记录。

2 监视参数。

3 近端和远端环回测试。

检验数量：全部检查。

检验方法：施工单位进行功能试验。监理单位见证试验。

6.8.5 性能管理功能应具有采集和分析误码性能的功能。

检验数量：全部检查。

检验方法：施工单位进行性能管理功能试验。监理单位见证试验。

6.8.6 配置管理应具有下列功能：

1 各种业务时隙分配。

2 通信关系配置（点对点、点对多点、总线和以太网）。

3 通道的交叉连接和指配。

4 1+1或1∶N保护倒换、低阶/高阶通道保护倒换以及自愈环配置。

检验数量：全部检查。

检验方法：施工单位进行功能试验。监理单位见证试验。

6.8.7 安全管理功能应具有下列功能：

1 未经授权的人不能进入管理系统。

2 具有有限授权的人只能进入相应授权部分。

3 在安全受到侵扰后，应能利用备份文件恢复业务。

检验数量：全部检查。

检验方法：施工单位进行功能试验。监理单位见证试验。

6.8.8 保护功能应具有下列功能：

1 业务的自动通道保护。

2 网元与相关的网元管理设备之间、网元管理设备相互之间的信息通信应有自动通道保护措施。当具有远端接入功能时，本端网管设备或终端应能远端接入对端的网管设备，以监视对端网管设备所管区域系统的运行情况。

3 当出现软件差错或电源失效恢复后，系统应返回初始工作状态。

检验数量：全部检查。

检验方法：施工单位进行功能试验。监理单位见证试验。

7 公务电话系统

7.1 一般规定

7.1.1 公务电话系统的设备可包括程控交换设备、普通用户电话机、区间电话机、站间电话机、紧急电话、站内集中电话等。

7.1.2 公务电话系统的施工应包括控制中心、各车站、车场、区间等安装公务电话设备的场所。

7.2 公务电话设备安装

（Ⅰ）主控项目

7.2.1 程控交换设备到达现场应进行检查，其型号、规格、质量应符合设计要求及相关产品标准的规定。

检验数量：全部检查。

检验方法：对照设计文件检查出厂合格证等质量证明文件，并观察检查外观及形状。

7.2.2 程控交换设备机架（柜）电路插板的规格、数量和安装位置应符合设计要求。

检验数量：全部检查。

检验方法：对照设计文件观察检查。

7.2.3 区间电话安装严禁超出设备限界。

检验数量：全部检查。

检验方法：观察检查。

7.2.4 区间电话安装位置和方向应符合设计要求。

检验数量：全部检查。

检验方法：观察检查。

（Ⅱ）一般项目

7.2.5 程控交换设备的安装应符合本规范第6.2.3～6.2.5条的相关规定。

7.2.6 公务电话系统电源设备及接地装置的安装应符合本规范第14.2.5～14.2.9条及第14.6.7～14.6.10条的相关规定。

7.3 公务电话设备配线

（Ⅰ）主控项目

7.3.1 程控交换设备的配线电缆到达现场应进行检查，其型号、规格、质量应符合设计要求及相关产品标准的规定。配线标识齐全、清晰、不易脱落。

检验数量：全部检查。

检验方法：对照设计文件检查出厂合格证等质量证明文件，并观察检查外观、形状及标识。

7.3.2 程控交换设备的配线应符合本规范第6.3.2～6.3.7条的相关规定。

7.3.3 公务电话系统电源配线应符合本规范第14.3.1～14.3.4条的相关规定。

7.3.4 公务电话系统地线的布放应符合本规范第14.6.2～14.6.6条的相关规定。

（Ⅱ）一般项目

7.3.5 程控交换设备的配线应符合本规范第6.3.8～6.3.14条的相关规定。

7.3.6 紧急电话、区间电话进线孔应做防水处理。

检验数量：全部检查。

检验方法：观察检查。

7.4 公务电话系统指标检测及功能检验

主 控 项 目

7.4.1 公务电话系统的本局呼叫接续故障率性能指标不应大于 4×10^{-4}。

检验数量：全部检查。

检验方法：施工单位用模拟呼叫器测试，从总配线架上接不少于 32 对用户到模拟呼叫器，平均每小时每对用户产生不少于 200 次呼叫，测试呼叫次数不小于 40000 次。监理单位见证试验。

7.4.2 公务电话系统的局间呼叫接续故障率性能指标不应大于 4×10^{-4}。

检验数量：全部检查。

检验方法：施工单位用模拟呼叫器测试，接 16 对用户，并将 16 对来话和去话中继线自环，测试呼叫次数不小于 40000 次。监理单位见证试验。

7.4.3 公务电话系统的计费差错率性能指标不应大于 1×10^{-4}。

检验数量：全部检查。

检验方法：施工单位用模拟呼叫器测试呼叫 40000 次，检查实际计费次数与呼叫次数比较。监理单位见证试验。

7.4.4 忙时呼叫尝试次数（BHCA）性能指标应符合设计要求。

检验数量：全部检查。

检验方法：检查出厂测试记录或用延伸法测试。

7.4.5 公务电话系统的以下功能应符合设计要求：

1 系统建立功能。

2 基本业务功能。

3 新业务功能。

4 话务统计功能。

5 计费功能。

检验数量：全部检查。

检验方法：施工单位进行功能试验。监理单位见证试验。

7.4.6 公务电话系统的通话保持功能应符合设计要求。

检验数量：全部检查。

检验方法：施工单位进行通话保持试验，用 12 对用户保持通话状态 48h，应有长时间通话信号输出，无断话、单向通话等现象。监理单位见证试验。

7.4.7 区间电话、紧急电话的通话及使用功能应符合设计要求。

检验数量：全部检查。

检验方法：施工单位进行通话和使用试验。监理单位见证试验。

7.5 公务电话系统网管功能检验

主 控 项 目

7.5.1 公务电话系统网管终端应具有图形实时显示功能。

检验数量：全部检查。

检验方法：施工单位进行网管终端功能试验，应能正确显示网络拓扑结构，实时反映其物理连接状态及各点设备运行条件和状态。监理单位见证试验。

7.5.2 公务电话系统的人机命令功能应符合设计要求。

检验数量：全部检查。

检验方法：施工单位进行人机命令功能试验，检测功能应完善，执行命令准确，所有人机命令输入后均应能在打印机和显示器输出显示；用人机命令对局数据和用户数据的增、删、改应准确；用人机命令执行用户线和用户电路、中继线和中继电路、公用设备、信号链路和交换网络的例行测试和指定测试时，输出应正确。监理单位见证试验。

7.5.3 公务电话系统的故障诊断、告警功能应符合设计要求。

检验数量：全部检查。

检验方法：施工单位进行故障诊断、告警功能试验，对用户和中继电路进行人工/自动故障诊断应能测至每一电路；对电源系统、处理机、交换单元、连接单元和外围设备的模拟故障试验，其故障告警，主、备用设备倒换、故障信息输出及排除故障应灵敏、准确；告警系统应动作可靠，可生成告、示警信息的统计分析报表等。监理单位见证试验。

7.5.4 公务电话系统的维护管理功能应符合设计要求。

检验数量：全部检查。

检验方法：施工单位进行维护管理功能试验。监理单位见证试验。

7.5.5 公务电话系统对远端模块的集中维护功能应符合设计要求。

检验数量：全部检查。

检验方法：施工单位进行远端交换用户模块或远端用户线单元的集中维护功能试验。监理单位见证试验。

7.5.6 公务电话系统的计费及话务统计功能应符合设计要求。

检验数量：全部检查。

检验方法：施工单位进行计费及话务统计功能试验。监理单位见证试验。

8 专用电话系统

8.1 一 般 规 定

8.1.1 专用电话系统设备可包括程控交换设备或调

度交换设备、调度台、调度分机、值班台、各类专用电话机等。

8.1.2 专用电话系统的施工应包括控制中心、各车站、车场等安装专用电话系统设备的场所。

8.2 专用电话设备安装

（Ⅰ）主控项目

8.2.1 专用电话设备到达现场应进行检查，其型号、规格、质量应符合设计要求及相关产品标准的规定。

检验数量：全部检查。

检验方法：对照设计文件检查出厂合格证等质量证明文件，并观察检查外观及形状。

8.2.2 专用电话设备机架（柜）电路插板的规格、数量和安装位置应符合设计要求。

检验数量：全部检查。

检验方法：对照设计文件观察检查。

（Ⅱ）一般项目

8.2.3 专用电话设备的安装应符合本规范第6.2.3～6.2.5条的相关规定。

8.2.4 专用电话系统电源设备及接地装置的安装应符合本规范第14.2.5～14.2.9条及第14.6.7～14.6.10条的相关规定。

8.3 专用电话设备配线

（Ⅰ）主控项目

8.3.1 专用电话设备的配线电缆到达现场应进行检查，其型号、规格、质量应符合设计要求及相关产品标准的规定。

检验数量：全部检查。

检验方法：对照设计文件检查出厂合格证等质量证明文件，并观察检查外观、形状及标识。

8.3.2 专用电话设备的配线应符合本规范第6.3.2～6.3.7条的相关规定。

8.3.3 专用电话系统电源配线应符合本规范第14.3.1～14.3.4条的相关规定。

8.3.4 专用电话系统地线的布放应符合本规范第14.6.2～14.6.6条的相关规定。

（Ⅱ）一般项目

8.3.5 专用电话设备的配线应符合本规范第6.3.8～6.3.14条的相关规定。

8.4 专用电话系统指标检测及功能检验

主控项目

8.4.1 调度台至值班台间的传输损耗不应大于7dB。模拟调度电话的端对端最大衰减应符合设计要求，且不宜大于30dB。

检验数量：全部检查。

检验方法：施工单位用振荡器、电平表测电路衰减。监理单位见证试验。

8.4.2 调度电话的功能应满足以下要求：

1 告警及信号显示应准确。

2 调度台以不同呼叫方式呼叫时，其调度分机接收应准确。

3 调度台对调度分机摘挂机显示功能应正常。

4 调度台与调度分机间的相互通话应清晰正常。

5 调度台对各调度分机具有选呼、组呼、群呼功能，并在任何情况下不应发生阻塞现象。

6 调度分机可对调度台进行一般呼叫和紧急呼叫。

7 备用通道倒换正常。

8 特服电话功能符合设计要求。

检验数量：全部检查。

检验方法：施工单位进行功能试验。监理单位见证试验。

8.4.3 站内集中电话的功能应满足以下要求：

1 值班台或分机的呼入、呼出及组呼时，应灯亮、铃响。

2 分机呼入或呼出时的锁闭性能应可靠。

3 回铃音及通话应清晰正常。

4 交直流电源转换电路动作应准确。

5 值班台对其各分机之间的通话可进行监听、插话、强拆。

6 分机宜具有延时热线功能，在规定时间内不拨号自动与值班台接通。

检验数量：全部检查。

检验方法：施工单位进行功能试验。监理单位见证试验。

8.4.4 站间电话功能应满足以下要求：

1 用户摘机即能迅速且无阻塞地沟通两车站值班员之间通话联络。

2 在车站值班台上应有相应的热键及相对应的独立显示灯区分上下行车站。

3 回铃音及通话应清晰正常。

检验数量：全部检查。

检验方法：施工单位进行功能试验。监理单位见证试验。

8.4.5 紧急电话功能应满足以下要求：

1 用户摘机即连接至车控室值班台上。

2 在车站值班台上应有相应的显示灯。

3 回铃音及通话应清晰正常。

检验数量：全部检查。

检验方法：施工单位进行功能试验。监理单位见证试验。

8.4.6 会议电话功能应满足以下要求：

1 告警设施应显示准确。

2 主席台与分机送话时，应受话清晰，无失真和振鸣。

3 主席台可随意增、减分机用户，且不应影响会议电话的进行。

4 接口电平应符合设计规定。

检验数量：全部检查。

检验方法：施工单位进行功能试验。监理单位见证试验。

8.4.7 录音设备功能应满足以下要求：

1 录音设备应对调度台与调度分机之间的通话内容及通话时间、分机号等信息进行记录。

2 对所有录音可分别按日期、时间、通道号进行搜索。

3 录音保存时间应符合设计要求。

检验数量：全部检查。

检验方法：施工单位进行功能试验。监理单位见证试验。

8.5 专用电话系统网管功能检验

主 控 项 目

8.5.1 专用电话网管功能应符合本规范第7.5.1～7.5.6条的相关规定。

9 无线通信系统

9.1 一 般 规 定

9.1.1 无线通信系统可包括专用无线通信系统、公安无线通信系统和消防无线通信系统。专用无线通信系统制式可采用专用频道方式，也可采用数字集群移动通信方式。

9.1.2 无线通信工程线路施工可包括：铁塔、各种天馈线及漏泄同轴电缆的安装等。无线通信工程设备可包括：集群交换设备、基站、直放站、各类终端及录音设备等。

9.1.3 无线通信系统施工前应根据设计图进行施工复测：检查铁塔、直放站、机房的位置的确认，漏缆架挂的位置以及长度的确认。

9.1.4 无线通信系统漏缆及射频电缆连接件制作安装人员应经过专业培训。

9.2 铁 塔 安 装

（Ⅰ）主 控 项 目

9.2.1 铁塔基础深度、标高及塔靴安装位置应符合设计要求。

检验数量：全部检查。

检验方法：观察检查，施工单位用经纬仪测量。监理单位见证试验。

9.2.2 铁塔基础用混凝土原材料及混凝土强度等级应符合设计要求。

检验数量：全部检查。

检验方法：施工单位做混凝土试块送检。监理单位见证试验。

9.2.3 铁塔的高度应符合设计要求，垂直度偏差不应大于1.5‰。

检验数量：全部检查。

检验方法：施工单位用经纬仪，在两个相互垂直的方向上测量。监理单位见证试验。

9.2.4 天线加挂支柱高度及方位、平台位置及尺寸、爬梯的设置方式应符合设计要求。

检验数量：全部检查。

检验方法：观察测量。

9.2.5 铁塔防雷装置、接地引下线和接地电阻应符合设计要求。

检验数量：全部检查。

检验方法：施工单位用接地电阻测试仪测接地电阻。监理单位见证试验。

9.2.6 铁塔塔体的接地电阻应符合设计要求，塔体金属构件间应保证电气连通。

检验数量：全部检查。

检验方法：施工单位用万用表检查电气连通性，用接地电阻测试仪测接地电阻。监理单位见证试验。

（Ⅱ）一 般 项 目

9.2.7 铁塔基础顶面应水平平整，塔靴及基础面应紧密贴合，允许水平误差为3mm。

检验数量：全部检查。

检验方法：观察、尺量检查。

9.2.8 铁塔构件的镀锌层应均匀光滑、不翘皮，不得出现返锈现象。

检验数量：全部检查。

检验方法：观察检查。

9.2.9 铁塔塔靴与基础预埋螺栓的连接必须用双螺母，塔身安装螺栓穿入方向应一致，螺母应拧紧，螺栓外露丝扣不应少于两扣。

检验方法：施工单位抽检10%。

检验数量：观察检查。用力矩扳手在塔身上、中、下三部分各抽检10个螺栓，其力矩值应符合设计要求。

9.2.10 铁塔接地装置应选择在土壤电阻率较低处埋设，间距应为5m，埋深为0.5～0.8m或冻土层以下，与其他接地体间距离不宜小于20m。

检验数量：全部检查。

检验方法：观察、尺量检查。

9.3 天 馈 线

（Ⅰ）主 控 项 目

9.3.1 天线、馈线、塔顶放大器型号规格应符合设计要求及相关产品标准的规定。

检验数量：全部检查。

检验方法：对照设计文件检查出厂合格证、试验报告等质量证明文件，并观察检查外观及形状。

9.3.2 杆塔和站厅天线的安装高度、方向和固定方式应符合设计要求。

检验数量：全部检查。

检验方法：观察检查。

9.3.3 天馈线防雷应符合下列要求：

1 天线杆（塔）应设有单独的避雷针，避雷针引下线应做固定并与接地体连接良好。

2 天线避雷地线的接地电阻应符合设计要求。

3 天线避雷针对天线的保护角度应小于45°。

4 基站同轴电缆馈线的金属外护层，应在上部、下部和经走线架进机房入口处就近接地，在机房入口处的接地应与就近的接地系统连通。

检验数量：全部检查。

检验方法：施工单位对照设计文件观察检查，用万用表检查电气连通性，用接地电阻测试仪测接地电阻。监理单位见证试验。

9.3.4 馈线不得有接头，天馈线连接处及馈线与室外防雷器的连接处应做防水处理。

检验数量：全部检查。

检验方法：观察检查。

9.3.5 天馈线的技术性能应满足下列规定：

1 天馈线驻波比在工作频段内不应大于1.5。

2 按馈线长度和部件计算的总衰减应符合技术指标要求。

检验数量：全部检查。

检验方法：施工单位用天馈线测试仪测天馈线驻波比；用电平表测衰减。监理单位见证试验。

（Ⅱ）一般项目

9.3.6 馈线引入机房前，在墙洞入口处应做滴水弯。

检验数量：全部检查。

检验方法：观察检查。

9.3.7 天线避雷地线接地体与连接线（如扁钢）等焊接处应做防腐处理。

检验数量：全部检查。

检验方法：观察检查。

9.3.8 钢丝绳拉线固定处应装有绝缘子，并应在侧墙上用膨胀螺栓固定牢固，引入馈线的房檐易摩擦部位应采取防护措施。

检验数量：全部检查。

检验方法：观察检查。

9.3.9 站厅天线的安装位置应符合设计要求，并满足无线信号对站厅的覆盖要求。

检验数量：全部检查。

检验方法：观察检查。

9.4 漏泄同轴电缆

（Ⅰ）主控项目

9.4.1 漏泄同轴电缆（以下简称漏缆）到达现场应进行检查，其型号、规格、质量应符合设计要求及相关产品标准的规定。

检验数量：全部检查。

检验方法：对照设计文件检查出厂合格证等质量证明文件，并观察检查外观及形状。

9.4.2 漏缆应在现场进行单盘测试。其直流电气特性应符合表9.4.2的规定。交流电气特性宜作为漏缆在批量出厂前在厂内进行抽测的检验项目，或采用工厂提供的出厂测试记录。交流电气特性主要检查特性阻抗、电压驻波比、标称耦合损耗、传输衰减等，应符合设计要求。

表9.4.2 漏缆单盘测试直流电气性能

序号	项目		单位	漏缆规格代号		
				42	32	22
1	内导体直流电阻 20℃，max	光滑铜管	Ω/km	—	0.69	1.09
		螺旋皱纹铜管		0.88	—	—
2	外导体直流电阻20℃，max		Ω/km	0.42	0.57	1.20
3	绝缘介电强度，d.c.，1min		V	15000	10000	10000
4	绝缘电阻，min		MΩ·km	5000		

注：漏缆规格代号 42——绝缘层标称外径42mm，对应英寸$1\frac{5}{8}''$；

32——绝缘层标称外径32mm，对应英寸$1\frac{1}{4}''$；

22——绝缘层标称外径22mm，对应英寸$\frac{7}{8}''$。

检验数量：全部检查。

检验方法：施工单位进行直流电气特性现场检测；交流电气特性在厂内进行抽测或采用工厂提供的出厂测试记录。监理单位见证试验。

9.4.3 漏缆的安装应符合下列规定：

1 隧道内吊挂漏缆，其吊挂位置和距钢轨面的高度应符合设计要求，漏缆的开口方向应面向列车。

2 高架或地面区段漏缆托架的安装间隔应符合设计要求。

3 漏缆不应急剧弯曲，弯曲半径应符合表9.4.3的规定。

表9.4.3 漏缆最小弯曲半径

项目	单位	规格代号		
		42	32	22
最小弯曲半径（单次弯曲）	mm	600	400	240
最小弯曲半径（多次弯曲）	mm	1020	760	500

检验数量：全部检查。

检验方法：观察、尺量检查。

9.4.4 漏缆的连接必须保持原漏缆结构及开槽间距不变，固定接头应接续可靠、连接牢固，装配后接头外部应按设计要求进行防护。

检验数量：全部检查。

检验方法：观察检查，用万用表检查固定接头的接续。

9.4.5 漏缆装配后，应进行下列项目测试：

1 直流电气特性应测试内、外导体直流电阻、绝缘介电强度、绝缘电阻等，指标应满足本规范表9.4.2的要求。

2 交流电气特性应测试电压驻波比和传输衰减，其指标应符合设计要求。

检验数量：全部检查。

检验方法：施工单位用直流电桥测直流电阻、用1000V兆欧表测绝缘电阻、用耐压测试仪测绝缘介电强度，用驻波比测试仪测驻波比，用信号源、功率计测传输衰减。监理单位见证试验。

9.4.6 漏缆装配结束后，应进行中继段静态场强测试，其指标应符合设计要求。

检验数量：全部检查。

检验方法：施工单位用场强测试仪每50m测一次，每次测5个数据，取平均值，在接头、终端处必须进行测试。监理单位见证试验。

（Ⅱ）一 般 项 目

9.4.7 隧道内漏缆支架的安装应符合下列规定：

1 支架的位置、安装强度及距钢轨面的高度应符合设计要求。

2 洞内吊夹安装位置和间隔应符合设计要求。

检验数量：全部检查。

检验方法：观察、尺量检查。

9.4.8 隧道外区段漏缆吊挂后最大下垂幅度应在0.15～0.2m范围内（在20℃时）。

检验数量：全部检查。

检验方法：观察检查。

9.4.9 连接器装配后接头外部应进行防护，并固定可靠。

检验数量：全部检查。

检验方法：观察检查。

9.4.10 合路器与分路器的安装位置应符合设计要求，并不得修剪合路器原配电缆长度；系统改造时，两个分路器之间的连接电缆长度应符合系统改造设计要求；分路器空余端要求接上相应的终端负载。

检验数量：全部检查。

检验方法：观察检查。

9.5 无线通信设备安装

（Ⅰ）主 控 项 目

9.5.1 无线通信设备到达现场应进行检查，其型号、规格、质量应符合设计要求及相关产品标准的规定。

检验数量：全部检查。

检验方法：对照设计文件检查出厂合格证等质量证明文件，并观察检查外观及形状。

9.5.2 无线设备安装和配线应符合本规范第6.2.2条和第6.3.1～6.3.7条的相关规定。

检验数量：全部检查。

检验方法：观察检查。

9.5.3 基站和直放站的避雷器安装应串接于天线馈线和室内同轴馈线之间。避雷装置应安装在建筑物电缆入口处的墙壁上方，并应防雨。

检验数量：全部检查。

检验方法：观察检查。

9.5.4 高架及地面区间直放站应设置独立的防护地线。接地电阻不应大于10Ω。

检验数量：全部检查。

检验方法：施工单位用接地电阻测试仪测接地电阻。监理单位见证试验。

（Ⅱ）一 般 项 目

9.5.5 无线设备安装位置和安装方式应符合设计要求。

检验数量：全部检查。

检验方法：观察检查。

9.5.6 馈线在室内应路由合理，支撑牢固。

检验数量：全部检查。

检验方法：观察检查。

9.5.7 机车台应安装在便于维修的位置，控制盒应安装在便于司机操作的位置。在机车上敷设电缆应固定牢靠，并留一定余量。

检验数量：全部检查。

检验方法：观察检查。

9.5.8 直放站的安装位置除应有必要的供电和照明设备外，还应符合防水、防盗、防寒、散热等要求。

检验数量：全部检查。

检验方法：观察检查。

9.6 无线通信系统指标检测

（Ⅰ）主 控 项 目

9.6.1 站台、站厅、车场、室内及区间每条轨道中心两侧5m内线路的场强覆盖，在95%的地点、时间概率条件下，其功率电平值应达到设计要求。

检验数量：全部检查。

检验方法：施工单位用场强仪进行移动测试。监理单位见证试验。

9.6.2 无线通信系统语音部分的以下性能指标应符合设计要求：

1 语音质量。

2 接通率。

3 掉话率。

4 平均呼叫建立时延。

5 切换失败率。

检验数量：全部检查。

检验方法：施工单位用测试软件、自动测试仪进行测试。监理单位见证试验。

9.6.3 无线通信系统数据部分的以下性能指标应符合设计要求：

1 平均时延。

2 平均丢包率。

3 平均吞吐量。

检验数量：全部检查。

检验方法：施工单位用测试软件、自动测试仪进行测试。监理单位见证试验。

9.6.4 基站设备的以下性能指标应符合设计要求或设备技术条件规定：

1 信道机前向功率、反向功率、驻波比。

2 射频输出口功率、驻波比。

3 发射频率偏差。

4 基站发射调制精度均方根值（RMS）矢量误差、峰值（Peak）矢量误差。

检验数量：全部检查。

检验方法：施工单位用测试软件、无线综合测试仪、功率计进行测试。监理单位见证试验。

9.6.5 射频直放站的以下性能指标应符合设计要求或设备技术条件规定：

1 正、反向输入、输出电平。

2 静噪门限电平。

3 自动增益控制范围。

检验数量：全部检查。

检验方法：施工单位用无线综合测试仪进行测试。监理单位见证试验。

9.6.6 光纤直放站的以下性能指标应符合设计要求或设备技术条件规定：

1 输出光功率。

2 输入光功率。

3 光接收动态范围。

4 输出功率。

5 增益调节范围。

检验数量：全部检查。

检验方法：施工单位用光功率计、无线综合测试仪进行测试。监理单位见证试验。

（Ⅱ）一 般 项 目

9.6.7 车厢内的场强覆盖应符合设计要求。

检验数量：全部检查。

检验方法：施工单位用场强仪在车厢内测试。监理单位见证试验。

9.7 无线通信系统功能检验

主 控 项 目

9.7.1 无线交换机、基站设备、直放站及调度设备等的各项功能应符合设计要求。

检验数量：全部检查。

检验方法：施工单位进行单机检验或检查单机出厂检验记录。监理单位见证试验。

9.7.2 无线通信系统的以下功能应工作正常：

1 全呼、组呼、选呼、紧急呼叫。

2 直通模式呼叫（DMO）。

3 呼入呼出限制。

4 呼叫限时功能。

5 来话显示与缩位拨号功能。

6 迟后进入、超出服务区指示功能。

7 短数据服务。

8 分组数据服务。

9 强拆功能。

10 通话录音功能。

11 故障显示功能。

12 计费管理功能。

13 冗余功能。

14 单基站工作模式。

15 动态分组功能。

16 排队和遇忙回叫功能。

17 转接外线的功能。

18　调度台对列车的广播功能。

检验数量：对所有功能均抽10%用户进行检验。

检验方法：施工单位进行通话和数传试验。监理单位见证试验。

9.8　无线通信系统网管功能检验

主控项目

9.8.1　无线通信系统网管应能显示整个无线网络的拓扑结构。

检验数量：全部检查。

检验方法：观察检查。

9.8.2　无线通信系统网管的配置管理功能应符合设计要求。

检验数量：全部检查。

检验方法：施工单位进行无线通信系统网管平台管理与维护功能检验。监理单位见证试验。

9.8.3　无线通信系统网管的故障管理和事件管理功能应符合设计要求。

检验数量：全部检查。

检验方法：施工单位进行无线通信系统网管平台管理与维护功能检验。监理单位见证试验。

9.8.4　无线通信系统网管的性能管理、状态管理、软件管理和统计管理功能应符合设计要求。

检验数量：全部检查。

检验方法：施工单位进行无线通信系统网管平台管理与维护功能检验。监理单位见证试验。

9.8.5　无线通信系统网管的配置管理、安全管理、系统管理、用户管理功能应符合设计要求。

检验数量：全部检查。

检验方法：施工单位进行无线通信系统网管平台管理与维护功能检验。监理单位见证试验。

10　闭路电视监视系统

10.1　一般规定

10.1.1　闭路电视监视系统应由中心控制设备、车站控制设备、图像摄取、图像显示、图像录制、图像存储及视频信号传输等构成。设备应包括摄像机、视频控制矩阵、录像设备、图像合成器、多画面处理器、字符发生器、视频服务器、监视控制设备等。

10.2　闭路电视监视设备安装

（Ⅰ）主控项目

10.2.1　闭路电视监视设备到达现场应进行检查，其型号、规格、质量应符合设计要求及相关产品标准的规定。

检验数量：全部检查。

检验方法：对照设计文件检查出厂合格证等质量证明文件，并观察检查外观及形状。

10.2.2　闭路电视监视设备机架（柜）电路插板的规格、数量和安装位置应符合设计要求。

检验数量：全部检查。

检验方法：对照设计文件观察检查。

10.2.3　在室外露天处安装摄像机时，避雷针和摄像装置的安装应牢靠、稳固。

检验数量：全部检查。

检验方法：观察检查。

（Ⅱ）一般项目

10.2.4　监视器的安装位置应使屏幕不受外来光直射，当有不可避免的光时，应加遮光罩遮挡。

检验数量：全部检查。

检验方法：观察检查。

10.2.5　监视器装设在固定的机架和柜内时，应采取通风散热措施。

检验数量：全部检查。

检验方法：观察检查。

10.2.6　监视器的外部可调节部分，应暴露在便于操作的位置，并可加保护盖。

检验数量：全部检查。

检验方法：观察检查。

10.2.7　闭路电视监视机架及机内设备的安装应符合本规范第6.2.3～6.2.5条的相关规定。

10.2.8　闭路电视监视系统电源设备及接地装置的安装应符合本规范第14.2.5～14.2.9条及第14.6.7～14.6.10条的相关规定。

10.3　闭路电视监视设备配线

（Ⅰ）主控项目

10.3.1　闭路电视监视设备的配线电缆到达现场应进行检查，其型号、规格、质量应符合设计要求及相关产品标准的规定。

检验数量：全部检查。

检验方法：对照设计文件检查出厂合格证等质量证明文件，并观察检查外观、形状及标识。

10.3.2　闭路电视监视系统电缆的敷设应符合本规范第4.6.1～4.6.7条的相关规定。

10.3.3　闭路电视监视系统电源配线应符合本规范第14.3.1～14.3.4条的相关规定。

10.3.4　闭路电视监视系统地线的布放应符合本规范第14.6.2～14.6.6条的相关规定。

（Ⅱ）一般项目

10.3.5　闭路电视监视系统电缆敷设还应符合本规范第4.6.8～4.6.10条的相关规定。

检验数量：全部检查。

检验方法：观察、尺量检查。

10.3.6 从摄像机引出的电缆宜留有 1m 的余量，并不得影响摄像机的转动。

检验数量：全部检查。

检验方法：观察、尺量检查。

10.3.7 摄像机的电缆和电源线均应固定，并不得用插头承受电缆的自重。

检验数量：全部检查。

检验方法：观察检查。

10.3.8 室外设备连接电缆时，宜从设备的下部进线。

检验数量：全部检查。

检验方法：观察检查。

10.3.9 闭路电视监视系统用同轴电缆敷设的弯曲半径应大于电缆直径的 15 倍。

检验数量：全部检查。

检验方法：尺量检查。

10.4 闭路电视监视系统指标检测及功能检验

主 控 项 目

10.4.1 闭路电视监视系统的质量主观评价应采用“五级损伤制”评定，随机信噪比、单频干扰、电源干扰、脉冲干扰四项主观评价项目的得分值均不应低于 4 分。

检验数量：抽验 10%。

检验方法：采用符合国家标准的监视器，观看距离为荧光屏面高度的 6 倍，光线柔和；评价人员不应少于 5 名，并应包括专业人员和非专业人员。评价人员独立打分，取算术平均值为评价结果。监理单位见证试验。

10.4.2 系统图像水平清晰度应符合设计要求；若无设计要求，黑白电视系统不应低于 400 线，彩色电视系统不应低于 270 线。

检验数量：抽验 10%。

检验方法：施工单位可用综合测试卡抽测系统清晰度。监理单位见证试验。

10.4.3 系统图像画面的灰度不应低于 8 级。

检验数量：抽验 10%。

检验方法：施工单位用综合测试卡抽测系统灰度。监理单位见证试验。

10.4.4 系统的各路视频信号送至监视器输入端时，其电平值应为 $1V_{p-p}\pm3dB/75\Omega$。

检验数量：抽验 10%。

检验方法：施工单位用视频信号发生器和示波器测试。监理单位见证试验。

10.4.5 系统的微分增益、微分相位指标，应符合设计要求及相关产品标准的规定。

检验数量：全部检查。

检验方法：施工单位用视频信号发生器和视频综合测试仪测试。监理单位见证试验。

10.4.6 系统的信噪比性能指标应符合设计要求；无设计要求时，随机信噪比不应小于 37dB；低照度使用时，监视画面达到可用图像，其系统信噪比不应小于 25dB。

检验数量：全部检查。

检验方法：施工单位用视频信号发生器和视频综合测试仪测试。监理单位见证试验。

10.4.7 闭路电视监视系统的以下功能指标应符合设计要求：

1 云台水平转动。

2 云台垂直转动。

3 自动光圈调节。

4 调焦功能。

5 变倍功能。

6 切换功能。

7 录像功能。

8 报警功能。

9 防护套功能。

10 字符叠加、时间同步功能。

11 电源开关控制功能。

检验数量：全部检查。

检验方法：施工单位进行闭路电视监视系统各项功能检验。监理单位见证试验。

10.4.8 闭路电视监视系统控制中心显示系统的显示功能应符合设计要求。

检验数量：全部检查。

检验方法：通过键盘发出控制信号，所需的图像应能在相应的监视器上显示，不同的监视器可以显示相同的画面，也可显示不同画面。监理单位见证试验。

10.4.9 控制中心画面选择的优先级功能应符合设计要求。

检验数量：全部检查。

检验方法：施工单位进行优先级设定检验。监理单位见证试验。

10.5 闭路电视监视系统网管功能检验

主 控 项 目

10.5.1 闭路电视监视系统网管的以下功能应符合设计要求：

1 对车站摄像机的数量和种类、机号的设置。

2 对摄像机顺序切换、群切等功能的设置。

3 对监视器的数量的设置。

4 对摄像机和监视器代号字符的设置。

5 对各矩阵通信口的设置。

6 对用户密码和球形机使用优先级的设置。

7 对报警功能的设置。

五、设计、施工及验收标准

8 控制中心和各车站电视相关设备（含切换矩阵等）的故障诊断。

9 调度员操作命令的记录。

检验数量：全部检查。

检验方法：施工单位通过网管终端进行功能试验。监理单位见证试验。

10.5.2 闭路电视监视系统各车站网管设备和控制中心网管设备的数据通信功能应符合设计要求。

检验数量：全部检查。

检验方法：施工单位模拟网管系统信息通过专用数据信道送至控制中心网管设备，进行功能试验。监理单位见证试验。

10.5.3 闭路电视监视系统网管的人机交互功能应符合设计要求。

检验数量：全部检查。

检验方法：调度员与系统之间应可做简单的人机交互，在屏幕上应显示相应操作的响应、操作错误的提示。在系统正常的情况下任何错误的操作不应导致图像监视器出现黑屏。施工单位进行调度员与系统之间的简单人机交互的功能试验。监理单位见证试验。

11 广播系统

11.1 一般规定

11.1.1 广播系统可包括广播控制设备、功率放大器、语音合成器、语音处理设备、噪声传感器、扬声器等。

11.1.2 广播系统的施工应包括控制中心、各车站、车场等安装广播系统设备或扬声器的场所。

11.2 广播设备安装

（Ⅰ）主控项目

11.2.1 广播系统控制设备、噪声传感器、扬声器及电缆到达现场应进行检查，其型号、规格、质量应符合设计要求。

检验数量：全部检查。

检验方法：对照设计文件检查出厂合格证等质量证明文件，并观察检查外观、形状及标志。

11.2.2 广播系统室内设备的机架（柜）电路插板的规格、数量和安装位置应符合设计要求。

检验数量：全部检查。

检验方法：对照设计文件观察检查。

11.2.3 安装扬声器严禁超出设备限界，不得影响与行车有关的信号和标志。

检验数量：全部检查。

检验方法：观察检查。

11.2.4 外场扬声器安装用电杆的规格应符合设计要求。

检验数量：全部检查。

检验方法：对照设计文件观察检查。

11.2.5 当扩音馈线为地下电缆时，所用电缆盒和线间变压器盒的端子绝缘电阻，应符合产品技术条件规定。

检验数量：全部检查。

检验方法：施工单位用兆欧表测试绝缘电阻。监理单位见证试验。

11.2.6 露天扬声器馈线引入室内时，应装设真空保安器。

检验数量：全部检查。

检验方法：观察检查。

11.2.7 控制中心和车站广播的负载区数量应符合设计要求。

检验数量：全部检查。

检验方法：对照设计文件检查控制中心和车站广播的负载区数量。

11.2.8 控制中心录音设备规格、型号应符合设计要求，录音功能应正常。

检验数量：全部检查。

检验方法：对照设计文件检查控制中心录音设备规格型号，进行录音功能试验。

（Ⅱ）一般项目

11.2.9 广播系统室内设备的安装应符合本规范第6.2.3～6.2.5条的相关规定。

11.2.10 广播系统控制设备、扬声器的安装位置与安装方式应符合设计要求。

检验数量：全部检查。

检验方法：观察检查。

11.2.11 扬声器支撑架安装应牢固，扬声器单元或零部件应安装紧密。

检验数量：全部检查。

检验方法：观察检查。

11.2.12 广播系统电源设备及接地装置的安装应符合本规范第14.2.5～14.2.9条及第14.6.7～14.6.10条的相关规定。

11.3 广播设备配线

（Ⅰ）主控项目

11.3.1 广播设备的配线电缆到达现场应进行检查，其型号、规格、质量应符合设计要求及相关产品标准的规定。

检验数量：全部检查。

检验方法：对照设计文件检查出厂合格证等质量证明文件，并观察检查外观、形状及标识。

11.3.2 广播系统室内设备的缆线布放应符合本规范第4.6.1～4.6.7条的相关规定。

11.3.3 广播系统电源配线应符合本规范第14.3.1～14.3.4条的相关规定。

11.3.4 广播系统地线的布放应符合本规范第14.6.2～14.6.6条的相关规定。

（Ⅱ）一般项目

11.3.5 广播系统室内设备的配线还应符合本规范第4.6.8～4.6.10条的相关规定。

11.4 广播系统指标检测及功能检验

（Ⅰ）主控项目

11.4.1 广播系统功率放大器的下列性能指标应符合设计要求或产品技术条件：

1 额定输出电压。

2 输出功率。

3 频率响应。

4 谐波失真。

5 信噪比。

6 输出电压调整率。

7 输入过激励。

8 输入灵敏度。

检验数量：全部检查。

检验方法：施工单位用毫伏表测额定输出电压、输出功率、频率响应、信噪比、输出电压调整率、输入过激励、输入灵敏度。用毫伏表和失真仪测谐波失真。监理单位见证试验。

11.4.2 语音合成器的下列性能指标应符合设计要求或产品技术条件：

1 频率响应。

2 谐波失真。

3 信噪比。

4 输出电平。

5 回放时间。

6 播放通道。

检验数量：全部检查。

检验方法：施工单位用毫伏表测频率响应、信噪比、输出电平。用毫伏表和失真仪测谐波失真，并进行回放时间和播放通道功能试验。监理单位见证试验。

11.4.3 广播系统的最大声压级指标应符合设计要求。

检验数量：全部检查。

检验方法：施工单位用声强计测试。监理单位见证试验。

11.4.4 广播系统的声场不均匀度指标应符合设计要求。

检验数量：全部检查。

检验方法：施工单位用声强计测试声场不均匀度。监理单位见证试验。

11.4.5 车站广播设备的以下功能应符合设计要求：

1 优先级功能。

2 分区、分路广播功能。

3 多路平行广播功能。

4 自动、手动、紧急三种不同播音方式。

5 车站接收列车运行信息并自动播音。

6 功放故障诊断与切换。

7 状态查询功能。

8 负载、功放主要技术指标测量的功能。

检验数量：全部检查。

检验方法：施工单位进行车站广播设备的各项功能检验。监理单位见证试验。

11.4.6 车站播音盒应具备播音功能、监听功能、故障显示、噪音探测及控制功能。

检验数量：全部检查。

检验方法：施工单位进行车站播音盒的各项功能检验。监理单位见证试验。

11.4.7 控制中心设备的以下功能应符合设计要求：

1 全选、单选、组选车站和各广播区的功能。

2 优先级功能。

3 与时钟子系统的时间同步功能。

4 多路平行广播功能。

5 监听功能。

检验数量：全部检查。

检验方法：施工单位进行控制中心设备各项功能试验。监理单位见证试验。

11.4.8 广播系统的以下功能应符合设计要求：

1 广播切换。

2 广播显示。

3 编程广播。

4 预录及语音合成广播。

5 噪声检测。

6 消防广播。

7 列车广播。

8 集中维护管理。

检验数量：全部检查。

检验方法：施工单位进行广播系统功能试验。监理单位见证试验。

（Ⅱ）一般项目

11.4.9 噪声传感器功能检查应符合设计要求。

检查数量：抽测10%。

检验方法：施工单位在广播分区人为制造噪音，观察噪声传感器工作状态，听广播音量变化。监理单位见证试验。

11.5 广播系统网管功能检验

主控项目

11.5.1 控制中心应能监测车站的播音控制盒、各功能模块以及各功放的状态。

检验数量：全部检查。

检验方法：施工单位进行控制中心监测功能试验。监理单位见证试验。

11.5.2 各车站自动播音的内容应能在控制中心集中修改。

检验数量：全部检查。

检验方法：施工单位进行车站自动播音内容在控制中心集中修改功能试验。监理单位见证试验。

11.5.3 控制中心应能自动记录中心调度员的广播时间、操作过程，并提供至少两路录音输出。

检验数量：全部检查。

检验方法：施工单位进行录音功能试验。监理单位见证试验。

11.5.4 控制中心应能测试任意车站的负载区（开路或短路）和功放技术指标（功率、频率响应等）。

检验数量：全部检查。

检验方法：施工单位进行控制中心测试功能试验。监理单位见证试验。

11.5.5 远程修改参数后观察车站被修改后的参数应有相应变化。

检验数量：全部检查。

检验方法：施工单位进行远程修改参数功能试验。监理单位见证试验。

11.5.6 便携式维护终端应能对各音量参数进行修改，应能测试设备模块。

检验数量：全部检查。

检验方法：施工单位进行便携式维护终端功能试验。监理单位见证试验。

12 乘客信息显示系统

12.1 一般规定

12.1.1 乘客信息显示系统应包括控制中心的导乘服务器、车站的导乘服务器和显示终端。

12.2 乘客信息显示设备安装

（Ⅰ）主控项目

12.2.1 乘客信息显示设备到达现场应进行检查，其型号、规格、质量应符合设计要求及相关产品标准的规定。

检验数量：全部检查。

检验方法：对照设计文件检查出厂合格证等质量证明文件，并观察检查外观及形状。

12.2.2 乘客信息显示设备机架（柜）电路插板的规格、数量和安装位置应符合设计要求。

检验数量：全部检查。

检验方法：对照设计文件观察检查。

12.2.3 电子显示设备屏幕的安装位置应不受外来光直射，周围没有遮挡物。

检验数量：全部检查。

检验方法：观察检查。

12.2.4 电子显示设备的保护接地端子应有明确标记并接地良好。在熔断器和开关电源处应有警告标志。

检验数量：全部检查。

检验方法：观察检查。

12.2.5 电子显示设备的支撑架应安装牢固。

检验数量：全部检查。

检验方法：观察检查。

（Ⅱ）一般项目

12.2.6 乘客信息显示设备的安装应符合本规范第6.2.3～6.2.5条的相关规定。

12.2.7 乘客信息显示系统电源设备及接地装置的安装应符合本规范第14.2.5～14.2.9条及第14.6.7～14.6.10条的相关规定。

12.3 乘客信息显示设备配线

（Ⅰ）主控项目

12.3.1 乘客信息显示设备的配线电缆到达现场应进行检查，其型号、规格、质量应符合设计要求及相关产品标准的规定。

检验数量：全部检查。

检验方法：对照设计文件检查出厂合格证等质量证明文件，并观察检查外观、形状及标识。

12.3.2 乘客信息显示设备的配线应符合本规范第6.3.2～6.3.7条的相关规定。

12.3.3 乘客信息显示系统电源配线应符合本规范第14.3.1～14.3.4条的相关规定。

12.3.4 乘客信息显示系统地线的布放应符合本规范第14.6.2～14.6.6条的相关规定。

（Ⅱ）一般项目

12.3.5 乘客信息显示设备的配线应符合本规范第6.3.8～6.3.14条的相关规定。

12.3.6 电子显示设备配线成端应有预留。

检验数量：全部检查。

检验方法：观察检查。

12.4 乘客信息显示系统指标检测及功能检验

主控项目

12.4.1 文本LED显示屏和图文LED显示屏的移入移出方式及显示方式应符合设计要求。

检验数量：全部检查。

检验方法：施工单位进行LED显示屏系统功能试验。监理单位见证试验。

12.4.2 计算视频LED显示屏的动画、文字显示和灰度功能应符合设计要求。

检验数量：全部检查。

检验方法：施工单位进行 LED 显示屏系统功能试验。监理单位见证试验。

12.4.3 电视视频 LED 显示屏的动画、文字显示、灰度和电视录像功能应符合设计要求。

检验数量：全部检查。

检验方法：施工单位进行 LED 显示屏系统功能试验，用视频源检测电视录像功能。监理单位见证试验。

12.4.4 LED 显示系统的分区、分路文字显示功能及显示规格应符合设计要求。

检验数量：全部检查。

检验方法：施工单位进行 LED 显示屏系统功能试验。监理单位见证试验。

12.4.5 显示设备的视频显示屏幕应能按照设计要求分区显示。

检验数量：全部检查。

检验方法：观察检查。

12.4.6 显示设备的视频显示图像分辨率不应小于 704×576。

检验数量：全部检查。

检验方法：施工单位用综合测试卡检测图像分辨率。

12.4.7 显示设备的视频显示应可叠加彩色字幕，且色彩不小于 1670 万色，并具有 256 级半透明效果。

检验数量：全部检查。

检验方法：施工单位用综合测试卡检测。监理单位见证试验。

12.4.8 显示设备单位显示面积的最大功耗或显示设备的总功耗应符合设计要求。

检验数量：全部检查。

检验方法：施工单位用功率表检测。监理单位见证试验。

12.4.9 车站显示系统的以下功能应符合设计要求：

1 优先级显示功能。

2 分区、分路显示功能。

3 自动、手动、紧急三种显示方式。

4 自动生成或随时变更修改显示。

5 自动倒换至备用显示控制设备。

6 与车站控制设备的时间同步。

检验数量：全部检查。

检验方法：施工单位进行车站显示设备系统功能试验。监理单位见证试验。

12.4.10 控制中心系统应能全选、单选、组选车站和在各显示区进行显示，能根据实际需要设置显示优先级。

检验数量：全部检查。

检验方法：施工单位进行控制中心系统功能试验。监理单位见证试验。

12.4.11 控制中心系统应能向车站发送列车运行信息，并能按预设程序自动播放。

检验数量：全部检查。

检验方法：施工单位进行控制中心自动播放功能试验。监理单位见证试验。

12.4.12 控制中心系统应与时钟子系统的时间同步。

检验数量：全部检查。

检验方法：施工单位进行控制中心系统时间同步功能试验。监理单位见证试验。

12.5 乘客信息显示系统网管功能检验

主 控 项 目

12.5.1 乘客信息显示系统控制中心网管上应能监测车站显示设备的工作状态。

检验数量：全部检查。

检验方法：施工单位进行监测车站显示设备的试验。监理单位见证试验。

12.5.2 乘客信息显示系统各车站自动显示的内容应能在控制中心网管上集中修改。

检验数量：全部检查。

检验方法：施工单位进行控制中心集中修改车站自动显示内容的试验。监理单位见证试验。

12.5.3 在控制中心网管上应能检测任意车站显示设备的技术性能指标。

检验数量：全部检查。

检验方法：施工单位进行控制中心检测车站显示设备的试验。监理单位见证试验。

12.5.4 便携式维护终端应能对各参数进行修改和检测设备模块，远程修改参数后，各车站被修改的参数应能相应变化。

检验数量：全部检查。

检验方法：施工单位进行便携式维护终端功能试验。监理单位见证试验。

13 时钟系统

13.1 一般规定

13.1.1 时钟系统应包括标准时间管理中心（含标准信号接收单元和维护终端）、母钟和子钟设备。

13.2 时钟设备安装

（Ⅰ）主 控 项 目

13.2.1 时钟设备到达现场应进行检查，其型号、规格、质量应符合设计要求及相关产品标准的规定。

检验数量：全部检查。

检验方法：对照设计文件检查出厂合格证等质量证明文件，并观察检查外观、形状及标志。

五、设计、施工及验收标准

13.2.2 时钟设备机架（柜）电路插板的规格、数量和安装位置应符合设计要求。

检验数量：全部检查。

检验方法：对照设计文件观察检查。

13.2.3 标准信号接收单元的接收天线头应安装在室外，且周围无明显遮挡物；时间信号接收器应安装在室内，安装方式应符合设计要求。

检验数量：全部检查。

检验方法：观察检查。

（Ⅱ）一般项目

13.2.4 时钟设备的安装应符合本规范第6.2.3～6.2.5条的相关规定。

13.2.5 子钟安装位置和高度应符合设计要求。

检验数量：全部检查。

检验方法：观察检查。

13.2.6 子钟支架安装应牢固、稳定。

检验数量：全部检查。

检验方法：观察检查。

13.2.7 时钟系统电源设备及接地装置的安装应符合本规范第14.2.5～14.2.9条及第14.6.7～14.6.10条的相关规定。

13.3 时钟设备配线

（Ⅰ）主控项目

13.3.1 时钟设备的配线电缆到达现场应进行检查，其型号、规格、质量应符合设计要求及相关产品标准的规定。

检验数量：全部检查。

检验方法：对照设计文件检查出厂合格证等质量证明文件，并观察检查外观、形状及标识。

13.3.2 时钟设备的缆线布放应符合本规范第4.6.1～4.6.7条的相关规定。

13.3.3 时钟系统电源配线应符合本规范第14.3.1～14.3.4条的相关规定。

13.3.4 时钟系统地线的布放应符合本规范第14.6.2～14.6.6条的相关规定。

（Ⅱ）一般项目

13.3.5 时钟系统缆线的布放应符合本规范第4.6.8～4.6.10条的相关规定。

13.4 时钟系统指标检测及功能检验

主控项目

13.4.1 数字式子钟的时、分、秒或日期的显示应符合设计要求；指针式子钟的机芯应完好无损、运行自如、没有卡滞现象。

检验数量：全部检查。

检验方法：观察检查。

13.4.2 子钟和母钟的自身校时精度及带有全球定位系统（GPS）的中心母钟的校时精度应符合设计要求。

检验数量：全部检查。

检验方法：施工单位用校表仪测校时精度。监理单位见证试验。

13.4.3 GPS、母钟、子钟和电源的主备用自动切换功能应符合设计要求。

检验数量：全部检查。

检验方法：施工单位进行GPS、母钟、子钟和电源的主备用自动切换功能试验。监理单位见证试验。

13.4.4 时钟系统向其他系统提供的标准时间信号格式应符合设计要求。

检验数量：全部检查。

检验方法：施工单位进行提供标准时间信号格式的功能试验。监理单位见证试验。

13.4.5 系统故障时的声光报警功能应正常。

检验数量：全部检查。

检验方法：施工单位模拟制造故障，进行报警功能试验。监理单位见证试验。

13.4.6 母钟及子钟的自动校时功能应符合设计要求。

检验数量：全部检查。

检验方法：施工单位使母钟、子钟的时间产生误差，进行母钟及子钟的自动校时功能试验。监理单位见证试验。

13.4.7 中心母钟中断，子钟驱动器（二级母钟）应能正常工作；子钟驱动器（二级母钟）中断，子钟应能正常工作。

检验数量：全部检查。

检验方法：施工单位进行母钟及子钟中断试验。监理单位见证试验。

13.5 时钟系统网管功能检验

主控项目

13.5.1 时钟系统网管应能监控和显示时钟系统主要设备的运行状态。

检验数量：全部检查。

检验方法：施工单位进行时钟系统网管功能试验。监理单位见证试验。

13.5.2 时钟系统网管应能正确显示故障点及故障类型。

检验数量：全部检查。

检验方法：施工单位进行时钟系统网管功能试验。监理单位见证试验。

13.5.3 时钟系统网管应能记录故障发生时间及修复时间，并能显示和打印。

检验数量：全部检查。

检验方法：施工单位进行时钟系统网管功能试验。监理单位见证试验。

14　电源及接地系统

14.1　一般规定

14.1.1　电源及接地系统可包括电源设备、接地装置、电源监控系统。电源设备应包括高频开关电源、蓄电池组、交流不间断电源（UPS）、交流自切配电柜及配线；接地装置应包括室外接地体、接地母线、室内地线箱（盘）、接地引线；通信电源监控系统包括控制中心监控设备（监控工作站）、各车站（场）监控设备。

14.2　电源系统设备安装

（Ⅰ）主控项目

14.2.1　电源设备到达现场应进行检查，其型号、规格、质量应符合设计要求及相关产品标准的规定。

检验数量：全部检查。

检验方法：对照设计文件检查出厂合格证等质量证明文件，并观察检查外观、形状及标识。

14.2.2　交、直流配电设备的进、出线配电开关及保护装置的数量、规格应符合设计要求。

检验数量：全部检查。

检验方法：对照设计文件观察检查。

14.2.3　蓄电池架（柜）的加工形式、规格尺寸和平面布置应符合设计要求。

检验数量：全部检查。

检验方法：对照设计文件观察检查。

14.2.4　电源设备的绝缘性能应满足以下规定：

1　电源设备的带电部分与金属外壳间的绝缘电阻，不应小于5MΩ。

2　电源配线的芯线间和芯线对地绝缘电阻不应小于1MΩ。

检验数量：全部检查。

检验方法：施工单位用兆欧表测试绝缘电阻。监理单位见证试验。

（Ⅱ）一般项目

14.2.5　电源设备的基础型钢的规格、数量、安装位置应符合室内地面荷载要求。

检验数量：全部检查。

检验方法：观察、尺量检查。

14.2.6　电源设备的安装位置应符合设计要求。

检验数量：全部检查。

检验方法：观察、尺量检查。

14.2.7　电源设备应表面平整，标志齐全，漆色一致，安装整洁。

检验数量：全部检查。

检验方法：观察检查。

14.2.8　电源设备机柜安装的垂直度允许偏差为1.5‰。

检验数量：全部检查。

检验方法：尺量检查。

14.2.9　蓄电池安装应排列整齐，距离均匀一致，蓄电池连接接触应良好。

检验数量：全部检查。

检验方法：观察、尺量检查。

14.3　电源系统设备配线

（Ⅰ）主控项目

14.3.1　电源设备配线用电源线应采用整段线料，中间禁止有接头。

检验数量：全部检查。

检验方法：观察检查。

14.3.2　连接柜（箱）面板上的电器及控制板等可动部位的电源线应采用多股铜芯软电源线，敷设长度应有适当余留。

检验数量：全部检查。

检验方法：观察检查。

14.3.3　引入或引出交流不间断电源装置的电源线、缆和控制线、缆应分开敷设，在电缆支架上平行敷设时应保持150mm的距离。

检验数量：全部检查。

检验方法：观察、尺量检查。

14.3.4　直流电源线必须以线色区别正、负极性，直流电源正负极严禁错接与短路，接触必须牢固；交流电源线必须以线色区别相线、零线、地线，严禁错接与短路，接触必须牢固。

检验数量：全部检查。

检验方法：观察检查。

（Ⅱ）一般项目

14.3.5　电源设备的输出电源线、缆应成束绑扎，不同电压等级，交流、直流线路及计算机控制线路应分别绑扎并有标识。

检验数量：全部检查。

检验方法：观察检查。

14.3.6　所有电源设备线、缆绑扎固定后不应妨碍手动开关或抽出式部件的拉出或推入。

检验数量：全部检查。

检验方法：观察检查。

14.3.7　走线架上布放电源配线的绑扎线在横铁下不应有交叉，在地槽内布放电源配线应平直并拢，地槽应清洁，盖板应严密。

检验数量：全部检查。

检验方法：观察检查。

14.4　电源系统指标检测及功能检验

主控项目

14.4.1　高频开关电源整流模块的控制调整和输出特

性应符合产品技术条件规定。

检验数量：全部检查。

检验方法：施工单位进行通电试验，对照产品技术条件试验检查。监理单位见证试验。

14.4.2 高频开关电源整流模块的 $n+1$ 热备份功能应符合设计要求。

检验数量：全部检查。

检验方法：施工单位进行通电试验。监理单位见证试验。

14.4.3 交流不间断电源设备的输出电压稳定性、波形畸变系数、频率、相位等各项技术性能指标必须符合产品技术条件规定。

检验数量：全部检查。

检验方法：施工单位用电力质量分析仪，对照产品技术条件测试检验。监理单位见证试验。

14.4.4 交流不间断电源设备的手动与自动转换功能，自动稳压及稳流功能等应符合设计要求。

检验数量：全部检查。

检验方法：施工单位模拟交流不间断电源设备的输入故障，进行各种功能检验。监理单位见证试验。

14.4.5 交流不间断电源设备的切换时间及切换电压值、输出电压、频率、负荷充放电时间等性能指标应符合设计要求。

检验数量：全部检查。

检验方法：施工单位用电力质量分析仪检验。监理单位见证试验。

14.4.6 电源设备的输出过电压、欠电压和过电流防护功能应符合设计要求。

检验数量：全部检查。

检验方法：施工单位进行过压、欠压、过电流保护试验。监理单位见证试验。

14.4.7 交流配电柜（箱）的机械电气双重连锁功能、手动切换功能、自动切换装置的延时性能等应符合设计要求。

检验数量：全部检查。

检验方法：施工单位进行功能检查，使用计时装置测试自动切换装置的延时性能。监理单位见证试验。

14.4.8 通信电源系统进行人工或自动转换时，对通信设备供电不得中断。

检验数量：全部检查。

检验方法：施工单位进行切换功能试验。监理单位见证试验。

14.4.9 蓄电池组的容量应能符合设计要求。

检验数量：全部检查。

检验方法：用假负载以0.1C的放电电流对蓄电池组进行放电，放至蓄电池的截止电压为止。

14.5 电源监控系统功能检验

主 控 项 目

14.5.1 电源监控系统应具有对全线各站、车辆段、停车场的通信电源设备进行遥控、遥信、遥测的功能。

检验数量：全部检查。

检验方法：施工单位在控制中心模拟各种遥控、遥信、遥测的功能，对高频开关电源、交流不间断电源、交直流配电柜、蓄电池组进行监控系统功能检验。监理单位见证试验。

14.5.2 电源监控系统应能保存各站电源设备故障告警的历史信息。

检验数量：全部检查。

检验方法：施工单位在控制中心监控系统中进行功能检验。监理单位见证试验。

14.5.3 电源监控系统的系统软件应具有设置权限等功能，并能记录相应的登入登出操作。

检验数量：全部检查。

检验方法：施工单位在控制中心进行监控系统的功能检验。监理单位见证试验。

14.5.4 控制中心监控系统应采用汉语语言，应具备图形显示、曲线显示、颜色显示等方式，应能打印各种状态、信息、参数数据表和动态图形。

检验数量：全部检查。

检验方法：施工单位进行控制中心监控系统功能检验。监理单位见证试验。

14.5.5 车站（场）电源监控设备数字量输入、输出点的动作应符合设计要求。

检验数量：全部检查。

检验方法：施工单位对车站（场）电源监控设备的全部数字量输入点进行动作检测，检查其发生脉冲数与接受脉冲数是否一致；对全部数字量输出点进行动作检测，检查受控设备的电气控制开关工作状态应正常，受控设备运行应正常。监理单位见证试验。

14.5.6 车站（场）电源监控设备的模拟量输入精度检测应符合下列要求：

1 在采用模拟显示表显示时，其测量值和显示值的相对误差不应大于2%。

2 在采用数字显示表显示时，其测量值和显示值的相对误差不应大于5‰。

检验数量：全部检查。

检验方法：施工单位进行检测。监理单位见证试验。

14.5.7 车站（场）电源监控设备模拟量输出控制效果应符合设计要求。

检验数量：全部检查。

检验方法：施工单位在电源监控设备模拟量输出

量程范围内对每一检测点读取5个测点（0、25%、50%、75%、100%）进行检测。监理单位见证试验。

14.5.8 关闭控制中心网管的监控主机或断开传输通道，电源监控系统全部车站（场）监控设备及受控电源设备运行应正常。

检验数量：全部检查。

检验方法：施工单位进行电源监控系统功能检验。监理单位见证试验。

14.5.9 关闭车站（场）监控设备电源后，车站（场）电源设备应运行正常，重新受电后，车站（场）监控设备应能自动检测电源设备的运行、记录状态并予以恢复。

检验数量：全部检查。

检验方法：施工单位进行电源监控系统功能检验。监理单位见证试验。

14.6 接地装置

（Ⅰ）主控项目

14.6.1 接地装置的型号、规格、质量应符合设计要求。

检验数量：全部检查。

检验方法：对照设计文件检查出厂合格证等质量证明文件，并观察检查外观、形状及标识。

14.6.2 接地系统的接地类型、引入方式等均应符合设计要求。

检验数量：全部检查。

检验方法：观察检查。

14.6.3 通信系统的以下部分均应接地：

1 通信电源设备的基础型钢、金属框架、装有电器的可开启的柜门。

2 通信设备、监控设备的机架、机壳。

3 电缆线路的金属护套和屏蔽层，防护用金属管路、金属桥架。

4 电源接地。

5 防雷接地。

检验数量：全部检查。

检验方法：观察检查。

14.6.4 电源系统接地保护或接零保护应可靠，且有标识。

检验数量：全部检查。

检验方法：观察检查。

14.6.5 独立设置接地体的接地装置的接地电阻值应满足以下规定：

1 安全保护地接地电阻不大于10Ω。

2 防雷接地电阻不大于10Ω。

3 联合地接地电阻不大于1～4Ω。

检验数量：全部检查。

检验方法：施工单位用接地电阻测试仪测试。监理单位见证试验。

14.6.6 利用建筑物基础钢筋接地方式的接地电阻不应大于1Ω。

检验数量：全部检查。

检验方法：施工单位用接地电阻测试仪测试。监理单位见证试验。

（Ⅱ）一般项目

14.6.7 接地装置的埋设位置应符合设计要求。

检验数量：全部检查。

检验方法：观察检查。

14.6.8 接地装置的焊接应采用搭接焊，搭接处应做防腐处理。

检验数量：全部检查。

检验方法：观察检查。

14.6.9 地线盘（箱）、接地铜排安装应符合下列规定：

1 接地铜排和螺栓结合紧密、导电性能良好。

2 接地铜排端子分配符合设计要求。

3 地线盘（箱）端子应连接紧密。

检验数量：全部检查。

检验方法：观察检查。

14.6.10 通信设备接地线与交流配电设备的接地线宜分开敷设。

检验数量：全部检查。

检验方法：观察检查。

15 单位工程观感质量

15.1 一般规定

15.1.1 观感质量应由建设单位组织监理单位、施工单位及有关单位共同进行现场验收。

15.1.2 观感质量评价为差的项目，应进行返修。

15.2 通信管线安装

15.2.1 支架、吊架观感质量应符合下列要求：

安装整齐、平直、美观、稳固。

15.2.2 线槽安装观感质量应符合下列要求：

1 线槽盖板平整，无凹凸不平。

2 电缆槽内的线缆布放整齐、顺直，无交叉。

15.2.3 保护管安装观感质量应符合下列要求：

排列整齐、稳定牢固。

15.3 通信光、电缆线路及终端

15.3.1 标桩观感质量应符合下列要求：

1 标桩埋设完整，埋设高度一致。

2 桩身混凝土表面平整，色泽均匀，线角顺直。

3 标识清晰。

15.3.2 人井内光电缆接头观感质量应符合下列要求：

1 接头盒完整无损，摆放平整，无漏胶、漏液现象。

2 电缆铅套管封焊美观，焊缝平滑。

3 光电缆余留整齐，绑扎均匀一致。

15.3.3 光电缆引入观感质量应符合下列要求：

1 光电缆引入排列整齐，绑扎均匀一致。

2 尾缆弯曲半径合理，成端整齐美观。

3 电缆芯线顺直，均匀美观。

4 光缆尾纤盘留整齐一致，绑扎松紧适度。

15.4 传输系统

15.4.1 机房观感质量应符合下列要求：

机房内设备排列整齐，设备间距符合设计要求。

15.4.2 机架、机柜、配线箱（架）安装观感质量应符合下列要求：

1 安装平直，稳固不晃动。

2 机架、机柜、配线箱（架）内设备布放整齐、美观；表面平整，柜内无杂物。

15.4.3 传输设备安装观感质量应符合下列要求：

1 设备安装稳固。

2 设备表面无明显损伤、印痕；漆饰完好。

3 端子编号、用途标牌及其他标志完整无缺，书写正确清晰。

15.4.4 传输设备配线观感质量应符合下列要求：

1 配线架内、机架内以及机架间的配线整齐美观，出线角度圆润。

2 配线端子上的配线紧固，无松动，接头点圆润、美观。

15.5 公务电话系统

15.5.1 公务电话设备安装观感质量应符合下列要求：

1 设备排列整齐，设备间距符合设计要求。

2 设备表面无明显损伤、印痕；漆饰完好。

3 端子编号、用途标牌及其他标志完整无缺，书写正确清晰。

15.5.2 公务电话设备配线观感质量应符合下列要求：

1 配线架内、机架内以及机架间的配线整齐美观，出线角度圆润。

2 配线端子上的配线紧固，无松动，接头点圆润、美观。

15.6 专用电话系统

15.6.1 专用电话设备安装观感质量应符合下列要求：

1 设备排列整齐，设备间距符合设计要求。

2 设备表面无明显损伤、印痕；漆饰完好。

3 端子编号、用途标牌及其他标志完整无缺，书写正确清楚。

15.6.2 专用电话设备配线观感质量应符合下列要求：

1 配线电缆和电线的放、绑、扎整齐美观。

2 配线端子上的配线紧固，无松动，接头点圆润、美观。

15.7 无线通信系统

15.7.1 铁塔基础观感质量应符合下列要求：

混凝土外表面光滑平整，无毛刺、无蜂窝状情况。

15.7.2 铁塔观感质量应符合下列要求：

整体美观，构件色泽一致，无锈蚀现象，连接件紧固情况良好。

15.7.3 天馈线观感质量应符合下列要求：

安装紧固，馈线安装方向顺直，拐弯流畅，固定线卡分布均匀。

15.7.4 漏泄同轴电缆观感质量应符合下列要求：

吊挂间距均匀，高度基本一致，漏泄同轴电缆下垂幅度一致。

15.7.5 无线设备观感质量应符合下列要求：

安装稳固无松动现象，配线方向顺直，绑扎均匀一致。

15.8 闭路电视监视系统

15.8.1 闭路电视监视设备安装观感质量应符合下列要求：

1 摄像装置安装牢靠、稳固。

2 监视设备显像清晰。主观评价等级≥4。

3 闭路电视监视设备表面无明显损伤、印痕；漆饰完好。

15.8.2 闭路电视监视设备配线观感质量应符合下列要求：

1 配线电缆和电线的放、绑、扎整齐美观。

2 配线端子上的配线紧固，无松动，接头点圆润、美观。

3 配线成端预留合理、统一。

15.9 广播系统

15.9.1 扬声器安装观感质量应符合下列要求：

1 扬声器标志清晰。

2 网罩与箱体配合紧密、不松动。

3 扬声器支架、电杆安装牢固、稳定。

15.9.2 广播控制中心设备观感质量应符合下列要求：

1 设备安装牢靠、稳固。

2 设备表面无明显损伤、印痕；漆饰完好。

15.9.3 广播设备配线观感质量应符合下列要求：

1 配线电缆和电线的放、绑、扎整齐美观。

2 配线端子上的配线紧固，无松动，接头点圆润、美观。

3　配线成端预留合理、统一。

15.10　乘客信息显示系统

15.10.1　电子显示设备观感质量应符合下列要求：

1　设备安装牢固、稳定、美观。

2　配线成端预留合理、统一。

15.10.2　乘客信息显示系统控制设备观感质量应符合下列要求：

1　设备安装牢靠、稳固。

2　设备表面无明显损伤、印痕；漆饰完好。

15.10.3　乘客信息显示系统配线观感质量应符合下列要求：

1　配线整齐美观，出线角度圆润，无交叉。

2　配线端子上的配线紧固，无松动，接头点圆润、美观。

15.11　时 钟 系 统

15.11.1　子钟安装观感质量应符合下列要求：

1　子钟安装牢靠、稳固。

2　子钟表面无明显损伤、印痕；表面美观。

3　子钟安装位置和高度合理。

4　数字式子钟的时、分、秒或日期应清晰；指针式子钟的拨针应无卡针现象。

15.11.2　时钟设备安装观感质量应符合下列要求：

1　设备安装牢靠、稳固。

2　设备表面无明显损伤、印痕；漆饰完好。

15.11.3　时钟设备配线观感质量应符合下列要求：

1　配线电缆和电线的放、绑、扎整齐美观。

2　配线端子上的配线紧固，无松动，接头点圆润、美观。

3　配线成端预留合理、统一。

15.12　电源及接地系统

15.12.1　电源设备观感质量应符合下列要求：

配电柜、交流不间断电源 UPS、电池柜、配电箱等电源设备表面无明显损伤，漆饰完好，安装垂直平整，布局合理。

15.12.2　电源线、接地配线观感质量应符合下列要求：

1　电源线、接地线布放顺直、无交叉。

2　线缆绑扎整理规范、简洁，标记完善。

3　线槽、保护管排列整齐、美观。

附录 A　施工现场质量管理检查记录

A.0.1　施工现场质量管理检查记录应由施工单位按表 A.0.1 填写，总监理工程师（建设单位项目负责人）进行检查，并做出检查结论。

表 A.0.1　施工现场质量管理检查记录　　开工日期：

<table>
<tr><td colspan="2">单位工程名称</td><td colspan="2"></td><td colspan="2">施工许可证（开工证）</td><td></td></tr>
<tr><td colspan="2">建设单位</td><td colspan="2"></td><td colspan="2">项目负责人</td><td></td></tr>
<tr><td colspan="2">设计单位</td><td colspan="2"></td><td colspan="2">项目负责人</td><td></td></tr>
<tr><td colspan="2">监理单位</td><td colspan="2"></td><td colspan="2">总监理工程师</td><td></td></tr>
<tr><td colspan="2">施工单位</td><td></td><td>项目经理</td><td></td><td>项目技术负责人</td><td></td></tr>
<tr><td>序号</td><td colspan="3">项　目</td><td colspan="3">内　容</td></tr>
<tr><td>1</td><td colspan="3">开工报告</td><td colspan="3"></td></tr>
<tr><td>2</td><td colspan="3">现场质量管理制度</td><td colspan="3"></td></tr>
<tr><td>3</td><td colspan="3">质量责任制</td><td colspan="3"></td></tr>
<tr><td>4</td><td colspan="3">工程质量检验制度</td><td colspan="3"></td></tr>
<tr><td>5</td><td colspan="3">分包方资质与对分包方单位管理制度</td><td colspan="3"></td></tr>
<tr><td>6</td><td colspan="3">施工图核对记录</td><td colspan="3"></td></tr>
<tr><td>7</td><td colspan="3">施工定测资料（施工复测记录）</td><td colspan="3"></td></tr>
<tr><td>8</td><td colspan="3">施工组织设计、施工方案、施工技术交底及审批</td><td colspan="3"></td></tr>
<tr><td>9</td><td colspan="3">施工技术标准</td><td colspan="3"></td></tr>
<tr><td>10</td><td colspan="3">主要专业工种操作上岗证</td><td colspan="3"></td></tr>
<tr><td>11</td><td colspan="3">施工机具及检测设备</td><td colspan="3"></td></tr>
<tr><td>12</td><td colspan="3">材料、设备存放与管理</td><td colspan="3"></td></tr>
<tr><td colspan="7">结论：

总监理工程师
（建设单位项目负责人）　　　　　　　　年　　月　　日</td></tr>
</table>

附录B　检验批质量验收记录

B.0.1　检验批的质量验收记录由施工项目专业质量检查员填写，监理工程师（建设单位项目专业技术负责人）组织项目专业质量检查员等进行验收，并按表B.0.1记录。

表 B.0.1　检验批质量验收记录

单位工程名称				
分部工程名称				
分项工程名称			验收部位	
施工单位			项目经理	
施工质量验收标准名称及编号				
施工质量验收规范的规定			施工单位检查评定记录	监理（建设）单位验收记录
主控项目	1			
	2			
	3			
	4			
	5			
	6			
一般项目	1			
	2			
	3			
	4			
	5			
施工单位检查评定结果	项目专业质量检查员			年　月　日
监理（建设）单位验收结论	监理工程师（建设单位项目专业技术负责人）			年　月　日

附录C　分项工程质量验收记录

C.0.1　分项工程质量应由监理工程师（建设单位项目专业技术负责人）组织项目专业技术负责人等进行验收，并按表C.0.1记录。

表 C.0.1　______分项工程质量验收记录

单位工程名称			
分部工程名称		检验批数	
施工单位	项目经理	项目技术负责人	
序号	检验批部位	施工单位检查评定结果	监理（建设）单位验收结论
1			
2			
3			

续表 C.0.1

<table>
<tr><td colspan="2">单位工程名称</td><td colspan="3"></td></tr>
<tr><td colspan="2">分部工程名称</td><td colspan="2"></td><td>检验批数</td></tr>
<tr><td colspan="2">施工单位</td><td></td><td>项目经理</td><td>项目技术负责人</td></tr>
<tr><td>序号</td><td>检验批部位</td><td>施工单位检查评定结果</td><td colspan="2">监理（建设）单位验收结论</td></tr>
<tr><td>4</td><td></td><td></td><td colspan="2"></td></tr>
<tr><td>5</td><td></td><td></td><td colspan="2"></td></tr>
<tr><td>6</td><td></td><td></td><td colspan="2"></td></tr>
<tr><td>7</td><td></td><td></td><td colspan="2"></td></tr>
<tr><td>8</td><td></td><td></td><td colspan="2"></td></tr>
<tr><td>9</td><td></td><td></td><td colspan="2"></td></tr>
<tr><td>10</td><td></td><td></td><td colspan="2"></td></tr>
<tr><td>11</td><td></td><td></td><td colspan="2"></td></tr>
<tr><td colspan="5">说明：</td></tr>
<tr><td colspan="2">施工单位
检查结论</td><td colspan="3">分项工程技术负责人　　　　年　月　日</td></tr>
<tr><td colspan="2">监理（建设）单位
验收结论</td><td colspan="3">监理工程师
（建设单位项目技术负责人）　　　　年　月　日</td></tr>
</table>

附录 D　分部工程质量验收记录

D.0.1　分部工程质量应由总监理工程师（建设单位项目专业负责人）组织施工项目经理和设计单位项目负责人进行验收，并按表 D.0.1 记录。

表 D.0.1　______分部工程质量验收记录

<table>
<tr><td colspan="2">单位工程名称</td><td colspan="6"></td></tr>
<tr><td colspan="2">施工单位</td><td colspan="6"></td></tr>
<tr><td colspan="2">项目经理</td><td>项目技术负责人</td><td></td><td>项目质量负责人</td><td colspan="3"></td></tr>
<tr><td>序号</td><td>分项工程名称</td><td>检验批数</td><td colspan="2">施工单位检查评定结果</td><td colspan="3">监理（建设）单位
验收意见</td></tr>
<tr><td>1</td><td></td><td></td><td colspan="2"></td><td colspan="3"></td></tr>
<tr><td>2</td><td></td><td></td><td colspan="2"></td><td colspan="3"></td></tr>
<tr><td>3</td><td></td><td></td><td colspan="2"></td><td colspan="3"></td></tr>
<tr><td>4</td><td></td><td></td><td colspan="2"></td><td colspan="3"></td></tr>
<tr><td>5</td><td></td><td></td><td colspan="2"></td><td colspan="3"></td></tr>
<tr><td>6</td><td></td><td></td><td colspan="2"></td><td colspan="3"></td></tr>
<tr><td>7</td><td></td><td></td><td colspan="2"></td><td colspan="3"></td></tr>
<tr><td>8</td><td></td><td></td><td colspan="2"></td><td colspan="3"></td></tr>
</table>

续表 D.0.1

单位工程名称				
施工单位				
项目经理		项目技术负责人		项目质量负责人
序号	分项工程名称	检验批数	施工单位检查评定结果	监理（建设）单位验收意见
9				
10				
质量控制资料				
安全和功能检验（检测）报告				
验收单位	施工单位	项目经理		年　月　日
	设计单位	项目负责人		年　月　日
	监理（建设）单位	总监理工程师 （建设单位项目专业负责人）		年　月　日

附录E　单位工程质量竣工验收记录

E.0.1　单位工程质量验收应按表 E.0.1-1 记录。表 E.0.1-1 为单位工程质量验收的汇总表，与附录 D 的表 D.0.1 和表 E.0.1-2～表 E.0.1-4 配合使用。表 E.0.1-2 为单位工程质量控制资料核查记录，表 E.0.1-3 为单位工程安全和功能检验资料核查及主要功能抽查记录，表 E.0.1-4 为单位工程观感质量检查记录。

表 E.0.1-1 验收记录由施工单位填写，验收结论由监理（建设）单位填写。综合验收结论由参加验收各方共同商定，建设单位填写，应对工程质量是否符合设计和规范要求及总体质量水平做出评价。

表 E.0.1-1　单位工程质量验收记录

单位工程名称				
开工日期			竣工日期	
施工单位			技术负责人	
项目经理		项目技术负责人		项目质量负责人
序号	项　目	验收记录		验收结论
1	分部工程	共　分部，经查符合标准规定 及设计要求　分部		
2	质量控制资料核查	共　项，经审查符合要求　项， 经核定符合规范要求　项		
3	安全和主要使用功能核查及抽查结果	共核查　项，符合要求　项， 共抽查　项，符合要求　项， 经返工处理符合要求　项		
4	观感质量验收	共检查　项，符合要求　项， 不符合要求　项		
5	综合验收结论			
验收单位	建设单位	监理单位	施工单位	设计单位
	（公章） 单位（项目）负责人 年　月　日	（公章） 总监理工程师 年　月　日	（公章） 单位负责人 年　月　日	（公章） 单位（项目）负责人 年　月　日

表 E. 0. 1-2　单位工程质量控制资料核查记录

单位工程名称				
施工单位				
序号	资料名称	份数	核查意见	核查人
1	图纸会审、设计变更、洽商记录			
2	工程定位测量、放线记录			
3	原材料出厂合格证及进场检（试）验报告			
4	竣工测试报告			
5	成品及半成品出厂合格证或试验报告			
6	隐蔽工程验收记录			
7	施工记录			
8	工程质量事故及事故调查处理资料			
9	施工现场质量管理检查记录			
10	分项、分部工程质量验收记录			
11	新材料、新工艺施工记录			
12				
13				
14				
结论： 施工单位项目经理 年　月　日		总监理工程师 （建设单位项目负责人） 年　月　日		

表 E. 0. 1-3　单位工程安全和功能检验资料核查及主要功能抽查记录

单位工程名称					
施工单位					
序号	安全和功能检查项目	份数	核查意见	抽查结果	核查（抽查）人
1	电缆区段性能测试记录				
2	光缆中继段性能测试记录				
3	传输系统通道性能测试记录				
4	专用电话功能检验测试记录				
5	无线通信功能检验测试记录				
6	闭路电视监视系统功能检验测试记录				
7	广播系统功能检验测试记录				
8	乘客信息显示系统功能检验测试记录				
9	时钟系统功能检验测试记录				
10	电源系统功能检验测试记录				
11	接地装置检验测试记录				
12					
结论： 施工单位项目经理 年　月　日			总监理工程师 （建设单位项目负责人） 年　月　日		

注：其他检查项目由验收组协商确定。

表 E. 0. 1-4　单位工程观感质量检查记录

<table>
<tr><td colspan="2">单位工程名称</td><td colspan="4"></td></tr>
<tr><td colspan="2">施工单位</td><td colspan="4"></td></tr>
<tr><td rowspan="2">序号</td><td rowspan="2">项目名称</td><td rowspan="2">抽查质量状况</td><td colspan="3">质量评价</td></tr>
<tr><td>好</td><td>一般</td><td>差</td></tr>
<tr><td>1</td><td>通信管线安装</td><td></td><td></td><td></td><td></td></tr>
<tr><td>2</td><td>通信光、电缆线路</td><td></td><td></td><td></td><td></td></tr>
<tr><td>3</td><td>传输系统</td><td></td><td></td><td></td><td></td></tr>
<tr><td>4</td><td>公务电话系统</td><td></td><td></td><td></td><td></td></tr>
<tr><td>5</td><td>专用电话系统</td><td></td><td></td><td></td><td></td></tr>
<tr><td>6</td><td>无线通信系统</td><td></td><td></td><td></td><td></td></tr>
<tr><td>7</td><td>闭路电视监视系统</td><td></td><td></td><td></td><td></td></tr>
<tr><td>8</td><td>广播系统</td><td></td><td></td><td></td><td></td></tr>
<tr><td>9</td><td>乘客信息显示系统</td><td></td><td></td><td></td><td></td></tr>
<tr><td>10</td><td>时钟系统</td><td></td><td></td><td></td><td></td></tr>
<tr><td>11</td><td>电源系统</td><td></td><td></td><td></td><td></td></tr>
<tr><td>12</td><td>接地装置</td><td></td><td></td><td></td><td></td></tr>
<tr><td colspan="6">结论：

施工单位项目经理　　　　　　　　　　　　　　　　总监理工程师
　　　　　　　　　　　　　　　　　　　　　　　（建设单位项目负责人）
年　月　日　　　　　　　　　　　　　　　　　　年　月　日</td></tr>
</table>

注：观感质量评定为“差”的项目应返修。

中华人民共和国国家标准

城市轨道交通通信工程质量验收规范

GB 50382－2006

条文说明

1 总 则

1.0.1 本规范的编制目的是为了加强和统一城市轨道交通通信系统工程质量的验收。本规范不涉及工程决策阶段的质量、勘察设计阶段的质量和运营维修阶段的质量。

本规范是政府部门、专门质量机构、建设单位、监理单位、勘察设计单位和施工单位对工程施工阶段的质量进行监督、管理和控制的主要依据。

由于施工阶段的质量控制是工程整体质量控制的关键环节，工程整体质量在很大程度上取决于施工阶段的质量控制，所以本规范制定了工程质量特性，规定了建设活动各方对工程施工质量控制的方法、程序、职责以及质量指标，借以保证工程质量。

1.0.2 本规范适用于城市轨道交通（包括城市地铁、轻轨、快轨和磁浮等）通信系统工程质量的验收。在标准体系中，本规范是城市轨道通信系统工程质量验收的主体标准。本规范制定时没能纳入的新技术、新工艺、新设备、新材料等，应该在本规范的基础上制定补充规定。

1.0.3 城市轨道交通工程施工一般在城市中取弃土（碴）、污水（物）排放、噪声等，对城市环境的影响很大。施工单位应在施工前制订有效的环保方案，施工期内最大限度地减少对环境的影响，施工结束后给予必要的恢复，切实做好环境保护和水土保持工作，保证国民经济的可持续发展。设计有要求的更应该全面按设计文件办理。

1.0.4 城市轨道交通通信系统工程质量检验检测工作，是工程质量管理的重要组成部分，也是工程质量控制的重要手段。客观、准确地检验检测数据，是评价工程质量的科学依据。判定工程施工质量合格与否，要体现质量数据说话的原则。其基础是质量数据必须真实可靠，并且能够代表工程质量情况。这就要求检验检测所用的仪器方法和抽样方案必须符合相关标准或技术条件的规定，方法统一，数据才有可比性。仪器设备还应处于检定有效期内，且状态稳定。另外，随着工程检测技术的发展，一些成熟可靠的新方法、新仪器不断出现，尤其是对工程实体质量的检测，使用新技术后，能减少检测工作量，提高检测精度，应该积极采用。但采用这些新技术应经过必要的程序鉴定。

1.0.5 城市轨道交通通信系统工程施工过程中的环节多、影响工程质量的因素多，所以采用的标准规范就会很多。既有技术标准又有管理标准，既有国家标准又有行业标准，甚至还有国际标准和国外标准，本规范难以一一详列。一般情况下可根据工程实际情况，确定各种标准规范的采用与否，但是对于施工过程涉及的、现行国家和铁道行业及信息产业部标准中有强制性执行要求的标准或标准条文则必须贯彻执行。

2 术 语

本章中给出了13个专业术语，是本规范有关章节中所引用的。

在本章中未涉及的共用概念术语部分，可参照现行国家标准《建筑工程施工质量验收统一标准》

GB 50300中相关共用概念术语，或其他相关国家标准、规范中的术语。

本章同时还分别给出了相应术语的推荐性英文术语。

3 基本规定

3.1 一般规定

3.1.1 工程施工质量要体现过程控制的原则。施工现场应配齐相应的施工技术标准，包括国家标准、行业标准和企业标准；施工单位要有健全的质量管理体系，要建立必要的施工质量检验制度；施工准备工作要全面、到位。

施工前，监理单位（未委托监理的项目为建设单位，下同）要对施工单位所做的施工准备工作进行全面检查。这是对监理单位（建设单位）和施工单位两方提出的要求，是保证开工后顺利施工和保证工程质量的基础。一般情况下，每个单位工程应检查一次。施工现场质量管理检查记录由施工单位的现场负责人填写，由监理单位的总监理工程师（建设单位项目负责人）进行检查验收，做出合格或不合格及限期整改的结论。

现场质量管理制度应包括现场施工技术资料的管理制度在内。

3.1.2 工程施工质量控制的要点包括两个方面：一是对材料、构配件和设备质量的进场验收，二是对各工序操作质量的自检、交接检验。

第一，对材料、构配件和设备质量的进场验收应分两个层次进行。

现场验收：对材料、构配件和设备的外观、规格、型号和质量证明文件等进行验收。检验方法为观察检查并配以必要的尺量、检查合格证、厂家（产地）试验报告；检验数量多为全部检查。施工单位和监理单位的检验方法和数量多数情况下相同。未经检验或检验不合格的，不得运进施工现场。

试验检验：凡是涉及结构安全和使用功能的，要进行试验检验。试验检验项目的确定掌握两个原则：一是对工程的结构安全和使用功能确有重要影响；二是大多数单位具备相应的试验条件。施工单位试验检验的批量、抽样数量、质量指标应根据相关产品标准、设计要求或工程特点确定，检验方法符合相关标准或技术条件的规定。监理单位要按施工单位抽样数量的20%或10%以上的比例进行见证取样检测或平行检验。不合格的不得用于工程施工。

第二，对工序操作质量的自检、交接检验。

自检：施工过程中各工序应按施工技术标准进行操作，该工序完成后，对反映该工序质量的控制点进行自检。自检的结果要留有记录。这些结果可以作为施工记录的内容，有的也正好是检验批验收需要的检验数据，要填入检验批质量验收记录表中。

交接检验：一般情况下，一个工序完成后就形成了一个检验批，可以对这个检验批进行验收，而不需要另外进行交接检验。对于不能形成检验批的工序，在其完成后应由其完成方与承接方进行交接检验。特别是不同专业工序之间的交接检验，应经监理工程师检查认可，未经检查或经检查不合格的不得进行下道工序施工。其目的有三个：一是促进前道工序的质量控制；二是促进后道工序对前道工序质量的保护；三是分清质量职责，避免发生纠纷。

3.1.3 根据国家标准《建筑工程施工质量验收统一标准》GB 50300－2001 第 3.0.3 条的规定，作为城市轨道交通通信系统工程质量验收的强制性条文，必须严格遵守。工程施工质量验收包括检验批、分项工程、分部工程和单位工程施工质量的验收。

按图施工是施工单位的重要原则，设计文件是施工的依据，施工中不得随意改变设计文件。如必须改变时，应按程序由设计单位修改，施工质量也应符合修改后的设计文件要求。

参加施工质量验收的各方人员，是指参加检验批、分项工程、分部工程、单位工程施工质量验收的人员，这些人员应具有相应的资格。本规范给出了原则性的规定，还应结合工程情况、管理模式等，在保证工程质量、分清责任的前提下具体确定。

施工单位是施工质量控制的主体，应对工程施工质量负责，其工程施工质量必须达到本规范的规定。另外，其他各方的验收工作必须在施工单位自行检查合格的基础上进行，否则，也是违反规范的行为。

施工单位对隐蔽工程在施工完成后应先行检查，符合要求后通知监理单位验收。对于重要的地基基础，在开挖至设计高程后，还应通知勘察设计单位参加验收，实际上是要求勘察设计单位对现场地质情况进行确认。这一点对于保证工程质量及日后可能出现的质量事故的责任判定很重要，不能忽视。

为了保证对涉及结构安全的试块、试件的代表性和真实性负责，监理单位必须按本标准对各检查项目的规定，进行平行检验或见证取样检测、见证检测，且各检验项目中均有具体规定。涉及结构安全和使用功能的现场检测项目，监理单位应按规定进行见证或平行检验。见证或平行检验的数量各检验项目中也有具体规定。

检验批质量验收是对主控项目和一般项目的检查验收。只要这些项目的质量达到了本规范的规定，就可以判定该检验批合格。规范中的其他要求不在检验批质量验收中涉及。

对涉及结构安全和使用功能的重要分部工程的抽

样检测，是这次规范修订增加的重要内容，以前的规范中没有这方面的要求。

为了保证见证取样检测及结构安全检测结果的可靠性、可比性和公正性，检测单位应具备有关管理部门核定的资质。对于特殊项目的检测，可由建设单位确定检测单位。

单位工程的观感质量相对涉及结构安全和使用功能的主体工程质量而言，应该是比较次要的。但是，对完工后的工程进行一次全面检查，对工程整体质量进行一次现场核实，是很有必要的。观感质量验收绝不是单纯的外观检查，也不是在单位工程完成后对涉及外观质量的项目进行重新检查，更不是引导施工单位在工程外观上做片面的投入。观感质量验收的目的在于直观地从宏观上对工程的安全可靠性能和使用功能进行验收。如局部缺损、污染等，特别是在检验批、分项工程、分部工程的检查验收时反映不出来，而后来又发生变化的情况，通过观感质量验收及时发现问题，提出整改，是一个不可缺少的质量控制环节。

3.2 通信工程质量验收的划分

3.2.1～3.2.5 城市轨道交通通信系统工程作为一项独立的单位工程，还应划分为：分部工程、分项工程、检验批。

分部工程：按一个完整的部位、主要结构或施工阶段划分，由若干个分项工程组成。

分项工程：主要是按工序、材料、工艺等划分。由若干个检验批组成，特殊情况下仅含一个检验批。

检验批：是分项工程的组成部分。根据施工质量控制和验收需要，将一个分项工程划分成若干个检验批。检验批是施工质量验收的基本单元。

3.3 通信工程质量验收

3.3.2 检验批质量合格的前提是主控项目和一般项目的质量经检验合格。

3.3.3 分项工程质量验收是对其所含检验批质量的统计汇总。主要是检查核对检验批是否覆盖分项工程范围，不能缺漏。当然，如果检验批质量不合格也就不能进行分项工程质量验收。

3.3.4 分部工程质量验收包括以下三个方面的内容：

1 分部工程所含分项工程的质量均应验收合格。这也是一项统计汇总工作。应注意核对有没有缺漏的分项工程，各分项工程验收是否正确等。

2 质量控制资料应完整。这也是一项统计汇总工作，主要是检查检验批的验收资料、施工操作依据、质量记录是否完整配套，是否全面反映了质量状况。

3 地基与基础和设备安装等分部工程有关安全及功能的检验和抽样检测结果应符合本规范的有关规定。主要检查项目是否有缺漏、检测记录是否符合要求，检测结果是否符合本规范的规定和设计要求。

3.3.5 单位工程质量的验收是建设活动各方对工程质量控制的最后一关。分部工程质量、质量控制资料、检测资料及抽查结果、观感质量均应符合本规范的规定。

3.3.7 工程质量不符合要求的情况，多在检验批质量验收阶段出现，否则会影响相关分项、分部工程质量的验收。

对于推倒重做、更换构配件或设备的检验批，应该重新进行验收。当重新抽样检查后，检验项目符合本规范规定的，应判定该检验批合格。

个别试块试件的强度不能满足要求的情况，包括试块试件失去代表性、试块试件缺少、试验报告有缺陷或对试验报告有怀疑等情况，应由有资质的检测单位进行检验测试，如果测试结果证明该检验批的质量能够达到原设计的要求，则该检验批予以合格验收。

对于其他不合格的现象，因情况复杂，本规范不能给出明确的处理方案。由各方根据具体情况按程序协商处理。

3.3.8 采取返修或加固处理措施后，仍然存在严重缺陷，不能满足安全和使用要求的分部、单位工程，是不合格工程，严禁验收。

3.3.9 通信工程施工质量验收的程序和组织应把握以下要点：

1 施工单位自检合格是验收工作的基础。

2 监理单位应对所有主控项目进行检查，对一般项目可根据施工单位质量控制情况确定检查项目。

3 参加验收的各方人员应具备相应的资格，主要是能够负质量责任，当发生质量问题时具有可追溯性。

4 通信管线安装

4.1 一般规定

4.1.1 信号线是指控制线、音频线、数据线、视频线、广播线等传送控制或信息的线缆。

4.1.2 车场一般指车辆段和（或）停车场。

4.6 缆线布放

（Ⅰ）主控项目

缆线指电源线、信号线等从机房布设至站厅、站台的缆线。

4.6.7 当设计对平行敷设的电源线与信号线之间的距离没有要求时，应由施工单位根据工程经验与实际情况自行提出间隔距离要求，报监理及设计单位共同确认。

（Ⅱ）一 般 项 目

4.6.11 室内光缆的弯曲半径的要求，根据国家标准《建筑与建筑群综合布线系统工程验收规范》GB/T 50312－2000第5.1.1条第5款的规定制定。

5 通信光、电缆线路及终端

5.2 光、电缆敷设

（Ⅰ）主 控 项 目

5.2.7 光、电缆外护层（套）不得有破损、变形或扭伤，指的是光缆铝塑复合铝带（或复合钢带）外挤塑的聚乙烯（PE）外护套应完整无损伤。施工中，特别是敷设后应进行检查，发现有破损应进行修补，这样才能保证金属护套不致因被腐蚀进水或受潮而影响光缆使用寿命。

（Ⅱ）一 般 项 目

5.2.10 光、电缆的弯曲半径根据现行国家标准《地下铁道工程施工及验收规范》GB 50299的相关规定制定。

5.3 电缆接续及引入终端

5.3.9 两接线端子间绝缘电阻是带接线的要求，参考行业标准《铁路运输通信工程施工质量验收标准》TB 10418－2003第6.3.4条的要求制定。

5.4 光缆接续及引入终端

5.4.1 光纤收容时的弯曲半径考虑以下因素：

光缆接头时，要将光纤余长盘留在接头盒中，由于光纤弯曲时会引起LP01模的漏泄，因此，光纤弯曲半径的大小，会引起光纤附加衰减的变化。通过对光纤不同弯曲半径产生附加损耗的实验结果表明，当光纤弯曲半径大于35mm时，光纤弯曲所产生的附加损耗已小于0.001dB。这样小的附加损耗对中继段总衰减的影响是允许的。国际标准ITU－T G.652 1.6规定：为了保证使用1310nm最优化的光纤在1550nm波长区域内低损耗工作，以37.5mm半径松绕的100圈光纤在1550nm上测得的附加损耗应小于1.0dB。上述100圈的数值相当于在一个典型中继区间全部接头套管内所做的大致圈数。37.5mm半径等效于在实际系统安装中，为了避免由于光纤长期配置，而引起静态疲劳故障所广泛接受的最小弯曲半径。《光缆接头盒》YD/T 814－1996第5.3.2条规定：余留光纤盘放的曲率半径应不小于37.5mm。本规范制定的光纤收容时的弯曲半径不应小于40mm是高于上述标准的。

5.4.6 光缆尾纤弯曲半径应大于等于50mm是根据国际电信联盟ITU《光纤手册》中第7.3.3条第1款的规定制定的。因尾纤外有包层，所以其允许弯曲半径大于光纤的允许弯曲半径40mm的规定。

5.5 光、电缆线路特性检测

5.5.1 在一个区间（中继段内）接续损耗平均值$\bar{\alpha}$可按下式计算：

$$\bar{\alpha}=\sum_{i=1}^{n}\bar{\alpha}_{ji}\Big/n$$

即同一根光纤各个接线点的接续损耗平均值相加（$\sum_{i=1}^{n}\bar{\alpha}_{ji}$）除以接续点总数$n$。

光纤各个接续点的接续损耗$\bar{\alpha}_{ji}$应按下式计算：

$$\bar{\alpha}_{ji}=|\alpha_a+\alpha_b|/2$$

式中 α_a——从光纤A→B方向用OTDR测得的接续损耗值（dB）；

α_b——从光纤B→A方向用OTDR测得的接续损耗值（dB）。

α_a和α_b中可能有一个负值，这是由于两侧光纤的几何尺寸或模场直径偏差以及折射系数不同引起。因此，α_a和α_b应取代数和，如出现负值，还应取绝对值。

5.5.2 光缆中继段线路衰减可按下式计算：

$$\alpha_1=\alpha_0 L+\bar{\alpha}n+\bar{\alpha}_c m$$

式中 α_1——光纤线路衰减计算值（dB）；

α_0——光纤衰减系数标称值；

$\bar{\alpha}$——光纤接头平均损耗（dB），

单模光纤$\bar{\alpha}\leqslant 0.08$dB（1310nm、1550nm），

多模光纤$\bar{\alpha}\leqslant 0.2$dB；

$\bar{\alpha}_c$——光纤活动连接器平均损耗（dB），

单模光纤$\bar{\alpha}_c\leqslant 0.7$dB，

多模光纤$\bar{\alpha}_c\leqslant 1.0$dB；

L——光中继段长度（km）；

n——光中继段内光纤接头数；

m——光中继段内光纤活动连接器数。

5.5.3 S点的最小回波损耗指标，分别根据国际标准ITU－T G.957表2、表3、表4和国家标准《同步数字体系（SDH）光缆线路系统进网要求》GB/T 15941－1995表4、表5、表6的相关规定制定。S点是发送器光连接器之后的光纤上的参考点，R点是接收器光连接器之前的光纤上的参考点。在光纤分配架（ODF）上的连接器被当作光纤链路的一部分，并位于S点和R点之间。

5.5.4 区间通信电缆低频四线组音频电特性指标参考现行行业标准《铁路运输通信工程施工质量验收标准》TB 10418－2003第4.5.1条的要求制定。

5.5.5 市话电缆直流电特性指标根据国家标准《聚

烯烃绝缘聚烯烃护套市内通信电缆　第1部分　一般规定》GB/T 13849.1-93第15.1条的规定制定。

6　传输系统

6.2　传输设备安装

（Ⅱ）一般项目

6.2.3～6.2.5　此部分所提出的设备安装要求亦适用于其他各类系统设备的安装。

6.3　传输设备配线

（Ⅰ）主控项目

6.3.4　光缆尾纤弯曲半径不应小于50mm的规定，说明同5.4.6。

（Ⅱ）一般项目

6.3.9　配线电缆弯曲半径根据国家标准《地下铁道工程施工及验收规范》GB 50299-1999第15.4.1条的规定制定。

6.4　系统传输指标检测及功能检验

6.4.1　光缆富余度 M_C 包括下列内容：

1　光缆线路运行中的变动，如维护时附加接头和光缆长度的增加，可取值0.05～0.1dB/km；

2　因环境因素（如温度变化）、老化等影响的光缆性能的变化；

3　在S点与R点之间，其他光缆连接器的性能劣化，可取0.51dB/个。根据国家标准《光缆数字线路系统技术规范》GB/T 13996-92第4.1条的规定，多模光纤的光缆富余度为0.3dB/km，一个中继段（区间）的 M_C 最大不超过7dB；单模光纤的光缆富余度为0.1～0.2dB/km，一个中继段（区间）M_C 最大不超过5dB。

设备富余度 M_e，包括由于时间和环境变化而引起的发送光功率、接收机灵敏度下降，以及设备的光连接器性能劣化所需的富余度。

根据国家标准《光缆数字线路系统技术规范》GB/T 13996-92第4.2条和国家标准《同步数字体系（SDH）光缆线路系统进网要求》GB/T 15941-1995第7.3.5条第4款的规定，设备富余度 M_e 不小于3dB。

6.4.4

1　2048kbit/s数字接口端到端误码性能指标参照行业标准《光同步传送网技术体制》YDN 099-1998表18的要求制定。

2　2048kbit/s数字接口输入抖动容限和最大输出抖动性能指标参照行业标准《光同步传送网技术体制》YDN 099-1998表26和表27的要求制定。

6.4.5　传输系统低速数据接口的端到端误码性能指标参照行业标准《中国公用分组交换网技术体制（修订）》YDN 112-1999第17章的要求制定。

6.4.6　音频接口特性指标根据国际标准ITU－T G.712和G.713中信道音频回线（四线/二线）接口间的性能指标制定。

6.4.8　系统保护倒换时间参照行业标准《光同步传送网技术体制》YDN 099-1998第11.2.3条第1款的要求制定。

6.5　SDH传输系统指标检测及功能检验

6.5.1　传输系统误码测试指标根据国际标准ITU－T G.826表1的规定制定。

6.5.3　SDH传输系统抖动性能：

1　输出抖动测试指标根据国际标准ITU－T G.825表1和国家标准《同步数字体系（SDH）光缆线路系统进网要求》GB/T 15941-1995表14的规定制定。

2　输入抖动容限根据国际标准ITU－T G.825表2和国家标准《同步数字体系（SDH）光缆线路系统进网要求》GB/T 15941-1995表15的相关规定制定。

6.6　ATM传输系统指标检测及功能检验

6.6.2　ATM层网络性能指标根据行业标准《基于ATM的多媒体宽带骨干网技术要求——网络性能部分》YD/T 1102-2001的相关规定制定。

7　公务电话系统

本规范公务电话系统利用公网或与公网合建时，验收要求按设计规定。无设计要求时按本规范相关规定进行验收。

7.4　公务电话系统指标检测及功能检验

7.4.4　忙时呼叫尝试次数（BHCA）用延伸法测试时方法为：

1　按图1连接，将被测交换设备不同用户模块的用户接入用户模拟呼叫器。

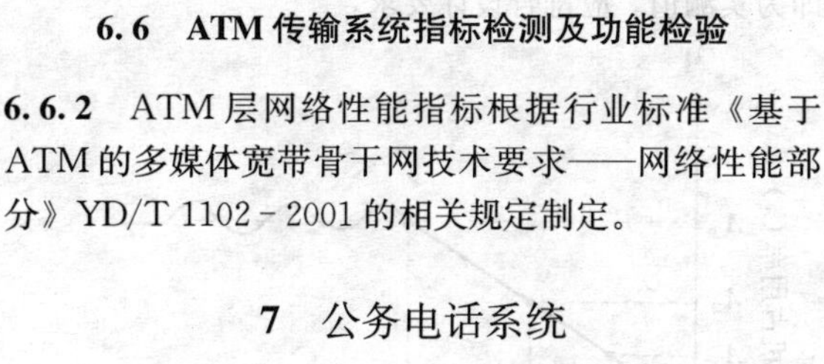

图1　BHCA测试连接示意图

2　对用户模拟呼叫器设置相关的呼叫参数，并将模拟呼叫器各计数器清“0”。

3　在交换设备未加入任何话务时，观察并记录处理占用率。

4　每台呼叫器先开放少量用户进行呼叫1h后停止，观察并记录处理机占用率，从模拟呼叫器上记录呼叫总次数及故障次数。

5　逐步增加开放每台呼叫器用户数量，启动模拟呼叫器，重复步骤4，分别记录各种话务情况下处理机的占用率和呼叫总次数及故障次数。

6　当开放的每台呼叫器用户数量适量后，测试中应注意呼叫限制点的出现，可根据处理机占用率因呼叫限制而呈现上、下波动现象判断呼叫限制点，呼叫限制点应为波动出现前的位置点，交换设备最大负荷应低于限制点。

7　对于具有显示接续延时时间的被测交换设备，应在各测点测，同时观察记录各类处理的延迟时间，应符合要求。

8　根据实测各测试点记录的处理机占用率和呼叫总次数，绘出忙时呼叫尝试次数（BHCA）与处理机占用率曲线（见图2），根据所绘曲线找出呼叫限制点，对应限制点的忙时呼叫尝试次数（BHCA）值即为实测值，应符合设计要求。

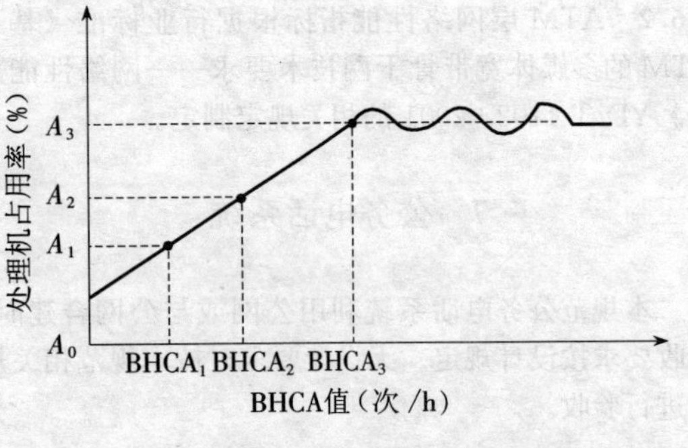

图2　BHCA与处理机占用率曲线

7.5　公务电话系统网管功能检验

本节提出的要求适用于包括2个及以上交换局时的系统网络管理及本地操作维护终端。如果只有一个交换局，则本节提出的要求是针对操作维护终端。

8　专用电话系统

8.4　专用电话系统指标检测及功能检验

8.4.4　站间电话又称共电电话。

9　无线通信系统

本规范无线通信系统利用公网或与公网合建时，验收要求按设计规定。无设计要求时按本规范相关规定进行验收。

9.4　漏泄同轴电缆

（Ⅰ）主 控 项 目

9.4.2　表9.4.2漏缆单盘测试直流电气性能要求参考行业标准《通信电缆——物理发泡聚乙烯绝缘漏泄同轴电缆》YD/T 1120－2001第5.6.2条第2款的要求制定。

9.4.3　表9.4.3漏缆最小弯曲半径要求参考行业标准《通信电缆——物理发泡聚乙烯绝缘漏泄同轴电缆》YD/T 1120－2001第6.6.1条的要求制定。

（Ⅱ）一 般 项 目

9.4.8　漏缆吊挂垂度参考行业标准《铁路运输通信工程施工质量验收标准》TB 10418－2003第7.5.11条的要求制定。

9.6　无线通信系统指标检测

（Ⅰ）主 控 项 目

9.6.1　站台、站厅、车场、室内采用定点测试，区间线路采用移动测试。

9.6.2　语音测试呼叫类型为单呼、组呼及紧急呼叫。

语音质量＝［RxQual（0级＋1级＋2级）］×1＋［RxQual（3级＋4级＋5级）］×0.7，应统计不同语音业务的语音质量。

切换失败率仅进行区间线路测试。

9.6.4　基站测试信号应符合EN 300 394-1-Terrestrial Trunked Radio（TETRA）；Conformance testing specification；Partl：Radio的要求。

10　闭路电视监视系统

10.3　闭路电视监视设备配线

（Ⅱ）一 般 项 目

10.3.9　电缆弯曲半径根据国家标准《民用闭路监视电视系统工程技术规范》GB 50198－94第3.3.1条第1款的规定制定。

10.4　闭路电视监视系统指标检测及功能检验

10.4.1　图像质量的主观评价五级损伤制评分分级应符合表1的规定。

表 1　五级损伤制评分分级

图像质量损伤的主观评价	评分分级
图像上不觉察有损伤或干扰存在	5
图像上稍有可觉察的损伤或干扰，但并不令人讨厌	4
图像上有明显的损伤或干扰，令人感到讨厌	3
图像上损伤或干扰较严重，令人相当讨厌	2
图像上损伤或干扰极严重，不能观看	1

图像质量的主观评价项目按表 2 的规定。

表 2　主观评价项目

项　　目	损伤的主观评价现象
随机信噪比	噪波，即“雪花干扰”
单频干扰	图像中纵、斜、人字形或波浪状的条纹，即“网纹”
电源干扰	图像中上下移动的黑白间置的水平横条，即“黑白滚道”
脉冲干扰	图像中不规则的闪烁，黑白麻点或“跳动”

10.4.2、10.4.3　清晰度和灰度指标，在测试中可分别进行观察，不必兼顾，并且允许调节监视器的对比度和亮度。

10.4.4　测试电平值 1Vp－p±3dB，是指视频信号发生器发送用图像信号、消隐脉冲和同步脉冲组成的全电视信号时测得的。

10.4.6　根据国家标准《民用闭路监视电视系统工程技术规范》GB 50198－94 规定，低照度使用，是指监视低照度画面时，只要能辨认监视画面物体的轮廓，就认为是可用图像。25dB 是在监视画面主观评价为可用画像时的实测数据。

11　广 播 系 统

11.2　广播设备安装

（Ⅰ）主 控 项 目

11.2.7　控制中心和车站广播的负载区数量应符合设计要求。根据国家标准《火灾自动报警系统设计规范》GB 50116－98 第5.4.3条第 4 款的要求：用于火灾应急广播的备用扩音机，其容量不应小于火灾时需同时广播的范围内火灾应急广播扬声器最大容量总和的 1.5 倍。

（Ⅱ）一 般 项 目

11.2.10　广播控制设备安装应满足通信设备安装要求，扬声器安装应满足国家标准《火灾自动报警系统设计规范》GB 50116－98 第 5.4.2 条第 1 款的要求：民用建筑内扬声器应设置在走道和大厅等公共场所。每个扬声器的额定功率不应小于 3W，其数量应能保证从一个防火分区内的任何部位到最近一个扬声器的距离不大于 25m。走道内最后一个扬声器至走道末端的距离不应大于 12.5m。

11.4　广播系统指标检测及功能检验

（Ⅰ）主 控 项 目

11.4.3　最大声压级是指扩声系统在声场中能达到的最大稳压声压级。

轨道交通广播系统作为防灾报警广播时，应满足国家标准《火灾自动报警系统设计规范》GB 50116－98 的要求：在环境噪声大于 60dB 的场所设置的扬声器，在其播放范围内最远点的播放声压级应高于背景噪声 15dB。

11.4.4　声场不均匀度是指扩声系统在声场中得到的稳态声压级的差值。

（Ⅱ）一 般 项 目

11.4.9　检查噪声传感器功能时，在广播分区人为制造噪声，观察噪声传感器工作状态，听广播音量变化，有显著变化则为合格。

12　乘客信息显示系统

12.4　乘客信息显示系统指标检测及功能检验

12.4.10～12.4.12　控制中心系统的功能除了条文中所列的内容，还应该符合设计的要求，条文中所列为基本要求。例如，有的设计要求系统应具备数据库功能，能够记录并分析所有信息的播出时间、地点，播出方式、播出次数以及数据反馈。在工程验收时可根据这些要求，采用合适的检验方法进行检验。

13　时 钟 系 统

13.2　时钟设备安装

（Ⅰ）主 控 项 目

13.2.3

1　GPS 接收天线头安装在室外，高于平面 1.5m

以上，且周围无明显遮挡物；要求垂直安装；在建筑物避雷范围内；抗风力12级，拉拔力400kgf。由于GPS的天线具有防雷击性能，安装时只需将天线杆及底座与建筑物避雷系统相连，即可达到防雷击要求。

2 GPS时间信号接收器安装在室内，一般装在中心母钟的标准19″机柜里，占3u高度位置。

（Ⅱ）一般项目

13.2.5 所有子钟安装位置应远离自动喷淋系统的喷头，且安装高度为下沿距地面不小于2.2m。

13.2.6 子钟支架安装应牢固、稳定。安装好的子钟表面应美观、外观零部件不应该缺损。外表面涂层和镀层的耐腐蚀性能和结合强度试验按出厂技术条件之规定进行检查。

13.4 时钟系统指标检测及功能检验

13.4.6 人为使母钟、子钟的时间产生误差，进行母钟及子钟的自动校时功能试验。能够自动校时即为合格。

13.4.7 将中心母钟与二级母钟、二级母钟与子钟之间的通信接口连线曲调，观测检查二级母钟、子钟应能够独立正常工作。

14 电源及接地系统

14.2 电源系统设备安装

（Ⅰ）主控项目

14.2.2 交流配电柜内双电源切换应采用ATS自切模块设计，此类电源切换系统以塑壳空气断路器为切换部件，切换功能用ATS自动控制单元完成，有机械和电气连锁，功能完善，组成元器件较少，安装方便，无二次线路，一般置于配电柜中。

14.4 电源系统指标检测及功能检验

14.4.9 蓄电池组的容量测试，应先在20～25℃的温度条件下，以0.1C的充电电流、2.4V电压对蓄电池组进行均充电24h以上，转成浮充电48h；再用假负载以0.1C的放电电流对蓄电池组进行放电，放至蓄电池的截止电压为止。

14.6 接地装置

（Ⅰ）主控项目

14.6.5、14.6.6 接地电阻的要求，根据国家标准《地铁设计规范》GB 50157-2003表15.9.11的规定制定。

中华人民共和国国家标准

城市轨道交通自动售检票系统工程质量验收规范

Code for constructional quality acceptance of urban rail transit automatic fare collection system engineering

GB 50381－2006

主编部门：上海市建设和交通委员会
批准部门：中华人民共和国建设部
施行日期：2006 年 11 月 1 日

中华人民共和国建设部
公　告

第 435 号

建设部关于发布国家标准《城市轨道交通自动售检票系统工程质量验收规范》的公告

现批准《城市轨道交通自动售检票系统工程质量验收规范》为国家标准，编号为 GB 50381－2006，自 2006 年 11 月 1 日起实施。其中，第 3.3.7、4.2.1（2、3）、4.2.4、6.2.1（4）、11.3.4、11.5.6 条（款）为强制性条文，必须严格执行。

本规范由建设部标准定额研究所组织中国计划出版社出版发行。

中华人民共和国建设部
二〇〇六年六月十九日

前　　言

本规范是根据建设部建标［2004］67号“关于印发《二〇〇四年工程建设国家标准制定、修订计划》的通知”的要求编制的。

本规范在编制过程中认真贯彻了“调整地位、验评分离、充实内容、严格程序、强化检测、明确职责”的指导思想，在全国轨道交通行业进行了深入的调查研究，并广泛地征求了有关各方的意见。结合我国城市轨道交通自动售检票系统工程质量控制的实践经验，本规范提出了城市轨道交通自动售检票工程的质量保证措施、验收方法、验收程序和质量标准，明确了工程建设各方在施工质量控制中的职责，严格了材料进场和施工质量检测的程序及方法。本规范力求体现科学性和可操作性，突出了规范对城市轨道交通自动售检票系统工程质量的控制。

本规范共分12章，包括总则、术语、基本规定、管槽预埋与安装、线缆敷设、设备安装与布线、车站终端设备检测、车站计算机系统检测、线路中央计算机系统检测、票务清分系统检测、电源与接地和单位工程观感质量等。

本规范以黑体字标志的条文为强制性条文，必须严格执行。

本规范由建设部负责管理和对强制性条文进行解释，由上海地铁咨询监理科技有限公司负责具体内容的解释。

在执行本规范过程中，希望各单位结合工程实践，认真总结经验，积累资料。如发现需要修改和补充之处，请及时将意见及有关资料反馈给上海地铁咨询监理科技有限公司（地址：上海市淮海中路1305号，邮编：200031，E-mail：liyimg918@sina.com），供今后修订时参考。

本规范主编单位、参编单位和主要起草人：

主 编 单 位：上海地铁咨询监理科技有限公司

参 编 单 位：中国铁路通信信号上海工程公司
中国铁路通信信号上海电信测试中心
南京地下铁道有限责任公司
上海申通地铁集团有限公司
重庆捷顺轨道交通技术有限公司
大连现代轨道交通有限公司

主要起草人：陈凤敏　赵晓蓉　居　理　冯　娟　徐天伟　左德沅　庄珍花　王　健　彭勤勤　马劲航　桑　义　李　春　张文垚　陈　光　黄　钟　仲建华　李子华　房　坚　范金富　王志麟　陈忠尧　毛　建　郑滋慰　李　翼　张胜利　施怿栋

目　次

1 总 则

1.0.1 为了加强城市轨道交通自动售检票系统工程质量管理，统一城市轨道交通自动售检票系统工程质量的验收，保证工程质量，特制定本规范。

1.0.2 本规范适用于城市轨道交通自动售检票系统工程质量的验收。

1.0.3 城市轨道交通自动售检票系统工程施工应贯彻国民经济可持续发展战略，做好环境保护等工作，合理利用资源，并做到安全文明施工。

1.0.4 城市轨道交通自动售检票系统工程质量的检验、检测方法和仪器设备应符合相关标准的规定。在系统开通前宜委托具有相应资质的检测单位进行系统测试。

1.0.5 城市轨道交通自动售检票系统工程中所采用的技术文件，其对工程质量的技术要求不得低于本规范的规定。

1.0.6 城市轨道交通自动售检票系统工程质量的验收除应符合本规范外，尚应符合国家现行有关标准的规定。

2 术 语

2.0.1 自动售检票系统 automatic fare collection system

基于计算机、通信、网络、自动控制等技术，实现轨道交通售票、检票、计费、收费、统计、清算等全过程的自动化系统，简称AFC系统。

2.0.2 车站终端设备 station level equipment

安装于轨道交通线路各车站进行车票发售、进站验票、出站检票、充资、验票分析等读写交易处理的终端设备。

2.0.3 检票机 gate

对车票进行检验和处理，并放行或阻挡乘客出入付费区的设备。

2.0.4 黑名单 black list

根据管理要求对挂失车票和异常车票进行特殊控制的数据列表。

2.0.5 自动售票机 automatic ticket vending machine

用于自助发售、赋值有效车票，具备自动处理支付和找零功能的设备。

2.0.6 半自动售票机 booking office machine

用于人工辅助发售、赋值有效车票，具备补票、退票、查询、更新等票务处理功能的设备。

2.0.7 车站计算机系统 station computer system

用于车站级票务处理、运行管理和客流统计的计算机系统。

2.0.8 线路中央计算机系统 central computer system

用于管理和控制轨道交通线路自动售检票系统的计算机系统。

2.0.9 清分系统 central clearing system

用于发行和管理轨道交通车票，对不同线路的票、款进行结算，并具有与城市公共交通卡进行清算功能的系统。

3 基本规定

3.1 一般规定

3.1.1 城市轨道交通自动售检票系统（以下简称“AFC系统”）工程施工现场质量管理应有相应的施工技术标准，健全的质量管理体系、施工质量检验制度和施工质量水平评定考核制度。

AFC系统工程施工现场质量管理可按本规范附录A的要求进行检查记录。

3.1.2 AFC系统工程除应按国家标准《建筑工程施工质量验收统一标准》GB 50300－2001第3.0.2条的要求进行施工质量控制外，还应符合下列规定：

1 工程采用的主要材料、构配件和设备，施工单位应对其外观、规格、型号和质量证明文件等进行验收，并经监理工程师检查认可。

2 凡涉及结构安全和使用功能的材料、构配件和设备，施工单位应进行检验，监理单位应按规定进行见证取样检测或平行检验。

3 新材料、新设备、新器材及进口设备和器材的进场验收，除应符合本规范规定外，尚需提供安装、使用、维修、试验及合同规定的有关文件、检测报告等。

3.1.3 AFC系统工程的质量验收应符合国家标准《建筑工程施工质量验收统一标准》GB 50300－2001第3.0.3条的规定。

3.2 工程质量验收的划分

3.2.1 AFC系统工程为一个独立的单位工程，该单位工程应划分为分部工程、分项工程和检验批。

3.2.2 分部工程应按一个完整部位或主要结构及施工阶段划分。

3.2.3 分项工程应按工序、工种、设备等划分。

3.2.4 检验批应根据施工及质量控制和验收需要划分。

3.2.5 AFC系统工程的分部工程、分项工程、检验批划分和检验项目应符合表3.2.5的要求。

表3.2.5 分部工程、分项工程、检验批划分和检验项目

单位工程	分部工程	分项工程	检验批	检验批检验项目条文号	
				主控项目	一般项目
城市轨道交通自动售检票系统工程	管槽预埋及安装	管槽预埋	一个站	4.2.1～4.2.5	4.2.6～4.2.11
		管槽接头	一个站	4.3.1、4.3.2	
		管槽封口	一个站	4.4.1～4.4.4	
		桥架安装	一个站	4.5.1、4.5.2	4.5.3
	线缆敷设	线缆敷设	一个站	5.1.1～5.1.3	5.1.4、5.1.5
		线缆引入	一个站	5.2.1	5.2.2、5.2.3
		线缆接续	一个站	5.3.1～5.3.3	
		线缆特性检测	一个站	5.4.1～5.4.3	
	车站终端设备	车站终端设备安装	一个站	6.2.1	6.2.2、6.2.3
		车站终端设备布线	一个站	6.5.1、6.5.2	6.5.3～6.5.5
		进站和出站检票机检测	一个站	7.2.1～7.2.11	
		半自动售票机检测	一个站	7.3.1～7.3.8	
		自动售票机检测	一个站	7.4.1～7.4.11	
		自动加值验票机、验票机检测	一个站	7.5.1～7.5.9	

续表 3.2.5

单位工程	分部工程	分项工程	检验批	检验批检验项目条文号	
				主控项目	一般项目
城市轨道交通自动售检票系统工程	车站计算机系统	机房设备安装	一个站	6.3.1、6.3.2	6.3.3～6.3.6
		机房设备布线	一个站	6.5.1、6.5.2	6.5.3～6.5.5
		紧急按钮安装	一个站	6.4.1	
		车站局域网检测	一个站	8.1.1～8.1.4	
		车站计算机系统功能检测	一个站	8.2.1～8.2.12	
		紧急系统检测	一个站	8.3.1、8.3.2	
	线路中央计算机系统	机房设备安装	一个中心	6.3.1、6.3.2	6.3.3～6.3.6
		机房设备布线	一个中心	6.5.1、6.5.2	6.5.3～6.5.5
		线路中央计算机局域网检测	一个系统	9.1.1～9.1.4	
		线路中央计算机系统功能检测	一个系统	9.2.1～9.2.15	
	票务清分中心系统	机房设备安装	一个中心	6.3.1、6.3.2	6.3.3～6.3.6
		机房设备布线	一个中心	6.5.1、6.5.2	6.5.3～6.5.5
		清分中心计算机局域网检测	一个系统	10.1.1～10.1.4	
		清分中心系统功能检测	一个系统	10.2.1～10.2.7	
	电源与接地	电源设备安装	一个站	11.2.1～11.2.5	11.2.6～11.2.10
		电源布线	一个站	11.3.1～11.3.4	11.3.5、11.3.6
		接地	一个站	11.4.1～11.4.4	11.4.5
		电源与接地检测	一个站	11.5.1～11.5.6	

3.3 工程质量验收

3.3.1 检验批合格质量应符合国家标准《建筑工程施工质量验收统一标准》GB 50300-2001 第 5.0.1 条的要求。

3.3.2 分项工程质量验收合格应符合国家标准《建筑工程施工质量验收统一标准》GB 50300-2001 第 5.0.2 条的要求。

3.3.3 分部工程质量验收合格应符合国家标准《建筑工程施工质量验收统一标准》GB 50300-2001 第 5.0.3 条的要求。

3.3.4 AFC 系统单位工程质量验收合格应符合国家标准《建筑工程施工质量验收统一标准》GB 50300-2001 第 5.0.4 条的要求。

3.3.5 AFC 系统工程质量验收记录应符合下列规定：

1 检验批质量验收应按本规范附录 B 执行。

2 分项工程质量验收应按本规范附录 C 执行。

3 分部工程质量验收应按本规范附录 D 执行。

4 单位工程质量验收，质量控制资料核查，安全和功能检验资料核查及主要功能抽查记录，观感质量检查应按本规范附录 E 执行。

3.3.6 当 AFC 系统工程质量不符合要求时，应按国家标准《建筑工程施工质量验收统一标准》GB 50300-2001 第 5.0.6 条的规定进行处理。

3.3.7 通过返修或加固处理仍不能满足安全使用要求的分部工程、单位工程，严禁验收。

3.3.8 AFC 系统工程质量验收程序和组织应符合国家标准《建筑工程施工质量验收统一标准》GB 50300-2001 第 6 章的要求。

4 管槽预埋与安装

4.1 一般规定

4.1.1 管槽安装之前，建筑条件应符合下列要求：

1 车站结构已施工完毕。

2 房间的隔墙已砌筑完毕、预留孔无遗漏。

3 车站内的建筑垃圾已清理干净或残留的建筑垃圾不应影响管槽安装施工。

4 车站内无积水。

5 车站地面预留的AFC线槽预埋位置符合设计要求。

6 自动售票机、半自动售票机、检票机及票亭的设计安装位置与消火栓、导向牌（指示牌）、进出站边门、围栏等其他设施不应冲突，操作和维护距离应满足设计要求。

4.1.2 管槽安装的径路和找平高度应符合设计要求。

4.2 管槽预埋

（Ⅰ）主控项目

4.2.1 金属配管预埋的质量应符合下列规定：

1 管件的规格、型号、数量应符合设计要求。

2 金属配管不得采用对口熔焊连接；镀锌和壁厚小于等于2mm的钢导管不得采用套管熔焊连接。

3 当金属配管采用螺纹连接时，连接处的两端应保证可靠接地连通。

4 镀锌的钢导管、可挠性导管不得熔焊跨接接地线，以专用接地卡跨接的两卡间连线为铜芯软导线时，截面积不应小于$4mm^2$。

检验数量：全部检查。

检验方法：施工单位观察、测量、进行样品制作试验。监理单位见证试验。

4.2.2 金属线槽预埋的质量应符合下列规定：

1 金属线槽预埋的规格、型号、数量应符合设计要求。

2 金属线槽出线盒处应采取防水、防尘措施，并能承受车站地面相同的压力，并应符合设计要求。

检验数量：全部检查。

检验方法：施工单位观察、测量。监理单位见证试验。

4.2.3 分向盒、接线盒预埋的质量应符合下列规定：

1 分向盒、接线盒的规格、型号、数量应符合设计要求。

2 分向盒、接线盒处应采取防水、防尘措施，能承受车站地面相同的压力，并应符合设计要求。

检验数量：全部检查。

检验方法：施工单位观察、测量。监理单位见证试验。

4.2.4 金属线槽、金属导管、接线盒、分向盒必须电气连接，并可靠接地。

检验数量：全部检查。

检验方法：施工单位观察、用万用表测量。监理单位见证试验。

4.2.5 金属线槽、金属导管及可挠性导管经过建筑物伸缩缝、沉降缝时，工艺上应采取保护措施。

检验数量：全部检查。

检验方法：施工单位观察、测量。监理单位见证试验。

（Ⅱ）一般项目

4.2.6 线槽的安装质量应符合下列规定：

1 线槽应平整、内部光洁、无毛刺、加工尺寸准确。

2 线槽连接应牢固，不应有明显的变形。

3 明敷的直线段金属线槽长度超过30m应设伸缩节。

检验数量：抽验10%。

检验方法：施工单位随工检验、检查随工检验记录。

4.2.7 预制金属弯管时，弯成的角度不应小于90°；弯曲半径不应小于管外径的10倍，管弯处不应有裂缝和明显的弯扁。

检验数量：抽验10%。

检验方法：施工单位随工检验、检查随工检验记录。

4.2.8 暗配的金属导管，埋深深度与建筑物、构筑物表面的距离不应小于15mm；金属导管应排列整齐，固定点间距均匀，安装牢固；在金属导管的终端、弯头中点或柜、台、箱、盘等边缘的距离150～500mm范围内应设有管卡，中间直线段管卡间的最大距离应符合表4.2.8的规定。

表 4.2.8 管卡间最大距离

敷设方式	导管种类	导管直径（mm）				
		15～20	25～32	32～40	50～65	65以上
		管卡间最大距离（m）				
暗配	壁厚＞2mm刚性钢导管	1.5	2.0	2.5	2.5	3.5
	壁厚≤2mm刚性钢导管	1.0	1.5	2.0	—	—
	刚性绝缘导管	1.0	1.5	1.5	2.0	2.0

检验数量：抽验 10%。

检验方法：施工单位随工检验、检查随工检验记录。

4.2.9 金属导管管路较长或有弯时，宜适当加装分向盒，2 个分向盒之间的距离应符合下列规定：

1 对无弯的管路，不应超过 30m。

2 2 个分向盒之间有 1 个弯时，不应超过 20m。

3 2 个分向盒之间有 2 个弯时，不应超过 15m。

4 2 个分向盒之间有 3 个弯时，不应超过 8m。

检验数量：抽验 10%。

检验方法：施工单位随工检验、检查随工检验记录。

4.2.10 管路经过建筑物的伸缩缝和沉降缝时，应采取保护措施。

检验数量：全部检查。

检验方法：施工单位随工检验、检查随工检验记录。

4.2.11 可挠性导管敷设应符合下列规定：

1 可挠性导管与金属导管或电气设备、器具间的连接应采用专用接头；可挠性导管的连接处应密封良好，防液覆盖层应完整无损。

2 可挠性导管不能作接地的接续导体。

3 可挠性导管经过建筑物伸缩缝和沉降缝时，应采取保护措施。

检验数量：对本条第 1、2 款抽验 10%，本条第 3 款全部检验。

检验方法：施工单位随工检验、检查随工检验记录。

4.3 管槽接头

主控项目

4.3.1 金属导管与金属导管、金属导管与分向盒的连接应紧密、牢固。

检验数量：抽验 10%。

检验方法：施工单位随工检验、检查随工检验记录。监理单位见证。

4.3.2 金属导管与金属导管、金属导管与分向盒的连接处应做防水处理。

检验数量：抽验 10%。

检验方法：施工单位随工检验、检查随工检验记录。监理单位见证。

4.4 管槽封口

主控项目

4.4.1 预埋管引出地面时，管口应光滑，管口高度应高出基础面 50～80mm。

检验数量：全部检查。

检验方法：施工单位随工检验、检查随工检验记录。监理单位见证。

4.4.2 所有预埋管的头部应进行封堵，防止杂物进入。

检验数量：全部检查。

检验方法：施工单位随工检验、检查随工检验记录。监理单位见证。

4.4.3 预埋线槽引出地面时，槽口应光滑，槽口高度应高出基础面 50～80mm。

检验数量：全部检查。

检验方法：施工单位随工检验、检查随工检验记录。监理单位见证。

4.4.4 预埋线槽的端头应设堵头进行封口，并应采取防水、防尘措施。

检验数量：全部检查。

检验方法：施工单位随工检验、检查随工检验记录。监理单位见证。

4.5 桥架安装

（Ⅰ）主控项目

4.5.1 桥架安装的质量检验应符合下列规定：

1 桥架的规格、型号、质量、数量应符合设计要求。

2 桥架和引入或引出的金属导管必须可靠接地。

3 桥架全长与接地干线连接不应少于 2 处。

4 桥架间连接板的两端应保证可靠接地连通。

检验数量：全部检验。

检验方法：施工单位观察检查。监理单位见证。

4.5.2 桥架经过伸缩缝、沉降缝时，在工艺上应采取保护措施。

检验数量：全部检验。

检验方法：施工单位观察检查。监理单位见证。

（Ⅱ）一般项目

4.5.3 桥架的安装质量除应符合本规范第 4.5.1 条的条款外，还应符合下列规定：

1 桥架水平安装的支架间距不应大于 2m；垂直安装的支架间距不应大于 2m；桥架安装应横平竖直，排列整齐，弯曲度应一致；桥架水平度每米偏差不应超过 2mm。

2 桥架与支架、桥架连接板之间的螺栓应紧固，螺母应位于桥架外侧。

3 桥架敷设在易燃易爆气体管道和热力管道的下方，当设计无要求时，与管道的最小间距，应符合表 4.5.3 的规定。

表 4.5.3 桥架与管道的最小间距（m）

管道类别		平行间距	交叉间距
一般工艺管道		0.4	0.3
易燃易爆气体管道		0.5	0.5
热力管道	有保温层	0.5	0.3
	无保温层	1.0	0.5

检验数量：抽验10%。

检验方法：施工单位观察、尺量检查。

5 线缆敷设

5.1 线缆敷设

（Ⅰ）主控项目

5.1.1 数据线缆、电源电缆、控制电缆的型号、规格、数量和质量应符合设计要求。

检验数量：全部检查。

检验方法：施工单位对照设计文件检查，检查外观。监理单位见证。

5.1.2 数据线缆和控制电缆与电源电缆应分管分槽敷设。线缆出入口处，应做密封处理。

检验数量：全部检查。

检验方法：施工单位观察检查。监理单位见证。

5.1.3 配线用的分线设备及附备件的绝缘电阻应符合设备技术条件的规定。

检验数量：全部检查。

检验方法：施工单位观察检查并用绝缘测试器测试。监理单位见证试验。

（Ⅱ）一般项目

5.1.4 数据线缆、控制电缆、电源电缆在管槽内敷设的质量应符合下列规定：

1 管槽内线缆敷设应平直，无扭绞、打圈等现象。线缆在管槽内应无接头。

2 3根及以上绝缘导线敷设于同一根管时，其总截面积（含防护层）不宜超过管内截面的40%；2根绝缘导线敷设于同一根管时，管内径不宜小于2根绝缘导线外径之和的1.35倍。

3 线缆敷设时应有一定余量，在设备出线处根据实际情况预留。

4 敷设于水平线槽内的线缆，每隔3～5m宜绑扎固定；敷设于垂直线槽内的线缆每隔2m宜绑扎固定。

5 线缆两端及经过分线盒处应有标签，标明线缆的起始和终端位置，标签应清晰、准确、牢固。

检验数量：抽验10%。

检验方法：施工单位观察检查。

5.1.5 AFC设备的室内配线高度应一致，与其他管线交叉或穿越墙壁和楼板时应进行防护。

检验数量：抽验10%。

检验方法：施工单位观察检查。

5.2 线缆引入

（Ⅰ）主控项目

5.2.1 配线设备的型号、规格、数量应符合设计要求。配线设备的绝缘电阻应符合设备技术条件规定。

检验数量：全部检查。

检验方法：施工单位对照设计文件检查，检查外观并用绝缘测试器测试。监理单位见证试验。

（Ⅱ）一般项目

5.2.2 线缆引入、成端的质量应符合下列规定：

1 线缆引入时，引入口处应加防护。

2 配线设备端子跳线排列整齐顺直。配线箱底孔引进电缆后应堵牢。

检验数量：抽验10%。

检验方法：施工单位观察检查。

5.2.3 线缆应有明显标志，标明线缆的型号、长度。

检验数量：抽验10%。

检验方法：施工单位观察检查。

5.3 线缆接续

主控项目

5.3.1 光纤接续应符合下列规定：

1 单模光纤接续平均损耗不应大于0.1dB，多模光纤接续平均损耗不应大于0.2dB。

2 光纤的弯曲半径不应小于40mm。

检验数量：全部检查。

检验方法：施工单位观察、用光时域反射仪（OTDR）测量接续损耗、尺量检查弯曲半径。监理单位见证试验。

5.3.2 数据电缆终接应符合下列规定：

1 线缆在终接前，必须核对缆线标识内容是否正确。

2 线缆中间不允许有接头。

3 线缆终接处必须牢固，接触良好。

4 线缆终接应符合设计和国家标准《建筑与建筑群综合布线系统工程验收规范》GB 50312－2002第6章的要求。

检验数量：抽验30%。

检验方法：施工单位观察、用万用表测量。监理单位见证试验。

5.3.3 电源电缆接续应符合下列规定：

1 电源电缆接线应正确。

2 电源电缆的芯线与电气设备的连接应符合下列规定：

1）截面积在$10mm^2$及以下的单股铜芯线直接与设备的端子连接。

2）截面积在$2.5mm^2$及以下的多股铜芯线拧紧搪锡或接续端子后与设备端子连接。

3）截面积大于$2.5mm^2$的多股铜芯线，除设备自带插接式端子外，应焊接或压接端子后再与设备端子连接；多股铜芯线与插接式端子连接前，端部拧紧搪锡。

3 每个设备的端子接线不多于2根电线。

4　电源电缆的芯线连接管和端子规格应与芯线的规格适配，且不得采用开口端子。

检验数量：抽验30%。

检验方法：施工单位观察检查、用万用表测量。监理单位见证试验。

5.4　线缆特性检测

主控项目

5.4.1　控制电缆线间和线对地间的绝缘电阻值应大于0.5MΩ。

检验数量：全部检验。

检验方法：施工单位用绝缘测试器测量。监理单位见证试验。

5.4.2　光纤线路特性指标应符合下列规定：

1　每根光纤接续损耗平均值应符合下列指标：

单模光纤 $\bar{\alpha}\leqslant 0.1\text{dB}$（1310nm、1550nm）

多模光纤 $\bar{\alpha}\leqslant 0.2\text{dB}$

2　光纤线路衰减的测试值应小于光纤线路衰减的计算值。

其计算值为：$\alpha_1=\alpha_0 L+\bar{\alpha}n+\alpha_c m$（dB）　（5.4.2）

式中　α_0——光纤衰减标称值（dB/km）；

$\bar{\alpha}$——光缆段每根光纤接头平均损耗（dB）；

α_c——光纤活动连接器平均损耗（dB）；

单模光纤 $\alpha_c\leqslant 0.7\text{dB}$

多模光纤 $\alpha_c\leqslant 1.0\text{dB}$

L——光缆段长度（km）；

n——光缆段内每根光纤接头数；

m——光缆段内每根光纤活动连接器数。

3　光缆布线链路的衰减（介入损耗）在规定的传输窗口不应大于表5.4.2-1的规定。

表5.4.2-1　光缆布线链路的衰减

布　线	链路长度（m）	衰减（dB）			
		单模光纤		多模光纤	
		1310nm	1550nm	850nm	1300nm
水平	100	2.2	2.2	2.5	2.2
配线（水平）子系统	500	2.7	2.7	3.9	2.6
干线（垂直）子系统	1500	3.6	3.6	7.4	3.6

4　光缆布线链路的最小光回波损耗应大于表5.4.2-2的规定。

表5.4.2-2　光缆布线链路的最小光回波损耗

类　别	单模光纤（dB）		多模光纤（dB）	
波长	1310nm	1550nm	850nm	1300nm
光回波损耗	26	26	20	20

检验数量：全部检查。

检验方法：施工单位用网络分析仪测试衰减、波长和回波损耗。监理单位见证试验。

5.4.3　数据电缆的特性指标应符合下列规定：

1　数据电缆的信道衰减量不应大于表5.4.3-1的要求。

表5.4.3-1　信道衰减量（20℃）

频率（MHz）	3类线（dB）	5类线（dB）	5e类线（dB）	6类线（dB）
1.00	4.2	2.5	2.2	3.0
4.00	7.3	4.5	4.5	4.0
8.00	10.2	6.3	6.3	5.6
10.00	11.5	7.0	7.1	6.3
16.00	14.9	9.2	9.1	8.0
20.00	—	10.3	10.2	9.0
25.00	—	11.4	11.4	10.1
31.25	—	12.8	12.9	11.4
62.50	—	18.5	18.6	16.5
100.00	—	24.0	24.0	21.3
125.00	—	—	—	24.6
200.00	—	—	—	31.5
250.00	—	—	—	36.0

2　电缆基本链路衰减量不应大于5.4.3-2的要求。

表5.4.3-2　基本链路衰减量（20℃）

频率（MHz）	3类线（dB）	5类线（dB）	5e类线（dB）	6类线（dB）
1.00	3.5	2.1	2.1	3.0
4.00	6.2	4.0	3.9	3.5
8.00	8.9	5.7	5.5	5.0
10.00	9.9	6.3	6.2	5.6
16.00	13.0	8.2	7.9	7.0
20.00	—	9.2	8.9	7.9
25.00	—	10.3	10.0	8.9
31.25	—	11.5	11.2	10.0
62.50	—	16.7	14.4	14.4
100.00	—	21.6	18.5	18.5
125.00	—	—	—	20.9
200.00	—	—	—	27.1
250.00	—	—	—	30.7

3 线对间信道近端串音不应大于表 5.4.3-3 的要求。

表 5.4.3-3 信道近端串音

频率 (MHz)	3类线 (dB)	5类线 (dB)	5e类线 (dB)	6类线 (dB)
1.00	39.1	60.0	60.0	65.0
4.00	29.3	50.6	53.5	63.0
8.00	24.3	45.6	48.6	58.2
10.00	22.7	44.0	47.0	56.6
16.00	19.3	40.6	43.6	53.2
20.00	—	39.0	42.0	51.6
25.00	—	37.4	40.3	50.0
31.25	—	35.7	38.7	48.4
62.50	—	30.6	33.6	43.4
100.00	—	27.1	30.1	39.9
125.00	—	—	—	38.3
200.00	—	—	—	34.8
250.00	—	—	—	33.1

4 线对间基本链路近端串音不应大于表 5.4.3-4 的要求。

表 5.4.3-4 基本链路近端串音

频率 (MHz)	3类线 (dB)	5类线 (dB)	5e类线 (dB)	6类线 (dB)
1.00	40.1	60.0	60.0	65.0
4.00	30.7	51.8	54.8	64.1
8.00	25.9	47.1	50.0	59.4
10.00	24.3	45.5	48.5	57.8
16.00	21.0	42.3	45.2	54.6
20.00	—	40.7	43.7	53.1
25.00	—	39.1	42.1	51.5
31.25	—	37.6	40.5	50.0
62.50	—	32.7	35.7	45.1
100.00	—	29.3	32.3	41.8
125.00	—	—	—	40.3
200.00	—	—	—	36.9
250.00	—	—	—	35.3

检验数量：全部检查。

检验方法：施工单位用以太网电缆测试仪测试衰减和串音。监理单位见证试验。

6 设备安装与布线

6.1 一般规定

6.1.1 车站终端设备安装之前，建筑条件应符合下列要求：

1 墙面、地面应装饰完毕。

2 设备安装位置应预留出线口，出线口尺寸、数量、位置应符合设计要求。预留安装设备的出线口应制作活络地板。

6.1.2 AFC机房设备安装之前，建筑条件应符合下列规定：

1 墙面应粉刷完毕。

2 地面找平层应铺砌完成。

3 防静电漆应涂刷完毕。

4 防静电地板应铺设完毕，架空高度应符合设计文件要求。

5 防静电地板应根据设计要求进行防静电接地连接，接地导线分别与地板支撑和防静电接地铜排应可靠连接。接地导线应采用多股铜线，导线截面不应小于 $1.5mm^2$。

6 机房门、窗和锁等设施应完好。

6.1.3 售、补、监票亭规格、安装位置应符合设计要求。

6.1.4 售、补、监票亭内地板应铺设平整、牢固。

6.1.5 售、补、监票亭门、窗、锁应符合设计要求，设施应完好。

6.2 车站终端设备安装

（Ⅰ）主控项目

6.2.1 终端设备的进场质量应符合下列规定：

1 设备安装前应对设备进行开箱检查，设备应完整无缺、附件资料应齐全。

2 终端设备的型号、规格、质量和数量应符合设计要求。

3 终端设备外形完整，表面完好，无划痕及破损；设备的外形尺寸、设备内的各主要部件及接线端口的型号、规格应符合设计要求。

4 终端设备接地点和设备接地应连接可靠。

5 终端设备构件连接应紧密、牢固，安装用的紧固件应有防锈层。

检验数量：全部检查。

检验方法：对照设计文件检查，检查外观。

（Ⅱ）一般项目

6.2.2 终端设备安装的质量应符合下列要求：

1 设备安装位置应符合设计要求。

2 设备安装的通道宽度应符合设计要求。

3　各类终端设备周围应留出足够的操作和维护空间。

4　设备、底座应安装牢固，底座与地面间应作防水处理；设备安装应垂直、水平，垂直允许偏差不应大于2mm。

检验数量：抽查30%。

检验方法：施工单位对照设计文件检查，检查外观，尺量检查。

6.2.3　安装于检票机上方的出入导向显示装置应安装牢固。

检验数量：全部检查。

检验方法：施工单位观察检查。

6.3　机房设备安装

（Ⅰ）主 控 项 目

6.3.1　服务器、工作站、交换机、打印机、编码分拣机和机柜的型号、规格、质量和数量应符合设计要求。

检验数量：抽验30%。

检验方法：施工单位对照设计文件检查，检查外观。监理单位见证。

6.3.2　各种机柜插接件应插接准确、牢固。

检验数量：全部检查。

检验方法：施工单位对照设计文件检查。监理单位见证。

（Ⅱ）一 般 项 目

6.3.3　服务器、工作站、交换机、打印机和编码分拣机的安装质量应符合下列规定：

1　安装应稳定、牢固，位置准确，符合设计要求。

2　通风散热应符合设计要求。

检验数量：全部检查。

检验方法：施工单位观察、检查。

6.3.4　机柜的安装质量应符合下列规定：

1　机柜固定应牢固、垂直、水平，垂直允许偏差应为2mm。

2　同列机柜正面应位于同一平面，允许偏差应为5mm。

3　非标准件、漆色与设备漆色应一致。

检验数量：全部检查。

检验方法：施工单位观察、尺量检查。

6.3.5　设备的附备件齐全完整。

检验数量：全部检查。

检验方法：施工单位观察检查。

6.3.6　设备的机箱漆饰良好，无严重脱漆和锈蚀。

检验数量：全部检查。

检验方法：施工单位观察检查。

6.4　紧急按钮安装

主 控 项 目

6.4.1　紧急按钮安装的质量应符合下列规定：

1　紧急按钮的安装位置应符合设计要求。

2　与低压电力线最近距离不应小于300mm；与水管、暖气管等的最近距离不应小于600mm；距建筑物转角不应小于250mm。

3　紧急按钮盒的安装应考虑操作方便并有明显醒目的标志；引入电缆或引出线应采用钢管保护。

检验数量：全部检查。

检验方法：施工单位观察、尺量检查。监理单位见证试验。

6.5　设 备 布 线

（Ⅰ）主 控 项 目

6.5.1　设备间的配线线缆的规格、型号应符合设计要求。

检验数量：抽验10%。

检验方法：施工单位观察、检查。监理单位见证试验。

6.5.2　设备的接地线与工作（联合）地线及保护地线的连接应良好、牢固。

检验数量：抽验10%。

检验方法：施工单位观察、检查。监理单位见证。

（Ⅱ）一 般 项 目

6.5.3　设备间的配线线缆不得破损、受潮、扭曲、折皱；配线转弯的弯曲半径不得小于线缆直径的5倍。在进、出设备的部位和转弯处，应固定牢固。

检验数量：抽验10%。

检验方法：施工单位观察、检查。

6.5.4　设备间的配线线缆中间不得有接头。连接方式应符合设计要求。

检验数量：抽验10%。

检验方法：施工单位观察、检查。

6.5.5　设备间的线缆布放应平直整齐，绑扎应牢固。

检验数量：抽验10%。

检验方法：施工单位观察、检查。

7　车站终端设备检测

7.1　一 般 规 定

7.1.1　车站终端设备到达现场应进行检查，其型号、规格应符合设计要求。

7.1.2　车站终端设备出厂技术资料应符合设备的技术条件要求和工程采购合同的要求。

7.2 进站和出站检票机

主控项目

7.2.1 检票机与车站计算机间双向通信应正常。

检验数量：全部检查。

检验方法：施工单位用车票分别通过进站检票机及出站检票机。通信正常时，检票机应及时将交易记录上传车站计算机并在车站计算机显示交易记录。监理单位见证试验。

7.2.2 检票机通过率应符合设计要求。

检验数量：全部检查。

检验方法：施工单位用多张车票依次通过进站和出站检票机，观察显示数据及闸门状态，用计时器测试车票通过率。监理单位见证试验。

7.2.3 读写器与IC卡（储值卡及单程票）的感应距离应符合设计要求。

检验数量：全部检查。

检验方法：施工单位进行检票机对IC卡的感应距离测试。监理单位见证试验。

7.2.4 检票机正常模式应符合下列要求：

1 检票机的出口和入口方向应显示允许通行标志。

2 在回收车票时，如有多个票箱，票箱之间应能自动倒换。当机内票箱渐满达到系统设置值时，检票机应能向车站计算机告警。

3 检票机的乘客显示器和方向指示器应能实时反映车票信息、通行指示和设备状态信息。

4 在处理特种车票时，应能以声光表示车票的票种。

检验数量：全部检查。

检验方法：施工单位进行检票机正常模式试验。监理单位见证试验。

7.2.5 使用正常车票时，进站和出站检票机应予进站和出站通行。

检验数量：全部检查。

检验方法：施工单位用正常车票进行检票机的进站和出站通行试验。监理单位见证试验。

7.2.6 使用非正常车票（密钥不合法、金额不足、过有效期、黑名单、未出站或未进站等），进站和出站检票机应不予进站和出站通行，闸锁锁闭，非正常车票信息的显示应符合设计要求。

检验数量：全部检查。

检验方法：施工单位用非正常车票进行检票机的进站和出站通行试验。监理单位见证试验。

7.2.7 紧急模式下，所有检票机闸锁应全部解锁，乘客不使用车票应可以通过检票机出站，所有检票机都应显示禁止进站标志。

检验数量：全部检查。

检验方法：施工单位进行检票机紧急模式试验。监理单位见证试验。

7.2.8 当检票机正在交易时，电源中断，进站和出站检票机应能完成最后一笔交易并应保证交易记录不丢失。

检验数量：全部检查。

检验方法：施工单位进行正在交易的断电试验。监理单位见证试验。

7.2.9 当无票强行进站和出站时，检票机的转动杆或门应自动锁定。

检验数量：全部检查。

检验方法：施工单位做强行进站和出站试验。监理单位见证试验。

7.2.10 安装于检票机上方的出入导向显示装置应与检票机显示同步。

检验数量：全部检查。

检验方法：观察检查。

7.2.11 当检票机同时检测到多张车票待处理时，应按设计要求的流程处理。

检验数量：全部检查。

检验方法：施工单位进行多张车票进站和出站试验。监理单位见证试验。

7.3 半自动售票机

主控项目

7.3.1 半自动售票机与车站计算机间双向通信应正常。

检验数量：全部检查。

检验方法：施工单位用车票在半自动售票机上使用。通信正常时，半自动售票机应及时将交易记录上传车站计算机并在车站计算机显示交易记录。监理单位见证试验。

7.3.2 半自动售票机应符合下列要求：

1 具有权限登录功能，记录所有人员的登录及退出数据，当操作员班次结束时，自动生成班次报告。

2 具备相应的安全措施。

3 打印有关车票及现金处理单据。

4 对车票进行处理时，操作显示器应显示车票处理及分析信息，并应显示下一步操作的指示信息。在进行现金处理时，应显示有关现金处理信息。操作显示器应显示系统及设备状态信息。

5 乘客显示器应显示相关的车票分析、处理结果、现金信息。在未登录前或半自动售票机发生故障时，乘客显示器应显示暂停服务的信息；在登录后，乘客显示器应显示正常服务的信息。

检验数量：全部检查。

检验方法：施工单位进行半自动售票机的功能试

验。监理单位见证试验。

7.3.3 半自动售票机应对车票做以下内容的检查：

1 密钥安全性检查。

2 黑名单检查。

3 票种合法性检查。

4 未初始化、已初始化、正常使用、已退款、已回收、已注销、已列入黑名单等状态检查。

5 使用地点检查。

6 余值/乘次检查。

7 有效期检查。

8 进出次序检查。

9 更新信息检查。

10 超程、超站、超时检查。

检验数量：全部检查。

检验方法：施工单位进行半自动售票机对车票的检查试验。监理单位见证试验。

7.3.4 车票发售时应显示下列内容：

1 赋值前，操作显示器应显示将发售车票的类型、金额等相关信息，乘客显示器应显示将发售车票的金额等相关信息。

2 赋值后，操作显示器及乘客显示器显示将发售车票赋值后的金额。

检验数量：全部检查。

检验方法：施工单位进行半自动售票机车票发售时显示功能试验。监理单位见证试验。

7.3.5 有自动出票功能时，车票处理时间不应大于1.5s/张。

检验数量：全部检查。

检验方法：施工单位进行半自动售票机车票处理速度测试。监理单位见证试验。

7.3.6 车票加值时应显示下列内容：

1 加值前，操作显示器及乘客显示器显示车票的余值。

2 加值后，操作显示器及乘客显示器显示车票的新余值。

3 加值失败，操作显示器显示失败信息并发出声音提示。

检验数量：全部检查。

检验方法：施工单位进行半自动售票机车票加值时显示功能试验。监理单位见证试验。

7.3.7 车票更新应符合下列规定：

1 若车票同时存在两种或以上需同时更新的项目，则对每项更新处理进行确认。

2 进行更新处理时，半自动售票机应更新车票的进出站状态、时间及车费更新标志等编码信息。

3 更新时，应有车票记录日期。

4 对于超过更新次数上限的车票，不予更新。

5 黑名单或未初始化的无效车票不可更新。

6 操作显示器应显示车票的分析结果、历史交易数据及车票状态。

7 乘客显示器应显示车票的分析结果、余值。

检验数量：全部检查。

检验方法：施工单位进行半自动售票机车票更新功能试验。监理单位见证试验。

7.3.8 在收款处理时，相应信息应在操作显示器及乘客显示器显示。

检验数量：全部检查。

检验方法：施工单位进行半自动售票机收款处理时显示试验。监理单位见证试验。

7.4 自动售票机

主 控 项 目

7.4.1 自动售票机与车站计算机间双向通信应正常。

检验数量：全部检查。

检验方法：施工单位在自动售票机上进行售票试验。通信正常时，自动售票机应及时将交易记录上传车站计算机并在车站计算机显示交易记录。监理单位见证试验。

7.4.2 自动售票机可通过参数设置设为多种模式，模式类型应符合设计要求。

检验数量：全部检查。

检验方法：施工单位进行每种模式参数设置试验。监理单位见证试验。

7.4.3 自动售票机的基本功能应正常：

1 发售有效车票。

2 密钥安全性检查。

3 具有向车站计算机上传车票处理交易、设备运行状态等数据，接收车站计算机或线路中央计算机下传的命令、票价表、黑名单及其他参数等数据，并应对版本控制参数执行自动生效处理。

4 具备自动接收硬币、纸币、储值票和信用卡等一种或数种支付方式，并具备硬币找零或硬币、纸币找零的功能。

5 在与线路中央计算机及车站计算机通信中断时，应能在离线模式下工作，并保存一段周期的数据。在通信恢复后，应能自动上传未传送的数据。

检验数量：全部检查。

检验方法：施工单位对照功能要求逐项检查试验。监理单位见证试验。

7.4.4 售票操作功能应正常：

1 选择票种、张数以后，乘客显示器应显示相应的收费金额。

2 乘客显示器以递增形式实时显示乘客投币金额。当投币金额大于或等于所需车费时，应开始发售车票并找零。

3 有效和无效操作应提供不同声响，同时乘客显示器上应有明确的有效操作提示。

4 出票口、退币口及找零口有车票、硬币或纸币时，应有明显的声音提示或指示灯指示。

检验数量：全部检查。

检验方法：施工单位对照功能要求逐项检查试验。监理单位见证试验。

7.4.5 车票发售功能应正常：

1 车票处理模块应能一次性发售单张或多张车票。

2 发售的车票数等于乘客的购票数时，车票及找零的硬币分别同时进入出票/找零箱，并用声光提示乘客取走。

3 从投入最后一个硬币到出票，应小于1s。

检验数量：全部检查。

检验方法：施工单位对照功能要求逐项检查试验。监理单位见证试验。

7.4.6 硬币处理模块功能应正常：

1 硬币处理模块可接受硬币种类的参数设置。

2 可接受硬币种类的数量应符合设计要求。

3 硬币检测准确率大于99.9%，无法识别的硬币应给予退币处理。

4 找零硬币的种类及每种硬币的存币量应符合设计要求。

5 暂停服务或关闭时，投币口应关闭。

检验数量：全部检查。

检验方法：施工单位对照功能要求逐项检查试验。监理单位见证试验。

7.4.7 纸币处理模块功能应正常：

1 纸币处理模块可接受纸币种类的参数设置。

2 可接受纸币种类的数量符合设计要求。

3 纸币检测准确率大于99.9%，纸币识别时间不应大于2.5s，无法识别的纸币应给予退币处理。

4 找零纸币的种类及每种纸币的存币量符合设计要求。

5 纸币暂存器的容量符合设计要求。

6 自动售票机暂停接收纸币、暂停服务或关闭时，投币口应关闭。

检验数量：全部检查。

检验方法：施工单位对照功能要求逐项检查试验。监理单位见证试验。

7.4.8 钱箱功能应正常：

1 钱箱的钱币存放容量符合设计要求。

2 监测钱箱内钱箱“将满”及“满”的状态。

3 钱箱将满时报警，并将状态信息上传至车站计算机。

4 钱箱带有安全锁装置，从自动售票机取走钱箱时，设备将暂停服务。

检验数量：全部检查。

检验方法：施工单位进行钱箱功能试验。监理单位见证试验。

7.4.9 自动售票机开门时，应有输入身份识别码和操作密码的时间限制，超时应在自动售票机上产生声响报警并上传车站计算机。

检验数量：全部检查。

检验方法：施工单位进行开门及身份识别码和密码验证试验。监理单位见证试验。

7.4.10 系统断电应能完成最后一次交易处理并应保证交易记录不丢失。

检验数量：全部检查。

检验方法：施工单位进行断电试验。监理单位见证试验。

7.4.11 非正常操作时，系统应能自动提示，提示内容应符合设计要求。

检验数量：全部检查。

检验方法：施工单位进行非正常操作试验。监理单位见证试验。

7.5 自动加值验票机、验票机

主 控 项 目

7.5.1 自动加值验票机与车站计算机间双向通信应正常。

检验数量：全部检查。

检验方法：施工单位用车票在自动加值验票机上使用。通信正常时，自动加值验票机应及时将相关数据上传车站计算机并在车站计算机显示记录。监理单位见证试验。

7.5.2 自动加值验票机应能进行完整的加值操作。

检验数量：全部检查。

检验方法：施工单位进行自动加值试验。监理单位见证试验。

7.5.3 自动加值验票机应能通过乘客显示器显示所验卡的卡号、卡内余额、有效期、卡状态等信息。

检验数量：全部检查。

检验方法：施工单位进行验卡试验。监理单位见证试验。

7.5.4 无效卡进行加值时，应有必要的提示并拒绝加值。

检验数量：全部检查。

检验方法：施工单位进行无效卡加值验卡试验。监理单位见证试验。

7.5.5 纸币处理模块功能应正常：

1 纸币处理模块可接受纸币种类的参数设置。

2 可接受纸币种类的数量符合设计要求。

3 纸币检测准确率大于99.9%，纸币识别时间不应大于2.5s，无法识别的纸币应给予退币处理。

4 纸币暂存器的容量符合设计要求。

5 暂停接收纸币、暂停服务或关闭时，投币口应关闭。

检验数量：全部检查。

检验方法：施工单位对照功能要求逐项检查试验。监理单位见证试验。

7.5.6 非正常操作时，设备应有相应的提示，提示内容应符合设计要求。

检验数量：全部检查。

检验方法：施工单位进行非正常操作试验。监理单位见证试验。

7.5.7 自动加值验票机开门时，应有输入身份识别码和操作密码的时间限制，超时应在自动加值验卡机上产生声响报警并上传车站计算机。

7.5.8 装卸钱箱时应通过身份密码指令验证，记录相应信息，并上传车站计算机。

检验数量：全部检查。

检验方法：施工单位进行装卸钱箱试验。监理单位见证试验。

7.5.9 验票机应能通过显示器显示车票的卡号、卡内余额、有效期、卡状态等信息。

检验数量：全部检查。

检验方法：施工单位进行验票试验。监理单位见证试验。

8 车站计算机系统检测

8.1 车站局域网

主 控 项 目

8.1.1 车站局域网应保证连通性。

检验数量：全部检查。

检验方法：施工单位用计算机在任意设备上进行网络可达性检测。监理单位见证试验。

8.1.2 网络设备的性能应符合设计要求。

检验数量：全部检查。

检验方法：施工单位用网络分析仪测试。监理单位见证试验。

8.1.3 网络系统容量、带宽、延时、丢包率、流量控制性能应符合设计要求。

检验数量：全部检查。

检验方法：施工单位用网络分析仪测试。监理单位见证试验。

8.1.4 车站局域网系统的冗余度应符合设计要求。

检验数量：全部检查。

检验方法：施工单位模拟网络设备故障，观察网络的备用设备和线路切换功能。监理单位见证试验。

8.2 系统功能检测

主 控 项 目

8.2.1 车站计算机与中央计算机间应双向通信正常。

检验数量：全部检查。

检验方法：施工单位通过车站计算机测试。监理单位见证试验。

8.2.2 车站计算机与本车站所有终端设备间双向通信应正常。

检验数量：全部检查。

检验方法：施工单位通过车站计算机测试。监理单位见证试验。

8.2.3 车站计算机系统的设置功能应正常：

1 设置本车站的运营模式。

2 接收中央计算机系统下达的运行参数。

3 将参数下达到相关车站设备。

检验数量：全部检查。

检验方法：施工单位进行系统设置试验。监理单位见证试验。

8.2.4 车站计算机下达运行控制命令的功能应正常：

1 可选择控制单台、一组、一类或车站全部设备。

2 切换车站设备的运行模式。

3 查询车站设备状态及寄存器数据。

检验数量：全部检查。

检验方法：施工单位进行控制功能试验。监理单位见证试验。

8.2.5 设备状态监视功能应正常：

1 能监视车站设备的运行状态。

2 在车站设备状态变化时能自动接收其状态数据。

3 按照系统参数设置的查询频率能查询车站设备的状态数据。

4 能保存所有接收的设备状态数据。

检验数量：全部检查。

检验方法：施工单位进行监视功能试验。监理单位见证试验。

8.2.6 在与线路中央计算机通信中断时，应能在离线模式下工作，并保存一段周期的数据。在通信恢复后，应能自动上传未传送的数据。

检验数量：全部检查。

检验方法：施工单位进行通信中断试验。监理单位见证试验。

8.2.7 系统时钟同步功能应正常：

1 车站计算机系统的时钟应能与中央计算机系统的时钟同步。

2 车站计算机应能在规定时间间隔或启动时与中央计算机进行时钟同步。

3 车站计算机应能在规定时间间隔或启动时向车站设备下发时钟同步指令。

4 超过2min的差异需记录，并将上传至中央计算机。

检验数量：全部检查。

检验方法：施工单位进行时钟同步功能试验。监理单位见证试验。

8.2.8 系统的数据传输功能应符合设计要求。

检验数量：全部检查。

检验方法：施工单位按照设计要求进行数据传输试验。监理单位见证试验。

8.2.9 系统的交易数据查询功能应符合设计要求。

检验数量：全部检查。

检验方法：施工单位按照设计要求进行数据查询试验。监理单位见证试验。

8.2.10 系统的制表功能应符合设计要求。

检验数量：全部检查。

检验方法：施工单位按照设计要求进行制表功能试验。监理单位见证试验。

8.2.11 系统的日志查询功能应符合设计要求。

检验数量：全部检查。

检验方法：施工单位按照设计要求进行日志查询功能试验。监理单位见证试验。

8.2.12 车站计算机的性能应符合设计要求。

检验数量：全部检查。

检验方法：施工单位按照设计要求进行性能检查。监理单位见证。

8.3 紧急按钮

主控项目

8.3.1 紧急按钮按下时，应能向车站设备发出紧急放行命令，并在车站计算机和中央计算机上显示。

检验数量：全部检查。

检验方法：施工单位进行紧急按钮按下试验。监理单位见证试验。

8.3.2 紧急按钮恢复后，所有车站设备应能自动恢复正常运行，车站计算机和中央计算机应记录该状态。

检验数量：全部检查。

检验方法：施工单位进行紧急按钮恢复试验。监理单位见证试验。

9 线路中央计算机系统检测

9.1 中央计算机局域网

主控项目

9.1.1 车站计算机与中央AFC计算机通信应正常，中央AFC计算机局域网应保证连通性。

检验数量：全部检查。

检验方法：施工单位用计算机在任意设备上进行网络可达性检测。监理单位见证试验。

9.1.2 网络设备的性能应符合设计要求。

检验数量：全部检查。

检验方法：施工单位用网络分析仪测试。监理单位见证试验。

9.1.3 网络系统容量、带宽、延时、丢包率、流量控制性能应符合设计要求。

检验数量：全部检查。

检验方法：施工单位用网络分析仪测试。监理单位见证试验。

9.1.4 局域网系统的冗余度应符合设计要求。

检验数量：全部检查。

检验方法：施工单位模拟网络设备故障，观察网络的备用设备和线路是否能及时切换。监理单位见证试验。

9.2 系统功能检测

主控项目

9.2.1 中央计算机系统设置功能应正常：

1 设置系统运营模式。

2 设置系统运行参数。

3 设置费率表、优惠表、黑名单等参数。

4 将参数下达到各车站计算机。

检验数量：全部检查。

检验方法：施工单位进行系统设置试验。监理单位见证试验。

9.2.2 中央计算机下达运行控制命令的功能应正常：

1 可选择控制单台、一组、一类、一个车站或全线车站设备。

2 切换车站设备的运行模式。

3 查询车站设备状态及寄存器数据。

检验数量：全部检查。

检验方法：施工单位进行控制功能试验。监理单位见证试验。

9.2.3 设备状态监视功能应正常：

1 能监视全线车站设备的运行状态。

2 在车站设备状态变化时能自动接收其状态数据。

3 按照系统参数设置的查询频率能查询车站设备的状态数据。

4 能保存所有接收的设备状态数据。

检验数量：全部检查。

检验方法：施工单位进行监视功能试验。监理单位见证试验。

9.2.4 客流监视功能应正常：

1 监视的客流数据类型及内容应符合设计要求。

2 选择监视范围。

3 数据的刷新频率应符合设计要求。

4 查询及打印客流数据的功能应符合设计要求。

检验数量：全部检查。

检验方法：施工单位进行客流监视功能试验。监理单位见证试验。

9.2.5 车票管理功能应正常：

1 车票动态库存管理功能。

2 车票查询、统计功能。

3 监控车票编码分拣设备。

检验数量：全部检查。

检验方法：施工单位进行车票管理功能试验。监理单位见证试验。

9.2.6 数据管理功能应符合设计要求：

1 数据采集功能。

2 数据处理功能。

3 数据查询功能。

4 数据安全保障功能。

5 数据归档功能。

检验数量：全部检查。

检验方法：施工单位进行数据管理功能试验。监理单位见证试验。

9.2.7 时钟同步功能应正常：

1 中央计算机系统的时钟应能与通信系统的时钟同步，并应能在规定时间间隔或启动时与通信系统的时钟同步。

2 中央计算机系统应能向车站计算机系统下发时钟同步指令。

检验数量：全部检查。

检验方法：施工单位进行时钟同步功能试验。监理单位见证试验。

9.2.8 系统的制表功能应符合设计要求。

检验数量：全部检查。

检验方法：施工单位按照设计要求进行制表功能试验。监理单位见证试验。

9.2.9 日志查询功能应符合设计要求。

检验数量：全部检查。

检验方法：施工单位进行日志查询功能试验。监理单位见证试验。

9.2.10 数据的备份和恢复功能应符合设计要求。

检验数量：全部检查。

检验方法：施工单位做中央计算机系统数据备份和恢复功能测试。监理单位见证试验。

9.2.11 运算处理能力应符合设计要求。

检验数量：全部检查。

检验方法：施工单位做中央计算机系统处理能力的压力测试。监理单位见证试验。

9.2.12 数据交互功能应符合设计要求。

检验数量：全部检查。

检验方法：施工单位做中央计算机系统与外部进行数据交互的测试。监理单位见证试验。

9.2.13 收益管理功能应符合设计要求：

1 现金核算。

2 车票代理发售。

3 退票、换票、补票和罚款等管理。

4 收益核算。

5 对账。

检验数量：全部检查。

检验方法：施工单位做中央 AFC 系统收益管理功能测试。监理单位见证试验。

9.2.14 维修管理功能应正常：

1 故障监控。

2 部件管理。

3 维护统计。

检验数量：全部检查。

检验方法：施工单位做中央 AFC 系统维修管理功能测试。监理单位见证试验。

9.2.15 编码分拣机的功能应正常：

1 初始化。

2 分拣。

3 应急票赋值。

4 车票个性化处理。

5 向中央计算机系统上传数据。

检验数量：全部检查。

检验方法：施工单位对照功能要求逐项检查试验。监理单位见证试验。

10 票务清分系统检测

10.1 清分系统计算机局域网

主 控 项 目

10.1.1 清分系统计算机局域网应保证连通性。

检验数量：全部检查。

检验方法：施工单位用计算机在任意设备上进行网络可达性检测。监理单位见证试验。

10.1.2 网络设备的性能应符合设计要求。

检验数量：全部检查。

检验方法：施工单位用网络分析仪测试。监理单位见证试验。

10.1.3 网络系统容量、带宽、延时、丢包率、流量控制性能应符合设计要求。

检验数量：全部检查。

检验方法：施工单位用网络分析仪测试。监理单位见证试验。

10.1.4 局域网系统的冗余应符合设计要求。

检验数量：全部检查。

检验方法：施工单位模拟网络设备故障，观察网络的备用设备和线路是否能及时切换。监理单位见证试验。

10.2 系统功能检测

主 控 项 目

10.2.1 清分系统的设置功能应符合设计要求：

1 设置路网系统的运营模式。

2 设置路网系统的运行参数。

3 设置费率表、优惠表、黑名单等参数。

4 将参数下达到各线路。

检验数量：全部检查。

检验方法：施工单位进行系统设置试验。监理单位见证试验。

10.2.2 清分系统应具有与城市公共交通卡清算系统的数据交换能力。

检验数量：全部检查。

检验方法：施工单位做数据交换功能测试。监理单位见证试验。

10.2.3 清分系统应具有与线路中央计算机系统的数据交换能力。

检验数量：全部检查。

检验方法：施工单位做清分系统数据交换功能测试。监理单位见证试验。

10.2.4 车票管理功能应正常：

1 车票类型定义。

2 车票初始化编码。

3 车票发行。

4 车票分拣。

5 车票的调配管理。

检验数量：全部检查。

检验方法：施工单位对照功能要求逐项检查试验。监理单位见证试验。

10.2.5 票务管理功能应正常：

1 车票交易数据处理。

2 车票发售收益统计。

3 运营收益统计。

4 运营报表处理。

5 运营交易数据清分。

6 票务对账结算。

7 车票发售现金收入管理。

8 运营收益转账。

检验数量：全部检查。

检验方法：施工单位对照功能要求逐项检查试验。监理单位见证试验。

10.2.6 系统维护功能应正常：

1 系统用户管理。

2 权限管理。

3 数据归档和备份。

4 系统数据恢复。

5 系统日志管理。

检验数量：全部检查。

检验方法：施工单位对照功能要求逐项检查试验。监理单位见证试验。

10.2.7 系统应能实时接收各线路运营模式变换信息，并及时转发至其他各线路。

检验数量：全部检查。

检验方法：施工单位对照功能要求检查试验。监理单位见证试验。

11 电源与接地

11.1 一 般 规 定

11.1.1 配电柜、不间断电源（UPS）、电池柜的安装地面应无凹凸现象，地面均布荷载应符合设计要求。

11.1.2 暗配管道、预留孔、预埋件的技术条件应符合设计要求。

11.1.3 电源系统的供电条件应符合设计要求。

11.1.4 接地系统的共用综合接地体的接地电阻值应符合设计要求。

11.2 电源设备安装

（Ⅰ）主 控 项 目

11.2.1 电源设备到达现场应进行检查，其型号、规格及容量必须符合设计要求。

检验数量：全部检查。

检验方法：对照设计文件检查质量证明文件，并观察检查外观。

11.2.2 配电柜各单元应插接良好，电气接触点应接触可靠、连接紧密；输入电源的相线和零线不得接错，其零线不得虚接或断开。

检验数量：全部检查。

检验方法：观察检查，施工单位用万用表测量。监理单位见证。

11.2.3 蓄电池组安装应排列整齐、连接正确、接触良好，蓄电池电极或接线无腐蚀，充放电情况良好，无过放。

检验数量：全部检查。

检验方法：观察检查并检查充放电记录。

11.2.4 UPS输出端的中性线（N极），必须与由接地装置直接引来的接地干线相连接并重复接地。UPS装置的可接近裸露导体应接地可靠，且有标识。

检验数量：抽查10%。

检验方法：观察检查。

11.2.5 配电箱安装应符合下列要求：

1 配电箱体内元器件完好、齐全，配置性能应符合设计要求。

2 回路编号齐全、正确。

3 交流配电箱内，零线和保护线应在零线和保护地线汇流排上连接，不得绞接，并应有编号。

检验数量：全部检查。

检验方法：对照设计文件观察检查。

（Ⅱ）一 般 项 目

11.2.6 电源设备的安装位置、顺序、方向及进出线方式应符合设计要求。

检验数量：全部检查。

检验方法：观察检查。

11.2.7 电源设备安装应符合下列规定：

1 UPS机柜、电池柜宜固定在金属支架上，不宜直接放置在防静电地板上。

2 电源柜安装垂直度允许偏差为1.5‰。

3 电源柜应按设计要求采用防震措施。

4 电源柜安装应牢固、端正。

5 表面平整，漆饰完好，标志齐全。

检验数量：全部检查。

检验方法：观察检查、尺量检查。

11.2.8 电源设备各种仪表指示应正常。

检验数量：全部检查。

检验方法：观察检查。

11.2.9 蓄电池安装应符合以下规定：

1 稳固、平正；标志正确、清晰、齐全。

2 无渗漏。

3 蓄电池架（柜）布设应平稳、牢固、端正，全长水平偏差应小于15mm。

检验数量：全部检查。

检验方法：观察检查，尺量检查。

11.2.10 配电箱安装应符合下列要求：

1 箱体无损坏或明显变形、开孔合适，切口整齐、漆饰完好。

2 暗式配电箱箱盖紧贴墙面。

3 配管与箱体连接有专用锁紧螺母。

4 配电箱应安装牢固，箱底边距地面宜为1.5m。

检验数量：全部检查。

检验方法：对照设计文件观察检查，尺量检查。

11.3 电 源 布 线

（Ⅰ）主 控 项 目

11.3.1 电源线缆的型号、规格及数量应符合设计要求；电源线缆不得破损、受潮、扭曲、折皱；端子型号应正确。

检验数量：全部检查。

检验方法：对照设计文件观察检查。监理单位见证。

11.3.2 电源布线应符合下列规定：

1 交、直流电源线缆应分开布放，不应绑在同一线束内。

2 电源布线不得有接头。

3 不同电压等级的线缆应分类布置，分别单独设槽、管敷设，在同一线槽内宜用隔板隔开。

4 电源线缆与数据线缆交叉敷设时宜成直角，平行敷设时间距应符合设计要求。

检验数量：全部检查。

检验方法：对照设计文件观察检查。

11.3.3 电源线连接到地面插座盒、墙上插座盒、多功能插座板的接线应正确，设备引出电源线的位置应合适。

检验数量：全部检查。

检验方法：对照设计文件观察检查。

11.3.4 电源端子接线正确，电源线缆两端的标志齐全。直流电源线必须以线色区别正、负极性，直流电源正、负极严禁错接与短路，接触必须牢固；交流电源线必须以线色区别相线、零线、地线，严禁错接与短路，接触必须牢固。

检验数量：全部检查。

检验方法：对照设计文件观察检查。

（Ⅱ）一 般 项 目

11.3.5 电源线缆的敷设路径和固定方法应符合设计要求。

检验数量：全部检查。

检验方法：观察检查。

11.3.6 设备内外接线固定松紧应适度，无裸露导电部分。

检验数量：抽验10%。

检验方法：观察检查。

11.4 接 地

（Ⅰ）主 控 项 目

11.4.1 防雷、工作（联合）接地、保护地线与设备连接应符合设计规定。

检验数量：全部检查。

检验方法：对照设计文件检查。

11.4.2 接地安装应符合下列规定：

1 接地方式、设备接地端子排列、地线接入及连接应符合设计要求。

2 接地铜排和螺栓、地线盘端子与室内接地连接导线连接牢固、接触良好。

3 接地装置的各种连接处，应镀锡过渡，焊接不得有假焊或虚焊现象，焊点应做防腐处理。

4 屏蔽接地要求数据电缆屏蔽层必须单点接地。

5 接地连接绝缘铜芯导线截面不宜小于16mm^2。

6 金属线槽及其支架和引入或引出的金属导管应可靠接地。

7 接地隐蔽工程部分应有检查验收合格记录。

8 配电箱接地保护应可靠，且有标识。

检验数量：全部检查。

检验方法：观察检查。

11.4.3 接地连接导线布放不得有接头。

检验数量：全部检查。

检验方法：对照设计文件检查。

11.4.4 系统的雷电防护等级、防雷设施的设置位置、方式及数量应符合设计要求。

检验数量：全部检查。

检验方法：观察检查。

（Ⅱ）一般项目

11.4.5 从共用综合接地体引出的位置应符合设计要求。

检验数量：全部检查。

检验方法：对照设计文件观察检查。

11.5 电源与接地的检测

主控项目

11.5.1 电源设备测试应符合下列规定：

1 电源设备带电部分与金属外壳间的绝缘电阻应大于5MΩ。

2 首次充、放电的各项指标均应符合设计要求。

检验数量：全部检查。

检验方法：施工单位用500V绝缘电阻测试仪、数字万用表、电池容量测试仪进行测试，监理单位见证试验。

11.5.2 电源设备的电性能测试应符合下列规定：

1 人工或自动转换时，供电不得中断。

2 故障报警应准确、可靠。

3 蓄电池组容量应符合设计要求。

4 输出电压和输出电流超限时，保护电路动作应准确。

5 输入电源故障时，应自动转换蓄电池组供电。

6 UPS的输入、输出各级保护系统和技术性能指标应符合设计要求。

检验数量：全部检查。

检验方法：施工单位模拟故障试验、检查。监理单位见证试验。

11.5.3 电源监控应能检测主电源及后备电源的供电情况。

检验数量：全部检查。

检验方法：对照设计文件进行操作试验。监理单位见证试验。

11.5.4 电源线缆的芯线间和芯线对地的绝缘电阻应大于0.5MΩ。

检验数量：全部检查。

检验方法：施工单位用500V兆欧表测试。监理单位见证试验。

11.5.5 防雷设施测试应符合设计要求。

检验数量：抽查1～2套。

检验方法：由当地防雷测试中心进行测试。监理单位见证试验。

11.5.6 防雷接地与交流工频接地、直流工作接地、安全保护接地共用综合接地体，接地装置的接地电阻值必须按接入设备中要求的最小值确定，其接地电阻测试值不得大于1Ω。

检验数量：全部检查。

检验方法：施工单位用接地电阻测试仪测试或检查接地电阻测试记录。监理单位见证试验。

12 单位工程观感质量

12.0.1 观感质量应由建设单位组织监理单位、施工单位共同进行现场验收。

12.0.2 观感质量检查项目达不到要求时，应进行返修。

12.0.3 槽道观感质量应符合下列要求：

1 电缆槽上盖上地板后，地板平整，无凹凸不平。

2 电缆槽内的线缆布放整齐、顺直，无交叉。

3 槽道里面不得有渗漏水。

12.0.4 光、电缆引入观感质量应符合下列要求：

1 光、电缆引入排列整齐，绑扎均匀一致。

2 尾缆弯曲半径合理，成端整齐美观。

3 电缆芯线编把顺直，均匀美观。

4 光缆尾纤盘留整齐一致，绑扎松紧适度。

5 线缆标签清楚、完善。

12.0.5 机房设备排列观感质量应符合下列要求：

机房内设备排列整齐，设备间距应符合设计要求。

12.0.6 机房机柜安装观感质量应符合下列要求：

1 安装平直，稳固不晃动。

2 机柜内设备布放整齐、美观；表面平整，柜内无杂物。

12.0.7 设备安装观感质量应符合下列要求：

1 设备安装稳固。

2 设备表面无明显损伤、印痕，漆饰完好。

3 端子编号、用途标牌及其他标志完整无缺，书写正确清楚。

12.0.8 设备配线观感质量应符合下列要求：

1 配线架内、机架内以及机架间的配线整齐美观，出线角度圆润，宜无交叉出现。

2 配线端子上的配线紧固，无松动，无假接、虚接，接头点圆润、美观。

3 对绞电缆、光缆及其他信号电缆分束绑扎，并整齐美观。

12.0.9 配电柜、UPS、电池柜、配电箱等电源设备表面无明显损伤，漆饰完好，安装垂直平整，布局合理，并与其他设备协调一致，应预留合理的操作空间。

12.0.10 电源与接地线布放顺直、无交叉；线缆绑扎整理规范、简洁，标记完善；线槽、保护管排列整齐、美观。

附录A 施工现场质量管理检查记录

A.0.1 施工现场质量管理检查记录应由施工单位按表A.0.1填写，总监理工程师（建设单位项目负责人）进行检查，并做出检查结论。

表A.0.1 施工现场质量管理检查记录 开工日期：

<table>
<tr><td>单位工程名称</td><td colspan="2"></td><td colspan="2">施工许可证（开工证）</td><td></td></tr>
<tr><td>建设单位</td><td colspan="2"></td><td colspan="2">项目负责人</td><td></td></tr>
<tr><td>设计单位</td><td colspan="2"></td><td colspan="2">项目负责人</td><td></td></tr>
<tr><td>监理单位</td><td colspan="2"></td><td colspan="2">总监理工程师</td><td></td></tr>
<tr><td>施工单位</td><td></td><td>项目经理</td><td></td><td>项目技术负责人</td><td></td></tr>
<tr><td>序号</td><td colspan="3">项　　目</td><td colspan="2">内　　容</td></tr>
<tr><td>1</td><td colspan="3">开工报告</td><td colspan="2"></td></tr>
<tr><td>2</td><td colspan="3">现场质量管理制度</td><td colspan="2"></td></tr>
<tr><td>3</td><td colspan="3">质量责任制</td><td colspan="2"></td></tr>
<tr><td>4</td><td colspan="3">工程质量检验制度</td><td colspan="2"></td></tr>
<tr><td>5</td><td colspan="3">分包方资质与对分包方单位管理制度</td><td colspan="2"></td></tr>
<tr><td>6</td><td colspan="3">施工图核对记录</td><td colspan="2"></td></tr>
<tr><td>7</td><td colspan="3">施工定测资料（施工复测记录）</td><td colspan="2"></td></tr>
<tr><td>8</td><td colspan="3">施工组织设计、施工方案、施工技术交底及审批</td><td colspan="2"></td></tr>
<tr><td>9</td><td colspan="3">施工技术标准</td><td colspan="2"></td></tr>
<tr><td>10</td><td colspan="3">主要专业工种操作上岗证</td><td colspan="2"></td></tr>
<tr><td>11</td><td colspan="3">施工机具及检测设备</td><td colspan="2"></td></tr>
<tr><td>12</td><td colspan="3">材料、设备存放与管理</td><td colspan="2"></td></tr>
<tr><td colspan="6">检查结论：

总监理工程师
（建设单位项目负责人）　　　　　　　　年　　月　　日</td></tr>
</table>

附录B 检验批质量验收记录

B.0.1 检验批的质量验收记录由施工项目专业质量检查员填写，监理工程师（建设单位项目专业技术负责人）组织项目专业质量检查员等进行验收，并按表B.0.1记录。

表 B.0.1 ______检验批质量验收记录

<table>
<tr><td colspan="2">单位工程名称</td><td colspan="3"></td></tr>
<tr><td colspan="2">分部工程名称</td><td colspan="3"></td></tr>
<tr><td colspan="2">分项工程名称</td><td colspan="2"></td><td>验收部位</td></tr>
<tr><td colspan="2">施工单位</td><td colspan="2"></td><td>项目经理</td></tr>
<tr><td colspan="2">施工质量验收标准
名称及编号</td><td colspan="3"></td></tr>
<tr><td colspan="3">施工质量验收规范的规定</td><td>施工单位检查评定记录</td><td>监理（建设）单位验收记录</td></tr>
<tr><td rowspan="6">主控
项目</td><td>1</td><td></td><td></td><td rowspan="11"></td></tr>
<tr><td>2</td><td></td><td></td></tr>
<tr><td>3</td><td></td><td></td></tr>
<tr><td>4</td><td></td><td></td></tr>
<tr><td>5</td><td></td><td></td></tr>
<tr><td>6</td><td></td><td></td></tr>
<tr><td rowspan="5">一般
项目</td><td>1</td><td></td><td></td></tr>
<tr><td>2</td><td></td><td></td></tr>
<tr><td>3</td><td></td><td></td></tr>
<tr><td>4</td><td></td><td></td></tr>
<tr><td>5</td><td></td><td></td></tr>
<tr><td colspan="2">施工单位
检查评定结果</td><td colspan="3">项目专业质量检查员　　　　年　月　日</td></tr>
<tr><td colspan="2">监理（建设）
单位验收结论</td><td colspan="3">监理工程师
（建设单位项目专业技术负责人）　　　　年　月　日</td></tr>
</table>

附录C 分项工程质量验收记录

C.0.1 分项工程质量应由监理工程师（建设单位项目专业技术负责人）组织项目专业技术负责人等进行验收，并按表C.0.1记录。

表 C.0.1 ______分项工程质量验收记录

<table>
<tr><td colspan="2">单位工程名称</td><td colspan="4"></td></tr>
<tr><td colspan="2">分部工程名称</td><td colspan="2"></td><td>检验批数</td><td></td></tr>
<tr><td colspan="2">施工单位</td><td>项目经理</td><td></td><td>项目技术负责人</td><td></td></tr>
<tr><td>序号</td><td>检验批部位</td><td colspan="2">施工单位检查评定结果</td><td colspan="2">监理（建设）单位验收结论</td></tr>
<tr><td>1</td><td></td><td colspan="2"></td><td colspan="2" rowspan="11"></td></tr>
<tr><td>2</td><td></td><td colspan="2"></td></tr>
<tr><td>3</td><td></td><td colspan="2"></td></tr>
<tr><td>4</td><td></td><td colspan="2"></td></tr>
<tr><td>5</td><td></td><td colspan="2"></td></tr>
<tr><td>6</td><td></td><td colspan="2"></td></tr>
<tr><td>7</td><td></td><td colspan="2"></td></tr>
<tr><td>8</td><td></td><td colspan="2"></td></tr>
<tr><td>9</td><td></td><td colspan="2"></td></tr>
<tr><td>10</td><td></td><td colspan="2"></td></tr>
<tr><td>11</td><td></td><td colspan="2"></td></tr>
<tr><td colspan="6">说明：</td></tr>
<tr><td colspan="2">施工单位检查结论</td><td colspan="4">分项工程技术负责人　　　　年　月　日</td></tr>
<tr><td colspan="2">监理（建设）
单位验收结论</td><td colspan="4">监理工程师
（建设单位项目技术负责人）　　　　年　月　日</td></tr>
</table>

附录D　分部工程质量验收记录

D.0.1　分部工程质量应由总监理工程师（建设单位项目专业负责人）组织施工项目经理和设计单位项目负责人进行验收，并按表D.0.1记录。

表D.0.1　______分部工程质量验收记录

单位工程名称					
施工单位					
项目经理		项目技术负责人		项目质量负责人	
序号	分项工程名称	检验批数	施工单位检查评定	监理（建设）单位验收意见	
1					
2					
3					
4					
5					
6					
7					
8					
9					
质量控制资料					
安全和功能检验（检测）报告					
验收单位	施工单位	项目经理		年　月　日	
	设计单位	项目负责人		年　月　日	
	监理（建设）单位	总监理工程师 （建设单位项目专业负责人）		年　月　日	

附录E　单位工程质量竣工验收记录

E.0.1　单位工程质量验收应按表E.0.1-1记录。表E.0.1-1为单位工程质量验收的汇总表，与附录D的表D.0.1和表E.0.1-2～表E.0.1-4配合使用。表E.0.1-2为单位工程质量控制资料核查记录，表E.0.1-3为单位工程安全和功能检验资料核查及主要功能抽查记录，表E.0.1-4为单位工程观感质量检查记录。

表E.0.1-1验收记录由施工单位填写，验收结论由监理（建设）单位填写。综合验收结论由参加验收各方共同商定，建设单位填写，应对工程质量是否符合设计和规范要求及总体质量水平做出评价。

表 E.0.1-1　单位工程质量验收记录

<table>
<tr><td colspan="2">单位工程名称</td><td colspan="4"></td></tr>
<tr><td colspan="2">开工日期</td><td></td><td>竣工日期</td><td colspan="2"></td></tr>
<tr><td colspan="2">施工单位</td><td></td><td>技术负责人</td><td colspan="2"></td></tr>
<tr><td colspan="2">项目经理</td><td>项目技术负责人</td><td></td><td>项目质量负责人</td><td></td></tr>
<tr><td>序号</td><td>项　目</td><td colspan="4">验收记录</td></tr>
<tr><td>1</td><td>分部工程</td><td colspan="3">共　分部，经查　分部
符合标准及设计要求　分部</td><td></td></tr>
<tr><td>2</td><td>质量控制资料核查</td><td colspan="3">共　项，经审查符合要求　项，
经核定符合规范要求　项</td><td></td></tr>
<tr><td>3</td><td>安全和主要使用功能核查及抽查结果</td><td colspan="3">共核查　项，符合要求　项，
共抽查　项，符合要求　项，
经返工处理符合要求　项</td><td></td></tr>
<tr><td>4</td><td>观感质量验收</td><td colspan="3">共检查　项，符合要求　项，
不符合要求　项</td><td></td></tr>
<tr><td>5</td><td>综合验收结论</td><td colspan="3"></td><td></td></tr>
<tr><td rowspan="2">验收单位</td><td>建设单位</td><td>监理单位</td><td>施工单位</td><td colspan="2">设计单位</td></tr>
<tr><td>（公章）

单位（项目）负责人
年　月　日</td><td>（公章）

总监理工程师
年　月　日</td><td>（公章）

单位负责人
年　月　日</td><td colspan="2">（公章）

单位（项目）负责人
年　月　日</td></tr>
</table>

表 E.0.1-2　单位工程质量控制资料核查记录

<table>
<tr><td colspan="2">单位工程名称</td><td colspan="4"></td></tr>
<tr><td colspan="2">施工单位</td><td colspan="4"></td></tr>
<tr><td>序号</td><td>资料名称</td><td>份数</td><td>核查意见</td><td>核查人</td></tr>
<tr><td>1</td><td>图纸会审、设计变更、洽商记录</td><td></td><td></td><td></td></tr>
<tr><td>2</td><td>工程定位测量、放线记录</td><td></td><td></td><td></td></tr>
<tr><td>3</td><td>原材料出厂合格证及进场检（试）验报告</td><td></td><td></td><td></td></tr>
<tr><td>4</td><td>竣工测试报告</td><td></td><td></td><td></td></tr>
<tr><td>5</td><td>成品及半成品出厂合格证或试验报告</td><td></td><td></td><td></td></tr>
<tr><td>6</td><td>隐蔽工程验收记录</td><td></td><td></td><td></td></tr>
<tr><td>7</td><td>施工记录</td><td></td><td></td><td></td></tr>
<tr><td>8</td><td>工程质量事故及事故调查处理资料</td><td></td><td></td><td></td></tr>
<tr><td>9</td><td>施工现场质量管理检查记录</td><td></td><td></td><td></td></tr>
<tr><td>10</td><td>分项、分部工程质量验收记录</td><td></td><td></td><td></td></tr>
<tr><td>11</td><td>新材料、新工艺施工记录</td><td></td><td></td><td></td></tr>
<tr><td>12</td><td></td><td></td><td></td><td></td></tr>
<tr><td>13</td><td></td><td></td><td></td><td></td></tr>
<tr><td>14</td><td></td><td></td><td></td><td></td></tr>
<tr><td colspan="5">结论：

施工单位项目经理　　　　　　　　　　　　　总监理工程师
　　　　　　　　　　　　　　　　　　　　　（建设单位项目负责人）
年　月　日　　　　　　　　　　　　　　　　年　月　日</td></tr>
</table>

表 E.0.1-3 单位工程安全和功能检验资料核查及主要功能抽查记录

<table>
<tr><td colspan="2">单位工程名称</td><td colspan="4"></td></tr>
<tr><td colspan="2">施工单位</td><td colspan="4"></td></tr>
<tr><td>序号</td><td>安全和功能检查项目</td><td>份数</td><td>核查意见</td><td>抽查结果</td><td>核查（抽查）人</td></tr>
<tr><td>1</td><td>终端设备检测记录</td><td></td><td></td><td></td><td></td></tr>
<tr><td>2</td><td>车站计算机系统检测记录</td><td></td><td></td><td></td><td></td></tr>
<tr><td>3</td><td>线路中央计算机系统检测记录</td><td></td><td></td><td></td><td></td></tr>
<tr><td>4</td><td>票务清分中心系统检测记录</td><td></td><td></td><td></td><td></td></tr>
<tr><td>5</td><td>电源设备检测记录</td><td></td><td></td><td></td><td></td></tr>
<tr><td>6</td><td>接地检查记录</td><td></td><td></td><td></td><td></td></tr>
<tr><td>7</td><td></td><td></td><td></td><td></td><td></td></tr>
<tr><td>8</td><td></td><td></td><td></td><td></td><td></td></tr>
<tr><td>9</td><td></td><td></td><td></td><td></td><td></td></tr>
<tr><td>10</td><td></td><td></td><td></td><td></td><td></td></tr>
<tr><td>11</td><td></td><td></td><td></td><td></td><td></td></tr>
<tr><td>12</td><td></td><td></td><td></td><td></td><td></td></tr>
<tr><td colspan="6">结论：

施工单位项目经理　　　　　　　　　　　　　　　　　　　总监理工程师
　　　　　　　　　　　　　　　　　　　　　　　　　　（建设单位项目负责人）
　　　　　　年　月　日　　　　　　　　　　　　　　　　　　　　　年　月　日</td></tr>
</table>

注：其他检查项目由验收组协商确定。

表 E.0.1-4 单位工程观感质量检查记录

<table>
<tr><td colspan="2">单位工程名称</td><td colspan="4"></td></tr>
<tr><td colspan="2">施工单位</td><td colspan="4"></td></tr>
<tr><td rowspan="2">序号</td><td rowspan="2">项目名称</td><td rowspan="2">抽查质量状况</td><td colspan="3">质量评价</td></tr>
<tr><td>好</td><td>一般</td><td>差</td></tr>
<tr><td>1</td><td>槽道安装</td><td></td><td></td><td></td><td></td></tr>
<tr><td>2</td><td>电缆引入</td><td></td><td></td><td></td><td></td></tr>
<tr><td>3</td><td>光缆引入</td><td></td><td></td><td></td><td></td></tr>
<tr><td>4</td><td>机房设备排列</td><td></td><td></td><td></td><td></td></tr>
<tr><td>5</td><td>机房机柜安装</td><td></td><td></td><td></td><td></td></tr>
<tr><td>6</td><td>设备安装</td><td></td><td></td><td></td><td></td></tr>
<tr><td>7</td><td>设备配线</td><td></td><td></td><td></td><td></td></tr>
<tr><td>8</td><td>配电柜安装</td><td></td><td></td><td></td><td></td></tr>
<tr><td>9</td><td>UPS安装</td><td></td><td></td><td></td><td></td></tr>
<tr><td>10</td><td>电池柜安装</td><td></td><td></td><td></td><td></td></tr>
<tr><td>11</td><td>配电箱安装</td><td></td><td></td><td></td><td></td></tr>
<tr><td>12</td><td>电源线布放</td><td></td><td></td><td></td><td></td></tr>
<tr><td>13</td><td>接地线布放</td><td></td><td></td><td></td><td></td></tr>
<tr><td colspan="6">检查结论：

施工单位项目经理　　　　　　　　　　　　　　　　　　　总监理工程师
　　　　　　　　　　　　　　　　　　　　　　　　　　（建设单位项目负责人）
　　　　　　年　月　日　　　　　　　　　　　　　　　　　　　　　年　月　日</td></tr>
</table>

注：观感质量评定为“差”的项目应返修。

中华人民共和国国家标准

城市轨道交通自动售检票系统工程质量验收规范

GB 50381－2006

条 文 说 明

1 总 则

1.0.1 本规范的编制目的是为了加强和统一城市轨道交通自动售检票系统工程质量的验收。本规范不涉及工程决策阶段的质量、勘察设计阶段的质量和运营维修阶段的质量。

本规范是政府部门、专门质量机构、建设单位、监理单位、勘察设计单位和施工单位对工程施工阶段的质量进行监督、管理和控制的主要依据。

由于施工阶段的质量控制是工程整体质量控制的关键环节，工程整体质量在很大程度上取决于施工阶段的质量控制，所以本规范制定了工程质量特性，规定了建设活动各方对工程施工质量控制的方法、程序、职责以及质量指标，借以保证工程质量。

1.0.2 本规范适用于城市轨道交通自动售检票系统工程质量的验收。在标准体系中，本规范是城市轨道交通自动售检票系统工程质量验收的主体标准。本规范制定时没能纳入的新技术、新工艺、新设备、新材料等，应该在本规范的基础上制定补充规定。

本规范适用于城市轨道交通自动售检票系统工程中的光电缆线路、车站 AFC 系统、中央 AFC 系统、清分中心、AFC 专用电源系统，不包括车站间干线传输的施工质量验收，其质量验收应符合现行国家和信息产业部有关标准的规定。

系统最终验收建议进行 144h 运行测试作为验收通过标准。

1.0.3 城市轨道交通工程的施工，一般要在城市中取弃土（碴）、污水（物）排放及产生噪声等，对城市环境的影响很大。施工单位应在施工前制订有效的环保方案，施工期内最大限度地减少对环境的影响，施工结束后给予必要的恢复，切实做好环境保护和水土保持工作，保证国民经济的可持续发展。设计有要求的更应该全面按设计文件办理。

1.0.4 城市轨道交通自动售检票系统工程质量检验检测工作，是工程质量管理的重要组成部分，也是工程质量控制的重要手段。客观、准确的检验检测数据，是评价工程质量的科学依据。判定工程施工质量合格与否，要体现质量数据说话的原则，其基础是质量数据必须真实可靠，并且能够代表工程质量情况。这就要求检验检测所用的仪器方法和抽样方案必须符合相关标准或技术条件的规定，方法统一，数据才有可比性。仪器设备还应处于检定有效期内、且状态稳定。另外，随着工程检测技术的发展，一些成熟可靠的新方法、新仪器不断出现，尤其是对工程实体质量的检测，使用新技术后，能减少检测工作量，提高检测精度，应该积极采用。但采用这些新技术应经过必要程序的鉴定。

1.0.5 本规范中规定的质量指标是合格标准。合格标准也就是控制工程质量的最低标准。达不到本规范所规定的质量要求的工程，其结构安全和使用功能就不能得到有效保证和满足，就是不合格的工程。所以本规范要求施工所采用技术文件对施工质量的技术要求不应低于本规范中的规定。

1.0.6 城市轨道交通自动售检票系统工程施工过程中环节多、影响工程质量的因素多，所以采用的标准规范就会很多。既有技术标准又有管理标准，既有国家标准又有行业标准，甚至还有国际标准和国外标准，本规范难以一一详列。一般情况下可根据工程实际情况，确定各种标准规范的采用与否，但是对于施工过程涉及的、现行国家及信息产业部标准中有强制性执行要求的标准或标准条文则必须贯彻执行。

2 术 语

在编写本章术语时，参照了国家标准《建筑工程施工质量验收统一标准》GB 50300－2001 中相关共用概念术语。

3 基本规定

3.1 一般规定

3.1.1 工程施工质量要体现过程控制的原则。施工现场应配齐相应的施工技术标准，包括国家标准、行业标准和企业标准；施工单位要有健全的质量管理体系，要建立必要的施工质量检验制度；施工准备工作要全面、到位。

施工前，监理单位（未委托监理的项目为建设单位，下同）要对施工单位所做的施工准备工作进行全面检查。这是对监理单位（建设单位）和施工单位两方提出的要求，是保证开工后顺利施工和保证工程质量的基础。一般情况下，每个单位工程应检查一次。施工现场质量管理检查记录由施工单位的现场负责人填写，由监理单位的总监理工程师（建设单位项目负责人）进行检查验收，做出合格或不合格及限期整改的结论。

现场质量管理制度应包括现场施工技术资料的管理制度在内。

3.1.2 工程施工质量控制的要点是两个方面：一是对材料、构配件和设备质量的进场验收；二是对各工序操作质量的自检、交接检验。

第一，对材料、构配件和设备质量的进场验收应分两个层次进行。

现场验收：对材料、构配件和设备的外观、规格、型号和质量证明文件等进行验收。检验方法为观察检查并配以必要的尺量检查、检查合格证、厂家（产地）试验报告；检验数量多为全部检查。施工单位和监理单位的检验方法和数量多数情况下相同。未经检验或检验不合格的，不得运进施工现场。

试验检验：凡是涉及结构完全和使用功能的，要进行试验检验。试验检验项目的确定掌握两个原则：一是对工程的结构安全和使用功能确有重要影响；二是大多数单位具备相应的试验条件。施工单位试验检验的批量、抽样数量、质量指标应根据相关产品标准、设计要求或工程特点确定，检验方法符合相关标准或技术条件的规定。监理单位要按施工单位抽样数量的 20%或 10%以上的比例进行见证取样检测或平行检验。不合格的不得用于工程施工。

第二，对工序操作质量的自检、交接检验。

自检：施工过程中各工序应按施工技术标准进行操作，该工序完成后，对反映该工序质量的控制点进行自检。自检的结果要留有记录。这些结果可以作为施工记录的内容，有的也正好是检验批验收需要的检验数据，要填入检验批质量验收记录表中。

交接检验：一般情况下，一个工序完成后就形成了一个检验批，可以对这个检验批进行验收，而不需要另外进行交接检验。对于不能形成检验批的工序，在其完成后应由其完成方与承接方进行交接检验。特别是不同专业工序之间的交接检验，应经监理工程师检查认可，未经检查或经检查不合格的不得进行下道工序施工。其目的有三个：一是促进前道工序的质量控制；二是促进后道工序对前道工序质量的保护；三是分清质量职责，避免发生纠纷。

3.1.3 根据国家标准《建筑工程施工质量验收统一标准》GB 50300－2001第 3.0.3 条的规定，作为城市轨道交通 AFC 系统工程质量验收的强制性条文，必须严格遵守。工程施工质量验收包括检验批、分项工程、分部工程和单位工程施工质量的验收。

按图施工是施工单位的重要原则，设计文件是施工的依据，施工中不得随意改变设计文件。如必须改变时，应按程序由设计单位修改，施工质量也应符合修改后的设计文件要求。

参加施工质量验收的各方人员，是指参加检验批、分项工程、分部工程、单位工程施工质量验收的人员，这些人员应具有相应的资格。本规范给出了原则性的规定，还应结合工程情况、管理模式等，在保证工程质量、分清责任的前提下具体确定。

施工单位是施工质量控制的主体，应对工程施工质量负责，其工程施工质量必须达到本规范的规定。另外，其他各方的验收工作必须在施工单位自行检查合格基础上进行，否则，也是违反标准的行为。

施工单位对隐蔽工程在施工完成后应先行检查，符合要求后通知监理单位验收。对于重要的地基基础，在开挖至设计高度后，还应通知勘察设计单位参加验收，实际上是要求勘察设计单位对现场地质情况进行确认。这一点对于保证工程质量及日后可能出现的质量事故的责任判定很重要，不能忽视。

为了保证对涉及结构安全的试块、试件的代表性和真实性负责，监理单位必须按本规范对各检查项目的规定，进行平行检验或见证取样检测、见证检测，且各检验项目中均有具体规定。涉及结构安全和使用功能的现场检测项目，监理单位应按规定进行见证或平行检验。见证或平行检验的数量各检验项目中也有具体规定。

检验批质量验收是对主控项目和一般项目的检查验收。只要这些项目的质量达到了本规范的规定，就可以判定该检验批合格。规范中的其他要求不在检验批质量验收中涉及。

对涉及结构安全和使用功能的重要分部工程的抽样检测，是这次规范修订增加的重要内容，以前的标准中没有这方面的要求。

为了保证见证取样检测及结构安全检测结果的可靠性、可比性和公正性，检测单位应具备有关管理部门核定的资质。对于特殊项目的检测，可由建设单位确定检测单位。

单位工程的观感质量相对涉及结构安全和使用功能的主体工程质量而言，应该是比较次要的。但是，对完工后的工程进行一次全面检查，对工程整体质量进行一次现场核实，是很有必要的。观感质量验收绝不是单纯的外观检查，也不是在单位工程完成后对涉及外观质量的项目进行重新检查，更不是引导施工单位在工程外观上做片面的投入。观感质量验收的目的在于直观地从宏观上对工程的安全可靠性能和使用功能进行验收。如局部缺损、污染等，特别是在检验批、分项工程、分部工程的检查验收时反映不出来，而后来又发生变化的情况，通过观感质量验收及时发现问题，提出整改，是一个不可缺少的质量控制环节。

3.2 工程质量验收的划分

3.2.1～3.2.5 城市轨道交通 AFC 系统工程作为一项独立的单位工程，还应划分：分部工程、分项工程、检验批。

分部工程按一个完整的部位、主要结构或施工阶段划分，由若干个分项工程组成。

分项工程主要是按工序、材料、工艺等划分，由若干个检验批组成，特殊情况下仅含一个检验批。

检验批是分项工程的组成部分。根据施工质量控制和验收需要，将一个分项工程划分成若干个检验批。检验批是施工质量验收的基本单元。

3.3 工程质量验收

3.3.1 检验批质量合格的前提是主控项目和一般项目的质量经检验合格。

3.3.2 分项工程质量验收是对其所含检验批质量的统计汇总。主要是检查核对检验批是否覆盖分项工程范围，不能缺漏。当然，如果检验批质量不合格也就不能进行分项工程质量验收。

3.3.3 分部工程质量验收包括以下三个方面的内容：

1 分部工程所含分项工程的质量均应验收合格。这也是一项统计汇总工作。应注意核对有没有缺漏的分项工程，各分项工程验收是否正确等。

2 质量控制资料应完整。这也是一项统计汇总工作，主要是检查检验批的验收资料，施工操作依据，质量记录是否完整配套、是否全面反映了质量状况。

3 地基与基础和设备安装等分部工程有关安全及功能的检验和抽样检测结果应符合本规范的有关规定。主要检查项目是否有缺漏，检测记录是否符合要求，检测结果是否符合本规范的规定和设计要求。

3.3.4 单位工程质量的验收是建设活动各方对工程质量控制的最后一关。分部工程质量、质量控制资料、检测资料及抽查结果、观感质量均应符合本规范的规定。

3.3.6 工程质量不符合要求的情况，多在检验批质量验收阶段出现，否则会影响相关分项、分部工程质量的验收。

对于推倒重做、更换构配件或设备的检验批，应该重新进行验收。当重新抽样检查后，检验项目符合本规范规定的，应判定该检验批合格。

试验报告有缺陷或对试验报告有怀疑等情况，应由有资质的检测单位进行检验测试，如果测试结果证明该检验批的质量能够达到原设计的要求，则该检验批予以合格验收。

对于其他不合格的现象，因情况复杂，本规范不能给出明确的处理方案。由各方根据具体情况按程序协商处理。

3.3.7 采取返修或加固处理措施后，仍然存在严重缺陷，不能满足安全和使用要求的分部、单位工程，是不合格工程，严禁验收。

3.3.8 AFC 系统工程施工质量验收的程序和组织应把握以下要点：

1 施工单位自检合格是验收工作的基础。

2 监理单位应对所有主控项目进行检查，对一般项目可根据施工单位质量控制情况确定检查项目。

3 参加验收的各方人员应具备相应的资格，主要是能够负质量责任，当发生质量问题时具有可追溯性。

4 管槽预埋与安装

对于隐蔽工程应进行随工检查，并做随工检查记录。

4.2 管槽预埋

（Ⅰ）主控项目

4.2.1 金属配管不得采用对口熔焊连接；镀锌和壁厚

小于等于 2mm 的钢导管不得采用套管熔焊连接。本条符合国家标准《建筑电气工程施工质量验收规范》GB 50303－2002 第 14.1.2 条的规定。

（Ⅱ）一 般 项 目

4.2.6 明敷的直线段金属线槽长度超过 30m 应设伸缩节。本条符合国家标准《建筑电气工程施工质量验收规范》GB 50303－2002 第 12.2.1 条的规定。

4.2.7 金属弯管时，完成的角度和弯曲半径越小，穿线时导线受拉力越大，绝缘层被管壁磨损越严重，故本条对金属弯管时的角度和弯曲半径作了规定。

4.2.8 本条是为便于穿线、维修和防止导线受损伤所做出的规定。本条符合国家标准《建筑电气工程施工质量验收规范》GB 50303－2002 第 14.2.6 条的规定。

4.4 管槽封口

主 控 项 目

4.4.1 规定管口高度，是避免积水或杂物从地面进入管内，降低绝缘强度。管口高度应高出基础面 50～80mm。本条符合国家标准《建筑电气工程施工质量验收规范》GB 50303－2002 第 14.2.2 条的规定。

5 线 缆 敷 设

5.1 线 缆 敷 设

（Ⅱ）一 般 项 目

5.1.4 本条第 1 款规定线缆在管槽内应无接头，主要是便于穿线，且线路发生故障时，利于检查和修理。

5.3 线 缆 接 续

主 控 项 目

5.3.2 数据线缆终接时，每对对绞线应保持扭绞状态，扭绞松开长度对于 5 类线不应大于 13mm。对绞线在与 8 位模块式通用插座相连时，必须按色标和线序进行卡接。插座类型、色标和编号应符合图 1 的规定。在同一布线工程中两种连接方式不应混合使用。

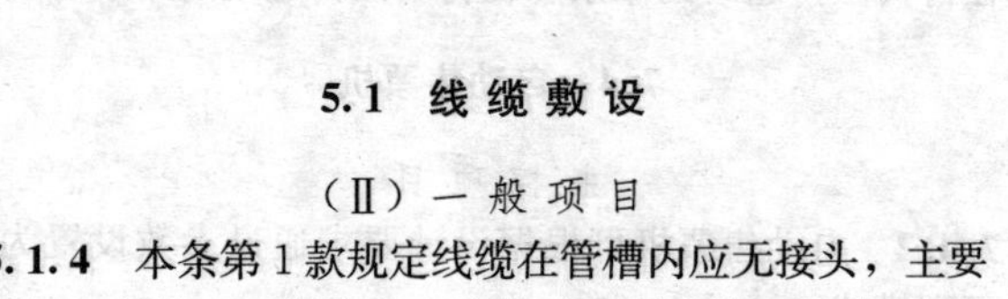

图 1 8 位模块式通用插座连接图

G—绿；BL—蓝；BR—棕；W—白；O—橙

5.4 线缆特性检测

主 控 项 目

5.4.1 控制电缆的绝缘电阻值规定参照国家标准《建筑电气工程施工质量验收规范》GB 50303－2002 第 18.1.2 条的规定。

5.4.2 在一个区间光纤接续损耗平均值 $\bar{\alpha}$ 可按下式计算：

$$\bar{\alpha}=\sum_{i=1}^{n}\bar{\alpha}_{ji}\Big/n \qquad (1)$$

即同一根光纤各个接续点的接续损耗平均值相加（$\sum_{i=1}^{n}\bar{\alpha}_{ji}$）除以接续点总数 n。

光纤各个接续点的接续损耗 $\bar{\alpha}_{ji}$ 应按下式计算：

$$\bar{\alpha}_{ji}=|\alpha_a+\alpha_b|/2 \qquad (2)$$

式中 α_a——从光纤 A→B 方向用 OTDR 测得的接续损耗值（dB）；

α_b——从光纤 B→A 方向用 OTDR 测得的接续损耗值（dB）。

α_a 和 α_b 中可能有一个负值，这是由于两侧光纤的几何尺寸或模场直径偏差以及折射系数不同引起的。因此，α_a 和 α_b 应取代数和，如出现负值，还应取绝对值。

光缆布线链路的指标已包含链路接头与连接插座的衰减在内。

5.4.3 信道的衰减包括 10m（跳线、设备连接线之和）及各电缆段、接插件的衰减量的总和。近端串音是对绞电缆内，两条线对间信号的感应。对近端串音的测试，必须对每对线在两端进行测量。

5 类双绞线信道衰减，其温度修正系数为 0.4%/℃；3 类线信道衰减，其温度修正系数为 1.5%/℃。3 类线、5 类线数据取自 ANSI/TIA/EIA-568-B.1：2001；6 类线数据取自 ANSI/TIA/EIA-568-B 补篇 1 的第 9a 草案。

数据电缆的测试按下图连接：

1 基本链路连接方式：

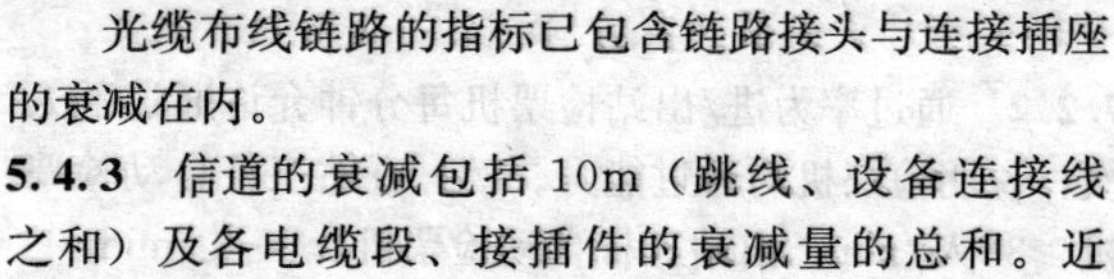

图 2 采用基本链路连接方式测试数据电缆

2 信道连接方式：

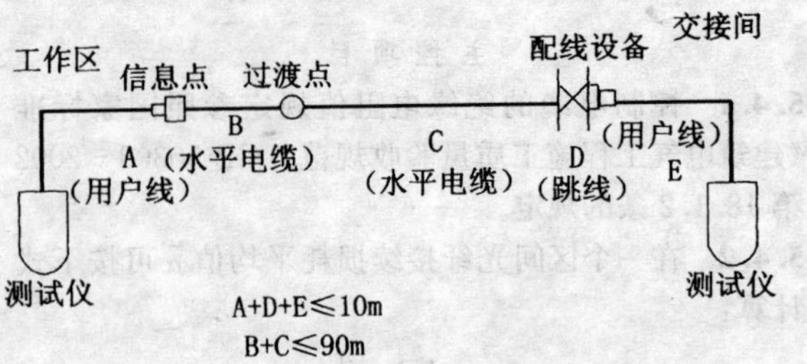

图3 采用信道连接方式测试数据电缆

6 设备安装与布线

6.2 车站终端设备安装

（Ⅱ）一般项目

6.2.3 本条中所指的出入导向显示装置是指与检票机相连、安装于检票机上方的进出站显示装置。此装置在部分城市的AFC系统中有应用。

7 车站终端设备检测

7.2 进站和出站检票机

主控项目

7.2.2 通过率为进/出站检票机每分钟允许通过的人次，说明检票机的通过能力。例：进站三杆自动检票机≥35人/min；出站三杆自动检票机≥30人/min。

7.2.3 IC储值卡为非接触式智能卡（例：公共交通卡）。每种类型的储值票都可以通过中央计算机进行参数设置。

乘客在使用储值票时，每车程的车票在通过出站检票机时从车票的余值中扣除。储值票在进出检票机使用时，检票机的乘客显示器上将显示车票的余值和有效期。

当储值票的余值低于当次车程的车费时，可以通过中央计算机进行参数设置：允许乘客通过出站检票机或者不允许。如果允许乘客通过，乘客在下一次乘车前必须先进行充值。充值时，车票的余值将扣除上次车程所欠车费。如果不允许乘客通过，出站检票机应显示引导乘客到票务处补票的信息。

储值票的有效期可以根据运营的需要通过中央计算机进行参数设置。储值票过期后，乘客可在车站的票务处办理延期手续。

储值票可以通过自动加值机以及半自动售票机进行充值。

7.2.4 正常模式为：乘客持车票进站，进站检票机检验车票有效时，释放闸锁，让乘客通行；当进站检票机检验车票无效时，锁闭闸锁，乘客显示器显示相关信息。乘客持车票出站，出站检票机检验车票有效时，释放闸锁，让乘客通行，出站检票机根据预先设置回收部分单程车票；当出站检票机检验车票无效时，锁闭闸锁，乘客显示器显示相关信息，引导乘客到补票亭查询车票。

7.2.7 系统下达紧急模式命令可以有三种方法：

1 通过中央AFC系统下达命令到车站AFC系统，再由车站AFC系统向自动检票机下达命令。

2 车站AFC系统直接下达命令。

3 通过安装在车站控制室内的紧急按钮。

7.3 半自动售票机

主控项目

7.3.1 操作显示器显示的系统及设备状态信息如：当前系统模式，设备当前运行模式，设备故障信息等。

7.3.2 本条的第1款中生成的班次报告包括登录及退出时间、车票处理统计等。

7.3.3 如果是超时车票，会在拒收原因中写：超时。

7.3.7 车票更新处理中的可更新车票包括有：在非付费区持未出站的车票、在付费区持未进站的车票、在付费区持超时的车票和在付费区持超乘的车票等。

7.4 自动售票机

主控项目

7.4.2 自动售票机可根据设计要求通过参数设置为下列模式：

1 找零/无找零模式。

2 只收硬币模式。

3 只收纸币模式。

4 暂停服务模式。

5 关闭服务模式。

7.5 自动加值验票机、验票机

主控项目

自动加值验票机接收钱币，负责对储值票（公共交通卡）进行加值和查验。该机具有引导乘客加值和验票的操作提示，可以接收不同面值的纸币，对于无法识别的纸币作退币处理，不设找零。

加值验票机用于交通自动收费系统的车票信息查询和车票金额的加值操作。同时，生成交易记录供车站计算机汇总分析，提供与车站计算机的通信交互功能，使车站计算机能查询加值验票机的交易信息、控制信息和版本信息，并控制加值验票机进行运行模式切换，系统重启等功能。

8 车站计算机系统检测

8.1 车站局域网

主 控 项 目

8.1.1 施工单位在用计算机进行网络可达性检测时，通常可以使用 ping 命令，如果正常连通的话所有设备应均能 ping 通。

9 线路中央计算机系统检测

9.2 系统功能检测

主 控 项 目

9.2.4 本条中中央计算机系统应选择的范围是：显示的客流数据应包括总进出站人数、各种类型车票的进出站人数、进出站车票处理的总人数、进出站无效票处理的总人数；也可选择全部车站、线路、单个车站、一组设备或单台设备进行监视。

9.2.5 车票动态库存管理功能是指对车票出入库、初始化、赋值、发行、发售、回收、注销、重编码等数据进行处理的功能。城市轨道交通网络建设有清分系统时，部分功能应上升到清分系统中。

9.2.8 系统的制表功能应符合设计要求，报表数据应与车站报表数据保持一致。

11 电源与接地

11.5 电源与接地的检测

主 控 项 目

11.5.4 电源线缆的芯线间和芯线对地的绝缘电阻应大于0.5MΩ，符合国家标准《建筑电气工程施工质量验收规范》GB 50303－2002第 12.2.1 条的规定。

中华人民共和国行业标准

城市轨道交通引起建筑物振动与二次辐射噪声限值及其测量方法标准

Standard for limit and measuring method of building vibration and secondary noise caused by urban rail transit

JGJ/T 170-2009
J 855-2009

批准部门：中华人民共和国住房和城乡建设部
施行日期：2 0 0 9 年 7 月 1 日

中华人民共和国住房和城乡建设部
公　　告

第241号

关于发布行业标准《城市轨道交通引起建筑物振动与二次辐射噪声限值及其测量方法标准》的公告

现批准《城市轨道交通引起建筑物振动与二次辐射噪声限值及其测量方法标准》为行业标准，编号为JGJ/T 170-2009，自2009年7月1日起实施。

本标准由我部标准定额研究所组织中国建筑工业出版社出版发行。

中华人民共和国住房和城乡建设部
2009年3月15日

前　言

根据原建设部《关于印发〈2006年工程建设标准规范制订、修订计划（第一批）〉的通知》（建标［2006］77号）要求，标准编制组经广泛调查研究，认真总结实践经验，参考和借鉴有关国际标准和国内相关标准，并在广泛征求意见的基础上，制定了本标准。

本标准的主要技术内容是：1　总则；2　术语和符号；3　基本规定；4　限值；5　振动测量方法；6　二次辐射噪声测量方法；7　测量报告编写要求。

本标准由住房和城乡建设部负责管理，由深圳市地铁有限公司负责具体技术内容的解释　（地址：深圳市福田区福中一路1016号；邮政编码：518042）。

本标准主编单位： 建设部科技发展促进中心
深圳市地铁有限公司

本标准参编单位： 深圳地铁三号线投资有限公司
中铁二院工程集团有限责任公司
上海市隧道工程轨道交通设计研究院
上海申通轨道交通研究咨询有限公司
广州市地下铁道设计研究院

本标准主要起草人员： 吴永芳　何宗华　刘加华　刘卡丁　徐志胜　周国甫　钟晓鹰　李兰清　邓秀娟
申伟强　宋　键　史海鸥　万今仪

目　次

1　总　　则

1.0.1　为规范城市轨道交通列车运行引起沿线建筑物振动与室内二次辐射噪声的限值及其测量方法，制定本标准。

1.0.2　本标准适用于城市轨道交通列车运行引起沿线建筑物振动与室内二次辐射噪声的控制和测量；振动的频率范围为4～200Hz，二次辐射噪声的频率范围为16～200Hz。

1.0.3　城市轨道交通列车运行引起沿线建筑物振动与室内二次辐射噪声限值及其测量方法，除应执行本标准外，尚应符合国家现行有关标准的规定。

2　术语和符号

2.1　术　语

2.1.1　建筑物振动　ground-borne vibration，struc-

五、设计、施工及验收标准

ture vibration in buildings

运行列车引起沿线固体介质的往复运动而导致地面、建筑物基础或结构的振动，这种由轨道路基扩散的振动在岩土体中以压缩波（pressure wave）和剪切波（shear wave）或地表面瑞利波（rayleigh wave）的形式激励建筑物基础。

2.1.2 二次辐射噪声 secondary noise，secondary air-borne noise in buildings

被激励产生振动的建筑构件，其固体表面振动向周围空气介质辐射的声压波，亦称固体噪声，二次辐射噪声的评价指标为等效A声压级。

2.1.3 室内背景噪声 background noise in door

门窗密闭的室内空间，当无列车经过或不受被测振源（轨道交通）影响，以及没有其他明显振动源或噪声源的室内噪声。

2.1.4 敏感点 sensitive point

某区域内对环境振动噪声控制要求较高的单体建筑物以及对振动或噪声控制要求特别高的特殊建筑物。

2.1.5 敏感区 sensitive area

对环境振动噪声控制要求较高的区域。

2.2 符　号

2.2.1 L_{Aeq}——等效A声压级。

2.2.2 VL_{max}——分频最大振级。

3 基本规定

3.0.1 城市轨道交通沿线建筑物，根据其功能应按表3.0.1进行区域分类。

表3.0.1 振动噪声影响区域分类

区域分类	适用范围
0类	特殊住宅区
1类	居住、文教区
2类	居住、商业混合区，商业中心区
3类	工业集中区
4类	交通干线两侧

3.0.2 地下轨道线路下穿建筑物的地段，应按振动噪声敏感点或敏感区对待，并应采取必要的工程预防或治理措施。

3.0.3 按本标准要求测量的数据应与本标准规定的限值进行比较，评判城市轨道交通沿线建筑物振动和二次辐射噪声的达标情况。

3.0.4 城市轨道交通引起沿线建筑物室内二次辐射噪声超标的地段，必须采取特殊的减振降噪措施，确保沿线建筑物在其使用年限内始终满足本标准的限值要求。

4 限　值

4.0.1 城市轨道交通沿线建筑物室内振动限值应符合表4.0.1的规定。

表4.0.1 建筑物室内振动限值（dB）

区　域	昼　间	夜　间
0类	65	62
1类	65	62
2类	70	67
3类	75	72
4类	75	72

注：昼夜时间划分：昼间：06：00～22：00；夜间：22：00～06：00；昼夜时间适用范围在当地另有规定时，可按当地人民政府的规定来划分。

4.0.2 与建筑物室内振动限值对应的测点宜布置在建筑物一楼的室内，也可布置在建筑物的基础距外墙0.5m范围内。

4.0.3 城市轨道交通沿线建筑物室内二次辐射噪声限值应符合表4.0.3的规定。

表4.0.3 建筑物室内二次辐射噪声限值［dB（A）］

区　域	昼　间	夜　间
0类	38	35
1类	38	35
2类	41	38
3类	45	42
4类	45	42

注：昼夜时间划分：昼间：06：00～22：00；夜间：22：00～06：00；昼夜时间适用范围在当地另有规定时，可按当地人民政府的规定来划分。

4.0.4 与建筑物室内二次辐射噪声限值对应的测点应布置在室内，并应密闭门窗。

5 振动测量方法

5.1 一般规定

5.1.1 振动测量仪器和数据处理方法应满足4～200Hz频率范围的振动测量，并应符合现行国家标准《城市区域环境振动测量方法》GB/T 10071和《倍频程和分数倍频程滤波器》GB/T 3241有关条款的规定。

5.1.2 测量仪器应经国家认可的计量部门检定合格，并应在检定有效期内使用。

5.1.3 测量的铅垂向振动加速度应按表 5.1.3 规定的1/3倍频程中心频率的 Z 计权因子进行数据处理，按计权因子修正后得到各中心频率的振动加速度级（振级），而采用的评价量应为 1/3 倍频程中心频率上的最大振动加速度级（简称分频最大振级，记为 VL_{max}）。

表 5.1.3 加速度在 1/3 倍频程中心频率的 Z 计权因子

1/3 倍频程中心频率（Hz）	4	5	6.3	8	10
计权因子（dB）	0	0	0	0	0
1/3 倍频程中心频率（Hz）	12.5	16	20	25	31.5
计权因子（dB）	−1	−2	−4	−6	−8
1/3 倍频程中心频率（Hz）	40	50	63	80	100
计权因子（dB）	−10	−12	−14	−17	−21
1/3 倍频程中心频率（Hz）	125		160		200
计权因子（dB）	−25		−30		−36

5.2 测 量 要 求

5.2.1 测量环境的气候条件应符合现行国家标准《城市区域环境振动测量方法》GB/T 10071 对环境温度、湿度和风速的要求。

5.2.2 测点位置及拾振器安装应符合下列规定：

1 在敏感点或敏感区布设测点时，应设在建筑物一楼室内；当室内布设条件不允许时，可设在建筑物的基础距外墙 0.5m 范围内的振动敏感处；

2 在室内测量时，至少应布置 3 个测点；当需要在建筑物室外测量时，在建筑物靠近轨道一侧的基础上至少应布设 1 个测点；

3 测量铅垂向振动的拾振器应牢固安装在平坦、坚实的地面上，不应置于地毯、草地、沙地或雪地等松软的地面上，拾振器的灵敏度主轴方向应为铅垂向。

5.2.3 每个测点在同时进行测量的持续时间内应有不少于上下行各 5 列车按该区段设计的最高速度或实际的运营速度通过，测量应分昼间和夜间进行。

5.2.4 在测量期间，当轨道交通之外的其他振源对振动测量结果产生干扰时，本次测量应视为无效。

5.3 测量数据记录及处理

5.3.1 应记录每次列车在正常运营条件下振动测点的 VL_{max} 值，评价量应取测点各次 VL_{max} 的算术平均值。

5.3.2 当布设多个测点时，应取各个测点评价量的平均值作为评价依据。

5.3.3 测量数据应按本标准附录 A 的规定记录测点的 VL_{max} 值，同时应记录时间、列车编组和测点与列车行驶轨道之间的几何距离关系图。

6 二次辐射噪声测量方法

6.1 一 般 规 定

6.1.1 噪声测量应采用精密等级不低于 1 级的积分式声级计或其他相当的声学仪器，并应满足 16～200Hz 噪声测量的要求，其性能应符合国家现行相关标准的规定。

6.1.2 测量仪器应经国家认可的计量部门检定合格，并应在检定有效限期内使用。

6.1.3 应采用等效连续 A 声压级，作为轨道交通沿线建筑物室内二次辐射噪声测量的量。

6.2 测 量 要 求

6.2.1 针对昼间和夜间应分别在各测点测量等效 A 声压级及室内背景噪声。

6.2.2 测点布设应符合下列规定：

1 每个敏感点所设的测点不应少于 1 个；

2 多个测点的布设，应根据建筑物的楼层、房间平面分布以及受城市轨道交通的影响程度确定；

3 敏感区的测点布设应选择邻近线路的建筑物或受轨道交通影响较大的建筑物。

6.2.3 同一建筑物内的各个测点应在规定时间内同步测量。

6.2.4 在背景噪声和二次辐射噪声的测量过程中，测点所在房间的门窗应密闭。

6.2.5 在测点受到外界其他噪声源的偶然干扰时，应在测量记录中说明干扰的声级、类型和持续时间。

6.2.6 传声器布设应符合下列规定：

1 各测点的传声器应安装在距地面 1.2m 的高度，距墙壁的水平距离应在 1.0m 以上；

2 测点周围 1.0m 之内不应有声反射物；

3 测量时，传声器应朝向房间中央。

6.2.7 测量时间应符合下列规定：

1 在昼间和夜间，应各选一段时间进行测量，测量时段不应小于 1h；

2 昼间测量时，应选择行车高峰时段；夜间测量时间内通过的列车不应少于 5 列；

3 在行车密度较低的线路，可分段测量列车通过时的声级。

6.2.8 仪器动态时间响应特性应采用快挡（Fast），采样间隔不应大于 1s，测量时间应符合本标准第 6.2.7 条的规定。

6.2.9 仪器的动态范围应满足测点噪声波动的要求，测量时应选择与二次辐射噪声幅值相应的动态范围。

6.2.10 测量前后应校准仪器，灵敏度相差不得大于0.5dB（A），否则测量结果应视为无效。

6.2.11 测量应有记录，并应符合本标准附录A的规定。

6.3 测量数据记录及处理

6.3.1 测量轨道交通沿线建筑物室内的二次辐射噪声，应分别计算昼间和夜间的等效A声压级。在测量时段内，昼间和夜间的等效A声压级应按下式计算：

$$L_{Aeq}=10\lg\frac{1}{n}\sum_{i=1}^{n}10^{0.1L_{AE,i}} \quad (6.3.1)$$

式中 L_{Aeq}——昼间或夜间的等效A声压级，单位为dB（A）；

n——昼间或夜间通过的列车数量；

$L_{AE,i}$——昼间或夜间第i列列车通过时测点的二次辐射噪声A声压级。

6.3.2 二次辐射噪声测量值应大于室内背景噪声3dB（A）以上，并应按表6.3.2对二次辐射噪声测量值进行修正。

表6.3.2 二次辐射噪声修正值［dB（A）］

差值	3	4～5	6～9
修正值	−3	−2	−1

7 测量报告编写要求

7.0.1 城市轨道交通引起的沿线建筑物振动和二次辐射噪声测量应编写测量报告。

7.0.2 测量报告应包括下列内容：

1 城市轨道交通工程概况，应包括沿线建筑物特征与现状，轨道交通环境影响评估文件的结论和要求，设计与建造时采取的减振降噪措施，以及其他需要说明的情况。

2 轨道沿线敏感点或敏感区建筑物进行振动和噪声测量的方案和结果：

1）采用的测量仪器（名称、型号、精度等级、检定日期）和测点位置、环境的描述；

2）建筑物与轨道线路之间的位置关系、测点布置；

3）测量数据或图表；

4）振动和二次辐射噪声限值；

5）测量数据分析与结论。

3 测量单位、人员和日期。

附录A 测量记录

A.0.1 城市轨道交通沿线建筑物振动测量应按表A.0.1进行记录。

表A.0.1 城市轨道交通沿线建筑物振动测量记录表

编号：

测量地点			测量日期		
测量仪器			测量人员		
线路条件			地质情况		
建筑物类型			车辆类型及编组		
列车运行速度			备注		
测点与线路的位置关系图示或描述					
数据记录					
序号	时间	编组	近/远轨	VL_{max}（dB）	备注
1					
2					
3					
4					
5					
6					
7					
8					
9					
10					
处理结果					

测量记录员：

A.0.2 城市轨道交通沿线建筑物室内二次辐射噪声测量应按表A.0.2进行记录。

表 A.0.2　城市轨道交通沿线建筑物室内二次辐射噪声测量记录表　　　　编号：

测点位置		测量日期		测量时段		气象状况	
仪器名称型号		仪器编号		仪器精度等级		仪器检定日期	
钢轨类型		扣件类型		轨枕类型		道床类型	
线路半径		线路轨顶埋深		距线路中心线距离		隧道结构形式	
建筑物类型描述							
测量序号	上下行	列车运行引起室内噪声测量 dB (A)			非轨道交通噪声干扰状况		
测量时段内等效声压级 dB (A)							
背景噪声声压级 dB (A)							
测点简图							
备注							

测量记录员：

五、设计、施工及验收标准

中华人民共和国行业标准

城市轨道交通引起建筑物振动与二次辐射噪声限值及其测量方法标准

JGJ/T 170－2009

条 文 说 明

前　　言

《城市轨道交通引起建筑物振动与二次辐射噪声限值及其测量方法标准》JGJ/T 170－2009，经住房和城乡建设部2009年3月15日以第241号公告批准发布。

为便于广大设计、施工、科研、学校等单位的有关人员在使用本标准时能正确理解和执行条文规定，《城市轨道交通引起建筑物振动与二次辐射噪声限值和测量方法标准》编制组按章、节、条顺序编制了本标准的条文说明，供使用者参考。在使用中如发现本条文说明有不妥之处，请将意见函寄深圳市地铁有限公司（地址：深圳市福田区福中一路1016号；邮政编码：518042）。

1　总　　则

1.0.1　大运量、快捷、舒适的城市轨道交通是解决城市公共交通问题的根本出路。本标准制订的目的是为了规范城市轨道交通项目建设或运营过程对沿线建筑物振动和室内二次辐射噪声评价和测量的要求。

1.0.2　现行国家标准《城市区域环境振动标准》GB 10070－88与《声环境质量标准》GB 3096－2008规定了各种振源或噪声源的城市区域环境振动或噪声限值标准及其测量方法，适用范围广泛。就上述标准中城市交通干线或铁路主次干线而言，城市轨道交通线路是一种既不同于城市交通干线又不同于国铁铁路干线的交通网，城市交通干线一般是指公共道路，而国铁的干线铁路由于线路分布的区域（绝大部分不在城市区域），其列车、轨道和运营条件与城市轨道交通也有很大区别，因此轨道沿线环境振动噪声评估条件和标准应有所不同。例如，评价铁路干线两侧的环境振动或噪声水平时界定区域是外侧轨道中心线30m（即所谓的铁路边界）以外，这对于城市轨道交通线路而言，全线达到铁路边界的地域要求是不现实的。《铁路边界噪声限值及其测量方法》GB 12525－90规定了城市铁路边界噪声限值为70dB（A），但对于铁路边界以内区域的环境噪声没有规定。

本标准规定的建筑物室内二次辐射噪声不是由建筑物内的振源或噪声源直接产生，而是从建筑物的外部通过建筑基础传入振动激励的结果。建筑结构表面固体的振动以空气为介质传播而产生二次辐射噪声，亦称固体噪声。由于振动在岩土介质传递的衰减和建筑物基础的作用，较高频率的振动成分被过滤，因此，二次辐射噪声是一种低频噪声。

根据轨道运输轮轨系统的特点，轮轨间移动荷载由静轴重和动荷载组成，车轮移动荷载对轨道的作用大小与车辆、轨道和运营条件（车况、路况和运行速度等）有关。从轨道路基（碎石道床）或整体道床向周围扩散的振动，除了振幅较大的低频之外，在50～100Hz的频率范围还会出现重要的峰值。考虑轨道沿线岩土介质的振动传递特性，本标准规定的振动频率范围为4～200Hz，考虑人耳听到声音的最低频率和建筑结构固有频率，而将二次辐射噪声频率界定在16～200Hz。

1.0.3 本标准与现行国家标准协调一致，并互为补充。《住宅建筑室内振动限值及其测量方法标准》GB/T 50355－2005针对住宅建筑（含商住楼）规定的振动源在建筑物内部，换算为单一指标的铅垂向Z振级为80dB（夜间，住宅建筑室内1级振动限值），但如果考虑住宅建筑内部振源单一窄带型的频谱特征，其分频振动限值为67dB。《住宅设计规范》GB 50096－1999规定住宅卧室、起居室（厅）内的噪声限值昼间为50dB（A），夜间为40dB（A）。

2 术语和符号

2.1 术 语

2.1.1 测点铅垂向的振动加速度，其分频振级在4～200Hz范围内以1/3倍频程中心频率的振动加速度级表示，在各中心频率上采用ISO 2631/1－1997（E）规定的全身振动不同频率计权因子修正后得到振动加速度级（振级），记为VL，单位dB。

2.1.3 门窗紧闭的室内空间，当远离被测振源（轨道交通）影响以及没有其他明显振动源或噪声源使室内声压增高的环境噪声称背景噪声。

2.2 符 号

2.2.2 VL_{max}——分频最大振级，即为1/3倍频程中心频率上的最大振动加速度级。

3 基本规定

3.0.1 与城市区域环境噪声标准或振动标准适用的区域分类相同，本条遵循以人为本以及城市轨道交通线与区域环境协调匹配的原则将建筑区域分为五类。

——0类和1类：指疗养区、高级宾馆区、文教区及机关、事业单位集中的区域，即对环境振动噪声要求较高的公共区域，以及住宅为主的私家区域；

——2类：是居住、商业与工业混合区，规划商业区；

——3类和4类：是工业区或交通干线两侧区域。

对振动噪声要求很高的特殊建筑：音乐厅、电影电视演播厅、录音室或歌剧院等文化场所，包括古建筑等历史文物，以及建筑物内有振动敏感的仪器或设备，如光学或电子高倍显微镜、纳米技术研发或芯片生产中心、地震台站等对振动要求严格的区域应执行本标准中最高等级的限值标准。针对环境振动噪声要求更高的情况，需要在建筑物基础、结构或房间地板和墙面采取减振隔声措施，但这种情况不应属于城市轨道交通沿线建筑物影响评价和测量的内容。

3.0.2 如果建筑物位置临近轨道线路，应采取减振降噪措施以满足建筑物振动和室内二次辐射噪声限值标准。当地下线路下穿建筑物时，建筑物与轨道中心线之间的水平距离为零，振动在土质中传递的直线距离为隧道埋深。地下线隧道结构与建筑基础的间距、土质、隧道埋深以及运营条件等因素直接影响其地面建筑物振动及其室内二次辐射噪声水平。例如，隧道地质条件的影响，土质越软，列车振动由轨道道床经隧道向周边能够传递的距离越近；相反，当隧道周边为硬质岩石时列车运行引发振动的影响距离加大。

4 限 值

4.0.1 本标准的振动源是从建筑物下穿（地下）、中穿（高架站与建筑物一体）或侧边（地下、地面或高架）经过的城市轨道交通线路引起，评价的对象是轨道沿线的建筑物，测量点位于建筑物一楼室内或结构基础，测量值为铅垂向的振动加速度。

与国家现行的有关标准进行比较，《城市区域环境振动标准》GB 10070规定“铁路干线两侧”30m以外区域的振动限值80dB（昼夜相同），交通干线道路两侧的振动限值75dB（昼间）和72dB（夜间）。由此可见，本标准的振动限值与国家现行的有关标准是相互协调一致的。

由于人对振动容忍极限的变化范围较大，与人的姿势、方向、健康状况和感觉密切相关。据统计，振动强度小于65dB对居民睡眠的影响可以忽略；但如果振动强度超过70dB，对居民睡眠产生的影响就会较大。《城市区域环境振动标准》GB 10070通过大量振动测量结果的统计和居民主观反映相结合方法确定的振动限值是比较符合我国实际情况的。

4.0.2 与本标准振动限值对应的测点一般布置在建筑物一楼的室内，但由于室内环境或房主限制，测点不能布置在建筑物室内，此时可将测量传感器安装在建筑物结构的基础上。一般而言，距离轨道线路越远的地方，因列车运行引起的环境振动或噪声的影响越小，但由于振动波（压缩波、剪切波及地表面瑞利波）在岩土体中波峰波谷的作用，在地面测量时有可能出现不一致的现象，但不妨碍限值标准的应用，应采取多次测量值的平均值。

4.0.3 建筑物室内二次辐射噪声是一种低频噪声。如果测量的等效声级达到50dB（A），按现行的噪声限值标准则完全符合环境噪声要求，但在此环境下生活或工作的人是无法承受的。原因在于声级的A计权处理方法，在频率几十至几千赫兹的范围内加权处理可以得到一个与人听觉适应较好的综合声级，但对于噪声组成以低频（几百赫兹以下）为主的情况，经A计权处理的声级偏低，国内现行的噪声标准就不再适用。例如，1000Hz的声压级10dB经A线加权处理后仍为10dB（A），而100Hz的声压级10dB经A线加权处理后仅为1dB（A），为此本标准提出建筑物室内二次辐射噪声（低频噪声）的限值。与英国、美国、德国和日本等国家以及台湾地区的标准中有关低频噪声的大量试验和调查结果比较，表4.0.3的低频噪声限值是适中的，与现行国家标准《住宅设计规范》GB 50096－1999规定的夜间室内噪声限值40dB（A）也是相协调的。35dB（A）以下的室内二次辐射噪声对居民的睡眠没有影响，但如果室内二次辐射噪声水平达到45dB（A）以上，则对居民的睡眠影响或主观反应都会很大。

5 振动测量方法

5.1 一般规定

5.1.1 振动测量仪器系统应具备在4～200Hz频率范围测量1/3倍频程振动加速度级的功能。其1/3倍频程带通滤波器性能应符合《倍频程和分数倍频程滤波器》GB/T 3241－1998的规定；测量仪器系统应符合《城市区域环境振动测量方法》GB/T 10071及《Human response to vibration; measuring instrumentation》ISO 8041－1990有关测量仪器的规定。

5.1.3 人体敏感的振动是铅垂向的振动分量，《城市区域环境振动测量方法》GB/T 10071以铅垂向Z振级VL_z来评价环境振动对人体的影响，借鉴GB/T 10071关于铁路测量评价量的规定，读取每次列车通过过程中的最大示数（最大Z振级VL_{zmax}），本标准在4～200Hz频率范围内采用1/3倍频程中心频率上按不同频率计权因子修正后的最大振动加速度级作为评价量，简称分频最大振级，记为VL_{max}。表5.1.3加速度Z计权因子是铅垂向振动加速度在1/3倍频程中心频率上的修正系数，数值参照《Mechanical vibration and shock-evaluation of human exposure to whole-body vibration-Part 1: General requirements》ISO 2631/1－1997的规定。实际上，该修正系数还在进一步研究完善，国际标准组织也希望各国继续提供相关资料研究修正上述频率计权因子。

5.2 测量要求

5.2.1 振动测量环境的气候条件应满足室外测量对环境温度、湿度和风速的要求。

5.2.3 在建筑物振动测量时列车按测量所在区段设计的最高速度或该区段实际的运营速度运行。如果预测列车运行速度对沿线建筑物振动的影响较大，则应延长测量时间，其测量结果应反映列车运行速度的影响，以同一运行速度（±3km/h）通过的列车数量不应少于5列。

5.2.4 测点的安排应尽量避免轨道交通之外的其他振源对振动测量结果的干扰。

5.3 测量数据记录及处理

5.3.1 城市轨道交通列车通过测点的时间一般为5～10s，实践证明，针对地面线或高架线的测量，采样时间0.2～1.0s获得的测量结果是可以接受的。每次列车通过时记录分频最大振级VL_{max}作为该次列车通过时的测量值，以每次列车通过时该测点VL_{max}的算术平均值为该测点的振动评价量。

5.3.2 布设多个测点时，由于振动波和测点位置的影响，不同测点的测量值会有差别，在排除非轨道交通影响因素之后，各振动测点的算术平均值为振动评价量，并与振动限值进行比较。

6 二次辐射噪声测量方法

6.2 测量要求

6.2.7 在建筑物室内进行二次辐射噪声测量时，列车按测量所在区段设计的最高速度或该区段实际的运营速度运行，测量时间不应小于1h且至少通过5列车。如果预测列车运行速度对沿线建筑物室内二次辐射噪声水平影响较大，则应延长测量时间，其测量结果应反映列车运行速度的影响，以同一运行速度（±3km/h）通过的列车数量不应少于5列。

6.2.9 测量时间内记录列车途经建筑物附近引起室内二次辐射噪声变化的整个过程。

6.3 测量数据记录及处理

6.3.2 在排除其他噪声源的情况下，测量值与室内背景噪声的声级差小于3dB（A），测量无效。此时，如果室内背景噪声小于限值，则可以认为途经的列车对沿线建筑物室内噪声没有影响；否则应分析室内背景噪声超标的原因。

7 测量报告编写要求

7.0.1 城市轨道交通项目从立项开始就已经着手沿

线环境影响评估，并要求超标地段采取减振降噪的工程措施。特别应针对城市轨道交通引起沿线建筑物振动与二次辐射噪声进行测量评价。

城市轨道交通引起沿线建筑物振动和噪声的源头是运行的列车，由其引发的振动和噪声通过周围介质传递，特别是轮轨作用力经过路基向沿线环境扩散引起建筑物的振动和室内二次辐射噪声问题。沿线砖混、框架或框剪结构的建筑物，其振动响应特性各不相同，且振动传递受岩土介质性能的影响，例如在软土基础上修建的多层建筑物容易被振动激发而发生晃动。通过测量轨道沿线建筑物的振动和二次辐射噪声，并据此编写测量报告，从而使城市轨道交通对沿线建筑物振动和噪声的影响评估更专业、更规范、更科学。

无论是城市轨道交通项目竣工的环境验收，还是工程减振降噪措施效果的检验，都应按本标准的要求测量建筑物振动及其室内二次辐射噪声，并按本节要求编写测量报告。

声学中按频率划分为中高频噪声和低频噪声(500Hz 以下)，本标准涉及的固体噪声呈现低频特征，其治理的难度较大，而且线路一旦投入运营，其改造的难度更大。轨旁环境噪声与本标准中室内二次辐射噪声的频率组成不同，前者直接由车轮在钢轨上滚动时金属构件的高频振动辐射和轮轨摩擦等产生；后者是振动经固体介质衰减或放大后由建筑构件表面向空中辐射产生的低频噪声。

轨道振动传播引起沿线建筑物振动和室内二次辐射噪声，其振动强度与噪声水平之间密切相关，轨道减振降噪措施的主要作用在于减少振动从轨道结构向沿线环境扩散。为了减少轨道沿线复杂的环境因素对减振降噪效果评价的影响，应在邻近减振降噪措施的地点进行振动测量，据此可以直观地评价轨道减振降噪的效果。例如，在圆形的盾构隧道内，其埋深、周围地质条件和线路情况相似，列车匀速经过两个在隧道壁上高度相同而里程不同的测点，其中一个测点对应的地段采用普通轨道结构，另一个测点的轨道采用减振降噪措施（减振器扣件、弹性轨枕或浮置板道床）。两个测点铅垂向振动加速度级的差值就是轨道减振降噪在该地段取得的效果。在轨道沿线敏感点或敏感区布设的测点，根据测量结果评价城市轨道交通投入运营前后沿线建筑物振动或噪声的变化。

中华人民共和国国家标准

地铁运营安全评价标准

Standard for the operation safety assessment of existing metro

GB/T 50438 - 2007

主编部门：中华人民共和国建设部
批准部门：中华人民共和国建设部
施行日期：2 0 0 8 年 5 月 1 日

中华人民共和国建设部
公　　告

第 743 号

建设部关于发布国家标准《地铁运营安全评价标准》的公告

现批准《地铁运营安全评价标准》为国家标准，编号为 GB/T 50438 - 2007，自 2008 年 5 月 1 日起实施。本标准由建设部标准定额研究所组织中国建筑工业出版社出版发行。

中华人民共和国建设部
2007 年 10 月 25 日

前　言

本标准是根据“关于印发《二〇〇五年工程建设国家标准制订、修订计划》的通知”（建标［2005］85号）的要求，由北京市地铁运营有限公司会同相关单位共同编制。

在编制过程中，编制组经广泛调查研究，认真总结实践经验，参考有关国际标准和国外先进标准，并在广泛征求意见的基础上，通过反复讨论、修改和完善，最后经审查定稿。

本标准主要内容包括：1. 安全评价的一般要求和程序；2. 基础安全评价（其中包括：安全管理评价，运营组织与管理评价，设备设施评价和外界环境评价）；3. 事故风险水平评价。

本标准由建设部负责管理，由北京市地铁运营有限公司负责具体技术内容的解释。在执行过程中，请各单位结合实践，认真总结经验，如发现需要修改或补充之处，请将意见和建议寄北京市地铁运营有限公司（地址：北京市西直门外北河沿2号，邮政编码：100044），以供修订时参考。

本标准主编单位、参编单位和主要起草人：

主编单位：北京市地铁运营有限公司

参编单位：北京市劳动保护科学研究所
天津市地下铁道总公司
上海地铁运营有限公司
中国安全生产科学研究院
广州市地下铁道总公司

主要起草人员：蒋玉琨　王　娟　李广俊　汪　彤　王淑敏　陈光华　钟茂华　万宇辉　于和平　谢　谦　代宝乾　赵　凯　郑　雍　陆志雄　何　理　陈晓东

目　次

五、设计、施工及验收标准

1　总　　则

1.0.1　为贯彻“安全第一，预防为主”的方针，加强对地铁系统安全运营的监督管理，科学地评价地铁系统安全运营的条件和能力以及安全运营的业绩，实现地铁系统运营安全现状评价工作的规范化和制度化，促进地铁系统安全运营管理水平的提高，制定本标准。

1.0.2　本标准适用于采用钢轮钢轨系统、线路全封闭、正式投入运营满一年及以上的地铁系统运营安全现状的评价。

1.0.3　对地铁系统进行安全现状评价时，除应执行本标准的规定外，尚应符合国家现行有关标准的规定。

2　术　　语

2.0.1　地铁　metro; underground railway; subway

在城市中修建的快速、大运量、大众化、用电力牵引、线路全封闭的轨道交通。线路通常设在地下隧道内、地面和高架桥上。

2.0.2 车组　set of cars

编成固定基本行车单元、可在轨道上独立运行的车辆组合体。

2.0.3 安全　safety

没有不可接受的有害风险。

2.0.4 不可接受风险　unacceptable risk

除特殊情况外，无论如何不能被接受的风险。

2.0.5 可接受风险　acceptable risk

只有减小风险的耗资超过所获得的改进时，风险才是允许的。

2.0.6 可忽略风险　negligible risk

无需再采取改进措施的、可以被接受的风险。

3 基本规定

3.1 评价对象

3.1.1 本标准以相对独立的一条地铁运营线路为评价对象，地铁运营企业拥有多条线路的经营权时，应分别进行评价。

3.2 评价体系

3.2.1 地铁运营安全评价体系包括基础安全评价和事故风险水平评价。其中基础安全评价内容包括：安全管理评价，运营组织与管理评价，车辆系统评价，供电系统评价，消防系统与管理评价，线路及轨道系统评价，机电设备评价，通信设备评价，信号设备评价，环境与设备监控系统评价，自动售检票系统评价，车辆段与综合基地评价，土建评价，外界环境评价。

3.3 评价程序

3.3.1 评价组织由总体评价组和按评价单元划分的各专业评价小组组成，总体评价组组长对整个评价工作和评价结果总负责，各专业评价小组组长对本评价单元的评价负责。评价成员应由从事地铁安全管理的人员、从事地铁专业技术并具有高级职称的技术人员和具有安全评价资格的安全评价人员共同组成。

3.3.2 前期准备应符合下列要求：

1 制定评价方案。评价方案中应包括以下内容：

1）确定本次评价对象和范围；

2）根据评价对象的特点，确定本次评价工作的重点。

2 制定评价进度计划。

3 制定地铁运营企业需要提供的图纸、文件、资料、档案、数据目录。

3.3.3 定性、定量评价应符合下列要求：

1 评价小组应根据本标准第 4～17 章中的要求，确定相应的评价项目及其分值。

2 在调查了解各评价单元中的项目的类型、数量和运营状况的基础上，确定现场抽查样本选取数量。抽样数量不得小于公式（3.3.3）的规定。

$$n = 0.6\sqrt{N} \tag{3.3.3}$$

式中 n——抽样数；

N——总抽样规模。

3 根据已确定的评价项目及其分值进行定性、定量评价。

4 计算各评价单元的得分。

3.3.4 计算风险水平应符合下列要求：

1 根据本标准第 18 章的规定进行基础安全评价总分计算和风险水平划分；

2 根据本标准第 19 章的规定进行事故水平评价总分计算和风险水平划分。

3.3.5 根据各评价单元的评价结果和风险水平，对存在不可接受风险的项目提出整改意见和建议。

3.3.6 编制地铁运营安全评价报告应符合下列要求：

1 评价报告应内容全面、条理清楚、数据完整、提出建议可行、评价结论客观公正。

2 评价报告的主要内容应包括：

1）评价企业的基本情况、评价范围和评价重点；

2）基础安全和事故水平评价结果及风险水平；

3）整改意见和建议。

3 地铁运营安全评价报告宜采用纸质载体，辅助采用电子载体。

3.4 评分方法

3.4.1 各评价项目满分分值为 100 分。各评价项目的实得分应为相应评价分项实得分之和。

3.4.2 各评价分项的实得分不应采用负值，扣减分数总和不得超过该评价分项应得分值。

3.4.3 各评价分项评分应符合下列要求：

1 评价内容符合要求时，得满分。

2 评价内容部分符合要求或评价内容不符合要求，但有补救措施时，酌情扣分。

3 评价内容不符合要求时，不得分。

3.4.4 评价项目有缺项的，其缺项评价项目的实得分应按公式（3.4.4）换算。

$$\text{缺项评价项目的实得分} = \frac{\text{可评项目的实得分之和}}{\text{可评项目的应得分之和}} \times 100 \tag{3.4.4}$$

4 安全管理评价

4.1 一般规定

4.1.1 安全管理评价包括安全管理机构与人员、安

五、设计、施工及验收标准

全生产责任制、安全管理目标、安全生产投入、事故应急救援体系、安全培训教育、安全信息交流、安全生产宣传、事故隐患管理、安全作业规程、安全检查制度等11个评价项目，满分为100分。

4.1.2 安全管理评价可按附录A的格式确定评价内容及其分值，制定评价表。

4.2 安全管理机构与人员

4.2.1 安全管理机构与人员评价包括安全管理机构、安全管理专职和兼职人员、安全管理人员资质3个分项。

4.2.2 安全管理机构评价应符合下列要求：

1 评价标准

应设有专门的安全生产管理机构。

2 评价方法

查阅运营组织机构文件。

4.2.3 安全管理专职和兼职人员评价应符合下列要求：

1 评价标准

公司及部门应设有专职和兼职的安全管理人员。

2 评价方法

1）查阅安全管理机构的人员编制及安全管理机构档案。

2）现场检查。

4.2.4 安全管理人员的资格评价应符合下列要求：

1 评价标准

1）应建立严格的资格准入标准。

2）安全管理人员应通过上岗前考核合格且最新考核应在有效期内。

2 评价方法

1）查阅资格准入标准文件。

2）检查安全管理人员的考核记录。

4.3 安全生产责任制

4.3.1 安全生产责任制评价包括主要负责人、安全管理人员、安全生产责任制档案管理3个分项。

4.3.2 主要负责人评价应符合下列要求：

1 评价标准

1）主要负责人应签订安全生产责任制。

2）安全生产责任制应切实落实。

2 评价方法

查阅运营管理部门的主要负责人的安全生产责任制档案文件。

4.3.3 安全管理人员评价应符合下列要求：

1 评价标准

1）部门负责人应签订安全生产责任制并切实落实。

2）一般安全管理人员应签订安全生产责任制并切实落实。

3）其他从业人员应签订安全生产责任制并切实落实。

2 评价方法

查阅各部门安全管理人员和其他从业人员的安全生产责任制档案。

4.3.4 安全生产责任制责任档案管理评价应符合下列要求：

1 评价标准

应建立健全的安全生产责任制的档案。

2 评价方法

查阅安全生产责任制责任档案。

4.4 安全管理目标

4.4.1 安全管理目标评价包括安全生产控制指标、各级安全生产目标、目标实现所需要的资源3个分项。

4.4.2 安全生产控制指标评价应符合下列要求：

1 评价标准

1）应制定安全生产控制指标。

2）应建立安全生产控制指标档案。

2 评价方法

查阅安全生产控制指标档案。

4.4.3 各级安全生产目标评价应符合下列要求：

1 评价标准

1）应建立各级安全生产目标。

2）针对未能实现的安全生产目标应制定补救措施。

3）应配置实现安全生产目标所需要的资源。

2 评价方法

1）查阅各级安全生产目标档案。

2）现场检查为实现安全生产目标所配置的设备、设施。

4.5 安全生产投入

4.5.1 安全生产投入评价包括安全投入保障制度、安全投入落实、安全奖惩制度3个选项。

4.5.2 安全投入保障制度评价应符合下列要求：

1 评价标准

1）应投入具备安全生产条件所必需的资金。

2）决策机构、主要负责人或者个人经营的投资人应保证安全生产条件所必需的资金投入，并应对由于安全生产所必需的资金投入不足导致的后果承担责任。

2 评价方法

查阅本单位财务提供的安全投入、安全培训等的资金投入证明，财务安全资金投入账。

4.5.3 安全投入落实评价应符合下列要求：

1 评价标准

1）应每年投入相当数量的安全专项资金。

2）应安排用于配备劳动防护用品及进行安全生产培训的经费。

3）应依法参加工伤社会保险。

2 评价方法

查阅本单位财务提供的安全投入、工伤保险、劳保用品、安全培训等的资金投入证明、财务安全资金投入账。

4.5.4 安全奖惩制度评价应符合下列要求：

1 评价标准

1）应建立安全考核和奖惩制度。

2）安全考核和奖惩制度应切实落实。

2 评价方法

查阅本单位财务提供的奖惩资金账。

4.6 事故应急救援体系

4.6.1 事故应急救援体系评价包括预案制定情况、应急救援组织机构、应急救援设备和应急救援人员配备情况及救援设备的维护体系、事故应急培训与应急救援演练、预案管理情况、当年紧急事故处置评价6个分项。

4.6.2 预案制定情况评价应符合下列要求：

1 评价标准

1）应针对轨道交通运营线路发生火灾、列车脱轨、列车冲突、大面积停电、爆炸、自然灾害以及因设备故障、客流冲击、恐怖袭击等其他异常原因造成影响运营的非正常情况制定相应的应急救援预案。

2）在国家或地方发生突发公共事件时，应制定相应的应急预案。

2 评价方法

查阅对应各种非正常情况的应急救援预案。

4.6.3 应急救援组织机构评价应符合下列要求：

1 评价标准

1）应建立事故应急救援组织机构。

2）应急指挥系统应明确总公司和分公司的应急指挥系统的构成及其相关信息。

3）应明确应急救援专家委员会的构成，确定应急救援专家委员会的负责人和组成人员。

2 评价方法

查阅事故应急救援组织机构档案。

4.6.4 应急救援设备和应急救援人员配备情况及救援设备的维护体系评价应符合下列要求：

1 评价标准

1）各专业部门应根据自身应急救援业务需求，配备现场救援和抢险装备、器材，建立相应的维护、保养和调用等制度。

2）应按照统一标准格式建立救援和抢险装备信息数据库并及时更新，保障应急指挥调度使用的准确性。

3）应建立应急救援队伍。

4）应急救援人员应掌握应急救援预案。

2 评价方法

1）查阅应急救援设备和应急救援人员配备相关档案。

2）现场检查。

4.6.5 事故应急培训与应急救援演练评价应符合下列要求：

1 评价标准

1）应定期针对不同事故进行应急救援演练。

2）对演练中发现的问题应及时整改。

3）应有完整的应急救援演练记录。

4）应对应急救援人员进行定期培训。

2 评价方法

查阅应急救援演练和培训记录。

4.6.6 预案管理情况评价应符合下列要求：

1 评价标准

1）应依据我国有关应急的法律、法规和相关政策文件，地铁运营单位向市轨道指挥办公室（或类似职能部门）申请，经政府组织有关部门、专家对市轨道交通运营突发事件应急预案进行评审工作，并报市政府。

2）地铁运营单位应向市轨道指挥办公室（或类似职能部门）申请，定期组织有关单位修订轨道交通运营突发事件应急预案，并上报市政府备案。

2 评价方法

查阅预案管理档案。

4.6.7 当年紧急事故处置评价应符合下列要求：

1 评价标准

1）发生紧急事故时，是否启动应急救援预案。

2）发生紧急事故后，是否对事故处置进行总结，是否对应急救援预案提出必要的整改意见。

2 评价方法

查阅当年紧急事故处置记录及档案。

4.7 安全培训教育

4.7.1 安全培训教育评价包括安全培训教育制度、特种作业人员安全培训、临时工安全培训、租赁承包人员安全培训4个分项。

4.7.2 安全培训教育制度评价应符合下列要求：

1 评价标准

1）应建立各级领导定期安全培训教育制度并切实落实。

2）应建立全体员工定期安全培训教育制度并切实落实。

3）应建立新员工岗前三级教育制度并切实落实。

4）应建立转、复岗人员上岗前培训制度并切实落实。

5）应建立教育培训记录的档案。

2 评价方法

1）查阅教育培训档案。

2）现场检查。

4.7.3 特种作业人员安全培训评价应符合下列要求：

1 评价标准

1）特种作业人员应持证上岗并定期考核。

2）特种作业人员应进行继续培训。

2 评价方法

1）查阅特种人员培训档案。

2）现场检查。

4.7.4 临时工安全培训评价应符合下列要求：

1 评价标准

应建立临时工安全培训考核制度并切实落实。

2 评价方法

1）查阅临时工培训档案。

2）现场检查。

4.7.5 租赁承包人员安全培训应符合下列要求：

1 评价标准

应建立租赁承包人员安全培训考核制度并切实落实。

2 评价方法

1）查阅租赁承包人员培训档案。

2）现场检查。

4.8 安全信息交流

4.8.1 安全信息交流评价包括信息交流机构、乘客意见反馈、员工意见处理3个分项。

4.8.2 信息交流机构评价应符合下列要求：

1 评价标准

1）应建立安全信息交流的渠道。

2）安全信息交流效果情况。

2 评价方法

1）查阅信息交流相关资料。

2）现场检查。

4.8.3 乘客意见反馈评价应符合下列要求：

1 评价标准

1）应建立乘客意见反馈管理程序。

2）乘客反馈意见的处理情况。

2 评价方法

1）查阅乘客意见相关资料。

2）现场检查。

4.8.4 员工意见处理评价应符合下列要求：

1 评价标准

1）应建立员工安全意见反馈管理程序。

2）员工安全建议的处理情况。

2 评价方法

1）查阅员工意见相关资料。

2）现场检查。

4.9 事故隐患管理

4.9.1 事故隐患管理评价包括事故隐患清查、隐患治理、隐患监控、事故隐患档案管理4个分项。

4.9.2 事故隐患清查评价应符合下列要求：

1 评价标准

1）应分类建立事故隐患统计表。

2）应建立事故隐患报告制度。

2 评价方法

查阅事故隐患管理相关档案和记录。

4.9.3 事故隐患治理评价应符合下列要求：

1 评价标准

1）应对事故隐患及时提出整改措施。

2）应对事故隐患采取防护措施。

2 评价方法

查阅事故隐患整改和防护措施档案。

4.9.4 事故隐患监控评价应符合下列要求：

1 评价标准

应配备相应的事故隐患监控设备。

2 评价方法

1）查阅事故隐患监控设备管理档案。

2）现场检查。

4.9.5 事故隐患档案管理评价应符合下列要求：

1 评价标准

1）应建立事故隐患监控及整改的档案管理制度。

2）应建立完整的事故隐患监控及整改的档案。

2 评价方法

查阅事故隐患管理相关档案和记录。

4.10 安全作业规程

4.10.1 安全作业规程评价包括安全作业规程1个分项。

4.10.2 安全作业规程评价应符合下列要求：

1 评价标准

1）制定各专业各工种安全作业规程。

2）安全作业规程落实情况。

2 评价方法

查阅各专业各工种的安全操作规程。

4.11 安全检查制度

4.11.1 安全检查制度评价包括安全检查制度和复检制度、安全检查档案管理2个分项。

4.11.2 安全检查制度和复检制度评价应符合下列要求：

1 评价标准

1）应建立年度、季度、特殊时期、日常安全检查制度并切实落实。

2）应建立安全检查复检制度并切实落实。

3）安全检查出的问题应及时处理。

2 评价方法

1）查阅安全检查制度文件。

2）现场检查。

4.11.3 安全检查档案管理评价应符合下列要求：

1 评价标准

1）应建立安全检查档案管理制度。

2）安全检查档案应完整。

2 评价方法

查阅安全检查档案和记录。

5 运营组织与管理评价

5.1 一般规定

5.1.1 运营组织与管理评价包括系统负荷、调度指挥、列车运行、客运组织4个评价项目，满分为100分。

5.1.2 分别评价被评价地铁运营线路上每个车站的设施负荷。

5.1.3 运营组织与管理评价可按附录B的格式确定评价内容及其分值，制定评价表。

5.2 系统负荷

5.2.1 系统负荷评价包括线路负荷、车站设施负荷2个分项。

5.2.2 线路负荷评价应符合下列要求：

1 评价标准

1）线路负荷按照表5.2.2-1分为3类；

表5.2.2-1 线路负荷分类

类　别	1	2	3
乘客人次［万人/（d·km）］	＜1.5	1.5～2.5	＞2.5

2）行车密度按照表5.2.2-2分为3类；

表5.2.2-2 行车密度分类

类　别	1	2	3
最小行车间隔（min）	＞5	5～3.1	≤3

3）高峰小时断面车辆满载率按照表5.2.2-3分为4类。

表5.2.2-3 高峰小时断面车辆满载率分类

类　别	1	2	3	4
车辆满载率	＜80％	80％～100％	＞100％～超员	＞超员

2 评价方法

查阅客流量统计资料、车辆满载率统计资料、运行图。

5.2.3 车站设施负荷评价应符合下列要求：

1 评价标准

1）站台高峰小时集散量应不大于站台设计最大能力。

2）通道和楼梯每小时通过人数应不大于《地铁设计规范》GB 50157的有关规定。

3）车站可随时通过AFC系统控制乘客流量。

2 评价方法

1）查阅近期相关高峰小时统计资料或进行高峰小时客流调查。

2）现场检查。

5.3 调度指挥

5.3.1 调度指挥评价包括调度规章、指挥系统、调度人员培训、调度人员素质4个分项。

5.3.2 调度规章评价应符合下列要求：

1 评价标准

1）应具有相对独立、全面的行车组织规则或同等效力的规章文件。

2）调度规章中应包括对运营设备故障和事故模式下的行车组织措施。

3）调度规章中应包括对突发事件的应对措施，并且切实可行。

2 评价方法

查阅调度规章文件。

5.3.3 指挥系统评价应符合下列要求：

1 评价标准

1）指挥系统应具备中央控制和车站控制两种控制模式，并在任何情况下都有一种模式起主导作用。

2）指挥系统应有自动闭塞或移动闭塞瘫痪的情况下，采用电话闭塞的考虑和能力。

2 评价方法

查阅相关技术文件。

5.3.4 调度人员培训评价应符合下列要求：

1 评价标准

1）应建立调度人员培训制度。

2）培训内容应包括正常业务流程和应急预案救援指挥。

3）培训方式应包括授课、实战演练或模拟演练。

2 评价方法

查阅控制中心调度人员培训记录，相关模拟演练记录。

5.3.5 调度人员素质评价应符合下列要求：

1 评价标准

1）调度人员应经过专业、系统的地铁运营调度指挥培训并取得相应的资格证书。

2）调度人员应具备正常情况下，熟练指挥调度和行车工作的能力。

3）调度人员应具备在紧急或事故情况下，沉着冷静、快速制定应对方案和组织救援的能力。

2 评价方法

1）查验调度人员资格证书。

2）现场检查。

5.4 列车运行

5.4.1 列车运行评价包括列车运用规章、列车操作规程、驾驶员培训、驾驶员素质4个分项。

5.4.2 列车运用规章评价应符合下列要求：

1 评价标准

1）应制定明确、顺畅的列车日常运用规章。

2）应制定故障列车下线和救援列车运用规章。

3）上述规章应与调度规章相协调。

2 评价方法

查阅相关列车规章文件。

5.4.3 列车操作规程评价应符合下列要求：

1 评价标准

1）应制定明确、实用的列车操作规程。

2）规程中应明确写出列车故障模式下的操作要点。

2 评价方法

查阅相关列车操作规程文件。

5.4.4 驾驶员培训评价应符合下列要求：

1 评价标准

1）应建立驾驶员培训制度。

2）培训内容应包括正常操作流程和故障情况下的操作要点。

3）培训方式应包括授课和实战演练或模拟演练。

2 评价方法

查阅列车驾驶员培训记录、相关模拟演练记录。

5.4.5 驾驶员素质评价应符合下列要求：

1 评价标准

1）驾驶员应经过专业、系统的列车驾驶培训并取得相应的资格证书。

2）驾驶员应具备正常情况下，熟练驾驶列车运行的能力。

3）驾驶员应熟悉各种可能的突发事件的基本应对流程。

4）驾驶员应具备事故情况下，沉着冷静，在区间组织疏散乘客的能力。

2 评价方法

1）查验驾驶员资格证书。

2）现场观看驾驶员操作。

3）抽考驾驶员对突发事件处理掌握情况。

5.5 客运组织

5.5.1 客运组织评价包括乘客安全管理、乘客安全监控系统、乘客安全宣传教育、站务人员培训、站务人员素质5个分项。

5.5.2 乘客安全管理评价应符合下列要求：

1 评价标准

1）服务标志系统应具有警示标志、禁止标志、紧急疏散指示标志。

2）在容易发生事故部位，应设置警示标志或有专人引导或设置安全防护设施。

3）应设置盲道、轮椅通道、垂直电梯等保证行动不便人士安全进出车站的引导设施。

2 评价方法

1）查阅相关文件。

2）现场检查。

5.5.3 乘客安全监控系统评价应符合下列要求：

1 评价标准

1）应至少设置中央和车站两级乘客安全监控系统。

2）乘客安全监控系统应能够监控车站所有客流集中部位和意外情况易发部位。

2 评价方法

1）查阅相关文件。

2）现场查验乘客安全监控系统。

5.5.4 乘客安全宣传教育评价应符合下列要求：

1 评价标准

1）应对乘客进行安全乘车常识的宣传教育。

2）应对乘客进行紧急情况下正确疏散以及逃生自救知识的宣传。

2 评价方法

1）查阅相关宣传教育材料。

2）现场检查。

5.5.5 站务人员培训评价应符合下列要求：

1 评价标准

1）应建立站务人员培训制度。

2）培训内容应包括正常情况下的工作要点和突发状况应对措施。

3）培训方式应包括授课、实战演练或模拟演练。

2 评价方法

查阅站务人员培训记录、相关模拟演练记录。

5.5.6 站务人员素质评价应符合下列要求：

1 评价标准

1）站务人员应经过客运组织培训并取得相应的资格证书。

2）站务人员应具备辨识危险品的基本方法和技巧。

3）站务人员应熟悉各种可能的突发事件的基本应对流程。

2 评价方法

1）查验站务人员资格证书。

2）现场检查。

6 车辆系统评价

6.1 一 般 规 定

6.1.1 车辆系统评价包括车辆、维修体系2个项目，满分为100分。

6.1.2 被评价的基本车辆单元为可在轨道上独立运行的车组。

6.1.3 被评价地铁运营线路上运行不同型号的地铁车辆时，按地铁车辆型号分别评价。

6.1.4 车辆超过使用年限时，该项目得0分。

6.1.5 车辆系统评价可按附录C的格式确定评价内容及其分值，制定评价表。

6.2 车 辆

6.2.1 车辆的评价包括车辆安全性能与安全防护设施、车辆防火性能、车辆可靠性3个分项。

6.2.2 车辆安全性能与安全防护设施评价应符合下列要求：

1 评价标准

1）车辆应在使用年限内。

2）车辆防止脱轨的脱轨系数、轮重减载率、倾覆系数应符合《城市轨道交通车辆组装后的检查与试验规则》GB/T 14894的有关规定。

3）列车两端的车辆可设置防意外冲撞的撞击能量吸收区。

4）地面或高架运行的列车两端可装设防爬装置。

5）动车转向架构架电机吊座与齿轮箱吊座应在寿命期内不发生疲劳裂纹。

6）客室车门应具有非零速自动关门的电气联锁及车门闭锁装置，行驶中确保门的锁闭无误。

7）客室车门处应设置紧急解锁开关。

8）司机台应设置紧急停车操纵装置和警惕按钮。

9）列车的制动系统应符合《地铁车辆通用技术条件》GB/T 7928的有关规定。

10）前照灯在车辆前端紧急制停距离处照度应符合《地铁车辆通用技术条件》GB/T 7928的有关规定。

11）在未设安全通道的线路上运行的列车两端应设紧急疏散门。

12）列车各车辆之间应设贯通道。

13）车门、车窗玻璃应采用一旦发生破坏时其碎片不会对人造成严重伤害的安全玻璃。

14）蓄电池应能够提供车辆在故障情况下的应急照明、外部照明、车载安全设备、广播、通信、应急通风等系统的电源，其工作时间应满足《地铁车辆通用技术条件》GB/T 7928的有关规定。

15）车辆应有列车自动防护系统（ATP）或列车自动防护系统（ATP）与自动驾驶系统（ATO），以及可保证行车安全的通信联络装置。

16）电气设备过电压、过电流、过热保护功能应齐全。

17）采用受电弓受电的列车应设避雷装置。

18）对安装采暖设备部位的侧墙、地板及座椅等应进行安全隔热处理，车用电加热器罩板表面温度应符合《铁道客车电取暖器》TB/T 2704的有关规定。

19）凡散发热量的电气设备，在其可能与乘客、乘务人员或行李发生接触时，应有隔热措施，其外壳或防护外罩外面的温度不得超过《电力机车防火和消防措施的规程》GB 6771的有关规定。

20）车厢内应设置乘客紧急按钮或与司机紧急对讲装置、应急照明灯、应急装备、消防器材。

21）车辆应有各种警告标识：司机室内的紧急制动装置、带电高压设备、电器箱内的操作警示、消防器材、紧急按钮或与司机紧急对讲装置的位置与使用方法。

2 评价方法

1）查阅车辆使用年限档案和车辆技术文件。

2）现场检查。

3）查阅上级消防部门和企业安全监查部门的检查结论。

6.2.3 车辆防火性能评价应符合下列要求：

1 评价标准

1）车辆的车顶、侧板、内衬、顶棚、地板应使用不燃或阻燃材料。

2）车厢地板上铺物、座椅、扶手、隔热隔声材料、装饰及广告材料等应使用不燃或阻燃材料。

3）车厢内非金属材料应具有耐熔化滴落性能。

4）各电路的电气设备连接导线和电缆应采用阻燃材料，所用材料在燃烧和热分解时不应产生有害和危险的烟气。

2 评价方法

1）查阅车辆技术文件。

2）查阅上级消防部门和企业安全监查部门的检查结论。

6.2.4 车辆可靠性评价应符合下列要求：

1 评价标准

车辆由于故障退出服务统计不大于0.1次/万组公里。

2 评价方法

查阅车辆运营统计档案。

6.3 维修体系

6.3.1 维修体系评价包括维修制度、维修人员、维修配件3个分项。

6.3.2 维修制度评价应符合下列要求：

1 评价标准

1）应建立车辆维修制度。

2）应制定车辆各级检修规程。

3）对车辆故障信息应有记录、分析、纠正和预防措施。

2 评价方法

1）查阅车辆维修制度文件和各级检修技术规程。

2）查阅车辆故障信息管理文件。

6.3.3 维修人员评价应符合下列要求：

1 评价标准

1）车辆维修人员应持证上岗。

2）应对车辆维修人员定期培训。

2 评价方法

查阅车辆维修人员的上岗资格文件和定期培训记录。

6.3.4 维修配件评价应符合下列要求：

1 评价标准

1）应选择有资格的维修配件供货商。

2）应建立维修配件检验制度。

3）对维修配件的质量信息应有记录、分析、纠正和预防措施。

2 评价方法

查阅维修配件相关档案、记录和文件。

7 供电系统评价

7.1 一般规定

7.1.1 供电系统评价包括主变电站、牵引变电站、降压变电站、接触网（接触轨）、电力电缆、维修配件6个评价项目，满分为100分。

7.1.2 评价项目存在不同形式时，可分别评价。

7.1.3 设备超过使用年限时，该项目得0分。

7.1.4 供电系统评价可按附录D的格式确定评价内容及其分值，制定评价表。

7.2 主变电站

7.2.1 主变电站评价包括主变电站设备、主变电站安全防护设施、运作与维护3个分项。

7.2.2 主变电站设备评价应符合下列要求：

1 评价标准

1）主变电站设备应在使用年限内。

2）每座主变电站应有两路相互独立可靠的电源引入，并应设两台主变压器。当一路电源或一台主变压器故障或检修时，应由另一路电源或一台主变压器供电。当主变电站全站停用时，应由相邻主变电站供电，并应确保一、二级用电负荷。

3）辅助主变电站应有一路专用电源供电，设置一台主变压器。

4）在地下使用的电气设备及材料，应选用体积小、低损耗、低噪声、防潮、无自爆、低烟、无卤、阻燃或耐火的定型产品。

5）变电站继电保护装置应满足可靠性、选择性、灵敏性和速动性的要求。

6）接地电阻应符合要求。

2 评价方法

1）查阅主变电站设计文件及实验报告。

2）现场检查。

7.2.3 主变电站安全防护设施评价应符合下列要求：

1 评价标准

1）应设置接地保护。

2）主变电站周围建筑应设置避雷设施，并每年进行检测。

3）应设置完善的过负荷、短路保护装置。

4）应设置防灾报警装置，配置必要的消防设施、器材和应急装备。

5）应设置应急照明。

6）应设置安全操作警示标志和安全疏散指示标志。

2 评价方法

1）现场检查。

2）查阅技术文件和检测报告。

3）查阅上级消防部门和企业安全监查部门的检查结论。

7.2.4 运作与维护评价应符合下列要求：

1 评价标准

1）主变电站设备应定期进行预防性试验，试验合格后，才能继续使用。

2）各供电设备及继电保护装置应定期检验，满足电力或地铁相关规范要求。

3）供电试验使用的仪器仪表必须按照国家标准定期检测，试验单位和人员应具有相关专业资质和资格。

4）主变电站值班或巡视维护人员和应急处理人员数量及结构应配置合理。

5）主变电站操作人员应具有上岗资格。

6）主变电站操作人员应定期进行培训。

7）应建立主变电站的维护规程。

8）对主变电站故障信息应有记录、分析、纠正和预防措施。

2 评价方法

1）现场检查。

2）查阅技术文件、检验报告。

3）核查操作人员上岗资格和培训记录。

4）查阅维护文件、记录。

7.3 牵引变电站

7.3.1 牵引变电站评价包括牵引变电站设备、牵引变电站安全防护设施、运作与维护3个分项。

7.3.2 牵引变电站设备评价应符合下列要求：

1 评价标准

1）牵引变电站设备应在使用年限内。

2）牵引变电站应有两路独立的电源供电，两路电源引自同一主变电站的不同母线段或不同主变电站母线段。

3）牵引变电站应设置两台牵引整流机组，两台整流机组并列运行。

4）牵引变电站中一台牵引整流机组退出运行时，另一台牵引整流机组在允许负荷的情况下继续供电。

5）在其中一座牵引变电站退出运行时，相邻的两座牵引变电站应能分担其供电分区的牵引负荷。

6）牵引变电站直流设备外壳应对地绝缘安装。

7）接地电阻应符合要求。

2 评价方法

1）查阅牵引变电站设计文件及实验报告。

2）现场检查。

7.3.3 牵引变电站安全防护设施评价应符合下列要求：

1 评价标准

1）应设置接地保护。

2）牵引变电站及周围建筑应设置避雷设施，并每年进行检测。

3）应设置完善的短路和过负荷继电保护装置。

4）应设有防止大气过电压及操作过电压的保护设施。

5）应设置防灾报警装置，配置必要的消防设施、器材和应急装备。

6）应设置应急照明。

7）无人值班的牵引变电站应设置监控系统。

8）无人值班的牵引变电站所有设备故障信息和操作信息能与调度中心联网。

9）应设置安全操作警示标志和安全疏散指示标志。

2 评价方法

1）现场检查。

2）查阅技术文件和检测报告。

3）查阅上级消防部门和企业安全监查部门的检查结论。

7.3.4 运作与维护评价应符合下列要求：

1 评价标准

1）牵引变电站设备应定期进行预防性试验，试验合格后，才能继续使用。

2）各供电设备及继电保护装置应定期检验，满足电力或地铁相关规范要求。

3）供电试验使用的仪器仪表必须按照国家标准定期检测，试验单位和人员应具有相关专业资质和资格。

4）牵引变电站值班或巡视维护人员和应急处理人员数量及结构应配置合理。

5）牵引变电站操作人员应具有上岗资格。
6）牵引变电站操作人员应定期进行培训。
7）应建立牵引变电站的维护规程。
8）对牵引变电站故障信息应有记录、分析、纠正和预防措施。

2 评价方法

1）现场检查。
2）查阅技术文件、检验报告。
3）核查操作人员上岗资格和培训记录。
4）查阅维护文件、记录。

7.4 降压变电站

7.4.1 降压变电站评价包括降压变电站设备、降压变电站安全防护设施、运作与维护3个分项。

7.4.2 降压变电站设备评价应符合下列要求：

1 评价标准

1）降压变电站设备应在使用年限内。
2）降压变电站应有两路独立的电源供电。
3）降压变电站应设置两台配电变压器。当一台配电变压器退出运行时，另一台配电变压器承担变电站的全部一、二级负荷。
4）配电变压器容量应按远期高峰小时考虑。
5）接地电阻应符合要求。

2 评价方法

1）查阅降压变电站设计文件及实验报告。
2）现场检查。

7.4.3 降压变电站安全防护设施评价应符合下列要求：

1 评价标准

1）应设置接地保护。
2）降压变电站周围建筑应设置避雷设施，并每年进行检测。
3）应设置完善的短路和过负荷继电保护装置。
4）应设有防止大气过电压及操作过电压的保护设施。
5）应设置防灾报警装置，配置必要的消防设施、器材和应急装备。
6）应设置应急照明。
7）无人值班的降压变电站应设置监控系统。
8）无人值班的降压变电站所有设备故障信息和操作信息应能与调度中心联网。
9）应设置安全操作警示标志和安全疏散指示标志。

2 评价方法

1）现场检查。
2）查阅技术文件和检测报告。
3）查阅上级消防部门和企业安全监查部门的检查结论。

7.4.4 运作与维护评价应符合下列要求：

1 评价标准

1）降压变电站设备应定期进行预防性试验，试验合格后，才能继续使用。
2）各供电设备及继电保护装置应定期检验，满足电力或地铁相关规范要求。
3）供电试验使用的仪器仪表必须按照国家标准定期检测，试验单位和人员应具有相关专业资质和资格。
4）降压变电站操作人员应具有上岗资格。
5）降压变电站操作人员应定期进行培训。
6）应建立降压变电站的维护规程。
7）对降压变电站故障信息应有记录、分析、纠正和预防措施。

2 评价方法

1）现场检查。
2）查阅技术文件、检验报告。
3）核查操作人员上岗资格和培训记录。
4）查阅维护文件、记录。

7.5 接触网（接触轨）

7.5.1 接触网（接触轨）评价包括接触网或接触轨、运作与维护2个分项。

7.5.2 接触网评价应符合下列要求：

1 评价标准

1）接触网应在使用年限内。
2）接触线的磨耗应在允许范围内。
3）牵引变电站直流快速断路器至正线接触网间应设置隔离开关。
4）接触网带电部分与结构体、车体之间的最小净距应符合《地铁设计规范》GB 50157的有关规定。
5）固定接触网的非带电金属支持结构物应与架空地线相连接，架空地线应引至牵引变电站接地装置。
6）在地面区段、高架区段，接触网应设置避雷设施。
7）车库线进口分段处应设置带接地刀闸的隔离开关。
8）洗车库内接触网与两端接触网绝缘分段，该接触网接地系统应可靠。

2 评价方法

1）查阅接触网的设计技术文件及实验报告。
2）查阅接触线的磨耗记录。
3）现场检查。

7.5.3 接触轨评价应符合下列要求：

1 评价标准

1）接触轨应在使用年限内。

2）接触轨对地应有良好的绝缘。

3）接触轨带电部分与结构体、车体之间的最小净距应符合《地铁设计规范》GB 50157 的有关规定。

4）当杂散电流腐蚀防护与接地有矛盾时，应以接地安全为主。

5）在地面区段、高架区段，接触轨应设置避雷设施。

6）接触轨应设防护罩和警示标志。

2 评价方法

1）查阅接触轨的设计技术文件及实验报告。

2）现场检查。

7.5.4 运作与维护评价应符合下列要求：

1 评价标准

1）检修人员应具有上岗资格。

2）检修人员应定期进行培训。

3）应建立接触网（接触轨）的维护规程。

4）对接触网（接触轨）故障信息应有记录、分析、纠正和预防措施。

2 评价方法

1）核查检修人员上岗资格和培训记录。

2）查阅维护文件、记录。

7.6 电力电缆

7.6.1 电力电缆评价包括电力电缆、运作与维护 2 个分项。

7.6.2 电力电缆评价应符合下列要求：

1 评价标准

1）电缆应在使用年限内。

2）电缆在地下敷设时应采用低烟无卤阻燃电缆，在地上敷设时可采用低烟阻燃电缆。为应急照明、消防设施供电的电缆，明敷时应采用低烟无卤耐火铜芯电缆或矿物绝缘耐火电缆。

3）电缆贯穿隔墙、楼板的孔洞处，应实施阻火封堵。

2 评价方法

1）查阅电力电缆技术文件。

2）现场检查。

7.6.3 运作与维护评价应符合下列要求：

1 评价标准

1）检修人员应具有上岗资格。

2）检修人员应定期进行培训。

3）应建立电力电缆的维护规程。

4）对电力电缆故障信息应有记录、分析、纠正和预防措施。

2 评价方法

1）核查检修人员上岗资格和培训记录。

2）查阅维护文件、记录。

7.7 维修配件

7.7.1 维修配件评价包括维修配件 1 个分项。

7.7.2 维修配件评价应符合下列要求：

1 评价标准

1）选择有资质的维修配件供货商。

2）建立维修配件检验制度。

3）对维修配件的质量信息有记录、分析、纠正和预防措施。

2 评价方法

查阅维修配件相关档案、记录和文件。

8 消防系统与管理评价

8.1 一般规定

8.1.1 消防系统与管理评价包括 1 个评价项目，满分为 100 分。

8.1.2 消防设施不是由具备消防设备维保资质的单位进行定期维修保养，无法保证消防设施的正常运行的，相应分项得分为 0。

8.1.3 消防系统与管理评价可按附录 E 的格式确定评价内容及其分值，制定评价表。

8.2 消防系统与管理

8.2.1 消防系统与管理评价包括火灾自动报警系统（FAS）及联动控制、气体灭火系统、消防给水系统、应急照明及疏散指示、灭火器配置与管理、车站消防管理、消防值班人员与设备管理、建筑与附属设施防火 8 个分项。

8.2.2 火灾自动报警系统（FAS）及联动控制评价应符合下列要求：

1 评价标准

1）在车站控制室，FAS 系统应能按照预定模式控制地铁消防救灾设备的启、停，应能显示运行状态；消防联动盘应运行情况正常。

2）车站 FAS 系统必须显示气体自动灭火系统保护区的报警、放气、风机和风阀状态、手动/自动放气开关所处位置；FAS 系统主、备电源及其相互切换功能应正常，并应显示主、备电源状态。

3）站厅、站台、各种设备机房、库房、值班室、办公室、走廊、配电室、电缆隧道或夹层等处应设火灾探测器；设置火灾探

五、设计、施工及验收标准

测器的场所应设置手动报警按钮；车站相应场所应设有消防对讲电话。

4）地铁中央控制中心应能控制消防救灾设备的启、停，应能显示运行状态，消防联动系统应能正常运行。

2 评价方法

1）查阅相关资料、文件。

2）查阅上级消防部门和企业安全监查部门的检查结论。

3）现场检查。

8.2.3 气体灭火系统评价应符合下列要求：

1 评价标准

1）地下车站通信设备房、信号设备房、变电站、电控室等重要设备房应设置气体自动灭火装置。

2）设置气体灭火装置的房间应设置机械通风系统，所排除的气体必须直接排出地面。

2 评价方法

1）查阅相关资料、文件。

2）现场检查。

8.2.4 消防给水系统评价应符合下列要求：

1 评价标准

1）消火栓的设置应符合《地铁设计规范》GB 50157 的有关规定。

2）消火栓用水量应符合《地铁设计规范》GB 50157 的有关规定。

3）水泵结合器和室外消火栓应设有明显标志且便于操作。

4）消防主、备泵均应工作正常且出水压力符合要求。

2 评价方法

1）查阅相关资料、文件。

2）查阅上级消防部门和企业安全监查部门的检查结论。

3）现场检查。

8.2.5 应急照明及疏散指示评价应符合下列要求：

1 评价标准

1）站厅、站台、自动扶梯、自动人行道、楼梯口、疏散通道、安全出口、区间隧道、车站控制室、值班室变电站、配电室、信号机械室、消防泵房、公安用房等处应设置应急照明；应急照明的照度不小于正常照明照度的10％。

2）应急照明的连续供电时间不应少于1h。

3）站厅、站台、自动扶梯、自动人行道、楼梯口、人行疏散通道拐弯处、安全出口和交叉口等处沿通道长向每隔不大于20m处应设置醒目的疏散指示标志；疏散指示标志距地面高度应小于1m。

4）区间隧道内应设置集中控制型疏散指示标志。

2 评价方法

1）查阅相关资料、文件。

2）查阅上级消防部门和企业安全监查部门的检查结论。

3）现场检查。

8.2.6 灭火器配置与管理评价应符合下列要求：

1 评价标准

1）地铁各相关场所应按《建筑灭火器配置设计规范》GB 50140 的有关规定选择、配置和设置灭火器，且灭火器应在使用期限内。

2）制定灭火器定期检测制度并切实落实。

2 评价方法

1）现场检查。

2）查阅上级消防部门和企业安全监查部门的检查结论。

8.2.7 车站消防管理评价应符合下列要求：

1 评价标准

1）车站、主变电站、地铁控制中心等消防重点部位应落实消防安全责任制，明确岗位消防安全职责。

2）车站在运营期间应至少每两小时进行一次防火巡查，在运营前和结束后，应对车站进行全面检查。

3）车站应填写消防安全检查记录，对消防设施的状况、存在火灾隐患以及火灾隐患的整改措施等有书面记录。

4）地铁运营企业应对所属消防设施进行定期检查和维护保养，建立记录档案；车站应建立消防安全检查记录档案。

5）定期组织消防演练。

2 评价方法

1）现场检查。

2）查阅相关制度文件、记录、档案。

8.2.8 消防值班人员与设备管理评价应符合下列要求：

1 评价标准

1）应建立消防控制室二十四小时值班制度，值班人员交接班时应填写值班记录。

2）消防控制室值班人员应持有“消防操作员”上岗证并能正确操作消防联动设备。

3）消防控制室内除操作设备外，不能存放其他物品。

4）应建立 FAS 系统及联动控制设备的检修

制度，对FAS系统及联动控制设备的故障信息应有记录、分析、纠正和预防措施。

2 评价方法

1）核查消防控制室值班人员持证情况。

2）现场抽考操作人员操作消防联动设备的能力。

3）查阅值班文件和记录，查阅检修文件和记录。

8.2.9 建筑与附属设施防火评价应符合下列要求：

1 评价标准

1）地铁与地下及地上商场等地下建筑物相连接时，必须采取防火分隔设施。

2）车站内的墙、地、顶面、装饰装修材料以及座椅、服务标识牌、广告牌和设备设施所用材料应符合《地铁设计规范》GB 50157的有关规定。

3）车站站厅乘客疏散区、站台及疏散通道内不应设置商业场所。

4）地下车站防火分区安全出口的设置应符合《地铁设计规范》GB 50157 的有关规定。

5）地铁车站设备、管理用房区的安全出口、楼梯、疏散通道的最小净宽应符合《地铁设计规范》GB 50157的有关规定。

2 评价方法

1）现场检查。

2）查阅相关文件、资料。

3）查阅上级消防部门和企业安全监查部门的检查结论。

9 线路及轨道系统评价

9.1 一般规定

9.1.1 线路及轨道系统评价包括线路及轨道系统、维修体系2个评价项目，满分为100分。

9.1.2 线路及轨道系统评价可按附录F的格式确定评价内容及其分值，制定评价表。

9.2 线路及轨道系统

9.2.1 线路及轨道系统评价包括1个分项。

9.2.2 线路及轨道系统评价应符合下列要求：

1 评价标准

1）两条正线接轨应选择在车站内，并采取同向相接，避免车辆异向运行。

2）辅助线与正线接轨时，宜在列车进入正线之前设置隔开设备。

3）任何情况下，线路平面、纵断面的变动不得影响限界。

4）位于正线上圆曲线及曲线间夹直线的最小长度应不小于一辆车辆的长度，困难情况下不应小于车辆全轴距，夹直线长度还应满足超高顺坡和轨距加宽的要求。

5）曲线地段严禁设置反超高。

6）道岔应铺设在直线上，并应避免设在竖曲线上。

7）轨道结构应坚固、耐久、稳定，应具有适当的弹性，保证列车运行平稳安全。

8）正线及辅助线钢轨接头应符合有关规定。

9）无缝线路联合接头距桥台边墙不小于2m，铝热焊缝距轨枕边不得小于40mm。

10）正线、试车线及辅助线的末端应设置车挡，车挡应能承受不大于15km/h速度的列车水平冲击荷载。

11）在小半径曲线地段、缓和曲线与竖曲线重叠地段、跨越河流、城市主要道路、铁路干线或重要建筑物地段，高架线路应设置防脱护轨装置。

12）轨道交通线路应布设线路与信号标志，无缝线路地段应布设钢轨位移观测桩。

13）轨道的路基应坚固、稳定，并满足防洪排水要求。

14）地面及高架线路两旁应设置一定高度隔离栏，防止外来人员侵入。

2 评价方法

1）查阅设计技术文件。

2）现场检查。

9.3 维修体系

9.3.1 维修体系评价包括管理与维护、维修配件2个分项。

9.3.2 管理与维护评价应符合下列要求：

1 评价标准

1）应建立线路及轨道系统的保养制度、巡检制度。

2）应建立线路及轨道系统保养、巡检的记录台账。

3）检修人员应具有上岗资格。

4）应对检修人员定期技术培训。

5）对线路及轨道系统故障信息应有记录、分析、纠正和预防措施。

6）轨道检测车、钢轨打磨车等维修设备应有质检合格证。

2 评价方法

查阅维护相关文件、档案、记录。

9.3.3 维修配件评价应符合下列要求：

1 评价标准

1）选择有资质的维修配件供货商。

2）建立维修配件检验制度。

3）对维修配件的质量信息有记录、分析、纠正和预防措施。

2 评价方法

查阅维修配件相关文件、档案、记录。

10 机电设备评价

10.1 一般规定

10.1.1 机电设备评价包括自动扶梯、电梯与自动人行道、屏蔽门系统与防淹门系统、给水排水设备、通风和空调设备、风亭5个评价项目，满分为100分。

10.1.2 机电设备评价可按附录G的格式确定评价内容及其分值，制定评价表。

10.2 自动扶梯、电梯与自动人行道

10.2.1 自动扶梯、电梯与自动人行道评价包括自动扶梯、电梯与自动人行道设备、安全防护标识、管理与维护、维修配件4个分项。

10.2.2 自动扶梯、电梯与自动人行道设备评价应符合下列要求：

1 评价标准

1）设备必须由法定质量技术监督部门出具电梯使用证。

2）在用设备必须由法定特种设备检验检测机构检验合格并出具有效期内电梯验收检验报告和“安全检验合格”标志。

3）地铁车站自动扶梯宜采用公共交通型重载扶梯，其传输设备及部件应采用不燃或难燃材料。

4）设备的各项安全保护装置设置齐全，动作灵敏、可靠。

2 评价方法

1）查阅相关文件、资料。

2）现场检查。

10.2.3 安全防护标识评价应符合下列要求：

1 评价标准

1）所有自动扶梯和自动人行道出入口处应贴图示警示标志，所有电梯内应贴电梯使用安全守则。

2）对于穿越楼层和靠墙布置的自动扶梯，其扶手带中心至开孔边缘和墙面的净距应符合《地铁设计规范》GB 50157的有关规定。

2 评价方法

现场检查。

10.2.4 管理与维护评价应符合下列要求：

1 评价标准

1）应建立维护、保养制度和检修规程及应急处理程序。

2）检修人员应具有上岗资格。

3）对检修人员应定期进行技术培训。

4）对自动扶梯、电梯、自动人行道故障信息应有记录、分析、纠正和预防措施。

2 评价方法

查阅相关档案、记录。

10.2.5 维修配件评价应符合下列要求：

1 评价标准

1）应选择有资质的维修配件供货商。

2）应建立维修配件检验制度。

3）对维修配件的质量信息应有记录、分析、纠正和预防措施。

2 评价方法

查阅维修配件相关档案、记录和文件。

10.3 屏蔽门系统与防淹门系统

10.3.1 屏蔽门系统和防淹门系统评价包括屏蔽门系统设备、防淹门系统设备、安全防护标识、管理与维护、维修配件5个分项。

10.3.2 屏蔽门系统设备评价应符合下列要求：

1 评价标准

1）屏蔽门无故障使用次数应不小于100万次。

2）屏蔽门应接地连接牢固，接地电阻在允许值内。

3）屏蔽门应能与信号系统联动，实现屏蔽门的正常开/关功能。

4）屏蔽门应急手动开门功能和站台级开/关门功能正常。

5）ATP系统应为列车车门、屏蔽门等开闭提供安全监控信息。

6）可设有应急门；应急门的位置应保证当列车与滑动门不能对齐时的乘客疏散。

2 评价方法

1）查阅相关资料。

2）现场检查。

10.3.3 防淹门系统设备评价应符合下列要求：

1 评价标准

1）防淹门应能与信号系统联动，实现防淹门的正常开/关功能。

2）防淹门机房及车站控制功能应正常。

3）车站对防淹门系统所辖区间的水位应具

备监视功能。

2 评价方法

1）查阅相关资料。

2）现场检查。

10.3.4 安全防护标识评价应符合下列要求：

1 评价标准

1）屏蔽门应有明显的安全标志、使用标志和应急情况操作指示。

2）防淹门应有明显的安全标志、使用标志和应急情况操作指示。

2 评价方法

现场检查。

10.3.5 管理与维护评价应符合下列要求：

1 评价标准

1）应建立维护、保养制度、检修规程及应急处理程序。

2）检修人员应具有上岗资格。

3）应对检修人员定期技术培训。

4）对屏蔽门故障信息应有记录、分析、纠正和预防措施。

2 评价方法

查阅相关档案、记录和文件。

10.3.6 维修配件评价应符合下列要求：

1 评价标准

1）应选择有资质的维修配件供货商。

2）应建立维修配件检验制度。

3）对维修配件的质量信息应有记录、分析、纠正和预防措施。

2 评价方法

查阅维修配件相关档案、记录和文件。

10.4 给水排水设备

10.4.1 给水排水设备评价包括给水系统、排水系统、管理与维护、维修配件4个分项。

10.4.2 给水系统评价应符合下列要求：

1 评价标准

1）生活用水设备和卫生器具的水压，应符合现行国家标准《建筑给水排水设计规范》GB 50015的规定。

2）给水管不应穿过变电站、通信信号机房、控制室、配电室等房间。

2 评价方法

1）查阅相关文件、资料。

2）现场检查。

10.4.3 排水系统评价应符合下列要求：

1 评价标准

1）地铁车站及沿线的各排水泵站、排雨泵站、排污泵站应设危险水位报警装置。

2）各水位报警装置应运行正常。

2 评价方法

1）查阅相关资料。

2）现场检查。

10.4.4 管理与维护评价应符合下列要求：

1 评价标准

1）应建立维护、保养制度、检修规程及应急处理程序。

2）检修人员应具有上岗资格。

3）对检修人员应定期进行技术培训。

4）对给水排水设备故障信息应有记录、分析、纠正和预防措施。

2 评价方法

1）查阅相关档案、记录。

2）现场检查。

10.4.5 维修配件评价应符合下列要求：

1 评价标准

1）应选择有资质的维修配件供货商。

2）应建立维修配件检验制度。

3）对维修配件的质量信息应有记录、分析、纠正和预防措施。

2 评价方法

查阅维修配件相关档案、记录和文件。

10.5 通风和空调设备

10.5.1 通风和空调设备评价包括通风和空调设备、管理与维护、维修配件3个分项。

10.5.2 通风和空调设备评价应符合下列要求：

1 评价标准

1）空调系统设置的压力容器必须由国家认可资质的质量技术监督部门出具压力容器使用证，并必须由国家认可资质的特种设备监察检验部门检验合格并出具有效期内压力容器检验报告和“安全检验合格”标志。

2）防烟、排烟与事故通风系统应符合《地铁设计规范》GB 50157的有关规定。

2 评价方法

1）查阅相关资料。

2）现场检查。

10.5.3 管理与维护评价应符合下列要求：

1 评价标准

1）应建立维护、保养制度、检修规程及应急处理程序，对应急排烟、通风功能定期检查并有检查记录。

2）检修人员应具有上岗资格。

3）应对检修人员定期技术培训。

4）对设备故障信息应有记录、分析、纠正

和预防措施。

2 评价方法

1）查阅相关文件、档案、记录。

2）现场检查。

10.5.4 维修配件评价应符合下列要求：

1 评价标准

1）应选择有资质的维修配件供货商。

2）应建立维修配件检验制度。

3）对维修配件的质量信息应有记录、分析、纠正和预防措施。

2 评价方法

查阅维修配件相关档案、记录和文件。

10.6 风 亭

10.6.1 风亭评价包括风亭、管理与维护 2 个分项。

10.6.2 风亭评价应符合下列要求：

1 评价标准

1）进、排风亭口部距其他建筑物的距离应符合《地铁设计规范》GB 50157 的有关规定。

2）进风风亭应设在空气洁净的地方。

3）风亭出口处连接道口的 3.5m 宽的通道上禁止堆放物品。

2 评价方法

1）查阅相关资料。

2）现场检查。

10.6.3 管理与维护评价应符合下列要求：

1 评价标准

1）应建立维护、巡视制度。

2）应建立维护、巡视档案。

2 评价方法

查阅相关档案、记录。

11 通信设备评价

11.1 一 般 规 定

11.1.1 通信设备评价包括通信系统、维修体系 2 个评价项目，满分为 100 分。

11.1.2 通信设备评价可按附录 H 的格式确定评价内容及其分值，制定评价表。

11.2 通 信 系 统

11.2.1 通信系统评价包括通信系统技术、传输系统、公务电话系统、专用电话系统、无线通信系统、图像信息系统、广播系统、通信电源、通信系统接地 9 个分项。

11.2.2 通信系统技术评价应符合下列要求：

1 评价标准

1）通信系统应能安全、可靠地传递语音、数据、图像、文字等信息，并应具有网络监控、管理功能。

2）各轨道交通线路的通信系统应能互联互通，实现信息资源共享。

3）当出现紧急情况时，通信系统应能迅速及时地为防灾救援和事故处理的指挥提供通信联络。

4）通信系统各子系统应具有故障时降级使用功能，主要部件应具有冗余保护功能。

5）通信系统应具有防止电机牵引所产生的谐波电流、外界电磁波、静电等对通信系统的干扰功能，并采取必要的防护措施。

2 评价方法

查阅相关技术文件。

11.2.3 传输系统评价应符合下列要求：

1 评价标准

1）传输系统应是独立专用传输网络。

2）传输系统必须有自保护功能。

2 评价方法

查阅相关技术文件。

11.2.4 公务电话系统评价应符合下列要求：

1 评价标准

1）对特种业务呼叫应能自动转接到市话网的“119”、“110”、“120”，并可进行电话跟踪。

2）公务电话系统应具有在线维护管理、安全保护措施、故障诊断和定位功能。

2 评价方法

查阅相关技术文件。

11.2.5 专用电话系统评价应符合下列要求：

1 评价标准

1）专用电话系统宜由调度电话、区间电话、站间电话、站内集中电话、紧急电话、市内直线电话组成。

2）调度电话应具有优先级，并具有录音功能。

3）专用电话系统应具有在线维护管理、安全保护措施、故障诊断和定位功能。

2 评价方法

查阅相关技术文件。

11.2.6 无线通信系统评价应符合下列要求：

1 评价标准

1）无线通信系统应设置列车调度、事故及防灾、车辆综合基地管理及设备维护四个子系统，其容量和覆盖范围应满足轨道交通运营的要求。在地下车站及区间应设置公安、消防无线通信系统。

2）无线通信系统应具有选呼、组呼、全呼、紧急呼叫、呼叫优先级权限等功能，并具有存储、监测功能。

2 评价方法

1）查阅相关技术文件。

2）现场检查。

11.2.7 图像信息系统评价应符合下列要求：

1 评价标准

1）图像信息系统应满足各级控制中心调度员、车站值班员、列车司机对车站图像监视的功能要求。摄像机的安装部位应满足运营监视和公安监视的要求，并确保事故状态下摄像。

2）车站图像信息系统设备应能对运营监视的图像进行录像，控制中心图像信息系统设备应能对各车站传来图像进行录像。

2 评价方法

1）查阅相关技术文件。

2）现场检查。

11.2.8 广播系统评价应符合下列要求：

1 评价标准

1）控制中心和车站均应设置行车和防灾广播控制台。控制中心广播控制台可以对全线选站、选路广播；车站广播控制台可对本站管区内选路广播。

2）行车和防灾广播的区域应统一设置。防灾广播应优先于行车广播。

3）列车上应设置广播设备，并可以接受控制中心调度指挥员通过无线通信系统对运行列车中乘客的语音广播。

4）防灾广播可根据应急事件事先录制或制定广播内容，且采用多语种。

2 评价方法

1）查阅相关技术文件。

2）现场检查。

11.2.9 通信电源评价应符合下列要求：

1 评价标准

1）通信电源系统必须是独立的供电设备，并具有集中监控管理功能。

2）通信电源系统应保证对通信设备不间断、无瞬变地供电。

3）地铁通信设备应按一级负荷供电。由变电站接双电源双回路的交流电源至通信机房交流配电屏，当使用中的一路出现故障时，应能自动切换至另一路。

4）控制中心、各车站及车辆段（停车场）的通信设备应按一类负荷供电，各通信机房应设置电源自动切换设备。

5）交流供电电源电压波动范围不应大于±10%，交流供电容量应为各设备总额定容量的130%。

6）不间断电源的蓄电池容量应保证向各通信设备连续供电不少于2h。

2 评价方法

查阅相关技术文件。

11.2.10 通信系统接地评价应符合下列要求：

1 评价标准

1）接地电阻值应符合《地铁设计规范》GB 50157的有关规定。

2）车辆段（停车场）宜设置独立的通信接地体，作为通信系统的联合接地，其接地体与其他接地体的间隔应符合《地铁设计规范》GB 50157的有关规定。

2 评价方法

查阅相关技术文件。

11.3 维修体系

11.3.1 维修体系评价包括管理与维护、维修配件2个分项。

11.3.2 管理与维护评价应符合下列要求：

1 评价标准

1）应建立通信系统检修制度。

2）应建立保养、巡检的记录台账。

3）检修人员应具有上岗资格。

4）应对检修人员定期技术培训。

5）对通信系统故障信息应有记录、分析、纠正和预防措施。

2 评价方法

1）查阅检修和培训档案、记录。

2）现场检查。

11.3.3 维修配件评价应符合下列要求：

1 评价标准

1）应选择有资质的维修配件供货商。

2）应建立维修配件检验制度。

3）对维修配件的质量信息应有记录、分析、纠正和预防措施。

2 评价方法

查阅维修配件相关档案、记录和文件。

12 信号设备评价

12.1 一般规定

12.1.1 信号设备评价包括信号系统、维修体系2个评价项目，满分为100分。

12.1.2 信号设备评价可按附录J的格式确定评价内容及其分值，制定评价表。

12.2 信号系统

12.2.1 信号系统评价包括信号系统技术、安全防护设施2个分项。

12.2.2 信号系统技术评价应符合下列要求：

1 评价标准

1）运营线路上的车站应纳入ATS（列车自动监控）系统监控范围，涉及行车安全的应直接控制，由车站办理，车辆段、停车场与正线衔接的出入段线应纳入监控范围。

2）当信号系统设备发生故障时，ATC（列车自动控制）系统控制等级应遵循降级运行，按车站人工控制优先于控制中心人工控制、控制中心人工控制优先于控制中心的自动控制或车站自动控制的原则来确保运营安全。

3）在ATC控制区域内使用列车驾驶限制模式或非限制模式时，应有破铅封、记录或特殊控制指令授权等技术措施。

4）在需要进行折返作业的折返点，应提供完整的ATP（列车自动防护）功能。

5）与列车运营安全有关的信号设备均应具备故障倒向安全的措施；应具有自检及故障报警功能，应具有冗余技术和双机自动转换功能。

6）列车内信号应有列车实际运行速度、列车运行前方的目标速度两种速度显示报警装置和必要的切换装置，并设于两端司机室内。

7）ATP执行强迫停车控制时，应切断列车牵引，列车停车过程不得中途缓解。如需缓解，司机应在列车停车后履行一定的操作手续，列车方能缓解。

8）为确保行车安全，在各线车站站台及车站控制室应设站台紧急关闭按钮，站台紧急关闭按钮电路应符合故障-安全原则。

9）装有引导信号的信号机因故不能正常开放时，应通过引导信息实现列车的引导作业。

10）各线的ATC系统控制区域与非ATC系统控制区域的分界处，应设驾驶模式转换区，转换区的信号设备应与正线信号设备一致。

11）信号系统供电负荷等级应为一级，设两路独立电源。

12）信号系统电缆宜采用阻燃、低毒、防腐蚀护套电缆。

2 评价方法

1）查阅相关技术文件。

2）现场检查。

12.2.3 安全防护设施评价应符合下列要求：

1 评价标准

1）信号设备应设置接地保护。

2）高架和地面线的室外信号设备与外线连接的室内信号设备必须具有雷电防护设施。

3）转辙机及线路轨旁设备应有防进水设施。

2 评价方法

1）查阅相关技术文件。

2）现场检查。

12.3 维修体系

12.3.1 维修体系评价包括管理与维护、维修配件2个分项。

12.3.2 管理与维护评价应符合下列要求：

1 评价标准

1）应建立使用涉及行车安全的产品的审批制度。

2）应建立信号系统的保养制度、巡检制度。

3）应建立保养、巡检的记录台账。

4）检修人员应具有上岗资格。

5）应对检修人员定期技术培训。

6）对信号系统故障信息应有记录、分析、纠正和预防措施。

2 评价方法

1）查阅相关档案、记录。

2）现场检查。

12.3.3 维修配件评价应符合下列要求：

1 评价标准

1）应选择有资质的维修配件供货商。

2）应建立维修配件检验制度。

3）对维修配件的质量信息应有记录、分析、纠正和预防措施。

2 评价方法

查阅维修配件相关档案、记录和文件。

13 环境与设备监控系统评价

13.1 一般规定

13.1.1 环境与设备监控系统评价包括环境与设备监控系统（BAS/EMCS）、安全防护标识、维修体系3

个评价项目，满分为100分。

13.1.2 环境与设备监控系统评价可按附录K的格式确定评价内容及其分值，制定评价表。

13.2 环境与设备监控系统

13.2.1 环境与设备监控系统评价包括环境与设备监控系统1个分项。

13.2.2 环境与设备监控系统评价应符合下列要求：

1 评价标准

1）环境与设备监控系统应具备机电设备监控、执行阻塞模式、环境监控与节能运行管理、环境和设备的管理功能。

2）环境与设备监控系统应能接收火灾自动报警系统（FAS）车站火灾信息，执行车站防烟、排烟模式；接收列车区间停车位置信号，根据列车火灾部位信息，执行隧道防排烟模式；接收列车阻塞信息，执行阻塞通风模式；应能监控车站逃生指示系统和应急照明系统；应能监视各排水泵房危险水位。

3）车站应配置车站控制室紧急控制盘（IBP盘）作为BAS火灾工况自动控制的后备措施，其操作权高于车站和中央工作站，盘面应以火灾工况操作为主，操作程序应简便、直接。

2 评价方法

1）查阅相关资料。

2）现场检查。

13.3 安全防护标识

13.3.1 安全防护标识评价包括安全防护标识1个分项。

13.3.2 安全防护标识评价应符合下列要求：

1 评价标准

1）环境与设备监控设备应有明显的安全警示标志、使用标志和应急情况操作指示。

2）车站、车辆段、地铁控制中心、主变电站、冷站、冷却水塔和风亭等场所应设有减少和避免事故发生的安全警示标志。

2 评价方法

现场检查。

13.4 维修体系

13.4.1 维修体系评价包括管理与维护、维修配件2个分项。

13.4.2 管理与维护评价应符合下列要求：

1 评价标准

1）应建立维护、保养制度、检修规程及应急处理程序。

2）检修人员应持证上岗。

3）应对检修人员定期技术培训。

4）对环境与设备监控系统故障信息有记录、分析、纠正和预防措施。

2 评价方法

1）查阅相关资料、检修记录。

2）现场检查。

13.4.3 维修配件评价应符合下列要求：

1 评价标准

1）应选择有资质的维修配件供货商。

2）应建立维修配件检验制度。

3）对维修配件的质量信息应有记录、分析、纠正和预防措施。

2 评价方法

查阅维修配件相关档案、记录和文件。

14 自动售检票系统评价

14.1 一般规定

14.1.1 自动售检票系统评价包括自动售检票系统（AFC）、维修体系2个评价项目，满分为100分。

14.1.2 自动售检票系统评价可按附录L的格式确定评价内容及其分值，制定评价表。

14.2 自动售检票系统（AFC）

14.2.1 自动售检票系统评价包括自动售检票系统1个分项。

14.2.2 自动售检票系统评价应符合下列要求：

1 评价标准

1）车站售检票设备数量配置应按近期高峰客流量配置，并预留远期高峰客流量所需设备的供电，预埋套线及安装位置等条件。

2）检票口的通过能力应与相应的楼梯、自动扶梯的通过能力相适应，每个检票口的半单向检票机的数量应不少于2台。

3）在紧急疏散情况下，车站控制室应能控制所有检票机闸门开放，检票机工作状态显示应与之相匹配。

4）检票机对乘客应有明确、清晰、醒目的工作状态显示。

2 评价方法

1）查阅相关技术文件。

2）现场检查。

14.3 维修体系

14.3.1 维修体系评价包括管理与维护、维修配件2

个分项。

14.3.2 管理与维护评价应符合下列要求：

1 评价标准

1）应建立维护、保养制度。

2）检修人员应具有上岗资格。

3）应对检修人员定期技术培训。

4）对自动售检票系统故障信息应有记录、分析、纠正和预防措施。

2 评价方法

1）查阅相关档案、记录。

2）现场检查。

14.3.3 维修配件评价应符合下列要求：

1 评价标准

1）应选择有资质的维修配件供货商。

2）应建立维修配件检验制度。

3）对维修配件的质量信息应有记录、分析、纠正和预防措施。

2 评价方法

查阅维修配件相关档案、记录和文件。

15 车辆段与综合基地评价

15.1 一 般 规 定

15.1.1 车辆段与综合基地评价包括车辆段与综合基地设施、防灾设施2个项目，满分为100分。

15.1.2 车辆段与综合基地评价可按附录M的格式确定评价内容及其分值，制定评价表。

15.2 车辆段与综合基地设施

15.2.1 车辆段与综合基地设施评价包括车辆段与综合基地设施1个分项。

15.2.2 车辆段与综合基地设施评价应符合下列要求：

1 评价标准

1）车辆段、停车场出入线的设计应符合《地铁设计规范》GB 50157的有关规定。

2）运用库根据车辆的受电方式设置架空接触网或地面接触轨时，应符合《地铁设计规范》GB 50157的有关规定。

3）车辆段与综合基地供电系统应符合《地铁设计规范》GB 50157的有关规定。

4）沿海或江河附近地区车辆段与综合基地的线路路肩设计高程应符合《地铁设计规范》GB 50157的有关规定。

2 评价方法

查阅车辆段与综合基地的平面布置图和相关技术文件。

15.3 防 灾 设 施

15.3.1 防灾设施评价包括防灾设施1个分项。

15.3.2 防灾设施评价应符合下列要求：

1 评价标准

1）车辆段与综合基地设计应有完善的消防设施。

2）总平面布置、房屋设计和材料、设备的选用等应符合现行有关防火规范的规定。

3）车辆段与综合基地内应有运输道路及消防道路，并应有不少于两个与外界道路相连通的出口。

4）存放易燃品的仓库宜单独设置，并应符合《建筑设计防火规范》GB 50016的有关规定。

5）车辆段与综合基地应设救援办公室，受地铁控制中心指挥。

6）车辆段、停车场应设火灾自动报警系统（FAS）。

7）车辆段值班室应设置防灾无线通信设备。

8）应保证消防路轨平交通道畅通。

2 评价方法

1）查阅相关资料和上级消防部门及企业安全监查部门的检查结论。

2）现场检查。

16 土 建 评 价

16.1 一 般 规 定

16.1.1 土建评价包括地下、高架结构与车站建筑和车站设计2个项目，满分为100分。

16.1.2 分别评价被评价地铁运营线路上的每个车站和区间隧道。

16.1.3 土建评价可按附录N的格式确定评价内容及其分值，制定评价表。

16.2 地下、高架结构与车站建筑

16.2.1 地下、高架结构与车站建筑评价包括地下、高架结构与车站建筑1个分项。

16.2.2 地下、高架结构与车站建筑评价应符合下列要求：

1 评价标准

1）建立建筑结构设计缺陷（不符合现行建筑设计规范和防火规范）档案。

2）建立维护和巡检制度，且切实落实。

3）对建筑结构设计缺陷和劣化或破损有分析、监控、记录。

4）针对建筑结构设计缺陷和劣化或破损制定对策措施。

2 评价方法

1）查阅建筑结构设计缺陷档案。

2）查阅维护和巡检记录、对策措施。

16.3 车站设计

16.3.1 车站设计评价应包括站台、楼梯与通道、车站出入口、对策措施4个分项。

16.3.2 站台评价应符合下列要求：

1 评价标准

1）站台计算长度应采用远期列车编组长度加停车误差。

2）站台宽度应符合《地铁设计规范》GB 50157的有关规定。

3）站台边缘设置安全线应符合《地铁设计规范》GB 50157的有关规定。

4）站台边缘距车辆外边之间的空隙应符合《地铁设计规范》GB 50157的有关规定。

2 评价方法

1）查阅车站相关资料。

2）现场检查。

16.3.3 楼梯与通道评价应符合下列要求：

1 评价标准

1）楼梯与通道的最大通过能力应满足《地铁设计规范》GB 50157的有关规定。

2）楼梯与通道的最小宽度应满足《地铁设计规范》GB 50157的有关规定。

3）人行楼梯和自动扶梯的总量布置应满足站台层的事故疏散时间不大于《地铁设计规范》GB 50157的有关规定值。

2 评价方法

1）查阅车站相关资料。

2）现场检查。

16.3.4 车站出入口评价应符合下列要求：

1 评价标准

1）车站出入口的数量应符合《地铁设计规范》GB 50157的有关规定。

2）地下车站出入口地面标高应高出室外地面，并应满足防洪要求。

2 评价方法

1）查阅车站相关资料。

2）现场检查。

16.3.5 对策措施评价应符合下列要求：

1 评价标准

1）建立车站设计缺陷档案。

2）针对车站设计缺陷制定对策措施。

2 评价方法

1）查阅车站设计缺陷档案。

2）查阅制定的对策措施

17 外界环境评价

17.1 一般规定

17.1.1 外界环境评价包括防自然灾害、保护区2个评价项目，满分为100分。

17.1.2 外界环境评价可按附录P的格式确定评价内容及其分值，制定评价表。

17.2 防自然灾害

17.2.1 防自然灾害评价包括防风灾、防雷电、防水灾、防冰雪、防地震、防地质灾害6个分项。

17.2.2 防风灾评价应符合下列要求：

1 评价标准

1）应分析地铁所在地的气象条件（风灾）及特点。

2）应针对风灾采取安全对策和措施。

3）风灾安全防护设备设施应完整、有效。

4）应建立风灾安全防护设备设施的定期检查记录。

2 评价方法

1）查阅防风灾安全对策措施及设备定期检查记录。

2）现场检查。

17.2.3 防雷电评价应符合下列要求：

1 评价标准

1）应分析地铁所在地的气象条件（雷电）及特点。

2）应针对雷电采取安全对策和措施。

3）雷电安全防护设备设施应完整、有效。

4）应建立雷电安全防护设备设施的定期检查记录。

2 评价方法

1）查阅防雷电安全对策措施及设备定期检查记录。

2）现场检查。

17.2.4 防水灾评价应符合下列要求：

1 评价标准

1）应分析地铁所在地的气象条件（水灾）及特点。

2）应针对水灾采取安全对策和措施。

3）水灾安全防护设备设施应完整、有效。

4）应建立水灾安全防护设备设施的定期检查记录。

2 评价方法

1）查阅防水灾安全对策措施及设备定期检查记录。

2）现场检查。

17.2.5 防冰雪评价应符合下列要求：

1 评价标准

1）应分析地铁所在地的气象条件（冰雪）及特点。

2）应针对冰雪危害采取安全对策和措施。

3）冰雪危害安全防护设备设施应完整、有效。

4）应建立冰雪危害安全防护设备设施的定期检查记录。

2 评价方法

1）查阅防冰雪安全对策措施及设备定期检查记录。

2）现场检查。

17.2.6 防地震评价应符合下列要求：

1 评价标准

1）应分析地铁所在地的地震统计情况及特点。

2）应针对地震危害采取安全对策和措施。

3）地震危害安全防护设备（设施）应完整、有效。

4）应建立地震危害安全防护设备（设施）的定期检查记录。

2 评价方法

1）查阅防地震安全对策措施及定期检查记录。

2）现场检查。

17.2.7 防地质灾害评价应符合下列要求：

1 评价标准

1）应分析地铁所在地的地质条件及特点。

2）应针对地质灾害采取安全对策和措施。

3）应设立地质灾害监控系统。

4）地质灾害监控系统设备应完整、有效。

5）应对地质灾害监控记录情况进行分析。

2 评价方法

1）查阅防地质灾害安全对策措施及监控记录。

2）现场检查。

17.3 保 护 区

17.3.1 保护区评价包括保护区防护1个分项。

17.3.2 保护区防护评价应符合下列要求：

1 评价标准

1）应建立保护区安全管理、监测办法与措施。

2）应建立保护区安全监测记录。

3）对于侵入保护区范围的事件应有反映和处理记录。

2 评价方法

1）查阅保护区安全管理文件和监测记录。

2）现场检查。

18 基础安全风险水平

18.1 一 般 规 定

18.1.1 地铁运营系统基础安全风险水平划分为不可接受、可接受及可忽略三个层次。

18.2 基础安全评价总分计算

18.2.1 基础安全评价总分＝Σ（项目实得分×权重）

18.2.2 权重按照表18.2.2的规定确定。

表 18.2.2 权重表

评价项目		权 重
安全管理评价		0.25
运营组织评价		0.20
设备设施评价	车辆系统评价	0.07
	供电系统评价	0.07
	消防系统与管理评价	0.08
	线路及轨道系统评价	0.03
	机电设备评价	0.06
	通信设备评价	0.03
	信号设备评价	0.06
	环境与设备监控系统评价	0.03
	自动售检票系统评价	0.015
	车辆段与综合基地评价	0.015
	土建评价	0.04
外界环境评价		0.05

18.3 基础安全风险水平

18.3.1 基础安全风险水平按照表18.3.1的规定确定。

表 18.3.1 基础安全风险水平表

风险水平	不可接受	可接受	可忽略
地铁运营系统基础安全评价总分	＜88	88～95	＞95

19　事故风险水平

19.1　一 般 规 定

19.1.1　事故风险水平评价依据年度事故发生率进行评价，事故风险水平划分为不可接受、可接受及可忽略三个层次。

19.2　运营事故统计

19.2.1　事故等级分类按照表19.2.1-1的规定确定。人身伤亡、直接经济损失、行车事故的定义按照表19.2.1-2的规定确定。

表19.2.1-1　事故等级分类表

事故等级＼危害程度	人身伤亡	直接经济损失	行车事故
特别重大事故	死亡30人及以上	1000万元及以上	—
重大事故	死亡3人以上或重伤5人及以上	500万元及以上	中断行车时间 $t \geqslant 180\text{min}$
大事故	死亡1～3人或重伤3人及以上	100～500万元	中断行车时间 $60\text{min} \leqslant t < 180\text{min}$
险性事故	—	—	1. 列车冲突、脱轨、分离或运行中重要部件脱落； 2. 列车冒进信号、擅自退行或溜车； 3. 向占用闭塞区段发车； 4. 列车错开车门、夹人走车、开门走车或运行中开启车门； 5. 线路或车辆超限界
一般事故	重伤1～2人	1万元及以上	中断行车时间 $20\text{min} \leqslant t < 60\text{min}$

注：1　危害程度同时满足其中两项或两项以上条件者取最严重的条件作为事故等级划分依据。
2　中断行车时间为 $20\text{min} \leqslant t < 40\text{min}$ 时，计1起一般事故；$40\text{min} \leqslant t < 60\text{min}$ 时，计2起一般事故。
3　每次事故轻伤1人时计0.3起一般事故。

表19.2.1-2　人身伤亡、直接经济损失、行车事故定义

人身伤亡	发生事故后24h内，履行地铁运营生产职务或车站服务的现场人员（救援人员除外）、持有有效乘车凭证的人员（包括乘客携带的享受免费乘车待遇的儿童）的伤亡
重　伤	《企业职工伤亡事故分类标准》GB 6441
轻　伤	《企业职工伤亡事故分类标准》GB 6441
运营正线中断行车	事故发生在区间或站内，在正线上造成堵塞阻隔状态，造成单线不能行车。由事故发生造成堵塞行车起，至实际恢复连续通行列车行车条件的时间止，为中断行车时间
直接经济损失	车辆、线路、桥隧、通信、信号、供电等技术设备损失费用及事故救援、伤亡人员处理费用（不含人身保险赔偿费用）

19.2.2　事故统计与计算应符合以下规定：

1　年度百万车公里等效事故率应按式（19.2.2-1）计算。

$$\text{年度百万车公里等效事故率} = \frac{\Sigma(\text{事故个数} \times \text{事故折算因子})}{\text{百万车公里}} \tag{19.2.2-1}$$

2　事故折算因子计算

1）责任事故折算因子按照表19.2.2的规定确定。

2）非地铁方全责的事故折算因子应按式(19.2.2-2)计算。

$$\text{非地铁方全责的事故折算因子} = \text{责任百分比} \times \text{相应责任事故折算因子} \tag{19.2.2-2}$$

3）非责任事故折算因子应按式（19.2.2-3）计算。

$$\text{非责任事故折算因子} = 0.1 \times \text{相应责任事故折算因子} \tag{19.2.2-3}$$

表 19.2.2　事故折算因子表

事故等级	责任事故折算因子
特别重大事故	100
重大事故	22
大事故	11
险性事故	3.5
一般事故	1

19.3　事故风险水平

19.3.1　事故风险水平按照表 19.3.1 的规定确定。

表 19.3.1　事故风险水平表

事故水平	不可接受	可接受	可忽略
年度百万车公里等效事故率	＞0.65	0.65～0.2	＜0.2

附录 A　安全管理评价表

表 A

评价项目及分值	分项及分值	子项序号	定性定量指标	分值
安全管理机构与人员（10）	安全管理机构（3）	A01	应设有专门的安全生产管理机构	3
	安全管理专职和兼职人员（3）	A02	公司及部门应设有专职和兼职的安全管理人员	3
	安全管理人员资格（4）	A03	应建立严格的资格准入标准	2
		A04	安全管理人员应通过上岗前考核合格且最新考核应在有效期内	2
安全生产责任制（10）	主要负责人（3）	A05	主要负责人应签订安全生产责任制	1
		A06	安全生产责任制应切实落实	2
	安全管理人员（6）	A07	部门负责人应签订安全生产责任制并切实落实	2
		A08	一般安全管理人员应签订安全生产责任制并切实落实	2
		A09	其他从业人员应签订安全生产责任制并切实落实	2
	安全生产责任制档案管理（1）	A10	应建立健全的安全生产责任制的档案	1
安全管理目标（10）	安全生产控制指标（4）	A11	应制定安全生产控制指标	3
		A12	应建立安全生产控制指标档案	1
	各级安全生产目标（6）	A13	应建立各级安全生产目标	2
		A14	针对未能实现的安全生产目标应制定补救措施	2
		A15	应配置实现安全生产目标所需要的资源	2
安全生产投入（10）	安全投入保障制度（4）	A16	应投入具备安全生产条件所必需的资金	2
		A17	决策机构、主要负责人或者个人经营的投资人应保证安全生产条件所必需的资金投入，并对由于安全生产所必需的资金投入不足导致的后果承担责任	2
	安全投入落实（4）	A18	应每年投入相当数量的安全专项资金	2
		A19	应安排用于配备劳动防护用品及进行安全生产培训的经费	1
		A20	应依法参加工伤社会保险	1
	安全奖惩制度（2）	A21	应建立安全考核和奖惩制度	1
		A22	安全考核和奖惩制度应切实落实	1

续表 A

评价项目及分值	分项及分值	子项序号	定性定量指标	分值
事故应急救援体系（20）	应急救援组织机构（3）	A23	应建立事故应急救援组织机构	1
		A24	应急指挥系统应明确总公司和分公司的应急指挥系统的构成及其相关信息	1
		A25	应明确应急救援专家委员会的构成，确定应急救援专家委员会的负责人和组成人员	1
	预案制定情况（4）	A26	针对轨道交通运营线路发生火灾、列车脱轨、列车冲突、大面积停电、爆炸、自然灾害以及因设备故障、客流冲击、恐怖袭击等其他异常原因造成影响运营的非正常情况时，地铁运营单位应制定相应的应急救援预案	3.5
		A27	在国家或地方发生突发公共事件时，应制定相应的应急预案	0.5
	预案管理情况（1）	A28	应依据我国有关应急的法律、法规和相关政策文件，地铁运营单位向市轨道指挥办公室（或类似职能部门）申请，经政府组织有关部门、专家对市轨道交通运营突发事件应急预案进行评审工作，并报市政府	0.5
		A29	地铁运营单位应向市轨道指挥办公室（或类似职能部门）申请，定期组织有关单位修订轨道交通运营突发事件应急预案，并上报市政府备案	0.5
事故应急救援体系	应急救援设备和应急救援人员配备情况/救援设备的维护体系（6）	A30	各专业部门应根据自身应急救援业务需求，配备现场救援和抢险装备、器材，建立相应的维护、保养和调用等制度	2.5
		A31	应按照统一标准格式建立救援和抢险装备信息数据库并及时更新，保障应急指挥调度使用的准确性	0.5
		A32	建立应急救援队伍	1
		A33	应急救援人员应掌握应急救援预案	2
	事故应急培训与应急救援演练（4）	A34	应定期针对不同事故进行应急救援演练	2
		A35	对演练中发现的问题应及时整改	1
		A36	应有完整的应急救援演练记录	0.5
		A37	应对应急救援人员进行定期培训	0.5
	当年紧急事故处置（2）	A38	发生紧急事故后，是否启动应急救援预案	1
		A39	应急救援后，是否对事故处置进行总结，是否对应急救援预案提出必要的整改意见	1
安全培训教育（9）	安全培训教育制度（5）	A40	应建立各级领导定期安全培训教育制度并切实落实	1
		A41	应建立全体员工定期安全培训教育制度并切实落实	1
		A42	应建立新员工岗前三级教育制度并切实落实	1
		A43	应建立转、复岗人员上岗前培训制度并切实落实	1
		A44	应建立教育培训记录的档案	1
	特种作业人员安全培训（2）	A45	特种作业人员应持证上岗并定期考核	1
		A46	特种作业人员应进行继续培训	1

续表 A

评价项目及分值	分项及分值	子项序号	定性定量指标	分值
安全培训教育	临时工安全培训（1）	A47	应建立临时工安全培训考核制度并切实落实	1
	租赁承包人员安全培训（1）	A48	应建立租赁承包人员安全培训考核制度并切实落实	1
安全信息交流（3）	信息交流机构（1）	A49	应建立安全信息交流的渠道	0.5
		A50	安全信息交流渠道应畅通	0.5
	乘客意见反馈（1）	A51	应建立乘客意见反馈管理程序	0.5
		A52	乘客反馈意见的处理情况	0.5
	员工意见处理（1）	A53	应建立员工安全意见反馈管理程序	0.5
		A54	员工安全建议的处理情况	0.5
事故隐患管理（10）	事故隐患清查（1）	A55	应分类建立事故隐患统计表	0.5
		A56	应建立事故隐患报告制度	0.5
	事故隐患治理（4）	A57	应对事故隐患及时提出整改措施	1
		A58	对事故隐患应采取防护措施	3
	事故隐患监控（4）	A59	应配备相应的安全隐患监控设备	4
	事故隐患档案管理（1）	A60	应建立事故隐患监控及整改的档案管理制度	0.5
		A61	应建立完整的事故隐患监控及整改的档案	0.5
安全作业规程（11）	安全作业规程（11）	A62	应制定各专业各工种安全作业规程	5
		A63	安全作业规程落实情况	6
安全检查制度（7）	安全检查制度（6）	A64	应建立年度、季度、特殊时期、日常安全检查制度并切实落实	2
		A65	应建立安全检查复检制度并切实落实	2
		A66	安全检查出的问题应及时处理	2
	安全检查档案管理（1）	A67	应建立安全检查档案管理制度	0.5
		A68	安全检查档案应完整	0.5

附录 B　运营组织与管理评价表

表 B

评价项目及分值	分项及分值	子项序号	定性定量指标		分值
系统负荷（20）	线路负荷（10）	B01	线路负荷	1 类得 3 分，2 类得 2 分，3 类得 1 分	3
		B02	行车密度	1 类得 3 分，2 类得 2 分，3 类得 1 分	3
		B03	高峰小时断面列车满载率	1 类得 4 分，2 类得 3 分，3 类得 2 分，4 类得 1 分	4

续表 B

<table>
<tr><th>评价项目及分值</th><th>分项及分值</th><th>子项序号</th><th>定性定量指标</th><th>分值</th></tr>
<tr><td rowspan="3">系统负荷</td><td rowspan="3">车站设施负荷（10）</td><td>B04</td><td>站台高峰小时集散量不应大于站台设计最大能力</td><td>4</td></tr>
<tr><td>B05</td><td>通道和楼梯每小时通过人数应不大于下表中的值<table><tr><th colspan="2">名　称</th><th>每小时通过人数</th></tr><tr><td rowspan="3">1m 宽楼梯</td><td>下行</td><td>4200</td></tr><tr><td>上行</td><td>3700</td></tr><tr><td>双向混行</td><td>3200</td></tr><tr><td rowspan="2">1m 宽通道</td><td>单向</td><td>5000</td></tr><tr><td>双向混行</td><td>4000</td></tr></table></td><td>4</td></tr>
<tr><td>B06</td><td>车站可随时通过 AFC 系统控制乘客流量</td><td>2</td></tr>
<tr><td rowspan="11">调度指挥（28）</td><td rowspan="3">调度规章（5）</td><td>B07</td><td>应具有相对独立、全面的行车组织规则或同等效力的规章文件</td><td>1</td></tr>
<tr><td>B08</td><td>调度规章中应包括对运营设备故障和事故模式下的行车组织措施</td><td>2</td></tr>
<tr><td>B09</td><td>调度规章中应包括对突发事件的应对措施，并且切实可行</td><td>2</td></tr>
<tr><td rowspan="2">指挥系统（5）</td><td>B10</td><td>指挥系统应具备中央控制和车站控制两种控制模式，并在任何情况下都有一种模式起主导作用</td><td>3</td></tr>
<tr><td>B11</td><td>指挥系统应有自动闭塞或移动闭塞瘫痪的情况下，采用电话闭塞的考虑和能力</td><td>2</td></tr>
<tr><td rowspan="3">调度人员培训（8）</td><td>B12</td><td>应建立调度人员培训制度</td><td>3</td></tr>
<tr><td>B13</td><td>培训内容应包括正常业务流程和应急预案救援指挥</td><td>3</td></tr>
<tr><td>B14</td><td>培训方式应包括授课、实战演练或模拟演练</td><td>2</td></tr>
<tr><td rowspan="3">调度人员素质（10）</td><td>B15</td><td>调度人员应经过专业、系统的地铁运营调度指挥培训并取得相应的资格证书</td><td>4</td></tr>
<tr><td>B16</td><td>调度人员应具备正常情况下，熟练指挥调度和行车工作的能力</td><td>3</td></tr>
<tr><td>B17</td><td>调度人员应具备在紧急或事故情况下，沉着冷静，快速制定应对方案和组织救援的能力</td><td>3</td></tr>
<tr><td rowspan="8">列车运行（25）</td><td rowspan="3">列车运用规章（4）</td><td>B18</td><td>应制定明确、顺畅的列车日常运用规章</td><td>1.5</td></tr>
<tr><td>B19</td><td>应制定故障列车下线和救援列车运用规章</td><td>1.5</td></tr>
<tr><td>B20</td><td>上述规章与调度规章应相协调</td><td>1</td></tr>
<tr><td rowspan="2">列车操作规程（6）</td><td>B21</td><td>应制定明确、实用的列车操作规程</td><td>4</td></tr>
<tr><td>B22</td><td>规程中应明确写出列车故障模式下的操作要点</td><td>2</td></tr>
<tr><td rowspan="3">驾驶员培训（6）</td><td>B23</td><td>应建立驾驶员培训制度</td><td>1</td></tr>
<tr><td>B24</td><td>培训内容应包括正常操作流程和故障情况下的操作要点</td><td>3</td></tr>
<tr><td>B25</td><td>培训方式应包括授课和实战演练或模拟演练</td><td>2</td></tr>
</table>

续表 B

评价项目及分值	分项及分值	子项序号	定性定量指标	分值
列车运行	驾驶员素质（9）	B26	驾驶员应经过专业、系统的列车驾驶培训并取得相应的资格证书	3
		B27	驾驶员应具备正常情况下，熟练驾驶列车运行的能力	2
		B28	驾驶员应熟悉各种可能的突发事件的基本应对流程	2
		B29	驾驶员应具备事故情况下，沉着冷静，在区间组织疏散乘客的能力	2
客运组织（27）	乘客安全管理（10）	B30	服务标志系统应具有警示标志、禁止标志、紧急疏散指示标志	5
		B31	在容易发生事故部位，应设置警示标志或有专人引导或设置安全防护设施	4
		B32	应设置盲道、轮椅通道、垂直电梯等保证残障人士安全进出车站的引导设施	1
	乘客安全监控系统（3）	B33	应至少设置中央和车站两级乘客安全监控系统	1
		B34	乘客安全监控系统应能够监控车站所有客流集中部位和意外情况易发部位	2
	乘客安全宣传教育（4）	B35	应对乘客进行安全乘车常识的宣传教育	2
		B36	应对乘客进行紧急情况下正确疏散以及逃生自救知识的宣传	2
	站务人员培训（4）	B37	应建立站务人员培训制度	1
		B38	培训内容应包括正常情况下的工作要点和突发状况应对措施	2
		B39	培训方式应包括授课、实战演练或模拟演练	1
	站务人员素质（6）	B40	站务人员应经过客运组织培训并取得相应的资格证书	2
		B41	站务人员应具备辨识危险品的基本方法和技巧	2
		B42	站务人员应熟悉各种可能的突发事件的基本应对流程	2

附录 C 车辆系统评价表

表 C

评价项目及分值	分项及分值	子项序号	定性定量指标	分值
车辆（85）	车辆安全性能与安全防护设施（45）	C01	车辆的脱轨系数应小于 0.8；轮重减载率应小于 0.6；倾覆系数应小于 0.8	5
		C02	列车两端的车辆可设置防意外冲撞的撞击能量吸收区	1
		C03	地面或高架运行的列车两端可装设防爬装置	1
		C04	动车转向架构架电机吊座与齿轮箱吊座在寿命期内不发生疲劳裂纹	5

续表 C

评价项目及分值	分项及分值	子项序号	定性定量指标	分值
车辆	车辆安全性能与安全防护设施	C05	客室车门应具有非零速自动关门的电气联锁及车门闭锁装置，行驶中确保门的锁闭无误	2
		C06	客室车门处应设置紧急解锁开关	2
		C07	司机台应设置紧急停车操纵装置和警惕按钮	2
		C08	列车在平直道上实施紧急制动时，应能在规定的距离内停车	2
		C09	在列车意外分离时，应立刻自动实施紧急制动，保证分离的列车自动制动	2
		C10	列车应有两台或两台以上独立的电动空气压缩机组，当一台机组失效时，其余压缩机组的性能、排气量、供气质量和储风缸容积应均能满足整列车的供气要求；储风缸的容积应满足压缩机停止运转后列车三次紧急制动的用风量	2
		C11	前照灯在车辆前端紧急制停距离处照度不应小于 2lx	1
		C12	在未设安全通道的线路上运行的列车两端应设紧急疏散门	2
		C13	列车各车辆之间应设贯通道	2
		C14	车门、车窗玻璃应采用一旦发生破坏时其碎片不会对人造成严重伤害的安全玻璃	1
		C15	蓄电池应能够满足车辆在故障情况下的应急照明、外部照明、车载安全设备、广播、通信、应急通风等系统工作不低于 45min；地面与高架线路不低于 30min	2
		C16	车辆应有列车自动防护系统（ATP）或列车自动防护系统（ATP）与自动驾驶系统（ATO），以及可保证行车安全的通信联络装置	3
		C17	电气设备过电压、过电流、过热保护功能应齐全	2
		C18	采用受电弓受电的列车应设避雷装置	1
		C19	凡散发热量的电气设备，在其可能与乘客、乘务人员或行李发生接触时，应有隔热措施，其外壳或防护外罩外面的温度不得超过 50℃	1
		C20	对安装采暖设备部位的侧墙、地板及座椅等应进行安全隔热处理，车用电加热器罩板表面温度不应大于 68℃	1
		C21	车厢内应设置乘客紧急按钮或与司机紧急对讲装置、应急照明灯、应急装备、消防器材	3
		C22	车辆应有各种警告标识：司机室内的紧急制动装置、带电高压设备、电器箱内的操作警示、消防器材、紧急按钮或与司机紧急对讲装置的位置与使用方法	2

续表 C

评价项目及分值	分项及分值	子项序号	定性定量指标	分值
车辆	车辆防火性能（30）	C23	车辆的车顶、侧板、内衬、顶棚、地板应使用不燃或阻燃材料	10
		C24	车厢地板上铺物、座椅、扶手、隔热隔声材料、装饰及广告材料等应使用不燃或阻燃材料	7
		C25	车厢内非金属材料应具有耐熔化滴落性能	3
		C26	各电路的电气设备连接导线和电缆应使用低烟、低卤阻燃材料	10
	车辆可靠性（10）	C27	车辆由于故障退出服务统计不大于0.1次/万组公里	10
维修体系（15）	维修制度（5）	C28	应建立车辆维修制度	2
		C29	应制定车辆各级检修规程	2
		C30	对车辆故障信息应有记录、分析、纠正和预防措施	1
	维修人员（5）	C31	车辆维修人员应持证上岗	3
		C32	应对车辆维修人员定期培训	2
	维修配件（5）	C33	应选择有资质的维修配件供货商	2
		C34	应建立维修配件检验制度	2
		C35	对维修配件的质量信息应有记录、分析、纠正和预防措施	1

附录D　供电系统评价表

表 D

评价项目及分值	分项及分值	子项序号	定性定量指标	分值
主变电站（23）	主变电站设备（10）	D01	每座主变电站应有两路相互独立可靠的电源引入，并应设两台主变压器。当一路电源或一台主变压器故障或检修时，应由另一路电源或一台主变压器供电。当主变电站全站停用时，应由相邻主变电站供电，并应确保一、二级用电负荷	2
		D02	辅助主变电站应有一路专用电源供电，设置一台主变压器	1.5
		D03	在地下使用的电气设备及材料，应选用体积小、低损耗、低噪声、防潮、无自爆、低烟、无卤、阻燃或耐火的定型产品	2
		D04	变电站继电保护装置应满足可靠性、选择性、灵敏性和速动性的要求	2
		D05	接地电阻应符合要求	1.5
		D06	应设置接地保护	1

续表 D

评价项目及分值	分项及分值	子项序号	定性定量指标	分值
主变电站（23）	主变电站安全防护设施（6）	D07	主变电站周围建筑应设置避雷设施，并每年进行检测	1
		D08	应设置完善的过负荷、短路保护装置	1
		D09	应设置防灾报警装置，配置必要的消防设施、器材和应急装备	1
		D10	应设置应急照明	1
		D11	应设置安全操作警示标志和安全疏散指示标志	1
		D12	主变电站设备应定期进行预防性试验，试验合格后，才能继续使用	1
	运作与维护（7）	D13	各供电设备及继电保护装置应定期检验，满足电力或地铁相关规范要求	1
		D14	供电试验使用的仪器仪表必须按照国家标准定期检测，试验单位和人员应具有相关专业资质和资格	1
		D15	主变电站值班或巡视维护人员和应急处理人员数量及结构应配置合理	1
		D16	主变电站操作人员应具有上岗资格	1
		D17	主变电站操作人员应定期进行培训	1
		D18	应建立主变电站的维护规程	1
		D19	对主变电站故障信息应有记录、分析、纠正和预防措施	1
牵引变电站（27）	牵引变电站设备（10）	D20	牵引变电站应有两路独立的电源供电，两路电源引自同一主变电站的不同母线段或不同主变电站母线段	2
		D21	牵引变电站应设置两台牵引整流机组，两台整流机组并列运行	2
		D22	牵引变电站中一台牵引整流机组退出运行时，另一台牵引整流机组在允许负荷的情况下继续供电	1.5
		D23	在其中一座牵引变电站退出运行时，相邻的两座牵引变电站应能分担其供电分区的牵引负荷	1.5
		D24	牵引变电站直流设备外壳应对地绝缘安装	1.5
		D25	接地电阻应符合要求	1.5
	牵引变电站安全防护设施（9）	D26	应设置接地保护	1
		D27	牵引变电站周围建筑应设置避雷设施，并每年进行检测	1
		D28	应设置完善的短路和过负荷继电保护装置	1
		D29	应设有防止大气过电压及操作过电压的保护设施	1
		D30	设置防灾报警设施，配置必要的消防设施、器材和应急装备	1
		D31	设置应急照明	1
		D32	无人值班的牵引变电站应设置监控系统	1
		D33	无人值班的牵引变电站所有设备故障信息和操作信息能与调度中心联网	1
		D34	应设置安全操作警示标志和安全疏散指示标志	1

续表 D

评价项目及分值	分项及分值	子项序号	定性定量指标	分值
牵引变电站	运作与维护（8）	D35	牵引变电站设备应定期进行预防性试验，试验合格后，才能继续使用	1
		D36	各供电设备及继电保护装置应定期检验，满足电力或地铁相关规范要求	1
		D37	供电试验使用的仪器仪表必须按照国家标准定期检测，试验单位和人员应具有相关专业资质和资格	1
		D38	牵引变电站值班或巡视维护人员和应急处理人员数量及结构配置合理	1
		D39	牵引变电站操作人员应具有上岗资格	1
		D40	牵引变电站操作人员应定期进行培训	1
		D41	应建立牵引变电站的维护规程	1
		D42	对牵引变电站故障信息应有记录、分析、纠正和预防措施	1
降压变电站（23）	降压变电站设备（7）	D43	降压变电站应有两路独立的电源供电	2
		D44	降压变电站应设置两台配电变压器。一台配电变压器退出运行时，另一台配电变压器承担变电站的全部一、二级负荷	2
		D45	配电变压器容量应按远期高峰小时考虑	1.5
		D46	接地电阻应符合要求	1.5
	降压变电站安全防护设施（9）	D47	应设置接地保护	1
		D48	降压变电站周围建筑应设置避雷设施，并每年进行检测	1
		D49	应设置完善的短路和过负荷继电保护装置	1
		D50	应设有防止大气过电压及操作过电压的保护设施	1
		D51	应设置防灾报警装置，配置必要的消防设施、器材和应急装备	1
		D52	应设置应急照明	1
		D53	无人值班的降压变电站应设置监控系统	1
		D54	无人值班的降压变电站所有设备故障信息和操作信息应能与调度中心联网	1
		D55	应设置安全操作警示标志和安全疏散指示标志	1
	运作与维护（7）	D56	降压变电站设备应定期进行预防性试验，试验合格后，才能继续使用	1
		D57	各供电设备及继电保护装置应定期检验，满足电力或地铁相关规范要求	1
		D58	供电试验使用的仪器仪表必须按照国家标准定期检测，试验单位和人员应具有相关专业资质和资格	1
		D59	降压变电站操作人员应具有上岗资格	1
		D60	降压变电站操作人员应定期进行培训	1
		D61	应建立降压变电站的维护规程	1
		D62	对降压变电站故障信息应有记录、分析、纠正和预防措施	1

续表 D

评价项目及分值	分项及分值	子项序号	定性定量指标			
			接触网	分值	接触轨	分值
接触网（接触轨）（9）	接触网（接触轨）（7）	D63	接触线的磨耗应在允许范围内	1	接触轨对地应有良好的绝缘	2
		D64	牵引变电站直流快速断路器至正线接触网间应设置隔离开关	1	接触轨应设防护罩和警示标志	1
		D65	接触网带电部分与结构体、车体之间的最小净距：标称电压1500V时，静态为150mm，动态为100mm；标称电压750V时，静态为25mm，动态为25mm	1	接触轨带电部分与结构体、车体之间的最小净距：标称电压1500V时，静态为150mm，动态为100mm；标称电压750V时，静态为25mm，动态为25mm	2
		D66	固定接触网的非带电金属支持结构物应与架空地线相连接，架空地线应引至牵引变电站接地装置	1	当杂散电流腐蚀防护与接地有矛盾时，应以接地安全为主	1
		D67	在地面区段、高架区段，接触网应设置避雷设施	1	在地面区段、高架区段，走行轨应设置避雷设施	1
		D68	车库线进口分段处应设置带接地刀闸的隔离开关	1	—	—
		D69	洗车库内接触网与两端接触网绝缘分段，该接触网接地系统应可靠	1		
	运作与维护（2）	D70	检修人员应具有上岗资格			0.5
		D71	检修人员应定期进行培训			0.5
		D72	应建立接触网（接触轨）的维护规程			0.5
		D73	对接触网（接触轨）故障信息应有记录、分析、纠正和预防措施			0.5
电力电缆（15）	电力电缆（11）	D74	电缆在地下敷设时应采用低烟无卤阻燃电缆，在地上敷设时应采用低烟阻燃电缆。为应急照明、消防设施供电的电缆，明敷时应采用低烟无卤耐火铜芯电缆或矿物绝缘耐火电缆			8
		D75	电缆贯穿隔墙、楼板的孔洞处，应实施阻火封堵			3

续表 D

评价项目及分值	分项及分值	子项序号	定性定量指标	分值
电力电缆	运作与维护（4）	D76	检修人员应具有上岗资格	1
		D77	检修人员应定期进行培训	1
		D78	应建立电力电缆的维护规程	1
		D79	对电力电缆故障信息应有记录、分析、纠正和预防措施	1
维件修配（3）	维件修配（3）	D80	应选择有资质的维修配件供货商	1
		D81	应建立维修配件检验制度	1
		D82	对维修配件的质量信息应有记录、分析、纠正和预防措施	1

附录E 消防系统与管理评价表

表 E

评价项目及分值	分项及分值	子项序号	定性定量指标	分值
消防系统与管理（100）	火灾自动报警系统（FAS）及联动控制（20）	E01	在车站控制室，FAS系统应能按照预定模式启、停，应能显示运行状态；消防联动盘应运行情况正常	5
		E02	车站FAS系统必须显示气体自动灭火系统保护区的报警、放气、风机和风阀状态、手动/自动放气开关所处位置；火灾自动报警系统主、备电及其相互切换功能应正常，并应显示主、备电状态	5
		E03	站厅、站台、各种设备机房、库房、值班室、办公室、走廊、配电室、电缆隧道或夹层等处应设火灾探测器；设置火灾探测器的场所应设置手动报警按钮；车站相应场所应设有消防对讲电话	5
		E04	地铁中央控制中心应能控制消防救灾设备的启、停，应能显示运行状态；消防联动系统应能正常运行	5
	气体灭火系统（15）	E05	设置气体灭火装置的房间应设置机械通风系统，所排除的气体必须直接排出地面	7
		E06	地下车站通信设备房、信号设备房、变电站、电控室等重要设备房应设置气体自动灭火装置	8
	消防给水系统（15）	E07	地下车站站厅、站台、设备及管理用房区域、人行通道、区间隧道应设室内消火栓，地面或高架车站室内消火栓应符合《建筑设计防火规范》GB 50016的有关规定	6
		E08	地下车站消火栓用水量应满足≥20L/s；地下折返线及地下区间隧道消火栓用水量应≥10L/s	3
		E09	水泵结合器和室外消火栓应设有明显标志且方便操作	1
		E10	消防主、备泵均应工作正常，出水压力符合要求	5

续表 E

评价项目及分值	分项及分值	子项序号	定性定量指标	分值
消防系统与管理	应急照明及疏散指示（10）	E11	站厅、站台、自动扶梯、自动人行道、楼梯口、疏散通道、安全出口、区间隧道、车站控制室、值班室、变电站、配电室、信号机械室、消防泵房、公安用房等处应设置应急照明；应急照明的照度不小于正常照明照度的10%	4
		E12	应急照明的连续供电时间应≥1h	2
		E13	站厅、站台、自动扶梯、自动人行道、楼梯口、人行疏散通道拐弯处、安全出口和交叉口等处沿通道长向每隔≤20m处应设置醒目的疏散指示标志；疏散指示标志距地面应<1m	3
		E14	区间隧道内应设置集中控制型疏散指示标志	1
	灭火器配置与管理（9）	E15	地铁各相关场所选择、配置和设置的灭火器应符合《建筑灭火器配置设计规范》GB 50140的有关规定。灭火器应在使用期限内	6
		E16	制定灭火器定期检测制度并切实落实	3
	车站消防管理（10）	E17	车站、主变电站、地铁控制中心等消防重点部位应落实消防安全责任制，明确岗位消防安全职责	2
		E18	车站在运营期间至少每2h应进行一次防火巡查；在运营前和结束后，应对车站进行全面检查	2
		E19	车站应认真填写消防安全检查记录；对消防设施的状况、存在火灾隐患以及火灾隐患的整改措施等有书面记录，并存档	2
		E20	地铁运营企业应对所属消防设施进行定期检查和维护保养，建立记录档案；车站应建立消防安全检查记录档案	2
		E21	定期组织消防演练	2
	人员与设备管理（7）	E22	应建立消防控制室24小时值班制度，值班人员交接班时应填写值班记录	2
		E23	消防控制室值班人员应持有“消防操作员”上岗证并能正确操作消防联动设备	2
		E24	消防控制室内除操作设备外，不能存放其他物品	1
		E25	应建立FAS系统及联动控制设备的检修制度，对FAS系统及联动控制设备的故障信息应有记录、分析、纠正和预防措施	2
	建筑与附属设施防火（14）	E26	地铁与地下及地上商场等地下建筑物相连接处应采取防火分隔设施	2
		E27	车站内的墙、地、顶面、装饰装修材料及设备设施应采用不燃材料，不应采用石棉、玻璃纤维及塑料类制品	2
		E28	车站站厅乘客疏散区、站台及疏散通道内不应设置商业场所	2

续表 E

评价项目及分值	分项及分值	子项序号	定性定量指标	分值
消防系统与管理	建筑与附属设施防火	E29	车站站台和站厅防火分区安全出口的数量不应少于两个，应直通车站外部空间；其他各防火分区安全出口的数量也不应少于两个，应有一个安全出口直通外部空间	2
		E30	地铁车站设备、管理用房区安全出口及楼梯的最小净宽为 1.0m；单面布置房间的疏散通道最小净宽为 1.2m；双面布置房间的疏散通道最小净宽为 1.5m	2
		E31	附设于设备及管理用房的门至最近安全出口的距离不得超过 35m，位于尽端封闭的通道两侧或尽端的房间，其最大距离不得超过上述距离的 1/2	2
		E32	地下车站中的座椅、服务标识牌、广告牌等设施应采用不燃材料	2

附录 F　线路及轨道系统评价表

表 F

评价项目及分值	分项及分值	子项序号	定性定量指标	分值
线路及轨道系统（70）	线路及轨道系统（70）	F01	两条正线接轨应选择在车站内，并采取同向相接，避免车辆异向运行	5
		F02	辅助线与正线接轨时，宜在列车进入正线之前设置隔开设备	5
		F03	任何情况下，线路平面、纵断面的变动不得影响限界	5
		F04	位于正线上圆曲线及曲线间夹直线的最小长度应不小于一辆车辆的长度，困难情况下不应小于车辆全轴距，夹直线长度还应满足超高顺坡和轨距加宽的要求	5
		F05	曲线地段严禁设置反超高	5
		F06	道岔应铺设在直线上，并应避免设在竖曲线上	5
		F07	轨道结构应坚固、耐久、稳定，应具有适当的弹性，保证列车运行平稳安全	5
		F08	正线及辅助线钢轨接头应符合有关规定	5
		F09	无缝线路联合接头距桥台边墙不小于 2m，铝热焊缝距轨枕边不得小于 40mm	5
		F10	正线、试车线及辅助线的末端应设置车挡，车挡应能承受不大于 15km/h 速度的列车水平冲击荷载	5
		F11	在小半径曲线地段、缓和曲线与竖曲线重叠地段、跨越河流、城市主要道路、铁路干线或重要建筑物地段，高架线路应设置防脱护轨装置	5

续表 F

评价项目及分值	分项及分值	子项序号	定性定量指标	分值
线路及轨道系统	线路及轨道系统	F12	轨道交通线路应布设线路与信号标志，无缝线路地段应布设钢轨位移观测桩	5
		F13	轨道的路基应坚固、稳定，并满足防洪、排水要求	5
		F14	地面及高架线路两旁应设置一定高度隔离栏，防止外来人员侵入	5
维修体系（30）	管理与维护（21）	F15	应建立线路及轨道系统的保养制度、巡检制度	3
		F16	应建立线路及轨道系统保养、巡检的记录台账	3
		F17	检修人员应具有上岗资格	5
		F18	应对检修人员定期技术培训	5
		F19	对线路及轨道系统故障信息应有记录、分析、纠正和预防措施	5
	维修配件（9）	F20	应选择有资质的维修配件供货商	3
		F21	应建立维修配件检验制度	2
		F22	对维修配件的质量信息应有记录、分析、纠正和预防措施	2
		F23	轨道检测车、钢轨打磨车等维修设备应有质检合格证	2

附录G 机电设备评价表

表 G

评价项目及分值	分项及分值	子项序号	定性定量指标	分值
自动扶梯、电梯与自动人行道（17）	自动扶梯、电梯与自动人行道设备（8）	G01	设备必须由法定质量技术监督部门出具设备使用证	2
		G02	在用设备必须由法定特种设备检验检测机构检验合格并出具有效期内设备验收检验报告和“安全检验合格”标志	2
		G03	地铁车站自动扶梯宜采用公共交通型重载扶梯，其传输设备及部件应采用不燃或难燃材料	2
		G04	设备的各项安全保护装置设置齐全，动作灵敏、可靠	2
	安全防护标识（2）	G05	所有自动扶梯和自动人行道出入口处应贴图示警示标志，所有电梯内应贴电梯使用安全守则	1
		G06	对于穿越楼层的自动扶梯，其扶手带中心至开孔边缘的净距＜400mm 时，应设有防碰撞安全标志	1
	管理与维护（4）	G07	应建立维护、保养制度、检修规程及应急处理程序	1
		G08	检修人员应具有上岗资格	1
		G09	应对检修人员定期技术培训	1
		G10	对自动扶梯、电梯、自动人行道故障信息应有记录、分析、纠正和预防措施	1

续表 G

评价项目及分值	分项及分值	子项序号	定性定量指标	分值
自动扶梯、电梯与自动人行道	维修配件（3）	G11	应选择有资质的维修配件供货商	1
		G12	应建立维修配件检验制度	1
		G13	对维修配件的质量信息应有记录、分析、纠正和预防措施	1
屏蔽门系统与防淹门系统（30）	屏蔽门系统设备（14）	G14	屏蔽门无故障使用次数应≥100 万次	3
		G15	屏蔽门应接地连接牢固，接地电阻在允许值内	1
		G16	屏蔽门应能与信号系统联动，实现屏蔽门的正常开/关功能	3
		G17	屏蔽门手动开门功能（应急）和站台级开/关门功能正常	3
		G18	ATP 系统应为列车车门、屏蔽门等开闭提供安全监控信息	2
		G19	可设有应急门；应急门的位置应保证当列车与滑动门不能对齐时的乘客疏散	2
	防淹门系统设备（8）	G20	防淹门应能与信号系统联动，实现防淹门的正常开/关功能	3
		G21	防淹门及车站控制功能应正常	3
		G22	车站对防淹门系统所辖区间的水位应具备监视功能	2
	安全防护标识（2）	G23	屏蔽门应设有明显的安全标志、使用标志和应急情况操作指示	1
		G24	防淹门应有明显的安全标志、使用标志和应急情况操作指示	1
	管理与维护（4）	G25	应建立维护、保养制度、检修规程及应急处理程序。对应急排烟、通风功能定期检查并有检查记录	2
		G26	检修人员应具有上岗资格	0.5
		G27	应对检修人员定期技术培训	0.5
		G28	对屏蔽门故障信息应有记录、分析、纠正和预防措施	1
	维修配件（2）	G29	应选择有资质的维修配件供货商	1
		G30	应建立维修配件检验制度	0.5
		G31	对维修配件的质量信息应有记录、分析、纠正和预防措施	0.5
给排水设备（13）	给水系统（2.5）	G32	生活用水设备和卫生器具的水压，应符合现行国家标准《建筑给水排水设计规范》GB 50015 的规定	1
		G33	给水管不应穿过变电站、通信信号机房、控制室、配电室等房间	1.5
	排水系统（6）	G34	地铁车站及沿线的各排水泵站、排雨泵站、排污泵站应设有危险水位报警装置	3
		G35	各水位报警装置应运行正常	3

续表 G

评价项目及分值	分项及分值	子项序号	定性定量指标	分值
给排水设备	管理与维护（3）	G36	应建立维护、保养制度、检修规程及应急处理程序	1
		G37	检修人员应具有上岗资格	0.5
		G38	应对检修人员定期技术培训	0.5
		G39	对给排水设备故障信息应有记录、分析、纠正和预防措施	1
	维修配件（1.5）	G40	应选择有资质的维修配件供货商	0.5
		G41	应建立维修配件检验制度	0.5
		G42	对维修配件的质量信息应有记录、分析、纠正和预防措施	0.5
通风和空调设备（30）	通风和空调设备（21）	G43	空调系统设置的压力容器必须由国家认可资质的质量技术监督部门出具压力容器使用证，并必须由国家认可资质的特种设备监察检验部门检验合格并出具有效期内压力容器检验报告和“安全检验合格”标志	5
		G44	地下车站内站台发生火灾时，应保证站厅到站台的楼梯和扶梯口处具有不小于 1.5m /s 的向下气流。区间隧道发生火灾时，应能背着乘客疏散方向排烟，迎着乘客疏散方向送新风；单洞区间隧道断面排烟流速不小于 2m/s 且不大于 11m/s	10
		G45	区间隧道排烟风机及烟气流经的辅助设备应保证在 150℃时能连续有效工作 1h。地下车站站厅、站台和设备及管理用房发生火灾时，应保证排烟风机及烟气流经的辅助设备在 250℃时能连续有效工作 1h	6
	管理与维护（5）	G46	应建立维护、保养制度、检修规程及应急处理程序	2
		G47	检修人员应具有上岗资格	1
		G48	应对检修人员定期技术培训	1
		G49	对设备故障信息应有记录、分析、纠正和预防措施	1
	维修配件（4）	G50	应选择有资质的维修配件供货商	2
		G51	应建立维修配件检验制度	1
		G52	对维修配件的质量信息应有记录、分析、纠正和预防措施	1
风亭（10）	风亭（8）	G53	地铁进、排风亭口部距其他任何建筑物的直线距离≥5m；当风亭高于路边时，风亭开口底距地面的高度≥2m	4
		G54	进风风亭应设在空气洁净的地方	2
		G55	风亭出口处连接道口的 3.5m 宽的通道上禁止堆放物品	2
	管理与维护（2）	G56	应建立维护、巡视制度	1
		G57	应建立维护、巡视档案	1

附录 H　通信设备评价表

表 H

评价项目及分值	分项及分值	子项序号	定性定量指标	分值
通信系统（87）	通信系统技术（15）	H01	通信系统应能安全、可靠地传递语音、数据、图像、文字等信息，并应具有网络监控、管理功能	3
		H02	各轨道交通线路的通信系统应能互联互通，实现信息资源共享	3
		H03	当出现紧急情况时，通信系统应能迅速及时地为防灾救援和事故处理的指挥提供通信联络	3
		H04	通信系统各子系统应具有故障时降级使用功能，主要部件应具有冗余保护功能	3
		H05	通信系统应具有防止电机牵引所产生的谐波电流、外界电磁波、静电等对通信系统的干扰功能，并采取必要的防护措施	3
	传统系统（6）	H06	传输系统应是独立专用传输网络	3
		H07	传输系统必须有自保护功能	3
	公务电话系统（6）	H08	对特种业务呼叫应能自动转接到市话网的“119”、“110”、“120”，并可进行电话跟踪	3
		H09	公务电话系统应具有在线维护管理、安全保护措施、故障诊断和定位功能	3
	专用电话系统（9）	H10	专用电话系统宜由调度电话、区间电话、站间电话、站内集中电话、紧急电话等组成	3
		H11	调度电话应具有优先级，并具有录音功能	3
		H12	专用电话系统应具有在线维护管理、安全保护措施、故障诊断和定位功能	3
	无线通信系统（10）	H13	无线通信系统应设置列车调度、事故及防灾、车辆综合基地管理及设备维护四个子系统，其容量和覆盖范围应满足轨道交通运营的要求。在地下车站及区间应设置公安、消防无线通信系统，满足市公安、消防统一调度要求	6
		H14	无线通信系统设备应能平滑稳定地升级和扩容，不得中断正常的运营	4
	图像信息系统（12）	H15	图像信息系统应满足各级控制中心调度员、车站值班员、列车司机对车站图像监视的功能要求。摄像机的安装部位应满足运营监视和公安监视的要求，并确保事故状态下摄像	6
		H16	车站图像信息系统设备应能对运营监视的图像进行录像，控制中心图像信息系统设备应能对各车站传来图像进行录像	6

续表 H

评价项目及分值	分项及分值	子项序号	定性定量指标	分值
通信系统	广播系统（7）	H17	控制中心和车站均应设置行车和防灾广播控制台。控制中心广播控制台可以对全线选站、选路广播；车站广播控制台可对本站管区内选路广播	2
		H18	行车和防灾广播的区域应统一设置。防灾广播应优先于行车广播	2
		H19	列车上应设置广播设备，并可以接受控制中心调度指挥员通过无线通信系统对运行列车中乘客的语音广播	2
		H20	防灾广播可根据应急事件事先录制或制定广播内容，且采用多语种	1
	通信电源（18）	H21	通信电源系统必须是独立的供电设备，并具有集中监控管理功能	3
		H22	通信电源系统应保证对通信设备不间断、无瞬变地供电	3
		H23	地铁通信设备应按一级负荷供电。由变电站接双电源双回路的交流电源至通信机房交流配电屏，当使用中的一路出现故障时，应能自动切换至另一路	3
		H24	控制中心、各车站及车辆段（停车场）的通信设备应按一类负荷供电，各通信机房应设置电源自动切换设备	3
		H25	交流供电电源电压波动范围不应大于±10%，交流供电容量应为各设备总额定容量的130%	3
		H26	不间断电源的蓄电池容量应保证向各通信设备连续供电不少于2h	3
	通信系统接地（4）	H27	综合接地的接地电阻不大于1Ω，控制中心、各车站的综合接地宜与供电系统合设接地体	2
		H28	分设保护接地时，应采用供电系统的接地（TN－S制），其接地电阻应不大于4Ω	1
		H29	车辆段（停车场）宜设置独立的通信接地体，作为通信系统的联合接地，其接地体应与其他接地体的间隔不小于20m	1
维修体系（13）	管理与维护（10）	H30	应建立检修制度	2
		H31	应建立保养、巡检的记录台账	2
		H32	检修人员应具有上岗资格	2
		H33	应对检修人员定期技术培训	2
		H34	应对通信系统故障信息有记录、分析、纠正和预防措施	2
	维修配件（3）	H35	应选择有资质的维修配件供货商	1
		H36	应建立维修配件检验制度	1
		H37	对维修配件的质量信息应有记录、分析、纠正和预防措施	1

附录J　信号设备评价表

表J

评价项目及分值	分项及分值	子项序号	定性定量指标	分值
信号系统（85）	信号系统技术（65）	J01	运营线路上的车站应纳入ATS系统监控范围，涉及行车安全的应直接控制，由车站办理，车辆段、停车场与正线衔接的出入段线应纳入监控范围	6
		J02	当信号系统设备发生故障时，ATC系统控制等级应遵循降级运行，按车站人工控制优先于控制中心人工控制、控制中心人工控制优先于控制中心的自动控制或车站自动控制的原则来确保运营安全	6
		J03	在ATC控制区域内使用列车驾驶限制模式或非限制模式时，应有破铅封、记录或特殊控制指令授权等技术措施	6
		J04	在需要进行折返作业的折返点，应提供完整的ATP功能	6
		J05	与列车运营安全有关的信号设备均应具备故障倒向安全的措施；应具有自检及故障报警功能，应具有冗余技术和双机自动转换功能	6
		J06	列车内信号应有列车实际运行速度、列车运行前方的目标速度两种速度显示报警装置和必要的切换装置，并设于两端司机室内	5
		J07	ATP执行强迫停车控制时，应切断列车牵引，列车停车过程不得中途缓解。如需缓解，司机应在列车停车后履行一定的操作手续，列车方能缓解	5
		J08	为确保行车安全，在各线车站站台及车站控制室应设站台紧急关闭按钮，站台紧急关闭按钮电路应符合故障一安全原则	5
		J09	装有引导信号的信号机因故不能正常开放时，应通过引导信息实现列车的引导作业	5
		J10	各线的ATC系统控制区域与非ATC系统控制区域的分界处，应设驾驶模式转换区，转换区的信号设备应与正线信号设备一致	5
		J11	信号系统供电负荷等级应为一级，设两路独立电源	5
		J12	信号系统电缆宜采用阻燃、低毒、防腐蚀护套电缆	5
	安全防护设施（20）	J13	信号设备应设置接地保护	8
		J14	高架和地面线的室外信号设备与外线连接的室内信号设备必须具有雷电防护设施	7
		J15	转辙机及线路轨旁设备应有防进水设施	5

续表 J

评价项目及分值	分项及分值	子项序号	定性定量指标	分值
维修体系（15）	管理与维护（12）	J16	应建立使用涉及行车安全的产品的审批制度	2
		J17	应建立信号系统的保养制度、巡检制度	2
		J18	应建立保养、巡检的记录台账	2
		J19	检修人员应具有上岗资格	2
		J20	应对检修人员定期技术培训	2
		J21	对信号系统故障信息应有记录、分析、纠正和预防措施	2
	维修配件（3）	J22	应选择有资质的维修配件供货商	1
		J23	应建立维修配件检验制度	1
		J24	对维修配件的质量信息应有记录、分析、纠正和预防措施	1

附录 K　环境与设备监控系统评价表

表 K

评价项目及分值	分项及分值	子项序号	定性定量指标	分值
BAS/EMCS 系统（65）	BAS/EMCS 系统（65）	K01	BAS/EMCS 系统应具备机电设备监控、执行阻塞模式、环境监控与节能运行管理、环境和设备的管理功能	20
		K02	BAS/EMCS 系统应能接收 FAS 系统车站火灾信息，执行车站防烟、排烟模式；执行隧道防排烟模式；执行阻塞通风模式；能监控车站逃生指示系统和应急照明系统；能监视各排水泵房危险水位	30
		K03	车站应配置车站控制室紧急控制盘（IBP 盘）作为 BAS 火灾工况自动控制的后备措施，其操作权高于车站和中央工作站，盘面应以火灾工况操作为主，操作程序应简便、直接	15
安全防护标识（10）	安全防护标识（10）	K04	环境与设备监控设备应设有明显的安全警示标志、使用标志和应急情况操作指示	5
		K05	车站、车辆段、地铁控制中心、主变电站、冷站、冷却水塔和风亭等场所应设有减少和避免事故发生的安全警示标志	5
维修体系（25）	管理与维护（16）	K06	应建立维护、保养制度、检修规程及应急处理程序	4
		K07	检修人员应持证上岗	4
		K08	应对检修人员定期技术培训	4
		K09	对环境与设备监控系统故障信息应有记录、分析、纠正和预防措施	4
	维修配件（9）	K10	应选择有资质的维修配件供货商	3
		K11	应建立维修配件检验制度	3
		K12	对维修配件的质量信息应有记录、分析、纠正和预防措施	3

附录L 自动售检票系统评价表

表L

评价项目及分值	分项及分值	子项序号	定性定量指标	分值
自动售检票系统（60）	自动售检票系统（60）	L01	车站售检票设备数量配置应按近期高峰客流量配置，并预留远期高峰客流量所需设备的供电，预埋套线及安装位置等条件	20
		L02	检票口的通过能力应与相应的楼梯、自动扶梯的通过能力相适应，每个检票口的半单向检票机的数量应不少于2台	15
		L03	在紧急疏散情况下，车站控制室应能控制所有检票机闸门开放，检票机工作状态显示应与之相匹配	15
		L04	检票机对乘客应有明确、清晰、醒目的工作状态显示	10
维修体系（40）	管理与维护（20）	L05	应建立维护、保养制度	5
		L06	检修人员应具有上岗资格	5
		L07	对检修人员应定期技术培训	5
		L08	对自动售检票系统故障信息应有记录、分析、纠正和预防措施	5
	维修配件（20）	L09	应选择有资质的维修配件供货商	10
		L10	应建立维修配件检验制度	5
		L11	对维修配件的质量信息应有记录、分析、纠正和预防措施	5

附录M 车辆段与综合基地评价表

表M

评价项目及分值	分项及分值	子项序号	定性定量指标	分值
车辆段与综合基地（100）	车辆段与综合基地设施（40）	M01	车辆段出入线应按双线双向运行设计，并避免切割正线，有条件时可结合段型布置，实现列车调头转向功能	5
		M02	运用库根据车辆的受电方式设置架空接触网或地面接触轨时，地面接触轨应分段设置并加装安全防护罩，列检库和月检库的架空接触网列位之间和库前均应设置隔离开关或分段器，并均应设有送电时的信号显示或音响	10
		M03	车场牵引供电系统应根据作业和安全要求实行分区供电	10
		M04	当牵引供电采用接触轨方式时，车场线路的外侧应设安全防护网	10
		M05	沿海或江河附近地区车辆段与综合基地的线路路肩设计高程不小于1/100潮水位、波浪爬高值和安全高之和	5

续表 M

评价项目及分值	分项及分值	子项序号	定性定量指标	分值
车辆段与综合基地	防灾设施（60）	M06	车辆段与综合基地设计应有完善的消防设施	10
		M07	总平面布置、房屋设计和材料、设备的选用等应符合现行有关防火规范的规定	10
		M08	车辆段与综合基地内应有运输道路及消防道路，并应有不少于两个与外界道路相连通的出口	5
		M09	存放易燃品的仓库宜单独设置，并应符合现行《建筑设计防火规范》GB 50016 的有关规定	5
		M10	车辆段与综合基地应设救援办公室，受地铁控制中心指挥	5
		M11	车辆段、停车场应设火灾自动报警系统（FAS）	15
		M12	车辆段值班室应设置防灾无线通信设备	5
		M13	在备有消防路轨两用车的车辆段，应保证消防路轨平交通道畅通	5

附录 N　土建评价表

表 N

<table>
<tr><th>评价项目及分值</th><th>分项及分值</th><th>子项序号</th><th>定性定量指标</th><th>分值</th></tr>
<tr><td rowspan="4">地下、高架结构与车站建筑（40）</td><td rowspan="4">地下、高架结构与车站建筑（40）</td><td>N01</td><td>建立建筑结构设计缺陷（不符合现行建筑设计规范和防火规范）档案</td><td>5</td></tr>
<tr><td>N02</td><td>建立维护和巡检制度，且切实落实</td><td>10</td></tr>
<tr><td>N03</td><td>对建筑结构设计缺陷和劣化或破损有分析、监控、记录</td><td>10</td></tr>
<tr><td>N04</td><td>针对建筑结构设计缺陷和劣化或破损制定对策措施</td><td>15</td></tr>
<tr><td rowspan="4">车站设计（60）</td><td rowspan="4">站台（20）</td><td>N05</td><td>站台计算长度应采用远期列车编组长度加停车误差</td><td>3</td></tr>
<tr><td>N06</td><td>站台宽度应按车站客流量计算确定，最小宽度并应满足下表：
<table>
<tr><th>名　　称</th><th>最小宽度（m）</th></tr>
<tr><td>岛式站台</td><td>8</td></tr>
<tr><td>岛式站台的侧站台</td><td>2.5</td></tr>
<tr><td>侧式站台（长向范围内设梯）的侧站台</td><td>2.5</td></tr>
<tr><td>侧式站台（垂直于侧站台开通道口）的侧站台</td><td>3.5</td></tr>
</table></td><td>10</td></tr>
<tr><td>N07</td><td>距站台边缘 400mm 处设置不小于 80mm 宽的纵向醒目安全线。采用屏蔽门时不设安全线</td><td>3</td></tr>
<tr><td>N08</td><td>站台边缘距车辆外边之间空隙，在直线段宜为 80～100mm，在曲线段应不大于 180mm</td><td>4</td></tr>
</table>

续表 N

<table>
<tr><th>评价项目及分值</th><th>分项及分值</th><th>子项序号</th><th>定性定量指标</th><th>分值</th></tr>
<tr><td rowspan="7">车站设计</td><td rowspan="3">楼梯与通道（25）</td><td>N09</td><td>楼梯与通道的最大通过能力（每小时通过人数）应满足下表：
<table>
<tr><th colspan="2">名　　称</th><th>每小时通过人数</th></tr>
<tr><td rowspan="3">1m 宽楼梯</td><td>下行</td><td>4200</td></tr>
<tr><td>上行</td><td>3700</td></tr>
<tr><td>双向混行</td><td>3200</td></tr>
<tr><td rowspan="2">1m 宽通道</td><td>单向</td><td>5000</td></tr>
<tr><td>双向混行</td><td>4000</td></tr>
</table></td><td>8</td></tr>
<tr><td>N10</td><td>楼梯与通道的最小宽度应满足下表：
<table>
<tr><th>名　　称</th><th>最小宽度（m）</th></tr>
<tr><td>通道或天桥</td><td>2.4</td></tr>
<tr><td>单向公共区人行楼梯</td><td>1.8</td></tr>
<tr><td>双向公共区人行楼梯</td><td>2.4</td></tr>
<tr><td>与自动扶梯并列设置的人行楼梯</td><td>1.2</td></tr>
<tr><td>消防专用楼梯</td><td>0.9</td></tr>
<tr><td>站台至轨道区的工作梯（兼疏散梯）</td><td>1.1</td></tr>
</table></td><td>8</td></tr>
<tr><td>N11</td><td>人行楼梯和自动扶梯的总量布置应满足站台层的事故疏散时间不大于 6min</td><td>9</td></tr>
<tr><td rowspan="2">车站出入口（5）</td><td>N12</td><td>车站出入口的数量不少于 2 个</td><td>3</td></tr>
<tr><td>N13</td><td>地下车站出入口地面标高应高出室外地面，并应满足防洪要求</td><td>2</td></tr>
<tr><td rowspan="2">对策措施（10）</td><td>N14</td><td>建立车站设计缺陷档案</td><td>1</td></tr>
<tr><td>N15</td><td>针对车站设计缺陷制定对策措施</td><td>9</td></tr>
</table>

附录 P　外界环境评价表

表 P

评价项目及分值	分项及分值	子项序号	定性定量指标	分值
防自然灾害（84）	防风灾（13）	P01	应分析地铁所在地的气象条件（风灾）及特点	3
		P02	应针对风灾采取安全对策和措施	5
		P03	风灾安全防护设备设施应完整、有效	4
		P04	应建立风灾安全防护设备设施的定期检查记录	1
	防雷电（13）	P05	应分析地铁所在地的气象条件（雷电）及特点	3
		P06	应针对雷电采取安全对策措施	5
		P07	雷电安全防护设备设施应完整、有效	4
		P08	应建立雷电安全防护设备设施的定期检查记录	1

续表 P

评价项目及分值	分项及分值	子项序号	定性定量指标	分值
防自然灾害	防水灾（13）	P09	应分析地铁所在地的气象条件（水灾）及特点	3
		P10	应针对水灾采取安全对策措施	5
		P11	水灾安全防护设备设施应完整、有效	4
		P12	应建立水灾安全防护设备设施的定期检查记录	1
	防冰雪（13）	P13	应分析地铁所在地的气象条件（冰雪）及特点	3
		P14	应针对冰雪危害采取安全对策措施	5
		P15	冰雪危害安全防护设备设施应完整、有效	4
		P16	应建立冰雪危害安全防护设备设施的定期检查记录	1
	防地震（13）	P17	应分析地铁所在地的地震统计情况及特点	3
		P18	应针对地震危害采取安全对策和措施	5
		P19	地震危害安全防护设备（设施）应完整、有效	4
		P20	应建立地震危害安全防护设备（设施）的定期检查记录	1
	防地质灾害（19）	P21	应分析地铁所在地的地质条件及特点	3
		P22	应针对地质灾害采取安全对策和措施	4
		P23	应设立地质灾害监控系统	4
		P24	地质灾害监控系统设备应完整、有效	5
		P25	应对地质灾害监控记录情况进行分析	3
保护区（16）	保护区（16）	P26	应建立保护区安全管理、监测办法与措施	10
		P27	应建立保护区安全监测记录	1
		P28	对于侵入保护区范围的事件应有反映和处理记录	5

五、设计、施工及验收标准

中华人民共和国国家标准

地铁运营安全评价标准

GB/T 50438-2007

条文说明

前　言

《地铁运营安全评价标准》（GB/T 50438-2007），经建设部2007年10月25日以第743号公告批准发布。

为便于广大设计、施工、科研、学校等单位有关人员在使用本标准时能正确理解和执行条文规定，编制组按章、节、条顺序编制了本标准的条文说明，供使用者参考。在使用中如发现本条文说明有不妥之处，请将意见函寄北京地铁运营有限公司（地址：北京市西直门外北河沿2号，邮政编码：100044）。

1　总　则

1.0.1　地铁运营安全是指通过常规的管理和维护，在运营的地铁线路上不发生死亡、撞车等重大事故，保证地铁乘客和设备设施一定标准的安全性。影响地铁安全运营的重大事件是：火灾、列车脱轨、列车撞车、自然灾害、大面积停电、突发大客流、中毒窒息等，本标准是以防范这些重大事件的发生为基础，对地铁系统运营的安全现状进行梳理、评价。地铁系统运营的安全现状评价包括三个方面：1. 安全运营条件；2. 安全运营能力；3. 安全运营业绩。其中包括安全管理水平、系统安全状况、系统和设备负荷状况、安全防护设施、防灾性能、设备可靠性、从业人员、维修体系、安全运营业绩等。

1.0.2　“地铁”是指设计运量在每小时3万人以上的轨道交通，本标准适用于采用钢轮钢轨的地铁系统，而不包括线性电机牵引地铁系统等其他地铁系统；本标准适用于安全现状的评价，因此，正式投入运营满一年及以上的地铁运营系统可采用本标准。

3　基本规定

3.1　评价对象

3.1.1　地铁运营企业的运营管理模式可能是多样的，可能拥有多条线路的经营权，其中各条线路的形式或设备可能有很大不同，因此评价对象应是相对独立的一条地铁运营线路。

3.2　评价体系

3.2.1　狭义的地铁运营系统是指地铁线路上运营公司管理的系统，包含土建工程、电动车辆和各种机电设备的系统。实际上，影响地铁安全的因素远远超出这个范围，还包括大量的地铁乘客、相关的外围技术系统和社会系统。地铁内部集多学科、多专业、多工种于一体；地铁外部情况的变化，能量流和信息流无时无刻不对地铁运营的效率和安全发生着影响。因此广义的地铁运营系统是复杂的系统。本标准以“人、设备、环境、管理”系统工程理论为指导，构造了由“基础安全评价”和“事故风险水平评价”两部分组成的地铁运营安全现状评价体系，以评价保障地铁安全运营的条件和地铁运营时的安全状态为基本着眼点。“基础安全评价”包括“管理、运营、设备、人、维修、环境”六要素，它们的共同点是其状态相对稳定，随时间变化缓慢；“事故风险水平评价”包括评价期间内发生的特别重大事故、重大事故、大事故、险性事故和一般事故等各类事故，事故发生的随机性很大，但通过对事故数量和种类的梳理，可对运营线路整体风险水平有清晰的认识。

本标准侧重对地铁系统整体的综合评价，但不排除有特点的、有针对性的专项评价和其他技术评价方法。

3.3 评价程序

由于地铁系统复杂、评价内容繁多，因此有必要在评价前、评价中和评价后进行必要的工作，使评价顺利、有效、客观。

3.3.1 地铁系统涉及多学科、多专业、多工种，因此，评价小组要由有丰富实践经验的地铁安全管理人员和地铁各专业技术人员以及安全评价人员组成。

3.3.2 前期准备

1 制定评价方案。

1）在全面了解被评价企业的经营规模后，确定本次评价的对象和范围；

2）根据评价对象的地理、设备、经营状况、事故风险水平等特点，确定评价工作的重点。

2 根据评价的对象和范围，排出评价时间计划表。

3 在调查了解各评价单元的设备设施情况的基础上，根据本标准第4～17章定性、定量评价内容，制定地铁运营企业需要提供的图纸、文件、资料、档案、数据目录。

3.3.3 **1** 本标准第4～17章中的评价标准是依据当时颁布的标准和地铁技术发展水平制定的，随着技术的发展和引用标准的修订，需要增加、删除或修改评价标准，因此，需要编制《评价项目及分值表》（见附录A～附录P），为各评价单元进行定性和定量评价做准备。

2 由于地铁人员和设备较多，同一种设备和人员可能散落在地铁沿线多个地方，不可能全部现场检查，如：对司机技术能力的考察，不可能考察全部司机，只能按一定比例现场抽查，为了深入了解系统的实际情况，弥补纸质文件、记录的不足，应根据该评价单元对系统安全影响的大小，确定各评价单元的抽查样本选取数量。抽样方法为简单抽样法，参照了ISO 9001：2000多现场抽查标准，第一条样本规模，第一款每次审核最少访问场所数量，b项之规定：

监督访问：每年的样本规模 y 应为分场所数量 x 的平方根与系数0.6的乘积 $y=0.6\sqrt{x}$。例如某运营线路有司机200名，则应现场检验的最低人数为 $n=0.6\sqrt{200}=9$（人）。

本抽样检查方法不排斥有针对性的重点部位检查，对个别重要或有争议的项目可扩大抽样比例，抽检结果记入评价报告，重点问题记入整改意见和建议。

3 根据《评价项目及分值表》和评价方法，进行打分。

4 评价小组根据现场抽查和打分结果计算各评价单元的得分。

3.3.4 评价小组要计算基础安全评价总分和事故风险水平评价总分，然后分别与表18.3.1和表19.3.1进行对比，以确定风险水平。

3.3.5 计算评价总分和确定风险水平是对一条线路的运营安全状况的综合评价，为了避免对评价对象中不可接受风险内容的疏漏，需要对不符合要求且属于不可接受风险的全部内容明示并提出整改意见和建议。

3.3.6 在评价报告中，不但包括该运营企业运营安全状况的综合评价，而且包括对不可接受风险内容提出的整改意见。

3.4 评分方法

建议采用小组讨论或专家打分法进行各项目的评分，以保证评分结果公正，避免片面性。

3.4.3 **2** “酌情扣分”即根据该项不符合要求的风险大小扣分。评价内容不符合要求，但有补救措施时，酌情扣分，但不能得满分。

3.4.4 此规定考虑了有些现有地铁没有“屏蔽门”、“自动售检票”等设备。

4 安全管理评价

4.1 一般规定

4.1.1 依据《中华人民共和国安全生产法》第三、四条：安全生产管理，坚持安全第一、预防为主的方针。生产经营单位必须遵守本法和其他有关安全生产的法律、法规，加强安全生产管理，建立、健全安全生产责任制度，完善安全生产条件，确保安全生产。

4.2 安全管理机构与人员

4.2.1 依据《国务院关于进一步加强安全生产工作

的决定》（国发［2004］2号）第十条：生产经营单位要根据《安全生产法》等有关法律规定，设置安全生产管理机构或者配备专职（或兼职）安全生产管理人员。此外《城市轨道交通运营管理办法》（中华人民共和国建设部令第140号）第十五条也要求：城市轨道交通运营单位应当依法承担城市轨道交通运营安全责任，设置安全生产管理机构，配备专职安全生产管理人员。

4.3 安全生产责任制

4.3.1 安全生产责任制就是对各级领导、各个部门、各类人员所规定的在各自职责范围内对安全生产应负责的制度。依据《国务院关于进一步加强安全生产工作的决定》（国发［2004］2号）第十、十一条：依法加强和改进生产经营单位安全管理。强化生产经营单位安全生产主体地位，进一步明确安全生产责任，全面落实安全保障的各项法律法规。企业生产流程的各环节、各岗位要建立严格的安全生产质量责任制。生产经营活动和行为，必须符合安全生产有关法律法规和安全生产技术规范的要求，做到规范化和标准化。

4.3.2 城市轨道交通公司的主要负责人要与其主管部门签订安全生产责任书，对本企业的安全生产承担直接责任，并对本单位安全生产工作负有下列职责：

1 建立、健全本单位安全生产责任制；

2 组织制定本单位安全生产规章制度和操作规程；

3 保证本单位安全生产投入的有效实施；

4 督促、检查本单位的安全生产工作，及时消除生产安全事故隐患；

5 组织制定并实施本单位的安全生产事故应急预案；

6 及时、如实报告生产安全事故。

4.4 安全管理目标

4.4.1 安全管理目标是实现企业安全化的行动指南。目标管理是以各类事故及其资料为依据的一项长远管理方法，必须围绕经营目标和安全生产的要求，结合城市轨道交通特点，做科学的分析，并按如下原则制定安全目标：

1 突出重点，分清主次，不能平均分配、面面俱到。安全目标应突出重大事故，同时注意次要目标对重点目标的有效配合。

2 安全目标具有先进性，即目标的适用性和挑战性。也就是说制定的目标一般略高于实施者的能力和水平，使之经过努力可以完成。

3 使目标的预期结果做到具体化、定量化、数据化。

4 目标要有综合性，又有实现的可能性。制定的企业安全管理目标，既要保证上级下达指标的完成，又要考虑企业各部门、各项目部及每个职工承担目标的能力，目标的高低要有针对性和实现的可能性，以利各部门、各项目部及每个职工都能接受，努力去完成。

5 坚持安全目标与保证目标实现措施的统一性。为使目标管理具有科学性、针对性和有效性，在制定目标时必须有保证目标实现的措施，使措施为目标服务，以利目标的实现。

4.5 安全生产投入

4.5.2 依据《中华人民共和国安全生产法》第十八条：生产经营单位应具备的安全生产条件所必需的资金投入，由生产经营单位的决策机构、主要负责人或个人经营的投资人予以保证，并对由于安全生产所必需的资金投入不足导致的后果承担责任。此外《国务院关于进一步加强安全生产工作的决定》（国发［2004］2号）中也要求：为保证安全生产所需资金投入，形成企业安全生产投入的长效机制，借鉴煤矿提取安全费用的经验，在条件成熟后，逐步建立对高危行业生产企业提取安全费用制度。企业安全费用的提取，要根据地区和行业的特点，分别确定提取标准，由企业自行提取，专户储存，专项用于安全生产。

4.5.3 依据《中华人民共和国安全生产法》第三十九条、第四十三条：生产经营单位应当安排用于配备劳动防护用品、进行安全生产培训的经费。生产经营单位必须依法参加工伤社会保险，为从业人员缴纳保险费。

4.6 事故应急救援体系

4.6.1 应急预案应当符合相关的法律、法规、规章和标准的要求，所规定和明确的组织、程序、资源、措施等应当具有针对性、科学性和可操作性，满足安全生产事故应急救援的需要。

4.6.2 依据《城市轨道交通运营管理办法》（中华人民共和国建设部令第140号）第二十四条、第二十五条的相关内容：城市轨道交通运营单位应当根据实际运营情况制定地震、火灾、浸水、停电、反恐、防爆等分专题的应急预案，并针对城市轨道交通车辆地面行驶中遇到沙尘、冰雹、雨、雪、雾、结冰等影响运营安全的气象条件时，制定相应的应急预案。依据《关于加强安全生产事故应急预案监督管理工作的通知》（国务院安全生产委员会办公室文件安委办字［2005］48号）：生产经营单位制定的应急预案应当包括以下主要内容：

1 应急预案的适用范围；

2 事故可能发生的地点和可能造成的后果；

3 事故应急救援的组织机构及其组成单位、组成人员、职责分工；

4 事故报告的程序、方式和内容；

5 发现事故征兆或事故发生后应当采取的行动和措施；

6 事故应急救援（包括事故伤员救治）资源信息，包括队伍、装备、物资、专家等有关信息的情况；

7 事故报告及应急救援有关的具体通信联系方式；

8 相关的保障措施；

9 与相关应急预案的衔接关系；

10 应急预案管理的措施和要求。

4.6.3、4.6.4 依据《城市轨道交通运营管理办法》（中华人民共和国建设部令第140号）第二十四条：城市轨道交通运营单位应建立应急救援组织，配备救援器材设备。

4.6.5 依据《关于加强安全生产事故应急预案监督管理工作的通知》（国务院安全生产委员会办公室文件安委办字［2005］48号）：应急预案制定单位应当对与实施应急预案有关的人员进行上岗前培训，使其熟悉相关的职责、程序，对本单位其他人员和相关群众进行培训和宣传教育，使其掌握事故发生后应当采取的自救和救援行动；要定期组织应急预案演习，并按照分级管理的原则向安全监管部门和其他有关部门提交演习的书面总结报告。生产经营单位还应当对从业人员进行岗位应急措施的培训。

4.6.6 依据《关于加强安全生产事故应急预案监督管理工作的通知》（国务院安全生产委员会办公室文件安委办字［2005］48号）：生产经营单位所属各级单位都应针对本单位可能发生的安全生产事故制定应急预案和有关作业岗位的应急措施。生产经营单位所属单位和部门制定的应急预案应当报经上一级管理单位审查。生产经营单位涉及核、城市公用事业、道路交通、火灾、铁路、民航、水上交通、渔业船舶水上安全以及特种设备、电网安全等事故的应急预案，依据有关规定报有关部门备案，并按照分级管理的原则抄报安全监督部门。

4.6.7 该项主要考察运营企业应急救援的实际效果。

4.7 安全培训教育

4.7.2 依据《中华人民共和国安全生产法》第二十一条：生产经营单位应对从业人员进行安全生产教育和培训，保证从业人员具备必要的安全生产知识，熟悉有关的安全生产规章制度和安全操作规程，掌握本岗位的安全操作技能。未经安全生产教育和培训合格的从业人员，不得上岗作业。

4.7.3 依据《中华人民共和国安全生产法》第二十三条：生产经营单位的特种作业人员必须按照国家有关规定经专门的安全作业培训，取得特种作业操作资格证书，方可上岗作业。

依据《关于特种作业人员安全技术培训考核工作的意见》（国家安全生产监督管理局文件，安监管人字［2002］124号）的要求：

1 特种作业操作证每2年由原考核发证部门复审一次，连续从事本工种10年以上的，经用人单位进行知识更新后，复审时间可延长至每4年一次。

2 培训、考核及用人单位应加强特种作业人员的管理，建立特种作业人员档案，做好申报、培训、考核、复审的组织工作和日常的检查工作。

3 特种作业及人员范围包括：

1）电工作业，含发电、送电、变电、配电工，电气设备的安装、运行、检修（维修）、试验工，矿山井下电钳工；

2）金属焊接、切割作业，含焊接工，切割工；

3）起重机械（含电梯）作业，含起重机械（含电梯）司机，司索工，信号指挥工，安装与维修工；

4）企业内机动车辆驾驶，含在企业内及码头、货场等生产作业区域和施工现场行驶的各类机动车辆的驾驶人员；

5）登高架设作业，含2m以上登高架设、拆除、维修工，高层建（构）筑物表面清洗工；

6）锅炉作业（含水质化验），含承压锅炉的操作工，锅炉水质化验工；

7）压力容器作业，含压力容器罐装工、检验工、运输押运工，大型空气压缩机操作工；

8）制冷作业，含制冷设备安装工、操作工、维修工；

9）爆破作业，含地面工程爆破、井下爆破工；

10）矿山通风作业，含主扇风机操作工，瓦斯抽放工，通风安全监测工，测风测尘工；

11）矿山排水作业，含矿井主排水泵工，尾矿坝作业工；

12）矿山安全检查作业，含安全检查工，瓦斯检验工，电器设备防爆检查工；

13）矿山提升运输作业，含主提升机操作工，（上、下山）绞车操作工，固定胶带输送机操作工，信号工，拥罐（把钩）工；

14）采掘（剥）作业，含采煤机司机，掘进机司机，耙岩机司机，凿岩机司机；

15）矿山救护作业；

16）危险物品作业，含危险化学品、民用爆炸品、放射性物品的操作工，运输押运工、储存保管员；

17）经国家批准的其他的作业。

4.7.4 依据《生产经营单位安全培训规定》（国家安全生产监督管理总局令第3号）第十三条：生产经营单位必须对新上岗的临时工、合同工、劳务工、换轮工、协议工等进行强制性安全培训，保证其具备本岗位安全操作、自救互救以及应急处置所需的知识和技能后，方能安排上岗作业。

4.8 安全信息交流

4.8.2 依据《城市轨道交通运营管理办法》（中华人民共和国建设部令第140号）第十九条：城市轨道交通运营单位应当采取多种形式向乘客宣传安全乘运的知识和要求。

4.9 事故隐患管理

4.9.1～4.9.5 依据《中华人民共和国安全生产法》第三十三条：生产经营单位对重大危险源应当登记建档，进行定期检测、评估、监控。依据《重大事故隐患管理规定》第七条：单位一旦发现事故隐患，应立即报告主管部门和当地人民政府，并申请对单位存在的事故隐患进行初步评估和分级。

4.10 安全作业规程

4.10.1 安全作业规程是安全管理体系文件的重要组成部分。它是在实际工作的基础上，采用科学的方法，对作业过程中的作业行为进行安全评价和分析，并进行优化优选，从而制定的行为规范。其目的是消除作业人员的不安全作业行为，维护作业人员的人身安全（同时也要保证被检设备的安全）。地铁运营单位应当根据实际情况制定完善的安全作业规程，地铁从业人员应熟悉有关的安全作业规程，掌握本岗位的安全操作技能。

4.11 安全检查制度

4.11.1 依据《中华人民共和国安全生产法》第三十八条：生产经营单位的安全生产管理人员应当根据本单位的生产经营特点，对安全生产状况进行经常性检查；对检查中发现的安全问题，应当立即处理；不能处理的，应当及时报告本单位的有关负责人。检查及处理情况应当记录在案。

5 运营组织与管理评价

5.1 一般规定

5.1.1 运营组织与管理是一个集系统、管理者、乘客、组织手段等多种因素于一体的复杂过程，既要考虑行车指挥，又要关注客运组织，而且还与诸多中间环节有着千丝万缕的联系。本部分除了评价调度指挥和客运组织以外，还评价系统负荷以及与乘客密切接触的列车运行两个方面。

5.2 系统负荷

5.2.1 从乘客乘坐地铁全过程的角度来讲，地铁系统可简单划分为线路和车站两个部分。因此，本部分就线路负荷和车站负荷作为评价内容。

5.2.2 作为运营中的地铁线路，其系统负荷主要表现在日运量、行车密度和车满载率。对各种负荷划分类别，类别越高，风险越大。

1 评价标准

1）线路负荷指评价期间内最大周日均运量，即$线路负荷=\frac{线路日运量（万人次）}{线路运营里程（公里）}$，日运量越大，风险越大。

2）行车密度是指该线路图确定的最小行车间隔，间隔越小，风险越大。

3）车辆满载率指列车在高峰小时最大断面的满载情况，不计算平均值。满载率越高，风险越大。

5.2.3 车站设施负荷可分解为不同公共区域的负荷，一旦这些区域满足负荷要求，车站负荷即可得到保证。此外，作为越来越多得到实际应用的AFC系统，其在客流组织方面不可替代的作用也应在车站负荷评价中得到充分体现。

1 评价标准

1）站台是乘客在乘车流程当中车站范围的终点，也是列车范围的起点，是一个极易造成客流拥堵，形成安全隐患的区域。站台高峰小时集散量就是对这一因素的最有效的考量。

2）通道和楼梯是一个客流过渡部分，而不是客流集散部分。然而一旦这个“通道”超负荷发生堵塞，将会形成客流“瓶颈”。此部分评价参考《地铁设计规范》GB 50157中相关数据。

3）正常情况下，AFC系统闸机通道发挥楼梯、通道的作用。大客流或者突发情况下，其性能以及疏散能力直接影响客流流速。

5.3 调度指挥

5.3.1 调度指挥系统是地铁运营的大脑和中枢，在地铁运营安全方面发挥着极其关键的作用。此部分从规章、系统、人员和管理四方面来考虑对它的安全评价。

5.3.2 在调度规章的指引下，调度指挥人员实现对系统的管理和控制。

1 评价标准

1）调度指挥系统的重要性及特殊性，需要有一个总的纲领或政策性文件作支撑。在一般地铁企业主要是《行车组织规则》或《技术管理规程》，或者具有同等效力的相对独立、全面的文件。

2）调度规章要内容全面、丰富，便于调度人员在不同情况下的使用，包括在设备故障或事故模式下。

3）地铁行业的特殊性，要求具备严密的突发事件应急救援体系，该体系区别于设备故障或事故模式。

5.3.3 指挥系统是调度人员实现管理的工具，要求具备较高的可行性、可操作性、可靠性，在系统出现异常时，不影响调度人员对全局的控制。

1 评价标准

1）调度指挥系统应该具备中心和车站两级控制的能力，而且能够随意切换并满足任何条件下都有一套控制系统具备控制能力，这样才能够保证不失去对整个地铁系统的控制性。

2）正常情况下，地铁调度指挥系统都采用自动化程度较高的移动闭塞、准移动闭塞等手段组织列车运行。地铁应该具备在该系统故障或瘫痪情况下，有其他基础手段如电话闭塞维持简单运营的能力，并能确保系统安全。

5.3.4 调度人员在地铁系统运营中发挥主观能动作用，并对系统产生直接、重要的影响。调度人员的培训为胜任工作岗位提供基础保证。

1 评价标准

1）建立调度人员培训制度，是保证调度人员熟习岗位业务流程、具有一定指挥水平，进而保证地铁正常运营的保障之一。

2）本条款针对培训内容。培训内容应全面、符合客观实际，不仅要有正常情况下的业务流程，也应对可能发生的故障、事故、灾害等有充足的应对能力。

3）本条款针对培训方式。在培训方式的选择上应尽可能切合实际。鉴于有些地铁企业的特殊情况，可以考虑用模拟演练替代实际演练，但应达到类似实际演练的成效。

5.3.5 调度人员素质评价是对一名调度人员是否能够胜任工作岗位，高效、安全地进行调度指挥工作所进行的评价，调度人员的素质是地铁运营安全的潜在影响因素。

1 评价标准

1）调度人员在上岗之前应当接受专业、系统的培训，并根据规定取得相应等级的资格证书，才能够具备调度指挥的权力，这是对一名调度人员的最基本要求。

2）在熟习业务岗位流程的基础上，调度人员必须具备正常情况下的工作能力。

3）在紧急或事故情况下，调度人员的素质对事件的处理与协调起着至关重要、不可替代的作用，应能够根据实际情况，在最短的时间内制定应对方案并组织实施，只有具备这种沉着冷静、快速反应的能力，才能为地铁运营提供最基础的安全保证。

5.4 列车运行

5.4.1 在乘客利用地铁出行的过程中，绝大多数时间花费在列车运行过程中。为了能够保证运营安全，列车运行的安全因素不容忽视。除了线路、车辆、供电系统等基础设备设施的可靠性以外，列车运行的安全很大程度上通过驾驶员及列车运用规章来保证。

5.4.2 对于列车使用应有严密的运用规章，该规章对与列车运行安全相关的因素有明确说明。

1 评价标准

1）该规章对列车日常运用有详细说明，使驾驶员能够明确在正常情况下的各种安全操作与处理。

2）对于在线运营列车来说，何种故障情况下会危及到乘客及行车安全，需求下线处理都应做出明确规定。对于故障列车的救援工作，也应在保证安全的前提下进行，既要保证救援列车与故障列车及列车上乘客的安全，又要保证系统中其他乘客的安全。

3）列车运用规章应符合调度规章的指导原则，实现调度与被调度的关系，真正达成一体化。

5.4.3 列车是地铁最重要的系统之一，与乘客的安全密切相关，驾驶员对列车的操作应有统一的规范。

1 评价标准

1）列车操作规程应满足明确、实用的要求，方便不同程度、级别驾驶员的使用。

2）列车故障模式下，特别是事故模式下的操作至关重要，与乘客及系统安全息息相关，应全面而不繁琐，故有操作要点为最好。

5.4.4 驾驶员与调度人员同样属于地铁运营系统关键性岗位，对驾驶员的培训有必要做出充分的安全评价与分析。

1 评价标准

1）建立驾驶员培训制度，是保证驾驶员熟习岗位业务、具有一定驾驶和处理故障水平，进而保证地铁正常运营的保障之一。

2）本条款针对培训内容，培训内容应全面、符合客观实际，不仅要有正常情况下的业务流程，也应对可能发生的故障、事故、灾害等有充足的应对能力。

3）驾驶员是一个操作性职业，培训方式除了授课之外，必须要考虑接受实际演练或模拟演练，但模拟演练应达到类似实际演练的成效。

5.4.5 鉴于驾驶员岗位的重要性，必须对其素质有高标准要求。

1 评价标准

1）驾驶员在上岗之前应当经过专业、系统的培训，并根据规定取得相应等级的资格证书，才能够具备驾驶的权力。这是对一名驾驶员的最基本要求。

2）在熟习业务岗位流程的基础上，驾驶员必须具备正常情况下的工作能力。

3）在出现突发事件的情况下，驾驶员处在第一现场，应能够具备独立、果断处理事件的能力。

4）一旦出现意外情况需要在区间清客，必然要求驾驶员担当现场指挥的角色。因此，驾驶员应能够独立操作列车紧急疏散装置，并组织乘客有序疏散。

5.5 客运组织

5.5.1 相对于5.4“列车运行”来说，本部分主要是从车站的角度来对安全进行总体评价，分为乘客安全管理、乘客安全监控系统、乘客安全宣传教育、站务人员培训、站务人员素质五个方面。

5.5.2 乘客安全管理是乘客在乘坐地铁出行过程中的一种辅助管理手段，能够很好地降低事故发生率，提高企业安全管理水平。

1 评价标准

1）本条所述的服务标志系统主要侧重于安全标志，是对乘客的一种安全管理手段。

2）在车站客流集中部位同时也是事故易发部位，设置提示标志或设置安全防护设施或进行重点安全防范考虑可有效抑制事故的发生。

3）本条款主要考虑了对社会弱势乘客群体的关注，在体现人性化的同时也对提高地铁运营安全水平有很好的效果。

5.5.3 乘客安全监控系统可以用于对乘客安全的实时、集中监控。

1 评价标准

1）两级管理的安全监控系统可以根据运营实际情况来随时调整监控区域，而且可以扩大整体监控范围。

2）乘客安全监控系统应能够监控车站客流集中部位及事故易发部位，主要评价区域包括站台、出入口、楼梯、通道、售票处、闸机群等。

5.5.4 依据《城市轨道交通运营管理办法》（中华人民共和国建设部令第140号）第十九条：城市轨道交通运营单位应当采取多种形式向乘客宣传安全乘运的知识和要求。乘客是地铁最重要的参与主体，乘客的安全意识水平同样事关地铁运营安全，必须重视和加强对乘客的安全宣传教育。

1 评价标准

1）本条款主要评价地铁是否对乘客进行了安全乘车常识的宣传，即乘客在正常情况下乘坐地铁应注意哪些安全问题，形式不限。

2）本条款主要评价地铁是否对乘客进行了意外情况下安全乘车的宣传，根据地铁实际情况可重点评价火灾、区间疏散等情况，形式不限。

5.5.5 站务人员是零距离和乘客产生接触的地铁工作人员，对乘客的安全引导和组织起着直接的重要作用。

1 评价标准

1）建立站务人员培训制度，是保证站务人员熟习岗位业务流程、具有一定站务工作水平，进而保证地铁正常运营的保障之一。

2）本条款针对培训内容，培训内容应包括正常情况下的工作要点，以及突发事件状况下如何从容应对。

3）本条款针对培训方式，培训方式除了参加基本授课以外，也应适当参加一些实际演练或模拟演练以提高理论联系实际的能力。

5.5.6 站务人员的职务特点决定其需要有特定的素质。

1 评价标准

1）作为一名站务人员必须经过最基础的客运组织培训，懂得如何疏导和引导乘客，并持证上岗。这是对一名站务人员的最基本要求。

2）站务人员的工作之一是要督促乘客所携带物品的安全性，因此需要具备一些辨识危险品的基本方法和技巧。

3）在地铁实际运营过程中，站务人员面临的情况变幻莫测，但对发生频率较高的突发事件应了解基本的应对流程。

6 车辆系统评价

6.1 一般规定

6.1.2 本条规定了被评价的基本车辆单元。基本车辆单元中，可以是一辆动车，也可以是动车与拖车组成的独立车组，但不能是一辆拖车。

6.1.3 被评价地铁运营线路上运行不同型号的地铁车辆时，由于车辆性能不同，评价的结果不同，应分别评价。

6.2 车 辆

6.2.1 地铁车辆是地铁运营系统中最重要的设备之一。在影响地铁安全运营的重大事件中，有火灾、列车脱轨、列车撞车等重大事件与地铁车辆有关，因此地铁车辆的安全性能状况与安全防护设施、车辆防火性能、车辆可靠性是防止重大事件发生，保证安全运营的重要内容。

6.2.2 车辆安全状况与安全防护设施状况的评价内容。

1 评价标准

1）如果地铁车辆超期服役，其各部件的性能都不在安全范围内。因此，实行一票否决，即被评价的基本车辆单元不在使用年限内时，该基本车辆单元的100分全部扣除。

2）为了防止车辆脱轨的事故发生，车辆的动力学设计要满足安全性。本条依据《城市轨道交通车辆组装后的检查与试验规则》GB/T 14894中的防止车辆脱轨的安全性：脱轨系数、轮重减载率、倾覆系数。

3）、4）为了加强车辆的安全性能，各地的地铁车辆都纷纷设置防意外冲撞的撞击能量吸收区和防爬装置。这两项是加强车辆安全的项目，不是车辆安全的必备项目，因此该条规定使用了“可”，表示可以选择。在评价时，不符合要求时，不扣分。该条规定依据《地铁车辆通用技术条件》GB/T 7928。

5）转向架是车辆的“腿”，一旦转向架发生断裂，就会发生车辆的重大事故。目前动车转向架构架电机吊座和齿轮箱吊座容易发生疲劳裂纹，因此，有必要对这些部位提出要求和规定。

6）地铁车辆要频繁启动及停车、频繁开门上下乘客，为了防止司机误操作，造成开门走车的事故，要求地铁车辆客室车门应具有非零速自动关门的电气联锁及车门闭锁装置。

7）在发生紧急情况时，列车没电，司机不能控制客室车门，需要手动打开车门，因此应设置车门紧急解锁装置。

8）紧急停车操纵装置保证列车运行前方发生问题时能够紧急停车。司机是高信任度的职业，他直接掌握着一列车乘客的生命安全，因此有必要设置警惕按钮，保证列车始终处于司机的控制之下。

9）对车辆紧急制动系统性能的规定，保证车辆在紧急情况下安全停车。

10）该条规定了前照灯的照度，使司机能及时发现在紧急制停距离处的情况。

11）在设有安全通道的区间隧道里，需要紧急疏散时，乘客可以通过客室门从列车两侧疏散；在隧道截面比较小、没有条件设安全通道的区间隧道里，需要列车两端设紧急疏散门，乘客从列车两端疏散。

12）列车各车辆之间设贯通道，在正常时，使乘客自由流动，使各车载客量均匀；在紧急时，使乘客向安全的车厢疏散。

13）车门、车窗玻璃应采用安全玻璃，这种玻璃破碎后不会产生锐角伤人。

14）在发生紧急断电情况或车辆故障时，车辆的蓄电池就是备用电源，其应能够满足应急需要。

15）列车自动防护系统（ATP）或列车自动防护系统（ATP）与自动驾驶系统（ATO）是保证列车安全行驶的重要系统，目前各国地铁车辆和我国各地地铁车辆都配备了这些装置。

16）目前我国地铁发生火灾、火情，大部分是由于电气设备发生故障，引起过电压、过电流、过热，进而引起火灾。因此需要对电气设备过电压、过电流、过热进行防护。

17）现在“地铁”的含义已经不是“地下铁道”，而是涵盖了地下、地面、高架线路，采用受电弓受电的列车在地面、高架线路容易遭遇雷击，因此应设避雷装置。

18）在我国北方，运行在地面、高架线路的车辆一般需要安装采暖设备，为了防火和乘客安全的考虑，需要对采暖设备的外温度进行规定。

19）本条依据《电力机车防火和消防措施的规程》GB 6771，考虑了制动电阻等散发热量的电气设备的防火要求和乘客安全要求。

20）在发生紧急情况时，车厢内的乘客可以使用车厢内设置的应急设备进行处置或向司机通报，使事故尽快得到控制。

21）车辆应该设有各种警告标识，保证司机和乘客的人身安全；车厢内应有紧急设备的使用说明，使乘客能够正确使用。

6.2.3 车辆火灾是地铁系统最大的风险之一，因此，车辆的防火性能至关重要。

1 评价标准

1）本条规定了车辆制造材料的防火性能。

2）本条规定了车厢内附属设施和装饰材料的防火性能。

3）非金属材料燃烧后，容易发生熔化滴落，进而使火焰扩延。本条规定了车厢内非金属材料的耐熔化滴落性能。

4）车辆电气设备较多，导线和电缆燃烧时会发出浓烟和有毒物质，这对于运行在地下的地铁车辆上的乘客来说是致命的。因此，车辆上的导线和电缆应使用低烟、低卤阻燃材料。

6.2.4 车辆设计的性能再好，技术水平再高，安全设施再全面，由于种种缺陷（制造材料，加工工艺水平，装配水平，机件磨损，元件老化等）都会造成车辆可靠性降低而出现故障。不是性能好的车辆，就一定可靠性好，因此，要想保证安全运营，就要保证车辆的可靠性高。计算车辆的可靠性比较复杂，有一整套理论和方法，例如：平均无故障时间（MTBF）、检修率、利用率等，不适合在本标准中使用。本标准通过车辆由于故障离开运营线路、不能正常运营这一指标对车辆可靠性进行考察和评价，既可以反映车辆的质量状况，又可以反映驾驶员处理故障的素质状况。

“车辆由于故障退出服务”是指该车辆由于故障离开运营线路，没有完成运营图。

6.3 维修体系

6.3.1 由于车辆先天的缺陷，使用中机件的磨损和元件老化，都会造成车辆可靠性降低。建立完善的维修体系对及时发现隐患、保障车辆安全运行起着重要作用。

6.3.2 维修制度是维修体系中的重要内容，是车辆维修必须执行的“法规”。

1 评价标准

1）车辆维修制度是一套科学、合理的管理手段，它规定了检修种类、修程、检修周期、检修时间、各修程的检修范围、维修人员配备、维修设备配备等。

2）各级检修规程进一步规定了各修程中各工种的检修范围、检修方法、检修要求等。

3）对车辆故障信息要进行统计，对惯性故障要分析其原因，及时找到解决办法，并积极采取预防措施。

6.3.3 车辆维修人员的水平直接影响维修制度和检修规程的贯彻执行，直接影响车辆的安全运行，因此车辆维修人员必须进行培训和本企业的考核，合格后方能上岗。

6.3.4 在车辆的使用过程中，必然要对零部件进行更换，维修配件的质量也直接影响车辆的安全运行。因此为了保证维修配件的质量，要严把进货渠道，建立维修配件检验制度，对维修配件的质量信息有记录、分析、纠正。

7 供电系统评价

7.2 主变电站

7.2.2 本条介绍主变电站设备的评价内容及方法。

1 评价标准

2）地铁主变电站是确保地铁牵引供电和动力照明等用电负荷的主要设备。因此必须采取双电源、双回路线路供电，当一个电源发生故障时，另一个电源不应同时受到损坏。同时当线路上一个主变电站发生故障退出运行时，必须能通过相临主变电站供电，确保地铁的一、二级用电负荷。

3）辅助主变电站是根据线路电源配置的实际情况而定的，并不是每条线路均设置的，从最大限度节约工程投资考虑，可设一路专用电源。

4）考虑到轨道交通地下环境因素比较差，因此在选用电气设备及材料时，应选择体积小、低损耗、低噪声、防潮、无自爆、低烟、无卤、阻燃或耐火的定型产品，以适应地下环境，达到安全可靠使用的目的。

6）主变电站接地要求：（1）主变电所内电气设备不带电金属外壳均应接地；（2）主变电所的接地网宜采用以水平接地体为主的接地装置；（3）接地网宜采用铜质材料；（4）接地网的接地电阻在任何季节均应小于 0.5Ω。

7.2.3 依据《地铁设计规范》GB 50157 中第 14.2 节的规定。

7.3 牵引变电站

7.3.2 本条介绍牵引变电站设备的评价内容及方法。

1 评价标准

2）该条款规定主要考虑牵引变电站运行的可靠性。当轨道交通线路一个主变电站退出运行后，仍能保证线路牵引变电站的正常运作。

3）以二套相角 15°的十二脉波整流机组组成等效二十四脉波整流系统，可以降低高次谐波影响。组成二十四脉波的二套整流机组，其整流器与十二脉波整流机组是完全一样的。

4）该条款主要考虑在机组过负荷满足要求，谐波含量满足要求，不影响故障机组的检修的基础上，一套机组维持运行，将有利于提高牵引网的电压水平，减少能耗，降低走行轨对电位，减少杂散电流的影响。

5）为保证牵引供电系统的安全、可靠，牵引供电系统应采用双边馈电，并在一座牵引变电所解列后，采用大双边馈电。终端牵引变电站解列时，应能由相临牵引变电站实行单边馈电。

6）该条款是按照轨道交通防迷流的需要而定的。

7.4 降压变电站

7.4.2 本条介绍降压变电站设备的评价内容及方法。

1 评价标准

2）、3）该条款均从降压变电站安全性、可靠性角度提出运行、容量等要求。

4）该条款是对降压变电所的容量进行界定。其容量应充分考虑车站用电量的大小确定，并要求一台变压器容量应满足变电所全部一、二级负荷的需求。

7.5 接触网（接触轨）

7.5.2 本条介绍接触网的评价内容及方法。

1 评价标准

2）该条款是为保障接触网运行安全的可靠程度，且双边供电有利于提高牵引网的电压水平，有利于减少能耗，有利于杂散电流腐蚀保护。

3）为保障接触网停电操作和接触网运行的安全性，同时就此应设置闭锁条件。

6）地面或高架轨道交通的架空接触网，易受雷击，因此必须考虑防雷措施，并且应与车辆防雷设施相匹配。

7.6 电 力 电 缆

7.6.2 本条介绍电力电缆评价内容及方法。

1 评价标准

2）采用低烟无卤型阻燃电缆，主要考虑火灾时减少有害烟气对人身的侵害。

8 消防系统与管理评价

8.2 消防系统与管理

8.2.2 火灾自动报警系统（FAS）主要由火灾自动报警装置、消防控制设备及其他具有辅助功能的装置组成，FAS 应可直接操作联动控制消防设施和防烟、排烟系统设备，或通过 BAS 等联动控制防烟、排烟系统设备。火灾自动报警系统技术的发展趋向智能化，地铁全线设控制中心集中管理-车站分散控制的报警系统形式，系统具有发布火灾涉及有关车站消防设备的控制命令的功能。

8.2.3 气体灭火系统的电气监控系统由该设备配套提供，车站 FAS 必须显示气体自动灭火系统保护区的报警、放气、风机和风阀状态、手动/自动放气开关所处位置。

8.2.4 地下车站站厅层应设单口消火栓，站台层的消火栓宜按双口双阀设置，车站内大型消火栓箱内应设自救式软管盘。地下区间只设消火栓接口、不设消火栓箱和不放水带，因为如设消火栓箱，其箱体固定不好，易侵入设备限界，发生箱门碰车事故，另外地铁内潮湿，消防水带易受潮腐烂。

消火栓口的静水压力不超过 0.8MPa，消火栓口处出水压力不超过 0.5MPa。

8.2.5 应急事故照明包括安全疏散照明、事故照明及指示照明，事故照明设备为确保其可靠安全工作状态，设计采用双电源、在线式或后备式供电。区间隧道内设置的集中控制型疏散指示方向要与风机送、排风的模式相匹配。

8.2.7 地铁为大型综合性工程，专业和系统很多，在运营中相互关联，尤其灾害事故处理，必须与多个系统多个部门共同合作才可完成全面救灾工作；车站、主变电站、地铁控制中心等消防重点部位设置24h值班的消防控制室。

8.2.9 地铁建筑防火部位包括车站站厅、站台、设备区、隧道、通道、与地铁地下及地上相连的其他建筑。

9 线路及轨道系统评价

9.2 线路及轨道系统

9.2.2 本条介绍线路及轨道系统的评价内容及方法。

1 评价标准

2）该规定是为了确保正线运营的安全。通常在辅助线与正线接轨处设置安全待避线等设施，平常处于开通安全待避线的位置，确保与正线运营隔离。

3）限界是确定行车构筑物净空大小和安装各种设备、管线相互位置的依据。其中车辆轮廓尺寸是设计轨道交通限界的基础资料。限界的合理确定和有效的保证是确保轨道交通安全运营的根本保障，因此在任何情况下，都必须确保限界的有效性。

6）道岔轨道结构复杂，如果设在曲线上，会增加设计、施工和养护维修的困难，因此规定道岔应设在直线上。

7）轨道是轨道交通的主要设备，它除了引导列车运行方向外，还直接承受列车的竖向、横向及纵向力，因此轨道结构应具有足够的强度，保证列车快速、安全和平稳地运行。同时城市轨道交通是城市专用的客运交通工具，因此轨道结构应有适量的弹性，使乘客舒适。

8）正线及辅助线钢轨接头应采用对接，直线地段接头错开量不应大于20mm。

10）车挡的作用是在被列车撞击后，有效地消耗列车的动能，迫使列车停车，能保障人身和车辆的安全，且对车挡的抗撞击能力进行了不大于15km/h的要求界定。

12）轨道交通线路设置相应的标志是为了更好地服务运营，轨道交通线路应设置：百米标、坡度标、曲线要素标、曲线始终点标、竖曲线始终点标、水准基点标、限速标、停车位置标、警冲标等，且供司机瞭望的百米标、坡度标、限速标、停车位置标、警冲标等宜采用反光材料制作，并安装在司机易见的位置上。

13）轨道路基是承受轨道和列车荷载的基础，必须保证轨道平顺，使列车通过时能在容许的弹性变形范围内平稳、安全地运行。因此路基必须具有足够的强度，在轨道和列车荷载的作用下，不致使路基产生过大的不容许的沉降变形。同时在承受轨道和列车荷载以及各种自然因素的作用下，必须具有足够的稳定性，不致在路基本体或地基产生破坏和位移，以保证行车的安全、畅通。其次，水对路基的影响在许多方面占据着主导地位，是病害产生的首要因素，为此必须做好路基的排水设计，以保证路基的稳固安全。

14）为了确保轨道交通行车安全，必须在地面线路等两旁设置隔离栏，使轨道交通运营区域成为封闭式的空间，防止人员、异物侵入轨道交通运营区域。

10 机电设备评价

10.2 自动扶梯、电梯与自动人行道

10.2.2 参照国家标准《自动扶梯和自动人行道的制造与安装安全规范》GB 16899检查自动扶梯、电梯与自动人行道的安全性能是否满足规范要求。

10.3 屏蔽门系统与防淹门系统

10.3.2 屏蔽门可以是全封闭式，也可以是半封闭式。屏蔽门由屏封和门组成，将车站站台与站台轨道间分隔开，当列车进站开门时，开门上下乘客，列车关门时关门。屏蔽门可以有效地防止乘客掉下站台。在站台使用空调时，全封闭式屏蔽门可以很好地隔绝站台与隧道的空气流动，节约能源。

1 评价标准

6）列车正常停车时，屏蔽门系统的滑动门与列车门相对，乘客进行上下车；当列车不能按正常位置停车，屏蔽门系统的滑动门不能与列车车门相对时，屏蔽门系统设置的应急门的位置应保证至少有一个与列车车门对齐，供乘客疏散。

10.4 给水排水设备

10.4.2 地下车站和区间的消防给水应为环状管网，

每个地下车站由城市两路自来水管各接引一根消防给水管和车站环状管网相接。

10.5 通风和空调设备

10.5.2 本条介绍通风和空调设备的评价内容及方法。

1 评价标准

1）空调设备的冷凝器、蒸发器等属压力容器，应按国家有关特种设备和压力容器管理的有关规定办理相关手续。

2）排列地铁危险程度第一的是地铁火灾，因此，防烟、排烟与事故通风系统是减小火灾带来损失的必备设备，《地铁设计规范》GB 50157 中 19.1-Ⅳ部分中规定了防烟、排烟与事故通风系统的性能和功能。

10.6 风亭

10.6.2 本条介绍风亭的评价内容及方法。

1 评价标准

1）、2）为了防止送风系统将进风口附近的灰尘、碎屑等物扬起并吸入地铁内，进风口底距地面的高度应不小于2m。当布置在绿地内时，因灰尘、碎屑很少，不易扬起时，宜把距地面距离降至不低于1m。

3）风亭出入口可用于应急救援的出入口，因此应保持畅通。

11 通信设备评价

11.2 通信系统

11.2.2 本条介绍通信系统的评价内容及方法。

1 评价内容

1）轨道交通线通信系统是指挥列车运行，进行运营管理、公务联络和传递各种信息的重要手段。当出现紧急情况时，本系统应能迅速及时地为防灾救援和事故的指挥提供通信联络。因此，必须建立一个高可靠性、易扩充、组网灵活、并能传递语音、文字、数据、图像等各种信息的综合数字通信网。

2）为适应轨道交通网络化运营发展的需要，必须确保通信系统能实现资源共享的原则。

3）该条款规定通信系统在正常情况下为运营管理、指挥、监控提供迅速及时的联系，为乘客提供周密的服务；在突发灾害或事故的情况下应作为应急处理、抢险救灾的手段。

4）该条款规定了通信系统主要设备和模块应具备自检功能，并采取适当的冗余，故障时能自动切换并报警。

5）考虑到轨道交通电气化的特性，特别要防止电机牵引所产生的谐波电流对通信系统的干扰。

11.2.4 地铁公务电话系统用于地铁各部门间进行公务通话及业务联系。因此该系统应具备综合业务数字网ISDN（Integrated Service Digital Network）功能，同时应具备完善的监控管理接口和功能，并应设置维护终端，具备性能管理、故障管理、配置管理、安全管理和账务管理功能，只有具备上述功能才能确保该系统运用的安全性和可靠性。

11.2.5 本条介绍专用电话系统的评价内容及方法。

1 评价标准

1）专用电话系统是按照轨道交通运营组织的特点进行划分的。该系统是轨道交通运营组织指挥中重要的通信保障手段。

2）轨道交通运营指挥执行调度中心统一指挥的原则，因此，调度电话作为专用电话系统应具有最高的优先等级，并应具有电话录音、电话会议、电话强插等功能。

11.2.6 本条介绍无线通信系统的评价内容及方法。

1 评价标准

1）随着城市轨道交通的发展，客运量的增大，行车间隔的缩短，为保证行车安全，提高运营效率和管理水平，有必要建立一个完善的无线系统。轨道交通无线系统的主要任务是平时保证调度员和司机之间的顺利通话，满足正常行车调度及设备维护的要求；在灾害或事故情况下，满足抢险救灾对于通信的需求，因此设置列车调度子系统、事故及防灾子系统、车辆设施与综合基地管理子系统、设备维护子系统四个子系统是必要的。其次，要满足消防、公安的统一调度。

2）无线通信系统的组网应满足轨道交通无线网络规划的总体要求。

11.2.7 地铁图像信息系统应为控制中心调度员、各车站值班员、列车司机等提供列车运行、防灾、救灾及乘客疏导等方面的视觉信息。摄像机的安装位置、数量及安装方式应根据乘客流向、乘客聚集地等场所综合考虑。

11.2.8 广播系统评价依据《地铁设计规范》GB

50157 中第 15.6 节中的规定。广播系统除了在地铁正常运营中向乘客通告列车运行信息和安全、向导等服务信息以及向工作人员发布作业命令和通知以外，发生事故时，还起到应急指挥的作用。

11.2.9 本条介绍通信电源的评价内容及方法

1 评价标准

1）随着通信建设的飞速发展，电源新技术、新设备也日趋成熟。为实现减少维护人员和无人值守的目标，地铁通信电源设备必须具有集中监控管理功能。

6）轨道交通线各供电点均采用两路独立电源，且即使供电电源故障，恢复时间也较短，因此，不间断电源的蓄电池容量定为：保证向各通信设备连续供电不少于 2h。

11.2.10 本条介绍通信系统接地的评价内容及方法

1 评价标准

1）由于控制中心、各车站供电系统采用的接地体是由建筑物的主钢筋加辅助人工接地体组成，如本系统采用独立接地体，则两个接地体之间的间距很难满足要求，因此，本系统的联合接地与供电系统合设接地体。

12 信号设备评价

12.2 信 号 系 统

12.2.2 本条介绍信号系统技术的评价内容及方法。

1 评价标准

1）本条款规定了运营线路及与运营相关的线路必须纳入 ATS 系统监控，隶属控制中心的运营指挥范围，来保障列车运营的安全。

2）本条款规定在信号系统故障时，控制等级现场控制高于控制中心，人工控制高于自动控制，这是信号系统降级使用的控制原则，运营单位对此应以制度明确。

3）列车在 ATC 控制区域内使用列车驾驶限制模式或非限制模式时，是列车安全运行等级的降级使用，必须通过人工管理手段来加以保障。

4）列车折返作业点属于运营线路范围，是列车安全运行的一部分，因此必须具备 ATP 系统功能来保障其作业安全。

5）信号 ATP 子系统涉及行车安全，因此信号规范要求其设备及电路必须符合故障-安全的原则。且从信号系统可靠性要求考虑，必须具备相应的自检、故障报警、冗余、双机自动切换等功能。

7）车载 ATP 执行的强迫制动，包括全常用制动和紧急制动等，考虑到行车安全，要求强迫制动过程中不得中途缓解。

8）在列车运营中经常发生乘客、异物侵入站间线路的事件，为确保乘客及列车运行的安全，必须设置站台紧急按钮装置。

11）、12）依据《地铁设计规范》GB 50157 中 16.8.2（1）和 16.8.3（1）的规定。

12.2.3 本条介绍信号系统安全防护设施的评价内容及方法。

1 评价标准

1）、2）依据《地铁设计规范》GB 50157 中 16.8.5 和 16.8.6 的规定。

13 环境与设备监控系统评价

13.2 环境与设备监控系统

13.2.2 BAS/EMCS 系统遵循分散控制、集中管理、资源共享的基本原则，同时 BAS 系统宜采用分布式计算机系统，由中央管理级、车站监控级、现场控制级及相关通信网络组成。

13.4 维 修 体 系

13.4.2 环境与设备监控系统的维修体系对及时发现隐患、保障系统安全运行起着重要的作用，因此，要对维修管理制度、维修人员的资格与素质、维修配件的管理进行检查。

14 自动售检票系统评价

14.2 自动售检票系统（AFC）

14.2.2 本条介绍自动售检票系统的评价内容及方法。

1 评价标准

1）自动售检票系统是为乘客提供乘车票务服务的设备。其设备数量的配备必须满足车站客流的需求。确定设备的数量设计计算参数：自动售票机为 4～6 张/min；半自动售票机为 4～6 张/min；自动检票机为 20～25 人/min。

2）本条款考虑客流通过能力检票口与楼梯、自动扶梯等应相匹配，这样不会造成大客流时的拥堵，从而保障客运组织的安全。

3) 在轨道交通车站发生紧急情况下，可通过车站控制室的紧急按钮操作，使车站自动售检票系统处于紧急模式，三杆落下，乘客可紧急疏散。

15 车辆段与综合基地评价

15.2 车辆段与综合基地设施

15.2.1 车辆段与综合基地是存放运营车辆、检修运营车辆的地点。在车辆段与综合基地内，同样有供电系统、信号系统、轨道线路等，因此有必要采取一系列防护措施以保证运营车辆、救援车辆的顺利上线，保证车辆段与综合基地内不发生事故。

15.3 防灾设施

15.3.2 在车辆段与综合基地内，有各种仓库、各种车库等，因此以防范火灾为主。车辆段车辆值班室，受地铁控制中心指挥，在运营线路上发生事故时，随时调动救援车辆或保证事故车辆进停车场。

16 土建评价

16.1 一般规定

16.1.3 由于地理条件不同的限制，被评价地铁运营线路上的地下、高架结构和车站形式不同，因此应分别评价。

16.2 地下、高架结构与车站建筑

16.2.2 由于地下、高架结构与车站建筑是地铁运营部门不能改变的，因此地铁运营部门的责任就是对既有设施进行监控和管理，对设计缺陷和劣化或破损制定对策措施。

16.3 车站设计

16.3.2 站台、通道、楼梯、车站出入口是否满足现有客流，直接关系到日常乘客通行的安全和紧急情况下的及时疏散，因此应对车站的设计进行检查，对重点站台、楼梯与通道、车站出入口进行客流调查，对不满足客流要求的项目要制定对策和措施。

17 外界环境评价

17.2 防自然灾害

17.2.1 依据《国家处置城市地铁事故灾难应急预案》城市轨道交通系统中特别重大、重大事故灾难类型包括地铁遭受台风、水灾、地震等自然灾害的侵袭。此外《地铁设计规范》GB 50157中第19.1节规定地铁应具有防风灾、水淹、冰雪、地震、雷击等灾害的防灾设施。因此本节对地铁运营期间防自然灾害能力进行评价，并根据可能发生的危险形式分为防风灾、防雷电、防水灾、防地震、防冰雪、防地质灾害6个方面。

17.2.2 本条主要针对高架线路的架空线路与架空接触网。此外，地铁应具备接收当地气象部门气象预报的功能，预防风灾灾害。

17.2.3 防雷应满足《地铁设计规范》GB 50157中21.5.3、21.5.4的相关规定。地铁地面及高架有关建筑物工程的防雷措施应按《地铁设计规范》GB 50157中第14章的有关规定执行。此外，地铁应具备接收当地气象部门气象预报的功能，预防雷电灾害。

17.2.4 应满足《地铁设计规范》GB 50157中1.0.16、13.3.4、19.1.61条的相关规定。此外，地铁应具备接收当地气象部门气象预报的功能，预防水淹灾害。

17.2.5 本条主要针对寒冷地区的地面及高架线路。此外，地铁应具备接收当地气象部门气象预报的功能，预防冰雪灾害。

17.2.6 地下、高架及地面结构的抗震设计应符合《地铁设计规范》GB 50157及地面建筑现行国家抗震设计规范的有关规定。此外，地铁应具备接收本地区地震预报部门的电话报警或网络通信报警功能。

17.2.7 依据《地质灾害防治条例》（中华人民共和国国务院令第394号），地质灾害是指自然因素或者人为活动引发的危害人民生命和财产安全的山体崩塌、滑坡、泥石流、地面塌陷、地裂缝、地面沉降等与地质作用有关的灾害。

17.3 保护区

17.3.1 保护区的设置和管理是国家和行业法规明文规定的地铁管理内容。据建设部颁布，自2005年8月1日起实施的《城市轨道交通运营管理办法》第二十、二十一和二十二条的规定，以及保护区对地铁安全运营的影响，本标准应该对保护区进行评价。

17.3.2 地铁运营单位应该对保护区的管理建立具体、可行的管理制度和措施，这是对该单位是否对保护区有足够重视的重要考核指标之一。

1 评价标准

1) 这些制度和措施可以不必很复杂或者自成体系，但应该在有关文件中得到体现，并且对公众（尤其是地铁范围附近的单位、个人）进行了宣告。

2）这一项是对保护区管理制度的一项细化，地铁运营单位应该定期对保护区的管理状况进行检查，并且保留记录。该记录应该清晰反映检查时间、结果等内容。

3）对于发生的侵入、破坏保护区的事件，地铁运营单位应及时察觉并进行处理，同时保留该记录。

18 基础安全风险水平

18.1 一 般 规 定

18.1.1 本标准从风险管理理论出发，通过考察地铁运营系统所采取的各种必要的控制措施的情况和效果，最终得到该地铁运营系统的安全状况或风险水平。根据最低可接受风险原则 ALARP（As Low As Reasonably Practicable）（见图 1），风险水平可划分为不可接受、可接受和可忽略三个层次。

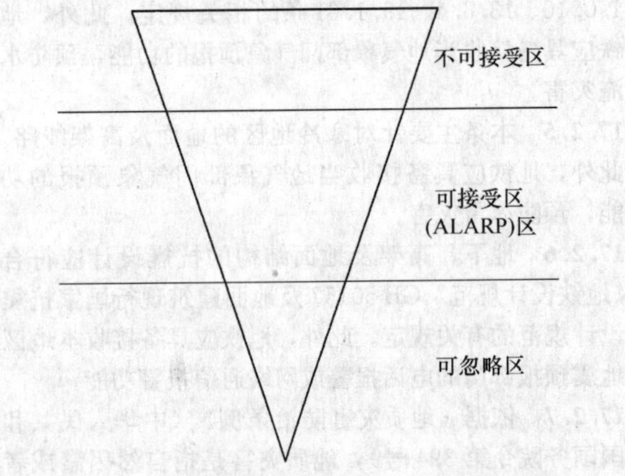

图 1 最低可接受风险（ALARP）原则

不可接受区——除特殊情况外，风险不能被接受；

可接受区——只有当证明进一步降低风险是不可行的或降低风险的成本与所得的利益极不相称时，才允许该风险的存在；

可忽略区——风险可以接受，无需再采取安全措施。

18.2 基础安全评价总分计算

18.2.1 地铁系统中各子系统都对整个地铁安全运营产生影响，因此，通过用地铁运营系统管理、技术、设备、外界影响的 14 项内容（第 4～17 章）的得分进行加权计算来表示整个地铁运营的安全状况。

18.2.2 地铁系统中各子系统之间是相对独立，同时又是相互联系的，各子系统对地铁安全运营的影响程度是不同的。本标准利用权重，对 14 项内容的得分进行加权计算，使总分更能体现地铁安全整体状况。

18.3 基础安全风险水平

18.3.1 用地铁运营系统管理、技术、设备、外界影响的 14 项内容的得分进行加权计算得出结果，用不可接受、可接受和可忽略三个层次来衡量地铁运营系统整体的风险水平。

19 事故风险水平

19.1 一 般 规 定

19.1.1 事故风险水平是评价体系中的重要部分。它通过一定时期内运营事故的规模和水平，直接反映该地铁运营企业的安全状态和管理效果，是安全管理工作效果直接和综合的体现。

19.2 运营事故统计

19.2.1 事故等级、危害程度、事故数量等依据了国家、各省市安全标准以及相关地铁系统对事故的定性、定量标准，对国内各条运营地铁线路的事故指标进行了统计和分析。本标准以事故所造成的人员伤亡事故、经济损失事故和行车事故为结果，检验地铁系统的安全运营业绩。

“每次事故轻伤 1 人时计 0.3 起一般事故”，主要考虑了在地铁运营中，轻伤也应视为事故的发生，不可忽略，取系数为 0.3。

19.2.2 1 等效事故率以百万车公里作为相对指标可以将线路长的地铁、线路短的地铁、运量大的地铁、运量小的地铁拉到同一基准线上，从而可以相互比较。

2 事故折算因子

1）为了计算等效事故率，本标准将各种事故折算为“一般事故”。

2）、3）由于地铁是窗口服务行业，每天都有大量公众进入地铁，难免会发生非地铁方全责的事故。因此，非地铁方全责的事故折算因子按责任百分比计，非责任事故折算因子按相应责任事故的 0.1 计。

19.3 事故风险水平

19.3.1 用年度百万车公里等效事故率，分不可接受、可接受和可忽略三个层次来衡量地铁运营系统事故的风险水平。

六、产品标准

中华人民共和国国家标准

城市轨道交通车站站台声学要求和测量方法

Acoustical requirement and measurement on station platform of urban rail transit

GB 14227－2006

前　　言

本标准第 4 章为强制性的，其余为推荐性的。

本标准同时代替 GB 14227-1993《地下铁道车站站台噪声限值》和 GB/T 14228-1993《地下铁道车站站台噪声测量》。

本标准与 GB 14227-1993 和 GB/T 14228-1993 相比主要变化如下：

——调整了标准名称；

——适用范围增加了轻轨；

——调整了地铁车站站台的噪声限值，制定了轻轨车站站台的噪声限值；

——调整了混响时间的规定。

本标准由中华人民共和国建设部提出。

本标准由建设部标准定额研究所归口。

本标准由铁道科学研究院负责起草，北京市地铁运营公司、广州市地下铁道总公司、南车四方机车车辆股份有限公司等单位参加起草。

本标准主要起草人：焦大化、辜小安、刘扬、马筠、肖彦君、余哲夫、许韵武、谭绍军。

本标准所代替标准的历次版本发布情况为：

——GB 14227-1993，GB/T 14228-1993。

1　范围

本标准规定了城市轨道交通车站列车进、出站时站台的噪声限值、混响时间、测量方法和试验报告的主要内容。

本标准适用于城市轨道交通系统中地铁和轻轨车站的声学环境设计和评价。

2　规范性引用文件

下列文件中的条款通过本标准的引用而成为本标准的条款。凡是注日期的引用文件，其随后所有的修改单（不包括勘误的内容）或修订版均不适用于本标准，然而，鼓励根据本标准达成协议的各方研究是否可使用这些文件的最新版本。凡是不注日期的引用文件，其最新版本适用于本标准。

GB/T 3785　声级计电、声性能及测试方法

GB/T 8170　数值修约规则

GB/T 15173　声校准器

GB/T 17181　积分平均声级计

GBJ 76　厅堂混响时间测量规范

3　术语和定义

下列术语和定义适用于本标准。

3.1

等效声级 equivalent sound pressure level

L_{eq}，$L_{Aeq,T}$

在规定的时间内，某一连续稳态声的 A 计权声压，具有与时变的噪声相同的均方 A 计权声压，则这一连续稳态声的声级就是此时变噪声的等效声级。

注 1：等效声级的单位用分贝（dB）表示。

注 2：等效声级的计算见式（1）：

$$L_{Aeq,T}=10\lg\left[\frac{1}{t_2-t_1}\int_{t_1}^{t_2}\frac{p_A^2(t)}{p_0^2}dt\right] \tag{1}$$

式中：

$L_{Aeq,T}$——等效声级，单位为分贝（dB）；

t_2-t_1——规定的时间间隔，单位为秒（s）；

$p_A(t)$——噪声瞬时 A 计权声压，单位为帕（Pa）；

p_0——基准声压（20μPa）。

注 3：当 A 计权声压用 A 声级 L_{pA}（dB）表示时，则计算公式见式（2）：

$$L_{Aeq,T}=10\lg\left(\frac{1}{t_2-t_1}\int_{t_1}^{t_2}10^{0.1L_{pA}}dt\right) \tag{2}$$

[GB/T 3947-1996，定义 13.7]

3.2

混响时间　reverberation　time

声音已达到稳定后停止声源，平均声能密度自原始值衰变到其百万分之一（60dB）所需要的时间。

[GB/T 3947-1996，定义 12.47]

3.3

背景噪声　background noise

没有列车通过时站台上的噪声。

3.4

车组　set of cars

编成固定基本行车单元、可在轨道上独立运行的车辆组合体。

3.5

列车　train

以在运营线路上运行为目的而编组的由一个或多个车组组成的集合体。

4　声学要求

4.1　地铁和轻轨车站列车进、出站时站台上噪声等效声级 L_{eq} 的最大容许限值应符合表 1 的要求。

表 1　车站站台最大容许噪声限值

单位为分贝（dB）

列车运行状态	噪声限值
列车进站	80
列车出站	80

4.2　地铁和轻轨车站站台上 500Hz 倍频程中心频率混响时间的最大容许限值为 1.5s。

5　噪声测量方法

5.1　测量的量

噪声测量的量为列车进站、出站时规定测量条件下的快（Fast）档等效声级 L_{eq}。

5.2　测量仪器

5.2.1　测量应采用 1 型积分式声级计，其性能应符合 GB/T 3785、GB/T 17181 的规定，也可采用性能等效的其他仪器。声级校准器性能应符合 GB/T 15173的规定。

5.2.2　测量前应使用 1 型声级校准器校准声级计。测量结束后再用声级校准器检查声级计示值，偏差应不大于 0.5dB，否则测量无效。

5.2.3　声级计和声级校准器应经国家认可的计量单位检定合格，并在有效期限内使用。

5.3　环境条件

5.3.1　露天站台测量时，应选择在无雨、无雪、风速小于 5m/s 的气象条件下测量。

5.3.2　测点周围 2m 以内不应有声反射物。

5.3.3　测量时应避开会车。

5.3.4　测量时站台的背景噪声应低于被测噪声 10dB 以上，否则应按表 2 进行修正。差值小于 5dB 时应重新测量。

表 2　背景噪声修正值

单位为分贝（dB）

站台噪声与背景噪声的声级差值	站台噪声级的修正值
>10	0
6～10	−1
5	−2

5.3.5 测量时应避免受到广播等各种非列车运行噪声的干扰。如受到影响，应在测量报告中说明。

5.4 传声器位置

测量时传声器应置于车站站台中部、距地面高度为 1.6m 的位置。传声器前端应朝向被测列车轨道一侧，其轴向与线路方向垂直。测量时传声器应使用风罩。

5.5 测量时间间隔

5.5.1 列车进站的测量时间间隔为列车头部进站到停止的时间。

5.5.2 列车出站的测量时间间隔为列车起动到列车尾部离站的时间。

5.6 测量次数

每种列车运行状态的测量次数不应少于 10 次。

5.7 数据处理

每种列车运行状态的测量数据经算术平均后，按照 GB/T 8170 的规则修约到整数位的数值作为评定值。

6 混响时间测量方法

6.1 混响时间的测量按照 GBJ 76 的方法进行，同时还应符合本标准的规定。

6.2 测量混响时间所选取的倍频程中心频率为500Hz。

6.3 测量时站台应保持空场状态。

6.4 测点应在站台上有代表性的位置布设，并应偏离站台纵向中心线 1.5m。测点应不少于 3 个。传声器距地面高度应为 1.6m。

6.5 测量用声源应置于站台一端，距地面高度应为 1.5m。

7 试验报告

试验报告至少应包括以下内容：

a）测量地点；

b）测量仪器：名称，型号，编号，检定日期；

c）仪器校准记录；

d）测点位置；

e）背景噪声；

f）测量数据和结果：L_{eq}，测量时间间隔，混响时间，数据处理结果等；

g）测量过程中可能影响结果的情况说明；

h）测量日期、测量者。

参考文献

［1］GB/T 1.1-2000　标准化工作导则　第 1 部分：标准的结构和编写规则

［2］GB/T 20001.1-2001　标准编写规则　第 1 部分：术语

［3］GB/T 3947-1996　声学名词术语

［4］ISO/DIS 3095：2001　Railway application-Acoustics-Measurement of noise emitted by rail bound vehicles

［5］ISO/DIS 3381：2001　Railway application-Acoustics-Measurement of noise inside railbound vehicles

中华人民共和国国家标准

城市轨道交通列车噪声限值和测量方法

Noise limit and measurement for train of urban rail transit

GB 14892－2006

前　　言

本标准第4章为强制性的，其余为推荐性的。

本标准同时代替GB 14892-1994《地下铁道电动车组司机室、客室噪声限值》和GB/T 14893-1994《地下铁道电动车组司机室、客室内部噪声测量》。

本标准与GB 14892-1994和GB/T 14893-1994相比主要变化如下：

——调整了标准名称；

——适用范围增加了轻轨列车；

——重新规定了车内噪声限值。

本标准由中华人民共和国建设部提出。

本标准由建设部标准定额研究所归口。

本标准由铁道科学研究院负责起草，北京市地铁运营公司、广州市地下铁道总公司、南车四方机车车辆股份有限公司等单位参加起草。

本标准主要起草人：焦大化、辜小安、刘扬、马筠、肖彦君、余哲夫、许韵武、谭绍军。

本标准所代替标准的历次版本发布情况为：

——GB 14892-1994，GB/T 14893-1994。

1　范围

本标准规定了城市轨道交通列车噪声限值、测量方法和试验报告的主要内容。

本标准适用于城市轨道交通系统中地铁和轻轨列车的设计、制造和检验。

2　规范性引用文件

下列文件中的条款通过本标准的引用而成为本标准的条款。凡是注日期的引用文件，其随后所有的修改单（不包括勘误的内容）或修订版均不适用于本标准，然而，鼓励根据本标准达成协议的各方研究是否可使用这些文件的最新版本。凡是不注日期的引用文件，其最新版本适用于本标准。

GB/T 3785　声级计电、声性能及测试方法

GB/T 8170　数值修约规则

GB/T 15173　声校准器

GB/T 17181　积分平均声级计

3　术语和定义

下列术语和定义适用于本标准。

3.1

等效声级　equivalent sound pressure level

L_{eq}，$L_{Aeq,T}$

在规定的时间内，某一连续稳态声的A计权声压，具有与时变的噪声相同的均方A计权声压，则这一连续稳态声的声级就是此时变噪声的等效声级。

注1：等效声级的单位用分贝（dB）表示。

注2：等效声级的计算见式（1）：

$$L_{Aeq,T}=10\lg\left[\frac{1}{t_2-t_1}\int_{t_1}^{t_2}\frac{p_A^2(t)}{p_0^2}dt\right] \quad (1)$$

式中：$L_{Aeq,T}$——等效声级，单位为分贝（dB）；

t_2-t_1——规定的时间间隔，单位为秒（s）；

$p_A(t)$——噪声瞬时A计权声压，单位为帕（Pa）；

p_0——基准声压（20μPa）。

注3：当A计权声压用A声级 L_{pA}（dB）表示时，则计算公式见式（2）：

$$L_{Aeq,T}=10\lg\left(\frac{1}{t_2-t_1}\int_{t_1}^{t_2}10^{0.1L_{pA}}dt\right) \quad (2)$$

[GB/T 3947-1996，定义13.7]

3.2

背景噪声　background noise

当列车运行位置距离测点较远，且列车运行噪声的作用可忽略不计时的环境噪声。

3.3

车辆　vehicle

采用轮轨支撑负荷，具有牵引动力或无牵引动力、可编成列车运行的单节载客工具。

3.4

车组　set of cars

编成固定基本行车单元、可在轨道上独立运行的车辆组合体。

3.5

列车　train

以在运营线路上运行为目的而编组的由一个或多个车组组成的集合体。

3.6

最高运行速度　maximum running speed

列车运行时所允许的最高速度。

3.7

监测试验　monitoring test

用于产品质量的监督检验、验收和制造方自检所进行的试验。

4　噪声限值要求

城市轨道交通系统中地铁和轻轨列车噪声等效声级 L_{eq} 的最大容许限值应符合表1的要求。

表1　列车噪声等效声级 L_{eq} 最大容许限值

单位为分贝（dB）

车辆类型	运行线路	位置	噪声限值
地铁	地下	司机室内	80
	地下	客室内	−83
	地上	司机室内	75
	地上	客室内	75
轻轨	地上	司机室内	75
	地上	客室内	75

5　测量方法

5.1　测量的量

测量的量为车辆内部和列车外部规定测量条件下的快（Fast）档等效声级 L_{eq}。

5.2　测量仪器

5.2.1　测量应采用1型积分式声级计，其性能应符合GB/T 3785或GB/T 17181的规定，也可采用性能等效的其他仪器。声级校准器性能应符合GB/T 15173的规定。

5.2.2　测量前应使用1型声级校准器校准声级计。测量结束后再用声级校准器检查声级计示值，偏差应不大于0.5dB，否则测量无效。

5.2.3　声级计和声级校准器应经国家认可的计量单位检定合格，并在有效期限内使用。

5.3　地上试验环境

5.3.1　应选择在干燥、无冻结的碎石道床、混凝土轨枕、平直无缝线路（坡度＜3‰，曲线半径＞1500m）上进行测量。

5.3.2　试验应在实际运营线路或条件相近的其他线路上进行，轨道状况应维护良好，符合正常运营要求。

5.3.3　测量区间应避开桥梁、隧道、车站、道岔和会车。

5.3.4　特殊情况应在试验报告中说明。

5.4　地下试验环境

5.4.1　试验线路应符合以下要求：

a）试验应在实际运营线路或条件相近的其他线路上进行；

b）试验区段的隧道和轨道应能代表实际运营线路的主要类型；

c）轨道状况应维护良好，符合正常运营要求。

5.4.2　测量时应避开车站和会车。

5.5　车辆条件

5.5.1　一般要求

5.5.1.1　列车的编组应符合正常运营要求。对于特殊编组，应在报告中说明。

5.5.1.2 车轮踏面应平整，不应有擦伤。

5.5.1.3 监测试验的运行速度应为最高运行速度的75%，或按实际运营线路的最高运行速度。测量时运行速度的波动范围应小于±5%。

5.5.1.4 动力车辆的牵引功率应保持在维持试验速度的最小功率。

5.5.1.5 辅助机组应保持正常运转。

5.5.2 司机室内测量

5.5.2.1 被测司机室应在列车前端。

5.5.2.2 司机室所有门、窗应关闭。

5.5.2.3 司机室内人员应不超过4人。

5.5.2.4 辅助机组均应正常运转，凡运转时间很短的辅助机组（如空压机），可不予考虑。

5.5.3 客室内测量

5.5.3.1 客室内所有门、窗应关闭。

5.5.3.2 客室内人员应不超过4人。

5.6 传声器位置

5.6.1 司机室内测量时，传声器应置于司机室中部，距地板高度1.2m的位置，方向朝上。

5.6.2 客室内测量时，传声器应置于客室纵轴中部，距地板高度1.2m的位置，方向朝上。

5.7 测量和数据处理

5.7.1 司机室、客室内测量

5.7.1.1 每次等效声级L_{eq}的测量时间间隔应不少于30s。每个司机室和客室至少应测量3次。当数据之间的差值大于3dB时，则此组数据无效。

5.7.1.2 每个司机室或客室的测量数据经算术平均后，按照GB/T 8170的规则修约到整分贝数。

5.7.1.3 测量时应避开制动机排气、鸣笛、通讯、说话等的干扰。受到影响时，应在测量报告中说明。

6 试验报告

试验报告至少应包括以下内容：

a) 试验车辆：型号，编号，制造厂，出厂日期；

b) 测量地点；

c) 测量仪器：名称，型号，编号，检定日期；

d) 仪器校准记录；

e) 环境条件：气象条件，线路状况等；

f) 车辆条件：编组情况；

g) 测点位置；

h) 背景噪声；

i) 测量数据和结果：运行速度，L_{eq}测量时间间隔，数据处理结果；

j) 测量过程中可能影响结果的情况说明；

k) 测量日期、测量者。

参考文献

[1] GB/T 1.1-2000 标准化工作导则 第1部分：标准的结构和编写规则

[2] GB/T 3367.6-2000 铁道机车名词术语 内燃机车术语

[3] GB/T 3947-1996 声学名词术语

[4] GB/T 20001.1-2001 标准编写规则 第1部分：术语

[5] ISO/DIS 3095：2001 Railway application-Acoustics-Measurement of noise emitted by railbound vehicles

[6] ISO/DIS 3381：2001 Railway application-Acoustics-Measurement of noise inside railbound vehicles

中华人民共和国城镇建设行业标准

轻轨交通车辆通用技术条件

General specifications for light rail traffic vehicles

CJ/T 5021－1995

1 主题内容与适用范围

本标准规定了轻轨交通车辆的分类、技术要求、检验规则、标志与运输。

本标准适用于地面、地下或高架形式，轨距为1435mm的专用道、直流驱动的轻轨交通车辆（以下简称车辆）。

2 引用标准

GB 5599 铁道车辆动力学性能评定和试验鉴定规范

GB 6807 钢铁工件涂漆前磷化处理技术条件

GB 9656 汽车用安全玻璃

GB 11380 客车车身涂层技术条件

JB 4398 牵引车辆电子设备规则

JB 6480 旋转牵引电机基本技术条件

ZB 5348 牵引用直流斩波器基本技术条件

ZB K63002 牵引电器 基本技术条件

QCn 29008.6 汽车产品质量检验 车身密封性评定方法

3 术语

3.1 起动平均加速度

在干燥平直线路上，车辆载荷为额定载客量，自起动指令发出开始加速至某一速度值时，该速度值被经历的时间相除所得的商。

3.2 制动平均减速度

在干燥平直线路上，车辆载荷为额定载客量，自制动指令发出至车辆停住，相应的制动初速度被经历的时间相除所得的商。

3.3 受电弓车辆

以接触网供电，车辆顶部设受电弓受流的电动车辆。

3.4 受流器车辆

以接触轨（第三轨）供电，转向架两侧设受流器受流的电动车辆。

4 分类

4.1 型式

4.1.1 按车轴数目可分为四轴、六轴单铰接，八轴双铰接车辆。

4.1.2 按供电方式可分为接触网供电和接触轨供电。

4.2 型号

4.2.1 车辆型号由车辆代号、车轴数目、供电方式代号和改进设计代号组成。如下所示：

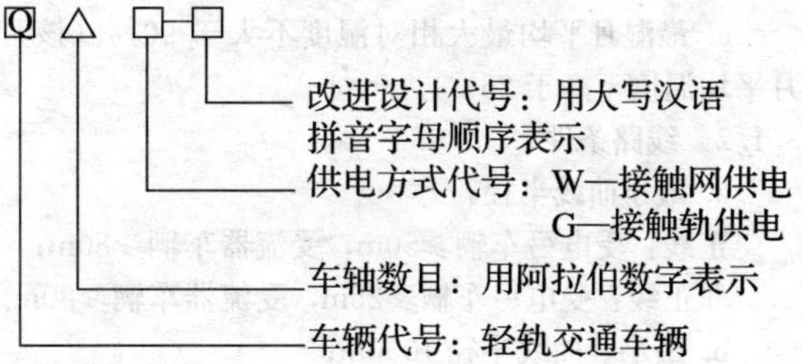

4.2.2 标记示例

a. 接触网供电，第一次改进设计的六轴单铰接轻轨交通车辆：

轻轨交通车辆 Q6W-A CJ/T 5021

b. 接触轨供电，第二次改进设计的八轴双铰接轻轨交通车辆：

轻轨交通车辆 Q8G-B CJ/T 5021

4.3 车辆主要尺寸见表1，车辆的型式和尺寸见表2。

表1 轻轨交通车辆主要尺寸 mm

序号	项　目	数　值
1	车辆长度	见表2
2	车辆宽度	2600
3	车辆顶部至轨面高度	≤3250
4	车辆顶部设备至轨面高度	≤3700
5	车内净高	≥2150
6	地板面至轨面高度	950
7	车辆定距	见表2
8	固定轴距	见表2或根据线路曲线半径确定
9	车轮直径（新/旧）	760/700
10	车轮内侧距离（车轮宽度120）	1372±2
11	车厢车门净宽度	≥1300
12	车厢车门高度	≥1800
13	车钩中心距轨面高度	660
14	受电弓落弓高度	3700
15	受电弓工作高度	3900～5600
16	受电弓滑板工作长度	≥1200
17	受流器中心距走行轨内侧距离	700
18	受流器水平面中心线距轨面高度	140

5 技术要求

5.1 使用条件

5.1.1 环境条件

a. 海拔高度不超过1200m；

b. 环境温度（遮阴处）为－25～40℃；

c. 最湿月平均最大相对湿度不大于90%（该月月平均温度不高于25℃）。

5.1.2 线路条件

a. 最小曲线半径：

正线：受电弓车辆≥50m，受流器车辆≥80m；

非正线：受电弓车辆≥25m，受流器车辆≥80m。

b. 最小竖曲线半径1000m；

c. 最大坡度60‰。

5.1.3 供电条件

a. 供电方式：接触网供电或接触轨供电。

b. 供电电压：DC750V（波动范围500～900V）或DC1500V（波动范围1000～1800V）。

5.2 基本要求

5.2.1 车辆的各种机械和电器设备应按经过规定程序批准的图样和技术文件制造，并符合有关标准的规定。

5.2.2 车辆的相同零部件应能互换。

5.2.3 车辆的各种设备及附属设施应布置合理，安装牢固可靠，便于检查、修理、拆装，同时应考虑车辆意外情况对其影响。

5.2.4 车辆外形尺寸应符合轻轨交通车辆限界的规定。

5.2.5 车辆的长度和最大编组长度应按高峰小时单向最大断面客流量3.5万/人次、行车密度每小时30对的要求来确定。

5.2.6 车辆的最高运行速度不低于70km/h。

5.2.7 车辆和车组由零到35km/h的起动平均加速度不低于0.85m/s²，车速由零加速到70km/h时的平均加速度不低于0.4m/s²。

5.2.8 车辆和车组的常用制动平均减速度不低于1.1m/s²，紧急制动平均减速度不低于1.3m/s²。

5.2.9 列车满载运行在丧失一半动力的意外情况下应能缓行至邻近车站，下客后能以平均旅行速度运行至终点或车场。

5.2.10 车辆和车组空车应能以10km/h的速度安全通过最小曲线半径的线路。

5.2.11 车辆的各种设备应能承受振动频率 f 为1～50Hz的垂直、横向和纵向的正弦振动，相应的振幅 A（用mm表示）按公式（1）、（2）计算：

当 $f=1\sim10$Hz时，$$A=\frac{25}{f} \quad (1)$$

当 $f>10\sim50$Hz时，$$A=\frac{250}{f^2} \quad (2)$$

5.2.12 车辆的各种设备应能承受相当于车辆纵向加速度为 $2g$（g 为重力加速度）的冲击。

5.2.13 车辆运行的平稳性指标应不低于GB 5599中规定的2.5。

5.2.14 车辆以70km/h的速度运行时，司机室内的噪声不超过70dB（A），车厢内的噪声不超过75dB（A），车外噪声不超过82dB（A）。

5.2.15 车辆的结构材料、电缆和部件应采用难燃的材料制造。否则应进行阻燃处理，或用难燃材料加以封罩。

5.2.16 车辆额定载客量计算：额定站立人数按6人/m²计，超员站立人数按9人/m²计，人均体重按60kg计算。

5.2.17 受电弓的接触压力为50～80N，受流器与接触轨的接触压力为150N。

5.2.18 车辆应设有架车支座和吊装支座。

5.2.19 车辆应设有空车和重车的地板面高度自动调整装置。

5.2.20 车辆应有良好的密封性。在风、雪、雨天运行时，不应漏雨、渗水、进雪。在机械洗刷时，车内不应漏水、渗水。

5.3 部件要求

5.3.1 司机室

5.3.1.1 司机室应视野宽广，车辆在运行中应能清楚方便地了望到前方的信号和设施以及侧方和侧后方的情况。司机室的前窗玻璃应采用夹层玻璃，并设刮水器，遮阳板，在北方寒冷地区使用的车辆还应有防冻除霜装置。

5.3.1.2 司机室应设侧门，侧门玻璃能上下开启。司机室与车厢要隔开并设连通门，门的宽度应大于550mm，高度大于1800mm。

5.3.1.3 司机控制台的设置应满足司机操作和监视要求，各种操作装置应便于操作。

5.3.1.4 司机座椅为软式或半软式，其高度、前后位置可以调节。

5.3.1.5 根据需要车内可设电度表。

5.3.1.6 司机室内应有广播设备。

5.3.1.7 司机室应设有集中控制车厢车门的开关装置，并有安全信号显示。

5.3.1.8 司机室灯光照明在地板中央的照度为3～5lx，司机室控制台面为5～10lx，并应单独设检修用的照明装置。

5.3.1.9 司机室内的仪表和指示灯在日光下和夜间灯光下距离500mm处能清楚地看到其显示值。

5.3.1.10 列车的运行控制可采用人工控制或门动控制，采用人工控制时应在司机室内预留自动控制（ATC）设施的位置和接口。

5.3.2 车厢

5.3.2.1 车厢两侧应设由司机控制的气动拉门，需要时也可单独手动控制。车门开闭应灵活可靠，并采用柔性关门，车辆行驶时不应有声响。侧门数量见表2。

表2 轻轨交通车辆型式和尺寸

序号	型式	车辆侧面形式图	车厢每侧车门数（个）	定员人数（人）单司机室车	定员人数（人）无司机室车
1	轻轨四轴车	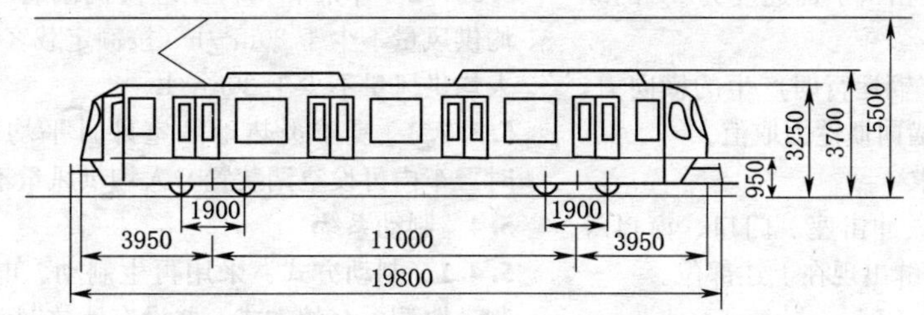	4	200	210
2	轻轨六轴车	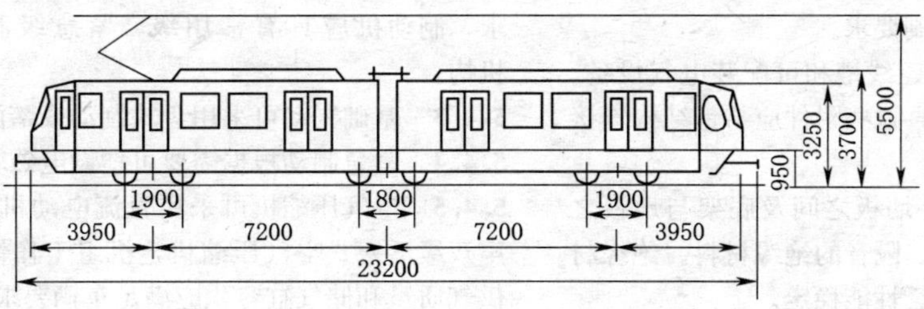	4	240	250
3	轻轨八轴车	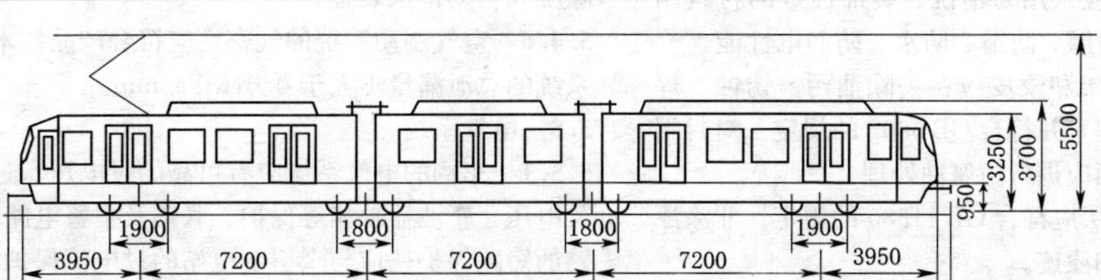	5	315	325

5.3.2.2　车厢车窗一般为固定式，在车窗上部可设置可调式眉窗，如设活动式车窗应有安全防护措施，其开度应保证车内采光度要求，其高度位置应满足站立乘客的视觉要求。车门、车窗玻璃应采用钢化玻璃，其性能应符合 GB 9656 的规定。

5.3.2.3　车厢内设半软式乘客座椅，或难燃硬质塑料座椅。

5.3.2.4　车厢照明应采用交流 220V、50Hz 荧光灯，距地板面 800mm 高处的照度平均值不小于100lx，最低值不小于 75lx。事故照明应采用直流 110V 经静止逆变器供电的荧光灯，其照度不小于 10lx。

5.3.3　车体

5.3.3.1　车体采用整体式承载结构，在使用期限内能承受正常载荷的作用而不产生永久变形。并有足够的刚度，能满足修理和纠正脱轨的要求。在最大垂直载荷作用下，车体挠度不超过两转向架支承点之间距离的 1‰。

5.3.3.2　车体的载荷按以下规定考虑：

a. 垂直载荷：由车辆质量、最大载客量、线路不平及线路干扰而引起的振动所造成的垂直动载荷所组成。按下式计算：

垂直载荷＝1.1（车辆质量＋最大载客量）

b. 纵向载荷：由连挂、牵引、制动、冲击等工况所产生。最大纵向载荷按相当于加速度为 $2g$ 的纵向惯性力取值。

c. 横向载荷：主要指车辆运行时产生的横向力，按相当于加速度为 $0.2g$ 的横向惯性力取值。

5.3.3.3　车体结构设计要求

a. 尽量消除车体枕梁、冲击座、门口、窗口等结点处的应力集中，不让焊缝出现在上述部位。

b. 避免形成无排水区。

c. 尽量不用搭接结构，对外露结构的焊接形式应适合各种气候条件和洗刷要求。

d. 应考虑到装设导管、线槽和可配装电气设备、辅助设备所需的各种附件，这些附件应与钢结构连接牢固。

5.3.3.4　车体结构的内外墙板之间及底架与地板之间应敷设具有防寒、隔热、隔音的绝缘材料。绝缘材料应吸湿性小、膨胀率低、性能稳定。

5.3.3.5　内墙板应采用易清洗、装饰性好的材料制造。地板应具有耐磨、防滑、防水、防静电性能。

5.3.3.6　车体骨架和蒙皮应在去除油污、锈蚀、焊渣后进行磷化处理，并符合 GB 6807 的规定。对封闭断面构件的内表面应进行防腐蚀处理。

5.3.3.7　车身涂层应符合 GB 11380 的规定。非涂漆部位不应有油污和漆迹。

5.3.4　车钩连接装置

5.3.4.1　车钩装置在车组中间为半永久型车钩和电气连接器，车组两端可设自动车钩。

5.3.4.2　车钩连接装置应具备以下基本性能：

a. 能顺利通过规定的最小曲线半径；

b. 在规定的最大冲击速度 5km/h 时满足其强度要求；

c. 不因振动和冲击而分离；

d. 电、气路连接可靠。

5.3.5　铰接装置

5.3.5.1　车辆的铰接装置，其水平转角和纵向折角应满足最小曲线半径和竖曲线半径的运行要求。

5.3.5.2　伸缩篷与前后车体之间应保持适当的间隙，运行时不应相互触碰和卡阻，且密封良好。

5.3.6　转向架

5.3.6.1　转向架应采用轴箱悬挂和中央悬挂的两系弹簧悬挂型式，构架应采用钢板压型焊接结构，转向架强度设计应符合 5.3.3.2 条规定。

5.3.6.2　转向架与牵引电机布置方式，可采用纵向布置或横向布置方式，其固定轴距除按表 2 规定外，可根据所通过线路曲线半径和布置要求确定。

5.3.6.3　车轮根据需要可设弹性车轮或整体车轮。

5.3.7　采暖和通风

5.3.7.1　车辆在冬季寒冷地区使用时，司机室内应设取暖设备，室内温度最低应保持在 5℃以上。

5.3.7.2　车厢和司机室应设机械通风装置，车厢人均供风量不少于 $20m^3/h$（按额定载客量计），司机室人均供风量不少于 $30m^3/h$。

5.3.7.3　夏季炎热地区室外月平均温度超过 27℃时，车内可设空调装置，人均供风量不少于$10m^3/h$。

5.4　制动系统

5.4.1　制动方式：采用再生制动、电阻制动和空气制动协调配合的方式，并设有停放制动装置。

5.4.2　空气制动应满足车辆控制系统对制动机的要求，制动机应具有常用级、紧急级和备用级三套机构。

5.4.3　基础制动可采用盘式制动或踏面制动装置。

5.4.4　紧急制动根据需要可增设电磁轨道制动器。

5.4.5　空气压缩机可采用直流电动机为动力的低噪声双级活塞式空气压缩机，机组工作性能、排气量、供气质量和储气缸容积应满足车辆要求。机组应设有除湿和自动排水装置。

5.4.6　空气制动系统的气密性应符合产品技术要求，系统的总泄漏量不大于 0.01MPa/min。

5.5　电气系统

5.5.1　车辆的电气系统应有可靠的过电压、过电流、欠电压、斩波器缺相等保护、联锁及报警电路，主电路的短路保护还应与牵引变电站的过电流保护相协调配合。

5.5.2　车辆的电气设备应在供电电压波动允许范围

内正常工作。

5.5.3 车辆的电气系统应有良好的绝缘保护措施。车辆的主电路、辅助电路、控制电路应能经受耐压试验，试验电压的均方根值为受试电路中电气设备最低试验电压的85%，试验时间1min。试验时应将电子器材、蓄电池、灯具从电路中分离，使其不承受电路耐压试验。

5.5.4 电子设备、斩波器和逆变器不因本车辆或邻近车辆开、断电路产生干扰，也不应影响通讯和信号回路正常工作。

5.5.5 车辆上的牵引电机应符合 JB 6480 的规定。

5.5.6 车辆上的牵引电器应符合 ZBK 63002 的规定。

5.5.7 车辆上的电子设备应符合 JB 4398 的规定。

5.5.8 车辆上的斩波器应符合 ZB 5348 的规定。

5.5.9 车辆的辅助电源系统一般采用蓄电池和静止逆变器或电动发电机组组成。蓄电池的容量应满足紧急情况下45min事故照明的需要。静止逆变器或电动发电机组的容量应满足全部用电设备的需要。

5.5.10 导线应敷设整齐，固定牢靠，穿越孔洞时应有绝缘保护措施，高低压导线应分开敷设，分开包扎。导线两端应有清晰持久的线号标记。

5.6 安全设施

5.6.1 车辆应有运行自动保护装置（ATP）以及为保证行车安全的通讯联络装置。

5.6.2 仪表板应设最高运行速度显示装置、制动系统的工作压力显示装置、乘客门开闭状态显示装置。这些装置的显示应易于司机观察和辨认。

5.6.3 车辆应设避雷器。

5.6.4 列车前端装有角度可调、能进行远近光变换的前照灯、雾灯和红色信号灯。前照灯的照度在前方95m处不小于2lx。

5.6.5 车内应设置扶手和吊环，车门附近设扶手杆。铰接部位应设护栏。

5.6.6 车辆应设置喇叭。

5.6.7 司机室和车厢内须配置适合于电气装置和油脂类的灭火器具，安放位置要便于取用。司机室应设烟火显示报警装置。

5.6.8 车辆应设撒砂装置。

5.6.9 车辆上应配备专用工具和工具柜。

6 检验规则

产品检验分出厂检验和型式检验。

6.1 出厂检验

6.1.1 每辆车总装完成后，应按出厂检验要求检验合格，并签发合格证书后方可出厂。

6.1.2 出厂检验项目按表3规定。

表3 出厂检验和型式检验项目表

序号	项目	型式检验	出厂检验
1	外形尺寸检查	√	
2	车下设备距轨面距离	√	
3	受电弓工作范围和压力测定	√	
4	车钩高度测定	√	
5	称重（总质量和转向架轴质量）	√	
6	通过最小曲线半径线路试验	√	
7	制动试验	√	√
8	制动减速度测定	√	√
9	起动加速试验	√	√
10	运行平稳性试验	√	
11	运行噪声测定	√	
12	前照灯照度测定	√	√
13	蓄电池充放电试验	√	
14	车厢照度测定	√	
15	车厢通风量测定	√	
16	空气管道系统气密性试验	√	√
17	电气绝缘耐压试验	√	√
18	电气线路检查和操作试验	√	√
19	保护电器整定和动作试验	√	√
20	安全设施检查	√	√
21	辅助机组和各项设备的运行试验	√	√
22	运行试验（包括曲线和坡度）	√	√
23	受流器试验	√	
24	车厢淋雨试验	√	√

6.2 型式检验

6.2.1 凡属下列情况之一时应进行型式检验：

a. 新设计制造或首次生产的车辆；

b. 已定型批量生产的车辆在结构和性能上有较大改变时；

c. 批量生产的车辆到一定数量后，有必要重新确认其性能时；

d. 国家质检机构提出进行型式检验的要求时。

6.2.2 进行型式检验的样车由成品库或总装线上随机抽取，数量为1辆。

6.2.3 车辆在进行型式检验时可进行调整，在调整过程中还可作必要的修改和线路试运行。试运行里程不少于5000km。

6.2.4　型式检验项目按表3规定。

6.3　判定规则

6.3.1　出厂检验项目的各项指标应达到本标准规定的要求，其中影响行车安全的项目：制动性、气密性、绝缘耐压性能必须符合要求，其余项目允许有2项误差不大于5%，否则判为不合格。

6.3.2　型式检验项目的各项指标应达到本标准规定的要求，其中影响行车安全的项目：制动性、气密性、绝缘耐压性能必须符合要求，其余项目允许有3项误差不大于5%，否则判为不合格。

6.3.3　淋雨试验按QCn 29008.6中的铰接客车和大型客车评定，小于75分为不合格。

6.4　验收

提交验收的车辆应有产品合格证书、出厂检验记录、车辆和主要配件使用说明书、装箱单、随车工具、备品。

7　标志与运输

7.1　标志

7.1.1　应在每辆车的明显位置设置产品标牌和商标，标牌内容包括：

a. 产品名称和型号；

b. 制造厂名称；

c. 供电电压和供电方式；

d. 轨距；

e. 额定载客量；

f. 最高运行速度；

g. 外形尺寸；

h. 出厂编号；

i. 出厂日期。

7.1.2　车辆前端或两侧应留有运行线路方向标志位置。

7.1.3　在车厢内壁应留有运行线路站名图位置。

7.2　运输

车辆由制造厂妥善防护，并负责运送到合同指定的交货地点。

8　质量保证

8.1　车辆自制造厂发运到货验收后一年内，用户在遵守使用说明书的条件下使用，确属制造质量不良出现故障不能运行或损坏时，制造厂应及时无偿地负责修理，或更换零部件，安装调试，恢复运行。

8.2　用户在遵守使用说明书的条件下正常使用，厂修里程不小于8×10^5 km，使用期限为25～30年。

附加说明

本标准由建设部标准定额研究所提出。

本标准由建设部机械设备与车辆标准技术归口单位北京建筑机械综合研究所归口。

本标准由建设部城市车辆研究所、北京城建设计研究院、建设部城建研究院、铁道部长春客车工厂、湘潭牵引电气设备研究所、负责起草。

本标准主要起草人郭维外、刘通华、商福昆、郑徐滨、林镇鉴。

中华人民共和国国家标准

地铁车辆通用技术条件

General technical specification for metro vehicles

GB/T 7928－2003

前　言

本标准是对GB/T 7928-1987的修订，在修订中主要参考了IEC 61133-1992《电力牵引　机车车辆　电力机车车辆和电传动热力机车车辆制成后投入使用前的试验方法》等国际标准以及有关的JIS和EN标准。

本标准代替GB/T 7928-1987《地下铁道车辆通用技术条件》，与GB/T 7928-1987相比主要内容变化如下：

a) 新增加“2　规范性引用文件”、“3　术语和定义”、“5　车辆类型”、“7　车辆型式与列车编组”、“12　空气调节及采暖装置”、“14　控制诊断系统”、“15　通讯与乘客信息系统”、“17　标志”共8章；

b) 将GB/T 7928-1987中“使用环境条件”一章改为“4　使用条件”。增加了“4.2　线路条件”、“4.3　供电条件”两节；

c) 将GB/T 7928-1987中“基本要求”与“一般规定”两章进行了调整，合并为“6　基本要求与一般规定”，并将其中一些条文归纳到后续章条。根据地铁车辆技术的发展，这一章中对车辆称重（6.5、6.6）、列车平均加速度（6.12）、车辆的脱轨系数都做了修改；增加了列车纵向冲击率（6.14）、新的车辆设备冲击振动试验标准规定（6.15）及车外噪声等级要求（6.18）；

d) 将GB/T 7928-1987中“机械部分”一章分为“8　车体及内装设备”、“9　转向架”、“10　制动系统”三章，并扩充内容，增加了条文。主要有：

“车体及内装设备”一章中增加了关于车体试验用纵向静载荷的规定（8.1.5）；对司机室、客室的安全玻璃按相关标准做了补充规定（8.2.2、8.3.3）；对列车的紧急疏散门（8.2.3）、客室侧门（8.3.2）的安全防护性能做了明确规定；增加了连接车辆之间的贯通道（8.3.8）和设置无障碍通过设施的要求（8.3.9）；

“转向架”一章中增加了转向架结构强度试验（9.2）和构架电机吊座与齿轮箱吊座的设计应保证其寿命期的要求（9.5）；

“制动系统”中增加了常用制动与紧急制动的功能（10.2）、电制动与空气制动的配合（10.3）、制动防滑功能（10.5）、停放制动（10.6）、空气系统气密性要求（10.9）等内容；对空气压缩机组从安全运行角度提出新的要求和规定（10.7）；

e) 将GB/T 7928-1987中“电气部分”改为“电气系统”（11章）。鉴于交流传动牵引技术已在地铁车辆中普遍采用，增加了电力牵引采用变频调压交流传动的要求（11.1），对牵引电机、牵引电器、电子设备和电力变流器技术条件的规定（11.2），关于电磁兼容性试验及其限值的规定（11.3），对电流回线的要求（11.7），充分利用粘着，防空转防滑的要求（11.8），关于交流传动系统对轮径差的控制能力的要求说明（11.9），以及对受电器（11.10）、辅助变流器（11.12）、蓄电池应急负荷容量（11.13）、电器箱外壳防护等级（11.14）等的技术要求和规定；

f）增加的“12　空气调节及采暖装置”中，对地铁车辆的空调制冷（12.1）、通风（12.5、12.6）、采暖装置（12.7、12，9）的技术指标做了规定；

g）“13　安全设施”一章与GB/T 7928-1987中第6章相比，增加了关于警惕按钮（13.1）、鸣笛装置（13.5）和列车紧急疏散能力（13.8）的要求，删去自动停车装置（ATS）内容；

h）“16　试验与验收”一章与GB/T 7928-1987中第7章相比，增加了配套设备及主要部件检验（16.4）和研究性试验（16.8）的内容；

i）“18　运输与质量保证期限”一章增加了对需整改项目重新建立保证使用期限的内容（18.3）。

本标准由中华人民共和国建设部提出。

本标准由建设部标准定额研究所归口。

本标准起草单位：北京地铁运营有限责任公司、北京市地下铁道设计研究所、上海地铁运营有限公司、广州市地下铁道总公司、北车长春轨道客车股份有限公司、南车四方机车车辆股份有限公司、中国南车集团株洲电力机车厂、株洲电力机车研究所、铁科院工程咨询有限公司、同济大学铁路与城市轨道交通研究院、中国北车集团四方车辆研究所、南京浦镇车辆厂、北京地铁车辆厂。

本标准主要起草人：马沂文、谢谦、杨润栋、肖彦君、黄宪、李鸿兴、浦汉亮、杜晓红、王旭东、谭绍军、肖勇、陈文光、吴萌岭、栾平景、劳世定、曾宪钧。

本标准于1987年6月首次发布，2003年第一次修订。

1　范围

本标准规定了地铁车辆的使用条件、车辆类型、技术要求、安全设施、试验与验收、标志、运输与保证期限等方面内容。

本标准适用于地铁车辆（以下简称车辆）。

2　规范性引用文件

下列文件中的条款通过本标准的引用而成为本标准的条款。凡是注日期的引用文件，其随后所有的修改单（不包括勘误的内容）或修订版均不适用于本标准，然而，鼓励根据本标准达成协议的各方研究是否可使用这些文件的最新版本。凡是不注日期的引用文件，其最新版本适用于本标准。

GB 4208-1993　外壳防护等级（IP代码）（eqv IEC 529：1989）

GB/T 9963-1998　钢化玻璃

GB/T 10411　地铁直流牵引供电系统

GB/T 11944-2002　中空玻璃

GB 14892　地下铁道电动车组司机室、客室噪声限值

GB/T 14894　地下铁道车辆组装后的检查与试验规则

GB 50157-2003　地铁设计规范

TB/T 449-2003　机车车辆用车轮踏面外形

TB/T 1333.1-2002　铁路应用　机车车辆电气设备　第1部分：一般使用条件和通用规则（idt IEC 60077-1：1999）

TB/T 1333.2-2002　铁路应用　机车车辆电气设备　第2部分：电工器件　通用规则（idt IEC 60077-2：1999）

TB/T 1451-2001　机车、动车组用电加温玻璃技术条件

TB/T 1484.1-2001　铁路机车车辆电线电缆订货技术条件　第1部分：额定电压3kV及以下电缆

TB/T 1507-1993　机车电气设备布线规则

TB/T 2431　铁路客车车顶单元式空调机组技术条件

TB/T 2704-1996　客车电热装置技术条件

TB/T 2879.3-1998　铁路机车车辆　涂料及涂装　第3部分　金属和非金属材料表面处理技术条件（neq UIC 842.3-1979）

TB/T 2879.5-1998　铁路机车车辆　涂料及涂装　第5部分　客车和牵引动力车的防护和涂装技术条件（neq UIC 842.5-1979）

TB/T 3001　铁路机车车辆用电子变流器供电的交流电动机（TB/T 3001-2000，eqv IEC 60349-2：1993）

TB/T 3021-2001　铁道机车车辆电子装置（eqv IEC 60571：1998）

TB/T 3034-2002　机车车辆电气设备电磁兼容性试验及其限值（eqv EN 50121-3-2：2000）

TB/T 3058-2002　铁路应用　机车车辆设备冲击和振动试验（idt IEC 61373：1999）

IEC 61133-1992　电力牵引　机车车辆　电力机车车辆和电传动热力机车车辆制成后投入使用前的试验方法

IEC 61287-1　机车车辆用电力变流器　第一部

分　特性和试验方法

UIC 615-4　动车组　转向架与走行部　转向架构架结构强度试验

3　术语和定义

下列术语和定义适用于本标准。

3.1

地铁车辆　metro vehicle，metro car，subway car

在地铁线路上可编入列车中运行的单节车。地铁车辆可以是有动力的动车和无动力的拖车。

3.2

地铁列车（简称列车）　metro train，train

编组成列，可以正常载客的若干地铁车辆的完整组合。

3.3

警惕按钮　deadman switch

为确认列车处于司机控制状态的控制按钮。

3.4

列车通信网络　train communication network

连接列车各车辆的车载可编程电子设备的数据通信网络。

4　使用条件

4.1　环境条件

4.1.1　正常工作海拔不超过 1200m。

4.1.2　环境温度在－25℃至 40℃之间。

4.1.3　最湿月月平均最大相对湿度不大于 90%（该月月平均最低温度为 25℃）。

4.1.4　车辆应能承受风、沙、雨、雪的侵袭及车辆清洗时清洗剂的作用。

4.1.5　因各城市所处地区不同而存在气候条件的差异，用户与制造商可在合同中另外规定使用环境条件。

4.2　线路条件

4.2.1　线路轨距为 1435mm。

4.2.2　最小平面曲线半径应符合 GB 50157 的有关规定。

4.2.3　最小竖曲线半径：2000m。

4.2.4　最大坡度：若无特殊规定，正线的最大坡度不宜大于 30‰，困难地段可采用 35‰，联络线、出入线的最大坡度不宜大于 40‰。

4.3　供电条件

4.3.1　受电方式：

a）接触网——受电弓受电；

b）接触轨——受流器受电。

4.3.2　供电电压：

a）DC1500V（波动范围 DC1000V～DC1800V）；

b）DC750V（波动范围 DC500V～DC900V）。

4.3.3　供电系统中牵引变电所、接触网及供电保护装置应符合 GB/T 10411 的有关规定。

5　车辆类型

车辆采用以下两种主要类型，其技术规格如下（见表 1）。

表 1　车辆主要技术规格

<table>
<tr><th>序号</th><th colspan="2">名　称</th><th>A 型车（四轴车）</th><th>B 型车（四轴车）</th></tr>
<tr><td>1</td><td colspan="2">车体基本长度[a]/mm</td><td>22000</td><td>19000</td></tr>
<tr><td>2</td><td colspan="2">车体基本宽度/mm</td><td>3000</td><td>2800</td></tr>
<tr><td rowspan="3">3</td><td rowspan="3">车辆最大高度/mm</td><td>受流器车</td><td colspan="2">3800</td></tr>
<tr><td>受电弓车（落弓高度）</td><td colspan="2">3810～3890</td></tr>
<tr><td>受电弓工作高度</td><td colspan="2">3980～5410</td></tr>
<tr><td>4</td><td colspan="2">车内净高/mm</td><td colspan="2">≥2100</td></tr>
<tr><td>5</td><td colspan="2">地板面高/mm</td><td>1130</td><td>1100</td></tr>
<tr><td>6</td><td colspan="2">轴重/t</td><td>≤16</td><td>≤14</td></tr>
<tr><td>7</td><td colspan="2">车辆定距/mm</td><td>15700</td><td>12600</td></tr>
<tr><td>8</td><td colspan="2">固定轴距/mm</td><td>2200～2500</td><td>2000～2300</td></tr>
<tr><td>9</td><td colspan="2">每侧车门数/对</td><td>4～5</td><td>3～4</td></tr>
<tr><td colspan="5">a　带司机室的车可加长。</td></tr>
</table>

6　基本要求与一般规定

6.1　车辆应符合相关地铁车辆限界的规定。

6.2　车辆的各种设备应按经过规定程序批准的图纸和技术文件制造，并符合有关标准的规定。

6.3　车轮直径为 840^{+3}_{0}mm。新造车同轴的两轮直径之差不超过 1mm；同一动车转向架各轮径差不超过 2mm。

6.4　轮对内侧距为 1353mm±2mm。

6.5　整备状态下的车辆重量不应比合同中规定的值大 3%。

6.6　同一动车的每根动轴上所测得的轴重与该车各动轴实际平均轴重之差不应超过实际平均轴重的 2%。

6.7　每个车轮的实际轮重与该轴两轮平均轮重之差不应超过该轴两轮平均轮重的±4%。

6.8　车辆客室地板面距轨面高度应与车站站台面相协调，车辆空重车高度调整装置应能有效地保持车辆地板面高度不因载客量的变化而明显改变。地板面高度在任何使用情况下均不应低于站台面。

6.9　列车应能以规定的速度安全通过最小半径曲线区段，并能在规定的小半径曲线上进行列车正常摘挂作业。

6.10　列车的牵引力-速度特性和制动力-速度特性应符合用户与制造商双方同意的设计文件的规定要求。

6.11　车辆最高运行速度不低于 80km/h。

6.12　定员情况下，在平直干燥轨道上，车轮为半磨耗状态，额定供电电压时，如无特殊要求，起动平均加速度为：

——列车从 0 加速到 40km/h，不低于 0.83m/s^2；

——列车从 0 加速到 80km/h，不低于 0.5m/s^2。

6.13　定员情况下，在平直干燥轨道上，车轮为半磨耗状态，列车从最高运行速度到停车，如无特殊要求，制动平均减速度为：

——常用制动平均减速度不低于 1.0m/s^2；

——紧急制动平均减速度不低于 1.2m/s^2。

6.14　列车纵向冲击率不应大于 1m/s^3。

6.15　车辆各种设备的冲击振动试验应符合 TB/T 3058中的有关规定。

6.16　车辆运行的平稳性指标应小于 2.5，车辆的脱轨系数应小于 0.8。

6.17　司机室、客室内的允许噪声级应符合 GB 14892的规定。

6.18　列车在露天地面区段，碎石道床，水平直线轨道自由声场内停放，辅助设备正常工作时，在车外距轨道中心 7.5m，距轨面高度 1.5m 处，测得的连续噪声值不应大于 69dB（A）。

列车在露天地面水平直线区段自由场内，碎石道床无缝长钢轨轨道上，以 60km/h 速度运行时，在车外距轨道中心 7.5m，距轨面高度 1.5m 处，测得的连续等效噪声值不大于 80dB（A）。

6.19　在粘着允许的范围内，列车在额定载荷工况，在丧失 1/4 动力的情况下，应能维持运行到终点；在丧失 1/2 动力的情况下，应具有在正线最大坡道上起动和运行到最近车站的能力；一列空载列车应具有在正线线路的最大坡道上牵引另一列额定载荷的无动力列车运行到下一车站的能力。

6.20　车辆的各种设备及附属设施应布置合理，安装牢固可靠，便于检查、维修，同时应考虑车辆意外情况对其影响。

6.21　同一型号的零部件应具有良好的互换性。

6.22　车辆的结构材料、零部件应采用高阻燃性或难燃材料制造。材料的阻燃性、材料燃烧和热分解时挥发的有害气体及烟密度指标应符合相关的安全防火标准，否则应进行阻燃处理或用阻燃、非燃材料加以封罩。车辆上使用的电缆应符合 TB/T 1484.1 的要求。

6.23　车辆涂装前表面处理及防护涂装要求应符合 TB/T 2879.3 和 TB/T 2879.5 的规定。

6.24　车辆需经铁路运送时，应能满足无动力回送的要求。

7　车辆型式与列车编组

7.1　车辆型式

——动车：带司机室动车（Mc）、无司机室动车（M）。

——拖车：带司机室拖车（Tc）、无司机室拖车（T）。

7.2　列车编组

7.2.1　列车编组可以有多种形式：动车与拖车混合编组或全动车编组。

7.2.2　动车、拖车可安装不同的设备，列车编组形式（动、拖车比例及配置）应根据动力的分配与车下吊装设备重量均衡的原则确定。

7.3　联结装置

7.3.1　车钩型式：列车中固定编组的各车辆间设半永久性牵引杆或密接式半自动车钩，司机室前端设密接式自动车钩或密接式半自动车钩。

7.3.2　联结装置中应有缓冲装置，其特性应能有效地吸收撞击能量，缓和冲击。该装置承受的能完全复原的最大冲击速度为 5km/h。

7.3.3　车钩水平中心线距轨面高可采用 720mm 或 660mm。同一城市地铁车辆宜采取统一尺寸。

7.3.4　在使用自动车钩时，应使司机能够识别车钩的联结和锁紧状态。

8　车体及其内装设备

8.1　车体

8.1.1　同型号车辆应具有统一的基本结构型式。

8.1.2　车体采用整体承载结构，在其使用期限内能承受正常载荷的作用而不产生永久变形和疲劳损伤，并有足够的刚度，能满足修理和纠正脱轨的要求。在最大垂直载荷作用下车体静挠度不超过两转向架支承点之间距离的 1‰。

8.1.3　整备状态下的车辆，停在平直道上并将制动缓解，其车体底架和转向架构架以轨面为基准的高度值，应符合产品技术条件规定。

8.1.4　新设计车辆的车体不产生永久变形和断裂的能力应通过计算和试验证明。在车体底架上承受相当于车辆整备状态时的垂直载荷时，沿车钩中心水平位置施加规定的纵向载荷，其试验合成应力不应超过许用应力。使用的许用应力值应取自用户与制造商均认可的国家或国际标准。

8.1.5　车体的试验用纵向静载荷如用户和制造商在合同中没有特殊规定，可采用：

A 型车：不低于 0.8MN（81t）；

B 型车：不低于 0.49MN（50t）。

8.1.6　车体的试验用垂直载荷为：1.1×（运转整备状态时的车体重量＋最大载客重量）－（车体结构重

量＋试验器材重量）。其中，最大载客重量——乘务员、坐席定员及最大立席乘员的重量。最大立席（超员）人数按 8 人/m^2 计，站立面积为除去座椅及前缘 100mm 外的客室面积，人均体重按 60kg 计算。

注：额定立席人数按 6 人/m^2 计。

8.1.7 车辆结构设计寿命为 30 年。

8.1.8 车辆密封性能应符合 IEC 61133 的要求。车体以及安装在车体外部的各种设备的外壳和所有的开孔、门窗、孔盖均能防止雨雪侵入。封闭式的箱、柜应做到密闭良好，在机械清洗时不应渗水、漏水。

8.1.9 车体结构的内外墙板之间及底架与地板之间应敷设吸湿性小，膨胀率低、性能稳定的隔热、隔音材料。

8.1.10 车辆应设有架车支座、车体吊装座，并标注允许架车、起吊的位置，以便于拆装起吊和救援。

8.1.11 在地面行驶的列车两端宜设可调整的排障器，其形状应有利于排除轨道障碍物。

8.1.12 列车两端的车辆可设置防意外冲撞的撞击能量吸收区，以保护司机与乘客的安全。地面或高架运行的列车两端可装设防爬装置。

8.2 司机室

8.2.1 司机室应视野宽广，应能使司机在运行中清楚方便地瞭望到前方信号、线路接触网（接触轨）、隧道和站台。

8.2.2 司机室的前窗玻璃应采用当在任何部位受到击穿或敲击时不会崩散的安全玻璃，前窗应设刮雨器与遮阳装置，寒冷地区应采用符合 TB/T 1451 条件的电加热玻璃。前窗玻璃的抗穿透性和抗冲击性应符合 TB/T 1451 的有关规定。

8.2.3 司机室侧面设司机室侧门；在未设安全通道的线路上运行的列车两端应设紧急疏散门；司机室与客室之间应设连通门，其净开宽度不小于 550mm，高度不低于 1800mm。

8.2.4 司机操纵台的外型、结构、各种操纵装置及信息反映方式与司机座位的布置应符合人体工程学原理，保证司机在有限的活动范围内驾驶舒适，同时能观察到信息设备和前方线路。

8.2.5 司机座椅为软式或半软式，其高度、前后位置应可以调节。司机座椅的设计应做到可让司机在必要时迅速离开。

8.2.6 司机室灯光照明在地板中央的照度为 3lx～5lx，司机控制台面为 5lx～10lx，指示灯、车载信号灯和人工照明均不应引起司机瞭望行车信号时产生错觉，并应设置较强照度的照明装置，以适应室内设备检查维修时的需要。

8.2.7 司机台的仪表和指示灯在隧道内或晚上关闭照明时以及地面日光下，都能在 500mm 远处清楚地看见其显示值。

8.3 客室

8.3.1 客室两侧应合理布置数量充足的车门，每个门的净开宽度不小于 1300mm，高度不低于1800mm。

8.3.2 客室侧门的开闭一般采用电气控制方式，电力或压缩空气为动力，其传动和控制应安全可靠。侧门的开闭由司机统一控制，也可由 ATC 控制；客室侧门应具有非零速自动关门的电气联锁及车门闭锁装置，行驶中确保门的锁闭无误。单个侧门应具有系统隔离功能，在发生故障时能与门控系统切除，还应有在客室内手动操作解锁开闭车门的功能；车辆每一侧至少应有一个车门可以从外侧使用钥匙进行开启、关闭操作。侧门关闭时应具有缓冲动作，并具备保护措施（如护指胶条）和单门再开闭装置以避免夹伤乘客。

8.3.3 客室两侧设置适量车窗，车窗为固定式，在部分车窗上部可设置可开闭式眉窗。车门、车窗玻璃应采用一旦发生破坏时其碎片不会对人造成严重伤害的安全玻璃，在遇到紧急情况时能用猛力或尖锐物将其击碎，其性能符合 GB/T 9963 的规定。车窗采用中空玻璃时应符合 GB/T 11944 的规定。

8.3.4 客室内布置适量的客室座椅，座椅形状应满足人体工程学要求。

8.3.5 内墙板应采用易清洗、装饰性好的阻燃材料制造。地板应具有耐磨、防滑、防水、防静电和阻燃性能。客室的座椅、装饰及广告等的制作均应使用难燃或高阻燃材料。

8.3.6 客室内应设置数量足够，牢固美观的立柱、扶手杆，并可根据需要加装适量的吊环。

8.3.7 客室应有足够的灯光照明，在距地板面高 800mm 处的照度平均值不低于 200lx，最低值不低于 150lx（在车外无任何光照时）。在正常供电中断时，备有紧急照明，其照度应不低于 10lx。

8.3.8 连接的两节车辆之间应设置贯通道，贯通道应密封、防火、防水、隔热、隔音。贯通道渡板应耐磨、平顺、防滑、防夹，贯通道用密封材料应有足够的抗拉强度，安全可靠、不易老化。

8.3.9 每列车中至少应设置一处轮椅专用位置并应有乘轮椅者适用的抓握或固定装置。

9 转向架

9.1 车辆走行机构的性能、主要尺寸应与轨道相互协调，并保证其相关部件在允许磨损限度内，仍能确保列车以最高允许速度安全平稳运行。即使在悬挂或减振系统损坏时，也应能确保车辆在轨道上安全地运行到终点。

9.2 转向架构架结构强度试验可按照 UIC 615-4 的要求进行。

9.3 转向架构架应做改善内应力处理。

9.4 悬挂系统宜采用如下结构：

——一系悬挂为金属橡胶弹簧或金属圆弹簧，可配置垂向减振器；

——二系悬挂为空气弹簧，并应设置高度自动调整装置；

——转向架构架和车体之间安装横向减振器及横向止挡。

9.5 动车转向架牵引电机的安装应采用架悬式。构架电机吊座与齿轮箱吊座的设计应能保证其在寿命期内不发生疲劳裂纹。

9.6 车轮采用整体碾钢轮或弹性车轮，其踏面形状应符合 TB/T 449-2003 的要求。轴箱应密封良好，轴箱温升不应超过 30℃。

10 制动系统

10.1 列车应采用计算机控制的制动控制系统，应具备电制动和空气制动两种制动方式。空气制动应具有相对独立的制动能力，即使在牵引供电中断或电制动出现故障的意外情况下，也应能保证空气制动发挥作用，使列车安全停车。

10.2 制动系统应具有常用制动、紧急制动功能，具有根据空重车调整制动力大小的功能。列车在平直道上实施紧急制动时，应能在规定的距离内停车。

10.3 电制动与空气制动应能协调配合，常用制动应充分利用电制动功能并具有冲动限制。电制动时优先采用再生制动，电制动与空气制动应能实现平滑转换，在电制动力不足时空气制动按总制动力的要求补充不足的制动力。

10.4 基础制动可采用踏面制动或盘形制动装置。

10.5 制动系统应具有防滑功能。

10.6 列车应设有停放制动装置，保证在线路最大坡度、最大载荷的情况下施加停放制动的列车不会发生溜逸。它的制动力应仅通过机械方式产生并传递。

10.7 列车应有两台或两台以上独立的电动空气压缩机组，当一台机组失效时，其余压缩机组的性能、排气量、供气质量和储风缸容积应均能满足整列车的供气要求；压缩机组应设有干燥器和自动排水装置；压力调节器和安全阀动作值应准确、可靠。储风缸的容积还应满足压缩机停止运转后列车三次紧急制动的用风量。

10.8 压缩空气管路应采用不锈钢或铜材料，管路和储风缸安装前应做防锈、防腐和清洁处理，以利风路畅通。

10.9 空气系统的气密性应符合 IEC 61133 的要求，系统（主风缸、制动管路、风动门、空气悬挂、电空装置等）的压力值在关闭气路后 5min 内下降不应超过 20kPa；制动缸及辅助风缸压力经 3min 后，降低值不超过 10kPa。

10.10 车辆基础制动装置的闸瓦压力实际值不应超过设计值的±5%。

10.11 在列车意外分离时，应立刻自动实施紧急制动，保证分离的列车自动制动，并应使司机便于识别。

11 电气系统

11.1 电力牵引应采用变频调压的交流传动系统。

11.2 牵引电机应符合 TB/T 3001，牵引电器应符合 TB/T 1333，电子设备应符合 TB/T 3021 的规定；电力变流器应符合 IEC 61287-1 的规定。

11.3 电气设备的电磁兼容性应符合 TB/T 3034 的规定。

11.4 电气系统应有良好的绝缘保护。各电路应能经受耐受电压试验，试验电压值为受试电路中电气设备试验电压最低者的 85%。试验时应将电子器件和电气仪表加以防护或隔离，使其不承受电路耐受电压。

11.5 主电路、辅助电路、控制电路应有可靠的保护。各种保护的整定值、作用时间、动作程序应正确无误。主电路的过电流保护还应与牵引变电站的过电流保护相协调，在各种短路状态下能够可靠地分断，并应有故障显示和故障切除装置，以维持列车故障运行。

11.6 各电气设备保护性接地要可靠，接地线要有足够的截面积。各车轴上的接地装置应可靠地保护轴承不受接地电流的影响。各电路接地电阻应符合有关规定。应确保车辆中可能因故障带电的金属件及所有可触及的导电体的等电位联结。

11.7 各电路电流回线应独立连接到回流排上，回流排应与车体任何裸露导电部件绝缘。电流回线不应危及过电流保护装置和接地装置的动作。

11.8 牵引系统应能够充分利用轮轨粘着条件，能够按照车辆载重量自动调整牵引力或电制动力的大小，并应具有反应及时的防空转、防滑行控制和防冲动控制。

11.9 当多台电动机由一个变流器并联供电时，其定额功率应考虑轮径差与电动机特性差异引起的负荷分配不均以及在高粘着系数下运行时轴重转移的影响。制造商应将允许的最大轮径差通知用户，以便用户在轮对检修时加以控制。

11.10 受电器（受流器或受电弓）应受流状态良好，受流时对受电器或供电设施均无损伤或异常磨耗。受电弓的接触压力为 100N～140N，受流器的接触压力为 120N～180N。

11.11 采用受电弓受电的列车应设避雷装置。

11.12 辅助电源系统应由辅助变流器和蓄电池等组成。辅助变流器应符合 IEC 61287-1 的规定，其容量应能满足车辆各种工况下的使用需求。

11.13 蓄电池的浮充电性能良好，其容量应能够满足车辆在故障情况下的应急照明、外部照明、车载安全设备、广播、通讯、应急通风等系统工作不低于45min；地面与高架线路不低于30min。

11.14 车体外安装的需要保持内部清洁的电气设备箱应具有不低于GB 4208中规定的IP54等级的防护性能。

11.15 各电路的电气设备联结导线应采用多股铜芯电缆，电气耐压等级、导电性能、阻燃性能均应符合TB/T 1484.1的要求，电缆所用材料在燃烧和热分解时不应产生有害和危险的烟气。使用光缆和通信电缆应符合产品技术条件要求。

11.16 电线电缆的敷设应合理排列汇集，主、辅、控电路的电线电缆应分开走线，满足电磁兼容性的要求，纳入专用电线管槽内，并用线卡、扎带等捆扎卡牢。不得已交叉时，高压线缆的接触部分应有附加绝缘加强。穿越电器箱壳的线缆应用线夹卡牢，与箱壳临靠部位应加装护套。电线管槽应安装稳固，防止车辆运行引起损伤；线管、线槽应防止油、水及其他污染物侵入。车辆布线规则可参照TB/T 1507的规定。

11.17 电线电缆端头与接头压接应牢固、导电良好；两接线端子间的电线不允许有接头。每根电线电缆的两端应有清晰耐久的线号标记。

11.18 车上各种测量指示仪表的准确度不应低于2.5级。

12 空气调节及采暖装置

12.1 车辆的空调制冷能力，应能满足在环境温度为33℃时，车内温度不高于28℃±1℃，相对湿度不超过65%。不同地区亦可根据当地气候条件在合同中另行规定温度要求。

12.2 空调装置采用集中控制方式，同步指令控制，分时顺序起动。

12.3 空调机组中制冷系统的密封性能应符合TB/T 2431的要求。

12.4 空调机组应有可靠的排水结构，在运用中凝结水及雨水不应渗漏或吹入到客室内。

12.5 客室内采用空调系统时，其新风口和风道设置应确保制冷效果及乘客舒适性的要求，人均新风量不应少于$10m^3/h$（按额定载客人数计）。客室内仅设有机械通风装置时，人均供风量不应少于$20m^3/h$（按额定载客人数计）。

12.6 司机室采用空调时，新风量不少于人均$30m^3/h$。不同地区有特殊需要时，可在合同中另行规定。

12.7 用于冬季寒冷地区的车辆应设取暖设备，运行时应维持司机室温度不低于14℃。

12.8 采暖装置应能根据需要按不同工作挡位调节温度。

12.9 对安装采暖设备部位的侧墙、地板及座椅等应进行安全隔热处理。根据TB/T 2704的规定，车用电加热器罩板表面温度不应大于68℃。

12.10 空调和采暖设备应具有相应的电气保护功能。

13 安全设施

13.1 司机台应设置紧急停车操纵装置和警惕按钮。

13.2 司机室内应设置客室侧门开闭状态显示和车载信号显示装置，并应便于司机观察。

13.3 车辆应有列车自动防护系统（ATP）或列车自动防护系统（ATP）与自动驾驶系统（ATO），以及可保证行车安全的通讯联络装置。

13.4 司机室前端应装设可进行远近光变换的前照灯。前照灯在车辆前端紧急制停距离处照度不应小于2lx。列车尾端外壁应设有可视距离足够的红色防护灯。车辆侧壁可根据需要设置显示车门开闭、制动缸缓解等的指示灯。

13.5 列车应设置鸣笛装置。

13.6 车辆内应有各种警告标识，包括标在司机室内的紧急制动装置、带电高压设备、消防设备及电器箱内的操作警示标识等。

13.7 客室、司机室应配置适合于电气装置与油脂类的灭火器具，安放位置应明显标识并便于取用。灭火材料在灭火时产生的气体不应对人体产生危害。

13.8 列车应具有在特殊情况下紧急疏散乘客的能力。

14 控制诊断系统

14.1 列车宜通过列车通信网络进行控制。与运行及安全有关的控制除由列车通信网络进行外，如有必要还应有其他形式的冗余措施。

14.2 数据通信应具有以下基本功能：

——列车控制、诊断系统与列车子系统通过列车通信网络和智能终端进行通信；

——通过列车通信网络上的标准服务接口，对联网子系统的故障信息进行下载；

——主要微机控制子系统能通过列车通信网络上的标准服务接口进行在线测试。

14.3 列车诊断系统接收列车子系统（包括微机控制与非微机控制系统）的状态信息、故障信息，并能进行评估、储存，在司机室的显示屏上进行显示。

14.4 列车主要子系统应具有自诊断及监控功能。

14.5 列车控制、诊断系统应具有行车事件记录功能。

14.6 列车网络控制系统中关键部件的功能应有冗余。

15 通讯与乘客信息系统

15.1 列车应具有司机与行车控制调度中心进行双向通讯、首尾司机室之间的通讯等功能。

15.2 列车应具有司机对乘客广播及自动报站的装置。客室内设有扬声器用于预告前方停站，并应设有线路、车站向导标志等乘客信息设施。

15.3 客室内应设置乘客手动报警和能与司机对讲的装置，紧急情况下乘客可向司机报警，司机在乘客报警时应能立即识别报警车辆。

15.4 列车两端的司机室前部可设置运行区段显示装置。

16 试验与验收

16.1 车辆总装配完成后投入使用前，应按有关标准进行试验。试验规则应按照 GB/T 14894 执行。试验通过后方可进行验收。

16.2 车辆在进行型式试验前，制造厂家可进行调整。在调整过程中还可做必要的修改和线路试运行。运行的里程应按车辆的类型、最高运行速度和采用新设备、新技术的情况由用户和制造商双方协商确定，原则上系列产品可比新产品短一些，低速的比高速的短一些。对进行型式试验的车辆，当合同中缺乏规定值时，车辆最大试运行里程应定为 5000km。

16.3 车辆在下列情况之一时，应进行型式试验：

——新设计制造的车辆；

——批量生产的车辆实施重大技术改造，其性能、构造、材料、部件有较大改变者；

——批量生产的车辆制造一定数量后，有必要重新确认其性能时，抽样进行测试；

——制造商首次生产该型号车辆；

——转厂后生产的车辆。

16.4 车辆的配套设备及主要部件应在检验合格后方可装车。

16.5 投入批量生产的车辆，应全部进行例行试验。例行试验结果应与该型产品型式试验相符。

16.6 正式提交验收的车辆应有产品合格证书、型式试验报告、例行试验报告、使用维护说明书和车辆履历簿等。

16.7 车辆移交时，制造厂应向用户提供有关技术文件、维修用图纸和随车工具、备品。

16.8 研究性试验仅在用户与制造商双方合同中有规定时进行。

17 标志

车辆的有关信息应标注在车辆的明显位置上，其标注方法应符合相关标准的规定。制造商应提供完整的资料，标志内容不应少于以下规定：

——产品名称与型号；

——制造商的名称；

——额定载客量；

——出厂编号或代码；

——出厂日期。

标志应清晰、易读、不易磨损。

18 运输与质量保证期限

18.1 车辆应由制造商妥善防护，并负责运送至合同指定的交货地点。

18.2 制造商应明确给出车辆及其主要部件的保修期限（一般不短于车辆验交后一年），在用户遵守使用维护说明书的情况下，保证期限内确属制造质量不良而出现故障影响运行或损坏时，制造商应及时无偿地负责修理或更换零部件，安装调试，恢复运行。

18.3 对因设计或工艺缺陷而需进行整改的项目，应在该车完成此项整改之日起，对相关部件重新建立保证使用期限。

参考文献

[1] GB/T 5137.1-1996 汽车安全玻璃的力学试验方法

[2] GB/T 5599-1985 铁道车辆动力学性能评定和试验鉴定规范

[3] GB 5914.2-2000 机车司机室前窗、侧窗和其他窗的配置

[4] GB 9673-1996 公共交通工具卫生标准

[5] GBJ 19-87 采暖通风与空气调节设计规范

[6] TB/T 3035-2002 列车通信网络

[7] ISO 3095-1975（E） Acoustics-Measurement of noise emitted by railbound vehicles

[8] EN 12663：1999 Railway applications structural requirements of railway vehicle bodies

[9] JIS E 4208-1988 鐵道車輛用臺車の荷重試驗方法

[10] JIS E 6602-1989 電車用ユニットクーラ

[11] JIS E 7105-1989 鐵道車輛構體の荷重試驗方法

中华人民共和国城镇建设行业标准

跨座式单轨交通车辆通用技术条件

General technical specification for straddled monorail vehicle

CJ/T 287－2008

前　言

本标准为首次制订。

本标准附录A为规范性附录，附录B为资料性附录。

本标准由住房和城乡建设部标准定额研究所提出。

本标准由住房和城乡建设部城市轨道交通标准技术归口单位建设部地铁与轻轨研究中心归口。

本标准起草单位：重庆市轨道交通总公司、重庆市轨道交通设计研究院、北车长春轨道客车股份有限公司、中铁二院工程集团有限责任公司、铁道科学研究院。

本标准主要起草人：仲建华、周庆瑞、冯伯欣、王旭东、韩俊臣、漆尔富、樊贵新。

1　范围

本标准规定了跨座式单轨交通车辆的使用条件、车辆类型、基本要求、车辆型式与列车编组、车体及其内装设备、转向架、制动系统、电气系统、空气调节及采暖装置、安全设施、控制与诊断监视系统、通信与乘客信息系统、试验与验收、标志、运输与质量保证期限等内容。

本标准适用于跨座式单轨交通车辆(以下简称车辆)。

2　规范性引用文件

下列文件中的条款通过本标准的引用而成为本标准的条款。凡是注日期的引用文件，其随后所有的修改单（不包括勘误的内容）或修订版均不适用于本标准，然而，鼓励根据本标准达成协议的各方研究是否可使用这些文件的最新版本。凡是不注日期的引用文件，其最新版本适用于本标准。

GB 4208　外壳防护等级（IP代码）

GB 5599　铁道车辆动力学性能评定和试验鉴定规范

GB/T 9963　钢化玻璃

GB/T 10411　城市轨道交通直流牵引供电系统

GB/T 11944　中空玻璃

GB 14892　城市轨道交通列车噪声限值和测量方法

GB/T 14894　城市轨道交通车辆组装后的检查与试验规则（GB/T 14894-1994，IEC 61133：1992，MOD)

TB/T 1333.1　铁路应用　机车车辆电气设备　第1部分：一般使用条件和通用规则（idt IEC 60077-1：1999)

TB/T 1333.2　铁路应用　机车车辆电气设备　第2部分：电工器件　通用规则（idt IEC 60077-2：1999)

TB/T 1451　机车、动车组用电加温玻璃技术条件

TB/T 1484.1　铁路机车车辆电线电缆订货技术条件　第1部分：额定电压3kV及以下电缆

TB/T 1507　机车电气设备布线规则

TB/T 1804　铁道客车空调机组

TB/T 2093　铁道机车车辆用面漆

TB/T 2260　铁道机车车辆用防锈底漆

TB/T 2368　动力转向架构架静强度试验方法（UIC CODE 615-4 OR：MOD）

TB/T 2704　铁道客车电取暖器

TB/T 2932　铁道机车车辆用阻尼材料供货技术条件

TB/T 3001　铁路机车车辆用电子变流器供电的交流电动机（eqv IEC 60349-2：1993）

TB/T 3021　铁道机车车辆电子装置（eqv IEC 60571：1998）

TB/T 3034　机车车辆电气设备电磁兼容性试验及其限值（eqv EN 50121-3-2：2000）

TB/T 3058　铁路应用　机车车辆设备冲击和振动试验（idt IEC 61373：1999）

IEC 61287-1　机车车辆用电力变流器　第一部分　特性和试验方法

IEC 60494-2　铁路应用　机车车辆　受电弓特性和试验　第 2 部分：地铁与单轨车受电弓

3　术语和定义

下列术语和定义适用于本标准。

3.1

跨座式单轨交通车辆　straddled monorail vehicles

骑跨在轨道梁上可编入列车的单节动车或拖车。

3.2

单轨列车　monorail train

编组成列，可以正常载客的若干单轨交通车辆的完整组合。

3.3

起动平均加速度　start average acceleration

在干燥平直的轨道梁上，列车从静止状态开始起动，从进入恒起动力矩开始到恒起动力矩结束为止的时间段内加速度的平均值。

3.4

冲击率　jerk rate

加速度（或减速度）的变化率。

3.5

平均减速度　average deceleration

在干燥平直的轨道梁上，列车从某一指定速度开始制动，到停止的时间段内减速度的平均值。

3.6

设计最高速度　design maximum speed

在车辆设计时，根据车辆结构及装置所确定的能安全运行的最高速度。

3.7

最高运行速度　maximum running speed

车辆所允许的能够实际载客安全运行的最高速度。

3.8

带司机室的动车　motor car with cab

带有牵引电机并带有司机室，能够对列车运行进行控制的车辆（简称 Mc 车）。

3.9

带司机室的拖车　trailer with cab

带有司机室，能够对列车运行进行控制的而不带牵引电机的车辆（简称 Tc 车）。

3.10

动车　motor car

带有牵引电机的车辆（简称 M 车）。

3.11

拖车　trailer

不带有牵引电机的车辆（简称 T 车）。

3.12

走行轮　running wheel

支撑车辆载荷并在轨道梁顶面上滚动运行的橡胶轮胎车轮。

3.13

导向轮　guiding wheel

水平安装在转向架两侧，运行时起导向作用的橡胶轮胎车轮。

3.14

稳定轮　stabilizing wheel

水平安装在转向架两侧，运行时起稳定作用的橡胶轮胎车轮。

3.15

气液转换装置　pneumatic-hydraulic convertor

把制动控制装置输出的压缩空气压力按比例转换成用于推动盘形制动油压夹钳工作油压力的变换装置。

3.16

轨面　monorail surface

轨道梁上走行轮走行的面。

3.17

纵向救援方法　longitudinal escaping method

在同一轨道梁上，救援列车行驶到故障列车的前部或后部进行互相对接，然后打开两列车对接端的疏散门，各把渡板向门外铺开，展开折叠着的安全栏杆，在乘务员引导下，乘客由故障列车向救援列车转移，然后由救援列车牵引故障车驶向邻近站台，疏散完乘客后返回基地或避难线。

4　使用条件

4.1　环境条件

4.1.1　正常工作海拔高度不超过 1200m。

4.1.2　环境温度（遮阴处）为−25℃～40℃之间。

4.1.3　最湿月月平均相对湿度不高于 90%（该月月平均温度不低于 25℃）。

4.1.4 车辆应能承受风、沙、雨、雪的侵袭及车辆清洗时清洗剂的作用。

4.1.5 因各城市所处地区不同而存在气候条件差异，用户与制造商宜在合同中另外规定使用环境条件。

4.2 线路条件

4.2.1 平面曲线半径（轨道梁中心的曲线半径，对于复线为内侧轨道梁中心的曲线半径）：

——正线：不应小于100m；

——车站线路：不应小于300m；

——车辆段线路：不应小于75m（困难地段不应小于50m，S型曲线不应小于75m）；

——辅助线路：不应小于100m。

4.2.2 竖曲线半径：一般情况下不应小于2000m，困难地段不应小于1000m。

4.2.3 坡道坡度：无特殊规定时，正线不应大于60‰，辅助线路不应大于65‰。

4.2.4 行车采用右侧行驶。

4.2.5 轨道梁的精度不应低于附录A的规定。

4.3 供电条件

4.3.1 受电方式：由正极受电弓及负极受电弓分别从安装于轨道梁两侧的刚性的正极接触轨和负极接触轨受电。

4.3.2 额定供电电压：DC1500V（波动范围DC 1000V～1800V）。

4.3.3 供电系统中牵引变电所、接触网及供电保护装置应符合GB/T 10411的有关规定。

5 车辆类型

车辆类型及主要技术规格应符合表1的规定。

表1 车辆类型及主要技术规格

序号	名称		车辆类型		备注
			Mc车或Tc车	M车或T车	
1	轨道梁断面尺寸/mm		850×1500（宽×高）		
2	车钩连接面间长度/mm		15500	14600	
3	车体长度/mm		14800	13900	
4	车辆最高点距轨面高度/mm		3840		
5	车辆总高度/mm		≤5300		车辆最低点到车辆最高点
6	车体宽度/mm		2900		
7	车辆最大宽度/mm		2980		车门踏板处
8	客室地板面高度/mm		1130		
9	转向架中心距/mm		9600		
10	空气弹簧中心距/mm		2050		
11	每辆车客室门数（对）		2		
12	定员人数（人）		151	165	6人/m²[a]
13	超员人数（人）		211	230	9人/m²[a]
14	车辆自重/t		≤28	≤27	
15	轴重/t		≤11		
16	转向架主要尺寸	走行轮固定轴距/mm	1500		
		导向轮轴距/mm	2500		
		走行轮自由直径/mm	1006		
		导向轮自由直径/mm	730		
		稳定轮自由直径/mm	730		

a 是指采用纵向座椅的情况下每平方米有效站立面积站立的人数。有效站立面积是指客室地板总面积减去座椅垂向投影面积以及投影面积前250mm内的面积以后所含的高度不低于1800mm的面积。

6 基本要求

6.1 车辆的各种零部件和设备应按规定程序批准的图纸和技术文件制造，并符合有关标准的规定。

6.2 整备状态下的车辆重量不应超过合同中规定值的3%。同一动车的每根动轴上所测得的轴重与该车各动轴实际平均轴重之差不应超过实际平均轴重的2%。

6.3 车辆客室地板面距轨面高度应与车站站台面相协调，车辆高度调整装置应能有效地保持车辆地板面高度不因载客量的变化而明显改变。地板面高度在任何情况下均不应低于站台面。

6.4 列车应能以规定的速度安全通过最小曲线半径区段，并能在规定的小半径曲线上进行列车正常摘挂作业。

6.5 列车的牵引力-速度特性和制动力-速度特性应符合用户与制造商双方同意的设计文件的规定要求。

6.6 车辆最高运行速度 80km/h。

6.7 挂钩操作时车辆最高速度不应大于 3km/h。

6.8 列车最高反向退行速度不应大于 10km/h。

6.9 列车在空载状态应能够以不大于 15km/h 的速度安全通过关节型道岔，应能够以不大于 25km/h 的速度安全通过可挠关节型道岔。

6.10 从空车至超员，在平直干燥的轨道梁上，额定供电电压时，如无特殊要求，起动平均加速度不宜低于 0.83m/s^2。

6.11 从空车至超员，在平直干燥轨道上，额定供电电压时，如无特殊要求，从最高运行速度开始制动，制动平均减速度为：

——常用制动平均减速度不宜低于 1.1m/s^2；

——紧急制动平均减速度不宜低于 1.25m/s^2。

6.12 列车纵向冲击率不应大于 0.75m/s^2。

6.13 车辆各种设备的冲击振动试验应符合TB/T 3058中的有关规定。

6.14 车辆在线路上运行动力学性能的试验鉴定应符合 GB 5599 的有关规定，试验所得车辆运行平稳性指标应小于 2.5。

6.15 车内噪声应符合以下要求：车辆以 60km/h 的速度运行时，司机室内的噪声不应大于 70dB（A）、客室内的允许噪声不应大于 75dB（A）。车辆内部噪声测量方法应符合 GB/T 14892 的规定。

6.16 车辆外部噪声应符合以下要求：列车在露天地面水平直线区段自由声场内，以 60km/h 速度运行时在车外距轨道梁中心 7.5m，轨道梁轨面距地面高 14.4m，测量仪器在距地面高度 1.2m 处，测得的连续等效噪声值不应大于 75dB（A）。列车在露天地面水平直线区段自由场内停放，辅助设备正常工作时，在车外距轨道梁中心 7.5m，轨道梁轨面距地面高 14.4m，测量仪器在距地面高度 1.2m 处，测得的连续等效噪声值不应大于 75dB（A）。

6.17 列车牵引动力配置除应满足正常运行要求外，还应满足故障运行和对故障列车进行救援的要求：

——一列处于超员状态的列车，在损失 1/2 牵引动力的情况下，应能在 60‰的上坡道上起动，能通过坡长不少于 500m 相同坡度的坡道运行到邻近的车站清客，且再以不小于 15km/h 的速度返回车辆段。

——一列处于空载状态的并且技术状态良好的列车，与一列相同编组且处于超员状态以及失去全部牵引动力的列车连挂，应能在 60‰的上坡道上起动，能通过坡长不少于 500m 相同坡度的坡道，运行到邻近的车站清客，且再以不小于 15km/h 的速度返回车辆段。

6.18 辅助电源应具有扩展供电的功能，当列车中有一套辅助电源故障时，在切除部分次要负载后仍能采用扩展供电的方式维持列车正常运行。

6.19 车辆的各种设备及附属设施应布置合理，安装牢固可靠，并便于检查、维修。

6.20 同一型号的零部件应具有良好的互换性。

6.21 车辆的结构材料、零部件原则上应采用不燃性材料，少量零部件应采用不低于难燃级的材料制造。材料的燃烧和热分解时挥发的有害气体及烟密度指标应符合相关的安全防火标准。

6.22 车辆应具有良好的密封性，在风、沙、雨、雪环境下运行时不应漏雨、进沙、渗水、进雪。在机械清洗时，不应漏水、渗水。

6.23 列车应装设正极受电弓及负极受电弓，并分别装设在列车的各一侧。

6.24 应设有接地电刷。

6.25 车辆应设有车体带电保护检测控制装置。

7 车辆型式与列车编组

7.1 车辆型式

——动车：带司机室的动车（Mc）、动车（M）。

——拖车：带司机室的拖车（Tc）、拖车（T）。

7.2 列车编组

7.2.1 列车编组可有多种形式：动车或拖车混合编组或全动车编组。

7.2.2 各动车、拖车可安装不同的设备，列车编组形式（动、拖车比例及配置）应根据满足牵引动力的要求和车下设备布置重量均衡的原则确定。

7.3 联结装置

7.3.1 车钩型式：列车中固定编组的各种车辆间宜设棒式车钩或半永久式车钩，司机室前端宜设密接式半自动车钩。

7.3.2 联结装置中应有缓冲装置，其特性应能有效地吸收撞击能量，缓和冲击。该装置承受的能完全复原的最大冲击速度为 5km/h。

7.3.3 车钩水平中心线距轨面高度宜为 760mm。同一城市的单轨交通车辆应取统一尺寸。

7.3.4 密接式半自动车钩应具有表示联结状态的标志。

8 车体及其内装设备

8.1 车体

8.1.1 同型号车辆应具有统一的基本结构型式。

8.1.2 车体采用轻型整体承载结构，在其使用期限内能承受超员载荷的作用而不产生永久变形和疲劳损伤，并应有足够的刚度。在最大垂直载荷作用下，车体静挠度不应超过两转向架支撑点之间距离的 1‰。

8.1.3 新设计车辆的车体强度应通过计算和试验证明。在车体底架上承受相当于车辆整备状态时的垂直载荷时，沿车钩中心水平位置施加规定的纵向载荷，其试验合成应力不应超过许用应力。使用的许用应力值应取自用户与制造商均认可的国家现行标准或国际标准。

8.1.4 车体试验的纵向压缩静载荷采用 0.35MN。

8.1.5 车体垂向试验载荷见下式：

$$L_{vt}=1.1\times(W_c+W_{p\max})-(W_{cb}+W_{et})$$

式中：

L_{vt}——车体垂向试验载荷，单位为吨（t）；

W_c——运转整备状态时的车体重量，单位为吨（t）；

$W_{p\max}$——最大载客重量，包括乘务员、坐席定员及最大立席乘客的重量；

W_{cb}——车体结构重量；

W_{et}——试验器材重量。

最大立席乘客重量按下式计算：

$$W_{ap\max}=\frac{60\times 9}{1000\times S_{a\max}}$$

式中：

$W_{ap\max}$——最大立席乘客重量，单位为吨（t）；

$S_{a\max}$——最大有效站立面积，单位为平方米（m^2）。为安全计，最大有效站立面积为除去座椅及前缘 100mm 外的客室面积。

每位乘客的重量按 60kg 计算。

每平方米有效站立面积站立的人数为 9 人。

8.1.6 车体的试验用扭转载荷采用 0.039MN·m。

8.1.7 整备状态下的车辆，停在平直轨道梁上并将制动缓解，其车体底架和转向架构架以轨面为基准的高度值，应符合产品技术条件规定。

8.1.8 车体结构的内外墙板之间及底架与地板之间应敷设吸湿性小、膨胀率低、性能稳定的防寒、隔热、隔音材料。

8.1.9 车辆应设有车体吊装座，并标出起吊的位置。

8.1.10 车身阻尼材料应符合 TB/T 2932 的规定，车身底漆应符合 TB/T 2260 的规定，车身面漆应符合 TB/T 2093 的规定。

8.2 司机室

8.2.1 司机室应视野宽广，能使司机在运行中方便清楚地瞭望到前方信号、区间线路和车站站台以及接触轨。

8.2.2 司机室的前窗玻璃应采用在任何部位受到敲击或击穿时不会崩散的安全玻璃，前窗应设刮雨器与遮阳装置，寒冷地区应采用符合 TB/T 1451 条件的电加热玻璃。前窗玻璃的抗穿透性和抗冲击性应符合 TB/T 1451 的有关规定。

8.2.3 司机室侧面应设司机室侧门；列车的两端应设紧急疏散门；司机室与客室之间应设连通门，其净开宽度不应小于 550mm，高度不应低于 1800mm。

8.2.4 司机台的外型、结构、各种操纵装置、信息反映方式及司机座椅的布置应符合人机工程学原理，保证司机在有限的活动范围内驾驶舒适，同时能观察到设备显示的信息和前方线路。

8.2.5 司机座椅为软式或半软式，其高度、前后位置应可以调节。司机座椅的设计应做到可让司机在必要时迅速离开。

8.2.6 司机室灯光照明在地板中央的照度为 3lx～5lx，司机台面为 5lx～10lx，指示灯、车载信号灯和人工照明均不应引起司机瞭望行车信号时产生错觉，并应设置较强照度的照明装置，以适应对室内设备进行检查维修时的需要。

8.2.7 司机台的仪表和指示灯在隧道内或夜晚关闭照明时以及日光下，能在 500mm 远处清楚地看见其显示值。

8.3 客室

8.3.1 客室两侧的车门应合理布置，每个门的净开宽度不应小于 1300mm，高度不应低于 1800mm。

8.3.2 客室侧门的开闭应采用电气控制方式，以电力或压缩空气为动力，其传动和控制应安全可靠。侧门的开闭由司机统一控制，也可由列车自动控制装置（Automatic Train Control，简称 ATC）控制。客室侧门应具有零速保护功能，并具有非零速自动关门的电气联锁及车门闭锁装置，确保行驶中车门的锁闭无误。单个侧门应具有系统隔离功能，在发生故障时可被切除，还应有在客室内手动操作解锁开闭车门的功能。车辆每一侧至少应有一个车门可以从外侧使用钥匙进行开启、关闭操作。侧门关闭时应具有缓冲动作，并具备保护措施和单门再开闭装置以避免夹伤乘客。

8.3.3 客室两侧设置适量车窗，车窗为固定式，在部分车窗上部可设可开闭式楣窗，可开式楣窗在打开位置时应有定位装置。车门、车窗玻璃应采用安全玻璃，在遇到紧急情况时能用猛力或尖锐物将其击碎，其性能应符合 GB/T 9963 的规定。车窗采用中空玻璃时应符合 GB/T 11944 的规定。

8.3.4 客室内布置适量的客室座椅，座椅应满足人机工程学要求。

8.3.5 客室内应设置数量足够、牢固美观的立柱、扶手杆，并可根据需要加装适量的吊环。

8.3.6 客室应有足够的灯光照明，在距地板面高 800mm 处的照度平均值不低于 200lx，在车外无任何光照时的照度最低值为 150lx。在正常供电中断时，备有紧急照明，其照度不应低于 10lx，紧急照明供电时间不应少于 30min。

8.3.7 连接的两节车厢之间应设置贯通道，贯通道应密封、防火、防水、隔热、隔音。贯通道渡板应耐磨、平顺、防滑、防夹，贯通道用密封材料应有足够的强度，安全可靠、不易老化、无异味。

8.3.8 每列车的头车或尾车至少应设置一处轮椅专用位置，并应有乘轮椅者适用的扶手或固定装置。

9 转向架

9.1 转向架应采用跨座式结构，由构架、走行轮、导向轮、稳定轮、齿轮传动装置、基础制动装置、空气弹簧装置及其他零部件组成，其结构和主要尺寸应与轨道梁相匹配，并保证其相关部件在允许磨损限度内，仍能有足够的强度和刚度，确保列车以最高允许速度安全平稳运行。即使在支撑或减振系统发生故障时，也应能确保车辆在轨道梁上安全运行至邻近车站，清客后空车低速返回车辆段。

9.2 转向架结构应便于检修和制造，转向架构架宜采用钢板焊接结构，焊接后应作改善内应力处理。

9.3 新设计的转向架构架的强度应通过计算和试验证明。

9.4 新设计转向架的动力学性能应通过计算和试验证明。

9.5 所有车轮应采用充氮气的橡胶轮胎车轮。转向架应设置应急保护装置，保证橡胶轮发生故障时的安全。

9.6 所有车轮除应满足本标准有关规定外，其性能和质量还应符合用户和制造商达成的技术条件。

9.7 走行轮应设置轮胎内压监测报警装置。

9.8 悬挂系统宜采用空气弹簧，并应设置高度自动调整阀。车体与转向架构架之间安装减振器和横向止挡。

9.9 牵引装置可采用金属叠层橡胶堆，并应设置纵向止挡。

9.10 机械传动装置应通过计算分析，保证其在设计寿命期内不发生疲劳裂纹和过度磨损。

9.11 动力转向架的齿轮传动装置应安装在转向架构架上，其安装座的设计应能保证其在设计寿命期内不发生疲劳裂纹。

9.12 转向架应设置隔音、降噪装置。

9.13 转向架构架强度试验可参照 TB/T 2368 的要求，应根据其结构特点和原理进行受力分析，进而确定试验的加载部位及载荷大小。牵引电机安装、齿轮箱吊座应施加振动载荷，振动加速度的幅值按 3g 选取。

9.14 转向架组装完成后应进行加载试验和跑合试验，对转向架的组装质量进行检查。

10 制动系统

10.1 列车空气制动系统通常由制动系统、紧急制动系统、停放制动系统组成。应包括指令装置、电气及空气控制装置、执行操作装置、自诊断装置等。

10.2 制动系统应能根据空重车载荷自动调整制动力大小。

10.3 电制动与空气制动应能协调配合，常用制动应优先使用电制动，并充分利用电制动功能，并具有冲击率限制。当电制动力不足时，空气制动按总制动力的要求补充不足的制动力，电制动与空气制动能够平滑转换。空气制动应具有相对独立的制动能力，即使在牵引供电中断或电制动故障情况下，也应能保证空气制动发挥作用，使列车安全停车。

10.4 列车在实施电制动（再生制动）时，制动能量应能被其他列车吸收，吸收不足部分应由设于地面的再生制动能量吸收装置吸收。

10.5 紧急制动应为纯空气制动。列车出现意外分离等严重故障影响列车安全时，应能够立刻自动实施紧急制动。

10.6 停放制动系统应保证在线路最大坡道、列车在最大载荷情况下施加停放制动不会发生溜车。

10.7 基础制动采用带有气液变换器的液压式盘形制动装置。

10.8 列车应具有两套或以上独立的电动空气压缩机组。当一台机组失效时，其余空气压缩机组的供气量、供气质量和总风缸容积应均能满足整列车的供风要求，空气压缩机组应设有干燥器和自动排水装置，压力调节器和安全阀动作值应准确可靠。

10.9 总风缸容量能够满足空气压缩机压力调节器的压力处于最低工作点并且空气压缩机全部停止工作在超员载荷情况下制动系统可提供至少 3 次紧急制动施加/缓解操作。

10.10 压缩空气管路应采用不锈钢或铜质材料，管路和储风缸安装前应做防锈、防腐和清洁处理。

10.11 空气系统的气密性应符合 GB/T 14894 的要求，系统（总风缸、制动管路、风动门、空气悬挂、电空装置等）的压力值在关闭气路后 5min 内，降低值不应超过 20kPa。制动缸及辅助风缸压力经 3min 后，降低值不超过 10kPa。

11 电气系统

11.1 牵引系统应采用变频调压的交流传动系统。

11.2 牵引系统应具有牵引和再生制动的基本功能。

11.3 高压电路正极和负极均应分别设置避雷器。

11.4 主保护应与牵引变电站保护相协调，在各种短路状态下能安全分断。主电路、辅助电路、控制电路应各有完整可靠的保护。各种保护的整定值、动作时间、动作程序应正确无误。并应有故障显示和故障切除装置，以维持列车故障运行。

11.5 牵引电机应符合 TB/T 3001 的规定，牵引电器应符合 TB/T 1333.1 和 TB/T 1333.2 的规定，电子设备应符合 TB/T 3021 的规定，电子变流器应符合 IEC 61287-1 的规定，受电弓应符合 IEC 60494-2

的规定。

11.6 电气设备的电磁兼容性应符合 TB/T 3034 的规定。

11.7 电气系统应有良好的绝缘保护。各电路应能经受耐电压试验，试验电压值为受试电路中单个电气设备试验电压最低值的 85%，试验时间 1min。试验时应将电子器件和电气仪表加以防护或隔离。

11.8 各电气设备保护性接地可靠，接地线要有足够的截面积，各电路接地电阻应符合有关规定。应确保车辆中可能因故障带电的金属件及所有可触及的导电体等电位联结。

11.9 当多台牵引电动机由一个变流器并联供电时，其额定功率应考虑因橡胶轮胎滚动直径引起的负荷分配不均以及在运行时轴重转移的影响。

11.10 再生制动能量吸收装置不应设置在车上。

11.11 辅助电源系统应由辅助变流器、低压电源和蓄电池等组成。辅助电源的交流输出电压波形为正弦波，波形畸变率不大于 5%，电压波动范围不应大于±5%，相间不平衡系数不大于 1%，频率应为 50Hz±5%。辅助变流器应符合 IEC 61287-1 的规定，其容量应能满足车辆各种工况下的使用需求。

11.12 宜采用碱性蓄电池，额定电压应采用 110V 及 24V，电压波动允许范围应符合 TB/T 1333.1 规定。浮充电电压应精确控制，蓄电池的浮充电性能良好，其容量应能够满足车辆在故障情况下的应急照明、外部照明、车载安全设备、开关门一次、广播、通讯等系统工作不低于 45min 的要求。蓄电池箱应采用二级绝缘安装。蓄电池箱上应安装正极和负极短路保护用空气断路器。

11.13 车体外安装的需要保持内部清洁的电气设备箱应具有不低于 GB 4208 中规定的 IP54 等级的防护性能。

11.14 各电路的电气设备联结导线应采用多股铜芯电缆，电气耐压等级、导电性能、阻燃性能均应符合 TB/T 1484.1 的要求，电缆所用材料在燃烧和热分解时不应产生有害和危险的烟气。使用光缆和通信电缆应符合产品技术条件规定。

11.15 电线电缆的敷设应合理排列汇集，主电路、辅助电路、控制电路的电线电缆应分开走线，纳入专用电线管槽内，并用线卡、扎带等捆扎卡牢，还应满足电磁兼容性的要求。不得已交叉时，高压线缆的接触部分应有附加绝缘加强。穿越电器箱壳的线缆应用线夹卡牢，与箱壳靠部位应加装护套。电线管槽应安装稳固，防止车辆运行引起损伤，线管、线槽应防止油、水及其他污染物侵入。车辆布线规则可参照 TB/T 1507的规定。

11.16 电线电缆端头与接头压接应牢固、导电良好。两接线端子间的电线不允许有接头。每根电线电缆的两端应有清晰耐久的线号标记。

11.17 车上各种测量指示仪表的准确度不应低于 2.5 级。

11.18 对于带负载分断的接触器箱和高速断路器箱以及工作时发热的电阻箱应采用二级绝缘安装。

12 空气调节及采暖装置

12.1 车辆的空调制冷能力，应能满足在环境温度为 35℃时，车内温度不高于 28℃±1℃，相对湿度不超过 65%。不同地区也可根据当地气候条件在合同中另行规定温度和湿度的要求。

12.2 空调装置采用集中控制方式。

12.3 空调机组中制冷系统的密封性能应符合 TB/T 1804的要求。

12.4 空调机组应有可靠的排水结构，运用中凝结水及雨水不应渗漏或吹入到客室内。

12.5 客室内采用空调系统时，应确保制冷效果及乘客舒适性的要求，人均新风量不应少于 $10m^3/h$（按额定载客人数计）。客室内仅有机械通风装置时，人均供风量不应少于 $20m^3/h$（按额定载客人数计）。

12.6 司机室采用空调时，新风量不少于人均 $30\ m^3/h$。不同地区有特殊需要时，可在合同中另行规定。

12.7 用于冬季寒冷地区的车辆应设取暖设备，运行时应维持司机室及客室温度不低于 14℃。

12.8 采暖装置应能根据需要设置不同工作挡位，用以调节温度。

12.9 对安装采暖设备部位的侧墙、地板及座椅等应进行安全隔热处理。车用电热器应符合 TB/T 2704 的规定，罩板表面温度不应大于 65℃。

12.10 空调和采暖设备应具有相应的电气保护功能。

13 安全设施

13.1 司机台应设置紧急停车装置和警惕按钮。

13.2 车辆应有列车自动防护系统（Automatic Train Protection 系统，简称 ATP），或列车自动防护系统（ATP）与列车自动驾驶系统（Automatic Train Operation系统，简称 ATO）。

13.3 车辆应有可靠的无线通信联络设备。

13.4 司机室前端应设紧急疏散门及渡板，组成列车的各车辆间应贯通。紧急疏散门的高度不应小于 1800mm，宽度不应小于 600mm。

13.5 车辆客室的每个车门应配备缓降装置。

13.6 车体应设置防漏电保护装置，车体上应装设与设在轨道梁一侧的接地板相匹配的接地电刷，车辆内各电气设备应有可靠的保护接地，接地线应有足够的截面。

13.7 列车应具有纵向救援能力和横向救援能力并配

备相应的设施。列车横向救援所使用的跳板应由各车站常备。

13.8 司机室内应设置客车侧门开闭状态显示系统和车载信号显示装置，并应便于司机观察。

13.9 司机室外应装设可进行远光近光变换的前照灯。前照灯在距列车前端紧急制动距离处照度不应小于2lx。列车两端均应设红色防护灯，而处于列车尾端时该红色防护灯应点亮。

13.10 列车应设置鸣笛装置。

13.11 车辆内应有各种安全标识，包括标在司机室内的紧急制动装置、带电高压设备、消防设备及电器箱内的操作警示标识等。带有电容器的高压设备应标有断电后放电时间的警示标识。

13.12 客室、司机室应配置适合于电气装置与油脂类的灭火器具，安放位置应有明显标识并便于取用。灭火材料在灭火时产生的气体不应对人体产生危害。司机室应设烟火显示报警装置。

13.13 列车应设有报警系统，客室内应设有乘客紧急报警装置。

14 控制与诊断监视系统

14.1 列车宜通过列车通信网络方式进行控制，当采用列车通信网络控制时，还应有其他形式的冗余措施。关键部件的功能也应有冗余。

14.2 数据通信应具有以下基本功能：

——列车控制、诊断监视系统与车辆子系统通过列车通信网络和智能终端进行通信；

——通过列车通信网络上的标准服务接口，对联网子系统的故障信息进行下载；

——主要微机控制子系统能通过列车通信网络上的标准服务接口进行在线测试。

14.3 列车诊断监视系统应具有以下主要功能：

——列车运行状态显示功能；

——车辆主要设备状态显示功能；

——技术参数设定功能。可包括轮径设定、时间设定、空气簧压力输出值设定等；

——加速度、减速度测量功能；

——满载率检测功能；

——故障检测、记忆和报警功能；

——维修用数据记录功能；

——里程累计记录功能等。

15 通信与乘客信息系统

15.1 列车应设有广播系统、无线通信系统、信息显示系统和乘客与司机的应急对讲装置。

15.2 列车应具有司机与行车控制调度中心进行双向通信功能，并应具有列车内部两端司机、调度控制中心对乘客广播功能等。

15.3 列车应具有自动报站、预告前方停站及司机对乘客广播等功能，并应设有线路、车站导向标志等乘客信息显示设施。

15.4 列车两端的司机室前部和每辆车客室两侧应设置终点站显示器。

15.5 列车可设车载视频监视装置，也可设新闻和广告系统。

16 试验与验收

16.1 车辆总装配完成后投入使用前，应按照GB/T 14894进行试验，试验通过后方可进行验收。

16.2 进行型式试验的车辆，在进行型式试验前，制造商可进行调整。在调整过程中可做必要的修改和线路试运行。运行的里程应按车辆的类型、最高运行速度和采用新设备、新技术的情况由用户和制造商双方协商确定，原则上系列产品可比新产品短一些，低速的比高速的短一些。当合同中缺乏规定值时，车辆最大试运行里程为5000km。

16.3 车辆在下列情况之一时应进行型式试验：

——新设计制造的车辆；

——批量生产的车辆实施重大技术改造，其性能、构造、材料、部件有较大改变者；

——批量生产的车辆制造一定数量后，有必要重新确认其性能时，抽样进行测试；

——制造商首次生产该型号车辆；

——转厂生产的车辆。

16.4 车辆的配套设备及主要部件应在检验合格后方可装车。

16.5 投入批量生产的车辆应全部进行例行试验。例行试验结果应与该型产品型式试验相符。

16.6 正式提交验收的车辆应有产品合格证书、型式试验报告、例行试验报告、使用维护说明书和车辆履历簿等。

16.7 车辆移交时，制造商应向用户提供有关技术文件、维修用图纸和随车工具、备品。

16.8 研究性试验仅在用户与制造商双方合同中有规定时进行。

17 标志

车辆的有关信息应标注在车辆的明显位置上，其标注方法应符合相关标准的规定。制造商应提供完整的资料，其中标志内容不应少于以下规定：

——产品名称与型号；

——制造商的名称；

——车辆自重；

——额定载客量；

——出厂编号或代码；

——出厂日期。

标志应清晰、易读、不易磨损。

18 运输与质量保证期限

18.1 车辆应由制造商妥善防护，并负责完好地运送至合同指定的交货地点。

18.2 制造商应明确给出车辆及其主要部件的质量保证期限，在用户遵守使用维护说明书的情况下，质量保证期限内确属制造质量不良而出现故障影响运行或损坏时，制造商应及时无偿地负责修理或更换零部件，安装调试，恢复运行。

18.3 对因设计或工艺缺陷而需进行整改的项目，应在该车完成此项整改之日起，对相关部件重新计算质量保证期限。

附 录 A
（规范性附录）
轨道梁的精度

表 A.1 轨道梁的精度

项 目	施工基准公差		附 注
	梁	轨道	
梁宽	端部：±2mm 中间部：±4mm		
梁长	±10mm		
走行面直角度	±5/1000rad		
梁端面倾斜	±5/1000rad		
总水平度	≤L/2500mm		正偏差 L：梁长/mm
总高低度	≤L/2500mm		
局部水平度	≤3mm/4m	≤5mm/4m	4m 弦长正偏差变形量
局部高低差	≤3 mm/4m	≤5mm/4m	
水平		≤7/1000rad	
游隙		30mm±10mm	
阶梯状		≤3mm	
伸缩接头阶梯座	±2mm		
伸缩接头间阶梯座		±2mm	
梁端面相互的扭转	≤5/1000rad		
轨道中心距		+25mm 0mm	
局部凸凹	2mm 以下		
轨道梁表面	应具有效的防滑处理措施		含轨道梁之间的锚固构件

附 录 B
（资料性附录）
列 车 阻 力

B.1 列车起动阻力

在无试验数据的情况下，可采用以下公式计算：

$$Rs = 15\text{kgf/t} \quad (B.1)$$

式中：

Rs——列车起动阻力（kgf/t）。

B.2 列车通过曲线的阻力（Rr）

在无试验数据的情况下，可采用以下公式计算：

$$Rr = 800W/R \quad (B.2)$$

式中：

Rr——曲线阻力（kgf）；

W——列车重量（t）；

R——曲线半径（m）。

B.3　列车基本阻力

在无试验数据的情况下，可采用以下公式计算：

$$Re=[(13+0.0425V)W+0.0022V^2]\times a \tag{B.3}$$

式中：

Re——列车基本阻力（kgf）；

V——列车速度（km/h）；

W——列车重（t）；

a——阻力系数。计算加速度时 a 取 1.0，计算减速度时 a 取 0.8。

参考文献

[1] JIS E 7105-1989　鐵道車輛構体の荷重試驗方法

中华人民共和国国家标准

城市轨道交通接触网检测车通用技术条件

General specification for the contact line measuring car of urban rail transit

GB/T 20908-2007

前　言

本标准由中华人民共和国建设部提出。

本标准由全国城市轨道交通标准化技术委员会（SAC/TC 290）归口。

本标准负责起草单位：铁科院（北京）工程咨询有限责任公司。

本标准参加起草单位：建设部地铁与轻轨研究中心、铁科院机车车辆研究所、中铁电气化工程局、上海地铁运营有限公司、天津滨海快速交通发展有限公司、大连现代轨道交通有限公司、中铁宝工有限责任公司、广州地下铁道总公司。

本标准主要起草人：韩通新、方鸣、肖彦君、秦国栋、刘杰、张世标、朱厚福、李子华、张殿军、喻聪。

本标准为首次制定。

1　范围

本标准规定了城市轨道交通线路用接触网检测车（以下简称"检测车"）的使用条件、技术要求、试验和验收、备品备件与质量保证等。

本际准适用于采用标称电压为 DC750V 或 DC1500V，接触网供电，走行轨同流的城市轨道交通线路用接触网检测车。

2　规范性引用文件

下列文件中的条款通过本际准的引用而成为本标准的条款。凡是注日期的引用文件，其随后所有的修改单（不包括勘误的内容）或修订版本均不适用于本标准，然而，鼓励根据本标准达成协议的各方研究是否可使用这些文件的最新版本。凡是不注日期的引用文件，其最新版本适用于本标准。

GB/T 2900.36　电工术语　电力牵引（GB/T 2900.36-2003，IEC 60050- 811：1991，IDT）

GB/T 6770　机车司机室特殊安全规则

GB/T 7928　地铁车辆通用技术条件

GB/T 10082-1996　重型轨道车技术条件

GB/T 10411-2005　城市轨道交通直流牵引供电系统

GB/T 14894　城市轨道交通车辆组装后的检查与试验规则（GB/T 14894-2005，IEC 61133：1992，MOD）

CJJ 96　地铁限界标准

TB/T 1333.1　铁路应用　机车车辆电气设备　第1部分：一般使用条件和通用规则（TB/T 1333.1-2002，IEC 60077-1：1999，IDT）

TB/T 1333.2　铁路应用　机车车辆电气设备　第 2 部分：电工器件　通用规则（TB/T 1333.2-2002，IEC 60077-2：1999，IDT）

TB/T 1451　机车、动车组用电加温玻璃技术条件

TB/T 1484　铁路机车车辆电线电缆订货技术条件　第 1 部分：额定电压 3kV 及以下电线电缆

TB/T 1677　电气化铁道牵引供电系统术语

TB/T 2879.3　铁路机车车辆　涂料及涂装　第3部分　金属和非金属材料表面处理技术条件

TB/T 2879.5　铁路机车车辆　涂料及涂装　第5部分　客车和牵引动力车的防护和涂装技术条件

TB/T 3034-2002　机车车辆电气设备　电磁兼容性试验及其限值

TB/T 3035-2002　列车通信网络

TB/T 3058-2003　铁路应用　机车车辆设备冲击和振动试验（IEC 61373：1999，IDT）

TB/T 3076-2003　铁路应用　机车车辆　电气隐患防护的规定（IEC 61991：2000，IDT）

3　术语和定义

GB/T 2900.36 及 TB/T 1677 确立的术语和定义适用于本标准。

4　使用条件

4.1　适应于检测的接触网形式：

——悬挂形式：全补偿简单链型悬挂、简单悬挂、弹性简单悬挂和刚性悬挂；

——接触导线材质：铜或铜合金接触线；

——接触导线数：单根导线和双根导线；

——接触网电压：符合 GB/T 10411-2005 中 4.4 的规定。

4.2　环境条件：

——正常工作的海拔高度一般不超过 1200m；

——环境温度为－25℃～＋40℃；

——最湿月的月平均最大相对湿度不大于 90%（该月月平均最低气温为 25℃）；

——工作时的环境最大风速不大于 20m/s。

4.3　地区不同而存在环境条件差异时，其环境条件可由供需双方协商确定。

4.4　在满足 4.2 规定的环境条件下，检测车应能够在白昼、夜晚条件下，以及接触网带电或不带电状态下正常工作和检测。

5　技术要求

5.1　车辆

5.1.1　检测车车辆主要技术参数：

——传动形式：机械传动或液力传动；

——整体碾钢车轮轮径：840mm；

——轨距：1435mm；

——制动方式：空气制动及驻车制动；

——最高运行速度：80km/h；100km/h；120km/h；

——可通过最小曲线半径：110m；

——线路最大坡度：若无特殊规定，正线的最大坡度不超过 35‰，辅助线的最大坡度不超过 40‰。

5.1.2　检测车车体

5.1.2.1　检测车的限界应符合 CJJ 96 的规定，车体外形线条明快、壁板平整，门窗布置实用、美观。

5.1.2.2　车体及各部件的设计、制造及性能，应符合 GB/T 6770、GB/T 10082 及供需双方间签订合同中的规定，检测车整体设计使用寿命不应少于 30 年。

5.1.2.3　检测车的整体及各部结构应坚固，可靠，耐久，易于操作、检查、维修和更换；检测车所配套的外购机电产品应是标准化系列产品。

5.1.2.4　检测车应具有完备、可靠的安全设计，在各种危急情况下，均可采取保障人员与车辆安全的对应措施。

5.1.2.5　车体应有完备的保温、隔热措施；车内设备及装饰应采用防火阻燃材料；地板必须覆盖防滑材料且容易清洗。

5.1.2.6　车体墙板及底架等金属结构，应按照 TB/T 2879.3、TB/T 2879.5 的规定进行防锈处理。在涂漆前应实行表面清理，防锈底漆及面漆的漆膜厚度应达到标准规定要求，并应能承受寿命期内使用场所大气的腐蚀。

5.1.2.7　车门的净空最小尺寸为 1700mm×430mm；脚蹬间的距离不得超过 450mm，等宽且防滑，最小尺寸应为 300mm，最小深度应为 150mm；扶手位置适宜，最低点到最高点的距离不超过 1250mm，顶端到地板面的距离不小于 1200mm，与车壁间最小净空为 40mm，外形圆滑，容易清洗。

5.1.3　检测车动力

5.1.3.1　检测车动力选用内燃发动机，其功率按照用户所要求的最大速度配置，且内燃发动机的废气排放应符合国家相关的标准。

5.1.3.2　采用机械传动或液力传动，传动系统各总成应选用匹配合理、性能可靠的标准化系列产品。

5.1.4　检测车应可前、后两端驾驶，控制系统联锁。

5.1.5　检测车司机室的设计应遵循 GB 6770 的规定，正、副司机座椅舒适、高低位置可调，便于司机瞭望和驾驶；前方的窗户设计应保证司机视野宽阔，前窗应采用符合 TB/T 1451 规定的抗穿透和冲击，带有电加热的安全玻璃，并且设置有雨刮器和遮阳装置。

5.1.6　检测车的制动系统

5.1.6.1　检测车的制动系统应采用空气制动系统，制动性能应安全、平稳、可靠。当检测车与其他工程救援车辆相连时，形成的制动系统应由检测车进行制动控制。

5.1.6.2　当最高运行速度分别为 80km/h、100km/h、120km/h 时，检测车的紧急制动距离应分别小于等于 400m、小于等于 600m、小于等于 1000m。

5.1.6.3 检测车应设驻车制动装置。基础制动应设闸瓦间隙调整装置，各悬挂的梁或轴应设必要的脱落保险装置。

5.1.7 车体的构成和布置

5.1.7.1 车顶的设备配置

5.1.7.1.1 检测受电弓型式和安装位置

检测车车顶应安装一台符合5.2.1.2规定的检测受电弓，且受电弓中心对准转向架的芯盘中心。

5.1.7.1.2 观察天窗

观察天窗位于车顶中部，便于工作人员观察接触网和受电弓运行状态。

5.1.7.1.3 照明设备

在车顶检测受电弓附近设置探照灯，以便夜间（或隧道内）观察受电弓的工作状态。

设置检测设备需要的其他探照灯。

5.1.7.1.4 防雷

车顶应设置避雷器，对车辆及其中的电气设备实施冲击过电压保护。避雷器的各项参数应符合国家或行业的避雷器和绝缘配合相关标准要求。

5.1.7.1.5 检测设备

在车顶设置需要的检测设备和传感器。

5.1.7.2 车内平面布置

车内宜设置检测间、观察间、配电室等。

5.1.7.3 车内电气设施

车内电气设施的设计和选型，应按照TB/T 1333.1、TB/T 1333.2规定进行；车内的电气隐患防护，应按照TB/T 3076规定执行。

5.1.7.3.1 车内照明

车内要有足够的照明和良好的均匀度，保证在测试台面上有连续的60 lx照度。

5.1.7.3.2 电源设备

应设置集中供电、本车内燃发电机组、蓄电池组和外接电源供电等检测车用电的供电方式，并设置相应的交流及稳压装置。所有装置均应符合相应的国家或行业标准的规定。

5.1.7.3.3 车辆的接地系统

车辆应按照TB/T 3076-2003中6.4.2～6.4.4的要求设置接地系统。

5.1.8 其他要求

5.1.8.1 检测车以最大速度运行，且门窗紧闭时，车内噪音应满足GB/T 10082的要求；地面停车仅辅助设备运转时，车内噪音不大于63dB(A)。

5.1.8.2 检测车车顶应设检测受电弓及检测人员工作台。车内的隔间与设施应满足检测设备合理布置的要求。

5.1.8.3 检测车走行装置应满足GB/T 10082-1996中6.6的规定；车钩应采用密接式半自动车钩。采用车钩的形式应考虑与其他工程救援车辆的车钩形式相匹配。

5.1.8.4 检测车应设供检测、空调、取暖用电的内燃发电机组，或是设置供检测用电的蓄电池组。

5.1.8.5 检测车应设工作照明，前后大灯照明在300m远处，照度不应小于1lx。内、外的灯光照明应满足司机操纵、车内活动、车外夜间工作照明，其他标志灯具应符合行车、制动停车的要求，符合线路、调车场、站场的有关规定。

5.1.8.6 检测车应设单元式空调及电热采暖装置，保证环境温度变化时车内环境温度控制在10℃～30℃之间。

5.1.8.7 检测车各控制系统应具有可靠的安全保护功能，在任何情况下，对任何误操作均应有妥当的保护措施。

5.1.8.8 检测车各主要部件总成，各电气、电子系统应具有免维护功能；电气设备连接使用的电线、电缆应采用多股铜芯电线、电缆，其电气性能、阻燃性能等应满足TB/T 1484要求；光缆和通信电缆应满足相关的国家或行业标准。

5.2 检测系统

5.2.1 基本要求

5.2.1.1 测量系统包括接触导线几何状态检测设备、接触网受流性能测试设备、接触网和受电弓运行状态视频处理系统、数据处理和分析系统。

5.2.1.2 测试受电弓的类型应选用与城轨交通动车组相同的受电弓类型。安装传感器后，受电弓的受流性能应不受影响，并且受电弓的操作必须与车上的受电弓室入口，以及通往车顶的维修窗建立安全联锁装置。

5.2.1.3 测试系统全部实现计算机控制，自动化检测。主控计算机应采用工业控制级系列机。

5.2.1.4 计算机系统硬件应模块化，各模块应能单独升级换代。

5.2.1.5 测量系统中使用的检测设备或传感器其精度应满足本标准对测量系统精度的要求。

5.2.1.6 检测设备在车辆上的布局应安全、合理，便于操作。

5.2.1.7 各项目检测系统的性能应稳定、可靠，应能承受TB/T 3058、TB/T 3034规定的车载设备的冲击和振动试验、电磁兼容性试验。

5.2.1.8 各检测系统应具有必要的自诊断功能。

5.2.2 检测项目及检测精度要求

检测项目及检测精度要求见表1。

表 1　检测项目及检测精度

序　号	检测项目	测量范围	分辨率	允许误差
1	导线高度	3900mm～5500mm	5mm	±10mm
2	导线高度变化率	0～10‰	—	<10%
3	拉出值	±600mm	10mm	±10mm
4	硬点和冲击	±100g	1g	<1%
5	弓网动态压力	0N～200N	1N	<1%
6	离线	100ms	2ms	5%
7	接触导线间水平距离	0mm～800mm	2mm	±2mm
8	接触导线间垂直距离	0mm～800mm	2mm	±2mm
9	线岔	不合格检出	—	—
10	接触网电压	直流 0V～1800V	10V	±5%
11	定位管坡度	0～1/5		<2%
12	环境温度	−30℃～+50℃	1℃	1%
13	定位点（支柱）	0001 号～9999 号	—	—
14	速度	0km/h～150km/h	0.1km/h	±0.1km/h
15	跨距	0m～80m	0.1m	<1%
16	里程	0km～100km	1m	1%
17	受电弓滑板振动[a]			
18	车顶垂直振动[a]			
19	导线磨耗[b]			

a　由于刚性悬挂形式在我国还缺乏应用经验，此检测项目由用户与制造厂商协商列入。

b　由于测量技术的原因，此检测项目由用户与制造厂商协商列入。

5.2.3　数据处理系统

5.2.3.1　数据处理系统的硬件结构

数据处理系统包括硬件、软件和网络系统。硬件结构至少应包括数据实时采集和处理主机、图形工作站（信号波形）、图像处理和信息综合与通信计算机、数据处理和分析计算机，以及用于上述计算机之间的通信网络。

5.2.3.2　系统功能

5.2.3.2.1　系统的人机交换平台应采用 Windows 平台，或是其他方便用户使用的平台，并且汉化；应用软件应做到模块化。

5.2.3.2.2　具有软件自诊断功能：在设备发生故障时能及时发现并确定故障所在部位，提示排出故障的建议。

5.2.3.2.3　实时性：对各项测量参数进行实时处理。

5.2.3.2.4　应具有系统参数设置、线路资料输入、检测设备标定等功能。

5.2.3.2.5　事后处理功能：对测量结果进行分析、统计、归类，对多次检测结果进行对比分析。

5.2.3.2.6　数据输出方式：

——打印：定位点打印、超限打印、召唤打印；

——数据存储：能以数据库的方式存储所有实时采集数据和统计数据。

5.2.3.2.7　数据显示和记录：在计算机屏幕上能实时显示测量的主要参数和信号波形，对于超限数值，应能做出相应提示。

5.2.3.2.8　受电弓的运行图像应能与主要检测数据叠加后，录像存储。

5.2.3.2.9　参数的统计数据应以接触网支柱的杆号和线路里程为参考坐标。

5.2.3.3　网络要求

车载网络应符合 TB/T 3035 中多功能车辆总线要求，具备支持数据、图像和声音等多媒体传输，能完成检测系统各部分间的控制信息和数据交换的功能。同时，应具备检测数据下载标准接口。

6 试验和验收

检测车试验前，供货厂商应出具检测车车辆部分满足 GB/T 10082 规定的型式试验报告。

检测车的检查应按 GB/T 7928、GB/T 10082 进行，并且出具车辆试验大纲。

6.1 出厂试验

检测车车辆部分的出厂试验应按 GB/T 10082 规定进行。

检测车检测系统的出厂试验项目应按 GB/T 7928 和 5.2 中的有关规定进行，试验方法宜按 GB/T 14894规定进行。

试验包括静态试验和在试验线上的动态试验。

6.2 线路运行试验

检测车车辆部分的线路试验应按 GB/T 10082 规定进行，试验走行里程由供需双方协商后在车辆试验大纲中规定。

检测车检测系统的试验应按 5.2.2 规定的检测项目及检测精度要求进行。

6.3 验收

包括初步验收和最终验收。

6.3.1 初步验收

验收地点：生产厂或用户现场线路上进行。

验收内容：各检测项目分系统性能测试、综合并行检测性能测试、供方负责进行对全线往返接触网的全面检测并记录，以实际结果验证检测系统的性能及检测精度。

6.3.2 最终验收

检测车经过用户一段时间的实际线路运行试验后，进行最终验收交接。实际线路运行试验的时间(或运行里程)，由供需双方在合同中协商确定。

7 备品备件与质量保证

7.1 备品备件

车辆及检测设备中的易损零部件均应由制造商提供一定数量的备品、备件。备品、备件的具体品种、数量，可由供需双方参照相关的国家标准、行业标准要求，或是根据实际需求，在合同中确定。

7.2 质量保证

接触网检测车的质量保证期自最终验收之日起一年止。

中华人民共和国国家标准

城市轨道交通车辆组装后的检查与试验规则

Rules for inspecting and testing of urban rail transit vehicles after completion of construction

GB/T 14894 - 2005

前　　言

本标准修改采用了 IEC 61133《电力牵引—机车车辆—电力机车车辆和电传动热力机车车辆制成后投入使用前的试验方法》1992 年第 1 版（英文版）。

本标准根据 IEC 61133：1992 重新起草。为了方便比较，在资料性附录 B 中列出了本标准条款与国际标准条款的对照一览表。

本标准在采用国际标准 IEC 61133：1992 时，根据我国国情进行了修改。这些技术性差异用垂直单线标识在它们所涉及的条款的页边空白处。在附录 C 中给出了技术性差异及其原因一览表，以供参考。

为便于使用，本标准还做了下列编辑性修改：删除国际标准 IEC 61133：1992 的引言。

本标准代替 GB/T 14894 - 1994《地下铁道车辆组装后的检查与试验规则》，因为随着城市轨道交通的发展，GB/T 14894 - 1994 已不能满足城市轨道交通车辆发展的要求，也没有和国际标准 IEC 61133：1992 相一致。

本标准与 GB/T 14894 - 1994 相比主要内容变化如下：

——名称改为《城市轨道交通车辆组装后的检查与试验规则》。

——“1　范围”中增加了试验目的；删除与电动车辆无关的项目；取消对轨距的限制；扩大适用范围。

——“规范性引用文件”中增加了与城市轨道车辆有关的国家标准；增加了引用 IEC 61133 中与电动车辆有关的最新版本的标准和与 IEC 61133 等同或等效的国家行业标准。

——“3　术语和定义”中增加了第 3.7 条至第 3.10 条的定义。

——将 GB/T 14894 - 1994 中“5　试验种类”改为“4　试验分类和实施方法”。

——新增加“4.5 试验实施方法”、“5.1 车辆的载荷状态”、“5.3.6 称重容许误差”、“5.7.4 乘客舒适性的设备”、“5.7.5 重联操作”、“5.11.8 车辆内压检查”、“5.12（7）防火材料性能检查”、“5.15 冲击耐压试验”、“6.2 曲线和坡道变化线路的运行试验”、“6.3 受电装置（受流器和受电弓）试验”、“6.7 干扰试验”、“6.12 供电中断和电压突变试验”、“6.14 内部过电压的检查”共 13 条。

本标准附录 A 为规范性附录，附录 B、附录 C 为资料性附录。

本标准由中华人民共和国建设部提出。

本标准由建设部标准定额研究所归口。

本标准负责起草单位：铁科院（北京）工程咨询有限公司、北京地下铁道运营有限公司、长春轨道客车股份有限公司。

本标准参加起草单位：北京地下铁道设计研究所、南车四方机车车辆股份有限公司、南车集团株洲电力机车厂、南车集团南京浦镇车辆厂、南车集团株洲电力机车研究所、北车集团大连机车车辆有限公司、北车集团四方车辆研究所、上海地铁运营有限公司、广州地铁总公司、同济大学铁道与城市轨道交通研究院。

本标准主要起草人：肖彦君、杨润栋、赵菊静、吴茂杉、雷强、黄宪、马沂文、文龙贤、王旭东、王娟、谢谦、杨宏基、黄殿清、王兴文、陈文光、朱鹏飞、田葆栓、樊嘉峰、蔡广国、程祖国。

本标准于1994年1月首次发布，2005年第一次修订。

1　范围

1.1　本标准规定了由车轮支持和导向的城市轨道交通车辆（以下简称车辆）制成后投入使用前的检查与试验规则。这些车辆由其内部控制的旋转电动机或直线电动机提供动力。

该试验方法适用于下列车辆：

——由外部直流电源供电的交流传动车辆；

——带司机室拖车或中间车辆，这种车辆没有安装动力设备或牵引电动机，但其设计与同一列车中动车相类似，并且装有一些与安装在动车上的电气和/或气动设备相连接的同类设备。

1.2　本标准的目的在于车辆组装完成后投入使用前，通过检查与试验验证达到下列要求：

车辆型式试验的结果与用户和制造商双方签定的合同相符合；

每辆通过例行试验的车辆与型式试验验证的设计标准相符合。

本标准不包括用以验证耐久性或可靠性的试验项目。

2　规范性引用文件

下列文件中的条款通过本标准的引用而成为本标准的条款。凡是注日期的引用文件，其随后所有的修改单（不包括勘误的内容）或修订版均不适用于本标准，然而，鼓励根据本标准达成协议的各方研究是否可使用这些文件的最新版本。凡是不注日期的引用文件，其最新版本适用于本标准。

GB/T 5599　铁道车辆动力学性能评定和试验鉴定规范

GB 6771-2000　电力机车防火和消防措施的规程（eqv UIC 617-10R：1979）

GB/T 7928-2003　地铁车辆通用技术条件

GB/T 14892　地下铁道电动车组司机室、客室噪声限值

GB/T 14893　地下铁道电动车组司机室、客室噪声测量

TB/T 1333.1-2002　铁路应用机车车辆电气设备　第1部分：一般使用条件和通用规则（idt IEC 60077-1：1999）

TB/T 1333.2-2002　铁路应用机车车辆电气设备　第2部分：电工器件通用规则（idt IEC 60077-2：1999）

TB/T 1333.3-2004　铁路应用机车车辆电器设备　第3部分：电工器件　直流断路器规则（idt IEC 60077-3：2001）

TB/T 1393-2003　电力传动机车车辆主电路欧姆电阻器规则（idt IEC 60322：2001）

TB/T 1680-1997　牵引变压器和电抗器（eqv IEC 60310：1991）

TB/T 1802-1996　铁路车辆漏雨试验方法

TB/T 2054-1989　铁路机车漏雨试验方法

TB/T 2431-1993　铁路客车车顶单元式空调机组技术条件

TB/T 3001-2000　铁路机车车辆用电子变流器供电的交流电动机（eqv IEC 60349-2：1993）

TB/T 3021-2001　铁道机车车辆电子装置（eqv IEC 60571：1998）

TB/T 3034-2002　机车车辆电气设备电磁兼容性试验及其限值（eqv EN 50121-3-2：2000）

IEC 60411•电力牵引用电力变流器

IEC 61287-1：1995　机车车辆用电力变流器　第一部分特性和试验方法

UIC 651　机车、有轨电车、多节编组列车和带司机室拖车中司机室布置

3　术语和定义

下列术语和定义适用于本标准。

3.1

制造商　manufacturer

负责提供车辆系统技术职责的机构。车辆合同分割为两个或两个以上时，制造商可以是多个。

3.2

制造商的工厂 manufacturers' works

完成车辆组装并一般进行静态试验的场所。

3.3

用户 user

订购车辆，负责直接与制造商洽谈业务的机构。

3.4

供货商 supplier

负责提供单个设备或成套设备的机构。

3.5

供货商的工厂 suppliers' works

制造单个设备或成套设备的场所。

3.6

合同 contract

制造商与用户双方签定的商务条款和全套技术文件。例如，用户的技术规格书、制造商的技术响应、会议纪要、质疑澄清、制造商与用户取得一致意见的技术文件等。

3.7

车辆 vehicle car

采用车轮支撑和导向负荷、具有牵引动力或无牵引动力、可编成列车运行的单节载客工具。

3.8

车组 set of cars

编成固定基本行车单元、可在轨道上独立运行的车辆组合体。

3.9

列车 train

以在运营线路上运行为目的而编组的由一个或多个车组组成的集合体。

3.10

柔性系数 coefficient of flexibility

当空车或加有载荷的车辆静置在有超高的轨道上时，其运行平面与水平面形成一个夹角 Δ，此时车体斜压在它的弹簧上，并与轨面垂线形成夹角 β。在消除了不对称的影响以及弹簧和减振器的摩擦影响后，计算或测得的比值 β/Δ 便称之为车辆柔性系数，以字母 s 表示。

4 试验分类和实施方法

4.1 总则

车辆制成后投入使用前的各种试验，分类如下：

a）调整试验；

b）验收试验，包括：

1）型式试验，原则上在给定设计的车组或一列车上进行；

2）例行试验，对同一设计的每辆车都要进行。

c）研究性试验。

根据车辆的特点，可以进行静置试验或线路试验：

静置试验，见本标准第5章，该试验通常在制造商的工厂进行；

线路试验，见本标准第6章，该试验通常在运用车辆的线路上进行。

在下列情况下，按照用户与制造商间的协议，可以将相应试验简化或取消：

a）本车辆与以前制造的车辆是相同的，其生产经验是可以采用的，或者该车装有用户规定的电动机或其他重要部件时；

b）若有文件证明在具有代表性的条件下完成了等效性试验。

4.2 调整试验

车辆在进行验收试验前，制造商可以要求进行不能在制造商的工厂做的调整试验，而到用户的线路上进行负载或空载试运行。

为获得必要的调整而进行的试运行的最大总里程应由用户与制造商双方议定，并应该考虑车辆的类型，特别应考虑其最高速度和所采用的新设备。当合同中缺乏规定值时，对要进行型式试验的车辆最大试运行里程应定为5000km。

试运行可以仅在用户指派的合格的代表参加和监督下进行。用户应指派车辆的司机。

4.3 验收试验

4.3.1 型式试验

车辆的型式试验项目列于表A.1和表A.2。型式试验的期限按照用户和制造商双方签定的协议进行，试验从制造商提出车辆验收试验准备报告的时间算起。仅当合同有规定时，方可要求做选择性型式试验。

4.3.2 例行试验

例行试验仅限于表A.1和表A.2的试验项目。例行试验可以在用户和制造商双方议定的期限内，并按照第5章和第6章所述的试验方法进行。

例行试验结果，计及公差在内，与型式试验结果相符合。

根据对应的型式试验，按照用户和制造商间的协议，例行试验没有必要全部重复时，也可以简化试验，即减少在附件中给出的试验项目。任何必须附加的例行试验，需符合用户和制造商的协议。

4.4 研究性试验

研究性试验是为了获得补充资料而进行的一种选择性的特殊试验。仅当合同有规定时方可进行。表A.1和表A.2列出一些研究性试验项目，但当用户和制造商双方要求时，也可安排进行其他的试验项目。每当进行特定的试验时，用户和制造商应对这些试验的操作方法和试验程序进行磋商。研究性试验的结果，不可作为拒绝接收车辆的理由，合同另有规定除外。

4.5 试验实施方法

在本标准中提出的各种试验项目和试验场所，用户和制造商应在订合同时就达成协议。在签订协议时应包括以下内容：

a）型式试验和例行试验程序，特别是在本标准允许双方有某种选择的自由时；

b）对于通常在制造商的工厂内进行的静置试验项目，制造商要特别通知用户，关于与这些试验有关的试验设备一些条件的限值；

c）用户拟在他自己的系统上进行线路试验项目和进行试验的条件；

d）对随季节而变化的环境试验条件如雪、雨、尘埃、气温、潮湿等的试验方法；

e）某些部件的工厂试验由于供货商的工厂相应的试验设备的缺陷，要求在整车上进行静止试验和线路试验时来做。

如果希望依靠第三方的试验设备，双方应在签定合同时就达成协议。在下列情况下这样做是必要的：

——当必须将车辆送到一个既不属于制造商也不属于用户的专门的试验中心去进行静置试验时；

——需要在既不属于制造商也不属于用户的另一系统上进行线路试验时。

5 静置试验

5.1 车辆的载荷状态

目的：规定车辆限界检查、称重试验和其他试验时的载荷状态。

车辆限界、检查称重、操作试验和其他试验，原则上应在车辆的最大载荷状态下进行。除非合同另有规定，对按照本标准进行的试验，必须考虑如下所示的载荷状态：

——最小载荷（AW0）：车辆自重，即空车载荷状态；

——额定载荷（AW2）：在合同中规定的作为性能试验的最大载荷，即车辆自重与额定载客重量之和；

——最大载荷（AW3）：在合同规定的条件下车辆可以安全运行的最大载荷，即车辆自重与最大载客重量之和。

为了减少试验时载荷的装卸工作量，车辆限界检查和称重试验可在下列载荷状态下进行：

——在同样的载荷状态下；

——也可在不是合同规定的载荷状态进行，但要对所记录的数值进行适当修正。

5.2 静置状态机械试验

目的：静置状态机械试验是为了保证车辆外形尺寸在任何使用条件下符合车辆限界的规定；同时采用制造商推荐的作业方法检查车辆的起吊性能。

5.2.1 限界检查

本试验的目的在于保证：

a）各部件组装后，外形尺寸的设计（包括容差）应在用户所规定的车辆限界内；

b）对因车轮磨耗需补偿的部件（排障器、扫雪器等）应进行适当调整。

通常按下列载荷状态进行限界检查：

——车辆上部部件：在最小载荷状态下；

——车辆下部部件：在最大载荷状态下（参照第5.1条）。

例行试验应在最小载荷状态下检查限界，同时考虑到最大载荷状态下发生的变化。

应考虑因车轮的磨耗、弹簧装置的不良动作和损坏（如断簧或空气弹簧漏气）引起车体与转向架一处或多处相碰的情况。

如果制造商和用户同意，应对可能侵入限界尺寸的部件（如向外突出的踏板），可在运行条件下进行侵入量确认。

5.2.2 柔性系数检查

制造商应根据用户的要求，提出最小载荷和最大载荷状态下车辆柔性系数的计算值。柔性系数应该用直接测量法确定，其值应符合设计要求。

5.2.3 起吊性能检查

根据合同规定的条件，在制造商的工厂内按型式试验检查车辆的起吊性能。该试验可用天车或架车机在设计的起吊点或架车点提升车辆。

5.3 称重试验

目的：规定车辆在称重台上称重的方法，以确保最大或最小允许载荷符合合同的规定值。

5.3.1 应测量车辆的重量和每个支撑或承重的轮子作用于轨道上的垂直载荷，并应附上测量设备的精度。在称重作业时，车辆的载荷状态应在用户和制造商间的协议中做出规定；在没有其他规定时，称重试验应按下列条件进行：

a）型式试验：在最小载荷、最大载荷和/或额定载荷状态下；

b）例行试验：在最小载荷状态下。

5.3.2 称重试验前，允许调整悬挂装置，通常不需测量载荷，只检查尺寸。为使一系悬挂装置起作用，让车辆在带有不同坡度的线路上运行后，松开减振器和转向架之间以及抗侧滚扭杆与车体之间的连接装置，减速缓行到称重试验地点。在整个称重过程中，不许改变或调整车辆的载荷状态，也不允许人为地采用冲击、摇动或其他方法改变车体和悬挂装置的状态。

5.3.3 型式试验时，应连续进行四次称重试验，车辆应在前进、后退两个方向上各运行两次，以便尽量减少平衡不良和摩擦所产生的称重误差。例行试验时，必须连续称重两次。测定值取在称重试验中所得数据的算术平均值。

5.3.4 称重试验通常在制造商的工厂内进行，经过事先安排，也可在用户的装备上进行。

5.3.5 车辆的重量以及每根轴的轴重，应考虑下列条件满足合同的要求：

a）车辆最大重量与最小重量，以及车辆总重量的容许误差；

b）车辆最大轴重以及车辆每根轴重的容许误差；

c）车辆一侧与另一侧称重的差值。

5.3.6 当合同没有规定时，测得的车辆重量不应比合同中规定的值大3%；测得的轴重与该车各动轴实际平均轴重之差不应超过实际平均轴重的2%；每个车轮的实际轮重与该轴两轮平均轮重之差不应超过该轴两轮平均轮重的±4%。

5.4 压缩空气设备全面气密性检查和运转试验

目的：制订试验程序和所采用的限度，以检查压缩空气设备的全面气密性。

5.4.1 总风缸和其他压缩空气设备的气密性

车辆处于正常运转状态，总风缸充气到最大压力，切断压缩机供气。

5.4.1.1 总风缸和附属装置

应该在各种压缩空气设备（制动回路、门装置、悬挂装置、电空装置等）处于切断空气源并不带压力状态下，确认在合同规定时间内总风缸压力的降低不大于合同规定值。合同未规定值时，在5 min后的压力降低不得超过20 kPa。

5.4.1.2 总风缸和附属装置与其他空气压缩设备的组合

应在各种压缩空气设备处于压力下（除了有意设计成固有漏气外），关闭气路，检查总风缸压力在合同规定时间内不应降到小于合同的规定值。未有规定值时，在20min内的压力不应降到小于所有设备都在正常工作时相对应的最小值。

5.4.1.3 带拖车的动车组

在将没有总风缸的拖车编入动车组时，也应按照第5.4.1.1和第5.4.1.2条重复试验。此时时间的限制与容许泄漏量与连挂的拖车辆数有关，应由用户与制造商双方议定。

5.4.2 列车管（回送用）的气密性

列车管气密性的试验方法与所使用的制动机型式相适应，应由用户和制造商双方议定。

5.4.3 制动缸和辅助风缸的气密性

试验时，由司机操纵制动控制器或用其他方法，使制动缸及其相关的辅助风缸达到最大工作压力，然后切断供风。制动缸压力经过3min后，降低值不得超过10kPa。

当第5.4.1、第5.4.2和第5.4.3条中的要求与制动系统的特性不满足或不相适应时，例如电空制动、液压制动等系统，应由用户和制造商双方议定一种试验方法。

5.4.4 压缩空气设备运转检查

应检查全部压缩空气设备的正常工作状况。例如安全保护装置、干燥器、压力调节装置、隔离塞门、排水阀、压力传感器与开关等。

5.5 静置制动试验

目的：制定静置时摩擦制动系统的试验方法。

5.5.1 常用与紧急制动试验

本试验的目的在于与线路制动试验相结合，是为了确认制动系统的操作和施加在闸瓦或闸片的压力是否与合同规定值一致。例行试验时，为了避免往车辆装卸载荷，可以考虑简化的试验方法。

5.5.1.1 应检查基础制动装置是否符合设计图纸的要求，测量其静态传动效率是否符合合同的规定值。应检查空气管路、各种风缸和制动缸是否符合按第5.4条规定的条件在最大压力下的气密性，并且应检查供气系统是否已正确调整到能以合同规定的压力与速率对管道和风缸供气。

5.5.1.2 在静置状态下进行的常用制动试验是为了确认全部制动系统是否符合合同规定的特性。特别是在不同的操作条件下，施加制动和进行缓解的时间以及制动缸的最大压力。

5.5.1.3 在紧急制动和常用制动的各级位工况下，反复测定制动缸的压力和动作时间。

5.5.1.4 在车辆装有防滑装置时，应检查其排气时间、作用时间和缓解时间等。

5.5.1.5 车辆装有载荷调整装置时，应在最小载荷、额定载荷和最大载荷条件下检查所施加的制动力。

5.5.2 停放制动试验

停放制动系统应做试验，检查动作条件与测量其压力，应满足列车在合同规定的线路最大坡道、最大载荷的情况下施加停放制动不会发生溜逸的要求。

5.6 绝缘试验

目的：检查电气设备的绝缘强度。

5.6.1 绝缘试验

本试验的主要目的是检查车辆上各种电路的电缆状态是否良好，在装配中有没有损伤。

5.6.1.1 设备通常是由几个绝缘等级不同的电路组成，应分别对每个电路进行绝缘检查和对地耐受电压试验，此时原则上应将其他电路处于接地状态。必要时，为确保电路的所有部件连接在一起，接触器和开关装置必要时应处于闭合或短路状态。为防止特殊部件因受电容和电感的影响出现异常的电压，应采取必要的防护措施。对于易受损害的静止变流器和电子设备，在试验前应切除或短路。对于在此之前已在试验台上进行过绝缘强度试验并已合格的旋转电机或其他设备，在整车的绝缘试验时也可将其切除。

在各电缆电路对地之间施加试验电压，时间为1min。试验电压值为现行标准（例如TB/T 1333.1～TB/T 1333.3、TB/T 1680－1997、TB/T 1393－2003、TB/T 3001－2000或IEC 60411）中规定的单个设备试验电压的85%。

5.6.1.2 根据用户和制造商间的协议，各电路的绝缘强度试验可在电缆敷设和设备安装完成后，并没联接以前，在制造商的工厂内进行。但在连线前，所有电气设备需经过绝缘强度测试并确认是合格的。

车辆组装完成后应立即进行各电路绝缘检查。应采用经用户和制造商双方同意的电压等级的欧姆表，来测量绝缘电阻值。

最低绝缘电阻值应符合用户和制造商间协议的规定值。如无规定值时，试验电压取500V时的最低绝缘电阻值应不小于如下给定值：

——对额定电压等于或大于300V的直流或等于或大于100V的交流，各电路大于5MΩ；

——对额定电压小于300V的直流或小于100V的交流，各电路大于1MΩ。

但是，如果通过用户和制造商间的协议同意，按以下条件测得绝缘电阻小于1MΩ也是认为合格的，即：

a）试验在高湿度环境的时候进行的；

b）或所测得的较低电阻值是由于各电路中有铠装电缆之类的部件而引起的。

5.6.2 双重绝缘系统

合同中规定的电气设备对车体为双重绝缘时，则要实际验证这种绝缘系统的各部分均能承受第5.6.1条绝缘度试验的要求。

5.7 成套设备正常运转试验

目的：检查完工后的车上成套设备，包括重联设备的正常运转情况。

5.7.1 总则

所有的装车设备均应按照相应的技术条件在供货商的工厂内做过试验。

在静置顺序试验时，应检查各电路中所有设备单个操作与操作顺序正确性，并确认在最后组装中（包括所有动轴的运转方向、门的动作、安全回路等）未受损伤。

型式试验时，必须检查成套设备的电气间隙，特别是在连接线处。

该试验应尽可能在静置状态完成；要是用户与制造商达成协议，必要时也可以在线路上进行。

5.7.2 保护装置的整定

应检查各种保护装置和继电器等的整定值是否正确。

5.7.3 气动开关装置

应检查气动开关装置的操作是否因供气管道截面太小，或风缸容量不足而造成动作不良。

5.7.4 乘客舒适性的设备

应对所适当提供乘客舒适性的设备进行验证，检查结果应符合合同的规定值。特别应在正常时和紧急状态下进行下列检查：

a）照明度和其配置是令人满意的；

b）采暖、空调与通风维持在所需的舒适水平；

c）动力操作的客室驱动门装置功能正常，不会对乘客造成危害；

d）乘客信息系统工作正常，无干扰。

5.7.5 重联操作

为了验证重联运行中所要求的功能，则应在重联组合的电动车组上进行下列试验，例如：

牵引与制动电路；

故障显示与信号装置；

空气压缩机的联锁；

辅助电源或蓄电池的并联装置或转换装置；

客室门的动作；

制动或客室门控制的安全电路；

照明、采暖和其他辅助设备的控制；

乘客紧急报警；

列车通信网络。

在列车布线上利用交叉连接，以改变列车运动方向或改变客室门的开关侧时，必须对在正常运行中所有重联组合的实际功能进行试验。

亦应检测在所有操作或驾驶位置的功能。

经用户与制造商同意，也可用电路试验代替重联操作线路运行试验。

例行试验，可用简化方式来检查重联操作，不必每台车都连挂，仅向列车线的连接端输入各种信号。

5.7.6 通风管道试验

车上设备冷却或空调装置用的通风管道均应在例行试验中做气密性检查，例如可用产生烟雾的装置来检查。

5.8 接地和回流电路接线的检查

目的：检查车辆上接地与回流电路的连接线。

5.8.1 车辆上需要下列的电气连接线：

a）用以固定各电路和车上机械部分的电位；

b）用以保护轴承不受杂散电流的影响；

c）用以确保某些电路（例如牵引电流的返回、列车采暖电路）的回流通路。

5.8.2 为此目的，应检查配线符合如下要求：连接线的长度满足连接点间容许的最大相对位移，连接线有足够的导线截面；接线端子易于接近、牢固并有足够大的接触面积。采用焊接连线时，应确保焊接质量。

5.9 辅助电气设备和辅助电源的试验

目的：确保辅助设备的正确安装，规定可充分保证其使用功能的硷查项目。

5.9.1 辅助电气设备和辅助电源应在装车前，按照IEC 61287－1和TB/T 3021－2001标准在供货商工厂分别进行试验。在供货商工厂做试验时，应根据营业运行中将会遇到的电压变化范围，检查其工作性能的变化。根据用户和制造商的协议，当供货商工厂缺少相应的试验设备时，这部分试验可在线路整车试验中进行。

在整车上进行试验时，应检查辅助电源装置的输入和输出功率保持在“持续定额”内。

5.9.2 当在试验台上进行辅助电气设备和辅助电源强制风冷试验时，如果没有使用与车上相同的通风机组和相同尺寸的风道，就应在车上检查冷却风量是否符合设计值或规定值。如果有被试验辅助设备的静压力差和风量间关系图表，则可测量辅助设备静压力差校核风量。

5.9.3 检查辅助设备的旋转方向与交流电源的相序。

5.9.4 辅助设备的起动试验

对于连续运转的设备应进行四次完整连续起动；对于断续运转的设备应进行六次断续起动（尽可能一半起动在最高电压下进行，另一半在最低电压下进行）。第一次起动时，电动机处于常温状态。在正常运转条件下，每次试验的持续时间应严格限制在所要求的起动和停止时间内。辅助设备重复起动试验在型式试验进行；例行试验中必须进行一次或两次起动试验。

5.9.5 辅助系统用静止逆变器检查

a）检查逆变器外部接线应接触良好。测得的绝缘电阻，应符合车辆设计要求。测量时，主电路功率电子器件各电极应短接，控制电路电子器件应切除。

b）在合同规定的网压波动范围内，在额定负载的15%～100%范围内，逆变器交流输出电压值允许误差、波形畸变率、频率允许误差均应符合设计要求。

c）输入电压分别为额定电压、最低工作电压及最高工作电压时，当负载在空载到额定负载至满载范围内突变时，逆变器工作应正常。如无特殊规定，则负载突变量分别为：从空载突变到50%额定负载至满载，然后由满载至50%额定负载至空载，各项试验进行三次。

d）在负载分别为额定负载及50%额定负载时，当输入电压由最低工作电压到额定电压至最高工作电压，然后由最高工作电压到额定电压至最低工作电压，每项试验各进行三次。

e）当输入电压分别为额定电压、最低工作电压及最高工作电压，负载分别为额定负载及50%额定负载工作时，输入电压瞬时断电，在车辆设计规定的断电间歇时间内，逆变器仍应维持工作。

f）输入电压分别为额定电压、最低工作电压及最高工作电压，负载分别为额定负载及50%额定负载工作时，逆变器应能可靠起动并正常工作。

5.10　蓄电池充电设备的检查

目的：规定检查蓄电池及其充电装置的一般准则。

5.10.1 应对车辆蓄电池及其充电器进行下列检查：

a）蓄电池容量应满足GB/T 7928－2003规定的要求；

b）蓄电池充电设备必须按合同的要求，能充分而又不过度地给蓄电池充电；

c）按照合同规定，在车辆的所有负载条件下，在最高网压和最低网压下均可对蓄电池充电；

d）在车辆运行时，充电器除了作充电作用外，还应能给蓄电池所预定的负载供电；

e）在24小时内的正常运行负载循环中，蓄电池具有完全的充电能力；

f）蓄电池箱的通风，要做到足以保证充电周期内没有积聚的危险气体；

g）蓄电池电路的下列参数要符合车辆合同的要求：

1）最大充电电流；

2）最高电压；

3）浮充电压；

4）浮充电流；

5）放电电流；

6）放电时间。

由于蓄电池和充电器种类很多，试验的形式要按照用户和制造商间的协议进行。

5.10.2 如果充电器在断开蓄电池情况下工作，则应检查充电器的脉动电平，该脉动电平应在合同规定的允许值内。

5.10.3 在蓄电池和充电器的例行试验中，测定以下事项：

a）最大充电电流；

b）最高电压；

c）浮充电压；

d）浮充电流。

5.11　车体和外部设备箱体密封试验

目的：规定当车体受到雨、尘埃、雪及其他污染物的影响时，检查其密封性能的试验方法。

5.11.1 在进行车体与装在车体外部的电气设备箱的水密性试验时，应检查所有可能有水或雨浸入的开孔、门、孔盖、盖板或缝隙处。

要区别设计上开孔（进风口等）的防水性和主要取决于安装和接口状态的孔盖（门、窗、机罩等）的防水性。各开孔和孔盖的防水性以及从某些隔室的排水，必须做到不得对必备的电缆、电气设备或任何其他设备带来浸水的不良影响。

5.11.2 进行开孔和孔盖的水密封检查时，应开动车辆所有的通风机，让车辆通过带喷射水的龙门架，使水流喷向各个开孔与孔盖，每辆车持续喷射15min。喷射架的喷流量、水流的分布和喷嘴部位以及龙门架喷水速率，参照TB/T 2054－1989第4章或TB/T 1802－1996第5.1条的要求，在由用户和制造商双方协议中做出规定。

在没有这种协议时，可采用上部有一排水平喷嘴和两侧各有一排垂直喷嘴的喷射架，每排喷嘴每分钟应能均匀地喷射500L流量水，其压力200kPa，采用90°固定锥体喷嘴的喷射方式。

5.11.3 如果用户和制造商间有协议，也可采用另一种方法，即在车辆全部通风机工作时，让车辆15min通过自动清洗机，来进行车辆水密封试验。

5.11.4 水密封性例行试验中，关闭车辆所有风机，按上述程序进行5min防水试验。

5.11.5 应检验一般用于净化吸入车体和设备箱空气的防护板、百叶窗、过滤器、尘埃分离器等装备的有效性。

在完成线路试验之后，也应检查不得由于灰尘的侵入，使电缆配置、开关设备或保证车辆正常运行的任何其他设备的安全性受到损害。

5.11.6 检查百叶窗、过滤器、换气口等安装的正确性。

5.11.7 如果合同规定车辆在进入有沙、雪等造成空气污染的线路上运行时，应根据用户和制造商的协议，对用来为防止这类异物侵入引起故障的各种装置进行检查。

5.11.8 检查车辆的内压，关闭车辆的所有车门，开启所有风机，测量车辆的内压，应符合合同的规定。

5.12 安全措施检查

目的：提供为评定运转、维修人员和乘客安全的检查项目。

按照合同的要求，应检查已造好的车辆是否符合国家制定的安全规则和规程。应检查为了工作人员人身安全而采取的各项措施。在应检查的各项目中，应对下列项目做出规定：

a) 可能触及通风机、联轴节、皮带及尖锐的边缘等危险的机械部件以及旋转部件防护措施效果。

b) 防止某些进风口可能引起危险的防护措施效果。

c) 离固定的或移动的带电设备应留有足够的安全距离。

d) 为预防任何意外触及带电零件而设置的各种装置的有效性。至于车下各高压柜的入口，对于不同的高压柜要求有所区别：

1) 对于装有与外部供电电源（联挂车辆、车辆段外接电源）连接而可能带有高电位的电器柜，开门时必须先行切断电路或将电路接地；

2) 对于装有车辆牵引电路设备的高压柜，可采用一种简单的安全装置，例如操作主隔离开关或断开主接触器；

3) 对于电力电容器必须有放电设备和安全标志。

e) 来自断路装置如高速断路器或接触器电弧的防护措施的效果。

f) 电气设备或车辆中可能偶然带电的部件的保护性接地效果。

g) 按照GB/T 7928－2003规定检查车辆的结构材料和零部件防火性能是否符合国家规定的标准要求或合同的规定要求。

h) 按照GB 6771－2000规定检查防火和消防设备。

i) 安装在主电路的电容器，要有对人员不产生危险的放电时间。在带有这些电容器的设备上应给出适当的标记。

j) 部件屏蔽的有效性，这些部件可能在无意中触及，并具有烫伤的温度（例如电阻箱外壳）。

k) 按合同要求提供的必备的警告信号，特别适用于过热，高电压状态或移动部件。

l) 在紧急情况下，车辆紧急疏散门或备用梯等措施的功能。

m) 按照GB/T 7928－2003的规定，检查列车前照灯在车辆前端紧急制停距离处的照度。

n) 按照GB/T 7928－2003的规定，检查客室车门紧急解锁功能。

5.13 工作条件和舒适性检查

目的：规定车辆司机室、客室及其他工作区域的工作条件与舒适性的检查项目。

这些检查尽可能在静置状态下进行，如不具备条件，可在正线试验中完成。

5.13.1 对司机室，应参照相应的标准（例如UIC 651）进行下列检查：

a) 瞭望方便，司机能容易看到轨道和信号，障碍物（立柱等）或反射光（从窗、其他光亮、反光表面反射的光或人造光）不得引起司机误操作和造成司机眼睛过分疲劳；

b) 司机在日光下和晚上都能清晰看见仪表和指示灯，夜间从它们射出的或反射的光不得妨碍司机的视野；

c) 室内照明和指示灯不得在前窗产生引起信号误判或其他有影响的反射；

d) 强迫通风与自然通风均应符合合同的要求；

e) 各种控制器均不需用过大的力就能操作，否则可能会造成操作不准确，或造成身体过度疲劳；当无意中触碰了某些控制器件，如键或按钮等，没有危险；

f）门和窗应装配足够紧密，以防止气流侵入；

g）装有采暖与空调设备时，应足以能在合同指定的气候条件下维持规定的温度；

h）应保证前窗刮雨器、遮阳板、擦洗器和除霜器（如果有）能满意地工作；

i）应按 GB/T 14893 检查司机室的噪声，不得超过 GB/T 14892 规定的噪声限值。

5.13.2 对车辆客室应连同其电气设备的操作一起进行可靠的检查。

a）检查车辆通风能力，在通风机额定电压下，测试通风系统循环总风量、新风量、车内微风速以及应急通风的新风量，应符合合同的规定值或 GB/T 7928－2003 的规定值。

b）检查客室采暖设备性能，测试采暖功率和采暖设备表面温度，应能在合同规定的大气条件下保持室内的预定温度，应符合合同的规定值或GB/T 7928－2003 的规定值。

c）检查客室空调设备性能，进行空调机组降温试验、名义工况试验和高温工况试验，检测车内温度的均匀性和稳定性，应能在合同规定的大气条件下保持室内的预定温度，符合合同的规定值或GB/T 7928－2003 的规定值。检验规则由用户和制造商在合同中规定，当合同中没有规定时，可参照 TB/T 2431－1993 的规定进行检验。

d）检查室内照明设备性能，应能充分满足合同或 GB/T 7928－2003 的规定值，特别是有关平均照度的要求。

5.13.3 应该按照 GB/T 14892 和 GB/T 7928－2003 检查客室和车辆外部的噪声等级，均不应超过标准的规定值。

5.13.4 如果合同中有规定，应检查车辆在意外情况下防护压力冲击所采取的措施（例如防冲撞装置）。

5.14 安全设备试验

目的：检查安全设备的功能。

5.14.1 应对安装在车辆的一般安全设备的正确动作进行检查：

例如：下列装置（如果有）：

司机警惕装置；

自动紧急制动装置；

音响警告装置（警笛、铃、喇叭）；

速度表与事件记录仪；

火灾报警装置；

乘客报警装置；

制动控制的安全电路；

客室门的防护措施和安全电路。

特殊的检查应由用户和制造商双方议定。

5.14.2 通信系统试验

目的：检查通信系统状态和安全性。

a）司机室间的通信联系，应符合设计要求；

b）车辆有线广播设备应作用良好，声音清晰，符合设计要求；

c）车辆无线通信系统应符合设计要求。

5.14.3 车钩装置试验

目的：检查车钩装置状态和安全性能。

a）车钩中心线距轨面高度及前后两车钩高度差应符合设计要求；

b）车钩在规定的范围内作用良好；

c）车钩装置上的机械、电气、空气组件连接准确，符合设计要求；

d）水密封试验符合设计要求；

e）车钩装置负载试验符合合同规定。

5.15 冲击耐压试验

目的：检查防止外部过电压的防护措施。

为了实际检查来自外部电源过电压对设备的保护措施的有效性，可以通过研究性试验，进行冲击耐压试验。进行该试验的条件应依据用户和制造商双方签定的协议。

6 线路试验

6.1 运行安全性和平稳性试验

目的：检查车辆在线路运行的安全性与平稳性。

应在开始订合同时由用户与制造商间议定，规定线路条件和试验方法。

6.1.1 运行安全试验

如有可能，车辆应在包括隧道在内的将要运营的线路上，按以满足运行图规定的速度和合同中规定的最高速度进行试验。运行安全性试验也可以按照用户和制造商间的协议，在双方选定的平均条件相同的另外线路上进行。

按照用户和制造商的协议，在该试验中检查车辆运行安全性的特征参数：

a）防止脱轨的安全性

1）检查车辆脱轨系数

通过测量车轮作用于钢轨的横向力 Q 和垂直力 P 得到脱轨系数 Q/P，新造车的脱轨系数应小于 0.8。

2）检查轮重减载率

通过测量车轮作用于钢轨上的轮重 P 和轮重减载量 ΔP，得到轮重减载率 $\Delta P/P$。新造车的轮重减载率应小于或等于 0.6。

3）检查车辆倾覆系数

车辆倾覆应在试验车辆以线路容许的最高速度通过时的运行状态进行测试。新造车的倾覆系数 D 应小于0.8。

b) 检查轨排横移的安全性，应符合GB/T 5599的规定。

c) 防止对钢轨及其固定装置，以及对车轮、车轴和转向架重要部件机械应力的安全性；防止悬挂装置故障（如空气弹簧泄气等）的安全性。

如果在合同中有规定，可做专项试验，用以检查车辆在隧道内和相邻轨道上通过车辆时产生的冲击波对本车辆机械强度的影响。

6.1.2 平稳性试验

车辆的平稳性试验应按照GB/T 5599进行平稳性测量，车辆运行的平稳性指标应按小于2.5评定。

6.2 曲线和坡度变化线路的运行试验

目的：检验车辆在最小载荷和最大载荷状态下，在曲线和坡度变化线路上的安全裕度和运行情况。

6.2.1 按合同规定的速度，让车辆通过规定的最小半径曲线，检查跨接电缆、连接风管、牵引电动机连接线和回流连接线都有足够的长度；由车轴驱动的装置（例如速度传感器）不受损坏；车辆的运动不应受到限制或束缚。

6.2.2 车体两端部伸出量相当大的车辆应在有反向曲线的道岔上进行试验。试验时，将营业运行需与其连挂的同类型车辆或由合同中指定的不同类型车辆连挂到该车上。用目测方法确认车辆工作状态是否良好，即牵引缓冲装置和贯通道连接处应不受束缚或挤压。本试验应在车钩完全拉伸状态下进行。

6.2.3 应确认装有自动车钩或半自动车钩的车辆符合合同规定半径的曲线上能够进行连接。

6.2.4 在检查车辆通过曲线和道岔时不受约束，轨道不会产生永久变形。

6.2.5 对适用于在合同规定的坡度变化最大的直道上运行的车辆，还应重复进行弯道上所要求做的试验项目。

6.2.6 检查车辆在弯道上的位移，可在静置条件下，将转向架放在移车台或转车台上观测车体的移动或转动。

6.2.7 检查因车轮磨耗、操作不当或悬挂装置损坏（即空气弹簧泄气或断簧）引起车体接触到转向架或车轮的情况，要确认不得出现这种情况。

6.2.8 应检查装有轮缘喷油器或钢轨涂油器的动作和性能。

以上所有试验均在正常保养的用户线路上进行。

6.3 受电装置（受流器和受电弓）试验

目的：检查车辆受电装置的正确动作。

6.3.1 受电装置的静置试验

应检查车辆静置状态下，受电装置在合同规定的工作高度和接触压力的限值内动作良好。对做型式试验的受电弓应在静置状态下检查合同的规定的受电弓横向位移的极限尺寸。

6.3.2 受流性能

列车应以合同规定的最高运行速度在即将运行的线路上运行。让列车至少升起一组受电弓或用受流器受流运行，检查其在合同规定工况（例如速度、受电装置的间距）下的受流性能。

应检查受流状态良好，受流时对受电装置或供电装置无损伤或异常磨耗。

应说明试验时的气象条件。

通过无电区或接触轨间隙时，应对受电装置和相关电气的动作和机械的动作进行检查。

6.3.3 空气动力学的影响

对受电弓而言，应在两个运行方向上检查在合同规定的最高运行速度下升弓后的接触压力（包括静态压力），空气动力学的影响不致引起超过合同规定的上限和下限的力。

如果有合同规定，重联车组应重复做此项检查（例如两个受电弓距离短的车辆）。

同时，还应校验高速运行时空气动力不会使降下的受电弓发生不应有的升起，并且也不妨碍受电弓正常地上升或下降。

6.3.4 受电弓的摆动

应通过测量检查受电弓横向最大动态位移，其实测的最大横向位移不得超过计算的最大值。

6.3.5 供电系统的质量（接触网或接触轨）

运行试验的供电系统的质量，原则上应由用户与制造商双方在开始签定合同时议定。

6.4 起动和加速试验

目的：验证起动和加速性能是否符合规定的指标，以及检查设备和控制装置在起动和加速过程中是否满意地工作。

列车应经受订合同时规定的起动和加速试验过程，直至达到所要求的最高速度。测定速度和加速度的试验应在良好的粘着条件下进行。

6.4.1 型式试验时应检查下列各项：

a) 牵引力-速度特性及牵引设备的工作条件符合合同的规定。为此，应采用数据自动采集及处理装置测量速度、时间及对应的输入、输出电参数（电流、电压、频率、功率和功率因数）。

b) 测定合同规定的平均加速度，这个加速度应符合合同规定值。

c) 级间过渡引起的牵引力瞬时增值不得超过合同规定值。

d) 自动控制下加速度的任何变化不得超过合同规定的冲击率。在没有规定值时，冲击率在正常运行中不得超过1m/s³。

e) 车辆装有防空转装置时，应做到在低粘着状态下能正确动作以防止车轮过大的空转。为了模拟低粘着状态，可使用50%的乙二醇和50%水的混合液涂在车轮或钢轨面上，进行防空转试验。

6.4.2 例行试验应检查牵引力/速度特性应符合合同的规定。该数值可由已知条件下通过测定动车速度与时间的关系，从起动与加速度试验来推算。应定性检查在特性转折点上无异常冲击。

6.5 线路制动试验

目的：检查车辆制动系统的动态特性。

6.5.1 总则

车辆各种制动系统的线路试验应包括制动距离的测定和制动系统动态特性的试验。

车辆的型式试验应对车辆各种制动方式（如紧急制动与常用制动、单纯的空气制动或空电联合制动）进行试验。应在最小载荷和额定载荷状态下进行车辆型式试验。按照合同的规定，可以切除一台或几台转向架的制动。应在最小载荷状态进行例行试验。包括紧急制动距离的测定和常用制动系统的简化试验。

6.5.2 轨道状态

应在具有良好道床的线路上进行制动试验。型式试验先在干燥轨道上进行，再在潮湿轨道上，或通过人工使粘着降低，模拟运行中可能发生的实际状态的轨道上进行。

例行试验在自然的实际状态（即有时潮湿，有时干燥）下进行，该状态应在试验结果中说明。

6.5.3 基础制动装置状态

所有的场合，试验前应经过适当的磨合，确定闸瓦或闸片良好地贴靠在车轮或制动盘上。

装有闸瓦间隙调整器的车辆，应用新闸瓦进行型式试验；没有安装闸瓦间隙调整器的车辆，应用完全磨合的闸瓦进行型式试验。

6.5.4 制动距离的测定方法

6.5.4.1 制动距离的测定应在平直轨道上进行。应按照合同的规定，进行列车组等不同编组的制动距离的测定。对每种编组或每种制动型式（紧急制动、常用制动或必要时的联合电制动）至少应进行3次检查，每次检查应在相同运行状态下按下述要求进行。实际试验次数由每次检查的试验结果的偏差决定。

a）在到达施加制动的标志地点之前，应使车辆的速度接近试验预定的速度（V_0）并切除牵引电动机电源。当通过施加制动的标志地点时，立即施加所要求的制动。

b）应该精确测量

1）每次试验中所记录的制动距离 L（单位 m）；

2）制动开始的初速度 V（单位：km/h）（该速度与基准速度 V_0 之差不应超过±3km/h）。

c）为了用图解法求减速度时，还应记录制动过程中速度随时间变化的曲线和必要的系统参数（压力、电流等），减速度应符合合同中常用制动减速度和紧急制动减速度的规定值。

d）应检查各次试验之间制动管压力是否恢复正常。

6.5.4.2 如果制动距离的测试不可能在一段绝对平直线路上进行，可选在坡度不超过±4‰的线路上进行。这时试验值可按下式进行修正：

$$L_1 = L \times \frac{3.92 \times (1 + R_0) \times V_0^2}{[3.92 \times (1 + R_0) \times V^2] \pm i \times L}$$

式中：

L_1——修正后的制停距离，单位为米（m）；

L——测得的制停距离，单位为米（m）；

V_0——参考初速度，单位为千米每小时（km/h）；

V——实际初速度，单位为千米每小时（km/h）；

i——坡度，单位为毫米每米（mm/m）；

R_0——旋转惯性因数。

合同中对 R_0 未规定时，取 $R_0 = 0.08$。

公式中“+”号用于下坡，“−”号用于上坡。

修正后的制动距离应小于合同规定值。

6.5.5 制动试验的频率

重复进行制动试验频率，不应比合同规定的制动条件还要苛刻。

应检查在合同规定的最苛刻的制动情况下，用于制动系统的能量（如空气、油、蓄电池）不超过能源的能力。应考虑轮对防滑装置、空气弹簧、干燥器等多消耗的能量。

6.5.6 车轮防滑装置

如果制动系统中装有车轮防滑装置，进行制动试验时应将装置投入运用。

为模拟低粘着状态，应用50%乙二醇与50%水的混合液涂于车轮或钢轨面上。

6.5.7 其他制动系统试验

应按照用户与制造商的协议进行其他制动系统（涡流制动、磁轨制动等）的试验。

6.5.8 电制动试验

装有电制动的车辆，应对常用制动的全部级位和手动或自动施加制动方式进行下列项目检查：

a）下坡道采用恒速制动时，实际的制动状况应符合合同规定的性能；

b）在每台电动机和调节设备的端子上的电压，不得超过设计值或合同规定值；

c）每台牵引电动机的电流不得超过设计值或合同的规定值；

d）再生制动时，因受电弓离线、电源不能吸收、网线不连续或过无电区造成了供电中断，则应该可以平滑转换到另一个制动系统；

e）装有混合制动系统（如空气制动和电制动），应能在不同的制动系统之间平滑转换，而无明显的冲击、欠制动或过制动。在空电联合常用制动工况应达到电制动优先；

f）电制动的平稳施加与缓解应无明显冲击。除非合同另有规定，该冲击率一般不得超过 $1m/s^3$。紧急制动工况例外；

g）在进行电阻制动试验时，试验过程中制动电阻最高温度不应超过规定值，电阻箱外壳温度符合 TB/T 1333.1－2002 的规定，电阻元件应无变形。

6.6 列车自动控制（ATC）系统试验

目的：检查列车自动控制系统（ATC）的线路运行性能。此时应按用户和制造商的协议规定的方法进行试验，检查系统功能是否正确。

6.6.1 列车自动防护（ATP）系统

装有列车自动保护系统的车辆，是由外部向司机室提供信息（速度的显示和紧急制动的自动作用信号等）。

特别要检查以下项目：

a）无论按合同规定的速度实施紧急制动，还是向司机发出减速指示的警告，保护系统都应起作用；

b）实施紧急制动时，自动切除动力，并施加合同规定制动率的制动，车辆应在规定的制动距离内停车；

c）除非发生超速，保护系统不得无故动作。应在最大载荷条件下进行速度保护系统试验，检查其动作是否正确；

d）车载装置的信号显示符合合同的规定。

6.6.2 列车自动驾驶（ATO）系统

列车自动驾驶（ATO）系统发生故障时，应能转为司机控制。应检查下列项目：

a）速度控制系统，在制动、惰行与加速度运行时没有明显的颠簸或振荡；

b）根据变化的指令而进行加速与制动时的速率应在车辆设计规定的极限内；

c）在站台上及在其他停车场所（例如区间临时停车处）内的停车位置准确，应符合合同的规定值。

6.6.3 列车自动监控（ATS）系统

检查列车监视和追踪功能与列车运行管理功能，应符合设计要求。

6.7 干扰试验

目的：为编制电气干扰试验的详细程序提供依据。

干扰试验应考虑从传导源和辐射源来的内部干扰与外部干扰。

由用户与制造商双方议定干扰试验程序的详细内容，如果合同中没有规定，应按照 TB/T 3034－2002 标准进行试验与评定。

6.7.1 车辆内部干扰

车辆内部传导干扰，例如感应线圈电路的失电或无效的接地状态。

车辆内部辐射干扰，例如线圈产生的感应辐射影响最近的电子电路，可能是容性耦合或感性耦合。通过试验确认干扰源发射的噪声和控制设备对噪声的抗干扰之间是否有足够的余量。试验可按下列方式进行：让车上所有的接触器，继电器及电路中其他干扰源依次动作，以保证不因磁辐射或传导信号对车辆电路产生有害的电气干扰。

6.7.2 车辆对外部干扰

车辆对外部的传导干扰，例如车辆主电路中谐波电流对轨道电路信号频率发生干扰。

车辆对外部的辐射干扰，例如车上的电抗器的感应辐射干扰轨道旁的通信电缆或轨道上的信号控制线圈。

通过试验确认车辆的干扰频谱（幅值、频率、噪声电流等）不超过合同的规定值。

试验在用户和制造商双方同意的不同运用条件下进行，确认在用户线路所有正常状态下不会产生任何有害影响。

例如：

——与变电所的不同距离；

——牵引和制动时的不同速度和加速度。

为监视干扰临界频率，应对所设检测装置进行检查。如果合同中没有规定最大干扰电平，可通过在用户线路上在相同条件下运用的类似车辆所测得的干扰电平和频率进行比较，同时应考虑不同的车上系统和要避免的不同临界频率。

6.7.3 无线电频率干扰

车辆产生的无线电频率，有时会对“发射”和“接收”装置（例如机场导航系统）产生干扰。

应实际验证车辆在等于或大于 100kHz 临界频率下不会产生过大的电磁干扰。临界频率和最高电平应在用户和制造商的协议中加以规定。

6.7.4 外部对车辆的干扰

外部的传导干扰，如交流供电系统的谐波或直流供电系统的脉动。

外部的辐射干扰，如铁道附近的架空电力线或变电站或大功率发射台附近。

用户在签定合同时，应将对车辆产生干扰的干扰源通知制造商。

6.7.5 静电放电

如果车辆用金属导电构件连接到公共接地点上时，则由于静电放电对电气设备干扰的危险原则上可以忽略。

但是对非导电构件的特殊情况，应对敏感设备采取相应的预防措施。

6.8 牵引能力和制动能力试验

目的：验证牵引和制动设备在设计温升限值内按规定的负载周期运行能力。

6.8.1 牵引和制动设备在装车前，经用户和制造商双方同意，可以在地面试验台上进行试验，确定在规定的负载周期达到的温升。必要时，这些试验可以按合同规定，可在线路试验时完成。如果没有合适的试验台，可在线路上做全部试验。

6.8.2 根据用户和制造商的协议，在试验过程中检查设备温升是否在设计值内。特别应做以下各项检查：

——旋转电机；

——冷却液；

——制动电阻器；

——电抗器；

——功率半导体器件及其散热器；

——电缆绝缘；

——电缆管道；

——辅助设备；

——控制开关装置；

——辅助电源变压器；

——电容器；

——设备机箱；

——冷却风；

——联轴节；

——齿轮箱；

——机械制动杆件；

——轴箱；

——轮对。

6.8.3 应按用户和制造商的协议，对切除一部分设备或牵引电机而运行的列车，应重复进行上述的检查。如果没有协议时，应根据 GB/T 7928－2003 的要求，重复进行上述的检查。

6.8.4 应按用户和制造商的协议，为救援其他列车，要求该列车投入紧急运行业务时，应在紧急运行业务条件下重复进行上述的检查。如果没有协议时，应根据 GB/T 7928－2003 的要求，重复进行上述的检查。

6.9 运行阻力试验

目的：测量车辆的运行阻力。

试验应在干燥、无风的气候条件下进行。

车辆应以合同规定的最高速度，在一个已知坡度、尽可能没有曲线的线路上运行，在这个速度不用制动情况下，让车辆的速度自然下降。同时，应采用数据自动记录处理装置将运行速度、时间和距离记录下来，并绘制出运行阻力曲线。运行阻力试验也可用动力试验车或用测量减速度的仪器来进行。

运行阻力也可由主电路消耗的功率进行推算，同时考虑牵引电动机的效率和牵引系统的全部功率损耗。

有各种不同编组的列车，必要时对每种编组均进行运行阻力试验。

6.10 能耗试验

目的：为进行实际测试的能耗与预测能耗比较，而规定必要的试验程序。

要求制造商进行能耗试验的用户，应提供按照已绘制出的速度、时间图表来计算能耗所需的全部详细数据的确切说明。为此，用户应向制造商提供下列资料：

6.10.1 对于试验运行方面

a）线路长度，坡度和曲线的详细资料；

b）停车时间；

c）各区间的最高允许速度；

d）运行全程及其各区间所需的最长时间；

e）全程网压的变化范围；

f）采用再生制动时供电电网适配能力。

6.10.2 对于试验列车方面

a）车辆载重或牵引载荷；

b）轴数；

c）考虑到回转质量的惯性系数；

d）列车不同速度时的运行阻力曲线；

e）列车不同速度时的制动力曲线；

f）容许的最大加速度和最大加速度变量；

g）容许的最大制动减速度；

h）驾驶方式——人工的或自动的。

本试验应在用户和制造商议定的无风天气和气温条件下，利用已经运行一段时间的车辆来进行电能消耗的试验，应当由安装在车辆本身或其联挂车辆（如动力试验车）上的测试仪器，来测量供电网电压和电流，然后通过推算得到电能消耗量。此外，供电网电压可用记录式电压计来检查。

所测得的电能消耗与某些有用而不能控制的变量有关，例如运行条件、速度变化、特别是与规定采用再生制动的电网吸引能力等有关。因此，应监测电网对再生制动的吸收能力。

在这些试验之后，制造商可根据试验条件的变更结果，再重新核算能耗的预测值。

6.11 典型运行图的检查

目的：检查车辆满足规定的运行图的能力。

如果用户想要通过试验来检查“典型的运行图”，则在签定合同前，用户应向制造商提供如同第 6.10 条所示的内容和相同条件下使用的“典型列车”的全部详细资料。

在试验过程中，应测定通过各区间的时间或总里程所需的时间，这些时间应符合合同的规定。

6.12 供电中断和电压突变试验

目的：确认外部电源的电压变化，对车辆的运行没有不利影响。

供电中断的电压突变试验，应在用户和制造商同意的试验台上进行。在没有合适的试验台时，该试验可在线路试验中进行。

该试验应在运行中遇到的不同的电网条件（如电压、线路电阻）下进行，例如在变电所附近或离变电所的最远处进行。

对于带有变流器的设备，在没有合同规定的数据时，该试验可在下列三种不同条件下进行：

——主电路最大电流；

——变流器最高输出电压；

——车辆最高运行速度。

6.12.1 电压突变试验

6.12.1.1 供电电压应从标称电压值开始突然增加10%。

本试验可采用多种方法进行，特殊情况下，可按下列方法进行：

——在供电变电所控制操作；

——或将装在被试车辆上或装在与其联挂的另一车辆上的电阻器突然短接；

——或突然切断与被试车辆并联的大负荷；

——或切换到一个预先退出运行的供电变电所。

6.12.1.2 装有再生制动的车辆，电压突变试验（减少10%）应在最高速度与该速度下产生的最大再生电流（即合同规定的最大再生制动电流所达到的最高速度）下，进行该项试验。

这些试验可以利用突然接通与被试车辆并联大负荷来进行。试验后，设备没有任何损伤，应继续正常工作。

6.12.2 供电中断试验

对于牵引与再生制动，按照用户和制造商的协议，应将外部供电电压在全切断时间从10ms至10s的范围内进行切断和再投入。包含零电压保护装置在内的全部保护装置应在试验中必须动作。

为确保完全在该定时范围内，必须进行多次试验。可用断路器断开电路与再重合进行试验。设备在试验后没有任何损伤，应继续正常工作。

6.12.3 电压变动试验

如果没有预做过试验，则还应检查安装在车上包括辅助设备在内的全部设备，应在合同规定的网压范围内正常工作。

为确保电压在规定的范围内（如最高网压、最低网压和标称网压），应进行多次试验。

6.13 过载装置动作正确性试验

目的：检查过载与电气保护装置动作的正确性。

车辆过载电路和电气保护装置应在用户与制造商同意的试验台上试验其动作的正确性。如果没有这种试验台，按照用户与制造商达成的协议，可在线路上用组装完成后的车辆进行试验。

当提供电子组件作为过载保护装置，并且电流是连续地与过载整定值进行监测和比较者，没有必要进行单独的试验。

6.13.1 牵引与电制动过载检测装置

牵引与电制动（电阻制动或再生制动）过载保护检测装置应按下列一种方法进行检查：

——将过载检测装置的整定值降到某一点，即在牵引工况或制动工况下将使该装置动作在规定电流值；

——利用某一试验绕组或电路，引入与牵引或电制动电流成比例的电信号，使检测装置动作；

——将牵引或制动电流升至保护装置的动作点，可用合适的接触器或短路晶闸管来达到。可以测定保护装置要求的触发电流或等效的电信号幅值。

6.13.2 辅助电路保护装置

检查辅助电路或辅助设备（如辅助逆变器、压缩机、空调装置、列车采暖电路）的过载保护装置，可采用下列中的一种方法进行检查：

——将保护装置的整定值降低至触发该装置动作的规定的工作电流值；

——引入适当的电信号，使该保护装置动作；

——在输出端子间插入低电阻，将辅助电路中的电流升至保护装置动作值。

6.14 内部过电压的检查

目的：检查降低车辆设备内部过电压值的各项措施的有效性。

检测到的过电压峰值和持续时间，不应超过设备的设计值。内部过电压的试验方法如下：

a) 对于主电路、控制电路、辅助电路，可在最小与最大线路电流下，利用主断路器跳闸进行试验。该试验应重复多次，并记录最高电压。

b) 对电子电路、主断路器或其他任何开关、继电器或接触器在不同的电路条件下动作时，在电子装置端子上测得的电压不应超过TB/T 3021－2001的规定值。

附 录 A
（规范性附录）
试验项目一览表

表 A.1 静置试验项目

试验项目	条款		
	型式试验	例行试验	研究试验
静置状态机械试验	5.2		
——限界		5.2.1	

续表 A.1

试验项目	条款 型式试验	例行试验	研究试验
称重试验	5.3	5.3	
压缩空气设备全面气密性和运转试验	5.4	5.4	
静置制动试验	5.5	5.5	
绝缘试验	5.6	5.6	
成套设备正常运转试验	5.7	5.7	
接地和回流电路接线的检查	5.8	5.8	
辅助电气设备和辅助电源的试验	5.9		
——旋转方向等		5.9.3	
——起动试验		5.9.4	
蓄电池充电设备的检查	5.10	5.10.3	
车体和设备箱体的密封试验	5.11		
——初期检查		5.11.1	
——开口部和孔盖		5.11.4	
——过滤器等安装部		5.11.6	
安全措施检查	5.12	5.12	
工作条件和舒适性的检查	5.13		
——外部噪声水平	5.13.3（可选择）		
——压力冲击	5.13.4（可选择）		
安全设备的试验	5.14	5.14	
冲击耐压试验			5.15

表 A.2 线路试验项目

试验项目	条款 型式试验	例行试验	研究试验
运行安全性和舒适性试验	6.1		
曲线和坡度变化线路的运行试验	6.2		
受电装置的试验（第三轨受流器和受电弓）	6.3		
——受电装置的动作		6.3.1	
起动和加速试验	6.4		
——牵引力·速度特性		6.42	
线路制动试验	6.5		
——总则		6.5.1	
——制动距离		6.5.4	
——电制动：			
平稳过渡		6.5.8e)	
平稳上升		6.5.8f)	
停止供电		6.5.8d)	
速度控制和列车自动控制（ATC）系统试验	6.6	6.6	
干扰试验	6.7		
牵引能力和制动能力试验	6.8		
运行阻力试验			6.9
能耗试验			6.10
典型运行图的确认	6.11（可选择）		
供电中断和电压突变试验	6.12（可选择）		
过载装置动作正确性试验	6.13（可选择）		
内部过电压的确认			6.14

附　录　B
（资料性附录）
本标准章条编号与 IEC 61133 章条编号对照

表 B.1 给出了本标准章条编号与 IEC 61133 章条编号对照一览表。

表 B.1　本标准章条编号与 IEC 61133 章条编号对照

本标准章条编号	对应 IEC 61133 章条编号	本标准章条编号	对应 IEC 61133 章条编号
1	1	5.3.4	5.3.4
1.1	1.1 的部分内容	5.3.5	5.3.5
1.2	1.2	5.3.6	5.3.6 的 a)、c)、e)
2	2 的部分内容	5.4	5.4
3	3	5.4.1	5.4.1
3.1	3.1	5.4.1.1	5.4.1.1
3.2	3.2	5.4.1.2	5.4.1.2
3.3	3.3	5.4.1.3	5.4.1.3
3.4	3.4	5.4.2	5.4.2
3.5	3.5	5.4.3	5.4.3
3.6	3.6	5.4.4	5.4.4
3.7	—	5.5	5.5
4	4	5.5.1	5.5.1
4.1	4.1	5.5.1.1	5.5.1.1 大部分内容
4.2	4.2	5.5.1.2	5.5.1.2
4.3	4.3	5.5.1.3	5.5.1.3
4.3.1	4.3.1	5.5.1.4	5.5.1.4
4.3.2	4.3.2	—	5.5.1.5
4.4	4.4	—	5.5.1.6
4.5	4.5	5.5.1.5	5.5.1.7
5	5	5.5.2	5.5.2 部分内容
5.1	5.1 的部分内容	5.6	5.6
5.2	5.2	5.6.1	5.6.1
5.2.1	5.2.1	5.6.1.1	5.6.1.1
5.2.2	5.2.2 的正文	5.6.1.2	5.6.1.2
5.2.3	5.2.3	5.7	5.7
5.3	5.3	5.7.1	5.7.1
5.3.1	5.3.1	5.7.2	5.7.2
5.3.2	5.3.2	5.7.3	5.7.3
5.3.3	5.3.3 大部分内容	5.7.4	5.7.4 的大部分

续表 B.1

本标准章条编号	对应 IEC 61133 章条编号	本标准章条编号	对应 IEC 61133 章条编号
5.7.5	5.7.5 的大部分	5.14.3	—
—	5.7.6	5.15	5.16
5.7.6	5.7.7	6	6
5.8	5.8	6.1	6.1
5.8.1	5.8.1	6.1.1	6.1.1 并增加内容
5.8.2	5.8.2	6.1.2	6.1.2 并增加内容
—	5.8.3	6.2	6.2
5.9	5.9	6.2.1	6.2.1
5.9.1	5.9.1 的大部分内容	6.2.2	6.2.2
5.9.2	5.9.2	6.2.3	6.2.3
5.9.3	5.9.3	6.2.4	6.2.4
5.9.4	5.9.4	6.2.5	6.2.5
5.9.5	—	—	6.2.6
5.10	5.10	6.2.6	6.2.7
5.10.1a)	5.10.1a) 的大部分	6.2.7	6.2.8
5.10.2	5.10.2 的大部分	6.2.8	6.2.9
5.10.3	5.10.3	6.3	6.3
5.11	5.12	6.3.1	6.3.1
5.11.1	5.12.1	6.3.2	6.3.2
5.11.2	5.12.2	6.3.3	6.3.3
5.11.3	5.12.3	6.3.4	6.3.4
5.11.4	5.12.4	6.3.5	6.3.5
5.11.5	5.12.5	6.4	6.4
5.11.6	5.12.6	6.4.1	6.4.1 大部分内容
5.11.7	5.12.7	6.4.2	6.4.2
5.11.8	—	6.5	6.5
5.12	5.13 大部分内容	6.5.1	6.5.1
5.13	5.14	6.5.2	6.5.2
5.13.1	5.14.1 的大部分内容	6.5.3	6.5.3
5.13.2	5.14.2 部分内容	6.5.4	6.5.4
5.13.3	5.14.3 的部分内容	6.5.4.1	6.5.4.1
5.13.4	5.14.4	6.5.4.2	6.5.4.2
5.14	5.15	6.5.5	6.5.5
5.14.1	5.15	—	6.5.6
5.14.2	—	6.5.6	6.5.7

续表 B.1

本标准章条编号	对应 IEC 61133 章条编号	本标准章条编号	对应 IEC 61133 章条编号
6.5.7	6.5.8	6.8.4	6.8.6
6.5.8	6.5.9 内容并增加（7）	6.9	6.9 的大部分内容
6.6	6.6	6.10	6.10
—	6.6.1	6.10.1	6.10.1
6.6.1	6.6.2	6.10.2	6.10.2
6.6.2	—	6.11	6.11
6.6.3	—	6.12	6.12 的大部分内容
6.7	6.7 的大部分内容	6.12.1	6.12.1
6.7.1	6.7.1	6.12.1.1	6.12.1.1
6.7.2	6.7.2	6.12.1.2	6.12.1.2
6.7.3	6.7.3	6.12.2	6.12.2
6.7.4	6.7.4	6.12.3	6.12.3
6.7.5	6.7.5	6.13	6.13
6.8	6.8	6.13.1	6.13.1
6.8.1	6.8.1	6.13.2	6.13.2
6.8.2	6.8.2	6.14	6.14 的大部分内容
—	6.8.3	附录 A	附录 A
—	6.8.4	附录 B	—
6.8.3	6.8.5	附录 C	—

附 录 C
（资料性附录）
本标准与 IEC 61133 的技术性差异及其原因

表 C.1 给出了本标准与 IEC 61133 的技术性差异及其原因一览表。

表 C.1　本标准与 IEC 61133 技术性差异及其原因

本标准的章条编号	技术性差异	原　因
1.1	删除了由交流或交直流两用的外部电源供电的机车车辆、由热力发动机驱动发电机供电给牵引电动机的机车车辆和由独立电源蓄电池或其他贮存能源供电给牵引电动机的机车车辆等	《铁道设计规范》（GB 50157）规定我国城市轨道牵引供电制式为 DC750V 或 DC1500V 直流供电。 城市轨道交通列车由电动车辆组成，不采用机车牵引方式
2	删除了 IEC 61133 参考核准的内容，按 GB/T 1.1－2000 规定，引入一段固定的引导语和引用的规范性文件	根据 GB/T 1.1－2000 规定，修改采用国际标准时，则 IEC 61133 中规范性引用文件作如下处理： ——被与国际文件的一致性程度为等同或修改的国内标准所代替； ——被与国际文件的一致性程度为非等效的国内标准所代替，但必须保证能指出所引章条与国际标准的技术性差异； ——引用原国际标准

续表 C.1

本标准的章条编号	技术性差异	原因
3.10	增加了车辆“柔性系数”定义	IEC 61133 将柔性系数定义引入到 5.2.2 条的注中，不尽合理。故本标准将其引到 3.7 条给以定义
5.1	IEC 61133 的第 5.1 条中通过表 1 给出了各种试验应考虑的常规载荷状态，在本标准中将该表删除	在城轨车辆中只有车辆自重和乘客的重量，没有沙、水、润滑剂和工具的重量，乘务人员只有 1～2 人可忽略不计。因此，本标准只考虑了 AW0、AW2、AW3 三种载荷状态
5.2.2	删除了柔性系数的注明	标准章条结构更加合理
5.3.3	删除了 IEC 61133 的 5.3.3 条中的“可以采用另一种替代的称重方法，例如将机车辆吊至称重场地，然后垂直落至称重机上…”等内容	在城轨车辆称重作业中，已不采用这种麻烦而又精度低的称重法，而采用在电子称重台上称重，故予以删除
5.3.6	删除了 IEC 61133 的第 5.3.6 条中的 b）和 d）的内容，保留了 a）、c）、e）条的内容	因为 b）条规定的是对机车静置粘着重量的要求，不适用于城轨动车或拖车；d）条规定的是车辆轴重不超过线路的允许的轴重，而城轨车辆轴重都在 16t 以下，都小于线路允许轴重（20t 以上）。GB/T 7928－2003 第 6.5 条、第 6.6 条和第 6.7 条的规定与 IEC 61133的 5.3.6 条中的 a）、c）和 e）条内容一致
5.5	删除了 IEC 61133 的第 5.5.1.5 条和第 5.5.1.6 条的内容	IEC 61133 的第 5.5.1.5 条规定的是列车在限定的时间内保持停车，对液压制动或空气制动装置实施保压制动的要求，城轨列车运行无此制动工况。第 5.5.1.6 条是对国际联运的列车要求，不适用于城轨交通列车
5.5.1.1	在 IEC 61133 的第 5.5.1.1 条中增加了“测量其静态传动效率是否符合合同的规定值”的内容	车辆基础制动装置的静态传动效率是衡量该装置性能的重要技术指标，传动效率高，制动能力强，制动距离短，结构重量轻。现在，城轨车辆制动试验时必须进行静态传动效率的测量
5.5.2	在 IEC 61133 的第 5.5.2 条中增加了“应满足列车在合同规定的线路最大坡道、最大载荷的情况下施加停放制动不会发生溜逸的要求”的内容	根据 GB/T 7928 中第 10.6 条规定，地铁车辆的停放制动装置必须保证列车在线路最大坡道和最大载荷的条件下施加停放制动不会溜逸。这是保证地铁车辆运行安全的重要试验项目
5.7	删除了 IEC 61133 的第 5.7.6 条内容	IEC 61133 第 5.7.6 条是对串联直流牵引电动机磁场削弱运行而言，本标准规定车辆采用交流传动，而交流电动机在恒电压区运行，即在弱磁工况下运行，无此项要求
5.7.4	增加了“检查结果应符合合同的规定值”	IEC 61133 第 5.7.4 条规定检查照明度、采暖、空调、客室门、信息系统的运转情况，只有定性要求，可操作性差。增加检查结果应符合合同要求，便于检查和验收
5.7.5	增加了“列车通信网络”重联操作的检查	现代城轨车辆都设置了功能完善的列车通信网络，以保证列车信号和通信信息的安全有效的运行，重联时应做此项检查
5.8	删除了 IEC 61133 的第 5.8.3 条内容	第 5.8.3 条规定的内容是对由单相电源供电及装有变压器的车辆上一次侧绕组采用大截面绝缘电缆接地线检查要求。城轨车辆无此装置

续表 C.1

本标准的章条编号	技术性差异	原　因
5.9.1	在本条中增加了“辅助电气设备和辅助电源应在装车前，按照 IEC 61287-1 和 TB/T 3021-2001 标准在供货工厂分别进行试验”的内容	IEC 61133 只规定了“按照在所有情况下均适用的标准”进行试验，没有指出按哪种标准做试验。而 IEC 61287-1 具体规定了辅助变流器的特性与型式试验项目内容和要求；TB/T 3021-2001 规定了机车车辆供电用电子装置和辅助电源的试验项目内容、试验方法和验收标准。因此，应将这两个标准引用到本规则中
5.9.1	本条中还删除了 IEC 61133 的第 5.9.1 条中“或在间歇工作的场合，则应保持在“断续定额”之内…”等内容	因为城轨车辆的辅助电源系统一直在“持续定额”下工作，没有间歇工况，故将断续定额删除
5.9.5	本标准增加了“辅助电源用静止逆变器检查”项目要求，以保证逆变器正常工作	静止逆变器是保证电动车组在正常和紧急情况下供电的关键设备，应严格试验。IEC 61133 规定的试验内容不全，可操作性欠佳。本标准增加的检查内容与 GB/T 14894-1994 的第 4.24 条内容相同
5.10.1(1)	本标准规定蓄电池的容量应满足 GB/T 7928-2003 的要求，替代 IEC 61133 第 5.10.1 条 a）项内容	城轨车辆用蓄电池的容量除满足正常运行用电外，还必须满足列车故障情况下用电要求。GB/T 7928-2003 具体规定了对蓄电池容量的要求
5.11.2	本条增加了“喷射架的喷流量、水流的分布和喷嘴部位以及龙门架喷水速率，参照 TB/T 2054-1989 第 4 条或 TB/T 1802-1996 第 5.1 条的要求，在由用户和制造商双方协议中做出规定”的内容	在 IEC 61133 第 5.12.2 条中对喷射架的喷流量、水流的分布和喷嘴部位以及龙门架喷水速率等没有具体规定。我国铁路标准 TB/T 2054-1989 第 4 条和 TB/T 1802-1996 的第 5.1 条规定了铁路机车和车辆淋雨试验装置喷流量、喷头部位、孔径、喷水强度、水压等参数，已在国内外铁路机车车辆和国内地铁车辆淋雨验收试验中广泛应用，故应引入到本标准来
5.11.8	本标准增加了检查车辆客室内压的要求	车辆的密封性直接影响车内压力，在运行中车体密封性良好，车内压力易达到合同要求。因此通过关闭客室所有车门，开放所有通风机，测量客室的内压，是检查车辆密封性重要试验方法
5.12（4）	本条增加了“③对于电力电容器必须有放电设备和安全标志”的要求	电力电容器是车辆主回路系统的高压（接近网压）电器部件，都有放电装置和安全标志。在检查和维修电力电容器时，必须确保电力电容器放电装置已放电完成后，才能进行作业，以保证人身安全
5.12（7）	本条为防火材料性能检查，为新增条款，在 IEC 61133第 5.13 条中无此规定	防火材料性能是保证火灾时车辆和人员安全的关键指标。因此在 GB/T 7928 第 6.22 条中规定车辆的结构材料、零部件应采用难燃或高阻燃性材料，满足车辆防火要求
5.12（8）	将 IEC 61133 第 5.13 条 g）修改为“按照 GB 6771-2000 的规定检查防火措施和消防措施”	在 IEC 61133 第 5.13 条 g）中只检查消防设备。而在 GB 6771-2000（eqv UIC 617-10R：1979）的第 3 条和第 4 条中规定了动车防火和消防措施，比 IEC 61133 更详细和全面
5.12（13）	本条增加了“按照 GB/T 7928-2003 的规定，检查列车前照灯”的内容。在 IEC 61133 中无此项要求	列车前照灯是保证列车正常安全运行的照明设备，特别是在紧急制动距离处能让司机清晰看见障碍物，以便采取紧急措施，确保行车安全。因此，在 GB/T 7928中规定列车前照灯在列车前端紧急制停距离处的照度不小于 2lx

续表 C.1

本标准的章条编号	技术性差异	原　　因
5.12 (14)	本条增加了“按照 GB/T 7928－2003 的规定，检查客室车门紧急解锁功能”的内容。在 IEC 61133 中无此项要求	客室车门紧急解锁是在故障情况下能与门控系统切除，乘客能手动解锁开闭车门的功能，这是保证乘客安全的重要措施，应按 GB/T 7928－2003 要求进行检查
5.13.1(9)	在 IEC 61133 对应的第 5.14.1 条的 l) 项中增加了“应按照 GB/T 14892 检查司机室噪声，不得超过 GB/T 14892规定的噪声限值”	控制司机室噪声是保证司机正常工作和舒适性的重要条件。GB/T 14892 规定了城轨电动车组司机室噪声限值和测量方法，故本标准按照 GB/T 14892 标准进行试验
5.13.2(1)	增加了“检查车辆通风能力，在通风机额定电压下，测试通风系统循环总风量、新风量、车内微风速以及应急通风的新风量，应符合合同的规定值或 GB/T 7928－2003 的规定值”。在 IEC 61133 第 5.14.2 条 a) 中规定不具体	车内总风量、人均新鲜空气量、特别是应急通风时新风量是保证乘客和司机舒适度的关键参数。IEC 61133 只规定达到“舒适水平”，没有定量要求，而 GB/T 7928－2003 规定了乘客和司机人均新鲜空气量的最低值
5.13.2(2)	增加了“检查客室采暖设备性能，测试采暖功率和采暖设备表面温度，应能在合同规定的大气条件下保持室内的预定温度，应符合合同的规定值或 GB/T 7928－2003 规定值”等内容。IEC 61133 第 5.14.2 条 a) 中规定不具体	车辆采暖设备是保证车辆在冬季运行期间乘客和司机取暖的必要手段。GB/T 7928－2003 第 12.7 条规定用于冬季寒冷地区的车辆取暖设备，运行时应维持司机室温度不低于 14℃。第 12.9 条规定车用电加热器罩表面温度不应大于 68℃
5.13.2(3)	增加了“进行空调机组降温试验、名义工况试验和高温工况试验，检测车内温度的均匀性和稳定性，应能在合同规定的大气条件下保持室内的预定温度，符合合同的规定值或 GB/T 7928－2003 的规定值。检验规则由用户和制造商在合同中规定，当合同中没有规定时，可参照 TB/T 2431－1993 的规定进行检验”等内容。在 IEC 61133 第 5.14.2 条 a) 中规定不具体	车辆空调设备是保证车辆在运行期间乘客和司机舒适度的关键设备。GB/T 7928－2003 第 12.1 条规定空调设备的制冷能力应满足外温 33℃、湿度 65%时室内温度不低于 28℃的要求，使乘客和司机感到舒适。在 TB/T 2431－1993 的第 4 章中规定了车顶单元式空调机组的检验规则，包括例行检验和型式试验的内容，同样适合城轨车辆空调机组的检验
5.13.2(4)	增加了按照 GB/T 7928－2003 检查客室照明设备的要求，在 IEC 61133 第 5.14.2 条 c) 中规定不具体	GB/T 7928－2003 第 8.3.7 条明确规定客室灯光照明在距地板面高 800 mm 处的照度平均值不低于 200lx，最低值不低于 150lx（在车外无任何光照时）；紧急照明时照度应不低于 10lx。应按此规定验收
5.13.3	在 IEC 61133 对应的第 5.14.2 条的 a) 和 c) 项中增加了按照 GB/T 14892 检查客室和车辆外部的噪声等级的规定	减少客室噪声和车辆外部的噪声是提高乘客舒适性和减少车辆对周围环境噪声污染的需要。GB/T 14892 规定我国轨道车辆客室和车辆外部噪声的限值和测量方法，应遵照执行
5.14.2	在 IEC 61133 对应的第 5.15 条基础上增加了通信系统的试验检查	通信系统是保证列车行车调度指挥系统正常工作和提高乘客广播信息系统服务质量的重要工具。应对无线通信、有线广播和司机间通信系统进行充分试验和检查，应符合设计要求
5.14.3	在 IEC 61133 对应的第 5.15 条基础上增加了车钩装置试验检查	车钩装置是保证列车牵引与制动功能的实现和安全运行的重要联结部件。应按合同的规定，进行车钩装置机械、电气、空气组件连结试验；水密封试验；负载试验等

续表 C.1

本标准的章条编号	技术性差异	原　因
6.1.1 (1)	在 IEC 61133 对应的第 6.1.1 条 a）项基础上增加了可按照 GB/T 5599－1985 进行车辆安全性试验和评定	GB/T 5599－1985 是我国铁道车辆动力学性能评定和试验鉴定规范，规定了车辆脱轨系数、轮重减载率和车辆倾覆系数试验方法和评定标准，完全符合城轨车辆的要求。至今地铁车辆的安全性评定均按该标准执行
6.1.1 (2)	在 IEC 61133 对应的第 6.1.1 条 b）项基础上增加了检查道渣路床轨排横移的安全性，应符合 GB/T 5599－1985的规定	车辆运行产生的较大横向力易使轨排横移，严重时造成车辆脱轨和线路损坏，影响行车安全。GB/T 5599－1985具体规定了横向力的允许限度，应按该标准检查轨排横移的状况
6.1.2	在该条中增加了车辆平稳性试验应按 GB/T 5599－1985 进行车辆平稳性测量，车辆运行平稳性指标按不大于 2.5 评定	GB/T 5599－1985 是铁道车辆动力学性能评定和试验鉴定规范，包括车辆平稳性的试验方法和限值规定。考虑到城市轨道车辆的特殊要求和可行性，GB/T 7928－2003 规定车辆运行平稳性指标按不大于 2.5。故本标准按 GB/T 7928－2003 规定执行
6.2	删除了 IEC 61133 中第 6.2.6 条内容	该条规定了当合同要求车辆在坡度和倾斜度多变的弯道上运行时，例如有轨电车系统，进行此项检查。城轨线路没有这样多变的弯道，车辆不需要做此项检查
6.4.1	本标准删除了 IEC 61133 的第 6.4.1 条中关于“对于机车，可以采用另一种方法来测量牵引力/速度特性，例如测量机车车钩上的力…”的内容	铁路机车牵引是动力集中牵引方式，而城轨交通列车是动力分散方式，无法用测量车钩力的方法得到列车牵引力/速度特性，因此予以删除
6.4.1 (1)	在 IEC 61133 对应的第 6.4.1 条 a）项基础上增加了“应采用数据自动采集及处理装置”测量速度、时间及对应的输入输出电参数（电流、电压、频率、功率和功率因数）	该装置能实时、快速和准确地得到试验结果，已广泛应用到铁路和城轨列车起动和加速试验中
6.5	本标准删除了 IEC 61133 第 6.5.6 条规定内容	IEC 61133 第 6.5.6 条规定检查制动缸最小行程，防止最大制动力抱死车轮。现在城轨车辆采用带闸瓦间隙调整器的制动单元，压力可自调，又有防滑器，无须作此项检查
6.5.8	删除了 IEC 61133 第 6.5.9 条中 d）项和 e）项内容	d）项是检查直流牵引电动机当制动或牵引不动时有无异常自励现象，交流电机无此现象，不做检查。e）项是检查交流供电再生制动的功率因数，城轨交通是直流供电，无须检查
6.5.8 (5)	在 IEC 61133 第 6.5.9 条中 g）项中增加了“空电联合常用制动工况下应达到电制动优先”内容	保持常用制动时优先使用电制动（再生制动或电阻制动）可以充分利用电制功率高的优点，节约电能，减少闸瓦磨耗和污染，减少压缩空气的消耗。我国新造的地铁车和轻轨车都按此要求进行空电联合制动系统的设计，取得了良好的制动效果
6.5.8 (7)	本标准在 IEC 61133 第 6.5.9 条基础上增加了第（7）项内容即“在进行电制动试验时，试验过程中制动电阻最高温度不应超过规定值，电阻箱外壳温度符合 TB/T 1333.1－2002 的规定，电阻元件应无变形。”的要求	制动电阻器的温度超过规定值将影响电阻制动功率正常发挥，高温时电阻元件易发生变形，电阻箱外壳高温甚至引起火灾，故应做该项试验。TB/T 1333.1－2002规定了电阻箱最高温度限值

续表 C.1

本标准的章条编号	技术性差异	原　因
6.6	本标准删除了 IEC 61133 的第 6.6.1 条规定内容	现代城市轨道交通的信号系统大多数采用列车自动控制（ATC）系统，它由列车自动监控（ATS）、列车自动防护（ATP）和列车自动驾驶（ATO）三部分组成，速度控制系统已在其中。IEC 61133 的第 6.6.1 条规定内容仅适用于铁路机车的速度控制
6.6.2	本标准增加的条款。规定了列车自动驾驶系统（ATO）检查要求，与原标准 GB/T 14894－1994 规定相同	列车自动驾驶系统（ATO）是列车自动控制系统的重要组成部分，是现代城轨交通列车自动控制发展方向，我国许多城轨车辆都安装了 ATO 系统，应作此项检查要求
6.6.3	本标准增加的条款。规定了列车自动监控系统（ATS）检查要求，与原标准 GB/T 14894－1994 规定相同	列车自动监控系统（ATS）是列车自动控制系统的重要组成部分，是现代城轨交通列车自动控制发展方向，我国许多城轨车辆都安装了 ATS 系统，应作此项检查要求
6.7	本标准增加了干扰试验“如果合同中没有规定，应按照 TB/T 3034－2002 标准进行试验与评定”的要求	TB/T 3034－2002 规定了车辆电气设备电磁兼容性试验的试验条件、试验项目、试验等级、性能评定和限值；还规定了传导和辐射干扰有关的电磁发射和抗扰度试验的限值和试验方法。这些限值和试验代表基本的电磁兼容要求
6.8	本标准删除了 IEC 61133 第 6.8.3 条和第 6.8.4 条规定内容	第 6.8.3 条和第 6.8.4 条是对热力发动机工作条件和排气系统检查内容，超出本标准的范围，应删除
6.8.3	在 IEC 61133 第 6.8.5 条的基础上增加了“如果没有协议时”，应根据 GB/T 7928－2003 的要求，重复进行上述的检查	因为 GB/T 7928－2003 的第 6.19 条规定了列车在丧失 1/4 动力的情况下，应维持运行到终点；在丧失 1/2 动力情况下，应具有在正线最大坡道上起动和运行到最近车站的能力。这些规定符合我国城轨车辆的要求
6.8.4	在 IEC 61133 第 6.8.5 条的基础上，规定按合同对救援列车进行紧急运行业务条件下牵引制动能力的检查。如果没有协议时，应根据 GB/T 7928－2003 的要求，重复进行上述的检查	因为 GB/T 7928－2003 的第 6.19 条规定了一列空载列车应具有在正线线路的最大坡道上牵引另一列额定载荷的无动力列车运行到下一站的能力。这一具体要求应作为车辆牵引制动能力验收的依据
6.9	在该条中增加了“应采用数据自动记录及处理装置将运行速度、力、时间和距离等相关参数记录下来，并绘制出运行阻力曲线”	该试验方法能实时、快速和准确地得到试验结果，已广泛应用于列车牵引试验和运行阻力试验中
6.14（2）	用 TB/T 3021－2001 替代 IEC 61133 第 6.14 条 b）项的 IEC 60571－1	标准 TB/T 3021－2001《铁道机车车辆电子装置》等效于 IEC 60571：1998

中华人民共和国国家标准

城市轨道交通直流牵引供电系统

D. C. traction power supply system for urban rail transit

GB/T 10411－2005

前　言

本标准代替 GB/T 10411－1989《地铁直流牵引供电系统》。

本标准与 GB/T 10411－1989《地铁直流牵引供电系统》相比主要内容变化如下：

1）标准名称根据本标准的适用范围进行了修改，将《地铁直流牵引供电系统》改为《城市轨道交通直流牵引供电系统》。

2）将 GB/T 10411－1989 中“2　引用标准”改为“2　规范性引用文件”，增加了 GB/T 14549《电能质量　公用电网谐波》、GB 50217《电力工程电缆设计规范》、GB/T 2900.36《电工术语电力牵引》、CJJ 49《地铁杂散电流腐蚀防护技术规程》的引用，删除了 GB 5951《城市无轨电车和有轨电车供电系统》和 GB 50054《低压配电装置及线路设计规范》。

3）将 GB/T 10411－1989 中“3　术语”改为“3　术语和定义”，GB/T 2900.36《电工术语　电力牵引》中已经确立的术语和定义不再列出，新增“框架泄漏保护装置”术语和定义。

4）将 GB/T 10411－1989 中“4　供电制式”改为“4　供电方式”，对本章的部分条文进行了修改。

5）将 GB/T 10411－1989 中“6　电缆网络”改为“6　电缆”，对本章的部分条文进行了修改。

6）增加了主要设备的技术参数作为资料性附录。

本标准的附录 A、附录 B 和附录 C 为资料性附录。

本标准由中华人民共和国建设部提出。

本标准由建设部标准定额研究所归口。

本标准由铁道第二勘察设计院负责起草，北京地铁总公司、北京市城建设计研究总院有限公司、广州市地下铁道总公司、中铁电气化局集团有限公司、中国南车集团株洲电力机车研究所、顺特电气有限公司、北京和利时系统工程股份有限公司、建设部地铁与轻轨研究中心等单位参加起草。

本标准主要起草人：周建、赵力、于松伟、秦国栋。

本标准于 1988 年 10 月首次发布。

1　范围

本标准规定了城市轨道交通直流牵引供电系统中供电方式、牵引变电所、电缆、接触网、牵引供电保护装置及电力调度的主要性能指标和设备运行指标等。

本标准适用于城市轨道交通直流牵引供电系统。

本标准不适用于城市有轨电车供电系统。

2　规范性引用文件

下列文件中的条款通过本标准的引用而成为本标

准的条款。凡是注日期的引用文件，其随后所有的修改单（不包括勘误的内容）或修订版均不适用于本标准，然而，鼓励根据本标准达成协议的各方研究是否可使用这些文件的最新版本。凡是不注日期的引用文件，其最新版本适用于本标准。

GB/T 2900.36　电工术语　电力牵引

GB/T 14549　电能质量　公用电网谐波

GB 50062　工业与民用电力装置的继电保护和自动装置设计规范

GB 50217　电力工程电缆设计规范

GBJ 64　工业与民用电力装置的过电压保护设计规范

CJJ 49　地铁杂散电流腐蚀防护技术规程

3　术语和定义

GB/T 2900.36 确立的以及下列术语和定义适用于本标准。

3.1

系统最高电压　highest voltage of a system

指系统正常运行过程中，在任何一点上出现的最高电压。不包括系统的暂时状态和异常电压。

3.2

系统最低电压　lowest voltage of a system

指系统正常运行过程中，在任何一点上出现的最低电压。不包括系统的暂时状态和异常电压。

3.3

设备最高电压　highest voltage for equipment

指系统正常运行时，设备所承受的最高运行电压。

3.4

整流机组负荷等级　load level of rectifier unit

根据负荷曲线的性质特征所划分的整流机组负荷等级。

3.5

接触网　contact line system

经过受电器向电动客车供给电能的导电网。

3.6

接触网最小短路电流　minimum short-circuit current of contact line system

在供电系统的最小运行方式下，接触网中离馈入点最远端发生正负极间短路时的电流。

3.7

接触网最大短路电流　maximum short-circuit current of contact line system

在供电系统的最大运行方式下，接触网的馈入点处发生正负极间短路时的电流。

3.8

双边供电　two-way feeding

一个供电区间由相邻两牵引变电所各经一路馈线同时供电。

3.9

单边供电　one-way feeding

一个供电区间只由一路馈线供电。

3.10

馈线　feeder

从牵引变电所向接触网输送直流电的供电线。

3.11

末端电压　terminal voltage

单边供电时，接触网馈电区中离馈入点最远端的电压。

3.12

均流线　rail-to-rail and track-to-track cross bond

连接回流轨间使其均匀回流的导线。

3.13

联跳保护装置　two—way inter-trip protection device

在一个双边供电区段内发生短路时，使本区段两端馈电断路器联动跳闸的装置。

3.14

电流变化率及增量保护装置　current variance ratio and incremental protection device

根据短时间内电流变化率及增量的不同自动区分工作电流与故障电流，实行选择动作的保护装置。

3.15

框架泄漏保护装置　frame leakage protection device

由直流配电装置框架对地泄漏的电流和负极对地电位作为激励量的保护装置。

4　供电方式

4.1　城市轨道交通的外部电源供电方式有集中式、分散式和混合式三种。

4.2　牵引供电网络，可以与动力照明供电网络共用同一个供电网络，也可以采用与动力照明供电网络相对独立的供电网络。

4.3　牵引用电负荷为一级负荷，牵引变电所的受电电压有 35kV、20kV 和 10kV 三种。

4.4　牵引供电系统直流标称电压应采用 750V 或 1500V，其波动范围应符合表 1 的规定。

表 1

系统标称电压（V）	系统最低电压（V）	系统最高电压（V）
750	500	900
1500	1000	1800

4.5　直流供电系统的正、负极均不接地。

5　牵引变电所

5.1　牵引变电所设备的容量

应按设计最大通过能力、供电质量、变电所运行方式变化等因素决定。

5.2 牵引变电所分布距离的确定

除满足接触网的电压水平外，还应考虑线路功率损失、钢轨对地电位和杂散电流的影响。

5.3 牵引变电所接线方式

5.3.1 牵引变电所应由两个及两个以上相互独立的电源供电，交流母线宜采用单母线或单母线分段接线。

5.3.2 牵引变电所的主接线在安全、可靠及灵活的基础上应力求简单。

5.3.3 牵引变电所的直流母线宜采用单母线，并可根据运行灵活性要求增设备用母线或分段母线。

5.4 牵引变电所的设计、安装、施工及验收应符合有关国家标准或行业标准的规定。

5.5 牵引供电技术指标

5.5.1 供电设备的技术参数应满足过负荷和最大运行方式下系统短路时动稳定和热稳定的要求。

5.5.2 供电设备应满足电磁兼容的要求。

5.5.3 宜采用增加整流脉波数的方法抑制谐波以符合 GB/T 14549 的有关规定。

5.5.4 牵引变电所（包括所内用电）供电效率不低于 96%。

5.5.5 功率因数应符合国家的有关规定。

5.5.6 地下牵引变电所应防止隧道粉尘污染；控制室、计算机机房、值班室等最高温度不高于 30℃，噪声不大于 60 dB（A）。

5.6 设备选择原则

5.6.1 供电系统在选用先进技术和设备时，应采用质量可靠、技术先进、节约能源的产品，并向无维修或少维修、小型化方向发展。

5.6.2 牵引整流变压器应采用干式变压器。

5.6.3 牵引整流机组的冷却方式宜采用空气自然冷却式。

5.6.4 设备最高电压应不小于系统最高电压。

5.6.5 牵引整流机组的负荷等级应满足下列条件时的牵引负荷特性：

a）100%额定输出连续；

b）150%额定输出 2h；

c）300%额定输出 1min。

5.6.6 直流快速断路器应能分断可能出现的最大短路电流和感性小电流。

5.6.7 牵引变电所直流自用电系统，其蓄电池组容量应满足事故停电 1h 的需要。

5.7 牵引变电所接地

5.7.1 牵引变电所接地应保证设备工作可靠和人身安全，同时满足杂散电流腐蚀防护要求，当杂散电流腐蚀防护与安全接地有矛盾时应以安全接地为主。

5.7.2 牵引变电所中的直流设备应绝缘安装。

5.7.3 地下牵引变电所接地装置宜采用铜质材料。

5.7.4 牵引变电所应敷设以水平接地极为主的人工接地网，此外宜采用自然接地体作为接地装置。自然接地体与人工接地网的接地电阻值应能分别测量。

5.7.5 当人工接地网和自然接地体同时利用时，两者间应采用不少于两根导体在不同地点相联结。

6 电缆

6.1 电缆应按负荷容量和电压等级进行选择，并考虑环境温度和敷设方式的影响。

6.2 地下建筑物内应选用无卤素低烟阻燃型电缆，对一些重要负荷应选用无卤素低烟耐火型电缆。

6.3 电缆的敷设应按照 GB 50217 执行。

7 接触网

7.1 接触网通则

7.1.1 接触网分为接触轨和架空接触网。架空接触网又可分为柔性悬挂和刚性悬挂，并以城市轨道交通的走行轨或专用回流轨作为牵引电流的回流电路。电压在直流 1500V 及以上的接触网宜采用架空形式。

7.1.2 接触网应保证在规定的列车行车速度内，可靠地向列车的受电器馈电。

7.1.3 正常情况下正线接触网应采用双边供电方式。

7.1.4 车辆段、停车场的接触网，应以单独的供电线供电。

7.1.5 接触网的带电裸导体与建筑物、车体的最小安全净距应符合表 2 的规定。在污染较严重的环境中（如近海、内燃机的严重排气、工业污染以及多雾环境），应适当增加净距。

表 2

系统标称电压（V）	带电体与建筑物、车体间最小安全净距(mm)		
	静 态	动 态	绝对最小动态
直流-750	25	25	25
直流-1500	150	100	60

7.2 接触轨

7.2.1 接触轨的支撑件应满足机械强度和绝缘耐压的要求。

7.2.2 在牵引变电所所在车站，接触轨应设置分断区或断电区。

7.2.3 接触轨断电区应有技术措施减少列车受电器在断电区拉弧。

7.2.4 列车受电器与接触轨接触部分的材料硬度必须低于接触轨授流面部分材料的硬度。

7.2.5 接触轨宜采用下部接触授流方式。

7.2.6 接触轨应设置防护罩。

7.3 架空接触网

7.3.1 选用架空接触网类型应由技术、经济及运营条件综合比较确定。

7.3.2 接触导线的悬挂高度要求一致。当高度变化时，其导线最大坡度不应超过表3的规定。

表3

列车速度（km/h）	接触导线最大坡度（‰）
10	40
30	20
60	10
90	6
120	5

7.3.3 隧道内架空接触网的布置，应按照隧道断面的建筑限界和车辆限界以及受电弓的升降范围综合考虑，保证带电导体与隧道建筑物之间的最小距离不小于最小安全净距。

7.3.4 柔性悬挂接触线在直线区段按"之"字形布置，曲线区段采用拉出值布置；刚性悬挂按"S"形曲线布置。

7.3.5 露天正常线路接触线距轨面的最低高度为4400mm。隧道内接触线距轨面的最低高度为4000mm。

7.3.6 架空接触网的金属支持结构物的接地，需考虑对信号和杂散电流的影响。

7.4 轨道回流

7.4.1 城市轨道交通的直流牵引回流电路由走行轨及其电气连接件和回流电缆组成。也可用专用回流轨回流。

7.4.2 利用走行轨回流，且在最大负载时，轨上任意一点对地电位差应不大于90V。

7.4.3 对于非焊接回流轨的轨缝，应有轨道连接导线将其可靠连接，其接头电阻值不大于回流轨1m长度电阻值的3倍。

7.4.4 新建线路，走行轨对地电阻值，分段测量时每公里不小于15Ω。

7.4.5 上、下行走行轨间应设对地绝缘的均流线，其设置不应干扰向列车显示的信号。

7.4.6 隧道体结构钢筋如采用焊接，每公里结构钢筋电阻值应不大于上下行走行轨电阻值的30倍。

7.4.7 当直流牵引供电系统利用走行轨作回流网时，应采取技术措施减少并回收杂散电流。杂散电流腐蚀的防护，应满足CJJ 49的要求。

8 牵引供电保护装置

8.1 设置保护装置原则

8.1.1 牵引变电所的进线继电保护装置的设置和整定应符合电力部门的要求。各级保护整定应相互协调配合。

8.1.2 在满足系统保护及自动化技术指标前提下，装置接线应力求简单、可靠、灵活，维护方便。

8.1.3 应优先采用规范化的保护方式、保护接线和自动装置。

8.1.4 各种数字保护装置应具有与牵引变电所计算机监控系统进行数字通信的通信接口。

8.2 交流高压设备保护装置

8.2.1 交流高压设备保护装置的设置，按GB 50062的要求执行。

8.2.2 进线交流高压断路器过电流保护整定值应大于各种运行方式下可能出现的最大工作电流。

8.2.3 高压电器装置的过电压保护应按GBJ 64执行。

8.3 牵引整流机组保护

8.3.1 牵引整流机组的过负荷及短路故障，包括直流母线短路，由牵引整流变压器一次侧交流高压断路器实现保护。

8.3.2 牵引整流机组的保护包括：电流速断保护、过电流保护、牵引整流变压器温升保护、整流器温升保护及整流元件故障保护等。

8.4 馈电设备、接触网保护装置

8.4.1 接触网保护由馈线直流快速断路器实现。

8.4.2 馈线继电保护宜设置：电流速断保护（含大电流脱扣）、电流变化率及增量保护、双边供电联跳保护等。

8.4.3 馈线应设接触网故障判别自动重合闸装置。

8.4.4 馈线继电保护应与车辆的主保护相互协调配合。

8.4.5 牵引直流设备应设框架泄漏保护装置。

8.4.6 宜装设可供列车司机和行车调度员使用的紧急停电保护装置。

8.5 直流系统的过电压保护

8.5.1 整流器的设计应考虑到元件上可能出现的最大操作过电压及大气过电压。

8.5.2 地面架空接触网（含架空馈线）应采取有效的大气过电压保护措施。

8.5.3 当直流牵引供电系统利用走行轨作为回流网时，车站和车辆段检修库应设置钢轨电位限制装置。

8.6 信号报警装置

8.6.1 牵引整流变压器应装有温升异常报警装置。

8.6.2 整流器应装设元件损坏及温升异常报警装置。

9 电力调度

9.1 调度原则

9.1.1 牵引供电系统必须设有电力调度机构，指挥和监控变电所和接触网的正常运行以及事故处理，最大限度地保证对列车连续供电。

9.1.2 电力调度机构的设置应同线路的划分和车辆运营调度机构的设置相适应。

9.2 调度通讯

9.2.1 电力调度室与所辖变电所、同级电力调度室、运营调度及有重要关系的部门之间，以及与市供电局

调度室之间均应设专线电话。

9.2.2 调度电话应配备录音装置。

9.2.3 工程急修车应配备无线电通讯装置。

9.3 监控设备

9.3.1 利用计算机进行远距离数据采集和监控应作为对牵引供电系统进行监控和提高调度运行管理水平的主要手段。

9.3.2 监控设备至少应包括遥信、遥测和遥控功能。

9.3.3 电力调度室应装设系统模拟显示装置。

9.3.4 电力调度室应设置可靠的不间断电源，其蓄电池组容量应满足事故停电 1h 的需要。

9.3.5 远动通道应具备必要的传输质量，遥控、遥信的一次传输响应时间应不大于 3s，其误码率应小于 10^{-5}，变电所应有远动备用通道。

9.3.6 监控装置平均无故障工作时间（MTBF）应大于 10000h。

9.3.7 事件分辨率，站间应不大于 20ms，站内应不大于 10ms。

9.3.8 遥测综合误差应不大于 1.5%。

9.3.9 画面调用响应时间应不大于 3s。

9.3.10 监控设备宜增加视频监控功能。

附 录 A
（资料性附录）
直流断路器主要技术要求

表 A.1 直流断路器主要技术要求

额定电压 U_e	750V/1500V
绝缘电压 U_i	1500V/3000V
额定持续电流 I_e	
2h 持续电流（40℃）	$1.2I_e$
1min 持续电流（40℃）	$3I_e$
10s 持续电流（40℃）	$4I_e$
短路开断能力	≥100kA/75kA（时间常数 10ms）
限流系数	≤0.65
开断过电压	$\leqslant 2.5U_e$
固有动作时间	≤5ms
机械寿命	≥20000 次

附 录 B
（资料性附录）
整流器主要技术要求

表 B.1 整流器主要技术要求

整流器类型	1500V 整流器	750V 整流器
额定直流电压（V）	1500	750
最高直流电压（V）	1800	900
绝缘耐压	主电路 5.6kV，50Hz，1min 辅助电路 2kV，50Hz，1min 冲击耐压 18kV（波形 1.2/50μs）	主电路 3.8kV，50Hz，1min 辅助电路 2kV，50Hz，1min 冲击耐压 12kV（波形 1.2/50μs）
额定功率时整流器效率	>98%	
桥臂并联元件均流系数	≥0.9	
冷却方式	空气自然冷却	
设计寿命	30 年	
过电压保护	换相过电压保护，交流侧电压保护，直流侧电压保护	
短路保护	内部短路保护，逆流保护	
温度保护	整流元件温度保护	

附 录 C

（资料性附录）

牵引整流变压器主要技术要求

表 C.1 牵引整流变压器主要技术要求

类 型	干式、户内、自冷
额定容量（kVA）	
额定电压	10kV/20kV/35kV
额定频率	50Hz
相数	3
无励磁调压范围	±2×2.5%
阀侧两个 y、d 联结分裂线圈的电压与额定电压差	≤±0.2%
阀侧两个 y、d 联结分裂绕组短路阻抗不平衡率	≤3%
等效 24 脉波整流的两台整流变压器短路阻抗不平衡率	≤2.0%
局部放电	10kV：≤5pC 20kV：≤10pC 35kV：≤10pC
设计寿命	30 年

中华人民共和国国家标准

城市轨道交通照明

Urban rail transit lighting

GB/T 16275-2008

前　言

本标准代替 GB/T 16275-1996《地下铁道照明标准》，与 GB/T 16275-1996 相比主要变化如下：

——变更了标准名称；

——调整了标准适用范围；

——更改了照度值标准表述方法，采用单一照度标准值替代低、中、高三个值；

——根据标准适用范围增减了照明场所；

——更改了照明质量中眩光限制的表述方法，采用统一眩光值（UGR）替代亮度限制曲线；

——增加了光源、灯具选择相关内容；

——增加了照明节能标准值：照明功率密度（W/m^2）以及自然光采光相关内容。

本标准中附录 E、附录 F 为规范性附录，附录 A、附录 B、附录 C、附录 D 为资料性附录。

本标准由中华人民共和国住房和城乡建设部提出。

本标准由全国城市轨道交通标准化技术委员会（SAC/TC 290）归口。

本标准起草单位：北京市地铁运营有限公司、北京市地铁运营有限公司设计研究所、广州市地下铁道总公司、广州市地下铁道设计研究院、天津地下铁道总公司、北京地铁机电公司、上海申通轨道交通研究咨询有限公司、北京城建设计总院、武汉市轨道交通有限公司、长春客车厂工业公司电器厂。

本标准主要起草人：温志伟、周继波、陈华、许艳华、李胜利、马坚生、彭继红、靳守杰、胡一农、王丹、王春艳、王学娟、于喆、周剑鸿、袁鑫。

本标准所代替标准的历次版本发布情况为：

——GB/T 16275-1996。

1　范围

本标准规定了城市轨道交通运营各场所的照明一般规定、照明照度值、应急照明、照明质量和照明功率密度值。

本标准适用于城市轨道交通运营各场所的照明。

本标准不适用于城市轨道交通车辆的照明。

2　规范性引用文件

下列文件中的条款通过本标准的引用而成为本标准的条款。凡是注日期的引用文件，其随后所有的修改单（不包括勘误的内容）或修订版均不适用于本标准，然而，鼓励根据本标准达成协议的各方研究是否可使用这些文件的最新版本。凡是不注日期的引用文件，其最新版本适用于本标准。

GB/T 5700　室内照明测量方法

GB 7000.1　灯具　第1部分：一般要求与试验（GB 7000.1－2007，IEC 60598-1：2003，IDT）

GB 7000.2　灯具　第2-22部分：特殊要求　应急照明灯具（GB 7000.2－2008，idt IEC 60598-2-22：2002）

GB 17625.1　电磁兼容　限值　谐波电流发射限值（设备每相输入电流≤16A）（GB 17625.1－2003，IEC 61000-3-2：2001，IDT）

GB 17625.2　电磁兼容　限值　对每相额定电流≤16A且无条件接入的设备在公用低压供电系统中产生的电压变化、电压波动和闪烁的限制（GB 17625.2－2007，IEC 61000-3-3：2005，IDT）

GB 17896　管形荧光灯镇流器能效限定值及节能评价值

GB 17945　消防应急灯具（GB 17945－2000，neq ISO 6309：1987）

GB 19574　高压钠灯用镇流器能效限定值及节能评价值

GB 19043　普通照明用双端荧光灯能效限定值及能效等级

GB 19044　普通照明用自镇流荧光灯能效限定值及能效等级

GB 19415　单端荧光灯能效限定值及能效等级

GB 19573　高压钠灯能效限定值及能效等级

GB 20053　金属卤化物灯用镇流器能效限定值及能效等级

GB 20054　金属卤化物灯能效限定值及能效等级

GB/T 50033　建筑采光设计标准

3　术语和定义

下列术语和定义适用于本标准。

3.1

一般照明　general lighting

为照亮整个场所而设置的均匀照明。

［JGJ/T 119－2008 中 3.1.1］

3.2

分区一般照明　localized lighting

对某一特定区域，如进行工作的地点，设计成不同的照度来照亮该区域的一般照明。

［JGJ/T 119－2008 中 3.1.3］

3.3

局部照明　local lighting

特定视觉工作用的、为照亮某个局部而设置的照明。

［JGJ/T 119－2008 中 3.1.2］

3.4

混合照明　mixed lighting

由一般照明和局部照明组成的照明。

［JGJ/T 119－2008 中 3.1.4］

3.5

正常照明　normal lighting

在正常情况下使用的室内外照明。

［JGJ/T 119－2008 中 3.1.6］

3.6

应急照明　emergency lighting

因正常照明的电源失效而启用的照明。应急照明包括疏散照明、备用照明。

3.7

疏散照明　escape lighting

作为应急照明的一部分，用于确保疏散通道被有效地辨认和使用的照明。

［JGJ/T 119－2008 中 3.1.8］

3.8

备用照明　stand-by lighting

作为应急照明的一部分，用于确保正常活动继续进行的照明。

［JGJ/T 119－2008 中 3.1.10］

3.9

值班照明　on-duty lighting

非工作时间，为值班所设置的照明。

［JGJ/T 119－2008 中 3.1.11］

3.10

过渡照明　transition lighting

为减少建筑物内部构筑物与外界过大的亮度差而设置的，亮度可逐次变化的照明。

［CECS 45：1992，名词、术语 2.0.1］

3.11

维护系数　maintenance factor

照明装置在使用一定周期后，在规定表面上的平均照度或平均亮度，与该装置在相同条件下新装时，在规定表面上所得到的平均照度或平均亮度之比。

［JGJ/T 119－2008 中 3.2.22］

3.12

维持平均照度　maintained average illuminance

规定表面上的平均照度不得低于此数值。它是在照明装置必须进行维护时刻，在规定表面上的平均照度。

［JGJ/T 119－2008 中 3.2.23］

3.13

照度均匀度　uniformity ratio of illuminance

规定表面上的最小照度与平均照度之比。

[JGJ/T 119－2008 中 3.2.25]

3.14

平均照度 average illuminance

规定表面上的照度平均值。

[JGJ/T 119－2008 中 3.2.15]

3.15

最小照度 minimum illuminance

规定表面上的照度最小值。

[JGJ/T 119－2008 中 3.2.17]

3.16

统一眩光值 unified glare rating（UGR）

它是度量处于视觉环境中的照明装置发出的光，对人眼引起不舒适感主观反应的心理参量，其值可按CIE（COMMISSION INTERNATIONALE DE L'ECLAIRAGE国际照明委员会）统一眩光值公式计算。

[GB 50034－2004，术语 3.0.22]

3.17

灯具遮光角 shielding angle of luminaire

光源最边缘一点和灯具出口连线与水平线之间的夹角。

[GB 50034－2004，术语 3.0.37]

3.18

灯具效率 luminaire efficiency

在相同的使用条件下，灯具发出的总光通量与灯具内所有光源所发出的总光通量之比，也称灯具光输出比。

[GB 50034－2004，术语 3.0.28]

3.19

一般显色指数 general colour rendering index

八个一组色试样的CIE1974 特殊显色指数的平均值，通称为显色指数。符号为 R_a。

[GB 50034－2004，术语 3.0.41]

3.20

相关色温 correlated colour temperature

当某一种光源（气体放电光源）的色品与某一温度下的完全辐射体（黑体）的色品最接近时完全辐射体（黑体）的温度，简称相关色温。符号为 T_{cp}，单位为开（K）。

[GB 50034－2004，术语 3.0.43]

3.21

反射比 reflectance

在入射辐射的光谱组成、偏振状态和几何分布给定状态下，反射的辐射通量或光通量与入射的辐射通量或光通量之比。符号为 ρ。

[GB 50034－2004，术语 3.0.45]

3.22

照明功率密度 lighting power density（LPD）

单位面积上的照明安装功率（包括光源、镇流器或变压器），单位为瓦特每平方米（W/m^2）。

[GB 50034－2004，术语 3.0.46]

4 一般规定

4.1 照明方式和照明种类

4.1.1 城市轨道交通各场所照明方式可分为：一般照明、分区一般照明、局部照明和混合照明。

4.1.2 城市轨道交通工作场所照明种类可分为：正常照明、应急照明、值班照明和过渡照明。

4.1.3 城市轨道交通照明应符合附录A的规定。

4.2 照明光源选择

4.2.1 城市轨道交通照明应选用高效、节能、环保的光源。选用的照明光源应符合 GB 19043、GB 19415、GB 19573、GB 20053 等国家现行相关标准的有关规定。

4.2.2 选择光源时，应在满足显色性、启动时间等要求的条件下，根据光源、灯具及镇流器等的效率、寿命和价格，在进行综合技术经济分析比较后确定。

4.2.3 城市轨道交通照明光源可按附录B的规定选择。

4.3 照明灯具及其附属装置

4.3.1 选用的照明灯具应符合 GB 7000.1、GB 7000.2、GB 17945 等国家现行相关标准的有关规定。照明灯具可参照附录C的内容选择。

4.3.2 采用的镇流器应符合 GB 19044、GB 19574、GB 17896、GB 20054 等标准，其产生的高次谐波及电磁干扰应符合 GB 17625.1、GB 17625.2 等标准的规定。镇流器可按附录C的规定选择。

4.3.3 在满足眩光限制和配光要求条件下，应选用效率高的灯具，并应符合下列规定：

a）荧光灯灯具的效率不应低于表1的规定。

表1 荧光灯灯具效率

灯具出光口形式	开敞式	保护罩（玻璃或塑料）		格栅
		透明	磨砂、棱镜	
灯具效率	75%	65%	55%	60%

b）高强度气体放电灯灯具的效率不应低于表2的规定。

表2 高强度气体放电灯灯具的效率

灯具出光口形式	开敞式	格栅或透光罩
灯具效率	75%	60%

4.4 照明节能指标

4.4.1 照明节能应采用房间或场所一般照明的照明功率密度（LPD）作为评价指标。

4.4.2 照明功率密度应符合现行值要求，宜采用目标值。

5 照度标准值

5.1 城市轨道交通运营各场所的照明照度标准值应按以下系列分级：1lx，2lx，3lx，5lx，10lx，15lx，20lx，30lx，50lx，75lx，100lx，150lx，200lx，300lx，500lx，750lx，1000lx，1500lx和2000lx。

5.2 照度标准值为维持平均照度值，其维护系数应符合表3的规定。

表3 维护系数

环境污染特征	工作房间或场所举例	维护系数
清洁	中央控制室、控制室、办公室、会议室、售票室、计算机房、通信信号房等	0.8
一般	站台、站厅、通道、检票处、休息室、机房、设备间、实验室、车库、检修库、检修间等	0.7
严重污染	隧道、线路、车辆段线路、风道、风机房等	0.6

5.3 城市轨道交通运营各场所正常照明的照度标准值应符合表4的规定。根据建筑等级、使用情况、所处地区等因素，车站站台、站厅、通道等公共场所照度可提高或降低一个照明等级。

6 应急照明、值班照明和过渡照明

6.1 应急照明

6.1.1 蔬散照明照度应符合下列规定：

a）车站疏散照明照度不小于5.0lx；

b）区间线路疏散照明照度不小于3.0lx；

c）控制中心、车辆段地面水平照度值不小于1.0lx。

6.1.2 由正常照明转换为疏散照明的点亮时间不大于5.0s，疏散照明供电时间不小于60min。

6.1.3 疏散照明可按附录D设置。

6.1.4 一般工作场所备用照明照度值不应小于正常照明照度值的10%，切换时间不应大于5.0s。

6.1.5 中央控制室、车站综合控制室、站长室、消防泵房、变配电房等应急指挥和应急设备应用场所的备用照明照度不应小于正常照明照度的50%，切换时间不应大于5.0s。

6.1.6 备用照明持续供电时间不应小于60min。

6.2 值班照明

非24h连续运营的城市轨道交通的公共场所，如：站台、站厅、通道、楼梯等的值班照明，其照度值不应低于正常照明度标准值的10%。

6.3 过渡照明

6.3.1 城市轨道交通车站出入口、双层地面站及高架车站昼间站台到站厅楼梯处应设过渡照明。

6.3.2 过渡照明宜优先利用自然光过渡；当自然光过渡不能满足要求时，应增加人工照明过渡。

6.3.3 白天车站出入口内外亮度变化，宜按1∶10～1∶15取值，夜间出入口内外亮度变化，宜按2∶1～4∶1取值。双层地面站及高架车站昼间站台到站厅的亮度变化与出入口相同。

6.3.4 城市轨道交通过渡照明的计算应按附录E的方法确定。

表4 城市轨道交通各类场所正常照明的标准值

类别	场所	参考平面及其高度	照度/lx	统一眩光限值 UGR_L	显色指数 R_a	备注
车站	出入口门厅\楼梯\自动扶梯	地面	150		80	考虑过渡照明
	通道	地面	150		80	
	站内楼梯\自动扶梯	地面	150		80	
	售票室\自动售票机	台面	300	19	80	
	检票处\自动检票口	台面	300		80	
	站厅（地下）	地面	200	22	80	
	站台（地下）	地面	150	22	80	
	站厅（地面）	地面	150	22	80	
	站台（地面）	地面	100	22	80	
	办公室	台面	300	19	80	VDT工作应注意避免反射眩光
	会议室	台面	300	19	80	
	休息室	0.75m水平面	100	19	80	

续表 4

类　别	场　所	参考平面及其高度	照度/lx	统一眩光限值 UGR_L	显色指数 R_a	备　注
车站	盥洗室、卫生间	地面	100		60	
	行车＼电力＼机电＼配电等控制室或综控室	台面	300	19	80	VDT 工作应注意避免反射眩光
	变电＼机电＼通号等设备用房	1.5m 垂直面	150	22	60	
	泵房、风机房	地面	100	22	60	
	冷冻站	地面	150	22	60	
	风道	地面	10		60	
线路	隧道	轨平面	5		60	
	地面＼高架线	轨平面	5		60	注意避免直接眩光
	道岔区	轨平面	20		60	
		混凝土梁轨平面	100		60	有监控需要时
控制中心	中央控制室	台面	300[a]	19	80	VDT[b] 工作应注意避免反射眩光
	计算机房	台面	500	19	80	VDT 工作应注意避免反射眩光
	会议室	台面	300	19	80	
	办公室	台面	300	19	80	VDT 工作应注意避免反射眩光
	档案＼资料室	台面	200	22	80	
	设备间	地面	150	22	60	
	盥洗室、卫生间	地面	100		60	
车辆段	车场线	轨平面	5		60	
	试车线、道岔区	轨平面	10		60	
	停车列检库	地面	100	22	60	
	检修坑	地面	100		60	
	检修库、静调库	地面	200	22	60	另加局部照明
	调机库、工程车库	地面	100	22	60	另加局部照明
	洗车库	地面	100	22	60	
	信号控制室	台面	300	19	80	VDT 工作应注意避免反射眩光
	一般件检修间	0.75m 水平面	200	22	80	另加局部照明
	精密检修间	0.75m 水平面	300	22	80	另加局部照明
	试验室	台面	300	22	80	另加局部照明
	压缩空气站	地面	150	22	60	
	一般件仓库	0.75m 水平面	100	22	60	
	段内道路	地面	5		40	

a 中央控制室照度标准值为控制区照度标准值，中央控制室屏前区应视屏幕方式适当降低照度。

b VDT（visual display terminal）视频显示终端。

7 照明质量

7.1 照度均匀度

7.1.1 城市轨道交通公共场所、办公室、休息室等一般照明照度均匀度，不应小于0.7，而作业面邻近周围的照度均匀度不应小于0.5。

7.1.2 室内非作业区一般照明照度值不宜低于作业区一般照明照度的1/3。

7.2 眩光限制

7.2.1 直接型灯具的最小遮光角应符合表5的规定。

表5 直接型灯具的最小遮光角

光源平均亮度（L_{av}^{a}，$10^3 cd/m^2$）	遮光角（°）
$L_{av}<20$	10
$20\leqslant L_{av}<50$	15
$50\leqslant L_{av}<500$	20
$L_{av}\geqslant 500$	30
a L_{av}——光源平均亮度。	

7.2.2 城市轨道交通运营各场所的不舒适眩光最大允许值，应符合表4的规定。

7.2.3 不舒适眩光应采用统一眩光值评价，其计算方法见附录F。

7.2.4 有视觉显示终端的工作场所照明应限制灯具中垂线以上也可大于或等于65°高度角的亮度。灯具在该角度上的平均亮度限值宜符合表6规定。

表6 灯具平均亮度限值

屏幕分类	Ⅰ	Ⅱ	Ⅲ
屏幕质量	好	中等	差
灯具平均亮度限值	≤1000cd/m²		≤200cd/m²

注1：本表适用于仰角小于等于15°的显示屏。
注2：对于特定适用场所，如敏感的屏幕或仰角可变的屏幕，表中亮度限制应用在更低的灯具高度角（如55°）上。

7.3 光源的颜色

7.3.1 城市轨道交通各场所照明光源的色表宜符合表7的规定。站台、站厅同一场所光源色温应保持一致。

表7 光源的色表

色表分组	色表特征	相关色温K	适用场所举例
Ⅰ	暖	≤3300	休息室、厕所等
Ⅱ	中间	3300～5300	站台、站厅、通道、楼梯、办公室等
Ⅲ	冷	≥5300	机房、控制室等

7.3.2 城市轨道交通地下各场所照明光源的一般显色指数宜符合表4的规定。

7.4 反射比

城市轨道交通需连续工作的房间和经常有人活动的公共场所，其各表面的反射比宜按表8选取。

表8 表面的反射比

表面名称	反射比
顶棚	0.2～0.9
墙面	0.3～0.9
作业面	0.2～0.6
地面	0.1～0.5

8 照明节能

8.1 城市轨道交通各场所照明功率密度值应符合表9的规定。当按5.3的规定提高或降低一级照度标准值时，照明功率密度值应按比例增加或减小。

8.2 城市轨道交通照明可采用以下节电措施：

a）光源、灯具及其附件选择应符合4.2、4.3的规定；
b）对车辆段中的停车库、检修库，车站的站台、站厅、出入口等大面积场所，照明应能分路控制；
c）非运营时间可只保留应急照明与值班照明，作内部人员通行和巡视使用，照度标准不低于正常照明照度的10%；
d）地面或高架站出入口外灯具宜采用时控或光控，白天或高照度时关闭；
e）高架站四周路灯宜采用时控和光控节能；
f）有条件时，宜利用各种导光和反光装置将天然光引入室内进行照明；
g）有条件时，宜利用太阳能作为照明能源；
h）地面或高架场所照明应首先考虑自然光的利用，自然光利用可参照GB/T 50033规定。

9 运行维护与测量

9.1 运行维护

9.1.1 应定期维护和及时更换损坏或有缺陷的照明设备。

9.1.2 应按规定周期清扫灯具和房间各表面。

9.1.3 清扫灯具与更换光源宜同时进行，并保持同一场所光源的色表一致。

9.2 测量

9.2.1 城市轨道交通各场所的照明应定期测量。

9.2.2 城市轨道交通各场所照明的测量方法应符合GB/T 5700的有关规定。

表9　照明功率密度值

类　别	场　所	照明功率密度/（W/m²）		对应照度/lx
		现行值	目标值	
车站	出入口门厅＼楼梯＼自动扶梯	10	9	150
	通道	10	9	150
	站内楼梯＼自动扶梯	10	9	150
	站厅（地下）	12	10	200
	站台（地下）	10	9	150
	站厅（地面）	11	9	150
	站台（地面）	10	8	100
	售票室	11	9	300
	办公室	11	9	300
	会议室	11	9	300
	休息室	7	6	100
	盥洗室、卫生间	7	6	100
	行车＼电力＼机电＼配电等控制室或综控室	11	9	300
	变电＼机电＼通号等设备用房	8	7	150
	泵房、风机房	7	6	100
	冷冻站	8	7	150
控制中心	计算机房	18	15	500
	中央控制室	11	9	300
	会议室	11	9	300
	办公室	11	9	300
	档案＼资料室	8	7	200
	设备间	8	7	150
	盥洗室、卫生间	7	6	100
车辆段	停车列检库	5	4	100
	静调库、临修库、检修库	8	7	200
	调机库、工程车库	5	4	100
	洗车库	5	4	100
	信号控制室	11	9	300
	一般件检修间	8	7	200
	精密检修间	12	11	300
	试验室	11	9	300
	压缩空气站	8	7	150
	一般件仓库	5	4	100

附　录　A

（资料性附录）

照明方式和照明种类的设置

A.1　除特殊要求外，城市轨道交通各场所应设一般照明。

A.2　同一场所内的不同区域有不同照度要求时（如控制中心的控制台、屏前区；车站站厅的自动售票、自动检票及一般通行区等），应采用分区一般照明。

A.3　对于照度要求较高，且单独设置一般照明不合理的场所，宜采用混合照明。

A.4　在一个工作场所内有局部照明要求时，应设局部照明。

A.5　所有场所应设正常照明。

A.6　下列场所应设应急照明：

a）当正常照明因故障熄灭后，对需要确保正常工作或活动继续进行的场所，应设备用照明；

b）当正常照明因故障熄灭或火灾情况下正常照明断电时，对需要确保人员安全疏散的出口和通道，应设疏散照明。

A.7　非24h连续运营的城市轨道交通公共场所，应设值班照明。

A.8　城市轨道交通车站出入口楼梯、地面或高架站厅与站台楼梯等处应设过渡照明。

附　录　B

（资料性附录）

照明光源选择

B.1　可按下列条件选择光源：

a）高度较低场所宜采用三基色细管径直管形荧光灯，也可采用紧凑型荧光灯、小功率的金属卤化物灯；

b）高度较高的厂房、车间、站台可采用金属卤化物灯、高压钠灯、大功率细管径荧光灯或高频无极荧光灯，当采用高频无极荧光灯时，其电磁兼容性的要求应满足周边设备的要求；

c）一般照明场所不宜采用荧光高压汞灯和自镇流荧光高压汞灯；

d）隧道区间线路照明宜采用高频无极荧光灯、荧光灯、小功率金属卤化物灯，当采用高频无极荧光灯时，其电磁兼容性应满足周边设备的要求；

e）地面、高架区间线路照明宜采用高压钠灯、小功率金属卤化物灯；

f）一般情况下，室内外照明不应采用普通照明白炽灯；在特殊情况下需采用时，其额定功率不应超过100W。

B.2　下列工作场所可采用白炽灯：

a）要求瞬时启动和连续调光的场所，使用其他光源技术经济不合理时；

b）对防止电磁干扰要求严格的场所；

c）开关灯频繁的场所；

d）照度要求不高，且照明时间较短的场所；

e）对装饰有特殊要求的场所；

f）由于光源的频闪作用而引起错误视觉，危及人身安全的场所。

B.3　应急照明用出口标志灯、指向标志灯可采用LED灯，疏散照明灯应选用能快速点燃的光源。

B.4　应根据识别颜色要求和场所特点，选用相应显色指数的光源。站台、站厅同一场所光源色温应保持一致。

附　录　C

（资料性附录）

照明灯具及其附件选择

C.1　根据照明场所的环境条件，分别选用下列灯具：

a）在潮湿的场所，应采用相应防护等级的防水灯具或带防水灯头的开敞式灯具；

b）在有腐蚀性气体或蒸汽的场所，宜采用防腐蚀密闭式灯具。若采用开敞式灯具，各部分应有防腐蚀或防水措施；

c）在有尘埃的场所，应按防尘的相应防护等级选择适宜的灯具；

d）在有爆炸、火灾危险以及有安全照明要求场所使用的灯具，应符合国家现行相关标准和规范的有关规定；

e）在有洁净要求的场所，应采用不易积尘、易于擦拭的洁净灯具；

f）在需防止紫外线照射的场所，应采用隔紫灯具或无紫光源；

g）地下区间照明灯具应采用防潮、防尘、防震、防眩光的专用隧道灯具，防护等级不低于IP54；

h）地面高架区间照明灯具应具有防水、防尘、防震功能，防护等级不低于IP65。

C.2　高度小于1.8m的电缆通道、电缆夹层内照明宜采用36V电压供电，如采用220V电压时，应有防止触电的安全措施，并应敷设灯具外壳专用的接地线。

C.3　镇流器的选择应符合下列条件：

a）直管形荧光灯应配用电子镇流器或节能型电

感镇流器；

b）高压钠灯、金属卤化物灯应配用节能型电感镇流器，功率较小者可采用电子镇流器。

附　录　D
（资料性附录）
疏散照明设置

D.1　疏散照明由出口标志灯、指向标志灯、疏散照明灯组成，可参照下列条款设置。

D.2　在站台、站厅的出口、车站出口、有人值班的设备房及其他通向外界的应急出口处的上方，应设置出口标志灯。

D.3　在站台、站厅、楼梯、通道及通道转弯处附近，当不能直接看见或不能看清出口标志灯时，应设置指向标志灯。指向标志灯安装高度距地面高度不大于1.0m，且安装间距不大于15.0m；对于袋形走道，不大于10.0m；在走道转角区，不大于1.0m，指示标识应符合GB 13495的相关规定。

D.4　在站台、站厅、楼梯、通道及通道转弯处附近、出入口、房间通道、风道、线路区间等处均应设置疏散照明灯。

附　录　E
（规范性附录）
过渡照明计算

E.1　对于车站出入口，双层地面站及高架车站站台到站厅之间楼梯处，为使乘客进出时眼睛对周围亮度处于适应状态，应设过渡照明。

E.2　人的周围亮度发生变化后，人眼为适应变化后的亮度，需要有一定的适应时间。亮度和适应时间的关系如图E.1曲线所示。亮度系指人的主视线方向亮度。

E.3　过渡照明应考虑：

a）室外亮度（照度）；

b）室内表而亮度（照度）；

c）根据室内外亮度差确定适应时间；

d）根据适应时间、人行速度确定所需距离的长度。

E.4　入口处室内外亮度变化白天可按1∶10～1∶15考虑，夜间可按2∶1～4∶1考虑；人行速度以0.7m/s考虑；出入口外年平均漫射光照度按表E.1取值。

E.5　过渡照明的照度计算结果低于本标准表4的规定时，应以表4的规定为准；高于本标准表4的规定时，应以计算结果为准。

E.6　漫反射表面的亮度按下式计算：

$$L=\frac{\rho\times E}{\pi} \qquad (E.1)$$

式中：

L——表面亮度，cd/m^2；

ρ——表面反射比；

E——表面的照度，lx；

π——常数。

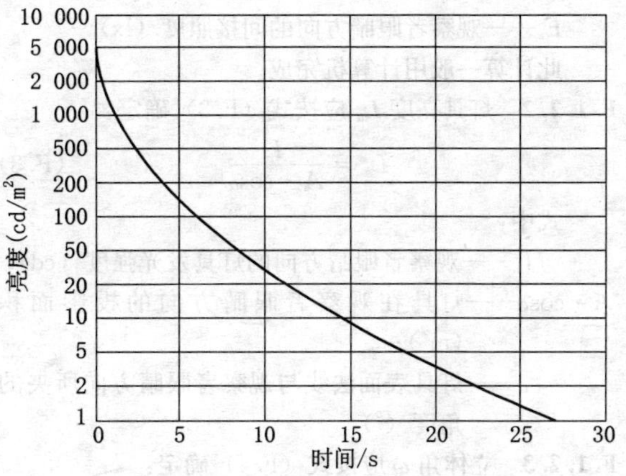

图E.1　亮度—时间曲线

表E.1　典型地区年平均漫射照度

地名	漫射照度/klx	地名	漫射照度/klx	地名	漫射照度/klx
北京	11.7	上海	11.7	湛江	13.5
天津	11.7	徐州	12.6	桂林	12.3
张家口	11	南京	12.3	南宁	13.1
石家庄	12	合肥	12.3	成都	12.7
太原	11.5	福州	11.1	重庆	12.3
二连浩特	10.4	厦门	10.2	杭州	11.9
呼和浩特	9.4	南昌	12.5	昆明	11.8
沈阳	9.9	济南	12.3	海口	12.3
锦州	9.9	郑州	12.5	贵阳	11.2
大连	9.7	宜昌	12.2	青岛	11.9
长春	9.3	长沙	12.4	兰州	11.7
齐齐哈尔	9.2	武汉	13	西宁	11.8
哈尔滨	9.3	广州	13.7	西安	12.8

附 录 F

（规范性附录）

统一眩光值（UGR）

F.1 照明场所的统一眩光值（UGR）计算

F.1.1 UGR应按式（F.1）计算：

$$UGR = 81g\frac{0.25}{L_b}\sum\frac{L_a^2\cdot\omega}{P^2} \qquad (F.1)$$

式中：

L_a——观察者方向每个灯具的亮度（cd/m²）；

L_b——背景亮度（cd/m²）；

ω——每个灯具发光部分对观察者眼睛所形成的立体角（sr）；

P——每个单独灯具的位置指数。

F.1.2 式（F.1）中各参数应按下列公式和规定确定：

F.1.2.1 背景亮度 L_b 应按式（F.2）确定：

$$L_b = \frac{E_i}{\pi} \qquad (F.2)$$

式中：

E_i——观察者眼睛方向的间接照度（lx）。

此计算一般用计算机完成。

F.1.2.2 灯具亮度 L_α 应按式（F.3）确定：

$$L_\alpha = \frac{I_\alpha}{A\cdot\cos\alpha} \qquad (F.3)$$

式中：

I_α——观察者眼睛方向的灯具发光强度（cd）；

$A\cdot\cos\alpha$——灯具在观察者眼睛方向的投影面积（m²）；

α——灯具表面法线与观察者眼睛方向所夹的角度（°）。

F.1.2.3 立体角 ω 应按式（F.4）确定：

$$\omega = \frac{A_p}{r^2} \qquad (F.4)$$

式中：

A_p——灯具发光部件在观察者眼睛方向的表观面积，单位为平方米（m²）；

r——灯具发光部件中心到观察者眼睛之间的距离，单位为米（m）。

F.1.2.4 位置指数 P 应按图 F.1 生成的 H/R 和 T/R 的比值由表 F.1 确定。

F.2 统一眩光值（UGR）的应用条件

F.2.1 UGR 适用于简单的立方形房间的一般照明装置设计，不适用于采用间接照明和发光天棚的房间；

F.2.2 适用于灯具发光部件对眼睛所形成的立体角 $0.1sr>\omega>0.0003sr$ 的情况；

F.2.3 同一类灯具为均匀等间距布置；

F.2.4 灯具为双对称配光；

F.2.5 坐姿观察者眼睛高度通常取 1.2m，站姿观察者的眼睛高度通常取 1.5m；

F.2.6 观察者位置一般在纵向和横向两面墙中点，视线水平朝前观察；

F.2.7 房间表面为大约高出地面 0.75m 的工作面、灯具安装表面以及此两个表面之间的墙面。

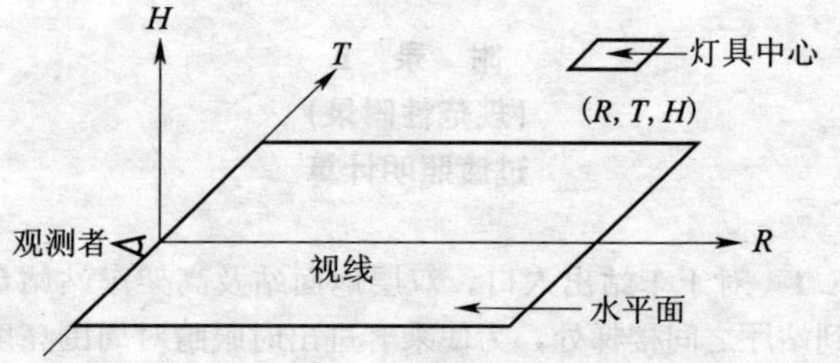

图 F.1 以观察者位置为原点的位置指数坐标系统（R，T，H），对灯具中心生成 H/R 和 T/R 的比值

表 F.1 位置指数表

T/R \ H/R	0.00	0.10	0.20	0.30	0.40	0.50	0.60	0.70	0.80	0.90	1.00	1.10	1.20	1.30	1.40	1.50	1.60	1.70	1.80	1.90
0.00	1.00	1.26	1.53	1.90	2.35	2.86	3.50	4.20	5.00	6.00	7.00	8.10	9.25	10.35	11.70	13.15	14.70	16.20	—	—
0.10	1.05	1.22	1.46	1.80	2.20	2.75	3.40	4.10	4.80	5.80	6.80	8.00	9.10	10.30	11.60	13.00	14.60	16.10	—	—
0.20	1.12	1.30	1.50	1.80	2.20	2.66	3.18	3.88	4.60	5.50	6.50	7.60	8.75	9.85	11.20	12.70	14.00	15.70	—	—
0.30	1.22	1.38	1.60	1.87	2.25	2.70	3.25	3.90	4.60	5.45	6.45	7.40	8.40	9.50	10.85	12.10	13.70	15.00	—	—
0.40	1.32	1.47	1.70	1.96	2.35	2.80	3.30	3.90	4.60	5.40	6.40	7.30	8.30	9.40	10.60	11.90	13.20	14.60	16.00	—
0.50	1.43	1.60	1.82	2.10	2.48	2.91	3.40	3.98	4.70	5.50	6.40	7.30	8.30	9.40	10.50	11.75	13.00	14.40	15.70	—
0.60	1.55	1.72	1.98	2.30	2.65	3.10	3.60	4.10	4.80	5.50	6.40	7.35	8.40	9.40	10.50	11.70	13.00	14.10	15.40	—
0.70	1.70	1.88	2.12	2.48	2.87	3.30	3.78	4.30	4.88	5.60	6.50	7.40	8.50	9.50	10.50	11.70	12.85	14.00	15.20	—
0.80	1.82	2.00	2.32	2.70	3.08	3.50	3.92	4.50	5.10	5.75	6.60	7.50	8.60	9.50	10.60	11.75	12.80	14.00	15.10	—
0.90	1.95	2.20	2.54	2.90	3.30	3.70	4.20	4.75	5.30	6.00	6.75	7.70	8.70	9.65	10.75	11.80	12.90	14.00	15.00	16.00

续表 F.1

T/R \ H/R	0.00	0.10	0.20	0.30	0.40	0.50	0.60	0.70	0.80	0.90	1.00	1.10	1.20	1.30	1.40	1.50	1.60	1.70	1.80	1.90
1.00	2.11	2.40	2.75	3.10	3.50	3.91	4.40	5.00	5.60	6.20	7.00	7.90	8.80	9.75	10.80	11.90	12.95	14.00	15.00	16.00
1.10	2.30	2.55	2.92	3.30	3.72	4.20	4.70	5.25	5.80	6.55	7.20	8.15	9.00	9.90	10.95	12.00	13.00	14.00	15.00	16.00
1.20	2.40	2.75	3.12	3.50	3.90	4.35	4.85	5.50	6.05	6.70	7.50	8.30	9.20	10.00	11.02	12.10	13.10	14.00	15.00	16.00
1.30	2.55	2.90	3.30	3.70	4.20	4.65	5.20	5.70	6.30	7.00	7.70	8.55	9.35	10.20	11.20	12.25	13.20	14.00	15.00	16.00
1.40	2.70	3.10	3.50	3.90	4.35	4.85	5.35	5.85	6.50	7.25	8.00	8.70	9.50	10.40	11.40	12.40	13.25	14.05	15.00	16.00
1.50	2.85	3.15	3.65	4.10	4.55	5.00	5.50	6.20	6.80	7.50	8.20	8.85	9.70	10.55	11.50	12.50	13.30	14.05	15.02	16.00
1.60	2.95	3.40	3.80	4.25	4.75	5.20	5.75	6.30	7.00	7.65	8.40	9.00	9.80	10.80	11.75	12.60	13.40	14.20	15.10	16.00
1.70	3.10	3.55	4.00	4.50	4.90	5.40	5.95	6.50	7.20	7.80	8.50	9.20	10.00	10.85	11.85	12.75	13.45	14.20	15.10	16.00
1.80	3.25	3.70	4.20	4.65	5.10	5.60	6.10	6.75	7.40	8.00	8.65	9.35	10.10	11.00	11.90	12.80	13.50	14.20	15.10	16.00
1.90	3.43	3.86	4.30	4.75	5.20	5.70	6.30	6.90	7.50	8.17	8.80	9.50	10.20	11.00	12.00	12.82	13.55	14.20	15.10	16.00
2.00	3.50	4.00	4.50	4.90	5.35	5.80	6.40	7.10	7.70	8.30	8.90	9.60	10.40	11.10	12.00	12.85	13.60	14.30	15.10	16.00
2.10	3.60	4.17	4.65	5.05	5.50	6.00	6.60	7.20	7.82	8.45	9.00	9.75	10.50	11.20	12.10	12.90	13.70	14.35	15.10	16.00
2.20	3.75	4.25	4.72	5.20	5.60	6.10	6.70	7.35	8.00	8.55	9.15	9.85	10.60	11.30	12.10	12.90	13.70	14.40	15.15	16.00
2.30	3.85	4.35	4.80	5.25	5.70	6.22	6.80	7.40	8.10	8.65	9.30	9.90	10.70	11.40	12.20	12.95	13.70	14.40	15.20	16.00
2.40	3.95	4.40	4.90	5.35	5.80	6.30	6.90	7.50	8.20	8.80	9.40	10.00	10.80	11.50	12.25	13.00	13.75	14.45	15.20	16.00
2.50	4.00	4.50	4.95	5.40	5.85	6.40	6.95	7.55	8.25	8.85	9.50	10.05	10.85	11.55	12.30	13.00	13.80	14.50	15.25	16.00
2.60	4.07	4.55	5.05	5.47	5.95	6.45	7.00	7.65	8.35	8.95	9.55	10.10	10.90	11.60	12.32	13.00	13.80	14.50	15.25	16.00
2.70	4.10	4.60	5.10	5.53	6.00	6.50	7.05	7.70	8.40	9.00	9.60	10.16	10.92	11.63	12.35	13.00	13.80	14.50	15.25	16.00
2.80	4.15	4.62	5.15	5.56	6.05	6.55	7.08	7.73	8.45	9.05	9.65	10.20	10.95	11.65	12.35	13.00	13.80	14.50	15.25	16.00
2.90	4.20	4.65	5.17	5.60	6.07	6.57	7.12	7.75	8.50	9.10	9.70	10.23	10.95	11.65	12.35	13.00	13.80	14.50	15.25	16.00
3.00	4.22	4.67	5.20	5.65	6.12	6.60	7.15	7.80	8.55	9.12	9.70	10.23	10.95	11.65	12.35	13.00	13.80	14.50	15.25	16.00

参考资料

[1] GB 50157－2003《地铁设计规范》

[2] JGJ/T 119－2008《建筑照明术语标准》

[3] GB 50034－2004《建筑照明设计标准》

[4] CECS 45：1992《地下建筑照明设计标准》

[5] GB 13495－1992 消防安全标志（neq ISO 6309：1987）

中华人民共和国国家标准

城市轨道交通信号系统通用技术条件

Singal system for urban rail transit-General specifications

GB/T 12758－2004

前　言

本标准参考了 EN 50126《铁路应用：可靠性、可用性、可维护性和安全性（RAMS）规范和说明》、GB 50157－2003《地铁设计规范》等标准。

本标准代替 GB/T 12758－1991《地下铁道信号通用技术条件》，并将 CJ/T 3027.1－1993《城市公共交通信号系统-轻轨交通》的有关内容纳入本标准。

本标准与“GB/T 12758－1991”相比主要变化如下：

1）因增加了有关轻轨系统的内容，将本标准名称由“地下铁道信号通用技术条件”改为“城市轨道交通信号系统通用技术条件”。

2）本标准包括范围、规范性引用文件、术语与定义、总则、系统、信号显示、闭塞方式、行车指挥控制、列车运行控制、车辆段和停车场、道口信号、列车检测与信息传递、供电、电磁兼容与防护以及环境条件等共计 15 章。

3）用“2　规范性引用文件”代替“2　引用标准”。

4）用“3　术语与定义”代替原标准“3　术语”，并对术语与定义的条目进行了增、减。

5）在“4　总则”中，增加了“4.1　基本要求”和“4.2　可靠性、可用性、可维护性和安全性（RAMS）要求”。

6）增加了“5　系统”。

7）增加了“6　信号显示”代替原标准“5　固定信号”，并对内容予以补充。

8）将原标准“6　轨道电路、7　闭塞、8　联锁”的相关内容分别纳入“12　列车检测与信息传递、7　闭塞方式、9　列车运行控制”，并对内容进行相应修改、补充。

9）将原标准“9　行车指挥控制”，变更为“8　行车指挥控制”，并对内容予以补充。

10）将原标准“10　列车运行控制”变更为“9　列车运行控制”，并对内容予以补充。

11）将原标准“11　供电”变更为“13　供电”，并对内容予以补充。

12）增加电磁兼容的内容，将原标准“12　防护”有关内容纳入“14　电磁兼容性与防护”。

13）新增“10　车辆段和停车场、11　道口信号、15　环境条件”。

本标准自实施之日起，于 1994 年 1 月发布的 CJ/T 3027.1－1993《城市公共交通信号系统-轻轨交通》废止。

本标准由中华人民共和国建设部提出。

本标准由建设部标准定额研究所归口。

本标准起草单位：北京全路通信信号研究设计院、北京地下铁道运营有限责任公司、北京交通大学。

本标准主要起草人：牛英明、牛建华、申大川、沙　斐、刘　波、张　良、郜春海、唐　涛、喻智宏。

GB/T 12758 于 1991 年 3 月发布，本次修订为第一次修订。

1 范围

本标准规定了城市轨道交通信号系统的总则，系统及基本功能、技术要求和环境条件。

本标准适用于城市轨道交通地铁与轻轨系统，也可供单轨及有轨电车等其他城市轨道交通系统参照。

2 规范性引用文件

下列文件中的条款通过本标准的引用而成为本标准的条款。凡是注日期的引用文件，其随后所有的修改单（不包括勘误的内容）或修订版均不适用于本标准，然而，鼓励根据本标准达成协议的各方研究是否可使用这些文件的最新版本。凡是不注日期的引用文件，其最新版本适用于本标准。

GB 10493 铁路站内道口信号设备技术条件

GB 10494 铁路区间道口信号设备技术条件

EN 50121 - 4：2000 铁路应用：电磁兼容性第四部分：信号与通信设备的发射和抗扰度

TB/T 3073 - 2003 铁路信号电气设备电磁兼容性测试及其限值

3 术语与定义

下列术语和定义适用于本标准。

3.1

城市轨道交通信号 urban rail transit signal

应用于城市轨道交通系统中，人工或自动实现行车指挥和列车运行控制、安全间隔控制技术的总称。

3.2

调度集中 centralized traffic control（CTC）

在调度中心内集中显示某一区段内车站、区间、信号、道岔、轨道区段的状态以及列车运行位置，由调度员集中控制区段内的信号和道岔，并指挥列车运行的系统设备。

3.3

列车自动监控 automatic train supervision（ATS）

自动实现行车指挥控制、列车运行监视和管理技术的总称。

3.4

列车自动防护 automatic train protection（ATP）

实现列车运行间隔、超速防护、进路安全和车门等监控技术的总称。

3.5

列车自动运行 automatic train operation（ATO）

自动实现列车运行速度、停车和车门等监控技术的总称。

3.6

实际列车识别 positive train identification（PTI）

通过技术手段确认列车编组的识别号码，判定相应列车为实际需要监控的列车。

3.7

列车自动控制 automatic train control（ATC）

城市轨道交通信号系统实现列车自动监控、列车自动防护、列车自动运行控制技术的总称。

3.8

闭塞 block

用信号或凭证，保证列车之间必须保持一定间隔距离运行的技术方法。

3.9

固定闭塞 fixed block

前方列车与后续列车之间的最小安全追踪间隔距离预先设定且固定不变的闭塞方式。

3.10

移动闭塞 moving block

前方列车与后续列车之间的最小安全追踪间隔距离单元不预先设定，并随列车的移动、速度的变化而变化的闭塞方式。

3.11

准移动闭塞 quasi-moving block

前方列车与后续列车之间的最小安全追踪间隔距离单元预先设定且固定不变，并根据前方目标状态设定列车的目标距离和速度，是介于固定闭塞和移动闭塞之间的一种闭塞方式。

3.12

保护区段 overlap section

为实现超速防护，保证安全停车而延伸的闭塞区段。

3.13

目标速度 target speed

列车运行至前方目标地点应达到的允许速度。

3.14

目标距离 target distance

列车运行至前方目标地点的走行距离。

3.15

安全保护距离 safe protection distance

列车自动防护系统中，列车超速防护实施安全停车控制时，为防止停车位置离散性可能造成的危险，而设置的自预定停车位置至目标地点的安全距离。

3.16

综合自动化　integrated supervision and control system

通过计算机网络、信息处理、控制和系统集成等技术实现城市轨道交通系统机电业务的综合管理、监视和控制。

3.17

城市轨道交通优先　priority of urban rail transit

城市轨道交通列车与公共交通车辆于平交道口交互运行时，以城市轨道交通列车优先通过平交道口的行车组织方式。

3.18

可靠性　reliability

产品在规定的条件下和规定的时间区间内完成规定功能的能力。

3.19

可用性　availability

可修复产品在某一特定瞬间维持其功能的概率或在某一期间内维持其功能的时间比率。可用性是产品可靠性、维修性和维修保证性的综合指标。

3.20

可维护性　maintainability

产品在规定的使用条件下并按规定的程序和手段实施维修时，为保持产品处于正常使用状态或为修复产品的故障、缺陷，使之恢复执行功能状态的能力。

3.21

安全性　safety

保证行车和人身以及设备安全的能力，以在给定时刻系统维持安全功能完善的概率指称。

4　总则

4.1　基本要求

4.1.1　城市轨道交通信号系统是实现行车指挥、列车运行监控和管理所需技术措施及配套装备的集合体。信号系统应确保行车安全、提高运输效率、改善工作环境、促进管理的现代化。

4.1.2　信号系统应做到安全可靠、经济合理、适应技术的发展、逐步达到不同系统或子系统设备的互用与协同工作。

4.1.3　城市轨道交通信号系统一般由列车检测、联锁、闭塞与列车控制等行车指挥和列车运行控制等系统设备组成，根据用户需求确定系统的构成与规模，并适应线路的延伸扩展。

4.1.4　信号系统应满足城市轨道交通不同运量和行车密度的运营需要。大运量、高密度的城市轨道交通应选用列车自动控制系统。非封闭线路平交道口应设道口信号设备。

4.1.5　行车指挥中心的规模应根据线网规划、线路和机电系统规模统筹考虑，宜实现列车运行的统一指挥调度。

4.1.6　城市轨道交通的运行的线路应能组织独立运行。在有条件的地段，允许有支线或其他运行线路与本线接轨，并组织混合运行。

4.1.7　封闭线路的城市轨道交通系统必须配备列车自动防护系统。非封闭线路的轻轨，根据行车间隔、列车运行速度采取相应技术手段进行列车运行安全防护。

4.1.8　信号系统应确保列车的安全运行，并应保证在最不利的条件下，前方列车处于紧急停车时，后续列车应能实现安全停车。

4.1.9　信号系统应预先设计相关系统或自身系统故障以及灾害发生时的应急运行模式。

4.1.10　信号系统应具有高可靠性和高可用性。涉及行车安全的信号设备应符合故障-安全原则。

4.1.11　信号系统采用的器材、设备和技术指标应符合国家标准或行业标准。应满足环保要求、具有电磁兼容性。

4.1.12　信号系统应具有设备的监测和报警能力。

4.1.13　信号系统的车载设备不得超出车辆限界，信号系统的地面设备不得侵入设备限界。

4.1.14　信号系统的设备应符合城市轨道交通使用环境的要求。设于高架线路或地面线路的信号设备应与城市景观相协调。

4.2　可靠性、可用性、可维护性和安全性（RAMS）要求

4.2.1　可靠性

4.2.1.1　信号系统及其产品应进行可靠性（MTBF）描述，其主要要求如下：

a）采用较高可靠性的元器件。

b）采用必要的冗余技术。

c）结合安全性和可用性描述。

4.2.1.2　信号系统的平均无运行故障间隔时间（MTBSF）根据系统构成的冗余度确定。

4.2.2　可用性

4.2.2.1　信号系统应进行可用性描述，其主要要求如下：

a）重要设备应有冗余措施。

b）设备应具有必要的工作状态检测、故障诊断和报警等技术措施。

c）设备应有故障点指示。

d）设备宜有状态维护的能力，便于维修、更换。

4.2.2.2　信号系统的可用性指标不小于99.98%。

4.2.3　可维护性

4.2.3.1　系统及其设备应具有调整少、维修量小、可预防性维护及故障维护的技术手段，并具有适当的测试点、故障隔离及诊断措施，减少设备修复时间、降低维护成本。

4.2.3.2 制定合理的维护、更换策略并配置在线维护支持设备，减少设备故障停机时间。

4.2.4 安全性

4.2.4.1 信号系统有关安全性的主要要求规定如下：

a) 涉及行车安全的运营设备应采用成熟、经过运用实践并证实安全可靠的设备。

b) 安全系统或设备应提供相关文件以证实：

1) 安全系统或设备的研发程序及安全管理组织体系符合规范要求。

2) 系统已实施危险鉴别、分类、危险处理和评估。

3) 系统、子系统、设备的安全功能分析和确认。

4) 已确认故障模式及故障影响范围。

5) 完成了具有外界干扰的系统运行试验。

6) 具有安全功能检测报告。

7) 必要时应具有安全性试验证明。

4.2.4.2 安全性要求及安全等级应在系统、设备研发或技术规格中明确描述，其主要要求如下：

a) 安全等级分为4级：

1级：$10^{-6}h^{-1} \leqslant THR < 10^{-5}h^{-1}$

2级：$10^{-7}h^{-1} \leqslant THR < 10^{-6}h^{-1}$

3级：$10^{-8}h^{-1} \leqslant THR < 10^{-7}h^{-1}$

4级：$10^{-9}h^{-1} \leqslant THR < 10^{-8}h^{-1}$

注：THR：Tolerable Hazard Rate，为每小时、每一功能可能承受的危险侧故障率。

b) 城市轨道交通中，涉及行车安全的信号系统、子系统，其危险侧故障概率应不低于3级，通常定义为4级。

c) 系统或设备在正常和故障情况下，应具有不产生导致系统不正常运行的设计和执行失误。依赖于故障-安全设计的功能，不应导致故障不安全模式。在执行与安全相关的功能时，各元件所发生的故障均应具有自显警示功能。

d) 因硬件、软件、子系统或系统故障而不能执行预定功能时，系统中涉及安全至关重要的因素，不得引发或维持不安全状态。

5 系统

5.1 系统分类

5.1.1 按闭塞方式分类，包括固定闭塞制式、准移动闭塞制式和移动闭塞制式等系统。

5.1.2 按地面设备向车载设备传递信息的连续性分类，包括在固定地点传递信息的点式、沿线路连续传递信息的连续式等。

5.1.3 按系统产生的控制模式曲线方式分类，包括分段式和连续的一段式速度-距离制动模式曲线等。

5.2 系统构成原则

5.2.1 信号系统必须是安全、可靠、功能完整、技术成熟的系统。系统宜具有增值性和创新性，应能促进信号技术的不断发展。

5.2.2 信号系统中各子系统应协同工作，完成行车指挥与列车运行控制目标的有机整体，并具有保证行车安全、提高运行效率的作用。

5.2.3 行车指挥与列车运行控制是综合自动化系统的核心环节。信号系统应能与相关机电系统或综合自动化系统接口或与其他机电系统集成逐步实现机电系统的综合自动化。

5.2.4 系统的传输网络应是封闭的专用信道。在进行传输系统的安全设计时，必须明确传输网络上的信号系统设备数量、传输媒介、环境等物理参数。信号系统的传输通道可以使用通信专业提供的传输网络。

5.3 系统构成

5.3.1 城市轨道交通的信号系统按子系统设备所在地域划分，可分为行车指挥中心子系统、车站及轨旁子系统、车载子系统及车辆段（场）子系统。

5.3.2 信号系统按地域划分各子系统构成模式如下：

5.3.2.1 行车指挥中心子系统，可由列车运行监视（调度监督）或列车运行监控（调度集中）或列车自动监控等子系统构成。行车指挥中心控制系统也可包括列车运行控制的设备。

5.3.2.2 车站及轨旁子系统，可由行车指挥车站设备、联锁、列车运行控制系统的地面设备及其与联锁设备的接口、列车识别（PTI地面设备）等其他设备组成；非封闭线路的信号系统包括道口信号设备。

5.3.2.3 车载子系统，可由车载信号和自动停车或ATP、ATO及列车识别（PTI车载设备）等组成。

5.3.2.4 车辆段（场）子系统，可由联锁、行车指挥控制系统的段（场）设备等组成。

5.4 系统水平等级

5.4.1 按采用列车运行控制系统的水平等级分类

5.4.1.1 自动停车级。

5.4.1.2 列车自动防护级。

5.4.1.3 列车自动运行级。

5.4.1.4 列车无人驾驶级。

5.4.2 按采用行车指挥系统的水平等级分类

5.4.2.1 列车运行监视级。

5.4.2.2 列车运行监控级。

5.4.2.3 列车自动监控级。

5.4.3 按采用闭塞制式的水平等级分类

5.4.3.1 固定闭塞级。

5.4.3.2 准移动闭塞级。

5.4.3.3 移动闭塞级。

5.5 系统能力

5.5.1 系统能力主要指系统的监控范围、系统响应时间、通过能力、折返能力和系统设备故障的降级运用及其复原能力。

5.5.2 系统监控范围应包括段（场）出入线、正线区间与车站、存车线和折返线。根据需要监控范围可包括车辆段（场）的部分或全部。调度区段内的区间、车站应集中监视。

5.5.3 系统应能监视或控制调度区段内区间和车站的进路、信号以及车辆段（场）向本调度区发车的信号、列车识别等。

5.5.4 列车出、入车辆段（场）的作业应与正线列车运行能力相适应。

5.5.5 行车指挥系统应具有良好的实时性，其系统处理能力应留有余量。为保证系统的实时响应性，系统宜按远期线路规模、最大在线列车数设计。其现场信息采集及处理周期应小于2s。实时控制、各工作站及显示终端等的操作响应时间应不大于2s。

5.5.6 列车运行控制系统的主要响应性能要求如下：

5.5.6.1 列车占用与空闲检测的应变时间应不大于3s。

5.5.6.2 车载信号设备自接收地面信息至完成处理的时间应不大于2s。

5.5.6.3 计算机联锁设备的处理周期应不大于1s。

5.5.7 通过能力和折返能力要求如下。

5.5.7.1 通过能力和折返能力与线路参数、车辆性能、道岔限速及信号系统技术水平等因素有关，其能力应经列车运行模拟确定。

5.5.7.2 通过能力应满足最大客运量对于行车间隔的需求，并应留有余量。

5.5.7.3 折返能力应与线路的通过能力相适应，计算的折返能力宜小于最小运营间隔时间。

5.5.8 系统应具有故障降级运用的能力。系统、子系统、设备故障排除后，应能尽快复原执行预定的功能，防止信号系统自身的原因导致任一列车晚点超过预先规定的时间。

5.6 接口

5.6.1 信号系统接口分为系统内部各设备间、子系统与子系统间的接口及信号系统与其他专业系统的外部接口。

5.6.2 信号系统内部接口可包括：

5.6.2.1 行车指挥系统的设备与联锁设备的接口。

5.6.2.2 联锁设备与列车运行控制系统地面设备的接口。

5.6.2.3 车地通信设备与地面设备、车载设备的接口。

5.6.2.4 车载设备内部接口，可包括ATO系统与ATP系统的接口等。

5.6.3 信号系统内部接口可分为符合故障-安全原则的安全性接口和可不符合故障-安全原则的非安全性接口。其中安全接口通常包括联锁与ATP地面设备的接口、联锁与现场设备的接口、ATP系统内部的车地通信接口等。

5.6.4 系统外部接口为信号系统与其他机电设备专业系统，包括车辆、通信、供电、屏蔽门、车站设备监控、环境与通风和防灾报警等系统的接口。

5.6.5 系统外部接口通常为开关量接口、串行接口、网络接口以及可能的模拟量接口等。信号系统的列车自动防护系统或自动停车车载设备与车辆相关设备的重要接口为安全性接口。

6 信号显示

6.1 地面信号

6.1.1 地面信号一般是指信号机及信号表示器。

6.1.2 信号机应设于列车运行方向的右侧。遇条件限制必须设于其他位置时，需经运营主管部门批准后方可实施。

6.1.3 信号机的设置还应符合下列规定：

6.1.3.1 信号机应根据行车组织需要设置。车站设进站和出站信号机；区间和站内道岔区设道岔防护信号机或道岔状态表示器；区间闭塞分区分界处设通过信号机。

6.1.3.2 当采用列车自动防护系统（ATP）时可不设进站、出站及通过信号机。

6.1.3.3 车辆段（场）设进段（场）信号机，根据需要可设出段（场）信号机，段（场）内设调车信号机。

6.1.3.4 进站、进段（场）信号机及防护道岔的信号机设引导信号。

6.1.4 信号显示应准确、清晰，具体要求如下：

6.1.4.1 地面信号显示应与车载信号显示的禁止、允许状态一致。

6.1.4.2 地面信号为主体信号时，其信号显示熄灭或显示意义不明时，应视为禁止信号。

6.1.5 地面信号为主体信号时，地面信号机及表示器的显示距离应符合下列规定：

6.1.5.1 行车信号和道岔防护信号应不小于400m。

6.1.5.2 调车信号和道岔状态表示器应不小于200m。

6.1.5.3 道岔状态表示器以外的各种表示器、引导信号均应不小于100m。

6.1.6 信号显示的基本颜色规定如下：

6.1.6.1 正线信号

a）红色灯光表示停车。

b）黄色灯光表示注意或减低速度。

c）绿色灯光表示按规定速度运行。

d) 黄灯加红灯为引导信号，允许列车以不大于 25 km/h 速度越过信号机，并随时准备停车。

e) 其他显示意义的信号可采用基本颜色组合或闪光，也可以符号、数字等形式表示。

6.1.6.2 车辆段（场）信号

a) 出段（场）信号机显示宜与正线一致。当车辆段（场）部分或全部纳入列车运行安全防护范围时，相应范围内的信号机及其显示宜与正线一致。

b) 车辆段（场）的调车信号机宜为蓝、月白二显示。蓝色表示调车禁止，月白表示调车进行。

6.1.6.3 道口信号

道口信号显示见 GB 10493 和 GB 10494 的相关条款。

6.1.6.4 上述规定以外意义的显示，应经运营主管部门批准后方可采用。

6.1.7 信号定位显示

6.1.7.1 防护道岔的进、出站信号机，道岔防护信号机，进、出段（场）信号机以停车信号显示为定位，其他列车信号以进行显示为定位。

6.1.7.2 调车信号以禁止调车运行的信号显示为定位。

6.2 车载信号

6.2.1 车载信号的显示应与地面信号显示的意义一致或含义相符，正确表示地面设备赋予车载设备的信息。

6.2.2 车载信号的显示可根据车载设备功能、系统构成特点而具有不同的表示方式和内容。车载信号宜有列车实际速度、目标速度、目标距离、列车超速及设备故障等声光报警、表示。

6.2.3 与自动停车设备结合运用的车载信号基本显示意义规定如下：

6.2.3.1 绿色灯光表示按规定速度运行。

6.2.3.2 黄色灯光表示注意或减速运行。

6.2.3.3 半黄/半红色灯光表示停车报警，司机确认并准备停车。

6.2.3.4 半黄/半黄色灯光表示道岔侧向限速。

6.2.3.5 红色灯光表示强迫停车。

7 闭塞方式

7.1 一般要求

7.1.1 闭塞方式应满足行车密度、运行速度和交路等运营组织的需求。

7.1.2 闭塞方式应保证在最不利情况下运行的列车以规定的安全间隔运行，其列车安全间隔必须满足：

7.1.2.1 自动实施强迫停车时的最大停车距离。

7.1.2.2 司机控制列车停车时的最大停车距离。

7.1.3 城市轨道交通信号系统应采用空间间隔的闭塞方式，并辅以时间间隔的闭塞方式。

7.1.4 适用于城市轨道交通的闭塞类型有固定闭塞、准移动闭塞和移动闭塞。固定闭塞包括自动闭塞和站间闭塞等方式。

7.1.5 城市轨道交通线路与衔接的专用线间的闭塞方式，可采用半自动闭塞、电话闭塞等方式。

7.2 基本功能

7.2.1 实现列车间隔提示或控制。

7.2.2 通过地—车通信设备向车载设备提供车载信号或所需的列车监控信息。根据需要也可通过车—地通信设备向地面信号设备提供列车位置、列车速度以及其他地面信号系统所需的列车监控信息。

7.3 技术要求

7.3.1 闭塞系统应保证信号显示与闭塞区间列车占用状态、闭塞方式相适应。

7.3.2 闭塞系统通过轨道电路、自动停车、列车自动防护和联锁等技术手段实现列车运行间隔的安全控制。

7.3.3 复线区段通常采用单向闭塞。单线双向运行的区段，应采用双向闭塞。

7.3.4 闭塞分区的划分或列车运行安全间隔，应根据列车运行密度、线路条件、车辆特性及信号系统的列车控制模式、限速等级等条件设置，并通过列车运行模拟确定。

7.3.4.1 固定闭塞的列车安全间隔，应根据行车间隔、列车长度、列车限速等级、最不利条件下的制动距离等因素考虑，并应根据列车控制方式确定保护区段的设置。

7.3.4.2 准移动闭塞的列车安全间隔，应以前方列车所在闭塞分区入口端为目标地点（危险点），由后续列车以当前速度制动停车所需走行距离加安全保护距离确定。

7.3.4.3 移动闭塞的列车安全间隔，可按前方列车骤然停车，后续列车按当前速度制动停车所需走行距离加安全保护距离确定。

7.3.5 准移动闭塞的地面设备应向车载设备提供所需信息，实现列车运行的连续式速度和目标距离控制。移动闭塞的地面—车载设备间应具有双向信息传输功能，实现列车运行的连续式速度、列车移动和目标距离控制。

8 行车指挥控制

8.1 一般要求

8.1.1 应满足行车组织的需要，提高自动化管理水平，减轻工作人员的劳动强度并方便操作。行车指挥分为人工调度和计算机辅助调度。行车指挥控制系统包括调度监督、调度集中和列车自动监控等系统设备。

8.1.2 应满足各子系统、通信、供电等相关设备故障时的特殊情况下行车的需要。系统应能降级运用，减少故障影响范围，避免中断行车。

8.1.3 系统监控范围应按线路、站场等所确定的建设规模、运用要求和行车组织确定，系统监控能力应与线路远期条件相适应。

8.1.4 系统数据传输应满足下列要求：

a) 系统容量、传输速率和传输距离应满足系统实时监控的需要、满足行车指挥的运用要求。

b) 数据传输应具有差错控制能力。

c) 数据传输网络应具有冗余措施。

8.1.5 应能与通信、电力监控、防灾报警和车站设备监控等其他机电系统接口。系统可与综合自动化系统结合运用或集成为综合自动化系统。

8.1.6 系统可与列车检测设备和联锁设备结合使用，其车站设备可纳入联锁设备。

8.1.7 系统的计算机及网络设备采用国际公认的主流产品，其通信规程应符合国家或国际有关标准。

8.2 调度监督

8.2.1 基本功能

8.2.1.1 列车跟踪和列车识别表示。

8.2.1.2 监视列车运行位置和信号设备状态。

8.2.1.3 记录列车运行实绩。

8.2.1.4 其他监视功能。

8.2.2 技术要求

8.2.2.1 系统由行车指挥中心总机和站、段分机组成。一般采用集中监视方式。总机系统可配置下列主要设备：

a) 计算机主机、调度员终端和工程师工作站。

b) 模拟表示盘或屏幕显示设备。

c) 列车运行实绩记录设备。

8.2.2.2 系统监视应包括下列内容：

a) 车站：信号开放、进路开通状态、股道占用、列车识别号等。

b) 区间：线路占用及列车识别号。

c) 车辆段（场）：进、出车辆段（场）的信号开放、停车库线及有关区段占用等。

d) 列车运行实绩。

8.3 调度集中

8.3.1 基本功能

8.3.1.1 列车跟踪、列车运行监视、调度员操作的控制指令输出等。

8.3.1.2 运行时刻表或运行图管理。

8.3.1.3 其他功能可参照调度监督和 ATS 的有关部分。

8.3.2 技术要求

8.3.2.1 系统通常由行车指挥中心总机和站、段分机组成。系统宜采用计算机网络技术，总机系统应配置调度员、调度长等工作站。其他主要设备可参见调度监督有关部分。

8.3.2.2 CTC 控制区域的划分，应根据行车密度、车站数量、行车调度人员的劳动强度和 CTC 的技术性能等条件确定。根据需要，一条线路可单独设置 CTC 行车指挥中心，若干运营线路可设置综合行车指挥中心。

8.3.2.3 采用 CTC 的信号系统可不设乘客向导显示、发车计时器和 ATO 等系统设备。

8.3.2.4 其他要求可参照调度监督和 ATS 的有关部分。

8.4 列车自动监控

8.4.1 基本功能

8.4.1.1 列车自动识别、列车运行自动跟踪和显示。

8.4.1.2 运行时刻表或运行图的编制及管理。

8.4.1.3 自动和人工排列进路。

8.4.1.4 列车运行自动调整。

8.4.1.5 列车运行和信号设备状态自动监视。

8.4.1.6 列车运行数据统计、列车运行实绩记录。

8.4.1.7 操作与数据记录、输出及统计处理。

8.4.1.8 列车运行、监控模拟及培训。

8.4.1.9 系统故障和故障恢复处理。

8.4.2 技术要求

8.4.2.1 系统通常由行车指挥中心子系统和站、段分机组成。系统应采用计算机网络技术，系统主要配置可参见调度监督及调度集中有关部分。

8.4.2.2 系统宜具备多级控制能力，并可具有下列控制等级：

a) 行车指挥中心自动控制。

b) 行车指挥中心调度员人工控制。

c) 区域或车站自动控制。

d) 车站值班员人工控制。

8.4.2.3 人工控制优先自动控制，车站自动控制优先远程自动控制。控制权转换过程中，不应影响设备功能执行和列车运行。

8.4.2.4 系统应可监控一条或多条运营线路。监控多条运营线路时，应保证各条线路具有独立运营或混合运营的能力。系统应充分考虑监控范围和功能等的可扩展性、兼容性。

8.4.2.5 系统应满足列车运行交路的需要，并根据运行时刻表、列车识别号和联锁表所规定的进路等条件，实现列车进路自动控制及必要的人工操作。

8.4.2.6 行车指挥中心及车站主要设备应采用有效的冗余技术，主备系统宜实现无扰切换。

8.4.2.7 计算机系统除配置必要的外设外，在行车指挥中心应配置行车指挥专用调度工作站、显示终端等设备。系统可配置列车运行实绩记录设备。

8.4.2.8 列车自动监控表示设备应采用模拟表示盘、屏幕显示等。

9 列车运行控制

9.1 一般要求

9.1.1 列车运行控制系统由车载和地面设备组成。车载设备应适合电动车组的环境与运用条件。

9.1.2 系统可包括列车自动运行（ATO）、列车无人驾驶等自动驾驶系统和车载信号与自动停车、列车自动防护等列车运行安全防护系统的技术装备及配套设备。

9.1.3 系统应实现列车在正线区间、车站、存车线、折返线、列车出入段（场）线等行车作业中的监视、控制。根据行车和运用范围的需要，车辆段（场）可设与正线系统功能相适应的列车运行控制系统。

9.1.4 系统导致列车停车为最高安全准则。执行强迫停车控制时，应切断列车牵引，列车停车过程不得中途缓解。

9.1.5 地对车连续通信中断或地面信息严重丢失、列车完整性电路中断、列车超速、列车的非预期移动、列车运行中车门误开、车载设备的重度故障等均应导致安全性强迫停车。

9.1.6 装备列车自动防护系统的列车，其实际车速的表示应由列车自动防护系统的车载设备驱动。采用车轮转速测定列车速度时，应具有轮径磨耗补偿，根据需要可有车轮空转打滑的检测能力，测速装置宜采用冗余技术。

9.1.7 系统应具有必要的自动检测能力及报警和表示装置。车载信号设备的日检，宜通过车载设备自检完成。

9.2 驾驶模式

9.2.1 系统通常可具有下列驾驶模式：

9.2.1.1 受控人工驾驶：司机在列车自动防护、自动停车等设备监控下驾驶列车运行。

9.2.1.2 限制人工驾驶：在地面设备故障或不设地面信息设备的线路，列车按规定限速运行，超速时实施安全制动停车控制。

9.2.1.3 非限制人工驾驶：司机按操作规程驾驶列车安全运行。

9.2.1.4 ATO驾驶模式：司机监控下的列车自动运行模式。

9.2.1.5 无人驾驶模式：无司机监控的列车自动运行模式。

9.2.2 城市轨道交通系统中，封闭运行线路上的信号系统，应根据信号系统配置水平确定其驾驶模式，列车驾驶模式转换应符合下列规定：

9.2.2.1 车辆段（场）未全部纳入列车运行系统监控时，应在系统监控区域与非监控区域的分界处设驾驶模式转换区。根据信号系统的性能特点和运营需要，驾驶模式转换可自动或手动完成。转换区的信号设备应与运营线路的信号设备一致。

9.2.2.2 在驾驶模式转换区域，系统宜具有将驾驶模式转换至列车自动运行驾驶模式或列车自动防护驾驶模式的提示。

9.2.2.3 在线路封闭的城市轨道交通系统中，列车的正常运行模式不允许采用非限制或无列车运行安全防护设备的人工驾驶模式。

9.2.3 系统故障状态下列车驾驶应符合：

9.2.3.1 列车自动防护系统、自动停车设备等处于故障状态时，系统宜具有后备运行模式。

9.2.3.2 经特殊授权并在有限时间内，允许列车以限制模式或非限制人工驾驶等驾驶模式执行故障运行。

9.2.3.3 驾驶模式转换应予记录或表示。

9.3 车载信号与自动停车

9.3.1 基本功能

9.3.1.1 显示与地面信息相符的信号，指示列车运行。

9.3.1.2 在规定时间内司机未按停车信号指示实施制动时，强迫列车停车。

9.3.2 技术要求

9.3.2.1 车载信号设备应与自动停车设备结合使用。在自动停车设备故障时应不影响车载信号设备正常使用。

9.3.2.2 以点式或连续式采集信息、以点式或连续式的控制模式实现车载信号显示与列车的停车控制。

9.3.2.3 车载信号必须符合故障导向安全原则。车载信号设备应保证工作稳定可靠和具有较强的抗干扰能力，在任何情况下不得产生升级显示。

9.3.2.4 车载信号与自动停车装置应在设备区段起控制作用，预告地面信号显示。

9.3.2.5 自动停车宜有速度检测及其相应停车的速度处理单元。

9.3.2.6 自动停车不得影响司机采取正常制动措施。

9.3.2.7 自动停车设备在车载信号显示停车信号时应发出音响报警。自动停车音响报警应便于司机确认。

9.3.2.8 自动停车设备在下列情况自动切除报警：

a）车载信号变为允许显示。

b）司机采取制动措施或司机按压警惕按钮。

9.4 列车自动防护

9.4.1 基本功能

9.4.1.1 检测列车位置，实现列车间隔控制和进路的正确排列。

9.4.1.2 监督列车运行速度，实现列车超速防护控制。

9.4.1.3　防止列车误退行等非预期的移动。

9.4.1.4　为列车车门、站台屏蔽门或安全门的开闭提供安全监控信息。

9.4.1.5　实现车载信号设备的日检。

9.4.1.6　记录司机操作和设备运行状况。

9.4.2　技术要求

9.4.2.1　系统应由列车占用检测与信息传递及处理等轨旁设备、车载设备和控制区域内的联锁设备组成。有关联锁内容，详见9.7。

9.4.2.2　系统应在车辆段（场）出入线、区间和车站的正线、折返线范围内提供列车运行安全防护的控制。

9.4.2.3　系统应能监督、限制列车运行速度、控制列车制动停车、记录司机操作和设备运行状况。

9.4.2.4　地面设备可采用报文式无绝缘轨道电路或适用于准移动闭塞、移动闭塞ATC系统需要的其他地面技术装备。

9.4.2.5　列车自动防护系统宜采用连续式地面信息采集、连续式速度控制方式。宜采用连续的一段式曲线速度—距离制动模式。

9.4.2.6　列车自动防护系统车上设备应具有必要的显示、音响报警和故障记录装置。速度显示装置应具有目标速度指示。

9.5　列车自动运行（ATO）

9.5.1　基本功能

9.5.1.1　启动列车并实现站间自动运行。

9.5.1.2　控制列车实现车站定点停车、车站通过和折返作业。

9.5.1.3　与行车指挥监控系统相结合，实现列车运行自动调整。

9.5.1.4　车门、站台屏蔽门或安全门的开、闭监控。

9.5.1.5　列车运行节能控制。

9.5.2　技术要求

9.5.2.1　应能提供列车牵引、惰行、制动、匀速运行等多种运行工况的控制，满足不同行车间隔的运行要求，适应列车运行调整的需要。

9.5.2.2　根据线路条件、道岔状态、前方列车位置等实现列车速度自动控制。区间停车后，在条件具备的情况下实现列车的自动启动。车站发车时，列车启动由司机控制。

9.5.2.3　停车控制过程应满足舒适度、快捷性和停车精度的要求。其控制列车减速度的变化率宜不大于$0.9m/s^3$，站台定点停车精度宜为±0.25～±0.50m。

9.5.2.4　应能控制列车实现车站自动通过作业及由司机监督或无司机监督折返作业的自动控制。

9.5.2.5　系统发出制动命令的同时，应切断列车的牵引控制回路。系统发生故障应能转为司机控制。

9.5.2.6　系统应具有必要的报警、表示装置和自检能力。

9.6　列车无人驾驶

9.6.1　基本功能

9.6.1.1　实现列车出段（场）、正线运行、折返、回段（场）全部运行作业的无人自动驾驶。

9.6.1.2　自动实现与已停列车的合并作业并完成预定的行车要求。

9.6.1.3　系统故障应保证列车安全停车并可转为人工控制。

9.6.1.4　其他功能可参照列车自动运行的有关部分。

9.6.2　技术要求

9.6.2.1　无人驾驶系统应较有人驾驶系统具有更高的可靠性、可用性和安全性。

9.6.2.2　列车在站台规定停车位置停车后方可开启车门和站台屏蔽门或安全门。若超出规定的停车范围时，应自动向有人值守的监控室报告并得到可开门指令后方可控制门的开启。

9.6.2.3　系统宜具有列车运行前方障碍物检测的设施。

9.6.2.4　其他技术要求可参照列车自动运行的有关部分。

9.7　联锁

9.7.1　基本功能

9.7.1.1　按一定程序和条件控制道岔、信号，建立列车或调车进路。

9.7.1.2　实现与列车运行和行车指挥等系统的结合，实现进路的人工或自动控制。

9.7.1.3　显示区段占用和进路状态、信号开放和道岔状态、遥控和站控等各种表示和声光报警。

9.7.2　技术要求

9.7.2.1　联锁设备分为继电联锁和计算机联锁，宜采用计算机联锁。

9.7.2.2　联锁设备必须符合故障-安全的原则，应采用必要的冗余和安全技术并具有故障诊断和报警能力。

9.7.2.3　进路控制通常采用进路的始终端控制方式，但也可采用其他进路控制方式。联锁设备与列车自动监控系统结合时，应能随列车运行自动排列进路。联锁设备应根据列车防护系统的要求设置相应的保护进路。涉及行车安全的应急控制应由车站办理。

9.7.2.4　确保进路上道岔、信号机和区段的联锁，联锁条件不符时，禁止进路开通、信号开放。

9.7.2.5　联锁设备的操纵宜选用显示器加键盘鼠标也可采用单元控制台或其他方式。

9.7.2.6　装设引导信号的信号机因故不能开放时，可使用引导进路锁闭方式开放引导信号。

9.7.2.7 联锁设备应能办理列车和调车进路。可实现车站有关进路、端站折返进路的自动排列。

9.7.2.8 联锁道岔应能实现进路锁闭、区段锁闭及人工锁闭。应能实行单独操纵和进路选动，影响行车效率的联动道岔宜采用同时启动方式。

9.7.2.9 进路实行预先锁闭和接近锁闭。进路解锁分为进路一次性解锁方式和逐段解锁方式。锁闭的进路可随列车运行自动解锁、人工办理取消进路和延时解锁并应防止错误解锁。限时解锁时间应确保行车安全。

9.7.2.10 车站站台两端及车站控制室应设站台紧急关闭按钮。站台紧急关闭按钮电路应符合故障-安全原则。

9.7.2.11 根据需要可通过联锁设备实现站间闭塞行车。

9.7.2.12 车站联锁主要控制项目包括：列车进路、引导进路、进路的解锁和取消、信号机关闭和开放、道岔操纵及锁闭、区间临时限速、扣车和取消、中断站停、遥控和站控、站台紧急关闭和取消。

9.7.2.13 联锁设备宜能提供车载信号设备所需信息。

9.7.2.14 联锁系统的道岔转换设备宜采用交流转辙机。

10 车辆段和停车场

10.1 车辆段（场）信号系统设行车指挥系统的分机设备、联锁等地面设备。根据需要可在派班室配置行车指挥系统分机设备的值班人员的终端设备。

10.2 试车线信号地面设备的布置，应满足车载信号设备等双向试车的需要，其地面设备应与正线信号系统的设备相同。

10.3 车辆段信号系统一般不全部纳入正线的监控范围。根据需要可实现段内车辆运行的追踪。

10.4 停车场可部分或全部纳入信号系统的监控范围。

11 道口信号

11.1 基本功能

11.1.1 列车接近报警。

11.1.2 道口关闭与开放控制。

11.2 技术要求

11.2.1 根据道口交通的繁忙程度及瞭望条件，平交道口一般采用道口自动信号。根据需要可加设自动栏木。

11.2.2 道口信号必须保证任何方向列车接近道口时，应及时向道路方向报警。列车接近通知设备可采用轨道电路或其他设备。

11.2.3 道口应设城市轨道交通遮断信号，该信号状态应传递至车载信号设备。

11.2.4 道口信号纳入信号系统控制，宜与公路交通信号共同构成城市交通管理实时监控系统。城市轨道交通信号系统与公路交通灯光信号设备混用时，宜采用相互一致的安全措施。

11.2.5 道口信号设备应符合故障导向安全的原则。

11.2.6 道口应具有人工紧急关闭道口的能力，无人值守道口应具有检测城市轨道交通线路上存留行车障碍物的设备。

12 列车检测与信息传递

12.1 基本功能

12.1.1 固定闭塞系统实现闭塞分区的列车占用—空闲的检测，以闭塞分区为单元检测列车的位置。车载信号设备根据地面设备传递的速度码等信息，实现列车间隔控制和超速防护或停车控制。

12.1.2 准移动闭塞系统实现闭塞分区的列车占用—空闲的检测，以闭塞分区为单元检测列车的位置。车载信号设备根据列车位置、目标距离、目标速度和线路状态等信息实现列车间隔控制和超速防护控制。

12.1.3 移动闭塞系统应通过列车定位技术及车地信息的双向传输，实现列车位置的准确定位，并将列车所在线路上的准确位置、列车运行控制所需信息等传送至联锁、信号车载等设备，实现列车间隔控制。

12.2 技术要求

12.2.1 列车检测设备应在规定的工作环境、线路状态和电磁干扰影响等条件下，保证安全和确实的实现列车位置的检测、信息可靠和安全的传输，不应错误地出现升级信息。

12.2.2 根据信号系统的构成和功能实施的需要，列车检测可通过连续检测或非连续检测方式实现。

12.2.3 与行车安全相关系统的列车占用检测、信息传递及列车定位等技术措施和设备必须符合故障-安全的原则。

12.2.4 列车检测设备宜采用集中设置方式，根据需要可以沿线路分散设置。列车检测设备必须具有差错控制能力，应防止地面设备故障、信息丢失而导致误控或失控，并同时应能连续监视通道状态，信息传递中断时应采取安全措施。

12.2.5 列车占用检测、列车定位及信息传递可采用下述设备：

12.2.5.1 列车占用检测可采用轨道电路、轨旁环线、计轴等方式。

12.2.5.2 列车定位技术可采用轨道电路、轨旁环线、查询-应答器、无线或卫星定位和辅以速度—距离传感器等方式。

12.2.5.3 车-地通信可利用轨道电路、轨旁环线、卫星通信、查询-应答器、无线通信（含漏泄同轴电缆通信）等信息传输方式。

13 供电

13.1 信号系统供电属一级负荷，应设两路独立电源供电。

13.2 信号系统采用集中电源和分路馈电方式。其交、直流电源应对地绝缘。

13.3 电源电压波动超过用电设备正常工作范围时，应采取必要的稳压和滤波等措施。

13.4 车载设备电源应采用车上电源直接或经变流设备供电，并应设过压和过流保护。

13.5 信号系统应采用专用的电源屏及配电屏供电，并应具有主、副电源自动和手动切换装置，切换时不得影响用电设备正常工作。

13.6 计算机系统应采用不间断电源，并由专用的电源屏供电。行车指挥中心子系统和车站及轨旁设备子系统的后备供电时间应相等，后备时间宜不小于30min。

13.7 电源容量除满足最大负荷需要外，还应考虑必要的备用容量。

13.8 电源系统尚应满足的其他技术要求如下：

13.8.1 电源系统主要功能单元，宜采用模块化积木式结构。系统应采用冗余措施，具有较高的可靠性，保证信号系统供电可靠。

13.8.2 电源系统各功能模块应采用带电插拔、鉴别防错连接技术，提高电源系统维护能力、缩短故障恢复时间。

13.8.3 电源系统宜实现对各模块及主要元器件的工作状态进行定时或实时在线监测，并与上位计算机联网，实现信号电源的集中监视。

14 电磁兼容性与防护

14.1 电磁兼容性

14.1.1 电磁兼容性应满足下列要求：

14.1.1.1 在设计、制造信号设备时，应保证电磁干扰不影响其安全性和可靠性，并采用屏蔽、滤波、接地、隔离、平衡以及其他技术措施，保证设备具有良好的电磁兼容性能。

14.1.1.2 消除电磁辐射、感应、传导和静电释放等干扰因素对信号设备的正常工作产生影响。信号设备、部件也应防止对其他系统、部件和运营线范围内以及附近系统的正常工作产生电磁干扰。

14.1.1.3 信号设备在正常工作时向设备外部可能发射的电磁干扰，应符合电源和机箱端口试验项目有关规定的电磁发射限值要求。

14.1.2 设备的抗扰度试验

设备应进行抵御外界电磁骚扰能力的试验。在设备与外部环境的特定接口，包括机箱端口、电源端口、输入输出端口和地线端口上加入标准的电磁骚扰模拟信号，其严酷程度由试验等级表示。设备因外部电磁骚扰影响而使其功能或性能下降的判断依据用性能判据表示。

14.1.2.1 试验项目

包括射频电磁场辐射骚扰、射频场感应传导骚扰、电快速瞬变脉冲群、浪涌冲击电压、静电放电、工频磁场、脉冲磁场的抗扰度试验。

14.1.2.2 性能判据

A级：功能或性能正常。

B级：功能或性能暂时降低或丧失，但可自行恢复。

C级：功能或性能暂时降低或丧失，需操作者干预或系统复位后方可恢复。

D级：设备、元件或软件损坏、出错或数据丢失，必须经修复处理后方可恢复。

14.1.2.3 试验要求

抗扰度试验的试验方法、试验等级、性能判据见EN 50121－4：2000和TB/T 3073－2003相关条款。

a）对安全设备的性能判据应采用A级。

b）对非安全设备的性能判据可采用B级。

14.1.3 设备的电磁骚扰发射试验

设备对外界发射的电磁骚扰的试验包括：电源端口的传导发射试验和机箱端口的辐射发射试验。试验方法和骚扰限值见EN 50121－4：2000和TB/T 3073－2003相关条款。

14.2 防护

14.2.1 设备运行应保护环境不受侵害。系统设备正常工作时发射的电磁能量应不造成对周围环境中的其他设备或人员的干扰和危害，并防止其他机电设备及车辆等产生的电磁骚扰影响其可靠工作。

14.2.2 信号设备与接触网或接触轨带电部分之间应留有安全距离。信号电缆线路与强电线路应分开敷设，宜相互垂直交叉敷设，必要时应采取防护。动力电缆与信号电缆的最小平行间距以大于50cm为宜。

14.2.3 信号金属结构物的装设应考虑防护牵引迷流对金属和隧道体的电蚀措施。

14.2.4 轨旁设备应防止最大牵引回流、钢轨不均衡电流的影响。相邻轨旁设备应防止工作频率的相互串扰。

14.2.5 装设单轨条轨道电路的车站，相邻轨道电路并联的牵引轨条数应符合轨道电路设备要求。双轨条轨道电路区段采用接触网供电的接触网杆塔或支架的接地引线，不得直接引至钢轨。

14.2.6 易受雷电危害的设备应具有雷电感应过电压防护，并应满足下列要求：

14.2.6.1 防护电路应将雷电感应过电压限制在被防护设备的冲击耐压水平以下，可不对直接雷击设备实施防护。

14.2.6.2 防护电路不应影响被防护设备的正常工作，并应保证设备受雷电干扰时不得错误动作。

14.2.6.3 防雷元器件与被防护设备之间的连接线应最短，防护电路的配线应与其他配线分开，其他设备不应借用防雷元器件的端子。

14.2.6.4 室外信号设备、与外线连接的室内信号设备应具有雷电防护措施。

14.2.6.5 防雷地线接地电阻应小于10Ω。

14.2.7 信号设备的接地应符合下列规定：

14.2.7.1 信号设备应设工作地线、保护地线、屏蔽地线和防雷地线等。

14.2.7.2 信号设备室应设主接地板，并通过主接地板接地。

14.2.7.3 车载信号设备的地线应经车辆的接地装置接地。

14.2.8 电源设备及其他带电信号设备的机架、机壳应设保护地线，需工作接地的设备应设工作地线。接地电阻值规定如下：

14.2.8.1 保护地电阻应小于10Ω。

14.2.8.2 工作地电阻应小于4Ω。

14.2.8.3 信号设备可采用综合接地系统，其接地电阻应不大于1Ω。

15 环境条件

15.1 设备正常工作时的环境条件如表1所示。

表1

工作环境 \ 设备位置		车辆：车体内部	车辆：车体外部	车辆：转向架	车辆：车轴	地面：室外	地面：室内
环境温度/℃		−25～55	−40～70				0～45
湿度（25℃）		≤95%	100%（不结露）				≤95%
振动	振频/Hz	≤50	≤50	10～100	10～10k	≤100	≤100
	加速度/（m/s^2）	20	20	100～200	100～200	≤30	≤20
冲击	持续时间/ms	4～11	4～11	4～11	0.5～2	≤200	≤200
	加速度/（m/s^2）	20～50	20～50	100～150	500～1000	≤100	≤100
平均气压/kPa		70～106（相当于海拔约3000m以下）					

15.2 信号系统运用于特殊环境条件时，应保证系统及其设备在相应地区的环境条件下安全可靠地运行，或采取必要的附加措施保证系统和设备安全可靠地运行。

参考文献

IEC 61508 Functional safety of electrical/electronic/programmable electronic safety-related systems

EN 50126 Railway applications：The specification and demonstration of Reliability，Availability，Maintainability and Safety（RAMS）

EN 50128 Railway applications：software for Railway Control and Protection Systems

EN 50129 Railway applications：safety related electronic systems for signalling

GB 50157－2003《地铁设计规范》

TB 10007－1999《铁路信号设计规范》

TB/T 26677－1995《列车超速防护技术条件》

中华人民共和国城镇建设行业标准

城市轨道交通站台屏蔽门

Urban railway transportation platform screen door system

CJ/T 236－2006

前　　言

本标准为首次制定。

本标准的附录A和附录B为资料性附录。

本标准由建设部标准定额研究所提出。

本标准由建设部城市轨道交通标准技术归口单位建设部地铁与轻轨研究中心归口。

本标准主编单位：方大集团股份有限公司。

本标准参编单位：广州市地下铁道总公司、中国建筑科学研究院、广州市地下铁道设计研究院。

本标准主要起草人：朱卫平、彭海龙、谭晓梅、赵军、姜仁、靳守杰、孙增田、于国安、刘招生、刘晓东、吴慧敏、安亚军。

1　范围

本标准规定了城市轨道交通站台屏蔽门技术要求、试验和包装、运输与储存。

本标准适用于城市轨道交通站台屏蔽门设计、制作、检测、验收。

2　规范性引用文件

下列文件中的条款通过本标准的引用而成为本标准的条款。凡是注日期的引用文件，其随后所有的修改单（不包括勘误的内容）或修订版均不适用于本标准，然而，鼓励根据本标准达成协议的各方研究是否可使用这些文件的最新版本。凡是不注日期的引用文件，其最新版本适用于本标准。

GB 191　包装储运图示标志

GB/T 699　优质碳素结构钢

GB/T 700　碳素结构钢

GB/T 1220　不锈钢棒

GB/T 1804－2000　一般公差　未注公差的线性和角度尺寸的公差

GB/T 2828.1　计数检验抽样程序　第1部分：按接收质量限（AQL）检索的逐批检验抽样计划

GB/T 3190　变形铝及铝合金化学成分

GB/T 3280　不锈钢冷轧钢板

GB/T 4171　高耐候结构钢

GB/T 4172　焊接结构用耐候钢

GB/T 4237　不锈钢热轧钢板

GB 5237.1～5237.6　铝合金建筑型材

GB/T 6388　运输包装收发货标志

GB/T 7107　建筑外窗气密性性能分级及检测方法

GB 9254　信息技术设备的无线电骚扰限值和测量方法

GB 8624－1997　建筑材料燃烧性能分级方法

GB 9962　夹层玻璃

GB/T 9963　钢化玻璃

GB/T 13384　机电产品包装通用技术条件

GB 16776　建筑用硅酮结构密封胶

GB/T 17626.2　电磁兼容　试验和测量技术　静电放电抗扰度试验

GB/T 17626.3　电磁兼容　试验和测量技术　射频电磁场辐射抗扰度试验

GB/T 17626.4　电磁兼容　试验和测量技术　电快速瞬变脉冲群抗扰度试验

GB/T 17626.5　电磁兼容　试验和测量技术　浪涌（冲击）抗扰度试验

GB/T 17626.6　电磁兼容　试验和测量技术　射频场感应的传导骚扰抗扰度

GB/T 17626.8　电磁兼容　试验和测量技术　工频磁场抗扰度试验

GB/T 17626.11　电磁兼容　试验和测量技术　电压暂降、短时中断和电压变化抗扰度试验

GB 50157　地铁设计规范

JC/T 882　幕墙玻璃接缝用密封胶

JGJ 102　玻璃幕墙工程技术规范

JGJ 113　建筑玻璃应用技术规程

3　术语和定义

下列术语和定义适用于本标准。

3.1

城市轨道交通站台屏蔽门　urban railway transportation platform screen door system

安装于地铁、轻轨等轨道交通车站站台边缘，将轨道与站台候车区隔离，设有与列车门相对应，可多级控制开启与关闭滑动门的连续屏障，简称屏蔽门。包括全高屏蔽门、半高屏蔽门。

3.2

应急门　emergency escape door

列车门与滑动门不能对齐时，供疏散的门。

3.3

端头门　platform end door

设置于屏蔽门两端进出轨行区的门。

3.4

司机门　driver cab door

与列车司机门对应、进出站台的门

3.5

门机　door mechanism

开启与关闭滑动门的驱动机构。

3.6

门控器　door control unit

就地对门机进行控制的控制装置。

3.7

锁紧机构　locking device

可将滑动门锁紧的装置。

3.8

解锁机构　unlocking device

在站台侧使用专用钥匙，在轨道侧能手动解开锁紧机构的装置。

3.9

就地控制盘　platform screen doors local control panel

就地控制单侧屏蔽门的控制装置。

3.10

中央控制盘　platform screen doors central interface panel

一个车站的屏蔽门控制中心，包括逻辑控制单元、监视单元及其各种接口。

3.11

就地控制盒　local control box

就地控制单樘滑动门的控制装置。

3.12

紧急控制盘　platform screen doors emergency control panel

紧急情况下控制单侧屏蔽门的装置。

4　符号与缩略语

符号与缩略语见附录A。

5　要求

5.1　一般要求

5.1.1　屏蔽门应设置与列车门位置和数量相对应的滑动门。

5.1.2　每侧屏蔽门的两端应各设置至少一樘端头活动门。

5.1.3　滑动门、应急门、端头活动门应能可靠锁闭，在站台侧可用专用钥匙开启，在轨道侧应能方便开启。

5.1.4　屏蔽门的整体结构应满足限界设计要求。

5.1.5　屏蔽门所选用的玻璃应采用安全玻璃。

5.1.6　滑动门的净开度不应小于列车门的净开度，所有可开启门的净高度不宜小于列车门的净高度。

5.1.7　屏蔽门整体结构在工程设计给定的荷载或荷载组合作用下，门机、门扇等运动构件不应发生功能障碍，强度、刚度、疲劳强度应满足设计要求，门体轨道侧的最大绝对变形量应满足下列要求：

a）门体高度小于等于4000mm，最接近列车动态包络线的构件的最大变形量不大于15mm；

b）门体高度大于4000mm，最接近列车动态包络线的构件的最大变形量不大于20mm；

c）半高屏蔽门顶部最接近列车的构件的最大变

形量不大于15mm；

d）半高屏蔽门活动门扇的最大变形量不大于50mm；

e）所有门体构件均不发生永久塑性变形，残余变形量不大于1mm。

5.1.8 屏蔽门结构应考虑温差变形及建筑主体的非均匀沉降和伸缩缝的影响。

5.1.9 屏蔽门系统宜设置相对独立的监视及控制系统。

5.1.10 屏蔽门监控以车站为单位独立设置，满足电磁兼容性要求。

5.1.11 当屏蔽门与列车车厢有等电位要求时，正常情况下人体可触及的屏蔽门金属构件应与土建结构绝缘，绝缘范围内门体金属构件应满足等电位要求。

5.1.12 屏蔽门主要构件及设备应能在站台侧进行维护、修理和更换，并满足运营要求。

5.1.13 密闭结构屏蔽门气密性能应满足工程设计要求。

5.1.14 非密闭结构屏蔽门的通风面积满足设计要求。

5.1.15 半高屏蔽门的高度不应小于1.2m，半高屏蔽门距站台边缘距离满足设计要求。

5.1.16 屏蔽门所产生的噪声峰值不超过70dB（A）。

5.1.17 屏蔽门应设置就地控制盒，用于单樘滑动门的测试、调试、维修。

5.1.18 屏蔽门的承受人群挤压荷载不应低于1000N/m²。

5.2 门体结构及机械性能要求

5.2.1 门体与建筑主体的连接结构宜设计有三维调节功能，强度、刚度满足设计要求。

5.2.2 门体结构钢制构件应采取有效防腐措施。

5.2.3 门体结构的立柱和横梁等构件采用焊接结构时，应在工厂加工成独立的部件。

5.2.4 滑动门门扇应设置解锁机构，应急门门扇应设置推杆锁。

5.2.5 玻璃与门框宜采用橡胶条镶嵌或粘结方式固定安装，采用粘接工艺时，宜选用双组份硅酮结构密封胶，玻璃与门框镶嵌槽口的配合尺寸、硅酮结构密封胶的厚度与宽度应满足JGJ 102的规定。

5.2.6 滑动门门扇下部的导向滑块应选用非金属耐磨材料，并易于更换。

5.2.7 设有滑动门导槽的屏蔽门，导槽内应考虑排屑措施。

5.2.8 滑动门导槽兼做踏步板，且宽度大于100 mm时，表面应进行防滑处理。

5.2.9 驱动电机宜选用直流电机。

5.2.10 传动系统宜采用滚珠丝杆或同步齿型带，当采用同步齿型带传动时，应设置张紧力调节装置，齿型带的运动次数不应小于滑动门开关100万次且使用寿命不少于8年。

5.2.11 滑动门应设置锁紧机构。当滑动门完全关闭时，锁紧机构能可靠的将滑动门锁紧；开启滑动门时，锁紧机构应能自动解锁。

5.2.12 机械运动及动力学性能应满足下列要求：

a）完成关门过程时间：3.0～4.0s范围内可调，重复精度0.1s；

b）完成开门过程时间：2.5～3.5s范围内可调，重复精度0.1s；

c）手动开启滑动门的力小于等于150N；

d）阻止滑动门关闭的力小于等于150N（匀速运动区间）；

e）滑动门手动解锁力小于等于67N；

f）应急门及端头门手动开门力小于等于150N；

g）每扇滑动门最大动能不超过10J；

h）每扇滑动门关门的最后100mm行程最大动能不超过1J。

5.2.13 功能应满足下列要求：

a）手动解锁关门延迟时间：0～30s可调；

b）障碍物探测次数：1～5次可调；

c）障碍物探测间隔时间：0～2s可调；

d）重关门延迟停顿时间：0～10s可调；

e）障碍物探测后滑动门打开度：零至最大净开度可调。

5.3 屏蔽门系统的监控

5.3.1 一般要求

5.3.1.1 屏蔽门系统的基本操作模式可分为五级：

a）由信号系统对屏蔽门进行开关控制；

b）由就地控制盘对屏蔽门进行开关控制；

c）通过紧急控制盘对屏蔽门进行开关控制；

d）通过就地控制盒对单樘屏蔽门进行开关控制；

e）在站台侧用钥匙或在轨道侧通过开门把手打开滑动门，该模式具有最高优先级。

5.3.1.2 屏蔽门系统设备应具有过流、过压保护，当外部电源过压在±20%范围内波动时，系统应能正常工作。

5.3.1.3 中央控制盘及门控器应配置通讯接口，可下载软件、调整参数。

5.3.1.4 屏蔽门的控制及监视系统应独立设置，控制命令及重要的状态信息通过硬线传输，状态及故障信息采用总线传输。

5.3.1.5 滑动门的运动速度曲线应能调整，并可集中下载到每个门控器。

5.3.2 控制系统

5.3.2.1 一个逻辑控制单元控制一侧屏蔽门，每侧站台的逻辑控制单元之间应相互独立。

5.3.2.2 逻辑控制单元应设置与信号的接口。

5.3.2.3　控制系统的设计应考虑可靠性、可维护性、可扩展性。

5.3.3　监视系统

5.3.3.1　屏蔽门监视系统宜采用标准开放式的通讯协议。

5.3.3.2　监视系统应能实时监视屏蔽门系统的状态，收集存贮系统的关键信息。

5.3.3.3　中央控制盘宜设置与车站控制中心进行通讯的接口。

5.3.3.4　网络拓扑结构宜为总线型。

5.3.4　屏蔽门系统软件要求

5.3.4.1　软件的设计应遵循可靠性、可维护性、安全性的原则，并可升级。

5.3.4.2　具有友好的人机界面和报表形式、简明的操作指导信息。

5.3.4.3　在负荷增加40%的情况下应能正常工作。

5.3.4.4　软件应具有自诊断功能。

5.3.4.5　系统软件接口协议应采用国际标准协议。

5.3.4.6　数据响应时间不超过300ms。

5.3.4.7　配置综合测试和诊断软件包，可诊断系统内各种设备故障，故障标志到模块级。

5.3.4.8　可以在线诊断数据的通信功能。

5.3.4.9　应用软件应能够调整开关门时间、电机速度曲线参数、门体夹紧力阈值、重复关门延迟时间和重复关门次数等参数。

5.3.5　屏蔽门供电电源

5.3.5.1　电源宜作为独立的一个系统进行配置。

5.3.5.2　应采用一级负荷供电。

5.3.5.3　驱动电源和控制电源应分别独立设置，驱动备用电源的储能应能满足30 min内至少完成开/关滑动门的一次循环，控制备用电源储能至少应满足负载持续工作30 min。

5.3.5.4　驱动电源与车站低压配电系统隔离等级不少于5MΩ。

5.3.5.5　控制电源与车站低压配电系统隔离等级不少于5MΩ。

5.3.5.6　电源装置外壳防护等级不少于IP31。

5.3.6　屏蔽门系统接地

5.3.6.1　当屏蔽门有等电位要求时，门体连接至钢轨（即与钢轨等电位）。

5.3.6.2　门体与车站结构之间的绝缘电阻大于等于0.5MΩ。

5.3.6.3　门体应保持有效的电气连接，其总电阻值小于等于0.4Ω。

5.3.6.4　滑动门应与门体其他部分结构保持等电位。

5.4　材料

5.4.1　铝合金型材

5.4.1.1　铝合金型材化学成分应符合GB/T 3190的规定。

5.4.1.2　铝合金型材应满足GB 5237的规定。

5.4.2　钢材

5.4.2.1　钢材宜选用奥氏体不锈钢、高耐候钢或碳素结构钢。

5.4.2.2　钢板类应符合GB/T 3280、GB/T 4237规定的要求，钢棒类应符合GB/T 1220的规定。

5.4.2.3　高耐候钢应符合GB/T 4171或GB/T 4172的规定。

5.4.2.4　碳素结构钢应符合GB/T 699或GB/T 700的规定。

5.4.3　玻璃

5.4.3.1　玻璃厚度应符合JGJ 113、JGJ 102的规定，最大许用面积应符合JGJ 113的规定。

5.4.3.2　钢化玻璃应符合GB/T 9963的规定，并进行均质处理。

5.4.3.3　夹层玻璃性能应符合GB 9962的规定。

5.4.4　结构密封胶

5.4.4.1　结构密封胶应满足强度设计的要求。

5.4.4.2　结构密封胶应进行与接触材料的相容性和剥离粘结性试验。

5.4.4.3　结构密封胶应在有效期内使用。

5.4.5　填缝密封胶、橡胶及塑料制品

5.4.5.1　填缝密封胶宜采用硅酮建筑密封胶，其性能应符合JC/T 882的规定。

5.4.5.2　橡胶制品宜采用三元乙丙橡胶、氯丁橡胶或硅酮橡胶。

5.4.5.3　橡胶、塑料制品燃烧性能不应低于GB 8624－1997规定的B2级。

5.4.5.4　有绝缘要求的屏蔽门，屏蔽门上部、下部的绝缘垫块、隔圈或隔套等塑料制品应满足设计要求的绝缘性能、抗压或抗拉强度性能要求。

5.4.6　在采用其他材料时，其性能要求不能低于上述材料性能指标。

5.5　加工制造要求

5.5.1　零、部件加工尺寸及形位公差应符合设计要求；未注公差的不应低于GB/T 1804－2000规定的m级。

5.5.2　门扇及装饰面板等部件的尺寸与形位公差应符合表1的规定。

表1　门扇、装饰面板的尺寸及形位允许偏差

单位为毫米

项　目	允许偏差	
边长（L）	≤2000	±1.0
	＞2000	±1.5
项　目	允许偏差	

续表

项　目	允许偏差	
对角线差（L）	<2000	≤2
	2000≤L≤3000	≤3
	>3000	≤4
结构密封胶注胶宽度	—	$^{+3}_{0}$
结构密封胶注胶厚度	—	$^{+0.5}_{0}$
接缝宽（b）	<5	±0.5
	5≤b≤10	±0.8
	>10	±1.0

6　试验

试验分型式试验和出厂试验。

6.1　型式检验

6.1.1　型式试验原则

有下列情况之一时应进行型式试验：

a）新产品或老产品转厂生产的试制定型鉴定（包括技术转让）；

b）正式生产后，当结构、材料、工艺有较大改变而可能影响产品性能时；

c）正常生产时每两年检验一次；

d）产品停产两年后，恢复生产时；

e）交收检验结果与上次型式检验有较大差别时；

f）国家质量监督机构提出进行型式检验要求时。

6.1.2　型式试验项目

6.1.2.1　结构测试

结构测试用于测试样机是否满足设计强度、刚度的要求，参见附录 B.1。

6.1.2.2　密封测试

有密封要求的屏蔽门，应进行密封测试，参见附录 B.2。

6.1.2.3　速度曲线测试

速度曲线测试用于检测滑动门在开门或关门过程中是否满足设计要求，参见附录 B.3。

6.1.2.4　加速寿命测试

加速寿命测试用于测试样机在设定的速度曲线时的 100 万次循环运行疲劳试验，参见附录 B.4。

6.1.2.5　电磁兼容性测试

电磁兼容性测试用于检测屏蔽门系统的电磁干扰，参见附录 B.5。

6.1.2.6　动能测试

动能测试用于检测活动门在关门期间的最大动能和最后 100 mm 行程的动能，参见附录 B.6。

6.1.2.7　功能测试

功能测试应至少包括电气测试、障碍物探测、关门力检测、滑动门开关测试、等电位测试，参见附录 B.7。

6.1.2.8　噪声测试

噪声测试用于测试样机的噪声峰值小于等于 70 dB（A），参见附录 B.8。

6.1.2.9　防夹力测试

屏蔽门防夹力测试参见附录 B.9。

6.1.2.10　软件测试

软件测试用于测试系统软件及应用软件是否满足设计要求，参见附录 B.10。

6.1.2.11　接口测试

接口测试用于屏蔽门与其他系统之间的接口是否满足设计要求，接口是否配合，参见附录 B.9。

6.1.3　试验见证及试验签署

6.1.3.1　型式试验可由生产企业组织实施，政府质量监督部门授权的检测单位或采购方委托的代表单位见证、确认，也可委托具有政府质量监督部门授权的检测单位的第三方组织实施。

6.1.3.2　型式试验报告应由组织实施及见证部门共同签署，报告应包括以下内容：

a）最终产品生产企业名称；

b）驱动门机生产企业名称；

c）主要配套设备名称、型号、规格；

d）主要项次的试验、测试记录或报告；

e）组织实施单位名称、见证单位名称；

f）试验、测试数据分析汇总表及总结。

6.2　出厂检验

6.2.1　屏蔽门系统中属厂家自行设计、自行生产的产品，应对设备进行 100%出厂前的测试。

6.2.2　屏蔽门系统的门体零件、部件应按 GB/T 2828.1规定的抽样方法进行出厂检验，并开具合格证。

6.2.3　采用结构密封胶粘接的玻璃组件，出厂时应按要求进行试验样件的剥离检验。

7　包装、运输与储存

7.1　包装

7.1.1　包装箱应有足够的牢固程度，在吊装、运输过程中不应发生损坏，包装应满足按 GB/T 13384 的规定。

7.1.2　设备表面应采取适用的防锈措施和用木材或其他材料加以保护；对电气绝缘部件应采用防潮和防尘包装；对仪器仪表设备应密封包装，并有妥善的防震措施。

7.1.3　包装箱上的标志应符合 GB/T 6388 的规定。

7.1.4 包装箱上应有明显的“怕湿”、“小心轻放”、“向上”等标志，其图型应符合 GB 191 的规定。

7.1.5 包装箱中应有装箱单、明细表、产品出厂证明书、合格证、随机技术文件及图纸，这些文件、清单、资料均应装在置于包装箱内表面的专用盒内。

7.1.6 有外露装饰面的金属零、部件（面板、装饰型材及装饰扣条等）及玻璃构件（各种门扇等）应对装饰面贴膜或用柔性物体包裹等方法进行简易包装。

7.2 运输

7.2.1 未包装或简易包装的屏蔽门零件、部件宜采用公路运输，采用铁路或海运运输时宜使用集装箱。

7.2.2 未包装的钢制构件装车时应固定可靠，用木材或其他软材料加以保护，避免表面镀层擦伤或损坏。

7.2.3 门扇等玻璃构件装卸时应轻拿、轻放，采用起吊设备装卸车应使用柔性绳索或在捆绑部位垫置柔性物体。

7.2.4 门扇等玻璃构件装车时应垂直放置，并采用钢制或木质三角架进行可靠固定，构件与构件之间及玻璃周边均应采用柔性物体隔离。

7.2.5 运输有包装的屏蔽门零件、部件，包装箱应固定可靠。

7.3 储存

7.3.1 金属构件及零、部件的储存应选择一般条件的室内环境，严禁与酸碱等类物质接触，并要严防雨水渗入。

7.3.2 电气配套设备及零、部件应按产品使用说明书要求，选择通风良好、干燥、无腐蚀性气体的室内环境储存。

7.3.3 易燃、易爆及易失效的工程配套辅助用品（清洗溶剂、油漆、各类密封及粘接胶等）应按产品使用说明书要求单独存放，并标识“严禁烟火”等警示标识。

附 录 A
（资料性附录）
符号和缩略语

A.1 ASD——滑动门。

A.2 DCU——门控器。

A.3 EED——应急门。

A.4 EMC——电磁兼容性。

A.5 FIX——固定门。

A.6 PED——端头门。

A.7 PSD——屏蔽门。

A.8 LCB——就地控制盒。

A.9 MTBF——平均无故障周期。

A.10 MDT——平均不可用时间。

A.11 MTTR——平均恢复前时间。

A.12 PSC——中央控制盘。

A.13 PSL——就地控制盘。

A.14 SIG——信号系统。

A.15 UPS——不间断电源。

附 录 B
（资料性附录）
试验方法

B.1 结构测试

B.1.1 结构测试的样机部件至少包括两扇对开的滑动门、一扇固定门、一套支承结构，有顶箱、支承结构、门槛的屏蔽门应一并测试。

B.1.2 风荷载的施加可以在风室里进行，也可以将风荷载折算为线性荷载后加载。

B.1.3 试验装置见图 B.1。

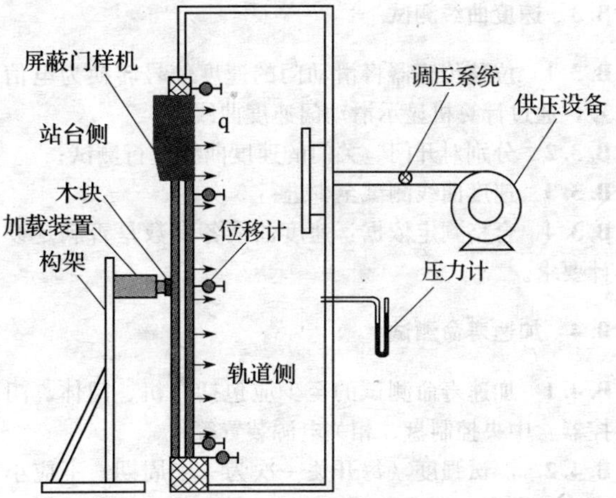

图 B.1 负风压荷载试验和乘客挤压荷载联合试验示意图

B.1.4 试验方法及步骤：

a) 按图 B.1 所示，将屏蔽门试验单元固定密封，在门体主要受力杆件的中点及两端和门体最接近列车动态包络线部位及对应箱体连接屏蔽门试验单元的基础部位安装数组位移计；

b) 给屏蔽门试验单元施加 300 Pa 预备荷载，卸载后将仪器调校及归零；

c) 从零开始分级对门体加正压，每级压力不超过 250 Pa，作用时间不少于 10 s，直至压力达到设计的风压标准；记录位移计读数；

d) 有要求时，再按图 B.1 所示对门体施加乘客挤压力，从 0 升至设计荷载，待变形及应力稳定后再进行读数；

e) 卸载乘客挤压力，再卸载负压力，记录各测量点残余变形量；

f）重复上述步骤3次；

g）检查轨道交通站台屏蔽门有无损坏和永久变形；

h）计算门体主要受力杆件的弹性变形量、计算门体最接近列车动态包络线部位的最大位移值和各测量点残余变形量。

按上述步骤对门体施加负压并测量变形。

B.1.5 合格判定依据：屏蔽门试验单元无结构破坏、塑性变形、主要受理杆件的弹性变形量和门体最接近列车动态包络线部位的最大位移值不超过设计值要求，最大残余变形量小于等于1mm。

B.2 密封测试

B.2.1 将样机安装在密闭室，与密闭室结构连接部分完全密封；

B.2.2 按GB/T 7107规定进行气密性检测；

B.2.3 合格判定依据：空气泄漏量满足设计要求。

B.3 速度曲线测试

B.3.1 位移传感器将滑动门的速度信号转换为电信号，通过计算机显示滑动门速度曲线。

B.3.2 分别对开门、关门的速度曲线进行测试；

B.3.3 速度曲线测试至少进行5次；

B.3.4 合格判定依据：速度曲线各参数是否满足设计要求。

B.4 加速寿命测试

B.4.1 加速寿命测试的至少应包括门机、门体、门控器、中央控制盘、相关电源装置等；

B.4.2 测试强度（每开关一次为一个周期）不应小于四个周期/min；

B.4.3 每25万次应至少对样机的速度曲线、关门力、开门力、解锁力、噪音等进行测量并记录。

B.4.4 合格判定依据

B.4.4.1 在试验过程中，样机不应出现重大故障，当出现重大故障时，100万次寿命试验从零开始重新计数，重大故障包括：

B.4.4.1.1 重要部件出现无法恢复的故障：

a）开关门动作不能完成；

b）驱动及传动装置损坏；

c）滑动门出现严重变形，导致运行曲线或其他参数不能满足设计要求；

d）门控器的监视装置损坏丢失屏蔽门的状态。

B.4.4.1.2 出现无法恢复的系统性故障：

a）中央控制盘由于设计缺陷造成停机、烧毁、与设计要求的性能有重大差异；

b）系统内重要部件由于硬件或软件的可靠性引起的不可恢复的故障；

c）由于设计缺陷或重要器件损坏使得系统无法执行重要命令；

d）由于设计缺陷使得系统重要状态信息无法通过硬线回路传输。

B.4.4.2 在试验过程中，样机如果出现一般性故障，在排除故障且经业主代表许可后，100万次寿命试验从排除故障前的计数继续开始，一般性故障包括：

a）一般性的部件损坏：非重要部件损坏；

b）合同中已定义为设计寿命不超过五年的易损部件的损坏；

c）由于屏蔽门之外的因素（包括其他系统的模拟接口）、装配原因或人为损坏而出现的故障。

B.5 电磁兼容性测试

电磁兼容性测试所遵循的标准如下：GB/T 17626.2～17626.6、GB/T 17626.8、GB/T 17626.11和GB 9254。

B.6 动能测试

B.6.1 试验装置见图B.2。

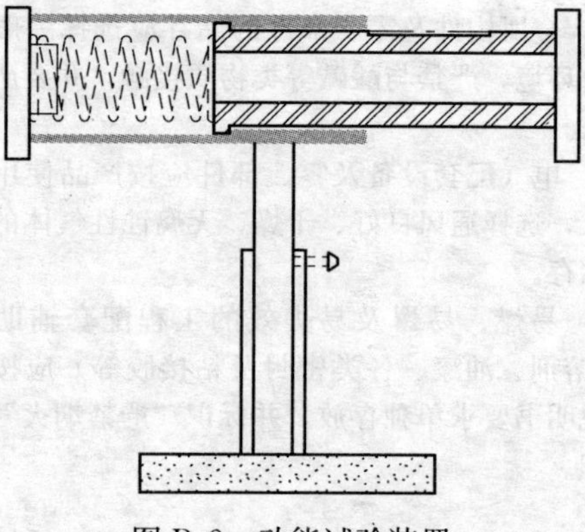

图B.2 动能试验装置

B.6.2 试验方法

B.6.2.1 分别将动能试验装置放置于活动门关门行程的1/2处和活动门关门行程的最后100mm处；

B.6.2.2 执行滑动门关门操作，记录动能试验装置的弹簧压缩量；

B.6.2.3 重复上述操作3次，并记录弹簧的压缩量；

B.6.2.4 通过下式计算动能。

$$E = \frac{1}{2}KX^2 \quad \text{(B.1)}$$

式中：

E——动能；

K——弹簧弹性系数；

X——弹簧压缩量。

B.6.3 合格判定依据：每扇滑动门关门行程的 1/2 处最大动能不超过 10J，每扇滑动门关门的最后 100mm 处最大动能不超过 1J。

B.7 功能测试

B.7.1 对于有列车与屏蔽门等电位要求的屏蔽门的电气测试验应包括绝缘测试、等电位测试。门体与车站结构之间的绝缘电阻大于等于 0.5MΩ，门体应保持电气连续性，其总电阻值小于等于 0.4Ω。

B.7.2 障碍物探测：将厚 5 mm、宽 40 mm 的钢板放置在两扇滑动门之间的中央位置，在滑动门接触到钢板后应能够探测到，门控器控制滑动门自动进入障碍物探测模式，门控器设置的关门力阈值不超过150N。

障碍物探测见图 B.3。

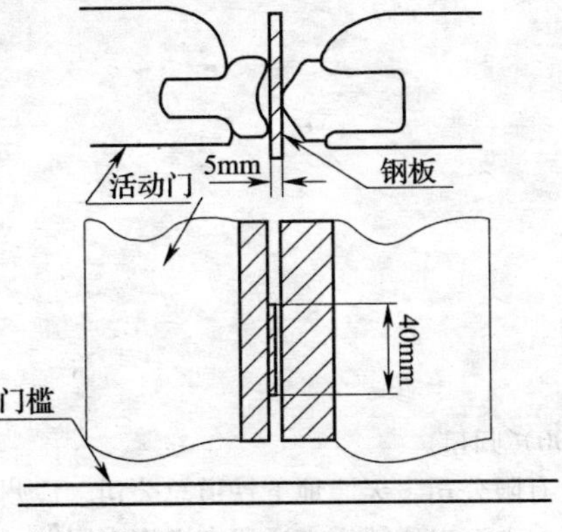

图 B.3 障碍物探测示意图

B.7.3 关门力检测：测试滑动门对人的作用力，测试在滑动门行程的 1/3 处进行，作用力不超过 150N。

B.7.4 按照设计的操作模式的要求，测试在各种模式下滑动门是否能够正常开关。

B.8 噪声测试

a) 在距屏蔽门 1m，高度 1.5m 处进行测试；

b) 背景噪声至少小于测试噪声 10dB（A）；

c) 判定合格的标准：噪声目标峰值小于等于 70dB（A）。

B.9 防夹力测试

试验步骤：

a) 选定弹簧弹性系数 K；

b) 在滑动门行程中的 1/2 行程处布置弹簧测试设备（如动能测试装置）；

c) 滑动门关门，测量弹簧压缩量；

d) 通过下式计算此弹簧所受到的力：

$$F = KX \quad \text{(B.2)}$$

式中：

F——弹簧力；

K——弹簧弹性系数；

X——弹簧压缩量。

e) 试验重复进行 3 次，并记录关门力。

B.10 软件测试

软件测试应包括安装（升级）、启动与关机、功能测试、性能测试（正常的负载、容量变化）、压力测试（临界的负载、容量变化）、配置测试、平台测试、安全性测试、恢复测试（在出现掉电、硬件故障或切换、网络故障等情况时，系统是否能够正常运行）、可靠性测试等。

中华人民共和国国家标准

城市轨道交通自动售检票系统技术条件

Technical requirements for automatic fare collection system of urban rail transportation

GB/T 20907-2007

前　言

本标准由中华人民共和国建设部提出。

本标准由全国城市轨道交通标准化技术委员会（SAC/TC 290）归口。

本标准起草单位：城市建设研究院、上海邮电通信设备股份有限公司、天津地下铁道总公司、广州市地下铁道总公司、深圳地铁运营分公司、南京地下铁道有限责任公司、上海申通轨道交通研究咨询有限公司、上海市标准化研究院、上海公共交通卡股份有限公司、上海市隧道工程轨道交通设计研究院、上海地铁运营有限公司、南京熊猫电子股份公司、上海华铭智能终端设备公司、北京市政交通一卡通有限公司、黄石捷德万达金卡有限公司。

本标准主要起草人：何宗华、黄钟、陆明、李宇轩、王家振、王健、蒋维彬、谢志刚、王淑敏、王子强、张汉清、陆斌、张伟国、陈文革、张亮、杨健。

本标准为首次制定。

1　范围

本标准规定了城市轨道交通自动售检票系统的术语和定义、结构、车票、车站终端设备、计算机系统和清分系统等要求。

本标准适用于城市轨道交通自动售检票系统及设备的生产和运行管理。

2　规范性引用文件

下列文件中的条款通过本标准的引用而成为本标准的条款。凡是注日期的引用文件，其随后所有的修改单（不包括勘误的内容）或修订版均不适用于本标准，然而，鼓励根据本标准达成协议的各方研究是否可使用这些文件的最新版本。凡是不注日期的引用文件，其最新版本适用于本标准。

GB 4943—2001　信息技术设备的安全（idt IEC 60950：1999）

GB 9254—1998　信息技术设备的无线电骚扰极限值和测量方法

GB/T 17618　信息技术设备抗扰度限制和测量方法

GB 17625.1　电磁兼容　限值　谐波电流发射限值（设备每相输入电流≤16A）（GB 17625.1-2003，IEC 61000-3-2：2001，IDT）

CJ/T 166　建设事业 IC 卡应用技术

ISO/IEC 7810：2003　识别卡　物理特性

ISO/IEC 14443.1：2000 识别卡 无触点集成电路卡 接近卡 第1部分 物理特性

ISO/IEC 14443.2 识别卡 无触点集成电路卡 接近卡 第2部分 射频功率及信号接口

3 术语和定义

下列术语和定义适用于本标准。

3.1

自动售检票系统 automatic fare collection

基于计算机、通信、网络、自动控制等技术，实现轨道交通售票、检票、计费、收费、统计、清分、管理等全过程的自动化系统。

3.2

无触点集成电路卡

contact-less integrated circuit card

卡的内部嵌装集成电路及天线，以非接触方式与外部专用读写器进行耦合操作的集成电路卡。

3.3

单程票 single journey ticket

不具有充值功能，在限定时间内一次性使用的车票。

3.4

储值票 storage value ticket

具有储值功能，可重复充值使用的车票。

3.5

公共交通"一卡通" one through card

可在城市各类公共交通工具中通用，也可在城市轨道交通网络中实现换乘使用的储值票。

3.6

自动售票机 automatic ticket vending machine

用于现场自助发售、赋值有效车票，具备自动处理支付和找零功能的设备。

3.7

半自动售票机 booking office machine

用于现场人工辅助发售、赋值有效车票，具备补票、退票、查询、更新等票务处理功能的设备。

3.8

检票机 gate

对车票进行检验和处理，并放行或阻挡乘客出入付费区的设备。

3.9

防冲突 anti-collision

多张车票同时处于检票机的操作区域内时，可进行区分的功能。

3.10

清分系统 central clearing system

发行和管理轨道交通车票，对不同线路的票、款进行结算，并具有与城市公共交通"一卡通"进行清分功能的系统。

3.11

线路中央计算机系统 central computer

管理和控制轨道交通线路自动售检票系统的计算机系统。

3.12

车站计算机系统 station computer

管理车站的票务、运行、客流统计等的计算机系统。

3.13

车站终端设备 station terminal

用于各轨道交通线路车站进行车票发售、进出站检票、充值、验票分析等读写交易处理的终端设备。

3.14

黑名单 black list

根据管理要求对挂失车票和异常车票等进行特殊控制的数据列表。

4 系统结构

4.1 城市轨道交通自动售检票系统结构分为五个层次。第一层为车票；第二层为车站终端设备；第三层为车站计算机系统；第四层为线路中央计算机系统；第五层为城市轨道交通清分系统。

4.2 系统结构如图1所示。

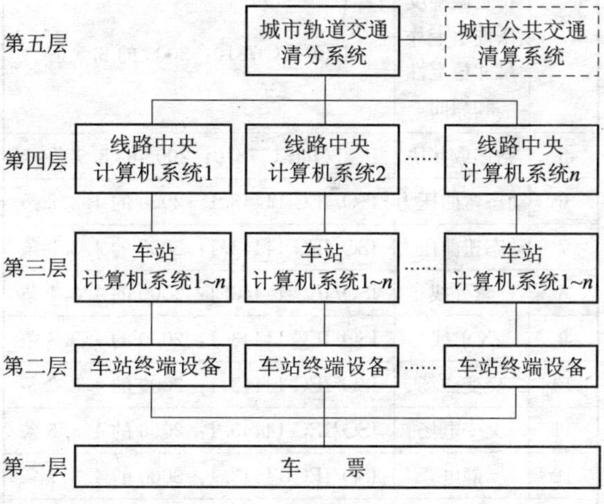

图1 系统结构图

5 车票

5.1 基本要求

5.1.1 城市轨道交通的车票应采用无触点集成电路卡。

5.1.2 车票按应用方式的不同，可分为单程票和储值票等。车票可按需要封装成卡片、筹码或其他形式。

5.1.3 车票的尺寸规格

5.1.3.1 卡片型车票的尺寸规格应符合表1的规定。

表1　卡片型车票的尺寸规格　　单位为毫米

种　类	尺寸规格							
	长		宽		厚		切角半径	
	最小	最大	最小	最大	最小	最大	最小	最大
储值票	85.47	85.72	53.92	54.03	0.68	0.84	2.88	3.48
单程票					0.40	0.58		

5.1.3.2　筹码型车票的尺寸规格及重量应符合下列要求：

a) 直径：30mm±0.3mm；

b) 厚度：Ⅰ型 2mm±0.2mm；Ⅱ型 3mm±0.3mm；

c) 筹码的重量偏差应不大于5%。

5.1.4　储值票芯片存储容量应不小于 1kbyte，单程票芯片存储容量应不小于 512bit。

5.2　物理特性

5.2.1　卡片型车票封装后的物理特性应符合表 2 的规定。

表2　卡片型车票的物理特性

序号	项　目	要　求
1	翘曲	ISO/IEC 7810：2003 的 8.11 条
2	剥离强度	ISO/IEC 7810：2003 的 8.8 条
3	耐化学性	ISO/IEC 7810：2003 的 8.4 条
4	特定温湿度条件下卡片尺寸稳定性和翘曲	ISO/IEC 7810：2003 的 8.5 条
5	粘连或并块	ISO/IEC 7810：2003 的 8.9 条
6	动态弯曲压力	ISO/IEC 14443.1：2000 的 4.3.3 条
7	动态扭曲压力	ISO/IEC 14443.1：2000 的 4.3.3 条
8	紫外线	ISO/IEC 14443.1：2000 的 4.3.1 条
9	X 射线	ISO/IEC 14443.1：2000 的 4.3.3 条
10	交变磁场	ISO/IEC 14443.1：2000 的 4.3.5 条
11	交变电场	ISO/IEC 14443.1：2000 的 4.3.6 条
12	静电	ISO/IEC 14443.1：2000 的 4.3.7 条
13	静磁场	ISO/IEC 14443.1：2000 的 4.3.8 条

5.2.2　封装成筹码型或其他形式的车票的物理特性应符合表 2 中 3、9～13 项目的规定。

5.2.3　储值票芯片读写次数应大于 100000 次；单程票芯片读写次数应大于 10000 次。

5.3　电气特性

5.3.1　车票的电气特性应符合 ISO/IEC 14443.2 的规定。

5.3.2　车票应具有防冲突的功能。

5.3.3　完成一次车票读写的处理时间：储值票应不大于 300ms；单程票应不大于 200ms。

5.4　应用文件

5.4.1　采用公共交通“一卡通”储值票的应用文件应符合 CJ/T 166 的规定。

5.4.2　储值票的应用文件

5.4.2.1　储值票应设立目录区，应用类型标识可用 1byte 16 进制代码表示。

5.4.2.2　发行信息区应记录卡的发行流水号、卡的认证码、卡类型、发行版本及卡的发行日期等信息。

5.4.2.3　钱包及充值信息区应包括钱包、钱包备份和校验等信息。数据文件标识符在卡的初始化时，应由发卡机构写入指定的目录块内。充值信息区内应记录最新的充值交易记录。

5.4.2.4　公共交易变量信息应包含交易记录指针、钱包累计交易次数等各线路共用的信息。

5.4.2.5　公共交易记录信息区应记录交易设备编码、交易金额、交易后钱包余额、交易时间等。卡内存放的交易记录应为等长环型结构。

5.4.3　单程票的应用文件

5.4.3.1　应用文件由标识、发行信息、售票记录、共用信息、进出站交易记录等组成。

5.4.3.2　单程票的标识应由客户代码、制造商代码和单程票序列号生成。

5.4.3.3　发行信息应包括单程票的发行企业代码、发行日期、发行流水号及版本号等。

5.4.3.4　售票记录应包括售票机线路代码、售票机站点代码、售票机设备代码、单程票的类型、售票时间和售票金额等信息。

5.4.3.5　共用信息应包括交易标志、使用次数等，并能进行校验。

5.4.3.6　进站交易记录应包括时间、线路代码、站点代码、设备代码和校验等信息。

5.4.3.7　出站交易记录应包括时间、线路代码、站点代码、设备代码、金额和校验等信息。

5.5　安全机制

5.5.1　密钥管理

5.5.1.1　车票的主密钥的生成及安全认证模块（存放主密钥）应按规定程序管理。

5.5.1.2　在车票发生交易时，应由设备内的安全模块根据车票的特性判定合法性。

5.5.1.3　车票在每次操作时，应经过密钥验证。车票的应用密钥应根据车票的唯一码、认证码以及交易过程中产生的变量，按照规定的加密算法生成。

5.5.2　通信安全

5.5.2.1　车票应具有数据通信加密并双向验证密码系统。单程车票与读写器通信可使用握手式半双工通信。

5.5.2.2　在通信过程中，不得明文传输密钥。

6　车站终端设备

6.1　构成

车站终端设备应包括售票机、检票机及相关配套设备。

6.2　通用要求

6.2.1　外观

6.2.1.1　设备外部表面应平滑，边角圆滑，机箱表面应无外露的螺栓头、螺帽、毛边或裂纹。

6.2.1.2　设备外部结构应符合 GB 4943－2001 中 4.3 的要求。

6.2.2　基本功能

6.2.2.1　设备应具有正常服务模式、降级服务模式、维护模式、故障模式。

6.2.2.2　正常服务模式时，设备处于自动运行状态，应能够实现售检票的功能。

6.2.2.3　降级服务模式时，设备应按照系统要求，实现降级模式下的售检票功能。

6.2.2.4　在对设备进行检测和维护时，设备应处于维护模式；在维护模式下，宜使用测试用车票。

6.2.2.5　设备发生故障时，应能自动进入故障模式，并向系统报告故障信息；当故障消除后，设备应能自动恢复实现售检票功能。

6.2.2.6　车站终端设备内部系统应在外部电源失电时，不被改变或破坏，并能保存断电前的工作状态和内部数据。

6.2.3　工作环境

a）工作温度：A 级 －10℃～15℃；B 级 －20℃～45℃；

b）湿度：20%RH～95%RH；

c）工作电压：AC 220×（1＋10%）V～220×（1－15%）V，50×（1±4%）Hz。

6.2.4　电气特性

6.2.4.1　设备的电气绝缘应符合 GB 4943－2001 中 2.9 的要求。

a）接触电流的允许值应符合（GB 4943－2001 中 5.1 的要求，最大接触电流 3.5mA；

b）抗电强度的施加电压值应符合 GB 4943－2001 中 5.2 的要求，试验电压为频率 50Hz，幅值 1500V，保持 1min。

6.2.4.2　电磁兼容性应符合下列规定：

a）无线电骚扰限值应符合 GB 9254－1998 中 A 级的规定；

b）当终端设备供电电压为 220V 或电源适配器供电功率大于或等于 75W 时，其谐波电流骚扰应符合 GB 17625.1 的要求；

c）电磁敏感度应符合 GB/T 17618 的要求。

6.2.5　物理特性应符合表 3 规定。

表 3　物理特性

项　目			物理特性
振动适应性	初始和最后振动响应检查	频率范围/Hz	10～55
		扫描速度/（OCT/min）	≤1
		驱动振幅/mm	0.15
	定频耐久性	驱动振幅/mm	0.75（10～25Hz） 0.15（25～55Hz）
		持续时间/min	30±1
	扫频耐久性	频率范围/Hz	10～55～10
		驱动振幅/mm	0.15
		循环次数/次	5
冲击适应性	峰值加速度/（m/s）		300
	脉冲持续时间/ms		11
	冲击波形		半正弦波形或峰锯齿波或梯形波
碰撞适应性	峰值加速度/（m/s）		300
	脉冲持续时间/ms		11
	碰撞次数/次		1000

6.2.6　从车站终端设备读写区域的表面到最大读写距离范围内，应均能正确操作车票。最大读写距离：卡片型车票应不小于 60mm，筹码型车票应不小于 40mm。

6.2.7　当两张或两张以上车票同时出现在车站终端设备的读写区域内时，车票读写器应能区分并能正确操作。

6.2.8　接口要求

6.2.8.1　通信接口方式宜采用 10/100M 以太网，通信协议应采用 TCP/IP。

6.2.8.2　实时时钟同步误差应小于 2s。

6.2.8.3　数据上传间隔时间应小于 15min。

6.2.8.4　命令响应时间应小于 2s。

6.2.8.5　状态改变的响应时间小于 1s。

6.3　售票机

6.3.1　半自动售票机

6.3.1.1　基本功能应符合下列要求：

a）应具备车票发售、充值、补票、退款、罚款、更新、分析、交易查询、收益管理、操作登录等票务处理功能；

b）应能与车站计算机进行通信，上传车票处理交易、设备运行状态等数据，接收车站计算机或线路中央计算机下传的命令、参数、票价表、黑名单及其他数据，并应能对版本控制参数执行自动生效处理；

c）在与线路中央计算机及车站计算机通信中断时，应能在离线运行模式下工作，并保存数据；在通信恢复后，应自动上传未传送的数据。

6.3.1.2 主要性能应符合以下要求：

半自动售票机单张车票处理时间应小于 1s。

6.3.1.3 可靠性应符合下列要求：

a）平均无故障工作次数大于 100000 次；

b）平均故障恢复周期小于 30min。

6.3.2 自动售票机

6.3.2.1 基本功能应符合下列要求：

a）发售有效单程车票；

b）应能向车站计算机上传车票处理交易、设备运行状态等数据，接收车站计算机或线路中央计算机下传的命令、票价表、黑名单及其他参数等数据，并应对版本控制参数执行自动生效处理；

c）应具备自动接受硬币、纸币、银行卡等的一种或数种支付方式，并具备硬币找零或硬币、纸币找零的功能；

d）在与线路中央计算机及车站计算机通信中断时，应能在离线运行模式下工作，并保存数据；在通信恢复后，应自动上传未传送的数据。

6.3.2.2 主要性能应符合表 4 的要求。

表 4 自动售票机主要性能

项目		要求
车票处理	单张车票发售时间/s	≤3
储票、储币总容量	卡片型车票/张	≥1500
	筹码型车票/枚	≥2000
	纸币找零/张	≥500
	硬币找零/枚	≥1000
	纸币回收/张	≥1000
	硬币回收/枚	≥2000

6.3.2.3 可靠性应符合下列要求：

a）平均无故障工作次数应大于 50000 次；

b）平均故障恢复周期应小于 30min。

6.3.2.4 钱箱应具有移动时的监控措施和分隔、锁闭的机构。

6.4 检票机

6.4.1 基本功能应符合下列要求：

a）进出通道的通行控制；

b）读写、回收、退还车票和计扣车费；

c）乘客提示信息、运行状态显示和报警；

d）维护人员操作界面；

e）交易记录和审计数据的生成、存储和传送；

f）在与线路中央计算机及车站计算机通信中断时，应能在离线运行模式下工作，并能保存数据；在通信恢复后，应自动上传未传送的数据；

g）检票机在断电和接到紧急放行的信号后，必须自动打开检票通道。

6.4.2 主要性能应符合表 5 的要求。

表 5 检票机主要性能

项目			要求
单张车票处理时间（包括检查、编码、校验等）/s			≤0.30
单张车票回收处理时间（包括检查、编码、校验、无效退出等）/s			≤0.50
门式检票机的闸门打开时间（检查车票为有效后）/s			≤0.50
通过能力/（人/min）	转杆式检票机		≥25
	门式检票机	无回收票	≥30
		有回收票	≥25
通道净宽/mm	常规通道		≥500
	宽通道		900
检票机宽度/mm			≤300
储票总容量	卡片型车票/张		≥1500
	筹码型车票/枚		≥2000

6.4.3 可靠性应符合下列要求：

a）平均无故障工作次数大于 100000 次；

b）平均故障恢复周期小于 30min。

7 车站计算机系统

7.1 构成

车站计算机系统应包括服务器、网络设备、操作工作站、紧急按钮、不间断电源和打印机等。

7.2 基本功能

7.2.1 接收线路中央计算机系统运行参数、运营模式及黑名单等，并下传给车站终端设备。

7.2.2 采集车站终端设备的原始交易数据和设备状态数据，并上传给线路中央计算机系统。

7.2.3 对车站终端设备进行实时监控，并能显示设备的通信、运行状态及故障等信息。

7.2.4 完成车站各类票务管理工作，按运营日自动处理所有数据和文件，并生成定期的统计报告。

7.2.5 车站业务处理包括票务管理、数据处理、业务统计、实时监视系统运营、接收和发送运营指令以及设备监控、时钟同步等。

7.2.6 保存不少于7个运营日的业务数据和系统数据，并应有数据备份。

7.2.7 记录审核与应用系统和数据库安全性有关的事件。

7.2.8 接收线路中央计算机系统下传的设备更新软件，通过车站系统网络对车站终端设备的软件进行更新。

7.3 主要性能

7.3.1 车站计算机系统中的服务器应为工业级计算机。

7.3.2 应能支持系统24h连续在线实时运行。

7.3.3 在断电时应具有系统和数据自动保护功能。

7.3.4 应具备每日处理不少于30万笔交易量和每分钟能处理5000条交易数据的能力。

7.3.5 应能实时查询车站设备状态及数据，在5s内下达查询命令并返回查询结果。

7.3.6 应能对保存的数据进行统计及报表查询，在30s内显示并返回查询结果。

7.3.7 车站计算机下达的系统命令应能在5s内下达到车站所有设备。

7.3.8 在运营结束时，应能在15min内完成当日运营作业程序的统计。

8 线路中央计算机系统

8.1 构成

线路中央计算机系统应包括服务器、工作站、网络设备、不间断电源和打印机等。

8.2 基本功能

8.2.1 接收、发送轨道交通清分系统的运行参数、票价表、降级运行模式、交易结算数据、账务清分数据、黑名单及车票调配信息。

8.2.2 向清分系统上传各类车票的原始交易数据。

8.2.3 接收和处理系统各类车票原始交易数据、设备状态数据及设备维修数据等。

8.2.4 对采集的数据进行分类处理，完成各种统计分析报告和报表打印。

8.2.5 具有系统及数据的自动备份和恢复功能。

8.2.6 设置和管理本线路系统和终端设备的操作权限。

8.2.7 对系统中各种参数的设置和更新进行管理。

8.2.8 应能与时钟系统同步，并将时钟信息下传到车站计算机系统。

8.2.9 在无清分系统的情况下，线路中央计算机系统还应符合9.2.2～9.2.6的规定。

8.3 主要性能

8.3.1 大型数据库应采用关系型数据库，符合SAG、ODBC工业级标准，支持SQL－92结构化查询语言。

8.3.2 应能保存不少于6个月的业务数据。

8.3.3 支持系统24h连续在线实时运行。

8.3.4 具备每日处理不少于400万笔交易量和每秒能处理5000条交易数据的能力。

8.3.5 实时查询车站设备状态及数据，在5s内下达查询命令并返回查询结果。

8.3.6 对保存的数据进行统计及报表查询，在30s内显示并返回查询结果。

8.3.7 在运营结束时，应能在4h内完成当日运营作业程序的统计。

9 清分系统

9.1 构成

清分系统应包括服务器、工作站、网络设备、车票编码/分拣机、不间断电源和打印机等。

9.2 基本功能

9.2.1 设置和下发运行参数、票价表、降级运行模式、交易清分数据、黑名单及车票调配信息。

9.2.2 向城市公共交通清算系统上传“一卡通”车票的原始交易数据，接收系统下发的黑名单等系统控制参数。

9.2.3 对车票进行跟踪管理，并能提供车票交易的历史数据和车票余额等信息的查询及黑名单管理。

9.2.4 管理系统时钟同步。

9.2.5 管理系统密钥。

9.2.6 车票编码/分拣机具有对系统发行的车票进行初始化、编码、分拣和管理。

9.2.7 接收和处理线路中央计算机系统上传的各类车票交易数据。

9.2.8 对采集的数据进行分类处理，完成各种统计分析报告和报表打印。

9.2.9 具有系统及数据的自动备份和恢复功能。

9.2.10 对系统中各种参数的设置和更新进行管理。

9.3 主要性能

9.3.1 大型数据库应采用关系型数据库，符合SAG、ODBC工业级标准，支持SQL－92结构化查询语言和RAC集群及并行处理技术。

9.3.2 应能保存不少于13个月的业务数据。

9.3.3 支持系统24h连续在线实时运行。

中华人民共和国城镇建设行业标准

城市轨道交通浮置板橡胶隔振器

Floating slab rubber isolator for urban failway traffic

CJ/T 285－2008

前　　言

本标准由住房和城乡建设部标准定额研究所提出。

本标准由住房和城乡建设部城市轨道交通标准技术归口单位建设部地铁与轻轨研究中心归口。

本标准负责起草单位：中国船舶重工集团公司第七一一研究所。

本标准参加起草单位：上海市政工程设计研究总院、上海申通轨道交通研究咨询有限公司。

本标准主要起草人：沈建平、黄林根、宋键、张彬、庄国华、代会军、季文。

1　范围

本标准规定了城市轨道交通浮置板橡胶隔振器（以下简称隔振器）的要求、试验方法、检验规则与标志、包装、运输和贮存。

本标准适用于城市轨道交通浮置板橡胶隔振器的生产及检验。

2　规范性引用文件

下列文件中的条款通过本标准的引用而成为本标准的条款。凡是注日期的引用文件，其随后所有的修改单（不包括勘误的内容）或修订版均不适用于本标准，然而，鼓励根据本标准达成协议的各方研究是否可使用这些文件的最新版本。凡是不注日期的引用文件，其最新版本适用于本标准。

GB/T 528　硫化橡胶或热塑性橡胶拉伸应力应变性能的测定

GB/T 700　碳素结构钢

GB/T 1222　弹簧钢

GB/T 1690　硫化橡胶或热塑性橡胶耐液体试验方法

GB/T 2828.1　计数抽样检验程序　第1部分：按接收质量限（AQL）检索的逐批检验抽样计划

GB/T 2829　周期检验计数抽样程序及表（适用于对过程稳定性的检验）

GB/T 3512　硫化橡胶或热塑性橡胶　热空气加速老化和耐热试验

GB/T 7762　硫化橡胶耐臭氧老化试验　静态拉伸试验法

GB/T 11211　硫化橡胶与金属粘合强度的测定拉伸法

GB/T 15168　振动与冲击隔离器性能测试方法

3　术语和定义

下列术语和定义适用于本标准。

3.1

浮置板系统　floating slab system

一种轨道交通的减振装置，是采用了双层隔振原理的浮动整体式道床，隔振效果一般达到20dB~35dB。

3.2

浮置板橡胶隔振器　floating slab rubber isolator

安装于浮置板系统的下层隔振器，用于降低城市轨道交通运行中产生的轨道结构振动传递的装置。

4　要求

4.1　外观

4.1.1　橡胶

a) 隔振器橡胶表面应光滑，无气泡、裂缝、夹皮、疏松及与金属脱胶（金属与橡胶硫化的产品）现象；

b) 隔振器橡胶表面允许局部存在粗糙纹或模具粗痕，但其凹陷深度不应大于1mm、面积不应大于10mm²，数量不应多于3个。

4.1.2　金属件

a) 隔振器金属件表面应光滑平整、无裂缝和凹坑、凸痕等缺陷；

b) 隔振器金属件安装面的表面粗糙度 $Ra \leqslant 12.5\mu m$，其他非安装面的表面粗糙度 $Ra \leqslant 25\mu m$；

c) 隔振器金属件所有安装孔口均应倒角，倒角尺寸不应小于1×45°，所有棱边均应倒钝，不应有毛刺，安装螺孔内不应有残留的水泥和废胶。

4.1.3　油漆

a) 所有暴露在空气中的金属件表面应涂刷油漆；

b) 橡胶表面不应有油漆，可以涂刷防老化的橡胶漆；

c) 油漆或橡胶漆表面应光亮、均匀，无滴痕和淌迹。

4.2　尺寸偏差

隔振器外部尺寸偏差满足下列要求。

a) 高度尺寸（上下安装平面距离）为 $^{+1}_{0}$；

b) 外形尺寸为公称尺寸的±2%。

4.3　工作条件

隔振器在下列条件下应能满足浮置板系统隔振要求：

a) 工作温度：—25℃～+40℃；

b) 最大相对湿度：99%；

c) 紫外线、臭氧、油雾和凝露等。

4.4　材料要求

4.4.1　隔振器主要金属件宜采用碳素结构钢，其性能应符合GB/T 700的规定（用户有特殊要求时，可另行商量，按合同规定），碳素结构钢的强度应符合表1的规定。

4.4.2　隔振器所用的橡胶物理机械性能应符合表2的规定。

表1　碳素结构钢的强度要求

序号	项目	单位	指标
1	抗拉强度 σ_b	MPa	≥370
2	伸长率 δ_5	%	≥24

表2　隔振器橡胶的物理机械性能

序号	项目名称	单位	指标
1	扯断强度	MPa	≥15
2	扯断伸长率	%	≥300
3	扯断永久变形	%	≤20
4	老化变化率（70℃×360h）	%	≥—25
5	与金属粘结强度	MPa	≥4.2
6	试件在25℃±5℃室温下浸入常用的柴油或机油中24h后的重量变化率	%	—1～+5
7	在室温 50×10^{-6} 臭氧中96h		无龟裂

4.4.3　隔振器金属件表面应进行防腐处理。

4.5　结构要求

4.5.1　隔振器的结构应便于安装、调节和互换。

4.5.2　隔振器在承受的载荷范围内，各构件及各构件之间不应有分离和破坏，金属件不应有可见变形。

4.5.3　隔振器在结构设计上应有保护功能，防止在橡胶件损坏时，隔振器与所支承的设备脱开。

4.6　性能要求

4.6.1　隔振器承受50kN的载荷下的变形量为5mm±0.75mm。

4.6.2　隔振器承受50kN的载荷下的固有频率为7.5Hz～9.0Hz。

4.6.3　隔振器承受150kN的超载时，橡胶与金属无脱胶、橡胶无破坏、金属不变形。

4.6.4　隔振器阻尼比不小于0.03。

4.6.5　隔振器的疲劳寿命（频率：4～5Hz，力幅：20～50kN）应大于300万次，产品无外观损伤，静刚度变化不大于15%，永久变形小于1mm。

5　试验方法

5.1　用目测法和测量工具进行外观检查，应符合4.1、4.2的各条要求。

5.2　按GB/T 528的规定，对表2中的扯断强度、扯断伸长率、扯断永久变形三个项目进行试验。

5.3　按GB/T 3512的规定，对表2中的老化变化率进行试验。

5.4　按GB/T 11211的规定，对表2中的与金属粘结强度进行试验。

5.5　按GB/T 1690的规定，对表2中的耐液体性能进行试验。

5.6　按GB/T 7762的规定，对表2中的耐臭氧老化进行试验。

5.7 按 GB/T 15168 中隔振器静态性能测试的有关规定，进行额定载荷下变形量的测量试验，其结果应符合 4.6.1 的规定。

5.8 用动态试验机，对额定载荷下固有频率进行测量，其结果应符合 4.6.2 的规定。

5.9 浮置板隔振器超载试验在静态试验机上进行，载荷为其额定载荷的 3 倍，稳压 30s，在此期间不得出现隔振器橡胶开裂、脱胶、金属永久变形现象，经过超载试验的样品不应作为产品供货。

5.10 用动态试验机，对橡胶隔振器的阻尼比进行测量，其结果应符合 4.6.4 的规定。

5.11 用动态试验机对产品进行疲劳试验，疲劳试验的环境温度为 20℃±3℃，动态频率 4Hz～5Hz，循环加载 300 万次，垂向载荷力幅为 20kN～50kN，横向载荷为垂向载荷的 0.3 倍。试验应连续进行，不得使用强迫冷却。

6 检验规则

6.1 检验方式

检验方式分为出厂检验和型式检验。

6.2 出厂检验

6.2.1 隔振器的出厂检验应由质检部门进行，检验合格后出具产品合格证。

6.2.2 出厂检验的类别分为全检项目和抽检项目两类，具体规定见表 3。

表 3 出厂检验项目

序号	检验项目	出厂检验		结果形式
		全检	抽检	
1	4.1.1 橡胶外观	●	—	作出检验结论
2	4.1.2 金属件外观	—	●	作出检验结论
3	4.1.3 油漆	—	●	作出检验结论
	4.2 尺寸偏差	—	●	作出检验结论
4	4.6.1 静变形，4.6.2 固有频率	—	●	提供试验报告
5	4.6.4 阻尼比	—	●	提供试验报告
注：●表示必检项目；—表示不检项目。				

6.2.3 出厂检验抽检的抽样方案，按 GB/T 2828.1 中的一次正常抽样方案，具体抽样方案规定见表 4。

表 4 抽样方案表

序号	检验项目	检验方法	检查水平 IL	合格质量水平 AQL	合格判定数 Ac	不合格判定数 Re
1	4.6.1 静变形	5.7	Ⅱ	2.5	10	11
2	4.6.2 固有频率	5.8	Ⅰ	10	14	15

6.2.4 根据表 4 的抽样检验结果，当不合格品数小于或等于合格判定数 Ac 时，则该批为合格；当不合格品数大于或等于不合格判定数 Re 时，则该批为不合格。

6.2.5 对于不合格批，在修理和挑选后可重新进行检验。

6.3 型式检验

6.3.1 有下列情况之一时，应进行隔振器型式检验：

a）隔振器停产二年以上，重新恢复正常生产；

b）主要原料变更；

c）产品工艺重大变化和生产设备有可能影响产品质量变化。

6.3.2 型式检验的项目应按出厂试验项目逐条进行，试验方法按第 5 章的有关规定，并提供型式试验报告，主要金属件材料应具有质保书或理化报告。

6.3.3 隔振器型式检验的样本应从出厂检验合格的产品中抽取，抽样方案按 GB/T 2829 的有关规定，判别数据见表 5。

表 5 判别数据表

不合格分类	检验项目	检查水平 IL	不合格质量水平 RQL	合格判定数 Ac	不合格判定数 Re	样本数 n
A类	4.6.1 静变形	Ⅱ	50	0	1	3
	4.6.2 固有频率	Ⅱ	50	0	1	3
	4.6.3 超载试验	Ⅰ	50	0	1	1
B类	4.1 外观	Ⅱ	65	1	2	5

6.3.4 根据表5的判别数据，当不合格品数小于或等于合格判定数Ac时，则为合格；当不合格品数大于或等于不合格判定数Re时，则为不合格。

6.3.5 出现不合格现象时，应及时查找原因并予以纠正，纠正后重新进行检验。

6.3.6 经过型式检验4.6.3超载试验的隔振器，不应作为产品供货。

7 标志、包装、运输和贮存

7.1 标志

7.1.1 隔振器产品的醒目处应置有标牌，注明型号和生产日期。

7.1.2 外包装箱除标出一般运输所需事项外，还应标出“怕湿”和“向上”等标记。

7.2 包装

隔振器产品的外包装应采用木质包装箱，其内应采取防潮措施。

7.3 运输

隔振器在运输途中应有防雨、雪措施，并应避免腐蚀性气体、液体的侵蚀。

7.4 贮存

7.4.1 隔振器应在不加载荷的状态下贮存，贮存处应通风、干燥，并避免阳光直接照射。

7.4.2 隔振器应远离发热源，并避免各种油类和酸碱类物质的污染。

7.4.3 在规定的保管条件下，隔振器的贮存期超过5年，使用前应重新检测产品质量，并满足本标准要求。

8 随行文件

出厂的隔振器应具有如下随行文件：

a) 产品合格证；

b) 检验数据及材质报告；

c) 产品外形图；

d) 装箱清单。

中华人民共和国城镇建设行业标准

城市轨道交通轨道橡胶减振器

Track rubber absorber for urban failway traffic

CJ/T 286－2008

前　　言

本标准由住房和城乡建设部标准定额研究所提出。

本标准由住房和城乡建设部城市轨道交通标准技术归口单位建设部地铁与轻轨研究中心归口。

本标准负责起草单位：中国船舶重工集团公司第七一一研究所。

本标准参加起草单位：上海市政工程设计研究总院、上海申通轨道交通研究咨询有限公司。

本标准主要起草人：沈建平、任庭柱、宋键、张小华、吴坚华、赵大鹏、庄国华。

1　范围

本标准规定了城市轨道交通轨道橡胶减振器（以下简称减振器）的要求、试验方法、检验规则、标志、包装、运输和贮存。

本标准适用于城市轨道交通轨道橡胶减振器的生产和检验。

2　规范性引用文件

下列文件中的条款通过本标准的引用而成为本标准的条款。凡是注日期的引用文件，其随后所有的修改单（不包括勘误的内容）或修订版均不适用于本标准，然而，鼓励根据本标准达成协议的各方研究是否可使用这些文件的最新版本。凡是不注日期的引用文件，其最新版本适用于本标准。

GB/T 191　包装储运图示标志

GB/T 528　硫化橡胶或热塑性橡胶拉伸应力应变性能的测定

GB/T 1348　球墨铸铁件

GB/T 2828.1　计数抽样检验程序　第1部分：按接收质量限（AQL）检索的逐批检验抽样计划

GB/T 2829　周期检验计数抽样程序及表（适用于对过程稳定性的检验）

GB/T 3512　硫化橡胶或热塑性橡胶　热空气加速老化和耐热试验

GB/T 7762　硫化橡胶耐臭氧老化试验　静态拉伸试验法

GB/T 9440　可锻铸铁件

GB/T 11211　硫化橡胶与金属粘合强度的测定　拉伸法

GB/T 15168　振动与冲击隔离器性能测试方法

3　术语和定义

下列术语和定义适用于本标准。

3.1

轨道橡胶减振器　track rubber absorber

用于降低城市轨道交通运行中产生的轨下基础的振动水平，从而降低结构振动及其振动噪声的装置。它依靠橡胶材料的压缩、剪切或压缩-剪切变形来缓冲列车运行产生的振动。

3.2

动静比　ratio of dynamic to static stiffness

减振器在某一激振频率下测得的动态刚度与静态刚度之比。

4　要求

4.1　外观

4.1.1　橡胶

a) 减振器橡胶表面应光滑，无气泡、裂缝、夹皮、疏松及与金属脱胶（金属与橡胶硫化的减振器）现象；

b) 减振器橡胶表面当局部存在粗糙纹或模具粗痕时，其凹陷深度不应大于1mm、面积不应大于$5mm^2$，数量不应多于3个。

4.1.2　金属件

a) 减振器的金属件毛坯宜采用铸件，铸件的表面不应有粘砂、氧化皮、气孔和影响零件装配及外表美观的缺陷；

b) 铸件的所有棱边应去除锐边、飞边，不应有毛刺；

c) 铸件内腔应无残留砂芯块、芯骨、飞翅和毛刺。

4.1.3　油漆

a) 减振器的外露金属表面应根据用户要求涂刷油漆；

b) 橡胶表面不应有油漆，可以涂刷防老化的橡胶漆；

c) 油漆或橡胶漆表面应光亮、均匀，无滴痕和淌迹。

4.2　尺寸偏差

减振器外部尺寸误差应符合下列要求：

a) 厚度尺寸（承轨槽底平面到下安装平面距离）为$^{+1}_{0}$；

b) 安装孔间距尺寸为±1mm；

c) 外形尺寸为公称尺寸的±2%。

4.3　工作条件

减振器在下列条件下应能满足减振效果要求：

a) 工作温度：−25℃～+60℃；

b) 最大相对湿度：99%；

c) 阳光照射、雨水、油气和凝露。

4.4　材料要求

4.4.1　减振器主要金属件宜采用可锻铸铁或球墨铸铁，其主要性能应满足GB/T 9440、GB/T 1348的规定，铸铁的强度应符合表1的规定。

表1　铸铁的强度要求

序号	项　目	单位	指标
1	抗拉强度 σ_b	MPa	≥500
2	伸长率 δ_5	%	≥4
3	硬度	HB	170～230

4.4.2　减振器的橡胶的物理机械性能应符合表2的规定。

表2　减振器橡胶的物理机械性能

序号	项目名称	单位	指标
1	扯断强度	MPa	≥15
2	扯断伸长率	%	≥300
3	扯断永久变形	%	≤20
4	老化变化率（70℃×144h）	%	≥−25
5	与金属粘结强度	MPa	≥4.2
6	耐臭氧（40℃，50×10^{-6}96h）		表面无龟裂

4.5　性能要求

4.5.1　减振器垂向的静刚度应满足设计要求，同一型号产品误差范围不大于±15%。

4.5.2　减振器的动静比应小于1.4。

4.5.3　减振器的绝缘电阻应大于$10^8\Omega$。

4.5.4　减振器的疲劳寿命（垂向加载，频率4Hz～5Hz，力幅8kN～40kN）应大于300万次，产品应无外观损伤，且静刚度变化应不大于15%，垂向永久变形应小于1mm。

4.5.5　减振器扣件应具有与钢轨扣件相匹配的调整量。

4.5.6　减振器产品供货方供货时应提供产品减振效果检验报告。

5　试验方法

5.1　用目测和相应量具对4.1、4.2的要求进行检查。

5.2　按GB/T 528的规定，对表2中减振器橡胶的扯断强度、扯断伸长率和扯断永久变形进行性能试验。

5.3　按GB 3512的规定，对表2中减振器橡胶的老化变化率进行试验。

5.4　按GB/T 11211的规定，对表2中减振器橡胶与金属粘结强度进行拉伸试验。

5.5　按GB/T 7762的规定，对表2中减振器橡胶耐臭氧性能进行试验。

5.6　按GB/T 15168的规定，对减振器静态刚度进行测量试验。静刚度的计算公式为：

$$K_s=\frac{\Delta P}{\Delta X}=\frac{1.1P_0-0.9P_0}{X_{1.1}-X_{0.9}} \tag{1}$$

式中：

P_0——隔振器额定静载荷，单位为牛（N）；

ΔP——静载荷增量，单位为牛（N）；

ΔX——静变形增量，单位为米（m）；

$X_{1.1}$——在 1.1 倍额定载荷加、卸载时隔振器的静变形值平均值，单位为米（m）；

$X_{0.9}$——在 0.9 倍额定载荷加、卸载时隔振器的静变形值平均值，单位为米（m）。

5.7 用动态试验机对 4.5.2 动静比进行检测，试验频率为 3Hz，静态载荷为 40kN，力幅为 20kN，测得动刚度 K_d，动静比按公式（2）计算。

$$d=\frac{K_d}{K_s} \tag{2}$$

5.8 用电阻表测量减振器的绝缘电阻，摇表电压应高于 1000V，先测干燥情况下的电阻，再将减振器浸入 20℃±3℃的水中，10min 后取出，采用与上述相同的方法重测电阻。

5.9 用动态试验机对产品进行疲劳试验，疲劳试验的环境温度为 20℃±3℃，动态频率 4Hz～5Hz，循环加载 300 万次，垂向载荷力幅为 8kN～40kN，横向载荷为垂向载荷的 0.5 倍。试验应连续进行，不得使用强迫冷却。

5.10 按 GB/T 1348、GB/T 9440 的规定，用材料试验机对表 1 中的抗拉强度和伸长率进行试验。

5.11 用布氏硬度计对表 1 中硬度进行试验。

5.12 用量具按图纸检验有关尺寸。

6 检验规则

6.1 检验方式

减振器的检验分为出厂检验和型式检验两种方式。

6.2 出厂检验

6.2.1 减振器的出厂检验由质检部门进行，检验合格后出具产品合格证。

6.2.2 减振器出厂检验的类别分为全检、抽检和批次项目三类，具体规定见表 3。

表 3 出厂检验项目

序号	检验项目	出厂检验			结果形式
		全检	抽检	批次	
1	4.1.1 橡胶外观	●	—	—	作出检验结论
2	4.1.2 金属件外观、4.1.3 油漆外观、4.2 尺寸偏差	—	—	●	作出检验结论
3	4.4 材料要求	—	—	●	提供材质报告
4	表 1 中抗拉强度、伸长量率、硬度	—	—	●	提供试验报告
5	4.5.1 静刚度、4.5.2 动静比、4.5.3 绝缘电阻	—	●	—	提供试验报告
● 表示必检项目； — 表示不检项目。					

6.2.3 减振器出厂检验抽检的抽样方案，按 GB/T 2828.1 中的一次正常抽样方案，具体抽样方案规定见表 4。

表 4 出厂检验抽样方案及合格判据

序号	检验项目	检验方法	检查水平 IL	合格质量水平 AQL	合格判定数 Ac	不合格判定数 Re
1	4.5.1 静刚度	5.5	Ⅱ	2.5	10	11
2	4.5.2 动静比	5.6	Ⅰ	10	14	15
3	4.5.3 绝缘电阻	5.7	Ⅱ	0.065	0	1

6.2.4 根据表 4 的抽样检验结果，当不合格品数小于或等于合格判定数时，则该批为合格；当不合格品数大于或等于不合格判定数 Re 时，则该批为不合格。

6.2.5 减振器的疲劳寿命试验每批抽取总量的 0.01%，但不少于 2 只，按 5.8 检验，若有一只不合格则判为不合格批。

6.2.6 对于不合格批，当修理和挑选后可重新进行检验。

6.3 型式检验

6.3.1 有下列情况之一时，应进行减振器型式检验：

a) 用户要求；

b) 产品工艺重大改进和生产设备可能影响产品性能的重大变化；

c) 停产半年以上，重新恢复正常生产。

6.3.2 型式检验的项目应按 4.4 材料要求、4.5 性能要求逐条进行，试验方法按 5.1～5.11 规定，并提交型式试验报告。

6.3.3 型式检验的样本应从出厂检验合格的产品中抽取，抽样方案按 GB/T 2829 的有关规定，判别数据见表 5。

表 5 判别数据表

不合格分类	检验项目	检查水平 IL	不合格质量水平 RQL	合格判定数 Ac	不合格判定数 Re	样本数 *n*
A类	4.5.1 静刚度	Ⅰ	15	0	1	3
	4.5.3 绝缘电阻	Ⅰ	10	0	1	10
	4.5.4 疲劳寿命	Ⅰ	10	0	1	2
	4.4.1 铸铁强度	Ⅰ	15	0	1	3
B类	4.5.2 动静比	Ⅰ	65	1	2	3

6.3.4 根据表 5 的判别数据，当不合格品数小于或等于合格判定数 Ac 时，则为合格；当不合格品数大于或等于不合格判定数 Re 时，则为不合格批。

6.3.5 出现不合格时，应及时查找原因并予以纠正，纠正后重新进行检验。

6.3.6 经过疲劳试验的减振器，不应作为合格产品供货。

7 标志、包装、运输和贮存

7.1 标志

7.1.1 铸件的上部有明显的“↑”记号，提示减振器安装方向。

7.1.2 外包装箱除标出一般运输所需事项外，应按 GB/T 191 的规定，标出“小心轻放”、“怕湿”和“向上”等标记。

7.2 包装

减振器产品应采用简易包装。

7.3 运输

减振器产品在运输过程中应避免油污等液体的侵蚀。

7.4 贮存

7.4.1 减振器应在不承载的状态下贮存，贮存处应通风、干燥并避免阳光直接照射。

7.4.2 减振器应远离发热源，避免各种油类和酸碱类物质的污染。

7.4.3 在规定的保管条件下，减振器贮存期超过 5 年，使用前应重新检测产品质量，并满足本标准的要求。

8 随行文件

出厂的减振器应具有如下随行文件：

a) 产品合格证；

b) 检验数据及材质报告；

c) 产品外形图；

d) 装箱清单。

中华人民共和国城镇建设行业标准

城市公共交通主要经济技术指标综合统计报表 地铁

Urban public transport—The comprehensive statistical table of the main economic and technical indexes —Subway

CJ/T 3046.4－1995

1 主题内容与适用范围

本标准规定了城市地铁企业主要经济技术指标综合统计报表的项目名称、格式和统计要求。

本标准适用于城市地铁企业。

2 引用标准

CJ 39.4 城市公共交通经济技术指标计算方法 地铁

3 主要经济技术指标计算方法

3.1 本标准第4章所列指标名称与CJ 39.4的规定相一致，其定义与计算公式亦应符合CJ 39.4的规定。普通票平均运价率和运营车站数按3.2～3.3条的规定进行计算。

3.2 普通票平均运价率

每一普通票乘客乘行1km的平均票价。

3.2.1 计算单位：元/人公里。

3.2.2 计算公式

$$\text{普通票平均运价率（元/人公里）} = \frac{\sum \text{线路普通票价（元）/人}}{\sum \text{线路平均运距（公里）}}$$

3.3 运营车站数

运营线路上供乘客上、下车的处所总数。

3.3.1 计算单位：个。

3.3.2 计算方法：以已交付使用的固定车站数为准。

4 城市公共交通主要经济技术指标综合统计报表（地铁企业）

城市公共交通主要经济技术指标综合统计报表
（地铁企业通用）

199　年　　月

表　　号：
制表机关：
文　　号：
电　　话：________

单位全称（盖章）：__________

企业代码□□□□□□□□□—□　　单位详细地址____省（市）____________　　邮政编码：□□□□□□

指标名称	计算单位	代号	实绩 当月	实绩 本月止累计
一、运营指标				
1. 客运量	万人次	01		
2. 客运周转量	万人公里	02		
3. 运营车辆数	辆	03		
4. 客位数	客位	04		
5. 运营线路条数	条	05		
6. 运营线路总长度	公里	06		
7. 运营车站数	个	07		
8. 运营里程	万车公里	08		
9. 列车运营里程	万列公里	09		
10. 总行驶里程	万车公里	10		
11. 开行列数	列次	11		
12. 运送速度	公里/小时	12		
运营线路长度	公里	13		
单程行驶时间	分	14		
13. 运行图兑现率	%	15		
实际开行列车数	列次	16		
图定开行列车数	列次	17		
14. 技术速度	公里/小时	18		
中途停站时间	分	19		
15. 正点率	%	20		
正点列车次数	列次	21		
全部开行列车次数	列次	22		
二、安全服务指标				
1. 行车责任事故频率	次/百万列公里	31		
行车责任事故次数	次	32		
2. 行车责任事故死亡人数	人	33		
三、技术与消耗指标				
1. 车辆临修频率	次/千车公里	41		
车辆临修次数	次	42		
2. 行车电能消耗（牵引电耗）	千瓦小时/百车公里	43		
运营耗用牵引交流电总量	千瓦小时	44		

续表

指标名称	计算单位	代号	实绩	
			当　月	本月止累计
四、劳动工资指标				
1. 平均职工人数	人	51		
2. 全员劳动生产率	人公里/人	52		
3. 职工工伤事故伤亡率	‰	53		
工伤事故伤亡人数	人	54		
五、财务指标				
1. 运营总收入	万元	61		
2. 运营总成本	万元	62		
3. 普通票平均运价率	元/人公里	63		
4. 利润总额	万元	64		
5. 单位成本	元/千车公里	65		
计算机核对项		99		

单位负责人　　　　　　　　　　填表人　　　　　　　　　　报出日期：199 年　月　日

填报说明：1. 运营车辆数、客位数、运营线路条数、运营线路总长度、运营车站数、普通票平均运价率 6 项指标为期末数。

2. 客运周转量、全员劳动生产率 2 项指标在 12 月份的累计数中一次性填报（平时不填报）。

3. 指标计算单位的词头与 CJ 39.4 的规定不同时，其计算公式中的计算单位亦应作相应的变更。

附加说明

本标准由建设部标准定额研究所提出并管理。

本标准由上海市公共交通总公司、上海市地铁总公司负责起草。

本标准主要起草人屠志伟、梁涌清、施迺怡、章明兰、周江。

本标准委托上海市公共交通总公司负责解释。

中华人民共和国城镇建设行业标准

城市公共交通经济技术指标计算方法　地铁

Urban public transport-the calculation method of economic and technical indexes—Subway

CJ/T 8－1999

说　明

根据国家质量技术监督局《关于废止专业标准和清理整顿后应转化的国家标准的通知》（质技监督局标函（1998）216号）要求，建设部对1992年国家技术监督局批复建设部归口的国家标准转化为行业标准项目及1992年以前建设部批准发布的产品标准项目进行了清理、整顿和审核。建设部以建标（1999）154号文《关于公布建设部产品标准清理整顿结果的通知》对CJ 39.4－91《城市公共交通经济技术指标计算方法　地铁》标准予以确认、发布，新编号为CJ/T 8－1999。

为便于标准的实施，现仅对原标准的封面、首页、书眉线上方表述进行相应修改，并增加本说明后重新印刷，原标准版本同时废止。

1　主题内容与适用范围

本标准规定了城市地铁企业主要经济技术指标的名称、定义、计算单位与计算方法。

本标准适用于城市地铁企业。

2　运营指标

2.1　客运量

运送乘客的总人次。

2.1.1　计算单位：人次

2.1.2　计算公式

客运量(人次)＝普票乘客人次＋月票乘客人次　(1)

2.1.3　计算方法

a. 普票乘客人次在实行分线乘车票制时，每张客票计算一个人次。在实行单一票制可乘坐多条线路时，每张客票的人次由近期客流调查确定。

b. 月票乘客人次（人次）＝（每张月票）日乘车次数×售出月票张数×相应日历日数。月票日乘车次数由近期客流调查资料确定。

2.2　平均运距

乘客每次乘车的平均距离。

2.2.1　计算单位：公里/次

2.2.2　计算方法

平均运距由近期客流调查资料确定。

2.3　客运周转量

乘客乘坐里程的总和。

2.3.1　计算单位：人公里

2.3.2　计算公式

客运周转量(人公里)＝客运量×平均运距　(2)

2.4　客流量（断面客流量）

一定时间内，沿同一方向通过地铁线路某断面的乘客数量。

2.4.1　计算单位：人

2.4.2　计算方法

用客流调查方式取得。

2.5　运营车辆数

用于运营业务的全部车辆数。

2.5.1　计算单位：辆

2.5.2　计算方法

a. 以企业固定资产台帐已投入运营的车辆数为准。

b. 新购入的运营车辆，自交付运营之日起计算运营车数。

c. 报废的运营车辆，自批准之日起，不再计算运营车数。

2.6　运营车日

所有运营车辆的车日总数。

2.6.1　计算单位：车日

2.6.2　计算方法

凡符合2.5.2条规定的运营车辆均应计算运营车日。

2.7　完好车日

技术状况完好的运营车辆的车日总数。

2.7.1　计算单位：车日

2.7.2　计算公式

完好车日(车日)＝运营车日－(全日检修车日＋待修车日＋待报废的车日)　(3)

2.7.3　计算方法

a. 凡当天出车参加过运营，或虽未参加运营但处于完好状况的车辆均应计算完好车日。

b. 当天修理的运营车辆，只要在16时前竣工，验收合格，可以参加运营的均作完好车日计算。

2.8　工作车日

为运营而上线工作的运营车辆的车日总数。

2.8.1　计算单位：车日

2.8.2　计算方法

a. 运营车辆只要当日出车参加过运营，均计算工作车日。

b. 为调试、救援或其他专项任务而上线的车辆，不计算工作车日。

2.9　客位数

运营车辆的额定载客量。

2.9.1　计算单位：人、客位

2.9.2　计算公式

客位数(客位)＝乘客座位数＋车厢有效站立面积×每平方米允许站立人数　(4)

注：每平方米允许站立人数参考附录B（参考件）中B1条。

2.10　运营线路条数

为运营列车设置的固定运营线路总条数（地铁列车是指具备规定标志，以站外运行为目的的车组）。

2.10.1　计算单位：条

2.11　运营线路总长度

全部运营线路的长度之和。

2.11.1　计算单位：公里

2.11.2　计算公式

运营线路总长度(公里)＝∑各条运营线路的长度
＝∑1/2[上行起点至终点里程＋下行起点至终点里程]　(5)

2.11.3　计算方法

a. 测定上下行起点至终点的里程时，按始发站站中心至终点站站中心，沿正线线中心测得的长度计算。

b. 运营线路不包括折返线、侧线、支线、渡线、避车线、联络线及库线的长度。

2.12　运营线路网长度

地铁运营线路网所通过的线路净长度。

2.12.1　计算单位：公里

2.12.2　计算公式

运营线路网长度（公里）＝运营线路总长度－∑重复的线路长度　(6)

2.13　线路延展长度

地铁全部建筑线路长度之和。

2.13.1　计算单位：公里

2.13.2　计算方法

从线路起点的道岔尖端或车档内侧的坡脚量起至终点的道岔尖端或车挡止的所有线路，按单线长度计算，复线加倍。

2.14　开行列数

地铁列车为运送乘客而行驶的次数。

2.14.1　计算单位：列次

2.14.2　计算方法

地铁列车在运营线路上行驶一个单程，不论线路长短，是全程或是区间，均作一列次计算。

2.15　运营里程

运营车辆为运营在线路上行驶的全部里程。

2.15.1　计算单位：车公里

2.15.2　计算方法

运营里程指为运营业务在线路上载客行驶和空车行驶的全部里程。

以列车计算的运营里程称为列车运营里程。计算单位：列公里。

2.16　总行驶里程

运营车辆所行驶的全部里程。

2.16.1　计算单位：车公里

2.16.2　计算公式

$$\text{总行驶里程(车公里)} = \text{运营里程} + \text{调试车里程} + \text{救援车里程} + \text{科学实验里程} \quad (7)$$

2.17　客位里程

各类车辆客位数与相应运营里程的乘积。用以表示企业为乘客提供的运载能力。

2.17.1　计算单位：客位公里

2.17.2　计算公式

$$\text{客位里程(客位公里)} = \sum(\text{各类车辆客位数} \times \text{相应的运营里程}) \quad (8)$$

2.18　完好车利用率

工作车日与完好车日之比，用以表示完好车辆的实际利用程度。

2.18.1　计算公式

$$\text{完好车利用率} = \frac{\text{工作车日}}{\text{完好车日}} \times 100\% \quad (9)$$

2.19　工作车率

工作车日与运营车日之比，用以表示运营车辆的利用程度。

2.19.1　计算公式

$$\text{工作车率} = \frac{\text{工作车日}}{\text{运营车日}} \times 100\% \quad (10)$$

2.20　里程利用率

总行驶里程中运营里程所占的比重。

2.20.1　计算公式

$$\text{里程利用率} = \frac{\text{运营里程}}{\text{总行驶里程}} \times 100\% \quad (11)$$

2.21　车日行程

运营车辆每个工作车日平均行驶的运营里程。

2.21.1　计算单位：公里/天

2.21.2　计算公式

$$\text{车日行程(公里/天)} = \frac{\text{运营里程}}{\text{工作车日}} \quad (12)$$

2.22　运营速度

地铁列车在运营线路上运行时的速度。

2.22.1　计算单位：公里/小时

2.22.2　计算公式：

$$\text{运营速度(公里/小时)} = \frac{2 \times \text{运营线路长度}}{\text{往返行驶时间} + \text{上下行终点调头和停站时间}} \times 60 \quad (13)$$

注：往返行驶时间、单程时间、调头和停站时间均以“分”计算（下同）。

2.23　运送速度（旅行速度）

地铁列车在运营线路上运载乘客时的速度。

2.23.1　计算单位：公里/小时

2.23.2　计算公式

$$\text{运送速度(公里/小时)} = \frac{\text{运营线路长度}}{\text{单程行驶时间}} \times 60 \quad (14)$$

2.24　技术速度

地铁列车在运营线路上自起点至终点不计停站时间的运行速度。

2.24.1　计算单位：公里/小时

2.24.2　计算公式

$$\text{技术速度(公里/小时)} = \frac{\text{运营线路长度}}{\text{单程行驶时间} - \text{中途停站时间}} \times 60 \quad (15)$$

2.25　满载率

客运周转量与客位里程之比，用以表示车辆客位的利用程度。

2.25.1　计算公式

$$\text{满载率} = \frac{\text{客运周转量}}{\text{客位里程}} \times 100\% \quad (16)$$

2.26　线路负荷

地铁运营线路网平均负担的乘客人数。

2.26.1　计算单位：人

2.26.2　计算公式

$$\text{线路负荷(人)} = \frac{\text{客运周转量}}{\text{运营线路网长度}} \quad (17)$$

2.27　乘客密度

地铁列车在运营中，每车平均载有的乘客人数。

2.27.1　计算单位：人/车

2.27.2　计算公式

$$\text{乘客密度(人/车)} = \frac{\text{客运周转量}}{\text{运营里程}} \quad (18)$$

2.28　运行图兑现率

实际开行列车数与运行图定开行列车之比，用以表示运行图兑现的程度。

2.28.1　计算公式

$$\text{运行图兑现率} = \frac{\text{实际开行列车数}}{\text{图定开行列车数}} \times 100\% \quad (19)$$

2.28.2　计算方法

实际开行列车中不包括临时加开的列车数。

2.29　正点率

正点列车次数与全部开行列车次数之比，用以表示运营列车按规定时间正点运行的程度。

2.29.1　计算公式

$$\text{正点率} = \frac{\text{正点列车次数}}{\text{全部开行列车次数}} \times 100\% \quad (20)$$

2.29.2　计算方法

凡按运行图图定的时间运行，早晚不超过规定时间界限的为正点列车，正点的时间界限不得超过列车最小间隔时间的三分之一，以分为单位计算。

3 安全指标

注：服务指标已另立标准，此处省略。

3.1 行车事故次数

地铁列车在运营行驶中所发生的事故次数。

3.1.1 计算单位：次

3.1.2 计算方法

行车事故按性质、损失及对行车的影响程度分重大事故、大事故、险性事故和一般事故，事故分类方法按政府有关部门法规执行。

3.2 行车责任事故次数

行车事故中，由地铁企业负全部或部分责任的事故次数。

3.2.1 计算单位：次

3.2.2 计算方法

事故责任的区分按上级政府部门法规确定。行车责任事故中的重大事故和大事故要分别统计。

3.3 行车责任事故频率

运营列车每行驶百万公里运营里程平均发生行车责任事故的次数。

3.3.1 计算单位：次/百万列公里

3.3.2 计算公式

$$\text{行车责任事故频率(次/百万列公里)} = \frac{\text{行车责任事故次数}}{\text{列车运营里程}} \times 10^6 \quad (21)$$

3.4 行车责任事故伤亡人数

行车责任事故造成受伤和死亡的人数。

3.4.1 计算单位：人

3.4.2 计算方法

a. 受伤人数包括重伤和轻伤的总人数。

b. 死亡人数包括当场死亡和由于受伤后伤情发展而死亡的人数。但伤、亡两项人数不得重复计算。

受伤后因伤情发展死亡人数计算方法按上级主管部门有关法规执行。

3.5 安全驾驶员比重

企业中安全行车达到规定安全行车里程的驾驶员占全部驾驶员人数的比重。

3.5.1 计算公式

$$\text{安全驾驶员比重} = \frac{\text{安全驾驶员人数}}{\text{全部驾驶员人数}} \times 100\% \quad (22)$$

注：安全行车里程的规定参看附录 B 中 B2 条。

4 技术与消耗指标

4.1 完好车率

完好车日与运营车日之比，用以表示运营车辆技术状况完好的程度。

4.1.1 计算公式

$$\text{完好车率} = \frac{\text{完好车日}}{\text{运营车日}} \times 100\% \quad (23)$$

4.2 大修车数

大修竣工并交付运营的车辆数。

4.2.1 计算单位：车

4.2.2 计算方法

大修车数依据修理竣工并在线路调试后正式交付运营的车辆数计算。

4.3 车辆大修平均停修车日

大修车辆从停运送修时起到竣工交付运营止所占用的天数。

4.3.1 计算单位：天

4.3.2 计算公式

$$\text{车辆大修平均停修车日(天)} = \frac{\sum \text{大修车停修车日}}{\text{大修车总数}} \quad (24)$$

4.4 车辆临修频率

运营车辆每行驶千公里平均发生的临修次数。

4.4.1 计算单位：次/千车公里

4.4.2 计算公式

$$\text{车辆临修频率(次/千车公里)} = \frac{\text{车辆临修次数}}{\text{总行驶里程}} \times 10^3 \quad (25)$$

临修次数指运营车辆临时发生故障，经技术工人修理的次数。驾驶员自行排除的故障不计算临修次数。

4.5 列车故障下线频率

运营列车每行驶万公里运营里程因故障离开运营线路回库的平均次数。

4.5.1 计算单位：次/万列公里

$$\text{列车故障下线频率(次/万列公里)} = \frac{\text{车辆故障下线次数}}{\text{列车运营里程}} \times 10^4 \quad (26)$$

4.6 车辆平均技术等级

运营车辆技术等级的平均值。

4.6.1 计算公式

$$\text{车辆平均技术等级(级)} = \frac{\sum[\text{级别} \times \text{相应级别车数}]}{\text{运营车数}} \quad (27)$$

技术等级的划分按企业或上级主管部门有关规定执行。

4.7 计算机故障频率

行车控制计算机每运行千小时平均发生故障的次数。

4.7.1 计算单位：次/千小时

4.7.2 计算公式

计算机故障频率(次/千小时)

$$=\frac{故障次数}{计算机运行总时间(小时)}\times 10^3 \quad (28)$$

4.8 行车电能消耗（牵引电耗）

运营车辆每行驶百公里运营里程平均消耗的电能。

4.8.1 计算单位：千瓦小时/百车公里

4.8.2 计算公式

行车电能消耗(千瓦小时/百车公里)

$$=\frac{运营耗用牵引交流电总量}{运营里程}\times 100 \quad (29)$$

4.8.3 计算方法

运营车辆装有电度表时，可按直流耗电量计算。

5 劳动工资指标

5.1 职工总数

企业全部在册的职工人数。

5.1.1 计算单位：人

5.1.2 计算方法

按国家和上级主管部门的有关规定执行。

5.2 平均职工人数

企业在一定时期内平均拥有的职工人数。

5.2.1 计算单位：人

5.2.2 计算公式

$$平均职工人数(人)=\frac{\sum 日职工总数}{相应日历日数} \quad (30)$$

在职工人数变化不大的企业，月平均职工人数可用下面公式求得：

$$月平均职工人数(人)=\frac{月初职工人数+月末职工人数}{2} \quad (31)$$

季、半年、年或若干月平均职工人数可用月平均职工人数求得，计算公式如下：

$$平均职工人数(人)=\frac{\sum 月平均职工人数}{期内月数} \quad (32)$$

5.3 工资总额

企业在一定时期内实际支付给全部职工的报酬总额。

5.3.1 计算单位：元

5.3.2 计算方法

工资总额的计算按国家或上级主管部门的有关规定执行。

5.4 平均工资

企业每个职工的平均工资收入。

5.4.1 计算单位：元/人

5.4.2 计算公式

$$平均工资(元/人)=\frac{工资总额}{平均职工人数} \quad (33)$$

5.5 全员出勤率

全员出勤工日与全员制度工日之比，用以表示企业全部职工在制度工日中的出勤程度。

5.5.1 计算公式

$$全员出勤率=\frac{全员出勤工日}{全员制度工日}\times 100\% \quad (34)$$

制度工日与出勤工日的计算按国家或企业有关规定执行。

5.6 全员劳动生产率

企业在一定时期内人均生产产品的数量，用客运周转量表示。

5.6.1 计算单位：人公里/人

5.6.2 计算公式

$$全员劳动生产率(人公里/人)=\frac{客运周转量}{平均职工人数} \quad (35)$$

企业产品也可以用客运量或运营收入表示。计算公式如下：

$$人均客运量(千人次/人)=\frac{客运量}{平均职工人数}\times 10^{-3} \quad (36)$$

$$人均运营收入(元/人)=\frac{运营收入}{平均职工人数} \quad (37)$$

运营收入指按不变价格计算的收入。

5.7 平均车班公里

运营列车每一乘务班次在一个工作日中所行驶的里程。

5.7.1 计算单位：公里/班

5.7.2 计算公式

$$平均车班公里(公里/班)=\frac{日平均列车运营里程}{平均日班次} \quad (38)$$

5.7.3 计算方法

地铁实行大三班制，工作12小时休息24小时，若按8小时工作日核算，需乘以0.795求得。

5.8 职工工伤事故伤亡率

企业因工伤事故伤亡的职工人数占全部职工人数的比重。

5.8.1 计算公式

$$职工工伤事故伤亡率=\frac{工伤事故伤亡人数}{平均职工人数}\times 1000‰ \quad (39)$$

6 财务指标

6.1 运营总收入

企业运营所得的货币金额之和。

6.1.1 计算单位：元

6.1.2 计算方法

运营总收入包括普通票收入、月票、季票收入。

6.2 运营总成本

企业为完成运营服务所发生的按国家规定应列入成本开支范围的总费用。

6.2.1　计算单位：元

6.2.2　计算方法

成本开支范围按上级主管部门有关规定执行。

6.3　定额流动资金

企业在全部流动资金中，根据计划任务与正常需要核定占用金额，并实行定额管理的流动资金。

6.3.1　计算单位：元

6.3.2　计算方法

定额流动资金的范围按上级主管部门有关规定执行。

6.4　运营利润

企业运营生产所实现的利润。

6.4.1　计算单位：元

6.4.2　计算公式

$$\text{运营利润(元)} = \text{运营总收入} - \text{营业税及城市维护建设费} - \text{运营总成本} \quad (40)$$

6.5　利润总额

企业的运营利润，其他销售利润及营业外收支差额之和。

6.5.1　计算单位：元

6.5.2　计算公式

$$\text{利润总额(元)} = \text{运营利润} + \text{其他销售利润} + \text{营业外收入} - \text{营业外支出} \quad (41)$$

a. 其他销售利润是企业运营业务以外实现的利润。

b. 营业外收入是企业运营业务以外的收入。

c. 营业外支出是企业运营业务以外的支出。

6.6　单位成本

企业单位服务产品（用运营里程表示）所消耗的运输成本。

6.6.1　计算单位：元/千车公里

6.6.2　计算公式

$$\text{千车公里成本(元 / 千车公里)} = \frac{\text{运营总成本}}{\text{运营里程}} \times 10^3 \quad (42)$$

根据需要服务产品也可用客运周转量或客位里程表示，计算公式如下：

$$\text{千人公里成本(元 / 千人公里)} = \frac{\text{运营总成本}}{\text{客运周转量}} \times 10^3 \quad (43)$$

$$\text{千客位公里成本(元 / 千客位公里)} = \frac{\text{运营总成本}}{\text{客位里程}} \times 10^3 \quad (44)$$

6.7　每车占用定额流动资金

企业每车平均占用的定额流动资金数额。

6.7.1　计算单位：元/车

6.7.2　计算公式

$$\text{每车占用定额流动资金(元 / 车)} = \frac{\text{定额流动资金平均余额}}{\text{期末运营车辆数}} \quad (45)$$

定额流动资金平均余额是指一定时期内为完成运营业务而平均占用的流动资金数额。

附录 A
主要经济技术指标体系表
（补充件）

- 2　运营指标
  - 2.1　客运量
  - 2.2　平均运距
  - 2.3　客运周转量
  - 2.4　客流量（断面客流量）
  - 2.5　运营车辆数
  - 2.6　运营车日
  - 2.7　完好车日
  - 2.8　工作车日
  - 2.9　客位数
  - 2.10　运营线路条数
  - 2.11　运营线路总长度
  - 2.12　运营线路网长度
  - 2.13　线路延展长度
  - 2.14　开行列数
  - 2.15　运营里程
  - 2.16　总行驶里程
  - 2.17　客位里程
  - 2.18　完好车利用率
  - 2.19　工作车率
  - 2.20　里程利用率
  - 2.21　车日行程
  - 2.22　运营速度
  - 2.23　运送速度（旅行速度）
  - 2.24　技术速度
  - 2.25　满载率
  - 2.26　线路负荷
  - 2.27　乘客密度
  - 2.28　运行图兑现率
  - 2.29　正点率
- 3　安全指标
  - 3.1　行车事故次数
  - 3.2　行车责任事故次数
  - 3.3　行车责任事故频率
  - 3.4　行车责任事故伤亡人数
  - 3.5　安全驾驶员比重

4 技术与消耗指标
- 4.1 完好车率
- 4.2 大修车数
- 4.3 车辆大修平均停修车日
- 4.4 车辆临修频率
- 4.5 列车故障下线频率
- 4.6 车辆平均技术等级
- 4.7 计算机故障频率
- 4.8 行车电能消耗(牵引电能)

5 劳动工资指标
- 5.1 职工总数
- 5.2 平均职工人数
- 5.3 工资总额
- 5.4 平均工资
- 5.5 全员出勤率
- 5.6 全员劳动生产率
- 5.7 平均车班公里
- 5.8 职工工伤事故伤亡率

6 财务指标
- 6.1 运营总收入
- 6.2 运营总成本
- 6.3 定额流动资金
- 6.4 运营利润
- 6.5 利润总额
- 6.6 单位成本
- 6.7 每车占用定额流动资金

注：表内数字均为对应章节符号。

附录 B
部分指标计算参数
（参考件）

B1 客车有效站立面积允许站立人数暂按每平方米6人计算。

B2 安全驾驶员应达到的安全行车里程暂定为5万列公里。

附录 C
地铁经济技术特征指标
（参考件）

C1 地铁首条线路通车时间

城市第一条地铁线路建成开始运送乘客的时间。

C2 车站数

运营线路上供乘客上、下车的处所总数。

C3 与其他线路互通车站数

为乘客在出行过程式中，从一条地铁线路转乘其他一条线路的车站数。分为：

a. 与地铁线路互通站数；

b. 与公共汽车线路互通站数；

c. 与铁路互通站数。

C4 设有自动扶梯车站数

在车站建筑物上下层之间安装有能倾斜而不间断地运送乘客的自动扶梯的车站总数。

C5 设有垂直电梯车站数

在车站建筑物上下层之间，安装有能垂直上、下运送乘客的电梯的车站总数。

C6 车站站台长度

车站内供乘客上、下车的平台的长度。

C7 车站站台形式

供乘客上、下车的平台的形式。分岛式站台、侧式站台。

C8 平均站距

地铁运营线路全部车站的平均站台间距离。分市区平均站距和郊区平均站距。其计算公式如下：

$$\text{平均站距}=\frac{\text{营业线路长度}}{\text{总车站数}-\text{营业线路条数(每条为一个站)}} \tag{C1}$$

C9 车辆外型尺寸

运营车辆在平直线路上停放的名义尺寸。包括车辆长度、车辆高度和车辆宽度，其中：车辆长度按车辆前后两车钩端面的最大距离。车辆宽度按车辆横断面的最大尺寸。车辆高度按顶部接受电弓收缩后的最后点至线路轨顶面的最大高度。

C10 车辆自重

空车时车辆自身的重量。

C11 车辆地板高度

空车时车厢地板表面高出轨面的最大距离。

C12 车门数及开度

车辆一侧设置的供乘客上、下车用的车门数及车门开启后的最大宽度。

车门数包括供乘务员和乘客共用的车门，不包括供乘务员专用的车门。

C13 牵引电机功率

驱动车辆运行的电动机的小时功率之和。

C14　车辆最高运行速度

地铁运营车辆在平直线路上，由牵引接触网供给电能时允许运行的最高速度。

C15　车辆传动方式

车辆由牵引接触网取得电能起动加速运行的方式。

包括：电阻、斩波调压、斩波调阻、变频调速和变频调压等。

C16　车辆制动方式

车辆由运行状态减速、停止时所采用的方式。

包括：空气制动、电阻制动、圆盘制动、磁轨制动、闸瓦制动和电力再生制动等。

C17　列车启动平均加速度

列车在平直线路和标称牵引电压下，列车载客为额定定员时，自取得电源开始，到起动过程结束的平均加速度。

C18　列车制动平均减速度

列车在平直线路上，列车载客为额定定员时，自制动指令发出至列车停止的平均减速度。

C19　列车编组辆数

地铁列车在编组运行中，每列车所连挂的车辆数。

C20　列车编组方式

组成列车的车辆按不同性能区分的连挂方式。

分车辆自身有无动力、控制方式、司机室设置、车辆之间有无通道等。

C21　最小行车间距

列车运行中，前后列车的最小时间间隔。

C22　高峰小时运力

单向、断面、高峰小时通过的运输能力。

其计算公式如下：

$$高峰小时运力 = 断面小时通过车辆数 \times 车辆定员数$$

(C2)

C23　轨距

在钢轨头部顶面下16mm范围内，两股钢轨作用边之间的最小距离。

C24　最大坡度

运营线路中坡度的最大值。

C25　最小曲线半径

运营线路平面曲线部分的限制半径。保证地铁列车能否以规定的速度行驶。

C26　供电方式

地铁牵引变电所经接触网向地铁车辆供电的形式，分接触轨和架空接触网。

C27　供电电压

地铁牵引供电系统中采用的电流制及标称电压等级。

C28　牵引变电所座数和容量

为地铁运营线路提供电能的牵引变电所的总数和牵引变压器的总容量。

C29　平均供电距离

运营线路上设置牵引变电所的平均距离。其计算公式如下：

$$平均供电距离 = \frac{运营线路长度}{同一线路上设置的牵引变电所数}$$

(C3)

C30　行车指挥控制方式

在行车指挥上采用的何种控制方式。

分：车站部局控制、调度中心控制、调度中心自动控制（计算机辅助调度）等。

C31　列车运行控制方式

列车运行全过程或一部分作业实行自动控制的方式。

分：列车自动停车、列车速度监督、列车自动驾驶、无人驾驶等。

C32　闭塞方式

用信号或凭证保证前行和追踪列车之间保持一定距离运行的技术方式。

分：站间闭塞、半自动闭塞、自动闭塞、移动闭塞等。

C33　信号显示形式

在行车、调车作业中，对乘务人员与行车有关人员指示运行条件而规定的符号表示形式。

分：地面信号、机车信号、移动闭塞信号等。

C34　轨道电路

利用钢轨作导体组成的用以检查有无列车，传送列车占用信息以及实现轨道与列车间信息的电路。

分：有绝缘轨道电路、无绝缘轨道电路。

C35　列车通信方式

列车运行全过程或部分过程中调度与列车之间交换信息方式。

分：有线通话、半双工无线通话、双工无线通话。

C36　广播系统

为乘客服务的广播方式。

分：车站广播、列车广播等。

C37　票制票种

乘客乘坐地铁的计价方式。

分：a. 普通车票——单一票制和计程票制。

b. 定期车票——月票及其他定期车票与其他交通工具联合定期车票。

C38　票价

乘客乘车所支付的货币金额。

C39　票价减免

对某些乘客乘车时实行优惠减免票价。

分：学生、儿童、退休人员、残疾人等票价减免。

C40　占全市客运量比重

地铁客运量占全市公共交通客运总量的比率。

附加说明

本标准由建设部标准定额研究所提出。

本标准由城市建设研究院归口。

本标准由北京市公共交通研究所负责起草。

本标准主要起草人：郑承汉、尚立汉、李明远、郑兰、任显卿、吴景中、徐卫红。

本标准委托北京市公共交通研究所负责解释。

中华人民共和国国家标准

城市轨道交通客运服务

Urban rail passenger transport service

GB/T 22486－2008

前　　言

本标准自发布之日起，城镇建设行业标准 CJ/T 3024.1—1993《城市公共交通客运服务　城市地铁》同时废止。

本标准的附录 A 为规范性附录。

本标准由中华人民共和国住房和城乡建设部提出。

本标准由全国城市轨道交通标准化技术委员会（SAC/TC 290）归口。

本标准由中国城市规划设计研究院、建设部地铁与轻轨研究中心负责起草，建设部标准定额研究所、北京地铁运营有限公司、上海申通地铁集团公司、广州市地下铁道总公司、天津市地下铁道总公司、香港铁路有限公司、南京地下铁道有限责任公司、中铁二院工程集团有限公司、深圳市地铁有限公司参加起草。

本标准主要起草人：秦国栋、黄金屏、陈燕申、张素燕、宋国强、倪克琦、朱效洁、陈雄文、王淑敏、黄维华、周建、叶丽娟、林正、李岩、王志海、刘莲花、孙彰、吴国华。

1　范围

本标准规定了城市轨道交通客运服务（简称客运服务）的基本要求、服务管理、服务质量、服务设施、服务安全和服务环境。

本标准适用于全封闭线路上运行的城市轨道交通系统的客运服务，其他城市轨道交通系统的客运服务可参照执行。

2　规范性引用文件

下列文件中的条款通过本标准的引用而成为本标准的条款。凡是注日期的引用文件，其随后所有的修改单（不包括勘误的内容）或修订版均不适用于本标准，然而，鼓励根据本标准达成协议的各方研究是否可使用这些文件的最新版本。凡是不注日期的引用文件，其最新版本适用于本标准。

GB/T 7928　地铁车辆通用技术条件

GB 14227　城市轨道交通车站站台声学要求和测量方法

GB 14892　城市轨道交通列车噪声限值和测量方法

GB/T 16275　地下铁道照明标准

GB/T 18574　地铁客运服务标志

GB 50157　地铁设计规范

3 术语和定义

下列术语和定义适用于本标准。

3.1

服务 service

为满足顾客需要，供方和顾客之间接触的活动以及供方内部活动所产生的结果。包括供方为顾客提供人员劳务活动完成的结果；供方为顾客提供通过人员对实物付出劳动活动完成的结果；供方为顾客提供实物使用活动完成的结果。

服务的提供可涉及，例如：

——在顾客提供的有形产品（如维修的汽车）上完成的活动；

——在顾客提供的无形的产品（如为准备税款申报书所需的收益表）上完成的活动；

——无形产品的交付（如知识传授方面的信息提供）；

——为顾客营造氛围（如在宾馆饭店）。

[GB/T 15624.1—2003]

3.2

组织 organization

职责、权限和相互关系得到安排的一组人员及设施。

示例：公司、集团、商行、企事业单位、研究机构、慈善机构、代理商、社团或上述组织的部分或组合。

注1：安排通常是有序的。

注2：组织可以是公有或私有的。

[GB/T 15624.1—2003]

3.3

城市轨道交通客运服务 urban rail passenger transport service

为使用城市轨道交通出行的乘客提供的服务。

3.4

服务组织 service organization

提供客运服务的组织。

3.5

服务质量 service quality

服务组织为乘客所提供服务的程度。

3.6

服务人员 service personnel (agent)

在服务组织中，为乘客提供客运服务的人员。

3.7

服务用语 service language

在客运服务中，服务人员所使用的规范语言。

3.8

服务行为 service behavior

在客运服务中，服务人员表现出来的行为。

3.9

服务设施 service facilities

在城市轨道交通系统内设置的，直接为乘客提供服务的设施。

3.10

城市轨道交通车站 urban rail transport station

在城市轨道交通线路上，办理运营业务和为乘客提供服务的建筑设施和场所。可包括：

——始发站，城市轨道交通列车运行的起始车站；

——中间站，城市轨道交通列车运行途经的车站；

——换乘站，城市轨道交通线路交汇处，具备从一条线路转乘到其他条线路功能的车站；

——终点站，城市轨道交通列车运行的终到车站。

4 总则

4.1 基本要求

4.1.1 服务组织应以安全、准时、便捷、舒适、文明为目标，为乘客提供持续改进的服务。

4.1.2 服务组织应为乘客提供符合服务规范的服务设施、候车环境和乘车环境。

4.1.3 服务组织应为乘客提供规范、有效、及时的信息。在非正常运营状态下，应为乘客提供必要的指导信息。

4.1.4 服务组织应向残障等特殊乘客提供相应的服务。

4.1.5 为乘客提供的公益或商业服务应以方便乘客、提高服务质量为原则，保证客运服务质量不受影响。

4.2 服务管理

4.2.1 服务组织应制定相应的规章制度，建立服务质量管理体系。

4.2.2 服务人员上岗前应经过岗位培训，并取得上岗资格；在岗人员应掌握本岗位业务技能，胜任本职工作。

4.2.3 服务组织应定期进行服务的自我考核评价，可通过第三方独立进行服务评价；服务组织应根据评价结论不断改进服务。

5 服务质量

5.1 票务服务

5.1.1 售票处（机）或其附近应有醒目、明确的车票种类、票价、售票方式、车票有效期等信息，方便乘客购票。

5.1.2 自动售票机、充值设备上或自动售票机和充值设备附近应有醒目、明确、详尽的操作说明。

5.1.3 人工售票、充值或售卡过程中，售票员应唱收唱付，做到准确、规范。

5.1.4 对符合免费乘车规定，并持有效乘车证件的乘客，应验证后准乘。

5.1.5 自动检（验）票机或其附近应有相应的标志或图示，方便乘客检（验）票。

5.1.6 在特殊情况下，应及时采取有效措施，为乘客进行必要的票务处理。

5.2 导乘服务

5.2.1 车站的醒目位置应公布乘车常识和注意事项；必要时，应通过广播等方式向乘客宣传乘车常识和注意事项。

5.2.2 车站应提供即时、准确、有效的乘车信息。

5.2.3 列车运营计划变更或列车运行不正常，对乘客造成影响时，应及时通知乘客；必要时，应采取有效措施疏导乘客。

5.2.4 车站出入口、售票处等的醒目处应公示本车站首末车时间；车站宜公布列车间隔时间、各车站运行时间等信息。

5.2.5 车站的醒目位置应公布车站周边公交线路的换乘信息。

5.2.6 列车上，应向乘客提供列车运行方向、到站、换乘等清晰的广播或图文信息。

5.3 行车服务

5.3.1 城市轨道交通的运营时间应根据当地居民的出行规律及其变化来确定和调整，调整前应及时公示。

5.3.2 应根据列车运行图组织列车运行，并可根据客流变化等情况合理调整列车运行；对乘客有影响时，应及时公布。

5.3.3 列车行驶应平稳，到站后应适时开关车门。

5.3.4 列车运行发生故障时，应视情况采取救援、清客、继续运行到目的地等处理措施。

5.3.5 一年内列车准点率应大于或等于98.5%，准点率的计算方法见附录A。

5.3.6 一年内列车运行图兑现率应大于或等于99%，列车运行图兑现率的计算方法见附录A。

5.3.7 列车拥挤度不应大于100%，列车拥挤度的计算方法见附录A。

5.4 问询服务

应提供现场问询服务和远程问询服务。

5.5 特殊服务

5.5.1 对残障等乘客应提供必要的服务，协助其顺利乘车。

5.5.2 发现走失的儿童，应带领其至安全场所，并设法联系其监护人或报警。

5.5.3 当遇到乘客身体不适时，应提供必要的帮助或拨打救助电话。

5.6 应急服务

5.6.1 应急服务应以保障乘客人身安全为首要目标。

5.6.2 应分别就运营事故、重大活动、政府管制、恶劣天气、乘客伤亡、事故灾难等影响城市轨道交通正常运营的突发事件制定应急服务预案，并适时启动。

5.6.3 当发生影响城市轨道交通正常运营的突发事件时，应及时告知乘客，并采取措施。

5.7 服务用语

5.7.1 服务语言应使用普通话。

5.7.2 问询、播音宜提供英语服务。

5.7.3 服务用语应表达规范、准确、清晰、文明、礼貌。

5.7.4 服务文字应用中文书写，民族自治地区还应增加当地的民族文字。

5.7.5 应根据本地区的特点提出服务忌语，对服务人员应进行防止使用忌语的培训。

5.8 服务行为

5.8.1 服务人员应按规定着装，正确佩带服务标志。

5.8.2 服务人员应坚守岗位，严格遵守规章制度。

5.8.3 服务人员应做到精神饱满、端庄大方、举止文明、动作规范。

5.9 服务承诺与监督

5.9.1 服务组织应向乘客做出服务承诺，并通过多种方式向乘客和社会公布。服务承诺至少应包括：列车准点率、列车运行图兑现率、乘客有效投诉回复率。

5.9.2 乘客需要时，服务人员应说明或解释服务承诺。

5.9.3 服务应接受乘客和社会的监督；服务组织应提供与乘客交流的有效途径。

5.9.4 服务组织应建立内部服务监督制度，将服务评价纳入日常工作的评价、考核体系。

5.9.5 服务组织应接受社会对服务的监督，应设置服务监督（投诉处理）机构，公布服务监督电话、服务监督机构通信地址。

5.9.6 服务组织的自我评价，每年不应少于一次；评价结果应在车站公示，宜向社会公布。

5.9.7 服务组织应有专人负责相关数据统计，并应保证原始记录真实、准确。

5.9.8 服务组织宜定期委托第三方进行评价，评价结果应在车站内公示，并应向社会公布。

5.9.9 对不合格的服务项目应进行改进，对不合格服务的改进应制定行之有效的措施，并应将改进结果记录存档。

5.9.10 可采用乘客满意度进行服务评价，乘客满意度应通过抽样调查和统计分析获得；服务组织或监督机构可委托第三方进行乘客满意度测评。

5.9.11 一年内有效乘客投诉率和有效乘客投诉回复

率应满足下列要求，有效乘客投诉率和有效乘客投诉回复率的计算方法见附录 A。

a）有效乘客投诉率应小于或等于百万分之三。

b）有效乘客投诉回复率应为 100%。

6 服务设施

6.1 基本要求

6.1.1 服务设施的布置和运行，应与设计或验收时的标准保持一致。

6.1.2 服务设施布置和运行的调整变化应是在设计或验收标准要求之上的改进和提高，不应降低服务水平和减少服务内容；不应随意减少服务场所的面积和使用空间。

6.2 车站基本服务设施

6.2.1 车站出入口、步行梯、通道、站厅、站台等场所应通畅，地面应保证完好、平整、防滑。

6.2.2 自动扶梯、电梯、轮椅升降机等乘客输送设施应安全、可靠、运行平稳。

6.2.3 屏蔽门应保证安全可靠、状态完好。

6.2.4 无障碍服务设施应保证正常使用。

6.3 票务设施

6.3.1 票务设施应布局合理、满足通过能力和客流疏散要求。

6.3.2 售检票设施应安全可靠、状态完好。

6.3.3 当票务设施发生故障无法使用时，应有明显的标志引导乘客使用其他可用设施；必要时，票务闸机通道应处于全开通的状态。

6.4 导乘设施

6.4.1 导乘标志应醒目、明确、规范，引导乘客安全、便捷出行；标志的设置应符合 GB/T 18574 的要求。

6.4.2 车站的广播设施应具备对站台、站厅、换乘通道、出入口等处单独广播和集中广播的功能。自动广播发生故障时，应能够进行人工广播。

6.4.3 广播设施应音质清晰、音量适中、不失真。

6.5 问询服务设施

6.5.1 车站应有人工问询或自助查询设备，并应标示问询点现时的工作状态。

6.5.2 自助查询设备应性能可靠、操作简单、指示明确、状态完好。

6.6 照明设施

6.6.1 车站正常照明和应急照明设施应状态完好；正常照明应采取节能措施，并持续改进。

6.6.2 照明设施的设置、性能等应符合 GB/T 16275 的要求。

6.7 列车

6.7.1 列车上的座椅、扶手等设施应安全可靠，乘客信息系统应清晰、有效。

6.7.2 列车上的残障等特殊乘客优先座椅应有明显标识。

6.7.3 列车上的应急设备应保持有效，并设置醒目的标志和操作导引。

6.7.4 列车上的空调、采暖、通风、照明、闭路电视（监控用）等设备应保持状态完好，并按规定开启。

6.7.5 运营列车应保持技术状态完好。

6.8 其他设施

6.8.1 车站宜设置适量的乘客座椅，并保持完好。

6.8.2 车站内设置的公共卫生间应清洁，并保证正常使用。

6.8.3 通风、采暖与空调系统、环境与设备监控系统应按规定设置并开启。

6.8.4 火灾报警系统应按规定设置，并保证处于正常运行状态。

6.8.5 屏蔽门的应急开启装置应完好，操作导引应醒目、清晰。

6.8.6 车站的站台、站厅宜设置适量的废物箱。

6.9 服务设施的可靠度

一年内服务设施的可靠度应满足下列要求，相关服务设施可靠度的计算方法见附录 A：

a）售票机可靠度应大于或等于 98%；

b）储值卡充值机可靠度应大于或等于 98%；

c）进出站闸机可靠度应大于或等于 99%；

d）自动扶梯可靠度应大于或等于 98.5%；

e）垂直电梯可靠度应大于或等于 99%；

f）车站乘客信息系统可靠度应大于或等于 98%；

g）列车乘客信息系统可靠度应大于或等于 98%；

h）列车服务可靠度应大于 50 万车公里。

7 服务安全

7.1 安全服务设施应保持 100%的可用性。

7.2 手动火灾报警按钮旁边应设置明显的标志和使用说明。

7.3 火灾时，供公众疏散使用的且平时需要关闭的疏散门，应确保在火灾时不需要任何器具易于手动迅速开启。

7.4 列车客室内应设置乘客手动报警或与司机或车站控制室通话的装置，紧急情况下乘客可向司机或车站控制室报警。

7.5 服务组织应建立安全管理体系，明确安全责任。

7.6 服务组织应向乘客进行安全宣传，定期组织应急疏散演习。

7.7 服务组织应按规定及时妥善处理给乘客造成的损失或伤害，做到公正、诚实、守信。

8 服务环境

8.1 服务卫生

8.1.1 服务组织应向乘客提供适宜的候车和乘车的环境。

8.1.2 服务组织宜向乘客提供温度、湿度、空气质量、噪音等级和天气状况等候车、乘车的环境信息。

8.1.3 车站、列车上应保持空气清新。封闭式车站的温度、新风量应符合 GB 50157 的规定；列车客室内的温度、新风量应符合 GB/T 7928 的规定。

8.1.4 车站的候车和乘车环境应整洁，应及时清除尘土、污迹、垃圾等；不应有异味。

8.1.5 车站、列车车厢、空调系统、公共卫生间等直接与乘客接触的服务设施、反复使用的车票应定期清洁、消毒。

8.1.6 服务人员应持有效的健康证上岗，服务人员患有传染性疾病时，不应从事直接为乘客服务的工作。

8.2 环境保护

8.2.1 列车客室噪声限值应符合 GB 14892 的规定。

8.2.2 车站噪声限值应符合 GB 14227 的规定。

8.3 其他环境

8.3.1 宣传横幅、标语、广告等不应遮挡标志标识、指示牌、公告、通知等服务设施，或影响其使用。

8.3.2 广告宣传灯箱及灯光的使用不应影响标志标识、指示牌、公告、通知以及设施设备的辨认和使用。

附 录 A
（规范性附录）
服务指标计算方法

A.1.1 准点率

准点列车次数与全部开行列车次数之比，用以表示运营列车按规定时间准点运行的程度。计算公式如下：

$$准点率=\frac{准点列车次数}{全部开行列车次数}\times 100\% \quad (A.1)$$

凡按运行图图定的时间运行，早晚不超过规定时间界限的为准点列车，准点的时间界限指终点到站时间误差小于或等于 2min 的列车（市域快速轨道交通系统除外）；市域快速轨道交通系统准点的时间界限指终点到站时间误差小于或等于 3min 的列车。

A.1.2 列车运行图兑现率

实际开行列车数与运行图定开行列车之比。实际开行的列车中不包括临时加开的列车数。计算公式如下：

$$列车运行图兑现率=\frac{实际开行列车数}{运行图图定开行列车数}\times 100\% \quad (A.2)$$

A.1.3 列车拥挤度

线路高峰小时平均断面客运量与线路实际运输能力之比，列车按定员计算，用以表示列车的拥挤程度。计算公式如下：

$$列车拥挤度=\frac{高峰小时平均断面客运量}{线路实际运输能力}\times 100\% \quad (A.3)$$

A.1.4 售票机可靠度

售票机实际服务时间与售票机应服务时间之比，实际服务时间包括正常的加票和加币时间。计算公式如下：

$$售票机可靠度=\frac{售票机实际服务时间}{售票机应服务时间}\times 100\% \quad (A.4)$$

A.1.5 储值卡充值机可靠度

储值卡充值机实际服务时间与应服务时间之比，实际服务时间包括正常的加票和加币时间。计算公式如下：

$$储值卡充值机可靠度=\frac{储值卡充值机实际服务时间}{储值卡充值机应服务时间}\times 100\% \quad (A.5)$$

A.1.6 进出站闸机可靠度

进出站闸机实际服务时间与应服务时间之比。计算公式如下：

$$进出站闸机可靠度=\frac{闸机实际服务时间}{闸机应服务时间}\times 100\% \quad (A.6)$$

A.1.7 自动扶梯可靠度

自动扶梯实际服务时间与应服务时间之比。计算公式如下：

$$自动扶梯可靠度=\frac{自动扶梯实际服务时间}{自动扶梯应服务时间}\times 100\% \quad (A.7)$$

A.1.8 垂直电梯可靠度

垂直电梯实际服务时间与应服务时间之比。计算公式如下：

$$垂直电梯可靠度=\frac{垂直电梯实际服务时间}{垂直电梯应服务时间}\times 100\% \quad (A.8)$$

A.1.9 车站乘客信息系统可靠度

车站乘客信息系统实际服务时间与应服务时间之比。计算公式如下：

$$车站乘客信息系统可靠度=\frac{车站乘客信息系统实际服务时间}{车站乘客信息系统应服务时间}\times 100\% \quad (A.9)$$

A. 1. 10　列车乘客信息系统可靠度

列车乘客信息系统实际服务时间与应服务时间之比。计算公式如下：

$$列车乘客信息系统可靠度=\frac{列车乘客信息系统实际服务时间}{列车乘客信息系统应服务时间}\times 100\% \tag{A. 10}$$

A. 1. 11　列车服务可靠度

一年内发生 5min 及其以上（至 15min）延误之间平均行驶的车公里数，数值越大，表明可靠性越高。

A. 1. 12　有效乘客投诉率

有效乘客投诉次数与客运量之比。计算公式如下：

$$有效乘客投诉率=\frac{有效乘客投诉次数}{客运量}\times 100\% \tag{A. 11}$$

A. 1. 13　有效乘客投诉回复率

已经回复的有效乘客投诉次数与有效乘客投诉次数之比。计算公式如下：

$$有效乘客投诉回复率=\frac{已回复的有效乘客投诉次数}{有效乘客投诉次数}\times 100\% \tag{A. 12}$$

有效乘客投诉应在接到投诉之日起，7 个工作日内回复，超过 7 个工作日按未回复处理。

参考文献

GB/T 15624.1－2003　服务标准化工作指南　第 1 部分：总则

CJ/T 8－1999　城市公共交通经济技术指标计算方法　地铁

本汇编标准用词说明

1 为便于在执行本汇编条文时区别对待，对要求严格程度不同的用词说明如下：

1） 表示很严格，非这样做不可的：

正面词采用“必须”，反面词采用“严禁”；

2） 表示严格，在正常情况下均应这样做的：

正面词采用“应”，反面词采用“不应”或“不得”；

3） 表示允许稍有选择，在条件许可时首先应这样做的：

正面词采用“宜”，反面词采用“不宜”；

4） 表示有选择，在一定条件下可以这样做的，采用“可”。

2 条文中指明应按其他有关标准执行的写法为：“应符合……的规定”或“应按……执行”。